CHOISY·LE·ROY·

G.
60.
13.

LE GRAND DICTIONNAIRE GEOGRAPHIQUE ET CRITIQUE,

Par M. BRUZEN LA MARTINIERE,

Geographe de Sa Majesté Catholique Philippe V. Roi des Espagnes et des Indes.

TOME HUITIÈME.
PREMIÉRE PARTIE.
S. K — Z.

A la Haye, Chez Pierre de Hondt.
A Amsterdam, Chez Herm. Uytwerf, & Franç. Changuion.
A Rotterdam, Chez Jean Daniel Beman.

MDCCXXXVIII.

LE GRAND
DICTIONNAIRE
GÉOGRAPHIQUE,
ET
CRITIQUE.

SKA.

1. SKAGEN, Skau, ou Scha-gen. Voyez Schagen.

2. SKAGEN, Lac de Suède dans la Province de Vermeland, à l'Occident de la Nericie, au Nord de la Weftro-Gothie & à l'Orient du Lac Wäner dans lequel il se décharge par un Emissaire, appellé la Riviére de Gulspang. Le Lac Skagen est formé par plusieurs petites Riviéres grossies des eaux de divers Lacs, & qui se rassemblent dans un seul lit, près de Carlskoy. Mr. de l'Isle marque ce Lac dans sa Carte des Couronnes du Nord ; mais il ne le nomme point.

SKAMMADEL, Lac d'Ecosse [a], dans la Province de Lorne. C'est le moins petit des trois Lacs qui se trouvent dans cette Province ; & il y a dans ce Lac une Isle.

SKAR, ou Skara, Ville de Suède, dans la Weftrogothie [b], environ à deux lieues au Midi du Lac Wäner, à la droite de la Riviére Lida, avec Evêché. On prétend qu'elle doit sa fondation & son nom à Scarin dix-neuviéme Roi des Goths, qui la fit bâtir dans un Lieu naturellement fortifié par des Marais & des Lacs. Dans le tems qu'elle étoit la Résidence des Rois Goths, elle fut célèbre [c], & on a des preuves de son ancien lustre dans les ruines du Palais Royal appellé *Aaranes*, dont la situation, les murs

SKA.

& la structure font juger, que c'étoit un des plus superbes Palais non-seulement du Nord, mais même de l'Europe. Ce fut dans ce Palais, que S. Sigfrid Archevêque d'Yorck baptisa le Roi Olaüs-Schotkonung en 955. Ce Prélat avoit été envoyé en Suède par Mildred ou Eldred, Roi d'Angleterre, pour y prêcher l'Evangile. Aujourd'hui la Ville de *Skara* est fort déchue de son ancienne splendeur. Du tems d'Adam de Brême, elle étoit encore la Métropole de la Weftro-Gothie. Au voisinage du Lac Wäner & de l'ancien Palais, dont il vient d'être fait mention, on voit la Montagne Kindakulle, qui est fort élevée, & sur laquelle on trouve de toutes sortes d'Herbes & de Plantes, si on en excepte la Vigne. Tout y naît naturellement : les Fruits y viennent en abondance ; & cette Montagne, qui peut passer pour une des plus fertiles du Nord, est aussi une des plus agréables par la douceur du ramage d'une infinité d'Oiseaux qui s'y rassemblent.

SKARE-FIELD, ou Skars-Fiell [d], Montagnes de la Norwége, dans le Gouvernement de Drontheim, aux confins de la Suéde. Leur étendue est de plus de quarante lieues du Septentrion au Midi. On les appelle autrement Daare-Field ; voyez Daare-Field.

SKEEN, Bourgade de la Norwége [e] au Gouvernement d'Agerhus, à la droite de la

[a] Délices de la Gr. Br. p. 1364.
[b] De l'Isle, Atlas.
[c] Zeiler, Defcr. Sueciæ.
[d] De l'Isle, Atlas.
[e] Ibid.

Riviére

A

SKE. SKI. SKI.

Riviére de Loogen, environ à quatre lieues au Nord Occidental de Tonsberg. Skeen est remarquable par ses Mines de Fer & de Cuivre [a]. On y en découvrit une d'Argent sous le Régne de Christian IV. mais il faut qu'elle soit peu considérable puisqu'on n'y travaille pas.

SKELBO, Château d'Ecosse [b], dans la Province de Dornoch, près de l'Embouchure de la Riviére d'Uns, ou d'Unes qui le baigne.

SKELTON, Château d'Angleterre [c], dans Yorkshire, au Quartier appellé North-Riding, derriére & au Sud-Ouest de Skengrave. Skelton est un ancien Château, qui appartenoit autrefois à la Noble Maison de Brus, d'où étoient descendus les derniers Rois d'Ecosse.

SKENGRAVE, ou SKINNIN-GRAVE [d], Village d'Angleterre dans Yorkshire, au Quartier appellé North-Riding, à deux milles à l'Orient de Gisburg. Ce petit Village n'est remarquable qu'à cause d'une merveille de la Nature qu'on y observe de tems en tems. Quelquefois au milieu d'un grand calme, dans le tems que la Mer est unie comme une glace, & qu'on ne sent pas le moindre vent, on entend comme un grand bruissement qui se fait dans l'eau. Lorsque cela arrive les Pécheurs n'osent pas se hazarder d'avancer en pleine Mer. En 1533. on prit sur la Côte un Triton, ou si l'on veut un homme marin que l'on nourrit pendant quelque tems de poissons cruds. Il s'échappa enfin & retourna à la Mer, sans qu'on l'ait revu depuis.

SKENINGE, SKENNINGE, ou SCHENINGE. Voyez SCHENINGE.

SKIA, Isle de la Mér d'Ecosse [e], & l'une des Westernes. Elle s'étend du Nord-Ouest au Sud-Est, à la hauteur du Midi de la Province de Ross. On lui donne quarante-deux milles de longueur & douze milles dans sa plus grande largeur. Elle n'est séparée du Continent de l'Ecosse que par un petit Détroit qui en quelques endroits n'a pas plus de cinq à six cens pas de large. Le grand nombre de Golphes & de Promontoires, dont elle est entrecoupée, qui ressemblent à des ailes éployées lui a fait donner le nom de Skianaka, qui, dans le langage des Habitans du Pays, signifie ailée; mais l'usage a voulu qu'on l'appellât plus communément SKIA; ce qui veut dire une aîle. Les quinze ou seize Golphes qu'on y voit sont tous abondans en Harangs; & les cinq plus grandes Riviéres dont cette Isle est arrosée, sont riches en Saumons, quoiqu'on en trouve aussi dans quelques-unes des petites Riviéres. Outre les Golphes, elle a un Lac d'eau douce, au milieu duquel est une Isle habitée. Le Terroir de Skia est fertile en Bled. Les pâturages y sont fort bons, soit dans la Plaine, soit dans les Montagnes, qui sont couvertes de Forêts peuplées de Bétail. Les Vaches qui paissent le long de la Mer se nourrissent entr'autres d'Algue; & pour l'aller manger, elles ont l'instinct d'observer le tems que la Marée se retire. Cette Isle est bien peuplée. On y remarque cinq Châteaux. Du côté du Nord elle est bornée de quantité de petites Isles, dont les plus remarquables sont *Scalpa* & *Raarsa*, qui ont toutes deux des Bois remplis de Cerfs.

SKIALFANDA, Riviére de l'Islande. Elle a son cours dans la Vallée de Bardarval, qui est la partie Septentrionale de l'Isle, & se décharge dans l'Océan.

SKIDDOW, Montagne d'Angleterre [f], dans la Province de Cumberland, au Nord du petit Bourg de Keswick. Elle se partage en deux croupes à son sommet, & passe pour la plus haute de l'Angleterre, comme celle de Scruffell en Ecosse, qui est vis-à-vis, passe pour la plus haute de ce Royaume-là. Entre la Montagne de Skiddow & le Bourg de Keswick, la Darwent au sortir du Lac sur lequel le Bourg est situé, reçoit une Riviére qui vient d'un autre Lac qui est aux Frontiéres de Westmorland.

SKINOSA, Isle ou Ecueil de l'Archipel, à trois milles de *Raclia*, à huit milles de *Cheiro*, & à douze milles de *Naxie*. Cet Ecueil, qui a environ douze milles de tour & qu'on a abandonné, est apparemment l'Isle *Skinussa*, que Pline [g] marque près de *Naxos* & de *Pholegandros*. Les Grecs ne doutent pas que cette Isle n'ait pris son nom [h] des Lentisques dont elle est couverte, quoique cet Arbre ne soit pas plus commun dans *Skinosa* que dans les Isles voisines. Il ne reste dans *Skinosa* que des Masures d'une Ville ruinée, & parmi lesquelles on ne voit rien de remarquable. La Ferule des Anciens croît en abondance dans cette Isle.

SKIPTON, Ville d'Angleterre [i], dans Yorkshire, sur le chemin d'Yorck à Londres, près de la Riviére d'Ar. C'est une jolie Ville avec un bon Château. Elle est comme cachée au milieu des précipices & des Bois dont elle est environnée. Il se trouve dans son voisinage une Fontaine salée & souffrée. *Skipton* a droit de Marché.

SKIRES-PORTRUSH, Isles du Royaume d'Irlande [k], dans la Province d'Ulster, au Comté de Londonderry. L'Embouchure de la Banne est couverte de deux petites Isles, dont l'une est nommée *Skires-Portrush*. Cette Isle n'est presque autre chose qu'un Rocher, au Midi duquel les Vaisseaux rencontrent une bonne Rade de six ou sept Brasses de profondeur, où ils peuvent mouiller l'ancre en sûreté.

SKIRMONCKOGE, SKIERMONESKOEG, ou SCHIERMOND, Isle des Pays-Bas, sur la Côte Septentrionale de la Frise, environ à quatre milles du Continent [l], vis-à-vis du Canton d'Ostdonger-Adeel, dont elle est séparée par le Canal de Lauwers, en Latin *Monicoga*. Cette Isle qui étoit autrefois plus près de la Terre-ferme n'est présentement n'a qu'un seul Village avec une Eglise [m]. Son rivage est défendu par des Montagnes de sable; & l'on prétend que la Mer y jette bien souvent des Baleines d'une grandeur excessive. On prend aussi force Coquilles de Mer dans le Golphe entre la Terre-ferme & cette Isle. L'air y est si tempéré, qu'on y peut garder pendant une année entiére du poisson, sans qu'il soit salé. Il est seulement seché au vent & au Soleil. La plûpart des Habitans vivent de leur pêche, & ont beaucoup de peine à se garen-

[a] *Corn. Dict.*
[b] *Délices de la Gr. Br. p. 1386.*
[c] *Ibid. p. 196.*
[d] *Ibid.*
[e] *Ibid. p. 1447.*
[f] *Délices de la Gr. Br. p. 297.*
[g] *Lib. 4. c. 12.*
[h] Σχίνος, *Lentiscus.*
[i] *Délices de la Gr. Br. p. 223.*
[k] *Ibid. p. 1580.*
[l] *Sanson Atlas.*
[m] *Corn. Dict. Druyry, Isle de Skirmonckoge.*

SKO. SKU. SKY.

garantir des Corsaires en tems de guerre. On voit dans l'Isle des Lapins en très-grand nombre.

SKOFDE, ou SKOD, Bourgade de Suède de [a], dans la Westro-Gothie, sur la Riviére de Tyda, à sept lieues du Lac de Wäner, & à pareille distance de la Ville de Mariestad, vers le Midi [b].

[a] De l'Isle, Atlas.
[b] Baudrand, Dict.

SKOTZUF, selon Mr. Corneille [c], & STOZKOW, selon Jaillot [d], Ville d'Allemagne dans la Silésie & dans la dépendance de la Principauté de Teschen. Cette petite Ville, située sur la Wistule, entre Ustronie & Rudzica, a ses Seigneurs particuliers, qui le sont aussi de Schwartzwasser, nommé autrement Strumen.

[c] Dict.
[d] Atlas.

SKUL, ou SKULA, Montagne de Suède, dans l'Angermanie, près du Golphe de Bothnie, entre les Riviéres d'Husa & d'Angerman. Elle est extrêmement haute & droite, & elle inspire de la frayeur à ceux qui la considérent, parce qu'elle semble menacer ruïne. Au pied de cette Montagne est un Bourg nommé WEDBYGGERA.

SKYROS, aujourd'hui SCIO, Isle de l'Archipel, à l'Orient de la partie Septentrionale de l'Isle d'Eubée [e]. Les Pelasgiens & les Cariens en furent les premiers Habitans; & Achille, comme on sait, y fit l'amour. Cette Isle n'est pourtant bien connue dans l'Histoire que depuis le Regne de Lycomede qui en étoit le Maître, lorsque Thésée, Roi d'Athénes, s'y retira pour y jouïr des biens de son Pere. Thésée non-seulement en demanda la restitution, mais il sollicita du secours auprès du Roi contre les Atheniens. Cependant Lycomede, soit qu'il appréhendât le génie de ce grand Homme, soit qu'il ne voulût pas se brouiller avec Mnesthée, qui l'avoit obligé de quitter Athénes, conduisit Thésée sur un Rocher sous prétexte de lui faire voir la succession de son Pere, & l'Histoire dit qu'il l'en fit précipiter; quelques-uns assurent que Thésée tomba de ce Rocher en se promenant après avoir soupé. Quoi qu'il en soit, ses enfans qu'il avoit fait passer en l'Isle d'Eubée allerent à la Guerre de Troye, & regnerent à Athénes après la mort de Mnesthée. L'Isle de Skyros devint célébre, dit Strabon, par l'alliance [f] qu'Achille y fit avec le Roi Lycomede, en épousant Deidamie sa fille, dont il eut un fils nommé Neoptoléme que l'on appella Pyrrhus à cause de la couleur de ses cheveux. Il fut élevé dans l'Isle; il en tira de vaillans [g] Soldats qu'il mena à la Guerre de Troye pour venger la mort de son Pere. Les Peuples de cette Isle étoient fort aguerris; [h] Pallas étoit la protectrice du Pays : son Temple étoit sur le bord de la Mer dans la Ville qui portoit le même nom que l'Isle. On voit encore les restes de ce Temple, qui consistent en quelques bouts de Colonnes, & de Corniches de Marbre blanc, qu'on trouve auprès d'une Chapelle abandonnée, à gauche en entrant dans le Port de S. George. On n'y découvre aucune Inscription, mais plusieurs vieux fondemens joints à la beauté du Port ne permettent pas de douter que la Ville ne fût dans cet endroit-là. On ne prétend pas que ces Colonnes soient-là depuis la

[e] Tournefort, Voyage du Levant. t. 1. p. 171.

[f] L. 9. p. 436.

[g] Servius. in Æneid. 3.

[h] Palladi historeæ cele. brabat Sky. ros bonorum forte diem.

SKY.

Guerre de Troye; mais comme les anciens Temples n'ont été démolis que par ordre de Constantin, il est certain qu'on les avoit rétablis plusieurs fois sous le nom des mêmes Divinités, jusqu'à l'établissement du Christianisme. Si ces vieux Marbres ne sont pas des débris du Temple de Pallas, ils doivent être au moins des restes de celui de Neptune, qui étoit adoré dans cette Isle. [i] Goltzius a donné le Type d'une Médaille, qui d'un côté représentoit Neptune avec son Trident, & de l'autre la proue d'un Vaisseau.

[i] ΣΚΥΡΙΩΝ.

Après la Guerre de Troye les Athéniens rendirent de grands honneurs à la Mémoire de Thésée, & le reconnurent pour un Héros: il leur fut même ordonné par [k] l'Oracle de rassembler les os de ce grand Homme & de les conserver avec respect. Marcian d'Héraclée assure que les Habitans de Chalcis, Ville Capitale d'Eubée, s'établirent à Skyros, attirés apparemment par la bonté, & par la commodité du Port. Les Médailles qu'on trouve assez souvent dans cette Isle établissent ce sentiment. Il y a quelques années qu'en labourant un Champ dans les ruïnes de la Ville, on trouva une de ces Médailles. Elle étoit frappée au coin des Chalcidiens qui, quoiqu'Habitans de Skyros, ne laissoient pas de retenir le nom de leur Pays, pour se distinguer des Pelasgiens, des Dolopes & des autres Peuples qui étoient venus s'établir à Skyros. Cette Médaille étoit chargée d'une belle tête dont le nom qui étoit à l'exergue paroissoit tout effacé; au revers il y avoit une Lyre. Comme cette pièce portoit le nom des Chalcidiens, on n'auroit pas cru qu'elle eût été frappée à Skyros, si on ne l'y avoit déterrée. A propos des Dolopes, dont on vient de parler, Plutarque [l] remarque que c'étoient des méchans Laboureurs, mais d'insignes Pirates, accoutumés à dépouiller, & emprisonner ceux qui alloient négocier chez eux. Quelques-uns de ces Brigands ayant été condamnés à restituer ce qu'ils avoient pris à des Marchands de Thessalie [m], pour s'en dispenser ils firent savoir à Cimon fils de Miltiade, qu'ils lui livreroient la Ville de Skyros, s'il se présentoit avec sa Flote. C'est ainsi qu'il s'en rendit le Maître. Car il s'étoit contenté quelque tems auparavant de ravager cette Isle. Diodore [n] de Sicile ajoute que dans cette expédition l'Isle fut partagée au sort, & que les Pelasgiens l'occupoient auparavant conjointement avec les Dolopes. Cimon n'oublia rien pour découvrir le Cercueil où l'on avoit enfermé les os de Thésée. La chose étoit difficile, dit Plutarque [o], à cause que les gens du Pays ne se payoient par trop de raison. Enfin on s'ajust-in Thes. perçut, dit on, qu'une Aigle avec son bec & ses ongles gratoit la terre sur une petite Colline. On y fit creuser, & on y découvrit le Cercueil d'un homme de belle taille avec une Epée & une Pique; Plutarque ne rapporte pas si c'étoient les Armes d'un Athénien, d'un Carien, d'un Pelasgien, ou d'un Dolope. On ne fit pas d'autre perquisition : on cherchoit le Corps de Thésée, & c'en étoit assez; Cimon fit transporter ce Cercueil à Athénes quatre cens ans après la mort de ce

[k] Plutarch. in Thes.

[l] Ibid.

[m] Thucyd. L. 1.

[n] Diod. Sicl Biblioth. Historic. L. 20. p. 828.

[o] Plutarch. in Thes.

Héros,

SKY.

Héros. Les restes d'un si grand homme furent reçus avec de grandes démonstrations de joye. On n'oublia pas les Sacrifices, le Cercueil fut mis au milieu de la Ville, & servit d'asyle aux Criminels. Skyros fut enlevée aux Athéniens pendant les guerres qu'ils eurent avec leurs voisins ; mais elle leur fut renduë par cette fameuse paix qu'Artaxerxès Roi de Perse donna à toute la Gréce, à la sollicitation des Lacédemoniens, qui lui députerent Antalcidas pour l'obtenir. Après la mort d'Aléxandre le Grand, Demetrius premier du nom surnommé le *Preneur de Villes*, résolut de donner la liberté aux Villes de Gréce, il prit la Ville de Skyros, & en chassa la Garnison. Il n'est pas nécessaire de dire que cette Isle a été soumise à l'Empire Romain, & ensuite à celui des Grecs. André & Jérôme Gizi[a] se rendirent les Maîtres de Skyros après la prise de Constantinople par les François & par les Vénitiens : elle passa sous la Domination des Ducs de Naxie. Guillaume Carcerio en fit la conquête, & la laissa à ses descendans : son petit-fils Nicolas Carcerio neuviéme Duc de l'Archipel en fit fortifier le Château avec beaucoup de soin, sur l'avis qu'il eut que les Turcs qui commençoient à passer des Côtes d'Asie en Gréce avoient dessein de s'en emparer pour avoir une retraite commode dans l'Archipel. En effet quelque tems après les Mahométans firent une descente dans cette Isle, mais ils furent si bien repoussés pendant la nuit, qu'il n'en resta pas un seul : on voit encore autour du Village les ruïnes de ces fortifications que les Turcs ont laissé périr depuis qu'ils en sont les Maîtres. On découvre facilement pourquoi l'Isle de Skyros reçut anciennement ce nom qui signifie en Grec quelque chose de rude : tout le Pays est hérissé de Montagnes, & il n'est pas surprenant que du tems de Strabon on en estimât plus les Chévres, que celles des autres Isles ; car ces Animaux se plaisent dans les Pays les plus escarpés, & vont brouter jusque sur les plus hautes pointes des Rochers. Le même Auteur en loue aussi les Métaux & les Marbres, mais on ne sait pas à présent s'il y a des Mines dans cette Isle. Pour des Chévres, on y en voit encore aujourd'hui, qui sont beaucoup plus grosses que celles des autres Isles. Cette Isle quoiqu'escarpée est fort agréable & bien cultivée eu égard au petit nombre de ses Habitans, car on tient qu'il n'y a pas plus de trois cens Familles, quoique l'Isle ait soixante milles de tour. Les Habitans payent tous les ans cinq mille écus au Grand-Seigneur. Ils ont assez de Froment & d'Orge pour leur subsistance. Les François même y viennent quelquefois charger de ces Grains. Les Vignes sont la beauté de l'Isle, le Vin en est excellent, & il ne vaut qu'un écu le Baril : on en transporte beaucoup en Morée. Pour de la Cire, on y en recueille plus de cent Quintaux. Le Bois n'y manque pas comme dans les autres Isles. Outre les taillis de Chênevert, de Lentisque, de Myrthe & de Laurier rose, il y a aussi de beaux Pins. Dans la Plaine qui va du Port S. George au Village, on trouve quantité d'Eleagnus. On voit dans l'Isle deux Ports : celui où les Vaisseaux ont coutume d'aborder est très-grand, il est capable de contenir une grande Armée, on y peut mouiller presque partout ; mais outre ce Port il y a encore celui qu'on nomme le Port des trois Bouches, il est fort bon, mais il a à son entrée deux écueils, dont l'un s'appelle la Roche taillée, & l'autre l'Isle plate. L'une de ces Bouches a pour traverser le Nord-Ouest & le Sud-Est, l'autre a le Nord-Est & le Sud-Ouest, & la troisième l'Ouest. Il n'y a qu'un seul Village dans l'Isle de Skyros, encore est-il bâti sur un Rocher fort escarpé & fait en forme de pain de Sucre à dix milles du Port de S. George. Le Monastère qui porte le nom de ce Saint fait la plus belle partie de ce Village, quoiqu'il n'y ait que cinq ou six Caloyers qui conservent avec grand soin une Image d'argent en feuilles très-minces cizelée grossièrement, & représentant S. George & ses miracles. Cette feuille qui a près de quatre pieds de hauteur sur environ deux pieds de largeur est clouée sur une piece de bois qui a un manche comme une Croix, & que l'on porte en façon de Bannière. Les Grecs qui sont les plus grands Imposteurs du monde ont fait accroire à ce sujet mille impertinences au Pere Sauger. Cette Image, dit ce Pere, est peinte assez grossièrement sur une espéce de Billot de bois, plus long que large, elle est placée sur le Grand Autel de la Cathédrale qui est dédiée à S. George & desservie par les Schismatiques. Quand on est assemblé dans l'Eglise on voit l'Image se remuer d'elle-même, & toute pesante qu'elle est, elle se transporte dans l'air au milieu de l'Assemblée, où, s'il se trouve quelqu'un qui ait fait quelque Vœu à l'Eglise sans l'accomplir, elle va le déméler dans la troupe & le bat cruellement jusqu'à ce qu'il ait payé ce qu'il doit. Ce qu'il y a de plaisant c'est que l'Image étend sa vertu dans tout le Territoire de Skyros, où elle ira déterrer un homme jusque dans les lieux les plus cachés. La manière dont elle fait sa ronde est extraordinaire. Un Moine aveugle la porte sur ses épaules sans savoir, où il va ; l'Image le conduit par une impression secrette dans tous les lieux, où il faut aller, sans qu'on lui voye jamais faire un faux pas : le Débiteur qui le voit venir de loin a beau vouloir se dérober à ses poursuites, en se cachant aux endroits les plus retirés & les plus obscurs de la Maison : le Moine l'y va trouver d'un pas ferme, monte, descend, passe & repasse, entre par-tout : & aussi-tôt qu'il a trouvé son homme, l'Image saute dessus ce Débiteur, & l'assomme de coups. Le Pere Sauger avoit été aussi mal informé de ces prétendus miracles que de la nature de l'Image. Ce n'est point une Image peinte, mais cizelée sur une Plaque d'argent, ce qui est assez extraordinaire parmi les Grecs qui ne peuvent souffrir d'Images en sculpture. Les Habitans de l'Isle sont tous du Rite Grec ; ils ont un autre Monastère sous le nom de S. Dimitre ; mais il est petit & pauvre. Celui de S. George est aux Caloyers de Ste. Laure qui vivent à Monte Santo, & qui députent

députent pas les moins adroits de leur Couvent pour entretenir les Peuples dans la dévotion envers S. George; sur-tout ils prennent soin de bien instruire l'aveugle ou celui qui le contrefait. Le Cadi est le seul Turc qui soit dans l'Isle, les Administrateurs sont obligés de faire payer sa rançon en cas qu'il soit enlevé par les Corsaires. Les Habitans en répondent, ils se mettroient en devoir de le sauver si on vouloit le faire prisonnier. Le Cadi cependant fait assez ce que veulent les Administrateurs; toutes les années on en nomme trois, ils exercent bien la Justice, sur-tout envers les femmes galantes, car quand une Dame est surprise en flagrant délit, belle ou laide, on la promene sur une Anesse, & chacun lui jette de la boue, au visage, ou de la bouse de Vache, ou des œufs gâtés. L'Evêque de Skyros est fort pauvre, il ne subsiste presque que de charités, il est fort mal logé. On vit à bon marché dans l'Isle, car les Moutons n'y valent pas plus de quarante sols, les Agneaux vingt sols; toute sorte de Gibier y abonde, & sur-tout les Perdrix, les eaux en sont admirables, & toutes les Roches donnent des Fontaines. Le Ruisseau qui va se décharger dans le Port de S. George est fort joli; pour y faire de l'eau on met les Canots à terre, & on conduit l'eau dans des Barils par un boyau de cuir.

S L.

a Baudrand, Dict. SLABODA, Ville de l'Empire Russien [a], au Royaume de Cazan, au Levant de la Capitale de ce nom. Cette petite Ville est située sur le *Kama*, à l'endroit où cette Riviére, quittant son cours vers le Sud, le prend vers le Couchant.

b Hermannd. Descript. Daniæ pag. 656. & suiv. SLAGEL, SLAGELS, SLAGEN, SLAGOSA, ou SLAGLOSA [b], Ville du Dannemarck dans l'Isle de Selande & le Chef-lieu d'une Préfecture à laquelle elle donne son nom. Saxon le Grammairien fait mention de cette Ville en quelques endroits de son Histoire. Elle n'est pas bien éloignée de la Forteresse Royale d'Anderschow. Hererus dans son Itinéraire dit, que *Slagow* est un Bourg ou Village. Cependant Pontanus met ce Lieu au nombre des petites Villes de la Selande: il parle aussi de la Forteresse d'Antworscow que l'on appelloit autrefois Anderschow, & il dit que l'on y voit encore dans une Chapelle un Tableau, qui représente différens Miracles de S. André de Slagel, qui vivoit du tems de Voldemar le *Victorieux*, Roi de Dannemarck.

c Ibid. SLAGELS-HERRIT [c], Préfecture du Dannemarck, dans l'Isle de Selande. Elle prend son nom de la Ville de Slagel qui en est le Chef-lieu. Ses bornes sont, à l'Orient la Préfecture de Sorbie, à l'Occident la Mer Baltique, vis-à-vis d'elle l'Isle de Fionie. Du côté du Septentrion elle confine avec la Préfecture de Lofve, & du côté du Midi elle joint celle du Flackenbiergs.

d Juillet, Atlas. SLAGUEN, ou SLAGE, Ville d'Allemagne [d], dans la Poméranie, au Duché de Wandalie, sur le *Wipper*, à quelques lieues *e Corn Dict. Le Laboureur, Voyage de la Reine de Pologne.* au-dessus de Rugenwalde [e]. Cette petite Ville est assez mal bâtie, a des Fortifications, qui consistent en un fossé d'eau vive, & en une vieille Muraille.

1. SLAINE, ou SLANE, Bourg d'Irlande [f], dans la Lagénie, au Comté d'Est-Meath, sur la Boyne, à trois lieues au-dessus de Drogheda. *f Corn. Dict.*

2. SLAINE, Riviére d'Irlande, anciennement *Modonus Fluvius*: Elle a sa source dans le Comté de Wicklo; & après avoir traversé ceux de Caterlagh & de Wexford, où elle arrose Fernes, & quelques autres Lieux moins considérables, elle va se décharger dans la Mer d'Irlande à Wexford. Sanson, dans sa Carte particuliére de l'Irlande, nomme cette Riviére *Urrin*.

SLAINES, Château d'Ecosse [g], dans la Province de Buchan. En avançant au Nord de la Riviére de l'Ithan, le long des Côtes, on rencontre les restes du vieux Château de Slaines, & près de ces ruines une Grotte taillée par la Nature. Il y découle perpétuellement de la Voute une eau pétrifiante, dont les gouttes se figent les unes sur les autres à mesure qu'elles tombent, & forment ainsi plusieurs rangées de petits Piliers, comme des chandelles de glace. Cette matiére est friable & ressemble à du Crystal; mais elle n'en acquiert jamais la dureté. On a soin de nétoyer la Grotte de tems en tems, sans quoi elle seroit bien-tôt toute embarrassée de ces petits Piliers crystallins. *g Délices de la Gr. Bret. p. 1322.*

SLANEY-WRCH, ou SCHLANY [h], Ville d'Allemagne, dans la Bohéme, au Cercle de Schlani, dont elle est la Capitale, & auquel elle donne son nom. Le sien qui veut dire *Mont de Sel* a été occasionné par le voisinage d'une Fontaine salée. *h Jaillot, Atlas.*

SLAVE, Riviére de la Dalmatie [i]. Elle passe à Castel-Novo & se jette dans le Golphe de Venise au-dessous de la Ville de Raguse. Cette Riviére n'est pas fort large, mais la quantité des neiges lors d'un dégel la rendent quelquefois fort rapide. Il n'y a en cet endroit d'autres logemens que celui du Commis à la Douanne, & le logement pour les Passans consiste en une Ecurie, où l'on peut allumer du feu en Hyver. *i Poulet, Relat. du Levant. Part. 1. p. 57.*

Les Habitans de ce Pays-là ont une sorte d'Instrument qu'ils appellent *Tabourat*, dont le Corps a la forme & la grandeur d'un Sabot de Païsan: le manche est aussi long que les trois quarts d'une aune, & un peu plus large que de deux doigts. Il n'y a dessus que trois cordes de laiton, qu'ils animent avec une petite piéce de plume; mais ils prétendent que le défaut de cordes est suffisamment réparé par la quantité des Touches dont ils se servent pour faire les accords. Quant à la Mélodie de cet Instrument les Turcs en sont si fort prévenus, qu'il n'est point d'Enfant de bonne Maison parmi eux, qui ne le sache toucher, qui n'en ait un, & qui ne le porte par-tout, en Campagne, à la Guerre, à pied, à Cheval, attaché aux deux extrémités du fourreau de son Cymeterre, ou sur son dos avec sa pipe. Leur Musique n'est pas mal d'accord avec leur Symphonie. Ils prétendent y avoir plus de Clefs que nous. On ne dit point si elles sont plus en nombre, mais il est constant qu'elles les surpassent en force, & jusques à étourdir ceux qui s'amusent à l'écouter. Pour eux,

eux, plus le bruit est grand, plus ils en paroissent gays; & la joie les excitant, ils s'empressent de se mettre en branle, tenant chacun à la main une Cuillier de bois dont le manche est aussi délié qu'un tuyau de plume, & aussi long que la moitié du bras. Ils élevent les bras par-dessus leur tête aussi haut qu'ils le peuvent en sautant & dansant; & par le mouvement des doigts de la main droite, ils gouvernent ceux de la gauche; de façon que les manches des Cuilliers se croisant leur masquent le front d'une paire de Cornes, & battent une cadence sur leur tête presque égale à celle de leurs pieds; leur méthode de danser étant une espèce de Sarabande qu'ils font en ne déplaçant que fort peu le pied gauche, & en remuant incessamment le droit, & se tournant toujours en rond.

Leur dernière façon de s'entretenir est en prenant le Caffé, qu'ils avalent toujours avec toutes les grimaces que la crainte de se brûler peut produire, quoiqu'avec un sérieux, qui semble avoir été imaginé pour parler d'affaires importantes. Chacun y est bien reçu, & jusques à un Valet d'Ecurie, qui fait Compere & Compagnon avec celui qui paroît le plus distingué: demande la pipe qu'un honnête homme a à la bouche, on lui présente la sienne; & après en avoir donné ou pris trois ou quatre bouchées, la rend, ou la reçoit avec toute la salive, que le dernier qui a fumé, a peu à laisser.

SLAVI, anciens Peuples de la Sarmatie, qui avec les Venedes, s'établirent dans la Germanie, entre l'Elbe & la Vistule, les Peuples de ces Quartiers ne se trouvant pas en état de leur faire tête, à cause qu'ils étoient épuisez par les grandes migrations qui s'étoient faites. On ne sait pas au juste le tems où les Slaves s'emparerent des Terres des Germains. On voit seulement dans Jornandès que l'invasion des Venedes se fit à la fin du cinquième Siècle & au commencement du sixième. L'Elbe ne fut pas long-tems la borne des Slaves du côté de l'Occident. Dès la fin du sixième Siècle ils avoient pénétré dans l'intérieur de la Germanie. En effet Paul Diacre [a] rapporte que du tems qu'Agilulfe regnoit sur les Lombards, Tassilon établi Roi, ou Duc de Baviére par Childebert, Roi des François, entra à la tête d'une Armée dans la Province des Slaves, & en rétourna avec un grand Butin, après avoir remporté une Victoire sur ces Peuples. Le même Historien parle [b] d'une nouvelle Guerre entre les Bavarois & les Slaves du tems du Duc Garibaldus, & dans un autre endroit [c] il nous fait voir cette même Nation à Carnunte d'où elle inquiettoit fort les Duchez de Baviére & de Frioul. Spener croit que les Slaves dont entend parler Paul Diacre, sont ceux qui s'établirent sur les bords du Fleuve Marus, d'où ils furent appellez *Maharenses*, & ceux qui après s'être rendus Maîtres de la Bohême en prirent le nom de *Behemi*. Les Slaves [d] frappez de la gloire que s'étoit acquise Dagobert I. Roi des François se soumirent à ce Prince; mais bien-tôt un leger différend s'étant élevé entre eux & les François, il survint une guerre qui fut funeste à ces derniers. Les Slaves firent irruption dans la Thuringe & dans la France Trans-Rhenane, où ils mirent tout à feu & à sang; ce qui obligea les Germains à prier Dagobert de leur laisser son fils Sigebert pour Roi, afin que dans son absence ce Prince pût les défendre contre les Slaves. Il paroît aussi par les mêmes Ecrivains que les Slaves ou Winides, comme les appelle le Livre des Gestes de Dagobert, habitoient dans la Lusace & dans les Terres qui sont au-delà du Haut Elbe; & l'on voit qu'ils demeuroient encore au-delà du Bas Elbe vis-à-vis des Saxons; ce qu'on peut conclurre de la Promesse que firent les Saxons de défendre les limites des François contre les irruptions des Slaves, à condition qu'on leur remettroit le Tribut que Clothaire leur avoit imposé; on le peut aussi conclurre du défaut d'exécution de cette Promesse [e], parce que les Saxons s'allièrent avec les Slaves pour tenir tête aux François.

Procope & Jornandès sont les premiers Auteurs qui ayent parlé des Slaves. Le premier, après avoir marqué la demeure des Venedes ou Winides, dit que cette Nation nombreuse se partageoit en différens Peuples, qui étoient connus sous divers noms; mais qu'on la divisoit principalement en deux Peuples, appellés SCLAVINI & ANTES. Quant à Procope [f], il dit que les Antes & les Sclavons n'avoient autrefois qu'un même nom & que l'Antiquité les appelloit Sporades, d'un nom Grec qui signifie dispersés; parce que, ajoute-t-il, leurs Cabanes occupoient une grande étendue de Pays, & ils couvroient en effet une grande partie des bords du Danube. Prætorius dérive le nom de ces Peuples du mot *Slava*, qui dans la Langue des Sarmates signifie *Renommée* & *Gloire*; de sorte qu'il seroit plus naturel d'écrire SLAVI, que SCLAVI ou SCLAVINI. Mais le nom glorieux qu'ils s'étoient attribués, ou que leur valeur leur avoit mérité, est devenu avec le tems un nom d'ignominie & de mépris; car par le mot de Slaves d'où les François ont fait celui d'Esclaves, & les Italiens celui de *Slavi*, on n'entend plus que des hommes soumis à la plus misérable servitude.

Nous avons les noms d'une partie des Peuples qui composoient la Nation des Slaves. De ce nombre sont les Bohêmes; car on lit dans les Annales de Charlemagne [g], que Cacanus Prince des Huns alla trouver l'Empereur & lui demanda la permission de s'établir entre *Sabaria* & *Carnuntum*, à cause des incursions continuelles des Slaves appellés *Slavi Behemanni* [Bohêmes] qui ne permettoient pas à ses Sujets de demeurer dans les Pays qu'ils avoient jusque-là occupé. L'Empereur, ajoutent les mêmes Annales, envoya la même année dans la Terre des Slaves, appellée *Beheim* [Bohême] son fils Charles à la tête d'une Armée, qui ravagea le Pays & en tua le Duc nommé Lechon. Les *Maharenses* étoient Slaves. Reginon [h] dit que l'Empereur Arnolphe accorda à Zundebolch, Roi des Slaves, surnommés *Maharenses* le Duché des Bohêmes. Dans les Annales de Charlema-

[a] De Gest. Longob. L. 4. c. 7.
[b] Ibid. c. 4t.
[c] Lib. 5. c. 22.
[d] In Gest. Dagoberti l. c. 22. & in Chronic. Fredegar. c. 58.
[e] Aimon; & Gest. Dagoberti.
[f] Bell. Goth. L. 3. c. 14.
[g] Ad Ann. 805.
[h] Lib. 2. Ad ann. 890.

SLA.

[a] Ad an. 781. & 806.
[b] Apud Ruibrum, ad An. 822.

lemagne [a], il eſt ſouvent parlé des Slaves Sorabes, qui habitoient entre l'Elbe & la Sala, aux Confins des Thuringiens & des Saxons [b]. Les Annales de l'Empereur Louïs le Débonnaire nous apprennent qu'à la Diéte de Francfort ce Prince reçut les Ambaſſadeurs & les préſens que lui envoyoient les Slaves Orientaux, ſavoir les Obotrites, les Sorabes, les Wilzes, les Behemans, les *Maruani*, les *Prædenecenteni*, & les *Avares* de la Pannonie. On met encore au nombre des Slaves les Luciziens, les Rédariens, les Siléſiens, les Polonois, les Havelliens, les Poméraniens, les Caſſubiens, les Wagriens, les Rugiens.

[e] Bell. Goth. L. 3. c. 14.

Les Antes & les Sclavons, dit Procope [e], n'obéïſſent pas à un Roi; mais ils vivent depuis long-tems ſous un Gouvernement Populaire, & délibérent publiquement de tout ce qui concerne leurs intérêts. Ces deux Peuples obſervent les mêmes Loix & les mêmes mœurs. Ils ne reconnoiſſent qu'un ſeul Dieu, qui a créé le Monde & qui lance le Tonnerre; & ils lui ſacrifient des Bœufs & d'autres Victimes. Bien loin de faire dépendre la Vie des hommes de la deſtinée, ils n'avouent pas ſeulement qu'il y en ait; mais lorſqu'ils ſe voyent en quelque danger, ſoit par la violence d'une maladie, ou par le ſort des armes, ils promettent d'immoler une Victime quand ils en ſeront échappés, & ils ne manquent pas d'y ſatisfaire; alors ils croient tenir leur vie de la mort de la Victime. Ils rendent auſſi des honneurs aux Riviéres, aux Nymphes, & à d'autres Divinités, & ils leur préſentent des Sacrifices, d'où ils tirent des préſages de l'avenir. Ils habitent dans de miſérables chaumiéres, éloignées les unes des autres, & dont ils changent ſouvent. Ils font la guerre à pied tenant en leurs mains de petits Boucliers & de petits Dards. Ils ne portent point de Cuiraſſe; quelques-uns même n'ont ni Tunique ni Manteau; mais ils ſe couvrent d'un haut-de-chauſſes lorſqu'ils marchent contre l'Ennemi. Ils parlent tous la même Langue, & ont une taille & une mine toute ſemblable. Ils ſont grands & robuſtes. La couleur de leur viſage n'eſt pas fort blanche, ni celle de leurs cheveux fort blonde: elle ne tire pas auſſi ſur le noir, mais plutôt ſur le roux. Leur maniére de vivre eſt miſérable & inculte, comme celle des Maſſagétes, toujours dans l'ordure & dans la craſſe. Leur eſprit n'a ni malice ni fourberie; mais beaucoup de la ſimplicité des Huns, auſſi bien que du reſte de leurs mœurs.

Quoiqu'en diſe Procope, tous les Sclavons ne vivoient pas ſous un Gouvernement Populaire. Il paroît par la Chronique de Reginon que les Slaves *Maharenſes* étoient ſoumis à des Princes, puiſque leur Roi Zundibloch obtint de l'Empereur Arnolphe le Duché de Bohême, & s'étant enſuite ſoulevé contre l'Empereur, ce dernier entra à la tête d'une Armée dans le Pays des *Maharenſes*, y ruïna toutes leurs Villes, & mit fin à la Royauté de ces Peuples. Les Annales de Charlemagne font mention des Ducs qui gouvernoient les Slaves Bohêmes, & des Roitelets qui régnoient chez les Slaves Wilzes. On trouve dans les Annales de Louïs le Débonnaire qu'on porta à la Diéte de Francfort le différend de deux Fréres, au plus jeune deſquels les Wilzes avoient conféré la Couronne à l'excluſion de l'aîné. Enfin les Chefs des Obotrites ſont qualifiés tantôt du Titre de Roi, tantôt de celui de Duc; de ſorte que la forme du Gouvernement chez les Slaves fut à peu près la même que chez les Germains. Quelques-uns d'entre eux conſervérent leur liberté & d'autres furent ſoumis à des Princes. Mais ils différérent des Germains en ce qu'ils n'eurent pas ſoin, comme ceux-ci, de ſe fortifier par des Alliances mutuelles. Chaque Peuple ayant voulu ſe ſoutenir ſeul, ils vinrent quelquefois à ſe ruïner les uns les autres, quelquefois ils ſe virent accabler par leurs voiſins; ce qui les fit tomber dans un état de foibleſſe qui les rendit l'objet du mépris des autres Nations.

Les Sclavons paſſérent enfin le Danube, ſous l'Empire de Juſtinien & inondérent toute l'Illyrie, où ils prirent des Forts, qui juſqu'alors avoient été eſtimés imprenables. Les Capitaines qui commandoient dans l'Illyrie les repouſſérent quelquefois. Les Sclavons ſe bornérent quelque tems à des Courſes paſſagéres; mais à la fin ils établirent dans l'Illyrie une demeure plus ſtable que dans leur propre Pays. Ils donnérent entre autres leur nom à cette partie de la Pannonie qui eſt entre la Save & la Drave, qui fut appellée delà Pannonie Slavienne, & qu'on nomme encore préſentement Eſclavonie. Voyez ESCLAVONIE.

SLA. SLE.

[d] d'Andr. Cellar. Deſcr. Polon p. 165.

SLAUKAW, ou SLAUKAVIA, *Slaukavia*, ou *Slanukovia*, Ville de la Haute Pologne [d], dans le Palatinat de Cracovie, à deux milles d'Ilkuſch. Cette petite Ville que des Brigands brûlérent en 1455. a dans ſon Territoire des Mines de Plomb qui contienent de l'argent.

[e] Délic. de la Gr. Br. p. 1604.

1. SLEGO, ou SLEEGO, Comté d'Irlande [e], dans la Province de Connaught. Il eſt borné au Nord-Oueſt par l'Océan, au Nord par la Riviére du Trowis, à l'Orient par le Comté de Letrim, au Midi par celui de Roſcomon, & au Sud-Oueſt par le Comté de Mayo. Le Pays en eſt aſſez uni. Il eſt très-fertile & les Pâturages y ſont excellens. De hautes Montagnes nommées Curlew le ſéparent des Comtés de Letrim & de Roſcomon [f]. On le divise en ſix Baronnies qui ſont celles de

[f] Etat préſent de la Gr. Br. t. 3. p. 33.

Carbury,   Coolavan,
Tiraghrill,   Leney,
Corran,   Tyreragh.

Il y a dans ce Comté trois Villes; ſavoir

Caſtle-Connor,   Slego,
            Achonry.

[g] Délic. du la Gr. Br. p. 1605.

2. SLEGO, ou SLEEGO, Ville d'Irlande [g], dans la Province de Connaught, au Comté de même nom, dont elle eſt la Capitale, & la ſeule Place remarquable. C'eſt une petite Ville ſituée au-deſſus du milieu des Côtes, au fond d'une petite Baye qui y fait un aſſez bon Port, & qui prend le nom

de

de la Ville. Ce Port eſt paſſablement profond, & des Vaiſſeaux de deux cens Tonneaux y peuvent etre à flot devant la Ville de Slego; mais l'entrée en eſt difficile à cauſe d'une Barre de Rochers & de Sable qui la traverſe. A l'entrée de ce Havre eſt une Iſlette nommée l'Iſle aux Lapins, où l'on trouve une Mine de Plomb & d'Argent. Le Havre & la Ville ſont défendus par un Château. Cette Place eſt la ſeule du Comté qui ait le Privilège de députer au Parlement, & celui de tenir Marché. Elle donne le titre de Vicomte à Mylord Scudamore.

SLEIDEN, ou SCHLEYDEN, Ville d'Allemagne, au Duché de Juliers, dans ſa partie Méridionale, & le Chef-lieu d'un Comté de même nom. Cette petite Ville, ſelon Mr. d'Audiffred [a] eſt fortifiée d'une Citadelle à quatre Baſtions.

a Géogr. T. 2.

Le COMTE' DF SLEYDEN, eſt ſitué à l'Orient de celui de Reiffercheid. Il y a trente Villages ou Hameaux qui en dépendent; & il dépend lui-même du Comté de Chiny.

Les Comtes de Sleiden deſcendoient d'une Maiſon originaire d'Allemagne, leur poſtérité finit à Jean, dont la fille unique & Héritiére porta ſa ſucceſſion à Thierry III. Comte de Manderſcheid; Cunon fils aîné de Thierry mit Sleiden & pluſieurs autres Fiefs ſous l'hommage de Gerard Duc de Juliers en 1468. Thierry VI. étant mort ſans enfans mâles, Philippe Comte de la Marck de la Branche de Lumaigne, qui avoit épouſé Catherine Sœur de Thierry, s'empara du Comté de Sleiden, & le retint malgré les ſommations que lui firent les Comtes de Manderſcheid d'en vuider la poſſeſſion; il l'a laiſſé à ſes Deſcendans qui en jouiſſent encore, & malgré les prétentions des Ducs de Juliers.

SLEMNIUM. Voyez LYMINIS.

b Hermanid. Deſcr. Daniæ p. 264. & ſuiv.

SLESWICH [b], Ville du Dannemarck, & la Capitale du Duché, auquel elle donne ſon nom. Elle a pris le ſien du Golfe de *Slea*, *Selia* ou *Seleia*, ſur lequel elle eſt ſituée. Regino la nomme *Schlieodorf*; on l'a appellée auſſi *Haddeby*, *Heydeby*, & *Heithi*, & le Village qui eſt vis-à-vis de la Ville dans la partie Méridionale de la Slie porte encore le nom de Haddebuy. Sleswich eſt à 54. degrés 33. minutes de Latitude, & à 45. degrés 2. minutes de Longitude, ſur le bord Septentrional de la Slie. Son Territoire du côté du Midi, & de l'Orient n'eſt pas fort abondant. On y trouve néanmoins paſſablement les choſes néceſſaires pour la vie, parce qu'on les y porte des lieux circonvoiſins. La Slie fournit toutes ſortes de poiſſons, les Pays d'Angeln, & de Schuvantz y envoyent toutes les denrées néceſſaires, & les Habitans d'Huſum y conduiſent toutes les ſemaines des Bœufs, des Moutons, & des Agneaux. Il y a de la Biére qui n'eſt pas des plus agréables au goût; mais on y en apporte d'ailleurs, de même que du Vin que l'on y peut avoir à un prix aſſez raiſonnable. Les Edifices de cette Ville n'ont rien de particulier, on ne s'eſt attaché qu'à la commodité, & on a négligé les ornemens: quelques-uns pourtant des plus diſtingués de la Ville y ont d'aſſez belles Maiſons. Le Commerce n'eſt pas fort conſidérable, il n'y a que les Artiſans & les Cabaretiers qui apportent quelque profit à la Ville. Sleswich eſt à quatre milles d'Allemagne de Flensburg, à huit de Tonderen, à ſept grands milles d'Apenrad, à onze de Haderſlebe, à quatorze de Rypen, à quatre de Huſum, & de Friderichſtadt, à cinq de Tonningen, à trois de Rendesburg, à trois de Eckerenford, à ſix petits milles de Kiel, à dix de Ploen, à dix-ſept & démi de Lubec, à quinze de Hambourg, à neuf de Itzehoe, & à onze de Gluckſtadt. Elle n'a aucune Fortification; une ſimple muraille & une pôrte la ſéparent de ſon Fauxbourg. Il n'y a point d'autre Egliſe que la Cathédrale dans l'enceinte de la Ville; car l'Egliſe de St. Michel eſt dehors. La première eſt fort grande & fort belle. Le Bâtiment a été fait en différens tems, une moitié fut commencée en 1260. ou 1263. du vivant de l'Evêque Nicolas II. en 1408. on commença la moitié qui regarde le Midi; il arriva dans la ſuite que l'Egliſe fut brûlée & le Concile de Baſle accorda des Indulgences à ceux qui donneroient quelque choſe pour la faire rebâtir. En 1450. on acheva le côté du Midi, & en 1451. on finit la partie qui regarde le Septentrion. L'on voit dans la même Egliſe les Tombeaux des anciens Ducs de Sleswich, qui étoient de l'ancienne Famille des Rois de Dannemarck; l'on y voit auſſi les Tombeaux des Ducs de Sleswich qui ſont deſcendus de la Famille des Comtes d'Oldenburg. Pluſieurs Evêques de Sleswich y ſont enterrés. On en voit encore les Tombeaux.

Le Monaſtère de St. Jean dans une Iſle appellée Guldenholm, au devant de la Ville, étoit un Couvent de Filles de diſtinction qui s'y conſacroient à Dieu. L'Evêque Woldemar bâtit & fonda ce Monaſtère en 1192. on y mit dans le commencement des Moines, & on rapporte une Hiſtoire aſſez plaiſante d'un de leurs Abbés. On dit que ſe trouvant de nuit avec une jeune fille débauchée, un des Moines qui étoit peut-être ſon rival ſe mit à crier dans la Maiſon *Hélas Monſieur notre Abbé eſt mort dans l'Ame!* Les autres Moines épouvantés par ces cris accoururent à la Chambre de celui qu'ils croyoient véritablement mort; mais ils le trouvérent en bonne ſanté & entre les bras de ſa Maîtreſſe. L'Evêque, qui avoit reçu déja pluſieurs fois des plaintes de la vie licentieuſe de ces Moines, ayant appris cette Hiſtoire, les transféra à Buhecloſter.

Sleswich a été autrefois une Ville très-célèbre, & très-floriſſante, & Reginon nous apprend en 808. la fameuſe Ville de Meckelbourg, ayant été détruite par Gotfrid Roi de Dannemarck, du tems de Charlemagne, les Marchands en furent transportés à Sleswich. Adam de Brême, & Helmode parlent de la Ville des Saxons qui ſont au-delà de l'Elbe comme d'une Ville très-riche & très-peuplée. Cette Ville a ſouffert de grands maux, & a éprouvé pluſieurs malheurs, qu'elle n'a pu éviter à cauſe de ſa ſituation, qui ſe trouve ſur les Frontiéres de trois Nations différentes, à ſavoir des Danois, des Saxons, & des Véné-
des

des Peuples qui se sont fait toujours fait la guerre.

La première Bataille de Sleswich fut donnée près du Village & du Moulin de Stickdorf en 841. par les Rois Sygward, & Eric, qui étoient en guerre avec Biœrnon, Siward, ou Sygward, & Jever fils du Roi Regnier. Dans la seconde Bataille le Roi Gorme fut défait par l'Empereur Henri I. Sleswich fut pris alors avec sa Forteresse qui étoit au Midi. L'on voit encore dans le Village de Haddebuy les ruines de cette Forteresse, on les appelle aujourd'hui Oldenburg. Quelques années après, les Danois reprirent la Ville de Sleswich & la Forteresse, & tuérent le Margrave que l'Empereur y avoit mis ; c'est ce qui obligea l'Empereur Othon de s'emparer du Jutland Méridional & Septentrional. Il y eut une Bataille : l'avantage fut du côté d'Othon. Cet Empereur fit embrasser la Religion Chrétienne à Harald, à la Reine Gunilde, & à Svenon leur fils que l'on nomma Svenot au Bâteme. L'Empereur Othon II. se rendit maître des Fortifications que les Danois avoient faites au voisinage de Sleswich, Magnus Roi de Dannemarck, & de Norwége remporta en 1038. une grande Victoire sur les Vénèdes & les Wagriens. Ce fut la quatrième Bataille de Sleswich. Du tems du Roi Svenon Esthrit, la Ville de Sleswich fut prise & pillée par Harald Roi de Norwége. En 1066. les Vénèdes, les Wagriens, les Obotrites, la saccagérent entiérement, comme Helmolde le rapporte. Du tems de Canut Duc de Sleswich, que Magnus fils de Nicolas Roi de Dannemarck tua par trahison, cette Ville fut rebâtie, & on la fortifia ; de sorte que peu à peu elle reprit son ancienne splendeur.

Canut ayant été tué, les Habitans de Sleswich voulurent venger la mort de leur Prince, ils se joignirent pour cela à Eric son frere. Le Roi Nicolas avec Magnus son fils vint assiéger la Ville ; mais Magnus fut ensuite envoyé par son Pere, avec une Armée dans la Scanie où il fut tué. Quant au Roi Nicolas il crut se réconcilier avec les Habitans de Sleswich, par la voie de la douceur & par un accommodement à l'amiable : il les pria de le laisser entrer dans leur Ville ; mais à peine y fut-il que les Habitans le tuérent. Cet événement arriva en 1131. Le Roi Canut, Ennemi de Svenon Gratteheide, mit aussi le Siège devant cette Ville, sans succès pourtant. Quelque tems après, ce même Svenon qui étoit en guerre avec le Duc Woldemar assiégea Sleswich, le prit, & le pilla. Ses Soldats n'épargnérent pas même les Etrangers : ils portérent leur fureur jusques sur les Vaisseaux des Russiens, ils en enlevérent les Marchandises, qui, à ce que dit Saxon, furent données aux Soldats au lieu de solde. Les Etrangers épouvantés par une action aussi barbare, ne fréquentérent plus cette Ville ; elle perdit son Commerce, & devint presque un Village. Après tant de malheurs elle jouit quelque tems de l'avantage de la paix : elle respiroit un peu, & commençoit à se rétablir, lorsque le différend qui survint entre le Roi Eric, & le Duc Abel son frere, la replongea dans de nouvelles disgraces. Eric l'assiégea, & l'ayant prise il en traita les Habitans avec cruauté. Elle ne fut pas moins maltraitée par le Roi Christophle, qui avoit refusé au Duc Eric, frere du Duc Woldemar, l'Investiture du Duché. La Ville fut prise : on y massacra plusieurs Habitans & les femmes même n'y furent pas à couvert de l'insolence & de la brutalité du Soldat vainqueur. Les maux que cette même Ville éprouva dans la suite furent encore plus terribles ; sur-tout lorsque le Roi Eric Glipping la prit quelques années après que lui-même eut perdu une Bataille dans le Desert de Lohheide, où il fut vaincu par Jean & Gerhard Comtes du Holstein, qui le firent prisonnier avec sa mere, & l'Evêque de Sleswich. Le Roi Christophle II. en qualité de Tuteur, se rendit maître de la Ville & du Duché de Sleswich, il assiégea ensuite la Forteresse de Gottorp ; mais Gerard Magnus Comte du Holstein l'obligea d'en lever le siège, & quelques années après même Christophle fut encore défait dans une grande bataille. En 1416. les Habitans du Holstein obligérent Eric de Poméranie Roi de Dannemarck de lever le siège qu'il avoit mis devant la Ville. L'année suivante 1417. le même Eric attaqua le Roi Albert, qui, après avoir été chassé de la Suède, s'étoit refugié à Sleswich qu'il avoit pris & qu'il défendoit avec mille Soldats ; Eric obligea Albert de sortir de cette Ville, & le fit renoncer à tous ses Royaumes. Aussitôt qu'Eric fut de retour en Danemarck, Sleswich rentra sous l'obéissance des Ducs, ses premiers Souverains, qui s'appliquérent à la fortifier en 1426. Le même Roi Eric revint pour la troisième fois assiéger cette Ville, il fit tous ses efforts pour la prendre ; mais il n'y put pas réussir, & il fut même obligé de repasser au plus vîte en Dannemarck pour se mettre en état de soutenir la guerre que lui venoient de déclarer les Villes Anséatiques. En 1447. Sleswich fut presqu'entiérement détruite par un incendie. Elle jouit ensuite pendant environ deux cens ans d'une paix assez profonde ; de sorte qu'elle fut assez tranquille jusqu'à l'an 1628. Elle ressentit alors une partie des maux que causérent l'entrée des Allemans dans le Sleswich, & la première invasion des Suédois en 1645. La seconde invasion en 1657. & 58. ne lui fut pas fatale, parce que le Roi de Suède étoit gendre du Duc. Après que les Suédois eurent quitté le Pays, l'Electeur de Brandebourg se rendit maître du Duché & de la Ville de Sleswich, & de la Forteresse de Gottorp ; mais tout cela se rendit à la paix.

L'EVECHE' DE SLESWICH, a pris son nom de Sleswich, qui étoit autrefois le Siège des Evêques : il a depuis été transporté à Schwabsted d'où il a pris le nom d'*Evêché de Schwabsted*. Il fut fondé dès le tems que l'Evangile fut apporté dans le Pays. En 827. le Moine Ansgard, ou Anscher, Frison de nation, annonça la Foi dans le Sleswich, après que le Roi Huraldklag eut été baptisé à Mayence. Ce Roi Huraldklag, ayant été chassé de son Royaume par le Roi Regner, avoit imploré le secours de l'Empe-

S L E.

reur Louis le Débonnaire, qui refusa de le secourir jusqu'à ce qu'il se fût fait baptiser. Les Peuples ne laissèrent pas de retourner souvent à leur ancienne Idolâtrie jusqu'au tems du Roi Eric Barn, qui rebâtit le Temple de Rypen, après qu'il eut été ramené au Christianisme par le Moine Ansgard. Ce Prince étant mort, la Religion Chrétienne fut encore bannie du Pays jusqu'au Régne de l'Empereur Henri I. Ce fut dans ce temslà que les Danois, après leur défaite, embrassèrent pour toujours la lumiére de l'Evangile.

Il y a eu trente-huit Evêques de Sleswich. Le premier fut Eric qui en 934. fut sacré par Unnon Archevêque de Hambourg, & de Brême. Le dernier a été Godtschalck d'Alefeldt, qui mourut en 1541. & retint l'Evêché jusqu'à la fin de ses jours, quoique les autres Évêques du Dannemarck eussent embrassé le Luthéranisme. Tileman de Hussen fut le premier Evêque Luthérien qui occupa le Siège de Sleswich ou de Schwabstede.

Le Duché de Sleswich, qui est proprement le Jutland Méridional, a le Nord Jutland pour bornes au Septentrion [a], la Mer Baltique à l'Orient, le Holstein au Midi, & l'Océan au Couchant. Sa longueur est de quinze milles & sa largeur à peu près de dix. Sleswich est sa Capitale. Les autres lieux remarquables qui s'y trouvent sont Gottorp, Flensbourg, Fredericstad, Tonningen, Husum, Hadersleben. Les Isles de Nordstrand, de Fore, de Sylt, d'Amroen, de Roem & de Mandoa, dépendent de ce Duché, qui est arrosé d'un grand nombre de Riviéres; ce qui le rend très-fertile. La partie Orientale est beaucoup plus élevée que l'Occidentale, qui consiste en de grandes Plaines abondantes en toutes sortes de grains. Le Duché de Sleswich est une ancienne dépendance du Royaume de Dannemarck. Le Roi Nicolas I. le donna en 1128. à Canut son Neveu, fils du Roi Eric, surnommé *Ejegod.* En 1280. Eric Glipping, Roi de Dannemarck & de Suède, en investit Waldemar IV. fils d'Eric I. Duc de Sleswich. Eric II. en fut privé par Christophle I. auquel Gerhard le *Grand*, Comte de Holstein, l'enleva. Ce dernier en obtint la confirmation de la Reine Marguerite, qui lui en donna l'Investiture en 1388. Sa Postérité se trouvant éteinte en 1459. dans la personne d'Adolphe, Christian I. réunit ce Pays au Royaume de Dannemarck; mais après la mort de Frédéric I. ses enfans le partagèrent à Rendsbourg en 1544. Il est divisé en différens Bailliages, savoir

[a] D'Audifred, Géogr. t. I.

Hadersleben,	Gottorp,
Tondern,	Husum,
Apenrade,	Hutten,
Flensbourg,	Wittenfée,
Sonderbourg,	Morckier,
Nordbourg,	Le District d'Eyderstede,
Glucksbourg, ou Ruhkloster,	Le Territoire de Christianpreys,
Sundewit,	
Le Cloître de Lohm.	

On compte dans tous ces Bailliages quatorze Villes, treize Forteresses, ou Châteaux, & environ quatorze cens quatre-vingt Villages. Ceux de Hadersleben, de Rypen, de Flensbourg & de Christian-Preys, avec les Isles de Roen, d'Amroen, de Mandoa, & la partie Occidentale de celle de Fore, appartiennent au Roi de Dannemarck: Ceux de Gottorp, de Tondern, d'Apenrade, d'Husum de Wittehsée, de Morckier, d'Eyderstede & de Lohm, devroient être possédez par le Duc de Holstein-Gottorp, avec les Isles de Femern, de Nord-Strand & de Sylt, & la partie Orientale de celle de Fore; & les Bailliages de Sonderbourg, de Nordbourg, de Glucksbourg, & une partie de Sundwit, avec les Isles d'Alsen, & d'Arroe sont partagés entre les Ducs de Holstein Glucksbourg. L'Evêque de Slefwich y possédoit autrefois un Domaine très-considérable que les Rois de Dannemarck ont réuni à leur Couronne. Ils ont seulement laissé au Chapitre de Sleswich la jouissance de quelques Terres. La Noblesse de cette Province est fort puissante. On l'a divisée en quatre Cercles, dont le premier est celui d'Hadersleben: les trois autres sont ceux de Tondern, de Flensbourg, & de Gottorp.

SLEW-BLOEMY, en Latin *Bladinæ Montes*, [b] Montagnes d'Irlande, dans la Province de Leinster, au Comté de la Reine, ou de Queens-County. Ces Montagnes sont dans le Quartier Occidental du Comté qui en est tout couvert. Elles donnent la source à trois grandes Riviéres; savoir le Barrow, la Shure, & la Nure, qui coulent toutes trois au Midi par diverses routes, & se joignent dans le Havre de Waterford.

[b] Délices de la Gr. Br. p. 1546.

SLEWGALEN, Montagnes d'Irlande [c], dans la Province d'Ulster, au Comté de Tyrone. Ce Comté est divisé en deux grandes parties par ces Montagnes qui forment une longue chaîne, qui le traversent dans sa longueur. Ces Montagnes ont quelques Mines de Fer, & donnent la source à diverses petites Riviéres, qui coulent vers le Lac de Neaugh.

[c] Ibid. p. 1590.

SLEY, SLIE, ou SLYE. Voyez SLIE.

SLINGÆ, Lieu de la Frise ancienne, Ortelius [d] dit qu'il en est fait mention dans une ancienne Inscription conservée à Rome, & qui est du tems de Charlemagne.

[d] Thesaur.

1. SLONIM, District du Grand-Duché de Lithuanie [e], au Palatinat de Novogrodek. Il prend son nom de la Capitale, s'étend entre les Riviéres de *Zelwio* & de *Sczara*.

[e] De l'Isle, Atlas.

2. SLONIM, Ville du Grand-Duché de Lithuanie [f], dans le Palatinat de Novogrodek, & le Chef-lieu d'un District auquel elle donne son nom. Cette petite Ville située sur la rive gauche de la *Sczara*, est revêtue de quelques Fortifications; & l'on y a bâti un Château pour la défendre des insultes des Ennemis.

[f] Ibid. Andr. Cellar. Descr. Polon. D'Audifred, Géogr. t. I.

SLOOTEN, Ville des Pays-Bas, dans la Frise, dans *Westergoo*, dont elle est la Capitale. Cette Ville située près d'un grand Lac, qui porte le nom de SLOOTER-MEER, est à trois lieues de Sneeck & à une du Zuyderzée, Mer avec laquelle les Habitans de Sloo-

SLO. SLU. SLY.

Slooten ont communication par le moyen d'un Canal. Cette Ville est séparée en deux par un grand Canal navigable, qui vient de Slooter-Meer & qui va se jetter à une lieue par delà la Ville dans un autre Canal, qu'on dit avoir été creusé par Tacon II. Podestat de Frise. Quoique petite, Slooten est bien peuplée & marchande. Elle a trois portes, une Eglise, & une Maison de Ville, où le Magistrat, qui est composé de quatre Bourgmestres & de trois Sénateurs, s'assemble pour rendre Justice, & gouverner les affaires publiques. Le terroir des environs est très-fertile en froment & en pâturages; ce qui fait qu'on y élève beaucoup de Bétail, & qu'on y fait beaucoup de beurre & de fromage.

Il n'y a pas long-tems que Slooten a été mise au rang des Villes. Elle avoit toujours été ouverte; mais pendant les guerres de Religion, les Confédérez l'entourèrent de quelques Ouvrages, que les Espagnols ruinèrent dans la suite. Les Etats de la Province les ont fait réparer depuis, & y ont ajouté de nouvelles Fortifications; de sorte qu'elle a maintenant un bon fossé rempli d'eau, & des remparts défendus par cinq bons Bastions.

SLOTNA. Voyez AURARIÆ.

1. SLUCZK, Ville du Grand-Duché de Lithuanie au Palatinat de Novogrodek. Elle prend son nom de la Riviére sur laquelle elle est située. Cellarius [a] dit dans sa Description de la Pologne, que c'est la plus grande Ville du Pays; mais qu'elle est presque toute bâtie de bois, si on en excepte le Palais Ducal, l'Eglise des Catholiques & quelques autres Edifices. Sous le Règne de Sigismond I. les Tartares furent défaits au voisinage de cette Ville en trois batailles rangées, par Constantin Duc d'Ostrog.

Le DUCHÉ DE SLUCZK est dans la partie Orientale du Palatinat de Novogrodek. Il a eu autrefois ses Princes particuliers, qui possédoient de grandes Terres. Leur Maison est éteinte; & depuis ce tems-là le Duché est possédé par les Princes de Radziwil.

SLYE, SLIE, ou SLEY, Riviére du Danemarck [b], dans le Jutland Méridional. C'est proprement un Golphe de la Mer Baltique, qui entre dans les Terres, & qui est beaucoup plus long que large. Il a depuis son Embouchure jusqu'à Gottorp cinq milles d'Allemagne de longueur. De tous les côtés de ses rivages il reçoit plusieurs Ruisseaux, & petites Riviéres; l'on y pêche toutes sortes de poissons; les plus excellens sont les Brochets, les Esturgeons, & les Harangs, dont on fait une grande pêche à l'Embouchure de ce Golphe & au voisinage de Sonderburg. Quoique l'Embouchure de la Slye soit suffisamment large, il n'y a pourtant pas assez de fond pour que de grands Vaisseaux y puissent entrer. On dit que la Reine Marguerite Sambirie y fit jetter de grosses pierres qui en ont gâté l'entrée. Pontanus & Jean Peterson rapportent qu'en 1426. les Habitans du Holstein y jettèrent aussi quantité de pierres dans le tems que la Ville de Sleswich étoit assiégée par le Roi Eric. Les mêmes Auteurs ajoûtent que l'entrée du Golphe fut ensuite nettoyée

[a] Descr. Polon. p. 413

[b] Hermanid. Descript. Daniæ p. 857. t. 2.

SMA. SME.

par les Danois; & que, comme aujourd'hui c'est le sable & la vase qui ferment cette Embouchure, on devroit la nettoyer.

S M.

SMALAND, ou GOTHIE MÉRIDIONALE; Province de la Suéde, dans la partie Méridionale de la Góthie. Elle est bornée au Nord par l'Ostrogothie: à l'Orient par la Mer Baltique: au Midi partie par la Schone, partie par le Blecking; à l'Occident par la Westrogothie. On lui donne environ quarante lieues du Couchant au Levant, & vingt-cinq à trente lieues du Midi au Nord, le long de la Côte. On la divise en plusieurs Territoires, qui sont ceux de Wernsland, de More, de Tiust, de Tyaderds & d'Asboland-Finhed. Sa Ville Capitale est Calmar. On divise aussi cette Province en Continent & en Isles, entre lesquelles la plus grande est celle d'Oland ou Oeland. Les Lieux les plus remarquables sont

Dans le Continent :
{ Calmar,
Jönekóping,
Ekesio,
Westerwick,
Wimmerby,
Wexio.

Dans l'Isle d'Oland :
{ Borckholm,
Hulterstad,
Ottenby.

SMALKALDEN, Ville d'Allemagne [c], dans le Cercle de la Haute-Saxe, avec un Territoire qui s'étend entre le Duché de Weimar & celui de Saxe-Naumbourg. Cette Ville située à un mille de la Riviére de Werra, & à six d'Erford, est renommée par les Confédérations que les Princes Protestans y firent, dans les années 1530. 1537. & 1540. pour la défense de leur Religion; d'où la guerre qu'ils eurent contre eux l'Empereur Charles V. & son frere Ferdinand fut appellée *Smalcaldique*. Cette Ville a été la Capitale du Comté de Frankenstein. Berthol VIII. Comte de Henneberg l'acheta de Loüis & de Sigebert Comtes de Frankenstein. Aujourd'hui Smalkalden appartient au Landgrave de Hesse-Cassel.

[c] t Juillet, Atlas.

SMARAGDITES-MONS. Pline [d] dit qu'on appelloit ainsi une Montagne voisine de Chalcedoine, où l'on trouvoit des Emeraudes vicieuses.

[d] Lib. 37. c. 5.

SMARAGDUS-MONS, Montagne d'Egypte. Ptolomée [e] la marque sur la Côte du Golphe Arabique, entre *Nechesia* & *Lepte Extrema*. C'est apparemment dans cette Montagne qu'étoient les Mines d'Emeraudes dont Héliodore fait si souvent mention.

[e] Lib. 4. c. 5.

SMELDINGI, Peuples de la Germanie, au delà de l'Elbe. Il est dit dans les Annales de Charlemagne [f], que Charles fils de cet Empereur jetta un Pont sur l'Elbe mena l'Armée qu'il y avoit sous ses ordres dans le Pays des *Hinilons* & des *Smeldingi*, qui s'étoient soulevez & avoient pris le parti du Roi Godefrid. Charles, après avoir ravagé tout le Pays de ces Peuples, repassa l'Elbe sain & sauf & rentra dans la Saxe. C'est-là tout ce que nous avons pour con-

[f] Ad. an. 808.

noître à peu près le Pays qu'habitoient les *Smeldingi*.

'SMENUS, Fleuve du Péloponnèse, dans la Laconie. Ce Fleuve à son Embouchure, dit Pausanias [a], à la gauche d'un Promontoire fort élevé, sur lequel il y a un Temple de Diane surnommée *Dictynna*, en l'honneur de laquelle il se célébre un jour de Fête tous les ans. Je ne connois point de Fleuve, poursuit Pausanias, dont les eaux soient plus douces, ni meilleures à boire. Il a sa source dans la Montagne de Taïgète, & passe à cinq Stades de la Ville. C'est le Fleuve Smeneos de Diodore de Sicile.

[a] Lib. 3. c. 24.

SMERWICK, Port de l'Irlande [b], dans la Province de Momonie, sur la Côte du Comté de Kerry. Le Cap de Brandon-Hills fait près de son extrémité deux bons Havres, l'un au Nord appellé SMERWICK & l'autre au Sud nommé DINGLE. Celui de Smerwick n'est ni grand ni profond; mais il est net & bien fermé. Son nom est corrompu de *S. Marie Wirck*.

[b] Délices de la Gr. Br. p. 1509.

SMIDEROVIE. Mr. Corneille [c] dit: Ville principale de Rascie; elle est assez proche de Belgrade. Il entend sans doute la Ville de Semendrie, dans la Servie, à la droite du Danube, un peu au-dessous de Belgrade.

[c] Dict.

SMIHEL, SMIELE, ou ISMAÏL, Ville des Etats du Turc en Europe, non dans la Basse Bulgarie, comme le dit Mr. Corneille [d], mais dans le Budziac ou Bessarabie, sur la Bouche la plus Septentrionale du Danube, environ à quatre milles au-dessus de *Keli*, ou *Kilia-Nove*.

[d] Dict.

SMINTHA, Ville de l'Asie Mineure, dans la Troade, selon Etienne le Géographe, Eustathe, & Q. Calaber. Elle donnoit son nom à une Montagne voisine appellée SMINTHIUM NEMUS. Cette Ville, qui est nommée SMINTHIUM par Strabon [e], étoit voisine d'*Hamaxitia*, & se trouvoit deserte du tems de ce Géographe, qui nous apprend qu'il y avoit divers Lieux appellez Sminthe; savoir deux près d'Hamaxitia, hors du Temple d'Apollon Sminthien, d'autres dans le Territoire de Larisse, dans l'Isle de Rhodes, & en plusieurs autres endroits. Smintha fut sa fondation à une Colonie de Crétois, & elle avoit un Temple, où Apollon rendoit des Oracles. Homère parle de Sminthe dans le premier Livre de l'Iliade.

[e] Lib. 10. p. 473.

Τενέδοιό τε ἶφι ἀνάσσεις,
Σμινθεῦ.

SMIRNE. Voyez SMYRNE.

SMOCOBUM PRÆFECTURA, Préfecture dont il est parlé dans les Sanctions Pontificales des Empereurs d'Orient, qui la mettent dans un Canton appellé Baltitzes. Cette Préfecture ni ce Canton ne sont point connus d'ailleurs.

SMOLENORUM REGIO, Contrée que Nicétas, cité par Ortelius, place dans la Thrace.

1. SMOLENSKO, Province de l'Empire Russien [f], dans la Russie-Blanche, avec titre de Grand-Duché & de Palatinat. Elle est bornée au Nord par la Principauté de Biela, à l'Orient par le Duché de Moscou, au Midi partie par le Duché de Severie, partie par le Palatinat de Mcislave, & à l'Occident partie par le même Palatinat, partie par celui de Witepsk. Le Dniper traverse cette Province d'Orient en Occident. C'étoit autrefois un Palatinat séparé, qui faisoit partie de la Lithuanie, dont il est Frontière. Voyez l'Article suivant.

[f] De l'Isle, Atlas.

2. SMOLENSKO, Ville de l'Empire Russien, au Grand-Duché de même nom, dont elle est la Capitale. Cette Ville située sur le Dniper, à la droite, dans la partie Occidentale de la Province, se trouve aux confins de la Moscovie & de la Lithuanie. Elle est grande & forte [g], son Evêché, qui est suffragant de l'Archevêché de Gnesne, fut institué par le Pape Urbain VIII. à la sollicitation du Roi de Vladiflas IV. Comme cette Place est sur les Frontières, elle a été sujette à bien des changemens. Elle appartenoit autrefois aux Ducs de Russie. Mais Vitond Grand-Duc de Lithuanie s'en empara en 1403. En 1514. le Grand-Duc de Moscovie s'en rendit le Maître. Sigismond III. Roi de Pologne, l'enleva aux Moscovites en 1611. ceux-ci tenterent plusieurs fois de la reprendre, mais toujours inutilement. Enfin Alexis Michalowits la reprit le 13. Octobre 1654. & les Polonois cédérent aux Moscovites, par un Traité de paix en 1687. tout le droit qu'ils prétendoient avoir sur cette Ville, & sur tout le Duché dont elle porte le nom; & depuis ce tems-là elle a fait partie des Etats du Czar, qui entretient Garnison dans le Château, qui est dans une Montagne au milieu de la Ville.

[g] Le Brun, Voyage, T. 5. p. 257.

SMOLNICK. Mr. Corneille dit [h], sans citer de garand: Bourg de la Haute-Hongrie, accompagné d'un Château. On le trouve dans les Montagnes au Comté de Scepus, vers les Frontières de la Pologne. Ce Bourg n'est point marqué dans la Carte de la Pologne par Mr. de l'Isle [i].

[h] Dict.
[i] 1717.

SMONGI. La Relation de l'Ambassade des Hollandois au Japon appelle ainsi une Ville de cet Empire. Smongi, dit-elle, est assez célébre, & à côté de cette Ville est le beau Palais d'Onnaïs. On monte à ce Palais par un Escalier taillé dans le Roc, & qui est coupé en deux à la seizième marche. Il continue de la sorte jusqu'au Perron bâti à l'Italienne sur le Roc, derrière lequel il se rejoint. Deux Pavillons assez beaux, aux coins desquels il y a des Boules & des Dragons, sont appuyez sur deux Arcades, dont le soubassement est percé de quatre Croisées environnées de Balustres. A dix marches plus haut est le grand Portail du Palais; où l'on entre par trois endroits, le tout de la même structure que la première entrée, si ce n'est qu'il n'y a point de Boules sur la couverture. Ce Portail, qui touche de chaque côté à une Tour à trois étages, où l'on garde les Trésors, est bâti au milieu d'une Galerie percée de huit Croisées en dehors, & d'autant en dedans. Les bords de la couverture sont aussi semez de petites Boules. Un peu plus loin il y a deux autres Tours mais plus petites, & de même figure. Elles servent de logement aux Femmes & aux Con-

SMY.

Concubines. Près delà est une Ville appellée *Coyo*.

SMYRALEA. Voyez CESAREE, N°. 7.

SMYRNE, Ville de la Turquie en Asie, dans l'Anatolie au Pays de Sarchan. C'est la plus belle Porte [a] par où l'on puisse entrer dans le Levant; elle est bâtie au fond d'une Baye capable de contenir la plus grande Armée Navale du Monde. Des sept Eglises de l'Apocalypse, c'est la seule qui subsiste avec honneur; elle doit cet avantage à Saint Polycarpe, à qui Saint Jean, qui l'avoit formé dans l'Episcopat, écrivit par ordre du Seigneur: *Soyez fidelle jusques à la mort, je vous donnerai la Couronne de Vie* Les autres Villes que Saint Jean avertit par ordre du Seigneur, sont ou de misérables Villages, ou d'autres tout-à-fait ruinés. Cette Illustre Ville de Sardes, si renommée par les Guerres des Perses & des Grecs; Pergame Capitale d'un beau Royaume; Ephèse qui se glorifioit d'être la Métropole de toute l'Asie; ces trois célèbres Villes sont de petites Bourgades bâties de boue & de vieux Marbres. Thyatire, Philadelphie, Laodicée, ne sont connues que par quelques restes d'Inscriptions où il est fait mention de leurs noms.

[a] *Tournefort, Voyage du Levant t. 2. p. 196. & suiv.*

Smyrne est une des plus grandes & des plus riches Villes du Levant. La bonté de son Port, si nécessaire pour le Commerce, l'a conservée & fait rebâtir plusieurs fois, après avoir été renversée par les tremblemens de Terre. C'est comme le rendez-vous des Marchands des quatre Parties du Monde, & l'Entrepôt des Marchandises qu'elles produisent. On compte quinze mille Turcs dans cette Ville, dix mille Grecs, dix-huit cens Juifs, deux cens Arméniens, & autant de Francs. Les Turcs y ont dix-neuf Mosquées, les Grecs deux Eglises, les Juifs huit Synagogues, les Arméniens une Eglise, & les Latins trois Couvens de Religieux. L'Evêque Latin n'a que cent écus Romains de rente; celui des Grecs à mille cinq cens Piastres. Quoique celui des Arméniens ne subsiste que par les Aumônes de sa Nation, il est le mieux partagé de tous les Prélats Chrétiens. On amasse ces aumônes les Fêtes & les Dimanches, & on assure qu'elles montent à six ou sept bourses par an.

La situation de cette Ville est admirable. Elle s'étend tout le long de la Marine au pied d'une Colline qui domine le Port. Les Rues y sont mieux percées, mieux pavées, & les Maisons mieux bâties que dans les autres Villes de Terre-ferme. La Rue des Francs qui est le plus bel endroit de Smyrne, regne tout le long du Port. On peut dire que c'est un des plus riches Magazins du Monde; aussi la Ville est placée comme au centre du Commerce du Levant, à huit journées de Constantinople par terre, & à 400. milles par eau, à 25. journées d'Alep, par Caravanes, à six journées de Cogna, à sept de Cutaye, & à six journées de Satalie.

Il n'y a point de Bacha dans Smyrne, mais seulement un Sardar qui commande deux mille Janissaires, logés dans la Ville, ou aux environs. La Justice y est administrée par un Cadi. La Nation Françoise étoit composée en 1702. d'environ 30. Marchands bien établis, sans compter plusieurs autres François qui y faisoient un commerce moins considérable. La Nation Angloise y étoit nombreuse aussi, & leur Négoce étoit florissant.

Dans le tems que nous étions à Smyrne, continue Mr. de Tournefort, la Nation Hollandoise n'étoit composée que de 18. ou 20. Marchands bien établis & fort estimés. Il n'y avoit que deux Génois, qui négocioient sous la Bannière de France. Il y résidoit un Consul de Venise quoiqu'il n'y eût aucun Marchand de cette Nation.

Les Caravanes de Perse ne cessent d'arriver à Smyrne, depuis la Toussaint jusqu'en Mai & Juin. On y porte quelquefois jusqu'à deux mille bales de Soye par an, sans compter les Drogues & les Toiles. Les François y portent de la Cochenille, de l'Indigo, de la Salsepareille, du Bois de Bresil & de Campêche, du Verd de Gris, des Amandes, du Tartre, du Poivre, de la Canelle, du Girofle, du Gingembre, de la Muscade. Les Draps du Languedoc, les Serges de Beauvais, les Cadis de Nismes, les Princhinas, les Satins de Florence, le Papier, l'Etain fin, le bon Acier & les Emaux de Nevers, y sont de bon débit. Avant que ce Commerce y fût bien établi, les Marchands des autres Nations appelloient les François *Mercanti di Barretti*, parce qu'ils fournissoient, de même qu'aujourd'hui, presque tous les Bonnets & les Calotes de laines. Ils y portoient aussi de la Fayance; mais la plus grande quantité est envoyée d'Ancone. On estime à Smyrne les Fouines de France, & sur-tout celles du Dauphiné, dont on se sert pour les fourrures. Une fourrure de veste s'y vend depuis 50. jusques à 80. écus: on mêle les plus foncées en couleur avec le Samour, qui est la Marte-Zibeline, ou la Fouine de Moscovie. On employe beaucoup plus de ces peaux de Fouines qui viennent par la Sicile, que de celles de France; mais elles y sont moins chéres, parce que celles de France passent sur le pied des Fouines d'Arménie & de Géorgie.

Outre les Soyes de Perse & le fil de Chévre d'Angora & de Beibazar, qui sont les plus riches Marchandises du Levant, les Marchands François tirent de Smyrne le Côton filé, ou Caragach, le Côton en rame, les Laines fines, les Laines bâtardes, & celles de Metelin, les Noix de Gale, la Cire, la Scamonée, la Rhubarbe, l'Opium, l'Aloë, la Tutie, le Galbanum, la Gomme Arabique, la Gomme Adragant, la Gomme Ammoniac, le *Semen Contra*, l'Encens, la Zedoaria, & des Tapis grands & communs.

Tout le Commerce se fait par l'entremise des Juifs, & on ne sauroit rien vendre ni acheter qui ne passe par leurs mains. On a beau les traiter de *Chifous* & de malheureux, rien ne se meut que par leurs organes. Il faut leur rendre justice, ils ont plus d'habileté que les autres Marchands; ils vivent d'ailleurs à Smyrne d'une manière assez aisée, & ils y font une dépense fort honorable, ce qui paroît très-extraordinaire parmi une Nation qui n'étudie que l'art de lésiner. Les Marchands

chands étrangers vivent entr'eux avec beaucoup de politesse, & ils ne manquent à aucune visite de cérémonie ou de bienséance. Les Turcs paroissent rarement dans la Rue des Francs, qui est de toute la longueur de la Ville. Il semble, quand on est dans cette Rue, que l'on soit en pleine Chrétienté; on n'y parle qu'Italien, François, Anglois, Hollandois. Tout le monde se découvre en se saluant. On y voit des Capucins, des Jésuites, des Recolets. La Langue provençale y brille sur toutes les autres, parce qu'il y a beaucoup plus de Provençaux que d'autres Nations. On chante publiquement dans les Eglises; on psalmodie, on prêche, on y fait le Service Divin sans aucun trouble; mais d'un autre côté on n'y garde pas assez de mesures avec les Mahométans, car les Cabarets y sont ouverts à toutes les heures du jour & de la nuit. On y joue, on y fait bonne chére, on y danse à la Françoise, à la Grecque, à la Turque. Ce Quartier seroit très-beau s'il y avoit un Quai sur le Port; mais la Mer vient battre jusqu'au derriére des Maisons, & les Bâteaux entrent, pour ainsi dire, dans les Magasins.

Les Tremblemens de Terre, auxquels cette Ville est fort sujette, y ont causé en différens tems plusieurs changemens. Il y a environ trente-quatre ans que la Peste y enleva plus de dix mille personnes, & les maladies qui la suivirent furent presque aussi dangereuses. On prétend que quand la Mer est calme pendant quelques jours, c'est un signe, sur un tremblement de terre; mais on a souvent éprouvé le contraire. Il en arriva un si terrible en 1688, que la Ville fut entiérement renversée; & comme on crut que les Maisons étoient trop pesantes, & qu'elles ne prétoient pas assez aux secousses réitérées, qui trouvant de l'obstacle les faisoient crouler, on a voulu remédier à cet inconvénient, en rebâtissant la Ville. Les Maisons ne sont de pierre, que depuis les fondemens jusqu'à la hauteur de dix ou quinze pieds. Le reste est de piéces de bois entrelassées, dont les intervalles sont remplis de terre cuite, enduits de chaux. La précaution a été bonne: car quoiqu'il soit survenu depuis des tremblemens même plus violens que les précédens, il y a eu peu de Maisons renversées. Les Grecs en content six principaux; & c'est une tradition parmi eux qu'un septième renversera & détruira entiérement la Ville, qui ne sera jamais rebâtie.

[a] George Wheler Voyage de Dalm. &c. p. 258. & suiv. T. 1.

SMYRNE [a], comme je l'ai déja insinué, est une Ville fort ancienne, bâtie, à ce que disent les Grecs, par l'Amazone *Smyrna*, qui lui donna son nom. Elle est située au fond d'une Baye à dix lieues de son Embouchure, qui est assurée par de hautes Montagnes contre tous les Vents, excepté contre celui d'Aval: & ainsi elle ne peut souffrir aucun dommage du côté de la Mer: car le Fleuve Hermus qui s'y décharge fait un Banc de sable, qui arrête la fureur de la Mer, & qui ne laisse qu'un passage assez étroit; mais le plus ignorant Pilote peut conduire sans péril les Vaisseaux au dedans de la Baye où il y a toujours de la place, & du fond avec un bon mouillage ou tenure. Cette Baye a le Mont Sipylus au Nord, & au Nord-Est une autre Montagne, qui peut bien être le Mont Megesis dont parlent Ptolomée & Strabon. Du côté de la pointe d'Occident jusqu'au Promontoire *Argennum*, l'on voit le Mont Mimas qu'on appelle présentement les Freres, à cause des deux pointes qui sont les plus hautes. Il y a une petite ouverture qui est l'Embouchure de la Baye; mais les Montagnes recommencent à s'élever delà pour joindre le Mont Sipylus. Ces Montagnes ne sont pas escarpées par-tout, & entre elles & la Baye il y a des Champs très-fertiles. On y voit des Oliviers, des Vignobles, & des Terres à bled; & depuis là jusqu'au Mont Sipylus il y a une Vallée de deux lieues de long, & environ d'un quart de lieue de large en quelques endroits. Cette Vallée, avec les Jardins de la Ville, & la Ville même, est arrosée de deux beaux Courants d'eau douce, dont l'un coule au Nord, venant du Mont Sipylus, & l'autre du Mont Mimas du côté du Sud, ils se joignent ensemble au Nord-Est de la Ville, & se déchargent dans la Mer au Nord-Ouest à l'extrémité de la Ville, après s'être un peu grossis. Celui qui vient du côté du Nord du Mont de Sipylus, est une Riviére considérable, où il y a quantité de poissons. L'autre qui vient du Mont Mimas est portée pour la plus grande partie dans la Ville par des Aqueducs, dont deux sont fort bien bâtis, avec des Arches de pierre, qui croisent la Vallée, où le fossé profond qui s'est creusé de lui-même, entre les deux Montagnes; dont celle qui est le plus au Nord est le Lieu où étoit l'Ancienne Smyrne, qui n'est plus qu'un Château. Le reste de l'eau se répand à travers les Jardins. *Strabon* fait la meilleure & la plus courte Description de l'ancienne situation & de la beauté de cette Place. De-là, dit-il, la décrivant au Nord d'Ephése, il y a une autre Baye où étoit l'Ancienne Smyrne, à vingt Stades, ou deux milles & demi de la Nouvelle. Lorsque les Lydiens eurent détruit Smyrne, la Campagne d'alentour n'étoit peuplée que de Villages pendant quatre cens ans ou environ. Après quoi Antigonus la rebâtit, & Lysimachus après lui; mais c'est aujourd'hui une des plus belles Villes de l'Asie. Une partie est bâtie sur la Montagne, mais la plus grande partie est dans une Plaine sur le Port vis-à-vis du Temple de la Mere des Dieux & du Gymnase ou de l'École. Les Rues sont les plus belles du monde, coupées en angles droits, & pavées de pierre. Il y a de grands Portiques quarrez au plus haut & au plus bas de la Ville, avec une Bibliothéque, & un *Homerion*, qui est un Portique quarré avec un Temple, où est la Statue d'Homére, car ceux de Smyrne sont fort jaloux de ce qu'Homére a pris naissance parmi eux, & ils ont un Médaillon de cuivre qu'ils appellent Homérion de son nom. La Riviére de *Meles* coule le long des Murailles. Entre les autres commoditez de la Ville, il y a un Port qui se ferme quand on veut.

La Vieille Smyrne étoit fort vraisemblablement sur une Montagne au Sud de la Nouvelle, & au Couchant de la haute Forteresse; car il y a là plusieurs Monceaux de pierre

pierre qui font conjecturer que la Muraille de la Ville étoit en cet endroit. Cette Nouvelle Smyrne, quoiqu'ancienne à notre égard, commandoit fans doute toute la Montagne, le vieux Château étant deſſus, & tout ce qui y touche au-deſſous de la pointe, s'étendant dans la Baye au Sud, & la Plaine qui eſt beaucoup plus au Nord-Eſt que la Nouvelle Smyrne de notre tems; mais je ne crois pas qu'elle s'étendît tant au Nord; car en entrant dans la Rue des Francs il y a une Muraille, qui ſemble avoir fait partie de la Ville. On va le long de cette Muraille, quand on vient de la Mer, à un grand Bâtiment de pierre démoli. Ce Bâtiment peut avoir été le Temple de Cybèle, la Grand' Mere des Dieux. Pour ce qui eſt de l'*Homerion*, on pourroit croire qu'on l'a appellé le Temple de Janus, peut-être à cauſe de quelque reſſemblance avec celui de Rome, car il n'eſt pas fort éloigné de la Riviére que l'on ſuppoſe avoir été celle de *Meles*. C'eſt un petit Portique ou Bâtiment quarré de pierre, d'environ trois braſſes de long & de large, avec deux portes oppoſées l'une à l'autre, & l'une au Nord, & l'autre au Sud, avec une grande Niche en dedans contre la Muraille Orientale, où pouvoit, être l'Effigie d'Homère; quoiqu'il y en ait qui aſſûrent que c'étoit un Temple de Janus. On ne peut guère conjecturer où étoit le *Gymnaſium*, non plus que les beaux Portiques qui ornoient cette Place. Mais le Port qu'on ouvroit, & que l'on fermoit quand on vouloit, pouvoit être cette petite Place quarrée ſous la Citadelle, qui ſert à préſent de Havre aux Galéres, & aux autres petits Vaiſſeaux. Mais le Théâtre & le Cirque ne ſont pas des moindres reſtes de l'Antiquité, quoique Strabon n'en parle point. Le Théâtre étoit ſur le penchant d'une Montagne au Nord de la Citadelle, & bâti de Marbre blanc. On vient de le détruire pour bâtir un Kan nouveau, & un Bazar, ou Bezesteïn, qui eſt voûté de pierres de taille, & long de quatre cens pas. On a trouvé dans les fondemens un pot de Médailles, qui ſont toutes de l'Empereur Gallien, de ſa Famille, & des Tyrans, qui regnoient en même tems que lui; ce qui fait conjecturer que cet Empereur avoit fait bâtir ce ſuperbe Edifice, ou que du moins il avoit été bâti de ſon tems. Il y en a pourtant qui aſſûrent qu'il fut bâti du tems de l'Empereur Claude. Ils ſe fondent ſur ce qu'on a trouvé dans la Scène de ce Théâtre une baſe de Statue, qui n'avoit que le mot de *Claudius*. Ce n'eſt pas là cependant une preuve ſuffiſante, parce qu'il eſt aſſez ordinaire de trouver dans les fondemens des anciens Bâtimens les Médailles des Fondateurs ou des Empereurs contemporains.

Le Cirque eſt creuſé profondément dans la Montagne qui eſt au Couchant de la Citadelle. Il a environ deux cens cinquante pas de long, & quarante-cinq de large. On s'en ſervoit pour les courſes & pour les tournois de Chevaux. Les Grecs appelloient ces Lieux des *Stades*, lorſqu'ils n'étoient que de cent vingt-cinq pas, & des *Diaules* lorſqu'ils avoient le double comme celui-ci; les Latins les appelloient Cirques. On voit encore dans ce même endroit quantité d'anciens fondemens; mais on ne fait point ce que c'étoit. On trouve auſſi pluſieurs Inſcriptions & pluſieurs Médailles qui concernent cette Place; il y en a qui ſont fort conſidérables, d'autres ne ſont que des fragmens où on lit les noms des Empereurs, Tibère, Claude & Néron. Strabon donne à pluſieurs Princes le titre de Reſtaurateurs de Smyrne; & le fragment d'une de ces Inſcriptions attribue la même gloire à l'Empereur Adrien en ces termes:

ΑΥΤΟΚΡΑΤΟΡΙ
ΑΔΡΙΑΝΩΙ
ΟΛΥΜΠΙΩΙ ΣΩΤΗΡΙ
ΚΑΙ ΚΤΙΣΤΗΙ

C'eſt-à-dire: *à l'Empereur Adrien Olympien, Sauveur & Fondateur.* Il y a un autre qui eſt une Lettre des Empereurs Sévère & Caracalla à ceux de Smyrne, & l'on y lit ces mots:

ΟΙ ΘΕΙΟΤΑΤΟΙ ΑΥΤΟΚΡΑΤΟΡΕΣ ΣΕΟΥΗΡΟΣ ΚΑΙ
ΑΝΤΟΝΕΙΝΟΣ ΚΑΙΣΑΡΕΣ ΣΜΥΡΝΑΙΟΙΣ
ΕΙ ΚΛΑΥΤΙΔΙΟΣ ΡΟΥΦΙΝΟΣ Ο ΠΟΛΕΙΤΗΣ ΥΜΩΝ ΔΙΑ
ΤΗΝ ΠΡΟΑΙΡΕΣΙΝ
Η ΣΥΝΕΣΤΙΝ ΕΠΙ ΠΑΙΔΕΙΑ ΚΑΙ ΤΟΝ ΕΝ ΛΟΓΟΙΣ
ΣΥΝΕΧΗ ΒΙΟΝ ΤΗΝ
ΠΡΟΚΕΙΜΕΝΗΝ ΤΟΙΣ ΣΟΦΙΣΤΑΙΣ ΚΑΤΑ ΤΑΣ ΘΕΙ-
ΑΣ ΤΩΝ ΠΡΟΓΟΝΩΝ
ΗΜΩΝ ΔΙΑ ΤΑΞΕΙΣ ΑΤΕΛΕΙΑΝΤΩΝ ΛΕΙΤΟΥΡΓΙΩΝ
ΚΑΡΠΙΟΤΜΕΝΟΣ
ΥΜΩΝ ΑΥΤΩΝ ΕΚΟΥΣΙΩ ΑΝΑΓΚΗ ΠΡΟΚΑΛΟΥΜΕ-
ΝΩΝ ΤΩΕΣΤΗ ΤΗΝ
ΣΤΡΑΤΗΓΙΑΝ ΚΑΤΑ ΤΟ ΠΡΟΣ ΤΗΝ ΠΑΤΡΙΔΑ ΦΙΛ-
ΤΡΟΝ ΤΗΝ ΤΟΥ ΝΕΙΣΤΑ
ΑΛΛΑ ΜΕΝ ΕΙΝ ΑΠΡΑΓΜΟΣΥΝΗΝ ΑΚΕΙΝΗΤΟΝ
ΑΥΤΩ ΔΙΚΑΙΟΤΑΤΟΝ
ΕΣΤΙΝ ΟΥ ΓΑΡ ΑΞΙΟΝ ΤΩ ΑΝΔΡΙ ΤΗΝ ΕΙΣ ΥΜΑΣ
ΦΙΛΟΤΕΙΜΙΑΝ ΓΕΝΕ
ΣΘΑΙ ΖΗΜΙΑΝ ΚΑΙ ΜΑΛΙΣΤΑ ΤΑΥΤΗΝ ΥΜΩΝ ΑΙ-
ΤΟΥΝΤΩΝ ΥΠΕΡ
ΑΥΤΟΥ ΤΗΝ ΧΑΡΙΝ · · · ΕΤΥΧΕΤΕ
ΕΠΕΣΣΒΕΤΕΝ ΑΥΡ. ΑΝΤΟΝΕΙΝΟΣ ΚΑΙ ΑΙΛΙΟΣ
ΣΠΗΡΑΤΟΣ.

C'eſt-à-dire: *les très-divins Empereurs Sévère & Antonin à ceux de Smyrne. Si Claudius Rufinus votre Citoyen, lequel à cauſe de ſon application aux études & à l'Art d'Orateur eſt diſpenſé des Charges publiques ſelon les divines Conſtitutions établies par nos Ancêtres, eſt néanmoins obligé par une néceſſité indiſpenſable, & à votre réquiſition d'accepter l'Emploi de Gouverneur; faites donc en ſorte qu'il ne ſoit pas troublé par d'autres occupations, comme il eſt juſte, car ce ſeroit une choſe indigne de lui, que l'affection qu'il vous porte lui devînt onéreuſe, puiſque c'eſt vous-mêmes, qui avez demandé cette grace pour lui. Bien vous ſoit. Les Députés ont été Aurelius Antoninus, & Ælius Speratus.*

Il y a un Sépulchre de pierre, qui ſert à préſent de Cîterne, proche du Jardin d'un ancien Aga de la Ville. Il fut tiré des ruïnes il n'y a pas long-tems; l'on trouva dedans les os d'un homme avec ſon Caſque de Cuivre, ſon Epée & ſes Eperons. L'Inſcription fait voir que c'étoit un Romain; car on s'eſt ſervi long-tems de cuivre pour faire des armes, avant que d'y employer du fer. Il y a encore d'autres Inſcriptions qui ſont aſſez conſidérables, & quantité de Médailles, qui apprennent pluſieurs particularités qui concernent cette

Pla-

Place. On en a trouvé de l'Empereur Tite, & de l'Empereur Domitien, avec une figure chargée sur le revers, qui porte un Rameau dans sa main droite, une Corne d'abondance dans la gauche: l'eau qui en tombe représente la Riviére d'*Hermus*. On y lit les mots suivans : ΣΜΥΡΝΑΙΩΝ ΕΡΜΟΣ ΕΠΙ ΙΩΝΙΟΥΣ ; c'est-à-dire *Hermus des Habitans de Smyrne dans l'Ionie*, on en peut recueillir que ceux de Smyrne tiroient tribut de la Riviére d'*Hermus*, & qu'elle étoit annexée à l'Ionie. Il y a aussi des Médailles qui nous apprennent les Confédérations de cette Ville avec d'autres, comme avec Pergame, du tems de Caracalla ; avec Thyatire & Apollinaris, avec Hierapolis ; celle-ci semble avoir été solemnisée par quelques Jeux, ce qui est représenté par deux Urnes remplies de Branches de Palme, avec le mot ΟΜΟΝΟΙΑ, c'est-à-dire, *la Confédération*. On a trouvé aussi une Médaille, où l'on voit une tête couronnée de Lauriers, & ces Lettres autour : ΙΕΡΑ ΣΥΝΚΛΕΤΟϹ, & une autre avec le frontispice d'un Temple, & une Image debout entre des Colomnes, & ces Lettres autour ; ΣΜΥΡΝΑΙΩΝ. Γ... ΝΕΩΚΟΡΩΝ ; c'est-à-dire, *le saint Sénat de Smyrne trois fois Neocore*. Il y a lieu de croire que cela suppose une fausse Divinité qui étoit la Protectrice du Sénat qu'ils estimoient si saint, comme on le voit encore par le titre de cette Inscription qui se trouve au Sépulchre des Arméniens :

ΑΓΑ ΘΗΙ ΤΥΧΗΙ
ΛΑΜΠΡΟΤΑΤΗ ΚΑΙ ΜΗΤΡΟΠΟ-
ΛΕΙ ΚΑΙ ΤΡΙΣΝΕΟΚΟΡΩ ΤΩΝ ΣΕΒΑΣ
ΤΩΝ ΚΑΤΑ ΔΟΓΜΑΤΑ ΤΩΙΕΡ
Ω ΤΑΤΗΣ ΣΥΚΛΗΤΟΥ ΣΜΥΡΝΑΙΩΝ.

C'est-à-dire, *à la bonne Fortune, à la très-illustre Métropolitaine, & Néocore pour la troisième fois de l'Empereur, conformément au jugement du très-saint Sénat de ceux de Smyrne.*

Cette Ville a eu l'avantage de recevoir de bonne heure l'Evangile de Jésus-Christ, qui lui en a rendu un témoignage glorieux, accompagné de grandes promesses par son Evangéliste S. Jean [a] ; qui parle en ces termes à l'Ange ou à l'Évêque de Smyrne. Voici ce que dit celui qui est le premier & le dernier ; celui qui a été mort & qui vit. Je sai quelle a été votre affliction & votre pauvreté ; mais vous êtes véritablement riche, & vous êtes noirci par les calomnies de ceux qui se disent Juifs, & ne le sont pas, mais qui sont de la Synagogue de Satan. Que rien de tout ce que vous pourrez souffrir ne vous effraye. Le Diable doit envoyer en prison quelques-uns des vôtres, afin de vous tenter, & vous serez dans la tribulation pendant dix jours. Soyez fidelles jusqu'à la mort, & je vous donnerai la Couronne de vie. Que celui qui a des oreilles, entende ce que l'Esprit dit aux Eglises. Celui qui demeurera victorieux, ne recevra point d'atteinte de la seconde mort.

On demande qui étoit cet Ange ou Evêque de Smyrne. La plûpart [b] croient que c'étoit S. Polycarpe, qui fut fait Evêque de Smyrne par S. Jean l'Evangéliste. Les Eloges que le S. Esprit donne ici à l'Ange de Smyrne, conviennent parfaitement à Saint Polycarpe [c] ; & il est remarquable qu'il n'y a pas un mot de reproches. Il y a quelque apparence que c'est le Martyre de S. Germanique & des autres Martyrs de Smyrne, qui furent martyrisez sous Marc-Auréle, que Saint Jean a voulu marquer ici, en disant que le Diable en fera mettre quelques-uns en prison.

Tout ce qui défend Smyrne de l'invasion des Corsaires n'est qu'une petite Forteresse à la Bouche du Gophle, environ à deux lieues de la Ville, & dont les gros Canons font la plus grande sûreté, n'étant environnée que d'un petit fossé, & de quelques Murailles, avec une Batterie de deux ou trois gros Canons contre terre. Pour ce qui est du Château, qui est sur la Montagne proche de la Ville, il est négligé, & quoiqu'il soit environné d'une vieille Muraille, que je crois que les Empereurs Grecs ont bâtie, ce n'est qu'un Monceau de ruïnes au dedans, avec quelques Caves çà & là, qui servoient autrefois de Citernes ou de Greniers. Selon quelques-uns le Château n'a que deux ou trois petits Canons montés, vis-à-vis du Port, pour saluer la Capitane des Galéres, ou la nouvelle Lune au Bairam. On voit une ou deux Aigles Romaines bien gravées sur les Murailles, & un autre Bas-relief d'un Homme à Cheval. Il y a une Inscription en Marbre sur la Porte, en Caractéres Grecs modernes, mais elle est trop haute pour la pouvoir lire. Il y a encore une autre vieille petite Citadelle sur le Port pour les Galéres, & les Vaisseaux ; & l'Echelle ou Douane des Sujets du Grand-Seigneur est de l'autre côté. Les Anglois & les Hollandois ont leur Cimetiére près delà. Au Sud sous la Montagne, & au Nord de la Citadelle, le long de la Côte, on voit d'abord le nouveau Bezestan, voûté de grandes pierres de taille tirées du Théâtre : il ressemble à une Rue fermée aux deux extrémités, dont les Boutiques font de petites Chambres qui ont toutes chacune leur Dôme couvert de plomb percé à jour avec des vitres. On trouve tout joignant & vis-à-vis, un fort beau Kan, nouvellement bâti, après quoi suit l'Echelle, ou la Douane des Francs ; c'est-là que commence la Rue des Francs du côté de l'eau. On y a des Echelles & des Magasins propres à charger & à décharger les Marchandises, ce sont aujourd'hui les plus beaux & les meilleurs Bâtimens de Smyrne. Il y a quantité de Caméléons autour de Smyrne ; ils ressemblent en quelque sorte à un grand Lézard ; mais ils ont les épaules relevées comme un Pourceau, & leurs pieds font séparés comme ceux d'un Pivert, ou d'un Perroquet avec deux ongles devant, & trois derriére, qui ne sont séparés l'un de l'autre que proche des extrémités. Ils ont une longue queue comme un Rat, mais ils ne remuent presque point la tête. Ils s'en trouve quantité le long des vieilles murailles de la Citadelle où ils se retirent dans des trous, & dans les monceaux de ruïnes. Ils sont ordinairement verds, tirant sur le brun autour des épaules, & d'un verd-jaune sous le ventre, avec des taches qui sont quelquefois

[a] Apoc. c. 9. v. 8. 9. 10.
[b] Aureolus Riber Perer Eleazr. Lyr. Cornel. Men. Est. Param.
[c] Ita Iren. L. 3. c. 3. Tertul. præscrip. c. 32. Hieron. de Viris illustr. c. 32. Alii.

quefois rouges, & quelquefois blanches; mais le verd se change de tems en tems en boue noirâtre, sans qu'il reste rien de la première couleur: les taches blanches disparoissent aussi & s'obscurcissent; elles demeurent aussi quelquefois, d'autres fois elles se changent en une couleur plus obscure tirant sur le pourpre, ce qui arrive souvent lorsqu'ils sont troublés. Tout le verd de dessus se tache souvent de noir, & retourne aussi souvent du noir au verd. Ordinairement, lorsqu'ils dorment sous une couverture blanche, ils deviennent blancs, mais cela leur arrive aussi sous une couverture rouge. Ils prennent difficilement la couleur bleue. La Nature a donné ce changement de couleurs à cet Animal pour sa conservation; car il est fort lent à marcher. Il s'élève sur ses hautes jambes, comme s'il ne voioit pas devant lui, ou plûtôt comme s'il cherchoit à monter sur quelque Herbe, Arbre, ou Muraille. Lorsqu'il se voit en danger d'être pris, il ouvre la gueule & siffle comme une Couleuvre. Les petits changent de couleur plus promptement que les grands, sans doute parce qu'ils sont plus farouches. Leurs yeux sont admirables pour les couleurs: ils sont grands à proportion de leur tête. Ils sont couverts d'une peau calleuse de la même substance que le corps. La tête de cet Animal est comme immobile, de sorte qu'il ne peut pas se tourner vers les objets, comme il voudroit; mais la Nature pour remédier à tous ces inconvéniens a donné à ses yeux des mouvemens admirables: il peut non-seulement regarder dans le même tems, de l'un des yeux devant lui, & de l'autre derriére; de l'un en haut, de l'autre en bas, suir un objet de l'un, & regarder un autre objet de l'autre; mais il peut encore en tenir un fixe, & remuer l'autre. Sa langue est une sorte de petite trompe cartilagineuse, d'environ demi pouce de long, creuse & jointe à son gosier par une membrane charnue & dure, dans laquelle elle est renfermée, lorsqu'elle est dans sa gueule; il la tire dehors environ un pouce. Elle est enduite d'une substance glutineuse pour prendre des mouches, qui s'y attachent comme à la glu. On croit que ces mouches sont leur nourriture ordinaire. Il y a encore autour de Smyrne quantité de Pélicans. Les Brebis de ce Pays sont fort grosses: ce qu'elles ont de plus extraordinaire est une queue large qui est prodigieuse, elle leur couvre tout le croupion; ce n'est qu'un pur morceau de graisse sur les os, & quelques-unes pesent jusqu'à dix livres. Il croît dans le Territoire des Jujubes, du Smyrnion & de l'Origanum: cette derniére plante est très-singuliére, car elle dure toujours, elle pousse en haut des tiges longues, boiseuses, environées de petites branches, à diverses distances, & dont les feuilles sont plus petites que le Majoram de Candie, quoiqu'elles ne soient ni si longues ni si blanches. Elles sont plus longues que larges, aboutissant en une pointe aigue. Au haut de la tige cette plante porte un bouquet de petite graine écaillée, comme la gousse de Lin; & toute la plante sent fort bon.

Les Romains pour conserver la plus belle Porte de l'Asie, traitérent toujours les Citoyens de Smyrne fort humainement; & ceux-ci pour n'être pas exposez aux armes des Romains les ménagérent beaucoup & leur furent fidéles. Ils se mirent sous leur protection durant la Guerre d'Antiochus. Il n'y a que Crassus, Proconsul Romain, qui paroisse avoir été malheureux auprès de cette Ville. Non-seulement il y fut battu par Aristonicus, mais pris & mis à mort: sa tête fut présentée à son Ennemi, & son corps enseveli à Smyrne. Perpenna vengea bien-tôt les Romains, & fit captif Aristonicus. Dans les Guerres de César & de Pompée Smyrne se déclara pour ce dernier, & lui fournit des Vaisseaux. Après la mort de César, Smyrne qui penchoit du côté des Conjurés refusa l'entrée à Dolabella, & reçut le Consul Trebonius l'un des principaux Auteurs de la mort du Dictateur; mais Dolabella l'amusa si à propos qu'étant entré la nuit dans la Ville, il la surprit, & le fit martyriser pendant deux jours. Dolabella cependant ne pût pas conserver la Place: Cassius & Brutus s'y assemblérent pour y prendre leurs mesures. On oublia tout le passé quand Auguste fut paisible possesseur de l'Empire. Tibére honora Smyrne de sa bienveillance, & régla les droits d'Asyle de la Ville. M. Auréle la fit rebâtir après un grand tremblement de terre.

Les Empereurs Grecs qui ont possedé Smyrne après les Romains la perdirent sous Alexis-Comnéne. Tzachas fameux Corsaire Mahométan, voyant les affaires de l'Empire fort embrouillées, se saisit de Clazoméne, de Smyrne & de Phocée. L'Empereur y envoya son beau-frere Jean Ducas, avec une Armée de terre, & Caspax avec une Flote. Smyrne se rendit sans coup ferir. Le Gouvernement en fut donné à Caspax, qui revenant à la Ville après avoir accompagné Ducas, reçut un coup d'épée de la main d'un Sarrasin. Ce malheureux avoit volé une grosse somme d'argent à un Bourgeois de la Ville, & voyant sa condamnation inévitable, il déchargea sa rage sur le Gouverneur.

Sous Michel Paléologue, qui chassa les Latins de Constantinople, les Mahométans se saisirent de presque toute l'Anatolie. Atin un de leurs principaux Généraux prit Smyrne sous Andronic le Vieux. Homur son fils lui succéda; & comme il étoit occupé à ravager les Côtes de la Propontide, les Chevaliers de Rhodes s'empárerent des environs de Smyrne, & y bâtirent le Fort St. Pierre. Homur revint à Smyrne, & voulant reconnoître ce Fort qui n'étoit pas fini, il reçut un coup de fléche dont il mourut. Pendant la vie d'Homur, qu'on appelloit *le Prince de Smyrné*, les Latins brûlérent sa Flote & se saisirent de Smyrne. Le Patriarche de Constantinople qui avoit été fait par l'élection du Pape, ayant jugé à propos de dire la Messe dans la principale Eglise, y fut surpris par les troupes d'Homur, lesquelles ayant mis les Latins en fuite, le décollérent tout revêtu de ses Habits pontificaux, & massacrérent la Noblesse qui étoit autour de lui. Quelques Historiens Génois rapportent à l'année 1346. une expédition que les Génois

nois firent fur ces Côtes, fous le Doge *Vignoft*, & par laquelle ils ajoutérent à leur Domaine Scio, Smyrne & Phocée. Suivant les apparences ils ne gardérent pas long-tems Smyrne, puisque Morbaffan l'affiégea par ordre d'Orcan II. Empereur des Turcs, qui avoit épousé une des filles de l'Empereur Cantacuzène.

Après la Bataille d'Angora, Tamerlan affiégea Smyrne, & campa tout près du Fort St. Pierre, où la plûpart des Chrétiens d'Ephèse s'étoient retirez. Ducas qui a fait la Relation de ce Siège en a rapporté deux circonstances bien singulières : 1°. que Tamerlan fit combler l'entrée du Port, en ordonnant à tous fes Soldats d'y jetter chacun une pierre : 2°. qu'il y avoit fait construire une Tour d'un nouvel ordre d'Architecture, composée en partie de pierres & en partie de têtes de morts, rangées comme des piéces de marquetterie, tantôt de front & tantôt de profil.

Après la retraite des Tartares, Smyrne resta à Cineites fils de Carafupafi, Commandant d'Ephèse, & qui avoit été Gouverneur de Smyrne fous Bajazet. Cependant Mufulman, l'un des fils de Bajazet, jaloux de la grandeur de Cineites, paffa en Afie en 1404, dans le deffein de l'abaiffer. Cineites fit une puiffante Ligue avec Caraman, Sultan d'Iconium, & avec Carmian autre Prince Mahométan; mais ils firent la paix fans en venir aux mains. Cineites n'eut pas fi bon marché de Mahomet I. autre fils de Bajazet. Mahomet vint affiéger Smyrne qu'on avoit bien fortifiée & bien munie. Cineites fe retira à Ephèse, & le Grand-Maître de Rhodes fit travailler avec toute la diligence poffible à rétablir le Fort St. Pierre que Tamerlan avoit fait rafer. La Ville fe rendit après dix jours de Siège. Mahomet en fit démolir les murailles & mettre à bas une Tour, que le Grand-Maître faifoit construire à l'entrée du Port. Depuis ce tems-là les Turcs font reftez paifibles poffeffeurs de Smyrne, & ont fait relever cette Tour, ou pour mieux dire, ils ont bâti une efpèce de Château, à gauche en entrant dans le Port des Galères ; qui eft l'ancien Port de la Ville.

Pline met auprès de Smyrne [a] les Ifles *Perifterides*, avec celles de *Cartéria*, d'*Alopéce*, d'*Elauffa*, de *Bachina*, que Diodore de Sicile appelle *Bachium*, de *Pyftira*, de *Crommyonefos* & de *Megalé*. Il y en a une aujourd'hui appellée EGLENES dans les Cartes Marines, & qui a pris le nom d'un Corfaire Anglois. Elle eft fituée au devant du Golphe de Smyrne, à la droite en entrant, & à deux lieues du Cap *Calaberno*. Elle eft raifonnablement haute & longue, & cependant peu confidérable. Il ne fait pas fûr pour les Vaiffeaux de faire voile entre cette Ifle & le Continent de *Calaberno*. Vis-à-vis de cette même Ifle on trouve un grand & long banc de fable, qui s'étend à fon oppofite depuis fon bout Septentrional jufqu'au delà de fon extrémité Méridionale, & qui pouffe tout à l'entour plufieurs pointes & inégalitez dans la Mer. C'eft un terrein fubmergé, dont le bout Septentrional, qui eft fort bas & couvert d'arbres, eft presque

[a] *Dapper, Defcr. de l'Archipel, p. 227.*

à l'égal de l'eau, où du moins ne paroît guère élevé au-deffus. Il y a encore au-delà de ce banc de Sable quelques Places qui s'élèvent comme de petites Ifles au-deffus de l'eau ; on les voit fur la gauche, en cinglant vers Smyrne du côté d'Orient.

On trouve plufieurs autres Ifles au Midi de celle d'*Eglenes*, & plus avant dans le Golfe de Smyrne : on les laiffe fur la droite lorsqu'on fait voile du côté de la Ville, qui donne fon nom au Golfe. Il y a derrière ces Ifles une fort bonne Rade, où les Vaiffeaux qui veulent fortir du Golfe, peuvent fe venir mettre à l'abri des Vents Septentrionaux ; mais la meilleure de toutes les Rades eft entre celle de ces Ifles qui eft la plus Méridionale, & le Rivage de la Terre-ferme voifine.

Toutes ces Ifles font aujourd'hui nommées par les Matelots Italiens *Ifole delle Smyrne*, ou les Ifles de Smyrne.

SMYRALEA, Voyez CESARÉE, No. 7.

SMYRNOPHORA REGIO, Contrée de l'Arabie Heureufe : Ptolomée [b] la marque au Midi du Pays des *Manitæ* ; mais le MS. [c] de la Bibliothéque Palatine au lieu de *Smyrnophora* lit *Myrrifera*.

[b] *Lib. 6.*
[c] *7.*

S N.

SNACKENBOURG, Bourg d'Allemagne [e], dans le Cercle de la Baffe Saxe, au Comté de Danneberg, dans l'endroit où la petite Riviére de Beffe fe jette dans l'Elbe.

[e] *Jaillot, Atlas.*

SNAEFELS-JOKULL, Montagne d'Irlande [d], dans la partie Occidentale de cette Ifle, vers la Côte. Sa hauteur extraordinaire a occafionné fon nom, qui ne fignifie autre chofe dans la Langue du Pays.

[d] *Corn. Dict.*

SNECK, ou SNEECK, SNITZ, Ville des Pays-Bas, dans la Frife, au Weftergo, à une demi-lieue d'Ifft, à une lieue de Bolswaert & à trois de Leuwarde, de Franeker & du Zuyder-zée. Sneeck paffe pour une des plus anciennes Villes de la Frife. Elle eft bien peuplée, bien bâtie, entourée de bons foffez, défendue par de bons remparts, & quoique fituée dans un endroit marécageux, elle ne laiffe pas d'être fort marchande. Elle a des Ecôles Latines fort célèbres. Il y avoit autrefois dans cette Ville un Prieuré de Bénédictins, appellé *Hasken*, une Abbaye de Bernardines, dite le *Nouveau Cloître* ; & dans le voifinage on trouvoit une Commanderie de l'Ordre de Malthe, & un Prieuré de Chanoines Réguliers de l'Ordre de St. Auguftin, dit le *Mont Thabor*. Les Jéfuites avoient obtenu du Roi d'Eſpagne en 1574. la permiſſion de bâtir un Collège dans cette Ville & d'y enſeigner les Humanitez. Mais comme les Magistrats & les Peuples leur étoient contraires, ils fe retirérent à la petite Ville d'Ifft, où ils reftérent environ trois ans, après lesquels ils quittérent la Frife, à caufe de la révolte générale du Pays.

La Ville de Sneeck fait gloire d'avoir donné la naiffance à Joachim Hopper, célèbre Docteur en Droit de l'Univerfité de Louvain, & Confeiller d'Etat de Philippe II. Roi d'Efpagne. Il mourut à Madrid en 1576.

SNEIR-

SNEIRNE, Ville de Perſe, à trois journées d'Amadan, ſur la Route de Ninive à Hiſpahan. Tavernier [a] qui alla voir le Gouverneur en paſſant par cette Ville dit que ſa Maiſon eſt une des plus belles de la Perſe. Aux environs de Sneirne ſont pluſieurs Collines où l'on trouve une quantité prodigieuſe de Lis de diverſes couleurs. Il n'y en a point de blancs: ils ſont tous ou d'un beau violet, avec une raie rouge au milieu de chaque feuille, ou d'un beau noir qui les fait plus eſtimer. Ils ſont de la forme de nos Lis, mais beaucoup plus grands. Si l'on boit pendant quinze jours de l'eau où l'on a fait infuſer l'Ognon de ces Lis, particuliérement de ceux dont les feuilles ſont les plus noires; c'eſt un remède ſouverain & infaillible pour guérir le mal vénérien.

[a] *Voyage de Perſe. Liv. 2. ch. 4.*

SNOTHILL, Snowdhill, Château d'Angleterre [b], dans Herefordshire, près du Doyer, à neuf ou dix milles de l'endroit où cette Riviére ſe jette dans celle de Munnow. Il y a près de ce Château un Vallon, où il ſe trouve une Carriére d'un beau Marbre.

[b] *Délic. de la Gr. Br. p. 505.*

SNOWDON, Montagnes d'Angleterre [c], au Pays de Galles, dans le Comté de Cærnarvon. C'eſt une chaîne de Montagnes les plus hautes de tout le Pays de Galles, Elles ſont ſi embarraſſées de Marais, & ſi entrecoupées de Lacs, que les chemins en deviennent très-rudes & même fort difficiles à trouver. Les Gallois appellent ces Montagnes *Craig-Eriry*, nom qui comme celui de Snowdon, ſignifie des Montagnes de neige. En effet comme ces Montagnes ſont prodigieuſement hautes, la neige s'y conſerve perpétuellement, & pendant toute l'année on en voit leur ſommet couvert. Cela n'empêche pas qu'elles n'ayent des pâturages excellens; de ſorte que les Gallois diſent en proverbe, que les Montagnes de *Craig-Eriry*, pourroient ſuffire à entretenir tous les Troupeaux de la Province de Galles. Du milieu de ces Montagnes, & preſque dans le cœur de la Province, on en voit une s'élever ſi prodigieuſement haut, qu'elle les ſurpaſſe toutes de beaucoup, & cache ſon front dans les nues. On lui donne par excellence le nom de Snowdon, qui eſt commun à toutes les autres. On obſerve dans quelques endroits des ſommets de ces Montagnes la terre eſt ſi ſpongieuſe, & ſi imbibée d'eau, que, quand on y fait un pas, on la ſent trembler à un jet de pierre à la ronde.

[c] *Ibid. p. 430.*

SNYATIN, Ville de la Petite Pologne [d], dans la Pokucie, dont elle eſt la Capitale. Cette Ville ſituée à la gauche du Prut, au-deſſous de Colomey, eſt aſſez marchande. Les Walaques [e] y amenent quantité de Bœufs, & d'excellens Chevaux, auſſi-bien que du Miel & de la Cire.

[d] *De l'Iſle, Atlas.*
[e] *Andr. Cellar. Deſcr. Polon. p. 234.*

S O.

1. **SO**, Ville de la Chine [f], dans la Province de Xanſi, au Département de Taitung, troiſième Métropole de la Province, avec une Forterſſe. Elle eſt de 5. d. 14'. plus Occidentale que Peking ſous les 39. d. 43'. de Latitude Septentrionale.

[f] *Atlas Sinenſ.*

2. **SO**, Ville de la Chine [g], dans la Province de Kiangnan, au Département de Fungyang, ſeconde Métropole de la Province. Elle eſt ſous le même Méridien que Peking, & ſous les 34. d. 36'. de Latitude Septentrionale.

[g] *Ibid.*

SOA, Voyez Tuso.

SOACA, Ville de l'Arabie Heureuſe: elle eſt placée dans les terres par Ptolomée.

SOAMUS, Fleuve de l'Inde. Arrien [h] dit que ce Fleuve prend ſa ſource dans les Montagnes de Sabiſſa, [ou plutôt de *Capiſa* ou *Capiſſa*] & qu'il ſe rend dans l'Indus, ſans recevoir les eaux d'aucune Riviére.

[h] *In Indicis.*

1. **SOANA**, Fleuve de la Sarmatie Aſiatique: Ptolomée [i] marque l'Embouchure de ce Fleuve ſur la Côte Occidentale de la Mer Caſpienne, au-deſſus de la Ville *Teleba*. Ortelius [k] qui cite M. Niger dit que le nom moderne de ce Fleuve eſt *Terchin*.

[i] *Lib. 5. c.*
[k] *Theſaur.*

2. **SOANA**, Fleuve de l'Iſle de Taprobane: ſon Embouchure eſt placée par Ptolomée [l] ſur la Côte Occidentale, entre le Promontoire *Andraſimodnum* & la Ville *Sindocanda*.

[l] *Lib. 7. c. 4.*

3. **SOANA**, Ville d'Italie dans la Toſcane, ſelon les prétendus fragmens des Origines de Caton. Ortelius ſoupçonne que ce pourroit être la Ville *Suana* de Ptolomée, & celle qui porte encore aujourd'hui le nom de Soana. Voyez l'Article ſuivant.

4. **SOANA**, ou Suane, Suana, Ville d'Italie [m], dans la Toſcane, au Siennois. Elle eſt ſituée ſur une Montagne, près de la Riviére de Fiore, à ſeize lieues de Sienne, vers l'Orient Méridional. Elle étoit Evêché dès le ſix ou ſeptième Siècle; mais elle eſt fort déchue de ce qu'elle étoit autrefois. On l'attribue à la malignité de l'air qu'on y reſpire, & c'eſt ce qui fait qu'elle eſt mal peuplée. Le Pape Grégoire VII. étoit né en cette Ville.

[m] *Commainville, Table des Evêchez.*

SOANATUS. Voyez Sacanatum.

SOANDA Soandus, Ville de la Petite Arménie, ſelon Ortelius [n] qui cite Strabon, & en fait une Ville différente de celle que l'Itinéraire d'Antonin marque dans la Cappadoce. Cependant Strabon place *Soanda* dans la Cappadoce [o]; puiſqu'après avoir dit que *Garſaura* eſt une petite Ville de cette Province ſur ſa Frontière, il ajoute que pour aller de *Garſaura* à *Mazaca*, Capitale de la Cappadoce, on paſſe à *Soandus* & à *Sadacora*, & que le chemin eſt de ſix cens quatre-vingt Stades. Dans l'Itinéraire d'Antonin elle eſt marquée auſſi dans la Cappadoce, ſur la route de Tavia, entre *Therma* & *Sacœna*, à dix-huit milles du ſecond de ces Lieux.

[n] *Theſaur.*
[o] *Lib. 14. p. 663.*

SOANES, Peuples d'Aſie, dans la Colchide. Strabon [p] les compte au nombre des Peuples qui étoient de l'Aſſemblée Générale de Dioſcurias. Ces Peuples ne ſe cédoient guère aux Phtheirophages leurs voiſins pour l'ordure & pour la craſſe; mais ils l'emportoient pour la puiſſance & pour la force, tant ſur les Phtheirophages que ſur les autres Peuples de ces Quartiers. Leur Pays s'étendoit en rond autour des ſommets du Caucaſe au-deſſus de la Ville de Dioſcurias. Ils avoient un Roi, & un Conſeil compoſé

[p] *Lib. 11. p. 499.*

composé de trois cens personnes; & on prétendoit que leur Armée montoit ordinairement à deux cens mille hommes. Ils se servoient d'armes empoisonnées, & on disoit que les Torrens de leur Pays rouloient une grande quantité d'or, que ces Barbares recueilloient avec des peaux de Brebis; ce qui avoit pu donner lieu à la Fable de la Toison d'Or. Les SOANES de Strabon sont les SUANI de Pline & de Ptolomée.

SOAR, nom que Davity & après lui Mr. Corneille, donnent à la Stoure, Rivière d'Angleterre. Voyez STOURE.

SOARA, Ville de l'Inde en deçà du Gange, selon Ptolomée [a].

[a] Lib. 7. c. 1.

SOASTUS, Fleuve de l'Inde: Arrien [b] dit que ce Fleuve se jette dans le Cophès, qui se rend lui-même dans le Fleuve Indus.

[b] In Indicis.

SOATRA, Bourgade de l'Asie Mineure, dans la Lycaonie, près de Garsabora. Strabon [c] remarque que l'eau étoit si rare dans cet endroit qu'elle s'y vendoit. Il se pourroit faire que ce Lieu seroit le même que Ptolomée compte au nombre des Villes de la Lycaonie, & qu'il nomme SIOVATA. D'un autre côté il ne seroit pas impossible que la Bourgade Soatra de Strabon fût la petite Ville de Savatra que Ptolomée place dans l'Isaurie.

[c] Lib. 12. p. 568.

SOATRIS [d], Ville de la Basse Moesie sur le Pont-Euxin. L'Itinéraire d'Antonin la marque entre Marcianopolis, & Anchiale, à vingt-six milles de la première de ces Places & à vingt-quatre milles de la seconde.

[d] Ortelii Thesaur.

SOBALA, Ville de la Carie, selon Etienne le Géographe.

SOBALASSARA, Ville de l'Inde, en deçà du Gange. Ptolomée [e] la donne aux Caspiræi. Au lieu de Sobalassara le MS. de la Bibliothéque Palatine porte Ostobalassara.

[e] Lib. 7. c. 1.

SOBANNUS, Fleuve de l'Inde, au-delà du Gange, dans la Contrée des Lesti ou des Pirates. Son Embouchure est marquée par Ptolomée [f], entre Pagrasa & Pithonobaste. C'est présentement, selon Castald, le Sian, appelé aussi Menam.

[f] Lib. 7. c. 2.

SOBARA. Voyez SOBARENSIS.

SOBARENSIS, Siège Episcopal de l'Asie Mineure dans la Lycaonie, selon le premier Concile de Constantinople. C'est apparemment la Ville Sobara, dont il est parlé dans les Exemplaires Latins de Ptolomée [g], où elle est donnée pour une Ville de la Cappadoce, dans la Préfecture de Cilicie, qui étoit voisine de la Lycaonie. Le Texte Grec de Ptolomée porte Σόροβα, Soroba pour Σόβαρα, Sobara.

[g] Lib. 5. c. 6.

SOBARMAH, ou SOBORMAH [h], nom d'une grande Isle de la Mer de la Chine, autour de laquelle il y en a plusieurs autres, qui ne sont point habitées. La Mer y est fort orageuse, & y a presque par-tout quarante Brasses de profondeur.

[h] D'Herbelot, Biblioth. Or.

Le Scherif Al Edrissi écrit dans la dixième partie de son premier Climat, que l'on recueille dans cette Isle le meilleur Camphre de tout l'Orient, & qu'il y a quatre jours de Navigation jusqu'à celle d'Anam.

Cette Isle pourroit bien être celle que nous appellons Sumatra. Car ce que cet Auteur dit de la Mer de la Chine, peut fort bien s'entendre de toutes les Isles des Indes qui sont au-delà du Cap de Comorin, comme il a été remarqué dans le titre de Serandib. Et ce qui est dit ici de l'Isle d'Anam, se peut fort bien entendre du Royaume d'Anam, qui comprend celui de Siam, & qui est dans la Presqu'Isle les Indes que les Anciens ont appellée Chersonesus aurea, les Arabes appellant indifféremment du nom de Gezirat les Isles & les Presqu'Isles, comme il est aisé de le voir.

SOBERNHEIM, petite Ville d'Allemagne [i], dans le Palatinat du Rhein, au Nahegow, sur la rive gauche de la Nahe, un peu au-dessous de Martenstein.

[i] De l'Isle Atlas.

SOBIDAS, Contrée de la Parthie, selon Ortelius [k], qui cite Ptolomée. On trouve bien dans cet Ancien [l] un Peuple nommé SOBIDÆ, qui habitoit aux Confins de la Tabiéne; mais il ne parle point de leur Pays. Voyez ZOBIDÆ.

[k] Thesaur.
[l] Lib. 6. c. 5.

SOBII. Voyez IBI.

SOBOTALE, Ville de l'Arabie Heureuse: Pline [m] en fait la Capitale des Atramites, & dit que dans l'enceinte de ses murailles on comptoit soixante Temples. Le Pere Hardouin écrit SABOTA; & Pline lui-même dans le Livre douzième nomme ainsi cette Ville.

[m] Lib. 6. c. 28.

SOBRARVE, ou SOBRARBE, Contrée d'Espagne [n], au Royaume d'Arragon, avec titre de Principauté. Elle a les Pyrénées au Nord, & le Comté de Ribagorça à l'Orient; & elle comprend plusieurs Vallées, comme celles de Terrantona, de Gistain, de Puestolas [o], & quelques autres. La principale Place de ce Pays est Ainsa, qui étoit autrefois Capitale des Rois de Sobrarvé. Elle est située dans une Plaine sur la Rivière d'Ara, près de l'angle qu'elle fait en se jettant dans la Cinca, un peu au-dessus de Medianos. C'est dans ce Pays que la Cinca sort d'un petit Lac formé par plusieurs sources au pied du Mont Bielsa.

[n] Jaillot Atlas.
[o] Délices d'Espagne, p. 661.

La Contrée de Sobrarve a eu autrefois le titre de Royaume. Lorsque Pelage se signaloit dans les Asturies contre les Maures qui avoient envahi l'Espagne, Garcia Ximenes s'étoit fait nommer Roi de Sobrarve. Les avantages qu'il remporta sur eux en plusieurs occasions, lui donnèrent beaucoup de réputation. Avec six cens hommes il défit un grand nombre, & conquit toutes les petites Places qui étoient voisines des Pyrénées. Il épousa Erme & en eut Garci Inigo, qui lui succéda en 758. & qui s'étant emparé de Pampelune, que Charlemagne avoit démantelée, & dont il rétablit les fortifications, prit le titre de Roi de Pampelune. Il soumit à sa domination toute la Navarre, d'où il chassa entièrement les Maures. Ce Prince régna quarante-quatre ans. Son fils Fostan qui lui succéda, épousa Tise, fille de Galiud, Comte d'Arragon, veuve de Don Bernard Barcino, & belle-mere de Zenofre, Comte de Barcelone. Fostan battit les Maures en plusieurs rencontres & leur enleva plusieurs Places. Il mourut en 815. après un regne de treize ans, & Don Sanche, son fils & son successeur, acheva de délivrer ce Royaume de la servitude des Maures. Il porta le Sceptre dix-sept

SOB. SOC.

sept ans & le laissa à Ximenès son fils, qui commença de régner en 832. Ximenès épousa Marie & en eut Inigo, qui parvint à la Couronne. Ce fut le premier qui prit le titre de Roi de Navarre. Voyez NAVARRE.

SOBURA. Voyez SABURAS.

SOCANDA. Voyez SOCUNDA.

SOCARAH, * nom d'une Ville située sur le bord de la Mer, que les Arabes appellent, Bahralakdhar, la Mer Verte, qui est proprement celle qui commence au Golfe Persique, & finit au Cap de Comorin. Le Géographe Persien dit que cette Ville n'est éloignée de celle de Sendan que de cinq journées, & qu'il y a un endroit dans la Mer assez proche, où l'on pêche des Perles.

* D'Herbelot, Biblioth. Or.

SOCHACZOW, Prononcez, SOCACHOUF, Ville de Pologne [a], dans le Duché de Masovie. C'est une Ville de bois nouvellement rétablie, située au-delà d'une petite Riviére sur le bord d'une Plaine élevée en Terrasse, au pied de laquelle cette Riviére fait une petite Isle entre deux agréables Canaux qui ont chacun un petit Pont de bois aussi. Au-delà de cette Ville, & sur la Terrasse dont elle occupe le rideau, commencent ces grandes & belles Plaines qui s'étendent jusqu'à la Vistule par un espace de huit grandes lieues: elles sont moins sablonneuses que le reste du Pays, plus découvertes, diversifiées seulement par quelques touffes de bois, cultivées, & habitées plus que les autres Cantons du Duché de Masovie: la vûe y trouve de quoi se reposer agréablement dans une charmante varieté de Payfages au milieu d'une étendue sans bornes. Socachouf est à deux lieues de Gifyez, & à quatre lieues de Bloigne.

[a] Mémoires du Chevalier de Beaujeu, p. 161.

SOCHCHOR, Ville de l'Arabie Heureuse. Ptolomée [b] la marque dans les terres.

[b] Lib. 6. c. 7.

SOCHEU, Cité de la Chine [c], dans la Province de Xensi, où elle a le rang de premiére Militaire. Cette Cité qui est défendue par une Forteresse, se trouve de 16. d. 55'. plus Occidentale que Peking, sous les 38. d. 48'. de Latitude Septentrionale. Elle est commandée par un Gouverneur qui a beaucoup de pouvoir, & divisée en deux parties: les Chinois que les Turcs, & ceux d'Astracan appellent *Catayens*, habitent dans la premiére; & les Sarrasins & les Etrangers qui se rendent à Socheu pour trafiquer habitent dans l'autre. C'est de là que vient le nom du Desert qui en est proche & qu'on appelle *Caracatay*; c'est-à-dire *le Pays de ceux du Catay*, ou des Catayens; parce qu'il y a aussi beaucoup de Chinois qui y demeurent. On trouve dans ces Quartiers-là quantité de Chevaux sauvages, beaucoup de Musc, des Mirabolans, des Bois de senteur, force Chanvre, Poules, Perdrix & autres Oiseaux. On y voit un Temple dédié à un Aveugle, qui passa pour le plus grand & le plus clairvoyant Politique de la Chine.

[c] Atlas Sinen.

1 SOCHI, Lieu de l'Assyrie: Arrien [d] dit que ce Lieu étoit à deux journées du passage des Montagnes par où l'on entroit de la Cilicie dans l'Assyrie.

[d] De Exped. Alex. L. 2,

2. SOCHI, nom d'une Maison de Cam-

SOC.

pagne, à vingt milles de Jérusalem. Jean Moscus en parle dans la Vie de St. Jean l'Anachoréte.

SOCHOTH, ou SOCOTH, ou SUCCOTH [e], Ville au-delà du Jourdain, entre le Torrent de Jabok & ce Fleuve. Jacob à son retour de la Mésopotamie, ayant passé le Torrent de Jabok, dressa ses tentes à Sochoth [f], où dans la suite on bâtit une Ville. Josué [g] l'attribua à la Tribu de Gad. Salomon fit fondre les grands Ouvrages de Cuivre qu'il destinoit au service du Temple, entre Socoth & Sarthan [h]. Sochoth est dans le Canton de Scythopolis, dit S. Jérôme [i]. Les Juifs disent qu'on donna dans la suite à Sochoth le nom de Darala. Gédéon fit écraser sous des épines les Principaux de Sochoth, qui lui avoient répondu insolemment, lorsqu'il leur demanda des rafraîchissemens pour lui & pour ses gens, qui poursuivoient les Madianites [k].

[e] Dom Calm. Dict.
[f] Genes. 33.
[g] C. 13. 27.
[h] 3. Reg.
[i] 7. 46. Hieronym. Quast Hebr. in Genes. 33.
[k] Judic. 8. 5.

SOCHOTH-BENOTH, ou SUCCOTH-BENOTH. L'Ecriture [l] raconte que les Babyloniens qui furent transférez dans le Païs de Samarie par Salmanasar, ou par Assaraddon Roi d'Assyrie, continuérent à y adorer leurs faux Dieux, & qu'ils y firent des Succoth-Benoth, c'est-à-dire des Tentes de jeunes filles, ou des lieux de prostitution pour leurs jeunes filles, qu'ils prostituoient une fois en leur vie en l'honneur de la Déesse Milytta [m]. Voici comme Hérodote dit que cela se pratiquoit à Babylone: Toutes les filles du Pays sont obligées une fois en leur vie, de se prostituer à un Etranger en l'honneur de Milytta, qui est la même que Vénus. Celles qui sont riches se présentent devant le Temple dans des Chariots couverts, suivies d'un grand nombre de Domestiques; elles vont là seulement par cérémonie, & ne s'abandonnent pas comme les autres aux Etrangers: mais celles qui sont du commun, se tiennent devant le Temple ayant des Couronnes sur la tête, & sont séparées les unes des autres par de petites cordes, qui n'empêchent pas que les Etrangers n'entrent au lieu où elles sont, & ne choisissent celles qu'il leur plaît. Ils leur jettent sur les genoux de l'argent en disant: J'invoque pour vous la Déesse Milytta; & il n'est pas permis à ces femmes de rejetter cet argent, en quelque petite quantité qu'il soit, parce qu'il est destiné à des usages qu'ils appellent sacrez, ni de rebuter ceux qui se présentent à elles. Ceux-ci les emmenent hors de la vûe du Temple, & après qu'ils en ont abusé, elles peuvent s'en retourner dans leurs Maisons. C'est apparemment cette abominable coûtume que les Babyloniens amenérent dans le Pays de Samarie. Les Rabbins veulent que Succoth-Benoth signifie la poule & les poussins. Eusèbe [n] & Saint Jérôme semblent croire que c'est une Ville que ces gens bâtirent dans la Samarie. D'autres croyent que c'étoit une Divinité particuliére qu'ils adoroient.

[l] Judic. 8. 5. 6. &c. An du Monde 2759. avant J. C. 1241. Avant l'Ere vulg. 1245.
[m] 4 Reg 17, 30.
Vide Selden. de Diis. Syr. Syntagm. 2. c. 7.
Grot. ad 4. Reg. 17. 30.
Herodot. L. 1. c. 199.

[n] Eusèb. & Hieronym. in Locis.

SOCHUNG, Forteresse de la Chine [o], dans la Province d'Iunnan, au Département de Mengyang, l'une des grandes Citez de la Province. Elle est de 18. d. 16'. plus Occidentale que Peking, sous les 21. d. 58'. de Latitude Septentrionale.

[o] Atlas Sinens.

SOCIENSIS, Siège Episcopal d'Afrique, dans la Mauritanie Sitifense, selon la Notice des Evêchés de cette Province.

SOCIUEN, Ville de la Chine [a], dans la Province de Kiagnan, au Département de Hoaigan, huitième Métropole de la Province. Elle est de 1. d. 36'. plus Orientale que Peking, sous les 34. d. 55'. de Latitude Septentrionale.

[a] Atlas Sinens.

SOCO, ou **Socho** [b], Ville de Juda, Josué 25. 35. & 1. Reg. XVII. 1. Héber, dont il est parlé dans les Paralipomènes répara Soco, 1. Par. 4. 18, & sa Famille s'y habitua. Roboam la fortifia dans la suite. Voyez 2. Par. 11. 7. Eusèbe dit qu'il y a deux Villes de Soco ; l'une Haute , & l'autre Basse, à neuf milles d'Eleuthéropolis, du côté de Jérusalem.

[b] Dom. Calm. Dict.

SOCOBRIGENTIUM, Mot corrompu dans quelques Exemplaires de Frontin [c], pour SEGOBRIGENSIUM. Voyez SEGOBRIGA.

[c] Strat. L. 5. c. 10.

SOCONUSCO, Province de l'Amérique Septentrionale, dans la Nouvelle Espagne. Mr. de l'Isle [d] a borne au Nord Oriental par la Province de Chiapa, à l'Orient par celle de Guatimala, au Midi par la Mer du Sud, & à l'Occident par la Province de Guaxaca. De Laet [e] lui donne environ trente-cinq lieues de longueur, & un peu moins de largeur. On n'y voit qu'une Place habitée par les Espagnols : elle se nomme GUEVETLAN, ou SOCONUSCO. Elle fut bâtie par Pedro de Alvarado, lorsqu'il étoit Gouverneur de cette Province. Il y demeure fort peu d'Espagnols parce que les Naturels du Pays sont fort arrogans & cruels, par la confiance qu'ils ont en leurs richesses, qu'ils acquiérent par le trafic du Cacao, que la proximité de la Mer leur fait faire avec beaucoup de commodité, dans les plus riches Provinces de la Nouvelle Espagne. Ils ne laissent pas de payer Tribut aux Espagnols. Le terroir n'est pas mauvais, & rapporte assez bien ce qu'on y seme, à l'exception du froment. La Province Soconusco est pourtant sujette à de fréquentes tempêtes & à de fort grandes pluyes depuis Avril jusqu'en Septembre. Il y descend des Montagnes dans les Vallées une telle quantité de torrens & de ruisseaux que tous les chemins en étant couverts, ceux qui veulent aller de Nicaragua & d'autres Provinces Orientales vers la Nouvelle Espagne, sont contraints de se détourner ailleurs, quoique le chemin soit beaucoup plus court dans les autres mois par Soconusco.

[d] Atlas.
[e] Descr. des Indes Occ. L. 7. c. 6.

SOCOTERA, ou **SOCOTORA**, Isle située entre l'Arabie Heureuse [f] & l'Afrique, au Midi du Cap Fartaque & à l'Orient Septentrional du Cap Guardafui, environ à vingt lieues de ces deux Continens. Cette Isle a environ cinquante lieues de tour, elle est bien peuplée [g], & elle a un Roi particulier qui releve du Roi Cherife d'Arabie. Les Habitans sont Mahométans, Abexis, & Arabes, mais ils se disent Arabes, aussi en ont-ils les mœurs & le langage. La Terre y est abondante en Bétail & en Fruits, le Peuple trafique à Goa, & il y est mieux reçu que les Arabes Naturels qui n'osent pas y aller sans Passeport ; ces Socoterans vont aussi trafiquer en Arabie, & dans toute la Côte, ils sont habillés à la mode des Arabes. Leur Isle produit beaucoup de Dattes, de Ris, d'Encens, d'Aloës qu'ils trafiquent à Goa, & dans les Indes, d'où ils rapportent ensuite d'autres Marchandises ; ils sont fort civils, mais il ne faut pas beaucoup se fier à leur honnêteté. Deux Navires Anglois y ayant mouillé pour se rafraîchir & pour y commercer, ils y furent d'abord très-bien reçus, ils y demeurerent même neuf à dix jours en fort bonne intelligence ; mais enfin le Roi eut envie de leur jouer un mauvais tour, car il avoit projetté de leur faire un Festin pour les attirer comptant de les tuer ensuite & de prendre leur Navire, mais heureusement les Anglois en furent avertis & se retirérent à tems.

[f] De l'Isle, Atlas.
[g] Fr. Pyrard, Voy. aux Indes, 2. Part. p. 250.

SOCQUIA, Bourgade de l'Arabie Heureuse [h], sur le bord de la Mer Rouge, à trente lieues de Médine du côté du Sud. Il y en a qui la prennent pour l'ancienne *Badeos*.

[h] Baudrand, Dict.

SOCRATIS-INSULA, Isle du Golphe Arabique : Ptolomée [i] la compte au nombre des Isles qui étoient sur la Côte de l'Arabie Heureuse.

[i] Lib. 6. c. 7.

SOCUNDA, Ville de l'Hyrcanie, selon Ammien Marcellin cité par Ortelius [k], qui remarque que c'est la Ville *Socanaa* que Ptolomée [l] place sur la Côte de la Mer Caspienne, entre les Embouchures des Fleuves Maxera & Oxus. Le MS. de la Bibliothéque Palatine écrit *Socanda* pour *Socanaa*, & au lieu d'une Ville il en fait un Fleuve.

[k] Thesaur.
[l] Lib. 6. c. 9.

SOCZOWA, Ville de la Turquie en Europe [m], dans la partie Occidentale de la Moldavie, sur la Riviére de Séret ou Moldawa, assez près de sa source, à peu près entre Jassy & Newmack. Quelques Géographes la prennent pour l'ancienne *Sandava*.

[m] De l'Isle, Atlas.

SODER-HAMPT, Bourgade ou petite Ville de Suède [n], dans l'Helsingie, sur la Côte du Golphe de Bothnie, assez près & au Nord de l'Embouchure de la Riviére de Liusna. Ce Bourg a un Port & a été bâti depuis peu. Le nom [o] qu'on lui a donné veut dire *Port du Sud*, dans la Langue du Pays. Mr. de l'Isle [p] écrit SODERHAMN, au lieu de SODER-HAMPT.

[n] Ibid.
[o] Corn. Dict.
[p] Carte des Couronnes du Nord.

SODI, Fleuve de la Babylonie [q] : il en est parlé dans Baruc, C. 4. On ne connoît aucun Fleuve de ce nom en ce Pays-là. Ce pouvoit être quelque Bras de l'Euphrate. *Sodi*, en Hébreu, signifie l'*Orgueil* : ce nom pourroit désigner l'Euphrate.

[q] Dom Calm. Dict.

SODII, Peuples d'Asie : Pline [r] les place au voisinage de l'Ibérie.

[r] Lib. 6. c. 10.

SODINUS, Fleuve d'Asie : Pline [s] en fait un Fleuve navigable, & dit qu'il se perdoit dans le Fleuve Cophés.

[s] Lib. 6. c. 23.

SODOME [t], Ville Capitale de la Pentapole, qui servit pendant quelque tems de demeure à Loth, neveu d'Abraham, & dont les crimes montérent à un tel excès [u], que Dieu la fit périr par le feu du Ciel, avec trois autres Villes voisines, Gomorre, Zéboïm & Adama, qui étoient aussi corrompues qu'elle. [x] La Plaine où elles étoient situées,

[t] Dom. Calm. Dict.
[u] Genes. 13.
[x] Genes. 19. An. du M. 2107. avant J. C. 1897. avant l'Ere vulg. 1897.

SOD. SOD. SOE.

fituées, qui étoit auparavant belle & fertile, comme un Paradis Terreftre, fut premiérement enflammée par la foudre, qui mit le feu au bitume dont elle étoit remplie; & enfuite inondée par les eaux du Jourdain, qui s'y répandirent, & qui y formerent la Mer Morte, ou le Lac de Sodome, nommé auffi le Lac Afphaltite, à caufe de l'Afphalte ou bitume dont il eft rempli. On croit que Sodome étoit une des plus Méridionales des cinq Villes qui périrent par le feu du Ciel, puifqu'elle étoit voifine de Ségor, qui, comme l'on fait, étoit au delà de la Pointe Méridionale de la Mer Morte. On doute fi elle étoit dans le terroir qu'occupe à préfent cette Mer, ou feulement fur fon bord. Les Prophétes [a] parlent affez fouvent de la ruïne de Sodome & de Gomorre, où ils font allufion, & par-tout ils marquent que ces lieux feront deferts, arides, inhabitez; que ce feront des lieux couverts d'épines & de buiffons, une terre de fel & de foufre, où l'on ne pourra ni planter, ni fémer [b]: *Siccitas fpinarum, & acervi falis, & defertum usque in æternum.* Elles feront, dit Amos, comme un tifon qu'on tire d'un embrafement, demi brûlé & inutile à tout ufage. En un mot, dans toute l'Ecriture la ruïne de Sodome & de Gomorre eft repréfentée comme un des plus grands effets de la Colére de Dieu. Jofephe [c] dit, qu'autour du Lac de Sodome, & aux environs des Villes qui furent autrefois ruïnées par le feu du Ciel, le terrein eft tout brûlé, & qu'on y voit encore des effets de ce terrible incendie, & des reftes de ces Villes malheureufes [d]. Les Fruits qui y naiffent, ont affez belle apparence, & paroiffent à la vue bons à manger; mais ils font remplis de cendre, & lorfqu'on veut les ouvrir ils s'en vont en pouffiere. Il femble donc que du tems de Jofephe, les ruïnes des cinq Villes fubfiftoient encore. Strabon [e] parle auffi des ruïnes de Sodome & de fon circuit de foixante Stades, qu'on voyoit au bord de la Mer Morte. Les Notices font mention expreffe de Sodome Ville Epifcopale. On trouve un Sévére Evêque de Sodome parmi ceux de l'Arabie, qui foufcrivirent au premier Concile de Nicée: M. Reland ne peut fe perfuader que Sodome ait jamais été rétablie; il croit que le nom de Sodome qu'on lit dans les Soufcriptions du Concile de Nicée, eft une faute de Copifte: mais je ne puis être de fon fentiment; l'ancienne eft très-formelle; elle met la Ville Epifcopale de Sodome entre *Thamar* & *Engaddi.* Etienne le Géographe [f] met auffi *Engaddi* près de Sodome. Ainfi je ne vois pas que l'on puiffe révoquer en doute que la Ville de Sodome n'ait été rétablie, foit au même endroit où elle étoit autrefois, ou vis-à-vis de ce lieu-là; car encore qu'il me paroiffe fort probable qu'elle ne fût pas couverte par les eaux de la Mer Morte, & qu'elle étoit fituée fur le bord de cette Mer, je ne voudrois pas toutefois beaucoup contredire le fentiment commun qui tient le contraire.

[a] *Jerem. 49. 18. L. 38.*
[b] *Deut. 29. 22. Sophon. 2. 9. Amos. 4. 11.*
[c] *De Bello, L. 5. c. 5. p. 892. f.*
[d] Ἀνὶψαται τῷ διοπ πυρὸς καὶ τῶν πόλεων τινας.
[e] *Geograph. L. 15.*
[f] *Stephan. in Engaddi, Ἐγγαδὶς, & in Σοδομα.*

2. SODOME (Lac de) ou MER DE SODOME. Voyez LAC ASPHALTITE.

SODORÉ, *Sodera*, Village d'Ecoffe [h],

[g] *De l'Ifle, Atlas.*
[h] *Baudrand, Dict. Ed. 1705.*

dans la petite Ifle d'Iona, qu'on appelle auffi *Cholmkill*, une des Ifles Wefternes, ou Hébrides, joignant la Côte Méridionale de l'Ifle de Mala [i]. L'Evêque de Cerfes, fuffragant de l'Archevêché de Glafgou, fait fa réfidence à Sodore, qui étoit autrefois une Ville. Voyez JONA.

[i] *Blaeu, fait Atlas.*

SODRÆ, ou SODRI. Voyez SCODRI.

SODRE-TELGE, Ville de Suéde [i], dans la Sudermanie, fur la Rive Méridionale du Lac Mäler, à quatre milles vers le Midi Occidental de Stockholm. Cette Ville eft fituée à l'Embouchure d'un des Canaux par où le Lac Mäler communique avec la Mer Baltique.

SODUCENA, Contrée de la Grande Arménie. Elle étoit au Midi de la Colthéne, felon Ptolomée [k].

[k] *Lib. 5. c.*

SOE, ou SOA. C'eft le nom de l'une des Ifles Wefternes [l], ou Hébrides, à l'Occident de l'Ecoffe. On la met au rang des plus petites Ifles. Elle eft voifine de celle de St. Kildan & elle en dépend. Comme cette derniére, elle eft fertile en pâturages, & on y voit un nombre prodigieux d'Oifeaux de Mer depuis Mars jufqu'en Septembre. Les Oyes de Mer y fourmillent & les Habitans en mangent les œufs tout cruds. Il y a un autre Oifeau nommé *Fulmar*: il jette par le bec une forte d'huile, que les gens du Pays ont le feret d'amaffer, quand ils furprennent ces Oifeaux; & ils s'en fervent pour leurs Lampes, & pour la guérifon de plufieurs maladies.

[l] *Etat préfent de la Gr. Br. t. 2. p. 296.*

SOEDER-HANP. C'eft une des Orthographes du nom de la Ville de SODER-HAMPT, en Suède fur la Côte du Golphe de Bothnie. Voyez SODER-HAMPT. Mr. Corneille [m] en fait deux Lieux différens, & il eût fans doute été jufqu'à trois s'il eût fu que Mr. de l'Ifle avoit écrit *Soderhamn.* Ce Mr. Corneille ajoute fur le témoignage de Scheffer [n] eft plus jufte: Il y a, dit-il, à Soederhanp une célèbre Manufacture d'armes & particuliérement d'armes à feu. Les Bourgeois les vendent aux Habitans de la Bothnie, & ceux-ci aux Lapons qui viennent en acheter. Ces mêmes Lapons tirent de cette Ville la poudre & les bales, dont ils ont befoin, & le plomb en maffe dont ils font des bales.

[m] *Dict.*
[n] *Hift. de la Laponie, ch. 20.*

SOEGARSI, Riviére de l'Amérique Septentrionale [o], dans la Nouvelle France. Elle donne fon nom à un petit Lac peu éloigné du grand Fleuve de St. Laurent. Ce Lac eft entre ceux de Champlain & de Frontenac, ayant le premier à l'Orient & l'autre à l'Occident. Mr. de l'Ifle marque dans fa Carte du Canada ce Lac auffi-bien que la Riviére; mais il ne nomme ni l'un ni l'autre.

[o] *Corn. Dict.*

SOEST, Ville d'Allemagne, dans le Comté de la Marck, à 24. d. 56'. du Méridien des Canaries, fous les 51. d. 43'. de Latitude [p]. Cette Ville qui eft à quatre lieues de celle de Lippe, paffe pour la plus belle & pour la plus riche de la Weftphalie. Elle eft de grande étendue, ceinte de fortes murailles, de foffez & de remparts & pleine de bonnes Maifons. Près de l'Eglife de St. Pierre, on voit un Lac fort profond, qui

[p] *Corn. Dict. Quad. vow. Heiligk, c. 74.*

qui ne reçoit aucune eau, que celle qui sort des fondemens de cette Eglise. Elle ne laisse pas cependant de se répandre par toutes les rues de la Ville, qui a plusieurs Villages appellez *Burden*, qui lui sont sujets. Les Privilèges dont elle jouit sont considérables, entre autres celui de chasser aux Forêts d'autrui. Le Sénat qui la gouverne est entièrement composé de Patriciens, & les Villages portent les charges, dont elle est exempte. En 1440. les Ducs de Cléves la prirent sous leur protection. Elle avoit été auparavant sous les Archevêques de Cologne pendant deux cens quatre-vingt ans. Les Espagnols la prirent en 1618. & lui laissèrent ses Privilèges, quoiqu'ils y tinssent une grosse Garnison. Le Margrave de Brandebourg s'en rendit maître en 1624. Les Habitans sont partie Catholiques, partie Luthériens. Le Pays des environs est très-fertile.

SOETA, Ville de la Scythie au delà de l'Imaüs. C'est Ptolomée [a] qui en parle. C'est la même Ville qu'Ammien Marcellin nomme *Saga*.

[a] lib. 6. c. 15.

1. SOFALA, Cefala, Sofale, ou Zofala, Royaume d'Afrique dans la Cafrerie, sur la Côte de la Mer d'Ethiopie, vers le Zanguebar. Dapper [b] en parle ainsi. Le Royaume de Sofala n'est proprement qu'une Côte, qui s'étend du Nord au Sud depuis le Fleuve Cuama jusqu'à *Rio do Spirito Sanĉto*, & qui confine au Couchant aux Terres de Monomotapa & au Levant à l'Océan Indien. La Capitale est située dans une Isle du Cuama, & porte le nom de tout le Royaume *Sofala*, ou *Cefala*. En 1500. les Portugais firent un Fort près de cette Ville, qui n'étoit alors ni grande ni bien bâtie, mais seulement ceinte d'une Haye de buissons & d'Arbrisseaux. Il y a encore deux autres Villes ou Bourgades, savoir *Hautema* & *Dandema*, avec quelques Villages, entre autres ceux de *Sajona*, *Boccha Gasta*, &c. le long de la Côte.

[b] Descr. de la Basse Ethiopie, p. 394.

L'Embouchure du Fleuve Magnice est à 27. d. 40'. de Latitude Méridionale. Les Portugais l'appellérent d'abord *Rio dos Lagos*, la Rivière des Laçs; mais en 1545. Laurens Marches lui donna le nom de *Rio do Spirito Sanĉto*. On dit qu'elle prend sa source au Lac *Goyame*, & qu'après quelques lieues de chemin elle se divise en deux Bras, dont le Méridional conserve le nom de Magnice & se va jetter dans un Golphe tout contre le Cap des Poissons. Il reçoit trois Rivières dans son sein, un peu avant que de se décharger dans la Mer: la première est celle qu'on nomme la Rivière de St. Christophle, parce qu'elle fut découverte le jour de la Fête de ce Saint; mais les Habitans l'appellent *Nagoa*: la seconde porte le nom du Pilote Laurens. Elles sortent toutes deux des Monts de la Lune, qui sont dans la Province de *Toroa*. La troisième qui a le nom d'*Arroé*, vient du côté du Nord & des Montagnes, où sont les Mines de Monomotapa. Le Bras Septentrional porte le nom de *Cuama*, *Quama*, ou *Covagna*, qui est celui d'un Château que les Turcs ont bâti sur ses bords: un peu au dessus de ce Château, les Habitans appellent ce Fleuve *Sambreré*. Il est beaucoup plus grand & plus profond que l'autre Bras du Magnice, parce qu'il est grossi des eaux de six grandes Rivières, qui sont celles de *Panhames*, de *Luangoa*, d'*Arruya*, de *Maniomo*, d'*Inandire*, & de *Ruenié*, qui traversant les terres du Monomotapa enrichissent leur Sablon dans ses Mines d'Or, Ce Fleuve se décharge dans la Mer par sept Embouchures où il y a autant d'Isles fort peuplées. En 1500. les Portugais bâtirent un Fort près des Bouches du Cuama, pour reduire sous leur joug les Cafres de ces Quartiers; & depuis ils sont devenus Maîtres absolus du Pays.

Cabo das Correntas est au milieu de cette Côte à 23. d. 30'. de Latitude Méridionale. Entre ce Cap de l'Isle & Madagascar sont ces Ecueils, & ces Bancs de Sable des Indes, où tant de Vaisseaux ont fait naufrage, & qu'on nomme *Baixos de India*. Le Pays qui est au-delà du Cap *das Correntas*, jusqu'au Cuama s'appelle Matuca, & a des Mines d'Or près de la Ville de Sofala. Il y a deux autres Caps sur la Côte de Matuca; celui de St. Sebastien & celui de Ste. Catherine.

L'air de Sofala est fort bon, & sur-tout dans Matuca. Depuis la Rivière de Magnice jusqu'au Cap *das Correntas*, le terroir est raboteux, sterile & desert; mais de ce Cap à l'Embouchure du Cuama, c'est un Pays plain, fertile & peuplé. La Côte est fort basse, & les Vaisseaux qui en approchent s'en apperçoivent plutôt par l'odorat que par la vûe, à cause du grand nombre de fleurs odoriférantes, que la terre porte. On n'y manque point d'Eléphans, de Lions, & d'autres Animaux sauvages.

Les peuples de Sofala sont gens bien faits, Négres pour la plûpart, n'y en ayant que très-peu de bruns. Ceux qui demeurent autour du Cap des Courans, sont beaucoup plus affables & plus civilisez, que les Cafres du Cap de Bonne-Espérance & des Aiguilles. Ils mangent d'ordinaire du Ris, de la Chair & du Poisson. Ils ne se couvrent que depuis la ceinture jusqu'aux genoux, avec une étoffe de soie, ou de coton qu'on leur apporte de Cambaye. Ils portent au côté un poignard dont la garde est d'yvoire, & ils ont un Turban d'écarlate ou de soie. Quelques-uns parlent Arabe; & la plûpart se servent de la Langue du Pays. La raison de cette différence est qu'avant que les Portugais trafiquassent sur cette Côte, il y venoit force Marchands de l'Arabie Heureuse, & comme le nombre s'en augmentoit tous les jours, il commençoient à s'habituer dans les Isles du Cuama, qui étoient desertes, & passèrent delà insensiblement sur la Terre-ferme.

Les Habitans assûrent qu'on tire toutes les années des Mines de *Sofala* plus de deux millions de *Métigaux*, chaque Métigal valant 14. lb. de notre Monnoie ; que les Vaisseaux de Zidem & de la Mecque en emportent, en tems de paix, plus de deux millions par an; que le Gouverneur de Mosambique, dont la Charge ne dure que trois ans a plus de 300000. Ecus de revenu, sans compter la paye des Soldats & le Tribut qu'on qu'on envoye au Roi de Portugal. Delà Moquet [a] conclud que selon toutes les apparences Sofala eſt l'Ophir où Salomon envoyoit des Vaiſſeaux d'Aſiongaber tous les trois ans pour rapporter de l'Or [b]. Pluſieurs Edifices, qui paroiſſent avoir été bâtis par des Etrangers, & quelques Inſcriptions en caractères inconnus appuyent cette conjecture. On peut même confirmer ce ſentiment par l'autorité des Septante, qui traduiſent *Ophir* par Σωφειρὰ [c], & comme les liquides ſe mettent ſouvent l'une pour l'autre, *Sophira* ne diffère par beaucoup de *Sofala*. De plus Thomas Lopez rapporte dans ſon Voyage des Indes que les Habitans de Sofala ſe vantent d'avoir des Livres, qui prouvent que du tems de Salomon les Iſraélites navigeoient tous les trois ans vers ces Quartiers-là; & que c'eſt delà qu'ils tiroient tout leur or.

[a 2. Lib. 4.]
[b 3. Reg. 10. 22.]
[c 3. Reg. 9. 28.]

Les Mahométans de *Quiloa*, de *Monbaze* & de *Melinde*, abordent à *Sofala* dans de petits Batteaux qu'ils nomment *Zambues*, & ils apportent des Toiles de coton blanc & bleu, des Draps de ſoie, de l'Ambre gris, du jaune & du rouge, qu'ils changent dans le Pays contre de l'Or & de l'Yvoire; & les *Sofalois* revendent ces Marchandiſes aux Sujets du *Monomotapa*, qui en échange leur donnent de l'or ſans peſer. On dit que quand les *Sofalois* voyent approcher des Navires, ils allument des feux pour marquer qu'ils ſont les bien-venus. Ils ſavent bien faire des Etoffes de coton blanc; mais ils ne les ſavent pas teindre; & l'on aſſure que, quand ils en veulent faire de bigarrées, ils tirent les fils des Toiles teintes de Cambaye & les mêlent avec leur fil blanc.

Les Portugais leur ont appris l'uſage des mouſquets & de la poudre à canon; de ſorte qu'ils ſe ſervent préſentement des armes à feu, auſſi-bien que de l'arc & des flèches. On dit que le Roi de *Sofala*, qui étoit Mahométan & Vaſſal du *Monomotapa*, ſe ſouleva contre lui, & ſe mit ſous la protection du Portugal. Spilbergen aſſure que dans le tems de ſa navigation, ce Prince étoit Portugais de naiſſance; mais Jarric veut qu'il ne ſoit que Tributaire du Roi de Portugal. Du tems de Marmol, le Roi de *Sofala* relevoit encore de l'Empereur de l'Or ou du *Monomotapa*.

Cette Côte eſt peuplée de Cafres originaires du Pays, qui n'ont point de Religion, & de Mahométans, qui s'y ſont venus habituer depuis quelques centaines d'années.

☞ Selon la Carte de l'Ethiopie Orientale publiée par le Sieur d'Anville, le Royaume de *Sofala* s'étend d'Orient en Occident, & a des bornes bien plus étroites que celles que lui donne Dapper. Le Sr. D'Anville renferme ce Royaume entre les Etats du *Monomotapa* au Nord, la Mer de Mozambique à l'Orient, le Royaume de *Sabia* au Midi, & celui de *Manica* au Couchant. La Rivière de TENDANCULO, qui a ſon cours d'Occident en Orient, coule le long de la Frontière Septentrionale, & ſe jette dans la Mer après avoir arroſé les terres de ce Royaume, environ les deux tiers de ſa longueur. Dans la partie Méridionale de ce Royaume, coule une autre Rivière, qui le traverſe entièrement d'Orient en Occident. On la nomme auſſi SOFALA; elle vient du Royaume de *Manica*, forme à quelques lieues au-deſſus de ſon Embouchure une Iſle nommée *Maroupe*, & ſe jette dans la Mer près de la Ville qui lui donne ſon nom. Entre cette Rivière & celle de *Tendanculo*, il en coule quatre ou cinq petites, dont l'une eſt appellée TE'BE'. Le Roi de *Sofala* ſe nomme Quiteve; & il a ſa demeure dans la partie Occidentale du Royaume au bord de la Rivière *Sofala*. Outre la Ville de SOFALA, qui fait l'Article ſuivant, on trouve vers le milieu de la Côte une Forterefle des Portugais appellée INHAQUEA. Il y a ſur les Côtes du Royaume de *Sofala* deux Iſles, l'une appellée BANGO, & ſituée vis-à-vis de l'Embouchure de la Rivière de Tébé; l'autre nommée INHASATO; celle-ci eſt vis-à-vis de l'Embouchure de la Rivière SOFALA.

2. SOFALA, Ville d'Afrique, dans l'Ethiopie Orientale, au Pays des Cafres, ſur la Côte du Royaume de *Sofala*, auquel elle a donné ſon nom. Les Portugais ſont Maîtres de cette Place, ils y bâtirent en 1500. une bonne Fortereſſe, ce fut alors qu'ils la nommèrent Cuama, mais les Pilotes l'ont toujours connue ſous le nom de Sofala. La Fortereſſe, dont nous venons de parler, eſt d'une grande importance pour les Portugais, car par-là ils aſſurent leurs Flotes qui viennent des Indes, de même que le commerce qu'ils font avec les Caffres. Ce commerce eſt aſſés conſidérable, il conſiſte principalement en Ambre gris, en Or, en Eſclaves, & en Etoffes de Soye. Les Portugais s'appliquent à faire travailler aux Mines qui ſont au Midi du Pays. Il y en a qui croyent que c'eſt l'Ophir de Salomon. Le Roi de Sofala paye Tribut aux Portugais. La Fortereſſe de la Place eſt de la direction, & du Gouvernement du Mozambique. Mr. d'Herbelot [d] appelle cette Ville SOFALAT-ALDHEHEB, c'eſt-à-dire *Lieu bas, & creuſé, où l'on trouve de l'Or*; ou bien une *Mine d'Or*. Il ajoute: C'eſt ainſi que les Arabes appellent une Ville des Zinges, ou de Zanguebar, qui eſt la Cafrerie en Afrique ſur la Côte de l'Océan Ethiopique.

[d Biblioth. Or.]

Elle eſt ſituée au-delà de la Ligne Equinoxiale, & a tiré ſon nom des Mines d'Or & de Fer, qui ſe trouvent en abondance dans ſon Terroir. Nous l'appellons aujourd'hui Sofala, tout court, Ville de la Côte de Mozambique, qui appartient aux Portugais.

Abdâlmôal Géographe Perſien dit que les Habitans de cette Ville ſont Muſulmans, & qu'ils n'ont point de Chevaux; mais qu'ils ſe ſervent en leur place de Bœufs, avec leſquels ils ſont même la guerre.

La Ville de Sagavah en eſt fort proche à ſon Couchant, & celle de Dangalah n'eſt éloignée de celle-ci que de ſix journées vers l'Occident. C'eſt de Ce Pays-ci que ſont ſortis les Zinges, ou Zenghis, que les Italiens appellent, Zingari, & Cingari, qui ont autrefois couru & pillé toute l'Arabie, & qui ſont venus juſques dans l'Iraque faire la guerre aux Kaliſes. Nous appellons cette même Nation en notre Langue, des Bohémiens, parce que les Thaborites, &

autres Fugitifs, qui furent chaffez de la Bohême au tems de la guerre des Huffites, se font joints à eux.

SOFFE, SOFIAH, ou SOPHIE, Ville de la Turquie en Europe, dans la Bulgarie & que l'on croit avoir été l'ancienne Ville nommée, *Sardica*, rebâtie par l'Empereur Juftinien. Elle eft fituée au pied du Mont Hæmus dans une Plaine fertile & agréable.

Les Bulgares venus des Pays Septentrionaux ayant occupé la Mœfie, fatiguérent extrêmement les Empereurs Grecs de ce côté-là, où la Mœfie confinoit à la Thrace.

Les Bulgares ayant été enfin domptez & fubjuguez par les Grecs, se firent Chrétiens & la Ville de Sardique, ou Sofiah, devint un Archevêché, lequel a été long-tems difputé entre les Papes & les Patriarches de Conftantinople; mais le Turc a enfin décidé leur querelle.

Les Turcs appellent aujourd'hui ce que nous appellons la Bulgarie, Sofiah Vilayeti, le Pays de Sofiah, à caufe que cette Ville en eft la Capitale; & que le Beglerbeg de Romélie y fait fa réfidence ordinaire. Les Turcs ne laiffent pas pourtant d'appeller ce Pays-là en leur Langue *Bulgar Ili*.

La Ville de Soffe eft fituée fur la Riviére de Bojana [a] dans une grande Plaine où l'on compte trois-cens foixante Villages tous habitez de Chrétiens. Elle eft fans murailles & à demi-heure de chemin de la plus haute Montagne d'entre celles qui environnent la Plaine. Les Maifons font éloignées les unes des autres, & ont prefque toutes de grands Jardins; ce qui fait que la Ville paroît fort grande, mais elle eft auffi mal bâtie que les autres Villes de Turquie. Quelques-uns l'ont prife pour l'ancienne *Tibisque* de Ptolomée; mais ceux de Soffe montrent, à deux ou trois portées de moufquet de leur Ville, le Lieu où celle de Sardica étoit autrefois. Soffe eft un des plus grands paffages de Turquie, puisque pour aller de Conftantinople en Hongrie, à Raguse & à Venife, il y faut paffer néceffairement. Ceux qui veulent aller à Venife & à Raguse, prennent le chemin de Novisbazar de Servie; & delà en traverfant les rudes Montagnes de l'Efclavonie, ils vont en tel lieu qu'il leur plaît du Golphe de Venife. Il y en a qui confondent mal à propos Soffe avec Scopie, mais cette derniére eft en Macédoine. Sophia fut faccagée & brûlée enfuite par les Rafciens, & par les Heïduques Hongrois en 1595. L'air de cette Ville eft fi mal fain, à caufe des marécages qui la bordent d'un côté, que fans la réfidence du Beglierbeg, elle ne se feroit pas maintenue telle qu'elle eft aujourd'hui. Les Montagnes qu'elle a du côté du Sud font caufe que l'Hyver y dure plus que l'Eté, & qu'il y pleut fort fouvent. Les Juifs y ont plufieurs Synagogues, & y font un grand trafic. Il ne s'y trouve qu'environ cent Catholiques Romains, avec un Prêtre qui dit la Meffe publiquement. Ce font prefque tous Marchands Ragufains, qui y trafiquent ainfi qu'à Belgrade.

SOFROY, Ville d'Afrique au Royaume de Fez [b]. C'eft une petite Ville de plus de cinq-cens Habitans environnée de hauts Murs fort anciens, & bâtie fur une Colline, à cinq lieues de Fez, au pied d'une Montagne du Grand Atlas, qui se nomme auffi SOFROY. Deux Riviéres la bordent de part & d'autre, & elle eft fur le paffage des Montagnes par où l'on va en Numidie, auffi a-t-elle été fondée par les anciens Afriquains pour la fûreté de ce Pas, & elle a le long de ces Riviéres plus de deux lieues d'Arbres Fruitiers, d'Oliviers & de Vignes. Tout le refte du Pays d'alentour eft terre legere & fablonneufe où l'on recueille du Chanvre & de l'Orge, mais peu de Bled. La Ville eft riche à caufe des Huiles qu'elle débite à Fez, & à quelques Villages de la Montagne qui en dépendent. Sous le Régne de Muley Mahamet Roi de Fez, elle appartenoit à un frere de ce Prince, mais elle fe dépeupla à caufe de la Tyrannie de ces Princes, elle a depuis été repeuplée par les Maures d'Efpagne, & les Bérébéres. Le Chérif en eft le Maître. Au milieu de la Ville il y a une belle Mofquée, à travers laquelle paffe un courant d'eau: à la porte on voit une Fontaine d'une ancienne ftructure. Les Bois d'alentour font pleins de Lions, mais ils ne font de mal à perfonne, & ils s'enfuyent fi-tôt qu'ils voyent paroître quelqu'un.

SOGANE, Bourgade de la Paleftine, au delà du Jourdain, dans la Gaulanitide, felon Jofephe [c]: Il en parle auffi dans fa Vie, où il lit *Soganni* pour *Sogane*. Ce mot eft corrompu dans Hégéfippe, qui écrit *Sotanis*. Sogane étoit un Lieu fortifié naturellement. Jofephe étant Gouverneur de la Galilée fit fortifier Sogane. Il paroît qu'elle étoit à vingt milles de Gabare: *de Vita fua*, Pag. 1019. Il faut lire *de Gadara*, au lieu *des Arabes* que porte le Texte. Cette Remarque eft de Dom Calmet [d].

SOGD [e], *La Sogde*, ou *La Sogdiane*: C'eft le nom que porte la Plaine, ou Vallée, au milieu de laquelle la Ville de Samarcande, Capitale de la Tranfoxane eft fituée, il n'y a point de doute que ce ne foit la Sogdiane des Anciens.

Les Orientaux difent que cette Plaine, ou Vallée, eft un des quatre Paradis ou Lieux les plus délicieux du Monde, auffi-bien que la Plaine & Vallée de Damas en Syrie, qui porte le nom de Gauthah, & ils lui donnent huit journées d'étendue, à favoir depuis les confins de Bokhara jufqu'aux confins de Botam, ou Botom, Villes principales de la même Province Tranfoxane. Ce qui rend cette Plaine fi agréable, eft qu'elle eft de tous les côtés couverte de Jardins pleins d'une variété & beauté admirables de fruits, ou de terres labourées, & de Pâturages toujours verds, parce que fon terroir eft par-tout arrofé d'eaux vives & courantes, qui viennent toutes d'une Riviére principale & fort groffe, nommée Caï, qui coule au milieu de cette Plaine. Ajoutez à ceci un nombre infini de petites Villes & Bourgades qui font toutes trés-peuplées, & dont les Habitans font fort induftrieux, & foigneux de cultiver leur Terroir.

Toutes ces eaux du Terroir de Samarcande,

[a] *Davity*, Bulgarie.

[b] *Marmol*, Defcr. de l'Afrique, c. 1. p. 301.

[c] Bell. Jud. L. 1. c. 25.

[d] Dict. D'Herbelot, Biblioth. Or.

SOG.   SOG.

tande, & celles du Terroir de Bokhara prennent leur source dans la Montagne de Botom, selon Ebn Haukal, & le même Auteur dit, que les Villes de Deboussiah, de Coschaniah, & d'Aschtican sont situées dans la Sogde, & qu'il y a aussi une fort grosse Bourgade & très-peuplée, nommée Khofchoufagan, que l'on appelle en Arabe, Ras Alcantharah, *la Tête du Pont*.

SOGDIANA, Contrée d'Asie, entre les Fleuves Jaxartes & Oxus. Ptolomée [a] la borne du côté de l'Occident par les Monts Auxii; & à l'Orient par le Pays des Peuples *Sacæ*. Il convient avec Strabon touchant les deux Fleuves qui bornoient cette Contrée; car on lit dans Strabon [b] que les Sogdiens étoient séparez des Bactriens par le Fleuve Oxus, & des Nomades par le Jaxartes. Il ne parle point des autres bornes. Il paroît que dans la suite la Sogdiane fut plus étendue du côté de l'Occident que du tems de Ptolomée; car divers Auteurs la poussent jusqu'à la Mer Caspienne. Au lieu de *Sogdiana*, Denys le Periégéte dit SUGDIAS, ou SOGDIAS. Le nom des Peuples varie pareillement: La plûpart des Auteurs les appellent SOGDIANI; & Strabon & Ammien Marcellin disent SOGDII. Ptolomée place dans la Sogdiane un grand nombre de Peuples qui ne sont point connus des autres Géographes. Il y met aussi les Villes qui suivent:

Cyreschata:	Sur le Jaxartes.
Oxiana,	
Maruca,	Sur l'Oxus.
Cholbesina:	
Trybactra,	
Alexandria Oxiana,	
Indicomordana,	Entre ces deux Fleuves.
Drepsa Métropolis,	
Alexandria Ultima:	

[a] Lib. 6. c. 12.
[b] Lib. 11.

SOGDIANA-PETRA, Forteresse de la Sogdiane, selon Arrien [c]. Elle étoit bâtie sur un Roc escarpé, & pourvue de toutes sortes de munitions & de vivres, Aléxandre entreprit néanmoins de l'assiéger, quoique les neiges en rendissent encore l'attaque plus difficile, & pussent fournir de l'eau aux Barbares, qui étoit la seule chose qui leur manquoit. Les Soldats d'Aléxandre ne laissèrent pas de grimper au plus haut de ce Roc; ce qui étonna tellement les Barbares qu'ils se rendirent. Aléxandre trouva entre autres dans cette Forteresse Roxane fille d'Oxiarte avec sa mere & ses sœurs, & comme Roxane étoit la plus belle personne de l'Asie, Aléxandre l'épousa. Ces circonstances nous font voir que la Forteresse appellée *Sogdiana-Petra* par Arrien est celle que Strabon nomme SISIMITHRÆ-PETRA, quoique ce dernier la mette dans la Bactriane au lieu de la placer dans la Sogdiane.

[c] De Exped. Alexandri Lib. 4.

SOGDIANI, Voyez SOGDIANA.

SOGDII, Voyez SOGDIANA.

SOGIUNTII, ou SOGIONTII, Peuples des Alpes, selon Pline [d]. Il est fait mention de ces Peuples dans le Trophée des Alpes. Quelques MSS. lisent *Sontiontii* au lieu de *Sogiuntii*.

[d] Lib. 3. c. 20.

SOGLIO, en Allemand *Solg*, ou *Soy* [e], Bourg du Pays des Grisons, dans la Ligue de la Maison-Dieu & dans la Communauté de Pergell. Ce Bourg est célèbre dans le Pays, pour être l'ancienne Résidence de la Noble Maison de Salis. On voit dans l'Eglise les Tombeaux de quelques Seigneurs de cette Maison.

[e] Etat & Délices de la Suisse, t. 4. p. 55.

SOGNO (Comté de) Seconde Province du Royaume de Congo, [f] dans l'Ethiopie Occidentale. Il s'étend sur les bords de la Mer & est borné du côté du Nord par le Zaire: l'Ambrifi le sépare du Duché de Bamba du côté du Midi: il a la Mer à l'Ouest, & les Seigneuries de Pango & Sundi à l'Orient. Sa Ville Capitale, ou Bauza-Sogno est à trois lieues du Cap Padron, & à une lieue & demie de Pinda, autre Ville située sur un Bras du Zaire. Cette Ville est des plus médiocres & peu peuplée. La seule chose, qui la rend considérable, est une Eglise que les Capucins y trouvèrent en 1645. lorsque la Congrégation de la Propagande jugea à propos de les y envoyer pour suppléer aux Missionnaires Séculiers & Réguliers qui y manquoient presque entièrement. Cette Eglise leur parut d'une très-grande antiquité; ils crurent qu'elle avoit été bâtie vers l'an 1482. lorsque les Portugais découvrirent ce Pays, s'y établirent, & y prechèrent la Foi. Et ce qui est plus digne d'admiration, c'est qu'elle ait subsisté depuis un si grand nombre d'années; quoiqu'elle soit simplement bâtie de bois avec des murailles de Clayonage, couvertes grossièrement de terre grasse.

[f] Labat, Relation de l'Ethiopie Occidentale, t. 1. p. 27. & suiv.

Le Terrein de cette Province est sec & sablonneux; & sans la grande quantité de Sel, qu'on recueille aisément sur les bords de la Mer, les revenus du Comte seroient très-médiocres; mais le Sel étant une marchandise dont tous les voisins ne peuvent se passer, il ne laisse pas d'être riche & de tirer d'un mauvais Pays des revenus considérables.

Ce Terrein est aussi propre aux différentes espèces de Palmier que l'Afrique produit: car on a remarqué, que les lieux les plus maigres & les plus secs sont les meilleurs pour ces Arbres. C'est en effet des Palmiers que les Habitans de Sogno tirent la meilleure partie de leur subsistance; d'une manière pourtant qui les réduiroit à une disette continuelle, si le Commerce qu'ils font à l'Embouchure du Zaire ne leur fournissoit pas les provisions de bouche, dont ils ont besoin.

Mais il faut avouer que leur frugalité est une grande ressource pour eux. Ils sont si accoutumés à la disette, que les Européens ne peuvent assez s'étonner qu'ils puissent vivre; & qu'au milieu des horreurs presque continuelles de la faim, ils soient gais & toujours dans les danses & dans les chansons, comme les gens du monde les plus à leur aise, les plus contents, & les mieux nourris: aussi sont-ils sans aucune inquiétude du jour suivant.

Le Comte de Sogno a un grand nombre

de Vassaux & de Tributaires, entre lesquels le Marquis de Chiona tient le premier rang. C'est une Province considérable voisine des Pays appellés anciennement Monbalassi, ou Monbelasingi, qui prétendent avoir certains Priviléges & Immunités, pour la conservation desquels ils ont continuellement les armes à la main.

Le Comté de Sogno fut la porte par laquelle l'Evangile entra dans le Royaume de Congo. Le Seigneur de Sogno fut le premier, qui se convertit & qui reçut le Baptême. Son exemple fut suivi non seulement de tout son Peuple, mais du Roi même, qui pour lui marquer sa reconnoissance, augmenta ses Etats de trente lieues en longueur, & de dix en largeur. Les Comtes Successeurs de premier Chrétien ne se contindrent pas dans ces bornes; ils travaillérent de toutes leurs forces à aggrandir leurs Etats, & ils en vinrent à bout. Ils se rendirent à la fin si puissans, qu'ils osérent même s'élever contre leur Roi: ils prirent les armes contre lui, lui présentérent la bataille, le défirent souvent, & remportérent sur lui des Victoires fréquentes & signalées.

Cela n'empêche pas qu'on ne doive dire à leur louange, qu'ils ont conservé la Foi dans une pureté qu'on ne remarque point dans le reste du Royaume.

La pieté de ces Princes se remarque dans le soin qu'ils ont eu d'élever des Eglises au vrai Dieu. Il y en a trois dans la Bauza de Sogno, Capitale du Comté. La première est dans l'enceinte du Palais du Comte: elle est dédiée à la Sainte Vierge. La seconde est à quelque distance du Palais: c'est dans celle-ci où l'on enterre. La troisième est dédiée à S. Antoine de Padoue: elle est accompagnée d'un Couvent qui sert d'hospice aux Capucins. Outre ces trois Eglises, qui sont regardées comme les principales, il y en a beaucoup d'autres répandues dans tout le Pays, n'y ayant point de Soua, ou Gouverneur, qui ne soit obligé d'entretenir une Chapelle dans le lieu principal de son Gouvernement.

SOGOCARA, Ville de la grande Arménie, selon le MS. de Ptolomée [a], conservé dans la Bibliothéque Palatine. Le Texte Grec porte *Zogocara*.

[a] Lib. 5. c. 13.

SOGOR, Peuple d'Asie: Nicephore Calliste [b] dit qu'ils habitoient sur le bord du Til. Voyez SOGOR & ZOARA.

[b] Lib. 18. c. 30.

SOGOSTEDES. Voyez SINGUS.

SOGRONA, Ville de l'Amérique Méridionale, au Pérou, dans l'Audience de Quito [c]; les Espagnols l'avoient bâtie dans le Pays des Xibares, dans la vûe de les soûmettre à la Foi. On en avoit tenté plusieurs fois la conversion, & toujours inutilement. C'est un Peuple naturellement féroce & inhumain, qui habite des Montagnes inaccessibles. Les Espagnols ne purent tenir contre les cruautés qu'exerçoient ces Infidèles, & ils furent contraints de ruïner la Ville, qu'ils avoient bâtie.

[c] Lettres Edifiantes t. 12. p. 214.

SOGUT, Bourgade des Etats du Turc en Asie, dans l'Anatolie, à deux cens cinquante Stades de la Mer Noire, selon Chalcondyle. On tient que la Famille des Ottomans est sortie de cette Bourgade, qui se nommoit anciennement *Itra* & qui étoit de la Grande-Phrygie.

SOHAN, Voyez TANIS.

SOHHAR, Ville de l'Arabie Heureuse [d]. Elle est ruïnée. Une partie seulement appellée Oman, est habitée & abondante en Palmiers & en Fruits. Le Pays d'Oman est chaud à l'excés, selon Alsahah. Sohhard est la Capitale de ce Pays, du côté qu'il est contigu à Hegiaz ou aux Montagnes; & Wiwam est la Capitale d'Oman du côté que ce Pays touche le Rivage de la Mer. Il est marqué dans Allebab qu'Oman est sur la Côte maritime au-dessus de Bosrah; & dans Alazizy qu'Oman est une Ville fameuse avec un bon Port où abordent journellement des Vaisseaux des Pays des Indes, de la Chine, de Zanguebar; & que son Château est appellé Sohhar. Il n'y a point dans le Sein Persique de Ville plus importante qu'Oman, son District est d'environ trois cens parasanges, c'est le Pays des Azides, ou d'Alared.

[d] *Abulfeda*, Descrip. de l'Arabie Heureuse.

SOHREVEREDE, Ville de Perse: Tavernier dit [e] que les Géographes du Pays la marquent à 73. d. 36'. de Longitude, sous les 36. d. 5'. de Latitude.

[e] Voyage de Perse Liv. 3.

SOIGNIES, Ville des Pays-bas, dans le Hainaut au Comté de Mons, entre la Ville de ce nom & Braine-le-Comte. Cette petite Ville située sur la Rivière de Sonneque, à trois lieues de Mons, à quatre de Binche & à sept de Bruxelles; tire, à ce qu'on croit, son nom des *Senones* Peuples de la Gaule Celtique qui vinrent s'y établir. Elle se trouve nommée *Sonegiæ*, dans les anciens titres; & c'est de *Sonegiæ* qu'on a fait *Soignies*. Il y avoit autrefois à Soignies un Monastère de l'Ordre de St. Benoît, bâti vers l'an 650. par St. Vincent, dit Maaldegaire, Mari de Ste. Vaudru, qui du consentement de son Epouse se retira dans une Solitude, où la Ville de Mons a été bâtie depuis. Vincent se fit Religieux dans l'Abbaye de Hautmont de Maubeuge. Il vint ensuite demeurer dans son Monastère de Soignies où il mourut vers l'an 670. L'Eglise que nous y voyons est présentement sous son invocation, quoique St. Vincent, lorsqu'il le fit bâtir, l'eût mise sous l'invocation de St. Pierre. On y conserve dans de belles Châsses d'argent des Reliques de St. Vincent & celles de son fils Landtry, Evêque de Metz. Les Huns ayant détruit vers l'an 960. ce Monastère avec ses dépendances, St. Brunon Archevêque de Cologne & Duc de Lorraine le fit rebâtir & fermer de murailles en 965. Il changea le Monastère en Chapitre Séculier, où il y a présentement un Prevôt, un Doyen, un Trésorier & trente Chanoines. Le Chapitre a droit de conférer à quelqu'un des Musiciens de l'Eglise, la troisième Prébende, qui vient à vaquer. Il est en même tems Seigneur Spirituel & Temporel du Lieu, & il confére la Charge de Bailli de Soignies. On voit encore dans cette Ville un Couvent de Capucins établis en 1616. un Couvent de Sœurs Grises, & un Hôpital desservi par des Religieuses. Les Peres de l'Oratoire y ont une Maison depuis l'an 1629. & ils commencérent en 1709. à y enseigner les Humanitez.

Il y a près de cette Ville une Forêt qu'on appelle FORET DE SOIGNIES. Elle a plus de sept lieues de circuit ; & sa coupe est de cent arpens tous les ans.

SOINES, Lieu dont parle St. Athanase [a] dans son Epître à ceux qui ménent la vie solitaire, & où il dit que Hieraces & Dioscorus furent envoyez en exil & condamnez à y travailler aux Carriéres. Ortelius [b] soupçonne que ce Lieu étoit en Egypte.

[a] Tom. 2.
[b] Thesaur.

SOISSONNOIS, Pays de France. Il faisoit partie de la Province de Picardie, mais il en a été démembré, pour être uni au Gouvernement Militaire de l'Isle de France. Ce Pays est borné au Septentrion par le Lanois, à l'Orient par la Champagne, au Midi par la Brie, & à l'Occident par le Valois. Il comprend une partie du Terrein qu'occupoient anciennement les *Suessiones*, dont César fait une mention honorable dans ses Commentaires. Il a depuis suivi le sort de Soissons sa Capitale. Il est fort abondant en Grains, en Prairies & en Bois. Outre sa Capitale, il comprend deux autres Villes, qui sont Veilly & Braîne. Il n'a guère de Riviéres considérables que l'Aisne & la Verle.

SOISSONS [c], Ville de France, la Capitale du Soissonnois, sur la Riviére d'Aisne, à dix-huit lieues de Paris. Cette Ville qui est très-ancienne, a pris son nom des Peuples *Suessiones*. Elle s'appelloit anciennement *Noviodunum*, & étoit déja fort célèbre, lorsque Jules César faisoit la Guerre dans les Gaules, comme on le voit dans ses Commentaires, où il dit que *Diviciaca*, qui avoit autrefois regné à Soissons, avoit été fort puissant & très-illustre. Ce nom *Noviodunum*, fut aboli du tems d'Auguste qui donna le sien à cette Ville, & on l'appella *Augusta Suessionum*.

[c] Longuerue, Descr. de la France, part. 1. p. 17.

Soissons étoit une des Villes des plus considérables de la Belgique, & lorsque sous Constantin l'on institua une seconde Belgique, cette Ville fut la seconde de la Province après Rheims, qui en est la Métropole ; de sorte que l'Evêque de Soissons par une Coûtume immémoriale, a la préséance sur les autres Evêques de la Province, & a le droit de sacrer le Roi à Rheims au défaut de l'Archevêque, ainsi qu'il a été pratiqué, même au Sacre du feu Roi Louis XIV. comme on avoit fait auparavant à celui de Saint Louis.

Au tems de la ruïne de l'Empire Romain dans les Gaules, qui avoient été envahies par les Barbares, les restes de ce même Empire reconnoissoient Soissons pour leur Capitale, où Siagrius leur Chef faisoit sa résidence ; & ce fut après la prise de Soissons que Clovis demeura le maître absolu de la partie des Gaules, où les François s'étoient établis : aussi après la mort de ce Prince, ses Etats ayant été partagez par ses quatre fils, Clotaire, qui en étoit un, établit sa résidence à Soissons, comme fit depuis son fils Chilperic, lorsque la Monarchie Françoise eut été de nouveau partagée en quatre, après la mort de Clotaire I.

Depuis le Régne de Clotaire II. fils de Chilperic, la Ville de Soissons obéit aux Rois de Neustrie, & sous les Carlovingiens elle demeura à Charles le *Chauve* Roi de la France Occidentale ; & à ses Successeurs. Mais dans le dixième Siècle, lorsque les Ducs & les Comtes se rendirent propriétaires comme nous l'avons déja fait voir, ceux de la Maison des Comtes de Vermandois, se rendirent maîtres de Soissons, & l'on voit que Gisebert, fils d'Heribert, Comte de Vermandois, en étoit Comte propriétaire sous le Régne de Louis d'*Outremer*. Cent ans après ce Comté tomba en quenouille, & fut porté dans la Maison de Nesle de Picardie, d'où il passa aussi par un mariage à la Maison de Chastillon de Blois ; mais Guy de Chastillon le vendit à Anguerand Seigneur de Coucy.

De la Maison de Coucy ce Comté de Soissons passa à celle de Bar, & de celle de Bar à celle de Luxembourg, dont l'Héritiére Marie fut mariée à François de Bourbon Comte de Vendôme.

Cependant une partie de ce Comté avoit déja été vendue par Marie de Coucy à Louis I. Duc d'Orleans en 1404. mais cette partie fut réunie à la Couronne par des Lettres de Charles IX. en 1566. A l'égard de l'autre portion elle fut donnée en partage au Prince de Condé Louis de Bourbon, dont le Petit-fils Henri vendit l'an 1630. ses droits à Charles de Bourbon, qui portoit déja le titre de Comte de Soissons, sans en avoir néanmoins la propriété, & la sœur de ce Comte tué à la Bataille de Sedan étant devenue son Héritiére, & ayant épousé Thomas de Savoye Prince de Carignan, donna à ses enfans, & descendans le titre de Comtes de Soissons.

La Ville de Soissons [d] est située dans un Vallon agréable & fertile. Elle a un Pont de pierre sur la Riviére d'Aisne entre la Ville & le Fauxbourg de St. Vast. Elle est assez grande & bien peuplée. Il s'y fait un grand Commerce de Bled. Son Château est bâti à l'antique & flanqué de grosses Tours rondes & massives. Il y a des Chartes de Rois de la premiére Race, qui sont datées de cette Maison Royale. Outre ce Château il y en avoit un autre hors de la Ville, qui étoit nommé le *Château de Crouy*. Il étoit situé sur les bords de la Riviére d'Aisne, & servoit de demeure, aux Rois de Soissons. Il en reste des vestiges qui font connoître qu'il étoit grand & magnifique pour le tems. C'est dans l'enclos de cette Maison Royale que l'Abbaye de St. Médard fut fondée.

[d] Piganiol, Descr. de la France, t. 3. p. 73.

Dans l'Eglise de l'Abbaye de Notre-Dame, on remarque deux Tombeaux de Marbre. Ils sont antiques & ont chacun environ cinq ou six pieds de longueur & trois de hauteur. L'un est orné sur le côté d'une Vigne chargée de feuillages & de raisins. Au milieu il y a un Cercle dans lequel sont ces trois Caractéres А.Ж.Ѡ. & au milieu de chaque côté du Cercle est une Fléche ou un Javelot. Sur l'extrémité qui regarde l'Autel est un amas en rond de feuilles longues & pointues, & à côté des Epics de froment. Sur l'autre extrémité est le Christ Grec, & une Vigne sans feuillages, mais chargée de grappes. Le second est orné de cinq représentations, dont la premiére est un Baptême ; la seconde une Femme sup-

suppliante ; la troisième une Croix, deux Soldats, une Couronne de Laurier, trois Colombes, le Christ Grec ; la quatrième un Suppliant, la cinquième des Personnes qui se défaltérent. A l'extrémité qui regarde l'Autel, on voit un Fourneau ardent, & deux Hommes qui se donnent les mains, un troisième qu'on ne voit pas, est enfermé dans le mur. A l'autre extrémité il y a un Homme nud dans une fosse & un Lion. Ces Tombeaux étoient hors de l'ancienne Eglise, à la place de laquelle celle de l'Abbaye a été bâtie ; & il y a beaucoup d'apparence qu'ils ont été élevez sous les enfans de Constantin, ou sous quelque Prince suivant. La Tradition du Pays veut que ces deux Monumens ayent été érigez, l'un pour St. Derosin ou Drausin, Evêque de Soissons, & l'autre pour St. Voué Confesseur. Un Religieux Pénitent [a] du Tiers-Ordre de St. François de Picpus, fit en 1700. une Dissertation, pour prouver que cette Tradition est peu fondée. Il croit qu'il est problématique que le premier de ces Tombeaux ait été érigé pour St. Derosin ; mais il convient qu'il l'a été pour un Evêque, ou plutôt pour quelque Chrétien riche & illustre. Quant au second de ces Tombeaux, il soutient qu'il n'a jamais été fait pour St. Voué, & qu'il ne l'a été, ni pu l'être que pour un homme de guerre.

[a] Spiridion Poupart.

L'Evêché de Soissons reconnoît St. Sixte pour son premier Prélat. J'ai déja dit que l'Evêque est le premier Suffragant de Rheims, & a droit de sacrer les Rois de France quand le Siège Métropolitain de Rheims est vacant. Mais comme alors la Jurisdiction est dévolue au Chapitre de l'Eglise Métropolitaine, l'Evêque de Soissons ne peut faire ni la Cérémonie du Sacre, ni aucune fonction Ecclésiastique dans l'Eglise de Rheims que sous l'autorité & par la permission du Chapitre ; ce qui fut reconnu en 1226. par Jacques de Bazoches, lorsqu'il fit celui de Philippe le Hardi, & en 1654. par Simon le Gras, lorsqu'il fit celui de Louïs le Grand. Le revenu de l'Evêché de Soissons n'étoit autrefois que d'environ six ou sept mille Livres ; mais il a été augmenté d'autant par l'union de la Manse Abbatiale de St. Valseri. L'Eglise Cathédrale est dédiée à St. Gervais. & à St. Protais. Son Chapitre est composé d'un Prevôt, d'un Doyen, d'un Chantre, de quatre Archidiâcres, d'un Trésorier, d'un Ecolâtre, & de soixante Chanoines dont le revenu n'est pas considérable. Outre la Cathédrale, il y a encore trois Collégiales dans Soissons ; sçavoir St. Pierre, St. Vast & Notre-Dame des Vignes. Dans l'étendue du Diocèse on compte trois cens quatre-vingt-dix-sept Paroisses, & vingt-trois Abbayes tant d'hommes que de filles.

Soissons [b] a un Bailliage & un Siège présidial, un Bureau des Finances, une Jurisdiction des Juges Consuls, une Maréchaussée, une Maîtrise des Eaux & Forêts, & cinq ou six Jurisdictions des Seigneurs qui ont leur censive dans la Ville, comme l'Evêque, l'Abbesse de Notre-Dame & autres. Le Bailly est d'Epée, & le Présidial a été établi par Edit du mois de Septembre 1695.

[b] Piganiol, p. 31.

Il y avoit anciennement une Prevôté Royale à Soissons ; mais elle a été unie au Bailliage Provincial, pour ce qui regarde la Justice civile & criminelle contentieuse. Il y a aussi une Mairie qui connoît de ce qui concerne la Police. Le Bureau des Finances de Soissons fut établi en 1696.

Les Assemblées de Beaux-Esprits qui ont donné lieu à l'Etablissement de l'Académie Françoise parurent si utiles aux Gens de Lettres de la Ville de Soissons, que dès l'an 1650. quelques-uns s'assembloient régulièrement une fois la Semaine pour conférer sur leurs Etudes ; & en 1657. ils demandérent au Roi des Lettres qui leur permissent de former un Corps d'Académie. Leur proposition fut agréée ; mais l'exécution en fut différée jusqu'en 1674. que le Roi leur accorda des Lettres patentes données au Camp devant Dôle, au mois de Juin, & qui furent enregistrées au Parlement le 27. de Juin 1675. Elle est composée de vingt Académiciens, & elle est obligée de choisir un Protecteur du Corps de l'Académie Françoise, & d'envoyer tous les ans à cette Académie une Pièce de sa Composition. L'Académie Françoise de son côté fait l'honneur aux Académiciens de Soissons de les admettre dans les Assemblées publiques & particulières, de leur y donner séance & de leur demander leur avis comme à ceux qui la composent. Le corps de la devise de l'Académie de Soissons est un Aiglon, qui à la suite d'une Aigle s'eleve vers le Soleil ; & ces paroles en font l'ame : *Maternis ausibus audax.* Elles font allusion à l'attention de l'Académie de Soissons pour imiter celle de Paris.

SOITA, Ville de la Grande Arménie, selon Ptolomée [c].

[c] Lib. 6. c. 13. Dict.

SOLAIRES, Mr. Corneille [d], qui cite le Sr. le Fevre [e], dit : Peuples de la Mésopotamie & des environs. Ils ont eu ce nom, à cause qu'on tient qu'ils adorent le Soleil. On les appelle autrement *Champs*. On croit qu'ils sont neuf ou dix mille de cette Secte. Ils s'assemblent dans des lieux souterrains, & fort éloignez des Villes, sans avoir ni Eglises ni Temples, & traitent de la matière de leur Religion dans ces Assemblées, mais avec tant de secret qu'il a été impossible jusqu'à présent d'en rien découvrir. Ceux même qui ont embrassé le Christianisme ont gardé le silence là-dessus dans la crainte d'être assassinez par les autres s'ils apprenoient qu'ils eussent parlé, la résolution en ayant été prise parmi eux. Il y a quelques années que les Bachas du Grand-Seigneur voulant faire examiner si la Religion de ces Solaires, qui n'en faisoient aucun Acte public, pouvoit être soufferte dans l'Empire Ottoman, ordonnérent qu'ils déclareroient en quoi elle consistoit, & cela les obligea de se joindre aux Syriens ou Jacobites, sans qu'ils voulussent pourtant observer les pratiques des Chrétiens ; mais ils ont continué depuis à s'assembler en secret.

[d] Théâtre de la Turquie.
[e]

SOLANA, Ville de la Sérique : c'est Ptolomée [f] qui en parle.

[f] Lib. 6. c.

SOLANE, petite Riviére de France, dans le Limousin [g]. Elle se joint à la Couraise ou Couraise, aux murailles de Tulle.

[g] Corn. Dict.

SO-

SOLANIDÆ INSULÆ, Pline [a] met des Ifles de ce nom fur la Côte Orientale de l'Arabie Heureufe. [Lib.6.c.28.]

SOLANTO, Ville de Sicile, dans le Val de Mazzara, fur la Côte Septentrionale, entre Palerme & Termini. On la nommoit anciennement *Solus*, ou *Soluntum*. Elle a un Port fujet au Nord-Eft & où l'on charge force grains. Cette Ville n'eft plus aujourd'hui qu'un Bourg fitué à l'Orient Septentrional de Monte Alfano. Mr. de l'Ifle [b] appelle ce Bourg le Fort de Solanto. [b Atlas.]

SOLARIUS-PONS, Pont d'Italie. Paul-Diacre [c] dit que les Lombards combattirent fur ce Pont contre les Tofcans pour la défenfe du Pape; mais il y a apparence qu'il faut lire *Salarius*; au lieu de *Solarius*. Voyez SALARIUS. [c 6. Longob.]

SOLBAZAR, Bourgade de la Turquie en Afie, dans l'Anatolie, à une petite diftance du Madre. C'eft l'ancienne HALONÆ. Voyez ce mot.

SOLCANUM, Village de France, dans la Touraine. Il en eft fait mention dans la Vie de St. Leger.

SOLCETANI. Voyez SOLCI.

SOLCI, Ptolomée [d] marque un Port de ce nom fur la Côte Méridionale de l'Ifle de Sardaigne, entre *Pupulum* & *Cherfonnefus*; & dans le même Quartier il met un Peuple nommé SOLCETANI, ou SOLCITANI. Strabon [e] & Pomponius Mela [f] parlent de la Ville; mais au lieu de SOLCI, ils écrivent SULCHI. Le dernier dit qu'elle étoit très-ancienne. Etienne le Géographe diffère de ces Auteurs pour l'Orthographe de ce mot; car il écrit SYLCI, en quoi il s'accorde en quelque façon avec Pline dans lequel les Habitans de cette Ville font nommés SYLCITANI. Claudien fuit l'Orthographe de Strabon & de Pomponius Mela, & il dit avec quelques autres Auteurs que cette Ville avoit été fondée par les Carthaginois: [d Lib.3.c.3. / e Lib.5.p.224. / f Lib.2.c.7.]

Pars adit antique ductos Carthagine Sulchos.

Il y en a qui veulent que le nom moderne foit *Solo*. Pline [g] met encore dans l'Ifle de Sardaigne un Promontoire appellé SULCENSE; & ce Promontoire avoit pris fon nom de la Ville *Sulchi*; c'eft à préfent *Puntal dell' Ulga*, felon le R. P. Hardouin. [g Lib.3.c.7.]

SOLCITANI. Voyez SOLCI.

SOLDADIA, ou SOLDAIA, Ville fur la Côte de la Tartarie Crimée, entre la Ville de Caffa & le Cap Inkermen. Cette petite Ville eft prife pour l'ancienne *Lagyra*.

SOLE. Voyez SALE.

SOLEA, ou SOLOS, Lieu de l'Ifle de Cypre, anciennement *Soli*, ou *Solus*. C'étoit une Ville, qui eft préfentement réduite à un Village, fitué fur la Côte Septentrionale de l'Ifle, à fept ou huit lieues de la Ville de Baffo.

SOLEADÆ, Peuples de l'Inde: Pline [h] les place au pied du Mont Caucafe. [h Lib.6.c.20.]

SOLEIL [Ifle du], Ifle fur la Côte Orientale de l'Ifle de Ceylan. Elle eft dans la Baye de Cotiary & dans la Jurifdiction de Trinquilimale. Le Roi de Ceylan la donna au Roi de France Louis XIV. & en 1672. le Sr. de la Haye Lieutenant pour le Roi dans toutes les Ifles fut mis en poffeffion de celle du Soleil par les Grands de la Cour de Ceylan. [i Coronelli, Ifolario.]

SOLEIZE, felon Mr. Corneille [k], & SOULEZY, felon Jaillot [l], en Latin *Solatium*. C'eft un Village de France, dans le Viennois, fur le bord du Rhône, fur la Route de Vienne à Lyon, près & au Nord Occidental de St. Saphorin d'Ozon. Ce Village a été anciennement un Bourg. [k Dict. / l Atlas.]

SOLEME, Ville de France dans le Maine [m], fur la Rivière de Sarte, à une lieue de Sablé. Il y a dans cette petite Ville un ancien Monaftère de Bénédictins, dont l'Eglife eft belle & digne de l'attention des Curieux. Parmi les chofes rares qu'on y voit, on remarque autour du Chœur un Baluftre fort élevé. Ses Colonnes richement ornées de Bas-reliefs bien travaillés, paroiffent de pierre, & chaque Colonne eft d'une feule pièce. On y voit encore un Sépulcre de Notre-Seigneur où les Apôtres & les Difciples font repréfentés en grand, avec quantité d'autres Statues très-bien faites. On diroit qu'elles font d'une belle pierre. Cependant elles font d'une certaine compofition dont le fecret a péri; c'eft-à-dire, qu'elles ont été faites d'une forte de pierre, mife en poudre & entremêlée d'un Maftic dur & pefant de la même couleur, puis jettée en moule, & cuite au feu dans des fourneaux qui n'en ont altéré ni la couleur ni le poids. [m Corn.Dict. Mém. dreffez fur les Lieux.]

SOLEMMES, ou SOLENT, Village de France, dans le Cambrefis, fur la Rivière de Selle, environ trois lieues au-deffous de Câteau-Cambrefis. C'étoit anciennement une Ville appellée en Latin *Solimanfum*, ou *Solimia*.

SOLEMNIÆ, SOLIGNAC, ou SOLOGNAC, Abbaye de France, dans le Limoufin, fur la petite Rivière de Briance, à deux lieues de la Ville de Limoges vers le Midi. Cette Abbaye eft de l'Ordre de St. Benoît & de la Congrégation de St. Maur. Elle a été fondée par St. Eloy, Evêque de Noyon, vers l'an 637.

SOLENCENSES [n], Peuple dont parle Fortunat, dans la Vie de St. Hilaire. [n Ortelii Thefaur.]

SOLENSARA, Bourg de l'Ifle de Corfe, entre Porto-Nuovo & Bonifacio. Il y en a qui prennent ce Bourg pour l'ancienne *Rubra*.

SOLENSES. Voyez POMPEIOPOLIS.

SOLENTE [o], Bede donne ce nom au Détroit qui fépare l'Ifle de Wight de l'Angleterre. [o Ibid.]

SOLENTINI. Voyez SOLUS.

SOLENUS, Fleuve de l'Inde en deçà du Gange. Son Embouchure eft mife par Ptolomée [p] dans le Golphe Colchique, entre *Colchi Emporium*, & *Cory*, ou *Calligicum Promontorium*. Le MS. de la Bibliothéque Palatine au lieu de *Soleni Flu. Oftia*, écrit *Solenis Flu. Oftia*. [p Lib.7.c.]

SOLER, Ortelius [q] dit que Sérapion appelle ainfi une Montagne qui devoit être au voifinage de l'Affyrie. [q Thefaur. Cap. de Millo Solis.]

SOLETUM, Ville d'Italie dans la Calabre, au-deffus d'Otrante. Elle étoit deferte du tems de Pline [s]. Elle a été repeuplée depuis. C'eft la même Ville que *Salentia*, II. dont [s Lib.3.c.11.]

dont les Habitans font appellés *Salentini*; & qui donnoit son nom au Promontoire *Salentinum*. C'est présentement *Soleto*, selon Léander & *Solito*, selon le Pere Hardouin.

a Etat. & Délices de la Suisse, t. 3. p. 68.

1. SOLEURE, Canton de la Suisse *a*, & le onziéme en ordre. Il est borné au Nord par les Terres du Canton & de l'Evêque de Basle; à l'Orient & au Midi par le Canton de Berne; & à l'Occident partie par le même Canton, partie par les Terres de l'Evêque de Basle. Le Canton de Soleure est assez grand, mais il est étroit. Il s'étend le long de la rive gauche de l'Aare & un peu sur la rive droite, étant coupé en cet endroit par les Terres de Berne, qui s'avancent sur la rive droite de la même Riviére. Il est en partie dans la Plaine & en partie dans la Montagne du Jura. Généralement parlant on peut dire que c'est un Pays fertile en toutes les choses nécessaires à la vie. Il y a beaucoup de Vignes dans les Bailliages de Goesghen & de Dorneck. On pourroit en planter davantage; mais on aime mieux faire servir la terre à d'autres usages, parce que par le moyen de la Riviére de l'Aare, & des Lacs avec lesquels elle communique, on peut facilement avoir dans le Canton les Vins du Pays de Vaud & de Neuchâtel, & même à un prix fort raisonnable. Les Champs, les Prez & les Bois sont si joliment entremêlés, que, quand on regarde les Campagnes de dessus le Mont Jura, il semble qu'on voye un beau parterre. Les Champs produisent de bons grains. Les pâturages sont gras & les Arbres rapportent toute sorte de bons fruits. Dans le Bailliage de Thierstein, au Village de Busserach, le Curé a dans sa Cave une Fontaine minérale. Elle y sort d'un Rocher & charrie de l'Or & du Cuivre. On prétend qu'elle est de quelque usage pour la Médecine. Dans le Bailliage de Dorneck, à deux lieues de Basle *b*, il y a un autre Bain d'eau Minérale. On l'appelle *Flyer-Bad*; c'est-à-dire le Bain du Rocher. Il est dans des Prairies, au-dessous du sommet du Mont *Blawen*, ou *Bleu*, qui est une Branche du Jura. Il charrie beaucoup de souffre, & il est propre pour la guérison de diverses maladies. Il y a un troisième Bain près du Village de Meltingen, dans le Bailliage de Gilgenberg; & il est aussi utile pour la guérison de diverses maladies. Ces trois Bailliages sont au-delà des Montagnes. Les Bailliages *Intérieurs* sont ceux du voisinage de la Ville. Les Baillifs ne sont pas obligez d'aller résider dans ceux-ci. Tel est Buchegg, qui a un beau Château, & Flumenthal qu'on trouve à une lieue & demie de Soleure, à côté du chemin de Berne. Dans ce dernier, à une lieue de Soleure, on voit un beau Bois nomme *Attis-holtz*, ou *Attiswald*, c'est une Promenade fort agréable. Il s'y trouve aussi un Bain d'eau minérale dans laquelle on trouve du nitre & du souffre: ce Bain a beaucoup de vertu contre divers maux.

b Pag. 86.

2. SOLEURE, Ville de Suisse & la Capitale du Canton auquel elle donne son nom; en Latin *Salodurum* & en Allemand *Solothurn*. Elle est située sur la rive gauche de l'Aare, dans le *Salgœu*; c'est-à-dire dans le Pays des anciens Saliens. Delà l'Auteur de l'Etat & des Délices de la Suisse conclud que le vrai nom de cette Ville est *Salodurum*, & non pas *Solodurum*, ni *Soladorum*, comme plusieurs l'écrivent; & qu'en François on devroit dire *Saleurre*, comme les gens du Pays le prononcent ordinairement, quoique le bel usage soit pour *Soleure*: du reste *Soleure* est une Ville considérable par son antiquité, par sa beauté, par sa grandeur, par ses magnifiques Edifices, & par sa force. Elle est fort ancienne. Une vieille Tradition du Pays porte, qu'elle fut bâtie du tems d'Abraham, après la Ville de Trèves en Allemagne; & c'est pour confirmer cette opinion qu'on a gravé sur une vieille Tour, qui est au milieu de la Ville, ce Distique fait par Henri Lorrit de Glaris, plus connu sous le nom de Glareanus:

In Celtis nihil est Saledoro antiquius, unis
Exceptis Treviris, quarum ego dicta Soror.

Mais il seroit curieux de savoir: 1°. si les anciens Suisses, du tems du Paganisme, qui n'a été éteint dans le Pays que deux mille quatre cens ans après Abraham, ont connu ce Patriarche: 2o. Par quelle voye cette Tradition a pu se conserver & se communiquer durant tant de Siècles & parvenir jusqu'à nous. On a pourtant des preuves sûres de l'ancienneté de cette Ville. La Notice en fait mention sous le nom de *Castrum Salodurense*; ce qui fait voir qu'elle étoit deja une Place forte du tems des Romains. On y a trouvé des Médailles, des Inscriptions & d'autres Monumens d'Antiquité. On peut lire dans la Rue nommée *Scholgas* l'Inscription suivante.

DEÆ EPONAE MAX. . . .
OPILIUS RESTIO. M.
LEG. XXII. ANTONI-
NIANÆ P. P. F. IMMU.
NIS. COS. CURAT. SALENS. . .
VICO. SOLOD.
XIII. KAL. SEPTEMBR.
D. N. ANTONINO.
EJUS SACERDOS.
COS.
V. S. L. M.

Mrs. Soury possédent une pierre ancienne qui porte cette Inscription:

MERCUR. AUG.
VALER. HISPANUS IIIII vir.
AUG. LUGD. EX S. VOTO.

On trouve quelquefois à Soleure des pièces de Monnoies d'argent avec ces Lettres B. A. qui, à ce qu'on croit, signifient *Berthrada Augusta*, parce que Berthrade femme de Pepin, & Mere de Charlemagne passe généralement pour la Fondatrice de l'Eglise de St. Ursé, la principale de Soleure. Il y a quelques années qu'on déterra une très-belle Statue de Venus, en Marbre.

A un quart de lieue de la Ville, dans la muraille d'une Chapelle, dédiée à Ste. Catherine, on lit cette Inscription:

D. M.

D. M. M.
LILIA PRONOMINA
JUGENIAE MARCELLI-
NAE STATILI PATERN.

La Ville de Soleurre fut anciennement ruïnée par les Huns, les Goths, les Wandales, & par d'autres Nations qui ravagèrent la Suisse. On voit cependant encore une vieille Tour, qui subsiste toujours. Elle est dans le milieu de la Ville & bien des personnes croyent que c'est d'elle que Soleurre a reçu son nom. On doit mettre cette grosse Tour, au nombre des Monumens d'Antiquité. Les pierres sont liées d'un ciment, qui a, dit-on, été fait de vin & d'œufs, & qui est si dur qu'on a de la peine à en détacher quelque petite portion avec le fer. Il y a dans cette Tour une très-belle Horloge.

L'Eglise Collégiale de St. Urse est dans un endroit un peu plus élevé. St. Urse & St. Victor, deux Soldats de la Légion Thébaine, s'étant sauvez du massacre de leurs Camarades fait sous l'Empereur Dioclétien, se retirérent à Soleurre, où ils furent décapitez par ordre d'*Hirtacus*, qui y commandoit pour l'Empereur. Berthrade mére de Charlemagne, fonda cette Eglise en l'honneur de St. Urse; & Berthe, femme de Rodolphe II. Roi de Bourgogne, y fonda le Collége de Chanoines & le dota richement. L'Eglise est environnée d'un Cimetiére, qui est élevé & formé en terrasse. On y monte de la Rue par quelques degrez, au-dessus desquels on voit deux Colonnes, qui servoient de piédestaux à des Statues de Divinitez Payennes. On y a mis une Inscription Latine, qui commence ainsi: *Geminas hasce Columnas, Paganismi tempore, in vicino Colle Hermetis*, &c. Au-dessus de la porte de l'Eglise, on lit une longue Inscription en vers Latins. Elle fait l'Histoire de l'Origine de la Ville & de l'Eglise, & elle commence ainsi:

ORIGO SOLODORI ET ECCLES. COLLEG.
D. URSI.

Terra ferax multos Salodoria recta per annos,
Sic docuere Patres, circa aurea tempora Nini, &c.

Il y a dans l'Eglise un magnifique Autel, qui fut réparé en 1519. Comme on y travailloit, on y trouva les Reliques de deux Corps, dont l'un avoit sur le crane une lame d'argent, avec ce Vers:

Conditur hoc Sanctus tumulo Thebaïdos Ursus.

Et pour en conserver la mémoire, on a gravé cette Inscription:

VENERABILIS TUMBÆ S. URSI
SUB ALTARI CHORI ANNO DO
MINI 1519. INVENT. VETUS TEGMEN.

Il y a dans cette Eglise plusieurs beaux Monumens & Tombeaux de personnes illustres, avec leurs Epitaphes; entr'autres de François Hottoman, Ambassadeur de France, & de deux fils du Duc Berchtold V. de Zaringen, qui furent empoisonnez par la Noblesse; ce qui mit fin à la Maison de ces Princes.

Les Jésuites ont une fort belle Maison à Soleurre. On en admit huit selon quelques-uns & dix selon d'autres en 1646. à condition qu'ils n'y seroient jamais en plus grand nombre, & qu'ils n'y achetteroient ni Biens ni Maisons. Cependant on ne les a pas obligez à observer ces conditions. Aujourd'hui non-seulement leur nombre est augmenté jusqu'à trente, ils sont devenus si riches qu'ils ont dépensé plus de quatre cens mille livres en Bâtimens. On remarque principalement le beau Frontispice de leur Maison bâti aux dépens du Roi de France Louïs XIV. qui leur donna pour cela dix mille Livres. Les Cordeliers ont aussi un très-beau Couvent, qui fut réparé depuis les fondemens en 1664. Ils ont dans leur Eglise les Monumens de quelques Ambassadeurs de France, comme de Guillaume de Montholon, de Michel Vialard, de Robert de Gravelle, & autres. Leur Couvent est si étendu, qu'ils ont eu dequoi en louer la plus grande partie aux Ambassadeurs de France. L'Hôtel de Ville est bien bâti & orné de belles Peintures, qui représentent diverses Batailles des Suisses. On y remarque entr'autres un très-bel Escalier. L'Arsenal est assez bien rempli d'Armes & de Munitions de guerre. On y montre entr'autres curiositez la cuirasse d'un Soldat Bourguignon, qui pour se sauver de la Bataille de Morat, se jetta, dit-on, dans le Lac & le traversa heureusement.

Soleurre a de l'autre côté de l'Aare, un petit Fauxbourg, qui fait un Corps de Ville avec elle. On y va par un Pont de bois à balustrade, qui traverse la Riviére; & l'on trouve à l'entrée un Couvent de Capucins. Toute la Ville est sur une Colline qui va en s'abaissant vers la Riviére. Elle est remplie de belles Maisons. On y remarque l'Hôtel des Ambassadeurs de France, qui font leur résidence à Soleurre. Cet Hôtel est une partie du Couvent des Cordeliers, comme je viens de le remarquer. Les Ambassadeurs l'occupent depuis plus de cent cinquante ans, & en payent le loyer au Couvent. Il y a dans la Cour une Fontaine, avec un grand bassin qui est fait d'une seule pierre. On admire aussi la Maison de l'ancien Chancelier de Bœsenwald. Elle est bâtie au bord de la Riviére, & accompagnée d'un grand & beau Jardin fermé de murailles, & élevé en terrasses au bord de la Riviére.

Les environs de la Ville sont fort agréables, & sur-tout les avenues du côté de la Montagne sont très-belles. Soleurre n'est pas moins forte que belle. On y a bâti de bons Bastions, avec des fossez profonds, revêtus de murailles, bâties de pierres dures, taillées, & dont il y en a qui ont jusqu'à dix pieds de longueur & deux ou trois de largeur & d'épaisseur; de sorte que c'est un Ouvrage à durer bien des siécles. Il n'y a qu'un seul défaut, s'il est vrai que les fossez soient trop étroits.

Soleurre a été une des principales Villes du

du dernier Royaume de Bourgogne, & ensuite elle devint une Ville Impériale sous les Empereurs d'Allemagne. Le Collége des Chanoines y avoit beaucoup de droits & d'autorité ; les Ducs de Suabe en furent ensuite Gouverneurs pour l'Empire. Dans le quatorzième siécle les Habitans se joignirent aux Cantons pour faire la guerre aux Autrichiens. Ils avoient déja auparavant une ancienne alliance avec Berne ; car ces deux Villes ont presque toujours été liées d'une étroite amitié. Dans le quinzième siécle les Habitans de Soleurre se joignirent encore aux Cantons contre le Duc de Bourgogne, & après la guerre de 1481. ils furent reçus au nombre des Cantons. Le Gouvernement est à peu près le même à Soleurre qu'à Berne & à Fribourg ; ainsi il n'est pas nécessaire d'en dire davantage.

Pour ce qui est du Gouvernement spirituel, comme cette Ville & son Canton sont demeurez attachez à la Religion Catholique, l'un & l'autre dépendent de l'Evêque titulaire de Lausanne qui fait sa résidence à Fribourg. En 1529. la Religion Protestante avoit fait de tels progrès à Soleurre, que par l'entremise des Députez de Zürich, de Berne & de Basle, les Magistrats publiérent un Edit, qui accordoit la liberté de conscience, & permettoit à tous les Sujets & Habitans du Canton de suivre la Religion que leur conscience leur dicteroit être la meilleure. Mais en 1532. le Parti Catholique encouragé par la victoire de Cappel, prit le dessus, chassa les Prédicateurs Evangéliques, bannit entiérement la Religion Protestante, & rétablit les Cérémonies de l'Eglise Romaine.

Les Soleurrois ont partagé leur Pays en douze Bailliages, dont quatre, savoir Buchegg, Kriechstetten, Læberen & Flumenthal, sont nommez *Bailliages Intérieurs* : les autres huit appellez *Bailliages Extérieurs*, sont partie en deça du Mont Jura, partie au delà. Ceux de Læberberg, de Falckenstein, de Bechbourg qui est possédé en commun avec les Bernois ; & ceux de Gœsghen & d'Olten sont en deça de la Montagne. Dorneck, Thierstein & Gilgenberg sont au delà. Tous ces Bailliages n'ont que des Villages, excepté Olten, qui est une Ville.

a Magin, Atlas.

SOLFARINO, ou SOLFERINO *a*, Bourg d'Italie, dans la partie Septentrionale du Mantouan, aux confins du Bressan & du Veronese, entre *Castiglione d'alle Stivere* & *Capriana*. Ce Bourg, qui a titre de Principauté, appartient à un Prince de la Maison de Gonsague.

SOLFATARA, ou SOLFATARIA, c'est-à-dire, *les Souffrières*. On donne ces noms à un Lieu d'Italie au Royaume de Naples, dans la Terre de Labour. Lorsqu'on vient de Pouzole *b* à Naples l'on voit des deux côtés du chemin plusieurs ruïnes d'Edifices continuels pendant un mille, & presque jusqu'au lieu appellé la *Souffrière*, que les Italiens nomment la *Solfataria*. C'est sans doute ce qui a fait dire à quelques personnes que la Ville de Pouzole étoit autrefois dans cet endroit-là. Quant à moi, dit Léandro Alberti, je pense que l'ancienne Ville de Pouzole étoit dans le même endroit ; où on la voit encore à présent ; mais il n'y a pas lieu de douter que l'ancienne Pouzole ne fût beaucoup plus grande, qu'elle n'est aujourd'hui : sans doute que ces ruïnes d'Edifices, que l'on voit encore, faisoient autrefois partie de cette Ville, & étoient ses Faux-bourgs. Au bout de ces ruïnes on trouve la Souffriére que Strabon appelle *Forum Vulcani*. Il dit que d'abord qu'on est sorti de Pouzole on trouve un Lieu appellé *Forum Vulcani*, qui est une Campagne fermée par de hauts Rochers qui ressemblent assez à des fournaises. En effet on voit toujours sortir des sommets de ces Roches une espèce de fumée épaisse, & presque toujours on entend un grand bruit. Toute cette Campagne est pleine de soufre. Pline veut que cet endroit fût appellé *Campi-Flegri*. Silius Italicus dans son huitième Livre est du même sentiment, lorsqu'il dit, *illic quos* *c* *sulfure pingues Flegrei tegere Sinus*. La situation naturelle de cet endroit est admirable. On trouve d'abord une Plaine de Figure ovale ; c'est-à-dire plus longue que large ; car elle a quinze cens pieds de longueur & mille de largeur, & elle est entourée de hautes Collines, excepté du côté qu'on entre à Pouzole. Ces Collines sont si bien disposées, qu'on croiroit que l'Art a eu quelque part à leur arrangement. Toute cette Campagne est remplie de soufre que la Nature elle même produit. Lorsqu'on marche dessus on entend un bruit semblable à celui que l'on fait lorsqu'on marche sur quelque endroit creux. Au bout de cette Plaine on trouve un grand fossé presque rond qui est plein d'une eau noire & épaisse. Cette eau bout toujours, & on voit sortir de ce fossé une grande quantité de vapeurs. On dit que, si on y jette quelque chose qui se puisse cuire, on la retire toute cuite ; mais on ne retire jamais la même quantité qu'on y a jeté. Léander cite Jérôme Lino de Boulogne qui l'assura y avoir jetté quatre œufs, & n'en avoir retiré que trois. Ce fossé n'occupe pas toujours la même place ni la même largeur. Léander ajoute qu'y étant retourné au bout de dix ans il le trouva un tiers plus petit, que la première fois qu'il l'avoit vu. Près de ce fossé on voit plusieurs trous, d'où s'élèvent quantité d'exhalaisons de soufre accompagnées d'une chaleur extraordinaire. Il y a du danger d'aller à cheval, jusqu'au grand fossé parce que la terre est creuse. Les gens du Pays disent qu'un jour un Gentilhomme y fut abîmé avec son cheval. Pline parle de ce soufre dans son trente-cinquième Livre *d* : *In Italia*, dit-il, *invenitur Sulfur in Neapolitano, Campanoque agro, Collibus qui vocantur Leucogæi, quod* *e* *cuniculis effossum perficitur igni*. De tous côtés on voit fumer ces Collines, & il en sort des vapeurs épaisses, qui ont une odeur de soufre, qui se fait sentir jusqu'à Naples. Cette odeur est pourtant bonne pour la santé, elle guérit ceux qui sont enrhumez. On veut même que l'eau de ce fossé guérisse le mal d'estomach, rende les femmes fécondes. On dit aussi qu'elle est bonne pour les maux des yeux, pour la Galle,

Vers. 539.

b Leandro Alberti, Ital. 180.

d Cap. 15.

SOL.

le, & pour la Fiévre. Quand on a passé la Colline qui borde la Souffriére du côté de l'Orient, on trouve une Vallée où l'on fait l'Alun avec les pierres que l'on tire de la Colline dont on vient de parler. On met d'abord ces pierres dans un fourneau, où on les fait cuire. Après qu'on les en a retirées, on les met en un monceau, & on verse dessus pendant quelques jours de l'eau qu'on prend des Puits voisins. Ces pierres ainsi arrosées se réduisent en cendres, dont on fait une lessive qu'on met dans des Vases de bois. Cette lessive peu à peu s'endurcit, & se change à la fin en une glace, qui est aussi claire que du Crystal, & si dure qu'il faut la rompre avec du fer. Cette Fabrique est aussi belle à voir qu'elle est avantageuse.

SOLFELD, ou SOLVED, Bourgade d'Allemagne, dans la Basse Carinthie, entre St. Weit & Clagenfurt : on la prend pour l'ancienne SOLVENSE-OPPIDUM. Voyez ce mot.

1. SOLI. Voyez POMPEÏOPOLIS.

2. SOLI, SOLON, ou SOLOS, Ville de l'Isle de Cypre, sur la Côte Septentrionale. Strabon, qui en fait deux Athéniens, Amas & Phalerus, les Fondateurs, la place auprès de la Ville d'Arsinoé. Elle avoit auparavant le nom d'Epéa, quoiqu'à proprement parler Epéa fût une autre Ville bâtie par Démophoon, fils de Thesée, près de la Riviére de Clarius, dans un Quartier raboteux & infertile.

Philocyprus, qu'Hipparque appelle Cypranor, en étoit le Roi, lorsque Solon y arriva. Ce sage Philosophe, la voyant si mal située, conseilla au Roi de transporter sa Cour en une fort belle Plaine qui étoit au-dessous, d'y bâtir une plus grande & plus belle Ville, & d'en accompagner la structure de plus de justesse & d'ornement. Le projet de Solon fut exécuté avec beaucoup d'exactitude; & dès qu'on fut en état d'en jetter les premiers fondemens, après avoir fait les préparatifs nécessaires, il se chargea du soin de la faire peupler. Sa présence y attira beaucoup de monde, de sorte qu'elle ne fut pas plutôt bâtie, qu'on la vit presque remplie d'Habitans. Philocyprus de son côté ne se manqua pas de reconnoissance. Il voulut qu'on appellât la Ville *Solon*, *Soli*, ou *Solos*, pour conserver dans son Pays la mémoire de ce grand homme & de ses bienfaits. Ce Prince laissa un fils, appellé Aristocyprus, qui lui succéda à la Couronne, bien qu'il ne vécut pas long-tems après lui; car il fut tué dans un combat contre les Perses du tems du Roi Darius.

La Ville de Soli fut aussi assiégée par les Perses, trois cens six ans, avant la naissance du Sauveur du Monde, & soutint plus long-tems qu'aucune Ville de Cypre; mais elle fut enfin prise au cinquième mois, après qu'on en eut sappé les Murailles par les fondemens.

Cette Ville avoit autrefois un Port, un Temple de Venus & d'Isis, & une Riviére nommée apparemment Clarius. Minerve y étoit aussi adorée, & ses Prêtres se nommoient Hypeccaustria. Outre les Rois que j'ai nommez, Athénée fait mention d'un certain Eunostus, que Solon célèbre plus qu'aucun autre dans ses vers.

Cette Ville n'est à présent qu'un Bourg appellé Soléa, situé au côté Septentrional de l'Isle, entre les Caps de Cormachiti & d'Alexandrette. Strabon place au-dessus de Soli l'ancienne Ville de *Limenia*, & au-dessous le Cap de *Crommyon* ou de Cormachiti.

SOLICINIUM, Lieu d'Allemagne, selon Ammien Marcellin [a]. Hérold dit que c'est la Ville de *Solms*: c'est *Bretten*, selon Lazius, & *Sultz*, selon Cluvier. [a Lib. 27. c. 10.]

SOLIDOR, Château de France en Bretagne [b]. Il est dans la Mer, à un quart de lieue de la Ville de St. Malo, qu'il défend avec une avenue de terre ferme. Les Navires s'y arrêtent avant que de venir à St. Malo. [b Davity, Bretagne, p. 257.]

1. SOLIGNAC, Ville de France dans le Velay, avec titre de Baronnie & d'Archiprêtré. Cette petite Ville dépend de la Vicomté de Polignac.

2. SOLIGNAC, ou SOLOGNAC, Abbaye de France, dans le Limousin, en Latin *Solemniacum*. Cette Abbaye qui est de l'Ordre de St. Benoît, fut bâtie par St. Eloy vers l'an 631. & mise d'abord sous la Régle de St. Colomban, & depuis sous celle de St. Benoît. Elle est à une lieue & demie, ou à deux petites lieues de Limoges, vers le Midi, sur la petite Riviére de Briance. St. Tillon, ou St. Theau, Disciple de St. Eloy, y fut élevé & y étant retourné après la Mort de son Maître il y mourut en 702. & son corps y demeura jusqu'au tems des Huguenots. St. Eloy ayant obtenu du Roi Dagobert des Lettres patentes pour confirmer l'établissement de cette Abbaye, il la mit sous la conduite de St. Remacle qui en fut le premier Abbé, & qui depuis fut Evêque de Maestricht. La discipline que St. Eloy y fit garder fut si belle que ce Monastère devint le Modéle & la Mere de plusieurs autres Abbayes de France.

SOLIHILL, ou SILLIL, Bourg d'Angleterre [c], dans Warwickshire, sur la grande route de Worcester à Leycester à quatre milles des Frontiéres du Comté. On remarque dans ce Bourg une assez jolie Eglise. A quatre ou cinq milles au Nord de Solihill, on laisse Coleshill, autre Bourg; & à l'Orient du même Bourg de Solihill, environ à douze milles on trouve la Ville de Coventry. [c Delices de la Gr. Br. p. 532.]

SOLIMARIACA, Lieu de la Belgique. L'Itinéraire d'Antonin le marque sur la route d'*Andematunnum* à *Tullum*, entre *Mosa* & *Tullum*, à seize milles de la premiere de ces Places, & à quinze milles de la seconde. Quelques Exemplaires portent *Salimarica*, pour *Solimarica*.

SOLIME. Voyez SOLYMA.

SOLIMNA, Ville de l'Inde, selon Etienne le Géographe.

SOLIMNIA, Isle de la Mer Ægée : c'est [d] Pline qui en parle. On ne la connoît guère d'ailleurs. [d Lib. 4. c. 12.]

SOLINATES, Peuples d'Italie: Pline [e] les met dans l'Umbrie. [e Lib. 3 c. 14.]

SOLINA, Riviére de la Petite Tartarie.

SOL.

a Baudrand, Dict.

tarie *a*. Elle coule dans le Pays de Nogais, & se décharge dans la Mer de Zabache, au Nord du Lac nommé *Suka-Morzi*. On la prend pour la Riviére que les Anciens nommoient *Axiaces*.

SOLINGEN, Ville d'Allemagne, dans le Cercle de Westphalie, au Duché de Berg. Cette petite Ville est située près du Wipper à cinq lieues de Dusseldorp.

SOLIOCLITA, Ville de la Gaule Lyonnoise: elle est marquée dans l'Itinéraire d'Antonin sur la route d'*Augustodunum* à *Luticia Parisiorum*, entre *Cenabum* & *Luticia*, à vingt-quatre milles de la première de ces Places, & à égale distance de la seconde.

b Lib. 5. c. 44.

SOLIS-AQUA, Diodore de Sicile *b* nomme ainsi un Fleuve de l'Isle Panchée dans l'Arabie, & il ajoute que l'usage de l'eau de ce Fleuve étoit admirable pour la Santé.

SOLIS-CAMPUS, *Champ du Soleil*. Ortelius *c*, qui cite Procope, dit que c'est un Champ d'Afrique à quarante Stades de Décime, à main gauche du chemin de Carthage, & que c'étoit un Champ tout-à-fait stérile qui ne produisoit que du Sel, qu'on y faisoit avec de l'eau salée. Ces circonstances font voir qu'il est question du Champ dont parle Procope dans le Chapitre dix-huitiéme du premier Livre de la Guerre contre les Wandales. Cependant Mr. Cousin dans ce même endroit lit *le Champ du Sel*, au lieu de lire *le Champ du Soleil*.

c Thesaur.

d Cap 19. 18.

1. SOLIS CIVITAS, *la Ville du Soleil*; Isaïe *d* dans sa Prophétie contre l'Egypte dit: *Alors il y aura cinq Villes en Egypte qui parleront la Langue de Chanaan, & qui jureront par le Seigneur des Armées. L'une d'entr'elles sera appellée* LA VILLE DU SOLEIL.

2. SOLIS-CIVITAS. Voyez POMPEÏOPOLIS.

e Thesaur.

SOLIS-COLUMNA. Avienus, cité par Ortelius *e*, donne ce nom à un Rocher des Alpes extrêmement haut, où le Rhosne prend sa source.

f 9. Hist. Plantar.

SOLIS-DELUBRUM, Temple du Soleil que Théophraste *f* place dans l'Arabie Heureuse.

g Lib. 4. c. 5.

1. SOLIS-FONS, Fontaine de la Marmarique Méditerranée, selon Ptolomée *g*. Cette Fontaine, qui étoit consacrée au Soleil, étoit, à ce que rapporte Diodore de Sicile *h*, dans le voisinage du Temple de Jupiter Ammon, & elle varioit à certaines heures du jour. Cette variation est décrite par Arrien *i* & par Quinte-Curse *k*: elle étoit très-froide à Midi; à Minuit elle étoit toute bouillante, & le Matin & le Soir elle étoit seulement tiède ou peu échauffée. Pomponius Mela *l* place à la vérité cette Fontaine merveilleuse dans la Cyrénaïque, mais il prend la Cyrénaïque dans un sens très-étendu, car il la pousse jusqu'à la descente ou Vallée appellée *Catabathmus*. De même Pline *m* met cette Fontaine dans le Pays des Troglodytes, parce que les bornes de ces Contrées ne sont pas toujours les mêmes dans les Auteurs qui en parlent.

h Lib. 47. c. 50.

i Lib. 3. c. 4.

k Lib. 4. c. 7.

l Lib. 1. c. 8.

m Lib. 2. c. 103.

2. SOLIS-FONS, Fontaine que Quinte-Curse dit être située au milieu de la Forêt d'Ammon, & près du Temple à Triple Mur; c'est-à-dire près du premier Temple de Jupiter Ammon, dont parle Diodore de Sicile; mais peut-être n'étoit-ce que la même Fontaine; peut-être aussi en étoient-ce deux, qui avoient les mêmes qualitez. Voyez l'Article précédent.

3. SOLIS-FONS *n*. La Frontiére de Josué, c. Juda, vers le Septentrion regardoit Galgala, qui étoit vis-à-vis de la montée d'Adommim; & au côté du Torrent qui regardoit le Midi, elle passoit les eaux appellées LA FONTAINE DU SOLEIL, & venoit se terminer à la Fontaine de Rogel. Dans un autre endroit Josué *o* dit que la Frontiére de *Cap. 18.* Benjamin vers le Septentrion s'étendoit jusqu'à *Ensemés*; c'est-à-dire la Fontaine du Soleil; il entend toujours la même Fontaine.

n 15. 7.

o Cap. 18. 17.

1. SOLIS INSULA, Isle de l'Océan Indien. Pline *p* la met entre le Promontoire *p Lib. 6. c. 22. Coliacum* & l'Isle de Taprobane, à moitié chemin de ces deux termes. Ortelius *q* *q Thesaur.* croit que ce pourroit être l'Isle *Cory* de Ptolomée.

2. SOLIS INSULA, Isle de l'Océan Indien sur la Côte de la Carmanie: Pline dit qu'on la nommoit autrement *Cubile Nympharum*. C'est l'Isle NOSALA d'Arrien qui la place sur la Côte des Ichthyophages à cent Stades du Continent. Il ajoute un peu plus bas, que c'étoit la demeure d'une des Néreïdes, qui avoit pour coutume de précipiter dans la Mer tous ceux qui abordoient dans son Isle. Selon Pomponius Mela *r*, *r Lib. 3. c.* l'Isle SOLIS, que quelques-uns appelloient *7. Infula Solis*, n'étoit point habitable, parce que l'air qu'on y respiroit suffoquoit sur le champ ceux qui y entroient. Peut-être est-ce l'Isle *Palla* de Ptolomée.

SOLIS-LUCUS. Voyez HELIU.

SOLIS MENSA, *la Table du Soleil*. La Ville de Meroé & les Plaines Ethiopiques, dit Pausanias *s*, sont habitées par les Peu- *s Lib. 1. c. 33.* ples de la terre les plus justes; c'est chez eux, dit-on, que le Soleil tient sa Table. Sur cela Mr. l'Abbé Gedoyn remarque que les Anciens se figuroient les Ethiopiens comme un Peuple heureux qui passoit la vie dans l'abondance & dans les délices; & de-là venoit cette opinion que le Soleil avoit sa Table chez eux. D'ailleurs, ajoute-t-il, comme les Ethiopiens sont brûlez du Soleil, on a pu croire qu'il faisoit chez eux un plus long séjour qu'en nul autre endroit, ce qui a donné lieu à cette Fable. Quoiqu'il en soit, Homére au premier Livre de l'Iliade nous représente Jupiter allant à un grand Festin chez les Ethiopiens.

1. SOLIS-MONS, Promontoire de la Mauritanie Tingitane. Ptolomée *t* le mar- *t Lib. 4. c.* que sur l'Océan Atlantique, entre les Em- *1.* bouchures des Fleuves *Diur* & *Thuth*. Le nom moderne est *Cabo Cantin*, selon Castald; *Cabo Bojador*, selon Florian, & *Beni Mager*, selon Marmol.

2. SOLIS MONS, Montagne de l'Inde. Elle est placée sur le bord du Fleuve Hydaspes par l'Auteur du Livre des Montagnes attribué à Plutarque. On donna dans la suite à cette Montagne le nom d'ELEPHAS, à cause que ce fut-là que mourut l'Eléphant qui avoit averti Porus de ne point prendre les armes contre Aléxandre.

SO-

SOL.   SOL. 37

SOLIS-PORTUS, Port de l'Isle de Taprobane: Ptolomée [a] le marque sur la Côte Orientale entre *Procuri Civitas* & *Abaratha Civitas*.

[a] Lib. 7. c. 4.

SOLIS-PROMONTORIUM, Promontoire de l'Arabie Heureuse. Ptolomée [b], qui lui donne l'Epithéte de Sacré, le place au Pays des Narites, entre la Ville *Rhegma* & l'Embouchure du Fleuve *Lar*.

[b] Lib. 6. c. 7.

SOLIS-URBS. Voyez SOLI, HELIOPOLIS & TITANA.

SOLISCANSKA, ou SOLISCANSCA [c], Ville de l'Empire Russien, sur la route de Moscou à Tobolskoy, à cent quatre-vingt lieues de cette derniére Place, & à soixante & dix de Vorcotour. Cette Ville est assez grande, & l'on y trouve une Source d'eau, avec laquelle on fait du Sel fort blanc.

[c] Baudrand, Dict.

SOLITO, Bourg d'Italie, au Royaume de Naples, dans la Terre d'Otrante. C'est l'Ancienne SOLETUM; voyez ce mot.

SOLIUM, Ville de la dépendance des Corinthiens selon Thucydide [d], qui dans un autre endroit écrit SOLLIUM, pour SOLIUM. On lit aussi SOLLIUM dans Etienne le Géographe [e]. Le Scholiaste de Thucydide fait de SOLIUM une Ville de l'Epire dans l'Acarnanie.

[d] Lib. 2. & Lib. 5.
[e] Lib. 3.

SOLLANZO, selon Nonnius, & SULLANZO [f] selon Moralés; Bourgade d'Espagne, au Royaume de Léon, à deux lieues de la Ville de Léon. On la prend pour l'ancienne *Sublantia*.

[f] Baudrand, Dict.

SOLLINIENSIUM CIVITAS [g]. La Notice des Provinces de l'Empire Romain met une Ville de ce nom dans les Alpes Maritimes. Cenalis croit que c'est aujourd'hui la Ville de Senez.

[g] Ortelii, Thesaur.

SOLLIUM. Voyez SOLIUM.

SOLMISSUS, Montagne de l'Asie Mineure, dans l'Ionie. Strabon [h] la place au voisinage de la Ville d'Edesse, au-dessus du Bois sacré nommé *Ortygia*. Il ajoute que pendant les couches de Latone, les Curetes se tinrent sur cette Montagne, & par le bruit de leurs armes ils épouvantérent Junon, qui par jalousie cherchoit à nuire à Latone.

[h] Lib. 14. p. 639.

SOLMS, Comté d'Allemagne [i], dans la Wetteravie. Il confine avec le Haut-Landgraviat de Hesse, la Principauté de Dillenbourg & la Seigneurie de Beilstein. Une Langue de terre du Haut-Landgraviat, qui s'étend depuis Giessen jusqu'à Friedberg le coupe en deux parties: celle qui est vers l'Occident renferme le Bourg de Solms qui est fortifié d'un Château, le Bourg de Braunfels que le Comte Eytel-Crafft fit bâtir en 946, & ceux de Greifenstein & de Butzbach. On trouve dans la partie Orientale les Bourgs de Lich sur le Weter & de Laubach sur le Harles. La Maison de Solms est une Branche de celle de Nassau. Everard le *Magnifique*, Comte de Nassau, donna le Château de Solms à son fils puisné nommé Philippe, qui eut de Catherine de Hanau Othon I. qui prit le premier le titre de Comte de Solms. Cette Maison est divisée en deux Branches principales, sçavoir de Braunfels & de Lich; la première est soudivisée en celles de Braunfels & de Greifenstein; celle de Hungen qui étoit la troisième Branche manqua

[i] D'Audifred, Géogr. t. 3. p. 335.

en 1639. à la mort de Renaud Wolfard. La Branche de Lich produisit d'abord celles de Lich & de Laubach: de la première est issue celle de Hohen-Solms; & de la seconde sont sorties celles de Laubach qui finit l'an 1676. en Charles Othon de Sonnewald & de Barut. Les Comtes de Solms possédent outre les Biens de Wetteravie, la Seigneurie de Wildenfels dans le Woigtland & celle de Sonnewald, avec le Bailliage de Pouch dans la Basse-Lusace.

SOLOBRIASÆ, Peuple de l'Inde selon Pline [k].

[k] Lib. 6. c. 20.

SOLOCE, Voyez SELEUCIA.

SOLOCHO, ou SOLOCO, Isles sur la Côte de Barbarie [l]. Ce sont trois petites Isles environnées des fameux Ecueils que les Anciens nommoient la grande Syrte & qu'on appelle aujourd'hui *les Seiches*, ou *Basses de Barbarie*. Elles sont dans le Golphe de Sidra, ou Golphe de Soloche, selon quelques-uns. On donnoit anciennement à ces trois Isles les noms de *Gæa*, *Pontia* & *Mysinos*.

[l] Baudrand, Dict.

SOLOENATES. Voyez SOLUS.

SOLOENTIA, Promontoire de la Libye Intérieure. Il est marqué par Ptolomée [m] entre les Embouchures des Fleuves *Nunius* & *Massa*. Le MS. de la Bibliothéque Palatine lit SOLUENTIA, au lieu de SOLOENTIA. C'est peut-être le Promontoire *Solus* du Périple d'Hannon. Voyez SOLUS No. 2.

[m] Lib. 4. c. 6.

SOLOES. Voyez SYLOES.

SOLOFKA, Isle de l'Empire Russien, selon Mr. Corneille [n], qui ne cite point son garant. Il ajoute qu'on trouve cette Isle dans un Golphe que forme la Mer à l'Embouchure de la *Dwina*; que c'est un Lieu presque inaccessible, à cause de ses Rochers hauts & escarpez, que le Sépulcre d'un Saint Moscovite étoit autrefois dans cette Isle; mais que son corps en a été enlevé & porté à Moscou. Je ne sai si par SOLOFKA, Mr. Corneille n'entend point l'Isle appellée *Solombol*, que Mr. de l'Isle place dans le nouveau Canal de la *Dwina*, assez près & au Midi du Fort de *Fova Dwinka*, & où il dit que l'on construit des Vaisseaux.

[n] Dict.

SOLOGNE, Pays de France, en Latin *Secalaunia*, ou *Segalonia*. C'est, dit Mr. de Longuerue [o], la partie du Gouvernement d'Orléanois, qui est au Midi de la Loire. D'autres disent que la Sologne est distribuée dans les Gouvernemens d'Orléanois, de Blaisois & de Berry. Cela veut dire, que les Limites de ce Pays sont difficiles à distinguer. On lui donne communément vingt-cinq lieues de longueur sur douze de largeur. Quelques Modernes ont tiré l'Etymologie du mot Sologne, de *Secale*, ou *Segale*, du Seigle que le Pays produit; mais les Anciens ne nous ont rien appris de semblable. Ce nom qui est en usage depuis plusieurs Siècles peut venir de la Langue Celtique, outre qu'il est commun à l'ancien Peuple des Segalauniens qui habitoient aux environs de Valence sur le Rhosne. Selon Davity [p] la Sologne commence environ aux Ponts de Gien, vers St. Allebrix, s'étend jusqu'à la Riviére de Cher,

[o] Descr. de la France, Part. 1. p. 114.
[p] Sologne.

E 3

Cher, près de Viarfon & de Ville franche qui font du Berry, & comprend tout le Pays qui eſt au Midi d'Orléans & de la Loire juſqu'en Berry. Sa longueur juſqu'à une lieue ou deux d'Amboiſe feroit ainſi de trente-cinq à quarante lieues, & ſa largeur depuis Orléans juſqu'à la Forêt d'Aloigny, ou juſqu'au Cher & à Ville franche feroit de dix-huit à vingt lieues. Du reſte la Sologne eſt arroſée de diverſes Riviéres, dont les plus remarquables font Loiret, Couſſon, Beuvron & la Sauldre. La diverſité des Bois taillis & de haute futaye, des eaux de Fontaines, des Etangs & des Riviéres, des Prairies & des Terres labourables rend ce Pays aſſez agréable. Les terres produiſent de fort bon Seigle, dont on trafique en Eſpagne, parce que le Seigle étant plus ſec que tout autre grain ſe porte mieux ſur la Mer. La Sologne abonde en Gibier & en toute ſorte de Chaſſe, à l'exception de l'Oiſeau de fauconnerie, à cauſe des Bois dont elle eſt couverte. La grande quantité de Landes & de Bruyéres propres pour les Brebis, fait que le principal ménage des Habitans conſiſte à nourrir du Bétail. Ils ſont actifs, ſe communiquent fort peu, & les Gentilshommes mêmes ne ſe viſitent guére. L'attachement qu'ils ont à tout ce qui leur peut être avantageux a fait dire en commun Proverbe: *Niais de Sologne qui ne ſe trompent qu'à leur profit.* Leurs Laines ſont fort eſtimées, & l'on y travaille en Draps & en Serges, qui ſe débitent partout ſous le nom de Drap de Berry ou de Romorentin. Les Payſans ne labourent qu'avec des Bœufs, & péniblement, parce qu'ils vont fort avant dans la terre, & qu'ils la hauſſent à cauſe des eaux. Il leur faut ſix ou huit Bœufs pour une charrue. L'air de la Sologne n'eſt pas bon & les eaux y ſont peſantes. Le Pays ne laiſſe pas d'être peuplé, & produit beaucoup de vin, dont les Habitans font d'excellente Eau de Vie, quand ils n'ont pas le débit du vin. La Ville Capitale eſt Romorentin, les autres font Aubigny, la Chapelle d'Angillon, la Ferté Sonneterre, & la Ferté Imbaut. Il y en a encore quelques-unes moins conſidérables.

SOLOGORGOS. Voyez Heræa, No. 1.

SOLOIS, ou plutôt Soloon. Voyez Soloon.

SOLOKAMSKO, Ville de l'Empire Ruſſien [a], ſur le bord de la Riviére d'Uſolsko, dans un fort beau Pays. Ce ſont les Ruſſiens qui l'ont bâtie pour la commodité des Voyageurs qui peuvent s'y rafraîchir agréablement. Les Habitans de cette Ville ſont en partie Ruſſes & en partie Tartares. Ils font négoce de toutes ſortes d'Animaux, mais particuliérement de Chevaux, qui viennent parfaitement dans ce Pays-là, & en ſi grand nombre qu'en quelque lieu de la Ruſſie que l'on aille on y trouve des Chevaux de Solokamsko. Les plus belles Salines qui conſiſtent en quatre-vingt Chaudiéres, & pluſieurs autres choſes qu'on a de la peine à trouver ailleurs rendent cette Ville renommée, juſqu'aux lieux les plus éloignez, à quoi les Villages voi-

[a] Corn. Dict. *Adam Brand,* Voyage de Moſcovie à la Chine.

ſins contribuent beaucoup, les Habitans ne s'entremettant que du travail des Salines. Auſſi y trouve-t-on le meilleur & le plus beau Sel qui ſe négocie dans les Pays étrangers, mais ſur-tout à Cazan.

SOLOMATIS, Fleuve de l'Inde. Arrien [b] le compte au nombre des Fleuves navigables qui ſe jettent dans le Gange.

[b] In Indicis.

SOLOMNIAC. Voyez Solignac.

SOLON, Ville des Allobroges. Tite-Live [c] dit que le Préteur Cn. Pontinus dompta près de cette Ville les Allobroges qui s'étoient ſoulevez. Elle eſt appellée *Solonium* par Dion Caſſius, qui nous apprend qu'au-deſſus de cette Ville il y avoit un Château très-fort qui fut pris par L. Marius & par Sergius Galba.

[c] Epitome Lib. 103.

SOLONATES, Peuples d'Italie: Pline [d] les met dans la huitième Région; & le Pere Hardouin croit que leur Ville eſt aujourd'hui *Città del Sole.* On trouve chez Gruter une Inſcription ancienne avec ces mots: Curatori Solonatium.

[d] Lib. 3. c. 15.

SOLONIUM, Ville d'Italie dans l'Etrurie, ſelon Denys d'Halicarnaſſe [e]. Il ne paroît pas que cette Ville ait rien de commun avec Solonius Campus qui étoit dans l'ancien Latium.

[e] Lib. 2. e. 39.

SOLONIUS AGER, ou Campus, Champ ou Campagne d'Italie, dans le Latium. Tite-Live [f] dit que les Antiates y avoient fait des incurſions; ce qui donna occaſion aux Romains de prendre les armes contre eux. Il eſt auſſi parlé de ce Champ dans Cicéron [g] & dans Plutarque [h]. Ce Champ *Solonius,* dit Cluvier, étoit entre les Sources du *Numicius* & du *Juturna,* & entre les Villes *Sabellum* & *Patrica,* où ſont aujourd'hui les Lieux S. Abrocolo, Torre maggiore, Carqueto. On ignore, ajoute Cluvier, l'origine de ce mot *Solonius;* on doit néanmoins conjecturer que c'eſt un Dérivé, puiſque la Maiſon de Campagne de C. Marius & celle de Cicéron ſont auſſi appellées *Villa Solonium.* Voyez Selonius Campus.

[f] Lib. 8. c. 12.

[g] Divinat. Lib. 1. & 2. & ad Attic. L. 2. Ep. 3.

[h] In Mario.

SOLONNE. Voyez Toglocpour.

SOLOON, *ontis,* Fleuve de l'Aſie Mineure, dans la Bithynie: Plutarque en parle dans la Vie de Théſée. Un certain Menecrates, dit-il, a écrit dans une Hiſtoire qu'il a faite de la Ville de Nicée en Bithynie, que Théſée emmenant avec lui Antiope, ſéjourna quelque tems dans ce lieu-là; que parmi ceux qui l'accompagnoient, il y avoit trois jeunes Athéniens qui étoient freres, Eunée, Thoas & Soloon; que le dernier étant devenu amoureux d'Antiope, découvrit ſon ſecret à un de ſes Camarades, qui alla ſans différer parler de ſa paſſion à cette Reine; qu'elle rejetta fort loin ſes propoſitions, & que du reſte elle prit la choſe avec beaucoup de douceur & de ſageſſe, car elle ne fit aucun éclat & n'en découvrit rien à Théſée; que Soloon au deſeſpoir ſe jetta dans un Fleuve où il ſe noya; que Théſée averti de cette avanture en fut très-fâché, que la douleur qu'il en eut le fit reſſouvenir d'un certain Oracle que la Prêtreſſe d'Apollon lui avoit rendu autrefois à Delphes, par lequel elle lui ordonnoit que quand il ſe trouveroit en terre étrangére, il bâtît une Ville dans le lieu où il ſeroit le plus

SOL.

plus triste & le plus chagrin, & qu'il en donnât le Gouvernement à quelques-uns de ceux qu'il auroit à sa suite ; qu'il bâtît donc là une Ville qu'il nomma *Pythiopolis*, donna au Fleuve qui coule tout auprès le nom de Soloon, en mémoire du jeune homme qui s'y étoit noyé, & laissa dans la Place ses deux freres pour Gouverneurs.

SOLOPOTAMIUS, TARICHUS, PORTUS & LIMNETES, Lieux de l'Isle de Cypre; selon Siméon le Métaphraste [a].

[a] *In Vita S. Euxibii.*
[b] *De l'Isle Atlas.*

SOLOR, Isle de la Mer des Indes [b], & l'une de celles qui sont au Midi des Moluques. Cette Isle qui se trouve au Midi de celle des Célèbes, environ à dix lieues, & à l'Occident de celle de Timor, est à 140. d. de Longitude sous les 8. d. de Latitude Méridionale. Elle a un Roi particulier, qui se tient dans la Ville d'Adonare. Celui qui régnoit en 1602. se nommoit Sangadsipaty & s'étoit fait baptiser trois ou quatre années auparavant. Quelques années après il eut guerre avec les Portugais, & il en tua ou prit neuf cens, après quoi il fit la paix avec eux. Les Portugais avoient une Forteresse dans cette Isle: mais les Hollandois la prirent en 1613 [c]. Il en sortit plus de mille personnes entre lesquelles il y avoit plus de deux cens cinquante Noirs & Métifs capables de porter les armes, trente Portugais & sept Religieux Dominicains. On avoit tiré plus de huit cens coups de Canon contre le Fort, qui étoit situé sur une hauteur, & bâti de bonne maçonnerie. Cette hauteur étoit au bord de la Mer, & des deux côtez on la voyoit comme enfermée de deux Vallées, dont celle qui étoit à l'Est se trouvoit escarpée & fort profonde; & du côté des terres elle étoit traversée d'une bonne muraille aussi de maçonnerie qui lui servoit de défense. Les Portugais alloient la cultiver en sûreté, comme s'ils eussent été dans l'enceinte du Fort. Celle de l'Ouest étoit en pente douce qui montoit vers les terres. Entre ces deux Vallées on avoit placé les Ouvrages qui défendoient la place, & qui étoient faits de terre & de bois. L'Isle de Solor étoit d'une grande importance à cause de l'admirable Bois de Santal qui s'y trouve, & de la quantité qu'elle en fournit; ce Bois étant fort recherché à la Chine. Dès que le Fort fut pris, les Habitans Maures firent volontiers alliance avec les Hollandois. Cinq nommées Lamakéré, la Male, Toulon, Adenare & Protololi leur envoyérent des Députez. La plûpart des Paysans qui en dépendoient étoient Idolâtres. Les Villes d'Aude & de Sallelauvo, leur envoyérent aussi des Députez, & le Cachil se jetta entre leurs bras. Outre les avantages que les Hollandois pouvoient tirer du Commerce qu'on faisoit dans l'Isle de Sobor, il y en avoit encore un autre bien considérable, c'est qu'on en pouvoit commodément tirer beaucoup de Vivres pour les Moluques, & qu'on n'avoit point à craindre qu'elles en manquassent, pendant que cette Isle & celle de Tidor seroient dans le même engagement que les Moluques avec les Hollandois. L'air de Solor est fort sain & fort tempéré. Il

[c] *Hist. de la Conquête des Isles Moluques, Liv. 2. p. 170. & suiv.*

SOL. 39

y a beaucoup d'Or dans les terres & dans les Riviéres. Vis-à-vis de l'Isle on pêche de petites Perles, & même on en trouve qui sont assez grosses & rondes. Les Habitans sont blancs & agiles, & ont une Langue particuliére.

SOLORIUS MONS, Montagne d'Espagne: Pline [d] la compte au nombre de celles qui séparoient l'Espagne Tarraconnoise de la Bétique & de la Lusitanie. Isidore [e] qui en fait la plus haute Montagne de l'Espagne l'appelle SOLURIUS MONS. C'est aujourd'hui, selon le P. Hardouin, *Sierra de los Vertientes*. Voyez SILURUS.

[d] *Lib. 3. c. 1.*
[e] *Orig. c. 8.*

SOLOTHURN. Voyez SOLEURRE.

SOLRE, ou SORE, Bourg de France, au Cambresis, à deux lieues d'Avéne, & à trois de Maubeuge du côté de l'Occident. Ce Bourg a un Château & titre de Comté.

SOLSONA, en Latin *Celsoa*, Ville d'Espagne dans la Principauté de Catalogne, environ à deux lieues de Cardona. Elle est située [f] sur une hauteur dont la pente s'étend jusqu'au bord du Cardonero. Elle a eu autrefois une Citadelle extrêmement forte, située au-dessus de la Ville. Elle a souvent été ruinée & s'est toujours relevée de ses ruines. Philippe second en fit le Siège d'un Evêché avec quatre mille ducats de revenu. Il y en a qui veulent que *Solsona* soit l'ancienne *Cerefsus*, & d'autres disent que c'est l'ancienne *Calea*.

[f] *Délices d'Espagne, p. 627.*

SOLTA, Isle du Golphe de Venise [g], sur la Côte de la Dalmatie, entre la Ville de Trau, & l'Isle de Lezina, près de Spalato. Cette Isle qui appartient aux Vénitiens a quarante milles de tour; mais comme elle est pierreuse & stérile elle n'a pas beaucoup d'Habitans. On découvre à son Couchant les Isles de St. Etienne, d'Ikoronata & de Ligari. On l'appella anciennement *Olynta, Solventia* & *Bolentia*.

[g] *Corn. Dict. Covov. Itin.*

SOLTANIE, ou SULTANIE. Voyez SULTANIE.

SOLTCAMP, Forteresse des Pays-bas, dans la Province de Groningue, au Quartier d'Hunsingo. Elle est à l'Embouchure de la Riviére de Hunes, sur la Rive droite.

SOLTHANIAH [h], nom d'une Ville de l'Adherbigian, ou Médie. Elle fut bâtie par Algiaptou fils d'Argoun Khan, Empereur des Mogols, ou Tartares, qui y mourut & y fut enterré en 716. de l'Hégire. Cette Ville fut aussi le Siège Royal du Sultan Aboussaïd, fils d'Algiaptou, qui y fut pareillement inhumé.

[h] *D'Herbelot, Biblioth. Or.*

SOLTHOLM, Isle du Dannemarck [i], au milieu du Sund, à la hauteur des Villes de Coppenhague & de Malmoe. Elle gît à peu près Nord & Sud.

[i] *De l'Isle, Atlas.*

SOLTWEDEL, Ville d'Allemagne [k], dans la vieille Marche de Brandebourg sur la Riviére d'Ietze [l], au-dessous de l'endroit où cette Riviére reçoit la Dune. Soltwedel a été anciennement connue sous les noms d'*Heliopolis*, d'*Urbs Solis* & de *Vallis-Solis*.

[k] *Jaillot, Atlas.*
[l] *D'Auff. Géogr. t. 3.*

SOLVA, Ville de la Valerie Ripense, selon la Notice des Dignitez de l'Empire. Voyez SALVA & SOLVENSE.

SOLVENSE OPPIDUM, Ville du Norique: Pline [m] la surnomme *Flavium*; ce qui

[m] *Lib. 3. c. 24.*

qui fait voir qu'elle étoit Colonie Romaine. Gruter rapporte une ancienne Inscription, trouvée à Hermanstad, & sur laquelle on lit ces mots: FL. SOLVA. On croit que c'est à présent *Solfeldt* dans la Carinthie. J'ai vu, dit Ortelius [a], entre St. Weit & Clagenfurt deux petites Villes de la Carinthie, situées dans l'étendue de l'ancien Norique, une Campagne spacieuse couverte de ruïnes, & où l'on trouve d'anciens fragmens de Marbre, des Médailles & d'autres Monumens d'antiquité. Les Habitans du Pays appellent ce Lieu *Solveldt*, comme qui diroit le Champ de Sol. Ce pourroit être la Ville *Solva*, dont fait mention la Notice des Dignitez de l'Empire. Edouard Brown dans son Voyage de Vienne [b] est de ce sentiment, & semble dire que cette Ville subsiste encore aujourd'hui sous le nom de SAAL. *Saal*, ou *Saloa*, dit-il, est une Ville fort estimée par les Antiquitez qu'on y trouve.

[a] Thesaur.
[b] Pag. 174.

Les Romains y envoyérent autrefois une Colonie, sous le nom de *Colonia Solvensis*. Il y a tout proche une Campagne qu'on appelle *Ager Solvensis* ou *Zolfeld*.

On voit dans la Campagne cette pièce antique qu'on appelle la *Chaire du Roi*; elle est toute de pierre, & il semble que ce sont deux fauteuils attachez ensemble dos-à-dos. Il y a des Inscriptions sur trois de ces pierres; mais elles sont assurément plus anciennes que la Chaire même.

Lorsqu'on reçoit un Duc de Carinthie, soit qu'il soit Roi, Prince ou Empereur, il faut qu'il le mette sur une partie de la Chaire, qui est du côté de l'Orient, & qu'un pauvre Paysan, soit placé sur l'autre partie, du côté de l'Occident. Entre autres Cérémonies, le Paysan se leve & présente au Duc, deux Boeufs l'un gras & l'autre maigre; le Duc est obligé de prendre le maigre & de recevoir ensuite un petit soufflet de la main du Paysan.

L'Eglise de Saal est fort ancienne, & a évité jusqu'à présent la furie des Nations barbares. On y voit le Tombeau de Modestus Compagnon de St. Weit. C'est un Monument assez simple, & suivant une Tradition crue par les Habitans, ce Tombeau s'est approché de l'Autel d'une aulne plus près qu'on ne l'avoit mis.

On voit sur les Murailles de cette Eglise, plusieurs belles Antiquitez Romaines en bas-relief, qu'on a tirées de Zolfedt: entre autres, un Chariot avec deux Chevaux: un Chariot avec un Homme dedans: un Loup qui mange d'un fruit qui est tombé d'un Arbre: Hector attaché au Chariot d'Achille, tout comme on le traîna autour de la Ville de Troye: quatre fort belles Têtes: deux Loups, tenants chacun une Tasse & une Corne, de laquelle Corne il sort une Vigne, avec des feuilles & des grappes de raisins.

Au dedans de l'Eglise, on voit un Cupidon qui tient des grapes de raisins à sa main: Romulus & Remus qui tettent une Louve: deux Figures sur le Crucifix tout proche de S. Christophle. Enfin quelques autres Figures peu importantes.

Il y a dans la Place de cette Ville, plusieurs Inscriptions & entre autres sur une pierre placée au Midi de l'Eglise, on trouve celle-ci:

HERCULI. E.
EPONAE. AUG.
PRO SALUTE. IMP.
CAES. M. AUR.
ANTONINI PII.
FELICIS INVICTI.

On trouve enfin dans cette Ville & dans ses environs, plusieurs Pièces de monnoye Romaine tant de Cuivre que d'Argent.

SOLVENTII, Peuples de la Libye Intérieure: Ptolomée [c] les place plus à l'Orient que les *Sophucæi*. Voyez SOLOENTIA.

[c] Lib. 4. c. 6.

SOLUNTII, & SOLUNTINI. Voyez POMPEÏOPOLIS.

SOLURIUS. Voyez SOLORIUS.

1. SOLUS, Ville de Sicile, selon Pline [d]. L'Itinéraire d'Antonin, dont les divers MSS. lisent *Soluntum*, *Solumum*, ou *Soluctum*, place cette Ville sur la route du Promontoire Lilybée à Tyndaris, en prenant le long de la Côte, & la place entre *Panormus* & *Thermæ*, à douze milles du premier de ces Lieux & à égale distance du second. Les Habitans de Solunte sont appellés *Soluntini* par Diodore de Sicile [e], *Soluntini* dans quelques Exemplaires de Cicéron [f] & *Solentini*, dans d'autres, & *Solontini*, dans une ancienne Inscription rapportée par Paruta. Cette Ville conserve encore à présent son ancien nom. On la nomme *Solunto*, ou *Solanto*.

[d] Lib. 3. c. 8.
[e] Lib. 14.
[f] In Verrem. Lib. 3. c. 43.

2. SOLUS, Promontoire de la Libye, sur la Côte de la Mer Atlantique, selon les Périples d'Hannon [g] & de Scylax [h]. Il y avoit au sommet de ce Promontoire tout couvert d'Arbres un Temple dédié à la Vengeance & à Neptune. C'est le Promontoire SOLOENTIA de Ptolomée.

[g] Pag. 2.
[h] Pag. 53.

SOLUSAPRA, SOLUSAPRE, SOLUSUPRE, ou SOLUSUPRA, Ville de Sicile. On la trouve marquée dans l'Itinéraire d'Antonin, sur la route du Promontoire *Lilybæum* à *Tyndaris*, dans l'ordre suivant:

Haleso,	
Calacte,	M. P. XXVI.
A Calacte Solusapre,	M. P. VIIII.
Agatinno,	M. P. XX.
Tyndaride,	M. P. XXVIIII.

Il y a apparence que *Solusapra* étoit à côté de la route, que le Chiffre VIIII. M. P. marque sa distance de *Calacte*, & qu'*Agatinnum* étoit seulement à vingt milles de *Calacte*.

1. SOLWAY, Golfe de la Grande-Bretagne [i], sur la Côte Occidentale de l'Ecosse, vers les Confins de l'Angleterre, en Latin *Ituna Æstuarium*. Ce Golphe qui est fort couvert de bancs de sable, sert de séparation entre l'Angleterre & l'Ecosse. Il a été autrefois bordé d'une muraille, depuis son issue vers la pointe de Bulnesse, le long du rivage, jusque près de Carlile; & lorsque la Mer est basse, on en voit encore quelques fondemens & quelques ruïnes. Ce Golphe paroissoit assez propre pour arrêter

[i] Délices de la Gr. Br. p. 289.

SOL.   SOM.   41

rêter les Pictes & les Ecoffois, dans toute sa longueur, qui est d'environ huit milles; mais les Romains avoient sans doute remarqué que quand la marée est basse, l'eau y est si peu profonde, que les Ennemis & les voleurs pouvoient aisément la passer. Cela les fit résoudre de pousser leur muraille tout du long jusqu'à l'Orient. La chose étoit encore plus nécessaire alors, puisque depuis leur tems le Golphe s'est élargi. On voit que les eaux ont emporté de la terre; car, quand le reflux est venu, on découvre quelquefois des racines d'arbres enterrées fort loin du bord. On découvre aussi dans ces mêmes Quartiers des troncs d'Arbres, qui ont été long-tems en terre, sans que l'on sache comment ils y ont été mis. On pourroit croire que cela a été causé par quelque grande inondation; mais de savoir si cette inondation a été différente de celle du Déluge universel, c'est ce qu'il ne seroit pas aisé de déterminer. Les endroits sous lesquels ces Arbres se trouvent sont ordinairement secs, & la rosée y disparoît d'abord; c'est à cette marque qu'on les connoît. Sur la Pointe de terre qui est à l'issue du Golphe, on voit une petite Place nommée BULNESSE. Ce n'est aujourd'hui qu'un Village: autrefois c'étoit une Ville que les Romains appelloient *Blatum-Bulgium*, peut-être du mot Gaulois *Bulch*, qui signifie *une séparation*. On y trouve encore présentement les vestiges des rues, quelques pans de vieilles murailles, & on dit qu'il y avoit un chemin pavé, depuis cet endroit jusqu'à Elneborrow, tout le long du rivage au Midi. Il y avoit aussi un Port que la Mer a comblé avec le tems par le Sable qu'elle y a jetté. C'est tout auprès de ce lieu qu'étoit la tête de la Muraille Romaine.

2. SOLWAY, Village d'Ecosse [a], dans la Province de Nithesdale, près de l'Embouchure du Nith. Il retient quelques vestiges du nom des anciens Selgoves, Habitans de ce Pays-là. Il donne son nom à un Golphe qui fait l'Article précédent.

SOLYGIUS COLLIS, Colline du Péloponnèse au Territoire de Corinthe. Thucydide [b] met sur cette Colline un Village nommé *Soligea*.

SOLYMA, Village de la Palestine, dans la Gaulanitide. Josephe en parle dans sa Vie.

1. SOLYMI, Peuples de Scythie, selon Ortelius [c] qui cite Hesyche.

2. SOLYMI, Peuples de l'Asie Mineure. Pline [d] dit qu'Eratosthène les compte au nombre des Peuples de l'Asie, qui se trouvoient éteints. Cependant Pline [e] dans un autre endroit donne à entendre, que le nom des *Solymi* avoit été changé en celui de *Pisidæ: Insident verticem Pisidæ, quondam Solymi appellati*. Hérodote veut que les Miliens ayent autrefois été appellés *Solymi*; mais alors ils auroient été dans la Lycie; ce qui ne s'accorderoit pas avec Strabon [f] qui les met dans la Pisidie.

SOLYMUS, Colline de l'Asie Mineure, dans la Pisidie. Strabon [g] la place au-dessus du Promontoire Termessien.

SOLZ, Village de l'Isle de Sardaigne, dans la Province de Cagliari. C'est un reste de l'ancienne Ville *Sulci*, selon Mr. Corneille qui n'en cite point son garant.

SOMBRERAS, Isle d'Afrique [h], sur la Côte de Guinée, à sept lieues au Sud-Est des Isles de *Bannanas*, ou *Las Bravas*, dans le Quartier de *Sierra-Liona*. Les Isles de Sombreras sont au nombre de trois. Elles produisent d'excellent vin & de l'huile de dattes. Du marc de ce Vin mêlé avec cette huile on fait du Savon beaucoup meilleur que celui d'Europe. C'est ce qui oblige les Portugais d'en défendre le transport dans leur Royaume, de peur que le Savon du Pays ne puisse plus se débiter. Les Cannes de sucre croissent d'elles-mêmes dans plusieurs endroits de ces Isles, où l'on pourroit aisément faire des Moulins, à cause du grand nombre de Ruisseaux qui arrosent le Pays. Il y a aussi beaucoup de Coton & du Bois rouge, meilleur que celui qu'on apporte du Brésil. Il sert à la teinture jusqu'à sept fois. On y trouve un autre Bois nommé *Angelin*, dont on pourroit faire des Vaisseaux. L'écorce de l'Arbrisseau qui porte la graine de Paradis pourroit servir de mêche & de goudron pour les calfeutrer.

SOMBRERO, Isle de l'Amérique Septentrionale [i]. Elle est située au Sud-Est de l'*Anegada*, à la hauteur de 18. d. 30'. au milieu des bancs dont est bordé le Canal, par où passent les Vaisseaux qui veulent retourner en Europe. Elle a la figure d'un Chapeau. C'est ce qui est cause que les Espagnols l'ont appellée *Sombrero*. Le peu de bonne terre qu'on y trouve a fait qu'on a dédaigné de l'habiter.

SOMBRIERO, Montagne d'Afrique [k], dans la Basse Ethiopie, au Pays de Bengue la & au Couchant de la Baye de ce nom. Les Portugais ont appellé cette Montagne *Sombrieno* & les Flamans la nomment *Klap-Muts*, parce qu'à la voir de loin on la prendroit pour un bonnet de Prêtre à trois angles. Elle est plate, & tout contre on trouve une Baye de même nom. L'eau en est claire; mais elle n'est pas bonne à boire. Le rivage au Sud-Est une grande Plaine de Sablons, aboutissant à une belle Vallée couverte d'arbres. A six lieues delà tirant vers l'Ouest-Sust-Ouest, il y a une Saline où l'on fait le sel gris comme celui de France, & en si grande abondance, qu'on en fournit les Provinces voisines.

SOMEIRAH. C'est le nom d'une Montagne [i], que les anciens Indiens ont imaginé être au milieu de la Terre, derriére laquelle ils croyoient que le Soleil se cachât lorsqu'il se couchoit.

Les Musulmans grossiers, & particuliérement ceux qui ne savent de la Géographie que ce qui regarde leur Pays, ont imaginé aussi une autre Montagne, à laquelle ils donnent le nom de Caf. Mais au lieu de la placer au milieu de la Terre, comme les Indiens, ils en font comme une Ceinture de tout le Globe Terrestre, & ils disent souvent, principalement dans leurs Histoires fabuleuses & romanesques, que le Soleil parut à travers des ouvertures du Mont de Caf, & qu'il se cacha derriére la même Monta-

[a] Ibid. p. 1171.
[b] Lib. 4.
[c] Thesaur.
[d] Lib. 5. c. 30.
[e] Ibid. c. 27.
[f] Lib. 1. p. 21.
[g] Lib. 13. p. 630.
[h] Dapper, Descr. de l'Afrique, p. 248.
[i] De Laet, Descr. des Indes. Occ. L. 1. c. 18.
[k] Dapper, Descr. de l'Afrique, p. 375.
[i] D'Herbelot, Biblioth. Or.

F

42 SOM.   SOM.

Montagne, pour exprimer son lever & son coucher.

SOMEN, Lac de Suède, dans la Gothie [a]. Une partie est comprise dans la Smalande ou Gothie Méridionale, & l'autre dans l'Ostrogothie. Il se décharge dans le Fleuve Motala, un peu au-dessus ou à l'Occident de Lindköping.

[a] De l'Isle, Atlas.

SOMERDYCK. Voyez SOMMERDYCK.

SOMEREN, Bourg des Pays-Bas [b], dans la Mairie de Bois-le-Duc, au Quartier de Peelland. C'étoit autrefois un Bourg très-considérable. Il avoit jusqu'à trente rues, & l'on y comptoit autour de dix mille Habitans. Quoique la guerre y ait causé de grands ravages, ce lieu ne laisse pas d'être encore un des plus gros Bourgs du Quartier de Peelland. Il y a environ huit cens Maisons de Paysans, outre celles des Boutiquiers, des Artisans, & d'autres personnes qui ne s'occupent point à l'Agriculture. Il y a un Tribunal de sept Echevins, & une Eglise Protestante, dont le Ministre est chargé de servir l'Eglise de Lierop.

[b] Janicon, Etat présent des Pr. Un. t. 2. p. 144.

1. SOMERTON, Bourg d'Angleterre [c] dans la Sommersetshire, à la droite de l'Ivell, à quelques milles au-dessus de l'endroit où cette Riviére se jette dans le Parret. Ce Bourg a été anciennement si considérable qu'il a donné le nom à la Province. Il a aujourd'hui droit de Marché. Mylord Stawel y a une belle Maison. Ce Lieu étoit autrefois la Résidence des Rois de Westsex, & il n'est à présent considérable que par la grande Foire de Bœufs qui dure depuis le Dimanche des Rameaux jusqu'au premier jour de Juin.

[c] Délices de la Gr. Br. p. 710.

2. SOMERTON. C'est le nom de deux Villages d'Angleterre [d], dans Norfolckshire. Ils sont voisins, & au bord de la Mer. Leur nom qui signifie *Villages d'Eté* leur a été sans doute donné, parce que l'air y est modéré en comparaison de celui que l'on respire dans un autre Village du voisinage, & qu'on appelle WINTERTON; c'est-à-dire, Village d'Hyver, parce qu'il est exposé à la fureur des Vents glaçants de l'Hyver.

[d] Ibid. p. 105.

SOMMA, Bourgade d'Italie au Royaume de Naples, dans la Terre de Labour, au pied du Mont Vesuve, qui en prend le nom de *Monte di Somma*, quoique certains Auteurs veuillent que le nom de *Somma* ait été donné au Mont Vesuve à cause de l'excellence des fruits & des Vins qu'il produit, ou à cause de sa hauteur. Dans ce dernier cas ce seroit la Montagne qui auroit donné son nom à la Bourgade.

SOMMAIRE, petit Canton de Normandie, au Diocèse d'Evreux, Election de Verneuil, près de l'Aigle. Il comprend les Paroisses de St. Antonin, de St. Pierre, de St. Nicolas, & de St. Michel, ou selon quelques-uns ce n'est que le surnom de ces quatre Paroisses.

SOMME, SOMONA, ou SAMARA, Riviére de France dans la Picardie, qu'elle traverse presque toute d'Orient en Occident. Elle prend sa source à Fonsomme, & arrose St. Quentin, Ham, Peronne, Corbie, Amiens, Abbeville, & se jette dans la Manche entre le Crotoy & St. Valery, sans avoir reçu de Riviéres considérables. Le Sr. Houlier Seigneur de Marsy en Picardie, & Conseiller au Bailliage de St. Quentin, obtint en 1724. des Lettres patentes du Roi, pour joindre cette Riviére à celle d'Oise, par le moyen d'un Canal, qui devoit s'ouvrir; ce qui a été exécuté.

SOMME-PY, Bourg de France dans la Champagne. Ce Bourg qui est très-peuplé, prend son nom de sa situation à la source de la Riviére de Py, à huit lieues de Rheims & à deux lieues de St. Souplet. On y voit plusieurs Métiers de Draperie. C'est une Baronnie qui a été long-tems dans l'ancienne Maison de Luxembourg & qui appartient présentement au Comte de Brienne.

SOMMERDYCK, Seigneurie des Pays-Bas, en Hollande dans l'Isle d'Over-Flakée. Elle prend son nom d'un Village, qui en est le Chef-lieu, & qui est situé sur la Côte Septentrionale de l'Isle.

SOMMERSETSHIRE, Province maritime d'Angleterre [e], du Couchant, dans le Diocèse de Bath & de Wels, avec titre de Duché. Elle est bornée au Nord par le Duché de Glocester, au Nord-Ouest par la Baye de la Saverne, à l'Orient par le Comté de Wilt, au Sud-Est par le Comté de Dorset, & au Sud-Ouest par Devonshire. Il a cinquante-cinq milles de long, quarante de large & deux cens quatre de circuit qui renferment neuf cens sept mille cinq cens Arpens de terre. On y compte quarante-deux Centuries ou Quartiers, trente-cinq Villes ou Bourgs à Marché, quatre Châteaux & trois cens quatre-vingt-cinq Eglises paroissiales, où l'on voit près de quarante-quatre mille six cens quatre-vingt-dix Maisons; ce qui peut faire juger combien elle est peuplée. Ses Villes & Bourgs où l'on tient Marché sont:

[e] Délic. de la Gr. Br. p. 694.

* Bristol,	Pensford,
* Bath,	Philips-Norton,
* Wels,	Purlock,
* Bridgewater,	Shepton-Mallet,
* Ilchester,	Somerton,
* Minchead,	Wellington,
* Taunton,	Wincaunton,
* Milburn-Port,	Stoke-Gomer,
Axbridge,	South-Petherton,
Bruton,	Stowey,
Canesham,	Watchet,
Crookhorn,	Chard,
Dulverton,	Chewton,
Glastenbury,	Castle-Carey,
Frome,	Ilmister,
Dunster,	Wivelscomb,
Langport,	Writon,
Nort-Currey,	Yeovil.

Le Duché de Sommerset est abondamment arrosé de Riviéres. Au Nord il a celle d'Avon, qui vient du Comté de Wilt; la Frowne ou Frome, qui coule du Sud au Nord. Le milieu de la Province est baigné par le Bruis, qui la traverse du Levant au Couchant; & au Midi il y a le Jewel, le Parret & le Tone, qui joignent leurs eaux avant que de les porter à la Mer. On jouit dans Sommersetshire d'un air doux & tempéré. Le terroir est assez sec en Eté; mais dans les autres saisons de l'année, il est fort

fort humide & les chemins y font très-mauvais. En récompense le Pays est très-fertile en Grains & en Fruits, & riche en Prairies, en Pâturages & en Troupeaux. Les Fontaines médicinales qui s'y trouvent en grand nombre, ne sont pas l'un des moindres avantages que possède cette Province. Le Plomb qui se tire des Montagnes de Mendip est un des meilleurs qui se trouvent dans le Royaume, & il s'en fait un Commerce qui s'étend fort loin. Le Pays est très-bien fourni de Charbon de terre. On en trouve quantité de Mines vers le Nord de la Province, & du côté de l'Est dans les Montagnes de Mendip. On prétend que ce dernier a plus de force que les autres pour fondre le Fer. Les anciens Habitans du Pays portoient le nom de Belges, & possédoient outre cette Province, celles de Wilt & de Southampton. On croit qu'ils s'y étoient jettez quelque tems avant l'expédition de Jules César. Cette Province donne le titre de Duc à un Seigneur de l'illustre & ancienne Maison de *S. Maur*, ou *Seymour*, qui en est en possession depuis long-tems. On y voit diverses terres & belles Maisons de Campagne, qui appartiennent à divers Seigneurs. Le Comte Powlet y possède *Hinton St. George*, *Court of Wick*, &c. Le Chevalier Seydenham y possède *Brymton*, & le Sr. Portman Gentilhomme, *Orchard*.

SOMMIERECOURT, Paroisse de France, au Duché de Bar, dans le Bailliage de Bourmont. Son Eglise est sous le titre de St. Gérard. Il y a dans cette Paroisse un Hermitage dédié à St. Nicolas.

SOMMIÈRES, *Sumerium*, Ville de France, dans le Bas-Languedoc, Recette de Nismes. Cette petite Ville qui est le Siège d'une Viguerie & d'une Justice Royale non Ressortissante, se trouve située sur la Vidourle à deux lieues de Nismes. Elle a été une des Places de sûreté des Calvinistes qui l'avoient fortifiée. C'est encore aujourd'hui un Gouvernement de Place du Gouvernement Militaire de Languedoc.

SOMORIM. Voyez SEMERON.
SOMORRI. Voyez SOBARI.

[a] Atlas Si- SOMUI, Cité de la Chine [a], dans la nens. Province de Suchuen, au Département de Tangchuen, troisième grande Cité de la Province. Elle est de 13. d. 12′. plus Occidentale que Peking, sous les 29. d. 53′. de Latitude Septentrionale.

1. SON, Château de France, dans le Languedoc, au Donezan, Recette d'Alet. Ce Château est ancien: il garde le passage des Pyrénées vers le Roussillon.

[b] Michelot, 2. SON [b] (Cap de) Cap dans la Mer Méditerranée, sur la Côte de l'Isle de Corse, environ cinq milles à l'Ouest de l'entrée du Port de St. Boniface. C'est une longue Pointe avancée en Mer vers le Sud-Ouest. Elle est de moyenne hauteur, & d'une Roche noirâtre & hachée. Près de cette Pointe sont quelques Ecueils hors de l'eau. Entre la Pointe de St. Boniface & celle du Cap de Son, il y a un peu d'enfoncement, & au milieu une Calanque de Rochers, à l'entrée de laquelle il y a un Islet. Près d'une autre Pointe on trouve quelques Ecueils.

3. SON & BREUGEL, Villages des Pays-Bas [c], dans la Mairie de Bois-le-Duc, au Quartier de Peelland. Ces deux Villages forment un Tribunal composé de sept Echevins, quatre du premier & trois de l'autre. Ces deux Villages ont chacun une Eglise; mais il n'y a qu'un Ministre pour les deux. Il se tient trois Marchez tous les ans à Son, savoir le premier Jeudi après la Mi-Carême, le Mardi qui suit le second Dimanche après l'Assomption, & le Mardi qui suit le troisième Dimanche après la Fête de St. Simon & de St. Jude.

[c] Janiçon, Etat présent des P. Un. t. 2. p. 142.

SONAUTES. & SOONAUTES. Voyez ACHERON, N°. 4.

SONCINO, Ville d'Italie, dans le Crémonois [d], sur la Rive droite de l'Oglio, à quelques milles au Couchant d'Orci Nuovi. Ce fut dans cette petite Ville que mourut Ezzelin de Romano fameux par ses cruautez.

[d] Magin, Atlas Ital.

SONDALO, Village de la Val-Teline [e], au Gouvernement de Tirano. C'est un gros Village & le Chef-lieu d'une Communauté de même nom. De Sondalo dépendent la Prese, Rezent, Fumera & autres Lieux.

[e] Etat & Délices de la Suisse, t. 4. p. 142.

SONDBACH, ou SANDBACH, communément SANDBITH [f], Bourg d'Angleterre dans Cheshire. Il est situé sur une hauteur, vers l'endroit où les trois Ruisseaux qui forment le Ruisseau de Weelock se rassemblent pour couler dans un même lit. Un de ces trois Ruisseaux mouille le pied de la hauteur sur laquelle Sondbach est situé. Ce Bourg est gros & a droit de Marché.

[f] Délices de la Gr. Br. p. 343.

SONDE [Détroit de la] Détroit célèbre de la Mer des Indes [g], sous les 5. & 6. d. de Latitude Méridionale. Il est entre les Isles de Sumatra & de Java; & plusieurs croient qu'il a pris son nom du Port de Bantam qu'on nomme *la Sonde*, & qu'il l'a communiqué aux Isles connues aussi sous le nom de la Sonde.

[g] De l'Isle, Atlas.

LES ISLES DE LA SONDE sont un grand Corps d'Isles situées au Couchant des Moluques, & autour de l'Equateur [h]. Elles s'étendent depuis le huitième degré de Latitude Septentrionale jusqu'au huitième degré de Latitude Méridionale, & depuis le cent trente-huitième degré de Longitude jusqu'au cent cinquante-huitième. Samson prend les principales de ces Isles, savoir Sumatra, Java & Borneo, pour celles que Ptolomée appelle *Sindæ Insulæ tres Anthropophagorum*; & Mercator veut que ces trois dernières soient à présent l'Isle des Célèbes, & celles de Gilolo & d'Amboine. Les Portugais comprennent toutes les Isles qui sont au Nord de Malaca, sous le nom de *Sonde*, comme qui diroit *la Mer*, ou *les Isles du Sud*. Sumatra, Java, les Moluques, & toutes les autres Isles sont renfermées sous cette dénomination. Il y en a un grand nombre, les unes petites, les autres grandes; & la Navigation y est fort difficile à cause des Bancs, des Ecueils & des Détroits, qui s'y trouvent. Elles sont presque toutes sous un même Climat. L'air en est mal sain. Tous les Peuples de ces Isles [i] tiennent beaucoup du naturel, de la façon de vivre, & même du Langage de ceux de la Terre-ferme de Malaca, ce qui fait conjecturer que ces Isles ont été peuplées par ces Malaies.

[h] Davity.

[i] Fr. Pyrard, Voy. aux Indes, p. 164.

Toutes

44 SON. SON.

Toutes les autres Isles sont en fort grand nombre, & on les dit en général fertiles en fruits & abondantes en Marchandises particuliéres qui ne se trouvent point ailleurs. En effet, excepté Sumatra & Java, qui sont fertiles en toutes sortes de choses, les autres ne sont abondantes qu'en une denrée particuliére ; de sorte qu'il faut que cette Marchandise, en quoi elles abondent, leur fournisse tout ce dont elles ont besoin. Cela est cause qu'il y fait cher vivre, & cela fait aussi que ces Peuples sont contraints de commercer, & de fréquenter les uns avec les autres, pour se communiquer ce qui leur manque. Ce que l'on porte en ces Isles, ce sont Cottons, Toiles de Cotton, toutes sortes de Draps & Etoffes de Soye, de la Soye non filée, du Ris, du Poisson, Beurre, Huile, Munitions de guerre, Armes, de l'argent même & autres choses. Quand les Hollandois veulent aller dans ces Isles, ils vont premiérement à la Côte de Guzerate, Saint Thomé, Massulipatan & Bengala, pour y acheter des Toiles de Cotton, sur lesquelles ils font double profit ; car ils gagnent d'abord sur la premiére Marchandise qu'ils vendent, & ils regagnent encore sur la seconde qu'ils portent dans ces Isles. Si les Malaies sont fins, les Chinois le sont encore davantage ; car on dit que tout l'Argent que l'on porte de tous côtez à ces Insulaires passe dans la Chine en échange de quelques bagatelles & de mauvaises Marchandises. Quoique les Portugais ayent des Facteurs qui négocient dans toutes ces Isles, ceux qui les habitent ne laissent pas d'aller avec leurs Navires chargez à Malaca, qui est comme le Magasin de leurs Marchandises. On vient trafiquer dans ces mêmes Isles depuis le Cap de Bonne Espérance jusqu'à la Chine. Il y vient des Bâtimens du Pays des Abyssins, de l'Arabie, de Perse, de Cambaye, de Goa, de Malabar, de Bengale, de la Chine, du Japon & de tout le reste de l'Inde.

SONDERBOURG. Voyez SUNDERBOURG.

a Lib. 6. c. 20.
b Etat & Délices de la Suisse t. 4. p. 144.

SONDRÆ, Peuples d'Asie. Ils habitoient au pied du Caucase, selon Pline [a].

SONDRIO, en Allemand SONDERS [b], Bourg de la Val-Teline, sur la Rive droite de l'Adda, au pied du Mont Masegrio, & le Chef-lieu d'un Gouvernement auquel il donne son nom. C'étoit autrefois une Ville fermée de murailles, avec un bon Château ; mais tout cela fut ruiné en 1335. Sondrio est aujourd'hui un beau Bourg où réside le Gouverneur qui a le titre de Capitaine de toute la Vallée. Les principales Communautez de ce Gouvernement sont

Sondrio,	Trissivio,
Ponto,	Berben,
Chiurio,	Buffetto,
	Fusina.

La Communauté de Sondrio a cinq petits Départemens ; savoir celui des Nobles de la Ville, qui de sept Conseillers en fournissent toujours trois, *Ponchiera*, *Monte di Sondrio*, avec *Ronchi*, où est l'Abbaye de St. Laurent, habitée par des Religieuses, & une Abbesse, &c. *Dosso*, avec *Triasso*, & *Triangia*, avec *Pradella*.

SONGATS QUITOU, Peuples de l'Amérique Septentrionale, dans la Louisiane. Leur nom signifie la Nation des hommes forts. Les Songats Quitou sont partie de la Nation des Scioux, ou Issatis de l'Est. Ils habitent entre les Lacs des Assibouels, de Buade & les Montagnes, qui séparent tous les grands Lacs.

SONGO, ou SONHO, Province d'Afrique [c], dans la Basse Ethiopie, au Royaume de Congo. Elle est située le long du Fleuve Zaïre, & s'étend jusqu'au bord Méridional de la Riviére de Lelunde, étant presque toute entourée d'une Forêt nommée *l'indenguolla*. Quelques Géographes étendent cette Contrée depuis la Riviére d'*Ambris*, qui est à sept degrez & demi de Latitude Méridionale, jusqu'à des Montagnes rouges qui servent de Barriéres au Royaume de Lovango. Ainsi cette Province a les Terres de Lovango & d'Ansico au Nord ; Ambris au Sud, & l'Océan à l'Ouest. Elle est divisée en plusieurs Seigneuries, dont les Sovas étoient autrefois indépendans. Ils relevent présentement du Roi de Congo. La Capitale de ce Gouvernement porte aussi le nom de SONGO. Elle est située sur le bord d'un Fleuve, à trois lieues au-dessus de son Embouchure. Il y a encore le Village de Pinde que le Commerce des Portugais a rendu considérable. Il leur a été donné par le Comte de Sonho, à la charge de lui en faire hommage. Le Pays abonde en Eléphans [d], ce qui fait qu'il y a un grand trafic d'Yvoire, qu'on échange avec du fer. Il y a aussi grand nombre de Singes, de Chats de Mer, de Bœufs & de plusieurs sortes d'Animaux. On y fait encore un grand commerce de linge de Palme d'Inde. Les Habitans sont Payens & adorent ce qu'il leur plaît. Ils tiennent le Soleil pour Dieu mâle & la Lune pour sa femme.

c Dapper, Descr. de la Basse Ethiop. p. 342.

d Linschot, Descr. de la Guinée, ch. 5.

SONGORO, Mr. Corneille dit [e], sans citer de garant ; Riviére de la Tartarie Orientale, que les Chinois appellent *Sum-hoa*. Elle tire sa source du Mont Champé, & coulant toujours du côté du Levant d'Eté, elle passe à Kirin, & à Ula, après quoi elle va se décharger dans le Fleuve Helum.

e Dict.

SONING, Ville de la Chine [f], dans la Province de Peking, au Département de Hokien troisième Métropole de la Province. Elle est de 0. d. 52′. plus Occidentale que Peking, sous les 39. d. 0′. de Latitude Septentrionale.

f Atlas Sinens.

SONNA. Voyez SUNA.

SONNEBERG, ou SUNNENBERG, Ville d'Allemagne [g], dans la Nouvelle Marche de Brandebourg, sur la Rive gauche de la Warta, entre l'Oder & la petite Riviére de Posstam. [h] Cette petite Ville a été autrefois le Lieu de la résidence ordinaire d'un des Baillifs de l'Ordre de Malthe. Dans le seizième Siécle lorsque le changement de la Religion arriva, les Electeurs de Brandebourg s'approprièrent le droit de présenter le Bailli, & ensuite de disposer des Commanderies de l'Ordre de Malthe, qui les a traitez d'Usurpateurs & n'a jamais voulu les reconnoître. Il en conflère le ti-

g Zaillot, Atlas.

h D'Audifred, Géogr. t. 3.

SON.   SON.   45

tre honoraire à des Chevaliers ; mais le Domaine utile appartient au Bailli que nomme l'Electeur de Brandebourg. Ce Bailliage est composé des Commanderies situées dans la Marche de Brandebourg, dans les Duchés de Saxe, de Poméranie & de Mecklenbourg, & dans la Lusace.

1. SONNEBOURG, petite Contrée d'Allemagne, dans le Tirol, & de la dépendance de la Maison d'Autriche, avec titre de Comté. Elle s'étend au-dessus de Verkirck, proche de Prestigau & de Geroltza.

2. SONNEBOURG, Château de l'Empire Russien [a], dans la Livonie, sur la Côte Septentrionale de l'Isle d'Oesel, vis-à-vis de la pointe Méridionale de l'Isle de Dagho.

[a] De l'Isle, Atlas.

SONNENBERG, Comté d'Allemagne [b], dans la Suabe Autrichienne, entre les Comtez de Montfort & de Pludentz dans la Vallée qu'on nomme Walgow. Il appartenoit aux Comtes de Werdenberg. Everard Comte de Waldbourg, Chef de la Branche de Sonnenberg, l'acheta de ces Comtes en 1463. & peu de tems après il le vendit à Sigismond Archiduc d'Autriche pour la somme de trente mille Florins. Le Château de SONNENBERG, qui donne le nom à ce Comté est situé dans les Montagnes, vers la Vallée de St. Gerard, au-dessous de l'endroit où la Rivière de Lutz se jette dans celle d'Ill.

[b] D'Audifred, Géogr. t. 3. p. 202.

SONNEWALD, Ville d'Allemagne, dans la Basse Lusace, sur le Dober, selon Mr. Corneille [c]. Jaillot [d] fait de Sonnewald un simple Village.

[c] Dict.
[d] Atlas.

SONNINO, ou SUNINO, Bourg d'Italie [e], dans la Campagne de Rome, avec titre de Principauté appartenante à la Maison Colonna. Ce Bourg est situé sur une Montagne entre Piperno & Terracine.

[e] Magin. Atlas Ital.

SONNOIS, petit Pays de France [f], avec titre de Baronnie, dépendante de la Province du Maine, en Latin Sonnesium & Sugonensis Ager. Ce petit Pays qui n'est guère connu aujourd'hui confine du Couchant avec Alençon dont le Fauxbourg nommé Montsaux est compris dans ce Pays; du Levant il confine à Belesme qui est dans le Perche; du Midi à Balon dans le Maine, & du Nord à Séez en Normandie. Ce Pays a douze lieues de longueur, depuis Balon jusqu'à Séez, & autant de largeur, depuis Alençon jusqu'au Perche; de sorte qu'il est quarré. Memers qui sépare le Perche d'avec le Maine est sa Ville Capitale. Fresnay sur l'Orne est de ce même Pays, avec St. René, St. Remi du Plain, St. Come, & Notre-Dame, qui ne font qu'un Bourg en deux Paroisses, & quelques autres Lieux moins considérables.

[f] Davity.

SONOBA, Ville de l'Espagne Bétique : Strabon [g] est le seul qui connoisse cette Ville. Casaubon croit que c'est la Ville Colobona de Pline. Ce dernier met cependant sur la Côte de l'Océan entre l'Anas & le Bætis une Ville appellée Ossonoba, dont le nom approche assez de celui de Sonoba. Voyez OSSONOBA.

[g] Lib. 3. p. 143.

SONQUAS, Peuple d'Afrique [h], vers sa partie Méridionale. C'est une sorte de Cafres qui habitent sur de hautes Montagnes, au nombre de quelques milliers de personnes. Hommes & femmes parmi eux s'entendent à la chasse : aussi ne vivent-ils que de venaison & d'une racine qui leur sert de Pain. Ils élevent des Chiens couchans, qui savent faire sortir les Daims du fond des Cavernes. On y trouve aussi des Chevaux & des Anes sauvages, qui sont si bien faits, & mouchettez de couleurs si vives & si belles, qu'un Peintre ne sauroit rien imaginer d'approchant. Les Chevaux ont la croupe haute, ronde, potelée, & tout le reste du corps sur le dos & sous le ventre, est rayé de jaune, de noir, d'écarlate, & d'azur; mais la peau des Anes sauvages est marquée de blanc & de couleur de Noisette. En 1662. les Sonquas portérent une de ces peaux au Cap de Bonne Espérance, & la donnérent pour du Tabac aux Hollandois, qui l'ayant remplie de paille, la suspendirent dans la Sale du Château comme une chose précieuse. Ces Cafres sont des voleurs de profession : tout le Bétail qu'ils peuvent enlever est de bonne prise, & les autres Hottentots ont beau courir après, ils ne sauroient ni les attraper ni les trouver dans leurs Cavernes. Leurs Habitations ne sont autre chose que des Branches de bois entrelassées & couvertes de jonc. Ils ne se donnent pas la peine de les défaire & de transporter les matériaux avec eux, lors qu'ils vont chercher de nouveaux Pâturages. Ils croient qu'il est plus commode d'en bâtir de nouvelles dans les lieux où ils s'arrêtent, parce que au cas qu'il leur prenne fantaisie de retourner d'où ils viennent, ils les trouvent toutes prêtes. Leurs habits sont de peaux de Buffles cousues ensemble, dont ils s'enveloppent comme d'un Manteau. Les femmes portent un Parasol fait de plumes d'Autruches, & elles l'attachent autour de la tête.

[h] Dapper, Descr. de l'Afrique. p. 380.

SONSAY, ou SONZAY, Bourg de France, dans la Touraine, Election de Tours. Ce Bourg qui est très-peuplé a un Château appellé la MOTTE-SONZAY, & c'est dans le voisinage que le Terneau prend sa source.

SONSO [i], Province d'Afrique, au Royaume d'Angola. Elle comprend les Pays situés au Nord de Lovando S. Paulo, le long de la Riviére de Bengo, en remontant jusqu'à Ensaca. On ne sait point le nombre de ses Seigneuries. Dapper [k] écrit SINSO, au lieu de SONSO.

[i] Corn. Dict. De la Croix, Relat. d'Afrique, t. 3.
[k] Descr. d'Afrique, p. 362.

SONSOROL, Isles de l'Océan Indien, & comprises au nombre de célles de Palos. Il y en a deux [l], & le Peré Duberon Jésuite les ayant découvertes en 1710. les nomma les Isles de Saint André parce qu'on célébroit ce jour-là la Fête de cet Apôtre. Les Habitans de ces Isles sont bien faits de corps, & d'une complexion robuste. Ils vont tout nuds, excepté vers la ceinture où ils se couvrent d'un morceau de nattes. Leurs cheveux sont presque crespus. Ils ont fort peu de barbe, & pour se garantir de la pluye, ils portent sur les épaules un petit manteau fait de fil de Patates, & sur la tête une espèce de chapeau de nattes, autour duquel ils attachent quelques plumes d'Oiseaux toutes droites. Ils font des Bâteaux,

[l] Lettres Edif. tom. 11. pag. 77. & suiv.

F 3

teaux, qui font affez bien conftruits; & ils fe fervent de voiles Latines foutenant un côté du Bâteau par le moyen d'un contrepoids qui l'empêche de tourner. Ces Ifles font toutes couvertes d'Arbres jufque fur le bord de la Mer: une d'entre elles, felon le rapport des gens du Pays, a environ deux lieues & demie de tour, & contient autour de huit-cens perfonnes.

SONTIATES, Anciens Peuples de l'Aquitaine, aujourd'hui les Habitans du Diocèfe de Lectoure. Samfon dans fes Remarques fur la Carte de l'ancienne Gaule dit:
,, Mr. de Marca veut que ce Peuple réponde au Diocèfe d'Aire: les autres que ce foit
,, le Quartier aux environs Soz, qui eft
,, de l'ancien Diocèfe d'Eaufe, aujourd'hui
,, compris dans celuy d'Aux. La première
,, opinion n'eft appuyée que fur certains
,, Chartulaires, dont les Auteurs font inconnus, & qui ne peuvent avoir écrit que
,, long-temps après les Romains: & pour
,, le moins fept ou huit-cens ans après que
,, le nom de Sontiates n'a plus été en ufage. La dernière opinion n'a autre chofe,
,, que la conformité du nom de Soz avec
,, Sontiates, qui eft une bien foible raifon,
,, comme il fe voit le plus fouvent. L'une
,, & l'autre n'empêcheront pas que nous ne
,, retenions encore noftre première explication, Sontiates, pour le Diocèfe de Lectoure; & parce que l'affiette de Lectoure
,, eft fort avantageufe, Oppidum natura loci
,, & manu munitum, Ville forte & d'affiette & de travail, dit Céfar: & parce que ce
,, Pays fe préfente le premier du côfté de
,, Thoulouse par où il femble que Craffus entra dans l'Aquitaine: Re frumentaria provifa, auxiliis, equitatuque comparato; multis
,, praeterea viris fortibus, Tolofa, & Narbone quae funt Civitates Galliae Provinciae finitimae, ex bis Regionibus nominatim evocatis in
,, Sontiatium fines exercitum introduxit. Craffus s'eftant pourvu de vivres, & ayant
,, affemblé les forces de fes Alliez, ayant
,, encore appellé de Thoulouse & de Narbonne ceux qui eftoient les plus aguerris, il fit entrer fes Troupes dans les
,, Terres des P. Sontiates. Et parce que les
,, Peuples où Craffus fut, après avoir vaincu les Sontiates, armis obfidibufque [Sontiatium] acceptis, Craffus in fines Vocatiorum, & Tarufatium profectus eft: Les armes eftant rendues, & les oftages donnez, Craffus s'avança dans les Terres de ceux
,, de Bafas & de Turfan; & les Peuples à
,, la fin qui fe rendirent à Craffus: Maxima
,, Pars Aquitaniae fefe Craffo dedit, obfidefque
,, ultro mifit: quo in numero fuerunt Tarbelli,
,, Bigerriones Preciani, Vocates, Tarufates,
,, Fluftates, Garites, Aufci, Garumni, Sibutzates, Cocofatefque, la plus grande
,, partie de l'Aquitaine fe rendit à Craffus &
,, donna librement des oftages: entre lesquels furent ceux de Bafque, du Bigorre, du Bearn, du Bazadois, du Turfan,
,, d'Eaufan, de Gaure, d'Aux en Armagnac,
,, de la Guienne, de Buch, & des Landes,
,, conviennent mieux les uns avec les autres,
,, pour leur explication, les P. Sontiates eftant plutoft pris à Lectoure qu'ailleurs.
,, Et ceux que Céfar ajoufte, Paucae ultimae

,, Nationes, anni tempore confifae, quod Hyems
,, fuberat, id facere neglexerunt: quelques
,, Peuples les plus reculez, parce que l'Hyver approchoit, ne tinrent aucun compte
,, d'en envoyer (des Oftages) ne fe doivent,
,, & ne fe peuvent plus entendre, que
,, pour le Comminges, & le Conferans:
,, ces Païs eftant les plus reculez, & les plus
,, engagez dans les Monts Pyrénées, & de
,, plus difficile accès que tous les autres.
,, Et cependant c'eft dans les Vallées, &
,, dans les Montagnes du Comminges, que
,, nos Géographes nouveaux rejettent l'explication d'un bon nombre de ces Peuples Aquitains, parce qu'ils ne fçavent
,, où les placer: comme Garumni, Garites,
,, Sibutzates, Preciani, &c. Que fi tous
,, ces Peuples eftoient dans le Comminges,
,, je ne vois point, là où paucae ultimae Nationes, &c. pourroient être placées. Mr.
,, de Marca même, & les autres ayant
,, deja rempli l'autre extrémité de l'Aquitaine; favoir le Buch, les Landes & le
,, Bafque, des Peuples Vocates, Tarufates
,, & Tarbelli. Encore une autre difficulté:
,, Craffus auroit commencé à faire la guerre par les dernières parties & les plus
,, reculées de toute l'Aquitaine; ce qui feroit contre le fens commun; outre que
,, cela ne s'accorderoit en façon du monde
,, avec le texte de Céfar, ultimae Nationes,
,, &c. Toutes ces raifons me confirment
,, dans ma première opinion, Sontiates pour
,, le Diocèfe de Lectoure, & SONTIATIUM
,, OPPIDUM pour Lectoure; n'y ayant
,, rien qui répugne à mon explication &
,, pour cette Place, & pour le Peuple Sontiates, & pour tous les autres Peuples
,, dont Céfar fait mention entre les Aquitains.

SONTIONTI. Voyez SOGIONTII.
SONTIUS. Voyez NATISO.
SONUS, Fleuve de l'Inde: Pline [a] & Arrien [b] le comptent au nombre des Fleuves navigables qui fe jettent dans le Gange. Voyez Tuso.
[a] Lib. 6. c. 18.
[b] In Indicis.

SOONAUTES. Voyez ACHERON, N°. 4.
SOORA, Ville du Dannemarck. Voyez SORA.

SOCOTHORAH, Isle de la Mer d'Iemen [c], ou d'Oman, qui regarde l'Iemen, ou l'Arabie Heureufe à fon Septentrion, & qui a à fon Midi le Pays des Zinges, où font les Villes de Melindah, & de Monbaffah. Le Scherif Al Edriffi dit, que les Habitans de cette Ifle étoient la plûpart Chrétiens dans le tems qu'il écrivoit, à caufe qu'Alexandre le Grand ayant autrefois abordé en cette Ifle, après qu'il eut fait la Conquête des Indes, & l'ayant trouvée fertile & abondante en cette forte de plante d'où l'on tire le Suc que nous appellons Aloès, en avoit transporté ailleurs les Habitans, & y avoit établi une Colonie de Grecs, auxquels il en recommanda la garde & la culture.
[c] D'Herbelot, Biblioth. Or.

Les Arabes appellent l'Aloès en leur Langue Sabr, & ils difent que le Sabr-Al Socothori, qui eft l'Aloès de cette Ifle, eft le plus excellent de tous, & qu'il furpaffe de beaucoup en bonté celui qu'ils appellent, Schegeri, & Hadramouthi, qui croît

dans

SOP. SOP. 47

dans la Province de Soheger, & dans celle de Hadramouth. Le Géographe Persien dit la même chose touchant les Chrétiens de Socothorah, & il place cette Isle entre l'Equateur & le premier Climat.

a In Trapeziuco.

SOPÆUS. Isocrate [a] appelle ainsi un certain homme; & ce nom est pris de celui d'un lieu du Pont.

b 2. Peripl. p. 34.

SOPATMA, Entrepôt, ou lieu de commerce dans l'Inde, en deçà du Gange, selon Arrien [b].

c Dom. Calm. Dict.

SOPHA [c]. S. Epiphane dit que le Prophéte Malachie nâquit dans la Ville de Sopha de la Tribu de Zabulon.

d Ant Jud. L. 1, c. 16.

SOPHACÆ, ou SOPHACES, Peuple Barbare, dont parle Josephe [d]. Il semble mettre ce Peuple dans l'Afrique; car après avoir dit qu'*Aphra* & *Japhra* deux des fils d'Abraham & de Chetura, avoient donné leur nom à l'Afrique, & combattu dans la Libye, contre Antée sous la conduite d'Hercule, il ajoute qu'Hercule eut d'une fille d'*Aphra* un fils nommé *Dedorus*, pere de *Sophones*, de qui les Barbares SOPHACES tiroient leur nom.

e Num. 32. 35.

SOPHAN, ou ZAPHAN, l'Ecriture Sainte [e] nomme ainsi une des Villes que les enfans de Gad rebâtirent & dont ils firent des Places fortes. Les Juifs disent que dans la suite on la nomma *Amath*.

SOPHANINA. Voyez SYRIA.

f Lib. 4. c. 5.

SOPHANIS, Village du Nome de Libye, selon Ptolomée [f].

g Lib. 6. c. 7.

SOPHANITÆ, Peuples de l'Arabie Heureuse, Ptolomée [g] en place dans la partie Méridionale de cette Contrée.

h Lib. 11. p. 527.

SOPHENE, Contrée de la Grande Arménie. Strabon [h] la met au Nord de la Mésopotamie & de la Commagène, entre les Monts *Masius* & *Antitaurus*. Selon Ptolomée [i] la Sophène, s'étendoit à l'Orient de l'Euphrate, entre la Basilissène au Nord, l'Aclisène à l'Orient, & l'Anzitène au Midi.

i Lib. 5. c. 13.

k Ædif. Lib. 3. cap. 3.

Procope [k] en décrivant les diverses Fortifications que l'Empereur Justinien fit bâtir dans cette Contrée la nomme Sophanène. [l] Elle est appellée Tzophanène & Tzophane dans les Authentiques; mais de même que dans le Code, on entend par ces deux mots deux Contrées différentes. Voyez SOPHONE.

l Ortelii Thesaur.

SOPHER. Voyez SEPHER.

m Tavernier, Voyages de Perse.

SOPHIANA [m], Ville de Perse dans la Province d'Adirbeitzan. Cette Ville qui est assez grande est prise par quelques-uns pour l'ancienne Sophie de Médie. D'autres veulent pourtant qu'elle ait été nommée SOPHIANA des Sophis qui établirent leur demeure dans ce Pays-là, quand Ismaël premier quitta Ardevil & transporta la Cour à Tauris. Elle n'en est qu'à une journée. Son assiette est dans un Vallon, où il y a beaucoup d'eaux; & on ne sauroit presque la voir qu'on ne soit dedans, à cause de la quantité d'Arbres plantez dans les rues & aux environs; ce qui la fait prendre plûtôt pour une Forêt que pour une Ville. Pour aller delà à Tauris, on traverse de grandes Plaines belles & fertiles, entrecoupées de plusieurs Ruisseaux, qui viennent des Montagnes des Medesois du côté du Nord. L'eau n'en est pas également bonne & il y en a quelques-unes dont on ne peut boire. Ce fut où l'Armée du Sultan Amurath vint camper, quand il assiégea Tauris. Cha-Sefi, Roi de Perse, ayant appris qu'il avoit brûlé cette grande Ville, & qu'il avançoit dans le Pays avec plus de cent mille hommes, dit sans s'émouvoir qu'il falloit laisser approcher, & qu'il savoit le moyen de se venger sans beaucoup de peine de l'invasion des Turcs. Ils vinrent jusqu'à quinze journées d'Ispahan; & alors Cha-Sefi donna ses ordres pour faire détourner devant & derrière, toutes les eaux qui ne viennent que de source, & qu'on ne conduit que par des canaux dans l'intérieur de la Perse, où il n'y a point de Riviéres. L'Armée des Turcs périt aussi-tôt de soif dans les Pays vastes & arides, où elle s'étoit imprudemment engagée.

SOPHIE. Voyez SOFIE.

n Lib. 10.

SOPHIENSES, Peuples de l'Ætolie, selon Strabon [n]; mais Casaubon croit que cet endroit est corrompu & qu'il faut lire ὡς p. 465. Ὀφιεῖς, au lieu de ὡς Σωφιεῖς. Il fonde cette correction sur ce que quelques pages plus haut [o], Strabon en nommant divers Peuples de l'Ætolie écrit ἐν Ὀφιεῦσιν, & non pas ἐν Σωφιεῦσιν.

o Pag. 451.

SOPHIN, Siège Episcopal d'Asie sous la Métropole d'*Amida*, selon Guillaume de Tyr cité par Ortelius. La Notice du Patriarchat d'Antioche écrit SOPHYM.

SOPHIR. Voyez OPHIR.

p Lib. 15. p. 699. &c.

SOPITHIS REGIO, Contrée ou Royaume de l'Inde. Strabon [p] qui l'appelle aussi CATHEA, dit que quelques-uns la placent entre les Fleuves Hydaspes & Acesines, que d'autres la mettent au-delà des Fleuves Acesines & Hyarotides, & qu'elle étoit voisine des terres de *Porus* cousin de ce *Porus*, qui fut fait prisonnier par Aléxandre. Diodore de Sicile distingue la Contrée *Cathea*, ou la Terre des Cathéens, du Royaume de Sopithes. Quoi qu'il en soit, Strabon remarque qu'on racontoit des choses merveilleuses touchant l'honneur qui étoit rendu à la Beauté dans ce Pays, & touchant les qualitez des Chevaux & des Chiens. Onesicrite, dit-il, rapporte que parmi les Peuples on choisissoit le plus bel homme pour le mettre sur le trône; & dès deux mois après qu'un enfant étoit né, on examinoit publiquement s'il étoit bien conformé & s'il étoit digne de vivre ou non. Lorsqu'il avoit été jugé par celui qui présidoit à l'examen, on le laissoit vivre ou on le tuoit. Ces Peuples avoient pour coutume de se teindre la barbe de différentes couleurs; ce qu'ils regardoient comme un grand ornement. C'étoit aussi une Coutume particuliére aux Cathéens que les mariages dépendissent des choix de l'Amant & de la Maîtresse, sans que le consentement des Parens fut requis; & ils avoient une Loi qui vouloit que quand un homme étoit mort ses femmes fussent brûlées avec lui; ce qui avoit été établi pour empêcher que les femmes n'empoisonnassent leurs maris. On disoit que dans les Etats du Roi Sopithes, il y avoit une Montagne qui pouvoit fournir toute l'Inde du Sel dont elle avoit besoin; & que dans d'autres Montagnes on trouvoit des Mines d'or &

& d'argent, mais qui étoient négligées parce que les Indiens ignoroient l'art de travailler ces métaux. Dans ce même Pays il y avoit une race de chiens admirables. Aléxandre en reçut cent cinquante dont le Sopithes lui fit présent. Pour faire voir la force & le courage de ces Animaux ; le Sopithes en lâcha deux sur un Lion. Le combat ne se trouvant pas égal il en fit lâcher deux autres, & alors il ordonna que le Veneur en prit un par la cuisse, qu'il s'efforçât de lui faire lâcher prise, & que s'il ne pouvoit en venir à bout il lui coupât la cuisse. Aléxandre qui ne vouloit pas perdre un de ces Chiens s'y opposa d'abord ; mais le Sopithes lui ayant dit qu'il lui en rendroit quatre pour un, il y consentit. Cependant le Veneur ne pouvant vaincre l'opiniâtreté du Chien lui coupa lentement la cuisse : le Chien le laissa faire, & tint toujours les dents serrées dans la Bête. Quinte Curse[a] rapporte la plûpart de ces particularitez, avec néanmoins quelque différence. Il ajoute que le Sopithes qu'il nomme Sophites s'étoit enfermé dans la Capitale de son Royaume qu'Aléxandre avoit bloquée, & que comme personne ne paroissoit ni aux tours ni sur les murs les Macédoniens ne savoient si la Ville étoit abandonnée des Habitans, ou s'ils se cachoient pour leur jouer quelque stratagême ; mais les portes s'ouvrant tout-à-coup, on vit sortir le Roi Sophites avec deux de ses fils déja grands & venir au-devant d'Aléxandre. Il surpassoit en taille & en beauté tout le reste des Barbares, & portoit une Robe de Pourpre rayée d'or, qui lui descendoit jusqu'aux talons, avec des Sandales d'or toutes couvertes de pierreries. Il avoit des Bracelets de Perles aux bras & aux épaules & pour pendans d'Oreilles deux Perles d'un prix inestimable. Il portoit un Sceptre d'or à la main, tout garni de Berylles, qu'il donna au Roi en se donnant lui-même avec ses Enfans & son Peuple, & faisant mille vœux pour son salut, & pour l'accroissement de son Empire.

[a] Lib. 9. c. 1.

SOPHON, Montagne de l'Asie Mineure dans la Bithynie, aux environs de Nicomédie, selon Ortelius[b] qui cite Cédrène & l'Histoire Miscellanée.

[b] Thesaur.

SOPHONE, Contrée de l'Asie. Justin[c] la place dans l'endroit où le Tigre reparoissoit de nouveau après avoir couru sous terre l'espace de vingt-cinq mille pas. C'est la Contrée *Sophene* de Ptolomée.

[c] Lib. 42.

SOPHONIA. Nom d'une Isle que Pline[d] met au nombre de celles qui avoient cessé d'être Isles, & qui se trouvoient jointes au Continent. Il ajoute que l'Isle *Sophonia* étoit voisine de la Magnésie.

[d] Lib 2. c. 79.

SOPHTHA, Isle du Golphe Persique, selon Ptolomée[e]. Ortelius croit que c'est l'Isle *Phara* d'Ammien Marcellin.

[e] Lib. 6. c. 4.

SOPHUCÆI, Peuples que Ptolomée[f] place dans la Libye intérieure.

[f] Lib. 4. c. 6.

SOPIANÆ, Ville de la Basse Pannonie. On la trouve marquée dans l'Itinéraire d'Antonin sur la Route de *Sirmium* à *Carnuntum* entre *Antianæ* & *Ponte Mansuetina*, à trente milles du premier de ces Lieux, & à vingt-cinq milles du second. Ammien Marcellin[g] fait de SOPIANÆ une Ville de la Valerie. Quelques MSS. cependant portent *Sopianum*, pour *Sopianæ*. Le nom moderne est *Zeeblack* selon Simler, & *Soppan* selon Lazius.

[g] Lib. 28. c. 1.

SOPOTO, Ville des Etats du Turc dans l'Albanie[h], au Canton appellé la *Capina*, à quelques lieues au Nord de *Chimera* & environ à douze lieues de *Butrinto* aussi vers le Nord. Cette petite Ville est dans les terres, à quelque distance de la Bouche du Golphe de Venise[i]. Elle est présentement à demi-ruinée. Quelques Géographes la prennent pour l'ancienne *Hecatompedum*. Il y en a néanmoins qui veulent que ce soit *Olpæ* ; & selon d'autres c'est *Cestria*.

[h] De l'Isle, Atlas.
[i] Baudrand, Dict.

SOPPAN, ou SOPPIA[k], Bourgade de la Hongrie, dans l'Esclavonie, au Comté de *Verocz*, sur la Rive gauche de la Drave, au Midi de *Ziget*, & à onze lieues de *Possega* vers le Nord, un peu au-dessus de l'Embouchure de la Rivière *Csagiavitza*. On la prend pour l'ancienne *Sopianæ*. Voyez SOPIANÆ.

[k] De l'Isle, Atlas.

1. SOPRON, Comté de la Basse Hongrie[l]. Il est borné au Nord par les Terres de l'Autriche, à l'Orient partie par le Comté de Moson, partie par celui de Javarin, au Midi par celui de Sarwar, ou de Castel Ferrat, & au Couchant par l'Autriche. Ce Comté prend son nom de sa Capitale qui fait l'Article suivant. Ses principales Places sont :

[l] Ibid.

Sopron ou Edenbourg,   Eisenstat,
            Kaposvar.

2. SOPRON, ou EDENBOURG, Ville de la Basse Hongrie, au Comté de même nom dont elle est la Capitale. Elle est située sur une petite Rivière à l'Occident du Lac de *Ferto*.

1. SOR. Voyez TYR.

2. SOR, Rivière de France, dans le Languedoc, au Lauraguais. Elle passe à Soreze & se jette dans l'Agout, à deux lieues plus bas que Castres. Elle donne le nom à l'Abbaye & à la petite Ville de Soreze.

3. SOR, ou SORR, Rivière de France[m], dans l'Alsace. Elle a sa Source au Mont de Vosge, d'où prenant son cours vers l'Orient, en serpentant beaucoup, elle mouille Lutzelburg, Saverne, Ditweiler, Hochfelt, Brumpt, Wikersheim, & va se perdre dans le Rhein à Offentorff.

[m] Jaillot, Atlas.

1. SORA, Ville de l'Asie Mineure, dans la Paphlagonie, selon Porphyrogenete, cité par Ortelius[n].

[n] Thesaur.

2. SORA, Ville de l'Arabie Deserte : Ptolomée[o] la compte au nombre des Villes qui étoient aux Confins de la Mésopotamie.

[o] Lib. 5. c. 19.

3. SORA, Ville de l'Inde, en deçà du Gange : Ptolomée lui donne le titre d'*Arcati Regia*.

4. SORA, Ville de la Phénicie, selon Etienne le Géographe.

5. SORA, Ville d'Italie dans le Latium. Pline la met dans la premiere Région, & Strabon la place dans la Campanie & Ptolomée dans le Latium. Pour moi, dit Leander[p], je la mets dans le Pays des Samnites, parce qu'elle étoit dans le Pays des *Vestini*, comp-

[p] Italia.

SOR.

comptez entre les Samnites, outre que ces Peuples l'ayant prise sur les Volsques, y conduisirent quatre mille Habitans : en ce sens on peut l'appeller Ville des Samnites. Tite-Live en fait mention dans son neuvième Livre, lorsqu'il dit que ce fut une Colonie envoyée par les Romains sous le Consulat de L. Postumus, & T. Minutius. On y envoya aussi de nouveaux Habitans sous le Consulat de L. Genutius & de Ser. Cornelius. Le même Auteur parle encore en différens endroits de la Ville de Sora. Elle fut enfin saccagée & brûlée par l'Empereur Frédéric II. sous le Pontificat de Grégoire IX. comme l'écrit Biondo dans son Histoire, & Platine dans la Vie de ce Pape. On ne sait guère par qui elle a été rétablie. Le Fleuve Garigliano n'en passe pas bien loin, elle est assez peuplée, & elle a encore le titre de Duché, appartenant à la Maison de Boncompagno. Son Evêché ne relève que du St. Siège. Cette Ville peut se glorifier avec justice d'avoir été la Patrie de César Baronius, qui y naquit le 30. d'Octobre 1538. de Camillo Baronio & de Porcia Phebonia. Il fut fait Cardinal en 1596. & mourut le 30. de Juin 1607.

6. SORA, SOORA, SOOR, ou SOER, petite Ville du Dannemarck dans l'Isle de Zélande, au Bailliage de Soerbirk, entre Slagel & Ringsted, mais plus près de cette dernière. Avant la révolution arrivée dans la Religion, c'étoit une riche & puissante Abbaye, entourée de tous côtez de Bois & de Forêts, & bâtie au bord d'un agréable Marais qui a des Sources d'eau douce [a]. Sora est aussi une Forteresse Royale. Absalon Archevêque de Lunden, & Evêque de Roschilo, qui étoit très-entendu dans l'Art Militaire, la fit bâtir en 1200. ou 1201. Il y finit ses jours, & il ordonna que ceux qui écriroient l'Histoire de Dannemarck y fussent nourris. Ce fut le même Archevêque qui engagea Saxon le Grammairien à écrire l'Histoire de Dannemarck. Cet endroit est tout-à-fait propre à l'étude & à une vie retirée. On y trouve abondamment tout ce qui est nécessaire pour la vie, & le Lac voisin lui fournit des Poissons délicats. Esberne Celer, surnommé Snare, frere d'Absalon, fit aussi plusieurs dons considérables à cette Abbaye, il y fit faire une grande Cour & plusieurs beaux Edifices, il lui donna aussi quatorze Villages, & un an après la mort de son frere en 1202. il y fut enterré. Le Roi Voldemar III. qui mourut en 1375. y fut aussi enterré, de même qu'Olaüs son neveu Roi de Dannemarck & de Norvègue mort en 1387. Ce dernier descendoit des anciens Rois de Dannemarck & de Norvégue. Le Roi Fréderic II. qui avoit fondé à Fridericsburg une Ecôle pour la Noblesse, la transporta ensuite dans l'Abbaye de Sora, parce que cet endroit étoit beaucoup plus commode pour l'étude. Comme le nombre des Etudians s'augmenta beaucoup dans la suite, il augmenta aussi les revenus de l'Abbaye. Son fils Christian quatrième rendit encore ce Collége plus considérable en y établissant des Professeurs publics, pour enseigner à la Jeunesse les Sciences & les Langues, Greque, Hébraï-

[a] *Hermanid. Descr. Daniæ p. 658.*

que, Latine, Françoise & Italienne : & voulant que la Noblesse non-seulement se perfectionnât dans les Sciences ; mais qu'elle s'accoutumât encore de bonne heure à la fatigue & au travail, il assembla dans cet endroit des personnes qui fussent capables de montrer les exercices qui conviennent à la Noblesse. Jean Meursius dans la Préface de son Histoire de Dannemarck parle en cette sorte au Roi Christian : *Ut Nobilitas quoque Regni adolescens itidem institueretur, Academiam hanc Soranam erigendam M. T. existimavit ut deberet Christiano quarto Dania, quantum antea primo debuit, qui instituit Hafniensem* : aussi donne-t-on communément à ce Collége le titre d'Académie de la Noblesse. En 1621. quand on eut supprimé *Mariebo*, Monastère de Filles dans l'Isle de Laland, on renvoya les Religieuses chez elles, & on donna leurs revenus au Collége de Sora.

SORABA. Voyez SOBARENSIS.

SORABAS, ou SARRABOUS, Bourg de l'Isle de Sardaigne, à l'Embouchure de la Rivière Seprus, à la droite en entrant, & à onze lieues de Cagliari vers le Nord. On prend ce Bourg, dit Mr. Baudrand [b], pour l'ancienne *Chanados*.

[b] *Dict.*

SORABI, Peuples de la Germanie, compris au nombre des Vénèdes, & ensuite comptez parmi les Slaves. Dans le moyen âge ils habitoient sur le bord de la Sala, & s'étendoient jusqu'à l'Elbe. Il est souvent parlé des Sorabes dans les Annales de Charlemagne. On y voit à l'année 782. que ce Prince apprit, que les Sorabes-Slaves, qui habitoient entre l'Elbe & la Sala, avoient fait des courses sur les terres des Thuringiens & des Saxons qui étoient leurs voisins. Sous l'année 806. il est dit que l'Empereur envoya son fils Charles à la tête d'une Armée dans la Terre des Sclaves appellez Sorabes, qui habitoient sur le bord de l'Elbe ; & Eginhart, dans la Vie de Charlemagne, dit que la Rivière Sala, séparoit les Thuringiens d'avec les Sorabes. On conjecture que ces Peuples pouvoient avoir pris leur nom d'une Rivière de ces Quartiers nommée *Bare*.

SORACI, Peuples que Tacite met au voisinage du Bosphore Cimmérien. Juste-Lipse au-lieu de *Soraci* lit *Siraci*. Voyez SIRACES ; c'est le même Peuple.

1. SORACTES, Montagne d'Italie, dans l'Hétrurie, aux confins des *Falisci* & dans le voisinage du Tibre. Servius fait entendre qu'elle n'étoit pas éloignée de la Voie Flaminienne. Horace parle de cette Montagne au premier Livre de ses Odes [c] :

[c] *Od. 9.*

Vides ut alta stet nive candidum
Soracte.

Au pied de cette Montagne, il y avoit sur une éminence une Ville, ou du moins une Forteresse de même nom ; & c'est ce que Virgile entend par ce vers de son Enéïde [d] :

[d] *Lib. 7. v. 696.*

Hi Soractis habent arces, Flaviniaque arva.

La Montagne de Soracte étoit consacrée à Apollon [e] :

[e] *Ibid. Lib. 11. v. 785.*

... Sanc-

SOR.

. . . Sancti custos Soractis Apollo.

Silius Italicus [a] dit la même chose:

. . . Qui sacrum Phœbo Soracte frequentant.

[a] Lib. 8. v. 493.

Au bas du Mont Soracte, sur les bords du Tibre, s'élevoit un Temple consacré à la Déesse *Feronia*. Ce Temple & le Culte de la Déesse avoient été de tout tems communs aux Sabins & aux Latins [b]. Les uns y alloient offrir leurs vœux; les autres y étoient attirés par la Foire célèbre qui s'y tenoit. Quelques Romains s'y étant rendus, furent insultés par les Sabins qui les dépouillèrent de leur argent & les retinrent en captivité; ce qui fit naître une guerre entre les deux Peuples, dans la quatre-vingt-douzième année de Rome.

[b] Dion. Halic.

Le nom moderne, selon Léander, est *Monte di S. Silvestro*, & par corruption *Monte S. Tresto*. Cette Montagne a été ainsi appellée à cause du Pape Silvestre [c], qui s'y retira durant la persécution exercée contre les Chrétiens. Au sommet de cette Montagne, qui est d'un accès très-difficile, est un Bourg de même nom, & tout proche il y a un Monastère qu'on dit avoir été bâti en l'honneur de S. Silvestre, par Carloman frere de Pepin, & Chef des François, avant qu'il se fût retiré au Monastère du Mont Cassin. Il y en a qui disent que le Temple & le petit Bois consacrés à Apollon étoient dans l'endroit où l'on voit aujourd'hui le Monastère.

[c] Corn. Dict. Délices d'Italie.

2. SORACTES [d], Montagne de la Gaule, selon Apulée, qui dit qu'on y trouve de la Rhue sauvage; mais au lieu de dire *Montagne de la Gaule*, il devoit dire *Montagne de la Galatie*, comme Dioscoride.

[d] Ortelii Thesaur.

SORACTIA, Ville de l'Arabie Heureuse: Pline [e] la donne aux *Omani*.

[e] Lib. 6. c. 28.

1. SORÆ, Peuples de l'Inde : Pline les place au voisinage de la Carmanie & de la Gédrosie, près du Fleuve Caberon. Cela porteroit à croire que ce sont les *Soræ* de Ptolomée ; mais le Pere Hardouin au lieu de *Caberon Soarum ostio portuosus*, lit dans Pline, *Cabirus Suarorum ostio portuosus*.

2. SORÆ, Peuples de l'Inde en deçà du Gange. Ptolomée [f], qui en fait des Peuples Nomades, les place entre les Monts Bittigus & Disathrus. Il leur donne deux Villes, savoir

[f] Lib. 7. c. 1.

Sangamarta & *Arcati regia Sora*.

SORÆI, Peuples de la Mauritanie Césarienne, selon Ptolomée [g].

[g] Lib. 4. c. 2.

SORAME, Riviére de l'Amérique [h], dans la Terre-ferme, à douze lieues de celle de Sarname, ou Suriname. Cette Riviére a son Embouchure large d'environ demi-lieue, mais les Navires n'y peuvent entrer, parce qu'il y a un banc de sable au-devant. Les Indiens qui habitent sur ses bords sont Caribes. Ils recueillent beaucoup de Coton, & ils ont beaucoup de ce Bois rouge, qui ressemble fort au Bois de Brésil, & qu'on nomme *Bois de Caribe*.

[h] De Laet, Descr. des Indes. Occ. Liv. 17. ch. 16.

SORANI, Peuples d'Italie. Voyez SORA, N°. 1.

SOR.

SORANNI. Voyez CONSURANNI.

SORATOF, Ville de l'Empire Russien, dans le Velika Nagay, ou le Grand Nagay, à une lieue à l'Orient du Volga, sur la Riviére d'Oruslave, qu'Olearius [i] donne pour une Branche de ce Fleuve. Il place la Ville de Soratof, ou Saratof, à 52. d. 12.' d'élévation; ce qui s'accorde assez avec la position que lui donne Mr. de l'Isle [k], qui la met sous le 67. d. de Longitude. Elle est éloignée de Samara, de trois cens cinquante Werstes, qui font soixante lieues d'Allemagne. Olearius ajoute que les Habitans de cette Ville, qui est située dans une grande Plaine, sont tous Mousquetaires Moscovites, sous le commandement d'un Waivode, qu'on y envoye pour la conservation du Pays contre les Tartares Kalmuques, qui occupent une grande étendue de Terres depuis ces quartiers-là jusqu'à la Mer Caspienne, & jusqu'à la Riviére de Jaïk; mais aujourd'hui que tout ce Pays est soumis aux Russiens, les Habitans de Soratof doivent avoir plus de relâche.

[i] Voyage de Moscovie.

[k] Atlas.

SORAW, Ville d'Allemagne [l], dans le Cercle de la Haute-Saxe, au Marquisat de Lusace, dont elle est la Capitale. Cette Ville est située aux Confins de la Silésie, assez près du Bober, à deux lieues de Sagan, au Couchant Septentrional ; & à sept de Crossen vers le Midi, est une Place forte [m], mais qui a reçu de grands dommages, ayant été prise & reprise plusieurs fois pendant les guerres des Suédois en Allemagne.

[l] Jaillot ; Atlas.

[m] D'Audifred, Géogr. t. 2.

SORBA, Ville de l'Hyrcanie. C'est Ptolomée [n] qui en fait mention.

[n] Lib. 6. c. 9.

SORBIODUNUM. Voyez SORVIODUNUM.

SORBON, ou SORBONNE, Village de France, dans la Champagne, Election de Rheims, à une lieue & demie de Château-Porcien. Ce Village est remarquable pour avoir été la Patrie du pieux & savant Robert Sorbon, qui en étoit Seigneur, à ce qu'on croit, & qui, après avoir été Chanoine de Soissons, selon quelques-uns, ou de Cambray, selon d'autres, fut pourvu d'un Canonicat de l'Eglise de Paris, & choisi ensuite pour être le Confesseur du Roi St. Louis. Ce fut lui qui vers l'an 1253. institua dans l'Université de Paris ce fameux Collége en Théologie, que l'on appella *Sorbonne* de son nom. Ce savant homme mourut, selon l'opinion commune en 1271. & laissa trois Traitez qui sont dans la Bibliothéque des Peres. Il y a à Sorbon un ancien Château entouré de fossez, & où l'on prétend que nâquit cet illustre fondateur de la Sorbonne.

SORCY, Bourg de France au Duché de Bar, & le Chef-lieu d'une Prévôté & d'un Comté. Son Eglise paroissiale est sous le titre de St. Remi. Il n'étoit ci-devant qu'un Vicariat de la Paroisse de St. Martin; mais elle fut érigée en Paroisse en 1688. par Mr. de Bissi, Evêque de Toul. L'ancienne Eglise de ce Bourg se nomme St. Jean-du-Châtel : c'étoit le Siège du Vicariat avant l'érection en Paroisse. Il y a une Chapelle en titre, sous l'Invocation de St. Gand, & dont le revenu est de deux cens trente-cinq Livres ; un Hôpital, un Couvent d'Urbanistes,

SOR.

niftes, & une autre Chapelle nommée Chanay, avec un revenu de cinq cens Livres. Sorcy a un Château dans lequel on voit une Chapelle fous l'Invocation de St. Antoine.

SORDES, ou SORDE, *Sordua*, ou *Monafterium S. Joannis Bapt. de Sordua*; Abbaye de France, dans la Gafcogne, au Diocéfe d'Acqs & de l'Ordre de St. Benoît. Cette Abbaye est située à l'entrée de la Gafcogne, au confluant du Gave d'Oléron, sur la rive duquel elle est bâtie, & du Gave de Bigorre de Navarreins, à une lieue, ou environ, du Monaftère de Lagnotte, & à trois lieues de la Ville d'Acqs & de celle de S. Sévère. Elle exiftoit vers l'an 970. puifque ce fut dans cette année-là que Guillaume Sancius, Comte & Maître de toute la Gafcogne, lui donna l'Eglife de Ste. Sufanne de Larbaig & plufieurs autres biens. Longtems après, Guillaume Duc de toute l'Aquitaine, fils de Guillaume, auffi Duc d'Aquitaine, confirma tout ce que son pere avoit donné à ce Monaftère, & tout ce qu'il devoit en conféquence poffeder dans ce Canton, tant en Terres qu'en Bois & Forêts, tant en Eaux qu'en Verdures & Pâturages, tant en Métairies qu'en Viviers & autres chofes. On cite pour les témoins de ce Privilège, Guy Evêque de Lefcar, Don Gafton, Vicomte de Béarn, & Guillaume Evêque de Lavaur. On n'a point les Notes Chroniques de cette fondation; mais ce Monaftère ne peut avoir été achevé avant l'an 1130. Il a été ravagé & défolé plus d'une fois par les Calviniftes. Il a pris fon nom du Bourg de SORDE, où il eft fitué, dans l'Election des Lanes & qui eft bien peuplé.

SORDICENÆ, Peuples que Sextus Avienus place au pied des Monts Pyrénées. Il met auffi dans le même Quartier un Marais nommé Sordice, & une Rivière appellée SORDUS.

SORDOLIBYI, Stobée [a] nomme ainfi un Peuple, qui ne connoît point d'autre meuble que la coupe & l'épée.

[a] *De Legibus; ex Nicolao.*

SORDUN, Vicomté de France, dans la Brie, Election de Provins. Elle prend fon nom du Village de Sordun, qui en eft le Chef-lieu, & qui eft affez confidérable.

SORDUS. Voyez SORDICENÆ.

SOREC, Torrent qui paffoit dans la Tribu de Dan [b]. C'eft auffi l'endroit où demeuroit la fameufe Dalila Maîtreffe de Samfon [c]. Eufèbe dit qu'il n'étoit pas loin de Saraa & Efthaol, qui étoit le lieu ordinaire de la demeure de Samfon [d]. Le même Eufèbe dit que Caphar-Sorec, ou le champ de Sorec, étoit un Bourg près de Saraa. Le Vin de Sorec étoit celui qui fe recueilloit dans la Vallée de ce nom. Quelques-uns ont cru que c'étoit le même que celui d'Afcalon qui eft célèbre chez les Anciens. Les Rabins croyent que Sorec eft une efpèce de plant de Vigne particulier, qui porte du fruit excellent, en quantité, & dans toutes les Saifons. Il eft certain que Sorec ne fignifie pas feulement le Raifin, ou le Vin, de la Vallée de Sorec, mais en général une forte de Vin, & apparemment du raifin blanc ou jaune dont on faifoit les Vins blancs de ce Pays-là. Le Seigneur dit qu'il a planté fa Vigne de Sorec [e]. Ifaïe [f] nous parle du plant de Sorec qui fe voyoit à *Jazer* au-dela du Jourdain. Le Vin de Sorec étoit excellent [g]; & la couleur de Sorec étoit apparemment le jaune, ou le blanc tirant fur le jaune. Ifaïe [h] parle du Lin de Sorec, ou couleur de Sorec, & Zacharie [i] décrit des Chevaux de même couleur. Quelques-uns veulent que ce foit dans la Vallée de Sorec que l'on coupa le fameux raifin qui fut apporté aux Ifraëlites dans le Defert, mais il n'eft pas certain que ce raifin ait été coupé à Sorec.

[b] *Dom Calmet, Dict.*
[c] *Judic. 16. 4.*
[d] *Eufèb. in Locis Saraa, & Caphar-Sorec.*
[e] *Ifaïe. 5.*
[f] *Cap. 16. 8.*
[g] *Genef. 49. 11. Jerne. Cap. 19. 9.*
[h] *11. 21.*
[i] *Cap. 1. v. 8.*

SOREL, Seigneurie dans l'Amérique Septentrionale, au Canada, dans le Gouvernement de Mont-Real, à la Bande du Sud du Fleuve de St. Laurent, à l'entrée du Lac St. Pierre. Sa fituation du côté des Iroquois eft caufe que tous les Habitans font renfermés dans des Forts paliffadés de douze à quinze pieds; il y a peu de maifons à la Campagne. Le principal Fort eft fitué à l'Embouchure de la Rivière de Richelieu, dans le Fleuve St. Laurent. Il lui donne même quelquefois fon nom. Le lieu a pris fon nom du premier Commandant de fon Fort, qui fe nommoit d'abord le Fort St. Louis bâti en. 1665.

SOREOS [k], Lieu de la Bithynie. Siméon le Métaphrafte dit dans la Vie de St. Antonin, que celui qui arrive par Mer à Nicomédie à ce Lieu à la droite.

[k] *Ortelii Thefaur.*

SORESE, ou LA SOUSCALADE DE SORESE, Abbaye de France, dans le Languedoc, au Diocéfe de Lavaur, en Latin *Beata Maria de Sordiliaco*, ou *Solliaco*. Cette Abbaye, qui eft de l'Ordre de St. Benoît, & qui rapporte à l'Abbé dix mille Livres, a été fondée par Pepin Roi d'Aquitaine, & a pris fon nom d'un Ruiffeau au bord duquel elle eft bâtie. On l'appelloit autrefois l'Abbaye de la Paix. Il y a une fondation pour y élever douze pauvres Gentilshommes. On y tint en 1273. le Parlement pour la Province de Languedoc lorfqu'il étoit encore ambulatoire.

SORESSA, ou LAGO DELLA SORESSA, Lac d'Italie [l], dans la Campagne de Rome. Il s'étend dans les Marais Pontines, du Nord Occidental au Midi Oriental, entre le Fleuve Sifto & la Plage Romaine. Vers le Nord il a un Emiffaire par le moyen duquel il fe décharge dans le Lac de Crapolaccio, qui fe décharge lui-même dans la Mer.

[l] *Magin, Atlas Ital.*

1. SORET, ou SOREC. Voyez SOREC.

2. SORET, Province des Indes [m], dans les Etats du Mogol. Elle touche vers le Levant au Royaume de Guzurate, & vers le Ponant à la Mer. Cette Province eft petite, mais fort peuplée. Sa Ville Capitale s'appelle Jangar.

[m] *Mandeslo, Voy. des Indes, Liv. I.*

SORETO, ou SORITO, Bourg d'Italie, au Royaume de Naples [n], dans la Calabre Ultérieure, fur la Rive gauche du Metramo, environ à quatre milles à l'Orient de Mileto, & à égale diftance au Midi Occidental de Soriano. On prend ce Bourg pour l'ancienne *Altanum*.

[n] *Magin, Atlas Ital.*

SOREUS. Voyez OREUM.

SOREZ, ou SORESE. Voyez SORESE.

SORGÆ, Peuples de l'Inde, felon Pline [o].

[o] *Lib. 6. c. 20.*

SOR-

SORGE. Voyez ORGE.

1. SORGUE, Riviére de France, dans la Provence, au Comtat Venaiſſin. Elle prend ſa ſource à la Fontaine de Vaucluſe [a], à une lieue de Gordes. Cette Fontaine ſort d'un Antre vaſte & profond comme un puits, & avec une telle abondance d'eau, que dès ſa ſource elle porte le nom de Riviére, & eſt navigable pour de petits Bâteaux aſſez près delà. Mais rien n'a rendu la Fontaine de Vaucluſe ſi célébre que le ſéjour qu'a fait autrefois ſur ſes bords le fameux Pétrarque. Voyez VAUCLUSE. La Sorgue paſſe à l'Iſle, & ſe ſépare en trois Branches [b], dont l'une détachée au-deſſus de l'Iſle va ſe rendre dans la Neſque ; des deux autres qui ſe forment au-deſſous de l'Iſle, l'une va ſe joindre à la Louveſe, pour ſe rendre dans le Rhoſne au-deſſous du Pont de Sorgue ; & l'autre va ſe jetter dans le Rhoſne à la Ville d'Avignon.

2. SORGUE, ou le PONT DE SORGUE, Ville de France, dans la Provence, au Comtat Venaiſſin, près de l'endroit où la Sorgue, la Neſque & la Louveſe jointes enſemble, ſe jettent dans le Rhoſne, à une lieue & demie au-deſſus d'Avignon.

SORGUES, Vicomté de France, dans l'Anjou, Election d'Angers. Le Chef-lieu de cette Vicomté étoit l'ancien Héritage des Vicomtes d'Angers : il fut cédé à Charles de France, Comte d'Anjou, en 1260. par Robert Bonnet, Vicomte d'Angers, auquel il donna en échange les Terres de Mirebeau & de Blazon.

1. SORI, Bourgade d'Italie [c], dans l'Etat de Gênes, ſur la Côte, environ à trois lieues à l'Orient de la Ville de Gênes. Mr. Corneille [d] dit de ſon chef, je crois qu'on plaçoit anciennement SORI ſur la Côte de la Ligurie ; cela ſembleroit dire que cette Bourgade ſeroit un ancien Lieu. Je ne connois aucun Auteur ancien qui en ait parlé.

2. SORI, ou MONTI SORI, Montagnes de la Sicile, dans le Valdemone. Ce ſont les Montagnes nommées anciennement *Heræi Montes*, ou *Junonii Montes*.

SORIA [e], Ville de l'Eſpagne, dans la Vieille-Caſtille, un peu au-deſſous de la Source du Douëre. Cette Ville n'a rien de conſidérable que d'avoir été bâtie des ruïnes de Numance. C'eſt dans cet endroit, mais un peu plus haut que Soria, où étoit la Ville de Numance, ſi fameuſe dans l'antiquité, & qui, ſans remparts, ſans murailles, & ſans aucun ſecours d'alliés ou d'amis, ſoutint un Siège de quatorze années, contre une Armée de quarante mille Romains. On en voit encore les Mazures, & le lieu s'appelle *Garay*.

SORIANI, Peuples de l'Inde : Etienne le Géographe en parle au mot Ἀλεξανδρεία.

SORIBES, *Soriba*, ou *Caſtrum de Subripis*, Bourg de France dans la Provence, Viguerie de Siſteron. Il y avoit autrefois dans ce Lieu un Monaſtère de Religieuſes, dont il eſt fait mention ſous le nom de *S. Petrus de Subripis* dans les Ecrivains Latins. Voyez SOURIBES.

SORICARIA, Lieu d'Eſpagne. Hirtius [f] le met dans la Bétique. Dans un autre endroit au lieu de *Soricaria* il écrit *Soritia* [g].

a Pigniol. Deſcr. de la France, t. 4. p. 73.

b De l'Iſle, Atlas.

c Magin, Atlas Ital.

d Dict.

e Délic. d'Eſpagne, p. 188.

f De Bel. Hiſp. c. 24.

g C. 27.

SORIN, Château d'Ecoſſe dans la Province de Kyle [h], ſur l'Aire au-deſſus de l'endroit où cette Riviére reçoit le Ceſnok. C'eſt un beau Château qui appartient aux Comtes de la Maiſon de Laudon, qui a donné des Chanceliers à l'Ecoſſe. Les Rives de l'Aire ſont bordées en cet endroit d'une belle Forêt.

h Délic. de la Gr. Br. p. 1188.

SORLINGUES [les] Iſles ſituées ſur la Côte de la Grande Bretagne, dans la dépendance de la Province de Cornouaille. Les Anglois les appellent SILLYS, & les Anciens les ont connues ſous les noms de *Silures*, *Sillines*, & *Caſſiterides*. Ce dernier nom leur fut donné par les Grecs d'un mot qui ſignifie de l'Etaim, parce qu'elles étoient riches dans cette eſpèce de Métal. Ils n'en avoient découvert que dix ; mais on a trouvé qu'elles ſont au nombre de cent quarante-cinq. On les trouve à huit lieues à l'Oueſt de la Pointe la plus avancée de la Province de Cornouaille, qui eſt le Cap de *Lands-End*, & elles ſont rangées en rond. Dans tout ce nombre il y en a dix plus grandes que les autres, ſavoir

Ste. Marie,	Brefar,
Annoth,	Ruſco, ou Truſcow,
Agnès,	Ste. Hélène,
Samſon,	St. Martin,
Silly,	Arthur.

Ces Iſles ſont pour la plûpart couvertes d'herbe & fournies de bons Pâturages. Du reſte on y voit force Rochers & Ecueils, les uns extrêmement élevez, les autres cachez ſous l'eau. Quelques-unes ſont fertiles en froment & toutes ſont remplies de Lapins, de Grues & d'Oiſeaux aquatiques, comme Hérons, Cignes & autres. La plus grande de toutes eſt celle de Ste. Marie, qui a huit milles de circuit. La Reine Eliſabeth y fit conſtruire un Fort où l'on tient Garniſon : elle eſt abondante en toutes choſes, & l'on y a un Port large & commode. L'Iſle de Silly eſt une des plus grandes après celle-là, & elle a été autrefois ſi conſidérable, qu'elle a donné ſon nom à toutes les autres. On y trouve des Mines d'Etaim aſſez bonnes, qui ont été connues des anciens Phéniciens. Ceux-ci les firent connoître aux Tarteſſiens & aux Carthaginois qui étoient du nombre de leurs Colonies. Enfin les Romains vinrent à les découvrir après bien des efforts inutiles. En effet nous apprenons de Strabon, qu'un Vaiſſeau Carthaginois qui faiſoit voile hors du Détroit de Gibraltar, le long des Côtes de la Gaule, ayant découvert un Vaiſſeau Romain qui le ſuivoit à la trace apparemment dans le deſſein de découvrir les Lieux où il alloit, le Capitaine Carthaginois rompit ſa courſe, vira de bord & ſe fit échouer contre la Côte afin de dérober aux Romains la connoiſſance des ſecrets de la Navigation de ſes Compatriotes. Les Empereurs Romains avoient coutume d'y envoyer des perſonnes coupables de quelques crimes pour travailler aux Mines ; c'étoit une maniére de ſupplice uſitée dans ce tems-là comme aujourd'hui d'envoyer aux Galères. Les anciens Habitans de ces Iſles portoient des habits noirs & longs, qui deſcendoient

cendoient jusqu'à terre. Ils se nourrissoient de leur Bétail, & vivoient à la manière des Nomades, n'ayant aucune demeure fixe. Leur Commerce consistoit à troquer du plomb, de l'étain & des peaux, contre de la Vaisselle de terre, du Sel & quelques petits Ouvrages de Bronze qu'on leur donnoit en échange; mais du reste ils ne se soucioient point d'argent, & même ils ne s'appliquoient pas beaucoup au travail des Mines, se contentant de passer leur vie doucement. A moitié chemin de ces Isles au Cap le plus avancé de la Province de Cornouaille, la Marée découvre, quand elle est basse, une Isle, ou plutôt un Rocher nommé autrefois *Lissia*, aujourd'hui *Lethowsow* & *the Gulphe*, c'est-à-dire, *le Goufre*.

SORNAGUS. Voyez ORTHURA.

SORNUM, Ville de la Dace, selon Ptolomée [a]. Lazius dit que le nom moderne est *Sewrny*, près des ruïnes du Pout de Trajan. D'autres écrivent *Zeverin* pour *Sewrny*. [a Lib. 3. c. 8.]

SORO, en Latin *Subur*, [b] Riviére de Portugal dans l'Estramadoure. Elle reçoit diverses Riviéres considérables, traverse d'Orient à l'Occident. L'Estramadoure sépare cette Province de l'Alentejo, & se perd dans le Tage entre *Benavente* & *Salva-Terra*. [b Délices d'Espagne, p. 738.]

SOROCK, Mr. Baudrand [c] dit: Ville de la Turquie en Europe, dans la Moldavie, sur le Niester, ou Turla, au Septentrion de Jassy. Elle est divisée en Vieille & Nouvelle Ville, toutes deux fortifiées. Les Polonois en sont les Maîtres & y ont fait bâtir un bon Château. Les Turcs l'assiégérent inutilement en 1692. [c Dict.]

SOROGA, Ville de la Haute Pannonie. Ptolomée [d] la marque au nombre des Villes qui étoient éloignées du Danube. Lazius croit que c'est aujourd'hui *Sagrabia*, près de *Scyscia*. Voyez VICUS-ITALICUS. [d Lib. 2. c. 15.]

1. SORON, Bois du Péloponnèse, dans l'Arcadie, entre le Ladon & Psophis. Quand vous avez passé le Ladon, dit Pausanias [e], vous prenez par les Villages des Argéathes, des Lycoates, de Scotine, & vous arrivez au Bois de Soron, où il y a un chemin qui vous mène à Psophis. Ce Bois, comme toutes les autres Forêts de l'Arcadie, nourrit des Sangliers, des Ours, & des Tortues monstrueuses, dont on peut faire des Lyres aussi belles que celles qui se font des Tortues des Indes. Vers la fin du Bois de Soron on voyoit les ruïnes d'un ancien Village, que l'on nommoit *Paüs*. [e Lib. 8. c. 23.]

2. SORON, Ville de la Paphlagonie, selon les Authentiques citées par Ortelius [f]. [f Thesaur.]

SORONA, ou SORON. Voyez SORON, No. 1.

SORONIS, nom d'une Ville dont parle Hesyche cité par Ortelius [g]. [g Thesaur.]

SOROPOLITARUM REGIO, Siméon le Métaphraste fait mention d'une Contrée de ce nom; & il paroît qu'elle étoit dans l'Asie Mineure.

1. SORORES, Strabon dit [h] qu'on donnoit ce nom à ces quatre Villes, Antioche près de Daphné, Séleucie dans la Piérie, Apamée & Laodicée, à cause de leur amitié & de leur concorde. [h Lib. 16. p. 749.]

2. SORORES. Voyez au mot AD l'Article AD SORORES.

SORP, Fontaine de France, dans la Provence, au Diocèse de Riez & dans le Territoire de Baudun. Cette Fontaine est si considérable & si abondante, que dans sa Source même on la divise en dix Canaux, qui à leur sortie font moudre dix Moulins différens. Il y avoit autrefois dans ce Quartier l'Abbaye de *Sorp*, dite *Sancta Catharina ad fontem de Sorpio*. C'étoit une Abbaye de filles de l'Ordre de St. Augustin. Elle y avoit été fondée & bâtie en 1255. par Foulques II. dit Caïla, Evêque de Riez, en l'honneur de cette Sainte Martyre pour laquelle il avoit une spéciale dévotion; mais cette Abbaye est totalement ruïnée & ne se trouve plus.

SORRA, Ville de l'Isle de Sardaigne [i]. Elle est ruïnée aujourd'hui & son Eveché a été uni à Torre par le Pape Alexandre VI. On voit les ruïnes de Sorra à six lieues de Sassari vers le Levant. [i Commain. ville, Table des Evê- chez.]

SORRENTO, Ville d'Italie au Royaume de Naples dans la Terre de Labour, en Latin *Surrentum*. Elle est vis-à-vis de Naples, à l'extrémité du Golphe, & fut fondée par les Grecs. Voyez *Surrentum*. Les ruïnes de divers anciens Edifices qu'on y voit encore font des preuves de sa première grandeur. On remarque entre autres les ruïnes des Temples de Cérès, de la Fortune, & de Minerve. La Noblesse de Sorrento est si nombreuse qu'on l'a divisée en deux Quartiers ou *Seggi*. Cette Ville se vante d'avoir donné la naissance à *Torquato Tasso*, si célèbre parmi les Poëtes Italiens; il y nâquit en 1544. & mourut à Rome en 1595. sans aucun soin.

SORTA, Cap de la Mer Méditerranée, sur la Côte de Tripoli en Barbarie. Il est au fond du Golphe de Sidra, à quelques lieues de l'Arcudia, vers le Couchant. On le prend pour l'*Hippi Promontorium* des Anciens.

SORTHIDA, Ville de la Babylonie, selon Ptolomée [k]. [k Lib. 5. c. 20.]

1. SORTINO, ou SCIORTINO, Ville de Sicile, dans le Val de Noto [l], avec titre de Baronnie. Cette petite Ville est située dans les terres au bord de la Riviére de Sortino, un peu au-dessus de l'endroit où cette Riviére reçoit le *Fiume grande*. [l De l'Isle, Atlas.]

2. SORTINO, Riviére de Sicile [m], dans le Val de Noto. Elle arrose la petite Ville de Sortino, & coule quelque tems vers l'Orient, après quoi elle quitte son nom pour prendre celui d'*Alfeo Fiume*; & c'est sous ce nom qu'elle va se perdre dans le Port de Syracuse. [m Ibid.]

SORUBA, Ortelius [n] qui cite Jean Moscus dit que SORUBA est le nom d'un Village situé au pied de la Montagne sur laquelle est située la Ville de *Cœanum*. [n Thesaur.]

SORVIODUNUM, Ville de la Grande Bretagne. L'Itinéraire d'Antonin la marque sur la Route de *Calleva*, à *Viroconium*, en prenant par *Muridonum*. Elle étoit entre *Brige* & *Vindogladia*, à neuf milles du premier de ces Lieux & à douze milles du second. Quelques MSS. lisent *Sorbiodunum* pour *Sorviodunum*. Le nom moderne est Old-

Old-Salisbury selon Camdem. En effet la Ville de Salisbury d'aujourd'hui a été bâtie des ruines de l'ancienne *Sorbiodunum*, qui étoit située un peu au-dessus, sur une hauteur aride & stérile, où il y avoit un Château fortifié, dont l'enceinte avoit cinq cens pas de tour.

SORUTIS, Siège Episcopal, sous la Métropole de Céfarée de Straton, selon Guillaume de Tyr cité par Ortelius [a]. La Notice de l'Abbé Milon lit *Sorucis*, pour *Sorutis*.

[a] Thesaur.

SORYGAZA, Ville de l'Inde, au-delà du Gange. Ptolomée [b] la marque parmi les Villes qui étoient au bord de ce Fleuve du côté de l'Orient. Le MS. de la Bibliothéque Palatine lit *Corygaza*, au lieu de *Sorygaza*.

[b] Lib. 7. c. 2.

1. SOS, petite Ville de France, dans le Bas-Armagnac, Election d'Aftarac. Quelques-uns veulent que cette Ville soit ancienne, & qu'elle ait été la Capitale des anciens SONTIATES, ou SOTIATES. Voyez ces deux Articles. Sos est encore remarquable pour avoir donné la naissance à Jean Silhon, Conseiller d'Etat ordinaire de l'Académie Françoise.

Il y a une Forêt dite UN DE SOS: elle contient mille six cens deux Arpens à trois quarts, & elle est de la Maîtrise de Pamiers.

2. SOS, Bourg de l'Espagne [c], aux Frontières de la Navarre. Il est fort considérable, & a un fort bon Château, où nâquit Ferdinand cinq, dit le Catholique.

[c] Délices d'Espagne, p. 668.

SOSA, ou Soza, Ville de la Dandarique, selon Tacite. Voyez DANDARIENS.

SOSANDRA, Isle qu'Etienne le Géographe met aux environs de celle de Crète.

SOSCONIANA. Voyez CORCONIANA.

SOSCUM [d], nom d'un Lieu dont parle Cédréne. Au lieu de *Soscum* Curopalate lit *Suscum*, & il paroît qu'il est question du Lieu de la Bulgarie.

[d] Ortelii Thesaur.

SOSIBES. Jules Capitolin [e] compte les Sosibes au nombre des Peuples qui avoient conspiré contre l'Empire Romain, sous Marc Antonin le Philosophe. On croit que ces Sosibes habitoient aux environs de la Sarmatie Asiatique.

[e] In M. Antonini Vita.

SOSICURÆ, Ville de l'Inde, en deçà du Gange: Ptolomée [f] qui la marque sur le Golphe Colchique, la donne aux Peuples *Carei*. Castald veut que le nom moderne soit *Jacamcuri*.

[f] Lib. 7. c. 1.

SOSIPPUS-PORTUS, Port de l'Arabie Heureuse, sur la Côte du Golphe Arabique. Ptolomée [g] qui le donne aux Peuples *Elisari*, le place entre *Musa Emporium* & *Pseudocelis*.

[g] Lib. 6. c. 7.

SOSIRATE, Ville de l'Elymaïde, selon Pline [h], qui dit qu'elle étoit sur le Mont *Casyrus*, ou *Chasirus*, comme lisent quelques MSS.

[h] Lib. 6. c. 7.

SOSPELLO, petite Ville des Etats de Savoye [i], au Comté de Nice, sur la Route de Nice à Coni, entre Tuet & Molinet. C'est la Capitale d'un des quatre Vicariats du Comté de Nice. Les François la prirent en 1692. & elle fut rendue au Duc de Savoye par la Paix faite en 1696.

[i] De l'Isle, Atlas.

[k] Corn. Dict. Le P. Eusèbe Roger, Terre-Sainte Liv. 1. ch. 9.

SOSSEMBRE, ou SESSENBRÉ [k], nom que les Arabes donnent à un Bourg de la Terre-Sainte, à une lieue & demie de Zabulon vers le Midi, & qui étoit anciennement une Ville de cette Tribu. Tous les Juifs & les Grecs de ce Pays assûrent que les sept Freres Machabées qui souffrirent le Martyre avec leur Mere, du tems qu'Antiochus pilla le Temple de Jérusalem, étoient natifs de ce Lieu. Ce Prince exerça contr'eux cette cruauté, à cause du refus qu'ils firent de manger des viandes défendues par la Loi. Ste. Hélène fit bâtir une Eglise dans l'endroit où étoit leur Maison; & les Maures l'ont convertie en Mosquée quoiqu'ils soient en petit nombre de ce côté-là. La plûpart des Habitans de Sossembre sont Grecs, & ils y ont aussi bâti une Eglise. Ils sont tous riches; ce qui provient de la bonté & de la fertilité du Terroir. Le Bourg de Sossembre est situé sur un Côteau entre deux Montagnes couvertes de Vignes & d'Oliviers avec de beaux Jardinages; ce qui en rend le séjour très-agréable.

SOSSINATI, Peuples de l'Isle de Sardaigne: Strabon [l] les compte au nombre des quatre Peuples montagnards, qui habitoient dans des Cavernes, & qui bien qu'ils eussent des terres propres à porter du bled, les négligeoient, aimant mieux piller les terres des autres tantôt dans l'Isle, tantôt dans le Continent opposé, sur-tout les terres des Pisans. Ces *Sossinati* pourroient être les *Solcitani* de Ptolomée.

[l] Lib. 5. p. 225.

SOSSIUS, Fleuve de la Sicile: Ptolomée [m] le marque sur la Côte Méridionale, entre la Ville *Pintia* & l'Embouchure du Fleuve *Isburus*. Le nom moderne est *Calta Bellota*, selon Fazel, & *Pulici*, selon Léander.

[m] Lib. 3. c. 4.

SOSTEUM, Ville d'Egypte, selon la Notice des Dignitez de l'Empire [n].

[n] Sect.

SOSTHENIS, Ville de la Macédoine: Ptolomée [o] la donne aux Thessaliens.

[o] Lib. 3. c. 13.

SOSTHENIUM, Lieu de la Thrace au voisinage de Constantinople, selon Nicéphore Calliste [p]. Il ajoute que ce Lieu étoit aussi appellé MICHÆLIUM, parce que l'Archange St. Michel y est souvent apparu. Pierre Gylles croit que c'est l'ancienne ISIDIS BACCA, & il ajoute que ce Lieu est présentement nommé *Alomaton*. Voyez SISTINENSE.

[p] Lib. 7. c. 50.

SOSTIACA, Ville de la Dace Ripense, selon la Notice des Dignitez de l'Empire.

SOSUNG, Ville de la Chine [q], dans la Province de Kiagnan, au Département de Ganking, dixième Métropole de la Province. Elle est de 1. d. 17'. plus Occidentale que Peking, sous les 31. d. 3'. de Latitude Septentrionale.

[q] Atlas Sinens.

SOSXETRA, Ville de la Gédrosie, selon le Texte Grec de Ptolomée [r]. Le MS. de la Bibliothéque Palatine lit *Soxtra*, au lieu de *Sosxetra*. C'est la *Sedratyra* d'Ammien-Marcellin.

[r] Lib. 6. c. 21.

SOTANIS. Voyez SOGANE.

SOTERA. Voyez SOTIRA.

SOTERIOPOLIS. Voyéz SOTEROPOLIS.

SOTEROPOLIS, Ville dont parle Porphyrogenète qui dit que de son tems on l'appelloit *Pythia*. Zonare nous apprend que cette Ville avoit des Bains d'eau chau-

SOT.   SOT. SOV.

de où l'Empereur Constantin le Grand fut empoisonné. Ortelius [a] croit que Soteropolis étoit dans l'Asie Mineure aux environs de Nicomédie. Dans les Réponses des Patriarches d'Orient, il est fait mention d'une Ville nommée *Soteriopolis*, & Nicéphore Calliste fait mention d'un Siège Episcopal de ce nom, uni avec un autre Siège qu'il appelle *Alama*.

[a] Thesaur.

SOTERUS, Port du Golphe Arabique. Diodore de Sicile [b] le place du côté de l'Afrique. Peut-être est-ce le *Theon Sotera* de Strabon & de Ptolomée.

[b] Lib. 20.

SOTHERTON, ou SUTTERTON, Village d'Angleterre [c], dans Lincolnshire, & dans la partie Septentrionale du Holland. Ce petit Village n'est remarquable que parce qu'autrefois il étoit sur le rivage de la Mer, & maintenant il en est à plus de deux milles. L'Océan s'étant retiré peu à peu de ce côté-là, à mesure qu'il avançoit d'un autre, a laissé près de Sotherton de grands Bancs de sable que les Habitans du Pays appellent *Salt-hils*; c'est-à-dire, *Collines salées*.

[c] Délices de l'age d'Angleterre, la Gr. Br. p. 182.

SOTIANI, Athénée donne ce nom à un Peuple Celtique. Voyez SONTIATES.

SOTIATES, Peuples de la Gaule, marquez dans l'Aquitaine par César. Mr. de Longuerue [d] remarque que le nom de ces Peuples est corrompu en celui de *Sontiates* dans plusieurs Editions des Commentaires de César. Le Géographe Samson, ajoute-t-il, a deviné que ces *Sotiates* étoient les mêmes que ceux de Lectoure, sans s'appuyer sur l'autorité d'aucun Ancien ou Moderne. La plûpart des autres Auteurs veulent que les *Sotiates* ayent pris leur nom d'une Ville appellée *Sotia*, qu'ils disent être la même que *Soz*, petite Ville de Gascogne dans le Gavardan; mais comme les Anciens après César n'ont fait aucune mention de ces Peuples-*Sotiates*, qu'on ne voit point que *Soz*, ou *Sotia*, ait eu d'existence avant le dixième Siècle, il est aujourd'hui impossible de deviner la position, de ces Peuples *Sotiates*, & de quelques autres marquez dans les Commentaires de César, puisque ces Peuples peuvent avoir été confondus avec d'autres Peuples par Auguste, au tems qu'il fit la nouvelle division de l'Aquitaine. Outre cela ces noms, qui n'étoient plus d'usage, ont été aisément corrompus par les Copistes, qui écrivoient ce qu'ils ne connoissoient point du tout. Ce qui a donné lieu à des conjectures mal fondées. Certains Ecrivains qui n'ont pas plus de cinq ou six cens ans d'ancienneté ont prétendu que *Sotia* étoit la même Ville qu'Aire en Gascogne; mais il n'y a aucune apparence de s'en rapporter uniquement à des gens qui ont vécu dans un Siècle si ignorant. Voyez SONTIATES.

[d] Descr. de la France, Part. 1. p. 198.

1. SOTIRA, Ville de l'Arie, selon Ptolomée [e]. C'est sans doute la même qu'Etienne le Géographe donne aux *Arieni*.

[e] Lib. 6. c. 17.

2. SOTIRA, Ville de l'Asie Mineure dans la Cappadoce. Elle étoit détruite du tems de Pline [f].

[f] Lib. 6. c. 3.

3. SOTIRA, Ville de la Parthiène. Arrien [g] parle de cette Ville.

[g] In Syriac.

SOTTAVENTO, ou SOTOVENTO. On appelle ainsi la partie Méridionale des Isles Antilles. Les Espagnols leur ont donné ce nom, à cause qu'elles sont effectivement sous le vent à l'égard de celles de *Barlovento*. Les principales de ces Isles sont

La Trinité,   La Rocca,
La Marguerite, Aves,
La Tortuga,   Bonaire,
L'Urchilla,   Curaçao,
  Oruba.

SOTTEVAST, Bourg de France, dans la Normandie, Election de Valogne. C'est une grosse Paroisse, qui a un Château & un fort bon Prieuré dit *Sainte Susanne*. Il y passe une petite Riviére & la Forêt de Briquebec borde le finage.

1. SOTTEVILLE, Village de France, dans la Normandie, à un quart de lieue de la Ville de Rouen. Il est du côté du Mail, après qu'on a traversé le Pont de Bâteaux pour passer la Seine. On y trouve un Couvent de Capucins dont l'Eglise est fréquentée pendant tout l'Eté par quantité de Bourgeois les Dimanches & les Fêtes. Ce Village est renommé par son excellente Crême.

2. SOTTEVILLE, Paroisse de France dans la Normandie, au Diocése de Coûtances, Election de Valogne. Le Seigneur nomme à la Cure aussi-bien qu'à une bonne Chapelle titrée, qui est dans la Cour de son Château. Il y a aussi un Prieuré qu'on appelle *Cloulion*, & où demeure un Religieux Prémontré de Blanchelande. Il se tient dans le Territoire de Sotteville deux Foires, aux deux St. Michel.

SOTTIATES. Voyez SONTIATES, & SOTIATES.

SOTWEDEL, Ville d'Allemagne, dans la Vieille-Marche de Brandebourg, sur la Riviére d'Ietze, un peu au-dessous de l'endroit où cette Riviére reçoit la Dune. Jaillot [h] écrit SOLTWEL; voyez ce mot. On dit que l'Empereur Charlemagne fit bâtir cette Ville sur les ruines d'un ancien Lieu qu'on appelloit *Heliopolis*, & qu'il fit abattre la Statue du Soleil, qu'on y adoroit. SOTWEDEL, ou SOLTWEDEL veut dire *la Vallée du Soleil*.

[h] Atlas.

SOVA, Contrée de l'Abissinie, au Royaume de Bagamedri, avec un Bourg de même nom. On la nomme autrement SEWA, selon Mr. Baudrand, qui en fait un Royaume au voisinage du Nil.

SOUABE. Voyez SUABE.

SOUADOU, ou SOVADOU, Isle de l'Océan Indien, & l'une des Maldives. Davity [i] met cette Isle à quatre-vingt lieues de celle de Malé, la principale des Maldives, & il dit qu'il faut passer la Ligne pour y aller. C'est, ajoute-t-il, le Lieu où le Roi du Pays envoye en éxil ceux qu'il veut punir de quelque faute, à cause que cette Isle est fort petite, & que les Navires étrangers y abordent rarement. Les Habitans en sont rudes & grossiers, & ont leurs Maisons distinguées par rues, sans aucunes Villes.

[i] Maldives.

Selon Mr. de l'Isle [k], on donne le nom de SOUADOU, non à une seule Isle, mais à un amas d'Isles, situées partie sous le second, partie sous le troisième degré de Latitude Méridionale, au Midi des Isles d'Adoumatis, qui en sont séparées par un large Canal,

[k] Atlas.

Canal, appellé le CANAL DE SOUADOU, & au Nord des Isles d'Addou qui en font assez proches.

SOUAKEN, nom d'une petite Isle de la Mer, que les Arabes appellent, *Colzum*, c'est-à-dire, du Golphe Arabique, ou de la Mer Rouge. Elle est fort proche de Terre, & sépare, pour ainsi dire, l'Egypte d'avec l'Éthiopie. Elle est située à sept journées tirant vers le Midi de Gaïdab, Ville d'Egypte qui est sur la même Mer, où les Caravanes des Marchands & des Pélerins s'embarquent pour passer en Arabie. Il y a dans cette Isle, & dans la Ville du même nom, située dans le Continent d'Afrique, un Pascha Turc, qui vit ordinairement en bonne intelligence avec le Roi d'Ethiopie.

SOÜALEC. Mr. Petis de la Croix [a], dans son Histoire de Timur-Bec, donne ce nom à une Montagne, qui s'étend dans les deux tiers de l'Inde.

[a] Liv. 4. ch. 16.

SOVANO, ou CAPO SOVANO, Cap d'Italie, dans le Royaume de Naples, sur la Côte de la Calabre Ultérieure, aux Confins de la Calabre Citérieure & à l'entrée du Golphe de Ste. Euphémie, selon Mrs. Corneille [b] & Maty [c], qui ajoûtent que c'est le *Lampetes*, ou *Lametum Promontorium* des Anciens. Ils ne s'accordent guères avec Magin qui appelle ce Cap *Capo Suvaro*, & qui veut que ce soit l'ancien *Brettium Promontorium*.

[b] Dict.
[c] Dict.

SOUASTRE, Bourgade de France, dans l'Artois au Bailliage d'Arras. C'est le Chef-lieu d'une Terre qui fut érigée en Comté l'an 1676. en faveur de la Maison de Bonniéres.

SOUBIZE, Ville de France dans la Saintonge, Election de Marennes, avec titre de Principauté. Cette petite Ville qui n'a pas plus de huit cens Habitans est située sur la Charente, à deux lieues au Nord de Brouage & à cinq lieues de la Rochelle, sur une éminence. Elle a donné le nom à une Branche de l'illustre Maison de Rohan. Elle avoit appartenu auparavant, & pendant long-tems à la Maison de Parthenay, sous le titre de Baronnie. Il y a dans Soubize un petit Chapitre dédié à St. Pierre, & composé d'un Prieur & de trois Chanoines, dont il y en a un qui est Vicaire perpétuel. La Maison de Soubize nomme à ces Bénéfices. L'Isle de Madame qui est à l'Embouchûre de la Charente, en dépend aussi-bien que le Fort Lupin, bâti en 1688. pour aider à défendre l'entrée de cette Rivière. L'Eglise Collégiale a été ruïnée & ses revenus sont réunis au Prieuré-Curé. Les Eaux minérales de Soubize se trouvent au lieu nommé *Roussilasse*, & sont appellées néanmoins plus communément *les Eaux de la Rouillasse*. Un Médecin du Pays les a mises en quelque réputation. L'air de ce Lieu est si bon, & les Eaux sont si salutaires, que les malades des environs & particulièrement ceux de Rochefort, s'y font transporter, & y recouvrent assez souvent la santé. Le Parc de Soubize est très-beau. Il est borné par la Mer, par le Havre de Brouage, par la Charente, & par la grande Terre.

La Principauté de Soubize comprend sept grosses Paroisses, qui forment un petit Pays; elle vaut douze mille Livres de rente.

SOUDAK, Isle du Pays de Crim. Mr. d'Herbelot [d] dit que cette Isle est peu éloignée de la Terre, & près d'une Montagne fort haute.

[d] Biblioth. Orient.

SOUDAY, Bourg de France, dans le Maine. Ce Bourg est très-peuplé.

SOUDEILLES, Marquisat de France, dans le Limousin, Election de Tulle. Ce Lieu relève du Présidial & de la Sénéchaussée de Tulle.

SOVENOCALCHI, Peuples de la Sarmatie Asiatique: Ils sont placez sur le bord du Pont-Euxin par Ptolomée [e]. Le MS. de la Bibliothéque Palatine au lieu de *Sovenocalchi* lit *Suanocolchi*.

[e] Lib. 5. c. 9.

SOUESME, Bourg de France dans le Berry Election de Romorentin.

SOUGOULGAN. Mr. Petis de la Croix [f], dans son Histoire de Timur-Bec appelle ainsi un Passage du Mogolistan, où il dit qu'on s'assembloit pour le payement des droits du Roi.

[f] Liv. 3. ch. 6.

1. SOUILLAC, ou SOULIAC, en Latin *Solliacum*, ou *Sublacum*, Abbaye de France, dans le Quercy, au Diocèse de Cahors, dans une Vallée très-grasse & très-fertile, sur le bord du Ruisseau de Borèse, assez près de la Dordogne. C'est une Abbaye d'hommes de l'Ordre de St. Bénoît, sous le titre de Ste. Marie de Souillac. On rapporte sa fondation à St. Eloy Evêque de Noyon en 655. & on veut que Louïs le Débonnaire en ait été le Restaurateur, en 806. du vivant de l'Empereur Charlemagne son pere. Il seroit peut-être plus probable d'en rapporter la fondation à Gérault de St. Céré, Abbé d'Aurillac en Auvergne, qui étoit des environs de Cahors, & d'une illustre Maison, en 962. Il est de moins certain que Souillac fut donné au Monastère d'Aurillac en 930. par Frotard, Vicomte de Turenne. Ce Monastère est présentement de la Congrégation de St. Maur, & il a dans sa dépendance plus de quatre-vingt Paroisses ou Prieurez, dont la présentation appartient à l'Abbé. Autrefois l'Abbé d'Aurillac gouvernoit ce Monastère par ses Doyens; & aujourd'hui cette Abbaye vaut quatre mille cinq cens Livres de revenu à son Abbé. Il s'est formé à l'occasion de ce Monastère une petite Ville qui fait l'Article suivant.

2. SOUILLAC, ou SOULIAC, Ville de France dans le Quercy, Election de Figeac. Cette petite Ville sur la Borèse près de la Dordone, à trois lieues de Sarlat, s'est formée à peu auprès d'une ancienne Abbaye qui lui a donné son nom. On ne la mettroit pas au nombre des Villes [g], si elle n'étoit fermée de murailles & entourée de fossez. Son Eglise principale est dédiée à St. Clair. Toutes ses Maisons ne sont que de bois, & la bas n'y sert que d'Ecuries, à cause que la Ville est située dans un Pays très-marécageux.

[g] Corn. Dict. *Jovin de Rochefort*, Voyage d'Espagne & de Portugal.

1. SOULE, Pays de France au Gouvernement Militaire de Guyenne & de Gascogne, dans les Pyrénées, & enclavé entre le Béarn & la Basse Navarre. Le Pays de Soule

Soule est habité par les Basques [a], & les Pyrénées le séparent du Val de Roncal en Navarre. Pline fait mention de certains Peuples vers les Pyrénées, qu'il nomme *Sibillates*; il est fort probable que ces *Sibillates* sont ceux de Soule, parce que nous voyons dans notre ancien Historien Fredegaire, que le véritable nom de ce Pays étoit *Subola*: il a été corrompu depuis en *Sola*, il étoit des anciennes dépendances des Tarbelliens, & il a toujours été du Diocése d'Acqs, Capitale des Tarbelliens, jusqu'après le milieu de l'onzième Siècle. Ce fut pour lors qu'Etienne Evêque d'Oléron appuyé par Salamace, Vicomte de Soule, s'empara de la Jurisdiction Spirituelle de toute la Soule, & en dépouilla l'Evêque d'Acqs. Le véritable nom du Vicomte Salamace étoit Raymond Guillaume; ses descendans mâles jouïrent de ce Vicomté jusqu'à l'an 1150. Ce fut alors que la Vicomtesse *Navarra*, Dame de ce Pays, épousa un Seigneur nommé Auger de Miramont, à qui elle apporta ce Vicomté, qui demeura dans cette Maison jusqu'à l'an 1306. ou environ.

Ce fut pour lors qu'Auger Vicomte de Soule, qui descendoit par mâles de cet ancien Auger de Miramont, ne voulant point se soumettre aux Anglois qui possédoient le Duché de Guyenne, remit au Roi Philippe-Le-Bel le Pays de Soule, avec le Château de Mauléon, Ville Capitale de ce petit Pays, & il se retira dans la Navarre, où le Roi Philippe donna le Château de Rada à ce Seigneur & à ses descendans, lesquels ont pris le surnom de Mauléon à cause du Lieu de leur origine.

Après la Prison du Roi Jean & le Traité de Bretigny, les Anglois se rendirent maîtres du Pays de Soule, dont ils jouïrent près d'un Siècle; mais sous Charles VII. après la prise d'Acqs & des autres Villes de Gascogne, la Soule avec sa Capitale Mauléon, se rendit aux François.

Ce Pays a de grands Priviléges, & quoiqu'il soit enclavé entre le Bearn & la Basse Navarre, il ne laisse pas d'être une des dépendances de la Guyenne. L'an 1620. Louïs XIII. ayant érigé un Parlement dans la Ville de Pau, mit sous son ressort la Soule; mais peu après les Etats de ce Pays s'étant assemblez, ne voulurent point se soumettre à la Jurisdiction de ce nouveau Parlement, ni être distraits du ressort de celui de Bourdeaux, qui s'est opposé fortement de son côté à cette distraction. Leur Pays s'appelle aussi quelquefois la VALLÉE DE SOULE : il est situé le long du Gave-Suzon, & comprend environ soixante-neuf Paroisses. Ses Montagnes sont couvertes de Bois propres pour la Marine; mais il n'est pas aisé de les transporter. Cette Vallée est un Pays d'Etats, auxquels tous ceux qui ont des Fiefs ont droit d'assister avec les Députés des sept Cantons. Le Pays n'est pas riche. Les Habitans vont en partie gagner leur vie en Espagne.

2. SOULE (La), Riviére de France, dans la Normandie, au Diocèse de Coûtances, en Latin *Subola*, *Sola*, ou *Sulla*. Cette Riviére naît auprès de Montabor [b], & passe par Villebaudons, & par la Haye-Bellefond, ci-devant dite la Haye sur Soule, entre Dangy & Cenilly, Pont-Brocard & Cenilly, Cerify & Cenilly, Montpinçon & Cenilly, au Pont de la Retoure, où elle reçoit la Soulette, & après s'être grossie des eaux de Surville, de la Salle, des Planches, de Savigny, du Ridel, & de la Bonneau, elle passe entre Ouville & Belval, Courcy & Nicorp, aux Moulins de Riguet & de Soule, à l'extrémité du Fauxbourg de Coûtances: delà elle reçoit les Ruisseaux de Guesne, de Bulfard & de Mandouit, pour aller s'unir à la Riviére de Sienne au Pont de la Roque. Quoique la Soule n'ait que six à sept lieues de cours, elle ne laisse pas d'être fort poissonneuse. On dit que le nom de SOULE lui a été donné parce qu'elle passe au milieu de la Paroisse de ce nom, au lieu qu'elle coule à l'extrémité des autres Paroisses, & les sépare les unes des autres.

3. SOULE, Bourg de France dans la Normandie, au Diocèse de Coûtances, Election de St. Lo. C'est un Archiprêtré à la nomination du Chapitre de Coûtances. Il y a un grand Bois taillis qui appartient au Seigneur, & dépend du Marquisat du Mesnil-Garnier.

SOULIAC. Voyez SOUILLAC.

1. SOULIERS, *Castrum de Soleriis*, Bourg de France dans la Provence, Viguerie d'Yéres. On y voit un Couvent de Capucins. Son Territoire est agréable & abondant en fruits du Pays, & c'est la Patrie du Poëte Provençal Antoine de Arena.

2. SOULIERS, Château de France, dans la Province de la Marche. Il est remarquable, pour avoir été le Lieu de naissance de François Tristan l'Hermite, Gentilhomme ordinaire de Gaston de France, frere du Roi Louïs XIII. Il étoit de l'Académie Françoise, & on a de lui plusieurs Pièces de Théatre.

SOULLANS, Bourg de France dans le Poitou, Election des Sables d'Olonne. Ce Bourg est fort peuplé.

SOULONDRE, Riviére de France, dans le Bas-Languedoc. Elle naît à deux bonnes lieues de Lodève, passe entre la Ville de ce nom & le Château de Montbrun, au-dessous duquel elle se joint avec la Lergue.

SOULOSSE, *Solimariaca*, Village du Duché de Lorraine, dans le Diocèse de Toul, Office de Neu-Château. C'est une Annexe de la Paroisse de St. Elophe; & c'étoit autrefois une Ville dont l'Itinéraire d'Antonin fait mention. Il en est aussi parlé dans les Capitulaires de Louïs le Débonnaire. Ce Lieu est situé au bord de la Riviére de Vair, au pied de la Montagne de St. Elophe.

SOUMELPOUR, petite Ville d'Asie, dans les Etats du Mogol [c], au Royaume de Bengale, sur la Riviére de Gouel. Cette Ville, qui est environ à trente lieues d'Ougeli vers le Nord, a ses Maisons faites de terre, & couvertes de branches de Cocos.

SOUMENAT, nom d'une Ville des Indes [d], située au-delà du Fleuve Indus sous le 106. d. de Longitude, & le 17. de Lati-

Latitude Septentrionale.

Cette poſition répond juſtement à celle de la Ville de Viſapour Capitale du Royaume de Décan. Car le 106. degré de Naſſireddin & d'Ulugbeg, eſt le 116. des Géographes modernes.

Cette Ville de Soumenat a donné le nom à une grande Province, qui fut conquiſe l'an 410. de l'Hégire, par Mahmoud fils de Sebekteghin, premier Sultan des Gaznevides; & parce que ce Pays étoit rempli de choſes rares & curieuſes, ce Conquérant y voulut ſéjourner une année entiére, & l'on dit même qu'il eut deſſein d'y transporter le Siège de ſon Empire, qui étoit établi dans la Ville de Gaznin, ou Gaznah.

Pendant le tems que Mahmoud demeura dans cette Ville, on voulut lui faire voir ce qu'il y avoit de plus conſidérable, & pour cet effet on le conduiſit d'abord dans un Temple des Indiens, au milieu duquel on voyoit une Idole ſuſpendue en l'air; & comme il la regardoit avec admiration, les plus habiles de ceux qui étoient auprès de lui, lui firent entendre que cette Idole étoit de fer, & que les Murailles étant couvertes d'Aimant, il étoit fort naturel, que la Statue, attirée également de tous côtez par la vertu magnétique de ces Murailles, demeurât ainſi ſuſpendue en l'air. Il arriva en effet que le Sultan Mahmoud, ayant ordonné la démolition de ce Temple, un de ſes côtez ne fut pas plutôt abattu, que l'Idole fut briſée par le Commandement du même Sultan.

Cette Idole étoit différente de celle qui portoit le nom de Sanam Soumenat. L'Idole de Soumenat, qui étoit l'objet de l'adoration & du culte de tous les Indiens, qui y faiſoient de fréquens pélerinages, étoit de pierre & d'une énorme hauteur, quoiqu'elle eût la moitié du Corps ſous terre. C'eſt du nom de cette Idole que la Ville & la Province avoient tiré le leur, ſelon le rapport de Khondemir & du Nighiariſtan. L'Auteur du Giâmê Alhakaïat dit, que l'on fit voir dans le même Pays au Sultan Mahmoud, une Mine d'or ſi abondante, que ce Métail pouſſoit hors de terre, & s'étendoit en diverſes Branches, comme s'il eût été Végétal. Dans ce même Lieu ce Sultan apprit, que la Mine des Rubis hauts en couleur, appellés vulgairement Ecarboucles, qu'il cherchoit, ne ſe trouvoit point dans le Continent des Indes; mais qu'elle étoit dans l'Iſle de Sérandib, que nous appellons aujourd'hui Zeïlan.

SOUPHRIE'RE, Montagne de l'Amérique Septentrionale, dans l'Iſle de la Guadaloupe. C'eſt une des plus hautes Montagnes de l'Iſle. Elle n'eſt pas éloignée du Bourg du Bailly. Le ſommet des Montagnes voiſines au milieu deſquelles elle eſt ſituée, ſe trouve tout pelé. On n'y voit que des fougéres & quelques méchants petits Arbriſſeaux chargez de mouſſe; ce qui vient du froid continuel qui régne dans ces lieux élevez, des exhalaiſons de la Souphriére, & des cendres qu'elle vomit quelquefois. A meſure que l'on monte on découvre de nouveaux objets. On voit à plein la Dominique, les Saints, la Grande-Terre, & Marie Galante; & quand on eſt plus haut on découvre à clair la Martinique, Mont-Sarat, Niéves & les autres Iſles voiſines. Il n'y a peut-être pas un plus beau point de vûe au Monde; mais il eſt ſitué dans un endroit incommode & trop proche d'un voiſin trop dangereux. Le Pere Labat [a] qui me fournit cette Deſcription, & qui a eu la curioſité d'aller voir cette Montagne continue ainſi:

[a] Voyages aux Iſles Françoiſes de l'Amérique, t. . p. 113.

Quand nous eûmes marché environ trois heures & demie en tournant autour de la Montagne, & montant toujours, nous nous trouvâmes dans des pierres brûlées, & dans des lieux où il y avoit près d'un demi pied de cendres blanchâtres, qui ſentoient très-fort le ſouffre. Plus nous montions plus la cendre augmentoit. Enfin nous nous trouvâmes ſur la hauteur. C'eſt une vaſte Platte-forme inégale, couverte de monceaux de pierres brûlées de toutes ſortes de groſſeur. La terre fumoit en bien des endroits, & ſur-tout dans ceux où il y avoit des fentes & des crevaſſes, où nous ne jugeames pas à propos de nous aller promener; mais nous primes à côté pour gagner le pied d'une élévation qui peut avoir dix à douze toiſes de hauteur, & quatre fois autant de circonférence. C'eſt un amas de groſſes pierres blanches & calcinées; on l'appelle le Piton de la Souphriére. Comme il n'y avoit ni cendre, ni fumée, nous y montâmes ſans crainte, & nous vîmes au-deſſous de nous du côté de l'Eſt la Bouche de la Souphriére. C'eſt un trou ovale qui me parut de dix-huit à vingt toiſes de large dans ſon plus grand Diamétre. Ses bords étoient couverts de groſſes pierres mêlées de cendres & de morceaux de Souffre. Quant à ſa profondeur nous n'en pûmes pas juger; parce que nous n'en étions pas aſſez proche, il n'y auroit pas eu de prudence à s'approcher davantage; d'ailleurs il en ſortoit de tems en tems des tourbillons d'une fumée noire, épaiſſe, ſulphurée, mêlée d'étincelles de feu, qui ne laiſſoit pas de nous incommoder, quand le vent les portoit du côté où nous étions. Il y a une autre Bouche beaucoup plus petite que la premiére, qui paroît comme une voûte ruinée. Il en ſortoit auſſi une groſſe fumée & beaucoup d'étincelles. Tous les environs de ces deux Bouches étoient pleins de fentes & de crevaſſes qui rendoient beaucoup de fumée. Ce qui marque que toute cette Montagne eſt creuſe & comme une grande cave pleine de feu & de ſouffre qui ſe conſume peu à peu, & qui à la fin fait affaiſſer la voûte, & y cauſe des crevaſſes & de nouvelles ouvertures. Nous demeurâmes plus de deux heures ſur le Piton pour nous repoſer & jouir de cette belle vûe. Nous deſcendimes par le même endroit que nous étions montez; on peut croire qu'il n'y a point de chemins battus dans ces Quartiers-là: ſi ſe paſſe bien des années avant qu'on s'y aille promener, & aſſurément la peine & les riſques ſont trop grands. Nous ne laiſſâmes pas de nous approcher le plus que nous pûmes de la grande Bouche, dont l'abord d'abord m'avoit paru moins dangereux que celui de la petite. J'y fis jetter par les plus forts de mes Compagnons les plus groſſes pierres qu'ils purent; mais, contre tout ce qu'on m'avoit dit, nous ne vîmes point augmenter la fumée ni les étincelles. La terre reſonnoit ſous nos pieds; & quand on la frappoit avec un bâton, preſque comme ſi nous avions été ſur le Pont d'un Vaiſſeau. Dès que nous remuyons quelques groſſes pierres, la fumée ſortoit auſſi-tôt. Toutes ces pierres ſont legeres, & ſentent beaucoup le ſoufre. J'en fis apporter quelques-unes avec des morceaux de Souffre, dont il auroit été facile de nous charger, ſi nous avions voulu. Quoique nous fuſſions alors dans la plus grande chaleur du jour, il faiſoit un air extrêmement froid ſur le Piton. Je crois qu'on auroit bien de la peine à réſiſter au froid qu'il y doit faire pendant la nuit. Il y a des Négres qui y vont chercher du Souffre pour le vendre, il faut le purifier avant de s'en ſervir. Ils prennent un autre chemin que celui par lequel nous étions venus, nous le cherchâmes & le ſuivîmes quand nous eûmes trouvé leurs traces, & nous trouvâmes qu'il étoit plus aiſé que le nôtre, quoiqu'il nous parût plus long. Nous deſcendîmes donc par le côté oppoſé à celui par où nous avions monté. Environ à deux cens pas plus bas que la Bouche, nous trouvâmes trois petites Mares d'eau très-chaude, éloignées de quatre à cinq pas l'une de l'autre. La plus grande pouvoit avoir une toiſe ou environ de Diamétre; elle eſt remplie d'une eau fort brune, qui ſent le fer, ou plutôt l'eau dans laquelle les Serruriers & les Forgerons éteignent leur fer. La ſeconde eſt blanchâtre, & a le goût d'Alun. La troiſième eſt bleue & a le goût de Vitriol. On dit qu'on y a trouvé des morceaux conſidérables de ce Minéral. Je le veux croire, mais nous n'en trouvâmes point; il eſt vrai que nous n'avions pas d'inſtrument pour chercher au fond. Faute de ligne & de perche, je ne pus meſurer la profondeur de ces Mares. Elles excédoient la longueur de nos bâtons. Nous vîmes enſuite une quantité de petites ſources d'eau, qui en s'uniſſant forment pluſieurs Riviéres ou Torrens. Une de ces Riviéres s'appelle la Riviére blanche, parce qu'elle eſt ſouvent de cette couleur, à cauſe des cendres & du ſouffre qui la couvrent. Elle ſe jette dans la Riviére de S. Louïs & n'aide pas à la rendre poiſſonneuſe, parce que le ſouffre & les cendres qu'elle y porte, font mourir le Poiſſon. A meſure qu'on s'éloigne de ces terres brûlées en deſcendant la Montagne, on trouve le Pays plus beau. On voit de l'herbe & des Arbres grands & verds, il ſemble qu'on tombe dans un autre Monde, tant on trouve de différence entre le ſommet affreux de cette Montagne tout couvert de pierres calcinées, de cendres & de Souffre, & le milieu & le bas que l'on voit couverts d'une agréable verdure, arroſez d'une infinité de Ruiſſeaux, & cultivez avec tout le ſoin & l'induſtrie poſſibles. Nous arrivâmes enfin à l'Habitation des Religieux de la Charité. Le terrein eſt petit, mais excellent, ils travailloient à faire un Moulin à eau. Les Carmes ont la leur au-deſſous de celleci: leur terrein eſt plus grand, mais il manque abſolument de Bois à brûler.

SOUPROSE, Ville de France dans la Gaſcogne, au Diocéſe d'Acqs, Election des Lannes. Cette petite Ville eſt ſituée dans des Marais, à une demie-lieue de la Riviére d'Adour. Cette ſituation dans un lieu marécageux fait que l'air y eſt mal-ſain, & que les Habitans y vivent peu. On ne lui en donne pas deux mille cinq cens.

1. SOUR. Les Arabes appellent ainſi la Ville de Tyr [a], que les Hébreux prononcent Tſour. C'eſt une Ville Maritime du Pays de Scham, ou de Syrie, que les Tables Arabiques placent ſous le 68. d. 30. Minutes de Longitude, & ſous le 32. d. 40. M. de Latitude Septentrionale, dans le troiſième Climat.

[a] *D'Herbelot, Biblioth. Or.*

Cette Ville fut priſe par les Francs l'an 518. de l'Hégire, & ce fut envain que Saladin s'efforça de la réprendre ſur eux l'an 583. Mais le Sultan des Mamelucs d'Egypte l'ayant depuis repriſe en 1291. elle fut entièrement démolie, & elle ne s'eſt point relevée depuis ce tems-là. Ce n'eſt plus qu'un amas de ruïnes entaſſées les unes ſur les autres, avec quelques Caſes de Peſcheurs [b] qui s'y retirent. On voit encore une partie du Château & quelques Pans de groſſes Murailles avec des reſtes de Tours & de Remparts dont elle étoit flanquée, & des Fortifications de pierres de taille de plus de ſix pieds d'épaiſſeur, mêlées de morceaux rompus de belles Colonnes de Marbre & de Porphyre, & pluſieurs Voutes & Arcades comblées à demi d'ordures. La Mer bat juſque dans ſes ruïnes, qui ſont aſſez baſſes, comme étoit toute la Ville. Son Port qui eſt ample & qui pourroit contenir pluſieurs Vaiſſeaux, eſt préſentement tout ruïné & rempli d'Ecueils de ſable & de groſſes Roches fort dangereuſes pour les Vaiſſeaux qui y paſſent pendant la nuit, à cauſe qu'elles s'avancent beaucoup dans la Mer, & qu'il y en a même quelques-unes qui ne ſont qu'à fleur d'eau, entre leſquelles on eſt obligé de paſſer. Le Terroir eſt aſſez bon, & les Baſtions ou Maiſons Champêtres, qui y ſont en aſſez grand nombre, avec deux ou trois Moulins à eau, font connoître que la Campagne eſt fertile & cultivée. Elle n'eſt pourtant habitée que de quelques Maures. Voyez TYR.

[b] *Doubdan, Voyage de la Terre Sainte, ch. 44. & 45.*

A trois ou quatre milles de Sour, on trouve le Puits appellé dans le Cantique des Cantiques *Puteus aquarum viventium*, le Puits des eaux vives. Il eſt environ à cinq cens Pas de la Mer, à l'entrée d'une grande Plaine plantée de quelques Arbres, & cultivée en quelques endroits de Jardins potagers. Il eſt élevé de la hauteur d'une Pique au-deſſus de la Plaine; & pour y monter il y a des dégrez de pierre, qui ſont preſque tous démolis & remplis de ronces & d'épines. Lorſqu'on eſt monté, on trouve au milieu d'une Platte-forme, faite de petits cailloux & de ciment, un grand Puits de forme octogone, qui peut avoir quinze ou ſeize pieds de Diamétre. Il eſt ſi plein d'eau qu'on qu'on en peut puiser avec la main. Comme il eſt ſans bord & ſans appui, il ne faut pas trop s'en approcher pour en prendre, de peur d'y tomber. On dit que des Curieux ont voulu ſonder ſa profondeur, avec pluſieurs charges de cordes apportées ſur des Chameaux, & qu'on n'en a pu trouver le fond. L'eau en eſt très-belle, très-claire, & elle y eſt en telle abondance, qu'il y a deux conduits pour ſa décharge: l'un du côté de la Mer, & qui fait tourner des Moulins à Bled; l'autre à l'oppoſite ſur un grand Acqueduc, bien bâti de pierres de taille, fort proprement cimenté, & long d'environ deux cens pas; il ſe rendre à deux autres Puits beaucoup plus petits, mais bien bâtis, auſſi de pierres de taille & de figure quarrée, n'ayant pas moins d'eau que l'autre. Cette eau ſe va répandre par pluſieurs autres petits Canaux dans la Plaine, & arroſe les Jardins, les Prez & les Terres, les Habitans ayant ſoin de faire de petites Rigoles chacun dans ce qui lui appartient de cette Plaine. On tient que cette eau alloit ſe rendre dans Tyr, lorſque cette Ville étoit dans ſon luſtre. Les Sources en viennent de l'Anti-Liban. Elles rempliſſent le plus grand de ces trois Puits juſqu'à deux pieds & demi du bord, qu'elle ſort par une ouverture de la groſſeur de deux hommes ſans jamais tarir. Sur le bord du Mur, afin qu'on y puiſſe être avec plus de ſûreté, il y a de larges rebords qui en ſortent, & qui s'avancent au dedans un peu en pente. Ils ſont ſi forts & tellement endurcis, qu'ils ne ſont encore que bien peu rompus, quoiqu'ils ne ſoient épais que de quatre doigts.

a Joillot, Atlas.

2. SOUR, ou SURE, Riviére des Pays-Bas [a], dans le Luxembourg, où elle baigne Eſch, d. Dickrigh, g. Moeſtroff, d. Echternach, d. & ſe joint à la Moſelle entre Tréves & Grevemácheren.

3. SOUR, SORA, Riviére de France dans l'Alſace. Elle prend ſa Source aux Monts de Voſges près de Phalſbourg, arroſe Saverne & Brumpt, & ſe jette dans la Mottern.

D'Herbelot, Biblioth. Or.

SOURAN, Province limitrophe de celle de Kerman, en tirant vers l'Orient. Ces deux Provinces appartiennent au Roi de Perſe. Mais pluſieurs Auteurs les comprennent dans l'Indoſtan.

SOURBOURG, Bourgade de France dans la Baſſe-Alſace, au Bailliage de Haguenau, & dans la Forêt de ce nom. C'étoit autrefois une Abbaye de l'Ordre de St. Benoît, qui avoit été fondée par le Roi Dagobert. Elle fut ſéculariſée dans la ſuite, & ſon Chapitre étoit compoſé d'un Prévôt, d'un Doyen & de douze Chanoines. Les troubles de la Religion ayant diminué conſidérablement les revenus de cette Maiſon, on les a unis à l'Egliſe paroiſſiale de S. Louïs de Strasbourg.

SOURCELLES, Bourg de France dans l'Anjou, Election d'Angers, ſur le bord de la Loire, avec titre de Baronnie, d'où dépendent deux Chatellenies.

SOURCHES, Marquiſat de France, dans le Maine, Election du Mans dans la Paroiſſe de St. Symphorien. Cette Terre fut érigée en Baronnie, en faveur d'Honorat Bouchet, fils de François & de Sidoine du Pleſſis-Liancourt. Elle fut enſuite érigée en Marquiſat, en faveur de Jean, Grand-Prévôt de France.

SOURDEVAL, Bourg de France, dans la Normandie, Election de Coûtances. Ce Bourg eſt très-peuplé.

1. SOURE, ou RIO DE SOURE, anciennement *Ancus* [b], Riviére de Portugal dans l'Eſtremadoure. Elle ſort du Mont Sera de Ancaon, paſſe à Soure & va ſe perdre dans le Mondego.

[b] *Délices de Portugal. p. 738.*

2. SOURE, Ville de Portugal dans l'Eſtremadoure, ſur une Riviére de même nom, à cinq lieues de Coimbre vers le Midi, & à ſix lieues de Leyra. Cette Ville où l'on voit un beau Palais & un ancien Château, n'a qu'une Paroiſſe & quelques Couvens de Religieux, avec huit cens Habitans.

SOUREZ. Voyez SORESE.

SOURIBES, *S. Petrus de Subripis*, Abbaye de France dans la Provence. C'étoit une Abbaye de Filles Bénédictines au Dioceſe de Gap. Elle fut unie en 1464. à la Maiſon conventuelle des Urbaniſtes près de Siſteron, qui ſont des Filles de Ste. Claire. On comptoit à Souribes ſix Abbeſſes juſqu'en 1464. que fut faite cette union.

SOURIHHISSAR. Mr. Petis de la Croix [c] appelle ainſi une Fortereſſe ſituée entre Ancora & Kioutahié.

[c] *Hiſt. de Timur-Bec, Liv. 5. ch. 50.*

SOURIQUOIS, Peuples de l'Amérique Septentrionale, dans la Nouvelle France. Ils habitent l'Arcadie [d] & particuliérement autour de Port-Royal. Ils ſont d'une taille médiocre ſans nulle difformité, & de couleur baſanée comme les autres Sauvages; & ce qui paroît une beauté à ceux qui habitent la Zone torride, ſavoir le nez plat, eſt rare parmi ceux-ci. Il n'y a que les Principaux qui ayent de la barbe, les autres ſe l'arrachent tout-à-fait. Leur nourriture eſt de Poiſſon pendant l'Eté, & de Venaiſon pendant l'Hyver. Avant l'arrivée des François dans leur Pays, l'uſage du Pain ne leur étoit pas connu, & ce fut d'eux qu'ils apprirent à ſe ſervir de Bled, de Farines & de Légumes, dont ils trafiquent pour des Peaux. Ils obéïſſent à leurs Caciques, qu'ils appellent *Sagamos*, & n'ont nulle forme de Religion. Ils révérent fort leurs Magiciens & leurs Devins qu'ils nomment *Autmoins*; & bien ſouvent ils les font Caciques. Ceux-ci conſultent, dit-on, le Diable, & creuſent pour cela une foſſe dans laquelle ils plantent un Pieu; & après y avoir attaché une Corde, ils ſe baiſſent en tournant le viſage de ce côté-là, à quoi ils ajoutent quelques Conjurations, avec un mouvement de corps ſi violent qu'ils ſe mettent tout en ſueur. Cela fait, ils perſuadent à ces malheureux qu'ils tiennent le Diable lié à la Corde, & qu'ils devinent par lui. Ils exercent auſſi la Médecine & la Chirurgie. Après avoir évoqué le Diable, ils conſidérent les parties affectées du Malade, qu'ils humectent de leur haleine, & ils entament quelquefois la Veine afin d'en ſucer le ſang. Ils uſent preſque de la même méthode pour la guériſon des Playes, après quoi ils bandent, ou couvrent

[d] *De Laet, Deſcr. des Indes Oc. Liv. 2. c. 16.*

la

la partie blessée d'une pellicule tirée des Testicules du Castor. Les Malades leur donnent quelques Bêtes sauvages, ou quelques Peaux quand ils sont guéris. Le langage des Souriquois est fort différent de celui des Canadiens.

SOURS, Bourg de France, dans la Beauce, Election de Chartres, à une lieue de la Ville de Chartres. Ce Bourg comprend dans son District le Village de Bretigny célèbre par la Paix qui y fut conclue en 1360.

SOURSAC, Bourg de France, dans le Limousin, Election de Tulles. Il est bien peuplé.

SOURSAT, Bourg de France, dans le Périgord, Election de Périgueux. Ce Bourg est fort considérable.

1. SOUS. [a] Nom commun à plusieurs Villes. La plus ancienne est celle que les Historiens de Perse disent avoir été bâtie par Houschenk, troisième Roi de Perse de la première Dynastie, dite des Pischdadiens, dans la Province de Khouzistan, ou Susiane, limitrophe de celle de Fars, qui est la Perse proprement dite.

[a] D'Herbelot, Biblioth. Or.

Cette Ville de Sous, que l'on appelle aussi Souster, Schouschter, & Tofter, a été appellée par les Anciens Suse, & étoit la Capitale des Rois de Perse, qui y faisoient leur résidence au tems du Prophète Daniel, selon le rapport du Tarik-Montekheb, lequel assure, que l'on y voyoit encore de son tems le Sépulcre de ce Prophète.

Cette ancienne Ville s'étant ruinée dans la suite des tems, fut rétablie par Schabour Ben-Hormouz, Roi de la quatrième Dynastie de Perse, & fut surnommée alors Khourt, Schabour & Corkh, selon Ebn Batrik.

La seconde Ville qui porte le nom de Sous, portant le surnom d'Alacsa, on en fera le titre suivant.

2. SOUS-ALACSA. Cette Ville de Sous porte le surnom d'Acsa, à cause qu'elle est située dans la partie la plus Occidentale de l'Afrique, qui est l'extrémité du Continent du côté du Couchant. Elle est située sur les bords de la Mer, que les Arabes appellent Almodhallam, obscure, qui est l'Océan Atlantique, au pied du Mont Atlas, sous le 15. d. 30. M. de Longitude, & sous le 32. d. de Latitude Septentrionale, selon les Tables Arabiques de Nassireddin & d'Ulugbeg.

Cette Ville de Sous en Mauritanie, a un Terroir fertile & abondant en toute sorte de bons Fruits, & porte les plus grosses Cannes de Sucre que l'on voye ailleurs; l'on dit même que le Sucre qu'elle porte est si fin, qu'une livre suffit pour convertir dix livres d'eau en Sirop.

C'est aussi dans cette Ville & dans sa dépendance que l'on fabrique ces riches Tapis, que les Arabes appellent Alsoussiah, & que nous nommons Tapis de Turquie.

Le Géographe Persien dit dans la Description du second Climat, que cette Ville porte aussi le nom de Taroudent, & qu'elle est bâtie à l'Embouchure d'une grande Riviére, qui prend sa Source dans la Montagne de Lamthah ou Lamthounah, comme l'appelle le Scherif Al Edrissi. Cette Montagne de Lamthah, n'est autre chose que le Mont Atlas, dans lequel il y a aussi une Ville qui porte le même nom, à trois journées de la Mer Océane.

Ibrahim, Ebn Saïf Schah Alsaïsschah, a écrit l'Histoire de cette Ville, sous le titre d'Akhbar Medinat Alsous.

3. SOUS, & Sous. C'est la quatrième Ville qui s'écrit en Arabe de même que le nom des trois autres. Mais nous la nommons ordinairement Suès. Elle est située au fond du Golfe Arabique, ou de la Mer Rouge, au pied du Mont Snia dont les Racines vont jusqu'à cette Mer, dans cette partie de l'Arabie, que les Arabes appellent Hagiar, & que nous nommons Pierreuse.

Le Sultan des Turcs tient ordinairement dans le Port de cette Ville cinq ou six Galéres, qui font sur-tout le trafic de la Mer Rouge, allant & venant continuellement de Suès à Giddah, qui est le Port plus proche de la Mecque. C'est pourquoi les Turcs appellent communément cette Mer *Souis Degnizi*, la Mer de Suès.

1. SOUSA, Province d'Afrique [b], dans la Barbarie, au Royaume de Tunis. Elle comprend les Villes de Souza, de Mahomete, d'Héraclie, & de Monester.

[b] Dapper, Deser. d'Afrique, p. 197.

2. SOUSA, ou Suze, Ville d'Afrique, dans la Barbarie, au Royaume de Tunis, dans la Province à laquelle elle donne son nom, & dont elle est la Capitale. Souza est entourée de murailles, & a un Château assez fort. On y fait un Commerce passable d'Huile, de Laine, de Cire, & sur-tout de Thons que l'on fait mariner. Il y en a qui croyent que cette Ville est l'*Adrumetum* des Anciens, mais Marmol la prend pour la *Siagul* de Ptolomée. Les Romains la bâtirent sur un Rocher, près de la Mer, à vingt-cinq milles de Tunis, au-delà du Cap de Bon, à l'opposite, de l'Isle de Pantalarée, & plus près de la Sicile qu'aucune Ville de l'Afrique. Ce fut près de cette Place que le Prince Philibert de Savoye fut défait, & qu'un grand nombre de Chevaliers de Malthe périrent. Il y a dans Suze un bon Port, où les Corsaires de Tunis sont à l'ancre. Les Habitans sont affables & civils, quoique la plûpart ne soient que des Matelots. Les autres sont des Marchands qui négocient au Levant & en Turquie. La Lie du Peuple est composée de Tisserans, de Pastres & de Potiers. Le Gouverneur de la Province fait sa résidence dans cette Ville, & les Habitans contribuent douze cens Ducats pour son entretien. Le Terroir de Souza rapporte de l'Orge, des Figues, des Olives, & il est fertile en Pâturages. Quelques-uns mettent dans les dépendances de cette Ville les deux Isles qu'on appelle *Cumiliéres*, & deux autres dont l'une est nommée *Querquenez*, & l'autre *Gameléere*. Toutes ces Isles, selon Sanut, n'en formoient autrefois qu'une que Ptolomée appelle *Cercine*. Elle étoit si près de la Terre-ferme, qu'il n'y avoit qu'un Pont entre deux. Marmol les fait dépendre de Tripoli.

SOUSMERLAN, Riviére de France dans

dans la Brie. Elle prend sa Source dans l'Election de Châlons près de Villers-aux-Bois, mouille l'Abbaye de la Charmoise, Monmor, Mareuil en Brie, Suizi, Orbai, Villiers sur Orbai, le Breuil, Beaunai, Condé, Montruel, S. Hugine, Cresanci & Mezi, & se jette ensuite dans la Marne, à la gauche, entre Dormans & Château-Thierry. C'est Mr. Corneille [a] qui donne le nom de cette Riviére, sans citer de garant : Mr. de l'Isle [b] en décrit le cours sans la nommer.

[a] Dict.
[b] Atlas.

SOUSOS, ou SOUSES, Peuples d'Afrique, dans la Nigritie. Voyez BENA.

SOUSTHON, petite Ville de France, dans la Gascogne, Election des Lannes. On ne lui donne guère plus de trois mille Habitans.

1. SOUTERAINE (la) petite Ville de France, dans le Limousin, Election de Limoges, à deux lieues de la Ville de ce nom. La Seigneurie de Souteraine appartient au Prévôt Ecclésiastique du Lieu.

2. SOUTERAINE (la) Bourg de France, dans la Marche, Election de Blanc.

SOUTERNON, Bourg de France, dans le Forêt, Election de Rouanne.

SOUTHAMPTON, Ville d'Angleterre [c], dans l'Hantshire, dont elle est la Capitale. La Riviére d'Itching, ayant arrosé Winchester, coule droit au Sud & forme avec le Test une Baye qu'on appelle la Baye, ou la Riviére de Hampton, au lieu de Hanton qui est son vrai nom. Les Anciens nommoient cette Baye *Clausentum*; ce qui en Langue Gauloise signifie le *Canal de Hanton*, & c'est de ce nom que la Province entiére a été appellée Hantshire. La même Baye a donné le nom de South-hanton, ou Southampton, à la Ville qui est située sur son Rivage, entre les deux Riviéres du Test & de l'Itching, mais plus proche du dernier. Elle a été bâtie des ruines d'une autre Ville de même nom, située un peu plus haut, aux deux bords de la même Riviére, dans l'endroit où l'on voit les deux Villages de Ste. Marie & de Bittern. On y a déterré quantité de Médailles ; & l'on a découvert entre autres, près de Bittern, les Masures d'un vieux Château qui avoit cinq cens pas de tour. On en voit encore les Fossez & quelques Pans de murailles, que la Marée couvre lorsqu'elle monte. Cette ancienne Ville fut presque ruinée par les Danois en 980. mais dans le quatorziéme Siècle pendant les démêlez du Roi Edouard III. avec Philippe de Valois pour la Couronne de France, elle fut réduite en cendres par les François, & depuis ce malheur on ne l'a pas rebâtie. Les Habitans construisirent une nouvelle Ville dans une situation plus commode & plus proche de l'eau, & qui conserva le même nom. Avec le tems cette Ville se peupla, s'agrandit & devint florissante & riche. On la ferma de bonnes Murailles défendues d'un double Fossé. Son Port fut muni d'un Château, tout bâti de pierres de taille ; & comme elle étoit la Capitale du Comté, elle lui donna le nom de Southampton ; vulgairement Hantshire. Il se faisoit autrefois dans cette Ville un Commerce fort considérable ; mais il ne l'est pas tant aujourd'hui. Elle ne laisse pas d'être encore grande & peuplée ; & on y compte cinq Paroisses. Son Havre qui est assez bon est revêtu d'un beau Quai. Southampton est du nombre des Villes qui se gouvernent par elles-mêmes, & qui ne relévent point du Lieutenant de la Province. C'est dans cette Ville qu'on vit autrefois une fort belle action de Canut Roi d'Angleterre & de Dannemarck, à qui un Flatteur vouloit faire croire qu'il étoit Tout-puissant. Ce Prince pour donner une leçon à ses Courtisans, se fit apporter un Siège au bord de l'eau, dans le tems que la Mer montoit, d'autres disent qu'il prit son Manteau, & en fit un Pelotton sur lequel s'étant mis, il dit à la Mer : *Puisque je suis Tout-puissant, & que tu es sous mon Empire, je te défends de monter sur mes Terres, & de mouiller ni mes pieds ni mes habits*. Mais comme l'eau sourde à sa voix ne laissoit pas de monter, il se leva brusquement & dit : *Que tous les hommes sachent que tout le pouvoir des Rois n'est rien, & qu'aucun d'eux ne mérite le nom de Roi, sinon celui qui est le Maître absolu du Ciel, de la Terre, & de la Mer*. Depuis ce tems-là il ne voulut plus porter la Couronne Royale sur sa tête. La Ville de Southampton fut érigée en Duché par le Roi Charles II. en faveur de l'aîné de ses fils naturels qu'il avoit eus de la Duchesse de Cleveland.

La BAYE DE SOUTHAMPTON, ou de HAMPTON a près de huit milles de longueur, & trois milles de largeur. Elle est fort droite & presque sans courbure, s'étendant du Nord-Ouest au Sud-Est. Ses Côtes Occidentales se terminent par une pointe où l'on a bâti le Château de *Calshot*, sur un Rocher avancé pour défendre l'entrée de la Baye. A l'Occident de cette Baye, le Pays est couvert d'une grande & vaste Forêt de trente milles de tour, nommée *New-Forest*, & anciennement appellée *Ithene*. Avant le regne de Guillaume le Conquérant ce Quartier étoit habité ; ce Prince le changea en une Forêt. Il détruisit pour cet effet trente-six Paroisses qui s'y trouvoient, sans épargner ni Bourgs, ni Villages, ni Eglises, ni Monastères. Il chassa ou extermina tous les Habitans. Les uns disent qu'il en usa de la sorte pour se procurer le plaisir de la chasse qu'il aimoit passionnément : d'autres croient, avec plus de vraisemblance, qu'il y fut porté par un motif de politique, & que ce Prince qui apparemment ne comptoit pas beaucoup sur la fidélité de ses nouveaux Sujets, se vouloit ménager une bonne retraite dans cette vaste Forêt ; afin de s'y maintenir en cas de soulévement, & d'avoir plus de facilité pour faire venir du secours de la Normandie, qui est vis-à-vis de ce Pays-là. Quoi qu'il en soit, il semble que la Justice Divine voulut venger sur sa postérité le Sang de tant d'hommes qu'il avoit fait périr pour faire cette Forêt. Son second fils Guillaume le Roux, Roi d'Angleterre, chassant dans cette Forêt, fut tué par un Gentilhomme François nommé Gautier Tirell, qui le perça d'une flèche, tirée par mégarde,

[c] Délic. de la Gr. Br. p. 779.

&

S O U.

& son petit-fils Richard, fils de Robert son aîné, poursuivant une Bête avec ardeur y fut aussi percé d'une flèche par un de ses Gentilshommes. Ces deux accidens arrivérent en 1100. je sai bien que Camden & d'autres Ecrivains rapportent la chose autrement; mais j'ai donné le sentiment des anciens Historiens. Il y en a même quelques-uns qui disent que cette Forêt fut faite par Guillaume le Roux & non par son Pere. Du reste, le Pays que cette Forêt occupe, & tout ce qui est aux environs, d'un côté jusqu'à la Mer, & de l'autre jusqu'au Comté de Dorset, étoit la demeure des anciens *Régnes* avant l'invasion des Saxons. Delà vient qu'un Bourg ancien, situé vers l'entrée de la Forêt, porte le nom de *Regnewood* ou *Ring-wood*, autrefois *Rencewed*, & du tems des Romains il avoit celui de *Regnum*. Il est bâti sur une petite Riviére nommée *Aven*, qui lave la partie Orientale de la Forêt & va se jetter dans la Mer où elle fait un petit Port à *Christ-Church*. La Côte qui s'étend au Midi de la Forêt fut toute ouverte jusqu'au seizième Siècle; mais Henri VIII. pour la couvrir y fit construire le Château de Hurst, sur une Langue de terre avancée, à l'endroit où elle approche le plus de l'Isle de Whigt, & où par conséquent le trajet est le plus court, & le plus aisé, n'ayant guère plus de deux milles de largeur. Ce Château est placé précisément au milieu de la longueur des Côtes, à moitié chemin de Christ-Church au Château de *Calshot*. Vis-à-vis de Hurst au Nord, est Lymington, bon Bourg avec un Port médiocre, que la Marée y fait à la rencontre d'une petite Riviére. Une autre Riviére, qui est à l'Orient de Lymington, mouille les ruïnes d'un vieux Château, où le Roi Jean avoit établi un Asyle inviolable *à l'Italienne*; c'est-à-dire, pour toutes sortes de Meurtriers soit volontaires, soit involontaires: cet Asyle est aboli depuis le changement arrivé dans la Religion. A l'Orient de l'Itching, une autre Riviére nommée Humble, ou Hamble, anciennement *Homelea*, sortant du voisinage d'un Bourg appellé Bushwaltham, coule droit au Sud, & se jette dans l'Océan à l'entrée de la Baye par une large Embouchure, vis-à-vis du Château de Calshot. C'est dans cet endroit que l'on sent tout à la fois deux Marées opposées. L'Océan poussé d'un côté de l'Ouest à l'Est, & de l'autre de l'Est à l'Ouest, le long des Côtes Méridionales de l'Angleterre, ces deux Marées opposées coulent l'une contre l'autre, & se rencontrent vers l'Embouchure du Humble avec un bruit effroyable. Une autre petite Riviére, qui coule aussi du Nord au Sud, & à l'Orient du Humble, arrose un Bourg nommé Wickham; & plus avant à l'Est l'Océan ayant détaché du Continent six ou sept Morceaux de terre en fait autant d'Isles, dont les plus considérables sont celles de Portsey, de Haling & de Thorney.

SOUTHERLAND. Voyez SUTHERLAND.

SOUTH-LOCH. Du côté du Nord, la Ville d'Edimbourg [a] pour rempart un petit Lac ou Etang profond, nommé North-

[a] Délices de la Gr. Br. p. 1217.

S O U. 63

Loch, & autrefois la partie du Sud étoit aussi bordée d'un Etang tout semblable, nommé *South-Loch*; mais il a été desseché vers le milieu du seizième Siècle. Par-là on a donné un peu plus d'étendue à la Ville, qui étoit resserrée en cet endroit. Les deux bords de l'Etang ont été couverts de deux rangs de belles Maisons; & l'Etang desseché a été converti en une Rue qu'on a nommée *Cowgate*.

SOUTH-MINSTER, Village d'Angleterre [b], dans la Province d'Essex, dans le Territoire de Dangy vers l'Océan, entre les deux Golphes de Blackwater & de Crouch. En 1581. il arriva dans les Prairies de Dangy, voisines de ce Village, un accident merveilleux. Une multitude effroyable de Rats fit un ravage horrible dans ces Prairies. Ils rongérent les herbes & les Plantes jusqu'à la racine, & leur imprimérent le venin de leurs dents; de sorte que tout le Bétail, qui en mangea après eux, en fut empoisonné. Quelque tems après on vit paroître des Troupes de Hiboux couverts de plumes de différentes couleurs, qui croquérent tous ces Rats, sans en laisser un seul. On ne sait point d'où ces Hiboux étoient venus, ni où ils retournérent. La même chose arriva encore dans la même Province d'Essex en 1648.

[b] Ibid. p. 89.

SOUTHWALD, autrement SOWOLDE, Ville d'Angleterre [c], dans la Province de Suffolck. En avançant le long du Rivage de l'Océan du Nord au Sud, on trouve la pointe d'Easton, qui est le Cap le plus Oriental de toute l'Angleterre. Un peu au-dessous de ce Cap est la Ville de Southwald, située dans un fond bas sur le rivage de l'Océan, à l'Embouchure de la petite Riviére de Blith, avec un Port médiocre, dont les Habitans tirent beaucoup de profit. Comme le terrein est bas, lorsque la Marée monte, toute la Ville est entourée d'eau, & on la prendroit pour une Isle.

[c] Ibid. p. 92.

SOUTHWARK, ou plus communément SOUDRIK [d], Bourg d'Angleterre, dans la Province de Surrey, uni à la Ville de Londres par un beau Pont sur la Tamise, & incorporé à la Ville, dont il fait une partie considérable. De la Ville de Londres il faut passer le Pont, ou bien se faire conduire en Bâteau, pour voir le Bourg de Southwark. Ce Bourg est si grand, si beau, si bien bâti, & si peuplé, qu'il passeroit ailleurs pour une fort grande Ville, puisqu'on n'y compte pas moins que cinq grandes Paroisses. On y va voir le Jardin des Ours, où se font les Combats des Ours & des Taureaux avec les Dogues. Il s'y trouve une Verrerie, où l'on fait d'assez beaux Verres, & une Boutique de Poterie, où l'on fait de la Porcelaine. Delà on passe dans la Paroisse de Lambeth, pour voir le Palais des Archevêques de Cantorbery. C'est un Bâtiment antique, construit au bord de la Tamise, au-dessus de l'endroit où elle fait un coude, & vis-à-vis du Palais de Westminster. Les Archevêques de Cantorbery font ordinairement leur résidence dans cet endroit, quoique l'air n'y passe pas pour y être fort sain. Ils y ont une riche Bibliothéque, qui est ouverte aux honnêtes gens à de certaines heures.

[d] Ibid. p. 382. & 948.

res. Près de ce Palais on peut aller voir une promenade fort longue & fort agréable nommée *Foxhall*. Entre les Eglises de Southwarek, la plus belle est celle de *Ste. Marie Overy*, ou *Over-Ry*, qui étoit anciennement de la dépendance d'un Prieuré fondé dans le treizième Siècle. Le Prieuré fut ruïné par Henri VIII. mais l'Eglise fut conservée, & en 1540. les Bourgeois l'achetérent du Roi pour en faire une Eglise Paroissiale.

SOUVENCE-MONT-DOYEN, Baronie de France dans le Perche, près de Nogent. Elle a cinquante Fiefs dans sa Mouvance.

1. SOUVIGNÉ, Bourg de France, dans l'Anjou, Election de la Fléche.

2. SOUVIGNÉ, Bourg de France, dans le Maine, Election du Mans.

1. SOUVIGNY, Ville de France, dans le Bourbonnois, Election de Moulins, en Latin *Silviniacus*. Cette petite Ville à laquelle on ne donne pas plus de mille Habitans, y compris les Baillyes, a une Chatelenie qui ressortit à la Sénéchaussée de Moulins. Elle est située sur le Ruisseau de Quesne, qui se jette dans l'Allier à trois lieues de Bourbon l'Archambaud, & à deux lieues de Moulins. C'étoit autrefois la Capitale du Bourbonnois. Il faut qu'elle soit ancienne, puisque l'Histoire de Charlemagne observe qu'il y fit ses premiéres armes dans la Guerre du Roi Pepin son pere, contre le Duc de Guyenne; qu'il y passa depuis, & y fit quelque séjour, ainsi qu'à Chancellade, en allant à la Guerre d'Espagne. En effet la Ville de Souvigny étoit anciennement la Résidence des *Sires de Bourbon*, auxquels on attribue la fondation d'un Prieuré magnifique de l'Ordre de St. Benoît. L'Eglise en est fort belle. Les Sires de Bourbon y avoient leur Sépulture; & celle de la Branche d'où est venue la Famille régnante aujourd'hui, est aux Cordeliers du Village nommé Champagne à une lieue de Souvigny. Le Prieuré dont il vient d'être parlé est un ancien Monastère d'hommes de l'Ordre de Cluny. Ce fut Aimard, ou Ademare, Sire de Bourbon, noble homme de guerre, qui par dévotion donna à Cluny la meilleure partie des beaux Biens qu'il possédoit, & en particulier ce Lieu de Souvigny, comme on le voit tout au long par l'Acte authentique de donation, en date de la vingt-troisième année du Régne de Charles le Chauve; c'est-à-dire, en 863. Cet Acte se trouve dans le Chartrier de Cluny, au cinquième Siécle de l'Histoire des Bénédictins par le Pere Mabillon, pag. 85. Il paroît premiérement par ce titre, qu'avant que ce Lieu fût donné & soumis à Cluny, il y avoit une Eglise fondée sous l'Invocation de St. Pierre: secondement qu'il y avoit auparavant un Monastère dont on trouve plusieurs Abbez & Supérieurs. Cependant la Charte de donation d'Aimard auroit parler des Religieux & du Supérieur de ce Monastère, s'il est vrai, comme on le prétend, qu'il y en eut un pour lors dans ce Lieu. Aymon, Seigneur de Bourbon, fils d'Aimard, après la mort de son pere, voulut revendiquer Souvigny; mais dans la crainte d'inquiéter l'ame du feu Donataire, il se désista, & donna encore plus aux Moines qu'ils ne prétendoient. Le Prieur de Souvigny est Seigneur d'une partie de la Ville & y exerce la Justice. Le revenu de ce Monastère va environ à neuf mille Livres. Outre les Tombeaux de plusieurs Sires de Bourbon, on voit encore à Souvigny ceux des Saints Mayol & Odilon, Abbez de Cluny.

La Baillye d'Enbourg, & la Baillye d'Averaud forment une partie du District de cette Ville. Le Pays consiste en Plaines & en quelques hauteurs, en Terres fortes à Froment, Féves, Orge & Avoine d'un bon rapport. Les Foins sont abondans, les Pâcages peu étendus, mais bons. On y nourrit du Bétail qui rapporte un profit considérable. Il y a aussi plusieurs Vignes d'un bon produit; mais il y vient peu de menus Fruits, & il n'y a ni Bois, ni Etangs. Il y a dans la Dépendance des Baillyes, ci-devant nommées, une Carriére d'un assez grand revenu. On y a pris pour le Pont de la Ville de Moulins plusieurs Quartiers de pierre. Elle est fort bonne, assez dure, & d'une taille assez facile. Mr. le Duc de Bourbon est Seigneur d'une partie de la Ville.

2. SOUVIGNY, Bourg de France, dans la Touraine, Election d'Amboise.

3. SOUVIGNY, Bourg de France, dans le Poitou, Election de Richelieu.

4. SOUVIGNY, Bourg de France, dans l'Orléanois, Election d'Orléans.

SOXATÆ, Peuples de la Carmanie. Ptolomée [a] les nomme autrement *Camelobosci*, & dit qu'ils habitoient au voisinage des Deserts. Le MS. de la Bibliothéque Palatine lit *Sozatæ* pour *Soxatæ*. [a Lib. 6. c. 8.]

SOXTRA. Voyez SOSXETRA.

SOYONS, Principauté de France, dans le Haut-Vivarais, Recette de Viviers. Elle appartient à l'Evêque de Viviers. Le Chef-lieu qui lui donne son nom peut avoir autour de cinq cens Habitans. On y voit une Maison d'Augustins.

SOZ, Bourgade d'Espagne, au Royaume d'Aragon, vers les Confins de la Navarre, sur la Rivière d'Onzella, à deux lieues de la Ville de Sanguesa. Ce fut dans ce lieu que nâquit Ferdinand V. Roi d'Aragon, en 1452.

SOZA, ou SOSA, Ville d'Asie, dans la Dandarique. Voyez DANDARIENS.

SOZOA, Ville de la Médie: Ptolomée [b] la marque dans les terres. Le MS. de la Bibliothéque Palatine lit *Sazoa* pour *Sozoa*. [b Lib. 6. c. 2.]

SOZOPETRA, Ville de Syrie, selon Cédréne & Zonare [c] citez par Ortelius [d]. [c Lib. 3. d Thesaur.]

1. SOZOPOLIS, [e] petite Ville que Grégoras met au voisinage de Constantinople. Il est aussi parlé de cette Ville dans le sixième Concile de Constantinople. [e Ortelii Thesaur.]

2. SOZOPOLIS, Ville de l'Asie Mineure, dans la Pisidie, selon Evagré & Calliste. Le premier & le sixième Concile de Constantinople font aussi mention de cette Ville. C'est la même que Cédréne & Nicétas [f] mettent dans la Pamphylie. [f In Alexio Comneno.]

SOZOTÆ. Voyez SOXATÆ.

SOZUSÆ, Etienne le Géographe connoît trois Villes de ce nom, l'une dans la Phénicie,

Phénicie, l'autre dans la Pifidie, & la troifiéme dans l'Ethiopie. St. Epiphane en met encore une dans la Pentapole, & il en fait un Siège Episcopal, dont il nomme l'Evêque Héliodore. C'est peut-être d'une de ces Villes dont il est parlé dans le cinquième Concile de Constantinople sous le nom de *Sozytana Civitas*.

SOZYTANA-CIVITAS. Voyez SOZUSÆ.

S P.

SPA, Bourg d'Allemagne, au Pays de Liége, vers les confins du Duché de Limbourg, à cinq milles ou environ de la Ville de Liége. Ce Bourg est renommé pour ses eaux Minérales qui y attirent du monde de toutes parts. Il y a deux Fontaines, l'une appellée la *Savinière*, & l'autre *Pouhon*. Ces eaux étoient connues des Anciens; & il n'y a point à douter que Pline ne les ait voulu décrire, en disant dans son Histoire Naturelle [a]: *Tungri Civitas Galliæ, fontem habet insignem, plurimis bullis stellantem, ferruginei saporis, quod ipsum non nisi in fine potus intelligitur. Purgat hic corpora, tertianas Febres discutit, calculorumque vitia. Eadem aqua, igne admoto, turbida fit ac postremum rubescit.*

[a] Lib. 31. c. 2.

SPACHIA, Ville de l'Isle de Candie, selon Dapper qui appelle ainsi la Ville que le Pere Coronelli nomme *Sfachia*. Ces deux Géographes ne différent pas moins pour la Description de la Ville que pour le nom. Dapper [b] dit que Spachia est une Ville située sur une très-haute Montagne, appellée aussi Spachia ou Madère. Elle n'est point, ajoute-t-il, environnée de murailles, quoique par le nombre de ses Maisons dispersées de côté & d'autre elle pût former un grand Bourg. Dans le tems que les Vénitiens en étoient les Maîtres, on y voyoit un petit Château bâti tout auprès pour servir de retraite aux Pirates, & ce Château avoit un Gouverneur. On prétend que les Habitans de Spachia surpassent tous les Habitans de l'Isle dans l'Art Militaire, & sont plus experts à tirer de l'Arc. Voyez SFACHIA.

[b] Descr. de l'Archipel. p. 416.

SPACORUM VICUS, Lieu d'Espagne: l'Itinéraire d'Antonin le marque sur la route de *Bracara* à *Asturica*, en prenant le long de la Côte. Ce Lieu étoit entre *Aquæ Celenæ*, & *Ad duos Pontes*, à cent quatre-vingt-quinze Stades du premier de ces Gîtes & à cent cinquante du second. Simler lit *Sparcorum* pour *Spacorum*.

1. SPADA, *Orum*, Village de la Perse. Etienne le Géographe dit que ce fut dans ce Lieu que l'on fit les premiers Eunuques, qui delà furent appellez Σπάδι, ou Σπάδονες.

2. SPADA, Cap de l'Isle de Candie [c], dans le Territoire de la Canée sur la Côte Septentrionale, à huit lieues au Couchant de la Canée. On l'appelle aussi *Spata*, & en Latin *Psacum Promontorium*.

[c] Coronelli, Carte de l'Isle de Candie.

SPALATHRA. Voyez SPALETHRA.

SPÁLATO, ou SPALATRO, Ville de l'Etat de Venise, dans la Dalmatie, & la Capitale d'un Comté de même nom, situé entre les Comtez de Trau & de Clissa & la Primoria inferiore. Cette Ville [d] qu'on trouve à douze milles de Trau, & environ à quatre cens milles de Venise, n'est pas plus grande que Sebenico; mais elle est deux fois plus peuplée, parce que c'est une Echelle pour les Caravanes de Turquie, qui déchargent-là leurs Marchandises pour Venise. Le Port est grand & a un bon fond, de bonne tenue, quoiqu'il soit un peu à découvert au Sud & au Sud-Ouest. Au fond du Port, près des murailles de la Ville il y a un beau & grand Lazaret. C'est le nom que les Italiens donnent aux Lieux où l'on fait la quarantaine. L'abord de Spalatro par Mer est fort agréable. Cette Ville est située au fond d'un grand Port fait en demi-lune. Elle est quarrée & n'a pas plus d'un mille de tour. Dans les Monumens anciens de trois à quatre cens ans elle est appellée *Spaletum*, *Spalatum* & *Aspalatum* & de cette manière *Spalato* sembleroit plus conforme à l'origine que *Spalatro*, quoique ce dernier soit plus en usage. Ce nom-là lui peut être venu du mot *Palatium*, parce que ce n'étoit anciennement qu'un Palais de l'Empereur Dioclétien, natif de Salone, qui n'est éloignée de Spalato que d'une lieue. On l'apprend par la Tradition du Lieu & par ce qu'en dit Constantin Porphyrogénète, qui remarque que ce Palais étoit tout bâti de grandes pierres de taille. Ceux qui ont pris Spalatro pour l'ancienne Ville *Epetium* se sont écartez de six ou sept milles, car on voit les ruïnes de cette dernière Ville plus au delà vers l'Embouchure de la petite Riviére de Zarnovisia. Spalatro est fortifiée de bons Bastions de pierres de taille, dont il y en a trois entiers du côté de la Terre & deux demis vers la Mer. Mais ce qui la rend plus foible, c'est que le terrein d'alentour est plus haut, & que la Colline au Couchant, où est le Fauxbourg, commande toute la Ville. A une portée de Mousquet hors de la Porte du Levant, il y a une Forteresse sur une éminence, qui commande aussi la Ville, avec quatre Bastions qui ne sont ni achevez ni réguliers. Aussi les Vénitiens y tiennent-ils peu de Soldats. Ils se fient sur leur Forteresse de Clissa, sous laquelle il faut passer pour venir de Turquie à Spalatro. Il y a un autre petit Fort de terre que le Chevalier Vernéde avoit fait faire à la pointe du Croissant qui forme le Port; mais, quand ils ont la paix avec le Turc, ils le laissent à l'abandon, & n'est à Spalatro qu'une Compagnie d'Infanterie, & la moitié d'une Compagnie de Cavalerie, dont l'autre moitié se tient à Clissa. Le Dôme de Spalatro étoit autrefois un petit Temple au milieu du Palais de Dioclétien. Il est octogone au dehors, & rond au dedans, tout bâti de pierres de taille hormis la voute qui est de brique, & au-dessous de laquelle est une Galerie soutenue de huit Colonnes Corinthiennes de Porphyre & de Granite. Entre le Cul-de-Lampe & cette Galérie, il y a une Frise chargée de différens Animaux, de Festons, de Mascarons, & de quelques têtes, que les gens du Pays, entêtez du nom de Dioclétien, prennent pour des têtes de cet Empereur. Au dehors du Temple regne à moitié de sa hauteur un Corridor

[d] Spon, Voyage de Dalmatie, tom. 1.

couvert de pierres de taille, travaillées en compartimens, & soutenu de huit Colonnes Corinthiennes de Marbre avec une Frise bien travaillée. On y montoit par un autre Temple quarré-long qui donnoit aussi l'entrée à un autre Temple rond au fond, & en avoit un autre petit à main droite, qu'on appelle maintenant *St. Jean Baptiste*. Le plan & la disposition de l'ouvrage étoient de quelque bon Maître; mais dans le détail les Corniches, les Feuillages, & les Chapiteaux n'étoient pas de si bonne main que du tems des derniers Empereurs. Depuis que ce Temple a été changé en Eglise, on l'a percé pour y faire un Chœur, & on y a fait quelques jours; car auparavant, il ne recevoit de jour que par la porte. Les Payens faisoient presque tous leurs Temples obscurs, pour ne pas exposer aux yeux des hommes les Mystères de leurs Dieux, & delà étoit venu l'usage des Flambeaux & des Lampes qu'on y allumoit. On a aussi ajoûté au devant de la porte sur l'Escalier un très-beau Clocher, percé de quantité de Fenêtrages, dont les Matériaux de Marbre, ou de belle pierre, ont été tirez des ruïnes de Salone, & parmi lesquelles on trouve quelques Inscriptions qui parlent de cette derniére Ville. Appien & Gruter en citent une dans ce Temple quarré proche d'une Idôle de Cybèle. J'y vis l'Inscription, poursuit Mr. Spon; mais cette prétendue Idôle n'est autre chose qu'un Sphinx de Marbre granite d'Egypte. Les Colonnes qui sont-là autour sont aussi de la même pierre.

Les murailles du Palais de Dioclétien, qui embrassent les deux tiers de la Ville, sont presque toutes entiéres, & font un quarré juste, avec une porte au milieu de chaque face. Il en reste trois d'une Architecture aussi belle que solide. Les pierres sous l'Arc sont entées en mortaise les unes sur les autres; ceux qui bâtissoient alors prétendoient par-là rendre leur voute plus assûrée. Aux côtez de chaque porte, il y avoit deux petites Tours hexagones, qui gardoient l'entrée, & y ajoutoient quelque embellissement. Tout ce Quartier de la Ville enfermé dans cette enceinte est vouté en plusieurs endroits, & à quantité de masures antiques. Du côté de la Marine il y avoit un Corridor entre le Palais & un mur élevé à même hauteur, mais percé de fenêtres, qui lui laissoient la vûe de la Mer. Ces fenêtres sont des entre-colonnes & une frise au-dessus d'Ordre Dorique, assez bien proportionnée. On y voit une douzaine d'Inscriptions qui peuvent avoir été apportées de Salone; & dans l'Eglise de St. François il y a un bas-relief avec vingt-cinq figures ou environ, qui paroît être la Victoire de Constantin sur Maxence, qui se noya dans le Tibre. Vers la Pointe Occidentale du Port il y a une Eglise de St. George, qui est apparemment l'endroit appellé *Ad Dianam*, dans la Table de Peutinger, à cause de quelque Temple de Diane qui y étoit. Près de la Porte par où l'on sort dans ce Quartier-là, il y a deux ou trois petits Ruisseaux d'eau salée & souffrée qui coulent dans la Mer, & dont on ne tire aucun avantage.

On fait bonne chére à *Spalatro*. Les Perdrix n'y valent que cinq sols, & un Liévre n'y coute guère davantage. On a la viande de boucherie pour un sol la livre, & les Tortues grosses comme les deux poings pour quatre à cinq sols. Mais on vante sur-tout les petites Truittes de Salone, dont l'Empereur Dioclétien étoit si friand, que de peur d'en manquer il avoit fait faire un conduit exprès qui les amenoit dans son Palais.

Ce Prince fit bâtir ce Palais en 304. dans le Mois d'Avril [a], lorsque pour son repos, ou peut-être par force, il se retira à Salone, après avoir renoncé à l'Empire. *Spalatro* à la fin de l'année 1124. passa sous la domination des Vénitiens, mais en 1170, 1313, & 1357. elle changea de Gouvernement & de Maître. Enfin elle recouvra sa premiére félicité, en retournant sous le pouvoir de la République. Camille Gonzague Général de l'Infanterie des Vénitiens réduisit son circuit à 800. pas, il jetta les fondemens de nouvelles Fortifications, il aggrandit ses murailles & y ajouta cinq Bastions. Néanmoins comme il vit que cette Ville n'étoit pas assez grande pour contenir tous les Paysans de son territoire, au cas que l'ennemi entrât dans le Pays, il fortifia de nouveau en 1657. le Fort qui est bâti dans un Lieu fort élevé; ce fut ce même Général qui fit faire autour de cette Forteresse un bon Fossé, & qui lui donna le nom de *Botticelle*. Cette Ville a le titre d'Archevêché qui y fut transféré vers 650. de la Métropole de Salone ruïnée alors par les Esclavons. L'Archevêque qui se dit Primat de Dalmatie est, à ce qu'on prétend, sujet lui-même à la Primatie de Venise; il a douze Suffragans dont la plûpart ont été mis en pauvre état par le voisinage du Turc. Ces Suffragans sont:

[a] *Coronelli, Isolario,* p. 151.

Almissa, *Dalminium*, uni à Spalatro,
Trau, *Tragurium*,
Sebenico, *Sibenicum*,
Seardona, *Scardona*,
Belgradum, *Zara Vecchia*, transféré à Scardona,
Nona, *Ænona*,
Zegna, *Sinia*,
Tine, *Tinia*, Querca,
Macarsca, *Macarsca*,
Lesina, *Pharos*, Isle,
Modrusc, *Corbavia*,
Stridoa, *Strigoa*.

L'Archevêché de *Salone* est aussi dans cette Province; mais il a été transféré à *Spalatro*.

SPALDYING, ou SPALDING [b], Ville d'Angleterre, dans Lincolnshire, au Quartier de Holland, vers l'Embouchure du Welland. C'est une jolie petite Ville toute renfermée de Riviéres, de coupures & de Marais. Elle a droit de Marché.

[b] *Délices de p.* 181.

SPALEI, Peuples de la Sarmatie Asiatique selon Pline [c]. Ortelius soupçonne que les *Spalei* sont les mêmes que les *Spali*, qui sont placez aux environs du Pont-Euxin par Jornandès.

[c] Lib. 6. c. 7.

SPALENSES. Voyez ISPALENSES.

SPALE-

SPA. SPA 67

SPALETHRA, Ville qu'Etienne le Géographe place dans la Thessalie. C'est la Ville *Spalathra* que Pline [a] met dans la Magnésie. Le Périple de Scylax [b] fait de *Spalathra* une Ville Maritime de la Magnésie.

[a] Lib. 4. c. 9.
[b] Pag. 24.

SPALI. Voyez SPALEI.

SPALMADORI, petite Isle de l'Archipel, à l'entrée du Canal de *Scio* du côté du Nord près de l'Isle de ce nom, vis-à-vis de *Porto-Delphino*. Ce fut aux environs de cette Isle que les Turcs défirent l'Armée navale des Vénitiens en 1695.

SPALMAX. Voyez TAMARITIUM.

SPANDAW, ou SPANDOW, Ville d'Allemagne [c], dans la Moyenne Marche de Brandebourg, sur le Havel, vis-à-vis de l'Embouchure de la Sprée, à trois lieues au-dessous & au Nord Occidental de Berlin [d]. Avant que d'entrer dans Spandaw on passe sur la grande chaussée d'un Etang, au milieu duquel paroît la grande Citadelle de cette Ville, flanquée de plusieurs Bastions, où s'élève un Donjon très-ancien défendu par plusieurs pièces de Canon, ainsi que toutes les Fortifications de cette Citadelle, que l'on dit imprenable à cause de ce grand Etang, qui en l'environnant empêche que l'on n'y puisse aborder facilement. Elle renferme un Arsenal qu'on estime l'un des principaux d'Allemagne pour la quantité de belles armes dont il est fourni. Cette Place sert comme de Clef à l'Electeur de Brandebourg, aussi a-t-il soin d'y entretenir une grosse Garnison, de même que dans la Ville que quelques-uns nomment *Spadaon*; & qui n'est éloignée de cette Citadelle que d'une mousquetade. Cette Ville est fortifiée de remparts de terre & de murailles de Briques. Il y passe une Rivière qui porte batteaux jusqu'à dix lieues par delà, en un Lieu où il y a de fort belles Mines, d'où l'on tire le fer à peu de fraix, à cause de la quantité de Bois qui se trouve dans le Pays, & des Moulins qu'on a établis pour faire mouvoir les Forges.

[c] *Jaillot*, Atlas.
[d] *Corn. Dict. Jovin de Rochefort, Voyage de Suède.*

SPANDEUS, Fontaine de l'Isle de *Coa*: c'est Vibius Sequester qui en parle.

SPANETA. Voyez HISPANETA.

SPANGENBERG, Ville d'Allemagne [e], dans le Bas Landgraviat de Hesse, au Quartier appellé *Ampt-Spangenberg*, dont elle est le Chef-lieu. Cette Ville située environ à quatre lieues au Midi Oriental de Cassel, sur une petite Rivière qui se jette dans la Fulde, est accompagnée d'un Château.

[e] *Gerard Valk, Carte de la Hesse.*

SPANHEIM, ou SPONHEIM, Comté d'Allemagne, dans le Bas-Palatinat. Ses bornes sont l'Electorat du Palatinat à l'Orient; les Terres de l'Electorat de Mayence au Septentrion; celles de Trèves à l'Occident, & les Duchez de Lorraine, & de Deux-Ponts au Midi. Il avoit une étendue fort considérable & étoit divisé en Antérieur & en Ultérieur après le partage qu'en firent les deux Branches de la Maison de Spanheim. L'Electeur Palatin possède trois cinquièmes parties du Comté Antérieur avec la Ville de Creutznac: le Marquis de Bade a les deux autres parties avec la moitié du Château de Kausenberg qui domine cette Ville. Elisabeth fille unique de Simon Comte de Spanheim, épousa Robert *le Petit*, fils de l'Empereur Robert; & en reconnoissance de l'amitié que cet Empereur conserva pour elle après la mort de son mari, dont elle n'eut point d'enfans, elle lui donna en 1405. la cinquième partie du Comté Antérieur de Spanheim, du consentement de son pere, après la mort duquel les autres parties passèrent à Jean son Cousin, Comte de Spanheim, qui possédoit le Comté Ultérieur. Jean se voyant sans enfans fit son Testament en 1405. & institua pour ses Héritiers Bernard Marquis de Bade, & Frédéric Comte de Weldentz ses Cousins, laissant à chacun, deux quints du Comté Antérieur & la moitié de l'Ultérieur, qu'ils gouvernèrent en commun. Frédéric, Comte de Weldentz, n'eut qu'une Fille nommée Anne, qui porta cette succession à Etienne Comte Palatin, cinquième fils de l'Empereur Robert, qui avoit eu en partage la Seigneurie de Simmeren. Il en eut deux fils, Frédéric & Louïs. Le premier eut le Pays de Simmeren & les deux cinquièmes du Comté Antérieur de Spanheim; & Louïs eut les Comtez de Deux-Ponts & de Weldentz, avec la moitié du Comté Ultérieur de Spanheim. Ce Comté Ultérieur est divisé en cinq Bailliages. Le Prince Palatin de Birckenfeld jouit seul de celui de Birckenfeld, & le Marquis de Bade de celui de Castellaum; mais ils possèdent en commun ceux de Traerbach, d'Allenbach & de Winterberg.

SPANIA, Ville d'Egypte: Palladius [f] y met un Monastère.

[f] *In Vita Aphtonii.*

SPANIENSIS CIVITAS, St. Augustin [g] parle d'un Soudiacre de cette Ville nommé Primus.

[g] Epist. 169.

SPANIJA. Voyez ESPAGNE.

SPANYDRION, Lieu de la Phénicie. Siméon le Métraphraste [h] dit que c'est dans ce Lieu que St. Epiphane s'étoit caché.

[h] *In Vita Epiph.*

SPARSA. Voyez NOVA.

SPARTA. Voyez LACEDEMONE & THERAMNÆ, & SPARTE.

SPARTACUS. Etienne le Géographe met une Ville de ce nom dans la Thrace & cite Eratosthène.

SPARTANI, Peuple Asiatique, selon Justin [i]; mais, dit Ortelius [k], peut-être faut-il lire *Ariani*, car on ne connoît point de *Spartani* en Asie.

[i] Lib. 41.
[k] *Thesaur.*

SPARTARIA. Voyez CARTHAGE, N°. 4.

SPARTARIUS-CAMPUS, Campagne dont parle Strabon [l]. Il la met en Espagne, & dit que le chemin de Sagunte & de Setabis à Cordoue, s'éloignoit un peu de la Mer, & passoit par cette Campagne. Strabon entend parler de la Campagne qui étoit aux environs de Carthage la Neuve, & où l'on trouvoit cette espèce de Jonc appellé *Spartum, Esparte*, qui avoit donné à la Ville le nom de SPARTARIA, & à la Campagne celui de *Spartarius-Campus*. C'étoit une espèce de Jonc blanc & sec, qui croissoit sans eau. Il étoit d'un usage presqu'universel. Il se siloit & on en faisoit des Cordes pour les Chariots, des Cables pour les Vaisseaux, des Nattes pour servir de Lits, des Nasses pour la Pêche, des Souliers & des Habits pour les pauvres gens, & enfin il servoit à brûler. On le transportoit de toutes parts &

[l] Lib. 3. p. 160.

I 2 sur-

sur-tout en Italie. Cette espèce de Jonc se trouve encore à présent dans la même Campagne, & dans la même quantité aux environs de Carthagène.

1. SPARTE, Ville du Péloponnèse, dans la Laconie, sur le Fleuve Eurotas. J'ai déjà parlé de cette Ville à l'Article LACÉDÉMONE, nom sous lequel elle a été peut-être autant connue que sous celui de Sparte. Il n'est question ici que de donner la Description de cette célèbre Ville, & je l'emprunte de Pausanias [a], celui des Anciens qui la donne avec le plus d'exactitude.

[a] L. 3. c. 11. & suiv. de la Traduction de l'Abbé *Gedoyn*.

En descendant de Thornax on trouvoit devant soi la Ville de Sparte qui étoit appellée ainsi dès sa fondation, mais qui dans la suite prit le nom de Lacédémone, parce que c'étoit le nom du Pays. Il y avoit dans cette Ville beaucoup de choses dignes de curiosité. En premier lieu la Place publique, où se tenoit le Sénat des Vieillards qui étoient au nombre de vingt-huit, le Sénat de ceux qui sont les Conservateurs des Loix, le Sénat des Ephores, & le Sénat de ces Magistrats qu'ils appelloient Bidiéens. Le Sénat des Vieillards étoit le souverain Tribunal des Lacédémoniens, & celui qui régloit toutes les affaires de l'Etat. Les autres Sénateurs étoient, à proprement parler, des Archontes; les Ephores étoient au nombre de cinq, & les Bidiéens de même. Ceux-ci étoient commis pour veiller sur les Jeunes-gens, & pour présider à leurs exercices, soit dans le lieu qu'ils nommoient *le Platanise*, soit par-tout ailleurs. Ceux-là étoient chargés de soins plus importans, & chaque année ils en nommoient un d'entr'eux qui présidoit aux autres, & dont le nom servoit à marquer l'année, de la même manière qu'à Athènes les Neuf élisoient un d'entr'eux qui avoit le nom d'Archonte par excellence. Le plus bel Edifice qu'il y eut dans la Place, étoit le Portique des Perses, ainsi nommé parce qu'il avoit été bâti des dépouilles remportées sur les Perses. Dans la suite on l'avoit beaucoup aggrandi & orné. Tous les Chefs de l'Armée des Barbares & entr'autres Mardonius fils de Gobryas avoient-là chacun leurs Statues de Marbre blanc, & ces Statues étoient sur autant de Colonnes. On y voyoit aussi la Statue d'Artémise, fille de Lygdamis, & Reine d'Halicarnasse. On dit que cette Reine de son propre mouvement joignit ses forces à celles de Xerxès pour faire la Guerre aux Grecs, & que dans le Combat naval qui fut donné auprès de Salamine, elle fit des prodiges de valeur. Après le Portique des Perses, ce qu'il y avoit de plus beau à voir dans cette Place, étoient deux Temples, dont l'un étoit consacré à Jules César, l'autre à Auguste son fils. On remarquoit sur l'Autel de ce dernier une figure d'Agias, gravée sur du cuivre, c'est cet Agias qui prédit à Lysander qu'il se rendroit maître de toute la Flote d'Athènes à Egesspotame, à la reserve de dix Galères qui en effet se sauvérent en Chypre. Dans la Place de Sparte on voyoit encore trois Statues, une d'Apollon Pythæus, l'autre de Diane, & la troisième de Latone. L'endroit où étoient ces Statues, étoit une enceinte qu'ils appelloient du nom de Chœur, parce que dans ces Jeux publics auxquels les Jeunes-gens s'exerçoient, & qui se célébroient avec beaucoup de solemnité, toute la Jeunesse alloit-là, & y formoit des Chœurs de Musique en l'honneur d'Apollon; près de-là étoient plusieurs Temples, l'un consacré à la Terre, l'autre à Jupiter Agoreus, un autre à Minerve Agorea, & un quatrième à Neptune surnommé Asphalius. Apollon & Junon avoient aussi chacun le leur. On voyoit aussi une grande Statue qui représentoit le Peuple de Sparte, & un peu plus bas le Temple des Parques; tout joignant ce Temple étoit le Tombeau d'Oreste; auprès de sa Sépulture on remarquoit le Portrait du Roi Polydore, fils d'Alcamène. Les Lacédémoniens ont tellement distingué ce Roi entre tous les autres, que les Actes publics ont été long-tems scellés de son Sceau. Au même lieu il y avoit un Mercure, qui portoit un petit Bacchus, & ce Mercure étoit surnommé Agoreus. Il y avoit aussi dans le même endroit des rangées d'anciennes Statues, qui représentoient les Ephores de ces tems-là. Parmi ces Statues on voyoit le Tombeau d'Epiménide, & celui d'Apharéus, fils de Périérès. Du côté où étoient les Parques, on voyoit les Sales, où les Lacédémoniens prenoient ces Repas publics, qu'ils appelloient *Phiditia*; & là étoit aussi Jupiter Hospitalier, & Minerve Hospitalière. En sortant de la Place, & passant par la Rue des Barriéres, on trouvoit une Maison qu'ils appelloient le Boonète. Au-dessus du Sénat des Bidiéens, il y avoit un Temple de Minerve, où l'on dit qu'Ulysse consacra une Statue à la Déesse, sous le nom de Minerve Celeuthea, comme un Monument de la Victoire qu'il avoit remportée sur les Amans de Pénélope, & il fit bâtir sous le même nom trois Temples en trois différens endroits. Au bout de la Rue des Barriéres on trouvoit une Sépulture de Héros, entr'autres celle d'Iops, qu'on croit avoir vécu environ le tems de Lelex & de Mylès, celle encore d'Amphiaraüs, fils d'Oïclès. Près de-là étoit le Temple de Neptune, surnommé Tenarius, & assez près on voyoit une Statue de Minerve. Du même côté on trouvoit la Place Hellénie, ainsi appellée parce que dans le tems que Xerxès passa en Europe, toutes les Villes Grecques qui prirent les armes contre lui, envoyérent leurs Députés à Sparte, & que ces Députés s'abouchèrent là pour aviser aux moyens de résister à une Puissance si formidable. D'autres disoient que cette dénomination étoit encore plus ancienne, & qu'elle venoit de ce que tous les Princes de la Gréce ayant pour l'amour de Ménélas entrepris le Siège de Troye, ils s'assemblèrent en ce lieu pour délibérer sur cette expédition, & sur les moyens de tirer vengeance de Pâris, qui avoit enlevé Héléne. Près de cette Place on montroit le Tombeau de Talthybius, mais ceux d'Egion en Achaïe avoient aussi dans le Marché de leur Ville un Tombeau qu'ils assûroient être celui de Talthybius. Dans le même Quartier on voyoit un Autel, dédié à Apollon Acritas, ainsi appellé parce que cet Autel

Autel étoit bâti sur une hauteur. On trouvoit dans le même endroit un Temple de la Terre, qu'ils nommoient Gasepton, & un peu au-deſſus un autre Temple d'Apollon, ſurnommé Maléatés; paſſé la Rue des Barriéres contre les Murs de la Ville, on trouvoit une Chapelle dédiée à Dictynna, & enſuite les Tombeaux de ces Rois, qui ont été appellés Eurypontides. Auprès de la Place Hellénienne, il y avoit le Temple d'Arſinoé, qui étoit fille de Leucippe, & Belle-ſœur de Caſtor & de Pollux. Du côté des Remparts on voyoit un Temple de Diane, & un peu plus loin la Sépulture de ces Devins qui vinrent d'Elis, & qu'on appelloit Jamides. Maron & Alphée avoient auſſi là leurs Temples. C'étoit deux grands Capitaines qui après Léonidas ſignalérent le plus leur courage au Combat des Thermopyles. A quelques pas delà on voyoit le Temple de Jupiter Tropeus. Mais de tous les Temples qui étoient à Sparte le plus révéré, étoit celui de la Mere des Dieux. On voyoit auprès le Monument héroïque d'Hippolyte, fils de Theſée, & celui d'Aulon Arcadien, fils de Tleſiméne, frere de Parthénopée, qui étoit fils de Mélanion, & d'autres le faiſoient ſon propre fils. La grande Place de Sparte avoit encore une autre iſſue, & de ce côté-là on trouvoit un Edifice, où les Habitans venoient prendre le frais. On diſoit que ce Bâtiment étoit un Ouvrage de Théodore de Samos, qui le premier trouva l'Art de fondre le Fer, & d'en faire des Statues. C'eſt à la Voute de cet Edifice, que les Lacédémoniens avoient ſuſpendu la Lyre de Timothée de Milet, après l'avoir puni de ce qu'aux ſept Cordes de l'ancienne Lyre, il en avoit ajouté quatre autres. Près de-là étoit une Rotonde, où il y avoit deux Statues, l'une de Jupiter Olympien, l'autre de Venus Olympienne. On trouvoit près de-là le Tombeau de Cynortas, fils d'Amyclas, & un peu plus loin celui de Caſtor avec ſon Temple qui étoit tout auprès. On montroit auſſi le Tombeau de ces deux fils d'Aphareus auprès de l'Edifice dont on a parlé, & qu'on nommoit Sxias. Auprès de la Chapelle de Venus Olympienne, on voyoit un Temple de Proſerpine Conſervatrice, bâti, à ce qu'ils diſoient, par Orphée de Thrace, & ſelon d'autres par cet Abaris, qui étoit venu des Pays Hyperboréens. Quant à Carnéus, ſurnommé le Domeſtique, il étoit honoré à Sparte avant même le retour des Héraclides dans le Péloponnèſe. A l'égard du Culte d'Apollon Carnéus qui avoit été embraſſé de tous les Doriens, il tiroit ſon origine d'un certain Carnus, qui étoit d'Acarnanie, & qui avoit reçu d'Apollon même l'Art de deviner; mais le Carnéus que les Lacédémoniens avoient ſurnommé le Domeſtique, étoit différent; puis qu'il avoit déja ſon Culte à Sparte dans la Maiſon du Devin Crius, lorſque les Achéens étoient encore maîtres de la Ville. Cependant d'autres diſoient que les Grecs pour conſtruire ce Cheval de bois, qui fut ſi fatal aux Troyens, coupérent une grande quantité de Cornouillers ſur le Mont Ida, dans un Bois conſacré à Apollon, & que par-là ayant attiré ſur eux la coléredu Dieu, ils inſtituérent un Culte en ſon honneur, & du nom de l'Arbre, qui faiſoit le ſujet de leur diſgrace, donnérent à Apollon le ſurnom de Carnéus, en tranſpoſant une lettre à la manière des Anciens. Auprès de ce Temple d'Apollon, on voyoit la Statue d'Aphétéus, du même côté, mais un peu au-deſſus on trouvoit des Portiques de figure quarrée, où l'on vendoit anciennement toute ſorte de Mercerie. A quelques pas de-là étoient trois Autels dédiés à Jupiter Ambulius, à Minerve Ambulia, & aux Dioſcures qui avoient auſſi le ſurnom d'Ambulii. Vis-à-vis étoit une éminence appellée Colona, où il y avoit un Temple de Bacchus Colonate; ce Temple tenoit preſque à un Bois, qu'ils avoient conſacré à ce Héros qui eut l'honneur de conduire Bacchus à Sparte. Du Temple de Bacchus à celui de Jupiter Evanemus, il n'y avoit pas loin, & de ce dernier on voyoit le Monument héroïque de Pleuron, dont les enfans de Tyndare deſcendoient par leur mere. Près de-là étoit une Colline, où Junon Argiva avoit un Temple qui avoit été conſacré, dit-on, par Eurydice fille de Lacédémon, & femme d'Acriſius, qui étoit fils d'Abas, car pour le Temple de Junon Hyperchiria, il avoit été bâti par le conſeil de l'Oracle dans le tems que le Fleuve Eurotas inondoit toute la Campagne. On voyoit dans ce Temple une Statue de bois d'un goût fort ancien, & qui repréſentoit, à ce qu'ils diſoient, Venus Junon. Toutes les femmes qui avoient des filles à marier, faiſoient des Sacrifices à cette Déeſſe. Sur le chemin, qui menoit à la Colline, on trouvoit à droite une Statue d'un certain Héſymoclès, fils d'Hippoſthène. Au ſortir de la Place, ſi on alloit au Couchant, on voyoit le Cénotaphe de Braſidas, fils de Tellis, & enſuite le Théâtre; il étoit bâti de Marbre blanc. Vis-à-vis du Théâtre étoit le Tombeau du Roi Pauſanias, qui commandoit les Lacédémoniens au combat de Platée. La Sépulture de Léonidas étoit tout auprès. Tous les ans on faiſoit les Oraiſons funèbres de ces grands Capitaines ſur leurs Tombeaux, & ces Oraiſons étoient ſuivies de Jeux funéraires, où il n'y avoit que les Lacédémoniens qui fuſſent reçus à diſputer le prix. Léonidas étoit véritablement inhumé dans ce lieu-là, car ſes os avoient été rapportés des Thermopyles par Pauſanias quarante ans après ſa mort. On voyoit auſſi là une Colonne, ſur laquelle étoient gravés les noms de ces braves hommes, qui ſoutinrent l'effort des Perſes aux Thermopyles, & non-ſeulement leurs noms, mais ceux de leurs peres. Il y avoit un Quartier dans la Ville, qu'on nommoit le Théomélide, où étoient les Tombeaux des Rois dits Agides. Le Leſché étoit tout contre. C'étoit le lieu où les Crotanes s'aſſembloient, & les Crotanes étoient la Cohorte des Pitanates. On trouvoit enſuite le Temple d'Eſculape qu'ils nommoient l'Enapadon, & un peu plus loin le Tombeau de Tenarus, d'où un Promontoire fort connu avoit pris ſa dénomination. Dans le même Quartier on voyoit le Temple de Neptune Hippocurius, & celui de Diane Eginea. En retournant vers le Leſché,

ché, on trouvoit fur son chemin le Temple de Diane Issoria, autrement dite Limnéa. Près de ces Tombeaux des Agides, on voyoit une Colonne, sur laquelle on avoit gravé les Victoires qu'un Lacédémonien nommé Anchionis, avoit remportées au nombre de sept fois tant à Olympie qu'ailleurs. On voyoit aussi le Temple de Thetis dans ce Quartier-là. Pour le Culte de Cérès Cthonia, qui étoit établi à Sparte, les Habitans croioient l'avoir reçu d'Orphée; mais il y a plus d'apparence, qu'ils l'avoient pris des Habitans d'Hermione, chez qui cette Déesse étoit honorée sous le même nom. On voyoit aussi à Sparte un Temple de Serapis, & un Temple de Jupiter Olympien. Il y avoit un Lieu qu'ils appelloient Dromos, où ils exerçoient leurs Jeunes-gens à la Course. Si l'on y entroit du côté qui regardoit la Sépulture des Agides, on voyoit à main gauche le Tombeau d'Eumédés, qui étoit un des fils d'Hippocoon, & à quelques pas de-là une vieille Statue d'Hercule. C'étoit à ce Dieu, & en ce lieu-là, que sacrifioient les Jeunes-gens, qui sortoient de l'Adolescence pour entrer dans la Classe des Hommes. Le Dromos avoit deux Gymnases ou Lieux d'exercices, dont l'un avoit été consacré à cet usage par Euryclide de Sparte. Au dehors & près de la Statue d'Hercule, on montroit une Maison qui étoit autrefois la Maison de Ménélas. Plus loin on trouvoit les Temples des Dioscures, des Graces, de Lucine, d'Apollon Carnéus, & de Diane Hégémaque. A droite du Dromos on voyoit le Temple d'Agnitas, c'étoit un surnom, qui avoit été donné à Esculape, à cause du Bois dont sa Statue avoit été faite. Quand on avoit passé le Temple d'Esculape, on voyoit un Trophée de Pollux, à ce qu'on dit, avoit érigé lui-même après la Victoire qu'il avoit remportée sur Lyncée. Les Dioscures avoient leurs Statues à l'entrée du Dromos, comme des Divinités qui président à la Barriére. En avançant plus loin, on voyoit le Monument héroïque d'Alcon; à quelques pas de-là étoit le Temple de Neptune, surnommé Domatités. Plus loin étoit un endroit, qu'ils nommoient le Plataniste, à cause de la quantité de grands Platanes, dont il étoit rempli. Les jeunes Spartiates faisoient leurs combats dans cette Plaine, qui étoit toute entourée de l'Euripe; on y passoit sur deux Ponts. A l'entrée de l'un il y avoit une Statue d'Hercule, & à l'entrée de l'autre un Portrait de Lycurgue. Dans le Collége où les Jeunes-gens étoient élevés, ils sacrifioient avant que d'aller au combat. Ce Collége étoit hors de la Ville, & près du Quartier appellé Therapné. Les deux troupes des combattans immoloient le petit d'une Chienne au Dieu Mars, ne croyant pas pouvoir offrir au plus courageux de tous les Dieux, une Victime plus agréable, que l'Animal le plus courageux qu'il y ait entre les Animaux domestiques, & après leurs Sacrifices ils prenoient deux Sangliers aprivoisés, & les menoient avec eux pour les faire battre l'un contre l'autre, chaque troupe s'interessoit pour le sien; il arrivoit même ordinairement que la troupe, dont le Sanglier avoit été victorieux dans le Pla-

taniste étoit celle-là même, qui remportoit le lendemain la Victoire. Le lendemain sur le midi, ils alloient dans la Plaine, dont on a parlé, après avoir tiré au sort la nuit devant pour savoir, par quel côté chaque troupe prendroit le chemin du rendez-vous; car, comme on a dit, il y avoit deux Ponts, l'un d'un côté, l'autre de l'autre. Le Signal donné, ils se battoient à coups de poing, à coups de pieds, ils se mordoient de toutes leurs forces, & s'entr'arrachoient les yeux; on les voyoit se battre à toute outrance tantôt un contre un, tantôt par pelotons & tantôt tous ensemble, chaque troupe faisant tous ses efforts pour faire reculer l'autre, & pour la pousser dans l'eau qui étoit derriére. Vers ce Bois de Platanes, on voyoit aussi le Monument héroïque de Cynisca, fille du Roi Archidame. Derriére un Portique qui étoit-là, on trouvoit encore d'autres Monumens héroïques, comme ceux d'Alcime & d'Enarephore, un peu plus loin ceux de Dorcée & de Sébrus. Dorcée avoit donné son nom à une Fontaine, qui étoit dans le voisinage, & Sébrus le sien à une Rue de ce Quartier-là. A droite du Monument de Sébrus, on remarquoit le Tombeau d'Alcman. Là se trouvoient aussi le Temple d'Héléne, & le Temple d'Hercule, le premier plus près de la Sépulture d'Alcman, le second contre les murs de la Ville. Dans ce dernier il y avoit une Statue d'Hercule armé; on dit qu'Hercule étoit représenté ainsi, à cause de son combat avec Hippocoon, & avec ses enfans. En sortant du Dromos, du côté de l'Orient, on trouvoit un Temple dédié à Minerve Axiopœnas, ou Vengeresse. Minerve avoit encore dans cette Rue un Temple, qu'on trouvoit à gauche au sortir du Dromos. On rencontroit ensuite le Temple d'Hipposthéne, homme célèbre pour avoir été plusieurs fois vainqueur à la Lutte, & vis-à-vis de ce Temple il y avoit une Statue fort ancienne, qui représentoit Mars enchaîné, sur le même fondement, qu'on voyoit à Athènes une Victoire sans aîles; car les Lacédémoniens s'étoient imaginés, que Mars étant enchaîné demeureroit toujours avec eux, comme les Athéniens avoient cru que la Victoire n'ayant point d'aîles, elle ne pourroit s'envoler ailleurs, ni les quitter. C'étoit la raison qui avoit porté ces deux Peuples à représenter ainsi ces Divinités. Il y avoit encore à Sparte un autre Lesché, qu'ils nommoient le Pœcile. On voyoit tout près les Monumens héroïques de Cadmus, fils d'Agenor, d'Oeolicus, fils de Theras, & d'Egée fils d'Oeolicus. On croyoit que c'étoit Mésis, Léas & Europas fils d'Hyrée, & petit-fils d'Egée, qui avoient fait élever ces Monumens. Ils avoient même ajouté celui d'Amphiloque, parce que Tisaméne leur Ancêtre étoit né de Démonasse, sœur d'Amphiloque. Les Lacédémoniens étoient les seuls Grecs qui révéroient Junon sous le nom de la Déesse Egophage, & qui lui immoloient une Chévre. Si on reprenoit le chemin du Théatre, on voyoit un Temple de Neptune Génethlius, & deux Monumens héroïques, l'un de Cléodée fils d'Hyllus, l'autre d'Oebalus;

Escu-

Esculape avoit plusieurs Temples dans Sparte, mais le plus célébre de tous étoit celui qui étoit auprès du Boonète, & à la gauche duquel on voyoit le Monument héroïque de Teleclus. Plus avant on découvroit une petite Colline, au haut de laquelle il y avoit un vieux Temple de Venus, & dans ce Temple une Statue qui représentoit la Déesse armée. Ce Temple étoit singulier, mais, à proprement parler, c'étoit deux Temples l'un sur l'autre ; celui de dessus étoit dédié à Morpho : ce nom Morpho étoit un surnom de Venus. La Déesse y étoit voilée, & elle avoit des Chaînes aux pieds. Les Habitans de Sparte disoient que c'étoit Tyndare qui lui avoit mis ces Chaînes pour donner à entendre, combien la fidélité des femmes envers leurs maris devoit être inviolable ; d'autres disoient, que c'étoit pour se venger de Venus, à qui il imputoit l'incontinence, & les Adultéres de ses propres filles. Le Temple le plus proche, qui se présentoit ensuite, étoit celui d'Hilaire & de Phœbé. Un œuf enveloppé de Bandelettes, étoit suspendu à la Voute du Temple, & le Peuple croyoit, que c'étoit l'œuf dont accoucha Léda. Des femmes de Sparte filoient tous les ans une Tunique pour la Statue d'Apollon, qui étoit à Amycle, & le Lieu où elles filoient, s'appelloit par excellence *la Tunique*. On voyoit auprès une Maison, qu'avoient habitée autrefois les fils de Tyndare, & qu'avoit achetée depuis un Particulier de Sparte, nommé Phormion. Un jour, à ce qu'on dit, les Dioscures étoient arrivés chez lui, se disans des Etrangers qui venoient de Cyrène, ils lui avoient demandé l'Hospitalité, & l'avoient prié de leur donner une certaine chambre dans sa maison, c'étoit celle où ils s'étoient plû davantage, lorsqu'ils étoient parmi les hommes. Phormion leur dit que toute sa maison étoit à leur service, à la reserve pourtant de cette chambre qui étoit occupée par une jeune fille qu'il avoit. Les Dioscures prirent l'appartement qu'on leur donna ; mais le lendemain la jeune fille & les femmes qui la servoient, tout disparut, & on ne trouva dans sa chambre que deux Statues des Dioscures, une Table, & sur cette Table du Benjoin ; voilà ce que racontoient les Habitans de Sparte. En allant vers la Porte de la Ville, on trouvoit sur son chemin le Monument héroïque de Chilon, qui avoit été autrefois en grande réputation de sagesse, & celui d'un Héros Athénien, qui étoit un des principaux de cette Colonie, que Dorieüs fils d'Anaxandride avoit débarqué en Sicile. Les Lacédémoniens avoient aussi bâti un Temple à Lycurgue leur Legislateur comme à un Dieu ; derrière son Temple on voyoit le Tombeau de son fils Eucosinus, auprès d'un Autel qui étoit dédié à Lathria & à Anaxandra, qui étoient deux sœurs jumelles qui avoient épousé les deux fils d'Aristodème, qui étoient aussi jumeaux. Vis-à-vis du Temple de Lycurgue étoit la Sépulture de Théopompe, fils de Nicandre, & celle de cet Eurybiade, qui commandoit la Flote des Lacédémoniens au combat d'Artemisium, & à celui de Salamine contre les Perses. On trouvoit ensuite le Monument héroïque d'Astrabacus. On passoit de-là dans une Rue qu'ils nommoient Limnée, où il y avoit un Temple dédié à Diane Orthia. Du Temple de Diane il n'y avoit pas loin à celui de Lucine. Les Lacédémoniens disoient que c'étoit l'Oracle de Delphes qui leur avoit conseillé d'honorer Lucine comme une Déesse. Dans la Ville il n'y avoit point de Citadelle bâtie sur une hauteur comme la Cadmée à Thèbes, ou Larissa à Argos, mais il y avoit plusieurs Collines dans l'enceinte de leur Ville, & la plus haute de ces Collines leur tenoit lieu de Citadelle. Minerve y avoit son Temple sous les noms de Minerve *Poliuchos* & *Chalciœcos*, comme qui diroit de Minerve Gardienne de la Ville. Tyndare avoit commencé cet Edifice, après lui ses enfans entreprirent de l'achever, & d'y employer le prix des dépouilles, qu'ils avoient remportées sur les Aphidnéens ; mais l'entreprise étant encore restée imparfaite, les Lacédémoniens longtems après construisirent un nouveau Temple, qui étoit tout d'airain comme la Statue de la Déesse. L'Ouvrier dont ils s'étoient servis se nommoit Gitiadas ; au dedans du Temple la plûpart des Travaux d'Hercule étoient gravez sur l'airain. Là étoient aussi gravez les exploits des Tyndarides, & surtout l'enlèvement des filles de Leucippe. On voyoit ensuite d'un côté Vulcain, qui dégageoit sa mere de ses Chaînes, & d'un autre côté Persée prêt à partir pour aller combattre Méduse en Libye. Des Nymphes lui mettoient un Casque sur la tête, & des Taloniéres aux pieds, afin qu'il pût voler en cas de besoin. On n'avoit pas oublié tout ce qui avoit rapport à la naissance de Minerve, & ce qui effaçoit le reste, c'étoit un Neptune & une Amphitrite, qui étoient d'une beauté merveilleuse. On trouvoit ensuite une Chapelle de Minerve Ergané. Aux environs du Temple il y avoit deux Portiques, l'un au Midi, l'autre au Couchant. Vers le premier étoit une Chapelle de Jupiter, surnommé Cosmétès, & devant cette Chapelle le Tombeau de Tyndare : sur le second Portique on voyoit deux Aigles éployées, qui portoient chacune une Victoire. C'étoit un présent de Lysander, & en même tems un Monument des deux Victoires, qu'il avoit remportées, l'une près d'Ephèse sur Antiochus le Lieutenant d'Alcibiade, qui commandoit les Galéres d'Athènes, l'autre encore sur la Flote Athénienne, qu'il avoit défaite entièrement à Egespotame. A l'aîle gauche du Temple d'Airain il y avoit une Chapelle consacrée aux Muses, parce que les Lacédémoniens marchoient à l'ennemi, non au son de la Trompette, mais au son des Flûtes & de la Lyre.

Derrière le Temple étoit la Chapelle de Venus Aréa, où l'on voyoit des Statues de bois aussi anciennes qu'il y en ait dans toute la Gréce. A l'aîle droite on voyoit un Jupiter en Bronze, qui est de toutes les Statues de Bronze la plus ancienne. Ce n'étoit point un Ouvrage d'une seule & même fabrique, il avoit été fait successivement & par piéces, ensuite ces piéces avoient été si bien enchassées, si bien jointes ensemble avec des Cloux, qu'elles faisoient un tout fort solide.

solide. A l'égard de cette Statue de Jupiter, les Lacédémoniens soutenoient que c'étoit Léarque de Rhegium qui l'avoit faite; selon quelques-uns c'étoit un Elève de Dipœne & de Scyllis, & selon d'autres de Dédale même. De ce côté-là étoit un endroit appellé *Scénoma* où l'on trouvoit le Portrait d'une femme. Les Lacédémoniens disoient que c'étoit Euryléonis qui s'étoit rendue célèbre pour avoir conduit un Char à deux chevaux dans la carriére, & remporté le prix aux Jeux Olympiques. A l'Autel même du Temple de Minerve il y avoit deux Statues de ce Pausanias, qui commandoit l'Armée de Lacédémone au combat de Platée. On disoit que ce même Pausanias se voyant atteint & convaincu de trahison, avoit été le seul qui se fût refugié à l'Autel de Minerve Chalciœcos, & qui n'y eût pas trouvé sa sûreté. La raison qu'on en rapportoit c'est que Pausanias ayant quelque tems devant commis un meurtre, il n'avoit jamais pu s'en faire purifier. Dans le tems que ce Prince commandoit l'Armee Navale des Lacédémoniens, & de leurs Alliez sur l'Hellespont, il devint amoureux d'une jeune Byſantine; ceux qui avoient ordre de l'introduire dans sa chambre & étant entrez sur le commencement de la nuit le trouverent déja endormi. Cléonice, c'étoit le nom de la jeune personne, en approchant de son lit renversa par mégarde une lampe qui étoit allumée; à ce bruit Pausanias se réveille en sursaut, & comme il étoit dans des agitations continuelles à cause du dessein qu'il avoit formé de trahir sa patrie, se croyant découvert, il se lève, prend son ciméterre, en frappe sa Maîtresse & la jette morte à ses pieds. C'est-là le meurtre dont il n'avoit jamais pu se purifier, quelques supplications, quelque expédient qu'il eût employé, envain s'étoit-il adressé à Jupiter Phyxius, envain étoit-il allé à Phigalée en Arcadie pour implorer le secours de ces gens qui savoient évoquer les ames des morts, tout cela lui avoit été inutile, & il avoit payé enfin à Dieu, & à Cléonice la peine de son crime. Les Lacédémoniens par ordre exprès de l'Oracle de Delphes avoient depuis érigé deux Statues en bronze à ce Prince, & avoient rendu une espèce de culte au Génie Epidote, dans la pensée que ce Génie appaiseroit la Déesse. Après ces Statues on en voyoit une de Vénus surnommée Ambologera, c'est-à-dire, Venus qui éloigne la vieillesse. Celle-ci avoit été aussi érigée par l'avis de l'Oracle, ensuite celles du Sommeil & de la Mort, qui sont freres au rapport d'Homère dans l'Iliade. Si delà on passoit dans la Rue Alpia, on trouvoit le Temple de Minerve dite Ophthalmitis, comme qui diroit Minerve qui conserve les yeux. On disoit que c'étoit Lycurgue même qui avoit consacré ce Temple, sous ce titre, à Minerve, en mémoire de ce que dans une émeute, ayant eu un œil crevé par Alcandre, à qui ses Loix ne plaisoient pas, il avoit été sauvé en ce lieu-là par le Peuple, sans le secours duquel il auroit peut-être perdu l'autre œil, & la vie même. Plus loin on trouvoit le Temple d'Ammon, car il paroît que les Lacédémoniens étoient de tous les Grecs, ceux qui recouroient le plus volontiers à l'Oracle de la Libye. On dit même que Lysander, assiégeant la Ville d'Aphytis près de Pallène eut durant la nuit une apparition du Dieu Ammon, qui lui conseilla comme une chose également avantageuse, à lui & à Lacédémone, de laisser les assiégez en paix, conseil auquel il déféra si bien qu'il leva le Siège, & qu'il porta ensuite les Lacédémoniens à honorer Ammon, encore plus qu'ils ne faisoient; ce qui est de certain, c'est que les Aphitéens révéroient ce Dieu comme les Libyens mêmes. Quant au Temple de Diane Cnagia, ainsi la nommoient-ils, voici ce qu'ils en racontoient. Cnagéus étoit selon eux un homme originaire du Pays, & qui avoit accompagné Castor & Pollux au Siège d'Aphidna. Ayant été fait prisonnier dans un combat il avoit été vendu, & envoyé en Crète; après avoir été esclave quelque tems dans une Ville, où les Crétois avoient un Temple de Diane, il s'étoit enfui avec la Prêtresse, qui avoit emporté avec elle la Statue de Diane. Tous les deux étant venus à Sparte; leur avanture avoit donné lieu au Temple & au surnom de la Déesse, mais on ne peut croire, que ce Cnagéus eût passé en Crète à l'occasion que disoient les Lacédémoniens. Car premièrement il n'y avoit point eu de combat à Aphidna, Thesée étoit pour lors chez les Thesprotiens; d'ailleurs les Athéniens étoient partagés, & même la plûpart panchoient plus pour Mnesthée que pour lui. Comment auroient-ils combattu en faveur du dernier? Mais quand il y auroit eu un combat, il n'y a pas apparence qu'aucun du parti des Victorieux eût pu être prisonnier de guerre, les Lacédémoniens ayant tellement eu l'avantage qu'ils prirent même Aphidna.

2. SPARTE, Ville des Etats du Turc en Asie, dans l'Anatolie, sur la Route de Satalie à Igridy, assez près & au Midi d'un grand Lac auquel on ne donne pas moins de cent milles de circuit. Cette Ville, dit Paul Lucas [a], inconnue à nos Géographes, comme beaucoup d'autres dont ce Pays est plein, est petite, sans murailles, & à des Maisons très-mal bâties. Mais elle est située très-avantageusement, dans une belle Plaine, remplie de Jardins & d'Arbres fruitiers, qui rendent le lieu fort agréable. Il y a aussi de Chrétiens, mais ils ne sont, à proprement parler, de la Ville que pour le jour; car quoi qu'ils y ayent leurs Boutiques où ils se rendent tous les matins, leur demeure est dans un Fauxbourg éloigné de Sparte d'un bon quart de lieue. Le Christianisme s'est conservé dans cette Ville, & il y a quatre Eglises qui sont desservies par des Grecs. On dit que l'ancienne Sparte étoit entre les Montagnes à quatre lieues de-là, & en un endroit qu'on appelle Dourdan, où l'on voit de vastes ruïnes, qui paroissent être le Cadavre de quelque grande Ville.

Dans un autre endroit Paul Lucas [b] dit, que Sparte est située au pied d'une chaîne de Montagnes fort hautes; c'est-à-dire du Mont Taurus, qui traverse toute l'Asie jusqu'au fond des Indes. Il y en a une qui s'élève en pain de Sucre, sur le sommet de la-

[a] Voyage de l'Asie Mineure. ch. 34.

[b] Voyage en Turquie en Asie, &c. l. 1. p. 252.

laquelle on voit encore les ruïnes d'un ancien Château. De l'autre côté de la Plaine on en voit une autre, sur laquelle il y a aussi quelques restes d'une Forteresse. Les Turcs content plusieurs Histoires à cette occasion. Ils disent que ces Montagnes appartenoient à deux petits Princes, qui étoient ennemis: que l'un d'eux avoit de belles sources dans ses petits Etats, tandis que le Pays de l'autre étoit fort aride: que celui-ci avoit une très-belle Fille, dont le Prince voisin devint amoureux; qu'il la fit demander en mariage, & proposa la Paix. Que son ennemi, pour éluder la proposition, lui répondit que s'il pouvoit lui faire venir de l'eau dans son Château, il lui accorderoit sa Fille; mais qu'il ne devoit pas l'espérer autrement: que l'amour ne trouvant rien d'impossible, le Prince amoureux ne fut rebuté ni par les représentations de ses meilleurs Amis, ni par les dépenses excessives d'un ouvrage si extraordinaire: qu'il fit travailler à un Souterrain vouté qui devoit faire la communication de ses Etats à ceux de son voisin; & y fit travailler avec tant de diligence, que le Prince ennemi, admirant son ouvrage, & voyant son courage & son amour, lui donna sa Fille, qui fut le lien d'une grande union entr'eux. Les Turcs assûrent encore qu'il n'y a pas quarante-cinq ans que ce Souterrain étoit ouvert; mais qu'un Pacha le fit fermer, parce qu'il servoit de retraite aux Voleurs, & qu'on y trouvoit quelquefois des gens assassinés.

Entre le Village d'Aglason & Sparte, on trouve une Montagne des plus hautes. Elle tire son nom du Village, & s'appelle Aglason-Bey. Elle se sépare en plusieurs Branches, sur les Pointes desquelles on voit plusieurs Châteaux d'une étendue prodigieuse, & même des Villes entières dont les Maisons sont bâties des plus grosses pierres de taille, & quelques-unes même de Marbre. Quoique ces Lieux soient tout charmans, & d'une magnificence à enchanter, on n'y remarque aucuns Habitans. La descente d'Aglason-Bey est assez douce. C'est un Vallon entre deux Montagnes. Il y passe un petit Ruisseau qui serpente beaucoup. Delà on entre dans une Plaine, où se trouvent encore plusieurs petites éminences, mais qui paroissent n'être faites que des ruïnes de quelque grande Ville, qui étoit là autrefois; à une lieue de ces hauteurs est la Ville de Sparte.

Dans les Montagnes dont on vient de parler, on trouve une espéce d'Animal, qui n'est ni Lion, ni Tigre, ni Loup; mais qui tient de ces trois Bêtes, puisqu'il est extrêmement carnassier, ne vivant, dit-on, que de Cadavres, qu'il déterre des lieux où ils sont, & qu'il transporte dans sa tanière; ce qui oblige les Habitans du Pays à mettre autour des Sépulcres plusieurs Perches avec des Banderolles, pour servir d'épouventail, quoique souvent tout cela soit inutile. Ce qu'il y a de singulier, c'est que cet Animal, tout carnassier qu'il est, se laisse tuer comme un Agneau quand il est surpris.

3. SPARTE, Village qu'Etienne le Géographe met aux environs du Pont-Euxin.

SPARTIVENTO, Cap d'Italie [a], au Royaume de Naples, à l'extrémité de la Calabre Ultérieure, à l'endroit qui joint la Côte Méridionale avec l'Orientale. Ce Cap nommé anciennement *Herculis Promontorium*, donne le nom au Golphe de Spartivento, qui s'étend au Nord Oriental jusqu'à celui de Bursano, qui en est éloigné d'environ quatre milles. Il y a sur la Pointe du Cap de Spartivento une Tour de Garde. [a] *Magin; Atlas Ital.*

SPARTOLUS, Ville de la Thrace, dans la Bottique selon Thucydide [b]; Etienne le Géographe qui cite le même Auteur met cette Ville dans la Macédoine. [b] *Lib. 2.*

SPARTUM, Montagne voisine du Pont-Euxin, selon le même Auteur.

SPASINE. Voyez CHARAX, N°. 10.

SPATANA, Port de l'Isle de Taprobane: Ptolomée [c] le marque sur le grand Rivage & la Ville *Nagadiba*. [c] *Lib. 7. c. 4.*

SPATARA. Mr. Corneille qui cite Menesius donne le nom de *Spatara* à l'Isle de *Cranaé*. Voyez CRANAÉ.

SPATHE, Ville que Curopalate & Cédréne paroissent mettre aux environs de l'Arménie.

SPAUTA, Lac de la Médie Atropatie. Ce Lac produit un Sel, auquel Strabon [d] attribue des qualitez qu'il n'a pas à présent. Pierre Gylles dans une Lettre dont Ortelius [e] a eu communication, appelle ce Lac *Spota*, & le décrit de la sorte: ,, Nous ,, trouvâmes ce Lac si salé que son Rivage ,, étoit couvert d'une glace continuelle de ,, Sel l'espace de quatre Stades. J'eus la ,, curiosité, ajoute-t-il, de faire l'épreuve de ,, ce que Strabon avoit dit de ce Sel. Je ,, me promenai nud dans le Lac l'espace de ,, deux cens pas en avançant vers le mi- ,, lieu, & l'eau me venoit à peine au mi- ,, lieu du corps. Je voyois le Lac couvert ,, d'une croute de sel continuelle, sans pou- ,, voir découvrir la Terre d'aucun côté. On ,, prétend qu'il faut six jours pour faire le ,, tour de ce Lac. [d] *Lib. 11. p. 524.* [e] *Thesaur.*

SPEAN, Rivière d'Ecosse [f]. Elle sort du Lac de Laggan, aux Frontiéres de Ba-la-denoch, & coule à l'Occident pour aller se jetter dans le Lac Aber, à l'endroit où il se décharge par son Canal. [f] *Délic. de la Gr. Br. p. 1350.*

SPEDIA. Les Latins, disent Biondo & Léander, appellent ainsi la petite Ville de l'Etat de Gênes connue à présent sous le nom de *Specie*.

SPEI-FANUM, ou TEMPLUM, Temple d'Italie. Denys d'Halicarnasse [g] le met à huit Stades de la Ville de Rome. Tite-Live [h] en parlant de l'incendie & du rétablissement de ce Temple de l'Espérance, dit qu'il étoit au dehors de la Porte Carmentale. [g] *Lib. 9. c. 30.* [b] *Lib. 24. c. 47.*

SPELEUM, Lieu voisin de la Ville Pella en Macédoine, selon Etienne le Géographe. Tite-Live [i] parle aussi de ce Lieu. [i] *Lib. 45. c. 33.*

SPELLO, Bourg d'Italie, dans l'Ombrie, au Duché de Spoléte, à cinq milles de Foligno sur une Colline de l'Apennin. C'est l'ancienne Ville que Strabon, l'Itinéraire d'Antonin, & Silius Italicus, appellent *Hyspellum*; & que Pline nomme *Hispellium*. Ce Bourg est de la Jurisdiction de la Ville de Perugia. Il fut saccagé en 1529. par Philibert

Philibert Prince d'Orange. Ce Général, qui étoit au service de l'Empereur, marchoit alors à *Perugia* pour en chasser *Malatesta Bagliono* à la priere du Pape Clement VII. Le Pape Paul III. fit ensuite abattre ses Murailles, de sorte qu'on le voit encore aujourd'hui dans ce pitoyable état. Cependant les ruines d'un ancien Théâtre & quelques autres Monumens marquent encore son antiquité. Dès le sixième Siècle son Evêché fut uni à celui de Spoléte.

1. SPELUNCA, Ville de Syrie: Ptoloméé [a] la place dans la Chalybonitide.

[a] Lib. 5. c. 15.

2. SPELUNCA, Ville de l'Arabie, selon la Notice des Dignitez de l'Empire.

1. SPELUNCÆ, Lieu d'Italie, au Territoire de Fondi. On lit dans Pline [b] *Amyclæ a Serpentibus deletæ. Dein Locus Speluncæ, Lacus Fundanus, Caïeta Portus.* Le Pere Hardouin remarque qu'il est question de la Caverne d'Amyclée, appellée aujourd'hui *Sperlonga*, & qui est au bord de la Mer; ce qui est cause que le Golphe d'Amyclée a pris le nom de *Mare di Sperlonga*. Il seroit cependant plus naturel de dire que par ce mot SPELUNCÆ, Pline entend quelque Lieu voisin de la Caverne, ou quelque Maison bâtie dessus; car selon Tacite [c] SPELUNCÆ étoit une Maison de Campagne (*Villa*), & selon Suétone [d] c'étoit un Prétoire, car les Jurisconsultes donnent quelquefois le nom de Prétoire à une Maison de Campagne bâtie avec quelque magnificence.

[b] Lib. 3. c. 5.

[c] Lib. 4.

[d] *In Tiberio*, cap. 40.

2. SPELUNCÆ, Lieu d'Italie: L'Itinéraire d'Antonin, le marque sur la Route de *Equotuticum* à *Hydruntum*, entre *Egnatiæ* & *Brundusium*, à vingt milles de la première de ces Places, & à dix-neuf milles de la seconde. Cependant dans une autre Route qui va de Rome à Brindes, le même Itinéraire compte vingt & un milles d'*Egnatiæ* à *Speluncæ*, & seulement dix-huit milles de *Speluncæ* à *Brundusium*, ou Brindes.

SPENDEROBIS, Chalcondyle dans la Vie d'Amurat II. appelle ainsi la Capitale des Triballiens, ou de la Bulgarie; & à la marge, on lit *Senderovia*. Leunclavius remarque que c'est une Ville de la Servie sur le bord du Danube, que les Turcs nomment *Semender*, & les Hongrois *Sendrew*, par corruption & par contraction pour St. André, qui est le véritable nom de cette Ville. Ortelius [e] ne seroit pas éloigné de croire que c'est l'ancienne *Singidunum*.

[e] Thesaur.

SPENNAZOLA, SPINNACCIOLA, Ville d'Italie, au Royaume de Naples.

SPERCHEA, Promontoire de la Macédoine: Ptolomée [f] le marque sur la Côte de la Phthiotide, dans le Golphe Pelasgique, entre *Echinus* & *Thebæ Phthiotidis*. Le nom moderne est *Comen*, selon Niger, & *Phthelia* selon Sophien. Il y avoit sur ce Promontoire une Ville de même nom.

[f] Lib. 3. c. 13.

SPERCHIÆ, Lieu de la Macédoine, au voisinage du Fleuve *Aoüs*, selon Tite-Live [g], qui entend sans doute parler du Promontoire SPERCHEA, ou de la Ville de ce nom.

[g] Lib. 32. c. 15.

SPERCHIUS, Fleuve de la Macédoine dans la Phthiotide: Ptolomée [h] place son Embouchure entre *Thebæ Phthiotidis* & *Scarphia*. Ce Fleuve est nommé *Comen* par Thevet, *Agriomela* & *Xerias*, par Sophien,

[h] Lib. 3. c. 13.

& Isaac Tzetzes dit que de son tems on le nommoit *Salambria*; mais il pourroit bien confondre ce Fleuve avec le Pénée. Voyez PENEUS. Apollodore donne au Fleuve Sperchius le surnom de *Borus*. On voit dans Homère, que Pélée voua au Sperchius la Chevelure d'Achille, s'il revenoit heureusement dans sa patrie après le Siège de Troye.

SPERLONGA, Bourg d'Italie, au Royaume de Naples, sur la Côte de la Terre de Labour, entre Gaëte & Terracine, à trois lieues de chacune de ces Places. Voyez SPELUNCÆ.

SPERMATOPHAGI, Peuples de l'Ethiopie selon Strabon [i]. Ces Peuples sont aussi connus de Diodore de Sicile [k].

[i] Lib. 16. p. 771.
[k] Lib. 3. p. 159.

SPESSHART, Forêt d'Allemagne, dans la Franconie, entre la Ville de Francfort & l'Abbaye de Fulde. C'est une partie de l'ancienne Forêt Hercinienne.

SPEY, ou SPARA, Rivière d'Ecosse [l], la plus grosse de ce Royaume, après le Tai, & la plus rapide de toutes. Elle sort du pied d'une Montagne aux Confins des Provinces de Loch-Aber & de Badenoch. En sortant de cette dernière Province qu'elle parcourt dans toute sa longueur, de l'Occident à l'Orient, elle tourne au Nord-Est, & traverse une Vallée à laquelle elle donne le nom de *Strath-Spey*; delà elle court dans un Canton de Pays montueux appellé *Brac of Murray*, à l'extrémité duquel elle mouille le pied du Château de Rothes. Presque dans tout son cours qui est de soixante milles, elle est bordée de Montagnes, de Forêts & de Précipices, & reçoit quantité d'autres Rivières & de Torrens. A six milles de la Mer elle prend sa course droit au Nord, à travers de belles Plaines bien cultivées, & va ensuite se jetter dans l'Océan au-dessous de Bagie, Maison du Duc de Gordon. Elle y tombe avec tant de rapidité que la Marée n'y peut monter qu'à la hauteur d'un mille. Dans le tems des grandes chaleurs il lui arrive souvent de s'enfler considérablement, sans aucune pluye, seulement par le moyen des Vents d'Ouest qui font élever ses eaux. Alors on peut dire, qu'elle fait autant de mal que de bien à ses Voisins. Elle inonde leurs Champs & les gâte. Son Embouchure est embarrassée d'une Barre de sable, & elle n'y fait qu'un petit Port où il n'entre que de petits Bâtimens. Tout l'avantage qu'elle communique à ceux qui habitent sur ses bords, c'est la Pêche des Saumons. Il n'y a point de Rivière dans la Grande-Bretagne, après le Don & le Dée où cette espèce de Poisson se rencontre en plus grande quantité. Outre la grande consommation qui s'en fait sur les lieux mêmes, on en transporte près de cent tonnes par an hors du Pays. Cette riche Pêche se fait dans l'espace d'un mille de Pays, & pendant deux ou trois mois de l'Eté aux environs du Village de Germach. Il est vrai qu'on pêche aussi des Saumons dans tout le cours du Spey, jusques vers sa source; mais ceux qu'on prend dans tout cet espace, servent à la nourriture des Habitans. Les Pêcheurs se mettent de nuit sur l'eau, dans des Canots d'ozier environnez de cuir, & suivant les Saumons

[l] Délic. de la Gr. Br. p. 1116, & 1342.

SPE. SPH. SPH. SPI.   75

mons à la trace, ils les dardent avec des Bâtons pointus & les prennent à la main; de jour ils les attendent sur le bord de l'eau.

SPEZZE, SPECIE, ou SPECIA, Ville d'Italie [a], dans l'Etat de Gênes, au fond du Golphe auquel elle donne son nom, vers les Confins de la Riviére de Magra. Cette Ville est située à quatre milles de Porto-Venere, & à sept milles de Sarzane, dans un Terroir fertile & agréable, ce qui a porté les Génois à y bâtir des Maisons de plaisance.

a Magin, Atlas. Ital.

Le GOLPHE DE LA SPEZZE est entre la Bouche de la Magra au Levant & Porto-Venere au Couchant. Il s'étend au Septentrion, & outre la Ville qui lui donne son nom, on voit sur la Côte le Village & le Port de Lericé, & le Fort de Ste. Marie qui le défendent des Corsaires [b]. Au milieu du Golphe on a une Source d'eau douce, qui s'élève en bouillonnant jusqu'au dessus de l'eau salée; en sorte que les Vaisseaux y peuvent prendre leur provision d'eau douce.

b Baudrand, Dict.

SPHACTERIA, Isle du Péloponnèse, sur la Côte de la Messenie, vis-à-vis de la Ville de Pylos. On la nommoit aussi SPHAGIA; Pline [c] comprend trois Isles sous le nom de SPHAGIÆ; mais deux de ces Isles ne sont proprement que des Ecueils. La troisième qui étoit la plus grande s'appelloit *Sphagia* & *Sphacteria*, comme le disent positivement Strabon [d] & Etienne le Géographe. Le nom de *Sphacteria* paroît néanmoins le plus usité; & c'est ainsi qu'elle est appellée par Thucydide [e] par Diodore de Sicile [f], & par Pausanias [g], qui après avoir dit que l'Isle de Sphactérie est vis-à-vis du Port de Pylos ajoute: Il est assez ordinaire que des Lieux obscurs & inconnus par eux-mêmes deviennent tout à coup célèbres, pour avoir servi de Théâtre aux Jeux de la Fortune, ou à quelque Evénement considérable; c'est ce qui est arrivé à l'Isle de Sphactérie. La défaite des Lacédémoniens la tira de cette obscurité où elle étoit; & du tems de Pausanias, on y voyoit encore dans la Citadelle une Statue de la Victoire que les Athéniens y avoient laissée pour Monument de l'avantage qu'ils avoient remporté sur Lacédémone. Pausanias [h] déclare dans un autre endroit, que ce qui s'étoit passé dans l'Isle de Sphactérie, où les Athéniens commandez par Démosthène avoient eu quelque avantage, étoit plutôt une ruse de guerre, & s'il faut ainsi dire, un larcin, qu'une victoire.

c Lib. 4. c. 12.
d Lib. 8. p. 359.
e Lib. 4. p. 256.
f Lib. 13. c. 24.
g Lib. 4. c. 36.
h Lib. 1. c. 13.

SPHÆRIA, Isle du Péloponnèse, sur la Côte de l'Argolide sous la domination de Trœzène. Cette Isle, dit Pausanias [i], est si près du Continent que l'on y peut passer à pied; elle s'appelloit originairement l'Isle Sphérie, mais dans la suite on lui donna le nom d'Isle Sacrée. Spherus qui selon les Troezéniens fut l'Ecuyer de Pelops, étoit inhumé dans cette Isle. Ethra, fille de Pitthée, femme d'Egée, & mere de Thésée, fut avertie en songe par Minerve d'aller rendre à Spherus les devoirs que l'on rend aux morts: étant venue dans l'Isle à ce dessein, il arriva qu'elle eut commerce avec Neptune. Ethra après cette avanture consacra un Temple à Minerve surnom-

i Lib. 2. c. 32.

mée Apaturie, ou la Trompeuse, & voulut que cette Isle, qui s'appelloit l'Isle Sphérie, s'appellât à l'avenir l'Isle Sacrée. Elle institua aussi cet usage que toutes les filles du Pays en se mariant, consacreroient leur Ceinture à Minerve Apaturie.

SPHAGEÆ, Ville du Péloponnèse, dans la Laconie, selon Xenophon [k].

k Græcer. 6.

SPHAGIA. Voyez SPHACTERIA, & PROTE.

SPHAGITES, Promontoire de Scythie: Etienne le Géographe en fait mention au mot ΣΦακτήρια.

1. SPHECIA, Ville de l'Eubée, selon Etienne le Géographe qui cite Lycophron.

2. SPHECIA, Lycophron cité par Eustathe donne ce nom à l'Isle de Cypre.

SPHENDALA, Bourgade de l'Attique, dans la Tribu Hippothoontide, selon Etienne le Géographe & Hesyche. Cette Bourgade est aussi connue d'Hérodote [l].

l In Calliope.

SPHETIA, Ville de l'Illyrie, dans l'Albanie: Chalcondyle rapporte que cette Ville fut prise d'assaut par Amurat II. qui la pilla & en fit passer tous les Habitans au fil de l'épée. Ortelius [m] dit qu'à la marge de son Exemplaire on lisoit *Sphetigradum*; le Traducteur rend *Sphetia* par *Sphetigrade*. Les Grecs appellent cette Ville Ὀχυρπύργιum, & les Turcs *Siurige*, selon Leunclavius.

m Thesaur.

SPHETTUS, Municipe de la Tribu Acamantide, selon Etienne le Géographe. Pausanias [n] en fait une Bourgade de l'Attique; ce qui revient au même, & dit qu'elle fut fondée par Sphettus fils de Troezen. Phavorinus lit *Sphittos* pour *Sphettus*. Il est souvent fait mention de cette Bourgade dans les Orateurs & autres Ecrivains Grecs. Le Vinaigre y étoit fort piquant & les personnes fort satyriques, comme nous l'apprennent Aristophane & Athénée. Mr. Spon, dans la Liste des Bourgs de l'Attique rapporte une Inscription qu'il avoit vue à Constantinople chez Mr. de Nointel Ambassadeur, qui l'avoit apportée d'Athènes. On y lisoit ces mots:

n Lib. 2. c. 30.

ΔΗΜΗΤΙΟΣ
ΔΗΜΗΤΡΙΟΥ
ΣΦΗΤΤΙΟΣ.

Dans une autre Inscription qui se voit sur la base d'une Statue à Eleusine on lit aussi le mot ΣΦΗΤΤΙΟΣ, vers la fin de l'Inscription.

SPHETZANIUM. Voyez SBETZANIUM.
SPHICIUM. Voyez SPHINGIUS.
SPHINGIUS COLLIS, ou SPHINGIUM. Voyez PHICEIUM.

SPHRAGIDIUM, Pausanias [o] donne ce nom à un Antre de la Bœotie, dans le Mont Cithéron: c'étoit l'Antre des Nymphes Cithéronides, qui, à ce qu'on disoit, avoient eu le Don de Prophétie. Du nom de ce Lieu ces Nymphes étoient aussi appellées Sphragitides, comme le dit Plutarque dans la Vie d'Aristide.

o Lib. 9. & 3.

SPHYROPOLIS. Voyez PHINOPOLIS.

SPIAGGIA ROMANA, c'est-à-dire, Plage Romaine. Les Italiens appellent ainsi une partie de la Mer Méditerranée, le long de la Côte de l'Etat de l'Eglise. Elle s'étend depuis le Mont Argentaro du côté

K 2

côté de l'Occident, juſqu'à celui de Circello, & juſqu'au petit Golphe de Terracine du côté de l'Orient.

SPICHEATS, Peuple de la Louïſiane. Joutel dans le Journal Hiſtorique du Voyage de M. de la Salle dit que ce Peuple eſt au Nord de la Rivière que M. de la Salle avoit nommée la Maligne; il eſt plus vraiſemblable qu'il ſoit à l'Ouëſt de la même Rivière, puiſqu'ils le trouvèrent avant de le paſſer en partant de leur Fort de St. Louis.

SPIEGELBERG, Pays d'Allemagne, au Cercle de Weſtphalie, dans le Comté de Schaumbourg & la Baſſe-Saxe. La longueur de ce petit Pays eſt de ſix lieuës, & ſa largeur de quatre. Le Bourg de SPIEGELBERG en eſt le Lieu principal.

1. SPIETZ, Baronnie de la Suiſſe [a], au Canton de Berne, près du Lac de Thoun. C'eſt une des belles Terres Seigneuriales de la Suiſſe. Elle appartient à la Maiſon d'Erlac, & elle tire ſon nom de la petite Ville de Spietz qui en eſt le Chef-lieu.

[a] Etat & Délices de la Suiſſe, t. 2. p. 212.

2. SPIETZ, Ville de Suiſſe, au Canton de Berne, ſur le bord Méridional du Lac de Thoun & le Chef-lieu d'une Baronnie à laquelle elle donne ſon nom. Cette petite Ville eſt fort jolie. Elle a un Château & de beaux Jardins. On voit dans l'Egliſe quelques Tombeaux des Seigneurs à qui il appartient. A la main droite eſt celui de Sigiſmond d'Erlac. Il eſt accompagné de quelques Inſcriptions.

Il y a près de Spietz un Ruiſſeau nommé *Siedemansbach*, qui ſe tarit en Automne, & recommence à couler au Printems. S'il ſe tarit tard, c'eſt une marque que l'année ſuivante ſera abondante, & c'eſt le contraire, s'il ſe tarit de bonne heure. Cette Baronnie eſt arroſée par la Kandel Rivière ou plutôt Torrent, qui deſcend des Montagnes de Gemmi, & ſe jette dans l'Aare, au-deſſous de Thoun. Comme elle eſt fort rapide, particulièrement lorſqu'elle eſt groſſie par les neiges, elle communique ſa rapidité & ſa violence à l'Aare: tellement que cette dernière faiſoit de très-grands ravages ſur ſes bords entre Thoun & Berne, comme cela eſt arrivé entr'autres dans les grands débordemens d'eau, qui arrivèrent au mois de Février 1711. Pour remédier à cela, les Bernois entreprirent la même année de creuſer un Canal, pour conduire l'eau du Kandel dans le Lac de Thoun. Il a fallu pour cela percer une Montagne. Il y a eu quatre cens hommes & quelquefois davantage, qui y ont travaillé. Par ce moyen ce Torrent dangereux va perdre ſa violence & ſa férocité dans un large Baſſin, qui eſt le Lac, & ainſi l'Aare coulant paiſiblement n'incommodera plus ſes voiſins, & ſe tiendra tranquille dans ſon lit.

1. SPIGA, *Spiga, Cyzicus*, Petite Ville [b] de la Turquie en Aſie, dans l'Anatolie propre, avec un Port ſur la Côte Méridionale de la Mer de Marmora, près du Cap de Spigola. Les Mariniers l'appellent ſouvent Spinga. Elle n'eſt qu'à huit milles de l'Iſle de Marmora au Midi. Elle étoit autrefois fort célébre & connuë ſous le nom de Cyzique.

[b] Baudrand, Dict.

2. SPIGA, SPIGA, ÆSAPUS, ou ÆSEPUS, Petite Rivière de la Turquie en Aſie [c], dans l'Anatolie. Elle a ſa ſource au Mont Ida, & coulant vers le Nord, elle ſe décharge dans la Mer de Marmora, à onze lieuës de la Ville de Spiga, ou Chizico, vers le Couchant.

[c] Ibid.

SPIGNO, Bourg d'Italie, dans le Montferrat, entre Acqui & Savone, avec un Territoire qui s'étend le long de la Rivière d'Evra. C'eſt un Fief poſſedé par un Marquis de la Maiſon Aſinari Carreto. Il y avoit ci-devant un Château fortifié; mais il fut démantelé vers la fin du dernier Siècle par les Troupes du Duc de Savoye.

SPILEMBERGO, ou SPILEMBERG, Ville de l'Etat de Veniſe, dans le Frioul, ſur le Trajamento, à dix milles d'Udine, vers le Frontières du Boulonois. Cette Ville qui eſt l'ancienne *Bibium* appartient aux Seigneurs Rangoni.

SPINA, Ville d'Italie, au voiſinage de Ravenne, près de l'Embouchure la plus Méridionale du Pô. C'étoit une Colonie Grecque & qui avoit été floriſſante; mais qui du tems de Strabon [d] ſe trouvoit réduite à un ſimple Village. Cet ancien Géographe ajoute qu'on montroit à Delphes le Tréſor des Spinites. Cette circonſtance eſt confirmée par Pline [e], qui marque en même tems la ſituation de cette Ville en diſant que l'Embouchure du Pô nommée *Eridanum Oſtium* étoit appellée par quelques-uns *Spineticium Oſtium* de la Ville de *Spina*, qui avoit été bâtie auprès & apparemment à la gauche, car *Butrium* ſe trouvoit à la droite entre cette Embouchure & Ravenne.

[d] Lib. 5.
[e] Lib. 3. c. 16.

SPINA-LONGA, Fortereſſe de l'Iſle de Candie, ſur un Rocher eſcarpé, près de la Côte Septentrionale de l'Iſle & du Golphe auquel elle donne ſon nom. Cette Fortereſſe, ſituée à cinquante-cinq milles de la Ville de Candie, au Levant en tirant vers Setia, étoit autrefois une Ville Epiſcopale, & elle a un Port. Les Vénitiens [f] la fortifièrent en 1559. avec des Baſtions & des Tours, & l'embellirent de Maiſons, d'Egliſes & de divers autres Bâtimens. Durant le dernier Siège de Candie les Turcs entreprirent pluſieurs fois de ſe rendre maîtres de cette Fortereſſe; mais ils furent toujours repouſſés. En 1659. ils tâchèrent de la ſurprendre & de l'emporter d'aſſaut, mais ils furent contraints de ſe retirer avec perte. Les Vénitiens la gardèrent par le Traité de Paix.

[f] Dapper, Deſcr. de l'Archipel, p. 446.

Le Port de SPINA-LONGA, & celui de Suda ſont les deux meilleurs de l'Iſle de Candie. Le premier eſt renfermé, entre la Côte du Rocher du côté de l'Occident, & une longue Pointe, ou Langue de Terre du côté d'Orient. Il ſe trouve au Midi du Cap de S. Giovanne, autrement Capo Zuano. On voit à ſon entrée l'Iſle, ou le Rocher de Spina-Longa. Lorſqu'on commence à s'approcher du Cap de St. Giovanne, en faiſant voile de ce côté-là, on découvre le Fort ou le Château bâti ſur la petite Iſle. Les Matelots le laiſſent de côté de basbord, & prenant leur Route juſqu'à l'autre côté, ils vont mouiller dans le Port entretré le Château & la Côte de l'Isle; car dès qu'on y est entré, on y peut donner fond sur six ou sept Brasses d'eau, & les Vaisseaux y peuvent être à l'abri de toutes sortes de Vents, étant affermis sur deux Ancres ; mais plus avant l'eau est presque aussi élevée que la Terre.

SPINÆ, Ville de la Grande-Bretagne: l'Itinéraire d'Antonin la marque sur la Route d'*Isca* à *Calleva*, entre *Durucornovium*, & *Calleva*, à quinze milles de chacune de ces Places. On croit que le Bourg de Newbury s'est élevé des ruines de cette Ville qui n'est plus aujourd'hui qu'un petit Village appellé *Spene* à un mille de Newbury.

a Lib. 20. c. 1.

SPINAMBRI, Peuples Grecs établis dans la Toscane, selon Justin *a* qui remarque que les Tarquins tiroient leur origine de ces Peuples.

SPINARIO, Bourgade d'Espagne, dans la Nouvelle Castille. Il y en a qui la prennent pour l'ancienne *Ispinum*.

b Baudrand, Dict.

SPINARZA, Ville de la Turquie en Europe *b*, dans l'Albanie. Elle a pris son nom de la Riviére de Spinarza, appellée autrement *Chenessa Piccola*, qui va se jetter dans le Golphe de Venise entre cette Ville & celle de Pirgo.

c Lib. I. c. 28.

SPINES, Fleuve d'Italie, selon Denys d'Halicarnasse *c* qui entend par-là l'Embouchure du Pô, à laquelle on avoit donné le nom de *Spineticum Ostium*. Etienne le Géographe appelle cette Embouchure SPINUS; & elle est nommée SPINO dans Cicéron *d*. Voyez SPINA.

d Lib. 3. de nat. Deor.

SPINETICUM OSTIUM. Voyez SPINA.

e Baudrand, Dict.

SPINO, *Spino*, Ville d'Italie *e*, dans le Milanois, sur l'Addua, à trois lieues de Crème vers le Couchant. Ce n'est plus aujourd'hui qu'un Village.

f Délices de la Gr. Br. p. 1342.

SPINY, Lac d'Ecosse, dans la Province de Murray *f*. Au-dessous d'Elgin le Loss se jette dans le Lac de Spiny, sur lequel on voit une grande quantité de Cignes. Ces Oiseaux s'y nourrissent d'une certaine herbe aquatique qu'ils aiment beaucoup, & qu'ils y trouvent en abondance. Ce Lac est bordé de deux Châteaux, dont l'un appellé DUSTONS est à l'Occident, & l'autre qui porte le nom du Lac est sur la rive Méridionale. Ce dernier n'est qu'à deux milles d'Elgin, & appartenoit autrefois aux Evêques de cette Ville.

SPIR, ou le VAL DE SPIR, Contrée, ou Vallée de France, dans le Roussillon.

g Longuerue, Descr. de la France, Part. 1. p. 224.

Le Val Spir, en Latin *Vallis Asperia* *g*, est aujourd'hui une dépendance & une Sous-Viguerie de Perpignan ou du Roussillon. C'est une Vallée arrosée par le Tec (en Latin *Tecis*) & environnée de Pyrénées de tous côtés, excepté de l'Orient. Le Val Spir étoit autrefois un Comté, lequel vint au pouvoir des Comtes de Cerdagne, qui fondérent dans le dixième Siècle l'Abbaye d'Arles (en Latin *Arularum Monasterium*).

La principale Place de cette Vallée est Prats de Moillo, qui a été fortifiée par le feu Roi Louis XIV. Il a aussi fait faire au-dessus de l'Abbaye d'Arles le Fort des Bains, qu'on appelle dans le Pays *Los Ba-*

gnis, & qui défend l'entrée de la Vallée; quant à Prats de Moillo, c'étoit déja une Forteresse il y a environ cinq cens ans, nommée *Fortia de Pratis*; elle appartenoit l'an 1232. à Nunio-Sanche Comte de Roussillon.

SPIRACULA, ou CHARONEÆ SCROBES. Pline *h* appelle ainsi des Lieux ou des Cavernes, qui exhaloient des vapeurs empestées, capables de donner la mort seulement aux Oiseaux, comme une Caverne du Mont Soracte, ou au voisinage de Rome, ou capables de la donner à toutes sortes d'Animaux, à l'exception de l'Homme, comme on trouvoit quelques-unes de ces Cavernes en différens endroits; ou qui quelquefois la donnoient même aux hommes, comme les Cavernes des Territoires de Sinuessa & de Pouzzol. Il est parlé dans Sénéque *i* des Cavernes d'Italie, dont les exhalaisons étoient fatales aux Oiseaux, & dangereuses pour les autres Animaux & même pour les hommes. Sur ce vers de Virgile,

h Lib. 2. c. 93.

i Natur. Quæst. L. 6. c. 28.

Summe Deûm Sancti custos Soractis Apollo.

Servius remarque qu'il y a dans le Mont Soracte une Caverne qui exhale une vapeur empestée. Près de Naples on voit encore aujourd'hui une Caverne appellée par les Italiens *Grotta del Cane*; c'est-à-dire, *la Grotte du Chien*, nom qui lui a été donné parce que si on y jette un chien, il perd sur le champ tout mouvement & tout sentiment, jusqu'à ce qu'on le plonge dans une eau voisine qui lui fait reprendre les esprits & lui rend pour ainsi dire la vie: d'un autre côté cette vapeur ne nuit point aux hommes. Enfin la Caverne du Territoire de Pouzzol dont Pline fait mention se trouve encore aujourd'hui à la gauche du Lac d'Agnani, appellé vulgairement *Lago Agnano*.

SPIRÆUM, Promontoire du Péloponnèse, dans le Golphe Saronique : Ptolomée *k* le marque entre Epidaure & le Port des Athéniens. Plethon lit *Piræum* au lieu de *Spiræum*. Pline *l* écrit aussi SPIRÆUM.

k Lib. 3. c. 16.

l Lib. 4. c. 5.

SPIRA-TAURICA, Procope, cité par Ortelius *m*, donne ce nom à un Lieu du Cherfonnése Taurique, où l'on disoit qu'il y avoit eu un Temple de Diane.

m Thesaur.

SPIRE, Ville Impériale d'Allemagne, sur le bord du Rhein, dans le Bas-Palatinat, & l'une des plus anciennes Villes des Gaules, à deux lieues de Philipsbourg, à cinq de Heidelberg & à seize ou environ de Strasbourg & de Mayence, presque au milieu entre ces deux Villes. Elle étoit anciennement habitée par les Nemetes, & ce fut pour cette raison qu'on l'appella *Noviomagus Nemetum*; Roger qui en étoit Evêque la fit entourer de murailles dans l'onzième Siécle, & dès ce tems-là on l'a nommée SPIRE, d'une petite Riviére de ce nom, dont elle est arrosée. L'Empereur Henri IV. prit soin de l'aggrandir, & la mit au nombre des Villes Libres en 1090. Henri V. lui accorda en 1166. le Privilège de choisir ses Bourguemaîtres, & ses Sénateurs entre les principales familles, & l'e-

K 3   xemte

xemta des impositions qui avoient été établies par les Evêques, & entr'autres des droits qu'ils exigeoient sur les biens de ceux qui mouroient. Friderie Second lui fit restituer en 1158. son Territoire qui étoit possédé par les Evêques. Wenceslas lui donna en 1384. la prérogative de pouvoir donner le droit de Bourgeoisie à ceux des autres Villes qui voudroient s'y habiter, & Charles-Quint y fixa la Chambre Impériale en 1530. Le Magistrat & la plus grande partie des Habitans sont Protestans. Les Catholiques ont l'Eglise Cathédrale que l'Empereur Henri Quatrième acheva de bâtir en 1096. Il y est enterré avec les Empereurs Conrad Second, Henri Troisième, Henri Cinquième, Philippe, Rodolphe Premier, Adolphe, & Albert Premier.

[a] *Corn. Dict. Du Mont, Voyage du Rhein, T. I.* La Ville de Spire [a] étoit riche & bien bâtie, lorsqu'elle se rendit aux François, au Mois de Septembre 1688. sur la sommation qui lui en fut faite par le Marquis d'Uxelles Lieutenant-Général des Armées du Roi de France. Mais quelque tems après elle éprouva le desastre le plus terrible que puisse causer la guerre. Le 20. de Mai 1689. on fit publier à son de trompe, que tous les Habitans eussent à se retirer dans six jours avec leurs meubles, parce que le septième on mettroit le feu dans toute la Ville; on faisoit en même tems défense aux Soldats de troubler les Habitans en aucune sorte dans le transport de leurs effets; & l'on déclara aux Magistrats que le Roi ne faisoit point retirer les Habitans de la Ville par aucun chagrin qu'il eût contre eux; mais parce qu'ayant besoin ailleurs de ses Troupes, S. M. ne vouloit point que ses Ennemis trouvassent de la subsistance dans cette Place. Le terme fatal étant expiré ils furent contraints de sortir de Spire, & en moins d'un demi-jour cette grande & fameuse Ville fut consumée par le feu. En faisant sauter les murailles on trouva une Urne antique de terre grisâtre remplie de deux à trois cens pièces de Monnoies d'or, d'argent & de cuivre de différentes valeurs, & de différens poids, que l'on reconnut pour de la vieille Monnoie Allemande. L'Eglise Cathédrale, qu'on détruisit comme le reste, étoit fort belle. Elle appartenoit aux Catholiques, quoique la plûpart des Habitans fussent de la Religion Protestante. C'étoit un grand Vaisseau bien éclairé avec des Tours Pyramidales aux quatre coins. On voyoit le Palais Episcopal à la droite & la Maison des Chanoines à la gauche, avec un Cloître fort ancien, au milieu duquel il y avoit une représentation du Mont des Olives, laissée dans le Roc. On l'estimoit un Chef-d'œuvre de Sculpture. Le devant de l'Eglise étoit embelli d'une grande Place capable de contenir dix mille hommes en bataille, & environné de quantité de belles Maisons, entre lesquelles celle des Jésuites étoit remarquable. Lorsque cette Ville subsistoit, on montroit aux Etrangers la Cour du Conseil où se faisoit l'Assemblée ordinaire de la Chambre Impériale & du Magistrat de Spire. Au devant de la Porte on voyoit suspendu à un anneau de fer un os que l'on croyoit être l'os principal du bras d'un homme, quoiqu'il ne fût guère moins gros que la cuisse & qu'il fût long à proportion. Leurs Archives faisoient foi que cet homme vivoit il y avoit treize cens ans, qu'il avoit vingt pieds de haut, qu'il s'appelloit Olps & qu'il avoit été tué dans un Siège contre la Ville. L'échelle s'étant rompue sous lui dans le tems qu'il montoit à l'assaut, il avoit été accablé avec des tonneaux de poix bouillante. L'os de la hanche de ce même homme étoit dans la grande Sale, où il étoit vu de tout le monde. La destruction de Spire fit connoître qu'il n'y avoit point dans toute l'Allemagne de si belles Caves ni en si grand nombre. Elles étoient profondes, vastes & voûtées, & de grands piliers soutenoient tout le poids de la Maison, & des rues sous lesquelles elles avançoient toujours. Après la Paix de Ryswyck les Habitans de Spire travaillèrent au rétablissement de leur Ville.

L'Evêché de Spire [b] est enclavé dans le Palatinat, entre les Bailliages de Neustat, de Germersheim, de Bretten, & de Heydelberg; le Rhin le divise en deux parties. On ne sauroit marquer précisément le tems de sa fondation, il est fait mention des Evêques des Nemetes dans quelques Conciles; Jessius assista en cette qualité au Synode qui se tint à Cologne en 343. contre Euphratès, & les autres Ariens; le Roi Dagobert premier rétablit l'an 610. cet Evêché auquel le Roi Sigebert annéxa en 646. les dixmes. Les Empereurs Othons l'affranchirent de la Jurisdiction des Comtes & des droits qu'ils devoient aux Souverains du Pays. Henri Second, Conrad Second, Henri Troisième, & Henri Quatrième lui firent des donations considérables, & entr'autres des Bourgs de Rotenfels, d'Eppingen, d'Hersheim, d'Hombach, de Weibstad, de Minderbach, & de Bruchsal; Jean Comte de Chreichgow donna à l'Eglise de Spire après la mort de son frere nommé Lybold dont il hérita, plusieurs Terres dépendantes du Comté de Chreichgow tant en deçà, qu'au delà du Rhin; Emeric un de ses Successeurs acheta d'un Gentilhomme du Pays appellé Henri de Colln quelques Bourgs, parmi lesquels étoit celui d'Udenheim que Gérard fit entourer de murailles; George Comte Palatin du Rhin y fit bâtir un Palais en 1313. & y transféra la Résidence des Evêques; Philippe de Fleisfein obtint du Pape Paul Troisième & de l'Empereur Charles-Quint que la Prévôté de Weissenbourg seroit incorporée à l'Evêché de Spire, & Philippe Christophle de Sotéren fit achever les Fortifications d'Udenheim en 1639. & voulut qu'on l'appellât Philisbourg. L'étendue de cet Evêché n'est pas grande; mais elle consiste en des Plaines fertiles, situées avantageusement pour le profit des Habitans à cause de la commodité du Rhin. Son Domaine est composé des Bailliages de S. Remi, d'Altenstat, de Lauterbourg, de Jockenon, de Magdebourg, & de Landeck, & de deux petites Contrées qu'on nomme, l'*Ober Gericht*, & le *Behtwald*. Les Bourgs les plus remarquables sont Weibstad, & Bruchsal,

[b] *D'Audisfred,* T. 3. p. 239. & suiv.

sur

sur la petite Rivière de Saltz qui est le lieu de la Résidence ordinaire des Evêques ; & Philisbourg Place forte sur le Rhin ; mais par les Traités de Munster l'Empereur a cédé au Roi & à ses Successeurs le droit perpétuel d'y tenir Garnison. La Prévôté de Weissenbourg est dans la Basse-Alsace. Le Chapitre de Spire est composé de neuf Chanoines Capitulaires, & de douze domiciliés. Ses Dignités sont celles de Prévôt, de Doyen à laquelle la Prévôté de S. Germain est unie, d'Ecolâtre qui est aussi Prévôt de tous les Saints, de Custode, de Chantre & de Prévôt de S. Guy. L'Evêque n'a aucune Jurisdiction dans la Ville de Spire, elle est Libre & Impériale.

a De Wit, Atlas.

SPIREO, Cap de la Morée *a* dans la Sacanie, sur la Côte du Golphe d'*Engia*, au Midi de l'Isle de ce nom, & au Midi Occidental de celle de *Dorussa*.

b Lib. 4. c. 12.
c Lib. 13. p. 33.
d Lib. 22. c. 8.

SPIREOSTOMA. Pline *b* & Solin *c* appellent ainsi une des Embouchures du Danube ; mais peut-être faut-il lire *Psilonstoma*, comme lisent Ptolomée & Arrien. Cette même Embouchure est nommée *Stenostoma* dans Ammien Marcellin *d*.

e Ortelii Thesaur.

SPIRIENSIS, Eschine surnomme ainsi un certain Hégésander *e* du lieu de sa naissance.

f De l'Isle, Atlas.

1. SPIRITU SANCTO, Capitainie de l'Amérique Méridionale *f* au Brésil sur la Côte Orientale, à 20°. degrez de Latitude Méridionale. Elle est bornée au Nord par la Capitainie de *Porto-Seguro*, dont elle est séparée par la Rivière de *Rio Duce* : la Mer la baigne à l'Orient ; elle a au Midi la Capitainie de *Rio de Janeyro*, & ses bornes ne sont point fixées du côté de l'Occident. Herrera dit qu'il n'y a dans cette Capitainie qu'un seul Moulin à Sucre *g* ; mais que l'on y fait un grand Commerce de Coton & de Bois de Brésil. Ce Gouvernement passe pour le plus fertile de tous ceux du Brésil, & pour le mieux fourni de toutes les choses nécessaires à la vie. Ses campagnes sont coupées par plusieurs Rivieres abondantes en Poisson, & les Forêts fournissent tout ce qu'on peut souhaiter pour la chasse. Les Sauvages naturels sont appellez *Margajates*, & aiment autant les Portugais qu'ils les haïssoient quand ils commencèrent à s'établir parmi eux.

g De Laet, Descr. des Indes Oc. Liv. 15. c. 19.

2. SPIRITU SANCTO, (la Ville de) qui donne le nom au Gouvernement, est située au bord de la Mer & habitée par environ deux cens Familles de Portugais. A la main droite de la Porte en y entrant on voit un petit Château qui n'est pas de conséquence. La Ville n'a ni Murailles ni remparts. Du côté de l'Orient il y a un Monastère qu'on appelle S. Bento ; & vers le milieu de la Ville on voit l'Eglise de St. François. Les Jésuites y ont aussi une Maison & sont chargez du soin de six Villages de Brasiliens, situez aux environs, & parmi lesquels on compte un grand nombre de Chrétiens. Le Port de Spiritu Sancto est une petite Baye, qui entre dans le Continent. Elle est ouverte vers l'Orient, & parsemée de petites Isles. En côtoyant le rivage, on voit une Tour blanche sur une Montagne fort droite, assez près de la Mer. Les Portugais la nomment *Nuestra Señora de Peña*. C'est une petite Eglise ceinte d'une Muraille tout à l'entour. Au-dessous il y a eu autrefois une Bourgade dont il reste encore quelques Maisons, & qu'on appelle *Villa-Veja*.

3. SPIRITU SANCTO, Rivière d'Afrique, dans l'Ethiopie Orientale. Les Portugais l'appellent *Rio de lo Spiritu Sancto*. Mr. Corneille *h* dit que cette Rivière se décharge dans l'Océan Ethiopique par trois Embouchures, entre la Terre de Natals & le Pays de Chincanga, près du Cap de St. Nicolas. Mais le Sr. d'Anville *i* appelle seulement Rivière du S. Esprit le large Canal que forment les Rivières d'Aroé, de *Lourenzo-Marquez*, de Maubé, & de Tembé ou *da Lagoa*. Ce Canal est proprement un Golphe entre le Pays de Querundé au Nord, & *Terra dos Fumos*, au Midi. Il y a quelques Isles & quelques Bancs de sable à l'Embouchure de cette Rivière.

h Dict.
i Carte de l'Ethiopie Or.

4. SPIRITU SANCTO, Ville ou plutôt Bourgade de l'Amérique Septentrionale, dans la Nouvelle Espagne, sur la Côte du Golphe de Méxique, dans la Province de Guaxaca, aux confins de celle de Tabasco, à l'Embouchure d'une Rivière. Mr. de l'Isle nomme cette Ville *Espiritu Santo*.

SPITAL, ou HOSPITAL, Village de Suisse *k*, dans le Canton d'Ury, sur le Mont St. Gothard, à demi-lieue d'Urseren. On lui a donné le nom de *Spital*, corrompu d'Hospital, parce que les Voyageurs qui vouloient passer le Mont St. Gothard, s'y arrêtoient & parce qu'on y prenoit soin de ceux qui étoient malades. On trouve aux environs de ce Village des restes d'anciennes Forteresses, qui témoignent qu'autrefois il y a eu des Nobles dans ce Quartier. Ceux qui veulent voir, ou acheter des Cristaux en trouvent abondamment dans ce Lieu.

k Etat & Délices de la Suisse, t. 4. p. 418.

SPITALL, petite Ville d'Allemagne *l*, dans la Haute Carinthie, vers les confins de l'Evêché de Saltzbourg, sur le Lyser, un peu au-dessus de son Embouchure dans la Drave.

l Jaillot, Atlas.

SPITHEAD, Rade d'Angleterre dans l'Hantshire, au voisinage de Portsmouth. Ce qu'on appelle la Rade de Spithead *m* est au Nord-Est entre la Ville de Portsmouth & l'Isle de Wight ; c'est-là le rendez-vous ordinaire de la Flote Royale, soit qu'elle aille à l'Ouest ou qu'elle revienne à l'Est.

m Délices de la Gr. Br. p. 794.

SPITZBERG [Le], Pays de la Terre Arctique *n*, dans l'Océan Septentrional, ainsi nommé à cause de la quantité de ses Montagnes aiguës. Les Anglois l'appellent *Niewland*. Il est fort avancé au-dessus de la Norwege vers le Nord à la hauteur de quatre-vingt degrez de Latitude, entre la Nouvelle Zemble à l'Orient & le Groenland à l'Occident, à près de trois cens lieues de chacune de ces Contrées. Il fut découvert en 1596. & ainsi nommé par Guillaume Barends & Jean Corneille Hollandois, qui cherchoient un chemin pour aller à la Chine par la Mer Glaciale. On a reconnu que le Spitzberg est divisé en deux parties : celle qui est au Couchant est une grande Isle, qui s'étend du Septentrion au Midi l'espace de près de deux-cens mille

n Baudrand, Dict.

pas;

pas; & celle qui est au Levant est une autre Isle plus petite nommée la *Nouvelle Frise*. Elle se trouve séparée de la grande par le Golphe de Wybe-Jans, & par le Détroit de Gautier-Thimens. Il n'y a aucune Ville, ni Village que l'on sache dans ce Pays à cause du grand froid qu'il y fait, mais seulement quelques Ports comme le Beau-Port, le Port-Verd, la Baye de Horne, la Baye des Anglois, la Baye de Glace, le Port de St. Jean, la Baye de la Magdelaine, la Baye des Ours, celle des Basques, l'Isle-Longue, ou Kinna, la Danoise, l'Isle d'Amsterdam, l'Isle avancée ou Voorland, le Golphe de Way, & divers autres endroits fréquentez par les Flamands, & par les Anglois pour la Pêche de la Baleine, qui y est meilleure qu'en aucun autre Pays du Pôle Arctique. L'extraordinaire vitesse de ces Poissons avoit fait abandonner cette Pêche; mais on l'a recommencée depuis avec succés. C'est sur-tout aux Basques qu'on en est redevable, aussi-bien que des Fourneaux que l'on fait sur les Vaisseaux pour extraire l'huile. Ces Baleines dont la figure n'est guère moins aigue par le derrière que le toit d'une Maison, ont diverses bosses à côté de la tête, le ventre fort blanc, & le dos noir. Celles de l'Amérique sont plus longues & moins épaisses. La pêche se fait seulement dans un certain tems de l'année & en Eté. On ne sait où les Baleines se retirent le reste de l'année. On les prend d'ordinaire avec un Harpon, & quand elles sont blessées, elles poussent un grand cri qui fait accourir toutes les autres qui peuvent l'entendre. On tire sept Tonnes d'huile des plus grandes. Cette huile se fige comme du sain de Pourceau & brûle fort-bien. Les glaces dont toutes les Côtes du Spitzberg sont couvertes en rendent la Navigation dangereuse.

SPLEDON. Voyez ASPLEDON.

SPLUGEN, Village du Pays des Grisons [a], dans la Ligue Haute, & dans la Communauté de Schams au Rheinwald. Splugen, en Latin *Speluca* est un grand & beau Village sur le bord du Rhein. Il peut avoir deux-cens feux. Ses Maisons sont bien bâties & les Habitans sont à leur aise, quoiqu'ils n'ayent pour toutes terres qu'une petite Prairie, qui est au pied de la Montagne. Leurs richesses viennent de ce qu'étant sur la grande Route d'Italie en Allemagne, ils font un grand Commerce, & d'ailleurs ils gagnent beaucoup par les Voitures qu'ils fournissent perpétuellement aux Marchands, y ayant plus de cinq cens Chevaux de voiture dans le Bourg. De Splugen pour aller en Italie, on passe par le Splugerberg, qui conduit dans le Comté de Chiavenne.

SPLUGERBERG (Montagne de) dans les Grisons [b], dans la Haute Ligue, & la Communauté de Schams. Cette Montagne a trois lieues de montée jusqu'au sommet, & quatre lieues de descente du côté d'Italie. Quand on est parvenu au sommet, on y rencontre une grande Plaine, de deux lieues de long, garnie de bonnes Prairies, qu'on fauche au mois d'Août. Il s'y trouve aussi à la grande satisfaction des Voyageurs une Hôtellerie bien pourvue de tous les rafraîchissemens nécessaires: où l'on garde aussi une Cloche, qu'on sonne dans les tems de neige, pour servir de Guide aux Voyageurs; car souvent la Maison est tellement couverte de Neige, qu'on ne la sauroit voir de loin. Quand on est sur cette hauteur, on commence déja à respirer un air plus doux, qui vient des Climats chauds de l'Italie.

SPODENDUM [c], Lieu que Constantin Porphyrogenète paroît mettre aux environs de la Petite Arménie.

SPOLETO, Ville d'Italie, & Capitale du Duché de même nom. Elle est située, selon Léander [d], au bout d'une Plaine fort agréable, & très-fertile, & selon Misson, dans un lieu fort raboteux. Le Livre des Origines de Caton, Strabon, Tite-Live, Ptolomée, Suétone dans la Vie de Vespasien, & Procope, l'appellent *Spoletum* ou *Spoletium*. Pline met dans la sixième Région les Habitans de *Spolete*, *Spoletini*, & Tite-Live donné à cette Ville le titre de Colonie des Romains. Antonin dit qu'elle est sur la Voye Flaminienne. Annius assure qu'elle fut la première Ville, & la Capitale des Vilumbres, & que le nom de Spoleto lui fut donné du Capitaine Polus, ou bien de l'Oiseau *Spolus*, qui voloit dans la place où l'on avoit jetté les fondemens de la Ville. Le même Auteur ajoute qu'elle ne peut pas avoir été nommée *Spoletum* du mot *Spoliare*, comme veulent quelques-uns; la raison qu'il en donne est que *Spoliare* est un mot Latin, & que *Spoletum* est dérivé du mot Etrusque *Polo*, qui étoit le nom d'un Capitaine, ou de *Spoló* qui étoit un Oiseau. Elle est située dans la Vilumbrie, ou dans le Pays des Umbres, comme le prouve Caton, car il dit que *Vèta* signifie *Proles*, descendants; & *Umbra*, *Antiqua*, *Anciens*. Ptolomée la met aussi au rang des premières Villes de la Vilumbrie. On lit dans le Livre des Colonies: *Ager Spoletinus in jugeribus & lipititius est intercisivis assignatus, ubi cultura est. Ceterum in Soluto est relictum in montibus, vel subsicivis, quæ Reipublicæ alii cessa censita sunt. Nam etiam multa loca hereditaria accepit ejus populus*. Tite-Live fait souvent mention de cette Ville, premiérement dans son vingt-deuxième Livre, lorsqu'il dit qu'Annibal après avoir été défait par les Romains auprès du Lac de Perugia, vint assiéger Spoleto, mais inutilement; car les Habitans de Spoleto lui firent lever le Siège, & lui tuérent beaucoup de Soldats. Annibal fort étonné d'une résistance à laquelle il ne s'attendoit pas, & voyant bien que les Habitans de cette Ville étoient plus forts & plus courageux qu'il ne se l'étoit imaginé, fut obligé de conduire son Armée dans le Picenum qu'on appelle aujourd'hui la Marche.

On lit encore dans le vingt-septième Livre du même Auteur, qu'à Spolete une femme fut changée en homme: & dans le vingt-huitième Livre on voit, que les Habitans de Spolete sont mis au rang des Colonies, qui envoyérent du secours aux Romains, dans la guerre qu'ils eurent avec Annibal. Théodoric Roi des Goths, se plaisoit beaucoup dans cette Ville: il y fit bâtir un magnifique Palais; après la mort de

[a] Etat & Delices de la Suisse, t. 4. p. 31.

[b] Ibid t. 4. p. 31. suiv.

[c] Ortelii Thesaur.

[d] *Leandro Alberti Ital.* p. 92. recto,

de Théodoric, les Goths détruisirent ce Palais auffi-bien que la Ville, qui fut enfuite établie par Narfes Eunuque, fameux Capitaine de Juftinien, felon ce que rapporte Biondo. Le Théâtre qui étoit fort grand & très-bien bâti, avoit été auffi ruïné. Fréderic Barberouffe la faccagea encore, parce que les Habitans favorifoient le Pape Aléxandre III.: elle fouffrit alors toutes fortes de maux. Les Vierges, confacrées à Dieu, ne furent pas à l'abri de la brutalité du Soldat, qui y exerça toutes fortes de cruautez. A peine commençoit-elle à fe rétablir, que les Habitans de Perugia la furprirent, & la brûlérent en 1324. comme le rapporte Bernardino Corio. On la rétablit enfuite, & depuis elle s'eft augmentée confidérablement. Ses Habitans font riches & en fort grand nombre. Elle eft fituée en partie fur une Colline, & en partie dans la Plaine, avec un Château qui peut paffer pour une des meilleures Forterefles de l'Italie.

Il eft bâti fur une Colline vis-à-vis de cette partie de la Ville, qui eft auffi fur une Colline, & quoiqu'il y ait une Vallée entre-deux, il a communication avec elle par le moyen d'un Pont, foutenu de vingtquatre gros Pilaftres, que l'on a rangés avec beaucoup d'art. On trouve dans cette Ville abondamment tout ce qui eft néceffaire pour la vie, & fon Territoire produit beaucoup de vin, de bled, d'huile, d'amandes & d'autres fruits: Martial parle des vins de Spolete, & les préfére aux vins de Salerne.

De Spoletinis quæ funt cariora Lagenis Malueris, quam β mufta Salerna bibas.

Ciceron [a] parle d'un Cornutus de Spolete qui étoit un fameux Orateur. Le Grammairien Meliffe y prit naiffance, felon Eufébe. Du tems de l'Empereur Dioclétien les SS. Carpofore Prêtre Tofcan, Abondio Diacre, Savino Evêque de la même Ville de Spolete, Effuperantio, Marcellino Diacre, Venafiano homme de qualité, fa femme & fes enfans, Grégoire & plufieurs autres Clercs & Habitans y furent martyrifez. L'Eglife Cathédrale [b] eft affez belle. La Nef eft haute, le Pavé eft de petites piéces de Marbre rapportées comme à l'Eglife de S. Marc de Venife. Tout le Fronton du grand Portail eft d'une belle Mofaïque, à fond d'or. Au haut de la Ville il y a un Château qui eft affez fort par fa fituation. De cette hauteur on découvre à cinq-cens pas hors de la Ville, un Temple qui étoit confacré à la Concorde, & qu'on nomme aujourd'hui la Chapelle du S. Crucifix. On voit à Spolete quelques autres Fragmens antiques, un Arc Triomphal à demi-ruïné, quelques reftes d'un Amphithéâtre, & divers Marbres détachés; mais tout cela fans Infcription, excepté l'Arc fur lequel on reconnoît encore quelques Caractéres. L'Aqueduc qui joint la Montagne de S. François, à celle de Spolete, eft d'autant plus confidérable, qu'il eft entier, & qu'il n'a pas difcontinué de fervir depuis qu'il eft fait; mais cet Ouvrage n'eft que Gothique. Il a trois cens-cinquante pas de long, & deux cens trente pieds de haut, à mefurer la hauteur du plus profond de la Vallée.

[a] De claris Oratorib.

[b] Miffon, Voyage d'Italie p. 257. t. I.

SPOLETE, Duché d'Italie, dans l'Etat de l'Eglife [c]. Cette Province qu'on appelle indifféremment Ombrie, ou Duché de Spolete, commença à être connue fous ce dernier nom en 572. que Longin Exarque de Ravenne, y établit des Ducs fous l'autorité des Empereurs d'Orient. Ils tentérent fouvent les moyens de fe rendre indépendans des Puiffances d'Italie. Rotgaut ayant pris parti contre Charlemagne, eut la tête tranchée en 775. & fon Duché fut donné à Henri Seigneur François, qui mourut quelque tems après. Charlemagne fit alors préfent à l'Eglife du Duché de Spolete, & de fes dépendances, qui peuvent avoir du Nord au Sud quarante fept milles & foixante-cinq milles de l'Eft à l'Oueft. Les bornes font au Septentrion la Marche d'Ancone & le Duché d'Urbin; à l'Orient l'Abbruzze Ultérieure; au Midi la Sabine & le Patrimoine de St. Pierre; & à l'Occident l'Orvietano avec le Perufin. Le Terroir, quoique marécageux dans la plus grande partie, eft très-fertile; il n'y en a pas de plus abondant que la Plaine de Foligny, qui régne depuis Spolete jufqu'aux environs de Péroufe. Les principales Riviéres de ce Duché font le Tibre, la Nera & le Topino. Ses principaux Lieux font:

[c] *La Forêt de Bourgon, Géogr. t. 3. p. 398.*

Spolete,
Trevi,
Foligny,
Ponte,
Spello,
Affife,
Notre-Dame des Anges,
Bevagna,
Norcia.
Montefalco,
Todi,
Aqua-Sparta,
Amelia,
Otricoli,
Narni,
Cefi, ou Cefis,
Terni,
Rieti,

SPOLETINUM, Ville de l'Efpagne Bétique: Ptolomée [d] la donne aux Turdetains.

[d] Lib. 2. c. 4.

SPOLETIUM, Ville d'Italie, chez les Vilumbres, felon Ptolomée [e]. Velleius Paterculus [f] & Tite-Live [g] en font une Colonie Romaine, & Florus la compte au nombre des Municipes les plus célébres de l'Italie. Ses Habitans font appellez SPOLETINI dans Pline [h] & *Populus Spoletinus* dans Ciceron [i]. On lit dans une ancienne Infcription rapportée par Gruter [k]: ORDO SPOLETINORUM, Genitif formé de SPOLETIUM [l], & non de *Spoletum*, comme écrivent par erreur quelques Modernes, qui ont voulu former le nom Latin de cette Ville fur celui qu'elle porte aujourd'hui; car c'eft de la Ville de Spolete, dont il eft queftion. Voyez SPOLETE. Symmaque [m] donne à Spolete le titre de bonne Ville, & lui attribue la gloire d'être la Mere des meilleurs Citoyens.

[e] Lib. 3. c.
[f] Lib. 1. c. 14.
[g] Epit. 20.
[h] Lib. 3. c. 14
[i] Pro Ballo, c. 21.
[k] Pag 476. no. 7.
[l] Cellar. Geogr. Ant. L. 2. c. 9.
[m] Lib. 3. Epift 11.

SPONDOLICI, Peuples de la Sarmatic Afiatique, felon Pline [n].

[n] Lib. 6. c. 7.

SPONHEIM. Voyez SPANHEIM.
SPONSAS. Voyez POSSESSIO.

1. SPORADES, Ifles de l'Archipel. Suidas dit que les principales font au nombre de douze, & que quelques-uns les appellent Cyclades. Mais la plûpart des Auteurs en comptent bien un plus grand nombre,

bre, & les distinguent des Cyclades. On les a appellées *Sporades*, c'est-à-dire, répandues de côté & d'autre, parce qu'elles sont dispersées, & point rassemblées en un tas comme les Cyclades. On ne peut pas dire même de ces Isles qu'elles sont toutes ou en Europe ou en Asie; mais comme Pomponius-Mela & Pline les décrivent, il y en a une partie dans la Mer de Crète, une partie dans la Mer Carpathienne, une autre partie dans la Mer Icarienne où sont les plus considérables & les plus célébres. On en met même jusque dans la Mer de l'Eubée, & dans celle de l'Attique; car Pline compte l'Isle Hélène au nombre des Sporades, & il laisse en doute si celle de Scyros est la derniére des Cyclades ou des Sporades.

2. SPORADES, Eustathe & Agatarchide, citez par Ortelius [a], mettent dans un certain Golphe de l'Arabie des Isles de ce nom. Ils ajoutent que ces Isles ne pouvoient être nombrées, & qu'elles étoient absolument stériles.

[a] *Thesaur.*

SPORGILUS, Bourgade de l'Attique, selon Etienne le Géographe.

SPORI, ou SPORADES. Autrefois, dit Procope [b], les Antes & les Sclavons n'avoient qu'un même nom; car l'Antiquité les appelloit Sporades, d'un mot Grec qui signifie dispersez; parce que leurs Cabanes occupoient une grande étendue de Pays; & du tems de Procope ces Peuples Barbares couvroient en effet une grande partie d'un des bords du Danube.

[b] *Goth. Lib. 13. c. 14.*

SPORON, nom d'une Isle de la Mer Méditerranée, au voisinage des Pyrénées, selon Ortelius [c] qui cite la Table de Peutinger.

[c] *Thesaur.*

SPRE'E, Riviére d'Allemagne [d]. Elle prend sa source dans la partie Septentrionale de la Bohême, entre Neustl, Ehenberg & Krebitz, & prenant son cours du Midi au Nord, elle traverse la Lusace qu'elle sépare en deux parties, & tournant ensuite vers l'Occident Septentrional elle entre dans la Moyenne Marche de Brandebourg, qu'elle parcourt jusqu'à Spandaw, où elle se joint au Havel, & y perd son nom. Dans cette course elle reçoit diverses Riviéres, entre autres le Schops, d. le Dober, g. le Goila, g. & le Pancke, d. Les principales Villes qu'elle baigne sont:

[d] *Jaillot, Atlas.*

Dans la Lusace:
{ Baudissen, d.
Sprehenberg,
Cotbus, ou Cotwiz, g.
Luben, d.
Ledeleben, d.
Besekow, }

Dans la Moyenne Marche de Brandebourg:
{ Furstenwalde, d.
Steweken, g.
Kepnick, g.
Berlin,
Spandaw. }

SPREHENBERG, Ville d'Allemagne [e], dans la Lusace. [f] On lui a donné ce nom à cause de sa situation sur une Montagne, dont le bas est arrosé de la Riviére de Sprée.

[e] *Ibid.*
[f] *D'Audifred, Géogr. t. I.*

'S PRINCENLANDT [g]. On nomme

[g] *Dict. des Pays Bas.*

ainsi dans les Pays-Bas, ce petit Pays, qui confine au Finaert, situé le long de la Riviére de Merck, qui vient de Breda, & qui touche à la Mer.

SPROTTA, Riviére, ou Torrent d'Allemagne, en Silésie, dans la Principauté de Glogaw. Cette Riviére prend sa source dans la partie Septentrionale de la Principauté de Lignitz, & entre aussi-tôt dans celle de Glogaw, où coulant vers le Nord Occidental elle forme un assez grand Lac; d'où elle sort pour aller se perdre dans le Bober à Sprottaw.

SPROTTAW, Ville d'Allemagne, dans la Silésie, au Duché de Glogaw, vers les confins de la Principauté de Sagan. Elle est située au confluent du Bober & du Sprotta, à deux milles au-dessus de la Ville de Sagan.

SPURII. Voyez TARENTUM.

SPURN-HEAD [h], Cap de l'Angleterre, sur la Côte d'Yorckshire, au Quartier Oriental, ou d'Est-Riding. A l'Orient de Hull la Terre s'avance dans l'Océan, & s'étrecit insensiblement, jusqu'à ce qu'elle finisse en pointe & forme au Nord du Humber, une Presqu'Isle qu'on nomme Holderness, & dont la pointe fait un long Cap avancé: c'est ce qu'on appelle Spurnhead; c'est-à-dire, le *Cap de l'Eperon*. Sur ce Cap il y a un Village nommé Kelmsey, qui étoit anciennement une Place plus considérable sous le nom d'*Ocellum*; & qui donnoit même son nom à toute la Presqu'Isle.

[h] *Délic. de la Gr. Br. p. 237. & 238.*

SPYNTUMA, Ville de l'Ethiopie sous l'Egypte. C'est Pline [i] qui en fait mention. Le Pere Hardouin, au lieu de *Spyntuma*, lit *Spintum*, sans dire le fondement de cette correction.

[i] *Lib. 6. c. 29.*

S Q.

SQUILITANUM. Voyez SCYLLATENI.

SQUILLACE, ou SQUILLACI, Ville d'Italie, au Royaume de Naples, dans la Calabre Ultérieure, à une lieue du Golphe de Squillace, à douze de Cosenza, & à quatorze de Girace. Elle est située sur le Torrent de Favelone, qui va se rendre à trois milles de-là dans la Mer Ionienne.

Cassiodore dans une de ses Lettres attribue la fondation de cette Ville [k] au fameux Ulysse, il y fait une charmante peinture de sa situation agréable sur la Mer Adriatique, qu'on appelle aujourd'hui Mer de Sicile de ce côté-là, & qui fait en cet endroit un Golfe, qu'on nomme *Golfe de Squillaci*. ,, Cette Ville, dit Cassiodore, s'éloigne du ,, Rivage en s'élevant doucement, envi-,, ronnée d'un côté de fertiles Campagnes, ,, & de l'autre baignée de la Mer, le So-,, leil lui fait part de ses rayons, dès qu'il ,, se léve & jamais ni nuages, ni brouil-,, lards ne lui en dérobent la lumière. L'air ,, y est aussi fort tempéré, l'on n'y éprouve ,, point l'incommodité des Saisons. C'est ,, un charmant spectacle, continue-t-il, de ,, voir de-là la Ville sans se lever de son ,, siége, des Vignes qui promettent une ,, abondante Vendange, des Aires pleines ,, de riches Moissons, & des Campagnes ,, couvertes d'Oliviers." Cette Description

[k] *Vie de Cassiodore, par Dom F. D. de Ste. Marthe.*

qui

qui a quelque chose d'étudié, marque assez l'inclination naturelle que ce grand homme avoit conservé pour sa patrie. Il en donna encore de plus fortes preuves par les grands travaux qu'il entreprit pour la décoration & pour la commodité de cette Ville, lorsqu'il étoit Préfet ou Gouverneur de l'Abruzze & de la Lucanie, qu'on comprend aujourd'hui sous le nom de Calabre. Pendant l'espace d'une année que dura sa Préfecture, il fit travailler dans la Ville de Squillaci sa patrie à ces merveilleux Réservoirs qui étoient creusés dans la concavité d'un Rocher, & remplis de l'eau de la Mer, où l'on voyoit une prodigieuse quantité de Poissons de différentes espèces, & c'est dans ce même lieu qu'il bâtit depuis son Monastère. Le nom de Squillaci ou Scillaci, selon quelques-uns, tire son origine du voisinage de Scylla ce fameux Ecueil si connu chez les Historiens & les Poëtes. D'autres Auteurs, qui ne trouvent pas que la proximité soit assez grande, veulent que cette Ville ait néanmoins pris son nom de Scylla, parce que le Promontoire proche duquel elle est bâtie, est un autre Scylla, c'est-à-dire très-dangereux. Aussi dit-on qu'Ulysse fit naufrage en cet endroit, & qu'il y commença une Ville du débris de sa Flote; c'est encore une Ville Episcopale sous la Métropole de Rhegio. Quoique cette fondation qu'on rapporte à Ulysse, soit apparemment fabuleuse, on sait néanmoins que toute la Calabre a été autrefois habitée par des Grecs, & que même on appelloit ce Pays-là, & tout ce qui est à l'extrémité de l'Italie, la Grande-Grèce. Strabon veut que Squillaci fut une Colonie des Athéniens, qui en avoit conservé la politesse & les inclinations. On a la Description du Monastère que Cassiodore fit bâtir à Squillaci, dans le Livre de l'Institution. ,, La situation du
,, Monastère de Viviers, dit-il à ses Moi-
,, nes, vous invite & vous engage à pré-
,, parer bien des soulagemens pour les E-
,, trangers & pour les Pauvres. Vous avez
,, des Jardins arrosés de plusieurs Canaux,
,, & le voisinage du petit Fleuve Pellène,
,, qui est fort poissonneux, & qui a cela
,, de commode, que vous ne devez pas
,, craindre d'inondation de l'abondance de
,, ses eaux, quoiqu'il en ait assez pour n'ê-
,, tre pas à mépriser. On a su le conduire
,, pour votre commodité, par-tout où l'on
,, a jugé ses eaux nécessaires. Il suffit pour
,, arroser vos Jardins, & pour faire tour-
,, ner les Moulins de votre Monastère. On
,, le trouve fort à propos lorsqu'on en a
,, besoin, & après qu'il a rendu le service
,, qu'on en attendoit on ne le voit se retirer.
,, Il est, pour ainsi dire, dévoué à tous les
,, ministères de votre Maison. Vous avez
,, aussi la Mer au bas du Monastère, &
,, vous pouvez y pêcher commodément en
,, plusieurs manières. Vous avez encore
,, des Viviers pour conserver en vie le
,, Poisson de votre Pêche; car j'ai fait faire
,, avec l'aide de Dieu, de grands Réservoirs
,, où une grande quantité de poissons peut
,, être renfermée. Je les ai fait creuser
,, dans la concavité de la Montagne, de
,, sorte que le Poisson qu'on y met ayant
,, la liberté de s'y promener, d'y prendre
,, sa nourriture ordinaire, & de se cacher
,, dans les creux des Rochers, comme au-
,, paravant, ne sent pas qu'il est pris.

On appelle GOLPHE DE SQUILLACI, une partie de la Mer Ionienne, sur la Côte de la Calabre Ultérieure, entre le Cap de Rizzuto & celui de Stilo, qui le sépare du Golphe de Girace.

SQUINCII. Voyez SAMNITES.

S T.

STA-IN-PACE. C'est le nom d'une Tour de Sicile [a], dans la Vallée de Noto, près de la Côte, à huit milles de Syracuse vers le Midi. C'est aussi un reste d'une petite Ville nommée anciennement *Elorus*, & *Elorum*.

[a] *Baudrand, Dict.*

STAB'N-BAD, ou STUBEN, Ville de la Haute-Hongrie [b], dans la partie Méridionale du Comté de Turocz, aux Confins de celui de Zoll, à trois milles de Neu-Zoll, & à deux de Chremnitz. On y voit proche d'une petite Rivière, plusieurs Bains chauds fort estimés, & où il vient du monde: l'eau en est fort claire & sent le souffre, & le fond en est verd. Elle teint le Bois qui est dessus, en verd & en noir; mais elle ne change pas les Métaux aussi-tôt que d'autres.

[b] *De l'Isle, Atlas.*

Il y a sept Bains, le premier est le Bain des Nobles; le second des Gentilshommes; le troisième des Paysans; le quatrième des Paysannes; le cinquième des Gueux; le sixième de ceux qui sont attaqués du mal, qu'on appelle *Lues-Venerea*; & le septième le Bain des Gypsies. Ils sont tous dans une Plaine entourée de Montagnes, dont les plus proches sont du côté de l'Orient; & c'est sur le Sommet de ces mêmes Montagnes qu'on trouve tant de riches Métaux.

STABAEI. Voyez SABÆI.
STABALI. Voyez TABULI.
STABATISTUM. Voyez LEBEDONTIA.
STABARENI. Voyez TIBARENI.
STABATENSIS, Siège Episcopal d'Afrique: Maximianus, *Stabatensis Episcopus*, souscrivit au Concile de *Cabarsusa*. On ignore de quelle Province étoit ce Siège.

STABIÆ, Ville d'Italie, dans la Campanie. Elle ne subsistoit plus du tems de Pline [c], qui nous apprend qu'elle avoit été détruite, sous le Consulat de Cn. Pompée, & de L. Caton, par Sylla, le dernier d'Avril, & qu'elle étoit réduite, à un simple Village. Pline le Jeune [d], après avoir rapporté que son Oncle curieux d'examiner l'Embrasement du Mont Vésuve, dit à son Pilote de tourner du côté de Pomponianus, ajoute que Pomponianus étoit à Stabie dans un endroit séparé par un petit Golphe, que forme insensiblement la Mer sur ces Rivages qui se courbent. Ovide parle de *Stabiæ* au quinzième Livre de ses Métamorphoses [e]:

[c] *Lib. 3. c. 5.*
[d] *Lib. 7. Epist. 16.*
[e] *Vers 711.*

Herculeamque Urbem, Stabiasque.

On voit dans Galien [f] & dans Symmaque [g], que le Lait des Vaches de *Stabiæ* étoit en usage dans la Médecine. Columelle [h] fait l'Eloge des Eaux & des Fontaines de Stabie.

[f] *Lib. 5. Meth. med.*
[g] *Lib. 6. Epist. 17.*
[h] *Lib. 10. v. 139.*

Fontibus & Stabiæ celebres, & Vesvia rura.

La Table de Peutinger place *Stabiæ* entre *Pompeii* & *Surrentum*. C'est aujourd'hui *Castel a mare di Stabia*, ou simplement *Castel a mare*.

STABLESIANI. On trouve ce nom dans la Notice des Dignitez de l'Empire, & dans une ancienne Inscription rapportée par Goltzius.

STABLO. Voyez REGENSES.

STABULÆ, Lieu de la Germanie: l'Itinéraire d'Antonin le marque sur la Route de Milan à Mayence, en prenant par les Alpes Pennines. Ce Lieu étoit entre *Cambete* & *Argentovaria*, à six milles de la première de ces Places, & à dix-huit milles de la seconde.

1. STABULUM, Ville de l'Asie Mineure, dans la Mysie, selon Pline [a]. [a Lib. 5. c. 30.]

2. STABULUM, ou AD STABULUM. L'Itinéraire d'Antonin marque un Lieu de ce nom sur la Route des Gaules en Espagne, entre *Salsulæ* & *ad Pyrenæum*, à quarante-huit milles du premier de ces Lieux, & à seize milles du second.

3. STABULUM-DIOMEDIS, Lieu de la Thrace. Il est marqué dans l'Itinéraire d'Antonin sur la Route de Macédoine à Constantinople, entre *Otopisum* & *Impara*, à vingt-deux milles du premier de ces Lieux, & à dix-huit milles du second. Voyez TINDA.

4. STABULUM-NOVUM, Lieu de l'Espagne Tarraconnoise, selon l'Itinéraire d'Antonin, qui le place entre Barcelone & Tarragone, à cinquante & un milles de la première de ces Places, & à vingt-quatre milles de la seconde.

STACHIR, Fleuve de la Libye Intérieure: Ptolomée [b] dit que ce Fleuve sort du Mont *Rysadius*, & qu'auprès de cette Montagne il forme le Marais *Clonia*. Marmol dit que ce Fleuve est le *Senega*. [b Lib. 4. c. 6.]

STACHIRIS. Voyez TRACHIRIS.

STACKY, Lac d'Ecosse [c], dans la Province de Strath-Navern, & dans la Seigneurie d'Edir-Dacheulis. Il y a près de ce Lac un endroit où les Cerfs ont la queue fourchue. [c Délic. de la Gr. Br. p. 1393.]

STADEN, Ville d'Allemagne, dans la Basse-Saxe, au Duché de Brême, sur la petite Rivière de Schwinge, qui se jette un peu au-dessous dans l'Elbe. Cette Ville passe pour une des plus anciennes de la Basse-Saxe. Le nom de *Statio* que les Romains lui donnèrent, vient de ce qu'ils y tenoient leur Armée navale pour défendre les passages de l'Elbe. [d] Après avoir eu des Seigneurs particuliers, elle tomba au pouvoir des Archevêques de Brême. Elle avoit alors titre de Comté, & Henri le Jeune, Duc de Brunswick, s'en étant rendu maître, prit l'Archevêque Hardewic dans la Ville de Brême. Quelques Auteurs veulent qu'elle ait été Libre & Impériale; ce qu'il y a de certain c'est qu'elle a eu rang entre les principales Villes Anséatiques. Cependant lorsque les Anglois eurent transporté à Hambourg le Commerce de leurs Draps, elle déchut fort de ses richesses. Le feu la consuma presqu'entièrement [d D'Audifred, Géogr. t. 3.]
en 1659. Les Ducs de Brunswick-Luneburg la prirent en 1676. & trois ans après ils furent obligez de la restituer au Roi de Suède, à qui elle avoit été accordée par le Traité de Westphalie. Depuis elle a suivi le sort du Duché de Brême.

STADIA. C'est l'un des noms que porta anciennement l'Isle de Rhodes, selon Strabon.

STADISIS, Ville de l'Ethiopie sous l'Egypte: Pline [e] la met près de la Grande-Cataracte du Nil, dans l'endroit, dit-il, où ce Fleuve se précipite avec un tel bruit qu'il rend sourds les Habitans du voisinage. C'est la Ville *Tasitia*, Τασίτια, de Ptolomée. [e Lib. 6. c. 29.]

STADSBERG, Ville d'Allemagne [f] dans la Westphalie, sur le Dimel, aux Confins du Comté de Waldeck. Les Suédois qui la prirent en 1645. en firent raser les Fortifications. Cette Ville étoit autrefois nommée *Eresburg*, ou *Eresberg* & *Mersperg*. Les Saxons y avoient bâti un Temple superbe à l'honneur de leur Faux-Dieu *Irminsul*, ou *Ermensul*, qu'ils adoroient comme le Protecteur de leur Nation. On tient que c'étoit l'Idole de Mars, à qui ce Peuple fort adonné à la Guerre rendoit un Culte particulier. Charlemagne, après avoir vaincu les Saxons, fit abbattre cette Idole, & consacrer le Temple au vrai Dieu. [f Monumenta Paderbornens.]

STADT-WORBS, Bourg d'Allemagne [g] dans la Haute-Saxe, au Comté de Hohnstein, sur la Rivière de Wiper. [g D'Audifred, Géogr. t. 3.]

STAECHADES. Voyez STOECHADES.

STAFANGER. Voyez STAVANGER.

STAFARDE, Bourgade des Etats de Savoye [h], au Marquisat de Saluces, à cinq milles de la Ville de ce nom, sur la Route de Cavours & de Pignerol. Cette Bourgade qui est située sur le Pô, a une riche Abbaye de l'Ordre de Cîteaux. Elle est outre cela renommée par la fameuse Bataille que Mr. de Catinat gagna proche de-là le 18. d'Août 1690. contre les Troupes du Duc de Savoye, qui les commandoit en personne, & qui étoit secondé des Milanois & des Allemans au nombre de plus de trente mille. [h De Seine, Nouv. Voyage d'Italie.]

STAFFORA, Rivière d'Italie, dans le Milanez. Elle arrose le Pavesan, & après avoir passé à Voghera, elle se perd dans le Pô. Quelques-uns la prennent pour l'ancienne *Iria*.

STAFFORD, Ville d'Angleterre [i], dans le Comté auquel elle donne son nom, & dont elle est la Capitale. Cette Ville située un peu au-dessus de l'endroit où le Penck se jette dans la Saw est appellée Stafford, au lieu de Statford, & anciennement on la nommoit Betheney, à cause d'un certain Hermite nommé Berthilin, qui avoit vécu dans cet endroit dans une grande réputation de sainteté. La Saw mouille Stafford de deux côtez à l'Ouest & au Sud. La figure de cette Ville est ovale; & son circuit peut être d'environ douze cens pas. Autrefois elle étoit bordée d'un Marais au Nord-Est; mais les Habitans ayant eu l'industrie de le dessécher, on y voit aujourd'hui une belle & agréable Campagne, moitié Champs, moitié Prairies. Edouard le *Vieux* fit bâtir en 914. un Château pour la défense [i Délic. de la Gr. Br. p. 388.]

S T A.   S T A.   85

défense de Stafford ; & ce Château ayant été ruïné, Guillaume le Conquérant le fit relever. Les Barons de Stafford en bâtirent aussi un fort beau vers le confluent de la Saw & du Penck. On peut dire que cette Ville est agréable & bien bâtie. Elle est partagée en deux Paroisses. Il y a une Ecôle publique. Aujourd'hui Stafford donne le titre de Comte à un Seigneur de la Maison des Howards.

STAFFORDSHIRE, Province Méditerranée d'Angleterre [a], dans le Diocése de Lichfield & Coventry. Elle est bornée au Nord-Ouest par le Comté de Chester : à l'Occident par celui de Shrewsbury : au Midi par ceux de Worcester & de Warwick ; & à l'Est & au Nord-Est par celui de Darby. Elle s'étend du Nord au Sud l'espace de quarante-quatre milles : elle en a vingt-sept de large, & cent quarante de circuit. Ce Terrein renferme huit cens dix mille Arpens de terre. On y compte cinq Hundreds ou Quartiers, dix-huit Villes ou Bourgs à Marché, cent trente Eglises paroissiales, & environ vingt-trois mille sept cens cinquante Maisons. Il y a quatre Villes qui ont droit de députer au Parlement & quinze Bourgs qui ont droit de Marché. Les anciens Habitans de ce Pays ont été les Cornaviens, qui possédoient outre cela les Terres comprises dans les Comtez de Shrewsbury, de Worcester & de Chester. Après eux ce Comté fut le partage des Saxons Merciens. On voit dans cette Province un nombre considérable de Riviéres. Les plus grandes sont la Trent, la Tame, la Dove, le Blithe & la Saw. Parmi les autres moins considérables, on remarque le Hans, le Churnet & la Teane, qui se jettent dans la Dove, & le Penck qui tombe dans la Saw. La partie Méridionale de cette Province commence à s'élever ; & l'on y voit la tête de cette chaîne de Montagnes, qui courant au Nord, partagent l'Angleterre en deux parties égales, faisant comme une Côte, ou plutôt un Dos au milieu du Royaume jusqu'en Ecosse. Ainsi la partie Septentrionale du Comté de Stafford est montueuse ; ce qui lui a fait donner le nom de *Moore-Land*. Par-là elle est plus froide que le reste ; & même la neige y demeure assez long-tems sur la terre. Cela fait aussi que le Terroir y est rude & stérile. On a remarqué dans ces Quartiers-là que le Vent d'Ouest y amene la pluye, & qu'au contraire ceux de Sud & d'Est y apportent le beau tems ; ce qui est le contraire des autres endroits du Pays. On attribue cela au voisinage de la Mer d'Irlande. L'air de Staffordshire, généralement parlant, est bon, quoiqu'un peu froid dans le Quartier du Nord. Le Terroir y est bon pour les Grains & pour les Pâturages dans le voisinage de la Trent, & la Campagne est couverte en quelques endroits de belles & agréables Forêts. Mais la partie Méridionale est la meilleure & la plus fertile à tous égards. Outre les Pâturages & les Grains, on y trouve des Carriéres de Charbon de terre, d'Albâtre & de Pierres de Moulins. Ce Charbon de terre est dur, luisant & léger : il se coupe aisément par tranches, & quand il

[a] Délic. de la Gr. Br. p. 382.

est allumé il se consume promptement. On trouve aussi quelques Mines de fer ; mais on ne dit pas qu'elles soient d'un grand revenu. Les Riviéres abondent en Poisson, sur-tout la Trent. Ce qu'il y a de plus singulier, c'est que le Dove se déborde quelquefois au mois d'Avril, & s'enfle pendant douze heures avec tant de violence, qu'il entraîne les Brebis & les Vaches ; dans douze heures après il se rabaisse & rentre dans son lit. Cependant ces débordemens sont d'un aussi grand usage qu'en Egypte ceux du Nil. Les terres s'en trouvent engraissées, & les Prairies en tirent une belle verdure. Il n'en est pas absolument de même de la Trent : elle se déborde aussi quelquefois ; mais quand elle a passé ses bords ; elle n'y rentre qu'au bout de quatre à cinq jours ; de sorte que la Campagne voisine en est toute inondée pendant ce tems-là. Le Dove est par-tout bordé de Carriéres d'où l'on tire de la Chaux. On la brûle, & on s'en sert avec profit pour engraisser la terre. L'eau de la Riviére reçoit une telle graisse de la Chaux & est sur ses bords, que les Prairies voisines en prennent une agréable verdure, qu'elles conservent même au milieu de l'Hyver. On trouve aussi dans cette Province des Puits salez, dont on fait de beau Sel blanc. Enfin il y a quelques Mines d'un Plâtre fort blanc, qui se durcit comme de la pierre.

Les Villes & Bourgs où l'on tient Marché sont :

* STAFFORD la Capitale,	
* Lichfield,	* Tamworth,
* Newcastle,	Barton,
Penckridge,	Leek,
Ecclesshall,	Kinver,
Ridgeley,	Tudbury,
Bromley,	Stone,
Brewood,	Utoxeter,
Betley,	Walshall,
Cheadle,	Wolwerhampton.

STAGABAZA. Voyez TAGABAZA.

STAGIRA, ou STAGIRUS, Ville de la Macédoine [b], au voisinage du Mont Athos, sur le Golphe Strymonique, entre *Amphipolis* & *Acanthus*. Etienne le Géographe, qui écrit STAGIRA, *orum*, en fait la Patrie d'Aristote, qu'il surnomme Σταγειρίτης, *Stagirites*. Hérodote [c] donne à peu près à cette Ville la même position que nous lui avons donnée ; car il dit qu'après que l'Armée de Xerxès eut quitté le Strymon, elle passa par *Stagirus* & arriva à *Acanthus*. Thucydide [d] dit que *Stagirus* étoit une Colonie des Andriens, & que conjointement avec la Ville d'*Acanthus* elle abandonna le parti des Athéniens. Ptolomée la compte parmi les Villes maritimes, & la marque entre le Fleuve Strymon & le Mont Athos ; mais au lieu de *Stagira* il écrit *Stantira*. Pline, comme Etienne le Géographe, dit *Stagira*. Cette Ville [e] est appellée *Libanova* par Sophien, qui dans un autre endroit la nomme *Orthagoria* ; & Nicetas lui donne le nom de *Macra*.

1. STAGNARA, petite Ville de la Turquie en Europe [f], dans la Romanie, près de

[b] De l'Isle, Atlas.
[c] Lib. 7. c. 115. In Xerxis Itinere.
[d] Lib. 4. p. 311.
[e] Ortelii Thesaur.
[f] Baudrand, Dict.

L 3

de la Côte de la Mer-Noire, entre Sifopoli & les Bouches de la Mer-Noire, ou du Détroit de Constantinople.

2. STAGNARA, *Stagnum*, ou *Develton-Stagnum*. C'est un Lac de la Turquie en Europe, dans la Romanie, près de la Ville de Develto.

STAGNO, *Stagnum*, petite Ville de la Dalmatie, dans la partie Orientale de la Presqu'Isle de Sabioncello, & dans la Dépendance de la République de Raguse. Cette Ville qui est fortifiée a un Evêché suffragant de l'Archevêché de Raguse, & un petit Port de Mer sur la Côte du Golphe de Venise, environ à trente milles de la Ville de Raguse vers la Tramontane, en allant vers le Golphe de Narenta.

STAGNO-PICCOLO, dans la Langue du Pays *Mali-Ston*. C'est un Bourg & une Forteresse, à un mille de la Ville de Stagno, dont il est parlé dans l'Article précédent, avec une Garnison toujours commandée par un Noble de Raguse.

a Wandalie,
Lib. 1. *c.*
20. STAGNUM, Procope [a] appelle ainsi un Port de la Mer Méditerranée, sur la Côte d'Afrique, à quarante Stades de Constantinople. Il dit que ce Port est fort grand, &
b Thesaur. que l'entrée en est fort aisée. Ortelius [b] croit que c'est de ce Port dont parle Oro-
c Cap. 22. se au Livre quatrième [c]; & que c'est aussi le Port de Carthage simplement appellé
d De Bel. Λίμνη par Appien [d].
Pun.

STAGUS. Voyez STEGOS.

STAINFORD-BRIDGE, Bourg d'An-
e Délices de gleterre [e], dans Yorkshire, au Quartier
la Gr. Br. Oriental de la Province. De Wighton en
p. 234. tirant au Nord-Ouest, on passe dans le Bourg de Pocklington, & l'on arrive à Stainford-Bridge, situé sur le Derwent. On appelle aussi ce Bourg BATLEBRIDGE; c'est-à-dire *Pont de la Bataille*, parce que ce fut-là que Harald, Roi d'Angleterre, défit en 1066. Harald Roi de Norwége, & gagna sur lui un si riche Butin, qu'il s'y trouva de l'Or pour la charge de douze robustes Jeunes-hommes. Mais le pauvre Roi fut battu lui-même neuf jours après dans un combat qu'il livra à Guillaume le Conquérant; & il y perdit la Couronne avec la vie.

f Ibid. p. STAINTHORPE, ou STAINDORPE [f],
250. Bourg d'Angleterre, dans la Province de Durham, sur le chemin qui conduit de la Ville de ce nom à celle d'Yorck, à quatre ou cinq milles de Bernard-Castle, au Nord-Est. Stainthorpe est un bon Bourg. On y voyoit autrefois une Eglise Collégiale.

STAINVILLE, Bourg de France au Duché de Bar, dans le Diocése de Toul, Office de Bar & le Chef-lieu d'une Prévôté qui ressortit au Bailliage de Bar. Il y a à Stainville quatre Chapelles outre l'Eglise paroissiale, qui est sous le Titre de St. Mathieu. L'Abbaye de Jovilliers est dans le District de cette Paroisse aussi-bien que la Ferme de Nantelle, qui dépend de cette Abbaye.

STALBO. Voyez REGENSES.

1. STALIA. C'est l'un des noms qu'Etienne le Géographe donne à la Ville de Génes.

2. STALIA, Lieu dont il est fait mention dans le cinquième Concile de Constantinople. Il paroît, dit Ortelius, que ce Lieu devoit être aux environs de la Cilicie.

STALIMENE, Isle de l'Archipel. C'est la même Isle que les anciens Grecs & Latins ont appellée *Lemnos* [g] : mais qui à pré- *g Dapper,*
sent n'est connue parmi les Turcs, les Ita- *Descr. de*
liens, & les Grecs Modernes, que sous le *l'Archipel.*
nom de Stalimene ou de Stalimini, bien *p. 241. &*
que les Turcs l'appellent aussi Limio, de *suiv.*
son ancien nom un peu altéré, prétendant que Stalimene est un nom corrompu de Lemnos. Ou plutôt elle fut appellée Stalimene par les Grecs, à cause que par sa basse situation, elle ressemble à un Lac, ou un Etang, que les Grecs appellent Λίμνη. On pourroit encore dire que c'est un mot formé de *Stomalimne*, qui signifie Embouchure de Lac, car c'est ainsi que les anciens Grecs appelloient les Etangs situez près de la Mer, où ils se venoient décharger par leur Embouchure. Cependant Belon tient Stalimene, pour un mot Italien, composé de *Sta* & *Limni*, & ce dernier pour un mot corrompu de Lemnos. Etienne le Géographe dit que cette Isle fut appellée Lemnos de la Déesse Junon que les anciens Habitans de cette Isle appelloient Lemnos, & à qui ils immoloient des Vierges. Elle avoit autrement été appellée Æthalie & Hypsipylée, d'une des filles du Roi Thoas, qui avoit autrefois régné sur ses Insulaires; & c'est aussi pour cette raison qu'elle est appellée dans les anciens Poëtes le Pays d'Hypsipylée.

L'Isle de Stalimene est placée dans les Cartes Marines à quatre lieues d'Allemagne à l'Occident de l'Isle de Tenedos: à sept, à l'Est-quart au Sud du Cap Sud-Est de l'Isle de Lanio, par son Cap Sud-Ouest: à huit, à l'Ouest quart au Sud du Détroit des Dardanelles: à presque la même distance au Septentrion du Pays de Thrace: à sept lieues au Sud-Ouest des Isles d'Imbros & de Samandrachi; & environ à dix lieues au Sud-Est du Mont Athos, qu'on nomme à présent *Monte Santo*. Belon la place à quatre lieues de France, du Pays de Thrace, & par un de ses Caps appellé Blava, à dix-huit de ces mêmes lieues du Cap de l'Isle d'Imbros, qu'on nomme Aulaca, & à quatre journées de Navigation de Constantinople, quand le vent est favorable, en traversant la Propontide ou Mer de Marmora. Pline la met à quatre-vingt-sept milles, & Solin à quatre-vingts-six milles du Mont Athos ou Monte Santo: à quatre-vingt-huit milles de l'Isle d'Imbros: à vingt-six milles de Samothrace; & à cinq milles de Thassos. Selon Pomponius Mela, elle est vis-à-vis du Mont Athos, & selon Etienne le Géographe, près de Thrace.

On donne à cette Isle cent milles d'Italie, ou vingt-cinq lieues d'Allemagne de circuit. Elle est plus étendue en longueur d'Orient à l'Occident, qu'en largeur du Nord au Midi. Elle avoit anciennement deux Villes dont la Capitale étoit appellée *Hephæstia*, *Hephæstias*, ou *Hephestia*, & l'autre *Myrina*: de là vient qu'elle étoit appellée par les anciens Grecs *Dipolis*, c'est-à-dire, qui a deux Villes.

Hephæstia veut dire la Ville de Vulcain qui

qui étoit appellé par les Grecs *Hephæstos*, & adoré sous ce nom par les Habitans de Lemnos; delà vient qu'elle fut faite la Capitale de l'Isle.

Quelques Auteurs veulent qu'elle ait été située à l'endroit où l'on voit un petit Village, appellé *Cochino* qui est près de la Mer. Cependant Ptolomée appelle *Hephætia* une Ville située au milieu des terres. *Cochino* a un fort beau Port, qui fournit en tout tems aux Vaisseaux une rade assûrée. On y voit encore un vieux Château qui est presque entiérement démoli, & dont les murailles battues par les flots de la Mer, tombent tous les jours en ruïne. Les Pélasgiens ont autrefois habité une des deux Villes de cette Isle, où ils se vinrent retirer après avoir été chassez de l'Attique par les Athéniens. Homére appelle *Lemnos* une petite Ville bien bâtie; & dans ses Iliades il la nomme la petite Ville du Divin Thoas. La Capitale de l'Isle porte à présent le nom de Stalimene, de même que toute l'Isle, & est située près de la Mer. Il y en a qui tiennent que c'est l'ancienne Ville de *Myrina*, que Ptolomée semble placer près de la Mer, au lieu qu'il met celle d'*Hephæstia* au milieu des Terres. Belon prétend que l'ancienne Ville de *Myrina* soit à présent nommée *Lemno*, & l'Isle *Stalimene*. Mais il est à remarquer que les Turcs appellent ordinairement l'Isle & la Ville Capitale *Lemno* ou *Limio*, au lieu que les Chrétiens appellent l'une & l'autre Stalimene.

Cette Ville est bâtie, suivant le témoignage du même Belon, sur le penchant d'une Colline qui se vient terminer au bord de la Mer, & qui en est environnée de deux côtez; de sorte qu'elle est fort étroite à l'endroit où elle vient aboutir. Le Côteau sur lequel la Ville est bâtie est environné de vieilles murailles, & a au sommet un Château, qui est occupé par une Garnison Turque, sous l'autorité d'un Gouverneur qui y fait son sejour. L'accès en est fort difficile; de sorte qu'il semble être plus fort par son assiette que par aucune de ses Fortifications. Les Maisons de cette Ville sont bâties le long d'une Côte, qui est toute plantée de Vignes. Il y a des masures au bord de la Mer qui font assez connoître l'ancienne splendeur de ses Bâtimens. Porcachi la place au milieu de l'Isle, & met au-dessous du côté du Couchant & près du rivage de la Mer, un Village nommé *Sala*.

On compte dans l'Isle de Stalimene environ soixante & quinze Villages, qui sont habitez par des Grecs riches & laborieux, qui s'appliquent fort à l'Agriculture. De tous ces Villages il n'y en a que deux ou trois, où l'on ne parle pas Grec, & où il n'y a point de Chrétiens. Toute l'Isle est fort inégale & diversifiée par des Côteaux & des Valons: mais il y a aussi des Champs assez vastes & bien cultivez. Cependant Porcachi, avec quelques autres, la fait basse & toute unie, & en effet elle n'est pas fort haute. Ses plus hautes Montagnes sont situées du côté de la Macédoine, vers le Quartier de l'Isle qui est sur la gauche en y allant. Quand on vient du côté du Nord-Nord-Ouest, du Nord-Ouest-Quart au Nord, & du Nord-Ouest-Quart à l'Ouest, & qu'on fait voile du côté de cette Isle, on la découvre avec deux hautes Montagnes, mais tout le reste paroît bas & uni. Une Montagne de cette Isle, appellée *Mosychle* par Hesyche & Nicander, vomit à son sommet des feux & des flammes; delà vient que l'Isle est appellée dans Sénéque *l'ardente Lemnos*, & que plusieurs anciens Poëtes ont fait mention du feu qui y brûle. C'est aussi en considération de ces embrasemens & de ces vomissemens de feux qu'elle fut anciennement appellée *Æthalie*, c'est-à-dire *brûlante*; car quelques Auteurs forment ce mot du Grec Αἴθεσθαι, qui signifie *brûler*.

Cette Isle n'a point de Riviére, mais seulement quelques Fontaines & Ruisseaux. Il y en a un qui sourd d'un Rocher à une demi-lieue de la Ville, qui arrose toute la Campagne qui est aux environs du Port & vient baigner les Murailles de la Ville. Sa source se précipite du haut du Rocher en bas, formant une chûte d'eau avec grand bruit; qu'on nomme communément Catarâcte. Il y a pourtant un autre Ruisseau, appellé *Salinari*, qui ne coule pas loin de Myrina ou Lemno.

Stalimene a un beau Port, appellé *Porto S. Antoni*. Il est au côté Méridional de son Cap Oriental entre deux Montagnes, & il abonde en Poissons. Il y a deux petites Isles ou grands Rochers près du Cap Occidental du Port, qui est formé par la plus Occidentale des deux Montagnes dont j'ai parlé. Un Ecueil ou Banc de sable, descend tout à coup au-dessous de l'eau, s'étend du Cap Oriental assez avant dans la Mer. On peut être dans le Port à l'abri de toute sorte de Vents, à la reserve du Sud-Est, & du Sud Sud-Est. Porcachi donne à cette Isle plusieurs Ports, mais il ajoûte qu'on pourroit plutôt les appeller de petits Golfes, ou des Recourbemens de terre que des Ports.

Cette Isle étoit consacrée au Dieu Vulcain, qui étoit estimé fils de Jupiter & de Junon, & que quelques-uns ont cru être le même que Tubalcain; car comme le rapporte Pomponius-Mela, les Habitans de Lemnos révéroient Vulcain. On dit qu'il a donné aux Hommes l'invention de se servir du feu; & qu'il est l'Auteur de tous les Arts où l'on a besoin de l'action de cet Elément, pour disposer les matiéres & les ouvrages dont on veut former quelque instrument.

Les Poëtes ont feint à cause de sa laideur & de sa difformité, qu'il fut précipité du Ciel en bas par Jupiter & Junon ses Parens, en l'Isle de Lemnos, où il fut nourri par des Singes, ou comme d'autres le racontent, par Eurynome fille de l'Océan & de Thetis. C'est à cette chûte qu'on a attribué le défaut qu'il avoit d'être boiteux. Ils ont aussi dit, qu'il avoit une Forge en l'Isle de Lemnos, de même qu'en celle de Sicile, où avec les Cyclopes ses Forgerons, il travailloit à forger les Foudres de Jupiter, & les Armes des grands Hommes, comme celles d'Achille. C'est pour cela que l'Isle de Lemnos est appellée dans les Anciens *Vulcania*, & qu'elle est dite lui avoir été consacrée. C'est pour cela encore, que Vul-

Vulcain est appellé dans Virgile, le Pere Lemnien, & qu'Homére représente cette Isle comme une petite Ville proprement bâtie, & que Vulcain chérit par dessus tous les Pays du Monde. Cette fiction poëtique a indubitablement pris son origine du Mont Mosychle, qui vomit des flammes dans l'Isle de Lemnos, comme nous l'avons ci-devant remarqué, de même qu'en Sicile le Mont Ætna. Quelques-uns ont appellé l'Isle de Lemnos, les Pays raboteux de Vulcain.

Il n'y a aucun de ses Habitans qui ne raconte encore quelque Fable au sujet de Vulcain, mais d'une maniére, & en des circonstances différentes. Ils ne veulent point convenir, de sa Forge, & de l'Adultére de sa femme Venus avec Mars, ils ne veulent pas même en entendre parler.

Cette Isle produit plusieurs herbes & Plantes, entre lesquelles il y en a qui nous sont connues, & qui y croissent; mais il y en a aussi, qui nous sont inconnues, dont Belon fait mention. Il y croît une herbe, appellée Chaméleon, dont la racine a une telle vertu, qu'étant appliquée sur la peau, elle y excite une si grande démangeaison avec inflammation, qu'il n'y a point d'Ortie, si piquante qu'elle soit, qui en puisse causer la centiéme partie. L'on ne sent pourtant pas d'abord la démangeaison qu'elle cause, mais seulement après une ou deux heures, & plus on se frotte, plus on augmente la chaleur, la démangeaison, & la rougeur ; de sorte qu'enfin toute la peau qui en a été touchée devient plus rouge que du sang.

L'Isle est fort dépourvue d'Arbres & de Bois. Il n'y en croît guére, que près du Village de Rapanidi, où il y a un Boccage tout planté de Hêtres; mais on ne les coupe pas pour brûler, on les épargne & les conserve en considération d'un remede qui en découle, que les Grecs & les Italiens appellent *Velanie*. Ce remede est fort estimé par les Habitans de cette Isle, qui ne permettent pas qu'on le transporte hors de leur Pays; mais le gardent & le conservent pour leur propre usage. On se sert des glands & de l'écorce ou gousses de cet Arbre, qui est toujours verd pour taner les Cuirs, & on appelle cette sorte de Tan de la Velanie.

Au lieu de bois ces Insulaires se servent de tiges d'Asphodéle, & d'une autre Plante qu'ils nomment Cachynopoda, on les brûle après les avoir fait secher. Le terroir n'est même guére propre, qu'à produire des Arbres fruitiers & domestiques. Le Quartier de l'Isle qui regarde l'Orient est fort aride, & par conséquent mal propre à produire des Arbres; mais celui qui est du côté du Couchant & du Midi, est un peu plus bas & plus verdoyant. Les Lieux abreuvez de quelque humidité & qui sont situez entre les Collines où les Arbres peuvent croître, ne produisent que des Arbres fruitiers, comme des Figuiers, des Noyers, & des Amandiers; mais fort peu d'Oliviers. Il y croît aussi de deux sortes de Siphisus, & un certain Arbre appellé Nérion, dont les Insulaires parsement les fleurs, sur les Branches des Grenadiers ou les attachent à ses Rameaux; dans la pensée que ces fleurs étrangéres leur communiquent la vertu de ne pas laisser tomber les leurs propres. Ils croient même que cela empêche que les Grenades ne se fendent & ne s'ouvrent. Au défaut de l'herbe appellée Oréga, on se sert d'une certaine Plante qui croît entre les Hayes & les Buissons, on la garde communément dans les Maisons, & on s'en sert lorsqu'on veut manger du Poisson frais ou salé, pour en relever le goût & y faire une sauce. Les Grecs d'aujourd'hui l'appellent *Lagochimeni*, c'est-à-dire, gîte de Liévre. Elle a le goût & l'odeur fort semblable à la Marjolaine grosse, où Heracléotique. Ses feuilles approchent de celles de la Mille-feuille, sa sémence est ronde, & toute la Plante a beaucoup de rapport avec celle que les anciens Médecins, tant Grecs que Latins, ont appellée *Ammi*. Les Hayes sont faites d'un certain Arbrisseau, que les anciens Grecs ont appellé *Rhamnus*, de même que les Modernes, & que nous nommons *Nerprun* & *Bourg-épine*.

Le Terroir est assez fertile principalement en Grains & en Vins. On peut même dire qu'il est à présent que l'Isle est sous la domination des Turcs, plus qu'il ne l'a été autrefois; qu'il y a une plus grande abondance de toutes choses: que le Pays est plus riche & mieux cultivé; & qu'enfin on y trouve un plus grand nombre d'Habitans, que lorsqu'elle étoit possédée par les Chrétiens, à cause qu'on y vit en paix & en repos, sans apprehender les courses & les ravages des Corsaires. Les Habitans des soixante & quinze Villages que l'on compte dans cette Isle, sement du Bled, du Chanvre, du Lin, des Féves, des Pois, & plusieurs autres sortes de Légumes.

L'Isle nourrit différentes sortes d'Animaux sauvages & domestiques. On y trouve beaucoup de Serpents de plusieurs espéces, qu'on nomme en Langue du Pays *Cenchriti*, *Laphiti*, *Ochendra*, *Amphisbena*, *Sagittari*, *Tephliti* ou *Tephlini* & *Nerosidia*. Tous ces noms quoique vulgaires descendent des anciens noms que les Grecs leur avoient donné. Car le *Cenchriti* est le *Cenchris* des Anciens, comme le *Laphiti* leur *Elaphis*, & l'*Ochendra* leur *Echidna* ou *Echis*, bien qu'il ne soit pas une véritable Vipére. L'*Amphisbena* a retenu son ancien nom; le *Sagittari* est celui que les Anciens ont appellé *Jaculus* ou le *Javelot*, & le *Tephlini* se rapporte à celui qu'ils ont nommé *Tephlinos*.

L'Isle de Stalimene est encore estimée, comme elle a été de tout tems, parmi les Medécins, à cause d'une certaine terre, qu'on appelle terre sigelée, ou *Lemnia* & qu'on tire de cette Isle. Il y a une Colline ou Montagne, à quatre fois la portée d'un trait de la Ville d'*Hephæstia*, ou du Village de *Cochyno*, entre laquelle & la Ville on découvre une Chapelle, appellée *Sotira*, qui consiste seulement en quelques murailles fort petites & fort basses, sur lesquelles repose le toit. Quand on est arrivé à cette Chapelle, on rencontre deux chemins, dont l'un tend à droite, l'autre à gauche vers deux Fontaines situées à la portée d'un trait l'une l'une de l'autre. Celle qui est à droite tarit en Eté; mais celle qui est à gauche coule tout le long de l'année. Comme ce Quartier est fort humide, il n'y croît autre chose que des joncs; au lieu qu'au chemin, qui conduit à la Fontaine sur la droite, il y croît tout du long, des Carouges, des Sureaux & des Saules, qui couvrent la Fontaine de leur ombre. Cette Colline est renommée, tant par la chûte de Vulcain, que par la Terre Sigelée ou Lemnienne qu'on en tire. Porcachi témoigne qu'on n'y voit croître ni herbe ni plante; mais, s'il en faut croire Belon, le Bled y vient assez heureusement. On pratiquoit anciennement diverses Cérémonies pour aller tirer des entrailles de la Terre, & pour former cette Terre Sigelée de Lemnos, sur laquelle on a imprimé diverses marques & figures suivant les différentes circonstances des Siécles, où l'on en a vu paroître dans le Monde. Du tems de Dioscoride, qui a vécu long-tems avant Galien, on avoit accoutumé de mêler du sang de Bouc, dans les petits Pains qu'on en formoit, & d'imprimer dessus la figure d'une Chévre; mais cette coutume n'étoit plus en usage du tems de Galien, comme il l'éprouva lui-même lorsqu'il alla à *Lemnos* pour s'en éclaircir. On avoit alors une autre maniére de préparer cette Terre, & d'en former de petits Pains; car avant toute chose le Prêtre montoit sur une Colline, où après avoir répandu une certaine mesure de Blé & d'Orge, & pratiqué quelques autres Cérémonies, suivant la coutume du Pays, il chargeoit un plein Chariot de cette Terre, qu'il faisoit conduire à la Ville d'*Hephæstia*, où on la préparoit ensuite d'une maniére bien différente de la précédente. Cependant il y a plusieurs Siécles que ces Cérémonies ne sont plus en usage, & qu'elles ont été entiérement abolies; mais en leur place on en a introduit d'autres, qui sont les suivantes.

Tous les Principaux de l'Isle, tant Turcs, qu'Ecclésiastiques, ou Prêtres Grecs, qu'on nomme communément Caloyers, s'assemblent précisément le sixième jour du Mois d'Août dans la Chapelle de Sotira, où étant arrivés, les Grecs, après avoir lu leur Liturgie & fait des Priéres, montent tous ensemble, accompagnés des Turcs, vers la Colline, où l'on arrive par des degrés qu'on a faits pour monter plus commodément, & qui est située à la portée de deux traits de la Chapelle. Quand on est parvenu au plus haut, cinquante ou soixante hommes se mettent à creuser jusqu'à ce qu'ils ayent découvert la veine de la terre qu'ils cherchent, dont les Caloyers remplissent quelques Sacs faits de poil de Bête, & les donnent aux Principaux des Turcs, établis pour le Gouvernement de l'Isle, comme sont le Sous-Bachi, ou le Waiwode, qui se trouvent présens.

Quand ils ont tiré de cette terre en quantité suffisante pour toute l'année, ils en font recouvrir la veine par les mêmes Ouvriers, qui la referment d'une autre terre. Cependant le Sous-Bachi, fait porter à Constantinople, & présenter au Grand-Seigneur, une grande partie de ce qu'on a tiré, & vend le reste à des Marchands.

Il n'y a pas d'autre moyen d'en avoir & d'en acheter que de s'adresser au Sous-Bachi ou Gouverneur Turc. Car il est défendu à tous les Insulaires, sur peine de la vie, d'en transporter la moindre partie hors de l'Isle, & si quelqu'un étoit surpris à en avoir le moindre petit pain, ou convaincu d'en garder dans sa Maison, à l'insçu du Gouverneur, il seroit condamné à payer une grosse Amende, qui pourroit aller au-dessus de ses forces. Il n'y a que le Sous-Bachi, qui tire tous les ans, au nom de l'Empereur son Maître, les revenus de l'Isle, à qui il soit permis d'avoir de cette terre & d'en vendre. Il ne seroit pas même facile, quand on auroit vingt Ouvriers, & qu'on les feroit travailler toute la nuit, de pouvoir creuser pour découvrir cette terre, outre qu'on les pourroit réconnoître, & remarquer facilement. Quoiqu'il ne faille pas douter qu'on pourroit trouver en d'autres Quartiers de l'Isle de cette même Terre, les Grecs ne s'en voudroient pas servir, si on ne la tiroit en présence des Caloyers & avec les Cérémonies accoutumées. Ils ne voudroient pas même se servir de celle de la Colline, ni permettre que les autres s'en servissent si elle avoit été tirée dans un autre jour que le sixième du Mois d'Août; tant ils attribuent de vertu & de force à ces Cérémonies, & au tems & à la maniére de tirer la Terre de sa Veine. Ils s'imaginent aussi que s'ils n'y étoient présens, & ne la voyoient tirer eux-mêmes, sa vertu en seroit moins forte.

Les Turcs sont dans ce point moins superstitieux, que les Grecs, où les autres Peuples, quoiqu'ils souffrent que les Chrétiens Grecs fassent toutes ces grimaces & Cérémonies, & répandent leurs Bénédiction sur cette Terre; en quoi ils semblent eux-mêmes les seconder. Suivant le rapport des plus anciens Habitans de l'Isle, cette coutume de choisir un certain jour de l'année pour tirer cette Terre de sa Veine, a été introduite par les Vénitiens qui commencérent à la mettre en pratique lorsqu'ils étoient en possession de cette Isle.

Quand cette Terre est hors de sa Veine, on en forme de petits Pains ronds, du poids d'environ deux Dragmes, les uns plus, les autres moins, & sur lesquels on voit seulement ces deux mots, en Caractères Turcs & Arabes, *Tin Imachton*, c'est-à-dire Terre Sigelée. Cependant ces Lettres & ces Caractères ne sont pas semblables dans tous les petits Pains de cette Terre; mais il en faut attribuer la cause à l'inégalité de l'écriture des Turcs, qui voulant exprimer une même chose se servent de différens Caractères, ou forment leurs Lettres diversement, outre que plusieurs Gouverneurs Turcs, en ayant eu en différens tems la conduite, ils ont fait aussi imprimer des Sceaux différens.

Au rapport des Grecs & des Turcs, la plus ancienne marque des différentes Terres de cette nature qu'on trouve encore, est celle qui n'a pas plus d'un pouce de large, & qui ne comprend que quatre Lettres. Il

M y a

y a seulement au milieu du Sceau, entre toutes les Lettres, quatre points. La terre de ce Sceau est si grasse, qu'elle semble proprement du suif, & qu'elle s'attache entre les dents quand on la mâche, sans qu'il paroisse qu'il y ait le moindre sable. Elle est d'un rouge brun & enfoncé. Cependant la Terre Sigelée n'est pas toujours de la même couleur. Car il arrive souvent, que dans une même Veine elle est plus blanche, quelquefois un peu plus rouge, & d'autres fois d'une couleur, qui participe également du rouge & du blanc. Elle a une vertu attractive & dessicative, qui résiste à la pourriture & au venin. Elle remet le Sang figé dans sa consistance & fluïdité naturelle, fortifie le Cœur, & provoque les sueurs. Son principal usage est dans les Fiévres malignes, dans la Peste, dans la Dyssenterie, & dans les Piquûres & Morsûres des Bêtes venimeuses, pour excentrer le venin, qui se pourroit insinuer, ou qui se seroit déjà insinué dans le Sang. Les Anciens s'en servoient aussi, pour combattre & faire vomir le Poison que l'on avoit avalé.

Les anciens Médecins tant Grecs que Latins ont fort estimé cette terre dans la composition de plusieurs Remedes, où ils la faisoient entrer, & qu'ils employoient à divers usages. On peut dire aussi que les Médecins modernes n'en font pas moins de cas, puisqu'ils s'en servent en diverses occasions extérieurement, & qu'ils l'employent, non seulement comme un Remede simple, mais aussi dans les Remedes composés. Le célèbre & fameux Galien s'embarqua pour l'Isle de Lémnos, dans la seule pensée de pouvoir s'éclaircir sur la force & vertu de cette Terre, qu'il espéroit de pouvoir pénétrer par une exacte & longue application. Il y trouva une personne, qui s'en servoit pour guérir les Playes invétérées & les Morsures des Vipéres, & par conséquent contre toute sorte de Piquûre venimeuse & mortelle, & pour guérir ceux qui étoient empoisonnés, ayant coutume d'en faire prendre, non-seulement avant, mais aussi après le Poison.

Les Corroyeurs de Lemnos s'en servent au lieu de Tan, pour taner les Cuirs. Celle qu'on vend à Constantinople, est la plûpart du tems falsifiée, & formée en plus gros pains que la véritable. Sa couleur est aussi différente, & tire ordinairement sur le jaune.

Quoiqu'on fasse un si grand cas de cette Terre à la Porte où le Grand-Seigneur, pour honorer les Ambassadeurs des Princes & des Têtes couronnées, leur en donne en présent, & quoique l'Isle de Lemnos soit le seul endroit du Monde qui en fournisse, on en trouve pourtant à vendre en ce Pays-ci, dans quelques Boutiques rares d'Apoticaires & de Droguistes, chez qui néanmoins la plûpart du tems elle est falsifiée. Car il y a des gens, si adroits & si experts à la falsifier, en faisant un mélange de Bol d'Arménie, avec quelque autre terre ou poudre de cette nature, qu'il est assez difficile, même aux plus habiles Connoisseurs, de ne s'y pas tromper.

Les marques les plus sûres pour faire un bon & juste discernement de cette Terre, sont que la véritable est si grasse, que quand on la met à la bouche, il semble qu'on mâche du suif, d'où vient qu'elle s'attache aux dents & à la langue, & qu'étant humectée de salive, ou jettée dans l'eau, il s'éleve en vessies. Mais la principale marque pour la distinguer de celle qui est falsifiée, est qu'en la mâchant elle exhale quelque chose d'aromatique; en sorte que, si on ne savoit pas que c'est son odeur naturelle, on pourroit aisément se tromper, & s'imaginer qu'on y a mêlé des épiceries qui lui donnent cette odeur. Outre cela on s'apperçoit de quelque chose de sablonneux quand on en tient sous la langue.

On raconte que les anciens Prêtres de Lemnos guérissoient ceux qui avoient été mordus des Serpens, ce qu'ils opéroient sans doute par le moyen de la Terre Sigelée ou Lemnienne. Philoctète, Fils de Pæan ou d'Apollon, & qui avoit accompagné les Grecs à la Guerre de Troye, ayant été blessé au pied par une fléche empoisonnée, ou plutôt ayant été mordu par un Serpent d'eau ou une Vipére, on le laissa en l'Isle de Lemnos pour y être guéri de sa playe ou morsure; mais après la mort d'Achille, Ulysse revint en l'Isle de Lemnos & l'emmena de nouveau à la Guerre de Troye.

Le Mont Athos, que les Grecs nomment à présent *Agios Oros*, c'est-à-dire, la *Montagne sainte*, & les Turcs *Manstir*, couvre l'Isle de Lemnos de son ombre, lorsque le Soleil approche de son coucher. Car Belon témoigne qu'il a vu vers le second du mois de Juin, qu'environ le coucher du Soleil, le Mont Athos lançoit son ombre jusques dans le Port, qui est situé à l'autre extrémité de l'Isle, & sur la gauche de la Ville de Lemnos. Cette Montagne est si haute, qu'avant même que le Soleil approche de son coucher, son ombre s'étend jusqu'à la pointe gauche de l'Isle.

Il y avoit anciennement, dans l'Isle de Lemnos, la Statue d'un Bœuf; elle étoit faite de pierre blanche, & le Mont Athos l'obscurcissoit de son ombre; d'où étoit venu ce Proverbe parmi les Anciens ; *le Mont Athos couvre le côté du Bœuf de Lemnos*; & l'on appliquoit ce Proverbe à ceux, qui tâchoient d'obscurcir la gloire & là réputation des autres par leurs calomnies. Pline dit que cette Montagne lançoit son ombre au Solstice d'Eté, jusques dans le Marché de la Ville de Myrine; dela vient qu'il y a eu des Auteurs, qui se sont imaginés qu'il y avoit en cela quelque chose d'extraordinaire, n'ayant autrement pu comprendre comment le Mont Athos, qui est éloigné de quatre-vingt-six mille pas de l'Isle de Lemnos, pourroit lancer son ombre au delà de cette Isle.

Il y avoit aussi anciennement un Labyrinthe, qui étoit le troisième des quatre dont Pline fait mention. Car cet Auteur place le premier dans l'Isle de Créte; le second en Egypte; le troisième à Lemnos, & le quatrième

trième en Italie. Celui de Lemnos étoit semblable à ceux de Créte & d'Egypte, avec cette différence qu'il y avoit quarante Colomnes, qui l'ornoient & le rendoient plus magnifique. Il étoit bâti de fort belle pierre de taille, bien uni & poli, & tout couvert de voutes. Les Architectes de ce grand & superbe Edifice furent Zmilus, Rholus, & un certain Théodore, qui étoit natif de cette Isle. On en voyoit encore quelques restes du tems de Pline. Mais Belon assûre qu'il a parcouru avec beaucoup de soin toute l'Isle, pour tâcher de découvrir quelque marque ou vestige de cet ancien Edifice & qu'il n'en a pu trouver la moindre trace. Il ajoute même que s'en étant informé des Insulaires, il n'y en avoit point eu qui lui en eût su montrer d'autres restes que quelques masures, qui n'avoient rien de remarquable. Du Loir témoigne aussi, au rapport des Habitans de cette Isle, qu'il n'en est pas demeuré la moindre trace qui puisse faire juger de l'endroit où il avoit été bâti.

Un certain Thoas, fils du Pere Liber ou Bacchus, possédoit anciennement cette Isle en qualité de Roi. On dit que les Femmes de Lemnos en tuérent tous les hommes, sous le regne de ce Thoas, à cause que leur mauvaise odeur & puanteur leur avoit rendu leur compagnie insupportable. Il n'y eut que le Roi qui fut préservé de ce malheur par le moyen de sa fille Hypsipylée, qui le tint caché & qui le conserva. Depuis les femmes se mirent en possession de l'Isle, & prirent le Gouvernement, car nous voyons entre autres dans Pomponius-Mela, qu'on assûroit que les femmes de Lemnos avoient retenu le Gouvernement de l'Isle après avoir tué leurs Maris. C'est en considération de ce carnage, & de celui qu'on y fit des femmes Athéniennes, & de leurs Enfans, que nous rapporterons-ci après, que toutes les noires & atroces actions étoient anciennement appellées par les Grecs, des Actions Lemniennes, delà vient qu'il avoit passé en commun Proverbe d'exprimer, par une main Lemnienne, une barbare & cruelle main. Hérodote rapporte que les Femmes de cette Isle conjointement avec Thoas, tuérent tous leurs Maris; ce que quelques Auteurs expliquent, comme, si Thoas avoit été d'intelligence avec elles, & les avoit aidées à commettre cette action. Homére l'appelle cependant le Divin Thoas. Euripide & Ovide font mention, ainsi que plusieurs autres Ecrivains, de cette action atroce des femmes de Lemnos; delà vient que Sénéque, dans son Agamemnon, appelle Lemnos une Isle renommée par ses méchancetés.

Quelque tems après, les Pélasgiens ayant été chassez de l'Attique par les Athéniens, à cause qu'ils avoient usé de force & de violence envers leurs Enfans, & qu'ils avoient résolu de couper les mains aux Athéniens mêmes; ils se retirérent dans l'Isle de Lemnos, dont ils prirent possession. Mais voulant ensuite tirer raison du tort qu'ils prétendoient avoir reçu, ils équipérent vers le tems des Fêtes des Athéniens, plusieurs Galéres à cinq rangs, & firent voile du côté d'Athènes, où ils allérent dresser des embuches aux femmes de leurs Ennemis, qui célébroient à Brauron, Ville de l'Attique où Diane avoit un Temple, la Fête de cette Déesse. Ils enlévérent plusieurs de ces femmes, les emmenérent dans leurs Galéres & les conduisirent à l'Isle de Lemnos. Ces femmes ayant eu plusieurs enfans après quelques années, elles prirent soin de leur apprendre la Langue & les mœurs des Athéniens. Mais il arriva depuis que ces Enfans, instruits par leurs Meres, ne voulurent point avoir de commerce ni de fréquentation, avec ceux des femmes Pélasgiennes, bien loin de vouloir souffrir leur familiarité. Quand quelqu'un des leurs étoit battu par ceux des Pélasgiens, les autres couroient d'abord à son secours, & s'assembloient pour le venger; car ils étoient prévenus de cette opinion, qu'ils étoient dignes de commander sur les autres, qu'ils regardoient beaucoup au-dessous d'eux, & qu'ils croyoient obligés à toute sorte de soumission & de déférence à leur égard. De leur côté les Pélasgiens remarquant l'emportement de ces jeunes Esprits ambitieux, & en appréhendant les suites, résolurent de les faire tous mourir avec leurs Meres, qui les avoient élevés dans cet esprit d'Ambition. Mais il arriva qu'après avoir executé cet exécrable & funeste dessein, leurs terres ne rapportérent plus de fruits, comme elles faisoient auparavant, & leurs femmes devinrent stériles, de même que les femelles de tous leurs Bestiaux; de sorte qu'ils se virent en même tems travaillez de la Faim, & agitez de la cruelle appréhension de voir bien-tôt dépeupler leur Patrie, par la stérilité de leurs femmes, & par le ravage que pourroit en peu de tems faire la Famine si elle continuoit. Pour prévenir ces malheurs, ils envoyérent vers l'Oracle d'Apollon à Delphes pour le supplier de vouloir les délivrer de tous leurs maux, & de faire cesser leur affliction. Mais l'Oracle leur répondit qu'ils n'en verroient point la fin, qu'ils n'eussent donné aux Athéniens la satisfaction, qu'ils souhaiteroient de l'offense qui leur avoit été faite. Les Pélasgiens, ayant reçu cette réponse, s'embarquérent pour Athènes, où ils offrirent aux Athéniens de leur donner satisfaction, au sujet de l'offense, & du dommage qu'ils pouvoient avoir causé. Sur cela les Athéniens étendirent dans leur Hôtel de Ville, les plus beaux lits qu'ils avoient, & firent dresser devant les Pélasgiens, une Table chargée de toute sorte de biens, après quoi ils leur demandérent de remettre leur Pays. Mais les Pélasgiens leur répondirent qu'ils leur accorderoient leur demande lors qu'un Vaisseau les auroit remenez d'Athènes dans leur Pays, par un Vent de Nord; ce qu'ils disoient parce qu'ils savoient bien que c'étoit une chose absolument impossible, à cause que le Pays d'Athènes est situé plus au Midi que l'Isle de Lemnos.

Après que plusieurs années se furent écoulées, la Chersonnése de Thrace, située près de l'Hellespont, étant tombée sous la Domination des Athéniens, Miltiade, fils de Cimon, s'embarqua à Elis, Ville de la Cher-

Cherfonnèfe, & vint faire defcente à Lemnos, où il ordonna aux Pélafgiens, en les faifant reffouvenir de l'Oracle, de fe retirer de l'Ifle, & de lui en laiffer prendre poffeffion. Les Habitans d'Hephæſtia obéirent à cet ordre; mais ceux de Myrine fouffrirent un Siège, qui à la fin les obligea de fe foumettre. C'eſt ainſi qu'Hérodote rapporte cette expédition de Miltiade, & la prife de Lemnos par les Athéniens. Cornelius Nepos fait auffi mention de la prife de Lemnos avec les mêmes circonftances, quoiqu'il n'en rapporte pas la même caufe qu'Hérodote. Il dit que Miltiade, fils de Cimon, s'étant mis en mer avec une Flote confidérable, dans le deffein d'aller conquérir la Cherfonnèfe, mouilla en paffant à l'Ifle de Lemnos, pour tâcher de la foumettre à la Domination des Athéniens. Il follicita pour cet effet les Habitans à fe rendre; mais ils fe moquèrent de fa propofition, & lui répondirent qu'ils feroient prêts à leur obéir, lorfqu'en partant de leur Port, ils viendroient par un Vent d'Aquilon, aborder en un jour dans l'Ifle de Lemnos; car c'étoit précifément le Vent qui étoit véritablement le plus propre pour paffer de Lemnos à Athènes, mais qui étoit abfolument contraire pour la Route d'Athènes à Lemnos. Miltiade, à qui le retardement étoit ennuyeux, ne voulant pas s'arrêter davantage devant cette Ifle, cingla vers la Cherfonnèfe, & y alla faire defcente. Quand il s'en fut rendu maître, il paffa de nouveau à Lemnos, dont il fomma les Habitans de lui rendre la Ville, comme ils y étoient engagés par leur propre parole. Mais ils lui répondirent comme auparavant. Miltiade repliqua, que par cette raifon ils dévoient lui rendre leur Ville puis qu'il faifoit fon féjour dans la Cherfonnèfe, d'où il étoit venu dans un jour à Lemnos par un Vent du Nord. Les Cariens, ou Pélafgiens, qui habitoient alors l'Ifle, au rapport d'Hérodote, ne fe rendirent pas à fes paroles; & quoiqu'enfuite il n'en arriva autrement qu'ils ne s'y étoient attendus, ce fut moins au courage & à la conduite de leurs ennemis, qu'à leur mauvaife fortune, qu'ils furent contraints de céder & d'abandonner leur Ifle. Après cela Miltiade prit fa Route vers les Cyclades, dont il s'empara avec le même bonheur. C'eſt ce qu'en raconte Cornelius Nepos.

Louïs, Patriarche de la Ville d'Aquilée, mit feize Galéres en Mer dans l'année 1640. fous le Pontificat de Callixte III. par ordre duquel il avoit armé, & fe rendit maître de l'Ifle de Lemnos: mais il n'en fut pas plutôt parti que les Turcs s'en emparérent de nouveau, qui arriva du tems de Mahomet II. qui l'a poffédée depuis, & l'a laiffée à fes Defcendans.

Avant cela, les Vénitiens en avoient été les maîtres pendant affez long-tems. Mais comme elle étoit paffée enfuite fous la Domination des Turcs, ils les en avoient laiffé jouir paifiblement jufqu'en l'année 1656. que les ayant vaincus en un Combat naval, ils vinrent faire defcente dans cette Ifle, où ils laiffèrent fept cens hommes en Garnifon, après s'en être rendus les maîtres. Mais l'année fuivante, les Turcs l'ayant prife de nouveau, après un Siége de deux mois, ils l'ont poffédée depuis.

Cette Ifle fut anciennement habitée par certains Peuples appellés *Minyens*, qui étoient defcendus des Argonautes. Mais ils en partirent pour paffer à Lacédémone, fituée dans la Gréce, d'où ils allérent dans la Triphilie, & s'arrêtérent enfin aux environs d'*Arena*, dans une Contrée appellée *Lypezie* du tems de Strabon.

Ces premiers Habitans étoient pourtant de Thrace. Ils font appellez Sintiens, & autrement Sapéens par les anciens Auteurs. Homére fait mention de ces Sintiens de Lemnos, & les nomme les Eurouez Sintiens.

Entre plufieurs Peuples Grecs, qui habitérent le Péloponnèfe, les Habitans de Lemnos furent du nombre de ceux qui s'y établirent entiérement.

La plûpart des Habitans de Lemnos font à préfent des Grecs fort diligens & laborieux, qui s'appliquent principalement à l'Agriculture. Ils font des Gâteaux avec de la farine pétrie dans du petit Lait, qu'ils font enfuite cuire, ou fécher au Soleil. On les appelle *Bohourt*; & on en porte & vend dans toute la Turquie. Les Grecs demeurent dans les Villages; mais les Turcs fe tiennent avec leur Garnifon dans le Château.

STALIOCANUS-PORTUS, Port de la Gaule Lyonnoife: Ptolomée [a] le marque fur la Côte de la Mer Britannique, entre le Promontoire *Gobæum*, & l'Embouchure du fleuve *Titus*. Au lieu de *Staliocanus* le MS. de la Bibliothéque Palatine porte *Saliocanus*. Villeneuve veut que ce foit aujourd'hui *S. Paul*; & c'eſt *Rofcou* felon d'Argentré.

[a] Lib. 2. c. 8.

STALLEN [b], Communauté du Pays des Grifons, dans la Ligue de la Maifon de Dieu, où elle a le fixiéme rang. Cette Communauté eft compofée de deux Jurifdictions de Stallen & de Val Averfa, qui font au pied du Mont Septimer, & de celles de Remus & de Celino, qui font bien loin delà dans la Baffe Engadine. C'eſt du Mont Septimer que defcend le petit Rhin, qui fe jette dans l'Albula, près d'Im-Cafter. Stallen s'appelle en Italien *Bevio*, du Latin *Bivium*. Ce dernier nom lui vient, de ce qu'il y a deux chemins, l'un par le Mont Septimer, qui conduit dans le Pays de Pergell; & l'autre par le Mont Julien, dans la Haute Engadine. Cette Jurifdiction dépend pour les affaires criminelles du Bâillif d'Oberfax, qui en tire les Amendes.

[b] Etat & Délices de la Suiffe, t. 4. p. 53.

Averfa eft fituée dans un lieu rude & fauvage, auffi-bien que Stallen, dont elle eft féparée par un Bras du Mont Septimer. Cette Jurifdiction eft compofée de fept Paroiffes, Madris, Crotto, Platta, Cafale, &c. Les Habitans ont eu des Seigneurs particuliers, Vaffaux de l'Evêque de Coire; mais ils ont acheté leur Liberté depuis long-tems.

STAMENA. Etienne le Géographe qui cite Hécatée, donne une Ville de ce nom aux Chalybes.

STAMFORD. Voyez STANFORD.

STAMPÆ, Lieu de la France. Aimoin & Grégoire de Tours le placent fur le bord de la Juine. Le nom moderne eft ESTAMPES. Voyez ce mot.

STA.

a Dapper, Defcr. de l'Archipel, p. 185.

STAMPALIE [a], Ifle de l'Archipel. Stampalie, ou Stampalée, comme les Italiens, les Turcs & les Grecs l'appellent, eft une Ifle que Strabon, Ptolomée & Pline ont nommée *Aftypalée*. Etienne le Géographe femble connoître deux Ifles de ce nom ; & en mettre une entre les Cyclades, & l'autre entre l'Ifle de Rhodes & celle de Créte. On pourroit néanmoins prendre l'une & l'autre pour la même ; puifqu'on pourroit bien comprendre les Cyclades entre Rhodes & Candie, outre que Strabon, Ptolomée & Pline ne font mention que d'une Ifle fous le nom d'Aftypalée. Il eft vrai que Strabon la place dans la Mer Carpathienne, & Ptolomée dans celle que les Anciens ont appellée *Myrtoum*, qui fe confinent l'une l'autre : mais les anciens Ecrivains ont fouvent étendu les bornes de ces deux Mers, d'un côté & d'autre au-delà de ce qu'elles devoient être pofées, ou même ont confondu les unes avec les autres, d'où nous pouvons conclure, qu'il n'y a eu qu'une Ifle de ce nom.

Cette Ifle fut ainfi nommée d'Aftypalée, mere d'Ancée, qu'elle eut de Neptune. Cette Aftypalée étoit fœur d'Europe & fille de Phénix, fils d'Agenor & frere de Cadmus, qui eut ces deux filles de Péremidis, fille d'Ænée. Lorfque les Cariens étoient en poffeffion de cette Ifle, elle étoit appellée *Pyrrha*, enfuite on la nomma *Pylea*, & quelque tems après, d'un nom Grec, qui fignifie la Table des Dieux ; foit parce qu'elle étoit toute embellie & parfemée de fleurs, ou à caufe d'une Montagne qu'elle avoit, qui étoit ainfi appellée.

Elle eft fituée à l'Occident de l'Ifle de Cos ou Lango, du bout Méridional de laquelle elle eft éloignée de fept lieues, & à l'Eft-Nord-Eft de celle de Namphia à la diftance de quatre lieues. Strabon la place à huit cens Stades de l'Ifle de Chalcia, & Pline à cent vingt-cinq milles pas de Cadiscus, Ville de Créte ; lui donnant en même tems quatre-vingt-fept mille pas, qui font quatre-vingt-fept milles d'Italie de circuit ; en quoi Porcachi l'a fuivi, bien que d'autres Auteurs ne le faffent que de foixante milles d'Italie. Elle n'eft pas fort haute, & on ne peut la découvrir de guère loin quand on eft en Mer ; car on ne commence de l'appercevoir qu'à la diftance de fept lieues. Elle paroît haute vers fes deux bouts, & baffe au milieu quand on vient du côté du Midi. Pline la nomme l'Aftypalée d'une Ville libre.

Les anciens Habitans de cette Ifle révéroient le vaillant Achille comme un Dieu. Il y avoit même fur la Pointe Septentrionale de l'Ifle, une Chapelle bâtie en fon honneur.

Le Terroir de l'Ifle de Stampalie eft fertile. On y nourrit d'excellens Chevaux, & on y fait une Pêche confidérable. Les meilleurs Limaçons, qu'on puiffe manger, s'y trouvent. Il y a auffi plufieurs Villages.

Il y a deux Ifles au Midi de celle de Stampalie, derriére lefquelles il y a un Port, où les Vaiffeaux fe peuvent venir mettre à l'Ancre fur un fond net & fain, tant au côté d'Occident que de celui d'Orient, à l'abri de toute forte de Vent. On trouve auffi un Port au côté Septentrional de cette Ifle, & un Rocher caché fous l'eau entre les deux petites Ifles fituées au Midi de celle de Stampalie. On doit tâcher de l'éviter en voguant vers cet endroit-là. On découvre plufieurs autres petites Ifles à l'Orient de Stampalie, & qui font pourvues de fort bonnes Rades. Il y en a auffi quelques-unes pas loin du Rivage de cette Ifle, du côté du Midi, entre lefquelles on peut voguer & faire voile fort commodément. On voit une Ifle haute & toute pleine de Rochers, à deux lieues au Midi de celle de Stampalie ; on l'appelle *Saphranie* : au Midi de celle-ci il y en a une autre, qu'on nomme *Schrophi*, dont le fond n'eft pas propre à l'Ancrage, à caufe qu'il n'eft couvert que de Rochers. Il y en a une au Nord-Nord-Eft de celle de Saphranie, appellée *S. Sevan*, & entre deux eft celle de *Schiron*. On en trouve une autre un peu plus vers l'Occident & au Midi de Stampalie, appellée *Groffi*.

Pline en place une qu'il nomme *Platée*, à foixante mille pas d'Aftypalée. C'eft apparemment l'Ifle ou Rocher de *Placha* ou *Placeda*, qu'on trouve placé dans les Cartes Marines à fix ou fept lieues de-là du côté du Midi. A trente-huit mille pas de Platée, il met *Camine* & enfuite *Azibinthe, Lanife, Tragée, Pharmacufe, Thechâre, Chalcia, Calydne*, & enfin l'Ifle de *Carpathus*, qu'on nomme à préfent *Scarpanto*.

STANACUM, ou **STANAGUM**, Lieu du Norique. L'Itinéraire d'Antonin le place entre *Joviacum* & *Boiodorum*, à dix-huit milles du premier de ces Gîtes, & à vingt milles du fecond. C'eft à préfent *Vacenkirchen* felon Lazius ; mais il lit *Stavacum*, au lieu de *Stanacum*. Cluvier [b] déclare ne favoir où il doit placer *Stanacum*. [b] *Noric. c. 5.*

STANCHIO, ou **STANCOU**. Voyez STANCOU.

STANCOU, ou **STANCHIO**, Ifle de [c] l'Archipel, fur la Côte de l'Afie Mineure. Stancou eft une Ifle des meilleures de l'Archipel : fon ancien nom fe trouve différemment écrit par les Auteurs Grecs, les uns l'ayant fait d'une, & les autres de deux Syllabes ; comme *Côs* avec un o long, ou *Côôs* avec deux o longs & deux Syllabes : ou *Coôs*, le premier o court & l'autre long ; ou *Coos* avec deux o courts ou deux *oo*, qui étant joints enfemble, forment un ω ; fi-bien qu'il ne faut pas douter, que le mot de Côs n'ait été formé par ce moyen-là. Cicéron, Pline, Pomponius-Mela, & les autres anciens Auteurs Latins l'ont toujours appellée Cos, & c'eft même ainfi qu'on trouve ce nom écrit dans le Nouveau Teftament.

[c] *Dapper, Defcr. de l'Archipel, p. 174.*

Elle eut auffi quelques autres noms ; car elle fut appellée *Caria* ou *Caris*, de même que *Mérope*, *Meropis* ou *Meropeis*, foit que les anciens Méropes, qui l'ont autrefois habitée, ou que Mérope, fils de Triope, ou une des filles d'Atlas, lui ayent donné ce nom ; comme on dit qu'elle fut appellée Côs, d'une fille de Mérops, qui étoit ainfi nommée. Les Grecs & les Italiens la nomment à préfent *Lango*, & les Turcs *Stancou*,

M 3

cou, *Stanchio*, & *Stango*; d'où les Flamans ont formé le nom de *Stantio*, qu'ils lui donnent, & qui semble un mot composé de *Stin* & *Gio*.

Elle est située à l'Orient de l'Isle de Stampalie, dont elle est éloignée de sept lieues par son bout Méridional ; entre les Isles de Nisarie & de Calamine, au Sud-Est de la première, & au Nord-Ouest de la derniére ; à trois lieues vers le Midi du Cap de la Terre-ferme, qui est appellé *Calono* ; & presqu'à la même distance de celui de Crio, qui est aussi sur le Continent, vis-à-vis d'un Golfe ou grande Baye, située entre ces deux Caps, qu'on nomme à présent Golfe *di Stantio*, à cause de cette Isle.

On lui donne, dans les Cartes Marines, l'Isle de Rhodes à l'Orient, ou au Sud-Est, avec celles de *Simie*, de *Lamonia*, d'*Episcopia* & de *Cartie* entre deux ; l'Asie Mineure ou le Cap de Calono, autrement nommé *Petera*, qui est sur le Continent de la Province de *Doris*, au Septentrion ; l'Isle de Calamine vers l'Occident, & celle de Scarpanto du côté du Midi.

Elle est située, suivant Mela, dans la Mer Ægée, dans l'Icarienne ou dans la Carpathienne, sous les Côtes de Carie, Province de l'Asie Mineure, se trouvant éloignée, au témoignage de Pline, de quinze mille pas, qui font quinze milles d'Italie, d'Halicarnasse, Ville de Carie, du côté du Couchant, & vis-à-vis d'un Golfe.

Strabon la place à soixante Stades de l'Isle de *Nisyros* ; mais il ne la fait éloignée que de quarante, qui reviennent à cinq milles d'Italie, du Cap de *Termerium*, situé près de *Myndus*, Ville Maritime de Carie, qu'on nomme à présent *Mentese*. D'où vient que quelques-uns ont cru, que le nombre de cent Stades y pourroit avoir été oublié par Strabon ; car en les ajoutant aux quarante que nous avons marquées, elles reviendroient, à quelque différence près, aux quinze milles d'Italie, à quoi se réduisent le nombre de pas que Pline a assigné à cet espace. Mais il faut aussi savoir que Strabon pourroit avoir voulu marquer la moindre distance, qui se trouve entre cette Isle & le Continent de l'Asie Mineure ou de la Carie, au lieu que Pline l'a voulu sans doute prendre dans son plus grand éloignement.

Cette Isle est plus longue que large. Sa longueur est de quarante milles d'Italie, ou de dix lieues d'Allemagne d'Orient en Occident : Strabon lui donne cinq cens cinquante Stades, qui font près de dix-sept lieues & un quart d'Allemagne, ou soixante-neuf milles d'Italie de circuit. Mais entre les Géographes modernes, Thevet lui en assigne trente-cinq lieues de France, qui en font près de vingt-trois d'Allemagne.

L'ancienne Ville de Côs étoit appellée, au rapport de Strabon, Astypalée. Elle étoit bâtie en un autre Quartier que celle qu'on y voyoit de son tems, quoique près de la Mer ; mais ses Habitans l'abandonnérent ensuite, à cause de quelque tumulte qui s'y étoit élevé, & se changérent près du Cap de Scandarie, où ils bâtirent une Ville, qu'ils appellérent Cos de même que l'Isle ; ce qui arriva, suivant Diodore, en la troisième année de la CIII. Olympiade ; c'est-à-dire, trois cens soixante-six ans avant la naissance du Sauveur du Monde. Elle n'étoit pas grande, mais elle étoit fort bien bâtie, & ceux qui y venoient aborder en trouvoient le séjour agréable & plaisant. Il y avoit au-dessus de la Ville une Place ou Contrée, appellée *Termerum*.

Pline met dans cette Isle une Montagne qu'on nomme *Prion*. Scandarie étoit un Cap de l'Isle situé sur son côté Occidental, vis-à-vis de *Termerium*, qui en étoit un voisin de *Myndus*, Ville de l'Asie Mineure, dont il étoit éloigné de quarante Stades, comme nous l'avons déja remarqué. Il y avoit un autre Cap sur son côté Méridional, appellé *Lacter* dans Strabon, & *Laceter* dans Plutarque, qui étoit éloigné de soixante Stades de l'Isle de Nisyros. On en voyoit un près de la Contrée de *Lactertum*, appellé *Halisarna*, & au côté Occidental celui de *Drecanum*, avec un Bourg appellé *Stomaline*, à deux cens Stades de la Ville de Cos. Stomaline vaut autant à dire, que le Lac près de la Mer, vers laquelle ses eaux avoient leur cours.

Il y avoit, vers le tems que le Sauveur du Monde conversoit parmi les hommes, un *Æsculapium*, ou Temple élevé en l'honneur du célebre & ancien Médecin Æsculape, dans le Fauxbourg de Cos, qui étoit fort renommé, & qui étoit rempli de présens consacrez fort précieux. Il y avoit aussi un Bocage consacré à Æsculape, mais Publius Turullius, Sénateur Romain, & un des Conjurez & Assassins de Jules César, en fit abattre presque tous les Arbres pour la construction des Vaisseaux qu'il y vouloit faire bâtir. Marc Antoine livra ensuite ce Turullius, quoique son ami, à l'Empereur Auguste, qui le fit mourir.

La Ville qu'on y voit aujourd'hui, appellée comme l'Isle, *Lango* ou *Stancou*, & par les Flamans *Stantio*, est située près de la Mer, au fond d'un grand Golfe, dont l'Embouchure est assez étroite, & au pié d'une Montagne qui aboutit en une belle & divertissante Plaine. Elle est fort joliment bâtie & assez bien peuplée.

Les Vaisseaux se peuvent venir mettre à l'ancre dans le Golfe de Stantio sur six à sept brasses d'eau. On les y peut même attacher à la Terre-ferme avec une corde ; mais ils s'y trouvent exposez à tous les Vents qui soufflent du côté du Septentrion & du Couchant.

Porcachi nomme la Capitale de l'Isle *Arangea*, & la place sur son côté Occidental près du Rivage. Il y a tout près un Lac ou Etang, qu'on voit à sec dans les grandes chaleurs de l'Eté. On voit en plusieurs endroits de la Ville des Masures, & grandes pièces de Marbre, comme de Colonnes, de Statues & d'autres restes d'anciens Bâtimens, qui font assez juger, par la matiére & par l'ouvrage, de la magnificence & de la splendeur de cette ancienne Ville.

Il y a du côté de la Mer & près du Port un Château & un Bourg muré, dont les Murailles sont pourtant basses & sans défense. Le Château en est séparé par un Fossé & par une belle Muraille, fortifiée de
plusieurs

plufieurs Tours quarrées, qui rendent la Place affez forte. Auffi refifta-t-elle en 1603. contre les Galéres de Malthe & de Naples, qui furent obligées de s'en retirer après plufieurs attaques inutiles. Il y a devant le Château un beau & grand Verger, tout planté d'Orangers & d'autres Arbres fruitiers ou verdoyants, dont la vûe rend ce féjour agréable. On y voit encore fur la Porte les Armes de S. Jean de Jérufalem ; & dans le Bourg on apperçoit devant plufieurs Maifons des Croix de cet Ordre, & les Armes de quelques Particuliers, qui donnent affez à connoître que cette Ifle étoit autrefois au pouvoir des Chrétiens.

Le Port qui eft entre la Ville & le Bourg eft fort grand, & autrefois il étoit bon & commode ; mais il y a quelque tems que les Houles y ont pouffé une fi grande quantité de fable à fon entrée ou Embouchure, qu'on ne peut y conduire que de petits Bâtimens ; fi-bien que les Galéres & les grands Vaiffeaux font obligez de demeurer à la Rade voifine, dont le Fort eft fort bon & fort propre à l'ancrage.

Il y a une Eglife confacrée à la Vierge Marie, que les Grecs d'aujourd'hui nomment *Gorgopicu*, qui femble un mot formé par corruption du Grec *Gligoran*, qui fignifie prompt à exaucer.

Il y a dans cette Ifle une Place qu'on nomme encore *Heraclis*, comme qui diroit la Place, ou demeure d'Hercule, à caufe que ce Héros y fit fon féjour, pendant tout le tems qu'il s'arrêta dans l'Ifle, au rapport de ces Infulaires, qui l'ont ainfi appris de leurs Ancêtres, cette opinion s'étant fucceffivement communiquée de pere en fils jufqu'à ce jour. Sans doute qu'Hercule y demeura quelque tems, lorfqu'il faccagea l'Ifle & qu'il tua le Tyran Eurypile, devenu exécrable par fes cruautez & par fes brigandages.

On y montre auffi une autre Place que les Grecs nomment *Pili*, ce qui apparemment eft un mot venu par corruption de Pélée, pere d'Achille, qui y demeuroit. Tout près de la Ville il y a un Lac ou Etang, appellé *Lambi*, qui eft fec en Eté.

Toute l'Ifle eft plaine & unie, mais du côté du Midi il y a de hautes Montagnes, où l'on voyoit autrefois trois Châteaux ou Bourgs murés, dont les noms étoient *Pietra*, *Chenia* & *Pili*. Il y avoit de plus un Château fort, fur le fommet plain & uni du Mont *Dicheo*, appellé *Peripato*, qui étoit bien pourvu de Citernes & de fort bonne Eau de pluye. On trouve au pié de cette Montagne une Source appellée *Sphandio*, d'où la Riviére de Sphandano a pris fon nom. Du milieu de la Plaine ou Campagne, s'elevent deux petites Montagnes ou Côteaux, d'où la belle Fontaine de *Licafti*, qu'on nomme à préfent *Apodomaria*, prend fa fource. Il y a un Village, avec quelques Moulins & Viviers, près de cette Fontaine, qui eft tout bâti de Marbre, ce qui rend ce Quartier autant agréable & divertiffant que le lieu eft en lui-même beau par fes Edifices.

Le Terroir de cette Ifle eft fertile ; mais l'air y eft mal-fain & fujet à plufieurs impreffions de malignité qui y produifent diverfes maladies contagieufes, d'où vient qu'elle eft la plûpart du tems deferte & inhabitée, fuivant le témoignage de Porcachi. Elle produifoit anciennement de très-bons vins, comme elle fait encore aujourd'hui ; d'où vient que quelques-uns ont cru qu'elle en avoit pris fon nom. Car les trois Lettres du mot Cos marquent les trois qualitez d'un bon Vin, qui font la Couleur, le Goût & l'Odeur, le C marquant la couleur, l'O l'odeur, & l'S la faveur ; *Color*, *Odor*, *Sapor* : qui font au témoignage de l'Ecôle de Salerne les qualitez effentielles d'un bon Vin ; *Vina probantur odore, fapore, nitore*, &c.

Le célèbre & ancien Médecin Hippocrate, qui a vécu long-tems avant la naiffance du Sauveur du Monde, durant la Guerre du Péloponnèfe, & qui mourut âgé de cent quatre ans, étoit natif de l'Ifle de Cos, comme Pline & Strabon le remarquent. On tient que ce fameux Médecin commença d'exercer cet Art avec le fecours des Cures qui étoient écrites & confacrées dans les Temples. Car c'étoit anciennement une coutume en l'Ifle de Cos, de même qu'en plufieurs autres Villes de la Gréce, de pendre dans les Temples, quand on venoit à relever de quelque maladie, des Planches ou Tableaux, & de les confacrer à la Divinité à qui on attribuoit fa guérifon. On avoit écrit fur ces Planches ou Tableaux, les moyens & les remedes dont on s'étoit fervi pendant le cours de la maladie, avec le fuccès que chaque remede avoit eu, afin que s'il arrivoit que quelqu'autre vînt à être attaqué du même mal, on pût procéder à fa guérifon avec plus de connoiffance & de fûreté ; & c'eft de-là qu'Hippocrate a puifé les premières lumières qu'il a eu de cet Art. C'eft en ce fens que Pline a écrit, qu'Hippocrate avoit mis en lumière la Médecine, parce que c'étoit la coutume que ceux qui avoient été délivrez de quelque maladie, écrivoient dans le Temple de leurs Dieux ce qui les avoit fecourus. Ainfi l'on tient qu'Hippocrate fit un recueil de toutes ces obfervations, afin de s'en fervir, lorfqu'il auroit à traiter de femblables maladies. Ce Temple ayant enfuite été brûlé, s'il en faut croire Varron, Hippocrate exerça, fuivant ces Mémoires, la Médecine que les Grecs ont nommée Κλινική, c'eft-à-dire, où le malade a befoin de tenir le lit.

On trouve encore quelques-uns de ces Tableaux, qui contiennent de ces anciennes obfervations fur la guérifon des maladies. Il y a même affez long-tems qu'on en trouva un de Marbre à Rome dans le Temple d'Æfculape, où il y avoit une Infcription Grecque, qui contenoit les paroles fuivantes :

„ Julien étant travaillé d'un Flux de fang
„ par le haut, & abandonné des hommes,
„ le Dieu ne tarda pas de venir à fon fe-
„ cours ; de forte que l'ayant nourri de
„ miel pendant trois jours, il le remit en
„ fa première fanté, dont il lui vint rendre
„ graces devant le Peuple.

On voit encore une petite Maifon hors
de

de la Ville & dans le Fauxbourg, qui appartenoit, au rapport de ces Insulaires, à Hippocrate. On voit près de cette Maison une Fontaine avec une Colomne de Marbre, & à quelque distance de-là on trouve un Lac ou un Etang. Il y parut, au commencement de ce Siècle, un Serpent d'une extraordinaire grosseur qui dévoroit le Bétail; mais ce qu'il y eut de plaisant, c'est que les plus superstitieux de ces Insulaires s'allèrent imaginer que c'étoit la fille d'Hippocrate, qui avoit passé pour Magicienne, qui vivoit encore sous cette figure.

Il y avoit un Temple d'Æsculape dans le Fauxbourg de Cos, & on y voyoit le Portrait d'Antigonus peint par Apellès. Ce fameux Peintre étoit natif de Cos; ce qui fait qu'il est appellé *Cous Apelles*, dans Ovide. Il vivoit du tems d'Aléxandre le Grand, & il fut le seul à qui ce Prince permit de le peindre. On voyoit aussi dans ce Temple le Portrait de Venus Anadyomène, c'est-à-dire, qui sort de l'eau; car les Poëtes avoient feint que cette Déesse ayant été produite de l'Ecume de la Mer, elle sortit de dessous l'eau en naissant. Ce Portrait fut ensuite porté à Rome, & consacré au Dieu César, par l'Empereur Auguste, comme le rapporte Strabon. Auguste voulut consacrer à son pere le Portrait de cette Fondatrice de sa Race. Pline rapporte ce fait de la sorte. Le Divin Auguste a consacré, dans le Temple de son pere César, Venus sortant de la Mer, autrement Venus Anadyomène. On dit qu'Apellès laissa ce Tableau de Venus imparfait, & qu'après sa mort on ne trouva personne qui osât entreprendre de l'achever. Simus ancien Médecin fort renommé, étoit aussi né dans l'Isle de Cos, de même que Philétas Poëte & Grammairien fort célèbre du tems de Philippe & d'Aléxandre, Rois de Macédoine. Il fut Précepteur de Ptolomée Philadelphe, & un des Lieutenants d'Aléxandre le Grand. On dit qu'il étoit si maigre & si décharné, qu'il faloit qu'il attachât des morceaux de plomb à diverses parties de son corps pour n'être pas emporté par la violence des Vents, lorsqu'ils souffloient avec un peu trop d'impétuosité. Ariston, Philosophe de la Secte des Péripatéticiens, étoit aussi de l'Isle de Cos. On tient que les rayons du Soleil venant à darder dans les grandes chaleurs de l'Eté sur sa tête chauve, lui causèrent une si grande maladie qu'il en mourut. Strabon fait aussi Théomneste le Musicien natif de cette Isle.

Il y a une Rade à une portée de Fauconneau de l'Isle du côté d'Orient, où l'on peut être à l'ancre sur cinq, sept, & dix brasses d'eau, bien que le fond ne soit pas sablonneux. On voit deux Moulins bâtis sur une Pointe basse située à l'Occident du Port, où commence un Banc de sable qui s'étend plus d'une demi-lieue dans la Mer.

Les Vaisseaux qui viennent du côté d'Occident & continuent leur route pour venir passer entre l'Isle de Stantio & le Cap de la Terre-ferme qui est appellé *Capo Crio*, doivent prendre garde d'éviter le Cap Septentrional de cette Isle, à cause des Bancs de sable dont il est environné.

Au Nord-Est de l'Isle de *Stantio* & tout près de la Terre-ferme, on trouve les Isles de *Subi* appellées par les Hollandois d'*Ezels-eilanden*, c'est-à-dire, les Isles des Anes. Il y a une autre petite Isle à l'Occident de celle de *Stantio*, appellée *Capra*, entre laquelle & l'Isle de *Callemeno*, autrement appellée *Calmo*, il y a près du Cap de *Calmo* un fond net & sain, où les Vaisseaux se peuvent venir mettre à l'ancre sur vingt-quatre & trente brasses d'eau.

Strabon & Etienne le Géographe placent, près de l'Isle de *Cos* ou *Lango*, entre la Ville de *Myndus*, qu'on nomme à présent *Mentese*, & celle de *Bargylie*, une Isle qu'ils appellent *Caryanda* avec un Lac de même nom, dont les Habitans furent appellez *Caryandiens*. *Scylax*, ancien Historiographe Grec, étoit natif de cette Isle. La Ville de *Myndus* étoit située sur le Continent, entre l'ancienne Ville d'Halicarnasse, qu'on nomme à présent *Castel di S. Petro*, & celle de *Bargylie*.

STANDAERT-BUITEN, Seigneurie des Pays-Bas [a], dans le Marquisat de Bergen-op-Zom, au Quartier Septentrional sur la rive de la Merck, vis-à-vis du Havre d'Ouden-bosch. Cette Seigneurie comprend trois grands Polders, dont le premier a été desséché au commencement du quinzième Siècle, & qui pour cette raison se nomme le vieux Polder. On appelle le second le Winter-Polder de Mancie, ou le Nieuwland, c'est-à-dire, Terre-neuve; & le troisième le Polder du Prince Henri. Outre ces Polders, il y en a trois autres qui sont le grand & le petit Polder du Comte Fréderic, & celui de Marianne, qui ne sont entourez que de petites digues d'Eté, & qui par conséquent ne sont que des Prairies. Cette Jurisdiction qui a haute, moyenne & basse Justice contient environ deux mille arpens de terre, & n'envoye des Députez à l'Assemblée du Quartier Oriental que quand elle le juge convenable à ses intérêts. Elle en est indépendante & même séparée par le Dintel, ou la Rivière de Breda. Elle a son Bailli particulier qui ne dépend en aucune manière du Drossard du Quartier; & son Tribunal est composé de sept Echevins, & de deux Jurez, établis par le Marquis pour la Justice & pour la Police. Il y a aussi un Dyckgrave, trois Jurez des Digues, un Teneur de Livres, & un Messager des Digues. Il y a pareillement un Collecteur & un Trésorier à vie. Standaert-buiten est le Siège d'un Bureau de l'Amirauté de Rotterdam, composé d'un Receveur, d'un Controlleur, & de trois Chaloep-Roeyers, qui demeurent sur le bord de la Rivière dans un grand Bâtiment; où ils font la garde de jour & nuit. Il y a à Standaert-buiten une Eglise Protestante, & une Chapelle pour les Catholiques: cette dernière est desservie par les Dominicains d'Anvers.

STANDIA, Isle sur la Côte Septentrionale de l'Isle de Candie, & environ à mille pas de la Ville de ce nom. Cette Isle qui n'est proprement qu'un Ecueil avec une Forteresse, est bordée du côté du Nord de Rochers inaccessibles & escarpez, & qui ont plus de 80. pas de hauteur. Elle a pourtant une petite Baye fort sûre; on l'appelle ordi-

[a] Janiçon, Etat présent des Pr. Un. t. 2. p. 242.

ordinairement *Coniáma* ou *Conca*. Cette Isle cependant ne seroit guère connue, si la derniére Guerre de Candie ne l'avoit rendue fameuse; en effet ce fut alors que cette Isle quoique deserte & stérile, mérita le nom glorieux de *Nourrice* de la Candie, parce que les secours que l'on envoyoit à cette Ville Capitale qui étoit assiégée, venoient d'abord à Standie, d'où ils passoient aisément à Candie. Aléxandre Molino fut un de ceux qui se distingua le plus dans la conduite de ces Convois; car au commencement de la Guerre, il vint aborder cette Isle avec plusieurs Bâtimens chargés de toutes sortes de provisions qu'il avoit prises sur les ennemis dans les Golfes *del Volo* & *di Zeiton*. Une partie de ces munitions fut distribuée aux Vainqueurs, & l'autre fut envoyée dans la Place qui étoit attaquée. C'est ainsi que ce prudent Général se servit avantageusement de ce qui étoit destiné à sa perte.

Standia [a] est une Isle que les Anciens appellent *Dia*, *Thia* ou *Cia*, & qui est à présent connue parmi les Italiens sous le nom de Standia, quoique dans les Cartes Marines elle soit désignée sous celui de Stantea & de Estanti.

[a] *Dapper, Descr. de l'Archipel, p. 479.*

Etienne le Géographe fait mention de quatre Isles qui portent le nom de *Dia*, dont la premiére est autrement appellée *Naxos*. Il place la seconde près de Milet, la troisième près de Sarmosse, & la quatrième, qui est celle que nous avons présentement à décrire, près de Cnosse Ville de Créte ou Candie. Strabon parle aussi de cette derniére, qu'il met pareillement près de l'*Heracleum* de Cnosse, à soixante & dix Stades, qui font environ neuf milles d'Italie, ou deux lieues d'Allemagne, de l'Isle de Créte, & presque tout joignant celle de *Thera*.

Ptolomée fait aussi mention de cette Isle sous le nom de *Dia*, de même que Strabon; & Pline en parle sous celui de *Chia* ou de *Cia*.

Elle est située par son bout Occidental à deux lieues à l'Orient du Cap *Freschia*, & environ à six ou sept milles d'Italie, ou à deux petites lieues d'Allemagne au Nord-Est de la Ville de Candie, bien que Ferrarius la place à vingt mille pas, qui font vingt milles d'Italie, ou cinq lieues d'Allemagne de cette même Ville, & Kootwyck à douze mille pas ou douze milles d'Italie.

Cette Isle n'est qu'un Rocher ou une grande & longue Montagne, qui défend par sa hauteur les Vaisseaux qui sont à l'ancre dans ses Ports du Vent & de la Tempête. C'est-là que les Vénitiens se retiroient ordinairement avec leur Flote, lorsqu'ils étoient en guerre avec les Turcs, & c'est-là aussi que celle que le Roi de France envoya à leur secours en l'année 1668. sous la conduite du Duc de la Feuillade, alla mouiller.

Elle étoit autrefois entiérement deserte. On l'a vue même rarement habitée, à cause des fréquentes incursions des Pirates, qui emportoient & ravageoient tout ce qu'ils y trouvoient. Mais à présent il y a quelques Grecs presque sauvages qui s'y tiennent, & qui ne vivent que de Chasse, l'Isle nourrissant une fort grande quantité de Gibier: Ils n'ont de communication ni de Commerce avec les Etrangers que pour en acheter du plomb & de la poudre, dont ils ont souvent besoin; d'où vient qu'ils recherchent avec grand soin les occasions d'en avoir.

Cette Isle a quatre Ports sur son côté Méridional, savoir *S. Gioris*, *Grego*, *S. Nicolo*, & celui *della Madona*; mais les deux qui approchent le plus du côté d'Occident, qui sont ceux de St. *Gioris* & de *Grego* ou *Diagregia*, ne sont pas fort considérables. On voit une Tour bâtie sur la Pointe Occidentale du premier. Le troisième qui est celui de S. *Nicolo*, est une grande Baye qui forme un enfoncement fort considérable du côté du Septentrion. Les Vaisseaux se peuvent aller mettre à l'abri des Vents près de son bout Oriental, derriére une petite Chapelle qui y est bâtie; on les attache avec une corde au Rivage. On y trouve près de sa Pointe Orientale, trente Brasses de profondeur; mais on y peut aller mouiller en dedans sur un fond sablonneux & propre à l'ancrage de vingt & vingt-quatre Brasses. Les Vents Méridionaux y sont les plus dangereux, à cause qu'ils y souflent directement & à plein. Le quatrième Port, qui est le plus Oriental & le meilleur de tous, est appellé *Porto della Madona*. On y voit au milieu une petite Chapelle, qui est bâtie tout contre la Plaine qui s'y vient terminer. Les Vaisseaux qui viennent du côté d'Occident, doivent raser le plus près qu'il est possible sa Pointe Occidentale, & d'abord qu'ils y sont entrez jetter l'ancre, & amarer le Bâtiment avec une corde au Rivage, autrement ils courroient risque de s'engraver.

Près de l'Isle de Standia, du côté d'Occident, l'on voit un Rocher qui est appellé *Petagalida*; & du côté d'Orient, l'on en trouve un autre ou une petite Isle, qui est appellée par les Mariniers Italiens *Paximadi*, & dans les Cartes Marines *Pachsimada*. Elle a tout autour un fond sain & net de quatre-vingt Brasses de profondeur. Il y a aussi trois petits Rochers, situez à quelque distance les uns des autres, au Midi de l'Isle de *Milo*, & à l'Occident de celles de *Remomulo* & de *Petteni*, qui sont appellez *Paximadi* ou *Pasimada*. Il y a un Rocher, qui est appellé S. *Chirichi*. Il est au-devant de la Riviére d'Armiro, & à l'Occident de la Ville de Candie. A quatre lieues & demie d'Allemagne de la Ville de Canée, & près de l'Isle de S. Théodore, l'on trouve un Banc de sable dans la Mer, appellé *Gagna*, & qu'on doit bien prendre soin d'éviter. L'on trouve dans les Cartes Marines un Rocher situé à près de quatre lieues d'Allemagne à l'Orient de l'Isle de Standia; il est désigné sous le nom de *Calogori* ou de *Caloiero*. Il y a deux Rochers à l'Orient du Cap S. Zuane, qui sont appellez *Scoglio di Antonio*.

Environ à trois lieues à l'Occident du Cap Sidero, qui est le plus Septentrional de l'Isle de Créte, & à quelque distance au Nord-Ouest de la Ville de Setia, l'on rencontre

contre trois petites Isles, désignées dans les Livres des Pilotes Hollandois, sous le nom de *Janitzari*, qui sont appellées par les Mariniers Italiens *Giagnizales*.

Il y a une Isle située au-delà du Cap Sidero, du côté de l'Ouest-Sud-Ouest, qui est appellée *Morena*, & autrement *Isola Bassa*, c'est-à-dire, Isle basse. Elle est aussi nommée dans les Livres des Pilotes Hollandois *Stipalamida*.

L'on trouve dans ces mêmes Livres trois Rochers placez entre le Cap Sidero & l'Isle de *Morena*, qui ne s'élevent qu'à fleur d'eau. L'on doit bien prendre soin de les éviter, lorsqu'on fait voile entre le Cap & l'Isle, & lorsqu'on veut doubler le Cap; car pour ne pas faire naufrage, il faut ranger tant qu'il se peut la Côte de l'Isle.

Les Cartes Marines des Italiens placent trois Rochers à l'Embouchure du Golfe, ou de la Baye qui est située à l'Orient du Cap Sidero, & à l'Occident de celui de Salomoni & de la Pointe de Placo. Le premier qui se présente, après avoir doublé le Cap Sidero, est appellé *Punta Traditora*; qui est apparemment celui qui est désigné dans les Cartes Marines des Hollandois sous le nom de l'Isle de *Morena*. L'autre est appellé *Scoglio di Elaza*, & le troisième *Scoglio di Grades*.

Entre le Cap Sidero & celui de Salomoni, l'on découvre un Rocher dans une grande Baye ou Golfe, qu'on prendroit pour une Isle, lorsqu'on fait voile vers ce côté-là en venant du côté du Septentrion. L'on y voit quelques murailles qui tombent en ruïne. Ce sont les restes d'un Château qu'on appelle *Paleo-Castro*, c'est-à-dire, Château-Vieux.

STANDIANUS, Siège Episcopal de l'Asie Mineure dans la Lydie. Un certain Marcus est qualifié Evêque de ce Siège dans le Concile de Nicée.

[a] Délices de la Gr. Br. p. 976.

STANES, Bourg d'Angleterre [a], dans la Province de Middlesex, sur le bord de la Tamise. A l'extrémité Occidentale de Middlesex, la Tamise se partage en trois ou quatre Branches, dont l'une arrose le Bourg d'Uxbridge, après quoi ses eaux se réunissent un peu au-dessus de Stanes. Ce Bourg a droit de Marché.

[b] Ibid. p. 171. & suiv.

1. STANFORD, Ville d'Angleterre [b], dans Lincolnshire, au Quartier de Questeven, vers les Confins de la Province de Leycester. Cette Ville nommée par les Saxons *Stean-Ford*, c'est-à-dire, *le Passage de la pierre*, parce qu'elle est toute construite de pierres, est fort jolie. On la trouve sur la Rive gauche du Welland, qui sert de borne entre les deux Provinces. Elle est fermée de Murailles, bien peuplée, & ornée de beaux privilèges. On y voit six ou sept Eglises paroissiales, deux beaux Hôpitaux, & les ruïnes d'un vieux Château que le Roi Etienne y avoit construit contre Henri d'Anjou. Quant à celui que le Roi Edouard *le Vieux* avoit bâti de l'autre côté de la Riviére pour l'opposer aux Danois, qui couroient le Pays, il n'en reste pas même les traces. Sous le Régne d'Edouard III. les Etudians d'Oxford s'étant divisez les uns contre les autres, savoir ceux des Provinces du Nord, contre ceux des Provinces Méridionales, il y en eut plusieurs qui se retirérent à Stanford, & qui y formérent une petite Académie. Mais quelque tems après, cette scandaleuse division ayant été terminée, les Etudians retournérent à Oxford, & ainsi l'Académie de Stanford fut presque aussi-tôt finie que commencée; & l'on eut même la précaution d'exiger de tous les Professeurs un serment qu'ils ne retourneroient jamais enseigner à Stanford. Cette Ville est encore aujourd'hui assez considérable; mais elle l'étoit beaucoup davantage avant qu'elle eût été ravagée durant la fureur des Guerres Civiles, causées par la division des Maisons d'Yorck & de Lancastre.

L'Itinéraire d'Antonin marque une Ville ancienne nommée *Gausenna*, qui devoit être située aux environs de Stanford, & la Voie Militaire des Romains, nommée aujourd'hui *High-Dike*, qui va droit à Lincoln, peut faire conjecturer que cette *Gausenna* n'étoit pas bien éloignée de l'endroit où la petite Riviére de *Guath*, ou *Wash*, qui lui avoit peut-être donné le nom, est coupée par ce chemin. On pourroit aussi croire que Stanford s'est élevée sur ses ruïnes. Cette derniére donne le titre de Comte à Mr. Thomas Grey. De Stanford, en suivant le cours du Welland, on trouve la petite Ville de *Market-Deeping*.

[c] Ibid. p. 369.

2. STANFORD, Ville d'Angleterre [c], dans Nottinghamshire, sur le bord de la Stoure, aux Frontiéres de la Province de Leycester. On a trouvé à Stanford quelques Monumens d'antiquité, particuliérement des Médailles.

[d] Ibid. p. 768.

3. STANFORD-CASTLE, Château d'Angleterre [d], dans Dorsetshire, sur la Côte. Il a été bâti vis-à-vis du Château de Port-Castle, pour servir, comme ce dernier, à défendre la Rade de Weymouth.

STANNES. Voyez STANTZ.

STANOS, Ville de la Macédoine, selon Nicétas cité par Ortelius [e].

[e] Thesaur.

STAO, ou STAON, Fleuve d'Asie, dans la Médie: Ptolomée [f] place l'Embouchure de ce Fleuve sur la Côte de la Mer Caspienne, entre *Acola* & *Mandagarsis*. Le MS. de la Bibliothéque Palatine au lieu de *Staonis Flu. Ostia* lit *Stratonis Flu. Ostia*.

[f] Lib. 6. c. 2.

STAPEN. Voyez DICTIS, N°. 2.

STANPON, Mr. Corneille [g], qui cite Atlas, dit Riviére de France, dans la Guienne. Elle a sa source dans le Condomois, & mêle ses eaux avec celles du Meidou, un peu au-dessous de la Ville de Mont de Marsan.

[g] Dict.

Selon Mr. de l'Isle [h], cette Riviére se nomme l'*Estampon*. Elle prend sa source dans le Gabardan, vers les Confins du Condomois, & coulant vers l'Occident Méridional, elle arrose Roquefort de Marsan, où elle se joint à la Douce, pour aller se perdre dans le Midou, au-dessous de Mont de Marsan.

[h] Atlas.

STANTIRA. Voyez STAGIRA.

STANTZ, ou STANNES, en Latin *Statio*, & *Stantium*. Bourg de Suisse, au Canton d'Underwald, à une lieue au-dessus du Lac des quatre Cantons. Stantz est un gros Bourg

STA.

Bourg qui étoit autrefois la Capitale de tout le Canton; mais depuis la division occasionnée par la différence de Religion, il n'est la Capitale que du Département Inférieur, ou de la Vallée Inférieure. Il y a dans ce Bourg divers Edifices & Maisons Religieuses, entr'autres l'Eglise-Neuve, qui est ornée de très-belles Statues de Marbre noir, dont la matiére a été tirée sur les lieux mêmes. Au-dessous de Stantz il y a un Village au bord du Lac, avec un Port nommé *Standstad*, ce qui signifie Rivage de Stantz; il est comme le Marché de Stantz, & on y apporte ordinairement toutes sortes de Denrées & de Marchandises des Lieux voisins. Il y a un autre Port dans le même Canton, près du Village d'Alpenach, qui est du Département Supérieur, & au pié d'une haute Montagne escarpée, où les Bâteaux sont à l'abri des Vents. Au-dessus de Stantz est un Lieu nommé *Oedweiler*, c'est-à-dire, Village desert, & près delà une Caverne, nommée la *Vallée du Dragon*, parce qu'il y eut là anciennement un Dragon épouvantable, qui fit des ravages infinis dans le Pays, & qui fut tué par un Chevalier appellé Winkelriedt. Vers les Frontières du Canton d'Uri, est le Village de Beckenriedt au bord du Lac à deux petites lieues de Stantz. Il mérite d'être remarqué, parce que c'est le Lieu où s'assemblent ordinairement les IV. Cantons du Lac pour délibérer ensemble, lorsqu'il s'agit de quelques affaires importantes, qui les regardent.

STAPELHOLM, petit Pays du Dannemarck [a], au Duché de Sleswick, entre l'Eyder au Midi, & la Traen au Nord. Il peut avoir deux milles de largeur & autant de longueur; mais du côté du Couchant il est tellement resserré entre les deux Riviéres, dont il vient d'être parlé, qu'il a tout au plus les trois quarts d'un mille de largeur. Son Terroir n'est pas le même partout: du côté de l'Orient il est élevé, & on y trouve des Champs fertiles; au lieu que du côté du Couchant il est bas, & n'a que des Prairies qui fournissent de gras Pâturages. Les deux Riviéres, qui bordent ce Pays, fournissent aux Habitans une Pêche abondante; & l'on vante sur-tout la délicatesse des Saumons de l'Eyder. On se chauffe avec du Bois & avec de la Tourbe; mais il faut creuser des Puits pour avoir de l'eau; & comme le Terroir est marécageux, elle est mauvaise pour les Etrangers, à qui elle cause des vomissemens; car les gens du Pays en boivent sans en être incommodez. Les Habitans de Stapelholm parlent la Langue Saxonne, ils différent pourtant beaucoup des Saxons & des Frisons pour la maniére de vivre & pour les mœurs; ce qui fait conjecturer qu'ils tirent leur origine des anciens Angles ou Angles-Suèves, qui ont certainement habité autrefois ce Pays-là. On y trouve aujourd'hui trois Paroisses avec les Villages & autres Lieux qui en dépendent. Ces trois Paroisses sont *Suder-Stapel-Kirche*, *Bergen-Husen-Kirche*, & *Erveder-Kirche*. Dans la première il y a divers petits Cantons, appellez *Kogen*; ce qui signifie des terres dessechées & défendues par des Digues.

[a] *Hermanid. Descr. Daniæ, p. 890.*

STA.

STARABAT, ou ASTERABAT. Voyez ASTERABAT.

1. STARGARD, ou STARGART, Ville d'Allemagne [b], dans le Duché de Poméranie, & dans l'endroit où diverses petites Riviéres s'assemblent pour former celle d'Ihne. Cette Ville, située à l'Orient de Stettin, est petite & assez mal peuplée [c]. Bogislas IV. Duc de Poméranie l'ayant enlevée à Conrad, Jean & Waldemar, Margraves de Brandebourg, la fit environner de murailles. Autrefois elle avoit rang parmi les Villes Anséatiques. C'est le Siège de la Justice de la Poméranie Ultérieure, dont elle est la Ville Capitale. On la nomme Nouvelle Stargard, pour la distinguer d'une Ville de même nom dans la Prusse.

[b] *Samson, Atlas.*
[c] *D'Audifred, Géogr. t. 3.*

2. STARGARD, Ville du Royaume de Prusse, sur la Riviére de Fers, à sept ou huit lieues de Dantzick vers le Midi.

3. STARGARD, Ville d'Allemagne [d], au Duché de Mecklenbourg, vers les Confins de la Poméranie & de l'Ucker-marck, au Midi de la petite Ville de Brandebourg.

[d] *Jaillot, Atlas.*

STARNBERG, ou STARENBERG, Bourgade de la Haute-Autriche, au Quartier de Hauss, vers les Confins du Duché de Baviére; sur la Riviére d'Ascha, assez près de sa source. Quelques-uns prennent ce Lieu pour l'ancienne *Joviacum*.

STARO-RUSSA, ou STARAÏA-RUSSA [e], Ville de l'Empire Russien, dans le Duché de la Grande-Novogorod, sur le Lac d'Ilmen, à l'endroit où la Riviére Lovat se jette dans ce Lac. Cette Ville est bien bâtie & fort agréable.

[e] *De l'Isle, Atlas.*

STASIS, Ville de la Perside, selon Etienne le Géographe qui remarque qu'elle étoit bâtie sur un gros Rocher.

STATANUM. Strabon [f] vante une sorte de Vin ainsi nommé du Lieu où on le recueilloit. Ce Lieu devoit être dans le *Latium*, ou dans la Campanie. Pline [g] qui connoît ce Vin dit qu'il croissoit au voisinage de Falerne; & peut-être aux environs des Marais Statines, qui pouvoient lui donner leur nom. Athénée [h] fait aussi mention de ce Vin.

[f] *Lib. 5. p. 243.*
[g] *Lib. 14. c. 6.*
[h] *Lib. 1. c. 21.*

STATELATES, Peuples de la Ligurie. Voyez ACQUI.

STATEN-EYLAND, Isle de la Mer Glaciale, près de la Moscovie dont elle dépend. Ce nom *Staten-Eyland* veut dire *Isle des Etats*; & il y en a encore deux autres fort éloignées de celle-ci, qui portent le même nom, à cause qu'elles ont été découvertes par les Sujets des Provinces-Unies. Voyez au mot ISLE les Articles ISLES DES ETATS.

STATHAGEN, Ville d'Allemagne, dans la Westphalie au Comté de Schaumbourg; à cinq milles à l'Orient Septentrional de Minden, & à pareille distance à l'Occident Méridional de Hanover. Les Guerres d'Allemagne l'ont si fort endommagée qu'elle n'a plus que l'apparence d'un Village.

STATHENI, Peuples de l'Inde. Orose [i] les compte au nombre des Peuples qui furent subjuguez par Aléxandre. Ortelius [k] dit que de deux MSS. de cet Auteur qu'il a consultez, l'un portoit *Cattheni* & l'autre *Catho-*

[i] *Lib. 3. c. 19.*
[k] *Thesaur.*

Catheni, & que Fabricius avoit préféré *Cathæi*. Il ajoute que ce sont les *Strateni* de Justin [a]; & qu'au lieu de *Strateni* Bongars avoit restitué *Gesteani*, Leçon qui est confirmée, dit-il, par un MS. que j'ai en ma possession.

STATHMI, Lieu qu'Athénée [b] met au voisinage de Pitane, & dont il vante le Vin.

STATIELLENSES. Voyez STATELATES.

STATINÆ AQUÆ. Il est fait mention de ces eaux dans Stace [c]:

Ænariaque Lacus medicos, Statinasque renatas.

Elles étoient en Italie, dans la Campanie. Ortelius [d] & quelques autres avant lui avoient soupçonné que dans le Chapitre 88. du second Livre de Pline on pourroit lire *Statinas*, ou *Stativas*, au lieu de *Stagnum* que portoient quelques MSS.; mais le Pere Hardouin soutient qu'il faut lire *Stagnum*.

STATO-DELLI-PRESIDII (Lo). C'est ainsi [e] qu'on appelle un petit Canton d'Italie, dans la Toscane, sur la Côte de la Mer & qui est la partie Méridionale de l'Etat de Sienne. C'est proprement la Seigneurie d'*Orbitello*, près du Mont *Argentaro*, & aux environs. On l'appelle en François l'*Etat des Garnisons*, parce qu'il y a plusieurs petites Garnisons des Espagnols qui se réservérent ce Canton du Siennois lorsqu'ils vendirent l'Etat de Sienne au Grand-Duc de Toscane Cosme I. en 1558. Cet Etat comprend les Places d'*Orbitello*, de *Talamone*, de *Porto-Hercole*, & de *Porto San-Stephano*, avec leurs petits Territoires, & le Mont *Argentaro*. Tout cela étoit passé sous la domination de l'Empereur avec les Royaumes de Naples & de Sicile; mais le nouveau Roi des deux Siciles, en reprenant ces deux Royaumes a fait rentrer toutes ces Places sous la puissance des Espagnols.

STATONES, Peuples d'Italie, dans la Toscane, selon Pline [f]. Strabon [g] nomme leur Ville *Statonia* & la place dans les terres. Du tems de Vitruve [h], le Territoire de cette Ville étoit une Préfecture, *Præfectura Statoniensis*; & on s'accorde à dire que c'est aujourd'hui le Duché de Castro. Les Vins de ce Quartier *Vina Statoniensia*, sont vantez par Pline [i]. Sénéque dans ses Questions Naturelles [k] fait mention d'un Lac de ce Territoire; il le nomme *Lacus Statoniensis*, & il y met une Isle flottante. C'est présentement le Lac de *Mezzano*.

STATUÆ. Voyez au mot AD l'Article AD STATUAS.

STATURA. Voyez SATURÆ-PALUS.

STAVACUM. Voyez STANACUM.

1. STAVANGER, Contrée du Royaume de Norwége [l], dans le Gouvernement de Bergen, qui ainsi que le Gouvernement d'Agerhus la borne au Nord. La Mer la baigne aux autres endroits. Ce Pays est le plus tempéré, le mieux peuplé & le mieux cultivé de la Norwége. On n'y trouve néanmoins aucune autre Ville que celle de Stavanger, qui fait l'Article suivant.

2. STAVANGER, ou STAFANGER, Ville de Norwége, au Gouvernement de Bergen, dans la Contrée à laquelle elle donne son nom. Cette Ville située sur le Buckenfiord, près de la Forteresse de Doeswick, à trente lieues de Bergen, vers le Midi, a un Evêché sous la Métropole de Drontheim; & dépend de Bergen pour le temporel.

STAVANI, Peuples de la Sarmatie Européenne, selon Ptolomée [m].

STAVELO, Ville d'Allemagne [n], sur la Rivière d'Amblève, entre le Pays de l'Evêque de Liége & les Duchez de Limbourg & de Luxembourg, à quatre lieues de Limbourg au Midi, à trois lieues de Verviers, & à une au-dessus de Malmedy au Couchant. Cette petite Ville mal nommée *Stablo* dans les Cartes récentes a une ancienne Abbaye de l'Ordre de St. Benoît, à laquelle est jointe l'Abbaye de Malmedy. L'Abbé de *Stavelo* est Prince de l'Empire, & Souverain de la Ville, ainsi que du petit Territoire des environs.

STAVENI, Peuples d'Asie: Ptolomée [o] dit que ces Peuples & les *Nisæi* habitoient la partie Septentrionale de l'Arie.

STAVERA. Voyez STURII.

STAVEREN, Ville des Pays-Bas, dans la Frise au Westergo. Elle passe pour la plus ancienne des Villes de la Frise; & quelques-uns soutiennent qu'elle fut bâtie un an après la Naissance de Notre Seigneur. On ajoute que vers l'an 339. Odibalde Duc de Frise la fit entourer de fossez & de murailles & lui donna plusieurs Privilèges. On tient qu'elle tire son nom de l'Idole Stavon qu'on y adoroit autrefois; & d'autres prétendent trouver dans Staveren des traces du nom des anciens *Sturii*.

Cette Ville étoit située autrefois près du Bras du Rhein nommé *Flevus*; mais les inondations de la Mer en ayant englouti la plus grande partie, on la rebâtit dans le lieu où elle est aujourd'hui, à six lieues d'Enckhuysen & à neuf de Vollenhove, sur une Pointe qui s'avance dans le Zuyder-zée. La Mer n'y a presque point de profondeur: on y trouve par-tout des Bancs de sable, & il n'y a pas un seul endroit capable de porter les gros Vaisseaux chargez qui viennent des Indes. Quand la Mer est basse on voit un Banc, qu'on dit être le même endroit où une riche Veuve fit jetter autrefois une grande quantité de Bled gâté, que son avarice lui avoit fait garder pendant une grande disette. Ce Banc est nommé encore aujourd'hui *'s Vrouwen-Sandt*. On prétend dans le Pays que Dieu permit que ce Bled s'arrêtât-là pour incommoder l'entrée du Port.

Staveren étoit autrefois une Ville puissante, riche, & extrêmement peuplée, & l'un des plus célèbres Ports de Mer de toutes les Côtes Septentrionales; mais les fréquentes inondations de la Mer l'ont tellement diminuée qu'elle est peu de chose en comparaison de ce qu'elle étoit autrefois, quoiqu'il en reste encore assez pour en faire une bonne Ville. Elle a de grosses murailles & de grands Bastions qui sont environnez de Marais. On y voit plusieurs belles rues, où demeurent les Marchands à cause de la commodité du Port, qui est à l'Embouchu-

STA. STE.

bouchure d'une petite Riviére qu'on retient, par un Canal qui coule dans le Pays. Il y a outre cela un grand Mole qui s'avance dans la Mer, & qui est soutenu par des pilotis pour empêcher que les sablons ne bouchent l'entrée de ce Port.

Les anciens Rois de Frise faisoient leur séjour ordinaire à Staveren; & les Annales disent que Richolde premier Roi de Frise fit bâtir vers l'an 400. entre Staveren & Medemblic, un Temple magnifique, dont l'enceinte servoit d'asyle aux Criminels & aux Bannis. Ce Prince fit aussi bâtir dans la Ville de Staveren un superbe Palais, qui fut depuis la demeure des Rois ses Successeurs. En 630. Beorald IV. Roi de Frise ayant été vaincu & tué par Clotaire II. Roi de France, plusieurs saints Ecclésiastiques passèrent de France dans la Ville de Staveren pour y établir la Religion Chrétienne; mais ils travaillèrent en vain. Radbod VI. Roi des Frisons y faisoit aussi sa demeure ordinaire, & après avoir conquis tout le Pays voisin jusqu'à Utrecht, il donna à ses Conquêtes le nom de Royaume de Staveren. Tout cela marque que cette Ville étoit autrefois très-florissante; & il est sûr qu'elle fut comprise dans l'ancienne Alliance des Villes Anséatiques.

St. Odulphe a été le Patron de la Ville de Staveren. Il y avoit été envoyé vers l'an 830. par St. Fréderic pour y prêcher l'Evangile. Il y établit un Chapitre de douze Chanoines; mais ceux-ci s'acquittant mal de leur devoir, André de Kuyck Evêque d'Utrecht les chassa & érigea en leur place l'an 1127. une Abbaye de Religieux de l'Ordre de St. Benoît. On appelloit cette Abbaye *Hemelium*.

A une lieue de Staveren, on voit un gros Bourg nommé Molquern, situé sur le Zuyder-zée dans un Pays marécageux, & où l'on parle un langage tout-à-fait extraordinaire. Toutes les Maisons y sont séparées les unes des autres, & placées d'une maniére assez bizarre. Quand un Etranger y est entré, il faut nécessairement qu'il se serve d'un guide pour sortir de ce labyrinthe. Plusieurs Auteurs croient que c'est un reste des anciens Saxons, tant pour leur langage, que pour leur maniére de bâtir & de s'habiller.

STAURACE, ou Stauracii Monasterium. Voyez Hebraica.

STAUREOPOLIS, Ville de la Carie. Le sixième Concile de Constantinople tenu sous Constantin *le Grand* fait mention de cette Ville, qui est appellée *Stauroupolis* par Cédrène. Ce fut d'abord un Siège Episcopal sous le Patriarchat de Constantinople, dans la Carie, selon la Notice de Léon le Sage, & c'étoit une Métropole du tems de l'Empereur Andronic Paléologue le Vieux.

[a] Lib. 6. c. 16.

STAURI, Peuples d'Asie: Pline [a] les place aux environs de l'Hyrcanie.

STECTORIUM. Voyez Estorium.

STECKBORN, Steckboren, ou Steckgaw, au bord du Lac de Constance, à deux lieues au dessus de l'endroit où le Lac se dégorge dans le Rhin. Cette petite Ville ap-

[b] Etat & Délices de la Suisse, t. 3. p. 164.

STE.

partient à l'Evêque de Constance, qui en a la Jurisdiction sous certaines conditions. Nonobstant cela elle embrassa la Religion Protestante en 528. Autour d'une des Cloches de l'Eglise on lit cette étrange Inscription.

Colo verum Deum, plebem
voco et congrego clerum.
Divos adoro, Festa decoro.
Defunctos plord.
Pestes dæmonemque fugo.

STEEDS-DIKE, c'est-à-dire, *la Digue de la Ville*. On donne aujourd'hui ce nom à un chemin de l'Angleterre, dans la Province de Cambridge [c]. De l'Isle de Ramsey jusqu'à Peterborough, Ville qui est à l'extrémité Méridionale de Lincoln, il n'y a qu'un Marais perpétuel. On passe néanmoins de l'un à l'autre par le moyen d'un chemin que le Roi Canut fit élever au milieu de ces Marécages, & qui à cause de cela fut appellé Cnouts-delf (*le Fossé de Cnut*) & Swords-delf (*le Fossé de l'Epée*) parce que les Officiers de Canut tracérent de la pointe de leurs Epées le dessein de cet Ouvrage.

[c] Délic. de la Gr. Br. t. 1. p. 159.

STEENBERGUE, Ville des Pays-Bas [d], dans le Brabant Hollandois, dans la partie Septentrionale du Marquisat de Bergen-op-Zom, quoiqu'elle n'en dépende pas. Elle a Communication avec le Volcke-Rack qui sépare le Brabant de l'Isle d'Overflackée, par le moyen d'un Canal qui aboutit au Vliet, & dont l'entrée est défendue par le Fort de Leur. La Ville de Steenbergue est très-bien fortifiée. Son rempart qui a environ un quart de lieue de circuit est flanqué de six Bastions, entouré d'un Fossé large & profond, & défendu par deux Ravelins, & par une Contrescarpe. Hors de cette Contrescarpe il y a deux Ouvrages, l'un à Corne & l'autre à Couronne. Avant qu'elle fût ainsi fortifiée elle a été sujette à diverses révolutions, ayant été plusieurs fois prise & reprise par les Espagnols & par les Confédérez; mais ces derniers la firent si bien fortifier en 1627. que les autres ne purent jamais s'en rendre maîtres depuis ce tems-là.

[d] Janiçon, Etat présent des Pr. Un. t. 2. p. 246.

Cette Ville & les Polders des environs forment une Seigneurie, qui a environ une lieue de longueur, & autant de largeur, & dont le Prince de Nassau-Orange est aujourd'hui en possession, comme Fils du Prince de Nassau, Héritier de Guillaume III. Roi de la Grande-Bretagne. Cette Seigneurie faisoit partie de l'ancien Comté de Stryen, & a été possédée long-tems en commun par les Seigneurs de Bergen-op-Zom & de Breda. Mais dans le partage qu'ils firent de diverses Terres dans ce Quartier, la Ville de Steenbergue fut adjugée au Baron de Breda avec les Polders de Cruysland, de Cromwel, & de Westland, excepté les Cens Seigneuriaux de ces trois Polders que le Marquis de Bergen-op-Zom se réserva [e]. La Seigneurie comprend aujourd'hui outre la Ville de Steenbergue, plusieurs Polders, dont les principaux sont le Cruysland, Cromwel, Oudeland, Westland, Rubeere, & ceux qui portent les noms du Comté Henri & de Triangle. Ce der-

[e] Le Roi, Notit Marchion. S. R. I. L. 9. p. 476.

STE.

dernier est un Fief Mouvant de Steenbergue, & appartient au Seigneur de Hoogerheyden.

Les Etats Généraux des Provinces-Unies sont Souverains de la Ville de Steenbergue, aussi-bien que de toute la Seigneurie, & ils y levent les mêmes Impôts que dans les autres Pays de la Généralité; mais le Prince y a de grandes prérogatives. Il dispose de tous les Emplois Politiques; il possede en propre divers Polders; il jouit de plusieurs Cens Seigneuriaux, & tous les biens Ecclésiastiques lui appartiennent; mais sur ces biens il est obligé d'entretenir les Ministres, les Lecteurs, & les Maîtres d'Ecôle. Il n'a pas le droit de Patronage; mais, quand il manque un Ministre, le Consistoire est obligé de demander au Seigneur la permission d'en appeller un autre; & l'Election doit avoir son approbation, & est confirmée ensuite par la Classe. Il en est de même dans toutes les autres Seigneuries de la succession de Guillaume III.

La Ville de Steenbergue est fort petite, & ne contient que cinq ou six ruës, environ cent cinquante Maisons, & autant de Chefs de Famille. L'Eglise est sur une assez belle Place, & desservie par deux Ministres de la Classe de Ter-Tolen, & Bergen-op-Zom. Elle étoit autrefois dédiée à S. Servais; & il y avoit un Chapitre de quinze Chanoines. Les Catholiques n'ont point de Chapelle dans Steenbergue. La Maison de Ville est assez jolie, de même que celle du Commandant, & celle-ci appartient au Seigneur. Le Magasin est sous la Direction d'un Commis établi & entretenu par le Conseil d'Etat. La Régence est composée d'un Drossard, d'un Bourgmestre & de six Echevins avec un Secrétaire. Le Drossard est le Chef de la Police & de la Justice; & son pouvoir est à peu près le même, que celui du Drossard de Breda. Cet Emploi & celui de Secrétaire sont conférez à vie par le Seigneur. Le Bourgmestre & les Echevins sont changez ou continuez tous les ans, suivant le bon plaisir du Seigneur, à qui le Drossard présente une double nomination. Il n'y a point d'appel de leurs Jugemens dans les causes Criminelles, comme dans toutes les autres Villes du Brabant Hollandois; mais dans les affaires Civiles on en appelle au Conseil de Brabant à la Haye. Il y a deux Vorsters, ou Sergents de Justice établis à vie par le Seigneur. La Jurisdiction des Magistrats de Steenbergue s'étend dans tous les Polders de cette Seigneurie. Le Dyckgrave est établi à vie par le Seigneur, & a inspection sur toutes les Digues qu'il visite de tems en tems avec deux Jurez, & avec la même autorité que les Dyckgraves des autres Pays. Le Seigneur a un Receveur pour la perception de ces revenus. Le Conseil d'Etat y entretient un Receveur du Verponding & des autres Taxes. L'Amirauté de Zelande y a aussi un Commis & un Collecteur pour les droits d'entrée & de sortie. Il y a toujours dans la Ville de Steenbergue une petite Garnison sous les Ordres d'un Commandant, qui dépend du Gouverneur de Berg-op-Zom.

STEENWICK, Ville des Pays-Bas, dans la Province d'Over-Issel, sur la Rivière d'Aa, au Canton de Sallant, vers les confins de la Frise. Cette petite Ville qui n'a qu'environ seize cens pas de longueur forme une espéce d'Arc & à trois portes. Quand la Province d'Over-Issel fut passée sous la Domination de l'Empereur Charles V. on abattit en 1523. le Château de cette Ville, qui avoit été construit dix ans auparavant, & dont on voit encore les Fossez. D'un côté de Steenwick le Pays est fort haut, & de l'autre fort plat; de sorte que, quand il pleut beaucoup, tout le bas Quartier est inondé. Cette Ville est d'ailleurs environnée de belles Prairies & de grandes Campagnes, au milieu desquelles on voit la Digue qu'on appelle Isveniter. Les remparts qui entourent Steenwick ne sont que de terre, & ses défenses sont épaisses de quatre à cinq pieds. Ses fortifications sont néanmoins bonnes & très-reguliéres. Le Fossé du côté du Nord est étroit & peu profond; mais il y a plus de profondeur de l'autre côté, & cinquante pieds de largeur par-tout. L'eau est retenue aux portes par des levées de terre murées de tous côtez. On compte dans cette Ville trois Eglises dont la principale est sous le nom de St. Clément: elle est fort grande & a un beau Clocher quarré. Henri de Vianen, Evêque d'Utrecht, y fonda l'an 1262. un Chapitre de neuf Chanoines. Les deux autres Eglises sont celles de Notre-Dame & de l'Hôpital. Steenwick étoit autrefois sous l'Evêché de Deventer. Le Comte Maurice de Meurs l'assiégea en 1522. pour Charles d'Egmont Duc de Gueldres, sans le pouvoir prendre. En 1581. le Comte de Rennebourg l'assiégea pour le Roi d'Espagne; mais il en fut chassé après cinq mois d'attaque par le Comte de Norris, Général des Troupes d'Angleterre, qui étoit venu au secours des Etats. L'année suivante, Alexandre Farnese, Duc de Parme, l'attaqua & la prit par Stratagême. On employa une jeune fille pour savoir la profondeur de l'eau qui étoit dans le Fossé. Elle s'y prit adroitement, laissant tomber son Chapeau de paille dans l'eau. Les Espagnols passérent à l'endroit qu'elle leur marqua, escaladérent la Ville & la prirent, faisant main-basse sur les Habitans, parce que deux jours auparavant ils avoient profané les Images & pillé les Ornemens Ecclésiastiques dans la Ville de Hasselt. Le Prince Maurice reprit cette Ville le 4. de Juillet 1592. après un Siège de six semaines, & elle est restée depuis sous la Domination des Etats Généraux.

STEFE, Ville d'Afrique, au Royaume d'Alger [a], dans la Province de Bugie. Marmol lui donne le nom de Tezteza, & Gramaye celui de Distefe. La plûpart des Géographes la prennent pour l'Apsar de Ptolomée. Elle est à quinze milles de la Mer au Midi de Bugie dans une Plaine fort agréable, qui s'étend depuis cette Ville jusqu'au Mont la Abez. Ses murailles sont de pierres de taille d'une grandeur extraordinaire. Les Arabes l'avoient détruite; mais elle a été repeuplée depuis par trois cens Familles.

STEFFISBOURG, Village de Suisse [b] dans

[a] Dapper, Descr. de l'Afrique, p. 144.

[b] Etat & Délices de la Suisse, t. 2. p. 215.

dans le Canton de Berne. Ce Village est proche de la Ville de Thoun. Il y a dans le Cimetiére de ce Lieu une espèce de Puits, ou de Fosse, qui sert de Baromêtre aux Habitans. L'eau s'y trouble quand il doit pleuvoir, tout de même que si on l'avoit remuée avec un bâton, & elle s'éclaircit quand le beau tems doit venir.

a De l'Isle, Atlas.
STEGEBORG, Ville de Suède [a], dans l'Ostrogothie, sur la Côte de la Mer Baltique, à deux ou trois lieues à l'Orient de Suder-Koping. [b] Cette Ville a un petit Port, mais commode ce qui le rend assez fréquenté.

b D'Audiffred, Géogr. t. 1.

STEGOS, Ville dont parle Curopalate. Il paroît qu'elle étoit dans la Bulgarie ou dans la Servie. Cédrène écrit STAGOS, au lieu de STEGOS.

c Baudrand, Dict.
STEIGERWALD, Forêt d'Allemagne [c], en Franconie, dans l'Evêché de Bamberg, au Couchant du Mein, environ à trois lieues au Midi de la Ville de Bamberg. C'est une partie de l'ancienne Forêt Hercynienne.

1. STEIN, Ville d'Allemagne, dans la Basse-Autriche, sur le Danube, vis-à-vis de Mautern, un peu au-dessus de Crembs, à vingt milles d'Allemagne au-dessous de Lintz, & à dix milles au-dessus de Vienne. Cette petite Ville est défendue par un ancien Château & elle a un Pont de bois sur le Danube.

d Etat & Délices de la Suisse. t. 2. p. 34.
2. STEIN, Ville de Suisse [d] dans le Canton de Zurich. Cette Ville est située sur le Rhin, à l'endroit où ce Fleuve sort du Lac de Constance, sur la rive droite. Elle est considérable & dans une situation fort avantageuse, soit pour la Guerre, soit pour le Commerce. Elle est jointe par un grand Pont de bois, avec un Village nommé Auffburg, où l'on croit que les Romains ont eu autrefois une Place forte pour repousser les efforts des Peuples Allemands, qui vouloient se jetter dans la Suisse, & on présume que Stein a succédé à l'ancienne *Ganodurum* de Ptolomée; mais pour sûr la vérité, il n'y a aucun fondement à faire là-dessus. Car quelques Géographes placent *Ganodurum*, dans le Lieu où seroit aujourd'hui la Ville de Constance, & d'autres, peut-être avec moins d'apparence, prétendent que c'est Soleure. Stein fut fermée de murailles l'an 966. ou environ par Burkard Duc de Souabe, & de la Puissance de ces Ducs elle tomba entre les mains des Barons de *Hohen-Klingen*, qui bâtirent le Château fort de *Hohen-Klingen*, qu'on voit encore aujourd'hui, & qui est au-dessus de la Ville, à quelque distance. L'an 1484. les Habitans de cette Ville se mirent sous la Protection de Zurich, en réservant leurs Priviléges, ainsi cette Ville jouit d'une grande Liberté. Elle a son propre Bourguemaître & son Gouvernement tiré de la Bourgeoisie, & la Seigneurie de *Hohen-Klingen* lui appartient. On voit dans la Maison de Ville un Monument de leurs Bourgeois nommé Jean Rodolphe Schmidt Baron de Schwartzenhorn, &c. qui parvint à de grands honneurs, ayant été Ambassadeur à la Porte Ottomane de la part de deux Empereurs Ferdinand II. & Ferdinand III. les années 1629. & 1649. & Ambassadeur auprès des Cantons de la part de l'Empereur Léopold I. en 1664.

Les Zurichois ont là un Officier pour tirer les revenus d'une Abbaye qui y étoit autrefois. En 1525. David de Winkels, Abbé de cette Maison, fit semblant de la remettre aux Magistrats de Zurich, comme Seigneurs Souverains de la Ville; mais après en avoir fait la Cérémonie, il se sauva de nuit à Zell, sur le Lac Inférieur, emportant toutes les richesses & les titres de ce Monastère. Cependant les Magistrats de Zurich y envoyèrent un jeune homme, nommé Jean Rhellicanus, savant dans les trois Langues Hébraïque, Grecque & Latine, pour donner des leçons aux Moines. L'Abbé se repentit de la démarche, qu'il avoit faite, & tâcha de rentrer dans l'Abbaye; mais il n'en put venir à bout. Pour s'en venger, il légua par son Testament, à Ferdinand Archiduc d'Autriche, frere de l'Empereur Charles V. les biens de cette Abbaye, qui étoient situés au delà du Rhin, & aux Cantons ceux qui étoient au deçà. Les Cantons eurent la générosité de rejetter ce Testament avec mépris; mais l'Archiduc ne fut pas si délicat. Il le fit valoir & s'étant saisi des biens, qui lui étoient légués, il en fonda une nouvelle Abbaye à Zell.

Près de Stein, il y a une Islette, nommée *Im-Weerd*, où St. Othmar, premier Abbé de St. Gall, mourut l'an 758.

Le Village d'Auffbourg, qui est comme le Fauxbourg de la Ville n'est pas néanmoins dans sa dépendance; mais il fait partie de la Province du Thourgaw. On y voit encore de vieilles Murailles, ou Mazures, restes de l'ancienne Forteresse des Romains. On trouve dans l'Eglise quelques Inscriptions Romaines, mais si effacées, qu'on ne peut presque plus les lire: il y en a une qui commence ainsi:

IMP. CÆS. CAIUS, &c.

On déterre souvent des Médailles Romaines dans le Pays d'alentour.

STEINACH, Rivière de la Suisse, dans le Haut-Thourgaw. C'est cette petite Riviére qui fait tourner les Moulins de la Ville de St. Gall.

1. STEINAW, petite Ville d'Allemagne [e], au Duché de Silésie, dans la Principauté d'Oppelen, sur la petite Riviére de Stein, aux confins de la Principauté de Groska & de Neisse. *e Jaillot, Atlas.*

2. STEINAW, petite Ville d'Allemagne [f], au Duché de Silésie, dans la Principauté de Wolaw, sur le bord de l'Oder à la gauche, dans l'endroit où ce Fleuve reçoit la petite Riviére de Kaltebach. *f Ibid.*

3. STEINAW, Bourg d'Allemagne, dans la Wetteravie, au Comté de Hanau, sur la Rivière de Kints.

STEINBACH, petite Ville d'Allemagne [g], dans le Marquisat de Bade, à quelques lieues au Midi Occidental de la Ville de Bade. [h] C'est aux environs de Steinbach que croît le Vin le plus estimé de ce Marquisat.
g De l'Isle, Atlas.
h Davity, Marquisat de Bade.

STEINFORD, Bourg des Pays-Bas, dans

STE.

dans la Flandre Flamingante, & dans la dépendance de la Châtellenie de Caſſel. Ce Bourg nommé par les Flamans STEENVORDE, eſt preſque au milieu entre Ypres à l'Orient, & St. Omer à l'Occident, à trois lieuës de chacune de ces Villes, & près de Caſſel.

STEINFURT, Bourg d'Allemagne [a], dans la Weſtphalie, ſur la Riviére d'Aa. Il donne ſon nom à un Comté qui eſt enclavé dans l'Evêché de Munſter, entre les Bailliages de Horſtmar, de Wolbeck, & de Bevegern. Ce Comté a eu autrefois des Seigneurs particuliers. Mathilde, fille unique de Baudouin le Belliqueux, Comte de Steinfurt, le fit paſſer dans la Maiſon de Bentheim par ſon Mariage avec Eberwin de Bentheim. Voyez STENFORD.

[a] D'Audifred, Géogr. t. 3. p. 266.

STEINHEIM, Ville d'Allemagne [b], dans l'Archevêché de Mayence, ſur le Meyn, à la gauche, un peu au-deſſous de Seligenſtatt. Au-deſſous & près de Steinheim, on voit Klein-Steinheim ou le Petit-Steinheim.

[b] Jaillot, Atlas.

STEINKERQUE, STEENKERKE, ou ESTINKERKE, Village des Pays-Bas, dans le Haynaut, à deux lieues & demie de Halle, & à une d'Enghien, ſur les confins du Brabant. Ce Village eſt célébre par la Victoire que les François y remportérent ſur l'Armée des Alliez le 30. d'Août 1692. ſous les Ordres du Maréchal Duc de Luxembourg.

STEGE, ou STEKE, Ville de Dannémarck [c], ſur la Côte Septentrionale de l'Iſle de Mone, dont elle eſt la Capitale, viſà-vis de la Ville de Proeſte en Zelande. Cette Ville eſt preſque toute entourée d'un Lac. Elle eſt défenduë par un vieux Château où il y a une Garniſon.

[c] Hermanid. Deſcr. Daniæ, p. 673.

1. STELÆ, Etienne le Géographe place une Ville de ce nom dans l'Iſle de Crète, près de Paræſus & de Rythimne.

2. STELÆ, Iſle de la Mer d'Afrique, ſelon Cédréne & Curopalate citez par Ortelius [d].

[d] Theſaur.

STELENDENA, Contrée de la Syrie, près des Deſerts de Palmyre. Pline [e] eſt le ſeul des Anciens qui connoiſſe cette Contrée.

[e] Lib. 5. c. 26.

STELESTA, Ville d'Eſpagne chez les Carpitains, ſelon les Exemplaires Latins de Ptolomée. Le Texte Grec porte ETELESTA. Voyez ce mot.

STELIS [f], Iſle que Curopalate place quelque part dans la Mer Méditerranée. C'eſt peut-être la même Iſle que Cédréne & lui appellent STELÆ.

[f] Ortelii Theſaur.

1. STELLA, Riviére d'Italie, dans l'Etat de Veniſe, au Frioul, anciennement Tilaventum Minus, ſelon Leander. Magin [g] qui nomme cette Riviére STLLA, ou STALE, lui donne un cours parallèle au Taiamento, ſi ce n'eſt qu'il ne lui fait pas parcourir la même étenduë de Pays. Cette Riviére prend ſa ſource, aſſez près & au Midi Occidental de Coloredo. Elle court du Nord au Sud en ſerpentant & arroſe dans ſa courſe Chiavoriaco, g. Arcano, g. Sedicino, d. Codropio, d. Teſernico, g. Ariis, g. Paluzzolo, g. Priſenis, d. En approchant du Golphe de Veniſe, où elle ſe jette par deux Embouchures, elle détache un Bras, qui courant d'abord vers le Midi, & enſuite vers l'Orient, forme une aſſez grande Iſle, & à ſon Embouchure un Port appellé Porto di Lugiano.

[g] Atlas. Ital.

2. STELLA, ou ESTELLA, Cité d'Eſpagne [h] dans le Royaume de Navarre. Elle eſt ſituée ſur le Chemin de Pampelune en Biſcaye dans une Plaine agréable au bord de la Riviére d'Ega, qui l'environne de deux côtés. Elle eſt jolie & fortifiée d'un Château. Elle eſt Capitale d'une Merindade, qui comprend une Cité, vingt-quatre Bourgs, & cent ſix Villages.

[h] Délices d'Eſpagne, t. 4. p. 681.

3. STELLA, Montagne de Portugal près de Coïmbre, c'eſt une chaîne de Montagnes qui tourne de Coïmbre à l'Orient entre les Riviéres de Mondego & de Zezere. Anciennement elle étoit appellée Hermenus ou Herminius; & elle eſt différente d'une autre Montagne Herminius, qui eſt dans la Province d'Alentejo à l'Orient, juſque dans le voiſinage de Corilbana. C'eſt ſur cette Montagne que ſe trouve un Lac admirable, qui n'eſt pas une moindre merveille, que la Fontaine Fervença. Bien qu'il ſoit à douze lieues de la Mer, & ſur le ſommet d'une Montagne fort haute, on y voit quelquefois des débris de Navires, & les gens du Pays aſſurent que toutes les fois que la Mer eſt agitée, ce Lac s'agite pareillement avec beaucoup de fracas. On dit qu'il y en a un tout ſemblable dans le Territoire de Chiaves.

[i] Délices de Portugal, t. 4. p. 731.

STELLATIS-AGER, ou CAMPUS, Plaine ou Campagne d'Italie, dans la Campanie. Tite-Live [k] parle des Incurſions que les Samnites firent dans cette Campagne. Il en donne en quelque ſorte la ſituation, lorſqu'il dit [l] qu'Annibal s'étant détourné de ſon chemin & ayant traverſé les Territoires d'Aliſa, de Calatia, & de Cales deſcendit dans la Plaine de Stellate, qu'il trouva renfermée de Montagnes & de Fleuves. Cicéron parle de cette Plaine dans ſa premiére Harangue [m] de Lege Agraria, & dans ſa ſeconde Harangue [n] il dit que la Plaine de Stellate fut unie au Territoire de la Campanie & que dans la diſtribution qui en fut faite on adjugea douze arpens à chaque homme. Selon Suétone [o] la Campagne de Stellate avoit été autrefois conſacrée, ou peut-être ſeulement conſervée par les anciens Romains, & fut diviſée conjointement avec la Campanie à environ vingt mille Citoyens Romains, qui avoient trois enfans ou davantage.

[k] Lib. 9. c. 44.
[l] Lib. 21. c. 13.
[m] Cap. 7.
[n] Cap. 31.
[o] In Cæſare, cap. 20.

STEMPHYLOS. Voyez STYMPHALOS.

STENA, ou STHENA. Tite-Live [p] dit que les Grecs appelloient ainſi les détroits, ou défilez des Montagnes, de la Chaonie, près de la Ville d'Antigonie.

[p] Lib. 32. c. 5.

STENÆ-DEIRE, Iſles du Golphe Arabique: Pline [q] les met au voiſinage du Mont Pentadactylos. Elles étoient nommées de la ſorte, parce qu'elles n'étoient ſéparées les unes des autres que par de petits Canaux fort étroits.

[q] Lib. 6. c. 29.

STENAY, Ville de France, au Duché de Bar, dont elle eſt la Capitale. Elle eſt ſituée ſur la Meuſe, à ſept lieues au-deſſous de Verdun, & à trois lieues de Mont-Midi.

STE.

di. Stenay que l'on écrivoit autrefois *Sathenay*, en Latin *Sathanacum*, portoit ce nom dès la fin du dixième Siécle, comme on le voit dans une Lettre de Gerbert, qui fut depuis le Pape Silvestre II. Il est fait mention dans les Capitulaires des Carlovingiens d'un Lieu nommé *Astenidun*, & d'un Pays appellé *Stadinisus*, ou *Stadonensis Pagus*. Quelques-uns veulent que ce soit Stenay & les Pays de Stenay; ce qui est contesté, & très-incertain. On fait aussi peu qui est St. Dagobert Martyr dont on garde les Reliques dans cette Ville. Quoique Stenay soit dans le Barrois, elle est néanmoins un Gouvernement particulier du Gouvernement militaire de Champagne & non de celui de Metz.

La PREVÔTÉ DE STENAY est marquée dans les Lettres du Cardinal de Bar, comme Membre du Bailliage de St. Mihel [a]. Ce Lieu que l'on écrivoit autrefois *Sathenay*, en Latin *Sathanacum*, est sur la Meuse dans le Diocèse de Trèves. Il appartenoit dans le dixième Siècle à la Maison des Comtes des Ardennes, qui ont été Ducs de l'une & de l'autre Lorraine.

[a] *Longuerue*, Descr. de la France, Part. 2. p. 190.

Godefroi de Bouillon, à qui Stenay appartenoit avec Mouza & leurs Dépendances, avoit bien fait fortifier le Château de Stenay, afin de pouvoir incommoder l'Evêque & la Ville de Verdun, dont il étoit ennemi. Enfin Godefroi s'étant croisé pour la Guerre de la Terre-Sainte, il vendit Syaute & Mouza à Richer Evêque de Verdun, qui pour pouvoir payer la grosse somme qu'il étoit obligé de fournir, leva de grosses Taxes sur les Eglises & sur tous les Prêtres.

Godefroi ayant reçu le prix de la Vente, remit solemnellement Stenay à l'Evêque & à l'Eglise de Verdun, consentant que ceux, sans exception, qui troubleroient l'Eglise de Nôtre-Dame de Verdun dans la jouïssance de cette Seigneurie, fussent excommuniez. Cependant la Comtesse Mathilde, veuve du Duc Godefroi *le Bossu*, Oncle & Prédécesseur de Godefroi de Bouillon, soutint que Stenay & Mouza lui appartenoient; mais elle en fit une donation à l'Eglise de Verdun l'an 1107. par ses Lettres données à Turicelle en Lombardie, laquelle donation fut confirmée par le Pape Pascal II. Les Originaux de ces Lettres ou Bulles, sont encore dans les Archives de l'Eglise Cathédrale de Verdun, comme l'assûre Wassebourg, qui ajoute que cette acquisition se fit avec cette clause expresse, que le tout démeureroit uni à jamais au Domaine de l'Eglise, sans en pouvoir être séparé; ce qui n'empêcha pas Richard de Grand-Pré d'engager ou d'aliéner ces Seigneuries pour deux cens Livres de rente, à Guillaume Comte de Luxembourg, qui l'assistoit dans la guerre qu'il avoit contre Renaud Comte de Bar, comme rapporte l'ancien Chroniqueur Laurent de Liége, copié fidellement par Wassebourg; ce qui arriva sous l'Empire de Henri $\frac{IV.}{V.}$ & le Pontificat de Pascal II. vers l'an 1110.

Le Comte Guillaume ne joüit pas longtems de Stenay; car durant la Vacance du Siège de Verdun par la retraite de Richard, les Comtes de Bar & de Luxembourg, s'accordèrent & firent la paix à ces Conditions, que l'Administration du Comté de Verdun, seroit restituée à Renaud Comte de Bar, qui paya au Comte de Luxembourg tous les frais de la guerre.

Outre cela Renaud ayant rendu à Guillaume l'argent qu'il avoit avancé pour l'Evêque Richer, le même Guillaume mit entre les mains du Comte de Bar Stenay & Mouza, ou Mouzai, que le Comte unit à son Domaine.

Le Comte de Luxembourg se réserva, & à ses Successeurs, l'Hommage & la Seigneurie directe de Stenay: ce que l'on reconnoissoit dans le seizième Siècle; car Antoine Duc de Lorraine ayant cédé moyennant une récompense Stenay à François I. Roi de France, Charles V. s'y opposa, & soutint que l'on n'avoit pu céder sans son consentement ce Fief, qui relevoit de son Duché de Luxembourg; de sorte que par le Traité de Paix, conclu à Crespy en Laonois l'an 1544. après la mort du Duc Antoine, il fut arrêté que Stenay seroit rendu au Duc, qui étoit alors François, pour le tenir en fief de l'Empereur Duc de Luxembourg, comme son Pere avoit fait, demeurant au surplus l'Action de Commise (c'est-à-dire, de saisie Féodale & Confiscation) à Sa Majesté Impériale, pour en faire à l'égard du Duc ce que bon lui auroit semblé.

Les Ducs de Lorraine se reconnoissoient Vassaux des Ducs de Luxembourg pour Stenay & d'autres Terres; mais les Lorrains demandoient que l'on rendît hommage à leur Prince comme Duc de Bar, au Comté de Chini, annexé au Duché de Luxembourg: ce différend fut terminé par une Transaction entre l'Archiduc Albert, & le Duc Charles II. dont nous avons parlé en décrivant la Province de Luxembourg & le Comté de Chini, dont elles ont toujours fait partie jusqu'au dernier Siècle. Ce fut alors que le Duc Charles céda à perpétuité à Louis XIII. Roi de France, & à ses Successeurs, Stenay par le Traité de l'an 1641. ce qui fut confirmé au Traité des Pyrénées l'an 1659. & à celui de Vincennes l'an 1661.

Stenay étoit alors une Place de grande importance, qui avoit une bonne Citadelle, mais qui a été rasée & la Ville démantelée par les Ordres du feu Roi Louïs XIV. Ce Prince donna la propriété de Stenay & de sa Prevôté à Louïs de Bourbon, Prince de Condé, sur la fin de l'an 1646. sans se rien réserver que l'hommage & le ressort de la Justice. Le Prince s'étant servi de cette Place pour ravager la Champagne, après avoir pris le parti du Roi d'Espagne, elle fut assiégée & prise l'an 1654. par l'Armée de Lous XIV. qui confisqua tous les biens du Prince, & réunit Stenay, Dun & Jamets, à sa Couronne, avec le Comté de Clermont en Argonne; mais par le Traité des Pyrénées, tout a été rendu au Prince de Condé, conformément à la première donation que le Roi Louïs XIV. en avoit faite, par laquelle il avoit cédé au Prince généralement tout ce qu'il y avoit, les Tailles, les Aides, Gabelles, sans se rien réserver que l'Hommage & le ressort de la Justice, attribué au Parlement de Paris.

Les Fortifications de Stenay ont été relevées.

STENDAL, ou STENDEL, Ville d'Allemagne [a], dans la vieille Marche de Brandebourg, sur la petite Riviére d'Ucht, environ à cinq milles au Nord Occidental de Tangermund, & à quatre milles à l'Occident Méridional d'Arneburg. Elle fut tellement ruinée dans les guerres d'Allemagne qu'elle a bien de la peine à se remettre.

[a] Jaillot, Atlas.

STENEI JOVIS ARA. Voyez THESEI ARA.

STENFORD, ou BORCH-STENFORDE, Ville d'Allemagne [*], au Cercle de Westphalie sur le Wecht, à six lieuës de la Ville de Munster, vers le Couchant Méridional. Cette petite Ville est la Capitale d'un Comté, qui appartient aux Comtes de Bentheim. Elle a une Académie. On la nomme quelquefois STEINFURT, ce qui a trompé Mr. Corneille qui de Stenford & de Steinfurt fait deux Villes différentes. Voyez STEINFURT.

[*] Baudrand, Dict.

STENIMACHUM [b]. Lieu fortifié dans la Thrace. Nicetas le met dans la Province de Philippopolis. Le nom moderne est Ichtima, selon Leunclavius.

[b] Ortelii Thesaur.

STENING, ou STEYNING, Bourg d'Angleterre [c], dans la Province de Suffex, au Quartier ou Rape de Bramber, au voisinage des ruines du Château de ce nom. Il se tient à Stening un fort grand Marché.

[c] Délices de la Gr. Br. p. 809.

STENOPOLIS. Voyez PRINOPOLIS.
STENOPONIUM. Voyez STOPONIUM.
STENOSTHEMA. Voyez PSILUM.
STENOZA, Stenusa, petite Isle de l'Archipel, au Levant d'Eté de celle de Naxie, dont elle est fort proche.

STENTORIDIS LACUS, Lac de la Thrace. Il étoit voisin de la Ville Aenus, selon Hérodote [d].

[d] Lib. 7.

STENTORIS PORTUS, Port de la Thrace. Pline [e] le met auprès de la Ville Aenos. Peut-être entend-il par-là l'Embouchure du Fleuve Hébrus.

[e] Lib. 4. c. 11.

1. STENYCLERUS, Ville du Péloponnése, dans la Messénie, selon Hérodote, Strabon & Etienne le Géographe; mais Strabon écrit Stenyclaros, au lieu de Stenyclerus. Il ajoute que Cresphonte, après s'être rendu Maître de la Messénie, la divisa en cinq parties, & choisit pour sa demeure la Ville de Stenyclarus, située au milieu du Pays. Pausanias [f] dit que Cresphonte bâtit un Palais à Stenyclère pour lui & pour ses siens.

[f] Lib. 4. c. 3.

2. STENYCLERUS, Plaine du Péloponnése, dans la Messénie, sur le chemin d'Ithome à Mégalopolis d'Arcadie. Quand vous avez passé, dit Pausanias [g], les Riviéres de Leucasie & d'Amphise, vous entrez dans la Plaine de Stenyclère, ainsi dite du nom d'un Héros des Messéniens. Vis-à-vis étoit autrefois Oechalie; mais du tems de Pausanias c'étoit un Bois de Cyprés nommé le Bois Carnasius.

[g] Lib. 4. c. 33.

STENYGRUS, Ortelius [h] dit que si ce nom n'est point corrompu dans Apollodore [i], on appelloit ainsi un Isthme de la Gréce.

[h] Thesaur.
[i] Lib. 2.

STEORNWA, Château d'Ecosse [k], dans l'Isle de Harray-Lewis, sur la Côte Orientale de la Péninsule de Lewis, vis-à-vis du Lac de Langavat.

[k] Délices de la Gr. Br. p. 1441.

STEP, Plaine de l'Empire Russien [l], aux environs d'Astracan, à l'Orient du Volga. Cette Plaine, qui est d'une vaste étenduë, mais inculte & sans Habitans, produit une grande quantité de Sel entassé comme des couches de Crystal d'espace en espace. C'est où croît le Branez, ou Borninsch, fruit merveilleux qui a la figure d'un Agneau, avec les pieds, la tête, & la queuë, très-distinctement formez, d'où lui est venu son nom Boranes, qui dans la Langue du Pays veut dire petit Agneau. Les Tartares & les Moscovites en font grand état, & la plûpart le gardent avec soin dans leurs Maisons. Cette Plante croît sur une tige d'environ trois pieds de haut, & l'endroit par où elle y tient est une espèce de nombril. Elle se baisse vers les herbes qui lui servent de nourriture; & si on les coupe, ou si on les gâte, elle se flétrit aussi-tôt. Les Loups la dévorent avidement, à cause qu'elle ressemble à un Agneau.

[l] Corn. Dict. Jem Struys, Voyage, ch. 12.

1. STEPHANE, C'est l'un des noms que Pline [m] donne à l'Isle de Samos.

[m] Lib. 5. c. 31.

2. STEPHANE, Ville de la Phocide, selon Etienne le Géographe.

3. STEPHANE, Ville de l'Asie Mineure, dans la Paphlagonie sur la Côte du Pont-Euxin. Arrien [n] qui y met un Port où les Vaisseaux étoient en sûreté, le marque entre Cimolis & Potani, à cent quatre-vingt Stades de la premiére de ces Places, & à cent cinquante de la seconde. Ptolomée [o] qui Place STEPHANE dans la Galatie ne lui donne que le titre de Village, & le marque entre Armène & Sinope. Stephane étoit une Ville de la Paphlagonie, selon Pline [p].

[n] Peripl. p. 15.
[o] Lib. 5. c. 4.
[p] Lib. 6. c. 2.

4. STEPHANE, Pline [q] dit qu'on donnoit anciennement ce nom à la Ville de Prænestini, ou Preneste, Ville d'Italie dans le Latium. Strabon [r] cependant veut qu'elle ait été appellée Πολυςέφανον, ce qui signifie une multiplicité de Couronnes.

[q] Lib. 3. c. 5.
[r] Lib. 5. p. 238.

5. STEPHANE, Montagne de la Thessalie, dans la Phthiotide, selon Pline [s].

[s] Lib. 4. c. 8.

STEPHANI-FANUM. Voyez ONOGORIS.

STEPHANICUM, Ville dont parlent Cédréne & Curopalate. Ortelius [t] soupçonne qu'elle pouvoit être dans l'Arménie.

[t] Thesaur.

STEPHANOPOLIS, & CORONA [u], noms que Sambucus donne à une Ville de la Dace, & connuë aujourd'hui sous le nom de Cronstadt qui lui a été donné par les Allemans, & sous celui de Brasso que lui donnent les Hongrois. Aventinus prétend qu'elle a été appellée anciennement Segethusa; mais il a peut-être voulu dire Zarmisogethusa.

[u] Ortelii Thesaur.

STEPHANOPOLIS, Cos, Lieu dont fait mention Hélien dans son Histoire des Animaux [x]; & il dit qu'on y voyoit un Temple de la Fortune Epirotique. Ce surnom feroit croire que ce Lieu étoit dans l'Epire.

[x] Lib. 12. c. 30.

STEPHANSWERT, ou STEVENSWEERT. Voyez STEVENSWEERT.

STEPHON, Lieu de la Bœotie: Plutarque [y] le met dans la Contrée Tanagrique.

[y] In Quæstion. Græcis.

STEPNEY, Village d'Angleterre [z], dans la Province de Middlesex, à l'Orient de la Ville de Londres. Stepney est un joli Vil-

[z] Délices de la Gr. Br. p. 951.

Village, où il y a deux Paroisses Protestantes, l'une Episcopale, & l'autre Presbytérienne. Les *Quakers* y ont aussi leur Assemblée.

STEREA, Municipe de l'Attique, dans la Tribu Pandionide, selon Lucien cité par Ortelius [a]. Mr. Spon [b], qui écrit STERIA, remarque que ce Lieu fut fondé par les Habitans de Stiri dans la Phocide. Ce Bourg, ajoute-t-il, n'étoit pas éloigné de Brauron, & Platon fait mention d'un chemin qui y conduisoit, & où se trouvoit le Tombeau d'Hipparchus.

STEREONTIUM, Ville de la Germanie, selon Ptolomée [c]. Il y en a qui veulent que ce soit présentement la Ville de Cassel.

1. STERLING, Province d'Ecosse [d], dans la seconde Presqu'Isle, de ce Royaume, au Midi du Tay. Les deux Golphes de la Cluyd & du Forth s'approchent tellement l'un de l'autre, qu'il n'y a pas trente milles de chemin dans l'Isthme qu'ils laissent entre deux. Cet Isthme est occupé par deux Provinces; celle de Sterling à l'Orient, & celle de Lenox à l'Occident. La Province de Sterling est bornée à l'Orient par l'Avon, qui la sépare de la Lothiane, & par le Forth qui la sépare de la Fife. Au Nord elle a la Province de Menteith, à l'Occident celle de Lenox, & au Midi celle de Cluydesdale. Elle s'étend en longueur du Nord-Ouest au Sud-Est l'espace de vingt milles; & sa largeur n'est que de douze milles. Mais si cette Province est petite, elle est l'une des plus fertiles du Royaume. On y compte environ vingt Paroisses. Les Riviéres qui l'arrosent sont le Carron, le Kelwin, le Coutyr, le Bannok, & le Forth. En passant de la Lothiane dans cette Province, on voit les restes de la Muraille des Romains, qui s'étendoit à travers les Provinces de Sterling & de Lenox, jusqu'à Kilpatrick sur la Cluyd, dans un espace de trente à trente-cinq milles. Elle couroit dans la Province de Sterling, depuis l'Avon, droit jusqu'à Falkirk, traversant la belle Forêt du Calendar. A trois milles de Falkirk, la Muraille passoit près d'une Ville nommée Camelot qui est ruinée depuis quelques Siécles. Vers l'endroit, où la Riviére du Carron s'approche le plus de la Muraille, on voit deux Buttes de terre, nommées *Dunipaces*, qui paroissent avoir été élevées par l'art & à force de travail. A deux mille pas plus bas, on voit une Structure antique & grossiére de forme ronde, ouverte par le haut, & large de treize coudées, composée de gros Quartiers de pierres, assemblez sans chaux ni ciment, mais liez fort proprement les uns aux autres, & qui sont comme une muraille séche de vingt-quatre coudées de haut. On a beaucoup raisonné & disputé sur cet Ouvrage brute. Un ancien Historien rapporte que Carausius l'érigea pour un monument de sa Victoire, & de l'honneur qu'il eut de porter jusque-là les armes Romaines. Ce Carausius ne se contenta pas de relever la Muraille qu'on avoit négligée pendant plus de quatre-vingt ans, il la fortifia encore par sept Châteaux qu'il bâtit en divers endroits. Cependant il ne paroît point qu'on y ait trouvé aucun monument de Carausius. On y a déterré seulement en divers endroits des Inscriptions, dont quelques-unes sont faites à l'honneur de l'Empereur Antonin *le Pieux*. Delà la muraille s'étend le long du Parc de Cummernald; ensuite elle avance jusqu'à Barhill, qui est la derniére Place de cette Province. La partie Occidentale de ce Pays est couverte en partie de Montagnes, appellées *Campsey*, qui donnent la source à une petite Riviére de même nom. Elles servent de borne entre les Provinces de Sterling & de Lenox. On dit qu'il s'y trouve d'un côté de l'Occident une Fontaine, dont l'eau a la vertu d'enyvrer ceux qui en boivent. Le Carron prend sa source dans ces Montagnes.

Les Vallées de cette Province sont fertiles en Fruits & en Bleds, & entrecoupées de belles Prairies. Les Montagnes qu'on voit au Midi, nourrissent quantité de Troupeaux de Brebis. Celles qui occupent l'Ouest & le Nord, ont aussi des Pâturages, où l'on entretient de gros Troupeaux de Bêtes à corne. Les Riviéres sont fort poissonneuses, & le Forth en particulier a une riche Pêche de Saumons. Les Habitans se servent de diverses matiéres pour faire le feu. Dans le Nord où ils ont des Forêts, ils brûlent du bois: dans la partie Orientale ils ont du Charbon de pierre, qui se trouve sur les lieux mêmes; & dans le reste du Pays ils ont une espéce de Tourbes qu'ils tirent des Marais, ou de certaines terres marécageuses & tremblantes, qu'ils appellent *Flowmosses*.

2. STERLING, Ville d'Ecosse [e], dans la Province à laquelle elle donne son nom, & dont elle est la Capitale. Le Forth, en sortant de la Province de Menteith, passe à côté des murailles de STERLING, ou STIRLIN. Cette Place est fort importante; aussi les Rois n'avoient-ils rien oublié pour la mettre en bon état de défense. Elle est située sur la pente d'un Rocher, dont le Forth mouille le pied, coulant dans un lit fort profond. On le passe sur un beau Pont de pierres de taille, à quatre Arches, & fermé par une Porte de fer. C'est le dernier Pont qu'on voit sur cette Riviére, qui bien-tôt s'ouvrant un large Canal reçoit la Marée, qui forme un Havre & porte les Vaisseaux jusqu'au Pont. Cet avantage y attire un assez grand Commerce par la correspondance qu'on peut aisément avoir avec Edimbourg. Au-dessus de la Ville la tête du Rocher est occupée par un Château très-bien fortifié, que les Rois Jacques V. & VI. ont embelli de quelques ouvrages nouveaux. Il sert à défendre la Ville & le Pont, & on le regarde comme une des Clefs du Royaume, étant placé avantageusement pour empêcher un Ennemi de pénétrer dans le Nord de l'Ecosse. Aussi est-ce-là que le Duc d'Argyle en 1715. fit camper les Troupes du Roi, pour empêcher les Mécontens assemblez à Perth de pénétrer du côté d'Edimbourg. Ce Château n'est pas moins un séjour agréable qu'une bonne Place de défense. On y trouve une vûe charmante, qui s'étend sur la Ville, sur la Campagne & sur le Forth, qui serpente telle-

ment dans ce Pays-là, qu'on ne sait presque de quel côté il coule. On y a porté une des Inscriptions Romaines, qui ont été déterrées aux environs de la Muraille. Au pied du Rocher, on voit un beau grand Parc attaché au Château, & qui servoit autrefois au divertissement des jeunes Princes d'Ecosse. C'est dans ce Château qu'on les élevoit ; c'est-là que les Reines alloient faire leurs couches, tant que l'Ecosse a eu ses Rois particuliers. Les Comtes de Marr, de la Maison des Aresquins, ont été ci-devant Gardes héréditaires de ce Château, jusqu'au Comte d'aujourd'hui, qui ayant embrassé le parti du Prétendant, excité au Nord de l'Ecosse une rebellion en sa faveur, & commandé même les Troupes des Mécontens en 1715. nonobstant le serment de fidélité qu'il avoit prêté au Roi George en 1714. fut en punition dépouillé de toutes ses Dignités. L'Eglise est après le Château dans la partie la plus élevée de la Ville. C'est un beau Vaisseau construit de pierres de taille, & accompagné d'un Clocher très-haut. Le Duc d'Argyle & le Comte de Marr ont tout près delà de fort belles Maisons.

Les Anciens appelloient cette Ville *Binobara*[a] ; mais Ptolomée l'appelle *Vindovara*. C'étoit une des bornes de l'Empire Romain dans la Grande-Bretagne, comme il paroît par une Inscription qu'on trouve vers le Pont, au bas du Château, & qui marque qu'une des ailes de l'Armée Romaine faisoit garde dans cette Place. Du tems de la Religion Catholique il y avoit près de cette Ville une Abbaye magnifique, qui portoit le nom de *Cambuskenneth*. A deux milles au Nord de Sterling, est une Terre nommée *Arthrey*, ou *Airthrey*, dans laquelle on trouve une Mine de cuivre, au côté Méridional d'une Montagne. La matière qu'on tire de la Mine est couverte d'une croute Métallique, & le reste est bigarré de couleurs vives de verd, de violet & de bleu. Un Quintal de cette matiére rend cinquante livres de fort bon cuivre. On en tire aussi quelque peu d'argent & d'or. Une Fontaine sort de la même Montagne, & comme elle passe à travers une terre minérale, elle en prend quelque teinture, & on la croit bonne pour guérir quelques maux externes.

[a] Etat présent de la Gr. Br. t. 2. p. 252.

1. STERNBERG, Contrée d'Allemagne, dans la Nouvelle Marche de Brandebourg[b], aux Confins de la Pologne & de la Silésie, dont le premier de ces Etats la borne à l'Orient, & le second au Midi : elle a la Warta au Nord, & au Nord Oriental ; & l'Oder à l'Occident. Elle prend son nom de sa Capitale, & renferme une autre Ville nommée Drossen, avec divers Villages. C'est un Pays montagneux, coupé de quelques petites Riviéres, entr'autres par celles de Posftam & d'Eilwick.

[b] Jaillot, Atlas.

2. STERNBERG, Ville d'Allemagne, dans la Nouvelle Marche de Brandebourg, & le Chef-lieu d'une Contrée de même nom. Cette Ville est située aux Confins de la Silésie, entre Custrin, Schwerin, Bombst, Zullichaw, Crossen, Reipzigk, Francfort sur l'Oder, & Lebus.

3. STERNBERG, Ville d'Allemagne, au Duché de Mecklenbourg, sur la Riviére de Warne, aux Confins de l'Evéché de Swerin, à l'Orient de Gustrow. Jaillot ne fait de Sternberg qu'un simple Village.

STERRIS. Voyez STIRIS.

STERTZINGEN, Ville d'Allemagne, dans le Tirol[c], sur la Riviére d'Eisak, environ à cinq lieues au Nord Occidental de Brixen, & à près de six lieues au Nord Oriental de Tirol. Cette Ville située au pied du haut Mont de Verner, ne consiste presque qu'en une grande Rue arrosée de plusieurs Fontaines ; qui en rendent l'abord fort agréable. Le petit Torrent d'Eisack, ou Eiseck, qu'on voit tomber des Rochers à la sortie de la Ville, la traverse par le milieu. A quatre ou cinq lieues delà, à une Portée de mousquet d'un Village appellé Gries, on voit sur la Route une grande Planche d'airain, contre une Colonne, sur laquelle on lit l'heureuse rencontre de l'Empereur Charles V. & de Ferdinand son frere, qui ne s'étoient point vus depuis que le premier étoit parti d'Allemagne, pour aller en Afrique, d'où il revenoit chargé de gloire. Ses Conquêtes sont décrites sur cette Table d'airain, où sont plusieurs figures en bas relief, qui représentent ces deux Princes avec leur suite.

[c] Nic. Visser, Théâtre de la Guerre d'Italie.

STESIARUS, Montagne de l'Epire, dans la Molossie, selon Vibius - Sequester cité par Ortelius[d], qui dit que Bocace lisoit *Sresianus* au lieu de *Stesiarus*.

[d] Thesaur.

STESICHORI - TUMULUS, Fazel[e] dit que le Tombeau du Poëte Stesichore étoit dans la Sicile au voisinage de Catane ; & que ce Lieu est nommé présentement S. Maria de Bethlem.

[e] Ortelii Thesaur.

STETHE, Στήθη. Mot Grec qui signifie la Poitrine : Strabon[f] appelle ainsi les Monceaux de sable, ou de vase qui se trouvent à l'Embouchure du Danube. Ammien Marcellin,[g] leur donne le nom de *Dorsa* ; c'est-à-dire *Dos*.

[f] Lib. 1. p. 52.
[g] Lib. 21.

STETIN, ou STETTIN, Ville d'Allemagne, dans la Poméranie Citérieure, dont elle étoit la Capitale, avant qu'elle passât sous la Domination du Roi de Prusse. Cette Ville située à 38. d. 45'. de Longitude, sous les 53. d. 27'. de Latitude[h], est bâtie sur la Rive gauche de l'Oder. Sa figure est un quarré long, & le terrein sur lequel elle se trouve, est bas du côté de l'Orient, & s'éleve peu à peu du côté de l'Occident. On appelle aussi cette Ville *Alten-Stetin* ; c'est-à-dire, le Vieux Stetin, pour la distinguer du Nouveau Stetin, Ville de la Poméranie Ultérieure. On ne sauroit guére trouver de Place plus agréablement située que la Ville de Stetin. Elle a la vûe non-seulement sur le Fleuve, mais encore sur quatre Isles qu'il forme, & qui sont couvertes d'Arbres, & sur des Collines riantes qui se découvrent de loin. La Colline sur laquelle la Ville haute est située, a deux noms : la partie voisine du Palais Ducal s'appelle *Ostboeterberg*, & l'autre partie du côté de la Porte de Passaw se nomme *Roedenberg*. Les anciens Murs de la Ville sont bâtis de pierres, flanquez de Tours, défendus par un Fossé, & couverts d'une autre enceinte de Fortification moderne, élevée du tems des Guerres d'Allemagne ; ce qui fait

[h] Mart. Zeiller. Descr. Ducat. Pomerensis.

de

de cette Ville une Place forte. Stetin & son Territoire furent anciennement habitez par les *Sidini*, & enfuite par les Vendes. Dans ces tems-là la Ville étoit différente de ce qu'elle eſt aujourd'hui : il n'y a pas cinq cens ans que l'Égliſe de St. Pierre ſe trouvoit préciſément au milieu, & que le Château du Prince étoit dans l'endroit où ſe voit préſentement l'Egliſe de Ste. Marie; & l'Egliſe de St. Jacques ſe trouvoit hors de la Ville. L'affection que les Ducs eurent pour ce Lieu, l'arrivée des Saxons, & l'augmentation du nombre des Habitans, tout cela fut cauſe de l'accroiſſement de Stetin, qui ſe trouva avoir une figure quarrée, de façon que l'Egliſe de St. Pierre ſe trouvoit alors hors des Murailles de la Ville, ainſi que le Chantier où l'on conſtruiſoit les Navires. Enfin le nombre des Habitans s'étant encore accru, celui des Maiſons augmenta à proportion. On en comptoit cent trente-ſept dans le bas Quartier, trois cens ſoixante & douze dans les Chantiers, & deux cens quatre-vingt dans le haut Quartier, ſans parler de celles qui étoient au-devant de la Porte du Moulin. Les Guerres qui ſurvinrent mirent fin à ces accroiſſemens, & firent même déchoir le nombre des Habitans. Celui des Egliſes eſt aſſez grand. On voit celle de Notre-Dame, bâtie en 1261. par la libéralité du Duc Barnim I. & de la Ducheſſe Melchtide ſa femme. L'Egliſe Cathédrale dédiée à St. Otton fut fondée en 1347. par Barnim III. embellie par le Duc Jean Friderič. Les revenus de cette Egliſe ont été employez à récompenſer divers Sujets qui avoient rendu ſervice à la République, & à fonder en 1541. le Collége Ducal. Le Fondateur de l'Egliſe de St. Jacques fut un certain Perſonnage noble, nommé Beringer, & originaire de la Ville d'Augsbourg. Il la fit bâtir en 1187. & la dota des Villages de Cletzkow & de Grieben, pour pourvoir à l'entretien de quelques Moines, qui y furent établis. Cette Égliſe a depuis été ornée de deux Jeux d'Orgue, d'une Tribune, des Bancs des Sénateurs, d'un Autel, d'un Baptiſtère, d'une Bibliothèque, d'un Théâtre pour les Muſiciens, & d'une Horloge curieuſe placée derriére le Chœur. La Tour de cette Egliſe avoit été elevée en 1604. mais comme on ne la trouva pas aſſez ſolide, on la rebâtit en 1636. & on lui donna quelques pieds de hauteur de plus. En 1335. les Marchands de Stetin firent bâtir à leurs dépens l'Egliſe de St. Nicolas, à laquelle on ajouta depuis une Tour en 1576. L'Egliſe de St. Jean doit ſa fondation à la Princeſſe Machtilde, qui la fit conſtruire de même que le Monaſtère qui y étoit joint, & dont les revenus ſont employez aujourd'hui à la ſubſiſtance des pauvres Habitans. Les Carmes avoient commencé à bâtir une Egliſe, près du Marché aux Chevaux; mais cet Edifice n'a point été achevé : on la changé en un Collége, & on y a transféré l'Ecole qui avoit été établie dans l'Egliſe de St. Jacques en 1636. Hors de la Ville on trouve l'Egliſe de St. Pierre, bâtie du vivant de St. Otton; mais la Tour de cette Egliſe eſt un Ouvrage plus récent, car elle fut bâtie en 1602. Dans le grand Chantier il y a l'Egliſe de Ste. Gertrude. On trouve encore à Stetin divers Edifices publics deſtinez à de pieux Etabliſſemens.

Cette Ville ſe gouverne par les mêmes Loix que Magdebourg, depuis l'an 1243. que le privilège lui en fut accordé par Barnim I. En 1464. on ajouta à ces Loix une nouvelle Loi Municipale, qui fut reçue dans la Ville, & qui régle la forme du Gouvernement. En conſéquence de cette Loi Municipale, il y a deux Juges, l'un nommé par le Prince, & l'autre par le Sénat, & ces deux Juges aſſiſtez d'onze Aſſeſſeurs, tiennent tous les ans la Cour de Juſtice pendant huit jours. Ce Tribunal connoît de toutes les cauſes civiles & criminelles; mais les affaires de Politique ſont portées devant le Sénat, qui fait exercer la Police par ſon Juge. Quant aux cauſes des Marchands, elles ſont jugées ſommairement par huit des plus anciens dans une Maiſon appellée *Seglerhauſe*.

Les priviléges dont jouit la Ville de Stetin ſont fort conſidérables. Ils conſiſtent entr'autres en ce qu'un Bourgeois ne peut être appellé devant aucun Juge étranger. Toutes les Marchandiſes qui remontent l'Oder, & toutes celles qui le deſcendent doivent être déchargées à Stetin, ſans qu'il ſoit permis de faire aucun détour pour éviter de paſſer dans la Ville : il n'eſt permis à aucun Etranger d'acheter du Bled que dans un certain tems marqué, & il ne peut le tranſporter ſans la permiſſion des Bourgmeſtres. Tout Bourgeois de Stetin a la liberté de pêcher par-tout avec l'hameçon, & avec les petits filets; il n'y a que l'Etang de Dam qui eſt excepté; il eſt défendu d'y pêcher avec des naſſes de fil. Dans toute l'étendue du Duché, les Bourgeois de Stetin ne payent aucun Impôt, ni par terre, ni par mer, ſi ce n'eſt à Wolgaſt & dans les autres Villes, où on leur remet la moitié des droits. La Nobleſſe ne peut bâtir aucun Château à trois milles à la ronde de Stetin; & les Princes mêmes ſe ſont engagez de n'élever aucune Forthereſſe ſur les bords de l'Oder, ni ſur ceux du Friſch-Haf: cette Ville a le droit de battre une certaine Monnoie; privilège qui lui a été accordé par le Duc Jean Friderič; elle a auſſi le droit de tenir trois Foires, l'une le Dimanche après l'Aſſomption de la Ste. Vierge, l'autre le jour de Ste. Catherine, & la troiſième le premier Vendredi après la Fête de St. Gall.

En 1121. Boleſlas Duc de Pologne, ſurprit la Ville de Stetin à la faveur des glaces, & ne ſe contenta pas d'exiger un Tribut des Habitans, il emmena encore avec lui environ huit mille, tant garçons que filles, les fit baptiſer, les diſtribua en divers Quartiers de ſes Etats, & fit promettre aux Habitans de Stetin, qu'ils embraſſeroient la Religion Chrétienne. Pour cet effet Otton Evêque de Bamberg ſe rendit à Stetin en 1124. mais dans l'eſpace de deux mois il ne put gagner que ſur un petit nombre de Jeunes-gens qu'ils ſe feroient baptiſer. La démarche que fit le Duc de Pologne de remettre aux Habitans de Stetin le Tribut qu'il leur avoit impoſé, eut plus d'effet.

d'effet. Ils embrassèrent aussi-tôt avec ardeur la Religion Chrétienne. Leur Idole d'or à trois têtes, à cause des trois Peuples, les Habitans de Stetin, les Poméraniens & les Slaves, qui la reconnoissoient pour leur Divinité, fut envoyée en présent au Pape. Une maladie contagieuse, étant survenue quelque tems après pendant l'absence de l'Evêque de Bamberg, le culte de l'Idole à trois têtes fut rétabli à Stetin; mais ce Prélat étant retourné en 1128. les Habitans renoncèrent tout de bon à l'Idolâtrie. Durant le fort de la Guerre des Hussites en Allemagne, les Bourgeois de Stetin se soulevèrent contre leur Sénat. En 1622. le Duc Philippe mit la première pierre au Palais Ducal vers l'Oder; Palais qui dans le tems des Troubles fut ruiné ainsi que le magnifique Château d'Oderburg, bâti vis-à-vis de Stetin. La Populace de cette Ville se souleva contre le Sénat en 1616., massacra le Syndic en présence du Bourgmestre, & jetta ensuite son corps par les fenêtres. Cette sédition fut de durée, car elle ne s'appaisa entièrement que dans le mois d'Août de l'année 1631. Bogislas XIV. dernier Duc de Poméranie, se mit avec la Ville de Stetin sous la protection de Gustave Adolphe, Roi de Suède; & ce Duc étant mort en 1637. les Suédois s'emparèrent de la plus grande partie de ses Etats. Stetin leur demeura par la Paix de Westphalie. Le Comte de Souches, Commandant de l'Armée Impériale, l'assiégea inutilement en 1659. Il fut obligé de se retirer après quatre mois de Siège par la vigoureuse résistance d'un autre Comte de Souches son Cousin, tous deux descendans d'un Gentilhomme François. L'Electeur de Brandebourg ne la put prendre en 1677. qu'après un long Siège, & fut obligé de la rendre aux Suédois par le Traité de St. Germain de l'an 1679. En 1710. cette Ville fut attaquée de la Peste. Le Roi Auguste & le Czar délivrez de l'embarras que leur avoit donné l'Armée Suédoise, s'attachèrent en 1713. au Siège de Stetin, qui étoit à la veille de tomber entre leurs mains, lorsque le Roi de Prusse proposa le Sequestre. La Place se rendit & fut obligée de recevoir des Troupes de Prusse, de Saxe & de Holstein, suivant la convention qui en fut faite entre les trois Puissances; mais le Roi de Prusse ayant payé au Roi de Pologne & au Czar quatre cens mille Risdales devint seul maître du Sequestre. Ce Prince offrit en 1715. de restituer cette Ville au Roi de Suède; mais il y joignit des conditions qui ne furent point acceptées, & déclara même la Guerre au Roi de Suède, pour avoir occasion de faire convertir le Sequestre en une possession perpétuelle; ce qui fut fait par le Traité de Paix qui suivit.

Le Duché de Stetin s'étend le long de l'Oder, depuis la Marche de Brandebourg, jusqu'à la Mer Baltique. Ses principaux Lieux sont:

Stetin,	Gartz,
Dam,	Anclam,
Uckermunde,	Demmin.

STEVENSWEERT, Isle des Pays-Bas, dans la partie supérieure de la Gueldre, qu'on nomme le Quartier de Ruremonde. Cette Isle est formée par la Meuse, aux Confins du Pays de Juliers & de l'Evêché de Liége, à une lieue de Maseyck & de Thoren, & à trois lieues de Ruremonde. En 1633. après la mort de l'Infante Isabelle, le Marquis d'Aitone, à qui Philippe IV. avoit donné par *interim* le Gouvernement des Pays-Bas, fit construire dans cette Isle une Forteresse qui fut aussi nommée Stevensweert; & pour traverser le Commerce des Hollandois sur la Meuse, il y fit faire un Pont de Bateaux, dont il fit fortifier la tête de l'autre côté par une demi-lune. La Forteresse de Stevensweert a sept Bastions. Ce n'étoit autrefois qu'un Château. Henri, Comte de Bergh, le vendit au Roi d'Espagne; & aujourd'hui la Seigneurie de Stevensweert, avec plusieurs beaux Villages, qui en dépendent, appartient au Comte de Styrum. Vers la fin de Septembre 1702. les Alliez assiégèrent cette Place, & le Comte de Noyelles, Lieutenant-Général des Etats-Généraux commandoit au Siège. Elle ne fit pas longue résistance. Le Gouverneur Espagnol la rendit par Capitulation le 2. d'Octobre de la même année. En 1705. ce Fort fut cédé en propriété aux Etats-Généraux par l'Empereur, en vertu du Traité de Barrière.

STEUNOS, Grotte, ou Antre de l'Asie Mineure, dans la Phrygie, au Quartier de ces Phrygiens qui habitoient sur les bords du Fleuve Peucella, & qui étoient originaires d'Asanie. Pausanias [a] dit: C'est un Antre qui par sa figure ronde, & par son exhaussement plaît fort à la vûe. Ils en ont fait un Temple de la Mère des Dieux, où la Déesse a sa Statue. Themisonium au-dessus de Laodicée est une Ville, qui appartient aussi aux Phrygiens. Ces Peuples disent, que dans le tems que les Gaulois exerçoient leurs Brigandages en Ionie, & qu'ils y mettoient tout à feu & à sang, Hercule, Apollon, & Mercure les sauvèrent de cette fureur. Ceux qui commandoient dans la Ville furent avertis en songe par ces Dieux, qu'il y avoit un Antre, où les Habitans seroient en sûreté, eux leurs femmes & leurs enfans. Cet Antre leur fut montré, & ils y trouvèrent en effet leur salut. C'est en mémoire de cet événement, ajoute Pausanias, que l'on voit encore aujourd'hui devant la Porte de l'Antre de petites Statues de ces Dieux, qui delà même ont pris leur dénomination de *Spélaites* du mot Grec Σπήλαιον, Specus, un Antre. On disoit que cet Antre étoit à trente Stades de la Ville. Il étoit arrosé de plusieurs sources. Du reste on ne voyoit aucun chemin qui y conduisît. La Voute en étoit extrêmement basse, & il n'étoit éclairé que par un foible jour.

1. STEYR, ou Steyer, Rivière d'Allemagne [b], dans la Haute-Autriche, au Quartier de Traun. Elle prend sa source dans les Montagnes, entre l'Ens Septentrional & l'Ens Méridional, près de la petite Ville de Pirn. Elle coule d'abord vers l'Oc-

[a] Lib. 10. c. 32. Traduct. de Mr. l'Abbé Gedoyn.
[b] Jaillot Atlas.

l'Occident Méridional, & arrose Spital, d. & Seizenberg, g. Au-deſſous de cette derniére Ville elle tourne vers le Nord Occidental; & après avoir mouillé Claus., g. Steimbach, d. Loſenſtayn-Leiten, d. & Steyr, elle ſe perd au-deſſous de cette derniére Ville dans l'Ens.

2. STEYR, ou Steyer, Ville d'Allemagne, dans la Haute-Autriche, au Quartier de Traun, au confluent du Steyr avec l'Ens, à trois lieues au-deſſus de la Ville de ce nom. Cette petite Ville, qui eſt ſituée ſur une Montagne, eſt priſe par quelques-uns pour l'ancienne Aſtir, *Aſturis*, ou *Caſturis*, & par d'autres pour l'ancienne *Claudivium*, *Claudia*, ou *Claudionum*, Ville du Norique.

STHENION, Sostenium, Istenia, ou Stegna [a], anciennement *Leoſthenium*, *Laoſthenes*, *Portus-Senum*, ou *Soſthenium*, Bourg de la Turquie en Europe, dans la Romanie, ſur le Canal de Conſtantinople, au milieu, entre la Ville de ce nom & la Mer Noire, ſur le petit Golphe de *Stenion*, *Soſthenius-Sinus*.

[a] Boudrand, Dict.

STIBOTES. Voyez Zioberis.

STIGHILL, Village d'Angleterre [b], dans le Comté de Northumberland, près du Bourg de Sethon. On prend Stighill, pour l'ancienne *Segedunum*, petite Ville des Ottadins.

[b] Ibid.

STIGLIANO, petite Ville d'Italie [c], au Royaume de Naples, dans la Baſilicate, près de la Riviére de *Salandrella*, à douze milles de *Tricario* au Midi, & à vingt milles de la Côte du Golphe de Tarente au Couchant. *Stigliano* a titre de Principauté; & l'on y voit des Bains célébres nommez à préſent les Bains de *Braccinno*.

[c] Ibid.

STILARI, Bourg de la Turquie en Aſie, dans l'Anatolie, ſur le Cap Blanc, ou de *Stilari*, au Couchant de Smyrne, vis-à-vis la Pointe Méridionale de l'Iſle de *Scio*.

STILIDA, Ville de la Turquie en Europe, dans la Gréce ſur la Côte du Canal de Negrepont au Nord Occidental de l'Iſle de ce nom. C'eſt un gros Village qui n'a pour Habitans que des Chrétiens, & pour un Village ſon Egliſe eſt fort jolie. Le Pays des environs eſt beau & très-fertile.

STILO, Bourg d'Italie [d], au Royaume de Naples, dans la Calabre Ultérieure, ſur le Fleuve Cacino, à cinq ou ſix milles de la Côte de la Mer Ionienne. Ce Bourg donne ſon nom au Cap de *Stilo*, appellé anciennement *Carcium Promontorium*.

[d] Magin, Atlas. Ital.

STILPÆ, Ville de Sicile, ſelon Etienne le Géographe.

STIMON, Ville de la Theſſalie. Tite-Live [e] la compte au nombre de celles qui ſe ſoumirent aux Romains après la priſe de *Gomphi*.

[e] Lib. 32. c. 14.

STINSIAR, ou Stinchar, Riviére d'Ecoſſe [f], dans la Province de Carrik. Elle ſort d'un petit Lac au Nord-Eſt de la Province, coule au Sud-Oueſt & à l'Oueſt juſqu'à ſon Embouchure. On voit ſur ſes bords les Châteaux de *Kragaeil*, & d'*Ard-Steinſiar*, dont le dernier eſt vers ſon Embouchure.

[f] Délices de la Gr. Br. p. 1186.

STIPHANE, Marais de l'Arménie dans la Phazemonitide, du côté de *Phanaroea*. Strabon dit que ce Marais eſt formé par les eaux de la Mer, qu'il eſt poiſſonneux, & qu'il occupe une partie de la Phazemonitide. Il ajoute que des pâturages de toute eſpéce régnent en rond autour de ce Marais, qu'on y voit un Château fort élevé, mais deſert & appellé *Cizara*, & que par derriére eſt un Palais Royal. Il ne s'agit plus que de ſavoir ſi tout ce que dit ici Strabon doit être attribué à ce Marais; car il y a dans cet endroit du Texte une lacune qui pourroit donner lieu à quelque doute. Voici le paſſage dont il eſt queſtion : *Partem Phazemonitidis quæ eſt verſus Phanaroeam Palus marina tenet, magnitudine . . . . Stiphane quæ vocatur, piſcoſa, & in orbem ſunt omnis generis paſcua: impoſitum ei eſt Caſtellum ſublime nunc deſertum nomine Cizara, ac Regia pone ædificata*.

STIPIUM. Voyez Stypeium.

STIRI, Montagne de la Turquie en Europe, dans la Livadie, avec un Village qui lui a communiqué ſon nom & qui eſt l'ancienne Stiris. Voyez Stiris. C'eſt ſur cette Montagne [g] que l'on voit le Convent de St. Luc ſurnommé *Stiriote*, ou *Stirite*. Ce St. Luc à qui le Monaſtère eſt dédié n'étoit pas l'Evangeliſte, mais un Hermite de ce Deſert qui eſt au Sud de cette Montagne, comme on le juſtifie par l'Office de cette Egliſe, où le nom de *Stiriote* lui eſt donné. C'eſt un des plus beaux Convents de toute la Gréce; il eſt compoſé d'environ cent cinquante Caloyers, dont quelques-uns s'appellent Hiéromoines qui ne s'appliquent qu'au Service Divin & qui ſont Prêtres. Ils s'occupent auſſi dans leur Cellules à quelques Ouvrages néceſſaires. Ceux qui ſont âgés en ont un jeune qui les accompagne, à qui ils apprennent à lire, à écrire, & à dire l'Office. S'il a de l'eſprit, on lui apprend à lire leur Liturgie. Les autres ſont Caloyers, & s'occupent à rèndre les ſervices qui ſont néceſſaires à la Communauté; quelques-uns à cultiver la terre, & les autres à garder les Troupeaux. On les voit communément occupés à cela dans les Campagnes, excepté le Dimanche, & les jours de Fête qu'ils ſe rencontrent à l'Egliſe. Ils ont outre ces vieillards des Abbés qu'ils appellent Egouménes, que l'on change de deux en deux ans par Election. La Vallée d'autour qui appartient au Convent porte de bon Vin, elle fournit auſſi de l'huile, du bled, & du miel. On trouve haut & bas diverſes petites Huttes, ou ces Caloyers logent, proche de leurs affaires, & qu'ils appellent *Metochia*, qui eſt le même mot dont les anciens Grecs ſe ſervoient pour dire une Colonie. Ils tiroient delà un revenu conſidérable; mais ils ont été tellement appauvris depuis quelques années, qu'ils ont été obligés de vendre ce qu'ils avoient d'Argenterie dans leur Egliſe pour payer leur Tribut qui eſt de deux cens écus par an. Le reſte de leur revenu eſt en charités qui ne peuvent pas monter fort haut, à cauſe de la miſére où le pauvre Peuple eſt réduit. Ils ſont auſſi fort tourmentés depuis quelques années par les Turcs qui viennent par Compagnie les piller & les maltraiter, en ayant même tué quelques-uns. Depuis pour s'exemp-

[g] George Wheler, Voy. de Dalm. &c. p. 58. & ſuiv.

s'exempter de ces insultes ils ont pris un Janissaire qu'ils entretiennent & qu'ils payent. Ces Caloyers prétendent que Romanus Empereur d'Orient, fils de Constantin Septième, & petit-fils de Léon surnommé *le Philosophe*, a fondé leur Convent ; ils se flattent aussi que cet Empereur & sa femme sont enterrés dans leur Eglise. Ils en montrent encore aujourd'hui les Tombeaux. Cette Eglise est une des plus belles qu'il y ait en Gréce, quoiqu'elle soit fort ancienne, & qu'elle ait beaucoup souffert des Tremblemens de Terre. Elle est bâtie à la Gréque presque quarrée, excepté que le Portique est à l'Occident, où il y a trois Portes pour entrer dans l'Eglise. Il y a un Dôme au milieu assez grand. Le dedans de l'Eglise est en forme de Croix. Toutes les murailles sont incrustées de Marbre poli. Le pavé est aussi de Marbre à diverses couleurs, de Jaspe, de Porphyre. Le Lambris & le Dôme sont ornés d'une Mosaïque ancienne avec des Figures de Notre Sauveur & de plusieurs autres. Il y a une Galerie tout autour soutenue de Pilliers de Marbre. L'on trouve encore une autre petite Eglise vers le Sud dédiée à la St. Vierge. L'on y voit au Portique deux belles Colomnes de Marbre avec leur Chapiteau Corinthien. L'on y lit aussi plusieurs fragmens d'Inscriptions ; une entr'autres est la dédicace d'une Fontaine & de son Canal aux Empereurs qui étoient apothéosés, & à la Ville par un certain Xenocrate, & par Eumaridas à leurs frais & dépens ; mais le nom de la Ville n'est point exprimé.

ΘΕΟΙΣ ΣΕΒΑΣΤΟΙΣ ΚΑΙ ΤΗΙ ΠΟΛΕΙ ΤΗΝ ΚΡΗΝΗΝ ΚΑΙ ΤΑ ΠΡΟΣ ΤΟΥΣ ΒΑΜΟΥΣ ΚΑΙ ΤΟ ΕΠΟΙΚΙΟΝ ΞΕΝΟΚΡΑΤΗΣ ΚΑΙ ΕΥΜΑΡΙΔΑΣ ΑΝΕΘΗΚΑΝ ΕΚ ΤΩΝ ΙΔΙΩΝ ΚΑΙ ΤΟΥ ΥΔΑΤΟΣ ΕΙΣΑΓΩΓΗΝ.

C'est-à-dire, *à l'honneur des Dieux Augustes & de la Ville, Xenocrate & Eumaridas ont fait & consacré une Fontaine à leur frais, & ce qui a été nécessaire pour les dégrez, le logement voisin, & la conduite de l'eau*. Peut-être que l'ancienne Stirie étoit là autrefois, si ce n'est pas le Village que l'on voit près du Convent, car il est assez grand pour avoir été une petite Ville sur le haut de cette Montagne. L'on apperçoit encore les fondemens d'une muraille qui sont au-dessous dans la Vallée au Nord, & l'on y découvre aussi les ruines que l'on appelle *Palæostiri*, ou la vieille Muraille. Il semble même que ce Convent ait été bâti de quelques ruines plus anciennes, & l'on remarque plusieurs Colomnes de Marbre granite qui sont renversées de même que plusieurs pierres de taille. Les Caloyers y sont passablement bien logés, ils ont même une partie de leur Convent destinée pour le logement des Etrangers qu'ils reçoivent fort honnêtement, comme on pourroit faire dans la grande Chartreuse proche de Grenoble dans les Alpes. Leurs Cellules sont de petites Chambres voutées de pierre, & chacun a la sienne. Ils vivent comme tous les autres Moines Grecs faisant fort mauvaise chere en Carême, & ne mangeant jamais de viande en aucun tems. Ils se levent trois heures devant le jour pour faire le Service du matin, leur Service commun se fait trois heures après à Soleil levant, & les Vêpres, ou le Service du soir, deux heures devant la nuit ; sans compter leurs heures qu'ils doivent lire le matin, & les priéres qui se font au Réfectoire devant dîné, & devant soupé. Ils mangent tous ensemble dans un grand Réfectoire, qui a de côté & d'autre des Tables fort longues de Marbre blanc où ils prennent séance selon leur âge ; mais l'*Egoumenos* en a une petite pour lui seul vers le haut-bout. Ils ont plusieurs Offices & Cérémonies devant & après dîné. Lorsqu'ils ont tous dîné & qu'ils se sont levés, avant que de sortir du Réfectoire, on présente un morceau de Pain dans un plat & une coupe de Vin que l'on met devant l'Egoumenos sur sa Table qu'il semble consacrer par des priéres ; après cette Cérémonie on porte premierement le Pain autour du Réfectoire, chacun en rompt une miette ; on prend ensuite la coupe de la même maniére, & chacun boit à la ronde ; après quoi on recite quelques priéres, ou actions de graces, & chacun se retire dans sa Cellule. A une demi-lieue du Convent au pied de la Montagne vers le Sud on trouve une petite Riviére dans une Plaine bien plantée de Vignes & d'Oliviers, accompagnés de petites Maisons, où les Caloyers vont quelquefois se divertir en Eté. Près de là l'on voit un Rocher escarpé qui a un chemin taillé dans le roc, assez large pour le passage de deux Charettes de front. L'on remarque sur le haut les ruines d'une vieille Forteresse, & d'une Ville qui pourroit être celle que Pausanias appelle *Bulis*, sur les Frontiéres de la Phocide & de la Béotie, à sept Stades, ou une demi-lieue du Port : car il y a là un Port à peu près dans la même distance de ce Lieu, qui est sans doute celui que Strabon a appellé le Port Mycus, le dernier Port des Phocéens, au-dessus duquel les Rochers du Mont Hélicon sont suspendus. Le Convent a une Métochie, ou Ferme proche du Port, où il pêchent & chargent le bled qu'ils peuvent recueillir.

1. STIRIA, STIREA, ou STEIREA, Bourgade de l'Attique, au voisinage du Promontoire Sunium, selon Strabon [a]. Etienne le Géographe qui écrit STEIRIA, met cette Bourgade dans la Tribu Pandionide. Voyez STEREA, qui est le même Lieu. [a Lib. 9. p. 399.]

2. STIRIA ; Pline [b] met une Isle de ce nom sur la Côte Occidentale de celle de Cypre, près du Promontoire Acamante. Le Pere Hardouin juge que c'est l'Isle *Styria*, dont les Habitans sont appellez Στυριέες par Hérodote [c]. [b Lib. 5. c. 31. c Lib. 8. no. 1. & no. 146.]

STIRIE, Province d'Allemagne, & l'un des Etats Héréditaires de la Maison d'Autriche, au Cercle de ce nom, en Allemand *Steyer*. Elle a pour bornes l'Archiduché d'Autriche au Nord, la Hongrie à l'Orient, la Basse Carinthie, & le Comté de Cilley au Midi, la même Carinthie & l'Archevêché de Saltzbourg à l'Occident. Elle étoit anciennement comprise [d], partie dans la [d D'Audifred, Géogr. 3. p. 143.]

la Pannonie, & partie dans la Norique. Elle fut sous la Domination des Ducs de Bavière jusqu'en 1030. que l'Empereur Conrad Second l'érigea en Marquisat qu'il donna à Ottocare Comte de Muertzthal & d'Avelenz, neveu du Grand-Duc de Carinthie, & ce fut à la charge qu'il défendroit cette Frontière de l'Empire contre les irruptions des Barbares ; l'Empereur Henri cinquième confirma en 1120. les privilèges que ses Prédécesseurs avoient accordez aux Marquis de Stirie, & l'Empereur Frederic premier érigea ce Marquisat en Duché en faveur d'Ottocare Second ; & par la Donation qu'il en fit à Léopold Duc d'Autriche son beau-pere du consentement des Etats du Pays, la Stirie passa dans la première Maison d'Autriche ; Frideric *le Belliqueux* n'ayant point laissé d'Enfans, Ottocare Roi de Bohême s'en empara ; mais il en fut chassé par l'Empereur Rodolphe premier qui en investit son Fils Albert, duquel la seconde Maison d'Autriche est descendue. Cette Province est bornée de l'Autriche au Nord, de la Hongrie à l'Orient, de la Carniole au Midi, & de la Carinthie & de l'Archevêché de Saltzbourg à l'Occident ; elle a trente-deux lieuës de long, & vingt de large. C'est un Pays fort montagneux arrosé de la Drave, du Muer, & de plusieurs autres Rivières, fertile en quelques endroits, desert & stérile en beaucoup d'autres, mais abondant en Mines de fer. Elle est gouvernée par un Capitaine Général, & il y a une Chambre ou Régence à Gratz pour la décision des affaires. On la divise en Haute & Basse. Les principaux Lieux de la Stirie sont :

Dans la Haute Stirie :
- Judenburg,
- Jeickaw,
- Pruck,
- Stainach,
- Rotenmans,
- Ensbruck,
- Mautern,
- Cell,
- Krieglaf,
- Leuben,
- Knitfeld,
- Weistritz,
- Muraw,
- Scheyfling,
- Stayn,
- S. Lamprecht.

Dans la Basse Stirie :
- Gratz,
- Murckh,
- Veraw,
- Furstenfeld,
- Wistritz,
- Rackelsburg,
- Leybnicz,
- Marchpurg,
- Pettaw.

STIRIS, STERIS, ou STERRIS, Ville de la Gréce, dans la Phocide. Pausanias [a] dit : On ne va pas seulement de Chéronée dans la Phocide par le chemin qui mene à Delphes, ni par celui qui traversant Panopée, passe auprès de Daulis & aboutit au chemin qui fourche ; il y en a encore un autre fort rude, par lequel en montant presque toujours on arrive enfin à Stiris autre Ville de la Phocide. Ce chemin peut avoir six-vingt Stades de longueur. Les Stirites se vantoient d'être Athéniens d'origine. Ils disoient qu'ayant suivi la fortune de Peteüs, fils d'Orneüs chassé d'Athénes par Egée, ils vinrent s'établir dans un coin de la Phocide, où ils bâtirent une Ville qu'ils nommèrent Stiris, parce qu'ils étoient pour la plûpart de la Bourgade *Stirium* [ou *Steirea*] qui faisoit partie de la Tribu Pandionide. Ils habitoient sur la cime d'un Roc fort élevé ; & par cette raison ils manquoient souvent d'eau particuliérement en Été ; car ils n'avoient que des Puits dont l'eau n'étoit pas même fort bonne ; aussi ne s'en servoient-ils qu'à se laver & à abreuver leurs Chevaux. Ils étoient obligez de descendre quatre Stades pour aller chercher de l'eau d'une Fontaine creusée dans le Roc. On voyoit à Stiris un Temple de Cérès surnommée *Stiritis* : ce Temple étoit bâti de briques crues ; mais la Déesse étoit du plus beau Marbre, & tenoit un Flambeau de chaque main. Près de cette Statue, il y en avoit une autre fort ancienne couronnée de Bandelettes ; & ces Peuples rendoient à Cérès tous les honneurs imaginables. De Stiris à *Ambryssum* on comptoit environ soixante Stades, & l'on y alloit par une Plaine, qui étoit entre deux Montagnes. Le chemin étoit bordé de Vignes à droite & à gauche, & tout le Pays étoit un Vignoble, mais entre les Ceps de vigne on élevoit une espéce de Chêne-verd. *Stiris*, selon Mr. Spon [b], subsiste encore aujourd'hui & conserve son ancien nom, car on l'appelle *Stiri* ; mais ce n'est plus qu'un Village.

STIRONE, Rivière d'Italie [c], dans le Parmesan. Elle a sa source dans les Montagnes, à l'Occident de Vianino, & à l'Orient de la source de la Larda. Elle court du Midi au Nord en serpentant ; mouille Borgo S. Donino, reçoit la Vezola à la droite, baigne Soragna, reçoit la Parola encore à la droite, & va ensuite se jetter dans le Tarro à la gauche.

STIRUM, ou STIRON, Bourg d'Allemagne dans la Westphalie, au Duché de Berg, sur le Roer à deux lieuës au-dessus de Duysbourg. Ce Bourg a titre de Comté

STIVA, Montagne de la Turquie en Europe, dans la Livadie, anciennement *Cyrhis*. Les Grecs lui ont donné le nom de Stiva [d], à cause d'un Village de ce nom qui est au-dessus. Mr. Baudrand [e] y met un Monastère aussi nommé STIVA, & ajoute que la Montagne s'étend au Midi du Parnasse en forme de Promontoire jusqu'au Golphe de Lepante, entre les petits Golphes de Salone & d'Aspropiti.

STLUPI, Ville de la Liburnie : Ptolomée [f] la marque dans les Terres.

STOBERA, Ville de l'Inde, selon Philostrate [g] cité par Ortelius [h]. Cette Ville appartenoit aux Ichthyophages.

STOBI, Ville de la Macédoine, dans la Pélagonie. Il y a apparence qu'elle prit ses accroissemens & son lustre après la destruction de *Pelagonia* Métropole de la Province ;

[a] Lib. 10. c. 35. de la Traduct. de Mr. l'Abbé Gedoyn.
[b] Voyage de Gréce, t. 2.
[c] Magin, Atlas. Ital.
[d] Spon, Voyage de Gréce, t. 2.
[e] Dict.
[f] Lib. 2. c. 17.
[g] In Apollonii Lib. 3.
[h] Thesaur.

114 STO.   STO.

a Lib. 4. c. 10.
b Leg. ult. de Cenſib.
c Lib. 3. c. 13.

vince ; car perſonne depuis Tite-Live ne fait mention de cette dernière Ville, au lieu que *Stobi* eſt fort connue. Pline [a] en fait une Colonie Romaine. Il en eſt parlé dans le Digeſte [b], & on a des Médailles de Veſpaſien & de Trajan, où elle a le titre de Municipe. Munic. Stobens, ou Municip. Stobensium. Ptolomée [c] connoît auſſi cette Ville qu'il donne aux Pélagoniens. Il y en a qui veulent que le nom moderne ſoit *Starachino*.

STOBORRHUM, ou Stoborum Promontorium, Promontoire de l'Afrique propre.

d Lib. 4. c. 3.

Ptolomée [d] le marque ſur la Côte du Golphe de Numidie, entre les Promontoires d'*Hippus* & la Ville d'*Aphrodiſium*.

STOCHEM, ou Stockheim, petite

e Baudrand, Dict.

Ville d'Allemagne [e], dans l'Evêché de Liège, ſur la rive gauche de la Meuſe, à cinq lieues au-deſſous de Maſtricht, en deſcendant vers Maſeick, dont elle eſt à deux lieues.

1. STOCKAK, ou Stockheim, petite Ville d'Allemagne, dans la Suabe, au Landgraviat de Nellenburg, dont elle eſt la Capitale. On trouve cette petite Ville ſur une petite Riviére de même nom, à deux lieues du Lac de Conſtance, & à ſix lieues de la Ville de ce nom du côté du Nord.

2. STOCKAK, Riviére d'Allemagne, dans la Suabe Méridionale au Landgraviat de Nellenburg. Cette petite Riviére qui coule du Nord au Sud, ſe forme de deux ſources, dont l'une eſt aux confins de la Baronnie de Hohenfels près de Winſtersburg, & la ſeconde au voiſinage de Nellenburg. Les deux Ruiſſeaux de ces deux ſources mouillent Stockach, & ſe raſſemblent un peu au-deſſous de cette Ville, pour aller ſe jetter dans le Lac de Conſtance, à l'Occident de la Ville d'Uberlingen, & au Septentrion de celle de Ratolfszell.

STOCKHEIM, ou Stochèm. Voyez Stochem ; car c'eſt la même Ville ſous deux différentes Orthographes. Mr. Corneille [f] qui avoit déja fait un Bourg de Stochem, fait une Ville de Stockheim, &

f Dict.

par une faute qui lui eſt aſſez ordinaire de deux Lieux il n'en fait qu'un. Il ajoute d'après le Pere Bouſſingaut [g] que cette Ville

g Voyage des Pays-Bas.

eſt petite, & qu'elle fut réparée par Erard, Cardinal de la Marck.

STOCKHOLM, Ville de Suède, la Capitale du Royaume & la Réſidence des Rois. Elle a été ainſi nommée de la cauſe & du lieu de ſa ſituation ; car *Stock* [h] ſignifie en

h La Forêt de Bourgon, Géogr. t. 2 p. 223.

Langue Suédoiſe Bâton ou Perche, & *Holm* un Lieu abandonné. Pour bien entendre cette Etymologie, il faut ſavoir que les Suédois, qui avoient perdu dans un embraſement leur Capitale, qu'on ne nomme point, abandonnérent au hazard l'aſſiète d'une autre Ville qu'ils avoient réſolu de bâtir. Pour cet effet, ils jettérent une Perche dans la Mer, proteſtant qu'ils s'établiroient au Lieu où ce Bâton ſeroit jetté par les Vents ; enfin après l'avoir ſuivi, ils le virent arrêter au dégorgement du Lac Meler entre des Rochers & des Montagnes à douze lieues de la Mer Baltique. Cette ſituation les obligea de la bâtir ſur Pilotis, dans de petites Iſles très-proches les unes des autres ; de ſorte que Stockholm occupe aujourd'hui ſix de ces Iſles ou Quartiers avec les Fauxbourgs du Nord & du Sud : l'un ſe trouve dans la Preſqu'Iſle de Toren & l'autre dans l'Athundrie. On place communément cette Ville à 41. d. ou environ de Longitude & à 59. d. 20'. de Latitude.

On diviſe ordinairement Stockholm [i] en quatre parties ; ſavoir *Sud Malm* & *Nord*

i Mémoires divers.

Malm, qui ſont les deux Fauxbourgs au milieu deſquels la Ville eſt ſituée, & dans une Iſle. La quatrième partie eſt *Garceland*, & ces quatre parties font enſemble une des plus grandes Villes de l'Europe pour la quantité de ſes Maiſons. L'Iſle dans laquelle la plus grande partie de Stockholm ſe trouve enfermée, eſt environnée de deux Bras de Riviére qui ſortent impétueuſement du Lac Meler, & ſur, chacun de ces Bras il y a un Pont de bois ; enſuite il ſe forme encore quelques autres Iſles qui n'en ſont ſéparées que par un peu d'eau. D'un côté on a la vûe ſur le Lac, & de l'autre ſur la Mer, laquelle forme un Golfe qui s'étend à travers pluſieurs Rochers ; en ſorte qu'on le prendroit pour un autre Lac. L'eau en eſt ſi peu ſalée qu'on en pourroit boire devant Stockholm à cauſe de la quantité d'eau douce qui y tombe du Lac Meler.

On rapporte la fondation de cette Ville à Birger qui fut Gouverneur de Suède après la mort du Roi Erric ſurnommé *le Begue*, & on prétend qu'elle reçut le nom de Stockholm d'une grande quantité de poutres qu'on y apporta des lieux circonvoiſins ; car Stok ſignifie en Suédois une Poutre, & Holm une *Iſle* & même un *Lieu deſert*. Cette Ville eſt fort peuplée & fait un Commerce aſſez conſidérable. Elle eſt depuis près de deux Siècles le Lieu de la Réſidence ordinaire des Rois, & comme les Maiſons y ſont preſque toutes de bois, elle a été ſouvent expoſée à de grands incendies. Aujourd'hui pour prévenir cet accident on a diviſé la Ville en douze Quartiers, dans chacun deſquels il y a un Capitaine & quatre Aſſiſtans. D'abord qu'ils ſavent que le feu eſt en quelque endroit, ils ſont obligés d'y courir. Les Portiers & les Artiſans ſont obligés à la même choſe, & chacun doit ſe ranger ſous le Capitaine de ſon Quartier. Il y a de plus pendant la nuit une Patrouille qui ne marche que pour le feu. On entretient dans chaque Clocher une Sentinelle qui ſonne une Cloche d'abord qu'elle apperçoit le feu. La Reine Chriſtine entr'autres a embelli cette Ville de pluſieurs beaux Edifices. Le Port eſt bon & fort fréquenté, il eſt défendu par une bonne Citadelle, & ſon Château eſt couvert de Cuivre. C'eſt un Bâtiment ſpacieux où non-ſeulement la Cour loge, mais où s'aſſemblent auſſi la plûpart des Corps conſidérables, comme ſont la Cour de la Juſtice, les Collèges de la Guerre, la Cour de la Chancellerie, de la Thréſorerie, de la Réduction, de la Liquidation, du Commerce, de l'Exécution. Il y a auſſi un Arſenal, une Chapelle, des Archives. Il y loge peu d'Officiers inférieurs & de Domeſtiques de la Cour, car on les met en Quartier avec les Gardes à pied chez les Bourgeois qui ſont obligez de leur fournir le logement, le feu & la chandelle. La principale partie de ce Château

teau est une haute Tour ronde en manière de Donjon séparé en divers étages, où paroissent par le dehors plusieurs pièces de Canon & autres Munitions de Guerre qui le défendent. Ce Donjon, qui est aussi couvert de Cuivre, porte trois Couronnes d'or à son sommet. Ce sont les Armes des Rois de Suède qui se disent Rois de trois Royaumes, savoir de Suède, de Norwège & de Dannemarck. Le Château est situé de façon que d'un côté il a vue sur le Port & le défend, & du côté de la Ville il fait face à une grande Place, dont il est séparé par un fossé large à fond de Cuve, couvert d'un Pontlevis qu'il faut passer pour entrer dans la première & plus grande Cour, où se présente d'abord à main droite un grand Corps de logis avec quelques Pavillons & des Galeries qui finissent à la Chapelle du Roi, où après ses belles Peintures & ses Ornemens, on voit des Tombeaux de Rois fort remarquables. De cette Cour on passe en une autre, que quatre grandes aîles qui l'entourent rendent de forme quarrée. Dans la Place du Château est la grande Eglise de Klostrkirck, où sont les Tombeaux des Rois de Suède, dont les plus considérables sont ceux de Gustave Adolphe, & de Gustave père du Roi Charles XI. Klostrkirk, qui fut autrefois un Convent de Cordéliers, est dans une petite Isle séparée seulement par un Canal, couvert d'un Pont qui la joint au reste de la Ville. Après qu'on est sorti de cette Isle on entre dans une grande Place qui a du côté droit la Rue de la Reine, dont les Maisons semblent autant de Palais.

Il y a à Stockholm sept grandes Eglises bâties de briques, & couvertes de Cuivre. On en a encore bâti deux depuis peu. Le Palais de la Noblesse qui est le Lieu, où elle tient ses séances, lorsque les Etats sont assemblés, & où sont renfermés les Priviléges, les titres, & les autres Regîtres qui intéressent le Corps de la Noblesse, est un Bâtiment très-magnifique, & un des plus beaux du Royaume; ce n'est presque qu'un gros Pavillon orné au dehors de quelques Figures, & autres pièces de Marbre, & au dedans de Peintures & de Sculptures, surtout dans deux grandes Sales, où les Nobles font leurs assemblées. A côté de ce Palais est celui du premier Chancelier, & deux autres Palais font un peu au-dessus. Ces quatre Palais sont au bord du Lac, où ils ont été bâtis d'une même Architecture & entièrement couverts de Cuivre.

On monte du Château à la Place de la Ville par une Rue habitée de plusieurs riches Marchands. La Maison de Ville qu'on y trouve n'a que son antiquité qui soit remarquable, & un Corps de Garde sous un petit Pavillon qui tient le milieu. La plûpart des Rues de Stockholm sont très-mal faites & particulièrement dans les environs de cette Place, car depuis quatre-vingt ans on y en a fait qui sont très-belles, & qui ne montent ni ne descendent comme font les anciennes qui sont d'ailleurs très-étroites. Pour aller de la Ville au Fauxbourg *Sud-Malm* on passe un grand Pont de bois sur un Bras de la Rivière qui sort du Lac. Ce Fauxbourg est grand & composé de deux Eglises & d'un nombre presque infini de Maisons, dont il y en a plusieurs couvertes de terre. La partie qui est au bord de l'eau est très-belle. Le chemin qui mene de ce Fauxbourg à celui du Nord-Malm est très-agréable. On passe le premier grand Pont, & lorsqu'on est entré dans la Ville on suit la grande Rue qui borde le Lac, le long duquel sont les Magasins remplis de diverses Marchandises des Régions Etrangères. On passe ensuite l'autre Bras de la Rivière qui sort du Lac, & fait l'Isle de Stockholm où il y a un grand Pont, qui donne passage à une petite Isle traversée d'une large Rue bordée de belles Maisons. Celle de la Monnoye est une des principales. Cette petite Isle a divers petits Canaux très-commodes aux Ouvriers qui l'habitent. Après avoir passé le grand Pont on entre dans une grande Place qui est à l'entrée du Fauxbourg du Nord-Malm, & à laquelle aboutissent la plûpart des belles Rues qu'on y trouve. Il y en a deux à main droite en sortant du Pont, l'une le long du Quai qui est au bord du Lac, & l'autre un peu au-dessus. Ces deux Rues, qui font le plus beau Quartier de tout Stockholm à cause de leurs beaux Palais & des grandes Maisons que les personnes distinguées y occupent, sont traversées de plusieurs autres presque de même grandeur. A main gauche de cette Place il y en a aussi trois belles dont deux s'étendent du côté de la partie de Garceland. La troisième qui va tout le long du bord de l'eau a un Palais à son entrée, & plus avant dans la même Rue est celui du Grand Chancelier, l'un des plus beaux de la Ville. On y voit aussi le Jardin du Roi nommé *Roustmaker*, rempli de choses très-curieuses, & des présens qui ont été faits aux Rois de Suède par toutes les Têtes couronnées de l'Europe. Il y a un Pont très-long pour passer sur le bout d'un petit Golfe & aller dans la partie de Garceland, où l'on ne voit qu'un amas confus de petites Maisons, & de chaumières entre lesquelles paroît le grand Arsenal de Terre. Pour aller delà à celui de Mer on passe sur un grand Pont qui finit à la petite Isle de Chipsholm, sur un rocher occupé entièrement par cet Arsenal. Cette petite Isle est dans le Port de Mer, & on y bâtit les Vaisseaux du Roi. On passe par un Pont de bois dans une autre Isle, où est un Fort au lieu le plus élevé défendu d'une bonne Garnison. Il est à l'entrée du Port de Stockholm qui peut avoir deux milles d'Italie de long & un de large. Des quatre parties qui composent la Ville celle du Nord-Malm est la plus grande & la plus belle. La partie de Garceland en est séparée par une Montagne qu'ils nomment Bromberg faite en façon d'un long rempart. Ce rempart n'est que de gros sable qui semble y avoir été apporté, & qui fait au-dessus une plate-forme, où est une Tour avec une Horloge.

Le Gouvernement de la Ville est entre les mains du Grand Stadtholder qui est aussi Conseiller du Conseil privé. Il tient ses séances à la Maison de Ville une fois par semaine. Il préside aussi dans les Collèges des exécutions, assisté qu'il est d'un Lieutenant-Gou-

Gouverneur, ou Sous-Stadtholder, & du Bailli du Château. Après lui sont les Bourguemestres, l'un pour la Justice, l'autre pour le Commerce, le troisième pour la Police de la Ville, & le quatrième a inspection sur tous les Bâtimens publics, & particuliers, & juge de tous les démêlez qui surviennent à ce sujet. Les Conseillers de la Ville siégent toujours avec eux & donnent leurs voix. Tout se juge à la pluralité des suffrages, le nombre des Juges n'est pas fixe; mais ils sont ordinairement près de vingt, la plûpart Marchands en gros, en détail, ou en gens qui ont servi le Roi dans des Emplois inférieurs. Outre leurs appointemens ils sont exemts des Tributs qui s'imposent sur les Habitans pour maintenir le Gouvernement de la Ville, qui paye tous ses Officiers & Serviteurs, entretient une Garde de trois cens hommes, & fait la dépense de tous les Bâtimens publics, soit qu'il s'agisse d'en faire de neufs, ou de réparer ceux qui sont déja faits. Pour fournir à ces frais outre un droit qui appartient à la Ville, & se leve sur les denrées qui y entrent, ou qui en sortent, ce qui rend environ quatre pour cent des Impôts qu'on paye au Roi, & qui montent par an à près de quatre mille Livres, les Magistrats imposent annuellement une taxe sur les Bourgeois, ce qu'ils font, avec le commun Conseil des Quarante-huit, qui choisit ses Membres, & qui s'assemble chaque Printems pour régler les payemens de l'année suivante. On impose ordinairement sur les Artisans plus accommodés, quarante, cinquante, ou soixante Livres sterlings, & sur les moindres, comme Cordonniers, Tailleurs, & autres, cinq ou six Livres sterlings. Il n'y a point de Chef tenant famille qui soit taxé à moins de trois écus, outre le logement des Gardes, des Officiers Inférieurs & des Domestiques de la Cour sans compter d'autres petites Charges, qui jointes ensemble seroient regardées comme un pesant fardeau, même dans des Pays plus opulens; aussi est-ce sur ce pied-là, que les regardent les Habitans du Pays qu'on peut à peine empêcher de perdre le courage par les Privilèges qu'on leur accorde soit pour les Douanes, soit pour le Commerce du lieu, qui passe nécessairement par leurs mains; les Naturels des autres parties du Royaume aussi-bien que les Etrangers étant obligez de n'avoir affaire qu'aux Bourgeois. Il n'y a que les Gentilshommes qui fassent faire du Fer, & qui le vendent aux Etrangers d'abord qu'il est fait. Cette Ville est en quelque façon le Lieu de la Suède où s'achetent la plûpart des denrées qu'on tire de ce Royaume, qui sont le Fer, le Cuivre, le fil de Fer, la Poix, la Résine, les Mats, les Sapins, & d'où on les transporte ailleurs. La plûpart de celles qu'on reçoit des Pays Etrangers viennent dans ce Port, où il y a un Havre capable de contenir mille Vaisseaux, il y a encore une Place, ou un Quai qui a près d'un mille d'Angleterre de long, où peuvent aborder les plus grands Vaisseaux. Toute l'incommodité consiste en ce qu'il est à dix milles de la Mer, que la Rivière serpente extrémement, & qu'elle n'a ni flux ni reflux.

STODERANI. Voyez SODERANI.

STOEAE, Ville de Libye, selon Etienne le Géographe, qui cite Hécatée.

STOECHADES, Isles de la Mer Méditerranée, sur la Côte de la Gaule Narbonnoise, au voisinage de la Ville de Marseille. Les Anciens ne conviennent pas absolument sur le nombre de ces Isles. Ptolomée [a] en compte cinq, mais il ne les nomme point. Strabon en compte aussi cinq, & dit [b] qu'il y en a trois qui sont considérables, & deux petites. Pline [c] donne les noms des trois plus grandes, & place dans le voisinage d'autres petites Isles, parmi lesquelles se trouvent sans doute les deux petites de Strabon. Pomponius-Méla [d] étend les Stoechades depuis la Côte de la Ligurie jusqu'à celle de la Ville de Marseille; & Etienne le Géographe de même qu'Apollonius [e] les appellent *Ligustides*. Pline est celui de tous ces Auteurs, qui paroît avoir mieux connu les Stoechades. Il en donne non-seulement le nombre & le nom général; il en marque encore les noms particuliers & la situation. Les Marseillois, dit-il, donnérent des noms particuliers à ces trois Isles Stoechades, selon leur situation; c'est-à-dire, à l'égard de Marseille. La première, ou la plus proche de la Ville fut nommée d'un nom Grec *Prote*, ce qui veut dire première: la seconde fut nommée *Mese*, c'est-à-dire, celle du milieu de l'appella *Mediana*, comme on l'appella après l'abolition de la Langue Grecque dans ce Pays-là: la troisième fut nommée *Hypœa*, *Inférieure*, c'est-à-dire, celle qui est au-dessous des deux autres, & la plus éloignée de Marseille [f]. A cette Description il n'est pas difficile de reconnoître les trois Isles, que l'on trouve dans la Mer voisine de la Ville d'Hiéres, & qui prennent aujourd'hui leur nom de cette Ville quoique chacune des trois ait aussi le sien en particulier. La première Isle s'appelle vulgairement *Porqueyroles*, ou *Porqueroles*, à cause qu'il s'y trouve beaucoup de Sangliers, qui y passent à la nage de la Terreferme, pour aller manger le Gland des Chênes-verds, qui s'y trouvent en abondance. La seconde Isle a le nom de *Portecroz*, du nom du Port, où il y a un petit Fort. La troisième se nomme l'Isle du Titan, ou du Levant, à cause qu'elle est à l'Orient des deux autres; & l'on voit par les anciens Régîtres de Provence, que cette troisième Isle s'appelloit autrefois *Cabaros*.

Ces Isles furent premièrement habitées par les Marseillois, qui les nommérent *Stoechades*. Les uns disent que ce fut à cause de la Plante *Stoechas*, qui, selon Pline, ne se trouve que dans ces Isles: les autres veulent, que les Isles ayent donné le nom à la Plante; ce qui ne paroît pas vraisemblable, parce que la Plante nous vient aussi d'Arabie & d'autres endroits du Levant.

Ces trois Isles furent toutes érigées en Marquisat, en faveur du Baron de Bormes, Provençal l'an 1655. Le Cardinal de Richelieu fit faire deux Forts à la plus grande de

[a] Lib. 2. c. 10.
[b] Lib. 4. p. 184.
[c] Lib. 3.
[d] Lib. 2. c. 7.
[e] Lib. 4.
[f] *Longuerue*, Descr. de la France, 1. part. p. 361.

de ces Isles, l'un nommé *Langoustier*, & l'autre la *Licastre*, pour empêcher les Espagnols de s'en saisir & de s'y établir comme ils avoient fait aux Isles de St. Honorat & de Ste. Marguerite; & il fit aussi faire des Forts dans les deux autres Isles.

Il y a eu un Monastère très-ancien dans l'Isle de Porqueroles, nommé *Monasterium Arearum*, & qui fut détruit plusieurs fois par les Sarrasins. Les Moines de Cîteaux s'y étant établis dans le douzième Siècle, furent enlevez par les Barbares. Le Pape Innocent III. dit dans une Lettre, que de son tems, vers l'an 1200. les Chanoines Réguliers avoient fait un Etablissement dans le Monastère *Arearum*; & il ordonna que ces Chanoines, ou rendroient le Monastère aux Moines de Cîteaux, ou embrasseroient leur Institut; ce qu'on ne voit pas qu'ils ayent exécuté. Ce qui est sûr, c'est que ceux-ci eurent le même sort que les Moines, & depuis on n'a pas entrepris de rétablir cette Abbaye, dont on voit encore les ruïnes.

Il y en a qui veulent, que ces belles Isles Stoechades, soient les Ecueuils ou Rochers voisins de Marseille, nommez *If*, *Ratonneau*, & *Pomegue*; mais comme ces Rochers sont stériles, & ne produisent ni la Plante *Stoechas*, ni presqu'aucune autre, ils ne peuvent être les *Stoechades*, dont les Anciens ont fait mention.

Les trois Isles d'Hiéres sont aussi nommées les Isles d'Or; & quelques-uns prétendent que ce nom *Or* ne signifie pas de l'Or, & ne vient pas d'*Aurum*, mais d'*Arae*, qui est, comme nous l'avons vu, le nom du Monastère, qui étoit dans la première de ces Isles: du moins est-il certain, que l'ancien nom de la Ville d'Hiéres est *Arae*, & que le nom d'*Insulæ Arearum* est la même chose que les Isles d'Hiéres.

STOENEI, Peuples d'Italie dans la Ligurie. Ils sont du nombre de ceux dont les Romains triomphérent; & ce sont les STUINI d'Etienne le Géographe. Voyez STOVINUS.

STOER, ou STOR, Riviére d'Allemagne, dans la Basse-Saxe [a], au Duché de Holstein. Elle se forme de diverses petites Riviéres, qui s'étant assemblées aux confins de l'Holsace & de la Stormarie, coulent dans un seul lit vers l'Occident, & mouillent Restorp, Brdenborg & Itzehoa. Au-dessous de cette derniére Ville le Stoer fait un coude, tourne droit vers le Midi, & après avoir baigné la Ville de Krempe, il va se jetter dans l'Elbe, un peu au-dessous de Gluckstad. Voyez STORMARIE.

STOERHORN, (Montagne de) dans la Suisse, dans le Canton de Berne [b]. Cette Montagne avec celle de Niesen est située à quelque petite distance du Lac de Thoun. Toutes deux sont hautes & célèbres, & entre lesquelles un Auteur a fait disputer la primauté dans un Dialogue en Vers.

STOÏDIS, Isle d'Asie, vers la Côte de la Carmanie, & au voisinage de l'Inde. Pline [c] nous apprend, qu'on pêchoit des Perles sur les Côtes de cette Isle, dont Arrien [d] fait mention sans néanmoins la nommer. Saumaise soutient, que Pline au lieu de *Stoïdis*, avoit écrit *Tyndis* [e], & qu'il n'a pas entendu l'Auteur Grec (Arrien [h]) d'où il a pris cet endroit de son Histoire, puisque [f] Arrien fait de Tyndis une Ville de Commerce & un Entrepôt de l'Inde, & que Pline en fait une Isle. Mais comme tous les Exemplaires imprimez, & tous les MSS. de Pline & les meilleurs MSS. s'accordent à écrire *Stoïdis*, Saumaise a mauvaise grace de taxer Pline d'ignorance, dans le tems qu'on lui a l'obligation de nous avoir donné le nom d'une Isle, que les autres Ecrivains ne nomment point.

STOLBERG, Ville d'Allemagne, dans la Thuringe, avec un Château. Cette petite Ville, qui est le Chef-lieu d'un Comté auquel elle donne le nom, a pris le sien de sa situation dans les Montagnes.

Le COMTÉ DE STOLBERG [g] confine avec la Principauté d'Anhalt, le Comté de Mansfeld & de Hohenstein, & le Comté Inférieur de Schwartzbourg; l'étendue en est petite. Il tire son nom de STOLBERG, ancien Château situé entre des Montagnes. Les Lieux les plus remarquables sont Isenbourg, Orsenberg & Gudern. Les Comtes de Stolberg descendent selon quelques Généalogistes, d'un Gentilhomme Romain, appellé Othon Colonna; à qui l'Empereur Justin donna cette partie de la Forêt Hercinie, en récompense de ses services. On prétend qu'il fit bâtir le Château de Stolberg, auquel il donna ce nom des Mines de for, qu'on trouva dans les Fondemens, & qu'on appelle en Allemand *Sthalgrub*. Bothon I. un de ses Descendans, suivant l'opinion de ces Généalogistes, acquit le Comté de Wernigerode par son Mariage avec Anne, Héritiére de ce Comté. Bothon III. épousa Anne, sœur d'Everard, Comte d'Epstein & Koenigstein, qui l'institua son Héritier par son Testament, que l'Empereur confirma. Il laissa plusieurs enfans, & entr'autres Louïs, qui recueillit la succession du Comté d'Epstein son Oncle, & après la mort de Michel, dernier Comte de Wertheim, l'Empereur Ferdinand I. lui donna les Fiefs qui relevoient de l'Empire, & de la Bohême. Il n'eut que trois filles dont Catherine & Elizabeth moururent sans enfans; de sorte que les Comtes de Loevenstein, qui étoient issus de la troisième, nommée Anne, se mirent en possession des Comtez de Wertheim & de Rochefort, & eurent de grandes contestations au sujet du Comté de Wertheim, avec l'Evêque de Wurtzbourg, au sujet de Rochefort avec les Comtes de Stolberg, & ces Procès sont encore pendans à la Chambre Impériale. Christophle, Comte de Stolberg, qui étoit Prévôt du Chapitre d'Halberstad, étant mort en 1581. l'Electeur de Mayence s'empara du Comté de Koenigstein en vertu de l'expectative qu'il avoit obtenue de l'Empereur Maximilien II. au préjudice de Louïs, George, & Christophle, Comtes de Stolberg, qui y furent rétablis par les Suédois en 1631.; mais quatre ans après, les Impériaux rendirent Koenigstein à l'Electeur de Mayence. La Maison de Stolberg est divisée en deux Branches principales, lesquelles sont issues d'Henri Ernest, & de Jean

[a] Jaillot, Atlas.
[b] Etat & Délices de la Suisse. t. 2. p. 211.
[c] Lib. 6. c. 25.
[d] In Indicis. p. 581.
[e] In Solinum, p. 1191.
[f] 2. Peripl.
[g] D'Audifred, Géogr. t. 3. p. 359. & suiv.

118 STO. STO.

Jean Martin, fils de Christophle, qui mourut en 1638. Henri Ernest laissa d'Anne Elizabeth sa cousine, Ernest, qui a commencé la Branche d'Isembourg, & Louis Christian celle de Guderen, ainsi nommée du Lieu de leur résidence. Jean Martin a eu d'Agnès-Elizabeth de Barbi, Christophle, Louis, & Frideric-Guillaume, qui ont fait les Branches d'Ortenberg & de Stolberg. Les Comtes de Stolberg possèdent encore le Comté de Wernigerode, qui est entre les Principautés d'Anhalt & d'Halberstad. Wernigerode est un gros Bourg, à deux heures d'Halberstad.

STOLHOFFEN, Ville d'Allemagne [a], dans le Haut Marquisat de Bade, à un mille à la droite du Rhein, & environ à égale distance au Nord de Lichtenau. [b] Cette petite Ville est beaucoup plus forte par sa situation vers un grand Marais, que par ses ouvrages, qui sont seulement de terre. En 1704. les Allemands y firent des Lignes pour empêcher le passage; & ces Lignes furent forcées par le Maréchal de Villars en 1707.

[a] De l'Isle, Atlas.
[b] D'Audiffred, Géogr. t. 3.

STOLOS, Etienne le Géographe nomme ainsi une des Villes des Thraces Barbares, & une de celles que les Chalcidiens enlevérent aux *Edoni*, pour la mettre sous leur propre Puissance.

STOLP. Voyez CAMENI-POYAS.

1. STOLPEN, Ville d'Allemagne [c], dans la Poméranie Ultérieure, au Duché de Vandalie. Elle est située dans une Vallée, sur une Riviére de même nom. La beauté de son séjour [d] porta les Ducs de Poméranie à y bâtir un Château fort logeable; ce qui est cause que quelques-uns de ces Princes se trouvent qualifiés dans plusieurs Histoires Ducs de Stolpen. Le dernier de ces Ducs donna Stolpen à la Princesse Anne sa sœur, avec la possession héréditaire de la Ville & de ses Dépendances.

[c] Jaillot, Atlas.
[d] Le Laboureur, Voyage de la Reine de Pologne.

2. STOLPEN, ou STOLPE [e], Riviére d'Allemagne, dans la Poméranie Ultérieure, au Duché de Vandalie. Elle se forme de diverses petites Riviéres, qui s'étant assemblées dans la Seigneurie de Butow, coulent dans un même lit du Midi Oriental au Nord Occidental. La Stolpe mouille la Ville de ce nom, Wintershagen & Stolpmund, où elle se perd dans la Mer Baltique.

[e] Jaillot, Atlas.

STOLPMUND, petite Ville d'Allemagne, dans la Poméranie Ultérieure, au Duché de Vandalie à la droite de l'Embouchure de la Riviére de Stolpen, qui lui donne son nom.

STOMA, Marais de l'Asie Mineure, dans la Troade, aux environs de l'Embouchure du Scamandre, selon Strabon [f] traduit par Xylander; mais Casaubon soutient avec fondement, qu'au lieu de καὶ ἡ Στόμα λίμνη καλουμένη, & *Palus nomine Stoma*, il faut lire καὶ ἡ Στομαλίμνη καλουμένη, & *qua Stomalimne appellatur*. Le Marais dont parle ici Strabon, est l'Etang dont Pline fait mention au Livre cinquiéme [g] de son Histoire Naturelle.

[f] Lib. 13. p. 595. & 597.
[g] Cap. 5.

1. STOMALIMNA, c'est-à-dire, *Le Lac de l'Embouchure*. Strabon [h] paroît donner ce nom à un Lac de la Gaule Narbonoise, que d'autres appellent *Astroinela*; ou *Mastromela*. C'est présentement *la Mer de Martigues*. Voyez ASTROMELA.

[h] Lib. 4. p. 184.

2. STOMALIMNA. Voyez STOMA.

STONE, Bourg d'Angleterre [i], dans Staffordshire, sur la Trent, entre Newcastle, & l'endroit où cette Riviére reçoit la Saw. Le nom de ce Bourg tire son origine des pierres, que les Habitans du Pays avoient amassées solemnellement à l'endroit où le barbare Wolphére, Roi des Merciens & Payen, fit massacrer ses deux fils Wulfad & Rufin, pour avoir embrassé la Religion Chrétienne.

[i] Délic. de la Gr. Br. p. 390.

STONES-HENGES. Les Anglois appellent ainsi des Pierres [k] d'une grosseur prodigieuse, qu'on trouve dans Wiltshire en plus d'un endroit. On en voit dans une Prairie, près d'Ambersbury, nommé communément Aubury. Il y en a huit ou dix d'une grandeur & d'une épaisseur extraordinaires, dont les unes sont debout, & les autres couchées. On en trouve encore d'autres semblables dans les Bruyéres, qui sont sur le chemin d'Ambersbury à Marlborough. Mais toutes ces pierres ne sont pas si merveilleuses encore que celles qu'on voit un peu plus loin à l'Occident d'Ambersbury, dans une vaste Plaine à six milles de Salisbury. Dans le milieu d'une Tranchée, on trouve une triple enceinte de Pierres rangées en rond, dont quelques-unes ont jusqu'à vingt-huit pieds de haut, sept de large, & seize de circonférence. De ces Pierres les unes sont droites, & les autres mises de travers par dessus, faisant comme le Linteau d'une Porte. Elles sont attachées aux premiéres par des mortaises, où sont enchassés les gonds qu'elles ont. Cela fait qu'on leur donne le nom de *Stones-Henges*, comme qui diroit pierres suspendues. On ignore d'où viennent ces prodigieuses pierres, quand, par qui, & pourquoi elles ont été mises là; & ce qui fait un plus grand sujet d'étonnement, c'est que tout le Pays d'alentour est sablonneux, & entiérement dégarni de pierres. Tout près de ces rangées de pierre, on a tiré de tems en tems des os d'hommes extraordinairement grands, & des armes fort antiques, d'une forme & d'une grandeur particuliéres. On juge delà que ce doit être le Tombeau des anciens Rois Bretons, comme le témoignent les Annales des Gallois. En particulier on ne doute point, qu'Aurelius Ambrosius, qui a donné le nom au Bourg d'Ambersbury, qui vivoit vers le déclin de l'Empire de Rome, & qui défendit si vaillamment sa Patrie contre les Saxons, n'y ait été inhumé.

[k] Ibid. p. 688.

STONG, Riviére de Suéde [l], dans la Province d'Ostro-Gothland, qu'elle sépare en deux parties. Elle se rend dans le Lac de Roxen, près de Lincoping.

[l] Baudrand, Dict.

1. STONI. Voyez STONOS, & SARNII.

2. STONI, Peuples des Alpes: Strabon [m] les joint avec les *Lepontii* & les *Tridentini*, & Tite-Live [n] dit, que le Consul Q. Marcius les subjugua. Ils sont nommés *Stoeni*, & mis au nombre des Liguriens dans l'Inscription des Triomphes du Capitole rapportée par Gruter [o]: DE LIGURIBUS STOENIS.

[m] Lib. 4. p. 204.
[n] Epitom. L. 62.
[o] Pag. 298.

STOENIS. Ils tiroient fans doute leur origine des Liguriens, ou ils avoient une origine commune avec eux. Les STONI étoient auſſi apparemment compris fous le nom général des *Euganei*, dont la Capitale eſt appellée STONOS par Pline [a]. Etienne le Géographe connoît une Ville nommée *Stonos*, & la donne aux Liguriens. On ne fait point préciſément le Lieu où habitoient les *Stoni*. Cluvier les place par conjecture au voiſinage du Fleuve *Cluſius*, au Nord du Lac Edrinus.

[a] Lib. 3. c. 20.

STONIA, Ville de la Cappadoce, dans le Pont Galatique, ſelon Ptolomée [b]. Le MS. de la Bibliothéque Palatine lit *Etonia* pour *Stonia*.

[b] Lib. 5. c. 6.

STONOS. Voyez STONI.

STONY-STRATFORD, Bourg d'Angleterre [c], dans Buckinghamſhire, ſur le bord de l'Oufe. C'eſt un grand & beau Bourg, où ſe tient un des meilleurs Marchés de la Province. Son nom lui vient de trois choſes: la première de ce que toutes les Maiſons y ſont de pierre de taille; la ſeconde, parce qu'il eſt ſur l'ancienne Voie Militaire, autrement ſur un chemin battu, pavé autrefois par les Romains, qu'on nomme aujourd'hui *Watling-Streat*, & dont on voit encore quelques reſtes hors du Bourg; la troiſième, parce qu'il eſt ſitué près d'un Gué de l'Oufe. Cependant comme la Riviére n'eſt plus guère guéable dans cet endroit, on y a conſtruit un Pont. De l'autre côté de la Riviére il y avoit anciennement une Place appellée *Lactorodum*, qui tiroit ſon nom de ſon Gué pierreux; car en Langue Galloiſe *Lech* ſignifie *une Pierre*, & *Rhyd*, *un Gué*. Mais la Place n'eſt plus; & il n'y reſte qu'un Village, nommé *Paſſham*, pour marquer que c'étoit un Lieu de paſſage. Stony-Stratford eſt toujours un Lieu de grand abord, parce qu'il eſt ſur la Route de Londres, au Nord d'Angleterre.

[c] Délic. de la Gr. Br. t. 1. p. 575.

STOPFORD, Ville d'Angleterre [d], dans Cheſhire, au Quartier Septentrional, près de l'endroit où la Tame ſe jette dans le Merſey. Cette Ville, qui a trois Foires chaque année, ſe nomme communément STOPPORT; mais on écrit STOPFORD, & quelques-uns même écrivent STOKEFORD, & d'autres STOREPORT.

[d] Ibid. p. 341.

STOPONIUM, Lieu de la Thrace, au voiſinage de Sardique, ſelon Cédrène cité par Ortelius [e]. Curopolate écrit *Stenoponium* au lieu de *Stoponium*.

[e] Theſaur.

STORA, ou STURA, Ville de l'Iſle de Negrepont. Mr. Corneille [f], qui cite Davity, dit que cette Ville eſt fort avant dans l'Iſle: cependant le Pere Coronelli [g] la marque ſur le Détroit de Negrepont, au fond d'un petit Golphe, entre Potiri & Cariſto, au Midi Oriental de la première de ces Villes, & au Nord Occidental de la ſeconde. Mahomet II. pilla & brûla enſuite la Ville de Stora.

[f] Dict.
[g] Iſolario.

STORAS. Voyez ASTURA, N°. 2.

STORMARIE, Pays d'Allemagne [h], au Duché de Holſtein, & ſous lequel eſt compris le Comté de Pinnenberg. Il a pour bornes au Nord le Holſtein particulier; à l'Orient la Wagrie, & le Duché de Saxe-Lawenbourg, au Midi & à l'Occident l'Elbe, qui le ſepare des Duchez de Luneburg & de Brême. On peut auſſi dire que ce Pays eſt renfermé entre cinq Riviéres, l'Elbe, le Stoer, la Trave, la Bille, & le Schonbeck. Il y en a qui veulent que le nom de Stormarie vienne de celui de la Riviére Stoer qui l'arroſe & de *Marſchlanden*, qui ſignifie une Terre marécageuſe, ſituée au bord d'une Riviére; mais d'autres veulent qu'il ſoit formé du mot *Marck*, c'eſt-à-dire, marche, fin, ou borne, & qu'on ait donné au Pays le nom de *Stormarchia*, ou *Stormaria*, parce qu'il étoit borné par la Riviére Stoer. Si nous nous en rapportons à Adam de Brême, les Peuples de ce Pays furent nommez *Sturmarii*, parce qu'ils ſe portoient aiſément à la ſédition. Autrefois la Stormarie n'avoit que le titre de Comté; aujourd'hui elle a celui de Principauté. Sa longueur entre Gluckſtadt & Trittow eſt de dix milles, & ſa longueur, depuis le Stoer juſqu'à Hambourg, eſt d'un peu plus de ſept milles. La qualité du Terroir n'eſt pas la même par-tout. Il eſt moins fertile vers les Sources des Riviéres qu'ailleurs. On y voit de côté & d'autre des Bruyéres, entr'autres celles de Limfelden, de Harcken, & de Segeberg. On trouve auſſi quelques Montagnes dans cette Province, mais elles ne ſont pas bien hautes. Au voiſinage de la Ville d'Itzehoe il y a un Lieu nommé ODOE, & dans ce Lieu une Montagne au ſommet de laquelle s'éleve une Pyramide, que fit bâtir Henri de Rantzow dans le tems qu'il étoit Gouverneur de la Province pour le Roi de Dannemarck. Près de l'Elbe eſt la Montagne Sulberg entre Nienſtede & Blanckeſe. L'Archevêque, Adalbert Magnus, y avoit autrefois élevé une Fortereſſe, que les Habitans du Holſtein raſérent du conſentement de Bernard, Duc de Saxe & des Comtes de Holſtein, parce que les Soldats, qu'on y avoit mis en Garniſon, commençoient à piller la Campagne & à détrouſſer les Voyageurs. Ces Montagnes qu'on trouve au voiſinage de l'Elbe, ſont appellées communément WITTENBERGEN. On voit pluſieurs Quartiers montueux & couverts de Forêts dans les quatre Préfectures de Trittow, de Reinbeck, de Tremsbuttel & de Steinhorſt. La Stormarie eſt arroſée de pluſieurs Riviéres. La Riviére de Bille la ſepare du Duché de Saxe-Lawenbourg. Elle reçoit le Schonbeck au-deſſus de Trittow, & au-deſſus de Reinbeck un Ruiſſeau qui vient du Lac de Groſenſée: elle mouille enſuite Reinbeck & Bergerdorff, Lieu dépendant de la Régence de Lubec; après quoi elle reçoit les eaux de la petite Riviére de Stellow, qui vient de Steinbeck; & au bout d'un cours de ſept milles, elle va ſe perdre dans l'Elbe au-deſſus de la Ville de Hambourg. L'Alſter reçoit le Ruiſſeau d'Aw, au-deſſus d'Oldſtede, traverſe la Ville de Hambourg, & s'y jette dans l'Elbe. En entrant dans cette Ville, l'Alſter forme une eſpèce de Lac, où ſe rend un autre Ruiſſeau nommé Auwe. Le Pinnen-Au, ou Pinnau ſe forme des eaux d'un petit Ruiſſeau nommé aujourd'hui Wackenbeck, & autrefois Wickfleet;

[h] Rutg. Hermannid. Deſcr. Daniæ, p. 1034.

il reçoit le Ruisseau de Drebeck, baigne Pinnenberg, à laquelle il donne son nom, & après avoir reçu les petites Riviéres de Rellingbeck & de Bilsbeck, il se rend dans l'Elbe entre Bisthorst & Hohenhorst. Le Lengelbeck, appellé autrefois Glester ou Jester, passe au travers de Barmstede, prend le nom de Kroeckaw après avoir reçu la petite Riviére d'Offenbek, & entre dans l'Elbe au-dessous de Cestermich. La petite Riviére de Rin, ou Rihn, se forme de divers Ruisseaux, se rend à Gluckstad, & s'y jette dans l'Elbe. Le Stoer, Stuer, anciennement *Sturia*, sert de borne entre la Stormarie & le Holstein propre. Il prend sa Source au Village de Bornhocde, au-dessus du Grand & du Petit Kummerfeld, reçoit au-dessous de Wiltorp la Schwala, qui vient de Newminster, & l'Eubeck qui vient du Lac de Bordesholm en Holstein, & a traversé celui d'Einfelden: après avoir reçu ces deux Riviéres, il se joint au Sarlow, grossi des eaux des petites Riviéres de Tapaw, d'Aw & d'Aspaw, & qui avant de les avoir reçues, porte le nom de Holtbeck: le Stoer reçoit après cela le Wimerbeck, le Bramaw, le Barmstede, le Schmalbeck augmenté d'une petite Riviére, le Barmbeck & le Lutzbeck, & ainsi accru il passe à Itzehoe, où il environne la nouvelle Ville. Enfin après avoir reçu le Wilster, le Wolbursgaw, la Krempa, avec quelques autres Ruisseaux, & au bout d'une course d'environ douze milles, il se jette dans l'Elbe, au-dessous de Boesfleth, par une profonde, mais étroite Embouchure, où les Navires Marchands peuvent cependant entrer. La Ville de Hambourg est située dans la Stormarie, ainsi que la Préfecture de Trittow, celle de Reinbeck, la grande partie de la Préfecture de Segeberg, & le Comté de Pinnenberg. Il y a la Stormarie Royale & Ducale, où sont:

Dans la Stormarie Royale:	Gluckstadt, Altena, Krempe, Pinnenberg.
Dans la Stormarie Ducale:	Trittow, Reinbeck, Barmstaed.

a D'Audif- *fred, Géogr.* *t. 3.* Quelques Auteurs ont écrit que la Stormarie [a] avoit eu anciennement des Seigneurs particuliers; mais il est certain que depuis plusieurs Siécles elle n'en a point eu d'autres que les Ducs de Holstein. Pontanus [b] rapporte dans son Histoire de Dannemarck, qu'Henri élu Evêque d'Osnabrug, fut le premier de la Maison de Holstein, qui prit la qualité de Seigneur de Stormarie. Cet Auteur ne s'accorde pas en cela avec plusieurs autres qui conviennent tous qu'au commencement du neuviéme Siècle Udon de Mayendorf en étoit Seigneur: sa Postérité en jouït après lui, & ensuite les Ducs de Saxe de la Maison de Billingen, & après eux les Comtes de Schaumbourg, d'où elle passa à ceux d'Oldenbourg; & même on observe qu'elle fut toujours gouvernée par le frere du Comte de Holstein Régent.

b Liv. 9. p. 565.

STORNA, Ville de l'Inde, au delà du Gange: Ptolomée [c] la donne aux *Tangani.* *c Lib. 7. c.*

STORTA, Village d'Italie [d], dans le Patrimoine de St. Pierre, environ à quatre milles au Nord Occidental de la Ville de Rome. Storta ou la Storta est la premiére Poste qu'on trouve sur la route de Rome à Florence. [e] Ce Village est du Diocése de Porto, & on tient que ce fut dans ce lieu que JESUS-CHRIST apparut à St. Ignace & lui dit *Ego vobis Romæ propitius ero.* En 1700. le Pere Tirzo Gonzalez Espagnol fit bâtir une Chapelle au même endroit où l'on prétend que cette apparition se fit. *d Magin, Atlas Ital.* *e Corn. Dict.*

STORTHYNGA, Promontoire d'Italie, selon Lycophron cité par Ortelius [f], qui dit qu'Isacius le prend pour le Promontoire de Cryon, & entend par-là le Promontoire *Lacinium.* Il ajoute que Canterus & Scaliger rendent *Storthynga* par *Cacumen.* Voyez LACINIUM. *f Thesaur.*

STORTON, Bourg d'Ecosse [g], dans la Province de Perth, sur le Tay, un peu au-dessous de Dunkeld. Ce Bourg appartient à des Seigneurs de la Maison de Murray, en titre de Vicomté. *g Délices de la Gr. Br. p. 1291.*

STOUENSES. Voyez STOBI.

STOVINUS, Ville des Liguriens, selon Etienne le Géographe, qui remarque que le nom National est STOVINI.

1. STOURE, ou STOWER, Riviére d'Angleterre [h]. Elle sort de l'extrémité Orientale du Comté de Suffolk, où elle forme un petit Lac nommé STOURMERE, un peu au-dessous de sa source; puis passant entre cette Province & celle d'Essex, elle se partage en deux Bras, & fait une petite Isle près de Manytre, ou Maningtre, après quoi se rejoignant elle va se jetter dans l'Océan par une large Embouchure près de Harwich. Il fut résolu dans le Parlement de l'année 1706. de rendre cette Riviére navigable depuis la Ville de Manytre jusqu'à celle de Sudburg dans le Comté de Suffolk; & le 27. de Février l'Acte qu'on en avoit dressé reçut l'approbation de la Reine. *h Ibid. p. 79.*

2. STOURE, ou STORT, Riviére d'Angleterre. Elle coule au Couchant de la Province d'Essex qu'elle sépare du Comté de Hartfort, & se perd dans la Ley. On la nomme aussi la petite Stoure, pour la distinguer de celle qui fait l'Article précédent.

3. STOURE, Riviére d'Angleterre [i]. Elle sort du Comté de Wilt, où elle reçoit les eaux de six sources, & en entrant dans le Comté de Dorset elle traverse la Forêt de Gillingham, porte ses eaux à l'Occident de Shaftsbury, & coule droit au Sud jusqu'à Stourminster, où on la passe sur un Pont de pierre. En sortant de Stourminster elle tourne au Sud-Est, & va en serpentant jusqu'à Blandford, d'où continuant son cours au Sud-Est, & puis tournant à l'Est elle va laver les murailles de Winburnminster. A un mille de Winburnminster elle reçoit l'Alen, près de Cranford qu'elle baigne; après quoi elle va se perdre dans la Baye de Pool. Cette Riviére est féconde en diverses sortes de Poissons; mais on y prend sur-tout quantité de Tanches & d'Anguilles. *i Ibid. p. 757. & suiv.*

4. STOURE, Riviére d'Angleterre [k], *k Ibid. p. 383.*

en

STO. STR.   STR.

en Latin *Soarus*. Elle prend sa source dans la Province de Leycester, à quelques milles au Sud-Ouest de la Ville de Leycester. Elle se partage en deux Branches auprès de cette Ville; & ces deux Branches se rejoignant bien-tôt après, elle coule au Nord, arrosant divers petits Lieux, comme Mont-Sorell, & Barrow. Delà la Stoure, dont le nom est corrompu de Soare, mouille Loughborough, & entre ensuite dans le Comté de Nottingham, où après avoir baigné Stanford [a], elle va se perdre dans la Trent.

[a] Délices de la Gr. Br. p. 369.

STOURMINSTER. Voyez STURMINSTER.

STOW-MARKET, Ville d'Angleterre [b], dans la Province de Suffolc, avec droit de Marché. Stow-Market est une grande & belle Ville située sur l'Orwell. On y fait beaucoup d'Etoffes & elle est ornée d'une belle Eglise.

[b] Etat présent de la Gr. Br. t. I. p. 113.

STOW-MERE, Lac d'Angleterre [c], dans la Province de Leycester, près de Lichtfield. Ce Lac, ou Etang, est double. Chaque Lac peut avoir trois-cens pas de longueur; & ils sont joints l'un à l'autre par des Chaussées, avec un Canal de communication par-dessous. Celui des deux qui est au Nord s'appelle STOW-MERE, & a bien cent pas de large en quelques endroits; mais l'autre nommé DAMM-MERE n'a qu'environ cinquante pas de largeur.

[c] Délices de la Gr. Br. p. 384.

STOW-ON-THE-WOULD, Bourg d'Angleterre [d], dans Glocestershire, aux confins du Comté de Warwick, entre les Riviéres d'Evenlode & de Windrush. Ce Bourg situé sur l'ancienne Voie Romaine, tirée au pied des Montagnes, pavée de grosses pierres & connue sous le nom de *Fosseway*, est bâti sur une hauteur, & fort exposé à la fureur des Vents. De Stow-on-the-Would, la Voie Romaine avançant au Sud & au Sud-Ouest, coupe les Riviéres de Lech, de Coln, & de Chur, & arrive à Cirencester.

[d] Ibid. p. 658.

STOWER, ou STOUR, Riviére d'Angleterre [e], au Comté de Kent. Elle y prend sa source, & coulant au Nord, elle se partage en deux Bras pour entrer dans la Mer. Elle forme ainsi à son Embouchure une Isle nommée Thanet.

[e] Ibid. p. 817.

STRABANE, ou STREBANE, Bourg d'Irlande [f], au Comté de Tyrone, dans le Quartier appellé la Basse-Tyrone, sur le Derg, & vers le Confluent de cette Riviére avec la Tine. Ce n'est qu'un petit Bourg avec un Château. On trouve de grands Bois au voisinage de Strabane, dans un Canton de Pays appellé *Glankankin*.

[f] Ibid. p. 1592.

STRABERG (Le Ratra, ou Ratray), Riviére d'Ecosse [g], dans la Province de Buchan, formoit autrefois à son Embouchure une Baye appellée STRABERG. On y voyoit un très-bon Port avec une petite Ville qui portoit le nom de la Riviére. Mais l'Océan a comblé le Port par les Sables qu'il y a jetté, & la ruïne du Port a entraîné celle de la Ville.

[g] Ibid. p. 1324.

STRABONIANENSIS-FUNDUS, Campagne, ou Fonds de terre, en Afrique. C'est St. Augustin qui en parle dans sa Lettre 236e.

STRACCICAPPA, Lac d'Italie, dans l'Etat de l'Eglise, au Patrimoine de St. Pierre, entre le Lac de Bracciano & celui de Bacano, environ à deux milles de chacun de ces Lacs. C'est le *Papirius* ou *Papirianus Lacus* des Anciens.

STRADELLA, Bourg d'Italie [i], au Milanès, dans le Pavesan, sur la petite Riviére de Versa, assez près du Bord Méridional du Pô, & à trois lieues de Pavie, en tirant vers le Levant. Niger prend ce Bourg pour l'ancienne *Jelleia*.

[i] Magin, Atlas Ital.

STRADENSIS, Lieu situé aux confins de la premiére Moesie, selon la Notice des Dignités [k] de l'Empire, où on lit: *Stra-densis Classis impositæ Margo Moesiæ* I.

[k] Sect.

STRAGIONI, Bourgade de la Basse-Egypte, sur la Côte de la Mer Méditerranée, à dix-huit lieues de l'Embouchure du Nil du côté de l'Orient. Pinet le prend pour l'ancienne *Ostracine* de Ptolomée.

STRAGNA, Fleuve que Cédrène, cité par Ortelius [l], met au voisinage de la Persi-de. Ce Fleuve est nommé *Stranga* par S. Epiphane & par Curopalate.

[l] Thesaur.

STRAGONA, Ville de la Germanie, selon Ptolomée [m]. Pierre Appien veut que ce soit présentement Posnanie ou Posen, Ville de Pologne [n].

[m] Lib. 2. c. 11.
[n] Ortelii Thesaur.

STRALEK, Château de Suisse [o], au Canton de Zurich. Ce Château ne subsiste plus. On n'y voit plus maintenant qu'une Chapelle. Il étoit situé au pied de la Montagne d'Ammont, fur le côté Septentrional du Lac de Wahlesstatt.

[o] Etat & Délices de la Suisse, t. 3. p. 205.

STRALEN, Ville des Pays-Bas [p], dans le Haut Quartier de Gueldre, entre la Ville de ce nom & celle de Venloo, presque à pareille distance de ces deux Places. Cette Ville étoit autrefois fortifiée; mais les François, qui la prirent en 1672. ruïnérent tous les Ouvrages qui lui servoient de défense.

[p] Jaillot Atlas.

STRALSUND, Ville d'Allemagne, dans la Poméranie Citérieure, & dans la Seigneurie de Bard. Elle est située sur la Côte de la Mer Baltique, vis-à-vis de l'Isle de Rugen, dont la sépare le Détroit de Gette. On croit qu'elle a été ainsi appellée de sa situation sur le bord du Canal, & près de la petite Isle de Stral. Cela paroît vraisemblable; car en vieux langage Germanique les Détroits sont nommez *Sundt*. Les Danois commencérent à bâtir cette Ville l'an 1211. des ruïnes d'Arcom. Elle devint ensuite Libre & Impériale; & c'est aujourd'hui une des plus riches & des plus fortes Villes de l'Allemagne. Elle est presque isolée par la Mer & par le Lac Franken; & l'on n'y peut aborder que par une Chaussée étroite, dont la tête est défendue par un Fort. Stralsund a trois Portes, celle de Franck, celle de Knip, & celle de Tripfée. Le côté entre la Porte de Franck & celle de Knip, regarde l'Isle de Rugen: le côté entre la Porte de Franck & celle de Tripfée, regarde Gripswald; & celui qui est entre la Porte de Tripfée & celle de Knip, regarde Damgarten & le Pays de Mecklenbourg. Ces deux derniers côtez sont environnez de grands Marais. Walstein, Général de l'Armée Impériale, assiégea cette Place en 1629. & fut obligé d'en

Q

d'en lever le Siège. L'Electeur de Brandebourg la prit en 1678. à la faveur du feu que ses bombes y avoient mis. Elle se rendit par Capitulation après avoir eu la plûpart de ses Maisons brûlées, & elle fut restituée aux Suédois l'année suivante. Les Alliez du Nord ayant en 1715. soumis cette Forteresse importante, les Danois en prirent possession ; mais ils la rendirent aux Suédois par le Traité de Paix. La Ville de Stralsund jouit de divers beaux Privilèges. Ses Bourgeois sont exempts des Impôts dans la Principauté de Rugen. Elle a le droit de battre Monnoie [a], droit qui lui a été disputé par ses Ducs, & qui a donné de la jalousie à ses voisins ; mais qu'elle a conservé, malgré les uns & les autres. Son Territoire est d'une grande étendue ; aussi est-elle regardée comme la Ville la plus considérable du Cercle de la Haute-Saxe. Lorsque l'Empire est en Guerre, elle n'est tenue qu'à sa propre défense, on ne peut rien lui demander autre chose ; & si elle contribue de quelque somme, c'est librement. Elle n'est point comprise, comme les autres Villes, dans l'Etat des contributions du Duché, elle donne seulement ce qu'elle veut. Les Ducs de Poméranie ne peuvent point mettre de Garnison dans Stralsund, ni fatiguer les Habitans par des logemens de Gens de guerre. Ses Magistrats nomment le Gouverneur de l'Isle de Rugen, & sans leur consentement on ne peut en transporter le Bled, ni y brasser de la Biére, ni en vendre, ni y bâtir aucune Ville. Stralsund a le sixième rang entre les Villes Anséatiques, & le premier dans les Etats de la Poméranie.

[a] Zeiller, Descr. Pomar.

STRAMBAE, Ville de Thrace, selon Etienne le Géographe. Il dit que le nom National est *Stagirita Strambai* ; mais Saumaise veut qu'on lise *Stagiritis & Strambai*.

STRAMULIPA, ou Stramnizupa, Contrée de la Gréce [b], sous la Domination du Turc. C'est celle que les Anciens nommoient Boeotie. Elle a pour bornes au Midi le Duché d'Athènes, au Septentrion la Province d'Ianna, à l'Orient le Détroit de Negrepont, & à l'Occident la Livadie propre.

[b] Baudrand, Dict.

STRAND-FRISEN, *Frisia Septentrionalis*, ou *Frisia Cimbrica*. [c] C'étoit anciennement une grande Contrée de la Chersonnése Cimbrique. Elle est maintenant renfermée dans le Duché de Sleswic en Jutlande, & comprend les Gouvernemens d'Eyderstad, d'Husum, & une partie de ceux de Flensbourg & de Tonderen, le long de la Mer d'Allemagne.

[c] Ibid.

STRANGA. Voyez Stragna.

1. STRANGFORD, Port d'Irlande [d], dans la Province d'Ulster, au Comté de Down. Ce Port ou Havre est long de cinq à six milles, & assez sûr ; mais son entrée est traversée d'une Barre de Rochers, les uns cachez, les autres découverts, & qui sont les uns & les autres fort dangereux. Il communique au Nord-Ouest à un grand Lac, qu'on peut regarder plutôt comme un Golphe que comme un Lac. On le nomme Cone, ou Coin. Il a bien trente milles de longueur ; mais il n'en a que deux ou trois

[d] Délices d'Irlande, p. 1570.

de largeur. La Marée y entre & s'y fait sentir régulièrement d'un bout à l'autre avec beaucoup de violence, ce qui rend son eau salée. Il est parsemé d'une si grande quantité de petites Isles, qu'on les fait monter au nombre de deux cens soixante. Il est fort dangereux dans les grandes Tempêtes, parce que les Vaisseaux n'y sont nullement à couvert. La Ville de Strangford, qui est située vers le milieu de la longueur de ce Havre, est petite & peu considérable. Entre le Havre de Strangford & celui de Drondum, la terre forme une Presqu'Isle, nommée Lecale ou Lekeale. C'est là qu'est Down, ou Down-Patrick, la Capitale du Comté, située au fond du Havre de Strangford, & à la tête de l'Isthme, qui fait la Presqu'Isle.

2. STRANGFORD, Ville d'Irlande. Voyez l'Article précédent.

STRAPELLINI, Peuples d'Italie, dans la Pouille. C'est Pline [e] qui en parle. Le Pere Hardouin lit *Strabellini* pour *Strapellini*.

[e] Lib. 3. c. 11.

STRANTAVER, Ville d'Ecosse, dans la Province de Galloway, au fond du Golphe de Rian. Blaew écrit Stronrawyr, au lieu de Strantaver.

1. STRASBOURG, en Latin *Argentoratum*, & *Stratoburgium* [f], Ville de France, Capitale de l'Alsace. Son nom d'*Argentoratum* lui vient de ce qu'elle a succédé à l'ancien *Argentorate*, ou *Argentoratum*, que les Romains avoient fondé pour servir de Boulevart à leur Empire contre la Germanie ; & elle est appellée Strasbourg, parce que dans l'Itinéraire d'Antonin elle étoit le Lieu, où aboutissoient plusieurs grands chemins des Romains, ce qui fait voir qu'elle étoit une Ville considérable au commencement du V. Siècle. On ne sait ni par qui, ni en quel tems, elle a été bâtie ; car aucun Auteur, durant plus de deux cens ans après Jules César, n'en a fait aucune mention. Le premier qui en a marqué est Ptolomée, mais il étoit si mal informé de cette Ville, parce qu'elle étoit encore peu considérable, qu'il l'attribue aux Vangions, quoiqu'ils ne fussent pas voisins, & qu'elle appartînt certainement aux Tribocques. Elle étoit fort célèbre dans le IV. Siècle ; Ammien Marcellin dit qu'elle étoit connue par la défaite des Barbares, *Cladibus Barbaricis*; [l] & c'est là où Julien César vainquit les Allemands & leur Roi Chonodomar ; ce qu'Ammien Marcellin décrit amplement au XVI. Livre de son Histoire, & Julien en fait mention dans sa Lettre aux Athéniens, où il nomme cette Ville *Argentora*, & non pas *Argentorate*, en quoi il a été suivi par l'Historien Zosime au III. Livre. On voit par la Notice de l'Empire, qu'il y avoit à *Argentorate* une Manufacture de toutes sortes d'armes.

[f] Longuerue, Descr. de la France, Part. 2. p. 122.

Dans le V. Siècle les Barbares, ayant passé le Rhin, saccagèrent les Villes & le plat Pays des Gaules l'an 407., & *Argentorate* fut du nombre des Villes dont les Habitans furent enlevés & emmenés dans la Germanie ; *Nemetes* (Spire) *Argentoratui translati in Germaniam*, comme dit S. Jérôme dans sa Lettre à Ageruchie. Ces Villes, de la désolation desquelles S. Jérôme parle,

parle, furent rétablies, & *Argentorate* le fut aussi; car la Notice de l'Empire, faite sur la fin du Régne d'Honorius, & au commencement de celui de Valentinien III. non-seulement marque *Argentorate*; mais fait mention de la Manufacture de toutes sortes d'armes, qu'il y avoit dans cette Ville-là. Ainsi on ne doit attribuer la ruine entiére d'*Argentorate* qu'à Attila, qui entra dans les Gaules par l'Alsace; car Sidonius Apollinaris dans son Panégyrique à Avitus, dit que cette effroyable quantité de Barbares, qui suivoit Attila, ayant abattu des bois de la Forêt Hercinie, voisine de l'Alsace de l'autre côté du Rhin, en fit des Barques pour passer le Fleuve.

. . . . *Cecidit cito secta bipenni*
Hercinia in Lintres, & Rhenum texuit alno.

Attila repassa le Rhin par le côté d'*Argentorate*, lorsqu'il s'en retourna en Pannonie, & c'est alors que cette Ville fut entiérement détruite; en sorte qu'elle demeura déserte & sans Habitans durant plusieurs années. On veut en ce Pays-là, que le Grand Clovis ait commencé à rebâtir cette Ville, & qu'il y fit bâtir une petite Eglise: ce qui ne se prouve par aucun Auteur digne de foi; & il n'est pas sûr de se fier aux Traditions populaires. Ce qu'il y a de certain, c'est que ses fils bâtirent sur la Riviére d'Ill, près des ruines du vieil Argentorate, une nouvelle Ville sur le grand chemin, qu'on appelloit *Strata* dans la moyenne Latinité.

Ce mot étoit reçu dans l'usage commun au VI. Siècle; de sorte que Procope au commencement de son Histoire des Guerres de Perse, dit qu'un chemin pavé s'appelle en Langue Latine *Strata*: c'est de ce mot qu'est venu à l'Italien, *Strada*; le Teuton *Strate*, que les Hauts-Allemands prononcent & écrivent *Stratz*, & les vieux François *Estrées*, qui ne se dit plus, & qui est resté à quelques noms de Lieux. Les François nommérent cette Ville, Stratebourg; elle portoit ce nom, & elle étoit déja une Ville sous le Régne de Childebert, fils de Sigebert, c'est-à-dire, après l'an 575. car Grégoire de Tours dit au Chapitre XXXVI. du IX. Livre de son Histoire, que le Roi demeuroit à Stratebourg, qui étoit alors une Ville: *Infrà terminum Urbis morabatur, quam Strateburgum vocant*; & au Chapitre XIX. du X. Livre, il dit que Gilles, Evêque de Rheims, fut condamné à être exilé à la Ville, qu'on appelloit autrefois Argentorate, & pour lors Stratebourg; de sorte que ce témoignage autentique de cet Historien nous doit convaincre que Strasbourg, portoit ce nom, & étoit une Ville bâtie & fondée avant la fin du sixième Siècle.

Cependant l'Empereur Lothaire dans ses Lettres patentes, données en faveur du Monastère de St. Etienne de Strasbourg, datées de la VIII. Indiction, & de la sixième année de son Régne en France, (ce qui revient à l'an 845.) déclare qu'il a vu les Titres de la fondation de ce Monastère, faite par le Duc Adalbert, & le Privilège du Roi Childeric, fils de Clovis II. selon lesquels Adalbert avoit fondé ce Monastère sur un fond qui lui appartenoit, & étoit de son Héritage parmi les ruines de l'ancienne Argentorate: *inter ruinas veteris Argentorati*, à cause que le Lieu étoit fort propre pour un Monastère; parce qu'il étoit dans un Lieu solitaire, c'est-à-dire, où il n'y avoit point d'Habitans, & sur la Riviére de Brusch: *Pro opportunitate solitudinis, & juxta fluentis Brusci Fluvii*. De sorte que l'ancien Argentorate détruit & désert, dont le fond appartenoit en propre au Duc Adalbert, étoit différent de la Ville de Strasbourg, qui dans le Siècle précédent étoit déja une Ville où avoit demeuré Childebert, Roi d'Austrasie.

L'Empereur Lothaire marque dans sa Patente, qu'il l'a donnée dans son Palais Royal, (car il y en avoit un en ce Lieu-là depuis long-tems.) Outre Childebert mort sur la fin du sixième Siècle, il y a eu plusieurs Rois d'Austrasie, qui ont demeuré quelquefois à Strasbourg, jusqu'au Roi Zuentibold, fils de l'Empereur Arnoul.

La Ville étoit donc fort distinguée entre celles du Rhin. Elle étoit aussi fort fidèle à ses Rois; car Herman, qui étoit Duc ou Gouverneur Général d'Allemagne, c'est-à-dire, de Souabe & d'Alsace, ayant pris les armes contre l'Empereur St. Henri, ceux de Strasbourg osérent lui résister. Le Duc Herman assiégea la Ville, qui n'ayant pas été secourue, fut prise & pillée l'an 1003. comme nous l'apprenons de la Chronique de Hermanus Contractus, & de celle de Hepidamnus, Moine de St. Gall. Les Lieux Saints ne furent pas épargnés, & l'Eglise Cathédrale fut détruite dans cette Guerre civile, comme nous l'apprenons de l'Evêque Wernher, qui entreprit de la rebâtir, ainsi qu'il l'assure dans ses Lettres datées de l'an 1005., où il marque qu'on lui avoit donné l'administration de l'Abbaye de St. Etienne, pour pouvoir en tirer ce qui seroit nécessaire à cette entreprise: *Quatenus de facultatibus illius repararem Episcopalem Sedem, quæ cum Ædificiis & Officinis claustralibus destructa fuit*. Il dit que cette ruine étoit arrivée par la dissention de certains Princes, qui s'étoient opposés à l'Election du Roi, c'est-à-dire, de St. Henri. *Per dissentionem quorundam Principum, electioni præfati Regis repugnantium*.

Wernher ajoute, qu'il avoit lu dans les Lettres du Duc Adalbert, dans le Privilège du Roi Childeric, que le Duc avoit donné au Monastère de St. Etienne tout ce qui étoit enfermé dans l'enclos des vieilles Murailles de l'ancien Argentorate, qui appartenoit en propre au Duc, & étoit ainsi distingué de Strasbourg, qui étoit une Ville Royale, où il y avoit un Palais, dans lequel les Rois ont demeuré.

Dans la suite la Ville de Strasbourg s'étant fort accrue, & l'enceinte de ses Murailles ayant été augmentée à plusieurs fois, il n'est plus resté de vestiges des ruines de l'ancienne Argentorate. L'Ill. traverse à présent la Ville de Strasbourg, & se jette à une lieue au-dessous, dans le Rhin, près la Bourgade de Lavantznau, quoique la Ville ne soit qu'à un bon quart de lieue du Rhin.

Le nom de la Riviére d'Ill ne se trouve marqué dans aucun des Auteurs qui ont écrit sous les Empereurs Romains; car dans la Carte de Peutinger c'est une Ville & non pas une Riviére, qui est marquée sous le nom de *Hellelus*, entre *Argentovaria*, & Argentorate, & qui est la même dont le nom est écrit *Helcebus* dans la Géographie de Ptolomée, & *Helvetus* dans l'Itinéraire. La situation de *Hellelus* convient avec celle d'un Lieu aujourd'hui nommé *Ell*, près de Sceleſtat, & qui, selon l'opinion de Cluver, a donné son nom à la Riviére qui y passe.

Nous avons vu que Strasbourg, nommé Argentorate du nom de l'ancienne Ville, (corrompu dans les bas Siécles en *Argentina*) étoit une Ville Royale. Elle se soumit avec peine à Othon *le Grand*; car elle avoit tenu avec son Evêque Ruthard le parti du Duc Giselbert, opposé à celui des Empereurs. Elle fut depuis fort fidéle aux Successeurs d'Othon; car les Ducs d'Allemagne n'en étoient pas Souverains, quoiqu'ils commandassent dans la Province, & encore que les Evêques y eussent de l'autorité avec un fort grand crédit durant longtems, ils n'en étoient pas Seigneurs Temporels, ou Maîtres absolus. L'Empereur Lothaire *le Saxon* ayant été couronné à Liége par le Pape Innocent II. l'an 1131. prit cette Ville sous sa protection plus particuliérement que les autres Villes Impériales, ce qui fut confirmé l'an 1629. par une Patente de Ferdinand II.

Maximilien I. lui donna le droit de battre Monnoie d'or avec l'Image de la Vierge & cette Inscription: *Urbem, Virgo, tuam serva*: O Vierge, conserve ta Ville, qu'on changea en ces mots: *Urbem, Christe, tuam serva*; Christ, conserve ta Ville, quand les Habitans eurent quitté la Religion Catholique Romaine. L'Empereur Sigismond lui donna le droit de tenir une Foire franche à la St. Jean, par ses Lettres datées de l'an 1414. & 1436.

[a] *Piganiol, Descr. de la France, t. 7. p. 450.*

La Ville de Strasbourg [a] a un Pont sur le Rhin qui est divisé en plusieurs Bras par des Iſles. Ce Pont est d'une grandeur extraordinaire, & a bien un quart de lieue. Il est de bois & régne sur plusieurs des Isles du Rhin, dans quelques-unes desquelles on avoit construit de petits Forts, qui en conséquence de l'Article sixiéme du Traité de Paix conclu à Bade le 7. de Septembre 1714. ont été entiérement rasés.

[b] *Longuerue, ibid.*

[b] Wenceslas, Roi des Romains, donna la propriété de ce Pont à la Communauté; & afin qu'il fût mieux entretenu l'Empereur Maximilien II. accorda à la Ville de Strasbourg un Tribut sur tous ceux qui passeroient sur ce Pont à pied, à cheval, ou en Chariot; & ce droit fut augmenté par Rudolphe II. fils de Maximilien, & son Successeur.

Autrefois le Gouvernement étoit entre les mains des Nobles; mais les Roturiers ont pris le dessus depuis long-tems, & dès l'an 1332. les Citoyens furent distribués en 38. Corps de Métiers, qui dans la suite ont été réduits à vingt.

Le Collége des Magistrats est divisé en trois; celui des Treize a l'administration de la Justice. Par les Priviléges Impériaux, on ne pouvoit appeller de leur Jugement dans les causes civiles, à moins qu'il ne s'agit d'une somme de douze cens écus d'or pour le Capital, & en ce cas on pouvoit appeller, ou à la Chambre Impériale, ou au Conseil Aulique. Par la Capitulation Royale de 1681. le Tribunal de Strasbourg juge jusqu'à mille Livres en principal, & audessus on peut appeller au Conseil Royal d'Alsace; mais quand il ne s'agit que de deux mille Livres en principal, l'appel ne suspend pas l'exécution du Jugement en premiére instance.

Le Tribunal des Quinze connoît des Droits & Libertés de la Ville, des Hôpitaux, de la Police, & des Finances.

Le Tribunal des Vingt-un a le Gouvernement ordinaire; au-dessus d'eux est le Grand Sénat, composé de trente personnes, dix Nobles, & vingt Roturiers. Les Nobles sont aussi Membres des trois Ordres du Collége, mais les Roturiers sont toujours les plus forts.

Le feu Roi Louis XIV a maintenu ce Collége, & les trois Ordres, savoir des Treize, des Quinze, & des Vingt-un; & pour la conservation des Droits Royaux & du Bien public, il a établi un Préteur Royal, qui est le premier Magistrat, mais qui ne doit point porter de préjudice à ceux de la Ville, lesquels on change tous les ans, & qui sont élus suivant les Statuts & Priviléges de la Ville; car par le IV. Article de la Capitulation, le Collége, les Tribus des Citoyens, & les Maîtrises, ont été laissés en l'état où ils se trouvoient l'an 1681. aussibien que la Jurisdiction civile & criminelle; & par le VII. Article on a laissé aux mêmes Citoyens de Strasbourg la libre jouissance du Pont du Rhin, de toutes les Villes, & de tous les Bourgs & Villages, qui appartiennent à la Ville, & qui sont divisés en cinq Bailliages ou Seigneuries, Barr, Wasselheim, Herrenstein, Marlenheim & Alkirih, ou Illkirch.

Par le VI. Article le Roi déclare les Citoyens exempts de tous Tributs & de toutes Contributions, & a laissé tous les Impôts tant ordinaires qu'extraordinaires à la Ville pour sa conservation, ce qui est conforme aux Priviléges donnés par les Empereurs à cette Ville, qui ne leur payoit aucun Tribut, & n'étoit pas même obligée de leur rendre hommage, quoiqu'elle fût Membre de leur Empire.

L'Université qui a été conservée à la Ville par la Capitulation Royale a obtenu ses premiers Priviléges l'an 1566. de l'Empereur Maximilien II. Ils ont été augmentés par l'Empereur Ferdinand II. l'an 1621. qui leur donna le pouvoir de créer des Docteurs & des Licentiés en toutes les Sciences. Elle est composée des quatre Facultés, & régie par des Professeurs Luthériens, qui prennent les titres de Prévôt, Doyen & Chanoines de St. Thomas, parce que les revenus de cette Collégiale ont été unis à leur Université; ils conférent les degrés aux Catholiques comme aux autres, à l'exception des degrés de Théologie. Les Jésuites ont à Strasbourg un beau Collége,

dans

dans lequel il y a trente-deux Bourses pour des Ecoliers de Philosophie & de Théologie, dont il faut que vingt-quatre soient originaires de la Province. Ce Collége jouït de trente-six mille Livres de rente, y compris les revenus des Abbayes de Seltz & de Walbourg.

Strasbourg est un Gouvernement de Place du Gouvernement Militaire d'Alsace, avec Etat-Major. Le Roi a dans la Ville une Garnison, dont les Soldats sont logés dans les Cazernes bâties aux frais des Habitans. Le feu Roi Louis XIV. a fait bâtir une Citadelle entre la Ville & le Rhin, & les Ouvrages extérieurs s'étendent jusqu'au Pont, où il y a du côté d'Alsace un Pont-levis, qu'on léve la nuit, comme les Impériaux en ont un de l'autre côté à Kehl en Ortnau; ainsi le Pont, qui appartient toujours à la Communauté de Strasbourg, est commun comme le Rhin entre les Impériaux & les François; quant aux Isles, on n'y peut faire aucun Fort, & en exécution des Traités de Ryswick & de Bade on a démoli ceux qu'on y avoit faits.

Quant à la Ville, son enceinte aggrandie en plusieurs fois a été mise l'an 1374. dans l'état où elle est à présent, à la reserve des Fortifications modernes, qui ont été faites dans le dix-septième Siècle, & qui sont très-belles avec de larges & profonds Fossés.

Ces Fortifications [a] consistent en une enceinte fort irrégulière de figure presque triangulaire. On la distingue en deux différentes parties, l'Ancienne & la Nouvelle. L'Ancienne a été réparée par le Maréchal de Vauban, & la Nouvelle a été construite selon la manière de ce grand homme. La vieille enceinte, comme aussi une partie de la nouvelle, sont entourées d'une Fausse-braye, qui est une seconde enceinte au rez-de-chaussée. Pour entrer dans un plus grand détail parcourons tous les Fronts de cette Place. Le Front qui est à l'Occident, est bâti sur le rideau de la grande Plaine, & a de bons Bastions, revêtus de gazon, depuis le rez-de-chaussée de la Fausse-braye qui est au pied, laquelle est revêtue de maçonnerie avec un très-bon Fossé aussi revêtu. Outre cela ce Front est défendu par des Demi-lunes & Contregardes de maçonnerie toutes supérieures au terrein de la Campagne, par un bon Chemin couvert, & par de bons glacis soumis au feu des pièces, qui font derrière. Le Front du Midi, outre sa Fortification, qui est de la même qualité que celle du Front précédent, doit être regardé comme ne pouvant être insulté, parce qu'en cas d'attaque on peut inonder tout le Pays entre le Rhin, la Rivière d'Ill, & la Place, à plus de quinze ou seize cens Toises de distance, de manière que personne n'y puisse passer. Cette inondation se peut faire seulement par le moyen d'une grande Ecluse, qui est dans la Ville à l'entrée de la Rivière d'Ill, & celle de la Brusch. Cette Ecluse est un Ouvrage qu'on ne peut assez estimer, & par le moyen duquel on peut faire faire aux eaux des mouvemens surprenans. Le front du Nord est fortifié de la même manière que le reste de la Place, ayant même revêtement & même construc-

[a] *Piganiol*, Descr. de la France, t. 7. p. 448.

tion. Il a outre cela un grand ouvrage à Corne, qui est entièrement revêtu de maçonnerie. Le terrein est d'ailleurs fort soumis à la fortification, & par le mouvement des eaux dont je viens de parler, on pourra rendre l'attaque de ce côté-ci très-difficile pour ne pas dire impossible. Le Front du côté du Levant est defendu par la Citadelle, qui est un Pentagone régulier construit à la manière du Maréchal de Vauban. Elle est composée de cinq Bastions, comme je viens de dire, & d'autant de demi-lunes. Le Bastion du côté du Rhin est couvert par un grand ouvrage à Corne, à la tête duquel est une demi-lune, le tout bien revêtu & entouré d'un Fossé plein d'eau, dans lequel on peut jetter toute la Rivière d'Ill par le moyen de l'Ecluse dont j'ai parlé & d'un Chemin-couvert, qui communiquent l'un & l'autre à ceux de la Place. Dans l'Avant-fossé au delà du Glacis à la tête de l'Ouvrage à corne sont placées trois Redoutes, qui forment une espèce d'ouvrage à Couronne, le tout enveloppé d'un Fossé, & d'un Chemin-couvert.

Quant à l'Eglise ou à l'Evêché de Strasbourg [b], l'origine en est aussi obscure que celle de la Ville. St. Irenée qui a écrit vers la fin du deuxième Siècle loue la Foi Orthodoxe des Eglises, qui étoient fondées dans la Germanie; ce que nous devons entendre de la Germanie Romaine, dont Argentorate étoit une Ville des plus considérables. Néanmoins comme cette Eglise fut anéantie avec la Ville dans le cinquième Siècle, il n'y eut plus d'Evêques durant deux cens ans. On ne sait le nom d'aucun des Pasteurs des Chrétiens de ce Pays-là sous les Empereurs Romains, & il n'est pas vraisemblable que ces Chrétiens n'ayent eu aucun Evêque; mais leurs noms ont été ensevelis dans l'oubli, ce qui est arrivé à plusieurs autres Eglises.

Les Peuples payens, qui ayant passé le Rhin, avoient occupé les bords de ce Fleuve, de la Basse-Meuse & de l'Escaut, ne se convertirent que avec Clovis, & ils doivent leur conversion à St. Amand & à St. Eloy.

On tient à Strasbourg que St. Amand, Evêque de Tongres, a été leur premier Evêque; ce qui n'est pas certain; car quoiqu'il ait prêché la Foi en ce Païs, il ne s'ensuit pas qu'il en ait été Evêque.

Le premier qu'on voit avoir été certainement Evêque de Strasbourg a été St. Arbogaste, qui fut fait Evêque sous Dagobert, c'est-à-dire, avant l'an 638. Il gouverna long-tems cette Eglise sous le Règne de Sigebert fils de Dagobert, & de Childeric neveu de Sigebert. Il mourut sous Childeric, & eut pour Successeur St. Florent; du tems duquel Dagobert *le Jeune* étant revenu de la Grande-Bretagne, fut reconnu Roi par les Austrasiens sur la fin de l'an 974. St. Florent mourut sous le Règne de Dagobert, qu'il avoit assisté pour retourner en son Pays natal, & recouvrer le Royaume de son pere Sigebert.

Ce Roi par reconnoissance voyant que les Anglois avoient chassé & dépouillé de l'Evêché d'Iorck, St. Wilfrid, lui voulut donner l'Evêché de Strasbourg au com-

[b] *Longuerue*, Ibid.

mencement du Printems de l'an 678. ainsi qu'on le voit par la Chronique de Bede. Eddius Stephanus Disciple de St. Wilfrid, qui a écrit sa Vie, appelle au Chap. XXVIII. cet Evêché un très-grand Evêché: *Episcopatum maximum ad Civitatem Streitburg pertinentem*. Ce que Wilfrid refusa ne voulant renoncer ni à son Pays, ni à son Eglise d'Iorck.

On voit combien cette Eglise étoit alors illustre. Elle avoit été sous l'Empire Romain dans la première Germanie; mais les Evêques de Mayence & de Cologne, Capitales des deux Germanies, n'ont été Métropolitains que sous le Régne de Pepin & de Charlemagne. Ce fut sous cet Empereur que Strasbourg fut soumise à la Métropole de Mayence, comme elle a toujours été depuis.

Les Rois Mérovingiens & Carlovingiens ont beaucoup enrichi cette Eglise, comme ont fait les Othons, S. Henri, & Lothaire *le Saxon*; ce qui fit rechercher cet Evêché par les Princes qui le briguérent & même les places du Chapitre, dont ils exclurent les Roturiers long-tems avant le commencement du treizième Siécle, puisque le Cardinal Conrad, Evêque de Port, ayant en cette qualité, donné une Prébende de l'Eglise de Strasbourg à un Roturier, le Chapitre ne le voulut pas recevoir & représenta au Pape Grégoire IX. que par une coutume observée de tems immémorial, on ne recevoit personne dans ce Chapitre, qui ne fût noble de pere & de mere: *Nisi nobilem ab utroque parente illustrem*. Le Pape n'eut aucun égard à cela, disant que c'étoit un abus, parce que Dieu n'avoit point d'égard à la Noblesse, & que la seule vertu avec les autres talens nécessaires lui étoient agréables. Ainsi il détermina que le défaut de Noblesse n'empêcheroit pas celui qui étoit pourvu de jouir de cette Prébende. Ce Decret de Grégoire fut inféré au troisième Livre des Décrétales, & au cinquième Titre, où il est traité des Prébendes, & des Dignités. Le Chapitre commence par ce mot *Venerabilis*. Le Chapitre demeura ferme à maintenir son ancienne coutume. Depuis ce tems-là ils ont été plus exacts, & les Papes Successeurs de Grégoire n'y ont pas trouvé à redire.

Les Evêques qui étoient de Grands Princes, étoient fort suspects au Peuple de Strasbourg très-jaloux de sa liberté, dont il craignoit que ces Prélats ne le privassent, & les Evêques s'étoient obligés de demeurer ordinairement dans leur Ville de Saverne.

Les choses étoient en cet état lorsque Martin Luther commença à prêcher contre le Pape & les Evêques qui lui étoient attachés. Dans le même tems Zuingle prêchoit en Suisse, & Capiton avec Bucer à Strasbourg. Guillaume de Hohnstein, Comte de l'Empire en Thuringe, qui étoit Evêque de Strasbourg, s'étoit rendu odieux au Bas Clergé, qu'il avoit voulu réformer, & obliger à vivre chastement.

Le peuple qui penchoit du côté de ses nouveaux Prédicateurs, prit leur parti, & les choses en vinrent au point que le Peuple par une Délibération générale abolit la Messe, avec tous les Cultes de la Religion Catholique Romaine l'an 1529. & en même tems on chassa les Religieuses & les Ecclésiastiques qui y étoient attachés.

Le Sénat établit une Académie des Sciences à laquelle on attribua les biens du Chapitre de l'Eglise Collégiale de St. Thomas, & ils disposérent des autres biens d'Eglise dans leur Ville & leur Territoire.

L'Evêque Guillaume ne rentra plus à Strasbourg & demeura toujours à Saverne où il mourut l'an 1542. Les Chanoines assemblés dans cette Ville, élurent Evêque Erasme de Limbourg qui poursuivit si vivement les Habitans de Strasbourg pour la restitution de l'Eglise Cathédrale, & des autres dont ils s'étoient emparés, qu'ils furent obligés de transiger avec lui l'an 1550. sur leurs différends. Ils lui restituérent l'Eglise Cathédrale de Notre-Dame, & les deux Collégiales de St. Pierre le Vieux & de St. Pierre le Jeune. Mais l'Evêque consentit que l'Eglise de St. Thomas, fût unie avec tous ses revenus à l'Ecôle, ou Académie, que le Sénat de Strasbourg avoit fondée; ainsi ce Prélat retourna à Strasbourg, & il s'y retira l'an 1552. à l'approche de l'Armée de Henri II. Roi de France; ce fut lui qui empêcha les Habitans d'ouvrir leurs Portes aux François.

Après cela il reçut dans la même Ville avec les Magistrats l'Empereur Charles-Quint, lorsqu'il marchoit pour assiéger Metz, & il l'assista de vivres, car il étoit zélé pour le service de son Empereur.

Après l'abdication de Charles-Quint, quoique les Chapitres Catholiques parussent être en sûreté, tant par la Transaction que l'Evêque Erasme avoit faite avec le Sénat & le Peuple de Strasbourg, que par la Transaction générale de Passau, & par la Paix Religieuse, ils furent si effrayés de se voir au milieu d'un grand Peuple, qui leur étoit opposé, qu'ils quittérent la Ville & se retirérent, à Molsheim petite Ville de la Basse-Alsace. L'Evêque Erasme mourut l'an 1568. & on élut à sa place Jean Comte de Manderscheit, qui ne fit plus d'effort pour recouvrer sa Cathédrale & les autres Eglises, dont les Luthériens se saisirent après la désertion des Catholiques.

Plusieurs Chanoines avoient embrassé la Confession d'Augsbourg, de sorte que l'Evêque Jean étant mort l'an 1592. les Luthériens s'assemblérent dans la Maison Capitulaire de Notre-Dame de Strasbourg qu'on nomme le Brouderhoff, ou la Maison des Freres, & ils postulérent Administrateur Jean George Prince de Brandebourg.

Les Catholiques s'assemblérent à Saverne, & élurent ou postulérent le Cardinal Charles de Lorraine, fils du Duc Charles II. ce qui excita une Guerre entre les deux Elus. L'Empereur Rodolphe II. l'appaisa en divisant entre eux-deux les revenus l'an 1593. mais dix ans après elle recommença, & elle fut enfin terminée; parce que le Cardinal Evêque & le Chapitre donnérent une grande somme d'argent au Prince de Brandebourg, & que le Sénat de Strasbourg abandonnant son parti, reconnut que l'Evêché appartenoit

au

au Cardinal, & le droit d'élire aux Chanoines de son parti.

Aussi après sa mort arrivée en 1607. l'Archiduc Léopold d'Autriche fut élu Evêque de Strasbourg, auquel succéda Léopold fils de l'Empereur Ferdinand II. Léopold étant mort l'an 1662. François Egon de Furstemberg fut élu; enfin le 19. 8bre. de l'an 1681. il reprit possession de son Eglise Cathédrale en personne, & le Chapitre y retourna. Toutes les autres Eglises tant Séculiéres que Réguliéres sont démeurées à ceux de la Confession d'Augsbourg par la Capitulation.

a Pigniol, Ibid. p. 442. Strasbourg [a] est à présent une des plus considérables du Royaume tant par sa situation & son étendue, que par l'importance des Fortifications que Louis *le Grand* y fit faire dès qu'elle fut sous son obéïssance. La Riviére d'Ill la traverse & y forme plusieurs Canaux. On entre dans la Ville par six différentes Portes, sur deux desquelles sont les Armes de France & divers ornemens. En général les Rues de cette Ville sont étroites; mais la grand' Rue, celle du Marché, & celle de la petite Boucherie sont très-belles, grandes, droites, & bien percées. La Ville est très-peuplée, & la plûpart des Maisons enferment, trois ou quatre Familles chacune, quelques-unes même ont jusqu'à quatre ou cinq étages. Les Bourgeois sont plus curieux de la solidité des Edifices, que des Meubles & de l'ajustement des dedans, où l'on ne remarque guére que de la Boiserie & de la Menuiserie assez belles. Comme la Riviére d'Ill passe au travers de Strasbourg avant que de s'aller jetter dans le Rhin, il y a six Ponts pour la Communication des différens Quartiers de la Ville. Deux de ces Ponts sont de pierres, assez bien construits; mais les autres ne sont que de bois. On ne boit à Strasbourg que de l'eau de Puits, elle vient du Rhin par des sources souterraines & abondantes. On vante sa légereté & sa bonté, qui sont telles qu'elle ne fait jamais de mal, pas même aux Etrangers. Tous les Puits sont publics & entretenus aux dépens de la Ville.

Les principaux Edifices de Strasbourg sont bâtis de pierre de taille rouge qu'on tire principalement des abondantes Carriéres, qui sont du côté de Saverne, ou de celles qui sont le long du Rhin. Ces Carriéres fournissent des Pierres dures & solides d'une grandeur surprenante. On en tire qui ont jusqu'à quatre Toises de longueur sur une de large.

Les Edifices Publics sont le Gouvernement, l'Evêché, l'Intendance, la Comédie, & l'Arsenal.

L'Hôtel de Ville est un grand Bâtiment quarré terminé par des Pavillons avancés, qui donnent à cette Maison un air de grandeur. La Façade est décorée de Dorures & de Peintures anciennes avec quelques Inscriptions en Langue Allemande. La Cour est très-petite, & les Bâtimens, qui la forment, sont ornés de Peintures & de Dorures, & chargés d'Inscriptions comme la Façade de la Maison. Les Escaliers sont grands & beaux, & les Sales servent aux assemblées & séances du Magistrat. Elles sont grandes, & tout autour regne un Banc garni de Coussins verds, qui servent de siéges aux Conseillers. Ces Sales sont ornées de quelques Tableaux, parmi lesquels on remarque celui du Roi: au-dessous sont ceux du Préteur Royal, & de l'Ammestre Régent.

L'Evêché fait face à une des Portes de la Cathédrale, & en est séparé par une petite Place. La Maison est assez commode & logeable. L'Hôtel de l'Intendant est un vieux Bâtiment, qui n'a rien de fort remarquable, & dans lequel on a pratiqué depuis peu des appartemens à la Françoise.

La Comédie est un Bâtiment tout neuf qui servoit auparavant de Magazin des Vivres. Le Théatre est un des plus beaux de l'Europe. La Troupe, qui y représente tous les jours des Piéces Françoises, fournit ordinairement des Sujets aux Comédiens de Paris pour remplacer ceux qui leur manquent.

L'Arsenal est un grand & vieux Bâtiment, où l'on voit beaucoup d'armes & l'habillement du Grand Gustave Adolphe Roi de Suéde. Le Jardin est assez agréable & bien entretenu. Les Magazins de la Ville sont pour le Bois, le Bled, & le Vin.

L'Hôpital des Bourgeois est une très-belle Maison, où l'on admire un amas fort singulier de Vin, & de Grains, conservé avec bien du soin. On y goûte du Vin gardé & enregistré même sur les Registres de la Ville depuis plus d'un Siécle. On y conserve aussi des Grains depuis plus de cent-trente ans, & dont on fait quelquefois du Pain pour en faire goûter par curiosité à des personnes de distinction.

L'Hôpital François est pour les Soldats, & ce Bâtiment est digne de la piété & de la magnificence de Louis *le Grand*. C'est un des plus beaux Hôpitaux du Royaume. Les Boucheries de la Ville sont belles, la grande est une espéce de Halle couverte. La petite forme le long du Canal un rang de Bâtimens, qui sont d'une même symmétrie, & qui font un assez bel effet. Les Eglises ne sont pas en grand nombre à Strasbourg, où l'on ne compte que six Paroisses & six Couvents, trois pour des Hommes & trois pour des Filles. Les Paroisses sont St. Laurent, ou la Cathédrale, St. Pierre *le Jeune*, St. Pierre *le Vieil*, St. Etienne, St. Louis, & St. Marc.

L'Eglise Cathédrale est une des plus belles de l'Europe [q]. Elle est dédiée à N. D. *b Pigniol, Ibid. p. 445.* on a employé plus d'un Siécle à la bâtir, car cette Eglise qu'on appelloit *Monasterium* parce que ses Clercs vivoient en Communauté fut détruite par les Payens. On tient que Clovis la fit rebâtir. En 769. Pepin commença à bâtir le Chœur, qui ne fut achevé que par son fils Charlemagne. Cette Eglise après avoir essuyé différens accidens, fut enfin brûlée par Ermand II. Duc de Suabe en 1003. Ce Duc s'étant soulevé contre l'Empereur Henri II. prit d'assaut la Ville de Strasbourg; mais il trouva tant de résistance en ceux qui s'étoient retranchés dans l'Eglise, qu'il ne put s'en rendre maître, qu'en y faisant mettre le feu, qui consuma cet Edifice à la reserve du Chœur qui subsiste encore aujourd'hui. Wernherus Evêque de cette Ville entreprit de rétablir son Egli-

Eglise, en fit jetter les fondemens en 1015. & employa à ce somptueux Edifice les quatorze dernières années de sa vie. Ses Successeurs continuérent cet Ouvrage, mais contens d'avoir mis la Nef dans sa perfection ils différerent de construire la Tour jusqu'en 1229. & ce surprenant Ouvrage ne fut même achevé qu'en 1449. C'est la plus haute Pyramide de l'Europe, car elle a cinq cens soixante & quatorze pieds de haut & on y monte par un Escalier qui a 635. degrés.

a Longuerue, Ibid. Longuerue ne s'accorde pas avec Pigagniol *a* sur les Epoques du commencement & de la perfection de ces Edifices. Car le premier dit que l'Eglise fut détruite en 1140. & le second qu'on commença à la rebâtir en 1005. après avoir été brûlée en 1003. le premier dit que l'Eglise fut achevée en 1275. que la Tour fut commencée en 1377. & finie l'an 1444. & le second qu'après avoir mis la Nef dans sa perfection, on différa de construire la Tour jusqu'en 1229. & qu'elle fut achevée en 1449. La Communauté de Strasbourg jouït des grands biens de la Fabrique, aussi est-elle tenuë des réparations de l'Eglise & de la Tour, & de l'entretien des Cloches.

b Pigagniol, Ibid. d. 446. L'Horloge *b*, qui est dans cette Eglise passe pour un Chef-d'œuvre d'Astronomie & de Méchanique. On dit à Strasbourg que celle de St. Jean de Lyon est la plus belle de France, mais que la leur n'a pas sa pareille au Monde pour la variété & la curiosité de ses mouvemens, dont la plûpart se sont détraqués, ou arrêtés; de sorte qu'il n'y a aujourd'hui que la moindre partie qui agisse. Cette Machine peut être distinguée en trois parties. Celle qui sert de base aux deux autres est composée de trois Tableaux, dont les deux qui sont aux extrémités sont quarrés. Celui qui est au milieu est rond, & à trois Cercles l'un dans l'autre, deux mobiles & un fixe. Le premier de ces Cercles a dix pieds de Diamètre, dans son entiere largeur, se meut de la droite à la gauche une fois l'année, & en marque les mois & les jours: Le second est dans celui-là & a 9. pieds de Diamètre: il se meut de la droite à la gauche aussi en un an, marquant les jours de Vigiles & de Fêtes, ce qu'il a du faire pendant un Siècle, mais il est présentement arrêté. Le troisième est au milieu de ces deux-là, ce n'est que pour l'ornement, représentant l'Allemagne & la Ville de Strasbourg. C'est pourquoi il est fixe. Au bas du Tableau est un Pélican, qui porte un Globe sur ses aîles, & sur le Globe sont le Soleil & la Lune, qui font le tour du Zodiaque en vingt-quatre-heures. Les deux Tableaux quarrés qui sont aux côtés de celui-ci, ont servi à marquer les Eclipses du Soleil & de la Lune, mais ils ne vont plus. Au second ordre, ou étage, est un grand Tableau au milieu duquel est un Astrolabe, qui marque le cours du Ciel; les quatre Saisons sont peintes à l'entour. Il y a aussi un Cadran, qui marque les heures & les minutes, & au-dessous les sept jours de la semaine figurés par les sept Planetes, qui passent en Chariot. On y voit encore un visage de Lune, qui fait paroître ses Phases, & qui en marque l'âge. Le troisième ordre, où la partie supérieure de cette Horloge est remarquable par le jeu des Figures pour l'exécution de la Sonnerie. Les quatre âges de l'Homme représentés par des Figures qui leur conviennent, passent & sonnent les quarts d'heures sur de petites Cloches. Ensuite la Mort vient chassée par un Christ ressuscité, qui lui permet néanmoins de sonner l'heure, afin qu'on se souvienne de la nécessité de mourir. Au côté droit de cette Horloge est une Arche, qui sert à enfermer les poids, &c. & cette Arche est terminée au sommet par un Coq de métal, qui allonge le coû, bat de l'aîle, & chante avant que l'heure sonne. Vers le bas on voit dans un Cadre le portrait du fameux Nicolas Copernic, qui, selon Thomas Corneille, est l'Auteur de cette Horloge, qui fut achevée en 1573. Mais comment Copernic peut-il être l'Auteur de ce bel Ouvrage, puisque ce Philosophe étoit mort dès l'an 1543.? Aussi ne trouve-t-on cette particularité que dans le Dictionnaire Géographique de Corneille. Au reste on compte dans Strasbourg environ trois mille deux cens Maisons, quatre mille trois cens Familles, & vingt-huit mille Habitans.

Les dehors de la Ville sont fort agréables & embellis par un grand nombre de Maisons de Campagne, où l'on trouve de belles promenades. Celle qu'on appelle l'Arbre-verd est singuliére, en ce qu'on peut placer au-dessus de cet Arbre plus de vingt Tables à quatre couverts chacune. Plus de cent personnes peuvent y être commodément, & y danser même en rond à la maniére du Pays.

L'Evêché de Strasbourg *c* ne vaut à présent que deux cens cinquante mille Livres ou environ. La Guerre entre Jean George Marquis de Brandebourg & le Cardinal de Lorraine en a beaucoup diminué les revenus; car par un Traité conclu à Haguenau on convint que cet Evêché demeureroit au Cardinal de Lorraine moyennant une somme considérable qu'il promit payer; mais n'ayant pas été en état de remplir cette condition, il fut obligé d'aliéner à la Ville de Strasbourg le Bailliage de Marlheim, & beaucoup de droits qui appartenoient à l'Evêché. Il ne laisse pas d'être encore considérable par deux Bailliages qui en dépendent, & qui sont au-delà du Rhin. L'Evêque en jouit avec la même Supériorité Territoriale qu'ont les Princes d'Allemagne les plus puissans dans leurs Etats, sous la Souveraineté de l'Empire, dont ils sont les Membres. Quand ce Siége Episcopal devient vacant, ce sont les douze Chanoines Capitulaires, qui élisent leur Evêque. *c Pigagniol, Ibid. p. 396.*

Le Chapitre de la Cathédrale de Strasbourg est un des plus nobles qu'il y ait dans l'Eglise. Pour y être reçu il faut faire preuve de huit Quartiers de Haute Noblesse du côté paternel, & d'autant du côté maternel. Les mots de Haute Noblesse excluent les simples Gentilshommes, & exigent une extraction de Princes ou de Comtes de l'Empire pour les Allemans, & de Princes, Ducs & Pairs, ou de Maréchaux de France, pour les François. Ce Chapitre est composé de douze Chanoines Capitulaires, &
de

de douze Chanoines Domiciliers. Les Capitulaires sont ceux qui ont entrée & voix déliberative au Chapitre : le revenu de leurs Canonicats est année commune d'environ six mille Livres. Les Domiciliers n'entrent point au Chapitre, mais ils parviennent par ancienneté aux places de Capitulaires, à mesure qu'elles deviennent vacantes. On leur accorde le quart du revenu des Canonicats, mais les uns & les autres sont obligés de résider trois mois dans les Terres de l'Evêché, & d'assister soixante fois à l'Eglise, sans quoi ils ne jouïroient pas des revenus de leurs Canonicats. Les Capitulaires ne peuvent être admis qu'après avoir pris le Soudiaconat. Il n'y a aucune différence entre l'habit de Chœur des Capitulaires, & celui des Domiciliers. Ils portent les uns & les autres sous le surplis une Soutane de velours rouge, doublée d'hermines & enrichie de boutoniéres d'or. Cinq des Chanoines Capitulaires sont pourvus chacun d'une des Dignités du Chapitre. La première est la Dignité de Grand Prevôt. C'est le Pape, qui y nomme suivant le Concordat Germanique passé entre le Pape Nicolas V. & l'Empereur Frideric III. l'an 1447. Elle vaut trois ou quatre mille Livres de rente à celui qui en est pourvu, & a à sa disposition huit ou dix Cures, dont celle de Scheleftat est la plus considérable, sept Prébendes dans la Collégiale de St. Léonard, & une douzaine de Fiefs. La seconde Dignité est celle de Grand Doyen. Celui qui en est pourvu convoque le Chapitre, & a Jurisdiction sur tout le Chœur, & la correction des mœurs des Ecclésiastiques. Il jouït en cette qualité d'environ trois mille Livres de revenu. La troisième est la Dignité de Custode, laquelle rapporte mille cinq cens Livres au Titulaire, qui dispose aussi de quelques Cures & de quelques Fiefs dans l'étendue de l'Evêché. La quatrième est celle d'Ecolâtre, laquelle ne rapporte que huit ou neuf cens Livres. La cinquième enfin est celle de Camérier du Chapitre, laquelle ne vaut que quatre, ou cinq cens Livres. Il y en avoit une sixième, qui étoit celle de Portier, mais les revenus en ont été unis à la Manse du Chapitre.

Les Vicaires, les Chapelains, & les Chantres, composent le grand Chœur de cette Eglise Cathédrale, & en font le Service. Il y avoit autrefois soixante-douze Vicaires, & quarante Chapelains, mais les troubles & le desordre, que le Lutheranisme causa dans cette Province, avoient tellement diminué le nombre des Vicaires & des Chapelains, que lors du rétablissement du Service dans l'Eglise Cathédrale de Strasbourg, il n'y avoit que douze Vicaires, dont on augmenta le nombre jusqu'à vingt. Quant aux Chapelles il n'y en a que quatre ou cinq de cinq cens Livres chacune, car pour les autres leur revenu est très-modique. Le Corps des vingt Vicaires est gouverné par un Senior, quatre Députés, & deux Adjoints. Ils sont élus par les autres Vicaires, & peuvent être destitués ou continués au bout de l'an. Ces Officiers doivent rendre compte tous les ans au Doyen & au Chapitre de l'administration du revenu de leur Corps, & en laisser un état dans les Archives du Chapitre. Chaque Vicaire reçoit par an environ quatre cens Livres en argent, soixante sacs de grains, & un foudre de vin.

L'Evêque de Strasbourg a son Official, & le Chapitre a le sien. Les revenus de la Fabrique de la Cathédrale sont distingués de ceux de l'Evêque, & du Chapitre. L'administration en appartient au Magistrat par un Contract passé avec les Luthériens. Ces revenus peuvent monter à quarante mille Livres par an & le Magistrat est obligé aux réparations de l'Eglise, & de l'entretenir quelque accident qui puisse arriver. Le Magistrat nomme un Receveur pour faire le recouvrement des revenus, & ce dernier est obligé de rendre ses comptes tous les ans. Lors du rétablissement du Culte Catholique dans l'Eglise Cathédrale de Strasbourg en 1680. il y avoit quatre Chanoines Luthériens, qui possédoient le *Brouderhoff*, ou l'ancien Monastère, qui a été depuis donné aux Jésuites qui en ont fait un Collége, & qui n'ont point d'autre Eglise, que la Cathédrale même. On a depuis cédé aux Chanoines Luthériens les revenus que possédoit cette Eglise au delà du Rhin, & au moyen de cette cession, ces Chanoines n'y paroissent, que lorsqu'ils sont obligés de prendre possession. Au reste ces Chanoines sont de bonne Maison, puisque ce sont des Princes de celles de Brandebourg & de Brunswick.

Le second Chapitre de Strasbourg est celui de St. Pierre *le Jeune* qui n'étoit d'abord qu'une petite Eglise Paroissiale sous le titre de Ste. Colombe, bâtie dans un Fauxbourgs de Strasbourg; mais l'an 1131. Guillaume Evêque de cette Ville bâtit l'Eglise de St. Pierre *le Jeune*, & en 1147. il y fonda huit Canonicats. Son Successeur en fonda six autres. Le Pape Léon IX. qui étoit de la Maison d'Eguisheim, revenant en 1150. du Concile de Mayence, dédia cette Eglise en l'honneur de St. Pierre, lui accorda de grandes Indulgences & lui fit présent de sa Chappe Pontificale.

Ce Collége est aujourd'hui composé de quinze Canonicats, dont cinq sont affectés à des Prêtres, cinq à des Diacres, & cinq à des Soudiacres. Les Dignités de Prevôt & de Doyen sont les seules qu'il y ait dans ce Chapitre. La Prevôté vaut environ trois mille Livres de rente, & est à la disposition du Pape suivant le Concordat Germanique. Celui qui est revêtu de cette Dignité donne l'investiture des Canonicats, & des Vicariats, qui vaquent; comme aussi celle des Maisons Canoniales qui sont au nombre de douze. Son droit pour cette derniére est ordinairement de trois cens Livres. Le Doyen est élu par le Chapitre. Cette Dignité, qui ne rapporte à celui, qui en est pourvu, qu'environ quatre cens Livres, lui donne le droit de présider & de conclure dans le Chapitre; même en présence du Prevôt, & de correction. Chaque Chanoine a six cens Livres en argent, trente sacs de Grain, & quelques petits revenus, qui avec la Maison Canoniale peuvent valoir trois ou quatre cens Livres. Outre ces quinze Canonicats il y a dans cette

cette Eglise quinze Vicaires, & quinze Chapelains, mais il n'y a que trois Vicaires & un Chapelain qui y résident. Chacun de ces trois Vicaires a environ sept cens Livres de revenu.

Le Chapitre de St. Pierre *le Vieux* est un des plus anciens d'Alsace. Dès le neuvième Siècle il y avoit long-tems qu'il étoit établi. Cette Eglise fut d'abord à Hannaw, qui est une Isle du Rhin à deux lieues de Strasbourg, & c'est aussi de ce côté-là, que sont tous les biens de ce Chapitre. Ayant été ruïnée par les inondations du Rhin, elle fut transférée à Rheinau en 1298. où ayant été pareillement endommagée par ce même Fleuve, les Chanoines obtinrent en 1398. d'être transférés dans la Ville de Strasbourg & obtinrent des Paroissiens de St. Pierre *le Vieux*, que le Chœur de leur Paroisse leur seroit cédé pour faire le Service, & que la Nef demeureroit au Curé & aux Paroissiens. Ce Chapitre est composé d'un Prevôt, qui a quinze ou seize cens Livres de revenu, d'un Doyen, qui a environ douze cens Livres, & de dix-huit Canonicats, dont il y en a douze de résidence, qui ont sept ou huit cens Livres de revenu, au lieu que les six qui ne résident point n'ont qu'environ trois cens Livres, & ne sont admis à la résidence qu'à leur tour.

L'Eglise de tous les Saints est dans un des Fauxbourgs de Strasbourg, & fut bâtie en 1350. On y fonda en divers tems jusqu'à dix-neuf Prébendes, mais le Luthéranisme s'étant introduit dans ce Chapitre, elles ont été pendant long-tems disputées par les Catholiques, & les Luthériens. Il fut enfin convenu par une Transaction autorisée par l'Evêque, que les Catholiques rempliroient six Prébendes, & les Luthériens autant. Ces Prébendes valent cent ou cent vingt Livres de revenu.

2. STRASBOURG, Ville d'Allemagne, dans l'Ucker-Marck, aux confins de la Poméranie, sur le bord d'un petit Lac, environ à trois lieues au Nord de l'Uckersée.

3. STRASBOURG, Ville du Royaume de Prusse, dans le Palatinat de Culm, sur la Rive droite de la petite Rivière de Dribent, aux confins de la Mazovie. Cette petite Ville nommée aussi BRODNITZ a été prise & reprise plusieurs fois par les Polonois & par les Suédois [a]. On y voit un ancien Château dans lequel mourut la Princesse Anne, sœur de Sigismond III. Roi de Pologne.

[a] D'Audiffred, Géogr. t. I.

4. STRASBOURG, Bourg d'Allemagne [b], dans la Basse-Carinthie, sur la petite Rivière de Gurck, à deux lieues au-dessous de la Ville de Gurck. Ce Lieu est fort agréable, & l'Evêque de Gurck y a un Palais où il fait sa résidence ordinaire.

[b] Corneille rectifié.

STRATA, Contrée de la Syrie. Procope [c] dit que ce fut Contrée qui servit de prétexte à la guerre que Cosroès déclara à l'Empereur Justinien, lorsque Bélisaire eut commencé à réduire l'Italie. Ce Pays, ajoute-t-il, est proche de la Ville de Palmyre du côté du Nord; & il est tellement brûlé du Soleil qu'il ne produit ni Bleds ni Arbres: il y a seulement des Pâturages.

[c] Persicor. L. 2. c. 1.

STRATEG, Colonie des Thébains. Il en est parlé dans une Inscription ancienne rapportée dans le Trésor de Goltzius. Ortelius [d] soupçonne que cette Colonie étoit dans l'Achaïe, où Pline met une Ville de Thèbes, & où il y a eu un Siège Episcopal aussi appellé Strateg; car dans le Concile de Nicée on trouve un Evêque qualifié *Strategidis Episcopus.*

[d] Thesaur.

STRATH-ARDIL, Le Comté de Gowrée en Ecosse [e], est partagé en deux grandes Vallées dont l'une est appellée STRATH-ARDIL & l'autre GLEN-SHIE.

[e] Délices de la Gr. Br. p. 1295.

STRATH-BOGIE, Place ou Château d'Ecosse [f], dans la Province de Buchan, au Quartier de Strath-Bogie-land, au confluent du Dovern & du Bogie. Strath-Bogie est un grand & fort Château. Le Dovern lui sert de Fossé devant la Porte & coule sous un beau Pont de pierre.

[f] Ibid. p. 1318.

STRATH-BOGIE-LAND, Quartier d'Ecosse [g], dans la Province de Buchan. Le Quartier de Strath-Bogie-land est une longue Vallée renfermée entre les Montagnes, & qui tire son nom de Strath-Bogie sa principale Place, située au confluent du Dovern & du Bogie. Ce petit Pays est assez abondant en Bleds & en Pâturages. Il étoit autrefois tout couvert de Bois, mais on a tout défriché. Les Habitans font un grand Trafic de leurs toiles fines qu'ils vont vendre dans les Foires du voisinage. C'est une ancienne Baronnie qui appartient au Duc de Gordon & qui est dans sa Maison depuis plus de quatre Siècles.

[g] Ibid.

STRATH-DEE, Vallée d'Ecosse [h], dans la Province de Marr. Elle prend son nom de la Rivière de Dée qui la traverse.

[h] Ibid. p. 1314.

STRATH-DOVERN, Petit Pays d'Ecosse [i], dans la Province de Buchan. Le Dovern traverse ce Pays & lui donne son nom. C'est proprement une Vallée qui en Eté est toute couverte de Troupeaux; mais qui en Hyver demeure entièrement deserte.

[i] Ibid. p. 1318.

STRATH-DOWN, Vallée d'Ecosse [k], dans la Province de Buchan au Bailliage de Banf. C'est un des cinq petits Quartiers qui composent ce Bailliage, & il est le plus Méridional de tous. On l'appelle aussi STRATH-AWEN, c'est-à-dire, *la Vallée de l'Avin*; & alors il prend le nom d'Avin ou d'Awen, Rivière médiocre, qui y sort d'un petit Lac au pied des hautes Montagnes de Benavin, & coule droit au Nord pour aller se jetter dans la Rivière de Spey. Ce Pays est séparé de la Province de Murray par une longue chaîne de Montagnes qui courent Nord & Sud, commençant vers le Spey: il ne rapporte que peu ou point de Bled; c'est ce qui fait que les Habitans s'y appliquent à la nourriture du Bétail. Les Marquis de Huntley en sont Seigneurs.

[k] Ibid. p. 1326.

STRATH-ERRIK, Lieu d'Ecosse [l], dans la Province de Lothiane. Près de ce Lieu il y a un petit Lac qui ne se gèle jamais qu'au mois de Février quelque froid qu'il fasse; & quand on est dans ce mois-là il se gèle tout entier dans l'espace d'une nuit.

[l] Ibid. p. 1240.

STRATH-ERNE, Province d'Ecosse [m]. Elle tire son nom de la Rivière d'Erne, qui la

[m] Ibid. p. 1169.

la traverse dans sa longueur; car dans l'ancienne Langue du Pays *Strath* signifie une Vallée située le long d'une Rivière. Cette Province est située au Nord de celle de Menteith, dont elle est séparée par une chaîne de Montagnes. Ses autres bornes sont à l'Orient les Provinces de Fife & de Perth, au Nord celle d'Athol, & au Couchant celle de Braid-Albain. La Rivière d'Erne ou Jerne qui sort d'un Lac du même nom à l'Occident de cette Province, au milieu des hautes Montagnes de Granzebain, coule droit à l'Occident à travers un Pays de Montagnes, de Rochers, de Vallées & de Bois. Elle arrose la Province & la partage en deux parties. Les Comtes de la Maison de Drummund ont été Gouverneurs héréditaires des Provinces de Menteith & de Strath-Erne, avec titre de Senéchal. Cette Maison s'éleva particulièrement après que le Roi Robert Brus troisième du nom y eut pris femme; & on remarque que cette Maison a toujours produit des femmes d'une beauté extraordinaire, jointe avec un certain air grand & majestueux.

STRATH-MUND, petite Contrée d'Écosse [a]. Elle passe sous le nom du Pays de Perth, sous lequel elle est du côté du Nord. Elle abonde en Bleds & en Pâturages.

[a] *Davity, Perth & Strath-Mund.*
[b] *Délices de la Gr. Br. p. 1338.*

STRATH-NAIRN, Vallée d'Écosse [b], dans la Province de Murray. Elle tire son nom de la Rivière de Nairn qui y prend sa source, & qui coule au Nord-Est, arrosant divers petits Lieux, dont le plus considérable est le Château de Kilraock.

[c] *Ibid. p. 1389.*

STRATH-NAVERN, Province d'Écosse [c]. Elle fut annexée, dans le dernier Siècle, à la Province de Sutherland, & les deux Seigneuries d'Assint, & d'Edir-da-Cheulis, qui font face à l'Océan Occidental en ayant été détachées, depuis ce tems-là elle n'a plus l'Océan, qu'au Septentrion. Ses autres bornes sont à l'Occident les deux Seigneuries qui viennent d'être nommées; au Midi la Province de Sutherland, & à l'Orient celle de Catness. Sa longueur est de trente-quatre milles, & sa plus grande largeur de douze. Le Pays est entièrement montueux, & les Montagnes sont si rudes, si hautes, si couvertes de neiges, si serrées & si remplies de bois, qu'elles ne laissent aucun lieu à ensemencer. On n'y peut rien semer que dans quelques endroits au bord de l'Océan; mais comme cela ne suffit pas, il faut que les Habitans achetent le bled de leurs voisins. Leurs occupations sont la nourriture des Bestiaux & la Chasse, & pour cela ils ont toute la commodité & toutes les occasions qu'ils peuvent souhaiter. Les Montagnes & les Forêts sont peuplées d'une infinité de Bêtes sauvages, de Cerfs, de Daims, de Chevreuils, de Loups, de Renards, de Faucons, de Gerfauts, de Tiercelets, d'Aigles & d'autres Animaux & Oiseaux. Il s'y trouve tant de Loups qu'il semble qu'ils ayent choisi cette partie de l'Isle pour leur demeure: aussi y font-ils beaucoup de mal aux Troupeaux & aux hommes même particulièrement en Hyver. C'est ce qui fit que vers la fin du seizième Siècle le Parlement ordonna que tous les ans dans chacune de ces Provinces les Vicomtes & les Habitans iroient en Corps de Commune à la chasse de ces Animaux. La Province de Strath-Navern est partagée en cinq grands Quartiers, qui ont chacun leur nom, & elle est arrosée d'une douzaine de Rivières, qui s'élargissant en divers lieux forment trente & tant de Lacs, grands & petits. Les Rivières les plus considérables sont le Navern, le Torrisdail, l'Urredell, le Durenish, & le Hallowdail. Ce dernier coule à l'Orient de la Province, au pied des hautes Montagnes qui font les bornes de Catness. Le Navern sort des Montagnes de Sutherland, fait un Lac de sept ou huit milles de longueur, & coulant ensuite entre des Montagnes couvertes de grands Bois, il traverse le milieu de la Province & se jette dans l'Océan au-dessous de Farr, Château qui appartient aux Seigneurs du Pays. Le Torrisdail coule à côté du Navern, fait d'abord un assez grand Lac de dix à douze milles de longueur, où se trouve une Isle qui est habitée pendant l'Eté. Ce Lac est tout environée de Forêts. En sortant de ce Lac le Torrisdail en forme un autre; & au sortir de ce dernier, il va se jetter dans l'Océan, à trois milles de l'Embouchure du Navern. Le Durenish fait la borne de la Province à l'Occident. Il traverse le Quartier le plus fertile & tombe dans un Golphe auquel il donne son nom. Les Côtes sont entre-coupées de trois à quatre Golphes, dont les plus considérables sont celui d'Erebill, où se jette la Rivière d'Urredell; celui de Kuntail, ou Kyntail, à l'entrée duquel on rencontre Tung, Village & Château qui appartient aux Seigneurs de la Province. Le dernier Golphe est celui de Strathy, qui est couvert par un Cap nommé Strathy-head, ou Row-Rachy. Les Rivières de cette Province, les Lacs & les Côtes de la Mer fournissent une grande quantité de Poisson: ainsi la Pêche, la Chasse, les Troupeaux, le Bois, & le Fer, réparent assez le défaut du Bled. Les Habitans vendent à leurs voisins, leur Fer, leur Bled, leurs Vaches grasses, leurs jeunes Chevaux, leurs peaux de Cerfs & diverses Marchandises de cette nature, & en échange ils en achetent du Bled. Ils sont robustes, forts, laborieux, accoutumez à supporter toutes sortes de fatigues, le Froid & le Chaud, la Faim & la Soif, du reste bonnes gens francs, sincères & sobres, peut-être par force, car ils aiment assez à boire. Eux & leurs voisins se servent de la Langue ancienne du Pays. C'est un Dialecte de l'Irlandoise. Ils ne se soucient point de la chair de Pourceau: la venaison est leur meilleur mets. Tous généralement aiment la Chasse, & celui qui ne s'y plairoit pas passeroit pour lâche. Ils ont beaucoup de soumission pour leurs Seigneurs à qui ils payent tous les cinq ans la cinquième de leurs vaches. Ils n'ont ni Bourgs, ni Villes, leurs habitations ne sont que des Hameaux, & l'on ne voit dans tout le Pays, que deux ou trois Châteaux qui appartiennent aux Barons de Rae, de la Maison de Maky, ou Makay, Seigneurs de la Province, & Vassaux des Comtes de Sutherland.

land. De-là vient que les fils aînez de ces Comtes prennent le titre de cette Province & s'appellent Lord Strath-Navern.

STRATH-SPEY, Vallée d'Ecosse [a], dans la Province de Murray. Le Spey en sortant de la Province de Badenoch, traverse une Vallée à laquelle il donne le nom de Strath-Spey, où il mouille le Château de Balachastel, le principal Lieu de la Vallée.

[a] Délices de la Gr. Br. p. 1342.

STRATH-YLA, petit Pays d'Ecosse [b], dans la Province de Banf. Il tire son nom de la Riviére d'Yla, qui sortie des Montagnes de Balvanie, l'arrose en coulant au Nord, puis à l'Orient, ensuite au Sud-Est, jusqu'à ce qu'elle se jette dans la Dovern. Ce Pays est borné au Midi par les Montagnes qui s'avancent jusque là vers le Nord; le Terrein est un peu plus uni, & il est fertile en Bleds & en Pâturages. On y a des carriéres si abondantes en pierres de chaux que les Habitans en ont assez pour leur usage, & pour vendre à leurs voisins. Outre l'usage qu'ils en font dans leurs Bâtimens qui sont tous de cette sorte de pierre, ils s'en servent encore avec profit pour engraisser leurs Champs. Ils font aussi un grand trafic de leurs Bœufs gras, & de leurs toiles fines.

[b] Ibid. p. 1328.

STRATHENI. Voyez STATHENI.

STRATIA, Ville du Péloponnése, dans l'Arcadie, selon Etienne le Géographe qui cite ce vers d'Homére [c].

[c] Iliad. B. v. 606.

Ῥίπην τε, Στρατίην τε, καὶ ἠνεμόεσσαν Ἐνίσπην.
Ripenque, Stratienque, & ventosam Enispen.

Quelques-uns ont crû, dit Pausanias [d], que Straties, Stratiæ, Enispe & Rhipe, dont Homére fait mention, étoient des Isles du Ladon, qui autrefois étoient habitées; mais c'est une chimére; car le Ladon n'a point d'Isle qui soit plus grande qu'un Bâtiment de transport. C'est à la verité la plus belle Riviére qu'il y ait en Gréce: elle n'a pas même sa pareille dans les Pays Barbares; mais elle n'est pas assez large pour avoir des Isles, comme on en voit sur le Danube & sur le Pô.

[d] Lib. 8. c. 25.

STRATIOTIS. Voyez STRATONIS.

STRATIUM, Ville de l'Epire, dans l'Acarnanie, selon Etienne le Géographe.

STRATLINGEN, Château de la Suisse dans le Canton de Berne [e]. Ce Château est ruïné: c'étoit un Château d'une Terre Seigneuriale considerable dans le Bailliage de Thoun. Il étoit la Résidence des Comtes (ou plutôt des Barons) de ce nom, de qui sont issus les derniers Rois de Bourgogne. Rodolphe de Stratlingen, Gouverneur de la Petite Bourgogne en usurpa l'autorité Souveraine l'an 888. lors de la dissipation de la Monarchie Françoise, & se fit couronner Roi à St. Mauris en Valais. Sa Maison a régné sous 4. Rois, jusqu'à l'an 1032. que le dernier Rodolphe, dit *le Faineant*, mourut sans enfans. Le Château dont on ne voit plus que les vestiges fut ruïné en 1383. pendant la guerre de la Ville de Berne contre les Comtes de Kybourg. Il étoit de la Baronnie de Spietz, qui est une des plus belles Terres Seigneuriales, qu'il y ait en Suisse.

[e] Etat & Délices de la Suisse, t. 2. p. 211.

STRATO. Voyez STAO.

STRATOCLIA, Ville d'Asie, sur le Bosphore Cimmérien. Pline [e] semble la placer entre *Cepi-Milesiorum* & *Phanagoria*.

[e] Lib. 6. c. 6.

1. STRATON. La Tour de Straton. C'est la Ville de Césarée de Palestine, cette fameuse Ville qui fut bâtie par le Grand Hérode, au lieu où étoit auparavant la Tour de Straton. On dit [f] que Straton étoit un Grec, qui donna son nom à cet endroit, où il bâtit une Tour.

[f] Præfatione Novellæ 104.

2. STRATON. Tour de Straton. Lieu sombre & obscur, dans le Palais Royal de Jérusalem, où Aristobule, fils de Jean Hircan Roi des Juifs, fit tuer son frere Antigone, au retour d'une expédition, où Antigone s'étoit conduit avec beaucoup de valeur. Un certain Judas de la Secte des Esseniens [g] qui avoit prédit que ce jour-là Antigone seroit mis à mort dans la Tour de Straton, voyant revenir ce jeune Prince de l'expédition dont nous avons parlé, & sachant que la Tour de Straton étoit à six cens Stades de Jérusalem, ne pouvoit pas se résoudre à vivre davantage, pour ne pas passer pour un Visionnaire & un faux Prophéte. Mais il ne savoit pas qu'il y avoit dans le Palais une Tour de Straton, dans laquelle on apprit peu de tems après qu'Antigone avoit été assassiné par l'ordre de son frere, qui crut qu'il venoit pour lui ôter la vie.

[g] Joseph. Antiq. L. 13. c. 19. & de Bello. L. 1. c. 3. l'an 105. avant J. C.

1. STRATONICA, Ville de la Macédoine. Ptolomée [h] la marque sur le Golphe Singitique. Ortelius dit que selon Etienne le Géographe cette Ville fut ensuite appellée *Adrianopolis*; mais il se trompe. Etienne le Géographe ne donne le nom d'*Adrianopolis*, qu'à Stratonice, Ville de la Carie, & non à celle du Golphe Singitique de laquelle il ne fait aucune mention. Saumaise veut que ces deux Stratonices ne soient qu'une seule Ville, savoir celle de la Carie. Cependant Ptolomée les distingue.

[h] Lib. 3. c. 13.

2. STRATONICA. Voyez STRATONICIA, No. 1.

STRATONICE, Ville de la Mésopotamie. Pline [i] semble la placer dans cette Plaine qui est entre le Tigre & l'Euphrate. Cette Ville n'est point connue d'ailleurs.

[i] Lib. 6. c. 26.

1. STRATONICIA, ou STRATONICEA, selon Strabon, Polybe, Tite-Live & Etienne le Géographe, & STRATONICA, ou STRATONICE selon Ptolomée [k]. C'étoit une Ville de l'Asie-Mineure dans la Carie, & dans les terres au voisinage d'*Albanda* & d'*Alinda* à peu près entre ces deux Villes. Strabon [l] en fait une Colonie des Macédoniens; mais de quels Macédoniens? Apparemment des Syriens-Macédoniens, ou Seleucides; car, selon le témoignage d'Etienne le Géographe, cette Ville avoit pris son nom de Stratonice femme d'Antiochus Soter. Tite-Live [m] nous apprend que Stratonice fut donnée aux Rhodiens. Elle fut réparée par l'Empereur Hadrien, selon Etienne le Géographe, qui ajoute qu'on l'appelle à cause de cela *Hadrianopolis*; mais l'ancien nom prévalut, même dans les Notices Episcopales & dans celles des Provinces. On a une Médaille de Geta, avec ce mot: ΣΤΡΑΤΟΝΙΚΕΩΝ, *Stratoniceorum*, ou *Stratonicensium*. Auprès de la Ville de Stratonice de Carie il y avoit un Temple dédié à Jupi-

[k] Lib. 5. c. 2.
[l] Lib. 14. p. 660.
[m] Lib. 33. c. 30.

S T R.

Jupiter Chryſaoreen. Ce Temple étoit commun aux Cariens ; & c'eſt où ſe tenoit l'Aſſemblée Générale du Pays, dans laquelle les Stratoniciens étoient admis, non qu'ils fuſſent Cariens d'origine ; mais parce qu'ils poſſédoient des Villages de la Carie. Il y avoit auſſi dans le Territoire de Stratonice un fameux Temple d'Hécate.

2. STRATONICIA, ou STRATONICEA, Ville de l'Aſie Mineure, près du Mont Taurus. Strabon [a] l'appelle *Stratonicia ad Taurum*, pour la diſtinguer de Stratonice de Carie. On ignore la Province & le lieu où elle étoit ſituée.

a Lib. 14. p. 660.

3. STRATONICIA, anciennement *Chryſaoris*, Ville de la Macédoine, dans la Magnéſie, ſur le bord du Fleuve Letheus, ſelon Pauſanias cité par Ortelius [b]. Mais je ne trouve point cela dans Pauſanias. J'y vois [c] ſeulement qu'Ariſtée de Stratonice, Ville autrefois nommée *Chryſaoris*, fut victorieux au combat du Pancrace & de la Lutte ; ce qui peut autant & plus s'entendre de la Ville de Stratonice en Carie, que de Stratonice en Macédoine.

b Theſaur.

c Lib. 5. c. 21.

4. STRATONICIA, STRATONICEA, ou STRATONICE. Voyez STRATONICE.

STRATONIS INSULA, Iſle du Golphe Arabique, ſelon Strabon [d] & Pline [e]. Elle étoit vers l'Embouchure de ce Golphe & dans le Golphe même.

d Lib. 16. p. 670.
e Lib. 6. c. 29.

STRATOPEDON. Voyez EDIMBOURG.

1. STRATOS, ou STRATUS, Ville de Grèce, dans l'Acarnanie, ſur le Fleuve Achélous. Thucydide [f] dit que STRATUS eſt une très-grande Ville de l'Acarnanie, & plus bas en décrivant le cours du Fleuve Achéloüs, il ajoute que dans la Haute Acarnanie ce Fleuve arroſoit la Ville Stratus. Tite-Live nous apprend que cette Ville étoit très-forte. Il la met dans l'Etolie, parce qu'elle étoit aux confins de cette Contrée, qui étoit ſéparée de l'Acarnanie par le Fleuve Achélous : d'ailleurs les bornes de ces deux Contrées ne furent pas toujours aux mêmes. La puiſſance des Etoliens s'étant accrue, ils étendirent leurs Frontiéres aux dépens de leurs voiſins. Strabon [g] donne la ſituation de *Stratum* & ſa diſtance de la Mer ; car il dit, que pour arriver à cette Ville, il falloit naviger deux cens Stades & plus ſur le Fleuve Achéloüs.

f Lib. 2. p. 154.

g Lib. 10.

2. STRATOS, Fleuve de l'Hyrcanie. C'étoit un de ceux qui prenoient leur ſource au Mont Caucaſe, ſelon Pline [h]. Ce Fleuve que Ptolomée [i] nomme Straton, venoit de la Médie, couloit par le Pays des *Anarica*, & ſe jettoit dans la Mer Caſpienne.

h Lib. 6. c. 16.
i Lib. 6. c. 9.

STRATY, ou STRATHY-HEAD. Voyez STRATH-NAVERN.

STRAUBING, Ville d'Allemagne [k], au Cercle de Bavière, à la droite du Danube, entre le petit Laber & l'Atterach, à huit lieues au-deſſous de Ratisbonne. Elle eſt la Capitale d'un petit Territoire auquel elle donne ſon nom.

k Juillet Atlas.

STRAVIANAE, Lieu de la Baſſe Pannonie. L'Itinéraire d'Antonin le marque ſur la Route de *Siſcia* à *Murſa*, entre *Iniſerum* & *Murſa*, à vingt-quatre milles du premier de ces Lieux, & à trente milles du ſecond.

1. STRAVICHO, ou STRAVICO, Ville de la Turquie en Europe [1], dans la Romanie, ſur le bord de la Mer Noire. Cette petite Ville eſt ſituée au fond d'un Golphe de même nom, aux confins de la Bulgarie, entre Meſembria & Siſopoli.

[1] *De Wit*, Atlas.

2. STRAVICO, petite Ville de la Turquie en Europe, dans la partie Orientale de la Bulgarie, aux confins de la Romanie, à dix milles de la Côte de la Mer Noire, entre les Embouchures du Danube, & à douze lieues de Kilia-Nova vers le Midi. Mr. Baudrand diſtingue cette Ville de la précédente.

STREL, STRIG, ou ISTRIGI, Rivière de Hongrie [m], dans la Tranſilvanie. Les Allemands la nomment Iſtrig. Elle coule dans la partie Méridionale de la Tranſilvanie, tout le long des Montagnes d'Eyſenthor, & ſe rend dans la Riviére de Muros, vers les confins de la Haute Hongrie. On prend cette Rivière pour l'ancienne *Sargentia*, ou *Sargetia*, ſous laquelle Décébale, Roi des Daces, attaqué par Trajan, cacha ſes Tréſors.

[m] *Baudrand*, Dict.

STRELEN, Ville d'Allemagne [n], dans la Siléſie, & dans la Principauté de Brieg. Cette petite Ville eſt ſituée ſur la Riviére d'Olaw, entre Henrichaw & Waſen.

[n] *Juillet* Atlas.

STRELITZ, petite Ville d'Allemagne [o], en Siléſie, dans la Principauté d'Oppelen, entre les Riviéres de Malpenaw & de Kladinitz, environ à quatre lieues, vers l'Orient d'Oppelen. Quelque petite que ſoit cette Ville, on ne laiſſe pas de l'appeller *Gros-Strelitz*, c'eſt-à-dire, Grand-Strelitz, pour la diſtinguer de *Klein-Strelitz*, ou Petit-Strelitz, Lieu ouvert de la même Principauté. Il y a dans cette Ville un Château, qui ſert de demeure aux Barons de Rhedem.

[o] Ibid. Corn. Dict.

STRELL, ou STREL. Voyez STREL.

STRELLA, ou STELLA. Voyez STELLA.

STRENGENBACH, ou STRENGBACH, Rivière de France [p], dans la Haute-Alſace. Elle prend ſa ſource aſſez près & au Midi Oriental de Ste. Marie aux Mines, coule en ſerpentant du même côté, & baigne Ribauwiler ; après quoi elle ſe ſépare en quelques Branches, qui vont ſe perdre dans le Fecht, au-deſſus & au-deſſous de Guemar.

[p] *De l'Iſle*, Atlas.

STRENGNES, Ville de Suède [q], dans la Sudermanie, ſur la Rive Méridionale du Lac Mäler, entre Torſilia, & Mariaefred, au Midi d'Eneköping, le Lac entre deux. Cette Ville, qui eſt aſſez petite & mal peuplée, ne laiſſe pas d'avoir un Evêché ſuffragant d'Upſal. Elle eſt ancienne, ſelon les apparences ; du moins voit-on par les grandes pierres, qui ont été employées à la bâtiſſe des Egliſes, & par les Inſcriptions Gothiques qui ſont ſur ces pierres, que l'on y a adoré autrefois des Idoles, & que les Héros, les Athlètes & les Géants y ont ſignalé leur force & leur courage. Tous les ans, vers la fin de Février, on tient vis-à-vis de cette Ville, une Foire ſur la glace, lorſque le Lac Mäler eſt glacé. Le Roi Charles

[q] *Mart. Zeiller, Suecia Deſcr.* p. 155.

Charles IX. eſt inhumé dans l'Egliſe Cathédrale de Strengnes.

STRENOS, Ville de l'Iſle de Crète, ſelon Etienne le Géographe.

STREPSA, Ville de la Macédoine, ſelon le même. Suidas la met dans la Thrace; & Ortelius[a] croit entrevoir par une certaine Harangue d'Eſchine, qu'elle étoit au voiſinage de Therma. Les Habitans de cette Ville ſont appellez *Strepſæi* dans Héſyche. Etienne le Géographe dit que le nom national étoit *Strepſæus*, & *Strepſianus*. [a Theſaur.]

STRETFORD, ou STRATFORD, Bourg d'Angleterre[b], dans Warwickſhire. De Warwick l'Avon coule au Sud, & paſſe à Stretford, bon & gros Bourg, qui a droit de Marché, & où il ſe fait un grand débit de Malt. L'Avon y roule ſes eaux ſous un fort beau Pont de pierre de taille de quatorze Arcades, & conſtruit aux dépens d'un Particulier, ſavoir de Hugues Clopton, Maire de Londres, qui voulut laiſſer ce Monument de ſon affection au lieu de ſa naiſſance. [b Délic. de la Gr. Br. p. 539.]

STREVINTA, Ville de la Germanie; c'eſt Ptolomée[c] qui en fait mention. [c Lib. 2. c. 11.]

STRIDON, St. Jérôme dit, en parlant de lui-même, à la fin du Catalogue des Ecrivains Eccléſiaſtiques: *Hieronymus, patre Euſebio natus, Oppido Stridonis, quod a Gothis everſum, Dalmatiæ quondam Pannoniæque confinium fuit*. Nous voyons par-là, que Stridon étoit la patrie de St. Jérôme, qu'elle étoit ſituée aux confins de la Dalmatie & de la Pannonie, & que les Goths la ruinérent. La plûpart des Géographes veulent que *Stridon* ſoit la Ville *Sidrona*, que Ptolomée[d] nomme parmi les Villes Méditerranées de la Liburnie, & qu'il place de façon qu'elle ſe trouve aux confins de la Dalmatie, au Nord de la ſource du Titius & aſſez près de la Save à la droite. Elle étoit donc par conſéquent dans l'Illyrie. Cependant St. Jérôme[e] paroît ſéparer le Lieu de ſa patrie l'Illyrie, qui renfermoit la Dalmatie & la Liburnie: *Teſtis*, dit-il, *Illyrium eſt, teſtis Thracia, teſtis in quo ortus ſum, Solum*. Cela étant, elle devoit être tellement aux confins de la Dalmatie, qu'elle appartint à la partie de la Baſſe-Pannonie, qui s'étendoit à la droite de la Save. Le nom moderne & vulgaire eſt *Sdrigna*, ſelon Bjondo. Quelques-uns prétendent néanmoins, je ne ſai ſur quel fondement, que Stridon étoit dans la Haute-Pannonie ſur la *Mura*, aujourd'hui dans la Stirie ſur le Muer, à quinze mille pas au-deſſous de Rakelsburg, vers le confluent du Muer & de la Drave. [d Lib. 2. c. 17.] [e In Zephen. c. 1. Comma 2.]

STRIGA, ou STRIEGA, Ville d'Allemagne, en Siléſie[f], dans la Principauté de Schweidnitz, ſur le bord de la Rivière de Polsnitz. Elle eſt conſidérable pour ſa terre ſigillée, & pour l'excellente Biére qu'on y fait. [f Faillot, Atlas.]

STRIGONIE, STRIGONI, ou OSTROGON, Ville de la Baſſe-Hongrie, à la droite du Danube, entre Raab & Bude, & le Chef-lieu d'un Comté auquel elle donne ſon nom. Cette Ville, qui eſt le Siège d'un Archevêché, & qui a un Pont de Bâteaux, eſt appellée *Stegran* par les Habitans du Pays, & *Gran* par les Allemands. On diviſe ordinairement cette Ville en deux, ſavoir en Haute, qui eſt au pied de la Montagne, & en Baſſe, qui eſt ſur le Danube; & toutes deux ſont fortes, & ont de bonnes Murailles. La Baſſe commande le Danube. Strigonie a auſſi un Château ſur la Colline de St. Thomas. C'eſt la patrie de St. Etienne, premier Roi Chrétien de Hongrie. Le Roi Etienne III. y mourut, de même que l'Empereur Albert II. dans un Village voiſin, nommé Neſmil, en 1440. La Rivière de Gran ſe rend dans le Danube à l'oppoſite de cette Ville, près du Bourg de Barchan, ou Parkam, qui eſt proprement un de ſes Fauxbourgs, d'où lui vient ſans doute le nom de Gran, que les Allemands lui donnent. Elle fut priſe par les Turcs en 1543. & repriſe par les Allemans du tems de l'Empereur Rodolphe II. Les Turcs s'en emparérent peu de tems après, & la gardérent juſqu'en 1683. que les Impériaux s'en rendirent les Maîtres presque ſans peine. Il y a à Strigonie de très-bons Bains naturels, & dont la chaleur eſt modérée.

Le COMTÉ DE STRIGONIE eſt coupé en deux par le Danube. Il s'étend entre les Comtez de Comore & de Bars au Nord, le Comté de Novigrad au Levant, le Comté de Pilicz au Midi, & les Comtez de Javarin & de Comore au Couchant. Ses principaux Lieux ſont:

A la droite du Danube. { Strigonie, Geſtes;
A la gauche du Danube. { Parkam, Pilſen, Gen.

STRIGULIA. Voyez CHEPSTOW.

STRISSOVITSE[g], Bourg ou Village du Royaume de Pologne, dans le Palatinat de Lublin. Il eſt ſitué à une lieue & démie de Nidrevitſé, dans un fond avec un Etang ſur la droite, & un Château de brique ſur la gauche, vers les Côteaux qui en ſont voiſins. [g Mémoires du Chevalier de Beaujeu.]

STRIVALI, ou STROPHADI, en Latin *Strophades*, ou *Plotæ Inſulæ*; Iſles de Grèce, dans la Mer Ionienne au Midi de celles de Zante, dont elles ſont à trente-cinq milles, en allant vers Prodeno. La plus grande n'a pas cinq milles de tour, & eſt aſſez fertile. Il n'y a qu'un Couvent de Caloyers Grecs. Voyez STROPHADES.

1. STROBELUS, Lieu maritime, au voiſinage de la Thrace, ſelon Cédrène cité par Ortelius[b]. [b Theſaur.]

2. STROBELUS, Lieu de l'Aſie Mineure, dans la Carie. C'eſt Conſtantin Porphyrogénète qui en fait mention.

STROBITSA. Voyez STRUMPITZA.

STROBUS, Ville de la Macédoine. Etienne le Géographe en fait une Colonie Romaine.

STROE, Ville de la Libye, ſelon le même qui cite Hécatée.

STROGOLA, Ville de l'Aſie Mineure, dans la Lydie. Etienne le Géographe qui cite Xanthus, eſt le ſeul qui la connoiſſe. [i Délic. de la Gr. Br. p. 1407.]

STROMA, Iſle d'Ecoſſe[i], à deux milles

milles au Nord de la pointe de Catness ; & l'une des Isles qui sont au Midi de celles de Mainland. Cette Isle qui est assez fertile, n'est point comptée entre les Orcades, parce qu'elle est trop près du Continent de l'Ecosse. On rapporte qu'autrefois il y eut un différend au sujet de cette Isle, entre le Comte des Orcades & celui de Catness, & que le différend fut terminé en faveur du dernier, parce que le terroir de l'Isle de Stroma étoit de la nature de celui de Catness, propre à produire & à nourrir des Animaux venimeux, au lieu que les Orcades n'en souffrent aucun.

STROMBERG, petite Ville d'Allemagne [a], dans l'Evêché de Munster. Elle est située à trois lieues de Lipstadt, & Capitale d'un petit Pays, qui a titre de Bourgraviat. En 1653. l'Evêque de Munster obtint le droit de séance dans le Collége des Princes de l'Empire en qualité de Bourgrave de Stromberg.

[a] *Baudrand, Dict.*

STROMBOL, Montagne de l'Isle de Candie [b], auprès du Village de *Gerorodea*, qui est à deux lieues à l'Occident de la Ville de Candie. Il sort de cette Montagne une Riviére qu'on appelle *Armiro*, ou *Almiro*, ainsi appellée en Grec vulgaire, à cause de la saleure de ses eaux. Elle sourd par une grande ouverture au pié de la Montagne, avec une si grande abondance d'eau, & tant d'impétuosité qu'elle forme d'abord un grand Lac. Ensuite elle continue à rouler ses eaux d'un cours fort rapide à travers ce même Lac, & en sortant de celui-ci, elle se répand dans un lit large & profond, où continuant à couler de la même maniére l'espace d'environ mille pas, elle forme une Riviére très-abondante en Poissons & en Ecrevisses. Enfin prenant son tour avec la même rapidité du côté du Septentrion, elle va décharger ses eaux salées dans la Mer. On tient, que ses eaux sont ainsi salées à cause qu'elles sont portées sans filtration de la Mer voisine par des conduits souterrains jusqu'à l'endroit où elle prend sa source. Il croît le long de ses bords une grande quantité de certaines Plantes, appellées *Colocasia*, de même que de grands & de petits Palmiers, qui ne portent point de fruit.

[b] *Dapper, Descr. de l'Archipel.*

STROMBOLI, ou STRONGOLI, *Strongyle*, Isle de la Mer de Sicile [c], au Nord de cette derniére Isle à laquelle elle est censée appartenir. Elle a douze milles de circuit ; mais elle est sans Habitans, n'étant proprement qu'une Montagne qui brûle toujours, & qu'on découvre de fort loin. Elle est à trente milles de Lipari, au Levant d'Eté. Il y a tout joignant une autre petite Isle nommée *Strombolotto*. Voyez STRONGYLE.

[c] *Baudrand, Dict.*

STROMONA, RADINI, ou ISCHAR, en Latin *Strymon*, Riviére de la Turquie en Europe [d], dans la Macédoine, selon Mr. Baudrand, qui ajoute qu'elle a sa source au Mont de Costegnar, d'où coulant au Midi elle passe à Amphipolis, & se rend dans le Golphe de Contessa.

[d] *Dict.*

Selon Mr. de l'Isle [e] cette Riviére s'appelle *Maramara* ou *Veratasar*, naît dans les Montagnes de la Bulgarie, entre dans la Province d'Iamboli, & la traverse du Nord au Sud en serpentant. Dans cette course elle forme trois Lacs assez grands, dont le dernier est celui de *Marmara*. Elle arrose la Ville de ce nom & celle de Tricala, après quoi elle va se perdre dans le Golphe de Contesse, & les ruïnes d'Emboli ou Chrysopolis.

[e] *Atlas.*

STROMPHIDES. Voyez PLOTÆ.

STROMPOLETTO, ou STROMBOLOTTO, petite Isle de la Mer de Tyrrhène, au Nord de la Sicile, & l'une de celles de Lipari, environ à un mille de celle de Stromboli. On l'appelle aussi Volcanello. Ce n'est proprement qu'un petit Ecueil que quelques-uns prennent pour l'ancienne *Evonymos* : il est situé entre Lipari & Panaria, & jette du feu.

STRONGLI, *Strongylum*, Ville d'Italie, au Royaume de Naples, dans la Calabre Citérieure, à trois milles de la Côte de la Mer Ionienne [f], à huit ou neuf milles au Nord Oriental de Santa Severina, vers les confins de la Calabre Ultérieure. Cette petite Ville située sur une haute Montagne entre des Rochers, est un Evêché suffragant de Santa Severina.

[f] *Magin, Atlas Ital.*

STRONGYLE, Isle sur la Côte Septentrionale de la Sicile, & l'une des Isles Eoliennes, aujourd'hui *Stromboli* selon Leander & Fazel. Strabon dit qu'elle fut appellée Στρογγύλη, *Strongyle*, à cause de sa figure ronde. Cornelius Severus [g] dit la même chose.

[g] *In Aetna, vers. 433.*

Insula cui nomen facies dedit ipsa rotunda.

Silius Italicus [h] écrit STRONGYLOS, ou TROGILOS, comme lisent N. Heinsius & Drakenburg.

[h] *Lib. 14. vers. 260.*

Mille Agathyrna dedit, perflataque Strongylos Austris.

L'Itinéraire d'Antonin [i] suit la même Orthographe, en parlant de cette Isle, qu'il place à trois cens vingt Stades de Messine. Solin [k] & Appien [l] disent STRONGYLE. Hésyche ne semble faire que la même Isle de *Strongyle* & de *Lipara* : Στρογγύλη συνεςραμμένη καὶ Λιπάρα νῆσος ; mais c'est une faute à moins qu'il n'ait écrit Λιπάρας νῆσος pour dire qu'elle étoit voisine de *Lipara*, ou dans la puissance des Liparéens, comme il en a usé en parlant de l'Isle de Cnide, Κνίδος νῆσος 'Ρόδῳ.

[i] *Itiner. Mathogr.*
[k] *Cap. 6.*
[l] *Lib. 5. Bel. Civ.*

2. STRONGYLE, Isle qu'Etienne le Géographe met près de la Ville de Lyctus, apparemment sur la Côte de l'Isle de Créte.

3. STRONGYLE. C'est l'un des noms que Pline [m] donne à l'Isle de Naxos ; & ce nom n'avoit pas sans doute d'autre origine que la figure ronde de cette Isle. Cependant elle n'est pas absolument ronde ; & selon Eustathe, elle a la figure d'une feuille de Vigne. Solin [n] met mal à propos dans l'Isle de Naxos une Ville nommée STRONGYLE ; c'étoit l'Isle même à laquelle on avoit donné ce nom.

[m] *Lib. 4. c. 12.*
[n] *Cap. 11.*

4. STRONGYLE, Isle de la Mer de Lycie, selon Pline [o].

[o] *Lib. 5.*

5. STRONGYLE, ou STRONGYLAE. Sextus Aviénus met une Isle de ce nom

[p] *Ortelii Thesaur. c. 31.*

sur

136   STR.   STR.

Strophades cognominarunt homines
Infulas hujus causa, prius Plotas nominantes.

sur la Côte de l'Espagne Bétique.

STRONGYLUM, Cédréne, Zonare, Glycas & Procope, nomment ainsi un Fort bâti dans un des Fauxbourgs de Constantinople. Le dernier dit [a] : Ce Fort a été nommé Strongylon ; d'un nom qui a quelque rapport à sa figure qui est ronde. Le chemin qui conduisoit de ce Fort à Region étant haut & bas, & se trouvant rompu par les eaux & par la fange, toutes les fois que les pluyes étoient abondantes, Justinien le fit paver de grosses pierres & le rendit aisé & commode. Il étoit de la largeur qu'il falloit pour passer deux Chariots de front. Les pierres étoient fort dures, fort larges, fort épaisses & si bien jointes, qu'il sembloit que ce n'étoit qu'une seule pièce. STRONGYLUM & CHELANDIA [b] sont deux noms synonymes selon Onuphre, qui dit que Constantin Copronyme mourut dans ce Lieu.

STRONGYLUS, Montagne d'Asie, dans la Carmanie : Ptolomée [c] dit, que ce nom lui avoit été donné à cause de sa figure ronde. Le MS. de la Bibliothéque Palatine lit *Strongelus* pour *Strongylus*. C'est une des Branches du Mont Taurus ; & le nom moderne est *Techisanda* selon Castald.

STRONS, ou STRONZA, Isle de la Mer d'Ecosse [d], & l'une des Orcades. Cette Isle située à quatre milles de celle de Heth, en avançant au Nord & à l'Orient de l'Isle de Sanda, est fort connue des Pêcheurs Ecossois & Hollandois, qui s'y rafraîchissent ordinairement, à cause de la commodité de son Port ; lorsqu'ils vont pêcher vers les Isles de Schetland. On lui donne six milles de longueur, & trois milles de largeur. Son Terroir est très-fertile, & par conséquent fort peuplé. Elle se termine au Sud par une petite Presqu'Isle nommée *Rausin*, qui ne produit presque autre chose que de la matiére à faire des Tourbes, dont elle fournit toute l'Isle. Les Isles de Strons & de Heth n'ont qu'un seul Ministre pour elles deux.

STROPHADES, Isle de la Mer Ionienne [e], sur la Côte du Péloponnèse. Strabon les met vis-à-vis, & à l'Occident de la Ville *Cyparissia*, presque à quatre cens Stades du Continent ; & cette situation leur avoit fait donner le nom de *Cyparissiorum Insulæ*. Elles étoient au nombre de deux. Virgile [f] fait mention de ces Isles, qu'il dit habitées par la cruelle Celæno & par les Harpyes :

Servatum ex undis Strophadum me litora primum
Accipiunt. Strophades Grajo stant nomine dictæ
Insulæ Ionio in magno, quas dira Celæno
Harpyæque colunt.

Etienne le Géographe dit aussi que les Isles Strophades sont au nombre de deux. Quelques-uns selon Pline [g] les appelloient PLOTÆ ; & Apollonius donne à entendre qu'elles furent d'abord appellées *Plotæ*, & que dans la suite on les nomma *Strophadæ*, parce qu'elles flottoient & nageoient pour ainsi dire au milieu des Flots [h] :

. . . . Στροφάδας δὲ μετακλείουσ᾽ ἄνθρωποι
Νήσους τοῖο γ᾽ ἕκητι, πάρος Πλωτὰς καλέοντες.

[a] *Ædif. Lib. 4. c. 8.*
[b] *Orielii Thesaur.*
[c] *Lib. 6. c. 8.*
[d] *Délic. de la Gr. Br. p. 1425.*
[e] *Lib. 8.*
[f] *Aeneid. Lib. 3. v. 209.*
[g] *Lib. 4. c. 12.*
[h] *Apollonius Lib. 2. v. 296.*

Les Anciens feignoient que ces Isles étoient le refuge des Harpyes [i], dont le visage étoit de Femme & le Corps de Vautour. Les Grecs & les Italiens les appellent *Strofadi*, ou *Strivali*. Ce sont deux petites Isles fort basses, dont la plus grande n'a que trois à quatre milles de circuit ; mais dans un si petit espace elle ne laisse pas de porter une grande quantité de Fruits excellens. Les sources y sont si abondantes, qu'on ne sauroit presque planter un bâton en terre qu'il n'y sorte de l'eau. On dit que dans les Fontaines de cette Isle, il se trouve souvent des feuilles de Platane, quoiqu'il n'en croisse point-là, mais seulement dans la Morée, qui en est éloignée d'environ trente milles. C'est ce qui fait croire assez vraisemblablement que ces sources viennent de ce Pays-là par des Canaux souterrains que la Nature a formez sous les abîmes de la Mer.

Les Habitans des Isles Strophades ne se marient jamais, car il n'y en a point d'autres que des Caloyers ou Moines Grecs jusqu'au nombre de soixante ou quatre-vingt. Leur Couvent est bâti en maniére de Forteresse avec une Terrasse au-dessus garnie de bons Canons, & une Sarrasinesque à leur porte, par la crainte qu'ils ont des Corsaires. On dit néanmoins que les Turcs & les Corsaires de Barbarie respectent ces bons Vieillards, & qu'ils n'abordent leur Isle que pour y prendre de l'eau.

STROPHÆ, Peuples de la Babylonie : Ils dépendoient de l'Amordacie, ou Mordacée, selon Ptolomée [k], dont les Exemplaires Latins lisent *Strophades*, pour *Strophæ*.

STROPHIE, Fontaine de la Bœotie, à Thèbes. C'est le Scholiaste de Callimaque qui en fait mention [l].

1. STROUD, Riviére d'Angleterre, dans Glocestershire. Elle sort des Monts Cotteswolds, traverse la Province dans sa longueur, & va se jetter dans la Saverne. En suivant la grande route de Glocester à Bristol, après avoir marché sept milles, on passe la Riviére de Stroud, à côté d'un Bourg de même nom, où l'on teint du Drap en écarlate : l'eau de cette Riviére a une vertu particuliére pour faire une bonne teinture de cette couleur.

2. STROUD, Bourg d'Angleterre, dans Glocestershire, sur la Riviére de Stroud, entre Glocester & Bristol à sept milles de la premiére de ces Villes & à vingt-neuf milles de la seconde. Ce Bourg qui a droit de Marché est fort considérable. On y voit plusieurs Moulins à Foulon, & on y teint en écarlate.

STROVISI, VERDOGNA, & PIFANIA ; *Tympania* [m]; petite Ville de la Morée dans la Zacanie, aux confins du Duché de Clarence, à quinze lieues de Leondari vers l'Orient.

STRUCHATES, Peuples qu'Hérodote [n] met au nombre de ceux qui étoient compris sous le nom général de Médes.

STRUDÆ, nom d'un Marais de la Dalmatie, au voisinage du Drin, selon Nicephore Calliste [o] cité par Ortelius [p].

STRU-

[i] *Spon, Voyage de Dalmatie & de l'Archipel, t. 1.*
[k] *Lib. 5. c. 20.*
[l] *Ortelii Thesaur.*
[m] *Baudrand, Dict.*
[n] *Lib. 1.*
[o] *Lib. 17. c. 28.*
[p] *Thesaur.*

STRUGLE, ancien Château d'Angleterre, au Comté de Monmouth, sur le Chemin de Cardiff à Monmouth. On le trouvoit après avoir passé la Forêt de Went, *Wents-wood*; il subsistoit encore du tems de Camden; mais aujourd'hui il est en ruines. [a *Délic. de re la Gr. Br. p. 402.*]

STRUMETA, ou **STRUMITA**, Ville de la Turquie en Asie, dans l'Anatolie, dans la Province de *Menteseli*, sur une Montagne. Cette Ville située au bord de la Riviere de Mari près de son Embouchure dans la Mer de Caramanie, étoit autrefois considérable sous son ancien nom de *Mirè*, *Myra*, ou *Myrra*, & le Siège d'un grand Archevêché, qui avoit trente-six Suffragans. Mais présentement ce n'est qu'une petite Ville, ou une simple Bourgade. [b *Baudrand, Dict.*]

STRUMIZZA, *Tiberiopolis*, Place de la Turquie en Europe, dans la Bulgarie, vers la Côte de la Mer Noire, & près de Varne. Mr. Corneille dit que quelques-uns l'appellent *Stromizza*, & la placent dans la Grande Phrygie. Il sauve l'honneur de ses Auteurs en ne se nommant point. Ce qui m'étonne, c'est que Mr. Corneille n'ait point eu de peine à faire passer ainsi une Ville d'Europe en Asie, au travers de la Mer Noire. [c *Ibid.* d *Dict.*]

STRUMPITZA, Lieu que Cédrène paroît mettre dans la Thrace: Nicétas écrit *Strumitza* & Curopalate *Strobitza*. [e *Ortelii Thesaur.*]

STRUTHIA, Ville de l'Asie Mineure, dans la Phrygie: Etienne le Géographe la place aux confins de la Lycaonie.

STRUTHOPHAGI, Peuple de l'Ethiopie sous l'Egypte. Strabon qui place ce Peuple au voisinage des *Elephantophagi*, dit qu'il n'étoit pas bien nombreux. Selon Diodore de Sicile les *Struthophagi* habitoient au Midi des *Elephantophagi*. Agatharchide fait aussi mention de ces Peuples & des Guerres qu'ils avoient avec les Ethiopiens surnommez *Simi*. Ptolomée marque les *Struthophagi* à l'Occident des *Pechini*. Le nom de Struthophages leur avoit été donné, à cause qu'ils ne s'occupoient qu'à la Chasse des Autruches, dont ils faisoient leur nourriture ordinaire. Ils se servoient de leurs Peaux pour s'habiller, & pour en faire des couvertures. [f *Lib. 16. p. 772.* g *Lib. 3. c. 28.* h *Lib. 4. c. 8.*]

STRUTHOPODES, Pline dit que dans la partie Méridionale de l'Inde les hommes avoient la Plante du pied de la longueur d'une coudée, & que les femmes avoient le pied si petit qu'on les avoit nommez à cause de cela *Struthopodes*; c'est-à-dire, pieds d'Autruches. [i *Lib. 7. c. 3.*]

STRUTHUNTUM, Promontoire du Péloponnèse dans l'Argie. Quand vous avez passé Masès, dit Pausanias, vous trouvez sur la droite un chemin, qui vous mène au Promontoire de Struthunt. [k *Lib. 2. c. 36.*]

STRYBIA, nom qu'Etienne le Géographe donne à l'une des Isles Sporades.

STRYME, Ville de Thrace, selon Hérodote & Etienne le Géographe. Suidas fait de *Stryme*, ou *Stryma*, une Colonie des Thasiens, & une Place de commerce. S'il est vrai que c'étoit encore une Isle, comme il le dit, il falloit que cette Isle fût bien voisine du Continent; à moins qu'il n'entende une Isle du Lac d'Ismaride, qui séparoit Stryme de Maronée. On croit que les Habitans de cette derniére Ville avoient acquis quelque droit sur Stryme en qualité de Protecteurs ou de Bienfaicteurs, ce qui donna lieu à de fréquentes contestations entr'eux & les Thasiens, Fondateurs de Stryme. [l *Lib. 7.* m *Tourreil, Philip. de Demosth. Rem. sur la Lettre de Philippe.*]

STRYMON, Fleuve qui servoit autrefois de borne entre la Macédoine & la Thrace; selon le Périple de Scylax. Pline remarque la même chose, & ajoute, que ce Fleuve prend sa source au Mont Hæmus. Le Strymon, selon Etienne le Géographe, mouilloit la Ville d'Amphipolis, & donnoit le nom de *Strymonii* aux Peuples qui habitoient sur ses bords. Il avoit son Embouchure sur la Côte du Golphe qui par-delà avoit pris le nom de STRYMONICUS SINUS. Le nom moderne est *Stromona* selon Sophien: d'autres l'appellent *Marmara*, *Radini*, ou *Ischar*. [n *Lib. 4. c. 10.* o *Strabo. Excerpt Lib. 7.*]

STRYMONA, **STRYMONIUM**, petite Ville de la Turquie en Europe, dans la Macédoine, sur la Riviére de Stromona, à six lieuës de la Ville de Philippi, vers le Couchant. [p *Baudrand, Dict.*]

STRYMONII. Voyez STRYMON.

STRYMONIS. C'est l'un des noms que Pline donne à la Bithynie. [q *Lib. 5. c. 32.*]

STRYMONIUM. Voyez MIEZA.

STRYMONICUS-SINUS, Golphe de la Mer Ægée, sur la Côte de la Macédoine & de la Thrace, à l'Occident du Golphe Piérique. Sophien le nomme *Golfe de Monte Santo*, à cause du Mont Athos qui le sépare du Golphe Singitique; mais on lui donne communément le nom de *Golphe de Contese*. Etienne le Géographe semble l'appeller *Sinus Tyrrhenicus*, apparemment à cause des Peuples Tyrrheniens qui avoient habité sur ses bords. [r *In Verbo Διασια.*]

STUBERA. Voyez STYMBARA.

STUBN, Ville de la Haute Hongrie, à deux milles de Chremnitz, & à trois de Newsot. Il y a proche cette Riviére plusieurs Bains chauds fort estimés, & qui attirent quantité de monde. L'eau en est fort claire & sent le Souffre. Elle teint le Bois qui est dessus en verd & en noir, mais elle ne change pas si-tôt les Métaux. Les Sources en font sous terre, & passent par des trous qui ont été faits au fond des Bains. Il y en a sept tant pour les Nobles & Gentilshommes, que pour les Paysans & autres personnes peu considérables. Ils sont dans une plate Campagne entourez de Montagnes de toutes parts, dont les plus proches sont du côté de l'Orient; & c'est sur le sommet des mêmes Montagnes qu'on trouve des Mines de cuivre & d'argent. [s *Edouard Brown, Voyage de Komara.*]

STUCIA, Fleuve de la Grande-Bretagne: Ptolomée marque son Embouchure, sur la Côte Occidentale, entre *Cancanorum Promontorium*, & l'Embouchure du Fleuve *Tuerobis*. Le MS. de la Bibliothéque Palatine lit *Stuccia* au lieu de *Stucia*. Le nom moderne est *Seiont* selon Villeneuve; mais Camden, à qui je m'en rapporterois davantage en pareille matière, dit que ce Fleuve s'appelle présentement *Istuyth*. [t *Lib. 2. c. 3.* u *Ortelii Thesaur.*]

STUDII, Lieu de la Dalmatie, sur la Côte de la Mer, entre Spalato & Trau. C'est

C'eſt dans cet endroit que l'on voit les ruïnes de l'ancienne *Sicum*.

STUGARD. Voyez STUTGARD.

STUINUS. Voyez STOVINUS.

STULINGEN, Contrée d'Allemagne [a], avec titre de Landgraviat, dans le Comté de Furſtenberg, en Latin *Stulinga*. Elle eſt aux confins du Landgraviat de Nellembourg, & du Canton de Schafouſe, & faiſoit partie de l'ancien patrimoine des Comtes de Furſtenberg, auxquels ce Landgraviat eſt revenu, après avoir paſſé dans les Maiſons de Loupfen & de Papenheim. Frideric Rodolphe, fils puiſné de Chriſtophle II., Comte de Furſtenberg, & de Dorothée de Stemberg a fait la Branche de Stulingen.

[a] *D'Audifred, Géogr. t. 3.*

STULPINI, Peuples de la Liburnie. Pline [b] compte ces Peuples au nombre des quatorze Citez qui compoſoient la Nation. Le Pere Hardouin lit STLUPINI, parce que Ptolomée [c] appelle leur Ville Στλȣπι, *Stlupi*.

[b] Lib. 3. c. 21.
[c] Lib. 2. c. 17.
[d] *Ortelii Theſaur.*

STUMPIUM. [d] Le Continuateur de Glycas & Nicétas paroiſſent mettre une Ville de ce nom dans la Thrace. C'eſt la Ville *Stypium* de Cédrène, & celle de *Stipium* de Curopalate.

1. STURA, Néarque [e] appelle de la ſorte un des Bras du Fleuve Indus.

[e] *Peripl. ex Arriano, p. 4.*

2. STURA, Fleuve d'Italie, dans les Alpes. Ce Fleuve retient ſon ancien nom. Voyez STURA, N°. 6.

3. STURA. Voyez ASTURA, N°. 2.

4. STURA, ou STURE, Riviére d'Italie dans le Piémont. Elle prend ſes ſources dans la partie Orientale de la Vallée de Barcelonete [f], & ſe forme de deux principaux Ruiſſeaux, dont l'un vient du Mont de l'Argentiére, & mouille l'Argentiére & Bréſes, & l'autre vient du Val de Ferriére. En ſortant de la Vallée de Barcelonete, la Sture prend ſon cours vers l'Orient, & traverſe les Alpes, où elle baigne Pont Bernard, d. Pierre à Porc, g. Sambuc, g. les Planches, d. Vinay, g. Iſon, g. Demont, g. Vignolo g. & coule ainſi dans le Val de Sture & dans la Province de Coni, où après avoir arroſé la Ville de ce nom, d. elle reçoit à la droite le Torrent de Cetſo. Elle tourne alors vers le Nord Oriental, & après avoir paſſé à Caſtelleto, elle entre dans la Province de Foſſano, reçoit le Torrent de Cuſſea, d. mouille St. Albon, d. la Ville de Foſſano, g. après quoi elle paſſe dans la Province de Cheraſco, où elle ſe jette dans le Tanaro, au-deſſous de la Ville de Cheraſco.

[f] *De l'Iſle, Atlas.*

5. STURA, ou STURE, Riviére du Piémont, dans la Province de Turin. Elle a ſa ſource aux confins du Val de Morienne, dans la Montagne de Groſcaval, & prenant ſon cours vers le Midi Oriental, elle arroſe la Vallée de Sture, & enſuite le Val de Lanz, & ſe jette dans le Pô au-deſſous de la Ville de Turin, l'Embouchure de la Doria entre deux. Les principales Riviéres que reçoit la Sture ſont la *Chiara* & la *Seronda*, toutes deux à la droite. Dans ſa courſe elle mouille divers Lieux, entr'autres Forno, g. le Miglere, g. Serel, d. Almes, d. la Vaſa, d. Borgaro, d. Viu, g. Porcile, d. Lanz, g. Villa Nova, g. & Borgaro, g.

6. STURA, ou STURE, Riviére d'Italie, dans le Haut-Montferrat. Elle naît près & au Midi Oriental de Verrue, & prenant ſon cours vers l'Orient, elle arroſe Odalengo, g. Solengo, d. & va ſe perdre dans le Pô à Pondeſture, ou Pont-de-Sture, à quelques lieues au-deſſus de Caſal.

STURII, Peuples de la Baſſe-Germanie. Pline [g] les compte au nombre des Peuples qui habitoient les Iſles ſituées entre les Embouchures du Rhein, appellées *Helium*, & *Flevum Oſtium*. On croit qu'ils habitoient dans le Territoire de Staveren.

[g] Lib. 4. c. 15.

STURIUM, Iſle de la Mer Méditerranée, ſur la Côte de la Gaule Narbonnoiſe, ſelon Pline [h]. C'étoit une des petites Stœchades.

[h] Lib. 3. c. 5.

STURNI, Peuples de la Sarmatie Européenne: Ptolomée [i] dit qu'ils habitoient au Midi des *Vibiones*, & qu'ils s'étendoient juſqu'au Pays des *Alauni*.

[i] Lib. 3. c. 5.

STURNINI, Peuples d'Italie, dans la Calabre, ſelon Pline [k]. Le Pere Hardouin croit qu'il faut retrancher la premiére lettre & lire TURNINI, au lieu de STURNINI. Il ſe fonde ſur ce que Ptolomée [l] marque Τȣρνοι parmi les Villes Méditerranées de la Calabre.

[k] Lib. 3. c. 11.
[l] Lib. 3. c. 1.

STUSSAU, Paroiſſe & Juriſdiction du Pays des Griſons [m], dans la Ligue Haute ou Griſe, & dans la Communauté de Thuſis, dans un lieu fort élevé derriére Cepina, où des Gentilshommes de la Maiſon des Trivulces ont quelques droits.

[m] *Etat & Délices de la Suiſſe, t. 4. p. 26.*

STUTGARD, Ville d'Allemagne, dans la Suabe, la Capitale du Duché de Wirtemberg, & la demeure du Duc. Elle eſt ſituée aſſez proche du Neckar, à demi-lieue de Conſtad, à ſix lieues de Tubinge, & environnée de Vallées & de Montagnes fort hautes, avec pluſieurs beaux Jardins tout à l'entour. Cette Ville a trois Fauxbourgs, cinq Portes, trois Temples, outre celui du Château du Duc. Ce Château a trois Montées faites en Caracol, dont la principale eſt ſi large que deux hommes à cheval y peuvent monter enſemble, juſqu'au Poïle du Tournoy, qu'on appelle ainſi à cauſe qu'on y fait des Tournois & des Carouſels, quoique ce ſoit la Sale, où mangent les Gentilshommes du Duc, outre les Tables qu'on dreſſe ſouvent pour deux ou trois cens perſonnes étrangéres & autres, avec pluſieurs autres Sales beaucoup plus grandes. Du côté de l'Orient eſt un Pont qui donne entrée aux Jardins du Duc, où l'on voit près du Foſſé une Voliére pleine de toutes ſortes d'Oiſeaux comme en un Bocage. Il y a dans le Foſſé une fort grande quantité de Poiſſons, de Cignes, & d'autres Oiſeaux de Riviére; & dans la partie du Foſſé qui regarde le Jardin, & qui manque d'eau ſont force Chevreuils avec leurs couverts, & leurs gîtes pour la nuit. On y voit auſſi proche des Jardins un Théâtre à pluſieurs fénêtres, & delà une grande Cour couverte de ſable pour les combats à cheval, avec des Lices & des Carriéres pour courir la Bague. Le même Jardin renferme une Maiſon où l'on voit quantité de Tableaux, de Portraits, de Statues & d'Antiquitez, des Labyrinthes, un Mont d'Olivet, des

Fontaines

STY.

Fontaines avec leurs tuyaux de bronze, des Grenouilles, des Lezards, des Serpens d'airain, qui jettent de l'eau par la gueule & par la queue; des Paysans & des Paysannes de Fonte qui dansent à la rustique une Chasse de diverses Bêtes faites d'airain, & près delà une Tour d'où l'on puise de l'eau par une Roue qui la décharge dans un Canal de plomb, d'où elle passe dans un Vaisseau de bronze, après quoi elle est reçue dans un autre Canal, & coule delà par les Jardins. Avant que d'entrer dans le Château, on voit à main gauche le superbe Bâtiment de la Chancellerie du Prince.

STYBARENI. Voyez TIBARENI.

STYELLA, Lieu de la Sicile, dans la Mégaride. C'étoit un Lieu fortifié ou un Château selon Ortelius [a], qui ne cite point son Garant. [a Thesaur.]

STYGIS-AQUÆ, Fontaine de l'Arabie Heureuse: Ptolomée [b] la marque près du Mont Climax, & dans les Terres. Cette Fontaine donnoit sans doute le nom à la Ville, que le même Auteur appelle STYGIS AQUÆ FONS; car la Fontaine & la Ville se trouvent marquées des mêmes nombres. Voyez STYX. [b Lib. 6. c. 7.]

STYGIUS. Voyez PENEUS.

STYLANGIUM. Voyez TYLANGIUM.

STYLIDA. Voyez COLUMNA REGIA.

STYLLAGIUM. Voyez TYLANGIUM.

STYMBARA, Ville de la Macédoine. Strabon [e] en fait une Ville des Deuriopes; & il y a apparence que c'est la Ville *Stubera* de Tite-Live, & la Ville *Styberra* de Polybe. [e Lib. 7.]

STYMPHA, Montagne où Strabon dit que l'Arachtus, Fleuve de l'Epire, avoit sa source. Voyez TYMPHA & STYMPHALIS.

STYMPHÆÆ, & PARYAEÆ. Noms de deux Rochers qu'Arrien [d] met quelque part dans la Macédoine. C'est peut-être ce que Strabon appelle la Montagne STYMPHA. Voyez ce mot. [d 1. Alex. p. 19.]

STYMPHALIA, Contrée de la Macédoine: Ptolomée [e] y place la Ville Gyrtona. Voyez STYMPHALIS. [e Lib. 3. c. 13.]

STYMPHALIS, Ville de la Macédoine, selon Tite-Live [f]. Elle pouvoit être dans la Stymphalia de Ptolomée; mais le nom de la Ville & celui de la Contrée sont également suspects à Mr. Paulmier, qui ne connoît de Ville nommée Stymphale que dans l'Arcadie. Au lieu de Stymphalis & de Stymphalia, il voudroit lire dans Tite-Live STYMPHÆIS, & dans Ptolomée *Stymphæa*, & appeller les Habitans *Stymphæi*, ou simplement *Tymphæi*, comme les nomme Strabon. Cette correction semble être appuyée par Strabon & par Arrien, dont le premier place dans la Macédoine une Montagne nommée *Stympha*, & l'autre un Rocher appellé *Stymphæa*. [f Lib. 45. c. 30.]

STYMPHALUS, Ville du Péloponnèse, dans l'Arcadie, aux confins de l'Argolide, sur le bord d'un Lac de même nom. Homére & Hésyche écrivent Στύμφηλος, *Stymphelus*. Il semble qu'il y avoit aussi un Montagne nommée STYMPHALUS. Strabon [g] cependant la passe sous silence, lorsqu'il décrit les Montagnes de l'Arcadie; & Hésyche n'en parle point affirmativement, car il [g Lib. 8.]

STY. 139

dit: Στύφηλος, Πολις ή Όρος Άρκαδίας, *Stymphelus*, *Urbs aut Mons Arcadiæ*. Mais Ptolomée [h] compte STYMPHALUS au nombre des Montagnes du Péloponnèse, & une Ville de meme nom parmi celles de l'Arcadie. Le Lac étoit au pied d'une Montagne, selon Pline, & sur le bord du Lac étoit la Ville *Stymphalus*, qu'il nomme *Stymphalum*. Dans le Scholiaste d'Apollonius [i] la Ville est appellée *Stymphalus*, & le Lac *Stymphalis*. Ovide [k] en parlant du Lac, dit *Stymphalides undæ*; & Polybe [l] appelle la Contrée *Stymphalia*, & les Habitans *Stymphalii*. Strabon compte Stymphalie parmi les Villes détruites. Le Fleuve qui sortoit du Lac portoit aussi le nom de *Stymphalus*, jusqu'à l'endroit où il se cachoit sous terre; mais lorsqu'il reparoissoit dans l'Argie, il prenoit celui d'*Erasinus*. Pausanias [m] décrit ainsi la Ville, le Lac, & le Fleuve de Stymphalus. [h Lib. 3. c. 16.] [i Ad Lib. 2. v. 1055.] [k Fast. v. 27.] [l Lib. 2. c. 55.] [m Lib. 8. c. 22.]

Le Mont Géronte étoit comme une Barriére entre les Phénéates, & ceux de Stymphale. Ces derniers n'étoient plus censez du Corps Arcadique depuis qu'ils s'en étoient volontairement séparez pour ne plus dépendre que des Etats d'Argos. Cependant Homére témoigne qu'ils étoient originairement Arcadiens, & on sait d'ailleurs que Stymphale leur Fondateur étoit Petitfils d'Arcas; ce n'est pas qu'Arcas eût été le Fondateur de Stymphale, qui subsistoit du tems de Pausanias; mais il en avoit bâti une autre qui ne subsistoit plus. Ces Peuples prétendoient que Temenus avoit habité l'ancienne Stymphale, qu'il y avoit élevé Junon, & qu'il lui avoit bâti ensuite trois Temples sous divers noms, suivant les trois états, où il l'avoit vue; l'un à Junon Enfant, l'autre à Junon Femme de Jupiter, & le troisième à Junon Veuve, après qu'elle eut fait divorce avec Jupiter, & qu'elle se fut retirée à Stymphale. Voilà ce qu'ils disoient; mais cela n'a rien de commun avec la Nouvelle Stymphale, dont il s'agit ici. Aux environs de cette Ville il y avoit une Fontaine, dont l'Empereur Hadrien avoit fait venir l'eau jusque dans Corinthe. Cette Fontaine formoit à Stymphale durant l'Hyver, une espéce de petit Lac, d'où le Fleuve Stymphale se grossissoit. L'Eté ce Lac étoit ordinairement à sec, & pour lors c'étoit la Fontaine qui fournissoit de l'eau à ce Fleuve, lequel à quelque distance de-là se précipitoit sous terre, & alloit reparoître dans les Terres des Argiens, non plus sous le nom de Stymphale, mais sous le nom d'Erasinus. On disoit que sur les bords du Stymphale, il y avoit autrefois des Oiseaux carnassiers qui vivoient de la chair humaine, & qu'Hercule les tua tous à coups de fléches. Pisandre de Camire dit, qu'il ne fit que les chasser par le bruit des Cymbales. Les Deserts d'Arabie, qui engendrent tant de fortes de Bêtes, avoient aussi des Oiseaux nommés Stymphalides, qui ne font guère moins à craindre pour les hommes, que les Lions & les Léopards, car lorsqu'ils étoient poursuivis par les Chasseurs, ils fondoient tout à coup sur eux, les perçoient de leurs becs, & les tuoient. Le Fer & l'Airain étoient de foible résistance, mais il y avoit dans le Pays une écorce

S 2   d'Arbre

d'Arbre fort épaisse, dont on se faisoit des habits; le bec de ces Animaux rebouchoit contre, & s'y embarrassoit de la même manière que les petits Oiseaux se prennent à la glu. Les Stymphalides étoient de la grandeur des Grues, & ressembloient aux Cicognes, avec cette différence, qu'ils avoient le bec beaucoup plus fort, & qu'ils ne l'avoient pas recourbé. Je ne puis point décider, dit Pausanias, s'il y a eu autrefois en Arcadie des Oiseaux de même nom que ceux qui se voyent aujourd'hui dans l'Arabie, quoique d'une forme différente; mais supposé, ajoute le même Pausanias, que l'espéce des Stymphalides soit unique, & qu'elle ait toujours existé comme celle des Eperviers, des Aigles & des autres Oiseaux: je me persuade que les Stymphalides sont des Oiseaux d'Arabie, dont quelques-uns auront volé vers les rives du Stymphale, & que dans la suite la gloire d'Hercule & le nom des Grecs beaucoup plus célébre que celui des Barbares, aura fait appeller ces Oiseaux Stymphalides dans l'Arabie même, au lieu qu'auparavant ils avoient un autre nom.

A Stymphale il y avoit un vieux Temple de Diane, surnommée aussi Stymphalie. La Statue de la Déesse étoit de bois, & dorée pour la plus grande partie. La voute du Temple étoit ornée de Figures d'Oiseaux Stymphalides. On ne voyoit pas bien d'en bas si ces Oiseaux étoient de bois ou de plâtre. Sur le derriére du Temple on voyoit des Statues de Marbre blanc qui représentoient de jeunes filles avec des cuisses & des jambes d'Oiseaux. On disoit que les Habitans de Stymphale avoient éprouvé la colère du Ciel d'une manière terrible. La Fête de Diane étoit négligée; on n'y observoit plus les cérémonies prescrites par la Coûtume. Un jour l'Arcade qu'on avoit faite pour l'écoulement des eaux du Stymphale se trouva tout à coup engorgée au point que l'eau venant à refluer inonda toute la Campagne l'espace de plus de quatre-cens Stades. Un Chasseur qui couroit après une Biche se laissant emporter à l'envie d'avoir sa proye se jetta à la nage dans ce Lac, & ne cessa de poursuivre l'animal, jusqu'à ce que tombés tous deux dans le même gouffre ils disparurent & se noyérent. Les eaux se retirerent à l'instant, & en moins d'un jour la Terre parut séche. Depuis cet événement la Fête de Diane se célébra avec plus de pompe & de dévotion.

STYMPHELUS. Voyez STYMPHALUS.

STYMPHIUM, Lieu du Péloponnése. Diodore de Sicile paroit placer ce Lieu au voisinage d'Argos. Il pourroit se faire que ce seroit la même chose que STYMPHALUS. Voyez ce mot.

STYPIUM. Voyez STUMPIUM.

STYRA, Ville de l'Eubée, au voisinage de la Ville Carystus, selon Strabon [a]. Etienne le Géographe copie Strabon dans cet endroit; Thucydide nomme les *Styrenses*, avec les Chalcidiens & les Carystiens. Pausanias [b] dit que les Habitans de Styra étoient Dryopes d'origine, & du nombre de ceux qui, parce qu'ils avoient leurs habitations hors des Murs de leur ancienne Ville du Mont Parnasse, ne combattirent point contre Hercule & ne vouloient pas qu'on les appellât Dryopes. Cette Ville est appellée STYRAX par Hésyche.

STYRACIUM, Montagne de l'Isle de Créte, selon Etienne le Géographe.

STYRAX. Voyez STYRA.

STYREI, Peuples de la Gréce. Hérodote [c] qui fait mention de ce Peuple, lui donne une certaine Isle nommée *Aegialia*. Ce nom National de *Styrei*, venoit de *Styra*, que quelques-uns écrivent *Stirea*. Voyez STIREA.

1. STYX, Fleuve du Péloponnése, dans l'Arcadie, au Territoire de Nonacris. Il sortoit du Lac Phénée. Pausanias nous a donné la Description de ce Fleuve & rapporte les endroits d'Homére & d'Hésiode où il en est parlé. Près des ruines de Nonacris, dit Pausanias [d], une partie de la Montagne Chélydorée s'éleve prodigieusement, & de son sommet dégoute sans cesse une eau que les Grecs nomment l'eau de Styx. Hésiode dans sa Théogonie, car quelques-uns lui attribuent cet Ouvrage, fait Styx fille de l'Océan & femme de Pallas; l'on prétend que Linus dit quelque chose de semblable dans ses Poësies. Pour moi, dit Pausanias, j'ai lu avec soin ces Ouvrages, & je les tiens tous deux supposez. Mais Epiménide de Créte dit aussi que Styx fut fille de l'Océan, & il ajoute que mariée à Piras, (on ne sait pas trop qui étoit Piras,) elle enfanta l'Hydre. Pour Homére c'est de tous les anciens Poëtes celui qui a le plus souvent employé le nom de Styx dans ses vers, témoin cet endroit où il exprime ainsi le serment que fait Junon.

J'en atteste le Ciel, la Terre & les Enfers,
J'en atteste de Styx l'eau qui tombe sans cesse.

Il semble qu'en homme qui avoit vu les Lieux, le Poëte ait voulu décrire l'eau qui dégoute continuellement de ce Rocher. Dans un autre endroit en faisant le dénombrement de ceux qui avoient suivi Gunéus, il parle du Fleuve Titarésius, & en parle comme d'un Fleuve qui étoit formé des eaux du Styx. Enfin quand il nous représente Minerve se plaignant à Jupiter, & lui reprochant qu'il a oublié que c'est par elle & par son secours qu'Hercule étoit si heureusement sorti des travaux qui lui avoient été imposez par Eurysthée, il fait de Styx un Fleuve qu'il place dans les Enfers. L'eau qui dégoutoit de ce Rocher près de Nonacris, après s'être fait une route à travers une grosse roche fort haute tomboit dans le Fleuve Crathis. Cette eau étoit mortelle aux hommes, & à tout Animal, & les Chévres mouroient lors qu'elles en avoient bu, mais on fut de tems à s'en appercevoir. Une autre qualité fort surprenante de cette eau, c'est qu'aucun Vase soit de verre, soit de crystal, soit de terre cuite, soit même de Marbre ne pouvoit la contenir sans se casser. Elle dissolvoit ceux qui étoient de corne ou d'os, elle dissolvoit même le Fer, le Cuivre, le Plomb, l'Estaim, l'Ambre, l'Argent & même l'Or, quoiqu'au rapport de Sapho la rouille ne l'altére jamais, ce qui

[a] Lib. 10.
[b] Lib. 4. c. 34.
[c] Lib. 6. & 8.
[d] Lib. 8. c. 17. & 18. de la Traduction de Mr. l'Abbé Gedoyn.

qui eſt auſſi confirmé par l'expérience. Cette même eau de Styx n'agiſſoit point ſur la corne du pied des Chevaux. Un Vaſe de cette matiére étoit le ſeul, où l'on en pût garder, & qui réſiſtât à ſon impreſſion. J'ignore, dit Pauſanias, ſi Alexandre Fils de Philippe fut empoiſonné avec cette eau, mais je ſai ſeulement qu'on l'a dit.

Les Poëtes ont fait du Styx un Fleuve d'Enfer [a]. Le jurement ſolemnel des Dieux étoit par les eaux du Styx. La Fable dit que la Victoire Fille du Styx, ayant ſecouru Jupiter contre les Géans, il ordonna par reconnoiſſance que les Dieux jureroient par ſes eaux, & que s'ils ſe parjuroient ils ſeroient privez de vie & de ſentiment pendant neuf mille ans. Servius rend raiſon de cette Fable, en diſant que les Dieux étant bienheureux & immortels jurent par le Styx qui eſt un Fleuve de Triſteſſe & de Douleur, comme par une choſe qui leur eſt entiérement contraire ; ce qui eſt jurer par forme d'exécration. Héſiode raconte dans ſa Théogonie que lorſqu'un des Dieux a menti Jupiter envoye Iris pour apporter de l'eau du Styx dans un Vaſe d'or ou ſur lequel le Menteur doit jurer ; & s'il ſe parjure, il eſt une année ſans vie & ſans mouvement ; mais c'eſt pendant une grande année qui contient pluſieurs millions d'années.

[a] Danet, Dict. des Antiq. Rom.

2. STYX, Marais de la Theſſalie : Pline dit que le Fleuve Titareſſus y prenoit ſa ſource, ce qui eſt en quelque ſorte confirmé par Homère qui appelle ce Fleuve Titaréſius.

3. STYX, Fontaine de la Macédoine, ſelon Quinte-Curſe qui pourroit bien par-là entendre le Marais Styx que Pline met dans la Theſſalie, ou bien le Fleuve Styx dans l'Arcadie. Quinte-Curſe [b] ajoute : On aſſure que le Poiſon qui fut donné à Alexandre, & qui s'engendre en Macédoine eſt ſi pénétrant qu'il perce & mange même le Fer, & ne ſe peut porter que dans la corne du pied d'un Mulet. Ils appellent Styx la Fontaine d'où coule cette mortelle liqueur.

[b] Lib. 10. c. 10.

S U.

SU, Ville de la Chine [c], dans la Province de Kiangnan, au Département de Fungyang ſeconde Métropole de la Province. Elle eſt de 1. d. 15′. plus Orientale que Peking, ſous les 34. d. 3′. de Latitude Septentrionale. Cette Ville eſt munie d'une Forterèſſe.

[c] Atlas Sinenſ.

SUA, Royaume d'Afrique, dans l'Abiſſinie. Il a été ainſi appellé du mot Sua, qui dans la Langue du Pays, ſignifie le cœur de l'Empire, parce qu'il n'y a guère qu'un Siècle que ſes Empereurs l'avoient choiſi pour demeure principale. Le Royaume de Sua, ſelon Davity [d], n'eſt pas celui de Xoa, auquel Sanut donne pour bornes au Nord & au Couchant le Royaume d'Amara, au Midi celui de Damout, & au Levant les Pays de Fagar, Gamu, Granze, Ogia & Gorage. La raiſon qu'il en apporte c'eſt qu'il ne s'avance pas depuis Damout vers l'Égypte.

[d] Etats du Grand Negus, p. 489.

SUABE, prononcez SOUABE, Province d'Allemagne que ceux du Pays nomment Schawben, & les Latins Suevia. C'eſt un des ſix Cercles de l'Empire. [e] La Suabe a été ainſi nommée des Suéves, Peuples de la Germanie Septentrionale, qui faiſoient partie des Windiles ; & qui s'étant avancez vers le Mein ſous les derniers Empereurs Romains, s'établirent dans une partie du Pays qui étoit habité par les Allemans, & qu'ils étendirent depuis juſqu'aux Alpes ; ils furent d'abord gouvernez par des Rois qui n'étoient proprement que leurs Chefs. Alaric, & Adalgéric en furent chaſſez par Clovis après la Bataille de Zulp, mais ils furent rétablis par la médiation de Théodoric Roi d'Italie, à condition qu'ils payeroient Tribut & qu'ils ne pourroient plus prendre le Titre de Roi, mais qu'ils gouverneroient conjointement avec des Comtes François ; ce Pays fut enſuite du partage de Thierri fils aîné de Clovis, & il demeura ſous l'obéïſſance des Rois de France de la première race ; Villehaire Duc de Suabe ſe révolta ſous Charles Martel qui le ramena à ſon devoir. Charlemagne y établit des Officiers de ſa Maiſon pour Gouverneurs, & leurs Succeſſeurs profitant de la foibleſſe des Rois uſurpèrent la Souveraineté ; Burcard le Vaillant étoit Duc de Suabe ſous Conrad premier Roi de Germanie. Burcard ſecond fut tué à la Bataille que l'Empereur Othon premier gagna ſur les Hongrois près d'Augsbourg le dixième d'Août 955. Ludolph fils puîné de cet Empereur ſuccéda à Burcard, & eut pour ſucceſſeur Burcard troiſième après lequel régna Othon Fils de Ludolph ; Herman premier fut enſuite Duc de Suabe, il fut Pere d'Herman ſecond, lequel étant mort ſans enfans, l'Empereur Henri ſecond en inveſtit Erneſt petit-fils d'Albert, Comte de Bamberg, qui avoit épouſé Giſelle fille d'Herman premier. De ce mariage vinrent deux Gemeaux Erneſt le Mutin, & Herman. Erneſt ſe révolta contre l'Empereur Conrad ſecond, & fut tué en 1027. dans une Forêt, où les Troupes Impériales le pourſuivoient. Herman troiſième ſon frere lui ſuccéda, & mourut de la Peſte le 3. de Mars 1039. en revenant d'Italie. Comme il mourut ſans enfans, l'Empereur Henri troiſième donna le Duché de Suabe à Othon Comte Palatin du Rhin, après lequel il fut poſſédé par Othon Marquis de Schweinfurt, enſuite l'Empereur Henri quatre en pourvut Rodolphe Comte de Rheinfeld ſon beau-frere, qu'il en priva enſuite en 1078. après avoir défait proche de Wurtsbourg le premier de Juillet 1077. La cauſe de la guerre étoit que Rodolphe avoit oſé prendre le titre d'Empereur, & ſe faire couronner à Mayence, ſur une excommunication que le Pape Grégoire VII. avoit fulminée contre Henri. Rodolphe remit des Troupes ſur pied, & gagna la ſeconde Bataille qui ſe donna dans la Saxe le 7. d'Août 1078. L'Empereur en fut ſi outré qu'il donna le Duché de Suabe à Fridéric Comte de Hohenſtauffen, & le maria avec ſa fille nommée Agnès. De cette alliance vint Conrad qui fut élu Empereur à Coblentz & couronné à Aix-la-Chapelle par le Cardinal Théodoric Légat du

[e] D'Audif. fred. Géogr. t. 3. p. 193.

du Pape le 22. Mars 1138. il eut deux Fils de Gertrude Comtesse de Sultzbac, Henri qu'il avoit associé à l'Empire, avant que d'aller en Syrie, & qui mourut pendant son absence, & Fridéric que la Peste enleva durant le Siège de Rome, sous l'Empereur Fridéric premier son cousin qui fut son Successeur. Ce dernier laissa de Béatrix fille de Renaud Comte de Bourgogne, qu'il épousa en secondes nôces, Henri sixième qui lui succéda à l'Empire, Fridéric Duc de Suabe, Othon Comte de Bourgogne, Conrad qui fut Duc de Suabe après la mort de Fridéric son frere, & Philippe Duc de Toscane qui fut élu Empereur après la mort d'Henri sixième, & qui ne laissa que des filles. Fridéric second fils d'Henri sixième parvint à l'Empire après Othon quatrième, & eut d'Yoland de Brienne l'Empereur Conrad troisième qui laissa d'Elizabeth, fille d'Othon Duc de Baviére, un fils unique nommé Conradin qui voulant recouvrer le Royaume de Sicile, dont le Pape Urbain IV. avoit investi Charles Comte d'Anjou frere de S. Louis, fut battu & fait prisonnier par ce Prince qui lui fit trancher la tête à Naples le 26. Octobre en 1269. La Maison de Suabe étant éteinte en lui, le Duché de Suabe fut réuni à l'Empire. Il est vrai que l'Empereur Rodolphe premier en investit Rodolphe son fils aîné en 1288. mais Jean Fils unique de Rodolphe ayant assassiné l'Empereur Albert premier son oncle, fut privé de ce Duché, & depuis ce tems-là les Archiducs d'Autriche ont pris seulement la qualité de Princes de Suabe.

On divisoit ci-devant la Suabe en plusieurs Contrées, dont les noms ne sont plus en usage : de sorte que pour bien faire la différence des divers Etats dont elle est composée, il vaut mieux la diviser en Suabe Autrichienne & Suabe Imperiale; & pour plus grande clarté je distinguerai les Etats Séculiers, comme Princes, Comtes & Villes, & les Etats Ecclésiastiques, comme Evêques, Prélats & Abbez qui y ont part.

Suabe Autrichienne, ou Pays Antérieurs d'Autriche :
- Il n'y a dans la Suabe Autrichienne que des Etats Séculiers, Princes ou Comtes :
  - Les Ducs de Wurtemberg :
    - Le Duché de Wurtemberg :
      - Stutgard,
      - Tubingue,
      - Schorndorst,
      - Kalbe,
      - Leonberg,
      - Sultze,
      - Nurting,
      - Waibling,
      - Wurtemberg,
      - Teck,
      - Kircheim,
      - Aurach, ou Urach,
      - Hohentwiel,
      - Dutlingue,
      - Haidenheim,
      - Goeppingue,
      - Neustad,
      - Weiltingue,
      - Freudenstad,
      - Ludwigsbourg,
      - Wildbad,
      - Bollerbad.
  - Les Princes de Hohenzollern :
    - La Principauté d'Hohen-Zollern :
      - Zollern,
      - Sigmaringue,
      - Hechingue,
      - Haigerloch,
      - Veringue.
  - Le Prince & les Comtes d'Oettingen :
    - Le Comté d'Oettingen :
      - Oettingen,
      - Wallerstein.
  - Les Princes & Comtes de Furstenberg :
    - Le Comté de Furstenberg :
      - Furstenberg,
      - Donesching,
      - Stulingue,
      - Heiligenberg,
      - Trochtelsingue,
      - Moeskirch,
      - Le Kintzinger-thal.
  - L'Archiduc d'Autriche :
    - Le Comté de Burgow : Burgow, Guntzberg.
    - Le Comté de Montfort.
    - Le Comté de Bregentz.
    - Le Comté de Feldkirch.
    - La Ville de Constance.
    - La Seigneurie de Nellenbourg.
    - Le Comté de Hohenberg.
    - Quelques Villes sur le Danube.
    - Rheinfelden,

Sec-

S U A.   S U A.   143

		Les quatre Villes Forestiéres:	Seckingen, Lauffenbourg, Waldshut.
Etats Séculiers, Princes, Comtes, Barons & Villes libres:	Le Duc de Baviére:	La Principauté de Mindelheim, La Seigneurie de Wiefenfteig.	
	Les Barons de Rechberg:	La Baronnie de Rechberg.	
	Les Comtes de Papenheim:	Le Comté de Papenheim.	
	Les Comtes de Fugger:	Le Comté de Weiffenhorn, & d'autres Terres entre le Lech & l'Iler.	
	Les Comtes de Zintzendorff:	La Seigneurie de Tanhaufen.	
	Les Barons de Friedberg:	La Seigneurie de Juftingue.	
	Les Truchfes de Waldbourg:	Des Terres partie fur le Danube près d'Hohen-Zollern, partie fur l'Iler, près de Memmingen.	
	Les Comtes de Kœnigfeck:	Des Terres entre le Comté de Waldbourg & le Sud du Danube.	
	Les Comtes de Montfort:	La Seigneurie de Tetnang.	
	Les Comtes d'Hohen-Ems:	Le Comté d'Hohen-Ems.	
	Les Princes de Schwartzenberg:	Le Kletgow.	
	. . . . . . :	La Seigneurie de Geroldfeck,	
	Les Ducs de Wurtemberg, les Margraves de Bade, les Comtes de Wolckenftein & de Gronfeld, & l'Evêque de Spire:	Le Comté d'Eberftein, qui a été partagé entr'eux.	
	La Ville d'Ulm pour la plus grande part:	Le Comté de Helffenftein.	
SUABE IM-	Augsbourg, Ulm, Memmingen, Kempten, Lindau, Uberlingen, Rothweil, Eslingen, Hailbron, Nordlingue, Dunckelfpiel, Leutkirck, Kaufbeuren, Isny, Wangen, Buchorn, Ravensbourg, Biberach, Pfullendorff, Buchau, Gengenbach, Offenbourg,	Villes libres.	

Zell

144 SUA. SUA.

PE'RIALE :
- Zell fur Hammersbach,
- Weil,
- Reutlingen,
- Wimpfen,
- Hall en Suabe,
- Gemund en Suabe,
- Alen,
- Bopfingen,
- Gingen.

L'Evêque d'Augsbourg : Dillingen.

L'Evêque de Constance :
- Les bords du Lac de Constance,
- L'Isle de Reichenaw,
- Mersbourg.

L'Abbé Prince de Kempten : . . . .

Le Prévôt Prince d'Elwangen, aujourd'hui l'Archevêque de Trèves : Elwangen.

Etats Ecclésiastiques, Evêques, Abbez, Prévôts & Abbesses.

Prélats Immédiats :
- L'Abbé de Marethal,
- L'Abbé d'Elchingue,
- L'Abbé de Salmansweiler,
- L'Abbé de Weingarten,
- L'Abbé d'Ochsenhausen,
- L'Abbé d'Irsingen,
- L'Abbé de Petershausen,
- L'Abbé d'Usberg,
- L'Abbé de Munchrode,
- L'Abbé de Roggenbourg,
- L'Abbé de Weissenau,
- L'Abbé de Schussenried,
- L'Abbé de Wettenhausen,
- L'Abbé de St. Udalric, & Afré,
- L'Abbé de St. George,
- L'Abbé de Gegenbach.

Abbesses Immédiates :
- L'Abbesse de Buchau,
- L'Abbesse de Lindau,
- L'Abbesse de Rotenmunster,
- L'Abbesse de Guttenzell,
- L'Abbesse d'Heggenbach,
- L'Abbesse de Baindt.

Quelque grande que soit la Suabe, le Cercle auquel elle donne son nom a encore une plus grande étendue. Ce Cercle renferme,

Le Duché de Wurtemberg,
Le Margraviat de Bade,
La Principauté de Hohen-zollern,
La Principauté d'Oettingen,
La Principauté de Mindelheim,
L'Evêché d'Augsbourg,
L'Evêché de Constance,
L'Evêché de Coire,
Les Comtez de l'Empire,
Les Abbayes immédiates,
Les Villes libres.
} Situez en Suabe.

L'Evêque de Constance & le Duc de Wurtemberg sont les Directeurs de ce Cercle, dont le Contingent est de trois cens quarante-trois Cavaliers, & de deux mille six cens quarante florins par mois.

SUAHYLA, petite Ville d'Afrique, selon Marmol, qui la met à quatre lieues de la Province de Sugulmesse, sur la Frontière de la Libye. Ce n'est, à proprement parler, qu'un Château que les Arabes du Desert ont bâti pour enfermer leurs meubles & leurs vivres, & pour le mettre à couvert en leur absence. La Rivière de Zis qui passe tout contre, se répand de là dans les sablons du Zachara, où elle forme un grand Lac. Il n'y a ni terres labourables, ni jardins, ni choses d'aucun rapport autour de Suahyla, de sorte qu'on n'y voit que des pierres & des sables noirs [a]. [a] Marmol, Hist. d'Afriq. t. 3. c. 27.

SUAGELA, Ville de la Carie, selon Etienne le Géographe.

SUANA. Voyez SUANENSES.

SUANAGURA, Ville de l'Inde au delà du Gange: Ptolomée [b] la compte au nombre des Villes voisines de ce Fleuve. [b] Lib. 7. c. 2.

SUANE, [c] Province de l'Amérique Méridionale: elle s'étend jusqu'à la Rivière du Grand Kaketa & comprend toutes les Campagnes qui sont sur l'autre rivage au côté du Nord du Fleuve des Amazones. Elle a l'avantage de porter de l'or dans ses entrailles. La Montagne qui le produit est vers le 2. degré de Longitude Australe, & à 317. degrés de Latitude. Cette Montagne est à deux cens lieues de la Ville de Saint Thomas, Colonie des Espagnols dans l'Orenoc à quarante lieues de la Mer Atlantique, & de la Rivière qui en arrose le pied, & que les Naturels du Pays appellent Rivière de l'Or, en entraîne beaucoup en forme de grains. Elle se rend dans l'Yoputa autre Rivière considérable qui se jette dans le grand Fleuve des Amazones du côté du Nord à trois degrés de Latitude Méridionale, & à une très-grande distance des sources de ce même Fleuve. [c] Le Comté de Pagan, Rel. Géogr. du Fleuve des Amazones.

SUANENSES, Peuples d'Italie dans la Tos-

SUA.　　　　SUA. 145

Toscane, selon Pline [a]. Leur Ville se nommoit SUANA : elle est connue de Ptolomée [*].

SUANES, ou SOUANES, [b] Peuples d'Asie. Ils habitent dans les Montagnes du Caucase entre les Tartares Circasses & les Royaumes d'Imeréti & de Carduel. On assure que les Suanes ont embrassé le Christianisme, & que ce sont les plus civilisez de tous ceux qui ont leur demeure dans le Caucase, & qu'ils ont l'art de faire de la Poudre, & des Arquebuses dont ils se servent fort adroitement. Ils descendent par troupes en Eté pour aller travailler dans la Georgie, d'où ils se retirent au commencement de l'Hyver pour regagner leurs Montagnes, où ils vivent indépendemment de toute Puissance étrangère.

SUANETES, Peuples que Pline [c] met parmi ceux des Alpes, qui furent subjuguez par Auguste. Le Pere Hardouin soupçonne que les *Suanetes* sont les mêmes que les *Sarunetes* que le même Auteur place autour des sources du Rhein. Ce sentiment est d'autant plus probable que les *Suanetes* de Pline sont les *Suanitæ* de Ptolomée [d] qui les place dans la Rhétie.

SUANI, Peuples de la Colchide, selon Pline [e] & Cédréne. Agathias [f] en fait une Nation Hibérique au delà du Caucase. Ils sont comptez parmi les Laziques dans les Authentiques. Ce sont les Σόυανι, *Souani*, de Ptolomée [g], & les Σόανες, *Soanes*, de Strabon [h] & d'Etienne le Géographe. Il y a apparence que c'est un reste de ces Peuples que l'on connoît encore aujourd'hui dans les Montagnes du Caucase, & qu'on nomme SUANES. Voyez ce mot.

SUANIR, grande Ville de la Perse. C'est ainsi qu'elle est qualifiée par Abdias de Babylone, dans la Ville de St. Siméon & de St. Jude. Ortelius [i] qui cite cet Auteur ajoute qu'il paroît appeller aussi cette Ville *Senayra*.

SUANITÆ. Voyez SUANETES.

SUANITE, Ville de la Georgie. C'est Mr. Petis de la Croix [k] qui en parle dans son Histoire de Timur-Bec.

SUANOCOLCHI. Voyez SOUENOCOLCHI.

SUAQUEN, ou SUAQUIN [l], Habitation sur la Côte de la Mer-Rouge. C'est la derniere d'Ethiopie & la premiere de l'Egypte. Elle est à soixante lieues de l'Isle de Marva vers le Levant, & entre cette Habitation & Alcacer, qui en est à cent-trente au même côté. Il y a plusieurs Ports qui ne sont connus que des Pilotes pour y faire de l'eau. Ces Ports sont Tuna, Goalibo, Xoana, Xacara, Somol, Xara, Calacal, Fruxa, & Dradante. Suaquen est le meilleur Port de la Mer-Rouge parcequ'elle y entre par un petit Détroit & s'étend ensuite en un grand Lac, où est une petite Isle qui n'est pas plus grande que la Ville qu'elle contient. Toutes les Maisons sont de pierres liées avec de la chaux & bâties à la façon de l'Europe. C'est où commence la Côte des Cafres. Il y avoit autrefois un Roi, mais les Turcs s'en étant rendus les maîtres y ont un Gouverneur avec Garnison sous le Commandement du Bacha du Caire.

Suaquen, dit le Sieur de la Croix [m] dans sa Relation de l'Afrique, est une Isle de la Mer-Rouge, son Port est à 18. degrés 40. minutes de la Province dans Danfila en un Golfe qui est tout contre le Pays des Nubiens. Toute la Côte est fermée par une chaîne de Montagnes roides & escarpées ; de sorte qu'on ne sauroit entrer dans l'Abyssinie que par les Ports d'Arquico & de Suaquen, & même la route est si difficile qu'il est impossible de faire plus de trois ou quatre milles par jour. La plûpart des Habitans sont Turcs & Arabes. L'Isle de Suaquen est à l'Ouest de la Mer Rouge & peu éloignée de Babelmandel. Elle a quinze ou seize lieues d'enceinte. Cependant Rosacio dit qu'elle est petite, & que les Côtes ne sont pas éloignées de la Ville, dont les Bâtimens sont assez beaux.

1. SUAR, Contrée de l'Asie Mineure [n], dans la Petite Arménie. Son nom ancien est Méliterne, & on l'appelle autrement Bosoch. La Ville de Méliterne Capitale des Leuco-Syriens, selon Procope, y est située. Cette petite Contrée est peuplée d'Arbres Fruitiers, & porte de l'Huile, & du Vin appellé Monaritique qui passe pour aussi bon que le Grec.

2. SUAR, Bourg de l'Arabie Heureuse [o]. Il est situé dans la plage de la Mer, où se voit aussi une Forteresse des Portugais. Il y a quantité de Palmes & on y trouve de la Monnoye ancienne dont l'Inscription est en Caractère Latin. Quelques-uns veulent que Ninive ait été là autrefois, parce que le rivage est très-propre pour y avoir bâti une Ville, & que ce fut proche de Ninive qu'une Baleine vomit Jonas; mais l'autorité de l'Ecriture qui place Ninive dans l'Assyrie, ou dans la Chaldée, est contraire à cette opinion, aussi-bien que la Tradition des Chrétiens Orientaux qui montrent proche de cette Ville des Philistins le rivage où l'on dit que Jonas fut rendu par la Baleine.

SUARDENI, Peuples de la Sarmatie Asiatique, selon Ptolomée [p].

SUARDONES, Peuples de la Germanie. Tacite [q] les comprend parmi les Suéves. Ils habitoient, dit Mr. d'Audiffred, une partie des Duchez de Stein & de Bard. Voyez PHARODENI.

SUARI, Peuples de l'Inde, selon Pline [r]. Le Pere Hardouin croit que ce sont les Σαβάραι, *Sabaræ*, de Ptolomée [s] & les Συρασυνοι d'Arrien [t]. Il ajoute que les *Suari* & les Monédes, habitoient entre l'Inde & le Gange, vers le milieu de l'Empire du Mogol d'à présent.

SUARIAH, & SUERIAH, nom d'une Province voisine de la Colchide. Nous l'appellons la Suézie, & les Peuples nommés, *Tzani*, & *Lazi*, en habitent la plus grande partie. Toutes ces Nations sont appellées Pontiques, à cause qu'elles habitent sur les Rives Orientale & Septentrionale du Pont-Euxin, ou de la Mer Noire, aussi-bien que les Gerkezes, ou Tcherkezes, qui sont les Circassiens.

Le Prince qui régne dans ce Pays-là, est nommé dans les Histoires Orientales, *Schach-Suar*, & *Suariah-Schabi*.

SUARNI. Voyez VALLI.

SUARRANI, Peuples d'Italie : Pline [x]

T　　　　les

les met dans la sixième Région. Quelques MSS. portent *Suarreani*, au lieu de *Suarrani*; mais comme un peu plus haut Pline écrit *Asrinates* pour *Asinates*, ici il écrit *Suarrani*, *Suarreani*, ou *Suarani*, pour *Suasani*; car il est question des Habitans de la Ville *Suasa*.

1. SUASA, Ville d'Italie dans l'Umbrie. Ptolomée [a] qui la place dans les terres la donne aux *Semnones*. Ses Habitans sont appellez *Suarrani* pour *Suasani* par Pline. On voit par une ancienne Inscription rapportée par Gruter [b] que c'étoit un Municipe II. VIRO Q. Q. AUGURI SUASÆ. On prétend que les ruïnes de cette Ville se trouvent dans le Duché d'Urbin, sur la Rivière de Cesano, dans un lieu appellé *Sasa*, près du Village de Mirabel, environ à trois lieues de Fossombrone, vers le Levant, & que ces ruïnes font connoître que la Ville a été considérable.

2. SUASA, Ville de l'Ethiopie sous l'Egypte, selon Pline [c].

SUASTENE, Contrée de l'Inde en deçà du Gange: Ptolomée [d] la marque au Midi des sources du Fleuve *Suastus*.

SUASTUS, Fleuve de l'Inde en deçà du Gange: Ptolomée [e] dit que ce Fleuve se jette dans le Fleuve Indus.

SUAVENSIS, ou SUABENSIS, Siège Episcopal d'Afrique, dans la Numidie, selon la Notice des Evêchez de cette Province. Dans la Conférence de Carthage [f] Litorius est qualifié *Episcopus Plebis Suavensis*.

SUAUBE, ou SUABE. Voyez SUABE.

1. SUAVIA, Contrée dont fait mention Cassiodore dans ce Passage [g]: *Universis possessoribus in Suavia constitutis*. Ortelius [h] soupçonne qu'il faut lire *Savia* pour *Suavia*, & qu'il est question de la Pannonie surnommée *Savia*.

2. SUAVIA, Procope [i] parle d'une Contrée de ce nom & d'un Peuple nommé SUEVI. Ortelius [k] croit qu'il est question des Habitans de la Suabe. Je ne saurois être de son sentiment. Procope ne paroît pas mettre ces Suéves si loin du Golphe de Venise. On peut en juger par le passage de cet Auteur. Le voici suivant la Traduction de Mr. Cousin: ,, Les premiers qui se ,, rencontrent au delà du Golphe sont les ,, Grecs, surnommez Epirotes, qui s'é- ,, tendent jusqu'à Epidamne, qui est une ,, Ville Maritime. On entre delà dans une ,, Contrée que l'on appelle Prébale. En- ,, suite est la Dalmatie, la Liburnie, l'Is- ,, trie & les Terres des Vénitiens, qui ne ,, finissent qu'à Ravenne. Tous ces Peu- ,, ples habitent proche de la Mer. Plus ,, loin sont les Scisciens & les Suéves; non ,, pas ceux qui relévent des François; mais ,, d'autres qui occupent les terres les plus ,, éloignées du Pays. Par delà sont les ,, Carniens & les Noriques, &c.

SUBA. Voyez SOBA.

SUBAGRÆ, Peuples de l'Inde. Orose [l] les compte au nombre de ceux qui furent subjugués par Alexandre le Grand. Mais Ortelius [m] remarque que Fabricius après avoir consulté d'anciens MSS. lit *Oxydracæ*, au lieu de *Subagra*.

SUBAITA [n], Surius dans son premier Volume de la Vie des Saints appelle *Subaita* le Village où fut vendu le Moine Nilus.

SUBANECTI. Voyez ULBANECTI.

SUBARRITANUS. Voyez SUBBARRITANUS.

SUBASANI, Peuples de l'Isle de Corse: Ptolomée [o] les place dans la partie Méridionale de l'Isle.

SUBATTII, Peuples de la Germanie. Strabon [p] les compte parmi ceux dont Germanicus triompha.

SUBAUGUSTANUS, Siège Episcopal d'Italie. Il en est fait mention dans le Concile de Rome tenu sous le Pape Hilaire. La Ville où ce Siège étoit établi se nommoit SUBAUGUSTA, ou AUGUSTA HELENA [q]. Elle étoit dans la Campanie & dans le Vicariat Romain. On voit ses ruïnes à Torre Pignatara, entre Rome & Frascati. Cette Ville étoit Evêché vers l'an 490.

SUBBARRITANUS, Siège Episcopal d'Afrique, dans la Mauritanie Césarienne, selon la Notice des Evêchez de cette Province.

SUBBIACO, ou SUBIACO, Ville d'Italie, dans la Campagne de Rome, en Latin *Sublaqueum* & *Sublacum* [r]. Elle est située sur une Colline près du Téverone vers les Frontiéres du Royaume de Naples à dix milles de Palestrine, à dix-huit de Segni, & d'Anagni, & à trente-cinq de Rome. Il n'y a rien à y voir que le Château bâti à l'antique, & la principale Eglise qui est fort propre. Il y a aussi quelques Convens. A un mille hors de cette Ville est une Abbaye dédiée à Sainte Scholastique, où dix Religieux Bénédictins font l'Office & tiennent l'Eglise fort propre. L'Abbé Commendataire est Seigneur au Temporel & Spirituel de Subbiaco, d'où dépendent vingt-cinq gros Villages, il faut encore monter un mille delà pour arriver à la Grotte sacrée de Saint Benoît. C'est un Lieu affreux dans un Rocher, où ce Saint homme se retira pour faire pénitence, & où il commença la fondation de son Ordre. En y allant on rencontre plusieurs Oratoires sanctifiés par sa présence, & par les Miracles qu'il a opérés. Comme le Lieu, où il donna l'Habit à Saint Maur, & à les autres premiers Religieux; & celui où Saint Maur plein de foi & d'obéïssance, alla retirer de l'eau Saint Placide, qui étoit tombé dans le Téverone, à l'endroit où il y avoit une Ecluse qui faisoit comme un Lac fort profond. Cette Sainte Grotte est à peu près comme la Sainte Beaume de Provence, au milieu d'une Montagne escarpée. On trouve une Eglise au-dessus accompagnée d'un Convent, où il ne réside néanmoins qu'un Religieux & un Frere, & quelques Domestiques. Les Religieux de l'Abbaye de Sainte Scholastique y viennent souvent officier. Les femmes n'y entrent qu'en certains jours de l'année. On voit dans la Sacristie grand nombre de Réliquaires d'or, d'argent & de pierreries qui font un riche Tresor. Charlemagne & plusieurs autres Princes les ont donnés comme une marque de leur pieté envers ce Saint Patriarche. On y montre un Bâton haut de six pieds. On dit que c'est la véritable mesure de la taille de Saint Benoît qui approchoit de la Gigantesque [s].

SUBDA-

SUB.

SUBDALIA, Siège Episcopal, sous le Patriarchat de Constantinople, selon Balsamon cité par Ortelius [a].

SUBEL, nom d'un Champ dans lequel fut enterré le Martyr Céfaire, selon Suidas [b]. Ce Champ étoit apparemment quelque part au voisinage de la Syrie.

SUBEYT, petite Ville d'Afrique [c], au Royaume de Maroc, dans la Province de Duquela. Elle est sur le bord de l'Ommirabi, où Uma Rabeac, & environnée de Murs & de vieilles Tours. On tient que ce sont les anciens Africains qui l'ont bâtie. La situation en est assés avantageuse, & elle étoit autrefois fort bien peuplée, les Habitans ne se trouvant pas fort chargés de payer Tribut aux Portugais, après qu'ils eurent conquis Azamor de qui la Ville dépend; mais Muley Nacer frere du Roi de Fez, les emmena en son Pays, sous peine de les affranchir de cette sujettion. Les Arabes de Charquie appellez Uled - Subeyt errent aujourd'hui par ces Campagnes & par toute la Contrée, qui est abondante en Bleds, & en Pâturages. Il y a beaucoup de Mouches à miel dans le creux des Arbres, & dans les fentes des Roches. Pour les découvrir, on se couche à terre, & quand on voit une Abeille qui passe chargée, on la suit jusqu'à ce qu'on la voye entrer dans son trou; alors on y creuse, & on y a bien-tôt trouvé la Ruche, on y prend le miel après l'avoir enfumée: ce qui fait faire un trafic considérable tant de Cire que de Miel à ceux du Pays tant à Maroc qu'ailleurs. Les Marchands d'Europe achetent la Cire. On enleve quelquefois plus de cent-cinquante livres de miel d'un creux, où il ne paroissoit pas qu'il y en eût.

SUBI, Fleuve d'Espagne: Pline [d] le met dans la Cossetanie. Le nom moderne est *Besos*, selon Clusius, & *Beles*, selon Moralès: c'est aujourd'hui, dit le Pere Hardouin, la Riviére qui passe à Tarragone; ce seroit donc le Francoli.

SUBICARENSE CASTELLUM, Lieu fortifié dans la Mauritanie, selon Ammien Marcellin [e]; mais Mr. de Valois croit qu'il faut lire *Rusubbicarense* au lieu de *Subicarense*.

SUBLACUM. Voyez SUBLAQUEUM.

SUBLÆUM, ou SILBIUM, Ville de l'Asie Mineure [f], dans la premiére Phrygie Capatiane, & dans l'Exarchat d'Asie. Cette Ville qui est ruinée présentement étoit Evêché dans le cinquième Siècle, sous la Métropole de Laodicée. Voyez SUBLEUM.

SUBLANTIA. Voyez LEGIO SEPTIMA.

SUBLAPATIA. Voyez SUBLUPANTIA.

SUBLAQUEUM, Ville d'Italie, dans le Latium. Pline [g] dit que l'Anio passe au travers de trois Lacs fort agréables qui avoient donné le nom à la Ville de Sublaqueum. Tacite [h] appelle aussi *Sublaqueum* la Maison de Plaisance que Néron avoit fait bâtir dans ce Quartier-là, & à laquelle il avoit donné le nom de la Ville; car la Ville étoit au bord d'un des Lacs & la Maison de Plaisance sur une élévation. Hermolaüs voudroit lire *Sublacum* au lieu de *Sublaqueum*, parce que la Maison de Plaisance de Néron est appellée *Sublacensis Villa* dans Frontin [i]. *Sublaqueum* n'étoit pas beaucoup au-dessous de la source de l'Anio. Paul Diacre le met à quarante milles de Rome. Le nom de ce Lieu est aujourd'hui corrompu en celui de *Subiaco*. Voyez SUBBIACO.

SUBLAVIO, *onis*, Ville du Norique, ou de la Rhétie: L'Itinéraire d'Antonin la marque sur la route d'*Augusta Vindelicum* à Verone, entre *Vipitenum* & *Endida*, à trente-deux milles du premier de ces Lieux & à vingt-quatre milles du second. La Table de Peutinger écrit aussi SUBLAVIO, mais elle différe dans le nombre des milles. Cluvier [k] croit qu'il faut lire *Sub-Savione* au lieu de *Sublavione*. En effet, on ne peut douter qu'il ne soit question de la Ville *Savio*, ou *Sabio*, dont l'Evêque est nommé *Ingenuinus de Sabione* dans Paul Diacre [l]. Cette façon de lire de Cluvier est encore confirmée par un Diplome [m] de l'Empereur Conrad II. qui déclare avoir donné à l'Eglise de Brixen *Comitatum quondam Welfoni commissum, ab eo scilicet termino, quo usque longissime porrigitur in Valle Enana cum Clausa* SUB-SAVIONE. Ce n'est plus aujourd'hui [n] qu'un méchant Bourg nommé *Siben*, ou *Süben*, dans le Comté de Tirol, & qu'on prétend avoir été Evêché dès les premiers Siècles. Cet Evêché a été transféré à Brixen.

SUBLECTINUS, ou SULLECTINUS, Siège Episcopal d'Afrique, dans la Byzacène, selon la Notice des Dignitez de cette Province. La Ville où ce Siège étoit établi, est appellée *Sublecte* par l'Anonyme de Ravenne, *Sublecti* dans la Table de Peutinger, & *Syllectum* par Procope. Martianus *Sullectinus*, Evêque Donatiste, fut condamné par les autres Donatistes dans le Concile de Bagai, en 394.

SUBLEUM, Ville de Phrygie, selon Nicétas cité par Ortelius [o]. C'est la même que SUBLÆUM.

SUBLIGNY, Paroisse de France, dans le Berry, Election de Bourges, avec titre de Châtellenie. Cette Paroisse se trouve à deux lieues de Sancerre. C'est un Lieu ancien, puisque S. Romble y fonda l'Abbaye de S. Satur en 463.

SUB-LUPATIA, Ville d'Italie, dans l'Apouille. L'Itinéraire d'Antonin la marque entre *Ad Silvianum* & *Canales*, à vingt & un mille du premier de ces Lieux, & à treize milles du second. Au lieu de *Sublupatia* quelques MSS. portent *Sublupantia*, d'autres *Sublapantia*, & d'autres *Sublupatia*, ou *Sub-lupatia*. Surita a cru qu'il falloit lire *Sub-Lupatia*; mais il n'étoit pas nécessaire de rien corriger, car la Table de Peutinger & l'Anonyme de Ravenne, connoissent *Sub-Lupacia. Lupacia*, selon Holsten, étoit où est aujourd'hui la Ville Episcopale d'*Altamura*.

SUBMONTORIUM. Voyez RIPA PRIMA.

SUBOCRINI, Peuples des Alpes: Pline [p] les nomme parmi les Peuples qui habitoient entre Pola & Tergeste. Peut-être avoient-ils pris leur nom de leur situation au pied du Mont Ocra.

SUBOTA. Voyez SYBOTA.

SUBRITA, Ville de l'Isle de Créte:

SUB.

a Lib. 3.
c. 17.

Ptolomée *a* la marque dans les Terres. Elle est nommée SUBRITUM dans plus d'un endroit du Concile de Chalcédoine.

SUB-ROMULA, Lieu d'Italie. L'Itinéraire d'Antonin marque ce Lieu entre *Eclanum* & *Pons-Aufidi*, à vingt & un mille du premier de ces Lieux, & à vingt-deux milles du second. Ce Gîte avoit sans doute pris son nom de sa situation au-dessous de la Ville *Romulea*, que Tite-Live *b* met dans le *Samnium*.

b Lib. 10.
c. 17.

SUBSANA, Lieu dont parle St. Augustin. Il paroît que ce Lieu étoit en Afrique.

SUBSICIVUM, Lieu d'Italie. Il est marqué dans l'Itinéraire d'Antonin sur la Route d'*Equo-Tuticum* à *Regium* en prenant par *Roscianum* ; & il se trouvoit entre *Succeianum* & *Altanum*, à vingt-quatre milles du premier de ces Lieux, & à vingt milles du second. Au lieu de *Subsicivum* quelques MSS. lisent *Subcicivum* & *Subcicinum*. C'est aujourd'hui Belforte, si nous en croyons Barri.

SUBSTANTION, SUSTANTION, ou SOSTANTION, petite Ville *c*, ou Bourgade de la Gaule Narbonnoise. Elle est marquée dans l'Itinéraire de Bourdeaux à Jérusalem, & dans la Carte de Peutinger. Maguelone étant venue au pouvoir des Sarrazins après la ruine de la Monarchie des Visigoths, fut prise & détruite par Charles Martel en 737. ce qui obligea l'Evêque avec son Clergé & la plûpart des Habitans de se retirer à Substantion dans la Terre-ferme. Cette petite Ville a aussi été détruite. Catel dans ses Mémoires de Languedoc, assure que de son tems on voyoit encore les ruines de Substantion, à mille pas du grand chemin qui va de Montpellier à Nismes, & à pareille distance de la Ville de Montpellier, près des Villages de Castelnau & de Clapiers.

c Longuerue, Descr. de France, 1. Part. p. 250.

Substantion a eu durant long-tems & depuis le dixième Siècle, ses Comtes, qui ne relevoient d'aucun autre Seigneur. Ce furent ces Comtes de Substantion, qui donnèrent aux Evêques de Maguelone, l'Isle où étoit leur ancien Siège Episcopal. Voyez MAGUELONE & MONTPELLIER.

SUBVENTANA. Voyez TRIPOLITANA.

1. SUBUR, Fleuve de la Mauritanie Tingitane : Ptolomée *d* marque l'Embouchure de ce Fleuve sur la Côte de l'Océan Atlantique, entre l'Embouchure du Fleuve Lix & le Golphe *Emporicus*. Pline *e* fait aussi mention de ce Fleuve, dont le nom moderne est *Subu* selon quelques-uns, & *Sus* ou *Cebit* selon d'autres. Elle sort du Mont Ciligo ou Salego, au Royaume de Fez, dans la Province de Cuz *f*, & se précipite si rapidement qu'elle entraîne avec soi des pierres qui pèsent un Quintal. Il y a sur cette Rivière un Pont de cent cinquante Toises de long. Après qu'elle a traversé beaucoup de Montagnes & de Vallées, elle arrose une Plaine à deux milles de la Ville de Fez. Elle fait la même chose dans la Province d'Asgar, & se jette dans la Mer auprès de la Ville de Maroc. Ce n'est toutefois qu'après s'être grossie de l'eau de plusieurs Rivières comme de Guarca, de Sador, qui descendent des Monts Gomère & Errif, de celle de Fez qui est le Fut de Pline, & le Pheut

d Lib. 4.
c. 1.

e Lib. 5.
c. 1.

f Dapper, Descr. de l'Afrique, p. 139.

SUB. SUC.

ou Theut de Ptolomée, & de celles d'Ynavan & de Bath, dont la Province d'Agascar est baignée.

2. SUBUR, Ville de la Mauritanie Tingitane. Ptolomée *g* la marque dans les Terres.

g Lib. 4.
c. 1.

3. SUBUR, Ville de l'Espagne Tarragonnoise : Ptolomée *h* la donne aux *Cosetani*, & la place sur la Côte entre Barcinon & Tarracon. Cette Ville est connue de Pomponius-Mela *i*, qui la compte au nombre des petites Villes situées aux environs de Tarracone. Pline *k* ne fait que la nommer. Les Habitans de Subur sont appellez *Suburitani*, dans une ancienne Inscription trouvée auprès de Tarragone, & rapportée par Gruter *l* :

h Lib. 2.
c. 6.

i Lib. 2. c. 6.

k Lib. 3. c. 3.

l Pag. 414.

L. FURIO L. F.
FAVENTINO
S U B U R I T A N I
PUBLICE.

Thomas Reinesius rapporte aussi à cette Ville une ancienne Inscription trouvée en Espagne, & conçue de la sorte : PLEBS C. J. P. S.; ce qu'il explique ainsi : *Plebs Colonia Julia Paterna Suburitana*.

SUBURGIA, Ville de la Mauritanie Césariense : Ptolomée *m* la marque près de la source du Fleuve Phœmius.

m Lib. 4.
c. 2.

SUBUTTUM, Ville de l'Inde, en deçà du Gange, selon Ptolomée *n*, qui la place entre le Fleuve Bynda & le Pseudostome.

n Lib. 7.
c. 1.

SUCARDENSIS, Siège Episcopal d'Afrique, dans la Mauritanie Césariense, selon la Notice des Evêchez de cette Province. Dans la Conférence de Carthage Pompéianus est qualifié *Episcopus Sucardensis*.

o No. 134.

SUCAYCADA, Ville d'Afrique *p*, dans le Royaume de Tunis. C'est une ancienne Ville bâtie par les Romains sur une haute Montagne, qui s'étend jusqu'à la Mer à l'endroit du Golphe de Numidie, à douze lieues de Constantine du côté du Nord. Ptolomée lui donne vingt-neuf degrés de Longitude, & trente-deux degrez & trente minutes de Latitude, sous le nom de Tacacie. Après avoir été ruinée par les Goths, le Gouverneur de Constantine, à cause qu'il y a un Port raisonnable, bâtit sur le bord de la Mer quelques Magazins & quelques Retraites pour les Marchands de l'Europe. Il fit aussi construire sur la cime d'une Montagne voisine une Forteresse, où il y a toujours garde, & où ceux qui y demeurent échangent du Bled, des Draps & des Toiles contre d'autres Marchandises. Depuis cette Ville jusqu'à Constantine, il y a un chemin tout droit, pavé de grandes pierres noires, comme ceux que les Romains ont fait en Italie, & en Espagne. En quelques endroits il est gâté par les eaux.

p Marmol, Descr. de l'Afrique, t. 2. p. 434.

SUCCA, Bourgade d'Espagne *q*, Royaume de Valence, à l'Embouchure du Xucar, & à une lieue au-dessus du Bourg de Culiera. Il y en a qui la prennent pour l'ancienne Sucro, Ville des Contestains, & qui devint ensuite Episcopale sous la Métropole de Tolède.

q Baudrand, Dict.

SUC-

SUC.   SUC.   149

SUCCABA, Isle du Golphe Arabique, selon Ortelius [a], qui cite Agatarchide.

[a] Thesaur.

SUCCABAR. Voyez SUCCUBAR.

SUCCADANA, Ville des Indes Orientales, dans la partie Occidentale de l'Isle de Borneo, dans la Terre de Candavangan, à l'Embouchure d'une Riviére. Cette petite Ville a un Port que Mr. de l'Isle [b] appelle *Porto-Dato*.

[b] Atlas.

☞ Mr. Baudrand donne le nom de SUCCADANO à une Riviére qui traverse la plus grande partie de l'Isle de Borneo du Nord au Sud, & que Mr. de l'Isle nomme Benjarmase. Je crois que Mr. Baudrand se trompe: il est naturel de croire que la Riviére de Succadano est celle qui mouille Succadana, & qui court de l'Orient à l'Occident. Mr. de l'Isle marque cette derniere sans la nommer.

SUCCASANI. Voyez INTERAMNA, No. 2.

SUCCASSES, Peuples de la Gaule Aquitanique. C'est Pline [c] qui en parle. Mr. de Valois [d] croit trouver des traces du nom de ce Peuple dans *Socas*, ou *Saucats*, Bourg situé entre la Garonne & l'Eyre, à trois lieues de Bourdeaux.

[c] Lib. 4. c. 19.
[d] Pag. 524.

SUCCEIANUM, Lieu d'Italie: L'Itinéraire d'Antonin le marque sur la Route d'*Equo-Tuticum* à *Regium*, en prenant par *Roscianum*. Il est entre *Cocintum* & *Subsicivum*, à vingt milles du premier de ces Lieux, & à vingt-quatre milles du second. Un MS. lit *Suateianum* pour *Succeianum*.

SUCCHÆI, Peuples de la Libye: Etienne le Géographe la donne aux Maurusiens.

SUCCI, Ville qu'Ammien Marcellin place aux confins de la Thrace & de la Dace, près de l'endroit où étoit le Pas, ou le Détroit de Montagnes appellé *Angustiæ*, ou *Claustra Succorum*, aujourd'hui *Turckzuest* selon Lazius [e].

[e] 12. Reip. Rom.

SUCCINIENSE-OPPIDUM, Ville d'Italie, selon Ammien Marcellin [f], qui dit qu'elle avoit été dans la Ciminie, & qu'elle se trouvoit tellement engloutie dans la terre, qu'on n'en voyoit plus aucune trace. Aucun autre Auteur, je crois, n'a connu cette Ville. Mr. de Valois regarde même le nom *Succiniense* comme corrompu, d'autant que les MSS. de la Bibliothéque du Roi de France, de celle de Florence, & de celle de Mr. Colbert au lieu de *Succiniense* lisent *Saccumum*. L'Edition de Rome porte *Saccunium*. Castel avoit lu *Succunium*, en quoi il avoit été suivi par Accurse & par Gelenius.

[f] Lib. 17. c. 7.

SUCCOSA, Ville de l'Espagne Tarragonnoise: Ptolomée [g] la donne aux Ilergétes, & la place dans les Terres. Quelques-uns croient que c'est à présent *Ainsa* dans l'Aragon; & d'autres veulent que ce soit *Saz-de-Surta*, au même Royaume.

[g] Lib. 2. c. 6.

SUCCOSII. Voyez COCOSSII.

SUCCUBAR, Ville de la Mauritanie Césarienne. Pline [h] lui donne le titre de *Colonia Augusta*, & la place dans les Terres; ce qu'il désigne par le mot *intus*. Les Exemplaires imprimés lisent SUCCUBAR; mais tous les MSS. portent SUCCABAR. Dans une ancienne Inscription rapportée par Goltzius on lit ces mots COL. AUG. SUCCABAR. Ammien Marcellin [i] qui appelle cette Ville *Sugabarritanum Municipium*, ajoute qu'elle étoit *Transcellensi Monti accline*. C'est la Ville Ζυχάββαρι de Ptolomée [k], & c'est sans doute la Ville *Sufazar* de l'Itinéraire d'Antonin.

[h] Lib. 5. c. 2.
[i] Lib. 29. p. 402.
[k] Lib. 4. c. 2.

SUCCUBENSIS, Siège Episcopal d'Afrique. Lucianus *Episcopus sanctæ Ecclesiæ Succubensis* souscrivit dans le Concile de Latran, à la Lettre Synodique des Peres de la Province Proconsulaire. Peut-être Vindicius *Sacubasensis*, qui assista en 348. au Concile de Carthage, tenu sous Gratus, étoit-il aussi Evêque de ce Siège.

SUCCUBITANUM. Voyez SUCCUBO.

SUCCUBO, Ville d'Espagne: Pline [l] la met dans la Bastitanie, & dit qu'elle étoit une des Villes de l'Assemblée générale de Cordoue. Hirtius [m] la nomme *Ucubis*, & la place dans le voisinage d'Attegua. Capitolin nous apprend que Annius Verus Bisayeul Paternel de l'Empereur Marc Antonin [n], étoit de Succubo, qu'il appelle *Succubitanum Municipium*. Ambr. Moralès veut que cette Ville soit présentement *Sierra de Ronda*.

[l] Lib. 3. c. 1.
[m] De Bel. Hispan.
[n] In M. Autonino.

SUCCUNIUM. Voyez SUCCINIENSE.

SUCCUIR, SUCUIR, SUCHUR, ou SYNCHUN [o], Ville de la Grande Tartarie, au Royaume de Tangut, à quatre-vingt dix lieues de la Ville de Tangut vers le Couchant. Elle est grande, bien peuplée, & Capitale d'une Contrée qui porte son nom [p]. On y voit plusieurs Temples, avec leurs Idoles faites de pierre, & de très-belles Maisons bâties de Briques. Son principal Trafic est la Rhubarbe, qui est beaucoup meilleure en ce Pays-là qu'ailleurs; ce qui fait que les Marchands des Indes & de la Chine l'y vont chercher.

[o] Baudrand, Dict.
[p] Davity, Etats du Grand Can.

SUCHAIDA, ou SUCCADA, ou SUCCAYCADA. Voyez SUCCAYCADA.

SUCHE, Ville de l'Ethiopie: Pline [q] la place au voisinage du Golphe Adulique. Elle tiroit apparemment son nom de Suchus son Fondateur. Strabon [r] parle d'un Château bâti par Suchus, & le place dans les Terres. Le Pere Hardouin veut que ce Château & la Ville Suche soient la même chose; & il ajoute que le nom & la situation conviennent également à la Ville *Suaquem* d'aujourd'hui.

[q] Lib. 6. c. 29.
[r] Lib. 16. p. 770.

SUCHET, Montagne de la Suisse [s], faisant partie de la Joux au-dessus d'Orbe. De cette Montagne on découvre deux Lacs en Bourgogne, & six en Suisse. Il y a deux petites lieues de marche depuis le pié de la Montagne jusqu'à son sommet.

[s] Etat & Délices de la Suisse, t. 2. p. 473.

1. SUCIEU, Ville de la Chine [t], dans la Province de Queicheu, où elle a le rang de seconde Métropole. Elle est de 9. d. 2′. plus Occidentale que Peking, sous les 27. d. 53′. de Latitude Septentrionale. Sucheu a le Mont de Go au Midi, & celui de Tiening au Couchant, tous deux presqu'inaccessibles. Son Terroir abonde en Mercure, en fort bon Cinabre, & autres Minéraux [u]. Les Montagnards de cette Contrée sont des hardis, & font parade de leur force. Ils ignorent les bonnes Lettres; cependant ils font paroître leurs Contracts sur certaines Tables de bois. Dans les périls, où ils se ren-

[t] Atlas Sinens.
[u] Ambassade des Hollandois à la Chine, p. 276.

T 3

rencontrent, ils employent des morceaux de Tuiles pour faire certains fortilèges, & offrent de l'Encens & des Sacrifices aux Diables, pour détourner les maux, qui leur doivent arriver. Ils ont les Cheveux éparpillez & volans : vont à pieds nuds, & se les endurcissent tellement qu'ils ne craignent point de marcher sur les Rochers & sur les épines. Il y en a qui commencent à recevoir un peu de la Langue des Chinois, & quelques-unes de leurs coutumes ; & on espére peu à peu ils deviendront, peut-être, moins farouches, & plus traitables.

La Famille Cina [a] est la première sous laquelle il soit fait mention de cette Contrée ; qui alors étoit appellée Kinchund. La Famille de Hana l'unit au Territoire de Vulin. Celle de Tanga lui donna le nom de Sucheu, & ensuite celui de Ningii. Enfin la Famille de Taminga l'honora du titre de Ville. Elle a dans son Département quatre Forteresses qui sont :

[a] Atlas Sinens.

Sucheu,   Xiki,
Tuso,   Hoangtao.

2. SUCHEU, Ville de la Chine [b], dans la Province de Kiangnan, où elle a le rang de troisiéme Métropole. Elle est de 3. d. 30′. plus Orientale que Peking, sous les 31. d. 52′. de Latitude Septentrionale. Elle fut ainsi nommée du Roi Sujus, [c] Trois Riviéres l'arrosent, savoir celle de Leu, celle de Sung, & celle de Usung. Les eaux du Lac appellé de Tai, d'où toutes ces Riviéres se vont jetter dans la Mer, l'arrosent aussi : il n'est donc pas surprenant qu'on voye un nombre prodigieux de Marchands, aborder en cette Ville - là de tous les endroits du Monde.

[b] Ibid.

[c] Ambassade des Hollandois à la Chine. p. 156.

On y fait se promener dans ses Rues & par eau & par terre comme à Venise. Ses Maisons sont superbement élevées, quoique bâties sur des Pilotis. Ses Murailles ont quarante Stades de circuit ; & si on y veut comprendre ses Fauxbourgs, on en trouvera plus de cent. Elle renferme une infinité de Ponts de communication, l'un desquels qui sépare le Lac du Tai, a plus de trois cens Arcades. Il y a de magnifiques Pagodes : enfin un Bureau qui rend trois millions de Ducats par an à la Couronne. Cette Ville est reconnue pour une des plus Marchandes, des plus opulentes, & des plus célèbres de toute la Haute Asie : ce qui fait que les Chinois, qui veulent immortaliser sa gloire, disent en forme de proverbe : *Xang yeu t'ien t'ang, hià yeu su hang* ; c'est-à-dire, ce que le Ciel est en haut, Sucheu & Hangcheu sont sur terre.

On y fait un breuvage avec le Ris, qu'on nomme Sampge, c'est-à-dire, Boisson de trois Blancheurs ; & on y assaisonne toutes les Viandes de Sucre, de Sel & de Vinaigre : les plus friands Morceaux que la Terre & la Mer produisent, peuvent rassasier les Peuples de ce Pays-là.

Ils ont quantité de Barques enrichies d'or, & diaprées de couleurs extrêmement riantes. C'est dans ces Barques que les Chinois se gorgent continuellement & sans aucun relâche, de tout ce que la délicatesse & la gourmandise ont de plus sensuel. Ils y passent les nuits entre les plats & les pots, où dorment dans l'ordure des Viandes & de la Boisson. Ils ne parlent jamais de vivre sobrement, parce qu'ils ne connoissent pas le mérite de la sobriété. En un mot, ils sont si avides du plaisir de la Table, que quand ils n'en peuvent plus de leurs excès, ils jettent dans le Tai, ce qu'ils ne sauroient engloutir eux-mêmes, dans la vûe que le Dieu de ce Lac aura la bonté après leur mort, de leur continuer la jouïssance de ces mêmes plaisirs.

La Ville de Sucheu en a sept dans son Département, savoir :

Sucheu,   Ukiang,
Quenxan,   Kiating,
Changxo,   Taiçang,
               Cungming.

3. SUCHEU, Ville de la Chine [d], dans la Province de Quangsi, au Département de Suming, neuviéme Métropole de la Province. Elle est de 11. d. 53′. plus Occidentale que Peking, sous les 23. d. 8′. de Latitude Septentrionale. Cette Ville est munie d'une Forteresse.

[d] Atlas Sinens.

1. SUCHING, Cité de la Chine [e], dans la Province de Quangsi, où elle a le rang de première grande Cité de la Province. Elle est de 12. d. 25′. plus Occidentale que Peking, sous les 24. d. 6′. de Latitude Septentrionale. Suching n'a dans son Département qu'une seule Ville nommée Ching, & l'une & l'autre dépendent aujourd'hui du Tungking. Au voisinage de Suching est la Montagne de Lengyun, qui est très-haute, & dont l'aspect est effrayant.

[e] Ibid.

2. SUCHING, Ville de la Chine [f], dans la Province de Quangsi, au Département de Taiping, huitième Métropole de la Province. Elle est de 12. d. 6′. plus Occidentale que Peking, sous les 23. d. 30′. de Latitude Septentrionale. Cette Ville est munie d'une Forteresse.

[f] Ibid.

SUCHITEPEC, ou SUCHUTEPEQUE, petite Province de l'Amérique Méridionale, au Gouvernement de Guatimala, & voisine vers l'Orient de celle de Soconusco, & de Guasacapan. Elle a fort peu d'Habitans [g], & sa plus grande Bourgade n'en a pas deux cens. Leur principale richesse est le Cacao, dont leur terroir est fort abondant. La Côte Marine de cette Province, aussi-bien que de Soconusco & Guasacapan, le long de la Mer Méridionale, ou Pacifique, commence à sept lieues de la Riviére d'Amitla vers l'Ouest, & s'étend jusqu'à Tecoautepec, & autres extrémités de la Nouvelle Espagne. Dans cet espace il y a plusieurs Riviéres qui se déchargent dans la Mer, & qui sont seulement connues de nom, savoir Coatland, Capanasçalte, Colati, Hazatlan & Amatituc.

[g] De Laet, Descr. des Indes Oc. Liv. 7. c. 6.

SUCHUEN, Province de la Chine [h], & la sixiéme dans l'Ordre des Provinces. Son nom signifie *quatre Eaux*. Elle ne céde ni pour la grandeur ni pour l'abondance à aucune autre Province de l'Empire. Le grand Fleuve Kiang la traverse par le milieu, & la

[h] Atlas Sinens.

SUC.   SUC.   151

[a] Ambassade des Hollandois à la Chine, p. 253.

la coupe en deux parties, dont l'une pourroit être appellée Septentrionale, & l'autre Méridionale. [a] La Province de Huquang la borne à l'Orient ; elle a au Sud-Est celle de Queicheu, au Nord-Est celle de Xensi, & au Midi elle touche la Province de Iunnan ; au Couchant elle a pour limites le Royaume de Tibet ; & au Nord-Ouest les Royaumes de Ges & de Cangingu, nommés par les Chinois Sifan, que quelques-uns disent être du Domaine du Prêtre-Jean, où demeurent plus de cent sortes de Peuples, qui s'étudient sur-tout à cultiver leurs mœurs, & à observer leurs Loix. Si ce Prêtre-Jean est le même que celui qu'on nomme Roi d'Ethiopie, Empereur des Abiffins, Grand-Negus, ou bien si c'est un Prince Tartare, qu'on fait Roi de Tanduc en Asie ; c'est ce qui est assez incertain.

Il ne manque pas de Montagnes ni de Riviéres dans cette Province, non plus que des Campagnes très-agréables & très-fertiles. On y trouve grande quantité de Soye, d'Herbes, & de Minéraux. La vraie racine de Sina croît seulement en cet endroit : pour la sauvage, elle croît par-tout. Les Chinois nomment l'une & l'autre Folin, & on ne nous apporte que de la sauvage dans ce Païs-ci, dont les qualités ne sont pas si salutaires, que celles de la véritable. Elle naît, dit-on, dans de vieilles Forêts, de la Colle ou Resine des Pins, qui tombant à terre y prend racine, & devient herbe, qui rampe & qui s'étend après en long sur la surface de la terre, & pousse dessous de si grosses branches, & tellement rondes & pommées, qu'on en pourroit comparer la figure & la pesanteur à la tête d'un Enfant, ou à ces grosses Noix des Indes qu'on appelle Cocos. On trouve encore dans cette Province quantité d'Ambre rouge & jaune, & de la Rhubarbe.

On tire grande quantité de Fer, d'Etain, & de Plomb, dans toute cette Province. On y trouve pareillement quantité de pierres d'Aymant. Mais ce qu'il y a de plus extraordinaire, c'est qu'on y a des Puits à Sel qui fournissent suffisamment du sel à tous les Habitans. Ces Puits sont presque toujours profonds de cent pas, creusés dans des Montagnes cultivées, & dont le Terroir est doux. La bouche de ces Puits n'a pas plus de quatre Empans de large. On les creuse avec une pesante main de Fer, qui se ferme d'elle-même par une invention toute rare, lorsqu'elle est jettée au fond pour accrocher la terre & recevoir l'eau, laquelle étant cuite au feu pousse & exhale des vapeurs, & laisse du sel très-blanc, qui pourtant n'est pas si bon que celui de la Mer, mais un peu plus doux.

Sur les plus hautes Montagnes de cette Province au Nord-Est, & sur les Frontiéres de celle de Honan, il y a le Royaume de King, qui ne releve de personne, & fut fondé par le Peuple de King, & des Pays voisins, qui pour éviter l'insolence des Soldats & le bruit des guerres, se sauva dans ces Monts, où il vit en pleine liberté, abhorrant la hantise des Chinois même, & de toutes les autres Nations.

Les Archives de la Chine comptent dans cette Province 464129. Familles, & 220417. hommes, quoiqu'on n'y comprenne que la moindre partie du Peuple, à cause qu'elle est pleine de Soldats, qui ne sont pas dans ce rôle. Le Tribut du Ris est de 6106660. sacs, celui de la soie filée & crue 6339. Livres, celui du Coton 74851. Livres, celui du sel 14177. poids, outre les Impôts & Péages, dont il y a deux Fermes & Bureaux pour les recevoir.

Xius [b] le Chef de la Famille Cina fut le premier qui ajoûta cette Province à son Empire, deux cens cinquante ans avant la Naissance de Jésus-Christ. Il y régnoit alors deux Princes nommez *Pa* & *Cho*, tous deux descendans de l'Empereur Hoangt. Ils avoient secoué le joug, sous le régne de la Famille Hiäa.

[b] Atlas Sinens.

Voici les Noms des principales Villes de cette Province, avec leur Longitude & Latitude, telles que le Pere Martini les a fixées dans son Atlas, où il place le premier Méridien au Palais de Peking, & où les Villes les plus Orientales sont marquées par la Lettre O, & les plus Occidentales par la Lettre P.

Noms.	Longit.	Latit.

Première Métropole.

Noms.	Longit.	Latit.
Chingtu	12. - 38.	30. 47. p.
Xoanglieu	13. - 7.	30. 34. p.
Venkiang	12. - 55.	30. 45. p.
Sinfan	13. - 13.	30. 56. p.
Sintu	13. - 2.	30. 55. p.
Kint'ang	12. - 30.	30. 56. p.
Ginxeu	12. - 26.	30. 40. p.
Cingping	12. - 20.	31. 0. p.
Pi	13. - 15.	30. 46. p.
çu	12. - 5.	30. 22. p.
Niukiang	11. - 58.	30. 6. p.
Quon	13. - 34.	30. 55. p.
P'eng	12. - 49.	31. 45. p.
çungning	13. - 23.	31. 41. p.
Gan	13. - 8.	31. 16. p.
Kien ⊙	12. - 23.	30. 26. p.
çuyang	12. - 24.	30. 16. p.
çungking	12. - 58.	30. 27. p.
Sincin	12. - 35.	30. 24. p.
Han ⊙	12. - 32.	31. 22. p.
Xefang	12. - 48.	31. 0. p.
Miencho	12. - 55.	31. 13. p.
Teyang	12. - 48.	31. 30. p.
Micn ⊙	12. - 5.	31. 40. p.
Changming	12. - 15.	31. 31. p.
Lokiang	12. - 40.	31. 10. p.
Mieu ⊙	13. - 42.	31. 22. p.
Veuchnen	13. - 36.	31. 22. p.
Quei ⊙	13. - 55.	31. 40. p.
Pao	14. - 0.	31. 28. p.

Seconde Métropole.

Noms.	Longit.	Latit.
Paoning	11. - 0.	31. 53. p.
çangki	11. - 7.	32. 10. p.
Nanpu	11. - 1.	31. 38. p.
Quangyveu	10. - 53.	32. 34. p.
Pa ⊙	10. - 25.	32. 0. p.
Chaohoa	11. - 15.	33. 10. p.
Tungkiang	10. - 0.	33. 0. p.
Kien ⊙	11. - 24.	32. 42. p.
çulung	10. - 40.	32. 30. p.
Nankiang	11. - 35.	31. 55. p.

Xun-

S U C.

Noms.	Longit.	Latit.

Troisième Métropole.

Xunking	10 - 40.	31. 17. p.
Sike	11. - 3.	31. 15. p.
Fung ☉	10. - 10.	31. 33. p.
Jungxan	10. - 25.	31. 20. p.
Ylung	10. - 26.	31. 40. p.
Quanggan ☉	10. - 14.	31. 0. p.
Kiu	9. - 57.	31. 5. p.
Tacho	9. - 46.	31. 27. p.
Gochi	10. - 29.	30. 48. p.
Linxui	10. - 16.	30. 49. p.

Quatrième Métropole.

SJucheu	12. - 26.	29. 13. p.
Kingfu	12. - 32.	29. 3. p.
Fuxun	12. - 11.	29. 23. p.
Nanki	11. - 47.	29. 7. p.
Hinguen	11. - 52.	28. 53. p.
Changning	12. - 3.	28. 36. p.
Junlien	12. - 45.	28. 13. p.
Cung	12. - 42.	28. 30. p.
Cao	13. - 5.	28. 33. p.
Kungchang	12. - 18.	28. 44. p.

Cinquième Métropole.

Chungking	10. - 23.	30. 23. p.
Kiangcin	10. - 40.	30. 19. p.
Changxeu	9. - 46.	30. 24. p.
Taço	11. - 10.	30. 39. p.
Jungchuen	11. - 16.	30. 0. p.
Sankiu	11. - 30.	30. 35. p.
Jungchang	11. - 33.	29. 46. p.
Kikiang	10. - 40.	29. 48. p.
Nanchuen	9. - 50.	30. 50. p.
Kinckiang	8. - 37.	30. 17. p.
Ho ☉	10. - 56.	30. 50. p.
Tungleang	11. - 28.	30. 15. p.
Tingyven	11. - 8.	31. 0. p.
Piexan	10. - 57.	29. 55. p.
Chung ☉	9. - 20.	30. 51. p.
Fungtu	10. - 0.	30. 34. p.
Tienkiang	9. - 34.	31. 0. p.
Feu ☉	10. - 0.	29. 45. p.
Vulung	10. - 4.	30. 0. p.
Pengxui	9. - 30.	29. 57. p.

Sixième Métropole.

Queicheu	8. - 3.	31. 33. p.
Coxan	7. - 38.	31. 24. p.
Tachang	8. - 3.	31. 42. p.
Taning	8. - 20.	31. 45. p.
Junyang	9. - 0.	30. 52. p.
Van	8. - 42.	31. 0. p.
Cai	8. - 47.	31. 40. p.
Ta ☉	9. - 18.	31. 38. p.
Sinning	9. - 32.	31. 47. p.
Leangxan	9. - 0.	31. 20. p.
Kieuxi	7. - 56.	30. 24. p.
Tungkiang	9. - 9.	32. 10. p.
T'aiping	8. - 20.	31. 3. p.

Septième Métropole.

Louggan	12. - 10.	32. 45. p.
Kiangyeu	12. - 10.	32. 20. p.
Xeciven	12. - 30.	32. 34. p.

S U C.

Noms.	Longit.	Latit.

Huitième Métropole.

| Mahu | 13. - 19. | 29. 5. p. |

Première grande Cité.

T'Angchueu ☉	11. - 57.	31. 13. p.
Xehung	11. - 16.	31. 12. p.
Jenting	11. - 39.	31. 21. p.
Chungkiang	12. - 5.	30. 51. p.
Suining	11. - 26.	30. 50. p.
Fungki	11. - 30.	31. 10. p.
Sango	11. - 45.	30. 30. p.
Lochi	11. - 50.	30. 40. p.

Seconde grande Cité.

Muicheu ☉	12. - 42.	30. 18. p.
Peugxan	12. - 56.	30. 20. p.
Tanleng	12. - 44.	30. 0. p.
Cingxen	12. - 40.	29. 45. p.

Troisième grande Cité.

Kiating ☉	13. - 2.	29. 48. p.
Somui	13. - 12.	29. 53. p.
Hungya	13. - 16.	29. 32. p.
Laikiang	13. - 52.	30. 10. p.
Kienguei	12. - 51.	29. 29. p.
Jung	12. - 26.	29. 47. p.
Gueyven	12. - 38.	29. 38. p.

Quatrième grande Cité.

Kiung	13. - 30.	30. 16. p.
Taye	13. - 36.	30. 32. p.
Pukiang	13. - 10.	30. 17. p.

Cinquième grande Cité.

Liucheu	11. - 27.	29. 14. p.
Naki	11. - 4.	29. 12. p.
Hokiang	11. - 10.	29. 24. p.
Kiangan	11. - 20.	29. 4. p.

Sixième grande Cité.

YAcheu ☉	14. - 14.	30. 38. p.
Mingxan	13. - 58.	30. 31. p.
Jungking	14. - 32.	30. 32. p.
Luxan	14. - 33.	30. 46. p.

Quatre Villes Militaires.

Tungchuen	14. - 0.	27. 30. p.
Vmung	13. - 44.	27. 45. p.
Vfa	13. - 27.	27. 12. p.
Chinhiung	13. - 0.	26. 55. p.

Cité Militaire.

| Kieuchang ☉ | 15. - 4. | 28. 31. p. |

Forteresses qui en dépendent.

CJenguei	15. - 33.	28. 42. p.
Ningpo	14. - 42.	28. 50. p.
Yuefui	14. - 45.	29. 6. p.
Jencing	15. - 45.	28. 43. p.

Hoei-

SUC.

Noms.	Longit.	Latit.	
Hoeichuen	14. - 53.	27. 19.	p.
Po ☉	11. - 50.	27. 35.	p.
Hia ☉	10. - 32.	29. 4.	p.
Chin ☉	11. - 4.	28. 44.	p.
Chaoking ☉	9. - 10.	29. 34.	p.

Forteresses.

Jungning	14. - 50.	28. 21.	p.
Yeuyang	8. - 30.	29. 24.	p.
Xequei	8. - 44.	29. 38.	p.
Yemui	10. - 21.	29. 55.	p.
Tienciven	14. - 19.	30. 50.	p.
Ly	14. - 15.	29. 45.	p.
Pingchai	9. - 36.	29. 16.	p.
Sungfan	13. - 25.	33. 2.	p.
Tieki	13. - 23.	32. 15.	p.
Hoangchuen	14. - 15.	27. 8.	p.
Jelung	14. - 15.	26. 40.	p.
Le	14. - 40.	26. 43.	p.
Hiugin	14. - 30.	26. 54.	p.
Vugan	15. - 14.	27. 26.	p.
Xecie	9. - 13.	30. 10.	p.
Hieu	14. - 4.	29. 13.	p.
Tantang	11. - 21.	27. 54.	p.
Hoangping	10. - 54.	28. 15.	p.
Chungço	15. - 42.	29. 10.	p.
Kiungpu	14. - 15.	29. 8.	p.
Maçu	15. - 40.	27. 44.	p.
Techang	15. - 18.	28. 10.	p.
Cinci	15. - 29.	28. 0.	p.
Sungguei	15. - 5.	27. 30.	p.
Lungyo	15. - 26.	27. 24.	p.

SUCHZOW, Ville de la Turquie en Europe [a], & la Capitale de la Principauté de Valachie, avec un Château, sur la Riviére de Strech, aux confins de la Transsilvanie. Cette Ville située à cinquante milles au Couchant de Jass est possédée par les Turcs, qui y tiennent Garnison.

a Baudrand, Dict.

SUCIDAVA, Ville de la Basse-Moesie: Ptolomée [b] la marque près du Danube entre *Tromarisca* & *Axium*. Dans l'Itinéraire d'Antonin elle se trouve sur la route de Viminacium à Nicomédie en prenant le long du Danube; & elle se trouve entre *Dorostorum* & *Axiopolis*, à dix-huit milles du premier de ces Lieux, & à douze milles du second. Il est fait mention de cette Ville dans la Notice des Dignitez de l'Empire & dans Procope [c] qui dit que *Sucidava* fut un des Forts dont Justinien fit refaire les ruïnes le long du Danube.

b Lib. 3. c. 10.
c Ædif. L. 4. c. 7.

SUCINIO, Château de France, dans la Bretagne, au Diocèse de Vannes. Il y a un Gouverneur pour ce Château & pour la Presqu'Isle de Ruys.

SUCK, Riviére d'Irlande [d], dans la Province de Connaught. Elle lave la Frontiére du Comté de Roscoman au Sud-Ouest, le séparant du Comté de Galloway, & à l'extrémité de la pointe Méridionale du Comté de Roscoman; elle se jette dans le Shanon.

d Délices de la Gr. Br. p. 1614.

SUCRO, Fleuve de l'Espagne Tarragonnoise. Il est marqué dans le Pays des *Contestani* par Ptolomée [e] qui place son Embouchure entre le Port *Illicitatus* & l'Embouchure du Fleuve *Pallantia*. Strabon [f]

e Lib. 2. c. 6.
f Lib. 3. p. 158.

SUC. SUD. 153

met à l'Embouchure de ce Fleuve une Ville de même nom que Ptolomée passe sous silence; mais Pline [g] nous en donne la raison; c'est que cette Ville ne subsistoit plus. *Sucro Fluvius*, dit-il, *& quondam Oppidum*. Il ajoute que le Sucro faisoit la borne de la Contestanie, qui commençoit à Carthage la Neuve, & il s'accorde en cela avec Ptolomée. Cette Riviére, selon Strabon, sortoit des Montagnes qui s'étendent au Nord de Malaca & de Carthage: on pouvoit la passer à gué, & elle étoit presque parallèle avec l'Iberus, dont elle étoit un peu plus éloignée que de Carthage. C'en est assez pour nous faire connoître que cette Riviére est présentement le Xucar. Le Sucro donna le nom à la Bataille qui fut livrée entre Pompée & Sertorius, & qui fut appellée *Sucronensis Pugna*.

g Lib. 3. c. 3.

SUCUNG, Ville de la Chine [h], dans la Province d'Iunnan, au Département de Quangsi neuvième Métropole de la Province. Elle est de 13. d. 40′. plus Occidentale que Peking, sous les 24. d. 0′. de Latitude Septentrionale.

h Atlas Sinens.

SUD. Voyez SODI.

1. SUDA, ou SOUTHA, Isle de la Mer d'Ecosse [i], & l'une des Orcades, à trois milles de l'Isle de SUNA. Suda mérite à peine le nom d'Isle, parce qu'elle n'est point habitée, & qu'elle ne produit que du Pâturage. A quatre milles en tirant au Nord-Est on trouve l'Isle de Ranals Méridionale ou *South-Ranals*.

i Délices de la Gr. Br. p. 1409.

2. SUDA, Isle ou Rocher sur la Côte de l'Isle de Candie. Voyez l'Article suivant.

3. SUDA, Golphe qui fait partie de la Mer de Candie, sur la Côte Septentrionale de l'Isle & du Territoire de la Canée. Il est petit; aussi ne lui donne-t-on communement que le nom de Port. Mais c'est un Port vaste & commode, connu des Italiens sous le nom de *Porto da Suda*, ou *Porto da Suda* [k]. Il est situé à deux lieues d'Allemagne Sud-Est quart au Sud du Cap de Calapada. Ce Port & celui de Spinalonga sont les deux meilleurs de toute l'Isle de Candie. Celui de Suda s'étend vers l'Ouest & l'Ouest-quart au Sud. Tout au-devant & à l'Embouchure du Port il y a une petite Isle ou Rocher qu'on prendroit pour une Montagne; & au-dessus on voit un petit Fort que les Vénitiens appellent *Fortezza*, ou la Forteresse. Ils ont employé plusieurs années à le fortifier, & ils l'ont garni d'ouvrages jusqu'à l'extrémité des Rochers. Le Bastion du côté du Septentrion est appellé le Bastion de Martinengo. L'Isle ou le Rocher de SUDA n'est pas d'une grande hauteur. On trouve ce Rocher près du Rivage Septentrional de la grande Isle; de sorte pourtant que les grands Vaisseaux peuvent faire voile entre-deux, tant d'un côté que de l'autre. C'est la plus considérable des trois Forteresses que les Vénitiens possèdent sous l'Isle de Candie. Cette Place étoit autrefois bien fortifiée du côté de la Mer; mais elle ne l'étoit guére du côté de la Terre. Depuis la perte de l'Isle de Candie les Vénitiens se sont appliquez à la rendre beaucoup plus forte. Ils y ont ajouté plusieurs ouvrages, & l'ont ornée d'un

k Dapper, Descr. de l'Archipel, p. 444.

V

d'un grand nombre d'Eglifes & d'autres Bâtimens. On peut aller donner fond au delà de la première Fortereffe, vis-à-vis de l'Ifle de Candie, & dans l'Embouchure du Port, fur huit ou neuf Braffes d'eau, avec de grands Bâtimens. Mais lorfqu'on eft entré dans le Port, on ne peut plus trouver de fond avec la fonde en plufieurs endroits, tant il y a de profondeur. On commence pourtant à venir fur quarante & cinquante Braffes, lorfqu'on a paffé une haute Montagne, qu'on trouve à moitié chemin quand on fait voile dans le Port. A quelque diftance delà l'on trouve deux autres Ports fur la droite dont le premier eft appellé *Porto Nuovo*, ou le Port Neuf, & l'autre *Porto de Spalatea*, où il y a fix, fept, & huit Braffes de profondeur. Il y a une autre petite Ifle, près de celle où ce Fort eft bâti du côté d'Occident, & où les Vaiffeaux peuvent aller donner fond près de fon côté Méridional & y demeurer amarés avec une Corde au rivage fur trente-fix ou quarante Braffes d'eau.

A l'Occident de *Capo Bufa*, qui eft un Cap médiocrement haut de l'Ifle de Candie, l'on trouve dans la Mer deux Rochers ou deux petites Ifles, dont celle qui eft la plus près du Cap eft connue fous le nom de *Carabufa*; mais l'autre eft fimplement appellée *Carabufa* & eft fortifiée d'un Château. L'on peut en un tems ferain découvrir de ces Ifles celle de *Cerigotto*, qui eft poffédée par les Vénitiens de même que *Suda* & *Spinalonga*, ainfi qu'il fut conclu par le Traité de Paix. Les Vaiffeaux peuvent mouiller au côté Méridional de l'Ifle dans une Baye tout près du Château. Il y a une petite Ifle dans cette même Baye, où les Vaiffeaux peuvent auffi fe mettre à l'ancre tout à l'entour. On peut avec de grands Bâtimens faire voile entre ces Ifles & le *Cap de Bufa*, à caufe que le fond en eft partout net & fain, fans Bancs ni Rochers; mais il faut que le Vent foit bien favorable à caufe qu'il y régne fouvent des tourbillons impétueux qui y fouffient des Terres voifines. On trouve une longue pointe de terre qui s'étend du Château dans la Mer du côté du Midi vers un Cap haut & efcarpé de l'Ifle de Candie, & cette pointe s'avance fort près du Cap, il y a un écueil entre-deux caché fous l'eau. Les Pirates Chrétiens avoient accoutumé autrefois d'y aller relâcher de tems en tems.

SUDA-MAGNA. Voyez LONGINI-FOSSATUM.

SUDANELANÆ, Ville de Thrace, felon Ortelius qui cite Procope [a]. Mr. Coufin dans fa Traduction de Procope écrit *Thudanelane* pour *Sudanelane*. C'eft un des Forts que l'Empereur Juftinien fit élever dans la Thrace pour la préferver des courfes & des ravages des Ennemis. Ce Fort étoit dans la Province de Rodope.

[a] Ædif. L. 4. c. 11.

SUDASANNA, Ville de l'Inde en deçà du Gange; Ptolomée [b] la range parmi les Villes qui étoient près du Fleuve Indus. Le MS. de la Bibliothéque Palatine lit *Sudaffanna* pour *Sudafania*.

[b] Lib. 7. c. 1.

SUDAVIE, Contrée du Royaume de Pruffe, dans le Cercle de Natangie, dont elle occupe la partie la plus Orientale. Elle confine au Nord avec le Cercle de Samland, à l'Orient avec la Lithuanie, au Midi encore avec la Lithuanie, & du côté de l'Occident la Rivière de Pregel & celle de Pifch la féparent de la Bartonie. Ce Pays eft mal peuplé & mal cultivé. Le feul Lieu remarquable eft Lick.

SUDBURY, Ville d'Angleterre [c], dans Suffolckshire, à dix lieues de la Ville d'Ipswich, aux confins d'Effex fur la Stoure, en Latin *Colohia*. C'eft une Ville riche, bien peuplée, où il fe fait beaucoup de Drap, & où il y a trois Paroiffes. Elle députe au Parlement & a droit de Marché.

[c] Etat préfent de la Gr. Br. t. 1. p. 113.

SUDEIT, Voyez SUBEYT.

SUDENI, Peuple de la Sarmatie Européenne. Ptolomée [d] le place au Midi des Marcomans.

[d] Lib. 2. c. 11.

SUDER-JUTLAND, c'eft-à-dire, Jutland Méridional. On appelle ainfi communément le Duché de Sleswick. Voyez SLESWICK.

SUDERKOPING, Ville de Suède, dans l'Oftro-Gothland, à fept milles de Nord-Koping, au Levant d'Hyver, & à quinze milles de la Mer Baltique. Cette Ville nommée *Soderkoeping* dans quelques Cartes Géographiques eft affez marchande. C'eft cependant un Lieu ouvert & fans Murailles au fond d'un Bras de Mer qui avance jufque-là. Olaüs Magnus [e] dit qu'on trouve auprès de Suderkoping des Cryftaux exagones de la groffeur du pouce & même de la groffeur du poing.

[e] Lib. 2. c. 31.

SUDERMANIE, ou SUDERMANLAND, Province de la Suède dans la Sueonie avec titre de Duché [f], en Latin *Sudermania* & *Sudemandia*. Elle eft bornée par l'Uplande & par la Weftmanie au Septentrion, par la Presqu'Ifle de Toren à l'Orient, par la Mer Baltique au Midi & par la Néricie à l'Occident. Cette Province, dont la longueur eft de vingt-cinq lieues, & la largeur de quinze, eft une des mieux peuplées du Royaume. On a coutume de la divifer en trois parties, qui font le Sudermanland propre, l'Ifle de Toren formée par le Lac Meler, & le Rekarne, fous lefquelles on compte dix Territoires. La terre y produit quantité de Bleds, & on y trouve des Mines de divers Métaux. Ses principales Villes font Nicoping, Strégnés, & Trofa. Elle eft devenue célèbre par l'élévation de Charles Duc de Sudermanie que les Etats de Suéde couronnérent le 15. de Mars 1607. fous le nom de Charles IX. à la place de Sigismond Roi de Pologne fon neveu.

[f] D'Audifred, Géogr. Anc. & Mod. t. 1.

SUDERNUM, Ville d'Italie, dans la Tofcane, felon Ptolomée [g] qui la marque dans les Terres. C'eft la même Ville qui eft nommée TUDERNUM dans un fragment de l'Itinéraire d'Antonin; & c'eft à préfent *Maderno*, fi nous en croyons Leander.

[g] Lib. 3. c. 1.

SUDERTANI, Peuples d'Italie, dans la Tofcane, felon Pline [b], ou plûtôt felon Hermolaüs, car avant lui tous les MSS. & tous les Exemplaires imprimez portoient SUBERTANI. Il a lu SUDERTANI, parce qu'il a crû qu'il étoit queftion des Habitans de SUDERNUM; mais le Pere Hardouin préfére SUBERTANI, tant parce qu'il croit que ce font les Habitans de *Suberetum*, *Soveretto*, que parce

[b] Lib. 3. c. 5.

parce qu'aux environs de cette petite Ville, près de Soana, & dans le voisinage de la Riviére *Flore*, on voit croître le *Suber*, ou l'Arbre du Liége, en quantité.

SUDETI MONTES, Montagnes de la Germanie, selon les Exemplaires Latins de Ptolomée [a]; car le Texte Grec porte *Suditi Montes*. On appelle assez communément ces Montagnes *Hercinii Montes* du nom de la Forêt Hercinienne [b], dont ils occupent une partie considérable. La Forêt *Gabreta* étoit au Midi de ces Montagnes, qui sont aujourd'hui les Montagnes, dont la Bohême est environnée, & qui servirent autrefois de retraite à Maroboduus.

[a] Lib. 2 c. 11.
[b] Spener, Notit. Germ. Ant. L. 2. c. 3.

SUDEYCA, Ville d'Afrique [c], dans la Province de Tripoli. Ptolomée, qui la nomme Trieri, lui donne avec son Cap quarante-trois degrés vingt-cinq minutes de Longitude, & trente-un degrés vingt minutes de Latitude. Les Mahométans la rebâtirent lorsqu'ils entrerent en Afrique. Elle est au Levant de Cacar Hamet. Cette Ville étoit autrefois fort peuplée, mais d'autres l'ont détruite & démantelée depuis ce tems-là. Il n'y demeure aujourd'hui que quelques pauvres Pêcheurs Vassaux de Tripoli [d].

[c] Marmol, Desc. de l'Afrique, t. 2. L. 6. c. 46.
[d] Ibid.

SUDGOTHIE, Contrée du Royaume de Suéde qui fait l'une des trois parties de la Gothie, en Latin *Sudgothia*, ou *Gothia Meridionalis*. Elle a l'Ostrogothie, & la Westrogothie pour bornes au Nord, & la Mer aux autres endroits. On l'appelle quelquefois Schonen ou Scanie qui est le nom de la plus considérable de ses Provinces. Les autres sont le Bleking, & la Hallande. Les Danois, qui ont été long-tems maîtres de ce Pays, la cédérent aux Suédois par le Traité de paix qui fut fait en 1658.

SUDIDENIS, ou SYDDENIS, Ville de l'Afrique propre: Ptolomée [e] la compte parmi les Villes situées entre les deux Syrtes.

[e] Lib. 4. c. 3.

SUDINI. Voyez SEDUSII.
SUDITI. Voyez SUDETI.
SUDRACÆ. Voyez OXYDRACÆ.

SUDRAY (Le) *Subdriacum*, Bourg de France dans le Berry, Election de Bourges. Il y a trois Hameaux qui dépendent de ce Bourg; savoir le Sollier, la Vallée, & Troncey. La nature du terroir est assez fertile. Il y a près de ce Bourg environ trois cens Arpens de Bois.

SUE, Ville dont Pline [f] fait mention. Il paroît la mettre aux environs de l'Assyrie, & ajoute qu'elle est située au milieu des Rochers.

[f] Lib. 6. c. 26.

SUEBI, ou SYEBI, Peuples de la Scythie en deçà de l'Imaüs, selon Ptolomée [g]. Ortelius [h] qui cite le même Auteur, a pris ces Peuples pour des Montagnes.

[g] Lib. 6. c. 14.
[h] Thesaur.

SUECONI, Peuple de la Gaule Belgique. Ce Peuple n'est connu que de Pline [i]: aussi le Pere Hardouin regarde-t-il le mot SUECONI comme une répétition surnuméraire & corrompue du mot *Suessiones*, qui suit.

[i] Lib. 4. c. 17.

SUEDA, SUENDA, ou SUMEDO, Lieu fortifié dans la Cappadoce. Frontin [k] dit qu'Antiochus assiégeant cette Place surprit des Bêtes de charge qu'on faisoit sortir pour aller chercher du Bled, & qu'ayant tué

[k] Strateg. L. 2. c. 2.

ceux qui les conduisoient, il donna leurs habits à des Soldats, qui entrérent dans la Place en cet équipage, comme s'ils eussent ramené du Bled, se saisirent des Portes & donnérent entrée à leurs gens.

SUEDE, Royaume, l'un des plus grands, & des plus Septentrionaux de l'Europe. Ce Royaume qui peut se vanter d'avoir autrefois subjugué par ses Colonies les plus beaux Pays de l'Europe, d'avoir dans le Siècle passé réduit l'Allemagne à l'extrémité sous le Grand Gustave Adolphe, & de l'avoir fait trembler dans ce Siècle-ci par les glorieux exploits de Charles XII. Ce Royaume, dis-je, est le Pays que les Latins appellent *Suecia* & qui est nommé dans la Langue du Pays *Sueden* & par les François *Suéde*. Il a pris ce nom des Suévons qui en habitoient une partie. Les terres qu'il renferme sont comprises à peu près entre le 30. & le 45. d. de Longitude & entre les 55. & 70. d. de Latitude Septentrionale. Il a ainsi dans sa plus grande longueur plus de 350. lieues du Septentrion au Midi, & plus de 140. d'Orient en Occident. Il est borné au Nord par la Laponie Norwégienne ou Danoise & par l'Océan Septentrional, au Sud par la Mer Baltique & par le Golphe de Finlande, à l'Orient par la Moscovie, & au Couchant par la Norwége, le Détroit du Sund & le Catégat.

Ce Royaume malgré sa situation vers le Nord de l'Europe ne laisse pas de joüir d'un air très-sain. On y voit peu de Malades, & on y trouve beaucoup de Personnes qui vivent jusqu'à 120. ans, quelques-unes mêmes, jusqu'à 130. Cependant il est si froid & si peu tempéré qu'à l'Hyver, qui occupe les trois quarts de l'année succédent durant deux mois des chaleurs excessives. Il n'y a presque point de milieu entre un froid très-violent & une chaleur étouffante; & par conséquent peu ou point du tout de Printems ni d'Automne. Le Pays arrosé de diverses Riviéres & entrecoupé de divers Lacs est partie marécageux, partie chargé de Bois & partie couvert de Montagnes la plûpart stériles. En général la terre est ingrate en beaucoup de choses utiles & même nécessaires à la Vie: en récompense elle produit d'excellens Pâturages, & fournit des Mines de divers Métaux, mais particuliérement de cuivre qui rapportoient au Roi un revenu considérable, mais depuis quelque tems ce revenu est fort diminué. On y voit des Campagnes à perte de vûe couvertes de Chênes & de Sapins, ce qui facilite aux Rois de Suéde les moyens d'équiper de puissantes Armées Navales. Les Hollandois commencent à s'y pourvoir de planches & de mâtures pour leurs Vaisseaux, qu'ils trouvent aussi bonnes que celles de Norwége. Il y a une quantité prodigieuse de Bêtes fauves. La Mer y abonde aussi en Poissons. La Chasse & la Pêche font une des plus grandes richesses du Pays. On chasse & on mange les Ours, les Elans & plusieurs autres Bêtes fauves. On va aussi à la chasse des Loups, des Renards, des Chats sauvages pour en avoir les peaux qui servent à faire des fourrures. Il y a très-peu de Parcs, & ceux qu'on y trouve sont même assez mal fournis, parce qu'il en coûteroit plus à nourrir les Bêtes pendant tout l'Hyver qu'on n'en tireroit de profit, ce qui diminue extrêmement le plaisir qui pourroit en revenir. Il n'y a de Lapins que ceux qu'on y transporte par curiosité, & qu'on apprivoise. Les Renards & les Ecureuils changent en quelque manière de couleur pendant l'Hyver & deviennent grisâtres; mais les Lièvres y deviennent blancs comme la neige. Les Oiseaux sauvages & domestiques y sont en grande quantité & bons en leur espèce, excepté les Oiseaux Marins qui se nourrissent de Poissons & qui en ont le goût. Les plus communs sont ceux qu'on appelle en Langue du Pays Orras, & Keders. Les premiers sont de la grosseur d'une Poule, les autres de la grosseur d'une Poule d'Inde. Il y a aussi des Perdrix & une autre espèce d'Oiseaux qu'on appelle Yerpers, & qui ne ressemblent pas mal aux Perdrix. On prend durant l'Hyver quantité de petits Oiseaux, comme Grives, Merles, & une espèce de Cignes qu'on appelle Sydenscwans. Ceux-ci qui sont de la grandeur de ceux qu'on appelle Veldefares, mais meilleurs à manger, viennent, dit-on, de la Laponie, ou des Pays encore plus Septentrionaux & tirent leur nom de la beauté de leur Plumage, dont les extrémités de quelques-uns sont marquetées de rouge. Il y a des Pigeons; les Sauvages y sont très-rares à cause des Faucons, & il n'y en a dans les Colombiers que de privés qu'on tient enfermés, parce que leur nourriture est rare & qu'il y a les Faucons à craindre si on les laisse sortir pour aller chercher leur vie. Il y a quantité d'Aigles, de Faucons, & autres Oiseaux de proye dans les parties Septentrionales & desertes, où il semble que la Nature les appelle, comme on peut voir par un fait, qu'on rapporte au sujet d'un grand Faucon qui fut tué, il y a quelques années dans le Nord de Finlande. Ce Faucon avoit à une jambe une petite pièce d'or avec cet écriteau *je suis au Roi*, & à l'autre jambe une d'argent où se lisoient ces mots *le Duc de Chevreuse me garde*. Le Bétail de la Suède est en général petit aussi-bien que dans les autres Pays Septentrionaux. La Laine que donnent les Brebis est extrêmement grosse, & ne peut servir qu'aux Habits des Paysans. Les Chevaux y sont petits, mais tout petits qu'ils sont ils ne laissent pas d'être hardis, vigoureux & forts. Ils marchent ferme, bronchent rarement, & trottent légérement, ce qui est fort avantageux aux Habitans à cause de la longueur de l'Hyver, parce qu'ils s'en servent pour le Traîneau qui est alors leur unique voiture, & les Soldats prétendent que non-seulement ces Chevaux sont capables de soutenir une attaque vigoureuse, en tems de guerre, mais qu'ils peuvent même rompre un Corps de la meilleure Cavalerie Allemande.

Les principaux Lacs de Suède sont le Weter, le Wenner, & le Mæler; le premier situé dans l'Ostrogothie est remarquable premièrement parce qu'il prédit les tempêtes par le bruit continuel de tonnerre qu'il fait le jour précédent dans les Lieux d'où doivent venir les orages; secondement parce que les glaces se brisent si subitement que les Voyageurs y sont quelquefois surpris & qu'en demie heure de tems ce Lac devient navigable; & enfin parce qu'il est fort profond, y ayant en certains endroits plus de trois-cens Brasses d'eau, quoiqu'il n'y en ait pas au delà de cinquante dans les lieux les plus profonds de la Mer Baltique. Il supplée à la Rivière de Motala qui passe au travers de Norcöpingh, où elle tombe d'environ trente pieds de haut, & il y a des Hyvers où cet endroit est tellement rempli de glace que l'eau est plusieurs heures sans pouvoir passer. Le second est dans la Westrogothie, d'où sort la Rivière d'Elve qui tombant d'un Rocher d'environ soixante pieds passe par la Ville de Gottemburg. Le troisième se décharge à Stockholm, & fournit l'eau douce à une partie de la Ville, comme la Mer fournit l'eau salée à l'autre partie. Ces Lacs & une infinité d'autres aussi tranquilles pour la plûpart que s'ils n'étoient que de simples Etangs, & qu'on appelle les Mers du dedans, ne sont pas mal pourvus de diverses sortes de Poissons, comme de Saumons, de Brochets, de Perches, de Tanches, de Truites, d'Anguilles & de plusieurs autres espèces qu'on ne connoît point ailleurs. Il y a sur-tout une infinité de Streamlings, qui est une sorte de Poisson plus petit qu'un Harang, & comme on en prend quantité, on le sale dans des Barils, & on le distribue dans tout le Pays. Outre cela le Nord-Bottom, ou la Baye qui sépare la Suède d'avec la Finlande, est si abondante en Veaux Marins, qu'il s'en fait beaucoup d'Huile qui se transporte en divers Lieux. Il se prend dans les Lacs de Finlande une grande quantité de Brochets, on les sale, on les séche, & on les vend ensuite à très-bon marché.

Ces Lacs sont d'un grand usage pour la commodité des Voitures, soit en Bâteau durant l'Eté, soit en Traîneau pendant l'Hyver. Entre ces Lacs & sur les Côtes de la Mer, il y a un nombre presqu'innombrable d'Isles de différente grandeur. Il y en a en Suède plus de six mille inhabitées; les autres ne sont que de simples Rochers ou des Rochers couverts de Bois. Gotland, Oland & Aland, sont trois grandes Isles, dont l'une a soixante milles de long, & les deux autres en ont un peu moins. De grands Bois, & de vastes Forêts couvrent une grande étendue de la Suède. Les Arbres viennent si près les uns des autres, sur-tout dans la Province de Blecking, & sont tellement pourris dans les lieux, où ils sont tombés que les Bois se trouvent presqu'impraticables. Ces Forêts produisent en abondance du Bois à brûler, qui se vend à bon marché, & comme les Arbres sont en général droits & hauts, il s'en fait aisément du Bois de Charpente, dont on peut se servir à tout. Les Bois sont fort ruinés dans les lieux proche les Mines, mais la commodité des Rivières & les Voitures d'Hyver suppléent si bien à ce défaut dans les endroits éloignés, que le Charbon de bois s'y donne six fois à meilleur marché qu'en Angleterre. Entre les Mines qui sont en Suède,

Suéde, il y en a une d'Argent, où les Ouvriers descendent dans des Paniers jusqu'au premier étage, qui est cent cinq Brasses sous terre. La Voute est aussi haute, qu'une Eglise soutenue par de grandes Arcades. De ce premier étage on descend par des échelles, ou par des Paniers dans le fond de la Mine, qui est de plus de quarante Brasses; & c'est-là où l'on travaille à présent. Les Suédois n'ont rien de plus ancien que la premiére découverte de cette Mine, ou de celle de Cuivre, ce qui ne peut qu'avoir été l'ouvrage de plusieurs Siécles. La Mine rend rarement au delà de quatre pour cent, & il en coûte beaucoup de peine à la rafiner. On est aussi obligé à la dépense d'un Moulin à eau, pour dessecher la Mine & pour pouvoir profiter d'un autre Moulin qui la tire. Elle produit annuellement pour environ vingt mille écus d'Argent fin, dont le Roi a la préférence, & qu'il acheté un quart moins qu'il ne vaut. La Mine de Cuivre est d'environ dix-huit Brasses de profondeur & de grande étendue; mais sujette à être endommagée par la Voute qui tombe de tems en tems; cependant on s'en dédommage quelquefois par la quantité de Mine qu'on tire des Colonnes minées. Quoique la perte ordinairement soit fort considérable lorsque cela arrive; on dit que ces chûtes sont causées par la terre & par les pierres qu'on tire, & qu'on jette sur la Mine; de sorte que les Colonnes se trouvant surchargées, cédent à la pesanteur & s'éboulent. La raison qu'on donne de cet amas de pierres & de terre dans un Lieu si dangereux, est que le profit qui en revient aux Interessés, est si peu de chose qu'ils ne peuvent pas travailler comme ils devroient, ni faire éloigner ces décombres. Le Cuivre, qu'on tire annuellement de cette Mine, revient à la valeur d'environ douze cens mille Livres, dont le Roi en a le quart en espéce. Il y a de plus un Impôt de vingt-cinq pour cent lorsqu'on le transporte brut. Les Mines de Fer & les Forges y sont en grand nombre, sur-tout dans les lieux montagneux, où les eaux tombent commodément pour faire tourner les Moulins. Outre ce fer qui se consume dans le Pays, il s'en transporte tous les ans pour près de trois cens mille Livres. Le nombre de ces Forges s'est fort augmenté. Les Saisons de l'année quoique régulières en elles-mêmes, ne répondent pas toujours à celle des autres Climats, comme le remarqua un jour un Ambassadeur de France, lorsqu'il dit en plaisantant qu'il n'y avoit en Suède que neuf mois d'Hyver, & que tout le reste étoit Eté. Car comme l'Hyver commence ordinairement de très-bonne heure, aussi l'Eté lui succéde immédiatement, & ne laisse que peu ou point d'espace qu'on puisse appeller Printems. Ainsi les Fruits de la terre doivent y croître plus promptement que dans les autres Pays, comme il arrive en effet. La raison qu'on en peut donner est, ce semble, que l'Huile & le Souffre, dont la terre est pleine par les Arbres & les Minéraux, qu'elle produit, s'étant amassez pendant l'Hyver, sont alors échauffés tout à coup par les ardeurs du Soleil qui luit presque continuellement, & qui dédommage par ce moyen de son peu de durée, & porte à leur maturité les Fruits propres au Climat. Cependant la chaleur est si violente, qu'elle met souvent les Forêts en feu, qui se répand quelquefois à plusieurs lieues à la ronde, & à peine peut-on l'arrêter à moins qu'il ne se rencontre quelque Lac ou quelque grande Plaine.

Les Campagnes sont enrichies durant l'Eté d'une infinité de différentes Fleurs, & tout le Pays est couvert de Fraises, de Framboises, de Groseilles rouges, & autres Fruits qui croissent sur les Rochers. Les Melons viennent assez bien dans les Jardins, lorsque l'année est séche, mais les Abricots, les Pêches, les autres Fruits d'Espalier y sont presque aussi rares que les Oranges. Il y a des Cerises de plusieurs espéces, & il y en a même d'assez bonnes. On ne peut pas dire la même chose des Pommes, des Poires & des Raisins; car ces Fruits y sont rares & n'ont pas fort bon goût. Il y a de toutes sortes de Racines en abondance, & elles contribuent même beaucoup à la nourriture des Pauvres.

Le Soleil dans sa plus grande élévation est dix-huit heures & demie sur l'Horison de Stockholm, & fait pendant quelques Semaines un jour continuel. Les jours d'Hyver sont plus courts à proportion, & le Soleil n'y paroît que cinq heures & demie; mais ce défaut est si bien réparé par la Lune, ce qui regarde la Lumiére, par la blancheur de la neige, & par la clarté du Ciel, qu'on marche la nuit aussi ordinairement que le jour, & que les voyages se commencent aussi souvent le soir que le matin. On se dédommage du peu de chaleur du Soleil par le moyen des Poëles qui sont dans les Maisons, & par de bonnes Fourures quand on est obligé de sortir. Les Pauvres, qui n'en peuvent pas avoir des meilleures, se servent de Peaux de Moutons, & autres Peaux de même défense, & en général ils sont mieux pourvus d'Habits convenables à leur condition, & au Climat, où ils vivent, que ne l'est le commun Peuple de toutes les autres parties de l'Europe. La négligence dans ces sortes de choses est ordinairement fatale, c'est-à-dire, qu'on ne sauroit être mal vêtu sans courir risque de perdre le né, ou quelqu'autre membre & quelquefois même la vie, à moins que le remède dont on se sert pour chasser le froid, qui s'est emparé de quelque partie ne soit appliqué de bonne heure; & ce remède est de ne pas se chauffer d'abord; mais de frotter au contraire de neige la partie engourdie jusqu'à ce que le sang & les esprits y soient revenus. Ce qu'on vient de dire de la Suède peut s'appliquer au Duché de Finlande, à cela près qu'on n'y a découvert jusqu'ici aucune Mine. Les principales Denrées que produit ce Duché sont de la Poix, de la Rasine, toute sorte de Marchandises de bois, du Poisson sec, du Bétail, de l'Huile de poisson. Il faut aussi remarquer que les Habitans de la Finlande sont plus durs, plus laborieux, plus rustiques, plus ignorans & plus superstitieux que les Suédois.

La Couronne de Suède étoit anciennement

ment élective, mais sous le Régne de Gustave I. elle devint successive & héréditaire. Les Etats se reservérent seulement la faculté de rentrer dans leurs droits, si la postérité de ce Prince venoit à manquer ; mais lorsque la Reine Christine, qui étoit la derniére de la Race de Gustave, fit abdication du Royaume, elle pria les Etats de vouloir confirmer le droit de succession aux Descendans de son Cousin Charles Gustave, Comte Palatin du Rhin, qu'elle avoit choisi pour son Successeur. Il fut résolu dans une Assemblée de la Noblesse, tenue à Stockholm au mois de Décembre 1680. que si le Roi tomboit dans une maladie mortelle, il pourroit se choisir un Successeur sans avoir besoin du consentement des cinq Grands-Officiers. Cette résolution fut confirmée par les Etats, & il fut conclu à la Diette de 1682. que les Filles succéderoient à la Couronne, si les Mâles venoient à manquer dans la Famille Royale. Les Rois n'avoient du tems de l'Election qu'un pouvoir fort limité, ils étoient les Chefs, & non pas les Maîtres, & on leur prescrivoit à leur couronnement des conditions qu'ils juroient d'observer, car selon les Loix ils n'étoient pas entiérement établis, s'ils n'avoient pas reçu cette marque de la Royauté. Ils promettoient de gouverner selon les anciennes Constitutions du Royaume, sans pouvoir en introduire de nouvelles, de maintenir les Etats dans leurs privilèges, de ne donner les Charges, les Fiefs & les Bénéfices qu'à des Suédois naturels, de ne pouvoir faire emprisonner aucun Gentilhomme *nisi jure victus*, c'est-à-dire, qu'il ne fût convaincu du crime, dont on l'accusoit, de ne rien faire sans la participation du Sénat, de ne pouvoir prendre à son service des Soldats étrangers, de ne point troubler les Gentilshommes dans la possession où ils étoient de faire fortifier leurs Châteaux, & de s'y défendre contre la violence de leurs ennemis, & d'y avoir un Asyle inviolable contre qui que ce fût ; après quoi ils consentoient à leur propre dégradation, s'ils violoient quelques-unes des Loix. Ce fut aussi pour les conserver dans leur vigueur, que les Suédois se révoltérent vingt-quatre fois, & qu'ils furent autant de fois assujettis par les Rois de Dannemarck. Les Etats du Royaume avoient alors bien plus d'autorité, qu'ils n'en ont depuis qu'on a changé la forme du Gouvernement. Ils consistent en quatre Ordres, qui sont la Noblesse, le Clergé, les Bourgeois & les Paysans. Avant que le Luthéranisme eût été reçu en Suéde, le Clergé tenoit le premier rang, il avoit acquis de grands Biens des Rois de Dannemarck, & sa puissance étoit devenue si considérable, qu'il possédoit pour le moins autant de revenus, que le reste du Royaume ensemble ; mais après le changement de Religion, la Noblesse l'emporta parce qu'on ne laissa aux Ecclésiastiques, qu'autant de bien qu'il en falloit pour leur subsistance, & que le surplus fut réuni au Domaine, ou à récompenser les Gentilshommes qui avoient le plus contribué à délivrer la Suéde de la Tyrannie des Danois. On convoque ordinairement les Etats de quatre en quatre ans,

& quand ils s'assemblent à Stockholm, c'est dans la grande Salle du Château ; voici à peu près l'ordre qu'on y observe. Un Héraut précédé de douze Trompettes en publie l'ouverture dans les Places & Fauxbourgs de Stockholm, & le lendemain les Députez des quatre Ordres s'assemblent dans leurs Maisons particuliéres. La Noblesse a pour Chef le Maréchal de la Diette, qui est nommé par le Roi, elle est partagée en trois Classes, la premiére est celle des Comtes & des Barons, la seconde celle des Maisons illustres par les Charges de la Couronne, ou par des Emplois considérables, & la derniére est celle des simples Nobles. Cette distinction n'a été introduite que depuis que la Couronne est héréditaire ; car du tems de l'élection il n'y avoit que la vertu & le mérite qui missent de la différence entre les Gentilshommes. L'Archevêque d'Upsal est à la tête du Clergé en qualité de Primat du Royaume. Les Bourgeois ont ordinairement à leur tête le Bourgmestre de Stockholm, & les Paysans choisissent un Président ; ce même jour les Nobles font écrire leurs noms pour être portés à la Chancellerie. Le Maréchal de la Diette leur explique ensuite les intentions du Roi, & un d'entr'eux lui répond au nom du Corps, après quoi tous les Députés vont au Château baiser la main du Roi. L'après-dînée du même jour, le Héraut fait une seconde publication de l'ouverture de la Diette ; deux ou trois jours après les Députez de la Noblesse se rendent à sept heures du matin dans leurs Maisons. Le Clergé va à la grande Eglise, les Bourgeois s'assemblent dans la Maison de Ville, & les Paysans se trouvent dans un Lieu particulier qu'on leur prépare, sur les neuf heures ils vont tous selon leur rang dans la Chapelle du Château assister avec le Roi aux Priéres accoutumées, pour implorer le secours du Ciel, & dès que ces Priéres sont finies, ils entrent dans la grand' Sale, où le Roi se rend accompagné de quelques Sénateurs. Si-tôt qu'il s'est assis sur son Thrône, le Grand-Chancelier fait un Discours aux Etats au nom du Roi, & ensuite un Secrétaire d'Etat lit les propositions qu'on veut leur faire ; après cette lecture le Maréchal de la Diette harangue le Roi pour la Noblesse ; l'Archevêque d'Upsal parle au nom du Clergé ; le Bourgmestre de Stockholm prend la parole pour les Bourgeois, & le Président des Paysans parle pour eux, & cette premiére séance se finit par la Cérémonie de baiser de nouveau les mains du Roi. Ensuite les quatre Ordres délibérent à part sur les propositions qui ont été faites, & conférent ensemble par des Députez qu'ils s'envoyent les uns aux autres sur la résolution qu'ils doivent prendre. Dès qu'ils ont formé ce résultat, ils le communiquent au Roi, qui a soin de le faire publier par tout le Royaume. Cette Assemblée ne dure pas longtems ; le Roi la congédie le plûtôt qu'il peut, parce que les Etats s'unissent ordinairement après de grandes contestations, & c'est alors qu'ils censurent l'Administration publique, & qu'ils proposent de grandes réformations. Pour éviter cet inconvénient on ne leur donne que le tems qu'il faut pour travailler aux points propofés. Le Roi nomme un certain nombre de Députez des quatre Ordres, pour ménager les affaires les plus importantes, & lui rendre compte de tout ce qui fe paffe dans la Diette; ce nombre eft ordinairement de quatrevingt, & après que l'Affemblée a pris une dernière réfolution, elle la fait communiquer au Roi, qui congédie tous les Députez. Les chofes s'y paffent toujours à la fatisfaction de la Cour, qui prend des mefures pour obtenir ce qu'elle demande. La Veille du jour, que la Diette fe fépare, le Roi & les Hérauts d'Armes avec leurs Habits de Cérémonies, & précedez des Trompettes, publient dans les principales Places de Stockholm, qu'elle fera conclue le lendemain. Ce jour-là l'Affemblée fe fépare après le Sermon & les Prières ordinaires; enfuite le Roi traite tous les Députez, & après que les réfolutions qu'on a prifes dans la Diette ont été publiées, on leur en donne des Copies imprimées pour les porter dans leurs Provinces. Le Sénat eft le Corps le plus confidérable du Royaume après les Etats-Généraux. Le nombre des Sénateurs n'eft pas fixe. Il y en a tantôt plus, tantôt moins, felon qu'il plaît aux Rois de les augmenter ou de les diminuer. Du tems de la Reine Chriftine il y en avoit quarante: fous Charles Guftave on n'en compta que vingt-quatre, dans la fuite ils furent réduits à douze, fuivant les anciens Statuts du Royaume, confirmez par Charles IX. & approuvez par les Etats dans la Diette de 1682. Ce Corps étoit autrefois libre Juge des actions & de la vie du Roi; mais lorsque la Couronne eut été rendue héréditaire, fa puiffance fut bien diminuée; il n'eft plus que le témoin de fa conduite, & quoiqu'il entre en connoiffance de toutes les affaires d'Etat, fa fonction eft de lui donner confeil fans pouvoir rien lui prefcrire. Le Roi feul a le droit d'établir les Impôts, de régler les Etapes pour les Soldats des Provinces, de faire battre la Monnoye, & de faire creufer les Mines de Salpêtre, à moins qu'elles ne foient dans les Terres Eccléfiaftiques. Il nomme à toutes les Charges du Royaume & à toutes les Magiftratures; il lui eft permis en cas de néceffité de lever le dixième homme pour aller à la Guerre; mais il prend en échange l'argent qui feroit employé à cette levée, & trouve par ce moyen le fecret de ne pas dépeupler fes Etats, ce qui fait que les Armées de Suède font prefque toutes compofées de Soldats étrangers & particuliérement d'Allemands. Quand il meurt quelque Sénateur, les plus grands Seigneurs, & même les Princes du fang, fuivent le Convoi, il n'y a que le Roi qui ne s'y trouve pas, parce qu'il ne fait cet honneur qu'aux cinq Grands-Officiers de la Couronne, à caufe qu'ils font Régens nés du Royaume pendant la Minorité des Rois. Ces cinq Officiers font le Droffart, ou le Grand-Jufticier, le Grand-Connétable, le Grand-Amiral, le Grand-Chancelier, & le Grand-Tréforier. Ils préfident chacun à une Chambre compofée de quelques Sénateurs, & quand leurs Charges viennent à vaquer, le Roi les donne ordinairement au plus ancien Sénateur des Chambres, quoiqu'il lui foit permis d'en difpofer en faveur de qui bon lui femble. Le Droffart pofféde la première Charge du Royaume, & a le privilège de mettre la Couronne fur la tête du Roi dans la cérémonie de fon Couronnement; il préfide au fuprême Confeil de Juftice, auquel on appelle de tous les autres. Le Connétable eft le Chef du Confeil de Guerre, il prend foin de tout ce qui regarde les Armées, & de faire exactement obferver aux Troupes la Difcipline Militaire. Aux entrées des Rois il marche le premier devant eux tenant l'Epée nue, & dans l'Affemblée des Etats il eft affis devant le Thrône à main droite. Le pouvoir de l'Amiral eft fort grand, il a le commandement des Armées Navales, il a le choix de tous les Officiers de Guerre & de Finances, qui fervent dans la Marine & auxquelles il donne des Provifions. La Juftice de l'Amirauté lui appartient & fe rend en fon nom, il a les amendes, les confifcations, le droit de dixième fur toutes les prifes & conquêtes faites à la Mer, le droit d'ancrage, l'infpection fur les Arfenaux Maritimes, & donne les congez à tous les Vaiffeaux qui partent des Ports & Havres du Royaume. Il eft Préfident du Confeil de Marine, qui connoît de toutes les entreprifes de Guerre, des abus, & des malverfations commifes par les Officiers de Marine, & juge définitivement & en dernier reffort toutes les affaires qui concernent l'Amirauté. Le Chancelier eft le Chef de la Police, en corrige les abus & fait tous les Réglemens néceffaires pour le bien & l'utilité publique: il eft le Dépofitaire des Sceaux de la Couronne, il expédie toutes les affaires d'Etat, & c'eft lui qui expofe les volontés du Roi aux Etats-Généraux; il préfide au Confeil de Police, & c'eft en fes mains que le Roi dépofe la Juftice pour la diftribuer & la faire rendre à fes Sujets. Le Grand-Tréforier a l'Adminiftration des Finances & des revenus du Roi. Il fait rendre tous les Comptes des Fermes aux Tréforiers particuliers, c'eft lui qui figne les Ordonnances & autres expéditions du Tréfor, qui ordonne des Fonds, & qui paye tous les Officiers du Royaume; il préfide à la Chambre des Comptes qui expédie tous les Arrêts portant impofition fur les Peuples, & où l'on rapporte toutes les affaires qui regardent les Finances. Le revenu des Rois de Suède étoit anciennement fi médiocre, qu'à peine fuffifoit-il pour leur entretien, il confiftoit feulement aux droits que l'on levoit fur les Marchandifes qui entroient, ou qui fortoient du Royaume tant par Mer que par Terre. La découverte des Mines contribua beaucoup à l'augmenter; mais ce qui acheva de le rendre confidérable ce fut le changement de la Religion; car Guftave I. ayant offert à la Nobleffe de partager avec elle les Biens du Clergé, qui poffédoit plus du tiers du Royaume, s'empara de la plus grande partie, & unit à la Couronne le droit de confifcation qui appartenoit aux Evêques prefque par toute la Suède. Enfin ce qui l'a encore beaucoup groffi, c'eft la réunion

réunion au Domaine de tous les Biens qui en avoient été aliénés, comme aussi de tous les dons qui avoient été faits aux Gentilshommes par la Reine Christine. Cette réunion fut proposée aux Etats qui se tinrent au mois d'Octobre 1680. Comme la Noblesse étoit en possession de ces Biens, elle témoigna vouloir s'y opposer, & demanda qu'on lui en laissât la jouïssance, offrant en échange une très-grande somme. Cette proposition fut rejettée, & le Roi demeurant ferme dans sa résolution, elle fut obligée d'y consentir, de même que le Clergé, les Bourgeois & les Paysans; mais les Etats n'accordèrent cette réunion qu'à condition que ceux qui n'en avoient que ce qu'il falloit pour leur subsistance, ne seroient point obligez à la restitution à moins qu'on ne leur donnât une pension raisonnable. On nomma ensuite trois Commissaires pour y travailler, & en prendre l'origine depuis le Régne de Gustave I. On commença par les Biens que possédoit le Comte Carelson; & en même tems l'Amiral Jean Wachtmeister, & le Sieur Axel Wachtmeister son frere remirent entre les mains du Roi ceux qu'ils avoient reçus par donation. On continua de la faire fort paisiblement dans toutes les Provinces, excepté dans la Livonie, où l'on trouva quelques difficultés, à cause du grand nombre des personnes qui tenoient de ces sortes de Biens de la libéralité de Gustave Adolphe, ou de Christine. Outre ce revenu le Roi prend la troisiême partie des Amendes quand elles n'excédent pas la somme de quarante Marcs, car en ce cas il les a toutes entiéres. Il a la confiscation du Bien des criminels de Leze Majesté, & le droit d'Aubeine si les Héritiers des Etrangers ne se présentent pas dans un an. La Justice est administrée en Suède par quatre Tribunaux souverains qu'on nomme Parlemens, qui connoissent des affaires civiles & criminelles en dernier ressort. Chaque Parlement est composé d'un Président, qui est Sénateur, & de douze Conseillers, dont il y en a six Gentilshommes & six Docteurs, excepté celui de Stockholm; lequel, comme étant le premier, a l'avantage d'avoir quatre Sénateurs adjoints aux douze Conseillers. Sa Jurisdiction s'étend sur les Provinces d'Uplande, de Westmanland, de Dalécarlie, de Néricie, de Sudermanie, de Gestricie, de Helsinghland, de Medelpadie, d'Angermanland, de Bothnie & de Laponie. Le second Parlement est celui de Jonekoping dans la Gothie Orientale, qui renferme les Provinces d'Ostrogothland, de Smaland, de Westrogothland, de Dalie, de Wermeland, de Schonen, de Halland & de Bleking, avec les Isles d'Oeland & de Gothland. Le troisiême est le Parlement d'Abo en Finlande, qui a sous sa Jurisdiction la Finlande, la Cajanie, le Savolax, le Tavasthland, la Carélie & le Neyland; & le dernier est le Parlement de Wismar, qui a dans son Département les Etats que le Roi de Suède possède en Allemagne. Il n'y a que les Gouverneurs des Provinces, ceux de Stockholm & des autres Lieux qui ayent pouvoir de faire exécuter les Sentences judiciaires,

& ce sont eux qui donnent cette autorité aux Officiers inférieurs, qui doivent en rendre compte aux Cours nationales où ils peuvent être jugez & punis, lorsqu'ils sont une fois pleinement convaincus; mais comme les preuves sont difficiles, & que les Gens de Justice ont du penchant à se favoriser les uns & les autres, ils se donnent beaucoup de liberté, suspendent l'exécution, ou font l'Office de Médiateurs & expliquent les Sentences à leur mode, ce qui préjudicie non-seulement au dedans, mais diminue même le crédit des Suédois dans les Pays étrangers, parce que ce n'est qu'avec beaucoup de difficulté qu'on peut se faire rendre justice. Il n'y a point de Lieu dans le Monde, où les dépens ordinaires des Procès soient plus modérés qu'en Suède, car ce qu'il y a de plus onéreux vient de la derniére Ordonnance, qui porte que toutes les Déclarations, tous les Actes, & toutes les Sentences doivent être sur du papier marqué, dont le prix est différent selon la qualité de la cause. Le profit en revient au Roi; les autres frais sont très-peu de chose, car chacun a la liberté de plaider sa cause dans les Matiéres criminelles: C'est pour cela que la Jurisprudence est au-dessous d'un Gentilhomme, & est plutôt la ressource des personnes de la plus basse naissance. La coutume des Jurez, qui composent un Corps de douze hommes, est si ancienne en Suède que les Ecrivains Suédois prétendent, que c'est dans leur Pays qu'elle a commencé, & qu'elle s'est de-là répandue chez les autres Nations. Cependant elle est aujourd'hui hors d'usage partout, excepté seulement dans les Cours inférieures de la Campagne, où les Jurez sont établis à vie & ont des apointemens. Il y a ceci de singulier, c'est qu'il faut être tous d'un avis dans le Jugement d'un Procès, au lieu que dans les autres la pluralité des voix l'emporte. On tient Registre de toutes les Ventes & Aliénations, aussi-bien que de tous les autres Actes obligatoires; ce qui fait qu'on achete plus sûrement, & que les choses sont moins sujettes à contestation, car l'Acquereur court risque de perdre son Héritage par une autre Vente postérieure, à moins qu'il ne fasse enregistrer son Acte d'acquisition à la Cour où il doit être enregistré. Dans les Matiéres criminelles, où le fait n'est pas de la derniére évidence, ou lorsque les Juges sont beaucoup favorables, le Défendeur est reçu à se purger par serment, auquel on ajoute souvent celui de six ou de douze hommes, qui répondent tous de son intégrité. La Trahison, le Meurtre, le double Adultére, le brûlement de Maisons, & les autres Crimes odieux se punissent par la mort, ce qui se fait en pendant les hommes, & en décollant les femmes: Quelquefois on les brûle tout vifs, quelquefois on les écartelle, quelquefois aussi on les pend enchaînés selon la nature de leurs Crimes. Pour les Gentilshommes qui ont commis de grands Crimes, on les tue à coups de Fusil ou de Mousquet. Le Larcin étoit autrefois puni de mort; mais dans ces derniers tems on a changé cette peine en celle d'une espèce d'Esclavage perpétuel.

Le

Le Coupable est condamné à travailler toute sa vie pour le Roi aux Fortifications, ou autres Ouvrages serviles, & pour cet effet il a toujours à col un Collier de fer, avec un Arc qui lui passe sur la tête où pend une Clochette, qui sonne à mesure qu'il marche. Les duels entre Gentilshommes sont punis de mort sur celui des Combattans qui survit, & la Mémoire de l'un & de l'autre est notée d'infamie. Si personne n'est tué, les Antagonistes sont tous deux condamnés à deux ans de prison au pain & à l'eau, & outre cela à une Amende de mille écus; ou à un an de prison, & à deux mille écus. Les réparations d'honneur en cas d'affront sont renvoyées à la Cour nationale de chaque partie, où l'on oblige ordinairement celui qui a offensé à se rétracter, & à demander pardon publiquement. Les Biens d'Acquêts & de Patrimoine passent aux enfans par égales portions. Le garçon en a deux portions, la fille une. Les Parens n'ont pas la liberté de disposer de leurs Biens au préjudice de cette Loi, qui ne peut se changer que par l'intervention d'une Sentence judiciaire fondée sur la desobéïssance des enfans. Ils peuvent seulement donner un dixième de leurs Acquêts aux enfans ou autres qu'ils veulent favoriser. Lorsqu'un Bien est chargé de dettes, l'Héritier ordinairement a deux ou trois mois de tems pour examiner les affaires du Défunt, après quoi il accepte l'hérédité ou l'abandonne, auquel cas la Justice s'en empare. La nature du Climat de la Suède, où l'air est fort sain, fort sec & fort rude, fait que les Habitans sont d'une constitution vigoureuse; tout cela confirmé par une éducation rustique & par les méchans logemens, les rend capables de soutenir toutes les incommodités, plus facilement que ceux qui sont nés dans un Pays plus tempéré, & qui ont été élevés avec plus de délicatesse. Mais il semble d'un autre côté, que si la rigueur du Climat mine en quelque manière les facultés de leurs corps, & les rend incapables d'une grande dextérité; on peut dire la même chose de leur esprit, qui n'a que rarement une grande vivacité & pénétration, cependant il y en a plusieurs qui acquiérent par l'expérience, par l'industrie, & par les voyages un jugement mûr & solide, leur génie les portant aux choses sérieuses, où ceux qui ont la patience de continuer les études auxquelles ils s'appliquent, se rendent d'excellens hommes, mais il ne semble pas que ce soit-là le talent de cette Nation, aussi sont-ils plus propres au travail & à la fatigue, qu'à l'adresse & à la curiosité. La Religion Luthérienne est la seule dont l'exercice soit permis en Suède. Leur Eglise est gouvernée par un Archevêque & par dix Evêques, qui ne sont embarrassés de l'administration d'aucune affaire particuliére, & qui ne sont jamais appellés au Conseil que lorsque les Etats s'assemblent. Leurs revenus sont fort médiocres. Ils ont sous eux sept ou huit Surintendans, qui ont tous autorité d'Evêque, mais qui n'en ont pas le nom; & sur chaque dix Eglises il y a un Prevôt ou Dicre de la Campagne. Il a quelque autorité sur les Ecclésiastiques inférieurs, qu'on compte par le nombre des Eglises qui montent tout au plus à deux mille, tant dans le Duché de Finland que dans la Suède. Les Chapelains & les Curez grossissent le Corps des Ecclésiastiques de près de quatre mille personnes. Ils sont tous fils de Paysans ou de petits Bourgeois, & par conséquent ils se contentent du petit revenu qu'ils tirent de leurs charges. Lorsqu'il meurt un Evêque, le Clergé de chaque Diocése propose trois personnes au Roi, qui choisit l'une des trois pour remplir la Prélature vacante. La même chose se fait lorsqu'il est question d'élire des Surintendans; tous les Chapitres du Royaume donnent leurs voix lorsqu'il est question de choisir un Archevêque; mais la décision appartient entiérement au Roi, qui a aussi le patronage de la plûpart des Eglises à la reserve de quelques-unes seulement dont la Noblesse peut disposer. Quoiqu'en disent les Ecrivains modernes de la Suède, les Sciences ne sont pas de grande antiquité dans ce Pays-là. Il n'y a pas plus de trois cens ans que l'Université d'Upsal est établie, & on y voit peu de Monumens plus antiques. Il y a seulement des Epitaphes grossiérement gravées sur des Rochers, & sur des Pierres brutes qui se trouvent partout; mais comme elles sont sans date, aussi n'expriment-elles que le nom des personnes dont on n'a que ce seul Mémorial. Ce que ces Epitaphes ont de plus remarquable, c'est qu'elles sont en vieux langage Gothique, & en Caractère Runique. La Pièce la plus curieuse qu'ayent les Suédois, est une Traduction des Evangélistes en Langue Gothique, faite il y a environ douze ou treize cens ans par Ulphila, Evêque des Goths dans la Thrace: ils ont cette Pièce en manuscrit. Depuis la Réformation Gustave Adolphe a été le premier Protecteur des Sciences dans ce Pays-là. Ce fut lui qui rétablit les Universités, qui y fit venir des Professeurs presqu'en toutes les Sciences. La Reine Christine sa fille alla un peu plus loin: elle attira en Suède plusieurs hommes de Lettres, & plusieurs grands personnages. L'Université d'Upsal est composée d'un Chancelier, qui est toujours Grand-Ministre de l'Etat, d'un Vice-Chancelier, toujours Archevêque, d'un Recteur tiré du Corps des Professeurs, qui sont près de vingt. Il y a ordinairement plus de sept ou huit cens Etudians. Le Roi en entretient cinquante. Des personnes de qualité en entretenoient autrefois quelques-uns; les autres qui ne peuvent pas subsister par eux-mêmes, employent le tems des Vacances à recueillir les Charités de leurs Diocéses, qui se donnent ordinairement en Grain, en Beurre, en Poisson sec, ou en Viande: ce qui les fait subsister le reste de l'année. Ils ne logent point dans le Collége, mais dans des Maisons particuliéres. Ils ne portent point de Robes, & n'observent de discipline que celle que la nécessité ou l'inclination leur inspire. L'Université d'Abo dans le Duché de Finland a les mêmes Constitutions; mais il n'y a ni autant de Professeurs, ni autant d'Etudians. Il y a en une troisième à Lunden dans le Pays de Schonen, mais comme elle avoit été interrom-

pue

pue pendant les dernieres Guerres, on croyoit qu'elle tomberoit, cependant elle a été rétablie. Dans chaque Diocèse il y a un Collége pour faire étudier les enfans jusqu'à ce qu'ils soient en état d'aller à l'Université. Les Maisons publiques pour les Pauvres y sont en très-petit nombre, car il n'y a dans le Royaume qu'environ cinq & six Hôpitaux; mais dans chaque Paroisse il y a une petite Maison, où l'on donne l'Aumône: cette Maison ne se soutient que par la charité des Habitans, à laquelle ils ont beaucoup de penchant. Toutes les forces de la Suède montent à près de cinquante Régimens, qui font soixante mille hommes. Chaque Régiment est ordinairement de douze cens hommes, & quelqués-uns de plus, y compris quatre-vingt seize Officiers, dont chacun est composé. On a un si grand soin de tenir ces Régimens complets, qu'il arrive rarement qu'il manque dans un Régiment vingt hommes à la fois; de sorte que comme ils sont toujours prêts, aussi peut-on en tout tems assembler promptement un Corps considérable, sur-tout vers les Frontières de Dannemarck, & de Norwège, où le Roi de Suède peut avoir dans vingt jours une Armée de vingt mille hommes. Outre les fonds ordinaires on a affecté à chaque Régiment vingt Fermes surnuméraires, pour remédier aux dommages que peuvent causer les accidens extraordinaires du feu, & pour faire subsister les Officiers qui ne sont plus en état de servir. On a établi pour les Soldats qui sont hors de service par leur âge, ou par leurs blessures, un Hôpital Général qui jouit d'un bon revenu, & outre ce revenu chaque Officier qui s'avance paye au profit de l'Hôpital une somme d'argent proportionnée à la Charge où il monte. Un Colonel paye cent écus, & les autres Officiers payent à proportion. Outre les Armes des Troupes il y a à Stockholm un Magasin considérable, & un autre au Château de Jencopingh, situé vers les Frontières de Dannemarck. Ces Magazins sont remplis de fer, qu'on fait venir de Oerbro, on en fait faire toute sorte d'Armes. Il y a au Château de Jencopingh un Train d'Artillerie toujours prêt: ce Château est la seule Forteresse de la Suède éloignée de la Mer, & c'est aussi celle qui a le moins besoin de Fortifications; sa situation est si avantageuse qu'un petit nombre de Troupes peut la défendre contre une Armée considérable.

L'origine des Suédois, que leurs Historiens font descendre de Magog, fils de Japhet, & qu'ils font venir dans leur Pays dès l'an quatre-vingt & huit après le Déluge, est bâtie sur des conjectures si douteuses, qu'elles ne méritent pas ni qu'on en parle, ni qu'on y ajoute plus de foi qu'aux noms des Rois, qu'on suppose qui lui ont succédé. Quoiqu'il ne soit pas impossible que la Suède ait été de bonne heure un Pays habité, on n'en peut néanmoins rien savoir de certain jusqu'au tems qu'Othinus ou Woden chassé de l'Asie par le Grand Pompée environ soixante ans avant la naissance de J. C. vint en ce Pays-là. Toutes les Nations Septentrionales ont eu l'ambition de se dire Descendans de ce Woden, qui au rapport des Historiens de ce Pays-là conquit la Moscovie, la Saxe, la Suède, le Dannemarck & la Norwège. Ce fut lui qui introduisit dans le Nord le Paganisme, qui fut ensuite la Religion dominante. Après la mort de Woden on lui rendit des honneurs divins en qualité de Dieu de la Guerre, & comme les deux premiers jours de la Semaine tirèrent leurs noms du Soleil & de la Lune, & que le Mardi prit le sien de Tis ou de Disa, qui fut une ancienne Idole; de même le Mercredi tira son nom de Woden, le Jeudi de Thor, & le Vendredi de Frigga. Les trois derniers furent long-tems les principaux objets de l'Idolâtrie des Septentrionaux. La succession des Rois après Woden est remplie de confusion, parce qu'alors la Nation se divisa quelquefois en plusieurs petits Royaumes, quelquefois elle se répandit dans la Suède & dans la Gothie: souvent elle fut sujette du Dannemarck ou de la Norwègue, & quelquefois aussi maîtresse de ces Pays-là, aussi-bien que d'autres Régions plus éloignées, où les Goths se transplantèrent après avoir abandonné leur Pays natal; mais quand, ou à quelle occasion ils firent tant de mouvemens, c'est ce qu'on ne sait pas avec certitude. On ne sait pas non plus combien de tems ils avoient été hors de leur Pays, lorsqu'ils commencèrent à harasser l'Empire Romain, ce qui arriva trois cens ans après J. C. On juge par le rapport des Langues, des Loix, des Coutumes, que les Saxons, qui furent appellés en Angleterre l'an 450. étoient originairement une Colonie des Goths, mais que les Suédois & les Goths s'étant joints avec les Danois, & les Norwégiens firent descente en Angleterre l'an 800. C'est de quoi nous assurent nos Historiens, qui font expressément mention de ces Peuples, & qui en parlent comme de Nations barbares & payennes. On peut faire le même jugement de plusieurs pièces de Monnoye de Saxe qu'on trouve souvent en Suède. Il semble qu'elles ont été données aux Danois pour le Tribut que la Nation leur payoit alors. Les Normands aussi, qui s'établirent en France à peu près dans ce tems-là, étoient en partie Habitans de ces Régions Septentrionales, & l'Angleterre leur doit aussi en partie son accroissement; mais pour passer à des tems plus connus, disons que ce fut vers l'an 830. que l'Empereur Louis *le Debonnaire* envoya Ansgarius, qui fut depuis Archevêque d'Hambourg, pour tâcher de convertir les Suédois & les Goths. Cette Mission n'eut d'abord pas beaucoup de succès. Quelques années après l'Archevêque y fit un second voyage, plus heureux que le premier, puisqu'il bâtisa le Roi Olaüs, qui reçut depuis la Couronne du Martyre, & que ses Sujets payens sacrifièrent à leurs Dieux. Le Christianisme ne devint la Religion des Suédois qu'environ deux cens ans après, qu'elle y fut plantée par les Evêques Anglois. Les Royaumes de Suède & de Gothie étoient alors unis, mais ils vinrent à se séparer, & cette séparation dura près de deux cens ans, après lesquels ils se réunirent

rent à condition, que les Maisons Royales succéderoient chacune à son tour, ce qui se fit durant cent ans; mais ce ne fut pas sans beaucoup de desordre & d'effusion de sang. Ce démêlé s'étant terminé par l'extirpation de la Maison Royale des Goths, il en survint un nouveau; car Waldemar, fils de Berger, Jerle, ou Earle, qui descendoit du Sang Royal des Suédois, fut alors élu Roi par le Conseil de son pere, & fit ses trois freres Ducs de Finland, de Sudermanland & de Smaland: il les rendit si souverains chacun dans son Duché, qu'il leur donna moyen de troubler son Gouvernement. En effet ils forcérent enfin Waldemar de se défaire de son Royaume, en faveur de son frere Magnus. Celui-ci le laissa à son fils Berger, qui eut des Guerres continuelles avec ses deux freres Erick & Waldemar, tant qu'enfin il les prit prisonniers, & les fit mourir de faim; après cela il fut chassé, & le Duc Erick son fils lui succéda. On avoit porté Magnus à consentir que son fils Erick fût élu Roi de Suéde, conjointement avec lui comme Haquinus son autre fils l'avoit été en Norwége. Mais ces freres firent la Guerre à leur pere, qui sur ces entrefaites fit empoisonner l'aîné. Haquinus s'étant racommodé avec son pere, se maria à Marguerite, fille de Waldemar, Roi de Dannemarck, en la personne de laquelle les trois Royaumes se trouvérent réunis. Magnus ayant été déposé pour son mauvais Gouvernement, fit place au fils de sa Sœur, qui s'appelloit Albert, Duc de Mecklenbourg, dont les Suédois furent bien-tôt las. Ils offrirent le Royaume à Marguerite, à qui Haquinus son Mari avoit laissé la Norwégue, & son pere le Dannemarck. Le Roi Albert ayant donc été battu en Bataille rangée, fut fait prisonnier par cette Marguerite, qui lui succéda, & qui unit ces trois Couronnes par les mêmes Loix. Elles furent approuvées par les Etats de ces Royaumes. Elles étoient fort onéreuses aux Suédois, & fort avantageuses aux Danois, qui eurent toujours l'adresse ou le bonheur de s'insinuer dans la faveur du Roi, & de rendre suspects les Suédois & les Norwégiens, selon le conseil que la Reine Marguerite donna à son Successeur. La Suéde vous nourrira, la Norwégue vous habillera, & le Dannemarck vous défendra. A la Priére de la Reine Marguerite les trois Nations s'élurent pour leur Roi son jeune Neveu Erick de Pomeranie, elle se reserva le Gouvernement pendant sa Minorité, & eut le tems de se repentir de ce qu'elle avoit fait: elle mourut enfin de la Peste en 1412. Cet Erick se maria à Philippine, fille de Henri IV., Roi d'Angleterre. Les Historiens rapportent au sujet de cette femme que Copenhague étant assiégée, & le Roi Erick de desespoir s'étant retiré dans un Monastère, elle prit le commandement de la Ville, & battit les Assiégeans; mais ayant ensuite pendant l'absence du Roi mis une Flote en Mer, qui ne fit rien, il la battit, & la maltraita si fort après son retour, qu'elle se retira dans un Cloître, où elle mourut bientôt après.

L'oppression des Etrangers, sous laquelle les Suédois gémissoient, parce que le Roi leur donnoit le Gouvernement des Provinces, & leur confioit toutes les Forteresses, sans se mettre en peine des contreventions, qu'il faisoit à l'union, les contraignit enfin de secouer le joug, & de renoncer au serment de fidélité qu'ils avoient prêté au Roi Erick. Ils mirent en sa place Charles Knuteson, Général du Royaume, & lui donnérent la qualité de Protecteur, qu'il eut environ quatre ans, c'est-à-dire, jusqu'à ce qu'ils se fussent déterminez à appeller Christophle de Baviére, que les Danois & les Norwégiens avoient déja élu Roi. Le Régne de Christophle ayant été court, & les Suédois y ayant trouvé de nouveaux sujets de se dégoûter de l'union, ils se divisérent après sa mort, & élurent Charles Knuteson ci-devant leur Protecteur, qui par un exemple mémorable de la bisarrerie de la fortune, après avoir régné dix ans, fut detrôné par une Faction Danoise, & obligé de se retirer à Dantzick, où il fut réduit à la derniére pauvreté. Christian d'Oldemburg, Roi de Dannemarck & de Norwégue lui succéda, & renouvella l'union qui fut bien-tôt rompue. Christian fut dépossedé après un Régne de cinq ans. Charles Knuteson fut alors remis sur le Trône, où il ne demeura que trois ans; car le Clergé ayant formé un parti plus fort que celui du Roi, ce Prince fut forcé de renoncer à la Couronne, & de se réfugier encore dans le Duché de Finland, où il fut aussi pauvre, qu'il l'avoit été à Dantzick. Après sa déposition, Erick Axelton son gendre fut fait Gouverneur du Royaume, où il y eut pendant long-tems plusieurs Factions en faveur de Christian de Dannemarck; mais ce parti s'étant dissipé, Charles Knuteson fut rétabli pour la troisiéme fois sur le Throne de Suéde, qu'il occupa jusqu'à sa mort, après laquelle Steno Sture Gentilhomme d'ancienne Famille fut fait Protecteur du Royaume, qu'il défendit long-tems contre le Roi Christian qui lui succéda aux Couronnes de Dannemarck & de Norwégue; mais enfin il fut forcé de céder la place à Jean, qui réunit encore les trois Couronnes; mais comme il suivit l'exemple de son Prédécesseur, c'est-à-dire, qu'il opprima la Nation, & se servit des Etrangers, il ne fut pas long-tems Roi. Steno Sture fut fait Protecteur pour la seconde fois. Svanto Sture lui succéda en la même qualité. Celui-ci eut des Guerres continuelles avec Jean pendant tout le cours de sa Régence, qui fut conférée à son fils après sa mort. Steno Sture *le Jeune*, qui fit tête à la Faction des Danois, dont l'Archevêque d'Upsal étoit Chef, étant mort de la blessure qu'il reçut à une Escarmouche contre les Danois, Christiern ou Christian, second Roi de Dannemarck & de Norwégue, parvint à la Couronne de Suéde: mais il en usa d'une maniére si tyrannique, & répandit tant de Sang innocent, & sur-tout du Sang des Nobles qu'il vouloit entiérement détruire, que son Régne devint insupportable; de sorte que toute la Nation conspira contre lui sous la conduite de Gustave premier de la Race des anciens Rois de Suède. Son pere avoit été décollé, & sa mere avoit deux sœurs que Christiern fit emprisonner. Gustave fut d'abord reçu en qualité de Gouverneur du Royaume, & deux ans après on lui conféra la Dignité Royale, & comme les Danois & les Norwégiens avoient chassé leur Roi Christiern, qui s'étoit marié à la Sœur de l'Empereur Charles V. il alla demander du secours à la Cour Impériale qu'il ne put obtenir, il fut défait aussitôt qu'il mit le pied en Norwégue, il fut fait prisonnier, & sa prison ne finit qu'avec sa vie. Par ce moyen Gustave se vit en repos & en liberté de rétablir les affaires du Royaume qui étoient en grand desordre. La premiére difficulté qu'il rencontra fut de la part des Ecclésiastiques, qui avoient été les Auteurs de tant de confusions sous les Régnes précédens. Pour prévenir celles qu'ils pouvoient causer à l'avenir, il diminua leurs revenus, ce qu'il fit en réunissant à la Couronne toutes les Terres qui avoient été données à l'Eglise dans les Siècles précédens. Cette conduite & la réformation qu'il fit dans la Religion, donnérent occasion aux fréquentes émotions qui troublérent la tranquillité des dix premiéres années de son Régne. Mais après cela il vécut paisiblement dans ses Etats, & n'eut aucune Guerre avec les Etrangers, si on excepte quelques démêlés qu'il eut avec la Ville de Lubeck & avec la Moscovie. Jusque là le Royaume de Suéde avoit été électif durant plusieurs Siècles; mais il devint alors héréditaire en droite ligne de succession aux enfans mâles de Gustave, à cela près néanmoins que faute d'enfans mâles le droit d'élection retourneroit aux Etats. Gustave eut trois femmes, dont il eut quatre fils & plusieurs filles: Erick son fils aîné devoit succéder à la Couronne, Jean fut fait Duc de Finland, Magnus d'Ostrogothie, & Charles de Sudermanland. Par ce moyen ces Provinces furent en quelque façon démembrées de la Couronne, faute de politique, dont les Suédois se sont souvent si mal trouvés, qu'ils ont depuis résolu solemnellement de n'y retomber jamais. Le Régne de Gustave qui fut de trente-six ans, ayant donc fait fleurir le Royaume & l'ayant mis dans un meilleur état, qu'on ne l'avoit vu depuis plusieurs Siècles, ce Prince après avoir assuré la Couronne dans sa Famille, la laissa à son fils Erick. Celui-ci méditoit de faire un voyage en Angleterre, dans l'espérance de se marier à la Reine Elizabeth; mais la mort du Roi son pere & son installation sur le Thrône furent cause qu'il ne le fit pas. Il régna neuf ans & garda pendant cinq ans son frere Jean dans une étroite prison, parce qu'il le soupçonnoit de vouloir le supplanter, ce qu'il fit enfin; mais ce ne fut qu'après s'être marié avec la fille d'un Paysan, & qu'il eut perdu l'affection de ses Sujets par plusieurs actions cruelles & deshonnêtes; de sorte qu'il fut déposé sans beaucoup de difficultés, & condamné à une prison perpétuelle, où il finit ses jours. Après cette déposition Jean III. parvint à la Couronne, malgré les Etats du Royaume, qui avoient prêté serment par avance au fils que la Reine épouse du Roi Erick lui avoit donné avant qu'ils fussent mariés. Il poursuivit avec succès la guerre de Moscovie qui avoit commencé du tems du Roi Erick aux environs de la Livonie & prit plusieurs Places. Non-seulement les Moscovites, mais aussi les Polonois & les Danois avoient des prétentions sur ce Pays, car comme les Templiers avoient cédé à la Pologne le droit qu'ils avoient sur la Livonie, les Moscovites aussi étoient convenus de céder leurs prétentions à Magnus Duc de Holstein, frere du Roi de Dannemarck, à condition qu'il en fît une petite reconnoissance au Czar de Moscovie en qualité de Seigneur Souverain; de sorte que quatre grandes Nations prétendoient tout à la fois s'emparer de ce Pays, ce qui fut peut-être cause que les Suédois le conquirent avec plus de facilité. Le Régne de ce Prince fut troublé par les changemens qu'il voulut faire dans la Religion établie. Il étoit quelquefois en doute s'il devoit s'unir avec l'Eglise Latine, ou avec la Gréque, à la fin il se déclara pour la premiére: mais il lui fut impossible d'obliger ses Sujets à suivre son exemple. Après avoir retenu dix ans en prison son frere Erick, comme on a déja dit, il jugea qu'il étoit à propos pour sa sûreté de le faire empoisonner, ce qui fut exécuté suivant le conseil que les Etats du Royaume lui avoient, dit-on, donné. Son frere Magnus, qui n'avoit pas l'esprit bien réglé, & qui n'étoit pas capable de former aucun dessein ne lui donna pas le moindre ombrage, mais il n'en fut pas de même de son frere Charles qui lui donna de grands soupçons, & ce ne fut qu'avec beaucoup de peine qu'on ménagea les choses de façon, qu'ils n'en vinrent pas aux extrémités. Après un Régne de trente-six ans le Roi Jean mourut par la faute d'un Apoticaire ignorant, car il faut remarquer qu'il n'y avoit point alors de Médecins en Suéde. Son Fils Sigismond lui succéda, sa mere s'appelloit Catherine Princesse Polonoise de la Maison des Jagellons. Il avoit été élu Roi de Pologne, cinq ans avant la mort de son pere, Jean son frere étoit encore en âge de minorité, de sorte que son Oncle fut Régent du Royaume jusqu'à ce que Sigismond vînt de Pologne pour se faire couronner en Suéde; ce qui fut fait environ un an après la mort de son pere. Son Couronnement fut retardé pendant quelques mois par les difficultés, qui survinrent sur le fait de la Religion, & la confirmation des priviléges; mais tout cela s'étant enfin accommodé le Roi retourna en Pologne après avoir fait un an de séjour en Suéde, & laissa le Royaume en grand desordre. Quelques années après, comme il revenoit de Pologne, son Oncle le reçut à la tête d'une Armée & défit les forces que le Roi avoit avec lui. Sur ces entrefaites il se fit un accommodement, le Roi s'en retourna en Pologne, & laissa à son Oncle le soin du Gouvernement. Il demeura dans ce poste jusqu'à ce que les Etats de Sigismond, qu'ils avoient inutilement fait consentir à l'élévation de son fils sur le Trône, que Jean son frere avoit aussi refusé, conférérent la Dignité Roya-

Royale à Charles neuviéme son Oncle, qui se trouva par-là engagé à faire la guerre aux Polonois, comme il avoit déja fait aux Moscovites. Le Théatre de ces deux guerres fut la Livonie, où les Suédois eurent du pire jusqu'à ce que les affaires des Moscovites tombérent dans un desordre qui les força de donner la paix à la Suéde afin d'être secourus contre les Polonois & contre les Tartares. Ils eurent le secours qu'ils demandoient sous des conditions fort avantageuses à la Suéde, qui mit ses Troupes sous le commandement du Comte Jacob de la Gardie. Ce Général rendit de grands services aux Moscovites, mais comme il n'exécuterent pas les clauses du Traité, il rompit avec eux, prit la Ville de Nowogrod, & disposa les Habitans & ceux des autres Provinces voisines à demander pour leur Czar le Prince Philippe fils puisné du Roi; mais on consuma tant de tems à negotier qu'on perdit l'occasion. Ce Roi un an avant sa mort eut guerre avec le Dannemarck, & ce fut en cet état qu'il laissa son Royaume à Gustave Adolphe son fils, qui après avoir fait la paix avec le Dannemarck, par la Médiation de Jacques premier Roi d'Angleterre, tourna tous ses soins à la guerre de Livonie & de Moscovie. Il envoya son frere vers les Frontiéres de Moscovie, non en vûe de l'établir sur ce Trône, car il se proposoit de s'en mettre en possession lui-même, mais à dessein d'engager les Places fortes du voisinage du Duché de Finlande & de la Livonie à recevoir Garnison Suédoise au nom du Prince Charles Philippe. Il y réussit assez bien jusqu'à ce qu'on eût élu un autre Czar, avec qui après plusieurs succés différens de part & d'autre, il conclut un Traité de paix, par la Médiation de l'Angleterre, & de la Hollande. Outre une partie de la Livonie dont la Suéde demeura en possession, elle retint encore le Pays d'Ingermerland, & la Province de Kexholm, avec plusieurs Places fortes, & chassa entiérement les Moscovites de la Mer Orientale. La guerre de Pologne qui eut quelques petits intervalles de Tréve dura plus longtems, & ne fut pas moins avantageuse aux Suédois, qui prirent Riga & toutes les autres Places que les Polonois tenoient dans la Livonie excepté un seul Fort; delà ils porterent la guerre dans la Prusse, où ils firent les mêmes progrès jusqu'à ce qu'enfin l'Angleterre & la France s'étant rendues Médiatrices il se fit une Tréve pour six ans. Cette Tréve donna le tems à Gustave de faire la guerre en Allemagne, l'Empereur l'y avoit forcé, & il ne manquoit pas de gens qui l'y follicitoient. Cette expédition commença l'année suivante, & étant arrivé le 24. Juin à l'Embouchure de l'Oder il débarqua sa petite Armée qui ne consistoit qu'en seize Compagnies de Cavalerie & quatre-vingt & douze d'Infanterie faisant environ huit mille hommes. Outre les autres renforts qu'elle reçut, elle fut augmentée de six Régimens Anglois & Ecossois commandés par le Duc de Hamilton, mais ce qui la grossit plus que tout cela fut les progrès incroyables que Gustave fit. Aux premiéres approches de ce Prince Stetin se rendit, & ensuite toute la Poméranie. L'année suivante il se joignit avec l'Electeur de Saxe, & défit entiérement près de Leipsic l'Armée de l'Empereur commandée par le Général Tilli. Il traversa delà la Franconie, le Palatinat, la Baviére, & l'année suivante il donna la Bataille de Lutzen, où ses armes furent encore victorieuses, & où on a cru qu'il avoit lâchement été tué par Albert Duc de Saxe Lawembourg. Non-seulement les Impériaux eurent beaucoup de joye de cette mort, la France encore & plusieurs autres en furent ravis, parce qu'ils le regardoient tous d'un œil d'envie, & qu'ils craignoient qu'ils ne portât encore plus loin sa grandeur. Sa fille Christine lui succéda. Cette Princesse n'avoit que cinq ans. Son Pere avoit gagné les Etats en sa faveur, & les avoit obligés à changer l'union héréditaire qui restraignoit la succession aux Mâles. Pendant sa Minorité le Chancelier Axel Oxenstiern eut la direction des Affaires d'Allemagne, où la guerre se continuoit avec des succés différens, mais pourtant à l'avantage de la Suéde qui étoit en possession de plus de cent Places fortes, & eut une Armée de plus de cent mille hommes tant que le Prince Charles Gustave fut Général. Peu de tems auparavant fut conclu le Traité de Munster, où la Suéde eut pour son dédommagement les Duchés de Poméranie, de Bremen, de Werden, la Ville de Wismar, & Séance dans les Diettes de l'Empire, & du Cercle de la Basse-Saxe, où elle avoit droit d'opiner, & outre cela une somme de cinq millions d'écus. Il y avoit plusieurs années que la Reine avoit formé le dessein de quitter la Couronne, elle le fit enfin après avoir fait le Prince Charles Gustave Prince héréditaire. Elle se dépouilla de la Couronne avec beaucoup de solemnité, & déchargea ses Sujets du serment de fidélité. Les Etats auroient souhaité que le Prince & la Reine se fussent mariés, mais ils n'avoient de penchant à cela ni l'un ni l'autre. La Dignité Royale fut conférée au Prince Gustave le même jour que la Reine y renonça, & l'année suivante il fit la guerre à la Pologne pour se vanger de l'affront qu'elle lui avoit fait de protester contre son élévation sur le Trône. Les progrès qu'il fit d'abord surprirent non-seulement la Pologne, mais allarmerent même toute l'Europe, car en trois mois de tems il prit toute la Prusse excepté Dantzick, une grande partie de la Lithuanie, les Villes de Warsovie, de Cracovie, & autres Places de la Haute & Basse Pologne. La plûpart des Peuples de ces Provinces que le Roi Casimir avoit abandonnés pour s'enfuir en Silésie prétérent serment aux Suédois; mais cette rapidité de prospérités ne dura pas. La premiére consternation s'étant dissipée les Polonois furent aussi prompts à abandonner le Roi de Suéde, qu'ils l'avoient été à prendre son parti. Outre cela la Moscovie & la Hollande se brouillérent avec lui. Le Dannemarck devint aussi son ennemi, ce qui lui donna un prétexte honnête d'abandonner la Pologne, où il ne pouvoit plus subsister. Ayant donc laissé le Gouvernement de la Prusse à son frere, il marcha promptement vers le Dannemarck,

nemarck, qu'il réduisit bien-tôt à la nécessité d'acheter la paix par la perte des Provinces de Schonen, de Halland, & de Bleaking. Cette paix qui fut conclue le Printems suivant fut rompue quelques mois après. L'Eté suivant le Roi de Suede fit passer inopinément son Armée dans le Seland, où il prit le Château de Cronembourg situé à l'entrée du Sond; mais il n'eut pas le même bonheur à Copenhague qu'il assiégea inutilement & à laquelle il fit donner plusieurs assauts. La Flote de Hollande ayant secouru la Place l'Eté suivant, le Siège fut converti en Blocus, mais enfin le Roi Charles Gustave, qui en six ans de tems s'étoit attiré l'inimitié de presque toute l'Europe par ses entreprises hardies & malheureuses, mourut de fièvre, & finit ses jours dans le tems qu'il cherchoit à réparer la perte que les Polonois, les Brandebourgeois, les Hollandois & les Danois lui avoient causée dans l'Isle de Funen. Charles XI. son fils lui succéda n'ayant que cinq ans. Ses Ministres ne songèrent plus qu'à obtenir une Paix honorable & ils en vinrent à bout. Ils vouloient maintenir la paix pendant la Minorité de leur Roi: il n'y réussirent pas. Ils se joignirent en 1674. à la France contre l'Electeur de Brandebourg, ce qui les engagea dans une grande guerre, dont ils ne seroient pas sortis avec honneur, si la France n'eût exigé que le Roi de Dannemarck, Electeur de Brandebourg & les Ducs de Lunebourg restituassent aux Suédois tout ce qu'ils leur avoient enlevé. Cette paix faite Charles XI. épousa en 1680. Ulrique-Eléonor Princesse de Dannemarck, & travailla efficacement à diminuer l'autorité des Sénateurs pour étendre la sienne. Il ne jouit pas long-tems du droit qu'il avoit acquis de ne rendre compte de ses actions qu'à Dieu seul; car il mourut en 1697. au milieu des soins qu'il se donnoit pour rendre la Paix à l'Europe. Son Fils Charles XII qui lui succéda eut l'honneur de consommer le grand ouvrage de la paix de Ryswick, commencé par son pere. Mais il ne jouit pas lui-même du repos qu'il avoit procuré aux autres. Il signala les premières années de son Régne par sa descente dans l'Isle de Zelande, au mois de Septembre 1700. & par la fameuse victoire qu'il remporta sur les Moscovites devant Nerva le 20. de Novembre de la même année. Ce jeune Prince, brave, intrépide & infatigable, après avoir poursuivi, chassé & fait détrôner Fréderic-Auguste, Duc de Saxe & Roi de Pologne, qui l'avoit attaqué sans sujet, fit élire en sa place le Roi Stanislas Leczinski. Il eut atteint au comble de la gloire si sa prudence eût égalé sa valeur. Ce défaut lui attira la perte de la fameuse Bataille de Pultawa un exil de plusieurs années sur les Terres du Turc, & ce que l'adversité a de plus grand. A son retour dans ses Etats il reparut le même, les armes ne lui partirent point de la main, & sa témérité fut cause de sa mort, qui arriva la nuit du 11. Décembre au 12. devant Friderickshall. Alors les Etats élurent pour leur Reine la Princesse sa Sœur qu'ils obligèrent de renoncer à tout droit héréditaire sur la Couronne, & de promettre qu'elle ne tenteroit jamais de rétablir le Pouvoir Arbitaire. Cette Princesse céda aussi-tôt la Couronne à son Mari, que les Etats élurent pour leur Roi, & qui monta sur le Trône aux mêmes conditions qu'elle.

DIVISION GÉOGRAPHIQUE du Royaume de Suède.

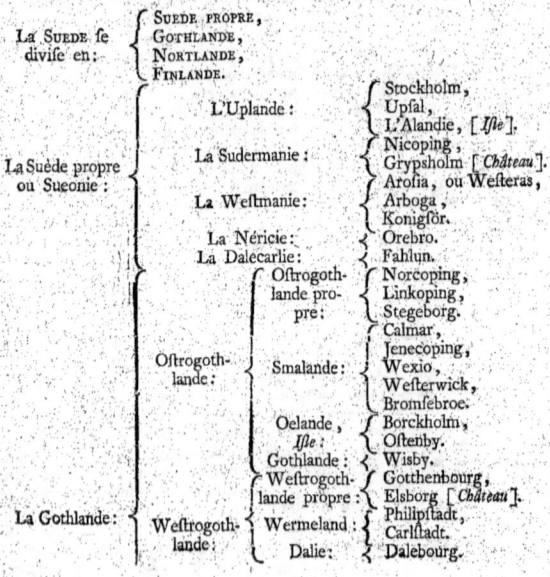

Helm-

	Halland :	Helmstadt, Lahom, Warbourg.
Sudgothlande :	Halland Scanie :	Lunden, Landskron, Malmoe, Helsingbourg, Ysted, Huen.
	Blecking :	Christianople, Carlscron, Christianstad, Carlshaven.
La Nordlande :	La Gestricie :	Gevals, Kupferberg.
	L'Helsingie :	Hudwikswald.
	La Medelpadie :	. . . . .
	Le Jemterland :	. . . . .
	L'Angermanland :	Hernosand.
	La Botnie :	Torne.
	La Laponie Suédoise :	Uma-Lapmarc, Pitha-Lapmarc, Lula-Lapmarc, Torne-Lapmarc, Kimi-Lapmarc.
La Finlande :	La Finlande propre :	Abo, Biernborg.
	La Cajanie :	Cajanebourg.
	Le Savolax :	. . . . .
	La Tavastie :	Tavasthus.
	La Nylande :	Rasebourg, Helsingford.
	Partie de la Carelie :	
	Partie du Fief de Kexholm.	

La SUEDE PROPRE est située entre les Nordelles au Nord, l'Ostrogothland au Sud, la Mer à l'Orient, & les Gouvernemens de Banus, d'Aggerhus, & de Drontheim, vers l'Occident. Elle est divisée en cinq parties qui sont l'Uplande, la Sudermanie, la Néricie, la Westmanie, ou Westmanland & la Dalécarlie. Cette Province est fertile en Bled.

SUEDE (Nouvelle). On avoit donné ce nom à une Contrée de l'Amérique Septentrionale, au Canada [a]. Elle avoit la Virginie au Midi, & la Riviére de Sud la séparoit au Nord des nouveaux Pays-Bas. Christiania & Gotthebourg en étoient les Lieux principaux. Les Suédois furent les premiers qui possédérent cette Contrée & lui donnérent leur nom : les Hollandois les en chassérent, & présentement elle est possédée par les Anglois sous le nom de Nouvelle Yorck.

[a] Baudrand. Dict.

SUEDRA. Voyez Syedra.

SUEILLE, Castrum de Solia, Bourg de France dans la Provence, au Bailliage de Digne. Il est fait mention de ce Lieu dans une Bulle de Grégoire VII. de l'an 1084. sous le nom de Cella Sancti Martini de Solia.

SUEILLY, Bourg de France dans la Touraine, Election de Chinon, avec titre de Châtellenie.

SUEL, Ville de l'Espagne Bétique : Pline [b] la met sur la Côte. Pomponius-Mela [c] nomme aussi cette Ville. Ptolomée la marque sur la Côte de la Mer Ibérique ; mais le MS. de la Bibliothéque Palatine lit Suea au lieu de Suel. Dans une Inscription rapportée par Reinesius [d] on lit ces mots :

[b] Lib. 3. c. 1.
[c] Lib. 2. c. 6.
[d] Pag. 131.

MUNICIPIO SUELITANO, & comme cette Inscription avoit été trouvée à Fuengirola, Village à quatre lieues de Malaca, quelques-uns s'étoient imaginé que ce Village étoit l'ancienne Suel. Le Pere Hardouin n'est pas de ce sentiment ; il soutient, mais sans en donner aucune raison, que l'Inscription dont il s'agit est supposée & moderne, & ajoute que Suel est aujourd'hui le Château de Molina, au Royaume de Grenade, entre Marbella & Malaca. Quoi qu'il en soit, voici l'Inscription en entier telle que la donne Bernard d'Aldrete, dans ses Origines de la Langue Castillane [e] :

[e] Lib. 1. c. 2.

NEPTUNO. AUG. SACRUM
L. JUNIUS PUTEOLANUS
VI. VIR. AUGUSTALIS
IN MUNICIPIO SUELITANO.

L'Itinéraire d'Antonin nomme cette Ville Sivel & la place sur la route de Malaca, à Gadis, entre Malaca & Cilniana, à vingt & un mille de la premiére de ces Places & à vingt-quatre milles de la seconde.

SUELLENI, Peuple de l'Arabie Heureuse selon Pline [f].

[f] Lib. 6. c.

SUELLI, Suelis, petite Ville de l'Ile de Sardaigne [g], dans le Cap, ou dans la Province de Caghari. Elle étoit Episcopale & suffragante de l'Archevêché de Cagliari, auquel cet Evêché fut uni à perpétuité par le Pape Aléxandre VI. Ce n'est présentement qu'un Village, à quinze milles de Cagliari, en passant vers l'Oristan, dont il est éloigné de vingt-quatre milles.

[g] Baudrand. Dict.

SUELTERI, Peuples de la Gaule Narbon-

168 SUE.

a Lib. 3. c. 4.

bonnoife. C'eſt Pline *a* qui en parle. Ils habitoient dans le Diocèſe de Fréjus, vers la Riviére d'Argens, où ſont aujourd'hui Brignole & Draguignan. C'eſt le ſentiment d'Honoré Bouche *b*, qui eſt ſuivi par le Pere Hardouin, & favoriſé par la ſituation que la Table de Peutinger donne aux Selteri, qui ſont les mêmes que les Suelteri.

b Lib. 7. c. 7. Pag. 182.

SUEMUS, Fleuve de Thrace : Pline *c* dit que ce Fleuve ſe perdoit dans l'Ebre. Au lieu de Suemus quelques MSS. liſent Syrmus & d'autres Sermus.

c Lib. 4. c. 11.

SUENDA. Voyez SUEDA.

SUENOCALCHI. Voyez SOUENOCHALCI.

SUEONIE, ou SUEDE-PROPRE. Voyez SUEDE.

SUESA. Voyez SUESSA.

SUESIA, MASIA & MELSIAGUM. Pomponius-Mela *d* place dans la Germanie trois Marais ou Lacs ainſi nommez, & dit qu'ils ſont les plus grands du Pays : *Paludum maximæ.* Il y a des MSS. qui liſent Sueſſa, Eltia & Melſyagum. Iſaac Voſſius, après avoir déclaré que ces noms lui étoient inconnus, ajoute une conjecture ; ſavoir qu'au lieu d'Eltia on pourroit écrire Æſtia, & qu'alors il ſeroit queſtion du Marais ou Lac appellé *Palus Æſtia*, ou *Æſtiorum*, & où l'on pêche de l'Ambre, Lac très-connu des Anciens comme des Modernes. Ortelius *e* croit que ces trois Lacs ſont aujourd'hui aux environs du Comté de Mansfeld, & que ce ſont ceux qu'on appelle le Lac d'Aſcanie, le Lac doux & le Lac ſalé. Il ſe confirme dans ſon opinion, en voyant que Strabon met des Lacs ou Marais entre le Rhein & l'Elbe.

d Lib. 3. c. 3.

e Theſaur.

SUESSA, ou SUESSA ARUNCA, Ville d'Italie dans la Campanie. On rapporte, dit Tite-Live *f*, que les Aruncs épouvantez abandonnérent leur Ville, & ſe retirérent avec leurs femmes & leurs enfans à Sueſſa qu'ils fortifiérent. Cette Ville fut ſurnommée *Arunca* du nom de ces Peuples, pour la diſtinguer d'une autre Sueſſa, ſurnommée *Pometia*, qui fait l'Article ſuivant. L'Hiſtoire ne nous apprend point que les Aruncs ayent été forcez dans Sueſſa Arunca. Quant à leur ancienne Capitale elle fut pillée & détruite par les Sidicins. Dans l'année 440. de la Fondation de Rome le Sénat envoya une Colonie *g* à Sueſſa Arunca. Du tems de Cicéron elle avoit le titre de Municipe. Il en fait cet Éloge magnifique *h* : *Lautiſſimum Oppidum, nunc Municipium, honeſtiſſimorum quondam Colonorun, Sueſſam fortiſſimorum Militum ſanguine* (Antonius) *implevit*. Cicéron ne lui donne point en cet endroit de ſurnom ; & Silius Italicus *i* en uſe ainſi, *detritaque Bellis Sueſſa*. La raiſon en eſt que Sueſſa Pometia avoit été détruite de tems des Tarquins. Sueſſa Arunca devint pour la ſeconde fois Colonie Romaine ſous Auguſte, ſelon une Inſcription ancienne rapportée par Gruter *h*, où on lit : ÆDILIS COLONIA JULIA FELICI CLASSICA SUESSA. Les Habitans de cette Ville ſont appellez SUESSANI dans une Inſcription faite du tems de l'Empereur Hadrien, & rapportée par Holſten *l* : QUI VIAM SUESSANIS MUNICIPIIS SUA PEC. FECIT.

f Lib. 7. c. 15.

g Ib. Lib. 9. c. 28. & ca.
Vellejus, L. 1. c. 14.
h Philip. 13. c. 8.

i Lib. 8. v. 498.

k P. 1093. no. 8.

l Pag. 257.

SUE.

SUESSA-POMETIA, Ville d'Italie dans le Latium. Strabon *m* lui donne le titre de Métropole des Volſques, & Denys d'Halicarnaſſe *n* l'appelle la premiére ou la principale Ville de ce Peuple. Cette Ville, fiére de ſa puiſſance & de ſes richeſſes, s'étoit cru permis de porter le ravage chez ſes voiſins *o*. Les Latins s'en plaignirent ; mais lorſqu'ils en demandérent la réparation, ils n'eurent point d'autre réponſe ſinon qu'on étoit prêt à vuider le différend par les armes. Tarquin ſaiſit cette occaſion de faire marcher ſes Troupes vers Sueſſa. L'Armée des Sueſſans qui l'attendoit ſur la Frontiére, fut vaincue & prit la fuite. Tarquin ne tarda pas d'aller faire le Siège de leur Capitale. Il environna la Place d'une ample circonvallation, qu'il munit d'un large Foſſé, & pouſſa les attaques avec force. Les Aſſiégez ſe défendirent courageuſement ; mais ne recevant ni convois ni ſecours, & ſe voyant épuiſez, ils préférérent de mourir ſur leurs remparts, & de conſerver leur liberté en périſſant. A la fin leur Ville fut priſe d'aſſaut. Tous ceux qui avoient porté les armes pour ſa défenſe, furent impitoyablement maſſacrez. Pour les femmes, les enfans, les Vieillards & les Eſclaves, dont le nombre étoit grand, ils devinrent la proie du Soldat. Tarquin permit à ſes Troupes le pillage de la Ville & de la Campagne. L'Or & Argent qu'on trouva dans cette Ville opulente furent ſeuls mis en reſerve, & portez dans un endroit marqué. On en conſacra la dixiéme partie pour achever le Temple de Jupiter Capitolin. Le reſte fut diſtribué aux Soldats. Toute la ſomme montoit à quarante Talents d'or. Cette Ville ſe rétablit bien-tôt ; car l'année 258. de Rome, la grandeur de ſon enceinte, la multitude de ſes Habitans, ſes richeſſes & ſon luxe la faiſoient encore paſſer pour la Capitale des Volſques. Le Conſul Servilius la prit d'aſſaut, y ôta la vie à tous ceux qui paſſoient l'âge de puberté, & l'abandonna au pillage de ſes Troupes. Cette Ville fut priſe en peu de jours. Elle fut ſurnommée *Pometia*, pour la diſtinguer de Sueſſa Arunca. Quelquefois elle ſe trouve appellée ſimplement Sueſſa *p*, parce qu'elle étoit la plus puiſſante des deux, & quelquefois on la nomme ſeulement *Pometia* *q*. Elle fut Colonie Romaine. Virgile *r* déſigne cette Ville ſous le nom du Peuple :

m Lib. 5.

n Lib. 6. p. 364.

o Tit. Liv. L. 1. c. 53.

p Strabo, L. 5.
q Tite-Live, L. 2. c. 16.
r Æneïd. Lib. 6. v. 775.

Pometios, Caſtrumque Inui, Bolamque Coramque.

SUESSANÆ-AQUÆ, Bains d'Italie, ſelon Tacite *s*. C'eſt aujourd'hui *Torre de i Bagni*, à ce que dit Léander. Mais quelques-uns liſent dans Tacite *Veſuvianæ* pour *Sueſſanæ*. Peut-être doit-on lire avec Juſte-Lipſe *Sinueſſanæ* ; ce qu'il y a de certain, c'eſt que Tite-Live connoît des Bains appellez SINUESSANÆ-AQUÆ.

s Hiſt. L. 1.

SUESSIONES, Peuples de la Gaûle Belgique. Céſar *t* les met ſous les *Rhemi* : *In fines Sueſſionum, qui Rhemis erant attributi*. Les Députez que les *Rhemi* envoyérent à Céſar, appellent les *Sueſſiones* leurs freres & leurs parens, qui ſe ſervoient des mêmes Loix, faiſoient avec eux un même Etat,

t Bell. Gal. L. 8. c. 6.

&

SUE.

& avoient les mêmes Magiſtrats: *fratres conſanguineosque ſuos, qui eodem jure, iiſdem Legibus utantur, unum Imperium unumque Magiſtratum cum ipſis habeant.* Le nom de ces Peuples [a] eſt différemment écrit par les Anciens. Les divers Exemplaires de Céſar liſent quelquefois *Sueſſones*, & quelquefois *Sueſſiones*. Cette derniére Orthographe ſemble pourtant devoir être préférée parce que le Métaphraſte Grec lit conſtamment Σvεσσίονες. Pline [b] qui en fait un Peuple libre écrit auſſi *Sueſſiones*, de même que Tite-Live [c]. Les diverſes Editions de Strabon varient auſſi beaucoup, les unes portent Σvεσσῶνες, & d'autres Σvεσσίονες, Σvεσσιῶνες, ou Σvεσσίονες Lucain [d] dit *Sueſſones*:

Et Biturix, longiſque leves Sueſſones in armis.

Ptolomée a oublié apparemment la premiére lettre du nom de ces Peuples; car il les appellée Oὐέσσονες. L'Itinéraire d'Antonin eſt pour *Sueſſones*; de ſorte que l'Orthographe eſt abſolument douteuſe. Il eſt plus ſûr que le Peuple ainſi nommé habitoit le Pays connu préſentement ſous le nom de Diocéſe de Soiſſons. Voyez Soissons, & Augusta Suessionum.

SUESSI'TANI, Suessetani, Peuple de l'Eſpagne Citérieure, ſelon Tite-Live [e]. Mr. de Marca [f] ne doute point que les *Coſetani*, ou plutôt une partie de cette Nation ne ſoit le Peuple auquel Tite-Live donne le nom de *Sueſſetani*. Ce Peuple, dit-il, Allié du Peuple Romain joignit ſes Troupes à l'Armée Romaine, pour prendre *Vergium* Forteresse des *Lacetani*, qui voiſins des *Sueſſetani* avoient ravagé leurs Terres. Ce voiſinage avec les Lacétains ne peut convenir à aucune autre Nation qu'aux *Coſetani* & aux Ilergétes. Or ce ne peut point être ces derniers, puiſque Tite-Live fait mention d'eux dans le même Chapitre que j'ai cité; il ne reſte donc plus que les *Coſetani*, dont une partie du Pays a été appellée Sueſſetanie. *Vergium* n'étoit pas la ſeule Place des *Sueſſetani*. Tite-Live [g] leur donne une Ville qui s'étendoit en longueur, mais qui n'étoit pas large, & ailleurs [h] il dit que A. Terentius prit d'aſſaut dans le Pays des *Sueſſetani* une Ville nommée *Corbio*. La queſtion ſeroit de ſavoir ſi cette Ville de *Corbio* ne ſeroit point la même que la Ville longue & peu large dont nous venons de parler.

SUESSULA, Ville d'Italie, dans la Campanie. La Table de Peutinger la marque entre Capoue & Nola, dans l'ordre qui ſuit:

Capua IX. Sueſſula IX. Nola.

Ses Habitans ſont appellez *Sueſſulani* par Tite-Live [i] & par Pline [k]. Frontin nous apprend que Sylla y envoya une Colonie: *Sueſſula Oppidum muro ductum: Colonia Lege Sullana eſt deducta.* Cette Ville eſt nommée préſentement *Caſtel di Seſſola*.

SUESTASIUM, Ville de l'Eſpagne Tarragonnoiſe. Ptolomée [l] la marque dans les terres, & la donne aux *Cariſti*.

SUETHANS, Peuple Barbare, que Jornandès [m] place dans la Scandinavie.

SUETTE, Village de France, en Anjou, dans la Paroiſſe de Séche. Il y a dans ce Village une Fontaine d'Eau Minérale.

SUEVI, nom général que Tacite [n] donne, non-ſeulement aux Peuples qui habitoient au-delà de l'Elbe & même dans la Sarmatie, au delà des limites de la Germanie; mais encore aux Habitans de la Scandinavie, & delà tous les vaſtes Pays qu'occupoient ces Nations nombreuſes furent appellez du nom général de Suevia. Le même Auteur [o] nous apprend, que quelques-uns profitant de la licence que donne l'antiquité ſoutenoient que le Dieu Tuiſton avoit eu un plus grand nombre d'enfans qu'on ne lui en attribuoit ordinairement, & qu'un d'entre eux avoit donné le nom aux Suéves. D'autres ont voulu faire venir ce nom de la Riviére *Suevus*, ou du Mont *Sevo*, ou de la Nation des Suéons; & il y en a eu qui ont voulu tirer l'origine de ce même nom de l'humeur vagabonde de ces Peuples. Ceux qui veulent que quelque Roi ou Héros des Germains ait donné ſon nom aux Suéves approchent le plus de l'idée de Tacite. Il ne faut pas croire néanmoins que ce nom de Suéves ait toujours été auſſi général; car dans le tems de l'ancienne diviſion des Peuples de la Germanie en Claſſes, ſi nous nous en rapportons à Pline [p], les Suéves étoient compris ſous les *Hermunduri*. Les Peuples auxquels on donna le nom de Suéves ne ſe trouvent pas non plus toujours dans la même Région. Du tems de Céſar [q] les Cattes étoient réputés Suéves. Les *Marcomanni*, les *Harudes* & les *Seduſii* furent compris enſuite ſous le même nom; du moins ces Peuples, lorſque Maraboduus les eut fait paſſer dans la Bohême, ſont ils comptez parmi les Suéves. Strabon [r] dit: La Nation des Suéves eſt très-grande; car elle s'étend depuis le Rhein juſqu'à l'Elbe, & une partie des Suéves habite au delà de l'Elbe. Mais depuis le troiſième Siècle, on voit le nom des Suéves ſe reſtraindre extrêmement, à meſure que les Peuples particuliers, compris auparavant ſous ce nom général ſe firent connoître par leurs victoires, comme les Goths, les Wandales, les *Longobardi* & les *Burgundiones*. On trouve que dans le cinquième Siècle lorſque les Suéves paſſérent en Eſpagne le nom de ces Peuples étoit encore celui de diverſes Nations. Depuis ce tems-là les Suéves ne paroiſſent plus avoir été qu'un Peuple particulier fixé dans le Pays des anciens *Hermunduri*. Jornandès [s] en donnant les bornes du Pays des Suéves, dit qu'il a les *Bajoarii* à l'Orient, les *Franci* à l'Occident, les *Burgundiones* au Midi, & les *Thuringi* au Septentrion. Il ajoute que les *Alemanni* étoient joints aux Suéves & qu'ils étoient maîtres des Alpes Rhétiques. Enfin les *Alemanni* ayant abandonné entiérement la Germanie, les Suéves ſe mirent peu à peu en poſſeſſion de leurs Terres s'étendirent juſqu'aux ſources du Danube, & juſqu'au Lac de Conſtance, & donnérent à tout ce Pays leur nom, qui s'y eſt conſervé juſqu'à préſent, quoiqu'un peu corrompu. Les Allemands l'appellent *Schwabenland*, & les François le nomment Suabe. Voyez ce mot.

SUE-

SUEVIA. Voyez Suevi.

SUEVICUM-MARE ; Voyez au mot Mer, l'Article Mer-Baltique.

SUEVUS, ou Suebus, Fleuve de la Germanie, selon Ptolomée[a]. Spener[b] veut que ce soit une des Embouchures de l'Oder ; savoir celle du milieu appellée *Suine*, ou *Suene*, & qui approche plus du nom des Suéves, qui ont anciennement habité dans ces Quartiers. Voyez Viadrus.

[a] Lib. 2, c. 10.
[b] Notit. Germ. Ant. L. 2. c. 2.

SUEZ, petite Ville d'Égypte, sur la Côte Septentrionale de la Mer Rouge[c], avec un vieux Château ruïné & un petit Port. Quelques-uns veulent que c'étoit anciennement Arsinoé ainsi appellée du nom d'Arsinoé Sœur de Ptolomée Philadelphe, qui bâtit cette Ville, & lui donna le nom de sa Sœur. Suez est une petite Ville d'environ deux cens Maisons. Elle a un joli Port ; mais il a si peu de fond que les Vaisseaux n'y sauroient entrer, & que même les Galéres n'y peuvent venir à moins qu'elles n'ayent déchargé à moitié. Cependant elles se tiennent à la Rade avec les Vaisseaux & étant en sûreté. Ces Galéres sont fort petites, elles n'ont point de Canon, mais seulement un Pierrier pour saluer dans les Ports, où elles arrivent. Tout proche du Port il y a une Baraque fermée avec un gros Treillis de bois, où sont neuf Coulevrines, toutes plus longues les unes que les autres ; la plus grande est d'une prodigieuse longueur, & je la tiens plus longue, & de beaucoup plus de calibre, que les deux qui sont à Malthe sur la Baraque & au Château St. Elme. Elles sont faites à la Turque sans aucune façon. Il y a encore treize fort gros Canons, sur l'un desquels est une Fleur-de-Lys, toutefois il est aisé à connoître que cela a été fait en Turquie peut-être par quelque Renégat François, car il est tout-à-fait à la Turque & sans aucune façon, comme tous les autres. Toute cette Artillerie n'est point montée ; Sultan Murat l'y envoya de Constantinople, dans le dessein qu'il avoit d'entreprendre une Expédition aux Indes, en équippant une Armée Navale sur cettte Mer. Tout proche de la Porte de Suez se voit une place un peu éminente, où étoit autrefois un Château, qui y fut bâti par les François ; il y a même encore sur cette éminence un gros Canon. Les gens du Pays tiennent, qu'il y a là auprès quelque Thrésor, qui est gardé par les Lutins. Il y a encore dans cette Ville une Eglise de Grecs assez mal entretenue. Il y a quelques Maisons assez bien bâties à Suez, & une Place assez raisonnable. Au reste, cette Ville est fort peuplée lorsqu'il y a quelque Vaisseau arrivé, ou que les Galéres sont dans le Port, mais hors de cela elle est fort deserte ; aussi n'a-t-elle pas seulement de bonne eau douce, à deux lieues à l'entour.

[c] Thevenot, Voyage du Levant t. 1. ch. 33. p. 334.

Le **Golphe de Suez**, anciennement *Heroopolites Sinus*, est la partie la plus Septentrionale de la Mer Rouge, & l'endroit où les Israélites la passèrent à pied sec, & où les Egyptiens qui les poursuivoient furent submergez. Il n'est séparé de la Mer Méditerranée que par un Isthme d'environ cinquante lieues[d] qui joint l'Asie à l'Afrique ; & qu'on appelle l'**Isthme de Suez**. Cet Isthme, dit le Pere Coronelli[e], a environ soixante milles d'étendue, Plutarque cependant ne compte que trois-cens Stades, c'est-à-dire, trente-sept milles jusqu'à l'endroit où l'on s'embarque sur le Nil. Cet espace est compris entre le Caire & Suez. Les Marchandises que l'on envoyoit à Suez par la Caravane y arrivoient ordinairement en trois Journées ; on chargeoit ensuite à Suez ces mêmes Marchandises sur des Navires, qui les portoient en Arabie, en Ethiopie & même jusqu'aux Indes. Ce commerce étoit fort avantageux parce que ces Navires revenoient à Suez chargés d'Epiceries, & d'autres précieuses Marchandises des Indes. Ce commerce se fait aujourd'hui d'un autre côté depuis que les Portugais ont navigé vers le Cap de Bonne-Espérance. Les Anciens appelloient Suez la Ville des Héros, peut-être elle-même un si beau nom qu'à cause de son commerce : elle est située dans un terrein fort stérile ; à cinquante milles autour on ne trouve aucune sorte de Fruit. Il y a une fort grande disette d'eau, cette Ville-là n'a pas même un Port qui soit sûr, elle n'a qu'une Rade fort dangereuse. Il est vrai que dès que les Portugais commencerent à fréquenter ces Mers, premiérement les Soudans d'Egypte, & après eux les Turcs s'appliquerent à accommoder le Port, & à y faire un petit Arsenal pour la commodité des Armées qu'ils entretenoient pour se défendre contre les Portugais, & pour s'opposer aux progrès qu'ils faisoient ; mais il falloit que les Chameaux portassent tous les Matériaux depuis le Caire jusqu'à Suez.

[d] Baudrand, Dict.
[e] *Isolario*.

Les Rois d'Egypte considérant les grands avantages qui seroient revenus à leur Pays par la communication des Mers, tentérent souvent de couper cet Isthme & de faire de cette façon une Isle de toute l'Afrique. Comme les Marchandises que l'on envoyoit en Ethiopie & aux Indes, joint aux droits que payoient les Navires, faisoient la plus grande richesse du Pays, ce n'étoit pas sans fondement que ces Rois espéroient d'augmenter considérablement leur revenu, lorsqu'une fois ils auroient coupé l'Isthme. Sesostris (à ce que rapporte Strabon) fut le premier qui forma ce dessein, & qui fit son possible pour l'exécuter. Selon Hérodote ce fut Necus fils de Psamnite ; ce Necus commença à regner en 3411. & il fut tué dans la Plaine de Magedo en 3425. il commença ce grand Ouvrage dans la Vallée des Montagnes de Mensi, c'est-là où sont ces fameuses Carriéres d'où l'on a tiré les Matériaux pour bâtir plusieurs fameux Edifices. Il vouloit faire passer par-là le Nil. Le Canal n'en pouvoit pas être droit, il falloit lui faire faire plusieurs tours à cause des Montagnes. Selon le Plan que l'on en avoit fait, le Canal auroit eu plus de cent-vingt-cinq milles de longueur, & il auroit été assés large pour deux Galéres de front. Le Roi Necus ne fut point arrêté par la difficulté ; car on dit que plus de cent-vingt mille hommes périrent dans ces travaux. Il abandonna enfin cet Ouvrage, après que l'Oracle lui eut prédit que ce seroit un Etranger qui cueilleroit le fruit de cette Entreprise.

SUE. SUF.   SUF.

treprife. Il est surprenant que les Rois d'Egypte, qui étoient si puissants, ayent fait tant de dépenses inutiles pour des Pyramides, des Colosses, des Labyrinthes, & qu'ils ayent négligé de travailler à couper cet Isthme, ce qui auroit contribué à embellir, à enrichir & à défendre leurs Pays. En effet, il y a lieu de croire que si cet Ouvrage eût été achevé, les Étrangers n'auroient pas pu se rendre maîtres de leur Pays; & Selim n'en auroit pas fait la Conquête, si l'Armée qui étoit sur la Mer Rouge eût pu aisément passer par l'Isthme, & venir au secours de ce Royaume. Un autre avantage qu'en auroient retiré les Egyptiens, c'est qu'ils auroient toujours été les Maîtres de la Mer d'Arabie & de la Mer des Indes, & qu'outre cela le Commerce des Epiceries se feroit toujours fait par-là. Après les Rois dont nous venons de parler, Darius Roi de Perse & d'Egypte, s'efforça de même de couper cet Isthme; il conduisit son Ouvrage jusqu'aux Lacs Amers, nommés de la sorte à cause de l'amertume de leurs eaux. Après Darius le premier Ptolomée, parmi les Successeurs d'Alexandre, fit aussi ses efforts pour achever cet Ouvrage; mais il abandonna bien-tôt cette entreprise. Les uns disent que ce fut par crainte d'inonder l'Egypte, d'autant plus que l'on avoit calculé que la Mer Rouge étoit de trois coudées plus haute que l'Egypte. Pline assure cela pour vrai; mais Strabon n'en convient pas. D'autres enfin disent que ce fut de peur que la Mer Rouge ne corrompît les eaux du Nil, parce qu'il y avoit lieu de craindre que la Mer entrant dans le Nil ne gâtât par son amertume celles de ce Fleuve, & que non-seulement l'Egypte ne se trouvât sans eaux bonnes à boire; mais qu'elle ne devînt peut-être stérile, d'abord que ses Campagnes auroient été arrosées des eaux de la Mer. Quoi qu'il en soit, on prit une autre voie: ce fut de creuser un Canal qui joignoit le Nil à la Mer Rouge [a]. Si Sesostris n'en fut pas le premier Auteur, ce fut lui du moins qui le perfectionna & le rendit navigable. Ce fut alors que les Ports de la Mer Rouge commencèrent à être fameux. La Ville de Bérénice & celle de Coptos, toutes deux dans la Haute-Egypte, furent comme le Centre & l'Entrepôt de toutes les Marchandises qui passoient des Indes en Egypte. Le Port Blanc du côté de l'Arabie, & celui de la Souris du côté de l'Egypte étoient alors les plus fameux. Depuis que l'on a entièrement laissé détruire le Canal qui communiquoit le Nil avec la Mer Rouge, on est obligé de transporter par terre les Marchandises de Coffir, qui est le nom moderne de l'ancien Port de la Souris, afin de les rendre à Canne qui est une Ville bâtie sur les ruines de l'ancienne Coptos. Mais ce Trajet ne coûte pas beaucoup dans un Pays où les Chameaux sont si communs, & d'un si petit entretien, qu'on les nourrit presque pour rien.

[a] *P. Lucas, Réflexions sur l'Egypte, Liv. 6.*

SUFARITANUS. Voyez SUFASARITANUS.

SUFASARITANUS, ou SUFARITANUS, Siège Episcopal d'Afrique, dans la Mauritanie Césariense, selon la Notice des Evêchez de cette Province. Dans la Conférence de Carthage [b] *Reparatus* est dit *Episcopus Plebis Sufasaritanæ*. On trouve dans la Notice des Evêchez de la Mauritanie deux Sièges du nom de SUFARITANUS, savoir l'un au N°. 3. & l'autre au N°. 87. Mais dans le MS. de Haller le premier de ces Sièges est appellé SUSARITANUS. *Sufasar* est mise par l'Itinéraire d'Antonin parmi les Villes de la Mauritanie; & cette *Sufasar* est la *Sufasa* de l'Anonyme de Ravenne, & la *Sufara* de la Notice de Léon.

[b] *N°. 134.*

SUFETANUS, Siège Episcopal d'Afrique, dans la Byzacène, selon la Notice des Evêchez de cette Province. Dans la Conférence de Carthage [c], *Peregrinus* est qualifié *Sufetanus Episcopus*; & *Privatus a Sufibus* opina dans le Concile de Carthage sous St. Cyprien. C'est le Lieu nommé *Sufis* dans l'Itinéraire d'Antonin, dans Victor d'Utique & dans la Vie de St. Fulgence. Les soixante Martyrs, appellés communément *Suffectani Martyres*, avoient souffert la mort dans cette Ville. St. Augustin [d] parle de ces Martyrs; & le Martyrologe Romain en fait mention le 13. d'Août.

[c] *N°. 142.*
[d] *Epist. 50.*

SUFETULENSIS, Siège Episcopal d'Afrique, dans la Byzacène, selon la Notice des Dignitez de cette Province, qui nomme l'Evêque de ce Siège *Præsidius Sufetulensis*. Dans la Conférence de Carthage [e] *Jocundus* est dit *Episcopus Plebis*. Il se trouva au Concile de Carthage en 419. & *Privatianus a Sufetula* au Concile de la même Ville de Carthage sous St. Cyprien. Mr. Dupin soupçonne que *Sufetula* pourroit être la Ville *Sobaïtele* d'Abulfeda.

[e] *N°. 116.*

SUFFEGEMAR, ou SUFE-GEMARQUE, Rivière d'Afrique, dans la Barbarie, au Royaume d'Alger, & l'*Ampsaga* des Anciens. Elle prend sa Source dans les Montagnes qui bornent le Grand Atlas [f]: delà elle descend dans des Plaines sèches & stériles, & après avoir arrosé les Campagnes de Constantine, & s'être grossie près de cette Ville des eaux de la petite Rivière de Bu-Marzoc, elle court vers le Septentrion à travers quelques Montagnes, d'où elle va se jetter dans la Mer au Levant de Gigeri.

[f] *Marmol, Descr. d'Afrique, t. 2. Lib. 5. c. 50.*

SUFFENÆ, & SUFFENATES. Voyez MUTUSCÆ.

SUFFOLK, Province maritime d'Angleterre [g], au Sud de celle de Norfolk, & dans le Diocèse de Norwich. Elle a pour bornes au Midi la Stoure, qui la sépare du Comté d'Essex; au Couchant la même Rivière, qui en a une autre petite, qui la séparent de la Province de Cambridge; au Nord les deux Rivières de Little Ouse (la petite Ouse) & de Waveney, qui sortant près l'une de l'autre tiennent une course toute opposée, l'une à l'Occident, l'autre à l'Orient, & la séparent du Duché de Norfolk. Cette Province est d'une figure assez irrégulière, faisant un quarré long, qui finit par un ou, si l'on aime mieux, une figure approchante d'une demi-lune. Elle a vingt-cinq milles dans sa plus grande largeur du Nord au Sud, quarante-cinq de long de l'Orient à l'Occident, & cent quarante de circuit.

[g] *Etat présent de la Gr. Br. Délices de la Gr. Br.*

circuit. Les anciens Icéniens habitoient cette Province, & celles de Norfolk & de Cambridge. Les Saxons firent un Royaume de tout cela, auquel ils donnérent le nom d'*Est-Angles*. On compte dans la Province de Suffolk vingt-deux Hundreds, ou Centaines, vingt-huit tant Villes que Bourgs à Marché, sept Châteaux, & cinq cens soixante & quinze Paroisses. Elle contient près d'un million d'Arpens de terre, & trente-quatre mille quatre vingt-deux Maisons, entre lesquelles il y en a plusieurs magnifiques dans les Campagnes qui appartiennent à divers Seigneurs, comme Bromehall, ou Broomhall, & Culford-hall, Denham-hall, Townsend, Tostock, Grey, Sudbornhall, & Sohemlodge, Eustford-hall, Brightwel. Il s'y trouve sept Villes ou Bourgs à Marché qui ont droit de députer au Parlement. L'air de la Province de Suffolk est fort agréable, fort doux, fort sain, & passe même au jugement d'habiles Médecins, pour l'un des meilleurs d'Angleterre; sur-tout aux environs de Bury. C'est pourquoi ceux de Londres ordonnent à leurs malades attaqués du Poumon, d'aller respirer l'air de cette Province, pour y rétablir leur santé. Le Terroir est très-fertile, étant pour la plûpart d'Argille & de Marne. On y fait le meilleur Beurre d'Angleterre, & d'excellens Fromages; en un mot, il n'y manque rien de ce qui est nécessaire à la Vie. En 1557. comme l'Angleterre souffroit une grande disette, & une extraordinaire cherté de Vivres, on vit croître en opiniâtrement des Pois, sans culture sur les Rochers qui sont le long de l'Océan entre Oreford & Alborough; & ce qu'il y a de plus merveilleux, l'on y en trouva une si grande quantité qu'on en recueillit plus de cent mesures à l'entrée de l'Automne, & les fleurs qui restoient sembloient en promettre encore autant. Les gens qui prétendoient avoir plus d'esprit que les autres, disoient que c'étoit des Grains qui ayant été jettez là par quelque naufrage, y avoient germé & produit ce qu'on voyoit. Si le fait est aussi assuré qu'on le donne, on ne sauroit nier que ce ne fût un présent de la Providence, puisqu'ensuite de cette récolte inespérée on vit baisser le prix des Denrées. Les Seigneurs qui portent le titre de Comtes de Suffolk sont de la Maison des Howards, descendus de Thomas Howard, second fils du Duc de Norfolck, honoré de cette Dignité par le Roi Jacques I. il y a environ un Siécle. Il y a dans cette Province beaucoup de Manufactures de draps & de toiles. Les Villes & Bourgs où l'on tient Marché sont

* Ipswich, la Capitale,
* St. Edmondbury,
* Dunwich,
* Orford,
* Alborough,
* Sudbury,
* Eye,
Mildenhall,
Stowmarket,
Newmarket,

Beccles,
Buddesdale,
Hadleigh,
Lavenham,
Ixworth,
Bildeston,
Brandon,
Clare,
Bungay,
Debenham,

Framlingham,
Halesworth,
Lestoff,
Mendlesham,

Needham,
Nyland,
Woodbridge,
Southwold.

SUGABBARITANUS, Siège Épiscopal d'Afrique, dans la Mauritanie Césariense, selon la Notice des Evêchés de cette Province. Dans la Conférence de Carthage Maximianus est dit *Episcopus Plebis Sugabbarritanæ*. Ce Siège est le *Municipium Sugabaritanum* d'Ammien Marcellin, & la Ville *Zuchabari* de Ptolomée. [a No. 135.]

1. SUGAMBRI, Peuples de l'Inde, selon Justin [b], qui les met au nombre de ceux que subjugua Aléxandre *le Grand*. Mais il y a apparence que cet endroit de Justin est peu correct, car les Peuples qu'il nomme *Ambri* & *Sugambri* sont nommez par Arrien & par Quinte-Curse *Malli* & *Oxydracæ*. [b Lib. 12. c. 9.]

2. SUGAMBRI. Voyez SICAMBRI.

SUGDA. Voyez PHULA.

1. SUGDIA [c], Siège Archiépiscopal, connu par les Sanctions des Pontifes Orientaux & par Curopalate. [c Ortelii Thesaur.]

2. SUGDIA. Voyez SOGDIANA.

SUGDIANA. Voyez SOGDIANA.

SUGDII-MONTES, Montagnes de la Sogdiane: Ptolomée [d] dit qu'elles s'étendent entre deux Fleuves. Le MS. de la Bibliothéque Palatine lit *Sogdii* pour *Sugdii*. [d Lib. 6. c. 12.]

SUGDIUS. Voyez TAURUS.

SUGEN, Ville de la Chine [e], dans la Province de Quangsi, au Département de Kingyuen, troisiéme Métropole de la Province. Elle est de 10. d. 21'. plus Occidentale que Peking, sous les 25. d. 5'. de Latitude Septentrionale. [e Atlas Sinens.]

SUGULMESSE, ou SEGELMESSE, Province d'Afrique, dans la Barbarie, au Biledulgerid. Elle est bornée par la Province de Dara au Couchant, celle de Retel au Levant, le Zaara au Midi, & les Montagnes du Grand Atlas au Septentrion [f]. Elle prend son nom de sa Capitale, & est arrosée de la Riviére de Zis. La longueur de ce Pays est de plus de quarante lieues. Ceux qui l'habitent sont des Berebères, qu'on appelle Xenetes, Zinagiens, Haoares, sur la Frontiére des Morabitins ou Almoravides. Cet Etat avoit autrefois un Prince particulier. Les Almoravides le conquirent, & ensuite les Almohades, puis les Benimerinis, sous lesquels ces Peuples s'étant révoltez, leur Seigneur nommé Joseph, fut tué, & leur Capitale fut ruinée, avec tout ce qu'il y avoit de plus considérable dans la Province. Quelques-uns attribuent la fondation de cette Capitale à un Capitaine Romain, qui venant de Mauritanie conquit toute la Numidie jusqu'à la Ville de Messe, & bâtit celle de Sugulmesse, à l'endroit où la Riviére de Zis entre dans cette Province. Il la nomma *Sigillum Messe*, comme qui diroit le Sceau de la Victoire. Ceux qui croyent que cette Place a été bâtie par Aléxandre *le Grand*, pour mettre les malades & les estropiés de son Armée, n'ont pas raison, puisqu'on sait qu'il n'a jamais passé en Afrique, au-delà du Lieu où étoit l'Oracle d'Amnon. La Ville de Sugulmesse est [f Marmol, Descr. de l'Afrique, T. 3. ch. 22. & 23.]

est dans une Plaine sur le bord de la Riviére, & on voit encore les vestiges de ses Murailles, qui étoient hautes & belles. Elle appartenoit aux Zenetes, avant que Joseph-Abu-Techifien la conquît. C'étoit une Ville très-peuplée, où abordoient beaucoup de Marchands de la Barbarie, & du Pays des Négres. Elle étoit embellie de plusieurs Temples, Palais & Colléges, & avoit grand nombre de Fontaines qu'on élevoit de la Riviére par des Roues, & qui se déchargeoient dans des Réservoirs fort hauts, d'où elles se répandoient par toute la Ville. Les Peuples de la Province s'étant ralliez après la destruction de Sugulmesse, bâtirent quelques Forteresses, & entr'autres Tenequent, Tebuaçant & Mamuin, & s'y retirérent. Il y a dans chacune un Chef de parti qui y commande. Comme les Habitans sont orgueilleux & mutins, ils ont perpétuellement querelle les uns avec les autres. Ils rompent les Canaux & les Machines dont ils arrosent leurs terres avec beaucoup de travail & de dépense, coupent les Arbres par le pied, & s'entrepillent à la faveur des Arabes. Ces Seigneurs battoient Monnoye d'or & d'argent; les Doublons étoient de bas or, & la Monnoye étoit d'argent fin. Ce qui s'en tiroit étoit pour le Seigneur, aussi-bien qu'une partie du revenu, avec le Tribut qu'on faisoit payer aux Juifs; mais la Douane étoit pour les Arabes, qui couroient jusqu'aux Portes de Garciluyn, & qui faisoient plus de six mille Chevaux, & cinquante mille hommes de pied. Tout est présentement au Cherif, à qui cette Contrée appartient. Ce sont Gens grossiers à la réserve de quelques riches Marchands qui trafiquent au Pays des Négres, & qui en rapportent l'Or & des Esclaves pour des Marchandises de Barbarie. Leur principale nourriture est de Dattes, & d'un peu de Bled. Il y a plusieurs grands Villages, où il y a quantité de Scorpions; mais on n'y voit point de Puces. La chaleur y est si grande l'Eté, que les Habitans ont toujours les yeux enfiez. Quand la Riviére tarit ils n'ont pour boire que de l'eau salée de certains Puits. Ces Peuples étant de concert, firent une Cloture de plus de trente lieues autour de leur Etat, pour arrêter les courses de la Cavalerie, ce qui les rendit libres, tant qu'ils demeurérent bien unis, mais leur desunion recommençant, on laissa ruïner cette Cloture, & les Arabes y étant entrés, devinrent les maîtres du Pays.

[a] *Mandeslo, Voyage des Indes, Liv. 1. Tavernier, Voyage des Indes.*

SUHALI, Village de l'Inde Orientale [a], à deux lieues de la Ville de Surate, à laquelle il sert de Havre. Les Navires y déchargent leurs Marchandises, & on les porte par terre delà à Surate. L'entrée de ce Havre n'est pas bien large, & à la haute Marée on n'y trouve que sept Brasses d'eau, & cinq seulement à la basse. Le Havre même n'a que cinq cens pas de large devant le Village, & le fond de sable, & la plûpart des Bancs demeurent découverts & secs au reflux, & sont tellement escarpez, que la sonde y est entiérement inutile. On y est à couvert de tous les Vents à la réserve de celui du Sud-Ouest, mais depuis le mois de Mai jusqu'en Septembre on est obligé de quitter cette Côte à cause des Vents, & des Orages mêlez d'éclairs, & de tonnerres effroyables qui y régnent.

SUHI, DI, BASA. Ce sont trois petites Isles qu'on trouve à trois lieues ou environ au Nord-Ouest de celle d'*Asturi*, dans l'Euripe ou Golphe de Négrepont [b], entre lesquelles trois Isles les Galéres & les petits Bâtimens peuvent commodément donner fond, y ayant beaucoup d'eau & de profondeur.

[b] *Dapper, Descr. de l'Archipel, p. 339.*

SUHOEI, Ville de la Chine [c], dans la Province de Quangtung, au Département de Chaoking, sixiéme Métropole de la Province. Elle est de 4. d. 40'. plus Occidentale que Peking, sous les 23. d. 45'. de Latitude Septentrionale.

[c] *Atlas Sinensis.*

SUI, Ville de la Chine [d], dans la Province de Huquang, au Département de Tegán, quatriéme Métropole de la Province. Elle est de 4. d. 25'. plus Occidentale que Peking, sous les 32. d. 5'. de Latitude Septentrionale. La Ville de Sui est défendue par une Forteresse.

[d] *Ibid.*

SUIATSKI, selon Olearius [e], & SWIATZK, selon Mr. de l'Isle [f]: Ville de l'Empire Russien, au Royaume de Cazan, à la gauche du Volga, entre Cokchaga & Cazan. Cette petite Ville, située sur une Colline très-agréable, a un Château & quelques Eglises bâties de pierre. Tous ses autres Bâtimens sont de bois, aussi-bien que ses Tours & ses Remparts.

[e] *Voyage de Moscovie.*
[f] *Atlas.*

SUICHANG, Ville de la Chine [g], dans la Province de Chekiang, au Département de Chucheu, septiéme Métropole de la Province. Elle est de 2. d. 6'. plus Orientale que Peking, sous les 27. d. 52'. de Latitude Septentrionale.

[g] *Atlas Sinensis.*

SUIDIADA, Contrée de l'Asie, & arrosée par le Fleuve Oxus, selon Tzetzès [h]. Cette circonstance fait voir que ce mot *Suidiada* est corrompu de *Sugdiana*; car c'est dans la Sogdiane que coule le Fleuve Oxus, & le même Auteur met le Fleuve Oxus chez les *Sugdii* Habitans de la Sogdiane.

[h] *Chiliad. 8. no. 214.*

SUIGAN, Ville de la Chine [i], dans la Province de Chekiang, au Département de Niencheu, quatriéme Métropole de la Province. Elle est de 1. d. 28'. plus Orientale que Peking, sous les 29. d. 28'. de Latitude Septentrionale.

[i] *Atlas Sinensis.*

SUIKI, Ville de la Chine [k], dans la Province de Quangtung, au Département de Luicheu, neuviéme Métropole de la Province. Elle est de 6. d. 20'. plus Occidentale que Peking, sous les 22. d. 18'. de Latitude Septentrionale.

[k] *Ibid.*

SUILLATES, Peuples d'Italie, dans l'Umbrie, selon Pline [l]. Ils habitoient, à ce que croit Cluvier [m], le Quartier où est aujourd'hui Sigello, aux confins de la Marche d'Ancone.

[l] *Lib. 3. c. 14.*
[m] *Ital. Lib. 2. p. 617.*

SUILLI-EN-DUCHE', Paroisse de France, dans la Bourgogne, Recette d'Autun. La situation en est fort belle. Il y a une petite Riviére, & un Pont. C'est Pays de Plaines & de Vignes; les Hameaux qui en dépendent sont Vesvrotes, Morlensei, Grosno & Boutan.

SUILLI-EN-ROYAUTE', Paroisse de France, dans la Bourgogne, Recette de Châlons

Châlons. Elle est auprès d'une Montagne sur la Riviére de Grizon.

SUILSKERAYA, Isle de la Mer d'Ecosse [a], & l'une des Hebrides ou Westernes, à l'Occident de Roha. Suilskeraya est une petite Isle deserte, ou plutôt un Rocher stérile, qui peut avoir mille pas de longueur. Les Habitans de Lewis y vont tous les ans passer huit jours à la Chasse d'une espèce d'Oiseaux rares, qu'on ne voit que là, & qu'ils nomment dans leur Langue *Colca*. Ils sont un peu plus gros qu'une Oye, & leurs plumes n'ont aucun tuyau, ce n'est qu'un duvet mou & doux attaché à leur peau. Ce duvet leur tombe quand ils ont élevé leurs Petits ; & ils vont se jetter dans la Mer, pour ne plus paroître jusqu'au Printems suivant.

[a] Délic. de la Gr. Br. p. 1443.

SUIN, Paroisse de France, dans la Bourgogne, Recette de Charolles. Ce Lieu est situé dans les Bois. C'est Pays de Montagnes. Vaux, Tillet, Charantigni, Vauzelle, Ruere & Monts, partie en Mâconnois, en dépendent.

SUINIBROD, Ville de Bohême [b], au Cercle de Bunczlawerss-Kraiss, ou de Boleslaw, à la droite de l'Elbe, près & au-dessous de l'endroit où la petite Riviére de Milina se jette dans ce Fleuve. Cette petite Ville, qui est à neuf lieues de Prague, du côté de l'Orient, se nomme autrement Nimbourg, ou Nymbourg.

[b] *Jaillot*, Atlas.

1. SUINING, Cité de la Chine [c], dans la Province de Suchuen, au Département de Tangchuen, première grande Cité de la Province. Elle est de 11. d. 25'. plus Occidentale que Peking, sous les 30. d. 50'. de Latitude Septentrionale.

[c] Atlas Sinens.

2. SUINING, Cité de la Chine [d], dans la Province de Huquang, au Département de Cingchieu, première grande Cité de la Province. Elle est de 7. d. 0'. plus Occidentale que Peking, sous les 27. d. 35'. de Latitude Septentrionale.

[d] Ibid.

SUINUM, Fleuve d'Italie, dans le Picenum, selon Pline [e]. Mais le Pere Hardouin a trouvé que ce passage étoit corrompu dans Pline, où au lieu de *Flumina Albulates, Suinum Helvinum quo finitur Præputiana Regio*, & quand il dit *ipso in Oceano*, cela signifie dans une Isle de l'Océan, savoir la Scandie ou Scandinavie, que les Anciens ont prise pour une Isle, quoique ce ne soit qu'une Péninsule. C'est-là qu'habitoient les Suions ; partagés en divers Peuples ou Citez. Dans un autre endroit Tacite [g] donne les Suions pour voisins des Sitons, *Suionibus Sitonum gentes continuantur*.

[e] Lib. 3. c. 13.

SUIONES, Peuples Septentrionaux dont parle Tacite [f]. Après avoir décrit la Côte de la Mer Suévique, aujourd'hui la Mer Baltique, il fait mention des Suions, *Suionum*, dit-il, *hinc Civitates, ipso in Oceano*; par le mot *Civitates* il faut entendre des Peuples, & quand il dit *ipso in Oceano*, cela signifie dans une Isle de l'Océan, savoir la Scandie ou Scandinavie, que les Anciens ont prise pour une Isle, quoique ce ne soit qu'une Péninsule. C'est-là qu'habitoient les Suions ; partagés en divers Peuples ou Citez. Dans un autre endroit Tacite [g] donne les Suions pour voisins des Sitons, *Suionibus Sitonum gentes continuantur*.

[f] Germ. c. 16.

[g] Cap. 45.

SUIPING, Ville de la Chine [h], dans la Province de Honan, au Département d'Iuning ; huitième Métropole de la Province. Elle est de 3. d. 16'. plus Occidentale que Peking, sous les 34. d. 3'. de Latitude Septentrionale.

[h] Atlas Sinens.

SUIPPE, Riviére de France [i], dans la Champagne, Election de Rheims. Elle prend sa Source aux confins de l'Election de Châlons & de l'Argonne, près de Somme Suippe, d'où coulant vers le Nord Occidental, elle arrose Suippe la Longue, Grand St. Hilier, Auberive, Petit St. Hilier, Pont Faverge, Warmerivlle, Boul, après quoi elle va se perdre dans l'Aisne, à la gauche, entre Neuchâtel & Rouci.

[i] De l'Isle, Atlas.

SUIPPE LA LONGUE, Bourg de France, dans la Champagne, Election de Rheims, au bord de la Suippe qui lui donne son nom. Ce Bourg situé sur la Route de Ste. Menehoud à Rheims, à une lieue au-dessous de la Source de la Suippe, a plusieurs Métiers de Draperie.

SUISMONTIUM, Montagne de la Ligurie. Tite-Live [k] la joint avec celle de *Balista*, autre Montagne de la Ligurie.

[k] Lib. 39. c. 2. & Lib. 40. c. 41.

SUISSA, Ville de la Petite Arménie. Elle est marquée dans l'Itinéraire d'Antonin sur la route de *Nicopolis*, à *Satala*, entre *Araurací* & *Satala*, à vingt-quatre milles du premier de ces Lieux & à vingt-six milles du second. Au lieu de *Suissa* quelques MSS. lisent *Suisa* & d'autres *Soissa*. La première de ces Orthographes paroit préférable parce qu'elle est suivie par la Notice des Dignitez de l'Empire, où on lit, *Sub dispositione Ducis Armeniæ de minore laterculo, Ala prima Ulpia Dacorum Suissæ*.

SUISSATIUM, Ville d'Espagne. L'Itinéraire d'Antonin la marque sur la route d'*Asturica* à Bourdeaux, entre *Belleia*, & *Tullonium*, à sept milles du premier de ces Lieux & à égale distance du second. Les MSS. varient pour l'Orthographe de ce nom : il y en a qui lisent *Suissatium* & d'autres portent *Suisatium*, ou *Duissatium*. Il y a grande apparence que c'est la Ville *Suestasium* de Ptolomée.

SUISSE (La), Pays d'Europe, entre la France, l'Allemagne & l'Italie. Ses bornes ne sont pas aujourd'hui les mêmes que dans le tems que ce Pays étoit connu sous le nom d'Helvétie. Nous trouvons dans César les limites de l'ancienne Helvétie. Il la borne d'un côté par le Rhein, qui la séparoit de la Germanie ; de l'autre par le Mont *Jura*, qui la séparoit du Pays des *Sequani*; de l'autre par le Lac *Lemanus* & par le Rhône qui la séparoient de l'Italie. Comme elle étoit en deçà du Rhein, elle appartenoit à la Gaule ; ce qui fait que Tacite appelloit les *Helvétiens*, Nation Gauloise. Jule-César, Strabon, Pline & Ptolomée, les ont placez dans la Gaule Celtique ; mais Auguste pour rendre les Provinces à peu près égales les mit dans la Gaule Belgique. Voyez HELVÉTIE.

Si ce que dit César de la Suisse ancienne [l], ou Helvétie, est juste, la Suisse moderne est plus étendue qu'elle ne l'étoit autrefois. L'étenduë du Pays occupé présentement par les Suisses, par les Grisons & par leurs autres Alliez, est proprement entre les Terres de l'Empire & de la France ; car il confine vers l'Orient avec le Tyrol ; vers l'Occident avec la Franche-Comté, vers le Nord avec le Suntgaw, avec la Forêt Noire & avec une partie de la Suabe, & vers le

[l] Etat & Délices de la Suisse, t. 1. p. 14. & suiv.

SUI. SUI.

le Midi avec le Duché de Savoye, la Vallée d'Aoste, le Duché de Milan & les Provinces de Bergame & de Brescce. Ce Pays en le prenant dans sa plus grande largeur, s'étend environ l'espace de deux degrez de Latitude; savoir depuis le 45ᵐᵉ. d. 45'. jusqu'au delà du 45ᵐᵉ. ½, & il comprend environ quatre degrez de Longitude; c'est-à-dire depuis le 24ᵐᵉ. jusqu'au 28ᵐᵉ. A ce compte sa longueur est d'environ 90. lieues de France, & sa largeur de plus de 33. De cette façon, aujourd'hui comme autrefois, la Suisse est bornée au Midi, par le Lac de Genève, par le Rhône & par les Alpes, qui la séparent des Vallaisans & du Pays des Grisons; mais à l'Occident elle ne se trouve bornée qu'en partie par le Mont Jura, qui s'étend du Sud-Ouest au Nord-Est, depuis Genève jusqu'au Botzberg, en Latin *Vocetius*, comprenant au-delà du Jura le Canton de Bâle, & les Terres de l'Évêque de ce nom, avec deux petits Pays, qui autrefois étoient hors de la Suisse, & dont les Habitans portoient le nom de *Rauraci*. A l'Orient & au Nord, elle est encore bornée aujourd'hui par le Rhein, à la reserve de la Ville & du Canton de Schaffhouse, qui sont au-delà de ce Fleuve & dans la Suabe.

Quelques Auteurs se sont imaginé qu'un certain *Eruĉtonus*, *Eructo*, ou *Eruĉton* avoit eu trois fils, *Sequanus*, *Allobroges*, & *Helvetius*, & que les Suisses autrefois nommez *Helvetii*, tiroient leur origine du dernier. Mais où sont les anciens Auteurs qui ayent parlé de cet *Eruĉtonus* & de ses fils? Je n'en trouve aucun. D'autres disent que *Helvetius* fut fils d'Hercule; mais de quel Hercule? car il y a bien des Nations qui se vantent d'avoir un Fondateur de ce nom; & Varron compte jusqu'à quarante-quatre Hercules. Saumaise croit que les Suisses sont si anciens qu'on ne sauroit découvrir leur véritable origine; & il dérive leur nom de *Helvus color*, couleur bazanée, parce que les Suisses sont pour la plus grande partie d'une couleur entre le blanc & le roux. Comme ce ne sont là que des conjectures, j'en hazarderai une. Les anciens Historiens nous apprennent que les Suisses ont été réputez une Nation Celtique ou Gauloise: cela est fondé sur le témoignage de César [a], qui dit que les Suisses surpassent en valeur le reste des Gaulois, & sur celui de Tacite qui les appelle *Gens Gallica* [b]. Mais pour remonter encore plus haut j'ajouterai qu'il y a grande apparence que les anciens *Helvetii* étoient Grecs d'origine & passés de la Gaule Narbonnoise dans l'Helvétie. Il est question d'appuyer ce sentiment; & voici surquoi je le fonde. On convient assez généralement que les premiers Habitans de Marseille & de la plus grande partie de la Gaule Narbonnoise étoient venus de la Grece. Les Peuples de la Phocide sur-tout y avoient envoyé des Colonies, & presque personne ne doute que la Ville de Marseille elle-même n'ait été une Colonie de Pholcéens [c]. Qui empêche de dire qu'à mesure que le nombre de ces Peuples s'accrut, ils s'étendirent insensiblement dans la Gaule Narbonnoise des deux côtez du Rhône, & qu'enfin, avec le tems & à force de s'avan-

[a] Bel. Gal. L. 1.
[b] Hist L. 1. c. 67. & Germ. c. 28.
[c] Pausanias, L. 10. c. 8.

cer dans le Pays, ils parvinrent jusqu'à habiter l'Helvétie. Cette pensée n'est pas sans fondement. On ne peut ignorer que les premiers noms de l'Helvétie avoient une origine Grecque; car la première division du Pays fut faite en *Pagi*, Cantons; mot qui certainement vient du Grec Πηγαὶ, qui dans l'idiome Dorique signifie, une source, une eau qui sort de la terre; & l'on donna anciennement ce nom au Canton qu'un même Peuple, ou une portion d'une Nation habitoit, parce qu'ils usoient de la même eau [d]. Lorsque les Helvétiens se furent multipliez assez considérablement, pour ne pouvoir plus demeurer tous au bord des Rivières, ils furent forcez de s'étendre dans les terres & d'habiter même les hauteurs. Alors ils eurent des noms nouveaux & leurs terres qui étoient divisées en certains Cantons furent appellées *Geuw*, & *Goa*, du mot Grec Γᾶ, qui veut dire *terre*. Les Forteresses qu'ils élevèrent sur les Montagnes furent nommées *Burgen*, nom qu'elles conservent encore aujourd'hui; car il n'est pas difficile de voir que *Burgen* vient du Grec Πύργος. D'ailleurs César [e] dit positivement qu'on trouva dans le Camp des *Helvetii*, des Inscriptions Grecques, qui lui furent apportées. Or je dis d'où ces noms Grecs sont-ils venus? Qui les a portez dans l'Helvétie, si ce ne sont les Habitans de la Gaule-Narbonnoise qui a été habitée par des Grecs? Ce n'est pas là une démonstration; mais dans le fond ce sentiment a tout au moins autant de probabilité que les conjectures qui ont été avancées par divers Ecrivains. A l'égard du nom de SUISSE que le Pays porte aujourd'hui, il n'est pas ancien. Les Romains appelloient le Peuple *Helvetii* & le Pays *Helvetia*. Les Italiens lui donnent encore aujourd'hui le même nom. Il faut avouer qu'on ne sait pas d'où ce mot dérive, à moins qu'on ne veuille s'en tenir à l'interprétation que lui donne Saumaise & que j'ai rapportée. Ce qui est surprenant, c'est que l'on ne convient pas sur l'origine du nom moderne. Les Ecrivains Latins disent *Suicenses*, *Suitones* & *Suiceri*; les François disent *les Suisses*, & les Allemans *Schweitzer*: Tout cela a du rapport ensemble. Mais comment se persuader que ce nom leur a été donné par Charlemagne, comme le prétendent sans aucun fondement divers Auteurs. Je trouverois plus naturel de dire avec quelques-uns, que le nom de *Suisses* vient de celui du Canton de Schuitz, parce que ce fut dans ce Canton que se donna le premier combat qui assûra la liberté Helvétique & répandit la renommée de la valeur du Peuple dans l'Europe. En effet les Suisses depuis le tems de leur confédération ont toujours porté ce nom. La République d'Achaïe donna son nom à tous ceux qui entrérent dans son alliance; la Ville de Rome donna le sien à ses Alliez; aujourd'hui les Suisses portent celui du Canton de Schwitz, qui jetta les fondemens de l'Alliance Helvétique.

La Suisse [f] n'est pas seulement séparée de ses voisins; mais quelques Cantons le sont l'un de l'autre par des suites de Montagnes, qui leur servent également de limites, &

[d] Festus, L. 14
[e] Bel. Gal. L. 1. c. 9.
[f] Stanian, État de la Suisse 1714.

de

de fortifications naturelles. Elle est séparée particuliérement de l'Italie par une si longue chaîne d'Alpes, que l'on ne peut pas aller d'un Pays à l'autre, sans en traverser quelqu'une. Il n'y a que quatre de ces Montagnes, par lesquelles on puisse passer de la Suisse en Italie, ou du moins n'y en a-t-il pas davantage, où il y ait des chemins battus, & pratiqués communément par les Voyageurs. L'une est le Mont Cenis, par lequel on passe par la Savoye dans le Piémont; la seconde est le Saint Bernard, entre le Pays nommé le Bas Valais, & la Vallée d'Aoste; la troisième est le Sampion, ou le Simplon, situé entre le Haut Valais, & la Vallée d'*Ossola*, dans le Milanez; & la quatrième est le Saint Godard, qui conduit du Canton d'*Ury* à *Bellinzona*, & aux autres Bailliages Suisses en Italie, qui faisoient autrefois partie de l'Etat de Milan. Mais quoique ce Pays soit connu par-tout pour être montagneux, ceux-là se trompent fort, qui croyent que ses Montagnes sont des Rocs nuds, comme celles de Gênes. Elles en sont si différentes, que bien que la plus grande partie en soit couverte de neige pendant tout l'Hyver, il y en a pourtant peu qui soient stériles. Elles portent presque toutes, jusqu'aux sommets, de bons pâturages tout l'Eté pour de vastes Troupeaux de Bétail, & l'on voit croître du blé à quelques endroits, où l'on diroit que la terre est trop rapide pour qu'un homme y pût grimper, & l'air trop froid pour laisser mûrir le grain. Voilà comment sont faites les parties les plus montagneuses de la Suisse; mais il y en a d'autres, où il y a plutôt des Collines, que des Montagnes, & même il y a quelques endroits, où l'on trouve des Plaines d'une assez grande étendue. Le Comté d'Argau dans le Canton de Berne est un Pays plat, & abondant en grain; & celui qui est situé entre Moudon & Morat dans le Pays de Vaud est également fertile, & fait une perspective beaucoup plus riante. Je nomme ces deux Plaines comme les plus beaux morceaux du Canton de Berne, quoique l'on puisse dire avec vérité, que plus des deux tiers de ce Canton en général sont un bon Pays, qui produit du blé non-seulement en assez grande quantité pour ses Habitans, mais aussi dequoi en fournir à ses voisins. De même il croît beaucoup de grain dans les Cantons de Zurich, de Solleurre, de Fribourg, & de Lucerne, comme aussi dans les petits Etats de Basle & de Schaffhouse, que l'on peut appeller les Plaines de la Suisse, en comparaison des autres Cantons. Cependant il faut avouer, que dans ces Cantons mêmes, la terre est également pierreuse, & de peu de rapport, tellement que ce que les Habitans en tirent se doit uniquement à leur travail: Et comme la nécessité est mere de l'industrie, elle a rendu les Suisses les plus habiles Laboureurs de l'Europe. Les autres Cantons, savoir Lucerne, Ury, Switz, Underwald, Zug, Glaris, & Appenzell, n'ont pas assez de Bled de leur propre crû pour l'usage de leurs Habitans, & même en quelques-uns il n'en croît point du tout. Pourtant l'indigence de ceux-ci pourroit bien être suppléée, par ce que les autres Cantons produisent de trop, s'ils moissonnoient toujours à proportion de ce qu'ils sement. Mais les Montagnes qui les entourent, engendrent tant de Pluyes, de Grêles & de Tempêtes, que les Fruits de leurs Terres sont fort souvent brouïs par des orages, ou gelez par des pluyes froides; en sorte que leurs Récoltes sont souvent mauvaises, & manquent quelquefois entiérement. C'est pour cette raison que les Suisses sont obligez d'acheter toutes les années plus ou moins de Grain de leurs voisins, & d'en faire des Magazins dans leurs Bailliages, afin d'être pourvus contre une disette, & de pouvoir en fournir les plus pauvres du Peuple à un prix médiocre. La Suisse est si féconde en toutes sortes de Bestiaux, qu'elle peut en pourvoir ses voisins, & ils sont si bons dans leurs différentes espéces, que leur débit fait l'Article le plus lucratif de son Commerce. Elle abonde aussi en Oiseaux domestiques & sauvages, dont les derniers étant nourris dans les Montagnes, ont un goût beaucoup plus relevé que ceux des Pays plats. L'on peut dire la même chose de leur Venaison. Sous ce terme général ils comprennent les Ours, les Cerfs, les Daims, & quelques espèces de Chévres sauvages qui nous sont inconnues, comme les Bouquetins, & les Chamois, dont on travaille la peau, que l'on appelle en Anglois *Shammy*. Ce Pays produit plusieurs sortes de Vins, dont deux sont également sains & agréables. L'un est blanc & croît dans le Pays de Vaud sur les bords, ou les Côtes du Lac de Genève; d'où il a le nom de Vin de la Côte; l'autre est rouge, & croît non dans le Comté de Neufchatel, comme le dit la Relation de la Suisse; mais dans le Canton de Berne: car le terroir qui produit le Vin de la Côte, produit aussi cet excellent Vin rouge. Le Blanc n'est ni trop violent ni trop foible ou aigre; mais s'il est fait en de bonnes années, c'est un excellent Vin de Table, & il devient meilleur plus on le garde. Le Rouge a quelque chose du goût des Vins de Bourgogne; mais il ne sauroit atteindre à la délicatesse des meilleures sortes de ces Vins. L'on fait aussi du Vin dans les Cantons de Zurich, de Schaffhouse, & en d'autres endroits, que les Habitans boivent avec plaisir; mais que les Etrangers n'estiment guère plus que du Verjus. Si les Vignes de ce Pays n'étoient pas si souvent gâtées par le dérangement des Saisons, elles produiroient assez de Vin pour tous les Habitans; mais ces dégâts y sont si fréquents, qu'une grande partie du commun Peuple est réduite à se contenter d'eau.

On croit que la Suisse est la partie la plus élevée de l'Europe, & l'on allégue deux raisons principalement pour appuyer ce sentiment: l'une est la subtilité de l'air, & l'autre les diverses Riviéres, qui y ont leur Source. Pour ce qui est de la première raison, il est certain que l'air y est plus vif, & plus pénétrant qu'en d'autres Pays plus Septentrionaux; mais si ces qualitez de l'air viennent plutôt de la hauteur naturelle du Pays, que des amas de neige & de glace qui sont éternellement dans les Cavernes

vernes des Montagnes, où le Soleil ne peut atteindre, c'est-là une question que je ne prétends pas décider. La seconde raison tirée du nombre des Riviéres, qui prennent leurs Sources dans ces Montagnes, est fondée sur l'Hypothése, que chaque Riviére a sa source dans un terrein plus haut, que celui par lequel elle coule. On ne peut pas nier, qu'il ne sorte beaucoup de grandes Riviéres de ces Montagnes, puisqu'on y trouve à de petites distances l'une de l'autre les Sources de l'Adde, du Tesin, de la Lintz, de l'Aar, de la Russ, de l'Inn, du Rhône & du Rhin, auxquelles on peut ajouter le Danube; car quoiqu'à la rigueur il ait sa source hors des limites de la Suisse, néanmoins elle n'est que peu de lieues éloignée de Schaffhouse. L'Ill est une autre Riviére dont la source est près de Basle, & celle de l'Adige, quoique proprement dans le Comté de Tyrol, est pourtant sur les confins des Grisons. Ce sont-là les Riviéres les plus considérables de l'Europe, qui prennent leurs sources dans la Suisse; & outre celles-ci il y en a un grand nombre de moindre considération; tellement qu'à peine y a-t-il un Vallon qui ne soit arrosé de quelque Ruisseau. On donne cette quantité extraordinaire de Riviéres, à proportion de ce qu'on en trouve en d'autres Pays de la même étendue, pour un argument convaincant de la hauteur naturelle de la Suisse. Je ne dois pas passer sous silence les divers Lacs qui s'y trouvent. Je me souviens d'en avoir compté près de trente, dont quelques-uns sont assez considérables pour mériter le nom de Mer, qu'on leur donne en Allemand. Les Lacs de Constance & de Genève ont près de dix-huit lieues de longueur, & quatre de largeur, & ceux de Neufchâtel, de Zurich & de Lucerne ne sont guére moins longs. Ces Lacs abondent en Poisson, particuliérement en Truites d'une grandeur si prodigieuse, que ce n'est rien d'extraordinaire, que d'en prendre qui pèsent jusqu'à soixante livres; & ce qu'il y a de plus singulier, c'est que plus elles sont grandes, plus la chair en est ferme & délicate. Outre ces Lacs, qui sont dans les Plaines & dans les Vallées, il n'y a guére de Montagne, où il n'y en ait un sur la cime, bien garni de Poissons, dont le debit dédommage en quelque maniére les Habitans, de la perte du terrein qu'il inonde. Au reste je n'ai jamais vu de Pays plus éloigné de la Mer, qui abonde tant en eau que celui-ci: l'on trouve par-tout un nombre infini de Sources des eaux les plus pures & les plus douces que j'aye jamais goûtées; & il n'y a presque point de Champ, ni de Pré qu'on ne puisse mettre sous l'eau, toutes les fois que le Paysan le juge nécessaire. De tous les côtez de ce Pays, sur les Montagnes & dans les Plaines, il y a un très-grand nombre de Bois, de Forêts entiéres de Pins & de Sapins, que l'on pourroit vendre à grand profit pour la construction des Vaisseaux, s'ils croissoient plus près de la Mer. Mais cette espèce de négoce est impraticable, à cause des frais excessifs qu'il y auroit à les voiturer de si loin par terre. Ils ont aussi quelques Bois de Chêne, & un moindre de Bois d'Ormes; mais le Bois, dont ils se servent communément pour les Bâtimens & pour le feu, c'est celui de Sapin. Et comme il s'en fait une consomption prodigieuse à ces deux usages, l'on diroit qu'il devroit devenir rare; mais bien loin delà on ne s'apperçoit pas de la moindre diminution dans les Arbres. J'ai déja remarqué la subtilité de l'air de ce Pays à proportion de sa Latitude. La Ville de Berne où je demeurai, est de tout un degré plus Méridionale qu'Orléans, quoique l'air de ce dernier endroit soit beaucoup plus doux & plus modéré que celui du premier. Cependant j'ai passé des Etés bien chauds en Suisse, jusqu'à y trouver la chaleur quelquefois très-incommode. A la vérité le tems y est sujet à des changemens subits, & passe souvent du chaud au froid en moins de vingt-quatre heures. Les Alpes causent de fréquentes pluyes; & comme il neige ordinairement sur les Montagnes, lorsqu'il pleut dans la Plaine, il faut nécessairement que l'air se refroidisse toutes les fois qu'une pluye dure. Mais bien que l'air de ce Pays ne soit pas fort sec, il est pourtant fort sain. Les Gens y deviennent généralement fort vieux; & on n'y voit régner que très-rarement ces maladies malignes & contagieuses, qui dépeuplent souvent des Villes entiéres. Enfin des quatre Elémens la Terre est ici le moins bon. Elle traite les Habitans en rude Marâtre. Elle leur donne ce qui est absolument nécessaire pour la vie, mais peu pour le luxe. Ils gagnent avec bien de la peine ce qu'ils en tirent, & semblent le devoir plutôt à leur travail qu'à sa bonté.

Jules César [a] est le premier qui ait fait mention de ce Peuple comme d'une Nation. Dans le premier Livre de ses Commentaires il rapporte la Guerre qu'il eut avec les Helvétiens, qui pendant son Gouvernement des Gaules firent une irruption dans la Bourgogne, dans le dessein de se transplanter dans un Pays plus agréable & plus capable que le leur, de contenir le nombre infini de monde, dont ils fourmilloient. Pour exécuter d'autant mieux ce projet, dit-il, ils mirent le feu à toutes leurs Maisons, & brûlérent douze grandes Villes, & quatre cens Villages, afin de s'ôter toute espérance de retourner chez eux. Après cela ils se mirent en marche avec leurs femmes & leurs enfans, faisant en tout plus de trois cens soixante mille ames, dont près de cent mille étoient en état de porter les armes. Ils voulurent se jetter dans son Gouvernement par la Savoye; mais ne pouvant pas passer sur le Rhône à la vûe de son Armée, qui étoit campée de l'autre côté de ce Fleuve, ils changérent de Route, & pénétrérent par la Franche-Comté. César les poursuivit avec son Armée, & ils eurent plusieurs rencontres avec différens succès, jusqu'à ce qu'à la fin il les défit entiérement dans une Bataille rangée, & obligea ceux qui en restérent de retourner chez eux, & réduisit leur Pays à l'obéïssance des Romains, le joignant à la partie de son Gouvernement appellée la Gaule Celtique.

[a] Ibid. p. 15.

Z Z vécurent sous la Domi-

Domination Romaine jusqu'à ce que cet Empire même fut déchiré par les inondations des Nations Septentrionales, & qu'il s'éleva de nouveaux Royaumes, & de nouvelles Principautez de ses ruines. L'un de ces Royaumes fut celui de Bourgogne, dont la Suisse fit partie. Il commença avec le cinquième Siècle, & l'on compte Gaudichaire pour son premier Roi. Mais ce Royaume ne subsista pas long-tems, avant qu'il fût joint à la Couronne de France sur la mort du sixième, & dernier Roi de cette Race. Ceci arriva un peu plus de cent ans après son érection. Depuis ce tems-là jusqu'au commencement du neuvième Siècle, ce Pays étoit soumis à la France. Environ l'an 870. il se forma deux nouveaux Royaumes de Bourgogne, l'un nommé *Burgundia Cisjurana*, qui est le même que le Royaume d'Arles, & l'autre *Transjurana*. Le premier ne dura pas plus de 50. ans. Alors il fut incorporé à la *Burgundia Transjurana* par la cession volontaire faite à Rodolphe II. Roi de *Transjurana*, par Hugues le dernier Roi de *Cisjurana*, environ l'an 926. Dans ce Royaume de *Burgundia Transjurana* fut compris le Pays des Suisses, & il en fit partie jusqu'à ce qu'environ 1032. Rodolphe III. le dernier Roi de Bourgogne, mourant sans enfans, laissa tout son Royaume à l'Empereur Conrad II. surnommé *le Salique*, dont les Successeurs le possédérent près de deux Siècles. Après ce tems-là, soit que les Empereurs fussent trop occupez d'autres affaires, pour pouvoir donner toute l'attention nécessaire à celles de ce Royaume, soit qu'ils ne fussent pas en état de supprimer les divers soulevemens, qui s'y firent par la puissante Noblesse, il arriva que vers la fin du douzième Siècle, ce Royaume fut divisé de nouveau en plusieurs petites Souverainetés, sous les Comtes de Bourgogne, de Maurienne, de Savoye & de Provence, sous les Dauphins du Viennois, & sous les Ducs de Zeringue. C'est-là l'opinion générale de la plûpart de leurs Historiens touchant le sort de la Suisse, depuis le tems de Jules César jusqu'à la fin du douzième Siècle, qu'elle fut unie à l'Empire. Quoiqu'il y en ait d'autres, qui prétendent que la Suisse ait fait partie du Royaume d'Austrasie, autrement appelé le Royaume de Metz, jusqu'à ce qu'il fut détruit, & ses Etats annexés à l'Empire. Mais je crois qu'il ne sera pas difficile de concilier ces contradictions apparentes: car il est trop probable que la Suisse, dans l'étendue qu'elle a aujourd'hui, ne fut jamais entièrement jointe ni au Royaume de Bourgogne, ni à celui d'Austrasie; mais que la partie de ce Pays, qui parle la Langue Françoise ou Romande, comme ils l'appellent, appartient au Royaume de Bourgogne, & l'autre, qui parle Allemand, à celui d'Austrasie. Cette conjecture pourroit être soutenue par plusieurs autres raisons, outre celle de la différence des Langues, & semble lever les difficultés, dans lesquelles leurs Historiens s'embarrassent, en faisant la Suisse au même tems partie de deux différens Royaumes. Après la dissolution de ces Royaumés, je ne trouve plus toute la Suisse réunie sous un même Chef. Quelques-unes de ses Villes furent faites Villes Impériales, ne conservant que la simple dépendance de l'Empire: l'Empereur Frédéric Barberousse en donna d'autres, avec leurs Territoires, pour les posséder en Fiefs de l'Empire, aux Comtes de Habspourg, desquels la Maison d'Autriche est descendue; le reste de la Suisse ou du moins son Gouvernement héréditaire, fut donné au Duc de Zeringue, que l'on crut y avoir quelque droit, comme étant issu des Rois d'Austrasie. Néanmoins tous leurs Auteurs conviennent, que ces Villes & ces Peuples furent en possession de très-grands Privilèges, & que le Pouvoir de leurs Princes étoit tellement limité, que l'on peut dire que ce Pays a plutôt été sous leur Protection, que sous leur Domination immédiate. La Race des Ducs de Zeringue s'éteignit dans le treizième Siècle; ce qui fit jour aux Comtes de Habspourg d'aggrandir leur Pouvoir dans ce Pays, plus par intrusion & par les desordres de ces tems, que par consentement, ou par une soumission volontaire. Mais ce qui mit la liberté de la Suisse le plus en danger, ce fut le grand Schisme, qui partagea tant l'Empire dans le treizieme Siècle, lorsque Othon IV. & Frédéric II. étoient tous deux Empereurs à la fois. Ils furent excommuniez, chacun à son tour, par deux Papes qui se succédérent immédiatement, parce qu'ils ne voulurent point reconnoître leur prétendu droit de disposer de la Couronne Impériale, ni mettre en exécution les Vœux, que ces Papes leur avoient extorqué d'entreprendre une Croisade dans la Terre-Sainte. Cependant après la perte d'une Bataille, Othon fut contraint de renoncer à ses prétentions, & de céder la Couronne à son Antagoniste Frédéric. Comme dans cette division de l'Empire les Suisses avoient été attachez au parti du dernier, & qu'ils lui avoient rendu de bons services; il augmenta leurs Privilèges, & fit tout ce qu'il put pour assûrer leur Liberté. Néanmoins le reste de son Règne fut tumultueux. Il se brouilla avec le Pape, qui l'excommunia de nouveau. Et comme l'Empire & ses Dépendances en Italie se divisèrent alors en deux Factions, dont l'une étoit pour le Pape, & l'autre pour l'Empereur; ce fut du Règne de ce Prince que les noms de Guelphes & de Gibelins furent donnés à ces deux Partis. Les Historiens de ce tems-là ne peuvent pas trouver des termes assez forts pour exprimer les desordres, & la confusion qui regnèrent dans l'Empire vers la fin du Règne de Frédéric pendant le tems de son excommunication, & après sa mort, durant un Interrègne de vingt-huit ans, jusqu'à ce que Rodolphe de Habspourg, premier Empereur de la Maison d'Autriche, fut établi tranquillement sur le Trône Impérial. Alors tout ordre & tout Gouvernement fut bouleversé, & l'Empire se trouva dans une parfaite Anarchie. Les Villes de la Suisse en particulier sentirent les effets fâcheux de cette confusion. Car comme ce Pays étoit rempli de Noblesse & d'Ecclésiastiques puissans, chacun y fit le Tyran à fon tour, & tâcha de fubjuguer quelque Ville voifine, fous prétexte qu'elle étoit du parti de l'Empereur, qui fut excommunié, & les Terres de tous fes Adhérens données en proye par la Bulle du Pape, à quiconque pourroit s'en rendre maître. Cette efpéce d'oppreffion donna lieu à une Coutume qui s'établit alors parmi plufieurs Villes d'Allemagne, auffi-bien que parmi celles de la Suiffe, d'entrer enfemble dans une Confédération pour leur défenfe mutuelle. Nous en avons un Exemple dans l'Hiftoire de Simler; où il rapporte au long l'Alliance conclue entre Zurich, Ury & Switz en 1251. Mais cette union des Villes ne produifant pas les bons effets qu'on en attendoit, ou du moins n'étant pas une Barriére fuffifante contre la puiffance de la Nobleffe, elles fe fervirent d'un autre expédient, qui étoit de fe mettre fous la protection de quelque puiffant Prince voifin. Enfuite de quoi la plûpart des Villes Libres de la Suiffe eurent recours dans cette conjoncture à Rodolphe de Habfpourg, le plus puiffant de leurs voifins qu'elles déclarérent leur Protecteur. Elles lui donnérent pour cela une Rente annuelle, & lui permirent de leur envoyer des Baillifs ou des Gouverneurs, avec le pouvoir d'y exercer la Haute Juftice, comme on l'appelle, ou de juger dans les caufes criminelles, fe réfervant expreffément leurs Droits & les Franchifes en tous les autres points. Particuliérement les trois Cantons d'Ury, de Switz & d'Underwald, qui jufques-là avoient été libres de toute autre dépendance, excepté celle de l'Empire, trouvérent à propos de faire dans ce defordre général comme le refte de la Suiffe, & fe mirent fous la Protection de Rodolphe avec les mêmes reftrictions que les autres. Mais ce projet ne répondit pas non plus à leur attente. Rodolphe eut trop d'autres occupations pour donner à ces Villes la Protection qu'il leur deftinoit, & qu'elles s'en promettoient. Ainfi les Suiffes étant privez de fon fecours, furent expofez de nouveau aux infultes de ces petits Tyrans, qui à la fin leur devinrent fi infupportables, que tout le Peuple prit les armes, & ne démolit pas feulement dans fa premiére fureur les Châteaux des Principaux de la Nobleffe; mais en chaffa même plufieurs hors du Pays dans une Guerre de près de douze ans. Lorfque Rodolphe devint Empereur, la Nobleffe accufa les Suiffes de rebellion au fujet de cette Guerre; mais après avoir entendu les deux parties, il prononça en faveur du Peuple, & en confidération des fervices que les Suiffes lui avoient rendus dans fes Guerres, il leur envoya des Baillifs, non pas au nom de la Maifon d'Autriche, mais en celui de l'Empire en général. Il ne les gouverna pas feulement avec douceur pendant qu'il vêcut; mais il augmenta auffi leurs Privilèges, afin d'affermir leur Liberté fur un fondement durable. Avant que de paffer au Gouvernement Tyrannique de l'Empereur Albert, fils de Rodolphe, qui donna occafion à la révolte de ce Pays contre l'Empire, il feroit à propos de tracer, pour ainfi dire, une Carte politique de tous fes Etats, & de ne

diftinguer pas feulement les Villes de la Suiffe, qui étoient fous la Domination de la Maifon d'Autriche, & d'autres Souverains, de celles qui étoient libres, & ne reconnoiffoient d'autre dépendance que celle de l'Empire en général; mais auffi de fpécifier les Privilèges dont jouiffoient celles qui étoient fujettes à la Maifon d'Autriche, de même que les degrez de pouvoir, dont leurs Gouverneurs, ou leurs Souverains étoient revêtus. Un pareil plan de leur Etat politique avant leur révolte, feroit néceffaire pour bien juger de la juftice de leur caufe, & des moyens dont ils fe fervirent pour recouvrer leur liberté. Mais leurs Hiftoires font fi obfcures, & fi défectueufes dans ces circonftances, qu'il eft impoffible de contenter fa curiofité à cet égard. Tout ce qu'on peut en recueillir en général, c'eft que la plûpart de leurs Villes Libres & Impériales, & que celles qui ne l'étoient pas, poffédoient de grands Privilèges. Les Villes de Berne & de Fribourg furent bâties par un Duc de Zeringue; le dernier de cette Race leur accorda de fi grandes Franchifes, qu'il leur permit de fe gouverner elles-mêmes, & les unit à l'Empire après fa mort. Cependant contre la difpofition de fon Teftament, Fribourg tomba, je ne fai comment, entre les mains des Comtes de Kybourg, l'un defquels les vendit à l'Empereur Rodolphe; & il continua fous la Domination de la Maifon d'Autriche près de deux cens ans, jufqu'à ce qu'il entrât dans l'Alliance des Cantons, & devint un de leur nombre. Les Villes & les Pays qui furent donnez en Fief à la Maifon d'Autriche, comme Lucerne, Zug & Glaris, avec leurs Territoires, jouiffoient de fi grandes immunitez, que le pouvoir du Souverain en fut extrêmement borné. Zurich, Bafle & Schaffhoufe, étoient des Villes Impériales, & je ne puis pas trouver qu'ils ayent jamais été fous aucun Prince particulier. A la vérité Bafle avoit un Evêque, qui s'arrogea le titre de Souverain, & qui agit quelquefois comme tel; mais il le fit plutôt par ufurpation, que par une autorité légitime. Et pour ce qui eft des trois Cantons d'Ury, de Switz, & d'Underwald, il ne paroît point qu'ils dépendiffent jamais en aucune maniére de la Maifon d'Autriche, que depuis qu'ils choifirent Rodolphe de Habfpourg pour leur Protecteur, comme firent la plûpart des Villes de la Suiffe, de la maniére, & pour les raifons, dont je viens de parler. Il faut obferver que les Territoires de ces Villes ne s'étendirent alors, pour la plus grande partie, que peu au-delà de leurs Murailles, & qu'elles furent environnées de tous côtez d'une Nobleffe, qui épiant toutes les occafions d'empiéter fur leur liberté, leur caufa plus de Troubles & de Guerres, avant qu'elles puffent l'extirper, que toute la Puiffance de la Maifon d'Autriche enfemble, & tous les efforts qu'elle fit pour les ramener à fon obéiffance. Que la plûpart de ces Villes ayent été libres, il paroît clairement par les divers Traitez d'Alliances faits entr'elles pour la défenfe réciproque, long-tems avant que leur Révolte arriva, dont plufieurs

Z 2 font

font insérés au long dans leurs Histoires; & il ne me paroît pas moins évident, que ces Villes & ces Pays ne dépendirent directement que de l'Empire seulement, jusqu'à ce que les desordres qui y survinrent, les obligérent de chercher quelque nouvelle Protection. Il est vrai que les Comtes de Habspourg tinrent une partie de ce Pays comme un Fief de l'Empire, dont ils furent investis par Frédéric Barberousse; mais leur pouvoir fut extrêmement limité: ce qui donne lieu de croire, que la Domination qu'ils s'acquirent sur ce Peuple ne fut qu'une pure usurpation sur la liberté de ceux qu'ils devoient défendre; & que sous le nom de Protecteurs, ils eurent de meilleurs moyens, & des prétextes plus plausibles, pour venir à bout de leurs desseins. J'ai deja dit que l'Empereur Rodolphe les traita avec beaucoup de bonté. L'on crut qu'il avoit une affection particulière pour la Suisse, comme pour son Pays natal. Mais son fils, l'Empereur Albert, au lieu de suivre les traces de son pere, se conduisit d'une manière entièrement opposée. Il tâcha d'étendre sa Domination sur des Pays qui ne lui appartenoient pas, & perdit par sa conduite violente & inconsidérée ce que son Prédécesseur avoit acquis par la prudence & par la douceur. Ce Prince eut une Famille fort nombreuse, & forma le dessein de soumettre toute la Suisse à la Maison d'Autriche, afin de l'ériger en Principauté pour un de ses fils cadets. Pour effectuer ce projet, bien-tôt après qu'il fut parvenu au Trône Impérial, il essaya par la flatterie & par les caresses de persuader les trois Cantons d'Ury, de Switz & d'Underwald, les plus jaloux de leur liberté, à se soumettre volontairement à son Gouvernement, & à suivre l'exemple de ceux de Lucerne, de Zug & de Glaris; leur promettant qu'en ce cas il les traiteroit & les gouverneroit avec toute la douceur possible. Mais voyant que ses Artifices ne réussissoient point, il nomma un certain Grisler Baillif ou Gouverneur d'Ury, & un autre qui s'appelloit Landenberg, Gouverneur de Switz & d'Underwald. Il leur donna ces Gouverneurs avec ordre de les lui assujettir entièrement ou par la corruption de leurs Chefs, ou, si ce moyen venoit à manquer, par la force des armes. D'abord ces Gouverneurs ne se comportérent pas seulement avec beaucoup de modération, mais ils mirent en œuvre tous les petits tours, dont on se sert pour gagner l'affection du Peuple, jusqu'à ce qu'ils trouvérent qu'il n'y avoit rien à faire par ces manières douces. Alors ils commencérent à les traiter rudement, & à empiéter tous les jours sur quelqu'un de leurs Priviléges. Là-dessus le Peuple envoya des Députez à l'Empereur, pour se plaindre de ses Gouverneurs, & de l'infraction de ses Libertez. L'Empereur les reçut fort brusquement. Il leur offrit de nouveau toutes sortes de bons traitemens, s'ils vouloient reconnoître sa Domination, mais il les menaça, qu'en cas de refus, ils auroient à essuyer son dernier ressentiment, & qu'ils les rangeroit par la force. Les Députez lui répondirent qu'ils étoient prêts à lui rendre toute obéissance comme au Chef de l'Empire, dont ils étoient Membres; mais qu'à cela près ils étoient un Peuple libre, indépendant d'aucun Souverain particulier, & qu'ils le prioient de confirmer les Franchises & les Priviléges, qui leur avoient été accordez par plusieurs de ses Prédécesseurs. Ce que l'Empereur refusa tout net, & les renvoya ainsi. Les Députez retournérent chez eux avec cette réponse, & alors les Gouverneurs se mirent à exercer de ces Actes de Tyrannie qui ne servent qu'à révolter les Esprits, & jamais à les soumettre. Ils lâchérent la bride à toutes leurs passions à la fois, en ravissant, en pillant, en emprisonnant, & se plongérent dans tous les excès qui pouvoient assouvir leur volupté & leur avarice. Ils auroient pu excuser ces desordres du moins sous prétexte de satisfaire leurs passions; mais ils commirent outre cela, sous le nom de Justice, des cruautez qui font horreur, sur-tout à l'égard de ceux, qui avoient du crédit auprès du Peuple, & qui comme tels, étoient crus la cause de son refus à s'assujettir à l'Empereur. Ils enlevérent les Biens des uns par des Sentences arbitraires, sans entendre les parties interessées; à d'autres ils imposérent pour des fautes triviales des amendes qu'ils n'étoient pas en état de payer, ils punirent sur de simples soupçons les uns, en déchirant leurs membres par la torture, & les autres en leur crevant les yeux. Enfin ils exercérent toutes les inhumanitez les plus raffinées que pussent inventer les Ministres les plus ingénieux de l'indignation d'un Tyran. Il n'y a pas à douter que ces traitemens barbares n'ayent aigri l'esprit du Peuple contre les Gouverneurs. Cependant la crainte de la peine le retint, & le manque de moyens pour secouer le joug, le lui fit supporter avec un morne chagrin, jusqu'à ce qu'il eût une bonne occasion de s'en défaire. La violence de ces Gouverneurs ne trouvant point d'obstacle, s'augmenta tous les jours, & fut à la fin poussée si loin, que le Peuple irrité, ne trouvant plus de salut que dans son courage, fut obligé d'entrer dans une Confédération pour sa défense commune, & de concerter les mesures propres à se délivrer de son Esclavage. Il y eut trois hommes de ces trois Cantons, dont chacun étoit le plus accrédité dans le sien, & qui pour cette raison furent les objets principaux de la persécution des Gouverneurs. Ils s'appelloient Arnold Melchtal d'Underwald, Werner Stauffacher de Switz, & Walter Furst d'Ury. Ils étoient plutôt de bons Paysans, que des Gentilshommes. Comme ils avoient été également maltraitez des Gouverneurs, & que d'ailleurs ils étoient naturellement hardis, entreprenans, & unis tous trois par une longue amitié, que leurs malheurs communs avoient affermie davantage, ils tinrent des Assemblées secretes, pour délibérer sur les moyens d'affranchir leur Patrie. Ils entrérent bien-tôt dans une conspiration à ce sujet, s'obligeant par serment à la tenir secrette, & à y attirer chacun tous ceux de son Canton, auxquels il pouvoit se fier, & qu'il savoit avoir assez de cœur, pour aider à exécuter

exécuter toutes les réfolutions qu'ils prendroient. Conformément à leur convention, ils engagérent en peu de tems beaucoup de leurs amis dans leur conjuration, & choifirent un endroit du Canton d'Ury, nommé Grutly, pour s'y affembler, chacun accompagné de trois nouveaux Affociez de fon Canton, qui tous douze enfemble devinrent les Conducteurs de l'entreprife. A leur Alliance fut renouvellée & confirmée par ferment, & ils réfolurent de faire un foulevement général dans les trois Cantons, pour furprendre & démolir tous les Châteaux fortifiez, & pour chaffer hors du Pays les Gouverneurs avec leurs Adhérens. A la feconde Affemblée des Douze, ils trouvérent le nombre des Affociez fuffifant pour exécuter leur deffein; c'eſt pourquoi l'on propofa que le foulevement général fût fixé au 14. Octobre 1307. de peur que le fecret étant communiqué à tant de perfonnes, ne s'éventât, & qu'ainfi leur complot n'échouât. Mais ceux d'Underwald, repréfentans à l'Affemblée, que deux Châteaux dans leur Canton, appellez Sarn & Rotzberg, étoient trop forts pour être emportez par une Troupe de gens fans difcipline, demandérent plus de tems, afin qu'on pût former quelque Stratagême pour les furprendre; puifque leur entreprife fur ces deux Places venoit à manquer, les Gouverneurs les rempliroient bien-tôt de Soldats, qui y tiendroient jufqu'à ce que l'Empereur pût envoyer une Armée à leur fecours, & que de cette manière ils verroient tous leurs projets entiérement renverfez. Ces confidérations firent que l'Affemblée remit la Révolte au premier Janvier 1308. Sur quoi elle fe fépara, & chaque Membre s'en retourna chez lui, pour difpofer les chofes à une heureufe exécution. Cependant il arriva un accident, qui eût fait avorter leur deffein, fi les Gouverneurs n'euffent pas été endormis par la foumiffion apparente du Peuple; ou fi les Conjurez euffent été affez imprudens, pour tenter leur entreprife avant le terme fixé, à l'occafion de l'allarme que cet accident caufa. Voici quel fut le fujet de cette allarme. Parmi plufieurs traits ridicules de Tyrannie, dont ces Gouverneurs s'avifèrent, Grifler, celui d'Ury, en inventa un, qui reffemble plus au caprice d'un Claude, d'un Caligula, ou d'un Phalaris, qu'à un Acte de Juftice. Il fit dreffer fur le Marché d'Altorff, Capitale du Canton d'Ury, une Perche avec fon Chapeau, enjoignant fous peine de la vie, à tous ceux qui pafferoient devant ce Chapeau, de le faluer en fe découvrant, & en pliant le genou, avec le même refpect, que s'il eût été là en perfonne. Le Peuple par la crainte du Châtiment, fe foumit à cette efpèce d'Idolâtrie, jufqu'à ce qu'un certain Guillaume Tell, jeune homme revêche & intrépide, l'un des Conjurez, paffa le Chapeau fouvent fans le faluer. Le Gouverneur en étant averti, le cita devant lui, & lui demanda la raifon de fa defobéïffance. Tell voulut s'excufer fur fa rufticité, & fur ce qu'il ignoroit l'ordre. Mais comme il étoit fufpect au Gouverneur, celui-ci ne voulut point admettre fes excufes. Il fit chercher le fils favori de Tell, & fachant qu'il étoit habile Archer, il le condamna de tirer à une diftance confidérable à une Pomme placée fur la tête de ce fils, déclarant en même tems que s'il la manquoit il feroit pendu fur le champ. Le pere, plein de tendreffe pour fon fils, craignant de le tuer, refufa de tirer, & aima mieux s'offrir lui-même à une mort certaine. Mais le Gouverneur rejetta fon offre, & pour le contraindre à obéïr, il lui dit, qu'à moins qu'il ne fatisfît inceffamment à la Sentence il feroit pendre fon fils auffi-bien que lui. Tell ne pouvant pas le fléchir par fes inftantes prieres, confentit, plutôt pour fauver la vie de fon fils, que la fienne, à paffer par cette cruelle épreuve fur le Marché, en préfence du Gouverneur, & d'une grande foule de Peuple, qui y étoit accourue pour voir cet acte bizarre de Juftice. Le pauvre pere tira fes fléches de fon Carquois & lâcha fon arc d'une main tremblante. Cependant foit par adreffe, foit par bonheur, il abattit la Pomme, fans toucher la tête de fon fils. Là-deffus tout le Peuple éclata dans une acclamation générale, tant pour témoigner fa joye de ce que Tell s'étoit fauvé, que pour applaudir à ce coup d'adreffe. Mais le Gouverneur piqué de ce qu'il avoit échappé fi adroitement à fa vengeance, réfolut de l'attraper d'une autre manière. Pour cet effet ayant remarqué qu'il avoit deux fléches dans fa ceinture, quoiqu'il n'eût qu'un feul coup à tirer, il lui en demanda la raifon, & lui promit de lui pardonner, quelque deffein qu'il eût pu avoir. Sur cette affurance Tell, au plus fort de fon reffentiment, lui répondit naïvement, qu'il avoit pris deux fléches de fon Carquois, dans la ferme réfolution, de le tuer avec la feconde, s'il eût été affez malheureux pour tuer fon fils avec la première. Le Gouverneur irrité par cette réponfe, lui dit, que felon fa promeffe il épargneroit fa vie en confidération de fon habileté, mais que pour cette intention traîtreffe il la lui feroit paffer dans un Cachot. Enfuite il ordonna de le lier, & de le mettre dans un Batteau, qui devoit le tranfporter à Cuffenach, Château bâti fur le Lac de Lucerne, dans lequel il s'embarqua auffi lui-même, pour voir l'exécution de fa Sentence. Après qu'ils eurent fait près de la moitié du chemin fur le Lac, il fe leva une violente tempête. Ils furent en grand danger d'être brifés contre les Rochers, aucun des Bâteliers ne fachant manier le gouvernail dans un tems fi orageux. Dans cette extrémité l'un des Domeſtiques du Gouverneur, qui favoit que Tell paffoit pour le meilleur Bâtelier du Pays, dit à fon Maître, qu'il n'y avoit d'autre expédient pour fauver leurs vies, que de délier Tell, & de le mettre au Timon. Le Gouverneur y confentit, & on le fit à l'inftant. Tell après bien des efforts dégagea le Batteau du milieu du Lac, où les vagues étoient les plus agitées, & l'approcha du bord, près duquel il y avoit une pièce de Roc, dont la pointe fortoit de l'eau. Et trouvant cette occafion propre pour s'évader, il fauta a-

droite-

droitement sur le Roc, & repoussa avec son pied le Batteau dans le Lac. Delà il alla à terre se cacher dans les Montagnes. Cependant le Gouverneur fut balloté çà & là par le Lac en danger de périr à tous momens. Mais à la fin le Batteau gagna avec bien de la peine, un endroit, appellé Brunnen, où le Gouverneur débarqua avec sa suite, dans le dessein d'aller delà à Cussenach par terre. Tell en ayant vent, se mit en embuscade derrière un Buisson, & lorsque le Gouverneur passa près de lui dans un chemin creux, il lui perça le cœur d'une flèche, & le laissa mort sur la place. Là-dessus il s'enfuit & se mit en lieu de sûreté, avant que ceux de la suite du Gouverneur sussent quel chemin prendre pour le poursuivre. En mémoire de ces deux actions l'on bâtit une petite Chapelle à l'endroit où le Gouverneur fut tué, & une autre sur le Roc où Tell se jetta hors du Batteau, qui toutes deux sont encore conservées entières. Le bruit de la mort du Gouverneur se répandit d'abord par tout le Pays pendant que Tell alla chez lui informer ses amis de son Exploit. Il les pressa de commencer leur Révolte sans plus de délai, de peur que l'autre Gouverneur & ses Adhérens, se défiant sur cette allarme de quelque nouveau coup, ne prissent des mesures pour le prévenir. Mais les plus circonspects des Conjurez voyant que le Gouverneur regardoit cette action seulement comme le ressentiment d'un particulier, jugèrent plus à propos, pour les raisons que ceux d'Underwald avoient avancées, d'être tranquilles jusqu'au jour marqué. Le Gouverneur ne fit d'autre enquête sur cette action, sinon qu'il fit chercher Tell, qui se tint caché, jusqu'à ce que la Révolte éclata. Ainsi la prudence des Conjurez & l'aveuglement du Gouverneur concoururent également à faire réussir cette Révolution, le secret quoique confié à tant de gens, étant gardé si fidellement, que le Gouverneur n'eut pas le moindre soupçon du Complot, jusqu'à ce qu'il fut exécuté. Le premier Janvier 1308. qui fut le jour nommé, étant venu, les Confederez poursuivirent si bien les mesures qu'ils avoient concertées, que dans le même tems le soulevement fut général dans tous les trois Cantons. Ceux d'Underwald surprirent les deux Châteaux de Sarn, & de Rotzberg, par un même Stratagême. Ils envoyèrent un nombre suffisant d'hommes résolus, habillez en Paysans, qui avoient des armes cachées sous leurs habits, & portèrent dans leurs mains toutes sortes de denrées, pour en faire des présens aux Gouverneurs. Comme c'étoit la Coûtume qui se pratiquoit tous les premiers jours de l'An, on ne se défia point de la quantité de monde qui entra dans les Châteaux. Les Garnisons en étant petites, & n'ayant garde de soupçonner un pareil dessein, elles furent bien-tôt renversées, & étoient bien aises d'en échapper avec la vie. Le Peuple d'Ury se saisit en même tems du Château nouvellement bâti près d'Altorff, appellé le Joug d'Ury, pendant que ceux de Switz se rendirent maîtres de celui de Louvertz. Tous ces Forts étoient petits, & ne contenoient que des Garnisons très-foibles, néanmoins ils bridoient tout le Pays. C'est pourquoi le Peuple se mit d'abord à les démolir, comme les instrumens de son Esclavage. Sur ces entrefaites le Gouverneur Landenberg, & ses Adhérens, voyant qu'il étoit impossible de résister au torrent d'un Peuple furieux uni contr'eux, & craignant d'essuyer les effets de sa rage, tâchèrent de s'esquiver; mais ils furent poursuivis, & atteints. Cependant le Peuple, sans faire la moindre insulte au Gouverneur, ni à ceux de sa suite, les conduisit sur les Frontières & les relâcha, après en avoir pris un serment, qu'ils ne retourneroient jamais dans son Pays. Exemple de modération bien rare dans une Populace irritée qui a ses Persécuteurs à sa merci! De cette manière les trois Cantons se délivrèrent sans autre difficulté, de la Domination de la Maison d'Autriche, & se mirent dans une liberté, que depuis ils ont toujours su maintenir. Ainsi le fondement de la Liberté Helvétique fut jetté par trois braves Paysans, dépourvus de tous les avantages, qu'une naissance élevée, & de grandes richesses donnent, pour faciliter l'exécution d'une pareille entreprise. Ils furent inspirez de l'amour de leur Patrie, animez d'un juste ressentiment contre leurs Tyrans, & zélez pour leur Liberté. Les Peuples de ces trois Cantons, pour honorer la mémoire de leurs Libérateurs, en célèbrent les Anniversaires avec beaucoup de reconnoissance. Ils chantent leurs loüanges, & les noms d'Arnold Melchtal, de Wenner Stauffacher, & Walter Furst, sonnent toujours aussi haut dans leurs bouches que ceux de Brutus à Rome, & des Dorias à Gênes, & des Nassaus en Hollande. L'Empereur Albert étant informé de cette Révolte, s'emporta extrêmement contre les Suisses, & résolut d'envoyer une Armée pour les subjuguer; mais tous ses Projets s'évanouirent par sa mort prématurée, ayant été tué bien-tôt après à son passage de la Russ à Königsfeld en Suisse, par son neveu Jean, auquel il détenoit injustement le Duché de Suabe. Cet accident fut fort favorable aux affaires des trois Cantons, leur donnant le tems de se mettre en posture. Car les fils de cet Empereur étoient si occupez, d'un côté à briguer la Couronne Impériale pour Fréderic l'aîné de la Famille, & de l'autre à vanger la mort de leur Pere, qu'ils se trouvèrent obligez de laisser les Cantons en Paix, jusqu'à ce que ces disputes fussent finies. Cependant environ 7. ans après, vers la fin de 1315, l'Archiduc Léopold, fils d'Albert, assembla une Armée de 20000. hommes, pour marcher dans le Canton de Switz, dans le dessein de saccager les trois Cantons, & de les mettre à feu & à sang. Il se présenta un nouveau prétexte d'envahir le Canton de Switz, par une brouillerie qu'il eut avec une célèbre Abbaye, qui y est située; & s'appelle l'Hermitage de la Vierge Marie. Comme elle possédoit de fort vastes Domaines, il s'éleva de fréquentes disputes entr'elles & le Canton, au sujet des Limites de leurs Territoiritoires; si bien qu'à la fin ils en vinrent aux mains. Là-dessus l'Abbé employa les armes ordinaires du Clergé, & excommunia ceux de Switz, & l'Archiduc Léopold se chargea d'exécuter la sentence contre ces Ennemis de l'Eglise. Pour cet effet il avança vers eux avec son Armée, pendant que toutes les forces que les trois Cantons avoient à lui opposer, ne consistoient qu'en seize cens hommes. Mais ils suppléerent au défaut du nombre par leur courage, & par la disposition prudente de leur petite Armée. Sachant que l'Ennemi devoit nécessairement passer par une Vallée très-étroite, ils postérent une partie de leur monde sur les Montagnes près de Morgarten, qui roulant une grande quantité de pierres sur la Cavalerie de l'Archiduc, en blessa beaucoup d'hommes & de chevaux, & mit par ce Stratagême, toute son Armée en desordre. Au milieu de cette confusion le petit Corps des Cantons se jetta avec tant de bravoure sur les Autrichiens, qu'il leur fit prendre la fuite, en tua un grand nombre, & chassa le reste entiérement hors du Pays, pendant que deux autres Corps séparez de l'Archiduc, qui attaquerent au même tems les Cantons d'Ury, & d'Underwald, furent repoussez, & traitez de la même maniére. Ces trois Cantons défirent ainsi avec une poignée de gens une puissante Armée; & ils firent dans la Bataille des actions de valeur si prodigieuses pour la défense de leur Liberté, que certainement on ne doit pas moins d'honneur à leur mémoire, qu'on en rendit à celle des Lacédémoniens, qui combattirent pour la même cause, quoiqu'avec moins de succès, au Détroit des Thermopyles. La Victoire de Morgarten mit les fondemens de l'Union Helvétique; car l'Alliance que les trois Cantons avoient faite auparavant pour dix ans seulement, fut convertie alors dans une Alliance perpétuelle, dans laquelle tous les treize Cantons sont entrez depuis en différens tems & à différentes occasions. Et comme ils jurerent tous en ce tems-là de l'observer religieusement, c'est pour cela qu'on leur a donné le nom Allemand d'*Eydgnossen*, qui signifie des Parties tenues par un même serment. Il ne sera pas hors de propos de remarquer ici, que comme cette Victoire signalée a été remportée dans le Canton de Switz, le plus considérable des trois, & qu'elle étoit due principalement à la valeur de ce Canton, c'est pour cette raison que dès lors les deux autres y ont été joints par le nom commun de Suisses; lequel nom a passé depuis à tous les autres Cantons en général, & à leurs Alliez à mesure qu'ils entroient dans cette Union.

Après cette Révolution, la Maison d'Autriche ne cessa jamais, pendant l'espace d'environ trois cens cinquante ans, de poursuivre ses prétentions sur les trois Cantons, & de faire de nouvelles tentatives pour les réduire par la force, aussi souvent que ses guerres lui donnerent quelque relâche, ou qu'il s'en présenta une occasion favorable. Cependant tous ses efforts eurent si peu de succès, qu'au lieu de ramener les trois Cantons à son obéïssance, ceux-ci détacherent au contraire d'autres Pays, & d'autres Villes de la Maison d'Autriche & de l'Empire, & les unirent à leur Corps. Lucerne fut le premier de ce nombre. Elle appartenoit en propre aux Archiducs d'Autriche: cependant elle entra dans la Confédération des trois Cantons en 1332. & y resta toujours unie depuis. Son exemple fut suivi de Zurich, qui se fit Canton en 1351. Et quoiqu'il fût le cinquième dans l'Alliance, néanmoins en considération de son étenduë, & de sa puissance, il fut mis à la tête des Cantons, & dépuis il y a toujours conservé le premier rang. Zurich étoit une Ville Impériale, & n'a jamais fait partie de la Domination de la Maison d'Autriche. Cependant à son occasion il s'alluma une nouvelle guerre entre les Autrichiens & les Cantons. Les derniers envahirent le Comté de Glaris appartenant à cette Maison, & après l'avoir soumis, ils le reçurent dans leur Alliance, & l'érigerent en Canton, la même année 1351. Pendant que cette guerre continua, le Pays de Zug, qui appartenoit de même aux Archiducs imita l'exemple de Glaris, & fut joint aux Cantons en 1352. Vers la fin de cette année Berne, une Ville Impériale, entra aussi dans l'Alliance, & fit le huitième Canton. Et ces Cantons continuérent près de cent & vingt ans, sans augmenter leur nombre: on les distingue par le nom de huit Vieux Cantons.

En 1481. Fribourg, & Soleurre furent reçus dans le nombre des Cantons. Ce dernier a toujours été une Ville Impériale; mais le premier fut des Domaines de la Maison d'Autriche, qui l'avoit acheté du dernier Comte de Kybourg. Basle & Schaffhouse deux Villes Impériales, furent incorporées dans les Cantons en 1501. Enfin le Pays d'Appenzell y fut joint en 1513. & achéva le nombre des treize Cantons, après avoir racheté sa liberté pour une somme d'argent de l'Abbé & du Convent de St. Gal, à qui il appartenoit. Ainsi nous voyons que depuis l'expulsion des Gouverneurs Autrichiens par les trois Cantons, jusqu'au tems que le Pays d'Appenzell entra dans leur Alliance, & accomplit leur présent nombre, il s'écoula plus de deux Siècles. Pendant ce tems il y a eu plusieurs intervales de paix entre la Maison d'Autriche & les Suisses, & en 1474. elle conclut avec eux une paix perpétuelle, sous le nom d'Union Héréditaire, dans laquelle l'Archiduc Sigismond, surnommé le *Simple*, traita avec eux, comme avec un Peuple libre. Ce Traité fut renouvellé ensuite, & confirmé par l'Empereur Maximilien. Cependant la Maison d'Autriche conserva toujours ses prétentions sur les Cantons, & fit de tems en tems de nouveaux efforts pour les recouvrer, lorsqu'il s'en offrit quelque occasion. Elle ne fut pas peu favorisée dans ses desseins sur la Suisse, par l'avantage qu'elle eut de rendre la Couronne Impériale comme héréditaire dans sa Famille. Car outre que cela augmenta de beaucoup ses forces, les Empereurs de cette Race eurent les raisons du monde les plus plausibles de poursuivre leurs prétentions, sous prétexte de rejoindre à l'Empire

ses

les anciens Fiefs & Dépendances, à quoi leur Capitulation avec les Electeurs les obligea. Nonobstant tout ceci, soit que les Princes de cette Maison crussent qu'il étoit impraticable de réduire les Cantons sous leur obéissance, soit qu'ils en fussent empêchez par d'autres guerres plus importantes, soit que leur ambition fût assouvie par les vastes acquisitions, qu'ils avoient faites depuis qu'ils étoient en possession du Trône Impérial, du moins est-il certain qu'ils semblent avoir quitté la pensée de soumettre la Suisse, & qu'ils consentirent à la fin, par l'entremise de la France, & d'autres Etats, à la déclarer dans le Traité de Munster un Peuple libre, & indépendant de l'Empire.

Les treize Cantons sont autant de Républiques, quoiqu'il y ait de la différence entre leur forme de Gouvernement. Il y en a sept qui sont du genre Aristocratique, cependant avec quelque mélange de Démocratie, & six du genre Démocratique. Les sept Aristocratiques sont Zurich, Berne, Lucerne, Basle, Fribourg, Soleurre & Schaffhouse. Les six autres sont Démocratiques. Cette différence dans leur Gouvernement semble être l'effet de l'Etat, dans lequel chacune de ces Républiques se trouva, avant qu'elles fussent érigées en Cantons. Car comme les sept premières ne consistèrent chacune que dans une Ville, avec peu ou point de Territoire, tout le Gouvernement réside naturellement dans les Bourgeois, & ayant été une fois restraint à leur Corps, il y continue toujours nonobstant les grandes acquisitions de Territoires, qu'elles ont faites depuis. Au lieu que les six Cantons Démocratiques n'ayant point de Villes, ni de Villages qui pussent prétendre à quelque Prééminence par dessus les autres, le Pays fut divisé en Communautez; & chaque Communauté ayant un Droit égal à la Souveraineté, on ne put pas éviter de les y admettre également, & de tomber ainsi dans le Gouvernement Populaire. Mais quelle qu'ait pû être l'occasion de leurs différens Gouvernemens, je n'entrerai pas plus avant dans cette recherche: cela me meneroit trop loin. Je dirai seulement qu'il y a une subdivision à faire entre les Cantons qui ont des Villes. Car bien qu'ils soient tous également Aristocratiques par rapport à leurs Sujets, qui ne sont pas Bourgeois de leur Capitale, n'y ayant que ces Bourgeois qui soient capables de participer au Gouvernement: cependant il y a encore quelque différence à faire entre ces Cantons par rapport aux Bourgeois mêmes. A Zurich, à Basle, & à Schaffhouse, les petits Bourgeois, & les gens de métier, qui sont partagez en Tribus, ont leur part au Gouvernement, & leurs Tribus les mettent dans le Conseil Souverain. Mais à Berne, à Lucerne, à Fribourg, & à Soleurre, il n'y a que le Petit Conseil consistant en vingt-sept personnes, qui conjointement avec un certain nombre des principaux Membres du Grand, ait le droit de remplir les places vacantes dans le Conseil Souverain. Et ces Personnes faisant toujours choix de leurs parens, & de leurs Amis pour remplir ces places vacantes, les gens de métier, & le commun Bourgeois se trouvent de cette manière presque entièrement exclus du Pouvoir souverain.

La Suisse, à la prendre en général pour tout le Corps Helvétique peut être divisée en quatre, savoir

Les Suisses propres,
Leurs Alliez,
Les Sujets des Suisses,
Les Sujets de leurs Alliez.

La Suisse propre est partagée en seize Souvrainetez, savoir treize Cantons, qui sont autant de Républiques, deux Souverainetez & une République.

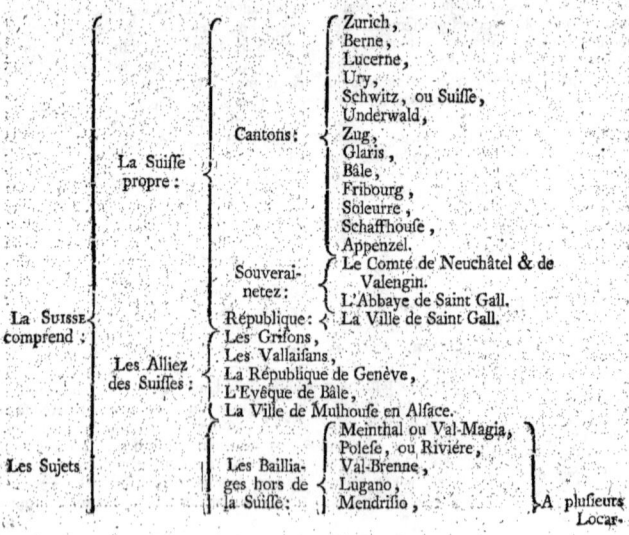

La Suisse comprend:
- La Suisse propre:
  - Cantons: Zurich, Berne, Lucerne, Ury, Schwitz, ou Suisse, Underwald, Zug, Glaris, Bâle, Fribourg, Soleurre, Schaffhouse, Appenzel.
  - Souverainetez: Le Comté de Neuchâtel & de Valengin, L'Abbaye de Saint Gall.
  - République: La Ville de Saint Gall.
- Les Alliez des Suisses: Les Grisons, Les Vallaisans, La République de Genève, L'Evêque de Bâle, La Ville de Mulhouse en Alsace.

Les Sujets
- Les Bailliages hors de la Suisse: Meinthal ou Val-Magia, Polese, ou Rivière, Val-Brenne, Lugano, Mendrisio, A plusieurs Locar-

SUI. SUK.   SUL.

Les Sujets des Suisses :	Les Bailliages dans la Suisse :	Locarno, Bellizone. La Ville de Bade Les Bailliages de : { Bremgarten, Mellingen, Le Thurgau, &c. }	A plusieurs Cantons.
Les Sujets des Alliez des Suisses :	Les Comtez de :	Bormio, Chiavenne, La Valteline.	Aux Grisons :

Il est bon de remarquer que par les Sujets des Suisses il faut entendre ceux qui sont hors de la Suisse, ou ceux qui obéïssent à plusieurs Cantons qui les possédent par indivis, sans quoi cette division seroit ridicule.

La Religion n'est pas la même dans tous les Cantons. Il y en a qui sont Catholiques, d'autres sont Protestans, & dans d'autres les deux Religions sont mêlées :

Cantons Catholiques :	Lucerne, Uri, Schwitz, Underwald, Zug, Fribourg, Soleurre.
Cantons Protestans :	Zurich, Berne, Bâle, Schaffhouse.
Cantons où la Religion est mêlée :	Glaris, Appenzell.

SUITÆ, Peuples de la Sarmatie Asiatique selon Pline [a]. Le Pere Hardouin lit *Scythæ* au lieu de *Suitæ*. Voyez SAUCHÆT.

[a] Lib. 6. c. 8.

SUITE, Ville de la Chine [b], dans la Province de Xensi, au Département de Jengan huitième Métropole de la Province. Elle est de 7. d. 50′. plus Occidentale que Peking, sous les 38. d. 14′. de Latitude Septentrionale. Cette Ville est défendue par une Forteresse.

[b] Atlas Sinenf.

SUITRANEA AUGUSTENSIS, Ville dont fait mention le Code Théodosien [c].

[c] 10 Tit de Domib. diftrahent, &c.

SUITZ. Voyez SCHWITZ.

SUIZE, Rivière de France [d], dans la partie Méridionale de la Champagne. Elle a sa source dans l'Election de Langres, & coulant du Midi au Nord, elle arrose Voisines, g. Beauchemin, d. Marac, g. Faverolles, d. Villiers sur Suize, g. Leffond, g. Cernay, g. ensuite elle entre dans l'Election de Chaumont, où après avoir mouillé Neuilly sur Suize, g. Brotes, d. Corgebain, g. & St. Roch, g. elle va se joindre à la Marne un peu au-dessus de Chaumont.

[d] De l'Isle, Atlas.

SUIZY-LE-FRANC, Paroisse de France, dans la Champagne, Election d'Espernay : il y a une Mairie Royale ressortissante au Bailliage de Chatillon sur Marne. Plusieurs Hameaux dépendent de cette Paroisse.

SUKANE, grand Village de l'Arabie [e] Deserte. Il est sur le chemin d'Ana à Alep entre deux Montagnes avec un Fort au milieu. On y voit environ cent cinquante Maisons habitées d'Arabes & de Turcomans. Les femmes y sont belles. Hors du Village il y a un Can assés fort, & assés grand. Les Habitans n'ont qu'une Fontaine d'eau soufrée, chaude & puante ; c'est delà que le Village a pris le nom de SUKANE qui signifie *Chaud & Bouillant*, en Arabe. Tout le Peuple boit communément de cette eau.

[e] Devity, Arabie.

SULAC, Isle de la Mer des Indes, & l'une des Moluques. On la nomme autrement *Xula* & *Xulo*. Elle est entre l'Isle des Célèbes [f] & la Nouvelle Guinée, à cinquante lieues au Midi Occidental de l'Isle de Ternate, environ à 142. d. 35″. de Longitude sous le 2. d. de Latitude Méridionale. Ses Habitans sont anthropophages & vont tout nuds, tant hommes que femmes, si ce n'est qu'ils se font une ceinture au milieu du corps, avec des écorces d'Arbres. Cette Isle a fourni quelquefois quatre mille hommes au Roi de Ternate.

[f] De l'Isle, Atlas.

SULANES. Voyez BULANES.

SULCANUM. Orose en parlant du Roi Persée, dit qu'il passa dans l'Illyrie & qu'il y prit la Ville *Sulcanum* ; mais c'est une faute d'Imprimeur : il faut lire *Ulcanum* au lieu de *Sulcanum*. Il est question de la Ville *Ulcana* de Tite-Live.

SULCI. Voyez SOLCI, & SYPICIUS.

SULCITANI. Voyez SOLCI.

SULFATARA. Voyez SOLFATARA.

SULGAS. Voyez ORGE.

SULIANIS, Siége Episcopal d'Afrique, selon la Notice des Evêchés d'Afrique. Mr. Dupin croit que ce pourroit être le même Lieu que *Silvanæ*, ou *a Casis Silvalnæ*, dont Benenatus est dit Evêque dans la Conférence de Carthage [g]. Cela étant ce seroit un Evêché de la Byzacène ; car la Table de Peutinger met *Silvanum* dans cette Province.

[g] No. 198.

SULIM, Lieu de la Gaule Lyonnoise. C'est la Table de Peutinger qui fait mention de ce Lieu.

SULIN, Ville de la Chine [h], dans la Province de Quangsi, au Département de Suming, neuvième Métropole de la Province. Elle est de 12. d. 5′. plus Occidentale que Peking, sous les 22. d. 30′. de Latitude Septentrionale.

[h] Atlas Sinenf.

SULLIGNAT, Lieu de France dans la Bourgogne, Diocése de Lyon, Bailliage & Recette de Bresse : il y a dans ce Lieu une Chartreuse.

1. SULLY, ou SEUILLEY, *Sulleium*, Paroisse de France dans la Touraine, à une lieue de Chinon, à douze de Tours, & à soixante & quinze de Paris. Il y a une Abbaye qui vaut à l'Abbé trois mille Livres de revenu. Cette Abbaye est de l'Ordre de St. Benoît. Elle a été fondée par les Comtes d'Anjou, auxquels les Abbez de Seuilly prêtoient autrefois le serment.

2. SUL-

2. SULLY, ou SULLY SUR LOIRE, *Sulliacum*, Ville de France, dans le Gatinois, Election de Gien, avec Grenier à Sel. Cette Ville est située auprès de l'Abbaye de S. Benoît de Fleury à huit lieues au-dessus d'Orléans. C'étoit ci-devant une Baronnie, qui a été érigée en Duché-Pairie en 1606. en faveur de Maximilien de Bethune, Marquis de Rosni. Elle avoit auparavant donné le nom à une Maison ancienne, qui la possédoit dès le neuviéme Siécle. Cette Maison étant tombée en quenouille, l'héritiére porta cette Terre dans la Maison de la Trimouille sous le Régne de François premier. Elle a ensuite passé dans la Maison de Bethune qui la possede à présent. Il y a une Collégiale dédiée à S. Ythier. Son Chapitre est composé d'un Chantre, d'un Chefecier, d'un Souschantre & de douze Chanoines. Le Duc de Sully nomme à tous ces Bénéfices.

3. SULLY, Isle d'Angleterre [a], dans le Glamorganshire un peu au-dessous de l'Embouchure du Taf, vers une petite Pointe de terre. Cette Isle est voisine d'une autre appellée BARRY, & toutes deux sont séparées de la terre, & entr'elles par un petit Détroit. Celle de Sully est la plus Orientale. L'autre a des Rochers au bord de la Mer rangez les uns sur les autres d'une telle maniére, que quand on approche l'oreille des ouvertures qu'ils laissent, on entend un siflement de vents, qui paroît avoir quelque chose d'extraordinaire. L'Antiquité crédule a même publié qu'on y entendoit comme le bruit d'une Forge, tantôt le bruit du soufflet, tantôt les coups de marteau sur l'enclume, & d'autrefois quelque autre bruit semblable.

[a] De l'Isle Atlas.

SULLY-VERGERS, Bourg de France dans le Nivernois, Election de la Charité. On y suit la Coûtume d'Auxerre, de la Prévôté, ou Bailliage de laquelle Sully reléve pour les Cas Royaux, & pour l'Ordinaire de la Pairie de Donzy. Ce Lieu est situé près de Cosne sur la Riviére de Naon; la Taille y est personnelle. Plusieurs Hameaux en dépendent; il y a entr'autres l'Eglise Succursale de celui de Vergers, où l'on fait tous actes de Religion. Le terroir produit des Bleds. On y éleve aussi de fort bons Chevaux, dont on fait commerce, & il y a des Mines de Fer, & des Forges où l'on travaille. On embarque ensuite les Fers sur la Loire pour Paris. On trouve trois Châteaux avec leurs Justices dans la Paroisse de Sully; sçavoir le Château de Magni qui est celui de la Seigneurie, le Château des Granges composé de trois beaux & grands Bâtimens, & le Château de Chaillei.

SULLONIACIS, SULLONIACA, ou SULLOMACA, Ville de la Grande-Bretagne. Elle est marquée dans l'Itinéraire d'Antonin sur la Route du Retranchement à *Portus-Rutupis*, entre *Verolamium* & *Londinium*, à neuf milles de la première de ces Places, & à douze milles de la seconde. On s'accorde à dire que c'est présentement *Brockley-Hills*, où l'on découvre assez souvent des Médailles, des Urnes Sépulcrales & d'autres Monumens d'Antiquité.

☞ Il y a grande apparence que le nom *Sulloniacis*, *Sulloniaca*, ou *Sullomaca*, sont des orthographes corrompues; car il s'agit de la Ville de *Suellanus*, ou *Cassivellanus* dont il est parlé dans les Commentaires de César, & que Dion Cassius appelle *Suellan*. L'Itinéraire d'Antonin devoit donc écrire [b] *Suellaniacis*; de sorte que le vrai nom de la Ville étoit *Suellaniacis*, dont les Romains avoient fait *Suellaniaca*. La Ville de *Cassivellanus*, dont parle César, étoit entre des Forêts & des Marais, situation où elle est encore aujourd'hui *Brockley-Hills*, ainsi appellé sans doute par corruption pour *Brogley*, ou *Burgley*, comme le nom de la Forêt voisine a été corrompu en *Barbam-Wood*, au lieu de *Burgbam*; car ces noms sont formez de *Burg*, qui veut dire Château, parce qu'il y en avoit un anciennement dans ces Quartiers-là.

[b] Baxter, Glossar. Antiq. Brit.

SULLUCUM, Ville de l'Afrique propre dans la Nouvelle Numidie. L'Itinéraire d'Antonin la marque entre *Tacatua* & *Hippone Royale*, à vingt-deux milles de la première de ces Places & à trente-deux milles de la seconde. Au lieu de *Sullucum* quelques MSS. portent *Sulluctum*, & d'autres *Sullucium*, ou *Sullucitum*. Il ne faut pas confondre cette Ville avec celle que Procope nomme SULLECTUM, ou *Syllectum*. Voyez SYLLECTUM.

1. SULMO, Ville d'Italie. C'est une de celles que Ptolomée [c] donne aux *Peligni*. César fait mention de cette Ville au premier Livre de la Guerre Civile [d]; il la connoît seulement sous le nom de ses Habitans qu'il nomme SULMONENSES, & il ajoute qu'elle est à sept milles de *Corfinium*. Silius Italicus [e] donne à Sulmo l'épithète de *gelidus*, à cause de sa situation près de deux Riviéres dont les eaux sont très-froides. C'étoit la Patrie d'Ovide, comme il nous l'apprend lui-même [f]:

[c] Lib. 3. c.
[d] Cap. 18.
[e] Lib. 8. v. 510.
[f] Trist. Lib. 4. Eleg. 9.

Sulmo mihi patria est gelidis uberrimus undis,

Cette Ville devint dans la suite Colonie Romaine; car on lit dans Frontin: *Sulmona ea lege est adsignata, qua & ager Esterniæ*; or *Esernia*, selon le même Auteur, ne fut Colonie que sous Néron. Ovide & Silius Italicus après lui disent que Sulmo fut fondée par Solymus le Phrygien qui lui donna son nom; mais cette fable n'a sans doute de fondement que dans la ressemblance des noms. Cette Ville subsiste encore présentement. On la nomme *Sulmona*, & par corruption *Surmona*, *Sarmona*, & *Sermona*.

2. SULMO, Ville d'Italie. Elle est placée par Pline [g] dans la première Région, & il fait entendre qu'elle avoit été autrefois illustre, mais qu'elle ne subsistoit plus de son tems. Elle étoit dans le Pays des Volsques: on croit que *Sarmonetta* a été bâtie dans la place qu'elle occupoit, & que de *Sulmo*, on a fait par corruption *Sarmonetta* & *Sermoneta*.

[g] Lib. 3. c. 5.

SULMONA, ou SULMONE, Ville d'Italie, au Royaume de Naples, sur la Sora dans l'Abruzze-Citérieure, anciennement SULMO; voyez ce mot. Cette Ville est belle & bien bâtie, & pourvue de bonnes eaux qui lui fournissent en abondance
divers

divers ruisseaux. C'est une Principauté qui appartient au Prince Borghése. Sulmona étoit Evêché dès l'an 500. & son Evêque est immédiatement soumis au Pape. On y unit l'Evêché de Valva vers l'an 700.

SULTAN-ARTOUDGE', Montagne de Perse, près de la belle Prairie de Kech. Mr. Petis de la Croix [a] dit que c'est un Lieu frais.

[a] Hist. de Timur-Bec.

SULTANIA, ou SULTANIE, [b] Ville de Perse, dans l'Irac-Agemi, Frontière d'Azerbijane, à 84. d. 20'. de Longitude, & à 36. d. 30'. de Latitude. Cette Ville est située dans une grande Plaine, qui a des deux côtez & particuliérement du côté droit la Montagne de Keider. Elle paroît fort belle de loin à cause de quelques beaux Bâtimens, & d'un grand nombre de Clochers, & de hautes Colomnes, qui font naître l'envie de la voir de près; mais quand on en approche, ce n'est plus la même chose, & on la trouve encore moins belle quand on est dedans. Il y a quelques Edifices publics assez considérables pour l'Architecture, & pour la structure avec trois mille Maisons. Ceux du Pays disent que cette Ville occupoit autrefois demi-lieue de terrein du côté de l'Occident, plus qu'elle ne fait aujourd'hui. On en voit encore les marques à une grande demi-lieue de-là sur le chemin d'Hamédan. C'est une Porte accompagnée d'une Tour, qu'on dit avoir fait partie des murailles de la Ville. Sultan Mahomet Chodabende après avoir joint à ses Etats une partie des Indes, des Usbekes, & de la Turquie, fit bâtir Sultanie des ruïnes de l'ancienne Ville de *Tigranocerta* & en fit le Siège de son Empire ; c'est delà qu'elle a pris le nom de Sultanie qui veut dire *Ville Royale*, car Sultan proprement signifie Roi. Ainsi les Monarques de l'Asie qui ont régné depuis le septiéme Siècle se faisoient le plûpart appeller Sultans, d'où nous est venu le mot de Soudan que nos Histoires donnent aux derniers Rois d'Egypte. Cette Ville a été détruite plusieurs fois, d'abord par Cotza Reschid Roi de Perse, à cause de la rebellion de ses Habitans ; ensuite par Tamerlan, puis par d'autres Princes Turcs & Tartares. Les Prédécesseurs d'Ismaël Sophi y firent quelque tems leur résidence ; & on dit que quelques Siècles auparavant les derniers Rois d'Arménie y avoient aussi tenu leur Cour, & que de leur tems il y avoit plus de quatre cens Eglises. On en voit plusieurs de ruïnées ; mais il n'y en a point d'entiéres, & aucun Chrétien n'y habite. L'air y est fort bon, mais fort variable. On remarque qu'il se change presque à toute heure en toutes sortes de Saisons. Le soir, la nuit, le matin, il est froid, & durant le jour il est chaud, passant d'une extrémité à l'autre. Le plus beau des Bâtimens qu'on voye à Sultanie c'est la Mosquée dans laquelle est le Tombeau de Chodabende. Elle est ornée de trois portes extrêmement hautes qui sont d'acier poli, & damasquiné. Ils prétendent que la grande, qui est vis-à-vis du Meidan ou Marché, ne sauroit s'ouvrir quand même vingt hommes des plus robustes y feroient tous leurs efforts, si on ne prononce ces paroles *Beasch, Aly Bukscha*, qui veulent dire, *ouvre-toi pour l'amour d'Aly*, & alors, disent-ils, cette Porte roule sur ses gonds si facilement, qu'un enfant la peut ouvrir. Toute la Voute, qui s'élève peu à peu en forme de Dôme, est revêtue de pierres blanches & bleües, qui ont en plusieurs endroits de fort beaux caractéres, & de très-belles figures. Une grande Grille de cuivre retranche une partie du Bâtiment pour le Sépulcre de Mahomet Chodabende & forme comme un Chœur, où tous ceux qui y sont entrés ont vu plusieurs Livres Arabes de plus d'une demi-aune en quarré, ayant des lettres longues de plus d'un doigt, & les lignes noires & dorées alternativement. La Grille au travers de laquelle on voit le Sépulcre est au bout du Temple du côté de l'Autel, & l'une des plus belles choses qu'on puisse voir dans la Perse. Elle est faite d'acier d'Inde poli, & damasquiné de la grosseur d'un bras, & travaillée si artistement que les jointures en sont comme imperceptibles. Aussi disent-ils, qu'elle est toute d'une pièce, que c'est un Ouvrage de sept ans, au bout desquels Chodabende la fit transporter des Indes avec les Portes de la Mosquée jusqu'au lieu où on les voit aujourd'hui. Le Bâtiment de la Tour est en octogone. Cette Tour est ceinte en haut d'une grande Galerie qui a huit petites Tourelles, auxquelles on monte par autant de petits degrez. A l'entrée de la Mosquée est une grande Fontaine quarrée dont l'eau tire sa source de la Montagne de Keider. Elle est accompagnée d'un très-beau Jardin, & d'une Maison de plaisance. Il y a dans la même Ville une autre Mosquée assez considérable de la fondation de Schach Ismaël premier de ce nom. On y entre par une très-belle & grande Porte, au-dessus de laquelle est une Tour ronde. On y rencontre d'abord une belle Pyramide, un peu gâtée par la pointe, & qui est accompagnée de huit beaux Piliers de marbre. Ensuite on entre dans la Mosquée même qui est fort haute, & très-bien voutée, ayant un grand nombre de Piliers qui soutiennent ses arcs-boutans, avec de très-belles Galeries, & au milieu il y a une fort belle Chaire à prêcher. Elle est aussi accompagnée d'un très-beau Jardin, au milieu duquel on voit une Tour dont la pointe finit en Pyramide. Ces Bâtimens qui subsistent donnent lieu de croire ce que Paul Jove dit de Tamerlan, que ce Barbare, qui comme une Rivière débordée ravageoit tout ce qu'il rencontroit en son chemin, ne laissoit pas d'avoir du respect pour les choses que la superstition faisoit passer pour saintes. Auprès de cette Mosquée on voit encore une autre fort grande Porte de pierre de taille, entre deux Piliers de la hauteur de vingt toises. Elle semble antique, & avoir servi autrefois aux cérémonies de quelques Triomphes. Il y a environ six mille Habitans dans la Ville de Sultanie, que Tavernier dit être située à 76. degrez 15. minutes de Longitude, & à 39. degrez quarante minutes de Latitude.

[b] Ibid. Liv. 3. c. 21.

La PLAINE DE SULTANIE est le Canton de Perse le plus fertile & le plus rempli de Villages, de terres labourées & de Prairies.

1. SULTZ, petite Ville ou Bourg de Fran-

France dans la Haute Alsace, appartient à l'Evêque de Strasbourg, & dépend de l'Ober-Mundath, & de Ruffach. Elle est située dans un Pays fort abondant. Les Vins y sont fort excellens. Le Magistrat a cinq mille Livres de revenu.

2. SULTZ, [a] gros Bourg d'Allemagne dans la Suabe avec un Château, & le Chef-lieu d'un Comté de ce même nom, en Latin *Sultium*. Ce Comté confine avec les Cantons de Zurich, de Schafouse, le Landgraviat de Stulingen, & la Forêt Noire. Le Pays en est beau, & divisé en quatre Bailliages. On l'a appellé *Sultzim-Schwartzwald*, pour le distinguer des autres. La Maison de Sultz fleurissoit dans la Suabe dès le dixième Siécle. Le Comté de Sultz est Juge héréditaire de la Chambre Impériale de Rotweil.

1. SULTZBACH, Principauté de l'Allemagne [b], aux Confins du Haut Palatinat vers la Franconie. C'étoit une Seigneurie considérable qui appartenoit à la Branche de Neubourg; Philippe Louis Duc de Neubourg la donna en mourant à Auguste son second fils, qui fut fort inquieté par Wolfgang Guillaume son frere aîné, qui s'étant fait Catholique voulut abolir la Religion Protestante des Terres d'Auguste qui en faisoit profession. Il prenoit le prétexte d'y exercer les droits de Souveraineté qu'il prétendoit avec quelque fondement lui avoir été réservez; ce qui donna lieu après la mort d'Auguste arrivée en 1632. aux Griefs que ses enfans présenterent à la Diette en 1641. Il laissa d'Hedwige fille de Jean Adolphe Duc de Holstein, Christian-Auguste, Philippe, Anne-Sophie mariée avec Joachim-Ernest Comté d'Oethgen, morte le 25. Mai 1675. & Auguste-Sophie mariée avec Wenceslas Prince de Lobkowitz morte le 29. Avril 1682. Christian-Auguste jouit de la supériorité Territoriale sans opposition de la part du Duc de Neubourg, c'est ce qui l'obligea de présenter plusieurs Mémoires à l'Empereur pour avoir voix & séance dans le Collège des Princes. Il obtint un Decret favorable de la Commission Impériale le 29. Septembre 1663. qui fut communiqué au Directoire de Mayence; mais les Etats de l'Empire n'ont pris aucune résolution là-dessus. Ce Prince se fit Catholique en 1655.

2. SULTZBACH, petite Ville d'Allemagne, dans la Principauté de même nom. Elle est fort jolie & a un bon Château pour sa défense.

3. SULTZBACH, Fontaine d'eau Minérale, en France, & dans la Haute Alsace proche Munster. Ses eaux sont en réputation contre la Paralysie, les foiblesses de Nerf, & la Gravelle.

SULTZBURG, Ville d'Allemagne [b] dans le Brisgaw, & de la dépendance des Marquis de Bade-Dourlach. Le Marquis Ernest y fit bâtir un magnifique Palais sur les ruines d'un Monastere; & il y établit le Lieu de sa résidence. Le terroir de Sultzburg produit du Vin excellent, & surtout du rouge, que les Allemans égalent à la Malvoisie.

SULTFEELD, Ville d'Allemagne, au Cercle de Franconie, dans l'Evêché de Wurtzbourg, sur le Mein, à la droite de cette Riviére un peu au-dessous de Kitzing. C'est Mr. Corneille [d] qui donne à Sultfeeld le titre de Ville. Jaillot [e] n'en fait qu'un Village.

SULULITTANUS, Siége Episcopal d'Afrique, selon la Conférence de Carthage, ou *Restitutianus* est qualifié *Episcopus Plebis Sululitana*. On trouve aussi dans la même Conférence *Hilarus Episcopus Sullitamus*. Aucun de ces Siéges n'est marqué dans la Notice des Evêchez d'Afrique, à moins qu'on ne dise que SULULITTANUS & CULULITANUS sont le même Siége; mais, comme le remarque Mr. Dupin, il est plus probable que le Siége CULULITANUS est celui que la Conférence de Carthage appelle CULLITANUS.

SUMA, Lieu fortifié dans la Perse selon Zosime [f]. Ce Lieu devoit être quelque part au voisinage du Tigre. Ptolomée [g] le marque dans la Mésopotamie & le place dans les terres. Au lieu de *Suma* Ammien Marcellin [h] écrit *Sumere*.

SUMAREIN, ou SUMEREIN, selon Mr. Corneille [i] & SAMORIEN, selon Mr. de l'Isle [k], Ville de Hongrie, au Comté de Comore, dans la grande Isle de Schut ou Schit. Cette petite Ville se trouve sur la route de Comore à Neustad. Elle est entourée de murailles. Quelques Géographes la prennent pour l'ancienne *Crumerum*, & d'autres pour le Lieu qu'on appelloit *ad Mures*.

SUMATIA, Ville du Péloponnèse dans l'Arcadie. Pausanias [l] nous apprend que cette Ville étoit ruinée de son tems, & qu'elle avoit été située au Midi de Lycoa, autre Ville ruinée. Etienne le Géographe qui fait mention de cette Ville, dit qu'elle avoit pris le nom de Sumateus, l'un des fils de Lycaon. Il ajoute qu'on écrivoit aussi quelquefois *Sumetia*, au lieu de *Sumatia*.

SUMATRA, Isle de l'Océan Indien [m], à l'Occident de la Presqu'Isle de Malaca, & de l'Isle de Borneo; mais bien plus près de la Presqu'Isle que de l'Isle, & à l'Occident Septentrional de l'Isle de Java, dont elle est séparée par le Détroit de la Sonde, comme le Détroit de Malaca la sépare de la Presqu'Isle de ce nom. L'Isle de Sumatra est plus grande que l'Angleterre & l'Ecosse jointes ensemble; elle s'étend depuis la Pointe d'Achem, qui est par les cinq degrez & demi Nord, jusqu'au Détroit de Sunda par les cinq degrez & demi Sud, qui font onze degrez: l'Isle gisant Sud-Est & Nord-Ouest, ce seroit environ trois cens lieues Françoises qu'elle auroit de longueur: elle est quelque peu plus large du côté du Sud que du côté du Nord; & peut avoir l'un portant l'autre soixante & dix lieues de large. Dans le Pays il y a des Montagnes très-hautes, & proche de la Mer pour la plus grande partie, l'Isle est basse. On n'y manque pas de beaux Pâturages & de bonne terre pour semer le Ris, & porter tous autres Fruits que les Indes produisent. Plusieurs belles Riviéres l'arrosent; quelques-unes bien grandes, comme celle de Cinquel, Barros, Daya, Achem, Pedir, Jambi, An-

Andripourà, outre plusieurs moyennes & petites, & une infinité de Ruisseaux; ce qui rend la terre humide, & en quelques lieux marécageuse & couverte de grands Arbres, qui ne perdent jamais leur verdure. Outre qu'elle est fort sujette aux pluyes, la Ligne Equinoxiale la coupe droit par le milieu: cela fait que l'air y est mal sain pour les Etrangers, principalement aux endroits qui sont proches de la Ligne, comme Ticou, Passeman, & autres Lieux circonvoisins; Les Habitans d'Achem même apprehendent d'y demeurer, sur-tout durant le fort des pluyes, qui commencent au mois de Juin, & achévent en Octobre; pendant ce tems-là les Vents d'Ouest régnent en cette Côte avec violence, & l'on y a tantôt des Pluyes, tantôt des Tempêtes, tantôt des Calmes, qui viennent tout à coup. Pendant ces Calmes l'air n'étant pas agité, la terre étant abbreuvée des pluyes journaliéres, le Soleil, qui darde ses rayons perpendiculairement, attire des vapeurs très-puantes, qui respirées par ceux qui n'y sont pas accoutumez, leur causent des Fiévres pestilentielles, qui les emportent en deux ou trois jours; ou bien laissent des enflures comme des Hydropisies, qui sont bien difficiles à déraciner, & qui causent de grandes douleurs. Cependant il y a peu de Pays plus agréables que cette Isle, dont les Côtes offrent à la vûe des Plaines couvertes d'Orangers, de Cocotiers & d'autres Arbres fruitiers, avec quantité de Ruisseaux qui les arrosent; des Collines ornées de charmans Bocages, des Forêts toujours verdoyantes, des Villages & des Habitations où brillent toutes les beautez champêtres, & où tout représente un des plus beaux Climats du Monde.

L'Isle de Sumatra est généralement parlant bien peuplée, mais elle l'est extraordinairement dans sa partie Septentrionale, qui fournit abondamment à ses Habitans toutes les choses nécessaires pour la vie, pour le vetement, & pour les richesses telles qu'ils les souhaittent. Il y a des Montagnes chargées d'Arbres, & très-hautes, où l'on trouve des Mines d'Argent, d'Or, d'Etaim, de Fer, de Cuivre, & d'un autre Métal, & de Souffre. Les terres ne produisent ni Froment ni Seigle, mais prodigieusement du Ris & aussi de l'Orge, du Miel, de la Cire, du Sucre, du Gingembre, une grande diversité de Fruits, sur-tout du Poivre dont on charge tous les ans un grand nombre de Vaisseaux. On y voit, dans les lieux incultes & sauvages, des Eléphans, des Cerfs, des Tigres, des Rinoceros, des Sangliers, des Chévres, des Porcs-epics, des Serpens, des Singes. Dans les Riviéres on voit des Crocodiles, qu'on nomme Caymans: dans les Prairies, des Buffles, des Bœufs, des Chevaux. Les Paysans élevent des Poules, des Canards & d'autres Volailles, & l'on a quantité de bon Poisson de Mer & de Riviére. L'Isle est divisée en plusieurs Royaumes, dont le plus puissant est celui d'Achin ou Achem, duquel dépendent les Villes & Royaumes de Perdir, Pacem, Daia, Barros, Passaman, Ticou, Priaman, Padang, & encore les Royaumes de Queda & de Pérach au-delà de l'eau. Pour le côté Méridional, qui contient Sillebar, Dampin, Liampon, Palimbam, Jambaie, & d'autres Places, il dépend en partie du Royaume de Bantam, & en partie du Mataram de Java, sous la protection duquel quelques-unes de ces Villes se sont mises; de sorte qu'il y a beaucoup de petits Rois qui relévent d'Achin ou de Java. Parmi les principales Villes & les plus marchandes, on compte Pedir qui est à neuf ou dix lieues à l'Est d'Achin. On lui a donné le nom du Royaume même. Elle obéït au Roi d'Achin. Il y a une Montagne entre ces deux Villes. Pulo-Wai qui est devant d'Achin & cette Montagne, lui fournissent quantité de Souffre. Les Campagnes de Pedir produisent abondance de Ris & de Fruits. Après Pedir on trouve Pacem, Dely, Aru, Campercandregiri, Jambaie & Palimbam, qui sont à l'Est le long de la Côte interne de Sumatra. Les trois derniers sont les plus considérables. On y fait beaucoup de Commerce, & les Européens y chargent quantité de Poivre. On en recueille extrêmement à Andripoure, & en quelques autres Places qui sont situées le long d'une Riviére. Il y en a d'autres qui fournissent beaucoup du Benjoin, du Camfre, & même de l'Or, ainsi que Padang, qui est situé sur une belle Riviére, où l'on voit souvent un grand nombre de Bâtimens Indiens, & où les autres Vaisseaux peuvent aussi entrer. Sillebar, qui est sur la Côte Occidentale, par les quatre degrez de Latitude de Sud, relève du Royaume de Bantam. Elle est située le long d'un Golphe sur une Riviére fort large, & entourée de Montagnes & d'autres terres incultes. Mais il y croît aussi beaucoup de Poivre, de même qu'à Manicabo, où il y a une Fabrique de Cristes ou Poignards de Java, qui sont fort bien travaillez. Priaman est passablement peuplée, & l'on n'y manque pas de vivres. Elle fournit encore beaucoup de Poivre, aussi-bien que Ticou, qui n'est qu'à très-peu de Minutes de la Ligne par le Nord, & qui est fort mal bâtie. Elle dépend d'Achin, de même que Passaman, qui est à quelques lieues au Nord de Ticou, au pié d'une haute Montagne. Barros est aussi sur la Côte Occidentale de Sumatra, une lieue dans les terres, sur une grosse Riviére entre Pasaman & Auchin. Elle fournit du Poivre, du Camfre, & du Benjoin. Ensuite on trouve Sinckel, Labo & Daia, qui dépendent encore d'Achin. Ce Royaume est au bout le plus Septentrional de Sumatra. Il est passablement peuplé. La Ville Capitale, qui a le même nom, est bâtie à la maniére des Indes, & située le long d'une agréable Riviére, dans une Plaine à une lieue & demie de la Mer. L'air y paroît meilleur & plus tempéré qu'il ne l'est au côté Méridional de l'Isle. On parle la Langue Malaie dans toute l'Isle, & la plûpart des Habitans ont depuis peu de tems embrassé le Mahométisme, par les soins & à la sollicitation des Maures. Auparavant ils étoient Idolâtres, & il y en a encore vers le milieu du Pays. En général ils sont noirs, de la taille des Javanois: ils sont malins, fiers, orgueilleux, audacieux, rusez, trompeurs, perfides, traîtres, sanguinaires, ne tenant aucun compte de leur parole quand ils l'ont donnée, ni de leurs promesses, ni de leurs sermens. Ils ont beaucoup d'aversion pour la Religion Chrétienne, beaucoup de mépris pour les Etrangers, & une fort haute opinion d'eux-mêmes. Ils respectent leur Roi par un esprit de servitude & d'esclavage, par une crainte servile, bien plus que par amour qu'ils ayent pour lui. Aussi le doivent-ils craindre, jusques-là que pour des causes très-légéres, qui ne devroient pas être regardées comme des fautes, il leur fait couper les pieds & les mains. Les affaires capitales ne sont pas traitées avec moins d'inhumanité: il fait toujours punir de mort, & d'un genre de mort très-cruel. Ils sont vêtus d'Etoffes légéres, faites des Soyes du Pays; ou bien les Etrangers y en portent. Ils se servent particulièrement de toiles de Coton; mais ils ne se donnent pas beaucoup de peine pour les façons de leurs Habits. La plûpart des hommes & des femmes n'ont ni Chausses ni Souliers. Il y a même beaucoup de Gens considérables, & des Orancaies, qui n'en portent point. Ils n'ont presque tous qu'un morceau de toile ou d'étoffe, tourné autour d'eux, depuis la ceinture jusques vers les bas, & ils sont tout nuds depuis la ceinture en haut. Il n'y a que ceux qui veulent passer pour magnifiques, qui mettent une légère Cabaie, qui est un habillement particulier qui approche de ceux des Maures, & qui est d'étoffe de Soye, ou de toile de Coton, & ils ont un autre Morceau de toile, qui leur fait un tour ou deux autour de la tête. Leurs Edifices, Pagodes & Maisons, sont élevez sur des Piliers de bois, & bâtis de légers Matériaux, aussi à la manière des Maures. Suivant la permission qu'en donne l'Alcoran, ils épousent autant de femmes qu'il leur plaît; mais il y en a toujours une qui est au-dessus des autres. On voit rarement une femme de considération dans les rues. Les Vivres ordinaires sont, du Ris, du Poisson, des Noix de Cocos, des Herbages; & ils ne sont pas beaucoup d'extraordinaire dans leur ménage, ni dans leurs festins. Ils sont propres par-tout, & ne cherchent point de ragouts. Cependant avec des mets d'eux-mêmes peu délicats, & que le peu d'aprêt qu'ils y font, à la mode des Indiens, ne rend pas beaucoup meilleurs, ils se réjouïssent ensemble, & se trouvent aussi contents que ceux qui vivent dans les délices de la bonne chére. On trouve parmi ces Insulaires d'assez bons Ouvriers, tant pour la construction des Navires, des Galéres, des Fustes, &c. que pour celle des Edifices. Il y en a qui travaillent fort bien les Poignards, les Couteaux, les Javelines, les Assagaies. Il y en a qui fondent du Canon, des Vaisseaux de Cuivre & d'autres Métaux, dont on fait des ustensiles de ménage. Le long de la Côte de cette fameuse Isle en courant du Nord-Ouest au Sud-Est, on voit plusieurs autres Isles, grandes & petites, dont il y en a qui ont plus de vingt lieues de tour, qui sont peuplées en quelques endroits, étant presque toutes couvertes d'Arbres. La plûpart gisent à la distance de dix ou douze lieues de la Côte de Sumatra, & quelques-unes plus loin. A commencer par le Nord, on trouve l'Isle de Cocos, l'Isle de Porcas, Pulo-Babi, Pulo-Naïas; puis d'autres encore, toutes à venir du Nord, jusques sous la Ligne Equinoxiale: au Sud on voit Pulo-Mintaon, la Bonne Fortune qui est la plus grande de toutes, l'Isle de Nassau, puis quelques autres, & enfin Eugano ou l'Isle Trompeuse, & la petite Fortune. Toutes celles-ci ne sont qu'à la distance de quelques lieues de la Côte verdoiante de Sumatra, & elles y servent à rompre l'impétuosité des vagues de l'Océan, qui brise horriblement le long de cette Côte, & qui la rendroit presqu'inaccessible, si la fureur des ondes n'étoit pas arrêtée par toutes ces petites Isles. Le Royaume du Péra ou Pérach, est sous la Domination du Roi d'Achin. La Ville du même nom & la Rivière sont par les quatre degrés trente minutes, dans les Pays Malais. Il fournit quantité d'Etaim, dont la plus grande partie se trouve dans les Sables, & au fond des Riviéres qui l'ont fait rouler avec elles. On l'assemble, & en le purifiant on le rend fort beau. On peut bien inférer delà qu'il y a des Mines d'Etaim. On y voit de hautes Montagnes, des Bois fort épais, & des Deserts affreux, où il y a des Rinoceros, des Eléphans sauvages, des Buffles, des Tigres, des Crocodiles, des Serpens, & d'autres Monstres. Plus au Nord, par les six degrés & demi, est le Royaume de Queda, qui aussi-bien que celui de Pérach, a été autrefois florissant par le Commerce. Mais les Guerres qu'il a eu à soutenir contre les Rois d'Achin, lui ont été préjudiciables, & enfin il a été conquis par ce Prince. Les Terres de ces deux Royaumes seroient assez fertiles: mais il y a beaucoup de Bois, de lieux sauvages, de Montagnes, de Marais, où les Habitans craignent de s'exposer aux Bêtes féroces, & aux autres dangers qui les y menacent. Ceux qui auroient quelque envie de s'adonner à l'Agriculture, n'osent l'entreprendre, & par cette raison il y a de très-belles Campagnes qui demeurent incultes. Cependant on y recueille encore de bon Poivre, pour lequel les Marchands donnent des Toiles de Coromandel & du Ris. On s'y passe de même que dans la plûpart des Pays des Indes Orientales, de très-peu de chose pour la vie & pour le vêtement. L'Isle de Dingding, qui gît à plus de trente lieues de Malaca, au Nord-Ouest, est deserte. On y voit des Montagnes, des Bois épais, & des Lieux sauvages. Les Côtes sont bordées en plusieurs endroits de Rochers, dont il y en a qui s'avancent & pendent sur l'eau, étant tout couverts d'Herbes, de Halliers, & même de très-grands Arbres, de sorte qu'il n'y a pas moyen de marcher sur le bord de la Mer. On voit le long du Rivage une Roche aussi grosse qu'une grande Maison, qui est toute creuse. On y entre par un côté & on en sort par l'autre. Le dedans est comme un Antre fort grand, mais divisé par la Nature même comme en de petites Chambres

bres. Il tombe, en divers endroits de l'Isle, des eaux des Montagnes qui s'assemblant dans les Vallées, y forment des Ruisseaux & de petites Riviéres, qui vont se rendre dans la Mer. Ces eaux sont claires, & très-bonnes à boire. On tient qu'elles sont meilleures dans cette Isle & dans celle d'Amboine, que dans tous les autres endroits des Indes.

SUMAYA, Ville d'Espagne, dans le Guipuscoa. Elle est nommée autrement *Villagrana* de Sumaya; & Jaillot [a] écrit CUMAYA. Cette petite Ville, située à l'Embouchure d'une petite Riviére, entre Deva & Guetaria, obtint du Roi de Castille en 1348. le Droit de la Ville de St. Sebastien, où les appellations vont, & delà à la Cour.

[a] Atlas.

SUMBI, (Province de) dans le Royaume de Dongo, ou d'Angolle dans l'Ethiopie Occidentale [b]. Elle est située par les onze degrés de Latitude Méridionale. Ses Peuples sont grands & extrêmement forts. Ils ont les mêmes Coutumes & la même Religion que les Chiflames. Ils portent des Colliers de petits ossemens d'Animaux & d'autres bagatelles, qu'ils achetent chérement des Ministres de leurs Idoles, & les conservent avec une scrupuleuse superstition. On ne les distingue des Chiflames, que par leurs ornemens de tête, qui sont composés de petites Cornes, de Plumes & de morceaux d'écorce d'Arbre ajustés avec art. La plus grande partie de cette Province est en Prairies naturelles, qui nourriroient des Bestiaux de toute espèce, qui enrichiroient les Peuples, s'ils étoient plus attachés au travail, & moins exposés aux ravages des Bêtes sauvages, qui désolent impunément tout le Pays; parce qu'on ne prend pas la peine de leur donner la chasse. Les Riviéres de Nice, de Caïba, de Catacombolé, & quelques autres moins considérables, traversent le Pays, & l'arrosent suffisamment pour le rendre fertile. Il y a quelques Isles vers l'Embouchure de cette derniére Riviére, qui sont parfaitement bien peuplées & cultivées: on y éleve même beaucoup de gros Bétail; parce qu'elles ne sont pas si exposées aux ravages des Animaux carnaciers.

[b] Labat, Relation de l'Ethiopie Occid. tom. I. p. 65. suiv.

SUMENE, petite Ville de France, dans le Bas-Languedoc, Recette d'Alais.

SUMERE. Voyez SUMA.

SUMETIA. Voyez SUMATIA.

1. SUMING, Ville de la Chine [c], dans la Province de Quangsi, au Département de Suming, neuviéme Métropole de la Province. Elle est de 12. d. 14′. Occidentale que Peking, sous les 22. d. 57′. de Latitude Septentrionale. Cette Ville est munie d'une Forteresse. Elle sert, à ce qu'on dit, de Résidence aux Rois de Gannang, ou de Tungking, depuis qu'ils ont secoué le joug des Tartares.

[c] Atlas Sinens.

2. SUMING, Ville de la Chine [d], dans la Province de Quangsi, où elle a le rang de neuviéme Métropole de la Province. Elle est de 12. d. 7′. plus Occidentale que Peking, sous les 23. d. 8′. de Latitude Septentrionale.

[d] Ibid.

SUMISCAHAC, ou SIM-SCASAC, Bourg de l'Arabie Déserte, aux confins de la Syrie, environ à cinquante lieues de la Ville d'Anna vers le Couchant, & à quatre-vingt-dix de Jérusalem du côté de l'Orient. Quelques-uns prennent ce Bourg pour Saba, Ville ancienne de cette même Arabie, & prétendent que cette Saba étoit la Patrie des Mages, qui vinrent adorer Notre-Seigneur en Bethlehem.

SUMMÆ-ALPES. Voyez ALPES.

SUMMARA, Ville de l'Ethiopie sous l'Egypte. Pline [e] la compte au nombre des Villes situées sur les bords du Nil.

[e] Lib. 6. c. 30.

SUMMASENTA [f], Riviére de l'Amérique Septentrionale. Elle a son Embouchure sur la Côte de la Baye de Campêche. On la trouve à l'Est du Lac des Marées, lorsqu'on entre à Port-Royal. Elle est petite, mais néanmoins assez grande, pour donner entrée aux Pirogues. Elle se décharge du côté du Sud vers le milieu de ce Lac. Il y avoit autrefois un Village Indien, appellé *Summasenta*, tout proche de l'Embouchure de cette Riviére, & une grande Ville Indienne, nommée *Chucquebul*. Le Pays qui est autour de cette même Riviére, est fertile en Bois de teinture. Il y a delà quatre ou cinq lieues jusqu'à l'Isle d'un Buisson, & le Rivage s'étend vers l'Ouest.

[f] Dampier Supplém. de Voyage, Part. 2. ch. 2.

SUMMULENSIS, Siège Episcopal d'Afrique, dans la Mauritanie Césariense, selon la Notice des Evêchés de cette Province.

SUMMUM-LACI. Voyez SUMMUS LACUS.

SUMMURANUM. Nom Latin de *Castrovillari*, Lieu d'Italie, à quelques milles au Midi de la Ville de *Murano*, selon Celsus Cittadinus cité par Ortelius [g]. Il n'assûre cependant point la chose; car il ajoute que, si ce n'est pas le nom de *Castrovillari*, c'est du moins celui de la Ville de *Murano*.

[g] Thesaur.

SUMMUS-LACUS, ou, comme écrit l'Itinéraire d'Antonin, *Summo-Laco*; Bourgade d'Italie, dans le Pays des *Euganei*. L'Itinéraire d'Antonin le place sur la Route de *Brigantia* à Milan, en prenant par le Lac *Larius*, & il le marque entre *Murus* & *Comum*, à vingt milles de la première de ces Places, & à quinze milles de la seconde. Dans les Actes du Martyre de St. Fidéle & de ses Compagnons, cette Bourgade est nommée *Vicus Summolacanus*, comme le remarque L. Holsten. Peut-être y doit-on rapporter aussi l'Inscription que nous a conservée Th. Reinesius [h], & dans laquelle on lit ces mots: CIVIS SUMMOLOCENENSIS, auquel cas ce dernier mot seroit corrompu. Cette Bourgade [i] conserve encore aujourd'hui son ancien nom un peu corrompu, car on l'appelle *Sammolico*; mais si elle a été autrefois très-considérable, elle a beaucoup perdu de son ancien lustre, par la chûte d'une Montagne voisine, qui l'a tellement ruïnée: qu'à peine en voit-on quelques vestiges à six milles de Chiavenne. Ce Lieu avoit pris son nom de sa situation sur la Rive de la partie Septentrionale du Lac *Larius*, à laquelle on donnoit anciennement le nom de *Lacus Summus*, par opposition à la partie Méridionale, qu'on appelloit *Lacus Inferior*.

[h] Ex Clas. 8. 55.
[i] Cluver. Ital. Ant. L. 1. c. 15.

SUMMUS-PENINUS, ou SUMMUM-PENINUM,

NINUM., Lieu des Alpes Pennines, marqué dans l'Itinéraire d'Antonin sur la Route de Milan à Mayence, en prenant par les Alpes Pennines. Ce Lieu se trouve entre *Augusta Prætoria*, & *Octodurum*, à vingt-cinq milles de chacune de ces Places. Il avoit été ainsi nommé à cause de sa situation sur le haut de la Montagne, où l'on adoroit anciennement le Dieu Peninus dont parle Tite-Live [a], & dont il est fait mention dans une ancienne Inscription rapportée par Gudius [b] :

[a] Lib. 21. c. 38.
[b] Pag. 54. no. 6.

LUCIUS LUCILLUS
DEO PENINO
OPTIMO
MAXIMO
DONUM DEDIT.

Cette Montagne s'appelle présentement le *Grand St. Bernard*.

1. SUMMUS-PYRENÆUS, Lieu que l'Itinéraire d'Antonin place sur une des Routes de la Gaule en Espagne ; savoir sur celle de Narbonne à Tarragone. Ce Lieu est marqué entre *Ad Centuriones*, & *Juncaria*, à seize milles du premier de ces Lieux, & à quinze milles du second. Il avoit pris son nom de sa situation au sommet des Pyrénées, & aux confins de la Gaule & de l'Espagne. Ce Lieu est appelé aujourd'hui [c] PORT par les François, & PUERTO par les Espagnols ; & il fait encore la séparation de l'Ampourdan d'avec le Roussillon.

[c] Marca Hispan. L. 1. p. 51.

2. SUMMUS-PYRENÆUS. L'Itinéraire d'Antonin marque ce Lieu sur la Route de Saragosse à Beneharnum, entre *Ebellinum* & *Forum-Ligneum*, à vingt-quatre milles du premier de ces Lieux, & à cinq milles du second. Il y avoit trois Routes pour passer de la Gaule en Espagne. Celle dont il est ici question étoit la Route du milieu, & le *Summus Pyrenæus*, dont il s'agit ; s'y trouvoit au sommet des Pyrénées. C'est ce que nous appelons aujourd'hui [d], Port ou Puerto de Ste. Christine, entre Jacca en Espagne, & Oleron sur les Terres de France.

[d] Ibid.

3. SUMMUS-PYRENÆUS, Lieu marqué dans l'Itinéraire d'Antonin, sur la Route d'Espagne en Aquitaine, & plus précisément sur celle d'Asturica à Bourdeaux. Il s'y trouve entre *Turissa*, & *Imus-Pyrenæus*, à dix-huit milles du premier de ces Lieux, & à cinq milles du second. Cette partie, la plus élevée de la Voie Militaire, répond aujourd'hui, selon Mr. de Marca [e] au Lieu que nous appelons *Burguete*, qui se trouve effectivement à cinq-milles au-dessus de St. Jean pié de Port, qui est l'*Imus Pyrenæus* du même Itinéraire.

[e] Ibid. pag. 69.

SUMOTRIGES. Voyez MUROTRIGES.

SUMUCIS, Ville de l'Afrique propre : Ptolomée [f] qui la compte au nombre des Villes situées entre les deux Syrtes, la place dans les Terres.

[f] Lib. 4. c. 3.

SUMUNTORIUM. Voyez RIPA-PRIMA.

1. SUNA, Ville d'Italie, l'une de celles où les Aborigènes avoient eu des Etablissemens, & qui subsistoient du tems de Denys d'Halicarnasse [g]. Cet ancien Historien la met à quarante Stades de *Vesbola*. Il ajoute que c'étoit une belle Ville, remarquable principalement par un ancien Temple de Mars. Sylburge croit que c'est la Ville *Suana* de Ptolomée.

[g] Lib. 1. c. 6.

2. SUNA, ou SOUNA, Isle de la Mer d'Ecosse [h], & la première des Orcades. Elle est placée au milieu du Détroit, à dix milles de la Pointe du *Dungisbyhead*. Son Terroir produit de l'Orge, de l'Avoine, des Pâturages, & l'on y trouve quelques Carrières de fort bonnes Ardoises ; mais cette Isle est petite, & ne peut contenir qu'une Famille ou deux. On y prend divers Poissons, dont les Intestins, & sur-tout le Foye, servent à faire une Huile qu'on brûle la nuit à la Lampe. La même chose se pratique dans toutes les Orcades. C'est à l'Orient de cette Isle que la Mer tournoye d'une si grande force qu'elle fait périr tous les Vaisseaux, qui s'y trouvent engagez. Les Habitans de Catness & des Orcades ont coutume, lorsqu'ils passent par-là de jetter un Tonneau vuide ou quelques Bottes de paille à l'entrée du Tourbillon : par ce moyen la fureur des Vagues s'apaise, la Mer devient calme, & l'on peut passer en sûreté. Cependant les choses, qu'on a jettées, sont portées à un mille par-dessous l'eau, & ne reparoissent que bien loin delà sur le Détroit.

[h] Délie. de la Gr. Br. p. 1409.

SUNAM, ou SUNEM, Ville de la Tribu d'Issachar [i]. Les Philistins se campèrent à Sunam dans le Grand-Champ [k], & le Roi Saül se campa à Gelboé. Eusèbe met un Lieu de Sunam, ou Sonem, à cinq milles du Thabor, vers le Midi. Ailleurs il dit qu'il y a un Lieu nommé Sanim, dans l'Acrabatène, aux environs de Sebaste ou Samarie.

[i] Josué. 19.
[k] 1. Reg. 28. 4.

SUNAMITE, fille, ou femme native de Sunam. On donne ce nom à Abisay, Epouse de David, & qu'il prit dans sa vieillesse afin qu'elle l'échauffât [l]. On le donne aussi à l'Hôtesse d'Elisée [m], qui avoit accoutumé de recevoir ce Prophète, lorsqu'il passoit par Sunam. Enfin on le donne [n] à l'Epouse du Cantique des Cantiques [o], à cause de la mauvaise leçon qui porte *Sunamitis*, au lieu de *Sulamitis*, qui devroit faire allusion au nom de Salomon, & signifier *Epouse* de Salomon.

[l] 3. Reg. 1.
[m] 4. Reg. 4. 12. & 25.
[n] Cant. 6. 12. & 7. 1.

SUNAN, Ville de la Chine [o], dans la Province de Queicheu, où elle a le rang de nens, seconde Métropole de la Province. Elle est de 10. d. 20'. plus Occidentale que Peking, sous les 27. d. 59'. de Latitude Septentrionale. Cette Ville [p] a sous sa Jurisdiction deux Citez & cinq Forts. Elle est ceinte de plusieurs Montagnes : celle de Vanxing, qui est taillée de tous côtés au niveau, & en ligne perpendiculaire, la couvre au Midi : celle de Lungmuen au Couchant ; & puis aux autres côtés elle a celle de Tanien & autres, qui servent de retraites à quelques Colonies barbares, inconnues aux Chinois.

[o] Atlas Sinens.
[p] Amb. Holland. p. 276.

SUND, célèbre Détroit d'Europe, dans les Etats de Dannemarck ; il est entre les Isles de Schonen & de Seeland, & large de deux petites lieues de France. Ceux du Pays l'appellent *Die-Sund*, ou *Ore-Sund*. C'est

C'est la Clef de la Mer Baltique. Elseneur Place de Dannemarck défendue par la Forteresse de Cronembourg est sur le bord du Sund, & garde l'entrée & le passage de ce Détroit. De l'autre côté est le Château d'Elsimbourg, dans la Province de Schonen, qui appartient à la Suède. Maty, dans son Dictionnaire, donne à ce Détroit seize lieues de longueur, & cinq de largeur, & dit qu'il se retrecit si fort vis-à-vis de la Forteresse de Cronembourg, qu'il n'a pas au-delà d'une lieue de large; de sorte que les gros Vaisseaux n'y peuvent passer que sous le Canon de la Forteresse. C'est ce qui a donné lieu aux Danois d'y établir un Péage qui est un des bons revenus du Roi de Dannemarck. Ce Prince a défendu aux Pilotes de passer par le Grand & Petit Belt, qui sont deux autres passages par où l'on peut entrer dans la Mer Baltique, mais bien moins commodes que le Sund. Le Traité de Paix conclu en 1658. avec les Suédois les a exemptés de ce Péage pour leurs Marchandises.

SUNDERBOURG, Ville du Royaume de Dannemarck, dans l'Isle d'Alsen, avec un Château: elle est située sur le Détroit nommé *Sunderburger-Sund*, à trois milles d'Apenrade & de Lensbourg à l'Orient, à neuf de Husum, à six de Sleswick du côté du Nord, à sept d'Hadersleben, & à deux de Nordbourg. Cette Ville a donné son nom à la Branche des Ducs de Sunderbourg, de la Maison des Rois de Dannemarck, qui la possédoient avec le Château & ses Dépendances: savoir la partie Méridionale de l'Isle d'Alsen; mais le Duc Christian Adolphe la vendit au Roi de Dannemarck, qui en est aujourd'hui le Maître. Le Détroit de *Sunderburger-Sund* sépare le Duché de Sleswick de l'Isle d'Alsen, & il est fort resserré près de la Ville de Sunderbourg, de laquelle il prend son nom, & qui est sur la Côte Orientale de cette Isle. Ce Détroit n'a guère qu'une lieue d'étendue du Septentrion au Midi.

SUNDERLAND, Bourg d'Angleterre [a], dans la Province de Durham, à l'Embouchure de la Wére. Ce Bourg qui est considérable a droit de Marché; & il s'y fait entr'autres un riche Trafic de Charbon de terre. Il se trouve environné de la Mer, & comme séparé de la Terre, quand la Marée est haute. Delà lui est venu le nom de SUNDERLAND. Les Comtes de ce nom sont de la Maison des *Spencers*.

SUNDEWIT, Pays du Jutland, qu'on met dans la Principauté de Lugsbourg. Il appartient aux Ducs de Sleswick, & du Holstein-Sonderbourg. A l'Orient & au Septentrion il est borné par le Détroit qui sépare l'Isle d'Alsen de la Terre-ferme, au Midi il a le Golfe de Flensbourg, à l'Occident il a en partie le même Golfe & le Territoire de Lundhofftharde. Il y en a qui prétendent que le nom de Sundewit veut dire Wites ou Jutes Méridionaux: d'autres veulent que son nom signifie situé près de l'eau qui regarde le Midi. Le Territoire de ce Pays est à peu près de la même qualité que celui de l'Isle d'Alsen. Il y a six Paroisses qui ont différens Villages & plusieurs Hameaux, qui dépendent de leur Jurisdiction Ecclésiastique.

SUNDGOW, SUNGGOW, ou SUNTGAW, Pays d'Allemagne en Alsace [b], avec lequel il confine du côté du Nord, en Latin *Suntgovia*, *Santgavia*, & *Comitatus Ferretanus*. Il a au Couchant le Comté de Montbeliard, au Midi l'Evêché de Bâle, & le Mont Jura, & au Levant le Canton de Bâle, & le Rhin. Il comprend le Comté de Pfirt, appellé communément Comté de Ferrette, & la Ville Impériale de Mulhausen, celle de Befford & la Forteresse de Huningue. Ce Pays est peuplé de Vignes de tous côtez, & particuliérement sur le Mont de Rang. Il produit aussi du Froment en fort grande quantité, de sorte qu'on en transporte en Suisse, en Lorraine, & ailleurs. Les Marchands de Coire & de Lombardie y en viennent acheter lorsqu'ils en manquent. Le Sundgow avoit autrefois une étendue considérable; & dans ce temslà Bâle étoit sa Capitale. C'étoit un Fief de l'Evêché de ce nom, qu'Albert, Duc d'Autriche, acquit avec le consentement du Pape, en épousant Jeanne, fille d'Ulric dernier, Comte de Ferrette. L'Evêque de Bâle prétendoit que la Souveraineté de ce Pays n'avoit pu être cédée à la France à son préjudice par les Traitez de Westphalie. Les prétentions qu'il y avoit l'obligerent de présenter un Mémoire à la Diette de Ratisbonne, afin qu'elle connût ses raisons; mais les Etats de l'Empire n'y eurent aucun égard, ce qui fait voir qu'ils ne doutoient point qu'on n'eût cédé à la France la Souveraineté de l'Alsace. Le Roi donna le Comté de Ferrette en engagement au Marquis de Suze. Le Cardinal Mazarin l'acquit ensuite, & l'a laissé au Duc Mazarin qui le possède. Voyez SUNTGAW.

SUNDI, ou SUNDO, (le Duché de) C'est la troisième Province du Royaume de Congo, dans l'Ethiopie Occidentale [c]. Il commence à treize lieues ou environ au Nord-Est de Saint Salvador, Capitale de tout l'Etat. Le Zaire la borne du côté du Nord, de manière pourtant que les Ducs de Sundi ont des Domaines, & se rendent Maîtres peu à peu des Terres & des Peuples qui sont de l'autre côté de la Rivière. Il y a même long-tems, qu'ils les auroient entiérement subjugués, si la difficulté de les aller forcer dans leurs Montagnes ne les aidoit puissamment à conserver leur liberté. Ce sont des Peuples féroces, d'une bravoure extraordinaire, qui craignent moins la perte de leur vie, que celle de leur liberté; & qui ne payent jamais les Tributs qui leur sont imposés, que quand les Ducs les vont chercher en personne les armes à la main.

Le Gouvernement de Sundi appartient de droit au Prince Présomptif héritier de la Couronne.

Cette Province a pour Frontiéres du côté du Sud-Est le Duché de Batta, & le Marquisat de Pango; au Nord-Est le Royaume de Macoco & ces Rochers de Crystal au pied desquels la Rivière de Bancaor se perd dans le Zaire.

La Bauza ou Capitale de la Province, qui porte aussi le nom de Sundi, est éloignée

[a] *Dict. de la Gr. Br. p. 252. Etat présent de la Gr. Br. t. 1. p. 61.*
[b] *D'Audifred, Géograph. Anc. & Mod.*
[c] *Labat, Relation de l'Ethiopie Occid. t. 1. p. 31.*

gnée de six lieues de la grande Cafcade du Zaire.

La Province est partagée en plusieurs Gouvernemens particuliers, dont la plûpart étant éloignés de la Capitale, & dans des endroits environnés de Montagnes d'un accès très-difficile, n'obéïssent que quand ils le veulent à leur Souverain; ils ont toujours les armes à la main, & tiennent toute la Province & souvent le Royaume entier dans le trouble & dans l'agitation. Cela est cause que la Foi y fait peu de progrès, & que les Missionnaires ont des peines infinies à retirer les Peuples des coutumes inhumaines & superstitieuses, qu'ils ont apprises des Giagues, Peuples barbares & Anthropophages qui courent le Pays. Ces zélés Prédicateurs ne se lassent pourtant pas de travailler de toutes leurs forces à déraciner ces mauvaises coutumes: & quoiqu'il leur en coûte souvent la vie, ils voyent avec plaisir que leurs fatigues ne sont pas tout-à-fait inutiles, & que la main de Dieu fait encore retirer la Dîme de ce Peuple nombreux.

Le Terrein de cette Province est arrosé d'un si grand nombre de Riviéres, qu'il ne faut pas s'étonner s'il est des plus fertiles: il ne lui manque que d'être cultivé; mais comment vaincre la paresse & l'indolence des Négres? Ils aiment mieux vivre dans la disette, que de travailler pour vivre aussi à leur aise, qu'ils le pourroient faire.

Ses Montagnes renferment quantité de Mines des Métaux les plus précieux. Les raisons que nous avons rapportées ci-devant obligent les Souverains de les tenir fermées. On ne travaille que celles de fer, à cause du besoin que l'on en a pour fabriquer des Armes & des Instrumens pour l'Agriculture.

Les Montagnes qui sont au Nord du Zaire près de la grande Cascade, renferment des Mines de Cuivre d'un jaune éclatant. Elles ont ouvertes, l'on y travaille; & c'est où les Peuples de Loando en viennent acheter.

SUNDIVA, Isle d'Asie, dans les Indes & de la Dépendance du Royaume d'Aracan [a]. Elle est à six lieues de la Terre-ferme de Bengala, & située vis-à-vis du Port de Siripur. Son tour est de trente lieues, & il s'y fait une grande quantité de Sel; dont tout le Pays de Bengala se fournit; de sorte que plus de deux cens Vaisseaux y viennent chaque année, & apportent plusieurs Marchandises pour échange de ce Sel. Cette Isle est si forte naturellement, qu'il est presqu'impossible d'y aborder sans le consentement des Habitans: Ce qui fit prendre la résolution aux Portugais de s'y retirer & de s'y fortifier, afin d'avoir une retraite assurée, & qui devoit leur faciliter les moyens d'entreprendre avec leurs Flotes sur les Villes & les Ports qui sont le long de la Côte de Bengala, de Pégu, de Mataran, & d'autres Provinces, parce qu'ils sont ordinairement plus forts que les Princes de ces Contrées. Cette Isle appartenoit de droit à un des Rois de Bengala, nommé Cadaray; mais le Grand-Mogol s'en étoit emparé par force depuis long-

[a] Davily, Royaume d'Aracan.

tems. Les Portugais la prirent en 1602. & lorsqu'ils en furent maîtres, Cadaray leur céda son droit, mais un peu après ceux du Pays l'assiégérent, & furent défaits par les Portugais qui en demeurérent possesseurs. Le Roi d'Aracan piqué au vif de ce qu'ils s'étoient saisis de cette Isle, sans qu'il y eût consenti, & craignant d'ailleurs qu'ils n'y devinssent trop puissans, résolut de les enchasser, mais il fut contraint d'abandonner ce projet, & fit la Paix avec eux. Toutefois les Portugais se virent forcez l'année suivante de quitter cette Isle, & se retirérent dans les Pays de Siripur, de Bacala & de Chandecan.

SUNGEN, Ville de la Chine [b], dans la Province de Quangsi, où elle a le rang de premiére Ville Militaire de la Province. Elle est de 10. d. 25'. plus Occidentale que Peking, sous les 24. d. 5'. de Latitude Septentrionale.

[b] Atlas Sinens.

SUNGFAN, Forteresse de la Chine [c], dans la Province de Suchuen, au Département d'Iungning, premiére Forteresse de la Province. Elle est de 13. d. 25'. plus Occidentale que Peking, sous les 33. d. 2'. de Latitude Septentrionale.

[c] Ibid.

SUNGKIANG, Ville de la Chine [d], dans la Province de Kiangnan, où elle a le rang de quatriéme Métropole. Elle est de 4. d. 30'. plus Orientale que Peking, sous les 31. d. 10'. de Latitude Septentrionale. Elle fut nommée Sungkiang [e], pour honorer la Lignée d'Ivena. Elle n'est pas éloignée de la Mer, & les Navires peuvent y aborder de tous côtés, particuliérement du côté du Japon. Cette Ville est célébre par ses Bâtimens, par le Commerce des Toiles de Coton, & par un fameux Docteur Chinois, qui après avoir pris connoissance de l'Evangile, l'a annoncé à une infinité de Peuples avec beaucoup de fermeté & de constance. Il s'appelloit Paul. La Ville de Sungkiang est défendue par un bon Château, & une forte Garnison, afin d'empêcher les invasions de l'ennemi du côté de la Mer. On compte trois Villes dans le Département de cette Métropole; savoir

[d] Ibid.
[e] Amb. des Holland. p. 159.

Sungkiang, Xanhai, Cingpu.

SUNGGUEI, Forteresse de la Chine [f], dans la Province de Suchuen, au Département d'Iungning, premiére Forteresse de la Province. Elle est de 15. d. 5'. plus Occidentale que Peking, sous les 27. d. 30'. de Latitude Septentrionale.

[f] Atlas Sinens.

1. SUNGKI, Ville de la Chine [g], dans la Province de Huquang, au Département de Kingcheu, sixiéme Métropole de la Province. Elle est de 5. d. 59'. plus Occidentale que Peking, sous les 30. d. 40'. de Latitude Septentrionale.

[g] Ibid.

2. SUNGKI, Ville de la Chine [h], dans la Province de Fokien, au Département de Kienning, quatriéme Métropole de la Province. Elle est de 1. d. 32'. plus Occidentale que Peking, sous les 26. d. 55'. de Latitude Septentrionale.

[h] Ibid.

SUNGYANG, Ville de la Chine [i], dans la Province de Chekiang, au Département

[i] Ibid.

de

de Chucheu, septième Métropole de la Province. Elle est de 2. d. 30′. plus Orientale que Peking, sous les 28. d. 6′. de Latitude Septentrionale.

SUNI. Voyez ZANI.

SUNICI, Peuples de la Germanie, en deçà du Rhein [a]. La plûpart des Géographes conviennent que ces Peuples, dont le nom ne commence à être connu que depuis le tems d'Auguste, faisoient partie des Suéves, qui furent transférez au deçà du Rhein, & qu'ils habitoient entre les Ubiens & les Tungres. Mr. Spener [b] se joint au Sentiment commun, & dit que les Suéves, dont les *Sunici* faisoient partie, étoient ceux auxquels on avoit donné le nom de *Catti*. Aujourd'hui quelques Géographes prétendent trouver dans les noms de quelques Lieux habitez autrefois par les *Sunici*, l'origine du nom de ce Peuple ; mais il seroit encore plus naturel de dire que ce sont les *Sunici* qui ont donné leur nom à ces Lieux. Quoi qu'il en soit, la demeure de ces Peuples en deçà du Rhein est fixée par Tacite, qui dit que Civilis, après avoir fait alliance avec les Habitans de Cologne, résolut de gagner les Citez voisines, ou de réduire par les armes celles qui s'opposeroient à son dessein ; que comme il s'étoit emparé du Pays des *Sunici*, & avoit partagé toute leur Jeunesse en diverses Cohortes, Claudius Labeon s'étoit mis à la tête de quelques Troupes qu'il avoit levées à la hâte chez les Bethasiens, les Tungres & les Nerviens, & avoit entrepris de lui résister, s'assûrant sur l'avantage du poste, ayant commencé par s'emparer du Pont de la Meuse. De ce récit & de la connoissance que l'on a de la demeure des autres Peuples, on peut conjecturer que les *Sunici* habitoient entre les Ubiens & les Tungres, que la Meuse du côté de l'Occident séparoit les Tungres & les Menapiens des *Sunici*, comme du côté de l'Orient la Roer séparoit ces derniers des Ubiens & des *Gugerni* : ces mêmes *Gugerni* & les *Menapii* bornoient au Nord les *Sunici*.

SUNITI, Peuples voisins des *Alani*, selon Ortelius [c] qui cite Procope [d]. Il ajoute que Stobée [e] qui écrit SUNITÆ dit que parmi ces Peuples celui qui étoit jugé pour avoir les plus belles qualités pouvoit choisir entre les filles celle qu'il vouloit avoir pour femme ; que le choix étoit ensuite dévolu à celui qui étoit reconnu pour avoir plus de mérite après lui, & ainsi de suite.

1. SUNIUM, Promontoire de l'Attique : C'est celui où aboutissent les Côtes Orientale & Méridionale de cette Contrée. Strabon, Tite-Live, Ptolomée, & divers autres Auteurs anciens parlent de ce Promontoire. Stace [f] dit :

Linquitur Eois longe speculabile proris
Sunion.

Ce Promontoire est appellé par Vitruve [g] *Sunium Palladis*, sans doute à cause du Temple qu'on y avoit bâti à l'honneur de Pallas. Par la même raison il est nommé *Palladis Promontorium* dans Homére & dans Aristophane. Pausanias [h] le décrit ainsi :

[a] Tacit. Hist. Lib. 4. c. 66.
[b] Notit. Germ. Lib. 6. c. 5.
[c] Thesaur.
[d] 1. Persstor.
[e] Ex Nicolao Cap. de Legib.
[f] Thebaïd. Lib. 12. v. 624.
[g] Lib. 4. c. 7.
[h] Lib. 1. c. 1.

Dans cette partie du Continent de la Gréce qui regarde les Cyclades & la Mer Egée, s'éleve à l'entrée de l'Attique le Promontoire *Sunium*. Au bas est une Rade, & au haut un Temple dédié à Minerve Suniade. Il ajoute : que quand on va par Mer (de Rome) à Athènes & que l'on a passé le Promontoire (*Sunium*) on voit un peu plus loin la Montagne de *Laurium*, où les Athéniens avoient autrefois des Mines d'Argent. Il y a présentement, dit Mr. Spon [i], des Vieillards qui se souviennent d'une Mine de plomb que les gens du Pays ont laissé perdre, de peur que les Turcs y voulant faire travailler ne leur fussent à charge. On apporte même des Villages voisins du plomb, qui a quelque qualité plus parfaite que l'ordinaire, puisque les Orfévres venant à le rafiner y trouvent un peu d'Argent. Le Promontoire *Sunium* est nommé par les Grecs modernes *Cavo Colonnais*, & par les François *le Cap Colonne* ; parce qu'on y voit jusqu'à présent dix-neuf Colonnes Doriques sur pied, qui sont sans doute des restes du Temple de Minerve. On y voit aussi plusieurs restes d'Edifices, qui composoient un Bourg du même nom que le Promontoire. Voyez l'Article suivant. Les Colonnes du Temple de Minerve sont blanches, selon Mr. Wheler [k], & se voient de fort loin en Mer. Ce Temple, ajoute-t-il, est situé sur la croupe d'un haut Rocher qui s'avance dans la Mer. On voit neuf Colonnes Doriques au Sud-Ouest, & cinq vis-à-vis. Il reste des Pilastres à l'extrémité Méridionale, & une partie du Pronaos, où sont gravés plusieurs noms anciens & modernes. Il semble que les fondemens des Murailles que le Temple étoit renfermé dans la Forteresse, au-dessous de laquelle on voit d'autres fondemens de Murailles, qui sont indubitablement ceux de la Ville ou Bourgade de *Sunium*. Il y a une petite Baye à main droite, où étoit l'ancien Port qui est aujourd'hui abandonné, aussi-bien que la petite Isle Patroclea, que la plûpart appellent *Guidronisa*.

2. SUNIUM, Bourg de l'Attique, selon Strabon [l], qui le met sur le Promontoire de même nom. C'est apparemment le Bourg *Sunium*, qui, au rapport d'Etienne le Géographe, faisoit partie de la Tribu Léontide. Dans un Fragment d'une ancienne Inscription rapporté par Mr. Spon [m], on lit, ΛΕΟΝΤΙΚΟΣ ΔΙΟΝΥΣΙΟΥ ΣΟΥΝΙΕΥΣ. Mais dans le Marbre qui contient la Liste des Bourgs de l'Attique, *Sunium* est mis sous la Tribu Attalide ; ce qui doit avoir été l'effet du changement arrivé dans les Tribus de l'Attique, au moyen de leur nombre qui fut augmenté de dix à treize. *Sunium*, continue Mr. Spon, fut célèbre pour son beau Temple de Minerve Suniade, bâti de la maniére de celui de Minerve à Athènes, & d'Ordre Dorique. Neptune y étoit aussi adoré sous le titre de *Suniaratos*, & on y faisoit pendant les Fêtes Panathénées des Combats de Galéres.

3. SUNIUM. Solin [n] nomme ainsi une des Isles situées sur les Côtes de l'Attique ; mais comme aucun ancien Auteur n'a connu cette Isle, il est à croire que Solin par

[i] Voyage de Gréce, Liv. 5. p. 155.
[k] Voyage de Gréce, t. 2. p. 261.
[l] Lib. 9. p. 398.
[m] Liste de l'Attique.
[n] Cap. 12.

là n'entend autre chose que le Promontoire *Sunium*. En effet, comme l'a remarqué Casaubon, il arrive assez souvent aux Géographes de confondre les Isles avec les Promontoires.

4. SUNIUM, Promontoire de l'Isle de Paros, l'une des Cyclades, selon Ptolomée [a].

[a] *Lib. 3. c. 15.*

SUNNEBERG, ou SONEBERG. Voyez SONEBERG.

[b] *Délic. de la Gr. Br. p. 866.*

SUNNING, Village d'Angleterre [b], dans Barckshire, sur le bord de la Tamise, un peu au-dessous de Reading. Ce Village dans les premiers Siècles de l'Eglise a été le Siège de huit Evêques, avant que cet honneur fût transféré à Sherborn, & ensuite à Salisbury.

SUNONENSIS LACUS, Lac de l'Asie Mineure, dans la Bithynie, selon Ammien Marcellin, dont l'Edition de Rome lit *Simonensis*, & le MS. de la Bibliothéque Palatine *Sumonensis*. Mr. de Valois croit que c'est un Lac voisin de Nicomédie, & qui est communément appellé *Ascanius Lacus* par les Géographes, & Lac *Boane* par Evagre, dans son Histoire de l'Eglise [c]. Ce dernier rapporte qu'en l'année 458. de Notre Seigneur, après de grandes pluyes qui durérent trois ou quatre jours, l'amas des Terres forma une Isle dans ce Lac. Il se pourroit faire aussi que ce même Lac seroit celui que Pline le Jeune [d] décrit de la sorte sans le nommer : Sur les confins du Territoire de Nicomédie est un Lac très-grand, par lequel on transporte dans des Bâteaux à peu de frais & sans beaucoup de peine le Marbre, les Fruits, le Bois, & toute autre chose jusqu'au grand chemin. Delà on est obligé de se servir de Charois pour les voiturer jusqu'à la Mer ; & cela est d'une grande fatigue & d'une grande dépense. Pline pensa à joindre ce Lac à la Mer ; mais quoiqu'il fût assez profond, il étoit question d'empêcher qu'il ne s'écoulât tout entier, parce qu'on soutenoit qu'il étoit plus élevé que la Mer de quarante coudées. Cette crainte obligea Pline de chercher le reméde de [e]. Il en trouva un, & Trajan lui laissa la liberté de conduire l'ouvrage, comme il le jugeroit à propos. On ne sait point le parti qui fut pris : Pline ne nous en dit pas davantage. Il ajoute seulement qu'il avoit trouvé près delà un très-vaste Bassin creusé autrefois par un Roi ; mais qu'on ne savoit pas trop si c'étoit pour recevoir les eaux des Champs d'alentour, ou pour joindre le Lac à un Fleuve voisin ; car le Bassin étoit demeuré imparfait.

[c] *Lib. 2. c. 14.*

[d] *Lib. 10. Epist. 50.*

[e] *Epist. 69.*

SUNTGAW, Pays de France, & qui fait partie du Gouvernement Militaire de la Province d'Alsace. Il est borné au Septentrion par la Haute Alsace : à l'Orient par le Rhein & par le Canton de Bâle : au Midi par la Principauté de Porentru & par la Franche-Comté ; & à l'Occident par les Etats du Duc de Lorraine. Ce Pays qui se trouve dans le Diocése de Bâle [f], est du Territoire des anciens *Rauraci*, qui faisoient partie des Séquaniens. Plusieurs veulent que le Suntgaw soit une partie de l'Alsace ou *Elsass*, parce que l'Ill ou Ell, qui prend sa Source dans les Montagnes qui séparent le Suntgaw de la Principauté de Porentru, traverse & arrose tout ce Pays, dont le nom ancien est *Sugint* pour *Sunt*, d'où vient que l'on voit *Sugintensis Pagus*, ou *Comitatus*. Frédegaire, en parlant de ce Pays au Chapitre XXXVII. de sa Chronique, le nomme *Sugentensis* ; mais au Chapitre XXXV. précédent ayant ôté le g, il nomme le même Pays *Suentensis*.

[f] *Longuerue, Descr. de France, 2. part. pag. 243.*

Il faut le distinguer d'un autre *Sugintensis Pagus* dans le Duché de Lorraine, & celui-ci s'appelle le *Saintois*, & les Capitulaires montrent qu'il est entre *Calvomontensem*, le Chaumontois, & *Portensem*, le Portois. Pour le *Sugintensis* ou *Suentensis*, qui est le Suntgaw, il avoit, comme l'Alsace, fait partie du Royaume d'Austrasie ; mais Childebert le donna à son fils Thierri, Roi de Bourgogne, ce qui fâcha Théodebert, Roi d'Austrasie & frere de Thierri, qui fut contraint de céder cette Province à son frere, comme nous l'apprenons de Frédegaire. Ensuite le Suntgaw fit partie du Royaume de Bourgogne.

Sous Conrad *le Pacifique* les Othons s'en empárerent pour quelque tems ; mais les Allemands n'en furent paisibles Possesseurs que par la Donation que Rodolphe *le Lâche* fit de son Royaume de Bourgogne à leur Empereur Conrad *le Salique*.

Le Suntgaw avoit pour Capitale alors Mulhouse, qui étoit immédiatement soumise à l'Empire ; mais le plus puissant dans le Pays, & qui en possédoit une bonne partie, étoit le Comte de Ferrette, en Allemand *Pfirt*.

Les François se rendirent Maîtres de ce Pays, qui fut cédé à la Couronne de France en toute Souveraineté par le Traité de Munster l'an 1648. Les Archiducs d'Autriche ont été payez entiérement du prix dont on étoit convenu pour les dédommager ; mais l'Evêque de Bâle, Seigneur Direct & Féodal, n'a rien eu du tout pour son dédommagement, qu'il a demandé en vain aux Diettes Impériales depuis le Traité de Westphalie.

Aujourd'hui le Suntgaw comprend les Bailliages de Ferrette, Landser, Alckirch, Thann & Befort. La Ville de Ferrette peut passer pour Capitale de ce Pays. Les autres Villes considérables sont Befort, Villeforte, & la petite Ville d'Huningue. Louis XIV. donna la propriété de ce Pays au Cardinal Mazarin sous la seule reserve de la Souveraineté du haut Domaine, & de l'Appel au Conseil d'Alsace. Sa Famille en jouit. Voyez SUNDGOW.

SUOBENI. Voyez SUSOBENI.

SUODONA, Ville de l'Arabie Heureuse. Ptolomée [g] la marque parmi les Villes Méditerranées. Le MS. de la Bibliothéque Palatine écrit *Vodona*, pour *Suodona*.

[g] *Lib. 6. c. 7.*

SUOLA, petite Ville de Gréce, dans la Livadie, sur le Golphe de Lepante, au Midi du Mont Parnasse, & à six lieues des ruïnes de Delphes. C'est l'ancienne *Anticyra*, si nous en croyons Pinet.

1. SUPARA, Ville de l'Inde, en deçà du Gange. Elle est marquée sur le Golphe Barigazene par Ptolomée [h], qui la donne aux Ariaces. Il y a apparence que c'est la Ville *Uppara* d'Arrien.

[h] *Lib. 7. c. 1.*

2. SU-

2. **SUPARA**, Ville d'Asie, selon Mrs. Corneille & Maty [a] qui la mettent sur la Côte Occidentale de l'Isle des Célébes. Ils ajoutent que c'est la Capitale d'un Royaume, qui porte son même nom. Mr. de l'Isle [b] ne connoît ni le Royaume ni la Ville.

[a] Dict.
[b] Atlas.

SUPAYES, Peuples de l'Amérique, dans la France Equinoxiale. Ils habitent environ à vingt-deux lieues de l'Isle de Cayenne, vers le Sud, entre les Riviéres d'Aprouaque, & de Camoby. Ils sont voisins des Acuranes & des Nouragues, & ils ont encore une Peuplade au delà de la Riviére de Marony vers celles de Suriname & de Berbice.

SUPENI. Voyez SUPERNI.

SUPERÆQUANI, Peuples d'Italie, placés dans la quatriéme Région par Pline [c], qui les met dans le Pays des Peligni. La Ville est nommée SUPERÆQUUM par Frontin [d], & COLONIA SUPERÆQUANA par Balbus. Holsten dit que c'est aujourd'hui *Castel Vecchio Subequo*, près de la Riviére de *Pescara*.

[c] Lib. 3. c. 12.
[d] Pag. 170.

SUPERATII, Peuple de l'Espagne Tarragonnoise: Ptolomée [e] lui donne *Petavonium* pour Capitale.

[e] Lib. 2. c. 6.

SUPÉRIEUR (Lac). On donne ce nom à un Lac de l'Amérique Septentrionale, au Canada. C'est un grand Lac qui reçoit le Fleuve de St. Laurent, & le rend dans le Lac Huron par un Canal de quatorze lieues de longueur. Ce Lac a quatre cens lieues de tour sur soixante de longueur. Quelques-uns même lui donnent cinq cens lieues de circuit. On l'appelle encore *Lac de Tracy* & *Lac de Condé*. On ne lui trouve point de fond.

SUPERNATES. Voyez INFERUM MARE.

SUPERNI, ou SUPENI, Peuples de la Germanie, en deçà du Rhein. L'Itinéraire d'Antonin, qui leur donne le Village *Tolbiacum*, ou *Tolpiacum*, le marque sur la route de Tréves à Cologne, entre *Belgica Vicus*, & Cologne, à dix lieues de la premiére de ces Places, & à seize lieues de la seconde.

SUPERUM MARE. Voyez INFERUM MARE.

1. **SUPH**, la MER DE SUPH, ou la MER DU JONC. C'est la Mer Rouge qui est toujours appellée la Mer de Suph dans l'Hébreu, *Jam Suph, Mare Junci*.

2. **SUPH**, ou ZUPH, ou ZOPH, nom d'un Lévite Bisayeul d'Eclana [f], pere de Samuel & Chef de la Famille des *Suphim*, ou *Sophim*, qui habitérent à Ramatha, d'où vient la Ville le nom de RAMATHAÏM DES SOPHIM [g], & le nom de TERRE DE SUPH [h], donné au Canton où elle étoit.

[f] 1. Reg. 1. & 1. Par. 6. 35.
[g] 1. Reg. 1. 1.
[h] 1. Reg. 9. 5.

SUPHA, ou SAPHA [i]. L'Auteur de la Vie des Prophétes, sous le nom de Saint Epiphane, Dorothée & la Chronique d'Aléxandrie disent que Malachie étoit de la Tribu de Zabulon & de la Ville de Sapha ou Supha.

[i] Dom. Calm. Dict. au mot Malachie.

SUPHTHA, Ville de la Parthie selon Ptolomée [k]: Le nom moderne est Gestie, si nous en croyons Thevet.

[k] Lib. 6. c. 5.

SUPINO, Ville d'Italie, au Pays de Molise l'une des Provinces du Royaume de Naples, en Latin *Sæpinum* & *Sepinum*. Elle est accompagnée d'un Château & située dans l'Apennin à la source de la Riviére Tamara, à vingt milles de Benevent, vers la Tramontane, entre Luceria du côté de l'Orient, & Venafro du côté de l'Occident, aux confins de la Terre de Labour. Cette Ville, qui est un ancien Bourg des Samnites, est appellée *Sepium* par Ptolomée, & *Sepino* par Leander Alberti.

SUPLUPANTIA. Voyez SUBLUPANTIA.

SUPPENTONIA, Lieu d'Italie [l], au voisinage du Mont Soracte, à deux milles de la Ville de *Nepet*, ou *Nepeta* [Nepesina Civitas]. Ce Lieu se nomme à présent *Castello S. Helie* selon Baronius [m].

[l] Ortelii Thesaur.
[m] Ad Martyres.

SUPPIANÆ. Voyez SOPIANÆ.

SUPTU, Ville de la Mauritanie Césarienfe, selon Ptolomée [n].

[n] Lib. 4. c.

1. **SUR**, grand Desert de l'Arabie Pétrée, où les Israélites mirent pied à terre lorsqu'ils eurent passé la Mer Rouge. Il étoit aux environs de la Ville qu'on nomme présentement *El-Tor* & s'étendoit le long de la Côte vis-à-vis de l'Egypte. L'Ecriture nous apprend que le Pays des Israélites aboutissoit au Desert de Sur, dont les Habitans descendent d'Esaü, & entre autres les Amalécites.

2. **SUR**, Ville de l'Arabie Pétrée & qui a donné son nom au Desert de Sur. Il est dit dans la Genése [o] que l'Ange du Seigneur trouva Agar dans le Desert auprès de la Fontaine, qui est le long du chemin de Sur, dans la Solitude; & que le Pays où Ismaël habita fut depuis Hevila jusqu'à Sur qui regarde l'Egypte lorsqu'on entre dans l'Assyrie. On lit dans l'Exode [p] qu'après que Moïse eut fait partir les Israélites de la Mer Rouge, ils entrérent au Desert de Sur, & qu'ayant marché trois jours dans la Solitude, ils ne trouvérent point d'eau. Saül tailla en piéces les Amalécites [q], depuis Hevila jusqu'à Sur qui est vis-à-vis de l'Egypte. David dans les quatre mois [r] qu'il demeura sur les Terres des Philistins [s], faisoit des courses avec ses gens, & pilloit Gessuri, Gerzi & les Amalécites; car ces Bourgs étoient autrefois habitez vers le chemin de Sur. Ptolomée parle de la Ville de Surate dans l'Arabie Pétrée. Voyez SURATTAH.

[o] Cap. 16.
[p] Cap. 15.
[q] 1. Reg. 15. 7.
[r] Ibid. 27.
[s]

1. **SURA**, Fleuve de la Gaule Belgique, & l'un de ceux qui se jettent dans la Moselle. Ausone [s] le décrit ainsi:

[s] In Moselle v. 354.

> .... *Pronææ Nemesæque adjuta meatu*
> *Sura tuas properat non degener ire sub undas,*
> *Sura interceptis tibi gratificata fluentis.*

Ce Fleuve s'appelle aujourd'hui *Saur*, & les François le nomment *le Sour*. La *Pronæa* & la *Nemesa*, qui, selon Ausone, grossissent ses eaux sont à présent la *Prum*, ou *Pruym*, & la *Nyms*.

2. **SURA**, Ville de Syrie dans la Palmyrène: Ptolomée [t] la marque sur le bord de l'Euphrate. Pline [u] dans un endroit nomme cette Ville URA, & plus bas [x] il l'appelle SURA. Il ajoute qu'elle étoit bâtie [y] dans l'endroit où l'Euphrate tournant vers l'Orient laissoit les Deserts de Palmyrène.

[t] Lib. 5. c.
[u] Lib. 5. c.
[x] Lib. 5. c.
[y]

Ortelius, le Pere Hardouin & Cellarius conviennent que c'est cette Ville qui est nommée *Flavia*, *Firma*, *Sura*, dans la Notice des Dignitez de l'Empire [a]. Le Pere Hardouin soutient que quand même on écriroit *Ura*, au lieu de *Sura*, la conjecture de Bochart [b] qui voudroit en faire l'Ur des Chaldéens ou de la Babylonie, n'en deviendroit pas plus probable, parce que la Babylonie est trop éloignée de la Palmyrene. Dans une ancienne Notice Ecclésiastique cette Ville est appellée Σύρμα, dans une autre Ορίμων, & elle est placée dans l'Euphratense.

[a] Sect. 24.
[b] Part. 1. G 6 L 2. c. 6.

Dans le second passage de Pline, qui vient d'être cité on lit: *A Sura autem proxime est Philiscum*. Les anciens Editeurs de Pline au lieu de *A Sura* lisoient *Afura*, *Arura*, ou *Assur*. Mais cet endroit de Pline suffit pour juger qu'il faut lire *Ab Ura*, ou *A Sura*. Ortelius, qui n'y a pas regardé de si près, a fait une Ville d'*Asura*, dont il a enrichi son Trésor. Voyez SURUM.

3. SURA, Ville de l'Ibérie: Ptolomée [c] est, je pense, le seul qui la connoisse. Voyez SURRHA.

[c] Lib. 5. c. 11.

4. SURA, Ville de l'Assyrie: Ptolomée [d] est encore le seul qui en fasse mention, à moins que ce ne soit la Ville Dura de Polybe.

[d] Lib. 6. c. 1.

5. SURA, Etienne le Géographe donne ce nom à un Oracle de la Lycie.

6. SURA, Lieu de l'Asie Mineure, dans la Lycie, entre les Villes de Phellum & de Myre. Ce pourroit bien être l'Oracle *Sura* dont parle Etienne le Géographe; car Plutarque [e] dit que l'on consultoit les Augures, dans ce Lieu, & que les Augures se rendoient en considérant des Poissons. Ce même Lieu est appellé *Surrha* par Aelien.

[e] De Animant. comparat. & de Flum. & Mont.

7. SURA, Ville située dans l'Isle de Java sur le Détroit de Sunda aux pieds de la Montagne de Gonon Besar [f]. Elle a été bâtie par un Peuple qui demeuroit auprès de Passarvan, & qui ne pouvant plus souffrir la domination Tyrannique du Roi de ce nom se retira en ce Lieu-là & y bâtit cette Ville à certaines conditions, sous la Souveraineté du Roi de Bantam, qu'il reconnoît, quoique la Ville de Sura ait son Roi particulier. Tous ne demeurent pas néanmoins à Sura: il y en a de répandus dans divers endroits voisins où ils ont bâti des Villages. Ce sont des gens qui vivent fort paisiblement, & qui s'adonnent à cultiver la terre. Ils ne mangent rien qui ait eu vie, suivant en cela le sentiment de Pythagore, & les maximes de vivre des Braménes. Tous les Habitans de Java étoient dans ces mêmes maximes, lorsque l'Alcoran de Mahomet y fut introduit. Ils sont fort sobres, ils ne se marient jamais, ils sont vêtus de papier blanc fait d'écorces d'Arbres, dont ils se mettent aussi une Couronne sur la tête, se ceignant le Corps d'un grand morceau de toile, & c'est-là tout leur vêtement. D'ailleurs ils menent une vie tout-à-fait Philosophique, ils portent à Bantam du Poivre & d'autres fruits à vendre.

[f] Voyages de la Compagnie des Indes Or. t. 2.

SURÆ, Peuples de l'Inde selon Pline [g].

[g] Lib. 6. c. 20.

SURAGANA. Voyez UROGANA.

SURAM, Ville de la Province de Carthuel dans la Georgie Orientale [h]. Elle est fort petite, & sujette au Roi de Perse, mais la Forteresse qui en est proche est grande, & fort bien construite. On y tient une Garnison de cent hommes. A peu de distance de Suram, il y a une Contrée que les Georgiens nomment *Semachi* en leur Langue c'est-à-dire trois Châteaux. Ils disent qu'après que Noé fut sorti de l'Arche il vint habiter en ce Lieu-là, & que ses fils y bâtirent chacun un Château.

[h] Chardin, Voyage de Perse, t. 2.

SURANI. Voyez SUANI.

SURASENI, Peuples de l'Inde selon Arrien [i], qui leur donne deux grandes Villes; savoir Methora & Clisobra. Le Fleuve Jobares arrosoit leur Pays & y étoit navigable. Ces Peuples rendoient un culte particulier à Hercule.

[i] In Indicis.

SURATTA, ou SURATE, Ville des Indes, dans le Mogolistan, au Royaume de Cambay ou de Guzurat à 21. degrés & quelques minutes de Latitude Septentrionale. Ptolomée l'appelle *Muziris*, elle est sur une Riviére à dix ou douze milles de la Mer. Cette Riviére, qui s'appelle *Tapy*, ou *Tindy*, a sa source dans les Montagnes de Décan, d'où elle passe dans le Royaume de Brampore, & va depuis Surate, par plusieurs détours, se jetter tranquillement dans la Mer. La circonférence de cette Ville, y compris les Fauxbourgs, est de deux à trois milles d'Angleterre; elle forme une espéce de demi-cercle ou de Croissant à cause du détour de la Riviére sur laquelle elle est bâtie. Elle est fortifiée d'une muraille, flanquée de distance en distance de Tours avec des Creneaux, qu'on a construites pour soutenir les assauts fréquens qu'on lui donne; mais sa plus grande force est dans son Château, qui commande tous les Vaisseaux qui sont sur la Riviére, & défend la Ville du côté des Terres.

Ce Château est vers le Sud-Ouest de la Ville, & est défendu d'un côté par la Riviére, & de l'autre par un Fossé. Il est bâti en quarré & fortifié à chaque Angle d'une grande Tour; il y a plusieurs logemens, & le Gouverneur peut y trouver tout ce qui leur est nécessaire, les murailles sont garnies de plusieurs piéces de Canon.

On entre dans la Ville par six ou sept Portes, auxquelles il y a toujours une Garde, qui sur le moindre soupçon, examine ceux qui entrent ou qui sortent.

On y voit plusieurs Maisons fort belles; mais dont la beauté n'est pas cependant proportionnée à la richesse des Habitans, qui ont toujours soin de cacher leurs biens, & qui évitent de donner dans la magnificence de peur de tenter l'avarice du Prince, & d'en ressentir les effets. Les murailles en sont de pierre, ou de brique, & le toit qui est couvert de Tuilles; est en plate-forme un peu panchée, à la manière d'Espagne & de Portugal. On ne met point de vitres aux Fenêtres, qu'on laisse ouvertes, pour y laisser entrer l'air frais, toutes les chambres, soit d'en bas soit d'en haut, sont voutées, afin qu'elles soient plus fraîches. Les Maisons de la Popupulace ne font que de Bamboucs, qu'on met à un pied l'un de l'autre, & qu'on entrelaſſe avec des Roſeaux, & la couverture eſt de feuilles de Palmier. Les Rues ſont étroites en pluſieurs endroits; mais il y en a d'autres, où elles ont une belle largeur; elles ſont ſi fréquentées le matin, ſur-tout celles qui ſont près le Bazar, ou la Place Publique, qu'il eſt difficile de percer la foule de Bânians & des autres Marchands, qui y expoſent leurs Marchandiſes, qu'ils portent à leurs Maiſons ſur leurs têtes en invitant ceux qui paſſent à les venir acheter.

Au milieu de la Ville il y a une Place fort ſpacieuſe, qu'on appelle la Place du Château, parce qu'elle en eſt proche, où ſont expoſées toutes ſortes de Marchandiſes nuit & jour, excepté dans le tems de la Mouſſon, & où les François, les Anglois, les Hollandois, auſſi-bien que les Naturels du Pays, font leurs Balots pour les embarquer.

Le Gouverneur du Château eſt nommé par le Grand-Mogol, & ne l'eſt guère que trois ans; pendant tout ce tems, il y eſt réellement priſonnier, étant obligé à n'en jamais ſortir, mais à être continuellement ſur ſes gardes, & prêt à ſe défendre en cas d'attaque & de ſurpriſe.

Surate eſt la plus fameuſe Ville de commerce qu'il y ait dans le Mogol; on y peut vendre toute ſorte de choſes; quand bien même on ne les y auroit point vues auparavant, leur nouveauté leur fait trouver des acheteurs, qui prétendent auſſi par-là gagner deſſus, en les revendant. La Rivière eſt fort commode pour y tranſporter les Marchandiſes étrangéres qui y viennent, non-ſeulement d'Europe; mais encore de la Chine, de la Perſe, de l'Arabie, & des parties les plus éloignées du Mogol, & ornent cette Ville en l'enrichiſſant. On y trouve toutes ſortes d'Etoffes de Soie, de Velours, de Taffetas, de Satins, des Perles, qui y ſont apportées du Golfe Perſique, des Diamans, des Rubis, des Saphirs, des Topaſes, & d'autres Pierres précieuſes, auſſi-bien que des Agathes, des Cornalines, & pluſieurs Ouvrages fort jolis, que l'on peut avoir à bon marché.

L'Or de Surate eſt ſi fin, qu'on peut y gagner douze ou quatorze pour cent en le tranſportant en Europe. L'Argent, qui eſt le même par tout le Mogol, ſurpaſſe celui du Méxique, & a moins d'alliage que tout autre qui ſoit dans le Monde. Je n'y ai jamais vu de pièces rognées, ni d'or, ni d'argent qu'on ait falſifié: la Roupie d'or en vaut quatorze d'argent, & celle d'argent vaut vingt-ſept ſols d'Angleterre: on y voit quelques Monnoies étrangéres, mais qui ne ſont pas en ſi grand nombre; il y a auſſi des pièces de cuivre, dont ſoixante, quelquefois deux ou trois plus ou moins, font une Roupie. Il ſe trouve encore une eſpéce de Monnoie plus baſſe que celle-ci, ce ſont des Amandes amères dont ſoixante vallent une pièce de cuivre.

Toutes les Monnoies étrangéres payent à leur entrée & à leur ſortie aux Officiers du Prince deux & demi pour cent, les autres choſes payent davantage. Il y a d'autres Nations de l'Orient qui ſe ſervent d'une méthode différente dans la levée des droits qu'on ne régle pas ſuivant la valeur & la quantité des effets, mais ſuivant la grandeur du Vaiſſeau, qu'on meſure à ſon arrivée & qui ſert à les fixer, ſans avoir égard à ſa Cargaiſon. Quand on les a payés, on a une liberté entière d'embarquer tout ce que l'on veut, les plus riches Marchandiſes comme les moins conſidérables: c'eſt ainſi qu'on en uſe à la Chine, où un Vaiſſeau Anglois de 400. Tonneaux paye pour les droits mille écus.

Toutes les Monnoies étrangéres qui tombent entre les mains des Officiers du Grand-Mogol, ſont fondues & converties en Roupies, ſur leſquelles on met la marque affectée à l'Empereur Régnant; après ſa mort ces pièces diminuent de la valeur d'un ou deux ſoixantièmes; il n'y a que celles qui ſont marquées au coin du nouvel Empereur, qui conſervent toute leur valeur.

Les Etoffes de Soie, & les Toiles de Coton s'y vendent à la pièce ou par Cobits, qui ſont une meſure de 27. pouces de longueur. Le Ris, le Bled, & les autres choſes ſont dans le Mogol vendues au poids, le poids ordinaire eſt un Sear, qui eſt de 13. onces un quart. Il y a auſſi le Maund, qui contient quarante Sears; je n'y ai jamais entendu parler de Boiſſeaux; ni de rien de ſemblable. Car leurs coutumes auſſi-bien que leurs mœurs, ſont entièrement oppoſées aux nôtres, même dans les choſes qui ſembleroient devoir être ſemblables, comme, par exemple, dans les dents de leurs Soies, & dans leurs Serrures, qui ſont faites tout autrement que les nôtres; il ſemble même que les Animaux y ayent des inclinations toutes différentes de celles qu'ils ont parmi nous; ainſi dans le Tunquin les Chiens veillent toute la nuit; pour exterminer les Rats & les Souris qui ſont fort incommodes; ce qui eſt dans nos Quartiers la fonction des Chats.

On apporte des Marchandiſes à Surate d'Agra Capitale du Mogol, de Dehli, de Baroch, d'Amadabab, & d'autres Villes renommées par quelque eſpèce particulière, & elles y ſont achetées par les Européens; les Turcs, les Arabes, les Perſans & les Arméniens; il n'y a point de Marchands qui ſe repandent plus dans le Monde & qui voyagent davantage que ces derniers: ils ſont fort adroits & fort laborieux; leur Langue eſt une des plus uſitées dans l'Aſie, il s'en trouve dans la Natolie, la Perſe, la Terre-Sainte, l'Egypte, la Moſcovie, & la Pologne, en un mot comme des Juifs, preſque par-tout ils ont été dès les anciens tems célèbres par leur Commerce: & c'étoit dans leur voiſinage, c'eſt-à-dire, ſur le Phaſe en Georgie qu'étoit autrefois la Toiſon d'Or; Toiſon ſi fameuſe dans les Auteurs, mais qui n'étoit autre choſe qu'un Commerce profitable de Laine, de Peaux, & de Fourrures, que les Peuples du Nord y portoient. Comme Jaſon & les autres Grecs, qui découvrirent les premiers cette Toiſon, coururent beaucoup de danger dans leur navigation, on a dit qu'elle étoit gardée par des Monſtres & un horrible Dragon.

Les

Les Indiens se servent rarement de Chevaux pour transporter leurs Marchandises, parce qu'ils sont tous employez au service du Prince, mais ils les amenent à Surate dans des Chariots, sur des Dromadaires, des Anes & des Chameaux : les Chameaux sont fort estimés, parce qu'étant très-forts, ils portent une grande charge, & font beaucoup de chemin : ils avancent beaucoup, & vont assez vîte, ce qu'on attribue à une Jointure extraordinaire, qu'on prétend qu'ils ont aux Jambes de derriére; ils ne peuvent cependant marcher sur des terres grasses & dans les endroits glissans, ils ne sont propres que pour les sables.

Quand les Chameaux s'accouplent, la femelle reçoit le mâle dans la même posture qu'elle est lorsqu'on veut la charger de quelque fardeau, c'est-à-dire, couchée sur le ventre. Quand ils sont en chaleur, ceux qui en ont soin, sont obligés de les emmuseler & de bien prendre garde à eux, car ils sont alors méchans & furieux. Le feu qui les devore, est alors si grand qu'on dit qu'ils sont quarante jours de suite sans manger; il y en a qui portent près d'un an.

Les Hollandois apportent à Surate, toutes sortes d'Epiceries, & sur-tout du Poivre, ce que font aussi les Anglois : la Canelle y est apportée de l'Isle de Ceylan, on la tire d'un Arbre, qui est revêtu de trois écorces, on léve les deux premiéres qui font la Canelle, la troisiéme & la plus inférieure qui couvre immédiatement l'Arbre y reste toujours; on n'y touche point, la moindre incision qu'on y feroit, étant capable de faire mourir l'Arbre; au bout de trois ans les deux écorces enlevées reviennent, & peuvent encore être ôtées. Quand les Hollandois craignent que la trop grande abondance n'en fasse diminuer le prix, ils font un monceau du surplus de ce qu'il leur faut, & y mettent le feu; on en sent alors l'odeur à plusieurs lieues en Mer.

Les Clous de Gerofle, & les Muscades y viennent de quelques Isles qui sont vers Malaga, où les Hollandois envoient leurs Criminels, pour y être esclaves le reste de leurs jours. Autour de la Muscade on trouve le Macis, & le tout est couvert d'une écorce épaisse comme les Noix vertes; cette écorce gardée est un fort bon Cordial, & on la mange avec plaisir, comme un remede restauratif. On dit une chose bien singuliére de l'Arbre qui porte la Muscade; c'est qu'on ne le plante point, & que si on le fait, il ne vient pas, & que ceux que l'on voit croître & porter, viennent d'une noix verte, qu'un certain oiseau de ces Isles a avalée, & qu'il a rejettée sans la digérer, laquelle tombant dans la terre avec une matiére visqueuse qu'elle a emporté avec elle, y prend racine, & devient un Arbre; mais ce peut être une chose que les Hollandois ont inventée, pour empêcher ceux qui voudroient en transplanter de le faire.

Les Clous de Gerofle croissent sur un Arbre, & avant que d'être venus à maturité, sont d'une couleur fort agréable : ils ont une vertu si attractive, qu'ils attirent tout ce qu'il y a de liquide autour d'eux; & si dans les Vaisseaux, qui les transportent des Isles où ils croissent, on n'a soin de les tenir éloignés de l'eau & du vin, une certaine quantité de ces Clous, attirera en deux jours, & mettra à sec un muid entier.

Ceux qui vendent ces Epiceries, ne sont pas toujours de bonne foi. Car ils tirent quelquefois une certaine quantité d'huile, ou d'essence, ou d'esprit, des Clous de Gerofle, de la Canelle & des autres choses semblables, & ont ensuite l'effronterie de les exposer en vente & de les vendre aussi cher que si elles étoient bien conditionnées. Il y en a à Batavia, Ville Capitale des Hollandois aux Indes, qui usent de cette tromperie. C'est ce qui fait que nous trouvons quelquefois des Epiceries qui sont seches & insipides.

Outre le Gouverneur du Château de Surate qui y demeure toujours comme prisonnier, il y en a un autre pour la Ville, qui a le soin & la conduite de toutes les affaires civiles, c'est lui qui reçoit les Requêtes des principaux Marchands & des personnes de considération, & qui prend connoissance de toutes les choses de conséquence qu'on a à lui communiquer. Il est toujours chez lui, afin d'être plus à portée de régler les choses qui demandent une prompte expédition. Quand il sort pour prendre l'air, il est monté sur un Eléphant, & assis sur un siége magnifique, il a avec lui, outre le conducteur de l'Animal, un Domestique, qui l'évente, & chasse les Mouches, & les Moustiques, qui pourroient l'incommoder. Il se sert pour cela, d'une queue de cheval pendue à un petit Bâton qui a un pied de long. Cet éventail tout laid qu'il est, ne laisse pas d'être le seul en vogue chez les Grands, & même chez l'Empereur. Le Gouverneur pour soutenir son rang & sa grandeur, nourrit plusieurs Eléphans, & entretient plusieurs Compagnies de Soldats, tant d'Infanterie que de Cavalerie, pour lui servir de Garde, tant dans la Ville que dehors; & pour exécuter ses ordres.

Il ne décide pas souverainement par lui seul, des choses de conséquence; mais quand il s'en présente de telles, il prend conseil d'autres Officiers de la Ville, comme du Cogy, du Vacanavish, & du Catoval. Le Cogy est un homme fort habile dans les Loix du Pays, qu'on consulte dans les affaires qui ont rapport aux Coûtumes civiles de l'Empire, & qui en décide.

Le Vacanavish, est un Officier préposé pour faire savoir toutes les semaines à la Cour, ce qui se passe de remarquable & d'important.

Il y a un autre Officier assez semblable à celui-ci, on l'appelle le Harearrah. Sa fonction est de marquer chaque jour, ce qui se fait soit qu'il soit de conséquence, ou qu'il ne le soit pas, & ce qui se dit dans le public, de vrai ou de faux; & d'en faire le rapport à l'Empereur; mais il doit le faire d'une maniére, qui ne choque point le respect qui est dû à un Souverain, dont la moindre indignation est mortelle.

Le Catoval est un Officier de la Ville, établi pour empêcher les desordres, & pour les punir; il est obligé pour cela de faire la ronde dans les Rues trois fois la nuit, à
neuf

neuf heures du foir, à minuit, & à trois heures du matin jufqu'à ce qu'à cinq heures on frappe le Tambour, & on fonne de la Trompette. Le Catoval eft toujours accompagné de plufieurs Domeftiques, & de Soldats armés d'épées, de lances, d'arcs & de fléches, quelques-uns portent une arme fort à craindre, c'eft une Baguette de fer longue d'une Coudée qui a au bout une groffe boule de fer, & avec laquelle on peut facilement brifer la tête d'une perfonne, ou lui enfoncer les côtes. Quand ils rencontrent quelqu'un qui a commis quelque faute légére, il le fait mettre en prifon pour quelque tems; mais fi la faute eft plus confidérable, il lui fait donner la Baftonnade.

Quoique Surate foit habitée par toute forte de Nations différentes, & qu'il y ait bien des étrangers mêlez, avec les Naturels du Pays, on y voit cependant peu de querelles & de difputes. Les Indiens Idolâtres, plus propres à recevoir une injure qu'à la faire, s'éloignent avec foin de tous les crimes odieux & préjudiciables à la Société, tels que font les meurtres, le vol, & femblables; les fautes légéres qu'ils commettent, font feulement punies par la Baftonnade, je crois qu'il y a plus de vingt ans qu'on n'a fait mourir perfonne dans Surate.

L'Empereur a feul le droit de vie & de mort, & ne le communique guère qu'aux Juges qui font trop éloignés : ainfi quand quelqu'un a commis quelque crime confidérable, on le fait favoir au Prince; qui fans faire venir le criminel, prononce fa Sentence fuivant la nature de fon crime.

On ufe de fermens en Juftice, comme on fait dans le Pays Chrétien. Les Banians ne s'y foumettent cependant qu'avec répugnance & aimeroient fouvent mieux perdre leurs caufes, que de faire un ferment, parce qu'il y a quelque chofe d'infamant parmi eux. Lorfqu'ils en font ils mettent leurs mains fûr une Vache en difant, que je puiffe manger de la chair de cet Animal facré, fi ce que je dis n'eft pas vrai. Le fentiment où ils font touchant la Tranfmigration, leur infpire un refpect fingulier pour tous les Animaux, & fur-tout pour la Vache, dont ils ne voudroient pas manger pour toute chofe au monde, dans la crainte qu'ils ont de manger la chair de celui dans lequel l'ame de leur pere aura paffé. Ainfi le refpect fait en eux, par rapport aux Animaux, ce qu'il fait chez les Chinois par rapport à leurs Loix, & à leurs coûtumes; car ils prétendent que leurs peres qui font morts, voient tout ce que font leurs enfans, & font irrités contre eux, lorfqu'ils tranfgreffent ou altérent les Loix qu'ils leur ont données, & ils les tiennent par ce moien, dans la foumiffion & l'obéïffance. Quand il fe vole quelque chofe à la Campagne, il y a un Officier, qu'on nomme le Fourfdar, qui eft obligé d'en répondre, il a fous lui des Soldats & des Domeftiques qui traverfent les Campagnes, & rodent dans les grands chemins pour découvrir les Voleurs, & faire en forte qu'on puiffe voyager fans danger.

Les Hollandois & les Anglois à Surate ont leurs Hôtels, qu'ils appellent Loges, qui font grands, & fort bien bâtis, & compofez de plufieurs beaux Appartemens, Chambres, Sales, Galeries & Chapelles.

Le Havre de Suratta eft à deux lieues de la Ville au Village de Suhali, & c'eft à caufe de cela que les Anglois & Hollandois l'appellent le Kom de Suhali, c'eft-là où les Navires déchargent leurs Marchandifes, que l'on acheve de porter par terre à Suratta. Cette Rade eft fituée à vingt-un dégrés cinquante minutes, fur le cours de Nord-Eft, & de Sud-Oueft : l'entrée n'eft pas bien large, & à la haute marée on n'y trouve que fept Braffes d'eau, & à la baffe cinq feulement.

Le Havre même n'a qu'environ cinq cens pas de large devant le Village, & le fond de fable & la plûpart des bancs demeurent découverts & fecs, au reflux, & font tellement efcarpés que la Sonde y eft tout-à-fait inutile. L'on y eft à couvert de tous les Vents, à la réferve de celui de Sud-Oueft ; mais depuis le mois de Mai jufques en Septembre, l'on eft contraint de quitter cette Côte, à caufe des vents & des orages mêlés d'Eclairs & de Tonnerres effroyables, qui y regnent pendant ce tems-là.

Les Habitans de Suratta font ou Benjans, Bramans, ou Moguls. Ceux-ci font Mahométans, & font bien plus confidérez que les autres, tant à caufe de leur Religion qu'ils ont commune avec le Mogul, & avec les principaux Seigneurs du Pays, qu'à caufe de la profeffion qu'ils font de porter les armes. Ils ont de l'averfion pour les Métiers & pour la Marchandife, & aiment mieux fervir que de donner dans un Emploi honnête; car dès qu'ils ont gagné de quoi avoir un Cheval ils croient être au-deffus de la fortune, parce qu'ils entrent auffi-tôt au fervice de leur Prince. Les Benjans au contraire font retirés & laborieux, s'appliquent au travail & à la Marchandife, & ont une dévotion extraordinaire pour les chofes religieufes.

La Ville eft auffi peuplée d'Arabes, de Perfes, d'Arméniens, de Turcs, & de Juifs, qui y demeurent, ou qui y fréquentent pour le Commerce ; mais il n'y a point d'Etrangers qui y ayent fait un fi grand établiffement que les Hollandois & les Anglois. Ils y ont leurs Hôtels, leurs Magazins, leurs Préfidens, leurs Marchands & leurs Commis, & en font une des Villes les plus Marchandes de tout l'Orient. Les Anglois particuliérement y ont établi le fort de leur Commerce des Indes, & un Préfident auquel tous les Commis des autres Bureaux font obligés de rendre compte. Il s'y trouve affifté de vingt ou de vingt-quatre Marchands & Officiers, & a fous fa Direction le Bureau d'Agra, où ils ont un Commis accompagné de fix perfonnes: celui d'Ifpahan, où ils ont un Commis & fept ou huit autres Marchands : celui de Mefulipatam avec quinze : celui de Brodra & de Broitfchia avec quatre ; & celui de Dabul avec deux perfonnes, qui font tous obligés de fe trouver tous les ans à Suratta, & d'y rendre compte de leur adminiftration au Préfident.

C c

Les

Les dehors de cette Ville sont les plus beaux du monde ; car outre les Jardins, où l'on cultive toutes sortes d'Arbres fruitiers, toute la Campagne semble vouloir contribuer à tout ce qui peut réjouir la vûe. On y remarque entre autres choses plusieurs beaux Sépulcres bâtis de marbre, & un Tancke, ou une Citerne faite en octogone & revêtue de pierres de taille, ayant à chaque coin un Escalier pour descendre, & au milieu le Sépulcre du Fondateur de ce magnifique Ouvrage, qui est si grand qu'il a de quoi fournir de l'eau à toute la Ville, même pendant les plus grandes chaleurs de l'année.

SURBAIA, ou SURABAÏA, Ville des Indes [a], dans l'Isle de Java. Elle suit la Ville de Gerrici & elle a aussi une petite Riviére & un Roi qui est encore Souverain de la Ville de Brandaon. Ce Roi fait son séjour à Cidaoï, autre Ville forte, enfermée de murailles bien flanquées ; mais il n'y a dans son Port aucune défense, contre la violence de la Mer ; de sorte que par de gros tems on n'y peut demeurer à l'ancre.

[a] Voyages de la Compagnie, t. 2.

SURBAY, Baye sur la Côte d'Angleterre [b], dans Yorckshire, au Quartier Oriental ou Est-Riding. Le Cap de Flamboroug, en Anglois *Flamboroughead*, forme du côté du Midi une Baye, nommée *Surbay*, c'est-à-dire *Baye assûrée*, à cause de la bonté de sa Rade, qui peut contenir quantité de Vaisseaux. Les Anciens la nommoient *Eulimenon*; ce qui signifie la même chose. Ptolomée l'appelle *Eulimenon Gabrantonicorum*, à cause que le Peuple qui habitoit le Pays d'alentour portoit le nom de *Gabrantonici*.

[b] Délices de la Gr. Br. p. 231.

SURDAONES, Peuples de l'Espagne Tarragonnoise. Pline [c] les place sur le bord du Fleuve *Sicoris*, aujourd'hui la Segre, & il leur donne pour Capitale la Ville d'Ilerda, à présent Lérida, qui étoit aussi la Capitale des Ilergétes [d] : *Ilerdenses*, dit-il, *Surdaonum Gentis, juxta quos Sicoris Fluvius*. Ainsi les *Ilerdenses*, ou Habitans de Lérida, faisoient partie des *Surdaons*; les Surdaons étoient compris sous les *Ilergétes*, & *Ilerda* étoit la Capitale des deux Peuples. Comme on ignore l'origine des Surdaons, Gaspar Varrerius & quelques autres voudroient lire dans Pline *Sardonum*, au lieu de *Surdaonum*, & alors ce Peuple tireroit son origine des *Sardones* que Pomponius Mela & Pline mettent dans la Gaule Aquitanique ; mais il vaut peut-être mieux ignorer l'origine d'un Peuple, que de se hazarder sans fondement à faire une correction, dans un Auteur ancien.

[c] Lib. 3. c. 3.
[d] Marca Hispan. Lib. 1. c. 26.

SURE', Bourg de France dans le Perche, Election de Mortagne.

SURENI. Voyez SURUM.

SURENTI, Pointe d'Italie, au Royaume de Naples [e], environ à trois milles à l'Ouest Sud-Ouest de la Pointe de Vigo, avec une Tour de Garde ; mais la derniére est plus haute que la première. Entre les deux il y a un peu d'enfoncement, où la Côte est escarpée, unie par le haut, presque toute remplie de concavitez souterraines vers la Mer, faites à la pointe du marteau, & qui est remarquable par ses antiquitez. Près de la pointe du Sud-Ouest de Surenti est la Ville de même nom ; & sur le bord de la Mer proche de cette Ville, il y a deux petits Forts armez de quelques Canons, pour la défense du mouillage. On peut aussi mouiller devant la Ville près de la Pointe du Sud-Ouest, par 7. à 8. Brasses d'eau. La première Ancre sera par 18. à 20. Brasses d'eau, fond d'Herbe vazeux. A l'extrémité de cette Pointe, il y a plusieurs Ecueils hors de l'eau & sous l'eau proche de la Pointe. De la Pointe de Sureti au Cap de Campanel la Route est environ le Sud-Sud-Ouest, & la distance de 5. milles. Cette Côte est fort haute, escarpée vers la Mer, & remplie de Tours de garde sur toutes les Pointes & Hauteurs.

[e] Michelot, Portul. de la Médit. p. 113.

SURENTUM, Voyez SURRENTUM.

SURESNE, Bourg de l'Isle de France. Il est connu pour être un des meilleurs Vignobles des environs de Paris. Il y a à Suresne un Prieuré qui a été uni à la Manse Abbatiale de St. Germain des Prés.

SURFONT, Paroisse de France, dans le Bassigny, Election de Chaumont : cette Terre appartient à la Maison de Choiseul, qui l'a acquise de celle de Clermont, où elle étoit entrée par le mariage de Jean d'Amboise, avec Catherine de St. Blin. Surfont est une Terre considérable.

SURGERES, Bourg de France, au Pays d'Aunis, à trois lieues de Tonnay-Boutonne, & à six lieues de la Rochelle. Il s'y tient plusieurs Foires où l'on fait un grand Commerce de Chevaux. Surgéres a titre de Marquisat, & appartient à une Branche de la Maison de la Roche-foucaut.

SURGUES, Paroisse de France, dans la Picardie, au Gouvernement d'Ardres, à cinq lieues de Boulogne & de St. Omer, avec titre de Baronnie. Esquieules est un secours de cette Paroisse.

SURGUTO, ou SURGUT, Ville de l'Empire Russien, dans la Sibérie ; à l'Est de l'Oby. Cette petite Ville est mal peuplée [f], & on y fait fort peu de Commerce. La plûpart des gens de ce Pays sont si misérables, qu'à peine ont-ils de quoi se couvrir le Corps d'un méchant Habit. Ils possédent peu de terres labourables, & ce qu'ils cultivent est fort peu de chose ; de sorte qu'ils ne subsistent que de la Chasse des Martes-Zibelines, des Hermines & des Renards. Ils ne prennent pas les Martes avec des Trapes comme on fait ailleurs, ils les tuent avec des fléches émoussées, ou bien ils allument du feu sous l'Arbre, sur lequel se tient la Marte-Zibeline, qui ne pouvant supporter la fumée, se laisse tomber. Alors ceux qui sont sous l'Arbre se jettent dessus avec précipitation, & l'attrapent toute étourdie de cette fumée. Pour les Hermines ils leur tendent des Trapes, & vont à la Chasse des Renards avec des Chiens [g]. On trouve sur-tout, en avançant dans le Pays à l'Est & en remontant l'Oby, depuis Surgut jusqu'à la Ville de Narum de très-belles Martes-Zibelines, d'un brun-pâle, & de noires ; les plus belles Hermines de la Sibérie, & même de toute la Russie ; & des Renards noirs d'une beauté inexprimable. On en conserve les plus beaux pour la Cour & on les estime jusqu'à deux ou trois cens Roubles la piéce.

[f] Adam Brand, Voyage de Moscovie.
[g] Corn. le Bruyn, Voyages, t. 3. p. 343.

ce. Il y en a même qui surpassent en cette couleur les plus belles Martes-Zibelines de la Daurie. On les prend avec des Chiens, auxquels ils donnent souvent le change. Il y a aussi dans ce Pays des Renards, qui ne sont qu'à demi noirs, mêlez de gris; & l'on prend rarement de ceux qui sont entiérement noirs. Quant aux rouges ils y abondent. On trouve encore quantité de Loutres & de Biévres. Les premiers ne vivent que de proye, & sont de dangereux Animaux. Ils se perchent sur les Arbres comme les Luxes, d'où ils ne branlent pas jusqu'à ce qu'il passe des Elans, des Cerfs, des Daims, ou des Liévres sur lesquels ils s'élancent, & ils ne les quittent pas jusqu'à ce qu'ils les ayent terrassez, & percez à coups de dents, après quoi ils les dévorent. On fait des contes extraordinaires touchant les Biévres, qui ont leurs Taniéres le long de cette Riviére, dans les endroits les moins fréquentez, & où il y a une plus grande abondance de Poisson, qui fait leur nourriture ordinaire. On prétend entr'autres que ces Animaux s'attroupent par couples au Printems, & font une sorte de voisinage. Qu'ensuite ils font des prisonniers de leur espèce, & qu'ils traînent dans leurs Taniéres pour leur servir d'Esclaves; qu'ils abbattent des Arbres, en les rongeant par le pied, & les traînent vers leurs demeures, où ils en coupent des branches d'une certaine longueur, dont ils se servent pour enfermer les provisions qu'ils font pendant l'Eté, vers le tems que leurs Femelles font leurs Petits. On ajoute qu'ensuite ces Animaux s'assemblent une seconde fois, & qu'après avoir abbattu un Arbre, qui a quelquefois une aulne de tour, ils le réduisent à la longueur de deux Brasses, puis le traînent dans l'eau jusqu'à leurs Taniéres, devant les trous desquels ils le dressent dans l'eau à la profondeur d'une aulne, puis que cet Arbre touche le fond, & le posent dans un Equilibre si juste que ni la force du Vent, ni celle des Vagues ne sauroit l'ébranler. Si l'on ne connoissoit pas l'industrie du Castor, celle des Biévres passeroit pour une Fable. Il y a bien des gens dans ce Pays-là, qui attribuent sur-tout l'érection de cet Arbre, devantles Taniéres, à la Magie des Ostiaques, & des autres Payens qui habitent dans ces Quartiers-là; mais ils ajoutent qu'il est certain que les Paysans savent distinguer parmi ces Animaux les Esclaves d'avec les autres, par leur maigreur & par leur poil qui est ras à force de travailler. Les Russiens & les Ostiaques qui les prennent à la Chasse, ne détruisent jamais toute la Taniére, & ont soin d'y laisser toujours un Mâle & une Femelle pour la multiplication de l'Espèce.

SURGY, Bourg de France, dans le Nivernois, Election de Clamecy.

SURIA. Voyez SYRIE.

SURIASSER, Ville de la Turquie en Asie, dans l'Anatolie, selon Davity [a] qui dit qu'elle est voisine de celle de Smyrne, & sert de demeure à un Sangiac. Cette Ville, ajoute-t-il, est importante & située près du Cap Stellaro ou Stillari, anciennement Mymas, opposé à l'Isle de Scio. Mr.

[a] Ionie.

de l'Isle ne connoît point cette Ville.

SURIATES, Peuples d'Italie, dans l'Umbrie, selon Pline [b]. Le Pere Hardouin lit Curiates, au lieu de Suriates, sans donner aucune raison de ce changement.

[b] Lib. 2. c. 14.

SURICI, Isle de l'Archipel [c], près de la Côte Septentrionale de l'Isle de Négrepont, environ au Sud-Ouest du Cap Sud-Ouest de l'Isle de Sciatta. Cette Isle qui semble être marquée sous le nom de Podico dans les Cartes Marines Italiennes, est prise pour l'ancienne Cicynethus, ou Otulis, dont Etienne le Géographe fait mention. Les Vaisseaux peuvent trouver une fort bonne Rade à l'abri des Vents du Nord & du Nord-Ouest entre cette Isle & celle de Négrepont. Mais en tirant delà du côté de l'Orient, il n'y a aucune bonne Rade pour les grands Bâtimens le long de la Côte Septentrionale de cette derniere Isle, la Mer y étant fort profonde par-tout & sans fond. Cette Côte est dure, inégale raboteuse; & les Matelots courent infailliblement risque d'y faire naufrage, lorsqu'ils sont poussez contre un rivage un peu bas, & qu'ils ne peuvent pas l'éviter en détournant leurs voiles.

[c] Dapper, Descr. de l'Archipel, p. 339.

SURIGA, Ville de la Mauritanie Tingitane. Ptolomée [d] la place sur l'Océan Atlantique, entre le Promontoire Usadium, & l'Embouchure du Fleuve Una. Le nom moderne est Abet, selon quelques-uns, & Goz Porto selon d'autres.

[d] Lib. 4. c. 1.

SURII *, Peuples qui n'admettoient à leurs Sacrifices aucun Esclave, selon Athénée qui cite Philarque.

[e] Ortelii Thesaur.

SURIN, Seigneurie de France, dans le Berry. Elle appartient aux Peres Jésuites, à qui Henri II. Prince de Condé la donna, pour fonder la Classe de Théologie dans leur Collége de la Ville de Bourges.

SURINA, Province de l'Amérique Méridionale [f], au Pays des Amazones, à l'Orient de celui des Cusignates, Nation qui cultive les Plaines situées sur le bord Méridional du Fleuve des Amazones. Les Peuples qui habitent cette Province sont les Surines & les Coripunes, Nations les plus curieuses & les plus adroites de toute l'Amérique en ouvrages de bois. Ils font des Bancs & des Siéges en figures d'Animaux avec une délicatesse qui va au-delà de tout ce qu'on peut s'imaginer. Ils font aussi des javelots & des fléches que recherchent toutes les Nations voisines. Les petites Idoles qu'ils forment au naturel sont travaillées avec une si grande industrie, que nos plus habiles Sculpteurs seroient contraints de les admirer. L'échange qu'ils font de tous ces divers Ouvrages leur fait mener une vie aisée & commode; le Commerce qu'ils en font leur attirant de tous côtez toutes les choses qui leur peuvent être nécessaires.

[f] Le Comte de Pagan, Relat. Hist. & Géogr. de la Riviére des Amazones.

SURINAM, ou SURINAME, Riviére de l'Amérique [g], dans la Terre-ferme, au Pays appellé Guïane ou Goyane. Cette Riviére qui coule presque du Midi au Nord, & qui a son Embouchure entre celles des Riviéres de Coupenam & de Soramine, donne son nom à cette étendue de Pays, où les Hollandois se sont établis, & située dans la Guïane sur les Côtes de l'Amérique Méridio-

[g] De l'Isle, Atlas. [h] Janiçon, Etat présent des Provinces unies. t. 2. n. 406. & suiv.

ridionale, à six ou sept degrez de Latitude Septentrionale. A son Embouchure il y a des Bancs de sable, mais qui sont couverts de trois Brasses d'eau, lorsque la Marée est haute. Elle a environ une lieue de largeur, qu'elle conserve depuis son Embouchure jusqu'au Confluent de la Commewine, qui se jette dans la Rivière de Suriname. La première descend de l'Occident, & l'autre de l'Orient. Ces deux Rivières, au-dessus de leur Confluent, ont chacune environ une demi-lieue de largeur, & sont si profondes qu'elles peuvent porter les plus gros Bâtimens, jusqu'à trente lieues en les remontant.

A deux lieues de l'Embouchure de cette Rivière, il y a le Fort *Zelandia*, bâti de Briques, avec un Bourg nommé *Paramaribo*, d'environ quatre cens Maisons. Les François avoient occupé ce Poste l'an 1640.: mais ils l'abandonnèrent quelque tems après, parce qu'ils le trouvèrent trop mal-sain. Les Anglois ensuite en prirent possession, mais ils en firent peu de cas; de sorte qu'en 1668. Charles II. Roi de la Grande-Bretagne, tomba facilement d'accord de rendre cette Colonie aux Hollandois: ce qui n'eut pourtant son entière exécution, qu'après la conclusion de la Paix en 1674.

Le Pays étoit alors effectivement fort mal-sain, parce qu'il étoit tout couvert de Bois, qui empêchoient que le Soleil, quoique deux fois vertical l'année, ne le desséchât, & que le Vent ne pût favoriser ce bon effet. Cependant quelques Habitans de Zélande, sous la Protection des Etats de cette Province, y allèrent former des Etablissemens; & voyant qu'on en pouvoit tirer une prodigieuse quantité de Sucre, ils abbattirent tant de Bois, que le Soleil & les Vents, en desséchant le Terrein, rendirent ce Pays beaucoup plus sain qu'auparavant.

Comme la nouvelle Compagnie des Indes Occidentales, à qui les Etats de Zélande avoient transporté cette Colonie, n'étoit pas en état par elle-même d'y envoyer tout le secours nécessaire, elle en céda un tiers aux Magistrats d'Amsterdam; un autre à Mr. d'Aarssens, Seigneur de Somelsdyk, & ne s'en réserva que le troisième tiers. C'est delà qu'on a nommé cette Colonie la Société de Suriname, parce qu'elle est sujette à trois Conseigneurs, qui sont la Compagnie des Indes Occidentales, la Ville d'Amsterdam, & Mr. de Somelsdyk; mais la Souveraineté en appartient aux Etats-Généraux. Depuis cet arrangement plusieurs Familles se transportèrent dans ce Pays-là, & y firent des plantations de Sucre, qui leur rapportèrent des profits considérables. A mesure que cette Colonie se peuploit, l'air s'y purifioit par de grands abbatis d'Arbres & des Broussailles, & par le plantage des cannes de Sucre; ce qui attira un grand nombre des Habitans de ce Pays, de sorte qu'en 1683. on y comptoit déja jusqu'à cinq ou six cens Familles qui y étoient établies.

Ces heureux succès portèrent les Etats-Généraux à favoriser cette Colonie, & pour cet effet ils lui accordèrent le 23. Septembre 1682. un Octroi contenant trente-deux Articles, tant en faveur de la Compagnie des Indes Occidentales, que pour la sûreté de ceux qui étoient déja établis dans cette Colonie, ou qui s'y établiroient dans la suite.

Entr'autres prérogatives leurs Hautes Puissances, par cet Octroi accordèrent à la Compagnie le droit de lever trois Florins par last de tous les Vaisseaux qui entroient dans le Port de Suriname, ou qui en sortiroient: de même qu'une Capitation de cinquante livres de Sucre par an sur chaque Habitant, Blanc ou Noir; & deux & demi pour cent de la valeur de toutes les Marchandises envoyées en Hollande, ou vendues dans le Pays même, pour le droit du Poids public.

Un autre avantage considérable de la Compagnie est celui d'avoir seule le droit de transporter des Nègres à Suriname; mais elle est obligée de les y vendre publiquement deux à deux, pour en accommoder tous les Habitans, sans aucune distinction. Elle peut aussi obliger tous les Vaisseaux qui vont dans ce Pays-là, d'y transporter chacun douze Personnes, moyennant trente Florins par tête, tant pour le passage, que pour la nourriture; & deux enfans au-dessous de douze ans, ne passent que pour une personne.

Il est permis à tous les Habitans de la République d'aller s'établir à Suriname, & d'y négocier en payant à la Compagnie le droit du last, ci-dessus mentionné, & en donnant caution que leurs Vaisseaux n'iront point sur les Côtes d'Afrique, ni dans aucun Lieu où la Compagnie a seule le droit de trafiquer; & qu'ils retourneront directement dans les Ports de ces Provinces. Après avoir payé le droit du last à la Compagnie, ils en obtiennent des Passeports pour faire leur voyage. Et afin de favoriser les Négocians particuliers, il est défendu à la Compagnie d'envoyer à Suriname un plus grand nombre de Vaisseaux, qu'il ne lui en faut pour y transporter des Esclaves.

La Compagnie est chargée de l'entretien du Fort *Zelandia* & de celui de Somelsdyk, de même que de l'Artillerie, des Munitions de Guerre, du payement des Troupes, & de tout ce qui concerne le maintien & la défense de la Colonie. Elle a soin aussi d'y envoyer des Ministres, mais ils sont entretenus aux dépens de la Colonie.

Enfin, par le grand nombre des Hollandois, qui y ont fait des Plantations, la Colonie est devenue très-florissante, & s'est étendue jusqu'à trente lieues au-dessus de l'Embouchure de la Rivière; mais il n'y a pas apparence qu'elle puisse s'étendre plus loin, à cause des cataractes qui empêchent de remonter les deux Rivières, & des Rochers qui ne permettent pas de pénétrer plus avant, & qui servent en même tems de Remparts à la Colonie contre les attaques des Sauvages qui habitent sur les hauteurs, & qu'on ne peut apprivoiser.

Depuis quelques années la Colonie est devenue très-puissante; car, outre les In-
dicns

diens, on y compte aujourd'hui jusqu'à sept ou huit cens Familles, parmi lesquelles il y en a un assez grand nombre de François réfugiez, qui ont un Pasteur que la Colonie entretient. On fait aussi monter les Plantations jusqu'à quatre cens & plus, qui rapportent des profits immenses aux Propriétaires.

Toutes ces Plantations sont situées le long des Riviéres. Un peu au-dessus de Paramaribo, il y a une belle Maison, qui fut bâtie sous le Gouvernement de Mr. de Somelsdyk. Plus haut on trouve un Village nommé le Zantpunt, qui consiste en vingt-cinq ou trente Maisons, avec une Eglise. Au-dessus de ce Village, il y en a un autre qu'on nomme le Quartier des *Juifs*, parce qu'il y en a un grand nombre. Les meilleures Plantations sont dans ces Quartiers-là, & c'étoit autrefois l'extrémité de la Colonie ; mais la Sœur de Mr. de Somelsdyk étant arrivée dans ce Pays-là, les *Labadistes* qui l'accompagnérent, établirent plus haut une Plantation qui porte encore leur nom. Au Confluent des Riviéres de *Suriname* & de *Commewine*, est situé le *Krabbebosch*, qui est un endroit fort marécageux, & où l'on n'a pu construire un Fort, pour défendre ces deux Riviéres. Cependant il y a celui de Somelsdyk, au Confluent de la *Commewine* & de la *Cottica*, qui est un autre Bras de la Riviére de *Suriname*. Le long de la *Cottica* il y a un grand nombre de Plantations, jusqu'à quinze ou seize lieues en remontant : aussi-bien que sur une autre petite Riviére qu'on nomme *Piereka*, & qui tombe de la *Cottica* dans la *Commewine*. Il y a divers autres Bras de ces Riviéres, le long desquels il y a quantité de Plantations.

Ces Riviéres sont fort fertiles en Poissons, les uns très-bons, & les autres fort rares. On en remarque entr'autres un qu'on nomme *Torpille*, & qui a une qualité extraordinaire ; c'est qu'il cause un engourdissement des Membres à tous ceux qui le touchent seulement avec un Bâton.

Depuis la fin de Novembre jusqu'au mois de Juillet, la chaleur y est tempérée, à cause des nuées qui arrêtent l'ardeur du Soleil, & des fréquentes pluyes qui tombent dans ce tems-là, aussi-bien que du Vent de Nord-Est, qui régne alors continuellement. Pendant le reste de l'année la chaleur y est excessive, sur-tout lorsqu'il ne tombe point de pluye. Les jours & les nuits sont presque égaux pendant toute l'année, & le Soleil se leve & se couche toujours à six heures, ou une demi-heure plutôt ou plus tard. Le Pays voisin de la Mer est bas, marécageux & rempli de Bois : mais à trente lieues delà il est montagneux, & entrecoupé de grandes Plaines, où l'on voit plusieurs Bocages. Les Arbres sont verds toute l'année, & quelques-uns portent des Fleurs & des Fruits en même tems ; la plûpart répandent une odeur qui embaume tous les environs. Ce Pays convient beaucoup mieux aux Personnes âgées qu'aux jeunes Gens.

Les maladies qui y régnent le plus sont les Fiévres de toute espéce, le *Jawe*, & l'Hydropisie, que l'on nomme la maladie du Pays. Le Jawe semble fort à la Vérole, & l'on gagne facilement ce mal avec les *Indiennes*, qui en sont presque toutes attaquées naturellement. L'Hydropisie est causée par la mauvaise nourriture qu'on donne aux Esclaves, mais ceux qui se nourrissent mieux en sont exemts.

Il y croît quatre sortes de Racines, dont les Indiens se nourrissent principalement, & qu'on nomme James, Planton, Cassade & Bonanoe. La première porte des fleurs semblables au Houblon ; cette Racine meurit dans l'espace de huit mois, &, quand on l'a bouillie ou rôtie, on la séche, & alors elle se met en mie. Le Planton est le Fruit d'un Arbre, qui n'est mûr qu'au bout d'une année, & qui est plus gros qu'une Féve, il y en a quarante ou cinquante à une Touffe, mais l'Arbre n'en porte qu'une. On cueille ce Fruit avant qu'il soit tout-à-fait mûr, on le fait bouillir ou rôtir, & l'on en fait une espéce de Pain. La *Cassade* est une autre Racine de la grosseur de la jambe d'un homme, qui produit un Arbre de huit pieds de hauteur. Quand l'Arbre a cru pendant un an, on arrache cette Racine, & on replante les branches de l'Arbre. On ratisse cette Racine, & on en exprime tout le suc qui est un venin ; & après qu'elle a été séchée & pilée, on en fait des gâteaux qu'on cuit sur des pierres chaudes. Cette espéce de Pain est bon, quand il est frais ; mais il ne vaut guère quand il a passé un jour. Les *Indiens* font de cette Racine ainsi préparée diverses sortes de Boissons, dont l'une entr'autres qu'on nomme *Perinoe* est bonne, & ressemble assez à de la Biére forte. Le *Bonanoe* est une Racine fort semblable à celle de *Planton*, excepté qu'elle est d'un meilleur goût.

Entre les diverses sortes de Fruits que le Pays produit naturellement, on remarque principalement les *Semerrimars*, les Guavers, & les Pommes de Pin. Les *Semerrimars* croissent sur un Arbre d'une hauteur raisonnable, & ressemblent assez aux Pêches ; en dehors ils sont cotonneux, mais on ne peut les manger, que quand ils sont pourris, & alors ils ont le goût du Cotignac. Le *Gaver* est aussi gros qu'une Nefle, il est jaune & rempli de petits grains ; c'est un Fruit fort délicat, & qui a le même goût que les Groseilles, il croît dans les Prairies. La Pomme de Pin est le meilleur de tous les Fruits, & a un pied de long, & huit pouces de grosseur ; en dehors elle est verte & marquetée, en dedans jaune, pleine de Jus renfermé dans de petites Cellules en forme de rayon de miel, & la tête est ornée d'une Couronne de feuilles. Ce fruit croît sur un Arbrisseau de la hauteur d'environ quatre pieds, & sa tige sort de la Racine, de la même manière que celle d'un Artichaud. On en coupe la tête qu'on replante, & qui produit un nouveau Fruit au bout de dix mois.

On cultive avec succès dans le Pays de *Suriname* des Orangers, des Limonniers, des Citronniers, des Melons d'eau & musquez, & des Vignes que l'on fait venir de l'Europe, & qui produisent des Fruits aussi bons que par-tout ailleurs.

Il s'en manque bien que la Chair soit aussi bonne dans ce Pays-là qu'en Europe, parce que la chaleur rend la Chair de toutes les Bêtes qu'on y éleve molle & peu appetissante ; mais il en faut excepter le Cochon qui est beaucoup meilleur qu'en Europe. Le Poisson y est aussi fort bon ; mais les pluyes continuelles & les inondations ne permettent pas qu'on en prenne en quantité. Pour remédier à ce défaut on fait venir de la Chair & du Poisson salé de la Nouvelle Angleterre, de la Virginie, & de Hollande.

Dans de certaines saisons de l'année, on prend sur le bord de la Mer des Tortues qui pésent deux à trois cens Livres, & dont la Chair & les Oeufs sont une assez bonne nourriture, quoique d'une dure digestion, sur-tout quand elle est salée.

On y voit toute sorte d'Oiseaux, à l'exception des Rossignols, qui font des cris fort désagréables ; mais qui sont très-bons à manger. Il y a entr'autres une grande quantité de Canards, de Sarcelles, de Pluviers, de Beccasses, de Faisans, de Perdrix &c. Les Perroquets y sont plus communs que les Corneilles en Europe ; & il s'y trouve quantité d'autres Oiseaux, qu'on ne voit point ailleurs, mais de nul usage.

Il y a quantité de Cerfs, de Liévres, de Lapins, d'Armadilles, de Cochons, de *Mierenbeers*, de Buffles, de Tigres, &c. aussi-bien que des Singes, des Guenons, & autres Animaux qui se logent sur les Arbres.

Les Cerfs sont à peu près comme ceux de l'Europe, & bons à manger.

Les Liévres ressemblent à des Cochons de lait, excepté la gueule qui est celle d'un Liévre. Ils ont le poil brun, doux, & marqueté de blanc, & sont fort bons à manger.

Les Lapins ont le poil rouge, sont plus petits que les Liévres, mais ne sont pas si bons.

Les Armadilles ont des pattes courtes, avec trois griffes, & une tête de Cochon, la gueule petite & sans dents ; ils sont armés d'écailles, excepté la tête & le ventre ; il y en a qui pésent jusqu'à quatre-vingt livres, & ce seroit un tres-bon manger, s'ils ne sentoient pas trop le musc.

Les Cochons sont de trois sortes, les uns ressemblent à des Outres, vivent principalement dans l'eau, & sont un fort bon manger. On nomme les deux autres sortes des *Pakkira* & *Pinko* ; le premier a le nombril sur le dos, est d'une couleur grise, mais n'est pas fort bon à manger. Le second n'est pas si gros qu'un de nos Cochons, mais il ne vaut pas moins.

Le *Mierenbeer* est de la grosseur d'un Cochon ordinaire, d'une couleur grisâtre, & a une queue longue & velue, comme celle d'un Renard ou d'un Ecureuil, dont il se couvre tout le corps en tems de pluye ; il a la tête petite, mais son museau a bien un pied de longueur depuis les yeux ; il n'a point de dents, sa langue est longue & étroite, & il peut l'étendre jusqu'à la longueur d'un pied. Il la fourre dans les fourmilliéres, pour en tirer les fourmis qui sont sa nourriture ordinaire. Il est fort sur-tout par ses griffes de devant, dont il peut blesser dangereusement un homme ; mais comme il marche lentement, on peut l'éviter facilement. Sa Chair n'est pas des meilleures, mais on peut la manger quand on a faim.

Le Buffle est aussi gros qu'un jeune Bœuf de deux ans, & la Chair en est aussi bonne.

Il y a trois sortes de Tigres, les uns sont noirs, les uns marquetés, & les autres rouges. Les premiers sont plus dangereux que les autres ; mais ils paroissent rarement dans les lieux habités. Les marquetés sont plutôt des Leopards que des Tigres, & causent de grands dommages aux Habitans ; car ils sautent au-dessus d'une muraille de cinq ou six piez de hauteur sans lâcher leur proie quand ce seroit même un Cochon. Les rouges ne sont pas en si grande quantité ni si dangereux que les autres.

On trouve dans les Bois une grande quantité de Tortues de terre, qui sont les trois quarts moins grosses que celles de Mer. L'écaille en est si dure, qu'une Charrete peut passer sur leur dos sans les écraser. Cependant on les brise à grands coups de hache, & les Tigres en savent tirer la chair en les renversant. Les Habitans en gardent un certain nombre dans leurs Etables pour s'en servir en cas de besoin, & la chair en est assez bonne.

Il y a aussi dans les Bois des Porc-épics qui sont plus gros qu'en Europe, & qui ont pour défense des piquans blancs & noirs de la largeur de deux mains.

Les Singes & les Guenons fourmillent dans les Bois, & font des cris si épouvantables à une certaine heure du jour & de la nuit qu'on peut les entendre à deux lieues de distance.

Le *Marmazet*, le *Quotto*, le *Cuscari*, & le *Luyart*, sont encore des Animaux remarquables. Le *Marmazet* est un assez joli Animal, beaucoup plus petit qu'un Singe ; mais qui le surpasse extrêmement en agilité. Le *Quotto* est d'une couleur noire, & un peu plus grand qu'un Singe : il a la queue fort longue, la face rouge, le poil lui couvre le front, & il a le cri fort éclatant. Le *Cuscari* est noir, plus petit que le *Marmazet*, & a la figure d'un Lion. Le *Luyart*, ou Paresseux, est ainsi nommé à cause de la lenteur avec laquelle il marche, sans que rien puisse le faire aller plus vîte qu'à son ordinaire. Il lui faut un jour entier pour monter sur un Arbre, & n'en descend qu'après avoir mangé tout ce qui sert à sa nourriture. Cet Animal est plus grand qu'une Guenon, & a une peau de toutes sortes de couleurs ; son cri est desagréable.

La plus grande incommodité du Pays de Suriname, c'est qu'il y a une grande quantité d'Animaux rampans & d'Insectes venimeux ; ce qui provient de la grande chaleur, & du trop petit nombre d'Habitans. On y trouve des Serpens en grand nombre, & de différentes sortes. Il y en a qui ont trente piez de longueur & qui sont gros à proportion ; mais ils ne sont point venimeux ni méchans, quand ils n'ont point faim. Ce sont proprement des Serpens d'eau, quoiqu'ils

qu'ils viennent quelquefois paître fur terre. Il y en a de plus petits qui font en plus grand nombre & très-venimeux. D'autres ont une peau couverte d'écailles de différentes couleurs vives, fous lesquelles eft un venin mortel. Enfin il y en a qui ont la peau bourgeonnée, avec des cornes à la queue & des défenfes au haut de la Gueule, de la largeur & longueur de deux pouces.

Le Scorpion eft noir, reffemble à une Ecreviffe, & fe cache fous du bois fec, ou dans le Blé. Son aiguillon eft dans la queue: celui qui en eft piqué fentira pendant quelques heures des douleurs exceffives; mais il n'en meurt pas. Le remede ordinaire eft de le fracaffer, & de l'appliquer fur la bleffure.

Les Chauve-fouris font des Animaux nuifibles aux Hommes & aux Bêtes. Elles fucent le fang fans qu'on le fente que quand il eft trop tard. Elles paroiffent en volant de la groffeur d'un Pigeon, & font caufe qu'il n'y a pas beaucoup de Cochons, par la raifon que je viens de dire.

Il n'y a point de Pays au Monde, où l'on voie une fi grande quantité de Grenouilles que dans celui-ci. Quand il a plu, la Campagne en eft couverte, & elles viennent jufques dans les Maifons; leur cri eft beaucoup plus defagréable qu'en Europe.

Les Fourmis font les Infectes qui caufent le plus de dommage aux Habitans, & les terres fablonneufes fur-tout en font ravagées.

Le *Muskyta* eft une forte de Moucheron qui eft extrêmement incommode, & fa piquure caufe de groffes puftules; on en eft plus tourmenté dans les terres baffes & vers la Mer, que dans les endroits élevez.

Les Vers que ce Pays-là produit font dignes d'admiration, par leurs métamorphofes auffi furprenantes, que celles des Vers à foie. Les uns fe transforment en Infectes volatiles, auffi gros que de petits Oifeaux, & les autres en Plante.

A l'égard du Commerce, les principales productions du Pays font le Sucre, le Coton, de la Gomme, du Tabac, du Bois marqueté, du Bois de teinture &c.

On fait dans ce Pays-là une grande quantité de Sucre qu'on envoye en Hollande, & qui paffe pour valoir dix pour cent plus que celui de l'Ifle des *Barbades*. On l'y achete ordinairement depuis fix à fept dutes jufques à douze & quinze dutes la livre. Les Cannes dont on tire le Sucre ont fix ou fept piez de hauteur, & font de la groffeur du bras. On ne les coupe qu'au bout d'un an, & alors on preffe dans un Moulin, pour en exprimer le Suc que l'on fait enfuite bouillir dans des Chaudières de cuivre. Enfuite on les jette dans des Cuveaux legers & quarrez par le haut; mais qui vont en diminuant jufqu'au fond, où il y a un trou de la largeur d'un fol, qu'on tient fermé jufqu'à ce que le Sucre fe foit refroidi & congelé. Alors on ouvre ce trou pour faire écouler le Syrop & quand le Sucre a refté quelque tems dans le Cuveau, on l'en tire, on le met dans des Barriques pour être embarqué.

On fait du Syrop une Liqueur diftillée, qu'on nomme *Rum*, & qui eft une fois plus forte que l'Eau de vie : on en fait un grand Négoce dans les Colonies Angloifes.

Le Coton n'y croît pas fi bien que dans l'Ifle des *Barbades*, & dans d'autres endroits, peut-être parce qu'il y pleut trop.

Il croît deux fortes de Gomme dans ce Pays-là, en affez grande abondance, l'une qu'on appelle *Gomme de Montagne*, & l'autre *Gummi Semnia*.

Le Tabac y croît fort bien; mais il n'eft pas fi bon que celui de Virginie. Auffi n'eft-il confumé que par les Habitans; car tout le monde fume dans ce Pays-là, Hommes, Femmes, & Enfans.

Il y a quantité de Bois marqueté, & propre à la Menuiferie; il fe vendoit autrefois en Angleterre au même prix que le Sucre. Le Bois de teinture y croît auffi en affez grande abondance & l'on en fait un affez bon Commerce.

Les grandes pluyes qui tombent dans ce Pays-là font caufe que l'Indigo n'y croît pas en abondance.

On y recueille de la Caffe en abondance, & l'on y trouve une forte de Baume, qui eft excellent pour des playes fraîches.

Il y croît préfentement affez de Ris, du Cacao, un peu de Rocou, & de la Banille.

Depuis quelques années on y a planté du Caffé qui y croît fi bien qu'au lieu d'y en envoyer comme auparavant, on en fait venir préfentement une affez grande quantité, parce qu'on le trouve auffi bon que celui du Levant. On croit qu'on effayera d'y planter auffi du Thé.

Les Orangers, Limonniers, Citronniers, les Melons d'eau & mufquez & les Vignes qu'on y a transportées y croiffent parfaitement bien Auffi tire-t-on de ce Pays-là de petits Citrons, & de petites Oranges confites.

Toutes les Marchandifes qui viennent de Suriname, ne payent que trente fols d'entrée à l'Amirauté.

Pour cultiver les Terres qui produifent tous ces fruits, les Propriétaires fe fervent des Efclaves qu'ils achetent de la Compagnie des Indes Occidentales, & dont on transporte tous les ans un certain nombre des Côtes de Guinée. Il n'y a point de Bête de fomme, dont la condition foit fi trifte, que celle de ces Efclaves. Ils font obligez de travailler fans relâche, & on les traite fans miféricorde, lorfqu'ils contreviennent tant foit peu aux ordres de leurs Maîtres, ou de ceux qui ont infpection fur leur conduite. On ne leur accorde que cinq ou fix heures le Samedi pour cultiver leurs propres Jardins, d'où ils tirent leur principale nourriture; mais quelquefois pour les fortifier, les Maîtres leur donnent du Poiffon falé, & de la chair de Vache ou de Cheval. Ils couchent fur de fimples planches & fans aucune couverture. Ces rudes traitemens les portent quelquefois au defefpoir & à chercher les moyens de fe mettre en liberté, & quand ils craignent d'être pris, ou de ne point obtenir leur pardon il y en a qui fe détruifent eux-mêmes. D'autres fouffrent les plus cruels tourmens avec une fermeté inexprimable.

Cepen-

Cependant comme ils font un mélange de toutes les Nations, & qu'ils font presque toujours en diffention entre eux, il est rare qu'ils forment une conspiration contre leur Maître, dans la crainte d'être découverts par quelques-uns de leurs Camarades. Quoiqu'il y en ait qui soient bâtisés, la plûpart n'ont aucune Religion, & croient seulement la Métempsychose; ce qui les soulage en quelque maniére, dans l'espérance de retourner dans leur Patrie après leur mort.

La Colonie de Suriname est gouvernée à Amsterdam par un Collége de dix Directeurs, dont cinq sont nommés par les Magistrats, quatre par la Compagnie des Indes Occidentales, & un par Mr. de Sommelsdyk. Ce Collége a un Secrétaire, & quoique subordonné à la Compagnie des Indes Occidentales, il envoie ses Ordres à la Régence de Suriname pour l'observation de la Police, & de tout ce qui est nécessaire au maintien de cette Colonie. Ce sont aussi les Directeurs qui envoient un Gouverneur à Suriname, mais il faut qu'il soit approuvé par les Etats Généraux, auxquels il doit prêter serment de fidélité, de même qu'aux Directeurs.

Le Gouverneur qui a sous lui un Commandant, exerce une autorité suprême dans toute la Colonie, au nom des Etats Généraux & de la Société, tant par rapport à la Police qu'aux affaires militaires. Cependant dans les affaires d'importance, il est obligé de convoquer & consulter le Conseil Politique, dont il est Président, aussi-bien que du Conseil de Justice. Il n'a qu'une voix dans ces deux Conseils, & doit former la conclusion à la pluralité des voix. Il dispose par interim de toutes les Charges vacantes, tant Politiques que Militaires, jusqu'à ce qu'il en soit ordonné autrement par les Directeurs de la Société. Il donne les ordres qu'il juge les plus convenables au maintien & à la sûreté de la Colonie contre les attaques & les insultes des Ennemis, il convoque un grand Conseil de guerre, composé du Commandant, de tous les Capitaines & d'autant de Membres du Conseil Politique qu'il y a d'Officiers Militaires. Il y propose tout ce qu'il trouve de plus expédient pour la sûreté de la Colonie & il y préside. Le Conseil de guerre subalterne est chargé de la correction & punition des fautes commises par les Soldats, & est composé du Commandant, des Capitaines, des Lieutenans, & des Enseignes; on peut voir l'Instruction du Gouverneur dans le grand Livre des Placards.

Monsieur de Sommelsdyk a été le premier Gouverneur de Suriname, depuis la cession que la Compagnie des Indes Occidentales en avoit faite. Il partit d'Amsterdam le 3. Septembre 1683. avec trois Navires sur lesquels il y avoit trois-cens Soldats, toute sorte de munitions de guerre, des vivres, & tout ce qui étoit nécessaire à l'entretien de la Colonie & du Fort Zelandia. Quelques années après son arrivée, les Soldats se révolterent, parce qu'on avoit été obligé de diminuer leurs rations, & que les provisions commençoient à manquer, y ayant plusieurs mois qu'aucun Bâtiment n'étoit arrivé de Hollande. Dans cette révolte, Mr. de Sommelsdyk eut le malheur de recevoir quarante-sept blessures de ces mutins, dont il mourut sur le champ; ce qui arriva le 19. Juillet 1688. Le Commandant *Verboorne*, quoiqu'assés aimé des Soldats, eut aussi le malheur de recevoir un coup de bâle dans le ventre dont il mourut neuf jours après. Les Soldats s'empareront ensuite du Fort, se choisirent des Officiers, se rendirent maîtres de deux Vaisseaux, qui étoient dans la Riviére, les pourvurent des provisions qu'ils trouverent dans les Magasins, & exigerent trois ou quatre mille florins des Bourgeois pour les exempter du pillage. Enfin ils avoient pris toutes les mesures nécessaires pour leur départ, mais comme il y avoit trois ou quatre Navires dans la *Commewine*, & environ quatre-vingt Soldats dans ce Quartier-là: le Conseil Politique leur envoya ordre de descendre au plutôt, & tous les Habitans de la Colonie prirent les armes. On attaqua les séditieux avec tant de vigueur qu'ils furent obligez de se rendre à discrétion; & tout fut pacifié par la mort de huit des plus coupables, dont cinq furent pendus & les autres rouez.

Le Conseil Politique est composé du Gouverneur qui en est le Président, du Commandant qui est le premier Conseiller, & de neuf autres Conseillers; il y a aussi un Conseiller Fiscal, & un Secrétaire.

Il n'y a que cinq Conseillers qui forment le Conseil de la Justice Civile, avec le Gouverneur qui en est Président, outre un Secrétaire & deux Baillifs. Il y a deux Commis jurez à la Secrétairerie, & deux Ecrivains ordinaires.

La Chambre des Orphelins est gouvernée par quatre Commissaires qui ont un Ecrivain.

Il y a six Commissaires pour terminer les petites affaires, & ils ont un Secrétaire.

Il y a plusieurs Officiers, entr'autres l'Inspecteur sur le Syrop & les Liqueurs. Le Receveur des Impositions modiques, le Commis du Négoce des Esclaves qui a quatre Assistans, le Maître des Ventes publiques, quatre Arpenteurs jurez, un Huissier de la Chambre du Conseil, un Essayeur du Sucre, un Essayeur du Syrop, un Inspecteur des Bâtimens, un Receveur Général, qui a deux Assistans, ce Commis est en même tems Teneur des Livres de la Garnison, outre un Interprête *Indien*, un Officier des *Négres*, le Pere de l'Hôpital, le Jardinier, & un Valet du Poids.

Les Troupes qui sont entretenues pour la sûreté de la Colonie consistent en quatre Compagnies d'Infanterie, commandées chacune par un Capitaine, un Lieutenant, un Enseigne & deux Sergens. Le Gouverneur est Colonel de ces quatre Compagnies, & Capitaine de la première. Il y a aussi un Chirurgien-Major, & un Prévôt.

Toute la Colonie est partagée en huit Divisions qui forment autant de Compagnies de Bourgeois. Ces Compagnies ont chacune leur Capitaine avec un Lieutenant & un Enseigne. Les deux premiéres sont composées des Habitans de *Paramaribo*, la troi-

SUR.   SUR.

troisième est de la Division de *Thorarika*, la quatrième de la haute Division de *Commewine*, la cinquième de la basse Division de *Commewine*, la sixième de *Cotica & Perica*, la septième de celle de *Para*, & la huitième de celle des Juifs.

Il y a trois Eglises dans toute la Colonie de *Suriname*, une à *Paramaribo* qui sert aux *Hollandois*, & aux *François réfugiez* qui y sont établis; la seconde dans la basse Division de *Commewine*, & la troisième est dans la Division de *Cotica & Perica*. Dans chacune de ces Eglises il y a un Pasteur, deux Anciens, deux Diacres & un Lecteur, qui est en même tems Maître d'Ecole. Les Eglises, les Pasteurs, & les Lecteurs sont entretenus aux dépens de la Colonie.

SURJON, Ville de Perse. Tavernier [a] dit que les Géographes du Pays la marquent à 74. d. 40′. de Longitude, sous les 30. d. 20′. de Latitude. C'est dans cette Ville que se font les plus beaux tapis de Perse, qu'on appelle communément tapis de Turquie. Il s'y fait aussi quantité de Chaals très-fins, qui font des ceintures de poil de Chévre très-bien travaillées, que les Persans mettent en croisant par dessus leurs belles ceintures de soie pour les laisser plus en vûe. On nourrit quantité de Bétail à Surjon; & l'on y fait du beurre qu'on transporte ailleurs dans des peaux de Bouc.

[a] Voyage de Perse, Liv. 3.

SURISTENSIS, Siège Episcopal d'Afrique dans la Mauritanie Sitifense, selon la Notice des Evêchez de cette Province.

1. SURIUM, Ville de l'Illyrie sur la Côte de la Dalmatie, selon Pline [b], où on lit: *Contra Surium, Bubus, & Capris laudata Brattia*. Mais ce Passage de Pline est sûrement défectueux; ce qui a fait que Pintaut & le Pere Hardouin sur la foi des meilleurs MSS. l'ont corrigé de la maniére qui suit; *Contra Tragurium Bavo: & Capris laudata Brattia*; De cette façon la Ville de *Surium*, que personne ne connoissoit, s'évanouït pour faire place à *Tragurium*, dont Pline lui-même fait mention dans un autre endroit.

[b] Lib. 3. c. 26.

2. SURIUM, ou SURION, Ville de la Colchide: Ptolomée [c] la marque dans les terres. Pline [d] la place dans l'endroit où le Phase commence à être navigable, & reçoit un Fleuve aussi nommé *Surium*.

[c] Lib. 5. c. 10.
[d] Lib. 6. c. 4.

3. SURIUM, Fleuve de la Colchide. Voyez l'Article précédent.

SURMONTORIUM. Voyez RIPA ALTA.

SURO, Ville, ou Riviére d'Espagne, selon Appien [e], qui nomme ainsi le Lieu près duquel Metellus & Pompée combattirent contre Sertorius & Perpenna; mais les meilleures Editions, au lieu de *ad Suronem*, portent *ad Sucronem*; ce qui nous remet en Pays de connoissance. Voyez SUCRO.

[e] De Bel. Civ.

SUROGANA, Ville de la Bactriane: Ptolomée [f] la compte au nombre des Villes voisines du Fleuve Oxus. Le MS. de la Bibliothéque Palatine porte *Suragana*, au lieu de *Surogana*.

[f] Lib. 6. c. 11.

SURRENTINI COLLES. Voyez SURRENTUM.

SURRENTINUM PROMONTORIUM, Promontoire d'Italie, sur la Côte de la Campanie. Tacite [g] dit que ce Promontoire est séparé de l'Isle de Caprée par un Détroit de trois milles; de sorte qu'il est question du Promontoire de Minerve, qui prit le nom de *Surrentinum*, à cause de la Ville de *Surrentum* qui en étoit voisine.

[g] Annal. Lib. 4.

SURRENTIUM PROMONTORIUM, Promontoire de la Libye intérieure, selon Polybe cité par Pline [h], qui dit que ce Promontoire est la partie du Mont Barce, qui court du côté de l'Occident & s'avance par conséquent dans l'Océan Atlantique. On croit que c'est la même chose que le Promontoire *Arsinarium*, aujourd'hui le *Cap-Verd*.

[h] Lib. 5. c.

SURRENTUM, Ville d'Italie dans la Campanie sur le bord de la Mer. Pomponius Mela [i] qui décrit cette Côte en revenant de la Lucanie pour aller dans le *Latium*, place *Surrentum* sur le Golphe de Pouzzol, aujourd'hui le Golphe de Naples, entre le Promontoire de Minerve & Herculaneum. Pline [k] au contraire, qui va du Latium dans la Lucanie, met *Surrentum* entre le *Sarnus* & le Promontoire de Minerve. Ces deux Auteurs s'accordent ainsi pour la position de cette Ville qui subsiste aujourd'hui dans le même endroit & conserve son ancien nom; car on l'appelle à présent *Surrento*, ou *Surrentum*. Au lieu de *Surrentum* Ptolomée [l] écrit *Surrentum*, Σύρεντον; Strabon lit dans un endroit Σύραιον & dans un autre Σύρρεντον; Etienne le Géographe dit Συρέντιον, Denys d'Halicarnasse Σύρρεντον, & Dion Cassius Συρεντόν. Tous les Latins doublent l'r. On lit dans Silius Italicus [m]:

[i] Lib. 2. c. 4.
[k] Lib. 3. c. 5.
[l] Lib. 3. c. 1.
[m] Lib. 8. v. 544.

Surrentum, & pauper sulci cerealis Abella.

C'étoit une Colonie Romaine, selon Frontin [n], qui l'appelle *Surrentinum Oppidum*. Au voisinage sont les Collines de Surrente, *colles Surrentini*, Vignoble fameux, dont le vin le disputoit aux meilleurs de l'Italie. Ovide [o] en fait l'éloge:

[n] De Coloniis.
[o] Metam. L. 15. v. 710.

Et Surrentino generosos Palmite Colles.

Et Martial dit:

Surrentina bibis? nec murrhina picta, nec aurum, Sume: dabunt calices hac tibi vina suos.

Cette Ville étoit Evêché dès l'an 500. & on la voit Archevêché tout à coup vers l'an 1059. Ses suffragans sont:

Massa,   Vico,
Castel à Mare di
    Stabia.

SURREY, Comté d'Angleterre [p], borné au Nord par la Tamise qui le sépare de la Province de Middlesex, à l'Orient par la Province de Kent & par celle de Sussex, au Midi encore par celle de Sussex, & au Couchant par les Comtez de Northampton & de Backshire. Cette Province a trente-quatre milles de longueur, par vingt-deux de largeur, & cent douze milles de circuit. Dans cet espace sont renfermez cinq cens quatre-vingt-douze mille Arpens de terre. On y compte treize Quartiers, treize Villes ou Bourgs à Marché, & cent qua-

[p] Délices d'Angleterre, p. 851.

D d   rante

rante Paroisses, où l'on peut voir jusqu'à trente-quatre mille deux-cens dix-huit Maisons; ce qui suffit pour faire comprendre à quel point cette Province est peuplée. Outre la Tamise, qui lave l'extrémité Septentrionale de cette Province, on y voit deux Riviéres qui l'arrosent dans toute sa largeur du Sud au Nord, savoir le Wey & le Mole, qui prennent leur source, le premier au coin du Sud-Ouest & l'autre au Sud-Est de ce Comté. Le Wey passe à Fernham, à Godalmin & à Guilford: le Mole ne voit rien de fort remarquable sur ses bords; il se jette dans la Tamise un peu au-dessus de Kingston. Ce Pays étoit anciennement le partage des Régnes; mais les Saxons s'en étant emparez lui donnérent le nom de Suth-Rye, ou Surrey, parce qu'il est au Sud de la Tamise.

L'air du Comté de Surrey est sec & sain, en partie parce qu'il est avancé dans les Terres, & en partie parce qu'il est sablonneux. Le terroir est assez fertile en Bled; mais il est sur-tout abondant en Pâturages où l'on nourrit le meilleur Mouton du Royaume. Les Dunes qui s'élevent par-ci par-là dans la Province y forment une perspective charmante: ce sont d'agréables Collines avec des Plaines couvertes de Verdure, où l'on fait souvent des courses de Chevaux, & d'où l'on découvre les belles Maisons & les Parcs de divers Seigneurs, Gentilshommes & gens riches, lesquelles s'y trouvent en grand nombre. Généralement parlant les extrémitez de cette Province sont beaucoup moins fertiles que le milieu; c'est ce qui fait qu'on la compare à une piéce de Drap grossier, avec une lisiére fine. Les Villes & Bourgs où l'on tient Marché sont,

Guilford,	la Capitale,
Southwark,	Croydon,
Blechingby,	Darking,
Ryegate,	Farnham,
Gatton,	Godalmin,
Haselmere,	Ewel,
Kingston,	Chertsey.

a Lib. 5. c. 11.

SURRHA, Ville de l'Ibérie, selon le Texte Grec de Ptolomée [a]. Le nom de cette Ville ne se trouve point dans les Exemplaires Latins, qui connoissent seulement une Ville nommée *Sura*, qui se trouve aussi dans le Texte Grec.

b État & Délices de la Suisse, t. 2. p. 400.

SURSE'E, Ville de Suisse, au Canton de Lucerne [b], à deux lieues au Midi de la Ville de ce nom & presque au milieu du Canton. La Riviére de *Sur*, ou *Surb*, forme un petit Lac, long de deux lieues ou environ & large de demi-lieue, & sur les bords duquel sont deux petites Villes, Sursée & Sempach. Sursée est à l'issue du Lac près de l'endroit d'où sort la *Sur*; C'est une jolie petite Ville, composée de deux ou trois Rues larges, & ornées de quelques belles Fontaines. On y remarque la Maison de Ville qui est passablement belle. La Chambre du Conseil est toute de bois de Chêne, & si artistement faite, qu'on n'y voit ni Clou ni Cheville. Cette Ville, comme celle de Sempach, a de beaux privi-

léges. Elles ont leur Chef qu'elles appellent *Avoyer*, leur Police & leur Conseil, & ne reçoivent point de Bailli. Il y en a un néanmoins à Sempach; mais il n'a point de Jurisdiction sur la Ville. Son autorité ne s'étend que sur le Lac.

SURTA, Ville de la Petite Arménie, selon Ptolomée [c]. *c Lib. 5. c.*

SURTAINVILLE, Paroisse de France dans la Normandie, Election de Valogne. Cette Paroisse reléve de la Baronnie de Briquebec. Elle borde la Mer d'un côté, & la Forêt de Briquebec de l'autre. Il y a une Chapelle dédiée à S. Ergonasse qu'on prétend être une des Compagnes de Sainte Ursule. Le plus ordinaire Commerce des Habitans est celui de Choux pommés qu'on y cultive, & qu'on porte vendre dans les Marchés circonvoisins. 13.

SURUBA, Ville de la Sarmatie Asiatique: Ptolomée [d] la marque près du Fleuve Vardanus. *d Lib. 5. c. 9.*

SURUBAYA, SURBAÏA, ou SORBAÏA, Ville des Indes Orientales, dans l'Isle de Java [e]. Elle suit celle de Gerrici. Elle a une petite Riviére & un Roi, qui est comme Souverain de la Ville de Brandaon, située à six lieues vers l'Ouest. Ce Roi fait son séjour à Cidaïo, autre Ville forte, fermée de murailles bien flanquées; mais il n'y a dans son Port aucune défense contre la violence de la Mer; de sorte que dans un gros tems on n'y peut demeurer à l'ancre. *e Voyage de la Compagnie des Indes Or. t. 2. p. 7.*

SURVIE, SUPERBIA, Paroisse de France, dans la Normandie, Election d'Argentan. C'est un Prieuré-Cure, en Régle, qui dépend de l'Abbaye de Silli. L'Eglise est sous l'invocation de St. Martin. Il y a à Survie un Marché tous les Vendredis.

SURUM, Ville d'Asie, dans l'Euphratense, sur le bord de l'Euphrate, au-delà de Zénobie selon Procope [f]. Les murailles de cette petite Ville, dit-il, étoient si foibles, que quand Cosroès y mit le Siège, elle ne put résister une demi-heure à l'effort de ses armes. Cette foible résistance des Habitans de *Surum* leur coûta cher. Ils eurent beau envoyer le lendemain leur Evêque avec des Valets qui portoient du pain, du vin & des Oiseaux; & cet Evêque eut beau lui-même prier Cosroès d'avoir pitié des misérables Habitans de cette Ville, & offrir une somme considérable d'argent pour le rachat du pillage; Cosroès se contenta de feindre de prêter l'oreille à l'accommodement; car il pensoit à se rendre pour formidable par le Châtiment extraordinaire qu'il avoit envie de tirer, afin d'obliger de se soumettre à sa puissance toutes les Places devant lesquelles son Armée paroîtroit. Il usa d'une ruse, surprit la Porte de la Ville dont il se rendit maître, y mit tout à feu & à sang, & la ruïna de fond en comble. Depuis néanmoins soit par humanité, soit par avarice, soit par complaisance pour une femme nommée Euphémie, qu'il avoit prise parmi les autres Captives de la Ville, & qu'il avoit épousée ensuite à cause de sa beauté, il résolut de traiter favorablement les Citoyens de cette Ville infortunée. On peut voir à l'Article SERGIOPOLIS, de quelle maniére il en usa avec eux. *Surum* 6- *f Ædif. L. 2. c. 9.*

tant

SUR. SUR. 211

tant retournée sous la puissance de l'Empereur Justinien, ce Prince l'entoura d'une muraille très-forte, & égale à celle de Callinique, & la mit en état de se bien défendre. Dans l'endroit où Procope [a] nous donne la plus grande partie de ces circonstances, il appelle cette Ville *Surenorum Oppidum*. Dans Agathias [b] elle est nommée *Suroron Urbs*, & *Suron* dans Nicéphore Calliste aussi-bien que dans Evagre ; mais Vulcanius a eu tort de rendre Σαρον par *Syrorum Urbs*. Cette Ville est appellée SURA par d'autres Auteurs qui la mettent dans la Palmyrène. Voyez SURA, N°. 2.

1. SURUNGA, ou SURUGA, Province du Japon dans l'Isle de Niphon, sur la Côte Méridionale. Elle est bornée au Nord par la Province de Kaï, à l'Orient par celle de Sangami, au Midi par la Mer, ou plutôt par une partie du Golphe que forme à son Embouchure la Rivière de Fusikava, à l'Occident elle est bornée partie par la Province de Sinano, partie par celle de Too-Tomi.

2. SURUNGA, SURUGA, ou SIRYNGA, Ville maritime du Japon [c], dans l'Isle de Niphon, & la Capitale de la Province qui lui donne son nom. Quelques-uns l'appellent *Sumpu*, les autres *Fulsju* du nom de son Château. C'est une Ville toute ouverte, sans Portes ni Murailles : les Rues en sont régulières & larges, se coupant l'une l'autre à angles droits. Les Maisons sont basses, mais toute la Ville est pleine de Boutiques bien fournies. On y fait & on y vend à juste prix du papier, des étoffes à fleurs bien travaillées, & de plusieurs couleurs pour des habits, des paniers, des boëtes, & d'autres choses faites de Roseaux entrelassés d'une manière très-ingénieuse, & toute forte de vaisselle vernissée. On y bat aussi de la Monnoye, de même qu'à Jedo & à Miaco, & l'on y fait des Cobangs qui sont des pièces d'or plates, & en ovale de la valeur d'environ cinq Ducats ; des Itzebos qui sont des pièces d'or en quarré long de la valeur de deux Ducats & demi. Le Château est au côté Septentrional de la Ville. C'est un Bâtiment quarré, bien fortifié avec des fossés, & de hautes murailles de pierre de taille. Il y a peu d'années que la magnifique Tour fut consumée jusqu'aux fondemens. Cela vint, dit-on, de la fiente de Pigeon qui s'étoit ramassée au plus haut étage de la Tour pendant plusieurs années, & qui prit feu par la chaleur des Pigeons qui y couvoient leurs œufs. On dit que cet accident arrivoit souvent dans le Pays ; & pour le prévenir ils ferment les Galetas de leurs Maisons, & le haut de leurs Tours pour empêcher les Pigeons d'y nicher. Le frere aîné de l'Emperéur Tejitonani ayant conspiré contre lui fut enfermé dans ce Château, où après une longue prison il se donna la mort en s'ouvrant le ventre. C'étoit un fils naturel de l'Empereur Conju qui faisoit son séjour à Suruga, & l'avoit fait Seigneur de cette Province. Il y a une heure de chemin d'un bout de la Ville à l'autre. La Jeunesse de cette Ville est fort bien élevée & a de meilleures manières qu'ailleurs.

[d] La Relation de l'Ambassade des Hollandois au Japon, ajoute les particularitez suivantes au sujet de cette Ville. L'Empereur Daifusama, dit-elle, fit son séjour ordinaire à Suruga, après qu'il eut appaisé les troubles qui s'élevèrent avant qu'il se fût affermi sur le Trône. Les robes des Bourgeois qui habitoient autrefois cette Ville en fort grand nombre ne leur descendent que jusqu'à mi-jambe. Ils ont un grand & un petit sabre à leur ceinture qui est fort large, & en échiquier, & ils appellent *Siakin* le plus petit. La poignée de l'autre est ordinairement de chagrin, & si grande qu'il y a place pour les deux mains. La bordure de leurs robes est toujours d'une étoffe à fleurs, & tant à la Ville qu'à la Campagne ils portent une canne à la main. Leur chaussure ressemble à celle des Carmes Déchaussez ; mais elle est encore plus incommode, n'étant attachée qu'à leurs orteils. Ils ont la tête comme les Moines de l'Europe, à l'exception d'une touffe de cheveux qu'ils laissent croître & qu'ils nouent avec un ruban, par où les Japonnois se distinguent des autres Nations, & par où aussi ils se ressemblent, puisqu'ils ont tous une touffe de cheveux que les gens mariez partagent en deux. La Ville de Suruga étoit fort peuplée dans le tems que les Empereurs du Japon y faisoient leur résidence ; mais après que Toxogunsama, qui fut élevé à l'Empire en 1620. eut condamné son frere à se fendre le ventre pour quelque mécontentement qu'il en avoit reçu, la plûpart des Bourgeois l'abandonnèrent pour se retirer en d'autres Places, & le Commerce y étant tombé en décadence, la Ville déchut entièrement de son premier lustre. Voici de quelle façon s'exécute le supplice auquel Toxogunsama condamna son frere. Le Criminel s'assied à terre sur les genoux dans une Place publique & devant un Temple, à la manière des Peuples d'Orient, ayant les pieds croisez sous lui, & l'estomach découvert jusqu'au-dessous du nombril. Il y a un homme derrière lui pour lui aider à se tuer en cas qu'il tombe d'abord en foiblesse, & un autre devant lui qui lui présente le couteau. Douze de ses plus proches parens & amis sont assis à terre à ses côtés & à une distance égale. Six Prêtres assis de même, mais derrière celui qui lui doit prêter sa main pour l'éventrer s'il en a besoin, prennent soin de l'encourager en mourant & de l'enterrer quand il est mort. Ce qu'il y a de plus Tyrannique c'est que ce genre de punition s'étend quelquefois sur les parens du coupable, quoiqu'innocens. Un Gentilhomme qui avoit le Gouvernement de quelques Terres de la part de l'Empereur s'étant enrichi pendant ce tems par l'exaction qu'il fit de droits injustes, sur les plaintes qui en furent portées il fut condamné lui & toute sa Famille à s'ouvrir le ventre avec un couteau le même jour & à la même heure. Cette Famille étoit, son frere qui servoit le Roi de Fingo Tributaire de l'Empereur du Japon, à deux cens quarante sept lieues de Jedo, son oncle qui étoit à Satzuma, à vingt lieues encore plus loin, son fils aîné qui étoit auprès du Roi de Kinokumi, un autre qu'il avoit au service du

[a] Perfic.L. 2. c. 4.
[b] In Præfat.

[c] Kampher. Hist. du Japon, t. 2. p. 214.

[d] Cern. Dict.

D d 2 Roi

Roi Maffame, à cent cinquante lieues de Jedo, un troisième Commandant du Château Royal d'Inguano, le dernier marié à Ofacca avec la fille d'un des plus fameux Marchands du Lieu, & deux autres freres qui étoient dans les Gardes du Corps de l'Empereur. Le Marchand fut si touché du malheur de son Gendre qu'il en mourut de regret, & sa fille se laissa mourir de faim. Afin que cette cruelle exécution se fasse dans le même tems, on compte combien il en faut pour porter la commission à celui qui est le plus éloigné du Lieu où est l'Empereur, & combien pour la porter à celui qui en est le plus proche, afin que la Nouvelle puisse arriver par-tout le même jour, & que la chose s'exécute à peu près à la même heure.

1. SUS, Torrent de la Bœotie. Pausa-nias [a] qui dit que ce Torrent tombe du Mont Olympe, ajoute que les Habitans de Larisse avoient une tradition qui concernoit ce Torrent; & il la rapporte ainsi. Sur le Mont Olympe du côté que cette Montagne touche à la Macédoine, il y avoit anciennement une Ville nommée Libéthra, & assez près de cette Ville étoit la Sépulture d'Orphée. Les Libéthriens ayant envoyé à l'Oracle de Bacchus en Thrace pour savoir quelle seroit la destinée de leur Ville, la réponse du Dieu fut qu'aussi-tôt que le Soleil verroit les os d'Orphée, Libéthra seroit détruite par ce qu'on appelle en Grec *Sus*, un Porc. Les Habitans crurent que l'Oracle vouloit dire *un Sanglier*; mais ce mot signifioit aussi un Fleuve nommé *le Sus*, delà l'ambiguïté de l'Oracle & la méprise des Libéthriens. Au reste ces mêmes Habitans persuadés qu'il n'y avoit point de Bête au monde capable de renverser une Ville comme la leur, & que le Sanglier étoit un Animal qui avoit plus d'impétuosité que de force, demeurèrent tranquilles & ne tinrent pas compte de l'Oracle. Cependant lors qu'il plût aux Dieux d'exécuter leurs desseins, voici ce qui arriva. Un Berger sur l'heure de Midi s'étant couché auprès du tombeau d'Orphée s'endormit, & tout en dormant se mit à chanter des vers d'Orphée, mais d'une voix si douce & si forte qu'on ne pouvoit l'entendre sans être charmé. Chacun voulut voir une chose si singuliére; les Bergers des environs, & tout ce qu'il y a de gens répandus dans la Campagne accoururent en foule; ce fut à qui s'approcheroit le plus près du Berger. A force de se pousser les uns les autres, ils renversent la Colonne qui étoit sur le tombeau; l'Urne qu'elle soutenoit tombe & se casse. Le Soleil vit donc les os d'Orphée. Dès la nuit suivante il y eut un orage effroyable: le Sus, un des Torrens qui tombent du Mont Olympe, grossi des eaux du Ciel, se déborde, inonde la Ville de Libéthra, en jette à bas les Murs, les Temples, les Maisons, gagne enfin de rue en rue avec tant de précipitation & de violence, que cette misérable Ville avec tout ce qu'elle renfermoit d'Habitans fut ensévelie sous les eaux. Ainsi fut accompli l'Oracle qui par le mot de *Sus* n'entendoit pas un Sanglier, comme les Libéthriens se l'étoient imaginé; mais un Torrent qui portoit ce nom.

[a] Lib. 9. c. 30. de la Traduct. de M. l'Abbé Gedoyn.

2. SUS, Riviére d'Afrique, au Royaume de Maroc. C'est la première Riviére de la Barbarie du côté du Couchant. Elle donne son nom à la Province de Sus, & quelques-uns tiennent que c'est l'Isle où étoit le Palais d'Anthée & où se trouvoient les Jardins des Hespérides. Il y a apparence néanmoins que c'est l'*Una* de Ptoloméc, qui la met au huitième degré de Longitude, sous le vingt-huitième degré trente minutes de Latitude. La Rivière de Sus sort du grand Atlas, entre la Province à laquelle elle donne son nom, & celle de Hea, & tirant vers le Midi, elle traverse les Plaines de Sus, d'où elle va se rendre dans l'Océan près de Guertessen. Elle arrose le Pays le plus fertile & le plus peuplé de tous ces Quartiers. Les Habitans en font des Rigoles, dont ils humectent les Campagnes plantées de Cannes de Sucre. Cette Rivière grossit tellement en Hyver, qu'elle n'est guéable en aucun endroit; mais en Eté on la passe à gué presque par-tout.

3. SUS, Province d'Afrique, au Royaume de Maroc. Elle est bornée au Couchant par l'Océan, au Septentrion par les Montagnes d'Atlas, où elle se joint à la Province de Hea, au Midi par les Sablons de Numidie, & au Levant par le grand Fleuve de Sus, qui la sépare de la Province de Gesula [b]. Elle contient la plus grande partie du Royaume de Maroc, si l'on y comprend le Dara & le Sus-éloigné. La plus grande partie de cette Province, qui est au Couchant vers le Magarib, est un Pays plat, qui s'arrose avec les eaux de ce Fleuve, qu'on tire par des Canaux & des Rigoles; & ses Rives sont bordées des meilleures Habitations du Pays. Il y a quantité de Bled, de Troupeaux, & même de Moulins à Sucre depuis le Règne des Cherifs. Outre cela il y a de grands Vergers & Jardinages, & plusieurs Palmiers, quoique les Dattes n'en soient pas si bonnes que celles de Numidie. Tous les Habitans sont Bérebéres, de la Tribu de Muçamoda, & plus illustres que ceux de Hea, parce qu'ils sont plus riches & se traitent mieux, particulièrement ceux des Villes qui s'employent aux Sucres & au labourage. Quand les Cherifs eurent conquis la Mauritanie Tingitane, l'Aîné donna en partage cette Province à son Cadet, qui se fit appeller Roi de Sus. Mais il en faisoit hommage à son frère, ce qui dura quelque tems pendant lequel il rebâtit Tarudant, & y établit sa Cour; il prit le Cap d'Aguer sur le Roi de Portugal, & fit plusieurs choses qui lui acquirent l'amour de ses Peuples. A la fin tournant ses armes contre son propre frere, il conquit le Royaume de Maroc, & ensuite celui de Fez, & se fit Seigneur de toute la Mauritanie Tingitane, & de plusieurs autres Provinces de Numidie, & de Libye. On tire de Sus de bon Indigo qui sert aux teintures, l'Alun & le meilleur Laiton, que l'on nomme Sufi; sans parler des Esclaves du Genéova, & de l'Or de Tibar, que les Nègres nomment Nacnaqui. Il y a des Caravanes qui vont l'enlever tous les ans. Les Villes de cette Province sont Messe, Teceut, Garet, Tarudante, Farai-

[b] Marmol, Afrique, t. 2. p. 28.

SUS.

Faraixa, Tedſi, Tagoaſt, Aguer & Garritgueſſen. On y voit les Montagnes de Henquiſe, d'Ilaïem & d'Idle. Outre les Chevaux qui ſont élevez ſur ces Montagnes, on trouve dans les Plaines un grand nombre de Chameaux. Les Habitans ſont plus guerriers, & ont plus d'adreſſe pour les Armes que tous les autres Barbares. Ils ont toutes les choſes néceſſaires pour la vie, à la reſerve de la Laine, que les Chrétiens qui trafiquent avec eux leur apportent de divers endroits. La plûpart d'entr'eux différent peu de ceux de Hea, pour ce qui regarde les Habits, ſi ce n'eſt qu'il y en a qui portent une Chemiſe, avec une Robe de drap par deſſus, & un Turban de lin ſur la tête. Ceux de Tedſi & de Tagoaſt aiment le repos & la douceur. Preſque toutes leurs femmes ſont belles & blanches. On y trouve néanmoins des perſonnes noires & d'autres bazanées, de l'un & de l'autre Sexe ; ce qui vient de ce qu'ils s'allient avec les Négres. Les Habitans de Meſſe s'adonnent fort à l'Agriculture. Ceux de Teceut ſont méchans, & ſe font ſouvent la guerre. Ceux du Mont Henquiſe ſont vaillans, & ceux du Mont Ilalem joignent le courage à la valeur. Ils ne l'employent cependant qu'à ſe battre les uns contre les autres, pour ſe ravir l'Argent qu'ils tirent de leurs Mines. Ce qu'il y a de fort remarquable c'eſt que les Habitans de Sus, qui ſont tous Mahométans, revérent le Corps de St. Auguſtin, qu'ils croient être enterré auprès de la Ville de Tagoaſt.

SUS-E'LOIGNE', ou SUS DE NUMIDIE, Contrée d'Afrique. Les premières Habitations de la Numidie du côté du Couchant, dit Marmol [a], commencent à l'Océan depuis le Cap d'Aguer, juſqu'à celui de Nun. C'eſt ce qu'on appelle le *Sus-éloigné*, qui regarde la Mer au Couchant, les Sablons de Libye au Midi, la Province de Dara au Levant, & au Septentrion la partie du Sus, qui fait une Province du Royaume de Maroc ; voyez l'Article précédent. Les Habitations les plus conſidérables du Sus-éloigné, ſont toutes peuplées de Bérébéres, diſtinguées par Tribus ou Communautez, qu'ils nomment *Gemis*, & dont la première eſt l'Ydauzquérit. Leur Etat eſt du côté du Zahara ou Deſert, & s'appelle *Hiléla*. Il contient pluſieurs Villes & autres Places. Les Habitans ont beaucoup de Chevaux & de Bétail, parce que le Pays y eſt propre. Ils moiſſonnent beaucoup de Froment & d'Orge, & en quelques endroits ils ont des Citrons, des Oranges, & d'autres Fruits comme en Europe. Dans toute cette Contrée il y a une infinité de Communautez de Bérébéres, qui demeurent dans des Lieux fermez, & qui ont des Foreterſſes. Les principaux ſont ceux d'YDEUNADAYF, à vingt lieues de Tarudant, du côté du Zahara, & ceux d'YDEUQUINSUS, & d'ARGAN, qui ne ſont tous qu'une Communauté qu'on appelle *Quicima*. Ils ſont Compagnons d'armes de ceux de Hiléla, & ſont cinq mille Chevaux & trente mille hommes de pied, des meilleurs de toute l'Afrique. Les autres Habitations du Sus-éloigné ſont celles d'ESTUQUE, de NUN, de TESSET, d'IFRAN,

[a] Afrique, t. 3. p. 4.

SUS. 213

ou UFARAN, & d'ACA. Voyez tous ces Articles.

SUSA, *orum*, Ville de Perſe, & la Capitale de la Suſiane. Elle fut auſſi autrefois la Réſidence des Rois de Perſe, comme le remarque Pline [b]. Il ajoute qu'elle fut bâtie par Darius fils d'Hyſtaſpes, *Vetus regia Perſarum Suſa, a Dario Hyſtaſpis filio condita*. Cela n'eſt pas juſte, à moins que Pline par le mot *condita* n'entende un rétabliſſement, ou une nouvelle enceinte ; car Suſes eſt une très-ancienne Ville, qui ſelon Strabon [c] a été bâtie par Tithonus, pere de Memnon. Il lui donne un circuit de ſix-vingt Stades, une figure oblongue, & une Forterſſe nommée *Memnoneum*. Hérodote dit que *Suſa* eſt appellée *Ville de Memnon*. Strabon compare les Murs de cette Ville avec ceux de Babylone : Je n'ai jamais vu, dit Pauſanias [d], les Murs de Memnon à Suſes en Perſe. Dans un autre endroit [e], néanmoins il ne fait point difficulté d'avancer, mais ſans doute ſur la foi de la renommée, que le Satrape qui commandoit pour Artaxercès ſur toute la Côte de la Lydie, avoit à Sardes un Palais qui ne cédoit en rien à celui que le Roi avoit à Suſes. Je ne m'en rapporterois pas beaucoup à Polyclete, qui, à ce que dit Strabon, vouloit que la Ville de Suſes n'eut point de Murailles. Cela n'eſt guère croyable de la Capitale d'un Empire ; ni d'une Ville, où ſelon Diodore de Sicile [f], on gardoit des Tréſors immenſes, que divers Rois avoient amaſſez depuis pluſieurs Siécles, pour que leur poſterité pût s'en ſervir dans un cas de néceſſité. Voyez SUSES.

[b] Lib. 6. c. 27.
[c] Lib. 15. p. 728.
[d] Lib. 4. c. 31.
[e] Lib. 3. c. 9.
[f] Lib. 17. c. 66.

SUSACIM, Siméon le Métaphraſte [g] nomme ainſi un Lieu quelque part aux environs de la Paleſtine, au Confluent de deux Fleuves, qu'on prend pour les Fleuves d'Ethan, dont il eſt parlé dans le Pſeaume LXXIII [h]. Voyez ETHAN.

[g] In S. Quiriaco.
[h] Vers. 15.

SUSACIS [i], Montagne que Nicéphore Calliſte [k] place entre l'Illyrie & la Thrace, & que dans un autre endroit [l] il appelle SUSACENSES ALPES, la mettant entre la Dace & la Thrace. Cette Montagne eſt nommée TISUCIS dans Socrate [m] ; & Baronius lui donne le nom de *Tituris*, je ne ſai ſur quoi fondé.

[i] Ortelii Theſaur.
[k] Lib. 8. c. 13.
[l] Cap. 31.
[m] Lib. 2. c. 18.

SUSALEI-VILLA, Lieu de l'Iſle de Sardaigne : Ptolomée [n] le marque ſur la Côte Orientale de l'Iſle.

[n] Lib. 3. c. 3.

SUSAN. C'eſt la fameuſe Ville de Suſes. Voyez SUSES.

SUSANECHÆI, Peuples qui étoient venus de delà l'Euphrate, pour habiter dans le Pays de Samarie. Il y a aſſez d'apparence que leur première demeure étoit la Suſiane, ou la Ville & la Contrée de Suſes.

SUSANA, Ville d'Eſpagne ſelon Silius Italicus [o], où on lit :

At non Sarmaticos attollens Uxama muros
Tam levibus perſultat equis.

[o] Lib. 3. v. 384.

Au lieu de *Suſana* quelques MSS. portent *Suvana*, d'autres *Saunia*, ou *Suxama* ; mais comme l'a remarqué N. Heinſius, toutes ces Orthographes ſont vicieuſes, & il faut

D d 3   dire

dire UXAMA ; c'eſt ainſi que lit l'Edition de Drakenborch.

SUSANI. Voyez SUANI.

SUSARÆ MONTES [a], Montagnes d'Afrique, ſelon Oroſe, qui néanmoins varie dans un autre endroit, & pour l'Orthographe & pour le ſens ; car il écrit UZARÆ FONTES. Fabricius lit *Uzarræ Montes*, & Ponticus Virunius *Azaræ Montes*. Pour moi, dit Ortelius, j'aimerois mieux lire *Buzaræ Montes* ; car Ptolomée [b] connoît deux Montagnes de ce nom, l'une dans la Mauritanie Céſarienſe, l'autre dans l'Afrique propre. Ces deux Montagnes ne ſont cependant que la même chaîne, qui s'étend au Midi de ces deux Provinces. Voyez l'Article qui ſuit.

[a] Ortelii Theſaur.

[b] Lib. 4. 2. & cap. 3.

SUSARGALA, Montagne de la Libye Intérieure, ſelon le Texte Grec de Ptolomée [c], qui un peu plus bas lit *Uſargala*, au lieu de *Suſargala*. Les Exemplaires Latins écrivent conſtamment *Uſargala*. Ptolomée ajoute que le Fleuve Bagradas prend ſa Source dans cette Montagne. Ortelius veut que cette Montagne ſoit la même que celle qui eſt appellée *Suzaræ*, ou *Uzaræ Montes* dans Oroſe ; & par conſéquent *Buzaræ Montes*, & *Suſargala* ou *Uſargala Mons*, ſeroient dans Ptolomée la même Montagne. Je ne puis être de ce ſentiment : Ptolomée diſtingue ces Montagnes, & les éloigne aſſez les unes des autres, pour qu'on ne puiſſe pas dire que ce ſoit la même choſe. Voyez SUSARÆ MONTES.

[c] Lib. 4. c. 6.

SUSARITANUS. Voyez SUFASARITANUS.

SUSCUM. Voyez SOSCUM.

1. SUSDAL, Province de l'Empire Ruſſien [d], avec titre de Duché. Cette Province bornée au Nord par le Volga, qui la ſépare de la Principauté de Galicz, s'étend en long du Nord au Midi : elle a le Duché de Volodimer à l'Orient, celui de Moſcou au Midi, & eſt bornée à l'Occident, partie du Duché de Yeroſlavle, partie par celui de Roſtove. Jeroſlas, Grand-Duc de Moſcovie, donna ce Duché en appanage à un de ſes fils [e], appellé André, qui fit la Branche des Ducs de Suiski. C'eſt de lui que deſcendoit Baſile Suiski, qui fut choiſi pour Grand-Duc, après la mort du faux Démétrius. Jean Baſilowitz prit tout le Pays de Suſdal en 1565. & l'incorpora à ſes Etats. Ce Pays eſt plat & couvert de grandes Forêts, où l'on trouve quantité de Bêtes fauves, auxquelles les Habitans font ſouvent la Chaſſe. Les principales Villes du Duché ſont

[d] De l'Iſle, Atlas.

[e] Olearius, Voyage de Moſcovie.

Suſdal,   Louch,
    Yourief.

2. SUSDAL, Ville de l'Empire Ruſſien, & la Capitale du Duché, auquel elle donne ſon nom. Cette Ville ſituée dans la partie Méridionale du Duché, eſt le Siège d'un Archevêché. Ses Maiſons ſont de bois, à la manière des Peuples du Septentrion, qui ont peu de ſoin de ſe bien loger.

1. SUSE, ou SUZE, Province des Etats de Savoye, dans le Piémont, avec titre de Marquiſat & de Vallée. Le Marquiſat ou Val de Suſe, s'étend en longueur du Nord Occidental au Midi Oriental. Le Comté ou Val de Maurienne le borne au Nord ; il a la Province de Turin à l'Orient, le Val de Clouſon, le Val de Pérouſe, & partie de la Province de Carmagnole au Midi, & les Alpes au Couchant. Ses principales Rivières ſont la Doria & le Cenis, & ſes principales Villes

Suſe,	Buſſolin,
la Novaleſe,	Veillane,
Javen,	Cumiana.

Le Marquiſat de Suze ſemble [f] avoir eu autrefois des bornes plus étendues que celles qu'on lui donne aujourd'hui ; & il y a apparence que la Marche Seguſiane ou de Suze, comprenoit la plus grande partie des Terres qui ſont au pied des Alpes, ou ce qu'on appelle aujourd'hui le Piémont. Car les Marches que les Lombards établirent ne formoient pas de petits Pays ; & on voit aſſez que la Marche de Suſe tire ſon origine des Lombards, puiſque le dernier des Marquis de Suſe nommé *Manfred Olderic*, qui mourut vers l'an 1040. avoit eu pluſieurs Prédéceſſeurs dans cette Dignité, outre que ſon nom déſigne qu'il tiroit ſon origine des Lombards. Aujourd'hui le Marquiſat de Suſe n'a guère que vingt-quatre milles de longueur, ſur huit milles de largeur ; & dans ſa partie Septentrionale il eſt aride, inhabitable & impraticable, à cauſe des hautes Montagnes qui le couvrent, & qui ſont partie du Mont Génèvre & des Monts Cenis. On ne peut paſſer de la Vallée de Prégel dans le Val de Suſe, que par trois endroits, qui ſont *le Col de Collet*, *le Col de la Rouſſe*, & *le Col de Feneſtrelles*.

[f] Theatrum Pedemontii, Tome 1. part. 2.

Lorſque Oddon, Comte de Savoye, eut épouſé Adeleïde, Héritière du Marquiſat de Suſe, il entra en poſſeſſion de cette Province, ſous le titre de laquelle les Comtes de Savoye, depuis l'an 1032. ſe ſont dits Marquis d'Italie.

2. SUSE, Ville d'Italie, dans le Piémont, & la Capitale du Marquiſat & du Val auxquels elle donne ſon nom. Cette Ville ſituée ſur les bords de la Doria, eſt ancienne, & a été autrefois célèbre ; mais le tems, les Guerres fréquentes & les incendies qu'elle a ſouﬀerts, nous a fait perdre l'origine de ſon nom & celui de ſon Fondateur. La plûpart de ſes infortunes lui ſont venues de ſa ſituation ſur le paſſage de France en Italie ; ce qui a fait que les Armées Françoiſes ont eu ſouvent occaſion de la ruïner. Les anciens Ecrivains la comptent au nombre des Villes les plus illuſtres & les plus anciennes des Alpes. Pline [g] en parlant des Alpes Cottiennes & de leurs Habitans fait mention des Séguſiens à qui il donne pour Capitale une Ville nommée *Seguſio*. Dans quelques Auteurs elle eſt nommée *Seguſium*, dans d'autres *Secuſio*, & dans une Inſcription faite à l'honneur des Empereurs Maximien & Dioclétien, elle eſt appellée *Secuſia* : ORDO SPLENDIDISS. CIVITATIS SECUSIÆ. On trouve dans Gruter l'Inſcription ſuivante :

[g] Lib. 3. c. 20.

GENIO,

GENIO.
MUNICIPI.
SEGUSINI.
JUL. MARCEL-
LINUS. V. P.
EX. VOTO. POSUIT.

Ammien Marcellin écrit *Segusio*, & nous apprend que des Murailles de cette Ville on voyoit le Tombeau du Roi Cottius qui y avoit fait sa résidence. L'Itinéraire d'Antonin & la Table de Peutinger suivent la même Orthographe, & dans l'Itinéraire de Jérusalem on lit *Secusium*; cependant le plus grand nombre des Auteurs est pour *Segusium*, ou *Segusiensium Civitas*. D'autres l'ont nommée la Clef de l'Italie & la Porte de la Guerre. Elle fut aussi célèbre lorsqu'elle fut devenue la Capitale du Marquisat auquel elle donna son nom, & qui comprenoit une partie de la Lombardie & de la Ligurie. Ses Marquis avoient droit de battre Monnoie; & ils étoient si puissans que les Rois & les Empereurs recherchoient leur amitié & leur secours lorsqu'ils vouloient passer en Italie. Mais si la Ville de Suse est fameuse par son ancien lustre, elle ne l'est pas moins par les calamitez qu'elle a ressenties. Sa situation aux confins de la France & de la Savoye, entre les Monts Cenis & Genèvre, au pied desquels elle est bâtie, l'a toujours exposée aux fureurs de la Guerre. Bellovèse, Brennus & les Carthaginois, prirent cette Route pour passer en Italie, & commirent des hostilitez dans le Pays; Flavius Valens, qui vint après eux, ruina cette Ville, & les Bourgades voisines après avoir mis à feu & à sang la Vallée de Maurienne; les Goths firent le même ravage, lorsqu'ils passèrent dans les Gaules sous le Régne de Théodoric; les Wandales ne furent pas moins Barbares, & l'Armée de Constantin victorieuse de Maxence, après avoir pillé & ruïné tous les environs, détruisit cette Ville de fond en comble. Ce ne fut pas là la fin de ses malheurs: elle eut à souffrir de la part des Lombards, lorsqu'ils passèrent dans la Gaule sous la conduite d'Amon Zaban & de Rodanus; les Sarrasins qui vers l'an 900. traversèrent le Val de Suse pour pénétrer en Italie, portèrent le fer & le feu dans le Val de Suse, & n'épargnèrent pas la Ville. Mais de toutes ces calamitez la plus déplorable fut celle qu'elle souffrit de la part de l'Empereur Barberousse, quand il passa d'Allemagne en Italie. Suse fut absolument réduite en cendres, & dans cet incendie périrent les Archives & les anciens Monumens qui prouvoient l'origine de cette Ville. Enfin la division de ses Habitans mit le comble à ses malheurs. Il y a trois cens ans & plus qu'il s'y forma deux partis, qui se firent une longue & cruelle Guerre. Elle se trouve par-là tellement dépeuplée, qu'elle n'eut plus aucune espérance de se rétablir; ce qui obligea de restraindre l'enceinte de ses Murs au point où on la voit à présent.

Selon la Tradition du Pays & selon les Preuves que l'on peut tirer des ruïnes des anciens Édifices, la Ville de Suse étoit le Lieu de résidence de ses Marquis. On voit encore les ruïnes de leur Château, qui étoit flanqué de cinq Tours très-fortes; mais par le mariage d'Oddon, avec Adeligie, ou Adelaïde, fille unique du dernier Marquis de Suse, la Ville & le Marquisat passèrent sous la puissance des Ducs de Savoye. Parmi les autres Antiquitez on remarque dans la Ville une Eglise, dédiée à la Ste. Vierge, & sur la Tour de laquelle est un Trident de fer; ce qui joint avec la Tradition du Pays, porte à croire que c'étoit un Temple de Neptune. On admire sur-tout un superbe Arc de Triomphe de Marbre, bâti à l'honneur d'Auguste, apparemment par le Roi Cottius, ou par les Villes de sa dépendance, Ouvrage que le tems & les Barbares ont respecté.

La Ville de Suse est environnée de Montagnes & de Collines très-agréables & très-fertiles, qui lui fournissent une si grande quantité de Fruits & sur-tout de Vins, qu'elle est en état d'en faire part aux Provinces voisines. La Plaine est arrosée par diverses Fontaines & entr'autres par la Doria & par le Cenis, qui fournissent aux Habitans des eaux très-saines, & donnent à la terre une grande fécondité. Au Nord de la Ville on voit une bonne Forteresse, bâtie sur une Colline élevée, ou plutôt sur un Rocher d'une pierre très-dure: on l'appelle *la Forteresse de Ste. Marie de Suse*. Plus haut s'élève la Montagne de Roccamelon, que la plûpart des Géographes donnent pour la plus haute de l'Italie, & au sommet de laquelle il y avoit autrefois un Temple magnifique dédié à Jupiter. Aujourd'hui on y trouve une Statue d'Airain, qui représente la Ste. Vierge, & qui passe pour être miraculeuse. C'est un fameux Pélérinage; & il y a un grand concours de monde le cinquième du mois d'Août. Dans la Ville sont trois Maisons Religieuses assez vastes & assez bien bâties. La plus considérable de ces Maisons est l'Abbaye de St. Just, enrichie des libéralitez des anciens Marquis de Suse. Elle étoit autrefois peuplée de Religieux Bénédictins, auxquels ont succédé des Chânoines Réguliers, qui la possèdent présentement; & l'Abbaye est en Commande. On conserve dans l'Eglise de cette Abbaye les Corps de St. Just, Martyr, & de St. Maur Abbé de l'Ordre de St. Benoît; celui de Hugues Evêque de Lyon, fils de Charlemagne, & celui de St. Étienne premier Martyr, qui y furent trouvés en 1652. On prétend aussi y garder un Bras de l'Apôtre St. Barthelemi, un Bras de St. Remy, dont le Corps néanmoins passe pour être entier à Rheims, à l'exception du gros doigt du pied droit: On montre outre cela dans cette Abbaye quelques os de St. Laurent, un pouce de St. Blaise, Evêque & Martyr, & une portion du bois de la Croix de Notre Seigneur. Les deux autres Maisons Religieuses sont le Couvent des Cordéliers, établi par St. François, à la prière de Béatrix de Genève, femme de Thomas, Comte de Savoye, & le Couvent des Capucins fondé par Charles Emanuel I. Duc de Savoye. Dans le premier de ces Couvents on montre avec beaucoup de vénération u-
ne

ne partie de la Robe de St. François. Autrefois on comptoit à Suse un grand nombre d'Eglises ; savoir celles de St. Pierre & de St. Paul, de St. Jacques & de St. Philippe, de St. Saturnin, de St. Martin, de St. Marcellin, de St. Evasius, de St. Christophle, de Ste. Marie, de St. Eusèbe, de St. Constance & de St. Julien. Elles sont toutes nommées dans un Diplome de l'Evêque de Turin ; elles étoient toutes gouvernées par des Prêtres séculiers, & leur nombre fait voir de quelle grandeur devoit être la Ville de Suse. La plûpart de ces Eglises périrent dans le cruel Incendie ordonné par l'Empereur Fréderic Barberousse.

Au-delà de la Doria, à l'entrée du Fauxbourg, on voit les ruïnes d'un ancien Arc de Triomphe bâti de Marbre, & qu'on prétend avoir été bâti à l'honneur de Jule César, cinquante ans avant la Naissance de Jésus-Christ. Les Bourgeois ayant abbattu cet Arc de Triomphe, & s'étant servi des Matériaux, pour construire un Pont sur la Doria, Charles III. Duc de Savoye, n'en fut pas plutôt averti, qu'il envoya ordre de châtier les Syndics qui avoient osé détruire, sans l'aveu du Prince, un si ancien Monument. La Sentence qui fut portée contr'eux se trouve encore aujourd'hui dans les Registres de la Ville. Au commencement du Printems de l'année 1666. des Gens de la Campagne, en creusant un Fossé, environ à cinquante pas des ruïnes de cet Arc de Triomphe, trouvèrent un Tombeau quarré, bâti de Briques de deux pieds en tout sens, & liées ensemble avec un fort Mastic. Le dehors de ce Tombeau étoit orné de bas reliefs, & au dedans étoient des cendres, quelques uns presqu'entièrement consumez, quatre Lampes de terre cuite, posées aux quatre angles & un Médaillon de Cuivre, représentant la tête d'un Empereur, couronnée de Lauriers avec ces mots : DOMITIANUS AUGUSTUS ; sur le revers étoit la Déesse Vesta. Ce Médaillon étoit sans aucune rouille, & si poli qu'on eût dit qu'il venoit d'être frappé. On trouva aussi dans le même Tombeau un Sceptre Impérial de Marbre ; ce qui persuade que c'étoit-là le Tombeau de quelque Général d'Armée ou de quelque Roi. L'Auteur du Théatre de Piémont, qui me fournit cet Article, seroit tenté de croire que c'étoit-là le Tombeau du Roi Cottius, parce qu'Ammien Marcellin dit que le Tombeau de ce Prince pouvoit se voir des Murailles de la Ville ; mais voilà un Médaillon de l'Empereur Domitien, qui dérange furieusement le système ; car on ne peut pas naturellement supposer que le Roi Cottius ait vécu jusqu'au Régne de cet Empereur. On ne peut pas dire non plus que ce soit le Tombeau de l'Empereur Domitien ; car selon Suétone, il fut enterré près de Rome sur la Voie Latine. Dans les Montagnes des environs de Suse, il y a plusieurs Mines de Fer, & des Carriéres de Marbre très-blanc, & de Marbre verd avec des taches noires & blanches.

Le Gouvernement de la Ville est entre les mains de deux Syndics, & de dix Conseillers choisis entre les Bourgeois, outre le Secrétaire. Le Conseil nomme & propose trois Bourgeois pour la Charge de Juge, & le Duc choisit lequel des trois Sujets il lui plaît. Ce Juge connoît des affaires en première instance ; & les Causes d'Appel se portent ou devant le Gouverneur de la Province, ou devant le Sénat de Turin. Suse a de plus un Gouverneur qui est en même tems Gouverneur de la Province ; & la Forteresse ou Citadelle a son Gouverneur particulier. L'un & l'autre sont nommez par le Prince pour trois ans, au bout desquels il les change, ou les confirme pour trois autres années.

Les Habitans de Suse s'adonnent au Négoce : ils ont du moins une fois par Semaine un Marché qui est fort fréquenté, & tous les ans, au mois de Septembre, le jour de St. Mathieu, une Foire où l'on voit venir en foule tant les Marchands des Provinces voisines, que les Marchands d'Italie & de France. On amene à cette Foire des Montagnes des environs une si grande quantité de Bétail, & sur-tout de Bœufs qu'on y en a vu quelquefois jusqu'à cinquante mille. Ce Commerce avec les Italiens & avec les François fait que les Habitans de Suse parlent également les deux Langues.

Cette Ville jouït d'un air très-sain. Son Terroir entr'autres Fruits produit des Pommes appellées Pommes de Suse. Elles se gardent long-tems & même une année entiére. On peut dire qu'elles sont aussi agréables à la vûe qu'au goût, ce qui les fait rechercher par les Etrangers à qui on en envoye une grande quantité.

Pour achever de faire voir l'ancienne magnificence de cette Ville, je pourrois rapporter une foule d'Inscriptions anciennes, que le tems & les Barbares ont respectées. Cela me meneroit trop loin : ainsi je me contenterai d'en donner une qui a été trouvée dans la Ville de Suse parmi les ruïnes des Thermes de Gratien, & qu'on a placée dans le Réfectoire de l'Abbaye de St. Just :

SALVIS D. D. D. N. N. N.
VALENTE GRATIANO ET VALENTINIANO
THERMAS GRATIANAS
DUDUM COEPTAS ET OMISSAS
Q. MAG. ALPIUM COTTIARUM PRÆFECTUS
EXTRUXIT
ET USUI SEGUSIANÆ REDDIDIT CIVITATI
FIRMAVIT ET FISTULAS DEDIT
AQUAM DEDUXIT ; NE QUID VEL
UTILITATI VEL URBIS DEESSET
COMMODITATI.

3. SUSE, Ville de l'Afrique, dans la Barbarie, au Royaume de Tunis [a]. C'est une Ville de plus de quinze cens Maisons sur la Côte, en un beau lieu un peu relevé du côté de la Terre ; de sorte que de la Mer toutes les Maisons se voyent. Elle est fermée de bonnes Murailles, & au plus haut de la Ville, où elle regarde la terre, il y a un fort Château avec un Fossé & une Esplanade tout autour. Ceux du Pays en attribuent la fondation aux Romains, & disent qu'elle a été autrefois très-illustre & très-peuplée, & qu'elle se nommoit Siagul,

[a] *Marmol* Afrique, t. 3. p. 496.

à qui Ptolomée donne trente-six degrez de Longitude, & trente-deux degrez vingt minutes de Latitude. Quand les Successeurs de Mahomet entrèrent en Afrique, après qu'Occuba eut bâti la Ville de Carvan, il fit long-tems sa demeure dans Suse, qui est à douze lieues delà le long de la Côte; son Palais est encore en entier avec plusieurs Maisons considérables, & une grande & belle Maison qu'il fit construire. Le Pays est fertile en Huiles, Dattes, Figues, & autres sortes de Fruits; mais comme la terre est fort légère, elle ne rapporte que de l'Orge. Les Arabes tourmentent si fort les Habitans du Pays, qu'ils ont bien de la peine à cultiver les Campagnes, ce qui est la cause que la plûpart s'adonnent à la Marine, & vont trafiquer à Aléxandrie & ailleurs. Depuis que les Corsaires Turcs passèrent en Afrique, & se mélérent avec eux, ils commencèrent à faire le métier de Pirates, & à courre les Côtes d'Italie avec des Fustes & des Galiotes. Quand Barberousse prit Carvan & Tunis, qui n'en est qu'à trente-cinq lieues par terre, ils se rendirent à lui, tant pour la haine qu'ils portoient à cette Ville, que parce que c'est un Peuple léger, & qui aime le changement. Mais après que l'Empereur eut chassé Barberousse de Tunis, il envoya de Sicile une Armée Navale contre cette Place, parce qu'elle ne s'étoit pas voulu soumettre à Muley Hascen. Depuis que l'Empereur fut de retour de la Conquête de Tunis, les Turcs se faisirent d'une grande partie de la Côte, & le Roi de Tunis n'étant pas capable de les en chasser, eut recours à l'Empereur, qui manda au Vice-Roi de Sicile de le secourir avec les Troupes & les Vaisseaux qu'il jugeroit nécessaires à cette entreprise. On en donna la Commission au Marquis de Terreneuve, Gentilhomme Sicilien, & on assembla quatorze Galéres, dix de Sicile, & quatre de Malte, avec quatre grands Navires, sur lesquels on embarqua deux mille Espagnols & quelques Siciliens, & on prit la Route de Suse. Outre ces Troupes le Roi de Tunis envoya par terre sept mille Chevaux Maures ou Arabes, sous le commandement de son fils. L'Armée Navale arrivée devant Suse, les Galéres débarquerent l'Infanterie un peu loin de la Ville, en une petite Rade du côté du Couchant, où elles ne pouvoient être offensées de l'Artillerie des Ennemis; mais les gros Vaisseaux demeurerent fort éloignés à cause des Bancs de sable, qui sont le long de cette Côte. L'Armée s'étant mise en bataille tout à son aise, sans être troublée de la Ville, se vint camper en une Plaine du côté du Château, les forces des Alliés tenant la Campagne. Après avoir fait une Batterie avec des Gabions, on planta dessus quatre pièces d'Artillerie, dont on commença à battre le Donjon, ce qui fut sans effet. On pouvoit attaquer la Ville plus facilement & la prendre d'emblée, puis battre delà le Château où s'étoient retirés quelques Turcs & Renégats; mais il ne le voulut pas faire, parce que les Soldats se seroient amusés au pillage, & que les Maures & les Turcs sortant là-dessus du Château, les auroient é-gorgés par les Maisons comme ils firent dans Sargel. Néanmoins avant que la Brêche fut raisonnable, il fit donner l'assaut, tous les Alliés étant répandus autour de la Place, & ayant sur leurs têtes des rameaux d'Olive, pour être reconnus des Chrétiens. L'assaut dura fort long-tems. Les Turcs & les Renégats défendirent vivement la Brêche, avec des cailloux & des quartiers de pierre, qu'ils jettoient du haut du Donjon, & ayant tué Don Diego de Castilia Mestre de Camp, & Lope de Melo, Capitaine d'une des Galéres de Malte, avec plusieurs Gentilshommes, & plusieurs Soldats, on fut contraint de se retirer & d'abandonner la Victoire aux Ennemis. Car les Munitions qu'on portoit étant consumées, & n'ayant pas assez de Vivres pour en attendre de nouvelles, on se rembarqua, & l'on retourna en Sicile. Sur ces Nouvelles l'Empereur donna l'exécution de cette entreprise à André Doria, qui joignant à ses Galéres celles de Naples, de Malte & de Sicile, qui faisoient en nombre de quarante-trois, embarqua dessus l'Infanterie Espagnole, & abordant sur la Côte de Tunis, prit sur les Turcs le Château de Calibie, & les Villes de Suse, de Monester & d'Esfaques. La Ville d'Afrique se rendit au Roi de Tunis, qui y mit Garnison; mais Calibie, Suse & Monester, se révoltèrent quelque tems après, & reçurent les Turcs. Pour Esfaque & Afrique elles se mirent en liberté, & chassant les Gens du Roi reçurent les Turcs. Cela demeura de la sorte jusqu'en 1549. que le Roi de Tunis courant la Côte avec quarante-trois Galéres, & l'Infanterie Espagnole du Royaume de Naples; elles retournèrent à l'obéïssance de ce Prince, mais André Doria ne fut pas plutôt parti que Suse & Monester, se révoltèrent, & chassant le fils de leur Roi, elles se rendirent à Dragut. André Doria retournant l'année suivante, & ayant forcé Monester, Suse chassa les Turcs de son Château; mais après elle leur donna entrée, & est encore à eux à présent.

4. SUSE, ou la SUSE, Bourg de France dans le Maine, sur la Sarte, Election du Mans, à quatre lieues de la Ville de ce nom, avec un Château, & titre de Comté. Il y a seize Fiefs qui relévent de ce Château, dont la Jurisdiction s'étend sur trente Paroisses. C'étoit la Patrie du Cardinal Pierre de la Forêt, Chancelier de France.

5. SUSE, ou SUSES. Voyez SUSES.

SUSEMBERG, ou SUSENBERG, Bourgade d'Allemagne [a], dans la Forêt-Noire, environ à deux lieues à l'Orient du Rhein, assez près & au Nord de Kandern. C'est le Chef-lieu d'un Landgraviat de même nom, qui appartient aux Marquis de Bade. [a] *De l'Isle, Atlas.*

SUSES, ou SUZES [b], en Hébreu Susan, Ville Capitale de la Susiane, ou du Pays d'Ælam; c'est-à-dire, de la Perse. Daniel [c] lui donne toujours le nom de Château, le Château de Suses, parce que les Rois de Chaldée y avoient un Palais. Depuis Cyrus, les Rois de Perse prirent la coûtume d'y passer l'Hyver, & de passer l'Eté à Ecbatane. L'Hyver étoit fort modéré à Suses; [b] *Dom. Calmet. Dict.* [c] *Cap. 8. 2.*

mais

mais les chaleurs de l'Eté y étoient si grandes, que les Lézards & les Serpens, qui y étoient surpris dans les Rues pendant l'Eté, étoient saisis & comme brûlés par l'ardeur du Soleil. Le nom de Suses vient de l'Hébreu Susan, qui signifie un Lys. Cette Ville est située sur le Fleuve Eulée. C'est dans cette Ville & sur ce Fleuve, que Daniel eut la vision du Bélier à deux Cornes, & du Bouc qui n'en avoit qu'une &c., la troisième année du Régne de Balthasar.[a] C'est aussi dans la Ville de Suses ou Susan, qu'arriva l'Histoire d'Esther, c'est-là que régnoit & que demeuroit ordinairement Assuerus ou Darius, fils d'Hystaspe[b]. Pline[c] dit qu'il rebâtit Suses; c'est-à-dire, qu'il l'augmenta & qu'il l'embellit. Néhémie étoit aussi à Susan, lorsqu'il obtint du Roi Artaxerxès la permission de retourner en Judée, & de réparer les Murs de Jérusalem. Benjamin de Tudèle, & Abulfarage, mettent le Tombeau de Daniel à Chuzestan, qui est l'ancienne Ville de Suses, Capitale du Pays d'Ælam. Cette Ville porte aujourd'hui, parmi les Perses, le nom de Souffher ou Schouster & Toufter : elle est la Capitale du Khusistan. Le Roi Sapor y fit construire une Digue d'une prodigieuse hauteur, pour faire remonter la Rivière de Choaspe[d]. Le Tarik Montekeb dit, qu'on y voyoit encore de son tems le Tombeau du Prophète Daniel. Quelques Historiens de Perse attribuent la fondation de cette Ville à Huschenk, fils de Siamec, second Prince de la première Dynastie de Perse. Ligtfoot[e] dit que la Porte extérieure du Mur Oriental du Temple fut nommée la Porte de Suse, & qu'on grava sur cette Porte la figure de la Ville de Suses, en reconnoissance de l'Edit daté de Suses, & accordé par Darius fils d'Hystaspe, qui permit le rétablissement du Temple.

[a] Dan. 8. 1. 2. 3.
[b] Esther. 1. 5. & seq. An du M. 3490. avant J. C. 510. avant l'Ere vulgaire 514.
[c] Lib. 6. c. 27.
[d] D'Herbelot, Bibl. Orient. p. 464. 829. 896.
[e] De Templo.

SUSIA, Ville de l'Arie, selon Arrien[f]. C'est où Satibarzanes Satrape des Ariens vint trouver Aléxandre, & où ce dernier apprit la révolte de Bessus.

[f] De Exped. Alex. Lib. 3.

SUSIADÆ. Voyez SUSIDÆ.

SUSIANA, Contrée de la Perse.[g] Elle prenoit son nom de la Ville de Suses sa Capitale. Les Grecs écrivent tantôt Susiana[h], tantôt Susis : Diodore de Sicile dit Susiana, εἰς δὲ τὴν Σουσιανὴν καταντήσας, in Susianam autem (Alexander) pervenit; & Strabon[i], ἡ μὲν δὴ χώρα ἡ τε Περσὶς καὶ ἡ Σουσιανὴ τοιαυτὴ, atquê ita se Persis ac Susiana habet. Cependant on lit dans ce dernier, Γειτνιᾷ τῇ Σουσιδι ἡ Σιτακενή, Susidi Sitacena vicina est ; & dans un autre endroit, ἡ Σουσὶς μέρος γεγένηται τῆς Περσίδος, Susis pars fuit Persidis. Cette Contrée avoit pour bornes l'Assyrie au Septentrion, à l'Orient l'Elymaïde, dont elle étoit séparée par le Fleuve Eulée ; au Midi le Golphe Persique, & le Tigre au Couchant. Ptolomée[k] lui donne une plus grande étendue ; car il y comprend l'Elymaïde, & il lui donne le Fleuve Oroatis pour borne du côté de l'Orient. Strabon distingue les Elyméens des Susiens ; & Pline dit positivement que le Fleuve Eulée faisoit la séparation entre la Susiane & l'Elymaïde. Voici la Description de cette Contrée selon Ptolomée :

[g] Cellar. Geogr. Ant. L. 3. c. 19.
[h] Lib. 16. c. 65.
[i] Lib. 15.
[k] Lib. 6. c. 3.

Sur le Golphe Persique :
{ Tigridis Amnis Ostium Orient.
Vallum Pasini,
Mosæi Fluv. Ostia,
Fontes Fluv.
Pelodes, ou Cenosus Sinus,
Eulæi Fluv. Ostia,
Fontes Fluv. in Susiana,
Conjunctio Fontium,
Tenagos arenosus,
Oroatidis Fluv. Ostia,
Fontes Fluvii.

Sur le bord du Tigre :
{ Agra,
Aracca,
Asia.

Dans les Terres :
{ Palinza,
Sacrone,
Bergan,
Susa,
Saura,
Dera,
Agarra,
Abinna,
Traiana,
Sele,
Graan,
Anuchtha,
Urzan.

Isle sur la Côte de la Susiane :
{ Taxiana.

Le nom moderne de la Susiane est Cus, selon Niger ; Zaqueismael, selon Molet ; Susay, selon Zardus ; & Cusistan, selon Mercator.

SUSICANA, Ville de l'Inde, en deçà du Gange : Ptolomée[l] la compte parmi les Villes situées au bord du Fleuve Indus. Le Territoire de cette Ville est appellé Musicani Terra par Strabon. Voyez MUSICANI TERRA.

[l] Lib. 7. c. I.

SUSICAZIENSIS, Siège Episcopal d'Afrique, dans la Numidie, selon la Notice des Evêchés de cette Province.

SUSIDÆ PYLÆ, fameux Détroit de Montagnes, entre la Perside propre & la Susiane, & qui a pris quelquefois son nom de l'une de ces Contrées, quelquefois de l'autre. Ce Détroit ou Pas de Montagnes, est appellé Susidæ Pylæ par Quinte-Curse[m], & Rupes Susiades, Σουσιάδαι Πέτραι, par Diodore de Sicile[n]. Comme il se trouve au-delà du Pasitigris, il étoit dans la Perse propre ; ce qui fait qu'Arrien[o] le nomme Περσίδαι Πύλαι, Pylæ Persides, & Strabon Περσίαι Πύλαι, Portæ Persicæ. C'est ce que nous connoissons à présent sous le nom de Pas de Suses.

[m] Lib. 5.
[n] Lib. 17.
[o] Lib. 3. c. 18.

SUSII. Strabon[p] nomme ainsi les Habitans de la Susiane ; & il ajoute qu'on les appelle aussi CISSII.

[p] Lib. 15. p. 728.

SUSIS CASTRUM, le Château de Suses : Daniel[q] entend par-là la Ville de Suses, à laquelle il donne le nom de Château, parce que les Rois de Chaldée y avoient un Palais. Voyez SUSA.

[q] Cap. 8. v. 2.

SUSOBENI, Peuples de la Scythie, en deçà de l'Imaüs. Ptolomée[r] les place dans la partie Septentrionale de cette Contrée vers des Terres inconnues. Au lieu de Susobeni le MS. de la Bibliothéque Palatine lit Suobeni.

[r] Lib. 6. c. 14.

SUSOR, petite Ville de la Turquie en Afie [a], dans l'Anatolie, fur la Côte Méridionale de la Prefqu'Ifle, qui s'étend depuis Smyrne jufqu'à l'Ifle de Scio. Quelques Auteurs la prennent pour l'ancienne *Teos*, ou *Teïos*, Patrie du Poëte Anacréon, & Épiscopale fuffragante d'Ephéfe, quoique d'autres placent cette ancienne Ville à Segefi, Ville de la même Prefqu'Ifle.

[a] Baudrand, Dict.

SUSORUM ARX, Fortereffe de la Perfe, dans la Sufiane, felon Pline [b], qui pourroit entendre par-là le Château de Sufes. Il ajoute que cette Fortereffe eft environnée des eaux du Fleuve Eulée.

[b] Lib. 6. c. 27.

SUSSEX, Province Maritime d'Angleterre, dans la partie Méridionale de ce Royaume, avec titre de Comté. Cette Province [c], nommée anciennement *Suth-Sex*, a retenu le nom des Saxons Méridionaux, dont le Royaume comprenoit ce Comté avec la Province de Surreq. Le Suffex s'étend en long du Levant au Couchant, le long de l'Océan, qui le borne au Midi & au Sud-Eft. Du côté du Nord il fait face aux Comtez de Kent & de Surrey; & du côté de l'Eft au Comté de Southampton. Sa longueur eft de foixante-quatre milles, fa largeur de vingt milles, & fon circuit de cent cinquante-huit milles, qui renferment un million cent quarante mille Arpens de terre. Il eft partagé en fix grands Quartiers, que les Habitans du Pays appellent Rapes; favoir

[c] Délices d'Angleterre, p. 800. & fuiv.

HASTINGS,	BRAMBER,
PEVENSEY,	ARUNDEL,
LEWES,	CHICHESTER.

Chaque Quartier ou Rape a une Forêt, une Riviére, & un Château, dont il a pris le nom. Ils font fubdivifez en cinquante-deux Hundreds ou Centaines, compofées de trois cens douze Eglifes Paroiffiales, dans lefquelles on remarque dix Châteaux, & dix-neuf tant Villes que Bourgs à Marché, où l'on compte près de vingt & un mille cinq cens quarante Maifons. Entre les Places à Marché il y en a neuf qui ont droit de députer au Parlement. Ces derniéres font

Chichefter,	New-Shoreham,
Horsham,	Bramber,
Midhurft,	Steyning,
Lewes,	Eft-Grinfted,
	Arundel.

Il y en faut joindre quatre autres, qui font des Places Maritimes & des Ports fameux, & qui avec quatre autres Places du Comté de Kent font une efpèce de Corps à part, & envoyent enfemble feize Députez au Parlement, qu'on appelle par honneur *les Barons des cinq Ports*. Les quatre Places du Comté de Suffex font Haftings, Winchelfey, la Rye, & Seaford : Les quatre autres de la Province de Kent font, Douvres, Romney, Sandwich & Hyeth.

Autrefois ce Pays n'étoit qu'un grand Bois, qui faifoit partie d'une vafte Forêt nommée *Andrands-Wald*, & par les Gallois *Coid-Andred*. L'étendue en étoit fi grande, qu'elle occupoit fix-vingt milles de Pays en longueur, & trente milles en largeur. La Forêt a été extirpée avec le tems; mais il en eft refté encore de grandes pièces dans la Bande Septentrionale de ce Comté, dont la meilleure partie eft couverte de Bois. Plufieurs Riviéres fortent de ces Bois, & arrofent la Province, la traverfant du Nord au Sud; mais il n'y en a aucune qui foit affez groffe pour porter Bâteau.

L'air du Comté de Suffex eft généralement bon & fain; excepté qu'il eft fujet à des brouillards que l'Océan y éleve de tems en tems. Le Terroir eft fertile & abondant en tout ce qui eft néceffaire à la vie. La Mer fournit quantité de Poiffons, & en particulier d'excellentes Huitres aux environs de Selfey. Les Dunes qui bordent le Rivage de cette Province ont un fond de marne & rapportent du Bled en abondance. Le milieu du Pays eft gras & un peu argileux; ce qui fait que les chemins font mauvais en Hyver. En récompenfe on y trouve de belles Prairies, de riches Pâturages, des Champs & quelques Forêts. La partie la plus avancée au Nord eft presque toute couverte de Bois. Il femble que la Nature ait voulu en faire une bonne provifion dans ce Quartier du Royaume, pour qu'on pût travailler le Fer, dont on trouve des Mines fécondes dans ce Comté. Quand on en ouvre quelqu'une, on rencontre d'abord une terre argilleufe & blanche, où la pierre de Mine eft comme un noyau blanchâtre, enfermé dans une écorce rouge. A trois pieds de profondeur au-deffous de cette première terre, on rencontre une pierre rouge coupée de veines blanches; & à trois pieds plus bas on trouve une autre efpèce de pierre de Mine, qui eft rougeâtre. Elle eft fuivie d'une quatrième qui eft encore d'une autre couleur; mais rayée de rouge, & ces deux derniéres donnent le meilleur Métal. On trouve auffi de la Mine de fer dans une terre de marne & verdâtre; mais le Fer en eft caffant & ne vaut rien. Cela vient de ce qu'il y a trop de Vitriol mêlé, qui lui donne la couleur auffi-bien que le défaut qu'il a. On a établi plufieurs Forges dans la Province pour travailler le Fer, & on en fait un affez grand debit. On en fond particuliérement des Canons; mais en général ce Fer n'eft pas fi eftimé que celui d'Efpagne. On a auffi érigé en quelques endroits des Fonderies de Verre, qui n'ont pas eu un fuccès fort heureux.

Les anciens Habitans de cette Province ont été les Régnes, qui occupoient auffi le Comté de Surrey & une partie de celui de Southampton. Divers Seigneurs & riches Gentilshommes poffédent maintenant de belles Terres dans le Suffex. On y remarque entr'autres celles de Laughton, Petworth, Stoneland, Buckhurft, Stanftead, Upparck & Folkington.

SUSTEREN, petite Ville d'Allemagne, dans le Cercle de Weftphalie, au Duché de Juliers, environ à une lieue à la droite de la Meufe, à l'Orient de Mafeyck. Cette Ville eft fituée fur la petite Riviére de Zafel, qui un peu au-deffous fe jette dans le Rebeck.

SUSUARA, Ptolomée [d] marque une Ifle

[d] Lib. 7. c. 4.

220 SUS. SUT. SUT.

Isle de ce nom sur la Côte de l'Isle de Taprobane, du côté de l'Orient en tirant vers le Nord.

SUSUDATA, Ville de la Germanie, selon Ptolomée [a]. Il y en a qui veulent que ce soit aujourd'hui *Wisnach* dans la Marche de Brandebourg.

[a] *Lib. 2. c. 11.*

SUSUS, ou SUZUS, Fleuve de l'Inde. Ortelius [b] qui cite Tzetzes [c] dit que ce Fleuve produit des pierres précieuses.

[b] *Thesaur.*
[c] *Chil. 11. n°. 376.*

SUSUVI, ou XUXUY, Ville de l'Amérique Méridionale [d], au Paraguay, dans la partie Septentrionale du Tucuman, au Nord & à douze lieues de la Ville de Salta. Elle est arrosée d'une Rivière, qui a sa Source aux confins du Pérou, & qui se jette dans *Rio Vermejo*.

[d] *De Laet Descr. des Indes Oc. Liv. 14. c. 12.*

Dans la Carte du Paraguay de Mr. de l'Isle cette Ville est nommée SAN-SALVADOR, ou XUXUI.

SUTADSES [e]. Les Sutadses sont des Tartares Méridionaux, Tributaires du Grand-Cham de Tartarie, & qui sont voisins des Tartares Zagatai ; & du Royaume de Turkestan, où les Habitans sont plus policés & plus renommés qu'ailleurs, tant par leurs Mœurs, que par leur façon de vivre, & par la culture des Champs & la propreté de leurs Maisons & de leurs Villes.

[e] *Ambass. des Hol. page 209.*

SUTERA, Ville de Sicile [f], dans le Val de Mazzara. Elle est fort avancée dans les Terres, & se trouve située entre *Fiume di Platani*, & *Fiume Salso*, à une petite distance de l'endroit où se joignent ces deux Rivières. C'est à peu près l'endroit où étoit l'ancienne *Petrina*.

[f] *De l'Isle Atlas.*

SUTHERLAND, Province Maritime d'Ecosse, au Nord de Ross. Anciennement toutes les Terres qui sont au Nord du Comté de Ross, ne faisoient qu'une seule Province sous le nom de Cattey, & les Habitans s'appelloient *Catteigh* dans la Langue du Pays. Dans la suite cette Province fut divisée en trois. La plus Septentrionale retint le nom ancien avec le mot NESS, qui signifie *Promontoire*, parce qu'elle est des trois Provinces celle qui s'avance le plus en Pointe : c'est la Province de CATNESS, autrement CAITHNESS. La seconde fut nommée SUTHERLAND ; c'est-à-dire, *Pays-Méridional*, parce qu'elle est au Midi de la première ; & la troisième qui est à l'Occident des deux autres, s'appelle STRATH-NAVERN, *Vallée de Navern*, à cause d'une Rivière de ce nom qui la traverse par le milieu.

La Province de Sutherland est bornée à l'Orient par la Mer d'Allemagne : au Midi le Golphe de Taine, & la Rivière d'Okell la séparent de la Province de Ross : à l'Occident trois petits Lacs & un Desert la séparent de la Seigneurie d'Assint : au Nord elle est bornée par la Province de Strath-Navern, & au Nord-Est par celle de Caithness. Sa longueur est d'environ quarante milles, à la prendre depuis les Frontières d'Assint jusqu'au Cap de Dornoch, & sa plus grande largeur est d'environ vingt milles. Cette Province est toute montueuse, particulièrement au milieu du Pays ; & les Montagnes sont entrecoupées de Vallées, dont chacune est arrosée de Rivières ou de Ruisseaux. Les plus remarquables de ces Rivières sont le Shin, l'Uns, le Brora & l'Ully, qu'on appelle autrement Helmsdail. Le Pays est entrecoupé de trois grandes Forêts, l'une au Nord-Ouest nommée *Dirry-Moir* ; l'autre au Sud-Ouest appellée *Dirry-Meanach* ; & la troisième vers le Nord appellée *Dirry-Chart*. Ces Forêts sont remplies de toutes sortes de Bêtes sauvages, de Loups, de Cerfs, de Daims, de Renards, de Loutres, de Chats sauvages, de Taissons, de Martres, & d'une infinité d'Oiseaux de bois de diverses espèces. Il s'y trouve entr'autres une espèce d'Oiseau particulière à ce Pays-là, & d'une figure approchante de celle du Perroquet. On le nomme *Knag* : c'est une sorte de Pivert, qui se creuse son nid avec le bec dans le tronc des Arbres. Outre ces Forêts il y a encore quantité de petits Bois & de Parcs de Gentilshommes, où l'on trouve aussi beaucoup de Bêtes sauvages.

On compte dans la Province de Sutherland quarante & tant de Lacs, tous féconds en Poissons, & couverts d'Oiseaux d'eau, comme Cignes, Oyes sauvages & Canards. La plûpart de ces Lacs renferment de petites Isles, où les Habitans vont passer les beaux jours de l'Eté. Le plus considérable de tous est le Lac de Shinn ou Sinn.

Cette Province est terminée par une chaîne de hautes Montagnes, nommées ORDS, qui la séparent des Provinces de Catness & de Strath-Navern. La Côte de l'Océan fait deux ou trois petits Ports passablement bons, où les Vaisseaux étrangers viennent prendre les Marchandises du Pays. Le Terroir est très-fertile dans les Vallées le long des Rivières & des Ruisseaux, & l'air est assez doux pour meurir tous les Fruits que le Terroir produit. On en peut juger par le Safran qui croît dans les Jardins du Château de Dun-Robin ; & par l'Orge de cette Province, qui est le meilleur qui croisse dans ces Pays du Nord. Les Lacs & les Rivières fournissent du Poisson abondamment, & le Saumon s'y trouve aussi communément qu'ailleurs. Les Montagnes & les Forêts sont remplies de Bestiaux & de Gibier, & les Côtes de la Mer sont peuplées de grands & de bons Poissons, comme Veaux-Marins, Chiens-Marins, Raies, Maquereaux, Anges de Mer, Anguilles de Mer, Turbots, Crapauds de Mer, des Congres & des Coquillages de différentes espèces.

Le Pays est fourni de diverses Carrières de pierres & de beau Marbre blanc. On y tire de très-bon Fer des Mines, & l'on trouve quelques Mines d'Argent, qui sont négligées, faute de gens qui sachent y travailler, ou qui veuillent en faire la dépense. On remarque que les Marmottes ne peuvent point vivre dans la Province de Sutherland, & que si on y en porte d'ailleurs, elles meurent bien-tôt. Cependant ces sortes d'Animaux fourmillent dans la Province de Caithness, qui n'est séparée de celle-ci, ni par la Mer, ni par un Golphe, ni par une Rivière ; mais seulement par des Montagnes. Le Pays est habité par quantité de Noblesse, & l'on y compte environ vingt Châteaux de Gentilshommes,

tous

tous Vaſſaux des Comtes de Sutherland. Les anciens Comtes de cette Province étoient de la Maiſon de Murray. Une Héritiére porta cette Seigneurie en dot dans la Famille des Gordons, Marquis de Huntley compoſée de diverſes Branches répandues dans le Royaume. Le Chef de la Branche aînée prend le titre de Duc de Gordon; & ſon fils aîné ſe qualifie Marquis de Huntley.

SUTHWELL, Bourg d'Angleterre [a], dans Nottinghamshire, avec droit de Marché. La Trent ayant reçu la Leene, à mille pas au-deſſous de Nottingham, continue ſon cours au Nord-Nord-Eſt, & paſſe à Suthwell. On voit dans ce Bourg une Egliſe fort ancienne, qui, à ce qu'on dit, fut fondée dans le ſeptiéme Siécle par St. Paulin, premier Archevêque d'Yorck, lorſqu'il baptiſa les Peuples de Nottingham dans l'eau de la Trent.

[a] Délic. de la Gr. Br. p. 372.

SUTHRIONA, Contrée de la Grande-Bretagne, près de la Tamiſe, ſelon Bede cité par Ortelius [b].

[b] Theſaur.

SUTHUL, Ville de la Numidie. Saluſte [c] dit que cette Ville où étoient gardez les Tréſors de Jugurtha étoit ceinte d'une Muraille bâtie au haut d'une Montagne eſcarpée. Strabon [d] donne le nom de *Capſa* à la Ville où étoient les Tréſors de Jugurtha; ainſi ou il y a faute dans un de ces deux Auteurs, ou cette Ville avoit deux noms; ce qui ne ſeroit pas impoſſible.

[c] Bell. Jugurth.

[d] Lib. 17. p. 832.

SUT'O, Foreteresse de la Chine [e], dans la Province d'Iunnan, au Département de Lingan, troiſième Métropole de la Province. Elle eſt de 14. d. 40'. plus Occidentale que Peking, ſous les 23. d. 33'. de Latitude Septentrionale.

[e] Atlas Sinens.

SUTRI, Ville d'Italie, dans l'Etat de l'Egliſe, au Patrimoine de St. Pierre, ſur le Pozzolo. Cette Ville nommée anciennement *Sutrium*, n'eſt préſentement guère peuplée, & n'a rien de remarquable. Elle fut Evêché ſous le Pape S. Hilaire dès l'an 465. Aujourd'hui ſon Evêché eſt uni à celui de Nepi.

SUTRINA. Voyez SUTRIUM.

SUTRIUM, Ville d'Italie, dans l'Etrurie. Cette Ville étoit autrefois célèbre, & une ancienne Colonie Romaine, ſelon Tite-Live [f]. La Colonie y avoit été conduite ſept ans après que les Gaulois eurent pris la Ville de Rome, comme nous l'apprend Vellejus Paterculus [g]. Auguſte l'augmenta; ce qui fait que dans une ancienne Inſcription rapportée par Gruter [h], elle eſt appellée COLONIA JULIA SUTRIN. Pline [i] la connoît ſous ce nom de *Colonia Sutrina* & nomme ſes Habitans SUTRINI. L'Itinéraire d'Antonin qui la marque ſur la Voie Claudienne, la met ſur la Route de Lucques à Rome, entre *Forum Caſſi* & *Baccanæ*, à onze milles du premier de ces Lieux, & à douze milles du ſecond. Cette Ville conſerve ſon ancien nom. On la nomme préſentement *Sutri*. Voyez SUTRI.

[f] Lib. 9. c. 32.

[g] Lib. 1. c. 14.

[h] Pag. 302. no. 1.

[i] Lib. 3. c. 5.

SUTTON, Lieu d'Angleterre [k], dans Herefordshire, au-deſſous de l'endroit où la Wye reçoit le Lug. On voit dans ce Lieu les reſtes du Palais du Roi Offa. Ce fut dans ce Palais que St. Ethelbert, Roi des Anglois Orientaux, étant venu auprès du Roi Offa, pour lui demander ſa fille en mariage; ce Roi barbare le fit aſſaſſiner, pour envahir ſes Etats.

[k] Délic. de la Gr. Br. p. 503.

SUTUNG, Ville de la Chine [l], dans la Province de Quangſi, au Département de Taiping, huitième Métropole de la Province. Elle eſt de 11. d. 15'. plus Occidentale que Peking, ſous les 23. d. 13'. de Latitude Septentrionale.

[l] Atlas Sinenſ.

1. SUXUI, Ville de la Chine [m], dans la Province de Xantung, au Département d'Iencheu, ſeconde Métropole de la Province. Elle eſt de 0. d. 40'. plus Orientale que Peking, ſous les 36. d. 0'. de Latitude Septentrionale.

[m] Ibid.

2. SUXUI, Ville de la Chine [n], dans la Province de Honan, au Département de Caifung, première Métropole de la Province. Elle eſt de 4. d. 8'. plus Occidentale que Peking, ſous les 35. d. 34'. de Latitude Septentrionale.

[n] Ibid.

SUZÆI, Peuples de la Perſide, ſelon Ptolomée [o].

[o] Lib. 6. c. 4.

SUZE, Paroiſſe de France dans la Bourgogne, Recette d'Arnay-le-Duc: ce Lieu eſt ſitué entre deux Collines, il y a une peẑite Riviére qui ne peut être navigable. C'eſt un Pays de Bois.

SUZY-EZ-BOIS, *Suziacum in Boſco*, Bourg de France dans le Berry, Grenier à Sel de Sancerre. Ce Bourg eſt ſitué ſur la Riviére de Saltène à quatre lieues d'Aubigny & de Sancerre, & à trois lieues de Chatillon ſur Loire, la petite Riviére de Notre-Heure y prend ſa ſource. On y ſuit la Coûtume de Loris, la taille eſt perſonnelle. La Cure vaut cinq à ſix-cens Livres. Vingt-ſix Métairies, cinq Moulins, & vingt Hameaux dépendent de Suzy-ez-Bois, qui a une lieue d'étendue de tous côtés, excepté d'un côté, où il n'a qu'une demi-lieue. On recueille dans ſon Territoire du Froment & du Seigle. Il y a des Prez, quatre-vingt Arpens de Bois taillis & environ huit Arpens de Vignes. Il y a une Chapelle & un Prieuré ſimple appellé Charpignon du revenu d'environ trois-cens Livres. Il y avoit autrefois une Maladrerie, & un Hôpital qui n'exiſtent plus. Il reſte encore une Pierre d'Autel d'une Chapelle qui étoit ſous le titre de Saint Pardou qui eſt tombée, & à laquelle venoit autrefois un grand concours de peuple de fort loin. On y vient encore faire des Neuvaines, ſur-tout quand les fiévres ſont en regne dans le Pays. Les Habitans s'occupent à faire des Toiles, & à élever des Beſtiaux, qu'ils vont vendre à Aubigny, à Sancerre, à Chatillon ſur Loire, & aux Foires voiſines. La Paroiſſe a Haute, Moyenne & Baſſe Juſtice. Il y a même dans l'étendue de la Paroiſſe neuf Fiefs de même nature. Celui qui me fournit cet Article dit qu'il y a dans cette Paroiſſe un endroit, où quand le Soleil eſt clair, tout ce qui y paſſe paroît d'une couleur différente de la naturelle. Il croit auſſi que cette Paroiſſe de Suzy-ez-Bois a été autrefois une Ville, il en apporte pluſieurs preuves. Il tire la première d'une ancienne Carte de la Province de Berry qui la repréſente telle; la ſeconde que dans toute l'étendue de cet-

SUZ. SWA.

te Paroisse on trouve par-tout des fondemens, qu'on a même bâti sur un Fossé dont on n'a point trouvé le fond, qu'on y a trouvé deux Médailles, l'une de Cuivre, & l'autre d'Argent, & aussi du Charbon & de l'Ardoise qui paroissent avoir servi autrefois; il fortifie son opinion de ce que le Château de Charpignon étoit fortifié & que dans l'étendue de cette Paroisse, il y a neuf Justices, Hautes, Moyennes & Basses; il confirme le tout d'une Pancarte d'un Roi de France qu'il a entre les mains, laquelle est de plus de trois-cens ans d'antiquité, & où ce Roi dit en plusieurs endroits, Notre-Ville de Suzy-ez-Bois.

SUZY-SUR-LOIRE, Hameau de France dans le Berry près de Leré, Diocése de Bourges. Ce lieu relève de Présidial de Saint Pierre le Moustier, & de la Prevôté de Leré, dont le Siège est à Tours. On y suit la Coûtume de Loris-Montargis. La taille y est personnelle, la Cure à portion congrue. Le Prevôt de Leré y nomme comme Seigneur du Lieu. Le bas de ce terroir est bon en Bled, quand la Loire ne déborde point, & quand l'année est séche, il y a quelque peu de Vin. Le haut est desert, en Bruyères, Bois, Epines. Le Commerce principal du Lieu consiste en Bois & Peaux de Chévres. Le Bois se transporte à Paris, l'Eglise de ce petit Lieu est une des plus belles du Diocèse; mais elle a été ruïnée par les Hérétiques & est dénuée de tout à présent & fort pauvre. Il n'y a auprès que deux Maisons. Le jour de Saint Jean il y a une Assemblée où on loue les Domestiques. Cet endroit est situé sur la Loire à quatre lieues de Sancerre, à trois de Cosne, & à deux de Bony.

SWA.

SWALE, Rivière d'Angleterre, dans la Partie Septentrionale de ce Royaume [a]. De hautes Montagnes, situées vers les Frontiéres de Westmorland donnent la source à cette Rivière, qui coule d'abord à l'Orient dans la Vallée de Swale-Dale, & lave les murailles de Richmont. Après avoir quitté cette Ville elle mouille à trois milles au-dessous une petite Place presque inconnue aujourd'hui, mais célèbre autrefois, nommée CATARRICKE, & CATARRICK-BRIDGE, anciennement *Catarractonium*. De Catarricke la Swale tourne au Sud-Est & reçoit la Riviére de Wisk, & court ensuite jusqu'à la rencontre de l'Youre dans laquelle elle se jette. La Riviére de Swale est renommée dans l'Histoire Ecclésiastique d'Angleterre, parce que St. Paulin premier Archevêque d'Yorck y baptisa dans un jour plus de dix mille Anglois convertis à la Religion Chrétienne.

SWARTE-SLUYS, Forteresse des Pays-Bas, dans la Province d'Over-Issel, sur le Vecht. Cette Forteresse qui est en bon état est défendue par cinq Bastions, & par de grands Marais qui en empêchent l'accès. Les François se rendirent Maîtres de cette Forteresse en 1672. & l'abandonnérent en 1674. après en avoir démoli les Fortifications.

[a] Delices de la Gr. Br. p. 202. & suiv.

SWA. SWE. SWI.

SWARTZAHE, selon Mr. Corneille [b] & SWARTA, selon Mr. Jaillot [c]. Elle a sa source dans la Bohême, au Cercle de Chrudim; & prenant son cours vers le Midi Oriental elle entre dans la Moravie, où grossie des eaux de diverses petites Riviéres, elle va mouiller Brinn, au-dessous de cette Ville elle se joint à la Riviére de Zwitta, avec laquelle elle va se perdre dans la Teya.

SWERIN, Principauté d'Allemagne [d] enclavée dans le Duché de Meckelbourg. C'étoit autrefois un Evêché qui fut fondé en 1062. dans la Ville de Meckelbourg sous le Régne de l'Empereur Henri IV. Jean Scot en fut le premier Evêque, & fut martyrisé par les Slaves en 1066. Leur cruauté & la haine qu'ils avoient pour les Chrétiens firent vaquer cet Evêché quatre-vingt-quatre ans; & après qu'ils eurent ruiné la Ville de Meckelbourg, Henri *le Lion*, Duc de Saxe, en transfera le Siège à Swerin sous Bennon qui en fut le troisième Evêque, & que d'autres nomment Everard; les Slaves renversérent une seconde fois cette Eglise qu'Henri *le Lion* rétablit, & à laquelle il donna de grands biens. Les Successeurs de Bennon aggrandirent leur Domaine, & eurent rang entre les Princes Ecclésiastiques de l'Empire. Magnus Fils d'Henri *le Pacifique*, Duc de Meckelbourg, embrassa la Confession d'Augsbourg. Ceux qui gouvernérent cet Evêché après lui prirent seulement la qualité d'Administrateurs; enfin il fut converti en Principauté Séculiére par le Traité d'Osnabruck, & cédé entiérement au Duc Adolphe Frideric de Meckelbourg, en compensation de la Ville de Wismar qui devoit demeurer aux Suédois. Cette Principauté a une très-petite étendue. SWERIN dont elle porte le nom est une Ville assez jolie sur les bords d'un Lac. Il n'y avoit qu'une moitié de cette Ville qui appartînt à l'Evêque: l'autre étoit possédée par le Duc de Meckelbourg Swerin.

SWILLY, ou SUILLIE, Riviére d'Irlande, dans la Province d'Ulster, au Comté de Tirconnel. Elle prend sa source au cœur de ce Comté, elle l'arrose du Sud au Nord-Est [e], & elle va se jetter dans une grande Baye à laquelle on donne le nom de Lac de Swilly, quoique son eau soit salée. Cette Baye est un très-bon Havre, long, large, spacieux & fort sûr. Les Vaisseaux y sont à l'abri de tous les Vents derrière les hautes Montagnes qui bordent cette Baye de toutes parts. Il n'y manque qu'une Ville pour mettre à profit la commodité de ce Havre.

SWINAR, ou SWYNAR [f], Ville de la Turquie en Europe dans la Bosnie, aux Frontiéres de la Hongrie & de l'Esclavonie, sur la Riviére de Save, qui y reçoit le Worwatz, à trois milles d'Allemagne de Posega au Midi. Cette Ville est fort petite à présent. On voit auprès les ruïnes de l'ancienne *Serbinum*, petite Ville de la Pannonie Inférieure.

SWINE, C'est le nom d'une des trois Embouchures de la Riviére d'Oder, & celle du milieu. Elle se jette dans la Mer Baltique, entre l'Isle de Wollin à l'Orient &

[b] Dict.
[c] Atlas.
[d] D'Audif. fred, Géogr. t. 3. p. 515.
[e] Délices d'Irlande, p. 1583.
[f] Boudrand, Dict.

& celle d'Ufedom à l'Occident. Voyez ODER & SUEVUS.

SWINSEY, ou SWINSEA, Bourg d'Angleterre dans le Comté de Glamorgan, fur le Chemin de Caermarthen à Londres, à fept milles de Llogher [a]. Ce Bourg, qui eft fitué fur le rivage de la Mer, a été nommé Swinfey par les Anglois, à caufe des Ports Marins qu'on avoit vus dans fon voifinage. Cependant on écrit ordinairement SWANSEY, ou SWANZAY. Les Gallois appellent ce Bourg *Aber-Taw*, parce qu'il eft à l'Embouchure de la Rivière de Taw. C'eft dans ce Lieu que fe trouve le Château que le Duc de Beaufort poffede dans cette Province. Le Havre de Swinfey eft fort bon & fort fréquenté. Entre ce Bourg & Llogher la terre s'avance dans la Mer & fait une petite Prefqu'Ifle nommée Weft-Gower, qui eft fertile en fruits.

[a] Délices de la Gr. Br. p. 479.

SWOL. Voyez ZWOL.

SWYBEECK, Abbaye des Pays-Bas, dans la Flandre Impériale, au Pays d'Aloft, au Village de même nom, à une demi-lieue de la Ville de Termonde. C'eft une Abbaye de Religieufes de l'Ordre de Cîteaux, fondée en 1223. par Mathilde Dame de Termonde. En 1667. cette Abbaye fe trouvant détruite par les malheurs de la Guerre, les Religieufes allérent s'établir dans la Ville de Termonde, où elles font encore aujourd'hui.

SWYNBORG, petite Ville de Dannemarck, dans l'Ifle de Fionie. Elle eft dans la partie de cette Ifle qui regarde l'Orient, vis-à-vis de l'Ifle de Langeland, fur le bord du Détroit qui fépare la Fionie d'avec l'Ifle de Taafting. Abel Duc de Slefwick étant en guerre avec fon frère Eric Roi de Dannemarck brûla Swynborg en 1247. En 1289. les Norwégiens prirent la Ville & la Citadelle, & y mirent le feu. En 1658. au commencement de Février Charles Guftave Roi de Suède fit partir fon Armée de cette Ville, & la conduifant au milieu des glaces il la fit entrer dans l'Ifle de Langeland, dans celle de Falfter, & dans celle de Zelande.

S Y.

SYAGRA, petite Contrée de la Cilicie, felon Etienne le Géographe qui la met près d'*Adan* & de *Laerte*. Le nom de cette Contrée tiroit fon origine de la Chaffe du Sanglier.

SYAGROS, Promontoire de l'Arabie Heureufe: Ptolomée [b] le marque fur l'Océan Indien, au Pays des *Afcitæ*, entre la Bourgade de *Metacum* & le Port *Mofcha*. C'eft préfentement Cabo *Rifalgate*, felon Jean Barri, le Cap *Sfacalhat*, felon Ramufius, & le Cap *Fartac*, felon Varrerius.

[b] Lib. 6. c. 7.

SYALIS, Ville qu'Etienne le Géographe donne aux *Maftieni*. Il entend apparemment les *Maftieni* de la Libye.

SYAOYE, Fortereffe de la Chine [c], dans la Province de Xantung, au Département de Ningc'ing, première Fortereffe de la Province. Elle eft de 5. d. 20'. plus Occidentale que Peking, fous les 37. d. 7'. de Latitude Septentrionale.

Atlas Sinenf.

SYAPHAS, Lieu voifin de Conftantinople, felon Pierre Gylle dans fa Defcription du Bofphore.

SYASSUS, Bourgade de l'Afie Mineure: c'eft Etienne le Géographe qui en parle.

SYBA, ou SIBA, Province des Etats du Mogol, entre celle de Nagracut au Nord, le Grand Tibet à l'Orient, les Royaumes de Jamba & de Gor au Midi, & la Province de Pengab au Couchant [d]. Le Gange traverfe cette Province du Nord au Midi en ferpentant extrêmement. Mr. Thevenot, dans fon Recueil de Voyages cité par Mr. Corneille [e], dit qu'il femble que le Gange prenne fa fource dans la Province de Syba; mais felon Mr. de l'Ifle ce Fleuve prend fa fource encore plus loin dans la Province de Nagracut, aux confins du petit Tibet, & fort feulement d'un Lac dans la Province de Siba. Mr. Thevenot ajoute que la principale Ville de Siba eft Hardouaire. Mr. de l'Ifle ne connoît point cette Ville. Il met dans la partie Méridionale de Siba, le Royaume de la Ville de Sirinagar, & dans la partie Septentrionale Mana, Bagides, & Pagode.

[d] De l'Ifle, Atlas.
[e] Dict.

1. SYBARIS, Fleuve d'Italie, dans la Lucanie. Voyez l'Article fuivant.

2. SYBARIS, Ville d'Italie, dans la Lucanie, fur la Côte du Golphe de Tarente à l'Embouchure d'un Fleuve de même nom connu aujourd'hui fous celui de *Cochile*. Cette Ville qui avoit été puiffante autrefois ne fubfiftoit plus du tems de Pline [f], qui dit: *Oppidum Thurii inter duos Amnes Crathin & Sybarin, ubi fuit Urbs eodem nomine*; c'eft-à-dire du nom de Sybaris. Strabon parle encore plus clairement: La Ville de Sybaris, dit-il, fut fondée par les Achéens, entre deux Fleuves, le Crathis & le Sybaris. Solin cependant veut qu'elle ait été fondée par les Trœzéniens, & par Sagare fils d'Ajax le Locrien. Peut-être cette Ville devoit-elle fon commencement à l'une de ces Nations, & fon aggrandiffement à l'autre. Il fe pourroit faire auffi que les Trœzéniens en euffent jetté les premiers fondemens. Strabon femble appuyer ce fentiment, quand il dit que les Achéens après être débarquez, envoyérent confulter l'Oracle par Mifcellus, qui leur rapporta pour réponfe que l'Oracle avoit marqué l'endroit où devoit être bâtie la Ville de Crotone. Strabon ajoute que Mifcellus ayant examiné Sybaris fut charmé de la beauté de fa fituation; ainfi Sybaris pouvoit être bâtie avant l'arrivée des Achéens qui purent l'orner ou l'aggrandir; car fouvent les anciens Auteurs fe fervent du mot de *bâtir*, pour fignifier *orner*, *rétablir*, ou *aggrandir*. Cette Ville avec le tems devint très-puiffante; car elle gouvernoit quatre Peuples & s'étoit rendue Maîtreffe de vingt-cinq Villes: Ses Habitans avoient des richeffes immenfes. Les Palais & les fuperbes Edifices qu'ils avoient bâtis fur le Fleuve Crathis, dans l'efpace de cinquante Stades, ou de fix milles, montroient affez leur magnificence & leur grandeur. Diodore de Sicile dans le douzième Livre de fon Hiftoire dit qu'ils mirent fur pied une Armée de trente mille Com-

[f] Lib. 3. c. 11.

Combattans dans la guerre qu'ils eurent contre les Crotoniates ; ceux-ci néanmoins resterent les vainqueurs & ôterent aux Sybarites leur gloire, & leurs richesses. Les Crotoniates eurent d'autant moins de peine à remporter la victoire, que leurs ennemis s'abandonnérent aux plaisirs & aux délices, sans penser à prévenir le danger qui les menaçoit. Les Sybarites en allant au combat faisoient jouer tous les Instrumens dont ils se servoient dans leurs Fêtes. Ils s'avançoient d'un pas mol & effeminé ; ils menoient leurs Chevaux si lentement, qu'on auroit dit qu'ils étoient en cadence. Mais à peine eut-on commencé de combattre que les Crotoniates virent la Victoire se déclarer en leur faveur. Le bruit épouventable des armes, le hennissement des Chevaux, joint aux cris que jettoient les Crotoniates, saisirent d'effroy les Sybarites, qui ne pensérent plus qu'à fuir. Les Crotoniates les poursuivirent avec ardeur, ils prirent Sybaris, & même, selon Hérodote, après avoir arrêté le cours du Fleuve ils la submergérent. Quelques Sybarites échappez de ce sanglant combat retournérent habiter leur Ville détruite, & priérent les Athéniens & quelques autres Grecs de venir s'établir avec eux. Ils obtinrent leur demande; mais les Grecs ne furent pas longtems à s'appercevoir que les disgraces n'avoient point changé les mœurs des Sybarites. Ils en conçurent tant d'horreur qu'ils les tuérent tous. Ils abandonnérent ensuite leurs Habitations pour s'approcher de la Mer, & ils y fondérent une Ville qui fut appellée *Thurium*. C'est des Sybarites qu'est venu le Proverbe, *plus mou*, *plus délicat*, *plus effeminé qu'un Sybarite*, pour marquer un homme adonné à ses plaisirs. La nouvelle Ville de *Thurium*, ou *Thurii*, ainsi appellée du nom d'une Fontaine nommée *Thuria*, qui y fut trouvée, n'étoit pas loin de Sybaris : & le voisinage de la situation de l'ancienne & de la nouvelle Ville fit que *Sybaris* & *Thurii* furent regardées comme la même Place: aussi Etienne le Géographe ne fait-il point difficulté de dire que *Thurii* est une Ville d'Italie, nommée auparavant *Sybaris*: Θέριοι, πόλις Ἰταλίας, ἡ πρότερον Σύβαρις. Dans la suite les Romains y menérent une Colonie, qui selon Tite-Live changea le nom de Thurii en celui de Copiæ. Strabon nous donne la raison qui détermina les Romains à faire de cette Ville une Colonie. Ses Habitans, dit-il, fatiguez des insultes continuelles que leur faisoient les Tarentins, se jettérent entre les bras des Romains, qui voyant que les Citoyens de *Thurii* étoient réduits à un fort petit nombre, y envoyérent une Colonie & lui donnérent le nom de *Copiæ*. Cependant le nom de *Thurii* l'emporta avec le tems, comme nous le voyons dans Ptolomée & dans l'Itinéraire d'Antonin. On ne trouve plus aujourd'hui que les ruînes de cette Ville, & qui sont marquées dans les Cartes sous le nom de *Sibari rouinata*. L'ancien nom National étoit SYBARITÆ. Justin [a] écrit pourtant SYBARITANI. Les Sybarites avoient leur Trésor dans l'Altis [b], Bois sacré de Jupiter à Olympie, Ville de l'Elide. Ce Trésor étoit près de

[a] Lib. 10. c. 2.
[b] Pausanias Lib. 6. c. 19.

celui des Epidamniens & touchoit presque à celui des Cyrénéens.

3. SYBARIS. Ceux qui sont versez dans les antiquitez de l'Italie, dit Pausanias [c], veulent que la Ville de Lupia, qui est entre Brindes & Hydrunte, ait été appellée autrefois Sybaris. Cette Ville, ajoute-t-il, a un Port fait de main d'homme par ordre & sous l'Empire d'Hadrien.

4. SYBARIS, Fontaine du Péloponnèse dans l'Achaïe propre, près de la Ville de Bura. Strabon [d] dit qu'on prétendoit que cette Fontaine avoit occasionné le nom du Fleuve Sybaris, en Italie.

5. SYBARIS, Ville de la Colchide, selon Diodore de Sicile [e], qui en fait la résidence du Roi du Pays. Il ajoute que le Temple de Mars où étoit gardée la Toison d'Or ne se trouvoit qu'à soixante & dix Stades de cette Ville.

[c] Ibid.
[d] Lib. 8. p. 386.
[e] Lib. 4. p. 174. Ed. Wechel. 1604.

SYBENNITICUM. Voyez SEBENNITICUM.

SYBERUS, Ville de l'Illyrie, selon Etienne le Géographe.

SYBI. Voyez IBI.

1. SYBOTA, Port de l'Epire : Ptolomée [f] le marque sur la Côte d'Almène, entre l'Embouchure du Fleuve Thiamis, & la Ville Torona ; mais, si l'on s'en rapporte à la Carte dressée sur les nombres du même Auteur, ce Port se trouve entre la Ville Torona & l'Embouchure du Fleuve Achéron. Cellarius [g] voudroit le reculer encore au delà de l'Achéron. Il se trompe certainement ; & pour être de son sentiment il faudroit n'avoir aucune idée de l'état des Lieux. C'est envain qu'il cite Thucydide [h] qui dit que l'Achéron, & le Thiamis renferment le Promontoire Chimerium ; cela ne signifie pas qu'il ne peut point y avoir de Port entre l'Embouchure de chacun de ces Fleuves & la pointe du Promontoire. Au reste le Port *Sybota* étoit un Port desert, comme le dit positivement Thucydide, qui le met sur la Côte de la Thesprotie, prise dans un sens étendu. Cependant ce Port n'étoit pas tellement desert qu'on n'y mouillât quelquefois ; & Thucydide [i] en convient lui-même. Le Port de *Sybota* avoit été ainsi appellé, selon le Scholiaste Grec, du nom de trois petites Isles voisines, nommées Sybota, à cause de la quantité de Sangliers qu'elles nourrissoient. Ces Isles situées près de la Côte de l'Epire étoient à l'opposite du Promontoire Oriental de l'Isle de *Corcyra*, aujourd'hui Corfou.

[f] Lib. 3. c. 14.
[g] Geogr. Ant. Lib. 2. C. 13.
[h] Lib. 1. p. 34.
[i] Ibid. & Lib. 3. p. 224.

2. SYBOTA, Isles sur la Côte de l'Epire. Voyez l'Article précédent.

SYBRA, Lieu fortifié dans la Phrygie, selon Etienne le Géographe.

SYBRIDÆ, Municipe de l'Attique: Etienne le Géographe le met dans la Tribu Erechthéïde.

SYBURPORES, ou SUBURPORES, Peuples de la Libye : Ptolomée [k] les place au Midi du Mont Usargala.

[k] Lib. 4. c. 6.

SYCA, SICA, SCYSSA, CISSA, CRISSA, ou CRESSA; ce sont différentes Orthographes du nom de la Ville *Cissa* dans la Chersonnèse de Thrace. Voyez CISSA, N°. 2.

1. SYCÆ, Lieu qu'Etienne le Géographe met au voisinage de la Ville de Syracuse.

SYC.   SYC. SYD.

fe. Thucydide qui écrit *Syce*, dit que ce Lieu dépendoit de la Ville de Syracufe.

2. SYCÆ, Ville de la Cilicie, felon Etienne le Géographe. Cette Ville eft nommée *Sycea* dans Athénée [a]. [a Lib. 3.]

3. SYCÆ, Ville de la Thrace, au voifinage de l'ancienne Rome, felon Etienne le Géographe, qui dit que de fon tems elle étoit nommée *Juftinianæ*. Il ajoute que Strabon écrit *Syce*; mais qu'il eft plus dans les règles de dire Συκαὶ, *Sycæ*.

4. SYCÆ ; le même Étienne le Géographe met un Lieu de ce nom aux environs de la Ville d'Aléxandrie.

SYCAMAZO, Siège Epifcopal, dont le Concile d'Ephèfe parle plus d'une fois, & dont l'Evêque s'appelloit Aianus.

SYCAMINORUM OPPIDUM, SYCAMINOS & SYCAMINON, Ville de la Phénicie, au pied du Mont Carmel du côté du Midi, fur la Mer Méditerranée vis-à-vis de Ptolémaïde qui n'en eft éloignée que de la largeur de fon Port. C'eft la pofition que lui donne Dom Calmet [b]. Il eft certain que *Sycaminum* étoit une Ville maritime & peu éloignée de Ptolémaïde, puifque, felon Jofephe [c], Ptolomée Latur y fit fa defcente avec fon Armée, lorfqu'il vint pour affiéger Ptolémaïde. Eufèbe [d] dit que Sycaminos eft une Bourgade maritime entre Céfarée & Ptolémaïde près du Mont Carmel, & que de fon tems on la nommoit Epha, ΈΦὰ. Strabon qui l'appelle *Sycaminorum Urbs*, la place entre Ptolémaïde & la Tour de Straton; ce qui s'accorde avec la pofition que lui donne Eufèbe. Dans l'Itinéraire d'Antonin elle eft auffi marquée entre Ptolémaïde & Céfarée, à vingt-quatre milles de la première de ces Villes & à vingt milles de la feconde. Voyez CAÏFA. [b Dict.] [e Ant. Lib. 13. c. 20.] [d In Onomaft. ad vocem 'Ιωχαὶ;]

1. SYCAMINOS. Voyez SYCAMINORUM OPPIDUM.

2. SYCAMINOS, ou SYCAMINON, ancienne Ville de la Bœotie, appellée aujourd'hui *Scaminò*, ou *Sicamino*, felon Mr. Spon [e]. Je ne connois cependant aucun Auteur ancien qui ait parlé de cette Ville. Les Grecs ont préfentement diverfes Eglifes à *Sicamino*, & entre autres *Agioi Saranda*, ou les Quarante Saints, *Panagia*, & *Agios-Helias*. Il y a dans la première plufieurs Infcriptions, parmi lefquelles eft l'Epitaphe d'un certain Aphrodifius, fils de Zopyrus, natif d'Oropos, qui en eft proche. Il n'y a que cinq lieues de Sicamino à Négrepont. [e Voyage de Gréce.]

3. SYCAMINOS, Ville que Philoftrate met aux confins de l'Egypte & de l'Ethiopie, & que Ptolomée, Pline & l'Itinéraire d'Antonin appellent HIERA-SYCAMINOS. Ptolomée [f] la marque fur le bord Oriental du Nil, au Midi de la petite Cataracte, dans cet ordre : [f Lib. 4. c. 5.]

Syene,
Cataracta parva,
Hiera Sycaminus.

Pline [g] nous donne la diftance de Syene à *Hiera Sycaminus*, & il la fixe à cinquante-quatre milles. Enfin felon l'Itinéraire d'Antonin *Hiera Sycaminos* étoit le terme de la route de l'Egypte pour paffer dans l'Ethiopie, & elle y eft marquée à quatre milles au-deffus de *Corte*. [g Lib. 6. c. 29.]

1. SYCE. Voyez SYCÆ & SISTINENSE.

2. SYCE, Pline [h] met une Ifle de ce nom fur la Côte de l'Ionie. [h Lib. 5. c. 31.]

SYCEA. Voyez SYCÆ.

SYCELLA; Jofephe [i] nomme ainfi le Lieu où Saül campa, lorfqu'il pourfuivoit David, & où celui-ci étant entré la nuit dans la Tente de Saül fe contenta de lui enlever fon Javelot. Ce Lieu eft nommé *la Colline d'Hachila*, dans le premier Livre des Rois [k]. Cette Colline étoit vis-à-vis du Defert de Zip, fur le chemin. [i Ant. Lib. 6. c. 14.] [k Cap. 26. v. 1. & 3.]

SYCENE. Voyez SISTINENSE.

SYCHAR. Voyez SICHEM.

SYCHEM, ou SICHEM. Voyez SICHEM.

SYCHEUM, Ville maritime de l'Arabie Heureufe, felon Syméon Sethi, cité par Ortelius [l], & qui dit que c'eft où fe recueille l'Ambre gris. [l Thefaur.]

SYCTA, Ville de la Perfide : Ptolomée [m] la marque dans les Terres. [m Lib. 6. c.]

SYCURIUM, Ville de la Theffalie, dans la Magnéfie. Tite-Live [n] place cette Ville au pied du Mont Offa, & Polybe [o] dit que Perfée avoit fon Camp près de cette Ville. [n Lib. 42.] [o Excerpt. Legat. 69.]

SYCUS. Voyez SISTINENSE.

SYCUSSA, Ifle que Pline [p] place quelque part au voifinage de l'Ionie. [p Lib. 5. c. 31.]

SYDEMA. Voyez SIDENA.

1. SYDERIS, Fleuve qui, felon Pline [q], devoit avoir fon Embouchure dans la Mer Cafpienne; car il dit que c'eft à l'Embouchure de ce Fleuve que cette Mer commençoit à s'appeller Mer d'Hyrcanie. [q Lib. 6. c. 16.]

2. SYDERIS, ou SIDERIS. Voyez SIDEN.

SYDONAIIA, Monaftère Grec, en Afie, dans la Paleftine, environ à quatre lieues de Damas, au Nord-Eft, & au bout d'une grande allée [r]. En allant de Damas, on voit une Montagne, où l'on dit que Caïn & Abel offrirent leurs Sacrifices, & que le premier y tua fon frere. Le Couvent de Sydonaiia eft fur un Rocher fort élevé dans lequel on a taillé des degrés, fans quoi il feroit inacceffible. Ce Rocher eft environné par le haut d'une forte muraille qui enferme le Couvent. Le Bâtiment eft fort peu de chofe, & ce Lieu n'a rien autre chofe qui foit digne de remarque que le bon vin qu'on y recueille. Il fut fondé & renté par l'Empereur Juftinien ; & il eft aujourd'hui dans la poffeffion de vingt Religieux Grecs & de quarante Religieufes. Il y a fur ce Rocher & dans un petit efpace aux environs, feize Eglifes ou Oratoires, fous divers titres de Saints. [r Voyage d'Alep à Jérufalem, 1697.]

SYDOPTA, Ville de l'Ethiopie fous l'Egypte, felon Pline [s]. [s Lib. 6. c. 29.]

SYDRA. Voyez SYEDRA.

SYDRACI, Peuples de l'Inde : fi nous en croyons Pline [t] le Pays de ces Peuples fut de côté-là le terme des expéditions d'Alexandre. Dans un autre endroit le même Pline [u] écrit SYNDRACI, au lieu de SYDRACI. [t Lib. 12. c. 6.] [u Lib. 6. c. 23.]

SYDRI, Peuples d'Afie : Ptolomée [x] les place dans l'Arachofie. [x Lib. 6. c. 20.]

SYDRUS, Ville de l'Inde en deçà du Gange. Ptolomée [a] la marque sur le bord du Fleuve Indus entre Parabali & Epitaufa. [a Lib. 7. c. 1.]

SYEBI. Voyez SUEBI.

SYEDRA, Ville de la Cilicie selon Ptolomée [b] & Etienne le Géographe. Strabon nomme cette Ville SYDRA, & la place au voisinage de *Coracesium*. Le MS. de la Bibliothèque Palatine, au lieu de *Syedra* lit SYSDRA: ce pourroit bien être une faute. [b Lib. 5. c. 5.]

SYENE, Ville d'Egypte, sur le Nil, aux confins de l'Ethiopie. Pline [c] dit qu'elle est à cinq mille Stades d'Alexandrie; & Strabon [d] a dit la même chose avant lui. Cette Ville étoit directement sous le Tropique du Cancer, c'est-à-dire, à vingt-trois degrés trente minutes de Latitude Septentrionale; car selon Pausanias [e], durant le tems que le Soleil étoit dans le Signe du Cancer, il n'y avoit à Syène, ni Arbres ni Animaux qui fissent de l'ombre. Strabon ajoute, qu'il y avoit à Syène un Puits qui marquoit le Solstice d'Eté, parce que quand le Soleil étoit dans le Signe du Cancer on ne voyoit à Midi aucune ombre dans ce Puits; & que dans ce même tems les Cadrans Solaires étoient aussi sans ombre. Pline & Eustathe [f] répétent la même chose; & c'est ce qui a fait dire à Lucain [g]. [c Lib. 2. c. 73.] [d Lib. 2. p. 114.] [e Lib. 8. c. 38.] [f Ad Dionys. v. 223.] [g Lib. 2. v. 587.]

. . . . . Umbras nusquam flectente Syene.

Pline [h] dans un autre endroit dit que Syène commence à être de la Domination de l'Egypte, & qu'on donne le nom de Syène à une Péninsule de mille pas de circuit, dans laquelle il y avoit un Camp Romain du côté de l'Arabie; c'est-à-dire, qu'il y avoit à Syène une Garnison Romaine, que la Notice des dignitez de l'Empire fait dépendante du Duc de la Thébaïde, & qu'elle appelle *Milites Miliarenses Syenæ*. Dès le tems de Strabon [i] on y voyoit trois Cohortes Romaines. C'est à Syène que Juvenal fut relégué, sous le prétexte honorable de la Milice, & il y mourut. Ce fut-là le fruit qu'il retira de ses Satyres. Eustathe nous apprend que cette Ville étoit nommée *Siris* par les Ethiopiens, que de son tems elle étoit entiérement ruinée, & qu'il n'en restoit plus que le nom. [h Lib. 5. c. 9.] [i Lib. 17. p. 797.]

Le Marbre nommé *Syenites*, & que quelques-uns appellent aussi *Signites*, à cause qu'il est taché de points de différentes couleurs, se tiroit des Montagnes voisines de cette Ville. Comme il est très-dur, les Egyptiens s'en servoient pour éterniser la mémoire des grands Hommes, dont ils marquoient les Actions par des Caractères gravez sur des Aiguilles ou des Pyramides de ce Marbre. Ils en ornoient leurs Tombeaux. C'est celui que nous appellons Granit.

SYENNA: Josephe [k] nomme ainsi un des trois Puits qu'Isaac creusa à Gerara, & que les Pasteurs du voisinage l'obligérent d'abandonner; ce qui occasiona le nom de *Syenna* qui veut dire inimitié. Mr. Arnaud d'Andilly, dans sa Traduction de Joseph, rend SYENNA par *Sithnath*. [k Ant. Lib. 1. c. 17.]

1. **SYESSA**; Etienne le Géographe met dans la Lycie une petite Cabane de ce nom.

2. **SYESSA**, Ville d'Italie, dans la Tyrrhénie, selon le même Etienne; Ortelius [l] soupçonne que ce mot pourroit être corrompu de *Suessa*. [l Thesaur.]

SYFREA. Voyez SIPHRIS.

SYGAROS, Isle sur la Côte de l'Arabie Heureuse, selon Pline [m], qui dit que les Chiens ne peuvent y entrer, & que ceux que l'on y expose sur le rivage y meurent. Le Pere Hardouin remarque qu'un des MSS. de la Bibliothéque du Roi de France, lit *Sygaros*, & que l'autre porte *Stagnos*. Comme il paroît que cette Isle étoit vers le fond du Golphe Arabique, il n'y a pas moyen d'adopter le sentiment de ceux qui voudroient lire *Syagros* pour *Sygaros*. Le Promontoire *Syagros* étoit trop loin delà. [m Lib. 6. c. 28.]

SYGOSTELOS. Voyez SINGUS.

SYIA, petite Ville de l'Isle de Crète. Etienne le Géographe en fait le Port de la Ville *Elyrus*.

SYIS, Ville d'Egypte, selon Etienne le Géographe qui cite Hécatée.

SYLA. Voyez SILA.

SYLÆUM. Voyez SILEUM.

SYLÆUS, Ville de l'Asie Mineure dans la Pamphylie, selon Constantin Porphyrogénète cité par Ortelius [n]. Il est fait mention de cette Ville dans les Decrets des Pontifes Orientaux. Cédrène qui écrit *Silæi* en fait un Siège Episcopal sous le Patriarchat de Constantinople. Curopalate de la traduction de Gabius varie encore pour l'Orthographe; car il lit *Sylæi*. Comme il ajoute que cette Ville se nomme aussi *Pergé*, on voit qu'il est question de la Métropole de Perge. Voyez PERGE, & SYLIUM. [n Thesaur.]

SYLAX, Eustathe, cité par Ortelius [o] dit que l'on donna autrefois ce nom au Fleuve du Tigre. [o Thesaur.]

SYLCI. Voyez SULCITANI.

SYLEUS, Hérodote [p] appelle ainsi un Champ de la Macédoine, situé aux Confins de la Thrace. [p Lib. 7.]

SYLGA [q], Siège Episcopal, dont il est parlé dans le Concile d'Ephèse. Sylburge le prend pour celui de *Selga*. [q Ortelii Thesaur.]

SYLINA, Isle située au-delà de la Grande-Bretagne, selon Sulpice Sévère, cité par Ortelius [r]. Il y en a qui croient que par *Sylina*, Sulpice Sévère entend les Isles Sorlingues, ou celles de *Sylley*; & Camden entr'autres est de ce sentiment. [r Thesaur.]

SYLINGI, ou SIRILIGI, selon Moralès, qui cité Isidore, ces Peuples Barbares étoient voisins des Wandales, avec lesquels ils étoient sans doute passez en Espagne. Moralès soupçonne que ces Peuples pouvoient tirer leur nom du Fleuve *Sily* en Scythie. Ortelius [s] remarque cependant qu'on lit *Silingi* dans Isidore & non *Sylingi*. Lorsque les Wandales passèrent en Afrique, dit Mariana [t], les Silinges demeurérent en Espagne, principalement dans cette partie de la Bétique où est la Ville de Séville; & comme ils avoient été après soumis aux Wandales, partie mêlez avec eux, ils furent regardez comme le même Peuple; ce qui fit qu'on donna le nom de Vandalosie à la Bétique, ou du moins à une grande partie de cette Contrée. [s Thesaur.] [t De Reb. Hisp. Lib. 5.]

SYLIONES, Peuples de la Chaonie, selon Etienne le Géographe qui cite Rhianus.

SYLIUM, ou SILEUM, Ville de l'Asie Mineu-

Mineure dans la Phrygie. Etienne le Géographe dit que quelques-uns la mettent dans la Pamphylie. Il y a apparence que c'est la Ville *Syllium* d'Arrien, la Ville *Sylæus* de Constantin Porphyrogénète, & celle de *Silbium* de Ptolomée.

SYLLA, Lieu d'Italie, au Pays des Brutiens, selon une ancienne Inscription rapportée par Smith, & qui le marque à LX.M.P. du Détroit de la Sicile. D'autres, dit Ortelius [a], au lieu de *Sylla*, lisent *Scylla*; ce qui me tenteroit aussi de lire IX.M.P. au lieu de LX.M.P.

[a] Thesaur.

SYLLECTUM, Ville de l'Afrique propre: Procope [b] la place à une lieue de Carthage, & en fait une Ville maritime, dont les murailles avoient été autrefois ruïnées; mais dont les Habitans avoient fortifié leurs Maisons, pour se garantir en quelque sorte des incursions des Maures. Le même Auteur fait entendre un peu plus bas que Syllecte étoit une Ville Épiscopale.

[b] 1. Vandalic. cap. 10.

SYLLIUM, Ville de l'Asie-Mineure, près de la Ville de Side en Pamphylie. Arrien [c] dit que c'étoit une Place forte, qui entretenoit une Garnison étrangère, outre les Barbares de la Contrée. Voyez SYLIUM.

[c] De Expedit. Alex. Lib. 1.

SYLLUS. Voyez SOLCI.

SYLOES, Promontoire d'Afrique, selon Hérodote, qui par-là pourroit bien entendre le Promontoire Cotes; car il dit [d] que Satafpes, parti de l'Egypte avec un Vaisseau, navigea vers les Colonnes d'Hercule, & les ayant passées, doubla le Promontoire Syloes & prit sa course vers le Midi. Dans un autre Livre Hérodote remarque que ce Promontoire terminoit la Libye.

[d] Lib. 8.

SYLT, ou SYLDT, Isle du Royaume de Dannemarck [e], sur la Côte Occidentale du Duché de Schleswig, vis-à-vis le Territoire de Tunderen, au Nord de l'Isle de Fora, dont elle est séparée par le *Rode-Titf*, ou Canal Rouge. Cette Isle qui est de figure triangulaire peut avoir quatre milles de longueur [f]. Des collines de sable & de bruyères occupent une grande partie de son Territoire; ce n'est que du côté de l'Orient, & de l'Occident, qu'on trouve quelques Prairies, où l'on nourrit un peu de Bétail. Il n'y a point de Bois dans l'Isle: les Habitans sont obligez d'aller chercher celui dont ils ont besoin dans la Terre-ferme. Le nombre des Insulaires peut aller à 1750. Il part toutes les années une grande partie des hommes & des garçons pour aller à la pêche de la Baleine du côté de l'Islande, de Groenlande, & du Spitzberg. Ceux qui restent dans l'Isle se nourrissent de la pêche. Ces Insulaires sont en général grossiers & sauvages, ce qui ne peut guère être autrement, d'autant qu'ils sont presque toujours sur Mer, & qu'ils ont peu de commerce avec les Peuples de la Terre-ferme. Ils parlent la Langue des anciens Frisons, & conservent encore leur ancienne manière de s'habiller, principalement les femmes, qui portent des robes qui ne leur viennent que jusqu'aux genoux, à la mode des Lacédémoniennes, dont elles sont la force & les inclinations. L'Isle est divisée en quatre Paroisses. Près des Villages de Campen & de Wendingsted, dans un lieu qui

[e] De l'Isle, Atlas.

[f] R. Hermanides.

est rempli de buissons, & de bruyères on trouve des Sépulcres que les Habitans appellent *Riesen bette*, c'est-à-dire, *les lits des Géants*. On trouve aussi dans les Collines des Urnes de terre noire remplies de cendres & d'os d'hommes, ce qui prouve que les anciens Frisons, comme les autres Peuples, brûloient leurs morts.

SYLVANECTUM. Voyez SILVANECTUM.

SYLVANIS, ou SILVANIS, Ville du Pont. Il en est parlé dans la Notice des Dignitez de l'Empire.

SYLVES, ou SILVES, Ville de Portugal, dans l'Algarve, avec titre d'Evêché. On croit que c'est l'ancienne *Ossonoba*. Jérôme Oforius qui a écrit l'Histoire du Roi Emanuel, en a été Evêque [g]. Le Miramolin, Roi des Sarrasins de l'Afrique Occidentale, entra dans l'année 1190. sur les Terres du Portugal avec une puissante Armée; & il s'étoit déja emparé de la plûpart des Villes, quand neuf Vaisseaux Danois & Flamands, qui alloient à la Terre-Sainte, furent obligez par la tempête de relâcher dans la Rivière de Lisbonne. Sanche I. Roi de Portugal, qui se voyoit dans une très-grande extrémité, envoya demander du secours à ces Croisez, qui détachérent cinq cens hommes qu'on jetta dans Santaren, & qui envoyèrent à Sylves quatre-vingt hommes, qu'ils tirérent de dessus le Vaisseau de Londres, qui avoit mouillé l'Ancre près du Cap de St. Vincent, vis-à-vis de Sylves. La mort inopinée du Miramolin écarta les Barbares, & interrompit le Siège que les Sarrasins avoient mis devant Sylves; mais elle ne les détourna pas du dessein de venir une seconde fois attaquer la Place, ce qu'ils firent si vivement, qu'ils s'en rendirent maîtres. Les Croisez qui rangeoient les Côtes d'Espagne l'ayant appris, reconquirent cette Ville sur les Sarrasins; & pour empêcher qu'elle ne retombât sous leur pouvoir, ils en ruïnérent jusqu'aux moindres Fortifications.

[g] Le Quien de la Neufville, Hist. de Portugal.

SYLVINI. Voyez SILVIUM.

SYLVORUM GENTES, Peuples d'Asie, dans l'Ibérie, au voisinage de l'Albanie. Ces Peuples sauvages & farouches, selon Pline [h], habitoient le commencement de cette chaîne de Montagnes, qui s'étend d'Orient en Occident.

[h] Lib. 6. c. 10.

1. SYLVOSUM PROMONTORIUM. Sophocle [i] nomme ainsi un Promontoire de la Côte de l'Attique, au voisinage du Promontoire *Sunium*.

[i] In Ajace Flagellisero.

2. SYLVOSUM PROMONTORIUM, nom qu'Agatarchis donne à un Promontoire de l'Arabie Heureuse, voisin de la Ville de Nessa.

SYMÆORUM [k]. On lit ce mot pour une Médaille rapportée dans le Trésor de Goltzius. C'est selon Etienne le Géographe le nom des Habitans de l'Isle de Syme.

[k] Ortelii Thesaur.

SYMÆTHA, Ville de la Thessalie: Etienne le Géographe en fait mention d'après Théopompe.

SYMÆTHUS. Voyez TIMETHUS & SIMETHUS.

SYMBACA, Ville de la Médie, selon Strabon [l].

[l] Lib. 11. p. 523.

SYMBARI, Peuples de l'Ethiopie fous l'Egypte. Pline [a] les place du côté de l'Arabie, entre les Montagnes & le Nil.

SYMBOLA, Συμβολά. Mot Grec qui signifie *Confluent*. Paufanias [b] dit que l'Alphée reçoit dans l'Arcadie, fort près de fa Source, plufieurs petits Ruiffeaux, dans un Lieu nommé à caufe de cela *Symbola*, le *Confluent*.

SYMBOLON, ou SYMBOLORUM PORTUS, Port fur la Côte Méridionale de la Cherfonnèfe Taurique. Arrien [c] le place entre la Ville de Lampas & celle de Cherronèfe, à cinq cens vingt Stades de la première de ces Places, & à cent quatre-vingt Stades de la feconde. Dans un Fragment d'un Périple du Pont-Euxin & du Palus Méotide [d], ce Port eft appellé *Ebuli Portus*, ou *Symbulon*, & placé à trois cens Stades, ou à quarante milles du Promontoire Criû, & à quatre-vingt Stades ou à vingt-quatre milles de la Ville de Cherfonnèfe. Strabon [e] place auffi le Port *Symbolum* fur la Côte Septentrionale de la Cherfonnèfe Taurique, après la Ville de Cherronèfe : & Pline [f] lui donne la même fituation; de forte qu'il doit y avoir faute dans Ptolomée [g], qui met ce Port fur la Côte Occidentale, & dans le Golphe Carcinite, non-feulement avant la Ville de Cherfonnèfe, mais encore avant le Promontoire *Parthenium*.

1. SYMBOLUM, Lieu de la Thrace, ainfi appellé par les Grecs, felon Dion Caffius [h]; parce que le Mont Symbolus dans cet endroit fe joint à une autre Montagne qui avance dans le milieu du Pays. Ce Lieu étoit entre les Villes de *Neapolis* & de *Philippi*, dont la première étoit fituée fur le bord de la Mer du côté de l'Ifle de Thafus, & la feconde dans les Terres, au milieu d'une Plaine, entre les Monts Pangée & Symbolus.

2. SYMBOLUM, Lieu voifin du Mont Olympe: Surius en parle dans la Vie de St. Platon.

SYMBOLUS, Montagne de la Thrace. Dion Caffius [i] dit que la Ville de *Philippi* étoit fituée au pied des Monts Pangée & Symbolus. Voyez SYMBOLUM, N°. 1.

1. SYMBRA, Village de la Perfe: Ce Village, dit Zofime [k], eft fitué entre deux Villes, l'une nommée *Nisbara*, & l'autre *Nischanaba*; & ces deux Villes font féparées par le Tigre.

2. SYMBRA, Ville de l'Afie Mineure, dans la Lycie: Ptolomée [l] la marque dans les Terres. Le MS. de la Bibliothéque Palatine lit *Sembra*, au lieu de *Symbra*.

1. SYMBRI, Peuple de l'Ifle de Corfe : Ptolomée [m] le marque fur la Côte Occidentale.

2. SYMBRI. Voyez SYMBRII.

SYMBRII, Peuples d'Italie : Strabon [n] les compte au nombre de ceux qui habitoient au-deffus des Vénètes. Dans un autre endroit [o] il écrit *Symbri*, & l'ancien Traducteur lifoit *Infubri*. Cependant il s'agit du même Peuple que Strabon appelle plus haut *Symbrii*. Cafaubon déclare que ce Peuple lui eft abfolument inconnu; mais Ortelius [p] nous apprend que fon ami Celfus Cittadinus foupçonnoit qu'il faudroit lire *Cimbri* au lieu de *Symbrii*. Il fe fonde fur ce que les Cimbres ont autrefois habité, ou du moins ont paru dans ces Quartiers.

1. SYME, Ifle d'Afie, dans la Mer Carpathienne, fur la Côte de la Doride. Strabon [q] & Ptolomée [r] la placent entre Cnide & Loryma. Pline [s] qui donne des diftances moins précifes, la met entre Rhodes & Cnide. Thucydide parle de cette Ifle au Livre huitième [t], & dit entre autres qu'Aftioque, Amiral des Lacédémoniens, dreffa dans Syme un Trophée, à l'occafion de la Victoire qu'il avoit remportée fur la Flote des Athéniens. Cette Ifle donna fon nom à la Mer voifine, qui eft appellée *Symanum*, ou *Symenum Mare*. L'Ifle de Syme, felon Etienne le Géographe, avoit pris fon nom de Syme, fille de Jalyfus. Il ajoute qu'anciennement elle avoit été appellée *Metapontis*, & enfuite *Aegle*.

2. SYME. Etienne le Géographe & Euftathe mettent une Ville de ce nom dans l'Ifle de Syme.

3. SYME. On appella ainfi anciennement l'Ifle de Naxos, felon Diodore de Sicile. Voyez NAXOS.

SYMES, Montagne fituée au voifinage du Pont-Euxin, felon Orphée [u] cité par Ortelius [x], qui juge qu'elle devoit être aux environs de la Colchide. Il ajoute que l'Interprète Latin écrit *Symus*, au lieu de *Symes*.

SYMETHUS, SYMÆTHUS, ou TIMETHUS. Voyez TIMETHUS.

SYMITHA, Ville de la Mauritanie Céfarienfe : Ptolomée [y] la marque dans les Terres. Voyez SIMITTENSIS.

SYMPALLETEUS. Diogène Laërce [z] appelle ainfi un certain *Mycithus*, du Lieu de fa naiffance. Voyez SYPALETTUS.

SYMPHORIUM, Lieu fortifié quelque part dans la Syrie, felon Dion Caffius [a].

SYMPLEGADES. Voyez CYANÉES.

SYNA JUDÆORUM, Ville d'Afie, dans l'Ofroëne. Il en eft parlé dans la Notice des Dignitez de l'Empire [b]. Ortelius [c] la prend pour la Ville *Sinna* de Ptolomée. Voyez SYNNA.

SYNACA, Lieux couverts de Montagnes, felon Appien [d] cité par Ortelius [e].

SYNADA. Voyez SINGARA & SYNNADA.

SYNAGELA. Voyez SUAGELA.

SYNANGUS, Ville de Phénicie, felon Etienne le Géographe qui cite Hérodote.

SYNATHA. Dorothée nomme ainfi la Patrie du Prophète Azarias.

SYNAUS, Ville de la Grande Phrygie : Ptolomée [f] la marque près de *Dorylæum*, aux confins de la Petite Phrygie. C'eft la Ville *Simau* de Leunclavius.

SYNCERIUM, Lieu d'Italie. Denys d'Halicarnaffe [g] dit que fous le Confulat de P. Valerius & de Spurius Lucretius, les Troupes Romaines furent envoyées en Garnifon dans ce Lieu, pour mettre à couvert une Foreteffe fituée fur les Frontières des Latins & des Herniques, dont on appréhendoit les mouvemens. Gelenius dans fa Traduction, au lieu de *Syncerium*, lit *Sinquirium*; & Xylander croit que c'eft la même Place qui eft nommée *Signia* par Plu-

SYN.

Plutarque[a], dont le Texte Grec porte Σιγλουρία, *Sigluria*, au lieu de *Signia*.

SYNDICUS, Ville voisine de la Scythie. Etienne le Géographe qui lui donne un Port, dit que quelques-uns la nomment *Gorgipen*. Voyez SINDI.

SYNDER-HERRET, & NORDER-HERRET.[b] Ce sont les noms de deux Territoires du Jutland Septentrional, au Diocèse d'Albourg, & qui composent l'Isle de Mors, située dans le Golphe de Lym. Ces deux Territoires font chacun une moitié de l'Isle. Synder-Herret est au Midi, & Norder-Herret au Nord. Dans le premier on remarque la petite Ville de Nykiöping & le Bourg de Lynfloot. Il n'y a aucun Lieu considérable dans Norder-Herret.

SYNDIOS, Canton dont il est parlé dans les Authentiques[c].

SYNDOS, & SYNDONES. Voyez SINDI.

SYNDRACI. Voyez SYDRACE.

SYNDROMADES, nom que Théocrite[d] donne aux Isles Cyanées.

SYNENES CASTRUM, Lieu fortifié dans l'Ethiopie, au Pays des Blemyes, selon George d'Aléxandrie[e] cité par Ortelius[f]. C'est où Palladius fut exilé.

SYNEPHIUM, Ville de la Cilicie. Cédrène & Glycas disent que l'Empereur Phocas s'empara de cette Ville.

SYNEUS. Voyez MELANI.

SYNGAMBRI. Voyez SICAMBRI.

SYNHIETÆ, Peuples de la Sarmatie Asiatique, selon Pline[g], dont quelques Exemplaires lisent SYNTHIETÆ.

SYNICENSIS, Siège Episcopal d'Afrique. St. Augustin[h] & Jonas d'Orléans[i] en font mention. C'étoit une Bourgade voisine d'Hippone Royale, & apparemment le même Siège qu'on trouve ailleurs appelé SINITENSIS. Voyez ce mot.

SYNNA, ou SYNNAS. Voyez SYNNADA.

SYNNADA, *orum*, Ville de la Grande Phrygie, & voisine de celle de *Docimia*, ou *Docimeum*. Elle n'étoit pas grande du tems de Strabon[k], qui en parlant de cette Ville dit, Πόλις ἢ μεγάλη, *non magna Urbs*. Il ajoute que le Marbre de *Synnada*, *Marmor Synnadicum* étoit en grande réputation. Tite-Live & Ptolomée écrivent aussi *Synnada*, au nombre pluriel; on pourroit en dire de même des Notices Ecclésiastiques, de Tzetzès sur Hésiode, & d'Eusèbe dans son Histoire Ecclésiastique; si ce n'est qu'ils écrivent ce mot avec une seule *n*. Etienne le Géographe rapporte qu'on disoit qu'Acamas, errant après la Guerre de Troye, arriva dans la Phrygie; qu'y ayant trouvé le Prince du Pays assiégé par ses Ennemis, il lui donna du secours, & devint Maître d'une Contrée où il bâtit une Ville. Il ajoute qu'Acamas pour peupler sa Ville rassembla plusieurs Macédoniens venus de Gréce, & qui s'étoient établis en Asie; & que de ces Gens ramassez pour demeurer en un même Lieu, on donna d'abord à la Ville le nom de *Synæa*, que dans la suite les Habitans du voisinage corrompirent en celui de *Synnada*: aussi trouve-t-on le mot ΣΥΝΝΑΔΕΩΝ, sur plusieurs Médailles anciennes, &

SYN. SYO. SYP.

ΚΕΙΟΝΑΣ ΣΥΝΝΑΔΙΟΥΣ, *Columnas Synnadias*, sur les Marbres d'Arundel. Ce ne sont pas là les seules formes, sous lesquelles se trouve le nom de cette Ville. Plusieurs Auteurs écrivent *Synnas*, *adis*. De ce nombre est Martial[l]:

De Marmore omni, quod Carystos invenit,
Quod Phrygia Synnas, Afra quod Nomas mittit.

Prudence[m] suit la même Orthographe:

Et qua saxa Paros secat, & qua Punica rupes,
Quæ viridis Lacedæmon habet, maculosaque Synnas.

Stace[n] dit aussi:

Sola nitet flavis Nomadum accisa metallis,
Purpura, sola cavo Phrygiæ, quam Synnados antro
Ipse cruentavit maculis lucentibus Atys.

Et dans un autre endroit[o]:

Synnade quod mœsta Phrygiæ fodere secures
Per Cybeles lugentis agros.

Ces témoignages nous font voir que la Ville de *Synnada* fournissoit un Marbre précieux & tacheté. Ce Marbre étoit blanc avec des taches rouges, ou couleur de pourpre, comme le remarque Pline[p], qui ailleurs[q] écrit SYNNADA, *dæ*, & donne cette Ville pour le Lieu où se faisoient les Assemblées Générales de la Province. Si cela est, il falloit que quoique petite, elle fût considérable; car les Romains ne mettoient les Tribunaux que dans des Villes de quelque importance. Dans la suite on voit *Synnada*, Capitale de la Phrygie Salutaire, & Métropole de la Province.

SYNNAS. Voyez SYNNADA.

SYNOPE. Voyez SINUESSA & MYRMIDON.

SYNOPHRIS, Ville dont il est parlé dans la Vie de St. Théodore Archimandrite, & où il est dit que les Barbares la ruinérent. J'ignore, dit Ortelius[r], la situation de cette Ville.

SYNOPOLIS, Siège Episcopal d'Asie, dans la Cilicie, sous la Métropole de Séleucie.

SYNORMADES,[s] nom qu'Eratosthène donne aux Isles Cyanées.

SYOPII, Peuples que Etienne le Géographe semble mettre dans l'Illyrie, puisqu'il les dit voisins des Liburniens & des Hythmites. Il cite l'Europe d'Hécatée.

SYPA, Fleuve de l'Inde, au-delà du Gange. Son Embouchure est marquée par Ptolomée[t] sur la Côte du Golphe *Sabaracus*, au Pays des Bysingètes Anthropophages, entre *Babysinga* & *Beraba*. Ce Fleuve est appellé *Besinge* dans le MS. de la Bibliothéque Palatine.

SYPALETTUS, Municipe de l'Attique, dans la Tribu Cécropide, selon Etienne le Géographe & Héfyche. Je crois, dit Ortelius, que c'est la même chose que *Sympalletus*, ou *Sympalletum*. Voyez SYMPALLETUS.

SYPETES. Voyez USIPETES.

SYPHANTO, SIPHANTO, ou SIFANTO, Isle

Isle de l'Archipel, & l'une des Cyclades, anciennement SIPHNUS. Voyez ce mot. [a] Cette Isle a environ quinze lieues de tour: c'est un beau Pays dont le Climat est fort doux: on y voit quantité de Sources d'une eau très-claire. On y trouve beaucoup d'Oliviers, dont on tire des Huiles admirables. Le Vin, le Bled, les Légumes, les Fruits, les Capres & le Coton y abondent: les Limoniers, les Orangers & les autres Arbres de cette nature y seroient plus communs, si on s'appliquoit à les cultiver. Il paroît que cette Isle étoit autrefois d'un grand revenu. On montre encore aujourd'hui plusieurs longs Souterrains, & on prétend qu'anciennement on en tiroit beaucoup d'Or & d'Argent: on y voit en effet comme des restes de Fourneaux, où il est à croire qu'on épuroit les Métaux, à mesure qu'on les tiroit de la Mine. Mr. Guyon, Consul de la Nation Françoise, a assûré que dans la dernière Guerre un Vénitien habile Chymiste, vint en faire l'épreuve sur les lieux, & que sur quatre-vingt livres de Mine, il lui vit tirer dix-huit livres de très-bon Argent. Les Peuples de Syphanto sont humains, affables & laborieux. Ils parlent un Grec fort doux, & un peu moins corrompu, que celui des autres Insulaires. Toutes leurs Habitations consistent en un gros Bourg fermé de Murailles, qu'ils qualifient de Château, & en huit gros Villages, où l'on compte environ six mille Ames. Les Toiles de Coton & la Poterie font tout leur Commerce. C'est à Syphanto que l'Evêque Grec fait sa résidence; son Diocèse comprend encore huit autres Isles: savoir Sesfno, Micony, Amourgo, Nio, Stampalia, Naphy, Sichyno & Policandro. Il y a dans l'Isle quarante-cinq Eglises Paroissiales, & chacune est desservie par son Papas particulier. Outre ces Paroisses on y voit un grand nombre de Chapelles répandues çà & là sur les Collines & dans les Campagnes; elles sont propres, & de loin elles font un très-bel aspect. Aux Fêtes des Saints, dont elles portent le nom, on y célèbre le Saint Sacrifice de la Messe, & cette dévotion y attire beaucoup de Peuples. Cette Isle a encore cinq Monastères, trois d'Hommes & deux de Filles. Le plus considérable est placé au centre de l'Isle, il est bien bâti, & son Eglise, qui est dédiée à Nôtre-Dame, est fort propre. Il est habité par douze Caloyers, il est dédié à St. Elie, & est placé sur la cime d'une Montagne fort élevée. Le troisième est abandonné, parce qu'il est maintenant sans aucun revenu. En Gréce c'est du Corps des Religieux que se prennent les Evêques, & s'il arrivoit qu'on fît choix d'un Prêtre Séculier, il seroit obligé de prendre auparavant l'habit de Religieux & de faire profession dans quelque Monastère. Les deux Monastères de Filles sont aussi à la Campagne. Il y a trente de ces sortes de Religieuses dans l'un, & vingt dans l'autre: elles sont toutes d'un âge fort avancé, & ne subsistent que de leur travail; elles ont de la vertu & de la pieté; mais peut-être en auroient-elles davantage, si les Gens de dehors n'avoient pas la liberté d'entrer chez elles, & d'en sortir quand bon leur semble. Cependant quoique leurs Monastères soient sans cloture, on n'a jamais ouï dire, qu'elles ayent reçu la moindre insulte depuis leur établissement. Les Infidèles ont ici un extrême respect pour les endroits où habitent les femmes, & ce seroit parmi eux un crime énorme que de rien faire qui fût contre la bienséance. Le Rit Latin est fort tombé à Syphanto; il n'y en a que deux petites Eglises: l'une dans le Château dédiée à St. Antoine, & desservie par un Vicaire qui relève de l'Evêque Latin de Milo; l'autre, qui est à la Campagne, & qui est dédiée à la Ste. Vierge. On ne trouve dans l'Isle que six Familles Latines, encore y sont-elles venues d'ailleurs. Il n'en étoit pas ainsi autrefois: le Rit Latin y florissoit: la Famille des Gozadini qui commandoit le Pays, étoit toute Latine; mais depuis l'invasion des Turcs, leurs Descendans, comme ceux de beaucoup d'autres Familles, ont peu à peu dégénéré, & sont maintenant tous Grecs.

SYPHEUM, Ville d'Italie, au Pays des Brutiens. Tite-Live [b] la compte au nombre des Villes, qui lassées de la Guerre Punique, se jettèrent entre les Bras du Consul C. Servilius. Gabriel Barri juge que la Ville de *Summuranum*, dont parle l'Itinéraire d'Antonin, s'éleva sur les ruines de *Sypheum*. Voyez SUMMURANUM.

SYPICIUS, ou SUPICIUS PORTUS, Port de l'Isle de Sardaigne. Ptolomée [c] le marque sur la Côte Orientale, entre les Embouchûres des Fleuves *Sæprus* & *Cœdrus*.

SYPILUS, ou SIPYLUS, Montagne de l'Asie Mineure, dans la Phrygie. Mr. de Tournefort [d] qui a eu la curiosité de visiter cette Montagne, nous en a donné la Description qui suit. La grande Plaine de Magnésie, dit-il, est bornée au Sud par le Mont *Sypilus*; & cette Montagne, quoique fort étendue de l'Est à l'Ouest, paroît beaucoup moins haute que le Mont Olympe. Le plus haut sommet du *Sypilus* reste au Sud-Est de Magnésie; & le côté du Nord est tout escarpé. Du haut de cette Montagne la Plaine paroît admirable, & l'on découvre avec plaisir tout le cours de la Rivière. Plutarque dit que le Mont *Sypilus* s'appelloit *la Montagne de la Foudre*, parce qu'il y tonnoit plus souvent que sur les autres qui sont aux environs. C'est apparemment pour cela qu'on a frappé à Magnésie des Médailles de Marc-Aurèle, du Vieux Philippe d'Herennia & d'Etruscilla, dont les revers représentent Jupiter armé de sa Foudre. La Déesse Sypilène avoit pris son nom de cette Montagne, ou pour mieux dire, Cybèle la Mere des Dieux, avoit été nommée Sypilène, parce qu'on la révéroit d'une manière particulière sur le Mont *Sypilus*; ainsi il n'est pas surprenant qu'on voye tant de Médailles de Magnésie aux revers desquelles cette Déesse est représentée tantôt sur le frontispice d'un Temple à quatre Colonnes, tantôt dans un Char. On juroit même dans les affaires les plus importantes, par la Déesse du Mont *Sypilus*, comme il paroît par ce précieux Marbre d'Oxford, où est gravée la Ligue de Smyrne & de Magné-

[a] Lettres Edifiantes tom. 10. p. 329. & suiv.
[b] Lib. 30. c. 19.
[c] Lib. 3. c. 3.
[d] Voyage du Levant, tom. 2. p. 195.

Magnéfie sur le Méandre, en faveur du Roi Séleucus Callinicus.

SYPONTUM. Voyez SIPONTUM.

SYR, Forteresse des Indes, dans les Etats du Mogol, au Royaume de Brampour. C'est la principale Forteresse de ce Royaume [a], & elle passe pour imprenable. Elle est située sur une haute Montagne, dont le tour est de cinq lieues, & elle a trois enceintes de Murailles, faites de manière que de l'une on peut secourir les deux autres. Il y a une Fontaine d'eau vive. Le Roi du Pays, nommé Miram, ayant été attaqué par le Mogol, lui abandonna sa Capitale, & se retira dans la Forteresse de Syr, qui étoit alors pourvue de toutes les choses nécessaires, pour faire subsister pendant plusieurs années soixante mille hommes qui étoient dedans. Il y avoit trois mille Canons, dont la plûpart étoient si gros que les coups sembloient autant d'éclats de tonnerre. Le Gouverneur du Royaume, Abyssin de Nation, & Capitaine expérimenté, y étoit avec sept autres dont la valeur étoit connue ; & le Roi Miram avoit avec lui sept Princes, dont chacun portoit aussi le titre de Roi. Quoique le Mogol ûnt cette Place assiégée avec une Armée de deux cens mille hommes, il n'auroit pu s'en rendre maître, s'il n'eût pas trouvé moyen d'en faire sortir Miram sur sa parole, & de gagner ceux qui la défendoient, à l'exception du Gouverneur Abyssin, qui s'étrangla. Le Mogol retint Miram qu'il emmena, ainsi que les autres Princes qui lui furent tous livrez, & à qui il donna des pensions aussi-bien qu'au Roi Miram. Ce fut ainsi que le Royaume de Brampour passa sous l'obéïssance du Mogol.

[a] Davity, Etats du Grand-Mogol.

SYRA, SYRIA, & SYROS, Isle de l'Archipel, & l'une des Cyclades. Strabon [b] la décrit immédiatement après l'Isle de Paros dont elle est voisine. Pline [c] parle aussi de cette Isle, que Suidas nomme Syra, & qu'il place près de Delos. Dans Homere [d] elle est appellée Συρίη, Syria :

[b] Lib. 10. p. 487.
[c] Lib. 4. c. 12.
[d] Odyſ. O. v. 402.

Νῆσός τις Συρίη κικλήσκεται (εἴπω ἀκούεις)
Ὀρτυγίης καθύπερθεν.

SYRACENE. Voyez SIBACENA & SICHRACENA.

SYRACOLLA. Voyez SIRACELLA.

SYRACUSÆ, Ville de Sicile, sur la Côte Orientale de l'Isle, dans le Val de Noto. Cette Ville [e], autrefois très-grande & très-puissante, & la Capitale de l'Isle, est connue de presque tous les Auteurs anciens, qui la nomment Συρακοῦσαι, SYRACUSÆ. Quelques-uns cependant écrivent Συρακόην, ou Συρακόσα, Syracusa, & Diodore de Sicile [f] est de ce nombre. Elle conserve encore son ancien nom un peu corrompu ; car les Siciliens l'appellent présentement Saragusa ou Saragosa, & les François Syracuse. Dans les Auteurs Grecs les Habitans sont nommez Συρακούσιοι, Syracusii, & Syracusani dans les Auteurs Latins. Cependant sur les Médailles anciennes on lit Συρακόσιοι, Syracosii, ce qui est un Dialecte différent ; & c'est ce qui fait qu'on lit Συρακόσας, Syracosas, dans Pindare [g].

[e] Cluver. Sicilia ant. Lib. 1. c. 12.
[f] Lib. 14.
[g] Pythior. Oda 2.

L'origine de cette Ville est marquée dans Thucydide, qui nous apprend que l'année d'après la fondation de Naxe dans la même Isle, Archias, Corinthien, l'un des Héraclides, partit de Corinthe & fonda Syracuse, après avoir chassé les Siciliens de l'Isle où il la bâtit. Or comme la Ville de Naxe ou Naxus fut bâtie, selon Diodore de Sicile, la première année de la onzième Olympiade, & quatre cens quarante-huit ans après la Guerre de Troye, il s'ensuit que l'Époque de la fondation de Syracuse doit être placée à la seconde année de la onzième Olympiade, & à la quatre cens quarante-huitième année depuis la Guerre de Troye. Si nous en croyons Strabon [h], Archias averti par l'Oracle de Delphes de choisir la santé, ou les richesses, préféra les richesses, & passa en Sicile où il fonda la Ville de Syracuse : aussi, ajoute-t-il, les Habitans de cette Ville devinrent-ils si opulens, que quand on parloit d'un homme extrêmement riche, on disoit en manière de Proverbe qu'il ne possédoit pas la dixième partie du bien d'un Habitant de Syracuse. La fertilité du Pays & la commodité de ses Ports, furent, selon le même Auteur [i], les Sources de l'accroissement de cette Ville, dont les Citoyens, quoique soumis eux-mêmes à des Tyrans, devenoient les Maîtres des autres Peuples ; & lorsqu'ils eurent recouvré leur liberté, ils délivrerent les autres Nations du Joug des Barbares : delà vient que les Syracusains furent tantôt appellez les Princes, tantôt les Rois, tantôt les Tyrans de la Sicile. Plutarque [k] & Tite-Live [l] remarquent qu'après que les Romains sous la conduite de Marcellus eurent pris la Ville de Syracuse, ils y trouvèrent autant de richesses que dans la Ville de Carthage.

[h] Lib. 6. p. 269.
[i] Pag. 270.
[k] In Marcello.
[l] Lib. 25.

On voit dans Cicéron [m] une magnifique Description de la Ville & des Ports de Syracuse. ,, On vous a souvent rapporté, dit-,, il, que Syracuse est la plus grande & la ,, plus belle des Villes des Grecs ; tout ce ,, qu'on en publie est vrai. Elle est dans ,, une situation également forte & agréa-,, ble : on y peut aborder de toutes parts, ,, soit par Terre soit par Mer ; elle a des ,, Ports comme renfermez dans ses murailles, pour ainsi dire sous ses yeux ; & ces ,, Ports qui ont des entrées différentes, ont ,, une issue commune où ils se joignent ensemble. Par la jonction de ces Ports, la ,, partie de Syracuse à laquelle on donne le ,, nom d'ISLE, & qui est séparée du reste ,, par un petit Bras de Mer, y est jointe, ,, par un Pont & ne fait qu'un même corps. ,, Cette Ville est si vaste qu'on peut la dire ,, composée de quatre grandes Villes, dont ,, l'une est celle que j'ai dit être appellée ,, l'Isle, qui, ceinte de deux Ports, s'avan-,, ce à l'entrée de l'un & de l'autre. On y ,, voit le Palais où logeoit le Roi Hiéron, ,, & dont se servent les Préteurs. Il y a ,, dans cette Ville plusieurs Temples ; mais ,, deux sur-tout l'emportent sur les autres ; ,, sçavoir celui de Diane & celui de Miner-,, ve. A l'extrémité de cette Isle est une ,, Fontaine d'eau douce, appellée Aréthu-,, se, d'une grandeur surprenante, abon-,, dante en poissons, & qui seroit couver-,, te

[m] In Verrem. Lib. 4.

„ te des eaux de la Mer, fans une muraille
„ ou une Digue de pierre qui l'en garantit.
„ La feconde Ville qu'on voit à Syracufe
„ eft celle qu'on nomme ACRADINA, où il y
„ a une Place publique d'une très-grande
„ étendue, de très-beaux Portiques, un
„ Prytanée très-orné, un très-grand Edifi-
„ ce où l'on s'affemble pour traiter des af-
„ faires publiques, & un fort beau Tem-
„ ple de Jupiter Olympien; les autres par-
„ ties de la Ville font coupées d'une Rue lar-
„ ge qui va d'un bout à l'autre, traverfée
„ de diverfes autres Rues, bordées des Mai-
„ fons des particuliers. La troifième Vil-
„ le eft celle qu'on nomme TYCHE, à cau-
„ fe d'un ancien Temple de la Fortune
„ qu'on y voyoit autrefois. On y trouve
„ un Lieu très-vafte pour les Exercices du
„ corps, & plufieurs Temples: cette par-
„ tie de Syracufe eft très-peuplée. Enfin
„ la quatrième Ville eft celle qu'on nom-
„ me *Neapolis*, parce qu'elle a été bâtie la
„ première: au haut de cette Ville eft un
„ fort grand Théâtre; outre cela il y a
„ deux beaux Temples l'un de Cerès, l'au-
„ tre de Proferpine, & la Statue d'Apol-
„ lon Temenite, qui eft très-belle & très-
„ grande."

Telle eft la Defcription que Cicéron donne de la Ville de Syracufe. Tite-Live [a] en
décrit la grandeur, la beauté & la force,
comme je le dirai plus bas, & Plutarque [b]
Pindare [c], Théocrite [d], Silius-Italicus [e] &
Florus [f] font l'éloge de cette Ville. Aufo-
ne dans fon Poëme des plus illuftres Villes
de l'Empire Romain, & Silius Italicus conviennent avec Cicéron fur le nombre des
Villes qui compofoient Syracufe; mais Strabon [g], au lieu de quatre Villes en compte
cinq, qui étoient, ajoute-t-il, renfermées
dans une commune enceinte de cent quatre-
vingt Stades d'étendue; & Tite-Live, Diodore de Sicile & Plutarque paroiffent être
du fentiment de Strabon. En effet Plutarque dans un endroit [h] nomme trois de ces
Villes; favoir, ACRADINA, TYCHA & NEA-
POLIS & dans un autre endroit [i] il en nomme deux autres, qui font INSULA & EPIPO-
LÆ. Diodore de Sicile dans le onzième livre, connoît trois de ces Villes, ACHRADI-
NA, INSULA & TYCHA, dans le feizième Livre, NEAPOLIS & ACHRADINA, & dans le
quatorzième Livre EPIPOLÆ; de même Tite-Live partie dans le vingt-quatrième Livre, partie dans le vingt-cinquième, nomme EPIPOLÆ, ACRADINA, TYCHA, NEA-
POLIS, NASSOS, qui eft le mot Grec qui fignifie *Ifle*, mais prononcé, felon le Dialecte Dorique. On ne peut pas douter a-
près cela que Syracufe n'ait été compofée
de cinq parties ou de cinq Villes. Lorfque
les Athéniens en formérent le Siége, elle
étoit compofée de trois parties, qui font
l'Ifle, l'Achradine & Tyque. Thucydide ne parle que de ces trois parties. On y
en ajouta deux autres dans la fuite; favoir
Neapolis & Epipole.

L'Ifle fituée au Midi étoit appellée *Naf-
fos* & *Ortygia*. Elle étoit jointe au Continent par un Pont. C'eft dans cette Ifle
qu'on bâtit dans la fuite le Palais des Rois
& la Citadelle. Cette partie de la Ville é-
toit très-importante, parce qu'elle pouvoit
rendre ceux qui la poffédoient Maîtres des
deux Ports qui l'environnent. C'eft pour
cela que les Romains, quand ils eurent pris
Syracufe, ne permirent plus à aucun Syra-
cufain de demeurer dans l'Ifle. Il y avoit
dans cette Ifle une Fontaine fort célèbre,
qu'on nommoit Aréthufe [k]. Les Anciens
ou plutôt les Poëtes, fondez fur des raifons
qui font fans aucune vraifemblance, ont
fuppofé que l'Alphée, Fleuve d'Elide dans
le Péloponnèfe, conduifoit fes eaux à travers, ou fous les flots de la Mer, fans jamais s'y mêler, jufqu'à la Fontaine d'A-
réthufe. C'eft ce qui a donné lieu à ces
Vers de Virgile [l]:

*Extremum hunc, Arethufa mihi concede laborem...
Sic tibi cum fluctus fubterlabère Sicanos,
Doris amara fuam non intermifceat undam.*

Achradine fituée entièrement fur le bord
de la Mer, & tournée vers l'Orient étoit
de tous les Quartiers de la Ville le plus fpa-
cieux, le plus beau & le plus fortifié.

Tyque, ainfi appellée du Temple de
la Fortune (Τύχη) qui ornoit cette partie,
s'étendoit le long de l'Achradine au Couchant, depuis le Septentrion vers le Midi.
Elle étoit fort habitée. Elle avoit une Porte célèbre, nommée *Hexapyle*, qui conduifoit dans la Campagne, & elle étoit fituée
au Septentrion de la Ville.

Epipole étoit une hauteur, hors de la
Ville, & qui la commandoit. Elle étoit
fituée entre Hexapyle & la pointe d'Euryele, vers le Septentrion & le Couchant.
Elle étoit en plufieurs endroits fort efcarpée, & pour cette raifon d'un accès fort
difficile. Lorfque les Athéniens firent le
Siége de Syracufe, Epipole n'étoit point
fermée de murailles: les Syracufains la gardoient avec un Corps de Troupes contre
les attaques des Ennemis. *Euryele* étoit
l'entrée & le paffage qui conduifoit à E-
pipole. Sur la même hauteur d'Epipole
étoit un Fort nommé *Labdale*. Ce ne
fut que long-tems après, fous Denys
le Tyran, qu'Epipole fut environnée de
Murs, & enfermée dans la Ville, dont
elle fit une cinquième partie, mais qui
étoit peu habitée. On y en avoit déja
ajouté une quatrième appellée *Neapolis*,
c'eft-à-dire, Ville neuve, qui couvroit
Tyque.

La Riviére *Anape* couloit à une petite demi-
lieue de la Ville [m]. L'efpace qui les féparoit
étoit une belle grande Prairie, terminée par
deux Marais, l'un appellé *Syraco*, qui a
donné fon nom à la Ville, & l'autre *Lyfi-
mele*. Cette Riviére alloit rendre dans le
grand Port. Près de l'Embouchure vers le
Midi étoit une efpèce de Château, appellé
Olympie, à caufe du Temple de Jupiter O-
lympien qui y étoit, & où il y avoit de grandes richeffes. Il étoit à cinq cens pas de la
Ville.

Syracufe, comme nous l'avons vu, avoit
deux Ports tout près l'un de l'autre, & qui
n'étoient féparés que par l'Ifle: le Grand
& le Petit appellé autrement *Laccus*. Selon la defcription qu'en fait Cicéron, ils é-
toient

[a] Lib. 24. & 25.
[b] In Timoleonte.
[c] Pyth. Oda. 2.
[d] Idyll. 16.
[e] Lib. 14.
[f] Lib. 2. c. 6.
[g] Lib. 6.
[h] In Marcello.
[i] In Timoleonte.
[k] Strabo. Lib. 6. p. 270.
[l] Eclog. 10.
[m] Plut. in Dione.

toient, l'un & l'autre, environnez des Edifices de la Ville. Le Grand avoit de circuit un peu plus de cinq mille pas ou de deux lieues. Strabon lui donne quatre-vingt Stades qui feroient le double de ce qu'il a actuellement d'étendue, preuve certaine [a] qu'il y a faute dans le Texte de Strabon. Ce Port avoit un Golphe appellé *Dafcon*. L'entrée du Port n'avoit que cinq-cens pas de large. Elle étoit formée d'un côté par la pointe de l'Isle Ortygie, & de l'autre par la petite Isle & par le Cap de *Plemmyrie*, qui étoit commandé par un Château de même nom.

[a] *Cluver.* p. 167.

Au-dessus de l'Achradine étoit un troisiéme Port nommé *le Port de Trogile*. Cette Ville fut souvent assiégée sans être prise; mais enfin Marcellus qui avoit eu la Sicile pour Département, réduisit toute cette Isle sous la puissance du Peuple Romain, en se rendant Maître de Syracuse, qui fut emportée malgré tous les efforts du célébre Archiméde, qui employoit tout son savoir à défendre sa Patrie. On prétend que les richesses [b] qui furent pillées par les Romains au Sac de Syracuse égaloient celles qui furent trouvées bien-tôt après à Carthage. Il n'y eut que le Tréfor des Rois de Syracuse, qui ne fut point pillé par le Soldat. Marcellus le reserva pour être porté à Rome dans le Tréfor Public.

[b] *Plut. in Marcello.*

St. Paul aborda à Syracuse en allant à Rome, & y demeura trois jours. Delà il alla à Rhége, l'an 61. de l'Ere vulgaire. On disoit communément que Syracuse produisoit les meilleurs hommes du monde, quand ils se portoient à la vertu, & les plus méchans lorsqu'ils s'adonnoient au vice. Les Syracusains étoient voluptueux & vivoient dans les délices; mais les fâcheux accidens qu'ils essuyérent les remirent dans le devoir. Il étoit défendu aux femmes de porter de l'Or & des Robes riches & mêlées de Pourpre, à moins qu'elles ne se voulussent déclarer Courtisanes publiques; & les mêmes Loix défendoient aux hommes d'avoir de semblables ornemens s'ils ne vouloient passer pour gens qui servoient à prostituer les femmes. Les Syracusains eurent une chanson & une danse particuliére de Minerve cuirassée. Ils avoient des Horloges au Soleil, qui leur faisoient connoître les heures. A l'égard de leurs Funérailles; ce que dit Plutarque de Dion, qui accompagna le Corps d'Héraclide, à la Sépulture avec toute l'Armée qui le suivit, fait juger que la coutume étoit d'enterrer les morts. Cependant Diodore de Sicile dit, que Hozithemis, envoyé par le Roi Démétrius, fit brûler le Corps d'Agathocles. Ils possédérent de grandes richesses, & leurs forces furent bien considérables, puisque Gélon s'étant fait Tyran de Syracuse vers l'an 260. de Rome, promit aux Grecs de leur fournir un secours de deux cens Galéres de vingt mille hommes armez de toutes piéces, de deux mille Chevaux armez de la même façon, de deux mille armez à la legére, de deux mille Archers, & de deux mille Tireurs de fronde, avec tout le Bled qui leur seroit nécessaire durant toute la Guerre contre les Perses. Denys eut aussi cinquante gros Vaisseaux, avec vingt ou trente mille hommes de pied, & mille Chevaux. Denys *le Jeune* son fils fut encore plus puissant, puisqu'il eut quatre cens Vaisseaux ou Galéres, cent mille hommes de pied, & dix mille Chevaux. Ils eurent une Loi suivant laquelle ils devoient élire tous les ans un nouveau Prêtre de Jupiter, à quoi il faut ajouter une Confrairie des Ministres de Cerès & de Proserpine. Il y avoit un Serment solemnel à faire pour en pouvoir être. Celui qui devoit jurer entroit dans le Temple des Déesses Thesmosphores, Cerès & Proserpine, & après quelques Sacrifices il se revêtoit de la Chape de Pourpre de Proserpine, & tenant en sa main une torche ardente, il prêtoit le Serment en cet état. Ils faisoient tous les ans une Fête, & certains Sacrifices de petites Victimes en particulier; mais publiquement ils plongeoient des Taureaux dans le Lac voisin, à l'imitation de ce qu'avoit fait Hercule.

Syracuse fut entr'autres la Patrie du célébre Archiméde, il s'étoit adonné aux Mathématiques, & négligeoit jusqu'au tems du repas pour s'appliquer à cette Science. Il fit une Sphére de verre, dont les Cercles suivoient les mouvemens du Ciel. Les merveilles de son Art furent connues particuliérement par les Machines qu'il inventa pour élever en l'air les Vaisseaux de Marcellus, qui assiégeoit Syracuse. Il étoit si occupé à quelque Démonstration de Géométrie, dans le tems que cette fameuse Ville fut prise qu'il n'entendit point le bruit qui se fait toujours aux prises des Villes; de sorte qu'un Soldat brutal, qui entra dans sa chambre, lui ayant demandé son nom, n'en put tirer autre chose si-non qu'il le prioit de ne le point interrompre. Le Soldat piqué de cette espèce de mépris le tua sans le connoître. Marcellus qui avoit expressément ordonné qu'on l'épargnât, témoigna beaucoup de déplaisir de sa mort, & traita tous ses Parens fort civilement. Ceci arriva l'an 546. de Rome, & 208. ans avant JESUS-CHRIST. Lorsque Cicéron étoit Questeur en Sicile, le Tombeau d'Archiméde y fut découvert avec une Sphére & un Cylindre qu'on avoit placés dessus. Le célébre Théocrite Poëte Grec, né aussi à Syracuse, vivoit à la Cour d'Egypte du tems de Ptolomée Philadelphe, qui succéda à son pere vers l'an 285. avant l'Ere Chrétienne. Il s'acquit une très-grande réputation par ses Idylles qui ont servi de modéle au fameux Virgile pour composer ses Eglogues. On dit que Hiéron, Tyran de Syracuse, irrité de ce que Théocrite avoit mal parlé de lui, l'en punit en donnant des ordres pour sa mort.

La même Ville a été la Patrie de Flavius Vopiscus, Historien Latin, qui florissoit sous l'Empire de Dioclétien & de Constantius Chlorus.

La Ville de Syracuse est encore aujourd'hui une des principales de l'Isle, tant pour la bonté de son Port, que pour sa situation avantageuse, ses Murailles se trouvant de tous côtez baignées des eaux de la Mer; car elle n'occupe plus présentement que

que le seul Terrein, qui anciennement étoit appellé *Ortygia*, ou *Insula*. A l'extrémité de la Ville, & à l'entrée du Port est placé un Château de figure irréguliére & fort défectueux, lequel en contient au dedans un autre de figure quarrée, avec quatre petites Tours rondes & fort hautes.

Il communique avec la Ville par le moyen d'un Pont de Bois, mais si mal disposé, que la Ville est maîtresse du Pont & du Port du Château. Environ à soixante pieds Géométriques dans la Mer, on voit un Bouillon d'eau ; c'est ce que les Anciens prenoient pour le Fleuve Alphée : & dans le Château on trouve la Fontaine d'Aréthuse, qui est une grande Source d'eau. Du côté de la Campagne la Ville est fortifiée d'un bel Ouvrage à couronne ; mais trop petit, avec un bon Fossé où entre l'eau de la Mer & un Chemin couvert. Entre la Ville & l'Ouvrage à couronne il y a un Ouvrage à corne avec deux Bastions, une Fausse-braie, un Ravelin & un Fossé, fait de maniére qu'il puisse servir d'Arsenal ; mais il n'est pas achevé. Ces Fortifications occupent toute la Langue de terre qui joint la Ville avec le Continent, & rendent la Place très-forte de ce côté-là. Cependant l'Ouvrage à couronne a ce défaut que son Chemin couvert est de deux pieds plus haut qu'il ne faut ; de sorte que l'Ouvrage à couronne étant fort bas, & en profil presque à l'Horison ne sauroit découvrir le glacis ; ce qui faciliteroit beaucoup l'attaque de ce côté-là. Mais l'endroit le plus foible de la Place & le plus propre pour l'attaquer est le côté du petit Port. Delà on peut battre en brèche le poste de *Casa Nueva* ; outre que la Muraille de ce côté-là est fort foible & surchargée de Remparts, le petit Port n'a plus que deux pieds d'eau, & après avoir fait brèche on pourroit facilement le passer pour aller à l'assaut. Le Port de Syracuse est bien défendu, parce que son entrée est sous la Batterie du Château. Il est de figure ronde, & si grand que quoiqu'il y ait une partie où il ne se trouve pas assez de fond, il est pourtant capable de recevoir une grande Flote ; mais la tenue pour les Ancres n'est pas bien bonne, excepté du côté du Midi de la Baie, où les Vaisseaux sont exposez aux Vents de Nord-Est & d'Est, qui sont fort violens ; ainsi les Vaisseaux qui veulent rester dans la Baie sont obligez de se mettre devant les Murailles de la Ville, à portée du Mousquet de la Place. En sortant du Port de Syracuse, à l'autre côté vis-à-vis du Château, on voit une petite Isle, & ensuite le Cap de *Morro de Porco*, qui est d'un grand circuit avec quelques retraites, & un Rivage propre pour recevoir des Felouques.

SYRACUSANUS PORTUS, Port de l'Isle de Corse : Ptolomée [a] le marque sur la Côte Méridionale, entre *Palla Civitas* & *Rubra Civitas*.

[a] Lib. 3. c. 2.

SYRACUSE, SARAGUSA, ou SARAGOSA. Voyez SYRACUSÆ.

SYRACUSIA. Voyez PLAGA.

SYRACUSII, Peuples de la Sicile, selon Ptolomée [b], qui les place dans la partie Méridionale de l'Isle, en tirant vers le Le-

[b] Lib. 3. c. 4.

vant ; ce qui fait voir qu'ils avoient pris leur nom de la Ville de Syracuse dont ils dépendoient.

SYRAPUS, Fleuve d'Italie, dans la Lucanie, selon Vibius Sequester.

SYRASCELE. Voyez SIRACELLA.

SYRASTENE, Contrée de l'Inde, en deçà du Gange. Elle est mise par Ptolomée [c] sur la Côte du Golphe de Canthus, à l'Embouchure du Fleuve Indus. Le MS. de la Bibliothéque Palatine lit SYRASTRENE pour SYRASTENE. Je croirois néanmoins que SYRASTRENE seroit la véritable Orthographe ; car cette Contrée tiroit apparemment son nom de la Bourgade SYRASTRA, que Ptolomée place dans cette Contrée, entre *Bardaxima Civitas* & *Monoglossum Emporium* ; outre qu'Arrien dans son Périple de la Mer Erythrée [d] écrit SYRASTRENA, quoique dans un autre endroit il lise SYNRASTRENA. Cette Contrée étoit assez étendue : voici les Lieux remarquables qu'elle prenoit selon Ptolomée :

[c] Lib. 7. c. 1.
[d] Pag. 25.

Naustathmus Statio,
Sagappa Ostium, ⎫
Sinthum Ostium, ⎪
Aureum Ostium,   ⎪
Cariphi Ostium, ⎬ *Indi Fluv.*
Sapara Ostium,   ⎪
Sabalassa Ostium,⎪
Lonibare Ostium, ⎭
Bardaxima Civitas,
Syrastra Vicus,
Monoglossum Emporium.

SYRASTRA. Voyez SYRASTENE.

SYRASTRENE. Voyez SYRASTENE.

SYRBANE, Isle dans le Fleuve d'Euphrate, selon Etienne le Géographe, qui cite Quadratus [e].

[e] 9. Persic.

SYRBOTÆ, Peuples d'Ethiopie : Pline [f] dit qu'on rapportoit que ces Peuples avoient huit coudées de hauteur, & Solin [g] qui les place sur le Fleuve *Astapus*, leur donne douze pieds de haut ; ce qui revient droit à la même mesure.

[f] Lib. 6. c. 30 & Lib. 7. c. 3.
[g] Cap. 30.
p. 55.

SYRCENTUM. Voyez SYRENTIUM.

SYRECÆ, Peuples d'Ethiopie : Pline [h] les comprend sous les Troglodytes.

[h] Lib. 6. c. 29.

SYRENES, Peuples de l'Empire Russien, selon Corneille le Bruyn [i]. Mr. de l'Isle [k] les nomme *Ziranni*. Ils habitent un Pays fort desert au Levant de la Dwina, au milieu d'une Forêt, qui contient cent soixante lieues de Pays, & s'étend au Midi jusqu'aux Sources de la Kama. Les *Ziranni* ont une Langue particuliére & des maniéres fort singuliéres. Ils étoient ci-devant Idolâtres ; ils sont aujourd'hui Chrétiens, & Tributaires de la Russie. Le Czar Pierre I. fit couper un chemin dans la Forêt des Syrénes, & y établit quelques relais pour la commodité des Voyageurs. Il y en a un entr'autres à Usga, où passe la Riviére de *Sisola* ou de *Zirannia*, & delà on va à Kaigorod sur la Kama. Le Pays des Syrénes s'appelle aussi *Wolloft-Ussgy*. Ses Habitans qui sont pour le Spirituel de l'Eglise Greque, n'ont pour le Temporel ni Gouverneurs, ni Vaïvodes. Ils choisissent leurs Juges ; & lorsqu'il se trouve des causes que

[i] Voyage, tom. 3. p. 317. Atlas.

ces

SYR.

ces Juges ne sauroient décider, ils se pourvoient à Moscou au Bureau des affaires étrangéres. Leur habillement & leur taille ne différent guère des autres Russiens. On croit qu'ils sont originaires des Frontiéres de la Livonie. Cependant ils ne savent pas eux-mêmes d'où ils viennent, ni pourquoi ils parlent une Langue différente de celle des Russiens. Peut-être est-ce l'effet des malheurs de la Guerre, qu'ils voulurent éviter en venant s'établir dans ces Quartiers. Ils subsistent par le moyen de l'Agriculture, à la reserve d'une partie qui habite le long du Rivage de la Riviére de Zisol, où il se trouve des pelleteries grises. Ce Pays a environ soixante & dix grandes lieues d'Allemagne de longueur, & s'étend jusqu'à Kaigorod. Les Syrénes n'habitent guère dans les Villes : ils demeurent pour la plûpart dans de petits Villages, & dans des Hameaux qui sont répandus dans les Bois & dans la Campagne.

SYRENTIUM, Ville d'Italie, dans la Tyrrhenie, selon Etienne le Géographe, qui dit qu'on la nomme aussi SYRCENTUM. Ortelius [a] croit qu'Etienne le Géographe entend par-là la Ville de *Surrentum*.

[a] Thesaur.

SYRGIS, ou SYRGES, Fleuve de la Scythie Européenne. C'est, selon Hérodote [b], un des quatre grands Fleuves qui prenoient leur Source dans le Pays des Thyssagetes, & se perdoient dans les Palus Méotides.

[b] Lib. 4. p. 116.

SYRI, Hérodote [c] dit que les Grecs donnoient aux Habitans de la Cappadoce le nom de SYRI ; & ces SYRI, ajoute-t-il, étoient Sujets des Médes avant que les Perses les eussent subjuguez.

[c] Lib. 1. p. 13.

SYRIA. Voyez SYRIE.

SYRIACUM MARE, Ptolomée [d] donne le nom de Mer de Syrie à cette partie de la Mer Méditerranée, qu'Eustathe appelle SIDONIUM MARE, ou Mer de Sidon, & Tacite *Mare Judaïcum*, ou Mer des Juifs. C'est la Mer qui baignoit les Côtes de la Syrie.

[d] Lib. 5. c. 15.

SYRIÆ-PORTÆ, ou PYLÆ. Voyez AMANUS.

SYRIANA, Ville que la Notice des Dignitez de l'Empire semble mettre dans la Syrie.

SYRIAM, Ville des Indes [e], au Rôyaume de Pegou, à l'endroit où la Riviére de Pegou se joint à une Branche de la Riviére d'Ava, pour aller se jetter dans la Mer. Le Pere Duchatz écrit que cette Ville est aussi grande que Metz, & qu'il y a observé la hauteur du Pole de 16. d., mais il ne marque point de quelle maniére il a fait ses observations. Il met dans une petite Carte de son Voyage la longitude de Syriam de 125. d. 40'., je ne sai sur quel fondement ; mais supposé la longitude de Pondicheri de 100. d. 30'., & la largeur du Golfe de Bengalle en cet endroit d'environ 16. d. 30', la longitude de Syriam ne peut être que d'environ 117. d. De Syriam à Ava il y a près de trois cens lieues par la Riviére, le long de laquelle les Villages, qui valent souvent mieux que nos Bourgs, ne sont éloignés les uns des autres que d'une demi-lieue. On navige sur cette Riviére dans des Balons qui sont aussi longs & aussi larges, que nos plus grands Vaisseaux, quoique dans leur construction il n'y ait ni clous ni chevilles ; ils n'ont qu'une voile, mais plus haute & plus large que celles de nos plus grands Navires. Prom est à moitié chemin, entre Syriam & Ava : il est aussi grand que Syriam.

[e] Mémoires de l'Académie Royale des Sciences, en 1692. p. 398.

SYRIAS, Promontoire de l'Asie Mineure, dans la Paphlagonie sur la Côte du Pont-Euxin. Marcian d'Héraclée [f] le place entre le Château *Potami* & la Bourgade *Harmenes*, à six-vingt Stades du premier de ces Lieux & à cinquante Stades du second.

[f] Péripl. p. 72.

SYRIETÆ, Peuples que Pline [g] met au nombre des Nomades Indiens. Le Pere Hardouin lit *Scyritæ*, comme lisent, dit-il, tous les MSS. & les anciennes Editions.

[g] Lib. 7. c. 2.

1. SYRIE, Isle sur la Côte de l'Asie Mineure : Pline [h] la compte parmi les Isles que la Terre avoit enlevées à la Mer ; il dit qu'elle se trouvoit de son tems dans les Terres près de la Ville d'Ephèse.

[h] Lib. 2. c. 89. & L. 5. c. 29.

2. SYRIE, *Syria*, grande Contrée d'Asie. Les Anciens l'étendoient ordinairement du Nord au Midi depuis les Monts Amanus & Taurus jusqu'à la Palestine, & d'Occident en Orient depuis la Mer Méditerranée jusqu'à l'Euphrate, & jusqu'à l'Arabie Deserte dans l'endroit où l'Euphrate prend son cours vers l'Orient. Cependant il y en a qui la poussent du côté du Midi jusqu'à l'Egypte & à l'Arabie Pétrée ; en sorte que la Palestine ou la Terre-Sainte se trouvoit comprise dans la Syrie. Strabon, Pomponius-Mela [i] & Pline [k] lui donnent cette étenduë ; les deux derniers même y joignent la Mésopotamie & l'Adiabène ; ce qui a été causé que plusieurs Ecrivains ont confondu la Syrie avec l'Assyrie. Mais il semble qu'on doit séparer de la Syrie tout ce qui est au delà de l'Euphrate ; & c'est ainsi qu'en ont usé Strabon & Ptolomée. Ces deux Géographes ne laissent pas de donner à la Syrie des bornes bien grandes du côté du Midi ; car ils l'étendent jusqu'à l'Egypte : Ptolomée cependant paroît vouloir en séparer la Palestine qu'il décrit en particulier. Nous en ferons de même, & avec d'autant plus de raison que les Historiens sacrez, les Ecrivains les plus anciens de tous, ne séparent pas dans la Syrie ce qu'ils appellent *Arâm*, de la Terre de Chanaan que de l'Assyrie. On ne sauroit nier néanmoins que le nom des Syriens & leur Langue n'ayent été connus dans une plus grande étenduë de Pays. Strabon [l] dit positivement que les Peuples qui demeuroient au delà de l'Euphrate & ceux qui habitoient en deça avoient la même Langue ; & dans un autre endroit [m] il nous apprend que le nom des Syriens s'étendoit depuis la Babylonie jusqu'au Golphe Issicus, & autrefois même depuis ce Golphe jusqu'au Pont-Euxin ; ce qu'il prouve en faisant voir que les Cappadociens, tant ceux qui habitoient le Mont Taurus que ceux qui demeuroient sur le bord du Pont-Euxin, avoient été appellez *Leuco-Syri*, c'est-à-dire, Syriens Blancs. A quoi on peut ajouter que la Mésopotamie est appellée SYRIE, ou *Arâm* dans l'Ecriture Sainte ; non pourtant simplement

[i] Lib. 1. c. 11.
[k] Lib. 5. c. 12.

[l] Lib. 2.
[m] Lib. 16.

Arâm,

236   SYR.   SYR.

a Genef.
28. 2. &
31. 18.
b Ibid. 20.
& 24.
c Dict.

Arâm, mais *Paddan Aram* [a], & Laban est dit *Aramæus*, Araméen, ou *Syrius*, Syrien, comme traduisent les Septante [b].

La Syrie, dit Dom Calmet [c] est nommée dans l'Hébreu *Arâm* du nom du Patriarche qui en peupla les principales Provinces. Les Araméens, ou les Syriens occupoient la Méfopotamie, la Chaldée, une partie de l'Arménie, la SYRIE proprement dite, comprife entre l'Euphrate à l'Orient, la Méditerranée à l'Occident, la Cilicie au Nord, la Phénicie, la Judée, & l'Arabie Déferte au Midi. Les Hébreux étoient Araméens d'origine, puifqu'ils venoient de Méfopotamie, & qu'il eft dit que Jacob étoit un pauvre Araméen [d]. Il eft pourtant certain qu'il ne defcendoit pas d'*Aram*, mais d'Arphaxad autre fils de Sem. Amos femble dire que le Seigneur a fait venir Aram de Kir, comme les Philiftins de Caphtor, c'eft-à-dire, qu'Aram ou fes defcendans font venus habiter dans la Syrie après avoir quitté le voifinage du Fleuve Cyrus qui eft dans l'Arménie.

d Deut. 26.
5. *Syrus perfequebatur Patrem meum*.

Comme l'on a donné de différentes bornes à la Syrie il ne faut pas s'étonner de ce qu'il eft fait mention de plufieurs Syries dans l'Ecriture Sainte:

La SYRIE fimplement, marque le Royaume de Syrie, dont Antioche devint la Capitale depuis le Regne des Séleucides. Avant ce tems il eft rare de trouver le nom de Syrie mis abfolument; on défigne ordinairement les Provinces de Syrie par la Ville qui en étoit la Capitale.

e 1. Macc.
X. 69. II.
Macc. III. 5.
8. IV. 4. VIII. 8.

La SYRIE-BASSE, ou la CÉLÉ-SYRIE, eft connue dans plus d'un endroit des Maccabées [e]. Le nom de Célé-Syrie, felon la force du Grec fignifie la Syrie Creufe, *Syria Cava*, ou Profonde. Elle peut être confidérée dans un fens propre & refferré; & alors elle ne comprend que ce qui eft entre le Liban & l'Antiliban; ou dans un fens plus étendu, & alors elle comprend tout le Pays qui obéïffoit aux Rois de Syrie, depuis Séleucie jufqu'à l'Arabie & l'Egypte. C'eft ce qu'on apprend de Strabon. On a remarqué ci-deffus que la Syrie de Soba étoit à peu près la même que la Syrie Creufe, où la Célé-Syrie.

La SYRIE DE DAMAS eft celle dont Damas étoit Capitale & qui s'étendoit à l'Orient le long du Liban. Ses limites ne font point fixes; elles ont varié felon que les Princes qui ont régné à Damas ont été plus ou moins puiffans.

f 2. Reg.
10. 6. 8. &
3. Reg. 13.
20. & 4.
Reg. 15.
29.
g Deut. 3.
14. &
Jofué 13.
4.
h Herodot.
L. 3. c. 5.
& L. 2. c.
104. &c.
Ammian.
Marcell. L.
14. Hift.
i Ant. L. 10.
c. 7. & de
Bello. L. 5.
c. 14.

La SYRIE D'EMATH eft celle dont la Ville d'Emath fur l'Oronte étoit la Capitale. Voyez EMATH.

La SYRIE DES DEUX FLEUVES, ou la Méfopotamie de Syrie, comme elle eft nommée dans la Vulgate, ou Aram Naharaïm, comme elle eft appelée dans l'Hébreu, eft comprife entre les Fleuves de l'Euphrate & du Tigre.

La SYRIE DE MAACHA, ou de BETH-MAACA, ou de MACHATI, étoit auffi vers le Liban [f]. Elle s'étendoit au delà du Jourdain, & fut donnée à Manaffé [g]. Voyez MAACHA.

La SYRIE DE PALESTINE, SYRIA PALÆSTINA, eft connue dans quelques Anciens [h]; & Jofeph lui-même comprend quelquefois la Paleftine fous la Syrie [i]. C'eft que cette Province fut long-tems fous la domination des Rois de Syrie, & qu'ils y établirent des Gouverneurs qui fe difoient Gouverneurs de Syrie.

La SYRIE DE ROHOB étoit cette partie de la Syrie, dont Rohob étoit la Capitale. Or Rohob étoit à l'extrémité Septentrionale de la Terre promife, [k] fur le chemin ou fur le défilé qui conduifoit à Emath. Elle fut donnée à la Tribu d'Afer, [l] & elle eft jointe à Aphec qui étoit dans le Liban. Laïs nommée autrement Dan, fituée aux fources du Jourdain, étoit dans la Contrée de Rohob [m]. Adarézer Roi de la Syrie de Soba étoit Fils de Rohob, ou peut-être originaire de la Ville de ce nom. Les Ammonites appellerent à leur fecours contre David, le Syrien de Rohob, celui de Maacha, & celui d'Iftob.

k Num. 13.
21.
l Jofué. 19.
28. 32. &
21. 31.
Judic. 1.
31.
m Jud. 18.
28.

La SYRIE DE SOBA, ou ZOBA, ou de SOBAL, comme l'appellent les Septante, étoit apparemment la Célé-Syrie, ou la Syrie Creufe. Sa Capitale étoit Soba, Ville inconnue, à moins que ce ne foit la même Ville que Hoba, ou Hobal, à la gauche, c'eft-à-dire, au Nord de Damas [n]. Voyez HOBA, ou ABILA.

n Geneſ.
14. 15.

La SYRIE DE TOB, ou [o] d'ISTOB, ou de la TERRE DE TOB, ou des TUBIÉNIENS, comme ils font appellés dans les Maccabées [p], étoit aux environs du Liban, & à l'extrémité Septentrionale de la Paleftine. Voyez TOB. Jephté chaffé de Galaad fe retira dans le Païs de Tob [q].

o 2. Reg. 10.
6. 8.
p 1. Macc.
5. 13. & 2.
Macc. 12.
17.
q Judic.
11. 3. 5.

La Syrie propre eft connue aujourd'hui fous le nom de SOURIE. C'eft un des plus beaux Pays du monde pour fes vaftes Plaines & pour fes Pâturages. Damas eft la Capitale de Syrie, qui devint un grand Royaume, lorfque l'Empire d'Aléxandre fut divifé entre fes Capitaines après fa mort. Ce Royaume commença l'an du Monde 3692. & 312. avant l'Ere vulgaire; 12 ans après la mort d'Aléxandre. Car ce ne fut qu'après ce tems-là que Séleucus fut bien établi dans la Syrie. Il a eu vingt-fept Rois, & a duré 249. ans.

6. 3692. Séleucus I. Nicator. Il fut nommé ΝΙΚΑΤΩΡ, c'eft-à-dire Victorieux, à caufe des grandes Victoires qu'il remporta fur fes ennemis. Il faut obferver que c'eft à cette année-ci (312.) que commence l'Ere des Séleucides, fur laquelle l'Auteur du I. Livre des Maccabées & Jofephe comptent leurs années, qu'ils appellent les années des Grecs. Séleucus fecouru de Ptolomée fils de Lagus, de Caffander, & de Lyfimaque défit Antigonus I. Roi d'Afie après la mort d'Aléxandre; il conquit l'Inde. Il fit mourir en prifon Démétrius Poliorcétès, & périr Lyfimaque dans une bataille. Juftin dit que tous les Séleucides naiffoient avec la marque d'une ancre fur la Cuiffe: Les Hiftoriens difent que jamais pere n'aima plus exceffivement fes enfans que fit Séleucus. Voici comme ils le prouvent. Son fils Antiochus étoit malade d'une violente paffion qu'il avoit pour Stratonice fa belle-mere. Erafiftrate fon Médecin s'en étant apperçu dit à Séleucus que le mal de fon fils étoit incurable. Pourquoi, dit le Roi? C'eft qu'il aime ma femme, répondit le Médecin. Ah! lui dit Séleucus, vous êtes trop mon ami pour

pour laisser mourir mon fils & pour empêcher qu'il épouse votre femme. Erasistrate repartit: mais lui donneriez-vous la vôtre? Oui, dit le Roi, & tous mes Etats, si je ne pouvois lui sauver la vie autrement. Le Médecin lui déclara que c'étoit Stratonice qu'Antiochus aimoit. Séleucus tint sa parole: il assembla le Peuple qu'il prépara par un discours fort touchant à n'être pas surpris par ce nouveau genre de Mariage; car quoiqu'il eût eu déja un fils de sa chere Stratonice, il ne fit point de difficulté de la marier à son fils & personne n'y mit opposition. Quoique cette complaisance soit fort irréguliére, il est certain pourtant que Séleucus a été un très-grand Prince. Il fut tué par Ptolomée après avoir régné quarante-deux ans, à compter depuis la mort d'Aléxandre. Mais il n'a régné que trente ans à ne prendre son régne que depuis qu'il fut bien établi en Syrie vers l'an trois mille six-cens quatre-vingt douze, & trois-cens douze avant l'Ere vulgaire. Il étoit tellement fort & vigoureux qu'il arrêta par les cornes un Taureau furieux qui s'enfuyoit, & qu'Aléxandre vouloit sacrifier. Aussi s'adonna-t-il toute sa vie à des exercices de corps très-pénibles. Il voulut joindre par un Canal le Bosphore Cimmérien à la Mer Caspienne. Il avoit coutume de dire: Si on savoit combien il est pénible à un Roi d'écrire, & de lire tant de Lettres, il n'y auroit personne qui voulût relever de terre un Diadême qu'on y auroit jetté.

2. 3724. Antiochus I. Soter succéde à son pere Séleucus. Il étoit fils de la première femme nommée Apame. Il fut appellé ΣΩΤΗΡ qui veut dire Sauveur, parce qu'il avoit délivré l'Asie des courses des Gaulois, dont il fit un grand carnage. Il fit bâtir deux Villes, savoir Antioche dans la Margianne Province de la Parthie; & Apamée dans la Phrygie, qu'il nomma ainsi du nom de sa Mere. Après la mort de Stratonice il épousa une autre femme, dont on ignore le nom. Il en eut une fille nommée Laodice. Il mourut à Ephèse après avoir régné dix-neuf ans, & laissa son Royaume à son fils Antiochus qu'il avoit eu de Stratonice.

3. 3742. Antiochus II. le Dieu, fils d'Antiochus Soter & de Stratonice, régne quinze ans. Il a eu le surnom de ΘΕΟΣ, que lui donnérent ceux de Milet, à cause qu'il les avoit délivrés de la tyrannie de Timaque. Il fut empoisonné par Laodice, une de ses femmes qu'il avoit répudiée, & puis rappellée à la Cour. Elle craignoit que son mari dont l'esprit étoit fort changeant ne rappellât Bérénice.

4. 3757. Séleucus II. Callinique, ou Pogon succéde à son pere. Il se nomme ordinairement ΚΑΛΛΙΝΙΚΟΣ, à cause de la grande victoire qu'il remporta sur son frere Antiochus, en mémoire de laquelle il fit bâtir dans la Mésopotamie la Ville de Callinicople. On l'appelloit aussi ΠΩΓΩΝ, sans doute par ironie, parce qu'il n'avoit point de barbe. Il épousa Laodice fille d'Andromaque, il eut d'elle trois enfans, Séleucus, Antiochus qui régna après son frere, & une fille qui fut mariée à Mithridate V. Roi de Pont, & à laquelle son pere donna pour dot la Grande Phrygie. Il tomba de cheval, & mourut de cette chûte après avoir régné vingt ans.

5. 3777. Séleucus III. Céraune succéde à son pere. S. Jérôme le nomme après plusieurs autres ΚΕΡΑΥΝΟΣ, qui signifie Foudre, parce qu'ayant après la défaite & la détention de son pere par Assacès, il vola comme un Foudre à la tête d'une Armée pour tirer son pere de prison.

On ne sait point s'il a été marié. Il fut empoisonné dans la Phrygie par ses Lieutenans-Généraux, lorsqu'il marchoit pour aller faire la guerre au Roi Attale après avoir régné trois ans.

6. 3780. Antiochus III. le Grand succéde à son frere, étant appellé de Babylone, par l'Armée qui étoit dans la Syrie afin de se mettre en possession du Royaume. Il est appellé ΜΕΓΑΣ à cause de ses belles actions. Il fait la guerre à Ptolomée Roi d'Egypte. Il est battu & demande la paix que Ptolomée lui accorde généreusement. Il fait la guerre aux Romains, dont il est toujours vaincu; desorte qu'il est obligé de demander la paix. Epuisé d'argent par toutes ses guerres malheureuses, il s'avise pour s'enrichir d'aller piller le Temple de Jupiter en Elimaïde. Il est tué par les Barbares, lorsqu'il entreprend de voler le Temple, après avoir régné trente-sept ans. Antiochus laissa neuf enfans; Antiochus Séleucus qui régna après lui; Antiochus Dieu; Epiphanès, Ardiès & Mithridate: Laodice qui fut mariée avec Antiochus son frere, Cléopatre femme de Ptolomée Epiphanès, Antiochide qui épousa Ariarathes Roi de Cappadoce, & une Cadette qu'on voulut marier avec Eumenès Roi de Pergame.

7. Séleucus IV. Philopator régna douze ans; il fit peu de choses, parce que les grands malheurs de son pere en combattant contre les Romains laissérent son Royaume épuisé. C'est de ce Séleucus qu'il est parlé dans le second Livre des Maccabées, où l'on dit de lui qu'à cause du respect qu'il avoit pour Onias le Grand-Prêtre, il fournissoit tous les ans ce qu'il falloit pour les Sacrifices du Temple. Néanmoins Daniel l'appelle *vilissimus & indignus decore regio.* On le nomme ΦΙΛΟΠΑΤΩΡ parce qu'il avoit beaucoup d'affection pour son pere qu'il suivit fort jeune à la guerre.

3828. Sur la fin de son Régne il se laissa persuader d'envoyer Héliodore pour piller le Trésor du Temple de Jérusalem: & l'on peut dire que sa foiblesse donna naissance aux troubles, & aux séditions qui arrivérent depuis, soit dans l'Etat, soit dans l'Eglise.

8. 3829. Antiochus IV. Dieu, Epiphanès ou Illustre, qui avoit été emmené pour ôtage à Rome, après la défaite de son pere Antiochus le Grand, en sort au bout de trois ans; & Démétrius fils de Séleucus fut envoyé à sa place. Comme Antiochus revenoit en Syrie, Héliodore qui s'en vouloit faire Roi tua Séleucus. Mais Eumenès & Attale ayant chassé Héliodore, laissent Antiochus l'Illustre paisible Roi de Syrie. Ce Roi prenoit le titre superbe de ΘΕΟΣ ΕΠΙΦΑΝΕΣ que les Samaritains lui donnérent dans une Ambassade, où ils re-

connurent comme un Dieu qui s'étoit apparu pour les délivrer de la cruelle persécution des Juifs. Antiochus qui prit goût à un si grand sacrilège faisoit mettre ordinairement sur ses Médailles ces noms augustes, mais que nul des mortels ne peut prendre sans impieté ΒΑΣΙΛΕΩΣ ΑΝΤΙΌΧΟΥ ΘΕΟΥ ΕΠΙΦΑΝΟΥΣ, *Regis Antiochi Dei apparentis*, c'est-à-dire, du Roi Antiochus Dieu présent, & qui s'est manifesté. M. Vaillant dit qu'il est le premier entre les Rois de Syrie qui ait pris le titre de Dieu sur ses Médailles, quoique ceux de Milet eussent auparavant donné ce nom à Antiochus II. M. Vaillant en son Histoire des Rois de Syrie p. 51.

3831. Antiochus ôte la Souveraine Sacrificature à Onias qui étoit d'une excellente piété, & la donne à l'impie Jason son frere; & l'année suivante il l'ôte encore à Jason, & la donne à Ménélaüs qui étoit aussi son frere, & qui lui en offroit plus d'argent. Deux ans après le bruit s'étant répandu qu'Antiochus étoit mort en allant contre l'Egypte, Jason troubla tout Jérusalem. Ce qui fit qu'Antiochus aiant défait les Egyptiens traita ensuite la Judée avec d'horribles cruautés & en emporta les Trésors.

3836. Antiochus envoye Apollonius en Judée qui tua en un jour de Sabbat tous ceux qui s'étoient assemblés pour les Sacrifices. Ce fut alors que Judas Machabée se retira lui dixième dans le Desert, où il aimoit mieux vivre d'herbes que de se souiller des viandes impures qu'on immoloit de toutes parts.

3840. Antiochus en se hâtant de revenir de Perse à Jérusalem pour en faire le Cimetiére des Juifs, tombe rudement de son chariot, se brise tout le corps, & meurt d'une horrible maladie après avoir régné douze ans.

9. 3842. Antiochus V. Eupator succéde à son pére Lysias, gouverne du Royaume, fait la paix avec Judas Maccabée; mais elle fut bien-tôt rompue. Ce fut en ce tems qu'Eléazar aiant attaqué un Eléphant, où il croyoit que le Roi étoit, le tua, & fut accablé du poids de cette Bête qui tomba sur lui. Il fut nommé ΕΥΠΑΤΩΡ par Lysias en mémoire de la valeur, & de la célébrité de son pere.

Antiochus Eupator ayant pris Bethsure va contre Jérusalem, & fait la paix avec les Juifs; mais l'ayant rompue il fit abattre ses murailles, amena avec lui Ménélaüs qu'il fit mourir comme le flambeau de toute la guerre, & mit Alcime à sa place. Il fut tué ayant régné deux ans.

10. 3843. Démétrius I. Sôter fils de Séleucus IV. s'étant échappé de Rome vient à Antioche, fait tuer Antiochus & Lysias; & étant Roi il envoye en Judée Bachide avec Alcime, auquel il assûre la Sacrificature; il y envoye ensuite Nicanor qui fait alliance avec Judas Machabée, mais l'ayant rompue il fut bien-tôt après tué. Les Babyloniens donnérent à Démétrius le nom de ΣΩΤΗΡ, qui veut dire Sauveur, parce qu'il avoit fait tuer Timarque Gouverneur de Babylone qui abusoit de son autorité.

3850. Ceux d'Antioche s'étant révoltés contre Démétrius prennent un jeune homme nommé Aléxandre qui se disoit fils d'Antiochus l'*Illustre*, & soutenus des Rois leurs voisins ils le mettent sur le Trône.

11. 3851. Aléxandre I. Balas étant devenu Maître de Ptolémaïde, envoye à Jonathas pour faire alliance avec lui, & l'établir dans la Souveraine Sacrificature qui étoit devenue vacante depuis sept ans & demi par la mort d'Alcime; ainsi il a été le premier Pontife de la race des Machabées. Aléxandre est nommé Balas, ou Ballés, du nom de sa mere Bala, qui étoit une Maîtresse d'Antiochus Epiphanès dont il étoit fils. Il est appellé dans ses Médailles ΘΕΟΠΑΤΩΡ ΕΥΕΡΓΕΤΗΣ, Theopator, parce que son pere étoit estimé un Dieu: Evergétes, parce qu'il étoit bienfaisant. En 3853. Démétrius arme contre Aléxandre; mais Aléxandre le défait, & Démétrius est tué, ayant régné onze ans. En 3856. Démétrius, fils aîné de Démétrius Soter, voulant venger la mort de son pere, & posséder son Royaume fait d'heureux progrès. Apollonius se joint à lui & Démétrius l'envoye en Judée pour combattre les Juifs qui avoient fait alliance avec Aléxandre; Jonathas & Simon combattent plusieurs fois contre lui.

Aléxandre ravage la Syrie. Ptolomée Philométor, & Démétrius viennent au-devant de lui. Ptolomée est blessé dans le combat: Aléxandre peu de jours après est tué par les Siens ayant régné cinq ans; & Ptolomée ayant vu sa tête meurt.

12. 3858. Démétrius II. Nicator étant enfin seul Roi de Syrie, il laisse la Judée assez paisible. Jonathas attaque la Forteresse de Jérusalem. Démétrius le fait venir pour se faire rendre compte de cette action. Jonathas fait toujours continuer le Siége, & appaise Démétrius par ses présens.

3859. Démétrius Nicator ayant renvoyé ses vieilles troupes comme n'en ayant plus besoin, Tryphon en prit occasion pour faire Roi le petit Antiochus, surnommé *le Dieu*, qui étoit fils d'Aléxandre. Il tâche d'avoir Jonathas pour ami qui lui rend de grands services.

Antiochus VI. *le Dieu*, Epiphanès. Il est nommé dans ses Médailles ΘΕΟΣ ΕΠΙΦΑΝΗΣ ΝΙΚΗΦΟΡΟΣ, parce qu'il étoit petit-fils d'Antiochus IV. qui se disoit Dieu visible. Et pour se distinguer de son ayeul il ajouta à son nom le mot de Nicéphore qui veut dire Vainqueur, qu'il prit après avoir vaincu, & mis en fuite Démétrius, & s'être rendu maître d'Antioche. Il y en a qui ne le comptent point parmi les Rois de Syrie, parce que de son vivant Démétrius régna sur la plus grande partie de la Syrie. Cependant ses Médailles lui donnent le nom de Roi. Il a régné environ deux ans. Tryphon voulant ensuite être Roi lui-même, au lieu du jeune Antiochus, & craignant Jonathas, le surprend, & le tue. Simon est élu en sa place tant pour commander l'Armée que pour être Souverain Pontife. Il bat souvent Tryphon qui tue Antiochus le Dieu pour être paisible usurpateur du Royaume.

Tryphon usurpateur; il est nommé dans ses Médailles ΑΥΤΟΚΡΑΤΩΡ, qui signifie Empereur.

3865. Démétrius entre avec ses gens dans la Médie pour se fortifier contre Tryphon.

phon. Il eſt pris par le Général de l'Armée du Roi de Perſe & de Médie.

Les Soldats ne peuvent plus ſouffrir Tryphon. Ils ſe rendent à Cléopatre femme de Démétrius qui ſe donne elle-même & ſon Armée à ſon frere Antiochus Sidétès.

Antiochus VII. Sidétès, ou Evergétes, fait d'abord amitié avec Simon, & après cela il la rompt honteuſement, envoyant contre lui Cendébéüs, pendant qu'il s'attache à pourſuivre Tryphon. Sidétès ſignifie Chaſſeur. Tryphon ſe retire dans Apamée laquelle étant priſe, il y eſt tué.

3869. Simon déja caſſé de vieilleſſe envoye ſes enfans contre Cendébéüs; ils le battent. Ce qui ne ſert qu'à exciter la jalouſie de Ptolomée ſon gendre contre le Pere & les Enfans. Il fait tuer le Pere & les deux fils dans un feſtin, où il les avoit invités.

3873. La huitième année du régne d'Antiochus Sidétès il y eut un tremblement de terre à Antioche dans la Syrie, ſur les dix heures du matin, le vingt-un de Février.

3874. Antiochus périt avec ſon Armée dans la Parthie après avoir régné neuf ans. Ce qui fait que ſon frere Démétrius remonte ſur le Trône. Démétrius Nicator régne derechef après ſon retour chez les Parthes, où il étoit priſonnier. Phraatès Roi des Parthes le renvoye dans la Syrie ; mais, comme il avoit corrompu ſes mœurs parmi ces Peuples, il devint par ſon orgueil inſupportable aux Soldats & à tous ſes Sujets qui ſe firent un autre Roi.

3875. Aléxandre II. Zebine fils d'un Marchand eſt choiſi pour Roi.

3877. Démétrius vaincu, abandonué de ſes amis, odieux à tout le monde, fuyant de tous côtez, eſt aſſaſſiné en entrant dans un Navire.

17. Séléucus V. fils de Démétrius Nicator prit le Diadême comme le légitime héritier des Etats de ſon pere ; mais comme il n'avoit pas aſſez conſulté ſa mere Cléopatre là-deſſus elle le tua d'une fléche, dont elle le perça peut-être de crainte qu'il ne vengeât la mort de ſon pere dont cette méchante Princeſſe étoit coupable. Zebine eſt ingrat dans ſa proſpérité, il oublie ſon Bienfaiteur Ptolomée Phyſcon, qui l'avoit élevé à la Royauté. Ptolomée pour s'en venger excite contre lui Antiochus le Gryphon, & le fait mourir quand les voleurs le lui amenent.

Antiochus VIII. Gryphon, frere Cadet de Séléucus, régne huit ans fort heureuſement & toute la Syrie eſt dans une grande tranquilité. Juſtin dit qu'on le nommoit Gryphon à cauſe qu'il avoit le nez crochu. On ne trouve ſur ſes Médailles que le ſurnom d'*Epiphanès* qu'il prit après la mort de ſa mere. Sa mere Cléopatre fâchée des proſpérités de ſon fils, lui préſente au retour de la guerre qu'il venoit de finir avec ſuccès contre Zebine, un verre plein de poiſon. Il s'excuſe par civilité : ſa mere le preſſe de boire. Il lui déclare qu'il eſt informé de ſa mauvaiſe volonté, & qu'elle ne peut mieux s'en juſtifier qu'en beuvant elle-même ce qu'elle lui offroit, ainſi elle fut forcée de boire ce qu'elle avoit préparé pour ſon fils ; de cette ſorte périt cette femme ſi funeſte à la Maiſon des Séleucides. Cette Cléopatre étoit fille de Ptolomée Philométor Roi d'Egypte. Elle eut trois maris, & tous trois Rois de Syrie, dont elle eut quatre fils qui furent pareillement Rois de Syrie tous quatre. Elle épouſa 1. Aléxandre Théopator, dont elle eut Antiochus VI. ſurnommé *Dieu Nicéphore*. Secondement elle fut femme de Démétrius II. Nicator dont elle eut Séléucus V. & Antiochus VIII. Enfin elle fut mariée à Antiochus VII. Evergétes, de qui elle eut Antiochus IX. ſurnommé *Philopator* ou de *Cyzique*.

3890. Antiochus de Cyzique déclare la guerre à Gryphon ſon frere qui le défait.

3892. Antiochus IX. de Cyzique ou Philopator défait à ſon tour Gryphon qui s'enfuit, & qui eſt dépouillé du Royaume dont Antiochus ſe rend Maître.

Antiochus devenu Roi ſe tourne du côté des plaiſirs & de la débauche, il ne pratique que des Comédiens, des Bouffons, des Bâteleurs, des Joueurs de paſſe-paſſe. Il s'applique lui-même très-ſérieuſement à faire danſer des Marionnettes. Il réuſſit d'une manière ſurprenante dans les Mathématiques ; il fait par cet Art des Oiſeaux qui marchent, & qui volent, comme ſi c'étoient des Machines naturelles.

3907. Séléucus VI. Epiphanès Nicator, fils d'Antiochus Gryphon, après la mort de ſon pere régne ſur la partie de la Syrie dont il étoit Maître.

3908. Séléucus ayant aſſemblé des Troupes déclare la guerre à ſon oncle Antiochus de Cyzique. Le Combat ſe donne, Antiochus eſt vaincu, ſon Cheval l'emporte dans le Camp des Ennemis ; de peur de tomber vif entre leurs mains il ſe tue ayant régné dix-huit ans. Séléucus régne ſeul.

3909. Antiochus X. le *Pieux*, fils d'Antiochus Cyzicénien. Les Syriens lui donnerent le ſurnom d'ΕΤΣΕΒΗΣ ΦΙΛΟΠΑΤΩΡ, à cauſe de ſa piété ; & parce qu'il déclara la Guerre à ſon oncle Séléucus pour venger la mort de ſon pere Antiochus de Cyzique.

Antiochus Euſébès ayant évité les embuches de Séléucus ſon oncle, lui déclare la guerre après avoir pris le Diadême à Arade. Séléucus eſt vaincu & chaſſé de toute la Syrie.

Séléucus s'enfuit dans la Cilicie. Il eſt reçu par les Mopſéates, qui réduits au deſeſpoir par les Tributs énormes qu'il en exige, le brûlent dans ſon Palais avec tous ſes amis.

3910. Antiochus XI. Epiphanès Philadelphe, ou Didyme : ΕΠΙΦΑΝΗΣ ſignifie illuſtre, éclatant ; ΦΙΛΑΔΕΛΦΟΣ à cauſe de ſa grande affection pour ſes freres, ΔΙΔΥΜΟΣ, parce qu'il étoit jumeau de Philippe qui lui ſuccéda. Cet Antiochus qui étoit frere de Séléucus VI. ſe joint pour venger la mort de Séléucus à Philippe ſon frere jumeau. Ils aſſiégent & prennent de force Mopſueſte qu'ils ruïnent. Antiochus le *Pieux* vient qui les défait. Antiochus XI. ſe noye dans une Rivière en fuyant.

3911. Philippe troiſième fils d'Antiochus VIII. Gryphon ſuccede à ſon frere noyé. Il a régné ſur une partie de la Syrie pendant qu'Antiochus *le Pieux* régnoit ſur les reſtes. Antiochus *le Pieux* & Philippe ſe font la guerre ; il y a beaucoup de ſang répandu de

part

part & d'autre sans qu'il y ait rien de décidé.

3912. Démétrius III. Eucérus, quatrième fils d'Antiochus Gryphon, est élevé sur le Trône de Damas par Ptolomée Lathurus. Antiochus *le Pieux* s'oppose à ce nouveau Roi secouru des Troupes de son frere Philippe.

Philippe & Démétrius Eucérus, tous deux fils de Gryphon, sont Maîtres du Royaume de Syrie.

3917. Démétrius est pris par les Parthes, alors son cinquième frere, dernier fils d'Antiochus Epiphanès ou Gryphon, se fait Roi à Damas.

Antiochus XI. Denys ne régne que deux ans; ayant été vaincu par les Arabes il fut tué, pendant qu'Antiochus *le Pieux*, & Philippe se faisoient une cruelle guerre, où il s'agissoit de savoir qui des deux regneroit seul. Ainsi durant ces dernieres années les restes de la Maison des Séléucides, qui excitoient des brouilleries continuelles pour régner, périrent dans ces différentes guerres.

3920. Les Syriens ennuyés de tous ces desordres appellent Tigranes Roi d'Arménie, & se soumettent à sa Domination.

Tigranes régne six ans sur la Syrie après avoir mis en fuite les deux Rois.

3932. Antiochus l'*Asiatique* & son frere Séléucus, tous deux Fils du Roi Antiochus *le Pieux*, régnent sur une partie de la Syrie, dont Tigranes n'avoit pu se rendre Maître. Ils vont à Rome demander le Royaume d'Egypte, qui appartenoit à Sélène leur Mere & à eux aussi; ils sollicitent durant deux ans.

3934. Tigranes fait mourir en prison Sélène surnommée *Cléopatre*, dont le Fils Antiochus l'*Asiatique* se voit dépouillé par cette mort du droit que sa mere lui donnoit sur le Royaume d'Egypte, & de ce qu'il possédoit avec elle dans la Syrie.

3935. Tigranes est battu en plusieurs rencontres par Lucullus Consul Romain, qui avoit le Gouvernement de la Province de la Cilicie.

Antiochus XII. l'*Asiatique* prend occasion de la guerre qui étoit entre Tigranes & les Romains, pour se mettre en possession du Royaume de Syrie.

3938. Tigranes effrayé par la vûe de Pompée quitte le Diadême pour lui témoigner plus de respect, & se rend à lui. Cependant Pompée touché de compassion lui remet lui-même le Diadême sur la tête, le rétablit en Arménie, à condition de céder la Syrie & la Cappadoce.

3941. Pompée vainqueur de l'Orient, dépouille Antiochus l'*Asiatique* du Royaume de Syrie, & ne lui laisse que Comagène. Ainsi finit le Royaume de Syrie, qui étant assujettie aux Romains devint une Province Romaine.

Les Sarrasins se rendirent Maîtres de la Syrie dans le septième & le huitième Siècle, & les Chrétiens la leur enlevérent sous Godefroi de Bouillon. Les Sarrasins y revinrent, & laissérent la Syrie aux Sultans d'Egypte à qui les Turcs l'enlevérent.

Ptolomée [a] divise la Syrie en plusieurs parties; & voici la division qu'il en donne: [a Lib. 5, c. 15.]

La Syrie renferme,
- Sur la Côte de la Mer,
  - Après l'Issus & les Portes de Cilicie :
    - *Alexandria penes Issum*,
    - *Myriandrus*,
    - *Rhossus*,
    - *Scopulus Rhossicus*,
    - *Seleucia Pieria*,
    - *Orontis Fluv. Ostia*,
    - *Fontes Fluvii*,
    - *Posidium*,
    - *Heraclea*,
    - *Laodicia*,
    - *Gabala*,
    - *Paltos*,
    - *Balaneæ*.
  - Dans la Phénicie :
    - *Eleutheri Fluv. Ostia*,
    - *Simyra*,
    - *Orthosia*,
    - *Tripolis*,
    - *Theuprosopon Promont.*
    - *Botrys*,
    - *Byblus*,
    - *Adonii Fluv. Ostia*,
    - *Berytus*,
    - *Leontis Fluv. Ostia*,
    - *Sidon*,
    - *Tyrus*,
    - *Ecdippa*,
    - *Ptolemaïs*,
    - *Sycaminos*,
    - *Carmelus Mons*,
    - *Dora*,
    - *Chersei Fluv. Ostia*.
- Dans la Comagène.
  - *Areca*,
  - *Antiochia*, } près du Mont Taurus.
  - *Singa*,
  - *Germanicia*,

Cata-

SYR.   SYR.   241

Dans les Terres,
- Dans la Commagène : Catamana, Doliche, Deba, Chaonia, Cholmadara, Samosata Legio. } Sur l'Euphrate.
- Dans la Piérie : Pinara, Pagræ, Syriæ Pylæ.
- Dans la Cirristique : Ariseria, Regias, Ruba, Heraclea, Niara, Hierapolis, Cyrrus, Berrea, Thæna, Paphra, Urima, Aradis, Zeugma, Europus, Cecilia, Bethammaria, Gerrhe, Arimara, Eragiza. } Sur l'Euphrate :
- Dans la Séleucide : Gephyra, Gindarus, Imna. Antiochia, } Sur l'Oronte. Daphné, Bactaiala, Audea, Seleucus, } Sur le Belus.
- Dans la Cassiotide : Larissa, Epiphania, Raphaneæ, Antaradus, Marathus, Mariame, Mamuga.
- Dans la Chalybonitide : Thema, Acoraca, Derrhima, Chalybon, Spelunca, Barbarissus, Athis. } Sur l'Euphrate.
- Dans la Chalcidie : Chalcis, Asaphidama, Tolmidessa, Maronia, Coara.
- Dans l'Apamène : Nazama, Thelminissus, Apamia, Emesa. } A l'Orient de l'Oronte.
- Dans la Laodicène : Cabiosa Laodicia, Paradisus, Jabruda.
- Dans la Phénicie : Arca, Paleobiblus, Gabala, Cæsarea Paniæ.
- Dans la Célé-Syrie : Heliopolis, Abila Lysanii, Gaana, Ina, Damascus, Samulis,

H h   Abila,

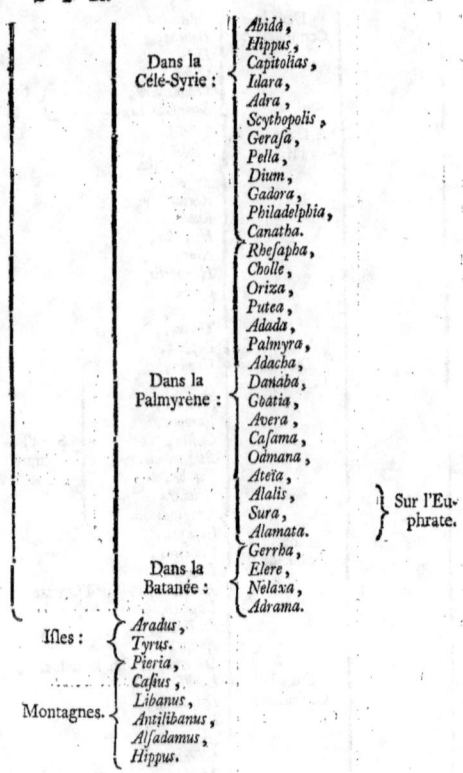

Dans la Célé-Syrie : Abida, Hippus, Capitolias, Idara, Adra, Scythopolis, Gerasa, Pella, Dium, Gadora, Philadelphia, Canatha.

Dans la Palmyrène : Rhesapha, Cholle, Oriza, Putea, Adada, Palmyra, Adacha, Danaba, Goatia, Avera, Casama, Odmana, Ateïa, Alalis, Sura, Alamata. } Sur l'Euphrate.

Dans la Batanée : Gerrha, Elere, Nelaxa, Adrama.

Isles : Aradus, Tyrus.

Montagnes : Pieria, Casius, Libanus, Antilibanus, Alsadamus, Hippus.

La Syrie que les Turcs appellent *Soristan*, est un Pays fort abondant en Huile, en Froment, & en toute sorte de Fruits, du moins il l'a été autrefois ; mais comme les Turcs [a] négligent toutes choses, & sont fort peu adonnés à l'Agriculture & au travail, tout s'anéantit. Cependant le terroir est si fécond & si gras, que dans plusieurs endroits il produit de lui-même quantité d'herbes Aromatiques & Médicinales, comme aussi des Roses, du Fenouil, de la Sauge, & autres Plantes odoriférantes. Cette Région est aussi fort riche en Pâturages & en Bétail, particuliérement en Chévres qui ont les oreilles larges & pendantes d'un quart de pied, d'un poil naturellement coloré : en Bœufs, Busles, Chameaux, & Moutons d'une grandeur extraordinaire, & dont la queue seule pesera quelquefois jusqu'à dix ou douze livres. Il y a des gens qui prétendent en avoir vu qui avoient pesé jusqu'à soixante livres. Le Pays nourrit des Sangliers, des Cerfs, des Chévreaux, des Liévres, des Perdrix, des Cailles, & des Tourterelles en très-grand nombre. Il est arrosé de beaucoup de Fleuves, & est fourni & orné de bons Ports de Mer. Le Climat y est fort tempéré, & la terre n'y est pas sujette à de trop grandes ardeurs du Soleil.

Les Monts les plus renommés de ce Royaume, sont Galaad, le Carmel, le Thabor, le Liban, Case & Aman.

Ses Fleuves sont ceux de l'Euphrate, du Jourdain, d'Oronde-Singas, d'Eleuthère, & d'Adonis.

Les Villes sont Damas, Antioche, Laodicée, Aleppe, Tripoli, Tyr, Sydon, Baruth, les deux Césarées, Ptolomaïde, Sichem, & quelques autres, entre lesquelles on comptoit autrefois celle de Jérusalem.

Ce même Royaume comprend diverses Provinces, entr'autres la Phœnicie, la Palestine, & la Syrie de Damas.

La Langue des Syriens d'aujourd'hui est l'Arabesque [b], ou la Moresque, qui est la même ; outre cela les Habitans des Villes Marchandes parlent quasi tous Italien ; mais un Italien corrompu, ou un jargon que la pratique des Marchands de cette Nation avec les Italiens & les François leur a fait apprendre. Ce langage est composé à la vérité de termes Italiens ; mais sans liaison, sans ordre ni syntaxe : dans les noms on mêle indifféremment le genre masculin avec le feminin, & on ne prend des verbes que les Infinitifs pour tous les tems & pour toutes les personnes : on ne se sert point des pronoms *mi* & *ti*, cela n'empêche pas qu'on ne les entende aussi-bien que s'ils observoient toutes les règles de Grammaire. Il faut que ceux qui ont affaire avec eux en usent de même, s'ils veulent se faire entendre.

[a] *Des Champs, Voyage de la Terre-Ste. p. 248.*

[b] *De Breves, Voyage, page 37.*

SYRIENI,

SYR.

SYRIENI, Peuple de l'Inde, selon Pline [a]. *a Lib. 6. c. 20.*

SYRIMALAGA, Ville de l'Inde en deçà du Gange: Ptolomée [b] la compte parmi les Villes situées entre le Fleuve *Bynda* & le *Pseudostomus*. *b Lib. 7. c. 1.*

SYRINGA, Ville de l'Hyrcanie, à une petite distance de Tambrace. Polybe [c] dit que cette Ville, pour sa force & pour les autres commoditez, étoit comme la Capitale de l'Hyrcanie. Elle étoit entourée de trois Fossez, larges chacun de trente coudées, & profonds de quinze. Sur les deux bords de ces Fossez il y avoit un double retranchement & au-delà une forte muraille. Toutes ces fortifications n'empêcherent pas qu'Antiochus *le Grand* Roi de Syrie, ne se rendît Maître de cette Ville après un Siège assez long & très-meurtrier. *c Lib. 10. c. 4.*

SYRINGÆ, Lieu d'Egypte au-delà du Nil & près de Thèbes, selon Pausanias [d], qui dit qu'on voyoit auprès de ce Lieu un Colosse admirable. C'est, ajoute-t-il, une Statue énorme qui représente un homme assis: plusieurs l'appellent le Monument de Memnon; car on disoit que Memnon étoit venu d'Ethiopie en Egypte, & qu'il avoit pénétré même jusqu'à Suses. Les Thébains vouloient que ce fût la Statue de Phamenophès, originaire du Pays, & d'autres disoient que c'étoit celle de *Sesostris*. Quoi qu'il en soit, poursuit Pausanias, Cambyse fit briser cette Statue, & aujourd'hui toute la partie supérieure depuis la tête jusqu'au milieu du corps est par terre: le reste subsiste comme il étoit, & tous les jours au lever du Soleil; il en sort un son tel que celui des cordes d'un Instrument de musique, lorsqu'elles viennent à se casser. Strabon [e] rapporte ce fait comme Pausanias: il en avoit été témoin comme lui, mais il n'étoit pas tout-à-fait si crédule; car il avertit que le son qu'il entendit, & que la Statue sembloit rendre, pouvoit fort bien venir de quelques-uns des Assistans. Il aime mieux en attribuer la cause à la supercherie des gens du Pays qu'à la Statue. Ammien Marcellin [f], qui écrit SYRINGES, dit que par ce mot on entend certaines Grottes souterraines pleines de détours que des hommes, à ce qu'on disoit, instruits des Rites de la Religion, & qui prévoyoient l'arrivée du Déluge, avoient creusées en divers lieux avec des soins & des travaux infinis, par la crainte qu'ils avoient que le souvenir des Cérémonies Religieuses ne se perdît. Pour cet effet, ajoute-t-il, ils avoient taillé sur les murailles des figures d'Oiseaux, de Bêtes féroces & d'une infinité d'autres Animaux; ce qu'ils appelloient des Lettres Hiérographiques, ou Hiéroglyphiques. *d Lib. 1. c. 42.* *e Lib. 17.* *f Lib. 22. c. 15.*

SYRINTHUS, Ville de l'Isle de Crète, selon Etienne le Géographe.

SYRIUM, Fleuve de Bithynie, selon Pline [g], qui, je pense, est le seul qui en parle; à moins que ce ne soit ce Fleuve qui ait donné le nom à une espèce de Poires, que Juvénal [h] appelle *Syrium-pyrum*; quoique les Commentateurs expliquent ordinairement *Syrium-pyrum*, par des Poires de Syrie. *g Lib. 5. c. 32.* *h Lib. 4. Satyr. 11. v. 73.*

SYRIUM-PYRUM. Voyez SYRIUM.

SYR. 243

SYRMÆUM, Champ qu'Etienne le Géographe place entre les Nomades & les Nabathéens: ce Champ devoit être par conséquent dans l'Arabie Heureuse.

SYRMATÆ. Etienne le Géographe met un Peuple de ce nom sur les bords du Fleuve Tanaïs, & dit qu'on nomme aussi ce Peuple SAUROMATÆ. Pline [i] met les *Syrmatæ* au bord du Fleuve Oxus. Voyez SARMATÆ. *i Lib. 6. c. 16.*

SYRNA, Ville de la Carie: c'est Etienne le Géographe qui en parle.

SYRNIS, Ville de l'Inde, en deçà du Gange. Ptolomée [k] la compte parmi les Villes voisines du Fleuve Indus. Le MS. de la Bibliothèque Palatine lit *Syrnisica*, au lieu de *Syrnis*. *k Lib. 7. c. l.*

SYRNOS, Isle de la Mer Egée, selon Pline [l], qui la met à quatre-vingt milles d'Andros; mais comme il est le seul des Anciens qui fasse mention de cette Isle, le Pere Hardouin seroit tenté de lire *Scyros* pour *Syrnos*. *l Lib. 4. c. 12.*

SYROCILICES, Peuples de l'Asie Mineure. C'est Pomponius-Mela [m] qui en parle: Ils habitoient apparemment aux confins de la Cilicie & de la Syrie. *m Lib. 1. c. 2.*

SYROMEDIA, Contrée de la Médie: Ptolomée [n] l'étend tout le long de la Perse. *n Lib. 6. c.*

SYROPÆONES, Peuples de Thrace: Hérodote [o] les comprend sous les *Pæones*, & dit que les Perses les transférerent en Asie. *o Lib. 5. p. 129.*

SYROPHENICIE. [p] C'est la Phénicie proprement dite, dont Sidon étoit la Capitale, & qui ayant été unie par droit de Conquête au Royaume de Syrie; joignit à son ancien nom de Phénicie, à celui de Syrie, de même que la Palestine fut surnommée de Syrie, parce qu'elle étoit considérée comme faisant partie de la Syrie dans l'Evangile [q]. La Chananéenne est nommée Syro-Phénicienne par Saint Marc, parce qu'elle étoit de Phénicie, qui étoit alors regardée comme faisant partie de la Syrie, & obéïssant au Gouverneur de cette Province. Saint Mathieu [r] qui avoit écrit en Hébreu, ou en Syriaque, l'appelle Chananéenne, parce que ce Pays étoit véritablement peuplé de Chananéens, Sidon étant le fils aîné de Chanaam [s]. *p Joseph Antiq. Lib. 10. C. 7. & de Bello L. 5. c. 14.* *q Marc. 8. 26.* *r Cap. 15. 22. 24.* *s Genes. 10. 15.*

1. **SYROS.** Voyez SYRA.

2. **SYROS**, Isle de l'Asie Mineure, sur la Côte de l'Ionie, selon Etienne le Géographe.

3. **SYROS.** Le même Géographe connoît une Isle de ce nom sur la Côte de l'Acarnanie.

4. **SYROS**, Ville de l'Asie Mineure, dans la Carie: Pausanias [t] dit que selon une Tradition du Pays, Podalire, au retour du Siège de Troye, ayant été jetté par la tempête avec les autres Grecs à Syros, Ville de Carie, il y fixa sa demeure. Etienne le Géographe, au lieu de *Syros*, dit *Syrna* ou *Syrnon*, & tire ce nom, de Syrna femme de Podalire. *t Lib. 3. c. 26.*

5. **SYROS**, ou SYRUS, Fleuve du Péloponnèse dans l'Arcadie. Aux confins des Messéniens & des Mégalopolitains, dit Pausanias [u], il y a une Colonne & un Mercure dessus; ce qui fait la borne entre ces *u Lib. 8. c. 34.*

H h 2   deux

deux Peuples. Dans cet endroit, poursuit-il, vous voyez deux chemins, dont l'un va à Messène, & l'autre conduit de Mégalopolis à *Carnasium*, autre Ville de la Messénie : en prenant ce dernier vous trouvez bien-tôt l'Alphée ; & c'est justement à cette hauteur que le Malluns & le Syrus, après avoir mêlé leurs eaux ensemble, viennent tomber dans l'Alphée.

SYROTA, Isle que l'Itinéraire d'Antonin compte parmi celles qu'il met entre la Sicile & l'Afrique. Les MSS. varient touchant l'Orthographe de ce mot, les uns lisent *Sirota*, & d'autres *Strota*. Simler croit que c'est l'Isle SYBOTA de Pline.

SYRRACUSÆ. Voyez SYRACUSÆ.

SYRRA. Voyez SURA..

SYRTES, Ecueils de la Mer Méditerranée, sur la Côte de l'Afrique, & appellez présentement *Seches de Barbarie*. Ces Ecueils sont au nombre de deux : *Tertius Sinus*, dit Pline [a], *dividitur in geminos duarum Syrtium, vadoso ac reciproco mari diros* ; ainsi par le mot de Syrtes on n'entendoit pas seulement des Ecueils ou Basses, mais des endroits, où les Vaisseaux étoient entraînez par les vagues. Procope [b] dit : Quand un Vaisseau y est jetté par la violence des Vents & de la tempête, il est impossible de l'en retirer. C'est, comme je me le persuade, ajoute-t-il, ce qui a été cause qu'on a appellé cet endroit-là *Syrtes*, du mot σύρειν, *trahere*, parce qu'il semble que les Vaisseaux y soient attirez par les vagues. Les grands Navires, continue-t-il, ne peuvent aborder au rivage, à cause des Ecueils qui l'entourent, & qui y causent souvent des naufrages : ainsi ceux qui ont le malheur de s'y trouver engagez, sortent des Vaisseaux & se sauvent sur des Barques.

Les anciens Auteurs distinguent deux Syrtes ; la Grande sur la Côte de la Cyrénaïque, la Petite sur la Côte de la Bysacéne. Pomponius-Mela [c] qui décrit la Côte de l'Afrique, en avançant d'Occident en Orient, distingue fort bien ces deux Syrtes : il donne au Golphe de la Petite, qui est la plus Occidentale, presque cent mille pas d'ouverture, & trois cens milles de Côte, & donne presque le double d'étendue à la Grande. Voici le passage de ces Auteurs : *Syrti Sinus est centum fere millia passuum, qua mare accipit, patens : trecenta, qua cingit. Verum importuosus atque atrox, & ob vadorum frequentiam brevia, magisque etiam ob alternos motus pelagi adfluentis & refluentis infestus*. C'est-là la description de la Petite Syrte. Pomponius-Mela vient ensuite à la Grande, après avoir décrit la Côte qui se trouve entre-deux, & dit : *Tum Leptis altera* (Magna) *& Syrtis, nomine atque ingenio par priori : ceterum altero fere spatio quà debiscit, quaque flexum agit, amplior.*

Strabon [d] distingue pareillement la Petite Syrte de la Grande : il place la Petite près des Isles de Meninge & de Cercina ; & la Grande il la met près des Villes Hespérides & Automala. Quant aux Poëtes quelquefois ils parlent des Syrtes au nombre singulier, quelquefois au nombre plurier. On lit dans Virgile [e] :

[a] Lib. 5. c. 4.
[b] Ædif. L. 6. c. 3.
[c] Lib. 1. c. 7.
[d] Lib. 2. p. 123.
[e] Æneid. l. v. 110.

. . . : . . *Tres Eurus ab alto*
In brevia & Syrtes urget, miserabile visu,
Illiditque vadis, atque aggere cingit arena.

Et ailleurs [f] :

Et Numidæ infreni cingunt & inhospita Syrtes.

[f] Lib. 4. v. 41.

On trouve dans Lucain :

. . . . *Per inhospita Syrtis*
Littora, per calidas Libyæ sitientis arenas.

Et dans un autre endroit :

. . . *In medio tanget ratis æquore Syrtim.*

Quoique Procope dans l'endroit cité à la marge ne parle que de la Grande Syrte, il ne laisse pas de la désigner par le nombre plurier. [g] Les grandes Syrtes, dit-il, sont ensuite (de la Ville de Borion.) Je ferai ici la Description de leur figure. ,, Le Rivage ,, se recule en cet endroit en forme de de- ,, mi-lune ; & il est comme miné par les ,, vagues. Les deux extrémitez de la demi- ,, lune sont éloignées de quatre cens Sta- ,, des, & le tour est de six journées de che- ,, min : c'est comme une espéce de Golphe.'' Les Syrtes donnérent non-seulement le nom à la Mer où elles sont situées, que Senéque nomme *Syrticum Mare* ; mais encore aux Peuples qui habitoient sur la Côte voisine, que le même Auteur appelle ailleurs *Syticæ Gentes*. Voici les deux passages dont il s'agit : *Deprehensi mari Syrtico, modo in sicco relinquuntur, modo torrente unda fluctuantur* [h]. Dans un autre endroit il dit : *Quid ergo ? non in defosso latent Syrticæ gentes ? quibus propter nimios Solis ardores nullum tegmentum satis repellendis solidum est, nisi ipsa arens humus* [i]. Ptolomée [k] étend le nom de Syrtes jusqu'à la Côte voisine ; car en la décrivant il donne à la Côte du Golphe Occidental le nom de Petite Syrte, & à la Côte du Golphe Oriental le nom de Grande Syrte ; & sous le nom de Petite Syrte, il donne encore la Description de la Côte qui communique d'un Golphe, ou d'une Syrte à l'autre, en cet ordre :

[g] De la Traduct. de Mr. Cousin.
[h] De beata Vita c. 14.
[i] Epist. 90.
[k] Lib. 4. c. 3.

| Petite Syrte : | Theænæ, Macodama, Tritonis Fluv. Ostia, Tacapa, Gichthis, Hedaphtha, { Ville vers l'extrémité de la Petite Syrte. Zetha extrema. |

| Villes situées entre les deux Syrtes : | Sabathra, Persidon Portus, Heoa, Garapha Portus, Neapolis ou Leptis Magna, Cyniphi Fluv. Ostia, Baratbia, Cinsternæ, Trierorum Promont. Marcomaca Villa, Aspis, Sacazama Vicus, |

Grande

SYR. SYS. SYS. SYT. SYV. SZA. SZO.

Grande Syrte. { *Pyrgos Euphranta*, *Pharaxa Vicus*, *Oesporis Vicus*, *Hippi extrema*.

SYRTIDÆ, Isles dont parle Tzetzès, *a* Thesaur. sur Lycophron. Ortelius [a] croit qu'il est question des Isles Absyrtides.

b Politicor. c. 10. SYRTIS. Aristote [b] appelle ainsi la Côte de l'Italie baignée par la Mer Ionienne & par la Mer de la Japigie, & sur laquelle habitoient les *Chaones*, qui tiroient leur ori- *c* Thesaur. gine des *Oenotrii*. Ortelius [c] dit qu'à la marge de l'Exemplaire qu'il a consulté, on lisoit *Chones*; & il préfére cette Orthographe.

SYRTITÆ. Voyez Macæ.

SYRUM, ou Syros, Ville de Carie, selon Pausanias. Voyez Syros.

SYRUS. Voyez Syros.

d Lettr. E- dif. tom. 4. p. 139. SYRY, Province de l'Ethiopie, avec une Ville de même nom [d]. Cette Province est le plus beau & le plus fertile Pays qu'on voye en Ethiopie. On y voit de très-belles Plaines arrosées de Fontaines, & remplies de grandes Forêts d'Orangers, de Citronniers, de Jasmins & de Grenadiers. Ces Arbres sont si communs en Ethiopie, qu'ils y viennent en plein sol sans soin & sans culture : les Prairies & les Campagnes sont couvertes de Tulippes, de Renoncules, d'Oeillets, de Lys, de Rosiers chargés de Roses blanches & rouges, & de mille autres sortes de fleurs, que nous ne connoissons pas, & qui embaument l'air d'une maniére plus forte & plus délicieuse que ces beaux endroits qu'on voit en Provence. La Ville de Syry est la Capitale de la Province.

SYS. Voyez Sus.

e Lib. 2. c. 15. SYSCIA, ou Siscia, Ville de la Haute Pannonie, sur la Save, selon Ptolomée [e]. Elle étoit au Confluent de la Riviére Colapis, & au Midi de l'Isle *Segestica*, que for- *f* Lib. 3. c. 25. me la Save en cet endroit : c'est la situation que lui donne Pline [f] : *Colapis in Savum influens juxta Sisciam, gemino alveo Insulam ibi efficit, quæ Segestica appellatur*; & un peu auparavant il donne à Siscia le titre de Colonie : *In ea* (Pannonia) *Coloniæ Aemona*, *g* Lib. 7. *Siscia*, Strabon [g] qui écrit *Syscia* en fait une Ville fortifiée, ou du moins il lui don- *h* Lib. 2. c. ne le titre de *Castellum*. Zosime [h] fait men- tion de la Garnison de la Ville *Siscia*, située *i* Lib. 2. c. 113. sur le bord de la Save. Vellejus Paterculus [i] parle aussi de cette Ville; & Prudence [k] en *k* Vers. 3. décrivant le Martyre de St. Quirinus Evêque de *Siscia*, dit :

Urbis Mœnia Sisciæ
Concessum sibi Martyrem
Complexu patris fovent.

Cette Ville dans l'Itinéraire d'Antonin est marquée sur la route de *Hemona* à *Sirmium*, entre *Quadrata* & *Varianæ*, à vingt-huit milles de la premiére de ces Places, & à vingt-trois milles de la seconde. Elle est donnée dans le même Itinéraire pour le terme de deux routes, dont l'une commence à Pœtovio, & l'autre à Aquilée. Un MS. lit *Sisoia* pour *Siscia*; c'est une faute.

Dans la Table de Peutinger, la Ville de *Siscia* se trouve au milieu de l'Isle de *Segestica*, avec les marques de Ville & de Colonie. Cette Ville subsiste encore aujourd'hui, & conserve son ancien nom corrompu en celui de *Sisak*, *Sisek*, ou *Sisseg* : ce n'est plus qu'une Bourgade. La qualité de Ville, le nombre des Habitans, & la Dignité Episcopale : tout cela a été transféré à Zagrab.

SYSCIUM, Montagne qu'Ortelius, qui cite Dicéarque, place aux environs de l'Epire.

SYSDRA. Voyez Suedra.

SYSENNA, Συσεννα; mot Grec qui veut dire *inimitié*. Les Pasteurs de Gerara ayant fait querelle aux enfans d'Isaac, au *l* Genes. c.16. sujet d'un Puits que ceux-ci avoient débou- c. 20. ché, [l] Isaac appella ce Puits *Injustice*, à cause de ce qui étoit arrivé.

SYSPIERITIS, Contrée que Strabon [m] *m* Lib. 11. p. 503. semble placer dans la Grande Arménie. On rapporte, dit-il, qu'Armenius étoit originaire d'*Armenium*, Ville voisine du Marais Bœbeis, entre Larisse & Phérés, & que ceux qu'il mena avec lui en Asie, habitérent les Contrées d'Acilésine & de Sys piéritide, jusqu'à celles de Calachane & d'Adiabène. Dans un autre endroit Strabon [n] écrit *Sys*- *n* Ibid. p. *piris*, au lieu de *Syspieritis*; & il y a appa- 530. rence que c'est encore le même Pays qu'il nomme un peu plus bas *Hyspiratis*, & où il dit qu'on trouve des Mines d'Or. Constantin Porphyrogénète, cité par Ortelius [o], *o* Thesaur. écrit *Sysperites*, au lieu de *Syspieritis*, & place cette Contrée dans la Petite Arménie. Enfin Cicéron [p] la nomme *Syspira*. *p* Ad Atticum,

SYSPIRA & Syspiris. Voyez Syspie-RITIS.

SYTHAS, Fleuve du Péloponnése, dans la Sicyonie, selon Pausanias [q]. Si vous *q* Lib. 2. c. prenez, dit-il, le chemin qui mene de Ti- 12. tane à Sicyone le long du rivage, vous verrez à gauche un Temple de Junon, qui n'a plus ni Toit ni Statue : on croit que ce Temple fut autrefois consacré par Prœtus, fils d'Abas. Plus loin en tirant vers le Port des Sicyoniens, si vous vous détournez un peu pour voir les Aristonautes, c'est ainsi qu'on nomme l'Arsenal de Pellène; vous trouverez à la gauche, & presque sur votre chemin un Temple de Neptune. Mais si vous prenez le grand chemin entre les Terres, vous ne serez pas long-tems sans cotoyer l'Elysson & le Sythas, deux Fleuves qui vont tomber dans la Mer.

SYVERUS, Fleuve de l'Attique : Pline [r], *r* Lib. 37. sur le témoignage de Sudines, dit que ce *c.* 8. Fleuve produit la Pierre précieuse appellée *Chrysoprasus*, qui est une sorte de Topase, dont le jaune est mêlé de verd.

S Z.

SZASCOWA, Sczaschchow, ou Scza- *s* Baudrand, chicow, petite Ville de la Basse Pologne, Dict. au Palatinat de Rava, à dix lieues au Couchant de Varsovie, en tirant vers la Ville de Lencici.

SZOMBATH-HELY, ou Szombatel, autrement Stain am Angern, [t] Bourgade *t* Ibid. de la Basse-Hongrie, aux confins de l'Autriche,

triche, à six lieues à l'Orient de Sopron. Clusius & Lazius prennent cette Bourgade pour l'ancienne *Sabaria*.

SZUCZA, ou Choutza, Ville de la Prusse Polonoise [a], au Palatinat de Culm, au bord de la Vistule, à une lieue de la Ville de Culm, & presque vis-à-vis du rivage opposé. Cette Ville située au bout d'une petite Plaine, entourée d'une chaîne de Collines un peu éloignées, est bâtie de briques, & ornée d'une belle Eglise. Elle étoit autrefois défendue par des Murailles flanquées de Tours, dont on ne voit que des restes & des Masures, le tems n'en ayant laissé qu'autant qu'il en faut pour conserver la mémoire des Chevaliers Teutoniques, qui l'ont possédée. Le Pays qui est au-dessous, est montagneux à gauche, & fort uni à la droite.

[a] Mémoires du Chevalier Beaujeu, pag. 288.

FIN DE LA LETTRE S.

LE GRAND DICTIONNAIRE GEOGRAPHIQUE ET CRITIQUE,

Par M. BRUZEN LA MARTINIERE,

Geographe de Sa Majesté Catholique Philippe V. Roi des Espagnes et des Indes.

TOME HUITIÈME.

SECONDE PARTIE.

T.

A la Haye, Chez PIERRE DE HONDT.
A Amsterdam, Chez HERM. UYTWERF, & FRANÇ. CHANGUION.
A Rotterdam, Chez JEAN DANIEL BEMAN.

MDCCXXXVIII.

LE GRAND
DICTIONNAIRE
GEOGRAPHIQUE
ET
CRITIQUE.
Par M. BRUZEN LA MARTINIERE,

Geographe de S. Majesté Catholique PHILIPPE
V. Roi des Espagnes et des Indes.

TOME HUITIÈME.
SECONDE PARTIE.
T.

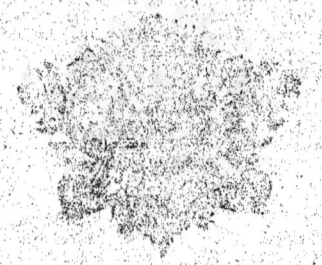

A la Haye, Chez PIERRE DE HONDT,
A Amsterdam, Chez HERM. UYTWERF, & FRANÇ. CHANGUION,
à Rotterdam, Chez JEAN DANIEL BEMAN.

MDCCXXXIX.

LE GRAND
DICTIONNAIRE
GÉOGRAPHIQUE,
ET
CRITIQUE.

TA. TAA.   TAA.

a Atlas Si-nenſ.

1. TA, grande Riviére de la Chine [a]. Elle a ſa ſource, dans la partie Orientale de la Province d'Iunnan, d'où prenant ſon cours d'Occident en Orient, elle mouille au Midi la Province de Queicheu, traverſe enſuite en ſerpentant les Provinces de Quangſi & de Quantung, où elle va ſe jetter dans la Mer près de Quangcheu.

b Ibid.

2. TA, Ville de la Chine [b], avec Foreſſe dans la Province de Suchuen au Département de Queicheu, ſixième Métropole de la Province. Elle eſt de 9. d. 18′. plus Occidentale que Peking, ſous les 31. d. 31′. de Latitude Septentrionale.

TAAD. Voyez TAHAT.

c Tom. 1. p. 251. Ed. de Rouen.

TAAS, Riviére de l'Empire Ruſſien, dans la Sibérie, au Pays des Samoïedes. La Deſcription de la Sibérie inſérée dans le Recueil des Voyages de la Compagnie des Indes-Orientales [c], dit qu'il y a une grande Riviére nommée Taas, qui ſe jette dans l'Oby, à la gauche de ce Fleuve, & qui ſemble venir d'un grand Bois près du Jéniſcea, d'où ſort auſſi une autre Riviére peu éloignée de celle de Taas, & qui tombe dans le Jéniſcea. Ainſi de l'Oby par le moyen du Taas, on peut voyager au travers du Pays des Samoïedes, & ne faire que deux lieues par terre pour ſe rendre ſur les bords d'une autre Riviére nommée TORGALF, & on deſcendroit delà avec le cours de l'eau dans le Jéniſcea.

d Paul Lucas, Voyage du Levant. t. 1. c. 7.

TAATA, Ville de la Haute-Egypte près du Nil, à la gauche [d], entre Girgé & Cardouſſe; mais beaucoup plus voiſine de cette derniére. Taata eſt à environ un demi mille du Rivage du Nil. Elle eſt toute pleine d'arbres & particuliérement de Palmiers. On n'y voit point d'enceinte & au-deſſus de preſque tous les Bâtimens il y a un Colombier rempli de Pigeons. On ne peut pas dire néanmoins que cette fabrique d'Edifices ſoit particuliére à ce Lieu, puiſque dès les premières Villes après le Caire on commence à en remarquer en remontant le Fleuve. Les Voyageurs trouvent à l'entrée de Taata, pluſieurs jeunes filles qui viennent s'offrir à eux, pour qu'ils en diſpoſent à leur volonté, ſans qu'elles exigent aucun ſalaire. La même choſe ſe pratique en divers autres Lieux du Pays, où l'uſage eſt d'avoir un Lieu d'Hoſpitalité toujours rempli de filles, avec un revenu pour leur entretien, afin qu'elles ne prennent rien de ceux qui ſe ſervent d'elles. Ces Lieux ne manquent jamais de filles puiſque les Riches du pays avant que de mourir ſe font un devoir de piété d'en acheter pour les y placer, afin qu'il s'y en trouve
tou-

toujours. Quand ces sortes de filles deviennent grosses & qu'elles accouchent d'un garçon, le mere est obligée de l'élever jusqu'à l'âge de trois ou quatre ans qu'on le mene chez le Patron, ou chez ses Parens, & il y est regardé comme Esclave. Les filles demeurent toujours avec leurs meres, & servent de même dans les autres endroits où il n'y en a pas un assez grand nombre. La Maison du Gouverneur est assez belle en apparence, quoique bâtie de terre, comme toutes les autres du Pays, où les Appartemens sont au rez-de-chaussée.

Dans le voisinage de Taata, on trouve beaucoup d'Antiquitez, entre autres des ruïnes de divers Palais & Temples, bâtis de très-grosses pierres, la plûpart revêtus de Marbre, & d'une très-belle Architecture; mais on y voit aussi quantité de Serpens aveugles dont la morsure est sans remede. A une heure de chemin de cette Ville, on voit comme une grande Eglise de Chrétiens toute découverte par le haut. Elle a un très-beau Portail soutenu de belles Colonnes de Granite. Au dedans il reste encore quatorze grands Piliers debout: ils soutenoient apparemment la Voute qui est toute tombée. Il y a apparence qu'il y a eu autrefois une grande Ville dans ce lieu; car on y voit quantité de ruïnes, & plusieurs pierres chargées d'Inscriptions en Caractères des anciens Egyptiens. Vis-à-vis de Taata sur le bord du Nil, mais de l'autre côté du Fleuve, on apperçoit une Montagne qui est égale depuis son commencement jusqu'à la fin, & pleine de Grottes creusées dans le Roc. Comme cette Montagne a plus de soixante milles de longueur, elle ressemble à une grande muraille qui borde le Nil.

a Pag. 111. Paul Lucas [a] ajoute qu'on lui raconta des merveilles d'un Serpent, qui étoit dans une des Grottes de cette Montagne & qu'on appelle le Serpent de Taata. Il s'y fit conduire sur ce qu'on lui dit que c'étoit un Ange, qui se transformoit quand il vouloit en Serpent avec les hommes, dans une autre figure avec les femmes, & que quoi qu'on le coupât par morceaux, il se trouvoit toujours entier. L'entrée de sa Grotte qu'on trouve dans la Montagne qui régne le long du Nil est plus grande qu'aucune Porte cochére. On apperçoit d'abord à droite & à gauche deux Tombeaux d'un bois incorruptible. Les Conducteurs de notre Voyageur lui apprirent que le Tombeau qui est à la droite étoit de Daride, & que celui qui est à la gauche étoit de sa fille nommée Assane. Pendant qu'il regardoit attentivement ces Tombeaux, ses Conducteurs firent de grandes acclamations à la vûe du Serpent qui venoit à eux, & qui s'entortilla autour de leurs jambes. Paul-Lucas s'avança pour pouvoir le regarder de plus près. Le Serpent qui l'apperçut quitta les autres pour venir à lui; mais la répugnance que sentoit le Voyageur à recevoir ses caresses l'ayant fait reculer quelques pas, le Serpent s'arrêta incontinent, & s'éleva presque tout droit sur sa queue, devint large comme la main au-dessous de la tête, & après l'avoir bien regardé, alla en rempant se cacher dans les Tombeaux. Comme il fut impossible de le revoir après cela, les Conducteurs de Paul-Lucas en conclurent que l'Ange ne lui vouloit pas de bien.

TAB, Mr. Baudrand [b] dans la Table de son Dictionnaire fait entendre que c'est le nom moderne du Fleuve *Hytanis* des Anciens. Voyez HYTANIS. [b] Ed. 1682.

TABA. Voyez TAVA.

TABACARIENSIS. Voyez TABAZAGENSIS.

TABACHASAN, Ville de l'Asie Mineure dans l'Anatolie. Mr. Baudrand [c] qui cite Niger, dit que c'est l'ancienne *Comana-Pontica*. Il ajoute que le nom moderne est COM, & que le nom Tabachasan est celui qu'on lui donne dans le Pays. Voyez COM & COMANA. [c] Ed. 1677.

1. TABACO. Voyez TABOCA.

2. TABACO, ou TABAGO, Isle de l'Amérique Septentrionale [d] & l'une des Antilles dans la Mer du Nord, au Septentrion de l'Isle de la Trinité, dont elle n'est séparée que par un Canal, assez large à la vérité. Cette Isle [e] n'a commencé à être habitée & à être cultivée qu'en 1632. lorsqu'une Compagnie de Hollandois & de Flessingois établirent une Colonie, qui la nomma Nouvelle OWACRE. Cette petite Colonie fut détruite en 1678. [f] par le Comte d'Estrées qui avoit le Commandement d'une Flote Françoise, forte de vingt Vaisseaux de guerre & d'un très-grand nombre de brulots. On fut surpris qu'une si belle Armée-Navale, qui pouvoit se promettre d'exécuter les plus grands projets, s'attachât à un misérable Rocher qui n'est bon à rien. Mr. Pourchot dans sa Philosophie s'est trompé quand il a dit que les Portugais ont apporté le Tabac en Europe de l'Isle de Tabaco. Cette Isle n'a jamais été en leur pouvoir. D'autres ont cru avec aussi peu de fondement que c'étoit cette Isle qui a voit donné le nom au Tabac. C'est plutôt le Tabac qui lui a donné le sien. [g] Les Insulaires de l'Isle Espagnole nommoient le Tabac *Cohiba* & appelloient *Tabaco* l'Instrument, dont ils se servoient pour fumer. On ne doute point aujourd'hui que ce ne soit-là l'origine du mot Tabac. Le sentiment du Pere Labat qui le fait venir de la Ville de Tabasco, dans la Nouvelle Espagne, ne paroît pas mieux fondé, & cet Auteur auroit bien pu, ce semble, citer ses preuves. Mr. Corneille [h] paroît confondre cette Isle avec celle de Taboga, que Dampier appelle TABACO, ou TABAGO. Ces deux Isles sont bien différentes, puisque l'une est dans la Mer du Nord & l'autre dans la Mer du Sud. [d] De l'Isle, Atlas. [e] Labat, Voyage de l'Amérique, t. 2. p. 159. [f] Charlevoix, Hist. de St. Domingue, Liv. 8. p. 154. [g] Ibid. Liv. 1. p. 55. [h] Dict.

1. TABÆ, Promontoire d'Ethiopie. Arrien [i] le place sur le Golphe appellé *Baricus*. [i] Périp. pag. 8.

2. TABÆ, Etienne le Géographe connoît trois Villes de ce nom; l'une qu'il marque dans la Carie, l'autre dans la Pérée, & l'autre dans la Lydie.

3. TABÆ, Ville de Cilicie, selon Pline [k]; mais le Pere Hardouin au lieu de TABÆ lit JOTAPE. [k] Lib. 5. c. 27.

4. TABÆ, Ville que Tite-Live [l] dit être aux confins de la Pisidie, du côté de la Mer de Pamphylie. [l] Lib. 38. a. 13.

TABAD-

TAB.   TAB.   249

TABADCARIENSIS. Voyez TABAZAGENSIS.

TABAISENSIS. Voyez TABAZAGENSIS.

TABAKIDES, Fauxbourg, ou Village de Gréce, dans la Bœotie, à trois-cens pas de la Ville de Thèbes. On l'a nommé ainſi à cauſe qu'on y fait des pipes propres à fumer du Tabac. On y voit un Sépulcre de Marbre, que ceux du Pays diſent être de St. Luc. Il eſt dans une Egliſe qui porte ſon nom. On lit ſur ce Sépulcre une Epitaphe Payenne en Vers, d'un certain Nedymus, ſans qu'il y ſoit fait mention de St. Luc. Le Papa de cette Egliſe en donne pour raiſon aux Voyageurs qu'un Seigneur de ce Pays-là avoit fait mettre le Corps de St. Luc dans ce cercueil, & que pour ne pas l'expoſer au zèle indiſcret des Ennemis du Chriſtianiſme, il y avoit fait ajouter l'Epitaphe d'un de ſes fils. Cela ne nous ſatisfit pas aſſez, dit Mr. Spon [a]. Il me vint en penſée pour ne pas tout-à-fait m'oppoſer à cette Tradition, que ce pouvoit être St. Luc l'Hermite de la Montagne Stiri, où il y a un Monaſtère bâti en l'honneur de ce Saint & qui porte ſon nom. Il ſe peut faire que le Corps de ce St. Luc ait d'abord été enterré dans ce tombeau de Payen qu'on avoit trouvé vuide, & que peut-être depuis le Monaſtère de St. Luc ayant été bâti on l'y avoit tranſporté.

[a] Voyage Gréce, t. 2. p. 55.

TABALTHA, Ville de l'Afrique propre : l'Itinéraire d'Antonin la marque ſur la route de *Tuburbum* à *Tapacæ*, entre *Septimunicia* & *Cellæ Picentinæ*, à vingt milles de la première de ces Places & à trente milles de la ſeconde. Ortelius [b] croit que c'eſt cette même Ville que l'Itinéraire d'Antonin appelle dans un autre endroit Thabaltha ou Tabalati, & qu'il place entre Augemmi & Thebelami à trente milles de la première de ces Places, & à vingt-cinq milles de la ſeconde. Ce pourroit être encore, ſelon Ortelius [c], la Ville Tablatha de la Notice des Dignitez de l'Empire; & peut-être auſſi la Thasbalte de St. Auguſtin & de St. Cyprien. Tabaltha étoit une Ville Epiſcopale. Voyez TASFALTENSIS.

[b] Theſaur.
[c] Ibid.

TABALUM, Ville de l'Aſie Mineure, au voiſinage de l'Ionie, ſelon Hérodote [d] cité par Ortelius [e].

[d] In Clio.
[e] Theſaur.

TABANA, Ville de la Cherſonèſe Taurique : elle étoit dans les Terres, ſelon Ptolomée [f].

[f] Lib. 3. c. 6.

TABANE, Bourg & Monaſtère double d'Hommes & de Filles [g] en Eſpagne, dans l'Andalouſie à deux lieues & demie de Cordoue vers le Nord. Ce Lieu a produit des Martyrs durant la perſécution des Sarraſins.

[g] Baillet, Topog. des Saints, p. 672.

TABARCA, Ville Maritime d'Afrique, ſur la Côte de la Mer Méditerranée, au Royaume de Tunis, à vingt lieues à l'Eſt de Bonne [h]. Elle ſépare la Côte Maritime de Tunis d'avec celle d'Alger. Vis-à-vis de cette Ville il y a une Iſle de même nom, à demi-lieue de la Terre-ferme. Cette Iſle fut autrefois conquiſe par l'Eſpagne. Elle appartient à préſent en Souveraineté à Mrs. Lomellini Nobles Génois, qui y tiennent un Gouverneur. Il y a un Fort, une Garniſon, pluſieurs Maiſons de Particuliers qui y habitent, & un Comptoir pour la pêche du Corail & pour le Commerce avec les Maures. Tout auprès de Tabarca, il y a une petite Place nommée la Calle.

[h] Laugier de Taſſy, Relat. d'Alger. p. 132.

TABARESTAN. Voyez THABARESTAN.

TABARIE, ou MER DE TABARIE ; Philippe de la Rue, dans ſa Carte de la Sourie, ou de la Terre-Sainte Moderne, donne le nom de TABARIE à la Mer de Tibériade, autrement le Lac de Généſareth. Voyez CENERETH.

1. **TABAS**, Ville de la Parétacène, ſelon Quinte-Curſe [i]. Ortelius [k] ſoupçonne que ce pourroit être la même que TANEA. Voyez TANEA.

[i] Lib. 5.
[k] Theſaur.

2. **TABAS**, Lieu de Sicile, à ce que croit Cluvier [l]. Silius-Italicus [m] eſt le ſeul qui en parle :

Et bellare Tabas docilis Coſſyraque parvas.

[l] Sicilia. Ant. p. 391.
[m] Lib. 14. v. 272.

Cluvier ſoupçonne pourtant que ce pourroit être la Ville de Tauaca d'Etienne le Géographe. Il ajoute qu'au voiſinage de *Caſtro-Giovanne*, d'Aſaro & de San Philippe d'Argiron, il y a un Château nommé Tavi que la reſſemblance du nom pourroit faire prendre pour l'ancienne *Tabas*, ou *Tabæ*.

1. **TABASCO**, Rivière de l'Amérique Septentrionale dans la Nouvelle Eſpagne, au Gouvernement de même nom. C'eſt la Rivière la plus remarquable [n] de toutes celles qui ont leur Embouchure dans la Baye de Campêche. Elle prend ſa ſource ſur les hautes Montagnes de Chiapo, & beaucoup plus à l'Oueſt que les Rivières de St. Pierre & de St. Paul. Delà elle coule vers le Nord-Eſt juſqu'à ce qu'elle ſoit à quatre lieues de la Mer, où elle reçoit une Branche de la Rivière de St. Pierre & de St. Paul. Enſuite elle court vers le Nord juſqu'à ce qu'elle ſe jette dans la Mer. Son Embouchure a près de deux milles de large, & un peu au-delà il y a une Barre, où l'on ne trouve qu'onze ou douze pieds d'eau ; mais à un mille ou deux plus loin, vis-à-vis d'un enfoncement qu'on voit ſur le bord de la Rivière à l'Eſt, il y a trois braſſes d'eau & un bon ancrage, ſans qu'on ait rien à craindre de la force du Courant. Le flot de la Marée monte près de quatre lieues dans la Saiſon ſèche ; mais dans le tems des pluyes elle ne va pas ſi loin ; car alors les torrens d'eau douce rendent l'Ebe fort rapide. Pendant que les Vents de Nord durent, elle inonde tout le Pays bas juſqu'à 14. ou 15. lieues, & alors on peut trouver de l'eau fraîche au-delà de la Barre. Cette Rivière abonde en Chats-Marins auprès de ſon Embouchure, où l'on voit auſſi quelques Brochets ; mais il y a ſurtout quantité de Veaux-Marins qui trouvent de bonne pâture dans pluſieurs de ces Criques, principalement à deux lieues ou environ de la Mer, dans un Lieu à la droite, qui s'avance deux ou trois-cens pas dans la Terre qui s'élargit enſuite beaucoup, & où l'eau eſt ſi baſſe qu'on voit le dos de ces Animaux au-deſſus de la ſuperficie de l'eau, lors qu'ils paiſſent l'herbe. Au moindre bruit qu'ils entendent, ils ſe retirent tous dans la Rivière ; mais les Moskites malgré cela ne manquent guère d'en darder quelqu'un.

[n] Dampier, Voyage divers. ch. 4.

I i

qu'un. C'est une espèce de Poisson d'eau douce qui n'est pas tout-à-fait si gros que le Franc Veau-Marin ; qui vit dans la Mer ; mais du reste il a le même goût & la même figure, & s'il en différe en quelque chose ; c'est peut-être parce qu'il est plus gras. Le terrein auprès de la Riviére, sur-tout à la droite, est marécageux & chargé de quantité d'Arbres. On trouve aussi dans ce Quartier quantité de Tortues de Terre extrêmement grosses, & l'on y voit des Mangles & divers autres Arbres peu connus. Dans quelques endroits autour de la Riviére & assez avant dans le Pays il y a une suite de petites Collines dont le terrein est sec & couvert de Cottons & d'Arbres à Chou ; ce qui fait un Paysage fort agréable. On ne trouve aucune habitation à huit lieues de l'Embouchure de la Riviére ; mais on rencontre après cela un petit Parapet où il y a ordinairement un Espagnol avec huit ou neuf Indiens postez des deux côtez de la Riviére pour veiller sur les Bâteaux qui prennent cette route, & comme il y a plusieurs Criques qui répondent aux Savanes, quelques-unes de ces Sentinelles sont postées de telle maniére dans les Bois qu'elles peuvent voir dans les Savanes pour se garantir d'être surprises par derriére.

2. TABASCO, Isle de l'Amérique Septentrionale [a], dans la Nouvelle-Espagne, au Gouvernement de Tabasco vers l'Embouchure de la Riviére de même nom. Après que la Branche Occidentale de la Riviére de St. Pierre & de St. Paul a parcouru huit ou neuf lieues vers le Nord-Ouest elle se perd dans la Riviére de Tabasco à quatre lieues ou environ de la Mer, & forme par ce moyen l'Isle de Tabasco, qui a douze lieues de longueur, & quatre de largeur vers son Nord ; du moins on compte quatre lieues depuis l'Embouchure de la Riviére de St. Pierre & de St. Paul jusqu'à l'Embouchure de celle de Tabasco. Le Rivage s'étend de l'Est à l'Ouest. Durant la première lieue le terrein est couvert de Mangles, & il y a quelques Bayes sablonneuses, d'où les Tortues vont à terre poser leurs œufs.

[a] Dampier, Voyages III. vers. p. 161.

3. TABASCO, Gouvernement de l'Amérique Septentrionale [b], dans la Nouvelle-Espagne. Il est borné au Nord par la Baye de Campêche, à l'Orient par le Yucatan, au Midi par le Gouvernement de Chiapa, & à l'Occident par le Gouvernement de Guaxaca. Sa longueur, en suivant la Côte de la Baye de Campêche, est d'environ quarante lieues de l'Est à l'Ouest. Elle a presque autant de largeur depuis la Côte jusqu'aux Montagnes de la Province de Chiapa. Le terroir y est pour la plus grande partie plat & humide, entre-coupé par-tout de divers Etangs, où sont plusieurs sortes de Poissons & même de fort grands, principalement des Manatis & des Tortues de Mer. Le Pays ne laisse pas d'être couvert de beaucoup de Forêts & d'épais Bocages. Comme il y pleut presque pendant neuf mois continus, l'air y est extrêmement humide, & pourtant fort chaud ; ce qui fait qu'il s'y engendre un grand nombre de Moucherons très-incommodes. La terre est fort fertile : non-seulement elle fournit de pâture aux Bêtes avec abondance, elle produit encore du Mays & des Cacaos en quantité. C'est ce qui fait la Richesse du Pays. On y recueille le Mays deux fois l'an & quelquefois trois. La fertilité est presque égale pour le Miel. Cette Province, qui abonde en Tigres, Lions, Cerfs, Daims, Sangliers, Lapins, Armadilles & autres, a été autrefois plus habitée, qu'elle n'est présentement, la plûpart des Naturels étant morts de peste, à quoi on peut ajouter la dangereuse coutume qu'ils ont de se laver d'eau froide lorsqu'ils sont atteints de quelque mal. Depuis qu'ils ont commencé à se faire aux mœurs des Espagnols, ils vivent en plus grand nombre ensemble dans les Bourgades & prennent leurs repas à certaines heures. Ils se nourrissent de chair de Bœuf & de Pourceau & usent d'un breuvage fait de Mays cuit & de Cacao, & où il entre diverses choses aromatiques. Les Espagnols n'ont qu'une Ville dans cette Province. On l'appelle aussi Tabasco. Voyez l'Article suivant.

[b] De l'Isle, Atlas.

4. TABASCO, Ville de l'Amérique Septentrionale, dans la Nouvelle-Espagne, sur la Côte de la Baye de Campêche au Gouvernement de Tabasco, dont elle est la seule Ville. On la nomme souvent NUESTRA-SENORA DE LA VITTORIA. Voyez cet Article en son rang.

TABASI, ou TABASSI, Peuples de l'Inde en deçà du Gange. Ptolomée [c] dit qu'ils habitoient entre les Monts Sardonicus & Bittigus. Le Grec porte que ce Peuple étoit très-grand ; au lieu de quoi le MS. de la Bibliothèque Palatine dit *Magorum Gens*, une Nation de Mages.

[c] Lib. 7. c. 1.

TABASO, ou TABASSO, Ville de l'Inde en deçà du Gange. Ptolomée [d] la marque entre le Bynda & le Pseudostomus, près de Nagaruris.

[d] Ibid.

TABATH. Voyez THEBBATH.

TABATHE, Bourgade de la Palestine, à cinq milles de la Ville de Gaza, vers le Midi [e]. C'est à Tabathe que St. Hilarion avoit pris naissance & ce fut le Lieu de sa première retraite. Nicéphore Calliste met Tabathe, ou, comme il l'appelle, THABASE, à quinze milles de Gaze.

[e] Baillet, Topog. des SS. p. 672.

TABATHRA. Voyez THABRACA.

TABAZAGENSIS, TABAÏCENSIS, TABAÏCARIENSIS, ou TABADCARIENSIS, Siège Episcopal d'Afrique dans la Mauritanie Césarienne. Son Evêque est nommé Crispinus dans la Notice Episcopale d'Afrique, & Victor dans la Conférence de Carthage [f]. Ce dernier avoit pour Adversaire Marcianus qualifié *Episcopus Tabazagensis* [g].

[f] No. 135.
[g] No. 197.

1. TABEA, Ville de l'Asie Mineure dans la Grande Phrygie, selon Strabon [h].

[h] Lib. 12.

2. TABEA, Ville de l'Afrique, selon Ortelius [i] qui cite le Concile de Carthage tenu sous St. Cyprien.

[i] Thesaur.

TABEERA, Campement des Enfans d'Israël dans le Desert [k]. Il est nommé *Incendium* dans le Latin, & c'est la signification du terme Hébreu *Tabëéra* [l]. On lui donne ce nom parce que le feu sortit du Tabernacle du Seigneur, & brûla une grande partie du Camp d'Israël en puni-

[k] Num. 11.
[l] Deut. 9. 22.

TAB.   TAB.

[a] Num. 11.
1. 2. 3. 4.
[b] Liv. 7. c. 33.

punition des murmures du Peuple [a].

TABEINI. Voyez SCYTHÆ.

TABELBELT, Marmol [b] dit, dans sa Description de la Numidie: Tabelbelt est une habitation au milieu du Desert de Numidie, à soixante & dix lieues du Grand Atlas du côté du Midi, & à trente-quatre de la Province de Sugulmesse. Il y a trois petites Villes bien peuplées, & de vastes Contrées de Palmiers, dont le Fruit est excellent; mais on y manque d'eau & de viande. On chasse aux Autruches, que l'on mange, & quoique ces Habitans trafiquent au Pays des Négres, ils vivent pourtant fort mal, parce qu'ils relevent des Arabes d'Uled Hembrun.

TABENI, Peuples qu'Etienne le Géographe place vers les Deserts de la Carmanie. Voyez TABIS.

TABENNE, Lieu d'Egypte, dans la Haute-Thébaïde sur le bord du Nil, dans le Diocèse de Tentyre. Quelques-uns ont fait passer Tabenne pour une Isle; mais, dit Mr. Baillet [c], il n'y a nulle apparence que ce fût dans une Isle proche de la Ville de Syène. C'est à Tabenne que St. Pacôme bâtit le premier des Monastères de sa Congrégation. Il le gouverna depuis l'an 325. jusqu'en 349. Il eut pour Successeur St. Pétrône qui mourut treize jours après. St. Orsiére lui succéda & fit sa démission en 351. entre les mains de Théodore *le sanctifié*; mais il reprit l'administration en 368. après la mort de Théodore. Les principaux Monastères de la Congrégation de Tabenne étoient:

[c] Topogr. de Saints, p. 474.

Tabenne,	Tismène,
Pabau, ou Baum,	Thèbes,
Pacnum,	Latople,
Monchose,	Cajos,
Chenebosque,	Obi.

TABENUS-CAMPUS, Pays de l'Asie Mineure, dans la Mysie apparemment aux confins de la Phrygie; car Strabon [d] dit qu'il y avoit des Villes à demi Phrygiennes, *Oppida habens semi Phrygia*. Suidas fait mention de Marsyas de Tabène, Historien.

[d] Lib. 13. p. 629.

TABERENI. Voyez TIBARENI.

☞ TABERNA. Mot Latin qui signifie Hôtellerie, Auberge, Cabaret, Taverne. Il a été employé dans la Géographie pour désigner certains Lieux où les Voyageurs s'arrêtoient, où il y avoit une Hôtellerie ou un Cabaret; & comme quelquefois il s'est formé des Villes dans ces sortes d'endroits elles en ont pris leur nom.

TABERNÆ, Lieu de la Gaule Belgique. La Table de Peutinger & la Notice des Dignitez de l'Empire [e] mettent ce Lieu près de *Saletia*. C'est ce qu'on appelle autrement TABERNÆ AD RHENUM, vulgairement *Rhein-Zabern*. Il faut distinguer ce Lieu d'un autre nommé TABERNÆ TRIBOCORUM, vulgairement *Elsas-Zabern*: celui-ci est plus éloigné du Rhein, en tirant vers la Lorraine. Dans ce même Quartier du Rhein, il y a un troisième Lieu appelé TABERNÆ, ou TABERNÆ MONTANÆ, vulgairement *Bern-Zabern*; mais, dit Cellarius [f], je ne sais si aucun Monument ancien en a

[e] Sect. 64.

[f] Geogr. Ant. Lib. 2. c. 3.

parlé. Le Lieu appellé TABERNÆ TRIBOCORUM est marqué par l'Itinéraire d'Antonin, sur la Route de la Pannonie dans la Gaule, dans cet ordre:

Argentoratum
Tabernas	M. P. XIV.
Decem Pagos	M. P. XX.
Divodorum	M. P. XX.

C'est le même Lieu qu'Ammien Marcellin [g] appelle *Tres-Tabernæ*, & que Cluvier place mal à propos sur le bord du Rhein; Lindenbrog & Mr. de Valois l'entendent de TABERNÆ TRIBOCORUM, & il faut ne pas faire attention au passage d'Ammien Marcellin pour en juger autrement. Le voici: *Conversus hinc Julianus ad reparandas Tres Tabernas, munimentum ita cognominatum, haud ita dudum obstinatione subversum hostili, quo ædificato constabat, ad intima Galliarum ut consueverant adire, Germanos arceri.* L'expression *ad intima* décide que la Forteresse étoit dans les Terres & non pas sur le Rhein.

[g] Lib. 16. c. 20.

L'autre Lieu connu sous le nom, TABERNÆ, ou *Tabernæ ad Rhenum*, est marqué dans l'Itinéraire d'Antonin sur la route de Milan à Mayence, en passant par les Alpes Pennines, en cet ordre:

Argentoratum
Saletionem	M. P. VII.
Tabernas	M. P. XIII.
Noviomagum	M. P. XI.

Ammien Marcellin [h] a encore parlé de ce Lieu, où il nomme les Villes du Rhein de la sorte: *Audiens, Argentoratum, Brocomagum, Tabernas, Salisonem, Nemetas, & Vangionas & Mogontiacum Civitates Barbaros habitare.* Il auroit du pourtant placer *Salisonem* avant *Tabernas*.

[h] Lib. 16. c. 3.

TABERNÆ-MONTANÆ. Voyez TABERNÆ.

TABERNÆ AD RHENUM. Voyez TABERNÆ.

TABERNÆ-RIGUÆ. On trouve ce nom dans Ausone [i]:

[i] In Mosel. Descr.

*Prætereo arentem sitientibus undique terris
Dumnissum, riguasque perenni fonte Tabernas.*

Cluvier soupçonne, que ce Lieu *Tabernæ perenni fonte riguæ* étoit une Hôtellerie voisine de cette Fontaine dont la source se voit à quinze cens pas de Baldenau du côté de Densen, *Dumnissus*, & qui forme un Ruisseau d'une eau extrêmement pure.

1. TABERNÆ-TRES. Voyez TRES-TABERNÆ.

2. TABERNÆ-TRES. Voyez TABERNÆ.

TABERNÆ-TRIBOCORUM. Voyez TABERNÆ.

TABERON, Ville de Perse. Tavernier la marque à 80. d. 34'. de Longitude, & à 55. d. 20'. de Latitude.

TABETANÆ, Ville d'Espagne, selon Ortelius [k] qui cite le Concile de Tolède. Il soupçonne que ce pourroit être le Bourg de Tabane. Voyez TABANE.

[k] Thesaur.

TA-

TABIA. Voyez TAVIUM.

TABIÆ, Lieu d'Italie dans la Campanie, entre Naples & Surrento, mais plus près de ce dernier lieu [a]. On le nomme aujourd'hui *Monte de la Torre*: selon André Baccio. Ne seroit-ce point, dit Ortelius [b], ce qu'Etienne le Géographe appelle TABII, ou ne faudroit-il pas plutôt lire *Stabiæ* au lieu de *Tabiæ*? Symmaque semble autoriser ce sentiment quand il dit: *Stabias ire desiderant ut reliquias longæ ægritudinis, armentali lacte, depellant*. Le Lait que l'on prend en ce Lieu passe pour propre à guérir la Phthisie.

[a] *Galien. Lib. 5. Method. med.*
[b] *Thesaur.*

TABIANA, Isle du Golphe Persique: Ptolomée [c] la marque près de la Côte Septentrionale du Golphe, au voisinage & à l'Occident de l'Isle Sophtha.

[c] Lib. 6. c. 4.

TABIATHIS. Voyez PELUSIUM.

TABIDIUM, Ville de l'Afrique Intérieure, selon Pline [d] qui la met au nombre des Villes subjuguées par Cornelius Balba. Cette Ville est nommée TABUDIS par Ptolomée [e]. Elle étoit vers la source du Fleuve Bagrada.

[d] Lib. 5. c. 5.
[e] Lib. 4. c. 6.

TABIENA, petite Contrée d'Asie, dans la Parthie, aux confins de la Carmanie selon Ptolomée [f].

[f] Lib. 6. c. 5.

1. TABIENI, Peuple de l'Ethiopie sous l'Egypte: Ptolomée [g] place ce Peuple au Midi des *Colobi*.

[g] Lib. 4. c. 8.

2. TABIENI, Peuple de la Scythie, en deçà du Mont Imaüs: Ptolomée [h] dit qu'ils habitient ainsi que les *Jasta* au Midi des *Zarata*.

[h] Lib. 6. c. 14.

TABII. Voyez TABIÆ.

TABILICARÆ, Pagode des Indes, dans le Royaume de Coulan, à quatre lieues de la Capitale & célèbre par ses richesses. C'est ce qui engagea Martin Alphonse de Sosa, Gouverneur du Roi de Portugal à Goa, de l'aller piller en 1544. les Portugais avoient une Forteresse dans la Capitale, le Roi de Coulan étoit leur Allié & leur ami. Ce Prince faisoit actuellement la guerre à un de ses voisins, & il n'avoit pas lieu de s'attendre de leur part à aucune hostilité. C'est pourquoi les gens du Pays voyant les Portugais en armes n'en prirent aucun ombrage; ainsi ils s'avancerent sans obstacle jusques à la Pagode. Sosa y entra avec un petit nombre de confidens. Ses envieux firent courir le bruit qu'il en tira deux barils d'or pur & de pierres précieuses, qu'on disoit être deux barils d'eau, quoiqu'à l'effort de ceux qui les portoient, on dût juger que c'étoit autre chose. Le seul butin qui parut, fut un vase d'or de la valeur de quatre mille écus, dont on se servoit pour laver l'Idole. Cependant les Indiens sentant réveiller toute leur indignation, en voyant la profanation de leur Sanctuaire, l'infraction de la paix, & l'indignité d'une avarice qui ne respectoit ni la sainteté des Lieux, ni celle des Sermens, courent aux armes, s'attroupent ayant plus de deux cens Naires à leur tête, & se mettent à la poursuite de ces prétendus Sacrilèges profanateurs. Ils atteignirent les Portugais dans un chemin serré, étroit, & dominé par le côté de l'attaque; ceux-ci ne pouvoient se servir de leurs armes, ni éviter celles des Ennemis qui les prenoient à leur avantage. Ils y eurent trente hommes tués & cent cinquante blessés. Le Général de Sosa n'évita la mort qu'en descendant de son cheval pour se confondre dans la foule. Il eut bien de la peine à se tirer de cette affaire, dont il ne sortit point à son honneur, ni du côté des Ennemis qui l'avoient si mal-traité, ni du côté même de la Cour de Lisbonne, qui ayant mieux examiné le cas de conscience de ces sortes d'entreprises, les condamna après les avoir approuvées, & donna ordre à Sosa de restituer le vase d'or, avec quelqu'autre argent monnoyé qu'on avoit enlevé dans une autre Pagode, & de faire satisfaction personnelle au Roi de Coulan qu'il avoit offensé.

TABIS, Ville de l'Arabie, selon Etienne le Géographe, qui cite Hécatée. Le nom National, ajoute-t-il, est TABENI. Voyez TAMOS.

TABLARIENSE CASTELLUM, Lieu fortifié dans le Pont, selon la Notice des Dignitez de l'Empire [i].

[i] Sect. 27.

TABLATHA. Voyez TABALTA.

TABLÆ, Lieu de l'Isle des Bataves, selon la Carte de Peutinger, qui la marque à dix-huit milles de *Caspingium* & à douze milles de *Flenium*. On croit que c'est aujourd'hui ALBLAS.

TABLE, ou MONTAGNE DE LA TABLE; voyez au mot MONTAGNE, l'Article MONTAGNE DE LA TABLE.

TABLENSIS. Voyez TALENSIS.

TABLIER, Lieu de France, dans le Poitou, Election des Sables d'Olonne.

TABOGA, Isle de la Mer du Sud, dans la Baye de *Panama*, à cinq lieues de la Ville de ce nom, en tirant vers le Sud. Dampier [k] nomme cette Isle TABAGO; mais son vrai nom est TABOGA. Elle a environ trois milles de longueur & deux de largeur, & elle est élevée & montueuse. Du côté du Nord elle forme une Colline, dont la pente s'étend jusqu'à la Mer. Le terroir près de la Mer est noir & profond; mais en tirant vers le haut de la Colline il est sec & aride. Ce côté du Nord présente une très-belle perspective. On diroit que c'est un Jardin fruitier enfermé de plusieurs grands Arbres. Les principaux sont des Plantins & des Bananes. Ces Fruits y croissent fort bien depuis le bas jusqu'au milieu de la pente; mais plus haut ils deviennent petits parce qu'ils manquent d'humidité. Tout proche de la Mer il y a quantité d'Arbres à Cacao, qui font un fort agréable effet à la vûe. Parmi les Arbres de Cacao il croît beaucoup de Mammets: cet Arbre est large, grand, droit & sans nœuds ni branches qui croissent assez près à près, & qui sont fort entrelassées. L'écorce est d'un gris foncé, épaisse, rude & pleine d'élevures. Son Fruit est plus gros que le Coing: il est rond & couvert d'une peau épaisse & grise. Lorsqu'il est mûr, sa peau est jaune & dure & s'écorche comme le cuir: avant qu'il soit mûr elle est cassante. Le jus est alors blanc & visqueux. Il n'en est pas de même quand il est mûr. Si on le pèle alors, on le trouve fort jaune; & au milieu il y a deux noyaux plats chacun plus gros qu'une amande. Ce Fruit a fort bonne odeur & le goût répond à l'odeur. Le Sud-Ouest de l'Isle

[k] *Voyage autour du Monde*, t. 1. p. 201.

TAB. TAB. 253

l'Isle n'a jamais été défriché. Il est plein de bois à brûler & de diverses sortes d'Arbres. Un fort beau Ruisseau d'eau douce sort de la Montagne, passe au travers du Bois d'Arbres fruitiers & se jette dans la Mer du côté du Nord. Il y avoit autrefois près de la Mer une petite Ville, avec une Eglise à l'extrémité ; mais les Avanturiers ont presque tous ruiné cet endroit. L'ancrage est bon vis-à-vis de la Ville, à environ un mille de la Côte. Le fond est de bonne tenue & on y trouve seize à dix-huit brasses d'eau. Au Nord-Ouest de *Taboga*, il y a une petite Isle nommée *Tabogila*, avec un petit Canal qui les sépare. A environ un mille au Nord-Ouest de *Taboga* gît une autre petite Isle pleine de Bois ; & le Canal qui est entre deux est fort bon. On ne sait pas le nom de cette petite Isle : on ignore même si elle en a jamais eu un.

TABOR. Voyez THABOR.

TABORENSIS, Siège Episcopal d'Afrique, dans la Province Proconsulaire. Son Evêque est nommé Victor *Episcopus Civitatis Taborensis* dans la Conférence de Carthage [a]. Il ne faut pas confondre cet Evêché avec celui de la Mauritanie Césarienfe, appellé *Taborentensis*.

a No. 126.

TABORENTENSIS, Siège Episcopal d'Afrique, dans la Mauritanie Césarienne, selon la Notice des Evêchez d'Afrique, où l'Evêque de ce Siège est nommé Victor. TABORENTENSIS & TABORENSIS sont deux Evêchez différens ; ce dernier étoit dans la Province Proconsulaire.

TABORNOST, Château d'Afrique, selon Marmol [b] qui le met dans la Numidie aux Frontiéres de la Libye. Le Chérif, ajoute-t-il, y tient un Gouverneur avec une Garnison à cause des Arabes du Desert qui avoient accoutumé de ravager tous ces Quartiers-là. Il n'y demeure que des Soldats appellez *Magazenis*. Les Chérifs ont fait bâtir ce Château qui n'est pas ancien. Il y a du Bled aux environs avec quantité de Dattes & de Chévres.

b Tom. 3. Liv. 7. c. 19.

TABORO, ou TABURO, selon Mr. Corneille [c], & TAUURNO selon Magin [d], Montagne d'Italie au Royaume de Naples, dans la partie Occidentale de la Principauté Citérieure, aux Confins de la Terre de Labour, assez près d'une Riviére qui se jette dans le *Volturno*. Mr. Corneille met cette Montagne dans la Terre de Labour & près du *Volturno*. Il ne s'accorde pas en cela avec Magin.

c Dict.
d Carte de la Terre de Labour.

TABRACHA. Voyez THABRACA.

TABRACENSIS, Siège Episcopal d'Afrique, dans la Province Proconsulaire. Son Evêque est qualifié *Rusticianus Episcopus Plebis Tabracensis* dans la Conférence de Carthage [e]. La Ville de TABRACA est connue dans les anciens Auteurs qui la mettent aux confins de la Province Proconsulaire & de la Mauritanie. Son Evêque qui se qualifie *Victoricus à Tabraca* assista au Concile de Carthage tenu sous St. Cyprien.

e No. 126.

TABRÆSII, Peuples de l'Inde, au delà du Gange, selon Diodore de Sicile [f]. Voyez PRASIANA.

f Lib. 17.

TABREK, nom d'un fort Château de l'Iraque Persique, selon Mr. D'Herbelot dans sa Bibliothéque Orientale. Takasch le prit sur Thogrul, fils d'Arslan, dernier Roi des Selgiucides de la Dynastie de Perse.

TABRESIUM, Ville de l'Assyrie [g], aux environs de la Médie, selon Cédrène, Curopalate & Chalcondyle. Leunclavius dit que Chalcondyle lui donne le nom de Tabretze & qu'elle est appellée *Tebris*, ou *Taciris* par les Turcs. Quelques-uns prétendent que *Tabresium* est le nom Latin de la Ville de TAURIS ; voyez ce mot.

g Ortelii Thesaur.

TABRITZ, nom que les Persans donnent à la Ville de *Tauris* ; voyez TAURIS.

TABUC, Ville située entre Hag'r & la Syrie. On y trouve des Eaux & des Palmiers. On dit que les Compagnons d'Aikah, auxquels Dieu envoya Schoaïb ont vécu dans ce Lieu-là. Schoaïb n'étoit pas né parmi eux ; mais parmi les Habitans de Madyan. L'Auteur du Kanum dit que Tabuc est située à l'Orient & Madyan à l'Occident.

TABUCENSIS, Siège Episcopal d'Afrique, dans la Province Proconsulaire. On trouve la signature de *Paulus Episcopus Sanctæ Ecclesiæ Tabucensis* parmi les Souscriptions de la Lettre Synodique des Peres de la Province Proconsulaire dans le Concile de Latran tenu sous le Pape Martin.

1. TABUDA. Voyez TABUDENSIS.

2. TABUDA, Fleuve de la Gaule Belgique. Ptolomée [h] le marque dans le Pays de *Marini*, entre *Gessoriacum-navale* & l'Embouchure de la Meuse. On le nomme aujourd'hui l'Escaut, selon Mr. de Valois [i]. Dans le moyen âge on l'appella par corruption TABUL & TABULA.

h Lib. 2. c. 9.
i Notit. Gal.

TABUDENSIS, Siège Episcopal d'Afrique qui nomme l'Evêque de ce Siège *Fluminius*. Dans la Conférence de Carthage [k] *Victorinus* est qualifié *Episcopus plebis Tabudensis*.

k No. 133.

TABUL. Voyez TABUDA, No. 2.

TABULA. Voyez TABUDA, No. 2.

TABULEIUM, & TABULARIUM, noms Latins de l'Abbaye de Tholey au Diocése de Tréves. Voyez THOLEY.

TABULUM, Ville de l'Asie-Mineure selon Hérodote [l], cité par Ortelius [m].

l In Clio.
m Thesaur.

TABUNIENSIS, Siège Episcopal d'Afrique dans la Mauritanie Césarienne. Son Evêque est nommé Quintus dans la Notice des Evêchez d'Afrique. Le nom moderne de cette Ville est TOBNA, selon Mr. Du Pin.

TABURNUS, Montagne d'Italie, dans le *Samnium*, au voisinage de *Caudium* ; ce qui lui a fait donner le surnom de *Caudinus*. Vibius Sequester en parlant de cette Montagne dit *Taburnus Samnitum Olivifer*. Gratius [n] néanmoins ne le décrit pas comme une Montagne agréable & chargée d'Oliviers ; mais comme une Montagne hérissée de Rochers :

n Cyneget. v. 5. 8.

. . . . . *veniat Caudini Saxa Taburni,*
Garganumque trucem, aut Ligurinas desuper Alpes.

Le sentiment de Vibius est pourtant appuyé du témoignage de Virgile [o] :

o Georg. 2. v. 38.

. . . . . *juvat Ismara Baccho*
Conserere, atque olea magnum vestire Taburnum.

I i 3 Tout

Tout cela peut se concilier. Une partie de cette Montagne pouvoit être fertile & l'autre hérissée de Rochers. Quelques Commentateurs de Virgile mettent le Mont *Taburnus* dans la Campanie & d'autres le transportent dans l'Apouille. Les uns & les autres se trompent. Ce Mont, selon Gratius, étoit au voisinage de *Caudium*, qui étoit dans le *Samnium*, & Vibius Sequester dit positivement *Taburnus Samnitum*. Le nom moderne est *Tabor* selon quelques-uns & *Taboro*, ou *Taburo* selon d'autres ; mais ni *Tabor*, ni *Taboro*, ni *Taburo* ne sont point le Mont *Taburnus*. Voyez TABORO.

TACAMPSO. Voyez METACOMPSO.

TACAPE, ou TACAPES. Voyez TACAPITANUS.

TACAPITANUS, Siège Episcopal d'Afrique, dans la Province de Tripoli, selon la Notice des Evêchez d'Afrique, où l'Evêque de ce Siège est qualifié *Servilius Tacapitanus*. Le nom de la Ville est TACAPES. Elle est connue de Pline [a], de Ptolomée [b], de Procope [c] & de la Table de Peutinger. L'Evêque de ce Siège est nommé dans la Conférence de Carthage *Dulcitius Episcopus Plebis Tacapitana* ; & il avoit un Adversaire Donatiste appellé Felix. Ce même Dulcitius est nommé dans les Actes du Concile de Carthage de l'an 403. & Gaïs Evêque de la même Ville & Député de sa Province, souscrivit au Concile de Carthage, tenu sous Boniface en 425. Cependant il est appellé *Gallus* dans les Actes du Concile. Le nom moderne est *Capé*, ou *Capès*.

[a] Lib. 5. c. 4.
[b] Lib. 4. c. 3.
[c] Ædif. Lib. 6.

TACAPHORIS, Ville de la Marmarique : Ptolomée [d] la place dans les Terres, entre *Lucæ*, ou *Albæ-Napæ*, & *Dioscoron*.

[d] Lib. 4. c. 5.

TACAPISDIVUM, Lieu dont il est parlé dans le Code Théodosien [e].

[e] Tit. de Appellationib.

TACARATENSIS, Siège Episcopal d'Afrique. La Notice des Evêchez d'Afrique le met dans la Numidie, & nomme son Evêque *Crescentius*. Dans la Conférence de Carthage [f] l'Evêque de ce Siège est appellé *Aspidius Episcopus Plebis Tacaratensis*.

[f] No. 121.

TACAREE, ou TACAZE, Fleuve d'Ethiopie. Il tire sa Source de l'extrémité du Royaume d'Angot, du côté de l'Occident [g], près du Royaume de Bagamedri. Il sort de trois Fontaines voisines l'une de l'autre, dans la Montagne d'*Axquaqua* du côté de l'Orient ; & de-là il coule vers l'Occident entre les Territoires de *Dagabarra* & d'*Hoaga*. Tournant ensuite du côté du Septentrion il fait divers tours dans le Royaume de Tigre, & particuliérement dans la Province de Sire la plus fertile de celles de ce Royaume, après quoi il tourne vers l'Occident par le Royaume de Quin, qui est aux Maures Mahométans en Nubie, dont les Habitans sont nommez *Baullones* ; & enfin il entre dans le Nil aussi grand & aussi large que le Nil même. Ce Fleuve renferme quantité de Crocodiles & de Chevaux Marins.

[g] Corn. Dict. Antoine Almeide, Jésuite, Liv. 1. c. 8.

TACASARTA, Ville d'Egypte : L'Itinéraire d'Antonin la marque sur la route de Memphis à Peluse, entre Daphnés & Thou, à dix-huit milles de la premiére de ces Places, & à vingt-quatre milles de la seconde. Simler croit que c'est la même Ville qui est nommée TACASIRIS dans la Notice des Dignitez de l'Empire [h].

[h] Sect. 18.

TACATALPO, Ville de l'Amérique Septentrionale, dans la Nouvelle-Espagne, au Gouvernement de Tabasco, sur la Riviére de ce nom, à trois lieues au-dessus de Halpo. Les Espagnols appellent cette Ville TACATALPO DE SIERRA. Je ne sais, dit Dampier [i], s'ils lui donnent ce nom pour la distinguer d'une autre *Tacatalpo*, ou pour marquer seulement qu'elle est située auprès des Montagnes. Quoiqu'il en soit, c'est la plus considérable des Villes qu'on trouve sur la Riviére de Tabasco. Il y a trois Eglises & plusieurs riches Marchands. Entre *Tacatalpo* & *Villa de Mose*, on voit quantité de vastes allées de Cacaos, de chaque côté de la Riviére. On y voit entr'autres une espéce de Cacao blanc, qu'on ne trouve point ailleurs. Il est de la même grosseur & de la même couleur au dehors, & couvert d'une coquille mince, aussi-bien que l'autre ; mais le dedans est blanc comme la fleur de farine, & lorsque l'écorce extérieure est rompue, cette substance blanche s'émie toute. Ceux qui fréquentent la Baye de Campêche, appellent ce Cacao *Spuma*, & disent que les Espagnols s'en servent beaucoup dans ces Quartiers pour faire mousser leur Chocolat, & qu'ils l'estiment infiniment à cause de cela.

[i] Voy. divers, part. 2. p. 167.

TACATOCOROU, Riviére dans l'Amérique Septentrionale, de la Louisiane, située entre celle de Caouitas & celle des Chaouanons. Les anciens François l'avoient appellée RIVIÉRE DE SEINE, sous le Régne de Charles IX.

TACATUA, Ville de l'Afrique propre, selon Pline [k] & Ptolomée [l]. Elle étoit sur la Côte entre Ruficades & Hippone. Le nom moderne est *Mabra* selon le Pere Hardouin. Ortelius [m] soupçonne que c'est la même Ville que l'Itinéraire d'Antonin nomme *Tacata*. Il n'est pas le seul de ce sentiment, qui est très-bien fondé, puisque *Tacata* est seulement un nom corrompu dans quelques MSS. de cet Itinéraire.

[k] Lib. 5. c.
[l] Lib. 4. c.
[m] Thesaur.

TACEU, Montagne de la Chine [n], dans la Province de Huquang, au Territoire de Hengcheu, dixiéme Métropole de la Province, & à l'Occident de cette Ville. On dit qu'il y a dans cette Montagne des Mines d'Argent fort abondantes, & qu'autrefois elles ont été ouvertes.

[n] Atlas Sinens.

TACHA, Ville du Royaume de Bohême, sur la Riviére de Mies, vers la Forêt de Bohême, aux confins du Haut-Palatinat. Sobieslas, Duc de Bohême, la répara. Zischka, Chef des Hussites ou Thaborites, l'assiégea en 1421 ; mais il fut obligé d'en lever le Siège, il brûla ses Fauxbourgs [o]. Il y retourna en 1427. qu'il la prit d'assaut après 16. jours de Siège, & y tua tout ce qu'il y avoit d'hommes ; ayant donné ses ordres pour y mettre le feu, on lui conseilla de la garder pour Frontiére. Il la remplit de Thaborites, & mit une Garnison dans le Château. Les Allemands mirent le Siège devant cette Ville en 1431. leur Armée étoit nombreuse ; mais ayant appris que les Bohêmes s'approchoient pour secourir la Ville, ils se retirérent à Taus, & delà

[o] Zeyler Topogr. a-Bohem.

TAC. TAC. 255

delà à Rifenberg, où les Bohêmes les attaquérent le 14. d'Août de cette année, ils en tuérent onze mille, firent fept cens prifonniers, & les autres fe fauvérent par la fuite.

TACHAN, Ville du Royaume de Tunquin [a]. Elle eft fituée dans une Plaine vis-à-vis d'une Ifle de même nom. Cette Ifle dans les grandes Chaleurs eft couverte d'une multitude incroyable d'Oifeaux, qui viennent s'y retirer.

[a] Tavernier, Royaume de Tunquin, t. 3.

TACHUNG, Ville de la Chine [b], dans la Province de Suchuen, au Département de Queicheu, fixiéme Métropole de la Province. Elle eft de 8. d. 3'. plus Occidentale que Peking, fous les 31. d. 42'. de Latitude.

[b] Atlas Sinens.

TACHARI, Peuples d'Afie, dans l'Hyrcanie, felon Strabon [c]. Ils étoient Nomades, & ils furent du nombre de ceux qui chaffèrent les Grecs de la Baétriane. Ortelius [d] croit que ce font les *Tachori* que Ptolomée [e] place dans la Sogdiane, Contrée voifine.

[c] Lib. 11. p. 511.
[d] Thefaur.
[e] Lib. 6. c. 12.

TACHARIGO, Cap de l'Afrique, fur la Côte de l'Océan Ethiopien, dans le Zanguebar, près de la Ville de Mélinde, felon Mr. Corneille [f] qui ne cite aucun Garant. Mr. de l'Ifle ne connoît point ce Cap.

[f] Dict.

TACHASARA, Ville de la Médie. Ptolomée [g] la marque dans les Terres, entre *Pharambara* & *Zalace*.

[g] Lib. 6. c. 2.

TACHAW, Bourg du Royaume de Bohême, fur la Riviére Mifa, au Cercle de Pilfen, à neuf lieues de la Ville de ce nom, du côté de l'Occident.

TACHEMPSO, Ifle de l'Ethiopie, au voifinage de la Libye, felon Etienne le Géographe. Hérodote écrit TACHOMPSO, au lieu de TACHEMPSO. Voyez METACOMPSO & CHOMPSO.

TACHINARAN, Lieu de Perfe, entre Mouffel & Tauris, felon Mr. Petis de la Croix [h], dans fon Hiftoire de Timur-Bec.

[h] Liv. 4. c. 32.

TACHI-VOLICATI, petite Ville de Gréce, dans la Macédoine, felon Ortelius [i] qui cite Nardus. Ce dernier croit que c'eft l'ancienne Ville *Gyrtone*.

[i] Thefaur.

1. TACHING, Ville de la Chine [k], dans la Province de Peking, au Département de Xuntien, premiére Métropole de la Province. Elle eft de 0. d. 6'. plus Occidentale que Peking, fous les 39. d. 0'. de Latitude.

[k] Atlas Sinens.

2. TACHING, Forterefle de la Chine [l], dans la Province de Quantung, où elle a le rang de premiére Forterefle de la Province. Elle eft de 1. d. 5'. plus Occidentale que Peking, fous les 24. d. 20'. de Latitude. Les Forterefles de fon Département font:

[l] Ibid.

Taching, Kiexe,
Tung ☉,   Ciexing,
Hanxan,   Hiung,
Cinghai, Jungching,
Kiaçu,   Ciunling.

TACHKUNT. Voyez ALCHAH.

TACHO, Ville de la Chine [m], dans la Province de Suchuen, au Département de Xunking, troifiéme Métropole de la Province. Elle eft de 9. d. 46'. plus Occidentale que Peking, fous les 31. d. 27'. de Latitude.

[m] Ibid.

TACHORE, grande Campagne dans l'Afrique [n], au Royaume de Tunis, à quatre lieues de Tripoli, vers le Levant : Elle eft remplie de plufieurs Villages, & de quantité de Palmiers & d'autres Arbres portans Fruit. Au milieu eft une grande Mofquée bâtie depuis peu par les Turcs, comme une Forterefle avec beaucoup de couvert tout à l'entour, & force Arbres fruitiers, qu'on arrofe par le moyen de certaines Roues, à caufe que le Pays eft fort fec & fablonneux. Lorfque les Chrétiens eurent pris Tripoli, cette Campagne fervit de retraite aux Habitans, & un Turc nommé Moratagua s'en étant rendu Maître, fe fit déclarer Roi, & fit toujours la Guerre aux Chrétiens. C'eft pourquoi Cénan Bacha lui donna la Ville de Tripoli, pour en jouïr pendant fa vie. Les Gens du Pays font Barbares, & leur principal exercice eft de voler. Ils vivent dans les Cabanes fous des Palmiers, & fe nourriffent de Farine, d'Orge & de Vazin. Ils dépendent du Gouverneur de Tripoli depuis la mort de Moratagua. Il y a dans ces Villages grand nombre de Cavaliers & de Fufiliers fort braves, qui faifoient des courfes jufqu'à Tripoli, lorfqu'elle étoit aux Chrétiens ; mais ils étoient furchargez d'Impôts, ce qui les obligea à fe révolter en 1567. On les remit dans leur devoir, & ils furent condamnez à fept mille Piftoles d'amande, fans autre châtiment.

[n] Marmol, Royaume de Tunis, Liv. 6. ch. 5. p. 571.

TACHORI. Voyez TACHARI.

TACHORSA, Village du Nome de Libye, felon Ptolomée [o].

[o] Lib. 4.

TACHOSA, Riviére d'Afie, dans le Turkeftan, felon Davity [p] : Il dit que cette Riviére fe jette dans le Chefel, ou Sihun, le Jaxartes des Anciens, & que les Villes de Calba & de Tefcan font fituées à fon Embouchure.

[p] Turkeftan, p. 669.

TACHT-CARATCHE', c'eft-à-dire, le *Trône Noir* ; Maifon de Plaifance, dans le Maurenaher, près de Kech, entre Samarcande & Rebatyam. Mr. Petis de la Croix [q] dans fon Hiftoire de Timur-Bec, dit que cette Maifon de Plaifance fut bâtie par ce Prince.

[q] Liv. 4. c. 1.

TACHU, petite Ville de la Chine, dans la Province de Peking, au Département de Hokien, troifiéme Métropole de la Province. Cette Ville bâtie de figure quarrée [r], eft fituée fur la Riviére de Guei, à quatre lieues de Kuching, & défendue d'une Muraille de trente piéds de hauteur, qui eft munie de bons Baftions & de forts Remparts. Elle eft au dedans remplie de fuperbes Bâtimens, & ornée de plufieurs Temples. Au dehors elle a un Fauxbourg très-bien peuplé, qui s'étend fort loin aux deux côtez de la Riviére. Les Habitans favent fi bien préparer la Boiffon de Sampfou ou de Saupe, avec du Ris qu'elle eft préférable à nos meilleurs Vins. Auffi la plûpart des Indiens en font-ils faire leur provifion à Tachu.

[r] Ambaffade des Hollandois à la Chine, ch. 3.

Cette Ville eft nommée UKIAO par le Pere Martini [s], qui la dit de 0. d. 18'. plus Occi-

[s] Atlas Sinens.

Occidentale que Peking, sous les 33. d. o'. de Latitude.

TACIANÆ-MONTENSIS, Siège Epiſcopal d'Afrique, dans la Province Proconſulaire. *Ruffinus Epiſcopus Tacia-Montanæ* ſouſcrivit au Concile de Carthage de l'an 525. *Creſconius Tatienſis* ſouſcrivit au Concile de Cabarſuſa; & la ſouſcription de *Probus Tatiamontenſis* ſe trouve au pied de la Lettre Synodique des Peres de la Province Proconſulaire.

1. TACINA, Lieu d'Italie: L'Itinéraire d'Antonin la marque ſur la route d'*Equotuicum* à *Rhegium*, entre *Meto* & *Scyllaeium*, à vingt-quatre milles du premier de ces Lieux, & à vingt-deux milles du ſecond. Simler croit que *Tacina* pourroit être la même choſe que le Promontoire *Lacinium*.

2. TACINA, Rivière d'Italie, au Royaume de Naples [a], dans la Calabre Ultérieure. Elle a ſa Source vers les confins de la Calabre Citérieure, & prend ſon cours de l'Occident à l'Orient. Au bout d'une courſe d'environ quatorze milles, elle fait un coude pour courir vers le Midi Oriental; après quoi elle va ſe perdre dans le Golphe de Squilace, où elle a ſon Embouchure, entre celles du *Naſcaro* & du *Dragone Rio*. *Tacina* eſt la Rivière *Targis* des Anciens.

[a] Magin, Carte de la Calabre Ult.

TACO, Ville de la Chine [b], dans la Province de Xanſi, au Département de Taiyven, première Métropole de la Province. Elle eſt 4. d. 40'. plus Occidentale que Peking, ſous les 38. d. 9'. de Latitude.

[b] Atlas Sinens.

TACO, Ville de la Chine [c], dans la Province de Suchuen, au Département de Chungking, cinquième Métropole de la Province. Elle eſt de 11. d. 10'. plus Occidentale que Peking, ſous les 30. d. 39'. de Latitude.

[c] Ibid.

TACOLA, Entrepôt de l'Inde, au-delà du Gange, dans la Cherſonneſe d'Or, ſelon Ptolomée [d]. Ortelius [e] dit que ce Lieu eſt appellé *Malaca* par Alphonſe Adrien, & *Tauai* par Jacques Caſtald.

[d] Lib. 7. c. 2.
[e] Theſaur.

TACOMPSO, ou TACOMPSON. Pline [f] connoît trois Places de ce nom ſur le bord du Nil. L'une, à ce que nous apprend Etienne le Géographe, étoit un Village aux confins de l'Egypte & de l'Ethiopie, & dont Hérodote fait mention [g]. Les deux autres Places ſont entièrement inconnues aux anciens Ecrivains.

[f] Lib. 6. c. 29.
[g] Lib. 2. no. 29.

TACOREI, Peuples de l'Inde, au-delà du Gange: Ptolomée [h] les marque entre les Monts *Imaüs* & *Bepyrrus*, vers le Nord.

[h] Lib. 7. c. 2.

TACRIT, ou TECRIT [i], Ville de la Province que les Arabes appellent *Diarbeker*, qui fait partie du Pays entier, qu'ils nomment *Gezirat*, & que nous appellons la Méſopotamie. Elle eſt ſituée, ſelon les Tables Arabiques de Naſſir-Eddin & d'Ulug-Beg, ſous les 78. d. 20'. de Longitude, & ſous les 34. d. 30'. de Latitude Septentrionale, dans le quatrième Climat. Il y a quelques Géographes qui placent cette Ville dans l'Iraque Babylonienne, qui eſt la Chaldée. Elle fut priſe l'an 795. ou 796. de l'Hégire, par Tamerlan à compoſition,

[i] D'Herbelot, Bibl. Or. p. 838.

non-obſtant quoi Tamerlan fit mourir ſon Gouverneur, nommé Hoſſaïn Ben Boutimour, ſous les ruïnes d'une Muraille, au rapport d'Ahmed Ben A'rabſchah.

TACTEUM. Voyez TOTAIUM.

TACTURACTONIUM. On trouve ce mot dans Ortelius [k], qui ne cite aucun Garant, & ſe contente de renvoyer à CATARACTONIUM, ou CATARACTONUM. Voyez le dernier mot.

[k] Theſaur.

TACUBIS, Ville de la Luſitanie: Ptolomée la marque dans les Terres, entre *Scalabiſcus* & *Concordia*. Simler croit que c'eſt la Ville *Tubucci* de l'Itinéraire d'Antonin.

TACUNGA, nom d'un ancien Palais du Pérou, dans l'Audience de Quito, ſur le chemin qui va de Quito à Rio-Bamba, & à quinze lieues de la Capitale. Ce Palais étoit autrefois fort ſomptueux; ce qui ſe connoît par ſes ruïnes. Les Murailles y font voir [l] encore des Niches, où l'on dit qu'il y avoit des Images de Brebis faites d'Or du tems des Yncas. Le Temple étoit dédié au Soleil; & il avoit ſes Veſtales, comme les autres Temples conſacrés à cet Aſtre. Tout cela étoit accompagné de Greniers où l'on ſerroit toutes ſortes de Vivres, d'Etables pour des Bêtes, & de Cages pour diverſes eſpèces d'Oiſeaux. Tous ces Edifices étoient de pierre & couverts de paille. Les Indiens y ſont bruns, & les femmes aſſez belles. Il y a aujourd'hui dans cet endroit un Bourg nommé TACUNGA, & qui eſt très-peuplé. Les Habitans y tiſſent des Draps, dont ils font un grand Trafic.

[l] De Laẽ, Deſcr. des Indes Oc. Liv. 10. c. 9.

TADAMATENSIS, Siège Epiſcopal d'Afrique, dans la Mauritanie Céſarienſe. Son Evêque eſt nommé David dans la Notice des Evêchez d'Afrique.

TADAMENSIS, ou TADAMATENSIS. Voyez TADAMATENSIS.

TADGIES. Mr. Petis de la Croix dit dans ſon Hiſtoire de Timur-Bec [m], qu'on donne le nom de *Tadgies* aux Habitans des Villes de Tranſoxiane & de tout le Pays d'Iran; c'eſt-à-dire, à tous ceux qui ne ſont ni Tartares, ni Mogols, ni Turcs; mais les Naturels des Villes ou des Pays conquis.

[m] Liv. 4. c. 4.

TADIATES, Peuples d'Italie, que Pline [n] met dans la quatrième Région.

[n] Lib. 3. c. 12.

TADINATES, Peuples d'Italie, dans la ſixième Région ſelon Pline [o]. Trois Exemplaires conſultez par Ortelius [p], liſent *Sadinates*, au lieu de *Tadinates*. Holſtenius [q] remarque que St. Grégoire le Grand recommande l'Egliſe des Tadinates deſtituée de ſon Evêque aux ſoins de celui de *Gubio*, comme le plus voiſin. La Ville Epiſcopale de ces Peuples s'appelloit *Tadinas*, ou *Tadinæ*; & on la nomme aujourd'hui *Gualdo*, qui n'eſt pas pourtant dans le même endroit où étoit *Tadinas*; mais ſur une Colline voiſine: au lieu que *Tadinas* étoit dans la Plaine qu'on voit au pied de *Gualdo*, & environ à mille pas de celle-ci. Le Fleuve *Raſina* mouilloit les Murs de *Tadinas*, qui étoit ſur la Voie Flaminienne. On croit que c'eſt le même Lieu que Procope appelle TAGINÆ.

[o] Lib. 3. c. 14.
[p] Theſaur.
[q] Ital. p. 85.
[r] Part. 2. Lib. 1. Ep. 87.

TADINUM, ou TADINÆ. Voyez TADINATES.

TAD-

TAD.   TAD.   257

a Arabie d'*Abulfeda*. Trad. de Mr. de la Roque.

TADMOR, petite Ville dans le Defert de Syrie, & dans la Dépendance de Hems, ou Emesse [a], mais plus Orientale que cette Ville : le Terroir de Tadmor est extrêmement humide, il y a beaucoup de Palmiers, d'Oliviers & de Figuiers. Il s'y trouve parmi quantité de ruïnes, de beaux Monumens de l'Antiquité, Colomnes, Marbres, &c. La Ville est éloignée de Hems de trois Stations, & d'autant de Salamiya : elle est fermée de Murailles avec une Forteresse : on compte suivant Alazizy, cinquante-neuf milles de Tadmor à Damas, & cent deux milles de Tadmor à Rabbah.

b Ch. 9. v. 18.

Les Savans ne doutent plus que Tadmor ne soit l'ancienne Palmyre que Salomon fit bâtir dans le Desert, suivant le troisième Livre des Rois [b], & que l'Empereur Hadrien fit bâtir & orner magnifiquement. Zenobie si célèbre dans l'Histoire étoit Reine de Palmyre : Voyez la Relation du Voyage de Palmyre par Mr. Hallifax, imprimée à Londres en 1705. avec des Remarques. C'est une Pièce curieuse dont les Journaux de Trévoux ont rendu compte en Novembre & Décembre 1713.

c Lib. 6. c. 29.

TADNOS, Fontaine d'Egypte, au voisinage de Myoshormos, selon Pline [c].

d De Laet, Descr. des Indes Oc. Liv. 2. ch. 8.

TADOUSAC, ou TADOUSSAC, Port & Etablissement de l'Amérique Septentrionale, dans la Nouvelle France, au bord du Fleuve de St. Laurent, à quatre-vingt lieues de son Embouchure, près de l'endroit où la Rivière Saguenay se jette dans ce Fleuve. Ce Port situé près de celui de Lesquemin [d], est fort petit, & capable au plus de contenir vingt Navires. Il est dans un certain recoin près de la Bouche du Saguenay, & fermé au dehors par une petite Isle ou Rocher, qui est presque tout sappé par les ondes du Fleuve de St. Laurent, qui n'a pas moins de quatre lieues de largeur dans cet endroit. Au dedans de ce Port on est environné de hautes Montagnes, couvertes d'un peu de terre en quelques endroits, & en d'autres de Rochers & de hauts Sapins. Assez près de Tadoussac est un Marais entouré de Collines revêtues d'Arbres. Le Fleuve au-delà du Port est assez profond & agité d'une surprenante variété de Marées, parce qu'il est très-rapide. Du côté du Sud le Port est ouvert ; mais ce Vent est le moins à craindre. Tout le danger vient des Vents qui descendent le long du Fleuve. A l'une & à l'autre de ses Pointes on découvre un Banc quand la Mer est basse. Au dedans on a dix Brasses d'eau, & vingt en quelques endroits. Le Marais dont nous avons parlé s'y décharge par un petit Canal, aussi-bien que dans le Fleuve par une autre ouverture. Ces deux Canaux séparent une certaine Isle de la Terre-ferme, & dans laquelle les Sauvages ont accoutumé de dresser leurs Loges, lorsqu'ils viennent traiter de leurs Marchandises avec les François. Ce Trafic consiste en Peaux pour la plus grande partie. Tadoussac fut pris par les Anglois en 1629, & repris par les François en 1633.

e Tavernier, Voy. de Perse, Liv. 2. c. 3.

TADUAN, Bourg ou Village de Perse, sur la route d'Alep à Tauris [e], à une portée de Canon du Lac de Van, dans l'endroit où la Nature a fait un bon Havre à l'abri de tout Vent, étant fermé de toutes parts par de hautes Roches. Son entrée, quoique très-étroite, est très aisée. Il peut contenir vingt ou trente grosses Barques ; & quand les Marchands voyent que le tems est beau & le Vent favorable, ils font embarquer dans ce Lieu-là leurs Marchandises pour Van. On s'y peut rendre en vingt-quatre heures, & la Navigation n'est pas dangereuse ; au lieu que par terre de Taduan à Van, il y a près de huit journées de cheval.

TADURWAN, Village de Perse, dans le Farsistan, près de la route de Schiras à Lars. Ce Village ressemble à un Bois à cause des Arbres & des Jardins murez qui l'environnent. Il est situé sur le bord d'une Rivière, & ceint des Murailles des Jardins. On traverse la Rivière au bout de ce Village, qui est sur le penchant d'une Montagne du côté du Nord. Les Mémoires de Mr. Cuneus, Ambassadeur à Ispahan en 1652. portent qu'il se trouvoit des Antiquitez curieuses aux environs de ce Village, des Souterrains qui conduisoient jusqu'à Schiras, qui en est à vingt-cinq lieues, un Puits d'une profondeur extraordinaire, & une Fente monstrueuse dans la Montagne. Cela engagea le Brun [f] à visiter exactement cet endroit. Il avança à une Grotte qu'il trouva dans le Rocher, avec une ouverture par en haut. Il fit passer son Guide par cette Grotte, dont il voyoit le fond par deux ou trois ouvertures les unes proches des autres, & il observa aisément qu'elle n'avoit pas plus de trente pas, & qu'elle conduisoit au chemin qui est le long de la Rivière, où ayant rejoint son Guide, il lui fut aisé de conclurre que l'Auteur des Mémoires avoit cru ce prétendu chemin souterrain sur la parole de quelqu'un & sans examiner la vérité du fait. Il en est de même du Puits qui est sur la Montagne. Je pris la peine d'y monter, dit le Brun, & je trouvai qu'il y avoit eu autrefois une Forteresse dans cet endroit : on en voit encore les ruïnes & les débris des Murailles, & sur le sommet il y a un petit Bâtiment quarré, couvert d'un Dôme. Quant à la Fente monstrueuse, continue notre Voyageur, ce n'est qu'une séparation extraordinaire de la Montagne du côté de l'Est, où elle est assez élevée & fort escarpée. La Rivière passe à côté. Les Bâtimens que les Payens & les Guèbres ont élevé contre cette Montagne, sont incompréhensibles, & on n'en a sans doute jamais élevez de cette nature. Ils sont placez à l'endroit le plus escarpé du Rocher de part & d'autre. On voit la Rivière entre les Montagnes, & à l'endroit le plus élevé un petit Canal rempli de Joncs. On prétend que ces Gens-là avoient tendu des chaînes de fer d'un côté de la Montagne à l'autre, pour avoir communication ensemble en tems de Guerre, & l'on dit qu'il y a de l'autre côté de la Montagne une séparation semblable à celle dont il vient d'être parlé. Les Habitans du Village de Tadurwan ne disent rien de certain touchant ces Antiquitez : Ils nomment seulement ce Lieu GOENAGABRON ; c'est-à-dire, la demeure des Payens. Une Tradition du Pays

f Voy. t. 5. p. 143. & suiv.

K k   veut

veut que le Lieu en question ait été fondé par des Géans qui vivoient, il y a treize cens ans, sous le Gouvernement du fabuleux Rustan; mais on ne sauroit faire aucun fond sur ce qui se débite. Ce Lieu est environ à une demi-lieue du Village de Tadurwan; & le Souterrain dont il a été parlé est à une bonne lieue. On voit un peu en deçà à l'Est une chûte d'eau, qui se répand du côté du Couchant, dans les terres, à côté du Village. Il y a beaucoup de Fruits dans ces Quartiers, & sur-tout des Melons admirables.

TADUENSIS, Siège Episcopal d'Afrique, dans la Province Proconsulaire: *Cyprianus Episcopus sanctæ Ecclesiæ Taduensis*, souscrivit à la Lettre Synodique des Peres de la Province Proconsulaire dans le Concile de Latran sous le Pape Martin.

TADUSIUM, TADUTIUM, ou TADUDITUM, Lieu d'Afrique, dans la Numidie: L'Itinéraire d'Antonin le marque sur la route de *Labese* à *Sitifis*, à dix-huit milles de *Labese*, & à trente-deux milles de *Nova-Sparsa*. Dans une autre Route le même Itinéraire met ce Lieu entre *Tamugades* & *Duana Veteranorum*, à vingt-huit milles de la première de ces Places, & à seize milles de la seconde.

TADZANS, ou TADSANS, Peuple d'entre les Goths, vaincu par les Wandales, selon Jornandès [a].

a De Reb. Getic. c. 23.

TAENARIA, TAENARIUM, TAENARUM, & TAENARUS, Promontoire au Midi du Péloponnèse, entre le Golphe de Messénie & celui de Laconie, avec une Ville de même nom. Ptolomée [b] appelle le Promontoire *Taenaria*, & la Ville *Taenarium*. Le Promontoire *Taenarum*, dit Pausanias [c], avance considérablement dans la Mer, & au bout de quarante Stades on trouve la Ville de *Caenopolis*, dont l'ancien nom étoit *Taenarum*. Procope dit aussi [d] que l'ancien nom de *Taenarum* avoit été changé en *Caenopolis*, nom que cette Ville portoit. C'est donc une faute à Ptolomée d'avoir fait deux Villes de *Taenarium* & de *Caene*. Il y avoit outre cela un célèbre Temple de Neptune sur le Promontoire *Taenarum*: *Fanum Neptuni est Tenari*, dit Cornelius Nepos, *violare nefas dicunt Græci*. Strabon [e] ajoute que ce Temple étoit dans un Bois sacré; & Pausanias nous apprend que ce Temple étoit en forme de Caverne, & qu'au devant on voyoit la Statue de Neptune. Ces deux derniers Auteurs rapportent la Fable qui vouloit que ce fût par-là qu'Hercule étoit descendu aux Enfers. Le Promontoire est nommé aujourd'hui le CAP DE MATAPAN; & la Ville *Taenarum* pourroit bien être le Port des Cailles.

b Lib. 3. c. 16.

c Lacon. c. 25.

d Bel. Vandal. Lib. 1. c. 13.

e Lib. 8.

TAENARUM FLUMEN, Fleuve de Thrace, près de la Ville *Aenus*, selon Chalcondyle cité par Ortelius [f]. Leunclavius dit que le nom vulgaire est *Tunza*, & que ce Fleuve se jettoit dans l'Hébrus, aux environs d'Hadrianopolis. Mr. de l'Isle dans sa Carte de la Grèce appelle ce Fleuve TUNCIA.

f Thesaur.

TAENARUS, Voyez TAENARIA.

TAENEAS, Peuples de l'Amérique Septentrionale, dans la Nouvelle France. Ils sont environ soixante lieues au-dessous des *Akanleas*, c'est-à-dire, environ soixante lieues au-dessous du 34. d. de Latitude. Leur Village est à une demi-lieue d'un Lac. Les Cabannes y sont disposées à divers rangs, & en droite ligne autour d'une grande Place, toutes faites de Boussillages, & recouvertes de Nattes de Cannes. Deux Cabannes qui sont plus belles que les autres, s'y font d'abord remarquer; c'est la demeure du Chef, & le Temple: chacune a environ quarante pieds en quarré, les Murailles en sont hautes de dix pieds, & épaisses de deux; le Comble en forme de Dôme est couvert d'une Natte de diverses couleurs, & il y a un Vestibule par où l'on entre dans une grande Sale quarrée, pavée & tapissée de tous côtez d'une très-belle Natte. C'est dans cette Sale que le Chef donne ses Audiences, sur un beau Lit entouré de rideaux d'une fine étoffe, faite & tissue de l'écorce de Meuriers, & où il est comme sur un Trône: au milieu de quatre de ses Femmes, environné d'un grand nombre de Vieillards armés de leurs arcs & de leurs flèches, tous couverts de Cappes blanches & fort déliées. Celle du Chef est ornée de certaines Houppes d'une toison différemment colorée; celles des autres toutes unies. Le Chef est couronné d'une Thiare d'un tissu de jonc, très-industrieusement travaillé & relevé par un Bouquet de plumes différentes. Pour ce qui regarde le Temple, la structure du dehors en est toute semblable à celle de la Maison du Chef. Il est enfermé d'une grande Muraille, l'espace qui est entre deux, forme une espèce de Parvis où le Peuple se promene. On voit au-dessus de cette Muraille un grand nombre de Piques, sur la pointe desquelles on met les têtes des Ennemis, ou des plus grands Criminels: au-dessous du frontispice paroît un gros Billot fort élevé, entouré d'une grande quantité de cheveux, & chargé d'un tas de chevelures en forme de Trophées. Le dedans du Temple n'est qu'une nef peinte & bigarrée en haut par tous les côtez de plusieurs figures différentes. On voit au milieu de ce Temple un grand Foyer qui tient lieu d'Autel, où brûlent toujours trois grosses Buches, que deux Prêtres revêtus de Cappes blanches fort grandes, prennent soin d'attiser. C'est autour de cet Autel enflammé que tout le monde fait ses Prières avec des hurlemens extraordinaires. Ces Prières se font trois fois le jour, au lever du Soleil, à Midi, & à son coucher. Il y a un Cabinet ménagé dans la Muraille, le dedans en est fort-beau; au haut de la Voute, sont suspendus les Corps de deux Aigles éployées & tournées vers le Soleil. C'est le Tabernacle de leur Dieu, où il n'est permis qu'à leur Grand-Prêtre d'entrer. C'est aussi le lieu destiné pour la garde de leurs Trésors, & de leurs richesses, comme Perles fines, Pièces d'argent, Pierreries & même plusieurs Marchandises Européennes, qu'ils trafiquent avec leurs voisins. Ils ne se gouvernent que par la volonté de leur Chef, qu'ils révèrent comme leur Souverain; ils reconnoissent ses enfans pour ses légitimes successeurs; lorsqu'il meurt on lui

TAE. TAF. TAF.

lui sacrifie sa première femme, son premier Maître d'Hôtel, & vingt hommes de sa Nation pour l'accompagner dans l'autre Monde. Durant sa vie personne ne boit dans sa tasse, ni ne mange dans son plat, ni n'oseroit passer devant lui. Quand il marche, on prend soin de nettoyer non-seulement le chemin par où il passe; mais de le joncher d'herbes & de fleurs odoriférantes : ceux à qui il parle, ne lui répondent qu'après avoir fait de grands hurlemens, qui sont chez eux des marques d'admiration & de respect. Ils adorent le Soleil, ils ont leurs Temples, leurs Autels & leurs Prêtres. Ils entretiennent dans les Temples un feu perpétuel, comme le Symbole du Soleil; à tous les déclins de la Lune, ils portent par forme de Sacrifice à la porte du Temple un grand plat de leurs mêts les plus délicats, dont leurs Prêtres font une Offrande à leur Dieu, après quoi ils l'emportent chez eux pour en faire bonne chére. A l'égard de leurs Coûtumes, tous les Printems ils vont en troupe dans quelque lieu écarté défricher un grand espace de terre, qu'ils labourent tous au bruit du Tambour; ensuite ils prennent soin d'applanir la terre, d'en faire un grand Champ, qu'ils appellent le Desert ou le Champ de l'Esprit. En effet c'est-là qu'ils vont entretenir leurs rêveries & attendre les inspirations de leurs prétendues Divinités. Cependant comme tous les ans cet exercice se renouvelle, il arrive qu'ils défrichent insensiblement toutes leurs terres, & qu'elles leur rapportent par-là de plus grands revenus. En Automne ils cueillent leur Blé d'Inde, ils le gardent dans de grands Paniers jusqu'à la première Lune du mois de Juin de l'année suivante. En ce tems-là les Familles s'assemblent, & chacun invite ses amis ou ses voisins à venir manger de bons Gâteaux, à quoi ils joignent de la viande, & ainsi ils passent la journée en festins.

TAENIA, Village de l'Asie Mineure, dans la Mysie, au voisinage de la Ville de Lampsaque, selon Siméon le Métaphraste[a] cité par Ortelius[b].

[a] *In Vita S. Abramii.*
[b] *Thesaur.*

TAENIOLONGA, Ville d'Afrique, dans la Mauritanie Tingitane, sur l'Océan Ibérique, selon Ptolomée[c], qui la marque entre *Achath* & *Sestiaria Extrema*. L'Itinéraire d'Antonin, qui écrit *Tenialonga* sans Diphthongue, la met à vingt-quatre milles de *Cobucla*. Le nom moderne, selon Castald, est *Mesenna*.

[c] Lib. 4. c. 1.

TAENUR, Ville de l'Inde, en deçà du Gange : Ptolomée[d] la donne aux *Pandioni*, & la place dans les Terres, près de *Perincari*.

[d] Lib. 7. c. 1.

TAEPA, Ville de la Perside. Elle étoit dans les Terres, selon Ptolomée[e], qui la place entre *Parodana* & *Tragonice*.

[e] Lib. 6. c. 4.

TAESE, Ville de l'Arabie Heureuse, à trois journées de *Sana*. Davity[f] dit qu'elle est bâtie sur une Montagne, & habitée de riches Marchands.

[f] Asie, p. 234.

TAFA. Voyez TAUA.

TAFALLA, Ville d'Espagne, dans la Navarre, près de la petite Riviére de Cidaço, à cinq lieues de Pampelune. Tafalla est une fort jolie Ville, fermée de Murailles & défendue par un Château. La Princesse Eléonore, fille & Héritiére du Roi Jean II., y tint une Assemblée des Etats en 1473. Le Roi François Phœbus y fut reconnu en 1481. Dans le quinziéme Siècle[h] Charles III. Roi de Navarre, y bâtit un Palais où il faisoit ordinairement sa résidence ; & le Roi Philippe IV. l'honora du titre de Cité en 1630. Les Espagnols appellent cette Ville *la Fleur de la Navarre*, parce qu'elle est le Siége d'une Université où la Jeunesse du Royaume va faire ses études. Tafalla est dans un bon Terroir fertile en Vin, comme tout le Quartier du Pays qui est au bord du Cidaço ; & le Vin que l'on y recueille est excellent.

[g] *Silva Pobl. de España*, p. 199.
[h] *Délices d'Espagne*, p. 675.

TAFANIA, Lieu d'Italie, dans le Florentin[i], aux confins du Siénois, à une petite lieue de *Poggio-Bonzi*, vers l'Occident. Ce Lieu est bâti sur les ruïnes de la Ville *Semifons*. Voyez SEMIFONS.

[i] *Baudrand, Dict. Ed. 1682.*

TAFF. Voyez TAVE.

1. TAFILET, Royaume d'Afrique, dans la Barbarie, & compris aujourd'hui dans ce qu'on appelle les Etats du Roi de Maroc. Il est borné au Nord par les Royaumes de Fez & de Tremecen, à l'Orient par le Pays des Bérébéres, au Midi par le Sara ou Desert de Barbarie, & à l'Occident par les Royaumes de Fez, de Maroc & de Sus[k]. Mouley Cherif, Roi de Tafilet, & Pere de Mouley Archy, qui remontoient leur Généalogie jusqu'à Mahomet, de qui ils prétendent descendre par sa fille Fatime ; eut en mourant pour Successeur de son Royaume Mouley Hameth, aîné de quatre-vingt-quatre enfans mâles, & laissa outre cela cent-vingt-quatre filles. Tous ces enfans lui survécurent : mais Mouley Archy, l'un de ses freres, dont le cœur fier & ambitieux ne pouvoit se résoudre à obéir, ne l'en laissa pas jouïr long-tems avec tranquilité : soutenu par quelques-uns des principaux Alcaydes, qu'il engagea dans ses interêts, il forma des desseins dont les commencemens néanmoins ne répondirent pas aux projets de son ambition ; car le Roi les ayant prévenus, fit prendre & mourir les Alcaydes, & le fit enfermer dans une prison. Cependant ce Prince ayant trouvé moyen de se sauver ; & plutôt aigri que gagné par la douceur du traitement qu'on lui avoit fait, assembla des Troupes, & tenta de nouvelles entreprises. Le succès n'en fut pas encore heureux : il fut pris & renfermé pour la seconde fois. Cette prison, quoique plus longue & plus resserrée que la première, ne produisit pas un meilleur effet ; car le Noir, à qui le Roi avoit confié la garde de ce Prince, & qu'il avoit choisi parmi les siens comme le plus fidèle, ne le fut pas assez pour résister aux caresses & aux grandes espérances, dont Mouley Archy le flatta pour en obtenir sa liberté. Ils en concertérent ensemble les moyens & les exécutérent. Mais persuadé qu'il n'étoit pas sûr de se fier à celui qu'il voyoit ainsi capable de trahir son Maître ; & craignant pour lui un semblable retour, il ne le paya d'un service si important que par la mort qu'il lui donna d'un coup de sabre en se sauvant. Il se retira à Zaouïas, où com-

[k] *St. Olon ; Etat de l'Empire de Maroc*, p. 2. & suiv.

mandoit le Morabite Benbucar, que les Habitans de cette Province avoient élu pour leur Prince à cause de sa vertu. Ceux qu'on appelle Morabites en Afrique, sont comme nos Hermites. Ils font profession de Science & de Sainteté. Ils se retirent dans les Deserts, où le Peuple qui les a en très-grande vénération, est allé quelquefois les chercher jusqu'au fond de la solitude, pour leur mettre la Couronne sur la tête, ainsi qu'il avoit fait à Benbucar. Mouley Archy cachant ce qu'il étoit, alla lui offrir son service en qualité de simple Soldat. Ce bon Vieillard le reçut favorablement, & l'ayant connu homme de mérite, il lui donna dans la suite divers emplois, dont il s'acquitta si bien qu'il acquit en peu de tems son estime & son amitié. Cependant ayant été reconnu par quelques Arabes de Tafilet, qui avoient apporté des Dattes à vendre, & qui allérent aussi-tôt le saluer comme le frere de leur Roi, les fils de Benbucar le soupçonnérent de n'être pas venu ainsi déguisé dans leurs Etats sans quelque dessein, & résolurent de le faire mourir. Ils lui drésserent un piége dont il s'échappa. Il se sauva à Quiviane, où ayant aussi offert ses services à celui qui en étoit le Maître, il s'y fit encore si bien valoir qu'il en devint en peu de tems le premier Ministre & le Favori. Mais l'autorité de son poste, la confiance & l'amitié de son Maître, & celle qu'il avoit eu l'adresse de s'acquerir parmi ses Peuples, ne servirent que de nouveaux aiguillons à son ambition. Il se persuada que la Conquête de cet Etat, où il étoit déja si absolu, ne lui seroit pas moins facile que lui avoit été aisée l'élévation où il se voyoit. Il se servit des Trésors mêmes de son Bienfaicteur, pour gagner ceux dont il ne se croyoit pas assez assuré : & ayant réussi de ce côté-là selon ses desirs, il s'empara en peu de tems & sans peine du Prince de Quiviane, de ses Biens & de tout son Pays. Alors jugeant que la mort de ce Prince étoit le plus sûr moyen de s'affermir sur le Trône, il s'en défit. Il leva ensuite des Troupes, avec lesquelles il se mit en état d'aller exercer contre son frere son ressentiment en exécutant ses premiers desseins. Mouley Mehemet qui en eut avis, travailla de son côté à le prévenir, & s'étant mis en Campagne, ils se donnèrent l'un à l'autre divers combats, dans lesquels Mouley Archy ayant presque toujours eu l'avantage, réduisit son frere à se renfermer dans Tafilet, où le chagrin de ses disgraces & la crainte de l'inhumanité de son vainqueur lui causérent la mort. Mouley Archy délivré par cette mort de son principal Compétiteur, & mis en chemin de suivre ses Conquêtes, les poussa avec tant de courage, de conduite & de bonheur, qu'il soumit en assez peu de tems Salé, qui étoit une Ville Libre, & les Royaumes de Fez, de Maroc & de Suz, dont les uns se rendirent à la force de ses armes, & les autres à la terreur qu'elles répandoient de tous côtez. Il n'en jouït pas néanmoins aussi long-tems, que son âge & sa fortune sembloient le lui promettre : Il ne put éviter dans son Palais & à quarante ans la mort qu'il avoit tant de fois affrontée dans les combats. Elle lui arriva par un accident dans une Fête, où ayant assemblé sa Noblesse, il avoit fait excés de Vin avec ses plus particuliers amis, ce qui lui arrivoit assez fréquemment. Il s'avisa en cet état de vouloir caracoller dans ses Jardins ; mais en passant sous une Allée d'Orangers, son Cheval l'emporta si violemment qu'une grosse Branche d'un des Orangers lui fracassa le Crâne, & le mit en trois jours dans le Tombeau.

L'ordre & la paix que ce Conquérant avoit commencé à établir dans ses Etats, furent bientôt troublés par cette mort imprévue, arrivée en l'année 1672. Ceux de sa Famille auxquels il avoit confié le Gouvernement de ses Royaumes, voulurent se rendre maîtres du Pays, où chacun d'entr'eux commandoit ; mais Moulla Ismaël, qui se trouva le plus brave, le plus entreprenant & le plus estimé, fut aussi celui qui sut le mieux en profiter. Il se fit d'abord reconnoître Roi de Tafilet : il s'empara des Trésors de son frere, se mit en Campagne, avec le plus de monde qu'il put ramasser, & après en avoir gagné quelques-uns par promesses ou par présens, il vainquit les autres par les armes, & se rendit maître de tout. Celui d'entre ses concurrens qui lui fit plus de peine fut Mouley Hameth son Neveu, qui s'étant fait reconnoître Roi de Maroc & de Suz, & s'étant opposé à son Oncle avec des forces considérables, l'obligea pendant deux ou trois ans à divers Sièges ou Combats, dont les desavantages qu'il souffrit, le réduisirent enfin à se soumettre comme les autres, & ne servirent qu'à faire d'autant mieux éclater la valeur intrépide de Moula Ismaël. Les mêmes révolutions sont arrivées depuis ou à la mort de chaque Roi, ou dans le tems qu'ils se croyoient tranquilles possesseurs de l'Empire, appellé aujourd'hui l'Empire de Maroc, parce que le Souverain a transporté sa résidence dans la Capitale du Royaume de ce nom. Mais comme les Peuples du Royaume de Tafilet tiendroient à deshonneur d'être gouvernez par d'autres que par des Descendans de leur Prophete, le Roi y établit toujours un de ses fils pour Gouverneur.

Généralement parlant, le terrein est fort sablonneux dans le Royaume de Tafilet, & par conséquent il est fort stérile, à quoi contribuent encore les chaleurs excessives qui y régnent toute l'année. Il ne sauroit produire de Bled, & l'Orge qu'on y séme en petite quantité le long des Riviéres & au tems des pluyes qui font assez rares, n'y croit qu'avec peine. Ainsi les Cherifs seuls & les Alcaïdes qui sont les Nobles du Pays se trouvent en pouvoir d'en acheter, parce qu'il est trop cher pour le Peuple, qui est très-pauvre, & qui ne vit que de Dattes & de chair de Chameau. La disette d'eau est fort grande aux Lieux éloignez des Riviéres, en sorte qu'on n'en a point d'autre que celle de pluye, qui tombe quelquefois avec assez d'abondance en Hyver & qu'on prend soin de recueillir & de conserver dans des Cîternes.

Les Peuples de cet Etat sont composez de Cherifs d'Arabes & de Barbares. Ces derniers

derniers sont les anciens Habitans du Pays. Ce sont des Gens secs & basanez qui demeurent dans des Villages entre des Montagnes, & qui nourrissent quelques Bestiaux qu'ils échangent pour des Dattes avec les Arabes. Ceux-ci ont été amenez dans le Pays avec les Cherifs & avec Mouley Meherez leur Prince par Mouley Almansor. Les Cherifs qui se prétendent descendus de Mahomet, demeurent dans des espèces de Châteaux, ou dans les Villes. Les Arabes tiennent la Campagne & sont divisez par Tribus. Le Chef ou Ancien de la Race est le Commandant, & s'appelle Checq ou Capitaine. Ils passent toute leur vie sous des tentes faites avec de la laine & du poil de Chévre & occupent des Plaines par Adouards. Un Adouard est un assemblage de quarante ou cinquante tentes élevées en rond; & une Tribu, suivant qu'elle est devenue nombreuse, aura quelquefois cinquante Adouards. Les Cherifs & les Arabes prétendent être les seuls qui suivent la véritable Religion de Mahomet. Ils disent qu'elle a commencé par Jésus-Christ, qui, disent-ils encore, leur ordonna l'habit qu'ils portent. Ils n'ont ni or, ni argent, ni soie & ne sont vêtus que d'une étoffe de laine, qui leur entoure deux ou trois fois le Corps, & qui leur laisse les bras nuds ainsi que les jambes. Ils appellent cet habillement une *Hoque*, & l'étoffe en doit toujours être blanche. Ils observent aussi religieusement leur Loi tant pour le manger que pour les habits: ils ne se nourrissent d'aucunes viandes que des Bêtes tuées par ceux de leur Secte. Celui qui la tue en présente la gorge du côté de la Mecque, & après avoir dit: *Mon Dieu, voilà une Victime que je vais vous immoler; je vous supplie que ce soit pour votre plus grande gloire que nous la mangions*, il lui coupe la gorge. Quand ils veulent faire leur *Sala* ou Priére, ce qu'ils font cinq fois le jour avec une grande exactitude, ils se lavent les pieds & les jambes jusqu'au genou, & les mains & les bras jusqu'au coude, puis s'étant assis à terre la face tournée vers le Soleil Levant, ils invoquent leur Cidy Mahomet, & ensuite Cidy Bellabec qu'ils disent être St. Augustin & plusieurs autres. Ils mettent aussi parmi leurs Saints Cidy Nayssa; c'est le nom qu'ils donnent au Sauveur du monde. Ils le croient né d'une Vierge & conçu par le souffle de Dieu; mais ils ne disent pas que ce souffle soit le St. Esprit & ne reconnoissent point trois personnes en Dieu.

Il y a dans le Royaume de Tafilet quantité d'Autruches qui sont grandes comme des Genisses de six mois & fort grasses. On les prend à la course & la chair en est fort bonne. Il y a aussi des Dromadaires qu'on appelle Meheri, & qui presque en tout semblables aux Chameaux, si ce n'est qu'ils ont le Corps plus délié aussi-bien que les jambes, avec deux bosses sur le dos, mais l'une plus grosse que l'autre. Lorsqu'ils naissent ils demeurent long-tems sans mouvement. Ils sont comme endormis; ce qui dure quelquefois huit jours; mais quand ils sont dans leur force ils courent avec une vîtesse qui n'est pas croyable. On a vu un homme qui étant parti de Maroc au lever du Soleil, avoit été porter quelques dépêches à Tafilet, & le lendemain à cinq heures du Soir il étoit de retour à Fez, ayant fait plus de deux-cens lieues en moins de deux jours, sans avoir de Dromadaires. Le même homme ne faisant que d'arriver offroit encore d'aller porter quelques dépêches à Tanger & d'en rapporter des réponses le lendemain, quoique Tanger soit éloigné de Fez de soixante lieues. Les Habitans de Tafilet sont fort inventifs & font grand Trafic d'Indigo & de Cuivre qu'ils appellent *Cherquis* & qu'ils font de la peau d'un Animal nommé *Lant*. Ils font aussi des Toiles rayées de soie à la Mauresque, & la plûpart des Dattes que l'on transporte en Europe viennent de ce Pays-là.

On ne compte que trois Provinces dans le Royaume de Tafilet & elles sont toutes trois dans la partie Méridionale du Royaume. Leurs noms sont:

    Dras,   Sara,
        Touet ou Tuath.

Le reste du Royaume est partagé en divers Cantons habitez par les Naturels du Pays ou par les Arabes, savoir:

Les Husseins,
Les Carragi, } Arabes.
Les Menebbé,
Les Aitgaris. } Bérébéres,
Matgara,
Reteb,
Les Sagaro,
Les Ruque,
Les Tonguedout,
Benigumi,
Tsabit, ou Tecevin,
Fighig,
Itata,
Gesula,
Les Leguerify,
Les Toudega,
Les Ferquela,
Tabelbelt,
Les Mougouna,
Les Sedrat,
Les Hadet,
Les Secoura,
Les Darvis, } Béreberes.
Amir.

Les principales Villes sont:

Tafilet,   Tinzulin,
Sugulmesse,   Taragale,
Timesquit,   Benisabih.

2. TAFILET, Ville d'Afrique, dans la Barbarie, au Royaume de Tafilet dont elle est la Capitale. Elle est bâtie sur la Riviére de même nom, dans une plaine avec un Château. Marmol [a] dit qu'elle a été fondée par les anciens Africains. Elle est peuplée de plus de deux mille Bérébéres [28] qu'on nomme *Filelis*, gens riches & fort droits qui ont les meilleures Dattes de la Barbarie, quantité de Chameaux & de toutes sortes de Bétail. C'est à Tafilet que se font les belles Rondaches de Cuir de Buffle, ou d'autre Animal semblable. Ces Cuirs viennent des Deserts de Barbarie. On fait

[a] *Numidie*, Liv. 7. c. 28.

aussi à Tafilet de belles toiles de soie rayées à la Moresque, & de riches Casaques qu'on nomme *Filelis*, avec des Tapis & des Couvertures très-fines; & il y a grand Commerce d'Indigo & de Maroquins. C'est le rendez-vous de plusieurs Marchands d'Europe & de Barbarie. Tafilet étoit autrefois incommodée des Courses des Arabes du Desert, & un de leurs Cheques la gouvernoit alors; mais depuis qu'elle est passée au pouvoir des Cherifs, ils ont trouvé moyen de se faire respecter.

3. TAFILET, Riviére d'Afrique, dans la Barbarie, au Royaume de même nom. Elle a sa Source dans le Mont Atlas au Pays des Sagaro. Son cours est du Nord Occidental au Midi Oriental. Elle traverse tout le Royaume de Tafilet, mouille la Ville de ce nom, & va se perdre dans les Sables du Sara ou Desert de Barbarie. Elle reçoit entre autres deux Riviéres à la droite, savoir:

Secoura & Hadet.

TAFLIS. Voyez TEFLIS.

TAFOE, ou TAFOU, Province d'Afrique, dans la Haute Guinée ou Guinée proprement dite, au Royaume d'Akim, ou du Grand Akanis. Elle s'étend au Nord jusqu'au Royaume de Gago: la Riviére Volte qui la traverse d'Occident en Orient la borne aussi en plus grande partie au Levant. Elle a la Province Quahou au Midi, & au Couchant les Terres de la Ville appellée le Grand Akanis. Vers le Midi de cette Province est la Montagne de Tafou où il y a des mines d'Or.

a Atlas Sinensis.

TAFUNG, Montagne de la Chine [a], dans la Province de Suchuen Territoire de Chingtu première Métropole de la Province, près de la Ville de Xefang. Cette Montagne est d'une hauteur extraordinaire, & il tombe de son sommet une Riviére qui fait beaucoup de bruit en se précipitant.

b Lib. 7. c. 1.

TAGABAZA, Ville de l'Inde en deçà du Gange: Ptolomée [b] la donne aux *Brolingæ* & la place au voisinage de Bradaotis. Au lieu de *Tagazaba* le Manuscrit de la Bibliothéque Palatine lit *Stagabaza*.

TAGABÆORUM, ou BETAGABEORUM. Voyez BETAGABEORUM.

c Lib. 10. no. 26.
d Thesaur.

TAGÆ, Ville de la Parthie, aux confins de l'Hyrcanie, selon Polybe [c]. Solin la met vers le Fleuve Oxus; & Ortelius [d] dit que quelque Moderne la nomme TURFON.

TAGAMUTENSIS, Siège Episcopal d'Afrique dans la Byzacène. La Notice des Evêchez d'Afrique nomme son Evêque Milichus; & dans la Conférence de Carthage [e] Milicus est qualifié *Episcopus Plebis Tagamutensis*. C'est apparemment la Ville de *Tagama* de Ptolomée.

e No. 126.

TAGAMA, Ville d'Afrique dans la Libye Intérieure. Ptolomée [f] la marque sur le bord du Niger, entre Vellegia & Panagra.

f Lib. 4. c. 6.

TAGAOST, Ville d'Afrique, au Royaume de Maroc [g]. Elle est la plus grande Ville de la Province de Sus, & on dit qu'elle a été bâtie par les Naturels du Pays. Elle est enfermée de vieux Murs, & située dans une Plaine à vingt lieues de la Mer du côté du Couchant, & à dix-huit du Mont Atlas vers le Midi. Elle a plus de 8000. Maisons, dont il y en a plus de 300. de Juifs Marchands & Artisans, qui demeurent pourtant dans un Quartier séparé. La Riviére de Sus passe à trois lieues de cette Ville. Le Pays de ses environs est fertile en Bled & Troupeaux. Elle se gouvernoit autrefois elle-même. Mais le Peuple y étant fort orgueilleux ne pouvoit pas vivre en repos, & il y régnoit une discorde perpétuelle. Ils se partagérent à la fin en trois factions, dont chacune appelloit les Arabes à son secours; ce qui causa une telle méfiance parmi les Habitans, qu'ils étoient obligez à être jour & nuit sur leurs gardes. Mais enfin les Cherifs s'en emparérent. Il y a deux Marchés dans la Ville toutes les semaines, où se rendent les Arabes & les Bérébéres de la Contrée, comme à Tedsi, & il y vient des Marchands du Quartier des Négres, pour acheter de gros Draps du Pays, qui sont fort étroits. Les Habitans sont bazanez, parce qu'ils s'allient souvent avec leurs voisins les Négres. Ils se traitent comme ceux du Tarudant. Les femmes y sont fort agréables quoiqu'un peu brunes. Les Campagnes du côté de la Numidie étoient autrefois habitées d'Arabes, qui étoient fort puissants, & qui tenoient le parti des Cherifs; Mahomet, Roi de Maroc, les transporta avec leurs Troupeaux & leurs Familles dans la Province de Tremécen, soit pour les récompenser de leurs services, soit pour ne les avoir point si proches de lui. Il leur donna un fort bon Pays à habiter. Mais lors que Buhaçon défit les fils du Cherif, ils furent tous taillez en pièces par ceux de Fez, sans qu'il soit resté un seul homme d'une Nation si belliqueuse.

g Marmol, Royau. Marocco. L. 3. ch. 28. p. 41.

1. TAGARA, Ville de l'Inde, en deçà du Gange, selon Ptolomée [h]. Elle étoit [b] dans les Terres, au Couchant du Fleuve [i] Bynde, entre *Sarisabis* & *Bætana*.

h Lib. 7. c.

2. TAGARA. Voyez TAGARAÏENSIS.

TAGARAÏENSIS, TAGARITANUS, ou TAGATENSIS, Siège Episcopal d'Afrique dans la Byzacène selon la Notice des Evêchez d'Afrique. Dans la Conférence de Carthage [i] Felix est qualifié *Episcopus [i] No. 201. Tagaraïensis*. Il ne faut pas confondre ce Siège avec celui de Tagarata Ville de la Province Proconsulaire. Peut-être que l'Evêque, qui dans la Lettre Synodique des Peres de la Byzacène dans le Concile de Latran sous le Pape Martin, se qualifie *Episcopus Tagazensis*, étoit-il Evêque du Siège dont nous parlons.

TAGARATENSIS, Siège Episcopal d'Afrique, dans la Province Proconsulaire, selon la Notice des Evêchez d'Afrique, où son Evêque est nommé Honoratus *Tagaratensis*. Dans la Conférence de Carthage [k] l'Evêque de ce Siège est appellé *Lu-* *k No. 128. cius Episcopus Civitatis Tagaratensis*.

TAGARBALENSIS, Siège Episcopal d'Afrique, dans la Byzacène. La Notice des Evêchez d'Afrique nomme son Evêque Fortunatianus. Peut-être est-ce la Ville *Agarlaba* de l'Itinéraire d'Antonin.

TAGASTE, Ville d'Afrique dans la *l Baillet, Topog. des* Numidie [l], entre Hippone & Sicca-Ve-*SS. p. 476.* neria.

neria. C'étoit un Siège Episcopal qui a subsisté même long-tems après les ruines de Carthage & d'Hippone. Cette Ville a été encore célèbre par la naissance de St. Augustin & de St. Alype son ami, dont le Pere en étoit le premier Magistrat. St. Alype en fut fait Evêque vers le commencement de l'an 394. avant que St. Augustin, qui étoit plus âgé que lui d'ailleurs, fût Evêque d'Hippone. St. Augustin y nâquit le Ste. Monique qui étoit aussi du même lieu, le 13. de Novembre 354. mais elle n'y mourut pas, & son corps n'y fut pas reporté. Voyez TAGASTENSIS.

TAGASTENSIS, Siège Episcopal d'Afrique où son Evêque est appelé *Januarius*. La Conférence de Carthage [a] a fait aussi mention de ce Siège dont l'Evêque est nommé Alypius. Le nom de la Ville est TAGASTE: L'Itinéraire d'Antonin la marque sur la route d'Hippone à Carthage, entre Hippone & Naraggara à cinquante-trois milles de la première de ces Villes & à vingt-cinq de la seconde. Pline a aussi connu cette Ville qu'il nomme *Tagestense Oppidum*.

[a] Nº. 135.

TAGAT, Montagne d'Afrique au Royaume de Fez [b]. Cette Montagne est fort longue & étroite. Elle est située à deux lieuës de Fez du côté du Couchant, & s'étend de Levant jusqu'à la Riviére de Bunacer l'espace de deux petites lieuës. Toute la face de la Montagne qui regarde la Ville de Fez est couverte de Vignes ; mais de l'autre côté aussi-bien que sur le sommet, ce sont des Terres labourables. La plus grande partie de ces Vignes sont aux Habitans de Fez : les raisins & les autres Fruits qui y naissent n'ont pas grand goût parce qu'ils sont prématurés. Les Habitans demeurent dans des Hameaux, & sont tous gens de travail & toujours dans la Campagne, de sorte qu'il n'y a ni Bourg ni Château. Tous les Hyvers il y a de pauvres Habitans de Fez qui viennent dans ces Montagnes chercher des Trésors qu'ils prétendent que les Romains y ont laissé à leur départ. Ils disent qu'ils ont des Mémoires qui contiennent les endroits où ils sont, sans qu'on les puisse guérir de cette opinion, qu'ils ont succée de Pere en Fils. Ils disent que ces Trésors sont enchantez & qu'on ne les trouvera point que l'enchantement ne soit fini. Cependant il y a plusieurs Siècles, qu'ils perdent leur tems & leur bien à cette vaine recherche tant cette chimère est enracinée dans l'esprit de ces Brutaux, qui font grand état des Livres qui en traitent.

[b] Marmol, Royau. de Fez Liv. 4. ch. 36. p. 203.

TAGAUDA. Voyez TIGAUDA.

TAGAZA, Ville dans l'Afrique [c], au Royaume de Fez. Elle est fort petite n'étant composée que d'environ 600. Habitans. On la trouve sur le bord de la Riviére *Tagaze* à une demi-lieuë de la Mer Méditerranée. Cette Ville fut bâtie par les anciens Afriquains. Le Pays d'alentour est montueux & plein de Rochers, ce qui oblige les Habitans à faire venir par Mer tout ce qu'il leur faut. La Pêche, quelques petites Vignes & Jardins qu'ils ont sur le bord de la Riviére, font tout leur Commerce. Leur manger ordinaire

[c] Ibid. ch. 69. p. 267.

est du Pain d'Orge & des Sardines, avec quelques herbes potagéres, parce qu'ils n'ont point de viande. Leurs coutumes & façons de vivre sont brutales, & ils sont Ennemis mortels des Chrétiens, comme tout le reste de la Province. Ptolomée met l'Embouchure de la Riviére *Tagaze* à 8. d. 30'. de Longitude & à 35. d. de Latitude sous le nom de *Talud*.

1. TAGE, grande Riviére d'Espagne, en Latin *Tagus*, & fameux autrefois par l'Or qu'il rouloit avec son Sable. *Ostium Tagi amnis*, dit Pomponius Mela [d], *aurum gemmasque gignentis*. Pline [e] dit *Tagus auriferis arenis celebratur*; & dans un autre endroit [f] il donne le Tage pour preuve qu'on trouve de l'Or dans certains Fleuves. Ovide [g] parle aussi de l'Or du Tage :

[d] Lib. 3. c. 1.
[e] Lib. 4. c. 22.
[f] Lib. 33. c. 4.
[g] Metamorph. Lib. 2. v 251.

Quodque suo Tagus amne vehit, fluit ignibus aurum.

Et Silius-Italicus [h] compare le Tage avec le Pactole :

[h] Lib. 4. v. 234.

Heic certant, Pactole, tibi Duriusque Tagusque.

Quelques-uns disent qu'aujourd'hui il ne se trouve plus d'or dans le Tage ; d'autres prétendent qu'on y en voit encore, mais qu'on le néglige & qu'il est même défendu de le chercher, de crainte que les Sables qu'on remueroit ne vinssent à porter du préjudice aux Terres labourées qui sont bases [i]. Ce qu'il y a de certain c'est que la Couronne & le Sceptre des Rois de Portugal sont faits de l'Or qui a été trouvé dans le Tage. Ce Fleuve a sa Source, dans la Partie Orientale de la Nouvelle Castille aux confins du Royaume d'Aragon. Il traverse toute la Castille de l'Orient à l'Occident, & il y baigne Tolède : delà il passe à Almaraz & à Alcantara dans l'Estramadoure d'Espagne, d'où entrant dans l'Estramadoure de Portugal, il lave Santaren & va former un petit Golphe d'une lieuë de largeur qui sert de Port à Lisbonne ; & deux lieuës au-dessous il se décharge dans l'Océan Atlantique. La marée monte à Lisbonne ordinairement douze pieds à pic, & plus de dix lieuës en avant vers sa Source. Le Tage est abondant en poisson : la marée y en jette une grande quantité de fort gros & de fort délicats. Les plus estimez sont les Aloses ; & c'est peut-être pour cette raison que les Phéniciens, qui occupérent autrefois la Lusitanie, donnérent à ce Fleuve le nom de *Tag*, ou *Dag*, qui en leur Langue signifie poisson, au lieu que les Naturels ou anciens Habitans du Pays l'appelloient *Perca*, ou *Perkes*.

[i] Resendius, Antiq. Lib. 2. Délices de Portugal, p. 832.

2. TAGE, Ville de l'Arabie Heureuse [k], sur la route de Moka à la Cour du Roi d'Yemen, entre Manzery & Manzuel, dix-huit lieuës de la première de ces Villes. La Ville de Tage est fort renommée dans le Pays. Elle est grande & fermée de belles murailles qu'on dit être un ouvrage des Turcs. Il y a sur une Montagne qui commande la Ville un bon Château, qui paroît de six lieuës de loin & qui est garni de trente gros Canons de Fonte. C'est-là qu'on met ordinairement les Prisonniers d'Etat. On a pratiqué plusieurs Jardins sur le penchant de cette Montagne. Ils font un bel effet

[k] La Roque, Voy. de l'Arabie Heureuse, p. 194.

effet à la vûe & fourniſſent à la Ville de grandes commoditez. Il y a neuf ou dix belles Moſquées à Tage.

TAGESTENSE-OPPIDUM. Voyez TAGASTENSIS.

TAGINA, Village d'Italie, au pied de l'Apennin, aux environs de l'Umbrie & de la Toſcane, ſelon Procope [a] cité par Ortelius [b].

[a] Lib. 4.
[b] Theſaur.

TAGGAL ou TEGGAL, Ville des Indes, dans l'Iſle de la Grande *Java*, ſur la Côte Septentrionale; entre *Sjeribon*, & *Samarang*. A quelque diſtance au Midi de cette Ville, on voit le Volcan de *Teggal*, appellé par les Hollandois *Berg-Teggal*; c'eſt-à-dire la Montagne de *Teggal*.

TAGGIA, Bourg d'Italie [c], dans l'Etat de Gênes, à trois milles ou environ de la Côte, ſur le bord d'une Riviére qui a ſon Embouchure, près de *Riva*. Les bons Vins Muſcats qu'on cueille aux environs de ce Bourg l'ont rendu fameux.

[b] *Magin*, Carte de la Seigneurie de Gênes.

TAGIOUAH, nom d'une Ville du Pays des Soudans [d], ou Négres: il confine à la partie Occidentale de la Nubie. Cette Ville donne ſon nom à une grande Province, dont les Peuples ſont appellez, *Tagiouin*, Gens qui ne ſont attachez à aucune Religion, & qui pour cet effet ſont appellez par les Arabes, *Magious*, *Mages*, c'eſt-à-dire, qui ne ſont ni Juifs, ni Chrétiens, ni Muſulmans. *Tagiouah* eſt diſtante de la Ville de *Nouabiah*, qui donne ſon nom à toute la Nubie, de dix-huit journées, en tirant, comme on a déja dit, vers l'Occident.

[e] D'Herbelot, Bibliot. Or. p. 844.

TAGLIACOZZO, Ville d'Italie au Royaume de Naples, dans l'Abbruzze Ultérieure, environ à huit milles à l'Orient du Lac de *Celano*, avec Titre de Duché. Elle appartient à la Maiſon des Colonnes. On prétend qu'elle a été bâtie des ruïnes de l'ancienne *Carſiola-Colonia*, quoiqu'elle ne ſoit pas dans la même place.

TAGNES, Lieu de France, dans le Périgord, Election de Sarlat.

TAGODA. Voyez TETAGODA.

TAGODAS. Voyez ISADAGAS.

TAGOMAGO, ou TACOMAGO, Iſle de la Mer Méditerranée, près du Cap le plus Oriental de l'Iſle d'*Iviça*, auſſi nommé TAGOMAGO ou POINTE DE TAGOMAGO. Michelot dans ſon Portulan [e] de la Mer Méditerranée dit: A l'Eſt de la Pointe de *Tagomago*, & environ à un mille il y a une petite Iſle preſque ronde & aſſez haute, appellée l'Iſle de *Tagomago*, où l'on peut paſſer à terre de cette Iſle à mi-Canal, en rangeant un peu plus l'Iſle de *Tagomago* que la Pointe d'*Iviça*. Il y a aſſez de profondeur d'eau entre les deux.

[e] Pag. 23.

Vers le Nord de la Pointe de *Tagomago*, à une portée de fuſil, il y a un petit Banc de roches preſque à fleur d'eau, où l'on voit briſer la Mer. On pourroit dans une néceſſité paſſer entre ce Banc & le Cap de *Tagomago*: il y a douze à quinze braſſes d'eau; mais le meilleur & le plus ſûr eſt de paſſer par le milieu comme il a été dit & d'éviter cette Pointe. De l'Iſle de *Tagomago* allant à la Pointe de St. Hilaire la Route eſt le Sud-Oueſt: environ à neuf milles & preſque à moitié chemin, il y a proche de terre une petite Iſle, au dehors de laquelle environ à deux cens toiſes on voit un Ecueil hors de l'eau & qui paroît comme un Bâteau. On peut paſſer avec une Galére entre les deux Iſles; car il y a quatre à cinq braſſes d'eau. En paſſant par le milieu il n'y a rien à craindre.

TAGONIUS, Riviére d'Eſpagne, ſelon Plutarque qui en parle dans la Vie de Sertorius. C'eſt aujourd'hui l'Henarès, ſelon Amb. Moralès. Les Traducteurs de Plutarque rendent *Tagonius* par le *Tage*. Ortelius [f] prétend que c'eſt une faute.

[f] Theſaur.

TAGORA. Voyez TAGORENSIS & THAGURA.

TAGORENSIS. On trouve deux Siéges Epiſcopaux de ce nom dans la Conférence de Carthage, où [g] Poſtumianus eſt dit *Epiſcopus Plebis Tagorenſis*, & Reſtitutus [h] qualifié *Epiſcopus Tagorenſis*. La Notice nous apprend qu'un de ces Siéges étoit dans la Numidie, & elle nomme ſon Evêque Reſtitutus. L'Itinéraire d'Antonin met auſſi la Ville *Tagora* dans la Numidie. Dans une Lettre de St. Auguſtin [i] il eſt fait mention de *Xantippus Tagoſenſis* qui diſputoit pour la primauté de la Numidie, avec Victorinus. On ſoupçonne que ce *Xantippus* étoit Evêque de *Tagora*, quoique les MSS. liſent *Tagoſenſis*, à l'exception d'un qui porte *Tagonenſis*. L'autre TAGORA ou TACORA paroît avoir été dans la Province Proconſulaire, ſelon la Table de Peutinger.

[g] No. 133.
[h] No. 143.
[i] Epiſt. 59.

TAGORI, Peuples de la Sarmatie Aſiatique. C'eſt Pline [k] qui en fait mention.

[k] Lib. 6. c.

TAGRIN. Voyez au mot CAP l'Article CAP-TAGRIN.

TAGRUM, ou TAGRUS, nom que Varron [l] donne à un Cap de la Luſitanie, appellé aujourd'hui MONTE DI SINTRA. Comme il ajoute que dans cet endroit les Cavales concevoient du Vent, & que Columelle [m] qui rapporte la même fable dit que cela arrivoit ſur le Promontoire SACRUM, Ortelius [n] croit qu'au lieu de TAGRUM il faudroit lire SACRUM dans Varron. La raiſon qu'il en donne eſt que *Tagrum* n'eſt connu d'aucun autre Auteur. Mais on pourroit auſſi lire TAGUS au lieu de TAGRUS; car c'eſt auprès du *Tage*, ſelon Pline, que les Cavales Eſpagnoles concevoient du Vent.

[l] Ref Ruſtic. Lib. 2. c. 5.
[m] Lib. 6. c. 27.
[n] Theſaur.

TAGUEI, Montagne de la Chine [o], dans la Province de Huquang, au Territoire de Changka, huitième Métropole de la Province, au voiſinage de la Ville de Lieuyang. Cette Montagne finit en trois Pointes fort élevées, au milieu deſquelles ſe trouve un Lac d'une très-grande profondeur.

[o] Atlas Sinenſi.

TAGUMADERT, Ville d'Afrique [p], dans les Etats du Roi de Maroc, au Royaume de Tafilet, dans les Terres près de la Riviére de Dras, à la gauche au-deſſous de Tinzeda. Ses murailles, dit Marmol [q], ne ſont pas fort bonnes, mais il y a un Château, ſur le haut d'une Montagne, garni de quelques piéces d'Artillerie, où le Chérif tient garniſon, à cauſe des Arabes du Deſert. Les Habitans de la Ville ſont la plûpart Darvis, gens orgueilleux, & qui ſe piquent d'honneur, parce qu'ils ont quelque connoiſſance des Lettres. C'eſt de ce Lieu que les Chérifs tirent leur origine. Le Pays

[p] De l'Iſle, Atlas.
[q] Numidie, Liv. 7. c. 14.

TAG. TAH. TAI.

Pays est fertile en Bled, Orge, Dattes, & on y éleve du gros & du menu Bétail. Cette Place & celle de Tanugum est dépendent du Gouverneur de Timesquit, qui est le principal de ces Quartiers.

TAGUNTIA, Riviére dont il est parlé dans la Vie de St. Séverin. Ortelius [a] soupçonne que ce pourroit être la Riviére *Bacuntius* de Pline; voyez BACUNTIUS.

TAGURA. Voyez THAGURA.

TAGURIA, Lieu d'Asie, quelque part aux environs de la Bactriane selon Polybe [b].

TAGURUS. Voyez THAGURIS.

1. TAGUS. Voyez TAGE.

2. TAGUS, Fleuve d'Ethiopie, selon Sidonius Apollinaris [c]. Mais le Pere Sirmond a fait voir qu'il falloit lire *Gir* au lieu de *Tagus*. Il se fonde sur un Manuscrit & sur Claudien où on lit:

. . . . . *Et Gir notissimus amnis*
Aethiopum, simili mentitus gurgite Nilum.

Le Tage, ajoute le Pere Sirmond, n'a rien de commun avec l'Ethiopie: au lieu que le *Gir*, selon Ptolomée, est un Fleuve de la Libye Intérieure.

TAHAMAH, nom d'une partie de l'Arabie [d], où est située la Mecque. Elle est ainsi appellée à cause de son terrain est plus bas que celui des Provinces voisines. Ce n'est proprement qu'une partie de la Province, qui s'appelle Hegiaz. Car la Ville de la Mecque, aussi-bien que celle de Thaïef, que l'on met aussi dans le Tahamah, appartient, à l'aveu de tous les Géographes Orientaux, à la Province de Hegiaz. Abou Thaleb a composé une Histoire de ce Pays-là, sous le titre d'Akhbar Tahamah.

TAHEU, Cité de la Chine [e], dans la Province d'Iunnan, au Département de Lungchuen, Cité & Forteresse de la Province. Elle est de 16. d. 56′. plus Occidentale que Peking, sous les 24. d. 28′. de Latitude.

TAHNAH, ou TAHANAH [f], nom d'une Ville du Zingistan, que nous appellons le Zanguebar, ou le Pays des Cafres, sur la Côte de Sofalat Aldheheb, qui est Sofalah, située sur le rivage de l'Océan Ethiopique, que les Arabes appellent, Bahr Al-Berber. Cette Ville n'est éloignée de celle de Baïs, que d'une course & demie de Vaisseau, selon le Scherif Al-Edrissi.

TAHOA, Forteresse de la Chine [g], dans la Province de Queicheu, au Département de Queiyang premiére Métropole de la Province. Elle est de 11. d. 45′. plus Occidentale que Peking, sous les 25. d. 20′. de Latitude.

TAHRAT, ou TAHART, nom de deux Villes [h] qui appartiennent à la Province que les Arabes appellent, Auffath Al-Magreb, l'Afrique du milieu. La première s'appelle Tahart âliah, la Haute, & la seconde, Tahart Safalah, la Basse, & toutes deux ont un terroir très-fertile en grains, selon le rapport du Géographe Persien dans son troisième Climat.

TAHUNG, Montagne de la Chine [i], dans la Province de Huquang. C'est la plus haute Montagne de la Chine. Elle commence auprès de Suicheu du côté du Nord & s'étend jusqu'au voisinage de Tegan. Il y a un Lac sur le sommet de cette Montagne.

1. TAI. Voyez TAOCHI.

2. TAI, Montagne de la Chine [k], dans la Province de Honan, au Territoire de Hoaiking, cinquième Métropole de la Province, près de la Ville de Ciguën du côté du Nord. Cette Montagne creva autrefois avec un bruit terrible & découvrit une Caverne de trois cens perches & d'où il sort une eau bitumineuse, épaisse & grasse, dont on se sert en quelques endroits au lieu d'huile, & qui est d'un goût assez agréable.

3. TAI, Lac de la Chine [l], dans la Province de Kiangnan, au Couchant de la Ville de Sucheu, troisième Métropole de la Province. Ce Lac est fort grand; & les Chinois assûrent qu'il occupe trente-six mille Arpens de terrein.

4. TAI, Ville de la Chine, avec Forteresse dans la Province de Kiangnan [m], au Département de Jangcheu, septième Métropole de la Province. Elle est de 2. d. 45′. plus Orientale que Peking, sous les 32. d. 20′. de Latitude.

5. TAI, Ville de la Chine, avec Forteresse [n], dans la Province de Xansi, au Département de Taiyven première Métropole de la Province. Elle est de 4. d. 45′. plus Occidentale que Peking, sous les 39. d. 22′. de Latitude.

TAIAMENTO, anciennement *Tilaventum-majus*; Riviére d'Italie dans le Frioul. Elle a sa source dans la partie Orientale du Pays appelé *Cargna* [o]. Elle coule d'abord à l'Orient jusqu'à l'endroit où elle reçoit la *Fella* un peu au-dessus de *Venzone*. Delà prenant sa course vers le Midi, en serpentant, elle va se jetter dans le Golphe de Venise où elle forme à son Embouchure un Port appellé *Porto del Taiamento*. Les Villes qu'elle arrose sont:

Tolomezo, g.	S. Darigo, g.
Venzone, g.	Valuasone, d.
Osopo, g.	Castello, d.
Flagogna, d.	Lutisano, g.

Elle grossit ses eaux de celles de quelques Riviéres qu'elle reçoit. Voici les noms des principales:

Rio, g.	Venzonessa, g.
Micio, g.	Ledra, g.
Buti, g.	Arzine, d.
Fella, g.	Cosa, d.

TAIBA, espèce de Forteresse, qu'on trouve dans un Desert, à cinq journées de celle de Mached-Raba, en allant d'Alep à Ispahan [p]. C'est une haute muraille de terre & de brique cuite au Soleil, bâtie en rase campagne. Auprès de la Porte de cette Forteresse, il y a une Fontaine qui sort de terre & qui forme un petit Etang. Ce passage est le plus fréquenté de tout le Desert, à cause de cette source, tant par ceux qui vont d'Alep & de Damas à Babylone que par ceux qui vont de Damas à Diarbekir & qui veulent prendre le plus court chemin.

266 TAI. TAI.

min. Mr. Carré dans son Voyage des Indes Orientales [a], dit que TAIBA étoit autrefois une fort jolie Ville, dont les commencemens n'avoient été que quelques Maisons bâties par les Arabes, qui ayant remarqué que la fertilité de la terre étoit telle qu'en la cultivant on en pouvoit tirer de quoi nourrir plusieurs milliers d'hommes, l'avoient considérablement agrandie, en y ajoutant bien des commoditez, & faisant venir de vingt & trente lieues les eaux qui lui étoient nécessaires. Pour cet effet ils avoient creusé des Canaux & bâti des Aqueducs avec des peines & des frais immenses; & pour la commodité des Voyageurs qui vont du côté de la Syrie ou qui en reviennent, ils avoient fait des Puits d'espace en espace. Tout cela avoit rendu Taiba une Ville célèbre, où les Marchands alloient trafiquer dans le tems qu'elle étoit sous la domination des Arabes. Mr. Carré ajoute: Aujourd'hui que le Turc est Maître des Frontières de l'Arabie, le Commerce a entièrement cessé à *Taiba*; en sorte que ce n'est plus qu'un Village qui sert de retraite aux Voleurs.

[a] Tom. 1.

TAICANG, [b] Ville de la Chine, avec Forteresse, dans la Province de Kiangnan au Département de Sucheu, troisième Métropole de la Province. Elle est de 4. d. 15'. plus Orientale que Peking, sous les 32. d. 13'. de Latitude.

[b] Atlas Sinensis.

TAICHEU, Ville de la Chine [c], dans la Province de Chekiang où elle a le rang de dixième Métropole. Elle est de 4. d. 25'. plus Orientale que Peking, sous les 28. d. 30'. de Latitude. Le Territoire de cette Ville est fort grand; mais il est fort montueux: la Ville même est bâtie sur une Montagne. Du tems des Rois elle appartint tantôt à ceux d'U, tantôt à ceux d'Iue. La Famille de Cina l'unit à la Province de Minchung: elle fut appellée CHANGGAN par la Famille Hana, HAICHEU par la Famille Tanga, qui lui donna ensuite le nom de TAICHEU, qui s'est conservé jusqu'à présent. La Métropole de Taicheu a dans sa dépendance six Villes, qui sont:

[c] Ibid.

Taicheu,   Sienkiu,
Hoangnien,   Ninghai,
Tientai,   Taiping.

TAIF, petite Ville de l'Arabie, au Midi de la Montagne de Gazouan [d]. Son Terroir abonde en Fruits, quoique ce soit le Lieu le plus froid de tout le Pays d'Hegiaz; de sorte qu'il y a souvent de la glace sur cette Montagne. La plus grande partie de ses Fruits sont des raisins que l'on fait sécher. L'air est tout-à-fait sain à Taif. On lit dans Almoshtarec que Naaman est une Vallée située entre la Mecque & Taif; qui est appellée Naaman-Alirac.

[d] Arabie d'Abulfeda Trad. de Mr. de la Roque.

TAIGAN, Ville de la Chine avec Forteresse [e], dans la Province de Xantung, au Département de Cinan, première Métropole de la Province. Elle est de 0. d. 43'. plus Orientale que la Ville de Peking, sous les 36. d. 36'. de Latitude.

[e] Atlas Sinensis.

TAIHING, Ville de la Chine [f], dans la Province de Kiangnan, au Département

[f] Ibid.

d'Yangcheu, septième Métropole de la Province. Elle est de 2. d. 38'. plus Orientale que Peking, sous les 33. d. 5. de Latitude.

TAIHO, Ville de la Chine [g], dans la Province de Kiangnan, au Département de Fungyang, seconde Métropole de la Province. Elle est de 1. d. 41'. plus Occidentale que Peking, sous les 34. d. 23'. de Latitude.

[g] Ibid.

2. TAIHO, Ville de la Chine [h], dans la Province de Kiangsi, au Département de Kiegan, neuvième Métropole de la Province. Elle est de 2. d. 42'. plus Occidentale que Peking, sous les 27. d. 28'. de Latitude. Taiho est située à sept lieues ou environ de Vannungan, au côté gauche de la Rivière de Can [i], & le Terroir qui l'entoure est assez fertile. On entre dans cette Ville du côté du Nord par un Pont de pierre bâti sur la Rivière. Quoique les Tartares l'ayent si fort désolée, qu'il y a beaucoup d'endroits où se retirent les Bêtes sauvages, elle conserve encore quelques Temples qui sont magnifiques, & deux Tours fort élevées.

[h] Ibid.
[i] Ambassade de la Comp. des Indes Or. des Prov. Un. à la Chine, ch. 8.

TAIHU, Ville de la Chine [k], dans la Province de Kiangnan, au Département de Ganking, dixième Métropole de la Province. Elle est de 1. d. 26'. plus Occidentale que Peking, sous les 31. d. 36'. de Latitude.

[k] Atlas Sinensis.

TAIKANG, Ville de la Chine [l], dans la Province de Honan, au Département de Caifung, première Métropole de la Province. Elle est de 2. d. 50'. plus Occidentale que Peking, sous les 35. d. 13'. de Latitude.

[l] Ibid.

TAILLANCOURT, *Tallari-Curia*, Lieu de France dans la Champagne. Son Eglise Paroissiale est dédiée à St. Gengoua. Le Château de Bras en dépend.

TAILLAR, ou TAILLAT, autrement le CAP TAILLAR [m], Cap de France sur la Côte de Provence, dans le Golphe de Gênes entre Aiguebonne & le Cap Lardier. C'est une longue Pointe avancée, qui de loin semble être isolée à cause d'une Langue de Terre [n], basse, qui est entre la haute Terre & lui. Cette Pointe est assez haute, & il y a dessus une Tour de Garde, & tout auprès de la Pointe quelques écueils; on peut mouiller dans une nécessité avec des Galéres d'un côté & d'autre de cette Basse Terre, par 6. à 7. Brasses d'eau.

[m] De l'Isle, Atlas.
[n] Michelot, Portul. de la Méditer. p. 78.

TAILLEBOURG, Ville ou Bourg de France dans la Saintonge sur la Charente, Election de St. Jean d'Angely, à trois lieues de celle de Saintes. L'Histoire nous apprend qu'en 1173. Henri Roi d'Angleterre prit la Ville de Saintes & poursuivit jusqu'à Taillebourg [*Tabellicum*] son fils Richard qui s'étoit soulevé contre lui. On trouve aussi ce Lieu appellé *Talleburgus* & *Taleaburgus*. Au milieu de la Ville il y a un Château bâti sur des Rochers très-hauts. Ce Château avec sa Seigneurie, dont la Jurisdiction s'étend sur quarante Paroisses, fut unie au Domaine Royal en 1407. [o] Dans la suite le Roi le donna à Gaspard de Coligny Maréchal de France, de la Maison duquel il a passé dans celle de la Trimouille par le mariage de Louise de Coligny. Taillebourg est connu dans l'Histoire par la Victoire que Saint Louis y remporta en 1242.

[o] Piganiol, Descr. de la France, t. 5. p. 35.

1242. sur Hugues Comte de la Marche, & les autres mécontens qui étoient soutenus par les Anglois. Il y avoit ici un beau Pont, dont les ruines portent aujourd'hui un préjudice considérable à la navigation de la Charente. Le Chapitre n'est composé que d'un Doyenné-Cure & de trois Canonicats.

TAILLEPIED, Lieu de France, dans la Normandie, Diocèse de Coûtances, Election de Valognes. C'est une petite Paroisse qui sert aussi de Succursale à S. Sauveur, l'Eglise même étant bâtie sur cette derniére Paroisse, éloignée d'une grande lieue, qui borde la Forêt de l'Abbé. Madame d'Auffeville en partage la Seigneurie avec l'Abbé de S. Sauveur. Il y a une Chapelle de S. Jean dans la Cour de son Château, ou Manoir.

TAIN, ou THIN, Bourgade de France, dans le Viennois, à trois lieues au-dessus de Valence, sur le bord du Rhône, vis-à-vis de Tournon. C'est sur une Colline au voisinage de Tain que se recueillent les Vins de l'Hermitage, qui sont en si grande réputation.

TAINING, Ville de la Chine [a], dans la Province de Fokien, au Département de Xaoúú, huitième Métropole de la Province. Elle est de 0. d. 30'. plus Occidentale que Peking, sous les 26. d. 54'. de Latitude.

TAIONNACUS, Lieu des Gaules. C'est Sidonius Apollinaris qui en parle au huitième Livre de ses Epitres [b].

TAIPHALI. Voyez THAIPHALI.

1. TAIPE, Montagne de la Chine [c], dans la Province de Xansi, au voisinage de la Ville d'Uucung. Elle a le onzième rang entre les Montagnes fortunées de la Chine. On dit qu'en battant du Tambour sur cette Montagne, le bruit que l'on fait excite des Tonnerres, des Eclairs & de grandes Tempêtes: aussi est-il défendu sous de grièves peines de battre du Tambour aux Environs de cette Montagne.

2. TAIPE, Montagne de la Chine [d], dans la Province de Xensi, au Territoire du Fungciang, seconde Métropole de la Province près de la Ville de Muï. Cette Montagne est la plus haute de ce Canton; & au fort de l'Eté son sommet paroît tout couvert de neige.

1. TAIPING, Ville de la Chine [e], dans la Province de Quangsi, où elle a le rang de huitième Métropole. Elle est de 12. d. 20'. plus Occidentale que Peking, sous les 23.. d. 20'. de Latitude. Le Territoire de cette Ville étoit autrefois très-peuplé & très-cultivé à cause de sa fertilité; mais il a été détaché de l'Empire de la Chine, & il est soumis aujourd'hui au Roi du Tungking. La Métropole compte vingt-trois Villes dans sa dépendance, & elles sont très-voisines les unes des autres. Voici leurs noms:

Taiping,	Chinyven ☉,
Taiping,	Sutung,
Ganping,	Kielun ☉,
Yangli,	Mingyng ☉,
Vanching,	Xanghia,
ço ☉,	Kiegan ☉,
Civenming ☉,	Lunging ☉,
Suching ☉,	Turkie ☉,
çungxen,	Toling,
Junkan,	Lung,
Loyang,	Kiang,
	Lope.

Ce sont là les noms que les Chinois donnent aux Villes du Département de Taiping. On ignore comment elles sont appellées par les Habitans du Tungking.

2. TAIPING, Ville de la Chine [f], avec Forteresse, dans la Province de Quangsi, au Département de Taiping, huitième Métropole de la Province. Elle est de 12. d. 20'. plus Occidentale que Peking, sous les 23. d. 28'. de Latitude.

3. TAIPING, Ville de la Chine [g], dans la Province de Chekiang, au Département de Taicheu, dixième Métropole de la Province. Elle est de 4. d. 30'. plus Orientale que Peking, sous les 28. d. 28'. de Latitude.

1. T'AIPING, Ville de la Chine [h], dans la Province de Xansi, au Département de Pingyang, seconde Métropole de la Province. Elle est de 6. d. 4'. plus Occidentale que Peking, sous les 36. d. 55'. de Latitude.

2. T'AIPING, Ville de la Chine [i], dans la Province de Kiangnan, au Département de Ningque, douzième Métropole de la Province. Elle est de 0. d. 28'. plus Orientale que Peking, sous les 30. d. 45'. de Latitude.

1. TA'IPING, Ville de la Chine [k], dans la Province de Kiangnan, où elle a le rang d'onzième Métropole. Elle est de 1. d. 10'. plus Orientale que Peking sous les 32. d. 20'. de Latitude. Le Fleuve Kiang & le Lac Taiping partagent le Territoire de cette Ville & l'arrosent. Le Pays est diversifié: il y en a une partie en Montagnes & une autre partie en Plaines; & par-tout la Terre est fort fertile. Il dépendoit autrefois du Royaume d'U, ensuite de celui de Iue & enfin de celui de Cu. La Famille Cina le joignit au Pays de Chang: celle de Hana lui donna le nom de TANYANG; il fut nommé NANYÚ par la Famille Tanga, PINGNAN par la Famille Sunga qui ensuite l'appella Taïping, nom qu'il retient encore présentement. On ne compte que trois Villes dans le Département de Taïping, savoir:

Taïping,	Vuhu,
Fachang,	

2. TA'IPING, Ville de la Chine [l], dans la Province de Suchuen, au Département de Queicheu, sixième Métropole de la Province. Elle est de 8. d. 20'. plus Occidentale que Peking, sous les 31. d. 3'. de Latitude.

3. TA'IPING, Forteresse de la Chine [m], dans la Province de Queicheu, au Département de Chinyuen, quatrième Métropole de la Province. Elle est de 8. d. 58'. plus Occidentale que Peking, sous les 27. d. 40'. de Latitude.

TAISEY, Lieu de France, dans la Bourgogne, Diocèse de Châlons sur Saone. Il est de la Paroisse S. Remy, & situé à une petite demi-lieue de Châlons, sur une éminence. Il est arrosé de deux petites Riviéres; l'une appellée le MATRAS, & l'au-

---

[a] Atlas Sinens.
[b] Epist. 8. ad Syagrium.
[c] Atlas Sinens.
[d] Ibid.
[e] Ibid.
[f] Ibid.
[g] Ibid.
[h] Ibid.
[i] Ibid.
[k] Ibid.
[l] Ibid.
[m] Ibid.

l'autre la RIVIERE D'ITALIE. Il y a deux petits Ponts de bois sur celle de Matras. Il y a des Vignes. S. Remy, Taisye, Châtelain, Ecle & la Grange-Francy, en dépendent, comme aussi d'Assercelle, qui est une Métairie séparée du Château.

TAITUNG, Ville de la Chine [a], dans la Province de Xansi, où elle a le rang de troisième Métropole. Elle est de 4. d. 10'. plus Occidentale que Peking, sous les 40. d. 20'. de Latitude. La Ville de Taitung le peut céder aux autres pour l'ancienneté & pour la grandeur ; mais non pas pour la force, ni pour l'avantage de la situation ; car ses murailles sont très-fortes & elle est renfermée entre des Montagnes comme tout son Territoire. A la verité du côté du Couchant où les Montagnes sont moins élevées elle est exposée aux incursions des Tartares ; mais en revanche elle a un grand nombre de Forteresses, dans lesquelles aussi bien que dans la Ville il y a toujours de fortes garnisons. Le Territoire de Taitung fut premiérement aux Rois Chao, vers la fin de la Famille Cheva, & il se nommoit alors PETIE : il fut appellé JUNCHUNG par la Famille Cina & Juncheu par la Famille Tanga. Depuis ce tems-là il a toujours porté le nom de Taitung. On compte dans ce Territoire onze Villes, savoir :

[a] Atlas Sinens.

Taitung,   So ⊙,
Hoaigin,   Maye,
Hoenyuen,   Guei ⊙,
Ing ⊙,   Quangling,
Xanin,   Quangchang,
        Lingkieu.

TAJUNA, Riviére d'Espagne, dans la Nouvelle Castille [b]. Elle prend sa Source à quelques lieues au Midi de Siguenza, court en serpentant du Nord Oriental au Midi Occidental, & va se perdre dans le Xarama un peu avant que ce Fleuve se jette dans le Tage.

[b] De l'Isle Atlas.

TAIXUN, Ville de la Chine [c], dans la Province de Chekiang, au Département de Vencheu, onzième Métropole de la Province. Elle est de 3. d. 1'. plus Orientale que Peking, sous les 26. d. 59'. de Latitude.

[c] Atlas Sinens.

1. TAIYVEN, Ville de la Chine [d], dans la Province de Xansi, où elle a le rang de première Métropole. Elle est de 4. d. 35'. plus Occidentale que Peking, sous les 38'. d. 33'. de Latitude. L'antiquité & la magnificence des Edifices de Taiyven l'ont toujours fait considérer comme une des principales Villes de l'Empire. Elle est défendue par de fort bonnes Murailles qui ont trois lieues de circuit. Cette Ville est très-peuplée, & sa situation dans un lieu entrecoupé de Collines & de Montagnes couvertes d'Arbres, en fait un endroit agréable & très-sain. Le Fleuve Fuen la mouille du côté du Couchant, & donne la fertilité aux terres voisines. Elle fut anciennement la Résidence des Rois de la Famille Cheva ; car les Freres des Empereurs y régnerent : & alors son Territoire se nommoit le Royaume de TANG. Il fut ensuite appellé le Royaume de CHAO. Après l'extinction des Rois le nom de CINYANG lui fut donné par

[d] Ibid.

la Famille Cina. La Famille Tanga fit de cette Ville la Capitale de l'Empire, qui porta alors le nom de Peking. Les Familles Utai, Siking & Sunga l'appellérent HOTUNG ; & la Famille Taminga lui donna le nom qu'elle porte présentement. Tant de Rois ayant fait leur demeure dans cette Ville ; il ne faut pas s'étonner d'y voir un grand nombre de superbes Edifices, entre lesquels on remarque le Palais Royal, qui est un Bâtiment vaste & magnifique. On voit aussi sur les Montagnes voisines des Tombeaux célebres, en quoi les Chinois ne sont pas moins magnifiques que superstitieux. Le Territoire de Taiyven est d'une grande étendue, & renferme jusqu'à vingt-cinq Villes, qui sont :

Taiyven,   Hokio,
Taiyven,   Pingting ⊙,
Juçu,   Loping,
Taco,   Che ⊙,
Ki,   Tingsiang,
Siukeu,   Tai ⊙,
Cingyuen,   Utai,
Kiaoching,   Kiechi,
Venxui,   Cofan ⊙,
Xeuyang,   Fan,
Yu,   Hing,
Cinglo   Paote ⊙,
        Hiang.

On trouve dans le Territoire de Taiyven la racine appellée Ginseng, une assez grande quantité de Musc, & de Lapis Lazuli. On y trouve aussi plusieurs Temples superbes dédiez à des Héros.

[e] Ibid.

2. TAIYVEN, Ville de la Chine [e], dans la Province de Xansi, au Département de Taiyven, première Métropole de la Province. Elle est de 5. d. 0'. plus Occidentale que Peking, sous les 38. d. 28'. de Latitude.

TAIZALI & VERMICONES, Peuples de la Grande-Bretagne, selon un MS. de Ptolomée [f], consulté par Humf-Lhuydus, qui les met dans le Pays appellé aujourd'hui Northumberland. Au lieu de TAIZALI & de VERMICONTES, on lit ordinairement dans le Texte Grec, aussi-bien que dans le MS. de la Bibliothéque Palatine TEXALI & VENICONTES. On y trouve pourtant un Promontoire nommé Taizalum, & marqué entre l'Embouchure du Celnius & celle du Diva. Ce Promontoire est nommé présentement BUQUEHAMNESSE.

[f] Lib. 2. v.

TAKORAY, selon Mr. Corneille [g], & TAKORARI selon Mr. de l'Isle [h], Bourgade d'Afrique, dans la Guinée, au Royaume d'Anté, avec un Port & une Forteresse sur la Côte d'Or, au Nord Oriental du Cap des trois Pointes. C'étoit autrefois un Etablissement des François. Les Hollandois y ont aujourd'hui une Colonie.

[g] Dict.
[h] Atlas.

TALABO, ou TALANO, Golphe de l'Isle de Corse [i], sur la Côte Occidentale de cette Isle, entre Capo Negro, & Calo di Agnelo. Il n'est séparé du Golphe d'Ajazzo que par une Presqu'Isle. C'est le Titanus Portus de Ptolomée. Deux Riviéres assez considérables ont leur Embouchure dans ce Golphe ; savoir Fiuminale d'Ornano & Fiume Bozzo. Entre les deux on trouve l'Embouchure d'une

[i] Magin, Carte de l'Isle de Corse.

TAL. TAL. 269

d'une autre petite Riviére, qui vient de l'Orient.

TALABRERA. Voyez TALAVERA DE LA REYNA.

TALABRIGA, Ville de la Lufitanie, felon Ptolomée [a] & Appien [b] : le premier la place dans les Terres, entre *Concordia* & *Rufticana*. Aretius juge que c'eft aujourd'hui *Talavera della Reyna*. Varrerius prétend néanmoins que ce foit *Cacia*. L'Itinéraire d'Antonin marque *Talabrica* fur la Route de Lisbonne à *Bracara Augufta*, entre *Æminum* & *Langobriga*, à quarante milles de la premiére de ces Places, & à dix-huit milles de la feconde.

[a] Lib. 2. c. 5.
[b] Bel. His. de Bruti Gallæi Expod. p. 501.

TALABROCA, Ville de l'Hyrcanie: Strabon [c] la donne pour une des Villes les plus célébres de cette Contrée.

[c] Lib. 11. p. 508.

TALACORI, Lieu d'Entrepôt dans l'Ifle de Taprobane: Ptolomée [d] le marque fur le Grand Rivage.

[d] Lib. 7. c. 4.

TALADUSII. Voyez TELADUSII.

TALALATUM, ou THALATATUM, Ville de l'Afrique propre, felon l'Itinéraire d'Antonin, qui la place aux confins de la Province de Tripoli, fur la Route de Tacapæ à la Grande Leptis, entre *Vinaza* & *Thenadaffa*, à feize milles de la premiére de ces Places, & à vingt-fix milles de la feconde. Dans la Notice des Dignitez de l'Empire [e] on lit : *Præpofitus Limitis Talalatenfis*.

[e] Sect. 55.

TALAMINA, Ville de l'Efpagne Tarragonnoife. Ptolomée [f] la donne aux *Seburri*. Ce pourroit être la même Ville que l'Itinéraire d'Antonin appelle TIMALINUM.

[f] Lib. 2. c. 6.

TALAMON. Voyez TELAMON.

TALAMONIUM, Ville de la Scythie de Thrace, felon la Notice des Dignitez de l'Empire [g], où on lit ces mots : *Cuneus Equitum Arcadum Talamonio*.

[g] Sect. 28.

TALAN, ou TALANT, Bourg de France, dans la Bourgogne, fur une Montagne, à un quart de lieue de Dijon [h]. Il y avoit autrefois un Château, où les Ducs de Bourgogne faifoient leur demeure péndant une partie de l'année, & d'où ils alloient à la Meffe aux Chartreux. Ce Château fut remis par le Vicomte de Tavannes au Roi Henri IV. dans le mois de Juin 1595. par l'accommodement qu'il fit avec ce Monarque. On le démolit en 1609. Le Maire de Talant a le privilége d'entrer aux Etats de Bourgogne. Quelques-uns donnent à ce Bourg le titre de Ville. Mr. Corneille marque que le Château de Talan fut remis à Henri IV. par le Vicomte de Turenne. C'eft une faute qui ne doit pas être mife fur fon compte ; mais fur celui de fon Copifte.

[h] Corn. Dict. fur des Mém. MSS.

TALANII, Peuples de Gréce. Ils habitoient aux environs de l'Achaïe, felon Polybe [i] cité par Ortelius [k].

[i] Lib. 9.
[k] Thefaur.

TALANDA, TALENDA, ou THALANDA, Ville de Gréce, dans la Bœotie. Elle eft fituée fur la Croupe d'une Montagne & encore affez grande ; mais il paroît par les ruïnes qui font au dehors dans l'étendue d'une demi-lieue qu'elle étoit autrefois beaucoup plus grande. On le connoît auffi par quelques vieilles Eglifes & par quelques Tours qui font encore debout au-deffus fur la Montagne. Wheler [l] qui parle de cette Ville dans fon Voyage d'Athènes, dit qu'elle eft trop grande pour être le Village *Halæ*, que Paufanias place au bord de la Riviére Platanière, fur la Côte de la Mer ; qu'elle étoit la Métropole du Pays, & que s'il entend bien Strabon ce ne peut être qu'*Opus* fameufe Ville des Anciens, qui donnoit le nom à la Campagne & à la Mer, & d'où les Habitans du Pays étoient appellez *Locri-Opuntii*. La diftance où Strabon la met de la Mer, qui eft d'une lieue ou de quinze Stades y eft conforme. D'ailleurs la petite Ifle dont il parle auparavant, appellée alors *Atalanta*, & qui n'a point aujourd'hui de nom, donne lieu de croire que la Ville qui fubfifte préfentement l'a pris & l'a confervé jufqu'à préfent, le tems ayant feulement fait retrancher la premiére lettre. Quant au Village d'*Halæ*, il peut avoir été à l'Embouchure de la Riviére, qui s'étend davantage à l'Eft, & avoir fait les limites de la Bœotie & des Locres. Enfin toute cette Plaine fertile entre *Thalanda* & le Mont *Cnemis* étoit felon toutes les apparences le Πεδίον εὐδαῖμον, *la Plaine heureufe* des Anciens.

[l] Tom. 2. Liv. 3. p. 292.

TALANTIA. Voyez OREUM.

TALANTII. Voyez TAULANTII.

TALAO, Montagne de la Chine [m], dans la Province de Fokien, au Nord de la Ville de Foning, premiére grande Cité de la Province. Cette Montagne a trente-fix Pointes fort élevées. Dans l'Automne il fort de cette Montagne un Ruiffeau dont l'eau eft bleue ; & les Habitans y lavent leurs Etoffes pour les teindre en cette couleur.

[m] Atlas Sinenfis.

TALAPTULENSIS, Siège Epifcopal d'Afrique, dans la Byfacéne. La Notice des Evêchez d'Afrique nomme fon Evêque *Vinitor*.

TALARA, Ville de l'Inde, en deçà du Gange : Ptolomée [n] la donne aux Peuples *Bati*, & la marque près de *Bata*. Le MS. de la Bibliothéque Palatine porte TALLARA.

[n] Lib. 7. c. 1.

TALARENSES. Voyez TALARIA.

TALARES, Peuples de la Theffalie, felon Strabon [o].

[o] Lib. 9. p. 434.

TALARIA, Ville qu'Etienne le Géographe met dans la Dépendance de Syracufe. Les Habitans étoient appellez TALARINI : ce font fans doute les mêmes que Pline [p] nomme TALARENSES.

[p] Lib. 3. c. 8.

TALARIGA, Ville de l'Inde, au-delà du Gange. Elle appartenoit aux Peuples *Marundæ*, felon Ptolomée [q], qui la place fur le Gange près d'*Aganagora*.

[q] Lib. 7. c. 2.

1. TALAVERA, ou TALAVERA LA REYNA, Ville d'Efpagne, dans la Nouvelle Caftille, fur le bord Méridional du Tage, dans une Vallée d'une grande lieue de largeur, à douze lieues de Tolède. Elle eft entourée de bonnes Murailles avec dix-fept Tours ; il y a une Foreterffe qu'Alphonfe VIII. Empereur & Roi d'Efpagne [r] fit bâtir. Les Rues de la Ville font larges, les Maifons belles. Le Terrein produit en abondance du Blé, des Vins délicieux, de l'Huile, des Fruits, des légumes & des verdures : on y a des Poiffons, du Bétail, du Gibier, de la Volaille, du Miel. La Ville compte parmi fes Habitans beaucoup de Nobles,

[r] Silva ; Poblac. de España, p. 30.

L l 3

Nobles, & de Personnes de distinction. Elle a sept Paroisses; sept Convents de Moines; cinq de Religieuses; sept Hôpitaux; & huit Hermitages. Elle tient deux Foires par an, la première le 28. de Novembre, la seconde le 5. de Mai. Il y a une Manufacture d'Etamines. On y fait des Ouvrages vernissez d'une façon ingénieuse avec des Peintures variées de bon goût, on estime ces Ouvrages autant que ceux de Pise & des Indes Orientales, & on en fournit plusieurs Provinces. Ce Négoce rend plus de cinquante mille Ducats par an. Dom Rodrigue Ximénez, Archevêque de Tolède, y érigea une Collégiale l'an 1211. & y mit quatre Dignitez & douze Chanoines, il voulut, qu'ils fussent dépendans de son Siège: la Ville est gouvernée par un Juge de Police, & douze Recteurs perpétuels. Il y a encore deux Justices, la vieille & la nouvelle, appellées *Hermandades*. Selon une ancienne Tradition du Pays, le Roi Brige la fonda l'an du Monde 2066. avant la Naissance de N. S. 1895., & la nomma TALABRIGA, dont par corruption est venu *Talavera*. Les Romains en firent une Colonie qui avoit le droit d'Italie: ensuite elle fut appellée *Ebora*. Mais les Mahométans s'en étant rendus les maîtres, lui donnérent selon quelques-uns le nom de *Tahareda*, par rapport aux Bruyéres qu'il y avoit dans ses environs, & peut-être est-ce ce nom qui s'est changé avec le tems en *Talavera*. Le Roi de Léon Ordogne II. la prit sur les Maures l'an 915., & ayant été reprise par ceux-ci, il la leur enleva encore l'an 920. & la rasa. Les Maures la bâtirent derechef, & le Roi Ramire II. la prit sur eux l'an 949., il y tua douze mille Maures. Le Roi Alphonse VI. la donna en 1083. à l'Eglise de Tolède; mais depuis elle retourna encore au Domaine du Roi, & fut donnée aux Reines, Marie femme d'Alphonse XII. & à Jeanne Manuel femme d'Henri II., celle-ci la rendit à l'Archevêque de Tolède Dom Gomez. Ses Successeurs en jouissent encore aujourd'hui, & y tiennent un Vicaire Général. L'Archevêque Frere François Ximénez de Cisneros y célebra un Synode l'an 1498., dans lequel on fit des Ordonnances très-utiles.

2. TALAVERA, ou TALAVERA DE BADAJOS, [a] Bourg d'Espagne, sur le bord de la Guadiana, dans l'Estrémadoure, & dans une Campagne fertile, à trois lieues de Badajos. Quelques-uns lui donnent un nom diminutif, l'appellant TALAVERUELA, pour le distinguer de la Ville de Talavera dont il est parlé dans l'Article précédent. Une ancienne Tradition du Pays porte [b] que ce Bourg a été autrefois une Ville fondée par les Grecs, l'an du Monde 2740. lorsqu'ils passèrent en Espagne avec Hercule le Thébain. Elle fut, dit-on, alors appellée *Evandria*, en mémoire d'un Capitaine Grec de ce nom.

TALAVERA-LA-VIEJA, [c] Bourg d'Espagne, dans la Nouvelle Castille, au voisinage de TALAVERA LA REYNA.

TALAVERUELA. Voyez TALAVERA, N°. 2.

TALAVO, ou TALABO. Voyez TALABO.

[a] Délices d'Espagne, p. 384.
[b] Silva, Publ. de España, p. 78.
[c] Délices d'Espagne, p. 352.

TALAURA, Ville de la Cappadoce, à ce qu'il paroît par un passage de Dion Cassius [d]. Appien [e] & Plutarque [f] font aussi mention de cette Ville; mais Appien écrit *Talauris*, & semble la placer au voisinage de la Cilicie: du reste ces deux Contrées étoient limitrophes.

[d] Lib. 35.
[e] In Mithri dat.
[f] In Lucullo.

TALAURIUM, Campagne dans l'endroit où le Danube se courbe du côté de la Mer *Cronium*, selon Ortelius [g] qui cite Apollonius. Par la Mer *Cronium* Apollonius entend la Mer Adriatique: ainsi la Campagne en question devoit être au voisinage de Strigonie, ou de Bude.

[g] Thesaur.

TALAUS. Voyez LAUS.

TALAYA, selon Mr. Corneille [h], & [b] TALAO, selon Mr. de l'Isle [i]. Petite Isle de l'Océan Oriental. Elle est entre celle de *Mindanao*, l'une des Philippines, & celle de *Gilolo*, l'une des Moluques, à l'Orient de l'Isle de Sanguin.

[h] Dict.
[i] Atlas.

TALBENDA, Ville de la Pamphilie, ou plûtôt dans la Pisidie, selon Ptolomée [k], qui la marque entre *Orbanassa* & *Cremna Colonia*. Au lieu de TALBENDA le MS. de la Bibliothéque Palatine porte TALBONDA.

[k] Lib. 5. c. 5.

TALBIACUM. Voyez TOLBIACUM.

TALBONDANA, Ville de la Pisidie, selon Ortelius [l], qui cite le Concile de Chalcédoine.

[l] Thesaur.

TALCAN, Ville d'Asie [m], dans la partie Occidentale du Tocarestan, entre les Villes de Mérou & Bâle. Elle est située à 37. degrés 27'. de Latitude, & environ à can. 83. d. de Longitude. Mr. de l'Isle dans sa Carte de l'Asie Septentrionale, place cette Ville, ou plûtôt le Canton, auquel elle pouvoit avoir donné le nom, vers le 36. degrés de Latitude, & entre les 85. & 90. degrés de Longitude. Quoi qu'il en soit, cette Ville ne subsistoit déja plus en 1221. au tems de l'Empereur Genghizcan, & la Ville que l'on voyoit alors n'en étoit que la Citadelle, qu'un Prince du Tocarestan avoit fait bâtir au haut de la Montagne Nocrecouh, ainsi appellée à cause des Mines d'argent qu'elle renfermoit. Mais comme cette Citadelle étoit grande, on lui donna la qualité de Ville & de Forteresse indifféremment avec le nom de Talcan. L'Empereur se présenta devant cette Place l'an 1221. & la tint assiégée pendant sept mois; au bout desquels il essaya de la faire escalader, ce qui lui réussit si bien qu'il s'en rendit le maître. Les Mogols animés par le souvenir des fatigues qu'ils avoient souffertes pendant ces sept mois que le Siège avoit duré, exercérent toutes les cruautés imaginables, & firent tout périr par le sabre.

[m] Petis de la Croix, Hist. du grand Genghiz. 4. C. 1.

TALCATAN, Ville de Perse, dans le Korasan, sur la Rivière de Margab, foixante lieues de la Ville d'Herab du côté du Nord. On la prend pour l'ancienne *Nissa* ou *Nisœa*, Ville de la Margiâne.

[n] Baudrand. Ed. 1705.

TALCATCHINA, petite Riviére de l'Amérique Septentrionale, dans la Louïsiane & dans l'ancien Pays des Apalaches. Elle se joint à celle de Touskaché, & ensemble elles se rendent dans la Mer, par une Embouchure assez large pour de pareilles petites Riviéres, qui n'ont pas à peine trente lieues de cours. Les Espagnols avoient bâti un un Fort nommé Ste. MARIE D'APALACHES, au Confluent de ces deux petites Riviéres. Les Alibamous ont détruit ce Fort en 1708.

TALCHKUPRU, Pont de pierre dans la Perse, sur le Vacach, à 101. d. 30′. de Longitude, & à 30. d. 30′. de Latitude. Mr. Petis de la Croix [a] dans son Histoire de Timur-Bec dit que ce Pont est nommé en Persien POSSENGHIN.

[a] Liv. 3. c. 2.

TALCINI. Voyez TALCINUM.

TALCINUM, Ville de l'Isle de Corse. Elle étoit dans les Terres selon Ptolomée [b], qui la marque entre *Sermicium* & *Venicium*. Ce n'est plus aujourd'hui qu'un Village appellé TALCINI, à deux lieues de la Ville de Corse, vers le Levant.

[b] Lib. 3. c. 3.

TALEMON. Voyez TALMON.

TALENSIS, Siége Episcopal d'Afrique, dans la Mauritanie Césarienfe, à ce que soupçonne Mr. du Pin, qui croit que c'est le même Siége qui est appellé TABLENSIS dans la Notice des Evêchez de la Mauritanie Césarienfe, & dont l'Evêque est nommé *Quod-vult-Deus*. Dans la Conférence de Carthage [c] où il est fait mention de l'Evêché TALENSIS, le nom de l'Evêque est *Urbanus*.

[c] No. 198.

TALETUM, Pausanias [d] donne ce nom à un Temple du Soleil, bâti dans la Laconie, au sommet du Mont Taygetus, au-dessus de Bryseæ. Voyez TAYGETUS.

[d] Lib. 3. c. 20.

TALGA. Voyez TAZATA.

1. TALI. Voyez THALI.

2. TALI, Ville de la Chine [e], dans la Province d'Iunnan, où elle a le rang de seconde Métropole. Elle est de 16. d. 56′. plus Occidentale que Peking, sous les 25. d. 27′. de Latitude. Cette Ville est bâtie sur la Rive Occidentale du Lac Siul, auquel les Chinois donnent le nom de Mer à cause de sa grandeur, quoiqu'il soit beaucoup plus long que large. Tali est une Ville très-vaste, très-peuplée & qui a quantité d'Edifices Publics, entre autres un Palais de Plaisance dont l'enceinte est de cinq Stades. Le Territoire de cette Ville occupe la partie la plus Occidentale de la Chine. Avant qu'il fût soumis aux Chinois, il étoit habité par des Peuples du Royaume de Ken. Le Roi Çu en fit la conquête. Hiaovus Empereur de la Famille Hana après s'être emparé de toute l'Inde au-delà du Gange, jetta les fondemens de la Ville de Tali, qu'il nomma YECHEU. La Famille Tanga l'appella YAOCHEU. Dans la suite ses Habitans ayant secoué le joug des Chinois, leur Pays forma le Royaume de MUNG & la Capitale prit le nom de NANCHAO. Le premier qui lui donna le titre de Métropole fut l'Empereur de la Famille Juena, qui la nomma en même tems Tali. Il y a dans son Département six Villes qui sont:

[e] Atlas Sinens.

Tali	Tenchuen,
Chao ☉,	Langkiung,
Iunnan,	Pinchuen.

TALIA, Ville de la Haute-Mœsie: l'Itinéraire d'Antonin la place sur la route de *Viminacum* à Nicomédie, entre *Novæ* & *Egeta*, à douze milles de la première de ces Places, & à vingt & un milles de la seconde. C'est apparemment la même que la Notice des Dignitez de l'Empire [f] appelle *Taliata* & qu'elle met dans la première Mœsie. Voyez TANATUS.

[f] Sect. 30.

TALIBOUCHI, Peuple considérable de l'Amérique Septentrionale dans la Louïsiane, voisin des Alibamous, au bord d'une Riviére qui se jette dans la Riviére des Alibamous, près des Cabanes de ces derniers Peuples.

TALICOUET, petit Peuple de l'Amérique Septentrionale dans la Louïsiane. Il habite dans le Pays de Cheraqui, au bord d'une petite Riviére qui se jette dans celle des Casquinambaux près de Tongoria.

TALICUS, Fleuve de Scythie, selon Ammien Marcellin [g]. C'est le même que Ptolomée nomme *Daicus*, & qui est appellé *Daix*, dans quelques Manuscrits. Ce Fleuve avoit son Embouchure dans la Mer Caspienne.

[g] Lib. 23. c. 6.

TALIKON, Ville de Perse, selon Tavernier [h], qui dit que les Géographes Persans la mettent à 88. d. 15′. de Longitude, sous les 36. deg. de Latitude. Il ajoute que cette Ville est dans un bon Pays, fertile en Bleds & en Fruits, & qu'il y a de belles eaux.

[h] Voy. de Perse, Liv. 3.

TALIO, Ruisseau que Hygin [i] place aux confins des Villes *Atella* & *Colonia-Augusta*.

[i] In Lib. Limitum.

TALIUM, ou ITALIUM. Voyez ITALIUM.

TALLARD, *Talartium*, Bourg & Comté de France dans le Dauphiné, Diocèse & Election de Gap. Il y a plus de 1500. Habitans. Ce Bourg est situé au bord de la Durance: c'est un Siège de Judicature du Bailliage de Gapençois, & qui ressortit nuement au Parlement de Grenoble.

TALLEVENDE, Bourg de France, dans la Normandie, Diocèse d'Avranches, Election de Vire. Il a près de trois mille Habitans. Ce Bourg est composé de deux Paroisses, S. Germain, & St. Martin.

TALLIATES; Il est fait mention de ce Peuple [k], dans une ancienne Inscription trouvée en Allemagne dans l'Eyffel au Village de Ripsdorff. Auprès de ce Village il y a une Terre & un ancien Château DOLLENDORFF, DULLENDORFF, ou TALLENDORFF; car on écrit différemment ce mot, quoiqu'il se prononce toujours de la même façon; & *Tallendorff* signifie en François le Village des *Talliatii*, ou des *Talliates*. Voici ce que porte l'Inscription: *Marti & Genio Talliatium Claudius Verinus Ad Perpetuam Tutelam Ædis Talliatib. Dedit XXXCCL. Quam. Ædem L. Marcius Similis de Suo Posit.* Cette Inscription est entre les mains des Comtes de Manderscheyd.

[k] Ortelii Thesaur.

TALMÆ. Voyez CONTRA.

TALMAY, Bourg de France, dans la Bourgogne, Diocèse de Langres. Il est situé dans une Plaine sur la Riviére de Vingeanne. Ce Lieu a une Baronnie du ressort du Bailliage de Langres.

TALMENA, Port de la Carmanie, selon Arrien [l]. Il étoit à quatre-cens Stades de Canasida.

[l] Nearchi Peripl. ex Arr.

1. TALMONT, Bourg & Abbaye de France, dans le Poitou [m], Election des Sables d'Olonne, environ à deux lieues de la Côte

[m] Jaillot, Atlas.

Côte & à trois de la Ville des Sables d'Olonne, en tirant vers le Levant. Cette Abbaye qui est située sur le bord d'une petite Rivière [a], est de l'Ordre de St. Benoît & fut fondée en 1040. par Guillaume I. surnommé *le Chauve* Seigneur de Talmont, sous le Vocable de Sainte Croix, *Sanctæ Crucis de Talmundo Abbatia*. Elle vaut quatre mille Livres à l'Abbé.

[a] *Piganiol*, Descr. de la France, t. 6. p. 82.

2. TALMONT, (St. Hilaire de) Bourg de France dans le Poitou, Election des Sables d'Olonne, environ à une lieue au Nord de l'Abbaye de Talmont & sur la même Rivière.

3. TALMONT, ou TALLEMONT; [b] en Latin *Talemundum*, *Castrum Talemundum*, ou *Turris Talemundi*: Ville de France, dans la Saintonge, sur le bord de la Garonne ou de la Gironde, dans une espèce de Presqu'Isle, ou Rocher qui s'avance dans la Rivière. Du côté qu'elle se joint à la Terre-ferme elle étoit fortifiée de grosses Murailles, & de Fossés à fond de cuve, défendus de plusieurs Tours qui les environnoient. Cette Ville ayant voulu tenir contre les Ennemis depuis les dernieres guerres de Bourdeaux, ils démolirent presque toutes ses murailles, après qu'ils s'en furent rendus les Maîtres. Ainsi il n'y reste plus qu'un petit nombre de Tours, qui portent les marques de son infortune. Quelques Marchands n'ont pas laissé de s'y établir, à cause de la commodité de son petit Port, & de la bonté du Pays qui est couvert d'un grand Vignoble, dont le vin est assez estimé. Talmont porte le Titre de Principauté & appartient à la Maison de la Trimouille. La Tradition du Pays porte qu'un Etranger y étant arrivé, & voyant cette Ville environnée d'Eau, & l'Océan au devant à perte de vûe, crut que c'étoit-là que la Terre finissoit ; ce qui l'obligea de l'appeller *Talus Mundi*, d'où l'on a fait le nom de Talmont. Mr. de Valois [c] se moque de cette Tradition, & croit que cette Ville a été ainsi nommée d'un de ses anciens Maîtres appellé *Talemundus*.

[b] *Corneille*, rectifié.

[c] *Not. Gall.* p. 578.

1. TALO, Montagne de la Chine [d], dans la Province de Quantung, au Territoire de Quangcheu première Métropole de la Province, près de la Ville de Cingyuen. Elle court delà jusqu'au Territoire de la Ville de Hoaicie dans la Province de Quangsi. On trouve dans cette Montagne une Nation sauvage que les Chinois n'ont pu subjuguer.

[d] *Atlas Sinens.*

2. TALO, Montagne de la Chine [e], dans la Province de Suchuen, à l'Occident de la Ville de Mahu, huitiéme Métropole de la Province. On y trouve quantité de Cerfs extrêmement grands, & c'est ce qui a occasionné son nom qui veut dire *Grands Cerfs*.

[e] Ibid.

3. TALO, grand Lac de la Chine [f], dans la Province de Peking, au voisinage de la Ville de Xunte, cinquième Métropole de la Province. Ce Lac nommé aussi QUANGHO, est renommé par les Poissons & par les Fruits aquatiques qu'il fournit.

[f] Ibid.

TALORI, [g] anciens Peuples d'Espagne. Ils furent au nombre de ceux qui bâtirent le Pont d'Alcantara, comme le prouve une ancienne Inscription qui se voit sur ce Pont,

[g] *Ortelii Thesaur.*

TALSENGHE, Ville des Indes, dans le Royaume de Décan, sur la route de Goa à Visiapour, entre le Village d'Agger qui en est à trois lieues & la Ville de Hounware, qui en est à trois autres lieues.

TALUBATH, Ville de la Libye Intérieure. Ptolomée [h] la place à quelque distance du Niger.

[h] Lib. 4. c. 6.

TALUCTÆ, Peuples de l'Inde, aux environs du Gange, selon Pline [i]. Le Pere Hardouin dit que ces Peuples habitoient le Pays nommé aujourd'hui le Royaume d'Arracan.

[i] Lib. 6. c. 19.

TALUNGFAN, Forteresse de la Chine [k], dans la Province de Queicheu au Département de Queiyang première Métropole de la Province. Elle est de 11. d. 44'. plus Occidentale que Peking, sous les 25. d. 44'. de Latitude.

[k] Atlas Sinens.

TALY, Fleuve d'Egypte, selon Ptolomée [l]. Il se jettoit dans la Mer par l'Embouchure du Nil appellée *Ostium Bolbitinum*.

[l] Lib. 4. c. 5.

TAMA, Ville de l'Ethiopie sous l'Egypte. Pline [m] la place au voisinage du Nil, & à soixante & douze milles d'*Hiera-Sycaminum*.

[m] Lib. 6. c. 29.

TAMACLATI, ou TAMACRATI, Bourgade d'Afrique au Royaume de Tunis, sur la Côte, au Levant de l'Embouchure du Guadilbarbar, & de la Ville de Tabarca. On croit que Tamaclati est l'*Apollinis-Fanum* des Anciens. Voyez APOLLINIS-FANUM.

TAMADA. Voyez TAMUADA.

TAMADENSIS. Voyez TANUDAÏENSIS.

TAMAGA, Rivière de Portugal [n]: Elle a sa Source dans la Galice, où elle mouille Monte-Rey. Elle entre ensuite dans la Province de Tra-los-Montes, où elle baigne les murailles de Chiaves, d'Arco de Mondin, d'Amarante & de Canavefe : Après quoi elle va se jetter dans le Douro entre Os-Rios à la droite & Entrambos à la gauche.

[n] *Taillot*, Atlas.

TAMAGANI, Anciens Peuples de la Lusitanie, & dont le nom se conserve dans une ancienne Inscription qui se voit dans la Ville de Chiaves. La Rivière qui arrose cette Ville s'appelle encore aujourd'hui *Tamaga*.

TAMAGRISTENSIS, ou THAMAGRISTENSIS, Siége Episcopal d'Afrique dans la Mauritanie Sitifense, selon la Notice de cette Province, où l'Evêque de ce Siège est appellé *Clemens*. Dans la Conférence de Carthage [o] *Primulus* est qualifié *Episcopus Plebis Tamagristensis*.

[o] No. 129.

TAMALA. Voyez TEMALA.

TAMALAMEQUE, Ville de l'Amérique dans la Terre-ferme [p], au Gouvernement de Ste. Marthe, dans les Terres sur la rive droite de Rio-Grande, ou de la Rivière de la Magdeleine, à quelques lieues au-dessus de Teneriffe. Tamalameque est dans une Contrée extrêmement chaude [q] parce que la plus grande partie de l'année les Vents du Sud y soufflent, & que quelquefois on y a des Vents d'Ouest pesans & désagréables. Quoique la Terre y soit pierreuse & haute, elle est pourtant plate presque partout & fort abondante en Pâturages; ce qui fait qu'on y éleve beaucoup de Bétail. Une grande partie de la Contrée est couverte d'é-

[p] *De l'Isle*, Atlas.

[q] *De Laet*, Descr. des Indes Or. Liv. 8. c. 20.

TAM.   TAM.   273

d'épaisses Forêts principalement le long de la Rivière dont les inondations font plusieurs Etangs & Marais dans le Plat-Pays. C'est sur leurs bords que les Sauvages ont leurs Habitations. Ils vont sur ces Etangs avec leurs Canots, & ils y pêchent beaucoup de Poisson. Ces Sauvages sont fort stupides : ils aiment à dormir & mettent tout leur plaisir à boire & à faire des festins. La Ville de Tamalameque est appellée VILLA DE LAS PALMAS par les Espagnols.

TAMALLA, & TAMAMALLA. Voyez THAMALLA.

TAMALLENSIS, ou TAMALLUMENSIS, Siège Episcopal d'Afrique dans la Mauritanie Sitifense, selon la Notice de cette Province, où l'Evêque de ce Siège est appellé Rufinus. Dans la Conférence de Carthage [a] *Gregorius* est qualifié *Episcopus Tamallensis*. Le nom de la Ville étoit *Tamalluma*.

[a] No. 128.

TAMALME, Contrée aux environs de la Petite Arménie, ou de la Cilicie, selon Ortelius [b] qui cite Siméon le Métaphraste [c].

[b] Thesaur.
[c] In Vita S. Andreæ Ducis Exercitus.

TAMAN, Ville des Etats du Turc, dans la Circassie. Elle a un méchant Château, où quelques Janissaires font garde [d], de même qu'à Temerak qui garde le passage d'Oczakou ou Zouf, Ville importante à l'Embouchure du Don. A l'Orient de Taman est le Pays des Circassiens, qui sont Tartares Chrétiens. La plûpart des Géographes prennent cette Ville pour l'ancienne Corocondama.

[d] Corn. Dict. sur les Mémoires du Sr. de Beauplot.

TAMANNUNA, ou TAMAUNUNA, Municipe d'Afrique dans la Mauritanie Césarienne, selon la Table de Peutinger [e].

[e] Segmt. 2.

1. TAMARA. Voyez TAMARIS.

2. TAMARA, (les Isles de) autrement les Isles des Idoles [f]; Isles d'Afrique, sur la Côte de la Haute Guinée, & le long de celle de Serrelione, assés près de l'Embouchure de la Rivière Pogne du côté du Couchant. Dapper dit dans sa Description de l'Afrique [g]: Il y a plusieurs Isles le long de la Côte de Serra-Liona, entr'autres dans l'Arc que forme le rivage de la Mer, entre les Isles de Bisegos & le Cap de Sierra-Liona: environ vingt lieues au-dessous du Cap de Verga, on trouve les Isles de TAMARA, ou de LOS IDOLOS, qui semblent tenir à la Terre-ferme par le Sud-Ouest, lorsqu'on la regarde du côté du Nord; mais dès qu'on s'approche, on reconnoît que ce sont des Isles. C'est un Lieu où les Mariniers trouvent de toutes sortes de rafraîchissemens, & où il croît de bon Tabac ; mais les Habitans sont gens capricieux & défians, qui ne veulent pas souffrir que les Hollandois mettent le pied dans leurs Villages. Les Marchandises qui y ont plus de cours sont le Sel & l'Eau-de-Vie, qu'on change pour de l'Yvoire & de l'Or.

[f] De l'Isle, Atlas.
[g] Pag. 247.

3. TAMARA, TAMARIN, ou TAMARETTE, Ville dans l'Isle de Socotora [h], à l'entrée de la Mer Rouge. Cette Ville qui est située sur la Côte Septentrionale de l'Isle, est assez bien bâtie [i]. Comme les Maisons sont crépies de chaux, lorsqu'on les voit du Port avec les terrasses de leurs toits, elles font une perspective fort agréable. Les dedans ne répondent pas à cette apparence & le Palais du Prince est fort peu de chose. A

[h] De l'Isle, Atlas.
[i] Corn. Dict. sur les Mémoires de Thomas Rhos, Ambassadeur d'Angleterre auprès du Mogol.

une lieue de Tamara on voit un Château bâti en quarré sur une Montagne ; mais les Etrangers n'ont pas la permission d'y entrer.

TAMARE, Ville de la Grande-Bretagne : Ptolomée [k] la donne aux *Domnonii*, ou *Dumnonii*. Villeneuve dit que le nom moderne est *Tanerstock* ; mais Camden prétend que c'est Tamerton.

[k] Lib. 2. c. 3.

TAMARICA, ou TAMARACA, Capitainie du Bresil, sur la Côte Orientale [l]. Elle est bornée au Nord, par la Capitainie de Parayba, à l'Orient par la Mer du Nord, au Midi par la Capitainie de Fernambuc & à l'Occident par la Nation des Tapuyes [m]. On prétend que cette Capitainie est la plus ancienne de cette Contrée ; mais aujourd'hui une des moins renommées à cause du voisinage de celles de Fernambuc & de Parayba. Elle a pris son nom de l'Isle de Tamarica ou Tamaraca qui est séparée de la Terre-ferme par un Canal fort étroit. Ce Quartier que les François possédoient leur fut ôté par les Portugais qui appellent encore le Port voisin de cette Isle *Porto dos Francefes*. Cette Isle est à cinq lieues d'Olinde ou de Fernambuc, & elle a trois lieues de longueur & une de largeur. Son Port est assez commode du côté du Sud. On y entre par un Canal, qui a quinze ou seize pieds de profondeur, & où commande un Château bâti sur un haut Côteau & que les Hollandois avoient pris sur les Portugais. Ils avoient même bâti, sur la sortie du Canal en Mer, un Fort nommé le Fort d'Orange. Il étoit inaccessible de toutes parts à cause, des Etangs & des Vaisseaux qui y descendent de l'Isle ; de sorte qu'ils avoient bouché entière entrée aux Portugais. L'autre Embouchure appellée *Catwana* est à peine profonde de dix pieds : ainsi les seules Barques y peuvent passer. Cette Isle & son Territoire payent environ trois mille Ducats de Tribut à celui qui possède cette Capitainie, dans laquelle il peut y avoir vingt-deux Moulins à Sucre.

[l] De l'Isle, Atlas.
[m] De Laet, Descr. des Indes Oc. Liv. 5. c. 27.

TAMARICI. Voyez TAMARIS.

TAMARIS, Fleuve de l'Espagne Tarragonnoise, au voisinage du Promontoire Celtique, selon Pomponius-Mela [n]. Ce Fleuve est nommé TAMARA par Ptolomée [o], qui marque son Embouchure entre celle du Fleuve Via & le Port des Artabrores. Le Tamaris donnoit son nom aux Peuples qui habitoient sur ses bords. On les nommoit TAMARICII, & ils sont connus de Pomponius-Mela. On nomme aujourd'hui [p] ce Fleuve *Tambra*. Il se jette dans l'Océan d'Espagne, près de Muros, sur la Côte de la Galice. Pline [q] lui donne trois Sources qu'il nomme TAMARICI FONTES.

[n] Lib. 3. c. 1.
[o] Lib. 2. c. 6.
[p] Délices d'Espagne, p. 123.
[q] Lib. 31. c. 2.

TAMARIT, Bourgade d'Espagne, dans la Catalogne sur la Côte, à deux lieues de l'Embouchure de la Caya, & que l'on prend communément pour l'ancienne *Tholobi*. Michelot [r] dit : Environ deux milles vers le Nord-Est de la Ville de Tarragone, est un grand Village nommé Tamarit, éloigné de la Mer d'environ une demi-lieue, il est situé sur une petite éminence, qui paroît de loin comme une grande Citadelle blanche. Lorsqu'on vient du côté de l'Est pour

[r] Portul. de la Mer Méd. p. 39. & suiv.

M m   aller

aller à Salo, étant le long de la Côte à 25. ou 30. milles de la Pointe de Salo, on ne la peut encore découvrir, mais bien celle de Tamarit, sur le haut de laquelle il y a une Chapelle & quelques Maisons blanches; & un peu au-dessus vers le Nord-Est on voit le Village de Tamarit, que l'on découvre immédiatement après; il paroît une grande Eglise au milieu de ce Village. On peut aussi mouiller du côté de l'Est de la pointe de Tamarit, avec des Barques & des Tartanes, de même que tout le long de la Côte jusqu'à Barcelone. Depuis la Pointe de Salo jusqu'à celle de Castel-Fero, il y a environ 36. milles à l'Est-Nord-Est, prenant un peu vers l'Est. Entre ces deux Pointes la Côte est presque unie, le terrain étant bas proche la Mer, & bordé de plages de Sable; mais dans les Terres ce sont toutes hautes Montagnes, & plusieurs Villes, Villages, & Tours de garde le long de la Mer, devant lesquels on peut mouiller avec les Vents à la Terre.

TAMARITÆ, ou CAMARITÆ. Voyez CAMARITÆ.

TAMARITIUM, ou PALMAS, Lieu de Sicile: L'Itinéraire d'Antonin le place sur la route du Trajet à Lilybée, entre Messine & Tauromenium Naxon, à vingt milles de la première de ces Places & à quinze milles de la seconde. Au lieu de TAMARITIUM vel Palmas, Simler lit Tamaritium Palmarum; & quelques autres Exemplaires au lieu de Palmas, ou Palmarum portent Spalmax.

TAMARUM, Montagne d'Asie, selon Strabon [a]. Surquoi Casaubon remarque qu'au lieu de Tamarum on pourroit lire Imaun.

[a] Lib. 11. p. 519.

TAMARO, Rivière d'Italie, au Royaume de Naples [b], dans la Principauté Ultérieure. Elle a ses sources au Mont Apennin, d'où prenant son cours du Nord au Midi en serpentant, elle va se perdre dans le Calore, un peu au-dessus de la Ville de Benevent.

[b] Magin, Carte de la Principauté Ultér.

TAMAROA, ou MAROA, ou TAMAROIS, Peuple de l'Amérique Septentrionale, dans la Nouvelle France, & dont le Village est à douze lieues de l'Embouchure de la Rivière des Ilinois à l'Est du Mississipi, & à quarante lieues de l'Embouchure de la Rivière Ouabache au Nord. Ce Peuple peut être composé d'environ deux cens Familles: On l'appelle encore Caouquias.

TAMARROCH, ancienne Ville d'Afrique, au Royaume de Maroc. Marmol [e] dit: Cette Ville qui a été bâtie par les Africains, sur la Rivière d'Ommirabi, est ceinte de murailles & de Tours à l'antique. Quelques Historiens disent que c'est Abu Téchifien qui la fonda, après qu'il eut fondé Maroc; ce qui lui a donné le nom qu'elle porte. Elle dépend d'Azamor. Tamarroch est déserte, & ses derniers Habitans [les Arabes de Charquie] errent à présent par ses Campagnes qui abondent en Blé, & en Pâturages. Elle paroît avoir été fort peuplée, & les Bâtimens semblent être des Béréberes. On conjecture par sa situation, qui est entre les Provinces de Duquéla & de Temégen, & celles d'Escure & de Tedla Pays très-fertile, que c'est l'ancien Maroc-

[e] Royaume de Maroc, Liv. 3. c. 63.

co, dont l'Histoire Romaine fait mention; car celui d'aujourd'hui a été bâti par Téchifien & par des Lumptunes, long-tems après les Romains, depuis la venue des Arabes.

TAMARUM. Voyez TAMARUS, N°. 1

1. TAMARUS, Montagne d'Asie, selon Strabon [d]: Surquoi Casaubon remarque qu'au lieu de Τάμαρον que porte le Grec, on pourroit lire τὸν Ἴμαον.

[d] Lib. 11. p. 520.

2. TAMARUS, Fleuve de la Grande-Bretagne: Ptolomée [e] marque son Embouchure sur la Côte Méridionale de l'Isle, entre l'Embouchure du Cenion & celle de l'Isaca. Je crois, dit Ortelius [f] ce que pourroit être aujourd'hui le Tamer; mais Camden fait plus: il l'affirme.

[e] Lib. 2. c. 3.
[f] Thesaur.

3. TAMARUS, Montagne de la Macédoine, selon Strabon [g] qui la place vers l'Epire.

[g] Lib. 7. p. 327.

4. TAMARUS, Lieu d'Italie, aux environs de la Campanie: L'Itinéraire d'Antonin le place sur la route de Milan, au Trajet de Sicile, en passant par le Picenum & par la Campanie. Ce Lieu étoit entre Bovianum & Ad-Equotuticum, à seize milles du premier de ces Lieux & à vingt-deux milles du second. Les MSS. varient beaucoup pour l'Orthographe de ce nom. Il y en a qui écrivent Tamarus, d'autres Thamarus, d'autres Tanarus & d'autres Thanarus.

1. TAMASA. Voyez TAMASSUS & TEMESA.

2. TAMASA, Rivière d'Asie, dans la Mingrelie. Elle se jette dans la Mer Noire au Nord de l'Embouchure du Fazzo. C'est le Charistus des Anciens. Voyez CHARISTUS.

TAMASCANINENSIS, ou TAMASCANIENSIS, Siège Episcopal d'Afrique, dans la Mauritanie Sitifense, selon la Notice des Evéchez de cette Province, où l'Evéque de ce Siège est appellé Honoratus. Dans la Conférence de Carthage [h] Donatus est qualifié Episcopus Tamascaniensis; & dans la Table de Peutinger il y a un Lieu nommé Tamascani Municipium.

[h] N°. 198.

TAMASEUS & TAMASIA. Voyez TAMASSUS.

TAMASIDANA, Ville de la Basse Mysie, selon Ptolomée [i], qui la marque dans les Terres à quelque distance du Fleuve Hierasus, entre Zardigana & Piroboridana.

[i] Lib. 3. c. 10.

TAMASIS, Ville de l'Inde en deçà du Gange. Ptolomée [k] la place dans la Sandrabatide, entre Nabubandagar & Curaporina.

[k] Lib. 7. c. 1.

TAMASITANORUM. Ce nom se trouve sur une Médaille rapportée dans le Trésor de Goltzius. C'étoit, selon Etienne le Géographe, le nom des Habitans de Tamaseus, Ville de l'Isle de Cypre. Voyez TAMASSUS.

TAMASSO. Voyez TAMASSUS.
TAMASSA. Voyez TEMESA.

TAMASSUS, Ville de l'Isle de Cypre, selon Ptolomée [l] qui dit qu'elle étoit dans les Terres. Strabon [m] & la Notice d'Hiéroclès écrivent aussi Tamassus; mais Pline & Etienne le Géographe lisent Tamaseus; Leçon qui n'est pas à rejetter, parce qu'on lit le mot ΤΑΜΑΣΕΙΤΩΝ, Tamasitarum sur une Médaille rapportée dans le Trésor de Goltzius; outre qu'on trouve dans Ovide [n]:

[l] Lib. 5. c. 14.
[m] Lib. 14. p. 684.
[n] Metamorph. Lib. 10. v. 643.

Est

Est ager, indigenæ Tamaseum nomine dicunt
Telluris Cypriæ pars optima.

Quelques-uns croient que c'est de cette Ville dont parle Homére [a]:

ΠλέωΝ . . . . .
'Ἐς Τεμέσην μετὰ χαλκόν.

[a] *Odyſſ. Δ.* v. 184.

C'est-à-dire, *Navigans in Temesen* ou *Temesam propter æs*. Mais Strabon [b] dit qu'il y en avoit qui vouloient que ce fût de la Ville *Temesa*, ou *Temsa* d'Italie dont Homére avoit entendu parler, & où il y avoit autrefois des Mines d'Airain. Quoiqu'il en soit, il n'est pas moins vrai de dire qu'on trouvoit beaucoup d'airain dans le voisinage de *Tamassus*. Strabon, Pline, & St. Jérome [c] le disent positivement. Etienne le Géographe est aussi de ce sentiment. Il ajoute que cette Ville est appellée *Tamesia* par Polybe. Porphyrogenéte écrit *Tamasia*, & Strabon [d] *Tampse* par Syncope selon Sylburge. Le nom moderne est TAMASSO, ou BORGO DI TAMASSO selon Lusignan, & c'est une Bourgade sur la Côte au voisinage de Famagouste. Mercator dit néanmoins que *Tamassus* est aujourd'hui la Ville de Famagouste même. Accordez cela avec Ptolomée, qui place *Tamassus* dans les Terres.

[b] *Lib. 6.* p. 255.
[c] *In Vita S Hilarionis*.
[d] *In Epitom.*

TAMASTANI - MUNICIPIUM, Municipe d'Afrique, dans la Mauritanie Césariense, selon la Table de Peutinger.

TAMAUNUNA. Voyez TAMANNUNA.
TAMAZENZIS. Voyez TAMICENSIS.
TAMAZENUS, Siège Episcopal d'Afrique, dans la Byzacène. Parmi les signatures des Peres de la Byzacène au pied de leur Lettre Synodique rapportée dans le Concile de Latran tenu sous le Pape Martin, on trouve la signature d'un Evêque qui se qualifie *Episcopus Tamazenus*.

TAMAZITES, Peuples de la Sarmatie Européenne. Jornandès dit que ces Peuples n'étoient séparez des *Roxolani* que par une Riviére. Comme il y a des Exemplaires qui lisent *Taziges* au lieu de *Tamazites*, Ortelius [e] seroit tenté d'en conclurre que ces deux noms sont corrompus & qu'il faudroit lire JAZIGES.

[e] *Thesaur.*

TAMAZUCENSIS. Voyez TAMICENSIS.
TAMBA, Ville des Indes, au Royaume de Décan, sur la Route de Visiapour à Dabul, entre la Ville de Domo, & le Village de Morel. La Ville de *Tamba*, dit Mandeslo, dans son Voyage des Indes [f], est assez grande & bien peuplée. Elle est située sur le bord d'une Riviére à laquelle les Habitans du Pays donnent le nom général de COYNA, qui veut dire seulement une grande Riviére. Ses Habitans vivent du Commerce ou du Labourage & sont Benjans ou Gentives. Ces Gentives sont gens idiots venus du Royaume de Golconda, & qui se rapportent aveuglément à leurs Bramans de tout ce qui est de leur Religion.

[f] *Liv. 2. p. 242.*

TAMBACH, Bourgade d'Allemagne [g], au milieu de la Forêt de Thuringe, entre Smalkalden & Gotha. Elle appartient au Duc de Saxe-Gotha. Luther appelloit Tambach, *Locum benedictionis suæ*, pour y a-

[g] *Zeyler, Topogr. Saxon. p. 178.*

voit été guéri d'une retention d'urine en 1537.

TAMBAÏENSIS, ou TAMBEÏTANUS, Siège Episcopal d'Afrique, dans la Byzacène, selon la Notice des Evêchez d'Afrique, où son Evêque est nommé *Servus-Dei*. La Conférence de Carthage [h] qualifie l'Evêque de ce Siège Sopater *Episcopus Plebis Tambaïensis*. Secundianus a Tambæis assista au Concile de Carthage tenu sous St. Cyprien.

[h] *No. 128.*

TAMBASINE, Riviére d'Afrique [i], dans la Haute-Guinée. Elle a son cours au Royaume de Sierra-Lione, & elle vient de certaines Montagnes nommées *Machamba*, où l'on voit une grande Roche de Crystal.

[i] *Dapper, Royaume de Sierra-Lione, p. 246.*

TAMBERG, Bourgade d'Allemagne, dans l'Archevêché de Saltzbourg, près de la Ville de ce nom. C'est un ancien Lieu qu'on appelloit autrefois TAMI-ALA.

TAMBRAX, Ville de l'Hyrcanie, chez les Parthyéens selon Etienne le Géographe: Polybe [k] dit que c'étoit une Place ouverte, sans murailles, grande cependant & où il y avoit un Palais Royal.

[k] *Lib. 10. n°. 28.*

TAMBYZI, Peuples de la Bactriane. Ils habitoient sur le bord de l'*Oxus*, au Midi des *Acinacæ*, selon Ptolomée [l].

[l] *Lib. 6. c.* 11.

TAMDEGOST, Habitation des Bérébéres [m], dans l'Afrique, au Royaume de Maroc. Ce sont trois Villes enfermées dans une Plaine, à cinq lieues du Grand Atlas du côté du Nord, environnées de Vignobles & de Lieux plantez de Palmiers & d'autres Arbres Fruitiers, avec une belle Campagne qui fournit quantité de Blé. Quand les Portugais régnoient en ces Quartiers, les Habitans de *Tamdegost* leur payoient Tribut, & quelques-uns même au Roi de Fez, & aux Arabes. Avec tout cela ils furent contraints à la fin d'abandonner le Pays, parce qu'on les maltraitoit; mais ils y sont revenus depuis que les Chérifs ont été les Maîtres. Le Pays abonde en Troupeaux, il est à neuf lieues de Marocco du côté du Couchant.

[m] *Marmol, Royaume Maroc. L. 3. ch. 39. p. 50.*

TAME, Bourg d'Angleterre, dans Oxfordshire [n], sur la Riviére de Tame, qui se joignant à l'Isse ou Isis forme la Tamise. Ce Bourg a droit de Marché.

[n] *Etat présent de la Gr. Br. t. 1. p. 99.*

2. TAME. Voyez THAMISE.

TAMEGUERUT, petite Ville d'Afrique, au Royaume de Tafilet, vers la source de la Riviére de *Dabra*. Cette Ville selon Marmol [o] a un Château assez bon garni d'Artillerie où il y a un Gouverneur avec quelques Troupes. C'est une des principales demeures des Darvis & la plus ancienne Colonie de la Province. Il croît beaucoup de dattes aux environs de Tameguerut.

[o] *Numidie, Liv. 7. c. 18.*

TAMER, ou TAMARE, Riviére d'Angleterre [p]: Elle a sa source dans Devonshire, au Midi de Horton, & son cours est du Nord au Sud, en serpentant le long des Confins de la Province de Cornouaille qu'elle sépare de celle de Devonshire. Son Embouchure est dans le Havre de Plymouth.

[p] *Blaeu, Atlas.*

TAMERÆ. Voyez ZAMIRÆ.

TAMERTON, ou TOMERTON, Bourgade d'Angleterre, dans la Province de Cornouaille, sur le bord de la Riviére Tamer.

TAMERVILLE, Lieu de France, dans la Normandie, Diocèse de Coûtances, Election

tion de Valognes. Il a plus de 1200. Habitans. C'est une grande Paroisse dont la Cure est à la nomination du Seigneur. Il y a un très-beau Château avec de beaux dehors.

TAMESIA. Voyez TAMASSUS.
TAMESIS. Voyez THAMESIS.
TAMETAVI, ou CÔTE DE TAMETAVI, Pays d'Afrique, dans l'Isle de Madagascar, & que les François ont nommé le PAYS DU PORT AUX PRUNES. Voyez au mot PORT l'Article PORT-AUX-PRUNES.

TAMI-ALÆ. On trouve ce nom dans une ancienne Inscription, qui se voit en un Lieu appellé Tamberg, au voisinage de Saltzbourg, selon Ortelius [a] qui cite Lazius.

[a] Thesaur.

TAMIA, Ville de la Grande-Bretagne : Ptolomée [b] la donne aux *Vacomagi*, & la place au voisinage de *Banatia* & d'*Alata-Castra*. Camden croit que ce pourroit être aujourd'hui *Tanea*, Lieu d'Ecosse, au Comté de Ross.

[b] Lib. 2. c. 3.

TAMIANI, Peuples que Tite-Live [c] compte parmi les Troupes auxiliaires des Rhodiens.

[c] Lib. 33. c. 18.

TAMIATIS. Voyez PELUSIUM.
TAMICENSIS, Siège Episcopal d'Afrique, selon la Conférence de Carthage [d], qui nomme l'Evêque de ce Siège *Datianus*. Il avoit un Adversaire Donatiste nommé *Optatus*. Mr. Dupin soupçonne que *Tamicensis* & *Tamazucensis*, ou *Tamazensis*, Evêché de la Mauritanie Césariense, selon la Notice de cette Province pourroient être le même Siège.

[d] N°. 143.

TAMIED, ou ESTAMY, en Latin *Stamedium* [e], Abbaye de l'Ordre de Cîteaux en Savoye, dans le Diocèse de Tarentaise, au pied des Alpes. St. Pierre Archevêque de Tarentaise, second du nom, fut Abbé de ce Monastère.

[e] Bailler, Topog. des Saints, p. 672.

TAMIGGICA. Voyez TAMUGADA.
1. TAMING, Ville de la Chine [f], dans la Province de Peking, où elle a le rang de septième Métropole. Elle est de 1. d. 56′. plus Occidentale que Peking, sous les 36. d. 56′. de Latitude. Le Territoire de cette Ville la plus Méridionale de la Province, est borné au Nord par le Fleuve *Guei*, au Midi par le Fleuve *Jaune* ou *Hoanbo*, & dans toute son étendue il est entrecoupé de Riviéres & de Lacs. Il y a entr'autres un Lac qui a quatre-vingt Stades de circuit, & qui nourrit de Poissons très-délicats. Ce Territoire renommé par sa beauté & par sa fertilité, fut autrefois séparé en deux Provinces par Yvus : la partie Septentrionale dépendoit de Kicheu, & la partie Méridionale de Yen. L'ancienne Famille Xanga avoit sa résidence dans cette Ville, qui fut appellée YANGPING par la Famille Cheva, & TIENHIUNG par celle de Tanga. Son nom moderne lui a été donné par la Famille de Sunga. Il y a dans le Territoire de Taming onze Villes qui sont :

[f] Atlas Sinens.

Taming,	Nuihoang,
Taming,	Sien,
Nanlo,	Hoa,
Guei,	Kai,
Cingfung,	Changyuen,
	Tungming.

On remarque aussi dans ce Territoire quatre grands Temples, plusieurs Sépultures de personnes de considération, & le Tombeau de l'Empereur Cavus, auquel on ne donne plus de quatre mille ans d'ancienneté.

2. TAMING, Ville de la Chine [g], dans la Province de Peking, au Département de Taming, septième Métropole de la Province. Elle est de 1. d. 56. plus Occidentale que Peking, sous les 36. d. 44. de Latitude.

[g] Ibid.

TAMIRUM, Ville d'Italie, selon un MS. de Frontin, consulté par Ortelius [h], qui croit que le nom de cette Ville est corrompu.

[h] Thesaur.

TAMISE. Voyez THAMISE.
TAMISIDE. Voyez TIFELFELD.
TAMLAMAH, nom d'une petite Ville du Pays des Soudan [i], ou Négres. Elle est fort peuplée, quoique sans Murailles. La Ville de Coucou, qui est à son Couchant, en est éloignée de quatorze journées ; & celle de Mathan, en tirant vers Ganem, en est à douze seulement.

[i] D'Herbelot, Bibl. Or. p. 850.

TAMMESBRUCK, en Latin *Aggeripontum*, [k] petite Ville d'Allemagne, dans la Thuringe, près de l'Unstrutt, à un mille de *Langen-Salza*. On dérive le nom de cette Ville de celui de *Tamm*, ou *Damm*, qui signifie Digue; & de celui de *Bruck*, qui veut dire Pont. Harstung dans sa Chronique MS. de Thuringe dit, que Tammesbruck fut fondée par le Roi Pepin, Pere de Charlemagne ; & il appelle quelquefois cette Ville *Tungishruck*, & quelquefois *Thomasburg*. Il ajoute que dans la suite Louis, fils de Louis I. Landgrave de Thuringe, possèda & acheva la Ville de Tammesbruck. Elle appartient aujourd'hui à l'Electeur de Saxe.

[k] Zeyler. Topog. Saxon. p. 179.

TAMNA, Ville de l'Arabie, selon Etienne le Géographe. Pline [l] dit qu'elle étoit dans l'Arabie Heureuse, & il la surnomme *Tamna Templorum*. C'est la même Ville que Ptolomée [m] nomme *Thumna*.

[l] Lib. 6. c. 28.
[m] Lib 6. c. 7.

TAMNA, ou TAMNATHE. Voyez THAMNA.

TAMNACUM, Ville de l'Arabie Heureuse : elle fut rasée par les Romains selon Pline [n].

[n] Lib. 6.

TAMNUM, Ville de l'Aquitaine : L'Itinéraire d'Antonin la marque sur la route de *Burdigala* à *Augustodunum*, entre *Blavutum* & *Novioregum*, à seize milles de la premiére de ces Places, & à douze milles de la seconde. M. Velser croit que c'est le même Lieu qui est appellé *Lammum* dans la Carte de Peutinger.

[o] L. G. 28.

TAMOGADENSIS, ou TAMUGADENSIS, Siège Episcopal d'Afrique, selon la Conférence de Carthage, où son Evêque est nommé *Faustinianus Episcopus Plebis Tamogadensis*. La Notice des Evêchés d'Afrique place ce Siège dans la Numidie, & appelle son Evêque *Secundus*. Cependant l'Edition de Schelstrate lit *Tamogazensis*, à moins que ce ne soit une faute d'Impression.

TAMONBARI, Ville de Thrace, dans la Province de Rodope, selon Procope [o] qui la met au nombre des Forts que Justinien fit élever dans la Thrace : peut-être n'étoit-ce qu'un Fort ; du moins Procope ne

[o] Ædif. Lib. 4. c. 11.

TAM.   TAM. TAN.   277

ne lui donne-t-il pas d'autre titre.

TAMONITIS, Contrée de Syrie, selon Strabon [a], qui nous apprend qu'elle fut jointe à l'Arménie, après la défaite d'Antiochus le Grand.

[a] Lib. 11. p. 528.

TAMORIZA, Contrée des Etats du Turc en Europe [b], dans la Haute-Albanie, au Couchant de l'*Ochrida*, en allant vers la Rivière de *Polina*. Il y a un Bourg de même nom, que quelques-uns prennent pour l'ancien *Triſtolus*.

[b] Baudrand, Ed. 1705.

TAMOS, Promontoire que forme le Mont Taurus sur l'Océan Oriental selon Pomponius-Mela [c]. Mercator croit que ce Promontoire est appellé *Tamara* par Oroſe. Mais Pintaut prétend qu'il faut lire dans Pomponius-Mela TABIS au lieu de TAMOS; & Ortelius croit que c'est le TABIS de Pline [d].

[c] Lib. 3. c. 7.
[d] Lib. 6. c. 17.

TAMPICE, TAMPICA, ou PANUCO, Ville de l'Amérique Septentrionale, au Méxique [e] au Gouvernement de *Guaſteca* ou *Panuco*, à l'Embouchure de la Rivière *Panuco*, dans le Golphe du Méxique, à la droite. Cette Ville a un Port de Mer [f]. Jean Chilton Anglois, qui y passa en 1572. dit qu'elle étoit alors habitée d'environ quarante Eſpagnols, dont quatorze furent tuez par les Sauvages, qui les entourérent dans le tems qu'ils s'occupoient à amaſſer du Sel. L'Embouchure de la Rivière est fort grande, & les Vaisseaux de cinq cens tonneaux pourroient monter jusqu'à soixante lieues, si les Baſſes qui sont à l'entrée n'étoient un obſtacle.

[e] De l'Iſle Atlas.
[f] De Laet, Deſcr. des Indes Oc. Liv. 5. c. 14.

TAMPSE. Voyez TAMASSUS.

TAMUADA, ou TAMUDA, Fleuve de la Mauritanie Tingitane, selon Pomponius-Mela [g], sur quoi Olivier fait cette Remarque : C'est aujourd'hui le Bedie, qui arroſe le Pays des Alarabes. Pintaut ajoûte que c'est le *Thaluda* de Ptolomée, & le *Tamuada* de Pline.

[g] Lib. 1. c. 5.

TAMUCUM, Lieu de la Mauritanie Céſarienſe, selon la Notice des Dignitez de l'Empire, où on lit : *Præfectus Alæ Herculeæ Tamuco*. C'est la même Ville que la Conférence de Carthage appelle TANUDAÏENSIS ; voyez ce mot. Pintaut croit que c'est aussi le même Lieu qui est nommé *Thaluda* par Ptolomée.

TAMUDA, nom d'un Fleuve & d'une Ville bâtie sur ses bords, selon Pline [h], qui les met dans la Mauritanie Tingitane. Ptolomée écrit *Taluda* pour *Tamuda* ou *Tanuda*. L'Evêque de cette Ville est appellé *Tanudaïenſis Epiſcopus* dans la Conférence de Carthage : voyez TANUDAÏENSIS. Ortelius [i] soupçonne que ce pourroit être la Ville TAMUGA que Procope met auprès du Mont Auraſe.

[h] Lib. 5. c. 2.
[i] Theſaur.

TAMUGA. Voyez TAMUDA.

TAMUGADA, Ville d'Afrique, dans la Mauritanie, selon Procope [k]. Ortelius croit que ce pourroit être la Ville *Thamugada* dont parle St. Auguſtin [l]. La Conférence de Carthage fait mention d'un Evêque des Donatiſtes qu'elle qualifie *Tamugadenſis Epiſcopus*. L'Itinéraire d'Antonin la marque sur la route de *Lambèſe* à *Cirta Colonia*, entre *Lambèſe* & *ad Rotam*, à quatorze milles du premier de ces Lieux, & à trente milles du second. La Table de Peutinger connoît aussi cette Ville qu'elle nomme *Thamagadi*.

[k] Lib. 2. Wandalic.
[l] Lib. 2. Retract. c. 59. & Epiſt. 164. ad Emeritum.

TAMULLUMA. Voyez TAMALLENSIS.

TAMUSIDA, Ville de la Mauritanie Tingitane, selon Ptolomée [m], qui la marque dans les Terres, entre *Banaſa* & *Silda*. Il ne faut pas la confondre avec une autre Ville appellée *Tamuſiga*, & aussi dans la Mauritanie Tingitane. L'Itinéraire d'Antonin écrit *Thamuſida* pour *Tamuſida*, & marque cette Ville entre *Salaconia* & *Panaſa*, à trente-deux milles de la première de ces Places, & à égale distance de la seconde.

[m] Lib. 4.
[c] 1.

TAMUSIGA, Ville de la Mauritanie Tingitane : Ptolomée la marque sur la Côte de l'Océan, entre le Port d'Hercule & le Promontoire *Uſadium*. Le nom moderne est *Tiſelfeld*, selon Marmol, *Tefeltner* selon Caſtald, & *Feſſa* selon Niger.

TAMYNA, Ville de l'Eubée, dans le Territoire de la Ville d'Eretrie, selon Strabon [n] & Etienne le Géographe. Plutarque [o] dit que Phocion se voyant en grand danger dans l'Iſle d'Eubée, prit le parti de se saisir d'une Eminence qui étoit séparée de la Plaine de Tamynes par un ravin fort profond.

[o] p. Lib. 10. 447.
[o] In Phocione.

TAMYRACA, Ville de la Sarmatie Européenne, près du Golphe Carcinite, selon Ptolomée [p], Etienne le Géographe, & le Périple d'Arrien [q]. Strabon [r] connoît dans le même endroit un Promontoire nommé *Tamyracés*, & un Golphe appellé *Tamyracus Sinus* [s]; mais il ne parle point de Ville, ni sur ce Promontoire, ni sur ce Golphe.

[p] Lib. 3. c. 5.
[q] Pag 10.
[r] Lib. 7. p. 308.
[s] Ibid. p. 307.

TAMYRAS, Fleuve de la Phénicie. Strabon [t] le met entre Beryte & Sydon. Le nom moderne est *Damor* ou *Damer*, selon quelques-uns. Voyez DAMOR.

[t] Lib. 16. p. 756.

1. TAN, Rivière de la Chine [u], dans la Province de Honan, au Territoire de Nanyang, septième Métropole de la Province. Elle coule auprès de la Ville de Niuhiang. On y trouve des Poiſſons entièrement rouges, qui ne paroiſſent que vers le commencement de l'Eté, & qui se tiennent cachez le reſte de l'année. Les Chinois diſent que si on se lave les pieds avec le sang de ses Poiſſons, on acquiert la qualité de pouvoir marcher sur l'eau sans enfoncer. Le croira qui voudra. Ils ajoutent que si l'eau vient à se troubler au commencement de l'Eté dans le tems que ces Poiſſons paroiſſent, ils montent tout aussi-tôt sur la ſuperficie de l'eau, qui en devient toute rouge & comme enflammée. C'est delà que vient le nom de cette Rivière; car TAN en Chinois signifie *rouge*.

[u] Atlas Sinens.

2. TAN, Ville de la Chine [x], dans la Province de Xantung, au Département d'Yenchou, seconde Métropole de la Province. Elle est de o. d. 45'. plus Occidentale que Peking, sous les 35. d. 38'. de Latitude.

[x] Ibid.

1. TANA, ou TANAS, Fleuve d'Afrique, dans la Mauritanie. Marius s'approcha de ce Fleuve pour aller s'emparer de *Capſa*. C'est ce que nous apprend Salluſte [y]. Il ſemble mettre ce Fleuve entre *Lares* & *Capſa*; mais il ne nous dit point s'il a son Em-

[y] In Jugurth. cap. 110.

M m 3

Embouchure dans le Fleuve *Ampſaga*, ou s'il porte ſes eaux juſqu'à la Mer.

2. TANA, Bourg de l'Iſle de Salſette. Voyez SALSETTE.

3. TANA, Lieu où Ortelius [a] qui cite Antigonus [b], dit que les Briques miſes dans l'eau ſurnagent. Mais, ajoute Ortelius [c], Strabon nous apprend qu'il faut lire *Pitana*, & non *Tana* : il cite en même tems le treizième Livre de Strabon [d], où il eſt parlé de PITANA, Lieu de la Troade, près de l'Embouchure du *Caïcus*.

[a] Theſaur.
[b] In Mirabil.
[c] Theſaur.
[d] Pag. 607.

TANABASTRA, Lieu d'Afrique, dans la Marmarique : L'Itinéraire d'Antonin le marque aux confins du Territoire d'Aléxandrie, entre *Ariſtea* & *Paraetonium*, à trente-deux milles du premier de ces Lieux, & à vingt-ſix milles du ſecond. Au lieu de *Tanabaſtra* quelques MSS. liſent *Thabraſta*, & d'autres *Thanabriſtra*.

TANADARIS, Ville de la Petite Arménie, dans la Cataonie, ſelon Ptolomée [e]. Le nom de cette Ville eſt corrompu dans l'Itinéraire d'Antonin, dont quelques MSS. portent *Pandarum*, & d'autres *Ptandarum*.

[e] Liv. 5. c. 7.

TANADASSA, Ville de l'Afrique propre : L'Itinéraire d'Antonin le marque ſur la route de *Tacapae* à la Grande-Leptis, en prenant par la Tour de *Tamallenus*, le long des confins de la Province de Tripoli : cette Ville étoit entre *Thalatum* & *Meſphe*, à vingt-ſix milles de la première de ces Places, & à trente milles de la ſeconde. Au lieu de *Tanadaſſa*, Surita lit *Thenadaſſa*.

TANAGER, Fleuve d'Italie, dans la Lucanie, aujourd'hui le *Negro*. Virgile [f] lui donne l'Epithète de *Siccus* :

[f] Georg. Lib. 3. v. 151.

. . . Furit mugitibus æther
Concuſſus, ſilvæque & ſicci ripa Tanagri.

Mais ou les choſes ont changé depuis le tems de Virgile, ou ce Poëte ne connoiſ-ſoit ce Fleuve que de nom : reproche que l'on peut faire également à Pomponius Sabinus, qui fait un Torrent du Tanager. Celſus Cittadinus écrivant à Ortelius, nie abſolument que ce Fleuve ſoit un Torrent, qui n'a d'eau que dans le tems des Pluyes. Le Tanager, dit-il, préſentement le *Negro*, eſt un Fleuve, qui en reçoit d'autres dans ſon lit ; entr'autres un que l'on appelle la *Botta di Picerno*, ainſi nommé de l'ancienne Ville *Picernum*, qui eſt aujourd'hui à demi ruinée, & auprès de laquelle il prend ſa Source. Le Tanager a la ſienne dans le Mont Alburne, maintenant, *il Monte Poſtiglione*, & il ſe jette dans le *Siler*, connu maintenant ſous le nom de *Selo*. Peut-être Virgile a-t-il appelé le Tanager *Siccus*, parce qu'il ſe perd ſous terre pendant un eſpace de quatre milles, & non pas de vingt milles comme le dit Pline [g].

[g] Lib. 2. c. 3.

1. TANAGRA, Ville de Grèce, dans la Bœotie. Dicéarque la met au nombre des Villes ſituées ſur l'Euripe : Strabon [h] néanmoins & Ptolomée [i] la marquent à quelque diſtance de la Mer, quoique ſon Territoire pût s'étendre juſqu'à la Côte. Tanagra étoit à cent trente Stades de la Ville *Oropus*, à deux cens de celle de *Plataeae*. Etienne le Géographe dit que la Ville de Tanagra eſt nommée *Graea* par Homére, qu'auparavant on l'appelloit *Poemandria*, & qu'Ariſtote lui donne le nom d'*Oropus*. Le même Etienne le Géographe appelle cette Ville *Gephyra* dans un autre endroit, & Strabon donne à ſes Habitans le nom de Gephyréens.

[h] Lib. 9. p. 400. 403. & 410.
[i] Lib. 3. c. 15.

2. TANAGRA, Ville de la Perſide. Elle étoit dans les Terres ſelon Ptolomée [k], qui la marque au voiſinage d'*Ozoa* & de *Marraſium*.

[k] Lib. 6. c. 4.

3. TANAGRA, Lieu qu'Etienne le Géographe met auprès d'*Oropus*, ſur le bord de la Mer.

4. TANAGRA, Ville dont parle Stace dans ſa Thébaïde [l], & à laquelle il donne l'Epithète de *Gelida* :

[l] Lib. 7. v. 254.

Mille ſagittiferos gelida de colle Tanagra
Promovet ecce Dryas.

Lutatius, Commentateur de Stace, fait de cette Tanagra une Ville de l'Eubée, & ajoute, je ne ſai ſur quoi fondé, que le nom moderne eſt *Penanoria*.

TANAGRÆA, ou GRÆA, Ville de l'Eubée dans l'Erétrie, ſelon Etienne le Géographe, qui dit qu'on écrivoit *Graea* par Apheréſe pour *Tanagraea*. Voyez TANAGRA, No. 1.

TANAH, nom d'une Iſle des Indes où croiſſent les Cannes dont la racine eſt le *Thabaſchir*, qui eſt une eſpèce de Craye blanche. Le Géographe Perſien écrit dans ſon premier Climat, que Tanah eſt un Lieu des Indes ſitué ſur le bord de la Mer, dont les Habitans ne ſont ni Juifs, ni Chrétiens, ni Muſulmans, & qu'on ne l'appelle Iſle, qu'à cauſe qu'il eſt entouré d'eau ; mais qu'il n'eſt pas détaché du Continent. Il dit auſſi que c'eſt delà qu'on apporte le meilleur Thabaſchir qui ſoit dans l'Orient, que l'on trouve dans la Plaine, & dans les Montagnes circonvoiſines.

[m] D'Herbelot, Bibl. Or. p. 850.

1. TANAÏS, Fleuve que Ptolomée [n], Pline [o], & la plûpart des anciens Géographes donnent pour la borne de l'Europe & de l'Aſie. Il étoit appelé *Sylus* ou *Silis* par les Habitans du Pays ſelon Pline [p] & Euſtathe ; & l'Auteur du Livre des Fleuves & des Montagnes dit qu'avant que d'avoir le nom de Tanaïs, il avoit celui d'*Amazonius*. Le nom moderne eſt DON. Voyez ce mot. Les Italiens l'appellent *Tana*. On lui a quelquefois donné le nom de Danube ; ce qui n'eſt pas ſurprenant, puiſque ceux du Pays donnent indifféremment le nom de *Don* au Danube & au Tanaïs. Quant à ce que dit Ciofanus que les Habitans du Pays appellent ce Fleuve *Ameſines*, il faut s'en rapporter ſon témoignage. Ptolomée & Pline diſent que le Tanaïs prend ſa Source dans les Monts Riphées ; il auroit mieux valu dire dans les Forêts Riphées, car il n'y a point de Montagne vers la Source du Don ; mais bien de vaſtes Forêts.

[n] Lib. 5. c. 9.
[o] Lib. 3. c. 1.
[p] Lib. 6. c. 7.

2. TANAÏS, Ville de la Sarmatie Européenne : Ptolomée [q] la marque entre les Bouches du Tanaïs. Etienne le Géographe lui donne le titre d'Entrepôt. Elle eſt nommée *Aſoph* par G. Mercator ; & Niger dit qu'elle eſt appellée *Tana* par les Européens,

[q] Lib. 3. c. 5.

&

& Azac par les Habitans du Pays.

3. TANAÏS, Ptolomée dit qu'à l'Embouchure du Danube il y a une Isle nommée ALOPETIA, & que l'on appelle aussi l'ISLE DU TANAÏS.

TANAÏTÆ, Peuples de la Sarmatie Européenne : Ptolomée [a] dit qu'ils habitoient sur le bord du Tanaïs, dans l'endroit où ce Fleuve se courbe.

[a] Lib. 3. c. 5.

TANAÏTIS, Contrée de l'Arménie, près du Fleuve *Cyrnus*, à ce qu'il paroît par un passage de Dion-Cassius [b].

[b] Lib. 36. p. 26.

TANAPE, Ville de l'Ethiopie sous l'Egypte. C'étoit, selon Dion-Cassius [c], la résidence de la Reine de Candace. Le Texte Grec porte Tauape pour Tanape; mais Xiphilin a préféré cette derniére Orthographe. Cette Ville est la même que *Napatæ*. Voyez NAPATE.

[c] Lib. 54. p. 526.

TANARO, Riviére d'Italie. Elle a sa Source dans l'Apennin, aux confins du Comté de Tende. Elle prend d'abord sa course du Couchant au Levant, jusque vers Garesio dans la Province de Mondovi: De-là elle tourne vers le Nord, & traverse le Marquisat de Ceve, la Province de Fossano, celle de Cherasco & l'Albesano; après quoi elle coule aux confins des Langhes basses & de la Province de Quiers, jusqu'à Asti, où elle recommence à couler vers l'Orient. Enfin après avoir traversé l'Aléxandrin, elle va se jetter dans le Pô près de Bassignana. Les principaux Lieux qu'elle arrose sont Garesio, Ceve, d. Cherasco, g. Alba, d. Asti, g. Aléxandrie, d. Bassignana, g. Elle reçoit quelques Riviéres assez considérables; comme l'Eléro, g. le Pesio, g. le Torrent-Cussea, g. la Stura, g. le Borbo, g. le Belbo, d. l'Orla, d. Cette Riviére est le *Tanarus* des Anciens.

1. TANARUS, Fleuve d'Italie, dans la Ligurie, selon Pline [d]. Il conserve son ancien nom. C'est aujourd'hui le *Tanaro*, autrement le *Taner*. Voyez TANARO.

[d] Lib. 3. c. 16.

2. TANARUS, ou AD TANARUM, *in medio Salerno*, ou *Falerno*, Lieu d'Italie, que l'Itinéraire d'Antonin met sur la route de Rome, au Lieu nommé *ad Columnam*, en suivant la Voie Appienne. Il marque ce Lieu entre *Nuceria* & *ad Calorem*, à vingt-cinq milles du premier, & à vingt-quatre milles du second. Mais il est certain qu'il y a faute dans cet endroit de l'Itinéraire; car il seroit étonnant que dans un endroit du monde, où pour ainsi dire la plus petite Pierre son nom, personne ne connût ni Lieu ni Fleuve appellé *Tanarus*. L'Edition des Aldes au lieu d'*Ad-Tanarum* porte *Ad-Canaram*, Lieu qui n'est pas plus connu.

TANAS. Voyez TANA.

TANASSERY. Voyez TENACERIM.

TANATA. Voyez THANATOS.

TANATIS, Ville de la Haute-Mœsie, au voisinage du Danube, selon Ptolomée [e], qui la marque entre *Viminatium Legio* & *Ereta*. Niger la nomme *Terriana*: peut-être est-ce la Ville TALIA de l'Itinéraire d'Antonin.

[e] Lib. 3. c. 9.

TANAUS. Voyez TANUS.

TANCARVILLE, Bourg de France, au Pays de Caux, en Normandie, Election de Montivilliers, avec titre de Comté, Haute-Justice & Château. Ce Bourg est situé sur la Seine, entre Caudebec & le Havre, une lieue au-dessous de l'Islebonne, & à l'opposite de Quillebœuf. Le Château qui commande sur la Riviére est bâti à l'antique. Il y a beaucoup de Logement; & on voit dans le voisinage des Bois & des Terres de Labour. Le Comté de Tancarville est d'un revenu considérable, & comprend les Paroisses de Tancarville, de Saint Antoine, d'Aptot, de Guaineville, de Vireville & autres. Les Comtes de Tancarville se sont rendus autrefois célébres par leurs exploits, & ils étoient Chambellans héréditaires de Normandie.

TANCE, petite Ville de France, dans le Velay, sur le Lignon, au Midi Occidental de Monfaucon.

TANCHARI. Voyez TENCTERI.

TANCHUT. Voyez TANGUT.

TANCOS, Bourg du Royaume de Portugal [f], dans l'Estremadoure, sur la rive droite de la Zezare, assez près de son Embouchure dans le Tage. Il y en a qui prennent ce Bourg pour l'ancienne *Tacubis*.

[f] *Jaillot Atlas.*

TANDARUM. Voyez PTANDARUM.

TANDAYE, ou TENDAVE, Isle de l'Océan Oriental, & l'une des Philippines, à l'Orient, selon Mrs. Samson, Baudrand & Corneille. Ils entendent par ce nom l'Isle de SAMAR. Voyez SAMAR.

TANDRA, Isle de la Mer Noire, à l'Embouchure du Borysthène, selon Mr. Samson [g].

[g] *Grand Atlas.*

TANEA, Village des Parthes, où Darius fut pris par ses Parens, & chargé de chaînes d'or [h]. Quelques Exemplaires portent *Thara*; mais l'un & l'autre de ces noms est corrompu, & c'est Dara qu'il faut lire si on veut s'en rapporter au Grand Etymologique. Peut-être est-ce le même Lieu que Quinte-Curse nomme *Tabas*.

[h] *Justin. Lib. 11. c. 15.*

TANEDO, Bourgade d'Italie, aux confins du Parmesan & du Modénois, environ à deux milles à l'Orient de la Lenza. C'est un ancien Lieu connu autrefois sous le nom de TANETUS, ou TANETUM. Voyez TANETUS.

TANET, THANET, ou TENET, Isle d'Angleterre, dans la partie Septentrionale du Comté de Kent, en tirant vers l'Orient [i]. Elle est formée par l'Océan & par la Riviére de Stoure, qui prend en ce Lieu le nom de Wantfume. Cette Isle que Solin appelle *Athanatos* & en quelques Exemplaires *Thanatos*, & que les Saxons nomment *Tanes*, ou *Tanefland*, a huit milles de longueur & quatre de largeur. La terre y est toute de Craye blanchâtre, & les Champs y sont fertiles en Froment. On y comptoit anciennement six cens Familles. Solin rapporte qu'on n'y voit point de Serpens, & que la terre emportée en un autre lieu faisoit mourir ces Reptiles; mais l'expérience se trouve contraire. Ce fut dans cette Isle que les Saxons firent leur première descente. Ils y établirent leur demeure du consentement de Vortigerne leur Chef, mais ils en furent chassez par le Breton Vortimer, qui après en avoir tué un très-grand nombre, contraignit le reste de s'enfuir dans leurs Brigantins.

[i] *Blaeu Atlas.*

TANETANI. Voyez TANETUS.
TANETOS. Voyez THANATOS.
TANETUM. Voyez TANNETA.
TANETUS, aujourd'hui *Tanedo*, Bourgade d'Italie, que Polybe [a] donne aux Boïens. Tite-Live [b] semble aussi le donner à ce Peuple, en disant que C. Servilius & C. Lutatius avoient été pris au Village de Tanetus par les Boïens, *qui ad Vicum Tanetum a Boiis capti fuerant*. Pline met les *Tanetani* dans la huitième Région, qui est la *Cispadane*; & Ptolomée [c] marque *Tanetum* dans la Gaule appellée *Togata*. La Table de Peutinger & l'Itinéraire d'Antonin font aussi mention de ce Lieu. Il étoit sur la route d'*Ariminum* à *Dertona*, entre Regio & Parme, à dix milles de la première de ces Villes, & à neuf milles de la seconde.

[a] Lib. 3. No. 40.
[b] Lib. 30. c. 19.
[c] Lib. 3. c. 15.

TANFANÆ-LUCUS, Bois sacré, dans la Germanie, au Pays des Marses, entre l'Ems & la Lippe, selon Tacite [d], avec un Temple fameux, qui fut détruit par Germanicus. Il n'est pas aisé de décider quel Dieu ou quelle Déesse les Marses adoroient sous ce nom. Il falloit pourtant que son culte fût célèbre, puisque contre l'usage du Pays on lui avoit consacré un Temple. La plûpart des Historiens interprètent le nom de *Tanfana* par la *Déesse de l'origine*; & il seroit assez naturel de dire, que cette Déesse Tanfana étoit l'*Herthus* des Suéves, ou la *Terre mere & productrice de toutes choses*, que les Marses pouvoient adorer à l'exemple des Suéves. On pourroit demander si les Marses avoient effectivement élevé un Temple à la Déesse Tanfana, ou si Tacite ne donne point le nom de Temple à quelque Grotte ou à quelque endroit retiré dans le Bois sacré; mais Tacite lui-même décide en quelque manière la question, lorsqu'il dit que Germanicus rasa ou détruisit jusqu'aux fondemens le Temple de Tanfana.

[d] Annal. L. 1. c. 51.

1. **TANG**, Ville de la Chine [e], dans la Province de Honan, au Département de Nanyang, septième Métropole de la Province. Elle est de 4. d. 37'. plus Occidentale que Peking, sous les 33. d. 10'. de Latitude.

[e] Atlas Sinens.

2. **TANG**, Ville de la Chine [f], dans la Province de Peking, au Département de Paoting, seconde Métropole de la Province. Elle est de 2. d. 25'. plus Occidentale que Peking, sous les 39. d. 10'. de Latitude.

[f] Ibid.

TANGALA, Ville de l'Inde, en deçà du Gange : Ptolomée [g] la donne aux *Pandioni*. Il ajoute qu'elle étoit dans les Terres; & il la marque au voisinage de *Modura*.

[g] Lib. 7. c. 1.

TANGANI, Peuples de l'Inde, au-delà du Gange, sur le bord duquel ils habitoient selon Ptolomée [h]. Le Fleuve *Sarabas* traversoit leur Pays. Au lieu de *Tangani* le MS. de la Bibliothéque Palatine écrit *Gangani*.

[h] Lib 7. c. 2.

TANGAPSINTON, Peuple dans l'Amérique Septentrionale, de la Nouvelle-France. C'est la Nation de la grande Folle-Avoine, l'une de celles des Sioux ou Issatis de l'Est. Elle erre vers les bords du Lac de Buade & des Issatis, le long de petites Riviéres, qui coulent des terres tremblantes dans ce Lac.

TANGER, Ville d'Afrique, au Royaume de Fez. Les Africains la nommoient *Tanja*, & les Romains *Tingide* [i]. Elle fut bâtie par ceux-ci, lorsqu'ils étoient les Maîtres de l'Andalousie & du Royaume de Grenade. Aben Gézar, en son Livre des raretez des Villes, en fait une seconde Mecque en beauté & en puissance, & dit qu'elle est très-ancienne. Elle est dans une belle situation, sur la Côte de l'Océan, à l'entrée du Détroit, & à cinquante lieues de Fez du côté du Nord. Les Goths ayant gagné cette Place sur les Romains, la joignirent au Gouvernement de Ceuta, qui leur appartenoit, & qu'ils ne perdirent qu'avec la perte d'Arzile. Dans tout ce tems-là elle fut fort splendide, & il y avoit Université, & beaucoup de Noblesse fort leste dans les exercices des Armes. Les Maisons étoient bien bâties, & plusieurs Seigneurs de la Mauritanie Tingitane y demeuroient, quoique le Pays aux environs ne soit pas fort bon à la reserve de quelques Plaines & Vallées, où il y a de bons Pâturages. Ces endroits étoient autrefois embellis de quantité de Jardins & de Maisons de plaisance, à cause des eaux qui y sont. Le Peuple de Tanger étoit fort belliqueux, & couroit sans cesse avec des Fustes les Côtes de la Chrêtienté; ce qui détermina Edouard Roi de Portugal d'y envoyer en 1437. D. Ferdinand son fils. Celui-ci y mit le Siège; la Place fut d'abord secourue par le Roi de Fez. Après plusieurs Combats, où beaucoup de Noblesse de Portugal périt, l'Infant & le Roi Maure firent un Traité, en vertu duquel celui-ci promit de remettre en liberté tous les prisonniers Chrétiens, & D. Ferdinand s'obligea à rendre Ceuta, & demeura lui-même en ôtage, jusqu'à ce que le Roi de Portugal son pere eût ratifié & exécuté ce Traité. On dit que l'Infant conseilla de n'en rien faire, aimant mieux mourir en captivité que de voir perdre aux Chrétiens la Clef du Détroit; ce qui étant venu à la connoissance du Roi de Fez, il l'enferma dans un cachot, & lui fit panser ses chevaux, jusqu'à ce qu'il mourut de chagrin. Les Maures le mirent dans un Cercueil, qu'ils enchassérent dans la Muraille de Fez, près du Quartier des Juifs, où il fut jusqu'à ce que le Roi Muley Checc envoya ses os à Arzile, d'où ils furent transportez à Lisbonne au Monastère de la Bataille de Notre-Dame de Belen, où les Rois de Portugal sont enterrez. On voit encore le Cercueil & l'Inscription dans la Muraille de Fez, sous le nom de la Sépulture de l'Infant Chrétien. Depuis le Roi Alphonse assiégea encore la Ville de Tanger en 1463. il perdit beaucoup de monde durant le Siège, & fut obligé de le lever. Ce même Roi ayant pris en 1471. Arzile, & se trouvant dans cette Place, il apprit que les Habitans de Tanger, de crainte que ce Roi ne vînt vanger sur eux tant de pertes que les Portugais y avoient faites, avoient résolu d'abandonner leur Ville; qu'ils avoient emporté leurs meilleurs meubles, brisé le reste pour en ôter l'usage à l'En-

[i] Marmol, Royaume de Fez, L. 4. c. 53.

l'Ennemi, & qu'ils s'étoient retirez, sans oser mettre le feu à la Place, de peur d'être découverts. Le Roi eut d'abord peine à croire cette Nouvelle, il y envoya après le Duc de Bragance son fils avec des Troupes pour s'en saisir, & s'y transporta ensuite lui-même pour voir sa nouvelle Conquête, pour laquelle on fit des Processions par toute l'Andalousie & le Royaume de Grenade, & ensuite par toute la Castille, aussi-bien qu'en Portugal. Cette Place fut enfermée de bonnes Murailles avec des Fossez & des Bastions : & les Rois de Portugal y ont entretenu long-tems une grosse Garnison de Cavalerie & d'Infanterie, avec quantité d'Artillerie & de Munitions de guerre ; de sorte qu'elle résista au Roi de Fez lorsqu'il mit le Siège devant. En 1662.[a] cette Place fut donnée à Charles II. Roi d'Angleterre, pour la dot de sa femme. Elle étoit alors défendue par deux Citadelles ; mais on remarqua que les frais qu'il en coûtoit pour entretenir les Ouvrages & la Garnison, consumoient, & au-delà, les avantages qu'on eût pu en retirer. Ainsi on l'abandonna en 1684. après en avoir ruiné les Travaux. Les Maures profitant de cette occasion s'en ressaisirent & la repeuplérent.

[a] Etat présent de la Gr. Br. t. 3 p. 214.

2. TANGER, petite Rivière d'Allemagne, dans la Vieille-Marche. Elle a sa Source près du Village de Colbits. Son cours est du Midi Occidental au Nord Oriental. Elle se jette dans l'Elbe à Tangermunde, à laquelle elle donne son nom.

TANGERMUND, Ville d'Allemagne, dans la Vieille-Marche de Brandebourg[b]. Elle a été ainsi nommée à cause de sa situation à l'Embouchure du Tanger dans l'Elbe, à deux lieues de la Ville de Stendel. L'Electeur Othon I. qui l'a fit fortifier, la choisit pour être le Lieu de sa résidence ordinaire. Quelque tems après elle tomba sous la Puissance des Ducs de Poméranie, auxquels l'Electeur Frédéric I. l'enleva en 1420.

[b] D'Audiffied, Géogr. Anc. & Mod. Tom. 3.

TANGIAH, Ville de la Province[c] que les Arabes appellent Magreb, Alacsa, le dernier Occident. C'est Tanger, Ville de Mauritanie, à l'entrée du Détroit de Gibraltar du côté de la Mer Océane. Les Arabes appellent ce Détroit indifféremment le Détroit de Tangiah, ou de Sebtah, c'est-à-dire, de Tanger ou de Ceuta.

TANGIBAO, Nation de l'Amérique Septentrionale, dans la Louïsiane, que M. de la Salle découvrit à sa première descente du Mississipi, à douze ou quinze lieues de l'Embouchure. En 1653. il trouva le Village abandonné & beaucoup de morts dans les Cabanes ; il en vit une Troupe quelques jours après dans une chasse avec des Quinipissas & des Natchez. Comme on ne trouve plus cette Nation, elle se sera mêlée avec quelqu'autre Peuple.

TANGING, Ville de la Chine[d], dans la Province de Honan, au Département de Changte, troisième Métropole de la Province. Elle est de 3. d. 20′. plus Occidentale que Peking, sous les 36. d. 52′. de Latitude.

[d] Atlas Sinensis.

1. TANGKI, Ville de la Chine[e], dans

[e] Ibid.

la Province de Chekiang, au Département de Kinhoa, cinquième Métropole de la Province. Elle est de 2. d. 41′. plus Orientale que Peking, sous les 29. d. 8′. de Latitude.

2. TANGKI, Forteresse de la Chine[f], dans la Province de Queicheu, au Département de Liping, septième Métropole de la Province. Elle est de 8. d. 36′. plus Occidentale que Peking, sous les 27. d. 2′. de Latitude.

[f] Ibid.

TANGOS, Nation de Négres, dans la Nigritie, au Royaume de Biguba, où elle habite un Pays nommé Batola. Parmi ces Négres, il y en a qu'on appelle TANGOS MAOS : ceux-ci, dit Davity[g], qui cite Jaric, sont Portugais d'extraction, & mêlez avec les Négres, vivans comme eux d'une manière barbare, sans se souvenir que ceux de qui ils sont sortis, ont autrefois reçu le Baptême. Dans quelques endroits pour s'accommoder aux façons des Négres, ils vont nuds & se font même découper la peau pour mieux les imiter.

[g] Pays des Négres, p. 396.

TANGOUZLIQ, Bourg de la Natolie[h], près d'Aïdine. Mr. Petis de la Croix dit, dans son Histoire de Timur-Bec[h] que l'air de Tangouzliq est infecté & fort chaud. Il ajoute qu'il y a dans ce Lieu une Fontaine, qui se pétrifie, quand elle se repose.

[h] Liv. 5. c. 54.

1. TANGUT, nom d'une Ville du Turquestan[i], que les Arabes appellent Tangbikunt. Elle est éloignée de la Ville de Khouarezm d'environ dix journées, en tirant vers l'Orient, selon Albergendi, dans son sixième Climat, lequel ajoute, que tous ses Habitans étoient Musulmans de son tems. Aboulfeda met la Ville de Toncat, nom qui approche fort de celui de Tangut, sous la Longitude de 89. d′. ou de 91. ; & sous la 43. d. de Latitude Septentrionale, & dit qu'elle est des Dépendances de la Ville de Schafch, & qu'elle est fort proche de celle d'Ilok, au-delà des Fleuves Gihon & Sihon. Nasser Ben Hassan Ben Cassem, homme docte, qui demeuroit dans l'Andalousie en Espagne, étoit natif de cette Ville, & porte le surnom de Altoncati, aussi-bien que plusieurs autres Personnages renommez pour leur érudition.

[i] D'Herbelot, Biblioth. Or.

2. TANGUT, Royaume d'Asie, dans la Tartarie Chinoise. Ce Royaume a présentement la Chine à l'Est[k], le Royaume d'Ava ou de Brama au Sud, les Etats du Grand-Mogol à l'Occident, & les Etats du Contaïsch, Grand-Chan des Callmoucks au Nord. Il est partagé en deux parties, dont la partie Méridionale s'appelle proprement le Tangut, & la Septentrionale le Tibet. Tout le Royaume, qui s'étend depuis le 30. d. de Latitude Septentrionale jusqu'à 38., est à l'heure qu'il est entre les mains des Callmoucks, & fait proprement le Patrimoine du Dalaï-Lama, qui est le Souverain Pontife de tous les Tartares Payens : il fait sa résidence vers le 32. d. de Latitude, au Sud des Deserts de Xamo ou de Goby comme on les appelle présentement, vers les Frontiéres de la Chine, auprès de la Ville de Potala, dans un Couvent qui est sur le sommet d'une fort haute Montagne, dont le pied est habité par plus de 20000.

[k] Hist. Généal. des Tatars p. 42. & suiv.

N n Lamas

Lamas ou Prêtres Payens de son Culte, qui demeurent en plusieurs enceintes à l'entour de cette Montagne, selon que le rang & les dignitez qu'ils occupent les rendent plus dignes d'approcher de la personne de leur Souverain-Pontife. Le Dalaï-Lama ne se mêle en aucune manière du temporel de ses Etats, & il ne souffre non plus qu'aucun de ses Lamas s'en mêle, les faisant gouverner par deux Chans des Callmoucks, qui lui doivent fournir de tems en tems tout ce dont il peut avoir besoin pour l'entretien de sa Maison ; c'est ce même Dalaï-Lama qu'on a appelé jusqu'ici *Prete-Gehan*, & par corruption le *Prêtre-Jean*, sans savoir précisément en quel endroit du Monde il falloit le placer, & il seroit impossible d'alléguer ici tous les contes ridicules dont on a berné le Public à son occasion dans le Siécle passé. Le mot *Lama* en Langue Moungale veut dire *un Prêtre*, & *Dalaï* désigne *une vaste Etendue* ou *l'Océan* en la même Langue, tout comme le terme *Gehan* signifie *une vaste Etendue* dans le langage du Nord des Indes ; en sorte que *Dalaï-Lama* veut dire *le Prêtre Universel*. Il prétend à la Divinité, & passe dans l'esprit de ceux de son Culte pour immortel, en quoi la simplicité des mœurs de ces Nations donne un beau champ aux fraudes pieuses de jouer leur jeu ordinaire en toute commodité. Les Lamas sont habillés de longues Robes jaunes à grandes manches, qu'ils attachent sur les reins avec une ceinture de la même couleur de deux doigts de large, ils ont la tête & la barbe rasées de fort près, & portent des Chapeaux jaunes ; ils tiennent toujours de grands Chapelets de corail ou d'ambre jaune en leurs mains, qu'ils tournent incessamment entre leurs doigts en faisant intérieurement des priéres à leur manière ; ils font vœu de chasteté, & ont des Religieuses du même vœu, & à peu près du même habillement, excepté qu'elles portent des Bonnets bordez de fourrure, au lieu des Chapeaux que les Lamas portent. Les Lamas sont grands Partisans de la Metempsychose ; mais ceux d'entre eux qui prétendent en savoir plus que les autres, ne croient pas que l'Ame sorte réellement d'un Corps pour entrer dans un autre ; mais seulement ses opérations. Comme leur Culte paroît avoir beaucoup de rapport dans l'extérieur de la Discipline avec la Religion Chrétienne, & en particulier avec l'Eglise Catholique Romaine, on prétend qu'il doit son origine aux Missionaires Nestoriens, qu'on fait avoir étendu fort loin de ce côté-là leurs conversions sous le Régne de Charlemagne ; & que par la suite du tems & les grandes Guerres survenues du depuis entre ces Peuples, le Christianisme y a été tellement défiguré qu'à grande peine on le peut encore reconnoître à quelques foibles marques ; en continuant cette supposition on pourroit encore dire que le Dalaï-Lama doit son établissement aux Patriarches Nestoriens. Au reste quoique le Royaume de Tangut soit maintenant le Patrimoine du Dalaï-Lama, le Contaïsch, comme Grand-Chan des Callmoucks, ne laisse pas de garder une espéce de supériorité sur ce Pays, & en cette qualité il tient la main à ce que les Chans qui ont l'Administration du temporel des Etats du Dalaï-Lama, n'abusent point du Pouvoir qu'ils ont en main; & toutes les fois que l'envie leur prend de se vouloir rendre indépendants, ce qui leur arrive assez souvent, ils ne manquent pas de trouver le Contaïsch en leur chemin qui les fait bien remettre dans leur devoir.

TANGXAN, Cité de la Chine [a], dans la Province de Kiangnan, au Département de Siucheu, quatriéme grande Cité de la Province. Elle est de 0. d. 30'. plus Occidentale que Peking, sous les 25. d. 6. de Latitude. [a] *Atlas Sinens.*

TANGYANG, Ville de la Chine [b], dans la Province de Huquang, au Département de Chingtien, quatorziéme Métropole de la Province. Elle est de 6. d. 6'. plus Occidentale que Peking, sous les 31. d. 18'. de Latitude. [b] *Ibid.*

TANGYE, Ville de la Chine [c], dans la Province de Xantung, au Département de Tungchang, troisiéme Métropole de la Province. Elle est de 1. d. 8'. plus Occidentale que Peking, sous les 37. d. 6'. de Latitude. [c] *Ibid.*

1. TANJAOR, ou TANJAOUR, Royaume des Indes, sur la Côte de Coromandel, au Midi du Royaume de Gingi, à l'Orient de celui de Maduré, & au Nord du Marava [d]. Les Terres de ce petit Etat sont les meilleures de toute l'Inde Méridionale : le Fleuve Caveri se partage en plusieurs Bras, qui arrosent & fertilisent toute cette Contrée. Les revenus du Prince vont jusqu'à douze millions. Les principaux Lieux de son Etat sont : [d] *Lettres Edif. t. 15. p. 74.*

Sur la Côte. { Caveripatan, Loge des François,
Tranquebar, aux Danois,
Negapatan, aux Hollandois,
Le Pagode de Cagliamera,
Corumdancuri.

Dans les Terres. { Tanjaor, ou Tanjaour,
Muliacury,
Manapacoui,
Tiruvalour,
Vallam,
Patrucotey,
Arandanghicotey.

2. TANJAOR, ou TANJAOUR [e], Ville de l'Inde Méridionale, au Royaume de même nom, dont elle est la Capitale. Cette Ville est située dans la partie Occidentale du Royaume, en tirant vers le Nord, sur un Bras du Fleuve Caveri. Tanjaor n'étoit autrefois qu'un Temple d'Idoles, comme étoient dans les commencemens la plûpart des Forteresses de ces petits Royaumes. Cette Forteresse a une double enceinte, comme celle de Trichirapali ; mais elle n'est pas si bien bâtie. Ses Fossés sont moins profonds, & il est moins aisé de les remplir d'eau. La Forteresse intérieure se divise en deux parties, dont l'une est au Nord & l'autre au Sud. Dans celle du Nord on voit le Palais du Roi, où il n'y a rien de magnifique. Il n'y a que quelques Tours assez jolies. On a bâti dans la partie du Sud [e] *Ibid.*

le

le *Pago de Peria Oureyar*. Au Nord du Temple est un vaste Etang, bordé de pierres de taille. Les Indiens excellent dans la fabrique de ces Etangs : on en voit qu'on admireroit en Europe. Les environs de Tanjaor ne sont arrosez que par un petit Ruisseau. La Longitude de cette Ville est de 99. d. 12'., & la Latitude de 11. d. 27'.

TANICO, Peuple de l'Amérique Septentrionale, dans la Louisiane, voisin des Cahaynitioüa, au bord de la Riviére des Ouachites. Il pourroit se faire que ce fussent des Tonicas qui demeuroient autrefois dans les Cantons, & dont il sera resté quelques Cabanes près de leurs anciennes demeures.

[a] Atlas Sinens.
1. TANING, Ville de la Chine [a], dans la Province de Xansi, au Département de Pingyang, seconde Métropole de la Province. Elle est de 7. d. 22'. plus Occidentale que Peking, sous les 37. d. 25'. de Latitude.

[b] Ibid.
2. TANING, Ville de la Chine [b], dans la Province de Suchuen, au Département de Queicheu, sixième Métropole de la Province. Elle est de 8. d. 20'. plus Occidentale que Peking, sous les 31. d. 45'. de Latitude.

[c] Jaillot, Atlas.
TANINGE, petite Ville de Savoye [c], dans la Baronnie de Faussigny, sur le bord de la Riviére de Foron, à la gauche, un peu au-dessus de l'endroit où cette Riviére reçoit la Giefre, auprès de Melan Char-

[d] Etats de Savoye.
treuse de Filles. Davity [d] dit qu'on voit à Taninge un beau Couvent de Religieuses de Sainte-Claire, & qu'il s'y tient un Marché où l'on vend les Faulx qui se distribuent par tout le Pays.

TANIS, Ville de la Basse-Egypte, nom-
[e] Num. 13. 23.
mée en Hébreu *Zoan* [e]. Elle étoit située près de la seconde Embouchure ou du se-
[f] Dom Calm. Dict.
cond Bras du Nil [f], qui en fut appellée BOUCHE TANITIQUE. Moyse dit que *Thanis* ou *Zoan* est plus nouvelle de sept ans que la Ville d'Hébron, dans le Pays de Chanaan,
[g] Ps. 77. 12. 43.
& le Psalmiste [g] avance que Moyse fit ses miracles dans les Campagnes de Tanis, *in*
[h] 19. 11. 13. & 30. 2.
campo Taneos. Isaïe [h] apostrophe les Princes de Tanis qui se piquoient de sagesse & de prudence. Il se mocque de leur mauvaise politique. Il paroît que du tems de ce Prophète Tanis étoit encore la Capitale de la Basse-Egypte. Ezechiel parle de Zoan ; mais St. Jérôme a traduit *Taphnis* au lieu de *Tanis*. Ces deux Villes étoient fort
[i] Baillet, Topog. des SS. p. 477.
différentes l'une de l'autre [i]. Tanis devint le Siège d'un Evêque sous les Chrétiens. Il fut soumis d'abord à l'Eglise d'Alexandrie comme celles de toute la Province, & dans la suite il fut sous l'Archevêché de Damiéte.

TANITICUM OSTIUM, nom que
[k] Lib. 17. p. 802.
Strabon [k] donne à la sixième Embouchure du Nil, & qui, à ce qu'il dit, étoit appellée par quelques-uns *Saiticum-Ostium*. Héro-
[l] Lib. 2. c. 17.
dote [l] dit que l'eau de cette Embouchure venoit du Canal ou de la Riviére Sebennytique ; mais Ptolomée fait une autre disposition des Bouches du Nil, & cette dispo-
[m] Lib. 4. c. 5.
sition s'accorde avec ce que disent Diodore de Sicile, Strabon & Pline. Ptolomée [m]

ne fait pas venir l'eau de la Bouche Tanitique, du Canal Sebennytique, qui sortoit lui-même du Canal Agathodæmon ou Canopique, mais du Canal Bubastique ou Pélusiaque. Le *Taniticum Ostium* étoit la sixième Embouchure du Nil, en comptant ces Embouchures d'Occident en Orient ; mais elle étoit la seconde en comptant d'Orient en Occident.

TANITES, ou TANITICUS-NOMUS, & TANITICA-PRÆFECTURA, Préfecture de la Basse-Egypte, le long de la Branche du Nil, appellée Bouche Tanitique. Sa Métropole étoit Tanis. Voyez TANIS.

TANLAY, Bourg & Château de Fran-
[n] Piganiol, Descr. de la France, t. 3. p. 109.
ce [n], dans la Bourgogne, sur l'Armanson, à quatre lieues de Tonnerre. Le Château est situé dans un fond, & c'est l'Ouvrage de Mr. d'Esmery, Surintendant des Finances. Il est divisé en deux parties, le vieux & le neuf : l'un & l'autre sont décorez de plusieurs ordres d'Architecture. La beauté du dedans surpasse encore celle du dehors par ses grands Vestibules, sa Galerie & la beauté de ses Appartemens. Le Jardin est animé par de très-belles Fontaines, & par un grand Canal où la Riviére d'Armanson entre par plusieurs Bouches, qui sont à l'un de ses bouts. Le Parc & l'Etang sont d'une grande étendue, & d'une grande beauté.

TANLENG, Cité de la Chine [o], dans
[o] Atlas Sinens.
la Province de Suchuen, au Département de Muicheu, seconde grande Cité de la Province. Elle est de 12. d. 44'. plus Occidentale que Peking, sous les 30. d. 0'. de Latitude.

TANN, petite Ville d'Allemagne [p],
[p] Zeyler, Topog. Saxon. p. 179.
dans le Voigtland-Saxon, à deux milles de Schleiz. Elle appartient au Comté de Plauen.

TANNACO, Monastére dans la Lycaonie, selon St. Grégoire [q] cité par Ortelius.
[q] Lib. 4. Epist. 36.

TANNAY, Bourg de France, dans le Nivernois, Election de Clamecy. Il y a dans ce Bourg un Chapitre.

TANNENBERG, Village du Royaume de Prusse [r], entre Domerau & Hoenstein,
[r] Zeyler, Topog. Pruss. p. 49.
proche de Gilgenbourg. En 1410. le 15. de Juillet il se donna une Bataille sur la Plaine de ce Village, où le Grand-Maître de l'Ordre Teutonique Ulric de Jungingen fut tué avec 40000. hommes ; le Roi de Pologne Ladislas Jagellon y perdit 60000. des siens ; il resta pourtant le Maître du Champ de Bataille. Caspar Schütz [s] en a
[s] Lib. 3. Chron. Pruss. fol. 113.
parlé.

TANNES, ou THANN, petite Ville de France, dans le Sundgau, à l'entrée de la Vallée de S. Amarin, Diocése de Bâle, Conseil Souverain & Intendance d'Alsace. Elle n'a rien de considérable que les bons Vins de la Montagne de Ranck, qui se débitent à Bâle. Elle contient 2000. Habitans ou environ.

TANNETA, Lieu d'Italie, dans la Campanie, selon Aimoin, cité par Ortelius [t]. C'est le nom du Lieu où Narsès dé-
[t] Thesaur.
fit & tua Buccelin. Paul Diacre [u], en rap-
[u] De Gestis Longobard.
portant le trait d'Histoire nomme ce Lieu TANNETUM ; & Trallian [x] parle d'une Vil-
[x] L. 2. c. 2. * In Longob.
le qu'il nomme *Tannetana Urbs*, & qui pourroit être la même chose.

TANNETUM. Voyez TANETUS & TANNETA.

TAN-

TANNOY, *Tannetum*, Lieu de France, au Duché de Bar, appartenant au Duc de Lorraine, sous le Diocèse de Toul ; l'Eglise Paroissiale est dédiée à St. Martin. Le Chapitre de Liverdun est Patron de la Cure. Le Chapitre de St. Maxe de Bar, les Antoinistes & les Chanoines de S. Pierre de Bar, le Curé & plusieurs Laïques partagent les dixmes.

TANOR, petit Royaume de l'Inde Méridionale [a], sur la Côte de Malabar. Il n'a pas plus de huit ou dix lieues en quarré. Le Royaume de Calicut le borne au Nord, les Etats du Samorin sont à l'Orient & au Midi, & la Mer le baigne à l'Occident [b]. Quelque petit que soit ce Royaume, & quoiqu'il n'ait point de Rivières, son Roi n'est pourtant ni inférieur ni Tributaire d'aucun autre Prince du Malabar. Il a conservé une étroite liaison avec les Portugais, depuis qu'ils sont aux Indes, & ceux-ci ont aussi soigneusement cultivé son amitié. Dans le tems que la mesintelligence régnoit entre les François & les Hollandois, le Roi de Tanor qui de tout tems avoit été le mortel ennemi des derniers, n'eut pas grande peine à favoriser les premiers. Le principal Lieu du Royaume est aussi appellé TANOR, & est situé à quatre ou cinq lieues au Midi de Calicut. Il y a sur la Côte deux grands Villages de Pêcheurs, dont l'un est habité par des Chrétiens, & l'autre par des Gentils. Assez près du premier de ces Villages, on voit une petite Eglise, avec une Place au-devant, où l'on a élevé une Croix fort haute. Le Roi loge loin de la Mer, à une lieue delà, & laisse un Gouverneur pour exercer la Justice sur ses Sujets, Gentils ou Maures. Mais ce Gouverneur n'a aucune autorité sur les Chrétiens. Le Droit de les punir quand ils manquent à quelque chose, est réservé au Directeur de l'Eglise. Les Jésuites la possèdent depuis long-tems.

Le Terroir de Tanor est fertile ; l'air y est sain, & la Chasse & la Pêche y sont faciles. Le Poisson y sert de nourriture aux Habitans ; & il n'y a que les personnes aisées qui mangent de la Volaille ou des Cabrits. Le Bœuf y est défendu comme chez tous les autres Gentils.

1. TANOS. Voyez TANUS.

2. TANOS, Fontaine d'Egypte, aux environs de Myoshormos, selon Pline [c]. Quelques MSS, portent *Tarnos*, d'autres *Statnos*, & d'autres *Tadnos* : Le Pere Hardouin préfere cette derniére Leçon. Voyez TADNOS.

3. TANOS, Ville de l'Isle de Créte, selon Etienne le Géographe.

TANOUMAH, Isle de la Mer des Indes. Mr. d'Herbelot dans sa Bibliothéque Orientale dit que cette Isle n'est éloignée de celle de Mabeth que d'une journée de Navigation ; c'est-à-dire, d'environ cent milles, & qu'elle est à cinq journées de Navigation de l'Isle de Comar.

TANOUTATE, Rivière de l'Amérique Septentrionale, dans la Nouvelle-France. Elle se décharge dans le Lac de Frontenac, en faisant un portage. On peut communiquer par cette Rivière du Lac de Frontenac à celui de Toronto, d'où on communique au Lac supérieur.

TANRODA, petite Ville d'Allemagne [d], avec un Château du même nom, de Saxe, cette Ville étoit possédée par Appel Vizdom, qui étoit du côté du Duc Frederic & Louis Comte de Geichen, qui tenoit pour le parti contraire la brûla. Dans la suite Appel Vizdom s'étant brouillé avec le Duc Guillaume, fut chassé avec sa Famille de la Thuringe, & la Ville de Tanroda avec ses Dépendances fut vendue à Louis Comte de Geichen pour 5500. ou 6000. florins en 1465. La même Chronique ne dit pas si ce fut après l'extinction de la Famille de Geichen en 1630. ou plutôt, que cette Ville vint sous la Domination des Ducs de Saxe-Weimar, & nous n'en avons point de certitude d'ailleurs. A une demie heure de Tanroda est situé sur une Montagne le Château de Dondorff, avec un Village du même nom au pied de la Montagne, sur un Ruisseau appellé Munchenbach ; le tout appartenant avec la Seigneurie, qui en dépend, au Duc de Saxe-Weimar.

TANSIFT, Rivière d'Afrique [e], au Royaume de Maroc. Elle prend sa source près de la Ville d'Animmey, à peu de distance d'une des Montagnes du Grand Atlas. Elle court vers le Septentrion, d'où elle tourne vers le Couchant, toujours à travers des Plaines, jusqu'à ce qu'elle entre dans l'Océan aux environs de Safi.

TANSOR. Voyez TENZERT.

TANTALI-STAGNUM, & TANTALIS. Voyez SIPYLUM.

1. TANTALUS, Ville de l'Isle de Lesbos selon Etienne le Géographe.

2. TANTALUS, Ville que Nicetas place sur le bord du Méandre. Le nom moderne est *Tausanle*, selon Leunclavius cité par Ortelius [f].

TANTANG, Forteresse de la Chine [g], dans la Province de Suchuen, au Département d'Jungning, première Forteresse de la Province. Elle est de 11. d. 21'. plus Occidentale que Peking, sous les 27. d. 54'. de Latitude.

TANTARENE, Ville de l'Ethiopie sous l'Egypte, selon Pline [h].

TANTHARAGI, Peuples de l'Inde en deça du Gange, selon Arrien [i], qui les place aux environs de Barygaza, dans les Terres.

TANTIMONT, *Tantimontium*, Lieu du Duché de Lorraine, Diocèse de Toul. Cette Paroisse est considérable, & son Ban comprend les Lieux de Herguigney, Battexey, Avrainville, Bralleville, & Germonville. Son Eglise Paroissiale est dédiée à St. Bâle. Le Chapitre de Remiremont est Patron de la la Cure qui se donne au concours. Le Curé a dix vingt-quatrièmes des dixmes de toute la Paroisse, droit de chasse, & le tiers de toutes les menues dixmes. Quoique Xarouval soit d'une autre Paroisse, les Habitans sont obligés de venir à celle-ci le jour de la Pentecôte, & ils y marchent les premiers à l'Offrande. Il y a une Chapelle dédiée à S. Sébastien, & à Sainte Catherine.

TANTONVILLE, *Tantonis Villa*, Lieu du Duché de Lorraine, au Diocèse de Toul. Son Eglise Paroissiale est dédiée à S. Remi. L'Abbé de S. Evre en est Patron. Le Curé perçoit un tiers de la grosse & menue dixme, l'Abbé de S. Evre un tiers, & le Seigneur du Lieu l'autre tiers. Cette Cure se donne au concours. Il y a une Chapelle en titre.

TANUDAÏENSIS, Siège Episcopal d'Afrique, selon la Conférence de Carthage, où l'Evêque de ce Siège est qualifié *Donatus Epifcopus Tanudaïenſis*. Mr. Du Pin croit que *Tanudaïenſis* & *Tamadenſis*, ou *Tamadempſis*, que la Notice des Evêchez d'Afrique met dans la Mauritanie Céſarienſe, sont le même Siège.

TANUS, Fleuve de l'Argie. Il avoit sa source au Mont Parnon, & son Embouchure dans le Golphe Thyréatique, selon Pausanias [a]. Ortelius [b] croit que c'est le *Tanaus* d'Euripide, qui dit qu'il servoit de borne entre le Territoire d'Argie & celui de Sparte.

[a] Lib. 2. c. 38.
[b] Thesaur.

1. TANYANG, Ville de la Chine [c], dans la Province de Kiangnan, au Département de Chingkiang, sixième Métropole de la Province. Elle est de 2. d. 32'. plus Orientale que Peking, sous les 32. d. 40'. de Latitude.

[c] Atlas Sinenſ.

2. TANYANG, petit Lieu de la Chine [d], au Royaume de Leaotung, dans le Département de Tieling, premier petit Lieu du Royaume. Il est de 4. d. 50'. plus Occidental que Peking sous les 39. d. 50'. de Latitude.

[d] Ibid.

TAO, Fontaine de la Chine [e] dans la Province de Xantung, au Territoire d'Iencheu, seconde Métropole de la Province, près de la Ville de Ningyang. TAO, veut dire la *Fontaine du Voleur*. On rapporte que Confucius se trouvant auprès de cette Fontaine, ne voulut jamais boire de son eau quelque altéré qu'il fût, tant il avoit en horreur le nom même des vices.

[e] Ibid.

1. TAOCE, Ville de la Perſide: Néarque [f] & Ptolomée [g] en font mention. Le dernier la marque dans les Terres, près de la Ville *Orebatis*; & le premier le met sur le bord du Fleuve Granide: on ne sauroit dire s'il entend parler d'une Ville ou de la Contrée, que Ptolomée nomme *Toacene*.

[f] Paraphl. p 31.
[g] Lib. 6. c. 4.

2. TAOCE, Promontoire de la Perſide: Marcien d'Héraclée [h] le marque à cinq cens Stades de l'Embouchure de l'*Oroatis*, & à sept cens de l'Embouchure du *Rhogomanus*. Ptolomée [i] place aussi le Promontoire *Taoce* entre ces deux Fleuves.

[h] Peripl. p. 19.
[i] Lib. 6. c. 4.

TAOCENE, Contrée de la Perſide, selon Ptolomée [k]. Elle est voisine de la Mardiene & du Pays des Hippophages.

[k] Ibid.

TAOCHI, Peuples d'Asie dans le Pont, selon Etienne le Géographe, qui dit qu'ils habitoient dans les Terres, & que quelques-uns les nommoient *Taoi*.

TAORMINE. Voyez TAVORMINE.

TAOYUEN, Ville de la Chine [l], dans la Province de Kiangnan, au Département de Hoaigan, huitième Métropole de la Province. Elle est de 1. d. 30'. plus Orientale que Peking, sous les 34. d. 40'. de Latitude. La Riviére Saffranée arrose cette Ville au milieu de laquelle elle passe. Ses superbes Bâtimens, son grand Trafic, la quantité d'Habitans qu'elle a, & son Territoire qui abonde en Gibier & en Fruits de toutes sortes, lui font tenir rang entre les plus agréables de la Province. Elle est défendue par de bons remparts & par des Baſtions revêtus de pierre.

[l] Atlas Sinenſ.

1. TAPA, petit Peuple dans l'Amérique Septentrionale, de la Louïsiane qui habite au bord Septentrional de la Riviére St. Jean au-deſſous des Capoutoucha à 35. ou 40. lieues de l'ancien Fort que les François avoient construit sous le règne de Charles IX.

2. TAPA, Montagne de la Chine [m], dans la Province de Xensi, dans le Territoire de Hanchung, troisième Métropole de la Province. Elle commence au voisinage de la Ville de Sihang, & s'étend jusque dans la Province du Suchuen où elle se termine près de la Ville Pa.

[m] Atlas Sinenſ.

TAPACRI, Province du Pérou, au Diocèse de la Plata [n]. Elle a vingt lieues de long, & plus de douze de large, & ses champs sont fertiles, selon ce qu'écrit Garcilaſſo. On y voit un grand nombre de Brebis. Entre cette Province & celle de Collao, il y a un Desert fort spacieux, qu'on dit être large de trente lieues. Dans ce Desert se trouvent quantité de sources chaudes.

[n] De Laet, Deſcr. des Indes Occ. Liv. II. C. 7.

TAPACURES, Peuples de l'Amérique Méridionale au Pérou, à l'Orient de l'Audience de los Charcas. Ces Peuples étoient autrefois mêlez parmi les Moxes [o], avec qui ils ne faiſoient qu'une même Nation. Mais les diſſentions qui s'élevérent entr'eux furent une semence de guerres continuelles qui obligérent enfin les Tapacures à s'en séparer, pour aller habiter une autre Contrée, à quarante lieues environ de distance, vers une longue suite de Montagnes qui vont de l'Orient au Nord, leurs mœurs sont à peu près les mêmes que celles des Moxes Gentils, dont ils tirent leur origine; à la reserve qu'ils ont moins de courage, & qu'ayant le corps bien plus souple & plus leste, ils ne se défendent guère de ceux qui les attaquent, que par la vîteſſe avec laquelle ils diſparoiſſent à leurs yeux. Ces Peuples ont donné leur nom aux Montagnes vers leſquelles ils se sont établis. On les nomme les Montagnes des Tapacures: elles séparent le Pays des Chiquites de celui des Moxes.

[o] Lettres Edif. t. 10. p. 240.

TAPÆ, Ville de la Dace. Elle étoit du Royaume de Décébale, selon Xiphilin cité par Ortelius [p], qui croit que c'est la même que Jornandès appelle *Tabæ*.

[p] Thesaur.

TAPAGUAZU, Peuples de l'Amérique Méridionale [q], au Pérou, au Nord de l'Audience de los Charcas en tirant vers l'Orient.

[q] De l'Iſle, Atlas.

286   TAP.   TAP.

a Lib. 4. c. 5.

TAPANITÆ, Peuples de la Marmarique, selon Ptolomée [a].

b Pag. 5.

TAPARA, Entrepôt sur le Golphe Arabique, au voisinage du Port Avalites, selon Arrien dans son Périple de la Mer Rouge [b]. C'est peut-être le TAPHARUM de Nicéphore Calliste [c].

c Lib. 9. c. 18.

d Pag. 7.

TAPATEGE, Lieu de l'Ethiopie: Arrien dans son Périple de la Mer Rouge [d] place ce Lieu entre *Niloptolemæum* & le petit Daphnon.

TAPAYSE, ou TAPAYOSOS, Province de l'Amérique Méridionale au Pays des Amazones [e]. C'est la première Province qu'arrose du côté du Midi la Rivière des Amazones après qu'elle est sortie du Bosphore & qu'elle a repris sa largeur ordinaire. Elle est ainsi appellée d'une grande & large Rivière du même nom. Cette Province n'est pas moins considérable par l'abondance de ses Fruits & de ses Moissons que par la courageuse Nation qui l'habite, & qui se sert de flèches empoisonnées; ce qui la fait extrêmement redouter de ses voisins. Entre les Habitations de cette Province, les Portugais à leur retour en trouvèrent une de plus de quinze-cens Familles. Cette Nation, quoique vaillante & barbare, ne cessa point pendant tout le jour de leur aller vendre des Farines, des Poules, du Poisson, des Fruits & plusieurs autres choses qui leur étoient nécessaires, avec tant de confiance, que même les femmes & les enfans s'approchèrent toujours de leur Flote.

e Corn. Dict. Le Comte de Pagan Relat. Hist. & Géogr. de la Riv. des Amazones.

L'Origine de la RIVIÈRE TAPAYSE n'est pas encore connue. On est persuadé à voir la grandeur que sa source est fort éloignée du côté du Midi, entre la Côte du Brésil & le Lac Xaraye. En 1630. les Anglois montèrent dans son Canal, descendirent sur ses bords & s'y arrêtèrent quelque tems pour semer & recueillir du Tabac; mais ils en furent chassez par les Indiens, & obligez de se rétirer, sans avoir fait leur récolte. L'Embouchure de cette Rivière est sur la rive Méridionale du Fleuve des Amazones, entre les Embouchures des Rivières Madère & Paranayba.

1. TAPE, Ville de l'Hyrcanie. Strabon [f] lui donne le titre de *Regia*, & dit qu'elle est un peu dans les Terres. On prétendoit la mettre à quatorze-cens Stades des Portes Caspiennes.

f Lib. 11. p. 509.

2. TAPE, Montagne de la Chine [g], dans la Province de Xansi, dans le Département de Taitung, troisième Métropole de la Province, près de la Ville de Lingkieu. On tire de cette Montagne un Rouge qu'on employe quelquefois aux mêmes usages que le Vermillon.

g Atlas Sinens.

TAPHARUM. Voyez TAPARA.

TAPHETH. Voyez TOPHET.

h Lib. 4. c. 12.

TAPHIÆ. Voyez TÉLÉBOÏDES.

TAPHIAS, Isle que Pline [h] & Etienne le Géographe mettent au voisinage des Isles Taphies ou Téléboïdes. Etienne le Géographe dit que l'Isle *Taphias* étoit à trente Stades de la Ville de Taphus dans l'Isle de Céphalénie.

TAPHIASSUS. Voyez TAPHOSSUS.

1. TAPHII, Peuples de la Scythie Européenne. Strabon [i] dit qu'ils habitoient

i Lib. 7. p. 308.

sur la Côte la plus reculée du Golphe Carcinite. Ortelius soupçonne que ce sont les Peuples que Pline appelle TAPHRÆ.

2. TAPHII. Voyez TÉLÉBOÏDES.

TAPHIIS. Voyez TASITIA.

TAPHITIS, Promontoire de l'Afrique propre, au voisinage de la Ville Néapolis, selon Strabon [k].

k Lib. 12. p. 834.

TAPHIUM. Voyez PHARAMIA.

TAPHIUS, Montagne dans le Pays des Locres Ozoles, & où Antigonus [l] dit que le Centaure Nessus fut enterré.

l In Mirabili.

TAPHIUSA. Voyez TAPHUS.

TAPHNIS, Ville d'Egypte. Jérémie [m] en parle souvent, & on assure qu'il y fut enterré. On croit que *Taphnis*, ou *Taphnæ* est la même que *Daphnæ Pelusiæ*, à seize milles de Péluse, vers le Midi, suivant l'Itinéraire d'Antonin. Jérémie & les Israélites qui étoient avec lui se retirèrent à *Taphnis*; & lorsqu'ils y furent arrivez le Seigneur fit connoître à Jérémie que Nabuchodonosor prendroit cette Ville, & qu'il y établiroit son Trône au même endroit, où le Prophète avoit enfoui des pierres [n]. C'étoit alors une Ville Royale. Hérodote [o] dit que du tems de Psammétichus Roi d'Egypte, il y avoit une Garnison à *Daphnæ Pelusiæ* contre les incursions des Barbares.

m 11. 16. 43. 7. 8. 9. 44. 1. 46.

n Jérém. 43. 7. 8. 9.
o Lib. 2. c. 30.

TAPHOSIRIS. Voyez TAPOSIRIS.

TAPHOSSUS, Colline de Gréce, dans l'Etolie, aux environs de la Ville de Calydon, selon Strabon [p], qui dans un autre endroit écrit *Taphiassos* & *Taphiasos*. Pline [q] la nomme *Taphiassus*.

p Lib. 9. p. 427. & Lib. 10. p. 460.
q Lib. 4. c. 2.

TAPHRA. Voyez TAPHRURA.

1. TAPHRÆ, Nom que Pomponius-Mela [r] donne à l'Isthme du Chersonnèse Taurique: *Quod*, dit-il, *inter Paludem & Sinum est*, TAPHRÆ *nominatur*. Voyez l'Article suivant.

r Lib. 2. c. 1.

2. TAPHRÆ, Ville du Chersonnèse Taurique, selon Pomponius-Mela [s] & Pline. C'est la même Ville que Ptolomée [t] nomme TAPHROS.

s Ibid.
t Lib. 3. c. 6.

TAPHRON, ou TAPHROS, Ville de l'Arabie Heureuse: Ammien Marcellin [u] la met au nombre des plus belles Villes du Pays. Mais les MSS. varient par rapport à l'Orthographe de ce nom. Il y en a plusieurs qui lisent *Taphra* au lieu de *Taphron*. Mr. de Valois croit que cette Ville est celle que Ptolomée appelle *Saphara*, & qu'Etienne le Géographe nomme *Tarphara*.

u Lib. 23. c. 6.

1. TAPHROS. Voyez TAPHRON.

2. TAPHROS. Voyez TAPHRÆ, N°. 2.

3. TAPHROS, Pline [x] dit qu'on donnoit ce nom au Détroit qui sépare la Sardaigne de l'Isle de Corse.

x Lib. 3. c. 6.

TAPHRURA, selon Ptolomée [y], & *Taparura*, selon la Table de Peutinger, Ville de l'Afrique propre, sur le Golphe de Numidie. L'Anonyme de Ravenne [z] la nomme aussi *Taparura*. Elle étoit appellée TAPHRA par Pomponius-Mela [a]; mais Isaac Vossius a changé ce nom en *Taphrure*; ce qui a été suivi par Jacques Gronovius. Pline [b] qui copie dans cet endroit Pomponius-Mela, écrit aussi *Taphra*; mais le Pere Hardouin croit qu'au lieu de *Taphra* il faut lire *Gaphara*: il se fonde sur ce que Ptolomée met une Ville de ce nom dans ce Quartier-là.

y Lib. 4. c. 3.
z Lib. 3. c. 15.
a Lib. 1. c. 7.
b Lib. 5. c. 4.

TAPH-

TAPHSAR, Ce nom se trouve dans Jérémie [a], où St. Jérôme l'a laissé sans le traduire; & dans Nahum [b] où il l'a traduit par des *petits enfans*, il a lu *Tapphapim* au lieu de *Taphsarim*. Nos meilleurs Interprétes, dit Dom Calmet, croient que ce Terme est un nom de Dignité; le même peut-être qu'*Achasdrapné*, dont on a fait *Satrape*. Quelques-uns ont cru que *Taphsar* étoit un nom de Province; mais on n'a aucune preuve qui appuye cette conjecture.

1. TAPHUA, Ville sur les Frontiéres de la Tribu de Manassé; mais appartenante à la Tribu d'Ephraïm. C'est apparemment la même que *En-Taphuah* de Josué [c], nommée dans la Vulgate, *la Fontaine de Taphua*, ou du *Pommier*.

2. TAPHUA, Ville de la Tribu de Juda [d]. Ce pourroit bien être la même que *Beth-Tapbua* qui est attribuée aussi à la Tribu de Juda, & qu'Eusèbe [e] place au-delà de Raphia, à quatorze milles de cette Ville vers l'Egypte.

TAPHUS, Ville de l'Isle de Céphalénie, selon Ortelius [f] qui cite Strabon; mais il a lu trop précipitamment son Auteur. Strabon [g] ne connoît point de Ville nommée *Taphus*, mais bien une Isle de ce nom appellée de son tems TAPHIUSA. Etienne le Géographe à la vérité met dans l'Isle de Céphalénie une Ville appellée autrefois *Taphus* & de son tems *Taphiussa*: par malheur il n'y a que lui qui connoisse cette Ville; & son autorité n'a pas empêché Saumaise de dire: *male itaque Stephanus Taphiusam Urbem facit Cephalleniæ*. Voyez TELEBOÏDES.

TAPHYASSUS. Voyez TAPHOSSUS.

TAPIAU, Château du Royaume de Prusse [h], au-dessus de Königsberg, entre les Riviéres Pregel & Deme. On commença à le bâtir l'an 1351. Le Margrave Albert de Brandebourg, dernier Grand-Maître & premier Duc de Prusse, mourut ici le 20. Mars de l'an 1568. la 57. année de sa Régence.

TAPINGSA, Forteresse de la Chine [i], dans la Province de Queicheu, au Département de Lungli quatrième Ville Militaire de la Province. Elle est de 11. d. 18′. plus Occidentale que Peking, sous les 26. d. 10′. de Latitude.

TAPIUM. Voyez PHARAMIA.

TAPLAUKEN, Château du Royaume de Prusse [k], sur la Riviére Pregel entre Tapiau & Georgebourg au-dessus de Königsberg. L'an 1566. le 21. Janvier une Chienne fit un Cochon qu'on éleva, selon le rapport de Hennenberger.

TAPORI, Peuples de la Margiane, selon Ptolomée [l]: Au lieu de TAPORI le MS. de la Bibliothéque Palatine porte TAPURI. Voyez BARDULI.

1. TAPOSIRIS, Ville d'Egypte, à une journée au Couchant d'Aléxandrie : Strabon [m] qui la met à quelque distance de la Mer, dit qu'elle étoit entre *Cynossema* & *Pinthyna*. Il ajoute que tous les ans il s'y tenoit une Assemblée pour cause de Religion. Voyez l'Article suivant.

2. TAPOSIRIS, Ville d'Egypte, un peu au-delà de la précédente, selon Strabon [n]: Item, dit-il, *alia Taposiris satis ultra Urbem*; & il ajoute qu'auprès de cette Ville il y avoit sur le bord de la Mer un lieu couvert de Rochers, où les jeunes gens s'assembloient en foule pendant le Printems.

☞ Srabon est le seul des Anciens qui mette deux Villes de *Taposiris* à l'Occident d'Aléxandrie. Tous les autres Géographes n'en marquent qu'une dans ce Quartier-là: de sorte qu'on ne sait à laquelle des deux on doit rapporter ce qu'ils disent de la Ville de Taposiris, dont ils n'écrivent pas même le nom de la même maniere. Le Texte Grec de Ptolomée [o] porte *Taporiris*, pour *Taposiris*, & Plutarque [p] aussi-bien que Procope [q] écrivent *Taphorisir*. Ce dernier après avoir remarqué que la Côte qui s'étend depuis la Frontiére d'Aléxandrie, jusqu'à Cyréne, Ville du Pays de Pentapole, a retenu le nom général d'Afrique, dit: Il y a dans cette Côte une Ville appellée Taphosiris à une journée d'Aléxandrie & où l'on dit qu'Osiris Dieu des Egyptiens est enterré. Justinien a fait bâtir un grand nombre d'Ouvrages dans cette Ville; mais principalement un Bain Public & des Palais pour loger les Magistrats.

3. TAPOSIRIS, ou PARVA TAPOSIRIS, Ville d'Egypte, selon Strabon [r]. Il y a-voit, dit-il, un Canal qui conduisoit de Canope à Aléxandrie; & entre ce Canal & la Mer il restoit une Langue de Terre étroite, sur laquelle est la *petite Taposiris*.

☞ Si nous en croyons Etienne le Géographe, on appelloit TAPOSIRIS celle qui étoit voisine d'Aléxandrie, & Taphosiris celle où l'on disoit qu'Osiris étoit enterré.

TAPOUYTAPERE, Contrée de l'Amérique Méridionale au Bresil, sur la Côte Septentrionale & présentement dans la Capitainerie de Para. Vers l'Ouest de l'Isle de Maragnan, dit de Laet [s], il y a une Province qui fait partie du Continent & que les Sauvages nomment Tapouytapere. Elle est éloignée de trois ou quatre lieues & elle en est séparée par un Canal qui va jusque dans la Baye de Maragnan. Je dis que c'est une partie du Continent; car quoiqu'aux plus hautes Marées, on la voye toute environnée de la Mer, dans les basses Marées néanmoins elle paroît jointe avec la Terre-ferme, & n'en être séparée que par une Vallée sablonneuse. Cette Province n'est pas par sa nature aussi forte que l'Isle; mais elle est plus fertile & plus belle. Elle est habitée par une partie de la Nation des Toupinambous, qui y ont quinze Villages ou plus, & dont le principal se nomme TAPOUYTAPERE, ce qui signifie en leur Langue la vieille demeure des Tapuyes, qui s'en sont retirez de leur gré, ou qui en ont été chassez par les Toupinambous. Les plus considérables des autres Villages sont:

Sery-ieu,   Pindotuue,
Ieneupa-eupe,   Aroueupe,
Meurenti-eupe,   Tapanytiningue,
Caagouire,   Eugarete-quitaue,
    Oraboutin-Eugouaue.

Tous ces Villages sont plus peuplez que ceux de l'Isle de Maragnan.

TAPROBANA, ou TAPROBANE, Isle célécélèbre que Ptolomée [a] marque à l'opposite du Promontoire de l'Inde appellé *Cory*, entre les Golphes Colchique & Argarique. Tout ce que les Anciens ont écrit touchant cette Isle ne s'accorde pas : quelques-uns l'ont placée près du Continent ce qui convient avec la position que lui donne Ptolomée ; d'autres la mettent à vingt journées de Navigation du Continent [b], & d'autres seulement à sept journées : enfin il y en a eu qui ont douté si c'étoit une Isle ou le commencement d'un autre Monde : *Taprobane*, dit Pomponius-Mela [c], *aut grandis admodum Insula aut prima pars Orbis alterius Hipparcho dicitur : Sed quia habitatur, nec quisquam circummeasse traditur, prope verum est.* Cependant la plûpart des Auteurs qui ont écrit avant Pomponius-Mela appellent TAPROBANA une Isle ; ce qui fait voir qu'on en avoit fait le tour, ou par Mer, ou par Terre. Denys le Periégète, qui, à ce qu'on croit communément, écrivoit du tems d'Auguste, l'appelle une Isle [d] :

. . . . μεγάλην ἐπὶ νήσοιο Ἴκοιο,
Μήτερα Ταπροβάνην Ἀσιηγενέων ἐλεφάντων.

Strabon [e] est du même sentiment. L'Isle de Taprobane, dit-il, est située dans la Mer la plus Méridionale, au devant de l'Inde, & elle n'est pas plus petite que la Bretagne. Pline [f] à la vérité a écrit depuis Pomponius-Mela ; mais en parlant du tems d'Alexandre, il dit : On a crû long-tems que Taprobane étoit un autre Monde appellé *Antichthonus* ; mais les expéditions d'Alexandre apprirent dès-lors que c'étoit une Isle. On sut donc de bonne heure que Taprobane étoit une Isle de l'Océan Indien & qu'elle étoit d'une grande étendue, mais on en eut une plus grande certitude, quand on vit venir à la Cour de l'Empereur Claude les Ambassadeurs du Roi de Taprobane. Voici le sujet de cette Ambassade : L'Afranchi d'Annius Plocamus, qui avoit traité avec le Fisc pour le Tribut de la Mer Rouge, navigeant le long des Côtes de l'Arabie, fut porté par les Aquilons, au-delà de la Carmanie, & le quinzième jour il entra dans le Port *Hippuri*, sur la Côte de l'Isle de Taprobane, dont le Roi le reçut avec bonté. Dans six mois d'entretien qu'ils eurent ensemble l'Afranchi lui parla des Romains & de leur Empereur ; qui piqua la curiosité du Prince & l'engagea à envoyer une Ambassade à Rome. Elle étoit composée de quatre Ambassadeurs dont le Chef se nommoit Rachia. On apprit d'eux, continue Pline, qu'il y avoit dans leur Isle cinq cens Villes, ou Bourgades ; qu'au Midi il y avoit un Port, avec une Ville la plus considérable de toutes, appellée PALÆSIMUNDUS, la Capitale de l'Isle & où l'on comptoit jusqu'à deux cens mille ames ; qu'au dedans de l'Isle on trouvoit un Etang nommé Megisba, de trois cens mille pas de circuit, & qui renfermoit des Isles qui fournissoient d'excellens Pâturages ; que de cet Etang sortoient deux Fleuves, dont l'un appellé PALÆSIMUNDUS, se rendoit dans le Port de la Ville de même nom & dans lequel il se déchargeoit par trois Embouchures, dont la plus étroite étoit de cinq Stades & la plus large de quinze ; que l'autre Fleuve nommé CIDARA couloit vers le Septentrion du côté de l'Inde ; que le Promontoire de l'Inde nommé COLIACUM, en étoit éloigné seulement de quatre jours de Navigation, & que sur la route on rencontroit l'Isle du Soleil.

Si on eût été assuré de la vérité de ce rapport, dès-lors la variété des opinions auroit dû cesser ; mais Ptolomée [g] qui nous a laissé une ample Description de l'Isle de Taprobane, ne s'accorde point du tout avec Pline. Bien loin de mettre l'Isle de Taprobane à quatre journées de Navigation du Promontoire de l'Inde appellé *Cory & Colligicum*, aujourd'hui le Cap Comorin, il la met tout au plus à la distance d'un degré de Latitude. Quoiqu'il la fasse fort grande, en l'étendant au-delà de l'Equateur, à peine cependant y compte-t-il trente Villes ou Villages. Il ne dit rien du grand Lac de Megisba, ni des deux grands Fleuves qui en sortent ; & quoiqu'il dise qu'autrefois on nommoit cette Isle *Simundi*, ou *Palæsimundi*, il ne connoît ni le Port *Palæsimundus*, ni le Fleuve de ce nom, ni le Port d'*Hippuri*, où aborda l'Afranchi d'Annius Plocamus. Des Descriptions si peu ressemblantes ont été cause que plusieurs habiles gens ont douté si l'Isle de Taprobane de Pline étoit la même que celle de Ptolomée ; & comme la plûpart se sont accordez à dire l'ancienne Taprobane étoit l'Isle de Ceylan d'aujourd'hui ; il s'est trouvé des Auteurs de nom qui voyant que tout ce qu'on disoit de cette ancienne Isle ne convenoit pas à l'Isle de Ceylan, ont été la chercher dans l'Isle de Sumatra. De ce nombre sont Orose, Mercator, Jule-Scaliger, Rhamusio, & Stukius. Mais il n'est guère probable que les Romains, ni les Habitans d'Aléxandrie ayent navigé jusqu'à Sumatra ; c'est en partie ce qui a obligé Saumaise, Samuel-Bochart, Cluvier & Isaac Vossius à prendre l'Isle de Ceylan pour l'Isle de Taprobane. En effet tout ce que dit Ptolomée de l'Isle de Taprobane convient assez à l'Isle de Ceylan, pourvû que l'on convienne que la Description qu'il donne doit l'emporter sur celle de Pline, & qu'il s'est trompé en la faisant trop grande, en la plaçant trop au Midi & en l'avançant jusqu'au-delà de l'Equateur.

Les difficultez qui se trouvent à concilier ces différentes opinions ont porté Mr. Cassini à placer l'Isle de Taprobane dans un autre endroit ; & voici le Système qu'il a imaginé.

La situation de l'Isle TAPROBANE suivant [h] Ptolomée au septième Livre de sa Géographie étoit vis-à-vis du Promontoire Cari. Ce Promontoire est placé par Ptolomée entre l'Inde & le Gange, plus près de l'Inde que du Gange. Cette Isle Taprobane étoit divisée par la Ligne Equinoxiale en deux parties inégales, dont la plus grande étoit dans l'Hémisphère Boréal, s'étendant jusqu'à 12. ou 13. degrez de Latitude Boréale. La plus petite partie étoit dans l'Hémisphére Austral, s'étendant jusqu'à deux degrez & demi de Latitude Australe. Autour de cette Isle il y avoit 1378. petites Isles, parmi lesquelles il y en avoit 19. plus considérables,

---

[a] Lib. 7. c. 4.
[b] Strabo, Lib. 15. p. 690. & 691.
[c] Lib. 3. c. 7.
[d] Vers 952.
[e] Lib. 2. p. 72.
[f] Lib. 6. c. 22.
[g] Lib. 7. c. 4.
[h] Cassini, dans un Mémoire à la fin de la Descr. de Siam par la Loubere, t. 2, p. 321.

bles, dont le nom étoit connu en Occident. Le Promontoire Cory ne sauroit être autre, que celui qui est appellé présentement Comori ou Comorin, qui est aussi entre l'Inde & le Gange & plus près de l'Inde que du Gange. Vis-à-vis ce Cap il n'y a pas présentement une aussi grande Isle que la Taprobane qui soit divisée par l'Equinoxial, & environnée de 1378. Isles: mais il y a une multitude de petites Isles, appellées Maldives, que les Habitans disent être au nombre de 12. mille suivant la Relation de Pirard, qui y a demeuré cinq années; ces Isles ont un Roi, qui se donne le titre de Roi de 13. Provinces & 12. mille Isles. Chacune de ces 13. Provinces est un amas de petites Isles, dont chacune est environnée d'un grand Banc de pierre, qui la ferme tout autour comme une grande muraille: on les appelle Attolons. Elles ont chacune trente mille de tour, un peu plus, ou un peu moins, & sont de figure à peu près ronde ou ovale. Elles sont bout à bout l'une de l'autre depuis le Nord jusqu'au Sud; & elles sont séparées par des Canaux de Mer, les unes larges, les autres fort étroites. Ces Bancs de pierre, qui environnent chaque Attolon, sont si élevez, & la Mer s'y rompt avec une telle impétuosité, que ceux qui sont au milieu d'un Attolon, voyent ces Bancs tout autour, avec les vagues de la Mer qui semblent hautes comme des Maisons. L'enclos d'un Attolon n'a que quatre ouvertures, deux du côté du Nord & deux autres du côté du Sud, dont une est à l'Est, l'autre à l'Ouest, & dont la plus large est de 200. pas, la plus étroite un peu moins de 30. Aux deux côtez de chacune de ces entrées il y a des Isles, mais les Courans & les grandes Marées en diminuent tous les jours le nombre. Pirard ajoute qu'à voir le dedans d'un de ces Attolons, on diroit que toutes ces petites Isles, & les Canaux de Mer, qu'il enferme, ne sont qu'une Plaine continue, & que ce n'étoit anciennement qu'une seule Isle, coupée & divisée depuis en plusieurs. On voit presque par-tout le fond des Canaux, qui les divisent, tant ils sont peu profonds, à la reserve de quelques endroits: & quand la Mer est basse, l'eau n'y vient pas à la ceinture, mais seulement à mi-jambe presque par-tout. Il y a un courant violent & perpétuel, qui depuis le mois d'Avril jusqu'au mois d'Octobre vient impétueusement du côté de l'Ouest, & à cause des pluies continuelles qui y font l'Hyver; & aux autres six mois les vents sont fixes du côté de l'Est, & portent une grande chaleur, sans qu'il y pleuve jamais, ce qui cause leur Eté. Au fond de ces Canaux, il y a de grosses pierres, dont les Habitans se servent à bâtir, & il y a aussi tout plein d'une espèce de broussailles, qui ressemblent au Corail; ce qui rend extrêmement difficile le passage des Bâteaux par ces Canaux. Linscot témoigne que suivant les Malabares, ces petites Isles ont été autrefois jointes à la Terre-ferme, & que par la succession des tems elles en ont été détachées par la violence de la Mer à cause de la bassesse du terrain. Il y a donc apparence que les Maldives sont un reste de la grande Isle Taprobane, & des 1378. Isles qui l'environnoient, qui ont été emportées ou diminuées par les Courants, sans qu'il en soit resté autre chose que ces Rochers, qui devoient être autrefois les bases des Montagnes; ce qui reste dans l'enclos de ces Rochers, où la Mer se rompt, de sorte qu'elle n'est plus capable que de diviser, mais non pas d'emporter les Terres qui sont enfermées au dedans de leur circuit. Il est certain que ces Isles ont la même situation à l'égard de l'Equinoxial & à l'égard du Promontoire, & de l'Inde & du Gange, que Ptolomée assigne à divers endroits de l'Isle Taprobane.

Les Anciens ont donné plus d'un nom à cette Isle; mais celui de TAPROBANE est le plus célèbre. On l'a aussi appellée l'Isle de PALÆSIMUNDI; & on l'a quelquefois nommée SALICE, d'où ses Habitans ont été appellez SALÆ. Ce sont les noms que lui donnent Ptolomée & Marcian d'Héraclée qui l'a copié: *Taprobane Insula*, dit-il, *prius quidem vocabatur Palæsimundi* [Insula] *nunc vero Salice*; mais il a ajouté le mot *prius*, qui ne se trouve point dans Ptolomée; & il ne convient pas en effet que le nom de PALÆSIMUNDI soit plus ancien que celui de TAPROBANE. Arrien même dans son Périple [a] de la Mer Rouge dit que le nom de *Palæsimundi* est moins ancien que celui de Taprobane: *Palæsimundi Insula à veteribus dicta Taprobana*. Voici la Description que Ptolomée donne de cette Isle:

[a] Pag. 35.

	Boreum Promont.
	Galiba extrema,
	Margana Civitas,
	Jogana Civitas,
	Anarismundi Promontor.
	Soanæ Fluv. Ostia,
	Fontes Fluvii,
	Sindocanda Civitas,
	Priapidis Portus,
	Anubingara,
	Prasodes Sinus,
Villes Maritimes depuis la Pointe du Nord jusqu'au grand Rivage.	Jovis extrema,
	Nubartha Civitas,
	Azani Fluvii Ostia,
	Fontes Fluvii,
	Hodoca Civitas,
	Orneon ou Avium extrema,
	Dagana Civitas sacra Lunæ,
	Corcobara,
	Dionysi, ou Bacchi Civitas,
	Cæteum Promonitor.
	Baraci Fluv. Ostia,
	Fontes Fluvii,
	Bocana Civitas,
	Mordi Portus,
	Abaratha Civitas in extremis,
	Solis Portus.
	Procuri Civitas in Promontorio,
	Rhizala Portus,
	Oxia Promontorium,
	Gangis Fluv. Ostia,
	Fontes Fluvii,
Sur le grand Rivage.	Spatana Portus,
	Nagadiba Civitas,
	Panti Sinus,
	Anubingara Civitas,
	Moduti Emporium,

Pha-

Villes dans les Terres.	*Phasis Fluvii Ostia,* *Fontes Fluvii,* *Talacori Emporium.* *Anurogrammum Regia,* *Magrammum Metropolis,* *Adisamum,* *Poduce,* *Ulispada,* *Nacaduma.*	
Isles connues aux environs de celle de Taprobane.	*Vangana,* *Canathra,* *Orneorum* ou *Avium,* *Ægidiorum,* *Monache,* *Ammine,* *Carcus,* *Phelicus,* *Erene,* *Calandadrua,* *Arana,* *Bassa,* *Balaca,* *Alaba,* *Gumara,* *Zaba,* *Zibala,* *Nagadiba,* *Susuara.*	

TAPRURENSIS, Siège Épiscopal d'Afrique, dans la Byzacène. La Conférence de Carthage [a] nomme l'Évêque de ce Siége Limenianus *Episcopus Plebis Taprurensis*. Ce Lieu est appellé *Taparura* dans la Table de Peutinger, *Taphrura* par Ptolomée & *Taphra* par Pline.

[a] No. 135.

TAPSA. Voyez THAPSA.

TAPSAGAS, Ville de Syrie, selon Quinte-Curse [b]. Quelques Éditions portent *Capsagas*. Ortelius [c] croit que ce pourroit être la Ville THAPSACUM de Ptolomée.

[b] Lib. 10.
[c] Thesaur.

TAPSAGUM, Ville de l'Afrique Intérieure. Pline [d] la range au nombre des Villes qui furent subjuguées par Cornelius Balba.

[d] Lib. 5. c. 5.

TAPSAS, Fleuve d'Afrique, auprès de la Ville de Ruficade, selon Vibius Sequester [e], quelques Exemplaires portent *Tapsus*; & Hessélius voudroit lire *Thapsus*.

[e] De Fluminib. p. 84.

TAPSENSIS, ou TAPSITANUS, Siège Épiscopal d'Afrique, dans la Byzacène, selon la Notice des Évêchez d'Afrique, qui nomme son Évêque Vigile. Le nom de la Ville étoit THAPSUS. Vigilius *Tapsensis* un de ses Évêques s'est rendu célèbre par ses Ecrits. Voyez THAPSUS.

TAPSUS, selon Virgile [f] & THAPSUS selon Thucydide, Péninsule de la Sicile, sur la Côte Orientale, entre *Hybla Parva* ou *Megara* vers le Nord & Syracuse vers le Midi. Cette Péninsule, à laquelle le Pere Catrou donne le nom d'Isle, est si basse & si enfoncée dans la Mer, qu'on la croiroit ensévelie dans les flots: aussi a-t-elle pris apparemment son nom du verbe θάπτω. On l'appelle aujourd'hui *Isola delli Manghisi* [g]. Il y avoit anciennement une petite Ville de même nom sur l'Isthme.

[f] Æneid. L. 3. v. 689.
[g] De l'Isle, Atlas.

TAPTI, ou TAPTA, Riviére des Indes, dans les États du Mogol [h]. Elle a sa source aux Confins des Provinces de Candish & de Balagate, près de Brampour. Son cours est de l'Est à l'Ouest en serpentant; après

[h] Ibid.

être sortie de la Province de Balagate, elle entre sur le Territoire de Surate & se jette auprès de cette Ville dans le Golphe de Cambaye. Le Sr. Carré dans son Voyage des Indes appelle cette Riviére TAPHY.

TAPU, Ville de la Chine [i], dans la Province de Quantung, au Département de Chaocheu, cinquième Métropole de la Province. Elle est de o. d. 44'. plus Occidentale que Peking, sous les 24. d. o'. de Latitude.

[i] Atlas Sinens.

TAPURA, Ville de la Petite Arménie: Ptolomée [k] la marque dans les Terres vers les Montagnes, entre Domana & Nicopolis.

[k] Lib. 5. c. 7.

TAPUREI. Voyez SAPURI.

TAPURI, Peuples de Médie selon Ptolomée [l]: ce sont les *Tapyri* de Pline. Voyez TAPYRI.

[l] Lib. 6. c. 2.

TAPURI-MONTES, Montagnes de la Scythie, en deçà du Mont-Jamaïs : c'est Ptolomée [m] qui en fait mention.

[m] Lib. 6. c. 14.

TAPURIUS. Voyez TAURUS.

TAPUYAS, nom commun [n] de plusieurs Nations sauvages de l'Amérique Méridionale au Bresil, & différentes de mœurs & de langage, quoique la Langue Gurani soit entendue par ces Peuples aussi-bien que par les autres Nations du Bresil. Les *Tapuyas* habitent dans les terres. De Laet [o] dit Quelques-uns d'entr'eux s'appellent Guaymures. Ces Peuples sont voisins des Tupinaquins, & demeurent à huit lieues de la Mer, s'étendant fort dans le Pays. Ils sont d'une grande taille, ont la peau fort dure, & résistent beaucoup au travail. Ce sont gens hardis & très-inconstans. Leurs cheveux sont noirs & longs, & n'ayant ni Villages ni Bourgades ils errent sans aucune demeure certaine, & causent de grands dommages dans les Lieux où ils s'arrêtent. Ils ont de grands Arcs difficiles à bander, & des Massues de pierre avec lesquelles ils cassent la tête à leurs Ennemis, quand ils les peuvent surprendre. Leur cruauté les fait redouter non-seulement des autres Sauvages; mais aussi des Européans. Ils ne cultivent aucunes terres, ils mangent le Magnioc crud, & la chair humaine est un mets friand pour eux.

[n] De l'Isle, Atlas.
[o] Descr. des Indes Occ. L. 15. c. 5.

TAPY, Riviére de l'Amérique Méridionale, selon Mrs. Corneille & Maty. Ils disent qu'elle a sa Source dans le Pérou, vers St. François de Quito, qu'elle coule dans le Pays des Amazones, & qu'elle va se jetter dans la Riviére de ce nom. Il semble qu'ils ayent voulu décrire la Riviére de Coça qui a à peu près ce cours.

TAPYRI, Peuples d'Asie que Pline [p] & Strabon [q] joignent aux *Anariacæ* & les *Hyrcani*. Polybe [r] les dit aussi voisins des *Hyrcani*. Ils sont différens des *Tapori* de Ptolomée; mais ce sont les mêmes qu'il nomme *Tapuri*. Le Pere Hardouin dit que les *Tapyri* & les *Anariacæ* habitoient le pays qu'on nomme présentement le Gilan. Ils étoient grands Voleurs & si adonnez au Vin que, lorsqu'ils étoient malades, ils se servoient de cette liqueur pour tout remède. Les hommes portoient des robes noires & des cheveux longs: les femmes avoient des robes blanches & portoient les cheveux courts. Les Tapyres étoient si peu attachez aux femmes qu'ils avoient prises, qu'ils

[p] Lib. 6. c. 16.
[q] Lib. 11.
[r] Lib. 5. p. 542.

les

les laiſſoient épouſer à d'autres après qu'ils en avoient eu deux ou trois enfans. Celui d'entr'eux qui avoit donné de plus grandes marques de valeur & de courage avoit le pouvoir de choiſir celle qui étoit le plus à ſon gré.

1. TARA, ou THARA, nom que les Auteurs du moyen âge, donnent au TERIN ou THERIN, Rivière de France, qui ſe jette dans l'Oiſe après avoir coulé dans le Beauvoiſis. Elle donnoit ſon nom à un Château ſitué à ſon Embouchure, & qu'on appelloit MONS TARENSIS, ou MONS AD THARAM; vulgairement *Mont-à-Taire*, & non *Mont-à-Therin*, parce qu'autrefois on diſoit *Taire* & non *Therin*.

2. TARA. Voyez TARAS.

3. TARA. Voyez TARRHA.

TARABI, Peuples aux environs de la Perſe, ſelon Procope cité par Ortelius [a]. [a Theſaur.

TARABOSTES. Voyez ZARABI.

TARACHI, Peuples de l'Iſle de Taprobane: Ptolomée [b] les place du côté de l'Orient, au Nord des *Bocani* & des *Morduli*. [b Lib. 7. c. 4.

TARACHIE, Iſle que Pline [c] marque ſur la Côte de celle de Corcyre. [c Lib. 4. c. 12.

TARACINA, ou TARRACINA. Voyez ANXUR.

TARACONTA-INSULA, Iſle du PontEuxin, ſelon Barlet dans ſon Hiſtoire de Scander-Beg [d]. Il y avoit dans cette Iſle une Ville auſſi nommée TARACONTA. [d Lib. 2.

TARADASTILI. Voyez TARDISTILI.

TARADUS, nom d'un Lieu dont l'Evêque eſt nommé Cymathius par St. Athanaſe, cité par Ortelius [e], qui remarque qu'il faut lire *Antaradus*. Voyez TANTARADE. [e Theſaur.

TARAGALE, Ville d'Afrique, au Royaume de Tafilet [f], dans la Province de Dras ou Dara, ſur la rive gauche de la Riviére de ce nom. La Ville de Taragale eſt une des principales de cette Province [g]. Il y a quatre mille Feux, & une Juiverie, qui contient plus de quatre cens Familles. Elle eſt ſur le bord de la Riviére Dara & a d'un côté un Château fortifié, où le Chérif tient un Gouverneur avec une Garniſon, qui eſcorte l'Or de Tibar qu'on apporte en poudre de Tagaza, & c'eſt ici qu'on le fond, qu'on le pèſe & qu'on le marque, d'où on l'envoie à Quiteoa, & delà à Maroc. La Ville Taragale eſt ſituée entre des Palmiers, elle eſt fertile en Bleds & en Pâturages, & tire un grand revenu des Dattes, de ſorte qu'on y vit ſplendidement. Il y avoit autrefois un Gouverneur de la Lignée des Mezuares, anciens Seigneurs de cette Province : il fut grand ami des Chérifs, & les ſervit beaucoup en leurs Conquêtes. [f De l'Iſle, Atlas. [g Marmol, Numidie, L. 7. c. 16.

TARAHA, Peuple & Village de l'Amérique Septentrionale, dans la Louïſiane, au Nord-Eſt de la Riviére Hiens, ſur la route que tint M. de la Salle pour aller au Cenis : ils avoient des Chevaux.

TARAMA, Province de l'Amérique Méridionale au Pérou, dans l'Audience de Lima, à dix lieues de celle de Bombon, & à vingt-quatre lieues de la Ville de Lima. L'air de cette Province eſt fort ſain, & le terrein eſt fertile en Mays & en Froment, & fournit une grande quantité de Fruits. Il y a eu autrefois dans cette Province pluſieurs Edifices Royaux. A côté eſt la Province des Attavillos, & vers l'Orient dans les Montagnes mêmes, ou un peu au-delà, on trouve le Pays des Chupachos ; & de Tarama en ſuivant le chemin Royal on arrive à Xauxa.

TARANAMUSA-CASTRA, Lieu de la Mauritanie Céſarienſe. L'Itinéraire d'Antonin le marque ſur la route de *Cala* à *Ruſucurrum*, entre *Veliſci* & *Tamaricetum Præſidium*, à ſeize milles du premier de ces Lieux, & à égale diſtance du ſecond.

TARANDROS, Contrée de la Phrygie, ſelon Etienne le Géographe.

TARANEI, Peuples Arabes, établis quelque part dans la Syrie, ſelon Pline [h]. [h Lib. 6.

TARANO, Bourgade d'Italie [i], dans la partie Occidentale de la Sabine, entre la petite Riviére Campano & une autre Riviére qui ſe jette dans le Fleuve Himella [k]. On croit que cette Bourgade eſt ancienne, & qu'elle appartenoit aux Peuples Tarinates. Voyez TARINATES. [i Corneille rectifié. [k Magin, Carte de la Sabine.

TARANTAISE, (la) Comté de Savoye borné au Nord [l], partie par le Duché de Savoye, partie par la Baronnie de Fauſſigny ; à l'Orient par le Duché d'Aoſt, & par une partie du Comté de Maurienne ; au Midi par le Comté de Maurienne, & à l'Occident partie par le Duché de Savoye, & partie par le Comté de Maurienne. La Tarantaiſe fut compriſe anciennement dans les Alpes Graïennes [m], & elle a été ainſi appellée de TARANTAISE ou *Darentaſia*, Métropole de ces Alpes. C'étoit plus particuliérement le Pays qu'habitoient les CENTRONS, Peuples bien marqués dans Céſar, au premier Livre de ſes Commentaires. Pline les place auſſi dans les Alpes Graïennes, qu'il nomme Centroniques, à cauſe de ces Peuples qui étoient, comme il dit, limitrophes des Octoduriens ou des Bas-Vallaiſans, *Octodurenſes*, & *eorum finitimi Centrones*. Les Centrons étoient les premiers des Alpes Graïennes. Leur Capitale étoit appellée *Forum Claudii* : c'eſt le nom Romain marqué par Ptolomée ; mais ailleurs on n'en trouve rien dans l'Antiquité. Elle doit pourtant avoir été la Capitale des Alpes Grecques & Pennines érigées en Province particuliére ſous le Règne de Valentinien I. comme on le voit par l'Abregé de Rufus Feſtus, écrit du tems de cet Empereur. [l Jaillot, Atlas. [m Longuerue, Deſcr. de la France, 2. part. p. 327.

La Ville des Centrons n'eſt plus qu'un Village, qui a conſervé ſon ancien nom Centron. Elle a été ruïnée. *Darentaſia* ou TARANTAISE eſt devenue la Capitale non-ſeulement des Centrons, mais des Alpes Grecques & Pennines. Il n'en eſt fait aucune mention avant l'Empire d'Honorius, & le commencement du cinquième Siècle ; & on la trouve exactement marquée tant dans l'Itinéraire d'Antonin, que dans la Carte de Peutinger. Elle n'étoit pas alors Métropolitaine, comme on le voit par le Decret de St. Léon Pape, qui ordonna pour terminer les différends, entre les Evêques d'Arles & de Vienne, que ce dernier auroit quatre Citez ou Evêchez ; Valence, Tarentaiſe, Genève & Grenoble : & par conſéquent Tarentaiſe n'étoit qu'un ſimple Evêché. Ce Decret fut confirmé dans le Siècle

cle suivant par le Pape Symmaque sous le Consulat de Probus l'an 513.

On ne sait pas la suite des premiers Evêques de Tarantaise jusqu'à l'Evêque Sanctus, qui assista l'an 517. au Concile d'Epaone, où présida son Métropolitain Avitus, & ce célèbre Evêque de Vienne prêcha dans l'Eglise de Saint Pierre de Tarantaise, bâtie par cet Evêque Sanctus.

Le Concile de Francfort sur la fin du huitième Siècle renvoya au Pape la prétention qu'avoit l'Evêque de Tarantaise, de même que ceux d'Aix & d'Embrun qui vouloient être Métropolitains, ce qui ne fut pas terminé si-tôt. Il est certain que Teutramnus étoit Métropolitain, comme il paroît par les Souscriptions du Concile tenu près de Toul l'an 860. & par celles de Mantale de l'an 879. où il est appellé Archevêque. Sa Province est fort petite, car il n'a que deux Evêques suffragans; le premier est l'Evêque de Sion dans le Vallais, & l'autre est celui d'Aoste en Piémont de l'autre côté des Monts. Cette Ville dont le nom se trouve écrit *Darantasia* & *Tarantasia* dans les anciens Actes, & qui a donné son nom au Pays des Centrons, lequel a conservé celui de Tarantaise jusqu'aujourd'hui, a perdu le sien elle-même, & s'appelle Monstier ou Moustier, (*Monasterium*,) à cause d'un Monastère fondé en ce Lieu, où les Archevêques demeuroient, & où il est resté une grande Bourgade toute ouverte & sans défense, coupée par l'Isère. Ses Archevêques étoient autrefois fort puissans, lorsqu'ils étoient Princes de ce Pays de Tarantaise, dont la Seigneurie temporelle leur avoit été donnée par les Rois de Bourgogne, Conrad *le Pacifique* & Rodolphe, qui élevèrent fort les Evêques dans leur Royaume de Bourgogne.

Le Pouvoir temporel des Archevêques de Tarantaise a duré jusqu'à la fin de l'onzième Siècle; ce fut pour lors que Humbert II. Comte de Maurienne & de Savoye, se rendit maître de ce Pays de Tarantaise, que ses Descendans ont conservé jusqu'à présent. On a écrit sur cette Conquête des choses incertaines & fabuleuses. On y parle d'un Héraclius Archevêque de Tarantaise, homme inconnu, qui appella Humbert, pour délivrer ce Pays de la Tyrannie des Briançonnois, lesquels néanmoins ne pouvoient passer dans la Tarantaise que par les Terres du Comte de Maurienne. Les Empereurs dans la suite confirmèrent l'acquisition du Comte, puisque ses Successeurs furent investis de ce Pays comme de leurs autres Etats.

La Tarantaise est un Pays stérile & désagréable, plein d'affreuses Montagnes & où il y a peu de bonnes terres. La Rivière d'Isère la traverse d'Orient en Occident, & y prend une de ses Sources. Les principaux Lieux de cette Province sont:

Monstier,   Cendron,
St. Thomas, Ayme,
St. Maurice, Tignes,
       Sext.

Pierre de Tarantaise, appellé ainsi parce qu'il étoit natif de la Ville qui portoit ce nom, monta sur la Chaire de St. Pierre le 21. de Janvier 1276. après la mort de Grégoire X.

1. TARANTUS, ou DARANDUS, Ville de Bithynie: c'est Etienne le Géographe qui en fait mention.

2. TARANTUS. Voyez TERENTUM.

1. TARAPACA, Vallée de l'Amérique Septentrionale au Pérou [a], dans l'Audience de Los Charcas, près de la Côte de la Mer du Sud. [b] On dit qu'il s'y trouve plusieurs Mines d'Argent. Garcilasso en nomme cinq dans cet ordre: *Winna, Camana, Caravilly, Pista* & *Quellea*. Elles s'étendent au plus à vingt lieues en longueur, le long des Montagnes jusqu'au bord de la Mer: leur étendue en largeur peut être égale. On ne les peut arroser que par le moyen des Fossez qu'on tire des Rivières qui y passent. Il s'y en trouve quelques-unes d'où les Indiens ont tiré tant de Canaux, qu'elles ne peuvent courir jusqu'à la Mer. Les Naturels qui sont en petit nombre dans des Vallées, s'adonnent fort à la Pêche, dont ils vivent.

[a] De l'Isle Atlas.
[b] De Laet, Descr. des Indes Oc. Liv. 10. c. 26.

2. TARAPACA, Port de l'Amérique Méridionale, au Pérou, dans l'Audience de Los Charcas. De Laet [c] le place à vingt-cinq lieues de l'endroit où la Rivière de *Pisagua* se décharge dans la Mer. Au devant du Continent il y a une Isle qui est d'environ une lieue de tour, & qui enferme une Baye, dans laquelle on trouve un Port sur la hauteur de 21. d. de Latitude Sud. Cette Isle est apparemment celle de Gouane, que Mr. de l'Isle [d] marque à 19. d. & quelques minutes.

[c] Liv. 11. c. 10.
[d] Atlas.

TARAQUENSIS. Voyez MARAGUIENSIS.

1. TARARE, Bourg de France, dans le Lyonnois, Diocèse & Election de Lyon. Il est composé de plus de mille Habitans. Ce Bourg est situé sur la petite Rivière de Tordive, dans une Vallée au pied des Montagnes qui portent le même nom, à six lieues de Lyon sur le chemin de Roanne. Le passage de cette Montagne étoit autrefois très-difficile; mais on y a pratiqué un chemin bien plus commode.

2. TARARE, Montagne d'Afrique, au Royaume de Trémécen. Elle est fort haute & escarpée, peu éloignée de la Ville d'Oné, & peuplée de Bérébères [e], gens farouches & brutaux, qui ont toujours eu de grands démêlez avec ceux de cette Ville, qu'ils ont saccagée plusieurs fois, avant qu'elle fût détruite par les Troupes de l'Empereur Charles V. Les Peuples de cette Montagne sont pauvres; ils ont peu de Blé & quelques Troupeaux. Leur principal Commerce consiste en Charbons; ils ont aussi quelques Mines de Fer. Ils labourent les terres qui sont vers la Mer, & de peur d'être surpris par les Chrétiens, qui viennent quelquefois sur des Brigantins leur dresser des embuches, ils tiennent toujours une Sentinelle sur la Tour d'un Château. Ptolomée appelle le Cap de cette Montagne le Grand-Cap, & le met à 11. d. 30′. de Longitude, & à 35. d. de Latitude. On l'appelle maintenant le Cap d'One.

[e] Marmol, Royaume de Trémécen, L. 5. c. 27.

1. TA-

TAR.

1. **TARAS**, Fleuve d'Italie, dans la Japygie, près de la Ville de Tarente, selon Pausanias[a] & Etienne le Géographe; & entre Métaponte & Tarente selon Appien[b]. Il conserve son ancien nom à la terminaison près; car les uns le nomment présentement *Tara*, & les autres *Taro*. Ce n'est proprement qu'un Ruisseau, qui se jette dans le Golphe de Tarente, près de *Torre de Taro*.

[a] Lib. 10. c. 10.
[b] Civil. Lib. 5.

2. **TARAS**, Fleuve de l'Epire selon Vibius Sequester[c]: Quelques MSS. de cet Auteur ne connoissent point ce Fleuve.

[c] De Flumin. b. p. 83.

3. **TARAS**, Ville de l'Asie Mineure, selon Curopalate, cité par Ortelius[d].

[d] Thesaur.

4. **TARAS**, Fleuve de Scythie, selon Valerius Flaccus; mais, dit Ortelius[e], il y en a qui lisent *Tarax*, & je croirois que ce seroit le même que le *Tyras*.

[e] Thesaur.

TARASCO. Voyez TARUSCUM.

1. **TARASCON**, *Tarasco*, Ville de France, dans la Provence, Diocèse d'Avignon, Chef-lieu d'une Viguerie. Cette Ville est située au bord du Rhône, à quatre lieues au Midi d'Avignon, & à trois lieues d'Arles. Elle est très-ancienne: Strabon & Ptolomée en font mention sous le même nom qu'elle porte aujourd'hui. Ainsi il est constant que cette Ville n'a pas pris ce nom d'un horrible Serpent[f], que Sainte Marthe apprivoisa, & que les Habitans de Tarascon tuérent, puisque Strabon qui vivoit du tems de Jésus-Christ, appelle cette Ville *Tarasco*. C'est pourquoi il est plus probable de croire que le Serpent prit le nom de Tarasque de celui de la Ville qu'il affligeoit. La Ville de Tarascon est grande & bien peuplée, & est située vis-à-vis Beaucaire, avec laquelle elle communique par un grand Pont de Bâteaux pareil à celui d'Arles. On prétend qu'on y a aussi trouvé une communication souterraine par dessous le Rhône, ce qui ne peut être qu'un Ouvrage des Romains. Elle a un Château très-bien bâti, & fortifié à l'ancienne maniére, ou par Louis II. Comte de Provence & Roi de Naples, ou par le Roi Réné de la seconde Branche d'Anjou. On y voit sa Statue avec celle de la Reine Jeannette; elles sont ornées d'Inscriptions. Les Bâtimens de ce Château sont plats & en terrasse, pour servir de promenade. On y a mis quelques piéces d'Artillerie pour la parade. La vûe en est parfaitement belle, parce qu'outre le cours du Rhône, on découvre en face la Ville de Beaucaire, bâtie en croissant sur son rivage. Il s'est formé depuis peu une Isle entre les deux Villes, qui dément le Proverbe vulgaire qu'*entre Beaucaire & Tarascon ne paît ni Vache ni Mouton*. L'Eglise Collégiale est dédiée à Sainte Marthe; on y conserve ses Reliques dans une Châsse d'or, qu'on estime la plus riche du Royaume. On assure que Clovis vint honorer cette Sainte en ce Lieu. On y montre le Dragon qu'elle dompta par ses priéres. Le Chapitre est composé de quinze Chanoines dont le Chef s'appelle Doyen. Il a été fondé par Louis XI. en 1482. Il y a quatre Couvents de Religieux mandians, un Collège dirigé par les Peres de la Doctrine Chrétienne, & quatre Monastères de Religieuses, dont le plus considérable est l'Abbaye de S. Honorat, qui fut fondée d'abord pour trente Religieuses, une Abbesse, & huit Moines de Lérins, qui auroient le soin du Spirituel. Cette Abbaye avoit été jointe à la Manse de l'Abbesse & des Religieuses de S. Nicolas de Tarascon; mais depuis, ce dernier Monastère a été rétabli & subordonné à l'Abbé de Lérins, suivant les Lettres du Pape Innocent IV. où on lit, que Jean de Gantelme changea en mieux le dessein que Hostaing son Ayeul avoit eu de fonder quatre Chapelains, puisqu'il fonda & dota un Monastère pour trente Religieuses, & quatre Moines de Lérins. On compte vingt-cinq Abbesses de cette Maison jusqu'à 1713. Il y en avoit plusieurs très-savantes en 1540. Le Terroir de Tarascon est délicieux & très-abondant, & son air fort tempéré. On trouve aux environs de cette Ville tous les Simples & toutes les Herbes médicinales, qu'on peut trouver dans les Marais. Tarascon est un Gouvernement sans Etat-Major, du Gouvernement Militaire de la Provence. Elle députe aux Assemblées Générales de la Provence, & dans lesquelles ses Députez ont le premier rang.

[f] Piganiol, Descr. de la France, t. 4. p. 197.

La Ville de Tarascon, qui a une Justice Royale, est le Chef-lieu d'une Viguerie qui porte son nom. Elle est bornée au Nord par la Durance, à l'Orient par la Viguerie d'Aix, au Midi par la Plaine de la Crau, & à l'Occident par le Rhône. Les principaux Lieux de cette Viguerie sont:

Tarascon,	St. Remi,
Barbentane,	Orgon,
Château-Renard,	Aiguiéres,
Noves,	Salon.

2. **TARASCON**, Ville de France, dans le Pays de Foix, Diocèse de Pamiers. On croit cette Ville ancienne. C'est l'une des quatre principales Villes du Comté de Foix; elle est située au bord de la Riviére, à trois lieues au-dessus de la Ville de Foix. Depuis quelque tems elle a beaucoup souffert d'un Incendie. Il y a beaucoup de Forges.

TARASCOS, Peuples de l'Amérique Septentrionale, dans la Nouvelle Espagne, au Gouvernement de Mechoacan, selon Mr. Corneille[g], qui ne cite aucun Garant. Ces Peuples, ajoute-t-il, ont leurs demeures près de la Ville de Mechoacan, & c'est de ces Peuples que vient la Langue Tarasque, qui est en usage dans le Méxique.

[g] Dict.

TARASII, ou S. TARASII, Lieu Maritime d'Europe[h], au voisinage du Bosphore de Thrace. Cédrène dit que c'est dans cet endroit que les Peuples passèrent la Mer à cheval.

[h] Ortelii Thesaur.

TARASSA, Ville d'Afrique[i]: c'est S. Augustin qui en parle. Dans un autre endroit il écrit **THARASSA**, Orthographe qui est employée par St. Cyprien. C'est apparemment la même Ville que la Notice des Evêchés d'Afrique appelle *Tarazensis*. Voyez TARAZENSIS.

[i] Ibid.

TARATI, Peuples Montagnards de l'Isle de Sardaigne: Strabon[k] dit qu'ils habitoient dans des Cavernes; & que, quoiqu'ils eussent un Terrein propre pour le Froment, ils

[k] Lib. 5. p. 225.

ils en négligeoient la culture, aimant mieux piller les Champs des autres Habitans. Ils s'adonnoient aussi à la piraterie, car Strabon ajoute qu'ils désoloient les Pisans, soit dans l'Isle, soit dans le Continent.

TARAX, Voyez TARAS.

TARAXANDRA. St. Clément d'Aléxandrie [a] & Suidas donnent ce nom à une Sibylle qui avoit été ainsi appellée du Lieu où elle se tenoit.

[a] 1. Stromat.

TARAZENSIS, Siège Episcopal d'Afrique, dans la Byzacène. La Notice des Evêchez d'Afrique nomme l'Evêque de ce Siège *Domninus Tarazensis*. Voyez TARASSA.

TARAZONA, ou TARAÇONA, Ville d'Espagne, au Royaume d'Arragon, vers les confins de la Castille Vieille & de la Navarre, près du Mont-Cayo, sur le bord d'une petite Riviére nommée *Queifes* ou *Chiles*. Cette Ville qui est ancienne, fut d'abord appellée *Tyria-Ausonia* [b], dont on fit apparemment par corruption *Turiazo*, ou *Tyriasso*, & d'où s'est formé le nom moderne *Tarazona*. Cette Ville est entourée de fortes Murailles & d'un Fossé d'eau, que la petite Riviére Chiles lui fournit. C'est une Ville de grand Commerce, & il y a de beaux Bâtimens. On y voit trois Paroisses, quatre Couvens de Moines, trois de Religieuses, & un bon Hôpital. Elle a suffrage dans les Assemblées des Etats, & jouït de grands Priviléges, que Pierre Roi d'Arragon lui accorda, en déclarant ses Habitans francs, libres & exemts; ce qui fut confirmé l'an 1412. par le Roi Ferdinand I. surnommé *l'Honnête*. Son origine est incertaine, mais elle est fort ancienne: Auguste en fit une Ville Municipale privilégiée: lorsque les Maures étoient en Espagne, Aza-Adha le Gouverneur la détruisit l'an 724. ensuite eux-mêmes la rebâtirent, y faisant leur demeure jusqu'en 1119. ou selon d'autres 1120. que le Roi Alphonse I. d'Arragon & de Castille VII. la prit, la fit peupler de Chrétiens, & y remit le Siège Episcopal. Son Diocèse étend sa Jurisdiction en Castille & en Navarre, & vaut à son Evêque plus de vingt mille Ducats par an. On tint à Tarazona un Concile l'an 1229. & les Etats y furent assemblés sous le Roi d'Arragon Pierre III. en 1283. Sous Ferdinand V. *le Catholique* en 1484. & en 1495. Sous Philippe II. en 1592. Le Terrein donne avec abondance Blé, Vin, Huile, Fruits, Verdures, Poissons, Bétail, Gibier, Volaille. La Ville de Tarazona est distinguée en Ville haute bâtie sur un Rocher, & en Ville basse située dans la Plaine, & dans ces deux Villes il n'y a pas plus de deux mille Habitans.

[b] Silva, Pobl. Mat. de España, p. 129.

1. TARBA, Ville de l'Isle de Créte: Ptolomée [c] la marque sur la Côte Méridionale, entre *Lissus* & *Pœcilasium*.

[c] Lib. 3. c. 17.

2. TARBA, Ville de la Palestine, selon la Notice des Dignitez de l'Empire, où on trouve: *Cohors prima centenaria Tarbæ*.

TARBACANA. Voyez CARBACA.

TARBASSUS, Ville de la Pisidie, selon Artémidore cité par Strabon [d].

[d] Lib. 12. p. 570.

TARBE. Voyez TARBES.

TARBELI. Voyez QUATUORSIGNANI.

TARBELLA & TARBELLA-PYRENE. Voyez DACQS.

TARBELLI. Voyez DACQS.

TARBELUS, Montagne de la Doride, aux environs de la Ville de *Caunus*, selon Quintus Calaber [e].

[e] Lib. 3.

TARBES, ou TARBE, Ville de France, la Capitale du Comté de Bigorre, sur le bord de l'Adour dans une Plaine, à neuf lieues d'Ausch, & à six lieues de Pau. Cette Ville a succédé à l'ancienne Bigorre, nommée *Begorra* ou *Behorra*, par Grégoire de Tours; & le nom de Tarbe ne se trouve point au-delà de sept à huit cens ans [f], car les Notices où l'on voit ces noms *Turba*, *Tarba*, *Travia*, & quelquefois *Tursambica*, ne sont point anciennes. On voit seulement dans Grégoire de Tours qu'il y avoit auprès de la Ville de Bigorre, *in termino Behorretanæ Urbis*, deux Lieux assez célébres, l'un nommé *Sectiacum*, & l'autre *Talva*; & il est probable que le nom du dernier a été corrompu en *Talba* ou *Tarba*. L'ancienne Bigorre nommée *Civitas Begorrensis*, & *Castrum Begorrense*, a été ruinée avec la plûpart des autres Villes de Gascogne par les invasions des Barbares. Tarbe s'est accrue de ses ruïnes. L'Eglise Cathédrale est néanmoins toujours dans le lieu où étoit *Castrum Begorrense*, qu'on nomme à cause de cela aujourd'hui la *Sede*.

[f] Longuerue, Descr. de la France, part. 1. p. 205.

La Ville de Tarbes est divisée en quatre ou cinq parties, ce qui fait voir qu'elle a été bâtie à plusieurs reprises [g]. Elle est défendue par le Château de Bigorre, que M. de Marca croit avoir donné le nom au Comté. Il y a outre la Cathédrale une Eglise Paroissiale qui est au milieu de la Ville, & deux Couvents, l'un de Cordeliers & l'autre de Carmes. La Sénéchaussée de Tarbes est dans la Généralité de Bourdeaux; mais elle est du ressort du Parlement de Toulouse.

[g] Piganiol, Descr. de la France, t. 4. p. 488.

L'Evêché de Tarbes est très-ancien; car nous voyons qu'Aper, Evêque de cette Ville, ou de celle de Bigorre, assista au Concile d'Agde en 106. L'Evêque de Tarbes est en cette qualité Président des Etats de Bigorre. Ce Diocèse renferme trois cens quatre-vingt-quatre Paroisses ou Annexes; huit Archidiacres, un Chantre, & quatorze Chanoines composent le Chapitre de la Cathédrale qui est dédiée à la Ste. Vierge.

TARCHIA, Ville de Sicile, selon Etienne le Géographe.

TARCHONIUM, Ville de la Toscane, selon Etienne le Géographe. Voyez TARQUINIENSES.

TARCONIA. Voyez TARQUINIENSES.

TARCYNIA. Voyez TARQUINIENSES.

TARCYNITÆ & TARCYNÆI, Peuples des Pays les plus Septentrionaux, ou Hyperborées: Etienne le Géographe qui parle de ces Peuples, dit qu'il y a chez eux un Trésor gardé par des Gryphons. Pline raconte la même chose des Peuples *Arismaspi*.

TARD (le) Lieu & Abbaye de France, dans la Bourgogne, Diocèse de Langres. Ce Lieu qui est de la Paroisse de Tard-le-Haut, est situé sur l'Ouche, à trois lieues de Dijon, tirant du côté de Dole. C'est un

Pays

Pays de Plaines, le Finage a environ une demi-lieue de tour. Hugues II. Duc de Bourgogne y fonda en 1120. une Abbaye de Filles de l'Ordre de Cîteaux, qui a été transférée en 1623. à Dijon. Cette Abbaye est la Mere de toutes celles des Filles de Cîteaux. Elle est triennale & élective, & a été déclarée telle par Arrêt du Grand Conseil l'an 1695.

TARDENOIS, *Tardenensis Ager*, petit Pays de France, dans la Picardie, & qui fait partie du Soissonnois, dans le Gouvernement de l'Isle de France. Ses limites sont difficiles à expliquer. Il n'y a point d'autre Lieu remarquable que Fere en Tardenois.

TARDERA, selon Mr. Corneille [a], & Tordera selon Jaillot [b], Riviére d'Espagne dans la Catalogne. Elle arrose St. Saloni & Ostalric, & va se jetter dans la Mer Méditerranée à Blanes, entre Barcelone & Palamos; mais beaucoup plus près de cette derniére Ville.

[a] Dict.
[b] Atlas.

TARDISTILI, Peuples de l'Inde, selon Pline [c]. Quelques MSS. portent *Taradastili* pour *Tardistili*. Pintaut soupçonne qu'on pourroit lire *Taxili*.

[c] Lib. 24. c. 17.

TARDOIRE, ou TARDOUERE, Riviére de France. Elle a sa source dans le Limousin [d], près de *Chaslus*; d'où prenant son cours d'Orient en Occident, elle entre dans la Marche de Poitou qu'elle traverse: elle entre ensuite dans l'Angoumois, où après avoir arrosé Monberon, elle commence à courir du Midi au Nord en serpentant, mouille la Rochefoucaut, & se joint ensuite au Bandiac pour aller se perdre dans la Charente. Lorsque le tems est pluvieux elle devient quelquefois fort grosse, se déborde, & inonde de grandes Prairies qu'elle rend fertiles [e]. Pendant ces débordemens les passages en sont très-dangereux & impraticables; mais dans le beau tems elle est si basse que ses eaux tarissent à une demi-lieue de sa Source, & que le reste de son lit demeure à sec. Ses eaux sont sales & bourbeuses, & très-propres pour les Tanneries; ce qui en a fait établir à la Rochefoucaut.

[d] De l'Isle, Atlas.

[e] Piganiol, Descr. de la France, t. 5. p. 4.

TARELEI, Peuples d'Ethiopie: Pline [f] dit qu'ils habitoient à la source du Fleuve Niger.

[f] Lib. 5. c. 8.

TARENTASIA, Ville des Alpes Graïennes, chez les Centrons. L'Itinéraire d'Antonin la marque sur la route de Milan à Strasbourg, en passant par les Alpes Graïennes, entre *Bergintrum* & *Casuaria*, à dix-huit milles de la première de ces Places, & à vingt-quatre milles de la seconde. Dans un autre endroit l'Itinéraire d'Antonin écrit *Darantasia*. C'est aujourd'hui *Moustier*, ou *Monstier en Tarentaise*. Voyez MONSTIER & TARANTAISE.

TARENTAIGNE, Lieu de France, dans la Normandie, au Diocése de Bayeux, Election de Vire. C'est une Paroisse dont l'Eglise est sous l'Invocation de St. Pierre.

TARENTE, en Latin TARENTUM, ou TARAS. & en Italien *Taranto*, Ville d'Italie, dans la Terre d'Otrante, sur le bord de la Mer dans un recoin du Golphe auquel elle donne son nom. Son Port est célèbre dans l'Histoire. Strabon en parle ainsi: La circonférence de ce Port est de cent Stades qui font 32. milles & demi, il est grand, beau, & fermé avec un Pont; mais il n'y a que peu d'endroits, où les Vaisseaux peuvent approcher de la terre. On voyoit entre ce Port & l'endroit qui étoit au dedans du Golfe, un Isthme, ou une Langue de Terre mouillée de trois côtez par la Mer; à savoir d'un côté par l'eau du Port & de deux autres côtez par celle du Golphe. C'est sur cette Langue de Terre que la Ville de Tarente a été bâtie: les Vaisseaux y peuvent aborder aisément; de chaque côté du Rivage il y a une petite Colline. La Ville est située dans une Plaine, & la Forteresse sur une hauteur. Anciennement cette Ville avoit été enfermée d'une grosse muraille, dont la plus grande partie étoit ruinée du tems de Strabon du côté de la terre; mais elle étoit encore entière vers l'Embouchure du Port près de la Forteresse. Cette Ville étoit, à ce que Strabon dit, passablement grande; & on y voyoit une belle Place fort spacieuse, destinée aux Jeux publics. Il y en avoit une autre qui n'étoit pas de moindre grandeur, au milieu de laquelle étoit dressé le Colosse de Jupiter d'une hauteur demésurée: cette Statue étoit de Métal, d'un travail excellent, & estimée la première du Monde pour sa grandeur, excepté pourtant celle de Rhodes. Entre cette Place & l'Embouchure du Port étoit la Forteresse. On y voyoit encore quelques restes de ces anciens Ornemens, & quelques Statues. Il y en avoit autrefois un grand nombre: elles furent ruinées pour la plûpart par les Carthaginois, lorsqu'ils prirent cette Ville; & quand les Romains la reprirent, ils emportérent les plus belles Statues à Rome; entre lesquelles étoit la fameuse Statue d'Hercule, faite de Métal par Lysippe. Le Grand Fabius l'enleva, & la fit mettre au Capitole. Tous les Historiens & Géographes font mention de Tarente, & la nomment *Tarentum*. Strabon, Pline, Pomponius-Mela, Tite-Live, Trogue Pompée, Solin, Corneille Tacite & Procope en parlent. Il y a plusieurs sentimens, touchant son origine. Antiochus veut, qu'elle ait été fondée par quelques Barbares de Créte qui étoient venus en Sicile, & qui après la mort de leur Chef arrivée proche de Cocale en Sicile, abordérent dans cet endroit avec leur Flote, & descendirent à terre. Quelques-uns d'entre eux prirent leur chemin vers la Mer Adriatique, & continuant de-là leur route par terre ils arrivérent en Macédoine, où ils furent nommez *Bugges*; ceux qui restérent bâtirent cette Ville, & lui donnérent le nom de Tarente qui étoit celui d'un de leurs Chefs. Florus en faisant la description des guerres des Tarentins, dit que les Lacédémoniens la bâtirent. Solin assure qu'elle fut fondée par les Héraclides; mais Servius s'appuyant sur ce vers de Virgile:

Hic Sinus Herculei, si vera est fama Tarenti.

Et sur cet autre.

Qua

Qua piger humectat flaventia culta Galesus;

Dit: que la Ville de Tarente doit son origine à Tara fils de Neptune, & qu'elle fut ensuite aggrandie par Phalante, & par les Parthéniens. D'autres écrivent qu'elle prit son nom des Noix & des Pommes de Pin que le terroir y produit avec des écorces fort tendres, & que les Sabins nommoient les choses tendres, *Tarentum*. Enfin il y en a qui dérivent son nom de la Riviére *Taras* qui passe à 5. milles; mais d'autres veulent que cette Riviére ait pris son nom de la Ville. Voilà les sentimens touchant la fondation de Tarente. Léander est de l'avis de Servius qui dit que Tara la fonda & qu'elle fut ensuite aggrandie par Phalante. Cette Ville devint fort célèbre par ses richesses & par sa puissance. Son Gouvernement étoit Démocratique ou Populaire. Elle entretenoit une Flote très-nombreuse qui surpassoit toutes celles des Peuples voisins. Son Armée de terre consistoit en trente mille Fantassins & en trois mille Chevaux, & cette Armée étoit commandée par mille Officiers, selon le rapport de Strabon. Le Philosophe Pythagore demeura long-tems à Tarente où il fut en grande considération, de même qu'Archytas, qui y étoit né & qui la gouverna long-tems. Dans la suite privez de ces Philosophes, qui leur avoient inspiré l'amour de la vertu, les Tarentins firent leur unique occupation des Jeux & des plaisirs, où ils recherchoient toutes sortes de délices. Ils abattoient tout le poil de leur corps afin d'avoir la peau plus polie, & sacrifioient aux restes de cette nudité. Ils portoient des robes de soye fort déliée; & les femmes firent ensuite vanité de se parer de semblables étoffes. Ayant un jour prostitué au desir desordonné de chacun dans un Lieu sacré les Femmes, les Filles & les Garçons des Carbinates, tous les Tarentins qui eurent part à cet excès commis à Carbine, furent frappez de la foudre; & ceux de Tarente mirent des Colonnes devant la porte de chaque Maison de ceux qui avoient été punis par le Tonnerre, & leur denièrent non-seulement les pleurs qu'on avoit accoutumé de répandre pour les morts, mais aussi les légitimes honneurs funèbres, se contentant de sacrifier à Jupiter Catæbate. Ils s'enyvroient ordinairement dès le matin & leur habitude à se nourrir de plaisirs fit que l'Antiquité mit en proverbe les *Délices de Tarente*. Des mœurs si différentes des premières amollirent leur courage, & peu à peu la République déchue de son état florissante se vit réduite aux derniéres extrémitez. Au lieu qu'elle avoit coutume de donner des Capitaines à divers Peuples, elle fut contrainte elle-même d'en chercher chez les Etrangers pour conduire ses Troupes. Les Tarentins choisirent d'abord pour Général Archidame, fils d'Agésilas, ensuite Aléxandre Roi des Molosses, puis Cléonyme & Agathocle; & enfin lorsqu'ils voulurent entrer en guerre contre les Romains, ils choisirent Pyrrhus Roi des Epirotes. Tous ces Capitaines s'en allèrent mécontens & ennemis de ceux de Tarente qui nonobstant leur grande misére étoient devenus si arrogans, qu'ils ne voulurent jamais suivre les avis de ces Capitaines; ce qui fâcha entr'autres tellement Aléxandre contre eux, qu'il fit tous ses efforts pour transporter dans le Territoire des Turiens le Grand Conseil des Grecs, qui étoit accoutumé de s'assembler dans le Temple d'Hercule au Pays de Tarente, & il fit faire après un Bâtiment commode proche la Riviére d'Atalandre pour l'Assemblée de ce Conseil. L'Ingratitude des Tarentins leur attira cette disgrace, qui ne fut pas la derniére ni la plus grande. Hannibal leur ôta la liberté, & les Romains à la fin en firent une Colonie. Alors ils commencérent à vivre tranquillement. Ils prirent pourtant encore les armes contre les Messapiens par rapport à Herculéa, ayant fait pour cela une Alliance avec les Rois des Daunes & des Peucétes; comme Strabon le remarque.

Hérodote prouve dans son 3e. Livre; que du tems de Darius & de Milon Crotoniate, la Ville de Tarente fut gouvernée par des Rois, & entre autres par le Roi Aristofile. Florus écrivant les guerres entre les Romains & les Tarentins fait le recit de la fortune & de la disgrace de cette Ville: il dit que Tarente étoit autrefois la Capitale de la Calabre, de la Pouille & de la Lucanie. Sa circonférence étoit grande, son Port avantageux, sa situation merveilleuse, à cause qu'elle étoit située à l'Embouchure de la Mer Adriatique, à la portée d'un grand nombre de Places maritimes, où ses Vaisseaux alloient: savoir en Istrie, dans l'Illyrique, dans l'Epire, en Achaïe, en Afrique, & en Sicile. Au-dessus du Port du côté de la Mer, étoit placé le Théâtre de la Ville, qui a occasionné sa ruïne; car le Peuple s'y étant rendu un jour, pour voir des Jeux qui s'y faisoient, observa que des hommes passoient près du rivage. On les prit pour des ennemis. Les Tarentins, sans aucun autre éclaircissement se mocquérent d'eux & les tournérent en ridicule. Il se trouva que c'étoit des Romains, qui s'étant apperçus des folies de ceux de Tarente envoyérent des Députez à la Ville pour se plaindre de l'affront qu'on leur avoit fait sans aucune raison. Les Tarentins ne se contentérent point de leur faire une réponse fort hautaine; ils les chassèrent encore honteusement de leur Ville. Ce fut-là la cause de la guerre que les Romains leur firent. Elle fut sanglante & dangereuse de part & d'autre. Les Romains mirent sur pied une grosse Armée pour vanger les injures de leurs Concitoyens. Celle des Tarentins n'étoit pas moindre, étant composée d'Italiens & de Troupes étrangéres; & pour être mieux en état de se défendre, ils appellérent à leur secours Pyrrhus Roi des Epirotes. Celui-ci vint en Italie avec tout ce qu'il put ramasser de Troupes dans l'Epire, en Thessalie & en Macédoine. Il battit d'abord les Romains, & en fut ensuite battu deux fois, & obligé d'abandonner l'Italie. Ce qui entraîna la perte de la Ville de Tarente, qui fut soumise aux Romains. Tite-Live

Live parle en plusieurs endroits de cette Ville[a]. Il dit que les Tarentins s'étoient emparez de la Flote des Romains, en avoient tué le Chef, & chassé avec mépris les Ambassadeurs, que le Sénat de Rome y avoit envoyés pour se plaindre de ces violences; que là-dessus les Romains leur avoient déclaré la guerre, les avoient subjugués, & ensuite leur avoient rendu la liberté. Tite-Live raconte au 15. Livre par quel moyen Hannibal se rendit le Maître de Tarente, & au 27. il fait le recit du Siège que le Grand Fabius y mit, ajoutant qu'après l'avoir prise il la saccagea. Fabius répondit à celui qui l'interrogea, s'il falloit emporter les Dieux de Tarente? que ces Dieux en colère contre la Ville y devoient rester. Enfin Tite-Live[b] détaille les Jeux qu'on célébroit à Tarente en l'honneur du Dieu des Richesses; il dit que ces Jeux étoient réglez par les Livres des Sibylles, & qu'on les avoit célébrés avec beaucoup de cérémonie la première année de la première guerre entre les Carthaginois & les Romains.

[a] Lib. 9. & 12.

[b] Lib. 49.

Pierre Razzano avance que les Romains ruinérent la Ville de Tarente après le départ du Pyrrhus pour la Gréce, parce qu'ils en regardoient les Habitans comme les Auteurs de cette guerre. Il ajoute que les Romains, eu égard à la fertilité du Pays, avoient accordé à un petit nombre des anciens Habitans, qui étoient restez, de bâtir pour leur sûreté dans ces environs une petite Forteresse: que les Tarentins avoient bâti cette Place qu'on voit encore; & qu'ils lui avoient donné le nom de Taranto. Ce recit ne paroît pas bien fondé, puisque Tite-Live[c] & Plutarque dans la Vie de Fabius, parlant du tems que les Romains reprirent Tarente sur les Carthaginois, s'étendent beaucoup sur la grandeur, la puissance & les richesses de cette Ville: ils remarquent que l'on comptoit parmi les Butin de la Ville de Tarente 30000. Esclaves faits prisonniers, & envoyés à Rome avec une très-grande quantité d'Argent, & 80000. livres pesant d'Or en Monnoye; qu'il y avoit de plus un si grand nombre d'Etendards, de Tables & d'autres Meubles de prix, qu'on mettoit avec raison un si riche Butin en parallèle avec celui que Marcellus avoit apporté de la Ville de Syracuse à Rome. On peut tirer de ceci la conséquence, que si Tarente eût été ruinée après le départ de Pyrrhus, & qu'en sa place on y eût bâti cette petite Forteresse selon le sentiment de Razzano, Fabius n'auroit pas eu tant de peine à s'en rendre le Maître, & après sa prise on n'y auroit pas trouvé tant d'Esclaves, d'Or, d'Argent, & d'autres Richesses. Ce qu'il y a de certain, c'est qu'on n'a aucune connoissance, en quel tems, ni par qui Tarente a été ruinée, ni en quelle maniére elle a été rebâtie sur le pied qu'on la voit aujourd'hui. Biondo au 6. Livre de ses Histoires, & Sabellicus au L. 4. de la 8. Ennéade, disent que cette Ville avoit été rebâtie par des Habitans de Calabre, & par quelques autres Peuples chassez de leur Patrie, au tems que Totila Roi des Goths pilla la Ville de Rome. Quoi qu'il en soit, il s'en falut beaucoup, qu'elle n'eût alors son ancienne grandeur; puisqu'on la répara seulement dans cet endroit proche du Port & entouré de trois côtez par la Mer. Dans la suite on la fortifia encore d'une Muraille du côté de la Terre, & pour plus grande sûreté on y fit un Fossé tout à l'entour. Après la décadence de l'Empire Romain en Italie, les Tarentins furent sujets aux Empereurs de Constantinople jusques à l'arrivée des Sarrasins en Italie, dont ceux-ci conquirent d'abord une grande partie; savoir la Grande Gréce, la Lucanie, la Calabre, la Pouille, une partie de la Campanie, le Pays des Salentins & des Brutiens: ils s'emparérent de même du Golfe de Tarente. Mais après qu'on les eut chassés de l'Italie, Tarente tomba sous la Domination des Princes & Rois de Naples, qui honorérent ce Pays du Titre de Principauté. Plusieurs Particuliers en ont porté le nom, entre lesquels on compte quelques personnes de la Famille des Ursins de Rome. Le premier de ceux-ci fut Jean Antoine, qui l'avoit achetée de Jacques Comte de la Marck, Prince de Tarente, & Mari de la Reine Jeanne II. Cette Vente se fit du consentement de cette Reine. Le dernier Prince de Tarente de la Famille des Ursins fut Jean qui possédoit de belles qualitez. On voit encore dans cette Ville plusieurs vestiges de son ancienne grandeur, comme quelques restes du Théatre, de quelques Bâtimens publics & de l'Embouchure de son célèbre Port. Cette Embouchure est fermée présentement avec de grosses pierres, de sorte qu'il n'y a que de petites Barques, qui puissent y entrer. On a bâti sur ces pierres des arcades, par où l'eau de la Mer entre & sort au tems du flux & du reflux, ce qui y amene une quantité de Poissons, dont la pêche est si abondante qu'on en fournit aux Peuples de la Calabre, de la Pouille, de la Basilicate, & des autres Pays voisins. Le Peuple appelle la petite Mer, cet endroit où l'ancien Port étoit; il a trente milles de tour, ayant 8. milles de longueur sur 2. de largeur, quoique Strabon ne fasse sa circonférence que de 12. milles & demi; mais il faut que ce passage de Strabon ait été corrompu puisque les Pêcheurs, qui y navigent incessamment & le mesurent presque pas à pas, font foi du contraire. On ne peut pas dire non plus qu'il ait été aggrandi depuis le tems de Strabon, puisque les hauts Rochers, dont il est environné de tous côtez, ne le permettent pas. En sortant de son Embouchure, on entre dans le Golfe de Tarente, que les Habitans nomment la grande Mer. La Ville d'aujourd'hui est fort petite en comparaison de l'ancienne dont elle n'occupe qu'une des extrémitez. Elle est plus longue que large. La plûpart des Bâtimens sont petits, puisque les Habitans sont pour la plûpart des Pêcheurs. A son extrémité vers la Terre-ferme est situé la Forteresse entourée des eaux de la Mer. Ferdinand d'Arragon I. Roi de Naples la fit réparer. Silius Italicus racontant dans son 2. Livre la défaite des Romains par Annibal à Cannes, nomme les Tarentins en-

[c] Lib. 27.

tre les Peuples qui abandonnérent les Romains & se rangérent du côté de l'Ennemi.

Inde Phalanteo levitas animosa Tarento,
Ausonium laxare jugum.

Le Philosophe Archytas mit en grande réputation cette Ville. St. Jérôme en parle avec éloge dans la Lettre qu'il écrit à Paulin, où il dit que Platon fit le Voyage de Tarente pour le voir. Horace au 1. Livre de ses Odes, Ode 28. adresse ces vers à ce même Archytas:

Te Maris & Terra, numeroque carentis arena,
Mensorem cohibent, Archyta,

Et après:

Plectantur Sylva, te sospite; multaque merces,
Unde potest, tibi defluat aqua
Ab Jove, Neptunoque sacri custode Tarenti.

Tarente a donné encore le jour à Aristoxène, à Lurite, deux Philosophes célébres de leur tems, à plusieurs autres hommes illustres par leur savoir & par leurs autres qualitez. On garde dans cette Ville les Reliques de S. Cataldé son premier Evêque. En sortant hors de la Ville, on voit d'abord une petite Eglise bâtie sous terre par l'Apôtre S. Pierre, qui, à ce qu'on dit communément, débarqua dans ce Lieu & se rendit delà à pied jusqu'à Rome. Cette Eglise est en grande vénération dans le Pays. Le Terroir de Tarente est gras & fertile, produisant toutes les choses nécessaires à la vie de l'homme. Pline loue les Porreaux, les Figues, les Noix, & les Châtaignes, & sur-tout le Sel de Tarente, qu'il dit surpasser en douceur & en blancheur tous les autres sels. Macrobe parle aussi de ses Noix, dont l'écorce est si tendre, qu'à peine touchée de la main elle s'ouvre; à quoi Horace semble faire allusion lorsqu'il dit au second Liv. de ses Sat. Sat. 2. v. 34. *molle Tarentum.* Ce dernier parle encore des Porreaux de Tarente:

Fila Tarentini graviter redolentia porri,
Edisti quoties oscula clausa dato.

Varron fait l'éloge du Miel de Tarente. La Riviére de Galesus passe à 3. milles de la Ville; quoique Tite-Live la mette à 5. milles. Cela peut avoir été du tems de Tite-Live, & dans la suite des tems ce Fleuve a pu s'élargir & s'approcher de la Ville.

TARETICA, Promontoire de la Sarmatie Asiatique, sur la Côte du Pont-Euxin. Ptolomée [a] le marque entre Tazos & Ampsalis. Le Manuscrit de la Bibliothéque Palatine porte *Toretice* pour *Taretica* ou *Taretice.*

[a] Lib. 5. c. 9.

TARGA, petite Ville dans l'Afrique, au Royaume de Fez [b], sur la Côte de la Mer Méditerranée, à sept lieues de Tetuan vers le Levant, dans une Plaine qui est entre deux Montagnes. Elle est enfermée de vieux Murs, ayant du côté de la Mer un Château, qui n'est pas bien fort quoique bâti sur un Rocher. Cette Ville doit son origine aux Goths, qui la fondérent lorsqu'ils étoient Maîtres du Pays. Elle étoit autrefois fort peuplée, & se gouverna pendant quelque tems elle-même. Mais après la prise de Ceuta par les Chrétiens, la plûpart des Habitans, & les plus Nobles, se sauvérent dans les Montagnes, & il n'y demeura qu'environ six-cens Familles de Pêcheurs, qui salent leur Poisson pour le vendre aux Muletiers, qui viennent de tous les endroits de cette Contrée jusqu'à trente lieues à la ronde. La pêche y est si abondante qu'on assûre, qu'elle pourroit fournir de poisson la moitié du Royaume de Fez. Cette Ville est environnée de tous côtez de grandes & épaisses Forêts, remplies de Singes: & les Montagnes voisines sont très-froides & fort escarpées, quoiqu'il y ait un petit Canton, où l'on seme de l'orge; de sorte que la plus grande partie du blé qu'on y mange vient de dehors, & est apporté par ceux des Montagnes & de l'Algarbe. Les Habitans de Targa sont brutaux, & grands yvrognes, qui se piquent de bravoure; mais sur le moindre soupçon de quelques Vaisseaux Chrétiens, ils quittent la Ville, & se sauvent dans les Bois. Cette Ville fut saccagée l'an 1533. par six Galéres du vieux Dom Alvare Baçan. Il n'y a point de Port, toute la Côte n'étant qu'une rade découverte. On nommoit autrefois cette Ville *Tagat*, selon Ptolomée, qui la met à 8. d. 20'. de Longitude, & à 35. d. 6'. de Latitude.

[b] Marmol, Royaume de Fez. L. 4. ch. 66. p. 50.

TARGALLA, Village dont fait mention Théodoret [c]. Ortelius [d] soupçonne que ce Village pouvoit être dans la Syrie, au voisinage de la Ville *Cyrus*.

[c] In Vita Thalessii.
[d] Thesaur.

TARGARUM, Ville de l'Afrique propre, selon Ptolomée [e], qui la marque entre *Bizacina* & *Kararus*, & la met au Midi d'Adrumete.

[e] Lib. 4. c. 3.

TARGET, Lieu de France, dans le Bourbonnois, Diocèse de Clermont, Election de Gannat. C'est une Paroisse située à une lieue de la Rivière de Bouble, & à cinq de celle de l'Allier. Les environs sont de bonnes Terres à Seigle, beaucoup d'Avoine, bons Pâcages, Foins abondans. Il y a un Commerce de Bestiaux, & quelques Etangs. La Cure vaut cinq-cens Livres. La Paroisse fait partie du Duché de Bourbonnois; il y a plusieurs Annéxes. M. le Duc en est Seigneur.

TARGILENSIS. Il est parlé d'un Evêché de ce nom au troisième Livre des Décretales [f].

[f] Lib. 3. c. 14. de Regularib.

TARGINES, Fleuve d'Italie: Pline [g] le met dans le Pays des Locres. C'est aujourd'hui le *Tacina*. Ortelius remarque que Gabriel Barri place une Ville de même nom près de ce Fleuve, & que cette Ville est présentement nommée *Vernauda*.

[g] Lib. 3. c. 10.

TARGON, Lieu de France dans la Guienne, Diocèse & Election de Bourdeaux.

TARGOROD, ou TRESCORT, Ville de la Moldavie [h], au Confluent de la Riviére de Sereth & de la Moldava, environ à quinze lieues au-dessous de la Ville de Soczowa. Quelques Géographes la prennent pour l'ancienne *Zirdava*; mais Lazius n'en convient pas. Voyez ZIRIDAVA.

[h] De Wit, Atlas.

TARGOVISCO, ou TARVIS, Ville de la Valaquie, dont elle est la Capitale [i]. Elle est située sur la Riviére de Launiza, à la droite

[i] Ibid.

droite, environ à la même distance de l'Embouchure de cette Riviére que la Ville d'Hermanstad.

a Dapper, Descr. des Bileduige-rid. p. 206.

TARGUEZ, Habitation de Bérébéres, dans l'Afrique [a], dans le Pays appellé Estuque. L'Habitation de Targuez est la principale. Il y a sur un petit tertre un Château où demeure le Cheque, ou Seigneur du Pays qui est tout coupé de Rochers, quoique fertile en Orge. On y nourrit quantité de Chévres, dont les Habitans font leur principal trafic. Ces Bérébéres sont de la Tribu de Muçamuda, & ils en ont encore d'autres pour voisins qui logent comme eux dans des Maisons, & qui ont des Villes & des Châteaux.

b Lib. 6. c. 3.

TARIANA, Ville de la Susiane: elle étoit selon Ptolomée [b] dans les Terres, entre *Abinna* & *Sele*.

TARICHEA. Voyez TARICHEÆ.

c In Vita sua 1010. d Joseph. de Bello. l. 2. e Lib. 5. c. 15. f In Tito.

TARICHE'E, Ville de Galilée, dont Josephe [c] a souvent parlé. Il dit qu'elle étoit à 30. Stades de Tibériade [d]. Il insinue qu'elle étoit maritime; puisqu'il dit qu'il s'y embarqua pour venir à Tibériade. Pline [e] la place au Midi du Lac de Génésareth. Suétone [f] la nomme *Urbem Judææ validissimam Tarichæam*.

TARICHIÆ. Voyez PELAFIÆ.

g Labat, Voy. d'Espagne, t. 1. p. 207.

TARIFFE, Ville d'Espagne, dans l'Andalousie, sur le Détroit de Gibraltar, à cinq lieues de la Ville de ce nom, en tirant à l'Ouest. On l'appelloit anciennement *Julia-Traducta* ou *Julia-Joza*, parce qu'on y avoit fait venir d'Afrique une Peuplade de Carthaginois. Elle est sur une petite hauteur [g], qui lui donne une vûe fort étendue du côté du Détroit & sur la Terre; mais elle n'a ni Port, ni Baye, propre à recevoir des Vaisseaux. On prétend qu'elle a été bâtie par Tariffe Général des Maures, qui passérent le Détroit à la sollicitation du Comte Julien pour s'emparer de l'Espagne. La Ville est encore environnée des murs, & des Tours, que Tariffe y fit bâtir. Il y a encore un Château assés élevé & petit, d'une fabrique très-ancienne où le Gouverneur loge. Tariffe ne laisse pas d'être grande, mais elle est deserte, & à peine le nombre de ses Habitans seroit 800. ames. Les rues sont fort étroites & tortues: on voit encore bien des Maisons anciennes bâties à la Moresque, avec des plates-formes au lieu de toits: elle n'est pas pavée; cette Ville est fort pauvre, parce qu'elle ne fait aucun commerce. Le Pays des environs est très-fertile dans un Climat doux & tempéré, arrosé de quantité de petits Ruisseaux; on n'y connoît presque jamais d'Hyver, & les Figuiers, les Orangers, les Citronniers, plantez en pleine terre, rapportent en dépit de leurs propriétaires qui les négligent, de très-bons Fruits. On trouve encore vers le mois de Décembre des Figues excellentes sur les Arbres. Les Côteaux remplis de Vignes dans une exposition charmante, le Vin est excellent malgré le peu de soin que l'on prend des vignes, & la mauvaise maniére que l'on a de faire le vin.

h Michelot, Portul. de la Méditer. p. 7.

Du côté de l'Ouest de Tariffe [h], il y a une grande Plage de sables dans un enfoncement qui conduit jusqu'au Cap de la Royo, en laquelle on peut mouiller, lorsqu'on vient du côté de l'Ouest, ne pouvant entrer dans le Détroit; le meilleur endroit est dans le fond de la Plage, vers le Nord de l'Isle de Tariffe à la petite portée de Canon de la Plage, par sept ou huit Brasses d'eau, fond de sable menu, où les Ancres tiennent bien; mais il ne faut pas mouiller trop proche de l'Isle, car le fond n'y est pas bon y ayant plusieurs Roches qui gâtent les Cables; on est à couvert par cette Isle des Vents depuis le Sud-Sud-Est jusqu'au Nord. Il ne faut pas s'y laisser surprendre des Vents d'Ouest, & Sud-Ouest, car la Mer dans ce tems-là est fort grosse, & l'on auroit peine à doubler l'Isle de Tariffe; les gens du Pays assurent que la Mer donne quelques connoissances avant que le Vent se lève & fraîchisse. Les Marées dans cet endroit sont Nord & Sud à douze heures; le flot porte à l'Ouest & le Jussant à l'Est. On peut faire de l'eau du côté de l'Ouest hors la Ville de Tariffe; mais on ne peut passer à terre de l'Isle qu'avec des Bâteaux.

Environ dix milles au Sud-Est-quart d'Est du Cap de la Plata gît l'Isle de Tariffe qui s'avance beaucoup en Mer, sur laquelle est une Tour ronde; environ par le milieu de cette distance vous voyez une grosse pointe avec quelques taches blanches, qu'on appelle *Cap de Royo del Poirco*: du côté de l'Ouest de ce Cap il y a une Plage de sable un peu enfoncée, qu'on appelle *Boullognia*, devant laquelle on peut mouiller, avec le Vent de Nord-Ouest, Nord & Nord-Est, à huit & neuf Brasses d'eau, fond de sable fin. Entre l'Isle & la Ville il y a une Chapelle sur un Monticule de sable blanc, qui de loin paroît isolé. On peut mouiller aussi devant la Ville pour les Vents d'Ouest, Nord-Ouest, & Nord; savoir entre l'Isle & la Ville, par sept à huit Brasses d'eau, fond de sable fin; mais ces mouillages ne sont que pour relâcher, & lorsqu'on ne peut sortir du Détroit:

Marques des Seches ou Basses de Tariffe.

Droit au Sud du Cap de *Royo del Poirco*, environ six milles, & trois milles à l'Ouest de l'Isle de Tariffe, il y a un petit Banc de Roches sous l'eau fort dangereux, qui gît Nord & Sud, de l'étendue d'environ un mille. Les gens du Pays le nomment les *Labas de la Royo*, il n'y reste que cinq pieds d'eau de basse Mer sur le bout du banc côté du Sud, & les courans d'Est près de ce Banc vous y attirent; c'est pourquoi il faut y prendre garde.

On peut passer à terre desdites Roches, c'est-à-dire, entre l'Isle de Tariffe & les Roches, rangeant la Côte d'Espagne & l'Isle Tariffe à discrétion; car il y a quinze à vingt brasses d'eau, à trois à quatre cens Toises de l'Isle; & lorqu'on vient du côté de l'Ouest, il faut ranger, comme nous avons dit, la Côte, mettant la proue, ou le gouvernail sur la Ville de Tariffe, continuant cette route jusqu'à ce que vous soyez bien à l'Est du Cap de la Royo *del Poirco*: alors on sera aussi à l'Est des dangers: ensuite vous

vous irez ranger à discrétion la pointe de l'Isle Tariffe; mais sur-tout il faut observer les différens courans, qu'il y a le long de cette Côte. C'est pourquoi il ne convient guère de passer à terre de ces dangers avec un gros Vaisseau, à moins d'avoir le vent ou la marée favorable; cela est plus propre pour des Galères que pour des Vaisseaux : il vaut mieux passer à mi-canal, rangeant un peu plus à la Barbarie, où la Mer qui entre continuellement dans le Détroit; & après avoir passé ce danger, il faut se rapprocher de la Côte de Tariffe, principalement en venant dans la Méditerranée.

TARIM, Ville de l'Iemen ou Arabie Heureuse. Elle est située dans le Pays qui porte en particulier le nom de Hadramouth. Edrissi la place assez près de la Ville de Siam ou Siabami.

TARINA, Ville de la Petite Arménie, selon Ortelius[a] qui cite Ptolomée. C'est une faute : Ptolomée place *Tarina* dans la Grande Arménie, entre *Astacana* & *Balisbiga*.

TARINATES, Peuples d'Italie dans la Sabine, selon Pline[b]. Il y a encore aujourd'hui dans la Sabine une Bourgade appellée *Tarano*; on croit qu'elle retient le nom de ces Peuples. Voyez TARANO.

TARIONA, Lieu fortifié dans la Liburnie, selon Pline[c]: le nom moderne est *Thina*, si nous en croyons Niger. Le Pays où cette Forteresse étoit située s'appelloit[d] TARIOTARUM REGIO. Les TARIOTÆ de Pline sont, à ce qu'on croit, les mêmes que Strabon[e] & quelques autres appellent AUTARIOTÆ.

TARKU, Ville d'Asie, dans les Etats de l'Empire Russien & la Capitale de Daghestan. Elle est située sur la Côte Occidentale de la Mer Caspienne, au Nord de Derbent dont elle est éloignée d'environ quinze lieues, & à vingt lieues de Tarki[f]. TARKU qu'on écrit aussi TIRCK, TARKI & TARGHOR est bâtie dans la Montagne entre des Rochers fort escarpez, & qui sont si pleins de coquilles, qu'il semble qu'ils en soient tout composez. La plûpart de ces coquillages sont de la grandeur d'une Noix, & il n'y a presque point d'espace de la largeur de la main où l'on n'en trouve cinq ou six. Quoique le Roc soit extrêmement dur, il ne laisse pas d'y avoir de belles Prairies sur le haut de la Montagne. Il sort de ces Rochers plusieurs Sources, qui découlent de tous côtez, & dont l'eau entre dans la Ville avec un murmure fort agréable. La Ville de Tarku n'a point de Murailles. On y voit environ mille Maisons bâties à la Persienne, quoique moins bien bâties. Les Habitans de cette Ville sont barbares & méchans; mais les femmes & les filles ne laissent pas d'avoir de la douceur pour les Etrangers. Elles ont toutes le visage découvert & ne sont point resserrées comme celles de Perse. Les filles ont les cheveux noüez en quarante tresses qui leur pendent autour de la tête.

TARMAD, ou TERMED,[g] nom d'une Ville qui appartient, selon quelques Géographes, à la Province de Thokharestan. Elle est située sur la rive droite, ou Septentrionale du Fleuve Gihon, selon quelques-uns, & selon d'autres, sur la rive Méridionale, ou Occidentale. Mais cette différence vient de ce que cette Ville est peut-être bâtie des deux côtez de cette Rivière, ou parce que l'une des deux parties qui la divisent a été ou ruinée ou bâtie en divers tems. Les Tables d'Aboulfeda donnent à cette Ville 91. d. 15'. de Longitude, & 37. d. 35'. de Latitude Septentrionale. Quelques-uns ne lui donnent que 90. d. de Longitude; mais les Auteurs ne varient pas sur le sujet de sa Latitude. La différence qu'il y a entr'eux touchant la situation de cette Ville, fait que quelques-uns la comptent entre les Villes de la Province de Maouaalnahar qui confine avec le Khorassan. Cette Ville a une fort grande Jurisdiction, & comprend un fort grand nombre de Bourgades, & de Villages.

TARMAH, nom d'une Ville de la Province de Berberah, qui est la Barbarie d'Afrique, & que nous appellons aujourd'hui la *Côte de Cafrerie*, qui s'étend le long de la Province de Zanguebar & regarde l'Océan Oriental ou d'Ethiopie. Cette Ville est plus Méridionale que celle de Carcounah de trois journées. Tout auprès on voit la Montagne, ou le Promontoire nommé *Khavouni*.

TARMIS. Voyez THARMIS.

TARNADÆ, Lieu chez les Helvétiens: L'Itinéraire d'Antonin le marque sur la route de Milan à Mayence, en prenant par les Alpes Pennines. Il étoit entre *Octodurum* & *Penneloci*, à douze milles du premier de ces Lieux & à treize milles du second. Simler croit que l'*Agaunum* de Rhéginon & le *Tarnadæ* d'Antoüin sont la même Place. Voyez AGAUNUM.

1. TARN, (de) *Tarnis*, Rivière de France dans la Province de Languedoc. Elle sort du Gevaudan, prend sa source au Mont de Losére près de Florac, traverse le Roüergue, d'où rentrant dans le Languedoc, elle passe à Alby, reçoit l'Agout à Saint Sulpice, ensuite coule à Montauban, & se jette dans la Garonne au-dessous de Moissac. Cette Rivière est très-considérable, particulièrement depuis sa jonction avec l'Agout : elle commence à être navigable à *Gaillac*, & facilite le Commerce des vins de ce Pays avec les Anglois. On avoit entrepris de la rendre navigable dès Alby; mais on n'y a point réussi.

2. TARN, Bourg de France, dans le Limousin, Election de Limoges ; il est bien peuplé.

1. TARNE, ou TARNA, Ville de l'Achaïe, selon Etienne le Géographe.

2. TARNE, Ville de la Lydie; Homére[h] & Strabon[i] en font mention.

3. TARNE, ou TARNIS, Fontaine de Lydie, selon Pline[k], qui dit qu'elle sortoit du Mont Tmolus.

1. TARNIS, Fleuve de la Gaule Aquitanique : Pline[l] & Sidonius Apollinaris[m] parlent de ce Fleuve. Quelques-uns l'ont pris pour la Dordogne ; mais comme Pline dit que le *Tarnis* séparoit les *Tolosani* des *Petrocori*, c'est-à-dire les Toulousains des Périgourdins, ce ne peut être que le

TAR. TAR. 301

le Tarn, qui conserve ainsi son ancien nom.

2. TARNIS. Voyez TARNE, N°. 3.

TARNOPOL, Ville de la Petite Pologne, dans le Palatinat de Podolie, vers les confins de celle de Volhinie, sur le bord d'une petite Riviére, au Nord de Tramblowa.

TARNOWITS, petite Ville d'Allemagne [a], dans la Silésie, à quatre milles de Strelits & à quatre de Bendschin. Elle appartenoit autrefois aux Ducs de Jägerndorff, qui en furent privés par jugement, & elle fut ajugée à la Couronne de Bohême.

[a] Zeyler, Topog. Sil. p. 183.

1. TARO, ou VAL-DI-TARO, petit Pays d'Italie, aujourd'hui l'une des Dépendances du Plaisantin. Il est situé entre le Parmesan, le Plaisantin & l'Etat de Gênes. Ces principaux Lieux sont *Borgo di Val di Taro*, Bardi & Compiano. Ce Pays a eu longtems ses Princes particuliers. Les Fiesques l'ont possédé. Il passa ensuite à la Maison de Landi, qui le vendit au Duc de Parme en 1682.

2. TARO, ou BORGO DI VAL DI TARO, petite Ville d'Italie, dans le Plaisantin & la Capitale du Pays appellé *Val-di-Taro*. Elle est située sur la rive droite du Taro qui lui donne son nom. Elle a été acquise par les Ducs de Parme avec le Pays dont elle est la Capitale. Voyez l'Article précédent.

3. TARO, Riviére d'Italie. Elle a sa Source dans la partie Méridionale du Duché de Milan, au voisinage de la Source du Torrent *Auanto*. Son cours est d'abord d'Occident en Orient jusqu'à ce qu'elle soit entrée dans l'Etat de Landi, qu'elle traverse en serpentant & en courant du Midi Occidental au Nord Oriental. Elle tourne ensuite vers le Nord & après avoir traversé le Parmesan, elle va se perdre dans le Pô, entre les Embouchures de l'Onginal & de la Parma. Les principaux Lieux qu'elle arrose sont Chiesa del Taro, g. Compiano, g. Borgo di Val-di-Taro, g. Belforte, d. Cornegliano, d. Fornuvo, d. Dans sa course elle reçoit diverses Riviéres, entre autres, le Tarola, d. la Valdena, d. le Ceno, g. le Rigio-Rio, g. le Stirone, g. le Rigoza, g.

TARODUNUM, Ville de la Germanie: Ptolomée [b] la marque près du Danube au voisinage d'*Aræ Flaviæ*, & Lazius croit que le nom moderne est *Dornstet*.

[b] Lib. 2. c. 11.

TAROM, Ville de Perse dans la Province de Fars, près de Seirdgian, selon Mr. Petis de la Croix [c] dans son Histoire de Timur-Bec.

[c] Liv. 3. c. 68.

TARON, Contrée de l'Asie, dont parlent Cédrène & Curopalate. Ortelius [d] croit que ce pouvoit être quelque Contrée de la Syrie.

[d] Thesaur.

TARONA, Ville du Chersonnèse Taurique. Elle étoit dans les Terres, selon Ptolomée [e] qui la place entre *Taphros* & *Postigia*.

[e] Lib. 3. c. 6.

TARONTO, Lac de l'Amérique Septentrionale dans la Nouvelle France, au Nord du Lac de Frontenac, & à l'Orient de celui des Hurons, dans lequel il se décharge par plusieurs ouvertures.

TAROPECZ, ou TOROPECZ, Ville de l'Empire Russien, dans la Province de Rzeva, à la source d'une petite Riviére qui se jette dans la Duna.

TAROS. Voyez TIRISCUM.

TAROSIA, Ville Episcopale, sous la Métropole de Sergiopolis, selon Ortelius [f] qui cite Guillaume de Tyr.

[f] Thesaur.

TAROULA, nom d'une des trois Forteresses que les Portugais avoient élevées dans l'Isle Tidor l'une des Moluques. [g] Elle étoit bâtie au sommet d'une Montagne, près de la Ville où se tient le Roi; elle étoit beaucoup plus forte par son assiette que par les Ouvrages de l'art.

[g] Davity, Isles Moluques, pag. 762.

TAROZA, ou CAROSA, Siège Episcopal que la Notice des Patriarchats d'Antioche & de Jérusalem met sous la Métropole de Theodosiopolis.

TARPÆUM, ou TARPÆUS-MONS, nom qu'Etienne le Géographe donne au Mont-Tarpeïen ou Capitolin; voyez CAPITOLE.

TARPE, Ville d'Italie, selon Etienne le Géographe, qui donne ce nom à la Ville que les Anciens ont appellée SATURNIA. Elle étoit sur le Mont Tarpeïen ou Capitolin; voyez SATURNIA & CAPITOLE.

TARPEIUS. Voyez CAPITOLE.

TARPETES, Peuples d'Asie, sur le Pont-Euxin, dans la Sarmatie Asiatique selon Strabon [h].

[h] Lib. 11. p. 495.

TARPHARA, Ville de l'Arabie Heureuse, selon Etienne le Géographe.

1. TARPHE, Ville des Locres Epicnémidiens selon Homére [i]. Etienne le Géographe dit que c'est la même que *Pharygæ*. Cependant Strabon les distingue.

[i] Iliad. E.

2. TARPHE, Fontaine qu'Etienne le Géographe met dans le Pays des Locres Epicnémidiens, au voisinage de la Ville *Pharygæ*.

TARPODIZUM. Voyez PARPODIZUM.

TARQUINIA. Voyez TARQUINIENSES.

TARQUINIENSES, Peuples d'Italie, dans la Toscane; c'est ainsi que Pline [k] nomme les Habitans de la Ville qui est nommée par Tite-Live [l] TARQUINII, & TARQUINA par Ptolomée [m]. Justin [n] dit qu'elle tiroit son origine des Grecs. Elle devint ensuite Colonie Romaine, & enfin un Siège Episcopal: un de ses Evêques est nommé *Apuleius Tarquiniensis* dans un Decret du Pape Hilaire; mais cet Evêché a été uni à celui de Cornette. Le nom Moderne de cette Ville est *la Tarquinia*, & par corruption *la Tarquina*.

[k] Lib. 3. c. 5.
[l] Lib. 1. c. 34. & 47.
[m] Lib. 3. c.
[n] Lib. 20. c. 1.

On a trouvé en travaillant dans les environs de Cornette [o], à mi Côte d'une Colline, les anciennes Sépultures de la Ville *Tarquinia*. On doit cette découverte au hazard & à la nécessité de creuser pour faire le lit d'un Canal. Ces Sépulchres ou ces Grottes sont à mi-Côte de la Colline, sur laquelle étoit cette Ville infortunée, ruïnée depuis tant de siècles qu'on n'en avoit presque plus aucune mémoire. On sait seulement par tradition, qu'elle avoit été en cet endroit, ou dans un Lieu peu éloigné, & c'étoit tout ce qui s'en étoit conservé. La découverte de ces Grottes fit trouver quelques autres Monumens, qui ne laissèrent plus lieu de douter, qu'elle n'eût été réellement en cet endroit. Ces Grottes qui ont servi de Sépulchres aux Héros de ce tems,

[o] Labat, Voy. d'Italie, t. 5. p. 33.

font

font creusées dans le tuf dont cette Montagne est composée. Ce sont pour la plûpart des Chambres de dix à douze pieds en quarré sur neuf à dix pieds de hauteur. Les Portes sont au milieu des Côtes opposées, & font une enfilade de plusieurs Grottes, qui donnent les unes dans les autres. Les ouvertures ou Portes étoient fermées d'un mur moins épais que les murs qui séparoient ces Cellules les unes des autres. On avoit suppléé au défaut du tuf, quand cela étoit arrivé, par des murs de briques larges, longues, & plus épaisses d'un tiers qu'on ne les fait aujourd'hui. On voyoit dans quelques-unes des restes de Peintures, c'est-à-dire du rouge, du bleu, du noir, qui sembloient marquer des compartimens plûtôt que des figures, car l'humidité avoit presque tout effacé. Chaque cellule avoit deux grands bancs ou relais taillez, & ménagez dans le tuf, ou faits de brique d'environ quatre pieds de large sur toute la longueur de la cellule : c'étoit-là qu'on étendoit ces corps morts. On le peut dire avec sûreté : puisqu'on a trouvé sur les bancs les gros ossemens qui ont échappé à la longueur du tems, qui a consommé entiérement les petits, & les médiocres ; ils étoient disposez de manière qu'on voyoit qu'ils étoient à la place qu'ils occupoient quand le corps entiér avoit été posé ; mais on n'a trouvé que les os des cuisses & des jambes, quelques restes de vertébres, & des crânes que leur grandeur extraordinaire fait connoître avoir fait partie de corps extrêmement grands. On a trouvé sur les mêmes bancs, & à côté des corps, des armes que la rouille avoit presque consommées, comme des épées très-larges & fort longues, des fers de pertuisanes de plus de deux pieds de longueur, & de sept à huit pouces de largeur, & fort épais. Des lames de couteaux ou de poignards grandes & fortes ; mais tellement mangées & cariées par la rouille, qu'elles ne pouvoient pas se tenir droites. Il sembloit qu'elles fussent de filigrane, pour les manches & les hampes il n'en étoit plus question, il n'y avoit pas la moindre apparence qu'il y en eût eu ; non plus que d'Inscriptions : apparemment que la mode de ce Pays & de ce tems, n'étoit pas de faire des Epitaphes ; quoiqu'on en ait trouvé dans d'autres Pays de plus anciennes, qu'on ne suppose que celles-là pouvoient être.

Ce qu'on a rencontré de plus entier & en plus grande quantité, ce sont des vases de terre de toute espéce. Quelques-uns étoient aux pieds, & d'autres à la tête des corps, c'étoient des coupes, des buyes, ou cruches à une ou deux anses, des soucoupes, & d'autres semblables meubles, & aux bas des bancs, il y avoit des fourneaux, des pots assez gros, de grands vases, & autres ustenciles de ménage. Toute cette poterie étoit fort entiére. On en a trouvé dans toutes les cellules que l'on a ouvertes. A la verité ces piéces, & particuliérement celles qui étoient vernissées étoient couvertes d'une espéce de talque blanchâtre, qui en couvroit toute la superficie sans endommager le vernis, ni la couleur : car la plûpart de ces vases étoient couverts d'un vernis noir avec des ornemens rouges assez bien travaillez. Les buyes étoient d'une terre blanche si legére, que le moindre souffle les ébranloit, quoiqu'il y en eût qui pouvoient contenir deux pintes. Tous ces ouvrages étoient faits au tour, les anses des buyes étoient ajoûtées, aussi-bien que quelques ornemens qui les couvroient, l'entrée en étoit faite à gaudrons. Les fourneaux qu'on a trouvez dans ces cellules sont réellement de la même figure que ceux que l'on fait encore aujourd'hui en Italie, en France, en Espagne, & en bien d'autres Pays. Ils peuvent servir à démentir ceux qui oseroient s'en attribuer l'invention & la figure. Pour de l'or & de l'argent on n'en a pas trouvé dans ces cellules. Soit que le Pays ne fût pas alors riche en ces métaux, soit que ce ne fût pas la coutume pourtant très-ancienne, comme on le voit par les Sépulchres de David & de Salomon, soit que les Ouvriers qui ont ouvert ces cellules se soient saisis de ce qu'ils ont trouvé, & qu'ils ayent été assez sages pour n'en rien dire, il est certain qu'on n'en a point eu de connoissance, à la reserve d'un seul anneau. On le croyoit d'or, & il paroissoit tel sur la pierre ; mais ayant été sondé avec le burin, on trouva qu'il n'étoit que de cuivre couvert de deux feuilles d'or, ou d'une fort épaisse. Il n'étoit pas rond comme sont ordinairement les anneaux, mais ovale ; il avoit un pouce dans son plus grand diamétre, & étoit gros comme les plumes de corbeau, dont on se sert à dessigner. La Montagne *Tarquinia* est à présent un Bois, où il n'est pas aisé de rien découvrir qui puisse faire connoître quelle grandeur, ni quelle forme cette Ville avoit. Ceux qui eurent la commission de la ruïner s'en acquittérent bien fidélement.

TARQUINIENSIS-LACUS. Voyez SABATUS.

1. TARRA, Ville de Lydie, selon Etienne le Géographe.

2. TARRA, Ville qu'Etienne le Géographe met près du Mont Caucase.

3. TARRA, Ville de l'Isle de Créte, selon Etienne le Géographe. Pausanias [a] connoît aussi cette Ville ; mais il écrit TARRHA au lieu de TARRA. [a] Lib. 10. c. 16.

4. TARRA, Montagne de l'Isle de Créte selon Plutarque cité par Ortelius [b] ; mais Plutarque écrit TARA au lieu de TARRA. [b] Thesaur.

TARRABENI, Peuples de l'Isle de Corse : Ptolomée [c] qui les place au Midi des *Cervini*, & au Couchant de l'Isle, les met au nombre de ceux qui habitoient par Bourgades. Le Territoire qu'ils occupoient est appellé *Bastilica Paese* par Léander. [c] Lib. 3. c.

TARRACHINA, ou TARRACINA. Voyez ANXUR.

TARRACINA, Fleuve d'Italie, selon Tite-Live [d]. [d] Lib. 24.

TARRACON. Voyez TARRACONE. [e] c. 44.

TARRACONENSIA-JUGA : Sidonius Apollinaris [e] donne ce nom à ces Montagnes d'Espagne dans l'Aragon où l'on trouve une Montagne de Sel si pur qu'à l'acidité naturelle du Sel & une douceur si agréa- [e] Lib. 9. Epist. 12. & Ortelius.

gréable que l'on n'a point craint de la comparer à celle du miel.

TARRAGA. Voyez TARRAGENSES.

TARRAGENSES, Peuples de l'Espagne Citérieure. Ils étoient alliez des Romains selon Pline [a]. Leur Ville est nommée *Tarraga* par Ptolomée [b] qui la place dans les Terres & la marque dans le Pays des *Vascones*. On la nomme aujourd'hui TARREGA: elle est dans la Catalogne à cinq lieues d'Ilerda.

TARRAGONE, Ville d'Espagne dans la Catalogne sur la Côte, environ à sept milles au Nord-Est quart de Nord de la Pointe de *Salo*, entre deux Riviéres le *Gaya* & le *Francoli*. Elle fut bâtie par les Phéniciens [c], & non pas par le prétendu Tubal, comme quelques Antiquaires apocryphes se sont efforcez de le persuader, & fut appellée Tarcon, d'où les Latins ont formé *Taraco*, & les Espagnols *Tarragona*. Ayant été détruite, les Scipions la réparérent & en firent une très-belle Place d'armes [d] contre les Carthaginois. Ils en firent leur résidence ordinaire, & on croit qu'ils sont enterrez auprès des anciennes murailles. Quelque tems après on y établit un Conseil ou une Assemblée pour rendre la Justice dans tout le District de cette Ville. L'Empereur Octavien Auguste s'y trouvant dans la vingt-troisième année de son régne lui donna le titre d'*Augusta*. Il y reçut divers Ambassadeurs entr'autres ceux des Indes & ceux de Scythie; & ce fut à Tarragone qu'il rendit ce fameux Edit dont St. Luc parle, & dans lequel il ordonnoit le dénombrement de l'Univers. Anciennement elle étoit si puissante, si riche & si considérable, que dans la répartition qui fut faite de l'Espagne, les Romains donnérent son nom à la plus grande partie de ce vaste Continent, en l'appellant TARRACONNOISE. Ses anciens Habitans furent les premiers qui par une flaterie impie, sacrilège, & abominable, s'aviserent de bâtir un Temple à Auguste pendant sa vie même, lequel étant le premier à condamner leur lâcheté, paya leur faux zèle en bonne monnoye, lorsque leurs Députez lui ayant voulu dire qu'un Palmier avoit crû sur son Autel, il leur répondit en se moquant d'eux: *Cela fait voir que vous sacrifiez souvent sur mon Autel*. Ce Temple d'Auguste fut rétabli par Adrien. L'Empereur Antonin *le Pieux* aggrandit le Port de Tarragone en 150. Elle étoit environnée de murailles bâties de gros Quartiers de pierre; & son Port étoit garni d'un grand Mole, dont on voyoit encore les ruïnes il n'y a pas long-tems. Les Maures la prirent en 719. & la rasérent jusqu'aux fondemens, sans y laisser un seul Habitant. Elle demeura abandonnée jusqu'en 1038. le Pape Urbain II. ordonna à Don Bernard Archevêque de Tolède de la peupler derechef & d'y rétablir le Siége Episcopal. Le Pape la donna ensuite à Raimond Béranger Comte de Barcelone; & celui-ci la céda à St. Oldegaire Evêque de Barcelone, qui en fut déclaré Archevêque par une Bulle du Pape. Il fit réparer l'Eglise Cathédrale: suivant une Tradition cette Eglise avoit été bâtie par l'Apôtre St. Jacques, qui s'embarqua à Tarragone pour retourner à Jérusalem, & laissa dans la première de ces Villes St. Agathodore son Disciple pour premier Evêque. En 1151. Tarragone retourna sous l'obéïssance de Raimond dernier Comte de Catalogne. L'Archevêque Bernard Cor la lui avoit rendue. En 1641. les François mirent le Siège devant cette Ville. Les Habitans firent une belle défense, & tinrent jusqu'à ce que l'Armée Espagnole fût venue à leur secours & eût obligé l'Ennemi à se retirer. On découvre dans cette Ville & aux environs beaucoup de Monumens anciens, comme des Médailles, des Inscriptions & des masures de quelques Bâtimens qui paroissent avoir été magnifiques, & entr'autres d'un Cirque où se faisoient les Courses des Chevaux dans une Place appellée aujourd'hui, la *Plaça de la Fuente*, & d'un Théatre qui étoit en partie taillé dans le Roc, & en partie bâti de gros Quartiers de marbre dans l'endroit où est à présent l'Eglise de Notre-Dame du Miracle. Aujourd'hui Tarragone est dans la même situation, sur une Colline dont la pente s'étend insensiblement jusqu'au rivage de la Mer. Son Port n'est pas des meilleurs à cause des Rochers qui en embarassent le fond, & qui en défendent l'entrée aux gros Vaisseaux. Elle a une bonne enceinte de murailles qui est un Ouvrage des Mores, & est défendue encore par des Bastions, & par divers autres Ouvrages réguliers à la moderne, garnis de plusieurs pièces de Canon pointées vers la Mer, pour empêcher les Corsaires & autres Ennemis d'en approcher. La Ville n'est ni si grande, ni si peuplée qu'elle l'étoit anciennement: car quoique ses murailles ayent assez d'enceinte, pour contenir 2000. Maisons, on n'y en compte qu'environ 500. presque toutes bâties de grosses pierres de taille quarrées. Il s'y fait un grand Commerce, & le terrain y produit en abondance du Grain, de très-bon Vin, de l'Huile, du Lin, & on y nourrit quantité de Troupeaux. Elle est honorée d'un Siège Archiépiscopal, tellement ancien, qu'il dispute la Primatie à celui de Tolède, & d'une Université assez renommée. La Cathédrale qui porte le nom de Sainte Thecle mérite d'être vue, aussi-bien que l'Eglise de Notre-Dame du Miracle, dont une partie a été bâtie & ornée des pierres & des marbres qu'on a tirez du débris de cet ancien Théatre, dont j'ai déja parlé; on y voit un Ordre Religieux qu'on ne voit guère ailleurs. Ils s'appellent les Freres du Sang très-pur de Christ & de Marie. Leur habit est presque semblable à celui des Capucins. Comme cette Ville est bâtie sur une hauteur, on y jouït d'un air pur, & d'une vûe charmante. D'un côté on voit la Mer autant que la vûe peut s'étendre; & de l'autre on découvre une vaste Campagne, belle, fertile, bien cultivée & bien peuplée, couverte d'un grand nombre de Bourgs & de gros Villages, qui font un des plus beaux paysages du monde. Tarragone a l'honneur d'avoir produit Paul Orose, Historien Ecclésiastique fort estimé des Savans. A la vérité, les Portugais pour faire honneur à leur Nation s'efforcent

cent de prouver qu'il étoit natif de Braga en Portugal: mais un célèbre Auteur vient de le révendiquer sur les Portugais par un Volume in-folio de 400. pages ou environ. Quoique l'Eglise soit une des plus illustres & des plus anciennes d'*Espagne*, puisqu'elle a disputé pendant plusieurs Siècles la Primatie à celle de Tolède: cependant à moins que de s'en tenir à la Tradition que nous avons rapportée, il est impossible de pouvoir trouver une Epoque certaine de son érection: car tout ce qui nous reste de plus positif de tous les Monumens de l'Antiquité, c'est qu'en 260. un nommé *Fructuosus* qui a été mis dans le Catalogue des Saints, en fut Evêque, & que dans le XI. Siècle le Pape Urbain II. envoya le Pallium à celui qui la gouvernoit en ce tems-là: ce qui fait voir clairement que si elle ne conserva pas le caractère Primatial, pour lequel il s'éleva tant de disputes, du moins depuis ce tems-là elle a joüi de celui de Métropolitaine. Pierre II. Roi d'Arragon obtint du Pape Innocent III. en 1204. que ses Successeurs seroient couronnez à Sarragoce par l'Archevêque de Tarragone, ce qui s'observa jusqu'en 1318. que l'Eglise de Sarragoce fut élevée à la dignité de Métropole. Après que la Ville de Tarragone eut été rétablie par l'expulsion des Maures qui occupérent la Catalogne près de quatre-cens ans, Bernard Fort fonda le Chapitre de la Métropolitaine au mois de Novembre 1154. & Don Bernard Béranger Comte de Barcelone confirma cette fondation. Ce Chapitre est composé d'onze Dignitez qui sont le Grand Archidiacre, l'Archidiacre de Villasau, l'Archidiacre de St. Laurent le Sacristain, le Chantre, le Prieur, le Doyen, le Tresorier, l'Infirmier, l'Hospitalier, l'Archidiacre de Saint Fructuoso, de 24. Chanoines, de 24. Prébendiers, & de 69. Bénéficiers. Le Diocèse s'étend sur 197. Paroisses, sur 2. Abbayes, sur trois Prieurez, & sur deux Commanderies. L'Archevêque jouît de vingt mille ducats de revenu, & a pour Suffragans les Evêques de Barcelone, de Tortose, de Lerida, de Vich, d'Urgel, de Girone, d'Elne & de Solsone.

Entre la pointe de Salo & la Ville de Tarragone, il y a un enfoncement & une plage de sables vers le milieu de laquelle se trouve une petite Riviére & quelques grandes Maisons aux environs. La Ville est située à une petite portée de Canon de la Mer. Au devant de la Ville il y a quelques Demi-lunes & quelques Redoutes de côté & d'autre, & sur le bord de la Mer on voit une Tour à six côtez pour défendre le mouillage; elle est armée de trois piéces de Canon. Il y a vis-à-vis cette Tour un petit Mole qui s'avance droit dans la Mer environ 70. toises, lequel n'est propre que pour les débarquemens, & pour mettre de moyennes Barques à couvert de Vents d'Est: du côté de l'Ouest de ce Mole il y a quelques Maisons de Pêcheurs: on y peut faire de l'eau dans des Jardins qui sont environ 5. à 600. toises vers l'Ouest, où il y a une petite Riviére avec un Pont, & quelques grandes Maisons au bord de la Mer. On mouille ordinairement vers le Sud-Ouest du Mole, à la petite portée du Canon, par 8. à 9. brasses d'eau, fond de sable fin; mais ce mouillage n'est guère bon, à moins que les Vents ne soient à la terre.

TARRAS, Ville de l'Isle de Sardaigne, sur la Côte Occidentale de l'Isle: Ptolomée [a] la marque entre le Port Coracodes, & l'Embouchure du Fleuve Thyrsus. Simler dit que c'est la Ville *Tharros* que l'Itinéraire d'Antonin place sur la route de Tibuli à Sulci entre Corni & Othoca, à dix-huit milles du premier de ces Lieux, & à douze milles du second. Au lieu de *Tharros*, quelques MSS. portent *Tharbos* & d'autres *Tharpos*. Le nom moderne est *Large*, selon Marius Niger. [a] Lib. 3. c.

TARRATE, Contrée du Royaume d'Ethiopie ou d'Abissinie au Royaume de Tigré. Davity [b] dit que le Pays de Tarrate est au Nord de Caxumo, & contient le Grand Monastère de l'Alleluya, un autre nommé Abbagarima, dont les Lettres d'Ethiopie parlent avec tant d'avantage, le Lieu d'Angeba, qui a un Bétenégus ou Palais Royal, où personne ne peut demeurer s'il n'est Lieutenant de Roi; Agro, honoré pareillement d'un Bétenégus, & Angugui. [b] Etats du Grand Negus, pag. 489.

TARRAUBE, Bourg de France, dans le Bas Armagnac, Election de Lomagne.

TARREGA, Ville d'Espagne, dans la Catalogne [c], à six lieues de Lérida sur la route de cette Ville à Barcelone. Elle est bâtie sur une Colline près de la Riviére Cervera, & entourée d'une Muraille. Les Romains la peuplérent plusieurs années avant l'Ere Vulgaire [d], & alors on la nommoit TARRAGA; voyez ce mot. Dans la suite les Maures s'en empárerent, mais Don Raymond Béranger Comte de Barcelone la leur enleva en 1163. Il la fit rebâtir & la fortifia. C'est aujourd'hui le Chef-lieu d'une Viguerie. Son Territoire abonde en Bled, Vin, Huile, Bétail, Gibier & Poisson. [c] *Jaillot Atlas*. [d] *Silva, Poblac. de España. p. 251.*

TARRICINENSIS RESPUBLICA, On trouve ce nom sur une Médaille rapportée dans le Trésor de Goltzius. Ortelius [e] soupçonne que TARRICINENSIS est-là pour TARRACINENSIS: dans ce cas il seroit question de la Ville de TERRACINE. [e] *Thesaur.*

TARRON, ou TARRUM, Ville de la Mauritanie Césariense: Ptolomée [f] qui la marque dans les Terres la place entre *Burca* & *Garra*. [f] Lib. 4. c. 2.

TARSA, Etienne le Géographe donne ce nom à un Village bien peuplé, au voisinage de l'Euphrate, à quinze Stades de ce Fleuve, & à cent-cinquante Stades au-dessous de Samosate.

TARSATICA, Ville de l'Illyrie, selon Ptolomée [g] & Pline [h]. Dans l'Itinéraire d'Antonin cette Ville est nommée *Tarsaticum* ou *Tharsaticum*, & marquée sur la route d'Aquilée à Siscia en passant par la Liburnie, entre *Ad Titulos* & *Ad Turrens*, à dix-sept milles du premier de ces Lieux, & à vingt milles du second. On croit communément que c'est aujourd'hui la Ville de *Fiume*. [g] Lib. 2. c. 17. [h] Lib. 3. c. 27.

TARCHIZ, nom d'un Château de la Province de Khorassan [i]. Il étoit occupé par des Brigands ou Assassins de la Faction des [i] *D'Herbelot, Bibliothe. Or.*

TAR.

des Mohedah, ou Ismaélites de Perse; mais le Sultan Tacash Khan les en chassa, & extermina leur race.

TARSE. Voyez Tarsus & Tharsis.

TARSEA. Voyez Tarsus.

TARSEIUM, Ville qu'Etienne le Géographe, qui cite Polybe [a], place près des Colonnes d'Hercule. *a Lib. 3.*

TARSENÆ. Voyez Boanæ.

TARSI, Ville de Syrie, selon Hesyche cité par Ortelius [b]. *b Thesaur.*

1. **TARSIA,** Contrée de l'Asie-Mineure, au voisinage de la Bithynie, selon Porphyrogénète cité par Ortelius [c]. Ce sont les Habitans de cette Contrée que Porphyrogénète nomme Tharsiatæ. *c Ibid.*

2. **TARSIA,** Ville de l'Asie-Mineure, selon Nicétas. Elle donnoit apparemment le nom à la Contrée. Voyez l'Article précédent.

3. **TARSIA,** petite Ville d'Italie, au Royaume de Naples [d], dans la Calabre-Citérieure, entre les Riviéres Senito & Crate, environ à cinq lieues au Midi de Cassano. On prend cette petite Ville pour l'ancienne *Caprasæ,* que Mrs. Corneille & Maty confondent mal à propos avec *Caprasia.* Voyez Caprasæ & Caprasia. *d Magin, Carte de la Calabre Citér.*

TARSIANA, Ville de la Carmanie. Elle étoit dans les Terres, entre *Chodda* & *Alexandria,* selon Ptolomée [e]. Au lieu de Tarsiana le MS. de la Bibliothéque Palatine lit Taruana. *e Lib. 6. c. 8.*

TARSIATÆ. Voyez Tarsia, N°. 1.

TARSICUM-MARE. Voyez Tharsis.

1. **TARSIUM,** Ville de la Basse-Pannonie, selon Ptolomée [f], qui l'éloigne du Danube, & la marque entre *Bassiana* & *Sirmium.* C'est la Ville de *Tarsum* ou *Tarsus* d'Aurelius Victor [g] qui dit que les Empereurs Tacite & Maximin y finirent leurs jours. *f Lib. 2. c. 16. g Epitom. pag. 51, & 56.*

2. **TARSIUM,** ou Tarsia, Promontoire de la Carmanie ou de la Perse. Arrien [h] dit qu'il entroit fort avant dans la Mer. *h In Indicis, n°. 37.*

TARSIUS, Fleuve de l'Asie-Mineure dans la Troade. Il traversoit la Contrée appellée *Zeleja,* & il y serpentoit tellement qu'on le passoit vingt fois en suivant le grand chemin.

TARSOU, nom moderne de la Ville de Tarse. Voyez Tarsus.

TARSU. Voyez Zephyrium Promontorium.

TARSUM. Voyez Tarsus, No. 2.

TARSURA, Fleuve de la Colchide: Arrien [i] dans son Périple du Pont-Euxin met l'Embouchure Tarsuras entre celles des deux Fleuves Singames & Hippus à cent-vingt Stades du premier de ces deux Fleuves & à cent-cinquante Stades du second. *i Pag. 10.*

1. **TARSUS,** Ville d'Asie, dans la Cilicie, la plus belle, la plus ancienne, & la plus peuplée, de la Province. Denys le Periégéte [k] rapporte l'origine & le nom de cette Ville à la Fable de Pégase & à celle de Bellérophon. *k Vers. 868. & seq.*

Cydnus item mediæ discernit mœnia Tarsi.
Pegasus hoc olim suspendit cespite se se,
Impressæque solo liquit vestigia calcis:
Effet ut insignis revoluta in Sæcula semper
Nomen humo. Clavi post ultima Bellerophontis,
Hic sospes late produxit Aletus arva.

TAR. 305

On dérivoit donc le nom de Tarsus de la corne du pied de Pégase [1], parce qu'il l'avoit perdue en cet endroit; car en Grec Ταρσός, *Tarsus*, signifie la plante du pied. [3. c. 6.] Etienne le Géographe rapporte la même chose, & ajoute que, selon d'autres, Tarsus, fut ainsi appellée de la chûte de Bellérophon dont il fut boiteux, les Anciens ayant voulu conserver par-là la mémoire de cet événement. Mais sans s'arrêter à ces Fables, ni à celle de Persée, qui a été regardé par quelques-uns comme le Fondateur de cette Ville: ce qui a fait dire à Lucain: *1 Cellarius, Geogr. Ant. Lib.*

Deseritur Taurique nemus, Perseaque Tarsos;

ni à la Tradition, qui veut que Sardanapale ait bâti Tarsus; sans, dis-je, nous arrêter à toutes ces Fables, nous trouvons quelque chose de plus probable dans l'opinion du même Etienne le Géographe, qui veut que cette Ville soit une Colonie des Argiens. Cette origine est cependant encore faussée avec la Fable; car Strabon dit que les Argiens la fondérent dans le tems qu'ils érrérent dans ce Quartier en cherchant Io: *Sita est in Campo & Colonia Argivorum, qui Iûs quærendæ caussâ cum Triptolemo vagati sunt.* Quoi qu'il en soit, toute Fable à part, il est constant que la Ville de Tarse étoit très-ancienne, & qu'elle avoit été fondée par les Grecs, ou du moins qu'elle avoit été augmentée par une Colonie Grecque; & que ses Habitans excellèrent dans l'Etude des Belles-Lettres, de la Philosophie & de toutes les Sciences qui étoient cultivées chez les Grecs; puisque Strabon ne craint point de dire qu'ils surpassèrent en cela Athènes, Aléxandrie & toutes les autres Académies du Monde: *Tantum bis hominibus* [Tarsensibus] *studium rerum Philosophicarum & Disciplinarum omnium quas encylias vocant, incessit, ut & Athenas & Alexandriam, & si quis alius locus ubi Philosophia & Humaniorum Artium Scholæ sunt, superaverint.*

Le Cydnus traversoit la Ville de Tarse, selon le témoignage de Denys le Périégète, de Strabon, de Pomponius-Mela, de Pline, d'Arrien & d'Ammien-Marcellin. Strabon ajoute que cette Ville étoit très-peuplée, fort puissante, & soutenoit avec éclat sa Dignité de Métropole. Pline l'appelle Ville Libre: elle l'avoit apparemment été anciennement comme Colonie Grecque, & Pline nous apprend qu'elle jouïssoit aussi de sa liberté sous les Romains. Quelques-uns croient qu'elle mérita aussi les Priviléges de Colonie, par son grand attachement à Jules-César, & que ce Privilége communiquant à tous ses Citoyens la qualité de Citoyens Romains, Saint Paul qui étoit né à Tarse jouïssoit de ce droit par sa naissance. D'autres soutiennent que Tarse étoit seulement Ville Libre, & non Colonie Romaine du tems de St. Paul, parce que l'on ne remarque dans les Médailles aucun vestige de ce titre de Colonie Romaine, avant le Régne de Caracalla ou celui d'Héliogabale; & qu'ainsi le Privilége de Citoyen Romain n'appartenoit pas à l'Apôtre simplement comme

Qq

comme Citoyen de Tarſe; mais par quelque droit particulier, que ſon pere ou ſes Ayeux avoient acquis.

Quant à la ſituation préciſe de Tarſe, il n'y a nulle difficulté; ou du moins s'il y en a quelqu'une elle eſt aiſée à lever. Ptolomée place cette Ville dans les Terres, & Pline dit qu'elle étoit loin de la Mer, *procul à Mari*. Cependant Strabon remarque qu'il n'y a pas plus de cinq Stades de Tarſe à l'Embouchure du Cydnus *Inde* [a Tarſo] *non plura quam quinque Stadia ſunt ad Cydni oſtia*. Un ſi petit eſpace auroit-il engagé les anciens Géographes à mettre cette Ville dans les Terres & à la dire éloignée de la Mer, *procul à Mari*? Il n'y a pas d'apparence à cela. Il faut que ce paſſage de Strabon ſoit corrompu. Il avoit ſans doute écrit πεντήκοντα, *quinquaginta* Cette conjecture eſt d'autant mieux fondée, que les Voyageurs modernes mettent la Ville de Tarſe aujourd'hui appellée TARSOU, à ſix milles de la Mer.

Lucas, dans ſon Voyage de l'Aſie-Mineure [a] nous donne l'état préſent de cette Ville. Tarſe, dit-il, n'eſt qu'à huit lieues d'Adana. En deçà des anciennes ruïnes de la premiere de ces Villes, on paſſe ſur un beau Pont de pierre, & la Riviére qui coule deſſous ſe nomme *Merihaſa*, ou *Synduos*. Quand on eſt arrivé aux démolitions, on entre d'abord par une grande Porte encore entiere, faite de groſſes barres de fer quarrées, de vingt pouces d'épaiſſeur ſur chaque côté, & elles ont chacune près de trente pieds de hauteur. Les abords de Tarſe ſont tout en ruïnes: le peu même qui reſte & où il y a des Habitans ne mérite pas que l'on en parle. Les Grecs n'y ont pour Egliſe qu'une Chaumiére, dont la vûe fait aſſez connoître leur indigence. L'Egliſe des Arméniens eſt paſſablement belle. Ils racontent que c'eſt St. Paul qui l'a fait bâtir. On y voit une Pierre de Marbre, qu'ils prétendent être celle où les Apôtres étoient aſſis, lorſque *Jéſus-Chriſt* leur lava les pieds. Ils diſent encore que le Vendredi Saint, il ſort de cette Pierre une grande abondance d'eau, dont ils rempliſſent pluſieurs vaſes & ils ajoutent que cette eau guérit un grand nombre de maladies. Les Habitans de Tarſe aſſûrent que c'eſt chez-eux qu'eſt mort le Prophéte Daniel, & on montre une Moſquée ſous laquelle on prétend qu'il eſt enterré. Les Turcs y ont mis ſur une grande Tombe un Cercueil de bois qu'ils révérent, & ils le font voir à ceux qui vont à Tarſe, comme une rareté. Ce Cercueil eſt toujours couvert d'un drap noir en broderie. On détruiſit en 1705. les anciennes Murailles de Tarſe, pour y bâtir des Camps & des Maiſons. Tarſe n'eſt pas peuplée parce que la peſte y eſt preſque toujours. Ce n'eſt pas que l'air y ſoit abſolument mauvais. Cela ne vient que de la malpropreté des Habitans, qui n'ont aucun ſoin de faire ôter les immondices de leur Ville; & chez qui pour ces ſortes de choſes il n'y a aucune Police. A juger de Tarſe par ſes anciennes enceintes, elle avoit plus de quatre lieues de tour. Lucas prétend que c'eſt dans les tremblemens de terre qu'il

[a] Tom. 2. p. 270.

faut chercher la cauſe de ſa deſtruction. On y voit des Edifices renverſez, dont les fondemens ſemblent ſortir de terre; c'eſt-à-dire que le haut eſt en bas, & le bas en haut. Il ajoute qu'il n'y vît qu'une petite Inſcription: elle parle d'un certain Europe qu'elle marque avoir été Gouverneur ou Général. Autour de ces démolitions croiſſent en pluſieurs endroits ſous terre de petites racines ſemblables à des œufs de pigeon, & que l'on appelle en Turc *Taupalac*. Ces racines ſont un peu plattes & ont en même tems de petits rejettons déliez comme des cheveux. On attribue à ces racines des vertus admirables. L'opinion commune eſt qu'il y a de grands Tréſors cachez ſous les ruïnes de Tarſe, & cela peut fort bien être ſi cette Ville a été renverſée par un tremblement de terre. Une Ville ſi célèbre devoit abonder en richeſſes.

2. TARSUS, Ville de Bithynie, ſelon Etienne le Géographe qui la nomme auſſi TARSEA.

3. TARSUS, Contrée de la Bithynie: c'eſt Etienne le Géographe qui en fait mention.

4. TARSUS, Iſidore donne ce nom à un Lieu de l'Inde [b].

[b] Orteli Theſaur.

TARTA, mot corrompu par Mr. Corneille: il faut lire TATTA. Voyez TATTA.

TARTANE (la) Petite Anſe de l'Amérique Septentrionale dans la Martinique, à la partie Méridionale de la Caravalle.

TARTANIUS AMNIS, Fleuve dont il eſt fait mention dans un Fragment de l'Hiſtoire de Salluſte. Il ſemble que ce Fleuve étoit aux environs de la Bithynie.

TARTARES, Peuples qui habitent une grande partie du Continent de l'Aſie [c]. Ils occupent proprement tout le Nord de l'Aſie, & ſont partagez préſentement en trois Nations différentes ſavoir 1. les TARTARES particuliérement ainſi appellez, 2. les CALMOUCKS, 3. les MOUNGALES; car pour ce qui eſt des autres peuples payens qui ſont diſperſez par toute la Sibérie & ſur les bords de la Mer Glaciale, quoiqu'il ſoit hors de diſpute qu'ils ſont deſcendus des Tartares, on ne les conſidére pas. aujourd'hui comme en faiſant une partie; mais comme des Peuples ſauvages, en quoi on peut-dire qu'ils ne différent les uns des autres que du plus au moins. Et ſi l'on en trouve quelques-uns de plus civiliſez vers les Frontiéres des Calmoucks & des Moungales, il faut les conſidérer, plutôt comme des Branches nouvellement ſéparées de ces deux Nations que comme faiſant partie des anciens Habitans de la Sibérie. Les TARTARES particuliérement ainſi appellez ſont tous profeſſion du Culte Mahométan, quoiqu'il y en ait quelques Branches dont la Religion paroît tenir beaucoup plus du Paganiſme que du Culte de Mahomet. Ils ſont ſubdiviſés derechef en pluſieurs Branches dont les plus conſidérables ſont les Tartares USBECKS, qui habitent entre le Pays de Charaſs'm & les Etats du Grand-Mogol au Nord-Eſt de la Perſe; les *Tartares de Chiva*, qui ſont compris ordinairement ſous le nom des Tartares Usbecks & habitent au Pays de Charaſs'm aux envi-

[c] Hiſt. Général. des Tartares p. 7. & ſuiv

environs des Embouchures des Riviéres d'Amû & de Khefell; les CARA-KALLPAKKS, qui habitent aux environs de la Riviére de Sirr, à l'Eſt de la Mer Caſpienne, & au Nord des Tartares de Chiva; la CASAT-SCHIA ORDA, qui habite aux environs de la Riviére de Jemba, au Nord-Eſt de la Mer Caſpienne; les TARTARES DE NAGAY, qui habitent entre la Riviére de Wolga, & celle de Jaïck au Nord de la Mer Caſpienne; les TARTARES BASCHKIRS, qui habitent vers le pied des Montagnes des Aigles, à l'Eſt de la Riviére de Wolga; les TARTARES D'UFFA, qui habitent dans le Royaume de Caſan au Nord des Baschkirs entre la Riviére de Wolga & les Montagnes des Aigles; les CIRCASSES, qui habitent à l'Oueſt de l'Embouchure de la Riviére de Wolga, & au Nord-Oueſt de la Mer Caſpienne; les TARTARES DAGHESTANS, qui habitent au Sud des Circaſſes & à l'Oueſt de la Mer Caſpienne; les TARTARES KOUBANS, qui habitent ſur les bords de la Riviére de Kouban, entre les Palus Méotides & la Mer Noire, au pied des Montagnes du Caucaſe; les TARTARES DE LA CRIMÉE, qui habitent dans la Preſqu'Iſle de la Crimée, & ſur les bords du Nord des Palus Méotides, & de la Riviére de Don & celle de Boryſthène; les TARTARES DE BUDZIACK, qui habitent entre la Riviére de Boryſthène & le Danube, à l'Oueſt de la Mer Noire. Tous ces Tartares Mahométans, ſont ordinairement d'une taille médiocre, mais bien renforcée: ils ont le teint fort baſané, les yeux bien coupés, noirs & vifs, mais le tour du viſage fort large & aſſez plat avec un grand nez aquilin; en ſorte qu'on ne les peut aiſément diſtinguer aux traits du viſage des Callmoucks & des Moungales. Leurs habillemens ſont différens ſelon les différens Pays qu'ils occupent; car ceux d'entre eux qui habitent aux Frontiéres de Perſe & des Indes imitent en leur habillement les maniéres de ſe mettre de ces Nations; les autres qui habitent vers les Frontiéres de la Ruſſie, ſe mettent à peu près comme les Ruſſes, & ceux d'entre eux enfin qui habitent vers les Frontiéres des Turcs ſe conforment beaucoup à la maniére de s'habiller de cette Nation. On peut dire en général que tous les Tartares Mahométans ne vivent quaſi que de ce qu'ils peuvent butiner ou voler ſur leurs voiſins, auſſi-bien en tems de paix qu'en tems de guerre, en quoi ils ſont bien différens des Callmoucks & des Moungales, qui quoique Payens vivent tranquillement du produit de leurs Troupeaux, & ne font de mal à perſonne à moins qu'on ne leur en faſſe.

Tous les Tartares prétendent être iſſus de Turck, fils aîné de Japhet; & comme ils ſuppoſent que Japhet avant que de mourir le déſigna pour être après lui Souverain Chef de toute ſa Famille, ce qui lui étoit dû en quelque maniére comme fils aîné, ils ſe croient d'une extraction bien plus noble que ne le font les Peuples voiſins qu'on croit deſcendre des autres fils de Japhet. Du moins il eſt certain qu'ils ont toujours porté le nom des Turcs, juſqu'à ce que Zingis-Chan ayant rangé toutes les Tribus de cette Nation ſous ſon obéïſſance, le nom des Turcs eſt inſenſiblement venu à ſe perdre chez eux, & a fait place à celui des Tartares ſous lequel nous les connoiſſons à préſent. Ils ont pris ce nom d'un des fils jumeaux d'Alänzä-Chan appellé Tatar, & point d'une Riviére appellée Tata, comme la plûpart des Hiſtoriens le prétendent; parce qu'on eſt bien convaincu maintenant qu'il ne ſe trouve point de Riviére de ce nom dans tout le Nord de l'Aſie. Tatar donna ſon nom à une ſeule Tribu, & c'eſt de cette Tribu que les Etrangers ont emprunté le nom de Tatars qu'ils donnent maintenant à toute la Nation Turque. De dire poſitivement à quelle occaſion cela eſt arrivé c'eſt une pure impoſſibilité, d'autant que nous n'en ſavons abſolument rien de certain, cependant il paroît fort vrai-ſemblable que nous devons l'uſage de ce nom dans l'étendue où on le prend à préſent aux Miſſionnaires Neſtoriens, que nous ſavons certainement avoir étendu fort loin dans le 9. & 10. Siècle leurs converſions du côté du Tangut & des autres Provinces ſituées à l'Eſt de ce Royaume, qui étoient occupées alors par les différentes Branches de la Tribu des Tartares & par les Alliez de cette Tribu; & comme ces Miſſionaires prétendoient donner une grande idée au monde de l'avantage qui revenoit au Chriſtianiſme des peines qu'ils ſe donnoient en cette occaſion, ils ne manquoient pas de faire grand bruit de la puiſſance des Princes Tartares aux Cours deſquels ils avoient accès, leur attribuant libéralement des Empires, des Titres & des Richeſſes, qui ne ſubſiſtoient que dans leur imagination. Mais ils n'avoient garde de dire que les Mogoules, chez leſquels ils n'avoient point d'accès, avoient des Princes au moins auſſi puiſſans que l'étoient ceux des Tartares; peut-être qu'agiſſant même de bonne foi ils n'avoient aucune connoiſſance diſtincte de cette Branche ſi conſidérable de la Nation Turque, qui habitant pour lors au Nord de la Tribu des Tartares pouvoit-être regardée par eux, poſé qu'ils en euſſent quelque connoiſſance, comme un Peuple ſauvage & barbare. Quoi qu'il en ſoit, il y a apparence que le monde prévenu par les inſinuations de ces Miſſionaires ſe fit inſenſiblement une habitude de donner le nom de Tartares, à tous les Peuples qui habitoient dans l'Aſie Septentrionale, & que cette habitude paſſa en uſage établi du tems de l'invaſion de Zingis-Chan dans l'Aſie Méridionale; car quand on ſut que ce Prince des Mogoules étoit en même tems le Souverain des Tartares, on ne douta plus que tous les Peuples de ces Quartiers ne fuſſent des Tartares, & ſans s'informer davantage de la différence qu'il y avoit entre ces deux noms, on aima mieux s'en tenir à celui de Tartares qu'on connoiſſoit déja, qu'à celui de Mogoules dont on n'avoit jamais entendu parler auparavant, & qu'on ſuppoſoit par cette raiſon avoir quelque ſignification moins étendue. Pour le moins il eſt certain que les Chinois, qui ne ſe mettent guères en peine de ce qui ſe paſſe chez leurs voiſins, ne ſe ſont accoûtumez de de donner le nom de Tartares à toute la Nation Turque en général, que parce qu'ils n'en connoissoient que la seule Tribu des Tartares qui habitoit sur leurs Frontières, & avec laquelle ils avoient assez souvent des démêlés considérables.

Les Tartares tant Mahométans que Callmoucks & Moungales, prennent autant de femmes légitimes qu'ils veulent, auxquelles ils ajoutent le plus souvent un grand nombre de Concubines, qu'ils choisissent d'ordinaire parmi leurs Esclaves. Il n'y a que cette différence entre les Tartares Mahométans & les autres, que les premiers observent quelques degrés de parenté dans lesquels il leur est défendu de se marier, au lieu que les Callmoucks & les Moungales, à l'exception de leurs mères naturelles, n'observent aucune proximité du Sang dans leurs mariages. Les enfans qui naissent tant des femmes légitimes que des concubines sont également légitimes & habiles à hériter de leurs Peres; toutefois avec cette reservation, que si le Pere a été Chan ou Chef, de quelque Tribu, les fils issus des femmes légitimes lui succédent toujours préférablement à ceux qui sont nez des Concubines; cela s'entend si long-tems que la violence ou l'intrigue n'en dispose pas autrement.

Tous les Tartares sont accoutumez de tirer la même nourriture des Chevaux que nous tirons des Vaches & des Bœufs, car ils ne mangent communément que de la chair de Cheval & de Brebis, rarement de celle de Bœuf ou de Vache, qu'ils n'estiment pas à beaucoup près si bonne. Le lait de Jument leur sert aux mêmes usages que le lait de Vache le fait à nous, & on assure que le lait de la Jument est bien meilleur & bien plus gras que ne l'est celui de la Vache. Outre cela il est à remarquer que quasi par toute la Grande Tartarie les Vaches ne souffrent absolument point qu'on leur tire le lait, elles en nourrissent à la vérité leurs Veaux; mais d'abord qu'on les leur ôte elles ne se laissent plus approcher pour se faire traire, elles perdent même incessamment le lait dès qu'elles ne voyent plus leurs Veaux; en sorte que c'est une espèce de nécessité, qui a introduit l'usage du lait de Jument chez les Tartares. Ils savent encore préparer de ce lait une Eau-de-Vie en le faisant aigrir d'une certaine manière pendant deux nuits, ensuite de quoi ils le mettent dans un pot de terre qu'ils ont soin de bien boucher par-tout, & après y avoir mis un tuyau ils le font passer au feu, & cette Eau-de-Vie n'est pas moins bonne ni moins claire que celle que nous distillons de nos grains; mais il faut pour cet effet qu'elle soit passée deux fois au feu; ils donnent le nom d'*Arack* à cette Eau-de-Vie à l'exemple des Indiens leurs voisins qui appellent toutes leurs liqueurs fortes de ce nom.

Tous les Tartares en général aiment assez la Boisson, & s'ils ne sont pas des Yvrognes achevez, c'est plutôt faute d'occasion que de volonté; car lorsqu'ils peuvent avoir des liqueurs fortes, ils ne cessent point d'en boire jusqu'à ce qu'ils tombent par terre; en quoi ils différent extrêmement du reste des Orientaux, qui ont généralement l'yvrognerie en horreur. Lorsque les Tartares veulent se réjouir entre eux, ils apportent chacun de son côté autant de Boisson forte qu'ils peuvent ramasser, & ils se mettent à boire nuit & jour sans bouger de la place jusques à ce que le tout soit consumé jusqu'à la dernière goute; toutefois les Tartares Mahométans sont obligez par les devoirs de leur Culte d'y apporter plus de ménagement que ne le font les Tartares Payens, & c'est pour cette raison qu'on ne remarque pas tant ce défaut aux Tartares Usbecks, de la Crimée & de Budziack, qu'aux autres Tartares qui vivent sous la protection de la Russie, & qui ne sont que des Mahométans à gros grain; en quoi il y a apparence que le Climat, où les premiers habitent, bien plus doux que celui des autres leur est d'une grande aide. Car nous voyons que par une inclination naturelle tous les Peuples qui habitent vers le Nord sont adonnez aux Boissons fortes, & cela les uns plus que les autres à mesure qu'ils habitent davantage vers le Nord. C'est par cette raison que les Espagnols & les Italiens sont moins adonnez à la Boisson que les Allemands & les Anglois, ceux-ci moins que les Polonois, les Danois & les Suédois, & ces derniers moins que les Peuples de la Norvégue, de la Finlande, & de la Russie. La même proportion a encore lieu dans la Grande Tartarie où les Tartares Usbecks & les Callmoucks qui habitent dans le Tangut sont moins adonnez à ce vice que les Moungales & les Callmoucks qui habitent au Nord de la Chine, & des Etats du Grand-Mogol, & que les autres Tartares Mahométans qui habitent au Nord de la Mer Caspienne, & ces derniers bien moins que les Tartares qui habitent dans la Russie & la Sibérie; ce qui ne peut provenir que d'un tempérament & d'un sang plus froid dans ces Nations, à mesure qu'elles habitent plus vers le Pole. Ce qui est si vrai, que nous trouvons avec le même défaut & dans la même proportion aux Nations qui habitent de l'autre côté de la Ligne vers le Sud; & comme les *Hottentots*, qui démeurent dans la pointe du Sud de l'Afrique, & les Habitans du *Chili* & leurs voisins qui habitent vers la pointe du Sud de l'Amérique, sont les Nations les plus avancées au Sud, dont nous ayons une connoissance exacte pour le présent; ce sont aussi les Peuples les plus adonnez à l'yvrognerie qui habitent au delà de la Ligne.

Tous les Tartares aiment avec l'Eau-de-Vie extrêmement le Tabac, dont ils fument tous grands & petits, hommes & femmes, avec excès. Cette passion de fumer est si grande chez les Toungous, les Ostiakes, les Samoyèdes & autres Peuples Payens de la Sibérie, que pour ne pas perdre la fumée du Tabac ils l'avalent entièrement, ce qui les fait tomber après en avoir tiré quelques bouchées de grandes convulsions, qui leur durent bien un quart d'heure plus ou moins, selon le tempérament des personnes; puis étant revenus à eux ils jettent par l'ordinaire une grande quantité de pituite, ce qui déchargeant beaucoup leurs Esto-

Eſtomacs chargez de mauvaiſes nourritures, que ces peuples ſont accoûtumez de prendre leur ſert d'une excellente Médecine.

Ils ont une manière tout-à-fait ſingulière de combattre, en laquelle ils ſont fort habiles. En allant à l'action ils ſe partagent ſans aucun ordre ni rang en autant de Troupes, qu'il y a de Tribus ou d'Ordes particuliéres qui compoſent l'Armée, & en cette ſorte ils vont charger les ennemis la Lance à la main, chaque Troupe ayant ſon Murſa ou Chef particulier à la téte. Ils ne ſe battent qu'à cheval & n'ont point l'uſage de l'Infanterie. L'Arc & la fléche ſont leurs meilleures armes, dont ils tirent avec tout autant, & même plus d'adreſſe en fuyant qu'en avançant, & c'eſt pour cela qu'ils ne cherchent point d'en venir aux coups de main avec leurs ennemis à moins de quelque grand avantage, trouvant mieux leur compte à les harceler de loin, en quoi la viteſſe de leurs Chevaux leur eſt d'un grand ſecours; car le plus ſouvent lorſqu'on les croit abſolument en déroute, ils ne manquent pas de revenir tomber ſur leurs ennemis avec plus de vigueur, qu'auparavant, & pour peu, qu'on ſe ſoit preſſé à les pourſuivre ſans garder l'ordre néceſſaire en cette occaſion on court de terribles riſques avec eux.

Tous les Tartares en général, de quelque Pays, ou Religion qu'ils puiſſent-être, ont une exacte connoiſſance des *Aïmacks* ou *Tribus* dont ils ſont ſortis, & ils en conſervent ſoigneuſemeut la mémoire de génération en génération. Quoique même par la ſuite du tems une telle Tribu vienne ſe partager en diverſes Branches, on ne laiſſe pas pour cela de compter toujours ces Branches pour être d'une telle Tribu; en ſorte qu'on ne trouvera jamais aucun Tartare, quelque groſſier qu'il puiſſe être d'ailleurs, qui ne ſache dire préciſément de quelle Tribu il eſt iſſu. Chaque Tribu ou chaque Branche ſéparée d'une Tribu a ſon Chef particulier pris dans la Tribu même, qui porte le nom de *Mûrſa*, & c'eſt proprement une eſpèce de Majorat, qui doit tomber régulièrement d'aîné en aîné dans la poſtérité du premier fondateur d'une telle Branche ou Tribu, à moins que quelque cauſe violente & étrangére ne trouble cet ordre de Succeſſion. Un tel Murſa doit avoir annuellement la Dixme de tous les Beſtiaux de ceux de ſa Tribu, & la Dixme du Butin que la Tribu peut faire lorſqu'elle va à la guerre. Toutes les Familles qui compoſent une Tribu campent d'ordinaire enſemble, & ne s'éloignent point du gros de l'Orde ſans en faire part à leur Murſa, afin qu'il puiſſe ſavoir où les prendre lorſqu'il veut les rappeller. Ces Murſes ne ſont conſidérables à leur Chan qu'à proportion que leurs Ordes ou Tribus ſont nombreuſes, & les Chans ne ſont redoutables à leurs voiſins qu'autant qu'ils ont beaucoup de Tribus, & des Tribus compoſées d'un grand nombre de Familles ſous leur obéïſſance. C'eſt en quoi conſiſte toute la puiſſance, la grandeur, & la richeſſe d'un Chan des Tartares. Il faut obſerver ici que le mot *Orda*, eſt en uſage chez tous les Tartares, pour parler d'une Tribu qui eſt aſſemblée pour aller contre les ennemis, ou pour d'autres raiſons particuliéres.

Quoique depuis la Conquête que Zingis-Chan fit de tout le Nord de l'Aſie, les Tartares n'ayent plus été connus que par ce nom de leurs voiſins & des Habitans de l'Europe : toutefois ils conſervent entre eux celui de *Turcs*, prétendans même qu'aucune Nation horsmis eux n'a droit de porter ce nom.

Quoique la vie errante ait été de tout tems propre aux Tartares, & que même tout ce qu'on en trouve dans l'Hiſtoire depuis Ogus-Chan juſqu'aux Siécles préſents réponde parfaitement aux Mœurs, au Culte & aux Coûtumes des Peuples qui occupent maintenant la Grande Tartarie; cependant pluſieurs Hiſtoriens ont été & ſont encore du ſentiment, que ce Pays a été autrefois habité par d'autres Peuples plus civiliſez; mais il paroît que les uns & les autres ne ſavent pas trop ce qu'ils diſent en cette occaſion; car, puiſque juſqu'à préſent on n'a eu que des connoiſſances confuſes & fabuleuſes de ce Pays-là, comment a-t-on pu être en état de juger ſi les Peuples qui habitent préſentement la Grande Tartarie ſont de la poſterité des anciens poſſeſſeurs de ce Pays, ou bien s'ils ſont des nouveaux venus? Ainſi comme les raiſons qu'ils alléguent, pour appuyer leur ſentiment ne ſont abſolument que des contes en l'air, elles ne méritent pas qu'on ſe donne la peine d'y répondre par article. La ſeule figure extérieure de tous les Peuples du Nord de l'Aſie depuis le Japon juſqu'à la Riviére de Wolga peut ſervir contre ces faux Critiques d'une réfutation au-deſſus de toute exception ; d'autant que la Nature même a pris ſoin de mettre tant de rapport dans l'extérieur de tous ces Peuples à meſure qu'ils ſont éloignez ou voiſins les uns des autres, qu'il n'eſt pas difficile de s'appercevoir qu'ils ſont tous iſſus d'un même Sang. Cependant quelque certain qu'on puiſſe être à l'heure qu'il eſt, que les Peuples qui habitent préſentement ce Continent, y ont habité de tout tems, on trouve deux choſes qui ne laiſſent pas d'embaraſſer un peu les Curieux, dont aucun de ces autres Hiſtoriens ne peut avoir eu connoiſſance. La *première* eſt qu'en pluſieurs endroits de la Grande Tartarie, vers les Frontiéres de la Sibérie, on voit de petites Collines, ſous leſquelles on trouve des Squeletes d'hommes accompagnez des Squeletes de Chevaux, & de pluſieurs ſortes de petits Vaſes, & Joyaux d'or & d'argent ; on y trouve même des Squeletes de femmes avec des bagues d'or aux doigts, ce qui ne paroît convenir en aucune manière aux Habitans d'à préſent de la Grande Tartarie ; & cela eſt ſi vrai que du tems, que les Priſonniers Suédois étoient en Sibérie, ils alloient par grandes Troupes à la recherche de ces tombeaux, les Ruſſes de leur côté en faiſoient de même : & comme les Callmoucks ne vouloient point permettre qu'on ſe fit une habitude de venir ſpolier ces tombeaux juſques bien avant ſur leurs Terres, ils tuérent en diverſes occa-

occasions bon nombre de ces Avanturiers; en sorte qu'il est à présent sévérement défendu par toute la Sibérie d'aller à la recherche de ces tombeaux. La *seconde* est qu'en l'année 1721. un certain Médecin envoyé par le feu Empereur de la Russie pour examiner les diverses Plantes & Racines que la Sibérie peut produire, étant arrivé en compagnie de quelques Officiers prisonniers Suédois du côté de la Rivière de Tzulim à l'Ouest de la Ville de Krasnoyar, il y trouva dressée au milieu de la grande Stepp, qui régne de ce côté, une espèce d'Aiguille taillée d'une Pierre blanche ayant environ 16. pieds de hauteur, & quelques centaines d'autres petites d'environ 4. à 5. pieds de hauteur disposées tout à l'entour de la premiére; il y avoit une Inscription sur l'un des côtez de la grande Aiguille, & plusieurs caractères sur les petites, que le tems avoit déja effacés en plusieurs endroits, & à juger de ce qui reste de l'Inscription sur l'un sur la grande Aiguille, les caractères n'ont aucune connexion avec les caractères des Langues qui sont à présent en usage dans le Nord de l'Asie; & ces sortes d'ouvrages conviennent d'ailleurs si peu au génie des Tartares, qu'il est quasi impossible de pouvoir croire, qu'eux, ou leurs Ancêtres ayent jamais été capables de concevoir un semblable dessein; sur-tout si l'on considére que ni dans le voisinage de l'endroit où ces Monumens se trouvent ni à 100. lieues à la ronde delà il n'y a point de carriéres d'où on ait pu tirer ces pierres, & qu'elles n'y peuvent avoir été apportées que par la voye de la Riviére de Jeniséa. Cependant le fait est constant. Tout ce qu'on peut dire là-dessus, c'est que le tems & les découvertes qu'on fera peu à peu, à mesure qu'on aura des connoissances plus exactes de ce vaste Continent, donneront peut-être des éclaircissemens là-dessus, où il est impossible de penser à l'heure qu'il est. Mais à l'égard de la première difficulté touchant les Joyaux d'or & d'argent qu'on trouve dans les tombeaux, il me paroît fort vraisemblable que ce sont les tombeaux des Mogoules, qui accompagnérent Zingis-Chan dans la grande irruption qu'il fit dans l'Asie Méridionale, & de leurs descendans dans les premières générations; car comme ces gens emportérent quasi toutes les richesses de la Perse, du Pays de Charas'm, de la Grande Boucharie, du Royaume de Caschgâr, du Tangut, d'une partie des Indes, & de tout le Nord de la Chine, il n'est pas difficile à croire qu'ils pouvoient avoir beaucoup d'or & d'argent; & d'autant que la plûpart des Tartares Payens ont encore à présent la coutume, lorsque quelqu'un des leurs vient à mourir, d'enterrer son meilleur Cheval & les plus précieux de ses meubles avec lui, pour pouvoir servir à son usage dans l'autre Monde, ils n'auront pas manqué pour lors d'enterrer des Vases d'or & d'argent avec leurs morts, si long-tems qu'ils en auront eu; en sorte que toute la différence entre les susdits tombeaux & les tombeaux des Tartares Payens d'à présent se réduit à cela seul, que maintenant qu'il ne leur reste plus de ces Richesses, ce qu'ils enterrent avec leurs morts consiste ordinairement en quelques écuelles de bois & autres semblables ustenciles de peu de prix, qui ne laissent pas de leur paroître un objet considérable par rapport aux services qu'ils en peuvent tirer dans leurs petits ménages. Ajoutez à cela, que vû la vénération extraordinaire que tous les Tartares Payens généralement ont pour les tombeaux de leurs Ancêtres, on peut prendre l'opposition que les Callmoucks firent à ceux qui alloient à la recherche de ces tombeaux, comme une marque certaine de ce qu'ils regardoient ces tombeaux comme les tombeaux de leurs Ancêtres; puisqu'il n'y a que cette seule considération, qui peut avoir porté des gens aussi pacifiques que le sont naturellement les Callmoucks, à en venir aux voyes de fait dans une semblable occasion.

C'est une Coûtume qui a été de tout tems en usage chez les Tartares [a], que d'adopter le nom du Prince pour lui marquer l'affection universelle de ses Sujets; témoin le nom de Moguls ou Mungals & celui de Tatars, que cette partie de la Nation Turque qui obéissoit à Mogull ou Mung'l-Chan & à son frère Tatar-Chan prit anciennement après ces deux Princes leurs Maîtres; & c'est la véritable dérivation du nom d'Usbecks que les Tartares de la Grande Boucharie, & du Pays de Charäs'm portent en mémoire d'Usbeck-Chan. Les Moungales de l'Est ont adopté le nom de Manfueurs de Manfueu-Chan Bis-Ayeul du défunt Empereur de la Chine. Tout nouvellement encore les Callmacki Dsongari Sujets du Contaisch ou Grand-Chan des Callmoucks, viennent de prendre le nom de Contaischi, pour témoigner leur attachement inviolable à leur légitime Souverain; en sorte qu'on ne les appelle plus présentement dans la Sibérie, & les autres Pays voisins, que du nom de Contaisches.

[a] *Pag. 453.*

Les Tartares non obstant qu'ils ayent des habitations fixes, ne laissent pas pour cela en voyageant d'un endroit à l'autre de porter avec eux tous les effets de prix qu'ils peuvent avoir, ce qui est encore un reste de vivre de la manière de leurs Ancêtres, avant qu'ils eussent des demeures fixes; car les Callmoucks & ceux d'entre les Moungales, qui ont conservé exactement la manière de vivre des anciens Mogoules leurs Ancêtres, portent encore à l'heure qu'il est avec eux tout ce qu'ils peuvent avoir, & cela aussi-bien en allant à la guerre, qu'en changeant seulement de demeure; delà vient que lorsqu'il leur arrive de perdre une Bataille, leurs femmes & leurs enfans restent ordinairement en proye au Vainqueur avec tout leur Bétail & généralement tout ce qu'ils ont au monde. Ils sont en quelque manière nécessitez de se charger de cet embarras, parce qu'ils laisseroient autrement leurs Familles & leurs biens en proye aux autres Tartares leurs voisins, qui ne manqueroient pas de profiter de leur absence pour les venir enlever à la première occasion. D'ailleurs comme on ne sauroit voyager dans les vastes Landes de ce Pays, qu'en menant avec soi la quantité de Bétail vivant, dont on peut avoir besoin pour sa sub-

subsistance en chemin; ils trouvent plus de commodité à mener toute leur Famille avec eux, qui en peut avoir soin, que d'en être chargez eux-mêmes dans le tems qu'il s'agit de toute autre chose, & cette maniére de voyager avec toute sorte de Bétail vivant est si nécessaire dans ces Quartiers, où l'on ne trouve absolument rien à plusieurs 100. lieues que de l'herbe & quelquefois de l'eau, que les Caravanes de la Sibérie qui vont trafiquer à Pekin sont obligées d'en user de même dans le chemin qu'elles ont à faire par terre depuis Selinginskoy jusqu'à Pekin.

Comme les Tartares Payens menent une vie fort simple, ils ne s'appliquent pas tant à faire des Esclaves [a] qui leur puissent servir, que le font les Tartares Mahométans; car d'autant que tout le bien des premiers consiste en leur Bétail, qu'ils ont ordinairement sous leurs yeux, & pour la garde duquel ils n'ont besoin que de leur seule Famille, ils n'ont garde de se charger de bouches inutiles. Il n'y a donc que les Chans & les Murses qui gardent des Esclaves pour le service de leurs Familles, lorsqu'ils en font sur les ennemis, & le reste en est reparti parmi leurs Sujets, afin d'en augmenter le nombre, ce qui augmente en même tems leur revenu. Mais les Tartares Mahométans n'en font pas de même, & les Esclaves font un objet considérable pour eux, ils ne commencent même fort souvent la guerre avec leurs voisins que pour faire des Esclaves, dont ils gardent pour leur service autant qu'ils en ont besoin, & vont vendre le reste où ils peuvent. Ce Commerce va même si loin chez les Circasses, les Daghestans & les Tartares de Nagaï, que faute d'autres Esclaves ils ne se font pas une affaire de s'entrevoler les enfans & de les aller vendre, & s'ils n'en peuvent point attraper qui soient d'autres, ils vendent bien leurs propres enfans au premier qui se présente. Un Circasse ou Tartare Daghestan, s'il est las de sa femme ou s'il est d'ailleurs mécontent d'elle, la vend sans plus de façon à la première occasion, & s'il a une fille qui a quelque beauté, il ne manque pas de la bien promener partout afin de la pouvoir vendre plus profitablement. Enfin le Commerce des Esclaves fait toute leur richesse, & c'est pour cette raison que dès qu'ils voyent une occasion favorable à faire un bon nombre d'Esclaves, il n'y a ni paix ni alliance qui puisse tenir auprès d'eux contre une si dangereuse amorce.

Tous les Tartares généralement même les Peuples payens de la Sibérie conservent encore à l'heure qu'il est la même façon à peu près en leurs Bâtimens [b]; car soit qu'ils habitent dans des Huttes, où qu'ils ayent des demeures fixes, ils ne manquent pas de laisser toujours une ouverture au milieu du toit, qui leur sert en même tems de fenêtre & de cheminée; les Huttes des Callmoucks & des Moungales sont faites en rond d'un assemblage de plusieurs grosses perches d'un bois leger de la hauteur de la Hutte, jointes ensemble par des bandes de cuir afin de les pouvoir dresser & transporter avec d'autant

[a] Pag. 142.

[b] Pag. 145.

plus de facilité; ils les couvrent en dehors d'un bon feutre épais, pour y pouvoir être à l'abri du froid & du mauvais tems; la place du feu est au milieu de la Hutte directement au-dessous du trou qu'ils laissent au milieu du comble, & les dortoirs sont tout à l'entour de la Hutte contre la clôture. Les Murses & autres gens de distinction parmi eux ont des Huttes plus commodes & plus spacieuses; ils ont même en Eté des grandes Tentes de Kitayka, & en Hyver des loges de planches couvertes de feutre, qu'ils peuvent aisément monter & démonter en moins d'une heure de tems. Le peu de Callmoucks qui ont des habitations fixes, les bâtissent en rond à l'imitation des huttes de ceux de leur Nation, avec un toit en espéce de Dôme, ce qui fait un tout d'environ deux toises de hauteur, dont le dedans est tout-à-fait semblable à celui des huttes dont on vient de donner la description, n'y ayant ni chambres, ni fenêtres, ni greniers, mais le tout consistant en une seule piéce de la hauteur & du contour de tout le Bâtiment. Mais les Moungales de Nieucheu, que le Commerce à dégourdir peu-à-peu avec les Chinois commence, ont des Maisons plus commodes & plus spacieuses; ils les bâtissent en quarré & donnent environ 10. pieds de hauteur aux murailles des côtez, le toit en ressemble à peu près aux toits de nos Maisons de Paysans; ils y pratiquent même en quelques endroits de grandes fenêtres d'un papier de soye fort mince, accommodé exprès pour cet effet, & des dortoirs maçonnez de deux pieds de hauteur sur quatre de largeur, qui régnent tout à l'entour de la Maison, & leur servent en même tems de cheminée; car ils ont l'invention d'y faire du feu en dehors d'un côté de la porte, & la fumée circulant par ce Canal tout à l'entour de la Maison n'en sort que de l'autre côté de la porte, ce qui communiquant une médiocre chaleur à ces dortoirs leur est d'une grande commodité en Hyver. Toutes les habitations des Tartares soit fixes soit mouvantes ont leurs portes tournées au Midi, pour être à l'abri des vents du Nord, qui sont fort pénétrans par toute la Grande Tartarie. [c]

A moins que toute la Grande Tartarie ne soit entre les mains d'un seul Prince, comme elle l'étoit du tems de Zingis-Chan, il est impossible que le Commerce [c] y puisse jamais fleurir; car maintenant que ce Pays est partagé entre plusieurs Princes, quelque porté que puisse être l'un ou l'autre d'entr'eux à favoriser le Commerce, il n'en peut absolument rien faire, si ses voisins se trouvent dans des sentimens opposez. Les Tartares Mahométans sur-tout sont d'une indocilité extraordinaire là-dessus, & d'autant que prévenus en faveur de la Noblesse de leur extraction, ils regardent le Trafic comme un métier indigne d'eux, ils tiennent à gloire de dépouiller tout autant de Marchands qu'il leur en tombe entre les mains, ou du moins de les rançonner à un si haut prix, qu'ils en perdent pour jamais l'envie d'y revenir; ce qui rend la Grande Tartarie quasi tout-à-fait inaccessible aux Marchands des Nations de l'Ouest, qui doivent abso-

[c] Pag. 244.

TAR.

absolument passer ou sur les Terres des Tartares Mahométans ou sur leurs Frontiéres pour y entrer ; mais du côté de la Sibérie, de la Chine & des Indes, les Marchands y peuvent aborder en toute liberté, puisque les Callmoucks & les Moungales négocient fort paisiblement avec les Sujets des Etats voisins qui ne sont pas en guerre avec eux.

Pag. 444. Comme chez tous les Tartares le Pere *ª* est en quelque maniére le Maître Souverain de sa Famille, rien n'égale le respect que les enfans en quelqu'âge ou situation qu'ils se puissent trouver, sont accoutumez de donner à leurs Peres ; mais à l'égard des meres ce n'est pas la même chose, puisqu'elles sont regardées sur un fort petit pied dans les Familles, à moins que les enfans n'ayent des raisons particuliéres de leur avoir de l'obligation. Lorsque le Pere vient à mourir, les enfans doivent employer plusieurs jours à pleurer sa mort & renoncer pendant ce tems-là à toutes sortes de plaisirs de quelque nature qu'ils puissent être ; même les fils doivent s'abstenir en ces occasions de la compagnie de leurs femmes pendant plusieurs mois. Outre cela les enfans sont indispensablement obligez de ne rien ménager pour rendre les funérailles de leur Pere aussi honorables qu'il leur est possible selon les Coûtumes du Pays ; & après tout cela ils doivent du moins une fois par an aller faire leurs dévotions auprès du Tombeau de leur Pere, & se souvenir des obligations infinies qu'ils lui ont. Les Tartares Payens remplissent des devoirs si saints avec la derniére exactitude ; mais ceux qui professent le Culte Mahométan n'y prennent pas garde de si près, sur-tout en ce qui regarde les honneurs qu'ils sont obligez de rendre à la mémoire de leur Pere après sa mort. Voyez les différens Articles de TARTARES qui suivent & le mot TARTARIE.

Pag. 476. Les TARTARES BASKIRS, ou BASCHKIRS, ou de BASKIN, & d'UFFA, ou d'UFFI *ᵇ*, habitent à présent dans la partie Orientale du Royaume de Casan entre la Riviére de Kama, les Montagnes des Aigles & la Riviére de Wolga ; cette Province est appellée autrement la Bulgarie. La Nation que nous connoissons maintenant sous le nom des *Baskirs* est censée être une Branche de Tartares. Il y a encore une autre Branche de Tartares en ce Pays qu'on appelle ordinairement les Tartares d'*Uffa*, qui habitent parmi les *Baskirs*, & sont leurs parens & alliez sortans d'une même tige avec eux ; cependant les Tartares d'*Uffa* occupent particuliérement la partie Septentrionale de la Bulgarie du côté de la Riviére de Kama & de la Ville d'Uffa, & les *Baskirs* la partie Méridionale, qui s'étend jusque vers la Ville de Samara. Ces deux Branches de Tartares sont de la postérité de ceux de leur Nation qui occupoient le Royaume de Casan lorsque les Russes en firent la Conquête en l'an 1552. Néanmoins il est fort apparent qu'il y a bien du sang des anciens Habitans de ce Pays mêlé chez eux avec celui des Tartares. Les Baskirs aussi-bien que les Tartares d'Uffa sont d'une taille haute & fort robuste ; ils ont le visage large, le

TAR.

teint un peu basané, les épaules carrées, les cheveux noirs & les sourcils fort épais qui se joignent d'ordinaire. Ils laissent croître leurs barbes de la longueur d'un empan, & s'habillent communément de longues robbes d'un gros drap blanc, où il y a une espéce de capuchon attaché, dont ils se couvrent la tête lorsqu'il fait froid ; car dans l'Eté ils vont toujours la tête nue, le reste de leur habillement est le même que celui des Paysans de la Russie. Leurs femmes sont pareillement habillées à la façon des femmes communes en Russie ; à l'exception qu'elles portent des mules qui leur couvrent à peine les doigts du pied & qui sont liées sur la jambe au-dessus de la cheville. Le Brun *ᶜ* ajoûte, que les femmes *Voy.* vont pour la plûpart en chemise depuis la *3. p. 49.* ceinture jusqu'en haut, à moins qu'il ne fasse grand froid. Leurs chemises sont rayées & picquées de soye de toutes sortes de couleurs. Du reste elles portent des jupes à l'Allemande. Leur coëffure ne consiste qu'en un ruban qui a quatre doigts de large, attaché par derriére, piqué comme la chemise de soye de différentes couleurs, orné de corail & de verre coloré & enfilé qui leur pend autour des yeux. Il y en a pourtant qui le portent plus élevé sur le front. Lorsqu'elles sortent elles couvrent cette coëffure d'un mouchoir de toile, picqué de soye & entouré de franges.

Ces Tartares Baskirs & d'Uffa sont fort bons hommes de cheval & braves Soldats ; l'arc & la fléche sont leurs seules armes, aussi savent-ils s'en servir avec une adresse merveilleuse ; leur Langue est un mélange de la Langue Tartare avec la Russe, & peut-être avec celle des anciens Habitans de ce Pays ; néanmoins ils se peuvent fort bien expliquer avec les Tartares de Nagaï. A la circoncision & à quelques autres cérémonies des Mahométans qu'ils conservent encore, on peut s'appercevoir qu'ils ont autrefois fait profession du Culte de Mahomet ; mais au reste ils n'ont plus à présent aucune connoissance de l'Alcoran, & n'ont par conséquent ni Moullhas, ni Mosquées ; en sorte que leur Religion tient à l'heure qu'il est beaucoup plus du Paganisme que du Culte Mahométan. Cependant depuis le Régne du défunt Empereur de la Russie beaucoup d'entr'eux ont embrassé le Culte Grec, & pour peu que le Clergé de Russie se voulût donner de la peine pour cet effet, il y a apparence qu'on pourroit convertir en peu de tems toute cette Branche des Tartares à la Religion Chrétienne. Comme le Pays que les Tartares d'Uffa & les Baskirs habitent est situé entre les 52. d. 30'. de Longitude, & les 57. d. de Latitude, il ne sauroit être à la vérité des plus chauds ; cependant il ne laisse pas d'être fort fertile en toutes sortes de Grains & de Fruits ; ces gens habitent dans des Bourgades & Villages bâtis à la maniére de Russie & se nourrissent de leur Bétail, de la chasse & de l'agriculture ; ils ont la coutume de battre leurs Grains sur l'endroit où ils les recueillent, & de les porter tout nettoyez au logis. Ce Pays est aussi fort abondant en miel, & en cire, & dans la partie Septentrionale

on

on trouve beaucoup de petits gris & autres pelleteries. Les Tartares d'Uffa aussi-bien que les Baskirs sont présentement sous la Domination de la Ruffie; mais on est obligé de les gouverner avec beaucoup de précaution & de douceur, parce qu'ils sont fort remuants, qu'ils ne veulent point être traitez avec trop de rigueur, & qu'ils conservent toujours beaucoup de penchant pour les autres Tartares. C'est par cette raison que toutes les fois que la Ruffie est en guerre avec les Tartares de la Crimée, les Callmoucks & les autres Tartares de ces Quartiers, il faut qu'on observe soigneusement les Baskirs & les Tartares d'Uffa pour les tenir dans le respect: ces deux Peuples alliez peuvent bien armer 5000. hommes dans un cas de besoin; ils payent leurs contributions aux Receveurs Ruffiens en grains, cire, miel, bestiaux & pelleteries, selon l'évaluation de la taxe ordinaire, dont chaque Famille se trouve chargée par Capitation.

Il se trouve encore quelques Hordes de ces mêmes Tartares, au Sud-Ouest & dans le Royaume d'Astracan. Ils sont libres & se joignent aux Callmoucks des environs pour faire des courses dans la Sibérie. Ils ne laissent pas de s'adonner au labourage, & de semer de l'orge, de l'avoine & d'autres grains, qu'ils emportent chez eux, après les avoir coupez & battus à la Campagne.

Les TARTARES-BURATTES. Voyez plus bas l'Article TARTARES-TUNGUSES.

Les TARTARES DE BUDZIACK, habitent vers le rivage Occidental [a] de la Mer Noire entre l'Embouchure du Danube & la Rivière de Bog. Ces Tartares sont à la vérité une Branche de ceux de la Crimée; mais ils vivent en gens indépendans sans obéïr au Chan de la Crimée ni à la Porte; leur extérieur, leur Religion & leurs Coûtumes sont tout-à-fait conformes avec celles des Tartares de la Crimée; mais ils sont plus braves qu'eux; ils prétendent se nourrir de leur Bétail & de l'Agriculture, mais le brigandage fait la principale occupation de leur vie: & il n'y a ni Paix ni Trêve, ni Amitié ni Alliance qui les en puisse retenir; ils vont même faire quelquefois des courses sur les Terres des Turcs, d'où ils enlévent en ces occasions tous les Chrétiens Sujets de la Porte qu'ils peuvent attraper, après quoi ils se retirent chez eux. Lorsque les Turcs ou d'autres Puissances voisines envoient de gros corps d'Armée contre eux, ils se retirent sur certaines Hauteurs toutes environnées de Marais, vers le rivage de la Mer Noire d'où il est quasi impossible de les déloger, parce qu'on ne sauroit y aborder ni par Mer, ni par Terre, que par des défilez fort étroits, où 50. hommes peuvent arrêter facilement toute une Armée, quelque nombreuse qu'elle puisse être, & comme ces Hauteurs qui sont d'une assez grande étendue sont les seules Terres que les Tartares de Budziack cultivent, & que les Pâturages ne leur y manquent pas non plus, ils n'ont rien qui les presse de sortir delà, avant que leurs ennemis se soient retirez. Cependant ils ménagent les Turcs le plus

[a] Hist. des Tatars, p. 473. & suiv.

qu'ils peuvent, & sont ordinairement de la partie lorsque les Tartares de la Crimée ont quelque grand coup à faire. Jusqu'à présent les Tartares de Budziack n'ont point de Chan particulier, mais ils vivent sous le commandement des Murses, Chefs des différentes Ordes qui composent leur Corps, ils peuvent faire environ 30000. hommes.

Les TARTARES-CALLMOUCKS. Voyez CALLMOUCKS.

Les TARTARES DE LA CASATSCHIA ORDA, sont une branche des Tartares Mahométans, qui habitent dans la partie Orientale du Pays de Turkestan entre la Rivière de Jemba & celle de Sirth. Ces Tartares ressemblent beaucoup aux Callmoucks, ayant la taille moyenne; mais extrêmement quarrée, le visage large & plat, le teint fort brûlé, de petits yeux noirs d'un grand brillant, & coupez à peu près dans le goût de ceux des Callmoucks, mais ils ont le nez fort bien façonné, la barbe épaisse, & les oreilles formées à l'ordinaire. Ils coupent leurs cheveux, qu'ils ont extrêmement forts & noirs, à quatre doigts de la tête & portent des Bonnets ronds d'un empan de hauteur, d'un gros drap ou feutre noir avec un bord de Pelleterie; leur habillement consiste dans une chemise de toile de coton, des culottes de peau de mouton, & dans une veste piquée de cette toile de coton appellée *Kitaika* par les Russes. Mais en Hyver ils mettent par dessus ces vestes une longue robbe de peau de mouton, qui leur sert en Eté de matelas; leurs bottes sont fort lourdes & faites de peau de cheval, aussi-bien que chacun peut les façonner lui-mème; leurs armes sont le Sabre, l'Arc, & la Lance, car les Armes à feu sont jusqu'à présent fort peu en usage chez eux. La plûpart des femmes des Tartares de la *Casatschia Orda*, sont grandes & bien faites, & au tour du visage près, qu'elles ont fort plat & quarré, elles ne sont pas desagréables; leur manière de s'habiller est quasi la même que celle des femmes des Callmoucks, excepté qu'elles portent des bonnets hauts & pointus qu'elles replient sur le côté droit, & des espéces de mules assez grossiéres. Ces Tartares occupent de fort beaux Cantons le long de la Rivière de Jemba & vers les Montagnes qui séparent le Pays de Turkestan d'avec les Provinces des Callmoucks, mais ils n'en profitent guéres, toutes leurs pensées étant tournées vers la rapine dont ils sont uniquement leur métier, & c'est par cette raison qu'ils ne cultivent de leurs Terres que précisément autant qu'il leur en faut indispensablement pour leur subsistance; ce qui se réduit à fort peu de chose, attendu que leurs Troupeaux & la Chasse fournissent amplement à leur nourriture, & que le pain n'est guéres en usage chez eux. Ils sont toujours à cheval, & lorsqu'ils ne sont pas en course ils font toute leur occupation de la Chasse, laissant le soin de leurs Troupeaux & de leurs Habitations à leurs femmes & à quelques Esclaves qu'ils peuvent avoir. Leurs Chevaux n'ont pas beaucoup d'extérieur, mais ils sont assez vigoureux & très-certainement les meilleurs coureurs de tous les Chevaux Tartares qu'on

R r trou-

trouve à l'Orient de la Mer Caspienne. Fort peu parmi eux ont des Habitations fixes, & ils campent pour la plûpart sous des Tentes ou Huttes vers les Frontières des Callmoucks & la Rivière de Jemba, pour être à portée de profiter des occasions de butiner qui se peuvent présenter. Les Tartares de la *Casatschia Orda*, sont éternellement aux prises avec tous leurs voisins au Nord & à l'Orient, & il n'y a que les Tartares Usbecks, qui sont Mahométans comme eux, avec lesquels ils vivent ordinairement en bonne intelligence; encore n'est-ce que parce qu'ils y sont obligez par la nécessité. Dans l'Hyver ils vont visiter d'un côté les Callmoucks Sujets du Contaisch, qui viennent pour lors chercher les Frontières de la Grande Boucharie, & les autres Quartiers du Sud de leur Pays, & de l'autre côté ils incommodent incessamment les Cosacques du Jaïck, les Tartares Nagais & les Tribus des Callmoucks qui obéïssent à l'Ajuka-Chan. Mais dans l'Eté ils passent fort souvent les Montagnes des Aigles, qui sont fort aisées à passer vers la Source de la Rivière de Jaïck, & viennent faire des courses jusque bien avant dans la Sibérie à l'Ouest de la Rivière d'Irtis; & comme ce sont-là justement les Quartiers les mieux cultivez de toute la Sibérie, on est obligé pendant tout l'Eté de faire la garde dans les Villages & Bourgades le long de la Tobol, de l'Ischim & de la Tebenda, afin d'être en état de se pouvoir opposer à eux en cas de quelque invasion soudaine, & nonobstant qu'ils soient fort souvent très-maltraitez en ces courses, & que même tout ce qu'ils y peuvent gagner ne sauroit égaler ce qu'ils pourroient tirer avec fort peu de peine de leurs Terres, s'ils vouloient les cultiver comme il faut, tant elles sont fertiles & excellentes. Ils aiment pourtant bien mieux s'exposer à mille fatigues & dangers pour pouvoir subsister en Brigands, que de s'appliquer à un travail réglé & vivre à leur aise. Ils vont vendre les Esclaves qu'ils font en ces courses dans le Pays de Charäss'm ou dans la Grande Boucharie, où ils trouvent toujours des Marchands Persans, ou Arméniens, & même quelquefois des Marchands Indiens, qui n'y viennent pour aucune autre affaire que pour le Commerce des Esclaves, qui est l'unique qui se fasse avec quelque sûreté dans ces Provinces, par la raison que c'est le grand gagne-pain des Tartares Usbecks, & que c'est principalement dans la vûe de se conserver les moyens de vendre leurs Esclaves, que les Tartares de la *Casatschia Orda* ont soin de cultiver l'amitié des Usbecks. Ils gardent fort peu d'Esclaves pour eux, à l'exception de ceux dont ils peuvent avoir besoin, pour la garde de leurs Troupeaux; mais ils gardent ordinairement pour eux toutes les jeunes femmes & filles Russes qu'ils peuvent attraper dans la Sibérie, à moins que l'indigence ne les oblige à les vendre. Les *Cara-Kalpakks* qui habitent la partie Occidentale du Pays de Turkestan vers les bords de la Mer Caspienne sont les fidèles alliez & parens des Tartares de *Casatschia Orda*, & les accompagnent communément dans leurs courses lorsqu'il y a quelque grand coup à faire. Les Tartares de la *Casatschia Orda* font profession du Culte Mahométan, mais ils n'ont ni Alcoran, ni Moullhas, ni Mosquées; en sorte que leur Religion se réduit à fort peu de chose. Ils ont un Chan qui réside ordinairement en Hyver dans la Ville de Taschkant, & qui en Eté va camper vers les bords de la Rivière de Sirth, & les Frontières des Callmoucks. Mais leurs Mursés particuliers qui sont fort puissans, ne laissent guère de pouvoir de reste au Chan. Ces Tartares peuvent armer tout au plus 30000. hommes, & avec les Cara-Kalpakks 50000. mais tous à cheval.

Les TARTARES DE LA CRIMÉE [a], sont les Tartares, dont on a eu jusqu'ici le plus de connoissance en Europe, à cause de leurs fréquentes invasions dans la Pologne, la Hongrie & la Russie. Leurs Chans prétendent être issus de Mengli-Garay-Chan, fils de Hadsi-Garay-Chan. Ces Tartares sont présentement partagez en trois Branches, dont la 1e. est celle des Tartares de la *Crimée*, la 2e. celle des Tartares de *Budziack*, & la 3e. celle des Tartares *Koubans*. Les Tartares de la *Crimée*, sont les plus puissans de ces trois Branches; on les appelle aussi les Tartares de *Perekop* de la Ville de ce nom, ou les Tartares *Sa-porovi*, à cause que par rapport aux Polonois qui leur donnent ce nom ils habitent au de-là des Cataractes du Borysthène. Ces Tartares occupent à présent la Presqu'Isle de la Crimée avec la partie de la Terre-ferme au Nord de cette Presqu'Isle, qui est séparée par la Rivière de Samar de l'Ukraine, & par la Rivière de Mius du reste de la Russie. Les Tartares de la *Crimée* sont ceux de tous les Tartares Mahométans qui ressemblent le plus aux Callmoucks, sans être à beaucoup près si laids; car ils sont petits & fort quarrez, ils ont le teint brûlé, des yeux de porc peu ouverts, mais fort brillants, le tour du visage quarré & plat, la bouche assez petite & des dents blanches comme de l'Yvoire, des cheveux noirs qui sont rudes comme du crin & fort peu de barbe. Ils portent des chemises fort courtes de toile de coton & des caleçons de la même toile; leurs culottes sont fort larges & faites de quelque gros drap ou de peau de brebis; leurs vestes sont faites de toile, & piquées de coton à la manière des Caftans des Turcs, & au-dessus de ces vestes ils mettent un manteau de feutre, ou de peau de brebis. Les mieux mis d'entre eux portent une robbe de drap fourrée de quelque belle pelleterie, au lieu de ce manteau; leurs bonnets sont en quelque manière façonnez à la Polonoise & bordez de peau de mouton ou de quelque pelleterie plus précieuse, selon la qualité de la personne; ils portent avec cela des Bottines de Marroquin rouge. Leurs armes sont le Sabre, l'Arc, & la Flèche, dont ils savent se servir avec une adresse merveilleuse. Leurs Chevaux ont fort mauvaise mine; mais ils sont bons, & ont la qualité de pouvoir faire, en cas de besoin, 20. à 30. lieues sans débrider; leurs selles sont faites de bois, & ils raccourcissent si fort les courroyes de leurs étriers, que lorsqu'ils

[a] Hist. des Tatars, p. 469. & suiv.

qu'ils font à cheval, ils font obligez de s'y tenir les genoux tout-à-fait pliez. Leurs femmes ne font pas des plus belles, puisqu'elles tiennent beaucoup des traits de leurs maris, cependant elles font assez blanches, & portent de longues chemises de toile de coton avec une robbe étroite de drap de couleur ou de peau de mouton, & des bottines de Marroquin jaune ou rouge. Mais comme ces Tartares vont continuellement brigander de part & d'autre, ils choisissent ordinairement celles d'entre leurs Esclaves qui leur plaisent le plus pour en faire leurs Concubines, & méprisent les femmes de leur Nation. Ils élevent leurs enfans avec beaucoup de rigueur, & les exercent dès l'âge de six ans à tirer de l'Arc. Ils font profession du Culte Mahométan, & font assez attachez à leur Religion. Ils obéïssent à un Chan qui est allié de la Porte & son Pays est sous la protection des Turcs, qui traitent les Chans de la Crimée à peu près comme leurs Grands-Vizirs; car aux moindres raisons que la Porte Ottomane croit avoir d'être mécontente de la conduite du Chan, il est déposé sans autre façon & confiné en quelque prison, si même il ne lui arrive pis. Cependant on observe toujours que le Chan qu'on nomme en sa place soit de la Famille des Chans de la *Crimée*. Le Successeur présomptif du Chan est toujours appellé Sultan Galga, & les autres Princes de sa Famille portent simplement le nom de Sultan. La Presqu'Isle de la *Crimée* est fort abondante en tout ce qui est nécessaire à la vie, & toutes sortes de fruits & de legumes y réussissent à merveille. Cependant les Tartares la cultivent à leur ordinaire, c'est-à-dire le moins qu'ils peuvent. Leur nourriture est à peu près la même que celle de tout le reste de la Nation, car la chair de cheval, & le lait de cavale font leurs plus grandes délices à la Table. Les Tartares de la *Crimée* habitent dans des Villes & des Villages, mais leurs Maisons sont communément de misérables chaumiéres. C'est dans la Ville de Bascia-Säray située vers le milieu de cette Presqu'Isle que le Chan fait ordinairement sa résidence; cette Ville peut avoir environ 3000. feux, & n'est habitée que par des Tartares & par quelques Juifs. La Ville de Perekop est située sur la Côte Orientale de l'Isthme qui joint la Crimée à la Terre-ferme à une petite distance du rivage du Palus Méotide; comme cet Isthme n'a qu'une demi-lieue de largeur en cet endroit on regarde la Ville de Perekop avec raison comme la clef de la *Crimée*; cependant ce n'est qu'un fort vilain petit trou d'environ 600. feux, avec un Château à moitié ruïné. Il est vrai qu'il a quelques Fortifications, mais elles sont très-mal entendues & de fort peu de défense. Les Tartares ont tiré depuis cette Ville jusqu'à la Côte Occidentale de l'Isthme un Fossé avec un Parapet derriére, qui leur sert de retranchement pour défendre l'entrée de la *Crimée*. Mais comme ce Fossé est tiré en droite ligne, sans avoir quoi que ce soit qui le puisse flanquer, ce seroit une pauvre ressource en cas d'une attaque vigoureuse.

La partie de la Terre-ferme au Nord de Perekop, qui est entre les mains des Tartares de la Crimée, n'est cultivée qu'en fort peu d'endroits, & les Ordes qui l'occupent habitent pour la plûpart sous des Huttes à la maniére des autres Tartares vagabonds, & se nourrissent de leur Bétail lorsqu'ils n'ont pas l'occasion de brigander. Les Turcs sont en possession des deux meilleures Places de la Presqu'Isle de la *Crimée*, qui sont la Ville de Caffa, & le Port de Baluclawa située à 44. d. 44'. de Latitude sur le rivage Méridional de ce Pays. Le Bourg à la vérité qui porte ce nom n'est pas grand' chose, puisqu'il a à présent à peine 300. feux; mais le Port est un des meilleurs du monde, ayant de l'eau autant qu'il en faut pour les plus grands Vaisseaux de guerre, & étant à couvert de tous Vents par les hautes Montagnes qui l'environnent. Il peut avoir environ 40. pas de largeur à l'entrée, & forme en dedans un Bassin de 800. pas de longueur sur 450. de largeur. Ces deux Places sont de grande importance aux Turcs, sur-tout le Port de Baluclawa à cause de la communication avec cette Presqu'Isle. La Ville de Kirck sur le Détroit de Daman qui joint la Mer Noire au Palus Méotide a pareillement un Port excellent; mais comme cette Place est entre les mains des Tartares qui n'ont point de Navires, ce Port ne leur est bon à rien; la Ville de Kirck peut avoir 400. feux; le reste des Villes de la *Crimée* ne mérite aucune considération.

Les Tartares de ce Pays sont les plus aguerris de tous les Tartares, quoique les Callmouks soient infiniment plus braves qu'eux. Lorsqu'il s'agit de faire quelque course dans les Etats voisins, chaque Tartare qui prétend être du parti se pourvoit de deux chevaux de main qui sont dressez à le suivre par-tout, sans qu'il ait besoin de les mener à la main, & sur ces chevaux il charge un sac avec de la farine d'orge & un peu de biscuit & du sel pour toute sa provision. Dans la Marche il n'y a que les plus considérables parmi eux qui ayent une petite tente pour s'y mettre à couvert pendant la nuit avec un matelas pour se coucher, car les autres Tartares se font des tentes de leurs manteaux en les étendant sur quelques piquets, dont ils sont toujours pourvus pour cet effet; la selle leur sert de chevet, & une espéce de couverture d'une grosse étoffe de laine, qu'ils mettent ordinairement sous la selle pour qu'elle ne blesse point le Cheval, est leur couverture. Chacun attache ses Chevaux avec une assez longue corde à des piquets auprès de l'endroit où il se couche, & là ils paissent l'herbe qu'ils trouvent sous la neige après l'avoir fort habilement écartée avec les pieds, & lorsqu'ils ont soif ils mangent de la neige pour se désaltérer; si quelqu'un de leurs Chevaux devient las, ils le tuent sur le champ & le partagent entre leurs amis, qui en font autant à eux lorsque la même chose leur arrive. En ces occasions ils coupent la meilleure chair de dessus les os par plusieurs tranches de l'épaisseur d'un bon pouce, & les rangent fort également

sur

sur le dos de leur cheval sous la selle, après quoi ils le sellent à l'ordinaire en observant de serrer la Sangle le plus qu'ils peuvent, & vont ainsi faire leur chemin; après avoir fait 3. à 4. lieues ils ôtent la selle, tournent les tranches de leur viande, & prennent bien soin d'y remettre avec le doigt l'écume que la sueur du Cheval a fait venir à l'entour de la viande; après quoi ils y remettent la selle comme auparavant, & font le reste de la traite qu'ils ont à faire, & à la couchée ce ragoût se trouve tout prêt & passe même pour un mêts délicieux parmi eux; le reste de la chair qui est à l'entour des os est cuit avec un peu de sel, ou faute de marmite, rôti à quelque bâton & consumé sur le champ. De cette maniére ils font fort bien des courses de 2. à 300. lieues sans faire du feu pendant la nuit pour n'être pas découverts par-là; nonobstant qu'ils ne fassent communément leurs courses que dans le cœur de l'Hyver, lorsque tous les Marais & Riviéres voisines sont gelées pour ne trouver rien en leur chemin qui les puisse arrêter. A leur retour le Chan prend la dixme de tout le butin qui consiste communément en Esclaves, le Mursa de Chaque Orde en prend autant sur la part qui peut revenir à ceux qui sont sous son Commandement, & le reste est partagé également entre tous ceux qui ont été de la course. Les Tartares de la *Crimée* peuvent mettre jusqu'à 80000. hommes en Campagne.

a Hist. des Tatars, p. 446.

Les TARTARES CIRCASSES [a] habitent au Nord-Ouest de la Mer Caspienne, entre l'Embouchure de la Riviére de Wolga & la Georgie. Le Peuple qui est présentement connu sous le nom des *Circasses*, est une Branche des Tartares Mahométans. Du moins les Circasses conservent-ils jusqu'aujourd'hui la Langue, les Coûtumes, les inclinations & l'extérieur des Tartares, nonobstant qu'on se puisse appercevoir facilement qu'il y doit avoir bien du Sang des anciens Habitans du Pays mêlé chez eux parmi celui des Tartares. Il y a apparence que les Tartares Circasses aussi-bien que les Daghestans sont de la posterité de ceux d'entre les Tartares qui furent obligez du tems que les Sofis s'emparérent de la Perse, de se retirer de ce Royaume, pour aller gagner les Montagnes qui sont au Nord de la Province de Schirvan d'où les Perses ne les pouvoient pas chasser si facilement, & où ils étoient à portée de pouvoir entretenir correspondance avec les autres Tribus de leur Nation, qui étoient pour lors en possession des Royaumes de Casan & d'Astracan. Les Circasses sont à peu près faits comme les autres Tartares Mahométans, c'est-à-dire qu'ils sont basanez & d'une taille médiocre mais bien renforcée, qu'ils ont le tour du visage large & plat, les traits fort grossiers, & les cheveux noirs & extrêmement forts. Mais il s'en faut beaucoup qu'ils soient aussi laids que leurs voisins les Daghestans & Nagaïs; ils rasent leurs cheveux de la largeur de deux doigts depuis le milieu du front jusqu'à la nuque du côt à l'exception d'une seule touffe qu'ils conservent au haut de la tête, & le reste de leurs cheveux tombe des deux côtez sur les épaules. Ils portent une longue veste d'un gros drap gris avec un manteau de feutre, ou de peau de mouton, noué sur l'épaule avec une aiguillette; ce manteau ne leur vient qu'à mi-cuisse, & lorsqu'ils sont à la Campagne ils le tournent du côté du vent & de la pluye; ils portent des bottes de cuir de cheval fort grossiérement façonnées, & des bonnets ronds, mais assez larges d'un gros feutre ou drap noir façonné à peu près comme ceux des Tarares Daghestans. Leurs armes sont l'Arc & la Fléche; mais plusieurs d'entre eux commencent maintenant à se servir d'armes à feu & cela avec beaucoup d'adresse. Les femmes des Circasses passent pour être les plus belles du monde, étant communément grandes & bien faites avec un vrai teint de lis & de roses, les plus beaux yeux noirs du monde, les cheveux de même, beaux bras & belle gorge, & par dessus tout cela elles sont très-affables, complaisantes & d'un fort grand enjoûment, ce qui est quelque chose d'assez particulier pour les femmes de ce Continent. Leurs Maris ont la qualité d'être des Maris très-commodes, laissant à leurs femmes toute sorte de liberté avec d'autres hommes & même avec des Etrangers, & comme ils sont la plûpart du tems occupez hors du logis à la chasse & à la garde du Bétail, leurs femmes ont l'occasion prête à favoriser leurs Galants; cependant on prétend qu'elles n'abusent point de cette liberté, qu'elles gardent au contraire fort scrupuleusement la fidelité promise à leurs Maris, & cela par la raison que se seroit une lâcheté à elles de les vouloir tromper dans le tems qu'ils se reposent entiérement sur leur bonne foi. Ces Beautez sont fort habiles à fouiller les poches de leurs Adorateurs & à s'approprier tout ce qu'elles leur voyent; elles sont aussi fort dressées à se faire bien payer pour la moindre petite privauté qu'elles accordent à leurs amants, & ne se laissent point de leur demander des présens. En Eté elles ne portent qu'une simple chemise d'une toile de coton de couleur fendue jusqu'au nombril, & en Hyver elles se couvrent de robbes telles que les femmes Russiennes les portent ordinairement; elles couvrent la tête d'une sorte de bonnet noir qui leur va fort bien, & les Veuves attachent au derriére de ce bonnet une vessie enflée couverte de quelque crêpe ou autre étoffe légére de plusieurs couleurs; elles portent plusieurs tours de grosses perles de verre de couleur au coû pour faire d'autant mieux remarquer par-là les beautez de leur gorge. Cette différence extraordinaire qui se trouve entre les deux Sexes de ce Pays, les hommes étant tous fort laids, & les femmes au contraire d'une beauté ravissante, a de quoi exercer les spéculations des Philosophes & des Naturalistes, sur-tout si l'on y ajoute, que le peu de femmes laides qu'on voit dans ce Pays sont aussi si affreusement laides, qu'il paroît qu'elles soient chargées de la difformité de tout le Sexe de ce Pays. Les *Circasses* se font circoncire & observent plusieurs autres cérémonies, qui font voir qu'ils prétendent être Mahométans, mais ils n'ont n'ont ni Moullhas ni Mosquées & ne se servent point non plus de l'Alcoran. En qualité de Mahométans il leur est permis de prendre autant de femmes qu'ils peuvent nourrir; cependant ils se contentent communément d'une seule. Lorsqu'un homme vient à mourir sans avoir des enfans de sa femme son frere est obligé d'épouser la veuve pour donner des enfans au défunt; Ils marquent beaucoup de tristesse à la mort de quelqu'un de leurs parens jusqu'à s'arracher les cheveux & à se déchirer le visage; ils enterrent leurs morts fort honorablement, & quelque pauvre que puisse être la Famille du défunt, on ne manque pas de bâtir une petite Maisonnette sur sa Fosse, & ces Maisonnettes sont plus ou moins ornées, selon les moyens du mort. A l'enterrement de quelque personne de distinction on sacrifie un Bouc qui est choisi pour cet effet avec des cérémonies fort extravagantes; la peau de ce Bouc est suspendue ensuite sur une haute perche au milieu du Village devant laquelle les *Circasses* viennent faire leurs adorations avec beaucoup d'empressement, & cette peau y doit rester jusques à ce que par la mort de quelqu'autre personne de cette qualité on en ait mis une autre en la place de celle-là. Voilà en quoi consiste à peu près toute la Religion des Circasses; cependant la Religion Grecque commence à faire beaucoup de progrès dans ce Pays. Les Circasses sont bons hommes de cheval comme tous les autres Tartares, ils se nourrissent de la chasse, de leur Bétail & de l'Agriculture; mais ils ne laissent pas avec cela d'être fort habiles voleurs quand l'occasion s'en présente, sans employer néanmoins à cet effet la force & la violence comme font les Tartares de Daghestan leurs voisins. Ils habitent en Hyver dans de petites Bourgades & Villages dont les Maisons sont communément des chaumiéres fort chetives, & dans l'Eté ils vont camper la plûpart du tems dans les endroits, où ils trouvent de bons Pâturages: Vers les bords de la Mer Caspienne le Pays des *Circasses* est fort stérile, & depuis la Riviére de Kiselaer jusques à l'Embouchure de la Wolga, ce qui fait une étendue de plus de 50. lieues d'Allemagne. Tout le Pays n'est qu'une vaste Plaine aride, où l'on ne trouve que quelques Mares d'eau salée ou croupie pour toute ressource, ce qui rend le passage par terre d'Astracan à Derbent extrêmement pénible & difficile; mais vers les Frontiéres du Daghestan & de la Georgie ce Pays est fort beau, & produit en grande abondance toutes sortes de légumes & de fruits; il y a même des Mines d'Argent dans la Circassie vers les Montagnes du Caucase dont le Minérai s'est montré fort riche dans l'Essai qu'on en a fait en plusieurs occasions; mais les conjonctures du tems n'ont pas voulu permettre jusqu'à présent d'y travailler. C'est de la partie montueuse de ce Pays que viennent ces Chevaux *Circasses*, tant estimez en Russie qu'on paye jusqu'à 200. Ducats pour un de ces Chevaux lorsqu'il est de bonne race. Ces Chevaux ne sont rien moins que beaux, puisqu'ils ont les jambes fort hautes, point de ventre ni de croupe, un long coû fort roide avec une assez grande tête; mais leur mérite est d'être extrêmement légers & de marcher un certain grand pas qui tient de l'amble, & cela avec tant de vitesse, qu'un autre Cheval pour se tenir auprès d'un semblable Cheval Circasse doit courir au grand galop tandis que celui-ci ne va que son entrepas ordinaire. Les Chevaux Circasses peuvent se soutenir avec fort peu de nourriture, & même en cas de besoin avec la mousse qui croît sur les Arbrisseaux; aussi prétend-on qu'ils perdent leur qualité & deviennent pesants, lorsqu'ils sont soignez & entretenus comme nos Chevaux. Les Circasses ont des Princes particuliers de leur Nation auxquels ils obéïssent, & ceux-ci sont sous la protection de la Russie, qui est en possession de la Capitale du Pays appellée Terki; cette Ville est située à 43. d. 15'. de Latitude, à un bon quart de lieue de la Mer Caspienne sur la rive Septentrionale de la Riviére de Tirck, & comme elle est d'une grande importance pour la Russie, on a eu soin de la faire fortifier à la maniére Européenne avec de bons Bastions, & des demi-lunes revêtues de gazon, & on y entretient en tout tems une nombreuse Garnison pour tenir les Peuples voisins en respect. Le plus puissant des Princes de ce Pays fait sa résidence dans la Ville de Terki. Les *Circasses* peuvent faire en tout 20000. hommes armez.

Les Tartares du Daghestan s'étendent en longueur depuis la Riviere de Büstro [a] qui tombe dans la Mer Caspienne à 43. d. 20'. de Latitude jusques aux Portes de la Ville de Derbent, & en largeur depuis le Rivage de la Mer Caspienne jusqu'à six lieues de la Ville d'Erivan. Il est par-tout fort montueux; mais pour cela il ne laisse pas d'être d'une grande fertilité dans les endroits où il est cultivé. Les Tartares qui occupent à présent le Pays de Daghestan sont les plus laids de tous les Tartares Mahométans; ils sont communément d'une taille au-dessous de la médiocre mais bien renforcée; ils sont fort basanez & ne ressemblent pas mal aux Callmoucks, aux nez & aux yeux près, qu'ils ont assez bien coupés dans le goût des autres Tartares Mahométans. Leurs cheveux qui sont fort noirs & rudes comme des soyes de Cochon sont coupez en sorte qu'ils ne leur viennent pas tout-à-fait sur les épaules. Ils portent des robbes d'une espèce de fort gros drap minime ou noir, qui leur viennent jusqu'au gras de la jambe, sur lesquelles ils mettent un manteau court de feutre, ou au lieu de manteau deux peaux de brebis cousues ensemble; ils se couvrent la tête d'une espèce de bonnet quarré de gros drap qu'ils doublent en Hyver de quelque pelleterie, & leur chaussure consiste en des espèces de Souliers faits d'une pièce de peau de brebis ou de cheval cousue ensemble sur le haut du pied. Leurs femmes sont habillées à proportion, elles vont toutes à visage découvert à la maniére des autres femmes Tartares, & ne seroient pas laides, si les vilains habits qu'elles portent ne les défiguroient pas tant. Les armes des Tartares

[a] Hist. des Tatars, p. 311.

Rr 3   du

du *Daghestan* sont les mêmes que celles des autres Tartares Mahométans, savoir l'Arc la Fléche, le Sabre, la Lance & le Javelot; cependant quelques-uns d'entr'eux commencent à l'heure qu'il est d'avoir des armes à feu, dont ils ne savent pas pourtant se servir avec beaucoup d'adresse. Leurs Chevaux sont fort petits; mais extrêmement vîtes & adroits à grimper les Montagnes; ils ont de grands Troupeaux de Bétail dont ils abandonnent tout le soin à leurs femmes & Esclaves; car les hommes se mettent dès qu'ils se levent sous les armes, & ne font rien pendant toute la journée qu'épier l'occasion de faire quelques coups de leur façon, qui sont à peu près les mêmes que ceux de nos Voleurs de grand chemin: tous les Etrangers qui tombent entre leurs mains sont entiérement dépouillez & mis à l'esclavage sans autre façon; ils ne perdent même aucune occasion de voler des femmes & des Enfans dans la Circassie, la Georgie & les autres Pays voisins, & au défaut de tout cela ils s'entre-volent les femmes & les enfans les uns aux autres, & s'en vont les exposer en vente à Derbent, ou à Erivan & à Tiflis, selon les circonstances de la Marchandise & du tems. Ils font profession du Culte Mahométan; mais ils ne se mettent guéres en peine d'observer l'Alcoran. Ils obéïssent à divers petits Princes de leur Nation qui prennent le nom de Sultan, & qui sont tous aussi grands Voleurs que leurs Sujets. Entre ces Princes il y en a un qui est comme leur Chan, avec une espèce de supériorité sur tous les autres, à qui ils donnent le nom de *Schemkal*. Cette Dignité est élective, & l'élection se fait par le moyen d'une pomme que le Chef de la Loi jette au milieu d'un Cercle où tous les Princes de la Nation sont rangez pour cet effet; ce qui doit être une manière de sort, mais le bon homme sait bien jetter la pomme en sorte qu'elle ne touche que celui à qui il veut faire écheoir cette Dignité; cependant les autres Princes n'obéïssent au *Schemkal* qu'autant qu'il leur plaît. Quelques Barbares que soient les Tartares Daghestans, ils ont néanmoins une fort bonne coutume qu'ils observent soigneusement, savoir que personne ne peut se marier chez eux avant que d'avoir planté en un certain endroit marqué 100. Arbres Fruitiers, en sorte qu'on trouve par-tout dans les Montagnes du Daghestan de grandes Forêts d'Arbres Fruitiers de toute espèce. Toutes les forces des Tartares Daghestans peuvent monter à 20000. hommes tout au plus; ils habitent dans des Villes & Villages bâtis à peu près à la manière des Persans, mais un peu plus mal proprement: La Ville de Boïnak est la Résidence du Schemkal, & celle de Tarku est la plus considérable Ville du Pays. Ils se sont conservez jusqu'ici dans une indépendance entiére par rapport aux Puissances voisines, en quoi les Montagnes du Pays inaccessibles à tous autres qu'à ceux qui en savent les sentiers, leur ont toujours été d'un grand secours; c'est de ces Montagnes que le Pays tire le nom qu'il porte à présent, *Tag* voulant dire en Langue Turque une Montagne & *Taghestan* ou *Daghestan*, comme on le prononce communément, un Pays de Montagnes. Lorsque le feu Empereur de la Russie alla s'emparer en l'an 1722. de la Ville de Derbent, il trouva beaucoup de résistance dans sa marche de la part des Tartares *Daghestans*, mais la Forteresse de St. André que les Russes ont bâtie du depuis dans le cœur de leur Pays, au Nord de la Ville de Tarku, sur le bord de la Mer Caspienne, à peu près à moitié chemin entre Derbent & Terki, les tient maintenant en bride, & porte bien la mine de les contraindre encore un jour à se soumettre entiérement à l'obéïssance de la Russie.

Les TARTARES KOUBANS habitent au Sud de la Ville d'Assof [a], vers les bords de la Rivière de *Kouban* qui a sa source dans la partie du Mont Caucase que les Russes appellent *Turki-Gora*, & vient se jetter dans le Palus Méotide à 46. d. 15´. de Latitude au Nord-Est de la Ville de Daman. Ces Tartares sont encore une Branche de ceux de la Crimée, & étoient autrefois soumis au Chan de cette Presqu'isle; mais depuis environ 40. ans ils ont leur Chan particulier, qui est d'une même Famille avec les Chans de la Crimée. Il ne reconnoît point les ordres de la Porte & se maintient dans une entière indépendance par rapport à toutes les Puissances voisines. Les Tartares *Koubans* occupent à la vérité quelques méchans Bourgs & Villages le long de la Rivière de Kouban; mais la plus grande partie d'entr'eux vit sous des Tentes vers le pied des Montagnes du Caucase, où ils vont chercher un asyle lorsqu'ils se voyent pressez de trop près par les Puissances voisines; ils ne subsistent absolument que de ce qu'ils peuvent piller & voler sur leurs voisins de quelque Nation qu'ils puissent être; ils font même des courses jusqu'à la Rivière de Wolga, & la passent fort souvent en Hyver pour aller surprendre les Calmoucks & les Tartares de Nagaï. C'est pour couvrir le Royaume de Casan contre leurs invasions que le feu Empereur de la Russie a fait élever ce grand retranchement, qui commence auprès de Zaritza sur la Wolga & vient aboutir au Don vis-à-vis de la Ville de Twia. Les Tartares de *Kouban* ne différent en rien des Tartares de la *Crimée*, excepté qu'ils ne sont pas tout-à-fait si aguerris, & qu'ils ont moins d'ordre & de subordination parmi eux. Les Turcs les ménagent extrêmement, parce que c'est principalement par leur moyen qu'ils se fournissent d'Esclaves Circasses, Georgiennes & Abasses qui sont fort recherchées en Turquie, & qu'ils craignent qu'en cas qu'ils voulussent les pousser trop, ils ne se missent sous la protection de la Russie, ce qui incommoderoit furieusement les Provinces voisines de la Turquie. Lorsque les Tartares de la *Crimée* sont menacez de quelque grande Tempête, ou qu'il s'agit de quelque grand coup à faire, les Tartares *Koubans* ne manquent pas de leur prêter la main, ils peuvent faire environ 40000. hommes tout au plus.

Les TARTARES MOUNGALES, ou MUNGALES: Le Pays que la Tribu des Tatars [b]

[a] Hist. des Tatars, p. 474.

[b] Hist. Généal. des Tatars, p. 167. & les suiv.

les diverses Branches ont occupé autrefois, est précisément cette partie de la Grande Tartarie, que nous connoissons maintenant sous le nom du Pays des *Moungales*. Ce Pays, dans l'état où il est à présent, est borné à l'Est par la Mer Orientale; au Sud par la Chine; à l'Ouest par le Pays des Callmoucks; & au Nord par la Sibérie. Il est situé entre les 40. & 50. d. de Latitude, & les 110. & les 150. d. de Longitude. Ses Frontiéres commencent vers les 42. d. de Latitude sur le rivage de la Mer Orientale, au Nord de la Corée, & courant de-là à l'Ouest elles côtoyent les Montagnes, qui séparent cette Presqu'Isle & la Province de Leaotun de la Grande Tartarie. Ensuite elles viennent joindre la grande Muraille de la Chine vers les 142. d. de Longitude & la suivent sans interruption jusqu'à l'endroit où la grande Riviére de Hóang vient à se jetter dans la Chine à travers la grande Muraille vers les 38. d. de Latitude; de-là tournant au Nord-Ouest elles côtoyent le Pays des Callmoucks & viennent gagner les sources de la Riviére de Jeniséa. Elles suivent même cette Riviére sur la Rive Occidentale jusque vers les 49. d. de Latitude & revenant ensuite à l'Est, elles vont gagner la Riviére de Selinga au-dessus de Selinginskoy; puis continuant de courir toujours à l'Est elles côtoyent de ce côté les Pays dépendants de la Sibérie, & viennent aboutir à la Rive Méridionale de la Riviére d'Amur, vers l'endroit où la Riviére d'Albassin s'y jette de l'Ouest-Sud-Ouest; elles suivent enfin toujours les bords de cette grande Riviére jusqu'à son Embouchure dans la Mer Orientale; en sorte que le Pays des *Moungales* n'a pas moins de 400. lieues d'Allemagne en sa plus grande longueur, & environ 150. lieues en sa plus grande largeur. Comme ce Pays fait une partie considérable de la Grande Tartarie, il participe aussi à tous les avantages & à toutes les incommoditez qui sont propres à ce vaste Continent; cependant parce qu'il est plus montueux que le Pays des Callmoucks, il ne se trouve pas tant manquer d'eau & de bois que celui-là, quoiqu'il ne laisse pas d'y avoir aussi plusieurs endroits qu'on ne sauroit habiter faute d'eau. Les *Moungales* qui habitent à présent ce Pays sont les descendans de ceux d'entre les Mogoules qui après avoir été pendant plus d'un Siécle en possession de la Chine en furent rechassez par les Chinois vers l'an 1368.; & comme une partie de ces fugitifs s'étant sauvée par l'Ouest, vint s'établir vers les sources des Riviéres de Jeniséa & Selinga, & l'autre partie s'en étant retirée par l'Est & la Province de Leaotun alla s'habiter entre la Chine & la Riviére d'Amur vers la Mer Orientale, on trouve encore à l'heure qu'il est deux sortes de *Moungales*, qui sont fort différens les uns des autres, tant en Langue & en Religion qu'en coutumes & maniéres, savoir les Moungales de l'Ouest appellez aussi *Calcha-Moungales*, qui habitent depuis la Jeniséa jusque vers les 134. d. de longitude & les *Moungales* de l'Est, ou *Nieucheu-Moungales*, qui habitent depuis les 134. d. de Longitude jusqu'aux bords de la Mer Orientale. Les Moungales en général sont d'une taille médiocre, mais bien renforcée; ils ont le tour du visage fort large & plat, le teint basané & le nez écrasé, mais les yeux noirs & bien coupez; leurs cheveux sont noirs & forts comme du crin, ils les coupent ordinairement fort près de la racine, & ils n'en gardent qu'une seule touffe au sommet de la tête, qu'ils laissent croître de leur longueur naturelle; ils ont fort peu de barbe, & portent des chemises & des caleçons fort larges de toile de coton, ou de quelque autre petite étoffe; leurs robbes leur viennent jusqu'à la cheville du pied, & sont communément faites aussi de toile de coton, ou d'une petite étoffe qu'ils doublent de peaux de brebis. Les *Moungales* de l'Ouest portent bien aussi quelquefois des robbes entiéres de ces peaux; ils attachent ces robbes sur les reins avec de larges courroies de cuir; leurs bottes sont fort larges & ordinairement faites de cuir de Russie; leurs bonnets sont petits & ronds, avec un bord de fourrure de quatre doigts de large. Les habits des femmes sont à peu près les mêmes, excepté que leurs robbes sont plus longues, leurs bottes ordinairement rouges, & leurs bonnets plats avec quelques petits ornemens. Les armes des *Moungales* consistent dans la Pique, l'Arc, la Fléche, & le Sabre qu'ils portent à la Chinoise. Ils vont à la guerre à cheval tout comme leurs voisins les Callmoucks; mais il s'en faut beaucoup qu'ils soient aussi bons Soldats que ces derniers. Les *Moungales* de l'Ouest habitent sous des Tentes ou des Maisonnettes mouvantes, & ne vivent que du produit de leur Bétail. Ce Bétail consiste en Chevaux, Chameaux, Vaches & Brebis, & est généralement d'une fort bonne qualité; mais il ne peut pas être mis en comparaison avec le Bétail des Callmoucks ni pour l'apparence ni pour la bonté: excepté leurs Brebis qui surpassent quasi celles des Callmoucks, & qui ont cela de particulier qu'elles ont la queue d'environ 2. empans de longueur & d'autant de tour à peu près, pesant ordinairement entre 10. & 12. livres, qui n'est quasi qu'une seule piéce d'une graisse fort ragoûtante, les os n'en étant pas plus gros que sont les os de la queue de nos Brebis; ils ne nourrissent que des Bestiaux qui broutent l'herbe, & ils ont sur-tout les Pourceaux en horreur. Les petits Marchands Chinois viennent en foule leur porter du Ris, du Thé-bouy, qu'ils appellent *Cara-Txchay*, du Tabac, de la Toile de coton & d'autres petites Etoffes, plusieurs menus ustenciles, & enfin tout ce dont ils peuvent avoir besoin, qu'ils leur troquent contre du Bétail; car ils ne connoissent point l'usage de la Monnoye. Ils conservent le Culte du *Dalaï-Lama*, quoiqu'ils ayent un Grand-Prêtre particulier appellé *Kutuchta*; enfin il y a de toute maniére peu de différence entr'eux & les Callmoucks. Ils obéissent à un Chan, qui étoit autrefois comme le Grand Chan de tous les *Moungales*; mais depuis que les *Moungales* de l'Est se sont emparez de la Chine, il est beaucoup déchu de sa premiére grandeur; cependant il est encore fort puissant, pouvant aisément mettre 50. à 60000. chevaux en Campagne. Le Prince qui regne presentement sur les *Moungales* de l'Ouest s'appelle *Tuschidtu-Chan*, il fait son séjour vers les 47. d. de Latitude sur les bords de la Riviére d'Orchon, & l'endroit où il campe ordinairement est appellé *Urga*, & est à 12. journées au Sud-Est de Selinginskoy. Plusieurs petits Chans des *Moungales*, qui habitent vers les sources de la Jeniséa & les Deserts de Goby, lui sont Tributaires, & quoiqu'il se soit mis lui-même sous la protection de la Chine, pour être d'autant mieux en état de faire tête aux Callmoucks, cette soumission n'est au fond qu'une soumission précaire & honoraire obtenue de son Pere par les intrigues des Lamas ; car bien loin de payer le moindre Tribut à l'Empereur de la Chine, il ne se passe point d'année que cet Empereur ne lui envoye des présens magnifiques, & la Cour de Pekin qui est d'ailleurs accoutumée de traiter fort rudement les Peuples qui lui sont tributaires, en use en toutes occasions avec tant de ménagement avec ce Prince, qu'on voit bien qu'elle le redoute plus qu'aucun autre de ses voisins, & ce n'est pas sans raison ; car s'il lui prenoit jamais fantaisie de s'accommoder avec les Callmoucks aux dépens de la Chine, la Maison qui régne présentement en cet Empire n'auroit qu'à se tenir ferme sur le Trône. Les *Moungales* qui sont sous l'obéissance de *Tuschidtu-Chan* sont proprement issus de la Tribu des Tartares, & de plusieurs autres Tribus Turques établies en ces Quartiers, que les *Mogoules* rangerent sous leur obéissance sous le régne de *Zingis-Chan*, & qui se firent ensuite une gloire d'être comprises sous le nom de *Mogoules* que ce Prince avoit rendu si illustre : à celles-ci vinrent du depuis se joindre ceux des *Mogoules* fugitifs de la Chine qui trouverent moyen de se sauver par l'Ouest ; & comme ces derniers étoient les moins nombreux, ils furent obligez de reprendre la maniére de vivre de leurs Ancêtres, qu'ils avoient entiérement abandonnée parmi les délices de la Chine, & que les autres *Mogoules* ou *Moungales*, qu'ils trouvérent déja établis en ces Quartiers, avoient toujours soigneusement conservée. Les *Moungales* de l'Est vivent la plûpart de l'Agriculture, & ressemblent en tout aux *Moungales* de l'Ouest, excepté qu'ils sont plus blancs, surtout le sexe, parmi lequel on en trouve beaucoup chez eux, qui peuvent passer pour de belles personnes par tout Pays. La plûpart des *Moungales* de l'Est ont des demeures fixes; ils ont même des Villes & des Villages, & sont en tout beaucoup plus civilisez que le reste des *Moungales* & Callmoucks. Ils ont peu ou point de Religion & ne sont ni Sectateurs du Culte du Dalaï-Lama, ni du Culte des Chinois ; mais le peu de Religion qu'ils ont paroît être un mixte de ces deux Cultes, qui se trouve quasi réduit à quelques Cérémonies nocturnes qui tiennent plûtôt du Sortilége que de la Religion. Ils descendent quasi tous de ceux d'entre les Mogoules fugitifs de la Chine qui se sauvérent par la Province de Leaotun, & qui trouvant cette extrémité de leur Patrie à peu près deserte, s'y établirent volontiers, pour être d'autant plus à portée de pouvoir observer ce qui se passeroit à la Chine, & comme la vie voluptueuse des Chinois, à laquelle ils s'étoient accoutumez depuis long-tems, les avoit trop abâtardis, pour qu'ils eussent pu se résoudre à reprendre la vie simple & pauvre de leurs Ancêtres, ils se mirent à bâtir des Villes & des Villages & à cultiver les terres à l'exemple des Chinois, & n'oubliérent enfin rien de ce qui pouvoit servir à leur faire oublier la perte qu'ils venoient de faire, en attendant que le tems & la fortune leur fissent trouver l'occasion de se remettre dans la possession d'un si bel Empire, & cette occasion n'a pas manqué de venir à la fin, car ce sont précisément les mêmes *Moungales* de l'Est, qu'on appelle communément *Nieucheu-Moungales*, qui sont maintenant derechef en possession de la Chine, & qui ont si bien sû s'y ancrer depuis près d'un Siécle qu'ils y sont revenus, qu'il y a apparence que les Chinois ne les en rechasseront plus si facilement que la première fois. Les plus considérables Villes qu'ils possédoient avant cette Révolution, étoient *Kirin*, *Ula* & *Ninkrita*, situées toutes trois sur la Rive Orientale de la Riviére de Songoro, qui se jette dans la grande Riviére d'Amur à 12. journées de son Embouchure. La Ville d'*Ula* située à 44. d. 20'. de Latitude étoit la Capitale de tout le Pays de *Nieucheu*, & la Résidence du plus puissant des *Moungales* de l'Est. Ils avoient outre celui-là divers autres petits Chans, qui quoique bien moins considérables ne laissoient pas de se conserver dans une indépendance entiére à son égard. Mais depuis que les Chans d'*Ula* ont été assez heureux pour s'emparer de la Chine, ils ont absolument réduit tous les *Moungales* de l'Est sous leur obéissance, & si on trouve encore quelques-uns des descendans de ces petits Princes qui portent le titre de Chan, ce n'est plus qu'une petite satisfaction, que la Cour de Pekin leur veut bien laisser ; car au fond ils ne sont que des Esclaves de la volonté de l'Empereur de la Chine. Encore observe-t-on d'en arrêter toujours les plus considérables avec leurs Familles à la Cour, sous prétexte de leur faire honneur comme à des Princes du Sang. Depuis que les *Moungales* de l'Est sont en possession de la Chine, ils ont bâti plusieurs autres Villes, Bourgs & Villages vers les Frontiéres de la Chine, & ils s'étendent de jour en jour davantage de ce côté. Leur Langue est un mélange de la Langue Chinoise, & de l'ancienne Langue Mogoule, qui n'a quasi aucune connexion avec la Langue des *Moungales* de l'Ouest.

Les TARTARES-NOGAIS, de NAGAÏ, ou de NAGAÏA [a]. Ils occupent à présent la partie Méridionale des Landes d'Astracan, & habitent vers les bords de la Mer Caspienne entre le Jaïck & le Wolga. Ils ont les Cosacques du Jaïck pour voisins du côté de l'Orient. Les Callmoucks dependans de l'Ajuka-Chan du côté du Septentrion. Les Circasses du côté de l'Occident, & la Mer Caspienne les borne vers le Midi. Les Tartares

[a] Pag. 468. & suiv.

Tartares de *Nagaï* sont à peu près faits comme ceux de *Daghestan*, excepté que pour surcroît de difformité, ils ont le visage tout ridé comme le pourroit être celui d'une vieille femme; ils portent des vestes d'un gros drap gris, sur lesquelles ils mettent une espéce de casaque de peau de mouton noir dont ils tournent en Eté la laine dehors, & en Hyver en dedans: leurs bonnets sont ronds & pareillement faits de peau de mouton noir, avec lesquels ils en agissent tout de même comme avec leurs casaques; leurs bottes sont faites de cuir de Cheval & extrêmement lourdes. Leurs femmes sont passablement belles, elles s'habillent communément d'une robbe de toile blanche avec un bonnet rond & pointu de la même toile; & en Hyver elles mettent une Pelisse de peau de mouton noir par dessus leurs robbes de toile. Ces Tartares vivent de la Chasse, de la Pêche, & de leur Bétail qui consiste en Chameaux, Chevaux, Bœufs, Vaches & Brebis. Leurs Chevaux sont fort petits, mais bons coureurs & soutiennent bien la fatigue: le reste de leur Bétail est à peu près semblable à celui des Callmoucks. Ils n'ont pas eu jusques ici l'usage de cultiver les terres; mais depuis quelque tems ils commencent peu à peu à s'appliquer aussi à l'Agriculture. La plûpart d'entr'eux habitent sous des Huttes, & vont camper pendant l'Eté dans les endroits où ils trouvent les meilleurs pâturages; mais à l'approche de l'Hyver ils viennent en grand nombre à Astracan se pourvoir de ce qu'ils peuvent avoir besoin dans leurs petits ménages; & en cette occasion le Gouverneur d'Astracan leur fait distribuer des armes, pour se pouvoir défendre contre les Tartares Koubans, ceux de la Casatschia Orda & les Callmoucks, qui ne font que courir les uns sur les autres dès que les Riviéres sont gelées. Et au commencement du Printems ils sont obligez de rapporter ces armes à Astracan; parce qu'on ne leur en souffre point autrement, à cause qu'ils sont trop inquiets. Ils ont leurs Murses particuliers auxquels ils obéïssent, & du nombre de ceux-ci on retient ordinairement un ou deux à Astracan pour servir d'ôtages de la fidélité de leur Nation. Ils sont Mahométans à gros grain; cependant ils savent beaucoup plus de leur Religion que les Baskirs & les Circasses. Il y en a même déja beaucoup qui ont embrassé la Religion Grecque. Quoiqu'ils soient maintenant sujets à la Russie, ils ne sont chargez d'aucune contribution; mais en revenche ils sont obligez de prendre les armes toutes les fois que les Russes le souhaitent; ce qu'ils font avec beaucoup de plaisir, parce qu'ils ont les mêmes inclinations que tous les autres Tartares Mahométans, c'est-à-dire, d'être fort âpres après le butin. Les Tartares de Nagaï peuvent armer jusqu'à 20000. hommes & ne vont à la guerre qu'à cheval.

Les TARTARES TELANGOUTS [a] habitent maintenant aux environs d'un Lac que les Russes appellent *Osero Teleskoy*, & les Callmouks *Altan-nor*, ils sont Sujets du Contaisch & menent à peu près la même vie que les autres Callmouks. L'*Osero Teleskoy*

[a] Hist. Généal. des Tatars, p. 114. & suiv.

est situé vers les 52. d. de Latitude au Nord-Est du Lac Sayssan & peut avoir environ 18. lieues de longueur sur 12. de largeur; c'est de ce Lac que la grande Riviére d'*Oby* a sa source; elle porte d'abord le nom de *Bÿ* & ne prend le nom de l'*Oby* qu'après qu'elle a reçu les eaux de la Riviére de *Chatun*, qui vient s'y décharger du Sud-Est environ à 20. lieues de l'*Osero Teleskoy*. Le cours de la Riviére d'Irtis vient s'y jetter du Sud-Sud-Ouest, à 60. d. 40'. de Latitude; ensuite elle tourne tout-à-fait au Nord & va se décharger vers les 65. d. de Latitude dans la *Guba Tassaukoya*, par laquelle ses eaux sont portées dans la Mer Glaciale vis-à-vis de la Nova Sembia vers les 70. d. de Latitude, après un cours d'environ 500. lieues. Cette grande Riviére est extrêmement abondante en toutes sortes d'excellens poissons, ses eaux sont fort blanches & légéres, & ses bords sont fort élevez & par-tout couverts de grandes Forêts; mais ils ne sont pas cultivez, excepté en fort peu d'endroits vers *Tomskoy*. On trouve sur les rives de la Riviére d'*Oby* de fort belles Pierres fines & entre autres des Pierres transparentes rouges & blanches en tout semblables aux Agathes, dont les Russes font beaucoup de cas. Il n'y a point d'autres Villes sur les bords de cette Riviére que celles que les Russes y ont bâties, depuis qu'ils sont en possession de la Sibérie. Le grand nombre de Riviéres, qui viennent de côté & d'autre mêler leurs eaux à celles de cette Riviére, la grossissent en sorte, qu'en passant devant la Ville de *Narym*, à plus de 15. lieues de son Embouchure, elle a déja une demi-lieue de largeur. La *Guba Tassaukoya*, par laquelle la Riviére d'Oby se décharge dans la Mer Glaciale, est un grand Golfe de cette Mer, dont nous avons eu peu ou point de connoissance jusqu'ici. Il s'étend depuis les 65. d. jusqu'au Détroit de Nassau, & n'a pas moins de 70. lieues d'Allemagne en sa plus grande largeur. Comme outre la Riviére d'*Oby* les Riviéres *Nadim*, *Purr* & *Tass* & un grand nombre d'autres moindres y viennent porter leurs eaux, il n'est pas étonnant que les eaux de ce Golfe soient douces jusques bien près du *Weygatz*. Son fond est par-tout argilleux & assez uni, & d'autant que le froid dans ces Cantons est trop grand, pour que la Glace de la Guba se puisse fondre tout-à-fait dans l'Eté, on la trouve toujours couverte de glaçons, qui flottent de côté & d'autre sur ce Golfe, selon que les Vents & les Courants les emportent; & c'est la raison pourquoi les Strousses ou Bâteaux des Russes n'osent pas se risquer trop avant sur la Guba. Lorsque le Printems est assez beau pour que les glaçons, qui descendent de la Riviére d'*Oby* & de la Jeniséa, puissent se fondre avant que d'arriver aux Embouchures de ces Riviéres, alors les eaux, sont basses pendant toute l'année dans la Riviére d'*Oby*, la *Jeniséa*, l'*Irtis*, & dans toutes les autres Riviéres qui ont communication avec celles-ci; mais lorsque le Printems est froid & humide, en sorte que les glaçons bouchent les Embouchures de ces Riviéres, alors elles dédebordent de tous côtez, & en font faire de même à toutes les autres Riviéres, qui ont communication avec elles.

Les Tartares-Tunguses. De Krafnajar en defcendant la Jeniféa jufqu'à Jenifeskoi [b], le Pays eft habité par les Tartares Tunguses & par les Tartares Burattes. Ces derniers demeuroient autrefois aux environs de Selinginskoi; mais lorfqu'ils commencérent à fe joindre aux Moungales, à l'inftigation des Chinois, on les a transférez aux environs du Lac de Baïkal, dans les Montagnes, & ils payent leur tribut aux Czars en pelleteries. A l'égard des Tungufes ils font belliqueux & peuvent mettre quatre mille hommes en campagne, bien montez & armez d'Arcs & de Fléches. Ainfi les Moungales n'oferoient faire des courfes dans leurs Quartiers; fi ce n'eft à la nuit à la dérobée pour enlever des Chevaux & du Bétail. Ils s'habillent de Peaux en Hyver, ou plutôt de toifons de Moutons & portent des bottines à la Chinoife. Leurs bonnets ont une bordure d'une fourrure large, qu'ils hauffent & baiffent fuivant le tems qu'il fait; & ils ont une Ceinture garnie de fer, large de quatre doigts, avec une Fléche qui leur fert de Flute. Ils vont tête nue & rafez en Eté n'ayant qu'une treffe par derriére, à la Chinoife; ils portent un habit de Toile bleue de la Chine piquée de cotton & ils font fans chemife. Ils ont naturellement peu de barbe, leur vifage eft affez large & ils reffemblent aux Callmoucks. Lorfque leurs provifions commencent à diminuer, ils vont pas Hordes à la chaffe du Cerf & des Rennes qu'ils enferment dans un cercle, & ils en tirent un grand nombre qu'ils partagent entre eux; car il arrive rarement qu'ils manquent leur coup. Les femmes font à peu près vêtues comme les hommes: la feule différence qu'on y trouve, c'eft qu'elles ont deux treffes de cheveux, qui leur pendent des deux côtez de la tête & leur tombent fur le fein. La pluralité des femmes eft permife aux Tungufes, pourvû qu'ils puiffent les entretenir; & ils les achetent fans fe mettre en peine fi elles ont été poffédées par d'autres. Ils croient qu'il y a un Dieu au Ciel, auquel ils ne rendent cependant aucun Culte & ils ne lui adreffent point de priéres. Quand ils veulent confulter leur *Saïtan* ou Magicien, pour favoir le fuccès du qu'auront à la chaffe ou dans leur courfes, ils le vont trouver pendant la nuit, en battant la caiffe. Lorfqu'ils veulent fe divertir ils font de l'*Arak* de lait de Vache qu'ils laiffent aigrir & qu'ils diftillent à deux ou trois reprifes, entre deux pots de terre bien bouchez avec un petit tuyau de bois: ils font ainfi une bonne eau de vie de laquelle ils fe faoulent jufqu'à perdre tout fentiment. Les femmes ne font pas plus réfervées que les hommes fur cet article. Parmi les Tungufes tout monte à cheval, hommes, femmes, garçons & filles; & tous fe fervent d'Arcs & de Fléches. Au lieu de pain ils mangent des oignons de lis jaunes féchez: ils en font une forte de bouillie, après les avoir réduits en farine; mais ils n'ont aucune connoiffance du Labourage ni de l'Agriculture. Chez eux comme ailleurs, on eftime ceux qui ont de grandes Richeffes: ils les acquiérent par le Commerce qu'ils font avec les Targafi & les Xixi, qui font fous la domination des Chinois. Ce trafic confifte principalement en pelleteries qu'ils négocient contre de la Toile & du Tabac. Les Tungufes prétendent être defcendus des Targafi, ou des Aorfi, avec lesquels ils font des Alliances & vivent en bonne intelligence.

Les Tartares-Tunguses de Nisovier habitent en partie fur les bords de la Riviére Tunguska. Ils ont les cheveux noirs & longs, nouez par derriére; & ils leur tombent fur le dos comme une queue de cheval. Leur vifage eft affez large, fans avoir le nez plat; & ils ont les yeux petits comme les Callmoucks. Ils vont nuds en Eté tant hommes que femmes, à la réferve d'une ceinture de cuir qui couvre leur nudité, & reffemble à une frange. Les femmes ont leurs cheveux treffez avec du corail, auquel elles attachent de petites figures de fer. Les hommes & les femmes portent au bras gauche un certain pot rempli de bois fumant qui empêche les mouches de les piquer. Ces Infectes fe trouvent en fi grande quantité fur la Riviére de Tunguska, qu'on eft obligé pour s'en garentir de fe couvrir le vifage & les mains. Ces Tartares y font fi accoutumez qu'ils ne les fentent qu'à peine. Ils aiment la beauté, dont ils ont cependant une idée fort fingulière, puisque pour y contribuer ils fe font coudre & picquer le front, les joues & le menton, avec du fil trempé dans une graiffe noire, qu'ils retirent enfuite des cicatrices dont les marques leur demeurent & font eftimées parmi eux comme un grand ornement: auffi n'en voit-on guère qui n'en ayent de pareilles. L'Hyver ils s'habillent de peaux de Rennes crues, dont le devant eft orné de peaux de Cheval, & le bas de peau de Chien, fans fe fervir de toile, ni de laine, & ils font une efpèce de ruban & du fil de peau de poiffon. Ils fe couvrent auffi la tête de peaux de Rennes, fans en ôter les cornes, fur-tout lorsqu'ils vont à la chaffe de ces Animaux là dont ils approchent par ce moyen, en fe gliffant fur l'herbe. Lorsqu'ils font à portée, ils ne manquent guère de les percer de leurs Fléches. Quand ils veulent fe divertir ils fe mettent en rond & l'un d'entre eux fe tient au milieu du Cercle, un bâton à la main, dont il tâche de donner fur les jambes de fes compagnons en tournant; mais ils l'évitent avec tant d'adreffe, qu'il arrive rarement qu'ils en foient atteints; & s'il en touche, un on plonge dans la Riviére celui qui a reçu le coup. Ils pofent les corps de ceux qui meurent parmi eux, tous nuds fur un Arbre, & les y laiffent pourrir; enfuite de quoi ils mettent les os en terre. Ils n'ont point d'autres Prêtres que leur *Schaman* ou Magicien; mais ils ont tous des Idôles de bois dans leurs Cabanes d'une demi-aune de long & de forme humaine; auxquelles ils préfentent à manger ce qu'ils ont de meilleur, comme les *Oftiaques*, & avec auffi peu de propreté. Ces Cabanes qui font faites d'écorce de bouleau, font ornées en dehors de queues & de criniéres de Chevaux,

[b] *Le Brun, Voy.* t. 3. p. 434. & fuiv.

vaux, de leurs Arcs & de leurs Fléches, & il y en a peu qui ne foient entourées de jeunes Chiens pendus. Ils fe nourriffent de poiffon en Eté, & ont des Barques d'écorce d'Arbres coufues enfemble, qui ne laiffent pas de contenir fept à huit perfonnes, & qui font longues, étroites & fans bancs. Ils s'y tiennent à genoux, & fe fervent de rames larges par les deux bouts, qu'ils tiennent par le milieu. Ils les manient avec beaucoup d'adreffe & d'agilité, mouillant tous en même tems fur les grandes Riviéres comme fur les petites. Ils pêchent en Eté & chaffent tout l'Hyver. Durant cette derniére Saifon, ils fe nourriffent de Cerfs, de Rennes & de chofes pareilles.

Les TARTARES USBECKS DE LA GRANDE BOUCHARIE. Voyez BUCHARIE.

Les TARTARES USBECKS DE CHARASS'M, Leur Pays eft habité préfentement par trois fortes d'Habitans [a], qui font 1. les Sartes qui font les anciens Habitans de ce Pays; 2. les Turkmanns, qui vinrent s'y établir long-tems avant les Tartares, après s'être féparez des Kanklis parmi lesquels ils habitoient auparavant dans le Pays de Turkeftan; & 3. les Usbecks qui font les Tartares qui y vinrent avec Schabacht Sultan & les autres Defcendans de Scheybani-Chan fils de Zuzi-Chan. Les Sartes & les Turckmanns s'entretiennent de leur Bétail & de l'Agriculture, mais les Usbecks vivent pour la plûpart de rapine; & comme ils font un même Peuple avec les Usbecks de la Grande Boucharie, ils ont auffi le même extérieur, le même Culte, les mêmes inclinations & les mêmes Coûtumes que ces derniers, excepté qu'ils font beaucoup moins polis & plus inquiets. Ils habitent en Hyver dans les Villes, & Villages qui font vers le milieu du Pays de Charäfs'm, & en Eté ils viennent camper pour la plus grande partie aux environs de la Riviére d'Amù, & dans les autres endroits, où ils peuvent trouver de bons Pâturages pour leur Bétail, en attendant quelque occafion favorable pour brigander. Les Usbecks du Pays des Charäfs'm font inceffamment des courfes fur les Terres voifines des Perfans, tout comme les usbecks de la Grande Boucharie, & il n'y a ni Paix ni Trêve qui les en puiffe empêcher, puifque les Efclaves & autres effets de prix qu'ils en emportent en ces occafions font toute leur Richeffe. Lorsque les Forces de cet Etat ne font pas partagées, il peut facilement armer 40. à 50000. hommes d'affez bonne Cavalerie.

TARTARES-ZAPOROGES. Voyez TARTARIE.

TARTARI, nom qu'Hermolaus & Paul-Emile [b] donnent aux Peuples du Cherfonnéfe Taurique que Pline appelle Tractari. Leunclavius prétend qu'au lieu de *Tartari* il faut lire *Tatari*, & que ce nom eft formé de celui d'une Riviére nommée *Tatarus*. Voyez TRACTARI.

TARTARIE, Grande Région dans le Nord de l'Afie entre l'Oby & la Grande Muraille de la Chine. Quelque foin [c] qu'ayent pris les anciens Géographes de nous faire connoître la vafte étendue des Terres Septentrionales qui font entre l'Oby & la célébre Muraille de la Chine, il faut pourtant avouer qu'ils y ont affez mal réuffi. Les-uns n'en ont dit prefque rien, & les autres pour en vouloir trop dire, nous ont donné leurs conjectures comme des véritez conftantes. Les Modernes n'ont été guère plus heureux: puifque pour renchérir fur ceux qui les ont devancés, ils n'ont pu faire autre chofe que de remplir ces grands efpaces vuides, d'une infinité de Forêts, ou de plufieurs Deferts horribles. C'eft aux Cofaques Zaporoges, c'eft-à-dire, à ceux qui demeurent au-delà des Sauts du Boryfthène, que nous fommes principalement redevables des connoiffances particuliéres que nous avons de ces Pays, qu'on regardoit anciennement comme des Solitudes affreufes, où l'on ne pouvoit s'engager fans s'expofer à un danger évident de s'y perdre, & qu'on a préfentement fi-bien reconnus, qu'on y voyage avec autant de facilité qu'on peut faire dans toute l'Europe. Ceux-ci ayant été vaincus par les Mofcovites, & ne voulant pas fe foumettre aux vainqueurs, prirent la réfolution de quitter leur Pays, qu'ils ne pouvoient plus défendre. Ils s'avancérent en grand nombre jufqu'au Wolga, fur lequel ils allérent à Cazan, d'où il leur fut aifé de fe rendre jufqu'à l'Irtis. Ils continuerent leur chemin jufqu'au Confluent de l'Irtis & du Tobol, où ils fondérent la Ville qui tire fon nom de ce dernier Fleuve. Ils s'étendirent enfuite, & occupérent tout le Pays qui eft aux environs de l'Oby, & qu'on appelle proprement Sibérie du mot de Sibir, qui en Efclavon veut dire Septentrion. Le peu de commoditez qu'ils avoient pour la vie, & pour le debit des peaux, particuliérement des Martres Zibelines, les a obligez depuis, de s'accommoder avec les Mofcovites, & de fe donner même à eux, quoique les Montagnes & les Fleuves qui entourent & qui occupent tout le Pays les miffent à l'abri de toutes les infultes qu'on eut pu leur faire.

Quelques Chaffeurs de Sibérie [d] s'aviférent fur la fin du Siécle paffé de venir en Mofcovie pour y vendre des peaux de Martres, qu'on appelle Zibelines du nom de leur Pays. Comme ces peaux étoient beaucoup plus fines & plus belles que celles qu'on avoit vues jufqu'alors, on fit beaucoup de careffes & d'amitiez à ces Chaffeurs; on les régala, on les chargea de préfens, & on les engagea à revenir: quelques Mofcovites fe joignirent à eux pour aller chaffer en leur Pays, & pour en faire la découverte; ils n'y trouverent ni Villes, ni Villages ni aucune Habitation fixe, mais feulement quelques Hordes errantes. Comme la Chaffe étoit excellente, & qu'on y trouvoit une grande quantité de ces précieux Animaux, dont les peaux font fi recherchées; ils en donnerent avis à Boris, Beau-Frere & premier Miniftre de Théodore Czar de Mofcovie. Boris qui avoit de grandes vûes, & qui penfoit dès ce tems-là à fe rendre Maître de l'Empire de Mofcovie, comme il fit dans la fuite, réfolut d'envoyer des Ambaffadeurs aux Sibériens, pour les invi-

[a] Hift. des Tatars, p. 515.

[b] Ortelii Thefaur.

[c] Le P. Avril, Voyages en divers Etats d'Europe & d'Afie, p. 137.

[d] Nouveaux Mémoires fur l'Etat préfent de la Chine. Le P. Gobien, T. 3. p. 196.

inviter à faire alliance, & à entrer en société avec les Moscovites. Ces Ambassadeurs qui furent très-bien reçus amenérent avec eux à Moscou quelques-uns des principaux de la Nation, selon les ordres de Boris. Ces bons Sibériens, qui n'avoient jamais eu de société qu'avec les Animaux de leurs Forêts, furent si charmez de la grandeur de la Ville de Moscou, de la magnificence de la Cour du Czar, & du favorable accueil qu'on eut soin de leur faire, qu'ils reçurent avec plaisir la proposition, que leur fit Boris, de reconnoître l'Empereur de Moscovie pour leur Maître & pour leur Souverain. Ces Ambassadeurs gagnez retournérent en leur Pays, où ils persuadérent à leurs Compatriotes de ratifier ce qu'ils avoient fait. Les presens qu'on leur porta, & les assurances qu'on leur donna d'une puissante protection les déterminérent à faire ce qu'on souhaita d'eux. Ainsi les Moscovites se mélérent avec ces nouveaux Sujets; & ne firent plus qu'un même Peuple avec eux. Ils parcoururent ces vastes & immenses Pays de la Tartarie, dont nous ne connoissons que le nom. Ils découvrirent plusieurs grandes Riviéres sur le bord desquelles ils bâtirent des Forts sans aucune opposition des Tartares, qui habitent ces Forêts & ces Deserts: car comme les Peuples sont errans, & qu'ils n'ont aucune demeure fixe, ils n'étoient pas fâchez de trouver les Moscovites, qui les caressoient, & qui leur fournissoient quelques commoditez de la vie. Ainsi marchant toujours sur la même ligne d'Occident en Orient, en tournant un peu vers le Midi, & bâtissant de distance en distance des Forts & des Villes sur ces grandes Riviéres, & dans les Gorges des Montagnes pour s'en assûrer; ils sont parvenus enfin jusqu'à la Mer Orientale, & jusqu'aux Frontiéres de la Nation des Manchéous, ou des Tartares Orientaux qui se sont rendus Maîtres de la Chine. Ceux-ci moins endurans que leurs voisins, les Tartares Occidentaux, surpris de voir des gens qui leur étoient inconnus, & plus surpris encore de ce qu'ils bâtissoient des Forts sur leurs Terres, se mirent en devoir de les en empêcher. Les Moscovites qui n'avoient pas trouvé jusqu'alors de résistance, & qui s'étoient mis en possession d'une petite Isle, où l'on trouve les plus belles Martes qui soient au Monde, leur représentérent que ces Terres n'ayant jamais eu de Possesseurs légitimes, ils étoient en droit de s'y établir, puisqu'elles appartenoient à ceux qui les occupoient. Ces raisons ne persuadérent pas les Manchéous: on contesta long-tems, & ces contestations furent suivies de la guerre. Les Manchéous rasérent jusqu'à deux fois un Fort bâti sur leurs Terres: les Moscovites le rétablirent pour la troisiéme fois, & le munirent si bien de toutes sortes de provisions, qu'ils le crurent hors d'insulte. Les Chinois & les Manchéous le rassiégérent, & firent de grands efforts pour s'en rendre les Maîtres: mais le Canon des Moscovites, qui étoit très-bien servi les fit douter plus d'une fois du succès de leur entreprise. On fut bien-tôt las d'une Guerre,

qui retiroit les Chinois de cette vie voluptueuse qu'ils menent ordinairement, & qui empêchoit les Manchéous de goûter les Délices de la Chine. Les Moscovites de leur côté en étoient très-incommodez parce qu'il leur falloit entretenir une Armée dans des Deserts à plus de mille lieues de leur Pays. C'est ce qui les obligea d'envoyer un Ambassadeur à Pekin, pour donner avis à l'Empereur de la Chine, que le Czar avoit envoyé des Plénipotentiaires à Selingue, dans le dessein de terminer cette Guerre; qu'il n'avoit qu'à leur marquer un Lieu propre pour tenir les Conférences, & que ses Ambassadeurs ne manqueroient pas de s'y rendre. L'Empereur de la Chine ne souhaitoit pas moins la Paix que les Moscovites, dont le voisinage lui déplaisoit: il craignoit qu'ils ne soulevassent contre lui les Tartares Occidentaux, ses plus redoutables ennemis; & que joignant leurs forces ensemble, ils ne vinssent faire une irruption dans ses Etats. C'est pourquoi il reçut fort bien la Proposition du Czar, & résolut d'envoyer l'année suivante, qui étoit l'an mille six-cens quatre-vingt-huit, ses Ambassadeurs à Selingue pour y conclure la Paix. Cette Ambassade fut une des plus magnifiques, dont on ait entendu parler: car outre les cinq Plénipotentiaires que l'Empereur avoit choisis, dont l'Oncle de l'Empereur, *Cum* du premier Ordre, & le Prince Sosan ce zelé Protecteur du Christianisme, étoient les Chefs; il y avoit cent cinquante Mandarins considérables, avec une suite de plus de dix mille personnes, & un attirail de Chevaux, de Chameaux, & de Canon, plus propre pour une Armée que pour une Ambassade. L'Empereur qui avoit remarqué que les Moscovites avoient eu soin de faire traduire en Latin les Lettres qu'ils lui avoient présentées, ne douta pas que leurs Plénipotentiaires n'eussent amené avec eux des gens habiles dans cette Langue. C'est pourquoi il souhaita que les P. Pereira & Gerbillon Jésuites, accompagnassent ses Ambassadeurs, & leur servissent d'Interpretes. Il leur en fit expédier des Lettres Patentes; & afin que les Moscovites eussent pour eux du respect, & que ces Peres parussent dans cette Assemblée avec honneur, il les mit au rang des Mandarins du troisiéme Ordre; il leur donna à chacun de ses propres habits, & ordonna à ses Ambassadeurs de les faire manger à leur Table, & de ne rien faire que de concert avec eux. Les Plénipotentiaires partirent de Pekin sur la fin du mois de Mai de l'année mille six cens quatre-vingt-huit, & s'avancérent avec leur train & leurs magnifiques équipages jusques sur les Frontiéres de l'Empire. Il falloit passer sur les Terres des Halhas & des Elouths. Ces Peuples se faisoient alors une cruelle Guerre, ils prirent ombrage de cette marché, & ne voulurent point donner passage à cette nombreuse Cavalerie qui accompagnoit les Ambassadeurs, ni à cette multitude de Chameaux, ni à ces trains d'Artillerie, qui les suivoit. Comme les Plénipotentiaires n'étoient pas aussi en état de se le faire donner à force ouverte, ce refus rompit leur Voya-

Voyage, & les obligea après de grandes fatigues, un peu plus à l'Orient que Pekin, dont elle n'est éloignée que de trois cens lieues. Les Tartares choisirent ce Lieu pour ne pas s'éloigner de leurs terres, & n'être pas exposez aux fatigues qu'ils avoient essuyées l'année précédente. Les Moscovites se trouvèrent au rendez-vous: on s'aboucha de part & d'autre; mais comme chacun étoit entêté du mérite & de la grandeur de sa Nation, & que les maniéres & les Coûtumes de ces deux Peuples sont entièrement opposées; on ne put convenir de rien: on s'aigrit même de part & d'autre; & la division alla si loin que l'on se cantonna. On étoit prêt de rompre & d'en venir aux mains, lorsque le P. Gerbillon, qui avoit souvent été dans le Camp des Moscovites dit au Prince Sosan & aux autres Plénipotentiaires, que si on vouloit le charger, lui & le P. Pereyra de cette affaire, & les laisser tous deux traiter avec les Moscovites, il se faisoit fort de les faire revenir, & de conclure la Paix. Les Tartares le souhaitoient, mais leur fierté & leur animosité leur fit d'abord rejetter cette proposition, dans la crainte que les Moscovites ne retinssent les deux Peres prisonniers. Mais quoique ces Peres les rassûrassent, tout ce qu'ils purent obtenir, fut que le Pere Gerbillon passeroit seul dans le Camp des Moscovites. Il y alla, il demeura quelques jours avec eux, il les fit revenir de leur entêtement, en leur faisant connoître leurs véritables interêts: que c'étoit prendre le change, que de s'amuser à disputer sur quelques Forts bâtis dans des Deserts, pendant qu'ils pouvoient profiter du Commerce de la Chine, le plus riche qui soit au monde; que ce Commerce seul étoit capable d'apporter l'abondance & les Richesses de tout l'Orient dans leurs Etats; que la Paix leur étoit nécessaire pour affermir les grandes conquêtes qu'ils avoient faites dans la Tartarie, puisqu'ils voyoient assez qu'il ne leur seroit pas aisé de les garder dans un si grand éloignement, si l'Empereur de la Chine venoit tomber sur eux avec toutes ses forces. Ces raisons étoient vrayes, les Moscovites les goûtèrent, ils signèrent le Traité, & en passèrent par tout ce que l'Empereur de la Chine demandoit, sacrifiant leurs interêts à la liberté du Commerce dont ils se promettoient de tirer de grands avantages. Ainsi ces deux Nations également contentes, se trouvèrent dans l'Eglise de Nipchou, où les Plénipotentiaires de part & d'autre jurérent la Paix entre les deux Empires le troisième jour de Septembre de l'année mille six-cens quatre-vingt-neuf. La Paix de Nipchou eut d'heureuses suites pour la Religion: le Prince Sosan devint l'ami & le Protecteur des Missionnaires, il se déclara hautement pour eux, & il ne perdit depuis ce tems-là aucune occasion de leur donner des marques d'une estime véritable, & d'un sincère attachement. Aussi est-ce au crédit & à la faveur de ce Prince, qu'on doit la liberté de la Religion Chrétienne, qu'on souhaitoit si ardemment depuis un Siécle, & qu'on avoit souvent si inutilement demandée.

TARTARO, Rivière d'Italie [a], dans l'Etat de Venise. Elle a sa source dans le Veronèse, d'où prenant son cours d'Occident en Orient, elle traverse la Polesine de *Rovigo*, & se rend à *Adria*. Au-dessous de cette Ville elle se partage en deux Bras dont le plus considérable va se perdre dans l'Adige, & l'autre va se jetter dans le Pô.

[a] *Vischer*, Théâtre de la Guerre en Italie.

1. TARTARUS, nom d'un Fleuve dont fait mention Antonius Liberalis. Il le place dans la Phtie près de la Ville Melita [b].

[b] *Ortelii Thesaur.*

2. TARTARUS, Rivière d'Italie, au Nord du Pô, & appellée Atrianus par Ptolomée. Voyez ATRIANORUM-PALUDES & ATRIANUS.

TARTAS, Ville de France dans la Gascogne, au Diocèse d'Acqs, Election des Lannes, sur une petite Rivière nommée Midore qui se jette dans l'Adour. Cette Ville qui est agréablement située & assez bien bâtie, quoiqu'elle soit petite, étoit importante lorsque les Huguenots en étoient les Maîtres. Ils la tenoient pour une de leurs Places de sûreté. Quelques-uns ont voulu qu'elle eût pris son nom des anciens *Tarusates*; mais il y avoit long-tems qu'il n'étoit plus question de ces Peuples lorsque *Tartas* a été bâtie. Mrs. de Valois [c] & Longuerue [d] disent qu'elle doit son origine aux Gascons, qui la bâtirent après avoir occupé le Pays où elle est située. Ils l'appellèrent TARTASSU; ce qui signifie en Langue Basque un Lieu où il y a quantité de cette espèce de Chênes, qu'on nomme en cette Langue *Tarta*. Elle a eu ses Vicomtes sous les Comtes de Gascogne, dès l'an 960. Le premier qu'on trouve s'appelloit *Rex Tortus*. Ses Successeurs jusqu'à l'an 1312. ont toujours joui de ce Vicomté auquel ils avoient joint par mariage celui d'Acqs. Arnaud Raymond dernier Vicomte de Tartas & d'Acqs mourut en cette année-là après avoir vendu ses deux Vicomtez à Jean, Vicomte ou Sire d'Albret, par où ces deux Vicomtez entrèrent dans cette Maison dont les Biens ont été réünis à la Couronne de France sous Henri IV. La Ville de Tartas est bâtie sur la pente de la Montagne, en forme d'Amphithéatre, & le haut étoit défendu par un Château en forme de Citadelle; mais ce Château fut démoli en 1621. Il n'y a dans cette Ville qu'une seule Paroisse avec un Couvent de Filles; & les Recollets ont un Couvent dans le Fauxbourg. Après que l'on a passé le Pont pour sortir de Tartas on trouve une belle promenade de plusieurs rangées d'Arbres au bord de la Rivière, & plus avant on rencontre des Bois & des Sablons pendant deux lieues. Il se tient à Tartas un Marché considérable pour les Seigles que l'on y apporte des Landes.

[c] *Notit. Galliar.* P. 545.
[d] *Descr. de la Fran. Part. I.* P. 191.

TARTESIORUM-SALTUS, Forêts d'Espagne: Justin [e] dit qu'on prétendoit que ce fût là que les Titans avoient combattu contre les Dieux, & que ces Forêts avoient été habitées par les Curetes. Hen- ricus

[e] *Lib. 44. c. 4.*

ricus Coquus donne à ce Quartier de l'Espagne le nom de *Los campos de Tarif*.

TARTESSIS, Contrée d'Espagne, dans la Bétique, vers l'Embouchure du Fleuve *Bætis*. C'étoit, selon Strabon [a], le Pays qu'habitoient de son tems les *Turdules*, & il avoit été ainsi nommé de la Ville *Tartessus*, qui ne subsistoit plus du tems de Strabon. Eratosthène donnoit aussi le nom de Tartessis au Pays voisin de *Calpe* & à l'Isle Erythea [b]; & Scaliger remarque que cette Tartesside est appellée par Ausone *Campi Arganthonini*, du nom d'un certain *Arganthonius*, qui, selon les anciennes Histoires, régna dans ce Pays-là.

[a] Lib. 3. p. 148.
[b] Ortelii Thesaur.

TARTESSUS, Ville de la Bétique. Strabon [c] dit que le Fleuve *Bætis* se jettoit dans la Mer par deux Embouchures, & qu'entre ces deux Embouchures il y avoit autrefois une Ville appellée Tartessus, & il ajoute que le Pays des environs s'appelloit Tartesside. Mais si nous nous en rapportons à Pomponius-Mela [d], dont le témoignage est préférable, puisqu'il étoit né dans ce Quartier-là, nous trouverons que Tartessus étoit la même chose que *Carteja*; qu'elle étoit voisine de *Calpe*, & sur la Baye que formoit ce Promontoire appellée aujourd'hui la Baye de Gibraltar. Voyez CARTEJA & THARSIS.

[c] Lib. 3. p. 148.
[d] Lib. 2. c. 6.

TARTESSUS-MONS, Montagne de la Bétique, selon Sextus Avienus, cité par Ortelius [e].

[e] Thesaur.

TARTONNE, Lieu de France, dans la Provence, Diocèse de Digne. Il y a dans cette Paroisse une Fontaine d'eau salée, dont l'usage est permis aux Habitans, qui en tirent du Sel, en la mettant bouillir dans un chaudron. Ce Sel, quoique bon, ne l'est pas au même degré que celui de Moriez.

TARTRE, (Le) Lieu de France, dans la Bourgogne, Diocèse de Besançon, il est situé sur un côteau qui est Frontiére du Comté de Bourgogne. Il y passe une petite Riviére nommée la Seille, qui n'est pas navigable dans cet endroit; il y a un Pont.

TARUALTÆ, Peuple de la Libye Intérieure selon Ptolomée [f].

[f] Lib. 4. c. 6.

TARUANA. Voyez TERSIANA.
TARUANNA. Voyez TEROUENNE.
TARUBANI. Voyez TEROUENNE.
TARUDA, Ville de la Mauritanie Césariense; Ptolomée [g] la marque près d'*Ægæa*.

[g] Lib. 4. c. 3.

TARUDANT, Ville d'Afrique, au Royaume de Maroc [h]. Les Maures la nomment *Teurant*. Elle a été bâtie par les anciens Africains à douze lieues de Teceut du côté de l'Orient, & à deux du Grand Atlas, vers le Midi. Quoiqu'elle ne soit pas fort peuplée, elle ne laisse pas d'être une Ville magnifique, d'un grand Commerce. Elle a été autrefois libre; mais elle fut assujettie par les Bénimérinis, lorsqu'ils se rendirent Maîtres de la Mauritanie Tingitane, & ils en firent la Capitale de la Province, & des Contrées voisines. Ils l'embellirent beaucoup; car là deux du Grand Gouverneur ou Viceroi y faisoit sa résidence à cause du commerce des Negres, & on y bâtit une Forteresse. La Ville recouvra sa liberté par la chûte des Bénimérinis, & se gouvernoit par quatre des principaux Habitans, qui se changeoient tous les six mois. L'an 1511. les Chérifs gagnerent les Premiers de la Ville; & obtinrent par leur moyen, que ceux de Tarudant leur entretiendroient cinq cens Chevaux pour arrêter les courses des Chrétiens du Cap d'Aguer, & de leurs Alliez. A la faveur de ces Troupes, & des Zaraganes, avec quelques autres Communautez, ils se rendirent Maîtres de la Ville, & ensuite de toutes les Provinces voisines. Le Chérif Mahamet étant depuis Roi de Sus, répara les Murs de la Ville & du Château, & y ajouta de nouvelles Fortifications, la peuplant de tant de Marchands, & d'Artisans, que c'est encore aujourd'hui une des principales Villes d'Afrique. Ce Chérif y avoit son Magazin d'Armes, son Arsenal, & la plus grande partie de ses Tresors, comme à l'endroit le plus sûr de son Etat; mais ayant été assassiné en 1557. par le Turc Hascen, celui-ci s'empara de cette Ville. Les Habitans sont de bonnes gens, qui s'habillent de drap & de toile, comme ceux de Maroc. Le Territoire de la Ville est grand, & du côté du Mont Atlas il y a de grands Villages de Bérébéres Mucatnudins, & vers le Midi plusieurs Aduares, ou Habitations d'Arabes avec une Communauté des Bérébéres, qui vivent sous des Tentes, & qui sont riches & belliqueux. Ils sont plus de cinq mille Chevaux. Leur principal Quartier est à quatre lieues de Tarudant, sur les Confins d'Eufaran. Leurs Chefs furent les premiers, qui favoriserent les Chérifs, & qui les suivirent dans toutes leurs guerres. Ali fils de Bucar en étoit, qui égorgea Muley Hamet, & ses petits fils dans Maroc, lorsqu'il fut la mort du Chérif. Tout le côté de cette Province, qui regarde la Libye appartient à ces Peuples, & ils se font payer le Tribut des Habitans qui veulent semer les Terres.

[h] Marmol, Royaume de Maroc, Liv. 3. c. 24.

TARUESEDE, Lieu de l'Helvétie: L'Itinéraire d'Antonin le place sur la Route de Bregentz à Côme, entre Coire & Chiavenne, à soixante milles du premier de ces Lieux, & à quinze milles du second. C'est aujourd'hui Splugen selon Simler, & *S. Giacomo* dans le Val de Chiavenne, selon Scudus cité par Ortelius [i].

[i] Thesaur.

TARUIDUM, TARUEDUM, ou ORCAS; Promontoire de la Grande-Bretagne. Ptolomée [k] le marque sur la Côte Septentrionale, après l'Embouchure du Fleuve *Nabæus*. On croit que c'est présentement Dungisbehead en Ecosse dans la Province de Cathnets.

[k] Lib. 2. c.

TARVIS, en Latin TARVISIUM, Bourg d'Allemagne dans la Carinthie, au Diocèse de Bamberg [l]. Il a pris son nom de ses anciens Habitans appellez *Taurisci*. Strabon fait l'éloge des Mines d'Or qui étoient autrefois dans ce Quartier; & il dit que de son tems on en voyoit encore dans les Vallées d'Idria & de Plesse. Les Romains ont tellement épuisé ces Mines qu'au lieu de l'Or qu'on y trouvoit on n'en tire plus que du Vif-argent, en abondance à la vérité; ce qui produit un grand revenu à la Maison d'Autriche.

[l] Zeyler, Topogr. Carinthiæ, p. 102.

TARVISIUM. C'est ainsi que Cassiodore, Procope, Paul-Diacre & Réginon appellent la Ville que nous connoissons aujourjourd'hui sous le nom de TREVISO; voyez ce mot.

TARUS, Fleuve d'Italie selon Pline [a], qui le marque dans la Gaule Cispadane. Il conserve son ancien nom. On l'appelle présentement *Taro*. Voyez TARO.

[a] Lib. 3. c. 16.

TARUSATES, Peuple de la Gaule Aquitanique & dont César [b] fait mention. Mr. Samson dans ses Remarques sur la Carte de l'Ancienne Gaule dit: On ne dispute presque plus aujourd'hui que le Pays des Tarusates ne soit le Tursan, & Aire est la Capitale du Tursan.

[b] Lib. 3. c. 23. & 27.

TARUSCO, Ville de la Gaule Narbonnoise. Ptolomée [c] la donne aux Salies & la marque près de *Glanum*. Le MS. de la Bibliothéque Palatine porte TARASCUM & Strabon écrit TARASCON. Elle conserve aujourd'hui ce dernier nom. Voyez TARASCON, & TASCODUNITARI.

[c] Lib. 2. c. 10.

TASACARTA, Lieu d'Egypte: l'Itinéraire d'Antonin le marque sur la Route de Peluse à Memphis, entre Daphnès & Thou, à dix-huit milles du premier de ces Lieux & à vingt-quatre milles du second.

TASAGORA, Ville de la Mauritanie Césariense, selon l'Itinéraire d'Antonin, qui la marque sur la Route de *Cala* à *Rusucurrum*, entre *Ad-Regias* & *Castra-nova*, à vingt-cinq milles du premier de ces Lieux, & à dix-huit milles du second.

TASARTA, ou THASARTE, Lieu de l'Afrique propre. Il est marqué dans l'Itinéraire d'Antonin sur la Route de *Telepte*, à *Tacapæ*, entre *Capse* & *Aquæ Tacapinæ*, à trente-cinq milles du premier de ces Lieux & à dix-huit milles du second.

TASCA. Voyez PHASCA.

TASCHKANT, Ville de la Tartarie [d], sur la Frontiére des Indes, en tirant vers Talafch. Cette Ville est située à la rive droite de la Riviére de Sirr à 45. d. de Latitude & 92. d. 40'. de Longitude. Elle est fort ancienne, & elle a été plusieurs fois détruite & rebâtie à l'occasion des fréquentes guerres entre les Princes Tartares de son Voisinage. Quoiqu'elle ne soit pas grand' chose à présent, elle ne laisse pas d'être la Résidence d'Hyver du Chan de la Casatschia Orda, qui possède une partie du Turkestan; car dans l'Eté il va camper de côté & d'autre sur les bords de la Riviére de Sirr, selon la coutume de tous les Princes Tartares.

[d] Hist. Généalog. des Tatars. p. 49.

TASCI, Peuples de la Perside, selon Denys le Périégète [e], qui les met au voisinage des *Pasargadæ*. Son ancien Interprete remarque que les *Tasci* étoient habiles à manier l'Arc.

[e] Orbis Descript. v. 1069.

TASCIA, Ville des Etats du Turc en Asie, dans la Province de Toccat, au-dessus des Montagnes Noires, selon Davity [f]. Il ajoute que cette Ville est renommée par la Victoire que *Junno Bassa* y remporta sur Techel, Persan, tenu par les siens pour un grand Prophète.

[f] Cappadoce, pag. 36.

TASCODUNITARI & CONONIENSES, Peuples de la Gaule Narbonnoise, selon quelques MSS. de Pline [g], au lieu de quoi d'autres MSS. & quelques Exemplaires imprimez portent TASCODUNI, TARUSCONENSES; d'autres TASCONI, TARACUNONIENSES,

[g] Lib. 3. c. 4.

& autres TASCONI, TARUSCONIENSES. Le Pere Hardouin qui suit cette derniére Leçon regarde les autres comme des noms corrompus. Il se fonde sur le MS. de la Bibliothéque Royale & sur l'ordre Alphabétique que Pline est accoutumé de suivre. Les *Tasconi*, ajoute-t-il, habitoient vraisemblablement dans l'endroit où est aujourd'hui Montauban, Ville que mouille la petite Riviére *Tesco*, aujourd'hui le Tescouet, qui s'y jette dans le Tarn. Cette Riviére *Tesco* pouvoit avoir donné son nom au Peuple TASCONI ou TESCONI. Quant aux TARUSCONIENSES, dit le Pere Hardouin, ils tiroient leur nom de *Tarusco* Ville des Salies, & aujourdhui appellée TARASCON. Voyez TARUSCO & TARASCON.

TASCUTINI, Peuples du Pont, aux environs de la Colchide, selon Diodore de Sicile [h], qui est le seul qui en parle. Ortelius [i] croit que ce mot est corrompu. Il soupçonne qu'au-lieu de TASCUTINI, on devroit lire SCUTINI, ou plutôt SCYTHINI. Voyez SCYTHINI.

[h] Lib. 14. [i] Thesaur.

TASFALTENSIS, ou TASBALTENSIS, Siège Episcopal d'Afrique dans la Byzacène. Son Evêque est nommé Marcellinus dans la Notice des Evêchez d'Afrique, & Julianus *Episcopus plebis Tasfaltensis* dans la Conférence de Carthage [k]. Adelfius *a Thasbalte*, ou comme portent quelques MSS. *a Thasvalte*, assista au Concile de Carthage sous St. Cyprien. C'est apparemment la Ville TABALTA de l'Itinéraire d'Antonin. Voyez TABALTHA.

[k] No. 128.

TASILIACUM, Lieu de France dont Fortunat fait mention dans la Vie de St. Germain.

TASITIA, Village de l'Ethiopie sous l'Egypte. Ptolomée [l] le marque sur la rive Occidentale du Nil, près de *Boum*. Ortelius soupçonne que c'est le *Stadisis* de Pline, & le *Taphis*, *Tasis*, ou *Tasis* de l'Itinéraire d'Antonin.

[l] Lib. 4. c. 7. [m] Thesaur.

TASKEGUI, petit Peuple de l'Amérique Septentrionale, dans la Louisiane, au bord de la Riviére des Alibamous, entre les Conchatez & les Abeikas.

TASNAY, Lieu de France, dans le Nivernois, Diocèse & Election de Nevers. C'est une Paroisse située en Plaine à trois quarts de lieues de la Riviére de Loire. Terres légéres à Seigle & un peu de froment, peu de pâcages, & des foins seulement pour la nourriture des Bestiaux; beaucoup de Bois & Bruyéres, & quelques Vignes.

TASOPIUM, Ville de l'Inde en deçà du Gange: Ptolomée [n] la donne aux Peuples *Sabaræ* & la marque près de *Caricardama*.

[n] Lib. 7. c. 1.

TASSACCURRENSIS, Siège Episcopal d'Afrique, dans la Mauritanie Césariense, selon la Notice des Evêchez d'Afrique, où l'Evêque de ce Siège est nommé Pœccarius. TASACCORA est marquée par l'Itinéraire d'Antonin au nombre des Villes de la Mauritanie Césariense.

TASSAROLLO, ou TASSAROLLI, petit Pays d'Italie avec titre de Comté. On trouve des Monnoies aux Armes de Spinola, avec cette Legende: *Augustinus Spinola Comes Tassarolli*.

TASSIACA, Ville de la Gaule, selon un

328 TAS. TAT. TAT.

un morceau de la Table de Peutinger en MS. consulté par Ortelius ^a. ^a Thesaur.

TASSING, ou TAASSING, Isle du Royaume de Dannemarck, entre l'Isle de Fionie & celles de Langeland & d'Arroe; mais plus près de la première que des deux autres. Elle n'est séparée de l'Isle de Fionie que par un Canal assez étroit. L'Isle de Tassing est longue & située à l'Orient de la partie la plus Méridionale de l'Isle de Fionie. On y voit quelques Bourgs ou Villages; & elle a trois petites Isles sur sa Côte Méridionale, savoir:

Birckholm, Jonsö,
Skaro.

TASSO. Voyez THASUS.

TASZMIN, Riviére de Pologne, dans le Palatinat de Kiovie [b]. Elle a sa source dans la partie Méridionale de ce Palatinat, vers les confins de celui de Braclaw. Elle prend d'abord son cours du Midi au Nord; & quand elle est arrivée auprès de Smilla, elle fait un coude, & prend sa course du côté de l'Orient. Quand elle est rendue auprès de Czehryn, elle se partage en deux Branches, qui, à quelques lieues de là, vont se perdre dans le Borysthéne près de Krylow ou Krylaw.

TASTA, Ville de la Gaule, dans l'Aquitaine: Ptolomée [c] la donne aux *Datii*; mais comme il est le seul des Anciens qui connoissent des Peuples *Datii* dans la Gaule, Mr. de Valois [d] juge qu'il y a faute dans cet endroit de Ptolomée, & qu'au lieu de Τπὸ Γαβάλαις Δάτιοι, καὶ πόλις Τάςα, on doit lire Τπὸ Γαβάλαις Οὐσιδάτιοι, ou Οὐσιδάτιοι. Quelques-uns avoient cru que cette Ville TASTA de Ptolomée étoit la Ville de Dax ou d'Acqs; mais quand on n'admettroit pas que le passage en question de Ptolomée seroit corrompu, on ne pourroit mettre Dax ailleurs qu'à *Aquae Trabellicae*. Selon Mr. de Valois, TASTA pourroit être aujourd'hui Montesquiou, petite Ville située sur l'Osse, en Latin *Ossida*, ou *Ossidus*, Riviére qui donnoit le nom au Peuple *Ossidates*, *Ossidatii*, ou *Ossidatii*.

TASTACHE, Ville de la Parthie, selon Ptolomée [e] qui la marque entre *Marriche* & *Armiana*.

TASTINA, Ville de la Grande Arménie: Ptolomée [f] la marque entre *Surta* & *Coxala*. Le MS. de la Blibliothéque Palatine écrit PATINA pour TASTINA.

TASUS. Voyez THASUS.

TATA, ou TOTIS, petite Ville de Hongrie [g], dans la partie du Comté de Comore qui est au Midi du Danube, sur la Route de Raab à Gran. Il y a un Château à *Tata*.

TATACENE. Voyez TAUCENE.

1. TATAH, ou TATA, Royaume des Indes, dans les Etats du Grand-Mogol. On l'appelle aussi SINDE [h]. Il est borné au Nord par la Province de Buckor, à l'Orient par celles de Jessélmere & de Soret, au Midi par la Mer, & à l'Occident par la Province de Mécran. La Riviére d'Inde, ou de Sinde se partage en deux portions & elle y a son Embouchure. Le Pays est également riche en Bled & en Bétail. Il paye au Grand-Mogol soixante Laqs & deux mille Roupies. Ses principaux Lieux sont:

A la droite du Sinde:
{ *Tata*,
Badbe,
Manbahere,
Sarisan,
Araba,
Debil, ou *Dioul*,
Scharma. }

Dans les Isles qui sont à l'Embouchure du Sinde:
{ *Calere*,
Saruna,
Sinai,
Birun,
Nuraquimire. }

A la gauche du Sinde: { *Mamehel*. }

2. TATAH, ou TATA, Ville des Indes [k], dans les Etats du Grand-Mogol, au Royaume de Sinde dont elle est la Capitale. Elle est située sur le Bras Occidental de l'Inde, à quelques lieues au-dessus de son Embouchure. Le grand Commerce des Portugais en cette Ville l'a rendue célèbre. Ils la fréquentent beaucoup quoiqu'elle soit à quelques lieues de la Mer. Les Voyageurs Anglois l'appellent GUTTU NEGAR TUTTA & disent qu'on la nomme ordinairement *Tutta* sans y joindre les deux autres mots [l]. Les Marchands Indiens se pourvoyent à *Tata* de quantité de curiositez qui s'y trouvent par l'adresse des Habitans qui y ont une merveilleuse facilité pour toutes sortes d'Arts. Le Sinde embrasse plusieurs Isles aux environs de *Tata*; & comme ces Isles sont fertiles & agréables, elles rendent cette Ville une des plus commodes des Indes, encore qu'il y fasse très-chaud.

TATHILBA, Ville de l'Inde en deçà du Gange: Ptolomée [m] la donne aux *Bidamai*. Au lieu de TATHILBA le MS. de la Bibliothéque Palatine porte TATHILLA.

TATHIS, Village d'Ethiopie, selon Ptolomée [n] qui le marque sur le bord Occidental du Nil près de *Nacis*.

TATHYRIS, Village d'Egypte: Ptolomée [o] qui le marque dans la Contrée appellée Memnon, dit qu'il étoit dans les Terres.

TATIEN, Ville de la Chine [p], dans la Province de Fokien, au Département d'Ienping, cinquième Métropole de la Province. Elle est de 0. d. 40'. plus Orientale que Peking, sous les 25. d. 56'. de Latitude.

TATILLUM, Ville de la Mauritanie Césarienne. L'Itinéraire d'Antonin la place sur la route de Carthage à Césarée, entre *Arae* & *Ausa*, à dix-huit milles du premier de ces Lieux & à quarante-quatre milles du second. Quelques Exemplaires portent *Tatiltum* pour *Tatillum*.

TATNANG, ou TETLANG, petite Ville d'Allemagne dans la Suabe [q], sur le grand chemin, entre Ravenspurg & Lindau, à une lieue du Lac de Constance. Cette Ville est située dans un endroit fertile & fort agréable. Il y avoit autrefois un magnifique Château où les Comtes de Montfort, qui étoient Seigneurs de la Ville, faisoient leur résidence; mais ce Château avec la plus grande partie de la Ville a été brûlé pendant les guerres.

TATOMI. Voyez TOTOMI.

1. TAT-

TAT. TAU.   TAU.

1. TATTA, Tata, Tatah, ou Sinde. Voyez Sinde.

2. TATTA, Marais de la Grande Cappadoce, dans la Morimène. Strabon [a] qui en parle, dit que le Sel de ce Marais s'épaississoit de façon, que si des Oiseaux y touchoient de leurs aîles, le Sel s'y attachoit & s'y coaguloit si fort, qu'ils tomboient aussi-tôt, ne leur étant plus possible de voler. Pline [b] & Dioscoride [c] font aussi mention de ce Lac & de son Sel. Ils nomment le Lac TATTÆI-LACUS, & ils le mettent dans la Phrygie.

[a Lib. 12. p. 568.]
[b Lib. 31. c. 7.]
[c Lib. 5. c. 85.]

TATU, Isle du Nil, selon Pline [d], qui la place au voisinage de la Ville de Meroe. Le Pere Hardouin remarque que tous les Exemplaires imprimez lisent TATU, quoique tous les MSS. qu'il a consultez portent TADU.

[d Lib. 6. c. 29.]

TAU, Ville de la Chine [e] avec Forteresse dans la Province de Huquang, au Département d'Iungcheu, treizième Métropole de la Province. Elle est de 5. d. 50'. plus Occidentale que Peking, sous les 26. d. 5'. de Latitude.

[e Atlas Sinensis.]

1. TAUA, Ville d'Egypte: Ptolomée [f] marque cette Ville dans le Nome Phthemphuthus, dont elle étoit la Métropole. Etienne le Géographe connoît aussi cette Ville qui selon Ortelius [g] est nommée TABA dans le Concile d'Ephèse. Quelques MSS. de l'Itinéraire d'Antonin écrivent TAFA pour TAUA. Elle y est placée entre Cynon & Andron, à trente milles de la premiére de ces Places & à douze milles de la seconde.

[f Lib. 4. c. 5.]
[g Thesaur.]

2. TAUA, Ville de l'Arrie, selon Ptolomée qui la place entre NAMARIS & AUGARA.

3. TAUA, Golphe de la Grande-Bretagne sur la Côte Orientale, selon Ptolomée [h], qui le marque entre l'Embouchure de la Dée & celle de la Tine. Ce Golphe est sur la Côte Orientale de l'Ecosse & se nomme aujourd'hui TAY, aussi-bien que la Riviére qui s'y jette.

[h Lib. 2. c. 3.]

TAUACA, Ville de Sicile, selon Etienne le Géographe.

TAUACENE, Contrée de la Drangiane, selon Ptolomée [i]. Le MS. de la Bibliothéque Palatine porte TATACENE pour TAUACENE.

[i Lib. 6. c. 19.]

TAUANXAN, Forteresse de la Chine [k], dans la Province de Queicheu, au Département de Tunggin, sixième Métropole de la Province. Elle est de 8. d. 49'. plus Occidentale que Peking, sous les 28. d. 31'. de Latitude.

[k Atlas Sinensis.]

TAUAPE. Voyez TANAPE.

TAVASTLAND, *Tavastia*: Province de Suède dans la Finlande [l]. Elle est bornée au Nord par la Caianie, ou Bothnie Orientale, à l'Orient par la Grande Savolax, au Midi par la Nylande, & à l'Occident partie par la Finlande proprement dite, partie par la Caianie. Elle tire son nom de TAVASTUS qui en est la Capitale. D'Audiffred [m] dit que cette Province est divisée en quatre Territoires appellez SERMAKI; sçavoir Hattula, Hauho, Offre-Haredt & Nedra-Haredt; & qu'on y compte huit Lacs, dont le plus considérable est celui de Pejende.

[l De l'Isle, Atlas.]
[m Géogr. Anc. & Mod. t. 3.]

Le Tavastland fournit beaucoup de fer. Ses principaux Lieux sont:

Tavastus,
Sermaki,
Insalm,
Hattula,
Mahatan,
Raütalamby,
Jemslè,
Oriwesi,
Padasjoki,
Jariakala.

TAVASTUS, Ville de Suède dans la Finlande [n], & la Capitale du Tavastland auquel elle donne son nom. Elle est située dans la partie Méridionale de la Province, sur une petite Riviére qui se jette un peu au-dessus dans le Lac de Wana. Martin Zeiller dans sa Description du Royaume de Suède [o] dit que Birger Jarl fortifia Tavastus en 1250. pour retenir dans l'obéissance les Habitans de cette Province, qu'il avoit obligez d'embrasser la Religion Chrétienne.

[n De l'Isle, Atlas.]
[o Pag. 32.]

TAUBER, Riviére d'Allemagne [p], dans la Franconie. Elle a sa source un peu au-dessus de ROTENBOURG *an der Tauber*, d'où prenant son cours du Midi Oriental au Nord Occidental en serpentant, après avoir mouillé Roting, Marienthal, Lauda & Bischoffsheim, elle se rend à Wertheim où elle se jette dans le Meyn & non dans le Necker, comme le dit Mr. Corneille [q].

[p Jaillot, Atlas.]
[q Dict.]

TAUCHA, petite Ville d'Allemagne, dans la Saxe [r], à un mille de Leipsic. Elle fut bâtie en 1221. par Albert Archevêque de Magdebourg, & puis prise d'assaut & démolie par Dieteric Margrave de Misnie en 1289. Cette Ville fut rebâtie depuis, & possédée alternativement par diverses Familles, jusqu'à ce qu'enfin elle vint sous la Jurisdiction de la Ville de Leipsic. D. Tobias Heydenreich dit dans sa Chronique de la Ville de Leipsic f°. 51. que la Ville de Magdebourg ayant été brûlée, les Marchands se retirérent à Grimma & delà à Taucha, qui fut ceinte d'une nouvelle Muraille pour leur plus grande sûreté par l'Archevêque de Magdebourg. Mais cette Ville ayant été bien-tôt après ruïnée & brûlée, les Marchands s'établirent à Leipsic; & c'est depuis ce tems-là qu'on y tient ces célèbres Foires appellées les *Messes de Leipsic*. En 1431. la Ville de Taucha fut entièrement renversée par les Bohémois & les Hussites.

[r Zeyler, Topogr. Saxon. p. 180.]

TAUCHEIRA. Voyez ARSINOE, N°. 15.

TAUCHEL, petite Ville de Pologne, dans la Pomerelle [s], sur le bord d'une petite Riviére qui se jette dans la Vistule. Elle est située entre Konitz & le Monastère de Krone. En 1310. les Chevaliers de l'Ordre Teutonique [t] s'emparérent de cette Ville, la pillérent & la réduisirent en cendres. Elle a beaucoup souffert durant les Guerres des Polonois contre les Prussiens.

[s De l'Isle, Atlas.]
[t Zeyler, Topogr. Pomerel. p. 50.]

TAVE, Riviére d'Angleterre, au Pays de Galles [u]. Elle a sa source, dans Breknokshire, d'où prenant son cours vers le Midi Oriental, elle entre dans Glamorganshire qu'elle traverse en serpentant; & après avoir mouillé Landaf, d. & Cardif, g. elle va se jetter dans le Golphe qui forme l'Embouchure de la Saverne.

[u Blaeu, Atlas.]

TAUENI, Peuples de l'Arabie Heureuse:

T t

T A U.

Lib. 6. c. 28.

se : Pline ᵃ dit qu'ils habitoient dans les Terres. Ce sont, selon le Pere Hardouin, les mêmes Peuples qui sont appellés Ταίνοι par Eusèbe dans sa Préparation Evangélique ᵇ.

b Lib. 6. p. 277.

TAVERNA, en Latin TABERNA, ou TRES-TABERNÆ, Ville d'Italie dans la partie Septentrionale de la Calabre Ultérieure, dans les Terres, sur la Rive gauche du Fleuve Alli, selon Magin ᶜ. Voyez TRES-TABERNÆ.

c Carte de la Calabre Ult.

TAVERNAY, Lieu de France, dans la Bourgogne, Diocèse d'Autun; ce Lieu est situé dans un Pays assez froid. Il y a une Riviére qui porte le nom de Tavernay, & qui peut porter Bâteaux avec celle d'Aroux; c'est un Pays de Plaines.

TAVERNY, Bourg de France, dans l'Isle de France, Election de Paris. Il y a un Prieuré simple de 150. Livres.

TAVERS, Lieu de France, dans l'Orléannois, Diocèse d'Orléans, Election de Beaugency.

d Marmol, Royaume de Fez. Lib. 4. ch 22. p. 169.

TAVERTIN, Montagne de l'Afrique ᵈ, au Royaume de Fez, proche de la Ville de ce nom du côté du Septentrion. Il y a dans cette Montagne, des creux souterrains où le blé se conserve fort long-tems. Les Habitans du Quartier en ont la garde, & ceux à qui le blé appartient leur donnent quelque chose pour cela.

e Etat & Délices de la Suisse, t. 4. p. 12.

TAVETSCH, *Ætuaticus Vicus*, ou *Ætuatium* ᵉ, Village, au Pays des Grisons, dans la Ligue Haute, sous la Communauté de *Disentis*, au bord du Rhin. Le nom de ce Village est corrompu de celui des anciens *Ætuates*, ou *Ætuatii*, Peuples, qui selon les anciens Géographes, habitoient auprès des sources du *Rhin*. C'est-là que le *Bas Rhin* prend sa source sur le Mont de Crispalt. On trouve beaucoup de Cryftaux dans la Vallée de Tavetsch.

TAUGA, Ville de l'Afrique propre. On trouve dans la Notice des Dignitez de l'Empire ces mots : *Præpositus limitis Taugensis*.

f Lib. 18. c. 30.
g Thesaur.

TAUGAST, Ville du Turquestan, au voisinage de la Bactriane, ou de la Sogdiane près de l'Inde, selon Nicéphore Calliste ᶠ, cité par Ortelius ᵍ. On croyoit que cette Ville avoit été fondée par Alexandre. Les Turcs habitans de cette Ville adoroient des Idôles. Ils vivoient fort sobrement & leurs

h Davity, Maurenhar pag. 870.

Loix étoient fort équitables ʰ. Ils en avoient une qui défendoit à toutes sortes de personnes de se vêtir de drap d'or, quoique le trafic en apportât beaucoup dans le Pays. Les femmes usoient d'une sorte de chars d'or, tirez par des Bœufs rangez l'un devant l'autre, bardez & couverts de draps d'or enrichis de perles & de pierreries. Le Roi de Taugast pouvoit avoir sept-cens femmes.

TAUGETON, Montagne du Péloponnèse, selon Etienne le Géographe. Ptolomée qui écrit TAYGETA MONS, marque cette Montagne entre celles de *Minoé* & de *Cronius*; Plutarque en fait aussi mention. Elle étoit au voisinage de l'Eurotas, & commandoit la Ville de Sparte. Callimaque écrit *Teugeton*, pour *Taugeton*. C'est

i Lib. 2. c. 79.

la même Montagne que Pline ⁱ nomme TAYGETUS.

TAUGON, ou TAUGON LA RONDE, Bourg de France, au Pays d'Aunis, Election de la Rochelle. Il y a environ dix-huit-cens Habitans.

k Magin, Carte de l'Isle de Corse.

TAVIGNANO, Riviére de l'Isle de Corse ᵏ: Elle a sa source vers le milieu de l'Isle, près de celles du Golo & du Limone. Elle court en serpentant de l'Occident à l'Orient, & va se décharger dans la Mer, entre l'Embouchure de l'Etang de Diane & celle de l'Etang d'Urbin.

TAVILA. Voyez TAVIRA.

TAVILLE, Village d'Espagne, dans la Catalogne, près de la Côte environ à deux milles vers l'Est de St. Jean de Pinede & près d'un autre Village nommé MALGRAT qui se trouve entre celui de Taville & St. Jean de Pinede. Il y a entre Malgrat & Taville une petite Tour de Garde & quelques Maisons, & au-dessus du Village de Taville est une espéce de Château sur une éminence, à environ une demi-lieue de la Mer.

TAVIRA, ou TAVILA, Ville de Portugal, dans la Province d'Algarve, dont elle est la Capitale. Elle est située sur le bord de la Mer, à l'Embouchure d'une petite Riviére nommée Gilaon, entre le Cap St. Vincent & le Détroit de Gibraltar. Elle est partagée en deux par la Riviére sur laquelle elle a

l Silva, Poblac. d'Espan. p. 155.

un Pont ˡ. Ses Murailles sont bonnes, & elle a un beau Château qui fut aggrandi par le Roi Denys. On y compte deux Paroisses, quatre Couvens d'hommes, un de Religieuses, une Maison de Charité & un bon Hôpital. Tavira est le Chef-lieu de la Jurisdiction d'un Corregidor, & elle a dans son District une autre Ville & six Bourgs. Elle a droit de suffrage dans les Assemblées des Etats, avec privilège pour tenir deux Foires, l'une le 8. de Septembre & l'autre le 4. d'Octobre. Quelques-uns la prennent pour la Balsa des Anciens; mais on ne sait pas par qui elle a été fondée. Le Roi Emanuel l'érigea en Ville. Du tems des Maures Alben-Falula en étoit le Maître lorsqu'elle lui fut enlevée en 1242. par Don Payo-Perez-Correa Commandeur de l'Ordre de St. Jacques & ensuite Grand-Maître de cet Ordre en Castille. Elle fut après cela entièrement ruinée par les guerres; de sorte qu'elle resta abandonnée jusqu'au régne d'Alfonse III. qui la peupla de nouveau & lui accorda plusieurs Franchises & des Privilèges fort honorables. Aujourd'hui n'est ni grande ni beaucoup peuplée, & l'on n'y compte guère que deux mille Habitans. Son Port est assez spacieux & passe pour l'un des meilleurs du Royaume. On y voit une bonne Forteresse bâtie par le Roi Sebastien. La Campagne des environs de la Ville est agréable & fertile.

m Blaeu Atlas.

TAVISTOQUE, ou TAVESTOKE, Ville d'Angleterre dans Devonshire, sur la rive droite de la Riviére de Tawy ᵐ. Elle est principalement renommée par un Monastère qui florissoit anciennement dans ce Lieu-là, & qui fut bati par Ordulphe fils d'Orgare Comte de Devon, vers l'an 961. Malmesbury rapporte que cette Ville est agréable par la commodité de ses Bois, par la pesche du poisson, par la manière dont les Eglises sont bâties, & par les Canaux tirez de la Riviére, qui coulent devant les Boutiques & qui emportent toutes les immonmondices. Le tombeau de St. Rumon est à Tavestock. On y voit aussi celui d'Orgare, & l'on y admire l'énorme masse du Mausolée de son fils Ordulphe qu'on dit avoir été un Géant en hauteur & en force ; parce que, selon cet Auteur, il pouvoit rompre les Portes les plus fortes & avoir les jambes entre-ouvertes sur les deux bords de la Rivière qui est large de dix pieds. Dans la trente-troisième année de la fondation de l'Abbaye de Tavestock, ce Monastère fut réduit en cendres par les Danois. Il fut rétabli dans la suite & l'Ecole que l'on y avoit établie pour la Langue Anglo-Saxonne a long-tems été fameuse dans le Pays. Ce n'est que depuis quelques années que l'on a cessé cet exercice. La Ville de Tavistoque députe au Parlement & a droit de Marché.

TAVIUM, Ville de la Galatie, dans le Pays des *Trocmi*. Strabon [a] après avoir donné à cette Ville le titre de *Castellum* lui donne celui d'*Emporium*. Pline [b] dit que c'étoit la première Place des *Trocmi* ; & Ptolomée [c] la nomme la première comme la Métropole de ces Peuples. La Notice d'Hiéroclès, qui en fait une Ville Episcopale sous la Métropole d'Ancyre, écrit TABIA. C'est la même Ville qui est appellée TAVIA, dans l'Itinéraire d'Antonin, où elle est placée en cet ordre dans la route d'Ancyre à *Tavia* :

[a] Lib. 12. p. 567.
[b] Lib. 5. c. 32.
[c] Lib. 5. c. 4.

Ancyra	
Boleslagum	M. P. XXIIII.
Sarmalium	M. P. XXIIII.
Eubrogim	M. P. XX.
Adapera	M. P. XXIIII.
Taviam	M. P. XXIIII.

TAULANTII, Peuples de l'Illyrie, selon Thucydide [d], qui les dit voisins d'Epidamnum : *Epidamno finitimi sunt Taulantii Barbari, gens Illyrica*. Polybe [e] & Tite-Live [f] font aussi mention de ce Peuple ; & Ptolomée [g], qui les étend le long de la Côte, leur donne les Villes suivantes :

[d] Lib. 1. p. 17.
[e] Lib. 2.
[f] Lib. 43. c. 20. & Lib. 45. c. 26.
[g] Lib. 3. c. 13.

Villes Maritimes :
- Dyrrhachium,
- Panyassi Fluv. Ostia,
- Apsi Fluv. Ostia,
- Apollonia,
- Loi Fluv. Ostia,
- Aulon Civitas Navalis.

Dans les Terres :
- Arnissa,

TAUMIERS, *Taumerium*, Bourg de France, dans le Bourbonnois, à deux lieues de Dunleroy, à huit de Bourges, à treize de Moulin, & à trois de S. Amant, au Diocèse de Bourges, Election de S. Amand. Les Terres sont fertiles en Seigle, Avoines, Prez, Pâcages, Forêts & Bois taillis. Il y a une Maladrerie de peu de revenu, & une ancienne Eglise d'un Couvent de Bénédictins, sous le titre de Prieuré de Fonguesdon à la collation du Prieur de Souvigny ; il vaut quatre-cens Livres. M. Triton est haut Justicier de Coigny & de cette Paroisse, qui lui donne le titre de Vicomte de Taumiers.

TAUNAIS. Voyez TAURICA CHERSONNESUS.

TAUNITI. Voyez TYRSETA.

TAUNTON, Ville d'Angleterre [h], dans Sommersetshire sur la rive droite du Taw, dans l'endroit où cette Rivière en reçoit deux autres petites, l'une à la droite, l'autre à la gauche, à quelques lieues au-dessous de Wellington. Cette Ville qui députe au Parlement & qui a droit de Marché, est jolie & dans une situation agréable. Ina Roi des Saxons-Orientaux y bâtit un Château que sa femme Desburge fit raser après en avoir chassé Eadbricthe, Roi des Saxons Méridionaux qui s'en étoit emparé. Le Pays des environs est agréable : on y voit de charmantes Prairies, de beaux Jardins & un grand nombre de Maisons de Campagne.

[h] Blaeu, Atlas.

TAUNUS. Voyez TAURUS.

TAVOLARO, ou TOLARE, Isle sur la Côte Orientale de la Sardaigne [i], à l'Embouchure du Golphe de Terra Nova, entre le Cap de Sardo au Nord, & celui de Cavallo au Midi. C'est l'*Hermæa Insula* de Ptolomée [k].

[i] Carte Marine de la Sardaigne chez van Keulen.
[k] Lib. 3 c.

TAUORMINA, ou TAORMINA, anciennement *Tauromenium*, Ville de Sicile [l], dans le Val Demone, sur la Côte Orientale de l'Isle, entre le Golphe de St. Nicolas au Nord di Castel-Schifo au Midi. Elle est située au milieu de la descente d'une Montagne, qui dans cet endroit avance dans la Mer entre deux Golphes ; ce qui rend cette Place d'une assiette très-forte n'y ayant outre cela qu'une seule porte pour y entrer [m]. Le chemin qui y conduit & qui est taillé dans le Roc est d'une garde facile. Quoique la Montagne au pied de laquelle bat la Mer, ne fasse aucun abri à la rade qui lui sert de Port mal assuré, on ne laisse pas d'y charger tous les ans quantité de Bled qui croît aux environs de la Ville. Tauormina est adossée contre une chaîne de plusieurs Montagnes qui régnent de ce côté-là jusqu'à Messine, qui n'en est éloignée que de vingt milles, & d'une autre Montagne qui s'étend vers le milieu de l'Isle. Il y a dans la Ville une Fontaine assez belle & une Place de peu d'étendue. Les rues qui sont très-étroites font juger que c'est une ancienne Ville. Elle a eu le Titre de Colonie ; & l'on y voit encore quelques ruines du fameux Temple d'Apollon, où les Habitans consultoient l'Oracle lorsqu'ils entreprenoient de voyager hors de l'Isle.

[l] De l'Isle, Atlas.
[m] Corn. Dict.

TAUPANA, Ville de l'Arie : Ptolomée [n] la marque entre *Orthiana* & *Astauda*. Le Manuscrit de la Bibliothéque Palatine porte TAUCTANA pour TAUPANA.

[n] Lib. 6. c. 17.

TAURACINENSIS, Siège Episcopal d'Afrique, dans la Province Proconsulaire. La Signature de *Clarissimus, Episcopus Sanctæ Ecclesiæ Tauracinæ*, se trouve parmi celles de la Lettre Synodique des Peres de la Province Proconsulaire, dans le Concile de Latran sous le Pape Martin.

TAURANIA, Ville d'Italie dans la Campanie : Elle ne subsistoit déjà plus du tems de Pline [o]. Il se pourroit faire que ce seroit de la même Ville dont parle Etienne le Geographe : Ταυρανίη πόλις Ἰταλίας.

[o] Lib. 3. c. 5.

TAU.

Il est fait mention dans Pomponius-Mela[a] d'une Ville nommée *Taurinum*, & dans Strabon[b] d'une Contrée appellée *Tauriana*; mais tout cela n'a rien apparemment de commun avec la TAURANIA de Pline, quoique Casaubon ait crû le contraire. Le Taurinum de Pomponius-Mela & la *Tauriano Regio* de Strabon étoient dans le *Brutium*, au lieu que Pline marque la Ville *Taurania* dans la Campanie.

[a] Lib. 2. c. 4.
[b] Lib. 6. p. 254.

TAURAS, Ville de l'Arménie, selon Cédrène, & TARAS, selon Curopalate. Ortelius[c] par qui ces deux Auteurs sont citez, croit que ce pouvoit être une Ville des *Taurantes* ou *Taurauntes*.

[c] Thesaur.

TAURASIA, Ville d'Italie, dans la Gaule Transpadane, selon Appien[d]. On croit communément que c'est de la Ville de Turin dont il entend parler.

[d] De Bel. Annibal. p. 546.

TAURASINI CAMPI, Plaine d'Italie, dans la Sabine, au voisinage de la Ville *Maleventum*, selon Tite-Live[e]. Le même Auteur appelle dans un autre endroit[f] cette Plaine *Taurasinorum Ager*, & il dit qu'on y transporta des Liguriens. Comme dans ce dernier endroit les MSS. de Tite-Live varient, & portent *Tauraninorum* pour *Taurasinorum*, on a été tenté de croire que les deux passages de Tite-Live étoient corrompus, & qu'il falloit lire *Arusini Campi* & *Arusinorum Ager*: d'autres qui s'en tiennent à *Tauraninorum Ager* croient qu'il est question du Territoire de la Ville TAURANIA.

[e] Lib. 4. c. 29.
[f] Lib. 40. c. 38.

TAURAUNTIUM REGIO, Contrée de l'Arménie : C'est Tacite[g] qui en fait mention. Au lieu de *Taurauntium* quelques Exemplaires portent *Taurantium*. Cette Contrée étoit entre Artaxate & Tigranocerta.

[g] Annal. Lib. 14. c. 24.

TAURCA, Peuplade de Bérébères, en Afrique au Royaume de Tunis. Elle est au dedans du Pays & son circuit est de plus de vingt lieues[h]. Cette Contrée abonde en Dattes & en Froment, quoique les Terres soient un peu légères & sablonneuses. Les Bérébères sont gens grossiers qui vivent sous des cabanes de Palmiers, ou dans des Huttes faites de branchages. Ils sont de la même Tribu que ceux de Mecellata & relèvent aujourd'hui du Turc dont ils secouérent autrefois le joug. En 1567. ils se révoltèrent en même tems que ceux de la Campagne de Tachore; mais Méhamet Bay, & Chaloque Gouverneurs l'un d'Alexandrie & l'autre de Tripoli, marchérent contre eux avec leurs Troupes; & après quarante jours d'attaque, sans qu'ils eussent pu pénétrer dans le Pays, ces Bérébères se rendirent, en se soumettant de payer trois mille Ducats & de mettre bas les armes. Comme ils sont fort pauvres, cette somme, quelque modique qu'elle soit, est quelque chose de dur pour eux.

[h] Marmol, T. 2. Liv. 6. ch. 56.

TAUREAU (l'Isle du) Isle de France, dans la Bretagne, au Diocèse de Tréguier. Elle est située à l'Embouchure de la Riviére de Morlais. Il y a dans cette Isle un Fort qui défend l'entrée de la Rivière, & qu'on nomme le Château du Taureau.

TAUREDUNUM-CASTRUM, Château du Vallais, sur une Montagne, près du Rhône, selon Grégoire de Tours[i]. Beleforest & Mr. Corneille, trompez par la ressemblance du nom, ont dit que *Tauredunum Castrum* étoit la Ville de Tournon dans les Cevennes. Mais ils n'ont pas fait attention, que ce Château devoit être au-dessus de Genève & par conséquent bien loin des Cevennes. Une ancienne Chronique[k] met *Tauredunum Castrum*, ou *Mons Tauretunensis*, positivement dans le Vallais. *Hoc anno*, dit cette Chronique, *Mons validus Tauretunensis in territorio Vallensi ita subito ruit ut Castrum cui vicinus erat, & vicos cum omnibus Habitantibus oppressisset*, &c. Cette Chronique ajoute que par la chûte de cette Montagne le Lac de Genève se déborda tellement qu'il renversa plusieurs anciens Villages qui étoient bâtis sur ses bords & un grand nombre d'Eglises; que le Pont de Genève en fut emporté ainsi que les Moulins; & qu'il entra dans cette Ville une si grande quantité d'eau que plusieurs personnes furent submergées. Ce désastre est rapporté plus au long dans Grégoire de Tours.

[i] Hist. Lib. 4. c. 31.
[k] Marius Aventicensis, ad an. 563.

TAUREI PALÆSTRA, Lieu de l'Attique. C'est Lucien[l] qui en parle.

[l] In Paru.

TAURENTINUM, selon Strabon[m] & *sito*. TAUROENTA CASTELLUM, selon[n] César, Lieu de la Gaule, sur le bord de la Mer Méditerranée au voisinage de Marseille. L'Itinéraire d'Antonin qui écrit *Taurentum*, marque ce Lieu entre le Port *Telo Martius* & celui de *Carsici Citharista*, à douze milles du premier & à dix huit milles du second. On croit que c'est aujourd'hui le Port de Toulon. Ptolomée[o] l'appelle *Tauroentium*, & il semble que ce soit le *Taurois*[10] d'Etienne le Géographe.

[m] Lib. 4. p. 180.
[n] Lib. 2. Bel. civ. c. 4.
[o] Lib. 2.

TAURESIUM, Ville de la Dardanie Européenne, au delà du Territoire de Duras, proche du Fort de Bédériane, selon Procope[p]. Cette Ville, ajoute-t-il, d'où Justinien le Réparateur de l'Empire, a tiré sa naissance. Il la fit clore d'une muraille en quarré, il éleva quatre Tours aux quatre coins, & il fonda tout proche une Ville très-magnifique qu'il nomma la *Première Justinienne*.

[p] Ædif. 4. c. 1.

TAURI, Peuples de la Sarmatie Européenne, selon Tacite[q]. Eustathe dit qu'ils habitoient la Péninsule appellée la Course d'Achille. Ces Peuples sont aussi connus sous le nom de *Tauroscythes*. Leur Pays est nommé TAURINIA par Etienne le Géographe[r], & Suidas leur donne une Ville qu'il appelle TAURIÓ.

[q] Annal. Lib. 12.
[r] In Voc. Taurii.

TAURIA, Isle de la Mer Méditerranée: l'Itinéraire d'Antonin la marque en Carthage surnommée *Spartaria* ou Carthage la Neuve, & Césarée de Mauritanie. Il ajoute que cette Isle étoit à soixante & quinze Stades de l'Isle de l'Erreur.

TAURIANA REGIO, Contrée d'Italie dans la Lucanie, au-dessus du Pays des *Thurii* selon Strabon[s].

[s] Lib. 6. p. 254.

TAURIANUM, Ville d'Italie, chez les Brutiens, selon Pomponius-Mela[t] & Pline[u]. Quelques Exemplaires de ce dernier portent TAUROENUM pour TAURIANUM. On voit encore les ruïnes de cette Ville auprès du Village de Palma. Elle étoit voisine

[t] Lib. 2. c. 4.
[u] Lib. 3. c.

TAU. TAU.

fine du Port d'Orefte appellé aujourd'hui *Porto-Ravagliofo*.

TAURIANUS-SCOPULUS, Rocher d'Italie chez les Brutiens. Ptolomée [a] le marque fur la Côte de la Mer de Tyrrhéne, entre la Ville *Tempfa* & le Golphe *Ipponiates*. On nomme aujourd'hui ce Rocher *Pietra della Nave*, ou fimplement *Nave*.

TAURICA-CHERSONNESUS. Voyez au mot QUERSONNESE l'Article QUERSONNESE-TAURIQUE.

TAURINI, Peuples d'Italie, au delà du Pô par rapport à la Ville de Rome. Pline [b] & Ptolomée [c] en font mention. Ce dernier qui les place fous le *Salafii* leur donne quatre Villes, favoir:

Augufta Taurinorum,   *Iria*,
Augufta Batienorum,   *Dertona*.

Ces Peuples habitent aujourd'hui le Piémont. Voyez TAURISCI.

TAURINIA. Voyez TAURI.

TAURINUS SALTUS, Tite-Live [d] donne ce nom à un endroit des Alpes par où paffèrent les Gaulois pour pénétrer en Italie.

TAURIS, ou TABRITZ, Ville de Perfe, Capitale de la Province d'Adherbigian, qui fait partie de l'ancienne Médie à 37. d. 50'. à l'Eft de la Ville d'Ardevil. Elle eft à l'abord de la Turquie, de la Mofcovie & de la Perfe: quelques-uns la prennent pour l'ancienne ECBATANE, Capitale de l'Empire des Médes; mais ECBATANE eft aujourd'hui la Ville d'AMADAN. Voyez AMADAN, & *Tauris* eft la *Gabris* de Ptolomée. Les Tables Arabiques de Naffirreddin & d'Ulug-Beg, lui donnent 82. d. de Longitude, & 38. d. de Latitude Septentrionale. L'on attribue la fondation de cette Ville à Zebeidah femme de Haroun Al Rafchid, cinquiéme Khalife de la race des Abbaffides, qui la fit bâtir l'an de l'Hégire 175. L'an 244. de la même Hégire fous le Khalifat de Motavakkel, le dixiéme des Abbaffides, un Tremblement de terre qui fut général dans toute l'Afie, la ruïna prefqu'entiérement; mais elle fut rétablie fous le regne du même Khalife. Sous le regne de Caïm vingt-fixiéme Khalife de la race des Abbaffides, Abou Thaher célébre Aftronome de Schiraz, fe trouvant dans la Ville de Tauris, en dreffa l'horofcope, & prédit que le Vendredi quatriéme jour du Mois nommé, Safar, ou Sefer, par les Arabes, 433. de l'Hégire, entre l'heure de Vépres, & celle du Coucher, un autre Tremblement de terre la devoit ruïner entiérement. Ce funefte accident arriva à point nommé, fuivant la prédiction d'Abou Thaher, & fes Habitans furent enfévelis dans fes ruïnes au nombre de plus de quarante mille; car il n'y eut que ceux qui en étoient fortis fur la foi de l'Aftrologue, qui échapérent à ce grand malheur. Le même Abou Thaher a laiffé par écrit dans fon Sefer Nameh, ou Itinéraire, qu'ayant choifi l'an 435. de l'Hégire, un tems propre pour rebâtir cette Ville, & pris l'afcendant du Scorpion pour en jetter les premiers fondemens, il dit aux Habitans: Je vous réponds préfentement du Tremblement de Terre; mais non pas de l'inondation. En effet l'Auteur du Nighiariftan qui a écrit après l'an 820. de l'Hégire, remarque que la Ville de Tauris n'avoit fouffert jufqu'à fon tems aucun Tremblement de Terre confidérable depuis fon rétabliffement de l'an 434. ou 435. L'an 795. de l'Hégire, Tamerlan prit & faccagea la Ville de Tauris fur le Sultan Ahmed Ben Scheikh Avis, de la Race & Dynaftie, nommée Ilkhanienne, qu'il avoit abandonnée fur la nouvelle, qu'il avoit eue, que Tamerlan s'en approchoit. Cette même Ville fut auffi prife par Soliman, l'an 955. de l'Hégire, fur Schah Thamasb Roi de Perfe, qui en avoit fait jufques-là fa Ville Capitale, & qui fut obligé par cette prife, de transférer fon Siége Royal dans la Ville de Cazbin. L'an 992. Morad Ben Selim, qui eft Amurat troifiéme Sultan des Turcs, reprit la même Ville que Soliman avoit abandonnée, & le Général de fon Armée, nommé Osman Pafcha, y fit fortifier le Château avec une fi grande diligence, que Mohammed Khodabendeh, l'Aveugle, Roi de Perfe, après avoir battu les Turcs, ne put jamais néanmoins s'en rendre le Maître, & fut obligé de la laiffer entre leurs mains. Mais les Perfans s'en étant rendus depuis les Maîtres; y font demeurés paifibles en vertu des Traitez qu'ils ont fait avec les Turcs.

La Ville de Tauris eft fituée au bout d'une Plaine & environnée de Montagnes de trois côtez, de la même maniére qu'Arzerum; & elle jouit d'un air auffi inconftant qu'Erivan. La Montagne la plus éloignée n'en eft qu'à une lieue, & il y en a une qui touche la Ville prefque au Nord, n'en étant féparée que par une petite Riviére. Une autre Riviére dont l'eau eft affez bonne court au milieu de Tauris. Elle s'appelle *Scheinkaie*, & elle a trois Ponts qui n'ont qu'une Arche chacun pour paffer d'un côté de la Ville à l'autre. Cette eau pour le mieux nommer n'eft qu'un ruiffeau ou un torrent qui fait quelquefois de grands ravages; & quand il vient à groffir il inonde une partie de la Ville. Le circuit de Tauris eft de trente milles à caufe des Jardins & des Places qui y font en grand nombre. Il y a un Pere Jéfuite François qui dans fa Relation de Tauris l'égale à Rome en grandeur. Je croirois que Tauris l'emporte. Elle contient deux cens cinquante mille Habitans; & outre fes Maifons qui font peu habitées, elle renferme quantité de Jardins & de Champs. Elle n'a point de murailles & fes Maifons font toutes bâties de terre ou plutôt de briques cuites au Soleil. Les Maifons des Particuliers n'ont pour la plûpart qu'un étage: quelques-unes en ont deux & point davantage. Le toit eft en terraffe & au dedans elles font voutées & enduites de terre détrempée avec de la paille bien hachée qu'on blanchit après avec de la Chaux. Pour les Mofquées, elles font très-belles & revétues de briques peintes en maniére de Porcelaine & qui ajuftées enfemble repréfentent plufieurs lettres & plufieurs figures.

On voit à Tauris plufieurs reftes de beaux Edifices [e], autour de la grande Place & au voisinage, & on laisse tomber en ruïne quatre ou cinq belles Mosquées d'une grandeur & d'une hauteur prodigieuses. La plus superbe de toutes se trouve en sortant de la Ville hors d'Ispahan. Les Persans l'abandonnent & la tiennent immonde comme une Mosquée d'Hérétiques, ayant été bâtie par les *Sounnis* Sectateurs d'Omar. C'est un grand Bâtiment d'une très-belle structure, & dont la façade qui est de cinquante pas est relevée de huit marches au-dessus du rez-de-chaussée. Les murs sont revêtus par dehors de briques vernissées, & par dedans sont ornés de belles Peintures à la Moresque & d'une infinité de Chiffres & de lettres Arabes en or & en azur. Des deux côtez de la façade il y a deux Minarets, ou Tours fort hautes ; mais qui ont peu de grosseur & dans lesquelles néanmoins on a pratiqué un Escalier. Elles sont aussi revêtues de ces Briques vernissées ; ce qui est l'ornement qu'on donne en Perse à la plûpart des beaux Edifices. Chacune de ces Tours est terminée en boule taillée en Turban, de la maniére que les portent les Persans. La porte de la Mosquée n'a que quatre pieds de large & est taillée dans une grande pierre blanche & transparente de vingt-quatre pieds de hauteur & de douze de largeur ; ce qui paroît beaucoup au milieu de cette grande façade. Du Vestibule de la Mosquée on entre dans le grand Dôme de trente-six pieds de Diamétre, élevé sur douze piliers qui l'appuyent en dedans : seize autres le soutiennent par dehors ; & ces piliers qui ont six pieds en quarré sont fort hauts. Il y a en bas une balustrade qui régne tout autour, avec des Portes pour passer d'un côté à l'autre. Le pied de chaque pilier de la balustrade qui est de marbre blanc est creusé en petites niches au rez du pavé de la Mosquée, pour y mettre les Souliers qu'on laisse toujours pour y entrer. Ce Dôme est revêtu par dedans de carreaux d'un beau Vernis de plusieurs couleurs, avec quantité de Fleurons, de Chiffres & de Lettres, & d'autres Moresques en relief ; le tout si bien doré & ajusté avec tant d'art qu'il semble que ce ne soit qu'une pièce & un pur ouvrage du Cizeau. De ce Dôme on passe dans un autre plus petit ; mais qui est plus beau en son espéce. Il y a au fond une grande pierre, de la nature de celle de la façade, blanche, transparente & taillée, comme une porte ; mais qui ne s'ouvre point. Ce Dôme n'a pas de piliers ; mais à la hauteur de huit pieds il est tout de marbre blanc, & on y voit des pierres d'une longueur & d'une largeur prodigieuses. Toute la coupe est un émail violet, où sont peintes toutes sortes de fleurs. Le dehors de ces deux Dômes est couvert de ces briques vernissées avec des fleurons en relief. Sur le premier ce sont des fleurons à fond verd, & sur le second des étoiles blanches à fond noir, & ces diverses couleurs frappent agréablement la vûe. Près de la porte par où l'on va du grand Dôme à l'autre, on voit à gauche une Chaise de bois de noyer peu curieusement travaillée, & qui est appuyée contre le mur. Elle est élevée de six marches & n'est point couverte. Il y a à main droite une autre Chaise de même bois & d'un assez bel Ouvrage, couverte d'un petit Dais de même étoffe & appuyée aussi contre le mur : une petite balustrade régne à l'entour & où y monte par quatre marches. Vers le Midi de la Mosquée, il y a deux grandes pierres blanches transparentes, que le Soleil, quand il donne dessus, fait paroître rouges ; & même quelque tems après qu'il est couché, par le moyen de la reverberation on peut lire au travers de cette pierre, qui est une espéce d'albâtre que l'on trouve dans le voisinage de Tauris. Vis-à-vis de la Mosquée de l'autre côté du chemin, on voit une grande façade, qui reste seule d'un Bâtiment qu'on a laissé ruïner. C'étoit la demeure du Schec-Iman ou Grand-Prêtre. Il y avoit de grands bains qui sont aussi détruits : il y en reste encore quelques-uns ; mais ce sont les moins beaux qu'on a eu soin d'entretenir. Dans la grande Place de Tauris, & aux environs, il y a divers Edifices publics, comme une assez belle Mosquée, un Collége & un Château qui tombent en ruïne, & qu'on néglige parce qu'ils ont servi aux *Sounnis* Sectateurs d'Omar. On n'épargna ni le tems, ni la dépense pour bâtir cette Mosquée qui est près de la Place publique. Elle a une belle façade de briques travaillée avec art, & chargée de bas-reliefs de marbre sculptez à la maniére d'Italie, pleins d'Oiseaux, de Fruits & de Fleurs de toutes sortes. La porte est d'un seul morceau de marbre blanc. On entre par cette porte dans une espéce de Cloître [a] ou Cour quarrée : delà on passe sous une Voute à trois rangs, qui est à chaque côté de la Mosquée, sans aucun ornement ; ensuite on trouve deux petites Portes qui sont au bout & par lesquelles on entre dans la Mosquée, dont la façade est ornée de deux Tours de même Ouvrage. La Mosquée consiste en un grand Dôme, tout incrusté de marbre blanc, avec des Arabesques d'or & d'azur, & d'autres ornemens peints représentans des Fleurs en quelques endroits, & des Grotesques en d'autres. La niche où peu de personnes vont faire leurs priéres est du côté de la Place. Les Portes sont sur les côtez, & chacune répond à chaque Cloître qu'on y a bâti. La haute Gallerie de la Mosquée est soutenue par douze Arcades, trois de chaque côté : celles du côté des Portes du Couchant & du Levant sont égales ; mais les autres sont plus grandes. Dans le haut il y a à chaque angle quatre balcons séparez. Les deux côtez de la Niche sont revêtus de deux belles Tables de marbre transparent : à gauche il y a une Chaire où l'on monte par quinze marches. Le pavé n'est couvert que de méchantes nattes parce que les Persans méprisent cette Mosquée, comme les autres Ouvrages des Sectateurs d'Omar. Derriére cette Mosquée du côté du Septentrion il y a un beau Jardin rempli de toutes sortes d'Arbres ; & dans le voisinage on voit un autre Bâtiment orné en dehors de la même maniére, mais qui tombe en ruïne. On le nomme le *Lieu des Eaux*, parce que les Persans y lavent leurs Morts. Assez près de la grande Place il y a une Eglise d'Arméniens

[a] *Gemelli Carreri, Voy. autour du Monde, t. 2. p. 251*

niens ruïnée: ils difent que Ste. Héléne y envoya une partie de la vraie Croix. On voit encore dans ce Quartier une Mofquée, qui fut autrefois une Eglife dédiée à St. Jean Baptifte, & on croit qu'une de fes mains y a été confervée long-tems. Les Capucins ont une Maifon affez commode, & une Eglife où ils font le Service Divin en toute liberté.

Le Maidan ou la grande Place eft fi vafte, qu'il y pourroit tenir trente mille hommes en bataille. Pendant le jour cette Place eft pleine de petites Huttes, où l'on vend toutes fortes de denrées. Sur les trois heures après Midi on débarraffe tout & des Charlatans s'emparent des Lieux pour donner du plaifir au public. Le Marché aux Chevaux fe tient encore dans cette Place ; & il y a des Lutteurs, des Danfeurs & des Gens qui recitent des vers. Tous les foirs quand le Soleil fe couche, & tous les matins quand il fe léve, il y a des perfonnes gagées pour faire pendant une demi-heure, un terrible Concert de Trompettes & de Tambours. Elles fe rangent à un côté de la Place dans une Gallerie un peu élevée. Cela fe pratique auffi dans toutes les Villes de Gouvernement en Perfe.

En fortant de Tauris du côté du Nord, tout auprès de la Ville, il y a une Montagne, qui n'en eft féparée que par la Riviére. Elle s'appelle *Einali-Zeinali* ; & il y avoit autrefois au-deffus un bel Hermitage d'Arméniens que les Mahométans ont converti en Mofquée. Au bas de la Montagne on voit une Mofquée qu'on laiffe tomber en ruïne, auffi-bien qu'un Monaftére qui eft un peu plus loin fur le bord d'un précipice : près de cet endroit il y a deux Caves où l'on voit quelques Sépultures & des Colonnes de Marbre couchées par terre. Il y a auffi dans la Mofquée quelques Tombeaux des anciens Rois des Medes; & ce qui en refte montre affez que l'Ouvrage étoit beau. Sur la route de Tauris à Ifpahan, environ à une demi-lieue des derniers Jardins de la Ville, entre plufieurs coupes de Montagnes, qu'on laiffe fort près à main droite, & fur la plus haute, où jamais il n'y eut d'eau, & où même il eft impoffible d'en conduire, on voit un Pont de cinquante pas de longueur, dont les Arches font fort belles; mais qui peu à peu tombe en ruïne. Ce fut Mollah qui le fit bâtir fans que perfonne pût juger de fon deffein; & on ne peut de ce côté-là venir à Tauris fans voir ce Pont parce qu'il n'y a point d'autre chemin; & qu'à droite & à gauche ce font des eaux & des précipices. On fut par fon propre aveu qu'une pure vanité lui avoit fait entreprendre cet Ouvrage, fachant que Cha-Abas I. du nom devoit venir à Tauris. Le Roi y vint en effet, & voyant fur le haut de cette Montagne un Pont qui ne pouvoit être utile à quoi que ce fût, il demanda qui étoit celui qui avoit fait faire cet Ouvrage & quel étoit fon deffein. Le Mollah qui étoit allé au devant du Roi & qui fe trouva près de lui quand il fit cette demande, dit qu'il n'avoit fait bâtir ce Pont qu'afin que ce Prince en venant à Tauris s'informât de celui qui l'avoit fait faire. Ainfi le Mollah n'avoit eu en cela d'autre ambition que d'obliger le Roi à parler de lui.

A une lieue de Tauris, au Couchant d'Eté on trouve au milieu d'un champ une groffe Tour de Brique appellée *Kan-bazun*. Elle a environ cinquante pas de diamétre ; & quoiqu'elle foit à demi-ruïnée elle eft encore très-haute. Il femble que c'étoit le Donjon de quelque Château : & il refte encore autour de hautes murailles. On ne fait pas certainement par qui cette Tour a été bâtie; mais plufieurs lettres Arabes qui font fur la porte font juger que c'eft un Ouvrage des Mahométans. En 1651. il y eut à Tauris & aux environs un grand Tremblement de Terre: plufieurs Maifons en furent renverfées, & cette Tour fe fendant de haut en-bas, il en tomba une partie, dont le dedans fut rempli. J'ai dit plus haut qu'outre la petite Riviére qui coule dans Tauris, il en paffe une autre au Nord entre la Ville & la Montagne. Celle-ci eft plus grande & on y voit un affez beau Pont de pierre. Tout auprès eft une Sépulture couverte d'un petit Dôme, & où les Perfans difent que la fœur d'Iman-Riza eft enterrée. Ce Tombeau eft en grande vénération dans le Pays. La Riviére qui paffe fous le Pont vient des Montagnes du Nord, & fe va rendre dans le Lac de *Rouni*, à treize ou quatorze lieues de Tauris. On l'appelle Aggi-fon; c'eft-à-dire eau amére, parce que fon eau eft très-mauvaife, & qu'il ne s'y trouve aucun poiffon. Il en eft de même du Lac, qui a environ quinze lieues de tour, & dont l'eau eft comme noire. Les poiffons qui s'y rendent avec plufieurs ruiffeaux qui s'y jettent, deviennent d'abord aveugles, & au bout de quelques jours, on les trouve morts fur le Rivage. Ce Lac prend fon nom d'une Province & d'une petite Ville qui s'appelle *Rouni*, & n'eft éloigné de Tauris que de dix à onze lieues. Au midi du Lac, fur le chemin qui mene à une petite Ville nommée *Tokorian*, on voit un Côteau, qui s'abaiffe infenfiblement, & dont le doux penchant forme un terrein uni où bouillonnent plufieurs fources. Elles s'étendent à mefure qu'elles s'éloignent du lieu où elles commencent à fe montrer, & la terre où elles coulent a quelque chofe d'affez fingulier pour mériter qu'on en faffe mention. Elle eft de différente nature. La première terre qui fe léve fert à faire de la chaux: celle qui eft au-deffous eft proprement une pierre fpongieufe & percée & qui n'eft bonne à rien; & celle qu'on trouve après comme un troifiéme lit eft cette belle pierre blanchâtre & transparente au travers de laquelle on voit le jour comme au travers d'une vitre, & qui étant bien taillée fert d'ornement aux maifons. Cette pierre n'eft proprement qu'une congélation des eaux de ces fources, & il s'y eft trouvé quelquefois des reptiles congelez.

Il y a près de Tauris un Village, où l'on dit que le fils de Tobie vint avec l'Ange & où il époufa Sara. La Riviére qui eft voifine de cet endroit, eft affez particuliére; fix mois de l'année elle eft douce, & les autres fix mois elle eft falée; ce qui fait fans dou-

doute que dans chaque quartier il y a des caves profondes de cinquante à soixante marches, où l'on va puiser l'eau que l'on y fait venir. La Rivière est presque grande comme la Seine dans les six mois qu'elle est salée; ce qui vient apparemment de ce que les torrens d'eau qui se jettent dedans passent par les terres qui sont toutes de sel; cela est d'autant plus probable que l'on voit des Montagnes qui sont toutes de sel.

L'air de Tauris est très-bon & fort sain. L'Hyver y est assez long, parce que la Ville est exposée au Nord, & que sur les Montagnes qui l'environnent il y a des neiges neuf mois de l'année. Le vent y est toujours gros le matin & le soir. Les Chrétiens ne sortent point quand il pleut, parce que les Persans ne le leur permettent pas: ils croient que si un Chrétien mouillé touchoit un Persan il le rendroit immonde: ainsi quand les Chrétiens voyent la pluye ils s'enferment chez eux. Les vivres sont à bon marché: le Pays est très-abondant en toutes choses nécessaires à la vie. Les légumes s'y donnent presque pour rien. Aussi la Ville de Tauris est-elle une des Villes les mieux peuplées de la Perse. Il s'y trouve une infinité de Marchands & de toutes sortes de marchandises; mais particuliérement des soies qu'on y apporte de la Province de Guilan & de divers autres lieux. Il s'y fait aussi un grand trafic de Chevaux, qui y sont bons & à bon marché. Le Vin, l'Eau de Vie & généralement tous les vivres n'y sont pas chers; & l'argent y roule plus qu'en aucun autre Lieu de l'Asie. Plusieurs Familles Arméniennes qui s'y sont établies ont acquis du bien dans le Trafic qu'elles entendent bien mieux que les Persans. Le grand Trafic de Tauris rend cette Ville renommée par toute l'Asie & elle a un Commerce continuel, avec les Turcs, les Arabes, les Georgiens, les Mingreliens, les Persans, les Indiens, les Moscovites les Tartares. Ses Bazars qui sont couverts, sont toujours remplis de très-riches marchandises; & il y en a de particuliers pour les Artisans. La plûpart sont Forgerons: les uns font des Scies, les autres des Haches, & d'autres des Limes & des Fusils pour battre le fer. Il y en a aussi qui font des Cadenas; car pour ce qui est des Serrures les Levantins n'en ont que de bois. On voit des Tourneurs qui fournissent les Lieux circonvoisins de Tours à filer & de Berceaux, & quelques Orfévres, qui ne s'appliquent guère qu'à faire de méchantes bagues d'argent. Mais il y a quantité d'Ouvriers en soie, qui font habiles & font de belles étoffes, & il y en a plus de ceux-là que de toutes autres sortes d'Artisans. C'est encore à Tauris que se fait la plus grande partie des peaux de chagrin qui se consument en Perse; & il s'y en consume une grande quantité n'y ayant personne, à l'exception des Paysans, qui n'ait des Bottes & des Souliers de chagrin. Ces peaux se font de cuir de Cheval, d'Ane ou de Mule, & seulement du derrière de la Bête; mais celui qui se fait du cuir de l'Ane a le plus beau grain.

1. TAURISCI, Peuples de la Pannonie selon Strabon [a] & Pline [b]. Ce sont aujourd'hui les Habitans de la Styrie, appellée Stiermarck, en Allemand. Stier dans cette Langue signifie la même chose que *Taurus* en Latin; de sorte que *Stiermarck* ne veut dire autre chose que les Limites des *Tauri*. Strabon remarque que quelques-uns donnoient aux TAURISCI les noms de *Ligurisca* & de *Taurisca*.

[a] Lib. 7. p. 314.
[b] Lib. 3. c. 25.

2. TAURISCI, Peuples des Alpes qu'Étienne le Géographe confond avec les TAURI; & il ajoute que ces Peuples sont nommez TERISCI par Eratosthène & TROII par quelques autres. Selon Polybe [c] les Taurisques n'habitoient pas loin de la source du Rhône. Ce sont ces mêmes Peuples qui du tems de César, inspirèrent aux Habitans de l'Helvétie [d] le dessein de passer en Italie, & de s'emparer de ce Pays abondant en Vins & en Fruits si excellens. Ils furent les premiers des Gaulois Celtiques, & même du Canton de Zurich, dont ils faisoient alors partie, qui entreprirent cette grande expédition, & qui osérent essayer de forcer les passages des Alpes. Leurs Descendans les Taurisques modernes, sont les Habitans du Canton d'Uri.

[c] Lib. 2. no. 15.
[d] État & Délices de la Suisse, t. 2. p. 405.

TAURISTÆ. Voyez TAURISCI, N°. 1.

1. TAURIUM, Ville du Péloponnèse selon Polybe [e] cité par Ortelius [f] qui dit qu'Antigonus s'en étoit rendu Maître. Je crains cependant qu'Ortelius n'ait pris le nom d'un Général pour le nom d'une Ville; nommée *Taurion* dans Polybe.

[e] Lib. 4.
[f] Thesaur.

2. TAURIUM. Ortelius [g] croit trouver une Ville de ce nom dans Suidas, qui selon lui la donne aux Tauro-Scythes; & ajoute que la Lune y étoit adorée. On ne trouve point de Ville du nom de *Taurium* dans Suidas: on y lit seulement le mot Ταυριώνη, *Taurione*, Epithéte donnée à Diane, adorée chez les Tauro-Scythes, & ainsi appellée, ou parce qu'elle présidoit aux Troupeaux, ou parce que Diane étant la même que la Lune son Char étoit supposé tiré par des Taureaux.

[g] Ibid.

TAURIUS. Voyez HYLICUS.

TAURO, ou TORO [h], petite Isle sur la Côte Méridionale de la Sardaigne, à l'Orient d'Eté de la Pointe Méridionale de l'Isle Palma de Sol, & au Midi Occidental du Cap Tavolaro.

[h] Carte de la Sardaigne chez van Keulen.

TAURO-CASTRO, ou HEBRÆO-CASTRO, petite Ville de la Gréce dans la Livadie, vis-à-vis de l'Isle de Négrepont [i], dans l'Isthme d'une Presqu'Isle, qui borne la Plaine de Marathon au-delà du Marais au Nord, où la Côte fait un Promontoire considérable. C'étoit l'ancienne Ville *Rhamnus*; & ce ne sont aujourd'hui que des ruïnes. Cent pas au-dessus sur une Eminence on voit les débris du Temple de la Déesse Nemesis. Il étoit quarré & avoit quantité de Colonnes de marbre, dont il ne reste que des pièces. Il y a vis-à-vis l'Isle de Négrepont le Village de *Disto*, & un peu plus bas au Midi dans la même Isle un Port nommé *Porto-Bufalo*. Le Temple de Nemesis étoit fameux dans toute la Gréce, & Phidias l'avoit rendu plus recommandable par la Statue de Nemesis qu'il y fit. Strabon dit pourtant qu'Agoracritus Parien

[i] Wheler Voy. d'Athènes, Liv. 1. Spon, Voy. de Négrepont, t. 2. p. 184.

rien qui l'avoit faite; mais que cet Ouvrage ne cédoit pas à ceux de Phidias.

TAURO-CILICIA. On trouve ce nom dans St. Chryſoſtôme a, qui ſans doute veut déſigner par-là la partie de la Cilicie voiſine du Mont Taurus.

TAUROCINI, Peuples d'Italie, dans la Grande Gréce, au voiſinage de la Ville *Rhegium*, ſelon Probus le Grammairien b, qui cite les Origines de Caton. Ces Peuples tiroient leur nom du Fleuve TAUROCINIUM ſur le bord duquel ils habitoient.

TAUROCINIUM, Fleuve d'Italie c, dans la Grande Gréce ſelon les Origines de Caton citées par Gabriel Barri, qui dit que le nom moderne eſt CALOPINACUM. Ce Fleuve s'appelle aujourd'hui REZZO, ſelon Leander.

TAUROIS, Ville de la Gaule, ſelon Etienne le Géographe qui dit qu'elle avoit été bâtie par les Habitans de Marſeille. Voyez TAURENTIUM.

1. TAUROENTIUM. Voyez TAURENTIUM.

2. TAUROENTIUM. Voyez TAURIANUM.

TAUROMENIUM, Ville de Sicile, dans la Péloriade, ſur la Côte. Pline d qui en fait mention lui donne le titre de Colonie, & ajoute qu'on la nommoit auparavant *Naxos*. L'Itinéraire d'Antonin la nomme *Tauromenium Naxon*. C'eſt qu'après la ruïne de *Naxos* les Habitans furent tranſportez à *Tauromenium*, comme le dit Diodore de Sicile e. La Ville de *Tauromenium* étoit ſituée ſur le *Mont-Taurus*; & celle de *Naxos* avoit été bâtie ſur la Pente de cette Montagne du côté du Midi. Au lieu de *Tauromenium* quelques MSS. de Pline portent *Tauromenium*; & les Habitans de cette Ville ſont quelquefois appellez *Tauromenitani* & quelquefois *Tauromenitani*. Ciceron qui donne à cette Ville le titre de Confédérée f écrit *Tauromenitana Civitas*; & Silius Italicus g ſuit l'autre Orthographe :

Tauromenitana cernunt de ſede Charybdim.

On lit ſur une Médaille de l'Empereur Tibére ces mots COL. AUG. TAUROMEN. Le nom moderne eſt TAORMINA. Voyez ce mot, & l'Article ſuivant.

TAUROMINIUS, Fleuve de Sicile, ſelon Vibius Sequeſter, qui le marque entre Syracuſe & Meſſine, & ajoute qu'il avoit donné ſon nom à la Ville *Tauromenium*, qu'on appelloit autrement *Euſeboneora*. Ce Fleuve eſt l'*Onobala* d'Appien h; & c'eſt aujourd'hui le *Cantara*.

TAURON, Lieu de France, dans la Marche, Diocéſe de Limoges, Election de Gueret. Il eſt compoſé d'environ 1400. Habitans. C'eſt une Paroiſſe ſituée en Pays de Montagnes; Terres pierreuſes, bonnes à Seigle, Blé noir, petite Avoine & Raves; les Pacages & Foins y ſont maigres; on y fait un petit Commerce de Beſtiaux. Il y a pluſieurs Bois dans leſquels les Habitans font des Sabots & quelques Charettes; ils ne ſont pas fort commodes. Le Sieur de Pomarion, les Religieux de Ternes, & le Marquis du-Pont-du-Château, en ſont Seigneurs.

TAUROPOLIS, Ville de la Carie, ſelon Etienne le Géographe & Porphyrogenéte. Ortelius dit qu'on l'appelle préſentement *Staureopoli*.

1. TAUROPOLION, Temple d'Artémide ou Diane, dans l'Iſle de Samos, ſelon Etienne le Géographe.

2. TAUROPOLION. Strabon i dit que dans l'Iſle d'Icarie il y avoit un Temple de ce nom conſacré à Diane.

TAURORUM PENINSULA. Voyez au mot QUERSONNESE, l'Article QUERSONESE-TAURIQUE.

TAUROSCYTHÆ, TAURO-SCYTHÆ, ou TAURI-SCYTHÆ, Peuples qui faiſoient partie des *Tauri* & qui habitoient au voiſinage de la Péninſule appellée la Courſe d'Achille. Ptolomée k & Pline l fixent la demeure des Tauro-Scythes dans ce Quartier.

TAURUNUM, ſelon Pline m & TAURURUM ſelon Ptolomée n: Ville de la Baſſe-Pannonie à l'Embouchure du Save dans le Danube. On l'appelle aujourd'hui ALBA-GRÆCA, ou BELGRADE, & en Allemand *Grichiſch-Weiſſenburg*. La Notice des Dignitez de l'Empire o fait mention de cette Ville auſſi-bien que l'Itinéraire d'Antonin & la Table de Peutinger.

1. TAURUS, Montagne d'Aſie & la plus grande que nous connoiſſions. On lui a donné ce nom à cauſe de ſa grandeur & de ſa hauteur, la coûtume des Grecs étant d'appeller Ταῦροι, *Tauri*, ce qui étoit d'une grandeur démeſurée. Quelques-uns mettent ſon commencement dans la Lycie, d'autres dans la Carie & d'autres dans la Pamphylie, & ne le terminent qu'à l'extrémité la plus Orientale de l'Aſie. Le plus grand nombre, & entr'autres Strabon p, Pomponius-Mela q & Pline font commencer cette Montagne au Promontoire *Sacrum*, ou *Chelidonium*, quoiqu'elle traverſe toute la Carie juſqu'à la Pérée ; mais ſes Branches de ce côté-là n'ont paru apparemment, ni aſſez hautes, ni aſſez larges pour mériter le nom de *Taurus*. On l'a nommée diverſement ſelon les diverſes Contrées & les divers Peuples où elle jette un grand nombre de Branches ; ou bien, comme Pline le remarque, dans tous les Pays où elle s'étend elle prend des noms nouveaux. Voici ceux qui ont été connus de cet ancien Auteur :

Taurus,	*Oroandes*,
Imaüs,	*Niphates*,
Emodus,	*Caucaſus*,
Paropamiſus,	*Sarpedon*,
Circius,	*Coraceſius*,
Chambades,	*Cragus*,
Pharphariades, ou	*Hircanus*,
Pariades,	*Caſpius*,
Choatras,	*Pariedrus*,
Oreges,	*Moſchius*,
Scythieus.	

Dans les endroits où le Mont Taurus laiſſe des ouvertures & des Paſſages, on leur donne le nom de Portes, ou de Pyles. Il y a les Portes Arméniennes, les Portes Caſpiennes & les Pyles de Cilicie.

Les Anciens ont encore donné d'autres noms

noms à cette Montagne ou plutôt à ses diverses Branches. Quelques-unes sont nommées :

Par Strabon :

Parachoatra, *Polyarris*,
Masius, *Zagrius*,
Gordiæus.

Par Orose :

Ariobarsanes, *Parthæus*,
Memarmalis, *Oscobares*.

Par Ammien Marcellin :

Ascanimia, *Atria*,
Comedus, *Nazauitium*,
Tapurius, *Asmira*,
Opurocarra.

Par Ptolomée :

Semanthinus, *Orontes*,
Sericus, *Chaboras*,
Bepyrrus, *Udacespis*,
Damassus, *Paryadres*,
Parsuetus, *Abus*,
Corax, *Mascytus*,
Sariphus, *Celænus*,
Masdoranus, *Phœnix*,
Coronus, *Hippicus*,
Jasonius, *Sugdius*,
Strongylus, *Amanus*,
Anti-Taurus.

Pline dit que ces diverses Branches du Taurus étoient appellées en général Monts Cérauniens par les Grecs : Pomponius en comprend la plus grande partie sous ce nom, & il en donne de particuliers à quelques Branches, comme *Amazonicus*, *Caspius*, & *Coraxicus* :

2. TAURUS. On comprend proprement sous ce nom cette partie du Mont Taurus, qui sépare la Pamphylie & la Cilicie de la Petite Arménie & la Cappadoce des deux premières de ces Contrées [a]. Les Modernes connoissent ce Mont Taurus proprement dit sous les noms de CANIREL, BACRAS, GIULICH, CARAMA, & CORTHESTAN. La partie qui approchoit le plus de l'Euphrate étoit appellée par les Habitans du Pays *Munzzarum* & *Maurum*, selon Zonare, Cédréne & Curopalate.

[a] Ortelii Thesaur.

3. TAURUS, Promontoire de l'Isle de Sicile. Il est marqué par Ptolomée [b] sur la Côte Orientale entre l'Embouchure du Fleuve Alabus & celle du Pantachus. On l'appelle aujourd'hui *Cabo di Santa Croce*.

[b] Lib. 3. c. 4.

4. TAURUS, ou TAURUS SCYTHICUS, Montagne de Scythie, selon Jornandès [c] qui donne ce nom à la Branche du Mont Taurus, qui s'étend aux environs des Palus Méotides de la Mer Caspienne & de la Mer Septentrionale. Hérodote & Denys le Périégéte placent cette Montagne au voisinage du Chersonnèse Taurique.

[c] De Reb. Getic. cap. 7.

5. TAURUS, Montagne de la Germanie, selon Tacite [d]. Il y en a qui ont douté si cette Montagne étoit au deçà, ou au delà du Rhin ; mais Spener [e] a fait voir qu'elle devoit être au delà du Fleuve à l'opposite de la Ville de Mayence, & qu'on la nommoit aujourd'hui *der Heyrich* & *die Höhe*. Il ajoute néanmoins qu'il inclineroit assez pour le sentiment qui veut que ce soit la Montagne appellée aujourd'hui *Dyns*, ou *Dunsberg*, & qui se trouve dans la Hesse près de Giessen. Pomponius-Mela [f] connoît aussi une Montagne nommée *Taurus* dans la Germanie. Il dit qu'elle est très-haute, mais il n'en désigne point la situation. Il y en a qui prétendent qu'au lieu de TAURUS il faut lire TAUNUS, tant dans Tacite que dans Pomponius-Mela ; & c'est ainsi qu'écrit Spener.

[d] Annal. Lib. 1. c. 56. & Lib. 11. c. 28.
[e] Notit. Germ. Antiq. Lib. 2. c. 3.
[f] Lib. 3. c. 3.

6. TAURUS, Montagne d'Ethiopie ; selon Ortelius [g], qui cite Agatarchide & Diodore de Sicile ; il ajoute que Strabon décrit deux Montagnes de ce même nom, dans la même Contrée.

[g] Thesaur.

7. TAURUS, Fleuve de l'Asie-Mineure au voisinage de la Pamphylie, selon Tite-Live [h].

[h] Lib. 38.

8. TAURUS, Fleuve du Péloponnèse, Athénée cité par Ortelius dit que ce Fleuve étoit voisin de la Ville de Trœzene : Hésyche [i] l'appelle ÆGITAURUS.

[i] In Voc. Taurin. Ægiæ.

9. TAURUS, Lieu de Sicile, à soixante Stades de Syracuse, selon Diodore de Sicile [k].

[k] Lib. 14.

10. TAURUS, Pline [l] & Solin donnent ce nom à un des trois Canaux par lesquels la Ville d'Aléxandrie en Egypte communiquoit à la Mer.

[l] Lib. 5. c. 31.

11. TAURUS, Lieu de la Palestine : Strabon le marque à l'entrée de la Ville de Jéricho.

12. TAURUS, Ville que Cédréne dit voisine des Ismaélites. Ortelius [m] soupçonne qu'elle pouvoit être dans l'Arménie.

[m] Thesaur.

13. TAURUS, Marais de la Gaule Narbonnoise, selon Sextus Aviénus cité par Ortelius [n].

[n] Ibid.

1. TAUS, Fleuve de la Grande-Bretagne, selon Tacite [o]. C'est le même Fleuve que Ptolomée nomme TAUA. Voyez TAUA, N°. 3.

[o] In Vita Agricolæ.

2. TAUS. Voyez DOMAZLIZE.

TAUSANLE, Ville de l'Anatolie, selon Leunclavius : on croit que c'est l'ancienne *Tantalus* dont parle Nicetas.

TAUSIRIACUM. Voyez ONIAM.

TAUSTE, Bourgade d'Espagne, dans l'Arragon, à deux lieues des confins de la Navarre, sur la petite Riviére de Riguel, qui se jette dans l'Ebre un peu au-dessous. Silva [p] lui donne le titre de Ville & la met au nombre des cinq premiéres Villes de l'Arragon. Elle a droit de suffrage dans les Assemblées : Elle tient un Marché tous les Mardis & elle ne peut pas être aliénée. Les Magistrats sont réputez nobles & ses Habitans jouïssent de plusieurs franchises. En 1423. le St. Siége lui accorda le Privilège de fonder une Ecole, où l'on enseigne la Grammaire, les Humanitez & la Rhétorique. On croit que Tauste doit son origine aux Romains. Alphonse I. Roi d'Arragon & de Castille l'enleva aux Maures en 1115. & y envoya une nouvelle Colonie. Il est sorti de Tauste quelques beaux *Esprits* qui lui ont fait honneur.

[p] Poblac. gen. de España. pag. 136.

TAU-

TAUTANTUM, Ville de la Valerie Ripenfe, felon la Notice des Dignitez de l'Empire, où on lit ces mots [a]: *Præfectus Legionis fecundæ adjutricis in Caftello contra Tautantum.*

[a Sect. 57.]

TAUTE, petite Riviére de France, dans la Normandie, au Cotentin [b]. Elle fe forme de plufieurs Ruiffeaux, qui ont leurs fources dans les Paroiffes de Montchaton, & de Combernon, & traverfe les Paroiffes de St. Sauveur, Lenfeli & de St. Michel de la Pierre, où elle reçoit un Ruiffeau, qui fait moudre trois Moulins proche le Pont Tardif. Elle coule enfuite entre les Eglifes de St. Sébaftien & d'Aubigny, à Rets, Auxais, & St. André de Bouhom; & après avoir reçu la Riviére de Vautonie, à Pontbœuf, celle de Lofon à Tripehou, & celle de Terette à la Goule de Théré, elle continue fon cours, & va fe décharger au grand Vay proche de Brevant, à la droite de Carentan.

[b Corn. Dict. fur les Mém. MSS. de Vaudome.]

TAUTICE, Ville de la Médie: Ptolomée [c] la marque fur la Côte entre *Zarama* & *Europus*.

[c Lib. 6. c. 2.]

TAUVE, Bourg de France, dans l'Auvergne, Election de Clermont.

TAXABRICENSES. Voyez AXABRICENSES.

TAXANDRI. Voyez TOXANDRIA.

TAXANITE. Voyez TAMALME.

TAXATÆ, nom d'un Peuple que l'Hiftoire Mifcellanée [d] nomme avec les *Thracefi*.

[d Lib. 22.]

TAXE, Montagne de la Chine [e], dans la Province de Xantung, au Territoire de Cinan premiére Métropole de la Province, près de la Ville de Laiuu. Il y a dans cette Montagne une Mine de fer.

[e Atlas Sinenf.]

TAXGÆTIUM, Ville de la Rhétie, felon Ptolomée [f] qui la place vers la fource du Rhein, près de *Brigantium*. On croit que ce pourroit être aujourd'hui *Tuffenberg*.

[f Lib. 2. c. 12.]

TAXIANA, Ifle du Golphe Perfique, fur la Côte de la Sufiane à l'Occident de l'Ifle *Tabiana*, felon Ptolomée [g]. Etienne le Géographe la met près du Golphe Pélodes.

[g Lib. 6. c. 3.]

TAXILA, Ville de l'Inde en deçà du Gange. Strabon [h], Ptolomée & Etienne le Géographe parlent de cette Ville. Le premier dit que c'étoit une grande Ville qui fe conduifoit par les Loix fort fages, & Philoftrate dans la Vie d'Apollonius raporte que cette Ville fervoit de demeure au Roi Phraortes, & que toutes fes Maifons étoient fous terre.

[h Lib. 15. p. 691. & 698.]

TAXILÆ, felon Pline [i], & TAXILI, felon Strabon [k], Peuples de l'Inde. Ce font les Habitans de la Ville Taxila. S'ils avoient des Loix fages, ils avoient auffi des coûtumes impertinentes. Ils avoient une telconfidération pour leurs Brachmanes, que lorfque ceux-ci rencontroient quelqu'un, qui portoit des figues ou des raifins ou de l'Huile, ou quelque autre denrée, ils en prenoient autant qu'ils vouloient fans en rien payer. Ceux d'entre les Taxiles qui n'avoient pas de quoi marier leurs filles les menoient au fon des Trompettes dans quelque Place publique ; & lorfque le monde s'étoit affemblé les filles fe découvroient d'abord par derriére jufqu'aux épaules: el-

[i Lib. 6. c. 20.]
[k Lib. 15. p. 714.]

les fe faifoient voir enfuite de la même maniére par devant. Celui à qui elles plaifoient les époufoit fur le champ à certaines conditions dont ils convenoient. Chaque homme avoit ordinairement plufieurs femmes. Ils expofoient leurs morts aux Vautours. Mais comme il étoit honteux chez eux d'être malade; la plûpart de ceux qui fe fentoient attaquez d'une maladie mortelle, s'affeyoient fur un bucher, y faifoient mettre le feu & fe laiffoient brûler volontairement.

TAXUN, Fortereffe de la Chine [l], dans la Province de Xenfi, au Département d'Iungchang, premiére Fortereffe de la Province. Elle eft de 9. d. 48'. plus Occidentale que Peking, fous les 38. d. 16. de Latitude.

[l Atlas Sinenf.]

1. TAXUS, Fleuve de Thrace : Il étoit dans les Terres, felon Suidas. Voyez TÆNARUM.

2. TAXUS, Siège Epifcopal que Guillaume de Tyr cité par Ortelius [m] met fous la Métropole de Céfarée de Straton.

[m Thefaur.]

TAXYMIRA, Ville de Phénicie, felon Strabon [n]; mais Cafaubon croit qu'au lieu de Ταξυμίρα, il faut lire τὰ Συμίρα, ou plutôt τὰ Συμίρα; & que c'eft la Ville Simyra de Ptolomée & de Pline, & la Sinèra d'Etienne le Géographe.

[n Lib. 16. p. 753.]

TAY, Riviére d'Ecoffe [o]: Elle fort du Lac de même nom dans la Province de Broad Albain, d'où elle paffe par celle d'Athol & delà par celle de Perth dans la Mer où fon Embouchure a deux milles de largeur. Cette Riviére qui après le Fith eft la plus grande de toute l'Ecoffe eft navigable l'efpace de vingt milles. Un peu plus bas que Stob-hall, Maifon du Comte de Perth, elle a une Cataracte qui fait un bruit extraordinaire, quand la Marée monte ; de forte qu'on s'entend à plufieurs milles de là.

[o Etat préfent de la Gr. Br. t. 2. p. 204.]

TAYAO, Ville de la Chine [p], dans la Province d'Iunnan, au Département d'Yaogan, feconde Ville Militaire de la Province. Elle eft de 16. d. 0'. plus Occidentale, que Peking, fous les 26. d. 8'. de Latitude.

[p Atlas Sinenf.]

TAYBALI, grand Village de l'Arabie-Deferte. Davity [q] qui parle de ce Village dit qu'il a près de deux-cens-cinquante Maifons, avec un Fort de Gazon bâti fur les ruïnes d'un autre qui étoit de pierre, & un Clocher bâti autrefois par les Chrétiens François, & qui fert aujourd'hui de Minaret. Au pied on voit une Sale ou Chapelle d'Oraifon foutenue de quelques piéces de Colonnes de Marbre qui ont été autrefois de l'Eglife de ce Lieu.

[q Arabie, pag. 240.]

1. TAYE, Ville de la Chine [r], dans la Province de Huquang, au Département de Vuch'ang, premiére Métropole de la Province. Elle eft de 2. d. 49'. plus Occidentale que Peking, fous les 30. d. 45'. de Latitude.

[r Atlas Sinenf.]

2. TAYE, Cité de la Chine [s], dans la Province de Suchuen, au Département de Kiung quatriéme grande Cité de la Province. Elle eft de 13. d. 36'. plus Occidentale que Peking, fous les 30. d. 32'. de Latitude.

[s Ibid.]

1. TAYGETA, ou TAYGETUS, Montagne

tagne du Péloponnèse [a], dans l'Arcadie ; mais elle étoit d'une telle étendue, qu'elle couroit dans toute la Laconie jusqu'au voisinage de la Mer près du Promontoire *Tænarum*. Cette Montagne est haute & droite, si ce n'est dans l'Arcadie où s'approchant des Montagnes de cette Contrée, elle forme avec elles, un coude aux Confins de la Messénie & de la Laconie. La Ville de Sparte étoit bâtie au pied de cette Montagne, qui étoit consacrée à Castor & Pollux. Servius dit pourtant qu'elle a été consacrée à Bacchus. Comme il y avoit quantité de Bêtes fauves dans cette Montagne, la Chasse y étoit abondante [b], & les Filles de Sparte s'y exerçoient ; ce qui a fait dire à Properce [c] :

Et modò Taygeti crines adspersa pruinâ,
Sectatur patrios per juga longa canes.

Virgile [d] au lieu de TAYGETUS dit TAYGETA, en sousentendant le mot *Juga* :

Virginibus bacchata Lacænis.
Taygeta.

Et Stace [e] a dit :

Nusquam umbra veteres : minor Othrys & ardua sidunt,
Taygeta, excusi viderunt aera montes.

Le Mont Taygetus est bien connu aujourd'hui. Il forme trois chaînes de Montagnes [f], une à l'Ouest vers Calamata & Cardamyle, une autre au Nord vers Neocastro en Arcadie, & une autre au Nord-Est du côté de Misitra. Ces diverses Branches ont aujourd'hui des noms différens : celle qui va de la Marine vers Misitra s'appelle *Vouni tis Portais*, & auprès de Misitra elle prend le nom de *Vouni-tis-Misitras*. La terre est creuse de ce côté-là & on y trouve une infinité de cavernes ; ce qui de tout tems a rendu la Zaconie sujette à de grands tremblemens de terre. Anciennement, le vent renfermé dans ces cavernes en bouleversa quantité, & un coupeau du Taygetus emporté par un effroyable tremblement de terre, fit périr vingt mille Habitans de Lacédémone & ruïna la Ville toute entière selon quelques-uns, & la ruïna à cinq Maisons près selon d'autres ; ce qui arriva la quatrième année de la soixante & dix-septième Olympiade ; c'est-à-dire quatre cens soixante-neuf ans avant la naissance du Sauveur.

2. TAYGETA, Fleuve du Péloponnèse dans la Laconie. C'est Vibius Sequester [g] qui en fait mention. Il ajoute que les Habitans du Pays baignoient leurs enfans dans ce Fleuve pour les endurcir au froid.

TAYGETUS. Voyez TAYGETA, No. 1.

TAYIVEN. Voyez TAIYVEN.

TAYKO, TAYHO, ou TAIHO. Voyez TAIHO.

TAYMA, Forteresse de l'Arabie-Heureuse. Abulfeda dit qu'elle est plus renommée que Tabuc [h], & qu'il y a beaucoup de Palmiers aux environs. Alazizy a écrit que Tayma appartient à la Tribu de Tay. La Forteresse, ou le Château de Tayma s'appelle aussi ALABLAK ; on dit qu'il a été bâti par Samoul, fils d'Adiija, lequel a fait des Vers sur ce sujet : *Nous avons*, dit-il, *une Montagne qui fait les délices de tous les voisins ; leurs yeux sont éblouis en la regardant. Alablak est unique dans le Monde, qui est tout rempli de sa renommée, elle a des traits d'une rare beauté, & la blancheur éclate sur son front, & sur ses pieds.* L'Auteur ne finit point sur ce sujet dans son Enthousiasme Poétique.

1. TAYN, Riviére de l'Ecosse Septentrionale [i], en Latin *Tana*. Elle est formée de trois Riviéres assez considérables, sçavoir le Synn, l'Okel, & l'Avon-Charron, qui coulent dans le Comté de Sutherland. La Riviére de Tayn baigne la Ville de même nom, & celle de Dornock, & va ensuite se jetter dans la Mer par une fort large Embouchure appellée le Golphe de Dornock.

2. TAYN, Ville de l'Ecosse Septentrionale [k], dans la Province de Ross, sur la Rive Méridionale d'un Golphe auquel elle donne son nom, presque au Midi de la Ville de Dornock. Elle est au milieu d'une grande Baye, où l'on ne peut entrer sans danger à cause des Bancs & des Ecueils dont elle est remplie. Anciennement on appelloit cette Ville dans la Langue du Pays *Bale-Guiche*, ou *Bale-Duiche*, du nom de St. Dothése ou Duiche, dont on conservoit les Reliques dans l'Eglise Collégiale, qui jouïssoit du droit d'Asyle & qui étoit un Pélerinage célèbre.

TAYOVAN, ou TAIVAN, petite Isle de la Chine, sur la Côte Occidentale de l'Isle Formose. Ce n'est qu'un petit Banc de Sable aride, de près d'une lieue de longueur & de deux portées de Canon de largeur ; mais il n'en est pas moins fameux dans les Relations des Voyageurs [l]. Les Japonois y établirent leur Commerce, après qu'ils eurent été bannis de la Chine où ils avoient été reçus jusque-là & traitez d'une maniére très-favorable, ces deux Nations ayant vécu fort long-tems dans une parfaite intelligence ; en sorte qu'il ne se passoit point d'année que les deux Rois ne s'envoyassent visiter par des Ambassades réciproques ; mais enfin les Japonois qui demeuroient à la Chine s'emportérent à piller un jour une Ville entière, & à violer les femmes & les filles qui tombérent entre leurs mains. Les Chinois pour s'en venger tuérent tous les Japonois qu'ils rencontrérent ; & le Roi de la Chine comprenant de son côté le danger qu'il y avoit à donner retraite à des gens qui en avoient usé si indignement en pleine paix, les bannit à perpétuité de son Royaume & fit graver ce Decret en Lettres d'Or sur une Colonne qui fut érigée au bord de la Mer avec défense sous peine de la vie à tous ses Sujets de trafiquer au Japon. Ce fut ce qui obligea les Japonois d'établir leur négoce à Tayovan, où les Chinois se rendirent avec leurs plus belles Marchandises. Cet exemple convia les Hollandois à se servir en 1632. de la commodité de ce même Lieu, les Chinois leur ayant absolument ôté l'espérance d'aucun Commerce avec eux, s'ils ne sortoient de la Chine, & s'ils ne s'établissoient dans un Lieu où ils ne pourroient leur

TAY.   TAZ.

leur donner d'ombrage. Dans ce tems-là ils bâtirent dans cette Ifle de Tayovan un Fort qui fut nommé Zelande [a]. On l'éleva fur une haute Dune de Sable, & il fut bâti de figure quarrée & de quatre Baftions revêtus d'une maffonnerie de brique. La plus grande épaiffeur des Murailles étoit de fix pieds: celle de la Courtine étoit de quatre, avec un Parapet de trois pieds de hauteur; mais mince & feulement de l'épaiffeur d'une brique & demie. Les quatre Baftions n'étoient remplis que de Sable; & le Canon étoit planté fi haut que pour peu qu'il plongeât il tiroit perpendiculairement à terre; de forte qu'il s'en faloit de beaucoup qu'il ne fit tout l'effet qu'on en auroit du attendre. La mauvaife fituation de cette Place n'avoit pas permis qu'on la pût entourer de Foffés, ni qu'on pût la paliffader, ni qu'on fit quelque Ouvrage avancé. L'accès n'en étoit pas difficile que celui d'une fimple Maifon de Campagne au milieu d'un Champ. Dans la fuite le Fort fut pourtant agrandi, & l'efpace qu'on y joignit fut entouré d'un fimple Mur fortifié d'un Ouvrage à cornes couronné; mais qui ne pouvoit être défendu par le Canon du Fort, & qui n'étoit pas en état de fe défendre lui-même. Cet agrandiffement caufa encore un autre préjudice; favoir que la Compagnie fut obligée d'y entretenir une plus groffe Garnifon. Enfin on fit deux Baftions dans le Corps de la Place; mais on ne put empêcher que l'eau n'y fût faumache & mal-faine à boire. On étoit même obligé d'en aller chercher dans l'Ifle. Le peu de précaution qu'on avoit eu dans le choix qu'on fit d'un endroit pour bâtir ce Fort vint de ce qu'on ne penfa qu'à la commodité des Vaiffeaux & à la facilité qu'on auroit à les décharger. On n'eut point en vûe les Ennemis qui pourroient paroître dans la fuite. On ne voyoit alors que les Formofans nuds & un petit nombre de Payfans Chinois qu'on regardoit déja comme foumis, & qui furent bien-tôt en effet. Cependant il y avoit mille autres endroits dans l'Ifle très-propres à être fortifiez, où les Vaiffeaux fe feroient rangez affez commodément, & où l'on auroit eu la même facilité pour s'établir. D'ailleurs comme l'Ouvrage à corne étoit commandé par une haute Dune, qui n'en étoit qu'à une portée de Piftolet, on prit le parti de faire une Redoute de maffonnerie fur la Dune: on l'a nomma UTRECHT & on y mit du Canon & une Garnifon particuliére; mais il fe trouva près de la Redoute plufieurs autres femblables hauteurs qui la commandoient. On fit donc d'autres Redoutes, & l'on remédia ainfi à grand frais à l'ignorance de ceux qui avoient entrepris l'Ouvrage. Au bout de l'Efplanade, à l'Oueft, on voyoit plufieurs Maifons de Chinois qui s'y étoient établis, & on nomma ce Lieu la Ville de ZELANDE, quoique le Lieu ne fût pas muré. Des trois côtez la Ville étoit environnée du Canal qui fépare Tayovan de l'Ifle de Formofe, & dont on fait fort aifément la traverfée avec de petits Bâtimens. En 1653. pour tenir en bride les Payfans Chinois de Formofe

[a] Voy. de la Compagnie des Indes Or. t. 5. p. 534.

qui s'étoient foulevés, les Hollandois firent bâtir un nouveau Fort dans l'Ifle même de Formofe, fur le bord du Canal qui la fépare de Tayovan & qu'on nommoit alors Saccam. Ce nouveau Fort qu'on appella la PROVINCE, fut auffi conftruit de briques, & de figure quarrée avec un Baftion à chaque Angle, mais d'un Ouvrage fort mince; de forte qu'il ne pouvoit guère fervir qu'à tenir en échec les Payfans, & peut-être une partie des Habitans ou tous les Infulaires, pendant qu'ils étoient fans armes; mais il n'étoit nullement propre pour foutenir un Siège ni pour réfifter au Canon. Auffi fut-il contraint de fe rendre aux premières attaques des Ennemis. Le Fort de l'Ifle de Tayovan tint plus long-tems; mais enfin affiégé dans les formes par les Chinois, & prêt à être emporté d'affaut, il fut contraint de fe rendre par Capitulation en 1662. Dans tout l'Orient il n'y avoit point de Havre plus commode pour le Négoce de la Chine & pour l'établiffement d'une communication avec le Japon & avec tout le refte des Indes que l'Ifle de Tayovan; car on y aborde dans toutes les Saifons de l'année, fans être obligé d'attendre la commodité de la Mouçon ou des Vents Généraux, qui font contraires par-tout ailleurs pendant fix mois de l'année.

TAZAROT, petite Ville d'Afrique [b], au Royaume de Maroc, à cinq lieues de la Ville de Maroc du côté du Couchant, & à fept du Mont Atlas vers le Nord. Elle n'eft pas forte ni par nature, ni par art, & s'étend comme un Village dans un Vallon fur les bords du Fleuve garnis d'Arbres fruitiers. C'eft pourquoi tous les Habitans s'occupent aux Jardins & au Labourage. Mais tout leur travail eft emporté quelquefois par le débordement de la Riviére qui entraîne jufqu'aux Arbres. Cette Ville a été long-tems tributaire du Roi de Portugal. Les Chérifs s'y établirent d'abord, & leur perc y mourut.

[b] Marmol, Royaume de Maroc, Lib. 3. c. 34.

TAZATA, felon Pline [c] & TALCA, felon Ptolomée [d]. Ifle de la Mer Cafpienne, près de la Côte de l'Hyrcanie. Quelques MSS. de Pline portent Zazata pour Tazata. C'eft la même Ifle que Pomponius Mela appelle Talga.

[c] Lib. 6. c. 17.
[d] Lib. 6. c. 9.

TAZILLY, Lieu de France, dans le Nivernois, Diocèfe d'Autun, Election de Nivers. C'eft une fimple Paroiffe à une lieue de Luzy; elle eft arrofée de quelques ruiffeaux fortans des Etangs de Chigy. Les Terres font légeres & produifent Seigle & Avoines. Les Pâcages font mauvais. Il y a du Foin pour la nourriture des Beftiaux, quelques Bois de futayes appartenans à différens Particuliers, quelques Vignes & cinq Etangs dits de Chigy. La Cure vaut quatre cens Livres; le Chapitre de Ternant en eft Collateur. C'eft une fimple Juftice, faifant partie de la Baronnie de Ternant. M. le Maréchal de Villars en eft Seigneur.

TAZINA, Ville de Médie felon Ptolomée [e] qui la marque près de Sabœa-Aræ.

[e] Lib. 6. c.

1. TAZUS, Ville du Cherfonnéfe Taurique. Ptolomée [f] la place dans ces terres.

[f] Lib. 3. c.

2. TAZUS, ou TAZOS, Ville de la Sarmatie Afiatique. Elle étoit felon Ptolomée [g]

[g] Lib. 5. c. 9.

fur

sur la Côte Septentrionale du Pont-Euxin, entre le Golphe Cerceticque & le Promontoire Toretice.

T C.

TCHAINATBOURIE, Ville des Indes, au Royaume de Siam, sur la Rive droite du Menam. Si l'on en croit les Siamois, dit le Pere Tachard dans son second Voyage de Siam [a], cette Ville a été autrefois considérable & la Capitale d'un Royaume. Aujourd'hui c'est une Peuplade de deux à trois mille ames suivant le rapport de ceux du Pays. Sa situation est très-agréable sur le bord du Menam, qui est fort large & peu profond dans cet endroit-là. Le Pere Tachard ajoute: Nous mesurâmes la largeur de cette Rivière avec le demi-Cercle, & nous la trouvâmes de plus de cent soixante Toises. Nous y trouvâmes au moins quarante de variation au Nord-Ouest dans le Lieu où nous étions. La Montagne Caoulem, derrière laquelle est la Mine d'Aiman, nous restoit au Nord-Est quart d'Est un peu au Nord.

[a] Liv. 5. p. 237.

TCHARTÆ, Ville du Mogolistan, selon Mr. Petis de la Croix dans son Histoire de Timur-Bec [b].

[b] Liv. 5. c. 4.

TCHEELMINAR, CHELMENAR, ou CHILMINAR [c], nom qui signifie *quarante Colonnes*. Les Persans le donnent aux ruines d'un vieux Château appellé communément *Maison de Darius*. Voyez PERSEPOLIS.

[c] Le Brun Voy. t. 4. p. 302.

TCHEPATCHOUR, Bourg du Courdistan selon Mr. Petis de la Croix dans son Histoire de Timur-Bec [d].

[d] Liv. 3. c. 42.

TCHINAS, Bourg d'Asie, vers le Desert de Capchac, au voisinage de Tachkunt, selon Mr. Petis de la Croix dans son Histoire de Timur-Bec [e].

[e] Liv. 3. c. 10.

TCHITCHECLIC, Ville du Mogolistan. Mr. Petis de la Croix dans son Histoire de Timur-Bec [f] la marque à 117. d. 30. de Longitude & à 50. d. de Latitude.

[f] Liv. 3. c. 6.

TCHITCHECTOU, Bourg de la Corassane. Il est selon Mr. Petis de la Croix, dans son Voyage de Timur-Bec [g], au voisinage d'Andcoud & d'Herat.

[g] Liv. 3. c. 67.

TCHUMLIC, Village de Mésopotamie. Mr. Petis de la Croix dit dans son Histoire de Timur-Bec [h] que ce Village est à sept lieues de Merdin.

[h] Liv. 3. c. 36.

TCIENIEN, Ville de la Chine dans la Province de Nanking ou Kiangnan, à la gauche de la Rivière de Kiang, sur la route de Nanking à Peking, entre Nanking & Kaiutsin que le Pere Martini appelle Caoyeu. Tcienien, selon la Relation du Voyage des Hollandois à Peking [i], est fermée d'un quarré de murailles hautes & fortifiées de bons boulevards. Son circuit est de trois heures de chemin & elle a un Fauxbourg bien bâti, où il se fait un grand Commerce. Cette Ville est renommée par ses richesses & par sa magnificence; mais encore plus par la rare beauté de ses femmes, qui passent outre cela pour l'emporter sur toutes celles de l'Empire, soit par leur esprit, soit par leurs belles manières. Au devant de la Maison où l'on paye les droits d'entrée, le passage est fermé par un Pont de Batteaux. Delà on entre

[i] Pag. 12.

dans la Ville après avoir passé trois portes. Toutes les rues sont tirées au cordeau & pavées de brique. A la sortie de la Ville sur la gauche est un Pagode avec une haute Tour, ornée d'une Galerie qui en fait six fois le tour, & d'où on peut voir toute la Campagne. A l'Ouest court une eau rapide qui traverse la Ville: on a bâti dessus divers Ponts de pierre de taille, dont les Arches sont fort belles & fort élevées. Le principal Commerce de cette Ville consiste en Sel & en Grains.

Quand on va de Tcienien au Village appellé Saopao, on trouve sur la droite quantité de Coupoles bâties de pierre & le fameux Sépulcre de Sultan Key.

T E.

TE, Ville de la Chine [k], avec Forteresse, dans la Province de Xantung, au Département de Cinan, première Métropole de la Province. Elle est de 0 d. 34'. plus Occidentale que Peking, sous les 37. d. 42'. de Latitude.

[k] Atlas Sinenent.

1. TEANUM, Ville d'Italie dans la Campanie, & dans les Terres, aujourd'hui Tiano. Pline [l] qui lui donne le Titre de Colonie Romaine la surnomme SIDICINUM; & en effet elle avoit besoin d'un surnom pour pouvoir être distinguée d'une autre TEANUM qui étoit dans l'Apouille. Tite-Live [m], Strabon & Frontin l'appellent aussi *Teanum-Sidicinum*. Quelques-uns néanmoins disent simplement TEANUM, & alors c'est *Teanum-Sidicinum* qu'il faut entendre; car cette Ville étoit beaucoup plus considérable que l'autre, & son nom écrit ou prononcé sans marque distinctive ne devoit pas être sujet à équivoque. C'est ainsi que Ciceron en parlant de *Teanum-Sidicinum* a dit: *Pompejus a Teano Larinum versus profectus est a. d. VIII. Kal. Eo die mansit Venafri*. Ptolomée [p] dit aussi simplement TEANUM. Les Habitans de la Ville & du Territoire étoient appellez SIDICINI. On les trouve néanmoins aussi nommez TEANENSES dans quelques Inscriptions. Voyez le Trésor de Gruter [q], & l'Article suivant.

[l] Lib. 3. c. 5.
[m] Lib. 5. c. 57.
[n] Lib. 5. De Colon.
[p] Lib. 3. c. 1.
[q] Pag. 381.

2. TEANUM, Ville d'Italie dans l'Apouille: Pomponius Mela [r] & Ptolomée écrivent simplement TEANUM, parce qu'ils nomment la Province où elle est située: Pline [t] dit TEANUM APULORUM, & Strabon [u] TEANUM APULUM: On la distingue ainsi d'une autre Ville TEANUM dans la Campanie. Voyez l'Article précédent. Strabon ajoute qu'elle étoit dans les Terres. On voit encore aujourd'hui ses ruines, à seize milles au-dessus de l'Embouchure du Fortore, anciennement le *Frento*. C'est aujourd'hui un Lieu nommé *Civita*, ou *Civitate*, qu'on voit Evêché avant l'an 1062. mais dont le Siége a été transféré ou plutôt uni à celui de St. Sever. Le nom National étoit TEANENSES, selon Tite-Live: *Ex Apulia Teanenses Canusinique, populationibus fessi, obsidibus L. Plautio Cos. datis, in deditionem venerunt*.

[r] no. 1. &
[s] 389. no. 2.
[t] Lib. 2. c.
[u] Lib. 6. p. 285.
[x] Holsten. Annot. pag. 279. Commanville, Table des Evêchés.

TEARI, Peuples de l'Espagne Citérieure, selon Pline [y], qui dit qu'on les nommoit aussi JULIENSES. Leur Ville étoit TIARA-JULIA, que Ptolomée [z] appelle *Tiariulia* & qu'il place dans les Terres.

[y] Lib. 3. c. 3.
[z] Lib. 2. c. 6.

TEA-

TEARUS, Fleuve de Thrace: Pline [a] & Hérodote [b] en font mention. Le Tearus tiroit sa source de trente-huit Fontaines & se jettoit dans l'Hebrus. Darius fils d'Hystaspes s'arrêta trois jours sur les bords de ce Fleuve, & il en trouva les eaux si excellentes, qu'il y fit dresser une Colonne, sur laquelle il fit graver une Inscription en Langue Grecque portant que ces eaux surpassoient en bonté & en beauté celles de tous les autres Fleuves de l'Univers.

[a] Lib. 1. c. 11.
[b] Lib. 4. Melpomen. n°. 90.

TEATEA, ou Teate, Ville d'Italie: Ptolomée [c] la donne aux *Marrucini*, dont elle étoit la Capitale, selon Pline [d], qui la connoît sous le nom de ses Habitans appellez Teatini. Silius Italicus [e] fait l'éloge de cette Ville:

[c] Lib. 3. c. 1.
[d] Lib. 3. c. 12.
[e] Lib. 8. v. 520.

Marrucina simul Frentanus æmula pubes
Corfini populos, magnumque Teate trahebat.

Et dans un autre endroit [f] il dit:

[f] Lib. 17. v. 457.

. . . . . . *cui nobile nomen*
Marrucina domus, clarumque Teate ferebat.

L'Itinéraire d'Antonin qui nomme cette Ville Teate-Marrucinum, la marque sur la route de Rome à *Hadria* en passant par la Voie Valérienne. Elle se trouve entre *Interbromium* & *Hadria* à dix-sept milles de la première de ces Places, & à quatorze milles de la seconde. Le nom moderne est *Tieti* qu'on écrit plus communément *Chieti*, ou *Civita di Chieti*. Voyez Theate.

TEBA, Bourg d'Espagne, au Royaume de Grenade, à quatre lieues d'*Antequera*. Il est situé sur une Colline élevée, défendue par trois rochers presque entièrement escarpez, qui en font une Place imprenable. Il y a dans ce Bourg un beau Château: La Rivière de *Guadateba* passe auprès, donne la fertilité à la Campagne voisine qui produit du Bled, du Vin & de l'Huile. On trouve dans le voisinage beaucoup de Gibier: on y élève du Bétail & on y cueille quelques Fruits. Silva [g] dit que ce Bourg doit sa fondation à des Grecs Thebains qui lui donnèrent le nom de *Teba* en mémoire de leur Patrie. Alphonse XII. Roi de Castille enleva ce Lieu aux Maures en 1328. & le peupla de Chrétiens. Le Bourg de *Teba* est devenu depuis le Chef-lieu d'un Comté, dont les Rois Catholiques Ferdinand V. & Isabelle donnèrent le titre à Don Diègue Ramirez de Gusman.

[g] Poblac. d'Españ., p. 103.

TEBASSI. Voyez Frangones.

TEBECA, ou Tebessa. Voyez Tebessa.

TEBECRIT, Ville d'Afrique, au Royaume d'Alger [h], dans la Province de Humanbar. Elle est située au pied d'une Montagne raboteuse, vis-à-vis de la Ville d'Oné, sur le rivage de la Mer Méditerranée, à deux milles de Ned-Roma. On prend cette Ville pour l'ancienne Thudaca.

[h] Dapper, Royaume d'Alger, p. 166.

TEBELBELT, ou Tabelbelt, Habitation d'Afrique, dans le Biledulgerid, au milieu du Désert de Barbarie, à soixante-dix lieues du Grand Atlas [i], du côté du Midi & à trente-quatre lieues de Segelmesse. Il y a trois petites Villes bien peuplées & de grandes Contrées de Palmiers, dont

[i] Dapper, Biledulgerid, p. 211.

le Fruit est excellent. On y manque d'eau & de chair; & l'on mange les Autruches & les Cerfs que l'on y chasse. La Capitale est située sous le 23. d. 10′. de Longitude, & à 29. d. 15′. de Latitude. Quoique les Habitans trafiquent dans la Nigritie, ils ne laissent pas de vivre mal à leur aise, parce qu'ils relevent des Arabes.

TEBENDA, Ville d'Asie, dans le Pont Galatique: Ptolomée [k] la marque dans les Terres entre *Sebastopolis* & *Amasia*.

[k] Lib. 5. c. 6.

TEBESS, Ville de Perse. Tavernier [l] dit qu'elle est située à 80. d. 40′. de Longitude, sous les 38. d. 15′. de Latitude. Il ajoute qu'on l'appelle aussi Atless, & qu'il y a dans cette Ville des Manufactures de Velours, de Satin & d'autres Ouvrages de Soie.

[l] Voy. de Perse, Liv. 3.

TEBESSA, Ville d'Afrique au Royaume de Tunis [m], vers les Confins du Royaume d'Alger, au dedans du Pays, à cinquante-cinq lieues de la Mer. Cette Ville est ancienne, elle a été bâtie par les Romains, & est enfermée de hautes murailles qui sont faites de grandes pierres semblables à celles du Colisée de Rome. Près de la Ville passe une Rivière qui descend de la Montagne, &, après plusieurs tours, entre par un côté dans la Place. Outre cela, il y a dans Tébessa deux belles grandes sources d'eau vive, de belles antiquitez, & des Statues de marbre avec des Inscriptions Latines. Autour de la Ville sont des Bois d'Arbres fruitiers, & de grands Noyers qui rapportent abondamment, mais le reste de la Contrée est stérile, & l'air n'est pas sain. A un peu plus de demi-lieue de la Ville, il y a une Montagne pleine de grandes Cavernes, que le Peuple prend pour une demeure des Géans; mais on voit manifestement, que ce sont des Carrières où on a pris la pierre pour bâtir la Place. Elle a été plusieurs fois saccagée par les Successeurs de Mahomet, elle s'est depuis repeuplée de Bérébéres, gens avares & brutaux, ennemis des Etrangers, qui se sont révoltez souvent contre les Rois de Tunis, & les Seigneurs de Constantine, & qui ont tué plusieurs fois les Gouverneurs qu'on leur envoyoit. Enfin l'an mille cinquante-sept Muley Mahamet passant près de la Ville, & voyant qu'ils ne le venoient pas recevoir, leur envoya demander à qui ils étoient; ils répondirent orgueilleusement, qu'ils n'avoient point d'autre Maître que leurs murailles. De quoi justement irrité, il les fit attaquer sur le champ, & ayant emporté d'assaut la Ville, il fit pendre tous ceux qui n'étoient pas morts dans le combat, & ruïna la Ville; mais elle se repeupla depuis de pauvres gens. Trois choses rendent Tébessa considérable, par dessus les autres Places de la Barbarie: les Mûres, les Noix, & les Fontaines, tout le reste n'en vaut rien. Il n'y a point d'autre Ville dans la Province Constantine, pour le moins dont on ait connoissance.

[m] Marmol, Royaume de Tunis, Liv. 6. ch.

TEBESTE. Voyez Theueste.

TEBET, Tobat, Tobut, & Tonbut [n] nom d'un Pays qui a la Chine à son Orient, les Indes à son Midi, & du côté de l'Occident & du Septentrion, les Pays Turcs appel-

[n] D'Herbelot, Biblioth. Or. p. 876.

pellez, Kezelgeh, & Tagazgaz, ou Tamgaz. Ce Pays de Tebet, au rapport d'Ebn Al Ouardi, a un Roi particulier que l'on dit être de la race des anciens Rois de l'Iemen, ou Arabie Heureuse, qui portoient le Titre de Tobáï, & le même Auteur dit, que c'est du Tebet qu'on apporte le plus excellent Musc de l'Orient, qu'on appelle en Arabe, en Persien, & en Turc, Misk Tobuti, ou Tonbuti, & quelquefois Misk Tobat, selon l'Auteur du Mircat.

TEBR, & TIBR; *Belad Al Tebr*, c'està-dire, *Pays de la poudre d'or*[a], Edrissi marque dans le Pays des Soudan, ou Negres la situation de ce Pays, autour de Vancarah, Ville & Province plus Orientale que celle de Ganah. Le même Auteur écrit, que les Habitans de Tocrut, qui occupent les extrémitez de l'Afrique à l'Occident, font aussi un grand Négoce d'Or en poudre, que les gens du Pays croient être Végétal, comme celui des Provinces Indiennes limitrophes de la Perse.

[a] D'Herbelot, Bibliot. Or. p. 876.

TEBUACUNT, Forteresse d'Afrique[b]. C'est la plus grande de celles que bâtirent les Habitans de la Province de Segelmesse, après que leur Ville Capitale eut été détruite. Elle est à trois lieues de Tenequent du côté du Midi. C'est la plus grande de cette Contrée, & le Commerce a rendu les Habitans fort civilisez. Il y a plusieurs Artisans Juifs & beaucoup de Marchands Etrangers, & presque autant de monde que dans tout le reste de la Province.

[b] Marmol, Numidie, Liv. 7, c. 22.

TEBURI, Peuple de l'Espagne Tarragonoise. Ptolomée[c] leur donne une Ville nommée *Nemetobriga*. Le MS. de la Bibliothéque Palatine porte TIBURI, pour TEBURI.

[c] Lib. 2. c. 6.

TEBZA, Ville dans l'Afrique, au Royaume de Maroc[d], Capitale de la Province du même nom, à deux lieues de la Plaine, sur la pente du Grand Atlas, qui regarde le Septentrion. Cette Ville a été bâtie par les Naturels du Pays. Outre l'avantage de son assiette, elle est fermée de bonnes Murailles garnies de Tours, & au-dessous de grandes Plaines qu'on nomme les Campagnes de Fiftelle. Les Habitans sont riches en Blé & en Troupeaux, & font trafic de fines laines, dont on fait des Tapis comme ceux de Turquie, & de bons Manteaux de campagne. Ce Commerce y attire des Marchands de tous côtez, & les Habitans se traitent bien à leur mode, & sont fort belliqueux. Il y a environ deux cens Maisons de Juifs. Ceux-ci sont le principal Commerce. *Tebza* & toutes les autres Villes de la Province, étoient sujetes aux Rois de Fez, particuliérement sous le Régne des Bénimérinis, lorsque leur Domination s'étendoit jusques dans la Province de Sud. Depuis, dans le déclin de leur Empire, plusieurs Villes se mirent en liberté, celle-ci étoit du nombre; mais s'étant partagée en deux factions sur le sujet du Gouvernement, la plus forte chassa la plus foible. Celle-ci eut derechef recours au Roi de Fez Muley Mahamet, & s'offrit de lui faire hommage, pourvû qu'il les rétablit. Il leur envoya donc deux mille Chevaux avec cinq cens Arquebuziers, deux cens Arbalêtriers, & ordre à quatre mille Chevaux Arabes de les joindre. Ces troupes assiégèrent Tebza, sous le Commandement de Zarangi. Les Assiégez se défendirent bien, & implorérent en même tems le secours des Arabes Beni Chéber leurs Alliez, qui y accoururent avec cinq mille Chevaux, & donnérent Bataille aux Assiégeans dans les Plaines au-dessous de la Ville; il fut tué beaucoup de monde de part & d'autre: mais à la fin ceux de Fez mirent les autres en fuite. Après cette défaite, les habitans ouvrirent les portes au vainqueur, & se rendirent Vassaux & Tributaires du Roi de Fez. Zarangi s'étant entré, & s'étant saisi du Château qui étoit fort, mit les habitans à une grosse amande, & les obligea de plus à payer tous les ans vingt-cinq mille ducats.

[d] Marmol, Royaume de Maroc, Lib. 3. ch. 80. p. 123.

TEC, ou TECH, Rivière de France, dans le Roussillon. Elle a sa source dans les Monts Pyrénées, au Nord de Prats de Molo, dans un lieu nommé la Rocca. Après avoir arrosé Prats de Molo, elle commence à courir du Midi Occidental au Nord Oriental, & dans sa course elle baigne Arles, g. Ceret, d. El-Bolo, g. Elne, g. & un peu-au-dessous de cette derniére Ville elle se jette dans la Mer Méditerranée. Son nom Latin est *Tichis*, ou *Tecum*; on le trouve aussi appelé ILLIBERIS, du nom de l'ancienne Ville *Illiberis* qu'il arrosoit.

TECELIA, Ville de la Germanie, dans sa partie Septentrionale: Ptolomée[e] la marque entre *Siatutanda* & *Phabiranum*.

[e] Lib. 2. c. 11.

TECENUS, Fleuve d'Italie selon Ælien[f]. On croit que c'est du *Ticinus* dont il entend parler.

[f] Animal. Lib. 4. c. 22.

1. TECEVIN, Rivière d'Afrique. Marmol[g] dit qu'elle naît de deux grandes Fontaines, à une lieue l'une de l'autre dans la Montagne de Gugidime qui est une partie du Grand Atlas. Ces deux sources forment deux Riviéres, qui traversent les Plaines de la Province d'Escure & se vont rendre dans le Niger, nommé par les Habitans du Pays Huedala-Abid. Chacune de ces Riviéres s'appelle Tecent; jointes ensemble elles prennent le nom de Tecevin qui veut dire en la Langue du Pays *Liziére*, ou *Borne*. Elles arrosent les Campagnes par où elles passent; & comme d'espace en espace on en a tiré divers petits Canaux, cela fait que les Terres produisent en assez grande abondance du Bled, de l'Orge, du Millet, de l'Alcandie & quantité de Légumes.

[g] Descr. génér. de l'Afrique, Liv. 1. p. 17.

2. TECEVIN. Marmol[h] dans sa Description de la Numidie, donne ce nom à une Habitation des Bérébéres, à neuf journées de Segelmesse, du côté du Levant, & à trente-quatre lieues du Grand Atlas vers le Midi. Il y a quatre Châteaux & plusieurs Villages sur les Frontiéres de la Libye, au chemin qui va à Fez, ou de Trémécen au Royaume d'Agadez dans le Pays des Négres. Les gens de la Contrée sont pauvres, & n'ont que des Dattes & un peu d'Orge, la plûpart sont noirs, ce qui n'empêche pas que les femmes ne soient belles & de bonne grace.

[h] Marmol, Descr. du Royaume de Maroc, Liv. 3. c. 42.

TECEUT, ou TECHEIT, Ville d'Afrique, au Royaume de Maroc[i], dans la Pro-

[i] Marmol, Royaume de Maroc, Liv. 3. c. 12.

vin-

TEC. 345

vince de Sus. Elle est divisée en trois, & la grande Rivière de Sus passe auprès & traverse ses Campagnes. Cette Ville qui est située dans une belle Plaine, fut fondée par les anciens Africains. Au milieu de Teceut qu'on nomme quelquefois TECHEIT, est une grande Mosquée bien bâtie, & au travers de laquelle passe un Bras de la Rivière. Il y a dans cette Ville plus de quatre mille feux, & le Peuple y est riche à cause de l'abondance d'Orge, de Froment & de Légumes que rapporte la Contrée. On y voit de grands Plans de Cannes de Sucre & plusieurs Moulins. Les Marchands y accourent de toutes parts de Fez, de Maroc & du Pays des Négres, parce que le Sucre est très-fin, depuis qu'un Juif qui s'étoit fait Mahométan y a dressé des Moulins avec l'aide des Captifs que le Chérif fit au Cap d'Arguer. Le Pays produit beaucoup de dattes; mais il n'y a guère d'autres Fruits, si ce n'est des figues, des pêches & des raisins. Comme il n'y a point d'Oliviers, ni de ces Fruits à noyau dont on fait de l'Huile, on se sert de celle qu'on apporte de la Province de Hea. C'est à Teceut que s'apprêtent les bons Marroquins qu'on transporte à Fez & à Maroc. Le Pays est fort grand. Vers le Mont Atlas il y a plusieurs Villages de Bérébéres, & vers le Midi on trouve de grandes Plaines, où errent plusieurs Arabes & des Communautez d'Africains de la Tribu de Muçamoda, qui ont beaucoup de Chameaux & beaucoup de Bétail. Les Habitans de Teceut sont Africains Bérébéres. Ils étoient toujours en division lorsqu'ils jouissoient de la liberté. Quelques-uns d'entre eux ayant enfin usurpé la Domination, Choan qui y régnoit, quand les Chérifs commencérent à s'établir, maria sa fille à un Génois qui trafiquoit dans le Pays & qui embrassa la Religion de Mahomet. Ce Génois se fit tellement aimer du Peuple, qu'il parvint à la Couronne quand son beau-pere fut mort. Comme il étoit ami des Chérifs, il leur donna passage par son Etat, pour entrer dans la Province de Hea; & il laissa pour Successeur son fils aîné le plus brave de tous les Maures, qui marchérent au service des Chérifs. Ces Princes embellirent fort Teceut, dont les Habitans sont riches; & il y a parmi eux plus de deux-cens Marchands & Artisans Juifs.

TECH. Voyez TEC.

TECHALA, Bourgade de la Macédoine, appellée anciennement Doliche, selon Mercator cité par Mr. Baudrand. Cette Bourgade ajoute Mr. Baudrand, est aux Confins de l'Albanie & de la Thessalie.

TECHANG, Forteresse de la Chine [a], dans la Province de Suchuen, au Département d'Iungning, première Forteresse de la Province. Elle est de 15. d. 18'. plus Occidentale que Peking, sous les 28. d. 10'. de Latitude.

TECHEDIA, Isle de la Mer Egée, selon Pline [b], qui la met au voisinage de celle de Pharmacusa.

TECHEVIT, Ville ancienne d'Afrique, au Royaume de Maroc [c]. Elle est bâtie dans une Plaine environnée de Montagnes à quatre lieues de l'Eusugaguen du côté du Couchant. Elle a des Murailles de brique & est peuplée de Naturels du pays. Les Habitans sont riches & ont beaucoup de terres, où ils sement de l'orge, & nourrissent des Troupeaux. Il y a beaucoup de Vergers autour de la Ville, qui rapportent quantité de Pêches, de Noix, & de Figues que l'on seche. Les Habitans sont fort honnêtes à l'égard des Etrangers, & il y a parmi eux environ trente Familles d'Artisans Juifs, qui vivent en toute liberté. Les Portugais prirent *Techevit* en 1514. & après l'avoir pillée y mirent le feu. Les Habitans s'étoient sauvez avec leurs femmes & leurs enfans. La Ville fut repeuplée incontinent après, & on y vit plus en repos, depuis que les Portugais ont tout-à-fait abandonné ce Pays.

TECHIROQUEU, Lac de l'Amérique Septentrionale, dans la Nouvelle France, selon Mr. Corneille [d] qui ne cite aucun garant. Il ajoute que ce Lac est entre ceux de Frontenac & d'Onneyout, & qu'il a environ douze lieues de longueur sur une demie de largeur.

TECHTIMITOW, Forteresse de Pologne [e], dans le Palatinat de Kiow sur le borde du Borysthène. Le Roi Etienne donna cette Forteresse aux Cosaques avec toutes ses dépendances, & il y joignit un Territoire dans le même Palatinat de l'étendue de vingt milles d'Allemagne, pour qu'eux & leurs Chefs y fixassent leur demeure, & gardassent Techtimitow, comme une Place d'armes. Les Cosaques y mirent une Garnison nombreuse & leur Général en chef y alla demeurer. Ce Général étoit le seul que le Roi s'étoit réservé le droit de nommer. Les Cosaques choisissoient eux-mêmes leurs autres Chefs.

TECING, Ville de la Chine [f], dans la Province de Chekiang, au Département de Hucheu, troisième Métropole de la Province. Elle est de 3. d. 15'. plus Orientale que Peking, sous les 30. d. 53'. de Latitude.

TECK, Château d'Allemagne, dans le Duché de Wirtenberg. Il porte le commencement du nom des Tectosages, venus de la Gaule Narbonnoise. Ce Château qui est environ à une lieue à l'Orient Septentrional de Nirtingen, est situé sur une Montagne, à une petite distance du Necker. Il ne reste plus que quelques murailles de ce Château.

TECKLENBOURG, Château d'Allemagne dans la Westphalie, à deux milles d'Osnabruck & à quatre milles de Munster. Ce Château qui est bâti sur une Colline a été pris par quelques Géographes pour l'ancienne TECELIA de Ptolomée. Le nom en effet a beaucoup de rapport; c'est dommage que la situation ne convienne pas également. C'étoit la Résidence des Comtes de Tecklenbourg [g], qui étoient autrefois puissans & qui possédoient beaucoup de Terres qu'ils aliénèrent dans la suite. On prétendoit qu'ils descendoient de Cobbon, un des principaux Seigneurs de Westphalie, qui fut tué en 876. dans une Bataille contre les Danois. Le dernier Comte de cette Famille

[a Atlas Sinens.]
[b Lib. 4. c. 12.]
[c Marmol, Royaume de Maroc, L. 3. ch. 9. p. 17.]
[d Dict.]
[e Andr. Cellar. Descr. Polon. p. 51.]
[f Atlas Sinens.]
[g Zeyler, Topog. Westphaliæ.]

X x mille

mille nommé Othon étoit Grand-Prevôt de la Cathédrale d'Osnabrug. Après sa mort le Château de Tecklenbourg passa, avec le Comté dont il est le Chef-lieu, dans la Maison des Comtes de Bentheim. La Branche des Comtes de Bentheim Tecklenbourg s'éteignit en 1701. La longueur de ce Comté est à peu près de six lieues du Nord au Sud, & sa largeur de trois du Couchant au Levant.

TECLITIUM, ou TEGLITIUM, Ville de la Basse-Mœsie. L'Itinéraire d'Antonin la marque sur la route de *Viminacium* à Nicomédie en prenant le long du Danube. Elle se trouve placée entre *Candidiana* & *Dorostoron* à douze milles du premier de ces Lieux & à égale distance du second. La Notice des Dignitez de l'Empire [a] fait aussi mention de cette Ville.

[a] Sect. 29.

TECMANENES, petit Peuple de l'Amérique Septentrionale dans la Louïsiane, aux environs de la route que tint le Sr. de la Salle pour aller de la Baye de St. Louïs aux Cenis avant que de passer la Maligne.

TECMISSA, nom d'une Ville, dont fait mention Suidas, qui n'en dit pas davantage, sinon qu'il ajoute que le nom National étoit TECMISSENSIS.

TECMON, Ville de l'Epire, dans la Thesprotie, selon Etienne le Géographe. Tite-Live [b] la met pourtant dans la Molossïde.

[b] Lib. 45. c. 26.

TECOANTEPEQUE, Ville de l'Amérique Septentrionale, dans la Nouvelle Espagne, au Gouvernement de Guaxaca & aux confins de celui de Soconusco, sur la Côte de la Mer du Sud. Le Sr. Raveneau de Lussan [c] rapporte que la Ville de Tecoantepeque est grande & accompagnée de huit Fauxbourgs. Il y en a quatre, ajoute-t-il, qui sont séparez par une petite Riviére fort rapide. Les Maisons de la Ville sont très-belles: les rues sont droites & les Eglises magnifiquement bâties & richement ornées. Il y a une Abbaye appellée St. François & qui passeroit plutôt pour une Forteresse que pour un Monastère. Elle est bâtie en platte-forme & commande toute la Ville. Les Flibustiers prirent la Ville de Tecoantepeque en 1689. mais ils ne purent profiter de cette prise, parce que la Riviére, qui commença à se déborder après qu'ils l'eurent passée, les contraignit de se retirer dans l'un des Fauxbourgs de l'autre côté, pour n'être pas enfermez, & de regagner leurs Canots qu'ils avoient laissez dans la Baye.

[c] Voy. de la Mer du Sud 1688. Corn. Dict.

Le PORT DE TECOANTEPEQUE est bon pour retirer les petits Vaisseaux, [d] comme sont ceux qui trafiquent de Tecoantepeque à Acapulco, Méxique, Realejo, Guatimala & Panama. Les Vaisseaux qui viennent du Pérou à Acapulco, relâchent aussi à Tecoantepeque, quand ils ont le Vent contraire. Ce Port n'est point fortifié; de sorte qu'en tems de guèrre les Vaisseaux Anglois & Hollandois y abordoient sans trouver la moindre résistance; & la Rade toute ouverte leur facilitoit la course dans tout le Pays. Tout le long de la Côte de la Mer du Sud, dépuis Acapulco jusqu'à Panama, ce qui fait plus de six-cens cinquante lieues de longueur, il n'y a point de Ports que celui de Tecoantepeque pour Guaxaca, celui de la Trinité pour Guatimala, celui de Realejo pour Nicaragua, & le Golphe des Salines pour les petits Vaisseaux qui vont à Costa-Rica; & tous ces Ports sont sans Artillerie, & tout ouverts aux Nations qui voudroient faire le tour du monde pour s'enrichir. Cependant les choses pourroient bien avoir changé depuis le tems auquel Thomas Gage écrivoit. Quoi qu'il en soit, le Port de Tecoantepeque est le meilleur de tous ceux du Pays pour la Pêche; & l'on rencontre quelquefois sur la route jusqu'à quatre-vingt & cent Mulets chargez de poisson salé pour Guaxaca, la Ville des Anges, & Méxique.

[d] *Thomas Gage*, Relat. des Indes Oc. t. 1. 2. part. p. 97.

On compte quatre lieues des Salines [e] au Port de Tecoantepeque, connu aussi sous le nom de *Puerto-Ventoso de Tecoantepeque*. On l'a appellé ainsi à cause que le Vent souffle avec plus de violence que dans aucun Havre de cette Côte qui court Est & Ouest. Depuis les Salines de Cap Bernal jusquau Golphe de Tecoantepeque, il y a vingt lieues: la terre est basse & il faut courir Nord-Est & Sud-Ouest. Lorsqu'on traverse le Golphe il faut se tenir près du rivage; parce que le Vent du Nord souffle ici avec violence, & que la haute Mer est alors fort haute. Mais il y a un fond de sable pur & de bonnes Rades tout le long de cette Côte, où l'on peut toujours mouiller, en cas de tempête, jusqu'à ce que le beau tems revienne. Depuis les Salines jusqu'à la Barre de Tecoantepeque, il y a sept lieues Est-Sud-Est, & Ouest-Nord-Ouest. La terre est basse & l'ancrage est bon. De cette Barre au Port de Musquito, sous le quinzième degré de Latitude Septentrionale, il y a neuf lieues; & au Nord-Ouest de ce Port, on trouve des Bancs qui avancent une lieue en Mer. Du Port Ventoso jusqu'à la Riviére de Tecoantepeque, il y a quatre lieues; & la Côte court Nord-Ouest & Sud-Est. Depuis la Riviére de Tecoantepeque, jusqu'à la Barre du Port Musquito, laquelle court Nord-Ouest & Sud-Est, il y a huit lieues. Depuis la Barre du Port Musquito jusqu'à la Montagne de Bernal, il y a sept à huit lieues Est-Sud-Est, & Ouest-Nord-Ouest. Depuis le Port Bernal la terre commence à baisser, & ne s'éleve point dans le Pays, ni le long du rivage. Ce Golphe court quarante lieues depuis la Terre-basse jusqu'à Guatulco, de l'autre côté de la terre de Tecoantepeque. Il y a neuf lieues du Port de Musquito au Port Bernal. Dans tout ce Golphe on peut mouiller près du rivage, à cause des Vents du Nord jusqu'au dernier Port. Du Golphe de Tecoantepeque, à la Barre d'Estapa il y a soixante & quinze lieues, & la Côte qui est basse court Nord-Ouest & Sud-Est.

[e] *Woodes Rogers*, Supplément du Voy. autour du monde, t. 2. p. 5.

La CAMPAGNE DE TECOANTEPEQUE renferme outre la Ville de ce nom quatre beaux & riches Bourgs, où l'on trouve quantité de vivres & d'excellens Fruits Les noms de ces Bourgs se terminent aussi en *Tepeque*; savoir ESTEPEQUE, EOATEPEQUE, SANATEPEQUE & TAPANATEPEQUE. Après qu'on est sorti d'Estepeque, qui est le premier de ces

ces Bourgs, on passe par un Desert de deux journées de chemin, où l'on ne voit ni Villages ni Maisons, à la réserve de quelques Cabanes qu'on y a bâties pour ceux qui voyagent par cette Plaine. Elle est tellement découverte du côté de la Mer que la violence avec laquelle souffle le Vent qui en vient, fait que les Voyageurs ont peine à se servir de leurs Mulets & de leurs Chevaux. Personne n'ose y demeurer à cause de la furie du Vent qui renverse les Maisons, & que d'ailleurs le moindre feu qui arrive les embrase en moins de rien. Cela n'empêche pourtant pas que cette Campagne ne soit pleine de Bétail & de Chevaux les uns sauvages les autres domestiques. On y rencontre souvent des Loups & des Tigres; mais on les fait fuir facilement en leur montrant un Bâton ou en criant. Le dernier de ces Bourgs, appellé Tapanatepeque est au pied des Monts Quelenes; & c'est le plus agréable que l'on voye depuis Guaxaca jusqu'à ces Montagnes.

a Supplém. des Voy. autour du monde, t. part. c. 5.

Dampier [a] qui au lieu de Tecoantepeque écrit Teguantepeque, dit qu'il y a une Riviére de même nom qui prend sa source auprès de celle de Guasickwah; que les premiers agrès pour les Vaisseaux de Manille furent envoyez par terre de la Mer du Nord à celle du Sud, par le moyen de ces deux Riviéres, dont les sources ne sont qu'à dix ou onze lieues l'une de l'autre; & que, quoique le terroir de ce Pays-là soit fort fertile, il n'y a nulle apparence qu'il s'y trouve ni Mine d'Or, ni Mine d'Argent comme quelques-uns l'ont cru.

1. TECOLATA, ou Tetolata, Ville de la Gaule Narbonnoise: L'Itinéraire d'Antonin la marque sur la route de Rome à Arles, en suivant la Voie Aurélienne & passant par les Alpes Maritimes. Elle étoit entre *Ad Turrem*, & *Aquæ-Sextiæ*, à seize milles du premier de ces Lieux & à égale distance du second. Simler a cru que c'étoit aujourd'hui St. Maximin. Mais c'est vouloir deviner au hazard; & ce sentiment ne sauroit se concilier avec l'Itinéraire d'Antonin qui marque seize milles seulement entre *Tecolata* & *Aquæ-Sextiæ*, au lieu que l'on trouve vingt-quatre des mêmes milles entre St. Maximin & la Ville d'Aix. Surita au lieu de Tecolata lit Tegulata. Voyez Tigulia.

2. TECOLATA. Voyez Tegulata, & Tigulia.

b De l'Isle, Atlas.

1. TECORT, ou Tocort, Royaume d'Afrique dans la Barbarie [b], au Pays appellé le Gerid. Il a le Royaume de Tunis au Nord, le Royaume de Tripoli & le Pays de Gadumé à l'Orient; le Royaume d'Huerguela au Midi, & le Pays de Tegorarin à l'Occident. Sa Capitale lui donne son nom.

c Liv. 7. c. 45.

2. TECORT, ou Tocort, Ville d'Afrique dans la Barbarie. Marmol [c] dans sa Numidie, dit que cette Ville est ancienne, & qu'elle a été bâtie par les Numides sur une Montagne qui a au pied une petite Riviére, sur laquelle il y a un Pont-levis. Elle est à cent lieues de Tegorarin, & à cent cinquante de la Mer Méditerranée du côté du Midi. Cette Ville est fermée de bon-

nes Murailles de pierre, hormis du côté de la Montagne qui est bordée de Rochers hauts & escarpez. Il y a quelque deux mille cinq-cens Maisons bâties de pierre de taille & de briques, avec un beau Temple à la mode du Pays, dont la structure est de grandes pierres quarrées. Les Habitans sont gens honorables & riches en Dattes; mais ils manquent de Blé & d'Orge, quoiqu'on leur en porte de Constantine en échange de leurs Fruits. Ils aiment fort les Etrangers & les logent chez eux de bonne grace sans leur rien demander. Cette Ville a appartenu autrefois aux Rois de Maroc, puis à ceux de Trémecen, & enfin à ceux de Tunis, à qui elle payoit cinquante mille Ducats par an; mais il falloit que le Prince y allât en personne pour les toucher. Il y a plusieurs Villages & Châteaux dans cette Contrée qui a trente ou quarante lieues d'étendue, & tous les Habitans en payent contribution à celui qui est Seigneur de la Ville, qui par ce moyen a plus de deux-cens mille Ducats de revenu. Le Brave Abdala en étant Maître avoit une Garde de Mousquetaires à pied & à cheval; mais ce jeune Seigneur pour avoir voulu prendre des Turcs à son service avança sa ruïne & celle de sa Ville. Car quoiqu'il leur donnât de bons appointemens, & leur fît tous les bons traitemens imaginables, ils se soulevérent avec la Place, & la rendirent tributaire d'Alger; mais les Habitans ne pouvant souffrir leur Tyrannie se révoltérent, & en tuérent autant qu'ils en purent attraper, dont ils ne se trouvérent pas bien; parce que Salharraes les fut assiéger avec une Armée de Turcs, & d'Arabes, & les saccagea. Depuis, Chérif Mahamet les réduisit sous son obéïssance. Les Arabes d'Uled Sobayr errent par ces Deserts, & les principaux entrent au service des Turcs pour de l'argent, quoiqu'ils ayent quelquefois guerre contr'eux. Ils sont plus de trois mille Chevaux bien équipez & en bon ordre.

TECOVANAPA, petit Port de l'Amérique Septentrionale dans la Nouvelle Espagne.

TECPANI, Peuples de la Basse Libye. Ils habitoient, dit Ptolomée [d], avec d'autres Peuples, entre les Monts *Mandrus* & *Saga-pola*. Au lieu de Tecpani le MS. de la Bibliothéque Palatine porte Ceciani; & Ortelius [e] soutient que c'est une faute.

d Lib. 4. c. 6.

e Thesaur.

TECRITE, Ville d'Asie, sur le Tigre, au voisinage de la Ville de Bagdat. Mr. Petis de la Croix dans son Histoire de Timur-Bec [f] marque cette Ville à 79. d. de Longitude, sous les 34. d. 30'. de Latitude.

f Liv. 3. c. 33.

TECTOSAGES, Peuples de la Gaule Narbonnoise. Ils faisoient partie des *Volcæ*, Strabon [g] les étend jusqu'aux Monts Pyrénées. *Volcæ*, dit-il, *qui Tectosages vocantur, proximi sunt Pyrænæo*. Ptolomée [h] les étend aussi jusque-là, puisque dans le nombre de leurs Villes il marque *Illiberis* & *Ruscinon*. Mr. Samson dans ses Remarques sur la Carte de l'ancienne Gaule dit que le Peuple *Volcæ-Tectosages* occupoit l'ancien Diocèse de Toulouse, & encore apparemment ce-

g Lib. 4.

h Lib. 2. c. 5.

lui

lui de Carcaſſone, qui font aujourd'hui tout le Haut-Languedoc & davantage. Le Pere Labbe, *ajoute-t-il*, croit que j'ai trop raccourci les Limites de ce Peuple; mais je ne fai s'il a pris garde que je donne à ce Peuple l'étendue de l'ancien Dioceſe de Toulouſe, qui eſt aujourd'hui diviſé en huit Dioceſes ; ſavoir Toulouſe, Lombez, Montauban, Lavaur, St. Papoul, Riez, Pamiez, Mirepoix ; & que j'y comprens encore celui de Carcaſſone, parce que Pline met *Carcaſſo Volcarum Tectoſagum*. Il eſt vrai, pourſuit Mr. Samſon, que je pouvois encore y comprendre le Quartier de Narbonne & le Rouſſillon, puiſque Ptolomée place *Narbo*, *Ruſcino*, *Illiberis* chez les Tectoſages; mais les autres Auteurs n'en étant point d'accord je les ai ſuivis & non Ptolomée. Voici les Villes que ce dernier donne aux Tectoſages:

Illiberis,	*Ceſſero*,
Ruſcino,	*Carcaſo*,
Toloſa-Colonia,	*Bœtriæ*,
	Narbon-Colonia.

Les Tectoſages étoient célèbres deux-cens cinquante ans avant la naiſſance de *Jéſus-Chriſt*. Lors que les Gaulois jetterent la terreur dans toute l'Aſie, juſque vers le Mont Taurus [a], comme nous l'apprend Tite-Live. Les plus fameux d'entre eux, qu'on appelloit les *Tectoſages*, pénétrant plus avant s'étendirent juſqu'au Fleuve Halys, à une journée d'Angora qui eſt l'ancienne Ville d'Ancyre. Ce Fleuve eſt repréſenté ſur une Médaille de Geta, ſous la forme d'un Vieillard à demi couché, tenant un roſeau de la main droite. Ainſi les Touloufains occupérent la Grande Phrygie, juſqu'à la Cappadoce, & à la Paphlagonie, & tout le Pays où ils s'établirent fut nommé *Galatie*, ou *Gallo-Gréce*, comme qui diroit la *Gréce des Gaulois*. Strabon aſſure qu'ils diviſèrent leurs Conquêtes en quatre parties, que chacune avoit ſon Roi & ſes Officiers de Juſtice & de guerre, & ſur-tout qu'ils n'avoient pas oublié de rendre la Juſtice au milieu des Bois de Chênes, ſuivant la coutume de leurs Ancêtres. Il ne manquoit pas de ces ſortes d'Arbres autour d'Ancyre. Pline fait mention de pluſieurs Peuples qui ſe trouvoient parmi les Gaulois & qui peut-être portoient les noms de leurs Chefs; il y a apparence que c'étoient plutôt de gros Régimens de la même Nation.

Memnon rapporte que les *Gaulois Trocmiens* bâtirent la Ville d'Ancyre ; mais je crois que le paſſage de cet Auteur eſt corrompu dans l'Extrait que Photius en a laiſſé; car outre qu'ils s'étoient établis ſur la Côte de la Phrygie, Pline dit préciſément qu'Ancyre étoit l'Ouvrage des Tectoſages. L'Inſcription ſuivante qui ſe lit ſur une Colomne enchâſſée dans la Muraille de cette Ville, entre la Porte de Smyrne & celle de Conſtantinople, ne fait mention que des Tectoſages, & leur fait beaucoup d'honneur.

Η ΒΟΥΛΗ. ΚΑΙ. Ο. ΔΗΜΟΣ ΣΕΒΑΣΤΗΝΩΝ. ΤΕΚΤΟΣΑ-ΓΩΝ. ΕΤΙΜΗΣΕΝ.

[a] Tournefort, Voy. du Levant, t. 2. p. 178.

Μ. ΚΟΚΚΗΙΟΝ. ΑΛΕΞΑΝ-ΔΡΟΝ. ΤΟΝ. ΕΑΤΩΝ. ΠΟ-ΛΙΤΗΝ. ΑΝΔΡΑ. ΣΕΜΝΟΝ. ΚΑΙ. ΤΩΝ. ΗΘΩΝ. ΚΟΣΜΙΟ-ΤΗΤΙ. ΔΟΚΙΜΩΤΑΤΟΝ.

Senatus Populuſque Sebaſtenorum Tectoſagum honoravit
M. Cocceium
Alexandrum
Civem ſuum
Virum honorabilem
& morum elegantia
ſpectabiliſſimum.

D'ailleurs, quand Manlius Conſul Romain eut défait une partie des Gaulois au Mont Olympe, il vint attaquer les Tectoſages à Ancyre. Il y a apparence que ces Tectoſages n'avoient fait que rétablir cette Ville, puiſque long-tems avant leur venue en Aſie, Aléxandre le Grand y avoit donné audience aux Députez de Paphlagonie. Il eſt ſurprenant que Strabon qui étoit d'Amaſia, n'ait parlé d'Ancyre que comme d'un Château des Gaulois; Tite-Live lui rend plus de juſtice, il l'appelle une Ville illuſtre.

Nous voyons encore des TECTOSAGES dans la Germanie, aux environs de la Forêt Hercynienne, & Rhenanus croit qu'ils habitoient ſur la Rive droite du Necker, & que l'ancien Château de Teck conſerve encore une partie de leur nom. Céſar [b] qui a connu ces Tectoſages en parle de la ſorte : *Germaniæ loca circum Hercyniam Silvam quam Eratoſtheni & quibuſdam Græcis fama notam eſſe video, quam illi Orciniam appellant, vulgo Tectoſages occuparunt.* Quelques-uns ont prétendu qu'au lieu de *vulgo*, il faloit lire *Volcæ*, & ils ſe fondent ſur l'autorité de Strabon, de Ptolomée, de Pline ; mais ces anciens Auteurs n'ont mis de *Volcæ-Tectoſages*, que dans la Gaule-Narbonnoiſe, & non dans la Forêt Hercynienne. Cela n'empêche pas néanmoins que les *Tectoſages* de la Germanie ne fuſſent ſortis des *Volcæ-Tectoſages* de la Gaule-Narbonnoiſe, comme le dit Céſar.

[b] Lib. 6. De Bello Gal.

Ceux qui reſtérent dans leur Patrie furent toujours conſidérez, juſqu'à la priſe de Touloufe par Servilius Cepion cent-ſix ans avant l'Ere Chrétienne. Ils avoient amaſſé des Treſors immenſes que ce Capitaine Romain pilla & emporta ; mais la peſte l'empêcha lui & les ſiens d'en profiter.

TECUANAPA, petit Port de l'Amérique Septentrionale [c] dans la Nouvelle Eſpagne, au Gouvernemant de Guaxaca ſur la Côte de la Mer du Sud. Ce petit Port eſt fort par l'Embouchure de la Riviére d'Ometepec, qui eſt navigable, juſqu'à une certaine diſtance.

[c] De Laet, Deſcr. des Indes Oc. Liv. 5. c. 12.

TE'CULET, Ville d'Afrique, au Royaume de Maroc [d]. Elle a été fondée par la Lignée de Muçamoda. Elle eſt ſur la pente d'une Montagne, & a un petit Port, avec un vieux Château nommé. Aguz, aſſez proche de l'Embouchure de la Diure, que Ptolomée met à 7. d. 20'. de Longitude, & à 31'. d. 40'. de Latitude. La Place n'eſt pas forte, ſes murailles ne ſont que de terre. Les Maiſons ſont bâties de même, & fort mal rangées. Il y a quelques an-

[d] Marmol, Royaume de Maroc, L. 3. ch. 6. p. 14.

TEC. TED.

anciens Edifices faits de pierre & de chaux, avec une grande Mosquée fort belle par dehors & par dedans. Cette Ville fut détruite par Abdulmumen, de la race des Almohades, & demeura long-tems sans Habitans. L'an 1514. Nugño Fernandez, accompagné de Yahaia Ben Tafuf, la faccagea, & envoya en Portugal quantité d'Esclaves de l'un & de l'autre sexe. Les Chérifs la repeuplérent depuis, & y firent retourner les Habitans, qui s'étoient sauvez dans les Montagnes, & d'autres gens de divers endroits. Il passe auprès de la Ville une Riviére de même nom, qui entre dans la Mer près du Château d'Aguz, & dont les bords sont pleins de Jardins, & de Vergers, d'où ils recueillent quantité de Noix, Figues, Pêches, & gros Raisins de treille, qui ont la peau fort déliée, & sont de très-bon goût. Il y a dans la Place des Puits d'eau vive, si fraîche & si excellente, qu'on la préfére à celle de la Riviére, qui d'ailleurs est fort estimée. Le Peuple est civil envers les Etrangers, & plus riche que ceux de Tednest, parce que le Pays est meilleur, les Plaines en étant très-fertiles. Il y a beaucoup de Ruches d'Abeilles le long de la pente de la Montagne, d'où ils tirent quantité de Cire qu'ils vendent aux Marchands de l'Europe. A l'un des côtez de la Ville est une Synagogue, où il y a plus de deux cens Maisons de Juifs, Marchands & Artisans, qui sont plus à leur aise & mieux traitez que ceux de Tednest. La Forteresse de la Ville est une Tour fort antique attachée à la muraille, au lieu le plus éminent, & qui commande à toute la Place. C'est-là & dans la Mosquée, où les Habitans se retiroient, en cas d'alarmes, comme en des lieux de sûreté, contre les coups de main.

TECUM. Voyez TELIS.

TEDAMENSII, Peuple de l'Afrique propre selon Ptolomée [a]. Le MS. de la Bibliothéque Palatine porte *Damensii* au lieu de *Tedamensii*.

a Lib. 4. c. 3.

TEDANIUM, ou TEDANIUS, Fleuve de l'Illyrie, & que Pline [b] donne pour la borne de la Japygie. Ptolomée [c] le nomme *Tidanius*; mais le MS. de la Bibliotheque Palatine porte *Tedanius*. L'Embouchure de ce Fleuve appellé aujourd'hui *Zemagna*, est marquée par Ptolomée entre *Lopsica* & *Ortopla*.

b Lib. 3. c. 21.
c Lib. 2. c. 17.

TEDLA, Province d'Afrique, & la plus Orientale du Royaume de Maroc [d]. Quoiqu'elle soit petite, elle abonde en Blé, en Huile, & en Troupeaux. Ses Habitans sont riches. Ceux des Montagnes sont Bérébéres de la Tribu de Muçamoda; mais les Plaines sont remplies de deux lignées d'Arabes, qui font chacune plus de neuf mille Chevaux, & errent dans les Provinces voisines. Celle-ci commence vers le Couchant à la Riviére des Négres, & finit du côté du Levant à celle d'Ommirabi. Vers le Midi elle occupe les Montagnes du Grand Atlas, & du côté du Septentrion elle fait une pointe où ces deux Fleuves se joignent. Sa figure est triangulaire, & comprend toutes les Campagnes qui sont entre ces deux Rivières avant leur jonction; car elles séparent après la Province de Du-

d Marmol, Royaume de Maroc, L. 3. ch. 29. p. 127.

quéla d'avec celle de Trémécen, & se rendent ensuite dans la Mer sous le nom de la Riviére d'Azannor. Cette Province est du Royaume de Maroc, quoiqu'elle ait été quelque tems aux Rois de Fez. Les Bénimérinis la possédoient, lorsqu'ils étoient Maîtres de toute la Mauritanie Tingitane; mais dans le déclin de leur Empire, lorsque les Royaumes de Fez & de Maroc furent séparés, plusieurs petits Tyrans s'en emparérent, qui donnérent sujet aux Rois de Fez par leurs Divisions, de se rendre Maîtres de cette Province. Zarangi, Laatar, son fils Bendorao, & Aben Onzar, en ont été Gouverneurs l'un après l'autre, & celui-ci le rendit, après la défaite de l'Aîné des Chérifs par le Cadet, au vainqueur.

TEDIASTUM, Ville de la Liburnie: Ptolomée [e] qui en parle la place dans les Terres, près d'*Aracia*. Le MS. de la Bibliothéque Palatine écrit *Tediastrum*.

e Lib. 2. c. 17.

TEDIUM, Ville de l'Arabie Deserte. Elle étoit selon Ptolomée [f] au voisinage de la Mésopotamie près d'*Odagana* & de *Zagmais*.

f Lib. 5. c. 19.

TEDELEZ, Ville d'Afrique [g], au Royaume de Trémécen. C'est la derniére Ville de la Province d'Alger du côté d'Orient. Elle a été bâtie par ceux du Pays sur la Côte de la Mer Méditerranée à dix lieues d'Alger. Ptolomée la met à 22. d. de Longitude, & à 32. d. 50'. de Latitude. Elle est fermée de bonnes murailles, mais les Maisons y sont fort délabrées. Les Habitans sont Teinturiers ou Pêcheurs, d'ailleurs de fort bonnes gens qui aiment à jouer du Luth & de la Guitarre. Les terres sont fertiles en Blé & en Pâturages. On prend tant de poisson sur cette Côte qu'ils le rejettent souvent en Mer, parce qu'il ne se présente personne pour l'acheter. Il y a plus de mille feux, & un Château où demeure le Commandant établi par le Gouverneur d'Alger, d'où cette Ville dépend.

g Marmol, Royaume de Trémécen. L. 5. ch. 44. p. 409.

TEDNEST, Ville d'Afrique, au Royaume du Maroc [h], elle est la Capitale de la Province de Hea, bâtie par les anciens Africains de la Tribu de Muçammoda à l'entrée d'une belle Plaine. Cette Ville a plus de trois mille Habitations. Ses murailles sont de bois & de carreaux de terre liez avec du Plâtre, qui rendent la cloison plus forte. Les Maisons sont bâties sur le même pied. Elle est entourée d'une Riviére qui prend sa Source peu loin de-là, & dont les bords sont remplis d'Arbres Fruitiers, & de toute sorte d'herbes potagéres. La plûpart des Habitans sont Bergers, & Laboureurs, qui vont travailler & mener leurs Troupeaux aux Champs. Il y a aussi des Artisans, comme Cordonniers, Tailleurs, Charpentiers, Serruriers, quantité d'Orfévres Juifs, & des Marchands, qui ne vendent que des Etoffes fort grossiéres à la façon du Pays, ou qui trafiquent en Toile, que l'on apporte de Safi, où les Marchands Chrétiens la vont échanger contre de la Cire & des Cuirs. Il y a moins de Police dans cette Ville que dans toutes les autres de la Barbarie. Car il n'y a ni Bains, ni Hôtellerie, ni Collége. Quand il y arrive un Etranger, s'il n'a pas quelqu'ami pour le recevoir, il s'adresse au Maire & aux E-

h Marmol, Royaume de Maroc, Liv. 3. ch. 3. p. 7.

che-

chevins, qui lui donnent au fort un Billet chez un des principaux Bourgeois, lequel est obligé de le loger, & de le nourrir pour rien, ce qu'il fait de bon cœur, parce qu'ils sont fort charitables, particuliérement envers les Etrangers, & prendroient pour un affront qu'on leur donnât de l'argent. Il y a un Hôpital pour les pauvres qui passent, où ils sont nourris un jour, des Aumônes des particuliers. Au milieu de la Ville il y a une grande Mosquée, bâtie par Jacob Ben Joseph, Roi de Maroc, de la race des Almoravides. Mais il y en a encore d'autres moindres qui ont toutes leurs revenus, tant pour l'entretien de la Fabrique que des Alfaquis. Il y a plus de deux cens Maisons de Juifs en un Quartier séparé, où ils vivent selon leur Loi, & payent un Ducat par tête au Gouverneur, sans les levées extraordinaires dont on fait payer plus à un Juif, qu'à dix des plus riches de la Ville; encore avec cela ne leur permet-on pas d'avoir en propre, ni Maisons, ni Héritages, ni autre immeuble quel qu'il soit. Cette Ville a été ruïnée plusieurs fois; mais surtout, lorsque les Almohades se rendirent Maîtres du Royaume de Maroc, & qu'Abdulmumen l'alla assiéger. Car ne s'étant pas voulu rendre, il la prit d'assaut, & la ruïna de fond en comble; de sorte qu'elle ne pouvoit plus servir que de retraite aux Bêtes farouches. Mais comme le Pays est fertile & agréable, elle fut bien-tôt rebâtie & repeuplée. Dans la suite des tems elle s'est rendue illustre par la faveur des Chérifs. Mahomet le pere établit sa demeure dans la Ville de Tednest, & y bâtit un Palais somptueux. L'an 1514. les Portugais obligérent ce Chérif de se sauver avec ses enfans, & se rendirent Maîtres de cette Ville. Elle se souleva contr'eux, & rentra sous l'obéissance du Chérif Mahomet, qui depuis a été toujours à lui & à ses descendans.

TEDSI, Ville d'Afrique, au Royaume de Maroc [a], à douze lieues de Tarudant du côté du Levant, & de l'autre côté à environ vingt de la Mer, & à sept lieues du Grand Atlas vers le Midi. Cette Ville, qui a été bâtie dans une Plaine par les anciens Africains, est fort peuplée. Elle est enceinte de vieilles murailles avec des Tours. Son Terroir est grand & abondant en Blé & en Troupeaux. La Riviére de Sus, qui passe à une lieue de la Ville, a ses bords garnis de quantité de Cannes de Sucre, avec des Moulins pour le préparer. C'est pourquoi on trouve ordinairement dans la Ville plusieurs Marchands de Barbarie & du Pays des Négres. Les Habitans sont beaucoup de douceur & de franchise, & vivent de même que ceux de Tarudant. Il y a un grand Quartier de Marchands & d'Artisans Juifs fort riches; car il s'y tient Marché tous les Lundis, où se rendent les Arabes & les Bérébéres de ces Contrées, avec du Bétail, de la Laine, des Cuirs, & du Beurre; en échange de quoi ils prennent du Drap, de la Toile, des Chaussures, des Ferremens, des Harnois de Chevaux, & le reste dont ils ont besoin. Il y a au milieu de la Ville une grande Mosquée, où demeurent d'ordinaire plusieurs Alfaquis, dont le Supé-

[a] Marmol, Royaume de Maroc, L. 3 ch. 27. p. 40.

rieur, comme le plus habile, décide des choses que les autres n'ont pu résoudre, & est arbitre des différends, qui naissent touchant leur Religion. La Ville étoit libre avant que les Bénimérinis s'en emparassent, & recouvra sa liberté dans le déclin de leur Empire. Elle payoit seulement aux Arabes de la Campagne, la dîxme de ses blés & de ses légumes, & se gouvernoit par six des principaux Habitans, qu'on changeoit tous les seize mois. Elle passa volontairement en 1511. au pouvoir des Chérifs, qui l'ont rendue fort illustre, & y ont établi un Tribunal, où il y a Juges, Avocats, Notaires, Procureurs, pour vuider les différends du Pays. Un Gouverneur y tient d'ordinaire sa résidence, qui a quatre cens Chevaux. Enfin c'est une des principales Villes & des plus riches qui soient de ce côté-là du Mont Atlas, en tirant vers le Midi.

TEFELSELT, ou TIFELSELT, Ville d'Afrique, au Royaume de Fez [b]. Elle est petite & située dans une Vallée, à quatre bonnes lieues de Mahmore & à trois de l'Océan. On n'y trouve plus des Masures qui servent de retraite aux Arabes. Quelques-uns croient que TEFELSELT est l'ancienne Tamusiga de Ptolomée. Cette Ville a dans sa dépendance près de la Riviére plusieurs Forêts, où se tiennent des Lions terribles.

[b] Dapper, Descr. du Royaume de Fez, p. 146.

TEFEN-SARA, Ville d'Afrique, au Royaume de Fez. Elle ne subsiste plus selon Marmol [c], qui dit qu'on en voit seulement les ruïnes, dans une belle & grande Plaine, à trois lieues de Salé au dedans du Pays. On la nommoit Banassa & Pline dit qu'on la surnommoit Valentia. Cependant Abdulmalic prétend qu'elle doit sa fondation à un Roi des Almohades, son agrandissement à un Roi de la Race des Benimerinis, & sa ruïne à Sayo du tems de la guerre qu'il eut contre son Oncle. Elle n'a jamais été repeuplée depuis. Ses Campagnes sont belles. On les laboure & on y éleve des Troupeaux. On y voit errer les Arabes d'Ibni-Melic-Sofian, & quelques Chaviens à qui Sayd les donna pour récompense des services qu'ils lui avoient rendus dans cette guerre.

[c] Royaume de Fez, Liv. 4. c. 15.

TEFETHNE, Riviére d'Afrique, au Royaume de Maroc [d]. Elle a sa source au Mont Gabelelhadi, & coule dans les Plaines de la Province de Hea, & arrose Ileusugahen, Tefedgest, & Culcihara: après quoi elle se divise en deux Branches pour aller se jetter dans la Mer vis-à-vis du Cap & de l'Isle de Magador.

[d] Dapper, Royaume de Maroc, p. 126.

TEFEZARA, Ville d'Afrique au Royaume de Trémécen, à cinq lieues de la Ville de Trémécen du côté de l'Orient. Marmol [e] dit que c'est une grande Ville qui a été bâtie par les Habitans du Pays, & que c'est celle que Ptolomée nomme Astacilicis. Presque tous les Habitans de Tefezara sont Forgerons; & ils ont plusieurs Mines de fer auxquelles ils travaillent. Les Terres des environs rapportent beaucoup de Bled, & fournissent des Pâturages. Cependant le principal trafic du Pays consiste en Fer qu'on porte vendre à Trémécen & ailleurs. La Ville est fermée de bonnes murail-

[e] Royaume de Tremecen, Liv. 5. c. 13.

railles, qui font très-hautes, & n'a d'ailleurs rien de remarquable.

TEFLIS, TAFLIS, ou TIFLIS, Ville de Perse, dans la Province de Schirvan, ou plutôt dans le Gurgiftan, que nous appellons la Georgie, & dont elle est la Capitale. Cette Ville est une des plus belles de Perse, encore qu'elle ne soit pas fort grande. Elle est située au bas d'une Montagne, dont le Fleuve Kur lave le pied du côté d'Orient. Ce Fleuve qui est le Cyre, ou un Bras du Cyre, a sa source dans les Montagnes de Georgie, & se joint à l'Araxe, vers la Ville de Chamaky, à un Lieu nommé Paynard, d'où ils se rendent conjointement dans la Mer. La plûpart des Maisons, bâties du côté du Fleuve, sont sur la roche vive. La Ville est entourée de belles & fortes murailles, excepté du côté du Fleuve. Elle s'étend en longueur du Midi au Septentrion, ayant une grande Forteresse du côté du Midi, située sur le penchant de la Montagne, & dans laquelle il n'y a que des Persans naturels, soit pour Soldats, soit pour Habitans. La Place d'armes qui est au devant, sert aussi de Place publique, & de Marché. Cette Forteresse est un Lieu d'asyle. Tous les Criminels & les Gens chargez de dettes, y sont en sûreté. Le Prince de Georgie est obligé de passer au milieu, lorsqu'il va, selon la coutume, recevoir hors des Portes de la Ville les Lettres & les présens du Roi; parce que quand on vient de Perse à Tiflis, on n'y sauroit entrer que par la Forteresse; on peut bien assûrer, que ce Prince n'y passe jamais sans craindre qu'on ne l'arrête, & que le Gouverneur n'ait un ordre secret de se saisir de sa personne. Les Persans ont fort judicieusement établi la coutume parmi les Vicerois de Georgie, & les autres Gouverneurs des Provinces de leur Empire, d'aller ainsi recevoir hors de la Ville tout ce que le Roi leur envoye; parce que c'est un moyen facile de se saisir de leurs personnes sans peine & sans risque. Cette Forteresse de Tiflis fut bâtie par les Turcs l'an 1576. après qu'ils se furent rendus Maîtres de la Ville & de tout le Pays d'alentour, sous le Commandement du fameux Muftafa Pacha, leur Généralissime, auquel Simon Can, qui étoit alors Roi du Pays, ne put résister. Muftafa conseilla à Soliman de faire bâtir diverses Forteresses en Georgie, sans quoi il ne pourroit jamais tenir le Pays sous son joug; ce que Soliman pratiqua. Et en effet la plûpart des Forteresses de la Georgie ont été construites par les Turcs. Muftafa éleva plus de cent Canons sur le rempart de celle-ci, dont il donna le commandement à un Bassa nommé Mahamet. Pour revenir à la Ville de Tiflis, elle a plusieurs Eglises. On en compte, jusqu'à quatorze. C'est beaucoup en un Pays, où il y a très-peu de dévotion. Six sont tenues & sont servies par les Georgiens. Les autres appartiennent aux Arméniens. La Cathedrale, qui s'appelle Sion, est située sur le bord du Fleuve, & toute construite de belles pierres de taille. C'est un ancien Bâtiment fort entier, semblable à toutes les anciennes Eglises, qu'on voit en Orient; qui sont composées de quatre Nefs, & dont le milieu est un grand Dôme, soutenu de quatre gros Pilastres, & couvert d'un Clocher. Le Grand Autel est au milieu de la Nef opposée à l'Orient. Le dedans de l'Eglise est rempli de plates Peintures à la Gréque faites depuis peu, & par de si mauvais Peintres, qu'on a toutes les peines du monde à connoître ce qu'ils ont voulu représenter. L'Evêché joint l'Eglise, le Tibilele y demeure; on appelle toujours de ce nom les Evêques de Tiflis. Après la Cathédrale les principales Eglises des Georgiens sont; Tetrachen, c'est-à-dire Ouvrage blanc, qui a été bâtie par la Princesse Marie, & Anguescat, c'est-à-dire l'Image d'Abagare. Les Georgiens appellent Abagare Angues, & tiennent que le Portrait miraculeux que la tradition assûre qu'il reçut de Jésus-Christ, a été long-tems en cette Eglise. On l'appelle aussi l'Eglise du Catholicos, parce que le Palais de ce Prélat y est joint, & qu'il ne va presque jamais ailleurs faire ses priéres ni officier. Elle est en parallèle avec l'Evêché. Les Georgiens avoient encore une belle Eglise au bout de la Ville du côté Méridional. Le Prince la prit il y a quelques années pour en faire un Magasin à poudre. A la vérité elle ne servoit plus; car long-tems avant, la foudre en avoit abatu une partie. Le Prince la fit refaire de nouveau, & ce Magasin porte toujours son ancien nom d'Eglise de Metek, c'est-à-dire de la rupture. On lui donna ce nom, à cause qu'un Roi de Georgie la fonda pour pénitence, d'avoir sans sujet rompu la Paix avec un Prince de ses voisins.

Les principales Eglises des Arméniens sont Pacha-Vanc, c'est-à-dire, le Monastère du Pacha. L'Evêque Arménien de Tiflis demeure dans ce Monastère. On le nomme ainsi, à ce que racontent les Arméniens, parce qu'un Pacha fugitif de Turquie, qui se fit Chrétien en cette Ville, le fit bâtir. L'Eglise de Sourph-Nichan, c'est-à-dire proprement, signe rouge, à l'usage Sainte Croix; celle de Betkem ou Bethlehem; celle de Norachen, ou l'Ouvrage neuf, & celle de Mognay. Mognay est le nom d'un Village d'Arméniens proche d'Irivan, où l'on a gardé long-tems un Crâne qu'on assûroit être de Saint George; & parce qu'on a transporté une partie de ce Crâne en cette Eglise, on lui a donné le nom du Lieu d'où on l'a tiré.

Il n'y a point de Mosquée à Tiflis, quoique cette Ville appartienne à un Empire Mahométan, & qu'elle soit gouvernée avec toute la Province, par un Prince qui l'est aussi. Les Persans ont fait ce qu'ils ont pu, pour y en bâtir; mais ils n'en ont pu venir à bout. Le Peuple se soulevoit aussi-tôt, & à main armée abattoit l'Ouvrage, & maltraitoit les Ouvriers. Les Princes de Georgie étoient au fond bien aises de ces séditions du Peuple, quoiqu'ils témoignassent fort le contraire; parce que n'ayant abjuré la Religion Chrétienne que de bouche, & pour avoir une Vice-Royauté, ils ne peuvent qu'à contre-cœur donner les mains à l'établissement du Mahométisme. Les Georgiens sont mutins, legers & vaillans. Ils con-

conservent un reste de liberté; ils sont proche des Turcs. Tout cela empêche les Persans d'en venir aux extrémitez, & conserve à la Ville de Tiflis, & à toute la Georgie, une heureuse liberté de garder presque toutes les marques extérieures de sa Religion. Tous les Clochers des Eglises ont des Croix à leurs pointes, & plusieurs Cloches que l'on sonne. Tous les jours on vend la viande de Cochon en public & à découvert comme les autres viandes, & le Vin au coin des rues. Il faut que les Persans ayent le chagrin de voir tout cela. Mais ils ne sauroient encore y remédier. Ils ont construit depuis quelques années une petite Mosquée dans la Forteresse, joignant le Mur qui la sépare de la grande Place de Tiflis. Ils la bâtirent en cet endroit pour accoutumer le Peuple à la vûe des Mosquées & des Prêtres, qui du haut de l'Edifice appellent à la prière. Les Georgiens ne purent empêcher la construction de la Mosquée; parce qu'ils n'osoient entrer les armes à la main dans la Forteresse, où l'on faisoit bonne garde; mais dès que le Prêtre monta dessus pour faire la convocation accoutumée & la Confession de Foi, le Peuple s'amassa sur la Place, & jetta tant de pierres sur la Mosquée, que le Prêtre fut contraint d'en descendre bien vîte, & depuis cette mutinerie on n'y en a plus fait monter.

Il y a de beaux Bâtimens publics à Tiflis. Les Bazars, sont grands, bâtis de pierres, & bien entretenus. Les Caravanserais, sont de même. Il y a peu de bains dans la Ville; parce que chacun va aux bains d'eau chaude qui sont dans la Forteresse. L'eau de ces Bains est Minérale, sulphurée, & très-chaude. Les gens qui s'en servent pour des incommoditez & des maladies, ne sont pas en moindre nombre, que ceux qui y vont pour la netteté du corps. Les Magasins sont encore bien bâtis & bien entretenus. Ils sont situez sur une Butte, proche de la grande Place. Le Palais du Prince fait aussi sans contredit un des plus beaux Ornemens de Tiflis. Il a de grands Salons qui donnent sur le Fleuve & sur les Jardins du Palais qui sont fort grands. Il y a des Voliéres remplies de grand nombre d'Oiseaux de différentes espèces, un grand Chenil, & la plus belle Fauconnerie qu'on puisse voir. Au devant de ce Palais il y a une Place carrée, où il peut tenir près de mille Chevaux. Elle est entourée de Boutiques & aboutit à un long Bazar vis-à-vis la porte du Palais. C'est une belle perspective, que la Place & la façade du Palais vue du haut de ce Bazar. Le Viceroi de Caket a un Palais au bout de la Ville, qui mérite aussi-bien d'être vu & considéré. Les dehors de Tiflis sont ornez de plusieurs Maisons de plaisance, & de plusieurs beaux Jardins. Le plus grand est celui du Prince, il a peu d'Arbres fruitiers; mais il est rempli de ceux qui servent à l'embellissement des Jardins, & à y conserver l'ombre, & la fraîcheur.

Il y a une Habitation de Missionnaires Capucins à Tiflis. Le Chef des Missions, que cet Ordre a en Georgie, & dans les Pays circonvoisins, y fait sa résidence. Il y a environ 60. ans qu'on les y envoya de Rome. Le nom de Médecins qu'ils se firent donner, & que tout le monde leur donne, les fit bien recevoir par-tout où ils désirérent de s'établir; car la Médecine, & sur-tout la Chimie est fort estimée, & très-peu connue dans tout l'Orient. Ils s'établirent premièrement à Tiflis, & après à Gory. Chanavas-Can leur donna une Maison en chacune de ces deux Villes, avec la liberté d'y faire publiquement l'Exercice de leur Religion. Ils apportérent à ce Prince des Lettres du Pape, & de la Congrégation *de propagandâ fide*, & lui firent en leur propre nom de beaux présens, & à la Princesse, au Catholicos, & aux Principaux de la Cour; ce qu'ils continuent depuis de faire de deux en deux ans. Celui d'entr'eux qui sait mieux la Médecine est auprès de la personne du Prince, pour entretenir sa protection, qui est leur unique appui contre les persécutions du Clergé Georgien & Arménien. On tâche de tems en tems de chasser ces Missionnaires, selon qu'on entrevoit les efforts qu'ils font d'attirer des gens à leur Religion; mais comme il n'y a point de Médecins & de Chirurgiens en Georgie; ils se rendent nécessaires par la pratique de la Médecine & de la Chirurgie que quelques-uns d'entr'eux entendent fort bien, & exercent avec grand succès. Ils ont permission du Pape de se faire payer de leurs cures, & ils s'en servent utilement, la Médecine les faisant subsister. On les paye ordinairement en Vin, en Farine, en Bétail, & en jeunes Esclaves. On leur donne aussi quelquefois des Chevaux. Ils sont vendre ce qui n'est pas nécessaire à leur entretien, ou ce qui leur seroit inutile. Sans ce grand secours qu'ils tirent de la Médecine, ils auroient peine à s'entretenir de la pension annuelle que leur donne la Congrégation, qui n'est que de 18. Ecus Romains pour chaque Missionnaire. Outre la permission, dont on vient de parler, ces Missionnaires en ont plusieurs autres dans le Spirituel & dans le Temporel; comme de dire la Messe sans personne pour la servir, de la dire en toutes sortes de lieux, & en toutes sortes d'habits; d'absoudre de tous péchez; de se déguiser; d'entretenir chevaux & valets; d'avoir des Esclaves; d'acheter & de vendre, de donner & de prendre à intérêt. En un mot ils ont des permissions si amples & si étendues, qu'ils prétendent pouvoir faire, & qu'ils font en effet, tout ce qui est permis aux Ecclésiastiques les plus privilégiez. Ces Missionnaires ne font pas néanmoins avec tous ces artifices & ce relâchement des progrès sensibles sur l'esprit des Georgiens; car, outre que ce Peuple est fort ignorant, & peu occupé du soin de s'instruire, il est si entêté, que le jeûne de la manière qu'il l'observe, est l'essentiel de la Religion Chrétienne, & qu'il ne croit pas, que les Capucins soient Chrétiens, parce qu'ils ont appris qu'en Europe ils ne jeûnent pas comme à Tiflis. Cet incroyable entêtement oblige les Missionnaires à jeûner à la Georgienne & à s'abstenir des Animaux dont les Georgiens ont horreur; comme sont le Liévre,

vre, la Tortue & d'autres. Ils jeûnent le Mercredi & le Vendredi, se réglant sur le vieux Calendrier, & on peut dire, que ces Capucins à l'extérieur sont des Chrétiens Georgiens. Il vint d'abord beaucoup de Peuple à leur Eglise de Tiflis, attirez par la nouveauté du Service, & d'une petite Musique de quatre ou cinq voix, mêlées avec un Luth & une Epinette; à présent il n'y vient plus que cinq ou six pauvres gens, à qui les Missionnaires font gagner quelque chose. Ils ont dressé une Ecôle; mais il n'y a pas plus de sept ou huit petits garçons de pauvres gens qui y viennent, & moins pour être instruits que pour être nourris, comme ces bons Peres le confessent eux-mêmes. Ils y ajoutent qu'ils n'entretiennent pas leurs Missions par aucun fruit considérable qu'elles fassent; mais pour l'honneur de l'Eglise Romaine. Au reste ces Missionnaires n'ont plus dans toute la Georgie que ces deux Maisons de leur premier Etablissement. Les Guerres d'Imirette & de Guriel & les misères de ce Pays leur ont fait quitter divers Etablissemens qu'ils y avoient.

Le principal Commerce consiste en fourrures que l'on envoye en Perse ou à Erzeron pour Constantinople. La soye du Pays de même que celles de Schamaki & de Gangel ne passent point par Tiflis, pour éviter les droits excessifs qu'on y feroit payer. Les Arméniens vont l'acheter sur les Lieux & la font porter à Smyrne, ou aux autres Echelles de la Méditerranée; pour la vendre aux Francs. On envoye tous les ans plus de deux mille charges de Chameaux, des environs de Tiflis & du reste de la Georgie, à Erzeron de la racine appellée Boia. D'Erzeron elle passe dans le Diarbeckir, où on l'employe à teindre les Toiles que l'on y fabrique pour la Pologne. La Georgie fournit aussi beaucoup de la même Racine pour l'Indostan, où l'on fait les plus belles Toiles peintes. Dans le Bazar de Teflis on voit toutes sortes de Fruits, & sur-tout des Prunes, & d'excellentes Poires de Bon Chrétien d'Eté.

On croit qu'il y a environ vingt mille ames dans la Ville, savoir quatre mille Arméniens, trois mille Mahométans, deux mille Georgiens & cinq cens Catholiques Romains. Ces derniers sont des Arméniens convertis, ennemis déclarez des autres Arméniens; les Capucins Italiens n'ont jamais pu les réconcilier ensemble.

Quant au nom de cette Ville, ce sont les Persans, dit-on, qui le lui ont donné. Il est certain que les Georgiens ne l'appellent point Cala, c'est-à-dire, la Ville ou la Forteresse; car ils donnent ce nom à toutes sortes de grandes Habitations ceintes de murailles. Quelques Géographes l'appellent *Tebilé-Cala*, c'est-à-dire, la Ville Chaude, à cause des Bains d'eau chaude qu'il y a, ou parce que l'air n'y est pas si froid ni si rude que dans tout le reste de la Georgie. Le tems de sa fondation n'est pas fort certain; il y a des Auteurs qui prétendent, mais avec peu de vraisemblance, que c'est l'*Artaxate* des Anciens. On trouve dans l'Histoire de Perse, qu'environ l'an 850. de notre Ere, un Prince Tartare nommé Boga *le Grand*, ayant envahi le Royaume par l'Hircanie & par la Médie Atropatienne s'étendit en Georgie, où il mit tout à feu & à sang; & que Tiflis ayant refusé d'ouvrir ses portes, il y fit jetter des Pommes de pin allumées, qui la mirent aisément en feu, à cause de la combustibilité de ses matériaux, & qu'il y périt plus de 50000. hommes. 350. ans après un autre Prince de la Tartarie des Usbecks, fils de Mahammed, Roi de Clareclem, s'en rendit le Maître, & y exerça de grandes cruautés. Elle a été en ces derniers Siècles deux fois au pouvoir des Turcs. La première sous le Régne d'Isinaël le second Roi de Perse, & l'autre sous le Régne suivant, Soliman s'en étant rendu maître, presqu'en même tems qu'il prit la fameuse Ville de Tauris. Les Tables de Perse mettent la Longitude de Tiflis à 83. degrés, & sa Latitude à 43. d. 5′. On la surnomme encore *Dar el Melec*, c'est-à-dire, Ville Royale; parce qu'elle est la Capitale du Royaume.

TEFNE, Rivière d'Afrique. Marmol [a] dans sa Description d'Afrique, dit que c'est une petite Rivière qui sort des Montagnes du Grand Atlas, près de l'ancienne Numidie, & court du côté du Nord, par le Desert d'Angued, d'où elle va se rendre dans la Mer Méditerranée, à sept lieues d'Oran, du côté du Couchant. Elle a fort peu de poissons, & s'appelle maintenant la Riviére d'Aresgol. Ptolomée la nomme Siga & met son Embouchure à 21. d. de Longitude & à 34. d. 40′. de Latitude.

[a] Tom. 1. Liv. 1. p. 21.

TEFTANA, petite Ville dans l'Afrique, au Royaume de Maroc [b], sur la Côte de l'Océan à la pointe du Cap que fait le Mont Atlas, à quatorze lieues d'Egue-Leguingil, du côté du Couchant. Elle a un assez bon Port pour les petits Vaisseaux, où abordent les Marchands de l'Europe. On le nommoit autrefois le Port d'Hercule, & Ptolomée le met à 7. d. 30′. de Longitude, & à 36. d. de Latitude. Cette Ville a été bâtie par les Habitans du Pays, ses Murailles & ses Tours sont de brique & de pierre de taille. Tout auprès il y a une Rivière qui entre dans la Mer, & c'est-là, où les Vaisseaux se mettent à couvert pendant la tempête. Elle est environnée de grandes Montagnes, où l'on fait paître des Troupeaux, & où l'on seme de l'Orge. C'étoit autrefois une République, & il y avoit une Douane, où l'on prenoit dix pour cent de toutes les Marchandises qui entroient, & sortoient, & on y chargeoit quantité de Cire, de Cuirs, & d'Indigo pour la teinture des laines, ce qui servoit à l'entretien de la Garnison. Elle est maintenant au Chérif, qui y met un Gouverneur, avec quelques Mousquetaires. Le peuple y est fort blanc, & grand ami des Etrangers, à qui il fait plus d'honneur qu'à ceux du Pays. Il les loge & les traite fort libéralement. On y nourrit quantité de Chévres, & on a de grands lieux pour y mettre des Ruches.

[b] Ibid. Royaume de Trémécen, Liv. 3. c. 15.

TEFUF, ancienne Ville d'Afrique, dans la Barbarie [c]. C'étoit la Capitale de la Province de Dara, ou Darha, dont les Rois tenoient leur Cour dans cette Ville. Elle est maintenant détruite, & on n'en voit plus que quelques ruines.

[c] Dapper, Biledulgerid. p. 207.

TEFZA,

TEFZA. Voyez FISTELLE.

TEGAMUS, ou TEGANUS, nom que Pline [a] & Solin [b] donnent à un des trois Canaux qui conduisoient d'Aléxandrie à la Mer. Saumaise prouve qu'il faut lire soit dans Pline, soit dans Solin STEGANUS, & non *Tegamus*, ni *Teganus*. Le nom de *Steganus*, ou Στεγανὸν, avoit été donné à ce Canal, parce qu'il étoit clos, fortifié, & revêtu solidement.

[a] Lib. 5, c. 31.
[b] Cap. 33.

1. TEGAN, Ville de la Chine [c], dans la Province de Kiangsi, au Département de Kieukiang, cinquième Métropole de la Province. Elle est de 1. d. 50′. plus Occidentale que Peking, sous les 30. d. 2′. de Latitude.

[c] Atlas Sinens.

2. TEGAN, Ville de la Chine [d], dans la Province de Huquang, où elle a le rang de quatrième Métropole. Elle est de 4. d. 10′. plus Occidentale que Peking, sous les 31. d. 51′. de Latitude. Du tems de l'Empereur Yvus le Territoire de cette Ville fut uni à la Province de King; & dans la suite la Ville reçut différens noms de divers Princes qui y régnérent. La Race des Rois étant finie elle reçut d'autres noms: elle fut appellée NANKIUN par la Famille Cina; KIANHIA par la Famille Hana: GANLO par la Famille Sunga: GANHOANG par la Famille Tanga; & de son nom moderne par la Famille Sunga. Le Territoire de Tegan est borné au Nord par des Montagnes & au Midi par des Fleuves, qui coupent aussi le Pays. On y compte trois Temples célébres & six Villes, savoir

[d] Ibid.

Tegan,	Ingching,
Junmung,	Sui ⊙,
Hiaocan,	Ingxan.

Il y a une particularité remarquable, dans cette Province: c'est de la Cire blanche faite par de petits Vers, à peu près de la même manière que les Abeilles font leurs rayons; mais ceux que font ces petits Vers sont beaucoup plus petits & d'une grande blancheur. Ce n'est point une sorte d'Insectes domestiques : on les laisse dans les Campagnes. On fait des bougies de la Cire que l'on tire de leurs rayons. Ces bougies sont beaucoup plus blanches que les nôtres. Il n'y a que les grands Seigneurs qui s'en servent, parce qu'outre la blancheur elles répandent en brûlant une odeur agréable; & s'il tombe une goutte de cette Cire sur un habit, il n'en est point taché.

TEGANON, Isle voisine de celle de Rhodes, selon Pline [e]. Le Pere Hardouin lit *Steganos* au lieu de *Teganon*; & quelques MSS. lisent *Tergamon*.

[e] Lib. 5. c. 31.

TEGANUS. Voyez TEGAMUS.

TEGANUSA, ou THEGANUSA, car les Grecs écrivent ce nom par un *Th*: Isle que Pline [f] met dans le Golphe de Laconie; mais qu'il convient de placer dans le Golphe de Messénie, puisqu'elle est située devant le Promontoire Acritas, entre Methone & Corone deux Villes de la Messénie. Le Promontoire Acritas court dans la Mer, dit Pausanias [g], & au devant est une Isle deserte nommée *Theganusa*: Pomponius Mela dit la même chose: *Ocnusa &*

[f] Lib. 4. c. 12.

[g] Messen. c. 34.

Theganusa contra Acritan; & Ptolomée qui écrit Thiganusa la met pareillement dans le Golphe de Messénie, pres du Promontoire Acritas qui est bien éloigné du Golphe de Laconie. Son nom moderne est *Isola di Cervi*, selon le Pere Hardouin, qui n'a pas pris garde que Pline avoit mal placé cette Isle, que l'on appelle présentement *Venetica*, selon Mr. de l'Isle.

TEGARONDIES, grand Village de l'Amérique Septentrionale appartenant aux Iroquois Tsonnontouans, à cinq bonnes journées de marche de Niagara par les Bois, au bord du Lac de Frontenac.

TEGASE. Voyez TEGAZA.

1. TEGAZA, ou TEGAZEL, Pays d'Afrique, dans la partie Occidentale du Royaume de Soudan [h]; à l'Orient du Royaume de Senega. Marmol [i] en parle ainsi: Tegaza est comptée pour la seconde Habitation de la Libye; & il y a dans ce Desert une Mine de Sel, qui est de différentes couleurs. C'est peut-être une des Montagnes, qu'Hérodote place entre la Ville de Thébes en Afrique, & les Colomnes d'Hercule. La plûpart de ceux qui tirent le Sel, sont étrangers & ont leurs Cabanes autour des Carriéres; car les gens du Pays ne veulent rien faire qu'aller après leurs Troupeaux, d'autant plus que ces Salines sont dans des Deserts éloignez de toute sorte d'Habitation. Et quand les Caravannes vont querir le Sel, il y demeure quelques-uns des Palefreniers, sur l'espérance du gain, & ils travaillent à la Mine, gardant le Sel jusqu'à la venue des Marchands d'Yça ou de Tombut. Chaque Chameau porte quatre pierres de Sel, qui pesent environ trente Arrobes, c'est-à-dire, sept ou huit cens livres, & avec cette charge ils traversent des Deserts de Sablons; mais il y en a d'autres qui portent leur boire & leur manger, sans quoi tous mourroient par le chemin. Ceux qui travaillent aux mines de Sel, quoiqu'ils gagnent beaucoup vivent misérablement; parce qu'ils ne savent à quoi employer leur argent. Il n'y a rien dans ces Deserts qu'ils puissent manger que ce qui leur vient de Tombut ou de Dara, à deux-cens lieues delà par le plus court chemin, & quand les Caravannes tardent à venir, elles les trouvent tous morts de faim. D'ailleurs [l] il soufle l'Eté un Vent de Sud-Est, en ces Quartiers, qui leur fait quelquefois perdre la vûe, & leur cause une espéce de goute aux genoux, & les affoiblit de sorte qu'ils sont contraints de boiter. Ajoutez à cela qu'il n'y a point d'eau que celle de quelques Puits salez, qui sont près des Mines; mais l'ardeur pour le gain est si grande, que malgré tous ces inconvéniens & plusieurs autres, il vient des gens de tout Pays pour y travailler.

[h] De l'Isle, Atlas.
[i] Libye, Liv. 1. c. 4.

2. TEGAZA, ou TAGAZEL, ou TARAGAREL, Ville d'Afrique [k], au Pays de Tegaza, entre les Montagnes de Sel, & les Habitations des Oulets de Line Arabes.

[k] De l'Isle, son Atlas.

TEGE, Ville de l'Afrique propre: Ptolomée [l] la marque entre les deux Syrtes, près de *Butta* & de *Durga*. Hirtius [m] nomme cette Ville TEGEA.

[l] Lib. 4. c. 3.
[m] De Bel. Afric. c.

1. TEGEA, Ville du Péloponnése [n],

[n] 78.

dans

dans les Terres près du Fleuve Alphée, selon Pausanias qui dit que ce Fleuve se perdoit sous terre dans le Territoire de la Ville de Tégée. Cette Ville fut autrefois considérable. Polybe en parle beaucoup; mais il ne marque point sa situation. Il dit néanmoins dans un endroit [a] que Philippe partit de Megalopolis, & passa par Tégée avec son Armée pour se rendre à Argos; ce qui fait conclurre que Ptolomée l'a mise trop à l'Occident, au lieu qu'il devoit la marquer plutôt à l'Orient de Megalopolis. Polybe [b] dit encore que Philopœmen ayant pris d'emblée la Ville de Tégée, alla camper le lendemain sur le bord de l'Eurotas. Les Achéens tinrent quelquefois leur Assemblée Générale dans cette Ville durant leur Guerre contre les Lacédémoniens. Strabon [c] en parlant de plusieurs Villes ruinées par les Guerres dit que Tégea se soutenoit encore passablement. Les Habitans sont appellez *Tegeatæ* par Polybe & par Etienne le Géographe. Tégée devint dans la suite une Ville Episcopale, & la Notice d'Hiéroclès la met sous la Métropole de Corinthe.

[a] Lib. 4. n°. 82.
[b] Excerpt. Libri 11. c. 16.
[c] Lib. 8. sub. finem.

2. TEGEA, Ville de l'Isle de Créte. Elle avoit été bâtie par Agamemnon, à ce que disent Velleius Paterculus [d] & Etienne le Géographe.

[d] Cap. 1.

3. TEGEA. Voyez TEGE.

4. TEGEA, Ville de la Macédoine. C'est Appien [e] qui en parle.

[e] In Syriac.

TEGEGILT, Lieu dans l'Afrique [f], au Royaume de Fez, sur le bord de l'Ommirabi, assez près du Mont Atlas, à mi-chemin de la Province de Tedla & de la Ville de Fez. C'est une Habitation en forme de Village bâti sur les ruines de l'ancienne Ville de *Tegegilt*, qui étoit, à ce que les Historiens disent, fort riche & bien peuplée. On y venoit deux fois l'an de la Gétulie & de la Libye, échanger des Dattes contre du Froment & des Marchandises. Elle a été long-tems deserte depuis sa destruction; mais des pauvres gens s'y sont habituez depuis, qui gardent le Blé & des Chaviens en de grands Creux, moyennant quelque récompense, & quelques Quartiers de terre, qu'on leur laisse labourer aux environs.

[f] Marmol, Royaume de Fez, L. 4. ch. 9. p. 145.

TEGENUM, Ville de la Lucanie, selon Frontin cité par Ortelius [g], qui soupçonne que TEGENUM pourroit être corrompu & mis pour TEANUM.

[g] Thesaur.

TEGERANI, Peuples de la Germanie. Trithême [h] les place entre le Pays des Saxons & le Diocèse de Mayence.

[h] Ex suo Huntbalds.

TEGERNSE'E, Monastère célèbre d'Allemagne, dans la Haute-Baviére [i], entre les Riviéres Isar & Inn, & les 2. Lacs de Schlier & de Tegern, dans la Gorge des Alpes. Il est enfermé d'une Muraille, & entouré d'un Fossé. L'Abbé se fait servir comme un Prince, & les Empereurs lui en ont souvent donné le titre; il avoit autrefois une Cour fort splendide. Les Charges de Grand-Maître, de Maréchal, de Chambellan, d'Ecuyer tranchant, y étoient Héréditaires & possédées par des Familles d'ancienne Noblesse. Cette Abbaye a été fondée par Albert & Ockart fils de Hateric, Duc de Baviére, & de N. sa femme née Duchesse de Bourgogne. Ces deux freres dé-

[i] Zeyler, Topog. Bav. p. 81.

goûtez de la vie Séculiére, & Ockart particuliérement fort touché de la mort prématurée de son fils, qui avoit été à la Cour de Pepin Roi de France, se résolurent d'aller servir Dieu dans un endroit Solitaire & éloigné. Ils bâtirent pour cet effet ce Monastère proche du Lac de Tegern vers l'an 750. & y prirent l'Habit sous la Règle de S. Benoît. Leur exemple y attira beaucoup de monde, & on fit des donations si considérables à ce nouveau Monastère, qu'en fort peu de tems on y vit cent-cinquante Religieux, qui d'une commune voix élurent pour Abbé leur fondateur Albert qui après avoir gouverné saintement ce Monastère pendant plusieurs années, y mourut & fût enterré, dans l'Eglise de ce Monastère de même que son frere Ockart. Dans la suite Arnolphe [k] en fait un Promontoire; mais il écrit Τεγερὸς pour Τεγεσσός. chassa les Moines de ce Lieu & y logea ses Officiers avec leurs femmes & enfans; mais bien-tôt après le Bâtiment avec tout ce qu'il y avoit dedans fut consumé par le feu. Othon II. Empereur & Duc de Baviére le fit rebâtir, y rétablit les Religieux, & leur accorda de nouveau plusieurs Priviléges. Les Abbez de ce Monastère, quoique déchus de leur ancienne splendeur, conservent pourtant dans les Assemblées publiques encore aujourd'hui le rang devant tous les autres Abbez de cette Province.

TEGESSUS, Ville de l'Isle de Cypre, selon Etienne le Géographe. Hesyche cité par Ortelius [k] en fait un Promontoire; mais il écrit Τεγερὸς pour Τεγεσσός.

[k] Thesaur.

TEGESTRA, & TEGESTRÆORUM URBS. Voyez TERGESTE.

TEGETZA. Voyez TEGTEZA.

TEGIACUM, Village de la France, selon Fortunat dans la Vie de St. Hilaire.

TEGIANENSES [l]. Il est fait mention d'un Peuple de ce nom dans une ancienne Inscription, où on lit ces mots: CUR. REIP. TEGIANENSIUM. Comme on ne connoît point ce Peuple, Holsten a jugé l'Inscription défectueuse. Il croit que la Syllabe GI est de trop & que l'on a écrit TEGIANENSIUM pour TEANENSIUM.

[l] Grut. Thesaur. p. 484. no. 6.

TEGIUM, Ville de la Troade, selon Pline [m]: Quelques MSS. portent TEIUM pour TEGIUM.

[m] Lib. 5. c. 30.

TEGLATENSIS. Voyez TEGULA & TEGULATENSIS.

TEGLIO, Gouvernement dans la Valteline, à la dépendance des Grisons [n]. Il est censé la douziéme partie de toute la Vallée, où étoit autrefois le Château de ce nom sur une Montagne. Le Gouvernement de Teglio est divisé en trente-six petits Départemens, qu'on appelle Contrées, dont chacune donne un Conseiller; & le Conseil a deux Chefs ou Présidens, qu'ils appellent *Decani*, ou *Doyens*, dont l'un est tiré de la Noblesse, & l'autre de la Bourgeoisie. Les principales Places de ces Contrées sont *Platea*, *Besta*, *Bellamira*, *S. Giacomo*, *Carona*, *Val-Belvigio*, où il y a une bonne Fonderie de Fer.

[n] Etat & Délices de la Suisse, t. 4. p. 143.

TEGLITIUM. Voyez TECLITIUM.

TEGORARIN, Pays d'Afrique, dans la Barbarie. Marmol [o] en parle ainsi: Tegorarin est une grande Habitation du Desert de Numidie, à quarante lieues de celle de

[o] Numidie, L. 7. ch. 43. p. 29.

Tége-

Técévin. Elle contient cinquante Châteaux, & plus de cent Villages rangez entre des Palmiers. Les Habitans sont riches & trafiquent tous les ans au Pays des Négres. C'est-là que s'assemblent les Caravanes pour traverser les Deserts de la Libye, & que les Marchands de Barbarie attendent ceux de la Contrée des Négres pour aller tous ensemble. La terre est si maigre que les Habitans ne trouvent pas où semer du froment ni de l'orge, & si séche que pour recueillir quelque chose, il la faut fumer & arroser avec de l'eau. C'est pourquoi ils logent volontiers les Etrangers, sans leur faire rien payer pour leur gîte, afin d'avoir le fumier de leur monture; ou de leurs Bêtes de Charge, & le gardent avec beaucoup de soin. La viande y est fort chére, parce qu'on ne sait comment nourrir les Troupeaux, à cause de la sécheresse, & on y fait grand cas des Chévres pour avoir du lait. On y mange ordinairement de la chair de Cheval, ou de vieux Chameau, qu'on achete des Arabes qui viennent au Marché, qui se tient une fois la Semaine aux Châteaux; & on ne tue de ces Bêtes que celles qu'on a mises dans les Pâturages & qui ne peuvent plus servir. Ils mangent du Suif salé qu'on leur porte de Fez & de Tréméćen, & en font autant de cas ou de leur Quzquuz, & autre semblable manger.

1. TEGRA. Voyez TIGRA.

2. TEGRA, Vicomté de France, dans le Querci, au Diocése de Cahors, Election de Figeac. Il y a à Tegra un Prieuré de deux mille cinq-cens Livres de revenu.

TEGRESSÉ, ou TAGRESSE. Voyez TEGTEZA.

TEGRIT, Ville d'Asie sur le Tigre, du côté de la Mésopotamie [a]. On y voit un Château à moitié ruiné, & qui a encore quelques belles Chambres de reste. La Riviére lui sert de Fossé au Nord & au Levant; mais il en a un fort profond & revêtu de pierres de taille au Couchant & au Midi. Les Arabes disent que c'étoit autrefois la plus forte Place de la Mésopotamie, quoiqu'elle soit commandée par deux éminences qui en sont fort proches. Les Chrétiens avoient leur demeure à un quart de lieue de la Ville, & on y voit encore les ruïnes de l'Eglise & une partie du Clocher; par où l'on voit que c'étoit un grand Edifice.

[a] Tavernier, Voy. de Perse, Liv. 2. ch. 7.

TEGTEZA, Ville dans l'Afrique, au Royaume de Maroc [b], à cinq lieues de Tesegdelt du côté du Midi, située sur le sommet d'une Montagne si roide, qu'on n'y peut monter qu'en tournoyant par un petit sentier fort étroit & fort droit, & par des degrés creusez dans le Roc en quelques endroits. C'est une Ville ancienne qui a été bâtie par les Afriquains de la Tribu de Muçamoda. Ces Habitans sont les plus fiers, & les plus grands Voleurs du Pays. Ils ne se soucient point de l'Alliance de leurs voisins, parce qu'on ne sauroit grimper jusqu'à eux & leurs Troupeaux aussi-bien que leurs semailles sont au haut de la Montagne. Cette situation avantageuse est la principale cause de leur méchanceté. Ils n'ont point

[b] Marmol, Royaume de Maroc, L. 3. ch. 11. p. 18.

de Chevaux. Le Chérif Mahomet disoit, qu'eux seuls lui avoient donné plus de peine que tout le reste du Pays; car ils étoient libres alors, & exigeoient Tribut des Arabes qui passoient par-là, ou les voloient. Cette Ville n'a point d'autre eau que celle d'une Riviére qui passe au pied de la Montagne, & qui semble être proche de la Ville, quoiqu'elle en soit éloignée de plus de deux lieues. Les femmes y descendent comme par une échelle, pour laver & pour porter de l'eau; car ce sont de petits degrés, qu'on a taillés à coups de marteau.

TEGUANTAPEQUE. Voyez TECOANTEPEQUE.

TEGULA, Ville de l'Isle de Sardaigne. L'Itinéraire d'Antonin la marque sur la route de *Sulci* à *Nora*, entre ces deux Villes à trente-trois milles de la première & à trente-cinq milles de la seconde.

TEGULARIA, CASTRUM TEGULENSE, ou CASTRUM TEGULARIENSE, noms Latins, de Tiliers, Bourg de France dans la Normandie, sur la Riviére d'Aûre. On l'appella ainsi, à cause des Tuiles qu'on y faisoit. Mr. de Valois [c] remarque selon quelques-uns, le Château de Tiliers fut bâti par Richard Duc de Normandie, en 660. sous le Régne du Roi Robert; & que le Roi Henri qui obligea le Duc Guillaume de lui céder ce Château, le fit démolir, parce qu'il avoit été bâti pour brider son Royaume de ce côté-là; mais bien-tôt après il le fit réparer & y entretint toujours Garnison. Le nom de ce Château se trouve encore différemment écrit dans d'anciennes Chartes où on lit *Tileriæ*, & *Teleriæ* pour *Tegularia*, ou *Tegularia*.

[c] Nott. Gal. p. 545.

TEGULATENSIS, ou TEGLATENSIS, Siége Episcopal d'Afrique dans la Numidie selon la Notice des Evêchez d'Afrique, qui nomme son Evêque *Donatianus*. Dans la Conférence de Carthage l'Evêque de ce Siége appellé *Donatus* est qualifié *Episcopus plebis Tegulatensis*.

TEGURINI, Peuples dont parle Hygin [d]; il y met le Fleuve Adum, la Colonie Claudienne & le Mont Larus. Je soupçonnerois qu'au lieu de *Tegurini* il faudroit lire *Tigurini*, & qu'il seroit question d'un Peuple du Norique, dont *Tigurina* étoit la Capitale. Une chose appuye ce sentiment; c'est que Pline met dans le Norique une Ville nommée *Sabaria* qu'il qualifie *Colonia Divi Claudii*. Quant au Mont *Adum* & au Fleuve *Larus*, qui ne sont point connus, rien n'empêcheroit de les placer dans le Norique, ou dans le voisinage.

[d] De Limi. vib. consti. p. 65.

TEGUSIGALPA, selon Wafer & TAGUZGALPA selon Mr. de l'Isle; Province de l'Amérique Septentrionale, dans la Nouvelle-Espagne. Après la Province de Nicaragua, dit Wafer [e], est celle de Tegusigalpa, où il y a de riches Mines d'argent & Honduras vient ensuite. Selon Mr. de l'Isle [f] TAGUZGALPA est un petit Pays aux Confins de Guatimala & de Nicaragua, entre la Riviére de Yairepa & celle de Desaguadero.

[e] Voy. p. 219.
[f] Atlas.

TEGYRA, Ville de la Bœotie, selon Etienne le Géographe. Plutarque [g] en particulier

[g] In Pelopid. &c. & in Oraculor. defectu.

le auſſi, & ſemble marquer la ſituation de cette Ville vers le Mont Ptoon, entre le Lac Copaïs & l'Euripe. Il y avoit à Tegyre un Oracle d'Apollon.

TEHAMA, ou TAHAMA [a], Contrée de l'Arabie Heureuſe, ſur le bord de la Mer Rouge. Elle eſt bornée au Nord par l'Etat du Sherif de la Mecque: à l'Orient par le Pays appellé Chaulan; au Midi par le Territoire de Moca. Ses principaux Lieux ſont

Aljo, ou Hali,	Al-Mahjam,
Haran-Alcorin,	Alorſ,
Traza,	Gilan,
Zibit, ou Zebit,	Ghalafeca.

[a] De l'Iſle, Atlas.

TEHEBE, petite Ville du Royaume d'Ormus [b], dans la partie de ce Royaume ſituée dans l'Arabie. Elle eſt bâtie dans une petite Ouverture, ou eſpèce de Valée, de ces affreux Rochers qui y régnent le long de la Mer. Il entre dans cette Ouverture une eau claire, nette, excellente, & qui forme un Canal ſi large & ſi profond, que les Barques d'une grandeur médiocre y peuvent commodément aller faire de l'eau, pour les Flotes qui y arrivent. Quelques grandes qu'elles puiſſent être, elles y trouvent de l'eau ſuffiſamment. Ce Lieu eſt compoſé d'environ cent cinquante méchantes Maiſonnettes bâties de terre & de bois fort menu, comme ſont toutes les autres Maiſons des Arabes du Pays. Entre les Ouvertures étroites de ces Rochers, on découvre quantité de Palmiers, d'Orangers & de Citronniers. Les Oranges qui y viennent, ſont plutôt douces qu'aigres; mais elles ſont ſi pleines de jus, qu'il y a ſujet de s'étonner qu'un Lieu ſi ſec & ſi ſtérile puiſſe produire un ſi excellent Fruit, & une ſi grande humidité en une ſeule Orange.

[b] Ambaſſade de D. Garcias de Silva Figueroa.

TEHEHAR-DOUKE, Rivière de Perſe. Elle arroſe la Ville de Toſtar & ſe jette dans la Rivière d'Abzal, ſelon Mr. Petis de la Croix [c].

[c] Hiſt. de Timur-Bec. Liv. 3. c. 29.

TEHEBTCHAL, Bourg du Courdiſtan. Mr. Petis de la Croix, dans ſon Hiſtoire de Timur-Bec [d], marque ce Bourg à 77. d. 25′. de Longitude, ſous les 37. d. de Latitude.

[d] Liv. 3. c. 20.

TEHING, Ville de la Chine [e], dans la Province de Kiangſi, au Département d'Iaocheu ſeconde Métropole de la Province. Elle eſt de 0. d. 10′. plus Orientale que Peking, ſous les 29. d. 20′. de Latitude.

[e] Atlas Sinenſis.

TEHINIE, ſelon Mr. Corneille [f], TEKIN, ou TECHNIA; ſelon Mr. de l'Iſle [g], Ville des Etats du Turc, dans le Budziac, ou la Beſſarabie, ſur la Rive droite du Nieſter, aux Confins de la Pologne & de la Moldavie. Cette Ville eſt plus connue ſous le nom de Bender. Voyez BENDER.

[f] Dict. [g] Atlas.

TEHOA, Ville de la Chine [h], dans la Province de Fokien, au Département de Civencheu, ſeconde Métropole de la Province. Elle eſt de 1. d. 5′. plus Orientale que Peking, ſous les 25. d. 24′. de Latitude.

[h] Atlas Sinenſ.

TEJAJAGON, Village d'Iroquois, dans l'Amérique Septentrionale, au Nord du Lac de Frontenac, à ſoixante & dix lieues du Fort de Catarakovi, & à quinze ou ſeize lieues de l'Embouchure de Niagara.

TEICHIOES. Voyez TICHIOES.
TEICHOS. Voyez TICHOS.
TEIE, ou TEYA, Rivière d'Allemagne [i]. Elle prend ſa ſource dans les Montagnes qui ſéparent la Bohême de l'Autriche & de la Moravie. Son cours eſt de l'Occident à l'Orient, le long des Confins de l'Autriche & de la Moravie. Elle y mouille Znaim, Joslawitz, Durnholtz, & Lutenburg, après quoi elle ſe jette dans la Morawe un peu au-deſſous de Landshut. Elle reçoit à la gauche la Giglawa & la Zwitta.

[i] Jaillot, Atlas.

TEJEUT, Ville d'Afrique, dans les Etats du Roi de Maroc [k], au Royaume de Sus, ſur le bord de la Rivière de Sus, à neuf ou dix lieues de ſon Embouchure. Cette Ville, qui eſt ſéparée en trois Quartiers éloignés de mille pas l'un de l'autre, contient à peu près quatre mille Maiſons.

[k] De l'Iſle, Atlas.
[l] Corn. Dict.

1. TEIL (Le), Bourg de France, dans le Bourbonnois, Election de Moulins, dont il eſt éloigné de ſix lieues. Son Terroir eſt uni à l'exception de quelques Côteaux: ſes Terres ſont douces, à Seigle, Orge, & Avoine, & d'un bon rapport; les foins abondans & graſſifs; les Pâcages ſerrés, mais bons. Le profit des Beſtiaux eſt conſidérable par la bonté des Bœufs & Moutons gras, à portée des Foires; il y a peu de Vignes, & quelques Cantons de Bois appartenans à M. de Mont-George. M. le Duc en eſt Seigneur.

2. TEIL (Le), Bourg & Châtellenie de France, dans le Bourbonnois, à trois lieues de Saint Pourçain, Dioceſe de Nevers, Election de Moulins. Sa Cure vaut 750. Livres, l'Abbé du Montel en eſt Collateur. Les Terres ſont à Seigle, Orge, & Avoine. Il y a Prez, Bois Taillis & Etangs. C'eſt un Comté; M. de Mont-George en eſt Seigneur.

1. TEILLET, Lieu de France, dans le Bourbonnois, Dioceſe de Clermont, Election de Gannat. C'eſt une Paroiſſe ſituée dans la Montagne de Nuits. Ses Terres ſont maigres, à Seigle, Avoine, Bled Noir, & Raves; les Pâcages ſont bons, les foins abondans. Il y a engrais, & profit de Beſtiaux, & pluſieurs Bois taillis appartenans au Sieur Abbé Menas, & à M. Gluc qui en ſont Seigneurs. Les Habitans font des Tonneaux & des Cercles.

2. TEILLET, Lieu de France, dans le Bourbonnois, Dioceſe de Bourges, Election de Montluçon. C'eſt une Paroiſſe qui a été reſtituée à S. Sulpice de Bourges, par Arnaud II. Seigneur de Vierzon. Elle eſt à deux lieues de Montluçon, & rédimée des Aydes & Gabelles. La petite Rivière de Cher y paſſe. Les Terres rapportent du Seigle, de l'Avoine, mais peu de Froment; les Pâcages y ſont étendus, il y a quantité de Bois Taillis, & pluſieurs Etangs. M. le Duc en eſt Seigneur.

TEILLEUL (Le), TELLIOLUM, ou TILLIOLUM, Bourg de France, dans la Normandie, Dioceſe d'Avranches, Election de Mortain. Il y a Marché & juriſdiction à Morain, pour le Siège de la Vicomté du Teilleul.

1. TEIN, TINA, THEINA, Lieu de Bohême [m], dans le Cercle de Pilſen, proche

[m] Zeyler, Topog. Bohem. p. 78.

de Taus & de Kolowetz, & entre Pilsen & Waldmünchen, du côté du Haut Palatinat. Il eſt ſurnommé Horzawski.

2. TEIN, ou TEYN, Lieu de Bohême, proche la Riviére Wltaw, ou Muldau, à trois milles de Thabor dans le voiſinage de Bechin & de Weſely. Cette Ville a beaucoup ſouffert durant les Guerres de Bohême. En 1620. Don Balthaſar de Maradas, Commandant Impérial de Budweis, l'enleva aux Etats de Bohême, la pilla, & la brûla.

1. TEINITZ, ou TEINTZ, Lieu de Bohême [a], vers le Haut Palatinat. Les Généraux Suédois Pful & Wittenberg le prirent en 1641.

[a] Zeyler, Topog. Bohem. p. 78.

2. TEINITZ, Lieu de Bohême, entre Chrudim & Roſſumberg. On la ſurnomme TEINITZ DE L'EVEQUE. Le Lieutenant-Général Suédois de Königsmarck le pilla en 1648.

TEJONES, Bourg d'Afrique. Mr. Baudrand en parle ainſi: Ce Bourg eſt ſitué dans le Royaume de Barca, un peu au Couchant de Berenicho, ſur le Cap de Tejones, nommé anciennement *Boreum-Promontorium*.

TEIOS. Voyez TEOS, TIOS, & AMASTRIS.

TEIRIA, Ville des Leuco-Syriens, ſelon Etienne le Géographe, qui cite Hécatée.

TEISCHNITZ, Ville d'Allemagne dans la Franconie [b], & dans l'Evêché de Bamberg. Cette Ville eſt le Chef-lieu d'un Bailliage, & a un Château.

[b] Zeyler, Topog. Francon. p. 77.

TEISPACH, Bourg d'Allemagne, dans la Baſſe-Baviére [c], dans la Régence Ducale de Landshut. Il y a une Juriſdiction de laquelle dépendent les Bourgs de Frantenhauſen, Ergolſtpach & Pilſting, deux Monaſtéres, deux Châteaux, dix Terres Nobles, & quelques Villages. Jean, Evêque de Ratisbonne, vendit le Bourg de Teiſpach, avec Frantenhauſen & Pilſting, en 1336. aux Ducs de Baviére, Etienne, Fréderic & Jean freres. Cet endroit avoit été anciennement une très-bonne Foretereſſe; mais dans la Guerre entre les Ducs de Baviére, & Albert Evêque de Ratisbonne [d], Louis Duc de Baviére, fils d'Othon, l'eſcalada de nuit & en ruïna toutes les Fortifications.

[c] Zeyler, Topog. Bavar. p. 82.

[d] Andr. Brunner, Part. 3. Ann. pag. 764.

TEISSE, Riviére de Hongrie [e], connue des Anciens ſous les noms de *Tibiſcus*, *Tibeſis* & *Pathiſſus*. Elle a ſa ſource dans les Monts Krapack, au Comté de Marmaros, aux Confins de la Pokutie; & coule d'abord d'Orient en Occident, juſqu'à Tokay, où elle commence à prendre ſon cours vers le Midi pour aller ſe jetter dans le Danube, vis-à-vis de Salankemen. Cette Riviére mouille dans ſa courſe, Bene, d. le Petit Varadin, g. Tokay, d. Polgar, g. Aratko, d. Toreck, g. Zolnok, d. Cſongrad, d. Segedin, d. Zenta, d. Becs, g. Titel, d. Elle reçoit d'autres Riviéres, le Talaber, d. le Samos, g. le Bodrog, d. la Rima, d. l'Hortobagi, g. le Reuspeuli, d. l'Egerwize, d. la Zageba, d. le Keres-Blanc, g. la Maroſch, g. le Kuſtos, g.

[e] De l'Iſle, Atlas.

[f] Deſcr. du Royaume de Hongrie, Liv. 1.

On pêche une ſi prodigieuſe quantité de Poiſſons dans cette Riviére [f], qu'on donne juſqu'à mille Carpes pour un Ducat, & que les Pêcheurs ſont obligez quelquefois de les rejetter dans l'eau, ou d'en engraiſſer les Cochons. On fait deſcendre par le moyen de cette Riviére quantité de pierres de Sel qu'on tire de pluſieurs Mines, qui ſont en Hongrie, & en Tranſylvanie, & qu'on fait monter ſur le Danube juſqu'à Presbourg.

TEKE-EÏLI, Ville & Province d'Aſie, dans la Natolie, ſelon Mr. Petis de la Croix, dans ſon Hiſtoire de Timur-Bec [g].

[g] Liv. 5. ch. 54.

TEKEES, Riviére de la Grande Tartarie [h]. Elle a ſa ſource dans les Landes au Sud du Lac Sayſſan, & ſon cours eſt à peu près de l'Eſt-Sud-Eſt à l'Oueſt-Nord-Oueſt. Après qu'elle a fait environ 40. lieues depuis ſa ſource, elle unit ſes eaux avec celles de la Riviére d'*Ila*, qui vient du Nord-Eſt, & continuant delà ſon cours à l'Oueſt, elle vient ſe perdre vers les Frontiéres du Turkeſtan entre les Montagnes qui ſéparent ce Pays des Etats du Contaïſch Grand-Chan des Callmoucks. C'eſt aux environs de ces deux Riviéres que ce Prince fait ſon ſéjour ordinaire depuis quelques années, pour être plus à portée de pouvoir veiller aux démarches de ſon Couſin Ajuka-Chan, & des Tartares Mahométans qui ſont ennemis mortels des Callmoucks. Car quoique les Moungales, les Callmoucks & les Tartares Mahométans ne faſſent proprement qu'une ſeule & même Nation, il y a une ſi grande antipathie entr'eux qu'ils ſont éternellement aux mains enſemble; & comme les Callmoucks ſont juſtement ſituez au milieu des deux autres, ils doivent toûjours être ſur leur garde vers les Frontiéres, s'ils ne veulent point être ſurpris par leurs ennemis.

[h] Hiſt. Généal. des Tatars.

TEKING, Ville de la Chine [i], avec Foreteſſe, dans la Province de Quantung, au Département de Chaoking, ſixiéme Métropole de la Province. Elle eſt de 5. d. 18. plus Occidentale que Peking, ſous les 23. d. 50. de Latitude.

[i] Atlas Sinenſis.

TELA, Ville d'Eſpagne. L'Itinéraire d'Antonin la marque ſur la route d'*Aſturica* à *Saragoça*, entre *Intercatia* & *Pintia*, à vingt-deux milles du premier de ces Lieux, & à vingt-quatre milles du ſecond. Ortelius [k] doute ſi ce ne ſeroit point dans cette Ville qu'auroit été tenu le Concile appellé *Telenſe-Cancilium*. Voyez TELEM & GELLA.

[k] Theſaur.

TELADUSII, Peuples de la Mauritanie-Céſarienſe, ſelon Ptolomée [l]. Le MS. de la Bibliothéque Palatine porte *Taladuſti* [2] pour *Teladuſii*.

[l] Lib. 4. c.

TELAMBAR, nom d'une Colline de la Tranſoxiane, ſelon Mr. Petis de la Croix [m].

[m] Hiſt. de Timur-Bec.

TELAMON, Promontoire d'Italie dans la Toſcane, ſelon Polybe [n], Ptolomée [o] & 5. Pomponius Mela [p]. Pline [q] y met un Port de même nom, & l'Itinéraire d'Antonin qui appelle ce Port *Portus-Telamonis*, le marque entre le Fleuve *Almina* & le Fleuve *Alma* [r], à dix-huit milles du premier & à ſix milles du ſecond. Ce Port conſerve ſon ancien nom; car on l'appelle aujourd'hui TELAMONE. Voyez ce mot.

[n] Liv. 3. & 5.
[o] Lib. 3. c.
[p] Lib. 2. c.
[q] Lib. 3. c.
[r] Lib. 3. c.

TELAMONE, petite Ville d'Italie ſur la Côte de la Toſcane, dans l'Etat *delli Preſidii*, avec un petit Port, à l'Embouchure du Torrent d'*Oſa*, & défendue par une aſſez fez bonne Forteresse. Elle est située, à l'extrémité d'une Pointe de Rocher escarpée. Michelot, dans son Portulan de la Mer Méditerranée [a] remarque qu'on peut mouiller dans une nécessité du côté de l'Est; mais il n'y a pas d'Orai pour mettre des amarres à terre, à moins d'être sur ses Ancres. On voit au-dessus de Telamon une jolie Ville sur une hauteur, entourée de murailles & de Tours, qu'on appelle Maillano, elle appartient au Grand-Duc de Toscane. Les FORMIGUES DE TELAMONE [b] sont trois Rochers plats, éloignez l'un de l'autre de 4. à 500. Toises, & 10. à 12. milles au large de la Côte de Telamon. Ces trois écueils sont situés Sud-Sud-Est, & Nord-Nord-Ouest : on peut passer à terre d'eux, à la petite portée du Canon, on les peut de même ranger en dehors à une semblable distance. Il y a quelques Roches à fleur d'eau & sous l'eau aux environs d'eux; mais elles en sont proches. Depuis Telamon jusqu'à Orbitelle il y a 15. milles. Des Formigues de Telamon à la Pointe du Nord du Mont Argentat, on de Saint Esteve, il y a environ 15. milles vers le Sud-Est, & entre les deux c'est un grand enfoncement, où le terrain est fort bas; il est bordé de plages de sable, & presque au milieu il y a une petite Riviére & des Salines, proche desquelles est une grande Tour, & quelques Fortifications auprès.

TELAMUS [c], Montagne de la Paphlagonie, selon la Remarque de Lycophron, où le mot *Telamus* se trouve sans autre spécification.

1. TELANDRIA. Voyez TELANDRUS.

2. TELANDRIA, Isle sur la Côte de la Lycie. Pline [d] dit qu'il y avoit eu une Ville qui ne subsistoit plus de son tems.

TELANDRUS, Ville de l'Asie Mineure: Pline [e] la met dans la Lycie. Etienne le Géographe la place dans la Carie ; mais comme ces deux Provinces étoient voisines cela ne forme aucune difficulté. On la trouve nommée aussi *Telandrum* & *Telandria*, selon le même Etienne le Géographe, qui connoît aussi un Promontoire nommé TELANDRIA.

TELANE. Etienne le Géographe dit que c'étoit le nom d'une très-ancienne Ville de Syrie.

TELANESSUS, Village dont fait mention Théodoret dans la Vie de St. Siméon. Ortelius [f] soupçonne que ce Village pouvoit être en Syrie ; & il ajoute qu'ailleurs on lisoit *Telanisus* au lieu de *Telanessus*.

TELCHINES, Peuples dont parle Stobée [g] cité par Ortelius. Ils tiroient leur origine de l'Isle de Créte: ils s'établirent ensuite dans l'Isle de Cypre, & enfin ils passerent dans celle de Rhodes, où ils inventerent les premiers l'usage du Fer & de l'Airain, & ils en firent une Faulx à Saturne. On les accusoit d'être Magiciens ; mais ce crime leur fut seulement imputé par leurs envieux, qui ne pouvoient sans jalousie les voir exceller dans les Arts. Orose [h] fait aussi mention de ces Peuples.

TELCHINIA. Voyez SICYON.

TELCHIR, ou THELCHIR, selon les Interprêtes de Ptolomée [i], quoique le Texte Grec porte TELLYR. C'est une Ville de l'Inde en deçà du Gange. Castald la nomme *Timinava*.

TELCHIS, Ville de l'Ethiopie. Etienne le Géographe dit qu'elle étoit aux confins de la Libye.

TELEBA, Ville de l'Albanie : Ptolomée [k] la marque entre l'Embouchure du *Soana* & celle du *Gerrus*.

TELEBOAS, Fleuve que Xénophon & Etienne le Géographe mettent au voisinage des sources du Tigre. Le Fleuve *Teleboas*, dit Xénophon [l], est beau, quoiqu'il ne soit pas grand : il y a aux environs un grand nombre de Villages.

TELEBOIDES. Voyez TAPHIÆ.

TELEBOA, Ville dont Plaute fait mention [m].

1. TELEBOÆ, Peuples de la Bœotie, selon Ortelius [n] qui cite Ant. Liberalis.

2. TELEBOÆ, Peuples qu'Apollodore [p] met dans l'Isle de *Taphus*.

3. TELEBOÆ. Voyez THELEBOÆ.

TELEBOIS, Contrée de l'Acarnanie, selon Etienne le Géographe.

TELEDA, Village de Syrie, près du Mont Coryphes: Théodoret [q] dit que ce Village étoit très-grand & très-peuplé.

TELEGON. Voyez TUSCULUM.

TELEM, Ville de la Tribu de Juda. Josué [r] la marque parmi celles qui étoient vers l'extrémité des Terres de cette Tribu le long des Frontiéres d'Edom, du côté du Midi. Dom Calmet [s] croit que c'est la même Ville que Telaïm dans la même Tribu [t]; & Andr. Masius juge que c'est *Telem* qui est appellée *Tela* par Eusébe.

TELEMICEN. Voyez TREMECEN.

TELENSE. Voyez TELA.

TELENSIN. Voyez TREMECEN.

TELENSIS, ou ZELLENSIS, Siège Episcopal d'Afrique, dans la Province Proconsulaire, selon la Notice des Evêchés d'Afrique où l'Evêque de ce Siège est nommé *Donatianus Zellensis*, de même que dans la Conférence de Carthage [u]. Mr. du Pin est de sentiment qu'on doit préférer TELENSIS, parce que *Natalicus*, Adversaire de *Donatianus*, est appellé *Telensis Episcopus* dans le Concile de *Cabarsusa*. Les lettres Z. & T. se changent assez souvent l'une pour l'autre. Cependant on trouve un autre Evêque Donatiste, qualifié *Telensis* & du nom de Felix [x], d'où Mr. Baluze voudroit conclure que les Villes ZELLA & TELA étoient différentes. Mais il est très-possible qu'il y ait eu deux Evêques Donatistes de la même Ville, ou qu'il y ait erreur dans le nom du dernier: car il est constant que *Natalicus* Adversaire de *Donatianus* & appellé *Zellensis* par la Conférence de Carthage [y], étoit Evêque de Tela: le Concile de *Cabarsusa* ne laisse aucun lieu d'en douter; & parmi les signatures des Peres de la Province Proconsulaire au bas de leur Lettre Synodique dans le Concile de Latran, on trouve la signature de Boniface *Episcopus Telensis*, sans qu'il soit fait mention en aucun autre endroit de *Zella*.

TELEPHIS, Ville de la Grande Arménie, à ce qu'il paroît par un passage d'Aga-

360   TEL.   TEL.

ᵃ Lib. 2. d'Agathias ᵃ. Cette Ville étoit bâtie dans un lieu escarpé, au voisinage du Fleuve Phasis. Quelques MSS. d'Agathias, dit Ortelius ᵇ, portent Telesis, pour Telephis.
ᵇ Thesaur.

TELEPHIUS, Tribu & Fontaine de l'Asie Mineure dans la Lycie, à sept Stades de Patara, selon Etienne le Géographe.

TELEPTE. Voyez Teleptensis.

TELEPTENSIS, Siège Episcopal d'Afrique dans la Byzacène. Son Evêque est nommé *Frumentius* dans la Notice des Evêchez d'Afrique, & *Donatianus Episcopus Plebis Teleptensis*, dans la Conférence de Carthage ᵇ. Ce dernier fut Primat de la Province & assista à plusieurs Conciles d'Afrique. Le nom de la Ville est Telepte.
ᵇ Nᵒ. 121.

TELESIA. Voyez Telessia.
TELESIS. Voyez Telephis.

TELESSAPHI, nom que les Arabes donnent à un Lieu voisin de la Ville d'Ascalon, selon Guillaume de Tyr cité par Ortelius ᶜ.
ᶜ Thesaur.

TELESSIA, ou Telesia, Ville d'Italie: Ptolomée ᵈ la donne aux Samnites & la marque entre *Tucinum* & *Beneventum*. Tite-Live ᵉ la met aussi dans le *Samnium*; & Frontin nous apprend que c'étoit une Colonie Romaine: *Telesia*, dit-il, *muro ducta, Colonia a Triumviris deducta*. On la nomme aujourd'hui Telese; & c'est une Ville du Royaume de Naples, dans la Terre de Labour, sur le *Voltorno*. Telese est Evêché ᶠ sous Benevent depuis l'an 1000. mais la Résidence de l'Evêque, depuis 1612. est à *Cerrito*, Bourg du Diocèse qui est à six milles de Telese, où il n'y a pas à présent six Maisons.
ᵈ Lib. 3. c. 1.
ᵉ Lib. 22. c. 13. & Lib. 24. c. 20.
ᶠ Commainville, Table Alph. des Evêchez.

TELETHRIUM, Montagne de l'Eubée, près d'Oechalia: Strabon ᵍ, Pline ʰ, Etienne le Géographe, & Théophraste ⁱ parlent de cette Montagne.
ᵍ Lib. 10. p. 445.
ʰ Lib. 25. c. 8.
ⁱ Hist. Lib. 9. c. 15.

1. TELGEN, Telga, ou Norr-Tälge ᵏ, Ville de Suède dans l'Uplande, sur le bord d'un petit Lac, à quelque distance de la Mer & à l'Orient d'Upsal.
ᵏ De l'Isle, Atlas.

2. TELGEN, Telga, ou Söder-Tälge, Ville de Suède dans la Sudermanie ˡ, & que quelques-uns ont placée mal-à-propos dans la Gothie. Cette Ville qui est fort marchande, est située au Midi Occidental de Stockholm sur la Rive Méridionale du Lac Mäler ᵐ. Birger *Gregorii* y tint en 1367. un Concile, & un autre en 1380.
ˡ Ibid.
ᵐ Martin. Zeyler, Sueciæ Desc. p. 158.

TELINI. Voyez Tellena.

TELIS, Thelis, ou Tecum, Fleuve de la Gaule-Narbonnoise, aujourd'hui le Tech, qui arrose la Ville d'Elne. Le nom de ce Fleuve se trouve sous ces trois Orthographes dans les divers MSS. de Pline ⁿ. Le Pere Hardouin est pour la dernière. Ce Fleuve est aussi connu de Pomponius Mela ᵒ, qui le nomme Tichis.
ⁿ Lib. 3. c. 4.
ᵒ Lib. 2. c. 5.

TELIT (Beni), Montagne d'Afrique, au Royaume de Fez ᵖ, dans les Terres, à 8. lieues de Tanger du côté du Midi. Il y avoit autrefois sept Bourgs, dont les Habitans vivoient comme des Bourgeois de Ville, avec grande franchise. Ils ont un grand nombre de Troupeaux, & recueillent quantité d'Orge, de Froment, de Cire, de Miel, & de Vin. Du reste ils sont d'entre les Goméres, nommez Beni-Telit, & ils ont donné leur nom à la Montagne.
ᵖ Marmol, Royaume de Fez, Liv. 4. ch. 60. p. 246.

TELITHON, Ville des Moabites, selon Josephe ᵠ.
ᵠ Lib. 13. c. 23.

TEL, ou Teglio. Voyez Teglio.

TELLENA, Ville d'Italie, dans le Latium. Tite-Live ʳ dit qu'elle fut prise par le Roi Ancus, avec *Ficana*, & il la nomme Tellenæ. Comme ces deux Villes furent prises en même tems, on en conjecture qu'elles étoient voisines; & Cluvier va jusqu'à la placer entre *Ficana* & *Lanuvium*. Strabon & Denis d'Halicarnasse écrivent aussi Tellenæ au nominatif pluriel, & ce dernier ˢ dit que c'étoit une Ville célèbre du Latium *claram Latinorum Urbem*. C'est ¹⁷⁹ la même Ville que Pline ᵗ nomme Tellene.
ʳ Lib. 1. c. 33.
ˢ Lib. 3. p. 5.
ᵗ Lib. 3. c. 5.

TELLEPTE. Voyez Telepte.

TELLIADES, nom d'un Peuple, ou simplement d'une Famille de l'Elide, selon Hérodote ᵘ.
ᵘ Lib. 9. c. 36.

TELLIGT, petite Ville d'Allemagne, dans le Cercle de Westphalie ˣ, sur la Rivière d'Embs, entre Warendorp & Munster, & dans l'Evêché de cette dernière Ville. La Rivière remplit ses fossez. Il y a deux Rues assez grandes & parallèles qui font la meilleure partie de la Ville. Quand on veut aller de Telligt à Munster, qui n'en est qu'à une lieue, on est obligé de passer des Marais, où le chemin est bordé de deux rangées d'Arbres, avec plusieurs petites Chapelles, qu'on regarde comme autant de Stations, qui représentent les souffrances de Notre-Seigneur dans sa Passion. On voit à Telligt une riche Abbaye dont l'Eglise est ornée d'une haute Tour.
ˣ Zeyler, Topog. Westphal. p. 93.

TELMELISSUS. voyez Temmelissus.

TELMERA, Ville de la Carie, selon Etienne le Géographe. Voyez Termera.

TELMESIUS, Montagne de la Bœotie, dans le Territoire de Thèbes, selon Palephatus ʸ cité par Ortelius ᶻ. Voyez Telmissus.
ʸ In Palyf.
ᶻ Thesaur.

TELMESSUS, Ville de l'Asie Mineure, dans la Lycie. C'étoit la première Ville que l'on trouvoit en entrant de la Carie dans la Lycie. Pomponius Mela ᵃ & Pline ᵇ disent que Telmessus finissoit la Lycie: *Lyciam finit*; mais ces deux Auteurs avancent de l'Orient à l'Occident, & ils appellent la fin de cette Province ce que nous regarderions comme le commencement. Tous deux écrivent Telmessus, & Ptolomée suit cette Orthographe. Mais Strabon, le Périple de Scylax, Tite-Live, Arrien & Etienne le Géographe écrivent Telmissus. ᶜ Il y avoit trois Villes de ce nom: l'une dans la Carie. Voyez Telmissus; l'autre dans la Lycie, qui est celle dont il est ici question, & la troisième dans la Pisidie; mais cette dernière se nommoit aussi Termessus. Voyez ce mot. Cicéron ᵈ rapporte que dans une de ces Villes il y avoit un Collège célèbre de Devins, & il met cette Ville dans la Carie: *Telmessus in Caria est: qua in Urbe excellit Haruspicum Disciplina*. Il est difficile de se persuader que ce Collège si célèbre fût dans *Telmessus* de Carie, Ville dont le nom est à peine connu. On ne le mettra pas non plus dans le *Telmessus* de Pisidie; celle-ci étoit trop éloignée de la Carie. Il est bien plus naturel de penser que Cicéron a voulu parler de *Telmessus* de Lycie, située aux Confins de la Carie & de la Lycie, & qu'Etienne
ᵃ Lib. 1. c. 27.
ᵇ Lib. 5. c. 27.
ᶜ Cellar. Geogr. Ant. Lib. 3. c. 3.
ᵈ Lib. 1. de Divinat. c. 41.

TEL.

ne le Géographe place dans la Carie. Cette Ville de Telmeſſus ou Telmiſſus de la Lycie donnoit ſon nom au Golphe ſur lequel elle étoit bâtie, qu'on appelloit Sinus-Telmissicus. D'un côté il touchoit la Carie, & de l'autre la Lycie, ſelon la Deſcription que Tite-Live [a] en donne.

[a] Lib. 37. c. 16.

1. TELMISSUS, ou Telmessus, Ville de l'Aſie-Mineure, dans la Carie ſelon Etienne le Géographe. Pluſieurs ont cru que c'étoit la même que celle de la Lycie; mais il faut que ce ſoit deux Villes différentes, car la Ville Telmiſſus de Lycie étoit près de Patare, & celle de la Carie ſe trouvoit dans le Territoire d'Halicarnaſſe, ou du moins au voiſinage de cette Ville. Suidas décide la Queſtion: *Telmiſenſes iſti habitant in Caria, diſtantes ſexaginta Stadiis ab Halicarnaſſo, ut Polemo tradit: Telmiſſus autem eſt Urbs Lyciæ.* Delà on pourroit encore conclure que le nom de celle de ces Villes qui étoit dans la Carie s'appelloit Telmiſus, & celle qui étoit dans la Lycie Telmiſſus. Voyez l'Article précédent.

2. TELMISSUS, Palephatus [b] donne ce nom à une Montagne voiſine de la Ville Xanthus dans la Lycie.

[b] In Bellerophonte.

3. TELMISSUS, Ælien dit que les Peuples Ægeſtæi donnoient ce nom à un Fleuve qu'ils repréſentoient ſous la figure d'un homme & auquel ils rendoient des honneurs divins. Comme l'on trouve dans la Sicile une Ville nommée Egeſta, ou Ægeſta, Ortelius [c] ſeroit tenté de croire que le Fleuve *Telmiſſus* étoit dans cette Iſle. On ne peut néanmoins rien décider à cet égard; car on trouve également un Peuple appelé Ægeſtæi dans la Theſprotie, Contrée de l'Epire.

[c] Theſaur.

TELMISUS, Fleuve de Gréce, ſelon Orphée, qui dit que ce Fleuve arroſoit la Ville de *Theſpiæ*. Il étoit donc, dit Ortelius [d], dans la Bœotie; & ne ſeroit-ce point, ajoute-t-il, le Telmiſſus de Palephatus. Voyez Telmius & Thespius.

[d] Ibid.

TELMIUS. Calliſte, cité par Ortelius [e], appelle ainſi la Patrie d'un certain Moine nommé Paul; & Sozomène, qui en parle auſſi, au lieu de Telmius écrit Telmisus.

[e] Ibid.

TELMEZ, Ville d'Afrique au Royaume de Maroc [f], dans la Province de Duquela, au pied du Mont de Beninaguer, à cinq lieues de Safi. Elle eſt ouverte & peuplée de Bérébéres Africains de la Tribu d'Ulexedma.

[f] Davity, Royaume de Maroc, p. 96.

TELO-MARTIUS, Port de la Gaule-Narbonnoiſe. L'Itinéraire d'Antonin le marque ſur la route par Mer de Rome à Arles, entre le Port *Pomponianæ*, & celui de *Taurentum*, à quinze milles du premier & à douze milles du ſecond. Cet Itinéraire eſt le premier Monument ancien [g] qui faſſe mention du Port *Telo-Martius*. Dans pluſieurs Conciles on trouve la ſignature de l'Evêque de ce Lieu, & qui ſe dit *Epiſcopus Telonenſis*, & quelquefois *Tolonenſis*, d'où l'on a tait un nom moderne qui eſt Toulon, Port fameux dans la Provence.

[g] Cellarius, Geogr. Ant. Lib. 2. c. 2.

TELOBIS, Ville de l'Eſpagne Tarragonnoiſe. Ptolomée [h] la donne aux Peuples *Accetani*, & la marque entre *Setolſis* & *Cereſſus*.

[h] Lib. 2. c. 6.

TELONUM. Voyez Telumnum.
TELONUS. Voyez Tolenus.
TELOS, Iſle de l'Océan Indien, ſelon Ortelius [i] qui cite Iſidore. Il dit que les Arbres y ont des feuilles en tout tems. Mais, ajoute Ortelius, c'eſt Tylos qu'il faut écrire & non Telos. Voyez Telus & Tylus.

[i] Theſaur.

TELPHIS. Voyez Tephlis.

1. TELPHUSSA. Voyez Thelpusa.

2. TELPHUSSA, Ville de l'Arcadie: Etienne le Géographe dit qu'elle fut ainſi appellée du nom de la Nymphe Telphuſſa, fille du Fleuve Ladon, & il cite Lycophron où on lit:

Juſtitiæ ſinct Auxiliatrix Telphuſſia.

Cette Ville eſt auſſi connue de Polybe [k], de Pauſanias & de Pline; mais Pauſanias [l] écrit *Thelpuſa* pour *Telphuſa*. L'Exemplaire des Aldes porte Thalpuſa, & Etienne le Géographe lui-même connoît une Ville nommée *Thalpuſa*, qu'il place auſſi dans l'Arcadie aux confins des Orchoméniens. Mais la *Telphuſſa* & la *Thalpuſa* d'Etienne le Géographe ſont la même Ville: c'eſt la même Ville que la Notice de Hiéroclès met ſous le Métropole de Corinthe, & qu'elle nomme *Tharpuſa*; & c'eſt encore la même, dont parlent pluſieurs Médailles, où on lit cette Inſcription ΘΕΛΠΟΥϹΙΩΝ.

[k] Lib. 4.
[l] no. 77. Lib. 8. c. 24. & ſuiv.

TELPHUSSIUM, Ville de la Bœotie, ſelon Etienne le Géographe.

TELSPERG, Delsberg, ou Delemont, Ville d'Allemagne dans l'Evêché de Baſle [m]. Elle eſt ſituée dans le Quartier qu'on nomme Sulsgaw, & bâtie ſur une éminence, au bord d'une petite Riviére appellée Sorn. Il y a un Château où appartient à l'Evêque, & où ce Prélat va quelquefois faire ſa réſidence, & on y voit auſſi une belle Egliſe & les Maiſons des Chanoines de Moutier.

[m] Etat & Délices de la Suiſſe, t. 3. p. 272.

TELTSCH, Ville d'Allemagne, dans la Moravie [n], aux confins de la Bohême. La Rivière Teya appellée la Haute prend ſa ſource auprès de cette Ville, & va ſe jetter au-deſſous de Frating dans la Grande Teya.

[n] Zeyler. Topog. Moraviæ. p. 109.

TELUCH, Contrée & Ville dont fait mention Cédréne. Ortelius [o] croit pouvoir les placer au voiſinage de la Médie. Curopalate, qui en parle auſſi, les met aux environs du Mont Taurus.

[o] Theſaur.

TELUMNUM, Ville de la Gaule Aquitanique. L'Itinéraire d'Antonin la marque ſur la route d'*Aquæ Tarbellicæ à Burdigala*, entre *Cæquoſa & Salomacum*, à dix-huit milles du premier de ces Lieux & à douze milles du ſecond. Au lieu de *Telunnum* quelques MSS. portent *Telonum* & d'autres *Tellonum*.

TELUS, ou Telos [p], Iſle de la Mer Egée, & qu'on peut dire une Iſle d'Aſie, puiſqu'elle eſt à l'Orient d'Aſtypalæa. Elle étoit fameuſe par ſes parfums, ſelon Pline [q], qui ajoute que Callimaque la nomme Agathussa. Etienne le Géographe écrit Τῆλος, & Héſyche Δῆλος. On la nomme aujourd'hui Piscopia. Voyez ce mot.

[p] Strabo. Lib. 10. extremo.
[q] Lib. 4. c. 12.

TEMALA, Fleuve de l'Inde au delà du Gange: Ptolomée [r] marque l'Embouchure

[r] Lib. 7. c. 2.

de ce Fleuve dans la Contrée d'Argent entre Berabonna & le Promontoire TEMALA. Il y met aussi une Ville de ce nom ; mais dans un autre endroit [a] il écrit TAMALA au lieu de TEMALA.

TEMARETE, Ville de l'Isle de Socotora, à l'entrée de la Mer Rouge. Elle est sur la Côte Septentrionale de l'Isle, en tirant vers l'Orient ; & c'est la Résidence du Gouverneur de cette Isle, qui dépend du Royaume de Fartach dans l'Arabie-Heureuse. Mr. de la Roque [b], qui appelle cette Ville *Tamarin*, dit qu'elle est assez jolie & que ses Maisons sont bâties en Terrasse.

TEMATHEA, Montagne du Péloponnèse, dans la Messénie : Pausanias [c] dit que la Ville Corone est au pied de cette Montagne.

TEMBASA, Ville de la Lycaonie. Pline [d] la donne pour une Ville célèbre ; & Paul Diacre en parle dans plus d'un endroit [e] ; mais il écrit *Thebasa*. Le Pere Hardouin assure que c'est-là la véritable Orthographe & que c'est ainsi que lisent tous les MSS. qu'il a consultez.

TEMBICES, Peuples que Strabon [f] place dans la Bœotie. Il les met au nombre des Peuples barbares qui habitèrent anciennement cette Contrée ; mais les meilleurs Exemplaires de Strabon portent TEMMICES pour TEMBICES. Les TEMMICES, ou TEMNICES sont connus de Lycophron [g] :

Arnes vetustæ soboles Temmicum duces.

[h] Vers 786, Et plus bas [h] :

Quem Bombylium Promontorium Temmicium.

TEMBLEQUE, Village d'Espagne dans la Nouvelle Castille, à huit lieues de Tolède, dans une Plaine fertile en Bled & en Vin, & qui nourrit beaucoup de Gibier. Il y a à Tembleque une Paroisse & un Couvent de Cordeliers. Silva [i] dit que ce Lieu a été fondé par des Juifs qui, après être sortis de la Captivité de Babylone, passèrent en Espagne & s'y établirent. Silva ajoute, qu'ils nommèrent ce Lieu Bethlehem en mémoire de leur Patrie ; & que de Bethlehem par corruption on a fait Tembleque.

TEMBRIUM, ou TYMBRIUM, Ville qu'Etienne le Géographe met dans la Phrygie.

TEMBRIUS. Voyez THYMBRIS.

TEMBROGIUS, Fleuve de Phrygie, selon Pline [k]. Tite-Live [l] le nomme *Thymbres* ou *Thymber* ; & ce Fleuve se jettoit dans le Sangarius. Ortelius [m] confond mal à propos ce Fleuve avec le *Thymbrios* de Strabon. Ce dernier couloit dans la Troade & se perdoit dans le Scamandre.

TEMBRUS, Ville de l'Isle de Cypre, selon Etienne le Géographe.

TEME, Riviére d'Angleterre [n]. Elle a sa source dans la partie Septentrionale du Comté de Radnor, d'où elle passe par celui de Shrops, où elle arrose Ludlou. Ensuite prenant son cours par une partie de la Province de Worcester, elle va tomber dans la Saverne un peu au-dessous de la Ville de Worcester.

TEMECEN, Province d'Afrique, au Royaume de Fez [o], dont elle est la plus Occidentale. Elle commence du côté du Couchant à la Riviére d'Ommirabi ; & s'étend vers le Levant jusqu'à celle de Burregreg, qui entre dans la Mer proche de Salé & de Rabat, Elle a au Midi les Côtaux du Grand Atlas, & au Septentrion la Mer de Gibraltar du côté de l'Océan. La Côte a 30. lieues de long depuis l'Ommirabi jusqu'au Burregreg, sur vingt lieues de large, & quelquefois plus. Toute cette étenduë n'est qu'une Campagne fertile, qui étoit autrefois la Fleur de toute la Barbarie & comprenoit plus de quarante Villes, ou Bourgades peuplées d'une Nation très-belliqueuse ; de sorte qu'elle est fort célèbre dans les Ecrits des Historiens de Maroc. Joseph Abu Téchifien, second Roi des Almoravides, la détruisit, & elle demeura cent-quatre-vingt ans deserte, jusqu'à ce que Jacob Almansor la repeupla de quelques Arabes du Royaume de Tunis, qui l'ont possédée durant tout le Règne des Almohades. Ils furent chassez par les Bénimérinis qui mirent en leur place les Zénètes & les Haoares, pour récompenser des services qu'ils leur avoient rendus. Ces Peuples l'ont toujours possédée depuis, & sont nommez ordinairement Chaviens, errant sous des Tentes comme les Arabes, & parlant un Arabe corrompu, quoique ce soit une Nation Afriquaine. Ils étoient autrefois fort puissants, & ont fait la guerre aux Oatazes qu'ils avoient presque dépossédez de leurs Terres ; car ils mettoient sur pied cinquante mille Chevaux, & trois fois autant d'Infanterie. Ces Peuples ont tellement déchu depuis par les guerres continuelles qu'ils ont eues avec les Rois de Fez & de Maroc, & avec les Portugais, qu'ils ne sauroient faire maintenant plus de huit mille Chevaux & cinquante mille Fantassins. Ils sont Vassaux du Chérif. Leur Cavalerie est fort bonne ; mais l'Infanterie est peu de chose. Quoiqu'ils soient fort orgueilleux, qu'ils endurent à regret d'être assujettis, ils se révoltent à la moindre occasion qui se présente, passant d'un Royaume à l'autre avec leurs Tentes & leurs Troupeaux. Leurs femmes sont blanches & se piquent d'être belles & bien parées. Elles portent beaucoup de Bijoux d'or, d'argent, de perles, & de cornalines, aux bras, à la gorge & aux oreilles. Le Pays est sur-tout abondant en Blé & en Pâturages, & on y recueilleroit quantité de Froment & d'Orge, si on y cultivoit toutes les terres ; mais ces Peuples ne labourent que ce qui est aux environs de leurs Habitations. Il y a une Herbe parmi les Champs, nommée *Behima*, qui engraisse les Chevaux & le Bétail en moins de douze ou quinze jours ; mais quand elle jette un petit épi barbu, on les empêche d'en manger, parce-qu'elle les étrangle & les tue. Il ne reste plus dans cette Province que les Murailles des anciennes Villes, sans aucuns Bâtimens, & ces Peuples y campent pendant l'Hyver.

TEME-

TEMELET. Voyez TEMMELET.

TEMEN, TEMENDEFUST, ou METAFUST, Ville d'Afrique au Royaume d'Alger, & qu'on croit être le *Caſtonium* de Ptolomée. Dapper [a] dit que les Maures lui donnent le nom de Temendefuſt. Cette Ville eſt ſituée près de la Mer Méditerrannée, à l'Orient de Saza, près du Cap de Métafuz, & à quelques lieues d'Alger. Elle a à l'Orient le Fleuve Icer, que les Anciens appelloient *Serbeta* & *Sarda*, qui ſe décharge dans la Mer.

[a] *Royaume d'Alger, p. 175.*

TEMENI-PORTA, Ville de l'Aſie-Mineure dans la Lydie. Pauſanias [b] qui dit que cette Ville n'étoit pas grande, ajoute qu'un Tombeau y ayant été ruiné par l'injure du tems, laiſſa voir des os qu'on n'auroit pas pris aiſément pour ceux d'un homme, s'ils n'en euſſent eu la figure. Ils étoient d'une grandeur demeſurée; & auſſi-tôt le Peuple s'imagina que c'étoit le Tombeau de Gérion, fils de Chryſaor, & que c'étoit ſon Trône qui étoit taillé dans la Montagne. Il paſſoit auprès de cette petite Ville un Torrent appellé *Oceanus*.

[b] *Lib. 1. c. 35.*

TEMENIA, Ville de l'Aſie-Mineure, dans la Phrygie; Etienne le Géographe la met aux confins de la Lycaonie.

1. **TEMENITES,** Colline de la Thrace. C'eſt Etienne le Géographe qui en parle. Il la met au voiſinage du Pays des *Triballi*.

2. **TEMENITES,** Thucydide [c] & Etienne le Géographe donnent ce nom au ſommet d'une Montagne de la Sicile au voiſinage de Syracuſe. Suétone [d] en fait auſſi mention.

[c] *Lib. 6. & 7.*
[d] *In Tiberio.*

TEMENITIS, Fontaine de la Sicile, au Territoire de Syracuſe, ſelon Pline [e]. Surquoi le Pere Hardouin remarque, que Vincent Mirabella apprend que cette Fontaine ſubſiſte encore aujourd'hui, & qu'on la nomme *Fonte di Canali*.

[e] *Lib. 3. c. 8.*

1. **TEMENIUM,** Contrée du Péloponnéſe dans la Meſſénie, ſelon Etienne le Géographe.

2. **TEMENIUM,** Village fortifié dans le Péloponnéſe, aux confins de l'Argie. Pauſanias [f] dit qu'il avoit pris ſon nom de Temenus fils d'Ariſtomachus, & que le Fleuve Phrixus avoit ſon Embouchure près de ce Village. On y voyoit un Temple dédié à Neptune, un autre dédié à Diane, & le Tombeau de Temenus. Pauſanias ajoute que le Village de *Temenium* pouvoit être à cinquante Stades de Nauplia.

[f] *Lib. 2. c. 38.*

TEMENSIS, Siège Epiſcopal de la Scythie, ſelon Théodore Balſamon [g] cité par Ortelius [h]; mais par un autre endroit du même Auteur on voit qu'il faut lire *Tomenſis* & non *Temenſis*; parce qu'il s'agit de la Ville Tomus. Voyez ce mot.

[g] *In Photium.*
[h] *Theſaur.*

TEMERIANI. Voyez MARIANI.

TEMERICUS AGER, petit Pays de la Gaule-Narbonnoiſe, ſelon Ortelius [i] qui cite Sextus Avienus, & qui marque ce Pays vers la ſource du Rhône.

[i] *Theſaur.*

TEMERINDA. Pline [k] dit que les Scythes donnoient ce nom au Palus Méotide; & que Temerinda ſignifioit la Mere de la Mer.

[k] *Lib. 6. c. 7.*

TEMERUS, Ville de la Gaule, ſelon l'Auteur de la Vie de St. Nazaire & de St. Gervais. Le même Auteur nous apprend que Temerus étoit au voiſinage. Il ne nous donne pas-là de grandes lumières.

TEMESA, Ville d'Italie chez les Brutiens, & la première du Pays après celle de Laus. TEMESA étoit l'ancien nom. Du tems de Strabon [l] on la nommoit TEMPSA, ou TEMSA. Il dit qu'elle avoit été d'abord bâtie par les Auſones, & enſuite rebâtie par les Ætoliens Compagnons de Thoas, que les Brutiens chaſſérent du Pays. Pline [m] qui nomme cette Ville TEMSA dit que les Grecs l'appelloient *Temeſe*. La Table [S] de Peutinger écrit auſſi *Temſa*. Elle devint Colonie Romaine; & aujourd'hui elle eſt tellement détruite, qu'à peine en reconnoît-on les ruïnes.

[l] *Lib. 6. p. 255.*
[m] *Lib. 3. c.*

TEMESVAR, ou TEMISWAR, Ville de la Baſſe-Hongrie [n], ſur la Temes, dans le Comté auquel elle donne ſon nom. Mahomet, premier Viſir de Soliman II., l'aſſiégea en 1551. & s'en rendit maître malgré la défenſe vigoureuſe d'un Capitaine appellé Loſence, qui étoit ſecondé de quelques Troupes, Eſpagnoles Hongroiſes & Allemandes. Les Turcs en firent la Capitale d'un Beglierbeïat, qui avoit ſous lui ſix Sangiacs. Elle demeura ſous leur puiſſance juſqu'en 1716. que les Troupes Impériales, ſous la conduite du Prince Eugène de Savoie reprirent cette importante Place, qui eſt reſtée à la Maiſon d'Autriche par le Traité de Paſſarowitz en 1718. Calcagnin croit que cette Ville eſt l'ancienne *Tomes*, ou *Tomæa*, où le Poëte Ovide fut relégué. Mais pluſieurs combattent ce ſentiment. Voyez TOMIS.

[n] *De l'Iſle, Atlas.*

Le COMTE DE TEMESVAR eſt borné au Nord par la Riviére de Maroſch, qui le ſépare du Comté de Zarand: à l'Orient par les Comtez de Huniad & de Haczag & par la Valaquie: au Midi par le Danube; & à l'Occident par le Comté de Chonad. Ses principales Places ſont:

Temeſwar,	Karan,
Lippa,	Almas,
Lugos,	Pantzova,
Dalatz-Palanca,	Vi-Palanca,
	Yeni-Palanca.

TEMIAN, Royaume d'Afrique dans la Nigritie [o]. Il eſt borné au Nord, par le Niger: à l'Orient partie par le Royaume d'Ouangara, partie par le Deſert de Zeu, & par le Royaume de Dauma: au Midi par le Royaume de Gabou; & à l'Occident par le Royaume de Bito. On dit que les Habitans de Temian ſont Anthropophages.

[o] *Ibid.*

TEMIS. Voyez TIMUS.

TEMISDIA, Contrée de la Perſide, ſelon Ptolomée [p]. Le Manuſcrit de la Bibliothéque Palatine porte ſimplement *Miſdia*, pour *Temiſdia*.

[p] *Lib. 6. c. 4.*

TEMMELET, petite Ville d'Afrique [q], au Royaume de Maroc, bâtie par les Africains de la Tribu de Muçamoda ſur une Montagne fort haute & fort froide. Elle eſt bien peuplée, & a une grande Moſquée, à travers laquelle paſſe une petite Riviére qui deſcend de la Montagne. Cette Moſquée eſt en grande vénération parmi

[q] *Marmol, Royaume de Maroc, Liv. 3. c. 37.*

ces

ces Peuples, parce qu'ils tiennent que le Mehédi y est enterré avec son Disciple Abdulmumen, qui sont les premiers Rois des Almohades, & les Auteurs de la Secte de Mohaydin. Cette Ville étoit du Domaine de Muley Idris, & est bâtie à la façon d'un grand Village, quoiqu'elle soit forte à cause que la Montagne y est escarpée. Il demeure ordinairement dans la Mosquée un Alfaqui qui est fort riche & fort respecté. Les Habitans sont pauvres & mal vêtus, vivant sans police comme les Bêtes. Leur nourriture ordinaire est de farine d'Orge, d'Huile & de chair de Chévre. Ils ont de grands enclos de Pins & de Noyers avec quantité de Troupeaux. C'est une méchante Nation, qui est instruite dans la Secte de Mehédi, qui étoit de leur Pays, & d'où quelques-uns nomment cette Ville Mehédie.

TEMMESSUS. Voyez TELMESSUS.

TEMMELISSUS, ou TEMMELISON, Ville de Syrie. L'Itinéraire d'Antonin la marque sur la route de Calecome à Larisse, entre Chalcida & Apamée, à vingt milles de la premiere de ces Places & à vingt-cinq milles de la seconde. Simler lit *Telmelissus*, au lieu de *Temmelissus*; & Saint croit que c'est la même Ville que Ptolomée nomme THELMINISSUS.

TEMMICI. Voyez TEMBICES.

1. TEMNOS, Ville de l'Asie-Mineure, dans l'Ionie, à l'Embouchure du Fleuve Hermus. Elle ne subsistoit plus du tems de Pline [a], qui est le seul des Anciens qui en fasse mention.

[a] Lib. 5. c. 29.

2. TEMNOS, Ville de l'Asie-Mineure, dans l'Æolide, selon Strabon [b] & Pline [c]. Elle étoit dans les Terres & médiocrement grande; car on lit dans Xénophon à *Temnos non magna Civitas*. Etienne le Géographe rapporte une fable touchant l'origine du nom de cette Ville. Le nom National étoit selon lui TEMNITES; & c'est celui que Ciceron [e] employe. Cependant Tacite dit TEMNII. Pausanias [f] marque en quelque maniére la situation de cette Ville; car il dit qu'en partant du Mont Sipylus pour aller à Temnos il faloit passer le Fleuve Hermus. La Table de Peutinger la met à trente-trois milles à l'Orient de Cymen. J'ai vu, dit Wheler [g] dans son Voyage de l'Asie-Mineure, le mot THMNOC autour d'une Médaille, & sur le revers une Tête couronnée d'une Tour, & sur le revers une Fortune avec ce mot: THMNEITΩN; c'est-à-dire *des Habitans de Temnus* ou *Temnos*. Sur le revers d'une autre Médaille de l'Impératrice Ottacilla Severa, femme de l'Empereur Philippe, on voit une figure couchée, qui porte un Roseau à sa main droite, & une Cruche avec de l'eau, qui se répand dessus; & ces mots autour THMNEITΩN EPMOC; c'est-à-dire l'*Hermus des Habitans de Temnos*. Il semble qu'ils avoient un droit sur cette Riviere près de laquelle leur Ville étoit bâtie quoique située dans les Montagnes. On ne croit pas qu'il reste rien aujourd'hui de cette Place.

[b] Lib. 13. p. 621.
[c] Lib. 5. c. 30.
[d] Lib. 4. Græc. Rer. p. 313.
[e] Pro Flacco, cap 18.
[f] Eliac. 1. c. 13.
[g] Liv. 3. p. 343.

TEMONIANENSIS, TEMORIARENSIS, ou THEMUNIANENSIS, Siège Episcopal d'Afrique, dans la Byzacéne. Son Evêque est nommé Crescenius dans la Notice des Evêchez d'Afrique, de même que dans la Conférence de Carthage [h]. La signature de Victorinus *Themunianensis* se trouve parmi celles des Peres de la Byzacéne dans leur Lettre Synodique à l'Empereur Constantin.

[h] No. 126.

1. TEMPÉ, Vallée célébre dans la Thessalie, entre le Mont Ossa & le Mont Olympe. Personne ne doute qu'elle ne fût dans la Thessalie: les Epithétes que les Anciens lui donnent le prouvent suffisamment. Tite-Live [i] dit: *Thessalica Tempe*, & Ovide [k] *Thessala Tempe*. Mais dans quelle Contrée de la Thessalie la placerons-nous? C'est ce qu'il faut examiner. Ce que dit Catulle [l] feroit croire qu'elle étoit dans la Phthiotide.

[i] Lib. 23. c. 35.
[k] Metamorph. L. 7. v. 221.
[l] Carm. 64. v. 35.

. . . . *Linquunt Phthiotica Tempe.*

Mais on ne voit point que la Phthiotide se soit jamais étendue jusqu'à la Vallée de Tempé dont elle fut toujours séparée par le Mont Othry, ou par d'autres Terres. Les Pelasgiotes possédérent divers lieux au voisinage du Penée, entre autres Gonnum & Cranon; mais ils ne possédoient rien à l'Embouchure de ce Fleuve, car elle se trouvoit dans la Magnésie. Les Descriptions que divers Auteurs ont données de cette Vallée décideront la Question. Le Pénée selon Pline [m] coule l'espace de cinq cens Stades, entre le Mont Ossa & le Mont Olympe, dans une Vallée couverte de Forêts, & est navigable dans la moitié de cet espace. Ce qu'on appelle la Vallée de Tempé occupe cinq mille pas de ce terrein en longueur, & presque un arpent & demi de largeur. A droite & à gauche s'élèvent des Montagnes à perte de vûe, dont la pente est assez douce; & au milieu coule le Fleuve Penée, dont les bords sont couverts d'herbes toujours fraîches, & remplis d'Oiseaux, dont le gazouillement forme un agréable concert. Strabon [n] après avoir rapporté la fable qui veut que le Penée retenu par les Montagnes qui sont du côté de la Mer forme en cet endroit une espèce d'Etang, ajoûte que par un Tremblement de Terre l'Ossa ayant été séparé de l'Olympe, le Fleuve trouva entre ces deux Montagnes une issue pour se rendre à la Mer. Ælien [o] convient avec Pline & avec Strabon pour la situation de la Vallée de Tempé. C'est, dit-il, un Lieu entre les Monts Ossa & Olympe, de quarante Stades de longueur, & au milieu duquel le Penée roule ses eaux. C'est, ajoûte-t-il, un Lieu délicieux, où la Nature présente mille choses agréables, & où l'industrie des hommes n'a aucune part. Delà il seroit aisé de conclure que la Vallée de Tempé étoit dans la Pelasgiotide, qui s'étendoit anciennement jusqu'à l'embouchure du Penée; mais dont la partie du côté de la Mer fut comprise dans la Magnésie [p]. Cependant comme le Penée séparoit la Thessalie de la Macédoine, il semble qu'on ne peut s'empêcher de mettre la Vallée de Tempé aux confins de ces deux Contrées.

[m] Lib. 4. c. 8.
[n] Lib. 9. p. 430.
[o] Var. Hist. Lib. 3. c. 1.
[p] Plin. L. 4. c. 9.

Procope [q] a donné une Description de la Vallée de Tempé sans la nommer. Le Penée, dit-il, a par-tout un cours fort doux & fort tranquille jusqu'à ce qu'il se décharge

[q] Ædif. Lib. 4. c. 3.

ge dans la Mer. Les terres qu'il arrose sont très-fertiles, & produisent toutes sortes de fruits. Les Habitans ne tiroient aucun avantage de cette abondance, à cause de l'appréhension continuelle où ils étoient d'être accablez par les Ennemis, faute d'une Place forte, où ils pussent se mettre à couvert. Les Murailles de Larisse & de Césarée étant presque entièrement tombées, Justinien les fit réparer, & rendit par ce moyen au Pays son ancienne fertilité. Il s'éleve tout proche, ajoute Procope, des Montagnes escarpées & couvertes de Forêts, qui servirent autrefois de demeure aux Centaures, & qui furent le Champ de la bataille qu'ils donnèrent aux Lapithes, si nous en voulons croire la Fable, qui parle d'une espèce d'Animaux monstrueux qui étoient moitié hommes & moitié Bêtes. A toutes ces Descriptions nous joindrons celle de Tite-Live, qui peu touché des Bois riants, des Forêts d'une verdure charmante, des endroits délicieux & des agréables Prairies, a tourné toute son attention vers les longues & hautes Montagnes qui s'étendent à droite & à gauche, pour mieux décrire l'horreur qu'eut l'Armée Romaine, quand il lui falut franchir ces Montagnes. Ce qu'on appelle Tempé, dit-il, est un Bois qui, quoiqu'il ne soit pas dangereux pour une Armée, est difficile à passer ; car outre des défilez de cinq milles de longueur, où il n'y a de passage libre que pour un Cheval chargé, les Rochers sont tellement escarpez de côté & d'autre, qu'on ne peut guère regarder en bas sans que les yeux soient frappez, & sans se sentir saisi d'horreur. On est effrayé aussi du bruit que fait le Pénée & de la profondeur de la Vallée où il coule.

2. TEMPÉ, Lieu de Plaisance en Italie, près de Tivoli, selon Spartien cité par Ortelius, qui ajoute que ce Lieu se nomme aujourd'hui *Villa-Hadriani*.

3. TEMPE-HELORIA, Lieu de plaisance en Sicile. Ovide en parle au quatrième Livre des Fastes [a]. Le surnom d'*Heloria* venoit du Fleuve *Helorus* qui l'arrosoit.

[a] Vers. 487.

TEMPLAS, Lieu de France sur les Confins de l'Auvergne, Diocèse de Limoges, Election de Combrailles. Ce Lieu est une Collecte dépendante de la Paroisse de Chavanas, Election de Gueret, située dans un pays de Montagnes & de Bruyéres. Les Terres sont maigres, à Seigle, Bled noir & Avoine ; il n'y a point de Commerce.

☞ 1. TEMPLE, Lieu où anciennement le Peuple de Dieu prioit & faisoit des Sacrifices. Il n'y avoit dans l'ancienne Loi qu'un Temple dédié au vrai Dieu. On l'appelloit le Temple de Jérusalem, ou le Temple de Salomon, à cause que Salomon le fit bâtir à Jérusalem par l'ordre de Dieu. Voyez JERUSALEM. Temple se dit aussi des Edifices que les Payens élevoient en l'honneur de leurs Dieux, & où ils faisoient plusieurs choses qui regardoient la Religion Payenne. Ce mot Temple en Latin *Templum*, ou *Fanum* répond aux mots Ἱερόν ou Ναόν des Grecs ; qui signifient un Lieu consacré à quelque Dieu, & devenu célèbre par le culte des Peuples. Il y en a eu de très-considérables dans l'Antiquité. L'Ecriture Sainte parle de quelques-uns de ces Temples qui étoient dans la Palestine. Les Poëtes en ont quelquefois fait les plus beaux endroits de leurs Descriptions ; & les Historiens nous ont conservé la fondation & la ruïne des plus fameux. Mr. Félibien observe que les Temples des Anciens avoient ordinairement quatre parties ; savoir ce qu'on appelloit *Petromata*, qui étoient les Aîles en forme de Galerie ou de Portique ; le *Pronaos*, ou *Porche* ; le *Posticum*, ou *Opistodomos*, qui étoit opposé au *Pronaos*, & *Cella*, ou *Secos*, qui étoit au milieu des trois autres parties. Ces Temples étoient de sept sortes ; savoir

Les TEMPLES AMPHIPROSTYLES ; espèce de Temple, qui avoit quatre Colonnes à la face de devant, & autant à celle de derriére.

Les TEMPLES A ANTES ; sont ceux dont les murs de la Celle, qui est la partie renfermée de la muraille, s'avançant de part & d'autre, pour faire les Aîles du Portique ou Porche, avoient un Pilastre à chaque bout, & deux Colonnes du même ordre entre les Pilastres. Ainsi la façade du Temple à Antes est ornée d'un Pilastre à chaque coin, & de deux Colonnes dans le milieu, avec un Entablement régnant sur tout & couvert d'un grand fronton.

Les TEMPLES DIPTERES étoient environnez d'une Aîle double, ou de deux files de Colonnes, & qui avoient sur la file de dehors huit Colonnes à chaque face, & quinze sur chacun des côtez ; & la file dedans avoit six Colonnes à chacune des faces, & treize sur chacune des Aîles, en comptant les Angulaires ; ce qui fait soixante-seize Colonnes pour le contour. Le mur de la Celle répond aux quatre Colonnes du milieu, & aux onze Colonnes du milieu dans les côtez.

Les TEMPLES HYPETHRES étoient ainsi appellés du Grec ὕπαιθρος, *Qui est à l'air*. Ils avoient leur partie intérieure à découvert, & dix Colonnes de front, avec deux rangs de Colonnes en leur pourtour extérieur, & un rang dans l'intérieur.

Les TEMPLES PERIPETRES avoient des Colonnes de tous côtez. Ils différoient en cela des Temples Prostyles qui n'en avoient que devant, & des Temples Amphyprostyles, qui en avoient devant & derriére ; mais qui n'en avoient point aux côtez.

Les TEMPLES PROSTYLES n'avoient des Colonnes qu'à la face extérieure, comme les Temples à Antes, à la réserve qu'il y avoit une Colonne dans chaque coin du Prostyle au devant de chaque Pilastre, & deux autres Colonnes dans le milieu entre ces deux angulaires.

Les TEMPLES PSEUDODIPTE'RES ne sont environnez que d'une seule file de Colonnes ; mais qui est éloignée du mur de la Celle de la distance de deux files. Ils ont huit Colonnes à chaque face & quinze à chacun des côtez, y compris les angulaires, comme les Dipteres ; mais ils n'en ont point dedans, & les murs comme dans les autres répondent aux quatre Colonnes du milieu sur les deux faces, & aux onze du milieu sur les deux Aîles. Le contour par ce moyen n'a que quarante deux Colonnes.

Aujourd'hui le mot Temple dans la Langue Françoise ne se dit plus guére que des Lieux où les Protestans s'assemblent, ou bien où ils se sont autrefois assemblez, & que l'on a appellez aussi Prêches. Cependant on conserve encore le nom de Temple aux Maisons que les Chevaliers Templiers eurent en France, & qui furent appellées de ce nom par la même raison qui les fit nommer Templiers, ou Chevaliers de la Milice du Temple; c'est à dire, parce que leur premiére Maison à Jérusalem, étoit auprès du Temple de Salomon. Dans les premiers Siécles de l'Eglise, après les persécutions, les Chrétiens purifiérent plusieurs Temples des faux Dieux, dont ils firent ces Edifices sacrez que nous appellons Eglises, & qui sont nommez *Chiesa* ou *Templo* par les Italiens; *Templo* ou *Iglesia* par les Espagnols, *Tempel*, ou *Kirck* par les Allemands, & a *Temple* par les Anglois. On trouve un grand nombre de Temples ou d'Eglises bâties dans les Villes & dans les Villages, & d'autres dans des endroits séparez.

2. TEMPLE se dit dans le figuré, pour signifier l'Eglise de Jésus-Christ : *Celui qui demeurera victorieux*, est-il dit dans l'Apocalypse [a], *je le rendrai comme une Colonne au Temple de mon Dieu*; & St. Paul prédit [b] que l'Antechrist *s'asseyera dans le Temple & se fera adorer comme un Dieu*.

3. TEMPLE marque quelquefois le Ciel. On lit dans les Pseaumes [c] : le Seigneur est dans son Temple, le Seigneur est dans le Ciel; & dans l'Apocalypse, les Martyrs qui sont dans le Ciel sont devant le Trône de Dieu [d] & le servent dans son Temple.

Le TEMPLE DE DIEU dans le sens spirituel est l'ame du Juste. C'est ainsi que St. Paul s'exprime : [e] *Ne savez-vous pas que vous êtes le Temple de Dieu, & que l'Esprit de Dieu habite en vous ?* Et ailleurs [f] : *Ne savez-vous pas que vos membres sont le Temple du St. Esprit, qui est en vous ?* Et encore [g] : *Vous êtes le Temple du Dieu vivant, comme dit le Seigneur : je demeurerai avec eux*, &c. Voyez TEMPLUM.

Le TEMPLE D'ASTAROTH étoit un des principaux Temples des Philistins [h].

Le TEMPLE DE BAAL : Achab le fit bâtir à Samarie [i].

Le TEMPLE DE BABYLONE, où Nabuchodonosor mit les Vases du Temple du Seigneur [k].

Le TEMPLE DE BEL, à Babylone [l].

Le TEMPLE DE CHAMOS : C'est l'un de ceux que Salomon fit bâtir sur le Mont des Oliviers, vis-à-vis le Temple du Seigneur [m].

Le TEMPLE DE DAGON. Il y en avoit un à Gaze [n] & l'autre à Azoth [o].

Le TEMPLE DE MOLOCH étoit un de ceux que fit bâtir Salomon sur le Mont des Oliviers, vis-à-vis le Temple du Seigneur [p].

Le TEMPLE DE NANNÉE : Antiochus Epiphanes entreprit de le piller [q].

Le TEMPLE DE NESROCH, étoit à Babylone [r].

Le TEMPLE DE REMMON étoit dans la Ville de Damas [s].

Le TEMPLE DES SAMARITAINS fut bâti sur le Mont Garizim [t].

Le TEMPLE DU VEAU D'OR. Il y en avoit un à Bethel & un autre à Dan. Josephe [u] dit que de son tems on voyoit encore à Dan, près de la Riviére appellée le Petit-Jourdain, le Temple du Bœuf d'Or, ou du Veau d'Or. Son Texte porte Daphné; mais il est visible qu'il faut lire Dan.

TEMPLEUVE EN PEUELE, Lieu de France, dans la Flandre Walonne, Diocèse de Tournay. Il contient 2000. Habitans.

TEMPLIN, Ville d'Allemagne [x], dans l'Electorat de Brandebourg, au Pays appellé Uker-Marck sur les confins de la Marche-Moyenne, près du grand Lac de Dolgen. Ce fut dans cette Ville que se fit l'union Héréditaire entre les Maisons de Brandebourg & de Poméranie en 1427.

1. TEMPLUM. Voyez TEMPLE.

2. TEMPLUM, nom que Tacite [y] donne à une partie de la Ligurie. Voici le passage: *nam Classis Othoniana licenter vaga dum in Templo (Liguriæ pars est) hostiliter populatur, matrem Agricola in prædiis suis interfecit.* On soupçonne qu'il y a faute dans cet endroit de Tacite, & qu'au lieu de *dum in Templo* il faut lire *dum Intemelios.* Un ancien MS. porte *dum Intemelium, Liguria Urbs est.* Il sembleroit que cette derniére façon de lire devroit être préférée étant appuyée sur un MS. La seule difficulté qui arrête c'est qu'on connoît un Peuple de Ligurie nommé *Intemelli*, & qu'on ne voit point de Lieu appellé *Intemelium.*

3. TEMPLUM, ou AD TEMPLUM, Lieu de l'Afrique propre. L'Itinéraire d'Antonin le marque sur la route de *Tacapæ* à la grande *Leptis*, le long des confins de la Province de *Tripoli*. Ce Lieu étoit entre *Turris Tamalleni*, & *Berezei*, à douze milles du premier de ces Lieux & à trente milles du second.

TEMPSA. Voyez TEMESA.
TEMPSIS. Voyez TMOLUS.

TEMPYRA, passage étroit dans la Thrace, aux Confins des *Ænii* du côté du Septentrion, selon Tite-Live [z]. Ovide en parle aussi [a] :

*Inde levi vento Zerynthia littora nactis
Threïcam tetigit fessa carina Samon.
Saltus ob hac terra brevis est Tempyra petenti.*

Cellarius [b] croit que c'est le *Timporum* de l'Itinéraire d'Antonin ; ce qu'Ortelius [c] ne peut se persuader.

TEMRUCK [d], Place de la Petite-Tartarie, sur la Côte de la Mer de Zabache, près du Détroit de Caffa ou de Kerci, du côté des Circasses, & dans la dépendance des Turcs. Quelques-uns la prennent pour l'ancienne *Tyrambe.* Elle est peu considérable à présent.

TENA, Village d'Espagne au Royaume d'Arragon. Il donne son nom à une belle & agréable Vallée nommée le VAL-DE-TENA, l'une des plus grandes & des meilleures qu'il y ait dans les Montagnes de l'Arragon. Elle est située entre des Montagnes prodigieusement hautes ; inaccessible en hyver, à cause des neiges & des glaces ; mais fort

fort agréable & fort délicieuse dans le retour de la belle Saison. La chasse y est très-abondante, & on trouve parmi ces Rochers quantité de Gibier & de Volaille : des Liévres & des Chamois : des Perdrix, des Canars, & des Pigeons sauvages. La Riviére du Gallego & une autre petite nommée Agua Lempeda y donnent d'excellent poisson, sur-tout des Truites & des Barbeaux. Les Campagnes sont riches en bons Pâturages, où l'on nourrit jusqu'à trente mille Bêtes : on y trouve encore quantité de Simples & de bonnes Herbes, d'un grand usage dans la Médecine. Elle comprend onze Villages, dont les principaux sont Sallent, Panticosa, Pueyo & Lanuça. Le Village de Sallent est le premier, & le plus considérable de tous, dans une situation extrêmement élevée au bord du Gallego, à une lieue au-dessous de la source de cette Riviére. C'est un lieu de grand passage, à cause du voisinage de la France ; & dans le Printems & l'Été il y a toujours grand abord de monde. Près de ce Village on voit une cascade merveilleuse de la petite Riviére d'Agua Lempeda, qui tombe de fort haut dans le Gallego avec un fracas étrange. De Sallent on a deux routes pour entrer dans la Principauté de Béarn, l'une par la Vallée d'Aspe, & l'autre par la Vallée d'Osseau. La première qui est au Couchant est plus belle, plus courte & plus commode, & conduit le long d'une petite Riviére nommée la Gave d'Aspe, à Nôtre Dame de Sarrans ou Serrans, qui est à sept lieues de Sallent. L'autre qui est à l'Orient, conduit par le Port de Peyre-Longue, & par Aigues-Caudes, le long d'une autre Riviére, nommée la Gave d'Osseau à Laruns, premier Village de Béarn, qu'on rencontre sur cette route. Ces deux routes aboutissent l'une & l'autre à Oleron.

1. TENACERIM, ou TENASSERIM, Riviére des Indes au Royaume de Siam [a] : C'est la seconde Riviére du Royaume. Elle descend des Montagnes d'Ava, & elle est d'une assez grande étendue ; mais la Navigation en est difficile, parce qu'elle est pleine de Rochers & de troncs d'Arbres, contre lesquels les meilleurs Bâteaux vont assez souvent se briser, si les Mariniers ne prennent pas bien leurs mesures pour les éviter. La rapidité de son cours, quand ils la montent, les fatigue extrêmement : aussi croient-ils avoir beaucoup avancé, quand en un jour ils ont fait trois ou quatre lieues.

2. TENACERIM, ou TENASSERIM, Province des Indes au Royaume de Siam, sur le Golphe de Bengale, & autrefois un Royaume elle-même. Sa Capitale porte le même nom.

3. TENACERIM, ou TENASSERIM, Ville des Indes, au Royaume de Siam [b], dans la Province de Tenacerim, près de la Côte du Golphe de Bengale, sur une Riviére qui lui donne son nom. Tenacerim est une Ville fameuse par antiquité, & fort connue de tous les Navigateurs ; elle appartenoit autrefois, avec toute la Province dont elle est la Capitale, aux Rois d'Ava, qui la perdirent dans une Guerre qu'ils

[a] De l'Isle Atlas. Gervaise, Hist. du Royaume de Siam, p. 11.

[b] Ibid.

eurent contre les Siamois, il y a environ deux cens ans. Elle est située dans une profonde Vallée, où elle est arrosée seulement d'un côté par la Riviére qui porte son nom. Ses Habitans, qui sont en grand nombre, sont presque tous étrangers ; le langage de Bramé & d'Ava y est encore aujourd'hui plus en usage que le Siamois, qui n'y est presque point entendu. On y faisoit autrefois un grand Commerce ; les plus riches Marchandises de Bengale & de Masulipatam, s'y trouvoient en abondance, & s'y donnoient à bon compte : le Bled même y étoit assez commun ; mais depuis quelques années les choses ont changé, & il s'en faut beaucoup que cette Ville soit autant Marchande qu'elle l'étoit auparavant. Les Européens ne laissent pas pourtant d'y trouver tout ce qui leur peut être nécessaire pour le plaisir & pour la commodité de la vie. Il est vrai que les pluyes sont plus fortes dans cette Province que dans aucun autre endroit du Royaume ; mais les inondations n'y durent qu'un mois, ou six semaines au plus, & il semble qu'elles n'arrivent, que pour rafraîchir l'air & rendre la terre plus fertile. Le Gouverneur porte le titre de Viceroi, & ce Gouvernement est un des plus beaux Apanages de la Couronne de Siam. Il ne faut pas moins de six semaines pour y aller de la Ville Capitale par les chemins ordinaires ; mais il y en a un autre qui est caché dans de grandes Forêts, & qui n'est connu que du Roi, qui l'enseigne à ceux qu'il y envoye en secret, pour les affaires pressantes du Royaume. Les Voyageurs les plus résolus n'y vont point par ces chemins ordinaires, sans se mettre en danger d'y perdre la vie ; car ils y rencontrent souvent des Troupeaux d'Eléphans sauvages & de Tygres, dont ils ont bien de la peine à se défendre.

TENADASSA. Voyez TANADASSA.

TENÆA, Bourgade de Gréce, près de Corinthe, selon Suidas [c]. Voyez TENEA. [c] In Eudæmon.

TENAGUS, Lieu de la Susiane, sur la Côte du Golphe Persique. Ptolomée lui donne l'Epithète d'*arenosus* le marque près de l'Embouchure du Fleuve Oroates.

TENAILLE, Abbaye de France dans la Saintonge, sur le Chemin de Saintes à Bourdeaux. Elle est de l'Ordre de St. Benoît, Fille de Font-Douce & sous l'Invocation de la Sainte Vierge. La Chronique de Maillesais place sa fondation sous l'an 1115. Mais on attribue son premier Etablissement à Guillaume de Conchamp de *Concampo*, premier Abbé de Font-Douce. Elle a été soumise au Monastère de Dalon. Elle compte au nombre de ses Bienfaiteurs les anciens Seigneurs de Pons, de Barbezieux & d'Archiac.

TENAN, Province la plus Orientale du Royaume de Tunquin. Dampier [d] dans son Voyage autour du Monde dit que cette Province a la Chine au Sud-Est : l'Isle d'Aynam & la Mer au Sud, & au Sud-Ouest ; & la Province de l'Est au Nord-Ouest. Tenan n'est qu'une petite Province, qui rapporte principalement du Ris.

[d] Tom. 3. p. 28.

TENARA, Lieu des Indes, sur la route de Golconda à Maslipatan [e], ou Masulipatan

[e] Tavernier, Voyage des Indes, L. t. c. XI. p. 119.

patan entre Golconda & Jatenagar à 12. Cosses de cet endroit, & à 4. de Golconda; est un beau Lieu, où l'on voit quatre fort belles Maisons, accompagnées chacune d'un grand Jardin. L'une des quatre Maisons qui est à gauche, le long du grand Chemin, est incomparablement plus belle que les trois autres. Le tout est bâti de pierre de taille à double étage, où il y a de grandes Galeries, de belles Sales, & de belles Chambres. Devant la face du logis il y a une grande Place quarrée, à peu près comme la Place-Royale de Paris. A chacune des trois autres faces on voit un grand Portail, & de côté & d'autre une belle Plateforme, relevée de terre d'environ 4. ou 5. pieds, & très-bien voutée. C'est où les Voyageurs de qualité ont accoutumé de prendre leur logement. Au-dessus de chaque Portail il y a une grande Balustrade, & une petite Chambre qui est pour les Dames. Quand les gens de quelque considération ne veulent pas être dans les logis, ils peuvent faire dresser leurs tentes dans les Jardins, & il faut remarquer, qu'on ne peut loger que dans trois de ces Maisons; car pour celle qui est la plus belle & la plus grande, elle n'est que pour la Reine. Quand elle n'y est pas, on peut la voir & s'y aller promener; car le Jardin est très-beau, & il y a quantité de belles eaux. Tout le tour de la Place est disposé de cette manière: Ce sont de petites Chambres destinées pour les pauvres Voyageurs; & tous les jours vers le soir on leur fait l'aumône de Pain, de Ris, ou de Légumes qu'on leur fait cuire, & pour les Idolâtres qui ne mangent rien de ce que d'autres gens ont aprêté, on leur donne de la farine pour faire du pain, & un peu de beurre; car dès que leur pain est cuit en manière de galette, ils le frottent de côté & d'autre de beurre fondu.

TENARUS, Montagne de la Laconie, selon Vibius Sequester. Les meilleures Editions portent TÆNARUS, & c'est ainsi qu'il faut écrire.

[a] *Blaeu, Atlas.*

TENBYE, Ville d'Angleterre [a], en Penbrockshire, sur la Côte, au Nord de la Pointe de Ludsol. Elle est jolie & assez forte, & renommée pour l'abondance du Poisson qu'on y prend. C'est pour cela selon Camden que les Gallois l'appellent *Tenby y Piscoid.* L'Huid qui est du Pays la nomme d'*Theghystor,* qui veut dire la même chose.

TENCE. Voyez TENSE.

TENCTERI, Peuples de la Germanie [b]. Les Cattes les ayant chassez de leur première demeure, ils furent errans pendant trois ans, & vinrent enfin s'établir sur le Rhein, à la droite de ce Fleuve dans le Pays des Ménapiens. Drusus les subjuga [c] & ils devinrent alors amis du Peuple Romain. Il paroît qu'ils habitoient vis-à-vis de Cologne, dont ils étoient séparez par le Rhein. Tacite [d], *discreta Rheno gens*; il sous-entend *ab Ubiis,* ou *Agrippinensibus.* Le nom de ces Peuples est différemment écrit dans les Auteurs anciens. Les uns lisent *Tencteri*; les autres *Thenchteri, Tanchari, Tenterides, Tingri,* ou *Tenchateri.*

[b] *Cæsar; Lib. 4. c. 4.*
[c] *Dio Cassius, Lib. 54. p. 544.*
[d] *Hist. Lib. 4. c. 64.*

TENDEBA, ancienne Ville de la Carie, selon Etienne le Géographe: l'Edition des Aldes au lieu de *Cariæ* lit *Icariæ.*

1. TENDE [e], petite Ville du Piémont, dans le Comté, dont elle est la Capitale, auquel elle donne son nom, sur la Rive droite de la Rivière de *Roja,* un peu au-dessus de l'endroit où elle reçoit la petite Rivière de *Brogna.*

[e] *De l'Isle Atlas.*

2. TENDE [f], Comté du Piémont, dans les Alpes. Il est borné au Nord par la Province de *Coni,* à l'Orient partie par la Province de *Mondovi,* partie par les Terres de la Seigneurie de Gênes; au Midi par le Comté de Nice, & à l'Occident par le même Comté, ou plutôt par le Comté de Beuil. Ce Comté a été possédé par la Maison de *Lascaris* [g], issue des Empereurs de Constantinople du côté maternel. Jean Comte de Vintimille & de Tende, fils de Guillaume Pierre Balbo, Comte de Vintimille, & d'Eudoxe de *Lascaris,* fille de l'Empereur Théodore le Jeune, prit le nom & les Armes de *Lascaris* en 1285. à cause d'Eudoxe sa mére. Anne fille unique de Jean Antoine, dernier Comte de Tende, épousa en secondes nôces René Comte de Savoye, fils naturel de Philippe Duc de Savoye; & en considération de ce mariage son pere lui fit donation de tous ses biens en 1501. De ce mariage sortirent Claude de Savoye, Comte de Tende, & Honoré Marquis de Villars. En 1562. Emanuel Philibert Duc de Savoye déclara par Lettres Patentes du 2. de Janvier Claude & ses Descendans capables de succéder aux Etats de Savoye en leur rang, si la Ligne directe venoit à manquer. Honoré de Savoye son fils étant mort dix ans après sans laisser d'enfans, Honoré Marquis de Villars son cousin fut son héritier. Celui-ci n'eut qu'une fille nommée Henriette, qui épousa en secondes nôces Charles de Lorraine Duc de Mayenne, & qui échangea avec Emanuel Philibert, Duc de Savoye, le Comté de Tende, & les Seigneuries de *Marro* & de *Prela,* avec tous les droits qu'elle avoit sur les Comtez de Vintimille & d'Oneille, pour les Seigneuries de Mirebel & de Santernay en Bresse, & celle de Loyettes, qui furent érigées en Marquisat, sous le titre de Mirebel. On trouve dans ce Comté le Lac des Merveilles, la Montagne du Chat, le Col de Tende, Rocca Borbon & le Mont Torragio. Ses Villes ou Bourgs sont

[f] *Ibid.*
[g] *D'Auffred, Geogr. Anc. & Mod. T. 1.*

Tende,
Vernante,
La Cà,
Limon,
N. D. de Fontaine.
La Briga.

Le COL DE TENDE est un passage étroit [h] au Comté de Tende, entre de hautes Montagnes, sur la route de Tende & Vernante.

[h] *De l'Isle Atlas.*

TENDELO. Voyez TONDELO.

TENDUC, TENGUT, ou TANGUT. Voyez TANGUT.

TENEA, Bourgade que Pausanias dit être à soixante Stades de Corinthe. Peut-être est-ce le même Lieu que Suidas appelle TENÆA. Voyez ce mot.

TENEÆ. Voyez TINEÆ.

TENEAS. Voyez TINIA.

1. TENEBIUM, Village d'Egypte, selon Nicetas, cité par Ortelius [i].

[i] *Thesaur.*

2. TE-

2. TENEBIUM, Lieu voisin de la Lydie & de la Cilicie, ou plutôt dans la Cilicie même. Diodore de Sicile [a] en fait mention, & dit que dans toute l'Asie il n'y en a pas un autre qui lui soit comparable en beauté.

[a] Lib. 14.

TENEBRES (Le Pays des), Pays dans la partie Septentrionale de la Grande Tartarie selon Marco-Paulo [b], qui le place à l'extrémité du Royaume de Caidu. Ce Pays, ajoute-t-il, a été ainsi nommé, parce que la plus grande partie de l'Hyver le Soleil n'y paroît point, à cause de l'épaisseur des brouillards. On n'y a point de nuit en Eté; & l'on y trouve quantité d'Hermines, de Vairs, de Martes & de Renards, qui ont des peaux très-fines. L'obscurité est favorable pour les prendre. Les Habitans du Pays sont beaux & grands, mais pâles, & d'esprit grossier, & vivent en Bêtes. Ils transportent en Eté dans les Pays voisins les peaux des Animaux qu'ils ont tuez pendant l'Hyver. Ils les vendent & ces fourrures vont jusqu'en Russie. Ils ne reconnoissent aucun Roi & n'ont même aucun Prince chez eux.

[b] Lib. 1. c. 44.

TENEBRIUM, Promontoire de l'Espagne Tarragonnoise. Ptolomée [c] le donne aux Peuples Ilercaones. C'est aujourd'hui, à ce qu'on croit, Cabo de Alfaques.

[c] Lib. 2. c. 6.

TENEBRIUS PORTUS, Port de l'Espagne Tarragonnoise, selon Ptolomée [d], qui le marque chez les Peuples Ilercaones, près du Promontoire Tenebrium.

[d] Ibid.

TENEDOS [e], Isle de l'Asie Mineure aujourd'hui la Natolie, dont elle est séparée par un Canal assez large. Elle est située sur la Côte de la Province Aidin-zic ou petite Aidine, vis-à-vis des ruïnes de Troye.

[e] De l'Isle Atlas.

Tous les anciens Auteurs conviennent [f] que cette Isle, qui se nommoit *Leucophris*, fut appellée Tenedos, du nom de Tenès ou Tennès qui y mena une Colonie. Diodore de Sicile en parle en véritable Historien. Tennès, dit-il, fut un homme illustre par sa vertu; il étoit fils de Cycne Roi de Colone dans la Troade; & après avoir bâti une Ville dans l'Isle de *Leucophris*, il lui donna le nom de *Tenedos*.

[f] Tournefort, Voy. du Levant, T. 1. p. 151.

Rien n'a rendu cette Isle plus fameuse dans l'Antiquité que le Siège de Troye. Virgile a bien raison de dire que *Tenedos* étoit à la vûe de cette puissante Ville, & il suppose que les Grecs qui feignirent d'en lever le Siège, se cachèrent dans un Port de l'Isle. Elle devint misérable après la destruction de Troye, & fut obligée, comme remarque Pausanias, de se donner à ses voisins, qui avoient bâti la Ville d'Aléxandrie sur les ruïnes de Troye. Cette Isle fut une des premières Conquêtes des Perses, qui après la défaite des Ioniens à l'Isle de *Lada*, vis-à-vis de la Ville de Milet, se rendirent Maîtres de *Scio*, de *Lesbos* & de *Tenedos*. Elle tomba sous la puissance des Athéniens, ou du moins elle se rangea de leur parti contre les Lacédémoniens, puisque Nicoloque qui servoit sous Antalcidas, Amiral de Lacédémone, ravagea cette Isle, & en tira des contributions, malgré toute la vigilance des Généraux Athéniens qui étoient à Samothrace & à Thasse. Les Romains jouïrent de Tenedos dans leurs tems, & le Temple de cette Ville fut pillé par Verrès: il emporta la Statue de Tennès Fondateur de la Ville, & Cicéron remarque que toute cette Ville en fut dans une grande consternation. Le même Auteur parle en plusieurs endroits de cette grande Bataille que Lucullus remporta à Tenedos sur Mithridate, & sur les Capitaines que Sertorius avoit fait passer dans son Armée.

Tenedos eut le même sort que les autres Isles sous les Empereurs Romains, & sous les Empereurs Grecs. Les Turcs s'en saisirent de bonne heure, & la possèdent encore aujourd'hui: elle fut prise par les Vénitiens en 1616. après la Bataille des Dardanelles; mais les Turcs la reprirent presque aussi-tôt. Strabon donne à cette Isle 80. Stades de tour, c'est-à-dire 10. milles: elle en a bien 18. & seroit assez arrondie, n'étoit qu'elle s'allonge vers le Sud-Est. Cet Auteur détermine la distance de la Terreferme à onze Stades qui valent 1375. pas, quoiqu'on compte environ six milles. Pline en a mieux jugé; car il l'éloigne de douze milles & demi de l'ancienne Sigée, qui étoit sur le Cap Janissaire: il marque pour l'éloignement de Lesbos à Tenedos 50. milles. Le Vin Muscat de cette Isle est le plus délicieux du Levant.

Mr. Dumont dit dans ses Voyages [g] qu'un Grec lui dit à Tenedos qu'à l'extrémité Septentrionale de l'Isle, il y avoit un Tombeau très-ancien, qu'on croyoit être celui de Marpesie Reine des Amazones, qui ayant été blessée dans un combat alla mourir à Tenedos. Le Grec ajouta que sous le Régne de Bajazeth pere de Selim quelques Bachas ayant fait creuser sous ce Tombeau, y trouvèrent une planche d'Or assez grande, sur laquelle on avoit écrit en Lettres Grecques le nom & l'Epitaphe de cette Reine. On voit aussi à Tenedos les restes du Tombeau d'Achille, sans préjudice de celui qui étoit au Promontoire Sigée, où les Grecs disent que le corps de ce Héros fut brûlé; mais selon les Habitans de Tenedos il fut inhumé chez eux. Aussi prétendent-ils que ce fut le même qu'Aléxandre le Grand visita, lorsqu'il pleura du regret de n'avoir pas eu un second Homére pour chanter ses grands exploits.

[g] Corn. Dict.

TENEGUENT, Forteresse d'Afrique, dans les Etats du Roi de Maroc, au Royaume de Tafilet, près de Sugulmesse. Marmol [h] qui parle de cette Forteresse dit que les Habitans de la Province de Sugulmesse la bâtirent, après que leur Ville Capitale eut été détruite. Quelques-uns lui donnent environ mille Maisons, & d'autres seulement cinq ou six cens Habitans, parmi lesquels il y a quelques Artisans & quelques Marchands.

[h] Numidie, Liv. 7. Ch. 22.

TENEHOA, Province du Royaume de Tunkin [i], au Couchant de Rokbo. Elle a la Province de l'Ouest au Nord, Aynam à l'Ouest, & la Mer au Sud. Cette Province est un Pays bas, abondant principalement en Ris & en Bétail. On y fait un grand Négoce de Poisson, comme on fait généralement sur toutes les Côtes de la Mer.

[i] Dampier, Voy. autour du Monde, T. 3. p. 29.

TE-

TEN.

TENENDEZ, Montagne d'Afrique, au Royaume de Maroc [a]. C'est une grande Montagne de l'Atlas qui regarde le Midi, c'est pourquoi quelques-uns ne la comprennent point dans la Province d'Escure ; mais d'autres l'y mettent, parce qu'elle est de la Barbarie. Elle est bien peuplée de Bérébéres, qui sont farouches, mais braves, & qui se piquent fort de Noblesse. Ils ont quantité de petits Barbes très-légers & très-vigoureux. Le Pays ne porte point de Froment, mais quantité d'Orge ; & les Habitans ont grand nombre de gros & menu Bétail. Le sommet de la Montagne est couvert de neige durant toute l'année. Il y a beaucoup de Noblesse, qui a un Chec pour la gouverner. Il n'y a dans toute la Montagne ni Ville ni Bourgade fermée ; mais plusieurs Villages fort peuplez. Car bien que le Pays soit froid, il ne laisse pas d'être abondant en pâturages, & l'âpreté de la Montagne qui est fort roide, sert assez de défense aux Habitans. Les Seigneurs de cette Montagne, & de celle de Tensift, aussi-bien que ceux de la Province de Dara, étoient tous parens, & on les nommoit les Mezuares ; mais leurs divisions donnérent lieu au Chérif de se rendre Maître de leurs Pays. Ils auroient été capables de lui résister, s'ils eussent été bien d'accord. Ils lui donnent encore assez de peine par leurs fréquentes révoltes.

[a] *Marmol, Royaume de Maroc. L. 3. ch. 75. p. 123, 124.*

TENERAND, Bourg de France, dans la Saintonge, au Diocèse de Saintes, de l'Election de St. Jean d'Angely.

TENERICUS, Champ de la Bœotie, au voisinage du Lac Copaïs. Strabon [b] & Pausanias [c] en parlent. Il tiroit son nom du Poète *Tenerus*, fils d'Apollon & de Melia.

[b] *Lib. 9. p. 412. 413.*
[c] *Lib. 9. c. 26.*

1. **TENERIFFE**, Isle d'Afrique, & l'une des Canaries [d]. Elle a l'Isle de Salvages au Nord ; la Grande Canarie à l'Orient Méridional ; l'Isle de Gomére au Midi Occidental, & l'Isle de Palme à l'Occident Septentrional. Souchu de Rennefort [e] donne à l'Isle de Teneriffe dix-huit lieues de longueur & huit de largeur. La principale Forteresse qui en garde l'abord, & qui est située à vingt-huit degrez de Latitude, est composée de quatre Bastions & commande aussi sur un Bourg nommé *Santa-Cruz*. Vers le Nord en côtoyant la Mer on trouve trois Fortins, & au Midi un Fort en forme de Tour. En allant à la Ville on rencontre deux petits Forts quarrez, & toute la défense de cette Ville n'est que dans la difficulté de les passer. Cette Ville se nomme LAGONE, ou LAGUNA, autrement SAN CHRISTOVAL DE LA LAGUNA. Il y a trois Maisons de Religieux qui sont des Dominicains, des Carmes & des Augustins ; trois Monastères de Filles, & une Eglise Cathédrale fort bien servie. A deux lieues au-dessus de Lagone il sort d'une Montagne une grosse Fontaine, ombragée d'une haute futaye fort épaisse, qui en défend l'accès aux rayons du Soleil. Les Côteaux sont remplis d'Orangers, de Citronniers & de Grenadiers. Au pied de la Montagne est un Hermitage par les côtez duquel l'eau descendue avec impétuosité, s'assemble au-dessous dans un Canal, & coule ensuite gravement l'espace d'une lieue & demie dans la Plaine, comme pour se délasser de la course précipitée qu'elle vient de faire. Cette eau est ensuite conduite pendant une demi-lieue par un Aqueduc jusqu'à deux cens pas de la Ville, dont les Habitans se fournissent de cette Eau pour leurs besoins. Les Bestiaux sont abreuvez dans un Lac voisin qui est sur une Montagne, entourée d'autres Montagnes plus hautes qui la bordent. Le Bled que l'on recueille dans cette Isle ressemble au Bled de Turquie. Le Vin de Malvoisie s'y trouve en abondance. La pipe coûte ordinairement vingt Ducats, & les droits de sortie dix-sept reaux : ainsi elle revient à quatre-vingt-neuf livres de France, & contient quatre-cens quatre-vingt pintes de Paris. L'argent est fort commun dans cette Isle & les Marchands Etrangers y font très-bien leur compte. Les épées, pistolets, couteaux, peignes, habits, manteaux longs, noirs & gris, chapeaux à grands bords, toiles & rubans, tout cela y est d'un fort bon debit. A l'opposite de Santa-Cruz, il y a un autre Port nommé *la Roti*. Le reste de l'Isle est entouré de Montagnes inaccessibles. On trouve dans cette Isle beaucoup de Souffre minéral, qu'on transporte en Europe. Il y croît une Plante tortue appellée *Leguan* par les Insulaires. On en porte une grande quantité en Angleterre, où l'on s'en sert au lieu de Reglisse. Il y a aussi des Abricotiers, des Pêchers & d'autres Arbres fruitiers qui portent deux fois l'année ; des Poiriers & des Amandiers dont le fruit a une couverture mince & tendre, & des Limons nommez *Presiados* par les Espagnols ; c'est-à-dire gros ou pleins, parce qu'ils en ont d'autres petits enfermez sous leur écorce. On y trouve des Cannes de Sucre, un peu de Cotton, des Pommes de Coloquinte & d'autres Fruits de plusieurs espèces. Le Rosier y fleurit à Noel ; mais les Tulipes ne s'y plaisent pas. Il croît au bord de la Mer une herbe à feuilles larges : elle est si chaude & si venimeuse que les Chevaux qui en mangent en meurent presque toujours, quoiqu'aucun autre Animal ne s'en trouve incommodé. On a vu à Teneriffe des tuyaux de Bled chargez de quatre-vingt épis, & cependant ils n'y croissent pas bien haut. Il y a eu des années qui ont produit une si abondante récolte que chaque muid de bled en a rapporté cent trente. On y trouve aussi des Serins, des Cailles, des Perdrix plus grosses que les nôtres, des Ramiers, des Tourterelles, des Corneilles, & de tems à autre on y voit quelques Faucons qui y passent des Côtes de Barbarie. Quant aux Poissons, il y a le Cherna poisson fort large & très-bon, des Meros, des Dauphins, des Ecrevisses de Mer qui n'ont point de pieds, des Moules & des Clacas. Le Clacas est un poisson à coquille, qui est fort rare & qui croît dans les Rochers. On en trouve d'ordinaire cinq ou six dans une seule & grande Coquille, au coin de laquelle ils montrent quelquefois leur tête. C'est par-là qu'on les tire, après avoir élargi un peu davantage, & rompu ces ouvertures avec une pierre. Il y a aussi une autre espèce de

[d] *De l'Isle Atlas.*
[e] *Hist. des Indes-Or. 2. Part. L. 1. c. 2.*

de poisson qui ressemble à une Anguille. Il a six ou sept queues d'environ un pied, qui s'unissent toutes à une seule tête & à un corps de même longueur que ces queues. L'Isle de Teneriffe est remplie de Fontaines & de sources d'eau fraîche qui a le goût de lait; mais parce qu'à Lagone elle n'est pas si claire que dans les autres endroits, on la fait passer au travers d'une certaine espèce de pierre spongieuse taillée en manière de bassin, pour l'éclaircir & pour l'épurer. Les meilleures Vignes qui produisent le plus excellent Vin de Canarie, croissent toutes dans l'espace d'une lieue aux environs du rivage de cette Isle. Celles qu'on plante à une distance plus éloignée n'ont pas le même succés, & si l'on porte du même plant dans quelque autre de ces Isles, il n'y produit point de fruit.

a Dict.

Mr. Corneille [a] dit, qu'un homme de beaucoup d'esprit qui y a passé vingt ans en qualité de Marchand & de Médecin, en s'attachant avec beaucoup d'exactitude à la bien connoître, a jugé que cette Isle dont le fond est extraordinairement chargé de Souffre, étoit autrefois en feu, & qu'elle sauta tout à coup en l'air, ou toute entiere, ou du moins en sa plus grande partie; que plusieurs Montagnes composées de grands quartiers de pierres & de rochers noirs & brûlez, entassez les uns sur les autres, telles qu'on les voit de tous côtez aux environs de cette Isle, & sur-tout en sa partie Méridionale, avoient été comme vomies des entrailles de la Terre dans le tems de ce grand embrasement, & que le plus grand monceau de Souffre s'étant trouvé environ au centre de l'Isle, avoit élevé le Pic à la hauteur où l'on voit à présent cette Montagne. Il ajoute que quiconque fera une sérieuse attention sur la situation & l'arrangement de ces Rochers ne pourra s'éloigner de cette pensée, puisqu'ils sont disposez de telle sorte près de trois ou quatre lieues aux environs du Pic & dans un tel ordre l'un au-dessus de l'autre presque jusqu'au Pain de Sucre, qu'il faut nécessairement se représenter, que tout le fond venant à s'enfler & à crever en même tems, avec un fracas prodigieux par l'agitation & par le soulévement des Ruisseaux & des Torrens de Souffre contenus dans son sein, dans ce bouleversement universel de l'Isle, les uns s'arrêterent & s'affermirent au plus haut par dessus tous les autres & formerent le Pic, & les autres roulerent & se renverserent par leur propre pesanteur, se venant ranger plus bas, où ils formerent d'autres monceaux moindres par degrez que le précédent à mesure qu'ils s'en éloignoient, principalement au côté du Sud-Ouest; car il y a de celui du Pic presque jusques au bord de la Mer de grands monceaux de ces pierres & rochers brûlez entassez les uns sur les autres. C'est-là qu'on voit encore aujourd'hui les véritables fondriéres, ou les lits des Ruisseaux de Souffre, qui couloient de toutes parts dans ces Contrées de l'Isle, qui ont si fort consumé & desseché ce terroir, qu'il ne peut produire que des ronces; mais au côté septentrional du Pic, il n'y a point ou fort peu de ces pierres, d'où ce Médecin conclut, que le feu fit son plus grand effort, & se déchargea plus qu'ailleurs vers le côté qui est au Sud-Ouest. Il dit de plus, que beaucoup de Mines de divers Métaux se découvrirent & sauterent en l'air en même tems. Aussi y a-t-il plusieurs de ces Rochers brûlez, qui semblent une masse de terre & de fer mêlez ensemble, d'autres d'argent, & quelques-uns de cuivre, surtout dans un endroit de ce Quartier du Sud-Ouest appellé *Azulejos*, qui est une Montagne fort haute. Il y a là une grande quantité de terre d'un bleu clair, mêlée avec des pierres bleues couvertes d'une rouillure jaune, comme celle du cuivre, ou du vitriol. Outre plusieurs petites sources d'eau vitriolée, qui lui ont fait conjecturer qu'il y avoit eu une Mine de cuivre, on y trouve aussi des eaux nitreuses, & des pierres pleines de Salpêtre & couvertes d'une rouillure de couleur de safran, & qui a le goût de fer.

L'an 1704. il y eut dans cette Isle un des plus épouvantables Tremblemens de terre dont on ait jamais entendu parler. Il commença le 24. de Décembre, & en trois heures de tems on en sentit vingt-neuf secousses assez violentes. Ces secousses augmenterent tellement le 27. que toutes les maisons en ayant été ébranlées ainsi que les Edifices les plus solides chacun les abandonna. La frayeur fut générale, & le Peuple, l'Evêque à leur tête, firent des Processions & des prieres publiques dans la Campagne. Le 31. on découvrit une grande lumière du côté de Monja vers la Montagne blanche. La Terre s'y étant ouverte, il s'y étoit formé un Volcan ou bouche de feu, ce qui avoit été suivi de l'ouverture d'une autre bouche. Toutes les deux jetterent tant de pierres ardentes qu'il s'en forma deux Montagnes assez hautes; en sorte que les matieres combustibles qu'elles pousserent dehors allumérent plus de cinquante feux aux environs. Ces bouches continuerent à jetter des pierres enflammées qui éclatoient & se brisoient en tombant avec des bruits qui faisoient trembler tous ceux qui les entendoient. Cela dura jusqu'au 5. de Janvier de l'année suivante. Ensuite l'air fut obscurci par des cendres & par la fumée, & la terreur fut fort augmentée, lorsque sur le soir on vit plus d'une lieue de Pays tout en feu. C'étoit l'effet d'un autre Volcan qui s'étoit ouvert avec plus de trente bouches à la circonférence d'un quart de lieue du côté d'Oroctova. Il se forma en même tems un Torrent de Souffre & d'autres matiéres bitumineuses du côté de Guimar & il en sortit un pareil de l'autre Volcan. Cependant les secousses continuant avec la même violence renversoient les Maisons & les Edifices publics de Guimar. Le 2. de Février un autre Volcan s'ouvrit près de ce lieu, dont l'Eglise fut presqu'entièrement renversée. Les premières nouvelles que l'on reçut à Cadix de ce Tremblement de terre, portoient qu'il n'étoit pas encore cessé le 23. du même mois.

Les personnes de qualité, dit Souchu de Rennefort [b] sont fort civiles à Teneriffe; & le menu peuple comme dans toute l'Es-

[b] Pag. 273.

pagne

pagne est extrêmement fier & peu laborieux. L'Artisan toujours l'épée au côté, ne peut s'assujettir à garder sa Maison : il est perpétuellement hors de chez lui, & si fainéant qu'il aime mieux vivre de Légumes & de Racines que de prendre la peine de chasser, quoique le Gibier soit fort commun. Les femmes ne regardent que d'un œil par une petite ouverture qu'elles font à leur voile dont elles sont toujours couvertes.

Le Pic de Teneriffe est une Montagne de cette Isle. Les Maures l'appellent *Elbar*, les Espagnols & les Portugais *el Pico de Terraira*; & les autres Européens la nomment le *Pic de Teneriffe* ou le *Pic des Canaries*. On le regarde comme la plus haute Montagne du Monde [a], & son sommet, qui a quarante-sept mille huit cens douze pieds de hauteur, s'éleve tellement au-dessus des nues, que, quand le Ciel est serein, on le peut voir de soixante milles en Mer ; d'autres disent de quarante lieues ; & Mr. Corneille [b] avance qu'on le voit de soixante lieues. On n'y monte qu'aux mois de Juillet & d'Août, parce que tous les autres mois de l'année cette Montagne est couverte de neige, quoiqu'on n'en voye jamais ni dans l'Isle de Teneriffe, ni dans les autres Isles Canaries. Quoique le Pic de Teneriffe s'éleve visiblement au-dessus des nues, puis qu'elles lui font comme une couronne vers la moitié de la Montagne, & que son sommet paroisse au-dessus, cependant comme la neige y tombe & s'y conserve, il faut qu'elle s'étende pas au-delà de la moyenne Région de l'air.

Dans l'Histoire de la Compagnie Royale de Londres publiée en Anglois par Thomas Sprat on voit une Relation de quelques Marchands qui ont eu la curiosité de monter jusqu'au sommet de cette Montagne. Ils partirent d'Oratava, l'un des Ports de l'Isle, situé au côté Septentrional à deux lieues de l'Océan, & marchérent depuis minuit jusqu'à huit heures du matin, qu'ils arrivérent au sommet de la premiere Montagne que rencontrent ceux qui vont vers le Pic. Ensuite ils passérent par divers endroits sablonneux, au travers de plusieurs hautes Montagnes qui étoient nues, rases, découvertes & sans aucun Arbre qui donnât de l'ombre, ce qui leur fit endurer une fort grande chaleur, jusqu'à ce qu'ils fussent arrivez au pied du Pic, où ils trouvérent de grandes pierres qui sembloient être tombées du plus haut de la Montagne. Sur les six heures du soir ils commencérent à grimper le Pic ; mais à peine eurent-ils fait une lieue, que le chemin se trouvant trop rude pour y faire passer leurs montures, ils les laissérent avec quelques-uns de leurs valets. Comme ils s'avançoient toujours vers le haut, l'un d'entre eux se sentit tout à coup saisi de frissons de fiévre avec flux de ventre & vomissement. Le poïl des Chevaux qui étoient chargez de leur bagage, étoit hérissé comme la soie des Pourceaux. Le vin qui pendoit dans des bouteilles au dos d'un cheval, étoit devenu si froid, qu'ils furent contraints d'allumer du feu pour le chauffer avant que d'en boire, quoique la constitution de l'air fût assez chaude & tem-

[a] Bernh. Varenius, Géogr. Général. L. I. c. 10.
[b] Dict.

pérée. Après que le Soleil fût couché, il commença à faire si froid par un vent impétueux qui se leva, qu'ils s'arrêtérent entre de grosses pierres sous un Rocher, où ils firent un grand feu toute la nuit. Sur les quatre heures du matin, ils recommencérent à monter, & étant arrivez une lieue plus haut, un des leurs, à qui les forces manquerent, fut contraint de demeurer à un endroit, où les Rochers noirs commencent. Les autres poursuivirent leur voyage jusqu'au Pain de Sucre, où ils rencontrérent de nouveau du sable blanc, & étant parvenus aux Rochers noirs, qui sont tout unis comme un pavé, il leur fallut encore marcher une bonne heure pour grimper au plus haut du Pic, où enfin ils arrivérent. L'air s'y trouva moins vaporeux & moins étouffant qu'au bas de la Montagne. Il étoit pourtant rempli d'une continuelle exhalaison de vapeurs chaudes & vapoureuses, qui leur rendirent le visage extrêmement rude. Ils n'apperçurent dans toute cette route, aucun changement notable dans l'air. Ils entendirent fort peu de vent ; mais il souffloit avec tant de violence au sommet du Pic, qu'à peine pouvoient-ils se tenir debout. Ils dînerent là & reconnurent que leurs liqueurs spiritueuses étoient presque devenues insipides & sans force, & qu'au contraire leur vin étoit plus spiritueux & plus sulfureux qu'auparavant. Le sommet où ils étoient n'a pas plus d'une aune & un quart de large. Il est au bord d'un Puits nommé Caldera qui peut avoir de largeur une portée de Mousquet, & à peu-près cent aunes de profondeur. Ce Puits est fait en forme de quille, creux en dedans comme une Chaudiére, & couvert de tous côtez de petites pierres lâches, mêlées avec du sable & du soufre, d'entre lesquelles s'élevent diverses vapeurs de chaleur & de fumée. On ne sauroit remuer ces pierres, qu'il n'en sorte de très-nuisibles vapeurs. Ils penserent étouffer pour en avoir voulu tirer une de sa place, tant il s'éleva subitement de ces vapeurs. Ces pierres étoient si chaudes qu'il leur étoit impossible de les manier. Ils ne descendirent pas plus de cinq ou six aunes dans le Puits, à cause que leurs pieds glissoient ; quoiqu'il y en ait qui se sont hasardez à descendre jusqu'au fond. Ils ne virent rien de remarquable qu'une espéce de Souffre clair & transparent, qui étoit attaché comme du sel au-dessus des pierres. Ils découvrirent du sommet du Pic la Grande Canarie à quarante lieues delà, l'Isle de Palme à dix-huit & celle de Gomere à sept. Le trajet de Mer qui est entre-deux ne leur paroissoit que d'un quart de lieue. Dès que le Soleil se montra sur l'Horison, l'ombre du Pic ne sembla pas seulement couvrir toute l'Isle, & la Grande Canarie ; mais aussi la Mer jusqu'aux bords, où le sommet du Pain de Sucre ou du Pic paroissoit visiblement s'élever en haut & lancer son ombre jusque dans l'air même. Le Soleil ne fut pas fort élevé, que les nuées qui remplirent l'air dérobérent à leur vûe. & la Mer & toute l'Isle, à la reserve des sommets des Montagnes situées plus bas que le Pic, auquel elles paroissoient attachées. Ils trouvérent plusieurs

TEN.

sieurs belles & bonnes Fontaines, qui sortoient la plûpart du sommet & qui s'élançoient fort haut comme des jets d'eau naturels. Après s'être arretez au sommet pendant quelque tems ils descendirent par le chemin sablonneux jusqu'au pied du Pain de Sucre, & comme il est presque droit à niveau, ils eurent bien-tôt parcouru tout ce chemin. Ils rencontrerent en cet endroit une Caverne d'environ douze aunes de profondeur & de dix-huit de largeur. Elle ressembloit à un Four & avoit une ouverture en haut de plus de dix aunes de diametre. Ils descendirent par-là avec une corde que leurs Valets tenoient ferme par l'un des bouts, pendant qu'étant attachez de l'autre par le milieu du corps, ils se laissoient couler peu à peu jusqu'à ce qu'ils parvinrent à un monceau de neige en forme de banc, où ils ne pouvoient éviter de venir en descendant de cette manière. Au milieu du fond de cette Caverne étoit un Puits rond plein d'eau, comme un gouffre qui étoit plus bas que ce monceau de neige d'environ une aune & demie; mais aussi large que l'ouverture d'enhaut & à peu près de six toises de profondeur. Ils jugerent que cette eau provenoit des neiges, qui en se fondant couloient le long des rochers. Toute la hauteur du Pic, de bas en haut en droite ligne, est estimée communément de deux lieues & demie. Dans toute cette route on ne trouve ni Arbrisseau, ni feuille, ni herbe; mais seulement des Pins, & une certaine Plante garnie d'épines comme la Ronce, qui croît parmi les Sable blanc. A côté du lieu où ils passèrent la nuit, est encore une autre Plante dont les branches ont huit pieds de hauteur & un demi-pied d'épaisseur. Elles sont disposées en quarré vis-à-vis l'une de l'autre, & par ce moyen forment quatre coins, à chacun desquels il y a une branche qui s'élève en haut comme un jonc. Au bout des tiges croissent de petits grains ou bayes rouges, qui étant pressées rendent un lait venimeux. Ce suc exprimé sur la peau de quelque Bête en fait tomber le poil aussi-tôt. Cette Plante est repandue par toute l'Isle, & on la croit une espèce d'*Euphorbum*.

[a] De l'Isle, Atlas. De Laet, Descr. des Indes-Occ. Liv. 8. c. 20.

2. TENERIFFE [a], Ville de l'Amérique Méridionale, dans la Terre-ferme, au Gouvernement de Sainte-Marthe, dans les terres, sur la rive droite de la Rivière appellée *Rio grande de la Madalena*, au-dessous de Tamalameque, & à quarante lieues de la Ville de Sainte-Marthe en tirant au Sud-Ouest. Le chemin pour aller de Teneriffe à la Ville de Ste. Marthe est fort difficile par terre; mais on peut aller assez commodément d'une de ces Villes à l'autre par la grande Rivière de la Magdelaine en faisant le reste du chemin par Mer.

[b] Lib. 16. p. 770.

TENESIS, Contrée de l'Ethiopie sous l'Egypte, dans les Terres. Strabon [b] dit qu'elle étoit habitée par des Egyptiens proscrits par Psammitichus, & qu'on appelloit pour cette raison *Sebrites*, *Sebritæ*; c'està-dire Etrangers. Ces Peuples avoient une Reine, à laquelle obéissoit l'Isle de Meroé, qui étoit voisine de la Tenesis, & qui étoit formée par le Nil. Casaubon doute

[c] Lib. 6. c. 30.

si la Ville *Tenupsis* de Pline [c] n'étoit point dans cette Contrée & si les Habitans de cette Ville qu'il nomme *Semberritæ*, ne sont point les *Sebritæ* de Strabon.

TENET. Voyez THANET.

TENEVILLE, Bourg de France dans le Bourbonnois, au Diocèse de Nevers, Election de Moulins. C'est une Paroisse à huit lieues de Moulins, & à cinq de l'Allier, Pays de Monticules; Terres douces à Seigle, d'assez bon rapport; les Foins sont assez abondans; les Pâcages étendus & bons; le profit des Bestiaux, qu'ils engraissent, assez considérable, étant à portée presque de toutes les Foires; peu de Vignes; plusieurs Etangs.

1. TENEZ, Province d'Afrique, au Royaume de Trémécen [d]. Elle a au Levant celle d'Alger, au Couchant celle de Trémécen, le Mont Atlas au Midi, & la Mer Méditerranée au Septentrion, depuis l'Embouchure du Chilef ou de Cartena, jusqu'à celle de l'Açafran. Tout ce Pays abonde en Bled & en Troupeaux. Il y a cinq Viles, dont la Capitale porte le nom de la Province, & a toujours été sujette aux Rois de Trémécen. Quand Mahamet Bénizeyen mourut, il laissa trois fils, dont l'aîné Abu Abdali succéda à la Couronne, & les deux autres conjurérent contre lui. La conjuration découverte, le second nommé Abu Zeyen fut long-tems prisonnier, jusqu'à ce que Barberousse le délivra, & ensuite le fit pendre. Le troisième, qui s'appelloit Abu Yahaia, s'enfuit à Fez, & à la faveur de Hamet Oataci, il se rendit Maître de ce Pays, où il régna plusieurs années, & prit le titre de Roi de Tenez. Après sa mort son fils Bu Abdila lui succéda, qui fut persécuté de Barberousse, jusqu'au point de la contraindre à passer en Castille avec sa Famille & un de ses freres, pour demander du secours à Charles-Quint & comme on tardoit à l'expédier, il retourna à Oran, croyant que le Marquis de Comares travailloit pour lui. Sur ces entrefaites, Dieu l'inspira de se faire Chrétien & son frere de même, de sorte qu'ils retournérent en Castille, où ils furent baptizés, & leur Etat demeura aux Turcs, & c'est une des dépendances d'Alger, qui rapporte le plus de revenu.

[d] Marmol, Royaume de Trémécen. L. 5. c. 30.

2. TENEZ, Ville d'Afrique, au Royaume de Trémécen, Capitale de sa Province. Elle est située sur la pente d'une Montagne, à demi-lieue de la Mer, à mi-chemin d'Oran & d'Alger. Ptolomée lui donne 11. d. 30'. de Longitude & 33. d. 30'. de Latitude, & la nomme Lagonte. Elle est enfermée de Murs, & a une Forteresse avec bonne Garnison, où le Commandant, qu'on envoye d'Alger, fait sa demeure. Les Arabes de cette Contrée sont belliqueux & se piquent d'honneur & de bravoure; aussi ont-ils souvent aidé les Habitans à se défaire de leurs Gouverneurs Turcs, qui les tyrannisent beaucoup. Ceux de la Ville sont grossiers & rustiques, quoiqu'ils ayent grand Commerce avec les Etrangers; parce qu'on transporte d'ici à Alger & ailleurs du Blé & de l'Orge, dont toute la Contrée est fertile de même qu'en Pâturages. Les Abeilles y rapportent beaucoup de Miel, & de

de Cire. Vis-à-vis de la Ville il y a une Islette, où les Vaisseaux se mettent à l'abri pendant la tempête, quand ils ne peuvent demeurer au Port. Le Cadet Barberousse prit cette Ville après la mort de son frere aîné, & depuis elle a toujours été aux Turcs.

3. TENEZ, ou TENEX, Ville des Etats du Turc en Egypte, dans la partie de cette Contrée appellée Elbechrie, ou Beheyra [a], à l'Est de Damiette selon Davity [*]. Burchard appelle cette Ville Taphnis, & la prend pour la Tanaïs de l'Ecriture Sainte. Elle a un Golphe ou Lac qui est pris par Pinet pour le Lac Sorbonis de Ptolomée. Niger dit que les Mariniers l'appellent Stagnone, ou *Baratha*, & ceux du Pays *Bayrena*; mais Pigafet prétend qu'on le nomme le Golphe de Damiette, & Muntegazze dans son Voyage l'appelle *Barera*. Ce Lac reçoit l'eau d'une petite Branche, qui part du grand Bras du Nil du côté de l'Est. Il est extrêmement dangereux à cause du Sable mouvant qui s'y trouve, qui se hausse ou se baisse, quelquefois plus quelquefois moins.

[a] Etats du Turc en Afrique, p. 348.

TENEZA, petite Ville d'Afrique, au Royaume de Maroc [b]. Elle est dans une situation avantageuse. Les anciens Africains la bâtirent sur la pente d'une Montagne du Grand Atlas, à trois lieues de la Rivière d'Ecifelmel vers le Levant. Tout le Pays qui est entre cette Rivière & la Ville, est une Plaine, où on recueille quantité de Froment, & d'Orge, & où l'on nourrit quantité de gros & de menu Bétail. C'est pour cela que la plûpart des Habitans de la Ville sont des Laboureurs & des gens de la Campagne. Ils sont braves, & grands ennemis des Arabes, qui par le passé les incommodoient par leurs courses.

[b] Marmol, Royaume de Maroc, L. 3. ch. 35. p. 46.

TENEZONE, Bourgade des Grisons [c], dans la Ligue de la Caddée, en Latin *Tinetio*. Cette Bourgade avec Rovena, Als-Molins & la Vallée Falera forme la premiere des cinq parties qui composent la Communauté d'Obersax.

[c] Etat & Délices de la Suisse, t. 4. p. 52.

1. TENG, Ville de la Chine [d], dans la Province de Quangsi, au Département de Guecheu, cinquième Métropole de la Province. Elle est de 6. d. 51'. plus Occidentale que Peking, sous les 24. d. 7'. de Latitude.

[d] Atlas Sinensi.

2. TENG, Ville de la Chine [e], avec Forteresse, dans la Province de Honan, au Département de Nanyang, septième Métropole de la Province. Elle est de 5. d. 42'. plus Occidentale que Peking, sous les 33. d. 40'. de Latitude.

[e] Ibid.

TENG, Ville de la Chine [f], dans la Province de Xantung, au Département d'Yencheu, seconde Métropole de la Province. Elle est de 0. d. 36'. plus Orientale que Peking, sous les 35. d. 46'. de Latitude.

[f] Ibid.

TENGCHEU, Ville de la Chine [g], dans la Province de Xantung, où elle a le rang de cinquième Métropole. Elle est de 3. d. 26'. plus Orientale que Peking, sous les 37. d. 20'. de Latitude. Quoique le Territoire de Tengcheu soit pour la plus grande partie en Terre-ferme, sa Capitale

[g] Ibid.

est cependant dans une Isle séparée du Continent par un Canal. Elle a un Port très-commode & où se tient ordinairement la grande Flote des Chinois. La Métropole de Tengcheu a dans sa dépendance huit Villes qui sont:

Tengcheu,	Chaoyven,
Hoang,	Laiyang,
Foxan,	Ninghai ⊙,
Leahia,	Venteng.

Par la division que fit Yvus le Territoire de Tencheu fut joint à la Province de Cingcheu. Anciennement il étoit habité par un Peuple nommé Gaoy: il n'étoit pas encore soumis aux Chinois, & il ne passa sous leur Domination que du tems de la Famille Hiaa. Du tems des Rois, Tengcheu étoit une des dépendances du Royaume Ci. Le nom qu'il porte présentement lui fut donné par la Famille Tanga. On y voit trois Temples fameux, & ce qu'il y a de remarquable c'est que les Roseaux qui croissent dans cette Province sont quarrez quoiqu'ailleurs ils soient presque toujours ronds. Les Huitres y sont en abondance, & on y trouve aussi la Pierre de Nieuhoang ou Pierre de Vache qui est renfermée dans l'estomach des Animaux [h], & qui a de grandes propriétez. Au Nord de cette Ville on découvre la Montagne de Tengheng. On voit du même côté le Mont Chevy où est une pierre ronde qui entre dans la Mer. Les Habitans nomment cette pierre Chu; ce qui veut dire la Perle.

[h] Ambassade des Hollandois. à la Chine, d. 49.

TENGCH'UEN, Ville de la Chine [i], avec Forteresse, dans la Province d'Iunnan, au Département de Tali, seconde Métropole de la Province. Elle est de 16. d. 55'. plus Occidentale que Peking, sous les 25. d. 27'. de Latitude. On voit près de cette Ville le Mont Kico, fameux pour la quantité de ses Pagodes & de ses Monastères [*]. C'est de ces Lieux qu'est venue dans l'Empire de la Chine la connoissance de la Doctrine Idolâtre de Fé, Doctrine qui fut retenue par la Famille Hana, après qu'elle se fut emparée du Pays. Les Chinois n'adoroient auparavant que le *Xangri*; c'est-à-dire le Souverain Empereur.

[i] Atlas Sinensi.

[*] Ambassade des Hollandois. à la Chine, d. 52.

TENGEN IN HEGOW, petite Ville d'Allemagne, dans la Suabe [l], au-dessus de Stulingen. Il est du Domaine de la Maison d'Autriche & appartient au Landgraviat de Nellenbourg. Quelques Suisses attaquerent l'an 1455. le Comte Jean de Tengen & Nellenbourg, ravagerent ses Terres & mirent le feu à la Ville de Tengen à cause que ce Comte avoit fait justicier à Eglizou quelques-uns de leurs parens dans les guerres précédentes.

[l] Zeyler. Topog. Suev. p. 74.

TENGFUNG, Ville de la Chine [m], dans la Province de Honan, au Département de Honan, sixième Métropole de la Province. Elle est de 2. d. 34'. plus Occidentale que Peking, sous les 35. d. 20'. de Latitude. Cette Ville est remarquable en ce que les Chinois la prennent pour le milieu du Monde.

[m] Atlas Sinensi.

1. TENGHENG, Forteresse de la Chine [n], dans la Province d'Iunnan, au Département

[n] Ibid.

TEN.   TEN.   375

de Langkiu, Cité de la Province. Elle est de 17. d. 30′. plus Occidentale que Peking, sous les 25. d. 45′. de Latitude.

2. TENGHENG, Montagne de la Chine [a], dans la Province de Xantung, au Territoire de Tengcheu cinquième Métropole de la Province. Elle est au Nord de cette Métropole, & fameuse par la Victoire que Hansinius y remporta sur le Roi Ci.

[a] Atlas Sinens.

TENIA-LONGA. Voyez TAENIA-LONGA.

TENIÆ, Fontaines de l'Arcadie : Pausanias [b] dit qu'elles étoient à une petite distance du Sépulcre d'Aristocrate, & à sept Stades de la Ville Amilus.

[b] Lib. 8. c. 13.

TENISSA, Ville de la Mauritanie Césarienfe : Ptolomée [c] la marque dans les Terres entre Irath & Lamida.

[c] Lib. 4. c. 2.

TENITANUS, Siège Episcopal d'Afrique dans la Byzacène. Son Evêque est nommé Paschafius dans la Notice des Evêchez d'Afrique, & Latonius *Episcopus Plebis Tenitanæ*, dans la Conférence de Carthage [d]. Euchratius à *Thenis* souscrivit au Concile de Carthage, sous St. Cyprien. Cette Ville est nommée *Thenæ*, ou *Thænæ*, par quelques Anciens & *Theænæ* par Ptolomée.

[d] No. 120.

TENITRUS, Montagne de la Macédoine, selon Vibius Sequester [e], qui dit qu'elle étoit au voisinage d'Apollonie, & à la vûe de *Dyrrachium*.

[e] Pag. 148.

TENIUM, Ville de l'Achaïe selon Etienne le Géographe. Sur une Médaille rapportée dans le Tresor de Goltzius, on trouve ce nom : ΤΗΝΕΙΩΝ, *Teniorum*. Ce nom National n'appartient pas néanmoins aux Habitans de *Tenium* dans l'Achaïe; mais à ceux de l'Isle de *Tenos*, ou *Tenus*. Voyez TENOS.

1. TENNA, Riviére d'Italie, dans la Marche d'Ancone [f]. Elle prend sa source au pied de l'Apennin & coule du Midi Occidental au Nord Oriental. Dans ce cours elle reçoit assez près de sa source deux petites Riviéres appellées Tennacola & Salino, toutes deux à la gauche : plus bas elle grossit ses eaux de celles d'une autre Riviére qu'elle reçoit à la droite; & enfin elle va se jetter dans le Golphe de Venise où elle a son Embouchure, près de *Porto Fermano*, entre les Embouchures du Fleuve *Chiento* & du Torrent *Leta-vivo*. On la nomme aussi Tingo.

[f] Magin, Carte de la Marche d'Ancone.

2. TENNA. On donne ce nom, dans le Pays des Grisons [g], à la troisième Jurisdiction de la Communauté d'Ilantz, dans la Ligue Grise. Tenna est aussi une Terre Seigneuriale, qui dépend du Seigneur de Rhætzuns. Ce Quartier est sauvage & étroit & situé dans une très-haute Montagne.

[g] Etat & Délices de la Suisse, t. 4. p. 17.

TENNACH. Voyez THANE.

TENNAGORA, Ville de l'Inde en deçà du Gange. Ptolomée [h] la donne aux Soretanes de la Paralie & la marque dans les Terres.

[h] Lib. 7. c. 1.

TENNELET, ou TEMMELET. Voyez TEMMELET.

TENNENBERG, Château & Seigneurie d'Allemagne [i], dans la Thuringe sur les confins de la Seigneurie de Reinharts-brunn du côté d'Eisenach, il y a dans cette Seigneurie la Ville de Waltershausen, située à un mille de Gotha, proche d'Enselberg & d'une petite Riviére appellée Horfel. Le Château avec la Seigneurie de Tennenberg fut engagé autrefois à l'Abbaye de Reinhartsbrunn, & depuis en 1483. aux Comtes de Gleichen, mais il fut dégagé par les Landgraves de Thuringe. En 1545. ce Château appartenoit avec ses dépendances à Jean Fréderic Electeur de Saxe. Il passa depuis aux Ducs de Saxe-Eysenach, & enfin après l'extinction de cette Branche au Duc de Saxe-Weimar.

[i] Zeyler, Topog. Saxon. p. 181.

TENNONENSIS, Siège Episcopal d'Afrique, dans la Province Proconsulaire, selon la Notice des Evêchez d'Afrique, où son Evêque est nommé Crescronius *Tennonensis*. Optatus souscrivit au Concile de Carthage sous Boniface en 525. & Victor *Tunonensis* Auteur de la Chronique d'Afrique est célèbre dans l'Histoire. C'est en faute de Copiste si dans la Géographie Sacrée [k] on lit *Turonensis* pour *Tunonensis*.

[k] Pag. 25, & 31.

TENNSTADT, Ville d'Allemagne [l], dans la Thuringe proche des deux petites Riviéres appellées Seltenlein & Schambach, entre Thamsbrucken & Weissensee. Elle appartient à l'Electeur de Saxe. Cette Ville, qui est à trois milles d'Erfurt, a pris son nom des Arbres appellés en Allemand *Tannen*, dont elle étoit entourée autrefois. Ses environs sont très-fertiles, & il y a du côté de l'Occident un petit Bois très-agréable appellé Bruchborn, duquel sortent diverses petites Sources d'eau qui entrent dans la Ville de Tennstadt : En 1632. cette Ville fut prise & pillée par les Impériaux, qui maltraitérent les Magistrats, comme on le voit plus amplement dans le Théatre de l'Europe [m]. Après la Paix conclue à Prague, quoique l'Electeur de Saxe se fût rangé du côté de l'Empereur, les Impériaux pillérent encore une fois la Ville de Tennstadt en 1641. à ce que dit le même Théatre de l'Europe [n].

[l] Zeyler, Topog. Saxon. p. 180.

[m] Fol. 622.

[n] Tom. 4. Fol. 632.

1. TENOS, ou TENUS, aujourd'hui TENO, ou TINE, Isle de l'Archipel & l'une des Cyclades, au Midi Oriental de l'Isle d'Andros, dont elle n'est séparée que par un Détroit de mille pas selon Pline. C'est des Peuples de cette Isle, ou de la Ville de même nom qui y étoit anciennement, que fait mention une Médaille de l'Empereur Sévére, sur laquelle on lit ce nom ΤΗΝΙΩΝ. *Teniorum*. Pline [o] qui lui donne quinze mille pas de longueur, dit sûr le témoignage d'Aristote qu'elle fut anciennement appellée *Hydrussa*, à cause de l'abondance de ses Eaux. Etienne le Géographe ajoute qu'on la nomma aussi *Ophiusa*, à cause de la quantité de Serpens qu'on y trouvoit. La Ville de TENOS, à ce que dit Strabon [p], n'étoit pas grande. C'est de cette Isle dont parle Ovide dans ces Vers [q].

[o] Lib. 4. c. 12.

[p] Lib. 10. sub. finem.

[q] Metamorph. Lib. 7. v. 469.

At non Oliaros, Didymaque, & Tenos, & Andros,
Et Gyaros, nitidæque ferax Peparethos Oliva,
Gnossiacas juvere rates.

2. TENOS, ou TENUS, Ville de l'Æolide, selon Hérodote [r].

[r] Lib. 1. no. 149.

3. TE-

3. TENOS, Ville de la Thessalie; c'est Aristote qui en parle [a].

TENSA, Isle d'Italie dans la grande Grèce, selon Solin [b]. Il n'y a que lui qui connoisse cette Isle; mais il y a grande apparence que cet endroit de Solin est défectueux; & qu'au lieu d'une Isle nommée *Tensa* il a voulu parler de la Ville TEMSA ou TEMPSA.

TENSE, ou TENCE, Ville de France dans le Velay, sur la Rivière de Lignon, à l'Orient Méridional d'Issignaux, & au Midi Occidental de Montfaucon. C'étoit autrefois une Ville close; mais elle fut démantelée, durant les Guerres de Religion.

TENSIFT, grande Rivière d'Afrique, au Royaume de Maroc [c]. Elle sort du Grand Atlas près de la Ville d'Anim-Mey, & traversant la Province de Duquela elle se va rendre dans l'Océan près de Safi, après avoir reçu dans son sein plusieurs autres Fleuves de cette Montagne: les principaux sont l'Ecifelmel, le Hued-Nefusa & l'Agmet. Ces Rivières après avoir traversé les spacieuses & fertiles Plaines de la Province de Maroc & celle de Duquela, se vont joindre avec celle de Tensift, laquelle quoique profonde ne laisse pas d'être guéable en quelques endroits pendant l'Eté. Elle a près de Maroc un Pont de Pierre de quinze grandes Arches, qui est un des beaux Edifices de l'Afrique, bâti, à ce qu'on tient, par Jacob Almansor Roi & Pontife de Maroc. Mais Budobus dernier Roi de la Famille des Moahedines ou Almohades en fit abattre trois Arches durant la guerre qu'il eut contre Jacob, premier Roi des Bénimérinis, pour empêcher le Siège de Maroc. Ces trois Arches n'ont point été refaites depuis. Ptolomée appelle l'Embouchure de cette Rivière *Asama*, & la met à 7. d. de Longitude, & à 32. d. de Latitude. Selon Mr. de l'Isle [d], la Rivière que Marmol appelle TENSIFT, se nomme présentement GOUDET.

TENSII. Voyez OETENSII.

TENSIT, Montagne d'Afrique, au Royaume de Maroc [e]. C'est une partie du Grand Atlas, qui est bornée au Couchant de la Montagne Tenenedz, & atteint vers l'Orient celle de Dédez dans la Province de Fedla. Elle est bornée du côté du Midi par le Desert de Dara, & aboutit vers le Septentrion aux autres Montagnes du Grand Atlas. Quelques Historiens la mettent à la tête de la Province de Dara, du côté du Sus éloigné, parce qu'elle a toujours été aux Mezaures, sans dépendre de la Province d'Escure; mais les anciens l'y comprennent, parce qu'elle est de la Barbarie, & ne mettent dans la Numidie que la partie du Mont Atlas qui regarde le Midi. C'est un Pays fort peuplé, arrosé de la Rivière Dara, le long de laquelle il y a cinquante Bourgades toutes formées de murs de terre. Il pleut fort peu dans ses Montagnes parce qu'elles regardent le Midi, & s'étendent à travers les Sablons de la Libye, de sorte que le Pays est fort chaud. On n'y recueille point de Froment; mais beaucoup d'Orge. Il y a fort peu de Troupeaux. La Rivière Dara est bordée de deux côtez de Champs de Palmiers, qui portent les meilleures dattes de toute l'Afrique, & si délicates que la moindre humidité les fait fondre comme du Sucre. On en transporte peu en Europe, & celles qu'on y porte sont bien sechées auparavant, & enfermées dans de petits Cabats couverts de peaux de mouton, pour les mieux préserver contre l'humidité. Il y a tant de Palmiers le long de cette Rivière, qu'on y va plusieurs lieues à couvert dessous, sans être incommodé de l'ardeur du Soleil. Les Habitans sont bazanez, & fort camus, & les femmes se fardent pour être plus belles, & vont toujours le visage découvert. Le Commerce de ce Peuple est dans la Province de Dara, & aux autres Provinces de la Numidie & de la Libye, jusqu'au Païs des Négres, ce qui les fait vivre richement, & avoir beaucoup d'Or de Tibar.

TENTUGAL, Bourg de Portugal, dans la Province de Beira, au voisinage de Coimbre du côté du Couchant, dans une Plaine délicieuse & fertile. Il se tient tous les ans dans ce Bourg une Foire le premier de Novembre [f]. Près de ce Bourg on voit cette Fontaine merveilleuse nommée FERVENÇAS, *Ferventia*, qui, quoiqu'elle n'ait guère plus d'un pied de profondeur, engloutit tout ce qu'on y jette, Arbres, Animaux & autres choses. Dans le seizième Siécle, le Roi Jean III. y fit jetter un Cheval, qui s'enfonça insensiblement dans la Fontaine, & on eut beaucoup de peine à l'en retirer. Plusieurs années après le Cardinal Henri en fit l'épreuve sur un Arbre coupé, qui fut englouti entièrement & disparut pour toujours. On prétend que Don Cisnando commença à peupler Tentugal en 1030. qu'il fit bâtir la Forteresse. Dans la suite le Comte Henri l'agrandit & la rebâtit même presque entièrement à neuf en 1108. Il accorda au Bourg de grands Priviléges. C'est le Chef-lieu d'un Comté, dont le Roi Emanuel investit Don Rodrigue de Melo. Ce titre est passé dans la Maison des Marquis de Ferreyra.

1. TENTYRA. On lit ce mot dans une Elegie d'Ovide [g]; mais ce mot est corrompu, & les meilleures Editions portent *Tempyra*, au lieu de *Tentyra*. Voyez TEMPYRA.

2. TENTYRA, ou TENTYRIS, Ville d'Egypte, & la Métropole d'un Nome appellé NOMUS TENTYRITES, du nom de cette Ville, selon Strabon, Pline, Ptolomée & Etienne le Géographe. Le premier [h] ajoute que les Tentyrites faisoient la guerre aux Crocodiles plus qu'aucune autre Nation; & qu'il y avoit même des gens qui croyoient que les Tentyrites avoient un don particulier de la Nature pour pouvoir réduire ces Animaux. Mais Séneque dans ses Questions naturelles [i], nie absolument que les Tentyrites eussent en cela reçu de [2] la Nature aucun avantage sur les autres hommes. Ils ne maîtrisent les Crocodiles, dit-il, que par le mépris qu'ils en ont & par leur témérité. Ils les poursuivent vivement; ils leur jettent une corde, les lient & les traînent où ils veulent: aussi en voit-on périr beaucoup de ceux qui n'apportent pas toute la présence d'esprit nécessaire dans

dans une occasion si périlleuse. Cette antipathie des Tentyrites pour les Crocodiles que les Habitans des autres Villes adoroient, causa entre eux une haine qui en vint à une guerre ouverte, dont Juvenal parle dans sa quinzième Satyre[a] :

Inter finitimos vetus atque antiqua simultas,
Immortale odium, & numquam sanabile vulnus
Ardet adhuc, Ombos & Tentyra, summus utrimque
Inde furor vulgo, quod Numina vicinorum
Odit uterque locus, quum solos credat habendos
Esse Deos, quos ipse colit.

TENUPSIS, Ville de l'Ethiopie sous l'Egypte : Pline[b] la donne aux *Nubæi*. Voyez **TENESIS**.

TENUS. Voyez **TENOS**.

TENZEGZET, Ville d'Afrique au Royaume de Trémécen.[c] C'est une Place forte au haut d'un Rocher sur le chemin de Fez à Trémécen, entre le Desert d'Angad & le Territoire de cette Ville. Au pied passe la Riviére Tesma, qui descend du Mont Atlas, & se rend dans celle d'Aresgol. Le Pays aux environs est fort bon pour le Bled, & il y a de grands Pâturages où errent beaucoup d'Arabes. Les Rois de Trémécen tenoient une bonne Garnison dans cette Ville à cause de son importance ; mais à l'arrivée des Turcs les Arabes y entrérent & la tinrent long-tems, sans qu'elle fût habitée. Ils s'en servoient seulement à serrer leurs Bleds, quand ils alloient au Desert. Les Turcs l'ont fortifiée depuis. Ils y ont fait bâtir un Arsenal, & y tiennent une forte Garnison.

TENZERA, Montagne d'Afrique, au Royaume de Maroc[d]. Elle confine avec celle d'Ayduacal, & s'étend vingt-deux lieues du côté du Levant, jusqu'à celle de Néfise, qui est Frontiére de la Province de Maroc, & son côté Méridional divise cette Province de celle de Sus. Le grand chemin de Maroc à Tarudant passe entre ces deux Montagnes, & a un Détroit en un lieu nommé Mascoratan, très-fort d'assiette. Les Bérébéres de cette Montagne ont leurs Habitations en des Lieux élevez & escarpez ; mais quoiqu'elles soient grandes, elles ne sont pas fermées de murailles. Ils nourrissent quelques Chevaux, parce que le Pays abonde en Orge & en Millet, qui est comme de l'Alcandie. Il sort de cette Montagne plusieurs sources qui arrosent les Terres des Valons, & se vont rendre après vers la Tramontane dans la Riviére de Siffaye. Ces Bérébéres sont plus riches que ceux des autres Montagnes, parce qu'outre l'Orge, les Abeilles & les Troupeaux leur rapportent beaucoup. Ils ont aussi des Mines de fer fort bonnes, dont ils ne font pas des barres ; mais des boules, qu'ils débitent par toute la Contrée. Ils sont plus habiles que leurs voisins, se nourrissent mieux, & vont mieux vêtus, parce qu'ils ont plus de Commerce avec les Etrangers. Il y a parmi eux plusieurs Marchands & Artisans Juifs Naturels du Pays, & non pas de ceux que les Rois Catholiques ont chassez d'Espagne, qui se sont retirez dans les principales Villes de la Barbarie. Il y a par toute cette Montagne de grandes Forêts de Bouïs & de Lentisques qui sont fort hauts, avec une espéce de Cédre de très-bonne odeur & de grand profit ; beaucoup de Noyers dont on recueille tant de noix, qu'on en fait une grande quantité d'Huile. Il s'y trouve plus de vingt mille combattans tant à pié qu'à cheval, qui valent mieux que ceux de la Montagne d'Ayduacal. On y découvrit en 1539. une Mine de Cuivre, on en transporta des morceaux à Maroc pour l'usage de l'Artillerie. La premiére piéce fut fondue par un Morisque Renegat né dans Madrid, c'étoit une Couleuvrine d'environ seize pieds de longueur. Il fondit aussi quantité d'autres petites piéces, & il forgeoit outre cela des Arbalêtes, des Epées, des Fers de Lance & d'autres armes de fort bonne trempe. En même tems un Maure de Suz de la Province de Gesula trouva le secret de fondre le fer dont il faisoit des Boulets de Canon, ce qui étoit inconnu avant lui en Afrique.

TENZERT, ou **TEHART**, Ville d'Afrique[e], au Royaume de Fez, à neuf d. de Longitude, & à trente trois d. 10′. de Latitude, selon Ptolomée, qui lui donne le nom de Trizide. Elle est située sur une Colline. Ses Habitans n'ont soin que du labourage, & de leurs Troupeaux, à quoi le Pays est fort propre. Aben Gézar dit en sa Géographie, qu'elle doit sa fondation à des Géans, & que de son tems on y a trouvé des Sépulcres, où il y avoit des têtes dont le crâne avoit deux pieds de circonférence. Cette Ville fut ruïnée par le Calife Schismatique Caim, en la guerre qu'il eut contre ceux d'Idris. Mais des Bérébéres en ont depuis repeuplé quelques Quartiers ; tout le reste est desolé.

TEOLACHA, Ville d'Afrique, dans la Barbarie. Marmol[f] dans sa Description de la Numidie dit que c'est une ancienne Ville, bâtie par les Africains sur le bord d'une petite Riviére d'eau chaude. Elle est fermée de méchantes murailles. Le Pays a beaucoup de Dattes & peu de Bled, ce qui fait que les Habitans sont pauvres, outre qu'ils payent de grandes contributions aux Rois de Tunis & aux Arabes. Avec tout cela ils sont avares & orgueilleux, & grands ennemis des Etrangers.

TEORREGU, Contrée d'Afrique dans la Barbarie. Marmol[g] dans sa Description de la Numidie dit que c'est une Habitation, entre Tripoli & le Desert de Barca ; qu'elle comprend trois Villes & plusieurs Villages, & qu'il y a un grand nombre de Palmiers. C'est la nourriture des Habitans qui n'ont ni Bled, ni Orge, & qui sont reléguez dans ce Desert, éloignez de tout Commerce, où ils manquent de toutes choses, & sont tourmentez de petites Bêtes venimeuses, dont la piquûre est mortelle.

1. **TEO**, Ville de l'Asie-Mineure, dans l'Ionie, sur la Côte Méridionale d'une Péninsule vis-à-vis de l'Isle de Samos. Strabon[h] lui donne un Port, & dit que Teos fut la patrie d'Anacréon Poëte Lyrique ; elle fut aussi celle de l'Historien Hécatée. Du tems d'Anacréon les Habitans de Teos ne pouvant souffrir les insultes des Perses, abandonnérent leur Ville & se retirérent à

Abde-

378 TEO. TEP. TEP.

Abdera Ville de Thrace ; ce qui donna lieu au Proverbe :

Ἄβδηρα καλὴ Τηΐων ἀποικία.
Abdera pulchra Teiorum Colonia.

Cependant dans la suite quelques-uns d'entre eux retournèrent en Asie & s'établirent dans la Ville de Teos. Hérodote [a] loue ces Peuples d'avoir mieux aimé abandonner leur Ville, que de vivre dans l'Esclavage. Ils furent traitez plus doucement par les Romains que par les Perses. Il n'en faut pas d'autre preuve que le grand nombre de Médailles que cette Ville fit frapper à l'honneur de divers Empereurs. Il nous en reste d'Auguste, de Néron, de Domitien, de Commode & de Valérien, sur lesquelles on lit ce mot THIΩN, *Teiorum*. Dans une de ces Médailles Auguste est dit Fondateur de la Ville de Teos, sans doute parce qu'il l'avoit fait réparer, ou parce qu'il l'avoit embellie. Cellarius [b] prétend qu'on ne doit avoir aucun égard à ce que dit Pline lorsqu'il fait entendre que la Ville de Teos étoit dans une Isle [c] de même nom. Le Pere Hardouin n'est pas de ce sentiment. Il dit à la verité avec Strabon & avec divers autres Anciens que la Ville de Teos étoit dans une Péninsule, mais de façon que cette Péninsule devenoit une Isle, lorsque la Mer étoit haute ou agitée. C'est un tempérament que l'envie de sauver l'honneur de Pline lui a fait imaginer.

2. TEOS, Isle de l'Asie-Mineure sur la Côte de l'Ionie, selon Pline. Voyez l'Article précédent.

3. TEOS, Ville de Scythie : Etienne le Géographe la donne aux *Dyrbæi.*

TEPEACA, Province de l'Amérique Septentrionale, dans la Nouvelle Espagne, & dans l'Audience de Méxique. De Laet dans sa Relation des Indes Occidentales [d] dit : Après que Fernand Cortez eut été chassé du Méxique l'an 1519. avec grande perte de ses gens, les Habitans de celle de Tlascala, où il retourna se rafraîchir, le priérent de subjuguer la Province de Tepeaca, qui n'étoit éloignée que de huit lieues de leur Ville. Il en vint à bout fort aisément, & l'année suivante il y mena une Colonie d'Espagnols, & y fit bâtir la Ville qu'ils appellent *Segura de la Frontera*, sur la hauteur de 18. degrés, 40. scrupules au Nord de la Ligne. Quoique les Sauvages appellent cette Province la Région froide, la constitution de l'air y est telle, que tour à tour le Ciel y est clair l'Eté, & l'Hyver pluvieux ou nébuleux. Le tems des pluyes y commence au mois d'Avril & finit à celui de Novembre. Pendant tout ce tems le Vent de Sud y souffle avec tant de violence, que l'air est alors mal-sain. Les autres mois il y fait fort doux, & lorsque les Vents de Bise y soufflent, ils y rabattent tellement l'ardeur du Soleil, qu'il y gele quelquefois un peu. Les Bourgades renommées de Temachalco, Tocalco, Chachutlac & Araxiuga, sont du ressort de cette Province, qui n'a ni Fontaines ni Riviéres, & ne laisse pas pourtant d'être abondante en beaux Pâturages. Sur les limites de Temachalco & de Chachutlac, proche de la Bourgade Alyoxucan, il y a un Lac nommé Alouzafran, qui est enfoncé de 50. brasses depuis le haut de ses bords jusqu'à la superficie de l'eau. On y a ménagé un sentier par lequel les hommes descendent pour y puiser & les Bêtes pour y boire. Il ne nourrit ni aucun poisson, ni aucun animal d'une autre espèce, & comme il ne croit point dans le tems des pluyes & de l'Hyver, il ne diminue point aussi l'Eté. On ne connoît point sa profondeur, & on croit qu'une Riviére qui sort à dix lieues de-là dans une Plaine, coule par dessous, à cause que ses eaux sont bleues & fort froides comme celles de ce Lac, à trois lieues duquel on en trouve un autre, qu'on nomme Tlachao. Il a une lieue de tour & sa profondeur est un abime. Les hommes & le Bétail en peuvent approcher de tous côtez, & on y prend quantité de petits poissons blancs, longs comme le doigt, qui sont d'un goût agréable. A une lieue de ce second Lac, il y en a un troisième qui a deux lieues de circuit, & qu'on appelle Alchichican, c'est-à-dire, eaux amères. Le Bétail ne laisse pas d'y boire & en devient extrêmement gras. Il est tres-profond & clair, sans aucun poisson, & quand le Vent l'agite avec violence, ses Flots ne s'élèvent pas moins haut que ceux de la Mer. Une Plaine de douze lieues d'étendue est voisine de ce Lac. Elle est toute parsemée de Collines & de Pâturages où paissent des Troupeaux presque sans nombre. Cette Région abonde en Arbres sauvages pour la multitude des Forêts. Elle est fertile en Froment sur-tout dans la Vallée de St. Paul, qu'habitent plusieurs Espagnols : elle porte aussi de l'Orge, des Féves, diverses autres sortes de Légumes, du Lin & de la Cochenille. On y prise fort un petit Oiseau qui n'est que de la grosseur d'un papillon. Il a le bec long & les plumes d'une finesse & d'une beauté incroyables. Il ne vit que de la rosée qui est dans les fleurs. Lorsqu'elles se séchent, il fiche son bec dans le tronc d'un Arbre & y demeure attaché pendant six mois, jusqu'au retour des pluyes, après lesquelles renaissent les fleurs. On a dans le Pays l'industrie de faire avec les plumes de cet Oiseau des portraits aussi beaux que s'ils étoient peints de couleurs.

TEPHENEN, Toparchie de la Judée selon Pline [e]. Mais cet Auteur est altéré dans cet endroit ; & d'un seul mot les Rajusteurs de Pline en ont fait deux. Comme ils lisoient dans les MSS. *Betoleththepenen*, ils ont trouvé dans ce mot assez d'étoffe pour deux ; en effet ils en ont formé *Betholenen* & *Thephenen*. Ortelius qui les a suivis a soupçonné que *Betholenen*, pouvoit être corrompu de *Bethlehem* ; mais aucun ancien Ecrivain n'a connu ni *Betholenen*, ni *Tephenen*. On voit bien dans Josephe [f] une Toparchie de la Judée appelée *Bethlepthphana* ; & c'est la même que Pline nomme *Bethleptephenen*. C'est aussi la même Toparchie que Dom Calmet appelle BETH-LEPH-THEPHA. Voyez ce mot.

TEPHLIS, Ville que Cédrène, cité par Ortelius [g], met au voisinage de la Médie.
Orte-

[a] Lib. 1. c. 168.
[b] Geogr. Ant. Lib. 3. c. 3.
[c] Lib. 5. c. 31.
[d] Liv. 5. c. 17.
[e] Lib. 5. 14.
[f] Lib. 5. Bel. Jud. cap. 4.
[g] Thesaur.

Curopalate appelle cette Ville TELPHIS.
TEPHOE. Voyez THOPO.
TEPHRICE [a], Ville que Cédréne, Curopalate & Zonare mettent au voisinage de la Cilicie & de l'Arménie. Pierre Gylles [b] dans sa Description du Bosphore dit qu'elle étoit dans la Médie.
TEPLICZA. Voyez au mot AQUA l'Article AQUA-VIVA.
TEPULA-AQUA, Pline [c] & Frontin [d] donnent ce nom à un des Aqueducs qui conduisoient l'eau à Rome & dans le Capitole. Cette eau venoit du Territoire appellé *Lucullanus*, & que quelques-uns croient être le même que *Tusculum*. L'Aqueduc passoit par la Voie Latine. *Cn. Servilius Cæpio*, & *L. Cassius Longinus* l'avoient fait faire dans le tems qu'ils étoient Censeurs, dans la six-cens-vingt-neuviéme année de la fondation de Rome, sous le Consulat de *M. Plautius Hypsæus*, & de *M. Fulvius Flaccus*.
TER, anciennement *Thicis*, Riviére d'Espagne, dans la Catalogne. Elle prend sa source entre le Mont Canigo & le Col de Nuria, & coule d'abord non du Nord-Est, au Sud-Ouest, comme le veut l'Auteur des Délices d'Espagne; mais du Nord-Ouest au Sud-Est; puis tournant tout court vers l'Orient, après avoir baigné les Murs de la Ville de Girone elle va se jetter dans la Mer Méditerranée un peu au-dessous de Toroella.
TER-HEYDEN, Village des Pays-Bas [e], sur la Merk, dans la partie Septentrionale de la Baronnie de Breda. C'est un Village considérable. Il a un Tribunal composé d'un Schout, de sept Echevins, d'un Secrétaire & d'un Receveur. On y voit une Eglise pour les Protestans & une autre pour les Catholiques.
TER-MUIDEN (*Ste. Anne*), Ville des Pays-Bas [f], dans la Flandre, à une demi-lieue au Nord-Est de l'*Ecluse*, sur les limites réglées par le Traité de Munster. Cette petite Ville qui est ouverte, ne renferme que quatre rues, environ trente Maisons & quatre-vingt Habitans. Il y a une Eglise desservie par un Ministre de la Classe de Walcheren. Tous les Habitans sont Réformez. La Maison de Ville est peu de chose. La Régence est composée d'un Bailli, d'un Bourguemaître & de cinq Echevins, avec un Greffier & un Trésorier. Le Bailli est établi à vie par leurs Hautes Puissances, mais leurs Députez changent ou continuent tous les ans le Bourguemaître & les Echevins. Le Greffier & le Trésorier sont établis à vie par les Magistrats. La Jurisdiction de cette Ville ne comprend que quatre cens *Gemeeten*.
TER-NEUSE. Voyez TERNEUSE.
TERA. Voyez TERETINATIBUS.
TERABDON. Voyez PARAGONITICUS-SINUS.
TERABIA, ou THERAPIA, Bourgade des Turcs en Europe, dans la Romanie, sur le bord du Canal de Constantinople, à trois lieues de la Ville de ce nom. Il y a près de ce Bourg un Golphe qui porte aussi le nom de TERABIA. Ce Golphe est le *Pharmacia-Sinus* des Anciens. Voyez PHARMACIÆ-SINUS.

TERACATRI CAMPI, Plaine de la Germanie, & dont Ptolomée [g] nomme les Habitans *Teracatriæ*. Cette Plaine étoit voisine du Danube. Les *Teracatriæ*, selon Wolfgang Lazius, habitoient les Pays nommez aujourd'hui *Kuntgwiser* & *Marchfelder*.

1. TERAIN (Le), Riviére de France, dans le Beauvoisis. Elle prend sa source aux Frontiéres de la Normandie à une lieue de Gaille-Fontaine, passe à Gerberoy, Beauvais, Mouy, & se rend dans l'Oise auprès de Creil, après un cours de vingt-cinq lieues.

2. TERAIN (Le petit), petite Riviére de France, dans le Beauvoisis. Elle prend sa source près du Village de Marseille, passe près de Milly, & se jette auprès de ce Lieu dans le Terain.

TERAMO, Ville d'Italie, au Royaume de Naples, dans l'Abruzze Ultérieure. Mr. Corneille [h] qui la marque sur le rivage de la Mer, dit en même tems qu'elle est à l'Embouchure de la Viciola dans le Tordino, comme si la Viciola se jettoit dans le Tordino, près de la Mer. Il s'en faut d'onze à douze milles; & Teramo est en effet au confluent de ces deux Riviéres; mais dans les Terres & non sur le Rivage de la Mer. Cette petite Ville qui est située entre Astoli à l'Occident Septentrional, & *Civita di Pena* au Midi Oriental, fut Evêché dès l'an 500. & soumis immédiatement au Pape, selon la Table Alphabétique des Archevêchez & Evêchez par l'Abbé de Commainville [i], Teramo étoit connue anciennement sous les Noms d'*Interamna*, & d'*Aprutium*.

TERAPNE. Voyez THERAMNÆ.
TERAPSA, Isle d'Afrique, au devant de la Ville de Carthage, selon Etienne le Géographe. Il ajoute que cette Isle n'est pas grande.

TERASSA, TARSO, TARSOU, ou TARSU, noms modernes de la Ville de *Tarsus*. Voyez TARSUS.

TERASSON, Ville de France, dans le Haut Périgord, du Diocése & de l'Election de Sarlat. Cette Ville est à quatre lieues de Sarlat, sur la Riviére de Vézére. Il y a une Abbaye d'Hommes de l'Ordre de S. Benoît, nommée *Abbatia Sancti Sori Terracinensis*. On a prétendu qu'elle devoit son commencement à S. Sorus, qui ayant guéri tout d'un coup miraculeusement le Roi Gontrand d'une lépre dont il étoit affligé, en auroit reçu en reconnoissance toutes les choses nécessaires à bâtir un Monastère; mais on ne lit nulle part que Gontrand ait été lépreux, & cette Histoire est fabuleuse. Dom Estiennot dit avec plus de certitude qu'elle fut fondée par Saint Sorus aidé par Gocond Prince de Limoges, Pélagie sa femme & Aredius son fils. Les Actes de ce Saint y sont formels. Quoi qu'il en soit, cette Abbaye fut détruite durant les guerres des Ducs d'Aquitaine, & les courses des Danois. Ensuite vers le commencement du dixiéme, ou vers la fin du neuviéme Siécle, elle fut rétablie, à ce qu'on prétend, par les Comtes de Périgueux,

380 TER. TER.

gueux, & fut soumise l'an 1105. au Monastère de Saint Martial.

TERBART, ou CASTEL-TERBART[a], Bourg & Château d'Ecosse, sur le bord Oriental de l'Isthme, de la Presqu'Isle de Cantyr. Les deux Golphes qui sont séparez par cet Isthme prennent leur nom de ce Bourg. On les nomme dans le Pays Loch-TERBART.

[a] Blaeu, Atlas.

TERBETIA, Ville de Sicile selon Etienne le Géographe.

TERBICES, ou DERBICES. Voyez DERBICES.

TERBUNIOTÆ[b], Peuple de Scythie, selon Cédrène qui semble le placer vers l'Esclavonie. Ce sont apparemment les *Teruniotæ* de Curopalate.

[b] Ortelii Thesaur.

TERCAOUL, Ville frontière du Mogolistan: Mr. Petis de la Croix[c] en parle dans son Histoire de Timur-Bec.

[c] Liv. 5. c. 4.

TERCERE, Isle de la Mer du Nord, & l'une de celles qu'on nomme Açores[d]. Elle est la principale de ces Isles, & on lui donne quinze à seize lieues de tour. Cette Isle qui est la principale a environ 15. ou 16. lieues de tour. Le Pere Labat cependant dans sa Relation de l'Afrique Occidentale donne à cette Isle, qu'il dit être ronde, sept lieues de Diamétre & par conséquent vingt & une à vingt-deux lieues de circonférence. L'Isle de Tercére est haute & escarpée de divers rochers qui la rendent presqu'imprenable; car outre les hautes roches qui l'environnent presque par-tout, il n'y a pas sur le rivage le moindre endroit accessible, qui ne soit défendu d'une bonne Forteresse. Il n'y a ni Port ni Rade, où les Vaisseaux puissent être à l'abri, que devant la Ville Capitale nommée Angra qui a un Port de havre en forme de Croissant. Sur les deux pointes de cet arc, il y a deux Mornes ou Rochers, qu'on appelle Bresils, qui s'avancent beaucoup en Mer, si bien que de loin on diroit que c'est une Isle particulière. Tercera est également fertile & agréable. Les habitans subsistent pour la plûpart des fruits de la terre qu'ils cultivent. On voit par-tout de belles campagnes de Bled. Les Vins qu'on y recueille sont petits & ne se conservent pas. Cette Isle est si abondante en viande, en poisson, & en toutes sortes de vivres, qu'en quelque tems que ce soit, même en tems de disette, il s'y en trouve assez pour les habitans. Mais il y faut apporter de dehors l'huile, le sel, la chaux & toute sorte de poterie de terre. Elle produit une infinité de Pêches, de Pommes, de Poires, d'Oranges, de Limons, aussi-bien que diverses sortes d'Herbes, & de Plantes, & entre autres la Racine qu'on nomme Baratas, qui pousse à peu près comme le sep de Vigne, hormis les feuilles qui en sont différentes. Quelques-unes de ces racines sont du poids d'une livre; d'autres pesent un peu plus ou un peu moins. La quantité qu'il y en a les fait mépriser des riches; mais les pauvres gens s'en trouvent bien; parce que c'est une bonne nourriture, dont le goût est fort doux, & elle a beaucoup de substance. On voit encore dans cette Isle une racine épaisse comme les deux poings. Elle est couverte de fibres cou-

[d] Voy. des Holland. aux Indes Occ. p. 433.

leur d'or qui au toucher sont aussi doux que de la soie. On s'en sert pour faire des lits, mais des gens adroits & curieux en pourroient faire de belles étoffes. Il y a peu de chasse & d'Oiseaux, si ce n'est des Canaries & des Cailles qui y sont à milliers, aussi-bien que les Poules communes & les Coqs d'Inde. Il y a beaucoup d'endroits qui sont montueux, & pleins de bois où l'on peut difficilement passer, ce qui fait en partie qu'on a de la peine à voyager. Mais ce qui rend encore les voyages plus pénibles, c'est que très-souvent on ne rencontre que des rochers, pendant une lieue & demie de chemin; & ces Rochers sont si raboteux & si aigus, qu'à peine ose-t-on marcher dessus; de peur de se couper & les souliers & les piés. Nonobstant cette disposition du terrain ces Roches sont presque toutes plantées de Vignes, & si couvertes en Eté, qu'on ne les apperçoit point au travers des branches de sarmens & des pampres. Les seps poussent leurs racines dans les fentes qui sont entre les Roches; mais dans des fentes si petites qu'on s'étonne, comment ils y peuvent trouver de la nourriture, d'autant plus qu'ils ne peuvent pas croître dans la bonne terre qui est en ce lieu-là. Les Blés & les autres fruits que l'Isle produit ne durent tout au plus qu'un an. Pour le Blé, si on le tenoit quatre mois, ou même moins de tems sans l'enterrer, il seroit tout corrompu. Afin de prévenir cet accident chacun y a des Puits particuliers creusés en terre, sans beaucoup de façon, ils sont ronds par le haut, de largeur justement à y faire entrer un homme. Cette ouverture se ferme d'une pierre qui est taillée comme un couvercle, & qu'on scelle. Il y a des Puits qui sont si grands qu'ils tiennent deux ou trois lastes de Blé, le laste pris pour 108. boisseaux. C'est au mois de Juillet qu'on renferme le Blé dans ces Puits & après cela on couvre encore de terre la pierre qu'on met sur l'ouverture. Mais à Noël on le retire & on le reporte dans les Maisons, quoique ce ne soit pas une nécessité; car il y a des gens qui le laissent le plus long tems, & lorsqu'ils vont l'en tirer il se trouve aussi-bien conditionné qu'il étoit, quand on l'y avoit mis. Les Bœufs de cette Isle sont les plus grands & les plus beaux de toute l'Europe. Ils ont des cornes prodigieusement grandes; ils sont si doux & si privés, que, quand entre mille qui seroient ensemble, un Maître viendroit appeller le sien par son nom, car ils ont chacun leur nom particulier ainsi que nos Chiens, le Bœuf ne manqueroit pas d'aller à lui. Il semble que l'Isle soit creuse en-dedans; car quand on marche sur les Roches, on entend le dessous résonner, & rendre un son ou bruit, comme si c'étoit une cave; & d'ailleurs elle est fort sujette aux Tremblemens de terre, de même que la plûpart des autres Isles. On y trouve encore des endroits par où il sort tous les jours de la fumée, & autour desquels la terre est toute brûlée. Il y a des Fontaines si chaudes qu'on y peut faire cuire un œuf, comme on feroit dans un Chauderon d'eau pendu sur le feu. A trois lieues d'Angra on voit une

une Fontaine, qui a la vertu de pétrifier avec le tems le bois qu'on y jette, & cela se voit dans un Arbre qui est planté au bord, dont la moitié des racines qui est dans l'eau est changée en des pierres aussi dures que de l'acier, & l'autre moitié qui est hors de l'eau demeure bois, tel que sont les racines des autres Arbres. Cette Isle fournit aussi de beau bois, sur-tout du bois de Cédre qui y est si commun, qu'on en fait des Charettes & des Chariots, & qu'on s'en sert à brûler. L'Isle de Pico qui est à douze lieues de Tercére produit un bois, qu'on nomme Teixo, qui est aussi dur que du fer, & qui étant mis en œuvre a tout-à-fait la couleur du Camelot rouge & le même lustre; il a encore cette qualité que plus il est vieux plus il est beau, & cela le rend tellement précieux que personne n'oseroit en abatre, si ce n'est pour le Roi, ou par la permission de ses Officiers.

Tercére a un Gouverneur en titre. Elle est bien peuplée : la Capitale se nomme Angra, c'est à dire, Ance ou Port ouvert. Elle est le Siège d'un Evêque suffragant de Lisbonne; elle a cinq Paroisses, Saint-Sauveur qui est la See, c'est ainsi que les Portugais appellent la Cathédrale, mot dérivé du Latin *Sedes*, qui veut dire le Siège de l'Evêque. Les autres Paroisses sont la Conception de Notre-Dame, Saint Benoît, Sainte Luce & Saint Pierre. Il y a quatre Couvens de Religieux; les Augustins, les Cordeliers, les Recolets & les Jésuites; ceux-ci enseignent les Humanitez, & les Augustins la Philosophie & la Théologie. Ces quatre Communautez d'Hommes sont accompagnées de quatre Couvens de Filles, l'Espérance, Saint Gonzales, la Conception & les Capucines. Il y a un Tribunal de l'Inquisition, & la Justice de l'Evêque dont la Jurisdiction s'étend sur toutes les Isles.

Outre le Gouverneur Général de toutes ces Isles qui réside ordinairement à la Tercére, les Châteaux ou Forteresses de S. Jean Baptiste & de S. Sébastien ont leurs Gouverneurs particuliers, avec quatre cens hommes de garnison, & cent trente pièces de canon; ces deux Forteresses défendent parfaitement bien le Port ou la Rade, où les Vaisseaux viennent mouiller. Il y a encore un vieux Château appellé le Fort de Saint Christophle, dont on a ôté le canon & qui sert seulement de Magasin à poudre. La Ville a un Commandant qu'on appelle Capitaine Mor, c'est à dire Major, qui commande douze Compagnies de cent hommes chacune; & en cas de guerre ou d'attaque, il est à la tête de toutes les Milices de la Ville, sous les ordres du Gouverneur Général. A l'égard du dedans de l'Isle, c'est le Capitaine Mor de Praya, autre endroit considérable de l'Isle, qui commande toutes les Milices du Pays. On prétend qu'il a autant de monde sous ses ordres que les trois Gouverneurs des Forts & de la Ville. Le Gouvernement politique est entre les mains d'un Dezembargador qui a un nombre d'Assesseurs ou Oydores avec lui; il juge souverainement toutes les affaires de la Ville & de l'Isle, tant au civil qu'au criminel, & les Appels des Sentences que les Lieutenants rendent dans les autres Isles. Il y a pourtant des cas dans lesquels on peut appeller au Conseil Royal à Lisbonne. Il y a un Juge pour les affaires de la Marine, qu'on appelle aussi Dezembargador, un Proveidor des Douannes, un Administrateur du Convoi Royal, un Proveidor des Armées navales & Navires des Indes, un Commissaire de la Compagnie Royale de Portugal, & un particulier pour la Ville de Mazagan en Afrique. On compte plus de quarante Familles nobles dans la Ville & environ autant qui sont répandues dans les autres Isles. On dit que ce sont les Rois, Don Antoine, Philippe Second Roi d'Espagne & de Portugal, & Don Jean IV qui ont donné la Noblesse à plusieurs Familles Bourgeoises, riches & puissantes dans ces Pays; soit pour les attacher davantage à leur service, soit pour les récompenser. Il s'en faut bien que ces Familles ayent conservé jusqu'à présent les biens qui les rendoient autrefois si considérables : la Noblesse leur a fait négliger le Commerce & la culture de leurs terres; elles ont regardé cela fort au-dessous de l'état où leurs Princes les avoient élevées, & on en voit beaucoup qui ont bien plus de noblesse & de fierté que de bien, & qui estiment infiniment plus la qualité d'Hidalgue que tous les biens du monde. Pour la conserver entière & toute pure, ils ne se mesallient jamais, quelque avantage qu'on leur puisse offrir pour rétablir leurs affaires, & l'éclat de leurs Maisons, en mêlant un peu de sang roturier avec le leur. Ces Hidalgues devroient venir en France; ils y apprendroient un usage bien différent, & seroient bien-tôt convaincus que les biens répandent un si beau vernis sur la Roture, qu'elle ne fait pas la moindre petite tâche à l'éclat de la Noblesse la plus illustre, quand le malheur la fait tomber dans l'indigence. Quoi qu'il en soit, quand ces Hidalgues n'ont pas le moyen de marier leurs enfans selon leur naissance, ils les font Religieux ou Religieuses, & quelque aversion que ces enfans ayent pour cet état, le point d'honneur le leur fait embrasser par provision, en attendant que la grace de la vocation vienne à leur secours. Cette raison suffit pour empêcher le Lecteur de s'étonner qu'il y ait tant de Couvens de Religieux & de Religieuses dans un Pays aussi resserré que ces Isles. Le Roi de Portugal comme Grand-Maître de l'Ordre de Christ, reçoit les Décimes, & en conséquence il est obligé de payer le Clergé. Ce Prince a des Magasins à Angra, où l'on a soin d'avoir des Ancres, des Cables, des Voiles & d'autres agrés pour les Vaisseaux de Guerre. Il entretient aussi un Pilote pour conduire & faire mouiller en sûreté les Navires qui arrivent, & il a fait conduire deux Fontaines d'eau douce jusqu'au bord de la Mer, afin que les Vaisseaux puissent en faire avec toute la commodité & la diligence possible. Il y a très-peu de Marchands considérables dans la Ville d'Angra, & beaucoup moins encore dans les autres endroits de l'Isle, parce que le Commerce y est peu considérable. Il ne laisse pas d'y avoir des Consuls pour les Nations Françoise, Angloise & Hollandoise.

La Praya est un Bourg assez considérable à quatre lieues d'Angra. Il y a une Eglise Paroissiale, où l'on croit conserver la palme, qu'on prétend que Saint Jean l'Evangeliste portoit à l'enterrement de la Sainte Vierge. Il faut bien se garder de témoigner le moindre doute de l'Histoire qu'on ne manque pas de faire à ceux qui vont voir cette vénérable antiquité ; car on le leur prouveroit d'une manière qui les mettroit hors d'état de douter jamais de rien. Il y a dans ce même Bourg un Couvent de Cordeliers & un d'Augustins, avec deux Couvens de Religieuses, l'un sous le titre de Jésus & l'autre sous celui de Notre Dame de Luz ou de la Lumière. Ce Village fut entiérement ruiné le 24. Mai 1614. par deux Tremblemens de terre qui arrivèrent aux mois de Septembre & d'Octobre. On l'a rétabli depuis ce tems-là, & il y a bien des années qu'on n'y a senti aucune agitation.

Saint Sébastien est un autre Village qui outre l'Eglise Paroissiale a un Couvent de Cordeliers & de Religieuses. Les autres Villages moins considérables sont Ribeyrinha, Porto-Judo, Fonte-Bastardo, Santa-Catharina, Bordo-Praya, Fontarinhas, Agoalva, Lageris, Quatro-Rios, Villa-Nova, Bicontos, Alteres, Saint George, Sainte-Barbe, Saint-Barthelemy & Saint Mathieu. On fait compte qu'il y a dans toute l'Isle environ 20060. personnes de communion.

Il n'y a que deux endroits où l'on puisse mouiller ; savoir devant Angra & devant Praya. On ne peut pas donner le nom de Ports à ces deux mouillages, ce ne sont que des Rades assez exposées, & où les Navires trouvent peu de sûreté depuis le mois d'Octobre jusqu'en Février ; on y a vu même périr des Vaisseaux au mois de Juillet ; mais c'est un cas extraordinaire. La Ville est bien bâtie ; les rues sont droites, les Maisons n'ont de meubles que dans les Lieux où les Etrangers peuvent pénétrer, le reste est assez nud, la chaleur du Climat est un prétexte spécieux pour couvrir la pauvreté des Habitans qui ne leur permet pas de faire des dépenses considérables en meubles. Les Eglises sont bien bâties & très-bien ornées ; on n'y voit guère que des femmes du commun, encore sont-elles voilées de manière, qu'elles n'ont de tout le visage qu'un œil découvert. On ne peut pas moins, car il faut cela nécessairement pour qu'elles puissent se conduire. Les femmes de condition ont des Chapelles domestiques, où elles font leur dévotion, & si dans de certains jours solemnels elles vont à l'Eglise, c'est de très-grand matin. Elles sont pour la plûpart d'une petite taille, leurs Souliers qui n'ont pas de talon ne contribuent pas à les faire paroître grandes : elles sont délicates, fort menues, un peu basanées ; elles ont la bouche petite, le nez bien fait, les yeux grands & pleins de feu, l'esprit vif & fort enjoué.

Les hommes sont assez bien faits, ils ont de l'esprit, ils se piquent de Religion & de galanterie tout à la fois. Le point d'honneur est chez eux un endroit bien délicat ; ils sont jaloux & vindicatifs à l'excès ; ils sont sobres par habitude & souvent par nécessité ; ils aiment à paroître, sont braves à leur manière, grands coureurs de nuit & chercheurs de bonne fortune. Ils ne sortent le jour que rarement, & jamais sans quelqu'affaire pressante. Ils reçoivent leurs visites dans une Sale basse, qu'ils tâchent de tenir toujours dans la fraîcheur, là ils causent, fument & boivent de l'eau : il est rare qu'ils aillent manger hors de chez eux, & encore plus rare qu'ils en donnent à personne ; & quand cela arrive dans des cas extraordinaires, les femmes ne sont point du repas ; on sert les plats l'un après l'autre, & souvent chaque convié a sa portion séparée comme chez les Moines ; ils paroissent aimer les Etrangers plus que ceux de leur Nation ; car ils sont entr'eux dans des défiances perpétuelles, ils craignent toujours le Poison ou le Poignard, parce que les haines & la vengeance se perpétuant de race en race, & devenant aussi héréditaires aux Familles, il est rare qu'ils n'ayent rien à se payer les uns aux autres ; & quoique les circonstances des tems & des lieux les empêchent souvent pendant des tems très-considérables de faire éclater leurs ressentimens, on peut être assuré, & l'expérience journalière ne le prouve que trop, qu'ils ne manquent jamais de le faire dès qu'ils en trouvent l'occasion. Il y a deux Islets devant la Rade d'Angra qui couvriroient assez bien & en feroient un Port, s'ils étoient plus grands. On les appelle les Islets de Saint Antoine, & on a donné le nom des Trois Freres aux écueils qui couvrent ces Islets du côté du large. Il part quelques Vaisseaux de l'Isle qui font le Voyage du Bresil avec des Vins ; de l'Eau-de-Vie, des Toiles, des Farines & quelques autres Marchandises, & qui en rapportent du Sucre blanc, du Syrop de Cannes, ou melasse, de l'Huile de Baleine, du Ris & du Bois de Jacaranda. Depuis le mois de Mai jusqu'en Octobre, il y a toujours des Navires qui viennent charger du Blé ; mais comme ce Commerce n'est pas fort considérable, il s'ensuit que les Habitans ne sont pas fort riches, quoiqu'ils affectent de le paroître, en dehors, pendant qu'ils vivent chez eux avec une économie & une sobriété, qui marque plus ouvertement qu'ils ne voudroient leur indigence.

Le principal Commerce de Tercère est de Pastel, dont il y a quantité. Les passages des Flotes de Portugal & d'Espagne, qui vont aux Indes, au Bresil, au Cap Vert, en Guinée & en d'autres Pays, apportent aussi du profit aux Habitans de cette Isle, où d'ordinaire on va prendre des rafraîchissemens. C'est une occasion qui non-seulement leur est favorable ; mais encore à tous les Habitans des autres Isles voisines, qui apportant leurs Manufactures & leurs autres Marchandises & Denrées en celle-ci, s'en défont, & en accommodent les Marchands qui passent.

TERCESTUM, ou Tergeste. Voyez Tergeste.

TERCHIZ, Ville de la Corassane. Mr. Petis de la Croix [a] dit qu'elle à 92. d. de Longitude, sous les 35. d. de Latitude. Sitôt que Timûr-Bec fut arrivé à Terchiz, les Troupes se rangèrent à l'entour de la Pla-

[a] Hist. de Timur-Bec. L. 2. ch.

Place. Cette célèbre Forteresse qui étoit dans les Montagnes, étoit presque inaccessible, & avoit la réputation d'être imprenable, à cause de la hauteur extraordinaire de ses Murs, & de l'excessive largeur & profondeur de ses Fossez. La Garnison de Terclsiz étoit alors composée de Sédidiens, ainsi nommez parce que l'Emir Caya-Seddin avoit donné la garde de cette Place à l'Emir Ali-Sedidi, qui les y avoit introduits; & ces Sédidiens étoient pour la plûpart Gouris, gens célèbres pour leur valeur, & pour leur habileté à défendre les Villes. Celle-ci par leur bonne conduite, se trouva munie de toutes sortes d'Armes, & de Machines, & outre cela de quantité de Vivres, & d'un bon nombre de Soldats, résolus à se bien défendre. Lorsque Timur les eut vus en action, il se plaignit à Malek-Caya-Seddin de leur résistance, & lui dit que, ces gens-là qu'il avoit mis dans la Place étant de ses Officiers, il s'étonnoit qu'ils continuassent dans la rebellion, puisque lui-même étoit soumis à ses ordres, & lui obéïssoit. Caya Seddin répondit qu'ils en usoient ainsi par ignorance & par manque de Bon-Sens, & qu'il alloit leur parler. Effectivement, il alla au pied des murailles pour leur donner ses ordres; mais quelques commandements qu'il leur fît, & quelques conseils qu'il leur donnât, ils ne voulurent ni obéïr ni sortir de la Place; ce qui obligea l'Empereur de se résoudre à l'assiéger. Lorsqu'il eut envoyé son ordre à l'Armée, les Officiers la firent entourer de toutes parts, les Toumans & les Hezarés prirent leurs postes, & les fortifièrent, & en même tems ils commencérent les attaques. Tous les jours Timur montoit à cheval pour faire le tour de la Place & en examiner les dehors. Les Ingénieurs construisirent en diligence les Béliers & les autres Machines nécessaires au Siège, & les firent dresser au plutôt. Les Mineurs & les Pionniers saignèrent le Fossé, pour faire écouler les eaux; & ensuite ils creusèrent sous les Murs, pendant que nos Guerriers donnèrent des assauts de tous côtez, & firent plusieurs belles actions. Les Assiégés leur répondirent avec vigueur, & leur firent paroître tant de courage, qu'il est impossible de s'imaginer une telle fureur dans les combattans: l'attaque & la défense furent également vigoureuses; mais enfin nos Soldats, recevant tous les jours de nouveaux secours, ruinèrent tellement les Murs & les Parapets à coups de pierres, par le moyen des Béliers & des autres Machines, que la Place fut presque renversée. Et comme la prospérité de Timur étoit une affaire du Ciel, à qui toute la vigueur humaine, & le courage le plus héroïque n'auroit pu résister, les Sédidiens consternez, voyant leurs affaires réduites en si mauvais état, perdirent courage, & demandérent quartier. L'Empereur toujours clément, leur accorda ce qu'ils demandérent. Il leur donna même de bonnes paroles pour les encourager, & cependant ils sortirent de la Ville en tremblant, quoiqu'ils dûssent avoir le bonheur de baiser le Tapis Impérial. Ils s'enrôlèrent au service de Timur, & s'acquittèrent de leur devoir avec beaucoup de distinction. Ce Monarque, ayant reconnu leur valeur dans l'occasion, les caressa, les gratifia de Seigneuries, & les nomma aux Gouvernemens des Villes, & autres Places-Frontières du Turkestan. Aussi-tôt qu'ils furent sortis de Terchiz, le Mirza Miran-Chah donna à Sarek-Eteké le Gouvernement de cette Place.

TERCHAND, Vicomté de France dans le Maine, au Comté de Laval, dont elle dépend. Il y a huit Paroisses qui relèvent de ce Vicomté, qui vaut six mille Livres de rente.

TEREAS. Voyez TERIAS.

TEREBELLI. Voyez TARBELA.

TEREBENTUM. Voyez TREVENTINATES.

TEREBIA, Ville de la Grande-Arménie: Ptolomée [a] la marque parmi les Villes qui sont à l'Orient des Sources du Tigre, entre *Cholina* & *Daudyana*. [a Lib. 5. c. 3.]

TEREBINTHUS. Voyez EREBINTHODES.

TEREBINTHUS, Arbre fameux dans l'Ecriture-Sainte, & qui a donné le nom à divers Lieux, où se sont passés des Evénement remarquables. L'Auteur de la Vulgate, dit Dom Calmet [b], & les Septante, traduisent ordinairement par *Terebinthus*, le mot Hébreu *Elah* [c], que d'autres rendent par, un Chêne, un Orme, un Chataignier, ou en général un Arbre. Saint Jérôme n'est pas non plus constant dans la traduction de ce terme; il le traduit quelquefois par *quercus* ou *ilex*, un Chêne. Le Térébinthe est un Arbre dont le Bois & l'écorce ressemblent au Lentisque, & qui a ses feuilles comme le Frêne, mais un peu plus grosses & plus grasses. Sa fleur ressemble à celle de l'Olivier, & son Fruit en sort en forme de grappes. Ce Fruit est dur, résineux, gros comme celui du Geniévre, & a de petites cornes rouges, de même que celles des Chévres, dans lesquelles s'engendrent certains Moucherons. Elles ont aussi quelque liqueur, comme le Lentisque. Sa résine vient du tronc, comme aux autres Arbres qui en jettent. Cet Arbre étoit commun dans la Judée. [b Dict. c Genes 35. 4. אלה Ela 70. Τερέβινθος Vulg. Terebinthus. 70. Aliquando Βάλανος Genes. 35. 8. &c. Aliquando ἀφύς Quercus.]

LE TÉRÉBINTHE, sous lequel Abraham reçut les trois Anges [d], est très-fameux dans l'Antiquité. Josèphe [e] dit qu'on montroit à dix Stades d'Hébron, un fort grand Térébinthe, que les Peuples du Pays croyoient aussi ancien que le Monde. Eusèbe assure qu'on voyoit encore de son tems le Térébinthe d'Abraham, & que les Peuples des environs, tant Chrétiens que Gentils, l'avoient en singulière vénération, tant à cause de la personne d'Abraham, qu'à cause de ceux qu'il y reçut. S. Jérôme dit que ce Térébinthe étoit à deux milles d'Hébron. Sozomène [f] le met à quinze Stades de cette Ville; & un ancien Itinéraire, à deux milles. Ces diversitez pourroient faire douter que ce Térébinthe, dont parle Josèphe, soit le même que celui qu'on montroit du tems d'Eusèbe, de Saint Jérôme & de Sozomène. Quelques Anciens [g] ont avancé que ce Térébinthe étoit le bâton d'un des trois Anges qui furent reçus & traitez par Abraham, & qui ayant été fiché en ter- [d Genes. 18. 1. 2. 3. e De Bel. L. 4. c. 7. in Grac. sed. Μά. Ε. Φαεὶ τῦ ἐνδρύν οὖν τῶς ἐν ἱεροῖς μήχει τῶν διαμένειν. f Lib. 2. c. 4. Histor. g Vide Euseb. tatib. ub Allatio editum, & Jul. Afric. apud Syncell.]

ter-

384 TER. TER.

terre, prit racine, & devint un grand Arbre. On voyoit au pied du Térébinthe, un Autel sur lequel on immoloit des Sacrifices profanes. L'Empereur Constantin [a] en ayant eu avis écrivit à Eusébe Evêque de Césarée, & lui ordonna de renverser l'Autel, & de faire bâtir un Oratoire au même endroit. On dit que quand on mettoit le feu au Térébinthe, tout d'un coup il paroissoit enflammé; mais, qu'après qu'on avoit éteint le feu, l'Arbre se trouvoit sain & entier comme auparavant. Le concours du Peuple qui venoit de toutes parts au Térébinthe, avoit donné occasion à une Foire qu'on y établit. Saint Jérôme [b] & quelques autres assurent qu'après la guerre que l'Empereur Adrien fit aux Juifs, on y vendit une infinité de captifs de cette Nation, qui furent donnez à vil prix; & que ceux qu'on n'y put pas vendre, furent transportez en Egypte, où la plûpart périrent misérablement. Sanute [c] assure qu'on montroit encore de son tems le tronc du Térébinthe, & qu'on en tiroit des morceaux, auxquels on attribuoit une grande vertu.

Le TEREBINTHE, où Jacob enfouït les faux Dieux que ses gens avoient apportez de la Mésopotamie [d], étoit derrière la Ville de Sichem, & fort différent de celui près duquel Abraham avoit sa tente aux environs d'Hébron. On n'a pas laissé de les confondre très-mal-à-propos. On croit que c'est sous ce même Térébinthe (que la Vulgate appelle Chêne *Josué*, 24. 26.) que l'on renouvella l'Alliance avec le Seigneur sous Josué [e], & qu'Abimélech fils de Gédéon, fut sacré Roi par les Sichémites [f].

TEREBUS, Fleuve de l'Espagne Tarragonnoise: Ptolomée [g] marque son Embouchure entre le Promontoire *Scombraria* & la Ville *Alonæ*. Le MS. de la Bibliothéque Palatine lit *Terebris* au lieu de *Terebus*; & Villeneuve dit que c'est le *Tuder* de Pline [h]. Mais on lit *Tader* & non *Tuder* dans Pline. Le Pere Hardouin dit que c'est ainsi que lisent tous les MSS. Il ajoute que ce Fleuve prend sa source dans les mêmes Montagnes où le *Bætis*, aujourd'hui le Guadalquivir, a la sienne. Le nom moderne du *Taber*, ou *Terebus* est SEGURA.

TEREDIS. Voyez TERETINATIBUS.

TEREDON, Ville d'Asie dans la Babylonie: Ptolomée [i] la marque dans l'Isle que forme le Tigre à son Embouchure. D'autres placent la Ville de Teredon à l'Embouchure de l'Euphrate. Strabon [k] entr'autres dit qu'il y avoit trois mille Stades depuis la Ville de Babylone, jusqu'aux Bouches de l'Euphrate & à la Ville de Teredon. *Inde vero* [a Babylone] *ad Ostia Euphratis & Urbem Teredonem tria millia*. Dans un autre endroit il étend le Golphe Persique du côté de l'Occident jusqu'à la Ville de Teredon & à l'Embouchure de l'Euphrate: *usque ad Teredonem & Ostium Euphratis*. Denys le Périegéte [l] met aussi la Ville de Teredon à l'Embouchure de l'Euphrate. Peut-être étoit-elle entre l'Euphrate & le Tigre, vers leurs Embouchures; car chacun de ces Fleuves avoit anciennement son Embouchure particuliére dans le Golphe Persique. Les choses purent changer dans la suite par le moyen des divers Canaux que l'on tira de l'Euphrate, ce qui a été cause que Ptolomée n'a point parlé de l'Embouchure de ce Fleuve. La Ville de Teredon est nommée DIRIDOTIS par Arrien [m]. Si nous en croyons Tavernier [n], on voit encore les ruïnes de Teredon dans le Desert de l'Arabie, à deux lieues de *Balsara*. Ces ruïnes, ajoute-t-il, font connoître que la Ville étoit grande & considérable. On y trouve encore un Canal de briques par lequel l'eau de l'Euphrate étoit conduite en cette Ville. Les Arabes y vont enlever des briques pour les vendre à *Balsara*, où l'on en fait les fondemens des Maisons.

TEREI. Voyez ZARABI.

TEREN, Province de Perse entre le Muzandran [o] & l'ancienne Région des Perses connue aujourd'hui sous le nom d'Hierac, à l'Orient d'Eté d'Ispahan. C'est un Pays des plus tempérez, & qui ne se sent point de la malignité de l'air du Guilan, qui a été le Cimetiére de tant de milliers d'Arméniens que le Grand Cha-Abas y envoya, quand il les fit tous passer en Perse. C'est dans la Province de Teren que le Roi va d'ordinaire l'Eté chercher la fraîcheur, & prendre le divertissement de la Chasse. On y recueille de bons fruits en divers endroits.

TERENTIA, nom d'un Pays dont parle Dioscoride [p].

TERENTUM, lieu d'Italie, dans le Champ de Mars, près du Tybre, selon Valere Maxime [q]; car le Champ de Mars, comme nous l'apprend Tite-Live, étoit autrefois hors de Rome. Servius dit qu'on donnoit aussi le nom de TERENTUM, à une certaine partie du Tybre dans Rome, sans doute après que le Champ de Mars eut été renfermé dans cette Capitale: à quoi on peut joindre le témoignage d'Ovide, qui dit dans ses Fastes, Lib. 1. v. 499.

Jamque ratem monitu doctæ Carmentis ad arcem
Egerat, & Thuscis obvius ibat aquis.
Fluminis illa latus, cui sunt vada juncta Terenti,
Aspicit, & sparsas per loca sola casas.

Martial [r] au lieu de *Terentum* se sert du plurier *Terenti*:

Cœpit, Maxime, Pana, quæ solebat
Nunc ostendere Canium Terentos.

Il employe pourtant le même mot au singulier [s]:

Bis mea Romano spectata est vita Terento.

Et Ausone [t] dit TERENTUS pour TERENTUM:

Et quæ Romuleus sacra Terentus habet.

Zosime [u] est, je pense, le seul qui écrive *Tarentum* au lieu de *Terentum*; ce qui pourroit être une faute de Copiste.

TERENUTHIS, Ville d'Egypte, selon Etienne le Géographe. Peut-être est-ce la même Ville qui est appellée THENENUTHUM dans la Notice des Dignitez de l'Empire [x].

TERE-

TER.   TER. 385

TERESES, Peuples de l'Espagne Bétique. C'est Pline[a] qui en parle. Il dit que ces Peuples furent surnommez *Fortunales*. Terefes pourroit signifier une Ville aussi bien qu'un Peuple. [a Lib. 3. c. 1.]

TERESSA, Ville de l'Æolide, selon Pomponius Mela.

TERESTIS, Ville d'où étoit originaire Astoron, Médecin Empirique, dont il est parlé dans le Livre attribué à Galien *de Mediciuæ expertis*.

TERETINATIBUS. On trouve ce mot dans Festus. Voici le passage: *Teretinatibus qui a flumine Terede dicti existimantur, & syllaba ejus tertia mutata, & pro Terede Teram scribi debuisse*. Ce passage de Festus est corrompu selon Mr. Dacier, qui au lieu de *& pro Terede Teram scribi debuisse*, voudroit lire *& pro Tereti, Teredi scribi debuisse*. Quoiqu'il en soit, Festus semble dire que les *Teretinates* étoient des Peuples qui prenoient leur nom du Fleuve *Teres*, ou *Teredes*, & que par conséquent on devoit écrire *Teredinates* & non *Teretinates*. Mais où étoit ce Fleuve *Teres*, ou *Teredes*; c'est ce que personne ne nous apprend.

TEREUENTUM. Voyez TRUENTINATES.

TEREUS, Fleuve d'Italie, selon Pomponius Sabinus[b], qui dit que ce Fleuve se jettoit avec l'Amasenus dans le Fleuve *Liris*. Ortelius croit qu'au lieu de *Tereus* il faut lire TRERUS: Voyez ce mot. [b Ad. Lib. 7. Æneid.]

TERGA, Ville d'Afrique[c], au Royaume de Maroc, à dix lieues d'Azamor, sur la Rivière d'*Ommirabi*, dans une situation assez avantageuse. Elle a été bâtie par les anciens Africquains, qui l'ont ceinte de murailles & de Tours. Elle dépendoit autrefois des Arabes de Charquie; mais quand les Portugais conquirent Safie, Ali, ayant tué Abderame, y alla demeurer quelque tems avec plusieurs gens de Guerre qui le suivirent. Mulei-Nacer frere du Roi de Fez l'enmena avec lui quand il transporta une partie de ces Peuples, & la Ville demeura deserte, sans qu'elle se soit repeuplée depuis, à cause de divers Fleaux de Guerre, Peste, & famine, dont ce Pays a été tourmenté. Les Campagnes sont aux environs de cette Place fort bonnes, & les Arabes de Charquie y errent avec leurs Troupeaux. [c *Marmol*, Royaume de Maroc, L. 3. c. 64.]

TERGAU, ou TERGOW. Voyez GOUDA.

TERGAZA, Ville d'Afrique. Orose[d] la met au nombre de celles dont Manlius se rendit Maître & qu'il pilla dans la troisième Guerre Punique. De trois MSS. qu'Ortelius[e] a consultez l'un porte *Tezaga*, un autre *Texaga* & le troisième *Cirica*, qui diffère bien des deux autres. Cette Ville pourroit bien être celle que Pline nomme *Tagefte*. [d Lib. 4. c. 22.] [e Thesaur.]

TERGEDUM, Ville de l'Ethiopie sous l'Egypte selon Pline[f]. [f Lib. 6. c. 29.]

TERGESTE, selon Pline[g], TERGESTUM selon Ptolomée[h], URBS TEGESTRÆORUM, selon Denys le Périégète[i], Ville d'Italie, dans le *Forum-Julii*. Etienne le Géographe écrit *Tegestra*: Pomponius Mela[k] la met au fond du Golphe auquel elle donnoit son nom & qu'on appelloit *Tergestinus-Sinus*. Le véritable nom de cette Ville est TERGESTE, & c'est ainsi qu'il est écrit dans les anciennes Inscriptions. En voici une rapportée par Gruter[l]. [g Lib. 3. c. 18.] [h Lib. 3. c. 1.] [i Vers 381.] [k Lib. 2. c. 3.] [l Pag. 388. no. 1.]

AED. II. VIR. JUR. D.
TERGESTE.

La Table de Peutinger porte aussi Tergeste. Le nom moderne est TRIESTE, selon Lazius & Leander. Pline & Ptolomée donnent à cette Ville le titre de Colonie; mais on ignore le tems de son établissement. Il est surprenant que Strabon[m] qui a écrit sous Tibère, appelle Tergeste un Village de la Carie, *a Tergesta vico Carnico*. Cependant Denys le Périégète, qui selon Pline[n] a écrit sous Auguste donne à Tergeste le Titre de Ville. Mais peut-être Strabon a-t-il suivi pour cette qualification quelque ancien Auteur qui avoit précédé l'établissement de la Colonie, à moins qu'on ne dise que Strabon distingue *Tergesta*, de *Tergeste*, dont il fait ailleurs[o] une petite Ville, *Oppidum Tergefte*. [m Lib. 7. p. 314.] [n Lib. 6. c. 27.] [o Lib. 5. p. 215.]

TERGESTINUS SINUS, Golphe d'Italie sur la Côte de la Mer Adriatique. Pline dit que ce Golphe prenoit son nom de la Ville de Tergeste qui y étoit bâtie. D'autres l'ont appellé *Aquileius-Sinus*. On convient que c'est aujourd'hui le Golphe de Trieste.

TERGILANI, Peuples d'Italie: Pline[p] les place dans la Lucanie. [p Lib. 3. c. 11.]

TERGIS, Ville de la Libye, aux confins de l'Ethiopie, selon Etienne le Géographe.

TERGOW. Voyez GOUDA.

TERGOWITS, TERGOVISTE, TERGOWISK, ou TARVIS[q], Ville des Etats du Turc, en Europe, dans la Valaquie, sur la Rivière de Jalonicz, à l'Orient de Cragocen, & à l'Occident de Bussovo. La route pour aller de Tergowits à Brassow ou Cronstat, & qui traverse les Montagnes qui séparent la Valaquie de la Transilvanie, s'appelle le PASSAGE DE TERGOWITS. [q De l'Isle, Atlas.]

TERIA, Montagne de la Troade. C'est Homère[r] qui en parle. Le nom de TERIA est connu de Strabon[s]; mais il semble en faire une Ville. [r *Iliad*. B. p. 565.] [s Lib. 12.]

TERIAS, Fleuve de Sicile selon Pline[t]. Thucydide & Diodore de Sicile parlent de ce Fleuve; mais le premier écrit TEREAS & le second TURIAS. Ortelius[u] dit qu'Aretius & Fazel nomment ce Fleuve *Jarretta*, ou *Giaretta*. L'un & l'autre est une faute. Le Jarretta est le *Symæthus* des Anciens, & non le Terias, qui selon le Pere Hardouin, & Mr. de l'Isle est nommé aujourd'hui *Fiume di S. Leonardo*. [t Lib. 3. c. 8.] [u Thesaur.]

TERIDATA, Ville de la Mésopotamie. Elle est marquée par Ptolomée sur le bord de l'Euphrate, entre *Pacoria* & *Naarda*.

TERINA, Ville d'Italie chez les Brutiens selon Pline, le Périple de Scylax & Etienne le Géographe. Diodore de Sicile, Pomponius-Mela & Strabon font aussi mention de cette Ville. Pline[x] l'appelle *Crotonensium Terina*, parce qu'elle avoit été bâtie par les Habitans de Crotone[y]. Elle donnoit son nom au Golphe sur lequel elle[z] étoit située, & qu'on appelloit *Sinus Terinæus*. C'est aujourd'hui le Golphe de Ste. Euphémie. Quant à la situation précise de *Terina*, on ne s'accorde guère. Le Pere Hardouin dit que c'est aujourd'hui Nocce- [x Lib. 3. c. 5.] [y Solin. 6.]

Nocera. Si on s'en rapporte à Etienne le Géographe, il semble qu'elle devoit être sur un Fleuve de même nom.

TERINÆUS-SINUS. Voyez TERINA.

TERIOLUM, Ville de la Rhétie, selon la Notice des Dignitez de l'Empire [a]. Lazius dit dans sa République Romaine que c'est aujourd'hui le Château de *Tirol*.

[a] Sect. 59.

TERIS, Ville d'Italie, selon quelques Editions de Polyænus; mais les meilleures portent TERINA & c'est ainsi qu'il faut lire. Voyez TERINA [b].

[b] Lib. 2. c. 10.

TERISCI. Voyez TAURISCI.

TERIUM, Ville de la Macédoine, dans la Piérie selon Polybe [c] cité par Ortelius [d].

[c] Lib. 4.
[d] Thesaur.

TERK, Fleuve d'Asie, dans la Circassie. Mr. Petis de la Croix dit dans son Histoire de Timur-Bec [e] que ce Fleuve se nomme aussi Timenki, ou Timenski. Il prend sa source dans le Mont Alburz en Georgie; & il se jette dans la Mer Caspienne.

[e] Liv. 3. ch. 52.

TERKI, Ville d'Asie, dans la Circassie, dont elle est la Capitale [f]. Elle est située à une bonne demi-lieue de la Mer sur la petite Rivière de Terck ou Timenski, qui sort de la grande Rivière de Bustro & facilite la communication de la Ville avec la Mer. Terki est inaccessible par-tout ailleurs à cause des Marais dont elle est environnée de tous côtez à un quart de lieue à la ronde. Cette Ville est dans un plat Pays où la vûe n'a point de borne; ce qu'il est bon de remarquer parce que la Carte de *Nicolas Janssen Piscator*, ou *Visscher*, quoique d'ailleurs passablement exacte, met la Ville de Terki sur une Montagne confondant ainsi la Ville de Tarku dans le Dagesthan, avec celle de Terki en Circassie. Le Pole y est à 43. d. 23′. d'élévation. La longueur de cette Ville est de deux mille pieds & sa largeur de huit-cens, & elle est toute bâtie de bois, sans en excepter les Tours & les remparts. D'ailleurs elle est bien pourvue d'Artillerie. Mais Jean Struis nous apprend dans son troisième Voyage [g], que Terki qu'il met à 43. d. 27′. de Longitude a été accrue depuis à plusieurs reprises, entre autres dans l'année 1636. par un Ingénieur Hollandois nommé Corneille Nicolas. Ce fut lui qui traça le Plan du rempart, où l'on n'a presque rien changé depuis. Ce rempart est haut de trois Toises, & épais de dix. Les Bastions ont leur Terre plain égal à la hauteur du rempart. Cette enceinte & le reste des ouvrages mettent la Place en tel état, que chacune de ses parties découvre l'Ennemi de front & de flanc, & peut résister maintenant à une forte Armée. Thomas Belli Colonel Anglois y fit quelques changemens en 1670. La Garnison ordinaire est de deux mille hommes, dont quinze-cens sont sous le Commandant d'un Vaïvode ou Colonel, & sont distribuez en trois *Pricasses* ou Régimens de cinq-cens hommes chacun. Les autres cinq-cens sont pour la garde du Prince. Ce sont les Russiens qui les entretiennent, & ils sont obligez de se joindre aux autres en cas de besoin.

[f] Olearius, Voy. de Moscovie & de Perse, Liv. 4. p. 338.

[g] Ch. 16.

TERLIZZI, petite Ville d'Italie au Royaume de Naples [h], dans la Terre de Barri.

[h] Magin, Carte de la Terre de Barri.

Elle est située dans les Terres, environ à cinq milles au Midi de Biseglie & à six milles au Couchant de Bitonto.

TERMANTIA. Voyez TERMES.

TERME. Voyez TERMES.

1. TERMED, Province d'Asie, dans la Transoxiane. On la nomme aussi Saganian, selon Mr. Petis de la Croix dans son Histoire de Timur-Bec [i]. Sa Capitale se nomme aussi Termed. Voyez l'Article suivant.

[i] Liv. 3. c. 2.

2. TERMED, Ville d'Asie dans la Transoxiane, selon Mr. Petis de la Croix [k] dans son Histoire de Timur-Bec sur le Gihon. Elle est sur l'Oxus à 85. d. & demi de Longitude selon Mr. de l'Isle, dans sa Carte de l'Asie Septentrionale. Quoique cette Ville eût d'autres Places dans sa dépendance elle dépendoit elle-même de la Ville de Kesch [l]. Sa situation dans un lieu commode pour le Commerce faisoit que son Port étoit fort fréquenté. Le Sultan de Carizme l'avoit conquise sur Behram-Schah, peu de tems avant que le Grand Genghizcan s'en rendit Maître. Ce dernier l'assiégea en 1221. ses murailles étoient revêtues de brique; & il y avoit un Château dont l'Oxus défendoit un côté. Ces Fortifications parurent assez fortes aux Habitans pour soutenir un Siège jusqu'à ce qu'ils eussent reçu le secours qui leur étoit promis. Mais ce secours manqua, & les murailles de la Place furent détruites au bout d'onze jours. Les Mogols emportèrent Termed d'assaut, firent payer chèrement aux Assiégez le sang de leurs Compagnons qui avoient péri durant le Siège; & la Ville fut enfin rasée. Elle fut rétablie dans la suite; car elle subsistoit du tems de Timur-Bec. Voyez l'Histoire de Timur-Bec par Mr. Petis de la Croix [m].

[k] Liv. 2. c. 5. & Lib. 3. c. 2.

[l] Petis de la Croix, Hist. du Grand Genghiscan, L. 3. c. 7.

[m] Liv. 2. c. 5. & Lib. 3. c. 2.

TERMENEZ, petit Pays de France dans le Languedoc, au Midi du Diocèse de Carcassonne, & qui s'étend jusqu'aux confins du Roussillon. Il a pris son nom de l'ancien Château de Termes qui étoit autrefois la plus forte Place de ce Pays-là; sa situation sur un Rocher escarpé [n]. C'est ce qui donnoit la hardiesse à ses Maîtres de mépriser le Roi d'Arragon & le Comte de Toulouse, & de refuser d'obéïr au Vicomte de Beziers Seigneur immédiat de ces Seigneurs de Termes. Simon de Montfort s'empara de ce Château avec beaucoup de peine durant la guerre des Albigeois, comme nous l'apprenons de l'Historien Pierre de Vaux de Cernay, qui a bien décrit le Siège de cette Forteresse, & il parle en plusieurs endroits de Raymond, sur qui Simon la prit. Le même Raymond rentra en possession de cette Seigneurie, & le dernier de ses descendans nommé Olivier se soumit volontairement à Saint Louïs dans les années 1241. & 1245. Peu de tems après il se révolta, & fut assez téméraire pour faire la guerre au Roi, qui le dépouilla de tout son bien, lequel fut confisqué à cause de la Félonie d'Olivier. Neanmoins Saint Louïs lui fit rendre jusqu'à deux-cens cinquante Livres de rente, lorsqu'il l'accompagna à son premier Voyage d'Outre-mer. Joinville dit qu'Olivier de

[n] Longuerue, Descr. de la France, I. Part. p. 245.

de Termes paſſa pour un des plus vaillans Chevaliers de cette Croiſade. Dans le même tems le Termenez fut réuni à la Couronne, & le Roi d'Arragon par le Traité de l'an 1258. renonça aux prétentions qu'il avoit ſur le Château de Termes, & ſur le Territoire de Termenez, leſquelles étoient fondées principalement ſur ce que Termes étoit un Fief de Beziers, dont le Seigneur Vicomte étoit Vaſſal du Roi d'Arragon : ce Roi céda auſſi à la France ſes droits ou prétentions ſur Pierre Pertus enclavé dans le Termenez, & qui avoit été tenu en Fief des Rois de France, avec les Pays de Sault & de Fenouilleds, par Nunno Comte de Rouſſillon.

[a] Lib. 5. c. 29.
[b] Lib. 14. p. 657.

TERMERA, Ville de la Carie : Pline [a] en fait une Ville Libre. Strabon [b] qui écrit *Termerium*, la place près du Promontoire des Myndiens, qu'on appella auſſi Promontoire *Termerium*. Le Texte Grec de Ptolomée [c] connoît cette Ville ; mais ſes Interprètes liſent *Pepere* au lieu de *Termere*; & le MSS. de la Bibliothéque Palatine porte *Permére*. Elle eſt rangée par Ptolomée au nombre des Villes de Lydie & de Mæonie. C'eſt la même Ville qu'Etienne le Géographe appelle *Telmera*.

[c] Lib. 5. c. 2.

TERMERIUM. Voyez TERMERA & SCOPIA.

[d] Lib. 14. p. 657.

TERMERUM, Lieu que Strabon [d] place au-deſſus de l'Iſle de Coa, ou de Co; mais ce Paſſage de Strabon a paru ſuſpect; & il y a grande apparence qu'au lieu d'ὑπὲρ τῆς Κώας, il faut lire ὑπὲρ τῆς ἄκρας; ce qui prouve que ce Lieu Termerum étoit ſur le Promontoire *Termerium*.

[e] Lib. 3. c. 3.
[f] Lib. 4. c. 11.
[g] Lib. 2. c. 6.
[h] Pag. 535.

1. TERMES, Ville d'Eſpagne dans la Celtibérie, ſelon Pline [e] & Florus [f]. Ptolomée [g] la donne aux *Arevaci*, & Appien [h] dit que *Termiſus* étoit une grande Ville. Le nom moderne, ſelon pluſieurs, eſt Lerma ou Lerme ſur l'Arlanzon : ſelon d'autres néanmoins c'eſt aujourd'hui *Nueſtra Sennora de Tiermes*. Les Habitans de cette Ville ſont appellez *Termeſtini* par Tite-Live [i]. Il s'agit de ſavoir ſi la Ville de *Termantia* d'Appien eſt la même Ville que Termes; & ſi les *Termantini* ſont le même Peuple qui eſt appellé *Termeſtini* par Tite-Live. Une choſe donne matière à ce doute, c'eſt qu'il n'eſt guère naturel, qu'un même Auteur, dans un même Livre & dans la Deſcription de la même Guerre, appelle la même Ville tantôt *Termantia*, tantôt *Termiſus*. Cependant la plûpart des Modernes jugent qu'Appien ſous ces deux noms a entendu parler de la même Ville.

[i] Epitom. 54.

2. TERMES. Voyez TERMENEZ.

TERMESSUS. Voyez TERMISSUS.

TERMESTINI. Voyez TERMES, No. 1. & TERMISSUM.

[k] Lib. 5. c. 29.

TERMETIS, Montagne de l'Aſie-Mineure. Pline [k] dit qu'elle étoit jointe par le pied au Mont Olympe. Le Père Hardouin prétend que TERMETIS, ou plutôt TERMES, n'étoit pas une Montagne, mais une Ville au pied du Mont Olympe.

1. TERMINI [le Golphe de], grand Golphe ſur la Côte Septentrionale de la Sicile. En ſortant de Palerme, & cotoyant vers la Tramontane, à l'Orient au bout de dix milles on paſſe les Caps de Buengerbin & de Zofarana où commence le Golphe de Termini : A quatorze milles plus loin on trouve la Ville de Termini; & ſur un autre Cap qui termine le Golphe à vingt-quatre milles plus avant eſt ſituée la Ville de Cefalu.

2. TERMINI, Ville de la Sicile [l], dans le Val de Mazzara, ſur la Côte Septentrionale, à l'Embouchure d'un Fleuve de même nom, à la droite, vers les confins du Val Demone. Cette Ville étoit nommée anciennement THERMÆ & THERMÆ HIMERENSES. Elle a une grande rue [m] qui régne le long de la Mer, d'où elle eſt ſéparée par une forte muraille, & par un grand Quay où les Barques ſe peuvent retirer ſur le Sable, n'y ayant point de Port qui ſoit aſſez bon pour les mettre à l'abri de la tempête. La Maiſon de Ville & l'Egliſe ſont dans cette rue, auſſi-bien qu'un grand Marché, où parmi de très-beaux Fruits, on voit quantité de gros Cédres. Ce ſont des Fruits ſemblables à des Citrons, ſi ce n'eſt qu'ils les ſurpaſſent ſept ou huit fois en groſſeur. On n'eſtime que l'écorce qui eſt quelquefois épaiſſe de deux doigts, & d'un goût fort agréable. Le dedans eſt ſi aigre & ſi fort qu'il ne peut ſervir qu'à déſaltérer. Près de ce Marché il y a une très-belle Fontaine, & ſon grand Aqueduc ſe voit hors de la Ville. Il y apporte l'eau de fort loin. On remarque encore à Termini un fort Château tout neuf, fait en façon de Citadelle qui commande tant ſur la Mer que ſur la Ville. Il y a encore quelques petits Forts le long d'un petit Cap, qui eſt proprement un Rocher, dont la Rade qui eſt devant la Ville reçoit quelque abri. La Ville de Termini eſt fort renommée pour ſes Bains, & pour la quantité de Bleds & de bons Vins qu'on y charge; ce qui fait qu'il s'y rencontre des Marchands très-riches.

[l] *Corn. Dict.*
[m] *De l'Iſle Atlas.*

3. TERMINI, Riviére de Sicile dans le Val de Mazzara [n]. Elle a ſa ſource dans la Baronnie de Prizzi, près de la Bourgade de ce nom. Delà elle prend ſa ſource vers l'Orient juſqu'à Alcala de Friddi où elle tourne tout court vers le Nord pour aller ſe jetter dans la Mer près de la Ville de Termini.

[n] *De l'Iſle, Atlas.*

TERMISUS, ou TERMISOS. Voyez TERMISSUS.

TERMISSUS, Ville de l'Aſie-Mineure dans la partie Méridionale de la Piſidie. On trouve le nom de cette Ville écrit différemment dans les anciens Auteurs [o]. Les uns écrivent TERMESSUS, les autres TERMISSUS, TERMESUS & TERMISOS. Strabon, Ptolomée & Tite-Live ſuivent la première de ces Orthographes, qui eſt confirmée par l'Inſcription d'une Médaille qui eſt dans le Cabinet de la Maiſon de Médicis : on y lit d'un côté ce mot : ΤΕΡΜΗΣΣΕΩΝ; & celui-ci ſur le revers: ΣΟΛΙΜΟΣ, qui eſt le nom d'un Héros, qui fut cauſe que les Habitans de la Piſidie, & principalement les Habitans de Termeſſe furent nommez *Solymi* [p]. Les Notices Epiſcopales liſent TERMESOS & TERMISOS, Orthogra-

[o] *Cellar. Geogr. Ant. Lib. 3. c. 4.*
[p] *Strabo, Lib. 23. extrema.*

388 TER.   TER.

graphes qu'on ne doit pas rejetter, puis que le Pere Hardouin rapporte une Médaille du Cabinet du Roi avec ce mot d'un côté TEPMICEΩN; & fur le revers celui-ci COΛIMOC, comme dans la Médaille du Cabinet du Grand-Duc de Toscane. Enfin cette même Ville est appellée TELMISSUS entre autres par Arrien [a], & l'on a eu tort de lui en faire un crime, puisque d'autres Ecrivains avant lui se sont servis de cette Orthographe. Tite-Live [b], par exemple, & Eustathe [c] sont de ce nombre. Quant à la situation de Termesse, on la trouve marquée dans Strabon, qui la met aux confins de la Milyade dont elle étoit séparée par un passage étroit. *Milyas est ab angustiis juxta Termessium.* Dans un autre endroit il dit que Termesse Ville de Pisidie est située dans le Détroit des Montagnes, par où l'on entroit dans la Milyade: *Termessus Pisidica Urbs angustiis montium adposita, per quas est transitus in Milyadem.*

[a] *De Exped. Alexandri.*
[b] Lib. 38. c. 15.
[c] *Ad Dionys.* vers. 859.

TERMUS, Fleuve de l'Isle de Sardaigne: Ptolomée [d] marque son Embouchure sur la Côte Occidentale de l'Isle entre le Promontoire *Hermaeum* & le Port *Coracodes*.

[d] Lib. 3. c. 3.

TERNAMUNENSIS. Voyez TERNAMUSENSIS.

TERNAMUSENSIS, ou TERNAMUNENSIS, Siège Episcopal d'Afrique dans la Mauritanie Césarienne, suivant la Notice des Evêchez de cette Province. L'Evêque de ce Siège y est appellé Donatus, & Sarmentius dans la Conférence de Carthage [e]. Un ancien MS. de cette Conférence porte *Cernamusensis*; mais Mr. Baluze a fait voir qu'il faloit lire *Ternamusensis*. Il tire sa preuve de l'Itinéraire d'Antonin, où l'on trouve *Ta-ranamusa-Castra*, entre les Villes de la Mauritanie Césarienne. Ce qui est certain c'est que cette Ville est différente de celle qui est appellée *Ceramunensis* dans la Numidie, & qui selon la Conférence de Carthage [f] n'avoit aucun Evêque Donatiste.

[e] Nº. 180.
[f] Nº. 133.

TERNAND, Lieu de France, dans le Nivernois, Diocèse & Election de Nevers. Il est situé en Plaine à trois lieues & demie de la Loire & à deux de Luzy. Les Terres sont bonnes à Seigle; mais rapportent peu de Froment, & autant de Foin qu'il en faut pour la nourriture des Bestiaux; il y a quelques Vignes & peu de Bois. Mr. le Duc de Villars en est Seigneur. Il y a une petite Collégiale, composée de deux Prébendes. Le Curé de la Paroisse en est Prévôt, & a six cens Livres. Ces Bénéfices sont à la nomination du Seigneur.

TERNAT, & JUBAT, Lieu de France dans la Marche au Diocèse de Limoges, Election de Gueret. C'est une petite Paroisse située dans la Montagne. Les Terres sont bonnes pour le Seigle, pour l'Avoine & pour les Raves. Il s'y fait un bon Commerce de Bestiaux. Les Habitans y sont laborieux; ce qui les met à leur aise.

TERNATE [g], Isle des Indes dans l'Archipel Moluque, sous la Ligne Equinoxiale à 300. lieues à l'Est de Malacca, & à presqu'autant au Sud-Ouest de Manille. Elle est la première & la principale des Isles Moluques. Cette Isle a six lieues & demie de tour; elle contient un Volcan dont la principale entrée est de la largeur d'un jet de pierre, les deux autres sont plus petites; l'une à l'Est vers la Mer Malaye, & l'autre au Nord-Ouest sur Facome. On recueille une très-grande quantité de Souffre autour des trois. Il jette ordinairement avec plus de fureur ses flammes, sa fumée & ses cendres, dans les mois d'Avril & de Septembre. Ce Volcan fit un desordre incroyable en 1643. le 15. de Juin pendant trois jours continuels, jettant fort loin outre des flammes, de la fumée & des cendres, quantité de pierres enflammées, qui brûloient tout ce qu'elles rencontroient de forte qu'un Village des Mores, appellé de la Sula, en fut consumé. L'Isle fut dans un mouvement continuel, pendant tout ce tems-là, & on entendit un bruit effroyable dans les Cavernes souterraines pareil à celui des Forges, & de tems en tems comme des coups de canon. Les habitans de Ternate sont de la même couleur que les Malayes, c'est-à-dire un peu plus bruns que ceux des Philippines; leur physionomie est belle, & les hommes sont mieux faits que les femmes: les deux sexes ont un grand soin de leurs cheveux, en les oignant avec une certaine huile, qu'ils appellent d'Agiungioli. Les hommes les portent jusqu'aux épaules, & les femmes les plus longs qu'elles peuvent. Quant à l'habillement les premiers ont un pourpoint de diverses couleurs, de certaines culottes jusqu'aux genoux, & une ceinture; ils vont nuds pieds & sans bas, même les Principaux. Les femmes s'enveloppent depuis la ceinture jusqu'aux genoux avec une toile de cotton, sur laquelle elles en mettent une autre de plus grand prix. Le pourpoint est comme celui des hommes; mais elles y ajoutent une riche étoffe de soie ou de cotton en guise de petit manteau. Ils se nourrissent misérablement comme tous les Mahométans, se contentant de pain de Sagou, ou bien du Maïz, & de Camottas. Ils vivent malgré cela jusqu'à l'âge de 100. ans, avec fort peu de maladies. Ils ont fort peu de Religion, & encore moins de fidélité. Les hommes s'adonnent aux armes, & les femmes ne font rien du tout. Leur langage est généralement le Malays; leurs armes sont l'arc & la flèche, & on peut assurer d'eux que la valeur est la seule vertu qu'ils cultivent. A l'égard de tout le reste, ils ne connoissent de vertus que celles qui s'accordent avec la fainéantise, l'oisiveté & l'inaction. Par ce principe ils haïssent la pompe & les excès, ils sont ennemis des rapines & du larcin. Quand on leur parle de s'adonner au travail, aux Métiers, aux Arts, aux Sciences, ils disent qu'il n'y a point d'aparence de charger d'un si pesant fardeau une vie qui est si courte; qu'il faut la passer avec plus de tranquillité & de douceur. Ils se moquent des peines qu'on se donne, des travaux qu'on souffre, des périls où l'on s'expose, pour contenter, disent-ils, sa bouche & son appetit, pour se mieux remplir le ventre & l'estomac, pour satisfaire sa volupté, & ce qui leur paroît encore plus ridicule, souvent pour satisfaire une chimère, qui est l'ambition. Ainsi tout le travail qu'ils font par une nécessité absolue

[g] *Gemelli Careri*, t. 5. p. 221. & suiv.

lue n'est que de se bâtir une maison, chacun étant le propre Architecte de celle où il veut habiter; de se faire ses habits, de se creuser chacun son Canot d'un gros tronc d'arbre; de pêcher du poisson pour vivre, ou d'aller tuer quelque Bête dans les Bois. La passion pour les meubles, pour les ornemens de leurs personnes, pour les embellissemens ou pour la sûreté de leurs maisons, n'a point de lieu chez eux. Chaque Famille est pourvue d'une ou deux petites nattes, qui leur servent de chaises, de bancs, de tapis, de tables, de lits, de coittes, ils se couchent dessus pour dormir, & leur coude leur sert d'oreiller. Le reste de leurs meubles consiste en quelques pots, & sur-tout en une hache. Le Roi de cette Isle étoit autrefois fort puissant, puisque soixante [a] & douze Isles voisines, qui avoient chacune leur Roi, dépendoient de lui. Quelques uns de ces Princes Vassaux s'étant soulevez contre le Roi de *Ternate*, les Portugais profitérent de cette division, bâtirent le Fort de *Gamma Lamma* dans l'Isle, & y établirent leur Commerce; mais ils en userent si mal avec le Roi & ses Sujets, qu'ils leur devinrent odieux. L'Amiral van Neck qui commandoit les Vaisseaux de la Compagnie, y ayant abordé, fut reçu comme un Libérateur qui venoit au secours d'un Peuple opprimé, & le Roi lui donna la préférence sur toutes les autres Nations, pour le commerce des Epiceries. Les Portugais qui vouloient s'opposer à l'établissement des Hollandois, leur livrérent combat; mais ces derniers ayant obtenu la victoire, on leur permit de bâtir un Fort, qui est le premier que la Compagnie ait eu dans les Indes. Après divers autres combats les Portugais furent enfin contraints d'abandonner cette Isle, & la Compagnie s'en rendit la Maîtresse absolue. Depuis ce tems-là le Roi de *Ternate* s'est soumis à l'autorité de la Compagnie, qui l'a même obligé d'arracher tous les Arbres de Girofle dans son Royaume; mais pour le dédommager de cette perte, elle lui donne tous les ans environ dix-huit mille Risdales en espèces ou en présens. Elle a eu la même politique dans tous les autres Pays qui produisoient des cloux de Girofle, afin d'être la seule Maîtresse de ce riche commerce à *Amboine*. *Malayo* est la Capitale de l'Isle & le séjour du Roi; cette Isle ne doit être considérée que comme la frontière des autres Gouvernemens de la Compagnie, qui en tire fort peu de profit. Elle y débite à la vérité des Toiles & d'autres Marchandises de Guinée, mais l'Ecaille de tortue & autres Denrées, qu'elle en rapporte ne suffisent pas à l'entretien du Gouvernement.

Du côté de l'Est de l'Isle vers la Montagne, il y a un Lac de bonne eau douce, qui s'étend une demi-lieue, & n'a point de fond dans le milieu. Comme il est proche de la Mer, il hausse & baisse comme elle. On n'y voit aucune sorte de poissons; cependant il s'y trouve quelquefois des Crocodiles. Les Mores vouloient couper la terre, & faire de ce Lac un bon Port à cause du peu de distance qu'il y a à la Mer; mais ils n'ont jamais eu le cœur d'entreprendre un tel Ouvrage.

[a] *Janiçon*, Etat présent des Prov. Un. t. 1. p. 367.

L'eau douce y est bonne, & se puise des Puits; elle ne produit des vivres que fort médiocrement, il n'y a de Bestiaux que quelques Cabris; il n'y croît point de Ris ni d'autres Grains propres à faire du pain. Mais il y a un certain Arbre qu'on abat; &, quand on l'a fendu, on prend un maillet fait d'un roseau épais, & on frape sur la moelle, qui rend une substance à peu près semblable à la scieure de bois. C'est de cette substance qu'on fait du pain qu'on nomme Sagu ou Saga. Ce Pain est fort blanc: on le fait de la grandeur de la paume de la main en quarré, & on s'en sert au lieu de monnoie pour le Commerce de l'Isle; car tout ce qu'on y vend & qu'on y achete se paye en Pain. En récompense elle abonde en noix de Cocos & en Bananes. Il y a aussi des Oranges & des Citrons. Mais c'est le clou de Girofle qu'elle produit avec une fertilité admirable. Il y a peu de Poules, beaucoup de beaux Perroquets, qui sont rouges sur le dos, avec de petites plumes jaunes sur le devant des ailes. Ils sont un peu plus petits que ceux des Indes Occidentales; mais ils apprennent bien mieux à parler.

Il y a quantité de Manucodiata, ou Oiseaux de Paradis, dont on dit plusieurs choses extraordinaires, & entr'autres qu'ils n'ont point de piés. Il est plus vrai-semblable que cela vient de ce que ceux qui les prennent, leur ôtent les piés & ne leur laissent que la tête avec le corps, & une partie de la queue qui est couverte de plumes admirables, Ensuite quand on les a fait sécher au Soleil, il ne leur paroît plus du tout de marques de piés, ce qui a fait croire qu'ils n'en avoient point. Si toutes les autres choses qu'on en dit, étoient aussi-bien examinées que celle-ci, il y a de l'apparence qu'il ne s'y trouveroit rien de rare que la beauté du plumage.

Il y a aussi beaucoup d'Amandiers dont le fruit est plus gros que celui de nos Arbres: ses coquilles sont si dures qu'on a de la peine à les casser avec un maillet. Le feu en est extrêmement âpre, ce qui fait que les Forgerons s'en servent. Il y a dans chaque coquille deux ou trois amandes d'une figure longue. Il y croît aussi du Tabac, mais non pas si bon que celui qui vient des Indes Occidentales. Les Esclaves s'en servoient, & en avoient toujours avec eux, estimant qu'il les rafraîchissoit & les restauroit. La Mer y produit des Poissons de toutes les sortes; les Montagnes sont pleines de Sangliers, de Civettes & d'autres Animaux, comme d'un nombre infini de Serpens d'une grandeur prodigieuse, dont le fiel est un bon remede contre les fiévres. Le Pays est tout montagneux & presqu'inaccessible à cause des grands Arbres épais qui sont comme liez ensemble par des cannes d'Inde. Le Climat est chaud & sec; dans les lieux hauts les vents sont froids, & dans les bas la chaleur est modérée quoique sous la Ligne. Le vent de Sud-Ouest y souffle sans humidité naturelle; au contraire venant par dessus le Volcan de *Machica*, & passant par *Montiel* & par *Tidore*, dans le tems que le Girofle est en fleur, & que la Noix muscade meurit, il est chaud & sec: ce qui

cau-

cause diverses maladies sur-tout celle qu'on appelle Berber, mal très-dangereux & incurable. Il y a des Herbes & des Simples dans les Montagnes qui ont de grandes vertus que les habitans connoissent, & dont ils se servent en plusieurs maladies.

TERNEUSE, ou TER-NEUSE, Forteresse de la Flandre Hollandoise [a] à deux lieues au Nord de la Ville d'*Axel*, sur le bord de l'*Escaut* occidental, & entre les Branches de ce Bras de Mer. Ce n'étoit autrefois qu'un Village ou un Bourg, que le Comte de Hohenlo Général au service de la République, commença de fortifier en 1583. sans que les Troupes que le Prince de Parme avoit envoyées, pour traverser cet Ouvrage, pussent l'en empêcher. Depuis ce tems-là les Etats Généraux en augmentèrent tellement les Fortifications, qu'ils en firent une Place presque imprenable. Son assiette dans un terrain bas & marécageux, qui peut être inondé n'y contribuoit pas peu; mais après la Paix de *Munster*, les Fortifications en furent si fort négligées, qu'en l'année 1680. on trouva à propos de les raser, & en 1682. une partie fut engloutie par les eaux de la Mer. Cette Ville est d'une figure oblongue dont le milieu est étroit, & les deux bouts étoient ronds & formoient deux espèces de Forts. Le rempart est aujourd'hui d'un petit circuit, un des bouts étoit flanqué de quatre bastions, & l'autre de trois. Cette Ville renferme huit Rues, environ quatre-vingt-dix Maisons, & trois cens Habitans qui sont presque tous Réformez. L'Eglise, desservie par un Ministre de la Classe de *Walcheren*, donne par devant sur la longue Rue, & par derrière sur le rempart. La Bourse est sur une Place ou le Marché se tient tous les Mercredis, & elle a la vûe sur le Quai par devant lequel on voit passer tous les jours plusieurs Bâteaux. De ce Quai on découvre le *Zuid Beveland*, situé vis-à-vis de la Ville, & qui fait partie de la *Zélande*. La Maison de Ville est un Bâtiment fort commun. Il y a deux Portes, l'une qu'on nomme la Porte de l'eau, & l'autre la Porte de la Campagne. L'Amirauté de Zélande y entretient un Commis Collecteur. Il y avoit dans la Jurisdiction de cette Ville le Fort *Maurice* du nom de son Fondateur qui a été démoli, & qui étoit situé vis-à-vis de *Philippine*, sur le Canal de *Rhée*. Il y a encore les monumens d'un ancien Couvent, qu'on nommoit la *Trinité*, avec un Hameau qui porte le même nom.

TERNI, Ville d'Italie, dans l'Etat de l'Eglise [b], au Duché de Spolète, en Latin *Interamna*, *Interamnia*, ou *Interamnium*. Elle est dans une Isle d'environ quatre milles de circonférence, formée par les deux Bras de la Riviere Nera. Elle a été autrefois bien plus considérable qu'elle ne l'est aujourd'hui. Les grandes ruïnes dont elle est environnée, en sont une preuve convainquante. C'étoit une Ville municipale, qui se gouvernoit par ses propres Loix, comme une République qui jouïssoit du droit de Bourgeoisie Romaine. Le tems qu'elle a été honorée de ce titre n'est pas bien certain ; & celui de sa fondation encore moins.

[a] Janiçon, Etat présent de la Rép. des Prov. Un. t. 2. p. 389.

[b] Labat, Voy. d'Italie, t. 7. p. 94.

La plûpart des Villes de l'Ombrie, & des Provinces adjacentes, se disent plus anciennes que Rome. *Terni* est de ce nombre ; cependant elle n'a été bâtie que 82. ans après cette Capitale du Monde, suivant une Inscription qu'on conserve dans la Maison de Ville ; ou seulement 80. ans, comme l'Historien Pighio le prétend, fondé sur une Inscription qui est dans la Cathédrale, où l'on lit qu'elle fut bâtie 544. ans avant le Consulat de C. Domitius Ænobarbus, & de M. Camillus Scribonius, qui furent Consuls de Rome l'an 624. Cette Ville a jouï bien long-tems de la douceur du Gouvernement Républiquain, & en jouïroit peut-être encore, si l'ambition de ses propres Citoyens n'y avoit allumé le feu des guerres intestines, qui après l'avoir désolée bien des fois, l'ont fait tomber à la fin sous la Domination des Romains, puis des Lombards, & ensuite de quelques Familles particuliéres, protégées par les Empereurs Allemands & autres Princes sous lesquels elle a gémi, jusqu'à ce qu'elle soit retournée sous ses véritables Seigneurs, les Pontifes Romains dans le quinzième Siècle.

La Ville est beaucoup plus longue, que large, ses Rues sont assez droites, pavées de briques. Elles ont de la pente suffisamment, pour que les eaux des Fontaines publiques, & de celles qui sont dans la plûpart des maisons, les lavent & emportent toutes les ordures ; cela lui donne un air de propreté qui fait plaisir, & qui contribue beaucoup à la bonne santé, dont on y jouït. On y compte plus de deux mille Maisons & plus de 12000. Habitans ; Il y a deux Foires franches dans les Mois de Février & de Septembre ; pendant la première desquelles le Gouvernement de la Police de la Ville, est entre les mains des Bourgeois, que le Corps de Ville élit pour cette fonction, & pendant la derniére entre les mains des Confreres de Sainte Lucie. La Ville est partagée en six Quartiers qui renferment quatorze Paroisses, huit Couvens d'Hommes, cinq Monastères de Filles, plusieurs Compagnies, ou Confrairies de Pénitens, & quatre Hôpitaux, pour les pauvres, & pour les malades. L'Evêque relève immédiatement du Saint Siège. Il y avoit autrefois à Terni quantité de Palais dont il ne reste plus que les ruïnes. Le plus apparent de ceux qu'on y voit est celui du Comte *Spada*. L'Eglise Cathédrale qui est de figure ronde & fort magnifique est une pièce d'antiquité.

Le Territoire de *Terni* est le plus fertile & le plus abondant des Etats du Pape. On y fauche les Prez trois fois par an, après quoi on y met paître les Bestiaux jusqu'au commencement du Printems. Le Boeuf y est excellent ; les Pigeons domestiques & sauvages, les Tourdes & les Tourterelles y sont très-bonnes ; on y mange du Veau aussi bon que le Mongano de Rome ; la Volaille y est en abondance. C'est le Pays de gros Fruits, les Pêches y sont communément à 20. onces la pièce, les Abricots, les Poires, les Figues, & généralement tous les Fruits y sont très-gros & d'un très-bon goût. Les Melons y sont d'une grosseur qui ne se trouve qu'en Amérique. Les Na-

vets

vets de six à sept livres pesant y sont très-ordinaires & on en voit de 30. à 40. livres. Il y a des Choux communs & des Choux pommés d'une grosseur étonnante, fort tendres, & d'un très-bon goût. Ce qui est particulier, c'est que le Pays uni, gras & humide, produit d'aussi bons Vins qu'on en puisse souhaiter, & même de la Malvoisie, & du Muscat. Il y a beaucoup d'Oliviers, & le Négoce de l'Huile est grand dans cette Ville.

Les Habitans arrosent leurs Champs avec l'eau de la Nera qui est toujours blanchâtre. Cela vient sans doute de ce qu'elle passe au travers d'une Terre blanche & légere, semblable à celle que les François appellent Marne & qui lui communique sa couleur [a]. C'est à cela que doit être attribuée la grande fécondité de ce Terroir. Les Habitans y font venir une partie de l'eau de la Nera, la divisent en cinq Branches qu'ils appellent *Formes*; & ces Formes se partagent en quatre-vingt-cinq Canaux, quarante-trois desquels font tourner un pareil nombre de Moulins à huile, & les quarante-deux autres des Moulins à grains. Il y a encore huit Canaux, deux pour deux Moulins à papier, trois pour trois Moulins à foulon, & trois qui servent à préparer les cuirs. Chacune de ces Formes, outre ces divers Canaux, donne quantité de petits Ruisseaux, qui arrosent toute la Campagne basse. Au-dessus de la Ville de *Terni*, à deux milles ou environ est la grande Cascade que ceux du Pays appellent CASCATA DELLE MARMORE. C'est la chûte de la Rivière *Velino*, qui se précipite toute entière dans la Plaine de *Terni*, pour aller se joindre à la *Nera*.

TERNOBUM, Ville des Bulgares & la Résidence de leur Roi, selon Ortelius [b] qui cite Grégoras, & ajoute que cette Ville pouvoit être au voisinage de la Thrace. Nicetas dit que c'étoit la Ville la mieux fortifiée de toutes celles qui étoient sur le Mont *Hemus*, & qu'elle étoit située au sommet d'une Montagne & dans la Mysie. Chalcondyle la nomme TRINABUM. On croit que c'est aujourd'hui TERNOVA, ou TERNOVO. Voyez TERNOVA.

TERNODORENSE-CASTRUM, Lieu de France, dans la Champagne, au Diocèse de Langres, sur l'Hormentio, aujourd'hui l'Armançon, selon Grégoire de Tours [c]. Le nom de ce Lieu est différemment écrit par les Auteurs du Moyen âge. Les uns écrivent *Ternodorum* [d], d'autres *Tenoderum*, *Castrum Tornoterum*, *Castrum Tarnodorense*, *Tornodorum*, *Tornetrum*, *Ternodrum*. C'étoit un Vicomté du tems de Charles le Chauve, & aujourd'hui c'est un Comté connu sous le nom de Tonnerre. De *Ternodorum* on fit Tourneurre ensuite Tournerre & enfin TONNERRE. Voyez ce mot.

TERNOVA, ou TERNOVO, Ville des Etats du Turc [e] en Europe, dans la Bulgarie, sur la Rivière de *Jantra*, au Nord Occidental du Mont Balkan. On juge que c'est la Ville *Ternobum* de Grégoras. Voyez TERNOBUM.

TEROTÆ, & BERINI, Peuples de la Libye chez qui on trouve une grande quantité d'Yvoire: *Terotæ & Berini ebore abundant*, dit Pomponius Mela [f]. Mais com-

[a] Corn. Dict.
[b] Thesaur.
[c] Lib. 5.
[d] Hadr. Vales. Not. Gal. p. 550.
[e] De l'Isle, Atlas.
[f] Lib. 3. c. 10.

me ces Peuples ne sont connus d'aucun ancien Ecrivain Pintaut & Turnèbe ont jugé que ce passage étoit corrompu & ont essayé de le rajuster, Au lieu de *Terotæ & Berini ebore abundant*, ils lisent *Terebintho arbore abundant*, ou *Terebintho & ebore abundant*. Par-là ces deux Peuples sont changez en Arbres. La Métamorphose n'a pas déplu aux Critiques. Personne ne connoît les *Berini*. Quant aux *Terotæ*, on pourroit trouver quelque chose d'approchant dans les *Therothoæ*, que Pline met au nombre des Troglodytes.

TÉROUANE, ou TEROUENNE, en Latin *Tarvanna*, ou *Tarvenna*, Ville de France dans les Pays-Bas en Artois. Ptolomée [g] qui écrit *Tarvanna* la marque dans les Terres & la donne aux *Morini* dont elle étoit sans doute la Capitale. L'Itinéraire d'Antonin la place sur la route de *Portus Gessoriacensis* à *Bagacum* en cet ordre.

Gessoriaco			
Tarvenna	M.	P.	XVIII.
Castellum	M.	P.	VIIII.
Viroviacum	M.	P.	XVI.
Turnacum	M.	P.	XVI.
Pontem Scaldis	M.	P.	XII.
Bagacum	M.	P.	XII.

Dans le même Itinéraire on trouve deux autres routes, dont l'une conduit de *Tarvenna* à *Tornacum* & l'autre de *Tarvenna* à *Durocortorum*. Dans la Table de Peutinger cette Ville est appellée *Tervanna*; *Civitas Morinûm* dans une Notice des Provinces & des Villes des Gaules; *Civitas Morinûm Tarvanna Ponticum*, dans une autre Notice; & dans une autre encore *Civitas Morinorum*, *id est Ponticum*. Mr. de Valois avoue qu'il ignore d'où lui a pu venir le surnom de *Ponticum*.

La Ville de *Terouenne* vint des premières [h] au pouvoir de la France; & alors le Paganisme étoit encore dans sa force en ce Pays-là: on ne voit pas même que le Christianisme y ait été reçu avant le Batême de Clovis; & c'est Saint Remy Evêque de Rheims, qui envoya Saint Anthemunde pour y prêcher la Foi. Il fut le premier Pasteur de cette Eglise, & le Pays ne fut entièrement converti que du tems de Saint Audomar, nommé vulgairement *Omer*, qui a donné le nom à la Ville de *Sithiu* où il fut enterré. Cette Ville de *Terouenne* étoit sur la Rivière de Lys à sept mille pas de Saint Omer. Quoiqu'elle fût enclavée dans les Terres des Comtes de Flandres & d'Artois, elle ne dépendoit d'eux en aucune manière, ne reconnoissant point d'autre Maître que le Roi de France; & le petit Territoire, qui dépendoit de cette Ville, s'appelloit à cause de cela *la Régale*. Quoiqu'elle ait été prise plusieurs fois, elle a été toujours été restituée à la Couronne de France. Charles-Quint au Traité de Madrid n'en obtint pas la cession; mais l'an 1553. cet Empereur s'en étant rendu le Maître, la fit ruïner de fond en comble. L'Evêque Antoine de Crequi s'étoit retiré à Boulogne sur Mer, où ses Prédécesseurs avoient souvent demeuré. C'est pourquoi on leur avoit donné quelquefois le Titre d'Evêques de Bou-

[g] Lib. 2. c. 9.
[h] Longuerue, Descr. de France, Part. 2. p. 89.

Boulogne aussi-bien que de *Terouenne*. Enfin l'an 1559. le Pape Paul IV. partagea en trois ce Diocèse, voulant que tout ce qui étoit en Artois & en Flandres sous la Domination du Roi d'Espagne, reconnût à l'avenir pour le Spirituel les Evêques des nouveaux Siéges qu'il établit à S. Omer en Artois, & à Ypres en Flandres. Il sépara en même tems ces Diocèses de la Métropole de Rheims, soumettant le Siége de Saint Omer à la nouvelle Métropole de Cambray, & celui d'Ypres à celle de Malines.

A l'égard de la propriété & de la Souveraineté du Territoire de *Terouenne*, elles furent laissées à la France par le Traité de Câteau-Cambresis de l'an 1559. ce qui n'empêcha pas les Officiers du Roi d'Espagne de troubler les François dans cette possession, qu'ils ne purent obtenir paisiblement; & par le Traité de Vervins de l'an 1598. il fut dit que les différends touchant l'Evêché de *Terouenne* seroient remis à des Arbitres. Ces différends concernoient non-seulement la Jurisdiction temporelle; mais la spirituelle, parce que les Evêques de Boulogne ne vouloient point consentir à perdre toute leur Jurisdiction Episcopale dans l'Artois. Cette affaire n'ayant pas été décidée par des Arbitres, les choses demeurérent au même état; de sorte que par le Traité des Pyrénées de l'an 1659. *Terouenne* fut cédée à la France comme faisant partie de l'Artois, quoiqu'elle n'en dépendît en aucune maniére selon le Traité de Câteau-Cambresis. Cette ancienne Ville n'a point été rebâtie selon un Article de ce Traité, par lequel il avoit été accordé qu'elle ne pourroit être rétablie par le Roi de France, quoique le fond lui appartînt en Souveraineté.

a 1. Esdras, TERPHALÆI *a*, Peuples transférez *4. 9. & suiv.* d'Assyrie dans les Villes de Samarie par Asenaphar. Quelques-uns croient que les Terphaléens sont les Sapires ou Saspires; & d'autres les prennent pour les Tripolitains, Habitans de Tripolis en Phénicie.

TERPILLUS, Ville de la Macédoine: *b Lib. 3. c.* Ptolomée *b* la place dans la Mygdonie.
13.
TERPONUS, Ville de l'Illyrie. Appien *c* dit qu'elle appartenoit aux Japodes. *c De Bel.* César s'en rendit Maître, après que les Habitans l'eurent abandonnée: il ne voulut *763.* pas la brûler, comptant bien que les Habitans viendroient faire leurs soumissions; ce qu'ils firent en effet.

TERRA. Voyez TERRE.

TERRA-DO-NATAL. Voyez au mot TERRE l'Article TERRE DE NATAL.

1. TERRA-NUOVA, Lieu d'Italie, au Royaume de Naples, dans la Calabre Ci-*d Calabria* térieure. Léander dit *d* que quelques-uns *intorno il* prennent ce Lieu pour la *Terina*, ou *Terria-* *Mare,* p. *na* des Anciens. Voyez TERINA. *203.*

2. TERRA-NUOVA, Ville de l'Isle de *e Carte de* Sardaigne *e*, au fond d'un grand Golphe qui *la Sardaigne* porte son nom, sur la Côte Orientale de *chez van* l'Isle. C'est une Ville Episcopale depuis le *Keulen.* sixième Siècle & elle étoit connue sous le nom de *Civitas Phausiana*. Son Evêché *f* est *f Commainville,* Table aujourd'hui uni à celui de Castel-Aragonèse. *des Evêchez,* 1.

3. TERRA-NUOVA, petite Ville de *Part. p. 46.* Sicile, dans le Val-de-Noto sur la Côte Méridionale de l'Isle, à l'Embouchure de la Riviére de Terra-Nuova, du côté droit *g*, *g De l'Isle,* Cette Ville qui est honorée du Titre de Du-*Atlas.* ché est la *Gela* des Anciens. Son Port se nommoit anciennement *Refugium Gelæ*.

4. TERRA-NUOVA, ou FIUME DI TERRA-NUOVA, Riviére de Sicile, dans le Val de Noto *h*. Elle a sa source près de *Piazza-* *h Ibid. Vecchio.* Son cours est d'abord d'Orient en Occident l'espace de quelques milles: ensuite elle coule du côté du Midi; & après avoir traversé le Comté *Mazzarino*, & la Principauté de *Butera*, elle entre dans le Duché de *Terra-Nuova*, où elle se jette dans la Mer à la gauche de la Capitale de ce Duché. Cette Riviére est le Fleuve *Gela* des Anciens.

TERRACINE, Ville d'Italie, dans l'Etat de l'Eglise, aux Confins de la Campagne de Rome *i* & de la Terre de Labour. *i Magin,* On la nommoit anciennement ANXUR; vo-*Carte de la* yez ce mot. Elle est située sur la pente *de Rome,* d'une Montagne, à quelques milles de la *Corr. Dis.* Mer & au milieu d'un Pays le plus fertile de toute l'Italie en Fruits, en Bleds & en autres biens de la Nature; ce qui porta les Romains à la choisir pour un Lieu de délices, où ils bâtirent un grand nombre de Maisons de Plaisance. Mais les choses sont bien changées aujourd'hui. *k* Terracine est *k Misson,* une Ville petite, pauvre & mal peuplée, *Voy. d'I-* comme tout le Pays voisin; & de toutes *talie, t. 1.* les choses qui en rendoient autrefois le sé-*p. 14.* jour charmant, on ne voit plus présentement que les restes d'un Temple que les Spartes avoient consacré à Jupiter Enfant, & qui sert d'Eglise Cathédrale. La façade de ce Bâtiment est soutenue de grosses Colonnes de Marbre, à la maniére de celles du Panthéon de Rome. Le dedans fait assez connoître son antiquité, par le grand nombre de pierres de Marbre, qui font une partie de ses murailles, où sont quelques Statues & des Inscriptions Grecques, difficiles à lire & à interpréter. La façade regarde la grande Place qui est ornée d'une assez belle Fontaine. Elle est proche de la Maison de Ville qui n'a rien de considérable. Il en est de même des autres Bâtimens publics. On peut remarquer seulement que la Maison de Ville a une belle vûe sur la Mer & sur la Campagne voisine, qui est couverte de grands Jardins & d'Oliviers. Il faut passer par le Fauxbourg pour descendre au petit Port, qui n'est qu'une Plage, qu'on suit l'espace d'un mille jusqu'à une haute Tour quarrée, qui est entre la Mer & une Montagne escarpée, en façon de muraille, afin de tenir ce passage fermé en tems de Guerre. Près de cette Tour est un haut Rocher détaché de la Montagne voisine, & à la cime duquel on voit quelques restes de grands Palais avec des Arches, qui semblent avoir servi pour y aller de la Montagne. Les Habitans du Pays rapportent qu'il y a un grand Trésor enterré sur cette cime; que ce Trésor est gardé par les Diables, qui y font un grand bruit que l'on entend souvent. Ils ajoutent pour embellir le conte que quelques avares entreprirent de se rendre maîtres de ce Trésor; mais que la résistance qu'ils y trouvérent les obligea de se retirer après avoir été
bien

bien battus. Miſſon fait une autre remarque touchant ces Rochers qu'il a falu, dit-il, couper pour continuer le pavé d'Appius entre la Mer & les Montagnes. Cela ſe voit en divers endroits dans l'eſpace d'un mille. Le Rocher qui eſt appellé *Piſca Marina* eſt à peu près haut de ſix-vingt pieds, & les anciens Chiffres ſont marquez de dix en dix en caractère majuſcule & Romain, ſur la face de ce Rocher, qui eſt coupé perpendiculairement; de ſorte que le Chiffre du haut eſt CXX. Miſſon aſſûre qu'un Atiquaire, qui n'eſt pas moins exact, que curieux & ſavant, lui a dit à Rome, qu'il avoit meſuré ces diſtances, & qu'il les avoit trouvées preſque toutes inégales. Quelques-uns conjecturent que le principal but de l'Entrepreneur, a été de faire voir la juſte meſure de ſon travail, & qu'il n'en a marqué les diviſions que par maniére d'aquit, cela ne faiſant rien à ſon affaire. D'autres croyent que chaque diſtance eſt le travail de dix jours, & que l'inégalité des diſtances, a été cauſée par le plus ou le moins de facilité que les Ouvriers ont trouvé en taillant le Rocher. Ce qui a donné lieu à cette penſée, c'eſt que les diſtances d'en haut, ſont plus grandes que celles d'en bas, le Rocher s'étreciſſant toujours vers la cime. Mais on trouve une objection forte contre ce ſentiment, car vrai-ſemblablement on a commencé à travailler par le haut du Rocher, & il faudroit ainſi que la premiére dixaine fût marquée en haut, & que le nombre CXX. ſe trouvât au bas. Tout cela paroît difficile à entendre.

A quatre milles de Terracine eſt la Porte nommée *Portillo*, ou *Portello*, qui fait la ſéparation des Terres de l'Etat Eccléſiaſtique d'avec celles du Royaume de Naples. On y lit ces mots ſur une Pierre enclavée dans la muraille: *Philippo Secundo Rege Catholico regnante, Hoſpes, hi ſunt fines Regni Neapolitani. Si adveniſ amicus, pacata omnia invenies, & malis moribus pulſis bonas leges. Anno M. D. LXIII.*

On dit que Saint Nérée & Saint Achillée[a], Eunuques de Sainte Domitille, Vierge & Martyre, eurent la tête coupée en cette Ville; mais que leurs corps furent apportez enſuite à une demi-lieue de Rome ſur le chemin d'Ardée. On veut auſſi que Sainte Domitille bannie dans l'Iſle de Ponza, ait été rappellée à Terracine, & brûlée dans cette Ville avec les deux Filles qui la ſervoient; ce qui ne paroît guère vraiſemblable. Il n'eſt pas moins difficile de croire que Saint Epaphrodite, Diſciple de Saint Paul, ait été fait premier Evêque de Terracine, par Saint Pierre. Saint Céſaire Diacre venu d'outremer en Italie, fut martyriſé à Terracine du tems de Néron, ou de Domitien. St. Julien, l'un des Chrétiens du pays fut martyriſé en même tems & du même genre de ſupplice.

TERRAIN. Voyez TERAIN.

TERRAON, ou TORRAON, petite Ville, ou Bourg de Portugal, dans l'Alentejo[b], ſur la route de Beja à Lisbonne, au bord de la Riviére de Freixarama ou Exarrama, à l'Occident de Viana[c], près du confluent de cette Riviére & de l'Odivelas. A une demi-lieue au-deſſous de ce Bourg, au bord de l'Exarrama, eſt un vieux Temple, bâti par les Payens à l'honneur de Jupiter, & conſacré par les Chrétiens aux Sts. Martyrs, St. Juſt & St. Paſteur. On y a trouvé quantité d'Inſcriptions Payennes & Chrétiennes; en voici une de chaque genre. La Payenne eſt faite par la grande Prêtreſſe de la Province, à l'honneur de Jupiter.

Jovi O. M.
Flavial. F. Ruſina. Emeritenſis Flaminica.
Provinc. Luſitaniæ.
Item. Col. Emeritenſis. Perpet. Et Municipi.
Salac.
D. D.

La Chrétienne eſt plus qu'à-demi Barbare, faite l'an 682. on la lit ſur la Porte du Temple.

Hunc denique Edificium Sanctorum
Nomine ceptum juſti & Paſtoris
Martyrum, quorum conſtat eſſe Sacratum
Conſummatum eſt hoc opus Era.
DCCXX.

TERRAQUÉ, ou TERRAQUÉE; ce mot eſt pris du Latin TERRAQUEUS, & ne ſe dit que du Globe Terreſtre, pour exprimer ce mélange de terre & d'eau dont ſa ſurface eſt compoſée. On dit bien plus communément le GLOBE TERRESTRE; mais ces mots *Terraquée* & *Terreſtre* qui ſignifient le même Globe n'en donnent pas tout-à-fait la même notion. Le GLOBE TERRESTRE eſt ainſi dit par oppoſition au Globe Céleſte ſur lequel les Conſtellations ſont rangées, pour l'étude de l'Aſtronomie. Le *Globe Terraquée* eſt dit ainſi, parce qu'il ſert à faire connoître la ſituation des Continens, des Iſles, & des Mers qui les environnent, pour l'étude de la Géographie. Quoique cette différence d'aſpect ſemble établir une différence d'uſage entre ces deux mots, il faut néanmoins avouer que fort peu d'Auteurs diſent le *Globe Terraquée*; preſque tous diſent le *Globe Terreſtre*.

TERRASSA. Voyez EGARA.

TERRASSON. Voyez TERASSON.

TERRE (La). Ce mot en Géographie a plus d'une ſignification.

1. Il ſignifie cette Maſſe compoſée ſur laquelle nous vivons,& dont les diverſes productions fourniſſent à notre nourriture & à nos autres beſoins.

2. Il ſignifie la partie de cette maſſe qui par l'Agriculture & les ſoins de l'homme devient plus ou moins fertile.

3. Il ſignifie encore parmi nous ce que les Latins appelloient *Prædium*; un Bien de Campagne.

Dans le premier ſens la Terre eſt la même choſe que le Globe Terreſtre ou Terraquée. On y comprend toutes les eaux dont ſa ſurface eſt couverte. C'eſt dans ce ſens que les Savans diſputent *ſi c'eſt le Soleil qui tourne, ou ſi c'eſt la Terre.*

Dans le ſecond ſens on ne comprend point les Mers. C'eſt dans ce ſens que ſe prend cette queſtion que l'on a faite quel-

[a] Builet, Topog. des Saints. p. 480.
[b] Jaillot, Atlas.
[c] Délices de Portugal, p. 804.

quefois, savoir, *si sur la surface du Globe il y a autant de Terre que d'eau*.

Nous difons dans le troifième fens qu'un tel a vendu fa Terre; qu'un autre a acheté une Terre en telle Province.

4. Le mot Terre fe prend auffi pour fignifier l'étendue d'un Etat, d'un Pays, d'une Domination. On dit en ce fens, c'eſt ici *Terre de France*, *Terre de l'Empire*. Il fe prend alors pour Territoire.

5. Les Navigateurs lui donnent encore divers fens. Chez eux ce mot fignifie fouvent un Rivage. Ils appellent TERRE EMBRUMÉE un rivage que les brouillards couvrent; TERRE DE FIGURÉE, celle qu'on ne peut bien reconnoître à caufe de quelques nuages qui la déguifent; TERRE FINE, celle que l'on découvre clairement & fans obftacle; GROSSE TERRE, un rivage haut élevé; TERRE QUI FUIT, celle qui faifant un coude s'éloigne de la route que fait le Vaiffeau; TERRE QUI SE DONNE LA MAIN, celle que l'on voit de fuite, fans qu'elle foit coupée par aucun Golphe, ni aucune Baye; TERRE QUI ASECHE, une Terre que la Mer fait voir après qu'elle s'eft retirée. Ils appellent TERRE DE BEURRE, un nuage à l'Horizon qu'on prend pour la Terre & que le Soleil diffipe; on dit ALLER TERRE A' TERRE, pour dire naviger le long des Côtes, & PRENDRE TERRE, pour dire aborder.

6. Il y a enfin des Pays que l'on eft accoutumé d'appeller Terre, comme font:

LES TERRES ARCTIQUES,
LES TERRES AUSTRALES,
LA TERRE-FERME,
LA TERRE-NEUVE,
TERRE-SAINTE, &c.

Je parlerai de ces dernières dans des Articles particuliers, après que j'aurai donné une idée de la TERRE dans le premier fens; c'eft-à-dire, dans le fens du Globe Terreſtre.

Du Globe de la Terre.

Il y auroit bien des chofes à examiner dans une fi vafte matière, c'eft pourquoi il faut extrêmement fe refferrer; & c'eft ce que je vais tâcher de faire en cet Article. Je ne dirai rien de la fituation de la Terre par rapport au refte de l'Univers; j'ai déja rapporté les diverfes Hypothéfes des Savans à l'Article MONDE auquel on peut recourir. Le mot GLOBE qui veut dire une *Boule* eſt une preuve que l'on regarde la Terre comme un Corps rond; bien des raifons de convenance menent-là. Il y a beaucoup d'analogie & de conformité entre les différens Corps Céleftes, tous nous paroiffent ronds, c'eft-à-dire d'une figure femblable à la *Sphéroïde*; telles font toutes les Etoiles fixes autant que nous pouvons les voir, foit avec nos yeux feulement, foit avec nos verres. Tel eft le Soleil, telles font auffi toutes les Planètes, & même les Planètes du fecond ordre, ou les Lunes qui accompagnent Saturne, Jupiter & notre Terre; & quoique Vénus, Mercure & notre Lune ayent des Phafes, & qu'elles paroiffent tantôt fous la figure d'une Faulx, tantôt boffues, tantôt plus ou moins rondes; quoique Mars lui-même devienne boffu comme les autres Planètes dans fes Quadratures: néanmoins dans les tems que ces Planètes montrent leurs Phafes pleines, on trouve qu'elles font fphériques & qu'elles ne perdent cette figure qu'en vertu de leur pofition par rapport au Soleil, dont elles empruntent leur lumière. Cette figure fphérique, ou cette rondeur paroît manifeſtement dans notre Lune & même dans Vénus auffi; car lorfque ces deux Planètes paroiffent plus pleinement fous la forme d'une Faulx, on peut voir la partie obfcure de leurs Globes, qui les repréfente fous l'apparence d'une couleur terne & rubigineuſe. Puifqu'on remarque cette figure fphérique dans tous les Globes qui font éloignez de nous, on peut croire raifonnablement que le nôtre eft de la même figure, non-feulement par la rondeur de fon ombre dans les Eclipfes de Lune, mais encore par la découverte de nouvelles Conftellations, lorfque nous changeons d'Hémifphére & que nous approchons de l'un ou de l'autre Pôle: par la furface de la Mer qui eft convexe & paroît-être fphérique; & enfin parce que nous ne découvrons que peu à peu & par degrés les objets qui font dans un grand éloignement, comme les Montagnes, les Tours, les Voiles des Vaiffeaux, &c. dont on voit d'abord une partie, puis une autre, à mefure qu'on en approche plus près, & par mille autres raifons qui concourent à prouver la rondeur de la Terre.

Il ne faut pas néanmoins prendre le mot de rondeur trop à la lettre. Il faut en rabatre quelque chofe, à caufe de la différence qui fe trouve entre les Diamètres des Equateurs & ceux des Pôles. Quelques Aftronomes modernes, felon Mr. Derham dans fa Théologie Aftronomique, prétendent que la Terre s'éloigne beaucoup de la figure fphérique. Ils lui donnent celle d'un Sphéroïde applati vers les Pôles; en forte que le Diamètre d'un Pôle à l'autre eft plus court de 34. milles Anglois, qu'un Diamètre de l'Equateur. Ils croyent que Jupiter a la même figure.

A cette expofition qui eft de Mr. Derham [a], ajoutons celle du P. Regnauld. La [b] Terre eft, dit-il, de figure ronde, ou à peu près. Il eft évident qu'elle n'eft pas géométriquement ronde, puifqu'on voit fur fa furface des Montagnes dont la cime va fe perdre dans les nues; mais la hauteur des plus hautes Montagnes eft plus petite en égard à la Terre, que la hauteur des petites inégalitez de l'écorce d'une Orange, par rapporte à l'Orange même. La hauteur d'une Montagne d'une lieue de haut eft comprife prefque 3000. fois dans le Diamètre de la Terre, qui, felon le calcul de ce Pere, eft d'environ 2860. lieues, puifque le Diamètre d'une Sphére étant à peu près la troifième partie du circuit de la Sphére, étant comme 7. à 22. & que la Terre eft une Sphére dont le circuit eft de 9000. lieues. La hauteur des petites inégalités d'une Orange eft-elle comprife autant de fois dans le Diamètre de l'Orange?

[a] Théologie Aſtronom.
[b] Entret. Phyſiq. T. 1. Entr. 14.

Une

TER.

Une autre raison qui prouve que la Terre n'eſt point parfaitement ronde, c'eſt que, ſelon les eſſais de Mr. Caſſini pour déterminer la grandeur de la Terre, ſa ſurface doit avoir la figure d'une Ellipſe allongée vers les Pôles, & dont une propriété eſt telle, qu'étant diviſée en degrés, chacun de ces degrés augmente à meſure qu'ils approchent des Pôles; de ſorte que le circuit d'un Méridien de la Terre doit ſurpaſſer le circuit de ſon Equateur d'environ 54. lieues, mais cet excès n'empêche pas que la Terre ne ſoit phyſiquement ronde.

L'Anglois trouve le circuit du Méridien plus court qu'un cercle de l'Equateur, de 136. milles Anglois, & Mr. Caſſini le trouve plus long d'environ cinquante lieues. En prenant un milieu entre les deux calculs on revient à une figure ſphérique.

Il ſeroit inutile de répéter ici ce que j'ai dit de la longueur du Diamétre de la Terre au mot DIAMETERE.

Quoiqu'à proprement parler il n'y ait que la ſurface du Globe Terreſtre, qui appartienne au Géographe, & que ſon intérieur appartienne plus particuliérement au Phyſicien, je ne puis m'empêcher de dire quelque choſe de la Théorie de la Terre. Cette Science conſiſte à déduire les Phénoménes de la Nature, la formation de notre Globe, & les changemens qui y ſont arrivez depuis, & ceux qui y doivent arriver encore. Les Anciens ont abſolument ignoré cette Science; ils n'ont debité ſur les ſujets qui s'y rapportent que des conjectures avancées au hazard, ou de ſimples traditions. Les conjectures ont été renouvellées au XVI. Siècle, & l'on n'eſt pas allé beaucoup plus avant, ſi ce n'eſt depuis environ quarante ou cinquante ans. Mr. Bourguet [a] réduit à trois Hypothèſes tout ce que les Modernes en ont dit.

[a] Mémoires ſur la Théorie de la Terre, à la fin des Lettres Philoſophiques.

La première Hypothèſe, dit-il, eſt celle de la chûte de l'ancien Monde de François Patrice (dans ſes *Dialoghi della Rhetorica de gli Antichi*, imprimez à Veniſe. 1562. dans le Dialogue *del parlare* intitulé *il Lamberto* vers la fin. p. 49. & ſeq. empruntée de Platon [b] & différemment expliquée par Gonçales de Salas (*de Duplici Viventium Terra*. in 4°. Lugd. Batav. 1650.) & par Thomas Burnet (*Theoria Telluris Sacra*, Amſterdam. in 4°. 1699.) qui le premier a traité la Théorie de la Terre d'une manière Syſtématique.

[b] De Regno.

La ſeconde Hypothèſe eſt celle de Bernard de Paliſſi [c], ſur le ſéjour naturel des Lacs d'eau ſalée, ou de la Mer dans les Lieux où l'on trouve des Coquillages, priſe d'Ariſtote & d'autres Anciens (*Ariſtot. Meteorologic.* Lib. 1. c. 14. *Strabo*, Lib. 1. Eratoſthène, Straton le Phyſicien, & Xanthus le Lydien. *Ibid.* Plutarque *de Iſide & Oſiride.*) & ſuivie en tout ou en partie par *Alexander ab Alexandro* (*Genial. dier.* Lib. 5. c. 9.) Ceſalpin *de Metallicis* Lib. 1. c. 2. *Romæ.* 4°. 1596. Fracaſtor (Voyez Saraina *del Antichità ed ampiezza di Verona*, Lib. 2. 4°. *Veronæ.* 1649. *& Muſæum Franciſci Calceolari* Sect. 3.) Columna *de Purpura & de Gloſſopetris Diſſertatio*, Scilla *la vana ſpeculazione deſingannata dal ſenſo*, Napoli. 1670., 4°. Boccone

[c] L'Art de devenir riche, de Bernard de la Paliſſe.

Recherches & Obſervations Naturelles &c. Amſterdam. 1674. & *Muſeo di Fiſica e di experienza di Paulo o Don Silvio Boccone*, Veniſe, 2. Tomes in 4°. 1697. & par Meſſ. Leibnitz, (*Protogæa in Actis Erudit. Lipſ. ann.* 1693. p. 40-44. Hiſtoire de l'Académie Royale des Sciences, 1706. p. 11. & ſuiv. Edit. d'Amſterdam. *Miſcellanea Societatis Berolinenſis*, 1710. p. 118-120.) Valiſnieri (*de corpi marini che ſu Monti ſi trovano.* Veniſe 1721. 4°. (de Juſſieu (Mém. de l'Académie R. des Sciences de 1718.) de Reaumur, (*Ibid.* 1720.) Mairan (*Ibid.* 1721. Art. 1. des Obſervations de Phyſique Générale:) & par divers autres de ce tems.

Cette Hypothèſe jointe à la première en diverſes façons a eu auſſi ſes Patrons, ſavoir Sterion (*Elementor. Myologiæ Specimen ubi Canis Carchariæ diſſectum caput exhibetur*, p. 90. & ſeq. *Florentiæ.* 1677. 4°. & *ejusdem de Solido intra Solidum naturaliter contento*, &c. Ibid. 1679. 4°.) & Meſſ. Whiſton (Nouvelle Théorie de la Terre en Anglois, Londres. 1696. &c. 3. Edition 1722. 8°.) Halley (Ses deux Mémoires, Biblioth. Angloiſe, T. 12. 2. Part. p. 337.) Hartſoeker (Principes de Phyſique, Conjectures Phyſiques, Eclairciſſemens & ſuite des Eclairciſſemens) Butner (*Rudera Diluvii teſtes*, Livre Allemand Leipſic. 1710. 4°.) Gautier (Nouvelles Conjectures ſur le Globe de la Terre à la fin du Tome 2. de la Biblioth. des Philoſophes, Paris. 1723. 8°. & le R. P. Caſtel (Mémoires de Trevoux, Juin 1722.)

La troiſième & dernière Hypothèſe eſt celle de la diſſolution du premier Monde de Mr. Jean Woodward, dans ſa Géographie Phyſique que Mrs Scheuchzer (Hiſt. Naturelle de la Suiſſe) Monti (*de Monumento Diluviano nuper in agro Bononienſi detecto Diſſertatio. Bononiæ*, 1719. 4°.) & quantité de Savans d'Angleterre, d'Allemagne & d'Italie, ont ſoutenue avec beaucoup d'érudition & de force.

Ce n'eſt pas ici le lieu de montrer juſqu'où ceux qui ont employé les deux premières Hypothèſes, ſe ſont approchez de la vérité, ni ce qui paroît manquer encore à la troiſième pour la mettre au-deſſus des objections. On peut aſſurer néanmoins que ſi les premiers n'ont pas atteint le but, quoiqu'ils ayent dit pluſieurs véritez, & ſi les derniers n'ont pas mis leur Hypothèſe hors de conteſtation, quoiqu'ils ayent pris le vrai chemin pour y parvenir, cela ne vient que de ce que les uns & les autres n'ont pas aſſez fait d'attention à quelques-uns des principaux phénoménes, & qu'ils ne ſe ſont pas donné la peine de les lier enſemble, afin de les expliquer tous à la fois. Il eſt certain qu'en matière de Phyſique, on peut inventer diverſes Hypothèſe pour expliquer un ou pluſieurs Phénoménes. Mais ſi l'on en obmet un ſeul, il faut avoir recours à de nouvelles Hypothèſes; & comme elles ſont ordinairement oppoſées entre elles, il arrive que l'on détruit d'une main ce que l'on avoit bâti de l'autre. La Théorie du Globe Terreſtre en fournit un exemple que voici.

On s'eſt apperçu depuis long-tems que les chaînes des plus hautes Montagnes alloient d'Occident en Orient. Enſuite on a vu qu'il y en avoit de fort considérables qui tournoient du Nord au Sud. Mais personne n'avoit découvert avant l'Auteur de ce Mémoire la surprenante régularité de la structure de ces grandes Masses. Après avoir passé trente fois les Alpes en quatorze endroits différens, deux fois l'Apennin, & fait plusieurs tours dans les environs de ces Montagnes & dans le *Jura*, il a trouvé que toutes les Montagnes sont formées dans leurs contours à peu près comme les Ouvrages de fortification. Lorsque le Corps d'une Montagne va d'Occident en Orient elle forme des avances qui regardent autant qu'il est possible le Nord & le Midi : c'est-à-dire que quand la longueur de la Montagne forme une ligne parallèle à l'Equateur, ses angles sont parallèles au Méridien, & lorsque sa longueur forme une ligne parallèle au Méridien, ses angles sont parallèles à l'Equateur. Cette régularité admirable est si sensible dans les Vallons, qu'il semble qu'on y marche dans un chemin couvert fort régulier. Car si, par exemple, on voyage dans un Vallon du Nord au Sud, on remarque que la Montagne qui est à droite forme des avances ou des angles qui regardent l'Orient, & ceux de la Montagne du côté gauche regardent l'Occident ; de sorte néanmoins que les Angles saillans de chaque côté, répondent réciproquement aux Angles rentrants qui leur sont toujours alternativement opposez. Au contraire si le Vallon va d'Occident en Orient les Angles de la Montagne qui est à gauche répondent au Midi & ceux de la droite répondent au Nord. Les Angles que les Montagnes forment dans les grandes Vallées, sont moins aigus, parce que la pente est moins rapide, & qu'ils sont plus éloignez les uns des autres. Dans les Plaines ils ne sont sensibles que dans le cours des Riviéres qui en occupent ordinairement le milieu. Leurs coudes naturels répondent aux avances les plus marquées, ou aux Angles les plus avancez des Montagnes, auxquelles le Terrain, où les Riviéres coulent, va aboutir. Cette construction, qui est commune au lit de la Mer, à celui des Lacs, des Fleuves & aux Vallons, est tellement vraye, que l'Auteur ose en appeller aux yeux de tous les hommes.

Il est étonnant que l'on n'ait pas apperçu une chose aussi visible. Cependant elle est, selon lui, la clef principale de la Théorie de la Terre. Elle est comme le mot de l'Enigme, qui fait juger du plus ou du moins de justesse des explications qu'on en a voulu donner, & renverse toutes les Hypothéses inventées jusqu'ici pour cet effet, sans déroger en rien à la capacité de leurs Auteurs. Si les Savans avoient eu occasion de découvrir la véritable structure des Montagnes, & qu'ils eussent fait attention à la connexion des unes avec les autres, & qu'ils eussent observé encore un Phénoméne capital, savoir que tous les Coquillages qu'on trouve dans les bancs des Montagnes & dans les couches de la Terre, sont toujours remplis, sans exception de la matiére même des bancs & des couches où ils sont renfermez, si ces Savans avoient considéré ce Phénoméne, comme il faut, ils n'auroient jamais eu recours à des inondations particuliéres, à des Ouragans, à des Tremblemens de Terre épouvantables, à des alluvions, &c. parce que leur grande pénétration leur auroit fait voir d'abord, que ces belles inventions ne sauroient s'accorder d'aucune maniére avec les Phénoménes qu'on vient d'indiquer, sans parler des autres qui ne s'y accordent pas mieux.

En attendant que l'on donne une Théorie de la Terre qui explique bien tous les Phénoménes, voici ceux qu'a rassemblés l'Auteur des Lettres Philosophiques.

Phénoménes concernans la surface du Globe Terrestre.

I. La Matiére connue de notre Globe est divisée en deux grandes portions dont l'une est solide & l'autre liquide. Ces portions qu'on nomme la *Terre* & l'*Eau* occupent des espaces à peu près égaux & s'étendent réciproquement l'une dans l'autre. La plus grande partie de la portion solide s'étend sur une différente largeur depuis le 65. d. à l'Est & le 80. d. à l'Ouest de Latitude Septentrionale, & se termine en quatre pointes principales : deux à l'Orient vers le 2. & le 7. d. au Nord de la Ligne, & deux plus à l'Occident vers le 35 & le 55 d. de Latitude Australe.

II. Les Terres Australes qui sont une autre partie de la portion solide de notre Globe presque inconnue encore, s'étendent sans doute environ le 60. d. de Latitude Australe en avançant peu à peu à l'Est & à l'Ouest des Terres Magellaniques sur deux aîles, qui vont se terminer du côté des Moluques. Voyez ci-après l'Article TERRES AUSTRALES.

III. Les Isles oblongues, ovales, rondes ou de quelque autre figure plus ou moins régulière, qui avoisinent ordinairement les Continens, ou qui sont peu éloignées les unes des autres, sont encore une portion considérable de la portion solide du Globe. Elles se trouvent dispersées dans la portion liquide en si grande quantité qu'on ne peut déterminer leur nombre.

IV. L'Océan qui est la partie la plus considérable de la portion liquide du Globe, s'étend entre les Continens presque d'un Pôle à l'autre, & tourne ensuite autour du Globe sur une largeur plus ou moins grande entre les mêmes Continens & les Terres Australes.

V. Cette prodigieuse masse d'eau forme dans les Terres une infinité d'Anses, de Bayes & de Golfes, dont les principaux sont au Nord-Est, la Mer Blanche, & la Mer de Leu ; au Nord-Ouest la Mer Christiane, & d'Occident en Orient la Mer Baltique, la Mer Méditerranée, la Mer Rouge, le Golfe Persique, ceux de Bengale, de Siam, de Cochinchine & de Cang ; les Mers de Corée, de Kamschatka, de Californie & de Méxique.

VI. Les Riviéres, les Fleuves, les Etangs & les Lacs sont aussi une partie fort remarquable de la partie liquide du Globe : ceux-ci sont ordinairement situez sur le sommet, ou au pied des Montagnes, entre des Vallons, & dans

dans de larges Vallées: ceux-là descendent des Montagnes & coulent en serpentant dans l'Océan, ou dans ses Golfes. Le nombre des uns & des autres est tel qu'on ne le connoît pas encore au juste.

VII. La plûpart des Riviéres, & des Lacs communiquent à la Mer par le moyen des Fleuves; cependant il y en a qui n'ont point cette communicaton; mais le nombre n'en est pas considérable.

VIII. Il y a sur la Terre un grand nombre d'espaces de différente étendue qu'on nomme Marais. Ils sont situez aux environs des Etangs, des Lacs, des Fleuves, de la Mer, & souvent sur le haut des Montagnes.

IX. Il y a en divers endroits de la Terre des Plaines plus ou moins vastes, connues sous le nom de Deserts, parce qu'elles sont couvertes de sable, de gravier, de cailloux, & d'autres pierres, qui les rendent inutiles pour la culture; & la plûpart fort stériles.

X. La Terre s'éleve ordinairement depuis les bords de la Mer jusques à des hauteurs fort considérables, qui en général occupent le milieu des Continents sous le nom de Montagnes, quoiqu'il y en ait plusieurs situées en d'autres endroits, & même qui bordent la Mer.

XI. Cette élévation des Montagnes, depuis les bords de la Mer, des Lacs, le lit des Fleuves, le bas des Vallées & des Plaines, est graduelle; cela n'est pas néanmoins si général qu'il n'y ait bien des exceptions à faire. Il y a beaucoup d'endroits où le côté qui tourne au Nord ou à l'Ouest a moins de pente, & est plus escarpé que celui qui regarde le Sud ou l'Est; & au contraire il y a d'autres endroits où cette disposition est entièrement opposée.

XII. Toutes les Montagnes forment diverses chaînes, qui les lient les unes aux autres. Les plus hautes sont entre les Tropiques & au milieu des Zones Tempérées. Les plus basses sont vers les Cercles Polaires & les Pôles.

XIII. Les chaînes les plus considérables gisent les unes d'Occident en Orient, les autres du Nord au Sud. Celles-ci occupent les Terres entre les Tropiques, & quelques endroits du Nord. Celles-là s'étendent dans les Zones Tempérées & sont en plus grand nombre: il n'y a que quelques unes de leurs petites Branches qui tournent Nord & Sud, ou entre l'un & l'autre.

XIV. Les Montagnes dont la masse va d'Occident en Orient, forment des deux côtez des avances dont les unes regardent le Nord, & les autres le Midi: & celles dont la masse gît Nord & Sud forment des avances qui répondent à l'Est & à l'Ouest: c'est-à-dire que les Montagnes décrivent deux lignes qui se coupent à angles droits, & qui sont parallèles, autant qu'il est possible, à l'Equateur & au Méridien.

XV. Lorsque deux Montagnes gisent à côté l'une de l'autre, elles forment des Vallons de différente largeur, & les avances de ces Montagnes répondent alternativement les unes aux autres: c'est-à-dire que l'Angle saillant de l'une répond à l'Angle rentrant de l'autre, & ainsi de suite.

XVI. Ces avances sont plus fréquentes dans les Vallons, & leurs Angles sont plus aigus: elles le sont moins dans les Vallées plus larges, & leurs Angles y sont plus obtus. Ces avances ne sont sensibles dans les Plaines qu'auprès des Fleuves qui coulent ordinairement au milieu, où elles forment leurs coudes naturels:& par raport à la Mer ces avances ne sont remarquables qu'aux rivages, sur-tout à ceux de haut bord.

XVII. Le sommet des hautes Montagnes est composé de Rochers, plus ou moins élevés, qui ressemblent, sur-tout vus de loin, aux ondes de la Mer. Leur direction s'accorde cependant, quoique d'une maniere moins marquée, avec celle de la masse de la Montagne. Le haut même des Montagnes, sur-tout d'ardoise, représente encore mieux, étant vu de près, les ondes de la Mer, quoique moins élevé que les Rochers qui forment le sommet ou la pointe.

XVIII. Les Montagnes ont diverses ouvertures vers le haut, qui tournent de différens côtés, & donnent passage à l'eau des Riviéres & aux Vents. C'est aussi par quelques-unes de ces ouvertures que les hommes passent d'un Pays à un autre.

XIX. Dans ces ouvertures des Montagnes, & en des endroits montueux, où les environs sont de pur roc, il y a des espéces de digues naturelles formées par le Roc même, sur lequel l'eau coule; on les nomme des Cataractes, parce que l'eau se précipite du haut de ces Rochers, & y forme des cascades. Les Cataractes sont fort fréquentes dans les hautes Montagnes, & l'on peut dire même qu'elles y sont presque continuelles. Elles sont au contraire fort rares dans les endroits éloignez de la source des Fleuves, y ayant peu de ceux-ci dont le cours en soit interrompu.

XX. Divers endroits des Montagnes sont coupés à plomb, quelquefois d'un seul côté & souvent des deux. Ces coupes de Rochers, de dix, vingt, quarante, cent, & jusques à sept cens piés de haut, & davantage, sont toujours au bord des Riviéres, des Lacs, de la Mer, des Vallées & des Plaines.

XXI. Il y a en plusieurs endroits de la Terre des Montagnes de pur Roc, ou couvertes d'herbes & d'Arbres, qui sont isolées & séparées par différens intervalles, d'avec d'autres Montagnes qui les avoisinent, ou qui les environnent.

XXII. Quoique le haut des Montagnes soit ordinairement formé en dos-d'âne, il y a néanmoins quelques petites Plaines au-dessus des plus hautes; mais il y en a d'autres dont le haut est d'une grande étendue. On y trouve des Prairies, des Lacs, des Ruisseaux, des Riviéres, des Villages: en un mot ce sont des Montagnes habitées, & qui forment des Pays, quoique fort élevez au-dessus d'autres Pays qui les environnent.

XXIII. En général les Montagnes différent beaucoup en hauteur. Les Collines sont les plus basses, ensuite viennent les Montagnes médiocrement élevées, qui sont suivies d'un troisième rang d'encore plus hautes, lesquelles comme les précédentes sont ordinairement chargées d'Arbres & de Plantes, mais qui, ni les unes, ni les autres, ne fournissent aucune Source, excep-

Ddd 3   té

té quelquefois au bas; enfin les plus hautes de toutes les Montagnes sont celles sur lesquelles on ne trouve que du Sable, des Pierres, des Cailloux & des Rochers, dont les Pointes s'élèvent souvent au-dessus des nues. C'est précisément au pied de ces Rochers, qu'il y a de petits espaces, de petites Plaines, des enfoncemens, des espèces de Vallons, où l'eau de pluye, la neige, la glace, s'arrêtent dans quelques-unes toute l'année, & dans d'autres une partie de l'année seulement. Il y a là même des Etangs, des Marais, des Fontaines, d'où les Fleuves tirent leur origine.

XXIV. On trouve sur le haut des Montagnes, sur les Collines, & quelquefois dans les Plaines, de grands blocs de figure irréguliére d'une espéce de Granite, & d'une autre sorte de Rocher très-dur, composé de paillettes de matière calcaire, & presque minérale, lesquels ne sont point attachez à la masse de la Montagne, ni au Terrain, & qui sûrement n'ont pas été détachez de quelque hauteur, n'y en ayant souvent aucune qui les domine; & s'il y en a, elles sont d'une matière toute différente. Il y a de ces blocs d'une grandeur prodigieuse, & leur quantité est si considérable en quelques endroits qu'ils semblent y être tombez des nues les uns sur les autres.

XXV. Tous les Fleuves ont leurs sources dans la Chaîne des Montagnes, qui s'étend dans tous les Continens. Il y en a plusieurs dont les sources sont peu éloignées, qui se rendent en différentes Mers. D'autres au contraire ont leurs sources très-éloignées qui cependant ont leurs Embouchures dans une même Mer. Par exemple, le Rhône, le Rhin, le Danube, & quelques Riviéres considérables, qui se jettent dans le Pô, ont leurs sources assez près les unes des autres; ils se rendent néanmoins dans quatre Mers différentes. Le Rhône va dans la Mer Noire, & le Pô dans l'Adriatique. Ajoûtez le grand nombre de Riviéres lesquelles vont se rendre de tous côtez, dans ces Fleuves, & l'éloignement des Sources du Danube dont quelques-unes sont dans les Alpes des Grisons, d'avec celles du Borysthène, du Tanaïs, du Phase, & de l'Araxe, dont les unes sont en Moscovie, & les autres dans le Caucase; ils se jettent pourtant tous dans la Mer Noire: cela s'applique sans difficulté aux Fleuves de l'Asie, de l'Afrique & de l'Amérique: l'on n'a qu'à voir une Carte un peu exacte pour se convaincre de cette vérité sans autre examen.

XXVI. Lorsque dans une Vallée, la pente de l'une des Montagnes qui la bordent, est moins rapide que celle de l'autre, la Riviére prend son cours beaucoup plus près de la dernière, que de la première, & ne garde point le milieu.

Phénoménes concernans la Structure intérieure de la portion solide du Globe.

XXVII. Toute la Masse solide connue de notre Globe, divisée selon la disposition de sa superficie, en Montagnes, en Vallées, Plaines, & Abysmes, quoique d'une seule pièce par rapport à sa continuité, ne l'est cependant pas quant à la diversité de la matière dont elle est composée. Cette Masse, dont la profondeur n'est pas bien connue, est formée de marbres différens, de pierre à chaux, de roc vif, plus dur que le marbre, de pierre de sable, de pierre talqueuse: d'ardoise de tuf, de cailloux, de marne, de craye, de bols, de gyps, de glaise, d'argille dure & molle, de sable fin, de gravier, de toutes sortes de pierres; de sel pur, ou mêlé avec d'autres matières terrestres, ou minérales, de Souffre, de différens Métaux & Minéraux, de charbon de pierre, d'asphalte, de verre, de tourbe, & de terre de Jardin.

XXVIII. En général ces matières sont rangées en divers bancs, lits ou couches d'une épaisseur tellement variée, qu'elle va depuis une ligne & moins encore, jusques à un, dix, vingt, soixante, & cent piés. Quelques Carrières des Anciens creusées horizontalement, les boyaux des Mines, & les coupes à plomb, en long & en travers de plusieurs Montagnes, prouvent qu'il y a des couches qui ont beaucoup d'étendue en tout sens.

XXIX. Ces couches par rapport aux Montagnes, qui sont ordinairement composées des matières les plus dures dont on vient de faire l'énumération; (car la Masse de la plûpart est de pierre, de sable, de tuf, de cailloux, de pierres grises, d'ardoises, de pierre à chaux, de Marbre, de Granite, de Porphyre, de Fer, de Cuivre, d'Argent, &c.) ces couches même forment diverses sortes de lignes, que l'on peut réduire à dix principales; 1. parallèles à l'Horizon, 2. perpendiculaires; 3. diversement inclinées; 4. courbées en Arc en dedans; 5. courbées en dehors; 6. courbées en haut; 7. courbées en bas; 8. circulaires ou à peu près; 9. ondoyantes; 10. formées en zig-zac. Cependant l'épaisseur de chaque couche est constamment la même, dans toute l'étendue de la masse, malgré ses diverses inflexions.

XXX. Les couches des Collines, des Vallées & des Plaines, s'accordent aux inflexions des Rochers qui leur servent de base, & qui les accompagnent jusques au bord des Riviéres, des Lacs, & de la Mer: les Sondes, les Rochers à fleur d'eau, les Isles dispersées dans l'Océan, montrent clairement que la structure des Abîmes, que l'eau nous cache, est semblable à celle du reste de la Terre.

XXXI. Tous les différens matériaux de ces couches des Montagnes & de la Terre, ne gardent pas toujours dans leur arrangement les loix de la pésanteur spécifique.

XXXII. Les couches des Montagnes ne sont pas toujours fort unies dans leur masse: elles sont souvent interrompues non-seulement par des fentes perpendiculaires, & inclinées à l'Horizon, mais il y a des couches fendues en tout sens; ce qui les fait ressembler à de grandes murailles crevassées.

XXXIII. Presque toutes les Montagnes sont caverneuses, principalement celles de pierre à chaux & de Marbre. Ces Cavernes petites & grandes sont ordinairement de figure irrégulière; bien qu'elles s'accommodent autant qu'il se peut à la direction des couches qui les environnent. Mais outre ces Cavernes il y a des Grottes encore plus considérables dans les Montagnes. Les unes, après s'être plus ou moins étendues dans le Roc, descendent vers l'Horizon, en suivant l'inclinaison des couches de la Montagne: & c'est dans celles-ci que se forme le Stalactite, que le vulgaire croit être de l'eau changée en pierre; d'autres Grottes descendent d'abord perpendiculairement ou par des sinuosités de différens diamétres, & celles-ci ont beaucoup d'eau au fond, & font comme des Puits naturels. Enfin il y a d'autres Cavernes de diverse grandeur, que le Rocher environne de tous côtez; & c'est dans celles de cette espèce qu'on trouve le Crystal, & le Selenite attachez en tout sens comme le tartre adhère aux tonneaux.

XXXIV. Les bancs des Rochers, & les couches de terre ont souvent des matières hétérogènes dans leur masse. Il y en a qui renferment des cailloux, & d'autres pierres; par exemple, on voit dans les bancs de pierre à chaux, des cailloux de pierre à fusil : des Chalcédoines & des Cornalines dans les lits de Marbre. D'autres renferment des crystallisations, des masses de Marcassite dont la superficie est taillée naturellement à facetes. On trouve des Marcassites cubiques de couleur d'or dans les Rochers gris, à peu près de couleur de Fer. Dans d'autres on rencontre des Granats, des Ethites, des Géodes, & diverses autres masses métalliques ou minérales.

XXXV. On trouve dans les couches de sable quantité de masses plus ou moins arrondies, ou de figure irréguliére dont la matière est du sable lié en pierre, & dont l'intérieur est souvent rempli de crystaux, auxquels les Italiens ont donné le nom de *Ventu Cristallini*. D'autres sont vuides, & d'autres ont dans leur milieu quelque peu de sable fin, un petit caillou, &c. Il n'y a presque aucune couche de Sable un peu grossier, où l'on ne trouve de cette espèce de pierres; mais les plus curieuses sont celles que l'on voit dans une Montagne de Bologne, & dans un Ruisseau qui en descend, qu'on nomme *Rio delle maraviglie*, à cause de la forme singuliére de ces pierres qu'Aldovrande a décrit dans son *Museum metallicum* sous des noms fort bizarres.

XXXVI. La longue chaîne de Montagnes qui s'étend d'Occident en Orient, depuis le fond du Portugal jusques aux parties les plus Orientales de la Chine, fournit sur les sommets, & en plusieurs couches, des Coquilles, & des Arbres enfoncés dans des Marais, & dans l'entre-deux des Rochers; mais les Montagnes collatérales, tant celles qui répondent du côté du Nord que celles qui regardent le Midi, semblent n'être formées que de Coquillages de Poissons, d'ossemens d'Animaux de Terre & de Mer, de Plantes, d'Insectes, en un mot des dépouilles du règne Végétal & Animal. Cela s'étend jusques aux chaînes des Montagnes de l'Afrique, & de l'Amérique, autant qu'elles nous sont connues. Ce Phénomène a aussi lieu dans les lits des Vallées, & des Plaines de toute l'Europe; d'où nous pouvons conclurre pour les autres parties du Monde.

XXXVII. Les Isles de l'Europe, celles de l'Asie, & de l'Amérique, où les Européens ont eu occasion de creuser, soit dans les Montagnes qu'il y a, soit dans les Terres, fournissent aussi de ces corps tirez d'entre les Plantes, & les Animaux, ce qui fait voir qu'elles ont cela de commun avec les Continens qui les avoisinent.

XXXVIII. Tous les Coquillages qui se trouvent dans une infinité de couches de terre, & de bancs de Rochers sur les plus hautes Montagnes, & dans les Carriéres & les Mines les plus profondes, dans les cailloux de Cornaline, de Chalcédoine, &c. & dans des masses de Souffre, de Marcassite, & d'autres matiéres minérales & métalliques, sont remplies de la matière même qui forme les bancs, ou les couches, ou les masses qui les renferment, & jamais d'aucune matière hétérogène.

XXXIX. Les Coquillages & les reliques des Plantes, & des Animaux de Terre & de Mer se trouvent 1. au naturel, c'est-à-dire sans avoir souffert que peu ou point de changement; 2. changez en pierre, en tout ou en partie; 3. calcinez ou peu s'en faut; 4. comprimez, cassez, & souvent entiérement brisez; 5. tout-à-fait consumez; mais dont des masses de terre, de pierre, ou de Minéral qui ont été moulées dans leur vuide tiennent la place.

XL. Tous les Marais sont composez de Plantes & d'Arbres, ou de leurs fragmens enfoncés jusques à de grandes profondeurs. Ils paroissent des Forêts ensévelies, & souvent mêlées, avec une portion de terre bitumineuse. Les Marais des Pays élevez, & des hautes Montagnes n'ont que quelques pieds de profondeur, mais ceux des Plaines & des Pays bas sont ordinairement très-profonds. Il y a même des couches marécageuses, à plus de cinquante pieds de profondeur, sous d'autres couches de terre ou de craye, comme dans les environs de Modène.

XLI. Les Mines de Fer, de Plomb, d'Etain, de Cuivre, d'Argent & de Mercure, sont assez fréquentes en Europe, & dans les parties Septentrionales de l'Asie. Celles d'or y sont plus rares, & ne se trouvent abondamment qu'à peu près entre les Tropiques, de même que les paillettes d'or qui sont répandues parmi le sable que les Fleuves & les Riviéres entraînent.

XLII. Les Pierres les plus précieuses, & les Marbres les plus fins se rencontrent aussi à peu près entre les Tropiques.

XLIII. Les Terres ne sont que des amas de poussière très-fine de différentes couleurs; au contraire les pierres sont 1. composées de sable, de paillettes talqueuses, de gravier, ou de petits cailloux; 2. d'un grain fin qui paroît avoir été fondu, comme, par exemple, les marbres, & les pierres précieuses opaques, ou moitié transparentes; 3. crystallisées comme toutes les pierres précieuses transparentes, les granites, & les cailloux blancs, &c.

XLIV. Tous les Minéraux comme les Sels,

Sels, les Souffres, les Bitumes, se trouvent 1. en grains; 2. en masses; 3. en Rochers; 4. en Fleurs, & 5. en Crystaux.

XLV. Les Métaux se trouvent ou d'une seule sorte, ou souvent mêlés ensemble, 1. en couches de peu d'épaisseur renfermées entre une espèce de crystallisation nommée *Quertz*, & formées de paillettes luisantes, liées les unes aux autres, comme si c'étoient des crystallisations irrégulières; 2. en masses de différente grosseur à petits grains plus ou moins mêlez avec des matières pierreuses, terreuses, ou minérales; 3. en masses ou pepites, & grenailles petites & grandes; 4. en cryştallisations, ou filets plus ou moins épais, de figure prismatique, cylindrique, parallélipipède, angulaire, ou en forme d'écailles; 5. en Rochers formez de couches, comme les bancs des Montagnes, de pierre de Marbre, ou comme les grands blocs de Granite.

Phénomènes concernants la destruction de la Terre.

XLVI. Les pluyes, la fonte des neiges, le froid & le chaud minent les bancs des Rochers, les font éclater, les séparent, & les détachent les uns des autres; de sorte que souvent leur propre poids les fait culbuter.

XLVII. Les Ravines, les Lavanges, les Tourbillons, & les Tremblemens de Terre entraînent de tems en tems la terre, les pierres, & les Rochers du haut des Montagnes dans les Vallées.

XLVIII. Les Torrens, les Riviéres, & les Fleuves emportent une grande quantité de terre, de sable, & de cailloux, non-seulement du haut des Montagnes, mais de toutes les couches qui bordent leurs Rivages.

XLIX. Ces matières entraînées haussent le lit des Riviéres & des Fleuves, y forment des coudes, & des Isles, (pendant que la rapidité de l'eau les creuse ailleurs,) & gâtent le fond des Vallées; & les matières plus légères emportées dans la Mer, y forment des Bancs de sable, des Barres à l'Embouchure des Fleuves, & des Aterrissemens.

L. Il y a généralement dans les couches des Montagnes, même dans les plus basses des lits de Bitume, d'Asphalte, de Souffre, des Sels, & du Fer dont le mélange & la fermentation sont la cause des Volcans.

LI. Un grand nombre de Montagnes sont actuellement ouvertes par ces Volcans, (principalement entre les Tropiques) qui les consument depuis plusieurs Siècles; d'autres portent des marques indubitables qu'il y en a eu, & d'autres nourrissent de petits feux continuels, sans produire des bouleversemens tels que ceux du Vésuve, & de l'Ethna.

LII. Les Tremblemens de Terre se font fait sentir dans tous les endroits du Monde. ils ont été souvent très-sensibles sous les eaux de la Mer, dans des espaces d'une grande étendue: il y a même des Auteurs qui prétendent qu'il y a eu des Tremblemens de Terre universels.

LIII. Il n'y a point de Mines, où l'on n'ait vû des exhalaisons étonnantes, qui s'y enflamment, & y suffoquent souvent les Ouvriers, sur-tout dans celles de tourbes & de charbons de pierre.

LIV. Plusieurs Isles ont été élevées du fond de la Mer par des Volcans sous-marins, & d'autres ont été abymées par des Tremblemens de Terre.

LV. Quelques Montagnes ont eu sur Terre un semblable sort par les mêmes causes.

LVI. Une infinité de sources froides & chaudes enlevent des couches intérieures des Montagnes & de la Terre, des particules Métalliques & Minérales, Martiales, Vitrioliques, Alumineuses, Souffrées, &c.

LVII. Les hommes ont creusé de tout tems, & creusent encore des Mines de Métaux, & de Minéraux par toute la Terre principalement dans les Montagnes.

LVIII. Il y a dans tous les Pays du monde, des Puits, des Caves profondes, & des Carrières que l'industrie des hommes a creusé depuis quatre mille ans.

LIX. L'Atmosphère de la Terre est toujours plus ou moins chargé de particules Salines, Nitreuses, Sulfureuses, &c. qui produisent tous les Météores particulièrement les ignées, & accélèrent les Vents, les Tourbillons, & les Tempêtes.

Propositions déduites des Phénomènes précédens pour servir de fondemens à un Essai d'une nouvelle Théorie de la Terre.

1. Que notre Globe a pris sa forme d'à présent dans un même tems, faisant abstraction des petits changemens causés par les Tremblemens de Terre & par les Ouragans.

2. Que la forme & la disposition présente du Globe suppose nécessairement qu'il a été dans un état de fluidité.

3. Que l'état présent de la Terre est très-différent de celui dans lequel elle a été pendant plusieurs Siècles après sa première formation.

4. Que la matière solide du Globe étoit dès le commencement moins dense, qu'elle ne l'a été depuis qu'il a changé de face.

5. Que la condensation presque subite des parties solides du Globe dans sa constitution primitive, diminua insensiblement avec la vélocité du Globe même, de sorte qu'après avoir fait un certain nombre de révolutions sur son axe, & autour du Soleil, il se trouva à point nommé dans un état de dissolution qui changea tout-à-fait son état précédent, & détruisit sa structure antérieure.

6. Que pour donner à notre Globe la forme qu'il a à présent, il a fallu au moins un tems proportionel à une de ces révolutions autour du Soleil.

7. Qu'on ne peut donner absolument aucune raison solide de la configuration des parties de la Terre, sans admettre son mouvement sur son axe, & autour du Soleil.

8. Que la Terre perdit sa forme précédente vers le tems de l'Equinoxe du Printems, & qu'elle commença à prendre une nou-

nouvelle forme vers l'Equinoxe de l'Automne.

9. Que pendant que les parties solides du premier Monde se dissolvoient dans l'eau; les Coquillages, & les autres reliques du regne Végétal & Animal s'introduisirent en même tems dans ces matiéres dissoutes; & les eaux prirent le dessus comme plus convenable à leur pesanteur spécifique.

10. Que la matiére des Montagnes, des Voutes souterraines & sous-marines fut condensée la premiére, & celle des Vallées & des Plaines fut la derniére, quoique ni l'une ni l'autre ne reçussent pas d'abord toute la solidité qu'elles acquirent dans la suite.

11. Qu'il y a une telle liaison entre les Montagnes, qu'elles n'ont pu être formées indépendamment les unes des autres.

12. Que le sommet des Montagnes aquit d'abord la figure des ondes de la Mer, latéralement des Pôles vers l'Equateur, & de l'Equateur vers les Pôles, en gardant néanmoins une direction d'Orient en Occident, suivant le plus ou le moins de résistance de leur matiére à la direction du mouvement du Globe d'Occident en Orient.

13. Que les Montagnes se sont déterminées les unes les autres dans leur position réciproque, selon que leur masse avoit de volume, de densité, & de solidité acquise dans le tems que les couches concentriques reçurent une direction d'élévation, par l'augmentation de la vélocité du mouvement de la Terre environ le tems de l'Equinoxe de l'Automne.

14. Que la disposition des Bancs, des Rochers, dépend aussi du différent degré de condensation & de solidité qu'ils reçurent d'abord, & de leur accord plus ou moins régulier avec le mouvement du Globe, & avec l'érection & la direction générale & particuliére des Montagnes, dont ils sont partie.

15. Que c'est précisément à la révolution du Globe, au cours de la Lune, au mouvement & à la pesanteur des Eaux, & à la direction des Vents combinés avec le mouvement que tous ces agens communiquérent aux parties de la Terre, qui venoient récemment de recevoir un certain degré de condensation, qu'est due l'élévation des Montagnes, l'abaissement des Vallées & des Plaines; & la formation des Voutes souterraines, & sous-marines, & celle du lit des Riviéres, des Fleuves, des Etangs, des Lacs, & de la Mer.

16. Que la dissolution successive de la matiére de l'ancien Monde, & l'élévation graduelle des couches du nouveau, sont la vraye cause de la varieté alternative des lits de matiére, où l'on trouve que les loix de la pesanteur spécifique ne sont pas observées

17. Que l'état de la Terre avant son changement n'a point été précédé d'aucun état, auquel il eût succédé naturellement; parce que tous les Matériaux qui subsistoient alors paroissent avoir été produits par la crystallisation tumultueuse, & par la prompte précipitation d'une infinité de molecules de figure déterminée, mélées par le moyen de ces deux opérations dues au mouvement subit; qui fut communiqué à ces molecules dès le moment de leur formation.

18. Que le nombre infini de dépouilles de Plantes & d'Animaux de Terre, & de Mer, renfermées dans les couches de la Terre, est une preuve incontestable que l'ancien Monde étoit pour le moins aussi habité que le nouveau.

19. Qu'ensuite du renouvellement de la Terre, le feu s'y mit, & la consume peu à peu depuis ce tems-là; de sorte que l'effet de ce feu, est allé insensiblement en augmentant, & continuera de même jusques à ce que le mouvement du Globe qui s'accélére aussi fort lentement, se trouvera dans un tel degré d'accélération après un Equinoxe d'Automne, & un Solstice d'Hyver, que l'air extraordinairement chargé de particules minérales, fortement condensé, & extrêmement agité, se jettera avec impétuosité dans les entrailles de la Terre, par toutes les ouvertures qui y seront alors, & y produira une explosion, comme celle de la poudre à Canon, qui renversera les Montagnes, & causera l'embrasement dont les anciens Philosophes ont parlé en suivant une tradition qui venoit des premiers hommes.

20. Que les Eaux & les parties volatiles des Végétaux, des Animaux, & des Minéraux, s'éléveront en vapeurs, pendant que les parties fixes resteront en fusion sous la forme générale d'un Liquide embrasé.

21. Que ces matiéres fondues couleront, & rempliront la place des Voutes qu'il y a maintenant au-dessous de la Terre & de la Mer, & en chasseront l'air; d'où il arrivera que l'Atmosphére occupera un beaucoup plus grand espace qu'auparavant, soit par l'accession de ce nouvel air, soit par l'extrême rarefaction que la violence de l'embrasement lui communiquera.

22. Que la diminution considérable du Diamétre du Globe, & l'augmentation excessive de son Atmosphére, lui feront changer de place. Il sera transporté dans un autre espace convenable à la grosseur de son volume, à la densité de sa matiére, & à la vaste étendue de son Atmosphére. Il tournera sur son axe avec plus de vitesse, & décrira un nouvel orbite très-différent de celui d'aujourd'hui.

23. Que le melange des matiéres calcinables & fusibles du Globe sera tellement réglé, qu'il en résultera une nouvelle construction du Globe même, dont les couches & les montuosités seront comme des amalgames de Métaux, & de Minéraux différemment vitrifiés, tels que le sont les Scories, les Emaux, & les matiéres que jettent les Volcans; d'autres seront semblables à la matiére des Creusets; tous ces Matériaux occuperont chacun la place qui lui conviendra, qui sera une suite naturelle de leur état présent, & des mouvemens qu'ils recevront alors.

24. Que les matiéres les plus pures, & les plus liquides y formeront des Mers, & des Fleuves de feu, pendant que d'autres seront moins exposés à ce terrible liquide; de sorte qu'il y aura une surprenante varieté d'objets

jets dans ce nouveau Globe, qui porteront des marques épouvantables du changement que l'embrasement y aura causé.

25. Qu'une partie des particules dont l'Atmosphére sera chargé, retomberont en forme de pluye de feu, qui répondront aux Météores d'aujourd'hui, & rendront ce Globe le plus triste séjour que l'on pourroit imaginer, & le mettront absolument hors d'état d'être habité par des hommes tels que ceux d'à présent.

26. Que comme la construction primitive de notre Globe a été telle qu'elle a pu changer par une inondation, & que celle d'à présent ne peut changer que par un embrasement; celle qui suivra sera telle, que par un effet naturel des dispositions que la Sagesse suprême y a mises, elle résistera au feu sans jamais changer, à moins d'un miracle exprès de la toute-puissance de Dieu. Je n'ai garde d'adopter ces propositions en général en les inférant ici; encore moins les conséquences que des Libertins en voudroient tirer pour se pouvoir passer d'une Providence divine. Ces idées Philosophiques ne sont tout au plus que des conjectures ingénieuses dans lesquelles l'Esprit se livre à une certaine hardiesse souvent nécessaire aux découvertes. Il amasse les idées, c'est à la Foi & à la Révélation de les épurer & toutes ces idées Philosophiques ne valent qu'autant qu'elles ne sont point contraires aux Vérités de la Foi. Il faut supposer charitablement qu'un Physicien fortement appliqué à son objet, ne publie ses pensées que parce qu'il les croit vrayes, & qu'il est prêt à les abandonner, si on lui en démontre l'illusion par des raisonnemens solides & par des expériences évidentes, ou par une opposition manifeste aux Vérités révélées. L'Histoire Naturelle, & la Physique Générale ne peuvent être cultivées qu'à cette condition. Nous avons vus des Savans, qui ont prétendu avec bien du plausible que le Physicien & le Théologien ont chacun leur carrière indépendante de celle de l'autre. Ne seroit-il pas moins équivoque de dire que le Physicien & le Théologien regardent un objet dans deux points de vûe différens : que le Physicien l'étudie dans son état naturel, & selon les règles d'une analogie observée dans un grand nombre d'expériences, sans préjudice des changemens surnaturels que la Puissance divine y peut faire quand il lui plaît; & que le Théologien, ne se bornant point à cet état naturel, considère ce même objet par un côté tout différent, & n'y cherche que les vérités qui ont rapport avec son étude? Ce n'est pas que l'on ne puisse associer ces deux points de vûe. Je dis même qu'on le doit. Quantité de grands Hommes l'ont fait & le font encore tous les jours. Laissons aux Physiciens amasser des richesses Philosophiques, sans trop les gêner. Permettons-leur en cas de besoin de se former tout à leur aise des Systêmes qui soient en quelque façon la récompense de leur travail; car enfin c'est presque toujours l'espérance d'en trouver un qui les soutient dans leur étude. Ces Systêmes n'auront apparemment pas d'abord d'évidence nécessaire pour être généralement reçus, d'autres yeux y verront des fautes que l'Auteur n'a pas apperçues. Cela même a son avantage, & la discussion mene presque toujours à des vérités qu'on découvre chemin faisant, & qu'on ne se seroit pas avisé de chercher pour elles-mêmes. Le Systême se dément. C'est un Edifice qui s'écroule: Soit. Mais les Matériaux n'en sont pas perdus, & on ne les auroit point assemblés, si l'Architecte n'avoit pas compté que l'édifice proposé subsisteroit. Il n'y a qu'à les employer autrement sur de meilleurs fondemens, & sur des principes moins ruineux.

C'est dans cet esprit qu'après avoir inféré dans cet Article les Phénomènes recueillis par l'Auteur cité, je n'ai pas exclus les propositions qu'il en déduit. C'est le Plan d'un grand Ouvrage qu'il promet, & il est juste d'attendre, pour en juger, le Livre même, où il traitera ces matières avec étendue, & apparemment avec les éclaircissemens nécessaires. On peut voir au mot *Abisme* [a], le Systême d'un Savant Anglois qui considére les diverses couches de la Terre comme une croute qui enferme un Globe d'eau très-vaste.

[a] Voyez la Géographie Physique.

TABLES GÉOGRAPHIQUES DES DIVISIONS DU GLOBE-TERRESTRE.

La Surface du Globe TERRESTRE se considere en

⎧ TERRE qui est en
  ⎧ CONTINENTS qui se divisent en plusieurs grandes Parties; savoir
    ⎰ Le Nôtre en ⎨ Europe. Asie. Afrique.
    ⎱ L'autre en ⎨ Amérique Septentrionale. Amérique Méridionale.
  ⎧ Isles qui sont
    ⎰ De l'Europe, savoir ⎨ Britanniques ou de l'Océan. De la Mer Méditerranée. Maldives. Ceylan.
    ⎰ De l'Asie, savoir ⎨ La Sonde. Moluques. Philippines. Japon.
    ⎰ De l'Afrique, savoir ⎨ Canaries. Cap-Vert. S. Thomas. Dauphine, ou Madagascar.
    ⎰ De l'Amérique Septentrionale ⎨ Terres Neuves. Antilles. Californie.
    ⎰ De l'Amérique Méridionale. ⎨ Magellaniques.
    ⎰ Entre l'un & l'autre Continents ⎨ Açores.
    ⎰ & quelques *Terres*, & *Isles*, vers le *Midi* ⎨ Nouvelle Guinée. Isle de Salomon.
⎧ EAU, dont nous donnerons les Divisions après celles des Terres.

Scos.

TER.

L'EUROPE, comprend
- LA SCANDINAVIE qui comprend
  - LA SUÈDE
    - Stockholm.
    - Gotheburg.
    - Lunden.
    - Abo.
    - Riga.
  - LE DANEMARCK
    - Coppenhaguen.
    - Rypen.
  - LA NORWEGE
    - Dronthem.
    - Bergen.
    - Wardhus.
- LA MOSCOVIE, où sont
  - Moskow.
  - Wolodimer.
  - Nowogrodeck Scwiérski.
  - Nowogrodeck-Weliki.
  - Smolensko.
  - S. Michel Archangel.
  - Tobolska.
  - Casan.
  - Bulgar.
  - Astracan.
- LA FRANCE, où sont
  - Paris.
  - Rouen.
  - Lyon.
  - Bourdeaux.
  - Toulouse.
  - Aix.
  - Grenoble.
  - Dijon.
  - Metz.
  - Amiens.
  - Otleans.
  - Nantes.
- L'ALLEMAGNE, où sont
  - Vienne.
  - Prague.
  - Cologne.
  - Francfort.
  - Hambourg.
  - Nuremberg.
  - Amsterdam.
  - Bruxelles.
- LA POLOGNE, où sont
  - Kracow.
  - Warsaw.
  - Wilna.
  - Dantzick.
  - Königsberg.
  - Gnesna.
  - Kiow.
  - Kamienieck.
- L'ESPAGNE, où sont
  - Madrid.
  - Tolède.
  - Burgos.
  - Lisbonne.
  - Séville.
  - Grenade.
  - Valence.
  - Barcelone.
  - Saragoça.
  - Léon.
  - Cadix.
- L'ITALIE, où sont
  - Rome.
  - Venise.
  - Milan.
  - Naples.
  - Turin.
  - Gênes.
  - Florence.
- La TURQUIE en EUROPE
  - Constantinople.

TER.   403

- LA TURQUIE en EUROPE, où sont
  - Andrinople.
  - Sophie.
  - Bude.
  - Belgrade.
  - Salonichi.
  - Misistra.

L'ASIE comprend
- LA TURQUIE en ASIE, où sont
  - Burse.
  - Trébisonde.
  - Alep.
  - Damas.
  - Jérusalem.
  - Mosul.
  - Bagdet.
  - Erserum.
- LA GEORGIE, où sont
  - Cotatis.
  - Teflis.
- L'ARABIE, où sont
  - Medina.
  - Mecca.
  - Herat.
  - Aden.
- LA PERSE, où sont
  - Ispahan.
  - Tauris.
  - Schiras.
  - Ferabath.
- L'INDE
  - LE MOGOL
    - Herat.
    - Agra.
    - Delli.
    - Amedewat.
    - Cambaye.
    - Bengala.
  - LA PRESQU'ISLE DEÇA LE GANGE
    - Kerky.
    - Visiapour.
    - Calicut.
    - Golconde.
    - Bisnagar.
    - Goa.
  - LA PRESQU'ISLE DELA LE GANGE
    - Pegu.
    - Siam.
    - Malacca.
    - Kecio.
    - Camboie.
- LA CHINE, où sont
  - Peking.
  - Nanking.
  - Quangcheu.
  - Hancheu.
  - Focheu.
  - Chingtu.
  - Sigan.
- LA TARTARIE, où sont
  - Tanju.
  - Samarkand.
  - Belck.
  - Yem.
  - Kasghar.
  - Thibet.
  - Chacan Kaimack.

L'AFRIQUE
- LA BARBARIE
  - Maroc.
  - Fez.
  - Alger.
  - Tunis.
  - Tripoli.
  - Barca.
- L'ÆGYPTE
  - Le Caire.
  - Aléxandrie.
- LE BILEDULGERID
  - Tesset.
  - Tafilet.
  - Segelmesse.
- LE ZAARA, OU LE DESERT
  - Zuenziga.
  - Targa.
  - Borno.
- LE PAYS DES NEGRES
  - Tombut.
  - Cano.
  - Gangara.

Eee 2

TER.

L'AFRIQUE comprend	La Guinée		Gangara. Benin.	l'Afrique		S. Thomas Madagascar
	La Nubie		Nuabia.			
	L'Abissinie		Barua. Caxumo.	Près de l'Amérique Septentrionale		Terres Neuves
	Le Zanguebar		Mozambique. Adea.			Antilles
	Le Congo		S. Salvador. Dongo.			Californie
	Le Monomotapa		Monomotapa. Butua.	Près de l'Amérique Méridionale		Magellaniques
	Les Cafres		Zofala.	Entre les 2. Continents		Terceres
L'AMÉRIQUE	Septentrionale	Les Terres Arctiques	Bearford.		Océan aux Environs de notre Continent	Septentrional. Occidental. Méridional. Oriental.
		Le Canada, ou Nouvelle France	Quebec. Bristow. Pomejoc. Nouvelle Amsterdam.	Mer qui se nomme	Mer aux Environs de l'autre Continent	De Nord. De Sud. Magellanique. La Mer Méditerranée. La Mer Baltique.
		La Floride	Cofa. Cofachigui. Mehlot.	Golphes dont les plus grands sont	Dans notre Continent	
		Le Nouveau Mexique	S. Fé, ou Nueva México. México.		Dans l'autre Continent	Golphe du Mexique.
		La Nouvelle Espagne	Guadalajara. S. Jago de Guatimala. Merida.	Lacs dont les plus grands sont	Dans notre Continent	Mer Caspienne ou Tabarestan.
		La Terre-Ferme	S. Fé d'Antiochia. Cartagena. Manoa ou el Dorado.		Dans l'autre Continent	Mer de Parime.
	Méridionale	Le Pérou	Lima. Cusco. Quito. Potossi.	L'Eau paroît en	Détroits dont les plus considérables sont	Entre les deux Continents: Jesso, ou d'Uriez.
		Le Chili	S. Jago. Impérial.			Entre l'Amérique & les Terres Australes: Magellan.
		Le Bresil	S. Salvador. Olinda.			Entre l'Europe & l'Afrique: Gibaltar.
		Le Paraguay	Cordulia. Buenos Ayres. S. Jago del Estero.			Entre l'Asie & l'Afrique: Bebelmandel.
		Terre Magellanique	C. de S. Philippe.		En Europe	Le Wolga. Le Danube. Le Rhein. La Loyre.
LES ISLES	Près de l'Europe	De l'Océan, ou Britanniques	Angleterre: Londres. Ecosse: Yorck. Irlande: Edimbourg. Dublin.	Rivieres dont les plus considérables sont	Dans notre Continent	En Asie: L'Inde. Le Gange. Kiang.
		De la Mer Méditerranée	Sicile: Messine. Candie: Candie. Sardagne: Cagliari.			En Afrique: Le Nil. Le Niger.
	Près de l'Asie	Maldives, Ceylan	Male. Candea.		Dans l'autre Continent	En Amérique Septentrionale: Du Canada.
		De la Sonde	Achem. Materan. Jacatra ou Batavia. Borneo.			En Amérique Méridionale: Des Amazones. Du Paraguay.
		Molucques	Malayo. Macaffar.	L'Océan se divise en	Septentrional, ou Scythique où sont les Mers	De Tartarie. De Moscovie. De Dahnemarck.
		Philippines	Manille. Meaco.		Occidental, ou Atlantique où sont les Mers	Britannique. De France. D'Espagne. Des Canaries. Du Cap Verd. De Guinée.
		Japon	Bungo.		Meridional, ou Ethiopien où sont les Mers	De Congo. Des Cafres. De Zanguebar. D'Arabie.
	Près de	Canaries: Cap Vert	Canarie. S. Jago.		Oriental, ou Indien où sont	De l'Inde. De la Chine. Des

TER.

La Mer se divise en
- les Mers
  - Mer de Nord
    - Des Kaimchites.
    - De Groenlande.
    - De Canada, ou N. France.
    - De Nouvelle Espagne.
    - Du Bréfil.
  - Mer de Sud, ou Pacifique
    - De Jeffo.
    - De Californie.
    - De Méxique.
    - Du Pérou.
    - De Chili.
  - Mer Magellanique
    - Magellanique.
    - Du Paraguay.
- L'Archipelague, ou M. de S. Lazare.

Les deux plus Grands Golphes de notre Continent font
- La Mer Méditerranée qui se divise en Mer
  - De Ponant où font
    - La Mer d'Espagne.
    - Le Golfe de Lyon.
    - La Mer de Provence.
    - La Mer de Gênes.
    - La Mer de Toscane.
    - La Mer de Sicile.
    - La Mer de Barbarie.
  - De Levant où font
    - La Mer Ionienne.
    - Le Golfe de Venise.
    - L'Archipel.
    - La Mer de Candie.
    - La Mer de Satalie.
    - La Mer de Sorie.
    - La Mer d'Egypte.
    - La Mer de Libye.
    - Le Golfe de Sidra.
    - La Mer de Tripoli.
    - La Mer de Marmara.
    - La Mer Noire, ou Pont-Euxin.
  - Auxquelles on peut ajouter
    - Palus Méotides, ou Mer de Sabache.
    - Suka Morzi.
- La Mer Baltique, où font les Golphes
  - De Lubec.
  - De Dantzick.
  - De Riga.
  - De Finlande.
  - De Bothnie.

Les deux plus Grands Golphes de l'autre
- Entre les deux Amériques
  - Mer, ou Golphe de Méxique où font ceux
    - De Méxique.
    - De Honduras.
- Septen- G. ou Mer Chris-
  - De Hudson.
  - De Buttons Bay.
  - De Baffins Bay.

Continent font
- trionale
  - tiane où font les Golphes
    - Près de l'Europe
      - De la Grande Baye, ou de Délivrance.
      - Mer Blanche.
      - Le Zuyderzee.
      - Mer de Gafcogne.
      - Mer de Basque.
      - Golfe de Cadix.
    - Près de l'Afrique
      - Golfe de S. Thomas, ou d'Ethiopie.
  - Les autres Golphes
    - Aux Environs de notre Continent
      - La Mer Rouge.
      - G. Dormus.
      - G. de Balfora.
      - G. de l'Inde.
      - G. de Camboye.
      - G. de Bengala.
      - G. de Pegu.
      - G. de Siam.
      - G. de Cochinchine & de Tunquin.
      - G. de Nanquin.
    - Près de l'Afie
    - Aux Environs de l'autre Continent
      - Près de l'Amérique
        - G. de S. Laurens.
        - Baye Françoife.
        - G. de Panama.

Les Détroits
- Entre l'un & l'autre Continent
  - De Jeffo, ou d'Uriez.
  - Canal de Pieko.
  - D. de Vaygatz.
- Aux Environs de notre Continent
  - Près de l'Europe
    - Pas de Calais.
    - La Manche.
    - Mer d'Irlande.
  - Près de l'Afrique
    - D. de Bebelmandel.
  - Près de l'Afie
    - D. de Mocandon.
    - D. de Manar.
    - D. de Malacca.
    - D. de la Sonde.
    - D. de Sangar.
- Aux Environs de l'autre Continent
  - Près de l'Amérique Septentrionale
    - D. de Forbisher.
    - D. de Davis.
    - D. de Hudson.
    - Canal de Bahama.
    - Mar Vermejo.
  - Près de l'Amérique Méridionale
    - D. du Magellan.
    - D. de le Maire.

Dans la Mer Méditerranée
- D. de Gibaltar.
- Far de Maffine.
- Bouche du Golphe de Venife.
- Euripe de Négrepont.
- De Gallipoli.
- De Conftantinople.
- De Gaffa.

Dans la Mer Baltique.
- Belt.
- Sond.

Tabareftan, ou Mer

TER.

Les plus GRANDS LACS	Dans notre Continent		ou Mer Caspienne.
	Dans l'autre Continent		Lac ou Mer de Parime.
Les autres LACS de notre Continent	Dans l'Europe	En Irlande	Carne.
		En Ecosse	Thay.
		En Suède	Werner. Meler.
		En Moscovie	La Doga. Onega.
		En Allemagne	Genève. Constance. Lucerne.
		En Italie	Majeur. Come.
		En Turquie en Europe	Balaton.
	Dans l'Asie	Dans la Turquie en Asie	Mer Morte. Aſtamar. Kanudham.
		Dans la Perse	Burgian.
		Dans l'Inde	Chiamay. Singſieu.
		Dans la Chine	Tungting. Poyang.
		Dans la Tartarie	Carantia. Beruan. Theama.
	Dans l'Afrique	En Abiſſinie	Zaire. Zambre. Zaflan.
		Dans le Congo	Niger.
Les autres LACS de l'autre Continent	Dans l'Amérique Septentrionale	Dans le Canada	Mer Douce. Lac Supérieur. Lac des Puans.
		Dans la Floride	Theomi. Mechoacan.
		Dans la N. Espagne	Mexico. Nicaragua.
	Dans l'Amérique Méridionale	Dans la Terre-Ferme	Maracaybo. Caſſipa.
		Dans le Perou	Titiaca.
		Dans le Paraguay	Xarajes.
LES RIVIÈRES DE L'EUROPE	Dans la Scandinavie		Corne. Kimi.
	Dans la Moscovie		Wolga. Oby. Don. Duina.
	Dans la France		La Loire. Le Rhône. La Garonne. La Seyne. La Meuse. L'Escaut.
	Dans l'Allemagne		Le Rhein. L'Elbe. L'Oder. Le Weser.
	Dans la Pologne		Wiſtule. Nieper, ou Boriſthène. Dzwina. Nieſter. Bog. Niemen.
	Dans l'Espagne		Ebre. Tage. Guadalquivir. Guadiana. Dovere. Minho.

TER.

LES RIVIÈRES DE L'ASIE	Dans l'Italie	Po. Arno. Tibre.
	Dans la Turquie en Europe	Danube. Tibiſc. Save. Drave.
	Dans les Isles Britanniques	Tamiſe. Saverne. Tay. Shennon.
	Dans la Turquie en Asie	Eufrate. Tigre. Cobacquet. Jourdain.
	Dans la Georgie	Fazzo. Cur.
	Dans l'Arabie	Caibar. Nageran. Aras.
	Dans la Perse	Bendimir. Hendemend.
	Dans l'Inde	Inde. Gange. Pégu. Menan. Mécom. Gemini.
	Dans la Chine	Kiang. Hoang. Che. Ta.
	Dans la Tartarie	Gammas. Jihun. Alſag'h. Tartat. Yem. Margha. Jeniſeia. Peiſida.
LES RIVIÈRES DE L'AFRIQUE	Dans la Barbarie	Tenſift. Ommirabi. Cebu. Rio Major. Magreda. Tripoli.
	Dans le Biledulgerid	Suz. Dara.
	Dans l'Egypte	Le Nil.
	Dans le Saara	Ghir.
	Dans le Pays des Negres	Niger. Senega. Gambea. R. Grande.
	Dans la Guinée	Volta.
	Dans la Nubie	Nuabia.
	Dans l'Abiſſinie	Abanbus.
	Dans le Zanguebar	Quilmanci. Mozambique.
	Dans le Congo	Zaire.
	Dans le Monomotapa & les Cafres	Zambre. Spiritu Santo.
LES RIVIÈRES DE L'AMÉRIQUE Septentrionale	Dans le Canada	S. Laurent. Le Saquenay. Chucagua.
	Dans la Floride	May.
	Dans le Nouveau Mexique	De Nort.
	Dans la Nouvelle Espagne	Barania. Panuco.
LES RIVIÈ-	Dans la Terre-Ferme	Deſaguadero. Paria. Cayenne. Ama-

TER.   TER.   407

RES DE L'AMÉRIQUE Méridionale	Dans le Pérou	{Amazone. Xauxa.
	Dans le Brésil	{St. Francisco.
	Dans le Paraguay	{Paraguay. Parana. Vraguay.
	Dans la Terre Magellanique	{Desaguadero.

Cette division est celle de Mrs. Sanson. J'ajoute ici un petit nombre de paradoxes Géographiques. L'Abbé de Vallemont qui les a recueillis s'est proposé de donner en cela un agréable exercice aux jeunes gens. On auroit pu en augmenter le nombre. Les Lecteurs que ce peu aura mis en goût d'en voir davantage peuvent recourir au Livre, intitulé de l'usage des Globes par Bion. Voici ceux de l'Abbé de Vallemont.

I.
Comment il peut y avoir une Semaine de 3. Jeudis.

De tous les paradoxes il n'y en a point de plus surprenant, & qui soit plus capable d'éfaroucher l'esprit que celui dont il est ici question. Le monde est tellement prévenu qu'il ne peut pas y avoir une Semaine de 3. Jeudis, que quand on veut marquer qu'une chose est de tout point impossible, on dit proverbialement qu'elle arrivera la Semaine des 3. Jeudis, 3. jours après jamais. Cependant ceux qui entendent un peu ce qui a été dit sur les Longitudes sont en état de comprendre facilement qu'il est très-possible, qu'il y ait une Semaine de 3. Jeudis, & que depuis qu'on a fait dans ces deux derniers Siècles le tour de la Terre cette semaine a déja pu arriver plus d'une fois. Si cela est, il faut demeurer d'acord que cette expression proverbiale & populaire, n'est pas conçue selon les Principes de l'exacte Géographie, si l'on prétend s'en servir pour signifier qu'une chose ne peut jamais arriver.

On n'a connu que dans ces derniers tems, & que depuis qu'on a eu fait plusieurs fois le Voyage par Mer du tour de la Terre, qu'il peut y avoir une Semaine de 3. Jeudis. Les Anciens n'ont eu nulle idée de la possibilité de cette Semaine. Voici comment cette découverte s'est faite. Ce ne fut pas un petit sujet d'admiration aux Navigateurs des derniers Siècles, lorsqu'après avoir fait le tour de la Terre d'Occident en Orient, ils avoient à leur retour un jour de plus que ceux du Pays; en sorte que s'il y étoit Mercredi, il étoit déja Jeudi pour eux. Au contraire ceux qui alloient d'Orient en Occident, avoient à leur retour un jour de moins: ce qui faisoit que s'il étoit Mercredi pour ceux du Pays, il n'étoit encore que Mardi pour eux.

Comme les Pilotes font des Journaux de leurs Voyages, & qu'ils y apportent une attention très-grande, ils ne savoient que penser de la différence, qu'ils trouvoient entre les Journaux de ceux qui étoient allez par l'Orient, & de ceux qui avoient pris leur route par l'Occident. D'abord ils s'accusoient mutuellement d'erreur ou de négli-

gence, ce qui causoit de grandes contestations; mais comme cela est arrivé encore dans la suite, on s'est appliqué à en reconnoître la cause, & les Mathématiciens y ont réussi. Ils ont trouvé que cela venoit des loix de la Nature, & non point de la faute des Navigateurs. Ils ont considéré que 15. dégrez de l'Équateur valent une heure, & qu'ainsi celui qui va d'Occident en Orient prévient toujours le lever du Soleil, d'autant d'heures qu'il parcourt de fois 15. degrez de l'Equateur. Donc, s'il fait le tour de la Terre, ce sera 24. heures pour 24. fois 15 degrez qui sont contenus dans les 360. de l'Equateur. Ainsi s'il est Mercredi dans le Pays où il est de retour, il est déja Jeudi pour lui.

Il en va tout autrement de celui qui fait son Voyage d'Orient en Occident: car enfin plus il avance, & plus tard le Soleil se leve à son égard; en sorte que quand il aura parcouru 15. dégrez de Longitude, il n'aura qu'onze heures, quand il en sera déja douze au lieu d'où il est parti. Donc, s'il fait le tour de la Terre, il aura à son retour un jour de moins que ceux du Pays; ainsi s'il est Mercredi dans le Pays, il n'est encore que Mardi pour lui.

Exemple.

Supposons qu'un Voyageur s'embarque à la Rochelle, pour aller vers les Indes Orientales. Quand il sera arrivé à la distance de 180. degrez de Longitude, qui est la moitié du tour de la Terre, il aura déja minuit, lorsqu'on n'aura encore que Midi à la Rochelle, parce qu'il sera au Méridien opposé: il s'ensuit qu'en achevant le tour de la Terre, il aura 24. heures de plus que ceux de la Rochelle; ce qui fait un jour entier.

Donc s'il est Mercredi à la Rochelle quand il y est revenu, il sera déja Jeudi pour lui. Le lendemain est le Jeudi de la Rochelle. Voilà donc déja deux Jeudis; pour en trouver un troisième dans cette même Semaine nous ferons partir du même Lieu un autre Voiageur, qui ira de la Rochelle vers l'Occident. Quand il aura atteint le 180 degré, il se trouvera au Méridien opposé à celui de la Rochelle, & ne sera encore qu'a Mardi à minuit, quand on aura déja Midi du Mercredi à la Rochelle. Et comme la chose est très-possible, si celui qui est allé du côté d'Orient, & celui qui a pris sa route vers l'Occident se rencontroient, ils se trouveroient en différence de 24 heures; parce que l'un en auroit perdu 12. en s'éloignant insensiblement du Soleil de 180 dégrez sur l'Equateur, & que l'autre en auroit au contraire gagné 12. en prévenant de 180. dégrez le lever du Soleil. Ainsi celui qui seroit allé du côté d'Occident, auroit, par exemple, minuit du Samedi au Dimanche, dans le même moment que l'autre auroit minuit du Dimanche au Lundi.

Donc, si celui qui est allé par l'Occident achève son tour, & qu'il arrive le Mercredi à la Rochelle, il ne sera que Mardi pour lui. Ainsi le Vendredi de la Rochelle sera son Jeudi. Voilà donc trois Jeudis dans une même semaine.

1. Le

1. Le Mercredi de la Rochelle est le Jeudi de celui qui est allé par l'Orient parce qu'il a un jour de plus.

2. Le Jeudi de la Rochelle.

3. Le Vendredi de la Rochelle est le Jeudi de celui qui est allé par l'Occident, parce qu'il a un jour de moins.

Tout ce mystère Géographique consiste à bien remarquer que celui qui va vers l'Orient va toujours vers le jour, & que plus il va en avant, & plutôt le Soleil se leve pour lui: ainsi il rencontre bien plutôt le lever du Soleil, que ne fait celui qui va vers l'Occident, puisque ce dernier va toujours perdant le jour; & que plus il va en avant, & plus tard le Soleil se leve pour lui.

II.
Comment il peut arriver que deux Jumeaux qui seroient nez, & morts en même tems, l'un auroit vécu deux jours plus que l'autre.

Ce paradoxe a la même solution que le précédent. Cela arriveroit immanquablement si ces deux Jumeaux faisoient le tour de la Terre, l'un par l'Orient, & l'autre par l'Occident. Celui qui seroit allé par l'Orient auroit le Vendredi à son retour, quand l'autre n'auroit encore que le Mercredi: puisque celui qui auroit pris sa route par l'Orient auroit gagné un jour en prévenant toujours le lever du Soleil, & que l'autre par une raison contraire en auroit perdu un en allant par l'Occident.

III.
Dans toutes les heures du jour on chante en quelque lieu de la Terre, les louanges de Dieu, & on lui offre le St. Sacrifice de l'Autel.

Pour entendre cette proposition il faut supposer plusieurs choses que j'ai déja expliquées. 1º. que le Soleil parcourt 15. degrez de l'Equateur par heure: ce qui fait 24. heures pour les 360. degrez de l'Equateur.

2º. Que tous les Pays qui ont le même Méridien, ont Midi en même tems, ainsi Londres, Caen en Normandie, Lerida en Espagne, & Oran sur les Côtes de Barbarie ont Midi dans le même tems.

3º. Qu'en avançant de 15 degrez vers l'Orient, on a une heure de plus, & qu'au contraire vers l'Occident on a une heure de moins: de sorte que quand il est Midi à Paris, il est déja une heure après Midi à 15. degrez loin vers l'Orient, & au contraire il n'est encore qu'onze heures du matin à 15. degrez loin vers l'Occident.

4º. Que par conséquent le Soleil se lève vers l'Occident, dans le tems qu'il se couche vers l'Orient.

Cela supposé on comprendra facilement comment Dieu est adoré sur la Terre dans toutes les heures du jour, & comment il n'y a point de quart d'heure dans la journée, où il n'y ait des Prêtres à l'Autel, & des Religieux au Chœur pour célébrer les grandeurs du Seigneur: car enfin quand Matines s'achèvent à 15. degrez loin de Paris, vers l'Orient, à Rome, par exemple; alors elles commencent à Paris, & ne commencent qu'une heure après à 15. degrés loin vers l'Occident, c'est-à-dire vers les Côtes de Portugal: parce qu'il est 5. heures du matin, une heure plutôt à Rome, & une heure plus tard vers les Côtes de Portugal, qu'à Paris.

Enfin pour entendre cela sans qu'il reste nulle difficulté, il n'y a qu'à se représenter que le Soleil fait dans le même instant tout à la fois sur tout le circuit de la Terre toutes les 24. heures du jour.

Ainsi il est toujours midi. 1. 2. 3. 4. 5. 6. heures, &c. après midi quelque part. Il est toujours minuit quelque part; & par conséquent il y a toujours quelque part des Religieux qui chantent Matines; cela rapelle le souvenir des tems où les Moines Bénédictins de Jumiège étoient en si grand nombre dans ce Monastère, qu'il y en avoit durant toutes les 24. heures du jour au Chœur. On y chantoit continuellement, & sans interruption les louanges de Dieu. Quand les uns sortoient du Chœur, les autres y entroient. Comme il y a toujours des personnes Ecclésiastiques & Religieuses qui louent Dieu, il y a pareillement toujours des Prêtres à l'Autel par la même raison: supposé que la Religion Catholique soit répandue par tout le circuit de la Terre, comme il n'y a pas lieu d'en douter. Car enfin, la Religion Catholique est la seule qui soit dans l'Italie, dans l'Espagne, dans le Portugal, & dans plusieurs Etats de l'Allemagne; c'est la dominante en France, &c. Elle est dans tout ce que possédent les Rois de France, d'Espagne & de Portugal, dans l'Amérique, dans l'Asie, dans l'Afrique. Nos Missionnaires l'ont portée dans les Pays des Mahométans, à la Chine, au Japon, &c. En sorte qu'il y a peu d'endroits habités sur la Terre, où il n'y ait quelque Exercice de la Religion Catholique. *A solis ortu usque ad occasum offertur nomini meo oblatio munda, & in omni loco sacrificatur mihi, quia magnum est nomen meum in gentibus.* Malach. Cap. 1.

IV.
Combien la Terre a de lieues de tour.

Monsieur Picard qui s'est appliqué par ordre du Roi Louis XIV. a mesurer la circonférence de la Terre, après plusieurs opérations très-exactes a trouvé qu'un degré de Longitude de la Terre valloit 25. lieues, & que le même degré de Longitude valloit 57060. Toises de Paris. Après cela il est aisé de savoir combien la Terre a de Toises ou de lieues de tour; car puisque les Astronomes, & les Géographes demeurent d'accord que le plus grand cercle de la Terre est composé de 360. degrez; il n'y a qu'à multiplier les Toises ou les lieues d'un degré par 360. & l'on aura toutes les Toises, ou toutes les lieues de la circonférence de la Terre. Un degré vaut . . . . 57060. Toises. multipliées par . . . . . . 360.

La Terre a de circuit 20541600. Toises de Paris.

On fait la même chose pour savoir combien la Terre a de lieues dans sa circonférence. Un degré vaut 25. lieues; on multiplie les 25. lieues par 360. & le produit est

est de 9000. lieues qui est le tour de la Terre.

La circonférence de la Terre est de 9000. lieues, ou de . . . 20541600. Toises.

Le Diametre de la Terre, c'est-à-dire d'ici aux Antipodes, est de 2864. lieues, & $\frac{44}{65}$ ou de . . . . 6538594. Toises.

Le demi diametre de la Terre, c'est-à-dire d'ici au centre de la Terre, est de 1432. lieues $\frac{22}{65}$, ou de 3269297. Toises.

V.
Combien il faudroit de tems à un Voyageur pour faire le tour de la Terre.

Je suppose que ce Voyageur feroit 10. lieues par jour. Il en pourroit quelquefois faire davantage; mais il lui faut donner quelques jours, afin de se reposer. Enfin à 10. lieues par jour il lui faudroit deux ans & demi, moins deux ou trois jours, car la Terre a 9000. lieues de circonférence: or 9000. étant divisez par 10. il vient au quotient 900. jours; & ces 900. jours valent deux ans, 6. mois. Il ne faudroit que six mois à faire ce Voyage par Mer; car dans la Zone Torride on fait ordinairement par jour deux degrez de Longitude, c'est-à-dire d'Occident en Orient. Ainsi ce n'est que 180. jours pour les 360. degrez de l'Equateur.

VI.
Pour voyager par Terre dans des Pays inconnus, sans autre Guide qu'une petite Boussole.

Je suppose qu'un Curieux veut aller de Paris à Rome, & qu'il ne sait pas la route qu'il faut tenir. Je dis que ce Voyageur sans le secours d'aucun Guide ira à Rome directement; pourvû qu'il pratique les six choses suivantes qui sont très-faciles.

I. il faut que le Voyageur ait une Carte Géographique du Pays avec une bonne Boussole, où il y ait dans le fond une cercle divisé en quatre quarts de nonante, comme on a coutume de le faire.

II. Il faut qu'il oriente la Carte Géographique avec la Boussole; c'est-à-dire, qu'il tourne la Carte sur une Table, où il n'y ait point de fer, jusqu'à ce que son Septentrion & son Midi, son Orient & son Occident regardent ces mêmes quatre Points cardinaux du Monde, qu'il tire du haut de la Carte en bas une ligne Méridienne qui passe par le Lieu d'où il doit partir.

III. Ayant trouvé sur la Carte le Lieu d'où il part, & celui où il veut aller; il tracera de l'un à l'autre une Ligne, que j'appelle la ligne de route ou de Voyage; parce que c'est la Ligne qu'il doit suivre durant tout le Voyage, sans s'en écarter que le moins qu'il pourra.

IV. Il faut qu'il place le centre de sa Boussole orientée sur le Lieu d'où il doit partir, c'est-à-dire que le Midi de la Boussole soit sur la Ligne Méridienne qui est tracée sur Paris: & alors il regarde de combien de degrez est l'angle que fait la Ligne de route avec la Méridienne. Dans l'exemple proposé qui est de Paris à Rome, on trouve sur la grande Carte de l'Europe par le Sieur Duval, que la Ligne de route fait un angle de 54. degrez avec la Méridienne. Ainsi notre Voyageur sera assûré que tant qu'il marchera sur une Ligne, qui sera un angle de 54. degrez avec la Méridienne, il ne s'écartera point du tout de son chemin.

V. Quand il rencontre, ce qui arrive souvent, & c'est en quoi consiste toute la difficulté, deux ou trois chemins, & qu'il ne sait lequel prendre, il doit alors avoir recours à sa Boussole. Il l'oriente à la tête de tous ces différens chemins; il voit celui qui répond le mieux à sa Ligne de route, qui fait toujours dans son Voyage de Rome un angle de 54. degrez avec la Méridienne de Paris, & marche par celui-là.

VI. S'il rencontre dans son chemin des Montagnes, des Précipices, des Lacs, des Rivières, des Forêts qui le tirent hors de sa Ligne de route, il faut qu'il observe avec sa Boussole de combien de degrez il se détourne, afin d'y retourner dès qu'il le pourra: à quoi servira beaucoup l'observation qu'il fera de certains points fixes, comme sont les grands Arbres, les Châteaux, les Rochers, par le moyen desquels il pourra juger à peu près de combien il se détourne; ce que les Pilotes ne peuvent faire sur la Mer, où ils ne trouvent pas souvent, de ces points fixes sur lesquels ils puissent se régler. Cette manière de voyager par Terre est la même que suivent les Pilotes dans leurs Voyages de Mer. Toute leur application de jour & de nuit est d'observer sur leur Boussole, s'ils suivent la Ligne qu'ils ont tirée sur leur Carte Hydrographique, depuis le Lieu d'où ils sont partis jusqu'à celui où ils vont.

Le P. Schot Jésuite dit qu'étant jeune, il se servit de cette méthode dans un grand Voyage, & qu'elle lui réussit si heureusement, qu'il fut de Flandre, par la Picardie, par la Champagne, par la Bourgogne, par la Suisse dans toute l'Italie à Rome: de là en Sicile; & enfin à Naples, avec deux Religieux de sa Compagnie, sans jamais prendre de guide, & sans s'égarer.

Chalcondyle [a] dit que les Turcs qui vont en pélerinage à la Méque, se servent d'une Boussole, de peur de se perdre dans des Deserts larges, profonds & sablonneux, par où il faut passer. Ils montent sur des Dromadaires, & se guident par les Etoiles, ou avec le Quadran de la Navigation, par le moyen duquel après avoir pris leur adresse sur le point du Nord, ils voient quelles routes ils doivent tenir.

[a] *Histoire des Turcs, Liv. 3. n. 5. pag. 54.*

Si le Voyageur n'a pas de Carte Géographique, il faut tous les matins, avant que de partir, se faire montrer par quelqu'un vers l'Horison, à peu près le Lieu où l'on veut aller coucher : & alors après avoir orienté sa Boussole, il faut tirer une Ligne visuelle du centre de sa Boussole à l'endroit de l'Horison marqué; & regarder de combien de degrez est l'angle qu'elle fait avec la Méridienne. Si l'angle est de 60. degrez, il faut tout ce jour-là suivre une Ligne qui fasse un angle de 60. degrez avec la Méridienne.

F f f   VII.

VII.
Un Cerceau seroit immobile, & suspendu sans appui au centre de la Terre.
Il faut suposer d'abord une chose, que peu de gens oseront disputer, que la Terre est creuse vers son centre.

Il y a des Théologiens Scholastiques qui placent dans le Centre de la Terre le feu infernal, & éternellement dévorant, comme parle le Prophète Jérémie, où les Impies doivent être pour jamais les misérables victimes de la Justice de Dieu. Le Cardinal Bellarmin [a] après avoir établi contre Beze cette doctrine par l'Ecriture, & par les Peres; ajoute que la raison demande, que l'Enfer qui est le Lieu, où Dieu exerce sa Justice sur les Démons, & sur les Impénitens, soit très-éloigné du Ciel, où il fait régner sa bonté & sa miséricorde sur ses Elus. Il conclud delà que l'Enfer est au Centre de la Terre; puisque c'est le Lieu le plus éloigné du Ciel: *A Cœlo verò nihil abest longius quam Terræ centrum.*

[a] De Christ. L. 4. c. 10.

La Paraphrase Chaldaïque met aussi l'Enfer au dedans de la Terre: il est dit sur le Chapitre 28. de Job, v. 5. que la Terre porte au-dessus de sa surface dequoi nourrir les hommes, & au-dessous un Lieu pour les punir; *infra quam est Gehenna.*

S'il y avoit donc dans ce creux, qui est au centre de la Terre un Cerceau, il y demeureroit immobile, & suspendu de lui-même, sans que rien le soutînt.

1°. Parce que tout Corps pesant se porte par son propre poids au Centre de la Terre, qui est le Centre de gravité de tous les Corps.

2°. Parce que si l'on suposoit que ce Cercle fût en mouvement, cela ne pourroit être, sans qu'un côté de ce Cerceau ne s'aprochât du Centre de la Terre; & alors le côté opposé s'en éloigneroit, & par conséquent il monteroit, ce qui est contre la nature du Centre, où tendent tous les corps pesants. Ainsi suposé que dans le Cerceau le Centre de grandeur fût aussi le Centre de gravité, nécessairement le Cerceau demeureroit immobile, parce que son centre ne pourroit s'éloigner du Centre de la Terre.

VIII.
Si les Eaux d'une Rivière venoient à tomber au Centre de la Terre, elles y formeroient un Globe d'Eau.

Il est certain que si une Rivière pénétroit la Terre, & s'alloit répandre à son Centre, toutes les Eaux s'assembleroient en Corps, & y feroient une Sphère, ou un Globe d'eau d'une rondeur parfaite. Elles ne pourroient pas prendre une figure ovale, ni cubique, parce que l'Eau étant fluide, elle ne se peut contenir dans ses propres bornes. Ainsi ses angles s'arrondiroient, & les Eaux iroient se répandre sur les autres, & formeroient une figure parfaitement sphérique.

Il en faut dire autant d'un grand Bucher qui seroit embrasé au Centre de la Terre: il y formeroit un Globe de feu; les flammes s'éléveroient tout à l'entour, & imiteroient parfaitement les rayons du Soleil.

IX.
Un homme pourroit marcher facilement, comme feroit une Mouche, tout autour d'un Globe de Métail de 6. ou 7. pieds de diamètre, qui seroit au Centre de la Terre.

S'il y avoit au Centre de la Terre un Globe de quelque Métail que ce soit, & qu'il eût 6. ou 7. pieds de diamètre, un homme pourroit se tenir debout dessus, & marcher tout autour comme feroit une Mouche.

Si deux hommes en faisoient le tour par des côtés différents, il arriveroit qu'ils auroient les pieds opposés, & qu'ils seroient comme une espèce d'Axe, ou de Ligne droite, qui passeroit par le Centre du Globe; l'un auroit la tête vers le Pôle Arctique, & l'autre l'auroit vers le Pôle Antarctique. Leur état seroit très-naturel; parce que la Ligne de direction, qui est la plus courte de toutes celles que nous concevons partir du Centre de la Terre, & passer perpendiculairement des pieds à la tête de ces hommes, se trouveroit parfaitement gardée.

X.
Comment un homme se tenant droit pourroit avoir en même tems la tête & les pieds en haut.

Un homme étendu dont le milieu du Corps seroit au Centre de la Terre, auroit en même tems la tête & les pieds en haut; parce qu'il les auroit tout à la fois vers le Ciel, le Ciel étant par-tout en haut à l'égard de la Terre & de son Centre: *Cælum undique sursum.* C'est ainsi que deux hommes monteroient en même tems avec une même échelle vers deux endroits diamétralement opposés: si le milieu de cette échelle étoit placé au Centre de la Terre, & qu'il y en eût une moitié de notre côté, & l'autre vers nos Antipodes, un de ces hommes monteroit ici, & l'autre aux Antipodes; ils auroient tous deux les pieds opposés.

XI.
Un homme qui auroit la tête au Centre de la Terre, ne pourroit ni manger, ni boire.

Comme un homme qui auroit la tête en bas, & les pieds en haut ne pourroit ni manger, ni boire: de même un homme, dont la tête seroit au Centre de la Terre, ne pourroit pareillement ni manger, ni boire; parce qu'il auroit lui-même actuellement la tête en bas, & les pieds en haut. Son estomac seroit renversé, ainsi il faudroit que les viandes montassent, afin qu'elles y pussent entrer. Donc un homme, dont la bouche seroit au Centre de la Terre, fût-il d'ailleurs environné de tous les mets qui furent servis sur la Table d'Assuérus, seroit-là comme un pauvre Tantale mourant de faim au milieu de l'abondance.

XII.
Un Oiseau, qui seroit au Centre de la Terre, ne pourroit voler en ligne droite qu'avec une extrême violence.

Pour qu'un Oiseau qui seroit au Centre de

de la Terre, volât en ligne droite, il faudroit qu'il montât en ligne perpendiculaire de quelque côté qu'il prît fon vol. Or c'eſt un mouvement qui eſt très-violent pour les Oiſeaux. On peut donc aſſurer qu'il demeureroit immobile ſans pouvoir voler; à moins qu'il ne prît ſon vol en ligne Circulaire ou Spirale, pour tourner continuellement autour du Centre de la Terre.

XIII.
Combien la Terre peſe de livres.

Si la Terre étoit un Corps homogène, c'eſt-à-dire dont toutes les parties fuſſent de même nature, on pourroit dire à peu près combien de livres peſe toute cette groſſe Maſſe. Car enfin on a trouvé que le pied cubique de terre peſe ordinairement 95. livres; mais il n'en va pas de même des autres Corps qui compoſent la Maſſe de la Terre, parce que les uns peſent plus, & les autres moins.

Le Sable peſe	132. l.
La Chaux	59. l.
La Pierre	165. l.
Le Marbre	252. l.
La Brique	130. l.
La Tuile	127. l.
L'Ardoiſe	156. l.

A l'égard des Métaux l'on a trouvé que le pied cubique d'étain peſe 532. l.

Le Fer	576. l.
Le Cuivre	648. l.
L'Argent	744. l.
Le Plomb	828. l.
Le Vif-Argent	977. l.
L'Or	1368. l.

On a auſſi expérimenté que le pied cubique d'eau peſe 72. l.

Le Sel	110. l.
Le Miel	104. l.
Le Vin	70. l.
L'Huile	66. l.
Le Bois de Chêne	60. l.
Le Minot de Froment	55. l.

De toutes ces différentes matiéres dont le poids eſt différent, il s'agit d'en choiſir une dont le poids ait un nombre proportionnel, qui puiſſe à peu près compenſer ce que certains Corps peſent de moins, & ce que d'autres peſent de plus. Or comme le célèbre Pere Merſenne, Minime, a choiſi pour cet effet le poids de cent livres, qu'il donne au pied cubique de terre, & qu'il a cru propre pour faire cette compenſation, nous nous y arrêterons auſſi: après quoi il ne s'agit plus, pour déterminer la peſanteur de la Terre, que de trouver le nombre des pieds cubiques qu'elle contient, afin de les multiplier par le nombre de cent livres; car le produit nous donnera le nombre de livres que la Terre peſe. Nous nous ſervirons ici du travail de Mr. Picard qui fut choiſi par Meſſieurs de l'Académie des Sciences pour meſurer la Terre, ſelon l'ordre que le Roi Louis XIV. leur en avoit donné.

Le Diamétre de la Terre eſt de 6538594. Toiſes.
La Circonférence de la Terre eſt de 20541600. Toiſes.
Avec la meſure du Diamétre & celle de la Circonférence de la Terre, on trouve ſa ſuperficie convexe, en multipliant l'une par l'autre.

Circonférence de la Terre 20541600.	Toiſes.
Diamétre de la Terre 6538594.	T.
Superficie convexe de la Terre 134313182510400.	T.

Laquelle multipliée par 6538594. T. qui eſt le Diamétre de la Terre, la ſixième partie du produit donnera en Toiſes cubes la ſolidité de la Terre

Le Produit eſt 878219369283406377600.
6e. Partie 146369894880567729600.
La Toiſe cube de Paris vaut 216. pieds cubes. En multipliant les Toiſes cubes de la ſolidité de la Terre par 216. on aura le nombre des pieds cubes qui font dans la ſolidité de la Terre.

Le Toiſes cubes de la ſolidité de la Terre 146369894880567729600. multipliées par 216. donnent la ſolidité de la Terre en pieds cubes 31615897294202629593600.

Nous avons dit que le pied cube de la Terre peſoit 100. livres. En multipliant donc par 100, les pieds cubes de la ſolidité de la Terre, on aura le nombre des livres qu'elle peſe.

Donc la Terre peſe 3161589729420262295936000о. liv.

Et c'eſt ce que nous cherchions. Nous n'avons pas mis les opérations tout au long, elles auroient occupé trop de place; & ce ne font que des mulpications que chacun peut faire ſans peine avec un peu de tems.

XIV.
La maniére de placer un Globe Terreſtre dans une Cour, ou dans un Jardin : afin d'y voir, quand le Soleil luit, tous les Pays qu'il éclaire, & ceux qu'il n'éclaire pas ; les Pays où il ſe leve, & ceux où il ſe couche.

Cette curioſité eſt belle, & elle paroît avoir quelque choſe d'aſſez piquant, pour mériter qu'on explique ici la maniére dont on peut ſe ſatisfaire là-deſſus.

1. Il faut avoir percé le Globe de pierre, ou de Marbre, à l'endroit du Lieu, pour lequel on le diſpoſe : il faut qu'il ſoit percé diamétralement, en ſorte que le trou paſſe par le centre, & ſe termine à l'endroit oppoſé qui eſt les Antipodes du Lieu en queſtion ; & alors on paſſe au travers du Globe un axe de fer, qui doit ſervir à l'attacher, & à le tenir ferme ſur le Piédeſtal, ou Plan Horizontal, où l'on le veut placer.

2. Il faut que le Pôle Arctique du Globe réponde exactement au Pôle Arctique du Monde, ou ce qui eſt la même choſe; il faut que le Globe ſoit bien orienté, en ſorte que ſes quatre Points Cardinaux regardent préciſément les quatre Points Cardinaux du Monde.

Fff 2   Le

Le Globe ainsi placé, le Soleil luisant montrera à chaque moment du jour la partie de la Terre qui est éclairée, & la partie où il est nuit. Si l'on divise en deux la partie illuminée, du Septentrion au Midi, tous les Pays qui sont sous le demi Cercle ont tous Midi dans ce moment-là. Le demi Cercle qui sépare la partie illuminée d'avec celle qui ne l'est pas du côté d'Orient, montre les Pays où le Soleil se couche. Le demi Cercle qui distingue la partie éclairée de la partie qui ne l'est pas du côté d'Occident, montre les Pays où le Soleil se leve. Pour trouver le lieu du Soleil dans l'Ecliptique au moment de l'observation, il n'y a qu'à présenter une aiguille perpendiculairement vers le milieu de la partie illuminée, & l'endroit où l'aiguille ne fera point d'ombre sera le lieu du Soleil dans l'Ecliptique. Et s'il y avoit une partie de Cercle de 113. degrés attachée au Pôle de ce Globe, en conduisant cet Arc sur ce point de l'Ecliptique, il montrera la déclinaison du Soleil; & après cela il sera facile de savoir dans quelle Saison on sera, & même quel sera le jour de l'année.

Ce même Lieu du Globe Terrestre, où une Aiguille aimantée ne fait point d'ombre, a le Soleil vertical dans ce moment-là; & le parallele qui passe par ce même endroit montre tous les Pays dont les Habitans ont eu le Soleil vertical dans le même jour.

Le même Globe ainsi placé, montre toutes les mêmes choses à l'égard de la Lune quand elle est sur l'Horizon.

On peut faire les mêmes opérations avec un Globe ordinaire suspendu avec une ficelle par l'endroit du Méridien de Cuivre, qui répond à la Latitude du Lieu où l'on fait ces curieuses recherches. Il faut l'orienter aussi fort exactement.

Il ne faut pas oublier que ce Globe Terrestre de pierre, ou de Marbre, que je souhaiterois qu'on pût placer dans les Cours des Colléges, qui sont vastes, & où le Soleil est plusieurs heures du jour, seroit d'un grand secours pour apprendre bien agréablement, & en peu de tems beaucoup de Géographie aux jeunes gens.

Il y a un Globe Terrestre de Marbre, & qui est magnifiquement gravé & doré, dans le Jardin de Monseigneur le Dauphin à Meudon. C'est un Modéle qu'on peut suivre; parce qu'il est fort exact, & qu'on n'a rien oublié pour le rendre utile & curieux. Il y en a un autre de pierre, chez les R. R. P. P. Pénitens de Piqué-puces au bout du Fauxbourg St. Antoine.

XV. Sachant l'heure qu'il est à Paris, ou ailleurs, on peut savoir l'heure qu'il est dans quelque endroit du Monde que ce soit, pourvû que l'on en sache la Longitude.

La chose est très-facile. 1°. Il n'y a qu'à prendre la différence qu'il y a entre la Longitude de Paris, & la Longitude du Lieu, où l'on se propose de savoir l'heure qu'il est, quand il est par exemple Midi à Paris.

2°. Il faut convertir cette Longitude en heures, & en minutes, ce qui se fait en comptant une heure pour 15. degrés, & 7. minutes pour un degré; comme je l'ai dit dans le Chap. III. p. 151. & dans ce Chapitre-ci, Problême III.

3°. Il faut ajouter ces heures & ces minutes à l'heure qu'il est à Paris, si la Longitude du Lieu en question est plus grande que la Longitude de Paris; au contraire on les soustrait de l'heure de Paris, si cette Longitude est moindre que celle de Paris.

Exemple.

Je veux savoir quelle heure il est à Stockolme, quand il est Midi à Paris. La Longitude de Paris est de 20. degrés 30. minutes; la Longitude de Stockolme de 35. degrés 30. minutes. La Longitude de Stockolme surpasse celle de Paris de 15. degrés; ces 15. degrés valent 1. heure qu'il faut ajouter à Midi qui est l'heure qu'il est à Paris. Ainsi lorsqu'il est Midi à Paris, il est une heure après Midi à Stockolme.

Autre Exemple.

Je veux savoir quelle heure il est à Lisbonne, quand il est 1. heure après Midi à Stockolme. La Longitude de Stockolme est de 35. degrés 30. minutes; la Longitude de Lisbonne est de 7. degrés. La différence de ces deux Longitudes est 28. degrés 30. minutes, qui valent une heure 54. minutes, qu'il faut soustraire de l'heure de Stockolme; parce que la Longitude de Lisbonne est moindre que celle de Stockolme. Ainsi il ne sera encore que onze heures 6. minutes à Lisbonne, lorsqu'il sera déja une heure après Midi à Stockolme. Il y a une machine fort simple, qui fait voir tout d'un coup, comment le Soleil fait tout à la fois les 24. heures du jour sur la circonférence de la Terre; de sorte que, lorsqu'il est Midi en un endroit, il est Minuit à l'autre, quand il est six heures du matin dans un Lieu, il est dans un autre six heures du soir, & ainsi des autres heures. C'est une espéce de Cadran composé de deux cercles concentriques, dont l'un, qui est dessus, tourne dans la circonférence de l'autre. Le cercle de dessus est divisé en 24. parties égales sur lesquelles on a marqué deux fois les 12. heures du jour; celui de dessous est un grand Cercle qui représente l'Equateur, & qui est divisé en 360. degrés, marqués de dix en dix, ou de cinq en cinq. On écrit autour de ce Cercle les Villes, les Ports, ou les endroits dont on connoît mieux la Longitude. On met Paris à 20. degrés 30. minutes; Stockolme à 35. degrés 30. minutes; Lisbonne à 7. degrés; Pekin à 136. degrés 7. minutes, &c. Quand on a tourné l'heure que l'on veut sur le Lieu où l'on est, on voit Paris à l'heure qu'il est en même tems dans tous les Pays du Monde, dont on a marqué la Longitude autour de l'Equateur.

Après tout ce qui vient d'être dit, il est aisé de concevoir que la Terre a toujours été considérée comme un Corps rond; & les mots *Globus*, *Orbis*, & autres pareils ne signifient que cela. Il n'est pas si facile de dire comment sur un Corps sphérique on peut chercher un centre de sa superficie, puisque tous les endroits du Globe sont également

TER.   TER.

galement propres à recevoir cette qualité. C'est ce que les Anciens appellent l'*Ombilic*, ou le *Nombril de la Terre*, UMBILICUS TERRÆ. Mais ils ne s'accordent pas tous sur le Lieu où ils doivent le placer. Les Grecs le mettoient à Delphes Ville de la Phocide. Ils prétendoient que c'étoit le centre non-seulement de la Gréce, mais encore de toute la Terre. Pindare *** dit :

* *Pythior. Carm.* 6.

Ὀμφαλὸν ἐριβρόμα Χθονὸς
Ἐς Ναὸν προσοιχόμενοι.

S'approchant du Temple qui est l'Ombilic de la Terre. Euripide ᵃ dit, plus clairement :

ᵃ *Ion.* v. 233.

Ὄντως μέσον Ὀμφαλὸν Γᾶς
Φοίβα κατέχει Δόμος.

Le Temple d'Apollon renferme véritablement l'Ombilic de la Terre. Il dit encore dans la même Tragédie ᵇ.

ᵇ Vers 461.

Φοιβήϊος ἔνθα γᾶ
μεσόμφαλος ἐστία.

Où est la Terre d'Apollon, & le Temple au milieu de l'Ombilic. Sophocle ᶜ dans l'Edipe Tyran dit :

ᶜ Vers 488.

Τὰ μεσόμφαλα Γᾶς ἀπονοσφίζων.
Μαντεῖα.

Fuyant les Oracles qui sont au milieu de l'Ombilic de la Terre. Strabon ᵈ en parle moins affirmativement. Il dit du Temple de Delphes qu'il est situé presque au milieu de toute la Gréce prise en général, tant hors de l'Isthme que dedans, (c'est-à-dire, en y joignant le Péloponnèse) ; qu'on a même cru qu'il étoit au milieu de toute la Terre habitable, & que par cette raison on l'a nommé l'Ombilic de la Terre. Agathème ᵉ dit dans le même sens : les Anciens ont cru que la Terre habitable est ronde : que la Gréce en occupe le milieu ; que Delphes est au milieu de la Gréce, & de la Terre.

ᵈ Lib. 9.

ᵉ Lib. 1. c. 1.

Ce préjugé des Grecs passa aux Romains qui parlérent sur le même ton. Tite-Live ᶠ dit : les Gaulois ont pillé Delphes, autrefois l'Oracle commun du Genre Humain, & l'Ombilic du Globe de la Terre. *Delphos quondam humani generis Oraculum, Umbilicum Orbis Terrarum Galli spoliaverunt*. Ovide dit dans ses Métamorphoses ᵍ :

ᶠ Lib. 38. c. 48.

ᵍ Lib. 15. v. 630.

*Auxilium cœleste petunt, mediumque tenentes
Orbis Humum, Delphos adeunt, Oracula Phœbi.*

Cette opinion n'étoit pas fondée sur des Calculs Géométriques. On n'en donnoit pour preuve que des fables. On supposoit que Jupiter voulant savoir où étoit le milieu du Monde, lâcha en même tems deux Aigles, l'une à l'Orient, l'autre à l'Occident ; & que ces deux Aigles volant continuellement se rencontrérent à Delphes. Cette fable a plus d'une sorte de ridicule. Il est plaisant qu'un Dieu, tel que Jupiter, ait eu besoin d'un pareil expédient pour connoître le milieu du Monde. Il ne l'est pas moins de croire

que ces deux Aigles ayent volé dans un égal degré de vîtesse & sans s'arrêter ; car il faut le supposer ainsi pour dire qu'elles se sont rencontrées à la moitié du chemin ; & pour peu que l'une ait mieux volé que l'autre, ou que l'une d'elles se soit plus reposée en chemin que l'autre, le Lieu de rencontre ne sera jamais le milieu. Strabon, à l'endroit cité, dit que cette fable étoit représentée à Delphes dans deux Images. Plutarque en fait mention au commencement du Traité, où il examine pourquoi les Oracles ont cessé. Claudien raconte ainsi cette fable dans le Prologue du Panégyrique sur le Consulat de Mallius Théodore.

*Jupiter, ut perhibent, Spatium quum discere vellet
Naturæ, Regni nescius ipse sui ;
Armigeros utrimque duos æqualibus alis
Misit ab Eois, Occiduisque Plagis,
Parnassus geminos fertur junxisse volatus
Contulit alternas Pythius axis Aves.*

Les Juifs & les Chrétiens ont cherché ce milieu du Monde à Jérusalem. Un Patriarche de Jérusalem étoit de cette opinion, selon l'Auteur des Annales d'Aléxandrie, qui en parlant du Lieu, où Jacob vit en Songe l'Echelle du Ciel qu'il place dans l'enceinte de Jérusalem, rapporte que ce Patriarche dit à Omar Caliphe des Sarrazins : ce Lieu-ci est au milieu de la Terre. Victorin de Poitiers dit de même au commencement de son Poëme sur la Croix attribué à St. Cyprien.

*Est Locus, ex omni, medium quem credimus, Orbe ;
Golgatha Judæi patrio Cognomine dicunt*

Un autre Poëte Chrétien que l'on croit être Tertullien ʰ dit :

ʰ *Adversus Marcion.* Lib. 2. v. 196.

*Golgatha Locus est Capitis Calvaria quondam
Lingua paterna prior sic illum nomine dixit.
Hic Medium Terra est : hic est Victoria signum.*

Les Savans d'entre Juifs ont suivi ce sentiment. David Kimchi expliquant le Pseaume 87. v. 3. dit : La Terre habitable se divise en sept parties (ou Climats), & dans la partie du milieu est Jérusalem, & elle est au milieu de la Terre habitée. Le Prophéte Ezéchiel parle de *ceux qui habitent l'Ombilic de la Terre*. Kimchi ⁱ l'entend de la Judée, & Vatable aussi. St. Jérôme expliquant cet autre endroit d'Ezéchiel ᵏ *c'est Jérusalem, je l'ai placée au milieu des Nations, & j'ai mis des Terres autour d'elle* ; fait cette remarque : le Psalmiste, dit ce Saint Interprete, voulant exprimer la passion du Seigneur, se sert de cette expression : *Il a opéré le Salut au milieu de la Terre* ; mais il n'est pas fort sûr qu'Ezéchiel ait parlé de la Judée à l'endroit cité d'abord, ni que le Psalmiste ait voulu parler de la Passion. Il y a bien plus de force dans le second passage d'Ezéchiel que je viens de rapporter. St. Jérôme dit à l'occasion de ce passage : le Prophéte déclare ici que Jérusalem est située au milieu du Monde, & fait voir en même tems que c'est l'Ombilic de la Terre ; car du côté de l'Orient elle a l'Asie, au Couchant l'Europe, au Midi la Li-

ⁱ Cap. 38. v. 12.

ᵏ Cap. 5. v. 5.

bye

bye & l'Afrique, au Nord la Scythie, l'Arménie & la Perse, & toutes les Nations du Pont. (Il ne faut pas trop chicaner ce Pere sur la maniere d'orienter tous ces Peuples par rapport à la Terre Sainte). Elle est donc mise au milieu des Nations, poursuit-il, afin que Dieu étant connu dans la Judée & son nom étant grand dans Israël, toutes les Nations d'alentour suivissent son exemple. Au lieu de cela, elle suivit leur impieté & les surpassa même en scéleratesse. Marc Antoine Sabellicus pourroit bien avoir pris delà sa pensée, lorsque parlant de la naissance de Jésus-Christ en Judée, il dit: cette Terre Natale étoit beaucoup plus propre pour étendre le Mystére chez tous les Peuples, que si cette Lumiére se fût montrée en quelque autre Pays plus éloigné; car la Judée est presque au milieu de la Terre. Cette pensée est belle. Mais il ne faut pas trop l'examiner à la rigueur. Il suffit qu'elle soit à peu près vraye par rapport au Monde connu du tems de Strabon contemporain de Jésus-Christ; & les anciens Chrétiens ne doivent pas être blâmez d'avoir bien reçu une opinion qui paroît si raisonnable d'abord; & ils n'étoient pas obligez de la vérifier rigoureusement sur des veritez Géographiques qu'on ne savoit pas encore. Pour les justifier, c'est assez qu'elle fût conforme aux notions de leur Siécle.

Les Juifs ne sont pas les seuls qui ayent cru être au milieu du Monde. Les Chinois appellent leur Pays Tchomcoue, c'est-à-dire le Royaume du Milieu. Ils ont regardé long-tems la Terre comme un quarré dont leur Pays occupe le milieu. Les Siamois croyent de même, au rapport de Mr. de la Loubere, que la Terre est un quarré fort vaste, sur lequel la Voute du Ciel porte par ses extremitez, comme si c'étoit une Cloche de verre, dont nous couvrons quelques-unes de nos Plantes dans nos Jardins. Ils assurent que la Terre est divisée en quatre parties habitables tellement séparées, les unes des autres par des Mers, qu'elles sont comme quatre Mondes différens. Ils supposent au milieu de ces quatre Mondes une très-haute Montagne Pyramidale de quatre faces égales. Depuis la surface de la Terre, ou de la Mer, jusqu'au sommet de cette Montagne qui touche, disent-ils, aux Etoiles ils comptent quatre-vingt-quatre mille *Jods*, chaque *Jod* est environ de huit mille Toises. Ils comptent autant de *Jods* depuis la surface de la Mer jusqu'aux fondemens de cette Montagne; & ils comptent aussi quatre-vingt-quatre mille *Jods* d'étendue de Mer depuis chacune des quatre faces de cette Montagne jusqu'à chacun des quatre Mondes que j'ai dits. Or notre Monde est, à ce qu'ils disent, au Midi de cette Montagne; & le Soleil, la Lune & les Etoiles tournent sans cesse autour d'elle, & c'est ce qui fait selon eux le jour & la nuit.

Cet échantillon de la Géographie Siamoise me persuade que la Science doit être bien essentielle à l'homme, puisque, quand elle lui manque, il la remplace, à quelque prix que ce soit, par des connoissances chimériques qu'il préfére à une ignorance totale & avouée.

TERRE ANTARCTIQUE (La). Voyez l'Article Terres Australes.

TERRE ARCTIQUE (La). Voyez l'Article Terres Arctiques.

TERRE AUSTRALE (La). Voyez l'Article Terres Australes.

TERRE AUSTRALE DU St. ESPRIT (La), partie des Terres Australes au Midi de la Mer du Sud. Pedro Fernando de Quiros la découvrit, & à cause de lui quelques-uns la nomment. Terre de Quir. Voyez Quir. Il n'en parcourut que quelques Côtes. Jean de Torquemada, qui a écrit une Relation de ce Voyage, en donne une idée assez grande, & on attribue à ce Pays une étendue conjecturale qui n'est pas encore fondée. On a supposé que sa longueur égale celle de toute l'Europe & de la petite Asie jusqu'à la Mer Caspienne, de la Perse & de toutes les Isles de l'Océan & de la Méditerranée en comprenant l'Angleterre & l'Irlande. La verité est qu'on n'en connoît pas l'étendue & qu'on ne sait pas encore si la Nouvelle Guinée, la Nouvelle Hollande, la Terre de Diemen, & la Terre Australe du St. Esprit, sont une Terre continue, ou si elles sont séparées par des Branches de l'Océan. Si Tasman, qui vit la Terre de Diemen en 1642. au lieu de prendre au Midi, eût tourné sa route vers le Nord, nous saurions maintenant si elle tient à la Terre de Nuits. Mais comme il cotoya quelque tems une espèce de demi cercle, après quoi il perdit cette Côte de vûe, pour aller vers l'Orient, il trouva la Nouvelle Zelande, qui lui fit tourner sa route vers le Nord; & manquer la Terre Australe du St. Esprit. D'un autre côté, Quiros ne découvrit pas assez de cette Terre pour en donner une connoissance suffisante. Il n'a vu que les environs du Golphe de St. Jaques & de St. Philippe, & c'est à cela qu'il faut borner la Relation qu'il fait du Pays. Voici à quoi se réduit principalement ce qu'il nous en apprend: l'air de ce Pays est fort doux & tempéré. Aucun des gens de l'Equipage de Pedro Fernando de Quiros n'y fut malade, quoiqu'ils travaillassent beaucoup, qu'ils suassent & bussent de l'eau fraîche à jeun, qu'ils mangeassent des fruits que la Terre y produit, & allassent également au serain & au Soleil. Ils avoient besoin après minuit d'une couverture de laine à cause de la fraîcheur du matin. Les Habitans vivent fort vieux & sont sains, quoiqu'ils logent dans des maisons basses. On n'y voit ni Marécages, ni neiges aux Montagnes, ni Crocodiles dans les Riviéres, ni Fourmis, ni Cousins, ni Chenilles dans les maisons ou aux Arbres. Les Habitans sont doux, traitables, gais, & reconnoissans des moindres marques d'amitié qu'on leur donne. Ils ne songent qu'à vivre paisiblement sans s'embarasser des biens dont la possession est accompagnée d'inquiétude. Ils ont pourtant des Jardins séparés & fermez. Ils ne s'habillent point, & se contentent de couvrir ce qui distingue les deux Sexes; selon Davity qui a extrait la Relation du Voyage de Quiros.

TERRE DE BARI (La); ou la Province de Bari. Voyez Bari.

TERRE DES CHAPELETS (La), Bourg de France en Poitou, Election de Fon-

TER.

Fontenaî, & au Diocèfe de Luçon.

TERRE DE LA COMPAGNIE (La), quelques Vaiſſeaux Hollandois cherchant un paſſage du Japon à la Mer du Nord, virent une Terre qu'ils appellérent Terre de la Compagnie, pour l'approprier par ce nom à la Compagnie des Indes Orientales, qui les envoyoit en ces Mers-là. Ils n'y placérent aucune Colonie, & contents de lui avoir donné ce nom, ils n'achevérent pas même la découverte. On [a] fait préſentement que c'eſt une Iſle ſituée entre le 45. & le 52. d. de Latitude, au 175. d. de Longitude pour ſa partie Occidentale. Elle eſt à l'entrée d'un Golphe aſſez grand qui entre dans la Terre de Kamtſchatka, dont il fait une Preſqu'Iſle. Le Détroit, qui eſt entre cette Iſle & cette Terre, eſt le même que le Détroit de Uries. Quoique les Ruſſiens ayent des Colonies dans le Continent au Midi de cette Iſle, ils n'ont pu en mettre les Habitans à contribution. On y trouve de très-beaux Caſtors & des peaux de petit gris. Elle a au Nord-Oueſt dans le Continent les OLUTORSKI, Nation puiſſante, ennemie des Ruſſiens, contre qui elle défend ſa liberté par une guerre continuelle, tuant tous ceux qui tombent entre ſes mains.

[a] Carte Nouvelle de tout l'Empire de la Grande Ruſſie.

TERRE DU DIABLE. Voyez TERRE DE GUINÉE.

TERRE DE DIEMEN, ou DE DIME. Voyez DIEMENSLAND.

☞ **TERRE-FERME.** On appelle ainſi en général toute Terre, qui n'eſt pas une Iſle de la Mer.

C'eſt en ce ſens que les VENITIENS appellent l'ETAT DE TERRE-FERME les Provinces de leur République qui ſont dans le Continent pour les diſtinguer des Iſles de la Dalmatie, de Corfou & de Veniſe elle-même, qui n'eſt qu'un amas d'Iſles ; ſans parler de Zante, de Céfalonie, de Candie & de quantité d'autres que les Vénitiens poſſédoient anciennement.

C'eſt auſſi par cette même raiſon que les Eſpagnols qui avoient commencé la découverte de l'Amérique par les Iſles Lucayes, par Cuba, Saint Domingue, Portoric, & par l'Iſle de la Trinité, appellérent Terre-ferme ce qu'ils trouvérent du Continent entre cette derniére Iſle & l'Iſthme de Panama.

TERRE-FERME DES VÉNITIENS (La), comprend

Le Bergamaſque,	Le Treviſan,
Le Crémaſque,	Le Frioul,
Le Breſſan,	Le Poleſin de Rovigo,
Le Véronéſe,	Le Padouan,
	Et l'Iſtrie.

Voyez l'Article de VENISE, & ceux de ces Provinces particuliéres.

TERRE-FERME EN AMERIQUE (La), comprend huit Gouvernemens, ſavoir au Nord en commençant par l'Orient & en allant vers la Nouvelle Eſpagne.

Sur la Mer du Nord
{ PARIA, OU LA NOUVELLE ANDALOUSIE,
VENEZUELA,
RIO DE LA HACHA,
STE. MARTHE,
CARTHAGENE,
& LA TERRE-FERME proprement dite.

Sur la Mer du Sud
{ LE POPAYAN.

Le NOUVEAU ROYAUME DE GRENADE eſt au Levant du Popayan.

Le nom de CASTILLE D'OR étoit autrefois commun à une grande partie de ce Pays-là, à cauſe de la quantité d'Or qu'on y trouva chez les Habitans. Les Provinces dont nous venons de parler ſont aux Eſpagnols qui y ont grand nombre de Colonies. Leurs principales Villes ſont nommées dans les Articles particuliers de chacune de ces Provinces.

La TERRE-FERME comprend encore la GOÏANE dont la Côte Orientale, au Midi de l'Orénoque, eſt poſſédée par les Hollandois aux environs des Riviéres de Berbice & de Suriname, & par les François qui ſont autour de Cayenne.

La TERRE FERME *proprement dite* eſt une Province particuliére du grand Pays, qui eſt le long de la Côte Septentrionale de l'Amérique Méridionale. C'en eſt proprement la partie qui eſt entre la Nouvelle Eſpagne, la Mer du Nord, la Mer du Sud & le Golphe de Darien. *Panama* & *Puerto Belo* en ſont les principales Villes.

§ Ce Pays eſt partagé entre trois Audiences. Ce qui eſt entre Rio de la Hacha & l'Orénoque releve de l'Audience de St. Domingue. Les Provinces de Carthagéne de Ste. Marthe, la Nouvelle Grenade & partie du Popayan ſont ſoumiſes à l'Audience de Santa Fé. Une partie du Popayan releve de l'Audience de Quito qui eſt du Pérou. Et enfin, ce qui eſt entre l'Iſthme de Darien, juſqu'aux confins de la Veragua dépend de l'Audience de *Panama*.

TERRE DE FEU (La). Voyez FUEGO.

TERRE FRANCHE (La), Canton des Pays-Bas, dans la Flandre Françoiſe. Il comprend les Châtellenies de Bourbourg, de Bergue Saint Vinox & de Gravelines.

TERRE FRANÇOISE (La), petit Canton de France dans la Province du Perche, dont elle eſt une des quatre parties. Mr. Baudrand dit qu'on n'en connoît pas bien les Limites.

TERRE DES FUMÉES (La), LA TIERRA DE LOS HUMOS, petit Pays d'Afrique ſur la Côte Orientale de la Cafrerie. Les Portugais lui ont donné ce nom. Voyez au mot TIERRA.

TERRE DE GUINÉE, ou dans le langage du Pays, TERRE DU DIABLE, Pays de l'Afrique [b] Occidentale, à la droite de la Riviére *Niger* ou *Senégal*, après qu'on a paſſé la Barre. Cette Terre eſt incomparablement plus agréable & meilleure, que la Pointe de Barbarie. Le Pays en eſt uni, couvert de verdure, avec des bouquets de grands Arbres de différentes eſpéces, d'une hauteur & d'une groſſeur extraordinaires, & tout cela entremêlé de Cocotiers & de Palmiers, qui font un très-bel effet, & rendent le Pays des plus agréables, qui eſt de la Seigneurie de Bieurt, & fait partie du Royaume

[b] P. Labat, Nouv. Relat. d'Afriq. t. 1. p. 143.

yaume de Cajor, qui finit de ce côté-là à la Pointe de l'Isle de Bifeche environ à six lieues de la Barre.

TERRE D'IEÇO (La). Voyez Ieso.

TERRE DE LABOUR (La). Voyez Labour.

TERRE DE LABOURD (La). Voyez Labourd.

TERRE DE LABRADOR (La). Voyez Labrador.

TERRE DE MIXE (La). Voyez Mixe.

TERRE DE NATA. Voyez Nata.

TERRE NEUVE, grande Isle de l'Océan, fur la Côte Orientale de l'Amérique Septentrionale, à l'entrée du Golphe de St. Laurent, entre le 36. & le 53. d. de Latitude. Cette Isle est nommée NEW-FOUND LAND par les Anglois à qui la France l'a cédée par le Traité d'Utrecht. Les Espagnols l'ont appellée l'Isle des Baccalaos, comme je dirai ci-après. Jean Verazzano Florentin, grand Navigateur pour le service de François I. Roi de France, en fait mention dans une Lettre [a] datée de Dieppe le 8. Juillet 1524. par laquelle il rend compte du Voyage dont il revenoit. Il y parle d'une Terre trouvée par les Bretons à 50. d. de Latitude. Ce doit être Terre-Neuve que coupe le 50. degré. Il est sûr que quelques années avant le Voyage de Verazzano plusieurs Nations de l'Europe alloient à la pêche de la Morue à Terre-Neuve & l'an 1521. un Anglois dit y avoir trouvé cinquante Bâtimens Espagnols, François & Portugais. Les noms de *Brest*, de *Belle-Isle*, de *Cap-Breton*, &c. dont Terre-Neuve est environnée au Nord & au Sud-Ouest, ont été imposez par des Bretons. Aussi voit-on dans Champlain ces paroles remarquables: " Ce furent les Bretons & les Normands qui en 1504. découvrirent les premiers des Chrétiens le " grand Banc des *Moluques* & les *Isles de* " *Terre-Neuve*, ainsi qu'il se remarque ès " Histoires de Niflet & d'Antoine Maginus ". Ce qu'il appelle ici Moluques c'est le grand Banc de Terre-Neuve sur lequel on pêche la Morue. On a cru assez long-tems que l'Isle de Terre-Neuve étoit partagée en un grand nombre d'Isles dont la plus Septentrionale & la plus grande étoit l'Isle des Démons; une autre s'appelloit Terre-Neuve, une autre *Baccalaos* où les Morues. On peut voir cette division chimérique exprimée dans une Carte au III. Volume de Ramusio. C'est une preuve que l'Isle de Terre-Neuve étoit encore très-mal connue alors. Les Nations Européennes y alloient comme à un rivage, où chacune trouvoit la quantité de Morues qu'elle vouloit. En tems de paix on en jouissoit en commun, chacun y faisoit sa pêche & s'en retournoit chez soi. Dès l'an 1583. les Anglois songeoient à s'y établir. Humphrey Gilbert Chevalier de cette Nation, qui y fut en cette année-là en parle ainsi:

" Ce Pays nous sera fort avantageux à cause de la grande quantité de Morues qu'on " peut y pêcher. Le terrain est très-mon- " tagneux & couvert de Bois, où l'on voit " beaucoup de Pins, dont il y en a quantité

[a] Elle est au Recueil de Ramusio, t. 3. p. 350.

" qui sont tombez de vieillesse; de sorte que " le terrain en est couvert en bien des en- " droits, & que les chemins en sont fort em- " barassez. Il y a quantité d'herbes & parmi " ces herbes il y en a plusieurs qui croissent " chez nous. Le terrain me paroît propre à " y semer du grain. Il y croît déja une es- " pèce de Seigle, & je ne doute point " qu'une bonne culture ne rendît le Pays " fertile. On y trouve des Ours blancs; mais " ils m'ont paru plus petits que ceux de " nos Quartiers. Jusqu'à présent nous n'y " avons point trouvé d'Habitans. La dif- " ficulté des chemins nous a empêchez d'y " chercher s'il y a quelques Métaux ou " Minéraux dans les Montagnes. Il y fait " grand chaud. Cela nous oblige d'user " de beaucoup de précaution pour nos " Morues, & de les tourner sans cesse, afin " qu'elles ne se gâtent pas. Les grandes " pièces de glace qui flottent dans cette " Mer, vers l'arriére-Saison, prouvent qu'il " y doit faire grand froid, &c. ".

White autre Anglois qui y étoit en 1700. en parle ainsi: " il y a des tems où cette " Isle est très-sujette aux Brouillards: Ri- " chard Withburn assure par expérience " dans sa Relation que l'air de Terre-Neu- " ve est fort sain, soit en Hyver, soit en E- " té; pour moi, ajoute White, je puis as- " surer que le terroir seroit très-fertile dans " les Vallées & au pied des Montagnes. " Aussi trouve-t-on dans cette Isle quantité " de Pois, de Féves, & aussi beaux & " aussi bons, & dont les gousses sont aussi " remplies qu'en Angleterre. Il y a aussi " quantité de Fraises, toutes sortes d'Her- " be à salade, du Persil commun, du " Persil de Macédoine, de belles Fleurs, " diverses sortes d'Arbres fruitiers, comme " Poiriers, Cerisiers, Noisetiers, &c. des " Racines pour manger & des Plantes Mé- " dicinales. Les Anglois qui ont hyverné " en Terre-Neuve, y ont semé fort souvent " du grain, & ce grain y est venu à souhait. " On y voit beaucoup de Gibier, comme des " Liévres, des Renards, &c. des Héris- " sons, des Ecureuils, des Loutres, des " Castors, des Loups & des Ours, quan- " tité d'Oiseaux d'Eau & de Terre, com- " me Perdrix, Rossignols, Faucons, Pi- " geons, Oyes, Canards, Pingouins, &c. " Il y a de très-bonne eau dans l'Isle & " quantité de Fontaines. Dans les Bois il " y a quantité de Sapins fort gros, des " Pins, des Chênes, des Bouleaux, &c. " de sorte qu'il s'y trouve suffisamment de " bois pour le chauffage, & autres besoins " de la Vie, & même dont on pourroit " faire des Mats de Navire. On trouve " aussi dans les Bayes & dans les Riviéres " quantité de Poisson, comme Saumons, " Anguilles, Harangs, Maquereaux, Plies, " Truites, &c. Il y a de plus, toutes sor- " tes de Coquillages & de Poissons à é- " cailles

" Le grand froid en Hyver peut être " causé par les grandes glaces qui venant " à flotter sur les Côtes de Terre-Neuve " refroidissent l'air très-sensiblement: d'ail- " leurs le Pays est encore fort couvert de " bois, ainsi qu'on l'a déja remarqué, bien " que

„ que cependant on en ait déja coupé &
„ brûlé beaucoup pour y défricher les Ter-
„ res; de forte que le Soleil n'y pénétre
„ peut-être pas affez profondément dans la
„ Terre de l'Ifle. Cette même raifon eft
„ caufe fans doute que les Brouillards s'y
„ diffipent mal-aifément & y font fré-
„ quens. "

Les François prétendent que François I. en fit prendre poffeffion en 1524. mais les Anglois avancent que des gens de leur Nation l'avoient déja découverte en 1497. c'eft-à-dire fept ans avant l'Epoque que Champlain attribue à la découverte de cette Ifle par les François. On ne fait point, du moins je ne le trouve en aucun des Livres que j'ai confultez, en quel tems les François y fondérent PLAISANCE & les autres Places qu'ils ont eues dans le plus bel endroit de l'Ifle. Mais les Anglois ont eu foin de nous apprendre que leurs gens prirent poffeffion en 1610. de la Baye de la Conception qu'ils nomment *Trinity Bay* ou Baye de la Trinité. En 1622. le Chevalier George Calvert alors premier Secrétaire d'Etat, & depuis Lord Baltimore, obtint par Lettres Patentes du Roi d'Angleterre, pour lui & pour les fiens une partie de cette Ifle, qui fut érigée en Province & appellée Avalon: il y établit une Colonie & bâtit une belle Maifon avec un Fort en un Lieu nommé FERRY LAND; il s'y tranfporta enfuite lui-même avec fa Famille. Les Anglois qu'il y avoit envoyez s'y trouvérent fort bien ; ils défrichérent les Terres, y femérent du Froment, de l'Orge, de l'Avoine, des Féves, tout vint fort bien. L'Hyver ne leur parut pas trop rude. Ils trouvérent moyen d'y faire de très-bon Sel. Toutes les Plantes & Semences qu'ils y tranfportérent y produifirent à fouhait. Il faut joindre à cela une idée un peu moins agréable, que donne de cette Ifle le Baron de la Hontan, qui la vit vers la fin du Siécle paffé. L'Ifle de Terre-Neuve a, dit-il, trois cens lieues de circonférence. Elle eft éloignée de France d'environ fix-cens cinquante lieues & de quarante ou cinquante du Grand Banc, (dont je parlerai ci-après.) La Côte Méridionale, dit-il, appartient aux François qui y ont plufieurs Etabliffemens pour la Pêche de la Morue. L'Orientale eft habitée par les Anglois qui occupent plufieurs poftes confidérables fituez en certains Ports, Bayes & Havres qu'ils ont eu foin de fortifier. La Côte Occidentale eft deferte & n'a jamais eu de Maître jufqu'à préfent. Cette Ifle dont la figure eft triangulaire eft remplie de Montagnes & de Bois impraticables, on y trouve de grandes Prairies, ou pour mieux dire, de grandes Landes plutôt couvertes de mouffe que d'herbe. Les Terres n'y valent rien du tout, car elles font mêlées de gravois, de fable & de pierre : ainfi ce n'eft que par l'utilité qu'on retire de la Pêche que les Anglois & les François s'y font établis. La chaffe des Oifeaux de Riviére, des Perdrix & des Liévres eft affez abondante; mais pour les Cerfs, il eft prefque impoffible de les furprendre à caufe de l'élévation des Montagnes & de l'épaiffeur des Bois. On trouve en cette Ifle & en celle du Cap-Breton du Porphyre de diverfes couleurs. On a pris foin d'en envoyer en France quelques blocs d'échantillon qu'on a trouvez fort beaux, quoique durs à tailler. J'en ai vu de rouge tacheté de verd de ciboule, qui paroiffoit le plus curieux du monde, mais par malheur il éclate fi fort, qu'on ne peut l'employer que par incruftation.

L'Auteur de l'Amérique Angloife après un dénombrement affez détaillé des envois que les Anglois ont fait dans cette Ifle, dont il leur attribue la découverte, ne fait prefque point mention des Colonies Françoifes. Elles étoient pourtant affez confidérables & même les François en 1696. & 97. détruifirent prefque entiérement la Colonie Angloife. Le befoin que Louïs XIV. eut de l'Angleterre, pour terminer la guerre d'Efpagne, le porta à acheter la Paix par les ceffions qu'il fit à cette Couronne. Les Anglois demandérent la poffeffion entiére de l'Ifle de Terre-Neuve & l'obtinrent par le XIII. Article du Traité d'Utrecht. En voici les termes.

„ L'*Ifle de Terre-Neuve* avec les Ifles ad-
„ jacentes appartiendra deformais toute
„ entiére à la Grande-Bretagne, & pour cet
„ effet le Roi T. C. cédera & livrera, dans
„ l'efpace de fept mois après l'échange des
„ Ratifications du préfent Traité, ou plu-
„ tôt, fi faire fe peut, à ceux qui auront
„ commiffion de la Reine de la Grande-
„ Btetagne, la Ville & Fortereffe de Plai-
„ fance & toutes autres Places, fans ex-
„ ception, que les François poffédent dans
„ ladite Ifle; & le Roi T. C. fes Héritiers
„ & Succeffeurs, ni aucun de leurs Su-
„ jets, ne pourront jamais à l'avenir for-
„ mer, ou prétendre aucun droit fur ladi-
„ te Ifle, ni fur lesdites Ifles, fur aucune partie
„ d'icelle ou d'icelles. De plus il ne fera
„ pas permis aux Sujets de la France de
„ fortifier aucune Place dans ladite Ifle de
„ Terre-Neuve, ni d'y élever aucuns Bâ-
„ timens excepté les étalages & Cabanes
„ néceffaires dont on a la coutume de fe
„ fervir pour fecher le Poiffon, ni de fé-
„ journer dans ladite Ifle au delà du tems
„ néceffaire pour pêcher & fecher le poif-
„ fon. Mais il fera permis aux Sujets de
„ France de pêcher & fecher leur poiffon,
„ à terre, dans cette partie de l'Ifle de
„ Terre-Neuve (& non en aucune au-
„ tre) qui s'étend depuis l'endroit appellé
„ Cap de Bonavifta jufqu'à la pointe Sep-
„ tentrionale de ladite Ifle, & delà en def-
„ cendant du côté de l'Occident jufqu'au
„ lieu appellé Pointe Riche. Mais l'Ifle
„ appellée Cap-Breton comme auffi toutes
„ les autres, tant dans l'Embouchure de la
„ Riviére St. Laurent, que dans le Golfe
„ de même nom, appartiendront defor-
„ mais aux François, & il fera au pouvoir
„ du Roi très-Chrétien d'y fortifier telle
„ Place ou Places, qu'il jugera à propos.

„ A l'égard des Colons l'Article fuivant a
„ pourvu à leur fûreté, en leur donnant la li-
„ berté de fe tranfporter dans l'efpace d'un
„ an avec tous leurs biens meubles, en tel en-
„ droit que bon leur femblera; & en promet-
„ tant à ceux qui aimeront mieux y demeu-
„ rer, & demeurer Sujets de la Grande-Bre-
„ tagne, qu'ils y jouïront du libre exercice
„ de

G g g

,, de leur Religion conformément à la pra-
,, tique de l'Eglise Romaine, autant que
,, les Loix de la Grande-Bretagne le per-
,, mettent.

TERRE DES PAPOUX (La). Voyez au mot GUINÉE l'Article NOUVELLE GUINÉE.

TERRE PROMISE (La). Voyez TERRE SAINTE.

TERRE DE QUIR (La). Voyez les Articles QUIR, & TERRE AUSTRALE DU ST. ESPRIT.

TERRE SAINTE (La)[a], Pays d'Asie, où se sont opérez les Mystères de la Rédemtion du Genre humain. Cette Terre arrosée des Sueurs & du Sang de l'Homme-Dieu est un objet de vénération pour les Chrétiens, qui à cause de cela l'ont appellée Terre Sainte par excellence. Nous avons déja marqué ces différens Etats sous les noms CHANAAN, JUDÉE, PALESTINE. Voyez ces Articles; il faut voir ici son état présent sous le Joug du Turc toute ruinée & deserte. Cet état est moins une suite de la négligence avec laquelle les Turcs cultivent les Pays qui leur appartiennent, quand ils sont loin de la Capitale, qu'un accomplissement des Prophéties. Si on excepte Jérusalem, elle n'a plus que des Bourgades & quelques Châteaux; & le tout est fort mal-peuplé. Le Plat Pays est la proye des Arabes qui le courent de toutes parts; & comme il n'est cultivé & semé qu'en peu de lieux, ils attaquent les Voyageurs & les Etrangers pour en tirer quelque chose, sur-tout du Pain, ou du Vin qu'ils boivent avidement. Les Garnisons Turques sont trop foibles & trop écartées les unes des autres pour réprimer ces Brigandages. La crainte de tomber entre les mains de ces gens-là fait que les Pélerins, qui veulent aller de Jérusalem à Damas, aiment souvent mieux prendre la Mer à Jaffa & côtoyer jusqu'à Tripoli de Syrie l'espace de cent lieues, & delà en quatre journées de chemin ils se rendent à Damas par la Plaine qui est entre le Liban à leur gauche & l'Antiliban à leur droite. D'autres ne remontent pas si haut, ils vont par Mer jusqu'à Acre à quarante lieues de Jaffa, descendent vers le Midi & viennent à Sephori autrefois Capitale de la Galilée Méridionale, où il y a sept lieues; delà ils vont à Nazareth, qui en est à deux grandes lieues, & par le Tabor ils se rendent à neuf lieues à Tibériade sur le Lac; de Tibériade à Bethsaide par Magdalon qui sont cinq autres lieues assez grandes. Ceux qui risquent d'aller de Jérusalem à Samarie prennent escorte & passent par Naplouse, où il y a douze lieues, delà à Samarie, quatre lieues, & ensuite à Nazareth, douze. De Jérusalem vers l'Orient on va par Bethanie à Jericho, où l'on compte sept lieues, delà au Jourdain deux autres, & de Jericho à la Mer morte trois. Sur le Jourdain on va voir les restes de l'Eglise bâtie sur l'endroit du Fleuve, où Josué s'arrêta pour faire passer les Israélites. Cette Eglise fut nommée l'Evêché du Gué du Jourdain. Et son Autel étoit composé sur les douze Pierres que l'on tira du fond de ce Fleuve pour servir de Monument d'un passage si miraculeux.

[a] De la Rue Terre Sainte.

Les Voyages vers le Midi sont de Jérusalem à Bethléhem, où il y a deux lieues, de Jérusalem à Hébron huit lieues, & d'Hébron à Gaza douze lieues; & lors qu'on veut aller en Egypte, de Gaza à Damiete, la Thamiatis des Anciens, il y a 135. M. P. que le Moine Brocard réduit à deux journées d'Allemagne qui sont quatre des nôtres.

Les Voyages vers l'Occident sont de Jérusalem à Scalona seize lieues en passant par Eleuthéropolis; de Jérusalem à Emaüs quatre lieues, de Jérusalem à Jaffa seize lieues.

Le Jourdain est aujourd'hui regardé comme la borne Orientale de la Terre Sainte. Les plus curieux n'osent le passer de peur de tomber entre les mains des Arabes Bedouins. Du côté du Midi ce Pays est ouvert aux Arabes Sarrazins. L'Auteur qui me fournit les Matériaux de cet Article dit que ces Arabes Bedouins se prétendent descendus des anciens Madianites; & que les Arabes du Midi sont les Sarrazins, qui sortis de l'Arabie-Heureuse occupérent l'Idumée dès avant le tems de St. Jérôme. C'est, dit-il, une chose étrange que, quoi que depuis eux il y ait eu par-tout là des Evêchez & des Chrétiens, ces Peuples y soient toujours retournez comme par droit de reversion, & comme dans leur propre Héritage, au lieu que le Peuple Juif n'a jamais pu parvenir à demeurer de nouveau dans son ancienne Patrie.

La Terre Sainte a le Turc pour Souverain, mais elle est courue par les Arabes, & si ce n'étoit l'asyle naturel que les Chrétiens ont trouvé dans l'enceinte du Liban, il n'y en auroit plus aucun en tous ces Lieux. Les Chrétiens ramassez dans les Vallées du Liban sous leurs Evêques Maronites sont unis à l'Eglise Catholique & font environ cent-soixante mille Ames. Ils dépendent pour le temporel d'un Seigneur Arabe qui se dit EMIR DE TRIPOLI & qui est Tributaire du Turc. Il y a entre eux environ vingt mille hommes portant les armes pour leur défense particulière. L'Antiliban est aussi habité par les DRUSES. Voyez ce mot.

Toute la Terre Sainte a soixante & sept lieues d'étendue du Midi au Nord, ou du Torrent de Gazara à l'Antiliban sous les trois degrez parallèles 31. 32. & 33. & c'est ce que l'on nomme improprement sa longueur; sa largeur n'est pas égale de Gaza à la Mer Morte, elle a bien trente lieues; de Jaffa au Gué du Jourdain vingt-deux; de Casaïr à Scythopoli vingt; d'Acre à Capharnaum quinze; de Seïde à Belenas, ou Césarée de Philippe, trente-huit mille pas.

Les Pélerins divisent aujourd'hui la Terre Sainte, en trois Provinces, savoir la JUDÉE, la SAMARIE, & la GALILÉE.

La JUDÉE comprend les Terres qu'occupoient les Tribus de JUDA, de BENJAMIN, de SIMÉON & de DAN, & outre cela les V. SATRAPIES des PHILISTINS.

La SAMARIE répond au Pays de la Tribu d'EPHRAÏM & à celui de la DEMIE TRIBU DE MANASSÉ en deçà du Jourdain.

La GALILÉE se divise encore en deux parties comme autrefois, savoir en GALILÉE SEPTENTRIONALE OU DES GENTILS; & en GALILÉE MÉRIDIONALE ou des JUIFS.

La

La GALILE'E SEPTENTRIONALE renferme le partage des deux Tribus, d'ASSER & de NEPHTHALI, & la Côte de TYR & de SIDON. On voit trois Places qui sont encore très-considérables, savoir BEAUFORT Ouvrage des François durant les guerres de la Terre Sainte, SEPHER Place ancienne dont parle Josephe, & MONFORT dont le nom François marque l'origine. *Beaufort* a donné le nom à cette Galilée qu'on appelle TERRE DE BEAUFORT.

LA GALILE'E ME'RIDIONALE contient le partage des Tribus d'ISSACHAR & de ZABULON & n'a rien de plus célèbre que NAZARETH & le THABOR.

Ce Pays est présentement partagé entre trois Emirs ou Princes, & le Turc dont ils relevent, & qui outre cela y entretient deux Sangiacs subordonnez au Baccha de Damas. Ces trois Emirs sont l'EMIR DE SEYDE, l'EMIR DE CASAÏR, & l'EMIR DE GAZA.

L'EMIR DE SEYDE occupe presque toutes les deux Galilées, & possède depuis le pied de l'Antiliban jusqu'au Fleuve Madesuer.

L'EMIR DE CASAÏR tient la Côte de la Mer depuis Caïpha sous le Carmel, jusqu'à Jaffa exclusivement.

L'EMIR DE GAZA a sous lui l'Idumée.

Tous trois, comme nous avons dit, relevent du Turc & dépendent des Ordres du Bacha de Damas.

Les deux SANGIACS ou Gouverneurs Turcs prennent les noms de leurs Résidences qui sont JERUSALEM & NAPLOUSE.

Celui de *Jérusalem* a pour Département la JUDE'E, & celui de NAPLOUSE commande dans la Samarie.

Au delà du Jourdain est ce qu'on appelle le ROYAUME DES ARABES. A l'Orient de la Mer de Tibériade, en descendant le Jourdain jusqu'au-dessous du Lieu, où Notre Seigneur Jésus-Christ fut baptisé, sont des Arabes Bedouins; au Midi de ceux-là sont les Arabes Bergers au Nord & à l'Orient de la Mer morte. Ces Arabes ont un Roi qui ne reconnoît en rien l'autorité de la Porte. Il est Souverain indépendant, & a dans ces Deserts un Royaume de trente journées de longueur sur douze de largeur.

TERRE VERTE (La), C'est une traduction du mot GROENLAND. Voyez ce mot.

TERRES ANTARCTIQUES (Les). Voyez ci-après les TERRES AUSTRALES.

TERRES ARCTIQUES (Les), c'est-à-dire SEPTENTRIONALES. J'ai déja expliqué ce mot ARCTIQUE en son lieu. Les Géographes appellent Terres Arctiques, les Terres les plus voisines du Pôle Septentrional, comme sont les Pays de Groenland & les autres qui se trouvent au Nord de l'Amérique autour des Detroits de Hudson, de Davis, & de la Baye de Baffin. On donne aussi ce nom au Spitzberg, qui est au Nord de l'Europe,& à la Nouvelle Zemble, &c. Les Terres Arctiques sont peu connues. On n'en a découvert que quelques Côtes au Nord de l'Amérique, & on ignore quelle liaison elles ont avec elle, si ce sont toutes des Isles, ou si elles tiennent au Continent. Les desagrémens & les risques d'une navigation plus lucrative à proportion ont empeché qu'on en achevat la découverte. L'envie de trouver un passage aux Indes par le Nord a fait découvrir ce qu'on en connoît excepté le Groenland, dont les Danois & les Norwégiens sont en possession long-tems avant la découverte de l'Amérique par Colomb. On doit à la Pêche des Baleines la connoissance que nous avons du Spitzberg, qui est au Nord de l'Europe. Je ne sai s'il faut mettre au nombre des Terres Arctiques une Terre que le Chevalier de Fougerais découvrit au Nord-Ouest & assez loin de la Californie en revenant de la Chine par la Mer du Sud. Il en parle assez avantageusement dans un Mémoire qu'il adressa à ses Maîtres & que j'ai entre les mains.

Un Géographe Hollandois, à qui on a l'obligation d'avoir animé les Navigateurs ses compatriotes à la découverte des Pays les plus Septentrionaux par l'espérance de trouver par l'Océan un passage vers la Chine; ce Géographe, dis-je, nommé Pierre Plantius, publia en 1594. une Mappemonde, dans laquelle il suppose que le Pôle de la Terre a perpendiculairement une Roche sous le 90. degré. Cette Roche est au milieu d'une Mer qui communique à notre Océan par quatre décharges qui forment autant de grandes Isles. Une de ces prétendues décharges vient au Nord du Groenland entre le 10. & le 20. degré de Longitude. Une autre est au Nord de la Nouvelle Zemble entre le 90. & le 100. d. une troisième est entre le 180. & le 190. d. la derniere entre enfin entre le 270. & le 280. d. Il met entre la 1. & la 2. une Isle habitée par des Pygmées de 4. pieds de haut. Ne sachant que mettre dans les trois autres Isles il en a rempli le blanc par les remarques suivantes, savoir que quelques-uns pensent que notre Océan coule au Nord par ces quatre Euripes sans discontinuer & que les eaux y sont engoufrées; il dit dans un autre, que ces Euripes ne se glacent, dit-on, jamais à cause de la violente rapidité de leur cours. La plus judicieuse de toutes ces remarques est celle-ci. J'ai mis à l'exemple des autres ces quatre grandes Isles sous le Pôle Arctique, non que je sois persuadé qu'elles existent véritablement ; mais afin que les ignorans ne se plaignent pas qu'on les ait obmises.

En effet qui que ce soit à qui cette imagination soit premièrement venue, il s'est livré à une conjecture que les Navigations n'ont point confirmées. Les Glaces que l'on trouve en approchant du Pôle sont un grand obstacle. La curiosité de savoir ce qui est sous les Pôles coûteroit trop cher à quiconque en entreprendroit le Voyage.

TERRES ARNOLPHES, petit Pays d'Italie dans l'Etat de l'Eglise au Patrimoine le long du Tibre. On y trouve

Aqua Sparta, St. Gemini.
Cesi, Massa,
&c.

☞ TERRES AUSTRALES (Les), c'est-à-dire ME'RIDIONALES, ou ANTARCTIQUES, c'est c'est-à-dire, opposées aux Arctiques, Terres situées vers le Pôle Méridional. Il s'en faut bien qu'on soit aussi avancé vers le Midi que vers le Nord. En voici plusieurs raisons. L'Europe d'où partoient les Navigateurs avoit plus d'intérêt de connoître le Pôle dont elle est voisine que celui qui lui est opposé. La Navigation du Nord se pouvoit faire à moins de frais que celle du Midi. On cherchoit un passage aux Indes le grand objet des Navigateurs du XV. & du XVI. Siècles. Quand on eut doublé le Cap de Bonne Espérance on se vit tout d'un coup, dans la Mer des Indes, & il n'y eut plus qu'à suivre les Côtes en prenant la Saison des vens favorables. Quand on eut trouvé passage dans la Mer du Sud par le Détroit de Magellan, on se trouvoit aux Côtes du Chili & du Pérou, & on s'embarrassa peu des Pays qu'on laissoit à la gauche du Détroit; des Vaisseaux chargez de Provisions ou de Marchandises se flatoient d'arriver sans se détourner de leur route que le moins qu'il étoit possible.

La Terre qu'on laissoit au Midi en passant le Détroit de Magellan parut d'abord le commencement d'un Continent nouveau, peut-être aussi grand que l'Amérique. La Terre de Vûe, espèce de Cap situé par les 42. d. de Latitude Méridionale à six ou sept degrés de Longitude, la Nouvelle Hollande, la Nouvelle Zelande & la Terre Australe du St. Esprit, parurent propre à ne faire qu'un seul Continent avec la Terre de Feu; & c'est sur ce pied-là qu'on voit sur la Carte de Plantius ces Pays tracez, quoique sans leurs noms qui sont la plûpart plus modernes que la Carte. Mais les Navigations ont détruit ces conjectures. Des Vaisseaux passant au Midi de la Terre de Feu ont appris que ce n'étoit pas un Continent, mais une Isle. Abel Tasman allant de l'Isle Maurice vers la Terre de Diemen, qu'il cotoya dans sa partie Méridionale la laissant à sa gauche, trouva la Nouvelle Zelande à sa droite, & passa entre ce dernier Pays & la Terre Australe du St. Esprit. On sait par-là que la Nouvelle Zelande n'a rien de commun avec cette Terre Australe du St. Esprit, & qu'elles sont séparées l'une de l'autre par la Mer. On n'est pas sûr, que cette dernière soit un même Continent avec la Carpentarie, ni que celle-ci tienne à la Presqu'Isle appellée la Nouvelle Guinée. De même on ignore si la Terre de Diemen tient à la Nouvelle Hollande. Mais on sait à n'en point douter que la Nouvelle Zelande n'y tient pas, & qu'elle en est séparée par la Mer.

D'un autre côté on ne sait pas si le Port découvert par Drak au 300e. degré de Longitude vers le 61. d. de Latitude Méridionale appartient à quelque Isle ou à quelque Continent, ni si les Glaces vues par Mr. Halley, entre les 340. & 355. d. de Longitude & par le 53. degré de Latitude Méridionale ont quelque liaison avec les Terres de Vûe. C'est aux Navigateurs par les Ordres de leurs Maîtres ou les hazards de leur profession porteront dans ces Climats, à nous dire ce qu'ils y trouveront; ce n'est pas aux Géographes à prévenir leurs découvertes par des conjectures que l'expérience détruiroit. On s'est si mal trouvé de cette espèce de divination qu'on devroit bien en être corrigé.

TERRETTE, Petite Rivière de France dans la Normandie au Cotentin [a]. Elle a sa source vers le Village de Loursellière & Ozonnière, dans la Paroisse de Carantilly, & coule à la droite des Eglises de Carantilly, Mesnil-Aure, Amigny & Hommet, où elle reçoit Loque. Elle passe ensuite à la gauche d'Eglan, de Saint-Pierre-d'Artenay, & se décharge proche du Bois du Hommet, à la gauche de Thére, dans la Rivière de Tauter.

[a] Corn. Dict. Vaudine, MS. Géographique.

TERREY, Tirey, ou Tirif, selon Mr. Corneille [b], qui ne cite aucun garant, Tyr-Ryf selon l'Atlas de Bleau, & Tire-Jy selon l'état présent de la Grande-Bretagne [c], c'est une des Isles Occidentales de l'Ecosse & que l'on compte parmi celles du second rang. Elle est au Couchant de l'Isle de Mula & au Midi Occidental de celle de Col, dont elle n'est séparée que par un petit canal, au milieu duquel est la petite Isle de Gunna. L'Isle de Terrey passe pour la plus fertile de toutes les Isles d'Ecosse, & elle abonde en toutes choses nécessaires à la vie humaine. Sa longueur est de sept ou huit milles & sa largeur de trois. Il y a un Lac, une Isle dans ce Lac, & un vieux Château dans cette Isle. Son port est assez commode.

[b] Dict.
[c] Tom 1. p. 281.

TERRIANA. Voyez Tanatis.

TERSOS, & Tersia. Voyez Tarsus & Tarsuras.

TERTA, Ville de la Thrace; Ptolomée [d] la marque, dans les Terres, entre Sardica & Philippopolis.

[d] Lib. 3. c. 11.

TERTONA. Voyez Derton, & Tortone.

TERUA. Voyez Gerua.

TERUEL, Ville d'Espagne, au Royaume d'Aragon, vers les frontières du Royaume de Valence, au confluent du Guadalaviar & de l'Alhambra, dans une vaste Plaine qui est très-fertile. Elle est honorée d'un Siège Episcopal & du titre de Cité. On aborde la Ville de Teruel du côté de Saragosse par un double Pont; c'est-à-dire que comme le lit de la Rivière est fort enfoncé, il a falu [e] bâtir Arche sur Arche, afin que le Pont s'élevant par ce moyen, il pût atteindre à la hauteur des bords de la Rivière. Outre un assez bon nombre de gens de qualité, on y voit quantité de riches Marchands qui y font un commerce très-considérable. L'air y est si doux qu'on y jouit presque toujours des charmes du Printems. La Campagne qui environne la Ville est délicieuse par le nombre de Fontaines qui l'arrosent, par les Jardins dont elle est embellie, par les fleurs dont elle est embaumée, & par les Fruits exquis qu'elle produit. Teruel est la Patrie du fameux Gilles Sanchès Muñoz, Chanoine de Barcelone, qui du tems du grand Schisme, succéda à l'Anti-Pape Benoît XIII. & prit le nom de Clément VII. Mais dans la suite, voyant les désordres que causoit son élévation au Souverain Pontificat, il en fit abdication pour rendre la Paix à l'Eglise qui gémissoit depuis

[e] Etat présent de l'Espagne, par l'Abbé de Vayrac, t. I. p. 110.

puis long-tems des troubles dont elle étoit agitée, & se contenta de l'Evêché de Mayorque. La Ville de Teruel est divisée en huit Paroisses, & elle a cinq Maisons Religieuses, [a] quatre d'Hommes & une de Filles avec un riche & célèbre Hôpital. Ce fut le Roi Pierre IV. qui érigea Teruel en Cité dans l'année 1347. parce qu'elle l'avoit assisté d'une somme considérable durant les guerres du Roussillon. Elle a dans sen ressort cent Villages, & elle jouït du droit de députer aux Etats. Les Guerres des Maures la ruïnérent tellement qu'elle demeura long-tems abandonnée; mais en 1171. Alphonse II. Roi d'Aragon la repeupla & lui accorda les mêmes privilèges dont jouïssoit Sepulveda en Castille, privilèges qui étoient les plus grands dont jouït aucune Cité en Espagne. En travaillant aux fondemens des murailles de Teruel, on trouva la figure d'un Taureau avec une étoile sur le front; ce qui fut pris pour un heureux présage, & engagea les Habitans de mettre la figure d'un Taureau pour pièce honorable dans les Armes de leur Ville. Le Pape Grégoire XIII. fonda l'Evêché en 1577. à la prière du Roi Philippe II. Cet Evêché est de douze mille Ducats de revenu. Le Chapitre de la Cathédrale est composé de six Dignitez & de quatorze Canonicats. En 1365. le 25. d'Avril, jour de St. Marc, Pierre Roi de Castille surprit Teruel, la pilla & la ruïna. En mémoire de ce desastre les Habitans s'abstiennent encore aujourd'hui de manger de la viande ce jour-là. Le Roi Alphonse V. tint dans cette Ville une Assemblée des Etats en 1427. & il y confirma avec serment les privilèges des Habitans. L'année suivante les Etats s'y assemblèrent encore.

[a Silius, Poblaci. d'Espana, p. 129.]

TERUIGI, Peuples compris parmi les Goths, selon Ortelius [b] qui cite le Panégyrique de l'Empereur Maximien. Il y en a qui lisent *Teruingi* au lieu de *Teruigi*. Voyez THERUINGI.

[b Thesaur.]

TERUNIOTÆ, Peuples que Curopalate semble placer au voisinage de l'Illyrie. Voyez TERBUNIOTÆ.

TERZA, Mr. Corneille [c] dit: Ville d'Italie au Royaume de Naples dans la Terre d'Otrante, à douze milles de Matera entre Castellaneta & Genosa. Je soupçonnerois presque que cette Ville seroit imaginaire; car Magin ne marque ni Ville, ni Bourg, ni Village, ni Hameau entre Castellaneta & Genosa.

[c Dict.]

TESA, Ville de la Carmanie: Ptolomée [d] la marque sur le Golphe Paragon.

[d Lib. 6. c. 8.]

TESANA, Lieu du Trentin, selon Paul Diacre [e].

[e Langobard. Lib. 3. c. 15.]

TESARIOSTI, ou TESSARIOSTI REGNUM, Royaume des Indes dont parle Strabon [f], qui fait entendre que ce Royaume étoit au voisinage de la Bactriane.

[f Lib. 12. p. 516.]

TESCAN, Ville d'Asie dans le Turquestan [g], à l'embouchure de la Riviére Tachosfca dans le Chesel ou Sihum. Cette Ville est apparemment la même que Mr. de l'Isle [h] appelle Taskend ou Tasacand, & dont il fait la Capitale d'un Royaume de même nom.

[g Daviry, Asie.]
[h Atlas.]

TESCAPHE, Ville de la Mésopotamie. Ptolomée [i] la marque sur le bord du Tigre au-dessous de Seleucie. Ses Interprêtes lisent 18. *Scaphe* pour *Tescaphe*.

[i Lib. 5. c.]

TESCEVIN, Montagnes d'Afrique au Royaume de Maroc, dans la Province d'Escure [k]. Il y en a deux qui se touchent & qui commencent à la Montagne de Guigidime & finissent à celle de Tagodaft. Elles sont toutes deux peuplées de Berèberes de la Tribu de Muçamoda, mais pauvres, & qui ne vivent que de l'Orge & du Millet qu'ils recueillent. Ils cultivent quelques terres dans la Plaine, & en payent un Tribut à des Arabes Vassaux du Cherif. Toutes ces Montagnes sont partagées entre ses Chefs pour la subsistance des Troupes qu'ils sont obligez d'entretenir. Plusieurs Fontaines sortent des Vallées qui sont fort sombres. Il y a entre autres deux sources à une lieue l'une de l'autre, d'où naissent les deux Riviéres de Tescevin qui traversent la Province & vont se rendre dans l'Ommirabi. Chacune séparément s'appelle Tecent; & lorsqu'elles sont jointes on les nomme Tescevin, ce qui veut dire *Lisières*. Le Sr. de la Croix [l] dans son Histoire d'Afrique nomme ces deux Montagnes *Tesevon*, ou *Tesevi*.

[k Marmol. Royaume de Maroc, Liv. 3. ch. 78.]
[l Lib. 1.]

TESCHEN, *Tessin*, Ville de la Haute Silésie entre les deux Riviéres la Weichsel & l'Else sur les Confins de la Moravie, de la Petite Pologne & de la Hongrie, à 13. Milles de Cracau, à 12. d'Olmitz & à 11. de Syleine en Hongrie. Elle est des plus anciennes de la Silésie, & tire son nom de Cessimire ou Gessimire fils de Lescus III. Duc de Pologne. Il commença à la bâtir avec le Château vers l'an 810. La situation de cette Ville est inégale, une partie est sur la hauteur, & l'autre partie dans la Vallée. Elle est entourée d'une forte muraille. L'air y est fort sain. Les vivres sont à très-bon marché. Il y a quantité de Gibier & de Volaille, on y apporte de Hongrie des Vins délicieux & toutes sortes de Fruits en abondance. Les Riviéres donnent beaucoup de poissons, enfin rien n'y manque de tout ce qui est nécessaire à la vie. Cette Ville est la Capitale du Duché de ce nom, & elle étoit la Résidence des Ducs de Teschen, dont le dernier Frédéric Guillaume mourut l'an 1625. En lui s'éteignit la Branche masculine des Ducs de Teschen sortie des Rois de Pologne, & ce fut la Famille des Ducs de Silésie qui subsista le plus long-tems.

TESCUT. Voyez TECEUT.

TESCYLETIUM, Lieu ou Ville d'Italie dans la Grande Grece, sur la Côte entre le Temple de Junon Lacinienne & la Ville *Locri*, selon Diodore de Sicile [m]. Le même mot se trouvoit dans Strabon [n]; mais il a été corrigé par Casaubon qui lit *Scylleticum*.

[m Lib. 13.]
[n Lib. 6. p. 261.]

TESEGDELT, Ville d'Afrique, au Royaume de Maroc [o], sur une haute Montagne à quatre lieues de Téchevit. Elle est ceinte d'une Roche escarpée qui la rend comme imprenable; pas loin de cette Ville prend sa source la Riviére de Téchevit, & en passe fort proche. Les Habitans sont riches & ont de petits Chevaux qu'on ne ferre point, qui grimpent comme des Cerfs parmi ces Rochers. Durant les guerres des Portugais ceux de *Tesegdelt* se défendirent avec

[o Marmol, Royaume de Maroc, L. 3. c. 10.]

avec beaucoup de bravoure contre les Arabes & les Chrétiens unis, par l'avantage de leur situation. Mais le prétexte de la Religion les soumit ensuite au Chérif, qui en fit grand cas à cause de leur valeur & de la force de la Place. Ils sont fort civils & reçoivent bien les Etrangers. Il y a une belle Mosquée au milieu de la Ville, où il y a plusieurs Alfaquis, dont le Chef est Juge au Spirituel & au Temporel. Outre cela il y a un Gouverneur de la part du Chérif, qui garde cette Place comme la Clef du Pays & a soin de recevoir le revenu de la Province, & d'administrer la Justice dans les causes qui sont de son ressort. Il se recueille ici beaucoup d'Orge, de Fruits, & d'Huile; il y a encore quantité de Chévres; mais peu d'autre Bétail, parce que ce sont des Roches escarpées où l'on auroit peine à le mener.

TESIN, ou TESINO, grande Riviére d'Italie au Duché de Milan. Elle a une de ses sources en Suisse au Canton d'Uri, dans le Mont St. Gothard, l'autre en Italie dans le Bailliage de Bellinzone. Ces deux sources font deux Ruisseaux, qui se joignent un peu au-dessus de Polese dans le Bailliage de Bellinzone, & forment le Tesin, qui traverse le Lac Maggiore du Nord au Sud, sort ensuite de ce Lac, & prenant son cours vers le Midi Oriental va baigner Pavie, & se perdre enfin dans le Pô, à quelques milles au-dessous de cette Ville. Cette Riviére est nommée TICINUS par les Anciens. Voyez TICINUS.

TESNE, Riviére d'Afrique au Royaume d'Alger, appellée *Siga* par Ptolomée[a], & qu'on nomme aujourd'hui HARETGOL[a]. C'est un petit Fleuve qui sort du Mont Atlas, traverse les Deserts d'Angued, passe près de Tésegset, & se jette dans la Mer à cinq lieues d'Oran.

[a] Dapper, Royaume d'Alger, p. 159.

TESNIERES, ou TERNIERS-SURHON, ou TAISNIERES, Lieu de France, dans le Hainaut, du Diocése de Cambray. C'est une simple Seigneurie de mille quatre cens cinquante mencaudées de Terres labourables; de deux cens soixante-dix-sept mencaudées & demi de Pâturages ou Vergers, & de cent vingt-deux mencaudées & demie de Prairies & Marais. Le Curé a une portion des dixmes pour son gros, qui va à six cens Livres. Il a un Vicaire à Malplaquet dépendant de Taisnieres. Ce Vicaire a deux cens Livres de revenu en partie d'une fondation, & en partie des Habitans du Hameau. La Haute Justice dépend du Comte d'Aiguemont; la Moyenne & Basse est du ressort des Abbés & Religieux de Lobbe. La dixme leur vient aussi par donation du Roi Lothaire; il y a dans le même Lieu un Fief Seigneurial, dit Surhon, & un autre dit S. Symphorien. La Bataille du 11. Septembre 1709. entre l'Armée du Roi & les Alliez, rend ce lieu mémorable. Les Habitans sont Laboureurs ou Manœuvriers. Il s'y trouve quelque Bois dont on ne peut faire grand usage, & il y passe un Ruisseau venant de la longue Ville.

TESPIS, Ville de la Carmanie : Ptolomée[b] la marque dans les Terres près de Carmana la Métropole du Pays. Au lieu de *Tespis* le MS. de la Bibliothéque Palatine porte *Thaspis*.

[b] Lib. 6. c. 8.

TESSALON, Village de l'Amérique Septentrionale, dans la Nouvelle France, au bord du Lac des Hurons, apparemment à la Côte Septentrionale.

TESSARA, Ville de l'Ethiopie sous l'Egypte, selon Pline[c].

[c] Lib. 6. c.

TESSARE, Ville d'Afrique, au Royaume d'Alger, dans la Province de Miliane. Dapper[d] en parle ainsi: Tessare est appellée *Tiguident*, ou *Tegdente* par les Africains; ce qui veut dire la Ville Ancienne. Elle est célébre, ajoute-t-il, dans l'Histoire Romaine, sous le nom de Césarée. Cependant tout le monde à beaucoup près ne convient pas que ce fût là la Ville de Césarée. Voyez CESAREE, No. 8. Tessare, dit encore Dapper, confine au Biledulgerid. Elle avoit autrefois près de deux milles de circuit, comme on le peut voir par les Mesures d'un grand Temple. Elle fut ruinée par les Califes de Carvan en 959. & rebâtie depuis par un célébre Morabou; de sorte qu'elle renferme aujourd'hui plus de treize cens maisons.

[d] Royaume d'Alger, p. 163.

TESSARESCÆ DECAPOLIS, Contrée de la Cœlésyrie: C'est Etienne le Géographe qui en fait mention[e]. Mais on croit qu'il y a faute dans cet endroit & qu'au lieu de τῶν Τεσσαρέσκαι Δεκαπόλεως, il faut lire τῆς χώρας Δεκαπόλεως.

[e] In Voq Τίgαrε.

TESSE, Bourg de France, dans le Maine, du Diocése & de l'Election du Mans, est composé de mille huit à neuf cens Habitans. Cette Terre a été érigée en Comté en faveur de la Maison de Frouslay.

TESSEBERG, Montagne de la Suisse[f] au Canton de Berne, dans le Bailliage de Nidau, dont les Habitans dépendent uniquement de Berne pour le Spirituel; mais pour le Temporel, ils dépendent de Berne, & du Prince & Evêque de Porentru. C'est un Pays de bons Pâturages.

[f] Etat & Délices de la Suisse, t. 2. p. 175.

TESSET, petite Ville d'Afrique dans la Barbarie. Elle a été bâtie, à ce que dit Marmol[g], par les anciens Africains au Quartier des Bérebeches, des Sénégues, & des Ludayes qui habitent la partie Occidentale du Zahara. Elle est fermée de murailles de pierre. Il n'y a ni trafic ni police. Le Chérif y tient un Gouverneur avec Garnison pour empêcher les querelles entre ces Peuples; car les Arabes de ces Deserts les incommodent quelquefois, ils en étoient Vassaux autrefois, & ils leur payoient un grand tribut. Les Habitans de Tesset sont plutôt basanez que noirs, & les hommes n'ont aucune connoissance des Lettres. Il n'y a que les femmes qui lisent, qui écrivent, & qui étudient les choses de la Religion qu'elles enseignent aux enfans; & quand les Garçons sont devenus grands, ils quittent l'étude pour le travail. Quoique les hommes soient maigres & basanez, les femmes y sont assez blanches & ont beaucoup d'embompoint: & excepté celles qui enseignent la jeunesse & qui filent, toutes les autres ne font rien; si bien que la pauvreté régne par-tout le Pays, & il y en a peu qui ayent de quoi vivre. Ils ont quelques Troupeaux de Brebis; mais ils en ont beaucoup plus de Boucs &

[g] Numidie, l. 7. c. 6.

TES. TET.   TET.   423

& de Chévres. Tout le Pays d'alentour n'est que sablons, hormis quelques pièces de terre où il y a des Dattes, & où l'on seme du Millet. Autour de la Place sont aussi quelques Oliviers qui rapportent un peu d'huile, & de là ils vivent du mieux qu'ils peuvent. Ils attelent un Chameau avec un Cheval pour labourer, parce qu'ils n'ont point de Bœufs, & tous les Numides de ces Quartiers en font de même. Entre Tesset & la Mer sont les Habitations de Nun.

TESSEY, Bourg de France, dans la Basse-Normandie [a], au Diocése de Coûtances, avec titre de Baronnie. Ce Bourg est situé sur la Riviére de Vire, à quatre lieues ou environ au-dessus de St. Lo, & à deux ou trois lieues de Torigny. Il se tient un Marché à Tessey, & il y a Haute-Justice.

[a] *Corn. Dict.*

TESSIN, Petite Ville d'Allemagne [b], au Duché de Mecklenbourg, avec Seigneurie. Cette Ville est située sur la Riviére de Rackenis, entre Demin & Rostock.

[b] *Zeyler, Topog. Saxon. Infer. p. 229.*

TESSOTE, Ville d'Afrique, au Royaume de Fez [c], dans la Province de Garet. Elle est bâtie dans les Terres sur une Roche fort haute, où l'on monte en rond par un degré à vis. Ses Habitans manquent d'eau & n'en ont point d'autre que celle de pluye qu'ils gardent dans des Citernes.

[c] *De la Croix, Hist. d'Afrique, Tom. 1. Dapper, Royaume de Fez, p. 157.*

TESSUINUM, selon quelques MSS. de Pline [d], & TERVIUM selon d'autres. Quoiqu'il en soit de cette différente Orthographe, *Tessuinum* ou *Tervium* étoit une Ville d'Italie, aux confins de la *Région Prætutienne* & du *Picenum*. Je fais cette Remarque parce que Pintaut & Ortelius avoient pris *Tessuinum* pour un Fleuve.

[d] *Lib. 3. c. 13.*

TESSY. Voyez TESSEY.

TESTE-DE-CAN, Isle du Royaume de France, sur la Côte de Provence, à l'entrée du Golphe de St. Tropez.

TESTES-DE-BOULES, Peuples Sauvages de l'Amérique Septentrionale, aux environs du Pays des Missillimakinac. Ils sont alliez des François.

TESTIA. Voyez THESPIA.

TESTRINA, Village d'Italie, près d'Amiterne. Denys d'Halicarnasse le donne aux Sabins & dit que ce fut là leur premiére demeure.

TESUF, Ville d'Afrique, dans la Barbarie [e]. C'étoit autrefois, dit Marmol, la Capitale de la Province de Dara, où il y avoit grand trafic, tant du Pays des Négres, que de la Barbarie, & d'ailleurs. Elle fut bâtie par les anciens Numides, & ruinée par les Arabes Schismatiques. C'est delà qu'on transportoit en Europe le fin Laiton, le Cuivre & le Bronze, avec des Esclaves Négres, & du fin or appellé Gelel & Nacnaqui de Tibar, que les Habitans alloient querir aux Pays des Négres. Cette Ville est maintenant détruite, & il ne reste que quelques vestiges des anciens Bâtimens.

[e] *Numidie, Liv. 7. c. 10.*

TET, Riviére de France dans le Roussillon [f]. Elle prend sa source dans les Pyrénées un peu au-dessus de Mont Louïs qu'elle baigne: delà coulant à l'Occident à l'Orient en serpentant beaucoup; elle arrose Ville-Franche & Perpignan, & va se perdre dans le Golphe de Lyon, entre l'embouchure d'Agly & celle de la Tech. Voyez RUSCINO.

[f] *Jaillot, Atlas.*

TETAGODA, Ville de l'Albanie selon Ptolomée [g]. Le Manuscrit de la Bibliothéque Palatine écrit *Tagoda*, au lieu de *Tetagoda*.

[g] *Lib. 5. c. 12.*

TETARIUM, Ville dans la partie de la Lycaonie que Ptolomée [h] comprend dans la Galatie. Au lieu de *Tetarium* le MS. de la Bibliothéque Palatine porte *Tetradium*.

[h] *Lib. 5. c. 4.*

TETCITANUS, Siége Episcopal d'Afrique dans la Byzacéne, selon la Notice des Evêchez d'Afrique où l'Evêque de ce Siége est appellé *Rusticus Tetcitanus*.

TETE, Forteresse d'Afrique, dans le Zanguebar, selon Mr. Corneille [i] qui ne nomme point son garant. Il ajoute que les Portugais qui ont bâti cette Forteresse aux confins du Monomotapa en sont les Maîtres. Mr. de l'Isle ne la connoît point.

[i] *Dict.*

TETERINGEN, Village des Pays-Bas [k], dans la Baronnie de Breda, à un quart de lieue de la Ville de ce nom. Il est de la Jurisdiction de Breda, & il n'y a que des Jurez. Le Drossard en est le Schout: le Secrétaire de la Ville y exerce la même fonction, & les Echevins y forment le Tribunal; cependant il y a un Receveur particulier. L'Eglise est desservie par les Pasteurs de la Ville, qui n'y prêchent que de tems en tems.

[k] *Janiçon, Etat présent de la Rép. des Prov. Un. 2. p. 200.*

TETHRINE, Fleuve de l'Isle de Créte, selon Pausanias [l].

[l] *Lib. 1. c.*

TETHRONIUM, Ville de la Gréce, dans la Phocide: Hérodote [m] la nomme avec d'autres Villes voisines du Fleuve Cephise; ce qui fait croire que c'est la même Ville que *Tithronium*. Voyez ce mot.

[m] *Lib. 8. n°. 33.*

TETIUS, Fleuve de l'Isle de Cypre. Son Embouchure est marquée par Ptolomée [n], entre *Amathus* & *Citium* ou *Cetium*.

[n] *Lib. 5. c. 14.*

TETOLATA. Voyez TECOLATA.

TETRACHORITÆ, & TETRACOMI, noms qu'Etienne le Géographe donne aux Peuples *Bessi*. Voyez BESSI.

TETRADIUM. Voyez TETARIUM.

TETRAGONIS, Ville de l'Arachosie, au pied du Mont Caucase. Pline [o] dit que cette Ville avoit été nommée auparavant *Cartana*.

[o] *Lib. 6. c. 23.*

TETRANAULOCHUS. Voyez NAULOCHUS.

TETRAPHYLIA, Lieu de la Macédoine dans l'Athamanie. Tite-Live [p] nous apprend que c'est dans ce Lieu que l'on gardoit le Tresor Royal.

[p] *Lib. 38. c. 1.*

☞ 1. TETRAPOLIS, Nom Grec qui signifie *Quatre-Villes*, & que l'on a donné à diverses Contrées où se trouvoient quatre Villes, qui avoient quelque relation ensemble.

2. TETRAPOLIS-ATTICA. On appelloit ainsi une Contrée au Septentrion de l'Attique, où étoient quatre Villes, bâties par Xuthus, pére d'Io, dans le tems qu'il régnoit dans ce Quartier de la Gréce. Ces quatre Villes étoient selon Strabon [q]:

[q] *Lib. 8. p. 383.*

| Oenoe, | Probalinthus, |
| Marathon, | Tricorython. |

Festus dans l'interprétation qu'il donne du mot *Quadrurbs*, semble reconnoître une autre

tre Tétrapole de l'Attique : *Quadrurbem*, dit-il, *Athenas Attius adpellavit, quod scilicet ex quatuor Urbibus in unam domicilia contulerunt Braurone, Eleusine, Piræo, Sunio*. Mais ni Meursius, ni Cellarius [a] ne font aucune difficulté de dire que Festus s'est trompé grossiérement dans cette explication ; car outre qu'il est faux qu'Athènes ait été composée précisément de ces quatre Villes, il n'est pas vrai qu'Attius par le mot *Quadrurbs* entende la Ville d'Athènes : il ne veut parler que des quatre Villes qui composoient la Tétrapole de l'Attique.

[a] Geogr. Ant. Lib. 2. c. 13.

3. TETRAPOLIS-DORICA, Contrée de la Gréce dans la Doride. Les Doriens, dit Strabon [b], habitoient entre les Etoliens & les Æneianes ; & leur Pays s'appelloit Tétrapole, à cause qu'il y avoit quatre Villes. Cette Tétrapole, ajoute-t-il, passe pour avoir donné l'origine à tous les Doriens. On nommoit ses quatre Villes :

[b] Lib. 9. p. 427.

Erineus,   Pindus,
Boium,   Cytinium.

4. TETRAPOLIS-SYRIÆ, Contrée de la Syrie, qui renfermoit quatre Villes principales, savoir,

Antioche,   Apamée,
Séleucie,   Laodicée.

Strabon [c] qui fait mention de cette Tétrapole, dit que ces quatre Villes étoient appellées Sœurs, à cause de leur concorde. Elles avoient eu toutes quatre le même Fondateur.

[c] Lib. 16. p. 749.

1. TETRAPYRGIA, Ville de la Cappadoce dans la Garsaurie selon Ptolomée [d]. Cependant la Table de Peutinger semble plutôt mettre *Tetrapyrgia* dans la Cilicie que dans la Cappadoce.

[d] Lib. 5. c. 6.

2. TETRAPYRGIA. Voyez TAURESIUM.

3. TETRAPYRGIA, ou TETRAPYRGIUM, Lieu de la Marmarique sur la Côte. Strabon [e] le place auprès de *Portus-Phycus*.

[e] Lib. 17. p. 838.

TETRICUS MONS, ou TETRICA-RUPES, Montagne d'Italie, dans la Sabine, ou du moins aux confins des Sabins, selon Pline [f]. Virgile parle de cette Montagne dans le septième Livre de l'Enéïde [g] :

[f] Lib. 3. c. 12.
[g] Vers 713.

Qui Tetricæ horrentes Rupes, Montemque Severum, Casperiamque colunt.

Et Silius Italicus dit [h]:

[h] Lib. 8. v. 418.

. . . . . , a Tetrica comitantur Rupe cohortes.

Cette Montagne étoit très-escarpée. C'est aujourd'hui, selon Holsten, cet affreux sommet de Rochers, entre la Montagne de la Sibylle & Ascoli, & qui domine sur tous les autres sommets de l'Apennin.

TETRIONENSIS. Voyez DERTON.

TETRISIA. Voyez TIRISTRIA.

TETSCHEN, petite Ville de Bohême [i], avec un Château Royal, sur l'Elbe, à quatre milles au-dessus de Pirn. On dit que Saint Wenceslas y a été élevé. Le Colonel Copi, Commandant Suédois à Eger,

[i] Zeyler, Topogr. Bohem. p. 79.

prit Tetschen en 1648. C'est une Clef du passage sur l'Elbe.

TETUAN, Ville d'Afrique, au Royaume de Fez, sur le bord de la Riviére de Cus, à une lieue de la Côte de la Mer en remontant la Riviére. Elle est située dans une belle Plaine & environnée de Vergers. Marmol [k] en parle de la sorte. Elle a été bâtie par les Naturels du Pays & possédée par les Romains, après par les Goths, & ensuite par les Arabes, qui y équippoient des Fustes de Corsaires pour courir les Côtes de la Chrétienté. Alors elle étoit fort peuplée ; mais elle fut depuis saccagée par une Flote de Castille en 1400, & presque tous ses Habitans faits esclaves. Elle demeura deserte l'espace de quatre-vingt-dix ans, jusqu'à ce qu'Almandari, qui passa en Afrique après la Conquête de Grenade, l'obtint du Roi de Fez, pour incommoder les Chrétiens. Il la repeupla, fit réparer ses murailles, & bâtir un Château entouré d'un Fossé, où il se retiroit, & alloit ravager delà les Frontiéres de Ceuta, d'Alcazar & de Tanger, avec quatre cens Chevaux qu'il avoit amenez d'Andalousie, & avec d'autres Maures Habitans de ces Montagnes ; & pour fatiguer les Espagnols par Mer il avoit quelques petits Vaisseaux sur la Riviére & s'en servoit pour aborder sur les côtes d'Espagne ; il fit jusqu'à trois mille Esclaves, qu'il obligeoit de travailler tous les jours à la batisse de son Château, & de nuit il les renfermoit dans de grands Cachots avec les fers aux mains. Il laissa pour Successeur un petit-fils, qui ne fut pas moins brave que lui, & dont les descendans furent tous Seigneurs de Tetuan jusqu'en 1567. que la division s'étant mise parmi les Habitans, ils se partagérent en deux factions, des *Buales*, & des *Buhascenes*; celle-ci chassa l'autre, & fut chassée à son tour. Sur ces nouvelles le Chérif y envoya des troupes, qui étant entrées paisiblement dans la Ville, se saisirent du Chef, qui avoit fait soulever la Place, & l'envoyérent prisonnier à Fez, puis chassérent le reste de la faction, & gardérent la Ville pour le Chérif. Elle n'est point forte, n'ayant que des murs de terre assez bas, & la plûpart du fossé rempli ; de sorte qu'en plusieurs endroits on peut venir de plain pié jusqu'au mur. Hors de la Porte du Château, par où l'on descend au Fauxbourg, il y a un Cavalier, sur une plateforme, garni de quelques Pierriers, plutôt pour la mine que pour la défense ; parce qu'ils ne sont pas bien montés, & que les munitions sont mauvaises & en petite quantité. La force de la Ville consiste en quatre cens bons Chevaux, & quinze cens hommes de pied, outre les Grenadins qui s'y retirérent depuis la derniére révolte. Il y aborde plusieurs Fustes & Galiotes de Corsaires d'Alger, pour faire leur provision d'eau & de biscuit, & se joindre à quelques Bâtimens qui appartiennent aux Habitans, pour courir ensemble les Côtes de la Chrétienté. Pour y remédier les Espagnols tâchérent en 1564. de rendre leur Port inutile en y coulant à fond deux Brigantins & quelques Chaloupes chargez de Pierre. Mais après leur départ, les Maures retirérent aussi-

[k] Royaume de Fez, Liv. 4. c. 36.

aussi-tôt les deux Brigantins; ensuite le courant ouvrit un autre passage près des Chaloupes du côté du Septentrion, où une Galiote passoit aisément, en transportant les rames d'un bord à l'autre.

Le Château de Tetuan commande la Ville [a]. C'est un ancien Bâtiment uni qui consiste en deux quarrez, dont celui de dehors est flanqué de quatre Tours: l'autre est d'une hauteur raisonnable & commande tout le reste. Les murailles sont en très-mauvais état & ne pourroient pas soutenir la décharge d'une batterie. Dans des tems d'allarmes la Garnison est de cinq cens hommes: dans tout autre tems il n'y a qu'une Garde ordinaire. Comme ce Château est commandé par des Montagnes, quand on le repareroit, il ne seroit jamais en état de tenir à une attaque faite dans les règles de la guerre. Les maisons des Particuliers sont disposées de manière, qu'on peut faire le tour de la Ville de Terrasse en Terrasse. Du reste on ne doit pas s'attendre de trouver des Palais superbes. On en voit pourtant qui rassemble tous les agrémens que les Maures sont capables de donner à leurs Edifices [b], les avantages de la Situation, les charmes de la Perspective, une distribution bien entendue des appartemens, les moyens d'y faire entrer une fraîcheur agréable; en un mot toutes les commoditez qu'on peut souhaiter. Ce Palais est bâti sur une petite éminence, à l'extrémité de la Ville. Au devant de la Maison se trouve une magnifique Place d'armes, & à l'un des côtez sont deux Jardins, séparez par un grand chemin qui conduit de la Ville au Bâtiment. Avant que d'y entrer, on traverse une avenue faite en forme de Cloître, qui après deux ou trois détours conduit à une très-spacieuse Place quarrée, embellie tout autour de Portiques. Au milieu de ce quarré est une fontaine de marbre, dont l'eau sert à se laver & à donner de la fraîcheur: la Place & les Arcades sont pavées à la Mosaïque, de même que les vastes Sales qu'on trouve à chaque côté du quarré. A tous les angles de ce quarré s'élèvent quatre Tours, dont la hauteur excède considérablement le haut de l'Edifice. Dans deux de ces Tours sont des Escaliers qui menent à un grand Appartement haut. Dans les deux autres on rencontre des Portes au bas des escaliers, qui conduisent à une Mosquée, que le Peuple n'a pas épargnée dans les mouvemens de sa fureur, disant que le Bacha avoit souillé tous les lieux où il s'étoit trouvé & que c'en étoit assez pour qu'on dût les détruire de fond en comble. Les Jardins, le Bureau des Secrétaires des Dépêches, les Cuisines, les Ecuries, les Bains communiquent au bas du quarré. Au-dessus des escaliers sont les appartemens des femmes. Ils ont une vaste étendue & régnent au-dessus de tous les offices de la maison. Au haut des degrez est une Galerie fermée d'une baluftrade relevée d'une cizelure très-délicate & d'une peinture fine, & dont les côtez sont revêtus de tuiles peintes. Le pavé des chambres & de la Galerie est à la Mosaïque. Sur chaque côté de cette Galerie percent de spacieux Appartemens qu'occu-

[a] Hist. des Révolutions de l'Empire de Maroc, p. 96.

[b] Ibid. p. 87.

poient quatre femmes légitimes du Bacha: le principal consiste en cinq chambres, dont une au milieu des quatre autres a un Dôme. Toutes ont des portes par lesquelles on passe aux Bains des femmes, & les femmes Esclaves y ont aussi leurs chambres particulières. Ces chambres ne tirent du jour que par les portes des chambres de dehors & malgré cela on les bouche encore très-souvent avec des rideaux. Cette grande obscurité procure deux avantages: elle donne beaucoup de fraîcheur & elle garentit des mouches. Lorsqu'on veut laisser entrer l'air, il ne faut qu'ouvrir les portes, qui sont larges & hautes, régnant depuis le plafond jusqu'au plancher. Il y a des guichets contre le vent & la pluye. Au-dessus de l'Appartement des femmes on a pratiqué une très-belle Terrasse, qui a la vûe sur toute la Ville, sur la Vallée, sur la Rivière, sur le grand chemin & jusque sur la Mer. Au haut dans chaque Tourette, il y a un Belveder, à deux étages, avec des treillis où les femmes peuvent travailler & jouir d'une charmante perspective tout autour, sans qu'elles soient exposées à être vûes. Les Jardins répondent à la beauté du Bâtiment. On y voyoit de belles Allées couvertes de Vignes; & par le moyen d'une Arcade qui tourne au-dessous du chemin, tous les Jardins se communiquent. Ce Palais a été bâti depuis peu d'années par le Bacha Hamet, qui avoit un goût exquis pour l'ordonnance du Bâtiment, & pour la disposition des Jardins. Il n'y épargnoit rien, quoi qu'il en pût coûter, sans égard à la misère du Peuple; ce qui le rendit fort odieux.

L'Edifice & les Jardins dont il vient d'être parlé ne sont rien en comparaison du Palais qu'il a fait bâtir au dehors de la Ville. Il est situé dans une Vallée délicieuse, au-dessous des Montagnes, sur le bord de la Rivière, à environ deux milles de Tetuan. Le Canal & le Bâtiment n'étoient pas encore achevez quand il fut contraint de se sauver; & le peuple dans sa fureur détruisit bien des choses. Le Bâtiment consiste en deux Pavillons quarrez; car les Maures ne donnent jamais d'autre forme à leurs Edifices pour avoir de la fraîcheur; & pour n'être pas vûs. L'Architecture de ces Pavillons n'est pas régulière: les chambres mêmes sont petites; &, dans les angles, sur les côtez, règnent des Galeries soutenues par des Colonnes: ce qui donne du frais & de l'ombre pour se promener dessous pendant la chaleur du jour, & sur le soir un air très-agréable. Au milieu du corps de dehors étoit une Fontaine; ce qui est ordinaire dans toutes les Maisons des Maures, & tout étoit pavé de petits Carreaux de Hollande. L'autre Pavillon a beaucoup plus d'étendue. Il faut descendre quelques marches pour y entrer; & il étoit borné par un Parterre où l'on avoit épuisé toutes les finesses de l'Art. Au centre un Bassin rond, semé de pointes, ou d'angles saillans, recevoit l'eau qui jaillissoit d'une Fontaine à une hauteur raisonnable. Ce Bassin profond de près de quatre pieds servoit de bain aux femmes du Bacha. Il étoit enclos dans le Pavillon, & avant qu'on l'eût ruiné il y

Hhh avoit

avoit un Oranger. Un sentier de trois pieds de large formoit la communication des deux Corps de logis & aboutissoit aux angles & aux côtez du quarré; le tout de la hauteur d'environ quatre pieds. Les côtez & le comble étoient couverts de petites tuiles peintes, qui avoient moins de deux pouces en quarré. Les vuides des angles étoient comblez de terre, qu'on couvroit d'Orangers, de Limons, de Citrons & autres Arbres; & les angles de l'élévation étoient ornez de pots de fleurs. A chaque côté du quarré quatre routes opposées l'une à l'autre conduisoient à la Fontaine, où il y avoit quelques degrés à descendre, & en face de chacun étoit une Alcove, d'où le Bacha voyoit baigner ses femmes. En face de l'autre Pavillon on voyoit la Sale des Banquets, qui pouvoit avoir cinquante pieds de hauteur. Au-dessus de l'escalier régnoit, tout à l'entour, un Balcon soutenu par des Arcades, sous lesquelles on pouvoit se promener. La chambre au-dessus de l'escalier, dans le côté, étoit grande, & haute. le plafond étoit délicatement ciselé & orné de belles peintures & le faîte s'élevoit en forme de Dôme. La Sale des Festins avoit été construite de façon qu'elle avoit la vûe sur un Canal profond de six pieds, terrassé au fond & aux côtez, & d'une longueur & d'une largeur prodigieuses. Derriére l'un & l'autre Pavillon on voyoit le Jardin qui étoit d'une grande étendue. Les Allées étoient réguliéres & palissadées de Vignes qu'on plantoit des deux côtez, & qui formoient des Berceaux, sous lesquels on se promenoit à l'abri de l'ardeur du Soleil. A l'un des côtez de ce Jardin il y avoit eu une Forêt de diverses sortes d'Arbres comme Orangers, Limons, Figuiers, Grenadiers, Amandiers, Palmiers, Tamarins & autres; mais le Peuple avoit principalement ruïné ce côté-là, en coupant ou arrachant les Arbres, & brûlant les Hayes & les Berceaux. Au milieu on avoit pratiqué deux Treilles, & les murs du Jardin étoient baignez par la Riviére; ce qui augmentoit les délices de cette promenade champêtre. On compte à Tetuan une douzaine de demeures de Santons. Ces Maisons sont des Asyles inviolables pour toutes sortes de personnes & de crimes, excepté les crimes d'Etat. De pareilles immunitez sont absolument nécessaires dans un Gouvernement aussi tyrannique, & elles ont sauvé la vie à une infinité de malheureux.

Les dehors de la Ville présentent une perspective des plus agréables: on ne voit que Jardins le long de la Riviére, où l'on arrive par plusieurs Allées que des espéces de palissades faites de Roseaux rendent impénétrables aux rayons du Soleil.

En général on peut dire que Tetuan est une des plus agréables Villes de la Barbarie. Le Commerce des Chrétiens a beaucoup civilisé les Habitans. Les Juifs établis dans cette Ville sont environ cinq mille ames. Ils sont distribuez dans soixante & dix Maisons, chacune desquelles renferme plusieurs Familles. Ils sont plus riches à Tetuan qu'en aucun autre Lieu de l'Empire de Maroc. Cependant ils vivent dans une extrême pauvreté par rapport aux taxes exorbitantes qu'on éxige d'eux. Tout le Commerce passe par leurs mains. Ils servent de Courtiers entre les Maures & les Chrétiens; & si les deux Parties intéressées ne se tiennent pas sur leurs gardes, elles sont presque toujours les dupes de leurs Agens. Tous les Juifs parlent ici Espagnol, Langue qu'ils ne parlent point dans tout autre endroit de la Contrée. Ils font d'excellent vin, & leur Eau-de-vie devient bonne au bout de quelques années, pourvû qu'ils n'y mêlent pas trop d'anis en la distilant.

TETUS, Ville de Tartarie, à la droite de la Riviére de Zerdik [a], qui n'est qu'un Bras de la grande Riviére de Kama qui vient du Nord-Est de la Province de Permie, & se décharge dans le Volga. La Ville de Tetus est éloignée de Casan de six-vingt Werstes, ou de vingt-quatre lieues d'Allemagne. Elle est située sur une éminence. Les Bâtimens tant publics que particuliers, sont assez mal ordonnez & dispersez çà & là sans aucun ordre. Depuis Tetus jusqu'à la Mer Caspienne on ne trouve aucun Village.

[a] Olearius, Voy. de Moscovie & de Permie, Liv. 5. p. 291.

TEVA. Voyez TEBA.

TEUCERA, Lieu de la Gaule Belgique, selon la Table de Peutinger [b] qui le marque entre Teruana & Samarobriva. Il y en a qui veulent que ce soit présentement Thiesures Bourgade de l'Artois, sur l'Authie, au-dessus de Dourlens.

[b] Segment.

TEUCHERIA. Voyez ARSINOÉ, Nº 15.

TEUCHITANUS. Voyez THENTEOS.

TEUCILA, Ville que l'Itinéraire d'Antonin marque au voisinage de l'Arménie ou de l'Euphrate. Elle s'y trouve sur la route de Mélitène à Samosate, entre Zimara & Sabus, à seize milles du premier de ces Lieux, & à vingt-huit milles du second.

TEUCRIA. Voyez DARDANUS.

TEUCRIS. Voyez TROJA.

TEUDASIA. Voyez THEODOSIA.

TEUDERIUM, Ville de la Germanie selon Ptolomée [c]. Elle étoit voisine de Mediolanium & de Bogadium.

[c] Lib. 2 c. 11.

TEVE´, ou SAINT MARTIN & SAINT JULIEN DE TEVE´, Lieu de France dans le Berry, du Diocèse de Bourges, sous l'Election de la Châtre. C'est une Châtellenie qui a toujours appartenu au Seigneur de Liniéres; elle relève de la Baronnie de la Châtre. Les Habitans sont libres, & ont droit de Franchise & de Bourgeoisie.

TEVECRIT, Lieu d'Afrique, au Royaume de Trémecen [d], au pied de grands & âpres Rochers, qui aboutissent à la Ville d'One sur la Côte de la Mer. Les Romains en avoient fait une Forteresse. Les Habitans sont en petit nombre, pauvres, & ne vivent que d'Orge & de Millet, & ont quelque Lin, dont ils font une grosse toile. Les Montagnes aux environs sont peuplées de Bérébéres, qui vivoient dans une crainte perpétuelle, lorsque les Espagnols tenoient One; ils sont à présent plus en repos. Comme les murailles de cette Ville ont de grandes brèches en divers endroits, on ne s'empresse pas d'y aller demeurer.

[d] Marmol, Royaume de Trémecen, L. 5. c. 8.

TEVEN-

TEVENDEZ, Montagne d'Afrique au Royaume de Fez, dans la Province d'Hafcore. Elle eſt ſituée vers le Midi, à trente-cinq milles de la Province de Dara.[a] & fait partie du Grand-Atlas. Cette Montagne porte beaucoup d'Orge & de Paſtel; mais elle ne peut produire de Bled. Elle nourrit quantité de Chévres & de Brebis, quoique ſon ſommet ſoit couvert de neiges toute l'année, & qu'il y pleuve rarement.

[a] *Dapper, Deſcr. du Royaume de Fez, p. 137.*

TEVERONE, Riviére d'Italie[b], dans la Campagne de Rome, anciennement *Anienus*, ou *Anio*. Voyez ANIO. Elle prend ſa ſource aux confins de l'Abruzze Ultérieure, & coule d'abord du Midi Oriental au Nord Occidental en ſerpentant. Elle fait enſuite un grand coude, & après un cours de quelques milles d'Orient en Occident, elle tourne du côté du Midi Occidental, pour aller ſe jetter dans le Tybre un peu au-deſſus de Rome. Dans ſa courſe elle groſſit ſes eaux de celles de diverſes Riviéres aſſez peu conſidérables. Les principaux Lieux qu'elle arroſe ſont: Trevi, g. Subiaco, d. Merano, g Cantalupo, d. Caſtel-Angelo, g. Villa di Vopiſco, d. Tivoli, g. Blucanо, d. Lunghezza, g. Cervaro, g. Serpentara, d. On trouve dans le fond de cette Riviére de petites pierres, qui reſſemblent ſi bien à des Anis, aux Canelats, aux Amandes & aux autres confitures de cette eſpèce, que l'on s'en ſert quelquefois à table pour attraper les friands.

[b] *Magin, Carte de la Campagne de Rome.*

TEVERTON, Ville d'Angleterre[c] dans le Devonſhire[d], ſur la Riviére d'Ex, à la gauche, dans l'endroit où cette Riviére reçoit celle de Leman, à douze milles au-deſſus d'Exceſter. Teverton députe au Parlement & a droit de Marché.

[c] *Blaeu, Atlas.*
[d] *d'Etat préſent de la Gr. Br. t. 1. p. 55.*

TEUGETON. Voyez TAUGETON.

TEUGLUSSA, Iſle de l'Aſie Mineure. Thucydide[e] qui en parle ſemble la mettre au voiſinage de la Doride.

[e] *Lib. 8. p. 582.*

TEULON, Lieu de France, dans la Franche-Comté. Il y a une Abbaye de l'Ordre de Citeaux.

TEULLEY-LEZ-LAVONCOURT, *Theolocus*, Lieu de France, dans la Franche-Comté, Diocéſe de Beſançon. Il y a une Abbaye d'Hommes, Ordre de Citeaux, fille de Morimond. Elle a été fondée le 18. de Mars 1130. près de Gray & Autray. Elle vaut à l'Abbé environ ſix mille cinq-cens Livres.

TEUMES, Fleuve de la Bœotie. Héſyche dit qu'il arroſoit la Ville de Thèbes. Ortelius[f] ſoupçonne que ce mot eſt corrompu de *Teumeſſus*, ou que par contraction on aura dit *Teumes*, pour *Teumeſſus*.

[f] *Theſaur.*

TEUMESSUS, Montagne & Village de la Bœotie. L'un & l'autre étoit, ſelon Pauſanias[g], ſur la Voie Militaire; & il ajoute que c'eſt le Lieu où Jupiter cacha Europe. On y voyoit un Temple dédié à Minerve Techlinienne; mais la Statue de la Déeſſe n'y étoit point. Strabon[h] met *Teumeſſus* dans le Territoire de Thèbes.

[g] *Lib. 9. c. 19.*
[h] *Lib. 9. p. 409.*

TEUOCHIS, Lac & Ville d'Egypte, ſelon Etienne le Géographe.

TEURERT, Ville ancienne d'Afrique[i], au Royaume de Fez, bâtie au haut d'une Montagne par les anciens Africains, ſur les bords du Za. Elle eſt environnée de pluſieurs terres fertiles en Blés & en Troupeaux, qui aboutiſſent de tous côtez à des Deſerts âpres & ſtériles; ayant celui de Garet au Septentrion, au Midi celui d'Aduhare, celui d'Angued au Levant, & au Couchant, qui va au Royaume de Trémecen, celui de Tefrata. *Teurert* étoit autrefois l'une des principales Villes de la Mauritanie, & celui qui en étoit Seigneur tiroit tribut de tous les Arabes, & les Bérébéres de ces Deſerts. Il y avoit pluſieurs Temples & pluſieurs Palais tous bâtis de pierre de taille. Mais depuis le Régne des Bénimérinis, elle a été fort incommodée des guerres de Trémecen, à cauſe des différentes prétentions de ces Princes, qui la vouloient aſſujettir, pour être Maîtres des Arabes, au milieu deſquels elle eſt. Autrefois cette Ville étoit plus peuplée, parce que pluſieurs de ſes Habitans ſe ſont établis à Tezar & ailleurs, pour s'éloigner de la Frontiére.

[i] *Marmol, Royaume de Fez, Liv. 4. c. 7.*

TEURIOCHÆMÆ, Peuples de la Germanie: Ptolomée[k] les place au Nord des Monts Sudetes. Quelques-uns veulent que ce ſoient les Habitans de la Thuringe.

[k] *Lib. 2. c. 11.*

TEURISCI, Peuples de la Dace, dans la partie Septentrionale de cette Contrée ſelon Ptolomée[l] qui les place entre les *Anarti* & les *Ciſtoboci*. Ortelius ſemble croire que ce ſont les *Tauriſci*.

[l] *Lib. 3. c. 8.*

TEURISTÆ, Peuples de la Germanie, Strabon[m] qui parle de ces Peuples ſemble les mettre au voiſinage du Danube & des Alpes. Caſaubon croit qu'au lieu de *Teuriſtæ*, on doit lire *Tauriſtæ*.

[m] *Lib. 7. p. 393.*

TEURNIA, Ville du Norique, au Midi du Danube ſelon Ptolomée[n] qui la marque entre *Virunum* & *Idunum*. Pline[o] nomme auſſi *Teurnia* entre les Villes du Norique. Les Modernes ne conviennent pas ſur la ſituation préciſe de cette Ville. Il y en a qui veulent qu'elle ait été ſur le Lac de Chimſée dans la Bavière, parce qu'on y a trouvé une ancienne Inſcription, où il eſt fait mention de cette Ville:

[n] *Lib. 2. c. 14.*
[o] *Lib. 3. c. 24.*

L. TERENTIO VERO
II VIRO TEURN.
PR. JUR. DIC.

D'autres, comme Cluvier & le Pere Hardouin, la cherchent dans la Carinthie, ſur le bord du Drave, dans l'endroit où eſt aujourd'hui Villach, ſituation qui s'accorde aſſez avec celle que Ptolomée donne à l'ancienne *Teurnia*.

TEURTEVILLE-AU-BOCAGE, Bourg de France, dans la Normandie, au Diocéſe de Coûtances, de l'Election de Valognes. C'eſt une Paroiſſe dont la Cure vaut deux mille Livres de rente. Il y a deux Seigneurs Séculiers qui y nomment alternativement. Dans cette Paroiſſe eſt le Prieuré de Barnavaſt, qui appartient aux Bénédictins Réformez de S. Vigor de Bayeux.

TEUTANIUM. Voyez TITANA.

TEUTATES. Voyez MERCURIUS.

TEUTHEA, Bourgade du Péloponnéſe: Strabon[p] dit qu'on en avoit fait la Ville de Dyma, & qu'on y voyoit un Temple dé-

[p] *Lib. 8. p. 342.*

dié à Diane Némidienne. Cafaubon croit que c'est la même Ville qui est nommée *Teuthis* par Etienne le Géographe. Voyez TEUTHIS.

TEUTHEAS. Voyez PIERIUS.

TEUTHIS, Ville de l'Arcadie. Etienne le Géographe & Paufanias [a] en parlent. Ce dernier dit que de fon tems n'étoit qu'un Village; mais qu'autrefois c'étoit une Ville, & qu'entre autres Temples on y voyoit ceux de Venus & de Diane.

[a] Lib. 8. c. 28.

1. TEUTHRANIA, Contrée & Ville de l'Afie-Mineure dans la Myfie. Pline [b] dit que le Caïcus prenoit fa fource dans cette Contrée. La Ville qui donnoit le nom à la Contrée étoit à plus de foixante & dix Stades de Pitana & d'Elæa en tirant vers Pergame [c]. Etienne le Géographe dérive le nom de cette Ville de Teuthrante, qui régna fur les Myfiens & fur les Ciliciens, comme le dit auffi Strabon.

[b] Lib. 5. c. 30.
[c] Strabo, Lib. 13. p. 615.

2. TEUTHRANIA, Ville de la Galatie, felon Ptolomée [d] qui dit qu'on la nommoit auffi THYMENA. Arrien [e] la marque entre Ægiali & Carambis, à quatre-vingt-dix Stades du premier de ces Lieux, & à fix-vingt Stades du second.

[d] Lib. 5. c. 4.
[e] 1. Peripl. p. 15.

TEUTHRAS. On trouve ce nom dans Strabon [f], qui femble en faire un Fleuve; mais aucun des anciens Géographes n'a connu en Italie un Fleuve de ce nom. Properce [g] à la vérité parle d'un Fleuve appellé Teuthras:

[f] Lib. 6. p. 264.
[g] Lib. 1. El. 11. v. 11.

*Aut teneat clausam tenui Teuthrantis in unda,
Alterna facilis cedere Lympha manu.*

Mais, dit Cafaubon, il paroît que le Fleuve dont parle Properce eft différent de celui de Strabon. Je laiffe aux Savans, ajoute-t-il, à donner de plus grands éclairciffemens fur ces deux Fleuves de même nom.

TEUTHRONE, Ville du Péloponnèfe, fur le Golphe de Laconie: Ptolomée [h] la marque entre *Cæne* & *Las*. Paufanias dit: qu'en defcendant de Pyrrhicus à la Mer on trouvé la Ville de Teuthrone; que Teuthras Athénien en étoit regardé comme le fondateur. On rendoit dans cette Ville un Culte particulier à Diane Ifforienne. Il y avoit une Fontaine appellée *Naias*; & l'on comptoit cent-cinquante Stades de Teuthrone à l'extrémité du Promontoire *Tænarum*.

[h] Lib. 3. c. 16.

TEUTLUSSA, Ifle de l'Afie Mineure fur la Côte de l'Ionie, felon Etienne le Géographe. Pintaut croit que c'est la même Ifle que Pline appelle *Soutlufa*.

TEUTOBODIACI, Peuples qui, felon Pline [i], s'emparèrent avec les Tectofages de la meilleure partie de la Cappadoce.

[i] Lib. 5. c. 32.

TEUTOBURGENSIS-SALTUS, Bois ou Forêt de la Germanie, entre l'Ems & la Lippe, felon Tacite [k]. Ce Bois eft fameux par la défaite des Romains fous Quintilius Varus, & par la Victoire qu'y remporta Charlemagne fur les Saxons. Le nom moderne eft *Teute*, ou *Teuteberg*, & c'eft une Forêt auprès de laquelle il y a encore aujourd'hui un Lieu nommé *Winfeldt*, c'eft-à-dire, le Champ de la Victoire [l]. Ce Quartier s'étend l'efpace de quatre-cens pas en longueur & de deux-cens en largeur, jufque près de la Fortereffe de Falckenburg & de la petite Ville de Horn, fur le chemin de Paderborn à Bylfeld & à Munfter. Quelques-uns lui donnent une plus grande étendue, & y comprennent plufieurs Montagnes & diverfes Forêts; mais il eft conftant que *Teutoburgenfis-Saltus* eft proprement ce qu'on nomme aujourd'hui la Forêt de Dethmold, qui tire fon nom de la Ville de Dethmold, comme l'ancien *Teutoburgenfis-Saltus* tiroit le fien de *Teutoburgum*, qui eft aujourd'hui Dethmold. Voyez DETHMOLD.

[k] Annal. c. 50.
[l] Ortelii Thefaur.

TEUTOBURGIUM, Ville de la Baffe-Pannonie, felon Ptolomée [m] qui la place fur le Danube, entre *Lugionum* & *Cornacum*. L'Itinéraire d'Antonin la marque auffi fur la route qui prenoit le long du Fleuve. Elle étoit entre *Cornacum* & *Murfa*, à feize milles du premier de ces Lieux, & à égale diftance du fecond. Le nom de *Teutoburgium* femble dire que cette Ville avoit été bâtie par les Teutons.

[m] Lib. 2. c. 16.

TEUTOBURGUM. Voyez DETHMOLD.

TEUTONARI. Voyez TEUTONES.

TEUTONES, Peuples de Germanie, anciennement alliez des Cimbres, & avec lefquels ils paroiffent n'avoir fait pendant quelque tems qu'un même Peuple. Leur nom fe trouve dans la plûpart des Auteurs anciens, quoique fous une différente Orthographe; les uns écrivant *Teutones*, les autres *Teutoni*, *Theutones*, *Theuoni*, ou *Theothoni*. L'origine de ce nom n'eft pas certaine. Ils pouvoient l'avoir pris de celui de leur Dieu *Teut*, ou *Theut*, & que d'autres nomment *Theutas*, ou *Teutas*; à moins qu'on ne dife qu'ils avoient eux-mêmes donné leur nom à leur Dieu, comme ils le donnérent à toute la Nation des Germains. Ces Peuples font connus des anciens Ecrivains long-tems avant que les Cimbres & les Teutons inondaffent les Provinces Romaines; mais ils font connus fous un autre nom. On les appelloit *Codani*, ou *Godani* ce que prouvent les noms de *Codani-Sinus* & de *Codaniæ Infulæ*, où étoit la demeure des Teutons, comme l'a fait voir Spener dans fa Notice de l'ancienne Germanie [n]. Pitheas de Marfeille eft le premier qui faffe mention des Teutons, fuivant le témoignage de Pline [o]. Pomponius-Mela [p] dit que les *Teutoni* habitoient l'Ifle *Codanonia* que l'on prend affez communément pour l'Ifle de Zelande dans la Mer Baltique. Voyez CODANONIA. Ptolomée [p] place des *Teutonari* entre les Saxons & les Suèves, & des *Teutones* entre les *Pharodeni* & les Suèves; mais Mr. Spener croit que ces *Teutonari*, & ces *Teutones*, font le même Peuple, ou que les *Teutonari* étoient une Colonie des Teutons qui s'étoit établie dans le Continent de la Germanie. Il croit auffi que les *Theyftes* de Jornandès [q] font les Teutons; mais que cet Auteur a eu tort de les mettre dans la Scandinavie. Quoi qu'il en foit, il eft vraifemblable que les Teutons & les Cimbres, avant que d'entreprendre leur grande expédition que l'habileté de Marius fit avorter, envoyérent de fortes Colo-

[n] Lib. 1. c. 2.
[o] Lib. 3. c. 1.
[p] Lib. 2. c. 11.
[q] De Reb. Get.

Colonies dans le Continent voiſin des Iſles & du Cherſonnéſe Cimbrique, où fut leur première demeure. On ne ſait pas le tems de ces migrations: on voit ſeulement dans les Auteurs, que non-ſeulement des corps d'Armée de ces deux Nations ſe répandoient en divers Pays; mais qu'en quelque manière des Peuples entiers, ayant avec eux leurs femmes & leurs enfans, ſe mettoient en Campagne tous les Printems, pilloient les Contrées par où ils paſſoient, & s'arrêtoient l'Hyver dans des Camps. Il ne faut pas demander après cela comment une Armée qui couroit de Pays en Pays pouvoit ſe ſoutenir & ſe perpétuer; outre que de petits Peuples pouvoient ſe joindre à eux pour partager la gloire & le butin, comme nous trouvons que les Ambrons, les Teugènes & les Tigurins s'y joignirent. Après qu'ils eurent été défaits par Marius, le débris de leur Armée put retourner dans leur ancienne demeure: du moins voyohs-nous que du tems de Ptolomée il y avoit encore des Teutons ſur la Côte Septentrionale de la Germanie & du Golphe Codanus. Mais dans la ſuite, ſi on s'en tient aux Hiſtoriens Romains qui connoiſſent à peine le nom des Teutons, ces Peuples ne firent plus de figure dans le Monde. Il eſt à croire pourtant qu'ils ſe ſignalérent par la piraterie & qu'ils s'aſſociérent avec les Saxons & les Danois. Il y en a même [a] qui veulent [a] que les Saxons & les Teutons fuſſent le même Peuple, qui même dans le moyen âge ſe fit encore connoître ſous des noms différens comme ceux de Danois & de Normands.

[a] *Job. Neo-waldus, Comm. de antiquis Weſtphaliæ Coloniſ.*

TEUTOSAGES. Voyez TECTOSAGES.

TEUTRIA. Voyez DIOMEDEÆ-INSULÆ.

TEUXUNTA, Diodore [b] de Sicile fait mention d'une Ville qu'il dit avoir été bâtie par Micythus Roi de *Rhegium* & de *Zanclé*.

[b] *Lib. 1.*

TEUZAR, Ville d'Afrique dans la Barbarie. Mr. de l'Iſle la nomme TOUZERA, & la marque dans le Biledulgerid, ou Pays des Dattes. Marmol [c] qui la place dans la Numidie en parle ainſi. Cette Ville fut bâtie par les Romains ſur une petite Riviére, qui deſcend de quelques Montagnes du côté du Midi. Elle a plus de cinq mille feux; mais à en juger par l'étendue des murailles, dont on voit encore les ruïnes, qui font connoître leur beauté & leur force, il y en avoit autrefois davantage. Elle fut ſaccagée par les Mahométans, lorsqu'ils entrérent en Afrique. Ils en uſérent avec tant de rigueur parce que cette Colonie Romaine avoit voulu leur réſiſter. Ils démolirent les riches & ſomptueux Bâtimens dont elle étoit ornée; & il n'y a plus aujourd'hui de méchantes Maiſons faites à la façon du Pays. Cependant les Habitans ſont riches, tant en dattes qu'en argent, à cauſe des Marchez & des Foires qui ſe tiennent dans leur Ville, où les Peuples de la Contrée accourent pour le trafic. La Place eſt diviſée en deux par la Riviére : d'un côté demeurent les anciens Habitans & les plus illuſtres; de l'autre ſont les Arabes établis à Teuzar depuis la priſe de la Ville. Ils ſont toujours en guerre les uns contre les autres ; & ſouvent ils ne vouloient pas reconnoître les Rois de Tunis, qui y alloient en perſonne & les maltraitoient beaucoup, comme en uſa le Pere de Muley Haſcen, peu de jours avant ſa mort, & comme font encore aujourd'hui les Turcs, lorſqu'ils vont lever les contributions.

[c] *Tom. 3. Liv. 7. c. 54.*

TEXAGA. Voyez TERGAZA.

TEXALI. Voyez TAIZALOS.

1. TEXEL, où TESSEL [l'Iſle de] Iſle des Pays-bas [d], dans la Nort-Hollande, à l'embouchure du Zuider-zée, à dix-huit lieues d'Amſterdam, & ſéparée de la pointe de la Nort-Hollande où eſt Helder, par le Canal que l'on nomme Mars-diep, large d'environ trois mille pas. Cette Iſle eſt petite; mais elle eſt une des plus connues de la Mer, à cauſe du grand abord des Navires qui entrent dans le Zuider-zée, ou qui en ſortent. Elle a ſur ſa Côte Méridionale une bonne Fortereſſe, qui ſert à la défenſe de la Ville d'Amſterdam, contre les Flotes ennemies; & ſon Port eſt très-bon & très-vaſte. C'eſt-là où s'aſſemblent ordinairement les Vaiſſeaux, afin d'attendre le vent & pour partir en compagnie. Auprès de la Fortereſſe il y a un Bourg du même nom que l'Iſle; & outre cela ſix beaux Villages partagez en pluſieurs Hameaux. Le Terroir eſt très-bon & ſes Pâturages ſont très-excellens. On y fait de bons Fromages & d'une façon particuliére. L'Iſle eſt environnée de Dunes qui la parent des coups de la Mer, & ſes Digues ſont très-fortes & d'une prodigieuſe hauteur.

[d] *Dict. Géogr. des Pays-Bas.*

Ce fut près de cette Iſle que Martin Harperts Tromp, ce fameux Amiral de Hollande, attaqua la Flote Angloiſe, commandée par Black, & fut tué dans le combat, d'un coup de mouſquet le 8. d'Aout 1653. En 1673. il ſe donna encore près de cette Iſle une Bataille navalle, entre les Flotes de France & d'Angleterre commandées par Robert de Baviére, Prince-Palatin, Vice-Amiral d'Angleterre, & par le Comte d'Etrées, Vice-Amiral de France, & la Flote d'Hollande commandée par les Amiraux Michel de Ruyter & Corneille Tromp, ſans qu'aucun parti s'attribuât la victoire.

2. TEXEL, Iſle de l'Amérique Septentrionale, dans la Mer du Nord [e], ſur la Côte du Nouveau Pays-bas, aujourd'hui la Nouvelle Yorck, entre l'Iſle longue & celle de Vlieland. Les Hollandois qui l'ont poſſédée lui ont donné le nom qu'elle porte. Aujourd'hui elle appartient aux Anglois.

[e] *Baudrand; Dict. Ed. 1705.*

TEXEUIT, ou TEYEUT, Ville d'Afrique, au Royaume de Maroc, dans la Province de Hea. Dapper dans ſa deſcription du Royaume de Maroc, dit que cette Ville eſt ſituée dans une Plaine entre deux Montagnes & qu'elle eſt ceinte d'un mur de pierres de taille. [f]

[f] *Pag. 133.*

T'EYANG, Ville de la Chine [g], dans la Province de Suchuen, au Département de Chingtu première Métropole de la Province. Elle eſt de 12. d. 48'. plus Occidentale que Peking, ſous les 31. d. 30'. de Latitude.

[g] *Atlas Sinenſ.*

TEYDA, Montagne extrêmement haute, dans l'Iſle de Ténerife, l'une des Canaries.

430   TEY. TEZ.   TEZ.

a Dict.
b Voy. de Perse, Liv. I.

ries. Mr. Corneille *a* qui cite Hebert *b* dit que cette Montagne a sept lieues de hauteur, & que quand le tems est serein, on la découvre de plus de six-vingt lieues à la ronde. Cette Montagne, ajoute-t-il, n'est pas celle qu'on nomme ordinairement le Pic de Ténerife qui est de beaucoup plus haute.

TEYDER, ou AA, selon Mrs. Corneille & Maty, & TREIDEN selon Mr. de l'Isle *c*, Rivière de la Livonie. Elle sort de divers Lacs du Pays de Letten ou Lettie. Ces différens Ruisseaux s'étant rassemblez ne forment plus qu'une Rivière, qui prenant son cours du Nord Oriental au Midi Occidental arrose Wolmer, g. Rop, d. Treiden, d. Sewold, g. Kremon, d. après quoi elle va se jetter dans le Golphe de Livonie, près de Sernikon, à quelques lieues au Nord de la Duna.

c De l'Isle, Atlas.

TEYTONG, Ville de la Chine dans la Province de Nanking. La Relation de l'Ambassade de la Compagnie Hollandoise à la Chine *d*, marque cette Ville sur la route de Canton à Peking, un peu au-dessus de Nanking. Teytong, dit cette Relation, est située derrière une Isle à la droite de la Rivière. On la peut voir de deux lieues de loin. C'étoit autrefois une fort belle Ville; mais les Tartares qui l'ont prise l'ont réduite dans un état déplorable, & ne lui ont laissé que trois Tours, dont la hauteur marque encore aujourd'hui l'ancienne magnificence de cette Ville.

d Pag. 11.

TEZAGA. Voyez TERGAZA.

TEZAR, ou TEZA, Ville d'Afrique, au Royaume de Fez, dans une Plaine fertile, à seize lieues de Fez *e*, à douze de Dubudu, à vingt-cinq de Mélise, en traversant le Desert de Garet; & à deux de la Montagne Matagara. Marmol en parle ainsi; Ptolomée met cette Ville à 9. d. de longitude, & à 33. d. 10'. de latitude sous le nom de Teysor. Elle a été bâtie par les anciens Afriquains, & est la Capitale de la Province Cuzt. Il y a beaucoup de Noblesse, & plus de cinq mille maisons habitées; mais ce ne sont que de méchans logis faits de terre, horsmis les Collèges & les Mosquées, qui sont de pierre de taille. Il passe à travers de la Ville une Rivière qui descend de la Montagne de Metagara, dont les Habitans peuvent détourner le cours, ce qui oblige ceux de *Tezar* à vivre en bonne intelligence avec eux, & à favoriser leur parti. Il y a en cette Ville un grand concours des Marchands de Trémecen, de Fez, & d'autres, qui y font commerce. Elle fournit le blé à tous les Habitans des Plaines & des Montagnes, l'espace de plus de trente lieues d'alentour. Ses Rues & ses Places sont rangées comme dans Fez, & il y a au milieu une grande Mosquée avec trois Colléges. On y voit une Juiverie composée de plus de cinq cens maisons, & tout auprès une belle Forteresse, où est le Palais du Prince Abdulac. La plûpart des Habitans sont riches, & se piquent de valeur. Il y a aux environs dans les Vallons beaucoup de Jardinages, qu'on arrose de l'eau des Fontaines qui descendent des Montagnes, & qui portent de meilleurs fruits que ceux de Fez. Il y a aussi de grands Vignobles sur les Côtes;

e Marmol, Royaume de Fez, L. 4. ch. 3. p. 300.

les Juifs y font le meilleur vin de toute la Mauritanie. Leur demeure est composée de plus de cinq cens maisons, près desquelles il y a une belle Forteresse, où est le Palais du Prince Abdulac. Depuis que le premier Roi des Bénimérinis partagea cette Province entre ses parens, le second fils du Roi de Fez a toujours eu cette Place pour son Appanage comme étant un séjour très-agréable d'Hiver & d'Eté, l'air sain, & le Pays fertile. Aussi les Rois des Bénimérinis y passoient la plus grande partie de l'Eté à cause de la fraîcheur de l'air. Le Chérif y entretient une Garnison à cause des Arabes, qui y viennent tous les ans des Deserts de la Numidie acheter du blé, ou le troquer contre des dattes, & qui incommodent fort les Habitans. Ce fut à Tezar que le Chérif Mahamet attendit Muley Buaçon & Salarrès, quand il eut avis qu'ils venoient pour l'attaquer.

TEZCUCO, Ville de l'Amérique Septentrionale, dans la Nouvelle Espagne, sur le bord du Lac de Méxique *f*. Elle étoit presque égale à la Ville de ce nom du tems de Cortez & des premiers Conquérans. Quand Cortez s'en approcha avec son Armée, quatre des Principaux Habitans allérent le trouver, portant une verge d'or & un petit drapeau en signe de paix. Ils lui dirent que leur Seigneur *Coacuacoyocin* les envoyoit pour le prier de ne point faire de dégât dans leur Ville, où il seroit très-bien reçu avec ses troupes. Cortez appréhendant quelque trahison poursuivit son chemin, & avança à Quahutichan & à Huaxuta, qui étoient alors des Fauxbourgs de la grande Ville de Tezcuco, & qui ne sont plus présentement que de petits Villages séparez. Il y fit renverser les Idoles, après quoi il entra dans la Ville, où il occupa une grande maison qu'on lui avoit préparée. Tous les Espagnols & une partie des Indiens qui le suivoient y logérent avec lui. Les Espagnols étant montez sur le soir dans les Galeries de cette maison pour voir la Ville, apperçurent un grand nombre d'Habitans qui s'enfuyoient avec leurs meubles, les uns vers les Montagnes, les autres vers le bord de l'eau, où il y avoit du moins vingt mille petits Bâteaux qu'ils remplirent. Cortez ayant sû que Coacuacoyocin, alors Roi de Tezcuco & des Bourgades voisines, avoit pris la fuite, fit venir plusieurs Habitans, qui étoient demeurez dans la Ville & leur dit que puis que leur Roi les avoit abandonnez, il leur offroit en sa place un jeune Gentilhomme, issu d'une noble Maison du Pays qui l'avoit accompagné: qu'il étoit fils de Nizavalpicinthi, qu'ils avoient toujours aimé; & qu'ayant été baptisé il avoit reçu le nom de Ferdinand au Batême. Le bruit de ce changement s'étant répandu, plusieurs de ceux qui avoient fui retournérent à Tezcuco, où ils furent traitez favorablement par leur nouveau Prince, qui demeura toujours fidèle aux Espagnols. Deux jours après que Don Fernand eut été fait Roi de Tezcuco & des Territoires qui en dépendent, & qui s'étendent jusqu'aux frontiéres de Tlaxcallan, Cortez eut avis que les Méxiquains venoient l'attaquer; mais sans vouloir

f Thevet Géogr. lat. des Indes Or. 1. Part. ch. 13.

foir les attendre, il alla les combattre où ils étoient & les mit en fuite. Il rentra enfuite dans la Ville de Tezcuco, & jugeant que ce lieu-là étoit le plus convenable pour mettre ses Brigantins à l'eau, lors qu'il eut appris qu'on les avoit achevez à Tlaxcallan, il y envoya Gonzalez de Sandoval, qui étant arrivé sur les frontiéres de cette Province trouva huit mille hommes qui les apportoient par pièces sur leurs épaules, avec tout ce qui étoit nécessaire à leur appareil. Ils étoient escortez par vingt mille hommes de guerre & par mille Tamemez qui portoient les vivres. Ils entrérent en fort bon ordre dans Tezcuco, au bruit des Tambours & au son des Cors & autres semblables Instrumens. La nouvelle de l'arrivée de ces troupes ne fut pas plûtôt répandue, que plusieurs Provinces envoyérent faire leurs soumissions à Cortez; de sorte que la Cour n'étoit pas moins grande à Tezcuco, que celle de Montezume l'étoit auparavant à Méxique. Ce fut en cette Ville qu'il fit ses préparatifs pour le siége de Méxique. Quand ses Brigantins furent montez, il fit faire un Canal d'une demi-lieue de long, de douze ou treize pieds de largeur & de deux toises de profondeur. Cet Ouvrage où l'on employa cinquante jours quoique quatre cens mille hommes y travaillassent sans aucun relâche, a conservé la renommée de la Ville de Tezcuco jusqu'à présent; outre qu'elle est encore fameuse parmi les Espagnols, à cause qu'elle est la premiére qui a été gouvernée par un Roi Chrétien. Cependant le nombre des Habitans est bien petit en comparaison de ce qu'il étoit autrefois. Le Canal étant achevé l'on calfeutra les Brigantins avec du cotton & des étoupes. Il y en a qui disent que faute de suif & d'huile on fut obligé de se servir de la graisse de ceux des Ennemis qui étoient tuez dans les sorties que l'on faisoit du Méxique tous les jours pour empêcher cet Ouvrage. Les Indiens, qui étoient accoutumez à sacrifier des hommes, les ouvroient après leur mort, afin d'en tirer la graisse. Lorsque les Brigantins eurent été mis à l'eau, Cortez fit la revûë de ses gens, & trouva neuf cens Espagnols, dont il y en avoit quatre-vingt-six à cheval, & cent dix-huit armez d'arbalétes & d'arquebuses. Tout le reste avoit des épées, des poignards, des lances & des halebardes, avec des cottes de maille & des corselets. Le nombre des Indiens étoit de plus de cent mille. Tous ces grands préparatifs faits dans Tezcuco pour le siége de Méxique font connoître combien elle étoit grande & puissante dans ce tems-là, puisqu'elle pouvoit fournir toutes les choses nécessaires à tant de gens. Ce n'est plus aujourd'hui que le Chef-lieu d'un petit Gouvernement, où réside d'ordinaire un Gouverneur Espagnol, envoyé d'Espagne, & dont le pouvoir s'étend jusqu'aux frontiéres de Tlaxcallan & de Quacocingo, & sur la plûpart des petits Bourgs & Villages de la Plaine, qui quoiqu'ils fussent autrefois sous un Roi ne pourroient rendre tous ensemble à présent plus de mille ducats par an au Gouverneur. Dans Tezcuco même il n'y a pas aujourd'hui plus de cent Espagnols & trois cens Indiens qui y habitent, dont les richesses viennent des herbes & des salades de leurs Jardins, qu'ils chargent tous les jours dans leurs canots pour les porter à Méxique. Ils retirent aussi quelque argent de leurs Cédres qu'ils y transportent pour servir aux Bâtimens; mais les Espagnols les ont beaucoup ruinez par le grand nombre qu'ils en ont abattu pour bâtir leurs magnifiques Maisons. Pamphile de Narnaez accusa Cortez d'avoir employé sept mille poutres de Cédre dans son seul Palais. Il y avoit autrefois à Tezcuco des Vergers, où l'on voyoit plus de mille de ces arbres qui servoient de clôture. Quelques-uns avoient six-vingts pieds de hauteur, & douze de grosseur. Présentement on ne trouve pas cinquante Cédres dans les plus considérables de ces Vergers.

TEZEFARA, Ville d'Afrique, selon Mr. Corneille qui cite Marmol; mais Marmol écrit TEFEZARA & non TEZEFARA. Voyez TEFEZARA.

TEZELA, Ville fort ancienne d'Afrique, au Royaume de Trémecen [a], à six lieues d'Oran. Elle est située dans une grande Plaine qui a plus de 7. lieues de long. Abuhascen quatriéme Roi des Bénimérins la ruina, lorsqu'il faisoit la guerre à Trémecen, & elle n'a jamais été repeuplée depuis. Les Bérébéres qui possédent cette Contrée, errent sous des tentes comme les Arabes. Le Pays est si bon qu'il pourroit fournir de Froment & d'Orge la Ville de Trémecen, s'il étoit tout labouré. Ils ont outre cela quantité de Chameaux & de Chevaux. Il n'est resté de *Tezela*, qu'un petit Château fort d'assiette, où il y a une belle Citerne pour recueillir les eaux de la pluie. Cette Ville se nommoit autrefois Ariane. Ptolomée la met à 13. d. 20'. de Longitude, & à 30. d. 50'. de Latitude.

[a] *Marmol*, Royaume de Trémecen. L. 5. ch. 15. p. 358.

TEZERGIL, dans les Etats du Roi de Maroc, au Royaume de Fez, dans la Province de Cuzt. Marmol [b] dit qu'elle a été bâtie par les anciens Africains, sur une petite Rivière qui passe au pied de la Montagne de Cunagel-Gerben. Il ne demeure à Tezergil que quelques pauvres gens du Pays, qui labourent quelques héritages, où ils recueillent de l'Orge. Ils dépendent des Arabes qu'on apelle Uled-Husceyn.

[b] Royaume de Fez, L. 4. c. 122.

TEZERIN, Ville d'Afrique, dans la Barbarie; Marmol [c] dit que c'est une petite Ville sur le bord de la Riviére de Dara, entre des Palmiers, qui sont en si grand nombre, qu'on ne la voit point qu'on n'y soit dedans. Il y a un Château qui est assez fort. Le Pays est abondant en Orge & en Chévres; mais il y a peu de Blé. Les Habitans sont Darvis, & ils trafiquent aussi, de ces sortes de choses.

[c] *Marmol*, Numidie, L. 7. ch. 13. p. 14.

2. TEZERIN. Ce nom qui signifie deux Villes en langage du Pays [d], est le nom d'une belle Contrée, qui contient six Villes ou Bourgades, & quinze Villages rangez sur une petite Riviére qui descend du Grand Atlas & tire vers le Midi. Ce Quartier est à vingt lieues de la Montagne, & à dix de *Fercala* du côté du Levant. On y voit encore les ruïnes de deux anciennes Villes qui furent détruites par les premiers Arabes Mahométans qui entrérent en Afrique; mais on

[d] Ibid. ch. 31. p. 24.

on ne fait pas les noms de ces Villes. Les Habitans de Tezerin font des Bérébéres, ils font très-riches & plus civils que ceux de *Fercala*. Ils ont quantité de Dattes & quelque Blé ; les Arabes du Defert les incommodent moins que ceux de leur voifinage.

TEZOTE, petite Ville dans l'Afrique, au Royaume de Fez [a], dans les Terres, fur la pointe d'un Rocher à trois lieues de Mélile, & à cinq de Caçaça. C'eſt la Capitale de la Province de Garet. Les Auteurs Afriquains diſent, qu'elle a été fondée par les Bénimérinis, avant qu'ils fuſſent Rois de Fez, qu'ils y renfermoient leurs Blés & leur équipage, lorſqu'ils menoient paître leurs Troupeaux par les Deferts de Garet, où il n'y avoit point d'Arabes alors. C'étoit donc leur principale Forterefſe ; mais s'étant aggrandis par la ruïne des Almohades, ils s'établirent dans Fez, & dans les autres Places plus confidérables que celle-ci, laquelle ils abandonnérent à des Bérébéres, qui étoient leurs Alliez & de la même Tribu. On n'y peut monter qu'en tournant par un ſentier aſſez difficile : il n'y a dedans ni Puits ni Fontaine ; mais une grande Citerne qui fe remplit des eaux de pluye. Elle a été ruinée par Joſeph fils de Jacob ſecond Roi des Bénimérinis, à cauſe de la révolte du Gouverneur, & demeura dépeuplée juſqu'à la Priſe de Mélile, qu'un Grenadin de ceux qui s'étoient ſauvez en Afrique, l'ayant demandée au Roi de Fez, la repeupla de quelques Maures de l'Andalouſie, & fit de-là des courſes ſur les Chrétiens de Caçaça & de Mélile.

[a] *Marmol, Royaume de Fez*, L. 4. ch. 118. p. 220.

TEZTEZA, Ville dans l'Afrique, au Royaume de Trémecen [b], dans une belle Plaine entre la Montagne de la Abez, & de Bugie, dont elle eſt éloignée de 20. lieues du côté du Midi. Cette Ville a été bâtie par les Romains, & étoit autrefois riche & confidérable, à cauſe du trafic ; mais elle diminua beaucoup depuis les Succeſſeurs de Mahomet, qui l'ayant ſaccagée la démolirent demeurant Maîtres de la Campagne, comme ils le font encore aujourd'hui. Les Habitans ne ſont que de pauvres miſérables, que les Turcs tyranniſent. Les ruïnes de ſes murailles témoignent encore ſon ancienne grandeur, elle eſt ſur le Chemin de Fez à Tunis.

[b] *Marmol, Royaume de Trémecen*, L. 5. ch. 53. p. 421.

T H.

THABALTA. Voyez TABALTA.
THABANA. Voyez THEBANA & THAUANE.

THABARESTAN, nom d'un Pays qui confine du côté du Couchant aux Provinces de Dilem & de Ghilan, qui s'étendent l'une & l'autre le long de la Mer Cafpienne, à laquelle elles ont communiqué leur nom de même que le Thabareſtan ; car on appelle cette Mer en Perſien, tantôt Mer de Dilem, tantôt Mer de Ghilan, tantôt Mer de Thabareſtan. Du côté du Levant le Thabareſtan a le Giorgian, au Septentrion la Mer Cafpienne, & au Midi une partie du Khoraſſan, & une partie de l'Iraque Perſique de la Haute Perſe. On dit que ce Pays a pris ſon nom du mot Teber ou Thabar, qui ſignifie en Perſien une Coignée, à cauſe que ceux qui y voyagent doivent toûjours avoir une Coignée à la main pour ſe faire chemin dans les Bois dont il eſt preſque tout couvert. On n'y ſeme que du Ris qui y vient fort bien, à cauſe des eaux qui ſont abondantes au milieu de ſes Forêts. Mais d'un autre côté ces eaux rendent le Pays mal-ſain ; ce qui n'empêche pourtant pas qu'il ne ſoit fort habité, à cauſe de la grande quantité des ſoyes dont on y fait la récolte. Les maiſons n'y ſont pas magnifiques ; car la plûpart font bâties ſimplement de bois ou de cannes. Les Hiſtoriens Perſans écrivent que Thabamuratht troiſième Roi de Perſe, de la prémiére Race, eſt le premier qui a fait cultiver le Thabareſtan, dont la poſition convient fort bien à l'Hyrcanie des Anciens.

THABAS, ou THABES, il y a, dit Mr. d'Herbelot [c], deux Villes qui portent ce nom : l'une eſt ſituée dans le Pays de Fars, qui eſt la Perſe proprement dite, près de la Ville d'Iezd, que l'on appelle THABAS-KEILEKI, peut-être à cauſe qu'il y a beaucoup de fange dans les tems de pluye : l'autre Ville appellée THABAS eſt dans le Siſtan & porte le nom de Thabas-Siſta, pour être diſtinguée de la précédente.

[c] *Bibliot. Orient. Le Géogr. phe Perſien, dans ſon troiſième Climat.*

THABATHA, Voyez THEBASA.

1. THABBA, Ville de l'Arabie Heureuſe : Ptolomée [d] qui la marque dans les Terres, la place au voiſinage de *Manambis* & de *Sabbatha*.

[d] *Lib. 6. c. 7.*

2. THABBA, Ville de l'Afrique propre. Elle étoit ſelon Ptolomée [e] du nombre des Villes ſituées entre les Fleuves *Bagrada*, & *Triton*.

[e] *Lib. 4. c. 3.*

THABENA, Ville de l'Afrique propre ſelon Hirtius [f]. Poſſidius [g] en fait un Siège Épiſcopal. Il ſe pourroit faire que ce ſeroit la même Ville que Ptolomée nomme Thabba.

[f] *De Bell. Affric. c. 77.*
[g] *In Vita D. Auguſt.*

THABILIACA, Ville de l'Albanie : Ptolomée [h] la marque au nombre des Villes ſituées entre les Fleuves Gerrus & Soanas.

[h] *Lib. 5. c. 11.*

THABIS. Voyez TAMOS.

THABOR, Montagne de Galilée, nommée par les Grecs *Ithaburius*, ou *Athaburius*. Eufébe dit qu'elle eſt ſur les Frontières de Zabulon, au milieu de la Galilée, à ſix milles de Diocéſarée, vers l'Orient, & qu'elle confine auſſi avec les Tribus d'Iſſachar & de Nephtali. Joſué [i] la place ſur les confins de la Tribu d'Iſſachar ; le nom de *Thabor* en Hébreu ſignifie une hauteur & le nombril, parce que cette Montagne s'éléve au milieu d'une grande Campagne, nommée la Vallée de Jetzraël, ou le grand Champ. Joſephe [k] dit que le Thabor eſt haut de trente Stades, & qu'à ſon ſommet il y a une Plaine de vingt-ſix Stades de circuit, environnée de Murailles & inacceſſible du côté du Septentrion. Polybe [l] aſſure qu'il y avoit une Ville ſur ſon ſommet, & Joſeph l'inſinue, lorſqu'il dit qu'il ſe fermer de Murailles dans l'eſpace de quarante jours, le haut du Mont *Ithabyrius*, dont les Habitans n'avoient point d'autres eaux, que des eaux de pluye. Il ajoute que le Thabor eſt ſitué entre le grand Champ & Scythopolis, ce qu'on ne peut expliquer du grand Champ de Jetzraël, au milieu duquel le Thabor étoit placé ; mais d'un autre grand

[i] *Cap. 19. 22.*
[k] *Lib. 4. c. 2. ſeu. in Gr. de Bello p. 866. L. 2 Lib. Bell. 70.*

grand Champ qui est au pied du Mont Carmel, & qui s'étend au Midi, à l'Orient & au Septentrion de cette Montagne.

Le Thabor est entiérement isolé au milieu d'une grande Campagne, où il s'éleve comme un pain de sucre. *Est autem Thabor mons in Galilæa, situs in campestribus, rotundus atque sublimis, & ex omni parte finitus æqualiter*, dit S. Jérôme [a] : c'est ce qui est confirmé par tous les Voyageurs, qui ajoutent qu'il est fort beau à voir, étant revêtu d'arbres & de verdure. Le Pere Nau [b] dans son Voyage de la Terre-Sainte dit qu'il faut une bonne heure pour monter au sommet. Elle est, ajoute-t-il, plus longue que large & sa figure tend à l'ovale. On la voit élevée par dessus les autres, & séparée de toutes, quoiqu'elle en soit entourée du côté du Couchant & du Septentrion. On la découvre de douze & quinze lieues loin. Quand on en est près, & qu'on la considére attentivement du côté de Midi & d'Occident, on distingue vers le haut comme trois parties. Celle du milieu qui est la plus longue & la plus élevée, se jette un peu sur le dehors, & elle a de côté & d'autre comme deux petites Montagnes appuyées sur elle, qui n'en sont point séparées pourtant, ne faisant qu'un petit enfoncement vers le haut, qui fait qu'elles semblent s'abbaisser sous elle ; mais dans le bas il n'y a point cet enfoncement : il se diminue & il se perd insensiblement, & on ne le voit plus à la moitié de la Montagne. C'est sur cette Montagne, où l'Homme-Dieu parut dans sa gloire le jour de sa Transfiguration : l'Ecriture ne dit point le nom du lieu de ce glorieux Spectacle ; elle dit seulement que ce fut sur une haute Montagne séparée des autres. Mais la tradition des Chrétiens confirmée par l'Eglise & le Monastére que Sainte Hélène a fait bâtir, appuyée du témoignage de S. Cyrille de Jérusalem, de S. Jean de Damas, & des autres Peres, ne permet pas de douter que ce n'ait été le Thabor. Et c'est sans aucune bonne raison que quelques-uns veulent, que le Liban ait eu cet avantage. Car bien que ce fut assez près de-là vers Césarée de Philippe, que Jésus-Christ promit qu'on le verroit dans l'éclat de sa Majesté, ce qu'il accomplit six jours après, c'en fut plus qu'il n'en falloit pour se rendre au Thabor. Il est vrai pourtant qu'on peut dire que cette Montagne est une partie & l'extrémité du Liban ; car cette fameuse Montagne qui est composée de tant d'autres, continue son enchaînure jusque-là. Et c'est peut-être pour cette raison, que les Maronites célèbrent avec grande cérémonie la Fête de la Transfiguration sous les Cédres du Liban, où d'ordinaire leur Patriarche officie pontificalement ; & on y vient ce jour-là en Pélerinage de huit & de dix lieues à la ronde. Et quand ils disent par-tout dans les priéres, qu'ils y chantent, qu'elle s'est faite sur le Thabor. Ils regardent le Thabor, comme partie de leur Liban. Le haut du Thabor fait une belle Plaine, qui est fertile & abondante en bonnes herbes, & couronnée en divers endroits de petits Bocages. Il y a pourtant en quelques-uns des creux, & des élévations de terre, & ces élévations se

[a] Hieron. in Osée 5.

[b] Pag 633.

trouvent principalement au Midi & à l'Occident de cette glorieuse Montagne ; c'est sur une d'elles qu'étoit autrefois bâtie le grand & le fort Monastére des trois Tabernacles. On voit encore des marques de ses fortifications en des restes de Fossez & de Murailles. Il y avoit autrefois trois Eglises ici bâties & rentées par Sainte Hélène ; la premiére étoit consacrée au Sauveur, & les deux autres avoient le nom de deux Prophétes, Moïse & Elie. On les remarque & on les reconnoît encore assez dans leurs ruïnes, ou plutôt on voit ce qui reste de l'Eglise que Tancréde fit bâtir, ou qu'il augmenta, & à laquelle il donna de grandes richesses. Les Religieux de Saint Benoît la desservoient. Maintenant il ne reste plus qu'une Chapelle enfoncée dans un creux où l'on entre par trois Portes qui ne ferment point. La premiére qui est extrémement basse, & par laquelle on ne peut entrer qu'en rampant à terre. Après quoi on se trouve dans un petit quarré, d'où en tournant à gauche on arrive devant la Chapelle qui est le Lieu de la Transfiguration. La troisiéme Porte donne l'entrée dans cette Chapelle. Ce Lieu où a été le Paradis n'a pas plus de neuf ou dix pieds dans sa longueur, & plus de sept ou huit dans sa largeur : il est voûté. On a fait trois Niches aux trois places que l'on croit, que Notre-Seigneur, Moïse & Elie occupoient. On y dit la Messe.

Ce fut aussi sur le Thabor, suivant l'opinion de Saint Bonaventure, de Lyranus & de Denys le Chartreux, qu'arriva cette célébre apparition de Notre-Seigneur après sa Résurrection, dont S. Mathieu parle en ces termes : *Undecim autem Discipuli abierunt in Galilæam in montem ubi constituerat illis Jesus.* Les onze Disciples s'en allérent en Galilée à la Montagne que Jésus leur avoit marquée, & S. Jérôme dit qu'il se fit voir-là à plus de cinq-cens de ses Disciples qui étoient en grand nombre dans la Galilée. Saint Paul fait mention de cette apparition en sa premiére Epître aux Corinthiens.

Cette Montagne est aujourd'hui entiérement déserte. Il est parlé de la Ville du Thabor 1. Par. 6. 77. Sanutus [c] parle d'une Fleuve qui prenoit sa source au pied du Thabor du côté de l'Orient & qui tomboit dans le Jourdain, à l'extrémité du Lac de Génézareth. Le Thabor étoit opposé au Mont Hermon, qui étoit de l'autre côté de la Vallée de Jezraël, vers le Midi. Hermon étoit stérile & desert, & le Thabor étoit habité, & chargé de bois & de verdure. Le Psalmiste oppose ces deux Montagnes [d] *Thabor & Hermon in nomine tuo exultabunt.*

Débora & Barac [e] assemblérent leur Armée sur le Thabor, & livrérent la Bataille au pied de cette Montagne à Sisara Général de l'Armée de Jabin Roi d'Asor l'an du Monde 2719. avant J. C. 1281. avant l'Ere vulgaire 1285. Osée [f] reproche aux Princes d'Israël & aux Prêtres des Veaux d'Or, *de tendre des piéges à Maspha, & de mettre des filets sur le Thabor.* Ces piéges & ces filets étoient apparemment des Idoles, ou des Autels superstitieux que l'on a voit dressez à Maspha au delà-du Jourdain,

[c] Secret fi. del. cruc. p. 252.

[d] Psalm. LXXX. 8.

[e] Judic. 4. 6.

[f] Cap. 5. 1.

Iii &

& fur le Thabor dans la Galilée, pour engager les Peuples d'Ifraël dans l'idolâtrie & la fuperftition. Quelques-uns croyent que c'eft fur le Thabor que Melchifedec vint au devant d'Abraham & que c'eft-là qu'il offrit fon Sacrifice au Seigneur. Adricomius dit, qu'on y montroit encore de fon tems l'Autel fur lequel ce Sacrifice avoit été offert. On lit dans quelques Hiftoires Apocryphes [a], que Melchifedec demeura fept ans dans l'exercice de la Pénitence fur le Thabor, & qu'Abraham l'étant allé trouver par l'ordre de Dieu, il en reçut l'Onction Sainte & la Bénédiction. Mais on ne doit faire aucun fond fur de pareils recits.

[a] Vide Apud. Athanas. Edit. R. P. de Montfauc. t. 3. p. 239.

2. **THABOR**, Ville de Bohême [b], fur le grand chemin entre Budweis & Prague, proche de la Riviére de Lufinitz, fur une hauteur, dans une fituation plaifante & agréable. Ziscka Chef des Huffites commença à la bâtir en 1410, lui donna le nom de Thabor, qui veut dire *Baftion fur un paffage*, & la rendit extrêmement forte; à quoi fon affiette fur des Rochers contribuoit beaucoup; il l'enferma d'une double muraille flanquée de Tours & de Baftions. La Riviére de Lufinitz d'un côté & un torrent large de l'autre environnent prefque toute la Ville. Le Général Suédois Wittenberg la prit d'affaut le 23. d'Août 1648.

[b] Zeyler, Topog. Bohem. p. 80.

THABORTENUS MONS, Montagne d'Afie dans la Parthie. Juftin [c] dit que Séleucus y bâtit une Ville appellée Dara. La fituation de cette Montagne, ajoute-t-il, étoit telle, qu'on ne pouvoit trouver aucun lieu ni plus fort ni plus agréable.

[c] Lib. 41. c. 5.

THABRACA, felon Ptolomée, TABRACHA, felon Pline, & TABRACA, felon Pomponius-Mela, Ville d'Afrique dans la Numidie. C'étoit une Colonie Romaine & un Siége Epifcopal. Voyez TABRACENSIS.

THABREK, Nom d'un fort Château de l'Iraque [d] Perfique que Takafch, Roi de Khouarezm, prit fur Thogrul fils d'Arflah dernier Roi Selgiucide de la Dynaftie de Perfe.

[d] D'Herbelot, Biblioth. Or.

THABUCA, Ville de l'Efpagne Tarragonnoife. Ptolomée [e] qui la place dans les Terres la donne aux *Varduli*.

[e] Lib. 2. c. 6.

1. **THABUDIS**. Voyez TABIDIUM.
2. **THABUDIS**. Voyez TABUDA, N°. 1.

THABUSIUM, Lieu fortifié dans l'Afie, fur le bord du Fleuve Indus. C'eft Tite-Live [f] qui en parle.

[f] Lib. 38. c. 14.

THAC, [g] nom d'une Place forte du Segeftan. Elle fut prife par Mahmoud Sebekreghin, Fondateur de la Dynaftie des Gaznevides, dans le Khoraffan & dans les Indes. C'eft, je penfe, la même Place que Mr. d'Herbelot appelle That dans un autre endroit. Voyez THAT.

[g] D'Herbelot, Biblioth. Or.

THACASIN, Ville de la Paleftine de Zabulon felon Jofué [h]. Elle eft nommée Ittakazin dans le Texte Hébreu.

[h] Cap. 19. v. 13.

THACAPE, Voyez TACAPE.

THACCONA, Ville de la Babylonie; Ptolomée [i] la marque fur un Bras de l'Euphrate, entre *Duraba* & *Thelbencane*.

[i] Lib. 5. c. 20.

THACES, Peuples de Scythie, en deçà de l'Imaüs, & prés de cette Montagne felon Ptolomée [k]. Le MS. de la Bibliothéque Palatine porte *Tectofaces* pour *Thaces*.

[k] Lib. 6. c. 15.

THACIS, Ortelius [l] qui cite Euripide dit que c'eft un lieu de la Ville de Thèbes, *in Thebis*; & que c'eft où Tiréfias avoit coutume de faire fes prédictions.

[l] Thefaur. m In Phæmifti.

THADAMOR, ou THADMOR, Ville bâtie par Salomon [n]. C'eft la Ville de Palmyre. Voyez PALMYRE.

[n] 3. Reg. 9. 18.

THADITÆ, Peuples de l'Arabie Heureufe, felon Ptolomée [o]. Au lieu de *Thaditæ* le MS. de la Bibliothéque Palatine porte *Oaditæ*.

[o] Lib. 6. c.

THÆMA, Ville de l'Arabie Heureufe: Ptolomée la marque dans les Terres. Voyez THEMA.

1. **THÆNA**, THENÆ, ou THÆNÆ, Ville d'Afrique, fur la Côte vers le commencement de la Petite Syrte felon Strabon [p]. Pline & Ptolomée en font auffi mention. L'Itinéraire d'Antonin la marque à dix-sept milles de Marcomades. Il eft encore parlé de cette Ville dans une ancienne Infcription rapportée dans le Trefor de Gruter [q] en la manière fuivante: *Decuriones & Coloni Coloniæ Ælia Augufta Mercurialis Thænit.*

[p] Lib. 17. p. 834.
[q] Pag. 303.

2. **THÆNA**, Ville de Syrie, dans la Cyrrheftique: Ptolomée [r] la marque entre *Berroea* & *Paphara*. Le MS. de la Bibliothéque Palatine porte *Bena*, au lieu de *Thæna*.

[r] Lib. 5. c. 15.

THAGAMUTENSIS. Voyez TAGAMUTENSIS.

THAGASTA. Voyez TAGASTENSIS.

THAGIA. Voyez DAGIE.

THAGORA, Ville de l'Inde, au-delà du Gange: Ptolomée [s] la marque fur la Côte du grand Golphe.

[s] Lib. 7. c. 2.

THAGULIS, Ville de l'Afrique propre. Elle eft placée par Ptolomée [t] au nombre des Villes qui étoient fituées entre les deux Syrtes.

[t] Lib. 4. c. 3.

THAGURA, THIGURA, TAGURA, ou THAGORA, Ville de Numidie. Voyez TAGORENSIS.

THAGURIS, Montagne de la Sérique, felon Ptolomée [u]: Le MS. de la Bibliothéque Palatine porte *Tagurus* au lieu de *Thaguris*.

[u] Lib. 6. c. 15.

THAHA, Mr. d'Herbelot dans fa Bibliothéque Orientale dit que Thaha eft le nom d'une Ville de l'Egypte Supérieure, dont un Jurifconfulte nommé Thahaoui Takih étoit originaire.

THAIBAH, nom que l'on donne à la Ville de Médine [x], outre ceux d'Iatreb & de Medinat alnabi.

[x] D'Herbelot, Biblioth. Or.

THAIEF, ou THAIF, nom d'une Ville du Pays d'Hagiaz en Arabie [y], & que Naffireddin place à 77. d. 30'. de Longitude, fous les 21. d. 20'. de Latitude Septentrionale. Les Habitans de Thaief jouïffent d'un air extrêmement pur. Il y a dans le terroir de cette Ville une grande abondance d'eaux vives; ce qui le rend fertile en toutes fortes de Fruits, que l'on tranfporte delà à la Mecque, où la terre n'en produit aucun. C'eft de Thaief & de Bathenmor, qui n'en eft éloignée que d'une journée, que les Pèlerins de la Mecque tirent l'eau qui leur eft néceffaire, quand elle manque à la Mecque.

[y] Ibid.

THAIPHALI, Peuple Scythe au-delà du Danu-

THA.   THA.

Danube selon Zozime [a]. Ceux qu'Eutrope dit avoir été vaincus par l'Empereur Trajan habitoient dans la Dace, au voisinage du Fleuve Hierasus. Aurelius Victor [b], Ammien Marcellin [c], la Notice des Dignitez de l'Empire [d] & le Panégyrique de l'Empereur Maximien font mention de ces Peuples; mais la plûpart de ces Auteurs écrivent TAIFALI, sans aspiration; & Johannes Gothus semble les prendre pour les *Triballi*.

THAIRE', ou THE'RE', Bourg de France, au Pays d'Aunis, Election de la Rochelle. Ce Bourg est considérable.

1. THALA, Ville d'Afrique dans la Numidie. Salluste [e], Strabon [f], Tacite [g] & Florus * parlent de cette Ville; mais aucun d'eux n'en marque la situation précise.

2. THALA, Montagne de la Libye Intérieure, selon Ptolomée [h].

THALÆ, Peuples de la Libye Intérieure. Ils habitoient, dit Ptolomée [i], près du Mont Thala.

THALAMANÆI, Peuples de la Perside selon Ortelius [k] quicite Hérodote [l] & Etienne le Géographe ; mais les meilleures Editions de ces deux Anciens portent *Thamanæi* pour *Thalamanæi*.

THALAME, selon Polybe & THALAMÆ, selon Pausanias, Ville du Péloponnèse. Polybe la met au nombre des Villes des *Eleuthérolacones*; ce qui sembleroit dire qu'elle n'étoit pas éloignée du Golphe Argolique; car Pausanias met les *Eleuthérolacones* sur la Côte. Mais Polybe [m] lui-même donne à THALAME une position bien différente. L'Eurotas, dit-il, & le Territoire des Sellasiens sont situez à l'Orient d'Eté de la Ville de Sparte; & *Thalamæ*, *Pheræ* & le Fleuve *Pamisus* sont au Couchant d'Hyver. Ainsi *Thalame* devoit être entre l'Eurotas & le Pamisus. Selon Pausanias [n] cette Ville étoit à près de quatre-vingts Stades d'Oetylus, & à vingt Stades de Pephnus. Comme dans un autre endroit Pausanias [o] dit que *Thalamæ* étoit une Ville de Messénie, quelques-uns ont cru qu'il y avoit deux Villes de même nom : l'une dans la Laconie, l'autre dans la Messénie ; & Ortelius semble même en admettre trois; savoir deux dans la Laconie & une dans la Messénie ; mais je croirois plutôt que ce n'est que la même Ville dont Pausanias parle dans trois endroits de sa Description de la Laconie.

THALAMEPOLIS, Sozomène [p] fait mention d'un certain Leontius Prêtre de Thalamempolis, & donne à cette Ville le Titre de Ville Royale. Ortelius [q] soupçonne qu'elle pouvoit être située quelque part dans l'Asie.

THALAMIA, Ville de la Thessalie, selon Etienne le Géographe.

THALAMONIUM. Voyez TALAMONIUM.

THALAMUM, Isle dans laquelle, selon Cédrène, l'Empereur Constance fit mourir son Cousin Gallus qu'il avoit créé César. Ortelius [r] croit que *Thalamum* est un mot corrompu, & qu'il faut lire *Flavon*; car les uns mettent ce fait à *Pola* & les autres à *Iavon*, ou *Flavona*.

THALAMUS, Montagne dont fait mention Parrhasius [s], qui cite Lycus. Voici sa Remarque : *Thalamus Thuriæ Mons in eo specus, indigenis Alusiæ cognominatum ab Alusio proximo amne, ut scribit Lycus*. Eustathe [t] connoît un Fleuve nommé Halusius, & il le place dans l'Epire.

THALASSA. Voyez LASÆA.

THALASSAR, Province d'Asie. Rabsacès Echanson du Roi Sennachérib, dit à Ezéchias [u] « les Dieux des Nations ont-ils pu garantir des mains de mon Maître les *enfans d'Eden* qui étoient à *Thalassar*, ou à [12] *Thelassar*, comme lit le quatriéme Livre des Rois. On ignore la situation précise de Thalassar; mais on juge, dit Dom Calmet [y], que cette Province étoit vers l'Arménie & la Mésopotamie, & aux environs des sources de l'Euphrate & du Tigre, à cause des *enfans d'Eden*, qui habitoient ce Pays.

THALASSE, Ville ou Port, au Midi de l'Isle de Créte. THALASSE est aussi appellée Lassos [z].

THALASSIA. Voyez THASUS.

THALASSII. Voyez SALAMPSII.

THALATHA, Ville de la Babylonie : Ptolomée [a] la marque sur le bord du Tigre, & parmi les Villes qui sont au Midi d'Apamée. Elle étoit entre *Bathracartha* & *Altha*.

1. THALATTA, Ortelius [b] qui cite Strabon dit : THALATTA, c'est-à-dire, la Mer; on donne ce nom à un Lac d'eau salée en Ethiopie, au voisinage du Promontoire de Pitholaus, qui est sur le Golphe Arabique.

2. THALATTA, Etang ou Lac, au pied du Mont Caucase aux environs du Pays des Peuples *Coraxi*, selon Aristote [c], qui dit que ce Lac décharge ses eaux dans le Pont-Euxin près du Lieu nommé *Bathea-Ponti*. Ortelius [d] croit que c'est le même Lac qu'Agathias appelle *Mare-parvum*.

THALBIS, Ville de l'Albanie : Ptolomée [e] la marque entre les Fleuves *Gerrus* & *Soanas*. Dans le MS. de la Bibliothéque Palatine on lit *Thilbis* au lieu de *Thalbis*.

THALCA, Ville de la Tribu de Siméon [f]. Elle n'est pas dans l'Hébreu; mais seulement dans la Septante. Eusèbe & Saint Jérôme parlent d'un Lieu nommé Thala à seize milles d'Eleutheropolis vers le Midi.

THALECAN, nom d'une Ville voisine de celle de Balkh dans le Khorassan [g]. Elle fut prise par Ginghizkhan l'an 618. de l'Hégire; & les Habitans furent alors tous tuez ou faits Esclaves. Ginghiskhan partit ensuite de Thalecan, pour aller par la Province de Caboul, attaquer Saadeddin, qui étoit campé sur le Fleuve Indus.

THALEA-SILVA, nom d'une Forêt dont parle Calphurnius [h]. On ignore en quel endroit elle est située.

THALI, ou THALLI, Peuples d'Asie, voisins des Sauromates & qui habitoient à l'Orient de l'Embouchure du Volga, appellée autrefois *Fauces Maris Caspii*. C'est Pline [i] qui fixe ainsi la demeure des *Thali*. Solin [k], qui a pris de travers le passage de Pline, ce qui lui arrive fort souvent, dit que les *Thali* étoient voisins des Peuples qui habitoient à l'Orient des *Fauces Caspii Maris*; ce qui est opposé au sens de Pline.

Iii 2   Le

Le Pere Hardouin croit que les *Thali* habitòient ce qu'on appelle aujourd'hui le Royaume d'Aſtracan; &, ſi l'on s'en-rapporte à Pline, on ne peut les placer ailleurs.

THALIADES, Lieu de l'Arcadie, ſur le bord du Fleuve Ladon, ſelon Pauſanias [a]. ᵃ Lib. 8. c. 25.

THALINA, Ville de la Grande Arménie, ſur le bord de l'Euphrate: Ptolomée [b] la marque entre *Chorſa* & *Armauria*. ᵇ Lib. 5. c. 13.

THALISAMUS, Village que Procope [c] place à quarante Stades d'Amida. Ortelius [d] ſoupçonne que ce Village étoit dans la Méſopotamie. ᶜ Perſicor. Lib. 1. ᵈ Theſaur.

THALLA. Voyez Thella.

THALMIS, ou Talmis, Ville de l'Egypte: L'Itinéraire d'Antonin la marque entre *Taphis* & *Tutzis*, à huit milles de la premiére de ces Places, & à vingt milles de la ſeconde.

THALPUSA, Ville de l'Arcadie, ſelon Etienne le Géographe qui la donne aux Orchoméniens. Quelques-uns liſent *Thelpuſa*; mais Sylburge dit que *Thalpuſa* eſt la véritable Orthographe.

THALSEA, Thelsea, Ville de la Phénicie, ſelon la Notice des Dignitez de l'Empire [e]. L'Itinéraire d'Antonin la marque ſur la route de Bemmaris à Neapolis, entre *Geroda* & *Damaſcum*, à ſeize milles de la premiére de ces Places, & à vingt-quatre milles de la ſeconde. ᵉ Sect. 23.

THALUDA, Fleuve de la Mauritanie Tingitane: Ptolomée [f] place ſon Embouchure ſur la Côte de l'Océan Ibérique entre *Jagath* & le Promontoire *Oleaſtrum*. Voyez Tamuada qui eſt le nom moderne. Marmol l'appelle cependant *Tagaza*. ᶠ Lib. 4. c. 1.

THALUDÆI, Peuples de l'Arabie Heureuſe, ſelon Pline [g]. ᵍ Lib. 6. c. 28.

THALUDE, petite Ville de l'Afrique, dans les Etats du Roi de Maroc au Royaume de Fez, dans la Province d'Errif, ſelon Davity [h], qui dit qu'elle eſt ſituée ſur une Riviére à deux milles ou environ de la Mer Méditerranée. ʰ Royaume de Fez, p. 139.

THALYNTES, Voyez Tholuntes.

THAMA, Ville de la Phénicie, ſelon la Notice des Dignitez de l'Empire [i], où on lit ces mots: *Cohors prima Orientalis Thamæ*. ⁱ Sect. 23.

THAMAGRISTENSIS. Voyez Tamagristensis.

THAMALLA, Ville de l'Afrique propre, ſelon la Notice des Dignitez de l'Empire [k], où on lit: *Præpoſitus limitis Thamallenſis*. Peut-être eſt-ce la même Ville qui eſt appellée *Turris-Tamulleni* par l'Itinéraire d'Antonin. Voyez Tamallensis. ᵏ Sect. 50.

THAMALLOMUM. Voyez Themellanum.

THAMANA, Ville de l'Egypte, ſelon la Notice des Dignitez de l'Empire. On y lit ces mots: *Cohors quarta Palæſtinorum Thamanæ*.

THAMANÆL Voyez Thamanorum.

THAMANIN [l], nom d'une Bourgade ſituée au pied des Monts de Giouda ou Gordiens, que Noé habita après le Déluge. La Bibliothéque Orientale ajoûte que le nom de Thamanin fut donné à cette Bourgade à cauſe des huit perſonnes qui ſortirent de l'Arche. Elle porte auſſi le nom de *Gezirat Bani O'mar* [m]. ˡ D'Herbelot, Biblioth. Or. ᵐ Ebn Batrik.

THAMANORUM-VICUS, Village qu'Agathias [n] cité par Ortelius [o], met au voiſinage des Monts Carduques. Ne ſeroit-ce point la même choſe que les Thamanæi d'Hérodote [p]? Voyez Thema. ⁿ Lib. 4. ᵒ Theſaur. ᵖ Lib. 3.

1. THAMAR, Ville de la Judée. Elle eſt marquée dans Ezéchiel [q], comme un terme des Limites Méridionales de ce Pays. Elle devoit être vers la Pointe Méridionale de la Mer Morte. Euſèbe [r] dit que *Thamara* eſt à une journée de *Maliſ* ou *Malathe*, en tirant du côté d'Elia, ou de Jéruſalem. Il ajoute qu'il y avoit-là une Garniſon Romaine. Ptolomée & les Tables de Peutinger marquent auſſi *Thamar* ou *Thamare* dans la Judée. ᵠ Cap. 47. 19. & 48. 27. ʳ In Thamar. ⁿᵒ 93.

2. THAMAR, Fleuve de l'Arabie Heureuſe, ſelon Pline [s]. ˢ Lib. 6. c.

THAMARITA, Ville de la Mauritanie Céſarienſe: Ptolomée la marque entre *Thubuna* & *Augala*.

THAMARO, Ville de la Judée, ſelon Ptolomée [u] qui la compte au nombre des Villes ſituées à l'Occident du Jourdain. C'eſt ſans doute la même que Thamar. Voyez Thamar. Nᵒ 1.

THAMARUS, Fleuve d'Italie. L'Itinéraire d'Antonin parle d'un Lieu ſitué *ſuper Thamari Fluvium*. Ce Lieu devoit être dans le *Samnium*.

TAMASCHALTIS, Ville de l'Afrique propre. L'Itinéraire d'Antonin la marque ſur la route de *Tacapæ* à la *Grande Leptis*, en paſſant le long des Confins de la Province du *Tripoli*. Elle étoit entre *Tramuſdiſis* & *Thentei*, à trente milles de la premiére de ces Places, & à la même diſtance de la ſeconde. Les MSS. varient beaucoup ſur l'Orthographe de ce mot. Les uns écrivent Tamaschaltis, & les autres Thamastaltis, Thamus-Thamus, ou Tamascaltis.

THAMATA. Voyez Thammata.

THAMBES, Montagne de l'Afrique propre ſelon Ptolomée [x]. ˣ Lib. 4. c.

THAMESIS, ou Tamesis, Fleuve de la Grande-Bretagne ſelon Céſar [y], & Oroſe. *Londinium*, ou *Londres*, eſt ſitué ſur la Rive Septentrionale de ce Fleuve. Le nom moderne eſt Thamiſe; voyez Thamise. Ptolomée a connu cette Riviére; mais au lieu de *Tameſis*, il dit *Jamiſſa*; & ce nom eſt encore plus corrompu dans Dion-Caſſius qui écrit *Himenſa*. ʸ De Bel. Gal. Lib. 5. c. 11.

THAMGAG', ou Tamgag', nom d'une Tribu & d'un Pays des Turcs Orientaux [z] ou Tartares. Aboul-Feda écrit que ce Pays eſt celui de Khatha ou Khataï, & que ceux qui y ont voyagé diſent que le grand Mur qui enferme leur Pays & leurs Villes, dont il met Thamgag' pour la Capitale, a vingt-trois journées de longueur de l'Orient à l'Occident. Il fait mention de ce Mur en parlant de la Ville de Khanbalik ou Khanbalek, que nous appellons Cambalu. Mais tous les Hiſtoriens & tous les Géographes Orientaux aſſurent que Thamgag eſt un Pays & un Peuple de la Race de ceux qu'ils appellent Atrak, qui ſont les Turcs qui habitent au-delà du Fleuve Sihon ou Jaxartes, tant à l'Orient qu'au Septentrion. ᶻ D'Herbelot, Biblioth. Or.

THA-

THA.   THA.   437

THAMIA, Ville de la Theſſalie ſelon Etienne le Géographe. Les Editions des Aldes & de Florence portent *Thalamia*. C'eſt apparemment une faute; car Xylander & tous les MSS. liſent *Thamia*.

THAMISE, Riviére d'Angleterre [a]. Elle ſe forme de deux Riviéres qu'on appelle TAME & ISIS qui ſe joignent près de Dorcheſter dans Oxfordſhire. De-là elle coule à l'Eſt, ſéparant la Province de Buckingham, d'avec celle qu'on appelle Berkſhire; Middleſex d'avec Surrey, & Eſſex d'avec Kent. Dans ſon cours elle paſſe auprès de Reading & de Windſor en Berkſhire, de Kingſton & de Southwarken Surrey; de Londres; de Barking dans Eſſex; & de Graveſend dans Kent. Il n'y a point de Riviére en Europe plus avantageuſe pour la Navigation. Son courant eſt aiſé, ſes marées ſont commodes & ſon eau eſt ſaine. Dans un long Voyage cette eau ſe purifie par fermentation & devient très-bonne à boire. La Marée monte juſqu'à cent milles depuis ſon embouchure; c'eſt-à-dire environ vingt milles plus haut que Londres. Le Négoce ſur cette Riviére eſt ſi grand, qu'elle fourmille par-tout de Matelots, ſur-tout aux environs de Londres. On en compte juſqu'à vingt milles pour le moins qui ſubſiſtent de cette Riviére; & c'eſt à elle que Londres doit ſa grandeur & ſes immenſes richeſſes. On le peut remarquer par la réponſe que fit un Maire de Londres à Jacques I. à qui la Ville ayant refuſé le prêt d'une groſſe ſomme, le Roi reſſentit ce refus avec tant d'indignation, qu'il menaça le Maire & les Echevins, d'éloigner de Londres non-ſeulement la Cour, mais auſſi ſes Cours de juſtice, & de faire transporter ailleurs les Regîtres de la Tour: *Sire*, répondit le Maire, *Votre Majeſté fera ce qu'il lui plaira, & la Ville de Londres vous ſera toujours fidéle. Une choſe la conſole; c'eſt que Votre Majeſté n'emportera pas la Thamiſe avec elle.* Voyez THAMESIS.

1. THAMNA, Ville célèbre dans la Paleſtine, ſur le chemin de Jéruſalem à Dioſpolis [b]. Elle étoit Capitale de la Toparchie Thamnitique, qui devint fameuſe dans les derniers tems de la République des Juifs.

2. THAMNA, ou *Tamnas*. Ville de la Tribu de Juda [c]. Juda alloit à la Ville de Thamna lorſqu'il rencontra Thamar, & commit un inceſte avec elle [d]. Cette Ville peut bien être la même que celle qui eſt entre Jéruſalem & Dioſpolis.

3. THAMNA, ou *Tamnata*. Ville des Philiſtins, où Samſon [e] ſe maria. C'eſt peut-être la même que la précédente, qui pouvoit alors appartenir aux Philiſtins; car elle étoit fort proche de leur Pays.

THAMNATA, Ville de la Paleſtine. Il en eſt fait mention dans le Livre des Juges [f], dans les Macchabées [g] & dans Joſephe [h]. Elle eſt nommée *Timin* dans Benjamin: Peut-être eſt-ce la même Ville qui eſt appellée Thamata par la Notice des Dignitez de l'Empire [i] & qui y eſt attribuée à l'Arabie.

THAMNATH-SAAR ou *Thamnathſarè* [k], Ville de la Paleſtine dans la Province de Samarie, de la Tribu d'Ephraïm, ſituée ſur la Montagne qu'on appelloit Mont d'Ephraïm, au Septentrion du Mont Gaas. Elle fut donnée à Joſué même pour ſon héritage en propre, après qu'il eut fait les partages de toute la Terre promiſe aux Tribus. Il y mourut à l'âge de cent dix ans, & il y fut enterré. Son Tombeau ou du moins le Monument qui portoit ſon nom, ſe voyoit encore du tems de Saint Jérôme, quoique la Ville de Thamnathſare ne ſubſiſtât plus. Ce Monument s'eſt conſervé juſqu'en ces derniers ſiècles ſur la même Montagne; mais les Turcs en font les maîtres.

THAMNERIA, Ville de la Médie. Elle étoit, ſelon Xénophon [l], au voiſinage des Caduſii.

THAMOR. Voyez PALMYRA.

THAMUDA [m], Lieu voiſin du Pays des Arabes Nabatéens, ſelon Etienne le Géographe. Ce Lieu pouvoit appartenir aux THAMUDEMI qu'Agatarchis place ſur la Côte du Golphe Arabique. Ce ſont les *Thamudeni* de Diodore de Sicile; les *Thamydeni*, ou *Thamyditæ* de Ptolomée & les *Thamudei* de Pline.

THAMUDOCANA. Voyez THAMUNDACANA.

THAMUGADA. Voyez TAMUGADA.

THAMUNDACANA, Ville de la Libye Intérieure: Ptolomée [n] la marque au Midi du Fleuve Niger. Au lieu de *Thamundacana* le MS. de la Bibliothéque Palatine porte *Thamondocana*; & le Texte Grec dans un autre endroit lit *Thamudocana*.

THAMUSIDA. Voyez TAMUSIDA.
THAMYDITÆ. Voyez THAMUDA.
THAMYNÆ. Voyez TAMINA.

THAMYRIS, ou THOMYRIS, Ville de la Scythie, dans la Mœſie, au voiſinage du Danube. Jornandès [o] dit que cette Ville fut bâtie par Thamyris Reine des Gétes.

THANÆ, Ville de la Tribu de Manaſſé au deçà du Jourdain [p]. Elle fut cédée aux Lévites. Euſèbe, St. Jérôme & Procope de Gaze diſent que c'étoit encore de leur tems un grand Lieu, à trois milles de Légion.

THANATA. Voyez THEBASA.

THANATH. C'étoit un Bourg à dix milles de Sichem, du côté du Jourdain. St. Jérôme l'appelle Thenath; & Ptolomée met auſſi Thena dans la Samarie.

THANATHSELO, Il eſt dit dans Joſué [r], que la Frontiére des enfans d'Ephraïm, tournoit vers l'Orient en Thanathſelo, & paſſoit de l'Orient juſqu'à Janoé.

THANE, Il eſt dit dans le Livre des Juges [s] que les Rois de Canaan ont combattu à Thane près des eaux de *Mageddo*, & qu'ils n'ont pu remporter aucun butin. Les Septante, dit Ortelius [t], liſent *Tennax*; & je crois que c'eſt le même Lieu qui eſt appellé Thanach dans le troiſième Livre des Rois. Voyez THANACH.

THANET. Voyez TANET.

THANN, Ville de France, dans la Haute Alſace, Diocèſe de Bâle & le Chef-Lieu d'un Bailliage. Il y a une Collégiale, dont l'Egliſe a un Clocher bâti ſur le modéle de celui de Strasbourg. Cette Ville eſt du nombre de celles que le Roi Louïs XIV. donna au Duc de Mazarin; elle eſt tellement ſituée aux confins du Sundgau, que ſon Fauxbourg nom-

[a] Etat préſent de la Gr. Br. t. 1. p. 13.
[b] Euſeb. in A'indr.
[c] Joſué, 15. 10. 57.
[d] Geneſe, 38. 12.
[e] Judic. 14. 1. & ſuiv.
[f] Chap. 14. 1. & ſuiv.
[g] 1. Macc. 9. 50.
[h] Lib. 13.
[i] Sect. 22.
[k] Baillet, Topog. des Saints, p. 481.
[l] Hiſt. Græc. Lib. 2.
[m] Ortelii Theſaur.
[n] Lib. 4. c. 6.
[o] De Reb. Get. c. 10.
[p] Joſué, 21. 25. & 12. 21. Judic. 1. 27.
[q] Euſeb in Hieronym. in Loc. Hebr.
[r] Cap. 16. 6.
[s] Cap. 5. v. 19.
[t] Theſaur.

nommé Kattembach, est de la Haute-Alsace. On voit auprès de cette petite Ville la Montagne de RANG, renommée pour ses bons vins. Zeyler [a] dit qu'il y a tout près de Thann un joli Château situé sur une Montagne, & qu'on le nomme le CHATEAU ST. ANGE. Thann étoit autrefois du Comté de Pfindt, & appartenoit à la Maison d'Autriche. C'est auprès de cette Ville que commence la grande Montagne de Vosge qui s'étend jusque vers Weissenburg.

[a] Topogr. Alsat. p. 64.

THANNURIS, La Notice des Dignités de l'Empire [b] fait mention de deux Villes de ce nom. Elle en met une dans l'Osrhoëne & l'autre dans la Mésopotamie. On lit dans cette Notice [c]: *Ala prima nova Diocletiana inter Thannurin & Oroban;* & dans un autre endroit: *Equites Sagittarii indigenæ Thannuri.*

[b] Sect. 25.
[c] Sect. 26.

THANONTADA, Ville de l'Afrique Propre: Ptolomée [d] la marque entre *Ammædara* & *Gazacupada*. Le MS. de la Bibliothéque Palatine lit *Thanutada*.

[d] Lib. 4. c. 3.

THANUETÆ, Peuple de l'Arabie Heureuse selon Ptolomée [e]. Le Manuscrit de la Bibliothéque Palatine porte *Thanuita* pour *Thanuetæ*.

[e] Lib. 6. c. 7.

THANUTIS, Village que Ptolomée [f] place dans le Nome de la Libye.

[f] Lib. 4. c. 5.

THANXAN, Ville de la Chine [g] dans la Province de Peking, au Département de Xunte, cinquième Métropole de la Province. Elle est de a. d. 30. plus Occidentale que Peking, sous les 38. d. 5. de Latitude.

[g] Atlas Sinensis.

THAOUAOUIS, nom d'une Ville du Maouaralnahar, ou de la Transoxane, selon Dépendances de Bokhara de laquelle elle est éloignée de sept Parasanges. Mr. D'Herbelot [h] dit qu'elle est située selon quelques-uns à 87. d. 40'. de Longitude sous les 39. d. 30'. de Latitude Septentrionale, & suivant d'autres Géographes à 78. d. 50'. de Longitude, sous la même Latitude dans le cinquième Climat. Ebn Haukal cité par Aboul-Feda écrit que cette Ville étoit grande, environnée de beaucoup de jardinages, arrosez de belles eaux, & qu'il en étoit sorti un grand nombre de savans hommes; mais qu'elle étoit ruinée de son tems. Al-Bergendi en dit à-peu-près la même chose dans son cinquième Climat. Ebn-Haukal dit encore qu'elle étoit plus grande que la Ville de Manber, & qu'il y avoit tous les ans une Foire où il se faisoit une très-grande Assemblée. Mais quoique cet Auteur, qui paroît écrire avec plus de vraisemblance, la fasse si grande; cependant le Géographe qui a intitulé son Ouvrage Allebab, dit que ce n'étoit qu'un Village de la dépendance de Bokhara. On peut dire aussi qu'il a seulement entendu parler de l'état où elle étoit depuis qu'elle avoit été ruinée. Al-Azizi donne vingt-deux Parasanges de distance entre Thaouaouis & la Ville de Deboussiah; & un autre Géographe place celle de Karminah entre les deux, dans la même Province de Maouaralnahar.

[h] Biblioth. Or.

THAPAUA, Ville de l'Arabie Heureuse: Ptolomée [i] la marque dans les Terres.

[i] Lib. 6. c. 7.

THAPHARUM, Lieu dont fait mention Nicéphore Calliste [k]. Ortelius [l] soupçonne

[k] Lib. 9. c. 18.
[l] Thesaur.

que ce Lieu étoit aux environs de l'Inde ou de l'Arabie.

THAPSA, Ville de la Palestine [m], dans la Tribu d'Ephraïm. Sellum fils de Jabès, ayant mis à mort Zacharie Roi d'Israël, Manahem Général des troupes de ce Prince, se fit reconnoître pour Roi [n], & la Ville de Thapsa lui ayant fermé les portes, il la prit de force, & exerça contre les Habitans les dernières cruautez, jusqu'à ouvrir les femmes enceintes, pour faire mourir leur fruit. Voyez Joseph. Antiq. L. IX. c. 11.

[m] Dict. Calm.
[n] 4. Reg. 15. 16. & 17. Ans du Monde 3123. avant J. C. 767. avant l'Ere 774.

THAPSAQUE, *Thapsacus* ou *Thapsacum;* Ville de Syrie, sur l'Euphrate, où l'on passoit ce Fleuve, pour venir de la Mésopotamie dans l'Arabie Deserte, & pour aller de l'Arabie Deserte dans la Mésopotamie. Elle n'étoit pas loin de l'embouchure du Chaboras dans l'Euphrate. Les anciens Géographes en ont beaucoup parlé. Il paroît par la route que tenoient les Rois d'Assyrie en venant vers la Palestine, qu'ils devoient passer l'Euphrate à Thapsaque. Tous les anciens Géographes ne s'accordent pas à mettre cette Ville dans la Syrie: Ptolomée [o] la marque dans l'Arabie Deserte, mais aux confins de la Syrie. Pline [p] & Etienne le Géographe la mettent dans la Syrie. Ce dernier dit qu'elle fut bâtie par Seleucus. Cela ne se peut pas: du moins n'en jetta-t-il pas les fondemens: il put la réparer ou l'orner. Ce qu'il y a de certain c'est que Thapsaque subsistoit long-tems avant Seleucus. Xenophon [q] nous apprend que cette Ville étoit grande & opulente du tems de Cyrus. C'est à Thapsaque, selon Arrien [r], que Darius passa l'Euphrate, soit lorsqu'il marcha contre Alexandre, soit dans sa suite après qu'il eut été vaincu. L'Ecriture [s] Sainte semble faire mention de cette Ville, lorsqu'elle étend l'Empire de Salomon depuis *Thiphsach jusqu'à Gaza*, ou comme porte le Grec depuis *Thapsa jusqu'à Gaza*, ou *Thaphsa*, selon la Vulgate. Il y a d'autant plus d'apparence à cela, qu'on sait que David avoit poussé les bornes de son Royaume jusqu'à l'Euphrate, Fleuve sur lequel étoit la Ville de Thapsaque.

[o] Lib. 5. c. 19.
[p] Lib. 5. c. 24.
[q] De Cyri minoris Expedit. Lib. 1. p. 19.
[r] Lib. 1. p. 116. & Lib. 3. p. 168.

THAPSIPOLIS; Ville qu'Etienne le Géographe place près de Chalcédoine, & dont il dit que le nom National est THAPSIPOLITA. N'en déplaise à Etienne le Géographe, il seroit bien étonnant que dans un Lieu si connu que le voisinage de Chalcédoine, il y eût eu une Ville, dont aucun Auteur ancien n'auroit fait mention. Ainsi cette *Thapsipolis*, doit être regardée comme une Ville fort suspecte. Berckelius croit que c'est la même Ville que celle dont Etienne le Géographe parle dans l'Article qui suit immédiatement, & où il auroit du dire Θάψις, πόλις πλησίον Καρχηδόνος. Le nom National sembleroit détruire la remarque de Berkelius; mais si la faute est constante dans Etienne le Géographe, comme on ne peut guère en douter, il n'y a pas grand inconvénient à dire qu'une faute en aura attiré une autre.

THAPSIS, Fleuve de Scythie, au voisinage du Palus Méotide, selon Diodore de Sicile [t]. A la Marge, dit Ortelius, on lit Θαψις. Voyez PSAPIS.

[t] Lib. 20.

THAP-

THA.   THA.   439

1. **THAPSUS**, Ville de l'Afrique propre: Ptolomée[a] en fait une Ville Maritime, au Midi de la Petite Leptis. Dans la Table de Peutinger Thapsus est marquée à huit milles de la petite Leptis. Strabon écrit de deux façons le nom de cette Ville. Dans un endroit il dit πρὸς Θάψῳ, *ad Thapso*, & plus bas, après avoir parlé d'*Adryme* ou Adrumète, il dit: εἶτα Θάψος πόλις, *deinde est Urbs Thapsus*. Cette Ville étoit très-forte; & la guerre de César & encore plus sa victoire[b] rendit la Ville de Thapsus fameuse. [a Lib. 4. c. 8.] [b Hirtius, de Bel. Afric.]

2. **THAPSUS**. Voyez TAPSUS.

1. **THAR**, Ville de l'Arabie Heureuse: Ptolomée[c] la donne aux *Themi*. Le MS de la Bibliotheque Palatine lit *Ithar*, au lieu de Thar. [c Lib. 6. c. 7.]

2. **THAR**, petite Riviére de France, dans la Basse Normandie au Cotentin[d]. El-MS. Géog. le a sa source entre le Thanu & la Manche du Diocèse d'Avranches; passe par la Haye Paisnel, St. Ursin, l'Abbaye de la Lucerne, & après avoir reçu au-dessus de la Mare Bouillon un Ruisseau qui a sa source à la Rouille & à Ange, elle se décharge à Catteville à la pointe du Thar. [d Vaudôme, MS. Géog. Corn. Dict.]

THARA. Voyez TANEA.

THARABOLOS SCHAM, c'est-à-dire TRIPOLI DE SYRIE; Les Arabes ont ainsi corrompu en leur Langue[e] le nom de la Ville de Tripoli de Syrie. Abul-Farage remarque qu'elle fut prise par les Francs; c'est-à-dire par les Croisez l'an 503. de l'Hégire qui est l'an de J. C. 1109. Selon le même Auteur elle fut reprise sur les mêmes Francs par Kelaoun septième Roi d'Egypte de la Dynastie des Baharites, l'an 688. de la même Hégire, qui est de J. C. 1289. & Saladin, ni aucun autre avant Kelaoun n'avoit osé l'attaquer. Il la démolit & en bâtit une autre un peu éloignée de la Mer; & c'est la Ville de Tripoli, qui subsiste aujourd'hui, au pied du Mont Liban: Voyez TRIPOLI DE SYRIE. [e D'Herbelot, Biblioth. Or.]

THARABOLOS-GARB, c'est-à-dire Tripoli du Couchant[f]. C'est ainsi que les Arabes nomment la Ville de Tripoli de Barbarie que les Chevaliers de Malthe possédoient, lorsqu'elle fut prise sur eux par Sinan Bacha avec Dragut, après avoir manqué de prendre Malthe qu'il avoit assiégée par ordre du Grand Soliman. Cette prise de Tripoli arriva l'an 957. de l'Hégire & de J. C. 1550. [f Ibid.]

THARABOZAN[g]. Les Turcs nomment ainsi par corruption la Ville de Trebizonde que les Grecs ont appellée *Trapezus*. C'est une Ville de la Cappadoce Supérieure, située sur la Mer Noire, & où demeuroient les Comnènes Princes Grecs, qui se disoient Empereurs. Mohammed II. s'en rendit maître en l'année 865. de l'Hégire, & de J. C. 1460. David Comnène en fut le dernier Empereur. [g Ibid.]

THARASENSIS, Siège Episcopal d'Afrique dans la Numidie. La Notice des Evêchés d'Afrique nomme l'Evêque de ce Siège Crasconius. Zozimus, *Episcopus a Tharasa*, assista au Concile de Carthage sous St. Cyprien.

THARASSA. Voyez TARASSA.

THARAZ[h], nom d'une Ville du Turquestan. Al-Bergendi dans le sixième Climat, en parlant de l'état où se trouvoit cette Ville du tems qu'il écrivoit, dit que tous ses Habitans étoient Musulmans, mais que cela n'empêchoit pas qu'ils n'eussent un grand commerce avec les Turcs ou Tartares. Il dit aussi que Tharaz étoit assez proche des Villes de Gighil & d'Asfigiab, & qu'elle avoit dans son Territoire à quatre parasanges de distance une fort grosse Bourgade nommée Selg' ou Schelg'. Il ajoute qu'Abou Mohammed Abdalrahman fils d'Iahia, fameux Prédicateur de Samarcande, & plusieurs autres personnages célèbres pour leur vertu & pour leur doctrine en étoient sortis. Selon Aboul-Feda, la Ville de Tharaz est située sur les confins en deçà du Turquestan, assez prés d'Asfigiab, que l'on ne compte point parmi les Villes Turques; mais parmi les Musulmannes. Suivant le même Auteur elle est à 89. d. 50'. de Longitude, sous les 44. d. 25'. de Latitude Septentrionale, que d'autres mettent à 43. d. 35'. [h D'Herbelot, Biblioth. Or.]

THARE', Campement des Israélites dans le Desert[i]. De Thahath ils allérent camper à Tharé, d'où ils vinrent dresser leurs Tentes à Methca. [i Num. 33. 27.]

THARELA, Lieu de la Palestine. Il en est parlé dans Josué[k]. Les Septante lisent THERALA. [k Cap. 18. 27.]

THARIBA, Village, environ à trois Schœnes de la Ville de Candara selon Etienne le Géographe[l]. Voyez CANDARA. [l In Voce Κάνδαρα.]

THARMIS-VALLIS, Vallée dont parle Sidonius Apollinaris[m]. Ortelius dit qu'un MS. qu'il a consulté portoit *Tarmis* pour *Tharmis*. Le Pére Sirmond lit aussi *Tarmis*. Ortelius soupçonne qu'il faudroit lire TARNIS, parce que Sidonius Apollinaris employe ce nom dans un autre endroit[n]. [m Lib. 5. Epist. 13.] [n In Propemptico ad Libellum.]

THARNE, Montagne de l'Attique: Pline[o] dit que les Liévres de cette Montagne avoient deux foies. Le Pére Hardouin voudroit lire *Parnetha* au lieu de *Tharne*. Voyez sa remarque sur cet endroit de Pline. [o Lib. 11. c. 38.]

THARO, Isle du Golphe Persique, selon Ptolomée[p]. Le Interprêtes lisent *Tharro*. [p Lib. 6. c. 7.]

THARRA, Ville de l'Inde au-delà du Gange. Elle est placée par Ptolomée[q] dans le Chersonnèse d'or. [q Lib. 7. c. 2.]

THARRANA, Ville de l'Inde au delà du Gange: Ptolomée[r] la marque sur la Côte du grand Golphe. Au lieu de *Tharrana* le MS. de la Bibliotheque Palatine lit *Throana*. [r Ibid.]

THARSANDALA, Forteresse de la Thrace, dans la Province de Rodope. C'est, selon Procope[s], une des Forteresses que l'Empereur Justinien fit élever dans la Thrace pour la préserver des courses des Ennemis. [s Lib. 4. c. 11.]

THARSATICUM. Voyez TARSATICA.

THARSIS, Lieu maritime dont il est parlé en plusieurs Livres de l'Ecriture, surtout à l'égard des Navigations qui furent faites sous le Régne de Salomon. Ceux qui ont lu dans ce Dictionnaire l'Article d'OPHIR auront remarqué la méthode que j'y ai suivie. Je vais la suivre encore dans l'Article de THARSIS, comme la plus propre à
me

me garantir d'erreur. Commençons par les passages de l'Ecriture où il est parlé de Tharsis.

Passages où il est parlé de Tharsis.

I. *Sa Flote* (de Salomon) *avec celle du Roi Hiram faisoit voile de trois ans en trois ans, & alloit en Tharsis, où elle rapportoit de l'Or, de l'Argent, des dents d'Eléphans, des Singes & des Paons.* C'est ce qu'on lit au III Livre des Rois, Chap 10. v. 22.

II. Il faut y joindre un passage parallèle pris du second Livre des Paralipomènes, ch. 9. v. 21. *La Flote du Roi faisoit voile de trois ans en trois ans, & alloit avec celle de Hiram en Tharsis & elles apportoient delà de l'Or, de l'Argent, de l'Ivoire, des Singes & des Paons,* ou des Perroquets.

III. On trouve dans le second Chapitre de Judith, selon la Vulgate, qu'il y est parlé de Tharsis, au verset 13. mais il est bon d'y joindre le précédent & les deux suivans pour plus de clarté. *Il passa* (Holoferne) *delà aux confins de l'Assyrie. Il vint aux grandes Montagnes d'Angé qui sont à gauche de la Cilicie. Il entra dans tous les Châteaux & il se rendit Maître de toutes les Places fortes. Il prit d'assaut la célèbre Ville de Melothe. Il pilla tous les Habitans de Tharsis & les enfans d'Ismaël qui étoient à la tête du Desert & au Midi de la Terre de Cellon. Il passa l'Euphrate & vint en Mésopotamie. Il força toutes les grandes Villes qui étoient-là depuis le Torrent de Mambré jusqu'à la Mer; & il se rendit Maître depuis la Cilicie jusqu'aux confins de Japhet qui sont au Midi.*

IV. Ajoutez à ces passages celui des Paralipomènes L. 2. c. 20. v. 36. & 37. *Josaphat Roi de Juda fit amitié avec Ochozias Roi d'Israël dont les actions furent très-impies, il convint avec lui qu'ils équiperoient une Flote pour aller à Tharsis. Et ils firent bâtir des Vaisseaux à Asiongaber. Mais Eliezer fils de Dodau de Maresa prophétisa à Josaphat & lui dit: Parce que vous avez fait alliance avec Ochozias, Dieu a renversé vos desseins & vos Vaisseaux ont été brisez; de sorte qu'ils n'ont pu aller à Tharsis.*

V. Le Livre des Pseaumes & les Prophètes font aussi mention de Tharsis. On lit dans le Pseaume XLVII. v. 8. *In Spiritu vehementi conteres naves Tharsis*, c'est-à-dire, *Vous briserez les Navires de Tharsis par un vent impétueux.* La Version selon l'Hébreu porte: *Vous les avez brisez, comme le vent d'Orient brise les Vaisseaux de Tharsis.*

VI. Et dans le LXXI. v. 10. *Les Rois de Tharsis & les Isles offriront des présens. Les Rois d'Arabie & de Saba lui apporteront des dons.* La Vulgate dit: *Reges Tharsis & Insula munera offerent: Reges Arabum & Saba dona adducent.* La Vulgate & l'Hébreu ne différent point l'un de l'autre.

VII. Isaïe après avoir dit que le jour du Seigneur va éclater sur tous les Superbes.... ajoute *& super omnes naves Tharsis & super omne quod visu pulchrum est*, c'est-à-dire *sur tous les Vaisseaux de Tharsis & sur tous ce qui est beau & qui plaît à l'œil* Ou comme l'Hébreu peut s'expliquer *sur les plus belles peintures.* Ce passage d'Isaïe est du 2. chapitre v. 16.

VIII. Jérémie parle plus positivement, Ch. 10. v. 9. *On apporte*, dit-il, *de Tharsis le meilleur argent*, (en Latin, *argentum involutum.* on peut aussi traduire de l'argent en lames;) *& d'Ophas l'or le plus pur.*

IX. Ezéchiel dit: *Saba, Dedan, les Négocians de Tharsis, & tous ses Lions, vous diront: Ne venez-vous pas prendre les dépouilles? vous avez assemblé tout votre monde pour vous saisir du butin, pour enlever l'argent & l'or, pour emporter les meubles & tout ce qu'il y a de précieux & pour piller des dépouilles infinies.* Ch. 38. v. 13.

X. La Prophétie de Jonas a des circonstances qui lèvent plus visiblement les difficultez. Voici les lieux, où il est parlé de Tharsis. c. 1. v. 3. *Jonas se mit donc en chemin; mais il résolut d'aller à Tharsis pour fuir de devant la face du Seigneur. Il descendit à Joppé & ayant trouvé un Vaisseau qui faisoit voile pour Tharsis; il y entra avec les autres. &c.* Tharsis est encore nommé deux fois dans le Livre de Jonas, mais simplement & sans circonstance qui fasse rien à notre sujet.

Remarques sur ces passages.

Quelques-uns veulent qu'au premier passage pris du III Livre des Rois chapitre 10. v. 22. on joigne celui du même Livre c. 9. v. 26. 27. & 28. que voici. *Le Roi Salomon équipa aussi une Flote à Asiongaber qui est près d'Elat sur le Rivage de la Mer Rouge & Hiram envoya avec cette Flote quelques-uns de ses gens bons hommes de Mer, & qui entendoient fort bien la navigation, qui se joignirent aux gens de Salomon & étant allez en Ophir, ils y prirent quatre-vingts talents d'or qu'ils apportèrent au Roi Salomon.* Mais il est inutile de joindre ensemble ces passages qui n'ont rien de commun entre eux. Celui-ci ne dit rien de Tharsis dont il est seulement question. L'Ecriture distingue ces deux Voyages, pourquoi les confondre? Cette première faute de brouiller ce qui regarde ces deux navigations différentes l'une de l'autre à disposé insensiblement les Commentateurs à mettre Ophir & Tharsis sur la même route, & à chercher dans un de ces lieux ce qu'on rapportoit de l'autre. C'est une faute que presque tous ont faite & qu'on peut regarder comme la source des erreurs où ils sont tombez dans cette recherche. Il n'est plus question d'Ophir. Nous avons amplement traité cette matiere en son lieu. Il faut se borner ici à ce que l'Ecriture dit de Tharsis. Elle les distingue; distinguons les donc aussi. Mais suivons l'examen de ces passages.

Les deux premiers nous apprennent ce qu'on rapportoit du Voyage de Tharsis; mais ils ne nous montrent ni d'où on partoit, ni par quelle route on y alloit.

Le troisième est plus instructif à ces deux égards. Mais il y a un inconvénient. C'est qu'il paroît que l'Auteur du Livre de Judith a rapporté la course d'Holopherne dans un ordre qui n'est pas exactement celui dans lequel le Général des Assyriens parcourut les Pays dont on parle dans ce passage. Holopherne part de l'Assyrie, va vers la Cilicie jusqu'aux Montagnes d'Angé qui sont à gauche de la Cilicie par rapport au chemin

qu'il

qu'il a fait, c'eſt-à-dire que ces Montagnes étoient au Nord, car le Nord eſt à la gauche de quiconque vient de l'Orient. Cette ſituation a perſuadé à D. Calmet que c'étoit le même Mont que le Mont Argée: voilà donc Holopherne en Cilicie. Il prend les Forts & les Châteaux apparemment de la Cilicie & tout au plus de la frontiere; il *prend d'aſſaut la Ville de Melothe, pille les Habitans de Tharſis & les enfans d'Iſmaël qui étoient à la tête du Deſert & au Midi de la Terre de Cellon*. Si Melothe eſt une Ville de Cilicie, ſelon la conjecture de D. Calmet, quel ſaut ne faut-il pas faire de là juſqu'à la Terre des Iſmaélites qui ſeroient à la tête du Deſert. Car quel Deſert? Si l'on étoit bien aſſûré que Cellon fût la même choſe que *Chellus*, dont il eſt parlé dans le Livre de Judith C. 1. v. 9. & qui, ſelon D. Calmet, étoit un Canton de la Palmyrène. Il faudroit entendre quelqu'un de ces Deſerts vers l'Euphrate. Mais on voit que l'Auteur de ce Livre après avoir fait paſſer Holopherne dans la Cilicie & au Nord de ce Pays-là, lui fait enſuite paſſer l'Euphrate & le mene dans la Méſopotamie. Mais quelle Méſopotamie? il y en avoit plus d'une, comme je l'ai remarqué en ſon lieu. Eſt-ce celle qui étoit entre l'Euphrate & le Tigre, aujourd'hui le Diarbeck? Mais quelles conquêtes Holopherne alloit-il faire de ce côté-là; & pourquoi prendre cette route? à quel deſſein? Il eſt plus naturel de croire que l'Hiſtorien ſacré ſe répete pour ainſi dire, & recommençant à parler de la Campagne d'Holopherne à ſa ſortie de l'Aſſyrié, il raconte de nouveau comment il paſſa l'Euphrate, entra dans la Méſopotamie de Syrie, avança juſqu'à Mambré, & pouſſa delà ſes Conquêtes juſqu'à la Mer, & depuis la Cilicie juſqu'aux confins de Japhet qui ſont au Midi. Cette répétition ſemble déranger l'ordre Géographique des Conquêtes d'Holopherne & y jetter une obſcurité qu'augmentent encore les poſitions de Melothe & de la Terre de Cellon. Si les conjectures de D. Calmet étoient bien certaines, Tharſis devroit être cherché dans la Cilicie ou au Voiſinage, & peut-être la Tharſis d'Holopherne ne ſeroit pas différente de Tharſe Ville de Cilicie.

Le V. Paſſage tiré du Pſeaume 47. (48. ſelon l'Hébreu) v. 8. dit ſelon l'Hébreu de mot à mot: *dans un Vent d'Orient vous briſerez les Navires de Tharſis*. Rien n'empêche que ce ne ſoient les Vaiſſeaux de Tharſis, qui étoit ſur une Riviére dont l'Embouchure eſt au fond d'un Golphe.

Le VI. paſſage qui eſt du Pſeaume 71. v. 10. ne détermine aucun Climat par lui-même. Cependant un Auteur ne laiſſe pas de s'en ſervir, comme nous dirons ci-après, pour fixer Tharſis dans l'Arabie, par un ſentiment particulier; & ce qui paroîtra ſurprenant, c'eſt que le ſavant homme qui a préféré ce ſentiment ſe ſert du Paſſage de Judith, cité ci-deſſus pour l'appuyer.

Le VIII. Paſſage n'indique point où étoit Tharſis. Au contraire par la maniére dont les Septante l'ont rendu, il donne lieu de croire que ce n'étoit pas un Canton particulier; mais la Mer en général, car au lieu de dire *ſur tous les Vaiſſeaux de Tharſis*, ils diſent *ſur tous les Vaiſſeaux de la Mer*.

De même dans Iſaïe c. 23. v. 1. il y a dans l'Hébreu *criez, hurlez, Vaiſſeaux de Tharſis*: les Septante diſent *Vaiſſeaux de la Mer*. La Vulgate qui au Chapitre 2. conſerve Tharſis conformément à l'Hébreu, dit au c. 23. *Vaiſſeaux de la Mer* comme les Septante.

Les Septante changent de ſentiment ſur la Tharſis d'Ezéchiel; au lieu de dire *Saba, Dedan, & les Négotians de Tharſis*, comme l'Hébreu & la Vulgate, ils diſent *Et les Négotians de Carthage*; la nouvelle Verſion Latine qui l'Hébreu, jointe à la Vulgate avec les Notes de Vatable, dit *les Négotians ſur Mer, Mercatores Maris*. Cependant l'Hébreu porte bien Tharſis en cet endroit; ainſi les Septante & ce Traducteur ont ſubſtitué une explication conjecturale au Texte même. Il ſemble que cette idée de prendre Tharſis pour Carthage, ſoit venue en traduiſant Ezéchiel; car dans un autre Paſſage de ce Prophète au chap. 27. v. 12. on lit encore dans l'Hébreu *les Negocians de Tharſis*, les Septante le rendent par *les Marchands Carthaginois*, & la Vulgate a ſuivis en cela, *Carthaginenſes Négotiatores tui*. Nous examinerons ailleurs ce que la Flote de Tharſis en rapportoit.

L'Hiſtoire de Jonas s'accommoderoit aſſez de Carthage, ou de Tharſe, pris pour Tharſis; mais la difficulté eſt de concilier cette Tharſis avec le Paſſage des Paralipomènes L. 2. c. 20. v. 35. & ſuiv. Il n'eſt pas encore tems d'en propoſer la conciliation. Voyons auparavant quelles ont été les opinions des Savans ſur *Tharſis*.

Auteurs qui ont pris Tharſis pour toute la Mer en général.

On vient de voir que dans les deux Paſſages d'Iſaïe les Septante entendent par Tharſis la Mer priſe en général. Le Paraphraſte Chaldaïque, & St. Jérôme ſur le premier Chapitre de Jonas & en divers Paſſages de l'Ecriture, ont été de ce ſentiment. Leight dans ſa Critique Sacrée croit que c'eſt une des quatre ſignifications du mot Tharſis. Selon lui ,, ce mot Tharſis ſe prend en divers
,, ſens. Premièrement pour l'Océan; il rap-
,, porte à ce ſens-là le Paſſage du 3. Livre
,, des Rois c. 10. v. 22. celui du 2. Livre
,, des Paralipomènes c. 9. v. 21. celui du
,, Pſeaume 48. v. 8. & du Pſeaume 72. v.
,, 10. Celui d'Iſaïe c. 1. v. 16. & celui de
,, Jérémie c. 10. v. 9. Il donne pour rai-
,, ſon que quand les rayons du Soleil don-
,, nent ſur la Mer elle paroît de couleur
,, bleue. Secondement Tharſis ſignifie u-
,, ne *Pierre précieuſe* que nous appellons
,, Turquoiſe, c'eſt ſon ſens propre & pri-
,, mitif. Troiſièmement ce mot ſe prend
,, pour *un Pays extrémement éloigné*. Qua-
,, trièmement pour *Tharſe* & ſes environs,
,, c'eſt-à-dire *la Cilicie*. Il croit que Tharſis eſt la Tharſis de Jonas: que la Tharſis de l'Exode ch. 28. v. 20. & c. 39. v.
,, 13. d'Ezéchiel c. 10. v. 9. & de Daniel
,, c. 10. v. 6. ſignifie la Pierre précieuſe;
,, que dans les Rois, les Paralipomènes &
,, les Pſeaumes, Tharſis n'eſt que l'Océan.
,, Selon lui quand les Septante en tradui-
,, ſant le Paſſage d'Iſaïe ch. 2. v. 16. ont
,, ren-

„ rendu Tharsis par *Thalassa*, Θάλασσα, la
„ *Mer*, ils ont, pour ainsi dire, montré au
„ doigt l'origine de ce mot Grec. Car, ajou-
„ te-t-il, je pense que les Grecs ont com-
„ mencé par dire Θάρασσα, & ensuite par
„ le changement du ρ en λ qui est assez or-
„ dinaire de Θάρασσα est venu Θάλασσα ".
Il renvoye aux *Miscell. Sacr. de Fuller*, L.
2. c. 10. & à *De Dieu* sur l'Exode c. 28.
v. 20.

Mathieu Beroalde cité par Ortelius, croit
que *Tharsis* signifie Tharse & la Cilicie, &
tout l'Océan. Joseph Acosta [a] cité de même, veut que Tharsis dans l'Ecriture Sainte signifie toute la vaste Mer, ou quelque
Pays très-éloigné. St. Jérôme est du même sentiment, quoiqu'il ne s'y tienne pas
fort constamment. Car expliquant un Passage d'Isaïe il dit: „ *Tharsis* est, ou une
„ Contrée de l'Inde, comme le veut Josephe,
„ ou plutôt toute la Mer est nommée *Thar-
„ sis*, Tharsis *vel Indiæ Regio est, ut vult Jo-
„ sephus, vel* certe *omne Pelagus Tharsis ap-
„ pellatur* ". Il dit dans l'Explication du dernier Chapitre d'Isaïe „ On appelle en
„ Hébreu Tharsis la Mer, ou, à ce que l'on
„ dit, une Contrée de l'Inde, quoique Jo-
„ sephe croye qu'en changeant une lettre
„ Tharsis est nommée pour Tharse Vil-
„ le de Cilicie. *Tharsis Lingua Hebræa Ma-
„ re appellatur & ut ajunt, Indiæ Regio, licet
„ Josephus littera commutata* Tharsum *putet
„ nuncupari, pro Tharsis* Urbem Ciliciæ*. ".
Voici ce qu'on lit dans son Commentaire sur
Jonas: „ Jonas *imitant* Caïn, & se reti-
„ rant de devant la face du Seigneur, vou-
„ lut s'enfuir à Tharsis que Josephe expli-
„ que par Tharse Ville de Cilicie, en chan-
„ geant seulement la première lettre;
„ mais autant que l'on peut l'apprendre
„ dans les Livres des Paralipomènes, on ap-
„ pelle ainsi un certain Lieu de l'Inde, car
„ les Hébreux croient que la Mer en gé-
„ néral est appellée Tharsis selon ce Pas-
„ sage: *par un Vent impétueux vous briserez
„ les Navires de Tharsis*, c'est-à-dire de la
„ Mer. Et dans Isaïe: *burlez, Vaisseaux de
„ Tharsis:* de quoi je me souviens d'avoir
„ fait mention dans une Lettre à Marcel-
„ le, il y a beaucoup d'années. Le Pro-
„ phète ne vouloit donc pas aller à un lieu
„ déterminé; mais en s'embarquant sur la
„ Mer, il se hâtoit d'arriver où il pourroit,
„ & cela convient mieux à un homme qui
„ fuit & qui est effrayé de ne pas choisir
„ mûrement le Lieu de sa fuite, mais de
„ prendre la première occasion qui se pré-
„ sente de partir. *Unde imitatus Caïn Jo-
„ nas & recedens à facie Domini fugere voluit
„ in Tharsis, quam Josephus interpretatur
„ Tharsum Ciliciæ Civitatem, prima tantum
„ littera commutata. Quantum vero in Pa-
„ ralipomenon Libris intelligi datur, quidam
„ Locus Indiæ sic vocatur; porro* Hebræi
„ Tharsis mare dici generaliter autu-
„ mant, *secundum illud*: *in Spiritu vehe-
„ menti confringes Naves Tharsis, id est
„ Maris. Et in Esaïa* Ululate Naves Tharsis.
„ *Super quo annos plurimos, in Epistola qua-
„ dam ad Marcellam dixisse me memini. Non
„ igitur Propheta ad certum fugere cupiebat
„ Locum, sed Mare ingrediens quocunque per-*

[a] *De Natur Novi Orbis Lib.* 1. c. 14.

„ *gere festinabat & hoc magis convenit fugi-
„ tivo & timido non Locum fugæ otiose elige-
„ re, sed primam occasionem arripere navi-
„ gandi*. "

Voici les Paroles mêmes de la Lettre à
Marcelle, dont parle St. Jérôme dans ce
Passage. „ *Quæris si Tharsis Lapis Chryso-
„ litus sit aut Hyacinthus, ut universi Interpre-
„ tes volunt, ad cujus coloris similitudinem
„ Dei Species scribatur. Quare Jonas Pro-
„ pheta Tharsis ire velle dicatur, & Salomon &
„ Josaphat in Regnorum Libris Naves habue-
„ rint quæ de Tharsis solitæ sunt exercere com-
„ mercia, ad quod facilis est responsio; Homony-
„ mum esse vocabulum quod & Indiæ Regio ita
„ appelletur & ipsum Mare quia cæruleum sit
„ & sæpe Solis radiis percussum, colorem su-
„ pradictorum Lapidum trahat & a colore no-
„ men acceperit. licet Josephus* ρ *pro* θ *littera
„ mutata Græcis putet Tarsum appellare pro
„ Tharsis*. " Dans ces Passages de St. Jérôme on voit qu'il revient volontiers au
sentiment, selon lequel Tharsis signifie la
Mer en général. *C'est*, dit-il expressément, *la pensée des Hébreux*. Il témoigne
n'approuver guère celle de Josephe, qui
prend Tharsis pour Tharse. Mais ce qui
est surprenant pour moi, c'est que ces mêmes Passages ont servi à Gaspar Varrerius
Portugais pour avancer que St. Jérôme a-
voit cru qu'Ophir & Tharsis étoient la même chose. Il croit le prouver en mettant
devant ces Passages celui-ci pris du Commentaire sur Isaïe: Ophir est un Lieu de
l'Inde, où se produit le meilleur or, *est autem
Ophir Indiæ Locus in quo aurum optimum nas-
citur*: comme si Ophir étant un Lieu de
l'Inde, & Tharsis aussi, ce devoit être le
même Lieu; j'aimerois autant que l'on dit:
Naples est une Ville d'Italie, Milan est une
une Ville d'Italie, donc Naples & Milan
sont deux noms de la même Ville. L'Inde est un très-grand Pays, où il y a beaucoup de Lieux très-différens les uns des autres. Il n'est pas à propos d'examiner en
cet endroit si Tharsis est un Lieu des Indes.
Cette question viendra en son Lieu.

Mr. Huet Evêque d'Avranches dans son
Commentaire sur les Navigations de Salomon [b] réfute ainsi le sentiment de ceux qui
prennent Tharsis pour la Mer. „ Ceux,
„ dit-il, qui ont cru que Tharsis étoit un
„ nom générique qui signifie la Mer, com-
„ me l'ont pensé l'Interprète Chaldéen &
„ St. Jérôme, qui cite les Hébreux pour
„ Auteurs de cette opinion, ne l'ont sui-
„ vie que pour n'avoir pas bien compris
„ certains Passages de l'Ecriture, comme
„ celui-ci du III. Livre des Rois [c]: *Le Roi
„ Josaphat fit construire sur la Mer une Flote
„ qui devoit aller en Ophir*, au lieu que dans
„ l'Hébreu on lit *avoit fait construire une
„ Flote pour Tharsis*. Et cet autre d'Isaïe:
„ *poussez des hurlemens, Vaisseaux de la Mer;*
„ au lieu de quoi on lit dans l'Hébreu *Vais-
„ seaux de Tharsis*; celui de Jonas: *Jonas
„ se leva pour s'enfuir, &c.* & cet autre des
„ Pseaumes, *par un Vent impétueux vous
„ briserez les Vaisseaux de Tharsis*, si par ce
„ terme de *Vaisseaux de Tharsis* on devoit
„ entendre *Vaisseaux de la Mer*, tous ceux
„ qui voguent sur la Mer, quelle qu'elle
„ soit,

[b] *Cap.* 3. §. 10.
[c] *Cap.* 22. v. 49.

„ soit, Mer Egée, Mer Adriatique, Mer Noi-
„ re, pourront être appellez Vaisseaux de
„ Tharsis, & quelque part qu'ils aillent,
„ soit du côté de l'Occident ou de l'Orient,
„ ils seront toujours censez aller à Thar-
„ sis, ce qui seroit de la derniére absurdi-
„ té. Ceux qui ont avancé que l'on pou-
„ voit expliquer Tharsis par le mot Grec
„ Thalassa Θάλασσα ne prouvent rien. J'a-
„ vouerai même qu'il y a eu quelque subti-
„ lité dans cette invention, pourvû qu'on
„ m'accorde qu'il n'y a aucune certitude.
„ Bérose rapporte dans Aléxandre Polyhis-
„ stor [a] la racine Chaldaïque de Thalassa
„ Θάλασσα; mais cela ne fait rien à notre su-
„ jet, & quand même il seroit vrai que ce
„ mot de *Tharsis* eût été quelquefois employé
„ pour signifier la Mer en général & que de-
„ là on eût fait le mot *Thalassa* Θάλασσα, ce-
„ la ne seroit encore rien contre notre sen-
„ timent, car il faut chercher l'Etymolo-
„ gie d'un mot dans sa racine & non pas
„ dans les Syllabes ajoutées à cette racine;
„ dans son sens propre & non pas dans un
„ sens donné *dérivativement* pour parler
„ ainsi. Il est bien plus raisonnable de di-
„ re qu'on a appellé Vaisseaux de Tharsis
„ des Vaisseaux qui devoient aller à Thar-
„ sis, & que le Vaisseau sur lequel étoit Jo-
„ nas n'étoit pas seulement en Mer; mais
„ que par Mer il alloit à Tharsis, & c'est
„ une conséquence très-juste que de dire
„ que ces Vaisseaux de Tharsis dont il est
„ parlé dans les Rois & dans les Paralipo-
„ ménes étoient des Vaisseaux qui devoient
„ aller à Tharsis. "

Le sentiment que réfute ainsi Mr. Huet
est pourtant celui des Septante, qui rendent
dans le Passage d'Isaïe *Tharsis* par *la Mer*,
& de Grotius qui croit que toute la Mer a
été ainsi nommée. Voyez ci-après le sentiment de D. Calmet & celui du P. Bonfrerius.

De ceux qui ont cherché THARSIS *dans l'*ARABIE.

Mr. le Grand, dans une Dissertation qu'il
a jointe au Voyage du P. Jérôme Lobo [b],
& où il traite de la Mer Rouge & des Navigations de Salomon, a inséré sa pensée
sur Tharsis en ces termes: „ On n'est pas
„ moins en peine pour déterminer où étoit
„ *Tharsis* qu'où étoit *Ophir*. La plus com-
„ mune opinion est que *Tharsis* proprement
„ dite est la *Bétique*, c'est-à-dire l'Anda-
„ lousie & les Royaumes de Grenade &
„ de Murcie en Espagne, & que l'on peut
„ entendre par Tharsis l'Afrique & peut-
„ être la Mer en général, ou toutes les
„ Côtes. Quelques-uns en plus petit nombre
„ veulent que Tharsis soit dans les Indes
„ & même vers la Chine, & chacun s'effor-
„ ce d'appuyer son opinion d'un grand
„ nombre d'autoritez; mais comme nous
„ avons peu d'Ecrivains du tems de Salo-
„ mon qui ayent écrit, ou de ses Naviga-
„ tions, ou de la Géographie; il me sem-
„ ble qu'on ne peut guéres apporter que
„ des raisons de vraisemblance & que les
„ témoignages de Strabon, de Josephe,
„ de Pline, & de tant d'autres Ecrivains
„ qui ont écrit sur ces matiéres peuvent
„ plus servir à faire connoître l'érudition

[a] Apud Eu-
seb. in
Chronic.

[b] Dissert.
6. p. 263.

„ de ceux qui les citent, qu'à découvrir la
„ vérité.

Avant que de passer outre je crois qu'il
doit m'être permis de faire ici une réfléxion
sur la prétendue inutilité des passages de
Strabon, de Josephe, de Pline, &c. Il n'est
pas vrai que ces Auteurs ne puissent pas
être alléguez pour examiner où est un
Pays dont parle l'Ecriture-Sainte. Ils n'ont
point parlé de Tharsis à la vérité, la raison
en est aisée; Strabon n'avoit vraisemblablement point lu l'Ecriture-Sainte, le seul
Livre où Tharsis soit nommée. Josephe
qui l'avoit lue ne l'avoit pas peut-être assez
exactement comprise, peut-être qu'il a suivi la tradition de son tems qui expliquoit
Tharsis par la Mer de Tharse; l'idée des
Navigations de Salomon s'étoit obscurcie
avec le tems: on savoit bien qu'elles s'é-
toient faites; mais on ne savoit que confusément le terme où alloient les Flotes.
D'ailleurs, Josephe, Auteur peu exact & d'un
jugement très-borné, pour ne rien dire de
pis, confond perpétuellement les Marchandises d'Ophir & de Tharsis. Il ne peut
donc guére servir seul à éclaircir la difficulté qu'on voit bien qu'il n'a pas sentie, &
sur laquelle ses lumiéres sont fort courtes.
Mais Strabon, Pline & les autres Géographes en général peuvent-être alléguez lorsqu'il s'agit de déterminer un lieu; car outre
qu'ils nous apprennent le plus ou le moins
de possibilité qu'il y avoit dans la Navigation vers tel ou tel endroit, ils marquent
assez juste les principales productions de
chaque Pays. L'argent est de ce nombre.
On rapportoit quantité d'argent de Tharsis.
Il faut donc trouver un Pays où il y ait eu
ou des Mines, ou un Commerce abondant,
qui y rendoit l'argent très-commun: alors
le témoignage des Géographes & des autres Ecrivains anciens qui assurent qu'un
Pays abondoit de ce Métal, joint à la disposition des Lieux par rapport aux Mers,
sert à éclaircir la difficulté, en faisant voir
la convenance d'une conjecture, ou les inconvéniens d'une autre conjecture à laquelle ces témoignages sont opposez; mais
suivons ce que dit l'Auteur cité. „ Strabon,
„ Pline, Héliodore ne sont ni contempo-
„ rains, ni témoins oculaires; je crois qu'il
„ faut s'en tenir à l'Ecriture Sainte & l'ex-
„ pliquer par elle-même. Cela suppose
„ qu'on confére le Pseaume de David avec
„ ce que nous lisons dans le troisième Li-
„ vre des Rois Ch. 9. v. 26. & 28. (cette
derniére citation n'est bonne à tout confondre, car dans le passage qu'elle indique
il n'est parlé que d'Ophir & non point de
Tharsis, Lieux différens l'un de l'autre; ce
qu'il ne faut point perdre de vûe dans toute
cette recherche) „ Chap. 10, v. 11. & 22.
(Le verset 11. est encore cité ici mal-à-propos par la même raison) „ dans les Parali-
„ poménes L. 2. Ch. 9. v. 21. Ch. 20. v.
„ 36. *On trouvera que Tharsis étoit en Ara-*
„ *bie.* David dit que les Ethiopiens se
„ prosterneront devant le Seigneur: que ses
„ Ennemis lécheront même la terre; que
„ les Rois de Tharsis & les Isles feront
„ leurs offrandes; que les Rois d'Arabie
„ & de Saba apporteront leurs presens.
„ On

„ On ne peut disconvenir que ce Pseaume
„ ne soit une Prophétie de la naissance de
„ Jésus-Christ & de la manière dont sa Di-
„ vinité a été reconnue par les Mages; or
„ ces Mages n'étoient pas d'un Pays fort
„ éloigné les uns des autres. La Myrrhe,
„ l'Encens qu'ils ont offert marquent assez
„ qu'ils étoient de l'Arabie. David le dit
„ lui-même."

Arrêtons-nous un moment, la chose le mérite bien. David parle des Rois d'Arabie & de Saba. On sait que Saba étoit dans l'Arabie Heureuse, donc Tharsis y étoit aussi: il faudra donc y mettre non-seulement *Tharsis* mais aussi les *Isles*, nom que l'Ecriture employe souvent pour signifier l'Archipel, la Gréce & l'Europe que les anciens Hébreux ne connoissoient que sous ce nom-là. Les Mages sont figurez par quelques-uns des Rois dont il est parlé dans ce Pseaume; à la bonne heure. Mais ce Pseaume est-il borné à l'adoration des Mages? Rien moins que cela; il est consacré à prédire les grandeurs de Jésus-Christ adoré de toutes les Nations. Il n'y a qu'à lire depuis le 8. verset jusqu'à l'11. inclusivement. Il y a dans la Vulgate *& il dominera d'une Mer à l'autre, & depuis le Fleuve jusqu'aux extrémitez de la Terre: les Ethiopiens* (l'Hébreu dit: *les Habitans du Desert*) *se prosterneront devant lui & ses ennemis baiseront la terre en sa présence; les Rois de Tharsis & les Isles lui offriront des presens, les Rois d'Arabie & de Saba lui apporteront des dons.* TOUS LES ROIS DE LA TERRE L'ADORERONT: TOUTES LES NATIONS LUI SERONT ASSUJETTIES. Faut-il borner à l'adoration des Mages le sens de tous ces versets? Point du tout. Le Prophète parle de tous les Rois, de toutes les Nations, voisines ou éloignées; *depuis le Jourdain jusqu'aux extrémitez de la Terre*; depuis le Midi où est l'Arabie, jusqu'au Nord où sont *Tharsis & les Isles.* Voilà, ce me semble, le sens du Pseaume qui prédit les Triomphes de Jésus-Christ & les progrès de son Eglise. Si ce sens-là est le vrai, comme la lecture du Pseaume entier ne permet pas d'en douter, n'est-il pas naturel d'en conclure que David n'a pas voulu nommer des peuples voisins l'un de l'autre, & qu'au contraire son dessein a été de prendre des peuples diversement situez, afin d'exprimer l'étendue du Régne du Messie figuré dans ce Saint Cantique? Ainsi ce qu'on allégue en preuve, est très-propre à servir de preuve pour la réfutation de ce même sentiment. David ne dit pas ce que l'on suppose qu'il a dit; savoir que Tharsis, Saba & l'Arabie étoient des Païs voisins. Il fait entendre précisément le contraire. Suivons l'Auteur.

„ Les Flotes de Salomon qu'on armoit à
„ Asiongaber alloient à Ophir & à Tharsis
„ ou par détachement ou ensemble. Cel-
„ les de Josaphat qui périrent dans ce Port
„ devoient faire la même route & le mê-
„ me Commerce. *Rex vero Josaphat fe-
„ cerat Classes in mari quæ navigarent in Ophir
„ propter aurum & ire non poterant, quia con-
„ fractæ sunt in Asiongaber.* Reg. L. 3. c.
„ 22. v. 29. *& particeps fuit ut facerent Na-
„ ves quæ irent in Tharsis: feceruntque Clas-
„ sem in Asongaber.* Paralip. L. 2. c. 20.
„ v. 36. Il semble que l'Ecriture confon-
„ de ici Tharsis & Ophir parce que c'é-
„ toient les mêmes Navires qui alloient à
„ l'un & à l'autre; soit qu'ils se fussent sé-
„ parez à la sortie de la Mer Rouge, soit
„ que la division se fit où à Sophala ou ail-
„ leurs, ils revenoient toujours de compa-
„ gnie; en sorte qu'on appelloit cette Flote
„ ou la *Flote d'Ophir*, ou la *Flote de Tharsis*,
„ comme on voit qu'on marque indiffé-
„ remment ces deux Lieux dans l'Ecriture
„ Sainte, en parlant de la destination de
„ ces Navires.

„ J'ai déja remarqué au mot OPHIR que la
„ faute que l'on a faite de confondre les deux
„ Voyages d'Ophir & de Tharsis est l'origine
„ des épaisses ténèbres que les Savans ont ré-
„ pandues sur ces matieres; & ce qu'il y a
„ de plus remarquable, on a prétendu fausse-
„ ment que l'Ecriture les confondoit aussi. Sur
„ ce préjugé non s'est volontairement
„ aveuglé, on est tombé dans les imagina-
„ tions les plus ridicules. Les Flotes de Sa-
„ lomon destinées pour Ophir, & celles qui
„ étoient destinées pour Tharsis n'alloient ni
„ ensemble, ni par détachement; l'Ecriture ne
„ le dit en aucun endroit. Elle dit que la
„ Flote d'Ophir alloit à Ophir, & nomme
„ les biens qu'elle en rapportoit. Celle de
„ Tharsis n'alloit qu'à Tharsis & l'Ecriture
„ spécifie de même de quelles sortes de riches-
„ ses elle revenoit chargée. La Flote de Jo-
„ saphat qui périt au Port d'Asiongaber étoit
„ destinée pour Ophir, le passage cité du 3.
„ Livre des Rois le dit, & ne dit pas qu'elle
„ fut destinée pour Tharsis. Le passage des
„ Paralipomènes parle de deux Flotes, l'une
„ pour Tharsis, & l'autre à Asiongaber pour
„ Ophir, & cette seconde Flote Dieu la dé-
„ truisit aussi, comme il est dit au Livre des
„ Rois où sa destruction est marquée. L'Ecri-
„ ture ne confond donc point Ophir avec
„ Tharsis, le premier passage ne convient qu'à
„ Ophir, le second distingue les deux Flotes &
„ les deux Voyages. Elles ne se séparoient ni
„ à la sortie de la Mer Rouge ni à Sofala, ni
„ ailleurs, puisqu'elles étoient dans des Mers
„ différentes & bien éloignées l'une de l'autre.
„ On ne trouve nulle part dans l'Ecriture Sain-
„ te que la même Flote ait été appellée indif-
„ féremment *Flote d'Ophir & Flote de Tharsis*.
„ L'une n'étoit point l'autre, elles n'avoient
„ rien de commun entre elles. Leur route
„ étoit si différente qu'en des milliers de siè-
„ cles, elles ne se seroient pas rencontrées.
„ C'est ce que je ferai voir dans la suite de
„ cet Article d'une maniere si simple & si net-
„ te, que l'on s'étonnera sans doute que tant
„ de Savans ayent bronché en un chemin si
„ uni & si aisé. Mais ne quittons pas encore
„ Mr. le Grand qui semble avoir rassemblé
„ tous les préjugez qui ont égaré les Ecrivans
„ antérieurs. „ Lors qu'Holopherne, dit-il,
„ marcha pour assiéger Bétulie, il trouva
„ après avoir traversé la Cilicie que les
„ Montagnes étoient occupées par les Juifs.
„ Il fit un grand tour. Il saccagea la ri-
„ che Ville de Melothi. Il ravagea les Ter-
„ res de Tharsis & des Ismaelites, & en
„ enleva les Habitans. Tharsis est donc
„ dans l'Arabie, & je crois que ce Pays &
„ celui de Saba en faisoient partie; & que
„ quand

,, quand David dit *les Ethiopiens se prosterne-*
,, *ront devant lui, les Rois de Tharsis, ceux*
,, *de Saba, les Isles lui feront des présens*, il
,, parle particuliérement de l'Arabie con-
,, nue autrefois sous le nom d'Ethiopie, la-
,, quelle s'étend le long de la Mer Rouge
,, jusqu'au Golphe d'Ormus, & que c'est-là
,, que les Flotes de Salomon alloient cher-
,, cher les pierreries & tout ce qu'Ophir &
,, la Côte de Sophala ne pouvoient leur
fournir."

Je ne sai pourquoi Mr. le Grand trouve une si grande facilité à expliquer Tharsis en faveur de l'Arabie. Il me paroît que sa conséquence ne vient pas assez naturellement après ce qu'il vient de dire. Holopherné vient de ravager la Cilicie, il a pris quantité de Villes entre autres *Melotbi*, si cette Ville n'est pas *Mallos* de Cilicie, on le perd de vûe & on ne sait plus où il va; mais si c'est la même Ville que *Mallos*, le voilà encore en Cilicie, & le saut est un peu rude de le transporter de là tout à coup avec une Armée aussi nombreuse que la sienne au Midi de la Palestine dans l'Arabie Heureuse. J'ai déja répondu à l'abus fait du passage de David. Il est inutile de le répéter ici.

Il ne laisse pas de se proposer des objections auxquelles il tâche de répondre. La premiere regarde Mr. Huet dont nous rapporterons ensuite le sentiment. Ce savant Prélat a pris la Côte Occidentale d'Afrique pour Tharsis en partie, & suppose qu'on faisoit le tour de l'Afrique dont il prouve la possibilité par l'autorité des Anciens. ,, Il
,, n'y a nulle apparence, dit Mr. le Grand,
,, que dans un tems où la Navigation étoit
,, fort ignorée, des Vaisseaux sortis d'Asion-
,, gaber se soient éloignez des Côtes, qu'ils
,, ayent doublé le Cap de Bonne Espérance,
,, passé & repassé la Ligne, rangé des Pays
,, incultes & barbares pour aller chercher
,, ce qu'on trouvoit assez près d'Asionga-
,, ber." J'avoue avec Mr. le Grand que quoique le tour de l'Afrique ne fût pas impossible, il répugne que les Vaisseaux destinés pour Tharsis l'ayent jamais fait, non pas pour les raisons qu'il allégue; mais parce qu'il étoit inutile, & que les dangers qu'il eût fallu essuyer pour le faire, eussent été à pure perte.

La seconde objection est celle-ci, il falloit trois ans pour ce Voyage. Il y répond ainsi: ,, Le tems de trois ans qu'on emplo-
,, yoit pour des Voyages si courts, ne pa-
,, roîtra pas trop long, si l'on fait réflexion
,, qu'ils alloient le long des Terres; que la
,, Navigation est difficile, qu'étant à Sopha-
,, la il falloit remonter des Riviéres, ab-
,, battre & façonner les Bois que ces Vais-
,, seaux apportoient." La réponse est aussi frivole que l'objection. Les trois ans employés à ce Voyage sont une ancienne erreur qui se trouve déja dans Josephe; & qui a été répétée dans une infinité de Livres. L'Ecriture Sainte dit que le Voyage de Tharsis ne se faisoit qu'une fois tous les trois ans; & non pas qu'on y employoit trois ans. Sophala ne sauroit répondre qu'à Ophir, où l'Ecriture dit que la Flote alloit tous les ans, qu'a-t-il de commun avec Tharsis, où l'on n'alloit que tous les trois ans? Rien du tout ni pour le tems, ni pour la route, ni à aucun égard.

La troisième objection regarde Jonas. ,,
,, Sion dit que Jonas voulant aller à Tharsis
,, s'embarqua à Joppé aujourd'hui Jaffa, Port
,, de la Palestine dans la Méditerranée pour
,, aller à Tharsis, & qu'ainsi le Vaisseau qui
,, le portoit, étoit obligé de faire tout le
,, tour de l'Afrique. Nous RE PONDRONS qu'il
,, peut y avoir eu une autre Tharsis; mais
,, que quand ce seroit le Pays dont nous
,, parlons, Jonas peut fort bien s'être em-
,, barqué à Joppé pour passer à quelque lieu
,, plus proche de la Mer Rouge."

Ce n'est pas répondre à l'objection. Selon cette interpretation, le Vaisseau sur lequel Jonas s'embarqua ne seroit donc pas parti pour Tharsis, mais pour un Port différent de Tharsis; or dire cela c'est démentir l'Ecriture qui dit formellement que ce Vaisseau faisoit voile pour Tharsis. *Et surrexit Jonas ut fugeret in Tharsis a facie Domini, & descendit in Joppen & invenit navem euntem in Tharsis: & dedit naulum ejus & descendit in eam ut iret cum eis in Tharsis a facie Domini.* Si Tharsis étoit un de ces rivages où l'on alloit par la Mer Rouge, il n'y auroit pas eu à Joppé de Vaisseaux pour ce Pays-là. puisque de Joppé les Vaisseaux n'avoient aucun autre passage pour aller dans les Mers Méridionales qu'en faisant le tour de l'Afrique; circuit inconcevable par son inutilité, quand on songe qu'il n'y avoit qu'à s'embarquer à Asiongaber pour s'épargner un détour si long, si dangereux & si peu connu en ces tems-là.

De ceux qui ont cherché THARSIS *dans les* INDES.

Bochart frappé du préjugé commun sur le passage des Paralipomènes, où il est parlé d'Asiongaber sort d'embarras par une porte que d'autres lui avoient déja ouverte. Il convient que Tharsis doit être à portée de la Méditerranée, & toutes ses recherches tendent à faire voir que tous les passages s'y accordent. Mais celui des Paralipomènes l'embarassant, il en conclud qu'il falloit qu'il y eut une autre Tharsis dans la Mer des Indes; qu'elle ne devoit pas être fort éloignée d'Ophir, qui est, selon lui, la Taprobane, c'est-à-dire Ceilan. Et comme les conjectures ne lui manquent point au besoin, il ajoute que c'est peut-être le Cap de Cori, à la pointe de la Presqu'Isle en deçà du Gange. Elle ressemble assez, dit-il, à Calpé voisine de Tartessus où il avoit déja posé son autre Tharsis: cela, poursuit-il, peut avoir fait naître aux Phéniciens la pensée d'appeller cette pointe Tharsis, parce que ces deux Lieux étoient fort éloignez de Tyr & qu'on y alloit chercher des Métaux. On a vu dans les passages de St. Jérôme déja citez, que ce Saint trouvoit dans les Auteurs qui l'avoient précédé une opinion déja établie en faveur d'une Tharsis dans les Indes. Il est vrai qu'il semble citer Josephe pour cette seconde aussi bien que pour la premiere; mais je ne trouve point dans Josephe même que cet Historien ait connu d'autre Tharsis que Tarse & la Cilicie. Et Mr. Huet

Huet [a] Evêque d'Avranches a manqué d'exactitude quand il a imputé à Josephe d'avoir fait deux Tharsis & d'avoir prétendu que l'une étoit la Ville de Tharse en Cilicie, & placé l'autre dans les Indes, surquoi il cite le Livre des Antiquitez l. 1. c. 7. & l. 9. c. 11. En cela il a tort, car Josephe en l'un & en l'autre endroit ne parle que de Tharse en Cilicie, & ne dit pas le moindre mot de Tharsis dans les Indes.

[a] De Navigat. Salomon. c. 3. v. 12.

Le savant Mr. Le Clerc déférant trop au fameux passage des Paralipomènes mal entendu, juge qu'on en peut conclurre que Tharsis doit avoir été un Pays des Indes, & là-dessus il rapporte le sentiment de Bochart, sans oublier sa conjecture sur le Voisinage d'Ophir & sur la ressemblance du Cap Cory avec le Promontoire de Calpé en Espagne. Il examine ensuite le sentiment de Mr Huet que nous rapporterons ci-après & conclud ainsi: ,, J'aime donc mieux chercher ,, dans les Indes avec Bochart la Tharsis ,, dont il est parlé ici (sur le 3. l. des Rois ,, c. 10. v. 22.) quoique nous ne puissions ,, nous assûrer par aucune conjecture en ,, quel endroit elle étoit, sinon qu'elle de- ,, voit être près d'Ophir."

Opinion de D. Calmet.

D. Calmet ce savant Bénédictin qui a rendu de si grands services au Public par son savant Commentaire sur l'Ecriture Sainte & par son Dictionnaire, où il range selon l'Ordre alphabéthique les principaux endroits déja employez dans ce Commentaire balance entre l'opinion qui prend Tharsis pour toute la Mer, & celle qui met une double Tharsis, l'une dans la Méditerranée, l'autre aux Indes. ,, Sanctius, dit-il, ,, croit que la Mer en général est nommée ,, Tharsis & que les Vaisseaux de Tharsis ,, sont ceux qu'on employe dans les Voya- ,, ges de Mer, par opposition aux Nasselles ,, & aux Barques dont on se sert sur les Ri- ,, viéres ; les Septante traduisent quelque- ,, fois Tharsis par la Mer & l'Ecriture don- ,, ne également le nom de Vaisseaux de ,, Tharsis à ceux qu'on équippoit à Asion- ,, gaber sur la Mer Rouge & qui alloient ,, dans l'Océan, comme à ceux qu'on équip- ,, poit à Joppé & dans les Ports de la Mé- ,, diterranée. Nous ne voyons guères, ,, ajoute-t-il, d'autre moyen que celui-là ,, pour expliquer tous les passages où il est ,, parlé des Vaisseaux de Tharsis."

,, Car d'un côté (c'est toujours D. Cal- ,, met qui parle) nous voyons assez claire- ,, ment que Tharsis signifie la Ville de ,, Tharse, & la Cilicie, & de l'autre nous ,, remarquons qu'on équippoit des Vaisseaux ,, de Tharsis ou pour aller à Tharsis dans ,, des Lieux d'où l'on ne peut présumer qu'on ,, voulût aller à Tharse en Cilicie. Par ,, exemple, l'Auteur du Livre de Judith dé- ,, crivant la route d'Holopherne, dit qu'il ,, alla en Cilicie & qu'il *pilla tous les enfans* ,, *de Tharsis*. Jonas fuïant devant la face ,, du Seigneur s'embarqua à Joppé pour ,, aller en Tharsis, apparemment à Tharse ,, en Cilicie. Les Prophètes Isaïe & Eze- ,, chiel mettent parmi les Vaisseaux Mar- ,, chands qui venoient trafiquer à Tyr, ceux ,, de Tharsis. La Cilicie étoit tout-à-fait ,, à portée de Tyr, & il n'y a guère d'ap- ,, parence qu'on y vînt trafiquer des Côtes ,, de l'Océan. Enfin le Psalmiste met les ,, Rois de Tharsis avec ceux des Isles: ,, *Reges Tharsis & Insulæ*. Or les Isles mar- ,, quent ordinairement celles de la Médi- ,, terranée & les Pays maritimes, où les Hé- ,, breux avoient acoutumé d'aller par cette ,, Mer. De tous ces passages on peut con- ,, clurre, selon D. Calmet, que le Pays de ,, Tharsis étoit sur la Méditerranée, & ,, qu'apparemment c'est la Cilicie."

Après avoir raisonné ainsi, le passage des Paralipomènes le rappelle, & lui fait tirer une double conséquence qui n'est pas fort juste, parce qu'elle porte à faux comme je le ferai voir dans la suite. ,, Lors donc, ,, dit-il, qu'on voit équipper des Vaisseaux ,, destinez à aller à Tharsis dans la Mer ,, Rouge & à Asiongaber, on doit conclure ,, l'une de ces deux choses: ou qu'il y a ,, deux Pays de Tharsis, l'un sur l'Océan, ,, l'autre sur la Méditerranée ; *ce qui ne nous* ,, *paroît nullement probable*: ou que les Vais- ,, seaux de Tharsis en général, ne signi- ,, fient que des Vaisseaux de long cours, ,, de grands Vaisseaux opposez aux Barques ,, & aux Nasselles."

Cette Explication qu'il donne en dernier lieu touchant les Vaisseaux de Tharsis n'est qu'une alternative qui lui a paru nécessaire pour concilier une seule Tharsis, où l'on alloit par la Méditerranée, avec le passage des Paralipomènes. Cette conciliation est inutile, & par conséquent l'alternative qui n'a d'autre fondement que cela, devient aussi inutile. Il n'est pas encore tems de le démontrer.

Sentiment du P. BONFRERIUS.

Le P. Bonfrerius savant Jésuite qui a savamment éclairci quantité de difficultez de la Géographie des Livres Sacrez, avoue que la question touchant Tharsis est très-obscure: ,, Bien des gens, dit-il, ont été ,, fort en peine de dire où elle étoit, prin- ,, cipalement à cause que dans les endroits ,, de l'Ecriture où il est parlé de Tharsis ,, dans le Texte Hébreu תרשיש, la Vulgate & ,, les Septante retiennent quelquefois ce ,, mot, & quelquefois l'expriment par ,, *Carthage* ou par le mot de *Mer*. Josephe ,, l'explique de la Mer de Tharse *Tharsicum* ,, *Mare*, ou par le Pays de Tharse ; d'autres ,, l'entendent d'une Contrée dans les Indes. ,, Pineda dans son grand Ouvrage sur Sa- ,, lomon prétend que par Tharsis il faut ,, entendre Tartessus en Espagne. Cette ,, diversité d'opinions est une preuve de ,, l'obscurité & de la difficulté." Le P. Bonfrerius après avoir renvoyé son Lecteur à son Commentaire sur l'Ecriture Genese, c. 10. v. 4. & fait espérer un plus grand éclaircissement dans son travail sur le 3. l. des Rois, ajoute; ,, Pour moi, je persiste encore à pré- ,, sent dans ce sentiment, qu'il faut trou- ,, ver une notion du mot Tharsis qui soit ,, commune à tous les passages de l'Ecri- ,, ture Sainte; de sorte qu'on les y puisse ,, tous

,, tous rapporter. Et *je crois que c'est celle-ci:*
,, *que par ce nom on entende en général*
,, les lieux où il faille aller par Mer, soit
,, que ces lieux soient des Isles, ou des Pays
,, d'outremer, où l'on ne pourroit pas ar-
,, river par terre sans un grand détour, &
,, sans beaucoup d'incommoditez. Il y a
,, pourtant un Lieu de l'Ecriture (Judith, c.
,, 2. v. 13.) où il semble que les enfans de
,, Tharsis sont nommez pour les Habitans
,, de Tharse & les Ciliciens."

Il est remarquable que *Tharsenses,* les Habitans de Tharse, & *Mallotæ,* les Habitans de Mallos en Cilicie, sont nommez ensemble en un même passage des Machabées L. 2. c. 4. v. 30. *Contigit Tharsenses, & Mallotas seditionem movere eo quod Antiochi Regis concubinæ dono essent dati.* On ne peut pas douter qu'il ne soit-là question de Tharse & de Mallos Villes voisines; Antiochus y vint d'abord, les soumit, & leur laissa pour son Lieutenant Andronic. Cette remarque aura son usage si on regarde le passage des Machabées comme une explication du passage de Judith. Une chose en quoi le Pere Bonfrerius s'accorde avec Mr. Huet, c'est sa pensée sur la nécessité de trouver une seule Tharsis à laquelle conviennent tous les passages de l'Ecriture où le nom se trouve employé. La duplicité de Tharsis leur déplait à l'un & à l'autre & je crois comme eux qu'on doit l'éviter. ,, Il n'y avoit point
a *De Navi-* ,, de nécessité, dit Mr. Huet [a], de s'ima-
gat. Salom. ,, giner qu'il y eût deux Tharsis comme
c. 3. v. 12. ,, ont fait Josephe, qui prétend que l'un é-
,, toit la Ville de Tharse de Cilicie & pla-
,, ce l'autre dans les Indes. (J'ai déja fait
,, voir que c'est Mr. Huet qui se trompe &
,, que Josephe ne dit point cela du moins
,, aux endroits citez par Mr. Huet) ,, de mê-
b *In Ezech.* ,, me que Théodoret [b] qui place la pre-
c. 38. v. 13. ,, miére dans les Indes & la seconde à Car-
& in Jon. ,, thage. St. Jérôme met au contraire la
c. 1. in ,, première à Carthage, la seconde dans
Psalm. 71. ,, les Indes. Mr. Bochart dit que l'une est
& Quæst. ,, à l'Occident dans l'Espagne qui est celle
36, in Livr. ,, où alloient les Vaisseaux qui partoient de
Reg. ,, Tyr, & l'autre à l'Orient dans les Indes
,, du côté de l'Isle de Taprobane où les
,, Vaisseaux d'Asiongaber abordoient. Ce
,, qui a fait inventer cette opinion à ces
,, Auteurs, c'est qu'ils ne pouvoient com-
,, prendre que des Vaisseaux partis de Jop-
,, pé sur la Mer Méditerranée, comme ce-
,, lui de Jonas & d'autres partis d'Asiongab-
,, ber sur la Mer Rouge, comme ceux de
,, Salomon & d'Hiram, ayent pu par des
,, routes entièrement opposées arriver au
,, même Pays de Tharsis. C'est encore ce
,, qui avoit fait supposer à Bochart qu'il
,, devoit y avoir deux Ophir, ne pouvant
,, autrement se débarasser de l'obscurité
,, & de la contradiction apparente des Li-
,, vres Saints."

En effet c'est cette prétendue contradiction qui a fait imaginer une Tharsis où l'on alloit par la Mer Rouge. Mr. Huet croit la concilier par le Systême qu'il avance & que nous rapporterons ci-après en son lieu. Il s'est appliqué à chercher un Lieu où l'on pût aller par la Méditerranée & par la Mer Rouge, ce qui ne se présentant qu'aux Côtes Occidentales de l'Afrique il suppose que Bochart eût changé de sentiment, s'il eût fait attention que dès ce tems-là, c'est-à-dire du tems de Salomon, on avoit commencé à doubler le Cap qui est à l'extrémité de l'Afrique, qui a été nommé depuis Cap de Bonne Espérance & que dès lors on ne se faisoit aucune peine de faire le tour de l'Afrique. Il employe tout le IV. Chapitre de son Livre à prouver que ce circuit avoit été fait véritablement, en quoi il accuse juste; mais cette érudition devient inutile pour expliquer la Tharsis de l'Ecriture. Pour la trouver il ne falloit pas faire une Navigation si longue & si dangereuse. La Tharsis des Livres Saints demande un Lieu où l'on alloit habituellement; & quelques exemples singuliers ne suffisent pas pour prouver que le tour de l'Afrique fût une chose ordinaire. Outre cela cette Navigation violente n'est nécessaire que pour sauver le respect du au Passage des Paralipomènes, & dès qu'on fait voir qu'il n'a pas besoin de cette explication, cette Navigation est toute à pure perte.

Auteurs qui ont cherché Tharsis dans la Méditerrannée.

Tous les passages où il est parlé de Tharsis, à l'exception de deux, s'accordent très-bien à chercher ce Pays-là dans la Méditerranée. Le troisième Livre des Rois, le second Livre des Paralipomènes c. 9. Les Pseaumes, Isaïe, Ezéchiel, Jonas, s'accommoderoient assez d'une Tharsis, ou situéé sur cette Mer, ou placée quelque part; de sorte qu'en partant de Tyr, de Joppé, ou de quelque autre Port de la même Côte, on pouvoit arriver à Tharsis, à proportion de l'état où pouvoit être alors la Navigation. Le III Livre des Rois nous dit bien que la Flote d'Ophir s'équippoit à Asiongaber; mais il ne le dit pas de la Flote de Tharsis. Jonas s'embarque à Joppé, aujourd'hui Jaffa, Port de la Terre-Sainte sur la Méditerrannée, & il se met sur un Vaisseau dont la destination est pour Tharsis. Cela est clair, donc Tharsis est sur la Méditerrannée, ou s'il est hors de cette Mer, il la faut traverser & en sortir pour arriver à Tharsis. Si la Tharsis où alloit le Vaisseau qui portoit Jonas, avoit été dans les Indes, seroit-il parti de Joppé? Quel détour, long, périlleux, & qui plus est inutile, n'auroit-il point fait, pour aller delà aux Indes? Au lieu que les Ports de la Mer Rouge abregeoient infiniment cette Navigation. La Mer Méditerranée renfermoit donc Tharsis, ou du moins un des bouts du chemin. Mais si Tharsis étoit dans la Mer Méditerrannée, en quel lieu de cette Mer faut-il chercher ce Pays? Est-ce en Afrique? en Europe? ou en Asie? Les sentimens sont partagés. Je vais rapporter les principaux.

Le Paraphraste Chaldaïque croit que Tharsis est l'Afrique au III Livre des Rois c. 10. v. 22. & au 23. c. d'Isaïe, où nous avons vu que les Interprètes mettent *Carthage* pour *Tharsis,* ce qu'ils font encore sur le 27. c. d'Ezéchiel, j'entends les Septante, car en ce dernier endroit le Paraphraste cité rend Tharsis par *la Mer,* quoique sur I-
saïe

saïe il eût adopté le mot de *Carthage*. St. Athanase [a], St. Cyrille [b], Théodoret [c] ont parlé de même.

[a] Quæst. ad Antioch.
[b] Lib. 5. in Isaï. & in Jon. 1.
[c] In Psalm. 71. in Ezech. 38. & in Jon. 1.
[d] 2. Part. Climat. 3. p. 87.

Quelques-uns ont conjecturé que ce pouvoit être Tunis en Afrique. Le Géographe de Nubie dit [d] que *Tunis est une très-ancienne Ville; que son nom dans les Annales est Tharsis; mais qu'après que les Mahométans, l'eurent prise & ornée de nouveaux Edifices, ils l'appellèrent Tunes*. Si toute la Géographie de ce bon Arabe *El Edrisi*, étoit d'une érudition de cette nature, ce n'auroit pas été la peine de faire les frais de le traduire. Il suppose faussement que le nom de *Tunes* fut donné à la Ville de Tharsis par les Musulmans après qu'ils s'y furent établis, c'est-à-dire bien des années après Mahomet; & cependant il se trouve que Polybe, Tite-Live, Strabon, Diodore de Sicile & quantité d'autres Ecrivains de la bonne & vénérable antiquité, bien des Siècles avant Mahomet, n'ont point connu cette même Ville que sous le nom de Tunes. A l'égard de sa conjecture il l'avoit prise des Rabins. Leusden a fait imprimer la Prophétie de Jonas avec la Paraphrase Chaldaïque, la Mazore grande & petite & les Notes de Jarchi, d'Aben Ezra & de Kimchi. On y lit [e] cette remarque d'Aben Ezra *dixit Haggaon, Tarsisa esse Tarsum: Sed Rabbi Mebascher dicit quod sit urbs* THUNES *in Africa*. Le Géographe Arabe qui avoit lu plus de Rabins que d'Auteurs Grecs, a pu facilement adopter l'opinion des uns, & ignorer ce que les autres avoient écrit.

[e] Pag. 39.

D. Calmet dit dans son Dictionnaire de la Bible que Mr. le Clerc entend par Tharsis THASSUS, Isle & Ville dans la Mer Egée. Il se peut faire que ce savant homme ait placé cette pensée quelque part dans quelqu'un de ses Ouvrages qui sont en grand nombre; mais au moins ce n'est pas dans le lieu où il auroit pu la faire valoir, s'il eût véritablement été de ce sentiment, c'est-à-dire dans son Commentaire sur le Livre des Rois, ou sur les Paralipomènes. Il n'en dit pas le moindre mot & semble adopter l'opinion de Bochart que nous rapporterons en son lieu; ce qui soit dit ici en passant. A dire vrai il y auroit eu de la folie à mettre Tharsis à l'Isle de *Thassus*; d'où seroient venus dans cette Isle de l'Archipel l'argent & les autres richesses que l'on rapportoit de Tharsis en abondance? Cette idée ne mérite pas une plus ample explication.

Josephe [f] & le Paraphraste Arabe prétendent que par Tharsis il faut entendre la Ville de Tharse en Cilicie. Le premier surtout parlant de Salomon dit qu'il avoit un grand nombre de Vaisseaux sur la Mer de Tharse. Ἐν τῇ Ταρσικῇ λεγομένῃ θαλάττῃ dans la Mer surnommée *Tharsienne*. Racontant l'Histoire de Jonas il substitue sans détour *Tharse* à *Tharsis*; & de peur qu'on ne s'y méprenne, il a soin de dire que c'est à Tharse de Cilicie Ἐις Ταρσόν ἐπλει τῆς Κιλικίας, que Jonas vouloit aller. A n'envisager que le Livre de Jonas, Tharse y convient assez. Cette même Ville convient encore au *Contérès Reges Tharsis* des Pseaumes, & à l'autre passage *Reges Tharsis & Insulæ* du Pseaume 71. Ezéchiel fait venir les Vaisseaux de Tharsis à Tyr, rien de plus naturel que de l'entendre des Vaisseaux de Tharse dans la Cilicie. Le pillage des Enfans de Tharsis rapporté dans le Livre de Judith s'entend commodément du Pays qui dépendoit de Tharse en Cilicie. Holopherne pille tous les enfans de Tharsis. Josephe [g] explique Tharsis par Tharse. Selon lui ,, Tharsis fils ,, de Javan qui étoit l'un des fils de Japhet ,, fils de Noé, & qu'il appelle *Tharsus*, don- ,, na son nom aux Tharsiens qui sont main- ,, tenant les Ciliciens dont la principale Vil- ,, le se nomme encore aujourd'hui Tharse."

[f] Antiq. Lib. 8. c. 2.
[g] Lib. 1. c. 6. de la Traduction d'Arnaud d'Andilli.

Mr. Huet que ce sentiment n'accommodoit pas le réfute ainsi par des raisons dont il n'a pas apperçu le fondement ruineux: ,, Pour aller à Tharsis il fallut construire ,, une Flote à grands fraix sur la Mer Rou- ,, ge & avec beaucoup de peine & entre- ,, prendre un voyage de long-cours. Il est ,, vrai, continue-t-il, qu'en partant de Joppé ,, & de Tyr, on auroit abregé beaucoup le ,, chemin pour aller à Tharsis; que c'étoit ,, la route que tenoit le Navire sur lequel ,, Jonas étoit monté, & que les Phéniciens ,, la prenoient ordinairement; mais des ,, Vaisseaux qui devoient s'arrêter à Ophir ,, en allant à Tharsis, étoient obligez de ,, prendre une autre route ". Avant que de réfuter ce qu'il y a de faux, examinons un peu quel est le Système de Mr. Huet qui pour l'établir réfute tous les autres avec tant de soin.

Sentiment de Mr. Huet.

Ce savant Prélat prétend dans son Traité des Navigations de Salomon [h] que ,, le ,, nom Tharsis a été donné à la partie Oc- ,, cidentale de l'Afrique & de l'Espagne, ,, de sorte néanmoins, ajoute-t-il, qu'il con- ,, vient de nommer proprement Tharsis, ,, Gadis, & les Lieux du Voisinage de Gi- ,, braltar & du Fleuve *Bætis*, & de l'en- ,, tendre de façon que quelquefois on don- ,, ne ce nom à une signification d'une plus ,, grande ou d'une moindre étendue". Il y ajoute les preuves suivantes:

[h] Chap. 5.

,, Strabon dit que les Phéniciens avoient ,, coutume d'aller dans ces Pays-là & qu'ils ,, y avoient bâti des Villes. Il semble aussi ,, vouloir désigner Tharsis, lorsqu'il dit que ,, la Ville de Tyr devint fameuse par le ,, Commerce qu'elle faisoit en Afrique, en ,, Espagne, & même au-delà des Colonnes ,, d'Hercule; & lorsque Josephe fait men- ,, tion des Esclaves amenez d'Ethiopie & ,, que Jonathan Interprète Chaldéen avec ,, le Rabin David-Kimchi rend Tharsis par ,, Afrique, je crois qu'on peut autant l'en- ,, tendre de cette partie de l'Afrique qui ,, est sur l'Océan, que de celle qui donne sur ,, la Méditerrannée. On doit encore en- ,, tendre dans ce sens ce qu'Anastase Sinaï- ,, te (*in Hexahemer. Lib. 10.*) dit, quand il ,, rend Tharsis par Hespérie Occidentale, ,, aussi-bien que les vers d'un ancien Poëte ,, dans l'Epigramme de Lesbie, qui se trou- ,, ve parmi les Epigrammes qu'a ramassées ,, Pithou (L. 3.). Car quoique cela puisse se ,, dire en même tems de l'Espagne, rien ,, n'empêche qu'on ne le puisse aussi appli- ,, quer

„ quer à l'Afrique Occidentale, où se trou-
„ vent les Hespériens de la Libye près du
„ Mont Atlas, & le Promontoire d'Hes-
„ périe, les Hespériens d'Ethiopie, la Mer
„ Hespérienne sous laquelle on comprend
„ tout ce grand Océan qui environne l'A-
„ frique Occidentale & l'Isle d'Hespérie si-
„ tuée sur le Lac Triton, voisine de l'O-
„ céan de laquelle Diodore fait mention.
„ Le même Strabon assûre que les Tyriens
„ alloient souvent dans ces Contrées &
„ qu'ils avoient bâti trois cens Villes sur
„ la Côte de la Libye. Joignez encore à
„ ces autoritez celle d'Eusèbe qui dans sa
„ Chronique dit que l'on entend le nom
„ d'*Espagne* sous celui de *Tharsis*, senti-
„ ment qui a été adopté par la plûpart des
„ Modernes qui veulent que *Tartessus* &
„ *Tarseion* soient les mêmes que *Tharsis*.
„ C'est ainsi qu'en ont parlé Goropius, *His-*
„ *pan. L.* 5. 6. 7. Grotius *in* 3 *Reg. C.* 10.
„ *v.* 28. Pineda *de Reb. Salomonis, L.* 4. *C.*
„ 14. Emanuel Sa *in* 2. Paralip. C. 9. v. 21.
„ & Bochart *Phaleg L.* 3. *C.* 7. *& Chanaan*
„ *L.* 1. *C.* 34. Et personne ne doutera que
„ les Phœniciens n'ayent fréquenté souvent
„ la Côte d'Espagne, lorsqu'on sera atten-
„ tion qu'en cherchant la Bretagne & Thu-
„ lé, ils ont été obligez de la cotoyer,
„ qu'ils y ont élevé plusieurs Monumens
„ pour prouver qu'ils y ont été & qu'Hi-
„ milcon Carthaginois avoit mis par écrit
„ la relation du Voyage qu'il y fit ".

La seconde preuve se tire des Marchandises de Tharsis: „ On trouve en Espa-
„ gne, ou en Afrique, dit Mr. Huet, de
„ toutes les espèces de marchandises que
„ la Flote de Tharsis apporta. L'Espagne
„ produit de l'or, de l'argent, & d'autres
„ métaux. Elle fournissoit aussi suivant le
„ témoignage de Pline (L. 37. c. 9.) des
„ Pierres Chrysolites qui au sentiment de
„ plusieurs étoient appellées Tharsis. L'A-
„ frique ne fournissoit pas seulement de
„ l'or; mais encore de l'Yvoire, des Sin-
„ ges & des Perroquets, ce qui est confir-
„ mé tant par le témoignage des Anciens
„ que par une expérience journalière."

Je passe la troisième preuve de cet Auteur qui consiste en certaine ressemblance
de quelques usages qu'il prend pour des vestiges de la Religion Judaïque; & qui peuvent avoir une origine très-différente que
celle qu'il leur donne.

La quatrième preuve qu'il tire de la facilité du Voyage de Tharsis n'est pas plus
solide, quand en plaçant ce Pays sur la Côte Occidentale de l'Afrique ou suppose que
l'on s'y rendoit de la Mer Rouge. Ce Voyage au contraire devoit être très-dangereux
& très-difficile dans des tems où la Navigation étoit très-imparfaite. Le Cap des Aiguilles, & le Cap des Tempêtes ne sont pas
si aisez à doubler que Mr. Huet se l'est figuré. Ainsi voilà deux preuves qui ne prouvent rien en sa faveur, parce qu'elles consistent en des propositions qui ont elles-mêmes besoin d'être prouvées.

La cinquième appuye sur une prétendue
destination de la Flote de Josaphat. Il suppose que les paroles du III *Livre des Rois*, *C.*
22. *v.* 49. font à peu près ce sens dans l'Hé-

breu: Josaphat fit construire des Vaisseaux
destinez pour Tharsis qui devoient passer en
Ophir pour y prendre de l'Or; mais ils n'y
allèrent point parce qu'ils furent brisez devant Asiongaber.

Sauf le respect dû à la grande érudition
de Mr. Huet, l'Hébreu ne signifie point cela. L'Hébreu dit simplement: Josaphat fit
construire des Vaisseaux de Tharsis pour
aller à Ophir, à cause de l'or; mais ils n'y
allèrent point, parce qu'ils furent brisez à
Asiongaber. Schmidt, Professeur de Strasbourg, qui a fait une Version Latine très-lit-
térale selon l'Hébreu dit: *Jehoschaphatus,*
fecit Naves Tarschischi, ut abirent in Ophirem
ob aurum; sed non abierunt, fractæ enim sunt
Naves in Ezion-Geber. Mr. le Clerc traduit
ainsi ce même passage. *Josaphatus etiam fe-*
cerat Naves Tharsenses quæ Ophiram irent ad
petendum aurum; sed non profectæ sunt nam
fractæ sunt Naves Hetsiongeberi; & dans une
Note il explique ainsi *Naves Tharsenses, hoc*
est, Naves ita fabricatas quemadmodum Na-
ves quæ Tharsin navigabant; & Mr. Huet,
lui-même traduit simplement *Naves Tharsis,*
des Navires de Tharsis, ce qui veut dire
bâtis sur le Modèle de ceux que l'on
envoyoit à Tharsis. Nous dirions simplement des Vaisseaux de Tharsis, non que
leur destination fût pour Tharsis, car ceux-
ci devoient aller à Ophir; ni qu'ils eussent
été construits à Tharsis, puisqu'ils avoient
été construits à Asiongaber, qu'ils n'en partirent point, & qu'ils y furent brisez; mais
parce qu'ils étoient construits à la maniére
des Vaisseaux qui faisoient effectivement le
Voyage de Tharsis. On a en François la
même façon de parler. Nous appellons
Points de Venise, des dentelles de point faites à Paris, ou ailleurs, non pas parce qu'elles ont été faites à Venise, ni destinées à
y être transportées; mais parce qu'elles sont
faites sur le Modèle des Points dont Venise faisoit ci-devant un grand Commerce.
Ce Passage ne prouve point ce que Mr.
Huet veut en conclurre. Il faut lui prêter un sens étranger & forcé pour en inférer que ces Vaisseaux étoient destinez pour
Tharsis. Il signifie encore moins que ces
Vaisseaux devoient, chemin faisant, passer
en Ophir, si le malheur d'être brisez dans le
Port même ne leur fût pas arrivé. Dès qu'il
ne signifie point tout cela, il est inutile de
pousser plus loin la conséquence & d'ajouter
que ces deux Lieux étoient donc situés de
manière que la même Flote pouvoit aller
de l'un à l'autre, sans se détourner de son
chemin. Tout cela est chimérique, l'Ecriture ne dit nulle part que la Flote d'Ophir
allât en Tharsis, ni que celle de Tharsis
allât en Ophir. Elle distingue ces deux
Flotes, leurs Marchandises, & les Ports
d'où elles partoient. Les Livres des Rois
& des Paralipomènes parlent des deux Flotes sans les confondre; & on y voit que la
Flote d'Ophir partoit d'Asiongaber, parce
que c'étoit alors une nouveauté pour les
Juifs d'avoir un Port & des Flotes sur la
Mer Rouge. On ne voit point que leur
Royaume se soit étendu si loin sous David,
encore moins sous Saül; ainsi il étoit nécessaire de dire en quel endroit de la Mer
Rou-

Rouge on s'embarquoit. Aussi l'Ecriture dit-elle que c'étoit à Asiongaber, & en marque même les particularitez comme on a vû au mot *Ophir*.

Il n'en est pas de même de Tharsis. On y alloit par la Méditerranée au bord de laquelle la Palestine est située. On y alloit du Port de Joppé, on venoit de Tharsis à Tyr. Les Phœniciens, les plus grands Navigateurs de l'Antiquité, faisoient souvent ce Voyage & les Juifs du tems de Salomon n'avoient pas besoin qu'on leur dît de quel côté on s'embarquoit pour Tharsis. Ils le savoient; voilà pourquoi le Livre des Rois & celui des Paralipomènes ne marquent point d'où partoit la Flote qui alloit à Tharsis. Mais du tems des Prophètes il s'est trouvé des occasions où cette spécification étoit nécessaire; & les Ecrivains sacrez n'y ont pas manqué alors. Jonas s'embarque à Joppé sur un Vaisseau qui va à Tharsis, les Vaisseaux de Tharsis viennent à Tyr, & ainsi des autres Passages.

Ce préjugé d'une Flote équipée à Asiongaber pour aller à Tharsis a empêché Mr. Huet de découvrir la véritable Tharsis, & lui a fait prendre le parti de croire que les Flotes de Tharsis faisoient le tour de l'Afrique. L'idée fausse qu'il s'étoit faite là-dessus l'a engagé à soutenir que Tharsis n'est aucun Port de la Méditerranée; ce sont deux erreurs qui viennent de la première.

Sentiment du P. Lubin.

a Pag. 366.

Ce Pere parle ainsi dans son Mercure Géographique [a]: J'ai dans une petite Dissertation de mes Tables Géographiques sacrées fait voir que ce mot de Tharsis signifioit généralement les Mers, & que *aller en Tharsis*, étoit autant comme de dire *aller courir le bon bord*. Je m'étonne qu'un François, comme lui, qui avoit sans doute ouvert quelque Dictionnaire, & entendu parler d'autres François, n'ait pas sû que *aller courir le bon bord*, ne se dit point pour *aller en Mer*; ou s'il a sû l'usage le plus commun de cette façon de parler, je m'étonne qu'un Prêtre, un Religieux, un Prédicateur, ait été capable de la donner comme équivalente à ces mots *aller en Tharsis*. Le silence est la seule manière honnête qu'il y ait de réfuter une pensée si bouffonne, pour ne rien dire de plus.

Du nom de Tharsis.

Ce nom, comme nous avons dit, avoit deux significations: l'une d'une sorte de Pierre précieuse; l'autre d'un homme appellé Tharsis. L'Ecriture Sainte le nomme le second entre les enfans de Javan, quatrième fils de Japhet, qui étoit le troisième fils de Noé. Josephe dit au Livre premier des Antiquitez, c. 6. que ce Tharsis qu'il nomme Tharsus peupla la Cilicie. Je mettrai ici ces paroles de la Traduction de Genebrard: ,, Tharsus aussi a baillé le nom aux ,, Tharsiens, car Cilicie étoit ainsi nommée ,, anciennement, &, en témoignage de cela, ,, la Capitale & principale Ville de tout le ,, Pays retient encore aujourd'hui ce nom ,, de Tharsus. Puis après un autre nommé ,, CHETIM, occupa une Isle qui pour lors ,, fut aussi appellée CHETIM, laquelle on ,, nomme aujourd'hui Cypre. De là est ad- ,, venu que les Hébrieux appellent tou- ,, tes les Isles & plusieurs Lieux Maritimes ,, *Chetim* du nom du Pays, & pour rendre ,, témoignage de cela, encore y a-t-il une ,, Ville en Cypre, qui en retient le nom. ,, Ceux qui ont voulu couvrir les noms en ,, terminaison Grecque la nomment *Cetion* ,, qui n'est pas loin de ce mot Chetim." Ce Traducteur ajoute la Note suivante: ,, Les ,, Hébrieux interprétent *Chetim* maintenant ,, *Macédoniens*, maintenant *Italiens* & *Ro-* ,, *mains*, & semble que ce sont tous ceux ,, de l'Europe de laquelle se faisit la posté- ,, rité de Japhet ". Cetion dont parle Josephe est la même Ville que CITIUM. Voyez CITIUM. Nº. 2. Quoiqu'au mot CHETIM nous ayons employé l'Article de D. Calmet, qui semble le fixer à la Macédoine, il n'en est pas moins vrai que Cetim étoit frere de Tharsis, que l'Ecriture le dit au 10. Chapitre de la Genèse, où elle détaille la postérité de Noé. Tharsis s'étant établi dans la Cilicie, sa postérité la peupla, & eut sans doute beaucoup de liaison avec les Phœniciens grands Navigateurs. Les Grecs prétendent que le nom de Cilicie vient de Cilix qu'ils font frere de Cadmus. Cela doit avoir formé entre les deux Peuples un grand Commerce maritime. La situation de Tharse dans un tems où l'on suivoit les Côtes sans s'en écarter que le moins qu'il étoit possible, en faisoit un Entrepôt commode.

Tharsis & Cetim étoient freres selon la Genèse. Tharsis habita la Cilicie, selon Josephe, & il se trouve dans la Cilicie un Canton nommé la CE'TIDE, Ptolomée en nomme les principaux Lieux. Voyez CE'TIDIS. St. Basile Evêque de Séleucie, [b] parlant du *Calydnus*, Rivière voisine de la Séleucie d'Isaurie, dit qu'elle a sa source dans le fond de la Cétide.

b In Vita Theclæ L.

Les Phœniciens ayant une Colonie à Carthage, poussèrent aisément leur Navigation plus loin jusqu'au Détroit de Gibraltar, où ils eurent des Etablissemens considérables. Tous les anciens Historiens en sont pleins de témoignages. Ils sortirent du Détroit, & furent les Fondateurs de Cadix. Arrien [c] dans son Expédition d'Aléxandre parle de plusieurs Hercules & prétend qu'Hercule adoré par les Ibériens (les Espagnols) à Tartessus, où étoient certaines Colomnes nommées Colomnes d'Hercule, étoit l'Hercule Tyrien; car, ajoute-t-il, *Tartessus* a été bâtie par les Phœniciens. On y eleva un Temple en l'honneur d'Hercule & on lui faisoit des Sacrifices à la manière des Phœniciens. Arrien entend par-là la Ville située dans une Isle que les Latins nommérent *Gades*. C'est de celle-là que Pline [d] dit: *Nostri Tartesson appellant, Pœni* GADIR, *ita Punica Lingua Gepem significare*. Il ne faut pas la confondre avec une autre *Tartessus*, nommée *Carteia*. Pline [e] qui fait aussi mention de celle-là en ces termes: *Carteia Tartessos à Græcis dicta*, les distingue très-bien; elle avoit été aussi fondée par les Phœniciens; mais selon

c Lib. 2. & 16.

d Lib. 4. c. 22.

e Lib. 3. c. 1.

THA.

selon la Remarque de Bochart il y avoit une troisième *Tarteſſus*, que les Phœniciens, ne bâtirent point & qu'ils trouvérent toute fondée. Elle étoit au bas du Guadalquivir, qui entroit anciennement dans la Mer par deux Embouchures. Strabon [a] le dit précisément. Le Guadalquivir ſe partage, dit-il, en deux; l'Iſle qui eſt entre ces deux Embouchures a cent Stades de Côte le long de la Mer, ſelon quelques-uns, & plus ſelon d'autres. Il dit plus bas [b]: comme le Guadalquivir entre dans la Mer par deux Embouchures, on dit qu'il y a au milieu *une Ville nommée* TARTESSUS *comme* la Riviére, & que l'on appelloit TARTESSIDE, le Canton poſſédé à préſent par les Turdules. Pauſanias [c] dit de même: on dit qu'il y a en Eſpagne le Fleuve Tarteſſus qui deſcend dans la Mer par deux Embouchures entre leſquelles il y a une Ville de même nom. Il n'eſt pas étonnant que Pline n'ait point nommé cette *Tarteſſus*, qui n'exiſtoit déja plus du tems de Strabon. Bochart croit donc que cette ancienne Ville ne fut point fondée par les Phœniciens; mais qu'ils la trouvérent fondée avant leur venue dans ce Pays-là. Il eſt vrai que le Guadalquivir n'a aujourd'hui qu'une Embouchure; mais outre que la même choſe eſt arrivée à quantité d'autres Riviéres, les Anciens atteſtent qu'elle en avoit eu deux. On vient d'en voir les preuves dans Strabon & dans Pauſanias, ajoutons Ptolomée qui fait mention de l'Embouchure Orientale du Fleuve Bætis Βαίτιος τὸ ἀνατολικὸν στόμα. Il faut en conclurre qu'il y en avoit une autre ſans doute Occidentale δυτικόν, qui aujourd'hui ne ſe trouve point dans ſon Livre apparemment par la négligence des Copiſtes.

C'eſt cette troiſième Tarteſſus la plus ancienne de toutes que les Hébreux ont appellée Tharſis, ſi nous en croyons Bochart; & c'eſt-là que les premiers Phœniciens, qui y allérent, trouvérent des richeſſes immenſes. Il y a un Paſſage conſidérable d'Ariſtote dans ſon Livre des Merveilles: on dit que les premiers Phœniciens, qui navigérent à Tarteſſus y échangérent l'Huile & autres ordures qu'ils portoient ſur leurs Vaiſſeaux contre de l'argent en telle quantité, que leurs Navires ne pouvoient ni le contenir, ni le porter. Il ajoûte qu'ils ſe firent des Ancres d'argent & tout le reſte de la Vaiſſelle & des Uſtenſiles. Voilà pour la Navigation des Phœniciens à Tarteſſus. Hérodote [d] marque par quelle avanture un Vaiſſeau des Samiens fut porté à Tarteſſus. Le Capitaine s'appelloit *Colæus* & fut le premier Grec qui fit ce Voyage. Il paroît par le diſcours d'Hérodote que ce Port n'étoit pas fréquenté pour lors, que Colæus y trouva de grandes richeſſes & revint avec une charge qui fit ſa Fortune, ſa part ſeule ayant monté à ſix Talens.

Il eſt remarquable que les trois Tarteſſus étoient dans la Bétique, l'une ſavoir *Carteia*, dans la Baye de Gibraltar, l'autre *Gadir*, ou *Gades*, au Golphe de Cadix; l'ancienne à l'Embouchure du Guadalquivir entre les deux ſorties de ce Fleuve. Joignez à cette ſituation la richeſſe du Pays en Argent, ſi vantée par les anciens Hiſtoriens;

[a] Lib. 3. p. 140.
[b] Pag. 148.
[c] Eliac. 2.
[d] Lib. 4. c. 152.

THA. 451

qui confirment les anciens Voyages de ce Pays-là; ajoutez ce Paſſage d'Euſèbe Θαρσεια ἐξ ὦ Ἰβηρες; *Tharſis ex quo Iberi*; Tharſis de qui ſont venus les Ibériens, ou les Eſpagnols; vous trouvez une ſuite de convenances qui rendent moins étrange les diverſes opinions qui placent Tharſis, ou dans la Méditerranée, ou au voiſinage de cette Mer.

Il ne faut qu'une ſeule Tharſis, dira-t-on, la plûpart des Auteurs, dont j'ai rapporté le ſentiment, le ſouhaitent ainſi. Il eſt aiſé de les ſatisfaire, pourvû qu'ils conviennent qu'il y a pu arriver au nom de Tharſis la même choſe qu'au mot Indes. C'étoit le nom particulier d'un Fleuve; enſuite d'une Contrée en deçà & au delà du Gange, & encore aujourd'hui le mot d'Inde eſt devenu commun à des Pays très-différens les uns des autres. Il peut en avoir été de même de Tharſis; Tharſe & la Cilicie ont pu être les premiers eſſais de la Navigation Phœnicienne. Le nom de Tharſis aura ſans doute pris delà ſon origine dans la Langue Hébraïque. Si l'on a lu ce que nous avons dit à l'Article de GRÉCE, on aura de la diſpoſition à croire, que ces mêmes Hébreux, qui nommoient *Javan* les Habitans de la Gréce, à cauſe de Javan Pere de les Ioniens, ont pu appeller Tharſis la Cilicie & les Ciliciens deſcendus de Tharſis.

On a remarqué ailleurs que vers le tems de Joſué les Phœniciens étoient paſſez en Afrique, nous l'avons fait voir à l'Article de CARTHAGE. Des Vaiſſeaux qui raſoient la Côte de Phœnicie, & enſuite celle de Cilicie, arrivoient aiſément à l'Iſle de Candie & aux autres Iſles qui ſont au Midi de la Morée, delà ils ne perdoient point la vûe des Terres pour cotoyer la Gréce, la Côte Méridionale d'Italie, de Sicile, à la pointe Occidentale de laquelle ils touchoient preſque aux Côtes d'Afrique, où étoit leur Colonie de Carthage. Delà en ſuivant cette Côte ils trouvoient le Détroit de Gibraltar. Je ne dis rien là qui ne ſoit conforme aux témoignages de l'Antiquité & à la plus ſaine Géographie. Ce Voyage de Cilicie, de Carthage & du Détroit, a pu être appellé le Voyage de Tharſis parce que Tharſis étoit le premier terme. De même nous appellons *Voyage du Levant* un Voyage qui s'étend quelquefois juſqu'à la Perſe; & *Voyage des Indes* un Voyage qui s'étend juſqu'au Tonquin & à la Chine. On ne doit donc pas s'étonner ſi quelques Anciens par Tharſis ont entendu les environs de Tharſe, d'autres Carthage, d'autres l'Afrique ſans déſigner quelle partie de l'Afrique.

À l'égard de Tharſis en Eſpagne, la différence qu'il y a entre ce nom & celui de *Tarteſſus*, ne doit point faire de peine, car les Phœniciens peuvent avoir changé le premier *ש* en *ת*, c'eſt-à-dire l'*s* en *t*, comme on a dit *Aturie* pour l'*Aſſyrie*, la *Batanée* pour le Pays de *Baſan*; peut-être auſſi n'ont-ils rien changé à ce nom. Polybe [e] rapportant les conditions d'un Traité fait entre les Romains & les Carthaginois, dit: Il ne ſera point permis aux Romains de faire des priſes au-delà de *Maſtia* & de TAR-SEIUM,

[e] Lib. 3.

SEIUM, ni d'y aller trafiquer, ni d'y bâtir des Villes. Ταρσήιον, *Tarseium*, selon Etienne le Géographe, est une Ville auprès des Colomnes d'Hercule. Le nom de *Tharsis* est bien reconnoissable en celui de *Tharseium*. Aussi Goropius *Hispan. L. 5. 6. 7.* Grotius *in 3. Reg. c. 10. v. 28.* Pineda *de Rebus Salom. L. 4. 6. 14.* Emanuel Sa *in Paralip. L. 2. c. 9. v. 21.* & Bochart *Phaleg. L. 3. c. 7. & Chanaan L. 1. c. 34.* n'ont-ils fait nulle difficulté d'assurer que c'étoit le même nom & le même Lieu.

Des Marchandises que l'on apportoit de Tharsis.

Après avoir rapporté Tharsis en sa place, malgré les illusions de quelques Critiques; voyons si l'on y trouvoit les Marchandises, dont il est dit que la Flote de Tharsis se chargeoit en revenant. Ces marchandises étoient de l'Argent en masse, ou en lame, la Chrysolite, de l'Yvoire, des Singes, des Perroquets & des Esclaves Ethiopiens, c'est-à-dire des Nègres. Il n'y a nulle difficulté sur l'Argent. Le Pays où nous mettons Tharsis, c'est-à-dire, la Bétique, en produisoit alors en abondance, comme on l'a vu par le témoignage d'Aristote, & d'Hérodote. Il n'y en a pas davantage sur les Chrysolites. Pline parlant de cette Pierre dit: *Bocobus auctor est & in Hispania repertas quo in loco crystallum dicit ad libramentum aquæ puteis depressis erutam, Chrysolithon XII. pondo a se visam*. Ce témoignage est bien suffisant. Un Pays qui produisoit des Chrysolites du poids de douze livres, à 12. onces la livre, comme étoit celle des Anciens, ne devoit pas être stérile de cette sorte de Pierre.

Les Phéniciens avoient des Etablissemens au-delà du Détroit vers la Nigritie. Ils étoient sur les Flotes de Salomon; ils savoient bien comment lui procurer de l'Yvoire, des Singes, des Nègres & des Perroquets. La Côte Occidentale d'Afrique ne manque point de tout cela, & il n'est pas nécessaire d'aller bien loin ni jusqu'au coin de la Guinée pour en trouver; encore moins de faire le tour de l'Afrique. Les Phéniciens de la Bétique avoient soin de se fournir d'une marchandise qu'ils voyoient que la Flote combinée de Hiram & de Salomon emportoit avec plaisir; & le terme de trois ans, qui s'écouloit d'un Voyage à l'autre, étoit bien assez long pour les amasser au lieu où la Flote abordoit, sans qu'elle eût la peine de les aller chercher ailleurs qu'à Tharsis.

Le ton magistral avec lequel Mr. Huet réfute ce sentiment, ne m'ébranle point, il est aisé de rabatre cet air de triomphe, commençons par rapporter ses paroles. Il suppose que les Vaisseaux destinez pour Tharsis devoient, chemin faisant, passer en Ophir, & qu'ils partoient d'Asiongaber. De cette fausse supposition il tire cette conséquence: ,, Il est facile, dit-il, de juger par ,, ce qui vient d'être dit combien Bochart ,, & ceux de qui il avoit adopté le senti-,, ment, se sont trompez grossièrement en ,, plaçant Tharsis dans la Bétique, puisqu'on ,, ne sauroit prouver qu'elle produise aucu-,, ne des Marchandises que l'Ecriture dit ,, que ces Vaisseaux apportèrent. Il leur ,, seroit aussi inutile de prétendre qu'il y ,, avoit dans les Villes de la Bétique des ,, Foires & des Marchez, où l'on pouvoit ,, acheter ces sortes de marchandises que ,, l'on y portoit des Pays éloignez, car, ,, poursuit-il, il seroit ridicule de penser ,, que les Israëlites & les Phéniciens partis ,, d'un Port de la Mer Rouge, eussent co-,, toyé les Rivages de l'Afrique, sans s'ar-,, rêter, pour aller en Espagne chercher des ,, marchandises que les Espagnols eux-mê-,, mes tiroient de l'Afrique. Ce *Ridicule* n'est donc qu'au cas que ces Vaisseaux de Tharsis partissent de la Mer Rouge, doublassent le Cap de Bonne Espérance, & vinssent à la Bétique par l'Océan le long de l'Ethiopie, de la Guinée, de la Nigritie, &c. jusqu'au Détroit: en ce cas il étoit plus naturel qu'ils prissent eux-mêmes sur les Lieux, les Singes, les Nègres & les Perroquets. Mais ce tour de l'Afrique n'étant qu'une Chimère inventée pour sauver le contresens qui avoit prévalu, en expliquant un passage des Rois, & un autre des Paralipomènes que je rapporterai en ce moment, le ridicule cesse. On ne doit pas s'étonner que les Israëlites, & les Phéniciens prissent dans la Bétique des marchandises qu'ils n'avoient pas trouvées sur leur route étant venus par la Méditerrannée. Il suffit, qu'au premier Voyage ils ayent témoigné quelque goût pour ces marchandises, pour en trouver en abondance au Voyage suivant, sans qu'ils fussent réduits à les aller chercher eux-mêmes. Or je dis que les Vaisseaux de Tharsis alloient par la Méditerrannée. La Prophétie de Jonas & celle d'Ezéchiel le marquent. Ils ne partoient point d'Asiongaber, ni de la Mer Rouge, & les deux passages dont on abuse pour le prouver ne le disent point. On n'y trouve cette prétendue découverte, que quand on veut l'y chercher à quelque prix que ce soit. Pour l'y trouver Mr. Huet explique le passage du III. Livre des Rois à sa manière Ch. 22. v. 49. Si nous l'en croyons, l'Hébreu dit: *Josaphatus fecit Naves Tharsis ut irent in Ophir auri gratia, & non ivit quia fractæ sunt in Asiongaber*. Il falloit dire, ce me semble, *non iverunt, non ivit est*; mais cela ne fait rien à la chose: *Naves Tharsis*, selon Mr. Huet, signifie des Vaisseaux destinez au Voyage de Tharsis, & qui y devoient aller. Ce n'est point cela; des Vaisseaux de Tharsis ne signifient ici que des Vaisseaux construits & équipez de la même manière que l'étoient ceux que l'on envoyoit réellement à Tharsis. J'ai déja fait voir que divers Savans ont pensé de même que moi sur cette explication, qui est très-simple & très-naturelle, & qui, outre qu'elle convient à ce passage, sauve de la nécessité d'imaginer une Navigation chimérique pour concilier l'Ecriture avec elle-même. Aussi la Bible Latine dont l'Eglise reconnoît l'autenticité n'a-t-elle pas rendu ce mot Tharsis, par lui-même, mais elle dit: *Rex vero Josaphat fecerat Classes in Mari quæ navigarent in Ophir propter aurum*. On ne bâtit point des Vaisseaux dans la Mer; ainsi *Classes in Mari ne* ne veut dire que des Vaisseaux capables de naviger sur la Mer, tels qu'étoient les Vaisseaux de Tharsis; ces deux expressions reviennent au même sens dans le fond.

Le passage des Paralipomènes qui a jetté les Savans dans l'erreur par leur inconsidération n'est pas plus embarrassant que celui-là. Il est du II Liv. Ch. 20. v. 36. & 37. *Et particeps fuit ut faceret Naves quæ irent in Tharsis : fecerúntque. Classem in Asiongaber.* IL CONVINT *avec lui de faire des Vaisseaux pour aller en Tharsis, & ils construisirent aussi une Flote à Asiongaber.* Voilà deux Flotes différentes, l'une pour Tharsis, l'autre pour la Mer Rouge, & cette derniére fut bâtie à Asiongaber. L'autre dans les Ports de la Méditerrannée. Le sort de la première de ces deux Flotes est marqué dans le Livre des Rois Ch. 22. Elle fut brisée dans le Port même d'Asiongaber & ne put aller à Ophir chercher de l'Or. Le sort de la seconde est marqué dans le dernier verset du 20. Chapitre du II Livre des Paralipomènes: *Contritǽque sunt Naves & non potuerunt ire in Tharsis.* Les Vaisseaux destinez pour Tharsis furent brisez & n'y purent aller; voilà pour la Flote de la Méditerrannée. Elle eut le même sort que celle de la Mer Rouge. Elle fut brisée & ne put aller au lieu de sa destination.

Cette distinction des deux Flotes a été sentie par le savant Schmidt dans sa Version Latine du Texte Hébreu : *Societatem iniit cum eo ad faciendum naves ituras in Tharsichisch;* ETIAMQUE FECERUNT *naves in Ezion-Geber.* Voilà une distinction bien marquée.

Mais quand elle le seroit moins dans l'Hébreu, il est aisé de s'appercevoir que cette distinction est nécessaire & que sans elle Tharsis devient un nom inexplicable. Faute de cette distinction il faut ou avoir recours à une double Tharsis, qui ne sert qu'à brouiller les idées, ou il faut pour en trouver une, qui soit également à la portée de la Mer Rouge & de la Mer Méditerrannée, recourir à l'étrange Navigation du tour de l'Afrique, qui malgré toute l'érudition dont Mr. Huet a tâché de la revêtir, ne laisse pas de révolter tous ceux à qui on la propose. L'autre Navigation au contraire est facile, à la portée des Phéniciens qui fournissoient pour cela une excellente Marine à Salomon. Elle explique commodément tous les passages, où il est parlé de Tharsis, sans faire aucune violence à aucun Texte de l'Ecriture. Elle s'accorde avec les idées des anciens Ecrivains Ecclésiastiques. Elle les justifie : Tharsis n'étoit point Carthage; mais la Flote de Tharsis y passoit en allant à Tharsis de la Bétique, ou en revenant dans ce Voyage, elle trouvoit à Tharsis, ou au voisinage, tout ce que la Flote de Tharsis en rapportoit. Jonas ne veut point aller en Orient où est Ninive, il s'enfuit vers Tharsis à l'Occident, cela est naturel. Les Marchands de Tharsis viennent aux Foires de Tyr, rien de plus facile à concevoir dès que Tharsis est dans la Mer Méditerrannée, ou près du Détroit de Gibraltar. Le passage de Judith ne se peut expliquer de l'Afrique Occidentale. Holopherne n'alla point de ce côté-là. Le Ré- ges *Tharsis & Insulæ* de David y vient aussi mal. Réduisons à un petit nombre de propositions ce que nous avons tâché de faire voir dans cet Article.

Il n'y avoit qu'une Tharsis proprement dite, que l'on connut d'abord; sçavoir Tharse & les environs connus ensuite sous le nom de Cilicie.

Les Phéniciens vers le tems de Josué ayant fait des Etablissemens en Afrique, leurs Vaisseaux fréquentérent le Port de Carthage.

Cette Navigation les mena peu à peu vers le Détroit de Gibraltar, & leur fit découvrir le Pays de Tharsis en Espagne; c'est de cette Tharsis, du Détroit, ou des environs, que Salomon tiroit tant d'Argent, d'Yvoire, &c.

La Tharsis d'Holopherne est la Tharsis de Cilicie & ne peut être l'Arabie. C'est aussi celle du Pseaume, où il est parlé des Rois de Tharsis & des Isles.

Pour aller à Tharsis on s'embarquoit à Joppé comme Jonas, ou à Tyr sur les Vaisseaux des Marchands dont parle Ezéchiel.

Les passages que l'on cite du Livre des Rois & des Paralipomènes pour en conclurre que la Flote de Tharsis partoit d'Asiongaber, ne le disent point; & il est plus naturel & plus raisonnable d'entendre dans les paroles mêmes de l'Ecriture une distinction réelle entre ces deux Flotes & ces deux Voyages, que de donner lieu à une contradiction dont on ne sait comment sortir.

THARSOUS [a], nom que les Arabes & les Turcs donnent à la Ville de Tharse en Cilicie. Elle a produit quelques Auteurs surnommez Al-Tharsoussi, à cause de la naissance qu'ils avoient prise dans cette Ville. [a D'Herbelot, Biblioth. Or.]

THARSUS. Voyez TARSUS & THARSIS.

THASBALTÆ. Voyez TABALTA.

THASKEND [b], nom d'une Ville du Turquestan, ou de la Grande Tartarie. Il est sorti de cette Ville des Personnages illustres, qui ont porté le surnom de Taschkendi. [b Ibid.]

THASIA, Ville de l'Afrique propre : Ptolomée [c] la marque avec les Villes qui étoient entre la Ville *Thabraca* & le Fleuve *Bagradas.* [c Lib. 4.]

THASIE, Contrée de l'Ibérie, selon Pline [d]. [d Lib. 6. c. 10.]

THASPIS. Voyez TESPIS.

THASUS, Isle sur la Côte de la Thrace, à l'opposite de l'Embouchure du Fleuve *Nestus.* La plûpart des Géographes écrivent THASUS : mais Polybe & Etienne le Géographe disent THASSOS, & Pline THASSUS. *Thasus* fils d'Agénor, Roi des Phéniciens, passe pour avoir peuplé cette Isle, & pour y avoir demeuré plusieurs années. Il lui donna son nom. L'Isle fut ensuite augmentée d'une nouvelle Colonie Grécque qu'on y avoit menée de Paros [e]. Ce qui la rendit considérable entre les autres Isles si-tuées dans la Mer Egée. Mais elle ne continua guére dans cette situation heureuse: elle tomba sous la domination des Céniriens & des Entriens, ou des Λίυροι, comme Hesychius les appelle. Ces Peuples s'y étoient rendus de la Thrace, ou des Confins de l'Asie. Hérodote fait une mention particuliére de ces Peuples. A la fin les Athéniens s'en rendirent les Maîtres: ils dé- [e *Egeâ* Rédivivâ, p. 467.]

pouil-

pouillérent entièrement de sa liberté, en desarmérent les Habitans, & pour les tenir plus aisément, dans sa sujettion, ils les accablérent de continuels impôts. Les Athéniens en furent dépossédés par les Macédoniens, & ceux-ci par les Romains. *Thasus* essuya ensuite le Gouvernement tyrannique de plusieurs Usurpateurs, & à la fin, pour comble de malheur, elle fut contrainte de suivre le sort de l'Empire de Constantinople & de subir le joug de la Domination Turque. Mahomet II. s'en empara dès l'an 1453. Elle fut traitée d'abord avec la dernière rigueur; mais dans la suite les Turcs mêmes y établirent un Négoce; ce qui y attira derechef de nouveaux Habitans. Cette Isle contient encore aujourd'hui trois Bourgs fort peuplés, & mis, par des Fortifications, en état de défense. On donne même au plus grand de ces Bourgs le nom de Ville de Thaso. Les deux autres Bourgs retiennent en quelque manière leurs anciens noms; l'un est appellé *Ogygia*, ou *Gisi*, & l'autre *Etira*, ou *Tyrra*. Le Commerce y attire un grand nombre d'Etrangers, on voit aborder en tout tems dans le Port de la Ville quantité de Bâtimens; sur-tout il en vient un grand nombre de Constantinople, qui y portent un gain considérable. Le terroir de cette Isle est fertile, & abonde en toutes choses nécessaires à la vie. Les Fruits particuliérement sont délicieux, & il y a un excellent Vignoble, célébra déja dès le tems de Varron; & Virgile [a] en parle ainsi:

[a] Georg. Lib. 2. v. 91.

Sunt Thasiæ vites, sunt & Mareotides albæ,
Pinguibus hæ terris habiles, levioribus illæ.

Cette Isle a encore plusieurs Mines d'Or & d'Argent, & des Carrières d'un Marbre très-fin. Pline remarque, que ces Mines & ces Carrières rapportoient beaucoup dès le tems d'Aléxandre le Grand. Les Empereurs Ottomans ne les ont pas laissées non plus en friche. Selim I. entre autres, & Soliman II. en ont tiré un profit considérable. Le Sultan Amurath fit creuser avec beaucoup de succès dans la Montagne qui est vers le Septentrion de l'Isle, vis-à-vis de celle de Nesso; mais au bout de cinq mois on discontinua ce travail, parce que la veine étoit manquée, ou plutôt parce qu'on en avoit perdu le fil. Les Habitans de cette Isle de Thaso avoient fait une Alliance étroite avec ceux de la Ville d'Abdéra à dessein de se mettre à couvert des incursions des Sarrazins & d'autres Peuples Barbares de l'Asie; mais ils les abandonnérent dans les plus pressans besoins, lorsque ces Barbares vinrent avec une Armée ravager toute la Côte Méridionale de la Thrace. Après leur départ ceux d'Abdére s'étant remis pensérent aux moyens de se vanger des Thasiens qui avoient manqué à la foi promise de s'assister mutuellement; ils abordérent pour cet effet à l'impourvu dans cette Isle, & firent tout leur possible, pour s'en rendre les Maîtres. Les peuples voisins prirent part à cette guerre, & ils obligérent les Thasiens, à donner une satisfaction convenable aux Habitans d'Abdéra.

THAT, Château du Sagestan. Dans l'année 393. de l'Hégire, dit Mr. Dherbelot dans la Bibliothéque Orientale [b], Mahmond fils de Sebecteghin, premier Sultan de la Dynastie des Gaznevides, entreprit de réduire Khalaf, qui n'étant que Gouverneur du Segestan y tranchoit du Souverain, & avoit même fortifié le Château de That, comme s'il eût voulu s'y maintenir par la force; mais il n'eut pas plutôt appris la venue de ce Prince, qu'il alla au devant de lui, lui porta les clefs de sa Forteresse & le reconnut pour son Sultan.

[b] Au mot Mahmod.

THATES. Voyez Thapsis.
THATICES. Voyez Metacompso.
THAU [l'Etang de] Etang en France, sur les Côtes de Larguedoc. Cet Etang est nommé *Taurus* par Avienus, & *Laterra* par Pline. Il s'étend presque de l'Est à l'Ouest environ douze bonnes lieues, au Midi du Diocése de Montpellier, & d'une partie de celui d'Agde. On lui donne dans le Pays les différens noms d'Etang de Frontignan, de Maguelone & de Peraut, que l'on emprunte des gros lieux qui sont sur les bords. On donne ordinairement celui de Frontignan à la partie Orientale. Cet Etang se débouche dans le Golfe de Lyon, par le Grau de Palavas, ou passage de Maguelone, & par le Port de Cette, où commence le fameux Canal Royal de Languedoc.

THAUANA, Ville de l'Arabie Heureuse. Ptolomée [c] la marque dans les Terres. Le MS. de la Bibliothéque Palatine lit Thabane, au lieu de Thauana.

[c] Lib. 6. 7.

1. THAUBA, Ville de l'Arabie Heureuse, & dans les Terres selon Ptolomée [d]. Au lieu de *Thauba*, le MS. de la Bibliothéque Palatine porte *Thabba*.

[d] Ibid.

2. THAUBA, Ville de l'Arabie Deserte: Ptolomée [e] la marque aux confins de la Mésopotamie.

[e] Lib. 5. c. 19.

THAUBASIUM, Lieu d'Egypte. Par la position que lui donne l'Itinéraire d'Antonin, ce Lieu devoit être au voisinage des Marais de l'Arabie. Il est marqué sur la route de *Serapiu* à *Pelusæ*, entre *Serapiu* & *Sile*, à huit milles du premier de ces Lieux, & à vingt-huit milles du second. Ortélius [f] soupçonne que ce pourroit être le même Lieu que la Notice des Dignitez de l'Empire appelle *Thaubasteum*, & qu'elle place dans l'Angustamnique. Je crois, dit Ortelius, que c'est aussi le *Theubatium* de St. Jérôme.

[f] Thesaur.

THAUMACI. Strabon [g] met Thaumaci au nombre des Villes de la Phthiotide; & Tite-Live [h] dit qu'en partant de Pylæ & du Golphe Maliacus & passant par Lamia, on rencontroit cette Ville sur une éminence tout près du défilé apellé *Cœle*. Il ajoute que cette Ville dominoit sur une Plaine d'une si vaste étendue, que l'on ne pouvoit en voir l'extrémité, & que c'est cette espéce de prodige qui étoit l'origine du nom *Thaumaci*. Etienne le Géographe prétend néanmoins que ce fut Thaumacus son fondateur qui lui donna son nom. Ce seroit un fait difficile à vérifier, ou du moins il faudroit aller chercher des preuves dans des tems bien reculez; car cette Ville subsistoit du tems d'Homère [i].

[g] p. 9. 434.
[h] Lib. 32. c. 4.
[i] Iliad B. v. 716.

THA. THE.   THE.   455

Οἱ δ᾽ ἄρα Μηθώνην καὶ Θαυμακίην ἐνέμοντο.
Qui vero Methonen & Thaumaciam habitabant.

Pline [a] nomme aussi cette Ville *Thaumacia* ou *Thaumacie*, & la met dans la Magnésie. Je ne sai sur quoi fondé. Phavorin [b] dit qu'il y avoit une Ville nommée *Thaumacia* dans la Magnésie, & une autre de même nom sur le Golphe Maliacus. Il pourroit bien multiplier les êtres. Ce qu'il y a de certain, c'est que la Ville de *Thaumaci* de Tite-Live étoit dans les Terres.

THAUN [c], petite Ville d'Allemagne, dans la partie du Palatinat, qui est à la gauche du Rhein, au Comté de Spanheim, dans l'endroit où la Riviére de Nahe reçoit celle de Simmeren.

THAUREN, Mr. Corneille [d] qui cite Joly [e] dit que c'est un Lieu fameux dans l'Evêché de Liége, à une lieue de la Ville de Maseich. Il ajoute: On y voit une célébre & riche Abbaye de Chanoinesses de fort ancienne fondation, qui peuvent se marier de même que celles de Mons en Hainaut, excepté l'Abbesse, Dame très-considérable, qui a Jurisdiction sur beaucoup de Terres & de Villages, & qui peut faire battre Monnoie d'or & d'argent. Elle a des Chanoines, & des Chapelains pour faire le Service Divin, & il n'y a que les filles de Comtes, de Barons, & de Gentilshommes distinguez qui puissent être reçues dans cette Abbaye.

Je ne connois point d'Abbaye dans l'Evêché de Liége nommée THAUREN. Il y en a une que toutes les Cartes nomment THORN; & c'est apparemment celle dont Mrs. Joly & Corneille entendent parler. Elle est située au Comté de Horn, à une lieue d'Allemagne, au Nord de la Ville de Maseich, sur le bord de la Riviére Ytterbeeck, un peu au-dessus de l'endroit où elle se jette dans le Rhein.

THAURIS, Isle de la Mer d'Illyrie, selon Hirtius [f]. Il y a des Exemplaires qui lisent TAURIS, sans aspiration.

THAUTIRENORUM, nom d'un Peuple. Il se trouve sur une Médaille rapportée dans le Trefor de Goltzius.

THAXTED, Bourg d'Angleterre [g], dans le Comté d'Essex, assez près de sa source de la Riviére Chelmer, à la gauche de cette Riviére. Taxted a droit de Marché.

THEA, Ville de la Laconie, selon Etienne le Géographe, qui cite Philochorus [h]. Il ajoute que les Habitans de cette Ville sont les *Theenses* de Thucydide.

THEACHI, THEACO, ou THIAKI, Isle de la Mer Ionienne. Cette Isle, dit Mr. Coronelli [i], a presque autant de noms qu'il y a d'Auteurs différens qui en ont fait la description. Elle est appellée *Itaca* par Strabon & par Pline, *Nericia* par Porcacchi & par Denis l'Africain, *Val di Compagno* par Niger, *Val di Compare* par Sophien : les Grecs d'à présent la nomment *Thiachi*, les Turcs *Phiachi*, & communément on la nomme *Cefalonia Picciola*, ou Céfalonie la Petite. Elle regarde Céphalonie, dont elle est séparée par le Guiscardo, qui est un Canal très-profond, de la longueur de vingt milles, large de cinq, & de trois dans l'endroit le plus resserré. La figure de cette Isle est irréguliére. Elle est plus longue que large, & sa Côte, qui est de quarante milles de circuit, a plusieurs ouvertures & enfoncemens. On y trouve plusieurs Ports, qui sont d'une grande commodité pour y prendre du bois pour le chauffage. Mais de tous ces Ports celui de VATHI est de la meilleure tenue, d'un abri assuré, d'un grand fond, & il peut recevoir un plus grand nombre de Vaisseaux. Il y en a deux qui sont de peu inférieurs à celui-ci, savoir GIDACHI & SARACHINICCO. Les autres sont si peu commodes, & de si mauvais mouillage, qu'ils ne méritent pas qu'on en parle. On prend assez communément cette Isle pour l'ancienne Itaque, Patrie d'Ulysse. La mémoire de Pénélope sa femme, qui y faisoit son séjour pendant son absence, y est demeurée dans une telle vénération, à cause de sa chasteté, que les Habitans respectent certaines ruïnes, que l'on prend pour les restes de son Palais. Cette Isle avoit autrefois une Ville que Plutarque appelle ALALCOMENE ; il n'y a à présent que quelques Villages, dont les principaux sont *Vathi*, *Annoi*, *Oxoi*. Les Habitans sont au nombre de quinze mille : une bonne partie consiste en des gens qui sont sortis par bannissement, ou autrement, des Isles de Zante, de Corfou & de Céfalonie.

Les Citadins de Céfalonie élisent chaque année un Sujet auquel ils donnent le titre de Capitan de Theacchi ; mais il ne peut entrer en charge sans le consentement des Recteurs, qui sont obligez de se transporter chaque année dans l'Isle au mois de Mars pour y faire la Visite. Du reste l'autorité de cet Officier ne s'étend qu'à connoître des causes & à prononcer sur les différends qui peuvent survenir entre les particuliers. André Morosini, fils de Pierre, qui fut Provéditeur de Céfalonie en 1622. assure que cette Isle fut enlevée par les Confédérez de Michel, fils de l'Empereur Paléologne, des mains de cet Empereur après qu'il l'eut prise lui-même sur Charles Tocco, Napolitain de Nation. Tocco étoit porté de si bonne volonté envers la République qu'il renvoyoit aux Vénitiens, comme à ses Juges supérieurs, les appellations de toutes les causes tant criminelles que civiles.

THEÆNÆ. Voyez THÆNA.

THEAME, Ville de la Babylonie: Ptolomée [k] la marque aux confins de l'Arabie Deserte. Au lieu de *Theame* le MS. de la 20. Bibliothéque Palatine porte *Thelme*.

THEANGELA, Ville de la Carie, selon Pline [l] & Etienne le Géographe. Le Pere Hardouin remarque que l'Historien Philippe est surnommé Θεαγγελεὺς par Athénée [m], qu'on lit dans Plutarque [n] Χάρης Ἐισαγγελεὺς pour Θεαγγελεύς; & dans Strabon [o] Συαγέλα pour Θεάγγελα.

THEANI, Peuples dont fait mention Pline [p] le Jeune dans une de ses Lettres. Il paroît que ces Peuples habitoient au voisinage de la Bithynie. Ne seroit-il point question, dit Ortelius [q], des *Tiani*, Habitans de Tios ? Mais il ajoute qu'il lui semble que quelque autre Auteur met des Peuples nommez *Theani* aux environs de la Troade.

THEANUM, nom d'un Fleuve d'Italie, selon Orose [r].

THEA-

THEARUS. Voyez TEARUS.

THEATE, TEATEA, ou TEATE, Ville d'Italie au Royaume de Naples, dans l'Abruzze Citérieure, érigée en Métropole par le Pape Clément VII. Elle a donné le nom aux Théatins [a], parce que Jean Pierre Caraffe l'un des Fondateurs de leur Ordre, & depuis Pape sous le nom de Paul IV. ayant été Evêque de Chieti ou Theate, & ayant renoncé à cette Dignité pour se faire Religieux, le Peuple qui étoit accoutumé à l'appeller l'Evêque Théatin lui conserva ce nom, qui passa ensuite à ces Religieux. Voyez TEATEA.

[a] Baillet, Topog. des Saints, p. 481. Hist. du Clergé Séculier. & Régul. t. 3. p. 102.

THEATIA. Voyez THYATIRA.

THEAUA, Ville de l'Espagne Tarragonnoise : Ptolomée [b] la marque dans les Terres.

[b] Lib. 2. c. 6.

THEAUREMETS, petit Peuple de l'Amérique Septentrionale, dans la Louïsiane sur la route que tint le Sr. de la Salle pour aller de la Baye S. Loüis aux Cénis, & dont il traversa le Pays, avant que de passer la Maligne.

1. THEBÆ, Ville de la Haute Egypte, à la droite du Nil. C'est une très-ancienne Ville, qui donna son nom à la Thébaïde, & qui le pouvoit disputer aux plus belles Villes de l'Univers. Ses cent Portes chantées par Homére [c] sont connues de tout le monde, & lui firent donner le surnom d'*Hecatonpyle* pour la distinguer des autres Thebes. On la nomma aussi *Diospolis*; c'est-à-dire la Ville du Soleil: *Post Apollinis Urbem*, dit Strabon [d], *Thebæ sunt: nunc Diospolis vocatur*. Pline [e] rapporte la même chose : *Celebratur Diospolis magna, eadem Thebæ, portarum centum nobilis fama*. Quoiqu'on la trouve appellée quelquefois *Diospolis*, ou *Diospolis magna*, pour la distinguer des autres Villes qui portoient le nom du Soleil, cependant elle ne perdit point absolument son ancien nom; car dans l'Itinéraire d'Antonin elle est simplement nommée THEBÆ. Elle est marquée dans cet Itinéraire, à la droite du Nil, entre *Contra-Laton* & *Vicus Apollonos*, à quarante milles du premier de ces Lieux, & à vingt-deux milles du second. La plus grande partie de la Ville de Thèbes étoit à la droite du Nil, où tous les Anciens placent cette Ville. Il y en avoit néanmoins selon Strabon, une certaine partie, à la gauche du Fleuve : & c'est où étoit le *Memnonium*, ou le Palais & la Statue de Memnon: *Nunc vicatim habitatur: pars vero sita est in Arabia, ubi ipsa Urbs est : pars etiam in Peræa seu trans Fluvium, ubi Memnonium est*.

[c] Iliad. l. v. 381.
[d] Lib. 17.
[e] Lib. 5. c. 9.

La Ville de Thèbes n'étoit pas moins peuplée qu'elle étoit vaste; & Pomponius Mela [f] a dit qu'elle pouvoit faire sortir dans le besoin dix mille Combattans par chacune de ses Portes. Les Grecs & les Romains ont célébré sa magnificence & sa grandeur, encore qu'ils n'en eussent vu en quelque maniére que les ruïnes.

[f] Lib. 1. c. 9.

On a découvert [g] dans la Thébaïde (on l'appelle maintenant le SAYD) des Temples & des Palais encore presque entiers, où les Colonnes & les Statues sont innombrables. On y admire sur-tout un Palais, dont, dit Mr. Rollin [h], les restes semblent n'avoir subsisté que pour effacer la gloire des plus

[g] Voy. de Thevenot.
[h] Hist. des anciens Egyptiens.

grands Ouvrages. Quatre Allées à perte de vûe, & bornées de part & d'autre par des Sphinx d'une matiére aussi rare que leur grandeur est remarquable servent d'avenues à quatre Portiques, dont la hauteur étonne les yeux. Encore ceux qui nous ont décrit ce prodigieux Edifice n'ont-ils pas eu le tems d'en faire le tour, & ne sont pas même assûrez d'en avoir vu la moitié: mais tout ce qu'ils ont vu étoit surprenant. Une Salle, qui apparemment faisoit le milieu de ce superbe Palais, étoit soutenue de six-vingt Colonnes de six brasses de grosseur, grandes à proportion & entremêlées d'Obélisques, que tant de Siécles n'ont pu abattre. La peinture y avoit étalé tout son art & toutes ses richesses. Les couleurs mêmes, c'est-à-dire, ce qui éprouve le plutôt le pouvoir du Tems, se soutiennent encore parmi les ruïnes de cet admirable Edifice, & y conservent leur vivacité: tant l'Egypte savoit imprimer un caractère d'immortalité à tous ses Ouvrages. Strabon [i] qui avoit été sur les lieux, fait la description d'un Temple qu'il avoit vu en Egypte, presque entiérement semblable à ce qui vient d'être rapporté. Le même Auteur en décrivant les raretez de la Thébaïde parle d'une Statue de Memnon, qui étoit fort célébre & dont il avoit vu les restes. On dit que cette Statue lorsqu'elle étoit frappée des premiers rayons du Soleil levant, rendoit un son articulé. En effet Strabon entendit ce son; mais il doute qu'il vînt de la Statue. Voyez NAASSA.

[i] Lib. 17. p. 805.

Le nom de cette Ville de Thèbes ne se trouve pas dans le Texte de la Vulgate, & on ignore quel nom les anciens Hébreux lui donnoient. Bochart a [k] prétendu que c'étoit la Ville de *No-Ammon*, dont il est assez souvent parlé dans les Prophétes [l]; l'on traduit ordinairement par Aléxandrie. Mais Dom Calmet dans son Commentaire sur Nahum a prétendu de montrer que *No-Ammon* signifie plutôt la Ville de Diospolis dans la Basse-Egypte. Saint Dorothée le Thébain [m], Anachoréte dans la Basse-Egypte, étoit né à Thèbes dans la Haute Egypte.

[k] Phileg. Lib. 4. c. 27.
[l] ap. Ezéchiel. 30. 14. Nahum. 3. 8. Jerem. 46. 46.
[m] Baillet, Topog. SS. p. 481.

2. THEBÆ, Ville de Gréce, dans la Bœotie, sur le bord du Fleuve *Ismenus* & dans les Terres. Ceux du Pays la nomment *Thive*, & non pas *Stiva*, ni *Stives* [n]; mais ce qui fait que les Etrangers prennent le change c'est leur ignorance de la Langue. Lorsqu'ils entendent prononcer *Stiva*, ils croient que c'est-là le nom de Thèbes, au lieu que l's n'est que l'Article εἰς, abrégé. Ainsi εἰς Τιυα signifie à Thèbes, de même que les Grecs disent s'tin Co, pour *eis tin Co*. C'est la même erreur qui a fait appeller Constantinople par les Turcs *Stinbol*, ou *Stanbol*, parce que les Grecs, quand ils parlent d'aller à Constantinople se servent de cette expression s'tin polin; c'est-à-dire à la Ville. Thèbes selon Pausanias [o] & Etienne le Géographe fut ainsi nommée de Thébé fille de Promethée. Cette Ville fameuse par sa grandeur & par son ancienneté l'étoit encore par les disgraces & par les exploits de ses Héros [p]. La fin tragique de Cadmus son Fondateur, & d'Oedipe l'un de ses Rois, qui tous deux transmirent leur mauvaise fortu-

[n] Spon, Voy. de Grèce, t. 2. p. 5.
[o] In Bœot.
[p] De Tourreil, Préface Hist. sur la 1. Philippique, &c. p. 49.

fortune à leurs descendans: la naissance de Bacchus & d'Hercule: un siège soûtenu avant celui de Troye; & divers autres événemens historiques ou fabuleux la mettoient au nombre des Villes les plus renommées. Cependant par stupidité plutôt que par modération les Thébains n'avoient point sû se faire valoir. Ils avoient même passé en proverbe. On disoit: *Esprit*, *Oreille de Thèbes*. Pindare & Plutarque deux Bœotiens, qui ne l'étoient guère, avouent la grossiéreté des gens de leur Pays. Horace dans son Art Poëtique dit: *Gardez-vous bien de faire parler un Argien comme un Thébain*; & Cicéron [a] a écrit: *l'air subtil d'Athènes forme des hommes subtils: l'air épais de Thèbes forme des hommes épais*. Les Thébains avoient même eu la lâcheté de trahir la Gréce & de se joindre au Roi de Perse [b], action qui les décria d'autant plus que le succès ne la justifia point, &, que, contre leur attente fondée sur toutes les régles de la vraisemblance, l'Armée barbare fut défaite. Cet événement se jetta dans un étrange embarras. Ils eurent peur, que sous prétexte de vanger une si noire perfidie, les Athéniens leurs voisins, dont la puissance augmentoit de jour en jour, n'entreprissent de les assujettir. Résolus de parer le coup, ils recherchérent l'Alliance de Lacédémone, qu'ils devoient moins redouter, quand il n'y auroit eu que la raison de l'éloignement. Sparte dans cette occasion se relâcha de sa sévérité. Elle aima mieux pardonner aux partisans des Barbares que de laisser périr les Ennemis d'Athènes. Les Thébains par reconnoissance s'attachérent aux interêts de leur Protectrice; & l'on peut dire que durant la Guerre du Péloponnèse, elle n'eut point de meilleurs ni de plus fidèles Alliez. Ils ne tardérent pas toutefois à changer de vûes & d'interêts. Sparte toujours ennemie de la faction populaire entreprit de changer la forme de leur Gouvernement; & après avoir surpris le Citadelle de Thèbes dans la troisième année de la quatre-vingt-dix-neuvième Olympiade; après avoir détruit ou dissipé tout ce qui résistoit, elle déposa l'autorité entre les mains des principaux Citoyens, qui la plûpart agirent de concert avec elle. Pélopidas à la tête des Bannis, & avec le secours d'Athènes rentre secrétement dans Thèbes au bout de quarante ans, extermine les Tyrans, chasse la Garnison Lacédémonienne & remet sa Patrie en liberté. Jusque-là Thèbes unie tantôt à Sparte, tantôt avec Athènes, n'avoit jamais tenu que le second rang, sans que l'on soupçonnât qu'un jour elle occuperoit le premier. Enfin les Thébains naturellement forts & robustes, de plus extrêmement aguerris, pour avoir presque toujours eu les armes à la main depuis la Guerre du Péloponnèse, & pleins d'un desir ambitieux qui croissoit à proportion de leurs forces & de leur courage, se crurent trop serrez dans leurs anciennes Limites. Ils refusérent de signer la paix ménagée par Athènes, pour faire rentrer les Villes Grecques dans leur pleine indépendance. Les Thébains vouloient qu'on les reconnût pour les Chefs de la Bœotie. Ce refus non-seulement les exposoit à l'indignation du Roi de Perse, qui pour agir plus librement contre l'Egypte révoltée, avoit ordonné à tous les Grecs de poser les armes; mais encore soulevoit contre eux Athènes, Sparte & la Gréce entiére, qui ne soupiroit qu'après le repos. Toutes ces considérations ne les arrétérent pas. Ils rompirent avec Athènes, attaquérent Platée, & la rasérent. Depuis la Bataille de Marathon, où les Platéens postez à l'Aîle gauche par Miltiade, avoient signalé leur zéle & leur courage, les Athéniens ne célébroient point de Fête, où le Hérau ne formât des vœux communs pour la prospérité d'Athènes & de Platée [d]. Les Lacédémoniens [d *Herodot.*] crurent alors, que Thèbes déla issée de ses [Lib. 6.] Alliez étoit hors d'état de leur faire tête. Ils marchent donc comme à une victoire certaine, entrent avec une puissante Armée dans le Pays ennemi & y pénétrent bien avant. Tous les Grecs regardérent alors Thèbes comme perdue. On ne savoit pas qu'en un seul homme elle avoit plus d'une Armée. Cet homme étoit Epaminondas. Il n'y avoit pas de meilleure Ecole que la Maison de Polymne son pere, ouverte à tous les Savans, & le rendez-vous des plus excellens Maîtres. De cette Ecole sortit Philippe de Macédoine. C'est-là qu'en otage neuf années, il fut assez heureux pour devenir l'Elève du Maître d'Epaminondas, ou plutôt pour étudier Epaminondas lui-même. Les talens de ce dernier, soit pour la Politique, soit pour la Guerre, joints à beaucoup d'autres qu'il possédoit dans le degré le plus éminent, se trouvoient encore tous inférieurs à ses vertus. Philosophe de bonne foi, & pauvre par goût il méprisa les richesses, sans vouloir qu'on lui tint compte de ce mépris; & cultiva la vertu indépendemment du plus doux fruit qu'elle donne, j'entends la réputation. Avare de son loisir qu'il consacroit à la recherche de la Vérité, il fuyoit les Emplois publics, & ne briguoit que pour s'en exclurre. Sa modération le cachoit si bien, qu'il vivoit obscur & presque inconnu. Son mérite le décela pourtant. On l'arracha de la solitude pour le mettre à la tête des Armées. Dès que ce Sage parut, il fit bien voir que la Philosophie suffit à former des Héros; & que la plus grande avance pour vaincre ses Ennemis, c'est d'avoir appris à se vaincre soi-même. Epaminondas au sortir de sa vie privée & solitaire battit les Lacédémoniens à Leuctres, & leur porta le coup mortel dont ils ne se relevérent jamais. Ils perdirent quatre mille hommes, avec leur Roi Cléombrote, sans compter les blessez & les prisonniers. Cette journée fut la premiére où les forces de la Nation Grecque commencérent à se déployer. Les plus sanglantes défaites jusqu'alors ne coûtoient guére plus de quatre ou cinq cens hommes. On avoit vu Sparte d'ailleurs si animée, ou plutôt si achatnée contre Athènes, racheter d'une Trêve de trente années huit cens de ses Citoyens qui s'étoient laissez envelopper. On peut juger de la consternation, ou plutôt du desespoir des Lacédémoniens, lorsqu'ils se trouvérent tout d'un coup sans troupes, sans Alliez & presque à la merci du Vainqueur. Les Thébains se croyant invincibles

[a *De Fato.*]
[b *Xerxes.*]
[c *Herodot. Lib.* 7. 8. & 9. *Xenoph. Hist. Græc. Lib.* 7.]

cibles sous leur nouveau Général traverserent l'Attique, entrérent dans le Péloponnése, passérent le Fleuve Eurotas & allérent assiéger Sparte. Toute la prudence & tout le courage d'Agesilas ne la sauvérent que difficilement du propre aveu de Xénophon. D'ailleurs Epaminondas appréhendoit de s'attirer sur les bras toutes les forces du Péloponnése, & plus encore d'exciter la jalousie des Grecs, qui n'auroient pu lui pardonner d'avoir pour son coup d'essai détruit une si puissante République, & *arraché*, comme le disoit Leptines, un *Oeil à la Gréce*. Il se borna donc à la gloire d'avoir terrassé des superbes en qui le Langage Laconique redoubloit la fierté du commandement; & de les avoir, ainsi que lui-même s'en vantoit, réduits à la nécessité d'allonger leurs monosyllabes. Mais, il perpétua le souvenir de sa victoire par un Monument de justice & d'humanité. Ce fut le rétablissement de Messéné, dont il y avoit trois cens ans que les Lacédémoniens avoient chassé, ou mis aux fers les Habitans. Il rappelle de tous côtez les Messéniens épars, les remet en possession de leurs Terres qu'un long exil leur faisoit regarder comme étrangéres, & forme de ces gens rassemblez une République, qui depuis l'honora toujours comme son second Fondateur. Il n'en demeura pas-là: Ce grand Homme si retenu, si modéré pour lui-même, avoit une ambition sans bornes pour sa Patrie: non content de l'avoir rendue supérieure par Terre, il vouloit lui donner sur Mer une même supériorité; sa mort renversa ce beau projet, que lui seul pouvoit soutenir. Il mourut entre les bras de la Victoire à la Bataille de Mantinée, & selon quelques-uns de la main de Gryllus fils de Xénophon. Les Thébains, malgré la perte de leur Héros, ne laissérent pas de vouloir se maintenir où il les avoit placez; mais, comme dit Justin, leur gloire naquit & mourut avec Epaminondas.

J'ai déja dit que Cadmus fils d'Agénor étoit tenu pour le premier Fondateur de cette Ville. Varron [a] attribue sa fondation au Roi Ogygès. Quoi qu'il en soit, on dit assez communément que Cadmus bâtit cette Ville, lorsqu'après avoir inutilement cherché Europe sa sœur enlevée par Jupiter [b], il n'osa plus retourner vers son Pere. Ensuite Amphion, Roi de Thébes, l'entoura de Murailles, & persuada par son éloquence les Peuples qui habitoient la Campagne & les Rochers de venir habiter dans sa Ville. Cela fit dire aux Poëtes qu'Amphion avoit bâti les Murailles de Thébes, au son de sa Lyre, qui obligeoit les pierres à le suivre, & qu'elles venoient d'elles-mêmes se placer où il falloit. Aléxandre le Grand la fit raser. L'éloignement de ce Prince & un faux bruit de sa mort avoient inspiré aux Thébains une audace qui les perdit. Ils égorgérent la Garnison Macédonienne qu'ils avoient dans leur Citadelle. L'attentat ne demeura pas long-tems impuni. Le jeune Roi survint avec une telle diligence, qu'à son arrivée les Thébains n'en peuvent croire leurs propres yeux, & s'aveuglent au point, qu'à l'instigation de leurs Chefs ils négligent de profiter du tems, qu'il leur

[a] De Re Rustica, Lib. 3. c. 1.

[b] Spon, Voy. de Gréce, t. 2. p. 53.

donne de se repentir. Aléxandre attaque donc leur Ville, qui ne lui coûte que trois jours de siége, la saccage, la détruit, massacre six mille de ses Habitans, enchaîne ou vend le reste, & contre sa débonnaireté naturelle qu'ensuite il écouta fidellement dans tout le cours de ses immenses conquêtes, se fait une loi d'exercer ou de permettre des cruautez, nécessaires pour tenir en bride les autres Grecs. Cette rigueur lui réussit. Ce ne fut de toutes parts qu'Ambassades, pour implorer sa clémence; les Villes d'Etolie envoyérent à l'envi faire leurs soumissions, & s'excuser d'avoir prêté l'oreille à la révolte de Thébes. Il y en a qui veulent qu'Aléxandre ait traité si sévérement les Thébains à la sollicitation de leurs voisins, avec qui ils avoient eu la guerre depuis long-tems. Ce qu'il y a de constant, c'est que Thébes ne s'en est jamais bien pu relever. Strabon dit que de son tems elle étoit réduite à un Village peu considérable. Ovide par une expression Poëtique dit qu'il n'en restoit que le nom. Pausanias qui vivoit après eux fait néanmoins mention de plusieurs Statues, de Temples & de Monumens qui y étoient; mais il seroit présentement bien difficile d'en pouvoir justifier quelque chose, la Ville étant réduite à ce qui n'étoit autrefois que la Forteresse nommée Cadmée, dont les murailles & quelques Tours quarrées, qui y restent sont fort antiques. Elle est sur une éminence d'environ une lieue de tour. En y arrivant, dit Mr. Spon, nous passâmes un petit Ruisseau qui coule le long des murailles; & ce doit être la Riviére d'Ismenus, que d'autres avec plus de raison n'appellent qu'une Fontaine. Wheler [c] n'est pas de ce sentiment. Après avoir remarqué que Thébes ou *Thiva* est à 38. d. 22'. de Latitude, comme Mr. Vernon l'a observé, il ajoute: Elle est entre deux petites Riviéres, l'une au Levant & l'autre au Couchant. Je prendrois, poursuit-il, la première pour l'*Ismenus* & la seconde pour *Dirce*; car je ne comprends pas ce qui oblige Mr. Spon, à être d'une autre opinion; puisque Pausanias, après avoir décrit les côtez du Nord & de l'Est de la Porte *Prætida* vers la Chalcide, recommence à la porte *Neitis*, & après avoir remarqué quelques Monumens qui y sont, passe cette Riviére de *Dirce*, & va delà au Temple de Cabira & de Thespia; ce qui est au Couchant de la Ville. Il ajoute que la Riviére *Ismenus* est hors de la Ville à main droite de la Porte *Homoloïdes*, & passe proche d'une Montagne appellée aussi *Ismenus*; ce qui ne répond à aucune chose qui soit au Couchant, mais bien à ce qui est au Levant. La figure de la Forteresse est ovale, & tout ce qui est renfermé dans les murailles est beaucoup mieux bâti & plus élevé, que ce que l'on bâtit aujourd'hui dans le Pays. On croit qu'elle a une lieue & demie de tour, & qu'il y a trois ou quatre cens Habitans. Les Turcs qui en font la moindre partie y ont deux Mosquées, & les Chrétiens y ont plusieurs Eglises dont la Cathédrale s'appelle *Panagia Chrysaphoritza*. On n'y voit rien de remarquable que quelques fragmens d'anciennes Inscriptions parmi

[c] Voy. de Thébes, t. 2. p. 8.

mi les carreaux du pavé. On trouve deux Kans dans cette Ville. Au lieu de trois à quatre cens Habitans, Mr. Spon, en met trois à quatre milles, en y comprenant les Fauxbourgs, dont le plus beau eſt celui de St. Théodore, où il y a une très-belle Fontaine, qui vient d'un Réfervoir fur le chemin d'Athènes. C'eſt ce Ruiſſeau que Mr. Spon prend pour le *Dircé* des Anciens.

On voit vers le chemin de Négrepont, le Lieu d'où l'on tire la matiére dont on fait les Pipes à fumer du Tabac. Ceux qui jugent qu'il y a de cette matiére dans un endroit en achetent le Terroir du Vayvode, & y font creufer à quinze ou vingt pieds de profondeur, & de la largeur d'un puits ordinaire. Enfuite ils y font defcendre des gens qui tirent une terre fort blanche qui s'y trouve; elle eſt molle comme de la cire. On la travaille ou fur le Lieu même, ou dans les Boutiques avec un couteau; & enſuite on les façonne avec des fers, pour en faire des bottes de pipes à la Turque; c'eſt-à-dire, fans manche; parce qu'on y ajoute de grands Tuyaux de bois. Cette terre ainſi figurée s'endurcit à l'air, fans la faire cuire; & avec le tems elle devient auſſi dure que la pierre. La plus peſante eſt la meilleure & la moins ſujette à ſe caſſer. Les moindres ſe vendent cinq *aſpres* la piéce; & les plus belles neuf à dix. Les meilleures & les moins fragiles font les plus groſſes.

La Notice Epiſcopale de Nilus Doxapatrius appelle cette Ville *Thebæ Græciæ*, & en fait une Province Ecclefiaſtique avec trois Evêchez qu'elle ne nomme point. Il paroît par la Notice de l'Empereur Andronic Paléologue *le Vieux* que Thèbes étoit une Métropole ſous le Patriarchat de Conſtantinople, & que du cinquante-ſeptiéme rang elle paſſa au ſoixante-neuviéme. Dans la même Notice elle eſt comptée parmi les Villes, qui avoient changé de nom, *Bæotia, nunc Thebæ*.

3. THEBÆ, Ville de la Macédoine, dans la Phthiotide. Ptolomée [a] la nomme *Thebæ-Phthiotidis* : elle eſt appellée *Thebæ-Phthiotidis* & *Thebæ-Phthiotides* par Strabon [b]; *Thebæ-Phthiæ* par Polybe [c] & par Tite-Live [d], qui dans un autre endroit dit *Thebæ-Phthioticæ*; & *Thebæ-Theſſaliæ* par Pline [e]. Ptolomée [f] la place entre celle de *Sperchia* & l'Embouchure du Fleuve *Sperchius*; en quoi, dit Cellarius [g], ou l'Auteur ou ſes Copiſtes ſe ſont trompez; car qui doute que la Ville *Sperchia* tiroit ſon nom du Fleuve fur lequel elle étoit ſituée; au lieu que, ſi on s'en rapportoit à Ptolomée, elle s'en trouveroit éloignée, puiſqu'il met la Ville de Thébes entre deux. Strabon donne bien une autre ſituation à cette Ville. Il la met au-deſſous de la Campagne appellée *Crocius* & à cent Stades de la Ville d'Alos, & par conſéquent vers les confins de la Phthiotide du côté du Septentrion. Quoi qu'il en ſoit, il eſt certain que cette Ville de Thèbes étoit fur la Côte de la Mer, car ſes Habitans ſe plaignent dans Tite-Live [h] de ce que Philippe de Macédoine leur avoit ôté leur Commerce Maritime. Ce même Roi établit une Colonie à Thèbes [i], dont il changea le nom, en celui de Philippopolis.

[a] Lib. 3. c. 13.
[b] Lib. 9. p. 431. & p. 434.
[c] *Legat*. 6.
[d] Lib. 32.
[e] Lib. 28. c. 7.
[f] Lib. 4. c. 8.
[g] *Geogr. Ant*. Lib. 1. c. 13.
[h] Lib. 39. c. 25.
[i] *Polybius*, Lib. 5. c. 100.

4. THEBÆ, ou THEBÆ LUCANÆ, ſelon Pline [k], & THEBÆ-ITALIÆ, ſelon Etienne le Géographe, Ville d'Italie, dans la Lucanie. Elle ne ſubſiſtoit plus du tems de Pline, qui dit que ſa deſtruction étoit rapportée par Caton dans ſes *Origines*.

[k] Lib. 3. c.11.

5. THEBÆ, ou THEBÆ CORSICÆ, nom que Pline [l] donne à la Ville de Thèbes Capitale de la Bœotie. Elle ne porta ce nom 3. qu'après que les Habitans de la Ville *Corſeia* y eurent été transférez. Voyez THEBÆ, No. 2. & CORSEIA.

[l] Lib. 4. c.

6. THEBÆ, ou THEBÆ-CORSICÆ, Ville de Gréce dans la Bœotie : Pline [m] dit qu'elle étoit au fond du Golphe de Corinthe près de l'Hélicon. Pauſanias [n] l'appelle ſimplement CORSEA. Etienne le Géographe écrit CORSIA. Voyez ce mot.

[m] Ibid.
[n] Lib. 9. c. 24.

7. THEBÆ, Ville de l'Aſie Mineure dans la Cilicie-Hypoplacienne, près de Troye, ſelon Etienne le Géographe, qui dit que le nom National eſt THEBAÏTES. Par cette Thèbes Etienne le Géographe entend la Ville d'Adramyte, voiſine de la Troade. En effet le Grand Etymologique & le Lexicon de Phavorin diſent que cette Ville de Thèbes s'appelloit *Adramyttium*. Strabon [o] néanmoins diſtingue *Thebæ* ou *Thebe*, d'*Adramyttium* & les met à quatre-vingt Stades l'une de l'autre.

[o] Lib. 13. p. 613.

8. THEBÆ, Ville de l'Aſie Mineure, dans l'Ionie ſelon Etienne le Géographe, qui la place au voiſinage de la Ville de Milet.

9. THEBÆ, Etienne le Géographe met une Ville de ce nom dans l'Attique.

10. THEBÆ, Bourg de l'Attique [p], dont on ignore la Tribu. Il y avoit une Ville dans l'Attique de ce nom, auſſi-bien que dans la Béotie. Etienne le Géographe, qui nomme neuf Villes qui portoient le nom de Thèbes, dit ἕκτη ἐν τῇ Ἀττικῇ, la ſixiéme dans l'Attique; ce qui me donne lieu de m'étonner que Meurſius qui poſſédoit ſi bien cet Auteur, ne l'ait point miſe parmi les Peuples d'Attique. Je n'aſſurerai pas que les Inſcriptions ſuivantes, qui ont ce nom-là, parlent de celle d'Attique; néanmoins il y a plus de vraiſemblance que c'eſt de Thèbes du Pays, que des autres Villes Etrangéres du même nom. On l'A à ATHENES dans l'Egliſe d'Agios Georgios Syſtramnis.

[p] *Spon*, Liſte de l'Attique, p. 342.

ΑΝΤΙΚΛΕΙΑ ΑΠΟΛΛΟΔΩΡΕΥ ΘΥΓΑ-
ΤΗΡ ΘΗΒΑΙΑ.

A Panagia Gorgopiko.

. . Μ ΕΤΦΙΛΗΤΟΣ . . .
      ΕΧΘΗΙΔΙΠ. . . .
      ΘΗΒΑΙΟΣ. . . .

11. THEBÆ. Il y avoit une Ville de ce nom dans la Cataonie, à ce que dit Etienne le Géographe.

12. THEBÆ, Varron [q] dit, qu'on donnoit ce nom à une Colline Milliaire en Italie, dans le Pays des Sabins, fur la Voye Salarienne au voiſinage de Reate. Ainſi il y a eu en Italie deux Lieux qui ont porté le nom de Thèbes. Voyez THEBÆ, No. 6.

[q] *De Re Ruſtica*, Lib. 3.

Il y auroit eu même une troisième Thèbes dans la même Contrée, si celle dont parle Etienne le Géographe n'étoit aucun des deux Lieux dont on vient de parler; ce qui n'est pas aisé à décider.

13. THEBÆ, Ville de Syrie, selon Etienne le Géographe.

14. THEBÆ, Ville de la Tribu d'Ephraïm. Abimélech, fils de Gédéon, fut tué au siège de cette Ville [a] l'an du Monde 2771. avant Jésus-Christ 1229. avant l'Ere vulgaire 1233.

[a] *Judic.* 9. 50.

15. THEBÆ, Bourgade dont fait mention Eusèbe, qui la place à treize milles de Sichem tirant vers Scythopolis. Peut-être est-ce la même THEBÆ qu'Etienne le Géographe met dans la Syrie.

THEBAFFE, petite Ville d'Asie [b], dans l'Aladule, près des sources du Cydne, entre *Tharse* & *Tyane*. Thevet croit que c'est l'ancienne *Cabassus*.

[b] *Baudrand. Dict.*

THEBAÏDE, grande Contrée de l'Egypte, vers l'Ethiopie. Elle n'a pas toujours eu les mêmes bornes. Ptolomée [c] la marque au Midi des Nomes Heptanomides Oasites. Cette contrée est aussi appellée Thébaïde par Strabon [d] & par Pline [e]. Le premier en parlant de la Ville de Ptolémaïde d'Egypte dit que c'est la plus grande des Villes de Thébaïde; & le second dit que la Haute Egypte, voisine de l'Ethiopie, est appellée Thébaïde. L'ancienne Ville de Thèbes, Capitale de la Haute Egypte, avoit donné son nom à cette Contrée, qui s'étendoit des deux côtez du Nil, depuis le Nome Heptanomide jusqu'à l'Ethiopie. Ainsi elle étoit divisée en deux parties, l'une à la droite du Nil, l'autre à la gauche. Cette dernière renfermoit les Nomes que Ptolomée place à l'Occident du Fleuve & l'autre comprenoit les Nomes que le même Auteur met à l'Orient. Voici les noms de ces Nomes, avec leurs Métropoles & les principaux Lieux qui en dépendoient:

[c] *Lib.* 4. c. 5.
[d] *Lib.* 17.
[e] *Lib.* 5. c. 9.

Nomes de la Thebaïde à l'Occident du Nil.
- Le Nome LYCOPOLITES. { *Luporum Civitas*, Métrop.
- Le Nome HYPSELITES. { *Hypsele*, Métrop.
- Le Nome APHRODITOPOLITES. { *Crocodilorum Civitas*, Métrop.
- Le Nome THINITES. { *Ptolemaïs-Hermii*, Métrop. *Abydus*, dans les Terres.
- Le Nome DIOSPOLITES. { *Dios*, ou *Jovis Civitas Parva*, Métrop.
- Le Nome TENTYRITES. { *Tentyra*, Métrop. *Pampanis*, *Memnon*, *Tatbyris*, dans les Tertres.
- Le Nome HERMONTHITES. { *Hermonthis*, Métrop. *Latorum Civitas*, *Apollinis Civitas Magna*. *Phboutis*.

Nomes de la Thebaïde à l'Orient du Nil.
- Le Nome ANTÆOPOLITES. { *L'Isle Eléphantine*. *Antæopolis*, Métropole dans les Terres. *Passalus*.
- Le Nome PANOPOLITES. { *Panorum Civitas*, Métrop. *Lepidotorum Civitas*, *Chenoboscia*, *Nova Civitas*.
- Le Nome COPTITES. { *Coptos*, Métrop. dans les Terres. *Apollinis Civitas Parva*. *Dios*, ou *Jovis Civitas Magna*, Métrop. *Tuphium*, *Chnubis*.
- Le Nome de THEBES. { *Elithya*, ou *Lucinæ Civitas*, *Toï*, dans les Terres. *Ombi*, *Syene*, *Hiera*, ou *Sacra Sycaminus*. *Phila*, *Metacompsa*.

Dans la première division de l'Empire la Thébaïde fut comprise sous l'Egypte. Du tems d'Ammien Marcellin [f], qui a écrit dans le quatrième Siècle, & qui vivoit sous les Empereurs Valentinien & Valens, la Thébaïde faisoit une des trois Provinces dont l'Egypte étoit composée. Mais dans la Notice de Léon le Sage elle est partagée en deux Provinces: l'une appellée PREMIERE THEBAÏDE: l'autre SECONDE THEBAÏDE. Ces Provinces renfermoient les Evêchés suivans:

[f] *Lib.* 22.

Dans la PREMIERE Thebaïde.
- Antino, Métrop.
- Hermopolis,
- Theodosiopolis,
- Casus,
- Lyco,
- Hypsele,
- Apollonius,
- Anteou,
- Panus.

Dans la SECONDE Thebaïde.
- Ptolemaïs, Métrop.
- Cono, ou Justinianopolis,
- Diocletianopolis,
- Diospolis,
- Tentyra,
- Maximianopolis,
- Thebaïs,
- Leto,
- Jambon,
- Hermites,
- Apollonæos,
- Villa Anasses,
- Theba Magna,
- Superioris Ibeos,
- Maithon,
- Trimunthon,
- Hermon.

La Notice d'Hiéroclès nomme différemment

ment ces deux Provinces. Elle en appelle une la PROVINCE DE THE'BAÏDE, proche *Provincia Thebaïdis proximæ*, & l'autre la PROVINCE DE LA HAUTE THE'BAÏDE, *Provincia Thebaïdis superioris*. Elle convient encore moins avec la Notice de Léon le Sage sur le nombre & sur le nom des Evêchez. Voici ceux qu'elle donne :

Dans la THE'BAÏDE PROCHE.
- *Hermui*, ou *Hermai*.
- *Theodosiopolis*,
- *Antino*,
- *Acuasa*, ou *Phacussa*,
- *Lycorum*,
- *Tpsile*,
- *Apollo Parvus*,
- *Antei*,
- *Panius*,
- *Oases*, ou *Oasis Magna*.

Dans la HAUTE THE'BAÏDE.
- *Ptolemaïs*,
- *Diospolis*,
- *Tentyra*,
- *Maximianopolis*,
- *Coptus*,
- *Phicæ*,
- *Diocletianopolis*,
- *Eresbythus*,
- *Lattorum*,
- *Apollonias*,
- *Ombri*, ou *Ombi*.

S. Palémon Directeur de Saint Pacôme a vécu & est mort en Thébaïde. Ce seroit une chose infinie & assez inutile de rapporter ici tous les Solitaires qui se sont sanctifiez dans la Thébaïde [a]. Entre les principaux on met encore; Saint Paul dit le premier Hermite : Saint Paul *le Simple* : Saint Onuphre: S. Paphnuce né en Thébaïde, élevé à Pisper dans le Monastère de Saint Antoine, fut Evêque dans la Haute Thébaïde d'une Ville qu'on ne connoît pas : les deux Saintes Euphrasies la mere & la fille; & les Martyrs de Thébaïde sous Valérien. Tant de Saints qui se retirérent dans les Deserts de cette Contrée l'ont rendue célébre. Le Pere Coppin [b] qui a eu la dévotion de visiter les Solitudes des grands Anachorettes St. Paul & St. Antoine, nous en a donné les particularitez suivantes. S'étant embarqué à Dézife, pour remonter le Nil jusqu'à Benesuës, Village à quatre journées au-dessus du Caire, il vit la seconde journée le Village où St. Antoine avoit pris naissance, & qui est éloigné du Nil d'environ deux milles. Les Turcs y ont changé en Mosquée une Eglise qui avoit été consacrée à Dieu par les Parens de ce Patriarche des Anachorettes. Un peu plus haut le Pere Coppin trouva, à trente pas du Fleuve, une Abbaye qui n'étoit point habitée, & presque en ruïne, où le St. avoit fait sa demeure avant que de se retirer dans le Desert. Sur cette route les Villages de la Campagne ne sont pas si bien peuplez que ceux de la Basse Egypte. Il y en a pourtant quelques-uns le long du Nil qui ont un peu d'apparence ; parce que c'est-là qu'on apporte les denrées du Pays tant pour les envoyer au Grand Caire, que pour les faire descendre à la Mer. Les principales choses dont on y fait commerce sont les Bleds, les Légumes, le Ris, le Lin & les Cuirs.

[a] Baillet, Topog. des SS. p. 481.

[b] Voyage d'Egypte, Liv. 4. ch. 3.

Le Pere Coppin étant arrivé à Benesuës traversa le Nil, parce que le Desert qu'il cherchoit étoit de l'autre côté ; c'est-à-dire à la droite du Fleuve, du côté de la Mer Rouge. Il s'enfonça alors dans le Desert avec ses compagnons de voyage. Ils firent ce jour-là neuf ou dix milles, presque toujours dans des sables, & sans voir un seul arbre. Le jour suivant ils trouvérent le Pays tout le même ; si ce n'est qu'ils virent des Gazelles, qui n'étoient pas moins sauvages que le Pays qu'elles habitent. Ces Animaux sont de la grosseur d'une Chévre : ils ont les jambes fort hautes & fort déliées, à proportion de leur corps, avec deux petites cornes sur le front, qui sont noires & luisantes comme du jais. On prétend que ces Gazelles ne boivent rien autre chose que la rosée, qui tombe la nuit sur leur poil. Dans ce Desert on voit encore quantité de pierres que la grande chaleur rafine, & rend en quelque sorte semblables à de la cire: la plûpart ont des fentes, comme si on les avoit rompues ; & ce qui persuade que c'est l'effet du Soleil, c'est que les deux pièces se trouvent toujours proches l'une de l'autre. Elles différent quelquefois entre elles pour la figure. Il y en a entre autres qui sont curieuses & qui ressemblent à des champignons. Le troisième jour au bout de quelques heures de marche, nos Voyageurs commencérent à découvrir de hautes Montagnes qui sont celles qu'habitoit Saint Antoine dans le tems qu'il mourut; car il a fait plusieurs demeures dans ce Desert de la Thébaïde. Enfin au bout de quelques autres heures de marche ils trouvérent un Monastère appellé le *Couvent de St. Antoine.* Le Supérieur va pendant plusieurs mois de l'année chercher des aumônes parmi les Chrétiens de l'Egypte, & s'en retourne avant les grandes chaleurs sans être inquietté par les Arabes. Tant au contraire il y en a un bon nombre qui se disent protecteurs de ce Monastère, & quand ils passent devant, les Religieux leur donnent par tête une poignée de farine & autant de fèves ; ce qui ne manque jamais de leur être distribué, quoiqu'ils s'y présentent souvent, & en grand nombre à cause de la source d'eau qui est dans ce lieu-là. Quand il arrive quelques Pélerins à ce Monastère, le Supérieur va à leur rencontre, environ trois cens pas hors de l'enclos des Religieux, & après les avoir saluez en les baisant à la joue, les conduit au pied d'un mur fort élevé qui environne le Couvent. Il y a là du côté du Nord une Guérite quarrée & couverte, qui a par dessous une ouverture encore quarrée, d'où sort une grosse corde, qui d'un bout pend jusqu'à terre: l'autre bout de cette corde est passé dans une poulie & attaché dans l'intérieur de la clôture à une grande roue, que quelques Religieux font tourner, en se mettant dedans, pour tirer en haut les Voyageurs qui veulent entrer. C'est le seul passage qu'il y ait dans ce Monastère. Tous les batimens & les Jardinages sont renfermez dans l'enceinte de la muraille qui est presque ronde & d'environ cinq cens pas de tour. La hauteur est de vingt-six à vingt-sept pieds, & elle a été bâtie ainsi pour garantir le Couvent des courses des Arabes qui n'en sont pas protecteurs. On lie les Pélerins avec la corde, & après qu'on les a tirez en haut, les Religieux qui sont dans la roue leur viennent donner le baiser de paix, & les menent dans une chambre assez grande & assez commode, qui est pour les Séculiers. Le lendemain le Supérieur vient sur les huit heures du matin avec un Frere & un bassin, & lave les pieds à tous; ce qui étant fait il s'en retourne. Il revient un peu après en procession au son des Cloches, avec la Croix & la plûpart des Religieux, faisant apporter des ornemens d'Eglise pour chacun des Pélerins. Pendant qu'ils s'habillent les Religieux recitent des priéres en Langue Syriaque. Ensuite le Vicaire commence à chanter des Hymnes en la même Langue; & pour faire un concert de musique à leur usage, six ou sept Religieux tiennent d'une main des pierres noires longues de demi-pied, & de l'autre de petits maillets de bois, dont ils frappent sur les pierres, en mêlant leurs voix avec ce bruit, qui a je ne sai quoi d'austère & de fort lugubre. Quand ils sont ainsi entrez processionnellement dans la Nef de l'Eglise, ils font ranger tous les Pélerins en cercle, & les Chantres se mettant au milieu d'eux continuent assez long-tems leur harmonie de voix mêlées avec les marteaux. Ce Chant est suivi de la lecture de quelques Epîtres. Ce sont, disent-ils, des recommandations très-instantes que St. Antoine a laissées pour la reception des Pélerins, qui arrivent dans ces Deserts. Leur Eglise n'est pas grande, & il y a un mur qui en sépare le Chœur. L'Autel est assez propre, avec diverses Images de Saints; mais il est tout fermé à la manière des Grecs. L'Habit des Religieux est une robe d'une legére étoffe de laine, dont la couleur est un gris obscur. Ils ont une ceinture de cuir, & ne portent ni Scapulaire ni Capuce. Ils couvrent leur tête avec une calote noire, qui est attachée à leur robe par derrière, avec une bande d'etoffe large de quatre doigts. Ils mettent une toque par dessus cela, & gardent les cheveux longs. Quand ils vont à l'Eglise ils prennent une grande veste noire, qu'ils quittent quand ils se revêtent de quelque ornement sacré. Ils n'ont que fort peu de Prêtres parmi eux, & disent la Messe en Syriaque. Elle est d'une très-grande longueur, & ils y observent des Cérémonies fort différentes des nôtres. Le Ministre & le Prêtre y parlent d'un ton fort lamentable, comme s'ils vouloient pleurer, & vers la Préface on ferme l'Autel. Le Prêtre y reste caché, & les Assistans ne voient plus ce qui se fait. Ces Religieux sont fort austères. Pendant leur Careme ils ne font qu'un seul repas; ils mangent peu & se nourrissent de choses fort viles. Tout le reste de l'année ils ne se nourrissent que de fruits, d'herbages & de légumes, sans goûter jamais ni viande ni œufs. Leur boisson n'est que d'eau pure. Ils sont de la Secte des Cophtes, qui est la plus absurde de toutes celles des Chrétiens séparez de l'Eglise Romaine, qui vivent sous la domination du Turc. Ils retiennent beaucoup de Cérémonies Judaïques, & suivent les ereurs de Dioscore & d'Eutychés, n'admettant qu'une nature, & qu'une volonté en Jésus-Christ.

Quant au dedans de l'enclos du Monastère, qui est bâti dans le premier lieu où s'arrêta St. Antoine, il n'y reste plus qu'environ quarante Cellules, quoiqu'il y eût autrefois jusqu'à trois cens Religieux, qui avoient chacun la leur; la plûpart des autres paroissent encore, mais tombées par terre. Quelques-unes de ces Cellules sont fort petites, & ressemblent mieux à un Sépulcre qu'à une chambre. Elles n'ont que quatre pieds de haut, cinq de large, & sept de longueur. Il y a pour lit une natte avec une peau de Mouton, & pour le chevet un petit faisceau de jonc. Leurs bâtimens sont séparez en divers corps de logis, & outre cela ils ont une Tour fort bonne, où ils tiennent tous leurs provisions qu'ils sont toujours pour deux ans. La Porte de cette Tour est dans le milieu de sa hauteur, & toute revêtue de fer: on y entre sur un Pont-levis par une autre petite Tour. Ce lieu a été construit de la sorte par la crainte des Arabes qui ne sont pas du nombre de ceux qui protegent le Couvent. Quand les Religieux en sont assiégez, ce qui est fort rare, ils se retirent tous ensemble dans la Tour, dont ils haussent le Pont-levis, & alors ils composent pour une certaine quantité de fèves & de farine. Dans le corps du logis qu'ils ont accoutumé d'habiter, il y a une Cuisine, une Boulangerie & un Four tout auprès du Réfectoire. Les tables y sont aussi hautes que les nôtres; mais elles ne sont que de terre qu'on a mise en masse ainsi que les bancs qui sont à l'entour. Ces Religieux mangent dans des plats de bois, & toujours dans les mêmes, qu'ils ne changent point des uns aux autres. On les laisse même toujours sur la table sans les nétoyer, & si quelque chose y reste, le Frere qui a le soin de servir, remet du nouveau manger sur le vieux, jusqu'à ce qu'il y en ait assez pour faire une portion. Le Clocher de l'Eglise n'est qu'une simple muraille avec des fenêtres en haut, où sont plantées les Cloches au nombre de deux. Environ à cinquante pas de l'Eglise il y a une Chapelle bâtie dans le dernier Siècle; le tout pauvre mais tenu avec assez de propreté. Ce qu'il y a de beau dans ce Monastère, c'est une voute d'environ soixante pas de longueur qui va sous terre hors de l'enclos jusqu'à un Rocher, dont il sort une source de la grosseur du bras. Le terrein a été si bien remis sur le Rocher qui donne l'eau & sur la voute qui y conduit, que quand on est sorti de l'enclos on ne s'en apperçoit point. Il y a une autre Fontaine plus petite qui coule le long d'un Vallon au dehors des murs, où sa fraîcheur produit un peu de verdure. C'est cette eau qui sert aux Arabes qui passent. La grande source reste toute entière pour l'usage des Religieux, & fournit abondamment à l'entretien de quantité de Jardinages qui sont au dedans. Ils ont aussi beaucoup de Palmiers dont les fruits leur sont d'un grand secours. Après qu'on a fait trois cens pas dans le Vallon où coule la petite source, on arrive à la Montagne, où à peine en a-t-on monté autant qu'on trouve la premiére Cellule où St. Antoine s'étoit retiré pour paſſer ſes jours dans la contemplation des choſes divines. Trois Murs attachés contre une Roche formoient un quarré de ſept ou huit pieds. Il n'en reſte plus préſentement que quelques ruïnes. Le Saint après y avoir paſſé quelque tems monta ſix ou ſept cens pas plus haut pour ſe cacher mieux encore aux yeux du monde, & découvrit une Grotte où il paſſa pluſieurs années de ſa vie. L'entrée n'a que deux pieds de large & elle en a quatre & demi de hauteur. Cette ouverture continue l'eſpace de onze pas dans le Rocher ſans s'ouvrir davantage; en ſorte que deux hommes n'y ſauroient paſſer de front. Au bout de cette maniére d'allée il y a trois pierres miſes l'une ſur l'autre dans la fente du Roc pour y ſervir de degrez, & quand on les a deſcendus on ſe trouve dans une Caverne de figure preſque ronde, qui peut contenir trente perſonnes. Comme il n'y a que le jour qui vient de l'entrée, la Grotte a beaucoup d'obſcurité. Tout le devant du Rocher qui eſt fort haut eſt taillé naturellement à plomb, comme ſi c'étoit une muraille; & il continue de cette ſorte la longueur d'environ quatre cens pas. Ce terrein eſt aride, dénué de bois, pierreux & d'un rude accès; & l'on y va par un ſentier qui fait pluſieurs tours ſans qu'on y puiſſe monter à droiture. De ce lieu on découvre la Mer Rouge du côté de l'Orient; mais à cauſe de la diſtance elle ne paroît que comme un nuage poſé ſur la terre.

Le même Deſert renferme le lieu où St. Paul de Thèbes, premier Hermite, choiſit autrefois une retraite pour ne plus penſer qu'à Dieu. On voit d'abord la Fontaine où ce fameux Solitaire partagea avec St. Antoine le pain apporté par le Corbeau. Elle eſt éloignée de ſoixante & dix pas de la Cellule où il habitoit; & il n'y en a que trente delà juſqu'au Couvent, qui y fut bâti depuis, & qui eſt préſentement abandonné. On pouvoit aller anciennement par une voute ſous terre de ce Monaſtère à la Fontaine; mais elle eſt preſque toute démolie, & il y a auſſi une grande brêche aux murailles de l'enclos. Le dedans du Monaſtère, où l'on montoit par deſſus les murs comme à celui de Saint Antoine, eſt tout ruïné à la reſerve de l'Egliſe, & d'une grande Tour quarrée qui eſt vers le côté de l'enclos le plus éloigné de la brêche, & dont la maſſonnerie paroît encore aſſez bonne. L'Egliſe qui eſt à la même place, où le St. Hermite a demeuré ſoixante ans, eſt enfoncée douze ou treize pieds ſous la terre, & l'on y deſcend par vingt-trois degrez. Ce n'eſt pourtant pas une Caverne : c'eſt un Bâtiment compoſé de murs avec une voute artificielle. Cette Egliſe qui n'eſt pas fort grande eſt beaucoup plus longue que large. L'entrée eſt au milieu d'une des entremitez de ſa longueur, & l'autre bout ſe termine par trois Autels diſpoſez en croix, dans trois petites Chapelles, ſi l'on n'aime mieux les nommer enfoncemens. L'Autel qui eſt directement vis-à-vis de la porte, & qui par conſéquent devoit être le principal, eſt poſé au Nord. Il s'enfonce de ſept ou huit pieds durant le tiers de la largeur de l'Egliſe, & deux angles de mur rempliſſent le reſte, afin de marquer comme la tête de la Croix. Les deux autres Autels font la même choſe à l'Orient & à l'Occident, & tiennent la place des deux bras; mais ce lieu n'eſt éclairé que d'une fenêtre qui regarde le lever du Soleil. L'Habitation du Saint Solitaire n'étoit pas à beaucoup près de cette grandeur : on l'a augmentée de cette forte pour la changer en Egliſe. Selon St. Jérôme ce lieu avoit été la retraite de quelques faiſeurs de fauſſe monnoie du tems de Cléopatre, & Paul fuyant la perſécution fut conduit par la Providence dans cette demeure inhabitée depuis ſi long-tems, où il vécut plutôt en Ange qu'en homme. Le long des degrez & dans la muraille de l'Egliſe, on remarque quantité de peintures que les Arabes ont gâtées à coups de dard, & ſur tout par le viſage qu'ils ont tout défiguré. Ce Monaſtère pouvoit avoir trois cens pas de tour. Les murs qui ſont preſque encore en leur entier ſont plus épais, & beaucoup meilleurs, que ceux du Couvent de St. Antoine. L'eau de la Fontaine que l'on trouve en approchant du Monaſtère n'eſt pas moins bonne que claire. Cette ſource eſt au dedans d'un grand Rocher dans une Caverne, qui eſt élevée de cinq ou ſix pieds, & qui pourroit contenir quinze perſonnes. La Grotte eſt à peu près de figure ronde; & l'eau qui ſort du Rocher y reſte comme dans un baſſin haut ſeulement d'un pied. Il n'y en peut avoir davantage, parce qu'au-deſſus de cette hauteur elle rencontre des ouvertures par où elle s'engloutit dans le Roc. Le terrein des environs de ce Monaſtère eſt parſemé de quantité de petites pierres rondes & plattes, & ſi bien proportionnées, qu'elles pourroient ſervir de jettons. La Mer Rouge n'eſt pas éloignée de plus d'une lieue. Elle peut avoir vingt & un, ou vingt-deux milles de large à cette hauteur. Dans un jour ſerein on découvre de cet endroit les deux têtes du Mont Sinaï, qui en ſont à plus de vingt lieues. La Mer eſt à l'Orient du Monaſtère, & les pointes du Mont Sinaï ſont au Sud-Eſt.

Les Arabes ſont Maîtres de la plûpart des Deſerts de la Thébaïde. Il ſe fait une cruelle guerre entre les Turcs & eux. Comme ces Arabes ſont miſérables & errent dans des Pays incultes, la faim les contraint de piller, & quelquefois à la faveur de la nuit ils ſe hazardent d'avancer juſqu'auprès du Grand Caire. Mais dès qu'ils ont fait un peu de butin, ils s'enfuyent au fond des Deſerts, où il ſeroit difficile de les ſuivre, & encore plus de les atteindre; car ils ne s'arrêtent guère en chaque endroit. Quand les Turcs en attrapent quelques-uns, ils leur coupent la tête : ils écorchent les Officiers, dont ils rempliſſent les peaux de paille, & revenant enſuite comme en triomphe, portant le tout au bout de leurs lances, ils le vont préſenter au Bacha, qui leur fait donner le prix auquel ſont taxées les têtes & les peaux. De leur côté les Arabes n'épargnent guère les Turcs qu'ils peuvent ſurprendre. Ordinairement ils les coupent en piè-

pièces tous vivans & quelques-uns même, à ce qu'on prétend, les mangent. Le Grand-Seigneur a donné à un certain nombre d'Arabes des Terres dans la Thébaïde pour les retirer de leur brigandage, en leur procurant une vie qui les occupe. Toutes les richesses de ceux-ci consistent en des Troupeaux de Chévres; mais principalement dans le nombre de leurs Chameaux. Comme le Bois est rare dans cette Contrée, on ne voit point de Bâteaux sur le Nil. Pour y suppléer ils font des clayes avec des roseaux, & les soutiennent avec plusieurs courges liées ensemble: cela forme une espèce de radeau sur lequel ils se mettent, quand ils veulent pêcher dans le Nil; car ce Fleuve après que l'inondation est passée n'est pas fort rapide, du moins dans les Plaines. Pour traverser le Nil les Arabes n'y apportent pas tant de façon. Ils sont obligez de passer & de repasser souvent ce Fleuve pour avoir des vivres. Voici la maniére dont ils s'y prennent. Ils mettent les vivres dans un sac fait d'une peau de Bouc, & qui leur sert aussi pour porter de l'eau quand ils marchent par les Deserts: ils achévent de remplir ce sac de vent; ils le lient ensuite fortement, puis le mettent à l'eau en nageant & le poussant par derriére. La plûpart d'entr'eux n'ont pour vêtement qu'une toile, ou une pièce d'Etoffe legére, entortillée autour du corps; & quand ils ne la peuvent faire entrer dans leur Outre, ils en font un petit paquet qu'ils attachent sur leur tête avec leur ceinture, & ils la lévent tellement hors de l'eau que rien ne se mouille. Ils ont encore leur dard qu'ils tiennent par dessous le bras. Leur façon de combattre est singuliére. Quand ils sont à environ vingt pas de l'Ennemi, ils se lancent leurs dards les uns contre les autres, en sautant & en caracolant avec beaucoup d'agilité, pour éviter ceux qui viennent contr'eux, & prenant souvent en l'air le dard qui leur est lancé ils le renvoyent contre celui de la main de qui il est parti. Ils peuvent avoir beaucoup d'agilité, parce qu'ils sont extrêmement maigres; ce qui provient de ce qu'ils se nourrissent très-legérement.

La Thébaïde, selon Paul Lucas [a], commence aujourd'hui vis-à-vis de Fioum, de l'autre côté du Nil; & elle se divise en HAUTE & BASSE-THEBAÏDE. Ce Pays, ajoute-t-il, est fort serré par une chaîne de Montagnes qui régnent le long du Nil, & au-delà desquelles sont les Deserts de la Thébaïde, qui s'étendent jusqu'à une autre chaîne de Montagnes qui sont le long de la Mer Rouge. La Thébaïde est aujourd'hui la Province la moins peuplée & la moins fertile de l'Egypte. On y compte deux Gouvernemens, ou Beglierbeys. Celui de Kerkoffy, situé vis-à-vis de Benesouef n'a que quarante-deux Villages, & ne produit que du Bled, quelques Légumes, du Fenouil & du Cumin, le Pays étant trop sec & trop élevé: on n'y trouve ni Sucre ni Ris. Le second Gouvernement est celui de Coffir: il s'étend dans les Deserts & sur les Côtes de la Mer Rouge.

Dans la Relation du Voyage du Sayd ou de la Thébaïde, quoique ce soient maintenant deux Provinces séparées, on trouve un Itinéraire qui donne les distances depuis Manfalout jusqu'au Caire. Ce Voyage fut fait en 1668. par les PP. Protais & Charles François, d'Orléans, Capucins Missionnaires:

Itinéraire de Manfalout au Caire.

		Lieues.
Manfalout Ville	au Ponant du Nil.	
Om Kessous	Ponant	10.
Beniavé	P.	1.
Kofée Sanabou	P.	2.
Bazara	P.	1½.
Mizara	P.	1.
Baraout-el-Cherif	P.	1.
Beny-el-Amra	Ponant & Levant	3.
Mellavy Ville	P.	
Chaik-Ebade	Levant.	
Medmet Ensené, ou Thebe	Ponant & Levant.	
Beny Eméranes	Levant	25.
Menie Ville	P.	1.
Dair Jabal el-Tour	L.	6.
Sévérié	L.	2.
Galofene	P.	3.
Beny Mahammad-el-Kafour	P.	4.
Beny-Mizar	P.	5.
Abou-Gerge	P.	2.
Gondre	P.	} 3.
Chorana	L.	
Bebe	P.	10.
Benissouf Ville	P.	8.
Maimoun	P.	7.
Boukh	P.	6.
Nezle & Effié	L.	6.
Haram-el-Jabal, ou Medon	P.	3.
Salahié	L.	3.
Maouedné	L.	4.
Kafr-el-Arab	L.	6.
Chebak	P.	8.
Le Caire		6.

1. THEBAÏS. Voyez THEBAÏDE.

2. THEBAÏS, Fleuve de la Carie: Pline [b] dit qu'il passoit au milieu de la Ville de Trallis. Le génitif de ce nom est *Thebaïdis* selon quelques MSS. & *Thebaïtis* selon d'autres.

3. THEBAÏS, Lieu sur le Pont-Euxin, selon Etienne le Géographe, qui veut que ce Lieu ait été ainsi appellé du nom d'une des Amazones qui fut enlevée par Hercule.

THEBANA, Lieu de la Gaule, selon Ortelius [c] qui cite Dioscoride. Il ajoute que le Texte Grec porte *Thabana* pour *Thebana*; & Γαλλαία, *Galilæa* pour *Gallia*; de sorte que ce Lieu devoit être dans la Galilée & non dans la Gaule.

THEBARMA [d], Ville de la Perside, dans sa partie Orientale. L'Histoire Miscellannée porte qu'il y avoit dans cette Ville un Temple consacré au Feu, & que c'étoit où étoit gardé l'argent du Roi Crésus. On lit dans l'Histoire Miscellannée *pecunia Erislidorum Regis*: cet endroit est corrompu; il doit y avoir *pecunia Cræsi Lydorum Regis*.

1. THEBASA, Village de la Palestine. Nicéphore Calliste, qui le met à quinze Stades de *Gaza* du côté du Midi, dit que c'étoit

toit la patrie de St. Hilarion. St. Jérôme qui, comme Sozomène, nomme ce Lieu THABATHA, le marque à cinq milles de *Gaza*. Sozomène donne aussi le nom de THABATHA à un Torrent de ce quartier; mais Ortelius [a] dit qu'à la marge on lisoit THANATA.

[a] *Thesaur.*

2. THEBASA. Ortelius [b] qui cite l'Histoire Miscellanée [c] dit qu'il paroît que c'étoit un Lieu de l'Asie-Mineure.

[b] Ibid.
[c] Lib. 14.

THEBATH, selon les Septante, & Thebbath, selon la Vulgate, Lieu de la Palestine. Il est dit dans le Livre des Juges [d] qu'après la victoire que Gédéon remporta sur les Madianites, ceux qui échappèrent du carnage s'enfuirent jusqu'à Bethsetta, & jusqu'au bord d'Abelmehula en Tebbath.

[d] Cap. 7. v. 23.

1. THEBE, THEBA, ou THEBÆ. Voyez THEBÆ, N°. 7.

2. THEBE. Voyez THEBÆ, N°. 9.

1. THEBES, nom commun à diverses Villes appellées *Thebæ* par les Anciens. Voyez THEBÆ.

2. THEBES, Ville de la Palestine, dans la Tribu d'Ephraïm, au Siège de laquelle Abimélech fils de Gédéon fut tué [e] l'an du Monde 2771. avant J. C. 1229. avant l'Ere vulg. 1233. Eusèbe dit qu'il y a une Bourgade nommée Thebès, à treize milles de Sichem, tirant du côté de Scythopolis.

[e] *Judic.* 9. 50. & seq.

THEBESTA. Voyez THEUESTE.

THEBESTE, Ville de Numidie en Afrique [f], que d'autres mettent dans la Province Proconsulaire, & sont Evêché Suffragant de Carthage, maintenant Tevesc au Royaume de Tunis. S. Maximilien qui y étoit né, y fut martyrisé à vingt-un ans en 295. pour avoir refusé de porter les armes sous les Empereurs Payens. Il fut suivi quelques années après de son pere Fabius Victor. Sainte Crispine de Thagare fut martyrisée en cette Ville l'an 304. Voyez THEUESTE.

[f] *Baillet, Topog. des Saints,* p. 482.

THEBETHA. Voyez THEBITHA.

THEBIL. Voyez THYBIL.

THEBITHA, Lieu fortifié dans la Mésopotamie, selon Etienne le Géographe qui cite Arrien. Un MS. consulté par Ortelius [g] porte THEBETHA pour THEBITHA.

[g] *Thesaur.*

THEBURA. Voyez BETHURA.

THECAMONS, Peuple de l'Amérique Septentrionale, dans la Louïsiane, sur la route que M. de la Salle tint pour aller de la Baye S. Louïs aux Cenis, & dont il traversa le Pays avant que de passer la Maligne.

THECHES. Voyez au mot HIERON l'Article HIERON-OROS, N°. 2.

THECOORUM, Contrée de la Palestine: c'est Siméon le Métaphraste qui en fait mention dans la Vie de St. Chariton & dans celle de St. Quiriace. Le même Auteur parle d'un Fleuve appellé *Tecoum* dans la Vie de St. Sabas.

THECUA, ou THÉCUÉ, Ville de la Palestine [h] dans la Tribu de Juda, selon la Vulgate: elle est aussi dans le Grec [i]; mais on ne la voit pas dans l'Hébreu. Eusèbe & St. Jérôme mettent Thécué à douze milles de Jérusalem, vers le Midi. Ailleurs S. Jérôme dit qu'elle est à six milles de Bethléem, du côté du Midi. Voyez son Prologue sur Amos. Elle étoit située sur une Montagne, & c'étoit le dernier Lieu qu'on rencontrât de ce côté-là, jusqu'à la Mer Rouge. Josephe [k] dit que Thécué étoit assez voisine du Château *Herodium*. Il est parlé du Desert de Thécué. II Par. ch. 20. v. 20. & ce Desert n'est pas loin de la Mer Morte. I Macc. ch. 9. v. 4.

[h] 2. Par. 11. 6.
[i] Josué, 15. 60.
[k] De Bello Lib. 5. c. 7.

Cette Ville est célèbre dans l'Ecriture [l], à cause de cette femme si spirituelle & si adroite [m], que Joab y envoya chercher, pour remettre Absalon en grace auprès de David, qui ne vouloit pas le voir à la Cour, depuis le cruel fratricide qu'il avoit commis en la personne d'Ammon son frere. Et à cause aussi du Prophéte Amos, qui en étoit natif, & qui y exerçoit le métier de Pasteur. Il y fut rempli de l'Esprit de Dieu, & il alla reprendre hardiment les Juifs, & les Israëlites de tous leurs desordres, leur prédisant la captivité, où leur oubli de Dieu les feroit tomber. Son zèle à corriger les Idolâtres, lui mérita le martyre. Il fut assommé en Samarie, & étant apporté à Thécua, presque mort, il y expira, & y fut enseveli. St. Jérôme [n] témoigne que de son tems, on y voyoit encore son Sépulchre. Il y a des Auteurs qui disent, que le Prophéte Habacuc a demeuré aussi dans cette Ville. Le Desert de Thécua, qu'on met d'ordinaire à son Orient, est aussi remarquable par le passage de Josaphat, qui prit là son chemin pour aller repousser les Moabites & les Ammonites, & qui y donna à son Armée tant de confiance en Dieu, qu'il mérita de voir ses Ennemis défaits [o] par eux-mêmes, avant qu'il les eût attaquez. Ce fut-là même que Jonathas & Simon Maccabées se sauvèrent avec leurs amis, après la mort de Judas leur frere [p], & qu'ils se remirent en état de repousser leurs adversaires.

[l] 3. Reg. 14.
[m] Le Pere Nau, Voy. Sainte, p. 440.
[n] In Amos.
[o] 2. Reg. 20.
[p] 1. Macc. 9.

Le Pere Nau [q] qui met cette Ville à une lieue de la Montagne de Ferdays, ou Ferdaous, dit qu'il paroît par les ruïnes qu'on y voit que c'étoit autrefois une Ville considérable. Ce qu'il y a de plus entier, est une Eglise, qu'on rencontre en y arrivant, dont les murailles sont encore assez en être; mais les voutes en sont abattues. Elle étoit dédiée à St. Nicolas. Au reste il n'y a qu'une confusion, de pierres, & de murailles, écroullées & démolies. La situation de cette Ville est extrêmement agréable. Du côté du Septentrion elle a dans son Territoire quantité de Vallées fertiles, & de belles Montagnes. On voit à son Midi, & à son Occident de grandes Campagnes, qui sont un peu plus basses, que le lieu où elle est, & qui sont bornées principalement à l'Occident, de Bois & de Forêts fort étendus. Il y a dans ces environs des Familles d'Arabes, qui demeurent sous des Tentes, & leurs Troupeaux de Chameaux vont paître prés de *Thecua*.

[q] Voyage de la Terre Sainte, p. 440.

THEDMOR. Voyez PALMYRA.

THEEMARRACINUM, Lieu d'Italie selon l'Itinéraire d'Antonin, qui le marque sur la Voie Valeriennne entre *Interbromium* & *Hadria*, à dix-sept milles du premier de ces Lieux & à quatorze milles du second. Mais au lieu de THEEMARRACINUM qui est un mot corrompu il faut lire *Theate*, ou *Teate*

Teate-Marrucinum, ou *Marrucinorum*. C'est aujourd'hui *Civita de Chiete*.

THEENSES. Voyez THEA.

THEGANUSA. Voyez TEGANUSA.

THEGONIUM, Ville de la Thessalie, selon Etienne le Géographe, qui cite Hellanicus.

THEGUACAN, Province de l'Amérique Méridionale, dans la Nouvelle Espagne, selon Wafer [a]. De Guaca, dit-il, on entre dans le Theguacan, où l'on rencontre Tepeaca, Tlascala, Atrisco, & quelques autres Villes, toutes grandes & bien peuplées, & aux environs desquelles on fouille des Mines d'argent. Mr. de l'Isle dans la Carte du Mexique ne connoît point cette Province. Il la renferme dans le Gouvernement de Tlascala.

[a] Voyage, p. 222.

THEIBAS, Bourgade de l'Arabie Deserte [b]. Ce fut autrefois une grande Ville, comme on le peut voir par les ruïnes qui n'en sont pas éloignées. Quelques-uns veulent que ce soit la Patrie d'Elie. Voyez THESBON. Il y a au voisinage de *Theibas* quantité de sources d'eau douce. A deux journées de cette Bourgade, est celle de REIBA, située sur une hauteur, & fort peu éloignée de l'Euphrate.

[b] Corn. Dict. Le Pere Philippe, Voy. d'Orient.

THEIL (Le), ou S. GEORGE DU THEIL, Bourg de France, dans la Haute-Normandie, du Diocèse de Rouen, sous l'Election de Pont-eau-de-mer.

THEIPHALIA, Lieu de France, dans le Poitou, selon Grégoire de Tours [c] dans la Vie St. Enoch. Dans un autre endroit il nomme les Habitans de ce Lieu THEIPHALI. Ces Peuples appellez par quelques-uns TEIPHALI & par d'autres TAIFALI & TAÏPHALI, étoient du nombre des Nations barbares, qui inondérent les Gaules dans le cinquième Siécle. Quelques-uns d'entre eux fixérent leur demeure dans le Territoire de Poitiers, & donnérent leur nom à un Village qui fut appelé THEIPHALIA & le plus souvent TEIPHALIA. Ce Village subsiste encore aujourd'hui sous le nom de TIFFAUGE, corrompu de *Teiphalia*. Voyez TIFFAUGE, & THAIPHALI.

[c] Pag. 1223

THEISOA, ou THISOA, Ville de l'Arcadie selon Etienne le Géographe. Pausanias [d] dit que de son tems Thisoa n'étoit qu'une Bourgade, qui autrefois avoit été une Ville très-peuplée aux confins des *Parasii*, & dans le Territoire de Megalopolis. Cette Ville tiroit son nom de celui de la Nymphe Thisoa, l'une des trois Nourrices de Jupiter. Le Territoire de Thisoa est aussi mis dans l'Arcadie par Pausanias.

[d] Lib. 8. c. 38.

THEIUM, Ville de la Gréce dans l'Athamanie selon Tite-Live [e].

[e] Lib. 38. c. 1.

THEIUS, Riviére de l'Arcadie. Pausanias [f] dit qu'en allant de Megalopolis à Lacédémone, le long de l'Alphée, on trouve au bout d'environ trente Stades le Fleuve Thius qui se joint à l'Alphée du côté gauche.

[f] Lib. 8. c. 35.

THELAC, Bourg de France, dans la Saintonge, Election de Saintes.

THELAMUSA, Lieu fortifié dans l'Arabie, près de l'Euphrate selon Etienne le Géographe qui cite Quadratus.

THELASSAR, nom d'un Lieu, dont il est parlé dans le quatrième Livre des Rois [g]. Les Dieux des Nations ont-ils délivré les Peuples que mes Peres ont ravagé? Ont-ils delivré Gozan, Haram, Reseph & les enfans d'Eden qui étoient en Thelassar. Dom Calmet [h] croit que Thelassar ou Thalassar est le même Lieu que TELHARSA, dont il est dit que ceux qui revinrent de ce Pays avec Zorobabel ne purent prouver leur Généalogie, ni même montrer qu'ils fussent de la Race d'Israël.

[g] Cap. 19. 12.
[h] Dict.
[i] 1. Esr. 11. 59.

THELBALANA, Ville de la Grande Arménie, selon Ptolomée [k].

[k] Lib. 5. c. 13.

THELBE. Voyez THELDA.

THELBENCANA, Ville de la Babylonie. Elle étoit, selon Ptolomée [l], sur un Bras de l'Euphrate. Ortelius [m] dit qu'il y en a qui prennent cette Ville pour l'*Hipparenum* de Pline.

[l] Lib. 5. c. 20.
[m] Thesaur.

THELDA, Ville de la Mésopotamie. Ptolomée [n] la marque sur le bord de l'Euphrate entre *Chabora* & *Alphabadana*. On soupçonneroit presque que ce seroit la même Ville que Ptolomée [o] place dans l'Assyrie, & qu'il nomme aussi THELDA; mais dans ce dernier endroit le MS. de la Bibliothéque Palatine lit THELBE au lieu de THELDA.

[n] Lib. 5. c. 18.
Ibid. c. 19.

THELEBOÆ, Peuples de l'Epire, dans l'Acarnanie. Ils passérent en Italie & s'établirent dans l'Isle de Caprée, qui est à cause de cela appellée *Theleboum Capreæ* par Virgile [p]:

[p] Æneid. L. 7. v. 335.

Nec tu terminibus nostris inclusus abibis,
Oebale: quem generasse ferut Sebethide Nympha
Fertur Theleboum Capreas cum regna teneret
Jam senior.

THELENSIS. Voyez TELENSIS.

THELINE. Voyez ARLES.

THELIS. Voyez TELIS.

THELLA, Bourgade de la Palestine, sur le bord du Jourdain aux confins de la Galilée, selon Josephe [q]. Elle étoit vis-à-vis de Meroth. C'est le même Lieu qu'Hegesipe appelle THALLA.

[q] De Bello Jud. L. 3. c. 1.

THELLYR. Voyez TELCHIR.

THELME. Voyez THEAME.

THELMA: Ceux qui revinrent de Thelma avec Zorobabel ne purent prouver qu'ils fussent de la Race d'Israël. On ne fait pas la situation de Thelma.

THELMINISSUS, Ville de Syrie, sur le Fleuve Oronte: Ptolomée [r] la marque sur la Rive Orientale du Fleuve, près d'*Apamia*. Voyez TEMMELISSUS.

[r] Lib. 5. c. 15.

THELONUS, Fleuve dont fait mention Ovide au sixième Livre des Fastes [s]:

[s] Vers 565.

Exitus accessit verbis Flumenque Theloni
Purpureum mistis sanguine fluxit aquis.

Ortelius [t] dit que, selon Petrus Marsus, c'est du Fleuve Liris qu'Ovide entend parler. Voyez TOLENUS.

[t] Thesaur.

THELPUSA, Ville & petite Contrée de l'Arcadie selon Pausanias [u]. Pline [x] parle aussi de la Ville de Thelpusa. Surquoi le Pere Hardouin remarque qu'on peut également lire *Thalpusa* & *Thelpusa*; car Etienne le Géographe dit que *Thalpusa* est une Ville de l'Arcadie; & la Notice Episcopale

[u] Lib. 8. p. 865. &c. 648.
[x] Lib. 4. c. 6.

de la Province d'Achaïe écrit *Tharpufa* pour *Thalpufa*. Le Pere Hardouin ajoute que cette Ville eſt la même que celle qu'Etienne le Géographe appelle *Delphufia*, & dont il fait une Ville de l'Arcadie.

THELSEA, Ville de la Cœleſyrie: l'Itinéraire d'Antonin la marque ſur la route de Bemmaris à Neapolis, entre *Geroda* & *Damaſcum*, à ſeize milles de la premiere de ces Places & à vingt-quatre de la ſeconde. Siméon le Métaphraſte [a] fait auſſi mention de cette Ville. Voyez THALSEA.

[a In Vita S. Samona.]

THELXIERIA. Voyez SIRENUSSÆ.

1. THEMA, Ville de la Syrie, dans la Chalibonitide, ſelon Ptolomée [b].

[b Lib. 5. c. 15.]

2. THEMA, Ville de l'Arabie Deſerte. Job [c] parle des Caravanes de Thema & de Saba. On croit que ce fut Thema [d] fils d'Iſmaël qui peupla cette Ville. Ptolomée marque une Ville de *Themma*, ou *Thamma* dans l'Arabie Deſerte vers les Montagnes des Chaldéens.

[c Cap. 6. 19.
d Geneſ. 25. 15.]

THEMACI, Village de l'Attique: Etienne le Géographe le met dans la Tribu Erechtheïde.

THEMAN, Jérémie [e] & Amos [f] parlent d'une Ville de ce nom; & on trouve dans la Geneſe un Roi d'Idumée nommé *Huſam* du Pays des *Thémaniens*. Euſebe [g] met Theman dans l'Arabie Pétrée, à cinq milles de Petra, & il dit qu'il y avoit-là une Garniſon Romaine. Peut-être Theman [h] fils d'Eliphas & petit-fils d'Eſaü étoit-il le Fondateur de cette Ville.

[e Cap. 49. 7. 20.
f Cap 1. 11 12.
g In Θαιμάν.
h Geneſ. 36. 15.]

THEMAR, Bourg d'Allemagne, dans la Franconie: Zeyler [i] dit que ce Bourg eſt ſitué près de la Riviére Schleus & qu'il appartient à l'Electeur de Saxe.

[i Topogr. Francon. p. 77.]

THEMBESIA. Voyez THIGA.

THEMBRIEMUS, Ville de la Carie, ſelon Etienne le Géographe. Voyez THYMBRIA.

THEMELANUM, Ville de l'Afrique propre: L'Itinéraire d'Antonin la marque ſur la route de *Tacapæ* à la grande *Leptis*, en paſſant par les Confins de la Province de Tripoli. Elle étoit entre *Tabalatis* & *Tillabaris*, à vingt-cinq milles du premier de ces Lieux & à vingt milles du ſecond. Surita lit *Thebelami*, au lieu de *Themelami*. C'eſt peut-être la même Ville qui eſt appellée *Thamallomum* dans la Notice des Dignitez de l'Empire.

THEMELLA, Ville de Syrie, dans la Séleucide, ſelon Strabon [k].

[k Lib. 16. p. 753.]

THEMEONTICHOS, ou TEMEONTICHOS, Lieu fortifié dans la Thrace, ſelon Æmilius Probus [l]. Ortelius [m] croit que le nom de TEMEONTICHOS eſt corrompu dans cet Auteur, & qu'il faut lire *Macronticos*; mot qui ſe trouve dans la Deſcription de la Thrace par Ptolomée, & que Plutarque met au nombre des Places qu'Alcibiade fit fortifier, comme Æmilius Probus y met Themeontichos.

[l In Vita Alcibiadis.
m Theſaur.]

THEMEOTÆ. Voyez THETMONTÆ.

THEMESA. Voyez TEMESA.

THEMI, Peuples de l'Arabie Heureuſe: Ptolomée [n] leur donne les Villes ſuivantes:

[n Lib. 6. c. 7.]

Ithar.   *Magorum Sinus,*
Iſtrioná.

THEMINES, Marquiſat de France dans le Quercy, Election de Figeac.

THEMIS, Ville de l'Afrique propre: Ptolomée [o] la range au nombre de celles qui étoient entre la Ville *Thabraca* & le Fleuve *Bagrada*. Au lieu de *Themis* le Manuſcrit de la Bibliothéque Palatine porte *Themiſua*.

[o Lib. 4. c. 3.]

THEMISCYRA, Ville de l'Aſie Mineure dans le Pont. Arrien dans ſon Périple du Pont-Euxin [p] ne marque entre les Fleuves Iris & Thermodonte, aucune Place qu'*Heracleum*, dont il dit que le Port eſt à trois cens quarante Stades de l'Embouchure de l'Iris, & à quarante Stades de celle du Thermodonte; mais Ptolomée [q] avant que d'arriver à *Herculeum* nomme la Campagne *Phanaroea*; car c'eſt ainſi qu'il faut écrire avec Strabon & non, comme portent les Exemplaires de Ptolomée, *Phanagoria* qui eſt le nom d'une Ville ſur le Boſphore Cimmérien. Ptolomée nomme encore THEMISCYRA, dont il fait une Ville. Le Périple de Scylax en fait autant, & il dit que c'étoit une Ville Grecque. Strabon ne parle non plus qu'une Campagne qu'il nomme THEMISCYRA, & dont il loue beaucoup la fertilité. Etienne le Géographe ne parle non plus que de la Campagne, qu'il étend depuis Chadiſia juſqu'au Fleuve Thermodonte. Il a pu y avoir une Campagne & une Ville de même nom; & on ne peut raiſonnablement en douter; car un trop grand nombre d'Auteurs font mention de l'une & de l'autre. Diodore de Sicile [r] en parlant d'Hercule dit qu'il navigea juſqu'à l'Embouchure du Thermodonte, & qu'il campa près de la Ville de Themyſcyre, où étoit le Palais Royal de la Reine des Amazones. Hérodote [s] met auſſi la Ville de Themiſcyre ſur le Fleuve Thermodonte. Pomponius-Mela [t] dit qu'il y a une Campagne près du Thermodonte, & que c'eſt dans cette Campagne qu'avoit été la Ville de Themiſcyre. Elle ne ſubſiſtoit plus apparemment de ſon tems; car il dit *in eo* [campo] *fuit Themiſcyrium Oppidum*. Enfin Apollonius [u] joint le Promontoire *Themiſcyreum* avec l'Embouchure du Thermodonte. Il ne donne pas à la Campagne voiſine le nom de Themiſcyra: il l'appelle *Dæantis Campus*. Surquoi ſon Scholiaſte [x] remarque que *Dœas* & Alcmon étoient freres; puis il ajoute que dans la Campagne de *Dœas* il y a trois Villes, ſavoir Lycaſtia, Themiſcyra & Chalybia, & que les Amazones avoient habité ces trois Places. Mais comme l'Hiſtoire des Amazones eſt mêlée de bien des fables, on ne peut preſque rien dire de certain de leurs Villes ni de leurs demeures.

[p Celler. Geogr. Antiq. Lib. 3. c. 8.
q Lib. 5. c.
r Lib. 4. c. 16.
s Lib. 4. c. 86.
t Lib. 1. c. 19.
u Lib. 2. v. 371.
x Vers 373.]

THEMISONIUM, ou THEMIPISONIUM, Ville & Contrée de l'Aſie Mineure, dans la Phrygie, ſelon Pauſanias [y], Strabon [z] & Etienne le Géographe. Ptolomée [a] place *Themiſonium* dans la Grande Phrygie, & met des Peuples nommez THEMISONII dans la Lycie. Le nom de *Themiſonium* eſt corrompu dans la Notice d'Hieroclès, où on lit Θεμισσόνιος, *Themoſonios*, Ce ſont les Habitans de cette Ville que Pline [b] appelle THEMISONES.

[y Lib. 10.
z Lib. 12. p. 576.
a Lib. 5. c. 2.
b Lib. 5. c. 29.]

THEMISSUS, Ville de la Carie: C'eſt Etienne le Géographe qui en parle.

THEMISTA. Voyez Moïse & Stoechades.

THEMISTEAS, Promontoire de la Carmanie, selon Pline [a]. Le Pere Hardouin croit que c'est le même qui est appellé par Arrien [b] Ταρσιν ἄκρν.

[a] Lib. 6. c. 25.
[b] In Indic. p. 580.

THEMISTOCLEUM, Lieu dont parle Aristote [c]. Il paroît qu'il étoit dans l'Attique.

[c] Animal. Lib. 6.

THEMISUA, Ville de l'Afrique propre. Voyez THEMIS.

THEMMA, Ville de l'Arabie Deserte: Ptolomée [d] la marque aux confins de la Mésopotamie.

[d] Lib. 5. c. 19.

THEMNA, Ville de la Palestine. Elle fut du partage de la Tribu de Dan [e]. Peut-être est-ce une des Villes THAMNA. Voyez THAMNA.

[e] Josue, 19. 43.

THEMUSEOS, Siège Episcopal dont parle Ortelius, qui cite Honorius. Il ajoute que l'Evêque de ce Siège, appellé Sérapion, étoit un ami de St. Antoine. *Themuseos* pourroit bien être corrompu de *Thmuis*. Dans ce cas on devroit dire *Thmuiseos*, & non *Themuseos*. Voyez THMUIS.

1. THENA, Ville de l'Ethiopie sous l'Egypte, selon Pline [f].

[f] Lib. 6. c. 29.

2. THENA, Ville de la Sarmatie, selon Ortelius [g] qui cite Ptolomée [h]. Cet Ancien ne connoît point de Ville nommée *Thena* dans la Sarmatie; mais bien dans la Samarie, & il la place au voisinage de Sichem. C'est apparemment le Bourg nommé Thanath par Eusèbe, & Thenath par St. Jérôme. Voyez THANATH.

[g] Thesaur.
[h] Lib. 5. c. 16.

THENAC, Ville de la Palestine. Manassé entr'autres Lieux eut pour Héritage, les Habitans de *Thenac* avec leurs Villages [i]. C'est la même Ville que *Thanac*. Voyez THANAC.

[i] Josue, 17. 11.

1. THENÆ, Ville de l'Afrique propre. Voyez THÆNA.

2. THENÆ, Ville dont fait mention Callimaque [k] cité par Ortelius [l]. Elle étoit dans l'Isle de Créte, au voisinage de Cnossus. Etienne le Géographe écrit *Thennæ*.

[k] Hymn. in Jovem.
[l] Thesaur.

THENAILLES, THENOLIÆ, ou THENOLIUM, Lieu de France, dans la Picardie, du Diocèse & de l'Election de Laon. Ce Lieu est situé dans la Thiérache, près Vervins. Il y a une Abbaye de Prémontrés fondée en 1129. par Barthelemi de Vir, autrement de Roucy, Evêque de Laon. Elle vaut environ huit mille Livres à son Abbé.

THENENUTHUM. Voyez TERENUTHIS.

1. THENNÆ. Voyez THÆNÆ, No. 2.

2. THENNÆ. Etienne le Géographe dit que quelques-uns font de THENNÆ une Ville de l'Arcadie, & d'autres une Montagne de même nom.

THENOS. Voyez TENOS.

THENTEOS, Lieu de l'Afrique propre. L'Itinéraire d'Antonin le marque sur la route de *Tacapæ* à la Grande *Leptis*, le long des confins de la Province de *Tripoli*, entre *Thamascaltis* & *Auru*, à trente milles du premier de ces Lieux & à égale distance du second.

THEOBRICULA, Ville d'Espagne, au voisinage de l'Asturie, selon l'Itinéraire d'Antonin, qui dans un autre endroit la nomme DEOBRICULA: cette dernière façon de lire est la véritable Orthographe. Voyez DEOBRICULA.

THEODALENSIS, ou THEUDALENSIS, & par corruption EUDALENSIS, Siège Episcopal d'Afrique dans la Province Proconsulaire. Dans la Conférence de Carthage [m] Urbanus est qualifié *Episcopus Plebis Theodalensis*. Surquoi Mr. Du Pin fait cette Remarque: Il est constant par le témoignage de Ptolomée [n] & de Pline [o] qu'il y avoit dans la Province Proconsulaire une Ville nommée *Theudalis*; & Victor d'Utique fait mention d'Habet-Deus *Episcopus Theudalensis* relégué par Genseric. Baluse & le Pere Hardouin sont d'opinion qu'au-lieu de *Eudalensis* il faut lire *Theudalensis* dans la Notice de la Province Proconsulaire. Voyez THEUDALE.

[m] No. 127.
[n] Lib. 4. c.
[o] Lib. 5. c. 4.

THEODONIS-VILLA, nom Latin de Thionville. Voyez THIONVILLE.

THEODORA, nom d'un Fort de la Dace [p], sur la rive gauche du Danube. Trajan fit bâtir deux Forts aux deux bouts du Pont qu'il avoit fait construire sur le Danube. L'un de ces Forts fut depuis nommé PONT & l'autre THEODORA. Ces deux Forts ayant été ruinez, tant par la longueur du tems que par les irruptions des Barbares, Justinien fit réparer le Fort du Pont; mais il négligea celui de *Theodora* parce qu'il étoit trop exposé aux courses des Nations Etrangeres.

[p] Procop. Ædif. L. 4. c. 6.

1. THEODORIAS, Ville d'Asie, aux confins de la Colchide selon Agathias [q] cité par Ortelius [r].

[q] Lib. 5.
[r] Thesaur.

2. THEODORIAS, nom d'un Lieu dont parlent les Authentiques [s].

[s] De Defensor. Civitatum.

3. THEODORIAS, Province Ecclésiastique d'Asie, aux Environs de la Coele-Syrie. La Notice de Léon le Sage lui donne Laodicée pour Métropole avec trois Evêchez suffragans; savoir:

Laodicée,   Balanea,
Paltus,   Gabala.

1. THEODOROPOLIS, nom d'un Fort que Procope nomme au nombre de ceux que l'Empereur Justinien fit bâtir au-delà du Fort du Pont de Trajan sur le Danube.

[t] Ædif. L. 4. c. 6.

2. THEODOROPOLIS, Ville de Thrace, dans la Moesie, un peu plus loin que Cinstôdeme. Cette Ville, selon Procope [u], fut fondée par Justinien, qui la nomma Theodoropole du nom de l'Impératrice Theodora sa femme.

[u] Ibid.

1. THEODORUS, Fleuve d'Asie dans l'Ibérie, selon Aristote [x].

[x] In Mirabilib., Ortelii Thesaur.

2. THEODORUS [y], Marais qu'Avienus place vers l'Espagne Bétique.

[y] Pag. 29.

1. THEODOSIA, Ville du Chersonnese Taurique. Le Périple de Scylax [z], Strabon [a], Pomponius-Mela [b], Pline & Ptolomée [c] font mention de cette Ville. Le Périple de Scylax & Etienne le Géographe écrivent *Theudosia*; ce que Berckelius regarde comme une Orthographe corrompue; Ce qu'il y a de certain, c'est que le plus grand nombre est pour *Theodosia*. Présentement on l'appelle CAFFA. Voyez ce mot.

[z] Lib. 7. p. 309.
[a] Lib. 2. c. 1.
[b] Lib. 4. c. 12.

2. THEODOSIA. Voyez THEUDOSIA.

3. THEODOSIA, Ville de la Grande Armenie, selon Ortelius [d] qui cite Procope [e].

[d] Thesaur.
[e] 1. Persic.

4. THEO-

4. THEODOSIA. Voyez GANGRA.

5. THEODOSIA, ou THEODOSIANA, Siège Episcopal de l'Asie-Mineure, dans la Phrygie Capatiane. La Notice d'Hiéroclès marque ce Siège sous la Métropole de Laodicée.

THEODOSIANA, Ville d'Egypte. C'est, dit Ortelius [a], la Notice des Dignitez de l'Empire qui en fait mention. Je ne trouve dans cette Notice le mot THEODOSIANA employé que pour désigner la Cohorte Théodosienne [b], ou les Aîles Théodosiennes [c]. Ortelius a fait apparemment une Ville d'un de ces Corps de Troupes.

THEODOSIANOPOLIS, Ville de l'Asie-Mineure dans la Phrygie Pacatienne, selon Ortelius [d] qui cite le Concile de Chalcédoine & le cinquième Concile de Jérusalem. C'est la même Ville qui est appellée *Théodosia*, ou *Theodosiana* dans la Notice d'Hiéroclès. Voyez THEODOSIA, N°. 5.

1. THEODOSIOPOLIS, Ville de l'Arménie, sur les Frontières de la Persarménie. Théodose, dit [e] Procope, n'avoit élevé un ancien Village que de nom à la dignité de Ville en l'appellant THEODOSIOPOLIS: l'Empereur Anastase en fit une Ville égale à celle de *Dara*, l'entoura de fortes murailles, & la mit en état d'incommoder autant les Perses, que *Dara* les incommodoit. Elles étoient toutes deux fort propres à faire des courses sur leurs Terres. Il y a dans l'Arménie, ajoute Procope [f], à quarante-deux Stades de Théodosiopolis, du côté du Septentrion une Montagne qui n'est pas des plus roides, & qui produit deux sources d'où sortent deux grands Fleuves, l'Euphrate & le Tigre. Mais Procope, remarque Mr. de Tournefort [g], n'a pas connu les sources de ces Fleuves, qu'il fait sortir de la même Montagne. Strabon a été mieux fondé à dire que les sources de ces Fleuves étoient éloignées de deux cens cinquante milles ou de deux mille cinq cens Stades. On croit assez communément qu'Erzeron est l'ancienne Ville de Théodosiopolis: la chose néanmoins ne paroît pas trop assûrée; à moins que l'on ne suppose, comme cela se peut, que les Habitans d'*Artze* se fussent retirez à Théodosiopolis après qu'on eut détruit leurs Maisons. Cédrène rapporte que sous l'Empereur Constantin Monomaque qui mourut vers le milieu du onzième Siécle, Artze étoit un grand Bourg plein de richesses, habité non-seulement par les Marchands du Pays, mais aussi par plusieurs autres Marchands ou Facteurs Syriens, Arméniens, & autres de différentes Nations, qui comptant beaucoup sur leur grand nombre & sur leurs forces, ne voulurent pas se retirer avec leurs effets à Théodosiopolis pendant les guerres que l'Empereur eut avec les Mahométans. Theodosiopolis étoit une grande & puissante Ville qui passoit pour imprenable dans ce tems-là, & qui étoit située tout proche d'Artze. Les Infidèles ne manquérent pas d'assiéger ce Bourg, les Habitans se défendirent vigoureusement pendant six jours retranchez sur les toits de leurs Maisons, d'où ils ne cessoient de jetter des pierres & des fléches. Abraham Général des assiégeans, voyant leur opi-

[a] Thesaur.
[b] Sect. 20.
[c] Sect. 27.
[d] Thesaur.
[e] Lib. 1. Persic. c. 10.
[f] Ibid. c. 17.
[g] Voyage du Levant, t. 2. p. 117.

niâtre résistance & appréhendant que la Place ne fût secourue, y fit mettre le feu de tous côtez, sacrifiant un si riche butin à sa réputation. Cédrène assure qu'il y périt cent-quarante mille ames, ou par le fer ou par le feu. Les maris, dit-il, se précipitoient dans les flâmes avec leurs femmes & leurs enfans. Abraham y trouva beaucoup d'or & des ferremens que le feu n'avoit pu devorer. Il en fit sortir plusieurs Chevaux & autres Bêtes de somme. Zonare raconte à peu près la même chose de la destruction d'Artze, mais il ne parle pas de Theodosiopolis. Ces Auteurs assûrent seulement qu'Artze étoit sans murailles, & que ces Habitans en avoient fortifié les avenues avec du Bois, je crois qu'ils consumérent tout celui qui étoit aux environs; car depuis ce tems-là l'espéce s'en est perdue. Comme la Place fut réduite en cendres, & que ce passage est absolument nécessaire pour le Commerce, il y a beaucoup d'apparence que les restes de ces pauvres Habitans, & les Marchands Etrangers qui s'y vinrent établir dans la suite, pour ne pas tomber dans un pareil malheur, se retirérent à Theodosiopolis qui en étoit près, suivant Cédrène.

Les Turcs à qui peut-être le nom de THEODOSIOPOLIS parut trop long & trop embarassant, donnérent le nom d'*Artze-rum* à cette Place, c'est-à-dire *Artze* des Grecs ou des Chrétiens. Car *Rum*, ou *Rumili* signifie en Langue Turque la Romaine, ou la Terre des Grecs. Ils distinguent la *Romelie*, ou *Rumili* en celle d'Europe & en celle d'Asie, ainsi d'*Artze-rum* on a fait *Artzerum*, & *Erzerum*, comme prononcent la plûpart des Francs.

Il ne faut pas confondre cette Ville de *Theodosiopolis* avec une autre Ville de même nom, qui étoit sur le Fleuve Aborras dans la Mésopotamie. Voyez l'Article suivant. Mais elle pourroit bien être la même que THEODOSIA. Voyez THEODOSIA, N°. 3.

2. THEODOSIOPOLIS, Ville de la Mésopotamie [h], sur le bord du Fleuve Aborras. Le tems ayant tellement détruit les murailles de cette Ville, qui servoit de ce côté-là comme de rempart à l'Empire, qu'au lieu de donner quelque assûrance aux Habitans, elles les tenoient dans une appréhension continuelle; Justinien les répara en divers endroits & arrêta par ce moyen les incursions que les Barbares faisoient en Mésopotamie.

3. THEODOSIOPOLIS, Ville de la Grande Arménie. Procope [i] dit: Lorsque Théodose devint Maître du Royaume d'Arsace, il bâtit sur une Colline un Fort qu'il appella de son nom. Comme ce Fort étoit aisé à prendre, Cavade le prit en passant & en allant à Amide. Anastase fonda depuis une Ville dans laquelle il renferma la Colline & le Fort. Quoi qu'il fît pour lui donner son nom, il ne put lui ôter celui de son premier Fondateur. Car quelque changement qu'on apporte aux choses, on ne change pas aisément les noms auxquels les hommes sont accoutumez. La muraille de cette Ville étoit assez large; mais la hauteur n'étant que de trente pieds, ne répondoit pas

[h] Procop. Ædif. L. 2. c. 5.
[i] Ædif. L. 3. c. 5.

pas à la largeur; & ainsi la muraille n'étoit pas en état de soutenir un Siège, sur-tout s'il étoit mis par les Perses. De plus elle n'avoit au dehors ni muraille ni fossé, & elle étoit commandée par une hauteur voisine. Justinien s'avisa premiérement d'y faire creuser un fossé fort profond, & semblable à ceux que creuse la chûte d'un Torrent entre deux Montagnes. Depuis il fit couper des Rochers, & tailler des précipices & des abîmes ; & afin que la muraille fût d'une hauteur extraordinaire, & tout-à-fait imprenable, il y fit faire des fortifications semblables à celles de la Ville de *Dara*. Il fit boucher les creneaux de la muraille, & n'y laissa que l'ouverture nécessaire pour tirer. Outre cela il fit élever une Galerie à l'entour, & mettre d'autres creneaux par dessus. Il fit aussi tirer par dehors une seconde muraille, & il y ajouta tant d'autres Fortifications que chaque Tour pouvoit passer pour une petite Forteresse. Enfin il y établit une Garnison & un Chef pour la commander; de sorte que les Arméniens ne pouvoient plus appréhender que les Perses les attaquassent de ce côté-là.

4. THEODOSIOPOLIS, ou PEPERINES, Siège Episcopal de la Province d'Asie, selon la Notice de Léon le Sage qui le met sous la Métropole d'Ephèse.

5. THEODOSIOPOLIS, ou THEODOSIOPOLIS-NOVA, Siège Episcopal de la Thrace, selon la Lettre des Evêques de cette Province à l'Empereur Léon. Cette Lettre se trouve dans le Recueil des Conciles.

6. THEODOSIOPOLIS, Siège Episcopal d'Egypte, dans la Province d'Arcadie. La Notice de Léon le Sage met ce Siège sous la Métropole de Xyrinchus ; & celle d'Hiéroclès le marque sous la Métropole de Cyno.

7. THEODOSIOPOLIS, Siège Episcopal d'Egypte, dans la premiére Thébaïde, sous la Métropole d'Antino, selon la Notice de Léon le Sage, & sous celle d'Hermui ou d'Hermaï selon la Notice d'Hiéroclès.

8. THEODOSIOPOLIS, Siège Episcopal de l'Asie Proconsulaire : La Notice d'Hiéroclès le marque sous la Métropole d'Ephèse.

9. THEODOSIOPOLIS, Siège Episcopal d'Asie, dans l'Osrhoène : la Notice d'Hiéroclès met ce Siège sous la Métropole d'Edesse. Cette Theodosiopolis pourroit être celle que Procope place dans la Mésopotamie sur le Fleuve *Aboras*. Voyez THEODOSIOPOLIS, N°. 2.

10. THEODOSIOPOLIS, ou APRUS. Voyez APROS. Cette Ville étoit Métropole, & avoit sous elle les Evêchez suivans:

Ortros,	Maurocastron;
Mazituni, ou Mazinimi,	Axieri, ou Axirri,
	Tarosa, ou Carosa,
Agiamaria,	Politimos.

THEON-OCHEMA. Voyez DEORUM-CURRUS.

THEON-SOTER. Voyez SOTERUS.

THEON-TRAPEZA. Voyez ASTY-PALÆA.

THEONONTATE, Pays de l'Amérique Septentrionale, dans la Nouvelle France, situé à la Côte Occidentale du Lac des Hurons. Ce Pays étoit autrefois habité par beaucoup de Hurons, dans le commencement de nos Colonies ; c'est où le Pere de la Roche d'Aillon Récollet avoit établi la Mission des Hurons ; mais depuis les Iroquois ont détruit ces Hurons, & ruiné ce Pays qui étoit très-peuplé.

THEOPHANES. Voyez THESPANIS.

THEOPHILA, Ville de l'Inde, en-deçà du Gange : Ptolomée la marque au nombre des Villes qui étoient à quelque distance de ce Fleuve du côté de l'Occident. [a Lib. 7. c.]

THEOPOLIS. Voyez ANTIOCHE, N°. 1.

THEOPROSCOPON. Voyez THEUPROSOPON.

THEOSANG, Bourg des Indes Orientales, dans l'Isle de Formose sur la Côte. Rechteren dans son Voyage aux Indes Orientales, qui se trouve dans le Recueil de ceux de la Compagnie des Indes formée dans les Provinces-Unies [b], dit que quand un Habitant de ce Bourg est dangereusement malade, & qu'il souffre de grandes douleurs, on lui met un nœud coulant autour du cou: on l'enlève ensuite comme si on le vouloit jetter ; on l'étrangle ainsi & on le laisse retomber afin de faire cesser plus promptement sa douleur par une prompte fin de sa vie. [b Tom. 5. p. 192.]

THER, selon Mr. Corneille [c] & THEO, ou THEOL, selon Coulon [d] & Jaillot [e], Riviere de France dans le Berry, Election d'Issoudun. Elle a sa source dans un Lieu nommé Fontheols, à quatre lieues au Midi d'Issoudun, & après s'être jointe à la Riviére de Tournemine près d'Issoudun, elle va se jetter dans l'Arnon à Reuilly. [c Dict. d Rivières de France. e Atlas.]

1. THERA, Isle de la Mer de Créte ; & l'une des Sporades. Pline [f] dit que cette Isle se forma la quatrième année de la cent trente-cinquième Olympiade ; ce qui répondroit à la cent cinquième année de Rome. Mais il y a faute certainement dans cet endroit de Pline ; car l'Isle de THERA existoit long-tems avant cette Olympiade, comme on le voit par le témoignage d'Hérodote [g] qui nous apprend qu'elle fut nommée CALLISTE, ou l'Isle très-belle. Cadmus la trouva si agréable qu'il voulut y laisser Membliarès son parent avec des Phéniciens pour la peupler. Le même Auteur, Pausanias [h] & Strabon [i] assûrent que Theras descendant de la Race de Cadmus donna le nom de Thera à cette Isle ; que ne pouvant s'accommoder du séjour de Lacédémone, où il menoit une vie privée, il passa dans l'Isle de Calliste, après avoir eu la Régence du Royaume de Sparte sous la minorité de ses Neveux Erystène & Proclès, fils de sa sœur Argia, veuve d'Aristodème. Calliste dans ce tems-là étoit occupée par les descendans de Membliarès dont il vient d'être parlé. Theras prit possession de l'Isle, accompagné d'une partie des Minyens qui s'étoient sauvez des prisons de Lacédémone par l'habileté de leurs femmes. Ces Minyens venoient de quelques-uns de ces fameux Héros, qui avoient suivi Jason dans la Colchide. A leur retour ils s'arrêtérent à Lemnos, où leur [f Lib. 2. c. 87. g Lib. 4. h Lib. 3. i Lib. 8.]

leur postérité retint le nom de Minyens, dont on ne sait pas trop bien la Généalogie. Quoi qu'il en soit, ces Minyens ne furent pas les plus forts à Lemnos: les Pélasgiens autres Peuples de Grèce les chassèrent. Dans cette triste situation ils se présentèrent à Lacédémone où ils furent si bien reçus, que non-seulement on leur distribua des terres; mais qu'on leur permit d'épouser des Lacédémoniennes, & qu'on maria leurs femmes à des Lacédémoniens. Cependant, comme les Minyens descendoient de Héros vagabonds & ambitieux, on s'apperçut bien-tôt, qu'ils n'avoient pas tout-à-fait perdu les inclinations de leurs Ancêtres, & qu'ils en vouloient à l'autorité souveraine. Là-dessus ils furent arrêtez & condamnez à mort. Heureusement pour eux on attendoit à Lacédémone pour faire mourir les criminels: la tendresse inspira ce Stratagême à leurs femmes. Ayant obtenu des Magistrats la grace de voir leurs maris, avant qu'on les éxécutât, elles changèrent d'habit avec eux dans les prisons. Les hommes sortirent déguisez en femmes, pendant que les femmes restèrent dans les prisons déguisées en hommes.

Hérodote, de qui ce Conte est tiré, nous a conservé les noms de deux Descendans de Theras, qui régnérent dans cette Isle; savoir Aesanius & son fils Grynus. Ce dernier alla consulter l'Oracle de Delphes suivi des plus illustres personnes de Thera, parmi lesquelles étoit Battus, fils de Polymneste (ou de Cyrnus) homme de qualité, fort estimé parmi les Minyens. L'Oracle répondit qu'il falloit aller bâtir une Ville sur les Côtes de Libye, & la Prêtresse leur montra Battus. Cet ordre fut négligé: les Minyens ne savoient pas même où étoit la Libye; mais la sécheresse qui dura sept ans dans Thera, & qui fit mourir tous les arbres à l'exception d'un seul, obligea le Roi de retourner à la Prêtresse, qui ordonna une seconde fois qu'on fit bâtir une Ville en Libye. On fut contraint d'obéïr; & ce fut l'origine de Cyrène, patrie du Poëte Callimaque. Strabon [a] qui place l'Isle de Thera entre Crète & l'Egypte ne donne à Thera que vingt-cinq milles de tour & assure qu'elle est d'une figure assez longue. Il faut que les choses soient bien changées depuis ce tems-là. Thera se trouve située, entre l'Isle de Candie & les Cyclades. Elle a trente-six milles de tour & sa figure représente assez bien un Fer à cheval. A l'égard de sa situation, il faut corriger le passage de Strabon, par celui de son Compilateur Etienne, & lire Κυνουρίας, au lieu de Κυρμαίας; car Etienne le Géographe place l'Isle de THERASIA entre la Crète & la Cynurie, Quartier du Péloponèse appartenant aux Lacédémoniens & souvent disputé entre les Argiens & les Lacédémoniens. Pour la figure de Thera, il n'est pas surprenant qu'elle se soit formée en Croissant; car il est arrivé des changemens si considérables autour de cette Isle; que celui-ci doit être compté pour peu de chose. Outre la mutation de sa figure, elle a acquis onze milles d'étenduë plus qu'elle n'avoit du tems de Strabon; mais aussi elle a perdu toutes ses belles Villes. Hérodote assure qu'il n'y en avoit pas moins de sept,

[a] Lib. 1. p. 57.

& l'Isle devoit être puissante; puis qu'il n'y eut que Thera & Melos, qui dans cette fameuse Guerre du Péloponèse osérent se déclarer pour les Lacédémoniens contre les Athéniens dont toutes les autres Isles de Grèce suivirent le parti.

On prétend que cette Isle & quelques autres du voisinage sont sorties du fond de la Mer, que la Terre a enfanté ces lourdes masses, & qu'elle les a élevées sur les eaux; voyez le détail de ces changemens au mot SAN, à l'Article SANT-ERINI qui est le nom moderne de cette Isle, & dont on a fait SANTORIN.

2. THERA, Isle que Ptolomée [b] place au-dessous ou au Midi de l'Eubée, *sub Euboea*; mais on voit par les deux Villes qu'il lui donne que cette Isle est la même que celle dont il est parlé dans l'Article précédent. Voyez THERA No. 1. & au mot SAN, l'Article SANT-ERINI. [b] Lib. 3. c. 15.

3. THERA, Ville de l'Asie Mineure, dans la Carie, selon Ptolomée [c] qui la marque entre Idymus & Pystus. Ortelius croit que c'est la même qu'Etienne le Géographe place dans la Carie. [c] Lib. 5. c. 2.

4. THERA, Ville qu'Etienne le Géographe donne aux Rhodiens. Il en fait une Ville différente de celle qu'il met dans la Carie; & il ajoute qu'elle étoit située dans un lieu fort bas.

5. THERA, Ville de la Sogdiane, selon Etienne le Géographe.

THERACUM, Ville d'Egypte. Il en est fait mention dans la Notice des Dignitez de l'Empire [d], où on lit: *Cohors prima Lusitanorum Theraco*. Ortelius [e] soupçonne que *Theracum* pourroit être corrompu d'*Hieracum*. [d] Sect. 26. [e] Thesaur.

THÉRADES-INSULÆ, Isles dont parle Athenée [f]. Son Interprete, Jacques Daléchamp, juge qu'Athenée par *Therades-Insulæ* entend les Isles THERA, & THERASIA. [f] Lib. 10.

THERÆ, Pausanias [g] dit qu'on donnoit ce nom à l'espace de terre qui se trouvoit entre le Temple Taletum & la Forêt Euoras dans la Laconie. [g] Lib. 3. c. 20.

THERALA. Voyez THARELA.

THERAMBUS, Ville de Macédoine: elle est placée par Hérodote [h] dans la Péninsule de Pallène. [h] Lib. 7. no. 123.

1. THERAMNÆ, THERAPNE, ou THERAPNÆ, Ville du Péloponèse dans la Laconie au voisinage de la Ville de Sparte. Pausanias fait entendre [i] que pour aller de Sparte à Therapné, il falloit traverser le Fleuve Eurotas. Pausanias donne à THERAPNE le titre de Ville; mais Suidas se sert simplement du nom de Lieu, & le Scholiaste de Pindare [k] en fait un Village. Ce dernier ajoute qu'il y avoit un Temple dédié à Castor & Pollux. C'est à quoi Stace [l] fait allusion dans ces Vers: [i] Laconic. c. 20. [k] Od. v. 43. [l] Silvar. Lib. 4. Carm. 8. v. 52.

Et vos Tyndaridæ, quos non horrenda Lycurgi Taygeta, umbrosæque magis coluere Therapnæ.

Ce même Poëte [m] parlant de Castor & de Pollux les appelle *Therapnæi Fratres*. Le Poëte Pindare & la plûpart des Auteurs anciens qui ont parlé de ces deux Jumeaux racontent ce qui leur arrivoit de deux jours l'un [m] Theb. 8. Poë. Lib. 7. v. 793.

à Theà Therapné après leur mort [a] : Jupiter disent-ils, ordonna qu'ils passeroient alternativement un jour dans le Ciel & un autre jour au-deſſous de la Terre; c'eſt-à-dire qu'ils ſe cacheroient ſous l'Hemiſphére; & c'étoit ſous Therapné qu'ils ſe cachoient. Ainſi cette Fiction poëtique s'étoit mêlée à l'Aſtronomie; & pour rendre une raiſon ingénieuſe du Lever & du Coucher des deux Etoiles appellées Caſtor & Pollux, les Anciens ont dit qu'elles ſortoient de l'Hemiſphére inférieur du côté de Therapné, qui eſt véritablement vers l'Horiſon Oriental de Lacédémone, & que par le mouvement *Diurne,* elles s'élevoient à la plus haute partie du Ciel. En effet il ne s'en faut que de cinq à ſix degrez qu'elles ne ſoient verticales & dans le Zénith de Lacédémone. Therapné étoit encore célébre pour être le Lieu où Diane avoit été adorée pour la premiére fois. On y voyoit un Temple conſacré à Ménélas qui y avoit été enterré avec Hélène. Comme cette belle Lacédémonienne y avoit été élevée, les Poëtes l'ont appellée la *Nymphe de Therapné.*

On voit les ruïnes de Therapné à une portée de mouſquet de l'*Enokorion,* gros Faux-bourg de l'ancienne Lacédémone, qui s'étendoit juſque-là dans le tems qu'elle étoit dans ſa ſplendeur. Auprés de ces ruïnes de Therapné il y a deux ou trois Fontaines ſur le grand chemin. On les nomme aujourd'hui ſimplement *Vryſis;* & ce ſont apparemment celles que Pauſanias appelle *Meſſeis,* & *Polydeuceïa.* A la main droite de Therapné on trouve deux ou trois Chapelles de Caloyers, qui ſont ſur une des Collines du *Portais* ou *Taygetus;* vraiſemblablement c'étoit l'ancienne Bourgade Aleſias, où le Prince Mileta, fils du Roi Lelex, inventa pour le ſecours de la vie de l'homme l'uſage des Meules de moulin & trouva le ſecret de moudre le bled.

☞ Il y en a qui croient que THERAPNE eſt le véritable nom de cette Ville & que THERAMNÆ, ou THERAMNE ſont corrompus.

2. THERAMNÆ, Ville de la Lycie ſelon Lutatius Placidus [b] cité par Ortelius [c]. Il ajoute qu'elle étoit conſacrée à Apollon.

1. THERAPNE, Ville de l'Iſle de Crète, ſelon Pline [d] : Solin en fait auſſi mention.

2. THERAPNE, Lieu quelque part ſur l'Océan Atlantique [e].

THERAPNE. Voyez THERAMNÆ, N° 1.

THERASIA, Voyez THERA & au mot SAN, l'Article SANT-ERINI.

THERBIRZA, Voyez THERMITZA.

THERCOLA, Lieu que Curopalate cité par Ortelius [f] met auprès d'Hierapolis & apparemment dans la Syrie.

THEREBINTHE. Voyez TEREBINTHUS.

THERENUS, Fleuve de l'Iſle de Créte, ſelon Diodore de Sicile [g]. Ce Fleuve couloit près de Gnoſia, où l'on a dit qu'avoient été célébrées les Nôces de Jupiter & de Junon.

THERGUBIS, Ville de la Meſopotamie ſelon Ptolomée [h].

THERIACE, Lieu qui produit une ſorte de Vin très-agréable. C'eſt Ortelius [i] qui en parle, d'après Dionyſ. Uticenſis [k].

1. THERIODES. Hérodote [l] & Ptolomée donnent à la Libye cette épithéte Grecque qui veut dire *abondante en Bêtes farouches;* & Ptolomée [m] la donne encore à un Golphe de la Chine.

THERIONARCE, Iſle de l'Aſie Mineure, dans la Doride. Pline [n] la place près de Gnide.

1. THERMA, Bourgade de Sicile ſelon Etienne le Géographe, qui lui donne le titre de Bourgade ſur le témoignage de Philiſte [o], parce que du tems de ce dernier elle n'avoit pas encore le titre de Ville. Ce ne fut que dans la ſuite que les Romains y établirent une Colonie à laquelle ils donnèrent le nom de *Thermæ Himeræ.* Voyez au mot HERMÆ l'Article HIMERÆ-THERMÆ.

2. THERMA, Bains de l'Aſie Mineure, dans la Bithynie. Etienne le Géographe dit qu'on les appelloit THERMA PYTHIA. Ces ſources d'eau chaude étoient apparemment au voiſinage d'*Aſtacum;* car le même Etienne le Géographe, met Pythium près du Golphe Aſtacène. Procope [p] fait mention de ces Bains. Dans un endroit, appellé PYTHIA, il y a, dit-il, des ſources d'eau chaude, d'où pluſieurs perſonnes & principalement les Habitans de Conſtantinople tirent un notable ſoulagement dans leurs maladies. Juſtinien laiſſa en cet endroit des marques d'une magnificence toute Royale, en y faiſant bâtir un ſuperbe Palais, & un Bain pour l'uſage du Public. De plus il y fit conduire par un Canal tout neuf, des eaux fraîches, afin de tempérer la chaleur des autres.

3. THERMA, Ville de la Cappadoce. Elle eſt marquée dans l'Itinéraire d'Antonin ſur la route de Tavia à Céſarée, entre Tavia & Soanda, à dix-neuf milles de la premiére de ces Places & à vingt-huit milles de la ſeconde.

4. THERMA, Ville ſituée aux confins de la Macédoine & de la Theſſalie, vers les Thermopyles, ſelon Hérodote [q].

1. THERMÆ, Lieu de la Lycie ſur la Côte méridionale de l'Iſle, ſelon Pomponius Mela [r], qui le marque après Héraclea en avançant d'Orient en Occident. Pline [s] qui écrit THERMA donne à ce Lieu le titre de Colonie. Les ſources d'eau chaude qui avoient donné le nom de *Therma* à ce Lieu ſont appellées *Aquæ Larodæ* par l'Itinéraire d'Antonin qui les marque à quarante milles d'*Agrigentum.* Ces Bains ſubſiſtent encore. On les trouve au voiſinage de la Ville *Sciatica,* ou *Xacca.*

2. THERMÆ, Bains de l'Attique, au voiſinage de la Ville de Corinthe, ſelon Xénophon cité par Ortelius [t].

3. THERMÆ. Voyez THERMUS.

4. THERMÆ-HIMERÆ. Voyez au mot *Himeræ* l'Article HIMERÆ-THERMÆ.

5. THERMÆ STYGIANÆ. Voyez au mot BAGNI l'Article BAGNI-CERETINI.

THERMÆUS-SINUS, Golphe de la Mer Egée, ſur la Côte de la Macédoine [u]. On le nomme [x] auſſi *Thermaïcus Sinus* & ce nom comme le premier vient de celui de [y] *Pline,* *Therma* que portoit anciennement la Ville de Theſſalonique, quoiqu'il y en ait qui diſtinguent

guent Therma de Thessalonique. Ce Golphe qui s'avance beaucoup dans les terres, mouille la Péninsule de Pallène, la Paraxie, la Chrestonie, la Mygdonie, la Bottiée, la Piérie, la Perrhébie & la Magnésie; ce qui a fait que Pline l'a nommé par excellence le Golphe de Macédoine, *Sinus Macedonicus*. On l'appelle présentement GOLPHE DE SALONIQUE, ou *Golfo di Salonichi*.

THERMASTIS, Lieu voisin de Constantinople selon Pierre Gylles dans la Description du Bosphore de Thrace.

THERMAX, Municipe de l'Attique: Suidas le donne à la Tribu Erechtheide.

THERME, ou THERMA, Ville de Thrace selon Suidas. C'est la même qu'Etienne le Géographe, Apollodore & Thucydide mettent dans la Macédoine. Elle étoit sur le Golphe *Thermæus* auquel elle avoit donné le nom. Voyez THERMÆUS-SINUS & THESSALONIQUE.

THERMENÆ, Ville de la premiere Cappadoce. Il en est fait mention dans le sixième Concile de Constantinople cité par Ortelius [a].

THERMENSES MAIORES PISIDIÆ, Peuples dont il est parlé dans une Inscription rapportée dans le Tresor de Goltzius [b]. L'Orthographe du mot *Thermenses* varie quelquefois dans cette Inscription, où on lit tantôt FERMENSES, tantôt THERMESES. Voyez TERMISSUS.

THERMERIA, Lieu voisin de Constantinople selon Pierre Gylles dans sa Description du Bosphore de Thrace.

☞ THERMES, mot François formé du Latin THERMÆ, & dérivé du Grec Θερμη, qui signifie chaleur. Tite-Live [c] en décrivant le Pas des Thermopyles, dit que ce Lieu étoit nommé PYLÆ & par d'autres THERMOPYLÆ, parce qu'on trouvoit des eaux chaudes dans l'endroit le plus resserré entre les Montagnes. Les Romains par ce mot THERMÆ entendoient des Bains d'eau chaude; & on l'appliqua tellement aux Edifices où étoient ces Bains, qu'il s'étendit même jusqu'à ceux où l'on se baignoit dans de l'eau froide.

Les Thermes eurent rang parmi les Edifices les plus somptueux de l'ancienne Rome. On s'y lavoit l'Hyver avec de l'eau tiéde, quelquefois avec des eaux de senteur, ou bien par une autre sorte de molesse, on faisoit seulement sentir à son corps les vapeurs chaudes de l'eau. Pendant l'Hyver on s'oignoit le corps avec des huiles & des parfums de prix; & pendant l'Eté après être sorti du bain tiéde, on alloit se rafraîchir dans de l'eau froide. L'Empereur Gordien voulut bâtir dans un même lieu des Thermes pour l'Hyver & pour l'Eté; mais la mort qui le prévint l'empêcha d'achever l'Ouvrage. L'Empereur Aurélien fit bâtir au delà du Tibre des Thermes pour l'Hyver.

Les Thermes étoient si vastes qu'Ammien Marcellin [d] pour donner une idée de leur grandeur les compare à des Provinces entiéres, *in modum Provinciarum extructa Lavacra*. Ce qui nous reste encore aujourd'hui de quelques anciens Thermes nous fait juger de leur étendue prodigieuse.

Le nombre de ces Thermes étoit aussi surprenant à Rome que leur grandeur. Publius Victor dit qu'il y en avoit plus de huit-cens;

[a] Thesaur.

[b] Pag. 500. & 501.

[c] Lib. 36. c. 15.

[d] Lib. 16. c. 6.

& Pline le jeune [e] dit qu'ils s'étoient augmentez à l'infini: *Quæ nunc Romæ ad infinitum auxere numerum*. Les Empereurs les firent d'abord bâtir pour leur usage particulier, ensuite ils les abandonnérent au Peuple ou les firent bâtir pour lui. Outre les Thermes, où l'on ne payoit rien; il y en avoit d'autres qui se donnoient à ferme, & de plus les principaux Citoyens avoient des Bains particuliers chez eux.

Ces Thermes étoient accompagnez de divers Edifices & de plusieurs piéces d'appartemens. Il y avoit de vastes Réservoirs, où se rassembloit l'eau par le moyen des Aqueducs: des canaux qu'on avoit ménagez servoient à faire écouler les eaux inutiles. Les murailles des Réservoirs étoient si bien cimentées; que le fer avoit de la peine à rompre la matiére employée à la liaison des pierres. Le pavé des Thermes, comme celui des Bains, étoit quelquefois de verre; le plus souvent néanmoins on y employoit la pierre, le marbre, ou des piéces de rapport qui formoient un Ouvrage de marqueterie de différentes couleurs.

La Description des Thermes de Dioclétien, qui nous a été donnée par André Baccius [f] fournit une idée complette de la grandeur & de la magnificence Romaine dans ces sortes d'Ouvrages. On y voit entr'autres un grand Lac dans lequel on s'exerçoit à la nage; des Portiques pour les Promenades; des Basiliques où le Peuple s'assembloit avant que d'entrer dans le Bain, ou après en être sorti; des Appartemens où l'on pouvoit manger; des Vestibules & des Cours, ornées de Colonnes; des lieux où les jeunes gens faisoient leurs exercices, des endroits pour se rafraîchir, où l'on avoit pratiqué de grandes fenêtres, afin que le vent y pût entrer aisément; des lieux où l'on pouvoit suer; des Bois délicieux plantez de Planes & autres Arbres; des endroits pour l'exercice de la course; d'autres où l'on s'assembloit pour conférer ensemble, & où il y avoit des siéges pour s'asseoir; des lieux où l'on s'exerçoit à la Lutte; d'autres où les Philosophes, les Rhéteurs, & les Poëtes cultivoient les Sciences par maniére d'amusement; des endroits où l'on gardoit les huiles & les parfums; d'autres où les Lutteurs se jettoient du sable l'un sur l'autre, pour avoir plus de prise sur leurs corps qui étoient frottez d'huile.

L'usage des Thermes, comme celui des Bains, étoit très-ancien à Rome. Les Peuples de l'Asie en donnérent l'exemple aux Grecs, & ceux-ci le transmirent aux Romains, qui avoient des Thermes avant que les Médecins Grecs eussent mis le pied à Rome; Epoque que l'on rapporte à l'an 535. de la fondation de Rome, sous le Consulat de L. Emilius & de M. Licinius. Homére [g] compte l'usage des Thermes, λουτρὰς Θερμά, au nombre des plaisirs honnêtes de la vie:

[e] Lib. 4. Epist. 8.

[f] Lib. 7.

[g] Odyss. θ. v. 248.

Semper autem nobis conviviumque gratum, Citharaque, Chorique,
Vestesque mutatoria, lavacraque calida & cubilia.

Plaute décrit dans les deux vers suivans

les exercices auxquels on formoit la Jeunesse dans les Thermes:

*Ibi cursu, luctando, hasta, disco, pugilatu, pila,
Saltendo, sese exercebant magis quam sorto aut saeviis.*

C'étoit une des fins qu'on s'étoit proposées dans l'établissement des Thermes. Par ces exercices on augmentoit la force des jeunes gens, on leur donnoit de l'adresse, & on les instruisoit dans les Sciences. Une autre vûe que l'on avoit eue; c'étoit la conservation de la santé; & peut-être la volupté y entra-t-elle aussi pour quelque chose.

J'ai déja dit qu'il y avoit des Thermes où l'on entroit librement & sans qu'il en coûtât rien; & que dans d'autres il faloit payer. Du reste la somme que l'on donnoit étoit modique: on en étoit quitte pour la plus petite pièce de monnoie, comme Juvenal le remarque dans sa sixième Satyre:

Cædere Sylvano Porcum, & quadrante lavari.

Cette pièce pourtant ne suffisoit pas lorsqu'on venoit trop tard; c'est-à-dire après les dix heures, il faloit alors payer selon le caprice des personnes préposées pour le service des Thermes. Martial a fait allusion à cette sorte d'exaction, quand il a dit [a]:

[a] Lib. 10.
Epigr. 70.

*Balnea post decimam lasso, centumque petuntur
Quadrantes, &c.*

Les Ediles avoient inspection sur les Thermes; & sous eux étoient plusieurs Ministres inférieurs; de sorte que l'ordre y régnoit, malgré l'entière liberté que l'on y trouvoit. Il n'y avoit aucune distinction pour les places: le Peuple comme la Noblesse, l'Artisan comme le Magistrat, avoit droit de choisir parmi les places vuides celle qui étoit le plus à son grè.

Ordinairement les Thermes n'étoient point communs aux hommes & aux femmes: ce ne fut que sous quelques mauvais Empereurs que cette indécence arriva. Les endroits où les hommes se baignoient furent presque toujours séparez des Lieux destinez aux Bains des femmes; & même pour mettre encore mieux à couvert l'honneur de celles-ci, Agrippine, Mere de Néron, fit ouvrir un Bain destiné uniquement à l'usage des femmes, exemple qui fut imité par quelques autres Dames Romaines; comme nous l'apprend Publius Victor. On lit dans Spartien que l'Empereur Adrien ordonna que les Bains des femmes seroient séparez des Bains des hommes.

Le signal pour venir aux Bains & pour en sortir se donnoit au son d'une Cloche. Si l'on s'y rendoit un peu tard on couroit risque de n'avoir que de l'eau froide pour se baigner. C'est ce que signifient ces deux vers de Martial [b]:

[b] Lib. 14.
Epigr. 163.

*Redde pilam; sonat æs Thermarum; ludere pergis?
Virgine vis sola, lotus abire domum.*

[c] Lib. 3. c. 1.

L'heure pour entrer dans les Thermes étoit selon Pline [c], la huitième heure du jour en Eté & la neuvième en Hyver. Martial [d] semble dire la même chose dans ce vers:

[d] Lib. 6.
Epigr. 8.

Sufficit in nonam nitidis octava Palestris.

Et Spartien [e] nous apprend que l'Empereur Adrien défendit qu'on se mît dans le Bain en public avant la huitième heure. La plûpart ne se baignoient qu'une fois par jour. Quelques-uns néanmoins plus adonnée aux exercices qui s'y faisoient, y retournoient jusqu'à sept fois dans un même jour. Galien [f] rapporte qu'un certain Philosophe nommé Primigène étoit attaqué de la Fièvre le jour qu'il manquoit de se baigner. L'usage des Bains étoit quelquefois interdit, sur-tout à l'occasion d'un grand Deuil ou d'une Calamité publique, comme nous le voyons dans Tite-Live & dans Suétone. St. Clément d'Aléxandrie [g] dit que les Nobles faisoient porter aux Bains des Draps de toiles très-fines, & des vases d'or & d'argent sans nombre, tant pour l'usage du Bain que pour celui du boire & du manger. Entre autres ustencilles on s'y servoit de petites étriles d'or ou d'argent. C'est à quoi Perse fait allusion quand il dit:

[e] In Adri.
[f] De Sanitæt tuenda, Lib. 5.
[g] Pedag. Lib. 3. c. 5.

I, puer, & Strigiles Crispini ad balnea defer.

Les malades au lieu d'étriles se servoient d'éponges.

On pratiqua des Thermes à Rome & dans les principales Villes de l'Empire. La liste en seroit trop longue; d'ailleurs j'en ai parlé sous les Articles auxquels ils appartiennent.

THERMEUSIS, Isle de la Mer Egée, selon Ortelius [h] qui cité Pline. On trouve effectivement le mot *Thermeusim* dans quelques Exemplaires de Pline [i]; mais c'est un mot corrompu, comme le Pere Hardouin l'a remarqué dans les MSS. qu'il a consultez, & qui au lieu de *Thermeusim*, *Irrbesiam*, lisent *Thermeus* [Sinus], *Irrbesiam*. Ainsi il est question du Golphe *Thermeus* & nullement d'une Isle nommée *Thermeusi*.

[h] Thesaur.
[i] Lib. 4. c. 12.

1. THERMIA. Voyez Philius.
2. THERMIA. Voyez Thermie.

THERMIDA, Ville de l'Espagne Tarragonnoise: Ptolomée [k] la donne aux Carpétains. Au lieu de *Thermida* le Manuscrit de la Bibliothéque Palatine porte *Thermeda*.

[k] Lib. 2. c. 6.

THERMIDAUA, Ville de la Liburnie: Elle est placée dans les Terres par Ptolomée [l]. Magin lit *Thermidana* pour *Thermidaua*.

[l] Lib. 2. c. 17.

THERMIE, ou THERMIA, Isle de l'Archipel l'une des Cyclades, entre l'Isle de Zia au Nord & l'Isle de Serfante au Midi. Mr. de Tournefort [m] la met à vingt-cinq milles de Syra de Cap en Cap; mais, ajoute-t-il, il y a plus de quarante milles d'un Port à l'autre; car pour entrer dans le Canal de Thermie, il faut faire presque le tour de la moitié de Syra. On ne compte par la même raison que douze milles de Thermie à Zia, quoiqu'il y en ait bien trente-six milles d'un Port à l'autre. Le voisinage de Thermie à Zia ne permet pas de douter que Thermie ne soit l'Isle de Cythnos, puisque

[m] Voyage du Levant, t. 1. p. 195.

THE.

Dicæarque [a] la place entre Céos & Seriphus. Il en fortit un grand Peintre qu'Euftathe [b] appelle Cydias, & les Anciens, fuivant Etienne le Géographe & Julius Pollux, eftimoient les Fromages de Cythnos: c'eft encore dans cette Ifle que fut rejetté par la tempête le faux Néron Efclave grand joueur de Luth & grand Muficien, accompagné d'une Troupe de gens de fa forte armez & foulevez, comme Tacite [c] nous l'apprend. L'Ifle de Thermie n'eft pas efcarpée comme la plûpart des Ifles de l'Archipel, fon terroir eft bon & bien cultivé; on y recueille peu de Froment, beaucoup d'Orge, affez de Vin & de Figues pour les Habitans; mais fort peu d'Huile, pour ne pas dire point du tout. On prétend que la Soye de cette Ifle eft auffi bonne que celle de Tine; il eft vrai qu'elle s'y vend fans coque, au lieu qu'à Tine on y en laiffe beaucoup. Celle de Thermie vaut ordinairement un Ecu la livre, quelquefois cent fols & même jufqu'à deux Ecus, ce qui apporte un profit confidérable au Pays. Le refte du Négoce y confifte en Orge, en Vin, en Miel, en Cire, en Laine, le Coton fe travaille dans l'Ifle pour l'ufage des Habitans; on y fait ces voiles jaunes dont les femmes des Ifles fe couvrent la tête, c'eft une efpèce de Gaze affez jolie. Thermie d'ailleurs eft un Lieu de bonne chére, il y a une fi prodigieufe quantité de Perdrix, qu'on en porte des cages remplies dans les Ifles voifines, où elles ne fe vendent que deux parats, c'eft-à-dire 3. fols la pièce; on voit peu de Lapins dans cette Ifle, & point de Liévres: pour du bois il n'en faut point parler, on n'y brûle que du chaume. A l'égard de la Religion, les Habitans de cette Ifle font tous du Rite Grec, excepté 10. ou 12. Familles Latines, dont la plûpart font des Matelots François, qui n'ont qu'une pauvre Chapelle dans la Maifon de Campagne du Conful. L'Evêque Grec y eft fort à fon aife, & a plus de quinze ou feize Eglifes dans le feul Village de Thermie. La principale eft dédiée au Sauveur, fort jolie & bâtie tout au haut du Lieu. La plûpart des Monaftères font abandonnez, excepté deux fous le nom de la Vierge, & autant fous celui de Saint Michel Archange.

Le principal Village de Thermie en porte le nom; l'autre qui n'eft pas fi grand fe nomme *Silaca*; les deux enfemble contiennent 6000. ames. Les Habitans de toute l'Ifle payent ordinairement 1000. Ecus pour la Capitation, & pour la Taille réelle on leur fait payer environ 6000. Ecus. Le Port de Saint-Erini à deux milles du Village eft commode pour les Vaiffeaux Marchands, de même que celui de S. Etienne, qui eft du côté de *Silaca*: celui-ci regarde le Sud-Sud-Eft; mais l'entrée du premier eft entre le Nord-Nord-Eft, & le Nord-Eft.

Outre les Puits qui font aux environs des Villages, l'Ifle ne manque pas de fources: les plus remarquables font les eaux chaudes dont l'Ifle a tiré fon nom. Ces eaux font dans le fond d'un des Culs-de-Sac du Port, au Nord-Eft à droite en entrant. La principale fource bouillonne au pied de la Colline dans une Maifon où l'on va laver le linge, & où les malades viennent fuer; les autres fources fortent à quelques pas de-là par petits bouillons & forment un Ruiffeau, qui va fe rendre dans la Mer, d'où toutes ces eaux étoient venues; car elles font très-falées, & s'échauffent fans doute en traverfant la Colline parmi des Mines de Fer, ou des matiéres ferrugineufes: ces matiéres font la véritable caufe de la plûpart des eaux chaudes: celles de Thermie blanchiffent l'huile de Tartre, & ne caufent aucun changement à la folution du Sublimé corrofif. Les anciens Bains étoient au milieu de la Vallée. On y voit encore les reftes d'un Réfervoir bâti de briques & de pierres, avec une petite rigole par le moyen de laquelle l'eau du gros bouillon fe diftribuoit, où l'on vouloit. On trouve auffi dans cette Ifle les ruïnes de deux anciennes Villes *Hebreo-Caftro*, & *Paleocaftro*. HEBREO-CASTRO, ou la *Ville aux Juifs* eft au Sud-Oueft fur le bord de la Mer, & fur le penchant d'une Montagne auprès d'un Port où il y a un petit Ecueil. La magnificence & la grandeur de fes Mines frappent & font bien fentir que c'étoit une puiffante [d] Ville, & celle même dont Dicearque [d] a fait mention. Parmi ces ruïnes on remarque trois belles cavernes creufées à pointe de cifeau dans le roc, & enduites de ciment pour empêcher que les eaux de la pluye ne s'écoulaffent par les fentes: les reftes des murailles bâties de gros quartiers de pierres de taille en zig-zac & comme en pointe de Diamant font conjecturer, que ce font les ruïnes de l'ancienne Citadelle. On n'y découvre aucune Infcription qui donne le nom de la Ville. On remarque auffi un fort beau Tombeau de marbre prefque à moitié enterré & orné de Bas-reliefs. Il y a auffi quelques autres Tombeaux de pierre du Pays; c'eft un méchant granit qui fe délite facilement. Il refte un Terme de marbre affez maltraité dont la draperie paroît fort belle. PALEO-CASTRO eft dans un autre Quartier de l'Ifle; & la Ville qui eft entièrement abandonnée n'eft pas fi ruïnée que Hebreo-Caftro; mais on n'y trouve ni Marbres ni aucuns reftes de magnificence. En récompenfe on y obferve de très-belles Plantes, fur-tout un Arbufte, dont le bois eft recherché par les Turcs pour faire les poignées des fabres. On prétend que l'on compte encore dans cette Ville cent-une Eglifes, parmi lefquelles il y a à la vérité plufieurs Chapelles. Mr. Tournefort fit avec fon Cadran univerfel les Remarques fuivantes:

Serpho eft au Sud de Thermie.
Serphopoula au Sud-Eft.
Siphanto entre le Sud-Eft & le Sud-Sud-Eft.
Le Milo refte du Sud au Sud-Sud-Oueft.

☞ Le nom de THERMIE vient du Grec ΘΕΡΜΟΣ, qui fignifie *Chaud*. De THERMIA on a fait par corruption FERMIA & FERMINA.

THERMISSA. Voyez DIDYME, N°. 1.

THERMITZA, Lieu fortifié aux environs de Theffalonique & dans la Macédoine apparemment: c'eft Cédrène qui en parle

---

[a] De Statu Græciæ.
[b] Ad Dionyſ. Perieg.
[c] Hift. Lib. 2. c. 8.
[d] De Statu Græciæ.

parle. Ortelius *a* dit que Gabius Interprête de Curopalate nomme ce Lieu *Therbitza*.

1. THERMODON, Fleuve de la Cappadoce: Ptolomée *b* marque son Embouchure dans le Pont Polémoniaque. Ce Fleuve est fameux sur-tout chez les Poëtes ; parce qu'ils vouloient que les Amazones habitassent sur ses bords. Virgile en a parlé *c* :

Quales Threicia quum Flumina Thermodontis
Pulsant, & pictis bellantur Amazones armis.

Properce dit *d* :

Qualis Amazonidum nudatis bellica mammis
Thermodontais turba lavatur aquis.

Et Valerius Flaccus *e* :

Quid memorem, quas Iris aquas, quas torqueat Ancon ?
Proxima Thermodon hic jam secat arva : memento,
Inclyta Amazonidum, magnoque exorta Gradivo.
Gens ubi.

Dans les Livres Latins, dit Cellarius *f*, le nom de ce Fleuve se trouve souvent augmenté d'une Syllabe, & on y lit *Thermodoon* pour *Thermodon*. Il ne décide pas que ce soit une faute : il se contente de dire : cette Orthographe n'est pas la meilleure, *verum minus recte*. Car, ajoute-t-il, les Grecs écrivent constamment la seconde syllabe par un ω, Θερμώδων ; ce qui empêche qu'en Latin on ne puisse lire *Thermodoon* ; parce que par-là la seconde syllabe deviendroit breve.

2. THERMODON, Fleuve de Scythie. L'Auteur du Livre des Fleuves & des Montagnes dit que ce Fleuve se nommoit auparavant *Crystallus*. Ortelius *g* croit que ce Fleuve Thermodon est le même que le précédent ; & il dit qu'Eustathe a pensé la même chose.

THERMOPOLIS, Ville aux environs de l'Illyrie, selon Ortelius *h* qui cite Procope *i*.

THERMOPYLES, ou PYLES, Passage de soixante pas de largeur entre la Phocide & la Thessalie. Divers Lacs, outre la Mer de Locride & le Mont Oeta, embarrassoient encore cette espéce de Défilé que Philippe *k* nommoit la *Clef de la Gréce*. Les Phocéens dans le dessein d'avoir une barriere de facile garde contre leurs implacables Ennemis les Thessaliens, bâtirent une muraille aux Thermopyles, unique voie qui conduisoit de Thessalie en Phocide. Les ouvertures laissées dans cette muraille, pour ne pas entierement boucher le chemin, s'appellérent πύλαι, *Portes* ; à quoi quelques Bains chauds d'alentour firent ajouter θερμαί, *chaudes* ; & de ces deux mots se fit le mot de THERMOPYLES. Quoiqu'on donne communément soixante pas de largeur à ce passage, il y a des endroits où une voiture peut à peine passer ; ce qui a fait qu'Hérodote *l* a appellé ce Détroit ἁμαξιτὸς μούνη. Il ajoute que la Montagne qui forme le passage des Thermopyles du côté de l'Occident, est inaccessible & très-escarpée ; & que la Mer inonde une partie du chemin du côté de l'Orient. C'est près de ce défilé qu'on faisoit en certains jours les Assemblées de toute la Gréce. Léonidas premier de ce nom, Roi des Lacédémoniens, de la famille des Agides, défendit avec trois cens hommes seulement le passage des Thermopyles contre une Armée effroyable de Perses conduite par leur Roi Xerxès. Cette multitude n'ébranla point le courage de Léonidas, & quelqu'un lui ayant dit que le Soleil seroit obscurci des fléches des Perses : *Tant mieux*, dit-il, *nous combattrons à l'ombre*. Il fut tué avec tous les siens à cette bataille qui se donna le même jour que la Bataille d'Artemise. L'Empereur Justinien pourvut particulièrement à la défense des Pas des Thermopyles. Il étoit autrefois aisé, dit Procope *m*, de se rendre maître des Montagnes voisines, parce qu'elles n'étoient fermées que de foibles murailles. Justinien les rehaussa & en doubla les creneaux. Il fit la même chose à un vieux Château qui n'avoit pas été bien bâti par le passé, & il y fit conduire de l'eau dont il avoit grand besoin. Il fit encore fortifier plusieurs autres pas où il n'y avoit auparavant ni muraille ni défense. Il y a lieu de s'étonner de ce que bien qu'il y eût plusieurs pas, presque tout ouverts, & par où des Chariots pouvoient passer, l'Empereur des Perses néanmoins n'en découvrit qu'un seul des plus étroits, qui lui fut montré par des Deserteurs. En effet la Mer qui bat le pied des Montagnes, & les Torrens qui en descendent avec violence avoient tellement élargi les chemins, qu'on n'espéroit pas pouvoir joindre des roches que la Nature avoit séparées. La difficulté de l'entreprise étoit cause que l'on s'abandonnoit à la fortune au lieu de commencer le travail, & que l'on se persuadoit être en sûreté parce que les Ennemis ne connoissoient pas assez le Pays. De tous les Ouvrages que Justinien fit élever dans une infinité d'endroits de l'Empire, ceux qu'il fit faire aux Thermopyles, sont ceux qui lui acquirent à plus juste titre la gloire d'avoir surpassé en vigilance tous les Princes qui l'avoient précédé. La Mer obéit à ses desseins : elle se retira pour céder à l'industrie des Ouvriers qu'il employoit, & pour leur laisser poser des fondemens à l'endroit même qu'elle couvroit auparavant de ses vagues. Mais après avoir uni des Forêts qui étoient éloignées l'une de l'autre ; après avoir joint la Mer aux Montagnes ; il fit faire au dedans de la muraille divers petits Forts, afin que, si elle étoit prise, les Soldats commis à sa défense eussent un lieu de retraite. Il fit bâtir des Greniers pour serrer les grains & des Réservoirs pour contenir l'eau ; & au lieu que les Empereurs précédens avoient laissé la muraille sans Garnison, il y mit mille Soldats. Quand les Ennemis faisoient des irruptions par le passé, il n'y avoit que des Paysans qui prissent les armes ; mais comme ils n'étoient pas accoutumez à les manier, ils s'en servoient fort-mal, & ils laissoient la Gréce exposée au pillage. Ce fut la crainte de la dépense qui fut cause du dégât de ce Pays-là durant long-tems. Voilà ce que Justinien fit pour fortifier les Thermopyles. Outre cela il n'y avoit point de Ville à l'entour dont il n'eût pris un soin particulier. Quand on va d'Illyrie en Gréce

THE. THE.

on rencontre deux Montagnes qui en s'approchant forment un pas très-étroit. Il en fort une Fontaine qui produit un petit Ruisseau. Mais lorsque la pluye tombe en abondance, il s'y amasse un torrent qui roule avec impétuosité à travers les Montagnes. Les Barbares pouvoient entrer par cet endroit dans les Thermopyles & ensuite dans la Gréce. Il avoit autrefois été fortifié d'un côté par la Ville d'Héraclée, & de l'autre par celle de Myropole qui en est proche. Mais comme le tems avoit ruiné les Fortifications de ces deux Villes, Justinien les répara, & éleva un mur très-solide par le moyen duquel il joignit les extrémitez des Montagnes, & en boucha l'entrée. De là il arrivoit que le Torrent battoit le pied du mur jusqu'à ce qu'il s'élevât au-dessus & qu'il se perdit. Justinien pourvut aussi à la sûreté de toutes les Villes qui étoient au dedans des Thermopyles, en faisant réparer leurs murailles. Il considéra que les Barbares qui faisoient continuellement des courses aux environs des Thermopyles, se modéreroient un peu eux-mêmes, quand ils sauroient que leurs peines seroient inutiles, & quand ils verroient qu'il ne leur serviroit de rien d'avoir passé le mur, puisqu'ils trouveroient ensuite des Villes bien fortifiées & dont ils ne se pourroient rendre maîtres sans essuyer auparavant les fatigues de plusieurs Siéges.

THERMUS, Bourgade de l'Etolie selon Polybe [a] & Etienne le Géographe. C'est le même Lieu que Strabon nomme THERMÆ.

a Lib. 5. n° 7.

THERMUTIACUS, Fleuve d'Egypte, selon Ptolomée [b]. Quelques Exemplaires portent *Thermuthiacus*; & le MS. de la Bibliothéque Palatine lit *Phermuthiacus*.

b Lib. 4. c. 5.

THERMYDRA, Etienne le Géographe dit qu'on donnoit ce nom à un Port d'une certaine Ville de l'Isle de Rhodes; & il ajoute que le nom National est THERMYDRENSIS. Sur cela Berckelius remarque qu'Apollodore [c] appelle ce Port THERMYDRÆ; & selon Diodore de Sicile & Vitruve les Rhodiens avoient deux Ports, l'un grand & l'autre petit.

c Lib. 2.

THERMYDRUS-MONS; Montagne dont fait mention Lycophron cité par Ortelius [d].

d Thesaur.

THERNE, Ville de Thrace selon Etienne le Géographe. Ortelius [e] dit qu'il y a une Médaille ancienne sur laquelle on lit ce mot Θερναίοι. Voyez ZERNA.

e Ibid.

THÉROGONUS, Colline de l'Inde, au voisinage du Fleuve Hydaspes, assez près du Mont Eléphant. C'est l'Auteur du Livre des Fleuves & des Riviéres qui en parle.

THERON. Voyez PTOLEMAÏS.

THEROTHOÆ. Voyez TROGLODYTÆ.

THERSA, où THERZA, Dom Calmet [f] dit: Ville de la Palestine dans la Tribu d'Ephraïm, qui fut le Siège des Rois d'Israël, ou des dix Tribus, depuis Jéroboam fils de Nabat, jusqu'au régne d'Amri, qui acheta la Montagne de *Seméron*, & y fit bâtir la Ville de Samarie, qui fut dans la suite Capitale de cet Etat. Josué tua le Roi de Thersa [g]. Manahem fils de Gasi de Ther-

f Dict.

g Josué, 12. 24.

sa, fit mourir Sellum Usurpateur du Royaume d'Israël, qui régnoit à Samarie; mais la Ville de Thersa lui ayant fermé les portes il en fut si indigné, qu'il lui fit ressentir les plus terribles effets de son indignation [h]. Voyez Joseph, Antiq. Liv. 9. C. 11.

h 4. Reg. 15. 14. 17.

THERSARA, Ville de l'Assyrie: Ptolomée [i] la marque dans les Terres. Au lieu de *Thersara* le MS. de la Bibliothéque Palatine lit THESARA.

i Lib. 6. c. 1.

THERSITÆ, Peuples qu'Etienne le Géographe, qui cite Polybe [k] met dans l'Ibérie, autrement dans l'Espagne. Polybe [l] connoît en effet les *Thersitæ*. Il dit qu'ils furent du nombre de ceux qu'Annibal fit passer en Afrique.

k Lib. 3.
l Lib. 3. n°. 33.

THERUINGI, Peuples qui habitoient une partie de la Dace, au delà du Danube du tems d'Eutrope [m]. Ammien Marcellin fait mention de ces Peuples en plus d'un endroit; mais quelques Exemplaires portent *Teruingi* & d'autres *Terungiti*. Il y a apparence que ce sont les mêmes que les *Teruigi*. Voyez TERUIGI.

m Lib. 8. c. 2.

THESARA. Voyez THERSARA.

THESBON, THESBE', ou THISBE', Ville de la Palestine, au Pays de Galaad au delà du Jourdain, & la Patrie du Prophéte Elie, qui en prit le nom de Thesbite *Elias Thesbites* [n]. St. Epiphane *de Vitis Prophetarum*, dit que Thesbé étoit dans le Pays des Arabes, parce que de son tems le Pays au-delà du Jourdain appartenoit aux Arabes. Josephe [o] appelle cette Ville Thesbon.

n 3. Reg. 17. 1.

o Antiq L. 8. c. 5.

THESCUS, Ville du Chersonnèse de Thrace, selon Agathias [p] cité par Ortelius [q]. Procope [r] fait aussi mention de cette Ville; & il la nomme *Thescon*.

p Lib. 5.
q Thesaur.
r Ædif. Lib. 4.

THESEI-ARA, ou THESEI-SAXUM, Lieu du Péloponnése, sur le chemin qui conduisoit de Troezène à Hermione. Pausanias [s] dit que ce Lieu s'appella d'abord l'Autel de Jupiter Sthénien; mais qu'il changea de nom lorsque Thesée en eut enlevé l'épée & la chaussure d'Egée, qui étoient cachez sous la Roche sur laquelle étoit l'Autel. Cette Roche est nommée *Coluræa* par Callimaque & *Thesei-Saxum* par Pausanias.

s Lib. 2. c. 32. & 34.

THESPANIS, Fleuve de la Sarmatie Asiatique: son Embouchure est marquée par Ptolomée [t] entre celle du Rhombitus, & la Ville *Azara*. Au lieu de Thespanis le MS. de la Bibliothéque Palatine porte *Theophanius*.

t Lib. 5. c. 9.

THESPIA, ou THESPIÆ, car ce nom, selon Strabon [u], s'écrit de ces deux maniéres. C'étoit une Ville de la Bœotie, au pied du mont Hélicon, du côté du Midi, sur le bord du Golphe *Cryssœus*. Pausanias [x] aussi qu'elle étoit au pied de l'Hélicon; mais elle y étoit de façon qu'elle regardoit aussi le Mont Cithéron. Le Périple de Scylax, Hérodote, Etienne le Géographe, Tite-Live & Pline parlent aussi de cette Ville. Ce-dernier en fait une Ville libre [y]. Dans quelques Exemplaires de l'Itinéraire d'Antonin le nom de *Thespiæ* est corrompu en celui de *Testiæ*. Cet Itinéraire la marque sur la route de l'Epire, de la Thessalie & de la Macédoine, en suivant la Côte, & il la place entre Phocides & Megara, à quarante milles du premier de ces lieux & à égale distance du se-

u Lib. 9.
x Bœot. c. 26.
y Lib. 4. c. 7.

Ooo 3 cond.

577

cond. Les Habitans de Thespie faisoient gloire d'ignorer tous les Arts, sans excepter même l'Agriculture. Les Thébains victorieux sous Epaminondas saccagérent Thespie, & n'en épargnérent que les Temples. Athènes recueillit les Thespiens qui eurent le bonheur d'échaper à la fureur du Soldat. Ceux-ci avoient été de tout tems si dévoués aux Athéniens, qu'autant de fois, c'est-à-dire de cinq en cinq ans, que les Peuples de l'Attique s'assembloient dans Athènes pour la célébration des Sacrifices, le Héraut ne manquoit pas de comprendre les Thespiens, dans les vœux qu'il faisoit à haute voix pour la République [a]. On célebroit à Thespie une Fête solemnelle en l'honneur des Muses; & pendant cette Fête on faisoit des Jeux qui étoient appellez Musées. Il y en avoit aussi d'autres qu'on nommoit *Erotidies*, à l'honneur de Cupidon; & on proposoit des prix non-seulement aux Musiciens, mais encore aux Athlétes. Thespie a été la patrie de Corinne Dame Grecque célèbre par le grand talent qu'elle avoit pour la Poësie.

[a] Athénée, Lib. 15. c. 5.

THESPIÆ, Ville de la Thessalie dans la Magnésie selon Pline [b], & Etienne le Géographe. Cependant le Pere Hardouin remarque que les MSS. qu'il a consultez portent *Iresia* au lieu de *Thespiæ*.

[b] Lib. 4. c. 9.

THESPIUS, Fleuve de Bœotie. C'est Hesyche qui en fait mention. Ortelius [c] soupçonne qu'Hesyche donne ce nom au *Telmissus* parce qu'il arrosoit la Ville de Thespie.

[c] Thesaur.

THESPROTIA, selon Etienne le Géographe, & THESPROTIS selon Thucydide [d], petite Contrée de l'Epire. Le Périple de Scylax apelle les Habitans de cette Contrée Thesproti & la met au Midi de la Chaonie. A l'Orient ils avoient l'Ambracie & le Lac Ambracius, & la Mer au Midi. Hérodote [e] les dit voisins des *Ambraciotes*. Dans la suite les *Cassiopenses* ayant été séparez des Thesprotes; le Pays de ces derniers eut des bornes plus étroites.

[d] Lib. 1. p. 32.

[e] Lib. 8. c. 46.

THESPROTUS. On trouve ce mot dans Properce [f]:

[f] Lib. 1. Eleg. 11.

Et modo Thesproti mirantem Subdita regno.

Ortelius [g] dit que Ferdinand [h] Lofredi juge que Properce entend parler d'une Colline d'Italie au voisinage de la Ville de Bayes & qu'on nomme encore aujourd'hui TRISPETE; mais Parrhasius [i] croit que Thesproti pourroit être corrompu pour *te Protei*.

[g] Thesaur.
[h] Libel. de Puteolis.
[i] In Epist.

THESSALI, Pline [k] remarque que les Thessaliens, auxquels on avoit donné le nom de Centaures, habitoient au pied du Mont Pélion, & qu'ils avoient inventé la maniere de combattre à cheval. Je ne crois pas, dit le Pere Hardouin, qu'il faille entendre ce mot de combattre des batailles que les hommes se livrent les uns aux autres; car l'usage de se battre à cheval est plus ancien sans doute que l'invention dont Pline attribue la gloire aux Thessaliens. Je croirois plus volontiers, continue le Pere Hardouin, qu'il seroit question des combats contre les Taureaux à la chasse sur le Mont Pélion; ce qui, selon Palæphatus [l], leur fit donner le nom de Centaures.

[k] Lib. 7. c. 57.

[l] Cap. de Centaur.

1. THESSALIE. Par ce mot on entend tantôt une grande Contrée de Gréce, & tantôt une partie de cette Contrée, appellée communément la THESSALIE PROPRE & quelquefois THESSALIOTIDE.

2. THESSALIE (La) prise en général s'étend selon Strabon [m], à l'Orient, depuis les Thermopyles jusqu'à l'Embouchure du Pénée; au Midi elle est bornée par cette chaîne de Montagnes qui prend depuis le Mont Oeta jusqu'au Mont Pindus; au Couchant elle a les Etoliens, les Acarnaniens & les Amphiloques. Du côté du Nord les bornes sont moins connues: si néanmoins on tire de l'Embouchure du Pénée une ligne parallèle aux Monts Oeta & Pindus, on aura à peu près les limites du côté du Septentrion. En effet le Pénée ne servoit pas de borne entre la Macédoine & la Thessalie; ce n'étoit qu'à son Embouchure qu'il séparoit ces deux Contrées. Quant à ce que Strabon dit que le Pénée couloit au milieu de la Thessalie, on ne doit pas prendre cette expression à la rigueur, non plus que quand Pomponius-Mela [n] dit que le Pénée sépare la Thessalie de la Phthiotide, ou quand Ptolomée dit qu'il sépare la Thessalie de la Pelasgiotide. Ces Auteurs n'entendent parler alors que d'une partie de cette Contrée, ou de la Thessalie propre, appellée Thessaliotide par Strabon. Pline [o] remarque que ce Pays changea souvent de nom suivant les différens Rois qui le gouvernérent. On le nomma ÆMONIA, PELASGICUM, HELLAS, THESSALIA, ARGOS & DRYOPIS. C'est-là, ajoute Pline, que naquit le Roi *Græcus* qui donna son nom à la Gréce, Hellen, du nom duquel les Grecs furent appellez *Hellenes*. Strabon divise la Thessalie en quatre parties; savoir:

[m] Lib. 2.

[n] Lib. 2.

[o] Lib. 4. c. 7.

La PHTHIOTIDE, La THESSALIOTIDE,
L'ESTIÆOTIDE, La PELASGIOTIDE.

Et si on y veut joindre la MAGNESIE, on aura une cinquième partie; car quoique Strabon la distingue de la Thessalie, elle y a été comprise par plusieurs Auteurs.

Avant la guerre de Troye, Pelias & après lui Jason, fils d'Æson furent Rois d'Iolcos, Ville de la Thessalie: Jason & son fils Pirithoüs se rendirent Maîtres d'une partie de cette Contrée, qui eut plusieurs petits Rois en ce tems-là, comme Achille fils de Pélée, Prince de la Phthiotide, Euripile qui possédoit une partie de la Magnésie, Protesilas, Philoctète & Phœnix, Gouverneur d'Achille. Après cela les Thessaliens secouérent pour la plûpart le joug de leurs Princes. Ils ne firent qu'un seul corps, & se gouvernérent par une Assemblée solemnelle qu'on appelloit Pylaïque. Ils ne laissoient pas d'avoir encore quelques Rois du tems de la Guerre du Péloponnése. Dans ce tems-là Pharsalus, Roi des Thessaliens, chassa Oreste, fils d'Echecratides, qui fut contraint de quitter la Thessalie pour se retirer à Athènes. Vers ce même tems une partie de la Thessalie étoit sous la domination des Thraces, & ceux qui avoient conservé leur Liberté favorisoient plus les Athéniens que les Lacédémoniens. Tandis qu'une qu'une partie de cette Province vivoit ainsi Libre, Jason usurpa la Ville de Phérès, & persuada aux Thessaliens de se rendre Maîtres de la Grèce. Il devint leur Chef, & ensuite leur Seigneur & leur Tyran. Cette puissance se nommoit Tagon ou Tageie. Jason fut tué par ses freres Polydore & Polyphron, la troisième année de la cent-deuxième Olympiade. Après ce meurtre Polyphron se défit de Polydore, & régna seul une année: ensuite il fut empoisonné par son frere Aléxandre, qui régna douze ans & fut plus méchant que les trois autres. Les Thessaliens secourus par les Thébains, taillérent ses Troupes en pièces sous la conduite de Pélopidas, & Aléxandre se vit obligé de rendre leurs Villes & de garder seulement celle de Phérès. Il ne put éviter les embuches que lui tendirent sa femme Thébé & ses freres Lycophron & Tisiphon, qui après sa mort devinrent Tyrans. Les Alévades, qui étoient les principaux Nobles de Thessalie, ayant envoyé prier Philippe Pere du Grand Aléxandre de les affranchir de la Tyrannie, il les en délivra dans la quatrième année de la cent-cinquième Olympiade; & il les eut toujours pour amis depuis ce tems-là, de sorte qu'ils l'assistérent lui & son fils Aléxandre dans toutes leurs guerres. Il est vrai que Philippe lorsqu'il eut rendu la Liberté aux Thessaliens se les assujettit & s'empara de leurs Mines. Aléxandre le Grand fut aussi reconnu pour Prince de la même Nation, qui lui laissa la jouissance de tous ses revenus; & depuis la Thessalie étant comme unie à la Macédoine eut aussi même fortune; & enfin les Romains conquirent l'une & l'autre.

On donnoit communément le nom de Cavalerie aux troupes des Thessaliens, à cause qu'ils avoient d'excellens Cavaliers. La Thessalie étoit si abondante en bons Chevaux, qu'elle mérita les Epithétes Ἐππότροφος & Ἔνιππος. On prétend même qu'on lui doit l'invention de les dompter. C'est pourquoi dans les anciennes Médailles, la Thessalie, & particuliérement Larisse sa Capitale, ont pour Symbole un Cheval qui court ou qui paît. Le fameux Bucéphale étoit Thessalien. Au reste les Thessaliens étoient naturellement perfides, & ils n'ont jamais démenti leur caractère, une trahison s'appelloit vulgairement un tour de Thessaliens, Θεσσαλῶν σόφισμα; & pour fausse Monnoye, on disoit Monnoye de Thessalie, Θεσσαλὸν νόμισμα. Euripide dit, qu'Etéocle dans son Commerce avec les Thessaliens avoit appris la fourberie & la mauvaise foi. Quelques gens rapportent l'origine de ces Proverbes à l'infidélité de Jason envers Médée. Si les Thessaliens savoient si bien trahir, les Thessaliennes n'étoient pas moins habiles en Magie. *Que n'ai-je à mes gages une Sorciére de Thessalie*, dit Strepsiade dans Aristophane, *& que ne puis-je par son moyen faire descendre la Lune en Terre?* Et Horace parlant d'une Sorciére fameuse, dit que par des paroles Thessaliennes, elle savoit enchanter les Astres & la Lune, & les faire descendre sur la Terre.

Quæ sidera excantata voce Thessalâ
Lunamque cœlo deripit.

La Grèce, mais particuliérement Athènes, avoient souvent éprouvé la perfidie des Thessaliens, & dans de grandes occasions. Ceux-ci non contens d'avoir appellé Xerxès, n'eurent pas honte de se joindre à Mardonius après la Bataille de Salamine, & lui servirent de guides pour envahir l'Attique. Une autre fois au plus fort du combat entre une Armée d'Athènes, & une Armée de Sparte, ils abandonnérent tout à coup les Athéniens leurs Alliez, & se rangérent du côté des Ennemis. Ils étoient autrefois fort guerriers [a], & c'est encore aujourd'hui une Nation fort brave. Les Turcs se plaignent d'eux & disent, que Thessalie, c'est un Peuple téméraire & desespéré, que si on leur fait le moindre mal, ils trouvent toujours l'occasion pour s'en vanger; que plusieurs Turcs y ont été attrapés & y ont perdu la vie.

[a] *Edouard Brown. Voy. de la Thessalie, p. 93.*

Les Thessaliens, ou les Habitans de la JANNA, car c'est ainsi que leur Pays se nomme présentement, sont assez bien faits; ils ont presque tous les cheveux & les yeux noirs, & le visage frais. Leurs femmes sont belles. Les Macédoniens au contraire sont d'une complexion bien plus grossière, parce qu'ils vivent dans un Pays, où il y a beaucoup de Montagnes. Les Habitans de la Morée, ou autrement du Péloponnèse, qui sont encore plus vers le Midi, paroissent presque tout noirs. Il y a encore présentement dans ce Pays de très-bons Chevaux, de grands *Buffalos*, qu'on croit être les meilleurs de la Grèce, après ceux de *Santa Maura* en Epire. Il y a de très-grandes & de très-belles Tortues, qui sont d'une couleur jaune & noire, & qu'on mange comme quelque chose de très-bon. Mais les Turcs se mocquent des Chrétiens, de manger de ce poisson, lorsqu'ils peuvent avoir de bon Mouton, des Poulets & des Perdrix. On a dans ce Pays des figues très-grosses & très-délicates. Les Mélons y sont encore extrèmement gros, & d'un fort bon goût. Les Grenades, les Citrons, les Oranges s'y trouvent en abondance. Les Vignes sont belles, & ne sont point soutenues; les branches en sont fort grandes, les grapes sont très-belles, & le raisin a le meilleur goût du monde. Le Vin de ce Pays est fort délicat; mais il n'y en a guéres qui ne conserve toujours le goût d'une certaine boisson qu'ils appellent *Boracho*. Ils plantent du Tabac, & ils l'estiment meilleur que celui qu'on leur apporte des Pays Etrangers, parce qu'il est plus fort & plus piquant. Les Campagnes sont toutes couvertes de *Sesamum* & d'Arbres de *Cotton*, qui demeurent toujours fort petits, & sont cependant fort agréables à la vûe. Il y a dans ce Pays quantité d'Amandes & d'Olives. Les Grecs aiment autant laisser venir les Olives en maturité, & les faire ensuite secher, qué de les manger encore toutes vertes. Les Callebasses qu'on voit dans les hayes, avec leurs grandes fleurs jaunes, joint à la verdure perpétuelle des Chênes, rendent les chemins fort gais & fort plaisans.

sans. C'est dans ce Pays que croît l'Arbre qu'on appelle: *Ilex Coccifera*, dont on fait la confection d'*Alkermes*. C'est aussi sur les hautes Montagnes qui sont en ces Quartiers-là, qu'on trouve les herbes qu'on nomme *Asclepias* & *Hellebore*; & dans les Campagnes toutes remplies de pierres, il croît des Plantes, qu'on appelle *Carduus*, *Globofus*, *Cystus*, de la *Lavande*, de la *Marjolaine*, du *Romarin*, & toutes sortes d'autres Plantes de cette manière. Les Planes sont même si beaux en Macédoine, qu'on peut s'y mettre dessous à convert du Soleil. C'est pourquoi il ne faut pas s'étonner, si *Hippocrate* trouva *Démocrite* assis sous un Plane proche d'*Abdera* en Macédoine. Ils font fort souvent des sausses avec de l'ail. Les oignons y sont très-extraordinaires. Ils sont plus gros que deux ou trois des nôtres, ils ont un meilleur goût; ils fortifient même l'estomac, & l'odeur n'en est point du tout desagréable. On en sert à la Collation, & on ne fait point de difficulté d'en manger avec du pain. On y trouve un certain Fruit qu'ils appellent *Patlejan*, ou *Melanzan*, qui approche de la figure d'un Mélon, & d'un Concombre, dont ils font un fort bon plat, en ôtant tout le milieu, c'est-à-dire, tous les pepins, & le remplissant de bonnes herbes, comme de Marjolaine & de Thim.

Il s'est donné plusieurs Batailles très-célèbres dans la Thessalie, & il s'y en fût donné une des plus grandes, dont on ait entendu parler, si les Grecs avoient accepté le défi de *Mardonius* Général des Perses, qui leur envoya dire de sortir de leurs Places, & qu'il leur livreroit Bataille dans la Thessalie, où il y avoit des Campagnes assez belles, & qui avoient assez d'étendue, pour y pouvoir faire voir leur valeur.

Le Pere Briet qui divise la Thessalie en cinq parties, en donne la Description suivante:

Division de la Thessalie:

La Pelasgiotide:
- *Larissa*, — Larizzo,
- *Scotusa*,
- *Gonnus*, ou *Gonusa*,
- *Peneus*, *Fluv.* — Salampria,
- *Atrax*,
- *Pamisus*, *Fluv.* — Pontignamaranta,
- *Titaresius*, *Fluv.* — Titaresso.

L'Esthiotide:
- *Tricca*, ou *Trica*, — Tricala,
- *Gomphi*,
- *Phæca*,
- *Ithome*, ou *Thome*,
- *Cremene*,
- *Curalius*, ou *Coralius*, *Fluv.* — Onocero.
- *Phœnix*, *Fluv.*

La Thessaliotide:
- *Hypata*, *Metrop.*
- *Thaumaci*,
- *Cyphata*,
- *Apidanus*, *Fluv.* — Epideno,

La Phthiotide:
- *Pharsalus*,
- *Eretria*,
- *Thebæ Phthioticæ*, ou *Phthiæ*, — Zitton,
- *Larissa Pensilis*, — Larizzo,
- *Lamia*,
- *Echinus*,
- *Heraclea Trachinia*, — Comarus,
- *Oeta*, *Mons*, — Banina,
- *Otrys*, *Mons*,
- *Enipeus*, *Fluv.*
- *Amphrysus*, *Fluv.*
- *Sperchius*. — Agriomela.

La Magnesie:
- *Pheræ*, — Sidero, Jerusat, ou Jonisar,
- *Melibœa parva*,
- *Iolcos*,
- *Demetrias*, — Dimitriadà,
- *Pegasa*,
- *Tempe-Thessala*,
- *Ossa*, *Mons*, — Cossouo,
- *Olympus*, *Mons*,
- *Pelion*, *Mons*, — Petras,
- *Bœbeïs*, *Palus*, — Esero,
- *Magnesia Promont.* — Cabo-Verlichi, ou Cabo S. Georgio,
- *Sepias*, *Promont.* — Queatumo.

La Province de Thessalie comprenoit, selon la Notice d'Hiéroclès, quatorze Evêchez & deux Métropoles, savoir: *Larissa*, Métropol. *Demetrias*, *Thebæ*, *Aechionio*, *Lamia*, *Hypata*, Métropol. *Troca*,

Trocæ, ou Tricæ,	Saltoburamiſtum,
Gomphi,	Saroſtobius, ou Sal-
Cæparea,	toſtobius,
Diocletianopolis,	Inſula Scopelus,
Pharſala,	Inſula Sciathus,
Sartoburamiſtum, ou	Inſula Peparethus.

THESSALONIQUE, ou THESSALONICA, Ville de la Macédoine, ſur le Golphe Thermaïque, auquel elle donna ſon nom; car anciennement cette Ville s'appelloit THERMA. Strabon [a] dit que lorſqu'elle eut été augmentée, on lui donna le nom de Theſſalonique; & on lit dans Tzetzès:

[a] Epitom. Lib. 7.

Ἡ νῦν Θεσσαλονίκη μὲν, πόλις ἡ λαμπροτάτη,
Τπῆρχε κώμη, Θέρμη δὲ τὴν κλῆσιν ἐκαλεῖτο.

C'eſt-à-dire: *Cette belle Ville qu'on nomme aujourd'hui Theſſalonique fut autrefois un Village appellé Therma.* L'Auteur de l'accroiſſement [b] de cette Ville & celui qui lui donna ce nom fut Caſſander ſelon le témoignage d'un grand nombre d'Ecrivains: il fit l'un & l'autre en conſidération de ſa femme Theſſalonique, fille de Philippe Roi de Macédoine. Cependant Etienne le Géographe rapporte une autre raiſon & une autre origine. Il dit que Philippe fils d'Amyntas ayant vaincu les Theſſaliens dans cet endroit-là nomma cette Ville Theſſalonique en mémoire de ſa Victoire. Sous les Romains elle étoit la Capitale de la Macédoine, & le Siège d'un Préſident & d'un Queſteur. Pline lui donne le titre de Ville libre, *Theſſalonica liberæ conditionis.* Cette Ville eſt encore conſidérable aujourd'hui; & on la nomme par corruption *Salonichi*, voyez ce mot. Il y avoit un aſſez grand nombre de Juifs, qui y poſſédoient une Synagogue. Saint Paul y vint [c] l'an 52. de l'Ere vulg. & étant entré dans la Synagogue ſelon ſa coûtume, il entretint l'Aſſemblée des Juifs durant trois jours de Sabbat, leur faiſant voir que JESUS étoit le CHRIST, & qu'il avoit fallu qu'il ſouffrît & qu'il reſſuſcitât d'entre les morts. Quelques Juifs crurent en JESUS-CHRIST comme auſſi une grande multitude de Gentils craignans Dieu, & pluſieurs femmes de qualité: mais les autres Juifs pouſſez d'un faux zèle, excitèrent un grand trouble dans toute la Ville, & vinrent en tumulte à la Maiſon de Jaſon, voulant arrêter Paul & Silas, qui y logeoient, & les mener devant les Magiſtrats; mais n'y ayant point trouvé S. Paul ni Silas, ils traînèrent Jaſon & quelques-uns des Frères devant les Magiſtrats, faiſant grand bruit & diſant que ces gens étoient rebelles aux Ordres de Céſar, puiſqu'ils ſoutenoient qu'il y avoit un autre Roi nommé JESUS. Toutefois Jaſon & les autres ayant donné caution, on les laiſſa aller, & dès la nuit même, les Frères conduiſirent hors de la Ville Paul & Silas, pour aller à Bérée. De-là il alla à Athènes, & d'Athènes à Corinthe, où après quelques mois, Silas & Timothée le vinrent trouver & lui rapportèrent l'état de l'Egliſe de Theſſalonique, qui perſévéroit dans la Foi, malgré les perſécutions & les ſouffrances auxquelles elle étoit expoſée. Ils lui dirent auſſi qu'il y en avoit parmi eux qui s'affligeoient trop de la mort de leurs

[b] Cellar. Geogr. Ant. L. 2. c. 13.

[c] Act. 17. 1. 2. 3. &c.

proches, & qui n'étoient pas aſſez inſtruits de ce qui regarde l'avénement du Seigneur, & le Jugement dernier. Ils l'avertirent auſſi que quelques-uns d'entre eux étoient oiſifs, curieux, inquiets. Saint Paul leur écrivit donc ſur la fin de l'année 52. ou au commencement de l'année 53. de l'Ere vulgaire; & cette première Epitre aux Theſſaloniciens, eſt la première de toutes celles de S. Paul. Les anciennes Souſcriptions Grèques & les Inſcriptions Latines, le Syriaque, l'Arabe, le Cophte, Théodoret & S. Athanaſe croient qu'elle fut écrite d'Athènes. Mais nos plus habiles Critiques ſoutiennent, & la ſuite de l'Hiſtoire du Voyage de S. Paul montre aſſez qu'elle fut envoyée de Corinthe. L'Apôtre les inſtruit ſur le Jugement dernier, & ſur la maniere dont les Chrétiens doivent s'affliger à la mort de leurs proches. Il leur témoigne beaucoup d'affection & de tendreſſe, & un ardent deſir de les aller voir. Il les reprend avec beaucoup de douceur & de prudence, mêlant aux réprehenſions qu'il leur fait, des traits de louange, & des marques de bonté. S. Paul écrivit la ſeconde Epitre aux Theſſaloniciens de Corinthe peu de tems après la première, vers le commencement de l'an 53. de l'Ere commune. Saint Paul raſſure les Theſſaloniciens contre les frayeurs que certaines perſonnes leur avoient inſpirées ſur une fauſſe interprétation de ſa première Lettre, comme s'il eût dit que le Jour du Seigneur étoit proche, ou même en lui ſuppoſant une fauſſe Lettre, qu'il n'avoit point écrite. Il les exhorta à demeurer fortement attaché à la Doctrine & aux traditions qu'il leur avoit enſeignées, & à ſouffrir conſtamment les perſécutions qu'on leur ſuſcitoit. Il reprend avec plus de force qu'il n'avoit fait auparavant, ceux qui vivoient dans l'oiſiveté, & dans une curioſité inquiette, & veut qu'on marque ces ſortes de gens, & qu'on s'en ſépare, afin qu'au moins ils ayent honte de leur fainéantiſe, & qu'ils s'en corrigent. Il ſigne ſa Lettre de ſon ſeing, & les avertit de le bien remarquer, de peur qu'on ne les trompe, en faiſant paſſer ſous ſon nom des Lettres qu'il n'auroit pas écrites. Il eſt à croire que Néron & Simon le Magicien ſont la figure, l'un du méchant qui opére le *Myſtère d'iniquité* [d]; & l'autre de l'ennemi de Dieu [e], qui doit s'élever au-deſſus de tout ce qui eſt appellé Dieu; & que la révolte des Juifs contre les Romains, eſt la figure de la dernière révolte des Peuples contre l'Empire Romain, & de l'Apoſtaſie des Chrétiens contre Jeſus-Chriſt & contre ſon Egliſe. Le Myſtère d'iniquité s'opéroit déja ſous l'Empire de Claude, & lorſque Saint Paul écrivoit cette Epître; mais il n'éclata que ſous l'Empire de Néron, lorſque ce Prince découvrit toutes ſes mauvaiſes inclinations, & qu'il appuya de ſa protection Simon le Magicien, le plus dangereux de tous les Impoſteurs. Mais & Simon & Néron n'étoient eux-mêmes que la figure de l'Antechriſt, qui doit paroître à la fin des Siècles, perſécuter l'Egliſe de J. C. & mettre fin à l'Empire Romain.

[d] 2. Theſſal. 2. 7.
[e] Ibid. 3. 4.

Quelques Anciens ont crû que cette Epitre avoit été envoyée d'Athènes; d'autres

P p p

qu'elqu'elle avoit été écrite de Rome ou de Laodicée; mais on n'a aucune bonne preuve de ces sentimens. Grotius veut qu'elle ait été écrite long-tems avant la première aux Thessaloniciens, & qu'elle soit adressée à Jason Juif, parent de Silas & de Timothée, & aux autres Chrétiens judaïsans, qui s'étant retirés de la Syrie & de la Palestine, après la persécution excitée à la mort de Saint Etienne, étoient venus jusqu'à Thessalonique. Il fixe l'époque de cette Epître à la seconde année de Caïus. On peut voir la réfutation de ce sentiment dans Bochart, Lettres à Mr. de Sarrau, T. 3. p. 1044. Edit-Leid. Henric. Maurus, Livre 2. Chap. 21.

[a] Pag. 483. Mr. Baillet remarque dans sa Topographie des Saints [a], qu'outre St. Jason qui étoit de Thessalonique, St. Aristarque Disciple & Compagnon de St. Paul étoit de la même Ville. Plusieurs prétendent même qu'il en fut Evêque après la mort de Saint Paul. St. Caïus qui demeuroit à Corinthe lorsque Saint Paul y vint, & qui le logea chez lui, étoit de Macédoine; & on tenoit du tems d'Origéne qu'il avoit été fait Evêque de Thessalonique qui étoit apparemment le Lieu de sa naissance. Les Saintes Martyres Agape, Chionie & Irène sœurs, étoient de la Ville de Thessalonique. Elles y consommèrent leur Martyre l'an 304. On dit que Sainte Synclétique Vierge étoit aussi de la même Ville; mais qu'elle a vécu, & est morte à Alexandrie. S. Porphyre, Evêque de la Ville de Gaze en Palestine, étoit né aussi à Thessalonique au IV. Siècle, & sa Famille y étoit des plus considérées. St. Demetre mis par les Grecs au rang des grands Martyrs, demeuroit à Thessalonique, & y fut martyrisé l'an 307. par l'ordre de Galère Maximien. Son Culte y a été très-célébre, & l'est encore par toute la Gréce Chrétienne. St. Ascole fut Evêque de Thessalonique du tems de Valens & de Théodose après Hérennius. Il fut Vicaire Apostolique de l'Illyrie, & de la Macédoine. St. Anyse succéda dans cet Evêché à Saint Ascole. Ste. Anyse femme fut martyrisée dans la même Ville du tems de Galère Maximien.

La Ville de Thessalonique Métropole de la Province d'Illyrie & de la première Macédoine, étoit le Siège du Vicaire du Pape, jusqu'au Schisme des Grecs. La Notice d'Hiéroclès met sous cette Métropole les Evêchez suivans.

Thessalonique,	Idomenie,
Pella,	Dragylus, ou Bragylus,
Europus,	
Dius,	Tirmula, ou Primula,
Berœa,	
Eordea,	Parthicopolis,
Edessa,	Heraclea Strymni,
Colla, ou Cella,	Serræ,
Almoepia,	Philippus,
Larissa,	Amphipus,
Heraclei Laoci, ou Heraclea Laoci,	Apollonia, Neapolis,
Antagnia Geminâi,	Acanthus,
Niceœes,	Berge,
Dioborus,	Araurus,
Clema,	Insula Thasus,
Menticon & Acontisma,	Insula Samothracæ.

Selon l'état moderne du Patriarchat de Constantinople publié par Schelstrate, le Métropolitain de Thessalonique qui se dit Métropolitain de toute la Thessalie, a sous lui neuf Evêchez, qui sont:

Citros, autrefois Gydria,	Ardamerii, Hierossi,
Servioum, Campania,	Sancti Montis, ou Abonis,
Petræ,	Plantamonis,
	Poliannine.

THESSYRIS, Fleuve de la Sarmatie Asiatique: Ptolomée [b] marque son Embouchure entre Oenanthia & le Lieu nommé Fortia-moenia. Ortelius [c] croit que c'est le même Fleuve que Ptolomée nomme Thespanis dans un autre endroit. Voyez THESPANIS.

1. THESTIA, Ville d'Epire dans l'Acarnanie. Ses Habitans sont appellez Thestienses par Polybe [d].

2. THESTIA, Ville du Péloponnése dans la Laconie sur le Fleuve Eurotas, selon Cédrène cité par Ortelius [e].

1. THESTIDION, Ville de Thessalie. Etienne le Géographe qui en fait mention dit qu'Hellanicus écrit THETIDIUM; & qu'il dérive ce nom de celui de Thétis. Voyez THETIDIUM.

2. THESTIDION, Marais de la Thrace; sur le bord duquel étoit bâtie la Ville Nysa, selon Etienne le Géographe.

1. THESTIS, Ville des Arabes, selon Etienne le Géographe.

2. THESTIS, Etienne le Géographe donne aussi ce nom à une Ville de la Libye.

3. THESTIS, nom d'une Fontaine; Hérodote [f] la met dans la Cyrénaïque près d'Irasa & dit que les Cyrénéens remportèrent dans cet endroit une victoire signalée sur les Egyptiens.

THESTIUS. Voyez ACHELOÜS, N. 1.

THESTORUS, Ville de la Thrace, selon Etienne le Géographe qui cite Théopompe.

THESTROTONICIA, Lieu de la Carie: il en est parlé dans Etienne le Géographe [g].

THETEN, ou THETTEN, Bourgade de la Basse Hongrie, sur le Danube, environ à trois lieues de Buda, en tirant vers le Midi. Lazius dit que Thetten est la Potentiana dont il est parlé dans les Annales de l'Histoire d'Attila, & soupçonne que cette Potentiana pourroit être la Campania, qu'Antonin marque dans la Valerie. Simler au contraire croit que Theten est l'ancienne Matrica. Voyez CAMPANIA, & MATRICA.

THETFORD, Ville d'Angleterre [h] dans la Province de Norfolck, sur la petite Ouse qui sépare la Province de Norfolck de celle de Suffolck. Cette Ville s'est élevée sur les ruines de l'ancien Sitomagus, qui fut détruit par les Danois. Le Siège Episcopal des Angles Orientaux fut transféré

féré de North-Elmham à Thetford, & enfuite de Thetford à Norwich. Ce changement a fait beaucoup de tort à Thetford. On tient en cette Ville les Affises du Carême : elle a droit de députer au Parlement & de tenir Marché.

1. THETIDIUM. Voyez PHTHIA.

2. THETIDIUM, mot que l'on trouve dans Strabon [a]. Xylander croit que c'eſt le nom d'une Chapelle dédiée à la Déeſſe Thétis. Xylander ſe trompe néanmoins, dit Caſaubon ; car THETIDIUM eſt le nom d'une Bourgade, comme on le voit dans cette Deſcription d'Euripide dans ſon Andromaque [b] :

a Lib. 9. p. 431.

b In Argument. v. 16.

Φθίας δὲ τῆσδε, καὶ Πόλεως Φαρσαλίας
Σύγχορτα ναίω πεδί᾽ ἵν᾽ ἡ θαλασσία
Πηλεῖ ξυνοίκει χωρὶς ἀνθρώπων Θέτις
Φεύγους ὅμιλον Θεσσαλοὶ δέ νιν λεὼς
Θετίδειον αὐδᾶ, θεᾶς χάριν νυμφευμάτων.

C'eſt-à-dire :

*Hujus vero Phthiæ, & Urbis Pharſaliæ
Vicinos campos habito, ubi marina
Thetis habitavit cum Peleo ſeparatim, hominum
Fugiens frequentiam. Theſſalius vero Populus hunc Locum
Vocat Thetideum, propter nuptias Deæ.*

Polybe [c] fait auſſi mention de ce *Thetidium*, qui étoit dans la Theſſalie, près de la Vieille & de la Nouvelle Pharſale. Ortelius croit que c'eſt le même lieu que THESTIDION.

c Lib. 17. no. 16.

THETMONTÆ, Peuple de la Sarmatie Aſiatique, ſelon Ptolomée [d]. Au lieu de *Thetmontæ* le MS. de la Bibliothéque Palatine lit *Themontæ*.

d Lib. 5. c. 9.

THEUBATUM, Lieu fortifié, dans la Baſſe-Egypte, entre Péluſe & Babylone. St. Jérôme dit dans la Vie de St. Hilarion que Dracontius fut exilé à Theubatum.

THEUDALE, Ville de l'Afrique propre ſelon Ptolomée [e], qui la met au rang des Villes qui étoient entre la Ville de Thabraca & le Fleuve Bagradas. Le MS. de la Bibliothéque Palatine porte *Theudali* pour *Theudale*. C'eſt la même Ville que Pline [f] nomme *Theudalis*. Dans la Notice des Evêchez d'Afrique Victor Evêque de ce Siège eſt qualifié *Eudalenſis* pour *Theudalenſis*; car dans la Conférence de Carthage [g] Urbanus eſt dit *Epiſcopus Plebis Theudalenſis* ; & dans une ancienne Inſcription rapportée par Gruter, on lit THEUDALENSES.

e Lib. 4. c. 3.

f Lib. 5. c. 4.

g Pag. 109.

THEUDENSE, Ville de l'Afrique propre ſelon Pline [h]. Cette Ville a été Épiſcopale. La Notice des Evêchez d'Afrique met ce Siège dans la Byzacène. Son Evêque eſt nommé *Decius Theuzitanus* ou *Theuditanus*; car il eſt indifférent d'écrire *Theuza*, ou *Theuda* ; les Lettres D. & Z. étant ſujettes à être miſes l'une pour l'autre dans ces ſortes de noms, comme le remarque le Pere Hardouin.

h Lib. 5. c. 4.

THEUDORIA, Ville de l'Athamanie. Tite-Live [i] fait auſſi mention de cette Ville, d'où il dit que les Macédoniens furent chaſſez par les Romains.

i Lib. 38. c. 1.

THEUDOSIA, Province de Scythie, ſelon Suidas.

THEUDURUM, Ville de la Baſſe-Germanie. L'Itinéraire d'Antonin la marque ſur la route de *Colonia Trajana* à *Colonia Agrippina*, entre *Mederiacum* & *Coriovallum*, à neuf milles du premier de ces Lieux & à ſept milles du ſecond. On croit que c'eſt aujourd'hui une Bourgade appellée TUDDER.

THEUESTE, Ville de l'Afrique propre ſelon Ptolomée [k]. Au lieu de THEUESTE le MS. de la Bibliothéque Palatine lit THEBESCA. L'Itinéraire d'Antonin fait de *Theueſte* une Colonie Romaine, & place cette Ville ſur la route de Carthage à Céſarée, entre *Ammedera Colonia* & *Altaba*, à vingt-cinq milles de la première de ces Villes, & à dix-huit milles de la ſeconde. Voyez THEBESTE.

k Lib. 4. c. 3.

THEVILLE, Bourg de France, dans la Normandie, du Dioceſe & de l'Election de Coûtances. Ce Lieu appartient au Seigneur qui en porte le nom. Il y avoit autrefois un Marché, qui depuis pluſieurs années a été transféré à Saint Pierre, Egliſe qui en eſt tout proche. Il y a un Château très-propre, & le Seigneur nomme à cette Cure.

THEU-PROSEPON, en Latin *Frons*, ou *Facies-Dei*, Promontoire de Phénicie. Ptolomée [l] le place entre *Tripolis* & *Botrys*. C'eſt le même Promontoire que Pomponius-Mela [m] appelle *Euproſopon* ; & Ortelius [n] croit que c'eſt auſſi le *Lithoproſopon* de Cédréne.

l Lib. 5. c. 15.

m Lib. 1. c. 12.

n Theſaur.

THEUMA, Village de la Macédoine. C'eſt Tite-Live [o] qui en parle.

o Lib. 32. c. 13.

THEUMEUSIA ARVA & THEUMESIA JUGA, Champs & Montagne de la Bœotie, dont fait mention Stace dans ſa Thébaïde [p]. Ortelius [q] qui dit avoir trouvé dans le même Auteur un Fleuve nommée THEUMESIUS, ajoute que Lutatius parle d'une Ville de THEUMESIA en Theſſalie & d'une Montagne de Bœotie nommée THEUMESIUS & au voiſinage de Thebes. Ces *Theumeſia Juga* font apparemment la Montagne Teumeſſus de Pauſanias : la Ville Theumeſia eſt le *Teumeſſus* du même Auteur & le Fleuve Theumeſius pourroit être le Teumès d'Heſyche. Voyez TEUMES & TEUMESSUS.

p Lib. 2. v. 383. & Lib. 9. v. 709.

q Theſaur.

THEUSTHES. Ce nom ſe trouve entre ceux de pluſieurs Peuples Barbares de la Scandinavie, rapporté par Jornandès [r].

r De Reb. Getic. c. 3. p. 10 Edit. Vulcanii.

THEUTHRANIA. Voyez PERGAMUM.

THEUTONES. Voyez TEUTONES.

THEWSBURY, Ville d'Angleterre [s] en Gloceſterſhire, au confluent de l'Avon & de la Saverne, à neuf milles au Nord de Gloceſter. La Ville de Tewsbury fait un commerce conſidérable par ſa Manufacture de Draps. Elle députe au Parlement & a droit de Marché public. Tewsbury eſt la Ville *Theocicuria* des Anciens.

s Etat préſent de la Gr. Br. t. 1. p. 66.

THEUZITANUS, ou THEUDITANUS. Voyez THEUDENSE.

THEZAN, Bourgade de France dans le Bas-Languedoc, au Dioceſe de Beziers.

THIA, Iſle de la Mer Egée, & l'une des Cyclades : Pline [t] dit que cette Iſle ſe forma de ſon tems, auprès de celle de Hiera. Surquoi le Pere Hardouin remarque que

t Lib. 2. c. 87. & Lib. 4. c. 12.

que Thia n'est qu'un méchant écueil qui n'a même pas de nom.

2. THIA, Ville du Pont Cappadocien, selon l'Itinéraire d'Antonin qui le marque sur la route de Trapezunte à Satala entre *Zigana* & *Sediſſoapiſonsi*, à vingt-quatre milles du premier de ces Lieux, & à dix-sept milles du second.

3. THIA, Lieu de Gréce dans la Bœotie. Ortelius [a] dit qu'Hérodote le met au voisinage de Delphes.

[a] Thesaur.

THIABA. Voyez THYBII.

THIAGOLA, Marais que forme, selon Ptolomée [b], la Branche la plus Septentrionale du Danube, avant que de se jetter dans le Pont-Euxin. Ptolomée dit qu'on donne aussi le nom de Thiagola à cette Embouchure du Danube qui est fort petite.

[c] Lib. 3. c. 10.

THIAKI. Voyez THEACHI, & DULICHIUM.

THIALLELA, Bourgade de l'Arabie Heureuse. Ptolomée [c] la donne aux Adramites. Au lieu de *Thiallela* le MS. de la Bibliothéque Palatine porte *Thialemath*.

[f] Lib. 6. c. 7.

THIANENSIS ECCLESIA. St. Augustin fait mention de cette Eglise dans une de ses Epîtres [d]; & Ortelius [e] croit qu'il est question d'une Eglise d'Afrique.

[d] Epist. 239.

THIANGES, Lieu de France, dans le Nivernois, du Diocése & de l'Election de Nevers. Cette Paroisse est située en plaine, à deux lieues de Décise. Les Terres y rapportent assez de Froment; mais peu de Métail & de Seigle; les Pâcages y sont fort bons; il y a quantité de Bois taillis appartenans à M. le Duc de Nevers, dans lesquels il y a des Mines de Charbon de pierre très-abondantes.

THIANO. Voyez TIANO.

THIAPOLIS, Ville de la Colchide. Voyez ÆA, No. 4.

THIAR, Ville d'Espagne. L'Itinéraire d'Antonin la marque sur la route de Tarragone à *Castulo*, entre *Ilicis* & *Carthage*, à vingt-sept milles de la première de ces Places, & à vingt-cinq milles de la seconde.

THIAUMA, Ville de l'Albanie: Ptolomée [f] la place entre les Fleuves *Cæsius* & *Gerrus*.

[f] Lib. 5. c. 12.

THIBET. Voyez TIBET.

THIBII. Voyez THYBII.

THIBINIS, Ville de la Mauritanie Césarienfe. Elle est placée dans les terres par Ptolomée [g].

[g] Lib. 4. c. 3.

THIBOUTOT, ancien Château fort de France, en Normandie, au Pays de Caux, entre Fécamp & le Havre-de-Grace, à une lieue de la Mer. Les Anglois en firent le siége le 13. de Février 1418. On voit la Capitulation faite par Colin de Thiboutot, Chevalier Seigneur de ce Château. *In rotulo Terrarum liberatarum Normaniæ.* Ce Château subsiste encore aujourd'hui; il appartient toujours à ces mêmes Seigneurs. La Châtellenie fait partie du Marquisat de Thiboutot, érigé au Mois de Juin 1720. & enregistré au Parlement de Rouen le 9. de Juillet 1722.

THIBRUS. Voyez THINGRUS.

THICANUM. Quelques Exemplaires d'Aurelius Victor [h] nomment ainsi le Lieu où l'Empereur Magnence surprit & défit un grand nombre d'hommes; mais ce mot *Thicanum* est corrompu & les meilleures Editions portent *Ticinum*.

[h] Epitom. p. 108.

THICATH, Ville de la Mauritanie Tingitane: Ptolomée [i] la marque dans les terres. Au lieu de *Thicath*, le MS. de la Bibliotheque Palatine porte *Oecath*.

[i] Lib. 4. c.

THICHON. Voyez TICHON.

THICIS, ou TICERI Fleuve de l'Espagne Tarragonnoise, selon Pomponius Mela [k] qui le fait couler près de la Ville Rhoda. C'est aujourd'hui le TER. Voyez ce mot.

[k] Lib. 2. c. 6.

THICIS, ou TICHIS, Fleuve de la Gaule Narbonnoise. C'est Pomponius Mela [l] qui le nomme. On l'appelle aujourd'hui le TECH. Voyez ce mot.

[l] Lib. 2. c. 5.

THIEBA. Voyez THIGIBA.

THIEBAULT, Maison Royale en Angleterre, au voisinage de Londres, à deux milles de cette Capitale. Mandeslo, à la fin de son Voyage des Indes [m] en parle ainsi: cette Maison a été bâtie par Guillaume Cecil, Baron de Burgley, Grand Tresorier d'Angleterre, qui en fit present à la Reine Elisabeth dont il étoit le Favori. Elle est située dans une grande Plaine, où l'on découvre des Bois & des Prairies. Le Bâtiment qui est de brique a une Tour à chacun des quatre coins, & deux Cours à l'entrée. On voit dans une Galerie toutes les Provinces d'Angleterre, avec leurs Villes, Châteaux, Villages, Forêts, Riviéres, Montagnes & Vallées, le tout peint à l'huile; & en chaque Province un Arbre qui a ses branches chargées des armes du Seigneur & des Gentilshommes du Lieu. Dans une autre Galerie sont les portraits de la Reine Elisabeth & de plusieurs autres Reines d'Angleterre, de Jean Frédéric Electeur de Saxe, de l'Amiral de Châtillon, du Cardinal de Châtillon, & de Mr. d'Andelot leur frére, tous de grandeur naturelle. On y voit encore les portraits des Empereurs Turcs, & les travaux d'Hercule en sept Tableaux. Il y a une troisième Galerie ornée des portraits de Jules Cesar & d'Auguste Empereurs; de Dom Jean d'Autriche, qui gagna la Bataille de Lepante, de Louis Prince de Condé, d'Aléxandre Duc de Parme, des Comtes d'Egmont & de Horn, qui eurent la tête coupée à Bruxelles en 1568. Au-dessus de ces portraits sont peintes les principales Villes du Monde. Au bout de la Galerie est un petit Cabinet lambrissé & peint, au milieu duquel est une petite table venue de Constantinople, où sont peintes des Roses & toutes sortes de Fleurs d'or. Toutes les Chambres sont meublées de riches tapisseries, dont la plûpart représentent les actions des Romains. Dans un Portique par lequel on sort du corps du logis pour entrer dans le Jardin, on voit les Armes du Grand Tresorier & de sa femme, qui disoit descendre des anciens Rois d'Angleterre. Ces Armes sont accompagnées de diverses Inscriptions, & au-dessus on voit les Statues de plusieurs Rois d'Angleterre. Le Jardin est quarré & fort grand, toutes ses murailles sont revêtues de Filaria & au milieu on remarque un trèsbeau Jet d'eau. Le Parterre est accompagné de plusieurs belles Allées, les unes en espaliers ou en berceaux, les autres bordées d'Or-

[m] Liv. 3. p. 397.

d'Ormes, de Tilleuls & d'autres Arbres. Au bout de ces Allées est une petite éminence qu'on appelle la Montagne de Vénus, au milieu d'un Labyrinthe qui forme un des plus beaux lieux du monde.

1. THIEL. Voyez TIEL.

2. THIEL, Bourg de France dans le Bourbonnois, au Diocèse de Nevers, de l'Election de Moulins. Cette Paroisse est à quatre lieues de Moulins. On y trouve des Terres Varennes à Seigle d'un bon rapport, les Foins assez abondans, les Pâcages étendus en Buissons & Bruyéres, quelques Cantons de Bois modernes, peu de Vignes, quelques Etangs ; on fait un profit assez considérable de Bestiaux. M. le Duc en est Seigneur.

THIENNA, Siège Episopal de la Province d'Hellade selon Ortelius [a] qui cite le Concile de Chalcédoine, où l'Evêque de ce Siège est nommé Gennadius.

[a] Thesaur.

THIERASCHE, Pays de France par lequel la Picardie confine avec la Champagne, & dans laquelle même une partie de ce Pays est comprise. La Thierasche portoit ce nom, en Latin *Theorascia*, dans le tems de Charlemagne, comme on le voit dans la Vie de St. Ursemar, écrite en ce tems-là par Anseau Abbé de Laube, où il fait mention des Pays de Hainaut & de Thierasche, *Ursmarus Episcopus in Pago Hainao & Theorascense*. Cette origine ne convient pas beaucoup avec ce qu'on dit communément que la Thierasche fut ainsi nommée, parce qu'elle étoit soumise à la hache de Thierry Seigneur d'Avesne & de Vermaindois. Philippe-Auguste le réunit à la Couronne à la mort d'Elisabeth Comtesse de Flandre, Fille du dernier Comte de Vermandois.

La Thierasche fait partie de la Province, & du Gouvernement Militaire de Picardie. Ce Pays est borné au Septentrion par le Hainaut & le Cambresis ; à l'Orient par la Champagne, au Midi par le Lanois, & à l'Occident par le Vermandois. Ce Pays qui est très-abondant en Bled a aussi de bonnes Prairies. Les Villes les plus considérables sont

Guise, Riblemont,
Aubenton, Marle,
la Fére.

THIERHOMBTEN, Abbaye d'Allemagne dans la Haute Baviére [b], sur la petite Riviére d'Ach, à trois milles au-dessous d'Augsbourg. Elle est de l'Ordre de St. Benoît, & elle a beaucoup souffert par les guerres.

[b] Zeyler, Topogr. Bavar. p. 82.

THIERS, ou THIERN, Ville de France dans l'Auvergne, au Diocèse de Clermont, Election de Riom, sur la pente d'un Côteau près de la Durolle, aux frontiéres du Forez. Cette Ville qui a Vicomté & Justice Royale, est une des plus considérables de toute l'Auvergne par son commerce, & l'une des plus peuplées, quoique les maladies de 1693. l'ayent beaucoup diminuée. Son principal Commerce consiste en Quincailleries, Papiers, Cartes, Cartons & Fils, dont elle trafique par toute l'Europe, & jusques dans les Indes. Elle a servi d'Appanage à une Branche cadette de la Maison d'Auvergne. Le Duc de Lauzun en a été Seigneur par donation de feu Mademoiselle d'Orléans, & depuis il l'a vendue à M. Crozat. Cette Ville a un Consulat pour les Marchands, & un Chapitre de Chanoines fondé par les Comtes de Forez. L'Evêque de Clermont y a établi son Séminaire. Il y a une Abbaye d'Hommes, Ordre de S. Benoît, fondée par Begon Evêque de l'Auvergne ; on l'appelle *le Moustiers*. Elle est sous l'Invocation de Saint Symphorien : elle étoit devenue deserte ; mais Gui (Guido) homme riche & puissant dans ce Pays, & qui paroît être le même que celui qui fonda l'an 1016. l'Eglise Collégiale de S. Genés de Thiern, se fit un plaisir de remettre ce Monastère, dans son ancien état sous la Régle de S. Benoît. il y mit pour Abbé un nommé Pierre, Personnage illustre par sa grande noblesse, & le fils de la Simplicité même ; *vir omni nobilitate conspicuus, & beatæ Simplicitatis filius*. Cette Maison étoit destinée pour quatorze Religieux au moins. Le Decret de l'an 1324. en porte même vingt-cinq. Il n'y en reste plus que deux ou trois.

La Ville de Thiers est le lieu de la naissance de Saint Etienne Instituteur de l'Ordre de Grandmont [c]. Il y nâquit l'an 1046. de parens qui étoient, dit-on , Seigneurs du Lieu, & de qui font descendus les Vicomtes de Thiers. Après sa Canonisation faite en 1184. les Chanoines de Thiers assez mortifiez de voir que d'autres possédassent le Corps d'un Saint qui étoit enfant de la Ville, le choisirent pour le Patron de leur Eglise, après avoir obtenu un bras de ses Reliques.

[c] Baillet, Topogr. des Saints, p. 485.

1. THIERSTEIN, Bourg d'Allemagne dans la Franconie & dans les Terres du Marcgrave de Culmbach [d], près du Torrent Litters, à une demie lieue d'Artzberg, & à moitié chemin entre Eger & Wunsidel. On fait ici tous les ans une prodigieuse quantité de petites boules, qui servent pour amuser les enfans. Elles sont d'une terre grasse & gluante. Ces boules endurcies au feu se transportent sur plusieurs Chariots à Nuremberg, & passent de-là par toute l'Allemagne & l'Italie. C'est le seul Commerce, qui après l'Agriculture, donne de quoi vivre aux Habitans.

[d] Zeyler, Topogr. Francon.

2. THIERSTEIN, Bailliage dans le Pays des Suisses [e] au Canton de Soleure, appartenoit autrefois aux Comtes de ce nom. Leur Maison étoit puissante, & possédoit de grandes Terres, dans tous les Lieux d'alentour. Il y a environ 300. ans, qu'elle est éteinte.

[e] Etat & Delices de la Suisse, t. 3. p. 85.

THIESCOURT, Lieu de France, dans la Picardie, Diocèse & Election de Noyon. Cette Paroisse est à une lieue & demie de Noyon ; elle fait presque 1000. Habitans qui sont laborieux, mais intraitables. C'est un Pays de Bois & de Montagnes.

THIESURES. Voyez TEUCERA.

THIEZAC, Bourg de France, dans l'Auvergne, du Diocèse de S. Flour, sous l'Election d'Aurillac ; on y compte mille six à sept cens Habitans.

THIGA, Ville de la Libye intérieure : Ptolomée [f] la marque sur le bord Septentrional du Niger, entre *Peside* & *Cuphe*. Dans les Canons du Concile da Carthage il est

[f] Lib. 4. c. 6.

est parlé d'un Evêché nommé *Thigabensis*; mais Ortelius [a] remarque qu'un MS. qu'il a consulté portoit *Thembesia* au lieu de *Thigabensis*.

[a] Thesaur.

THIGANUSA. Voyez TEGANUSA.

THIGIBA, Ville de l'Afrique propre : Ptolomée [b] lui donne le titre de Colonie, & la place dans la Nouvelle Numidie. Le MS. de la Bibliothèque Palatine porte *Thieba*, pour *Thigiba*. Voyez TIBIGENSE.

[b] Lib. 4. c. 3.

THIGURA. Voyez THAGURA.

THIL, Lieu de France, dans la Bourgogne, Diocèse d'Autun. C'est un Pays de Montagnes; il y a des Vignes. Les Fiefs de Champeaux, & la Brochelle en dépendent. Il y a un Chapitre composé d'un Doyen & de cinq Chanoines. Le Doyenné peut valoir cinq à six-cens Livres, & les Canonicats la moitié.

THILATICOMUM, Ville d'Asie vers la Cyrrhestique : l'Itinéraire d'Antonin la marque sur la route de Callecome à Edissa, entre *Hierapolis* & *Batha*, à dix milles de la première de ces Villes, & à quinze milles de la seconde. Ortelius [c] croit que c'est la même Ville que la Notice des Dignitez de l'Empire [d] appelle THILLACAMA & qu'elle place dans l'Osrhoène.

[b] Thesaur.
[c] Sect. 15.

THILBIS. Voyez THALBIS.

THILBISINA, Ville de la Mésopotamie, selon la Notice des Dignitez de l'Empire, où on lit: *Equites Sagittarii indigenæ Thibithenses Thilbisnæ*.

THILLAAMANA, THILLACAMA, THILLAFICA & THILLAZAMARA, noms de quatre Villes que la Notice des Dignitez de l'Empire marque dans l'Osrhoène, & qui ne sont guère connues d'ailleurs. Voyez THILATICOMUM.

THILE, ou THIELE, Riviére de Suisse [e], au Pays de Vaud. Elle prend son cours vers le Septentrion, & grossie des eaux de l'Orbe, elle se jette à Yverdun dans le Lac de Neuchâtel; au sortir duquel, après un cours d'une lieue, elle entre dans le Lac de Bienne, d'où elle sort à Nidau, pour aller se perdre dans l'Aar deux lieues plus bas.

[e] Scheuchker. Carte de la Suisse.

THILEMARCK, *Tellemarchia*, Province du Royaume de Norwège, dans le Gouvernement d'Aggerhus, aux confins du Gouvernement de Berghen, de l'Evêché duquel elle dépend selon Hermaneids [f].

[f] Descr. Norweg. p. 1223.

THILLE. Voyez TILLE.

THILUTA-CASTRA, Camp dont parle Ammien Marcellin [g]. Il dit qu'il étoit au milieu du Fleuve, apparemment l'Euphrate; & dans un lieu extrêmement elévé & fortifié par la Nature.

[g] Lib. 24. c. 2.

THIMANEI, Peuples de l'Arabie Heureuse; Pline [h] les met au voisinage des *Nabathæi*.

[h] Lib. 6. c. 28.

THIMARUM, Ville de la Thessalie, selon Tite-Live [i], qui fait entendre que c'étoit une Place peu considérable.

[i] Lib. 32. c. 14.

THIMBRUS, nom d'un Lieu de l'Asie Mineure. C'est Xénophon [k] qui en parle. Ortelius [l] soupçonne qu'on devroit lire *Thymbrus*, au lieu de *Thimbrus*. Voyez THYMBRE.

[k] Cyriacor. Lib. 7.
[l] Thesaur.

THIMERAIS, *Theodemerensis Ager*, Pays de France; c'est une partie de la Province de Perche, démembrée de cette Province, & unie au Gouvernement Militaire de l'Isle de France. Sa Ville Capitale est Châteauneuf, dit en Thimerais, c'est à peu près la même partie du Perche, que celle des Terres démembrées.

THIMETHUS. Voyez TIMETHUS.

THIMISA. Voyez THEMISA.

THIMONEPSIS, Ville d'Egypte. L'Itinéraire d'Antonin la marque sur la route de l'Arabie au de-là du Nil, entre Alyis & Aphrodites, à seize milles du premier de ces Lieux & à vingt-quatre milles de second. Peut-être est-ce la même Ville que la Notice des Dignitez de l'Empire [m] appellé THINANEPSIS.

[m] Sect. 18.

THIMOR. Voyez TIMOR.

THINA, ou THIUA. La Notice des Patriarchats d'Antioche & de Jérusalem publiée par Schelstrate, met un Siége Episcopal de ce nom sous la Métropole de Tarsus.

THINÆ, Ville d'Asie, & à laquelle Ptolomée [n] donne le titre de Métropole des Chinois. Elle étoit selon lui dans les Terres. Marcien d'Héraclée [o] connoît aussi cette Ville. Il lui donne aussi le titre de Métropole des Chinois, & dit que c'est l'extrémité de la Terre connue & inconnue. Le nom moderne selon Mercator est Tenduc.

[n] Lib. 7. 8.
[o] Peripl. p. 15.

THINGA, Ville de la Libye selon Etienne le Géographe qui cite Hécatée. Ne seroit-ce point, dit Ortelius, la même Ville que Strabon appelle Tinga?

THINGRUS. Ce mot est écrit différemment dans Lycophron, où on lit tantôt Θρίγγον, tantôt Θίγγρον, tantôt Θίϐρος. Il y a faute sans doute dans quelques-uns de ces endroits; mais il n'est pas possible de décider laquelle de ces Orthographes on doit préférer ; les Scholiastes mêmes ne nous sont d'aucun secours à cet égard. Etienne le Géographe pourtant, qui cite Lycophron, écrit Θίϐρος, THIBER, & dit que le nom national est THIBRUS. Il fait de Thiber une Ville voisine du Mont Satnius, qui étoit, à ce qu'on croit, quelque part dans la Gréce. Il se fonde sur ce passage de Lycophron:

Qui Thibrum habitant Satniumque Montem.

THINIAS, Promontoire de la Thrace, sur le Pont-Euxin. Ptolomée [p] le marque entre *Peronticum*, & *Halmydissum littus*.

[p] Lib. 3. c. 11.

THINISSA. Voyez THUNES.

THINITES, Nome de la Marmarique, & auquel Ptolomée [q] donne *Ptolemaïs Hermii* pour Métropole. Ce Nome est appellé *Thœnis* par Agatarchis; & peut-être est-ce le *Thonum* de l'Itinéraire d'Antonin.

[q] Lib. 4°.

THINNEIA. Voyez TINNEIA.

THINODUS, Montagne d'Egypte selon Ptolomée [r] qui la marque entre les Monts Ogdamus & Azar. Le MS. de la Bibliothèque Palatine porte TINODES pour THINODUS.

[r] Ibid.

THINTIS, Ville d'Afrique dans la Pentapole : Ptolomée [s] dit qu'elle étoit dans les terres.

[s] Lib. 4. c.
[t] Lib. 5. c.

THINUNEPSIS. Voyez THIMONEPSIS.

THINUS, Fleuve d'Angleterre; le vénérable Bede [u] en parle dans son Histoire Ecclésiastique.

[u] Loquinn. Descr. de la France, &c. Part. P.

THIONVILLE, Ville de France [a], dans ...

[a] 114, & suiv.

THI.

le Luxembourg, sur le bord de la Moselle entre Metz & Sirck, en Latin *Theodonis-Villa*. Elle porte le nom de son Fondateur Théodon, qui est aujourd'hui un homme inconnu ou fort obscur. Mais il est certain que Thionville étoit une Maison Royale dès le milieu du huitième Siècle, puisque le Continuateur de Frédegaire dit que Pépin, premier Roi Carlovingien, tint à Thionville, *apud Theodonis-Villam*, une Assemblée; & c'étoit dès-lors une Maison appartenante au Roi, puisqu'il l'appelle *Villa publica*. Dans la suite ce Lieu-là est nommé Palais: on y tint plusieurs Assemblées Politiques & Ecclésiastiques, & les Empereurs & les Rois François y ont souvent demeuré dans le neuvième Siècle. Dans le Siècle suivant, ou vers l'an 1000. Thionville vint au pouvoir des Seigneurs particuliers, qui en étoient propriétaires, & dont la Famille prit le nom de Thionville, *Theodonis Villa*. Albert d'Aspremont épousa Marguerite fille de Thierri, Comte de Thionville. La Race masculine de ces Seigneurs s'éteignit & les Comtes de Luxembourg unirent cette Seigneurie à leur Comté avant la fin du douzième Siècle. Il est certain qu'après cela tous ceux qui ont été Maîtres du Comté ou Duché de Luxembourg, ont toujours possédé Thionville, jusqu'à l'an 1558. qu'elle fut prise sur Philippe II. par l'Armée Françoise commandée par François de Lorraine Duc de Guise. C'étoit alors une Place très-importante, tant par sa situation sur la Moselle, que parce qu'elle avoit été fortifiée par Charles V. Mais l'année suivante elle fut rendue au Roi d'Espagne en exécution du Traité de Cateau-Cambresis. Les Fortifications furent depuis perfectionnées. Le Prince de Condé, Louis de Bourbon, ayant vaincu les Espagnols devant Rocroy dans le commencement du Régne de Louis XIV. assiégea & prit Thionville en 1643. Cette Place fut cédée à la France en 1659. par le Traité des Pyrénées. Les Habitans sont Allemands & parlent Allemand; Ils appellent la Ville en leur Langue *Diden-Hoven*, ou *Tiden-Hoven*. Depuis qu'elle appartient aux François elle a été mise sous le Parlement de Metz. Elle est le Siège d'un Bailliage & d'une Prevôté. C'est un Gouvernement de Place, avec Etat major, qui dépend du Gouvernement Militaire de Metz. Mr. Piganiol dans la Description de la France [a] dit qu'on ne compte à Thionville que cinq cens cinquante Habitans. On y passe la Moselle sur un Pont à la tête duquel est un Ouvrage à corne qui en défend l'entrée. Ce Pont de Charpente sur des piles de pierre, desquelles il y en a qui sont éloignées l'une de l'autre, de 60. pieds. On faisoit venir des Montagnes de Vosges, des Poutres de Sapin, de cette longueur; mais la difficulté d'en trouver, & celle de les faire transporter, ont fait imaginer le secret de faire des Poutres de cette longueur de trois pièces de Chêne, qui sont soutenues par les assemblages qu'on leur donne. Ce Pont mérite l'attention de ceux qui aiment les Méchaniques.

[a] Tom. 7. p. 359.

THIPONOBASTI. Voyez PITHONOBASTÆ.

THIRENSTEIN, ou TYRNSTEIN, petite Ville d'Allemagne dans la Basse Autriche [b] près du Danube, à un mille au-dessus de Stein. Elle avoit anciennement ses propres Seigneurs de la Famille de Chuenring, dont deux freres, Hademar & Henri, étoient, par rapport à leur cruauté, surnommez les Chiens. Frédéric *le Belliqueux*, Duc d'Autriche, prit à celui-ci la Ville de Thirenstein avec ses dépendances. Il y a un Monastère & un Château dans lequel on dit que Richard Roi d'Angleterre fut détenu prisonnier jusqu'à ce qu'il eût payé une grosse rançon. Il avoit été emmené prisonnier à Vienne, par Léopold Duc d'Autriche, & par Hademar II. Seigneur de Chuenring.

[b] Zeyler, Topogr. Austria, p. 36.

THIRÆ. Voyez THRACIA.

THIRIMIDA, nom d'une Ville selon Ortelius [c] qui cite Priscien. Il croit que c'est la même Ville que Salluste appelle THIRMIDA, & qu'il place dans la Numidie.

[c] Thesaur.

THIRMIDA. Voyez THIRIMIDA.

THIROPHAGI, Peuple de la Sarmatie Asiatique: Ptolomée [d] les place à la Source du Fleuve *Rha*. Au lieu de *Thirophagi*, le MS. de la Bibliothéque Palatine porte *Phthirophagi*.

[d] Lib. 5. c.

THIS, en Grec Θὶς, Ville d'Egypte, selon Etienne le Géographe, qui dit que le nom National étoit Θινίτης, THINITES. Sur quoi Berckelius remarque qu'il y a absolument faute ou dans le nom de la Ville, ou dans le nom National; car si la Ville s'appelloit Θὶς, le nom National devoit être Θίτης. Si au contraire le nom National étoit Θινίτης, comme portent les Exemplaires imprimez & les MSS. le nom de la Ville étoit Θίνις; ce qui peut d'autant plus être reçu que l'ordre Alphabétique ne seroit pas plus troublé par Θίνις que par Θὶς. La difficulté seroit levée si nous avions le Livre [e] d'Alexander que cite Etienne le Géographe; mais ce Livre est péri. Il y a toute apparence néanmoins que dans cet endroit d'Etienne le Géographe il faut lire Θίνις, *Thinis*, au lieu de Θὶς, *This*. Le mot Θινίτης, *Thinites*, n'est pas le seul appui de cette conjecture: Ptolomée [f] sert aussi à l'appuyer; car il place en Egypte près d'*Abydos* la même *Thinites*, comme Etienne le Géographe met la Ville *This* au voisinage de la même *Abydos*. A la vérité Ptolomée ne dit pas formellement que la Métropole du Nome *Thinites*, fût appellée *Thinis*; mais on croit que cet endroit de ce Géographe est altéré, & qu'au lieu de lire: *Thinites Nomus & Metropolis Ptolemaïs Hermii*, il faut lire: *Thinites Nomus & Metropolis Thinis: Ptolemaïs Hermii*.

[e] Ægyptiaca
[f] Lib. 4. c. 5.

THISA, Ville de l'Arcadie: Pausanias [g] dit qu'elle étoit près du Mont Lycée.

[g] Lib. 8 c. 27.

THISALPHATA, Lieu qu'Ammien Marcellin [h] met aux environs de la Mésopotamie.

[h] Lib. 25. c. 8.

1. THISBE, Ville de la Palestine dans la Galilée, & la Patrie de Tobie [i]. Elle étoit à la droite, c'est-à-dire au Midi de la Ville de Cadès, Capitale de Nephtali. Quelques-uns ont crû [k] qu'*Elie de Thesbé* étoit natif de cette Ville de *Thisbé* en Galilée; mais qu'il avoit

[i] Tob. 1. 2.
[k] Reland, 2 Palæst. p. 1035.

avoit été long-tems habitant du Pays de Galaad [a]. *Thesbites de habitatoribus Galaad.* Ortelius [b] qui cite André Masius, dit que dans Tobie [c] au lieu de Θίσβη il faut lire Θηβη. Voyez THEBÆ.

2. THISBE, Ville de la Bœotie, selon Pausanias [d]. Il dit qu'en rangeant la Côte pour aller de *Creusides* à *Thipha*, on rencontre à la droite la Ville de *Thisbé*, qui avoit pris son nom d'une Nymphe qui s'appelloit ainsi.

3. THISBE, nom d'une Fontaine de la Cilicie, selon St. Clément [e] cité par Ortelius [f].

THISBOA, nom que Gerbelius donne à une partie de la Ville de Megalepolis [g] en Arcadie.

THISICA, Ville de l'Afrique propre: Elle est marquée par Ptolomée [b] au nombre des Villes situées entre la Ville *Thabraca* & le Fleuve *Bagradas*.

THISOA. Voyez THEISOA.

THISSAMISSA, Port de la Carie, selon Pomponius-Mela [i]. L'Edition d'Oxford porte *Tisanusa*; & Pintaut croit que c'est le *Thymnissus* d'Etienne le Géographe.

THISSE, Ortelius [k] qui cite Silius Italicus [l] dit que THISSE semble être un Lieu de la Sicile. Il ajoute qu'il croit que c'est la Ville *Tissa* de Ptolomée. Voyez TISSA.

THISSOA. Voyez THEISSOA.

THIVIERS, Bourg de France dans le Périgord, Election de Périgueux.

THIUS. Voyez THEIUS.

THIZIBIS, Ville de l'Afrique propre, selon Ortelius [m] qui cite Ptolomée [n]. Je trouve bien dans cet Ancien une Montagne nommée *Thizibi*; mais je n'y vois nulle trace de Ville de ce nom.

THIZY, Bourg de France dans le Baujolois, Election de Villefranche.

THMUIS, Ville de la Basse-Egypte, vers l'une des Bouches du Nil, appellée Mendeze. C'étoit une Ville considérable dont plusieurs Auteurs anciens ont fait mention. Elle est nommée *Thmuis* dans quelques Exemplaires de l'Itinéraire d'Antonin, *Thunius*, *Thminis* & *Thmuis* dans d'autres. Cet Itinéraire la marque entre *Tanis* & *Cynion*, à vingt-deux milles de la première de ces Places, & à vingt-cinq milles de la seconde. Le mot *Thmui* en Langue Egyptienne signifie un Bouc, comme nous l'apprend St. Jérôme [o]: *Urbes quoque apud eos [Ægyptios] ex Animalium vocabulis nuncupantur, Leonto, Cyno, Lyco, Busyris Thmuis quod interpretatur Hircus.* Il dit encore dans un autre endroit [p]: *Pleraque oppida eorum ex Bestiis & Jumentis habent nomina;* Κυων *a Cane,* Λέων *a Leone,* Θμᾶις*, lingua Ægyptiaca ab Hirco.* St. Phileus, qui étoit Evêque de Thmuis [q] du tems de Dioclétien, y étoit né de la Famille la plus noble & la plus riche du Pays. Il y souffrit le martyre vers l'an 309. S. Sérapion en étoit Evêque du tems de Saint Athanase qui lui avoit imposé les mains. Il véquit au moins jusqu'au milieu du IV. Siécle.

THNOCIA, Ville de l'Arcadie, selon Pausanias [r]. Mais comme son Fondateur s'appelloit *Thocnus*, il y a apparence qu'on doit écrire *Thocnia*, ou *Thocneia*, comme

lit Etienne le Géographe, qui cite positivement l'Arcadie de Pausanias.

1. THOANA, Ville de l'Arabie Pétrée: Ptolomée [a] la marque dans les Terres.

2. THOANA. Voyez TYANA.

THOANES, Peuples que Strabon [t] & Eustathe placent au-dessus de la Colchide, dans le voisinage des Phthirophages. Ortelius [u] dit que selon J. Hartungus les *Thoanes* sont les mêmes que les *Soanes*; & Casaubon préfère cette dernière Orthographe.

THOANTIUM, Lieu sur la Côte de l'Isle de Rhodes selon Strabon [x]. Ptolomée [y] fait de *Thoantium* un Promontoire de l'Isle *Carpathus*, qui est sur la Côte de l'Isle de Rhodes. Il n'y a, je crois, que ces deux Anciens qui connoissent ce mot *Thoantium*.

THOAR, Ville d'Afrique, dans l'Isle de Meninx ou des Lotophages, selon Pline [z]. Elle étoit sur la Côte Septentrionale de l'Isle. Cette Ville est nommée *Gerra* par Ptolomée [a] ou *Gerrapolis*, comme porte le MS. de la Bibliothèque Palatine.

THOARD, & LES NOBLES, Lieu de France, dans la Provence, du Diocèse de Digne. On croit que c'est l'ancienne Ville de *Theopolis*, tant par la ressemblance de son nom, qu'à cause des différens Monumens d'antiquité, qu'on trouve dans son territoire.

THOARIS, Fleuve de la Cappadoce. Le Périple d'Arrien [b] met son Embouchure entre celle du Fleuve *Beris* & le Lieu nommé *Oenæ*, à soixante stades du *Beris* & à trente d'*Oenæ*.

1. THOAS. Voyez ACUTÆ-INSULÆ.

2. THOAS, Strabon [s] & Etienne le Géographe disent qu'on donnoit anciennement ce nom au Fleuve Acheloiis, qui sépare les Etoliens des Acarnaniens. Voyez ACHELOÜS N°. 1.

THOB. Voyez TOB.

THOBEL. Voyez TERBAL.

THOCARI. Voyez TOCHARI.

THOCEN, ou THOCHEN, Ville de la Palestine, dans la Tribu de Siméon. Il en est parlé dans le premier Livre des Paralipomènes [c]. Les Grecs appellent cette Ville *Tocca*.

THOCNEA. Voyez THNOCIA.

THOELS, Riviere de Suisse [f], au Canton de Zurich, près de Wintherthour. On trouva l'an 1556. dans cette Rivière, trois cailloux, dont l'un avoit une croix Suisse, une épée & une verge, & dans les deux autres étoient la Croix & les Armes de Bourgogne comme peintes de la main même de la Nature.

THOENIS. Voyez THINITIS.

THOES, Peuples qui habitoient aux confins de la Thrace, selon Ortelius qui cite un Fragment du Livre second de Porphyre, *de Esu Animalium* Livre que nous n'avons plus.

THOGARA, Ville de la Sérique: Ptolomée [g] la marque entre *Palliana* & *Abragana*.

THOIRE, Lieu de France, dans le Bugey, au Diocèse de Lion, situé sur l'Ains; il a donné le nom à une Famille qui a possédé long tems la Seigneurie de Villars en Souveraineté, & l'a rendue aux Ducs de Savoye vers l'an 1224.

THOIS-

THO. THO. 489

THOISSEI, Ville de la Principauté de Dombes, & la plus confidérable du Pays après celle de Trevoux, en Latin *Toiſſia-cus* [a]. Elle eſt ſituée dans une Contrée fertile près des Rivières de Chalarone & de Saone du côté de l'Orient. Il y avoit autrefois un Château qui a rendu cette Ville fort renommée; car elle a été entre autres aſſiégée quatre fois par les Comtes & Ducs de Savoye. Les Princes de Beaujeu après la décadence du Royaume de Bourgogne en 1032. y retirérent leurs Troupes pendant la guerre qu'ils eurent avec les Sires de Villars & de Baugé, & les Comtes de Mâcon leurs voiſins, qui ruïnérent une partie de la Ville. Guichard V. dix-ſeptième Seigneur de Beaujeu, la rebâtit en 1310. & lui accorda de beaux Privilèges. Il y fit auſſi rebâtir & fonda la Chapelle de Sainte Marie Magdelaine, que Camille de Neuville Villeroi, Archevêque de Lyon, érigea en Egliſe Paroiſſiale l'an 1691. à la prière de feue Mademoiſelle de Montpenſier, Souveraine de Dombes. Cette Princeſſe y avoit fondé en 1680. un Collége pour toute la Principauté de Dombes. On y enſeigne la Grammaire, les Humanitez, la Philoſophie, la Théologie & les Mathématiques. Il eſt ſous la direction d'un Principal & de pluſieurs Prêtres aggregez en Corps de Communauté. Louïs de Bourbon, Duc du Maine, Succeſſeur de Mademoiſelle de Montpenſier, a pris ce Collége ſous ſa protection; & en 1698. ce Prince créa dans la Ville de Thoiſſei un Bailliage, qui comprend outre la Ville les Paroiſſes de St. Didier, de Garmérans, d'Illac, de St. Etienne & de Moignenius. Dans le tems des Troubles, les Ligueurs ſe rendirent Maîtres de Thoiſſei pour ôter à la Ville de Lyon la liberté du Commerce de la Rivière de Saone; mais lorſque les Troubles furent appaiſez les Lyonnois demandérent avec inſtance que le Château de Thoiſſei fût démoli; ce qui leur fut accordé dans les derniéres années du ſeizième Siécle: ainſi il ne reſte plus aujourd'hui que quelques veſtiges des anciennes Fortifications. Cette Ville faiſoit autrefois un grand Commerce de Toiles en Eſpagne & dans les Païs Etrangers. Les eaux de la Rivière de Chalarone ſont propres pour la fabrique des Draps & du Papier, & pour les Toiles.

a Corn. Dict. Neuweghſe, Abregé de l'Hiſt. de la Souveraineté de Dombes.

THOITORUM, Peuples d'Egypte, dont il eſt fait mention dans une Lettre des Evêques de leur Pays à l'Empereur Léon [b]. Cette Lettre ſe trouve dans le Recueil des Conciles.

b Ortelii Theſaur.

THOLAD, Ville de la Paleſtine dans la Tribu de Siméon [c], & appartement la même qu'**Eltholad**, dont il eſt parlé dans Joſué [d]. Elle fut cédée par la Tribu de Juda à celle de Siméon. Les Grecs l'appellent Molada.

c 1. Par. 4. 29.
d Cap. 25. 30. & 19. 4.

THOLEY, Abbaye d'Allemagne dans l'Archevêché de Tréves, en Latin *Tabuleïum*, & *Tabularium*; & par corruption *Theolegium* & *Theologium*. Cette Abbaye eſt ſituée ſur une Montagne dans le Bailliage de Sare-Louïs près de St. Vendel, à cinq lieues de Birckenfeld du côté du Sud; & au pied de la Montagne paſſe un Ruiſſeau auſſi nommé Tholey. Cette Abbaye, qui eut le Roi Dagobert [e] pour l'ondateur, fut bâtie ſur un fonds appartenant à la famille de Grimon Adalgiſe, neveu ou couſin du Roi Dagobert I. S. Paul Evêque de Verdun y véquit pluſieurs années, & y enſeigna les Saintes Ecritures avant ſon Epiſcopat. Grimon qui avoit été ſon Diſciple voulut en ſa conſidération ſoumettre l'Abbaye de Tholey à l'Egliſe Cathédrale de Verdun vers l'an 631.

e Baillet, Topogr. des SS. p. 485.

THOLOBI, Fleuve de l'Eſpagne Tarragonnoiſe, ſelon Pomponius-Mela [f] cité par Cluſius, qui veut que ce Fleuve ſe nomme aujourd'hui *Tardera*; mais, dit Ortelius, *Tholobi* me paroît déſigner dans cet Ancien une Ville plutôt qu'un Fleuve. La queſtion ſeroit bien-tôt décidée, ſi l'on ſavoit de quelle manière on doit lire le Paſſage de Pomponius-Mela. De la manière dont lit Pintaut auſſi-bien que quelques autres, qui retranchent quelques mots qu'ils regardent comme Etrangers au Texte, Tholobi ſeroit une Bourgade *Parvum Oppidum*; & ſi on lit comme Iſaac Voſſius qui ne change qu'un ſeul mot, il y aura une Bourgade & un Fleuve du même nom. L'opinion de Voſſius me paroît la plus probable. Il croit que la Bourgade de Tholobi de Pomponius-Mela eſt la même que la Ville de Thoiobis de Ptolomée; il y en a qui veulent que ce ſoit aujourd'hui *Tamarit*.

f Lib. 6, c. 6.

THOLUBANA, Ville de l'Inde en deçà du Gange: Ptolomée [g] la donne aux *Poruari*. Au lieu de *Tholuhana* le MS. de la Bibliothéque Palatine porte *Tholobana*.

g Lib. 7. c. 1.

THOLUS, ou **THOLUNTES**, Ville d'Afrique ſelon Appien [h] qui dit qu'elle étoit dans les Terres. Elle ne devoit pas être fort éloignée de Carthage. Syphax la prit par trahiſon & paſſa la Garniſon Romaine au fil de l'épée.

h De Bellis Punic. p. 10.

THOMAITE. C'eſt le nom d'un Patriarchat, ſelon les Conſtitutions des Empereurs d'Orient citées par Ortelius [i].

i Theſaur.

THOMANII, Peuples de l'Aſie. C'eſt Hérodote [k] qui en parle, & il paroît qu'ils habitoient aux environs de la Parthie.

k Lib. 3. d. 117.

1. **THOMASTOWN**, gros Bourg, d'Ecoſſe [l], dans la partie Septentrionale du Comté de Carrik, dans les Terres, environ à un mille de la Côte, & à peu près à égale diſtance de Koif Caſtle en tirant vers le Midi Oriental.

l Blaeu, Atlas.

2. **THOMASTOWN**, Ville d'Irlande dans la Province de Leinſter [m], au Comté de Kilkenny, à quatre milles à l'Oueſt des Kells, ſur le Neur. Elle a droit d'envoyer deux Députez au Parlement. Elle eſt murée & tient le ſecond rang dans le Comté.

m Etat préſent de la Gr. Br. t. 3. p. 41.

THOME, ou **THOMA**. Strabon [n] dit qu'on appelleroit ainſi la Ville d'Ithoma dans la Theſſalie, ſi l'on vouloit lui rendre ſon ancien nom. Voyez ITHOMA, N°. 5.

n Lib. 9. p. 437.

THOMNA. Voyez THUMNA.

THOMOND, ou **CLARE**, Comté d'Irlande [o], dans la Province de Connaught, on l'appelle auſſi Twomond & Twowoun, ou Nord Munſter. Elle eſt bornée à l'Eſt & au Sud par la Rivière Shannon, qui la ſépare de Tipperray, de Limerick & de Kerry dans le Comté de Munſter, à l'Oueſt

o Etat préſent de la Gr. Br. t. 3. p. 34.

Qqq par

par l'Océan, & au Nord par Gallway. Elle a 55. milles de long fur 38. de large. Ce Pays eft très-fertile & commode pour la Navigation. Le très-honorable Henri O-brian eft Comte de Thomond & le fecond Comte d'Irlande. Sa Famille eft fort ancienne, puifqu'elle defcend des Rois de Connaught, & qu'Henri VIII. créa un de fes Ancêtres Comte de Thomond. On divife ce Comté en huit Baronnies, qui font celles de Burrin, d'Inchiquin, de Sullah, des Ifles de Bunratty, d'Ibrichan, de Clanderlay, & de Moyfarta. Il n'y a dans tout ce Comté que deux Villes qui ayent droit de tenir des Marchez Publics, favoir Cilalow ou Cabu & Enis-Town. De plus, cette dernière Ville eft la feule de la Province qui envoye deux Députez au Parlement.

THOMUM, ou THOMIS, Ville d'Egypte; l'Itinéraire d'Antonin la marque, fur la route qui paffe par l'Arabie au-delà du Nil, entre Chenobofcion & Panu, à cinquante milles du premier de ces Lieux & à quatre milles du fecond. Voyez THINITES.

THON, Ville de l'Afrique propre felon Appien [a]. Ce fut dans cette Ville que fe retira Annibal après la défaite de fon Armée par Scipion; mais la crainte que les Efpagnols ou les Brutiens qui l'avoient fuivi ne le livraffent aux Romains, ne lui permit pas de faire un long féjour à Thon. Il en fortit fecretement.

[a] De Bellis Punic. p. 26.

THONAUSTAUFF, Bourg d'Allemagne dans la Bavière [b], près du Danube, à une lieue au-deffous de Ratisbonne. Ce Bourg a une Jurifdiction qui s'étend fur deux Châteaux, trois Maifons Seigneuriales & trois Bourgades; & cette Jurifdiction eft du reffort de la Chambre des Finances de Straubingen. Autrefois Thonauftauff appartenoit à l'Evêché de Ratisbonne; mais Henri le Superbe, Duc de Bavière, s'en empara. Ce Bourg avoit un Château fortifié que les Troupes du Duc de Saxe-Weimar prirent par capitulation le 11. de Janvier 1634. Ils en minèrent les Fortifications; après quoi ils les firent fauter.

[b] Zeyler, Topog. Bavar. p. 82.

THONIAS. Voyez THYNIAS.

THONIS, Ville d'Egypte: Strabon [c] & Etienne le Géographe la placent vers l'Embouchure Canopique. Elle ne fubfiftoit plus de leur tems. Strabon remarque qu'elle avoit eu fon nom du Roi Thonis, qui reçut chez lui Ménélatis & Hélène [d]. Diodore de Sicile [e] fait auffi mention de cette ancienne Ville.

[c] Lib. 17. p. 800.
[d] Odyff Δ, v. 228.
[e] Lib. I. c. 12.

THONITIS. Voyez ARSENA, & ARETHUSE, No. 5.

THONNA, gros Bourg d'Allemagne, dans le Duché de Gotha [f]. Il eft à quatre lieues de la Ville de Gotha, & donne fon nom à une Seigneurie que Frédéric, Duc de Saxe-Gotha, acheta de Chriftian Louis Comte de Waldeck. Cette Seigneurie appartenoit auparavant à la Maifon de Tautenberg; & Philippe Comte de Waldeck en avoit obtenu l'expectative de Frédéric Guillaume, Duc de Saxe-Altenbourg.

[f] D'Audiffred, Géogr. Anc. & Mod. t. 3.

THONON, petite Ville des Etats de Savoye, au Duché de Chablais, dont elle eft la Capitale. C'eft une Ville fort agréable, à mille pas de l'Embouchure de la Rivière de Drame dans le Lac de Genève. Elle n'eft point fortifiée. Il y avoit cependant autrefois [g] du côté du Midi un Château affez fort, flanqué de hautes Tours, & dans lequel Amédée VIII. fon fils Louis & le Bienheureux Amédée IX. Duc de Savoye firent leur réfidence ordinaire. Ce dernier y étoit né le 1. de Février 1435. Ce Château fut brûlé & ruïné par les Bernois dans le tems de la révolte des Génevois & des Vaudois. Les débris ont fervi à bâtir quelques Maifons Religieufes; de forte qu'aujourd'hui l'endroit où il étoit bâti n'eft plus qu'un vafte emplacement, dont on a fait une belle promenade. Les Maifons des Particuliers, quoique la plûpart anciennes, font affez-bien bâties. On remarque à Thonon un Palais magnifique, que fit conftruire Albert Eugène Comte de Génevois, dans le tems qu'il étoit Gouverneur du Chablais. Mais ce qui orne principalement cette Ville ce font les Eglifes & les Monafteres d'Hommes & de Filles. Outre l'Eglife Paroiffiale qui eft fous l'Invocation de la Sainte Vierge, Mere de Miféricorde, ou *Notre-Dame de Compaffion*, & dans laquelle on voit la Statue en Marbre du Bienheureux Amédée Duc de Savoye, qui y eft en grande vénération, il y a la *Sainte Maifon*, Communauté de Clercs Séculiers, qui deffervent cette Paroiffe. Ils font de l'Inftitut de l'Oratoire de St. Philippe de Néri; & ils furent appellez à Thonon par Charles Emanuel I. Duc de Savoye qui les fonda. Il y a auffi au milieu de la Ville une Maifon des Clercs de St. Paul ou de Barnabites, qui ont le Collège pour l'Inftruction de la Jeuneffe. On y voit encore les Minimes, des Capucins, dont le Couvent eft hors de la Ville; des Urfulines, des Religieufes de la Vifitation, & des Filles de l'Annonciation de la Ste. Vierge. Le Magiftrat établi pour l'adminiftration de la Juftice s'appelle Majeur; & l'appel de fes Sentences fe porte devant le Sénat de Chambery. Les Bernois [h], quand ils étoient Maîtres d'une grande partie du Chablais, avoient introduit leur Religion dans le Pays & principalement à Thonon. Les Habitans perféverérent plufieurs années dans la Religion Proteftante, après que le Pays eut été rendu aux Ducs de Savoye. Enfin ils la quittèrent & embrafsèrent de nouveau la Religion Catholique à la perfuafion du St. Evêque de Genève, François de Sales.

[g] Thean, & Sylvest.
[h] Longuerue, Defcr. de la France. Part. 2. p. 325.

THOPHEL, Lieu dont il eft parlé dans le Deutéronôme [i]: Moïfe parla à tout le Peuple d'Ifraël au-deçà du Jourdain, dans une Plaine du Defert, vis-à-vis de la Mer Rouge, entre Pharan, Thophel, Laban, & Haferoth où il y a beaucoup d'or.

[i] Cap. 1. v. 1.

THOPO, ou THOPHO, Ville fortifiée dans la Judée par Bacchides. Il en eft parlé dans le premier Livre de Macchabées [k]. C'eft la même que *Taphua*. Voyez TAPHUA; & c'eft la même que Jofephe [l] appelle *Toxóe*.

[k] Cap. 19.
[l] Antiq. Lib. 13.

THOR, petite Ville & Port de Mer, fur la Mer Rouge, au pied & au Couchant du Mont Sinaï [m], dont elle eft éloignée d'environ cinquante milles. On montre à une lieue de Thor un Jardin, où il y a douze

[m] Dom Calm. Dict.

THO.

a Exod.
15. 27.

douze Fontaines & plusieurs Palmiers. On croit que c'est cet endroit que l'Ecriture *a* nomme Elim, & où il y avoit douze Fontaines & soixante & dix Palmiers. Les Fontaines s'y voient encore; mais elles sont devenues améres, & au lieu de soixante & dix Palmiers, on en voit à présent plus de deux mille. Il n'est pas parlé de *Thor* dans aucun Passage de l'Ecriture. C'est en cet endroit que quelques-uns mettent une Montagne de Pierres d'Aimant, qui attiroient, dit-on, les Vaisseaux où il y avoit du fer, & leur faisoit faire naufrage; à quoi l'on remédioit, en les joignant avec des chevilles de bois sans fer. Quelques Auteurs attribuent cela à la Montagne d'Almandabe sur les Côtes d'Ethiopie, au commencement de la Mer Rouge, du côté du Midi. Mais les Modernes n'ont point reconnu cette vertu attractive, ni sur la Côte de Thor, ni au Cap d'Almandabe; & il y a beaucoup d'apparence, que tout ce qu'on en dit est fabuleux.

b Lib. 3. c. 10.

THORA, Ville d'Italie dans la Campanie. Il en est parlé dans Florus *b*. Cependant il y a des Editions qui portent *Chora* au lieu de *Thora*: l'un n'est, je crois, guère plus connu que l'autre.

THORÆ, Peuples de la Tribu Antiochide, selon Etienne le Géographe. Mr. Spon, dans sa Liste des Bourgs de l'Attique, dit que *Thoræ* étoit un Lieu maritime entre *Phalére* & *Sunium*.

1. THORAX, Ville de l'Etolie : C'est Etienne le Géographe qui en fait mention.

c Lib. 14.
d Lib. 14.
p. 647.

2. THORAX, Montagne de la Magnésie, selon Diodore de Sicile *c* & Strabon *d*. C'est sur cette Montagne qu'un certain Grammairien nommé Daphitas fut crucifié, pour avoir attaqué les Rois de Pergame dans ces vers :

Πορφύρεοι Μώλωπες ἀπορῥινήματα γάζης
Λυσιμάχε, Λυδῶν ἄρχετε καὶ Φρυγίης.
Purpurea vibices, scobs limataque gaza
Lysimachi, Lydos & Phrygum regitis.

e Etat &
Délices de
la Suisse,
t. 2. p.
166.

THORBERG, Bailliage dans la Suisse *e*, du Canton de Berne. C'étoit autrefois un Monastére de Chartreux, fondé an 1397. par un Gentilhomme de ce nom, qui donna toute sa Terre pour ce dessein. Depuis la Réformation les Bernois en ont fait un Bailliage, qui est riche en Blé. La Chartreuse a été convertie en Château, pour la résidence du Baillif. Il est situé avantageusement sur une hauteur, dans un endroit assez sauvage, & à 2. lieues de Berne, à côté du chemin de Burgdorff.

THOREN, ou THORN. Voyez TAUREN.

f Spon,
Liste de
l'Attique,
p. 344.

THORICUS, Bourg de l'Attique *f*, dans la Tribu Acamantide, étoit situé entre *Sunium* & *Potamus*, appellé maintenant Porto-Rafty. On trouve cette Inscription à Athénes dans le Jardin d'Hussein Bey.

ΠΡΑΧΙΚΛΗΣ
ΕΤΦΡΟΝΙΟΥ
ΤΟΝΩ ΔΕ
ΚΑΛΛΙΚΡΑΤΟΥ
ΘΟΡΙΚΙΟΥ

THO. 491

Pline *g* met un Promontoire nommé *Thoricus*, ou *Thoricos*, près du Promontoire *Sunium*: ainsi le Bourg THORICUS étoit apparemment près du Promontoire de même nom.

g Lib. 4. c. 7.

THORIGNE, Bourg de France, dans l'Anjou, Election d'Angers.

1. THORIGNY, petite Ville de France dans la Champagne, Election de Sens.
2. THORIGNY. Voyez TORIGNY.

THORINGIA. Voyez TURINGI.

THORN, ou TOORN, en Latin *Torunium*, *Turunia*, ou *Turzea*, Ville de Pologne dans la partie Méridionale du Palatinat de Culm *h*, sur la Vistule, à la droite, un peu au-dessous de l'endroit où cette Rivière reçoit le Dribancz *i*. Cette Ville bâtie de briques & avec assez de régularité est défendue du côté de la Campagne d'une double enceinte de murailles, flanquées de vingt pas en vingt pas de Tours, qui, à ce que quelques-uns prétendent, ont occasionné son nom. Cette double enceinte, qui régne du côté de la Campagne, est couverte d'une fortification moderne. La Riviére passe presque au pied des murailles de l'autre côté. Elle y forme vis-à-vis, une petite Isle au milieu du Canal, & cette Isle fait comme une Place d'armes entre les deux moitiés du Pont. Le Pont de cette Ville est remarquable par sa longueur qu'on dit être de 1770. aunes. Thorn est partagée en deux Villes, l'Ancienne & la Nouvelle; mais la Nouvelle est plus belle, mieux bâtie, & ses maisons sont plus hautes.

h Zeiler,
Topogr.
Pruss. p.
50.
i Andr.
Cellarius,
Descr. Poloniæ.
Mémoires
du Chevalier de
Beaujeu,
p. 135.

Cette Ville n'est pas ancienne. On ne fait guère remonter son origine au-delà de l'an 1231. ou 1232. Elle fut d'abord libre. Les Chevaliers de l'Ordre Teutonique s'en emparérent bien-tôt & y bâtirent une Forteresse. Les Polonois l'assiégérent pendant huit semaines en 1410. & y donnérent plusieurs assauts, sans pouvoir l'emporter. Ils y remirent le Siège en 1439. avec aussi peu de succès. Enfin en 1454. les Chevaliers Teutoniques ayant eu trop de rigueur pour les Habitans, elle se mit sous la protection des Polonois. Les Habitans escaladérent la Forteresse & la ruinérent. Le Grand-Maître essaya en vain de la reprendre en 1455. & en 1453. Les Rois de Pologne ont accordé à la Ville de Thorn plusieurs Priviléges, & ils sont si grands, qu'ils se distinguent des autres Communes par un Magistrat ou Conseil indépendant, & par un Secrétaire qu'ils font résider à la Cour, à l'imitation de la Ville de Dantzick. Ils embrassérent la Réformation de Luther. Cependant la Religion Catholique n'y est pas si étouffée que dans diverses autres Villes: ils y ont libre Exercice de leur Religion, & de tems en tems ils y acquiérent de nouveaux droits. L'Evêque de Culm a son Diocèse & la Jurisdiction Spirituelle s'étendent jusqu'à Thorn, y établit vers la fin du dernier Siècle la Procession du St. Sacrement le jour de la Fête de Dieu. On obligea les Magistrats de contenir la populace dans le respect pendant cette cérémonie, d'empêcher les attroupemens & les insolences de la Canaille. On menaça les Séditieux de vigoureuses peines, & la Ville d'amendes pécuniaires. Ces défenses n'ont

Qqq 2 pas

492 THO.

pas quelquefois été affez fortes, pour retenir la populace animée par fes Miniftres. Le 16. de Juin 1724. entre autres, il furvint un Tumulte à l'occafion de cette même Proceffion. Un grand nombre de Séditieux fe portérent à des excés de fureur, prefque incompréhenfibles, & les Magiftrats, comme s'ils euffent connivé à la Sédition, négligérent d'arrêter le defordre. Ces fautes ne demeurérent pas impunies. La Diete de Pologne prit l'affaire à cœur. Il furvint un Decret rigoureux, dont la fanglante exécution femble avoir affuré pour toujours la liberté des Catholiques dans cette Ville.

THORNAX, Montagne du Péloponnéfe, dans la Laconie. C'étoit le nom ancien de cette Montagne. Paufanias [*] dit que, lorfque Jupiter y eut été changé en Coucou, elle prit le nom de Coccygius. Il y avoit au fommet un Temple dédié à Jupiter.

[* Lib. 2. c. 36.]

THORNOS, Ifle que Pline [a] met au voifinage de celle de Corcyre, mais en tirant vers la Côte de l'Italie. On la nomme aujourd'hui *Ifola Melere* felon le Pere Hardouin, qui remarque que les MSS. ne s'accordent pas fur l'Orthographe du nom ancien de cette Ifle. Les uns portent *Athoronos* & d'autres *Othoronos*.

[a Lib. 4. c. 12.]

THORHOUT [b], Bourg & Château des Pays-Bas dans la Flandre, à quatre lieues d'Oftende au Midi, en allant vers Courtray, dont il n'eft guére qu'à trois lieues. C'étoit autrefois une grande Ville.

[b Baudrand, Dict.]

THORS, Lieu de France, dans la Champagne, au Diocéfe de Langres, de l'Election de Bar-fur-Aube. C'eft une Commanderie de l'Ordre de Malthe, dont celle de Gorgebin n'eft qu'une Annexe; celle-ci eft fituée prés de Chaumont. Elle vaut neuf à dix mille Livres de rente.

THORS-AA, Riviére d'Iflande, dans fa partie Méridionale. C'eft une des principales de l'Ifle. Elle court prés du Mont Hecla, felon Théodore Thorlace Iflandois.

THORSUS, Fleuve qui, felon Paufanias [c], coule au milieu de l'Ifle de Sardaigne. C'eft le même Fleuve que Ptolomée [d] nomme THYRSUS, & à la fource duquel l'Itinéraire d'Antonin marque un Lieu appellé *Caput Tyrfi*. Ce Fleuve pourroit être aujourd'hui le Sacer.

[c Lib. 10. c. 17.]
[d Lib. 3. c. 3.]

THORUNUBA, Ville de l'Afrique propre: Ptolomée [e] la marque au nombre des Villes, qui étoient entre celle de *Thabraca* & le Fleuve *Bagradas*. Le nom de cette Ville eft corrompu dans les Exemplaires Latins qui lifent *Thunuba* pour *Thorunuba*.

[e Lib. 4. c. 3.]

THORYCIUM, Ville d'Italie, au voifinage de Crotone & de Crimifſa felon Iacius [f] cité par Ortelius [g], qui foupçonne que *Thorycium* pourroit être-là pour *Thurium*.

[f In Lycophr.]
[g Thefaur.]

THOSPIA. Voyez THOSPITES.

THOSPITES, Contrée ou Peuples de la grande Arménie, Ptolomée [h] la marque au Midi de l'Anzitene. Il met dans le même Quartier une Ville nommée *Thofpia*.

[h Lib. 5. c. 13.]

1. THOU, Ville d'Egypte: l'Itinéraire d'Antonin la marque fur la route de Pélufe à Memphis, entre *Tacafarta* & *Scenæ Veteranorum*, à vingt-quatre milles du premier de ces Lieux & à vingt-fix milles du fecond. Voyez TOHUM.

THO.

2. THOU, Châtellenie de France, dans le Berry, du Diocéfe & de l'Election de Bourges. C'eft un petit Bourg fur la Riviére de Saudre, à quatre lieues de Sancerre. Les terres y font douces, pleines de bourdoires, & donnent peu de Blé. Quelques Villages écartez avec la Juftice & Baronnie de Sailly en dépendent. M. le Duc en eft Seigneur. La Taille y eft perfonnelle. La Cure vaut deux cens cinquante Livres. Les Religieux de S. Benoît fur Loire en font Collateurs. Les Habitans font bons; mais fans induftrie & peu laborieux.

3. THOU, Bourg de France dans le Pays d'Aunis, Election de la Rochelle.

THOUARS, Ville de France dans le Poitou, fur la Riviére de Thoüé; en Latin *Toarfis Caftrum*, *Toarcium*, *Toarcius*. Cette Ville eft un Lieu fort ancien, & qui paffoit déja pour une Place confidérable dans le huitième Siècle. On la nommoit alors *Thoarci*, ou *Thoarchi*, & elle fut prife fur le Duc Gaiffre par le Roi Pepin en 762 [i]. Thouars fut dans la fuite le plus grand des Vicomtez foumis aux Comtes de Poitiers. Les Vicomtes s'étant rendus propriétaires & héréditaires, comme les Comtes, les Vicomtes de Thouars devinrent des Seigneurs fort puiffans, & ils l'étoient déja avant l'an 1000. du tems du Duc Guillaume, fils du Duc *Tête d'étoupes*. Thouars a été dans la même Race Mafculine durant prés de quatre cens ans. Le dernier Mâle fut Simon, qui mourut fans enfans, & eut pour heritiéres fes Sœurs Perfonelle & Ifabelle. L'ainée n'eut point d'enfans, & époufa Ingerger Seigneur d'Amboife. Et par ce mariage le Vicomté de Thouars entra dans la Maifon d'Amboife. Louïs Seigneur d'Amboife, Vicomte de Thouars, qui defcendoit d'Ingerger & d'Ifabelle, n'eut point d'Enfans mâles, & fa fille Marguerite apporta en mariage le Vicomté de Thouars à Louïs Seigneur de la Trimouille, qui fut troublé dans la poffeffion de ce Vicomté, parce que Louïs d'Amboife, Vicomte de Thouars, avoit été condamné comme Criminel de leze majefté, & que fes Biens avoient été confifquez par un Arrêt que Charles VII. avoit rendu en perfonne l'an 1431. Le même Louïs avoit traité de fes Droits avec Louïs XI. qui avoit ordonné que ce Vicomté feroit réuni à la Couronne, & le Parlement avoit confirmé cette réunion l'an 1478. par un Arrêt qui débouta Louïs de la Trimouille de fon oppofition. Nonobftant cela, aprés la mort de Louïs XI. fa Fille Anne de France, qui gouvernoit le Royaume, remit le Seigneur de la Trimouille en poffeffion du Vicomté de Thouars, pour en jouïr par provifion jufqu'à ce que le procés pour la propriété eût été décidé au Parlement, ce qui n'a jamais été fait.

[i Longuerue, Defcr. de la France, Part. I. p. 152.]

La Ville de Thouars [k] eft bâtie fur une Colline au bord de la Riviére de Toüé, qui lui fert de fortifications de ce côté-là; fes hautes murailles défendues de doubles foffez lui en fervent de l'autre. La plus grande des Rues conduit au Château, qui eft un très-beau Bâtiment. Il y a une Jurifdiction fubalterne, une Election, une Maréchauffée, trois Paroiffes, Saint Médard, Saint Laon, & Notre Dame du Château. Dans l'Eglife du Château il y a un

[k Piganiol, Defcr. de la France, p. 104.]

un petit Chapitre, dont les Canonicats valent cent cinquante Livres de revenu. Saint Pierre est un autre petit Chapitre qui se dit de fondation Royale, & est composé d'onze Chanoines, qui ont chacun trois cens Livres de revenu. Les Jacobins, les Cordeliers, les Capucins, les Ursulines, & les Filles de S. François ont des Couvents dans cette Ville. On y trouve aussi un Hôtel-Dieu pour les pauvres malades, un Hôpital pour loger les pauvres passans, & un Collége où il n'y a qu'un Régent.

Charles IX. érigea Thouars en Duché l'an 1563. & Henri IV. en Pairie l'an 1595. Ces derniéres Lettres furent vérifiées au Parlement l'an 1599. Ces érections furent faites en faveur de la Maison de la Trimouille, dans laquelle le Vicomté de Thouars entra par le mariage de Louïs de la Trimouille avec Marguerite d'Amboise, fille de Louïs d'Amboise Vicomte de Thouars. Ce Duché est si étendu, qu'il y a dix-sept cens Vassaux qui en relévent. Les Procureurs-Généraux, lorsque Thouars fut érigé en Duché en 1563. & en Pairie en 1599. se contentérent de faire leurs protestations, afin que ces Erections ne pussent porter préjudice aux Droits que le Roi avoit sur le Vicomté de Thouars, dont les Seigneurs de la Maison de la Trimouille ont joüi jusqu'à présent paisiblement.

Le principal Commerce de l'Election de Thouars se fait en Bestiaux, Chevaux & Mulets. Il y a quelques Paroisses où l'on fabrique des Tiretaines, des Droguets, & des Serges. Le Bois de Châtaigner sert à faire des cercles de Vaisseaux, & les Noyers sont d'un grand secours. Dans un Canton de cette Election on recueille des Vins blancs, dont on fait de l'Eau-de-Vie pour les empêcher de se gâter, & c'est-là le principal Commerce de ce Quartier.

THOUE, THOUAY, ou TOUAY, Riviére [a] de France dans le Poitou. Coulon [a] décrit ainsi le Cours de cette Riviére: Au-dessous de Saumur, sur la gauche, on trouve le Touay, qui vient d'un Village nommé Vernon en Gastine, passe à Parthenay, à St. Loup, à Hervaux, St. Généroux. Dans tous ces endroits il y a des Ponts de pierre. Au-dessous de Thouars, continüe Coulon, le Touay reçoit le Thoeret, après quoi il moüille les murailles de la Ville & du Château de Thouars, où on le passe d'un côté sur un Bac & de l'autre sur un Pont. De Thouars cette Riviére descend à Monstreuil-Belay, où le Thon vient la trouver. Elle grossit ensuite ses eaux de celle de la Dive au-dessous de St. Just; après quoi elle va se perdre dans la Loire au-dessous de St. Florent.

THOUN, Ville de Suisse [b] au Canton de Berne, dont elle est éloignée de quatre lieuës au bord d'un joli Lac. La Riviére de l'Aare, sortant de ce Lac se partage en deux Bras, qui se rejoignent bien-tôt & forme ainsi une Isle, qui est occupée par une partie de la Ville, & l'autre partie est au-delà, au pied d'une Colline, où est le Château de l'Avoyer. Cette Ville est fort jolie, & dans une situation également agréable & commode, au milieu d'un beau & fertile Pays. Cette Ville eut anciennement ses Comtes particuliers, appellés les Comtes de Thoun;

elle passa ensuite en la puissance des Comtes de Kybourg, & elle tomba entre les mains des Bernois, à l'occasion du meurtre commis, en la personne même du Comte Eberhard, en 1320. On accusa de ce crime son propre frere Hartmann, qui, à ce qu'on écrit, s'y porta, parce qu'il ne vouloit pas lui donner sa part du Comté, & l'on prétend qu'on voit encore les traces du sang, sur quelques-uns des degrés du Château. La Ville de Thoun resta absolument aux Bernois par le Contrat de vente, qui leur en fut fait dans les formes en 1375. Les Priviléges des Bourgeois leur furent conservés; ils en joüissent encore aujourd'hui, & ils ont particuliérement le droit, de se choisir des Magistrats.

Le LAC DE THOUN, qui a environ deux lieuës de long, (quelques-uns disent un Mille & demi,) & une demi-lieuë de large, est bordé de tous côtés de beaux Villages, de Châteaux, de Vignes & de Champs. Un Historien [c] rapporte que l'an 604. le Lac de Thoun boüillit d'une telle force, qu'il jetta une grande quantité de Poissons cuits sur ses Bords; mais d'autres ne marquent ce fait qu'à l'année 615. Si cet événement est aussi vrai qu'on l'assure, il faudra dire qu'il a été causé par l'irruption subite de quelque feu souterrain. A quelque petite distance de ce Lac, on voit s'élever les deux hautes & célébres Montagnes, le Niesen & le Stoerhorn.

1. THOUR [d], nom d'une Montagne voisine de la Mecque, du côté du Midi, à une heure de chemin. Sur cette Montagne on trouve une Grotte, où Mahomet se cacha dans le tems de sa fuite.

2. THOUR, nom que les Arabes donnent à la Ville de Tyr, sur la Côte de Phénicie. Voyez TYR.

3. THOUR, ou TOUR-DAGHI, nom que les Turcs donnent au Mont Taurus. Les Arabes le nomment Gebel-al-Mossel. Voyez TAURUS.

THOUR, (Le) Baronnie de France, dans la Champagne, du Diocése & de l'Election de Reims. Il y passe le Ruisseau des Aarres qui prend sa source à Mizy-le-Comte. Les terres sont partie à froment partie à seigle. M. le Marquis de Nesle pour une moitié, & l'Hôtel-Dieu de Paris pour l'autre en sont Seigneurs.

THOUR, Thyras, Taurus, ou Durius, Riviére de la Suisse [e] dans le Pays de Thourgau, prend sa source dans les Montagnes qui font à l'extrémité Méridionale du Tockebourg, entre ce Comté & celui de Sargans. Elle traverse le Thockebourg dans toute sa longueur; elle va couler près de Wyl, Capitale des Terres de l'Abbé de S. Gall, & après avoir reçu le Sitter au-dessous de Bischoffzell, elle traverse le Thourgau, auquel elle donne le nom, & entrant dans le Canton de Zurich, elle y moüille Andelfingen, & va se jetter dans le Rhein, au-dessous du Château de Schollebeg, & environ 2. milles au-dessus de la Ville d'Eglisaw. Le Thour est une Riviére rapide, impétueuse, & fort inégale; tantôt elle croît, tantôt elle decroît considérablement.

THOURGAU, Pays de Suisse [f], qui, suivant

[a] Riviéres de France, p. 346.

[b] Etat & Délices de la Suisse, t. 2. p. 209. & suiv.

[c] Guillman, ad. An. 604.

[d] D'Herbelot, Biblioth. Or.

[e] Etat & Délices de la Suisse, t. 3. p. 154.

[f] Ibid. p. 152. & suiv.

vant l'origine de son nom, comprend toute cette étendue de Pays, qui est aux deux côtez de la Riviére de Thour, & qui s'avance d'un côté jusqu'au Rhein, & de l'autre jusqu'au Lac de Constance. Dans ce sens il fait toute la partie Orientale de la Suisse. Il comprend une partie du Canton de Zurich, celui d'Appenzell tout entier, les Terres de la République & de l'Abbé de S. Gall, celles de l'Evêque de Constance, & celles des VII. anciens Cantons. Mais dans l'usage ordinaire on entend par le *Thourgaw*, seulement les Terres qui dépendent de la Souveraineté commune des Cantons. Dans ce dernier sens, le Thourgaw est un beau & grand Bailliage, qui est borné à l'Orient, en partie par le Lac de Constance; & en partie par la Ville de ce nom, & par les Terres de son Evêque; au Midi par les Terres de l'Abbé de S. Gall; à l'Occident par le Canton de Zurich. Ce Bailliage est le plus grand qu'il y ait dans toute la Suisse, car il comprend cinq ou six Villes, neuf ou dix Monastères, grand nombre de Châteaux & de Villages, qui sont plus de cinquante Paroisses; & il y a jusqu'à 72. Seigneurs de Jurisdiction, qui possèdent quelques Villages, outre les Villages qui relévent immédiatement des Cantons. Ces Seigneurs sont ou Ecclésiastiques, ou Laïques.

I. L'Evêque de Constance, qui possède, Arbon, Tanneck, Guttingen, Gottlieben.

II. Le Chapitre de Constance qui possède Altnau.

III. Le Couvent de Rychenaw, qui possède Steckborn, Bernang, Marbach, Ermatingen, Tribeltingen.

IV. Le Couvent de Rhynaw est Seigneur de Rhynaw avec Haute Jurisdiction pour les affaires civiles & criminelles.

V. Le Monastère d'Einsidlen possède Eschentz.

VI. L'Abbé de St. Gall est Seigneur de Sitterdorff, d'Oberberg, & autres Lieux.

VII. Divers autres Monastéres du Thourgaw, comme Fischingen, Ittingen, Munsterlingen, Tennikon, Feldbach, Kalchrein, S. Catherinen-Thal, près de Diessehoven, & quelques Prieurez, possédent aussi chacun un Village ou deux.

Les Seigneurs Laïques sont: 1. la Seigneurie de Zurich qui possède en pleine Jurisdiction Pfin, Weinfelden, Steineck, Neuferen, Utweil, &c. 2. plusieurs Particuliers, qui possédent des Terres Seigneuriales. Ce sont les Villages de Welleberg, Griesseberg, Burglen, Herder, Wengin Newenbourg, Salestein, Bleidee, Clingenberg, &c.

Le Bailliage de Thourgaw appartenoit avant la Paix d'Araw aux vieux Cantons, à l'exception de celui de Berne; mais par ce Traité de Paix les Bernois y ont aussi eu part.

Les Habitans de ce Bailliage sont de deux Religions. On compte qu'il peut y avoir les deux tiers de Réformés, & le tiers de Catholiques. Il y a quatre Villes remarquables dans le Thourgaw, savoir Arbon, Bischoffs-zell, Frauenfeld, & Diesschofen, & quatre ou cinq petites, Hagenwyl, Weinfelden, Pfin, Steckborn, & Nussoren, avec divers bons Bourgs & une infinité de Villages.

Ce Pays, pour en parler en général, est un des plus beaux Quartiers de la Suisse, agréable, riche, fertile en tout ce qui est nécessaire pour la vie, en Blés, en Vins, & en Fruits; c'est pourquoi il est extrêmement peuplé. Il est arrosé par le Lac de Constance, par le Rhin, par le Thour, & par quelques autres Riviéres. On y recueille d'excellent Vin, que les Etrangers vont acheter, & qui est de très-bon débit. Outre cela, comme le Pays est abondant en bons Fruits, les Habitans font du Cidre, & du Poiré, de leurs pommes & de leurs poires. Ils ont particuliérement deux espéces de poires, qu'on ne trouve pas ailleurs, ils nomment les unes *Berglen*, parce qu'elles croissent dans les Montagnes, & les autres *Brundlen*, parce qu'elles viennent dans les lieux aquatiques. La liqueur qu'on en exprime est la meilleure de tous les poirés du Pays, & elle a cette qualité qu'elle se conserve très-long-tems, au lieu que les autres aigrissent bien-tôt. On le vend dans les Cabarets tout comme le Vin. Il y en a même qu'on envoye dans les Pays étrangers, & qu'on y boit pour le meilleur vin, qui se puisse trouver, car il est doux, délicat & vigoureux.

Quant au Gouvernement Civil de Thourgaw, il est sous la Souveraineté des VIII. anciens Cantons, qui y envoyent tour à tour un Baillif pour deux ans. Ce Baillif fait sa résidence à Frauenfeld. Les autres Cantons n'y ont rien à voir. A l'égard du Gouvernement Spirituel les quatre principales Villes se choisissent elles-mêmes leurs Pasteurs, mais pour les autres Bourgs & Villages, les Seigneurs de Jurisdiction en ont la collation, à la réserve de quelques endroits qui ont le même droit que les quatre Villes, comme par exemple Utweil grand Village, tout Réformé, qui appartient à Zurich, au bord du Lac entre Constance & Arbon. On prend les Ministres dans l'Académie de Zurich. Tous les Ministres du Thourgaw font ensemble un Synode, qui est partagé en divers Doyennez, & s'assemblent tantôt à Frauenfeld, tantôt à Bischoffs-zell, ou à Weinfelden. Quant aux Catholiques ils dépendent de l'Evêque de Constance.

THOUR-THAL, ou la VALLÉE DU THOUR [a]: On appelloit autrefois de ce nom général tout le Comté de Tockenbourg en Suisse; c'est-à-dire le Pays depuis la source de la Riviére de Thour jusqu'à la Ville de Wyl. Dans la suite on a restraint le Thour-Thal à une portion de la partie Supérieure du Tockenbourg; c'est-à-dire la partie de ce Comté qui prend depuis la Ville de Liechtensteig exclusivement, jusqu'aux frontiéres du côté de l'Orient. Dans ce sens le Thour-Thal comprend les Communautez suivantes:

Le Thour-Thal, Watwyl, ou Watweil, Hemberg,

Zum-Wasser, ou Wassergmeind, Le Vieux St. Jean, Wildenhaus.

[a] Etat & Délices de la Suisse, t. 3. p. 315.

Dans

Dans un sens encore plus étroit, on ne comprend sous le nom de THOUR-THAL que le Pays qui renferme les Villages suivans :

Krummenau,	Winterſperg,
Enetbuël,	Plomberg,
Sidwald,	Buël,
Nider-Hauffen	

THOUS, nom d'une Ville confidérable du Khoraſſan [a], qui reconnoît pour ſon fondateur, ſuivant l'Auteur du Leb-Tarikh, Giamſchid, le cinquième de la première Dynaſtie des anciens Rois de Perſe, appellée des Piſchdadiens.

[a] D'Herbelot, Biblioth. Or.

THRABUNACTUM, Ville de l'Afrique propre. L'Itinéraire d'Antonin la marque ſur la route de *Tacapæ* à la grande Leptis, le long des confins de la Province de Tripoli, entre *Adaugmagdum* & *Framuſduſis*, à vingt-cinq milles du premier de ces lieux & à la même diſtance du ſecond. Au lieu de *Thrabunactum* quelques Exemplaires portent *Tabunagdum*, & d'autres *Tabuinatum*.

THRACENSIS-PORTUS. Voyez THRACIUM-PAGUM.

THRACE, en Grec Θράκη, en Latin *Thracia*, ou *Thrace*; grande Contrée de l'Europe, renfermée entre le Mont Hemus, la Mer Egée, la Propontide & le Pont-Euxin [b]. La borne Septentrionale du côté du Pont-Euxin eſt cependant aſſez incertaine. Les anciens Géographes, comme le Périple de Scylax, Pomponius-Mela & Pline, étendent la Thrace juſqu'à l'Embouchure du Danube; de ſorte qu'ils y renferment Iſtropolis, Tomi, & Calatis. Pline a ſuivi en cela Pomponius-Mela; & peut-être celui-ci a-t-il ſuivi le Périple de Scylax. Les Hiſtoriens au contraire mettent ces trois Villes & quelques autres du voiſinage, dans la Scythie en deçà du Danube, ou les marquent ſimplement ſur la Côte du Pont-Euxin. Strabon [c] lui-même diviſe ce Quartier-là en Côtes Pontiques : ſavoir celle qui prend depuis l'Embouchure ſacrée du Danube, juſqu'aux Montagnes, qui ſont près du Mont Hemus; & celle qui s'étend depuis ces Montagnes, juſqu'à l'Embouchure du Boſphore près de Byzance. Les bornes que Ptolomée donne à la Thrace paroiſſent plus naturelles. Ce qui eſt au-delà du Mont Hemus il l'attribue à la Baſſe Mœſie, & du côté du Pont-Euxin il ne pouſſe pas la Thrace au-delà de la Ville *Meſembria*. En effet, on ne voit pas comment Pline après avoir marqué le Mont Hemus pour la borne de la Thrace dans les terres, a pu le long de la Côte l'étendre ſi fort au-delà de cette Montagne & la pouſſer juſqu'au Danube.

[b] Cellar. Geogr. Ant. Lib. 2. c. 15.

[c] Lib. 7.

La Thrace a été extrêmement peuplée autrefois. Ses Habitans étoient robuſtes & pleins de valeur. Leur Fleuve Strymon ſervit long-tems de borne entre la Thrace & la Macédoine; mais Strabon dit qu'auſſi-tôt que Philippe eut réduit ſous ſa domination pluſieurs Villes entre le Strymon & le Neſſus, on s'accoutuma à confondre ſous le nom de Macédoine le Pays conquis nouvellement. Les Poëtes Grecs & Latins ne nous font pas un beau portrait de la Thrace. Callimaque, Eſchile, Euripide & Ariſtophane l'appellent *la Patrie de Borée, le Séjour des Aquilons, & le Pays des frimats*. Virgile, Horace, Ovide & Catulle en parlent de même : Sénéque la nomme *la Mère des neiges & des glaçons*; & Lucain appelle les grands Hyvers *des Hyvers de Thrace*. Pomponius-Mela [d] n'en parle pas plus avantageuſement. *Regio*, dit-il, *nec cælo læta nec ſolo : & niſi qua mari propior eſt, infæcunda, frigida, eorumque quæ feruntur maxime admodum patiens. Raro uſquam pomiferam Arborem, vitem frequentius tolerat, ſed nec ejus quidem fructus maturat ac mitigat, niſi ubi frigora objectu frondium cultores arcuere*. Celui qui a civiliſé ces Peuples & leur a donné le premier des Loix a été un Diſciple de Pythagore nommé Zamolxis. Hérodote [e] rapporte les noms d'une multitude infinie de différens Peuples qui ont habité la Thrace. Il dit que s'ils euſſent pu ou ſe réunir ſous un ſeul Chef, ou ſe faire d'intérêts & de ſentimens, ils auroient formé un Corps de Nation très-ſupérieur à tout ce qui les environnoit.

[d] Lib. 2. c. 2.

[e] Lib. 5.

Les Thraces avoient eu divers Rois depuis Térès, qui eut deux fils, Sitalie & Sparadocus. Il y eut de grandes brouilleries entre leurs deſcendans, qui tour à tour ſe détrônérent, juſqu'à ce que Seuthès reconquit une partie des Etats de ſon Pere Mœſades, & tranſmit ſa ſucceſſion paiſible à Cotys pere de Cherſoblepte, comme dit Démoſthène. A la mort de Cotys les diviſions recommencérent, & au lieu d'un Roi de Thrace, il y en eut trois, Cherſoblepte, Bériſade & Amadocus. A la fin Cherſoblepte dépoſſéda les deux autres : après quoi Philippe Roi de Macédoine le dépouilla lui-même & le prit. La République d'Athènes après les victoires de Salamine & de Marathon ne commanda pas ſeulement dans la Gréce; mais conquit beaucoup de Villes vers la Thrace & dans la Thrace même, entr'autres Pidne, Potidée & Méthone. Ces Villes ſecouérent le joug, dès que Lacédémone à la fin de la guerre du Péloponnèſe eut abbattu la puiſſance d'Athènes; mais Timothée l'Athénien les remit encore ſous l'obéïſſance de ſa Patrie. Le Roi Philippe les leur enleva, & ſe rendit Maître de trente-deux Villes de la Thrace. Aléxandre acheva la Conquête entière de ce Pays, dont les Peuples ne recouvrérent leur Liberté qu'après ſa mort. Un autre Seuthès, fils ou petit-fils de Cherſoblepte, rentra auſſi-tôt dans les droits de ſes Ancêtres, & il livra deux ſanglantes Batailles à Lyſimachus, un des Capitaines & des Succeſſeurs d'Aléxandre. A quelque tems une partie des Gaulois, qui ſous la conduite de Brennus ravageoient la Gréce, ſe détacha du gros de la Nation, & alla s'établir en Thrace. Le premier Roi de ces Gaulois Thraces s'appella Comontorius, & le dernier Clyæus, ſous qui les Thraces naturels exterminérent les Gaulois tranſplantez chez eux, & remirent ſur le Trône Seuthès iſſu de leurs anciens Rois. Ce Prince & ſes deſcendans régnérent ſans interruption, juſqu'à Veſpaſien, qui à la fin réduiſit la Thrace en Province Romaine. Depuis ce tems-là la Thrace a eu le même ſort que le reſte de la Gréce, juſqu'à ce qu'elle ſoit demeurée ſous la
puiſ-

puissance des Turcs que la prise de Constantinople a rendus Maîtres Souverains du Pays. Les Thraces étoient naturellement féroces, fourbes, bandits, assassins, qui avoient toute la bassesse d'ame des Esclaves, & tous leurs vices. Aussi en Gréce le nom de Thrace passoit pour l'injure la plus atroce, & pour le signe du dernier mépris.

Voici la Division de la Thrace, selon le Pere Briet :

La Thrace en deçà de Rhodope.	Thrace Médique, Grecque, ou Macédonienne.	Villes.	Philippi, Oesima, Doperus, Topinium, Otopinium, ou Toprus.	Puçio, ou Rusium.
		Peuples.	Dersæi, Medobithyni, Syropæones, Turpili, ou Torpidi.	
	Thrace Dransique.	Villes.	Nicopolis, Abdera, Maximianopolis, Tinda, Stabulum, ou Turris Diomedis, Bistonia, Maronea.	Nicoboli. Polystilo, Asperosa, ou Astrizza. Poru, ou Borun. Marogna.
		Peuples.	Cicones, Bistones.	
	Thrace Sapaïque.	Villes.	Æneum, ou Ænus, Cypsella, ou Cypselus, Bisanthe, ou Rhædeston, Pactya, Aphrodisias.	Eno, ou Ygnos. Chapsilar. Rhodosto, ou Doroston. Panydo.
		Fleuves.	Hebrus, Melas.	
			Doriscus Campus.	
	Thrace Corpialique.	Villes.	Perinthus, Ganos, ou Gonos, Trajanopolis, Bergulæ Bergulium, Apros.	Heraclia. Trajanopoli. Berges. Apri.
		Fleuves.	Hebrus, Arzus.	
		Peuple.	Odrysæ.	
	La Province de Byzance.	Villes.	Byzantium, Phinopolis, Delta, ou Delcon, Rhegium, Selymbria, Athyras, Bathinius,	Constantinople. Phinopoli. Dercon. Bathino.
		Fleuves.	Athyras, Barbyses, Cydarus.	Aqua dolce. Cartaricon, ou Pectinacorion. Machlena.
			Longi Muri. Bosphorus Thracius.	
	Thrace Cénique.	Villes.	Bizia, ou Bisa, Flaviopolis, Anchialus, Sarpedonia, ou Sarpedon, Salmidessus, ou Halmydessus, Plotinopolis, Apollonia Magna.	Vize. Anchialo Lenkis, ou Achello. Ploudin. Sissopoli.
		Fleuves.	Panysus, Erginus, Salmidessus.	Laniza.
	Thrace Sellétique.	Villes.	Develtus, Sadama.	Develto.
		Fleuves.	Thearus, Agrianes,	
	Thrace Samaïque.	Villes.	Contadesdus. Hadrianopolis, Ostodisum, ou Osindiso.	Andrinople.

Nico-

THR.

Thrace au-delà de Rhodope.	Thrace Usdicestique.	Villes.	Nicopolis, Sazarana, Saranara, ou Saccanara, Opsiina.	Nicopoli.
		Montagne.	Hemus.	
	Thrace Bennique.	Villes.	Opizum, Cillæ.	
		Peuple.	Agrianes, Agrienses, Agræi, ou Agrii.	
	Thrace Sardique.	Ville.	Sardica, ou Serdica.	Triadizza.
		Peuple.	Perianthæ.	
	Thrace Danthelétique.	Ville.	Pantalia, ou Panialia.	
		Fleuve.	Harpessus, ou Arpessus.	
		Montagne.	Cercina.	
	Thrace Bessique.	Villes.	Philippopolis, Pergamum, Brisica, Milolitum, Zerua, ou Zerna.	Philippopoli.
		Fleuve.	Pangæus.	Malaca, ou Castagna.
Quersonnèse de Thrace.		Villes.	Lysimachia, ou Hexamilium, Cardia, Callipolis, Sestos, Protesileum, Cynossema, Elæus, Alopeconnesos, Longus Murus.	Hexamili, ou Policastro. Gallipoli. Critea.
			Hellespontus, ou Fretum Hellespontiacum.	Streto di Gallipoli, ou le Bras de St. George.
			Propontis.	Mar di Marmora.

[a] Schelstrate, Antiq. Ecclés. t. 2 Dissert. 4. c. 1.

La Notice de l'Empire [a] depuis Constantin jusqu'à Arcadius & Honorius fait de la Thrace une des cinq grandes Diocèses, soumises au Préfet du Prétoire d'Orient & y renferme six Provinces qui sont:

L'Europe,
La Thrace,
L'Hemimont,
Rhodope,
La seconde Mœsie,
La Scythie.

Selon la Notice d'Hiéroclès ces six Provinces comprenoient cinquante-trois Villes: savoir:

Dans la Province de Thrace d'Europe.	Eudoxiopolis, Héraclée, Arcadiopolis, Bizya, Panonium, Orni, Ganus ou Gannus, Callipolis, Morizus, Siltica, Synadia ou Sauadia, Aphrodisia, Aprus, Cœlia.
Dans la Province de Rhodope.	Ænus, Maximianopolis, Trajanopolis, Marona, Pyrus ou Pirus, Nicopolis,
Dans la Province de Thrace.	Cercopyrgus, Philippopolis, Beron, Diocletianopolis, Sebastopolis, Diopolis.
Dans la Province d'Emimont.	Adrianopolis, Achialus, Dibertius, Plutinopolis, Tzoides.
Dans la seconde Mœsie.	Marcianopolis, Odyssus, Dorostulus, Nicopolis, Novæ, Appiaria, Ebrættus.
Dans la Province de Scythie.	Tomis, Dionysiopolis, Acræ, Calatæ, ou Calates, Istrus, Constantiana, Zedelpa, ou Zeldepa, Tropæus, Axiopolis, Capidaura ou Capidaua, Carsus, Trosmis, Novio Odunus, Agissus, ou Ægissus, Almyris.

THRACEJA. Le Pere Lubin & Mr. Dacier traduisent ainsi le nom d'un Bourg que Plutarque [a] appelle *Thracius Pagus*. On ne peut donc pas dire que ce Village s'appellât *Thraceja*. Son vrai nom étoit le Bourg de Thrace. Voyez THRACIUS PAGUS.

[a] *In Lucullo.*

THRACIS, Ville de Gréce dans la Phocide selon Pausanias [b]. Kuhnius remarque que dans cet endroit de Pausanias au lieu de Θρακίς τε καὶ Φωκικὴ, il faut lire Τραχίς τε ἡ Φωκικὴ; car, dit-il, il y avoit deux Villes appellées TRACHINES, l'une dans la Phocide & l'autre sur le Mont Oeta; & la première étoit distinguée par l'Epithète *Phocica*.

[b] *Lib. 10. c. 3.*

THRACIUM-MARE, *la Mer de Thrace*: Strabon donne ce nom à cette partie de la Mer Egée, qui baigne les Côtes de la Thrace.

THRACIUS-PAGUS, Bourg de l'Asie-Mineure, dans l'Hellespont : Plutarque [c] qui parle de ce Bourg fait entendre qu'il étoit situé fort près de la Ville de Cyzique; car il dit que les Cyzicéniens découvroient très-facilement de leurs murailles le Camp de Lucullus, qui étoit sur les hauteurs, près du Bourg de Thrace. Voyez THRACEJA. Ortelius [d] croit que ce pourroit être ce même Lieu qui est appellé *Thracensis Portus* par Apollonius [e], & Θρακίου χωρίον, par Xénophon [f].

[c] *In Lucullo.*
[d] *Thesaur.*
[e] *Lib. 1.*
[f] *Græcor. Lib. 7.*

1. **THRACON**, Village qu'Etienne le Géographe dit être voisin de la Ville d'Antioche; mais de quelle Ville d'Antioche est-il question ? C'est ce que nous ne savons point.

2. **THRACON**, Ville de l'Asie-Mineure, dans l'Etolie. Cicéron [g] en parle; mais les meilleures Editions lisent *Stratum*, au lieu de THRACON.

[g] *In Pisonem.*

THRÆSTUM. Voyez THRAUSTUM.

THRAMBUS, Promontoire de la Macédoine, selon Etienne le Géographe. Comme la Macédoine étoit pour la plus grande partie dans les Terres, & que sa partie maritime regardoit la Mer Egée; il n'y a point à douter, dit Berckelius, que ce Promontoire ne soit un de ceux de la Péninsule de Pallène. Car quoiqu'il y en ait qui mettent cette Péninsule dans la Thrace, elle appartenoit néanmoins réellement à la Macédoine, dont elle étoit un Quersonnèse, étant situéé entre le Golphe Thermaïque & le Golfe Toronaïque. Hérodote [h] semble aussi décider, que c'est de ce Promontoire dont Etienne le Géographe a entendu parler; car en détaillant les Villes, d'où Xerxès tira les Vaisseaux dont il avoit besoin, il en nomme une THERAMBUS, qu'il place dans la Péninsule de Pallène. Il pourroit se faire aussi que le THRAMBUSIUS-VERTEX, que Lycophron cité par Ortelius [i], met quelque part dans la Thracie, seroit la même chose que le Promontoire THRAMBUS, d'Etienne le Géographe. En effet Lycophron place la Montagne Thrambusius au voisinage de Phlegra, Ville de la Péninsule de Pallène.

[h] *Lib. 5.*
[i] *Thesaur.*

TRAMBUSIUS - VERTEX. Voyez THRAMBUS.

THRAMUS-DUSIS, Ville de l'Afrique propre. L'Itinéraire d'Antonin la marque sur la route de *Tacapæ* à la Grande Leptis en passant par les confins de la Province de Tripoli. Elle étoit entre *Tabunagdis* & *Tamascaltis*, à vingt-cinq milles du premier de ces Lieux & à trente milles du second. Quelques MSS. lisent *Thramusdusis*, ou *Tramisdusis*, en un seul mot; & d'autres portent *Tharama*.

THRANIPSÆ, Peuple que Xénophon [k] place aux environs du Pont. Quelques MSS. [l] portent *Tranixæ* pour *Thranipsæ*. Peut-être est-ce le même Peuple [l] qu'Etienne le Géographe & Hesyche mettent dans le Bithynie.

[k] *Cyropæd.*
[l] *Ortel. Thesaur.*

THRASI, Fort de la Thrace dans la Province de Rhodope. C'est un des Forts que l'Empereur Justinien fit élever. Procope en parle au quatrième Livre des Edifices [m].

[m] *Cap. 11.*

THRASIMENE. Voyez TRASUMENUS.

THRASYLLUM, ou THRASYLLUS, Montagne de l'Asie-Mineure dans la Mysie au voisinage du Fleuve Caïcus. Le Livre des Fleuves & des Montagnes attribué à Plutarque [n] porte que cette Montagne fut appellée Teuthras du nom de Teuthrante Roi de Mysie. Stobée [o] parle aussi de cette Montagne.

[n] *In Caïco.*
[o] *De Morib.*

THRAUSTON, Ville du Péloponnèse dans l'Elide: Xénophon [p] la donne aux Acroriens. C'est la même Ville que Diodore de Sicile [q] appelle *Thraston*.

[p] *Græc. L. 7.*
[q] *Lib. 14.*

THRAX. Voyez THREX.

THRESA, Lieu de l'Idumée. C'est Josephe [r] qui en parle. Il en fait ailleurs un Village de la Judée & il écrit *Thressa* au lieu de *Thresa*; mais assez souvent Ἰσδαίας ἀπολίῳ & Ἰδυμαίας sont pris l'un pour l'autre dans [14, 68] Josephe. Quelques Exemplaires portent RESSA pour THRESSA.

[r] *De Bell. Jud. L. 1. & lib. 11.*

THRESOR, ou le TRESOR, *Beata Maria de Thesauro*, Abbaye de Filles en France, dans la Normandie. Elle est de l'Ordre de Cîteaux, fille des Vaux de Cernay. Sa situation est proche le Bourg d'Ecouy, à vingt-trois lieues de Paris, au Diocèse de Rouen, dans le Vexin Normand. On compte sa fondation depuis l'an 1200. Elle possède huit mille Livres de rente.

1. **THRESSA.** Voyez THRESA.

2. **THRESSA**, Fleuve de la Thrace, selon Tzetzès [t] cité par Ortelius [u]. Il y a apparence que par *Thressa*, il entend l'Hébrus, car il ajoute que la tête d'Orphée fut jettée dans ce Fleuve. Antigonus dit que la tête d'Orphée fut enterrée dans l'Antissée Contrée de l'Isle de Lesbos; mais elle a pu être jettée dans un endroit & inhumée dans l'autre.

[t] *Chiliad. 15. v. 175.*
[u] *Theßaur.*

THREX, ou THRAX, Lieu de la Palestine, à l'entrée de la Vallée de Jéricho. Strabon [x] dit que c'est un des deux Lieux où étoient cachez les Tresors des Tyrans. L'autre lieu se nommoit *Taurus*.

[x] *Lib. 16. p. 763.*

THRIA, Bourg de l'Attique [y], dans la Tribu Oenéïde. Les Champs des environs s'appelloient *Campi Thriasii*. Ce Bourg étoit entre Athènes & Eleusis. Il en est souvent parlé dans Thucydide, & dans les autres Historiens des Guerres d'Athènes. C'étoit la Patrie du Poëte Cratès, dont Suidas rapporte quelques Ouvrages Comiques. La Porte d'Athènes par laquelle on sortoit pour y aller s'appelloit *Porta Thriasia* & fut aussi ensuite nommée *Ceramica* & *Dipylon*. Ce

[y] *Spon, Liste de l'Antique. p. 544.*

THR.   THR.   499

Ce Bourg donnoit encore son nom, au rivage près duquel il étoit situé, & à une Riviére voisine.

THRICALIX, nom d'une Montagne, au voisinage de la Bithynie, selon Ortelius [a] qui cite Siméon le Métaphraste [b].   *[a] Thesaur. [b] In Vita S. Joannicii.*

THRINCA, ou THRINCE. Etienne le Géographe dit que Thrinca est une Ville aux environs des Colonnes & qu'Hécatée en parlé dans son Asie.   *[c] Thesaur.*

THRISOLIDA. Ortelius [c], qui cite Æthicus le Sophiste, dit qu'on donne ce nom, à la derniére Isle de l'Océan Septentrional, & que les Vents y soufflent avec tant de violence, qu'on n'y voit aucune fleur ni aucune verdure.

THRISTISIMA, Ville de la Mauritanie Césarienfe: Ptolomée [d] la marque dans les Terres. Au lieu de *Thristisima* les Exemplaires Latins portent THISIZIMA.   *[d] Lib. 4. c. 2.*

1. THRIUS, Ville du Péloponnèse. Etienne le Géographe dit qu'elle étoit autrefois de l'Achaïe & que de son tems elle étoit comprise dans l'Elide.

2. THRIUS, Fleuve de l'Elide, selon Quintus Calaber cité par Ortelius [e]. Homère [f] fait aussi mention du Fleuve.   *[e] Thesaur. [f] Iliad. B.*

THRIXAS, Ville du Péloponnèse dans l'Elide, à ce qu'il paroît par un Passage d'Hérodote [g], qui la met au nombre des Villes qui furent bâties par les Myniens.   *[g] Lib. 4. no. 148.*

THROANA, Ville de l'Inde au delà du Gange: Ptolomée [h] la marque dans le Pays des *Lesti*, ou des Pirates; & Castald la nomme *Taigin*.   *[h] Lib. 7. c. 2.*

THROANI, Peuples de la Sérique. Ils sont placéz par Ptolomée [i] à l'Orient des *Issedones*. Voyez THARRANA.   *[i] Lib. 6. c. 16.*

THROASCA. Voyez OROASCA.

THRON, Lieu d'Allemange au Pays de Hesse dans le Comté de Diets. C'étoit autrefois, selon Zeyler [k], une Abbaye de Filles de l'Ordre de St. Bernard, fondée en 1243. par Gérard Comte de Diets.   *[k] Topogr. Hassiæ, p. 30.*

THRONI, Ville & Promontoire de l'Isle de Cypre. Ptolomée [l] la marque sur la Côte Méridionale. Le nom moderne est *Cabo del Groda*, selon Molet, *Pile*, & *Cabo di Pile*, selon Lusignan dans sa Description de l'Isle de Cypre.   *[l] Lib. 5. c. 14.*

THRONIUM, Ville des Locres Epicnémidiens, & dans les Terres. Cette Ville étoit très-ancienne, puisqu'il en est fait mention dans Homère [m]:   *[m] Iliad. B. v. 533. Palmerius, Grec. Antiq. Lib. 5. c. 5.*

Τάρφην τε Θρόνιόν τε Βοαγρίκ ἀμφὶ ῥέεθρα.
Et Tarphen & Thronium circa Boagrii fluenta.

Didyme remarque sur ce vers d'Homére, que cette Ville fut appellée de la sorte du nom de la Nymphe Thronia; & un peu plus bas il ajoute que le Boagrius est un Fleuve de la Locride. Selon Eustathe la Ville de Thronium étoit dans les Terres dans la Contrée appellée Cnémide qui appartenoit aux Locres Epicnémidiens. Thucydide [n] & Diodore de Sicile [o] marquent aussi Thronium dans la Locride. Cependant le Périple de Scylax [p] la place dans la Phocide: Voici le Passage de cet Auteur: *Locros sequuntur Phocenses. Pertingunt enim & hi ad hoc mare. Urbes eorum sunt hæ:*   *[n] Lib. 2. [o] Lib. 12. c. 44. [p] Pag. 23.*

Thronium, Cnemis, &c. Mais tous les Anciens sont d'un sentiment contraire, & placent Thronium & Cnemis dans la Locride. Euripide [q] dit: *[q] De Iphigen. in Aulide.*

Λοκροῖς δὲ τοῖς δ' ἴσους ἄγων
Ναῦς Οἰλέως τόπος κλυτὰν
Θρονιάδ' ἐκλιπὼν πόλιν.
*Locris vero bis pares ducens.
Naves Oilei filius
Throniadem relinquens urbem.*

Et on lit dans Lycophron [r]: *Et Thronitides Locrorum Vici.* Polybe [s] après avoir parlé de la Conférence qui fut tenue avec Philippe dans la Locride, sur le rivage près de la Ville de Nicée, ajoute que la Conférence fut prolongée jusqu'au lendemain, & qu'on convint de s'assembler sur le rivage du côté de Thronium, d'où il paroît que Thronium n'étoit pas loin de la Ville de Nicée dans la Locride & qu'elle n'étoit pas non plus éloignée de la Mer. Strabon [t] fixe cette distance à vingt Stades: *Post Stadia viginti a Cnemide Portus est, super quo situm est Thronium totidem Stadiis distans in Mediterraneo.* Pausanias, Ptolomée & Hésyche mettent aussi la Ville de Thronium dans la Locride. Après tant d'autoritez, il n'y a aucun inconvénient à abandonner Scylax, qui né à Caryande en Asie, ne peut pas l'emporter sur cette foule d'Auteurs, lorsqu'il s'agit de la situation des Locres & des Phocéens. On a fait une remarque; c'est que Tite-Live [u] s'est trompé trois fois dans une page, en nommant cette Ville TORONE au lieu de dire THRONIUM; & il suffit d'avoir la moindre connoissance de la situation des Lieux pour en convenir. On peut néanmoins rejetter cette faute sur quelque Copiste qui connoissant TORONE pour une Ville considérable, & ignorant qu'il y en eût une appellée THRONIUM, aura préféré le nom d'une Ville connue à celui d'une Ville dont il n'avoit point entendu parler. Pour ne rien dissimuler, ajoute Mr. Paulmier, il faut dire qu'Eschine [x] paroît être du sentiment de Scylax & placer aussi Thronium dans la Phocide: *Legati Phocensium*, dit-il, *ad vos venerant auxilium & promittentes se daturos Alponum & Thronium & Nicæam;* car si ces Lieux n'eussent pas été en la puissance des Phocéens, il eût été ridicule qu'ils eussent promis de donner ce qui ne leur appartenoit pas. On peut à la vérité conclurre de ce passage d'Eschine que dans le tems qu'il écrivoit les Phocéens étoient maîtres de ces Villes; mais il ne s'ensuit pas du-là qu'elles fussent dans la Phocide. Les Locres Epicnémidiens pouvoient être seulement sous le joug des Phocéens leurs voisins qui avoient pu mettre garnison dans leurs Villes.   *[r] Vers. 1143. [s] Lib. 17. [t] Lib. 9. [u] Lib. 28. c. 7. [x] Orat. de falsa Legat.*

THRYANDA, Ville de l'Asie Mineure dans la Lycie, selon Etienne le Géographe, qui dit que le nom National étoit THRYANDENSIS.

THRYASII, Peuples du Péloponnèse dans l'Achaïe propre, selon Pline [y]. Ortelius [z] soupçonne que *Thryasii* est pour *Thriasii*, & que leur Ville étoit la *Thrius* d'Etienne le Géographe. Cependant ce dernier dit que le nom National de Thrius étoit   *[y] Lib. 4. c. 6. [z] Thesaur.*

étoit *Thriuntius*, ou *Thriusius*, & que *Thriasius* étoit seulement le nom National du Bourg THRIA. Voyez THRIA, & THRIUS.

THRYONIUM; Hesyché écrit ainsi le nom de la Ville Thronium [a]. Voyez THRONIUM.

[a] *Ortelii Thesaur.*

THRYOESSA, THRYUM. Voyez EPITALIUM.

THUBAL. C'est le nom du cinquième fils de Japhet. L'Ecriture Sainte, dit Dom Calmet [b], joint ordinairement Thubal & Mosoch; ce qui fait juger qu'ils ont peuplé des Pays voisins l'un de l'autre. Les Interprêtes Chaldéens entendent par THUBAL, & MOSOCH, l'Italie & l'Asie, ou plutôt l'Ausonie; & Josephe entend l'Ibérie & la Cappadoce. St. Jérôme veut que Thubal marque les Espagnols, nommés autrefois Ibériens. Bochart s'étend beaucoup pour montrer que Mosoch & Thubal marquent les Mosques & les Tibareniens. Voyez les Commentateurs sur le deuxième Verset du dixième Chapitre de la Genèse.

[b] *Dict.*

THUBEN, Ville de l'Afrique Intérieure: Pline [c] la met au nombre de celles qui furent subjuguées par Cornelius Balbus. Ortelius [d] soupçonne ce pourroit être la même Ville que Ptolomée nomme *Thuppa*. Voyez THUPPA.

[c] *Lib. 5. c. 5.*
[d] *Thesaur.*

THUBUNA, Ville de la Mauritanie Césariense: Ptolomée [e] la marque entre *Vitaca* & *Thamaritæ*.

[e] *Lib. 4. c. 2.*

THUBURBO & THUBURNICA. Voyez TUBURBIS.

THUBURSICA, Ville de l'Afrique propre; Ptolomée [f] la marque dans la Nouvelle Numidie. Ses Interprêtes écrivent Tubursica sans aspiration. Voyez TUBURSICENSIS.

[f] *Lib. 4. c. 3.*

THUBUSCUM. Voyez TUBUSUPTUS.

THUBUTIS, Ville de l'Afrique propre, selon Ptolomée [g] qui la marque près de *Bullaria*.

[g] *Ibid.*

THUCABERUM, Ville d'Afrique, selon Ortelius [h] qui cite St. Augustin. Il ajoute qu'à la marge du MS. on lisoit *Tucca-Terebenthina*.

[h] *Thesaur.*

THUCIMATH. Voyez UCIMATH.

THUDACA, Ville de la Mauritanie Césariense: Ptolomée [i] la marque près de *Tigis*.

[i] *Lib. 4. c. 2.*

THUELATH, Ville de la Libye Intérieure. Ptolomée [k] en fait une Ville maritime qu'il place entre *Autolalæ* & *Thagana*. Molet au lieu de *Thuelath* lit *Thuilath*.

[k] *Lib. 4. c. 6.*

THUGUSUBDITANUS. Voyez TUBUSUBDITANUS.

THUIDI, Peuple d'entre les Goths, vaincu par les Wandales, selon Jornandès [l].

[l] *De Reb. Get. c. 23.*

THUIN, *Tudinium*; petite Ville de l'Evêché de Liège [m], sur la rive droite de la Sambre, entre Maubeuge & Charleroi, environ à trois lieues de chacune de ces Villes. Fulcard Abbé de Lobes dans les Lettres de l'année 1111. nomme ce Lieu *Tudiniense Castrum*, & Fulcuin [n] aussi Abbé de Lobes, qui mourut en 990. l'appelle *Tudinium*. Mr. de Valois juge que c'est ce même Lieu qui est appellé par d'autres [o] *Fiscus Thinon*, ou simplement *Thinum*. THUIN, ou TUIN, dit Mr. de Longuerue, dans sa Description de la France 2. Part. pag. 131. est bâti sur une hauteur & doit son origine aux anciens Abbez de Lobbe. [p] Ce Lieu ayant été ruiné fut rétabli vers l'an 1000. par l'Evêque Notker, qui y fit faire une Forteresse pour la defense de l'Abbaye & de la Marche Episcopale; c'est-à-dire du Pays voisin, qui étoit sous la Seigneurie Temporelle de l'Evêque de Liège.

[m] *De l'Isle Atlas.*
[n] *Sermo de Reliq. Quintini & Victoriæ M.*
[o] *In Chronico.*
[p] *Annal. de Metensesub. an. 879.*

THUISY, Marquisat de France [q], dans la Champagne, Diocèse & Election de Rheims. C'est une Terre considérable située à trois lieues de Rheims. On croit qu'on y a tenu un Concile en 666. Elle a été érigée en Marquisat l'an 1630. en faveur de Jérôme Ignace de Guyon de Thuisy, Sénéchal héréditaire de Rheims. Cette qualité de Sénéchal héréditaire est attachée à cette Terre, & à cette ancienne Maison, qui est connue dès l'an 1171.

[q] *Baugier Mém. de Champagne, t. 2. p. 314.*

THULE, ou THYLE, Isle de l'Océan Septentrional, que tous les anciens Géographes joignent avec les Isles Britanniques. Saumaise écrit *Thyle* & veut qu'on lise ainsi dans Pline [r], ce qui est conforme aux MSS. de Tacite. Les Grecs, comme Strabon, Ptolomée, Agathamère & Etienne le Géographe, écrivent Θούλη, Virgile [s] & Sénèque [t] appellent cette Isle *Ultima Thule*. Quant à la situation précise il y a de la difficulté à fixer. Strabon [u] avoue ingénument, que ce qu'on rapportoit de Thule étoit fort incertain *obscura Thules est Historia*; & il fait voir que Pytheas de Marseille qui avoit écrit l'Histoire de cette Isle avoit avancé bien des faussetez. Pline paroît avoir mieux connu l'Isle de Thule. Il dit que dans le Solstice d'Eté on n'y avoit point de nuit, & qu'au contraire en Hyver on n'y avoit point de jour. Ptolomée [x] dit que durant les Equinoxes les jours sont de vingt heures; & il met [y] le milieu de l'Isle à 63. d. de l'Equateur. Agathamère a répété depuis la même chose; & Etienne le Géographe [z] ne donne pas non plus au delà de vingt heures au jour le plus long dans l'Isle de Thule. Delà Cellarius [a] conclut que par l'Isle de THULE, les Anciens n'ont point entendu l'Islande, mais l'Isle de Schetland ou Hitland, ou l'Isle de Fero, dont les positions s'accorde avec celle que Ptolomée donne à l'Isle de Thule. Le témoignage de Tacite [b] confirme ce sentiment; car il dit qu'en navigeant autour de la Grande-Brétagne on appercevoit l'Isle de Thule; or l'Islande est trop éloignée pour pouvoir être apperçue des Côtes de la Grande-Bretagne.

[r] *In Solin.*
[s] *Lib. 1. Georg. v. 30.*
[t] *Medea, v. 379.*
[u] *Lib. 4.*
[x] *Lib. 1.*
[y] *Lib. 2. c.*
[z] *Lib. 1.*
Geog. de Thule.
Ant. Lib. 2. c. 4.
[b] *Agric. c. 10.*

Autre incertitude; on ne sait pas si par Thule les Anciens ont entendu une Isle d'une médiocre étendue, comme seroient les Isles de Shetland ou de Fero, ou bien s'ils ont entendu la grande Péninsule de Scandinavie, qui comprend la Suède & la Norwège, & qui a été prise pour une Isle par plusieurs Auteurs. Si on s'en rapporte à Procope [c], il n'y a point à balancer, l'Isle de Thule aura une très-vaste étendue. Une partie des Eruliens, dit-il, vaincus par les Lombards alla chercher une demeure jusqu'aux extrémitez de la Terre. Ils traverserent tout le Pays des Sclavons & ensuite une vaste solitude qui est au-delà. Ils entrérent ensuite dans le Pays des Varnes & dans le Dan-

[c] *Lib. 3. de Bel. Goth. c. 14.*

THU.

Dannemarck, & arrivérent à l'Océan, où ils s'embarquérent & arrivérent à l'Isle de THULE.

Cette Isle, ajoute Procope, est dix fois plus grande que la Grande-Bretagne & en est assez éloignée. Du côté du Septentrion la plus grande partie est deserte. La partie qui est habitée contient treize Peuples, commandez par autant de Rois. Il y arrive une chose merveilleuse. Tous les ans vers le Solstice d'Eté le Soleil paroît quarante jours continus sur l'Horison : six mois après les Habitans ont quarante jours de nuit, qui font pour eux des jours de douleur & de tristesse, parce qu'ils ne peuvent entretenir aucun commerce. Jamais, poursuit Procope, je n'ai pu aller dans cette Isle, quoique je l'aye fort désiré, afin d'y voir de mes propres yeux ce que j'en ai appris par le recit d'autrui. J'ai donc demandé à ceux qui y avoient été, comment le Soleil s'y léve & s'y couche. Ils m'ont répondu que le Soleil éclaire l'Isle durant quarante jours de suite, tantôt du côté de l'Orient & tantôt de celui d'Occident ; & que quand le Soleil est retourné au même point de l'Horison, où il a commencé à paroître, l'on compte un jour révolu. Dans la Saison des quarante nuits, ils mesurent le tems par les Lunes. Quand il y en a trente-cinq d'écoulées, quelques-uns montent sur les Montagnes les plus élevées, & ils avertissent ceux qui sont en bas, que dans cinq jours ils reverront le Soleil. Ils se réjouissent de cette heureuse nouvelle par la célébration d'une Fête qu'ils solemnisent dans les ténèbres, avec plus de cérémonie qu'aucune autre. Quoique cela arrive chaque année il semble néanmoins que les Habitans de cette Isle appréhendent que le Soleil ne les abandonne entiérement. Parmi les Nations Barbares qui habitent l'Isle de Thule, il n'y en a point de si sauvages que les Scritifines. Ils ne savent point l'usage des habits, ni des souliers. Ils ne boivent point de vin, & ils ne mangent rien de ce que la Terre produit : ils ne prennent pas aussi la peine de la cultiver ; mais les hommes & les femmes s'adonnent uniquement à la chasse. Les Forêts & les Montagnes leur fournissent du Gibier en abondance. Ils vivent de la chair des Bêtes, & ils se couvrent de leurs peaux qu'ils attachent avec des nerfs, ne sachant pas l'art de coudre. Ils n'élévent pas leurs enfans à la façon des autres Peuples. Ils les nourrissent de la moële des Bêtes, au lieu de les nourrir du lait de leurs meres. Quand une femme est accouchée, elle enveloppe son enfant dans une peau, l'attache à une autre, lui met de la moële dans la bouche & va aussi-tôt à la chasse, où les femmes ne s'éxercent pas moins que les hommes. Voilà la maniére de vivre de ces Peuples. Ils adorent plusieurs Dieux & plusieurs Génies, dont-ils disent que les uns habitent dans le Ciel les autres dans l'Air, les autres sur la Terre & sur la Mer, & quelques petits dans les Fleuves & dans les Fontaines. Ils offrent souvent des sacrifices & immolent toutes sortes de Victimes. Mais ils croient que la plus excellente est le premier homme qu'ils prennent à la guerre, & qu'ils sacrifient à Mars le plus grand de tous leurs Dieux. La forme de leur sacrifice n'est pas de le tuer simplement ; mais c'est ou de le pendre à un arbre, ou de le rouler sur des épines, ou de le faire périr par quelque autre genre de mort cruelle. Telles sont les mœurs des Habitans de l'Isle de Thule, du nombre desquels sont les Gautes, Nation nombreuse, qui reçut les Eruliens, lorsqu'ils s'y allérent établir. Les Eruliens qui demeuroient parmi les Romains & qui avoient quelque Roi, envoyérent des plus considérables d'entr'eux à l'Isle de Thule, pour voir s'ils y trouveroient quelqu'un qui fût de la Famille Royale. Ces Députez en trouvérent plusieurs entre lesquels ils en choisirent un qui leur plut davantage que les autres ; mais comme il mourut de maladie en chemin, ils y retournérent & en prirent un autre qui se nommoit Todasius, & qui emmena son frére nommé Aordus & deux cens jeunes hommes de l'Isle.

Cette Description de l'Isle de Thule, n'a aucun rapport avec l'Islande ; mais bien avec la Grande Scandinavie, ou avec une partie de cette Contrée ; car Pline [a] semble séparer la Norwége de Thule. *Sunt*, dit-il, *qui & alias* [Insulas] *prodant Scandiam, Dumnam, Bergos : maximamque omnium Nerigon ex quo in Thulen navigatur*. Ortelius [b] veut que Thule soit une partie de la Norwége, que le nom se soit conservé dans celui de Tilemarck, Province de ce Royaume. Ce qui le détermine principalement, c'est la convenance qui se trouve entre la Latitude & la Longitude de Tilemarck, avec celles que Ptolomée donne à l'Isle de Thule.

[a] Lib. 4. c.
[b] Thesaur.

1. THUMATHA, Ville des Arabes selon Pline [c] qui la met sur le bord du Tigre. Il dit qu'elle étoit éloignée de Petra de 28. dix journées de Navigation & qu'elle obéïssoit au Roi des Characéniens. [c] Lib. 6. c.

2. THUMATHA, Ville de l'Arabie Heureuse : Ptolomée [d] la marque dans les Terres entre *Chabuata* & *Olaphia*. Cette Ville semble être différente de la THUMATHA de Pline. [d] Lib. 6. c. 7.

THUMELITHA, Ville de la Libye Intérieure. Elle est comptée par Ptolomée [e] au nombre des Villes qui étoient aux environs de la source du Fleuve Cinyphis. [e] Lib. 4. c. 6.

THUMNA, Ville de l'Arabie Heureuse. Ptolomée [f] connoît deux Villes de ce nom dans le même Pays, & toutes deux dans les Terres ; il place l'une entre *Mochura* & *Aluare*, & l'autre entre *Mariama* & *Vodona*. Voyez TAMNA. [f] Lib. 6. c. 7.

THUNATÆ, Peuple de la Dardanie en Europe, selon Strabon [g] qui dit qu'ils étoient du côté de l'Orient limitrophes des Médes, Peuples de Thrace. [g] Lib. 7. p. 316.

THUNICATES, Peuples de la Vindelicie, dans la partie la plus Septentrionale de cette Contrée. C'est Aventinus qui lit *Thunicates* dans Ptolomée [h] ; car les différentes Editions de cet ancien Géographe portent Schudus. Schudus prétend que ce sont les VIRUCINATES de Pline. Ces Peuples, selon Aventinus, habitoient le Canton de la Baviére appellé présentement *Im-Thunca*. [h] Lib. 2. c. 13.

THUNGEN-IM-KLATTGOW, petite Ville & Château d'Allemagne, dans la Suabe, appartenante aux Comtes de Sultz [a]. Elle est située sur la Riviére Wutach, à deux lieues & demie de Schaffhausen. Cet endroit étoit autrefois aux Barons de Krenckingen, dont un de la Famille, lorsque Frederic passa par cette Ville, ne voulut pas se lever de son siège devant l'Empereur, parce qu'il ne possédoit aucune Terre en Fief. Sur quoi l'Empereur lui acorda le privilège de pouvoir batre Monoye. L'an 1499. dans la guerre de Suabe les Suisses prirent cette Ville, la sacagérent, & la brûlérent. Le Territoire de Klattgow, dans lequel est située cette Ville, s'étend de la Ville de Schaffhausen le long du Rhin l'espace de quatre lieues jusqu'à la Riviére Wutach vers la Ville de Waldshut. C'est un beau Pays abondant en Vin, Blé, & Fruits. Il y entre des Riviéres & il n'en sort point.

[a] Zeyler, Topogr. Sueviæ. p. 74.

THUNNI. Voyez UNNI & TURCÆ.

THUNUBA. Voyez THORUNABA.

THUNUDROMUM, Ville de l'Afrique propre avec titre de Colonie. Ptolomée [b] la place dans la Nouvelle Numidie entre *Culcua Colonia* & *Aspucca*. C'est la même Ville qui est nommée *Tynidrumense Oppidum* par Pline [c].

[b] Lib. 4. c. 3.
[c] Lib. 5. c. 4.

THUNUSDA, Ville de l'Afrique propre: Ptolomée [d] la marque entre *Tebesca* & *Madarus*. Les Editions Latines portent *Thumusda* pour *Thunusda*. C'est le *Thunusidense Oppidum* de Pline [e].

[d] Lib. 4. c. 3.
[e] Lib. 5. c. 4.

THUPÆ, ou THUPPÆ, Ville de la Libye Intérieure selon Ptolomée [f], qui la marque sur la Rive Méridionale du Niger, près de *Punsa*.

[f] Lib. 4. c. 6.

THUPPA, Ville de la Libye Intérieure, sur la rive Septentrionale du Fleuve Gira. C'est Ptolomée [g] qui parle de cette Ville. Ses Interprétes lisent *Thuspa*, au lieu de *Thuppa*.

[g] Ibid.

THURIA, Ville du Péloponnése, dans la Messénie: Strabon [h] dit qu'*Æpea* qui de son tems s'appelloit *Thuria*, étoit voisine de *Pheræ*. Pausanias [i] dit que *Thuria* étoit dans les Terres, à quatre-vingt Stades de *Pheræ*, qui étoit à six Stades de la Mer. Il ajoute que *Thuria* étoit d'abord bâtie sur une Montagne, & qu'ensuite on bâtit dans la Plaine, sans abandonner néanmoins le haut de la Montagne. Le nom des Habitans étoit THURIATÆ. Auguste irrité contre les Messéniens, qui avoient pris le parti de Marc-Antoine, donna la Ville de *Thuria* aux Lacédémoniens. Il y en a qui prétendent que cette Ville est l'ANTHEIA d'Homére.

[h] Lib. 8.
[i] Messen. c. 31.

2. THURIA, Fontaine d'Italie, dans le Grande-Gréce, au voisinage de la Ville de Sybaris, selon Diodore de Sicile [k]. Elle donna le nom à la Ville de THURIUM qui fut bâtie dans cet endroit. Le nom moderne de cette Fontaine est *Aqua che fauella* selon Léander.

[k] Lib. 12. c. 10.

3. THURIA, Isle de la Mer Egée. Plutarque [l] qui la dit voisine de l'Isle de Naxos, ajoute qu'elle fut la demeure d'Orion, Ὠρίωνος ἦν Ὀϊκητήριον, *Orionis fuit domicilium*.

[l] De Exsulio. p. 602.

THURIFERA. Voyez LIBANOPHOROS.

THURII. Voyez THURIUM, N°. 2.

THURII-MONTES, Montagnes d'Italie, dans la Grande-Gréce, selon Appien [m]. Quelques Exemplaires portent *Thurini* pour *Thurii*. Voyez THURIUM.

[m] De Bel. Civ. Lib. 5.

THURINGE, Province d'Allemagne dans la Haute-Saxe, avec titre de Landgraviat, en Latin THURINGIA. Elle est bornée au Nord par le Duché de Brunswig & par la Principauté d'Anhalt; à l'Orient par la Misnie, dont elle est séparée par la Sala: au Midi par la Franconie; & à l'Occident par la Hesse. Cette Province à trente-deux lieues de longueur, & à peu près autant de largeur [n]. Le Pays est extrêmement fertile en grains & en fruits; & il y croît des Simples propres pour la teinture, & qui apportent un profit considérable aux Habitans. La Thuringe est arrosée de diverses Riviéres qui servent de communication avec les Etats voisins. Elle abonde en Forêts, particuliérement du côté de la Franconie. Elle étoit autrefois partagée en quatre Contrées qui étoient les Comtéz de Weimar & d'Orlamund & les Pays arrosez par la Sala & par le Werra. Aujourd'hui elle renferme plusieurs Etats qui seront détaillez à la fin de cet Article.

[n] D'Audifred, Géogr. Anc. Mod. t. 3. p. 289.

La Thuringe est l'ancien Pays des Cattes. Voyez THURINGI. Elle devint après la décadence de l'Empire Romain un Royaume puissant, d'où il sortit des Armées nombreuses & composées de Troupes aguerries. Childeric I. Roi de France, ayant été chassé du Trône à cause de ses débauches qui le rendirent odieux aux François, se retira en 485. chez Basin Roi de Thuringe & après qu'il fut retourné en France par l'adresse de Guyemans, le Reine Basine qui en avoit été touchée, quitta son mari, & alla trouver Childeric, qui l'épousa & en eut Clovis qui subjugua une partie de la Thuringe. Basin laissa trois fils entre lesquels il partagea ses Etats; savoir Hermanfroy, Buderic & Bertier qui prirent la qualité de Rois de Thuringe. Hermanfroy épousa Amalabergue, Veuve de Trasimond Roi des Wandales, la plus méchante & la plus ambitieuse femme de son tems. Elle poussa son mari à priver Bertier de la partie de Thuringe qu'il possédoit, & ensuite elle l'engagea à le faire mourir. Pour mieux éxécuter ce dessein, Hermanfroy se ligua avec Thierry Roi de Metz, fils aîné de Childebert I. Roi de France, & avec le secours de ce Prince il fit un pareil traitement à Bulderic, son autre frere; mais comme il manqua à la parole qu'il avoit donnée à Thierry de lui faire part de la dépouille de ses freres; celui-ci s'unit avec Clotaire, pour le punit de sa perfidie. Hermanfroy perdit la bataille qu'il leur donna, & par cette Victoire Thierry se rendit maître du Royaume de Thuringe; Clotaire se contenta du butin qu'il fit, & ramena en France le jeune Amalafroy, avec Radegonde sa sœur, tous deux enfans de Bertier. Quelque tems après il épousa cette Princesse & fit tuer Amalafroy par le conseil des principaux Officiers de sa Maison qui lui firent appréhender le ressentiment de ce jeune Prince. Pendant ce tems-là Thierry attira Hermanfroy dans sa Cour, où il lui promit une entiére sûrefûreté; mais s'étant laiffé gagner par les follicitations d'Amalabergue, il le fit précipiter du haut des murailles de Tolbiac en fe promenant avec lui. La Thuringe demeura au pouvoir des Rois de France, qui la firent gouverner par des Ducs. Raoul fe révolta & voulut s'ériger en Souverain. Il défit le Roi Sigebert qui avoit marché avec une Armée pour le remettre dans fon devoir; & comme les Rois de France abandonnérent le foin des affaires aux Maires du Palais, les Ducs de Thuringe profitérent, comme plufieurs autres Officiers, de leur foibleffe & s'affermirent dans la Souveraineté qu'ils avoient ufurpée. Plufieurs de leurs Succeffeurs fe contentérent du titre de Marquis, particuliérement vers le milieu du onzième fiècle, & ils étendirent confidérablement leur Domaine. L'Empereur Conrad II. donna en 1039. à Louïs, fils de Charles Duc de Lorraine, qui étoit fils du Roi Louïs d'Outremer, une partie de la Thuringe, à laquelle Bardon Archevêque de Mayence ajoûta plufieurs Fiefs, qui relevoient de fon Domaine, & il acquit le Comté de Sangerhaufen par fon mariage avec Cecile, fille unique de Henri Comte de Sangerhaufen. Il mourut en 1056. & eut pour Succeffeur Louïs II. fon fils, furnommé *le Sauteur*, parce qu'il fauta dans la Riviére de Sala du haut du Château de Gibiechenftein, où il étoit prifonnier. Il laiffa d'Adélaïde, fille d'Udon Marquis de Staden, Louïs III. que l'Empereur Lothaire II. dont il époufa la fille puînée, nommée Hedvige, créa Landgrave de Thuringe l'an 1130. Son fils Louïs IV. nommé *le Dur* lui fuccéda en 1149. Il eut de Judith, fille de l'Empereur Conrad III. Herman qui acquit le Palatinat de Saxe en 1181. par fon mariage avec Sophie, fille unique de Frédéric dernier Comte Palatin de Saxe, donation qui fut confirmée par l'Empereur Frédéric I. Il laiffa de cette Princeffe qu'il avoit époufée en premiéres nôces Judith femme de Thierry Marquis de Mifnie, & Louïs V. qui mourut à Otrante en 1227. & qui par fes vertus a mérité d'être mis au nombre des Saints, avec Elifabeth, fille d'André Roi de Hongrie, fon Epoufe, dont il laiffa une fille unique nommée Sophie, qui fut mariée à Henri de Brabant furnommé *l'Infant*. Herman eut de Sophie, fille d'Otton de Witelfpach Duc de Baviére, qu'il époufa en fecondes nôces, Henri qui fut élu Empereur à Wurtzbourg le 5. d'Août 1246. par les Archevêques de Mayence, de Tréves &

de Cologne, & par les Evêques de Spire, de Strasbourg & de Metz, & fut couronné à Aix la Chapelle par Conrad, Archevêque de Cologne. Il défit Conrad, fils de l'Empereur Friderïc II. qui s'étoit avancé avec les Troupes de Baviére & de Suabe jufqu'à Francfort pour empêcher fon Election; & il reçut au fiège d'Ulm un coup de fléche dont il mourut en 1246. Comme il ne laiffa point d'enfans fa Succeffion fut difputée entre Sophie de Brabant & Henri *l'Illuftre*, Marquis de Mifnie, fils de Thierry & de Judith. Celui-ci fe fondoit principalement fur l'Expectative qu'il avoit obtenue de l'Empereur Frédéric II. & fut reconnu par la plus grande partie des Etats de Thuringe: Sophie s'appuyoit fur le droit de fon pere, qui auroit exclu fa Sœur, & prétendoit devoir être préférée, comme étant iffue du côté Mafculin. Elle fut reconnue par les Etats de Heffe, & par une partie de ceux de Thuringe, qui lui prêtérent ferment de fidélité. Ils en vinrent aux armes de part & d'autre en 1255. La fortune fe déclara d'abord pour Sophie; mais Albert Duc de Brunfwig, Henri Prince d'Anhalt, Henri Comte de Schwerin & Jean Comte d'Eberftein, qui étoient du parti de cette Princeffe, ayant été faits prifonniers dans la bataille que leur donna en 1263. Rodolphe de Vargila, Général des Troupes d'Henri *l'Illuftre*, Sophie fut obligée de donner pour leur rançon huit mille Marcs d'argent & huit Villes ou Châteaux fur la Riviére de Verra. Enfin après une guerre de neuf ans cette querelle fut terminée de façon, que la partie Occidentale de la Thuringe qu'on nomme la Heffe, demeura à Sophie avec les Villes qu'elle avoit cédées & foixante & dix mille Marcs d'argent; & Henri *l'Illuftre* conferva la partie Orientale, qui eft la Thuringe d'aujourd'hui; & pour cimenter plus fortement cette union, il fe fit entre les Maifons de Heffe & de Mifnie un pacte de Succeffion & de défenfe mutuelle, qui fut confirmé par les Empereurs Rodolphe I. & Sigifmond.

L'Etat de Thuringe eft aujourd'hui fort embrouillé, & pour en avoir une claire connoiffance il faut diftinguer:

1. *Le Pays de l'Electeur de Mayence*,
2. *Le Pays des Ducs de Saxe*,
3. *Différens Comtez*,
4. *Deux Villes Impériales*,
5. *La Thuringe Balley*.

L'Electeur de Mayence poffède:

ERFORD, Capitale de toute la Thuringe,

L'EISFELD, Pays où font: { Duderftad, Heiligenftad.

Les Ducs de Saxe poffédent:

| La Maifon de Saxe-Weiffenfels. | Dans l'Unftrut. | Bailliages | Langenfaltz, Weiffenfée, Sangerhaufen, Eckartsberg. |
| | Dans la | | Sachfenburg, |

Hel-

	Prinpauté de Querfurt.	Bailliages { Heldrungen, Wendestein, Sittichenbach.
La Maison de Saxe-Weimar.	{ Weimar sur l'Ilm, Les Bailliages & les petites Villes voisines de Weimar.	
La Maison de Saxe-Eisenach.	{ Eisenac, Les Bailliages & Places situées aux environs d'Eisenach, Iena.	
La Maison de Saxe-Gotha.	{ Gotha, Les Bailliages & les Places aux environs de Gotha.	
La Maison de Saxe-Salfeld.	{ Salfeld, sur la Sala.	
L'Electeur de Saxe.	{ La Jurisdiction sur les Bailliages appartenans à la Maison de Saxe-Weissenfels, Une partie de la Ville de Trefurt, Le Bailliage & la Ville de Tenstadt.	

Divers Comtes possédent en Thuringe; savoir:

Les Comtes de Schwartzbourg	{ La Branche de Schwartzbourg Rudolphstadt.	{ Rudolphstad ou Rudelstad sur la Saale, Schwartzbourg.
	La Branche de Schwartzbourg Sondershausen.	{ Sondershausen, Arnstadt.
Les Comtes de Mansfeld.	*Le Roi de Prusse & l'Electeur de Saxe ont pris ce Comté en Sequestre, jusqu'à ce que les Pretendans soient d'accord*	{ Mansfeld, Bornstadt, Artern, Eisleben.
Le Comte de Stolberg.	{ Le Comté de Stolberg, Le Comté de Verningerode, enclavé dans le Duché de Brunswig.	
Le Comté d'Hohenstein.	{ Le Comté de Hohenstein.	
Le Seigneur de Wertern.	{ Le Comté de Beichlingen.	
Les Princes de Gotha & de Weimar; les Comtes Destatzfeld & de Hohenlohe,	{ Le Comté de Gleichen.	

Les deux Ville Impériales de la Thuringe sont:

Muhlhausen & Northausen.

La Thuringe Balley consiste en certains Biens: qui appartiennent aux Chevaliers de l'Ordre Teutonique. Ces Biens s'appellent *Commanderies*; & tous ensemble sont compris sous le terme général de Thuringe Balley. Ce mot répond au mot François *Baillival*. C'est toujours un Prince de la Maison de Saxe qui est Administrateur de ces Biens. Ils sont dispersez çà & là. Le plus considérable de tous est Zwenzena, tout près d'Iena au voisinage de la Sala. Le Bailli y doit faire sa résidence.

THURINGER-WALD, Forêt d'Allemagne, dans la Thuringe du côté de la Hesse [a]. C'est une partie de l'ancienne Forêt Hercinienne. Ce mot *Thuringer-wald* ne

[a] *Hubner, Geograph.*

ne veut dire autre chose que la *Forêt de Thuringe*.

1. THURINGI, Peuples de la Germanie, célèbres principalement depuis la décadence de l'Empire Romain. Ce sont les mêmes Peuples qui se trouvent souvent appellez TORINGI, THORINGI & DORINGI; ce qui a donné occasion de chercher différentes origines de leur nom, dont voici les principales. Quelques-uns ayant vu que Tacite [a] traitoit les Cherusques de Peuple lâche & sot, ont cru que le nom des DORINGI, ou DORELINGI venoit delà [b], parce que *Doren*, ou *Toren*, signifie *Sot*, dans la Langue Allemande. D'autres font venir le nom DORINGI du Latin *Durus*, & veulent qu'on l'ait donné à ces Peuples, à cause qu'ils supportoient aisément la fatigue & le travail. Il y en a qui dérivent le nom des THURINGI de ceux de divers Peuples de qui ils pouvoient être sortis, comme sont les *Tyrigetæ*, les *Tyrangitæ*, les *Teurinochæmæ*, les *Theruingi*, les *Tulingi*, les *Turcilingi*, les *Reudingi*, les *Tungri*; & quelques-uns ont voulu trouver le nom des *Doringi* dans celui des *Hermunduri*: en retranchant les deux premières syllabes, ils ont fait *Duri* & de *Duri, Duringi*. L'opinion que Spener trouve la plus raisonnable veut que les THURINGI ayent été ainsi appellez du nom de leur principale Divinité, *Thor*, *Dor*, ou *Taranes*; car on trouve, que plusieurs Peuples de la Germanie se sont appellez du nom du Dieu qu'ils adoroient. Vegetius [c] qui écrivoit vers la fin du quatrième Siècle est le premier qui fasse mention des THURINGI, en disant que leurs Chevaux résistoient aisément à la fatigue. Jornandès, Procope, Cassiodore & Grégoire de Tours connoissent aussi les *Thuringi*; & l'on peut conclurre que puisque les Auteurs qui ont écrit avant le quatrième Siècle n'en parlent en aucune façon, il faut que ces Peuples n'ayent pris naissance, ou du moins n'ayent commencé à se rendre célèbres que dans ce Siècle-là.

On doit se contenter de regarder comme la première demeure des THURINGI celle que les Auteurs dont nous venons de parler leur donnent; car s'ils ont habité auparavant quelque autre Pays, personne ne peut nous donner de lumière là-dessus. On voit que ces Thuringiens habitèrent le Pays des Cherusques, après que le nom de ceux-ci ne fut plus connu: outre cela une partie du Pays des Hermundures paroît avoir été renfermée dans la Thuringe, qui s'étendit non-seulement en deçà, mais encore au-delà de la Sala. Enfin on trouve que la meilleure partie du Pays des Cattes servit à former la Thuringe, qui, lorsqu'elle fut devenue un Royaume, s'étendoit du Nord au Midi depuis l'Aller jusqu'au Mayn: la Multa la bornoit à l'Orient; & la Fulde & l'Adrana à l'Occident. Toute cette étendue de terre étoit divisée en quatre parties. Il y avoit la THURINGE SEPTENTRIONALE qui prenoit depuis l'Aller jusqu'à l'Unstrut; la THURINGE-MERIDIONALE, qui s'étendoit depuis l'Unstrut jusqu'au Mayn; la THURINGE-ORIENTALE que la Sala séparoit de la Thuringe Méridionale; & la THURINGE-OCCIDENTALE, qui étoit bornée par la Werre.

[a] *Germ. c. 36.*
[b] *Spener, Notit. German. Mediæ, c. 4.*
[c] *Mulomedic. L. 4. c. 6.*

Vers la fin du cinquième Siècle & au commencement du sixième, la Thuringe avoit un Roi, & on a les noms des Princes qui y régnèrent. Bien des Auteurs néanmoins font difficulté de leur donner le titre de Roi. Mais Spener ne balance point à les reconnoître pour tels. Le Royaume de Thuringe, dit-il, étoit comme celui des Marcomans & comme celui des François, quoiqu'il ne leur fût pas comparable pour l'étendue. Les Thuringiens firent parler d'eux sous leurs Rois; & à la faveur des troubles dont la Germanie étoit agitée, ils eurent occasion d'étendre leurs frontières. Mais ayant voulu attaquer les François après que ceux-ci eurent établi leur domination dans la Gaule, ils furent battus, perdirent une grande partie de leur Pays, & devinrent Tributaires. Dans la suite la jalousie de deux freres ébranla cette Monarchie & la fit devenir la proye des François & des Saxons, qui profitérent de ces troubles. Voyez THURINGE.

2. THURINGI, Peuples dont parle Suidas. Il dit qu'un certain Onuolphe tiroit son origine de ces Peuples du côté Paternel & que du côté Maternel il sortoit des Peuples *Sciri*. Ortelius [d] soupçonne que ces *Thuringi* pourroient être les Habitans de la Thuringe.

1. THURINUS-PAGUS, & THURINA-REGIO. Voyez THURIUM, N°. 2.

2. THURINUS-SINUS. Voyez THURIUM & TARENTINUS.

THURIS, Ville de l'Arabie Heureuse: Ptolomée [e] la marque dans les Terres.

1. THURIUM, Lieu de la Bœotie: [?] Plutarque [f] dit que c'est une croupe de Montagne fort rude & qui finit en pointe comme une pomme de pin; ce qui faisoit qu'on l'appelloit ORTHOPAGUS. Au pied de cette Montagne, ajoute-t-il, coule un Ruisseau appellé *Morion*, & sur ce Ruisseau est le Temple d'Apollon Thurien. Ce Dieu a eu le nom de Thurien, de Thyro, mere de Charon, qui mena une Colonie à Chéronée. D'autres disent que la Genisse, qu'Apollon Pythien ordonna à Cadmus de prendre pour guide se présenta à lui dans ce Lieu-là, & que delà ce Lieu eut le nom de THURIUM; car les Phéniciens appellent une Genisse *Thor*.

2. THURIUM, Ville d'Italie, dans la Grande Gréce, sur le Golphe de Tarente. Pline [g] dit qu'elle étoit bâtie entre le Fleuve *Crathis* & le Fleuve *Sybaris*, où avoit été autrefois la Ville Sybaris. Strabon dit aussi que la Ville de Sybaris avoit été bâtie entre ces deux Fleuves. Les Habitans de Crotone ayant détruit la Ville de Sybaris, les Athéniens & quelques autres Grecs la rebâtirent dans un Lieu voisin [h], & l'appellérent *Thurii*, ou *Thurium*, du nom d'une Fontaine qui se trouvoit auprès. La proximité de l'ancienne Sybaris & de la Nouvelle Ville, a été cause que quelques Auteurs les ont pris pour la même Place. Etienne le Géographe entre autres dit: Θούριοι, πόλις Ἰταλίας, ἡ πρότερον Σύβαρις, *Thurii*, *Urbs Italiæ, prius Sybaris dicta*. Tite-Live [i] nous apprend que les Romains y conduisirent dans la suite une Colonie Romaine, & lui donnèrent le nom de COPIÆ. Cependant l'an-

[d] *Thesaur.*
[e] *Lib. 6. c.*
[f] *In Sylla.*
[g] *Lib. 3. c. 11.*
[h] *Diodor. Sic. Lib. 12. c. 90.*
[i] *Lib. 34. c. 43.*

Sss

l'ancien nom paroît avoir prévalu; car plusieurs Siècles après Ptolomée & les Itineraires lui donnent encore le nom de THURIUM. Tite-Live [a] qui écrit THURIÆ appelle le Territoire de cette Ville THURINUS-AGER; & le Golphe sur lequel elle étoit bâtie est nommé THURINUS-SINUS par Ovide [b].

[a] Lib. 10. c. 2.
[b] Metam. L. 15. v. 52.

On voit encore aujourd'hui quelques restes de cette ancienne Ville près de la Mer, avec un Aqueduc, qui pouvoit servir à conduire les eaux de la Fontaine Thuria à la Ville. Au-dessus de ces ruïnes on trouve un Canton appellé TORRANA, peut-être corrompu de Thurina. On y recueille la Manne en Eté sur les feuilles des Arbres. Les Thuriens avoient une Loi [c] qui leur défendoit de se mocquer de qui que ce fût aux Jeux publics, à l'exception des Adultéres & des Curieux. La Charge de Général ou Chef des Armées se donnoit chez eux pour cinq ans. La forme de leur Gouvernement étoit populaire. Ils avoient divisé les Citoyens en dix Tribus. Charondas un de leurs Concitoyens fut leur Législateur: il choisit les meilleures Loix des autres Peuples, & y ajouta ce qu'il jugea nécessaire. L'Epoque en est marquée à l'année 308. de Rome dans la 84. Olympiade. Charondas ordonna entre autres qu'on chasseroit du Sénat ceux qui ayant des enfans se remarioient & leur donnoient une Belle-mere: il trouvoit que celui qui n'avoit pas pu prendre un bon conseil pour ses enfans, n'en pourroit pas donner un bon à la Patrie. Une autre Loi portoit que pour punir les Calomniateurs on les conduiroit par toute la Ville couronnés de bruyére pour faire connoître aux Citoyens qu'ils étoient parvenus au plus haut degré de méchanceté. Il défendit d'avoir habitude avec les méchans, permettant à tous d'accuser leurs Concitoyens à cet égard & même imposant de grosses peines, à ceux qui se plairoient en mauvaise compagnie. Il voulut aussi que tous les Enfans des Thuriens apprissent les bonnes Lettres aux dépens du public qui payeroit leurs Maîtres, prétendant que l'ignorance étoit comme la source de toutes sortes de maux. Il ordonna encore que si quelqu'un refusoit d'aller à la guerre, ou quittoit son rang quand il s'y trouvoit engagé, il demeureroit assis pendant trois jours en habit de femme dans une Place publique. Comme les Thuriens étoient fort mutins, Charondas fit une Loi par laquelle quiconque viendroit armé dans les Assemblées seroit tué sur le champ, & Valére-Maxime rapporte qu'ayant été lui-même obligé un jour de convoquer une Assemblée à son retour d'un Voyage de Campagne, il oublia, qu'il y alloit avec son épée qu'il n'avoit pas eu le tems de porter chez lui; ce que quelqu'un de l'Assemblée lui ayant fait remarquer, il la tira aussi-tôt & se l'enfonça dans le Sein.

[c] Plutarque, Traité de la Curiosité.

THURSO, Ville d'Ecosse [d], dans la Province de Caithness, avec un Port sur la Côte du Nord.

[d] Etat présent de la Gr. Br. t. 2. p. 379.

THURTUR, ou THURTHUR, Lieu de la Haute Hongrie dans le Comté de Tarantal, à quelques milles à l'Orient de la Teysse selon la Carte de Hongrie publiée en 1703. par Mr. de l'Isle. Mrs. Maty & Corneille en font une Contrée avec titre de Comté. Dans la Carte de la Hongrie publiée par Mr. de l'Isle en 1717. au lieu de Thurthur on lit simplement Tur; & ce lieu est marqué comme un Village.

1. THURY, petite Ville de France, dans le Puysaye, entre St. Fargeau & Clamecy. Son Territoire rapporte des grains.

2. THURY, Lieu de France, dans la Normandie, au Diocèse de Seez, Election de Falaise. Cette Terre a été érigée en Duché sous le nom d'Harcourt, & ensuite en Duché Pairie en 1710. en faveur d'Henri de Beuvron, Duc d'Harcourt, & Maréchal de France.

1. THUS, Ville d'Allemagne, dans le Westerrich. Zeyler [e] dit qu'elle dépend de l'Electorat de Tréves, & il ajoute qu'il y a une Saline.

[e] Topogr. Archiepisc. Trev. p. 35.

2. THUS, Ville de Perse, dans le Corassan, selon Mr. Corneille qui ne cite point ses Garans. Il dit seulement que quelques Géographes la prennent pour celle qu'on appelloit anciennement Antiochia Margiana, Alexandria & Seleucia.

THUSCI, Pline [f] donne ce nom à sa Terre de Toscane. Il ajoute qu'elle étoit fort avant dans les Terres & même au pied de l'Apennin. Voyez la charmante Description qu'il en fait.

[f] Lib. 5. Epist. 6. ad Apollinar.

THUSCUS-VICUS, Varron [g] nous apprend qu'on donna ce nom, à l'une des sept Montagnes de la Ville de Rome, & qu'on nommoit auparavant COELIUS-MONS. Voyez COELIUS.

[g] Lib. 4. de Lingua Lat.

THUSDRITANUS, Siège Episcopal d'Afrique dans la Byzacène. Au lieu de THUSDRITANUS la Conférence de Carthage [h] porte DYDRITANUS & appelle l'Evêque de ce Siége Navigius; mais selon Mrs. Baluze & Dupin il est Thusdritanus; car il n'est parlé nulle part d'une Ville nommée Dydrita. En effet on trouve plus bas [i] dans la même Conférence de Carthage que Honoratus, qui est dit Adversaire de Navigius, se qualifie Episcopus Thusdritanus. C'est peut-être le même Siège qui est appellé Tuzudrumes dans le Concile de Carthage de l'an 525. sous Boniface, & qui est nommé Turditanus, dans la Lettre Synodique des Evêques de la Byzacène, dans le Concile de Latran sous le Pape Martin: Benerius s'y qualifie Episcopus Ecclesiæ Civitatis Turditanæ.

[h] No. III.
[i] No. 206.

THUSIATHATH. Voyez TUSIAGAT.

1. THUSIS, DOMLESCH, Tomiliasca, ou Domestica Vallis [k], Communauté dans les Pays des Grisons. C'est une Vallée qui s'étend aux deux côtez du Haut-Rhin, & même au-dessous de la jonction des deux Rhins. La partie de cette Vallée qui est sur la rive gauche du Haut-Rhin, appartient à la Ligue Haute, comme l'autre appartient à la Ligue de la Caddée. La premiére renferme la Communauté de Thusis, qui est composée de 4. Jurisdictions, Thusis, Cepina, Stussau, & Steintzenberg. Toutes ces Terres, à la réserve de Stussau, appartiennent à l'Evêque & aux Chanoines de Coire, qui les achetérent l'an 1475. pour le prix de 300. Livres.

[k] Etat & Délices de la Suisse, t. p. 23, & 25.

2. THUSIS, ou TOSSANE, Thusia, Bourg du Pays des Grisons, Communauté à laquelle il donne son nom. Il ressemble à une

une petite Ville, & est situé sur la rive gauche du *Haut Rhin*, à cinq lieues au-dessus de Coire. Les Toscans chassez par les Gaulois bâtirent cette Place, & lui donnerent le nom de leur Patrie. Thusis a quelques Villages dans sa Jurisdiction ; savoir Roncaglia, Mazein, Katz, où il y avoit autrefois un Couvent de Religieuses nobles, fondé par Pascal XIV. Evêque de Coire, & dont les rentes ont été distribuées aux Eglises, & aux Ecoles de la Ligue Grise pour leur entretien.

THUSPA. Voyez Thuppæ.

THUSSA, Ville d'Italie, dans l'Etrurie, selon Ortelius [a] qui cite Myrsilus de Lesbos. Cette Ville est appellée Tussa, sans aspiration dans le Livre, qui porte le nom des Origines de Caton, & elle y est surnommée Nana.

[a Thesaur.]

THUSSÆ, Lieu d'Egypte, selon Gyraldus [b], qui dit qu'on y adoroit Venus *Cornue* & qu'on lui immoloit des Vaches. Un peu plus bas le même Auteur écrit Tussa au lieu de Thussæ. Le Lieu, selon Ortelius [c], ne m'est pas plus connu que la Déesse, à moins qu'il ne soit question du Village χουσι, d'Elien [d] que le Traducteur a rendu par Schussa, & où il est parlé non d'une Venus *Cornue* ; mais d'une Venus Vranienne.

[b Syntagmate 17. Deorum.]
[c Thesaur.]
[d Animal. c. 27.]

THUSSAGETÆ. Voyez Thyssagetæ.

THUSSIA. Voyez Tuscia.

THUTH. Voyez Phthuth.

THUTHOA, Fleuve du Péloponnèse, dans l'Arcadie : Pausanias dit que ce Fleuve se jettoit dans le Ladon.

THUYL, en Latin *Tule*, Village des Pays-Bas [e], sur la rive droite du Vahal, au Tielerwaerd, vis-à-vis de Bommel. Il semble que c'est de ce Village dont parlent les Empereurs Otton le Grand, Otton III. & Lothaire II. dans leurs Diplomes des années 970. 996. & 1134. par l'Abbaye d'Elten, sous les noms de *Thuly nest Vachelt*, *Thule* & *Thulo*. Peut-être ajoutoit-on *Nest Vachelt* ; c'est-à-dire, près du Vahal, pour distinguer ce Lieu d'un autre Thuyl, ou, comme on écrit aujourd'hui, Deyl, qui est plus au Nord sur le bord de la Riviere Linge.

[e Alting. Notit. German. Inf. Part. 2. p. 186.]

THUZICATH, Ville de l'Afrique propre : Ptolomée [f] la marque sur le Golphe de Numidie, entre le Promontoire *Fretum* & le Golphe *Olcachites*. Quelques Exemplaires lisent *Uzicath*, au lieu de *Thuzicath*.

[f Lib. 4. c. 3.]

THYAMIA, Ville du Péloponnèse dans la Contrée appellée *Sicyon*, selon Xénophon [g].

[g Græc. Lib. 7.]

1. THYAMIS, Promontoire de l'Epire, selon Ptolomée [h]. Il servoit de borne entre la Thesprotide & la Cestrinie. Niger dit que le nom moderne est *Nista*.

[h Lib. 3. c. 14.]

2. THYAMIS, Village de l'Arachosie. Etienne le Géographe dit que ce Village devoit sa fondation à Semiramis.

3. THYAMIS. Voyez Thyamus, No. 1.

1. THYAMUS, ou Thyamis, Fleuve de l'Epire, selon Thucydide [i] & Athénée [k]. Strabon & Pausanias connoissent aussi ce Fleuve, dont le nom moderne est Calama selon Thevet.

[i Lib. 1. p. 32.]
[k Lib. 3. c. 2.]

2. THYAMUS, Montagne de l'Epire. C'est Thucydide qui en fait mention.

THYASIS. Voyez Mellus.

THYATIRE, Ville de l'Asie-Mineure, dans la Lydie, au Nord de Sardis en tirant vers l'Orient de Pergame. Cette situation convient à celle que lui donne Strabon [l], qui dit qu'en allant de Pergame à Sardis, on avoit Thyatire à la gauche. St. Jean dans l'Apocalypse [m], Strabon & Polybe [n] écrivent *Thyatira* au pluriel, & Pline [o] aussi-bien que Tite-Live [p] disent *Thyatira* au nominatif singulier. Ce nom, dit Etienne le Géographe, devoit être du genre féminin ; mais aujourd'hui on le fait du genre neutre. C'étoit, selon Strabon, une Colonie des Macédoniens. Il ajoute que quelques-uns vouloient que ce fût la dernière Ville des Mysiens ; ce qu'il y a de certain, c'est qu'elle étoit aux confins de la Mysie ; mais Pline, Ptolomée, Etienne le Géographe, & les Auteurs des Notices la marquent dans la Lydie.

[l Lib. 13.]
[m Cap. 1.]
[n Excerpt. Vales. p.]
[o Lib. 5. c. 29.]
[p Lib. 27. c. 44.]

Les Turcs nomment présentement cette Ville *Ak-hissar*, ou *Eski-hissar*, c'est-à-dire, en leur Langue, *Château Blanc*. Elle est bâtie dans une belle Plaine qui a plus de vingt milles de large, & qui est plantée de Cotonniers & semée de grains ; mais il y en a une partie inculte & couverte de Tamarisc. A l'entrée de la Plaine on voit sur une éminence qui commande le chemin, les Masures d'un Château qui portoit le même nom d'*Ak-hissar* : les Turcs l'ayant abandonné vinrent bâtir dans un lieu plus commode, sur les ruïnes de l'ancienne Thyatire, & lui donnèrent le nom du Château qu'ils avoient quitté. Le tems & les changemens avoient fait perdre jusqu'à la connoissance de la situation de cette fameuse Ville. On n'en fit la découverte que fort avant dans le dernier Siècle. Mr. Spon [q] en parle ainsi : Il n'y a pas plus de sept ou huit ans qu'on ne savoit où avoit été la fameuse Ville de Thyatire, le nom même en ayant été perdu. Ceux qui se croyoient les plus habiles, trompez par une fausse ressemblance de nom, s'imaginoient que ce fût la Ville de *Tiria* à une journée d'Ephèse. Mais Mr. Ricaut, Consul de la Nation Angloise, y étant allé accompagné de plusieurs de ses Compatriotes qui négocioient à Smyrne, reconnut bien que Tiria n'avoit rien que de moderne, & que ce n'étoit pas ce qu'ils cherchoient. Comme ils jugeoient à peu près du Quartier où elle pouvoit être, ils allèrent à *Ak-hissar*, où ils virent plusieurs Masures antiques & trouvèrent le nom de Thyatire dans quelque Inscription ; après quoi ils ne doutèrent plus que ce ne fût elle-même. Mr. Spon s'en est convaincu lui-même par ses propres yeux. Avant que d'entrer dans la Ville, poursuit-il, on voit un grand Cimetière des Turcs, où il y a quelques Inscriptions. Dans le Khan proche du Bazar, on trouve environ trente Colonnes avec leurs Chapiteaux & Piédestaux de Marbre, disposées confusément en dedans pour soutenir le couvert. Il y a un Chapiteau d'Ordre Corinthien & des feuillages sur le fust même de la Colonne. Sous une halle proche du Bazar, on lit une inscription qui commence ainsi : Η ΚΡΑΤΙΣΤΗ

[q Voyage du Levant, Liv. 3.]

ΘΙΑ-

ΘΙΑΤΕΙΡΗΝΩΝ ΒΟΥΛΗ, le très-puissant Sénat de *Thyatire*. Dans la Cour d'un des principaux Habitans appellé *Mustapha-Chelebi*, on lit trois Inscriptions. Les deux premières font les jambages du portail de la Maison & parlent d'Antonin Caracalla, Empereur Romain, comme du Bienfaicteur & du Restaurateur de la Ville; & le titre de *Maître de la Terre & de la Mer* qui lui est donné est aussi rare, que celui de *Divinité présente aux mortels* qui lui est attribué dans une base de Marbre à Frascati proche de Rome. Au milieu de la Cour de la même Maison, on voit un grand cercueil de Marbre, où il y a la place de deux corps, & à l'un des cotez l'Epitaphe du mari & de la femme qui y avoient été ensevelis; & le nom de Thyatire est répeté deux fois dans cette Epitaphe. Dans une Colonne qui soutient une Galerie du Kan, on voit une autre Inscription, où on lit en Grec & en Latin que l'Empereur Vespasien fit faire à Thyatire de grands chemins l'année de son sixième Consulat.

Les Maisons de Thyatire, ou plutôt d'Ak-hissar [a] ne sont pour la plus grande partie que de terre ou de gazon cuit au Soleil. On les a bâties sans beaucoup d'artifice & fort basses. Le Marbre qui se trouve dans cette Ville n'est guères employé qu'aux Cimetières & aux Mosquées qui sont au nombre de six ou sept, pour quatre ou cinq mille Habitans qui négocient en coton. Ils sont tous Mahométans, & il n'y a plus en ce Lieu-là ni Chrétiens, ni Grecs, ni Arméniens, si ce n'est peut-être quelque Esclave, ou quelque Etranger qui travaille chez les Artisans. Il y a une petite Mosquée qu'on dit avoir été une Eglise des Grecs. Le Minaret est tout découvert. On dit que les Turcs l'ont couvert deux ou trois fois, mais que le toit est toujours tombé aussi-tôt après; ce que quelques-uns regardent comme un miracle à cause de la profanation que les Turcs ont faite de cette Eglise en la convertissant en Mosquée. En un mot, il n'y a plus d'exercice de la Religion Chrétienne à Thyatire, & Dieu a puni sur cette Ville selon sa menace les impiétez de Jésabel. Voici ce que St. Jean dans l'Apocalypse dit à l'Ange de Thyatire [b]. Je sai quelles sont vos œuvres, votre foi, votre charité, l'assistance que vous rendez aux pauvres, votre patience, & que vos dernières œuvres ont surpassé les premières; mais j'ai quelque chose à vous reprocher, qui est que vous souffrez que Jézabel, cette femme qui se dit Prophétesse, enseigne & séduise mes Serviteurs, pour les faire tomber dans la fornication, & leur faire manger de ce qui est sacrifié aux Idoles. Je lui ai donné du tems pour faire pénitence, & elle n'a point voulu se repentir de sa prostitution. Mais je m'en vais la réduire au lit, & accabler de maux ceux qui commettent l'adultère avec elle, s'ils ne font pénitence de leurs mauvaises œuvres. Je frapperai de mort ses enfans, & toutes les Eglises connoîtront que je suis celui qui sonde les reins & les cœurs, & je rendrai à chacun de vous selon ses œuvres. Mais je vous dis à vous, & à tous ceux qui sont à Thyatire, & qui ne suivez point cette doctrine, & ne con-

[a] Spon, Voy. du Levant, Liv. 3.

[b] Apoc. II. 18. 19. & seq.

noissez point les profondeurs de Satan, ainsi qu'ils les appellent, que je ne mettrai point de nouvelles charges sur vous; mais gardez bien seulement ce que vous avez, jusqu'à ce que je vienne.

Quelques-uns croient que l'Ange de Thyatire, ou l'Evêque de cette Eglise, à qui ces paroles s'addressent, étoit Saint Carpe, ou St Irénée; mais le premier est très-douteux, & le second n'a aucun fondement. On ne sait au juste qui étoit cet Ange de Thyatire. S. Epiphane dit [c] que quelques Hérétiques nioient l'authenticité de l'Apocalypse, parce que de leur tems, il n'y avoit plus d'Eglise Chrétienne à Thyatire, comme si c'étoit une preuve qu'auparavant il n'y en avoit point. Quant à Jézabel qui se disoit Prophêtesse, on croit que Jézabel est un nom figuré, pour marquer une très-mauvaise femme; mais on ignore qui elle étoit. Plusieurs Manuscrits Grecs lisent: *votre femme Jézabel*, & quelques anciens Peres ont cru que c'étoit l'épouse même de l'Evêque de cette Ville. D'autres croient, que c'étoient les Nicolaïtes qui corrompoient les mœurs des Fidéles, en les attirant dans leurs hérésies. Mais la plûpart jugent avec plus de raison, que sous le nom de Jézabel Saint Jean a voulu marquer quelque femme puissante & présomptueuse, qui séduisoit les Peuples par ses vaines Prophéties.

L'Evêché de Thyatire étoit autrefois [d] suffragant de la Métropole de Sardes, maintenant elle est sous celle de Tyr. St. Carpe en étoit Evêque au milieu du troisième Siècle. Il souffrit la mort à Pergame, Lieu de sa naissance en 251. avec St. Papyle Diacre de son Eglise.

THYBARNI, ou Thybarnæ, Peuple de l'Asie Mineure. Diodore de Sicile [e] fait entendre que ce Peuple habitoit au voisinage de la Ville de Sardis; & Ortelius croit qu'ils tiroient leur nom d'un Lieu nommé Thybarra. Voyez Thybarra.

THYBARRA, Lieu de l'Asie Mineure, au voisinage du Pactole. Xénophon [f] nous apprend que c'est où se tenoient les Assemblées de la Basse Syrie. Ortelius [g] dit que dans l'Exemplaire dont il s'est servi on lisoit à la Marge *Thymbarrha* & *Thymbraia*; & il croit que c'est le même Lieu, que Xénophon dans le Livre [h] suivant nomme *Thybarrhis*. Etienne le Géographe qui cite Xénophon écrit Thymbrara; & Berkelius pancheroit fort à croire que ce seroit la véritable Orthographe. Ce qui le détermineroit ce seroit l'ordre alphabétique que suit Etienne le Géographe.

THYBII, ou Thibii (Θύβιοι dans le Grec). Plutarque [i] dit sur le rapport de Philarque qu'on donnoit ce nom à un Peuple qui habitoit au voisinage du Pont, & qui par leur regard, par leur souffle ou par des paroles faisoient maigrir & rendoient malades non-seulement les enfans mais encore les personnes adultes. C'est le même Peuple qui est appellé Thibii par Pline [k]; & le Lieu qu'Eustathe nomme *Thiba* leur appartenoit.

THYBRIS, nom d'un Fleuve de Sicile, selon le Scholiaste de Théocrite, qui dit [l] que ce Fleuve couloit sur le Territoire de Syracuse. Servius [l] qui écrit *Tybris*, lui don-

THY. THY.

donne feulement le nom de Foffe, *Foffée, Syracufanæ*, & ajoute qu'elle fut creufée par les Africains & par les Athéniens près des murs de la Ville, pour infulter aux Habitans. Cependant Ortelius [a] remarque qu'on lit Thymbris & non Thybris dans Théocrite. [a Thefaur.]

THYDONOS, Ville de la Carie felon Pline [b]. [b Lib. 5. c. 29.]

THYELLA, Ville d'Italie dans l'Oenotrie, felon Etienne le Géographe, qui dit que quelques Phocéens s'établirent dans cette Ville, & il cite le Livre premier d'Hérodote; mais dans l'Hérodote que nous avons on lit Ὑέλη HYELE, & non THYELLA. Du refte on convient que cette Ville eut différens noms; car on la trouve appellée HELIA, HELA, HYELA, & VELIA. Servius [c] remarque qu'elle fut appellée Velia à caufe des Marais dont elle eft environnée, & que les Grecs nomment Ὑέλη. Dans la fuite d'*Hyele* ou d'*Helia* on fit *Velia*, comme de *Henetus* on a fait *Venetus*. Le nom moderne felon Barri eft *Gineto*, ou *Thyeto*. [c Ad Æneid. Lib. 7.]

1. THYESSOS, Ville de la Lydie: Etienne le Géographe dit qu'elle tiroit fon nom d'un Aubergifte appellé Thyeffus.

2. THYESSOS, Ville de la Pifidie, felon Etienne le Géographe. Le nom National étoit *Thyeffenfis*.

THYGATA, Ville d'Afrique. Son Evêque eft nommé Alypius, dans les Canons du Concile de Carthage citez par Ortelius [d]. [d Thefaur.]

THYIA, Lieu de la Gréce. Hérodote [e] dit que ce Lieu tiroit fon nom de Thyia fille de Cephiffus, & qu'on y voyoit un Temple dédié à cette même Thyia. [e Lib. 7. no. 178.]

THYLE. Voyez TILLE.

THYMÆ. Voyez HYMMAS.

THYMANA. Voyez TEUTHRANIA.

THYMATADÆ, Municipe de l'Attique dans la Tribu Hippothoontide. Suidas écrit *Thymoitadæ*, Demofthène *Thymætadæ* & Hefyche *Thymiotadæ*.

THYMATERIUM, Ville d'Afrique dans la Libye, environ à deux journées de Navigation au-delà des Colonnes d'Hercule, felon le Périple d'Hannon [f]. Le Périple de Scylax [g] qui écrit *Thymiatirias* la marque au-deffus du Promontoire Soloentum. C'eft-la THYMIATERIA d'Etienne le Géographe. Le nom moderne eft *Azamor*, à ce que foupçonnent Ramufius & Joh. Mariana. [f Pag. 2.] [g Pag. 55.]

THYMBARRA, THYMBRAIA & THYMBRARA. Voyez THYMBRA.

1. THYMBRA, ou THYMBRE, Etienne le Géographe dit que c'eft une Ville de la Troade, fondée par Dardanus, qui lui donna le nom de fon ami Thymbræus. Selon le même Géographe il y avoit un Fleuve appellé *Thymbrius*, & un Temple confacré à Apollon Thymbréen.

2. THYMBRA, ou TYMBRA, Montagne de Phrygie, felon Vibius Sequefter [h]. [h Pag. 118.]

THYMBRÆUS-MONS, Montagne de la Troade. Feftus dit que c'eft du nom de cette Montagne qu'on avoit donné à Apollon le furnom de Thymbréen.

THYMBRIA, Village de l'Afie Mineure dans la Carie. Strabon [i], qui la place à quatre Stades de Myunte, dit qu'il y avoit [i Lib. 14. p. 636.] dans ce Village une Caverne facrée nommée CHARONIUM, d'où il exhaloit une vapeur empeftée qui donnoit la mort aux Oifeaux. Ortelius [k] foupçonne que ce Village pourroit être celui qu'Etienne le Géographe appelle THEMBRIÆMUS. [k Thefaur.]

THYMBRIS, Fleuve de la Bithynie.

THYMBROS, ou ATHYMBROS, Fleuve dont parle le grand Etymologique cité par Ortelius [l], qui juge que ce Fleuve étoit dans la Carie. [l Ibid.]

THYMIATERIUM. Voyez THYMATERIUM.

THYMIATICA. Voyez POSSESSIO.

THYMIATIS. Voyez THYAMIS.

THYMIATUM, Contrée de la Libye, fur l'Océan Atlantique, felon le Périple d'Hannon [m]. Il dit que cette Contrée étoit pleine de feux & qu'il en fortoit des torrens de feu qui alloient fe jetter dans la Mer; ce que Bochart regarde comme une fable. Voyez PYRRHUS-CAMPUS. [m Pag. 5.]

THYMIOTADES & THYMOITADÆ. Voyez THYMATADÆ.

THYMNIAS, Golphe de l'Afie Mineure, dans la Doride felon Pline [n]. Pomponius-Mela [o] parle auffi de ce Golphe & met auprès un Promontoire de même nom, connu auffi fous celui d'*Aphrodifium*, ou plutôt d'*Aphrodifias*, comme le nomment Pline & Tite-Live. [n Lib. 5. c. 28.] [o Lib. 1. c. 16.]

THYNE, Ville de la Libye, felon Etienne le Géographe.

THYNIA, Contrée qui, felon Etienne le Géographe, prenoit fon nom de celui de fes Habitans appellez THYNI. Il ne dit point en quel endroit du monde cette Contrée étoit fituée, mais Pline [p] nous l'apprend: *Tenent*, dit-il, *oram omnem Thyni, interiora Bithyni. Is finis Afiæ eft, populorumque CCLXXXII. qui ad eum locum a fine Lydiæ numerantur*. Les Thyniens Afiatiques tiroient leur nom, des Thyniens de l'Europe, qui habitoient dans la Thrace, felon Strabon [q]. [p Lib. 5. c. 32.] [q Lib. 12. p. 541.]

1. THYNIAS, Lieu de Thrace chez les Apolloniates, fur le bord du Pont-Euxin. Strabon [r] dit que ce Lieu étoit au milieu entre Apollonie & les Ifles Cyanées. Arrien & Ptolomée en font un Promontoire; mais ce dernier écrit THINIAS au lieu de THYNIAS. Pline [s] écrit à la vérité ce nom par un y, mais il double l'n & il dit THYNNIAS pour THYNIAS. Le nom moderne eft *Sagora* felon Niger. C'eft de même Lieu qui donne le nom au Golphe qu'Ovide [t] appelle THYNNIACUS. [r Lib. 7. p. 319. Fragm. Peripl. p. 15.] [s Lib. 3. c. 11.] [t Trift. L. 1. Eleg 9.]

2. THYNIAS, ou THYNNIAS, Ifle du Pont-Euxin, à l'oppofite de la Bithynie felon Pline [u], qui dit que les Barbares l'appelloient *Bithynia*. Strabon [x] marque cette Ifle fur la Côte de la Bithynie. Pomponius-Mela [y] & le Périple de Marcian d'Héraclée connoiffent auffi cette Ifle. Elle eft nommée *Apollonia* par Arrien [z], & Ptolomée nous apprend qu'on l'appelloit auffi DAPHNUSIA. [u Lib. 5. c. 32.] [x Lib. 12.] [y p. 543.] [z Lib. 2. c. Peripl. 1. Pag. 69. a Peripl. 1. p. 13.]

THYNOS, Ville de la Cilicie felon Pline [b]. [b Lib. 5. c.]

1. THYRÆA, Ville de la Phocide. Paufanias [c] dit que Phocus fils d'Ormython mena une Colonie à Thyræa, dans le Pays appellé depuis Phocide. Mais Sylburge [d] remarque qu'il faut lire TITHORÆA, ou TI- [c Lib. 2. c.] [d Lib. 9. c. 17.]

THOREA, comme Pausanias [a] lui même lit en deux autres endroits.

2. THYRÆA, Ville située aux confins des Argiens & des Lacédémoniens, selon Pausanias [b] & Strabon [c]. Ce dernier remarque qu'Homère n'a point nommé cette Ville, & que Thucydide la place dans la Cynurie aux confins de l'Argie & de la Laconie. Xylander veut qu'on lise THYREA au lieu de THYRÆA. Ortelius croit que c'est la Ville *Thyræum* d'Etienne le Géographe; & selon Niger le nom moderne est *Burdugua*.

THYRÆI, Peuples d'Italie, dans la Japygie. Strabon [d] les place entre Tarente & Brindes, dans les Terres au milieu de l'Isthme. Voyez URIA.

THYRÆUM. Voyez THYRÆA.

THYRAMIS, Fleuve de l'Epire, dans la Thesprotie, selon Athénée [e]; mais Ortelius [f] remarque qu'Hermolaüs a averti qu'il falloit lire THYAMIS au lieu de THYRAMIS.

1. THYREA, Isle sur la Côte du Péloponnèse. C'est Hérodote [g] qui en parle. Comme il dit que les Habitans d'Hermione la donnèrent à ceux de Samos, il semble qu'elle ne devoit pas être éloignée de cette Ville. Ortelius [h] croit qu'elle étoit dans le Golphe Thyréatique.

2. THYREA. Voyez THURIUM.

THYRGANIDES, Peuple de l'Attique selon Hesyche cité par Ortelius [i]. Suidas écrit *Thyrgonidæ* & en fait un Municipe de la Tribu Ptolémaïque.

THYRGONIDÆI Voyez THYRGANIDES.

THYRI, Peuple de la Sérique, selon Pline [k].

THYRIBARRHIS. Voyez THYBARRHA.

THYRIUM, Ville de l'Acarnanie: Tite-Live [l] & Etienne le Géographe en parlent. Ce dernier dit qu'on écrit *Thirium* par un *i* simple; ce qui n'a pas néanmoins été observé par Polybe qui écrit Θύριον. Le nom National étoit THYRIENSIS.

THYRIDES, c'est-à-dire *les fenêtres*: Pausanias [m] donne ce nom au sommet du Ténare, qui étoit à trente Stades du Promontoire *Tænarum*, & auprès duquel on voyoit les ruïnes de la Ville *Hippola*. Pline [n] donne ce même nom de THYRIDES à trois Isles du Golphe *Asinæus*, Isles connues aujourd'hui, dit le Pere Hardouin, sous le nom commun de *Venetico*, à cause du Cap voisin appellé *Capo-Venetico*. Le nom de THYRIDES se trouve dans Strabon [o]; mais il ne dit point s'il entend par-là des Isles ou un Cap. On lit seulement dans un endroit: *Thyrides*, *quod est in Messeniaco Sinu præcipitium fluctibus obnoxium, à Tænaro distant Stadiis CXXX*. Cette distance si différente de celle que marque Pausanias pourroit faire croire que le nom de *Thyrides* étoit commun à deux endroits de ce Quartier du Péloponnèse.

THYRSAGETÆ. Voyez THYSSAGETÆ.

THYRSUS. Voyez THORSUS.

THYSANUSA, Ville de la Carie, selon Pline [p].

THYSDRUS, Ville de l'Afrique propre: Ptolomée [q] la marque au nombre des Villes qui sont au Midi d'*Adrumetum*. Le nom de cette Ville est différemment écrit par les divers Auteurs qui en ont parlé. Hirtius [r] dit TISDRA dans deux endroits & une fois TISDRUS. Capitolin [s] écrit TYSDRUS, & il ajoute que c'est dans cette Ville que Gordien fut élu Empereur. Dans l'Itinéraire d'Antonin il y a TUSDRUS; & dans Pline [u] OPIDUM TUSDRITANUM, quoiqu'ailleurs il dise *civis Thyssaritanus*. Selon le Pere Hardouin, au lieu de *Florentium Tuziritanam*, dans Victor d'Utique & au lieu d'*Aptum Tuzuritensem* dans la Conférence de Carthage, il faut lire *Tusdritanum* & *Tusdritensem*.

THYSSA. Voyez THYSSUS.

THYSSAGETÆ, Peuple qui habitoit près des Palus Méotides selon Hérodote [x]. Ils étoient voisins des *Jyrcæ*. Pomponius Mela [y] écrit THYRSAGETÆ, & Pline [z] THUSSAGETÆ.

THYSSUS, Ville de la Macédoine, aux environs du Mont Athos, ou plutôt sur cette Montagne même selon Pline [a] & Thucydide. Hérodote [b] écrit *Thyssus*, & Strabon [d] *Thussa*.

THYSTIUM, ou THYTIUM, Ville de l'Etolie selon Suidas.

THYSUS. Voyez THYSSUS.

T I.

TIABA, Ville de la Carie selon Strabon [e]; mais Berkelius [f] & Holstenius [] ont remarqué qu'il falloit lire TABÆ & non TIABA.

TIAGAR, Ville de l'Arabie Heureuse. Elle étoit dans les terres selon Ptolomée [h] qui la marque entre *Inapha* & *Appa*.

TIAGURA, Ville de l'Inde en deçà du Gange: Ptolomée [i] la place à l'Orient du Fleuve Namadus. Ses Interpretes au lieu de *Tiagura* lisent *Tiatura*.

TIAHUNACU, Province de l'Amérique Méridionale, au Perou, dans le Pays de Collao, avec une Ville de même nom, dont Garcilasso de la Vega parle ainsi dans son Histoire des Yncas [k]. Cette Ville est principalement remarquable par les Bâtimens d'une grandeur incroyable qu'on y voit. Le plus admirable de tout ce Pays est un Côteau, ou Tertre, fait de main d'homme, & qui est d'une hauteur surprenante. Les Indiens qui semblent avoir voulu imiter la Nature dans la structure de cette Montagne, y avoient mis pour fondement de grandes masses de pierres fort bien cimentées, pour empêcher que ces prodigieuses terrasses, entassées les unes sur les autres, ne s'éboulassent; mais on ignore dans quel dessein ils avoient élevé ce prodigieux Bâtiment. D'un autre côté assez loin delà on voyoit deux grands Géans taillez dans la pierre. Ils avoient des habits qui traînoient jusqu'à terre, & un bonnet en tête, le tout usé par le tems & sentant son antiquité. On remarquoit encore dans ce quartier une muraille fort longue, & dont les pierres étoient si grandes, qu'on ne pouvoit comprendre comment des hommes avoient eu assez de force pour les transporter; car on remarque qu'il n'y avoit que bien loin delà des

TIA.   TIA. TIB.

carriéres, ou des rochers d'où l'on pouvoit les avoir tirées. On voit aussi quantité de Bâtimens extraordinaires, entre lesquels on remarquoit de grandes portes dressées en divers lieux, & dont la plûpart sont en leur entier; ce qu'il y a de plus merveilleux c'est qu'elles sont presque toutes posées sur des pierres d'une grandeur énorme, car il y en a qui ont trente pieds de long, quinze de large, & six de front. On ne peut comprendre avec quels outils elles ont pu être taillées. D'ailleurs il falloit nécessairement qu'elles fussent incomparablement plus grandes, avant que d'être mises en œuvre. Les Indiens disent que ces Bâtimens furent faits avant le régne des Yncas, qui à l'imitation de ces Bâtimens firent construire la Forteresse de Cusco. Ils ont au reste une Tradition qui veut que toutes ces merveilles ayent été faites dans une nuit, mais ils ne disent point qui en fut l'Architecte. Si l'on considére ces Bâtimens avec attention, on trouvera qu'ils sont demeurez imparfaits, & que ce ne sont que des commencemens de ce que les Fondateurs avoient intention de faire. A cette description que Garcilasso de la Vega dit avoir tirée de *Pedro de Cieça de Léon* [a], il ajoute la Relation suivante qui lui avoit été envoyée du Pérou. Parmi plusieurs antiquitez, dit-il, qu'on voit dans une Province du Pays de Collao, nommée *Tiahuanacu*, il y en a une qui mérite bien qu'on en transmette le souvenir à la postérité. Elle est près du Lac que les Espagnols appellent CHUCUYTA & dont le véritable nom est CHUQUIVITU. On y voit des Edifices fort grands, & entr'autres une Cour de quinze brasses en quarré, & de deux étages de hauteur. A un des côtez de cette Cour il y a une Sale de quarante-cinq pieds de long & de vingt-deux de large, couverte de chaume, comme étoient les appartemens de la Maison du Soleil à Cusco. La Place ou la Basse-Cour, dont on vient de parler, les Murailles, la Sale, le Plancher, le Toit & les Portes, sont tous d'une seule pierre, qu'on a prise & taillée dans un grand Rocher. Les murailles de la Basse-Cour ont trois quarts d'aune d'epaisseur; & quoique le toit de la Sale soit de pierres, il semble néanmoins être couvert de chaume; ce qui a été fait afin qu'il imitât mieux la couverture des autres logemens. Le Marais, ou le Lac joint un des côtez de la muraille, & ceux du Pays croient que ces Bâtimens sont dédiez au Créateur de l'Univers. Il y a dans le voisinage quantité d'autres pierres mises en œuvre, qui représentent diverses figures d'hommes, & de femmes & qui sont parfaitement bien travaillées. Les unes tiennent en main des Vases, comme si elles vouloient boire, d'autres assises, d'autres debout, d'autres semblent vouloir passer un Ruisseau qui coule au travers de ce Bâtiment, & d'autres représentent des femmes & des enfans qu'elles ont à leur sein, ou à leur côté, ou qui les tiennent par le pan de la robe. Les Indiens prétendent que ce sont des hommes qui furent autrefois transformez en ces Statues pour les péchez énormes qu'ils avoient commis & particuliérement pour avoir lapidé un homme qui pas-

[a] Ch. 105.

soit par cette Province.
TIANE. Voyez TYANE.

TIANO, ou THIANO, Ville d'Italie, au Royaume de Naples dans la Terre de Labour, au Couchant de Capoue, dont elle est éloignée de quatre lieues. Cette Ville qui est ancienne étoit la Capitale des Sedicins. Voyez TEANUM. Aujourd'hui ce n'est plus qu'une petite Ville: le Dôme n'a rien de remarquable; mais on voit un fameux Monastère de Religieuses appellé Notre-Dame de *Foris:* il fut fondé par les Lombards dans le tems qu'ils étoient maîtres de cette Ville. On trouve au voisinage de Tiano des eaux minérales qu'on prétend salutaires pour les gens qui ont la pierre.

TIANUM. Voyez TEANUM.

TIARÆ, Lieu de l'Isle de Lesbos, au voisinage de la Ville de Mitylène. Pline [b] dit que ce Lieu produisoit une grande quantité de Truffes, & Athénée remarque la même chose.

[b] Lib. 19. c. 3.

TIARANTUS, Fleuve de Scythie: Hérodote [c] dit qu'il se jette dans le Danube. Dans le Pays on le nomme *Seretus*, selon Peucer cité par Ortelius [d].

[c] Lib. 4.
[d] Thesaur.

TIARE, Ville de la Troade, selon Pline [e]. Ortelius [f] soupçonne que c'est le même Lieu que TIARÆ.

[e] Lib. 5. c. 30.
[f] Thesaur.

TIARIULIA, Ville de l'Espagne Tarragonoise. Ptolomée [g] la marque dans les terres au Pays des Ilercaons. Le nom moderne est TERUEL.

[g] Lib. 2. c. 6.

TIASA. Voyez TIESA.

TIASSA [h], Fontaine, ou Fleuve de la Macédoine, selon Hesyche. Athénée en fait un Fleuve qu'il nomme TIASSOS.

[h] Ortelii Thesaur.

TIASUM, Ville de la Dace: Ptolomée [i] la marque au voisinage de *Netindana* & de *Zeugma*. Le nom moderne est DIOD, selon Lazius.

[i] Lib. 3. c. 8.

TIASSUS, ou TIASSOS. Voyez TIASSA & TIESA.

TIAUSPA, Ville de l'Inde, en deçà du Gange: Ptolomée [k] la marque près du Fleuve, du côté de l'Occident entre *Asigramma* & *Aistobatra*. Au lieu de Tiauspa ses Interprêtes lisent TIAUSA.

[k] Lib. 7. c. 1.

TIBA, Colonie d'Afrique selon Onuphre, qui cite Ptolomée. Peut-être ce mot, dit Ortelius [l], se trouvoit-il dans l'Exemplaire dont s'est servi Onuphre; cependant je ne le vois dans aucun de ceux que j'ai consultez. Il se pourroit faire qu'il y auroit faute dans Onuphre, & qu'au lieu de TIBA, il faudroit lire THIGIBA.

[l] Thesaur.

TIBARENI, Peuples du Pont, aux environs de la Cappadoce. Pomponius-Mela [m], Strabon [n] & Pline [o] en font mention. Ils sont appellez TIBRANI par Eustathe, & TIBARI par Eusèbe [p]. Leur Pays touchoit celui des *Calybes*, & ils faisoient consister la souveraine félicité à jouer & à rire. Pintaut a remarqué sur Pomponius-Mela, que souvent on écrivoit TIBARANI pour TIBARENI. La Contrée qu'habitoient ces Peuples est nommée TIBARANIA ou TIBARENIA par Etienne le Géographe. C'est encore d'eux dont parle Diodore de Sicile [q], sous le nom de TIBARIS-TRIBUS. Ces Peuples étoient si fort attachez à l'Equité, qu'ils n'auroient pas voulu attaquer leurs Ennemis en guerre, sans

[m] Lib. 1. c. 9.
[n] Lib. 12. p. 548.
[o] Lib. 6. c.
[p] Præp. L. 1.
[q] Lib. 14.

sans les avoir avertis du lieu & de l'heure du combat. Quand leurs femmes avoient mis un enfant au monde, elles servoient leurs maris qui se mettoient au lit, & faisoient les accouchées.

a Præp. Lib. 1.

TIBARI, Peuples dont parle Eusèbe [a], qui dit que leur coutume étoit de précipiter les Vieillards. Ces TIBARI sont les mêmes que les TIBARENI. Voyez ce mot.

b N°. 133.

TIBARITANUS. Siége Episcopal d'Afrique, selon la Conférence de Carthage [b], où Victor est qualifié *Episcopus Plebis Tibaritanæ*. Vicentius *à Tibari* souscrivit au Concile de Carthage sous St. Cyprien. On ignore de quelle Province étoit cet Evêché.

TIBARUM. Voyez THIBARUM.

TIBAS, Contrée où croissoit le Vin appellé *Vinum Tibenum*, selon Galien; mais il ne dit point où étoit cette Contrée. Ortelius [c] soupçonne qu'elle pouvoit être dans l'Asie, où il y avoit un Peuple appellé TIBII. Voyez ce mot.

c Thesaur.

TIBELIUS, Lieu d'Asie, au voisinage de la Lasique. Agathias [d], qui dit qu'il y avoit une Garnison dans ce lieu, ajoute qu'il faisoit la borne entre les Misiniens & les Absiliens.

d Lib. 4.

TIBERIA, Ville de Thrace, selon Calliste cité par Ortelius [e]. Elle devoit sa fondation à l'Empereur Tibère, dont elle portoit le nom.

e Thesaur.

1. TIBERIACUM, Ville d'Italie, au voisinage de Ravenne. Voyez au mot AD l'Article AD-CABALLOS.

2. TIBERIACUM, Ville de la Basse-Germanie, selon l'Itinéraire d'Antonin qui la marque sur la route de *Colonia-Trajana* à *Colonia-Agrippina*, entre *Juliacum* & *Colonia-Agrippina*, à huit milles de la première de ces Villes & à dix de la seconde. C'est aujourd'hui *Bertheim* qui conserve en quelque sorte son ancien nom dont il a perdu la première syllabe.

TIBERIADE, Ville de la Galilée, à l'extrémité Méridionale du bord Occidental du Lac de Génézareth, qu'on appelloit aussi Mer de Tibériade de son nom [f]. On croit que son nom ancien étoit *Cinnereth*, *Chamimath*, ou *Emath*, ou *Raccat*, ou *Recchat*. Mais Mr. Reland [g] montre assez bien que cela est fort douteux, & n'est fondé que sur ce que la Mer de Cinnereth fut depuis nommée Mer de Tibériade; ce qui ne prouve point du tout que Cinnereth & Tibériade soient la même chose. De plus il remarque que le Lot de Nephtali [h] ne commençoit du côté du Midi qu'à Capharnaum [i], qui est plus Septentrionale que Tibériade; & toutefois Cinnereth, Hemath & Reccath sont du Lot de Nephtali [k]. Tibériade ne peut donc pas être, puisqu'on sait qu'elle étoit tout au Midi du Lac de Tibériade.

f Dom Calm. Dict.

g Palæst. 2. p. 1037.

h Matth. 4. 13.
i Josue, 19. 34.
k Ibid. 19. 53.

Josèphe [l] nous apprend que cette Ville fut bâtie en l'honneur de Tibère, par le Roi Hérode Agrippa, Tetrarque de Galilée. Il en jetta les fondemens, l'an 17. de notre Epoque, ou l'an 21. de la Naissance de *Jésus-Christ*, quatre ans après avoir rétabli la Ville de Sephoris, dont il avoit fait la Capitale de la Galilée. Il fit la dédicace de Tibériade en l'honneur de l'Empereur Ti-

l Ant. L. 18. c. 3. & de Bello. L. 2. c. 8.

bére, dix ans après, deux ans environ avant le Baptême de Jésus-Christ. Il y avoit assez près de Tibériade des Bains d'Eau chaude, & elle étoit située dans un Lieu où il y avoit quantité de Tombeaux & de Corps morts [m]; ce qui étoit tout-à-fait contraire aux usages des Juifs. Cette Ville se trouvoit à trente Stades d'Hippos, à soixante de Gadare, à cent-vingt de Scythopolis, & à trente de Turichée [o]. St. Epiphane [p] remarque que le Comte Joseph découvrit du tems du Grand Constantin dans les Archives, ou dans le Tresor de Tibériade, l'Evangile de St. Jean, & les Actes des Apôtres traduits en Hébreu; & qu'avant ce tems il n'étoit permis à aucun Chrétien de demeurer à Tibériade, ni à Capharnaüm, ni à Nazareth, ni à Diocésarée; & que le Comte Joseph ayant obtenu de Constantin la permission d'y bâtir une Eglise au nom de *Jésus-Christ*, il se servit d'un grand Temple nommé *Adrianeum*, qui n'avoit jamais été achevé ni consacré. Il le fit achever & consacrer pour l'usage des Chrétiens. Lampride nous apprend aussi que les Empereurs Aléxandre, Sévère & Adrien avoient eu dessein de mettre *Jésus-Christ* au rang des Dieux & de lui consacrer des Temples : d'où vient qu'encore aujourd'hui, dit cet Auteur, on voit dans toutes les Villes des Temples sans Statues, que pour cette raison on appelle *des Adriens*. Dans la suite Tibériade fut érigée en Evêché suffragant de l'Archevêque de Nazareth, & cette Ville fut le Lieu de la Naissance de St. Joseph de Palestine.

m Joseph. Ant. 18.
o St. Lieu de Vita Jos. p. 1015.
Ibid. p. 1010.
p Lib. 1. Adver. tes. p. 119. & 128.

Tibériade, dit le Père Nau, dans son Voyage de la Tére Sainte [q], a été une Ville fort petite, si l'on en juge par ses murailles d'aujourd'hui, qui sont en bon état, fort élevées & toutes entières. Il y a en France des Monastères aussi vastes, & qui le verroit en Europe par le dehors, pourroit penser, que c'en étoit un. Sa figure est presque quarrée, les murailles sont sans Tours ni Tourelles, elles ne sont pas des plus épaisses, elles ont seulement leurs crénaux, d'où on pouvoit se défendre. La grande Porte qui est du côté d'Occident, est condamnée, & on n'entre que par une autre plus petite qui est du côté du Midi; peu de gens y demeurent, & il n'y a rien à voir que destruction par-tout. On trouve néanmoins sur le bord de la Mer un Château qui a été bien fort en son tems, & qui entre beaucoup de brêches à plusieurs choses entières. Après cette Forteresse il y a des ruines qui semblent être d'une grande Eglise; mais cela est si peu visible & si près de terre, qu'on a peine à s'en appercevoir, à moins d'y faire une particuliére réflexion. L'Eglise qui est ensuite près des murailles qui regardent le Septentrion, au bout de la Ville & presque sur le rivage, n'est pas de même. Elle n'a rien de ruiné, c'est une seule Nef assez grande. Le Prince Tancrede en est, à ce qu'on croit, le Fondateur, & selon les apparences, c'est de cette Eglise que parle Guillaume de Tyr [r]. Elle fut dédiée à S. Pierre, parce que, comme le porte la Tradition, ce fut-là que N. S. après être ressuscité s'apparut à ce Saint, & aux autres Disciples qui étoient allez pêcher avec lui;

q Pag. 111.
r Lib. 2. c. 13.

&

& leur fit connoître sa puissance, par la riche pêche qu'il leur fit faire. Cette Eglise est tout-à-fait profanée; car outre que les Mahométans y ont fait un lieu de leurs prieres, elle sert souvent d'étable aux Animaux, & l'on y jette même leurs charognes quand ils sont morts. Les Murailles qui environnent aujourd'hui cette Ville ont été bâties, à ce qu'on prétend [a], par une Veuve Juive, qui les fit faire afin que les Juifs, qui y étoient alors en assez grande quantité, y demeurassent; mais il y a plus de trente ans que les extorsions & la Tyrannie des Turcs les en ont chassés, de sorte qu'il n'y en a pas un aujourd'hui. Entre ces murailles & le bord de la Mer il y a plusieurs Palmiers. D'ici l'on a une très-agréable vûe sur la Mer de Galilée, à côté de laquelle on voit l'Arabie Pierreuse; & l'on y remarque aisément l'endroit, où le Jourdain se décharge dans cette Mer.

[a] Le Brun, Voy. du Levant, t. 2. p. 323.

Tibériade étoit autrefois une Ville, qui s'étendoit sur le rivage du Lac qui porte son nom, à la longueur de plus de demi-lieue. La largeur étoit beaucoup moindre, étant bornée à son Occident d'une haute Montagne fort escarpée, & presque sans talu, qui l'empêchoit de s'accroître de ce côté-là. Tout est plein de belles ruïnes, qui font connoître son ancienne beauté. On en voit de continuées jusqu'à un admirable Bain d'eau chaude, qui est encore entretenu & où l'on va se baigner. On sent dedans une chaleur extraordinaire, causée par les exhalaisons de l'eau. Il y a dedans deux Bassins, l'eau est si chaude dans l'un qu'il est impossible de la souffrir, celle qui est dans l'autre, qui est quarré & fort profond, est plus tempérée. La source de cette eau est à six ou sept pas hors de ce Bain. Elle est si chaude & si bouillante, qu'il n'est non plus possible d'y tenir la main, que dans un pot qui bout sur le feu. Son goût est ensoufré, ferré & salé. Elle est médicinale, & les Bains en sont tout-à-fait salutaires. Josephe [b] appelle ce Lieu *Emaüs*, & il est à croire que ces eaux médicinales d'*Emaüs*, dont parlent Nicéphore & Sozomène, ne sont autres que celles-là; car on n'en trouve point à *Emaüs*, où Notre-Seigneur fut invité par deux de ses Disciples le lendemain de sa Résurrection. Près de cette source d'eau ardente, il y en a une autre qui ne l'est pas tant; elle sert à modérer dans le Bain l'ardeur de l'autre.

[b] Lib. 4. de Bell. c. 1. & Lib. 5. Antiq. c. 4.

Le LAC DE TIBÉRIADE, l'ETANG DE TIBÉRIADE, la MER DE TIBÉRIADE, tous ces noms signifient la même chose que le LAC DE GENESAR, ou GENESARETH, ou la MER DE CINERETH, ou de CENNERETH, ou simplement la MER DE GALILÉE. Voyez CENNERETH.

TIBERIANI-CAMPI. Frontin [c] donne ce nom à des Champs d'Italie, qu'il croit situés entre Rome & Tivoli. Ils avoient pris le nom de l'Empereur Tibére, parce que ce Prince les avoit fixez à vingt-cinq arpens.

[c] De Coloniis, p. 114. & 120.

TIBERINA-CASTRA, Lieu de la Vindelicie. Lazius [d] dit que c'est le Village de PERINGEN, au voisinage de Dingelfing dans la Basse-Baviére.

[d] In sua Vienna.

TIBERINA-INSULA, Isle du Tibre, dans la Ville de Rome, selon Vitruve, cité par Ortelius [e]. Suétone la nomme l'Isle d'Esculape [f], & selon Plutarque [g] on l'appelloit à Rome l'*Isle-Sacrée*, & l'*Isle des deux Ponts*. Voici de quelle manière il rapporte l'origine du premier de ces noms. Parmi les Biens des Tarquins, il se trouvoit une pièce de terre dans la plus bel endroit du Champ de Mars: on la consacra à ce Dieu, dont on lui donna le nom. Les Bleds ne venoient pas d'être coupez, & les gerbes y étoient encore. On ne crut pas qu'il fût permis d'en profiter, à cause de la consécration qu'on venoit d'en faire; mais on prit les gerbes & on les jetta dans le Tibre, avec tous les Arbres que l'on coupa, laissant au Dieu le terrein tout nud & sans fruit. Les eaux étoient alors fort basses; ainsi ces matières ne furent pas portées fort loin par le fil de l'eau: elles s'arrêtèrent à un endroit découvert. Les premières arrêtoient les autres, qui ne trouvant point de passage s'accrochérent & se liérent si bien avec elles, qu'elles ne firent qu'un même corps, qui prit racine, l'eau aidant encore à l'affermir; car elle y portoit quantité de limon, qui en grossissant la masse, servoit aussi à la lier, & le courant bien loin de la desunir ne faisoit que la mieux resserrer & y joindre tout ce qu'il entraînoit. La grandeur & la solidité de ce premier amas le rendirent encore plus grand dans la suite; car le Tibre ne pouvoit presque plus rien amener qui ne s'y arrêtât; de manière qu'enfin il se forma une Isle qu'on appelle à Rome l'Isle Sacrée, où il y a divers Temples consacrez aux Dieux & plusieurs Portiques. On l'appelle en Latin, ajoute Plutarque, l'Isle des deux Ponts. Il y a pourtant des Ecrivains qui prétendent que cela n'arriva pas lorsque cette pièce de terre de Tarquin fut consacrée à Mars; mais plusieurs siècles après, lorsque la Vestale Tarquinie lui dédia un Champ, qui lui appartenoit & qui touchoit à celui de Tarquin.

[e] Thesaur.
[f] In Claudio.
[g] In Publicola.

TIBERINA-REGIO, Contrée de la Cappadoce. Il en est fait mention dans les Lettres de St. Grégoire de Nazianze; citées par Ortelius [h]. C'est dans cette Contrée qu'étoit le Lieu nommé ARIANZUS.

[h] Thesaur.

TIBERINI. Voyez TIFERNUM.

1. TIBERIOPOLIS, Ville de la Grande Phrygie selon Ptolomée [i] & Socrate. Le cinquième Concile de Constantinople l'attribue à la Phrygie Pacatiane; & Sophien l'appelle STROMIZZA.

[i] Lib. 5. c. 2.

2. TIBERIOPOLIS, Ville de la Bulgarie, sur le bord du Pont-Euxin, selon Leunclavius qui cite Curopalate. Il ajoute que le nom moderne est VARNA.

TIBERIS. Voyez ALBULA, THYMBRIS & TYBRE.

TIBERTINI. Voyez TIFERNUM & METAURENSES.

TIBERVILLE, Bourg de France, dans la Normandie, Election de Lisieux. Il y a droit de Foire & de Marché.

TIBESIS. Voyez PATHISSUS.

TIBET, Royaume d'Asie, dans la Grande Tartarie. C'est la partie Septentrionale du du Royaume de Tangut. Voyez TANGUT. Il y auroit de l'imprudence à vouloir hazarder une Description plus étendue de ce Royaume, avant que d'avoir la Carte générale du Tibet, & les Cartes particulières de ses Provinces, que le Pere du Halde Jésuite se propose de donner incessamment au Public.

TIBIANA. Voyez TABIANA.

TIBIGENSE-OPPIDUM, Ville de l'Afrique propre, selon Pline[a]. C'est la THIGIBA de Ptolomée[b]; & la *Tibba* de ses Interprètes.

[a] Lib. 5. c. 4.
[b] Lib. 4. c. 3.

TIBII, Peuples d'Asie aux environs de la Grande Arménie, selon Ortelius[c] qui cite Cédréne & Curopalate, & ajoute que leur Métropole se nommoit TIBIUM. Gallien[d] fait aussi mention de ces Peuples. Strabon[e] dit qu'on donnoit le nom de TIBII aux Esclaves que l'on tiroit de la Paphlagonie. C'est à quoi fait allusion Lucien dans son Timon[f]. Selon Suidas, toute la Phrygie étoit appellée TIBIA.

[c] Thesaur.
[d] Lib. 1. Meth. medendi.
[e] Lib. 7. p. 304.
[f] Pag. 73 Ed. Bened.

TIBILIS. Voyez TIBILITANÆ-AQUÆ.

TIBILITANÆ-AQUÆ, Lieu de l'Afrique propre: l'Itinéraire d'Antonin le marque sur la route de *Cirta* à *Hipponei*, entre *Cirta* & *Villa Serviliana*, à cinquante-quatre milles du premier de ces Lieux & à quinze milles du second. Ce Lieu est nommé TIBILIS dans la cent-vingt-huitième Lettre de St. Augustin[g]; & c'étoit un Siège Episcopal. Voyez TIBILITANUS.

[g] Ad Donatum.

TIBILITANUS, Siège Episcopal d'Afrique dans la Numidie. La Notice des Evêchez d'Afrique nomme son Evêque Simplicius. Voyez TISILITANUS.

TIBINA. Voyez TUBUNIS.

TIBIRITANA. Voyez TIBIURA.

TIBISCA, Ville de la Basse-Mœsie, selon Ptolomée[h]. Le nom moderne est *Sophia* à ce que dit Niger.

[h] Lib. 3. c. 10.

TIBISCUM, Ville de la Dace: Ptolomée[i] la marque au nombre des Villes les plus considérables de ce Quartier.

[i] Lib. 3. c. 8.

TIBISCUS, Fleuve de la Dace selon Ptolomée[k]. Ce Fleuve se trouve nommé *Tibissus* dans une ancienne Inscription rapportée par Gruter[l]. Pline[m] l'appelle PATHISSUS, & l'Anonyme de Ravenne TIBISIA. Il a sa source dans les Monts Crapac & son Embouchure dans le Danube, un peu au-dessous de celle de la Save. Le nom moderne est THEISSE. Voyez ce mot.

[k] Lib. 3. c. 7.
[l] Pag. 448. no. 3.
[m] Lib. 4. c. 12.

TIBISENA OSTIA, Valerius Flaccus[n] nomme ainsi l'Embouchure d'un Fleuve de Scythie. Comme aucun Auteur ne connoît ce Fleuve, Ortelius[o] seroit tenté de croire que dans Valerius Flaccus, au lieu de *Tibisenaque juxta Ostia*, il faudroit lire *Borysthenaque juxta Ostia*. Ce qu'il y a de certain c'est que la Fable que rapporte Valérius-Flaccus est placée par Hérodote dans une Contrée appellée *Hylea*, & qui étoit voisine du Borysthène.

[n] Lib. 6.
[o] Thesaur.

TIBISIA, Fleuve de la Sarmatie Européenne, selon Jornandès.

TIBIUM, Montagne de Phrygie: Etienne le Géographe dit qu'elle tiroit son nom d'un certain Tibius; & qu'elle le donnoit aux Esclaves appellez *Tibiens*. Voyez TIBII.

TIBIURA, Ville de l'Afrique, selon l'Acte du Martyre de l'Evêque St. Felix, cité par Ortelius[p]. Il ajoute que Baronius[q] aime mieux lire TIBARITANA, ou TIBARENSIS, que TIBIURA.

[p] Ibid.
[q] Lib. 6. c.

TIBRACANA, Ville de la Médie: Ptolomée[q] la marque dans les Terres. Au lieu de TIBRACANA le MS. de la Bibliothéque Palatine porte THEBARGA.

[q] Lib. 6. c.

TIBRE, Fleuve d'Italie, en Latin TIBERIS, auparavant TYBRIS, & premièrement ALBULA, selon Pline. Virgile dit la même chose dans le huitième Livre de l'Enéide[s].

[s] Vers 330.

*Tum reges, asperque immani corpore Tybris,
A quo post Itali Fluvium cognomine Tyberin
Diximus: amisit verum vetus Albula nomen.*

Ce Fleuve que les Italiens nomment *Tevere*, prend sa source dans l'Apennin, dans la partie Orientale du Florentin, assez près des confins de la Romagne. Il coule en serpentant du Nord Occidental au Midi Oriental. Dans sa course il reçoit diverses Rivières savoir la Souara, d. le Nicone, d. la Paglia, d. la Carpina, g. la Lesa, g. l'Asino, g. le Chiscio joint au Topino, g. la Poglia, g. le Nestore, d. le Chiane, d. Rio-Turbido, d. Rio-Chiaro, d. la Nera, g. le Campano, g. la Friglia, d. l'Himella, g. le Galantino, g. la Farfa, g. le Correse, g. le Teverone, g. la Galera, d.

Les Villes qu'il arrose sont Borgo, g. Citta di Castello, g. Eratta, g. Todi, g. Orta, d. Citta-Castellaria, d. Rome, d. Porto, d. Ostie, g.

Le Tibre en se jettant dans la Mer se partage en deux Bras, dont celui qui est à la droite prend le nom de FIUMICHINO, & celui qui est à la gauche conserve le nom de Tibre ou Tevere. Ce dernier qui court au Sud-Ouest[t] étoit l'unique par lequel ce Fleuve se déchargeoit autrefois dans la Mer, & c'est ce qui avoit fait donner à la Ville qui étoit sur son bord Oriental le nom d'OSTIA, comme étant la porte par laquelle le Tibre entroit dans la Mer; car on prétend que la Mer baignoit autrefois les Murailles de cette Ville; de sorte qu'on pourroit penser que l'Isle Sacrée appellée aujourd'hui *Isola-Grande*, n'a été composée ou accrue que du limon que le Tibre a apporté à son Embouchure, & que ce Limon ayant peu à peu rempli le lit du Fleuve, il s'est ouvert un autre Canal dans la partie Occidentale de cette terre, & en a fait une Isle. Le Tibre se décharge donc à présent dans la Mer par deux Bouches. On appelle l'ancienne *Foce di Levante*, ou *Bocca de la Fiumara*, la Bouche du Levant ou de *Fiumara*, c'est-à-dire, du grand Fleuve, quoiqu'elle ait à présent si peu d'eau, & qu'elle soit tellement gâtée, qu'on ne s'en sert plus pour le passage des Barques ou Tartanes; il n'y a que les Felouques qui y puissent passer. La Bouche du Ponent s'appelle communément *Fiumicino*, ou le petit Fleuve, quoiqu'il ait beaucoup d'eau, & que ce soit le Passage de tous les Bâtimens qui vont à Rome. Le *Fiumecino*, dit Michelot dans son Portulan de la Méditerranée[u], se jette dans la Mer au milieu de ces Plages, qu'on appelle Plages Romaines. A l'entrée de cette Ri-

[t] Lde. Voyage d'Italie. p. 6.
[u] Pag. 104.

Riviére, principalement du côté du Nord-Ouest, il y a une longue pointe basse qui s'avance fort au large sur laquelle il y a quelques Tours & Maisons çà & là, & plusieurs Arbres qui de loin ressemblent à des voiles ou à des Tours. Au bout de cette pointe il y a des pointes de Sable sous l'eau, qui vont fort au large, auxquelles il faut prendre garde. Il ne peut entrer dans ce Fleuve que des Barques & des Tartanes; l'entrée en est assez large, mais comme il y a plusieurs bancs de Sable, il faut y être pratique. A trois ou quatre milles plus au Sud-Est de l'Embouchure de ce Fleuve, il y a proche de la Mer une grosse Tour à huit côtez, avec une espèce de Pavillon au milieu, qui donne une entière connoissance de l'Embouchure de cette Riviére, & qui est d'une grande conséquence, & proche de la Tour au Sud-Est on voit deux grandes Maisons. De la pointe de *Fiumechin* au *Cap d'Ancio*, la route est de Sud-Est, 4. degrés vers le Sud, 34. milles entre les deux il y a un peu d'enfoncement, les Terres sont fort basses proche la Mer, on voit quelque Tours & Maisons le long de la Marine. Presque à moitié chemin de l'un à l'autre, il y a une Pointe tant soit peu avancée, sur laquelle on voit une Tour qu'on appelle Tour de Vayanica, & environ 6. à 7. milles plus au Sud-Est de cette Tour, on trouve celle de S. Lorenzo aussi sur une Pointe; il y en a encore une autre entre celle-ci & le Cap d'Ancio. Lorsqu'on est par le travers de cette grosse Tour, où est le Pavillon, qui est 3. milles au Sud-Est de l'entrée de la Riviére du Tibre, on découvre assez distinctement le haut du Dôme de l'Eglise de S. Pierre de Rome. Toute cette Côte, depuis la Pointe de Sainte Marinelle, jusqu'au Mont Cercelle, l'espace d'environ 110. milles, est basse, & bordée de Plages de Sable. On les appelle *les Plages Romaines*. Depuis Palo jusqu'au Cap d'Ancio, il y a une très-grande Plaine, & plusieurs Marécages & Etangs, ce qui fait en partie que les Vapeurs y sont extrêmement épaisses, & l'air gras; & c'est ce qui empêche de reconnoître la Terre, & qui rend cette Côte plus dangereuse, outre que les Mers portent le plus souvent vers la Plage à quoi il faut prendre garde.

Le Tibre n'est pas lui-même assez considérable, pour s'être rendu aussi fameux qu'il l'a été. Il est redevable de l'honneur qu'il a d'être si connu à la réputation de la célèbre Ville qu'il arrose; à moins qu'on ne veuille dire qu'il a fait du bruit par ses débordemens. Il est vrai aussi qu'on en a parlé quelquefois avec trop de mépris. Les grands Fleuves ont été jaloux de sa gloire & l'ont traité de Ruisseau bourbeux [a]. Le Tibre est large dans Rome d'environ trois-cens pieds: il est assez rapide & il a beaucoup de profondeur. Suétone rapporte qu'Auguste le fit nétoyer, & que même il l'élargit un peu, afin de faciliter son cours. D'autres Princes ont fait aussi leurs efforts pour empêcher les desordres de ses inondations; mais presque tous leurs soins ont été inutiles. Le *Sirocco-Levante*, qui est le Sud-Est de la Méditerranée, & qu'on appelle en Italie le Vent Marin, souffle quelquefois avec une telle violence, qu'il repousse ou du moins qu'il arrête les eaux du Tibre, à l'endroit de son Embouchure; & quand il arrive alors que les neiges de l'Apennin viennent à grossir les Torrens qui tombent dans le Tibre, ou qu'une pluye de quelques jours produit le même effet, la rencontre de ces divers accidens fait nécessairement enfler cette Riviére, & cause des inondations qui sont le fleau de Rome, comme les embrasemens du Vésuve sont le fleau de Naples. L'eau du Tibre est toujours trouble & jaunâtre; mais quand on la laisse reposer du soir au lendemain, elle devient tout-à-fait belle & claire & l'on assure qu'elle est parfaitement bonne. Cependant on a toujours fait des dépenses prodigieuses pour faire venir d'autres eaux à Rome; & ce que l'on faisoit autrefois à cet égard, on le fait encore aujourd'hui.

TIBRONANUS-SALTUS, Bois dont il est fait mention, dans une ancienne Inscription rapportée par G. Merula dans sa Gaule Cisalpine. Ce Bois devoit être dans le Milanez.

TIBULA, Ville de l'Isle de Sardaigne. Elle est marquée par Ptolomée [b] sur la Côte Septentrionale de l'Isle, entre *Juliola-Civitas*, & *Turris-Bissonis Civitas*. L'Itinéraire d'Antonin qui écrit TIBULÆ lui donne un Port, d'où il commence trois de ses routes. Cette Ville étoit apparemment la Capitale des Peuples *Tibulatii*, qui habitoient, selon Ptolomée, dans la partie la plus Septentrionale de l'Isle.

[b] Lib. 3. c.

TIBULATII. Voyez TIBULA.

TIBUR, Ville d'Italie dans le Latium, sur le Fleuve Anienus, au Pays des *Patini*. Cette Ville étoit ancienne, puisqu'Horace [c] attribue sa fondation aux Grecs:

[c] Lib. 2. Od. 6.

Tibur, Argeo positum colono;

Le même Poëte [d] a vanté la beauté de Tibur, qu'il préfére à toutes les Villes Grecques:

[d] Lib. 1. Od. 7.

*Me nec tam patiens Lacedæmon
Nec tam Larissa percussit Campus opimæ,
Quam domus Albuneæ resonantis
Et præceps Anio & Tiburni lucus, & uda
Mobilibus pomaria rivis.*

Il y avoit à Tibur un Temple d'Hercule, dont Strabon [e] & Properce [f] font mention. Le nom National étoit TIBURS, & TIBURTINUS. Le nom moderne est *Tivoli*. Voyez TIVOLI.

[e] Lib. 5. p. 238.
[f] Lib. 2. Eleg. 32.

TIBURI. Voyez TEBURI.

TIBURICENSIS, Siège Episcopal d'Afrique, dans la Province Proconsulaire. *Valerius Episcopus Sanctæ Ecclesiæ Tiburicensis*, souscrivit dans le Concile de Latran sous le Pape Martin la Lettre Synodique des Peres de la Province Proconsulaire.

TIBURNIA, Ville du Norique, ou de la Rhétie, selon Eugippe, cité par Ortelius [g]. Quelques-uns croient que ce pourroit être Villach; & d'autres veulent que ce soit S. *Veit in Kernten*.

[g] Thesaur.

[a] Misson, Voy. d'Italie. t. 2. p. 176.

TIBUR-

TIBURNICENSIS, Siège Episcopal d'Afrique, dans la Province Proconsulaire. Parmi les Signatures de la Lettre Synodique des Peres de la Province Proconsulaire, on trouve la signature de Crescens *Episcopus Ecclesiæ Tiburnicensis*.

TIBURON, Cap de l'Amérique Septentrionale dans la Nouvelle France, à la Côte Occidentale du Quartier du Sud de l'Isle Saint Domingue. Ce Cap est à trois ou quatre lieues au Midi du Cap Dame Marie. Ce Cap est presque rond, fort élevé, & coupé à pic.

TIBURTES, Peuples d'Italie, dont la Capitale étoit *Tibur*. Voyez TIBUR.

TIBUZABETENSIS, Siège Episcopal d'Afrique, selon la Conférence de Carthage [No. 187.] où Martinianus est qualifié *Episcopus Loci Tibuzabetensis*. On ignore de quelle Province étoit cet Evêché.

TICANA. Voyez TRYCONES.

TICANONA, TACONA, ICACONA, ou ICATONA, Ville d'Egypte selon l'Itinéraire d'Antonin, qui la marque entre *Cenè* & *Owyryncbon*, à vingt milles du prémier de ces Lieux & à vingt-quatre milles du second. Simler croit que c'est la Ville Cô de Ptolomée. Voyez Co.

TICARIUS, Fleuve de l'Isle de Corse: [Lib. 3. c. 2.] Ptolomée [b] marque l'Embouchure de ce Fleuve sur la Côte Occidentale de l'Isle entre *Pauca-Civitas*, & *Titanis Portus*. Le nom moderne est *Grosso* selon Léander.

TICCOTA, Ville des Indes, au Royaume de Décan, à trois lieues d'Homoware, & à six lieues de Visiapour selon Mr. Corneille [c] qui cite le Voyage des Indes de Mandesto [d]. Au lieu de TICCOTA, l'Edition de ce Voyage [e] (*Paris* 1659.) porte *Tieco* & lit. *Hounware* pour *Hotnoware*.

[c Dict. d Liv. 1. e Pag. 240.]

TICELIA. Voyez TICENA.

TICENA, Ville de l'Afrique propre: Ptolomée la marque au nombre des Villes qui sont entre les Fleuves Bagradas & Triton, & au Midi de Carthage. Au lieu de TICENA le MS. de la Bibliothéque Palatine porte TICELIA. Voyez TICENSIS.

TICENSIS, Siège Episcopal d'Afrique, dans la Byzacène. Son Evêque est nommé Gallus dans la Notice des Evêchez d'Afrique, aussi-bien que dans la Conférence de Carthage [f]. Ce pourroit être la Ville *Tices* de l'Anonyme de Ravenne & la *Ticena* de Ptolomée. La Notice Episcopale de la Byzacène parle d'un Siège nommé *Ticibus*, & parmi les Signatures de la Lettre Synodique des Peres de la Byzacène, dans le Concile de Latran sous le Pape Martin on trouve ces souscriptions: *Romuli Episcopi Civitatis Ticibus & Candidi Patriæ Dicensis Episcopus*. Si au lieu de *Dicensis*, dit Mr. Dupin, il faut lire *Ticensis*, comme le conjecture Mr. Baluse, *Tice* sera différente de *Ticibus*: ce qui n'est guère vraisemblable.

[f No. 121.]

TICHASA, Ville de l'Afrique propre: [g Lib. 4. c. 2.] Elle est marquée par Ptolomée [g] au nombre des Villes qui sont entre les Fleuves Bagradas & Triton, & au Midi de Carthage.

TICHEY, Lieu de France, dans la Bourgogne, du Diocèse de Besançon, à trois lieues de Dole, & à deux de Seurre. C'est un Pays de Bois, de Broussailles & de Plaines. La Riviére de Lauseon passe au bord de l'un des sinages, & la Sablonneuse au bord d'un autre.

TICHIOES, Lieu fortifié aux environs de Trachina selon Etienne le Géographe. Ortelius [h] soupçonne que ce pourroit être le Lieu appellé *Tichius* par Strabon. Voyez TICHIUS.

TICHIS, Fleuve de l'Espagne Citérieure, au pied des Pyrénées, selon Pline [i]. Voyez TEC.

TICHIUM, Ville de la Gréce, dans l'Etolie, selon Thucydide [k].

TICHIUS, Lieu de la Thessalie, dans le Détroit des Thermopyles. Strabon [l] dit que ce Lieu avoit été bâti par les Lacédémoniens. Selon Tite-Live [m] TICHIUNTÆ étoit le nom du sommet d'une Montagne: le Fort ne subsistoit peut-être plus de son tems.

TICHIUSA, Lieu fortifié dans l'Asie Mineure, au Territoire de la Ville de Milet, selon Thucydide [n]. Ce Lieu est nommé τειχιῶτα par Athénée.

TICHON, ou THICHON, Ezechiel [o] parle de la *Maison de Tichon*, ou de *Beth-Tichon*, qui est sur les confins de l'Auranite. On n'en sait pas, dit Dom Calmet, la situation; mais elle ne devoit pas être loin de Dâmas, ni de la Trachonite. Pline [p] parle des *Batocemi*, quoique d'autres lisent *Bætareni*, au lieu de *Bœotcémi*.

TICHUS, ou TICHOS, Lieu fortifié dans l'Achaïe propre, aux environs de la Ville de Dymen. Polybe [q] & Etienne le Géographe en font mention. Le premier dit qu'à en croire la fable ce Lieu avoit été fortifié par Hercule, qui s'y étoit ménagé une retraite, lorsqu'il faisoit la guerre aux Eléens.

TICINUM, ou TICINUS, Ville d'Italie, chez les Insubres, sur le bord d'un Fleuve de même nom. Pline [r] nous apprend qu'elle avoit été bâtie par les Gaulois. Il n'est pas sûr [s] néanmoins qu'elle ait d'abord été environnée de murailles, car les Historiens qui ont décrit la Guerre d'Annibal ne font aucune mention de cette Ville, & parlent beaucoup du Fleuve. Dans la suite pourtant elle devint un Municipe; comme le prouve Cluvier par une ancienne Inscription, où on lit ces mots: MUNICIPI PATRONO. Elle fut célèbre sous les Empereurs. Le nom moderne est PAVIE. Voyez ce mot qui est corrompu de *Pabia* ou *Papia*, nom que les Auteurs du moyen âge lui donnent.

TICINUS, Fleuve d'Italie, dans la Gaule Cisalpine. On le nomme aujourd'hui TESIN. Voyez TESIN.

TICOU, Ville des Indes, dans l'Isle de Sumatra, sur la Côte Occidentale, où elle a un grand Port, vis-à-vis de Pulo-Minton. Elle dépend du Royaume d'Achem.

TICOUTOUS (Les), Peuples de l'Amérique Septentrionale, dans la France Equinoxiale presqu'au Midi de l'Isle de Cayenne, vers la Riviére des Amazones, à quelques quatre-vingt lieues de l'Isle de Cayenne. Ces Peuples ont plusieurs Carbets. Leurs plus considérables Etablissemens sont au bord de la Riviére d'Yaye. Les Arianes, les Meneious & les Yayes sont leurs voisins.

TICU-

TICULATENSIS. Voyez Ticulatensis.

TIDÆUM, Ville qu'Appien [a] met au voisinage de l'Attique.

TIDANIUS. Voyez Tedanium.

TIDIDITANUS. Voyez Tisediténsis.

1. TIDOR, Tidore, ou Tydor; Isle des Indes, dans l'Archipel Molluque, à l'Orient de l'Isle du Moro ou de Gilolo, au Midi Oriental de l'Isle de Ternate, & au Nord de l'Isle Motir. Le mot Tidor dans la Langue du Pays [b], ou du moins dans celle qu'on y parloit autrefois, signifie *Fertilité & Beauté*. Les Européens nomment ordinairement cette Isle Tidor; mais le Roi de l'Isle écrit ce nom un peu différemment, car il se dit Roi de Tudura, comme il paroît par plusieurs de ses signatures en caractéres Arabes & Persans. Cette Isle n'est pas moins fertile ni moins agréable que celle de Ternate; mais elle est beaucoup plus grande, & n'a pas moins d'Habitations, à proportion de la grandeur de l'une & de l'autre. Elle produit les mêmes fruits aromatiques. On avoit eu le soin & la curiosité d'y cultiver les Arbres qui portoient le Clou, en les arrosant & les taillant dans les tems convenables, & on avoit vu par expérience que la culture ne leur est pas inutile non plusqu'aux autres Plantes. Non-seulement les Arbres en devenoient plus forts & plus vigoureux; le fruit en étoit aussi plus gros & mieux nourri, & avoit plus de vertu & d'odeur. Mais cette culture a été discontinuée par la raison que je dirai plus bas. Le Santal blanc qui croît dans cette Isle est meilleur & plus parfait que celui qui vient dans les autres Lieux de ces Pays Orientaux. On y trouve aussi bien que dans les autres Moluques ces petits Oiseaux que les Insulaires nomment dans leur Langue Manucodiatas, qui veut dire Oiseau de Paradis; parce qu'on dit qu'ils sont descendus du Ciel; & cette fable est reçue par ces esprits superstitieux comme une vérité incontestable. Après que les Portugais [c] eurent été contraints de rendre au Roi de Ternate en 1575. le Fort qu'ils avoient dans son Isle, & que la plûpart d'entre eux eurent été dispersez en plusieurs Isles voisines, il demeuroit encore dix-huit familles Portugaises à Ternate, qui tâchérent au commencement de supporter avec patience le changement de leur fortune; mais elles ne purent y tenir long-tems, sentant trop vivement la différence qu'il y a de la domination à la servitude. Le Roi de Tidor qui avoit toujours été ami des Portugais leur offrit ses Isles pour retraite, leur permettant non-seulement d'y habiter & de s'y établir, mais aussi de prendre part au commerce des épiceries. Les Portugais ayant accepté ces offres, ce Prince leur envoya un nombre suffisant de Carcoas, ou Vaisseaux pour les passer dans son Pays, & leur accorda des Lieux commodes pour bâtir leurs maisons & leur Eglise. Cette Colonie s'accrut d'un certain nombre de nouveaux Habitans que Sanche de Vasconcelos y envoya de Malaca dans le tems qu'il étoit Commandant de Goa. Il y en envoya d'autres ensuite d'Amboyne. Enfin il y passa lui-même, & bâtit un Fort à un quart de lieue de la Ville

[a] *In Methridat.*

[b] *Hist. de la Conquête des Moluques*, L. 3. p. 198.

[c] Ibid. Liv. 9. p. 311. & suiv.

de Tidor. En 1605. les Hollandois chassérent les Portugais de ce Poste, & firent amitié & alliance avec le Roi de Tidor, à condition qu'ils pourroient demeurer dans son Pays & y établir des Comptoirs pour le commerce du Clou, comme faisoient auparavant les Portugais.

Quoique le Fort de Tidor eût été entiérement ruiné par les Hollandois, sept cens Espagnols qui retournérent dans l'Isle après que les Hollandois se furent retirez, s'y fortifiérent tellement, qu'ils devinrent dans peu maîtres du Commerce de Tidor, où ils avoient trois Forts, savoir celui de Taroula, qui étoit dans la grande Ville où le Roi fait sa résidence, & qui étoit plus fort que les deux autres par sa situation sur une hauteur. Le second Fort étoit celui des Portugais que les Hollandois avoient détruit, & le troisième qui se nommoit Marieco étoit à la vûe de Gammalamma, petite Ville bien peuplée de Naturels de l'Isle. Enfin les Hollandois ont encore chassé les Espagnols, & se sont rendus les maîtres de cette Isle par le moyen de leurs Forts, qui les en rendent les véritables Souverains, quoiqu'elle paroisse avoir un Roi.

Les guerres ont un peu dépeuplé l'Isle de Tidor. On prétend que ce qu'il y a d'Habitans propres à porter les armes ne va pas à plus de mille hommes. Le Roi de Tidor a pourtant assez de Sujets de sa dépendance hors de l'Isle, qui lui fournissent du Sagou & du Ris.

L'air de Tidor est plus sain que celui de Ternate, tant par rapport aux vents, qu'au terroir qui est plus abondant [d], ce qui vient d'avoir souffert moins de guerres que l'autre. Son circuit est de sept lieues, elle a du côté du Sud un Volcan plus aigu que celui de Ternate, des côtés duquel coulent plusieurs Sources d'eaux chaudes & sulphureuses bonnes pour plusieurs maladies. L'Isle est peuplée d'une Nation guerriére, qui peut mettre en Mer 20. à 30. grandes Barques avec 6. à 7000. hommes. Le Roi fait sa résidence à Tidore, ou Hamolamo qui veut dire grand Village, Lieu fort par sa situation. Le principal fruit de Tidor est le Girofle, que les Habitans ne cultivent plus; parce qu'ils n'en font plus négoce, & que le Roi se l'est réservé pour tribut. Quand la récolte du Girofle est faite, vient celle de la Noix Muscade. Les Mores se sont appliquez à cultiver le Maïs & le Ris; mais leur principale nourriture est le Sagou.

Ils ont trois Arbres particuliers: l'un est l'Atiloche, ou bois humide, dont le tronc, les racines, les branches, & les feuilles dégoutent continuellement une eau verdâtre bonne à boire. Le second est l'Apilaga, ou le bon Arbre, dont l'écorce étant coupée de long fournit une si grande quantité d'eau, qu'elle supplée au défaut des Ruisseaux & des Fontaines. La troisième est d'une mauvaise qualité, parce que le vent qui passe au travers de ses feuilles, brûle tout ce qu'il rencontre, comme fait aussi son ombre; aucun des trois ne porte fruit; mais leurs feuilles sont toujours vertes. Le Santal blanc qui croît dans cette Isle est meilleur & plus parfait que celui qui vient dans les autres Lieux de ces Pays Orientaux.

[d] Gemelli Careri, Voy. autour du Monde, t. 5. p. 226.

518 TID. TIE. TIE.

2. TIDOR, Ville des Indes Orientales & la Capitale de l'Isle, à laquelle elle donne son nom. Cette Ville est située sur la Côte Orientale de l'Isle de Tidor, & tellement environnée de bois, que lorsqu'on en est seulement à une portée de mousquet, à peine en peut-on voir quatre ou cinq maisons. Du côté de la Mer elle est défendue d'un Retranchement de cailloux entassez les uns sur les autres, à la hauteur d'un homme pour le moins, & de la longueur de deux fois la portée d'un mousquet, en prenant du Nord au Sud. A son extrémité Méridionale, il y a une Montagne ronde, assez haute, & où il est difficile de monter de quelque côté qu'on se présente. A une petite portée de Canon de la Montagne étoit le vieux Fort des Portugais, si couvert de broussailles, qu'on ne le voyoit point de dessus les Vaisseaux. Il y a au devant de la Ville de Tidor une chaîne étroite de Roches, qui est à un jet de pierre du rivage, & qui assèche de basse eau; mais pendant le vif de l'eau la Marée monte en quelques endroits jusqu'à trois pieds au-dessus, & moins en d'autres endroits. Entre les terres & cette chaîne, qui court au Sud depuis la Montagne jusque par delà le Fort des Portugais, on trouve quatre, cinq, & six pieds d'eau; de sorte qu'il n'y a pas moyen que des Chaloupes chargées de gens s'approchent de la Ville pour mettre à terre, si ce n'est en quelques endroits, où il y a apparence qu'on pourroit passer en faisant des croupiats pendant que l'eau est haute.

a Hist. de la Conquête des Moluques, L. 12. p. 88.

TIE, Rivière de la Chine [b], dans la Province de Xensi. Elle prend sa source au sommet de la Montagne appellée Nan, d'où elle tombe avec grand bruit.

b Atlas Sinensi.

TIEFFENBRUN, Lieu d'Allemagne dans la Suabe, au Pays de Wurtemberg, près de Hagenschies. Ce Lieu, dit Zeyler [c], appartient à la noble Famille de Gemmingen.

c Topogr. Suev. p. 99.

TIEIUM. Voyez TIOS.

TIEKI, Forteresse de la Chine [d], dans la Province de Suchuen, au Département d'Iungning, premiere Forteresse de la Province. Elle est de 13. d. 23′. plus Occidentale que Péking, sous les 32. d. 15′. de Latitude.

d Atlas Sinensi.

TIEL, THIEL, ou TIELE, Ville des Pays-Bas, dans la Province de Gueldres, au Quartier de Nimègue, dans le Bas Betau, dont elle est la principale Ville. Cette Ville fut fondée dans le neuvième Siècle [e], & il y avoit alors une Douane, dont les Empereurs & les Rois voulurent que l'Evêque & les Habitans d'Utrecht fussent exempts. Otton le Grand donna dans le Siècle suivant, l'an 950. le Lieu de Tiel, avec ses dépendances, & le Monastère qui y étoit situé, à Baldric, Evêque d'Utrecht. Dans le onzième Siècle Tiel avec le Betau & le Velau furent inféodez à Godefroi le Bossu Duc de Brabant. On voit même que ses Prédécesseurs avoient eu un Fief à Tiel relevant de l'Eglise d'Utrecht dès l'an 1019. Les Ducs ses successeurs joüirent pendant long-tems de Tiel & de son Territoire, quoique les Comtes de Gueldres fissent leurs efforts pour s'en emparer; & ce fut pour se mettre à couvert de leurs insultes que les Habitans de Tiel firent fermer de murailles leur Ville l'an 1305. ce qui n'empêcha pas ceux de Gueldres d'attaquer cette Ville avec divers succès. Enfin par un Traité de Paix de l'an 1335. Tiel fut cédée à Renaud Comte de Gueldre. Durant les Guerres des Pays-Bas, Tiel après divers événemens passa pour la dernière fois au pouvoir des Etats l'an 1588. & leurs Troupes taillèrent en pièces toute la Garnison que le Duc de Parme y avoit mise.

e Longuerue Descr. de la France, Part. 2. p. 41.

TIELER-WAERT, petite Contrée des Pays-Bas, dans la Gueldre, au Quartier de Nimègue, dans le Betau. Elle s'étend entre le Wahal & la Rivière de Linge. C'est proprement le Territoire de Tiel.

TIELING, Lieu de la Chine [f], au Royaume de Leaotung, où il a le rang de premier petit Lieu. Il est de 5. d. 48′. plus Oriental que Péking, sous les 39. d. 12′. de Latitude.

f Atlas Sinensi.

TIELLA. Voyez HYBLA, N°. 3.

TIEN, Lac de la Chine [g], dans la Province de Xensi, au Département de la Ville de Cungchang cinquième Métropole de la Province, au voisinage de la Ville de Ven. On donne à ce Lac cent vingt Stades de circuit.

g Ibid.

TIENCANG, Montagne de la Chine [h] dans la Province d'Iunnan, au territoire de Tali, seconde Métropole de la Province, au Couchant de cette Ville, où elle occupe un espace de plus de trois cens Stades. Elle s'élève fort haut, & son sommet est partagé en dix-neuf pointes, au milieu desquelles on voit un Lac d'une si grande profondeur, qu'on n'en a jamais pu trouver le fond. Cette Montagne donne son nom à une sorte de Marbre qu'elle fournit. Ce Marbre, qui est d'une grande variété de couleurs où la Nature se joue, représente des Montagnes, des Fleuves, des Arbres, des Fleurs & autres choses semblables avec leurs couleurs naturelles, & aussi parfaitement que les pourroit représenter le meilleur Peintre. Les Chinois en ornent leurs tables, leurs murailles & l'employent à divers autres ornemens.

h Ibid.

TIENCHANG, Ville de la Chine [i], dans la Province de Kiangnan, au Département de Fungyand, seconde Métropole de la Province. Elle est de 1. d. 52′. plus Orientale que Péking, sous les 33. d. 55′. de Latitude.

i Ibid.

TIENCHEU, Ville de la Chine [k], dans la Province de Quangsi, où elle a le rang d'onzième Métropole. Elle est de 11. d. 30′. plus Occidentale que Péking sous les 24. d. 11′. de Latitude. Cette Ville & son Territoire ont été démembrez de l'Empire Chinois, & sont maintenant sous la domination du Roi de Tungking. On compte cinq Villes dans le Département de Tiencheu, savoir

k Ibid.

Tiencheu,	Lung,
Xanglin,	Queite,
Cohoa.	

TIENCHING, Forteresse de la Chine [l] dans la Province de Xansi, au Département de Gueiyven, première Forteresse de la Province. Elle est de 3. d. 32′. plus Occiden-

l Ibid.

TIE.   TIE.   519

cidentale que Péking, sous les 40. d. 10′. de Latitude.

TIENCHO, Montagne de la Chine [a] dans la Province de Kiangſi, au Territoire de Cancheu, douzième Métropole de la Province. On voit la nuit dans cette Montagne différentes lumières qui reſſemblent à des charbons ardens. Quelques-uns prétendent que ce ſont des Serpens qui reluiſent ainſi; d'autres diſent que ce ſont des Araignées qui jettent des pierres précieuſes qu'elles ont dans la tête, & qui les reprennent auſſi-tôt.

[a] Atlas Sinenſ.

TIENCHUNG, Montagne de la Chine [b] dans la Province de Honan, au Territoire d'Iuning, huitième Métropole de la Province, du côté du Nord. Il y en a qui donnent cette Montagne pour être le milieu du Monde.

[b] Ibid.

TIENCIN, Fortereſſe de la Chine [c], dans la Province de Péking, où elle a le rang de ſeconde grande Fortereſſe. Elle eſt de 0. d. 50′. plus Orientale que Péking, ſous les 38. d. 50′. de Latitude. La Relation de l'Ambaſſade des Hollandois à la Chine [d], donne à Tiencin le Titre de Ville & dit qu'on la nomme ordinairement Tiencienwey. Cette Ville, ſelon la même Relation, eſt ſituée environ à huit lieues de Singlo, à l'extrémité & au coin du Bras de Mer de Cang, où toutes les Riviéres de la Province s'aſſemblent pour ſe jetter dans l'Océan. Les Murailles ont vingt-cinq pieds de hauteur, & ſont défendues par un grand nombre de batteries. Ce Lieu eſt d'une fort grande étendue & embelli d'une infinité de ſuperbes Bâtimens & de Temples magnifiques. Les ruës ſont fort belles, auſſi-bien que les maiſons des Habitans. Tout cela vient du grand Commerce qui ſe fait par le moyen des Vaiſſeaux, qui ſe rendent dans ſon Port de tous les endroits du Royaume, & qui ſont à l'ancre aux deux bords en ſi grand nombre, qu'on eſt obligé d'employer deux journées pour les paſſer.

[c] Ibid.
[d] Ch. 44.

TIENCIVEN, Fortereſſe de la Chine [e], dans la Province de Suchuen, au Département d'Iungning, premiére Fortereſſe de la Province. Elle eſt de 14. d. 19′. plus Occidentale que Péking, ſous les 30. d. 50′. de Latitude.

[e] Atlas Sinenſ.

TIENHENG, Iſle de la Chine [f], ſur la Côte de la Province de Xantung, dans la dépendance de la Ville de Tengheng. C'eſt de cette Iſle que cinq cens Philoſophes ſe précipitérent dans la Mer ne pouvant ſupporter la haine que l'Empereur Xius avoit pour les Lettres.

[f] Ibid.

TIENHO, Ville de la Chine [g], dans la Province de Quangſi, au Département de Kingyuen, troiſième Métropole de la Province. Elle eſt de 9. d. 41′. plus Occidentale que Péking, ſous les 25. d. 26. de Latitude.

[g] Ibid.

TIENKIA, Cité Militaire de la Chine [h], dans la Province de Huguang, au Département de Xi, première Cité Militaire de la Province. Elle eſt de 7. d. 39′. plus Occidentale que Péking, ſous les 30. d. 26′. de Latitude.

[h] Ibid.

TIENKIANG, Ville de la Chine [i], dans la Province de Suchuen, au Département de Chungking cinquième Métropole de la Province. Elle eſt de 9. d. 34. plus Occidentale que Péking, ſous les 31. d. 0′. de Latitude.

[i] Ibid.

TIENLU, Montagne de la Chine [k], dans la Province de Quangtung, au Territoire de Chaoking, ſixième Métropole de la Province. Cette Montagne qui eſt haute & eſcarpée eſt creuſe & fameuſe par ſes Cavernes. On dit qu'elle contient une Fontaine ou un Etang inacceſſible, & que ſi on y jette la moindre petite pierre, on entend un mugiſſement & un bruit auſſi fort que le tonnerre; après quoi le Ciel ſe couvre de nuages & il tombe de la pluye. C'eſt delà qu'on lui a donné le nom de *Fontaine*, ou d'*Etang du Dragon*.

[k] Ibid.

TIENMO, Montagne de la Chine [l], dans la Province de Chekiang, au Territoire de Hangcheu, première Métropole de la Province. Il commence au voiſinage de la Ville de Lingan, & s'étend l'eſpace de quatre-vingt Stades. Son nom, qui veut dire l'*Oeil du Ciel*, lui a été donné, parce que ſur ſes deux ſommets il y a deux Lacs, qui ſont comme deux yeux qui regardent le Ciel. Le Mont Tienmo a le trente-quatrième rang entre les plus célèbres Montagnes de la Chine. Il eſt eſcarpé en quelques endroits; dans d'autres il eſt couvert de Forêts, & dans les Vallées on trouve des Champs où l'on ſeme du Ris. Il y a ſur cette Montagne une telle quantité de champignons, qu'on les tranſporte dans toutes les Provinces de la Chine. Après qu'on les a confits dans le ſel, on les fait ſecher, & on les conſerve ainſi toute l'année. Lorſqu'on veut s'en ſervir on les met tremper quelque tems dans l'eau, & ils paroiſſent alors tout frais.

[l] Ibid.

TIENPE, Ville de la Chine [m], dans la Province de Quantung, au Département de Caocheu, ſeptième Métropole de la Province. Elle eſt de 5. d. 25′. plus Occidentale que Péking, ſous les 22. d. 30′. de Latitude.

[m] Ibid.

TIENTAI, Ville de la Chine [n], dans la Province de Chekiang, au Département de Taicheu, dixième Métropole de la Province. Elle eſt de 4. d. 7′. plus Orientale que Péking, ſous les 28. d. 55′. de Latitude.

[n] Ibid.

TIENUL, Montagne de la Chine [o], dans la Province d'Iunnan, au Nord de la Ville de Munghoa, ſixième Métropole de la Province. Tienul veut dire l'*Oreille du Ciel*. On a donné ce nom à cette Montagne, parce qu'il y a un Echo ſi délicat, qu'il répete tout, quelque bas que l'on puiſſe parler.

[o] Ibid.

TIENXEU, Montagne de la Chine [p], dans la Province de Péking, au Nord Oriental de la Ville de Xuntien, dont elle eſt éloignée de quatre lieues. C'eſt dans cette Montagne que ſont les Tombeaux des Empereurs de la Chine.

[p] Ibid.

TIERACHE. Voyez Thierache.

TIERCEVILLE, Bourg de France, dans la Normandie, Election de Giſors.

TIERMAS, en Latin Thermæ, Village d'Eſpagne, au Royaume d'Aragon, vers les confins de la Navarre, au-deſſous de Salviaterra, vis-à-vis de Sangueſſa. Il eſt ſitué dans une Plaine au bord de la Riviére d'Aragon, & au pied des Pyrénées [q]. La récolte du bled & celle du vin y ſont paſſables;

[q] Silva, Poblac. Eſpaña, p. 142.

sables; & il y croît du chanvre & du lin. Il s'y trouve des Bains d'eaux chaudes fort salutaires, & propres pour la guérison de diverses maladies, étant chargées de parties de salpêtre, de nitre, d'alun & de souffre. Cet endroit fut peuplé par l'ordre du Roi Pierre II. en 1201.

TIERPIED, Bourg de France, dans la Normandie Election d'Avranches.

TIERRA DE CAMPOS, Contrée d'Espagne dans la Castille Vieille [a], & la partie la plus fertile de toute cette Province. C'est ce Quartier de Pays, qui est vers le Nord aux environs de Medina-de-Rio-Seco & de Palencia. Le Vin y est par-tout excellent, & les Plaines sont couvertes de grands Troupeaux de gros & de menu Bétail, & particuliérement de Brebis, dont la laine est fine, ce qui fait la principale richesse du Pays.

[a] Délices d'Espagne t. I. p. 215.

TIERRA, ou TERRA, DOS FUMOS, Contrée d'Afrique [b], au Pays des Hottentots, sur la Côte Orientale des Cafres errants. Cette Contrée s'étend le long de la Mer des Indes, entre la Terre de Zanguane au Nord, la Terre de Natal au Midi, & le Pays appellé Terra dos Naonetas à l'Occident.

[b] De l'Isle, Atlas.

TIESA, ou TIASA, Fleuve du Péloponnèse: Pausanias [c] dit qu'en descendant de Sparte à *Amyclæ*, on rencontroit le Fleuve *Tiesa*, qui tiroit son nom de Tiesa, à ce qu'on croyoit, fille d'Eurotas. C'est le Tiassus d'Athénée [d].

[c] Lib. 3. c. 18.
[d] Lib. 4.

TIESVRES, *Teucera*, Lieu de France dans l'Artois, au Diocèse d'Arras. Ce Lieu qui a été autrefois de la Picardie est ancien. Les Itinéraires en font mention sous le nom de TEUCERA.

1. TIFATA, Montagne d'Italie dans la Campanie, près de Capoüe. Elle commande cette Ville selon Tite-Live [e]: *Tifata imminentes Capuæ colles*. Silius Italicus [f] dit en parlant d'Annibal:

[e] Lib. 7. c. 29. & L. 26. c. 5.
[f] Lib. 12. v. 48.

*. . . . . arduus ipse
Tifata invadit prior, quæ mœnibus instat
Collis, & e tumulis subjectam despicit Urbem.*

Cette Montagne étoit sacrée & la Table de Peutinger y marque deux Temples; celui qui étoit à l'Occident est désigné par ces mots AD-DIANAM, & celui qui étoit à l'Orient par ceux-ci JOVIS-TIFATINUS.

2. TIFATA, Ville d'Italie, dans le Latium selon Pline [g].

[g] Lib. 3. c. 5.

TIFAUGES, ou TIFFAUGES, petite Ville de France dans le Poitou, Election de Mauléon, sur la Sévre Nantoise, aux confins de l'Anjou & de la Bretagne. Cette Ville a titre de Vicomté.

1. TIFERNUM, Ville d'Italie, dans la partie de l'Umbrie, qui est en deçà de l'Apennin, sur le bord du Tibre. On la nommoit *Tifernum Tiberinum* pour la distinguer d'une autre TIFERNUM surnommée *Metaurense*. Les Habitans de ces deux Villes avoient aussi les mêmes surnoms; car Pline [h] dit: *Tifernates cognomine Tiberini & alii Metaurenses*. Il est fait mention de la première de ces Villes dans une ancienne Inscription rapportée dans le Tréfor de Gruter [i], où on lit *Reip. Tif. Tib.* & Holsten [k]

[h] Lib. 3. c. 14.
[i] Pag. 494. no. 5.
[k] Pag. 90.

prouve par une autre Inscription que le nom de cette Ville s'employoit au pluriel: C. JULIO. C. F. CLU. PROCULO TIFERNIS TIBERINIS. Le nom moderne est CITTA-DI-CASTELLO.

2. TIFERNUM, ou TIFERNUM METAURUM, Ville d'Italie, dans le Samnium selon Tite-Live [l]. Dans un autre endroit [m], il donne ce nom à une Montagne. Ce nom étoit encore commun à un Fleuve, suivant le témoignage de Pomponius-Mela [n] & de Pline [o]. Le Fleuve se nomme aujourd'hui *il Biferno*; & c'étoit sans doute sur ses bords, ou plutôt vers sa source qu'on avoit bâti la Ville de TIFERNUM. Cluvier a conjecturé delà que cette Ville étoit dans l'endroit, où l'on voit présentement MOLISE, qui est la Capitale du Pays. Mais Holsten n'en convient pas. Voyez l'Article précédent.

[l] Lib. 9. c. 44. & Lib. 10. c. 14.
[m] Lib. 10. c. 30.
[n] Lib. 2. c. 4.
[o] Lib. 3. c. 11.

TIFERNUS. Voyez TIFERNUM, N°. 2. & PHITERNUS.

TIFEX, Ville fort ancienne d'Afrique, au Royaume de Tunis [p], sur la frontière de la Numidie, à trente-cinq lieues de Conftantine, du côté du Midi. Elle est sur la pente d'une Montagne, fermée de murailles & de Tours fort hautes. Autrefois elle étoit grande & peuplée. Il y avoit de beaux Bâtimens, des Palais, des Colléges. Quand les premiers Arabes entrérent en Afrique, elle tint long-tems pour les Romains, qui l'avoient bâtie. Mais les Arabes la prirent à la fin par force, & après l'avoir saccagée, la ruinérent. Elle se rétablit depuis; mais les Arabes la saccagérent une seconde fois sous la conduite de Muça Enacer. Elle fut ensuite repeuplée par les Africains Uled Haroa, qui errent par la campagne comme les Arabes. Ils ne s'en servoient qu'à resserrer leur bleds, & à tirer quelques contributions des voisins; ils l'ont possédée long-tems avec toute sa Contrée malgré les Arabes, à la faveur d'un Chef des Azuages, qui en courant par le Pays, tua dans une bataille Muley Nocer fils d'un Roi de Tunis, alors Seigneur de Constantine. Ce Prince irrité de la mort de son fils marcha contre eux, & les ayant vaincus il acheva de détruire cette Place, sans que les Arabes ayent souffert qu'elle se soit rétablie depuis. Il y a seulement un Fauxbourg où demeurent quelques Bérébéres, à cause d'un grand Marché qui s'y tient toutes les Semaines; les Arabes & les Bérébéres y viennent debiter leurs marchandises.

[p] Marmol, Royaume de Tunis, Liv. 6. c. 10. p. 441. & 442.

TIFFLIS. Voyez TEFLIS.

TIFILTENSIS, Siège Episcopal d'Afrique, selon la Notice Episcopale de la Mauritanie Césariense, où l'Evêque de ce Siège est nommé *Donatus*. Mr. Baluze croit que c'est le même Siège, qui est appellé *Tisditanus* dans la Notice des Evêchez de la Numidie, & Holstenius veut que ce soit le même qui est nommé *Tifeditensis* dans la Conférence de Carthage [q].

[q] N. 136.

TIGA, Ville de la Mauritanie Césariense, sur l'Océan Atlantique, selon Strabon [r].

[r] Lib. 17. p. 827.

TIGABITANUS, Siège Episcopal d'Afrique, dans la Mauritanie Césariense, selon la Notice des Evêchez de cette Province, où l'Evêque de ce Siège est appellé Crescus St Augustin [s] fait mention de Palladius *Episcopus Tigabitanus*, & de son successeur [t] Honora-

[s] In Gestis cum Emerita.
[t] Lib. 1. Ep. 228.

noratus. Dans le Recueil des Canons de l'Eglise d'Afrique [a] il est parlé d'une Ville appellée *Civitas Tiganensis*, qui étoit dans la Mauritanie ; & Ptolomée, Pline, l'Itinéraire d'Antonin & Ammien Marcellin connoissent la Ville *Tigavæ*, ou *Tigavarum*.

[a] Cap. 97.

TIGAUDA, Municipe de la Mauritanie Césarienseé. L'Itinéraire d'Antonin le place sur la route de *Cala* à *Rusuccurum* entre *Castellum-Tingitanum*, & *Oppidum novum*, à vingt-deux milles du premier de ces Lieux, & à trente-deux milles du second. Les MSS. varient beaucoup sur l'Orthographe de ce mot : les uns portent Tignauas Municipio ; d'autres Tigauta Municipio ; & d'autres Tagauda.

TIGAZA, Ville d'Afrique, au Royaume de Fez, dans la Province de Cuzt. Elle est, dit Marmol [b], sur une petite Rivière, qui sortant de la Montagne de Cunai-gelgherben, va se rendre dans le Cébu. Ceux du Pays disent qu'elle a été bâtie par les anciens Africains pour la garde de ce passage ; car elle est dans un Vallon. Ses Habitans sont des Barbares qui vivent comme des Bêtes, sans ordre ni discipline. Ils recueillent de l'Orge de quelques héritages d'alentour, & ils ont des enclos de Pêschers. Cette Place étoit comme la Forteresse des Arabes appellez Beni-Hascen. Ils y resserroient leur bled, quand ils alloient aux Deserts ; mais le Roi de Fez s'en rendit maître.

[§] Royaume de Fez, L. 4. c. 122.

[b] Portul. de la Méditerranée, p. 59.

TIGENSE OPPIDUM, Ville de l'Afrique propre. C'est Pline [c] qui en parle. Le Pere Hardouin soupçonne que ce pourroit être la même Ville qui est nommée *Tigiensis*, ou *Tizien sis*, dans la Conférence de Carthage. Voyez Tigiensis.

[c] Lib. 5. c. 4.

TIGESUS. Voyez Tegessus.

TIGIENSIS, ou Tiziensis, Siège Episcopal d'Afrique dans la Byzacène. L'Evêque de ce Siège est appellé Honoratus dans la Notice des Evêchez d'Afrique, & Aptus *Episcopus Plebis Tigiensis* dans la Conférence de Carthage [d].

[d] No. 120.

TIGILLAVENSIS, ou Tigillabensis, Siège Episcopal d'Afrique dans la Numidie, selon la Notice des Evêchez d'Afrique où son Evêque est appellé Junior. Dans la Conférence de Carthage [e] l'Evêque de ce Siège est nommé Reginus *Episcopus plebis Tigillavensis*.

[e] No. 133.

TIGIMMENSIS, Siège Episcopal d'Afrique, dans la Province Proconsulaire, comme nous l'apprend la Lettre des Evêques de cette Province à Paul Patriarche de Constantinople, rapportée dans le Concile de Latran, sous le Pape Martin. Dans la Conférence de Carthage [f], Rogatianus est qualifié *Episcopus plebis Tigimmensis*. Il avoit un Adversaire Donatiste nommé Victorinus.

[f] ibid.

TIGIS, Ville de la Mauritanie Césariense, selon Ptolomée [g]. L'Itinéraire d'Antonin la marque sur la route de *Rusuccurum* à *Scaldæ*, entre *Rusuccurum* & *Badil*, à douze milles du premier de ces Lieux & à vingt-sept milles du second. Peut-être est-ce cette Ville dont le Siège Episcopal est appellé Tigisitanus dans la Conférence de Carthage. Voyez l'Article suivant.

[g] Lib. 4. c. 2.

1. TIGISITANUS, Siège Episcopal d'Afrique, dans la Mauritanie Césarienseé. L'Evêque de ce Siège est nommé Passitanus dans la Notice de cette Province, & Gaudentius dans la Conférence de Carthage. Il y avoit un autre Siège de même nom dans la Numidie.

2. TIGISITANUS, Il y avoit deux Sièges Episcopaux de ce nom dans l'Afrique ; savoir l'un dans la Numidie, & l'autre dans la Mauritanie Césarienseé. Il est fait mention de ces deux Sièges dans la Notice des Evêchez d'Afrique.

TIGNE, Bourg de France dans l'Anjou, Election de Saumur.

TIGNES (Pointe des). Cette Pointe est sur la Côte de France, à l'Embouchure du Rhône. La Pointe des Tignes, dit Michelot [h], est à 41. milles à l'Est-quart de Sud-Est du Port de Cette, & à 13. milles au Sud-Est-quart de Sud de la Pointe des Saintes Maries. Il y a entre ces deux Pointes un grand enfoncement, dans lequel on peut mouiller dans une nécessité, y ayant 5. à 6. brasses d'eau, fond de vase molle, & y étant à couvert des vents d'Est & Sud-Est ; mais il faut prendre bien garde de ne pas se laisser surprendre par les vents du large, car on ne pourroit doubler les Pointes, ni d'un côté ni d'autre. Ce qu'on appelle ordinairement les Tignes ou Tignaux, sont plusieurs basses Pointes de Marécages & petits bancs de sable qui sont aux environs, & qui s'avancent le plus au large de tout le Golfe de Lion ; c'est le lieu où se vient jetter la Rivière du Rhône, & l'endroit le plus dangereux de toutes ces Côtes, à cause des bords de la Mer qui y sont fort bas.

[h] Portul. de la Méditerranée. p. 59.

TIGNIA. Leander dit que les Latins donnent ce nom à un Fleuve d'Italie dans le *Picenum*, & qui est nommé *Tinea*, ou *Tenna* dans le Pays. C'est une Rivière de la Marche d'Ancone.

TIGNICENSIS, Siège Episcopal d'Afrique, dans la Numidie. Son Evêque est qualifié Aufidius *Episcopus plebis Tignicensis*, dans la Conférence de Carthage [i]. La Ville s'appelloit Tignica. La Table de Peuttinger la connoît & la marque près de Teclata.

[i] No. 133.

TIGNIUM, Ville d'Italie dans le *Picenum*, selon César [k] ; Ciacconius a fait voir qu'il faloit lire *Iguvium*, au lieu de *Tignium*. On croit que c'est aujourd'hui *S. Maria in Georgio*.

[k] De Bel. Civ. L. 1. c. 12.

TIGORUM. Voyez Tigurinus.

TIGRA, Ville de la Basse-Mœsie. L'Itinéraire d'Antonin la marque sur la route, de *Viminacium* à Nicomédie, en prenant le long de la Côte. Elle étoit entre *Exantaprisis* & *Appiaria*, à neuf milles du premier de ces Lieux & à treize milles du second.

TIGRANA, Ville de la Médie. Elle étoit dans les Terres selon Ptolomée [l].

[l] Lib. 6. c. 2.

TIGRANAANA, Ville de la Grande Arménie ; Ptolomée [m] la marque parmi les Villes qui sont à l'Orient des sources du Tigre. Au lieu de Tigranaana le MS. de la Bibliothéque Palatine porte Tigranoama.

[m] Lib. 5. c. 13.

TIGRANOCERTA, Ville de la Grande Arménie, bâtie par le Roi Tigrane, du tems de la guerre de Mithridate [n] ; ce qui fait qu'Appien en décrivant cette guerre appelle Tigranocerte une Ville toute nouvelle.

[n] Cellar. Geogr. Ant L. 3. c. 11.

velle. Elle étoit située au-delà des sources du Tigre, en tirant vers le Mont Taurus. C'est la situation que lui donne Ptolomée [a]. Pline [b] ajoute qu'elle étoit sur une haute Montagne, dans la partie Méridionale de l'Arménie. Tacite [b] la met à trente-sept milles de Nisibis. Tigranocerta dans la Langue du Pays veut dire la Ville de Tigrane. Elle étoit bien fortifiée, & elle étoit défendue par une bonne Garnison selon Tacite [c], qui nous apprend qu'elle étoit baignée par le Fleuve Nicephorius. Plutarque dit que c'étoit une grande & belle Ville & puissamment riche. L'arrivée de Lucullus dans l'Arménie, dit Strabon [d], fut cause que cette Ville demeura imparfaite; mais dans la suite elle devint une grande Ville bien peuplée.

Le mot TIGRANOCERTA est du genre neutre, selon Etienne le Géographe; & Plutarque de même que d'autres Auteurs s'en sont servis dans ce sens. Appien cependant le fait du genre féminin & Tacite l'emploie aux deux genres.

TIGRE, Fleuve d'Asie & l'un des grands Fleuves qui prennent leur source dans l'Arménie & se jettent dans le Golphe Persique. Moyse [e] l'appelle Chidkel. Les Anciens le nommoient *Diglito*: & encore aujourd'hui il est appelé *Tegil* ou *Tigil*. Joseph, le Paraphraste Chaldéen, les Traducteurs Arabes & Persans le nomment *Diglat*. Pline [f] dit qu'à sa source & tandis qu'il coule doucement, on l'appelle *Diglito*: mais qu'étant devenu plus rapide, on lui donne le nom de *Tigris*, qui dans la Langue des Mèdes, signifie *une Flèche*. Il ajoute qu'il prend sa source dans la Grande Arménie, au milieu d'une Campagne, nommée Elégosine. Il entre dans le Lac Aréthuse, & passe au travers sans y mêler ses eaux. Après cela il rencontre le Mont Taurus, rentre dans la terre, passe sous la Montagne, & va reparoître de l'autre côté. La Caverne où il entre, s'appelle Zoroanda; & une preuve que c'est lui-même, & que ce n'est pas un nouveau Fleuve qui sort au-delà de la Montagne, c'est qu'il rend à sa sortie ce qu'on y avoit jetté à l'entrée de la Caverne. Ainsi parle Pline. Ptolomée met aussi la source du Tigre au milieu de l'Arménie au 39. d. & un tiers de Latitude. Mais Strabon [g] semble avoir pris pour la source du Tigre la sortie du Mont Taurus, puis qu'il la met hors de l'Arménie, & qu'il dit qu'il naît au Midi du Mont Niphate, qui fait partie du Mont Taurus. Le Tigre à l'Orient, & l'Euphrate au Couchant, bordent la Mésopotamie qui est entre deux. Après avoir parcouru beaucoup de Pays du Septentrion au Midi, ces deux fameux Fleuves se dégorgent dans le Golphe Persique. Aujourd'hui ils y tombent par un Canal commun: mais autrefois ils y tomboient séparément, comme Pline [h] l'a remarqué, & on voyoit encore de son tems les vestiges des anciens canaux. Le Tigre avoit sa source dans le Pays d'Eden [i], & c'étoit un des quatre Fleuves qui sortoient du Paradis terrestre. Le Tigre se déborde au commencement du Printems [k] à cause de la fonte des neiges des Montagnes d'Arménie. Pline [l] donne le nom de PASTIGRIS à cette partie du Tigre qui se sépare en deux Bras, & qui après avoir formé une Isle se rejoignent pour couler dans un seul lit. Strabon [m] & Arrien donnent aussi le nom de Pastigris à l'embouchure du Tigre.

TIGRE, TEGRE, ou TIGRA, Royaume d'Afrique, compris dans l'Ethiopie ou Abissinie. C'est un des plus considérables entre ceux qui composent l'Empire d'Abissinie; & c'est le premier qu'on trouve en entrant de l'Egypte dans l'Ethiopie. Il est borné au Nord [p] par les Royaumes de Sennar & des Balous, à l'Orient par la Mer-Rouge, au Midi du Royaume d'Angor & de Bagemder, & à l'Occident par ceux de Sennar & de Dambea. Le Royaume de Tigré a eu autrefois ses Rois particuliers qui faisoient leur demeure à Axum. Sa partie la plus considérable est celle qui regarde la Mer-Rouge, & se nomme *Bahr*, la Mer, ou *Medra Bahr*, la Terre de la Mer, ou la Province Maritime. Elle comprend trois Toparchies; & son Président appellé Bahr-Nagash fait sa résidence à Dobarwa.

Il y a dans le Royaume de Tigré vingt-sept Préfectures, sans compter celles qui sont soumises au Bahr-Nagash, savoir

Abargalé,	Hagaraj,
Acsum, ou Axum,	Memberta,
Adèt,	Nadèr,
Afa-Macouonen,	Sahart,
Agamja,	Salawa,
Amba-Sanet,	Sanafe,
Bora,	Sire,
Bura-Superior,	Taderar,
Bura-Inferior,	Tamben,
Beta-Abba-Garima,	Torat,
	Tzam-a,
Doba,	Tzera-e,
Enderta,	Wag,
Garalta,	Wajrat.

Ces Préfectures sont habitées par différens Peuples; mais il n'y a pas autant de Préfets que de Préfectures, dont quelquefois une, deux ou trois obéissent au même Préfet. Par exemple Bora, Salawa & Waga n'ont qu'un seul Préfet pour elles trois.

Les Préfectures soumises au Bahr-Nagash, sont

Bakla,	Marjan,
Egala,	Marata,
Hamaçen,	Sarawe,
Zangaren.	

TIGUALENSIS, ou TIGUALTENSIS, Siège Episcopal d'Afrique, dans la Byzacène. L'Evêque de ce Siège est nommé Mangenticus dans la Notice des Evêchez d'Afrique, & *Asmunius* dans la Conférence de Carthage [q].

TIGUARE [r], Peuples de l'Amérique Méridionale au Brésil, dans la Capitainerie de Parayba. De Laet [s] dit que ces Peuples diffèrent peu des autres Sauvages, pour le langage & pour les mœurs, & qu'ils habitent des Lieux voisins d'une Baye que les Portugais appellent *Baya de Treyçaon*. Cette Baye est à une lieue de l'endroit où la Riviére de Monguangape se décharge dans la Mer, à sept lieues de Parayba, & 6. d. 20'. de la Ligne vers le Sud. Cette Baye est fermée par une Pointe basse, d'où part un Banc de Rochers qui court en Mer, qui paroît à Marée basse, & ferme la plus grande partie de cette Baye comme une Barre, rompant l'impétuosité des Flots que la Mer roule vers le rivage; de sorte que douze ou quinze Navires peuvent fort commodément être à l'ancre derriére ces Bancs. Le Continent est couvert d'un Bois épais entre lequel & le rivage il y a un Etang que l'on peut passer à gué dans tout autre tems que celui des pluyes. Sa largeur est d'un quart de lieue. Au-delà de cet Etang les Portugais ont bâti une petite Eglise & quelques Maisons. Ceux qui les occupent s'adonnent au Labourage & nourrissent un grand nombre de Vaches. Ce furent les Portugais qui domptérent les Tiguares au commencement du Siècle passé. Ceuxci qui les haïssoient se joignirent quelque tems après aux Hollandois, avec lesquels ils entreprirent de leur faire la guerre. Mais les Hollandois qui avoient d'autres desseins étant partis sans laisser aucunes Troupes dans leur Pays, les Tiguares furent contraints de s'enfuir en divers Quartiers, & les Portugais en tuérent un grand nombre. Mr. de l'Isle les place aujourd'hui dans la partie Occidentale de la Capitainerie de Parayba, au Nord des Petiguares.

TIGUIDENT, Ville maritime d'Afrique, au Royaume d'Alger, au Levant de la Ville de Sargel, dans une Baye que fait la Mer, entre le Port du Mont & celle des Cassines. Marmol dans sa Description de l'Afrique [a] dit que TIGUIDENT est le nom que les Africains donnent à cette Ville; & que Tiguident signifie Vieille Ville. Selon le même Auteur cette Ville est l'ancienne Césarée, en quoi il ne s'accorde pas avec beaucoup de Géographes. Voyez CESAREE, N°. 8. Quoi qu'il en soit, cette Ville, dit-il, a été bâtie par les anciens Afriquains, & embellie par les Empereurs de Rome; & Aben-Raquiq assure que c'étoit une des Places les plus peuplées de l'Afrique. Les vestiges de ses murs ont plus de trois lieues de circuit, & l'on voit encore quelques marques de sa grandeur passée. Quand les Arabes couroient victorieux par toute l'Afrique, cette Ville étoit considérable par ses Richesses & par ses Académies d'où sont sortis de grands Poëtes & de grands Philosophes. Elle tomba depuis sous le pouvoir de la Maison d'Idris, qui la posséda durant plus de cent-cinquante ans; jusqu'à ce que dans la guerre des Califes Schismatiques de Carouan, l'an neuf-cens cinquante-neuf, qui étoit le trois-cens cinquante-cinquième de l'Hégire, ses Maisons, ses Murailles & ses Temples furent démolis, par Abdala, fils de Mahoedin, qui fit mourir cruellement les Habitans qui étoient de l'opinion d'Idris. Il reste encore sur pied deux anciens Temples, où l'on sacrifioit aux Idoles. Dans l'un il y a un Dôme fort élevé que les Maures appellent *Coborromia*, ou sépulcre de Romain, & que les Chrétiens nomment par corruption *Cabaromia*, ajoutant que la fille du Comte Julien y est enterrée. Ce Dôme est si élevé que du faîte on découvre un Vaisseau en Mer, à vingt lieues delà; & du côté de terre on voit les Campagnes de Méticha à plus de seize lieues d'éloignement. Il est bâti de grosses pierres, & fermé de toutes parts. En 1555. Salharraës le voulut détruire, croyant y trouver quelque trésor; mais comme les Chrétiens captifs ôtoient les pierres, il en sortit une sorte de Guêpes noires & si venimeuses, que leur piquure donnoit la mort sur l'heure; ce qui obligea d'abandonner l'ouvrage. Au devant de cette Ville est une Forêt appellée la Forêt de la mauvaise femme. On y voit de grands Arbres, comme des Cédres, des Peupliers, des Liéges & des Lauriers; & c'est delà que se coupe tout le Bois que l'on porte à Alger pour construire des Navires. Près delà est une Montagne qui avance dans la Mer & que les Mariniers nomment la *Campagne de Tenez*. Personne ne peut abattre de Bois sur cette Montagne sans la permission des Algériens qui y font bonne garde. La Ville de Tiguident est ruinée & ne s'est pu rétablir depuis que le Calife, dont il vient d'être parlé, la détruisit. D'ailleurs les Arabes, qui jouissent de la Contrée, ne le permettroient pas. Elle étoit bâtie sur un haut tertre qui entre dans la Mer. Il n'y avoit point, ajoute Marmol, d'autre Ville maritime dans cette Province, & nous n'avons trouvé le nom de Césarée que dans Aben-Raquiq.

TIGULIA & SEGESTA TIGULIORUM, Ville d'Italie dans la Ligurie, selon Pline [b]. Tous les Géographes ne s'accordent pas sur la position de ces deux Villes, dont l'une étoit sur la Côte & l'autre dans les Terres. Cluvier entre autres voudroit faire de TIGULIA une Ville maritime, & reculer SEGESTA TIGULIORUM à deux milles dans les Terres, à un endroit où l'on voit les ruïnes d'une ancienne Ville. Il fonde son sentiment sur l'autorité de Ptolomée [c], qui compte TIGULIA au nombre des Villes maritimes, & qui ne semble faire qu'une Ville de TIGULIA & de SEGESTA TIGULIORUM. Mais Holsten croit qu'on doit plutôt s'en rapporter aux Itinéraires, qui marquent TIGULIA, TECOLATE, ou TEGULATA, sur la Voye Aurélienne, & Segeste sur la Côte. Cette position paroît d'autant plus préférable que les Itinéraires s'accordent avec Pline, qui fait une Ville maritime de TIGULIA & dit positivement que SEGESTA-TIGULIORUM étoit dans les Terres: *intus Segesta Tiguliorum*.

TIGURINA, Ville Métropole du Norique, selon Ortelius [d] qui cite la Vie de St. Séverin. Il ajoute qu'au lieu de TIGURINA, il y en a qui lisent TIBURNIA. Voyez ce mot.

TIGURINUS-PAGUS. César [e] donne ce nom à un des quatre Cantons qui composoient la Société Helvétique. Ce Canton pouvoit prendre son nom de la Ville TIGURUM, qui fut sans doute une des douze Villes que les Helvétiens brûlérent eux-mêmes [f] lorsqu'ils voulurent aller s'établir dans l'intérieur de la Gaule. A la vérité aucun

[a] Tom. 2. c. 34.

[b] Lib. 3. c. 5.

[c] Lib. 3. c. 1.

[d] Thesaur.

[e] Lib. 1. c. 12.

[f] Ibid. c. 5.

524 TIG. TIJ. TIK. TIL. TIL.

Ancien Auteur ne nomme la Ville TIGURUM. Mais malgré ce silence des Ecrivains, on peut bien supposer que cette Ville exiftoit dès ce tems-là. TIGURUM en effet fe trouve encore aujourd'hui la Capitale de ce Canton. De TIGURUM on a fait Zurich; comme de *Taberna* Zabern, & de *Tolbiacum* Zulpich. Les Auteurs du moyen âge difoient *Turegum*, au lieu de *Tigurum*. Les TIGURINI [a] fe joignirent aux Cimbres, lorsque ceux-ci entreprirent de paffer en Italie.

[a] Strabo, Lib. 7. p. 293.

TIGURINI. Voyez TIGURINUS-PAGUS.

TIGURUM. Voyez TIGURINUS-PAGUS.

TIJUCENSIS, ou peut-être TYSICENSIS, Siège Episcopal d'Afrique, dans la Province Proconfulaire. Dans la Conférence de Carthage [b] Pafcafius eft appellé *Episcopus Plebis Tijucenfis*. Le nom de ce Siège ne fe trouve point dans la Notice des Evêchez d'Afrique; car on ne peut adopter ce que dit M. Baluse que c'eft le même Siège que la Notice nomme *Tyfienfis* & place dans la Byzacéne, & il n'a pas fait attention lui-même qu'il avoit déja donné plus haut ce Siège à *Aptus Episcopus Plebis Tigienfis*. Je croirois, dit Mr. Dupin, que le *Tyficenfe Oppidum*, que St. Augustin place dans la Province Proconfulaire, & dont il dit que Novellus étoit Evêque du tems de Caecilianus, étoit-différent de l'Evêché appellé *Tifienfis*, & en même tems le même que *Tijucenfis*, dont il eft ici queftion.

[b] No. 126.

TIKI, Ville de la Chine [c], dans la Province de Queicheu, au Département de Tunggin, fixième Métropole de la Province. Elle eft de 9. d. 26´. plus Occidentale que Péking, fous les 28. d. 40´. de Latitude.

[c] Atlas Sinenf.

TIL, Rivière d'Afie, fur les bords de laquelle habitoit la Nation nommée SOGOR, felon Nicéphore Callifte [d], cité par Ortelius [e]. Cette Nation eut anciennement deux Princes, l'un appellé *Ver*, & l'autre *Cuni*, qui lui donnérent leur nom.

[d] Lib. 18. c. 30.
[e] Thefaur.

TILA, nom Latin de la petite Ville de Tiel, dans les Pays-Bas. Voyez TIEL.

TILAPANI, Peuple de l'Amérique Septentrionale dans la Louïfiane, fitué au Midi des Peuples nommez, Tchatchagoula, au bord de la Branche la plus confidérable du Miffiffipi.

TILATÆI, Peuples de la Thrace, felon Etienne le Géographe. Thucydide [f] dit que ce Peuple habitoit fur le Mont Scomius.

[f] Lib. 2. p. 166.

TILAVENTUM MAJUS ET MINUS, noms de deux Fleuves que Pline [g] met dans l'Italie au Pays des Venetes. Léander dit que ce font deux Fleuves du Frioul, & que TILAVENTUM MAJUS eft le *Tagliamento*, & le TILAVENTUM MINUS la *Stella*. Ptolomée [h] ne parle que du premier de ces Fleuves qu'il nomme TILAVEMPTUM.

[g] Lib. 3. c. 18.
[h] Lib. 3. c. 1.

TILBOURG, Bourg des Pays-Bas Hollandois, au Pays d'Ofterwyck, à l'Occident Méridional du Bourg d'Ofterwyck. Tilbourg eft un Lieu très-confidérable [i], & fort renommé par fes Manufactures de Draps, & d'autres étoffes de laine. C'eft une Seigneurie qui a haute, moyenne & baffe Juftice, qui appartenoit ci-devant au Comte de Grobbendonck, & qui a été vendue au Prince Guillaume de Hesse Caffel. La Juftice eft adminiftrée par un Droffard, un Bourguemaitre, fept Echevins & deux Décemvirs; il y a auffi un Secrétaire & un Huiffier exploitant. Le Droffard dont l'emploi eft affez confidérable, & tous les Membres de ce Tribunal font établis par le Seigneur qui a dans le Bourg un ancien & grand Château, & dont les revenus montent à cinq ou fix mille florins par an. Tilbourg eft fi peuplé qu'on y compte plus de quatre mille Communians; & il peut mettre encore aujourd'hui quinze cens hommes fous les armes. Il y a tous les Samedis un Marché, & quatre Marchez francs tous les ans, le lendemain de la Fête de St. Paul, le Lundi après le Dimanche des Rameaux, à la St. Jean, & le Lundi après la St. Simon. L'Eglife eft affez belle, & l'Affemblée des Réformez eft plus nombreufe qu'ailleurs. Le Minifre fert auffi celle de Goerle, Village voifin dont le Tribunal eft réuni avec celui de Tilbourg, & le Droffard en eft le Chef.

[i] Janiçon, Etat préf. de la Rép. des Prov. Un. t. 2. p. 122.

TILBURGUM, Lieu d'Angleterre, fur le bord de la Thamife, felon Bede cité par Ortelius [k]. Ce Lieu ne feroit-il point *Tilbury*, Bourg du Comté d'Effex, à quelques milles au-deffous de Londres fur la rive Septentrionale de la Thamife?

[k] Thefaur.

TILBURY. Voyez TILBURGUM.

TILCHATEL, Bourg de France, dans la Champagne, Diocése & Election de Langres. Ce Bourg eft fitué fur la Rivière de Tille. Il eft enclavé dans la Bourgogne; fes Habitans l'appellent par corruption TRIELE-CHATEAU.

TILEDÆ. Voyez PLADÆ.

TILIUM. Voyez TILLIUM.

TILLABARUM, Ville de l'Afrique propre: L'Itinéraire d'Antonin la marque fur la route de *Tacapæ* à la grande Leptis en prenant par les limites de la Province de Tripoli. Elle étoit entre *Thebelamum* & *Adaugmagdum*, à vingt milles du premier de ces Lieux & à trente milles du fecond. Il fe pourroit faire que *Tillabarum* auroit donné le nom aux Limites appellez *Limes Tillibarenfis* dans la Notice des Dignitez de l'Empire.

TILLARD, Bourg de France, dans le Beauvaifis, à onze lieues de Paris, à cinq de Beauvais, à trois de Mouy & de Beaumont fur l'Oife, dans une Campagne fertile en grains. On y tient Marché le Vendredi de chaque Semaine.

TILLE (La) Rivière de France [l], dans la Bourgogne. Elle a fa source dans le Bailliage de Châtillon, paffe dans celui de Dijon, & fe jette dans la Saône. On a plufieurs fois propofé de faire un canal depuis Dijon jufqu'à la Saône près de Saint Jean de Laône, qui par la jonction de ces trois Rivières & de quelques ruiffeaux qu'elles reçoivent, augmenteroit confidérablement le Commerce de cette Province, & ne coûteroit pas plus de cinq cens mille Livres.

[l] Piganiol, Defcr. de la France, t. 3. p. 395.

TILLEMONT [m], qu'on prononce fouvent Tirlemont, Ville des Pays-Bas au Duché de Brabant, en Flamand *Thienen*. C'eft une affez grande Ville, qui a été une des 52. principales du Brabant, & où Henri I. Duc de Brabant fonda un Collége de Chanoines l'an 1221. Aujourd'hui elle eft peu confidérable, ayant été ruinée par les guerres. Il y a dou-

[m] Louguerui, Defcr. de la France, Part. 2. p.

à douze Ponts fur la Riviére de Géete, qui traverse cette Ville [a]. On compte trois Fontaines publiques, fix Portes au dedans & fept Places de Marché. La Ville de Tillemont a été la Patrie de Jean Bollandus qui naquit le 13. d'Aout 1596. & entra dans la Compagnie de Jéfus lors qu'il eut atteint l'âge de 16. ans. La réputation qu'il s'y acquit non-feulement dans les Pays-Bas, mais encore dans les Pays étrangers fit jetter les yeux fur lui pour éxécuter le grand deffein que le Pere Heribert Rofweide avoit eu de recueillir tout ce qui pourroit fervir aux Vies des Saints, fous le titre d'*Acta Sanctorum*. L'entreprife demandoit un homme auffi habile qu'affidu dans le travail; mais elle ne fe trouva point au-deffus des forces du Pere Bollandus, qui publia en 1643. les Saints du mois de Janvier en deux Volumes *in folio*. Il donna quelques années après les Saints du mois de Fevrier en trois Volumes; & leur fuccès juftifia l'heureux choix que l'on avoit fait de lui, pour ce grand & pénible Ouvrage. Il travailloit à en donner une fuite, lors que la mort le furprit le 12. de Septembre 1665. On lui nomma des Continuateurs, qui pourfuivent un fi utile deffein, qui entre autres deviendra un véritable tréfor de Géographie.

[a] *Corn Dict*

1. TILLIERS, Bourg de France, dans l'Anjou, Election d'Angers.

2. TILLIERS, ou TILLIERES, autrefois TUILLIERS [b], gros Bourg de France dans la Normandie, fur la Riviére d'Iton, avec Château & titre de Comté, en Latin *Tugularia*. Ce Bourg eft dans le Diocèfe d'Evreux, entre Verneuil & Nonancourt. On y tient un gros Marché & il y a des Moulins à eau. Le Château élevé fur le fommet d'une Côte eft fort logeable, & accompagné de Jardins, foutenus de fortes terraffes. Il commande le Bourg qui eft bâti dans la Vallée.

[b] Ibid. Sur des Mém. dreffez fur les Lieux en 1701.

TILLIUM, ou TILIUM, Ville de l'Ifle de Sardaigne, fur la Côte Occidentale: Ptolomée [c] la marque entre le Promontoire *Gorditanum* & le Port *Nymphæus*. Molet croit que TILIUM eft aujourd'hui S. *Reparata*.

[c] Lib. 3. c. 3.

1. TILLY, *Tillium* ou *Tilliacum*, Lieu de France, dans le Pays Meffin au Diocèfe de Verdun.

2. TILLY, Château de France, dans la Haute Normandie, au Rumois, entre Bourg-Theroude & la Riviére de Rille, à une lieue ou environ de l'Abbaye du Bec, fur la Paroiffe de ST. JEAN DE ROISSE. La façade de ce Château eft ornée d'Architecture & de Sculpture, avec des Bas-reliefs ouvragez fur la pierre. Deux groffes Tours lui tiennent lieu de pavillons aux deux extrémitez, & une haute Tourelle, où il y a une Horloge, furmonte le milieu du corps de ce Bâtiment, & laiffe voir les dehors de la Chapelle. La Cour eft fermée de bonnes murailles foutenues de douze Tours; le tout entouré de foffez; & l'on y entre par deux Portes où il y a des Ponts-Levis. Ce Château eft Seigneurial & plufieurs Paroiffes en dépendent. On le découvre au milieu d'une belle Campagne fertile en bons grains.

TILMOGNUS, Lieu de la Cœléfyrie felon Nicéphore Callifte [d], cité par Ortelius [e]. C'eft le TILMOGIUM d'Evagrius [f].

[d] Lib. [6. c.
[e] Thefaur.
[f] Lib. 3. c. 27.

TILOGRAMMON, Ville de l'Inde en deçà du Gange, dans le Golphe auquel ce Fleuve donne fon nom, felon Ptolomée [g], Caftald dit que le nom moderne eft *Catigan*.

[g] Lib. 7. c. 1.

TILOTES, Bourgade d'Egypte, dans la dépendance d'Héraclée. Suidas dit que c'étoit la Patrie d'Héracléon.

TILOX, Promontoire de l'Ifle de Corfe: Ptolomée [h] le marque fur la Côte Septentrionale, entre l'Embouchure du Fleuve Valerius & le Rivage appellé *Cæfiæ Littus*. Pinet croit que c'eft préfentement *Cabo-Revelar*, ou *Chevelar*.

[h] L.b. 3. c. 2.

TILPHOSSA, Fontaine de la Bœotie felon Ariftophane: Strabon [i] dit qu'elle étoit près de la Ville de *Tilphofium* à laquelle elle donnoit fon nom. C'eft la TILPHOSA. Ce fut auprès de cette Fontaine que mourut Tirefias. C'eft la TILPHUSIA d'Apollodore [k], & la TILPHUSA de Paufanias [l], qui place dans ce Quartier une Montagne nommée TILPHUSIOS, & dit que la Fontaine & la Montagne étoient tout au plus à cinquante Stades de la Ville Haliartus. Etienne le Géographe connoît auffi une Fontaine & une Montagne nommées TILPHOSSA. Il ajoute que ce nom eft formé de celui de la Nymphe Telphufa, fille du Fleuve Ladon.

[i] Lib. 9. p. 413.
[k] Lib. 3.
[l] Lib. 9. Cap. 33.

TILPHOSSÆUM, petite Contrée de la Theffalie. C'eft Etienne le Géographe qui en fait mention. Demofthène, cité par Ortelius [m], fait une Ville de TILPHOSSÆUM; ne feroit-ce point la Ville TILPHOSIUM de Strabon? Voyez TILPHOSSA.

[m] Thefaur.

TILPHUSA, TILPHUSIA & TILPHUSIOS. Voyez TILPHOSSA.

TILSA, ou TILSIT, petite Ville du Royaume de Pruffe [n], fur le bord Septentrional de la Riviére de Niemen, un peu au-deffus de l'endroit où elle fe partage pour fe jetter dans le Curifch-haft. Zeyler [o] dit que cette Ville fut bâtie en 1552. Il y avoit feulement un Château depuis l'année 1289. On y fait un grand commerce de noifettes. Hennenberger [p] affure qu'en 1578. un Bourgmeftre de cette Ville envoya lui feul douze cens tonneaux de noifettes, dont il retira trois mille fix cens florins.

[n] De l'Ifle, Atlas.
[o] Topog. Pruff. p. 50.
[p] Fol. 463.

TILTIL, Village de l'Amérique Méridionale au Chili, dans l'Evêché de Sant-Jago. En allant de cette Ville à Valparaifo par Tiltil, on allonge la route de deux lieues. Le Pays eft un peu moins defert que celui de Sapata [q], on y voit d'efpace en efpace quelques terres labourées; & quoi-qu'on y paffe une Montagne fort rude, les défilez n'en font pas fort incommodes. Le petit Village Tiltil eft fitué un peu plus qu'à demi-Côte d'une haute Montagne toute pleine de Mines d'or; mais outre qu'elles ne font pas fort riches, la pierre de mine, ou le minerai en eft fort dur, & il y a peu d'Ouvriers depuis qu'on en a découvert de plus riches ailleurs, foit auffi parce que les eaux manquent aux Moulins pendant quatre mois de l'année. Les Efpagnols appellent ces Moulins *Trapiches*. On s'en fert pour écrafer la pierre qu'on a tirée de la mine. Il y en a de blanc, de rougeâtre, & de noirâtre; mais la plûpart ne montre que peu

[q] Frezier, Voy. de la Mer du Sud. t. 1. p. 184.

ou point d'or à l'œil. Dès que les pierres font un peu écrasées, on y jette une certaine quantité de Mercure ou Vif-argent qui s'attache à l'or que la meule a séparé de la pierre qu'elle moud. Pendant ce tems on fait tomber dans l'auge circulaire un fil d'eau conduite avec rapidité par un petit canal, pour délayer la terre qu'elle entraîne dehors par un trou fait exprès; l'or incorporé avec le Mercure tombe au fond, & y demeure retenu par sa pesanteur. On moud par jour un demi caxon, c'est-à-dire 25. quintaux de minerai, dans cinq Moulins qu'il y a, & quand on a cessé de moudre, on ramasse cette pâte d'or, & de mercure qu'on trouve au fond de l'endroit le plus creux de l'auge: on la met dans un nouet de toile pour en exprimer le mercure autant qu'on peut; on la fait ensuite chauffer pour faire évaporer ce qui en reste; & c'est ce que l'on appelle de l'or en pigne. Pour dégager entièrement l'or du Mercure dont il est encore imprégné, il faut fondre la pigne, & alors on en connoît le juste poids, & le véritable aloi. On n'y fait point d'autre façon; la pesanteur de l'or, & la facilité avec laquelle il s'amalgame au mercure fait qu'on en dégage le minerai sur le champ. C'est l'avantage qu'ont les Mineurs d'or sur ceux d'argent; chaque jour ils savent ce qu'ils gagnent, & ceux-ci ne le savent quelquefois qu'au bout de deux mois. Le poids d'or se mesure par Castillans; un Castillan est la centième partie d'une livre poids d'Espagne, il se divise en huit Tomines, ainsi six Castillans & deux Tomines font une once. L'aloi de l'or se mesure par Quilates, ou Carats, qu'on borne à 24. pour le plus haut, celui des Mines de Tiltil est depuis 26. à 21. suivant la qualité des minières & la richesse des veines, cinquante quintaux de minerai ou chaque caxon, donne quatre, cinq, & six onces d'or; quand il n'en donne que deux, le Mineur ne retire que ses fraix, ce qui arrive assez souvent; mais aussi il est quelquefois bien dédommagé quand il rencontre de bonnes veines, car les mines d'or sont de toutes les métalliques, les plus inégales; on poursuit une veine qui s'élargit, se rétrécit, semble même se perdre, & cela dans un petit espace de terrain, Cette bizarrerie de la Nature fait vivre les Mineurs dans l'espérance de trouver ce qu'ils appellent la Bourse, qui sont certains bouts de veine si riches, qu'elles ont quelquefois enrichi un homme tout d'un coup. C'est aussi cette inégalité qui les ruïne souvent, d'où vient qu'il est plus rare de voir un Mineur d'or riche qu'un Mineur d'argent, ou d'autre métail; c'est aussi par cette raison que les Mineurs sont privilégiez; car ils ne peuvent être exécutez pour le civil, & l'or ne paye au Roi que le vingtième, ce qu'on appelle *Covo* du nom d'un Particulier à qui le Roi fit cette grace; parce qu'on en payoit le quint comme de l'argent. Les Minières d'or, comme toutes les autres, de quelque métail qu'elles soient, appartiennent à qui les découvre le premier; il suffit de présenter Requête pour se les faire adjuger. On mesure sur la veine 80. varres de longueur, c'est-à-dire 240. pieds, & 40. en largeur, pour celui à qui elle est adjugée, qui choisit cette étendue où bon lui semble, ensuite on en mesure 80. autres qui appartiennent au Roi, le reste revient au premier Prétendant, en même mesure, qui en dispose comme il lui plaît. Ce qui appartient au Roi est vendu au plus offrant, qui veut acheter une richesse inconnue & incertaine. Au reste, ceux qui veulent travailler de leurs bras, obtiennent sans peine du Mineur une veine à travailler, ce qu'ils tirent est pour leur compte, en lui payant les droits du Roi, & le louage du Moulin, qui est si considérable, qu'il y en a qui se contentent du profit qui leur en revient, sans faire travailler aux Minières.

TILUM, Ville de l'Hellespont, selon Ortelius [a] qui cite le Concile de Chalcédoine.

TILURUS. Voyez au mot Pons l'Article Pons-Tiluri.

TIMACHUS, Fleuve de la Mœsie, au Pays des Dardaniens, selon Pline [b]. Voyez Timacum.

TIMACUM, Ville de la Haute-Mysie, ou plûtôt Mœsie: Ptolomée [c] dit qu'elle étoit éloignée du Danube. Peut-être étoit-elle bâtie sur le bord du Fleuve Timachus. Voyez Timachus.

TIMÆA, Ville de la Bithynie: Ptolomée [d] la marque dans les Terres.

TIMÆI, Peuples de Sicile selon Ortelius [e] qui cite Etienne le Géographe [f]. Cependant ce dernier il n'est pas question d'un Peuple, mais de l'Histoire d'un Auteur nommé Tinée, ἐν τοῖς λεγομένοις Τιμαίοις; id est, dit Berkelius, ἐν τοῖς λεγομένοις τῷ Τιμαίῳ ἱστορίων βιβλίοις.

TIMAGAMIN, Lac de l'Amérique Septentrionale, dans la Nouvelle France, à l'Orient du Lac Mistasin. Le premier de ces Lacs s'appelle aussi Outakouamiois.

TIMAGENUS, Isle du Golphe Arabique selon Ptolomée [g].

TIMALINUM. Voyez Talamina.

1. TIMANA, Contrée de l'Amérique Méridionale au Popayan [h], avec une Ville de même nom. Cette Contrée est arrosée de Riviéres & de bonnes eaux, & est agréable par ses Pâturages. Le plus grand profit des Habitans est celui qu'ils tirent de toutes sortes de fruits qui y croissent & qui sont fort bons. Ils se consistent, ou avec du sucre, ou avec du miel, qui se trouve en abondance dans le creux des Arbres; & ils les portent vendre à la Ville d'Almaguer: ils y portent aussi des masse-pains & des macarons qu'ils font de certaines noix, qui ont le goût d'amandes. On a encore dans ce Pays une grande quantité de Pite, qui est fort estimée par-tout.

2. TIMANA, Ville de l'Amérique Méridionale au Popayan [i], dans la Contrée à laquelle elle donne son nom, à l'Orient Méridional de Truxillo, sur le bord d'une petite Rivière qui se jette dans celle de Caketa. La Ville de Timana qui est à quarante lieues de celle de Popayan vers le Sud-Est, & à soixante lieues de la Ville de Santa Fé de Bogotta, est située, selon de Laet [k], au commencement de la Vallée de Neyva, & à l'Orient des hautes Montagnes des Andes, dans une Région fort chaude. L'air y est

y est très-sain & les Habitans y vivent long-tems. Le Lieutenant du Gouvernement de la Province y fait sa résidence. Près de la Ville est une Montagne où l'on prétend avoir trouvé de l'Aiman. Les Sauvages nommez Paëzes ont fait autrefois beaucoup de mal aux Espagnols de la Ville de Timana, qu'ils contraignirent d'abandonner celle de Neyva, que les Espagnols avoient bâtie dans leur Pays, à vingt lieues de Timan.

TIMAVUS, Fontaine, Lac, Fleuve & Port, d'Italie. Virgile parle de la Fontaine du Timavus, au premier Livre de l'Enéide [a]:

[a] Vers 244.

Antenor potuit. . . . .
. . . . . . fontem superare Timavi
Unde per ora novem, & vasto cum murmure montis
It mare praeruptum.

Tite-Live [b] fait mention du Lac: le Consul, dit-il, étant parti d'Aquilée alla camper sur le bord du Lac du Timavus. Ce Fleuve sortoit du Lac par sept ou par neuf ouvertures, couloit entre *Tergeste* & *Concordia*, & se jettoit dans la Mer par une seule Embouchure selon Pomponius-Mela [c]. Claudien dit à peu près la même chose:

[b] Lib. 41. c. 1.
[c] Lib. 2. c. 4.

Mincius, inque novem consurgens ora Timavus.

Par les descriptions que les Poëtes donnent de ce Fleuve on s'imagineroit qu'il auroit été auprès de Padoue chez les Vénetes, ou du moins dans leur voisinage; car Stace [d] donne à Tite-Live qui étoit de Padoue l'Epithéte [e] de *Timavi alumnus*: Sidonius Apollinaris, donne au *Timavus* le surnom d'*Euganeus*, à cause des Peuples Euganées qui habitoient au Couchant des Vénetes; & Lucain [f] met aussi le Timavus dans le même quartier:

[d] Lib. 4. Silv. 7.
[e] Carm. 9. v. 196.
[f] Lib. 7. v. 192.

Euganeo, si vera fidei memorantibus, augur
Colle sedens, Aponus terris ubi fumifer exit;
Atque Antenorei dispergitur unda Timavi.

Mais comme la Géographie des Poëtes n'est pas toujours fort exacte, il vaut mieux s'en rapporter aux Géographes ordinaires, comme Strabon, Polybe & Posidonius, & parmi les Latins Pomponius Mela, Pline, l'Itinéraire d'Antonin, & la Table de Peutinger, qui tous mettent le Timavus après Aquilée, c'est-à-dire entre Aquilée & Tergeste. L'Itinéraire d'Antonin qui s'accorde avec la Table de Peutinger marque la source du Timavus sur la route d'Aquilée à *Salona* en cet ordre:

Aquileia
Fontem Timavi   M. P. XII.
Tergeste   M. P. XII.

Strabon, qui nous apprend qu'il y avoit dans cet endroit un Temple de Diomede appellé *Templum Timavum Diomedis*, un Port & un Bois fort agréable, ne donne que sept sources au Fleuve Timavus, qui, dit-il, après s'être formé un lit vaste & profond, va aussi-tôt se perdre dans la Mer: *Templum Timavum. Diomedis memorabile est; Portum habet, & Lucum amaenum, etiam fontes septem aquae fluvialis, statim lato altoque flumine in Mare exeuntis.*

TIMBAS, Peuples Sauvages de l'Amérique Méridionale au Popayan [g]. Ils habitent dans de profondes Vallées, qu'on trouve au-delà de celle de Lilen, en tirant vers la Mer du Sud. Ces Vallées sont entre de hautes Montagnes rudes & desertes, & elles abondent en mays & en autres fruits de la terre. Il y a aussi quantité d'Arbres fruitiers. Les Timbas qui habitent ces Vallées ont tué autrefois un grand nombre d'Espagnols.

[g] De Laet, Descr. des Indes Oc. Liv. 9. c. 14.

TIMBUES, Peuples Sauvages de l'Amérique Méridionale au Paraguay. De Laet dit que ces Peuples habitent autour d'un Lac, qu'on trouve en remontant la Riviére de la Plata; & qu'ils vivent le plus souvent de poissons. Quand les Espagnols découvrirent ce Pays, sous la conduite de Pedro de Mendoza, ces Sauvages les reçurent fort humainement; ce qui fut cause que Mendoza bâtit dans leur Canton une Bourgade qu'il nomma BONNE-ESPERANCE.

TIMENIUM. Voyez TEMENIUM.

TIMENKI. Voyez TERCK.

TIMESQUIT, Ville d'Afrique, selon Marmol [h], qui en parle ainsi: Timesquit est une des principales Villes de la Province de Dara; C'est comme une Forteresse du côté de Gézula, dont elle est en quelque sorte la frontiere. Il y a environ deux mille Habitans, avec un Fauxbourg de quatre cens maisons. C'est une habitation de la haute Contrée, elle est ancienne & il y demeure un Gouverneur, avec quantité de Cavalerie & d'Infanterie, pour arrêter les Courses des Bérébéres de Gézula, & pour recueillir les contributions du Pays, qui rapporte beaucoup de dates, & abonde en blé, en orge & en troupeaux.

[h] Numidie, L. 7. ch. 21. p. 17.

TIMETHUS, Fleuve de Sicile; son embouchure est placée par Ptolomée [i] sur la Côte Septentrionale entre *Tyndarium* & *Agathyrium*. Le nom moderne est *Traina*, & *Patti* selon Fazel, qui dit que ce même Fleuve est appellé Symaethus par Strabon & par Pline; mais c'est une erreur, car Ptolomée fait deux Fleuves du *Symaethus* & du *Timethus*, & leur donne une position bien différente.

[i] Lib. 3 c. 4.

TIMICE. Voyez TIMICITANUS.

TIMICITANUS, Siège Episcopal d'Afrique, dans la Mauritanie Césariense. L'Evêque de ce Siège est nommé Honoratus dans la Notice de cette Province, & Victor dans la Conférence de Carthage [k]. Pline [l] connoît une Ville appellée *Timici* & Ptolomée [m] place Timice avec les Villes de la Mauritanie.

[k] No. 135.
[l] Lib. 5. c. 2.
[m] Lib. 4. c. 2.

TIMIDA-REGIA. Voyez TIMIDENSIS.

TIMIDANENSIS, Siège Episcopal d'Afrique dans la Mauritanie Césariense. La Notice des Evêchez de cette Province appelle l'Evêque de ce Siège *Securus*.

TIMIDENSIS, Siège Episcopal d'Afrique, dans la Province Proconsulaire ou Benenatus est qualifié *Timidensis Episcopus*. La Fête des Martyrs *Timidenses* est marquée au XI. des Calendes de Juin dans un ancien Calendrier de l'Eglise de Carthage. Le nom de de cette Ville étoit TIMIDA-REGIA. St. Augustin [a] parle de son Evêque Faustus, à qui il donne le titre de Confesseur, & qui assista au Concile de Carthage tenu sous St. Cyprien; Restitutus, qui prenoit le titre d'*Episcopus Timidensium Regionum*, se trouva au Concile de Carthage sous Boniface; & la signature de Felix *Episcopus Ecclesiæ Timidensis*, se trouve parmi celles des Evêques de la Province Proconsulaire dans le Concile de Latran tenu sous le Pape Martin.

[a] Lib. 7. de Baptismo, contra Donat. c. 22.

TIMII. Voyez OSISIMI.

TIMNAS. Voyez HYMNAS.

TIMO, Fleuve d'Italie. Il en est parlé dans la Vie de St. Corbinien citée par Ortelius [b].

[b] Thesaur.

TIMOGITTIA, Ville de la Scythie, sur la Côte du Pont-Euxin. Elle est marquée dans l'Itinéraire d'Antonin sur la route de *Viminacium* à Nicomédie, en prenant le long de la Côte, & elle est placée entre *Calavis* & *Dionysopolis*, à dix-huit milles de la première de ces Places & à vingt-quatre milles de la seconde.

TIMOLUS, Voyez TMOLUS.

1. TIMONIUM, Lieu fortifié, dans la Paphlagonie, selon Etienne le Géographe. Elle donnoit son nom à une Contrée qui est appellée TIMONITIS par Strabon [c] & par Ptolomée [d]. C'étoit la partie de la Paphlagonie, qui étoit limitrophe de la Bithynie. Les Peuples de cette Contrée sont appellez TIMONIACENSES par Pline [e].

[c] Lib. 12. p. 562.
[d] Lib. 5. c. 1.
[e] Lib. 5. c. 32.

2. TIMONIUM, Strabon [f] nomme ainsi la Maison qu'Antoine bâtit auprès d'Aléxandrie d'Egypte pour sa retraite. Plutarque [g] parle aussi de cette Maison. Antoine quittant la Ville d'Aléxandrie & renonçant au commerce de ses amis, se fit une retraite maritime auprès du Phare, sur une jettée qu'il fit dans la Mer, se tint la fuyant la compagnie des hommes, & disant qu'il aimoit & vouloit imiter la Vie de Timon, parce qu'il avoit éprouvé la même infidélité & la même perfidie; & comme lui, il n'avoit reçu de ses amis qu'injustice & qu'ingratitude; c'est pourquoi il se défioit de tous les autres & les haïssoit tous également. C'est l'origine du nom de TIMONIUM ou de la Maison de Timon qu'il avoit donné à sa petite retraite maritime.

[f] Lib. 17. p. 794.
[g] In Antonio.

TIMOR, Isle de l'Océan Oriental, au Midi des Moluques & la plus éloignée de celles qui sont à l'Orient de la grande Java. Elle gît à peu près Nord-Est & Sud-Est. On lui donne soixante lieues de longueur, & quinze dans sa plus grande largeur. Cette Isle fournit beaucoup de bois de Santal [h], de cire & de miel. On y debite bien les Marchandises de la Chine de même que les Toiles blanches, avec des bordures jaunes, qu'on nomme Fériades; les Toiles de Cain-Drogom semées de bouquets, les Toiles rouges de Gusurate pliées en quarré, les Tafetas du plus bas prix, les Perles de verre, les petites pelles de fer quarrées, le Plomb, l'Acier, l'Etain, & particuliérement le Fer. On y vend fort bien aussi un métal fait d'un alliage moitié d'or moitié d'argent, mis en barres ou en lames d'un empan de longueur & d'un pouce d'épaisseur. Toutes sortes de vivres sont à bon marché dans cette Isle & s'y trouvent en abondance.

[h] Recueil des Voyag. de la Compagnie des Indes Or. t. 4. p. 363. Ed. de Rouen.

Les Hollandois ont un Fort dans cette Isle; mais il est petit & de peu d'importance. Il est pourtant assez bien situé pour le Commerce de la Compagnie, qui dans le fond n'est pas suffisant pour subvenir à l'entretien du Comptoir qu'elle y a établi. On garde cependant ce Fort pour debiter des Esclaves qu'on y négocie, & à cause du bois de Santal qu'on y trouve & qui est une marchandise, dont le debit se fait aussi facilemen que profitablement, tant à la Chine que dans les autres Etats des Indes.

TIMOTIANI. Voyez GUDUSCANI.

TIMPHADUM. Voyez TINPHADUM.

TIMPORUM, TIMERUM, TIMPIRIS ou TOMPIRIS. C'est ainsi que les divers MSS. lisent le nom d'un Lieu que l'Itinéraire d'Antonin marque sur la route de *Dyrrachium* à Byzance, entre *Milolitum* & Trajanopolis, à seize milles de la première de ces Places, & à neuf milles de la seconde. Ortelius [i] a de la peine à croire que ce soit le TEMPYRUM de Tite-Live; Mais Cellarius [k] ne balance pas à dire que c'est le même Lieu. Si je ne me trompe, dit-il, il faut lire *Tempyrum* au lieu de TIMPORUM dans l'Itinéraire d'Antonin, & placer ce Lieu près des Aciniens du côté du Septentrion. C'est la position que lui donne Tite-Live [l]: *Inde Æniorum fines, præter Apollinis (Zerynthium quem vocant incolæ) Templum superant. Aliæ angustiæ circa Tempyra excipiunt (hoc loco nomen est) nec minus confragosæ.* Cela s'accorde avec ce que dit Ovide [m]:

[i] Thesaur.
[k] Geogr. Ant. L. I. c. 15.
[l] Lib. 38.
[m] Lib. I. Trist. Eleg. 9.

*Idæ levi vento Zerynthia litora nactis
Threiciam tetigit fessa carina Samon.
Saltus ab hac terra brevis est Tempyra petenti.*

TIMULA. Voyez SIMYLLA.

TIMUS, Ville de l'Asie-Mineure, selon Nicéphore Calliste, cité par Ortelius [n]. Il ajoute que cette Ville fut renversée par un Tremblement de terre arrivé sous l'Empire de Tibère. Ortelius soupçonne que cette Ville *Timus* pourroit être celle que Tacite nomme *Temnos* & qui est appellée *Temis* dans la Chronique d'Eusèbe.

[n] Thesaur.

1. TIMYRA, Ville qu'Etienne le Géographe place aux environs de l'Isaurie.

2. TIMYRA, Fleuve de l'Inde. C'est Etienne le Géographe qui le dit.

TIN, ou TINO, Isle de la Mer Méditerranée, sur la Côte d'Italie, à l'entrée du Golphe de la Specie, au Midi Oriental de l'Isle de Palmaria, selon Magin. Michelot [o] parle ainsi de cette Isle: Tout proche de l'Isle Palmaria du côté du Sud, il y en a une plus petite qu'on appelle le TIN qui est aussi fort haute, sur le sommet de laquelle il y a un petit Fort abandonné, & un vieux débris d'un Monastère, elle est aussi remplie d'arbres de pins. Au Sud-Ouest de cette Isle, environ 300. toises, il y a un Ecueil hors de l'eau, & quelques Roches sous l'eau, dont il faut s'éloigner. Venant du côté de l'Ouest, pour aller mouiller à Porto-Venere, on passe ordinairement entre ces deux Isles, où il ne manque pas de fond, ensuite on fait le tour de l'Isle Palmaria,

[o] Portul. de la Mer. p. 95.

maria, & on entre dans le Golfe de Specia, rangeant à diſcrétion un petit Fort quarré qui eſt ſur un Ecueil à fleur d'eau à l'extrémité de l'Iſle Palmaria du côté de l'Eſt. On peut auſſi paſſer entre cette Iſle & le Fortin, paſſant un peu plus proche du Fort que de l'Iſle, ou du moins par le milieu, y ayant trois Braſſes au moins profond, & il faut prendre garde à quelques rochers qui ſont à fleur d'eau de part & d'autre. Ayant donc doublé ce Fortin d'une maniere ou d'autre, on va enſuite mouiller par le milieu d'une Anſe qui eſt du côté du Nord-Oueſt, où il y a quelque peu de Plages de grave, elle eſt remplie d'Oliviers juſqu'auprès de la Mer: on mouille le premier Fer du large, par 8. à 10. Braſſes d'eau vers le Sud-Eſt, enſuite on porte une Amarre à terre vers le Nord-Oueſt proche les Oliviers, à un grélin & demi loin de la Plage, pour lors on ſera par 4. à 5. Braſſes d'eau fond d'herbe vazeux, les autres Galéres mouillent aux environs, & quelques-unes demeurent affourchées ſur deux Ancres.

On y peut même venir mouiller avec des Vaiſſeaux, & lorſqu'on vient dans cette Rade, il ne faut pas aprocher plus de deux longueurs de cables la Pointe où eſt le Couvent de S. François, parce que le fond manque tout à coup de part & d'autre. On fait de l'eau à un Puits qui eſt hors de la Ville, & quelquefois dans le Cloître de ce Couvent. Le Traverſier de la grande Paſſe eſt l'Eſt-Sud-Eſt. Celui de la petite Paſſe le Sud-Oueſt; mais ni l'un ni l'autre ne peuvent cauſer de groſſe Mer. La latitude eſt 44. d. 8′.

TINA, Riviére d'Angleterre, ſelon Béde, cité par Ortelius [a]. Le nom moderne de cette Riviére eſt Tine. Voyez TINE. [a Theſaur.]

TINAS [b], la Montagne des Figuiers. C'eſt ainſi que les Arabes Muſulmans appellent une Montagne de la Terre Sainte, qu'ils ont forgée pour correſpondre au nom de celle qu'ils nomment Sina, qui eſt le Mont Sinaï. Mahomet jura dans ſon Alcoran par les Montagnes de Tina & de Sina. Car ces mots de même cadence lui plaiſent extrêmement, & l'on pourroit croire, que cette Montagne des Figuiers n'eſt autre que celle des Oliviers dont parlent les Evangéliſtes, & de laquelle Mahomet avoit appris quelque choſe par le moyen des Chrétiens. [b D'Herbelot, Biblioth. Or.]

TINCAUSARIS, Lieu d'Afrique dans la Cyrénaïque: L'Itinéraire d'Antonin le marque ſur la Route de Carthage à Aléxandrie, entre *Boreum* & *Atticis*, à vingt-quatre milles du premier de ces Lieux & à vingt-cinq milles du ſecond. Quelques MSS. au lieu de TINCAUSARIS liſent TINCIAUSARIS.

TINCHEBRAY, petite Ville de France [c], dans la Baſſe-Normandie, au Dioceſe de Bayeux, entre les Villes de Vire, de Mortain, de Domfront & de Condé. Elle a deux Paroiſſes, dont l'une eſt ſous l'Invocation de St. Pierre. On y tient un gros Marché le Lundi, & deux Foires dans l'année, l'une à la *Quaſimodo* & l'autre à la Magdelaine. Son Territoire produit des Grains, & on y trouve de bons Pâturages. En 1105. Robert, frere de Guillaume *le Roux*, Roi d'Angleterre, ayant perdu une Bataille à Tinchebray, fut fait priſonnier par ſon frere, qui eut l'inhumanité de le priver de la vûe, en lui faiſant mettre devant les yeux un Baſſin de cuivre tout ardent; & Robert en mourut dans ſa priſon. [c Corn. Dict. Hermant, Hiſt. du Dioceſe de Bayeux.]

TINCONTIUM, ou TINCONCIUM, Ville de la Gaule Lyonnoiſe. Elle eſt marquée dans l'Itinéraire d'Antonin ſur la Route de Bourdeaux à Autun, entre *Avaricum* & *Deccidæ*, à vingt milles du premier de ces Lieux, & à vingt-deux milles du ſecond.

TINDA, Ville de Thrace ſelon Pline [d], qui dit qu'elle ne ſubſiſtoit plus de ſon tems. Etienne le Géographe met une Ville nommée Tinde dans la Chalcidie, Contrée de la Thrace. C'eſt le STABULUM DIOMEDIS de l'Itinéraire d'Antonin & la TURRIS-DIOMEDIS de Pomponius-Mela. Au lieu de TINDA, Martianus Capella lit *Tyrida* c'eſt une faute. [d Lib. 4. c. 11.]

TINDIUM, Ville de Libye, ſelon Etienne le Géographe. Athénée [e] la met dans l'Egypte. [e Lib. 15.]

TINDUS, Fleuve de l'Angleterre, ſelon Béde cité par Ortelius [f]. Il ajoute que ce Fleuve couloit près du Monaſtére appellé *Mailtæ*. [f Theſaur.]

1. TINE, *Tinia*, ou *Querca*, petite Ville des Etats du Turc en Europe, dans la Boſnie ſur le Tis. Les Rois de Croatie y firent ériger un Evêché [g] ſous Spalatro vers la fin du onziéme Siècle. L'Evêque de Tine devoit être l'Evêque de la Cour, partout où elle pourroit aller. [g Commainville, Table des Evêchez p. 218.]

2. TINE, Riviére d'Angleterre [h]. Elle ſépare une partie de la Province de Durham de celle de Northumberland, & paſſe auprès de Newcaſtle, qu'on appelle Newcaſtle ſur la Tine, pour le diſtinguer de Neucaſtle ſous la Line dans la Province de Stafford. A ſept milles au-deſſous de Newcaſtle, la Tine ſe jette dans la Mer du Nord à Tinmouth. Cette Riviére eſt fameuſe par ſon prodigieux négoce de charbon. [h Etat préſent de la Gr Br. t. 1. p. 15.]

3. TINE, Iſle de l'Archipel & l'une des Cyclades, au Midi Oriental d'Andros, au Couchant de l'Iſle de Nicaria, au Nord de l'Iſle de Micone, & à l'Orient de l'Iſle Jura. [i] Cette Iſle fut anciennement nommée *Tenos* ſuivant Etienne le Géographe, d'un certain Tenos qui la peupla le premier. Hérodote nous apprend [k] qu'elle fit partie de l'Empire des Cyclades que les Naxiotes poſſédérent dans les premiers tems. Il eſt parlé des Téniens parmi les Peuples de Gréce qui avoient fourni des Troupes à la Bataille de Platée, où Mardonius Général des Perſes fut défait; & les noms de tous ces Peuples furent gravez ſur la droite d'une baſe de la Statue de Jupiter regardant l'Orient: à voir même l'inſcription rapportée par Pauſanias, il ſemble que les Peuples de cette Iſle fuſſent alors plus puiſſans, ou auſſi puiſſans que ceux de Naxos. Néanmoins ceux de Tenos, les Andriens, & la plûpart des autres Inſulaires, dont les intérêts étoient communs, effrayez de la puiſſance formidable des Orientaux, ſe tournérent de leur côté. Xerxès ſe ſervit d'eux & des Peuples de l'Iſle Eubée pour réparer les pertes qu'il faiſoit dans ſes Armées. Les [i Tournefort, Voy du Levant, t. 1. p. 136. k Lib. 8.]

For-

Forces maritimes des Téniens sont marquées sur une Médaille fort ancienne, frappée à la tête de Neptune révéré particulierement dans cette Isle ; le revers représente le Trident de ce Dieu, accompagné de deux Dauphins : Goltzius a fait aussi mention de deux Médailles de Tenos au même Type. Tristan parle d'une Médaille d'argent des Téniens à la tête de Neptune avec un Trident au revers.

Le Bourg de *San Nicolo* bâti sur les ruines de l'ancienne Ville de Tenos, au lieu de Port n'a qu'une méchante Plage qui regarde le Sud, & d'où l'on découvre l'Isle de Syra au Sud-Sud-Ouest. Quoiqu'il n'y ait dans ce Bourg qu'environ 150. Maisons, on ne peut pas douter par le nom de Polis qu'il porte encore, & par les Médailles & les Marbres antiques qu'on y trouve en travaillant la terre, que ce ne soient les débris de la Capitale de l'Isle. Strabon assure que cette Ville n'étoit pas grande ; mais qu'il y avoit un fort beau Temple de Neptune dans un Bois voisin, où l'on venoit célébrer les Fêtes de cette Divinité, & où l'on étoit régalé dans des appartemens magnifiques ; ce Temple avoit un Asyle dont Tibère régla les droits de même que ceux des plus fameux Temples du Levant. A l'égard de Neptune, Philocore, cité par Clément d'Aléxandrie, rapporte qu'il étoit honoré dans Tenos comme un grand Médecin, & cela se confirme par quelques Médailles : il y en a une chez le Roi dont Tristan, & Patin font mention : La tête est d'Aléxandre Sévère ; au revers c'est un Trident, autour duquel est tortillé un Serpent, Symbole de la Médecine chez les Anciens. D'ailleurs cette Isle avoit été appellée l'Isle aux Serpens.

Elle a 60. milles de tour & s'étend du Nord-Nord-Ouest au Sud-Sud-Est. Elle est pleine de Montagnes pelées ; & elle ne laisse pas d'être la mieux cultivée de l'Archipel. Tous les Fruits y sont excellens : Mélons, Figues, Raisins, la Vigne y vient admirablement bien, & c'est sans doute depuis long-tems ; puisque Mr. Vaillant fait mention d'une Médaille frappée à sa Légende, sur le revers de laquelle est représenté Bacchus tenant un Raisin de la main droite & un Thyrse de la gauche ; la tête est d'Antonin Pic. La Médaille que Mr. Spon acheta dans la même Isle est plus ancienne ; d'un côté, c'est la tête de Jupiter Hammon, & de l'autre une Grappe de Raisin : à l'égard du Froment, on en seme peu dans cette Isle, mais on y recueille beaucoup d'Orge.

Les Figuiers de Tine sont fort bas & fort touffus : les Oliviers y viennent fort bien ; mais il y en a peu, & leur Fruit n'est destiné que pour être salé : on y manqueroit de Bois & de Moutons, si on ne les tiroit d'Andros : d'ailleurs le Pays est agréable & arrosé de beaucoup de Fontaines, qui lui avoient attiré chez les Anciens le nom d'*Hydrussa*, de même que la plûpart des Isles où il y a quelques sources : on a dit plus haut qu'on l'avoit nommée l'Isle aux Serpens ; mais Hesychius de Milet nous apprend que Neptune s'étoit servi de Cigognes pour les exterminer : il faut que cela soit vrai, ou que la race de ces reptiles soit éteinte, puisqu'on n'y en voit plus.

La Soye fait aujourd'hui la richesse de Tine ; chaque année on y en recueille environ seize mille Livres pesant : elle vaut quelquefois un sequin la livre & elle va quelquefois jusqu'à trois Ecus ; quoique ce soit la Soye la mieux préparée de toute la Grèce, elle n'est pas pourtant assez fine pour faire des étoffes, mais fort propre à coudre & à faire des Rubans : on fait de bons Bas de soye dans cette Isle ; rien n'approche de la beauté des Gands que l'on y tricotte pour les Dames. Ceux qui font embarquer de la Soye pour Venise, ne payent aucun droit de sortie à Tine ; ils donnent caution, & la caution paye si l'on découvre que la Soye ait été conduite autre part ; la raison en est que cette Marchandise payant l'entrée à Venise, elle payeroit deux fois sur les Terres de la République, si l'on en faisoit payer la sortie à Tine.

La Forteresse de Tine, est sur la Roche dominante du Pays, & où la Nature a plus travaillé que l'Art ; la garde en est confiée à quatorze Soldats mal vêtus. On y compte environ quarante Canons de Bronze, & deux ou trois Canons de Fer. C'est le séjour des plus honnêtes gens de l'Isle, quoiqu'il n'y ait pas plus de 500. Maisons, que le Vent du Nord & le froid, aussi âpre qu'à Paris, rendent fort incommodes. Le Palais du Provéditeur est mal bâti, on n'y sauroit conserver aucun meuble, non plus que chez les Bourgeois, à cause de la grande humidité que les Brouillards, & les Crevasses des Terrasses y entretiennent. Les Jésuites y sont assez bien logez ; mais leur Eglise ne sauroit contenir la moitié de leurs Dévotes. Le Fauxbourg hors la Forteresse n'a qu'environ 150. Maisons ; mais on a la liberté d'en sortir & d'y entrer quand on veut, au lieu que les Portes de la Forteresse se ferment de bonne heure, & ne s'ouvrent que tard.

Outre la Forteresse de *San Nicolo* ; les principaux Villages de cette Isle, sont :

Il Campo, *il Terebado*, *Lotra*, *Lazaro*, *Perastra*, *Cumi*, *Carcado Cataclisma*, *Autofolia*, *Mastro-Mercato*, *Micrado*, *Carea*, *Filipado*, *Comiado*, *Arnado*, *Pergado*, *Cazerado*, *Cuticado*, *Smordea*, *Cozonara*, *Tripotamo*, *Cigalado*, *Agapi*, *Chilia*, *Oxameria* ; qui contient cinq Bourgades ; [savoir, *Pyrgos*, *Vacalado*, *Cozonari*, *Bernardado* & *Platia*.] *Cisternia*, *Cardiani*, *Tisado*, *Mondado*, *Volacos*, *Fallatado*, *Messi*, *Muosulu*, *Stigni*, *Potamia*, *Cacro*, *Triandaro*, *Doui Castelli*, *Diocarea*, *Cicalada*, *Sclavo-corio*, *Croio*, *Monasterio*.

Le Provéditeur ne retire qu'environ deux mille Ecus de son Gouvernement, aussi le regarde-t-on à Venise comme un Lieu de mortification : ce Gouverneur a la dixième partie des denrées ; de dix Charges d'Orge, par exemple, on lui en paye une : pour la Soye ce n'est pas de même, ceux qui en font embarquer pour autre part que pour Venise ne payent que trois Ecus, & trois quarts pour chaque centaine de Livres ; le Provéditeur n'a rien à voir sur ces droits.

L'É-

L'Evêque de Tine a 300. Ecus de revenu fixe, & près de 200. Ecus des Emolumens de son Eglise: son Clergé d'ailleurs est illustre, & composé de plus de 120. Prêtres. Les Grecs y ont bien deux cens Papas, soumis à un Protopapas; mais ils n'ont point dans l'Isle d'Evêque de leur Rite, & même ils dépendent de l'Evêque Latin en plusieurs choses: un Grec ne sauroit être Prêtre que cet Evêque ne l'ait fait examiner: après que l'Aspirant a juré qu'il reconnoît le Pape & l'Eglise Apostolique & Romaine, l'Evêque Latin lui fait donner son Dimissoire pourvû qu'il ait 25. ans; ensuite il est sacré par un Evêque Grec venu de quelque Isle voisine, auquel il ne donne que 10. ou 12. Ecus pour son Voyage; le jour du Sacre le nouveau Prêtre donne trois Livres de soye au Provéditeur, autant à l'Evêque Latin, & un Ecu & demi au Protopapas qui lui a donné son attestation de Vie & Mœurs. Dans les Processions & dans toutes les fonctions Ecclésiastiques, le Clergé Latin a toujours le pas. Quand les Prêtres Grecs entrent en corps dans les Eglises Latines, ils se découvrent suivant la coutume des Latins & ne se découvrent pas dans leurs propres Eglises. Lorsque la Messe se dit en présence des deux Clergez, après que le Soudiacre Latin a chanté l'Epitre, la seconde Dignité du Clergé Grec la chante en Grec; & lorsque le Diacre Latin a chanté l'Evangile, la première Dignité du Clergé Grec, ou le Chef des Prêtres, chante aussi l'Evangile en Grec. Dans toutes les Eglises Grecques de l'Isle il y a un Autel destiné pour les Prêtres Latins. On prêche dans les Eglises Grecques avec pleine liberté sur les matières contestées entre les Latins & les Grecs. Il n'y a dans les Eglises Latines que de simples Chapelains amovibles au gré de l'Evêque.

Les femmes des Bourgeois & Contadins, comme on parle dans le Pays, sont vêtues à la Vénitienne: les autres ont un habit approchant de celui des Candiotes.

Tine est la seule Conquête qui soit restée aux Vénitiens de toutes celles qu'ils firent sous les Empereurs Latins de Constantinople. André Gizi se rendit Maître de Tine vers l'an 1207. & la République en a toujours joüi malgré toutes les tentatives des Turcs. Peu s'en falut que Barbe-rousse II. du nom dit Chereddin, ou Cheriaden [a], Capitan Bacha qui soumit en 1537. presques tout l'Archipel à Soliman II. ne s'emparât aussi de Tine. André Morosini assûre que cette Isle se rendit sans résistance, mais que peu de tems après, honteuse d'une pareille lâcheté, elle députa vers le Provéditeur de Candie, de qui elle reçut assez de secours pour se remettre sous la puissance de ses premiers Maîtres. On ne conte pas la chose tout-à-fait de même à Tine. On dit que Barberousse pressant extraordinairement la Forteresse, obligea la Garnison de battre la chamade; mais que la Noblesse voyant qu'il n'y avoit que les Habitans des Villages d'Arnado, de Triandaro & Doui Castelli disposez à capituler, vint fondre si brusquement sur les Turcs, qu'elle les força de lever le Siège: on ajoute même que les Soldats de la Garnison dans leur furie, firent sauter du haut des remparts l'Officier que le Capitan Bacha avoit envoyé pour régler les Articles de la Capitulation. Depuis ce tems-là, pour reprocher aux Habitans de ces trois Villages le peu de cœur qu'ils montrèrent en cette occasion, le premier jour de Mai le Provéditeur accompagné des Contadins & des Feudataires de la République, & suivi de la Milice avec l'Etendard de St. Marc, va tous les ans à cheval à l'Eglise de Ste. Vénérande sur la Montagne de Cecro, où l'on fait une grande décharge de mousqueterie, après avoir crié trois fois: *Vive Saint Marc.* Ensuite l'on danse, & la Fête finit par un repas. Les Feudataires qui manquent de se trouver à cette cérémonie, payent un Ecu pour la première fois; & ils perdent leur Fief s'ils y manquent jusqu'à trois fois. Leunclave [b] assûre qu'en 1570. l'Empereur Selim fit demander au Sénat de Venise la restitution de l'Isle de Chypre, & que sur son refus Pialis, Capitan Bacha, fit une descente à Tine, où il mit tout à feu & à sang. Morosini [c] dit que dans la même année les Turcs assiégèrent vigoureusement la Forteresse de Tine; qu'Eve Mustapha mit à terre huit milles hommes des Troupes de la Flotte qu'il conduisoit à Chypre, & que cette descente se fit à la sollicitation pressante des Andriens; mais qu'elle échoua, parce que le Provéditeur Paruta avoit si bien pourvû à toutes choses, que les Turcs, malgré toute leur diligence, furent contraints de lever le Siège & de se retirer, après avoir brûlé tous les beaux Villages de l'Isle. Deux ans après ils la ravagèrent pour la troisième fois sous le commandement de Cangi-Alis.

Quoique les Vénitiens n'ayent pas de Troupes réglées dans cette Isle, en cas d'allarme pourtant on y pourroit ramasser au premier signal plus de cinq mille hommes: chaque Village entretient une Compagnie de Milice, à laquelle le Prince fournit des armes & que l'on fait exercer & passer en revue fort souvent. Dans la derniere guerre. Mezomorto, Capitan Bacha, écrivit au Provéditeur, à la Noblesse & au Clergé de l'Isle, qu'il feroit mettre tout le Pays à feu & à sang, s'ils ne lui payoient pas la Capitation. On répondit qu'il n'avoit qu'à venir la recevoir; & lorsqu'il parut avec les Galéres, le Provéditeur Moro, bon homme de guerre, fit sortir mille ou douze cens hommes des retranchemens de la Marine à San Nicolo. Ces Troupes empêchérent par leur grand feu que l'on n'abordât; & le Capitan Bacha voyant qu'on n'y prenoit pas si bonne grace fit retirer ses Galéres. A la vérité cette Milice est bonne pour canarder dans des Retranchemens, mais elle ne seroit pas propre à tenir la Campagne & à se battre à découvert. Pour se rendre maître de Tine il ne faudroit qu'amuser les Troupes à *San Nicolo*, pendant qu'on feroit une descente au Port de Palermo, qui est le meilleur Port de l'Isle du côté du Nord. Ces Troupes qui ruïneroient le Pays & qui tireroient facilement leur subsistance de l'Isle d'Andros, affameroient bien-tôt la Forteresse,

[a] Hist. Venet. Lib. 5.
[b] Supplem. Annal. Turc.
[c] Hist. Venet. Lib. 9. & 11.

seul Boulevart du Pays; car *San Nicolo* est ouvert de tous côtez.

Du haut de la Forteresse de Tine on découvre facilement les Isles voisines:

Joura reste à l'Ouest.
Syra au Sud-Ouest.
Andros entre le Nord-Ouest & le Nord-Nord-Ouest.
Paros au Sud.
Delos entre le Sud-Sud-Est & le Sud.
Scio entre le Nord-Est & le Nord-Nord-Est.
Le Cap Carabouron au Nord-Est.
Seala Nova à l'Est-Nord-Est.
Samos entre l'Est & l'Est-Nord-Est.
Nicaria à l'Est.
Fourni à l'Est-Sud-Est.
Mycone au Sud-Est.
Amorgo entre le Sud-Est & le Sud-Sud-Est.
Naxie entre le Sud-Est & le Sud.

[a] Atlas Sinens.

TING, Montagne de la Chine [a], dans la Province de Quangtung au territoire de Chaoking, sixième Métropole de la Province, & au Nord de cette Ville. On dit qu'il y a sur cette Montagne une pierre haute de deux cens perches.

[b] Ibid.

TING, Ville de la Chine [b], avec Forteresse dans la Province de Peking, au Département de Chinting, quatrième Métropole de la Province. Elle est de 2. d. 26'. plus Occidentale que Peking, sous les 39. d. 0'. de Latitude.

TINGA. Voyez TINGIS.

TIGAMIBENENSIS, Siège Episcopal d'Afrique, dans la Mauritanie Césarienne. La Notice de cette Province nomme l'Evêque de ce Siège Mazentius. *Cet Article a été omis par mégarde à sa place. C'est pour cela qu'on le met ici.*

TINGARIENSIS, Siège Episcopal d'Afrique dans la Mauritanie Césarienne, selon la Notice des Evêchez de cette Province, où le Siège est dit vaquant.

[c] Ibid.

TINGCHEU, Ville de la Chine [c], dans la Province de Fokien, où elle a le rang de sixième Métropole. Elle est de 0. d. 55'. plus Occidentale que Peking, sous les 25. d. 40. de Latitude. Le territoire de cette Ville dépendit autresfois des Princes de Min. Le Roi Cynus lui donna le nom de SINLO, & la Famille Tanga lui donna celui qu'elle porte aujourd'hui. Du tems que régnoit cette dernière Famille Tingeheu n'avoit que le titre de Cité; mais la Famille Tuminga, sans changer son nom l'éleva à la dignité de Métropole & lui fournit huit Villes: savoir

Tincheu,	Cinglieu,
Ninghoa,	Lienching,
Xanghang,	Queihoa,
Vuping,	Jungting.

Quoique le Territoire de Tingcheu soit presque tout couvert de Montagnes, on ne laisse pas d'y trouver toutes les choses nécessaires à la vie; mais l'air qu'on y respire est très-mal-sain. Dans les endroits les moins cultivez de cette Province, & où les Montagnes & les Forêts sont plus fréquentes, il y a encore une Nation sauvage qui n'a point été subjuguée. Elle se maintient en liberté à la faveur des Montagnes de trois Provinces qui se joignent dans ce Quartier & qui forment des Vallées profondes & presque inaccessibles.

TINGENA. Voyez TINGIS.

TINGENE, Contrée de la Mésopotamie: Ptolomée [d] la marque au Midi de la Gausanite. Au lieu de TINGENE le MS. de la Bibliothèque Palatine porte INGENE.

[d] Lib. 5. c. 18.

TINGERI. Voyez TINGRI & TENCTERI.

TINGES, Ville de l'Afrique propre, selon Procope [e]. Elle étoit au voisinage de Byzacium.

[e] Vandal. Lib. 2.

TINGEZ, Vallée de l'Amérique Méridionale, au Pérou, dans l'Audience de Lima, à quatre lieues de la Ville de Valverde du côté de l'Orient [f]. Quoique cette Vallée n'ait ni Rivières ni Ruisseaux, & que même elle ne soit jamais arrosée de pluye, elle porte néanmoins des Pois chiches les meilleurs de tout le Pérou, beaucoup de vin avec d'autres fruits & force coton; ce qui fait qu'elle est très-peuplée des Naturels du Pays, qui y ont leurs Cabanes. Le chemin qui mene aux Montagnes passe par cette Vallée. On va d'abord à la Bourgade de Cordaba, & delà à Lucanes, Province habitée d'Indiens. Ceux qui vont avec beaucoup de marchandises de Lima à Cusco, prennent cette route.

[f] De Laet, Descr. des Indes Occ. Lib. 10. c.

TINGGAN, Ville de la Chine [g], dans la Province de Quantung au Département de Kiuncheu, dixième Métropole de la Province. Elle est de 6. d. 58'. plus Occidentale que Peking, sous les 19. d. 26'. de Latitude.

[g] Atlas Sinens.

1. TINGHAI, Forteresse de la Chine [h], dans la Province de Fokien, au Département de P'umuen première Forteresse de la Province. Elle est de 3. d. 22'. plus Orientale que Peking sous les 26. d. 10'. de Latitude.

[h] Ibid.

2. TINGHAI, Forteresse de la Chine [i], dans la Province de Chekiang, au Département de Chinxan première Forteresse de la Province. Elle est de 5. d. 38'. plus Orientale que Peking, sous les 29. d. 39'. de Latitude.

[i] Ibid.

3. TINGHAI, Ville de la Chine [k], dans la Province de Chekiang, au Département de Ning'po, neuvième Métropole de la Province. Elle est de 5. d. 18'. plus Orientale que Peking, sous les 30. d. 0'. de Latitude.

[k] Ibid.

TINGHING, Ville de la Chine [l], dans la Province de Peking, au Département de Pasting, seconde Métropole de la Province. Elle est de 1. d. 51'. plus Occidentale que Peking, sous les 39. d. 42'. de Latitude.

[l] Ibid.

TINGING, Forteresse de la Chine [m], dans la Province de Queicheu, au Département de Jungning seconde grande Cité de la Province. Elle est de 12. d. 25'. plus Occidentale que Peking, sous les 24. d. 42'. de Latitude.

[m] Ibid.

TINGIS, Ville d'Afrique dans la Mauritanie Tingitane, dont elle étoit la Capitale [n] & à laquelle elle donnoit son nom. Pomponius Mela [n] & Pline [o] disent que c'est une

[n] Lib. 1. c.
[n] Lib. 3. c.

Ville

Ville très-anciene, qu'on disoit avoir été bâtie par Antée. Le dernier ajoute que dans la suite, lorsque l'Empereur Claude y transporta une Colonie, l'ancien nom fut changé en celui de TRADUCTA-JULIA. Le nom de cette Ville est différemment écrit par les Anciens: Pomponius Mela dit TINGE, Pline TINGI, & Ptolomée TINGIS, Orthographe qui a été suivie par l'Itinéraire d'Antonin, dont quelques MSS. portent TINGIN, & d'autres TINGI. Dans un endroit de Strabon [a] on lit TIGA, mais ce nom est corrompu, car ce même Auteur dans le Livre troisième lit τῆς Τίγγιος au Génitif. Selon Plutarque [b] qui nomme cette Ville TINGENA, ce ne fut pas Antée qui en fut le Fondateur. Les Habitans de Tingis, dit-il, racontent qu'après la mort d'Antée, sa Veuve appellée Tinga coucha avec Hercule & en eut un fils nommé Sophax, qui régna dans le Pays, & fonda cette Ville, à qui il donna le nom de sa Mere. Plutarque ajoute que Sertorius ayant pris d'assaut la Ville de Tingis, & ne pouvant croire ce que les Africains disoient de la grandeur monstrueuse d'Antée qui y étoit enterré, il fit ouvrir son Tombeau, où ayant trouvé, à ce qu'on dit, un corps de soixante coudées de haut, il fut très-étonné, immola des victimes, fit religieusement refermer le Tombeau, & par là augmenta beaucoup le respect & la vénération, qu'on avoit pour ce Géant dans toute la Contrée, & tous les bruits qu'on en semoit. Strabon dans son dernier Livre donne aussi soixante coudées à ce corps d'Antée; mais il fait entendre en même tems que c'est une fable que Gabinius avoit débitée dans son Histoire Romaine avec plusieurs autres.

La Ville de Tingis étoit située sur le Détroit entre le Promontoire, les Côtes & l'Embouchure du Fleuve Valon, selon Ptolomée [c], qui la surnomme *Cæsarea*. L'Itinéraire d'Antonin la marque à dix-huit milles du Lieu nommé *Ad Mercuri*. C'est aujourd'hui la Ville de Tanger. Voyez TANGER.

TINGLEAO, Lieu de la Chine [d], au Royaume de Leaotung, où il a le rang de huitième petit Lieu du Département de Tieling, premier petit lieu de la Province. Il est de 5. d. 20'. plus Oriental que Péking sous les 39. d. 44'. de Latitude.

TINGNAN, Ville de la Chine [e], dans la Province de Kiangsi, au Département de Cancheu douzième Métropole de la Province. Elle est de 2. d. 30'. plus Occidentale que Péking, sous les 25. d. 20'. de Latitude.

TINGOESY, ou TINGOESES, Peuples de l'Empire Russien dans la Sibérie. Ils habitent le long du Fleuve Jénisca, & leur origine vient du Sud-Est, quoiqu'on ne sache pas précisément de quel endroit. Ils ont un double menton, c'est-à-dire une grosseur qui s'étend du menton à la gorge, & ce qui est apparemment ce que nous connoissons sous le nom de *Goêtres*. En parlant ils cloussent comme des Cocqs d'Inde. Les Tartares n'entendent point leur Langage. Les Samoyedes y comprennent quelque chose; le Langage de ceux-ci ayant quelque rapport avec celui des Tingoeses. A l'Est de la Ri-

[a] Lib. 17.
[b] In Sertorio.
[c] Lib. 4. c. 1.
[d] Atlas Sinens.
[e] Ibid.

vière Jénisca, il y a, selon la Description de la Sibérie [f], de hautes Montagnes, quatre desquelles jettent du souffre; mais en deçà vers l'Ouest est un Pays bas, couvert d'agréables Pâcages & de divers Arbres fruitiers, & où l'on trouve quantité d'Oiseaux. Le Jénisca se déborde au Printems, à peu près comme fait le Nil en Egypte, & couvre plus de soixante & dix lieues de bas Pays. Pendant ce tems-là les Tingoeses passent de l'autre côté du Fleuve & se tiennent sur les Montagnes jusqu'à ce que l'eau se soit retirée: ils retournent alors dans ce beau Pays avec leur Bétail. Ces Peuples sont gens paisibles & doux. Ils se fournirent volontiers aux Gouverneurs de la Sibérie; à quoi ils furent incitez par les Samoïedes, qui leur dirent que ces Gouverneurs étoient comme des Dieux. On ne sait point quelle est la Religion de ces gens-là, les Moscovites étant trop négligens & ne faisant point, à divers égards, tout ce qu'ils pourroient faire dans ces Pays-là pour leur avantage. Ces Peuples peuvent être les mêmes que les PODKAMENA-TOUNGOUSI. Voyez TONGOUS.

TINGPIEN, Ville de la Chine [g], dans la Province d'Iunnan, au Département de çuhiung, quatrième Métropole de la Province. Elle est de 16. d. 9'. plus Occidentale que Péking, sous les 25. d. 18'. de Latitude.

TINGRI, Peuples de la Germanie: c'est Ptolomée [h] qui en fait mention; mais ses Interprêtes lisent TENCTERI, au lieu de Tingri.

TINGTAO, Ville de la Chine [i], dans la Province de Xantung, au Département d'Yencheu, seconde Métropole de la Province. Elle est de 1. d. 20'. plus Occidentale que Péking, sous les 35. d. 50'. de Latitude.

1. TINGYVEN, Ville de la Chine [k], dans la Province de Suchuen, au Département de Chunigking cinquième Métropole de la Province. Elle est de 11. d. 8'. plus Occidentale que Péking, sous les 31. d. 0'. de Latitude.

2. TINGYVEN, Ville de la Chine [l], dans la Province de Kiangnan, au Département de Fungyang, seconde Métropole de la Province. Elle est de 0. d. 30'. plus Orientale que Péking, sous les 33. d. 31'. de Latitude.

TINGYUEN, Ville de la Chine [m], dans la Province d'Iunnan, au Département de çuhiung, quatrième Métropole de la Province. Elle est de 15. d. 51'. plus Occidentale que Péking, sous les 25. d. 23'. de Latitude.

TINIA, selon Pline [n] & TENEAS, selon Strabon [o]: Fleuve d'Italie dans l'Umbrie. Silius Italicus [p] fait entendre que c'étoit un petit Fleuve qui se jettoit dans le Tibre:

. . . *Narque albescentibus undis*
In Tybrim properans, Tenexque inglorius humor.

Quelques MSS. de Silius Italicus lisent *Tunia* au lieu de *Tinia*. Parmi les Exemplaires Imprimez il y en a qui portent *Tinia*, & d'autres

[f] Descr. de la Sibérie insérée dans le Recueil des Voyages de la Compagnie des Indes, t. 1. p. 242. Ed. de Rouen.
[g] Atlas Sinens.
[h] Lib. 2. c. 11.
[i] Atlas Sinens.
[k] Ibid.
[l] Ibid.
[m] Ibid.
[n] Lib. 3. c. 5.
[o] Lib. 5. p. 225.
[p] Lib. 8. v. 454.

tres *Teneas*. Le nom moderne selon Cluvier [a] est *il Topino*.

TINIAN, Isle de l'Océan Oriental [b] & l'une de celles qu'on nomme les Isles Marianes. Elle est située à cent soixante-deux degrez de Longitude, & presque sous les quinze degrez de Latitude Septentrionale, à l'Orient Méridional de l'Isle de Zeipan, & au Nord de l'Isle du Sud. Le Pere Gobien Jésuite, dans son Histoire des Isles Marianes, donne à l'Isle de Tinian quiuze lieues de circuit. Il ajoute qu'on lui a donné le nom de *Buena vista Mariana*, parce qu'on prétend que la Vierge s'apparut à Taga, l'un des Insulaires, l'exhortant à se faire Chrétien, & à donner du secours aux Espagnols, qui venoient de faire naufrage près de cette Isle. Taga obéit, assista les Espagnols, se fit instruire & reçut le Baptême des mains de Don Marco Fernandez de Torcuera; ce qui attira des Missionnaires à Tinian, où ils trouvérent les Habitans disposez à profiter des Instructions qu'ils leur donnérent. La Foi y fit de fort grands progrès en peu de tems, & elle s'y est établie solidement.

TINICA. Voyez TINISA.

TINIORIDI, TIMORIDI, ou TINIODIRI, Lieu d'Afrique, dans la Cyrénaïque, sur la Route de Carthage à Aléxandrie. L'Itinéraire d'Antonin le marque entre *Anabucis* & *Boreum*, à vingt-cinq milles du premier de ces Lieux & à douze milles du second.

TINISA, Ville d'Afrique selon Ortelius [c] qui cite le Concile de Carthage sous St. Cyprien. Voyez l'Article TINISTENSIS.

TINISSA, Ville de la Grande Arménie, selon Ptolomée [d]. L'Edition de Molet lit TINIA, au lieu de TINISSA.

TINISTENSIS, ou TINISENSIS, Siège Episcopal d'Afrique, dans la Numidie, à ce qu'on croit. Dans la Conférence de Carthage [e] son Evêque est nommé Colonicus *Episcopus Tnistensis*; & Venantius *à Tinisa* assista au Concile de Carthage sous St. Cyprien. Ptolomée [f] fait mention d'une Ville nommée Tinissa, qui pourroit être la même.

TINMOUTH, Château d'Angleterre, dans le Northumberland, à l'Embouchure de la Tine, sur le bord Septentrional de cette Riviére. Le nom de ce Château lui vient de sa situation, car TINMOUTH ne veut dire autre chose que l'Embouchure de la Tine. En 795. sous le Régne d'Ethelred [g], les Danois étant entrez dans l'Embouchure de la Thyne ou Tine y pillérent le Monastére de TINMOUTH fondé par le Roi Egfrid. Ils ne purent pour cette fois porter plus loin leurs ravages, parce qu'Ethelred, assisté d'Oïsa Roi de Mercie, son Beau-pere, les repoussa dans leurs Vaisseaux.

TINNA. Voyez TINUS.

TINNEIA, TINEIA, ou THINNEIA, Servius fait la Remarque suivante sur ce Vers de Virgile [h]:

Hic & Naritii posuerunt mænia Locri.

Les Locres Epizéphyriens & Ozoles furent, dit-il, les compagnons d'Ajax Oiléen; mais ayant été séparez par la tempête, les Epizé-

[a] Ital. Ant. Lib. 2. c. 10.
[b] De l'Isle, Atlas.
[c] Thesaur.
[d] Lib. 5. c. 13.
[e] N°. 180.
[f] Lib. 4. c. 3.
[g] Rapin, Hist. d'Angleterre, t. 1. p. 173.
[h] Æneid. L. 3. v. 399.

phyriens abordérent en Italie dans le Pays des Brutiens & s'y établirent, tandis que les Ozoles jettez sur les Côtes d'Afrique s'établissoient dans la Pentapole. On lit encore par rapport aux Ozoles, ajoute Servius, qu'ayant été portez à TINNEIA, ils pénétrérent dans le Pays, & y bâtirent une Ville qu'on nomme aujourd'hui Usalis ou Ozalis.

TINNEN, Ville des Etats de l'Empire Russien. La Description de la Sibérie insérée dans les Voyages de la Compagnie des Indes [i] parle ainsi de cette Ville: De la Riviére de Toera on entre dans une autre grande Riviére qu'on appelle Tabal, à peu près à deux cens lieues de Vergateria, sur laquelle on va jusqu'à Tinnen Ville peuplée, bâtie depuis vingt & un an. En hyver il y a beaucoup de gens qui prennent des Traîneaux à Saphanim, pour aller en douze jours à Tinnen, Place où il se fait présentement un grand trafic de pelleteries entre les Moscovites, les Tartares & les Samoïedes; & ce lieu-là est commode pour ceux qui ne veulent passer que six mois en Voyage. Mais il y en a qui veulent pénétrer plus avant, & qui passent bien loin au-delà de l'Oby, tant à l'Est qu'au Sud.

[i] Tom. 1. p. 134. Ed. de Rouen.

TINNETIO, Village de la Rhétie: l'Itinéraire d'Antonin le marque sur la route de Bregentz à Milan en prenant le long du Lac. Il étoit entre Coire & *Murum* à vingt milles du premier de ces Lieux & à quinze milles du second. Scudus, dit Ortelius [k], veut que ce soit présentement *Tintschen* ou *Tinzen*, & Simler aime mieux le placer à *Tinnezono*. Mais Ortelius n'a pas pris garde que *Tintschen*, ou *Tinzen*, & *Tinnezono* ou *Tenezono* sont le même lieu. Les Allemands le nomment de la premiére maniére & les Italiens de la seconde.

[k] Thesaur.

TINNIS [l], le Géographe Persien écrit dans son 3. Climat, que c'est le nom d'une des Isles du Nil, qui étoit autrefois habitée & cultivée; mais qu'elle étoit de son tems entiérement ruinée.

[l] D'Herbelot, Biblioth. Or. p. 889.

TINNISENSIS, Siège Episcopal d'Afrique dans la Province Proconsulaire, selon la Notice des Evêchez d'Afrique qui nomme son Evêque Dalmatius.

TINNISENSIS. Voyez UTINISENSIS.

TINPHADUM, ou TIMPHADUM, Lieu d'Afrique dans la Numidie : l'Itinéraire d'Antonin le marque sur la Route de Theveste à Sitifis, entre *Theveste* & *Vegesela*, à vingt-deux milles du premier de ces Lieux & à vingt milles du second.

TINTIBERITANUS-LIMES, Contrée d'Afrique dans la Province de Tripoli, selon la Notice des Dignitez de l'Empire [m], où on lit ces mots: *Præpositus limitis Tintiberitani*.

[m] Sect. 35.

TINTILLANT, Monastère de France [n], sur le Territoire de Vannes en Bretagne. S. Aubin y fut élevé, & il en fut Abbé pendant 25. ans, avant que d'être fait Evêque d'Angers. Cette Abbaye qui fut bâtie dès le V. Siècle avant que les François fussent Chrétiens, & qui étoit fort célèbre au sixième Siècle pour sa régularité, a été ruinée du tems des Normands.

[n] Baillet, Topogr. des Saints, p. 436.

TINTON, Nation des Prairies dans l'Amél'Amérique Septentrionale dans la Nouvelle France. Cette Nation est une des plus considérables d'entre les Sioaux de l'Ouest, elle habite le long des bords d'un Lac d'une grandeur raisonnable, d'où sort la Rivière Saint Pierre. On les appelle quelquefois Tintonha. Quoiqu'ils soient à plus de sept cens lieues des Iroquois, cependant ces cruels Anthropophages font des courses jusques chez eux pour faire des prisonniers, & contenter leur rage de manger des hommes. Le Pere Hennepin dit, qu'ils ont quelques Villages près d'un Saut du Mississipi, qui est à 20. ou 30. lieues de sa source.

TINURTIUM [a], Ville de la Gaule, selon Spartien qui en parle dans la Vie de l'Empereur Sévère. Marianus Schotus [b] la place dans le Territoire de Châlons-sur-Saone; & Grégoire de Tours [c] dit qu'elle étoit à trente milles de la même Ville. Dans l'Itinéraire d'Antonin *Tinurtium* est marqué sur la Route de Lyon à *Gessoriacum*, entre Mâcon & Châlons, à dix-neuf milles de la première de ces Villes & à vingt & un milles de la seconde.

TINUS, Fleuve d'Angleterre, dans la Partie Septentrionale de ce Royaume, selon Ortelius [d] qui cite Guillaume de Naubrige & ajoute qu'on appelle ce Fleuve *Prudebou*; ce pourroit être le même Fleuve que Ptolomée appelle TINNA ou TINA, & qu'il place entre les Golphes Taua & Boderia. Dans ce cas le nom moderne seroit la *Tine*, ou *Tyne*.

TINZEDA, Ville d'Afrique dans la Province de Darha, sur la Rivière de ce nom, entre la Ville de Darha & celle de Tezerin. Marmol [e] dans sa Description de la Province de Darha dit que Tinzeda est une Ville bâtie sur la Rivière entre des Palmiers. La Contrée est fertile en dates, en bled & en orge; mais le plus grand commerce du Pays est avec le lic, & avec l'indigo, qui y est en abondance & très-fin. Il y a dans la Place un Magazin pour les Marchands, où se rendent ceux d'Afrique & d'Europe, avec des Draps de laine, des Toiles & autres marchandises, qu'ils échangent contre l'indigo & du lic. C'est pour cette raison que plusieurs de la Chrétienté & de la Barbarie y ont fixé leur demeure. Il y a autant d'ordre & de police dans cette Ville qu'en aucune autre Province.

TINZULIN, Ville d'Afrique dans la Province de Darha, sur la Rivière de ce nom, à dix lieues de Taragale du côté du Septentrion. Marmol [f] dit que c'est la plus grande Ville de la Province, ayant plus de six mille Habitans. Elle est, ajoute-t-il, renfermée de bonnes murailles, avec une grande Forteresse nommée Alcaçava, dont le Gouverneur est le Principal de tous ces Quartiers. Il y a dans le Pays quantité de bled, d'orge, de dattes & de Troupeaux. Les Habitans y sont à leur aise, quoiqu'un peu incommodez des courses des Montagnards.

TIORA, Ville d'Italie: Denys d'Halicarnasse [g] dit qu'on la nommoit aussi MATIENA. Il la place sur la Route de Reate à Lista Métropole des Aborigènes, entre Vatia & Lista, à trois cens milles de Reate. Il ajoute qu'il y avoit autrefois dans cette Ville un Oracle du Dieu Mars. Cette Ville, selon Ortelius [h], est appellée par Baronius *Thorana-Ecclesia*, & placée par le même Auteur sur le Lac *Velinus*. Voyez TUDER.

TIOS, Ville de la Paphlagonie, selon Etienne le Géographe. Strabon [i] écrit TIEUM, & Ptolomée TION. Ce dernier la marque sur le bord du Pont-Euxin, entre *Psyllium* & l'Embouchure du Fleuve Parthenius. Voyez AMASTRIS.

TIPANISSÆ, Peuples d'Asie: Etienne le Géographe dit qu'ils habitoient près du Caucase.

TIPARENUS, Isle de Grèce, dans le Golphe Argolique: Pline [k] dit qu'elle étoit sur la Côte du Territoire d'Hermione.

TIPASA, Ville de la Mauritanie Césarienne: Ptolomée [l] la marque entre *Julia-Cæsarea* & *Via*. Selon l'Itinéraire d'Antonin qui lui donne le titre de Colonie, elle se trouvoit sur la Route de Tingis à Carthage, entre *Cæsarea-Colonia* & *Casa-Caluenti*, à seize milles de la première de ces Places & à quinze milles de la seconde. Ortelius [m] croit que ce pourroit être la *Tipata* d'Ammien Marcellin. On croit que cette Ville est aujourd'hui le Lieu du Royaume d'Alger, qu'on nomme *Saça*, ou *Sasa*. Ce fut dans cette Ville [n] que se fit le fameux Miracle arrivé en 484. pendant que Cyrola faux Patriarche des Ariens en étoit Évêque, sous le Règne de Hunneric Roi des Vandales. Ce Prince irrité au dernier point contre les Catholiques, qui y demeuroient, y envoya plusieurs de ses Officiers, avec ordre de couper la langue à tous ceux, qui ne voudroient pas se faire Ariens. Cette sanglante éxécution qui fut faite sur la plûpart des Habitans, qui se présentèrent en foule n'empêcha pas que quoiqu'ils n'eussent plus de langue, ils ne continuassent à publier plus distinctement que jamais la Divinité de Jésus-Christ. Ce qui augmenta l'étonnement que l'on eut de ce prodige, c'est qu'un jeune homme, né muet, parla comme les autres, après qu'on lui eut arraché la langue, dont il n'avoit jamais fait aucun usage. M. Maimbourg, dans son Histoire de l'Arianisme, rapporte plusieurs autres circonstances pour confirmer la vérité de ce grand Miracle. [o] Il y eut quelques Martyrs en cette Ville du tems d'Hunneric Roi des Vandales, entre autres Saint Frumence Marchand. Mais ce qui a rendu cette Ville célèbre dans l'Eglise a été la Confession glorieuse des Catholiques à qui Hunneric fit couper la langue & la main droite l'an 484. & qui ayant été bannis ensuite se répandirent en Europe & en Asie, parlant miraculeusement comme s'ils eussent eu une langue.

TIPASENSIS, Siège Episcopal d'Afrique dans la Numidie, selon la Notice des Évêchez d'Afrique qui nomme son Evêque Rusticus. Ce Siège est différent de celui de Tipasa, Ville de la Mauritanie Césariense, dont parle St. Optat [p]. Victor d'Uti-[p] que [q] donne de grandes louanges à la foi des Habitans de cette Ville. Firmus *Episcopus Ecclesiæ Tipasensis* & Député de la Pro-

vin-

vince de Numidie souscrivit au Concile de Carthage sous Boniface en 525, & il assista au cinquième Concile Général.

TIPASITANUS, Siége Episcopal d'Afrique, dans la Mauritanie Césarienne. La Notice des Evêchez de cette Province appelle l'Evêque de ce Siége, *Reparatus*.

TIPATA. Voyez TIPASA.

TIPENISES, nom d'un Fleuve, dont il est fait mention dans le Grand Etymologique.

TIPHA, Ville Maritime de Bœotie, selon Pausanias[a]. Il y avoit un Temple d'Hercule, où tous les ans on célébroit une Fête. Ptolomée écrit *Siphæ* & Etienne le Géographe SIPHA, ou SIPHÆ: De sorte que Tipha dans Pausanias est un Dorisme.

[a Lib. 9. c. 32.]

TIPHATA. Voyez TIFATA.

TIPHERNUM. Voyez TIFERNUM.

TIPHICENSE OPPIDUM, Ville de l'Afrique propre: Pline[b] la met au nombre des trente Villes Libres, & dit qu'elle étoit dans les Terres.

[b Lib. 5. c. 4.]

TIPHULEORUM, Τιφυλέων. Il est fait mention de ce Peuple, sur une Médaille d'Auguste, rapportée dans le Trésor de Goltzius. Ce Peuple n'est point connu d'ailleurs.

TIPPERARY, ou SAINTE-CROIX, Comté d'Irlande,[c] dans la Province de Munster, a le Comté de la Reine & Kilkenny à l'Est; Limerick & le Shannon, qui le sépare de Galway & de Thomond, à l'Ouest; le Comté du Roi au Nord-Est, & Waterford au Sud. Les Irlandois appellent ce Comté *Tooubruidearum Cunta*. Il est très-fertile dans les quartiers Méridionaux, & on y trouve quantité de maisons bien bâties. On le divise en quatorze Baronnies, qui sont celles de Lower-Ormond, d'Ormond-Arra, d'Owny, d'Ikerin, d'Ileagh, d'Eliogurty, de Kilnalong, de Kilnamana, de Clonwilliam, de Middlethird, de Slewardag, de Comsey, d'Issa & d'Ossa. Il y a deux Villes qui tiennent des Marchez publicss; Clonmell, & Carick ou Carick-Mac-Griffen. Clonmell a encore le droit d'envoyer deux Députez au Parlement, & les Villes de Thurles, de Cashel, de Fethard, & de Tipperary, jouissent du même privilége.

[c Etat présent de la Gr. Br. t. 3. p. 33. suiv.]

TIPRA, Royaume des Indes[d], dans les Etats du Roi d'Ava. Ce Royaume qui est traversé dans sa largeur par le Tropique du Cancer & dans sa longueur du Nord au Midi par la Riviére d'Aracan est borné au Nord par le Royaume d'Asem ou d'Acham; à l'Orient par le Royaume d'Osul; au Midi par le Royaume d'Aracan, & à l'Occident par le Royaume de Bengale. Sa Capitale s'appelle MARBAGAN. Voici ce que Tavernier[e] dit de Tipra sur le rapport de trois Marchands de ce Royaume, qui a vu l'un à Daca & les deux autres à Patna. C'étoient des gens qui parloient peu; & tous étoient venus par le Royaume d'Aracan, qui est au Midi & au Couchant de celui de Tipra, que le Pegu borne aussi en partie au Couchant d'Hyver, à quoi ils avoient employé environ quinze journées. Les Voitures du Pays sont des Bœufs & des Chevaux, comme dans les Indes; & ces Chevaux sont d'assez petite taille mais excellens. Le Roi & les grands

[d De l'Isle, Atlas.]

[e Voy. des Ind. Liv. 3. ch. 16.]

Seigneurs vont en *Pallekis*, & ont leurs Eléphans qu'ils font instruire pour la guerre. Ils sont fort sujets aux goîtres; ce qui leur vient des mauvaises eaux. Il n'y a rien dans ce Royaume qui soit propre aux Etrangers. Il s'y trouve une Mine d'or; mais d'un or fort bas, & de la soie qui est fort grosse. Ces deux choses sont le revenu du Roi, qui ne tire aucun subside de ses Sujets. Ceux qui n'ont aucun rang sont obligez de travailler pour lui six jours tous les ans à la Mine d'or ou à la soie. Il envoye vendre l'un & l'autre à la Chine, & on lui rapporte de l'argent, dont il fait battre des piéces de la valeur de dix sols. Il fait faire aussi de petites piéces d'or, minces comme des aspres de Turquie; & il y en a de deux sortes. Il en faut quatre des unes pour faire un Ecu & douze des autres.

TIQUADRA, Isle d'Espagne, & l'une des petites Isles qui sont aux environs des Isles Baléares. Pline[f] la marque près de la Ville Palma. Selon Hermolaüs, il y en a qui au lieu de TIQUADRA écrivent TRIQUADRA & veulent que ce nom lui ait été donné à cause de sa figure triangulaire. Le nom moderne est *Conejera*.

1. TIR (Le), Riviére de France, dans la Province de Roussillon; elle sort du Haut Valespir, & a un Pont à Cevet.

2. TIR. Voyez TYR.

TIRACIENSES. Voyez TRINACIA.

TIRALLIS, Ville de la Petite Arménie. Ptolomée[g] la place dans la Catæonie.

TIRALLUM. Voyez IZTRALLA.

TIRANADUM, ou TIRINADUM, Ville de la Mauritanie Césarienne. Dans l'Itinéraire d'Antonin elle est marquée sur la Route de Carthage à Césarée, entre *Rapidum* & *Caputcila*, à vingt-cinq milles du premier de ces Lieux, & à égale distance du second.

TIRANO, Gouvernement dans la Valteline[h], de la dépendance des Grisons. Il comprend onze Communautez, & est partagé en deux Archiprêtrés, celui de *Mazo* qui a les six Communautez d'en-haut, & celui de *Villa* qui a les cinq Communautez d'en-bas.

TIRANO, Capitale du Gouvernement de même nom, étoit autrefois sur la Rive droite de l'*Adda*, avec le nom de *Villacqua*; mais étant périe, on la rebâtit peu-à-peu dans l'endroit, où elle est, qui est fort agréable sur la Rive gauche de la Riviére. Elle est fort peuplée, & honorée de la présence du Gouverneur, & de la Régence de son Département. On voit près de cette Ville un Temple magnifique, dédié à la *Madona*, bâti de beau Marbre, qu'on a tiré d'une Carriére de la Montagne voisine. Il s'y fait beaucoup de pélerinages, & l'on y remarque plusieurs Monumens de la dévotion des Pélerins, entr'autres une grosse chaîne d'or, & il se tient dans ce Lieu de grosses Foires toutes les années. Les Grisons y envoyent vendre quantité de Troupeaux, qu'on conduit en Italie.

TIRASIA, Lieu dont il est parlé dans l'Histoire des Plantes de Théophraste cité par Ortelius[k]. Il paroît que ce Lieu étoit dans l'Isle de Créte.

TIRA-

TIR. TIR.

TIRATHABA, Village de la Palestine. Josephe [a], qui le donne aux Samaritains, dit qu'il étoit près de la Montagne de Garizim.

[a] Antiq. L. 18. c. 5.

TIRCA, Ville de la Province de Vancarah en Afrique. Mr. D'Herbelot [b] dit qu'on la trouve à six journées de Ganah, en descendant le Niger.

[b] Biblioth. Or.

TIRCANI-CANDGIGAÏ, Village des Indes au Royaume de Caltan, près du Fleuve Vacach. Mr. Petis de la Croix dans son Histoire de Timur-Bec [c], dit que ce Village est situé à 101. d. 20′. de Longitude, sous les 38. d. de Latitude.

[c] Liv. 3. c. 5.

TIRÉ. Mr. Petis de la Croix dit dans son Histoire de Timur-Bec [d] que Tiré est le nom d'une Ville célèbre de l'Anatolie, sur le bord du Fleuve Mendouras ou Madré.

[d] Liv. 6. c. 55.

TIRETAINE, Rivière en France en Auvergne. Davity [e] en parle ainsi : Près de Clermont & de l'Abbaye & du Bourg de St. Alyre se voit le Ruisseau dit *Tirstaine*, autrefois *Scateon*. Il naît d'une fontaine dont l'eau s'endurcit & se pétrifie ; de sorte qu'elle fait un Pont sous lequel passe cette Rivière. La même eau coulant dans la Prairie avoit tellement accru, se convertissant toujours en pierre, que le Pont avoit déja huit toises de longueur & quatre de largeur ; de sorte qu'on fut contraint de le couper. Cette eau est alumineuse.

[e] Auvergne, p. 300.

TIRE-JY, Isle Occidentale d'Ecosse [f], au Sud-Ouest de Coll, dont elle est séparée par un petit Détroit. Cette Isle que l'on met au nombre de celles du second rang, passe pour la plus fertile de toutes, & elle abonde en effet en toutes choses nécessaires à la vie humaine. Sa longueur n'est que de sept milles & sa largeur de trois. Il y a un Lac, une Isle dans ce Lac, & un vieux Château dans cette Isle. Le Duc d'Argyle en est le propriétaire.

[f] Etat présent de la Gr. Br. t. 2. p. 287.

TIRIA. Voyez TEIRIA.

TIRIANUS-AGER, Contrée dont parle Eusèbe dans sa Chronique. Voici le passage : *M. Cælius Prætor, & C. Annius Milo exul oppressi, res novas in Tiriano Brixioque Agro simul molientes*. Ortelius [g] a remarqué qu'au lieu de TIRIANO, il falloit lire THURIANO, ou THURINO ; & BRUTTIO au lieu de *Brixio*. Il ajoute que le MS. d'Eusèbe qu'il a consulté portoit *Thyrianus*, *Brutiusque*, pour *Thurianus*, & *Bruttianus* ; façon de lire qui seroit bonne.

[g] Thesaur.

TIRICENSE OPIDUM, Ville de l'Afrique propre : Pline [h] la met au nombre des trente Villes libres, & dit qu'elle étoit dans les terres.

[h] Lib. 5. c. 4.

TIRICIUM. Voyez TRITIUM.

TIRIE, Ville des Etats du Turc en Asie, dans l'Anatolie ; sur la route de Smyrne à Coigni. C'est une Ville des plus grandes [i] & des mieux peuplées de toute l'Anatolie. Ce qu'il y a même de remarquable, c'est que presque tous les Habitans y sont gens de guerre, aussi propres à porter les armes qu'à cultiver la terre, & on y en voit, qui après avoir commandé des Banières, reprennent la Charue, avec la même tranquilité que cet ancien Dictateur Romain, dont l'Histore est si connue. Il y a peu de Chrétiens & de Juifs dans cette Ville. Ainsi la Religion de Mahomet y est la dominante,

[i] Paul Lucas, Voyage de l'Anatolie en 1714. t. 1. p. 157.

& les Turcs y ont plus de cent Mosquées. Les Montagnes voisines y fournissent de l'eau en abondance, & la Campagne tout ce qui est nécessaire à la vie. Le Voyageur curieux n'y trouve pas si bien son compte que les Habitans du Pays, car cette grande Ville n'offre aucun Monument, ni ancien, ni moderne, qui soit digne d'attention. Au sortir de Tirie on trouve une Plaine qui peut bien avoir cent cinquante milles de tour ; on croit que ce fut-là que Bajazet fut pris par Tamerlan. Il y a une Montagne voisine où l'on trouve plusieurs Plantes assez curieuses : de la graine, de celle qui se nomme Banbour, a été trouvée très-singuliere par les Botanistes. De cette Montagne on voit le Fleuve Méandre, qui traverse ces vastes Campagnes, & qui n'approche pas plus près que de deux lieues de la Ville de Tirie. Le Commerce y consiste en Tapis, en Laines, en Coton, & en toutes sortes de fruits & de denrées. Les Manufactures sont pour la plûpart dans le Fauxbourg, qui est très-grand & aussi peuplé que la Ville. Au sortir de ce Fauxbourg on trouve une Montagne très-rude.

TIRIMENEN, Peuple sauvage aux environs du Détroit de Magellan. Il habite un Pays dans les Terres nommé Coin. Olivier de Noort, dans son Voyage autour du Monde [k], dit que les hommes chez les Tirimenen, sont grands comme des Géans, ayant dix à douze pieds de hauteur. Ils sont plus avant dans les terres que les Kemenétes, les Kemenekas & les Karaykes, avec lesquels ils font souvent en guerre, & qu'ils appellent par injure Mangeurs d'Autruches. Mais autant qu'on le pouvoit présumer, ajoute Olivier de Noort, ils étoient les uns & les autres Anthropophages.

[k] Voyage de la Compagnie des Indes Or. t. 3. p. 29. Ed. de Rouen.

TIRIPANGADA, Ville de l'Inde en deçà du Gange, selon Ptolomée [l]. Ses Interprètes écrivent TRIPANGALIDA, au lieu de TIRIPANGADA.

[l] Lib. 7. c. 1.

TIRISCUM, Ville de la Dace : les Exemplaires Latins de Ptolomée [m] ajoutent ; que cette Ville se nomme présentement Taros. *Quod nunc* TAROS *dicitur*. Lazius dit que le nom moderne est TURO.

[m] Lib. 3. c. 8.

TIRISTA, Ville de la Basse Mysie, ou plutôt Mœsie : Ptolomée [n] la marque près du Danube entre *Trimanium* & *Durostorum Legio*. Je crois, dit Ortelius [o], que c'est la même Ville que Cédrène appelle DRISTA. Il semble aussi que ce soit la SEXTANTA-PRISTIS de l'Itinéraire d'Antonin, la SEXAGINTA PRISTA de la Notice des Dignitez de l'Empire, & la Τεξαντατριςα, dont Socrate parle dans son Histoire Ecclésiastique. Le nom moderne de TIRISTA est TERWISCH, selon Lazius.

[n] Lib. 3. c. 10.
[o] Thesaur.

TIRISTASIS. Voyez TYRISTASIS.

TIRISTRIA, Promontoire de la Basse-Mœsie, sur le Pont-Euxin : Ptolomée [p] la marque entre *Dionysopolis* & *Odessus*. Interprètes lisent TIRISTRIS, comme lit aussi Pomponius-Mela [q]. Ce mot est corrompu dans Strabon [r], qui lit CETERIZIS, au lieu de TIRISTRIS. Il nous apprend qu'il y avoit sur ce Promontoire un Château fortifié, dans lequel Lysimachus renferma pendant quelque tems ses Trésors. Ce même Promontoire est nommé TETRISIA par Arrien [s].

[p] Lib 3. c. 10.
[q] Lib. 2. c.
[r] Lib. 7. p. 319.
[s] Periph. p. 24.

TIRI-

TIRITHIA, Ville de la Méſopotamie & dans les terres ſelon Ptolomée [a]. L'Edition de Molet porte TIRITTHA au lieu de TIRITHIA.

[a] Lib. 5. c. 18.

TIRITIRI. Mr. Corneille [b] dit: Riviére de Perſe que les Anciens ont nommée *Moſæus* & *Orates*. Il ajoute qu'elle a ſon cours dans la Province de Chuſiſtan qu'elle traverſe, & qu'elle va ſe jetter dans le Golphe Perſique. Mr. Corneille auroit bien du nous dire les garans qu'il a pour avancer, que le TIRITIRI puiſſe être en même tems le *Moſæus* & l'*Orates*; car il ſeroit curieux de ſavoir qu'un Fleuve ſe jettât en même tems dans le Golphe Perſique, & dans la Mer-Noire. Il eſt ſûr du moins qu'il n'aura pas le ſuffrage d'Ovide qui dit que l'Orates ſe jettoit dans le Pont-Euxin. Marcien d'Héraclée met pourtant dans la Perſide un Fleuve nommé OROATIDE, mais non pas ORATES; & ce Fleuve pouvoit ſe jetter dans le Golphe Perſique. A l'égard du MOSÆUS, Ptolomée en fait un Fleuve de la Suſiane, qui pouvoit avoir ſon Embouchure dans le Golphe Perſique. Ortelius, qui cite les Tables d'Abulféda, dit que le MOSÆUS y eſt appellé TRITICIRI & non TIRITIRI.

[b] Dict.

TIRIZA, Ville de la Paphlagonie. Etienne le Géographe, qui dit que le nom National eſt TIRIZI, remarque que Cteſias appelle les Habitans de cette Ville TIRIZIPHANES.

TIRNAVIA, TIRNAU, ou TYRNAU, Ville de la Haute Hongrie, dans le Comté de Neitra [c], aux confins de celui de Poſon [d], à trois lieues de Freichſtadt & à huit de Presbourg, ſur une petite Riviére qui lui donne ſon nom. La Ville de Tirnau eſt grande, aſſez belle & fortifiée d'un Foſſé & d'une bonne Muraille. Les Rues ſont larges & les Maiſons bien bâties. Il y a de belles Egliſes entre leſquelles on diſtingue celle des Jéſuites fondée par Nicolas Comte d'Eſterhaſi, & de Galantha, Palatin d'Hongrie, qui fit faire auſſi le Maître-Autel, qui eſt d'une ſuperbe Sculpture de Bois. Il eſt inhumé au devant & on voit ſon Epitaphe ſur la muraille.

[c] De l'Iſle, Atlas.
[d] Le Laboureur, Retour de la Maréchale de Guébriant en France.

TIRNSTAIN, ou TYRNSTAIN, petite Ville d'Allemagne, dans la Baſſe-Autriche [e], au Quartier du Haut-Manartsberg, ſur la rive gauche du Danube, un peu au-deſſus de Stain. Cette Ville ne conſiſte qu'en deux belles Rues, l'une qui conduit au bord de la Riviére, & l'autre qui la traverſe. On y voit un grand Château magnifique dans ſon Architecture & dans ſes Appartemens; & il en reſte un ancien dont les ruïnes font connoître qu'il étoit très-fort & qu'il commandoit toute la Ville, étant élevé ſur une Montagne au pied de laquelle elle eſt ſituée. En allant de Tirnſtein à Vienne on voit la grande Abbaye de Goroveich & le Bourg de Hollambourg, où les Montagnes commencent à quitter le bord de la Riviére, qui fait pluſieurs Iſles, en s'élargiſſant de telle maniére, qu'en certains endroits elle a plus d'un mille de largeur.

[e] Jaillot, Atlas. Corn. Dict.

TIROL, ou TYROL, Comté d'Allemagne, & l'un des Pays-Héréditaires de la Maiſon d'Autriche [f]. Il a la Baviére au Septentrion; la Carinthie & l'Archevêché de Saltzbourg à l'Orient: une partie de l'Etat de Véniſe au Midi; & les Suiſſes & les Griſons au Couchant. Le Tirol a été ainſi appellé d'un Château de ce nom, bâti ſur la Riviére d'Etſch. Il a autrefois fait partie de la Rhétie: depuis il fit partie du Duché de Baviére, dont il fut demembré: & il paſſa à des Seigneurs particuliers: enſuite il tomba au pouvoir des Marquis de Méranie; & enfin Eliſabeth Comteſſe de Tyrol le porta dans la Maiſon d'Autriche vers l'an 1289. par ſon mariage avec Albert Duc d'Autriche & depuis Empereur.

[f] D'Audifret, Géogr. Anc. & Mod. t. 3. p. 126.

Ce Pays eſt fort montagneux; ce qui fait qu'il n'eſt pas des plus fertiles. On y recueille pourtant du Bled & du Vin, & il abonde en Pâturages. Il y a des Mines d'Argent, de Cuivre & de Fer; & il y a auſſi des Eaux minérales & ſalées. Ses Riviéres ſont l'Inn, qui le traverſe du Midi au Nord-Eſt, & l'Adige qui y prend ſa ſource. On diviſe le Comté de Tyrol en quatre parties principales, ſavoir le Tyrol propre, les Pays Annèxez, l'Evêché de Brixen, & l'Evêché de Trente:

Le TIROL propre contient,	L'Inn-Thal.	Inſpruck. Hall, Schwetz, Kuffſtain.
	L'Etſchland. ou Pays de l'Adige.	Tyrol, Glurens,
Pays Annéxez,		Pludentz, Sonneberg, Feldkireck, Bregentz.
L'Evêché de Brixen,		Brixen, Braneck.
L'Evêché de Trente,		Trente, Toblino, Madrutzo, Arco, Nago, Torbole, Roveredo, Bolzano,

1. **TIRON**, *Tironium*, Abbaye de France [h], dans le Dioceſe de Chartres de l'Ordre de Saint Benoît, à huit lieues de cette Ville vers le Couchant, ſur le Ruiſſeau de Tiron. Bernard Abbé de Saint Cyprien, ou Saint Cyvran, en Poitou, s'étant demis de ſon Abbaye, s'en alla avec un petit nombre de Diſciples choiſis dans la Preſqu'Iſle deſerte de Chauſſey, ſur la Côte Septentrionale de la Bretagne, où il avoit déja fait autrefois une longue retraite. Les Pirates l'obligérent bien-tôt d'en ſortir. Il vint avec ſa petite Troupe qui augmentoit de jour à autre, s'établir dans les Bois de Savigni en Baſſe Normandie. Mais comme le B. Vital, Diſciple du B. Robert d'Arbriſſel ſon ami, y étoit déja établi avec ſa compagnie, il vint ſe retirer dans les Bois de Tiron, où Rotrou, Comte de Perche & de Mortagne, lui donna un fonds pour bâtir un Monaſtére dont les fondemens furent jettez l'an 1109. Tels furent les commencemens de la Réformation de l'Ordre de Saint Benoît de la Congrégation de Tiron. Béatrix

TIR.   TIS.   539

trix Epoufe de Rotrou, Comte du Perche, fit élever l'Eglife dont l'emplacement fut accordé par les Chanoines de Chartres. Louis le Gros a auffi paffé pour Fondateur de cette Abbaye, apparemment à caufe des grands fonds qu'il lui aura donnez, & parce qu'il la mit en fa Sauve-garde en 1120. Bernard y fut le Pere, ou Abbé de cinq cens Religieux, qui vivoient dans une très-grande abftinence, fe contentans de légumes pour leur nourriture, fans aucun ufage du vin. L'Abbaye de Tiron a été autrefois Chef d'Ordre: elle avoit plufieurs autres Abbayes fous fa Jurifdiction, & où les Abbez & les Religieux étoient envoyez par l'Abbé de Tiron, & reftoient toujours fous cette même Jurifdiction, indépendans des Ordinaires. Elle a encore aujourd'hui de très-belles, de riches & d'amples Collations.

2. TIRON, petite Rivière d'Efpagne, dans la Vieille Caftille. Elle a fa fource dans les Montagnes appellées Sierra d'Occa. Elle court en ferpentant du Midi Occidental au Nord Oriental, & va fe jetter dans l'Ebre, fur la rive droite de ce Fleuve, au-deffous d'Haro, tout près de Brienes.

TIRONEAU, Lieu de France dans le Maine, Election du Mans, fur la Riviére de Sarte, à dix lieues du Mans, du côté du Nord vers les confins de la Normandie. C'eft une Abbaye de Bénédictins Réformez, Fille de St. André, autre Abbaye du même Diocéfe du Mans. Elle fut fondée par Payen de Chaources, Sire de Clinchant le 18. des Calendes d'Octobre 1149. felon d'autres en 1151.

TIROPOLIS. Voyez MAZELLA.

TIRRIF, TIR-RYF, ou TYR-RYF [a], Ifle d'Ecoffe & l'une des Æbudes, à cinq lieues de l'Ifle de Mul, du côté d'Occident, & voifine de l'Ifle de Coll, au Midi Oriental de laquelle eft la petite Ifle de Gunna entre deux. Tirrif n'a guère que quatre lieues de longueur & une ou deux de largeur. Il y a dans cette Ifle cinq principaux Lacs, qui font

Le Lac de Kirkabol,	Le Lac de Hylebol,
Le Lac de Basbol,	Le Lac de Barrabol,
	Le Lac de Fuil.

TIRSÆ, Ville de la Macédoine, dans la Mygdonie. Etienne le Géographe dit d'après Théagène, que cette Ville tiroit fon nom de Tirfe l'une des femmes du Fils de Mygdon.

TIRUS. Voyez TYR.

TIRYNS, Ville du Péloponnéfe, dans l'Argolide, felon Etienne le Géographe qui veut qu'elle dût fon nom à Tiryns fille d'Alôs qui étoit Sœur d'Amphitryon; & qu'auparavant elle fe nommât HALIEIS, à caufe que plufieurs Pêcheurs d'Hermione s'y étoient établis. TIRYNS exiftoit du tems d'Homère qui en parle [b]:

Οἱ δ' Ἄργος τ' εἶχον, Τίρυνθά τε τειχιόεσσαν,
Qui Argos incolabant, & bene munitam Tirynthem.

Strabon [c] dit que la Fortereffe de Tiryns fut bâtie par les Cyclopes, que Proetus mit en befogne. Elle fut détruite par les Argiens felon Paufanias [d]; & elle ne fubfiftoit plus du tems de Pline [e].

TISA. Voyez TESA.

TISÆUS, Montagne de la Theffalie, felon Tite-Live [f], qui dit que c'eft une Pointe de Montagne fort élevée. C'eft le TISÆUM de Polybe & de Suidas. Apollonius [g] met auffi dans la Theffalie un Promontoire nommé TISÆUM; mais fon Scholiafte ajoute que ce Promontoire étoit dans la Thefprotie.

TISAPATINGA. Voyez SINAPATINGA.

TISARA, ou ANTISARA. Voyez ANTISARA & BIBLIA.

TISARCHI, Nome & Village de Libye, felon Ptolomée [h].

TISARIA, petite Ville de l'Anatolie, dans l'Amafie. Le Pere Charles de St. Paul dit que TISARIA & CAISAR font les noms modernes de l'ancienne Diocéfarée. Voyez DIOCÉSARE'E, No. 1. Le Sieur Paul-Lucas écrit CARA-HISSAR; mais quoiqu'il l'ait reconnue pour une ancienne Ville, il n'a pas fu que c'étoit Diocéfarée de Cappadoce. Voyez CARA-HISSAR.

TISDRUM & TISDRUS. Voyez THYSDRUS.

TISEBARICA, Contrée de l'Ethiopie. Elle commençoit près du Port de Bérénice & s'étendoit le long de la Mer-Rouge jufqu'aux Mofchophages felon Arrien [i]. La partie maritime de cette Contrée étoit habitée par des Ichthyophages, qui démeuroient épars fous des chaumiéres placées dans des paffages étroits. Au dedans des Terres habituoient des Peuples Barbares.

TISEDITENSIS, TISEDITANUS, ou TIDDITANUS, Siège Epifcopal d'Afrique dans la Numidie. La Notice des Evêchez d'Afrique qui connoît ce Siège fous le nom de Tidditanus nomme fon Evêque Abundius; & dans la Conférence de Carthage [k] Lampadius eft qualifié Epifcopus Plebis Tifeditenfis.

TISIA, Ville d'Italie, felon Etienne le Géographe, qui dit fous le nom National eft TISIATES. Mais Appien [l] nous apprend que Tifia Ville étoit dans les Pays des Bruttiens; & il nomme les Habitans Tifiatæ.

TISIANUS, Fleuve de la Scythie Européenne, felon Jornandès. C'eft le TIBISCUS de Ptolomée.

TISIAUS, Ville d'Afrique : Strabon [m] la met au nombre de celles qui furent ruïnées de fond en comble durant la guerre de Céfar contre Scipion.

TISIDIUM, Ville d'Afrique. Sallufte [n] dit que Metellus en donna le commandement à Jugurtha. On croit que c'eft la même que Ptolomée appelle THISICA. Voyez THISICA.

TISILITANUS, Siège Epifcopal d'Afrique dans la Province Proconfulaire, à ce que croit Mr. Dupin. Ce Siège doit être différent de celui qui eft nommé Tibilitanus dans la Conférence de Carthage; car au Chapitre CXXI. elle dit que Donatus Epifcopus Tifilitanus n'a point d'Adverfaire, au lieu que dans le Chapitre CXCVII. elle fait mention d'un Evêque Donatifte appellé Simplicius & qualifié Tibilitanus Epifcopus. Flo-

Yyy 2   *ren-*

rentius Episcopus Tisiliensis assista au Concile de Carthage tenu en 525. sous Boniface. C'est sans doute le même Siège que *Tisilitanus*, & apparemment que la Ville est celle que la Table de Peutinger appelle TICHILLA & place dans la Province Proconsulaire.

TISIS, Ville d'Egypte, selon Etienne le Géographe.

TISPO, petite Ville de l'Amérique Septentrionale, sur la Côte du Golphe du Méxique dans l'Audience de México. Il est dit dans le Supplément des Voyages de Dampier [a], que Tispo est une assez jolie petite Ville, située au bord de la Mer & arrosée par un petit Ruisseau; mais qu'elle n'a aucun Commerce du côté de la Mer, parce qu'elle n'a point de Havre. Mr. de l'Isle ne connoît point la Ville de Tispo dans sa Carte du Méxique: il marque seulement la Rivière qu'il nomme TUSPA ; & TUSPA pourroit bien être le véritable nom de la Ville comme de la Rivière.

[a] Part. 2. c. 5.

De la Vieille Vera-Crux jusqu'à Tispo, il y a environ quinze lieues, la Côte s'étendant au Nord & au Sud, & de Tispo jusqu'à la Rivière Panuk, ou Panuco, il y a vingt lieues ou environ. La Côte est Nord & Sud au plus près.

TISSA, petite Ville de Sicile, au pied du Mont Ætna, du côté du Septentrion, près du Fleuve Onobala, suivant la position que lui donne Ptolomée [b]. Silius Italicus [c] écrit TISSE, & en fait un petit Lieu:

[b] Lib. 3. c. 4.
[c] Lib. 14. v. 268.

. . . . . *& parvo nomine Tissa.*

On croit que c'est aujourd'hui *Randazzo*, ou du moins que la Ville de *Randazzo* est bâtie auprès de l'endroit où étoit TISSA. Les Habitans étoient nommez TISSENSES, & non TISSINENSES, comme écrit Pline [d] Cicéron [e] décide pour la première Orthographe. *A Tissensibus*, dit-il, *perparva & tenui Civitate, nonne plus lucri nomine eripitur, quam quantum frumenti omnino exaravit.* Voyez TISSÆ.

[d] Lib. 3. c. 8.
[e] Orat. Frumentar. c. 38.

TISSÆ, petit Pays de la Sicile, selon Etienne le Géographe. Il est question apparemment du Territoire de la petite Ville de Tissa qu'Etienne le Géographe ne connoît point &, qui étoit peut-être ruinée de son tems.

TISSUS. Voyez PATHISSUS.
TISUCIS. Voyez SUSACIS.
TISURUS, Ville de l'Afrique propre: Ptolomée [f] la marque parmi les Villes qui étoient au Midi d'Adrumète.

[f] Lib. 4. c. 3.

TISSY, Bourg de France, dans la Normandie, à sept lieues de Coûtances & à trois de St. Lo. Il y a une Vicomté, ou petite Jurisdiction Royale; & on y tient Marché tous les Samedis sur-tout pour les Veaux qui y sont très-bons.

TIT, ou TITE, Ville d'Afrique, au Royaume de Maroc, dans la Province de Duguela. Marmol, dans sa Description d'Afrique [g] dit que Tit étoit une Ville ancienne. On en voit, ajoute-t-il, les ruines sur le bord de la Mer, à quatre lieues de Mazagan du côté du Couchant. Elle doit, à ce qu'on prétend, sa fondation aux premiers Habi-

[g] Tom. 2. L. 3. c. 55.

tans de l'Afrique, & elle étoit autrefois très-peuplée, parce que les Campagnes d'alentour sont très-fertiles. Quand les Portugais prirent la Ville d'Azamor, Tite se rendit par composition, & fut quelque tems tributaire du Roi de Portugal; mais Muley Nacer frére de Mahamet Oataz Roi de Fez, étant allé dans cette Province, pour affranchir les Mahométans de la servitude des Chrétiens, & n'ayant rien fait que pendre un Trésorier du Roi de Portugal, avec un Juif, qui l'aidoit à recevoir les contributions, en enleva tous les Habitans, & les plaça dans un petit Bourg qui étoit desert, à trois lieues de Fez, sans que cette Ville ait jamais été repeuplée depuis. Les maisons & les Tours de la Ville sont encore debout. Les Arabes cultivent le Pays des environs.

TITACAZENUM VINUM, Galien parle d'un vin ainsi appellé du nom du Pays où il croissoit [h].

[h] Onkir Titae.

TITACIDÆ, Municipe de la Tribu Antiochide selon Etienne le Géographe. Mr. Spon dans sa Liste des Bourgs de l'Attique marque celui de *Titacide* dans la Tribu Aeantide. Ce Bourg prenoit son nom du Héros Titacus qui livra Apidna à Castor & Pollux, lorsqu'ils vinrent dans l'Attique pour tirer leur sœur Hélène des mains de son Ravisseur Thésée, comme le rapporte Hérodote.

TITÆRON, nom d'une Ville dont parle Isacius [i], cité par Ortelius [k].

[i] In Lexim Titon
[k] Thes.

TITAN (Isle de), ou CABAROS; Isle de France, sur les Côtes de Provence, dans le Diocèse de Toulon. Cette Isle est la plus Orientale des Isles d'Hiéres. C'est à cause de cela qu'on lui a donné le nom de Titan, c'est-à-dire du côté où se leve le Soleil. Les Marseillois & les Grecs l'appelloient autrefois Hypœa, c'est-à-dire inférieure, parce qu'à l'égard de Marseille elle est au-dessous des autres. Ensuite dans le moyen âge on lui a donné le nom de Cabaros. Elle peut avoir quatre mille pas de long sur mille de large. Elle est peu habitée.

1. TITANA, Ville d'Egypte, dont Claudien [l] fait l'éloge dans ces Vers:

[l] In Prof.

Clara per Ægyptum placidis notissima sacris
Urbs Titana colit.

On voit assez que par Titana ce Poëte entend la Ville de Diospolis, ou la Ville du Soleil; car le Soleil a été aussi appellé Titan.

2. TITANA, Ville du Péloponnèse, dans la Sicyonie: Pausanias [m] la met à soixante Stades de Sicyone. On voyoit autrefois dans cette Ville un Temple d'Esculape, dont la Statue étoit couverte d'une robe de laine & d'un manteau; ensorte qu'on ne lui voyoit que le visage, les mains & la pointe des pieds. Celle d'Hygia sa fille, Déesse de la Santé, étoit aussi tellement couverte, ou de ses habits, ou des cheveux que les femmes s'étoient coupez pour les lui offrir, qu'on avoit peine à la voir. Les Statues d'Alexanor & d'Examérion étoient aussi dans ce Temple; ainsi que celle de Coronis qui étoit de bois. Les Habitans portoient cette derni-

[m] Lib. 2. c. 11. & 12.

TIT.

derniére dans le Temple de Minerve & l'a-doroient-là, brûlant toutes les victimes à la reserve des Oiseaux qu'ils mettoient sur les Autels. Quant aux Serpens consacrez à Esculape, les hommes n'osoient en approcher, & mettoient seulement la viande à l'entrée du lieu où ils étoient. Près de Titana on voyoit l'Autel des Vents ; où le Prêtre sacrifioit une nuit toutes les années, & faisoit certains Mystères en quatre fosses, qui leur étoient dédiées, chantant même quelques Vers magiques. Entre cette même Ville & Sicyone, on trouve le Temple des Déesses nommées *Sévéres* par les Athéniens, & *Euménides* par les Sicyoniens. On leur sacrifioit tous les ans en un certain jour des Brebis pleines, de même qu'aux Parques, dont les Autels étoient près delà.

3. TITANA, Petite Contrée du Péloponnèse, dans la Sicyonie : c'est Etienne le Géographe qui en fait mention ; & il entend parler sans doute du Territoire de la Ville de même nom. Il dit que *Titana* est un plurier ; mais qu'on employe aussi ce mot au singulier ; & à cette occasion il cite ce passage d'Homère [a]:

[a] *Iliad. B.*
v. 735.

. . . . . Τιτανοιὸ τε λευκὰ κυρήνα.
. . . . . . Titanique candidâ capita.

TITANIA-TELLUS. Voyez TITENUS.

TITANIS, Port de l'Isle de Corse : Ptolomée [b] le marque sur la Côte Occidentale de l'Isle, entre l'Embouchure du Fleuve Ticarius, & la Ville Fisera.

[b] Lib. 3. c. 2.

1. TITANUS, Fleuve de l'Asie-Mineure : Pline [c] met son Embouchure sur la Côte de l'Aeolide, & ajoute qu'il y avoit sur le bord de ce Fleuve une Ville de même nom. Le Scholiaste d'Apollonius [d] place aussi dans ce Quartier une Ville nommée TITANUM [e]; & Porphyrogenète en connoît une autre dans la Galatie ; mais ces trois Villes pourroient bien n'en faire qu'une.

[c] Lib. 5. c. 30.
[d] Lib. 2.
[e] *Ortelii Thesaur.*

2. TITANUS, Montagne de l'Asie Mineure selon Ortelius [f] qui cite Quintus Calaber [g].

[f] Ibid.
[g] Lib. 1.

3. TITANUS [h], Montagne de la Thessalie : Hesyche & Eustathe en parlent.

[h] *Ortelii Thesaur.*

TITARESIUS. Voyez EUROTAS, N°. 2. & TITARESSUS, N°. 2.

1. TITARESSUS, Ville de la Petite Arménie, selon Ptolomée [i].

[i] Lib. 5. c. 7.

2. TITARESSUS. Fleuve de la Thessalie : Vibius-Sequester [k], qui dit qu'on le nomme aussi Orcus, ajoute, qu'il se jette dans le Pénée, sans mêler ses eaux avec celles de ce dernier Fleuve, mais en coulant dessus. Lucain [l] dont les meilleures Editions lisent TITARESOS, dit que ce Fleuve orgueilleux de sortir du Styx, Fleuve respecté même par les Dieux, dédaigne de mêler ses eaux avec celles d'une Riviére commune.

[k] Pag. 85.
[l] Lib. 6. v. 375. & suiv.

Solus, in alterius nomen cum venerit unda,
Defendit Titaresos aquas, lapsusque superna
Gurgite Penei pro siccis utitur arvis.
Hunc fama est, Stygiis manare paludibus amnem,
Et capitis memorem, fluviis contagia vilis
Nolle pati, Superûmque sibi servare timorem.

TIT. 541

TITARUM. Ville de la Thessalie selon Etienne le Géographe qui cite Lycophron. Le nom national est *Titaronius*.

TITARUS, Montagne de la Thessalie : Strabon [m] dit qu'elle touchoit au Mont Olympe & que le Fleuve Titaresius y prenoit sa source. Peut-être donnoit-elle le nom à la Ville TITARUM dont parle Etienne le Géographe.

[m] Lib. 9. p. 441.

TITENUS-FLUVIUS, Fleuve de la Sarmatie Asiatique [n]; ou plutôt de la Colchide. Apollonius & son Scholiaste disent que ce Fleuve se jettoit dans le Pont-Euxin. Il donnoit le nom à une Contrée appellée TITENIA, que Valerius-Flaccus nomme TITANIA-TELLUS.

[n] *Ortelii Thesaur.*

TITHA, Ville de l'Arabie selon la Notice des Dignitez de l'Empire, où on lit [o] *Cohors prima miliaria Thracum ad Titha*.

[o] Sect. 24.

TITHONI-REGIA. Voyez TITONI-REGIA.

TITHOREA, Ville de la Phocide sur le Mont Parnasse. Hérodote [p] dit qu'auprès de la Ville de Néon, il y avoit une cime du Parnasse appellée TITHOREA ; mais Pausanias [q] après avoir rapporté le sentiment d'Hérodote, dit qu'il y a apparence que toute la Contrée se nommoit autrefois TITHOREA ; & que dans la suite les Habitans des Villages voisins s'étant venus établir dans la Ville de Néon, cette Ville prit peu à peu le nom de TITHOREA. Le mot est corrompu dans Plutarque [r] qui écrit TITHORA pour TITHOREA. Du tems de Sylla Tithore n'étoit pas une si grande Ville que du tems que Plutarque écrivoit ; car ce n'étoit alors, dit-il, qu'une Forteresse assise sur la pointe d'une Roche escarpée de tous côtez, où les Peuples de la Phocide, fuyant devant Xerxès, s'étoient retirez autrefois & y avoient trouvé leur salut.

[p] Lib. 8. no. 32.
[q] Lib. 10. c. 32.
[r] *In Sylla.*

TITHRAS, Bourg de l'Attique, dans la Tribu Aegeïde, selon Etienne le Géographe. Ce Bourg, dit Mr. Spon dans la Liste des Bourgs de l'Attique, prenoit son nom de Tithras fils de Pandion. Ce Lieu avoit le bruit d'avoir des Habitans très-méchans & des figues très-excellentes, selon le témoignage de Suidas, d'Aristophane & d'Athénée. Il est parlé du Bourg de Tithras dans une ancienne Inscription qui se trouve à Salamine & rapportée par Mr. Spon :

ΚΑΛΛΙΣ ΤΩ
ΑΝΤΙΔΩΡΟΥ
ΤΕΙΘΡΑΣΙΟΥ

1. TITHRASUS, Ville de la Libye. Les Gorgones & naissoient selon Suidas [s] qui dit que cette Ville étoit arrosée d'un Fleuve de même nom.

[s] *In Verbo Γοργους.*

2. TITHRASUS, Municipe de l'Attique. Suidas le donne aux Gorgones. C'est le même lieu que Tithras. Voyez TITHRAS.

TITHRONIUM, Ville de la Phocide, selon Etienne le Géographe : Pausanias [t] dit qu'elle étoit à quinze Stades d'Amphiclea, & située dans une Plaine ; mais qu'on n'y voyoit rien qui fût digne d'être remarqué.

[t] Lib. 10. c. 33.

TITIANI, Peuples de l'Isle de Corse : Ptolomée [u] les marque entre les *Tarrabeni* & les *Balatoni*.

[u] Lib. 3. c. 2.

Yyy 3   1. TI

1. TITICACA, Lac de l'Amérique Méridionale au Pérou, dans l'Audience de los Charcas. De Laet, dans sa Description des Indes Orientales [a], dit que ce Lac passe pour le plus ample & pour le plus large de tous ceux de l'Amérique Méridionale, & qu'il y a plusieurs Bourgs situez sur ses rivages. Sa profondeur est très-grande en certains endroits; & lorsqu'il est agité, il élève des flots pareils à ceux de la Mer; de sorte qu'on le prendroit pour un Golphe, quoiqu'il soit à quarante lieues de la Mer du Sud. Il n'a, selon Acosta, qu'un seul Emissaire qui est fort profond & assez étroit, & on y voit quantité d'Isles. La Description que Mr. de l'Isle [b] donne de ce Lac est un peu différente. Selon ce Géographe le Lac de TITICACA est composé de deux parties dont la prémiére, la plus grande & la plus Septentrionale, reçoit du côté du Nord-Occidental une petite Riviére, qui passe à Canches: la seconde qui communique avec la prémiére par un Détroit, a du côté du Midi un Emissaire, par le moyen duquel elle communique avec le Lac Paria, ou de los Aulagas, qui est environ à quarante lieues droit au Sud. Cette seconde partie du Lac de *Titicaca* renferme cinq Isles, au lieu que la prémiére ne paroît pas en avoir. Voyez l'Article suivant. Les principaux lieux qui se trouvent sur le bord du Lac de *Titicaca* sont:

[a] Lib. II. c. 4.

[b] Atlas.

Sur le bord de la partie Septentrionale du Lac.
{ Atuncolla,
Tiquillaca,
Chuquito,
Xuli,
Pomata,
Carabuco,
Guancane,
Acillo,
Orurillo. }

Sur le bord de la partie Méridionale du Lac.
{ Cepira,
Tiaguanaco,
Laxa,
Guarina. }

2. TITICACA, Isle de l'Amérique Méridionale au Pérou, dans l'Audience de Los Charcas & dans le Lac auquel elle donne son nom. Entre les Temples [c] les fameux qui furent dédiez au Soleil, dans le Pérou, & qui étoient à peu près comparables à celui de Cusco, en richesses & en ornemens d'or & d'argent, il y en eut un fort célèbre dans l'Isle appellée *Titicaca*; c'est-à-dire *Montagne de plomb*; car ce mot est composé de TITI qui signifie *du plomb*, & de CACA qui veut dire une Montagne, pourvu qu'on le prononce du fond du gosier; car si on le prononçoit à la maniére des Espagnols, il signifieroit alors un *Oncle maternel*. L'Isle de *Titicaca* est éloignée de la Terre Ferme de deux portées d'Arquebuse & un peu plus; & elle a cinq à six mille pas de circuit. Ce fut-là, du moins les Yncas le croient ainsi, que le Soleil voulut que s'arrêtassent ses deux Enfans, quand il les envoya sur la Terre pour instruire les Peuples barbares dans les devoirs de la vie civile. Ils ajoutent une autre fable à celle-là & qu'ils prennent de plus loin. Ils disent qu'aus-

[c] Garcillasso de la Vega, Hist. des Yncas, L. 3. c. 25.

si-tôt après le Déluge, les rayons du Soleil parurent plûtôt en cette Isle & dans son Lac qu'en tout autre lieu. Ce Lac est si profond & si grand qu'en certains endroits il a quarante-huit Brasses de fond & quatre-vingt lieues de circuit. On ajoute une particularité: on dit que les Bâteaux n'y peuvent nager. Le Pere Blas Valera attribue cet effet à une certaine pierre qu'on appelle *Himan*, & dont on trouve une grande quantité dans ce Lac. Je m'en tiendrai à son opinion, dit Garcillasso, sans l'examiner de plus près.

Le premier Ynca voyant que la foi qu'on ajoutoit à cette ancienne fable autorisoit sa fourberie, & que les Indiens tenoient pour des Lieux sacrez le Lac & l'Isle, en prit occasion de persuader aux Peuples que la femme & lui étoient enfans du Soleil, & ils le confirmérent par les grands avantages qu'ils procurérent. Ainsi ces deux fables furent cause que les Yncas & tous ceux de leur Empire tinrent l'Isle de *Titicaca* pour un Lieu sacré; & pour mieux marquer leur vénération ils y bâtirent à l'honneur du Soleil un Temple qui étoit couvert de lames d'or. Les Habitans des Provinces sujettes aux Yncas y alloient faire tous les ans de riches offrandes d'or, d'argent & de pierreries. On faisoit dans ce Temple le même service que dans celui de Cusco. Le Pere Blas Valera, en parlant des prodigieuses richesses de ce Temple, dit que les Indiens appellez MISMAC, dont on avoit envoyé une Colonie à Copa-Cavano, l'avoient assuré que l'or & de l'argent qui étoit resté des Offrandes faites dans cette Isle, on en pouvoit bâtir un autre Temple, depuis les fondemens jusqu'au toit, sans mélange d'aucune autre matiére. A quoi il ajoute, que les Indiens jettérent tous ces Trésors dans le Lac, dès qu'ils apprirent que les Espagnols abordez dans ces Contrées envahissoient tout ce qu'ils trouvoient de richesses.

Outre les magnifiques ornemens de ce Temple, les Indiens enrichirent beaucoup l'Isle de *Titicaca*. Pour la rendre plus agréable à la vûe, ils l'applanirent autant qu'il leur fut possible, en abattirent les Rochers & y firent transporter de loin, quantité de terre fertile & grasse afin d'y faire croître du Mahis, parce qu'on n'en cueilloit point dans toute cette Contrée, à cause que le Climat y est trop froid. Ils en semérent sur ces piéces de terre, & y firent venir pareillement d'autres légumes. A force de cultiver le terroir, on l'obligeoit à produire. Les grains que l'on recueilloit, quoiqu'en petite quantité, étoient envoyez au Roi, comme une chose sacrée, & ce Prince en portoit une partie au Temple du Soleil, & envoyoit le reste aux Vierges choisies à Cusco. Il leur ordonnoit en même tems d'en faire la distribution d'une année à l'autre aux Maisons Religieuses & aux Temples du Royaume, afin qu'ils pussent tous avoir part à ces grains qu'ils croyoient leur être envoyez du Ciel. On les semoit dans les Jardins des Temples du Soleil & dans ceux des Réligieuses; & la récolte qui s'en faisoit étoit distribuée de Ville en Ville. On en met-

mettoit aussi dans les Greniers du Soleil, dans ceux du Roi & dans les Magasins publics, dans la persuasion où l'on étoit que ces grains qu'on regardoit comme sacrez étoient capables de conserver le pain qu'on y gardoit ordinairement pour la nourriture des Habitans en cas de famine, ou même capables de l'augmenter dans le besoin. Si un Indien pouvoit avoir un seul grain de ce Mahis, ou de telle autre semence qui fût venue de cette Isle ; il le mettoit dans son Grenier & croyoit comme une chose certaine, que de sa vie il ne manqueroit de pain.

TITIOPOLIS, Ville de la seconde Cilicie, ou de l'Isaurie, selon Ortelius [a] qui cite le Concile de Chalcédoine, le premier Concile de Constantinople & Porphyrogenète. C'est peut-être la TITOPOLIS de Guillaume de Tyr, sous le Siège Episcopal de Séleucie.

[a] Thesaur.

TITIUM FLUMEN, Fleuve de l'Illyrie : Pline [b] fait entendre que ce Fleuve se jettoit dans la Mer à Scardona, & qu'il servoit de borne entre la Liburnie & la Dalmatie. C'est le TITUS dont Ptolomée [c] marque l'Embouchure sur la Côte entre *Jadera Colonia* & *Scardona*.

[b] Lib. 3. c. 21. & 22.
[c] Lib. 2. c. 17.

TITMONING, Ville d'Allemagne dans l'Archevêché de Saltzbourg [d], près de la Riviére de Saltza, aux confins de l'Electorat de Bavière, à six milles de la Ville de Saltzbourg. En 1310. la peste fit de tels ravages dans cette petite Ville qu'il y mourut treize cens personnes depuis le 11. de Novembre jusqu'au 2. de Février. Dans la guerre des Empereurs Louïs IV. & Fréderic III. l'Archevêque de Saltzbourg ayant pris le parti de Frédéric, Wolfgang de Goldec, Bailli de Dornberg au nom de Louïs IV. enleva à l'Archevêque la Ville de Titmoning, qui fut rendue à ce Prélat trois ans après ; savoir en 1327. Le feu du Ciel réduisit en cendres la Ville de Titmoning en 1571. Il n'y eut que quelques petites maisons situées sur la hauteur qui furent garanties de l'incendie.

[d] Zeyler, Topogr. Bavar. p. 67.

1. TITONEUS, nom d'un Fleuve dont parle Lycophron : sur quoi Isacius son Scholiaste remarque que c'est un Fleuve d'Italie, au voisinage du Promontoire *Circæum*. C'est selon Ortelius [e] le *Titanidos* de Quintus Calaber. Il ne se jette pas dans la Mer, il se perd sous terre.

[e] Thesaur.

2. TITONEUS, Montagne aux confins de la Thrace & de la Macédoine, selon Etienne le Géographe & Lycophron, citez par Ortelius [f].

[f] Ibid.

TITONI REGIA, Palais fameux de l'Ethiopie sous l'Egypte. Quinte-Curse [g] dit que la curiosité de voir les fameux Palais de Memnon & de Titon emporta Alexandre presque au-delà des bornes du Soleil. Ortelius [h] remarque qu'il faut lire TITHONI-REGIA ; & c'est ainsi en effet que lit Diodore de Sicile [i]. Tithonus, selon cet ancien Historien, étoit père de Memnon, Général des Ethiopiens & des Suzians, que Teutamus envoya au secours des Troyens. Ce Memnon bâtit un Palais superbe dans la Forteresse de Suze, & ce Palais porta le nom de Memnon jusqu'à l'établissement de la Monarchie des Perses. Mais, ajoute Diodore de Sicile, les Ethiopiens Habitans de l'Egypte révoquent en doute ce trait d'Histoire, & montrent encore chez eux ces fameux Palais de Memnon [& de Tithon], qui conservent encore aujourd'hui les noms de leurs fondateurs.

[g] Lib. 4. c. 8.
[h] Thesaur.
[i] Lib. 2. p. 109. Ed. Wechel. 1604.

TITOPOLIS. Voyez TITIOPOLIS.

1. TITSCHEN, ou TITSCHEN LA NEUVE [k] Ville de Bohême, dans la Moravie, près de Stramberg, au voisinage de la Montagne de Rodhost, vers les frontiéres de la Silésie. Cette Ville est sur la route de Cracovie à Vienne.

[k] Zeyler, Topogr. Moraviæ, p. 110.

2. TITSCHEN, ou TITSCHEN LE VIEUX [l], Bourg de Bohême, dans la Moravie, entre Weiskirch & Freiberg sur une Colline avec un Château.

[l] Ibid.

TITTHI, Peuples d'Espagne, dans la Celtibérie : ils étoient voisins de la Ville *Segeda* selon Appien dans son Histoire des guerres d'Espagne [m].

[m] Lib. 1. p. 279.

TITTHION. Voyez MYRTION.

TITTIS, Village de la Préfecture d'Apamée. Il en est parlé dans Sozomène [n] & dans Calliste [o] citez par Ortelius [p].

[n] Lib. 6. c. 34.
[o] Lib. IX. c. 4.
[p] Thesaur.

TITTLISBERG, Montagne de Suisse [q], dans le Canton d'Underwald. Son sommet est toujours couvert de neiges & de glaces. Il y en a qui prétendent que c'est la Montagne la plus haute de toute la Suisse.

[q] Etat & Délices de la Suisse, t. 2. p. 457.

TITTUA, Ville de l'Inde en deçà du Gange : Ptolomée [r] la donne aux Caréens & la place dans les terres entre *Selur* & *Mantilur*.

[r] Lib. 7. c. 1.

1. TITUA, Ville de la Pamphylie selon Ortelius [s] qui cite le Concile de Constantinople où l'Evêque de cette Ville est dit *Tituensis Episcopus Pamphyliæ*.

[s] Thesaur.

2. TITUA. Voyez SITUA.

TITUACIA, Ville de l'Espagne Tarragonnoise : Ptolomée [t] la donne aux Carpétains. Quelques-uns veulent que ce soit aujourd'hui Xetafe, & d'autres Bayonne. Voyez TITULCIA.

[t] Lib. 2. c. 6.

TITULCIA, Ville de l'Espagne Tarragonnoise. L'Itinéraire d'Antonin la marque sur la route d'Emérita à Sarragoce, entre *Toleteum* & *Complutum*, à vingt-quatre milles de la premiére de ces Places & à trente milles de la seconde. Ce pourroit être la Ville TITUACIA de Ptolomée. Voyez TITUACIA.

1. TITUL. Voyez au mot AD, Article AD-TITULOS.

2. TITUL, Bourgade de la Haute-Hongrie, dans le Comté de Bodrog, sur la rive droite de la Teisse, un peu au-dessus de l'endroit où cette Riviére se jette dans le Danube. Mr. de l'Isle [u] écrit TITEL, au lieu de TITUL. On croit que c'est le *Tibiscum* des Anciens.

[u] Atlas.

TITULITANUS, Siège Episcopal d'Afrique. La Notice des Evêchez d'Afrique la place dans la Province Proconsulaire & nomme son Evêque Crescituras : l'Edition de Schelstrate porte néanmoins Titulianus au lieu de Titulitanus, peut-être est-ce une faute d'impression. Dans la Conférence de Carthage [x] l'Evêque de ce Siège est qualifié *Episcopus Plebis Tituli*.

[x] No. 126.

TITZINGEN, Lieu d'Allemagne dans la Suabe [y], au Pays de Wurtenberg, à un mille de Canstatt, près de Gruningen. Quelques-uns en font une Ville, & d'autres lui donnent le nom de Village.

[y] Zeyler, Topogr. Suev. p. 99.

TITU-

TITURIS. Voyez SUSACIS.

TITUS. Voyez TETUS & TITIUS.

1. TITYRUS, Montagne de l'Isle de Créte [a], dans la Cydonie, qui étoit une Contrée, ou une Plage dans la partie Occidentale de l'Isle, & qui prenoit son nom de la Ville Cydonia. Il y avoit sur cette Montagne un Temple nommé *Dictynnæum Templum*. Selon quelques Exemplaires la Montagne Tityrus & le Temple étoient dans la Ville de Cydonia.

[a] Strab. Lib. 10. p. 479.

2. TITYRUS, nom d'un Peuple, ou d'un Lieu d'Egypte. C'est Josephe [b] qui en fait mention.

[b] Contra Appion.

TIVA, Ville d'Espagne, chez les Orétains, selon les Exemplaires Latins de Ptolomée [c]. Le nom de cette Ville ne se trouve point dans le Texte Grec.

[c] Lib. 2. c. 6.

TIVE, TIFE, ou TIVIOT. Voyez TIVIOT.

TIVICA, petite Ville d'Espagne, dans la Catalogne, & dans la Viguerie de Tarragone. Dans la Montagne qui est près de cette Ville, il y a une Carrière d'une espèce de pierre d'Onyx, qui est à peu près de la couleur d'un ongle d'homme, avec des veines qui ressemblent au Jaspe & à la Sardoine.

TIVIOT, TIVE ou TIFE, Rivière de l'Ecosse Méridionale dans la Province de Tiviotdale qu'elle traverse, & où elle se jette dans la Twede à la droite.

TIVIOTDALE, Province de l'Ecosse Méridionale [d], dans les terres, à l'Ouest du Northumberland, & au Midi de la Twede. Elle est fertile en bleds & en Pâturages & nourrit entre autres une grande quantité de Brebis. Les Habitans ont toujours été bons guerriers, & ont souvent exercé leur valeur contre les Anglois. C'est par-là que les Scots de Buccleugh, & les Kers ont élevé leurs familles. Jacques fils naturel de Charles II. fut créé Duc de Buccleugh en 1673. Jacques II. lui fit trancher la tête en 1685. De son mariage avec Anne Scot, sont sortis Henri Scot Comte de Delorain son fils & François Scot Comte de Dalketh son petit-fils. Quant aux Kers, les principales Familles de ce nom sont celles de Cesford & de Farniherst. Le Chef de la première est le Duc de Roxbourg & le Chef de l'autre la Marquis de Lothian.

[d] Etat présent de la Gr. Br. t. 2. p. 234.

TIVIS, ou TYVY, Rivière d'Angleterre [e], au Pays de Galles. Elle coule d'abord dans Cardiganshire, où elle mouille le Bourg de Tregaron: ensuite elle sépare Cardiganshire de Carmardenshire & de Penbrokshire, & va enfin se jetter dans la Mer d'Irlande.

[e] Blaeu, Atlas.

TIULIT, Ville d'Afrique, dans la Province de Fez. C'est une ancienne Ville bâtie par les Romains sur le sommet de la Montagne Zarhon, ou Zarahanun [f]. La Ville de TIULIT que le Sieur de la Croix dans son Histoire d'Afrique nomme TITULIT est fermée de bons murs de pierre de taille, qui ont plus de deux lieues de tour. Elle fut autrefois détruite par les Habitans du Royaume de Mequinez, & rétablie ensuite par Idris, pere du premier Fondateur de Fez, qui en fit la Capitale de toute la Province qu'on nommoit alors Bulibile. Mais lorsque Fez eut été bâtie & que la puissance de ses Princes vint sur son déclin,

[f] Marmol, Descr. d'Afrique, Liv. 4. c. 29.

elle déchut beaucoup de sa première splendeur, & fut détruite à la fin par le Roi Josef de la Race des Almoravides, sans se repeupler depuis. Les Habitans se sont répandus par toute la Montagne, où ils se sont établis en divers lieux. Il ne reste donc que quinze ou vingt maisons autour de la Mosquée, où demeurent quelques Alfaquis, pour honorer une sépulture qui est en grande vénération parmi ces Barbares, & où l'on va en pélerinage de toutes les Provinces voisines. On croit que c'est le Tombeau du premier Idris. Il y a au milieu de la Ville deux belles Fontaines, qui descendent dans les Vallées, où les Azuagues ont leurs Habitations & leurs héritages.

TIUM. Voyez TIOS & AMASTRIS.

TIVOLI, *Tibur*, Ville d'Italie dans la Campagne de Rome, à seize milles de la Ville de ce nom, à douze milles de Frescati, & à pareille distance de Palestrine. Cette Ville est située sur le sommet [g] applati d'une Montagne, tout auprès des hautes Montagnes, qui séparent la Sabine de l'Abruzze. Cette Ville est plus ancienne que Rome, & étoit très-célèbre par ses richesses, son commerce, & ses forces; ses Peuples étoient fiers & redoutables à leurs voisins. On l'appelloit communément Tibur la Superbe; *Superbum Tibur*, & on conserve encore aujourd'hui cette devise, autour des Armes & du Sceau de la Ville. Dès l'an 400. de Rome elle fut soumise par le Capitaine Camille, ensuite sa situation, qui lui donne un air frais, sain, & la plus belle vûe du monde, engagea les Romains du vieux tems d'y bâtir grand nombre de Maisons de plaisance, dont on voit encore bien des restes. La plus belle, la plus grande, & la plus fameuse étoit celle de l'Empereur Adrien. On appelle encore aujourd'hui le lieu, où elle étoit, *Villa Adriani*. Entre quantité de restes qu'on y trouve sous terre, on admire la hauteur & la solidité des voûtes encore entières, malgré tout ce que le tems, l'air, les pluyes, & les guerres ont pu faire pour les détruire. Il paroit que la Pousolane étoit fort en usage dans ce tems-là, il est aisé de la reconnoître dans le mortier, qui lie les briques de ces voûtes superbes, qui ne se démentent point depuis tant de Siècles, quoiqu'elles soient ensévelies sous les terres labourables, & labourées qui les couvrent. Toutes ces voûtes sont en plein ceintre, il y a en bien des endroits des restes de petits carreaux vernissez, dont les murs étoient incrustez. On voit dans d'autres des quarrez plus grands, qui probablement étoient garnis de marbre. Voyez l'Article suivant. En approchant de Tivoli on passe sur un Pont appellé *Ponte-Lucano*, où il y a un beau Mausolée avec deux ou trois grandes Inscriptions de Plautius Sylvanus Consul Romain, l'un des sept Intendans du Banquet des Dieux & à qui le Sénat avoit accordé le Triomphe pour les belles actions qu'il avoit faites dans l'Illyrie. On voit aussi dans la Ville quelques Inscriptions & quelques masures, qui font partie de ses enciens titres de noblesse & dans la Place il y a deux Statues parfaitement belles, d'un beau Marbre granite rougeâtre, moucheté de grosses taches noires, & dont

[g] Idée, Voy. d'Italie, t. 1. p. 93. suiv.

il

TIV.

il ne se trouve guère ailleurs de semblable. Elles représentent toutes deux la Déesse Isis adorée dans l'Egypte, d'où l'Empereur Hadrien les avoit apparemment fait venir pour servir d'ornement à sa Maison de Plaisance de Tivoli. Tivoli est à présent une Ville médiocre, elle est mal percée, les rues sont fort inégales, hautes & bossues, toutes mal pavées, sales, incommodes. Les Maisons bourgeoises n'ont ni beauté, ni commodité ; mais il y a un petit nombre de Palais, c'est-à-dire des Maisons à porte-cochére appartenantes à des personnes riches de Rome, qui ont quelque apparence. La Ville est assez peuplée, parce que la Riviére Teverone a donné lieu d'y faire des Moulins à papier, à valonnée, à cuivre, à forer & blanchir les Canons de fusil, à fouler les étoffes. On y compte sept Eglises Paroissiales; une Eglise Cathédrale, plusieurs Couvens de Religieux & de Religieuses, deux Hôpitaux, un Collége de Jésuites, un Séminaire, un Temple de la Sibylle Tiburtine, & une Forteresse qui consiste en un Donjon quarré, renfermé entre quatre Tours rondes. L'Evêché de cette Ville est de deux mille Ecus Romains de revenu. Il est assez souvent rempli par des Cardinaux ; alors le Pape y joint des Bénéfices, quand les biens de famille ne viennent pas au secours, pour que ces Eminences puissent soûtenir le train convenable à leur Dignité ; le Chapitre est composé de 16. Chanoines, dont les Prébendes se ressentent de la pauvreté de la Mense Episcopale; il y a outre cela quelques Bénéficiers & une Musique entretenue. L'Eglise Cathédrale est dédiée à St. Laurent. Le Tableau du Grand-Autel représente ce Saint étendu sur le gril. C'est un Ouvrage d'un Eléve d'Annibal Carache, que l'on estime avec beaucoup de raison. Cette Eglise n'est pas fort grande, elle n'a point de bas côtez; mais seulement, quatre Chapelles de chaque côté, & un Vestibule soûtenu de colomnes de pierre qui lui sert d'entrée; elle est fort propre, & assez ornée. Le Chœur des Chanoines est derriere l'Autel qui est à la Romaine, de maniére que ce Tableau de St. Laurent, n'est pas directement sur l'Autel ; mais dans le fond du Chœur. C'est le Cardinal Roma alors Evêque de Tivoli qui l'a fait bâtir, qui l'a ornée, & qui a fait faire le Séminaire.

La Cascade de Tivoli [a] est ce qui attire le plus de curieux en cette Ville. C'est une chûte précipitée de la Riviére appellée autrefois *Lanius* ou *Lanio*, & à présent *Teverone*, dont le lit d'une largeur assez médiocre se rétrécit en cet endroit de maniere, qu'il n'a qu'environ 40. à 45. pieds de large. L'eau de ce Fleuve est claire, nette & pure, quand il ne pleut point; mais pour peu qu'il tombe de la pluye, elle se charge de beaucoup de limon & de bourbe qui l'épaissit, la trouble & la rend mal saine. Sa premiére chûte ou cascade est environ à dix toises au-dessus du Pont, elle peut avoir 140. à 150. pieds de hauteur. Le Rocher qui sert de lit à la Riviére, & d'où elle tombe en nappe, est coupé à plomb comme un mur, & les Rochers sur lesquels elle se précipite sont fort inégaux, divisez en plusieurs pointes qui laissent entr'elles des vuides, & comme des chemins tortus & raboteux fort en pente, où l'eau presque fumante, ou convertie en écume, court avec rapidité. Il y a une autre chûte ou cascade au-dessous du Pont moins considérable que la premiére, & une troisiéme encore plus petite ; la Riviére semble se cacher tout-à-fait sous terre entre la seconde & la troisiéme chûte. On observe à la cascade de Tivoli, que l'eau qui tombe de haut sur des corps inégaux, se partage en une infinité de parcelles, comme une pluie déliée, sur laquelle le Soleil dardant ses rayons, fait paroître les couleurs de l'Arc-en-Ciel à ceux qui sont dans une certaine situation & à une certaine distance.

On voit à la gauche de la Riviére sur une hauteur un peu au-dessous du Pont, les restes d'un petit Temple rond, que le Vulgaire croit avoir été le lieu de dévotion de la Sibylle Tiburtine ; des Arcades, qui sont en partie sous ce Temple, & en partie creusées dans le rocher, passent pour les appartemens de cette Prophetesse. Le Temple étoit petit, rond, d'ordre Corinthien : ce qui en reste fait connoître que l'Architecture étoit très-correcte ; la porte est encore entiére, elle est d'environ un douziéme plus étroite par le haut que par le bas. Cela se remarque dans les Fenêtres de ce Temple aussi-bien, que dans la porte; mais ce n'est pas une régle fort à suivre, & on ne la voit pratiquée que dans très-peu de Bâtimens; car ce rétrécissement ne contribue point du tout à la solidité de l'Edifice; la seule commodité qu'en en retire, c'est que la porte se ferme aisément d'elle-même. Il y en a pourtant qui veulent que ce Temple ait été dédié à Hercule, à cause d'une Inscription qui s'est trouvée dans cette Ville, & qui est consacrée à un Hercule Saxanus, c'est-à-dire un Hercule sur le Roc. Avant que la Riviére se précipite & qu'elle fasse sa premiére chûte, on en a tiré par des rigoles l'eau qui est nécessaire pour les besoins de la Ville, & pour les différens Moulins qui sont aux environs: le premier est une Forge où l'on travaille le Fer & le Cuivre. En voici la Description. L'eau tombe à plomb sur les palettes de la roue qui n'a que six pieds de Diamétre ; son axe a douze pouces sur chacune de ses quatre faces & dix pieds de longueur ; la goutiére qui porte l'eau sur la roue, a dix pouces de hauteur ; elle fournit pour l'ordinaire cent pouces quarrez d'eau, qui tombe à plomb sur la roue d'environ six à sept pieds de hauteur, à deux pieds de l'extrémité de l'axe qui est dans l'attellier. Il y a quatre dents de fer qui la percent quarrément : elles ont quatre pouces de largeur & deux pouces d'épaisseur. Leurs extrémitez sont émoussées ; elles servent à faire lever le Martinet dont le bout qui rencontre les dents est aussi armé de fer. Ce Martinet est une piéce de bois de neuf pieds de longueur & de huit pouces en quarré, percée aux deux tiers de longueur, d'une barre de fer qui lui sert de pivot, dont les extrémitez arrondies portent sur deux Collets de fer, fortement attachez dans un chassis

[a] Labat, Voy. d'Italie, t. 3. p. 237. & suiv. t. 4. p. 1. & suiv.

maçonné en terre. L'extrémité du Martinet opposée à l'axe de la roue, est chargée d'une Masse de Fer de dix-huit pouces de longueur, & du poids de deux-cens livres ou environ ; on en a de plusieurs façons pour les différens usages auxquels on les employe. L'enclume proportionnée à ce marteau est sur un puissant bloc de bois maçonné en terre. Le Canal qui conduit l'eau sur la roue, est traversé par une planche, chargée d'un poids qui se leve & se baisse à l'aide d'une manivelle coudée, que l'on fait mouvoir par le moyen d'une corde qui y est attachée ; de maniere que l'Ouvrier augmente ou diminue la vitesse du Martinet, selon qu'il le juge à propos, par la quantité d'eau qu'il laisse tomber sur la roue. Il y a à côté de la roue une ouverture dans le Mur d'un pied & demi en quarré en maniere d'Entonnoir, où est scellé un petit Canal étroit qui se termine en un Tuyau rond de fer d'environ un pouce de Diametre ; il donne sur l'âtre de la Forge, & lui sert de soufflet. La chûte de l'eau comprimant l'air des environs, le fait entrer dans l'ouverture quarrée, & le premier air qui y a été poussé, étant sans cesse comprimé par celui que la raréfaction y fait entrer, il sort avec impétuosité par le Canal de fer, qui est comme le bout du soufflet, & allume à merveille le charbon qui est à l'âtre. Il y a une petite ouverture ronde dans le conduit que l'on laisse ouvert, quand on juge à propos de fermer le bout du soufflet, & que l'air poussé dans le Tuyau, trouve une issue pour sortir, un Bouton de fer qui remplit exactement le Canal de fer, sert à le fermer & l'ouvrir ; on ne fait pour cela que tirer une petite corde où est attachée une manivelle coudée qui pousse le Tuyau en même tems qu'elle attire en dedans un autre Bouton, qui bouchoit l'ouverture du conduit de l'air ; en sorte que le même mouvement ouvre ou ferme le soufflet, & ferme ou ouvre l'issue de l'air. On ne se sert dans cette Forge, que de charbon de bois d'Olivier, ou de Chêne verd, soit qu'on n'ait pas la commodité d'avoir du charbon de terre, soit que celui de ces Bois soit aussi bon & à meilleur marché. On travaille à de gros Ouvrages de Fer, & de Cuivre, avec ce Martinet qui avance beaucoup ; mais il faut que celui qui conduit l'ouvrage soit adroit.

Toute la Montagne de Tivoli qui regarde la Mer, la Campagne & la Ville de Rome, est couverte de beaux vestiges d'Antiquité. On remarque encore sur le chemin, entre les Oliviers, plusieurs entrées de Canaux, dont la Montagne avoit été percée avec un travail inouï, pour porter aux Maisons l'eau de Fontaine qu'on recueilloit du côté de *Subiaco*, & même beaucoup plus loin, comme il est aisé de le conjecturer par les restes des Aqueducs qui sont encore sur pied ; il y a des Canaux creusez dans la Montagne qui ont près de cinq pieds de hauteur sur trois de largeur. Les Jardins aussi-bien que les Palais, que le Cardinal Hippolyte d'Est fit faire avec une dépense exorbitante dans le seizieme Siecle à *Tivoli* y attiroient autrefois les Etrangers curieux, mais qui ne méritent plus guere qu'on se donne la peine de les aller voir. Ces Jardins sont sur le penchant de la Montagne, partagez en trois ou quatre Terrasses. On descend de l'une à l'autre par des Escaliers, ou par des Routes en pente douce de différentes Figures, soutenues par des Murs, qui étoient dans le tems passé ornez de Statues, & de Vases. Dans les Parterres il y a quantité de Fontaines, de Jets d'Eau, des Girandoles, qui diminuent pourtant tous les jours faute de réparations. Dans le Palais, qui est sur la hauteur, il n'y reste à voir que quelques Peintures à Fresque. Ce Bâtiment & les Jardins se ressentent infiniment de l'absence du Duc de Modene.

Il est peu de Lieux au Monde, où l'on trouve aussi aisément & en si grande abondance toutes sortes de Matériaux pour bâtir. La pierre appellée *Travertine* ou *Travertin*, & qu'on devroit appeller Tiburtine, se trouve par tout le Territoire de Tivoli, dans la Plaine comme dans les Montagnes, de telle grosseur, & de telle longueur qu'on en a besoin. Il n'est pas besoin de creuser des Carrieres, il suffit de découvrir la terre, on la rencontre à six à sept pieds ; il n'y a qu'à suivre les veines. L'Eglise de St. Pierre en est bâtie entierement, & tout ce qu'il y a d'Edifices de pierre de taille à Rome. Cette pierre est dure, on ne la peut travailler qu'à la pointe du ciseau, & à la masse de fer ; elle a le grain fin ; elle est compacte, elle est pesante ; point du tout sujette à se déliter, elle est capable de toutes sortes de poids ; l'air ne la ronge jamais, il faut pourtant faire choix des Lieux d'où on la tire ; car il s'en trouve qui est sujette à des clouds & à des trous. Elle est grise pour l'ordinaire, presqu'aussi dure que le Marbre, & presqu'aussi belle à la couleur près : quand on veut rendre l'ouvrage poli, on le travaille comme le Marbre avec du grès, de l'eau, & un morceau de la même pierre. La terre dans une infinité d'endroits est propre à faire des briques ; aussi y a-t-il bien des Briqueteries. La Poussolane se trouve presque par-tout, elle est de même espece que celle de Poussol auprès de Naples qui lui a donné le nom, elle étoit connue & en usage dès le tems des anciens Romains ; on ne se sert point d'autre Sable & assurément on auroit tort ; car rien au monde ne fait un meilleur Mortier, plus dur & plus tenace, pourvû qu'on ait soin de le bien mouiller, & pour ainsi dire de le noyer pendant huit, dix & quinze jours, après qu'il a été mis en œuvre. La Chaux est excellente, on fait que celle qui est faite de Marbre est préférable à toute autre ; mais tout le monde ne peut pas employer le Marbre à cet usage ; on en fait de travertin ; on en tire de plusieurs Terres, & les cailloux du Téverone en font aussi de très-bonne.

Le terroir de Tivoli produit des Vins excellents, des Fruits délicieux, & des Grains qui n'ont pas leur semblable au Monde ; la viande y est tendre, grasse & délicate, le Gibier d'un fumet exquis, le tout en abondance & à bon marché.

Voilà ce que les Etrangers remarquent à Tivoli [a] ; mais il y en a peu qui se mettent

[a] *Spon, Voyage d'Italie, Liv. ...*

en peine d'aller voir ce qui est de plus curieux à demi-lieue delà. C'est un petit Lac qui n'a que quatre à cinq-cens pas de tour, mais qui est extrêmement profond. L'eau en est fort soufrée, & produit un Ruisseau dont l'eau a la même qualité, & qu'on passe en allant de Rome à Tivoli. Cette eau charrie un limon qui s'attache & s'endurcit dans le Canal, & qui boucheroit bien-tôt le passage, si l'on n'avoit soin de le nétoyer de tems en tems. L'air d'alentour est infecté de cette odeur soufrée qui fait qu'on lui donne le nom de *Solfatara*, & l'on s'y vient baigner de Rome pour la guérison de diverses maladies. Mais ce n'est pas encore ce qu'il y a de plus remarquable. Sur ce Lac, qui est appellé dans la Carte de la Campagne de Rome par le Pere Kirker *le Lac des Isles Flottantes*, il y a en effet au milieu une douzaine d'Isles, qui flottent. Elles sont à fleur d'eau, toutes couvertes de Roseaux, & elles ont de la solidité & de l'épaisseur. Aussi le Lac est-il profond, comme on en peut juger par le tems que demeurent à s'élever les bouillons que les pierres qu'on y jette poussent en haut. La plus grande de ces Isles est d'environ vingt-cinq pas de long & quinze de large: les autres sont un peu moindres. Le Peuple de Tivoli appelle ces Isles des *Barquettes*, parce qu'elles se peuvent gouverner comme des Barques. La raison qu'on peut donner de ces Isles flottantes, est ce mé semble, dit Mr. Spon, que ce Lac étant produit par des sources, d'eau soufrée, les bouillons qu'on y remarque élevent du limon raréfié par le soufre qui surnageant & s'attachant avec des joncs & des herbages qui s'amassent dans le Marais, se grossit peu à peu de semblables matiéres & s'augmente par en bas; de sorte que ces Isles étant composées d'une terre poreuse & mêlée de ce soufre, cette terre se soutient de cette maniére sous l'eau & produit des Joncs de même que les autres terres marécageuses.

[a] *Baillet*, Topogr. des SS. p. 487.

Tivoli fut le Lieu de la naissance du Pape St. Simplice [a], au cinquième Siècle; le Lieu de la demeure & du Martyre de St. Getule, mal nommé Zotique, de sa femme Ste. Symphrose, leurs sept fils Martyrs, & de St. Amance. Le Pape Jean IX. devoit aussi sa naissance à Tivoli.

[b] *Spon*, Voy. d'Italie, Liv. 1.

TIVOLI-VECCHIO [b], Lieu d'Italie sur le chemin de Tivoli à Frascati, en se détournant un peu à la gauche. Ce sont les Masures de *Villa-Hadriani* que les Paysans de ce Quartier appellent TIVOLI-VECCHIO, le *Vieux Tivoli*, ignorant que c'étoit seulement une Maison de Plaisance de l'Empereur Hadrien. Les Jésuites y ont converti en Cellier un Temple qui en dépendoit & qui est encore fort entier. Il est quarré par dehors & rond par dedans, & a cinquante pieds seulement de Diamètre; mais aux Angles il a quatre réduits ménagez dans le mur, qui servoient ou pour conserver les ornemens du Temple, ou pour s'y cacher dans la nécessité. On voit encore dans ce Lieu deux ou trois Temples à demi-détruits, & une partie des appartemens du Palais, dont le dedans ne répond pas à l'idée d'un Bâtiment vaste & magnifique comme on nous le décrit. Ce sont plusieurs petites chambres voûtées de même grandeur, où il ne paroît point de cheminée. Du reste, l'Empereur Hadrien, comme Spartian le rapporte, avoit bâti cette Maison de Campagne d'une maniére si galante, qu'il y avoit imité & donné les noms des Lieux les plus célébres du Monde, comme du Lycée, de l'Académie, du Prytanée, du Portique, du Canope d'Egypte & du Tempé de Thessalie. Ce ne seroit pas un petit embarras que de chercher à débrouiller tous ces Lieux-là, aussi-bien que les fondemens de cette muraille que le même Empereur y avoit bâtie, & où l'on avoit le Soleil d'un côté & l'ombre de l'autre; ce qui étoit aisé en la disposant du Levant au Couchant. Le Bâtiment paroît tout de brique; mais il pouvoit bien être revêtu de Marbre. Les Statues d'Isis de Marbre noir, qu'on voit au Palais de Maximis à Rome, ont été tirées de ce Lieu.

TIZ, & TIIZ, nom d'une Place forte du Pays d'Iemen [c], où est la demeure d'un Prince particulier selon le Géographe Persien dans son premier Climat. La Campagne qui est autour de cette Place est verte en toutes les Saisons de l'année, chose rare dans ce Pays-là. La Forteresse est bâtie sur la Croupe d'une Montagne fort élevée, qui a à son pied un Port, vis-à-vis de celui de *Comroun*, qui est sur la Rive Occidentale du Golfe Persique. Il y a des Auteurs qui mettent cette Place du même côté que *Comroum*, qu'on appelle aujourd'hui *Benderabassi*, le Port d'Abbas, depuis que Schah Abbas l'a rétabli.

[c] *D'Herbelot*, Biblioth. Or. p. 889.

TIZIENSIS. Voyez TIGIENSIS.

TIZIRAN (Beni), Montagne d'Afrique [d], au Royaume de Fez, attachée à celle de Beni-Yerso, & peuplée de Barbares. Il y avoit autrefois des Villes & des Châteaux qui montrent encore par leurs ruïnes, qu'ils ont été bâtis par les Romains. Ces pauvres gens qui cherchent des Tresors en la Montagne de *Tagat*, en viennent encore chercher ici & l'ont presque creusée par-tout, quoiqu'ils n'ayent pas été plus heureux en cet endroit, que dans celui de *Tagat*. Il y a quantité de Vignes, & de grands Bois d'Arbres-Fruitiers, d'où naissent plusieurs Fontaines dont l'eau est très-fraîche. On n'y recueille qu'un peu d'Orge, & il y a fort peu de gros Bétail, mais quantité de Chévres. Les Habitans sont pauvres, & payent tribut aux Seigneurs de Chéchuan. Ils sont quelques milles Combattans fort mal équipez, & tous à pied.

[d] *Marmol*, Descr. d'Afrique, L. 4. c. 23.

TIZZICENSIS, Siège Episcopal d'Afrique, dans la Province Proconsulaire. *Vitalis Episcopus Sanctæ Ecclesiæ Tizzicensis* souscrivit la Lettre Synodale des Peres de la Province Proconsulaire dans le Concile de Latran tenu sous le Pape Martin.

T L.

TLACOLLULA, Riviére de l'Amérique Septentrionale [e], dans la Nouvelle Espagne, au Gouvernement de Guaxaca. Elle à sa source auprès de Chilistlauaca, &

[e] *De Laet*, Descr. des Indes-Occ. Liv. 5. c. 22.

ne porte point de Navires, si ce n'est deux lieues au-dessus de son Embouchure dans la Rivière d'Ometepec, où elle se perd cinq lieues avant que celle-ci se décharge dans la Mer du Sud, au Port de Tecuanapa.

TLACOMANA, Rivière de l'Amérique Septentrionale [a], dans la Nouvelle-Espagne, au Gouvernement de Guaxaca. Elle naît des Montagnes d'Atoyaque & d'Amugan, à quinze lieues de la Mer du Sud, & devient presque aussi-tôt capable de porter de petits Vaisseaux. Son Cours est doux & paisible, & chemin faisant elle arrose plusieurs Bourgades d'Indiens. Elle se perd dans la Rivière d'Ometepec, cinq lieues au-dessus de l'endroit, où cette dernière va se décharger dans la Mer du Sud.

[a] De Laet, Descr. des Indes-Occ. Liv. 5. c. 22.

TLAPA, Bourgade de l'Amérique Septentrionale [b], dans la Nouvelle Espagne, au Gouvernement de Mexico. Elle est voisine des Bourgades de Coautruaguacal, Acapistla, Guastepeque, & Autepeque, qui sont au Sud de la Ville de Mexico. Elle n'est séparée de ces Bourgades que par de fort hautes Collines & par de profondes Vallées, abondantes en Froment & riches en veines d'or, qui fournissent aux Habitans, qui en ramassent, dequoi payer leur Tribut.

[b] Ibid. c. 5.

TLASCALA. Voyez TLAXCALLAN, N°. 1, & 2.

1. TLAXCALLAN, ou TLASCALA [c], Gouvernement de l'Amérique Septentrionale dans la Nouvelle Espagne & dans l'Audience de Mexico. Ce Gouvernement qui s'étend d'une Mer à l'autre est borné au Nord Oriental par le Golphe du Mexique; au Midi par le Gouvernement de Guaxaca, & par la Mer du Sud; & au Couchant par le Gouvernement de Mexico. Le Tlaxcallan avoit anciennement cinquante lieues d'étendue, & sa Ville principale étoit bâtie [d] dans un lieu extrêmement fort, environ à vingt degrez au Nord de la Ligne, dans une Montagne entrecoupée de Rochers, d'où elle fut nommée TEXCALLAN, qu'on changea depuis en TLASCALA qui signifie Lieu de pain, à cause de l'abondance du Pays & de la quantité de vivres, que les Collines exposées au Soleil & les Vallées humides fournissoient. Il y avoit dans ces Vallées une Bourgade nommée Ocotelulco, où les Espagnols s'étoient placez, au commencement, afin de pouvoir être plus aisément défendus de Maxicatzin leur ami qui commandoit à tout le Pays. Mais quand ils se virent en repos, ils descendirent aux bords de la Rivière de Zahuatl, pour avoir plus de facilité pour apprendre aux Naturels les principes de la Religion Chrétienne.

[c] De l'Isle, Atlas.

[d] De Laet, Descr. des Indes-Occ. Liv. 5. c. 16.

Les Naturels du Pays vivoient anciennement épars, ou dans quelques maisons entrecoupées de sentiers étroits & tortus. La plûpart de ces maisons étoient faites de gazon, quelques-unes de bois, & peu de pierres; mais toutes avoient de fort grandes chambres. Aujourd'hui ils imitent la manière de bâtir des Espagnols. Ils usoient du Langage Mexicain & de celui des OTOMIS, parce qu'ils avoient pris ce Peuple sous leur sauvegarde après qu'il eut secoué le joug des Mexicains.

Quoique la température de ce Pays soit telle que plusieurs des Habitans y vont nuds, il y a néanmoins un endroit qui est un peu plus froid que ne sont les autres, & qui décline un peu vers le Nord; & quoiqu'il n'ait pas plus de quatre lieues de largeur & dix de longueur, il est si fertile qu'il suffit non seulement aux Habitans, mais aussi à leurs voisins. Cet espace de Pays s'étend de l'Est à l'Ouest, & est peuplé de plusieurs Bourgades. Vers le Nord il est couvert de hautes Montagnes continues qui rasent les limites de cette Province presque par-tout. Les Espagnols les nomment *Cordillera*, & il n'y en a point de plus hautes dans toute la Nouvelle Espagne. On prétend qu'elles traversent presque tout le Nouveau Monde. Elles ont à peu près huit lieues de largeur, & sont si droites qu'on ne les peut habiter en plusieurs endroits. Ces Montagnes qui divisent le Pays en Régions chaudes & en tempérées, & après lesquelles on descend insensiblement dans une Plaine qui s'étend jusqu'au Golphe du Mexique, sont couvertes d'Arbres de tous les côtés, & nourrissent des Lions, des Tigres, des Loups, des Chiens sauvages, des Serpens & des Vipères. On voit aussi dans ces Montagnes un nombre infini d'Oiseaux, qui tirent vers le Nord par bandes en certaine saison de l'année. Il n'y a point de doute que la Terre n'y couvre des Mines d'argent: on y trouve communément divers autres Métaux. Les Arbres qui croissent sur ces Montagnes, sont des Pins, des Chênes de diverses sortes, & des Arbres qui rendent le *Copal*, & le *Liquidambar*. On y recueille en divers endroits de la Manne, mais d'un mauvais goût & qui n'est pas propre à purger. Il y a dans ces Montagnes un grand nombre de Bourgades fort agréables, & dont les Habitans ne manquent d'aucune des choses nécessaires à la vie. Dans la Province de Tlascala ces Montagnes sont environnées de beaux Côteaux, couverts jusqu'au sommet de hauts & gros Arbres. A les regarder de loin on les croiroit teints d'une couleur bleuë; ce qui fait que les Espagnols les nomment *las Faldas Azules*. Ils ont dix-huit lieues de circuit & nourrissent plusieurs Bêtes sauvages & même des Taureaux & des Vaches, que les Espagnols y ont menez & qui à la fin sont devenus sauvages. De ces Montagnes descendent tous les Torrens de la Province & il en sort aussi diverses Fontaines dont les eaux sont fort saines.

Les principaux Lieux de cette Province sont:

Sur le Golphe du Mexique {
Tufpa,
llanos d'Almeria,
Torre-blanco,
Villa-rica,
La Vera-Crux, *Capitale*,
Medellin.
}

Dans les Terres. {
Tlascala,
Los Angeles ou la Pueble,
Xalappa,
Perota.
}

2. TLAXCALLAN, ou TLASCALA [e], Ville de l'Amérique Septentrionale dans la

[e] Th. Gage, Relat. des Indes Occ. t. 1. p. 96.

la Nouvelle Espagne, dans le Gouvernement auquel elle donne son nom. Voyez l'Article précédent. Elle est située sur le bord d'une Riviere qui sortant de la Montagne appellée Atlancapétec, arrose la plus grande partie de la Province & va se rendre dans la Mer du Sud par Zacatullan. Il y avoit dans la Ville de Tlaxcallan quatre belles rues qu'on appelloit *Tepetiepac*, *Ocotelulco*, *Tizatlan*, *Quiahuiztlan*. La première est située sur un Côteau, environ à une demi-lieuë de la Riviere; & ce fut-là que commença le premier Etablissement, qui fut fait sur un lieu élevé à cause des guerres, & c'est ce qui occasionna le nom de *Tepetiepac*, qui veut dire une Montagne ou un Côteau.

La seconde est sur le côté de la Montagne vers la Riviere. Cette ruë étoit autrefois fort belle & la plus habitée de toute la Ville, & où étoit la Place du principal Marché, & la maison où demeuroit Maxixca. On la nomma *Ocotelulco*, qui signifie un plant de Pommes de Pin, à cause qu'il y avoit plusieurs de ces Arbres dans cet endroit-là. Dans la Plaine sur le bord de la Riviere étoit la troisiéme ruë; c'étoit où demeuroit Xicotencalt, Généralissime de toutes les Troupes de la République. Cette ruë s'appelloit *Quiahuiztlan*, à cause des eaux salées qui y étoient. Mais depuis que les Espagnols sont venus, tous ces Bâtimens ont été changez, embellis & bâtis de pierre. La Maison de Ville & quelques autres Edifices publics sont bâtis dans la Plaine sur le bord de la Riviere, à peu près comme ceux de Venise. Il y a plusieurs Places où se tiennent les Marchés; mais la plus considérable, & celle où est le plus grand abord, est dans la ruë d'*Ocotelulco*, qui étoit si fameuse autrefois, qu'on y voyoit venir vingt mille personnes dans un jour pour acheter & vendre en troquant une chose pour une autre; car ils n'avoient point l'usage de l'argent monnoyé. La ruë de *Tizatlan* est aussi fort habitée. Dans celle l'*Ocotelulco*, il y a un Couvent de Religieux de St. François, qui sont les Prédicateurs de la Ville. Ils ont une fort belle Eglise qui joint leur Couvent; & de cette Eglise dépendent environ cinquante Indiens qui sont tous Chantres, Organistes, Joueurs d'Instrumens. Dans les ruës de *Tepetiepac* & de *Quiahuiztlan*, il n'y a que deux Chappelles où les jours de Dimanche & les jours de Fête les Religieux de St. François vont dire la Messe.

La Ville de Tlaxcallan étoit autrefois gouvernée par les plus nobles & par les plus riches Habitans. Le Gouvernement d'un seul leur paroissoit tyrannique, & c'étoit ce qui leur avoit donné de la haine pour Montezuma. En tems de guerre ils avoient quatre Capitaines, qui gouvernoient chacun une des ruës de la Ville. Ils choisissoient entre ces quatre celui qui devoit être leur Généralissime, & celui-ci avoit encore sous lui d'autres Gentilshommes, mais en petit nombre, qui étoient Sous-Capitaines. Ils faisoient porter leur Etendart à la queue de l'Armée; mais, quand il étoit question de donner bataille, ils le plaçoient dans un lieu, où il pût être vu de toute l'Armée, & celui qui ne se rendoit pas incontinent sous son Officier étoit condamné à une amende. Sur cet Etendart il y avoit deux fléches qu'ils révéroient comme des Reliques de leurs Ancêtres. Deux vieux Soldats braves & du nombre des anciens Capitaines étoient chargez de le porter. Ils observoient en cela une espéce de superstition. Pour connoître si le succès du combat leur seroit heureux ou malheureux, ils tiroient une de ces fléches contre le premier de leurs Ennemis qu'ils rencontroient; & si la fléche le tuoit ou le blessoit, ils se tenoient assurez de la Victoire: au contraire ils se croyoient vaincus, si l'ennemi n'étoit ni tué ni blessé.

La Province, ou la Seigneurie de Tlaxcallan, avoit dans sa dépendance vingt-huit Bourgades, qui renfermoient cent cinquante mille Chefs de famille. Leur Dieu principal étoit *Camaxtlo* ou *Mixcouatl*, dont le Temple étoit dans la ruë d'*Ocotelulco*; & on lui sacrifioit au moins huit cens personnes tous les ans. Comme ils étoient fort portez à l'yvrognerie, ils avoient aussi un Dieu pour le Vin, & ils le nommoient *Ometochtli*. Le Dieu de l'Eau étoit appellé Metalcucie, d'une Montagne ronde de ce nom, située à deux lieuës de la Ville, de six mille pas de hauteur, & de cent quarante mille de circuit, & sur laquelle il y a toujours de la neige; on la nomme présentement la *Montagne de Saint Barthelomi*.

On parle trois Langues différentes dans Tlaxcallan. La premiere qui est la Langue de la Cour, & la principale de tout le Méxique est appellée *Nabuahl*. On nomme la seconde *Otoncir*; & l'on s'en sert ordinairement dans les Villages. Il n'y a qu'une seule ruë, où l'on parle *Pinomer*, qui est le Langage le plus grossier.

La Ville est aujourd'hui habitée par des Espagnols & par des Indiens mêlez ensemble. C'est le Siège d'un Président ou principal Officier de Justice, qu'on envoye d'Espagne de trois en trois ans. On l'appelle Alcalde-Major. Son pouvoir s'étend sur les Villes & Villages qui sont à vingt lieuës à la ronde. Il en nomme d'autres tous les ans appellez *Alcaldes*, *Regidors*, & *Alguazils*. Ce sont des Officiers supérieurs & inférieurs, qui lui sont nécessaires pour l'administration de la Justice, & qu'il a soin de tenir en bride. Il y avoit anciennement, comme il y a encore aujourd'hui, une fort bonne Police dans la Ville, & diverses sortes d'Artisans. On y trouve des Orfévres, des Plumassiers, des Barbiers, des Etuvistes, & des Potiers qui font de très-belle vaisselle de terre. Ces Indiens sont tous gens bien faits & bons Soldats. Ils sont assez pauvres, & n'ont point d'autres richesses que le Gland ou le Bled qu'ils appellent *Centli*, de la vente duquel ils retirent de quoi s'habiller & avoir les autres choses qui leur sont nécessaires. La terre est grasse & fertile, & propre pour le bled, les fruits, & les pâturages; car il croît tant d'herbes parmi les Pins, que les Espagnols y font paître leur Bétail.

L'Evêche' de Tlascala situé entre l'Archevêché de Méxique [a] & l'Evêché de Guaxaca a plus de cent lieuës de longueur d'une Mer à l'autre. On lui donne quatre-vingt lieuës de largeur du côté qui touche la Mer [b]

[a] *De Laet, Descr. des Indes Occ. Liv. 2. c. 6.*

du Nord, où le Golphe du Méxique, & dix-huit lieues du côté de la Mer du Sud. Outre la Province de Tlascala il renferme celles de Tepeaca & de Zempoala. La principale Ville de ce Diocèse est appellée par les Espagnols *Puebla de los Angeles*, & l'on y a transféré l'Eglise Cathédrale qui jusqu'en 1550. avoit été à Tlascala. Herrera dit que dans cet Evêché on compte plus de deux cens Bourgades principales d'Indiens, & plus de mille petits Villages, & qu'il y a plus de cent cinquante mille Sauvages qui payent tribut. Ces Bourgades sont divisées en trente-six Classes, dont chacune est gouvernée par quelques Prêtres, outre trente Maisons de Dominicains, de Cordeliers & de Religieux de l'Ordre de St. Augustin.

TLAXCO, Province de l'Amérique Septentrionale, dans la Nouvelle-France, selon de Laet [a]. En tirant, dit-il, de la Métropolitaine du Méxique vers Altacabaya & les Montagnes, on vient premièrement à Alapulco & à Xalataca, à sept lieues de la Ville. On rencontre plus loin la Province de Tlaxco, où il y a quantité de Colonies d'Espagnols auprès d'une riche Mine d'argent; & il y a aussi de belles Mines de fer. Cette Province, ajoute de Laet, est vers le Sud Ouest; par-là on va à la Mer du Sud, au travers de plusieurs Bourgades. Mr. De l'Isle [b] ne distingue point cette Province, qui doit être dans la partie Orientale du Mechoacan.

[a] Descr. des Indes Occ. Liv. 5. c. 5.
[b] Atlas.

TLETES, Nation de l'Ibérie en Europe, c'est-à-dire de l'Espagne, selon Etienne le Géographe. Il ajoute qu'elle habitoit aux environs des Tartessiens. Cet Auteur distingue les TLETES des GLETES; mais comme l'ont fort bien remarqué Is. Vossius [c], & Berkelius [d], Etienne le Géographe s'est servi d'un Exemplaire corrompu de Théopompe qu'il cite pour garantir le mot *Tletes*, ou du moins il n'a pas fait attention que les Lettres Γ & T sont sujettes à être prises l'une pour l'autre par les Copistes. La situation qu'il donne à ces Peuples, pour peu qu'il y eût fait attention, auroit dû lui faire soupçonner que les GLETES & les TLETES étoient le même Peuple; car il donne les premiers pour voisins des Cynetes, & il place les TLETES au voisinage des Tartessiens; or les Cynetes & les Tartessiens étoient deux Peuples limitrophes des GLETES selon Hérodote, qu'Etienne le Géographe lui-même cite au mot ΓΛΗΤΕΣ, & dont le passage en question nous a été conservé par Constantin Porphyrogenéte. On y voit que les GLETES habitoient entre les Cynetes & les Tartessiens, du côté du Nord. Quelquefois au lieu de GLETES on écrivoit IGLETES; & l'on trouveroit une infinité de noms Grecs où la lettre ι est ou ajoutée ou bien ôtée, c'est ainsi qu'on dit : Βάσαι & Ἰσβάσαι, Τυρσες & Ἰτυλυσες; & aussi de même *Gletes* & *Igletes*. C'est ce qui empêche qu'on n'admette la Correction de Casaubon, qui dit *Gletes*, ou Ἐλόυτες.

[c] in Melam. L. 3. c. 1.
[d] in Steph.

1. TLOS, Ville de l'Asie Mineure, dans la Lycie, selon Strabon [e], qui la met dans le passage même de la Montagne de Lycie, du côté de Cibyra. Elle est comptée par Ptolomée [f] au nombre des Villes méditer-

[e] Lib. 14. p. 665.
[f] Lib. 5. c. 2.

ranées de la Lycie, & qui se trouvoient au voisinage du Mont Cragas. Selon Etienne le Géographe la Ville de Tlos tiroit son nom de Tlos, ou plutôt Tlous, fils de Tremyle ou Tremyles & de la Nymphe Praxidice.

2. TLOS, Ville de Pisidie, selon Etienne le Géographe.

T M.

TMARIUM, Montagne de l'Arcadie. Il en est parlé dans le Lexicon de Phavorin.

TMARUS, Montagne de l'Epire dans Thesprotie. Strabon [g] qui dit qu'on la nommoit aussi TAMARUS, TOMARUS met un Temple au pied de cette Montagne. Pline & Solin écrivent pareillement TOMARUS. Etienne le Géographe nous apprend qu'on disoit encore TOMURUS; ce qui est confirmé par le témoignage d'Eustathe [h]. C'est du nom de cette Montagne que Jupiter est surnommé Tmarien par Hesyche. Callimaque fait mention de cette Montagne [i].

[g] Lib. 7. & 315.
[h] *Iliad*. 100 og.
[i] Hymn. in Cer. v. 51.

Montibus in Tmariis viram aspicit Leana.

Les cent Fontaines qui naissoient au pied du Mont Tmarus sont célébrées par Théopompé cité par Ortelius [k].

[k] Thesaur.

TMOLUS, Montagne de l'Asie Mineure, dans la Grande Phrygie, & sur un des côtez de laquelle étoit bâtie la Ville de Sardis. Homére [l] dit que les Méoniens étoient nez au pied du Tmolus.

[l] Cadex. v. 373.

*Οἳ καὶ Μηίονας ἦγον ὑπὸ Τμώλῳ γεγαῶτας,
Qui & Mæonas adduxerunt sub Tmolo natos.*

Denys le Périégète [m] donne au Tmolus l'Epithète de *Ventosus*. D'autres ont vanté cette Montagne comme un excellent Vignoble; Virgile [n] dit :

[m] Periēg.
[n] Georg. L. 2. v. 96.

*Sunt etiam Aminneæ vitis, firmissima vina,
Tmolus & assurgis quibus & rex ipse Phanæus.*

Et Ovide [o] s'exprime ainsi :

[o] Met. L. 6. v. 15.

Deseruere suli nymphæ vineta Timoli.

Ovide n'est pas le seul qui ait dit TIMOLUS pour TMOLUS. Pline [p] nous apprend que c'étoit le nom ancien de cette Montagne, qui *antea Timolus appellabatur*. Son sommet, selon le même Auteur [q], se nommoit TEMPSIS. Galien fait du Tmolus une Montagne de Cilicie, & parle du Vin *Tmolite* ainsi appellé de la Montagne qui le produisoit. C'est toujours du même TMOLUS dont il est question: il pouvoit être placé dans la Cilicie parce qu'on voit dans Strabon que les Ciliciens habitérent autrefois dans le Quartier où est le Mont *Tmolus*. Le fameux Fleuve Pactole avoit sa source dans cette Montagne.

[p] Lib. 5. c. 29.
[q] Lib. 7. c. 48.

TMORUS, Cédréne donne ce nom à un des Sommets des Monts Cérauniens dans l'Epire; & au lieu de TMORUS Gabius lit IMORUS dans la Version de Curopalate. Il y a apparence que les uns & les autres veulent parler du *Tmarus*.

T N.

TNY. TOA. TOB.   TOB.

T N.

TNYSSUS, Ville de la Carie, selon Etienne le Géographe qui cite Hécatée.

T O.

[a Atlas Sinenf.]
TO, Colline de la Chine [a], dans la Province de Quangsi, au Territoire de Pinglo quatrième Métropole de la Province, près de la Ville de Sieugin. Cette Colline qui approche d'une Montagne par sa hauteur, est inaccessible au dehors; mais la nature a formé au dedans un Escalier en colimaçon par où l'on peut monter jusqu'au haut.

TOACE, ou TOAX. Voyez GRANIUS.

TOAM, ou TUAM, Ville d'Irlande; dans la Province Connaught [b], au Comté de Gallway, à sept milles des frontières de Mayo. Cette Ville qui est le Siège d'un Archevêque, & qui a été célèbre autrefois, n'est aujourd'hui qu'un simple Village, qui donne le titre de Vicomte au Lord Richard Wenman.
[b Etat présent de la Gr. Br. t. 3 p. 29.]

TOANA, Ville de l'Inde en deçà du Gange: Ptolomée [c] la donne aux Peuples Nanichæ, & la marque à l'Orient du Fleuve.
[c Lib. 7. c. 1.]

TOANI, Peuple de l'Arabie Heureuse: Pline [d] le place aux environs du Détroit du Golphe Arabique.
[d Lib. 6. c. 28.]

TOAUX, Peuple errant dans l'Amérique Septentrionale de la Louïsiane. Il se trouve entre la Rivière Sainte Therèse ou la Maligne, & la Rivière des Cenis. C'est sans doute le même Peuple, que la Relation de M. de la Salle dans ces Contrées, appelle Tohaha; ou bien les Tohan qui se trouvent sur la même route, & dont le nom diffère si peu, qu'apparemment ces trois noms sont d'un seul Peuple.

TOB, Pays de TOB, de TUBIN, ou des TUBIE'NIENS; Pays situé au delà du Jourdain dans la partie la plus Septentrionale du partage de Manassé. C'est dans le Pays de Tob que Jephté chassé par ses frères se retira [e]. Ce Pays est nommé TUBIN dans le premier Livre des Macchabées [f]; & les Juifs de ce Canton [g] sont appellez TUBIANÆMI, ou TUBIANÆNI.
[e Judic. 11. 5. 4.]
[f Cap 5. 13.]
[g Ibid. L. 2. 12. 17.]

TOBAR, Bourg d'Espagne, dans la Vieille-Castille [h], dans une Plaine, aux confins de Castrogeriz, à sept lieues de Burgos. On y recueille quelque peu de bled; on y élève du Bétail, & on y trouve du Gibier. Le Comte Ferdinand Gonzales peupla ce Bourg en 950. après qu'il l'eut gagné sur les Maures; & le Roi Ferdinand III. le donna à Sanche Fernandez de Tobar.
[h Silva, Poblac de la España, p. 54.]

TOBARRA, Bourgade d'Espagne, dans l'Andalousie [i], sur un terrein creux qui produit du bled, du vin, de l'huile & des fruits. Les Meuriers qui s'y sont nourrissent une grande quantité de Vers à soie. Il y a dans ce Bourg, outre la Paroisse, un Couvent de Cordeliers. On prétend que c'est l'ancienne *Turbrla*, ou *Tremula*.
[i Ibid. p. 285.]

TOBAT [k], nom d'un Pays qui s'étend entre les Indes, la Chine, & le Turquestan. On l'appelle communément le Tibet. Ogtaï Caan, fils de Ginghizkhan & son successeur, envoya Sakfin & Ilgar ses Capitaines, pour
[k D'Herbelot, Biblioth. Or. p. 589.]

subjuguer ce Pays-là. Cette entreprise leur réussit. Car les Tartares ou Mogols, pénétrèrent de-là jusqu'à la Chine, & la conquirent entièrement.

TOBATA, Ville de la Paphlagonie: Ptolomée [l] la marque dans les Terres.
[l Lib. 5. c.]

TOBEL, Commanderie de l'Ordre de Malthe, dans la Suisse [m], au Pays de Thourgau. Elle fut fondée en 1228. par le Comte Diethelm de Toggenbourg. Elle se trouve à moitié chemin entre Frawenfeld & Bischofszell.
[m Etat & Délices de la Suisse, t. 3. p. 130.]

TOBITSCHAW, petite Ville d'Allemagne, dans la Moravie, près de la Morawa, entre Olmutz & Cremsir, au voisinage de Kojetin & Prostnitz. Il y avoit autrefois un Château fortifié que le Général Suédois Torstensohn fit sauter en l'air en 1643.

TOBELICUM. Voyez TRITIUM.

TOBIUS, Fleuve de la Grande-Bretagne: Ptolomée [n] marque son Embouchure sur la Côte Occidentale, entre le Promontoire *Octapitarum* & l'Embouchure du Fleuve *Ratostathybius*. Le nom moderne est Towey selon Camden.
[n Lib. 2. c.]

1. TOBOL, Rivière de l'Empire Russien, dans la Sibérie. Elle donne son nom à la Ville de Tobolsca, qu'elle arrose d'un côté. Il se rend dans le Tobol une autre Rivière qui vient du Nord, & qui tombe du haut d'une Montagne, près des Côtes de la Mer. Les Sauvages la nomment TAFFA, & les Moscovites ont depuis peu bâti sur ses bords une Ville nommée POHEM, ou *Polun*, selon la Nouvelle Carte de l'Empire Russien. Selon cette même Carte le Tobol a sa source dans les Montagnes qui sont aux confins de la Sibérie & de la Grande Tartarie. Cette Rivière coule d'abord du Nord au Midi: elle tourne insensiblement du côté de l'Orient & va se perdre dans l'Irtis à Tobolskoy. Les principales Rivières que reçoit le Tobol sont l'Isset, la Nevia accrus des eaux du Reefch & de la Tura, & le Pelun. Ces Rivières se jettent toutes dans le Tobol à la gauche. Le Brun dans son Voyage du Levant [o] remarque que le rivage de cette Rivière est bas & sujet dans le Printems aux inondations; & qu'elle fournit toutes sortes de bon poisson.
[o Tom. 3. p. 332.]

2. TOBOL, ou TOBOLSCA, Ville de l'Empire Russien, dans la Sibérie, dont elle est la Capitale. Elle est située d'un côté sur le bord d'une grande Rivière, nommée Yrtis, qui se jette dans l'Oby; & la Rivière Tobol, qui se perd dans l'Yrtis & qui donne son nom à la Ville, la mouille d'un autre côté; de sorte que Tobolsca se trouve au confluent de ces deux Rivières. Cette Ville est bâtie sur une Montagne dont le pied aussi-bien que le Rivage de l'Yrtis, sont habitez en partie par des Tartares Mahométans, & en partie par des Russiens. C'est à Tobolsca, la Résidence du Viceroi [p], que toutes les Villes du Pays envoyent chaque année leur Tribut; & quand ils sont tous payez, on les envoye à Moscou sous une bonne escorte. Le Gouvernement est fort sévère & tous les autres Gouverneurs de la Samoïéde & de Sibérie sont obligez d'obéïr au Viceroi. Il se fait à Tobolsca un grand trafic des Marchandises qu'on apporte de Mos-
[p Descr. de la Sibérie, insérée dans les Voyag. de Pagnie, t. I. p. 236. Ed. de Rouen.]

Mefcovie. Il y vient même des Tartares du Sud & du fond de la Tartarie, auffi-bien que divers autres Peuples. Cet abord s'augmente de jour en jour ; ce qui produit un grand avantage aux Mofcovites, qui ayant acquis ce Pays fans guerre, & l'ayant incorporé à leur Empire par des voies de douceur & du confentement des Habitans, femblent n'avoir rien à craindre de ce côté-là les Peuples leur étant très-affectionnez. L'expérience a appris aux Mofcovites, que pour établir une nouvelle domination, & pour civilifer des Peuples fauvages, il faut les traiter avec humanité.

TOBRUS, Ville de l'Afrique propre. Elle eſt marquée par Ptolomée [a] au nombre des Villes qui font entre la Ville Thubraca & le Fleuve Bagradas. Simler croit que c'eſt le *Tuburbum* de l'Itinéraire d'Antonin; & Velſer veut que ce ſoit le Tubo de la Table de Peutinger.

[a] Lib. 4. c. 3.

TOBULBA, Ville d'Afrique au Royaume de Tunis, ſur la Côte, à quatre lieues de Moneſter. Marmol [b] en parle ainſi : Tobulba eſt une Ville bâtie par les Romains. Elle étoit autrefois riche & fort peuplée, parce qu'elle a un grand territoire, avec quantité d'Oliviers qui rapportent beaucoup d'huile. Elle a ſuivi la fortune de Suze, de Moneſter & d'Africa, & elle a été à la fin ſi fort incommodée des guerres & des courſes des Arabes, qu'elle s'eſt preſque toute dépeuplée. Aujourd'hui ceux qui y demeurent vivent comme des Religieux. Ils reçoivent tous les Etrangers qui y arrivent & leur donnent dans un grand logis tout ce qui leur eſt néceſſaire. Par-là ils ſe mettent à l'abri des inſultes des Arabes, des Tuniſiens & des Turcs, parce qu'ils les reçoivent bien & les traitent tous également. Ptolomée marque cette Ville à 36. d. 15'. de Longitude, & à 32. d. 40'. de Latitude ſous le nom d'Aphrodiſie.

[b] Deſcr. d'Afrique, t. 2. ch. 27.

TOCAS, Ville d'Afrique, ſelon Diodore de Sicile [c].

[c] Lib. 20.

TOCAT, ou TOCCAT, Ville de la Turquie Aſiatique, dans l'Amaſie, dans les terres, ſur le bord du Fleuve Toſanul. Elle eſt bâtie au pied d'une aſſez haute Montagne; & elle eſt beaucoup plus grande & plus agréable qu'Erzeron. Les maiſons ſont mieux bâties que dans cette dernière Ville, & la plûpart ſont à deux Etages. Elles occupent non-ſeulement [d] le terrein qui eſt entre des Collines fort eſcarpées, mais encore la croupe de ces mêmes Collines en manière d'Amphithéâtre; en ſorte qu'il n'y a pas de Ville au Monde dont la ſituation ſoit plus ſingulière. On n'a pas même négligé deux Roches de Marbre qui ſont affreuſes, hériſſées, & taillées à plomb, car on voit un vieux Château ſur chacune. Les rues de Tocat ſont aſſez bien pavées, ce qui eſt rare dans le Levant. Je crois que c'eſt la néceſſité qui a obligé les Bourgeois à les faire paver, de peur que les eaux des pluyes, dans le tems des orages, ne découvriſſent les fondemens de leurs maiſons & ne fiſſent des ravins dans les rues. Les Collines ſur leſquelles la Ville eſt bâtie, fourniſſent tant de ſources, que chaque maiſon a ſa Fontaine. Malgré cette grande quantité d'eau on ne put éteindre le feu, qui conſuma vers le commencement de ce Siecle la plus belle partie de la Ville & des Fauxbourgs. Pluſieurs Marchands en furent ruïnez; on l'a rebâtie depuis & les marques de l'incendie n'y paroiſſent plus. On trouve aſſez de bois & de matériaux autour de la Ville.

[d] Tournefort, Voyage du Levant, t. 2. p. 173.

Il y a dans Tocat un Cadi, un Vaivode, un Janiſſaire-Aga, avec environ mille Janiſſaires, & quelques Spahis. On y compte vingt mille Familles Turques, quatre mille Familles d'Arméniens, trois ou quatre cens Familles de Grecs; douze Moſquées à Minaret, une infinité de Chapelles Turques. Les Arméniens y ont ſept Egliſes, les Grecs n'ont qu'une méchante Chapelle quoiqu'ils ſe vantent qu'elle a été bâtie par l'Empereur Juſtinien. Elle eſt gouvernée par un Métropolitain dépendant de l'Archevêque de *Nicſara*, ou pour mieux dire *Neocæſarea* ancienne Ville preſque ruïnée, à deux journées de Tocat. Outre les Soyes du Pays qui ſont aſſez conſidérables on conſume tous les ans à Tocat huit ou dix churges de celles de Perſe. Toutes ces ſoyes s'employent en petites étoffes, en ſoye à coudre, ou à faire des boutons. Ce Commerce eſt aſſez bon; mais le grand négoce de Tocat eſt en vaiſſelle de cuivre, comme Marmites, Taſſes, Fanaux, & Chandeliers que l'on travaille fort proprement & que l'on envoye enſuite à Conſtantinople & en Egypte. Les Ouvriers de Tocat tirent leur cuivre des Mines de *Gumiſcana*, qui ſont à trois journées de Trébiſonde, & de celles de *Caſtamboul*; qui ſont encore plus abondantes, à dix journées de Tocat du côté d'Angora. On prépare encore à Tocat beaucoup de peaux de Maroquin jaune, que l'on porte par terre à Samſon ſur la Mer Noire, & delà à Calas Port de la Valachie. On y porte auſſi beaucoup de Maroquins rouges; mais les Marchands de Tocat les tirent du Diarbec & de la Caramanie. On dit que les peaux jaunes ſe teignent avec le Fuſtet, & les rouges avec la Garance. Les Toiles peintes de Tocat ne ſont pas ſi belles que celles de Perſe; mais les Moſcovites & les Tartares de la Crimée s'en contentent. Il en paſſe même en France & ce ſont celles qu'on y appelle Toiles du Levant. Tocat & Amaſia en fourniſſent plus que tout le reſte du Pays.

Il faut regarder Tocat comme le centre du Commerce de l'Aſie Mineure. Les Caravanes de Diarbequir y viennent en dix-huit jours, & un homme à cheval fait le chemin en douze. Celles de Sinope mettent ſix jours; & les gens de pied y vont en quatre jours. De Tocat à Pruſſe les Caravanes employent vingt jours, & les gens à cheval y arrivent en quinze. Celles qui vont en droiture de Tocat à Smyrne, ſans paſſer par Angora ni par Pruſſe, ſont vingt-ſept jours en chemin avec des Mulets, & quarante jours avec des Chameaux; mais elles riſquent d'être maltraitées par les Voleurs.

Tocat dépend du Gouvernement de Sivas, où il y a un Bacha & un Janiſſaire-Aga. Tous les Grecs du Pays prétendent que l'ancien nom de Tocat étoit *Eudoxia*, ou *Eutochia*.

Ne

Ne feroit-ce point la Ville d'Eudoxiane que Ptolomée marque dans la Galatie Pontique? Paul Jove appelle Tocat *Tabenda*; apparemment qu'il a cru que c'étoit la Ville que cet ancien Géographe appelle *Tebenda*. On trouveroit peut-être le véritable nom de Tocat fur quelques-unes des Infcriptions qui font, à ce qu'on dit, dans le Château; mais les Turcs n'en permettent pas aifément l'entrée.

Après la fanglante bataille d'Angora, où Bajazet fut fait prifonnier par Tamerlan, Sultan Mahomet, qui après l'interregne & la mort de tous fes fréres, régna paifiblement fous le nom de Mahomet I. ce Sultan, dis-je, qui étoit un des fils de Bajazet, paffa à l'âge de quinze ans, le fabre à la main, avec le peu de troupes qu'il put ramaffer, au travers des Tartares qui occupoient tout le Pays, & vint fe retirer à Tocat, dont il jouïffoit avant le malheur de fon pere, qui l'avoit prife quelque tems auparavant. Ainfi cette Ville fe trouva la Capitale de l'Empire des Turcs, & Mahomet I. ayant défait fon frére Mufa ou Moyfe, fit mettre dans la prifon de Tocat, appellée la *groffe Corde*, Mahemet Bay, & Jacob Bay, qui étoient engagez dans le parti de fon frére. Il paroît ainfi que cette Ville ne tomba pas alors en la puiffance de Tamerlan; mais que ce fut fous Mahomet II. Jufuf-Zes-Begue, Général des Troupes d'Uzum-Caffan Roi des Parthes, qui ravagea cette grande Ville, dit Leunclaw, & vint fondre fur la Caramanie. Sultan Muftapha, fils de Mahomet, le défit en 1473. & l'envoya prifonnier à fon pere, qui étoit à Conftantinople.

La Campagne de Tocat produit de fort belles Plantes, & fur-tout des végétations de pierres qui font d'une beauté furprenante. On trouve des merveilles en caffant des cailloux & des morceaux de Roches creufes revêtues de cryftallifations tout-à-fait raviffantes. Il y en a qui font femblables à l'écorce de Citron confite: quelques-unes reffemblent fi fort à la Nacre de perle, qu'on les prendroit pour ces mêmes coquilles pétrifiées. Il y en a de couleur d'or, qui ne différent que par leur dureté, de la confiture que l'on fait avec l'écorce d'Orange coupée en filets.

Mr. de Tournefort remarque que la Riviére qui paffe à Tocat n'eft pas l'Iris ou le Cafalmac, comme les Géographes, fans en excepter Mr. de l'Ifle, le fuppofent; mais que c'eft le Tofanlu qui paffe auffi à Néocéfarée; & c'eft fans doute le Loup, dont Pline a fait mention, & qui va fe jetter dans l'Iris. Cette Riviére fait de grands ravages dans le tems des pluyes, & lorfque les neiges fondent. On affure qu'il y a trois Riviéres qui s'uniffent vers Amafia, le *Couleifar-fou*, ou la Riviére de Chonac, le Tofanlu, ou la Riviére de Tocat, & le Cafalmac, qui retient fon nom jufqu'à la Mer.

A deux mille pas de Tocat, dit Mr. Tavernier, il y a un gros Village nommé *Charkliqueu*, habité par des Chrétiens dont la plûpart font Tanneurs, & à deux mille pas de ce Village on voit une groffe Roche au milieu d'une Campagne. Quand on y eft arrivé on monte du côté du Levant huit ou neuf degrez, qui conduifent à une petite Chambre où il y a un Lit, une Table & une Armoire le tout taillé dans le Roc. Du côté du Couchant l'on monte cinq ou fix degrez qui ménent à une Galerie de fix pieds de longueur & de trois de largeur; le tout encore taillé dans le Roc. Les Chrétiens du Pays affûrent que cette Roche a fervi de retraite à St. Jean Chryfoftome pendant fon exil; que de cette Galerie il faifoit fes exhortations au Peuple, & que dans fa petite Chambre il n'avoit pour Matelas & pour chevet que le Roc même, où l'on a pratiqué la place d'un homme pour s'y repofer. Les Marchands Chrétiens faifant toujours le plus grand corps dans les Caravanes, elles s'arrêtent ordinairement deux ou trois jours à *Charkliqueu*, pour leur donner le tems d'aller faire leurs dévotions à cette Roche, où l'Evêque du Lieu fuivi de quelques Prêtres, chacun un cierge à la main, va dire la Meffe.

Les Habitans de Tocat font compofez de Turcs, qui font les Maîtres de la Ville, d'Arméniens, de Grecs & de Juifs. Avant le dernier incendie, entre plufieurs Mofquées, il y en avoit une magnifique & qui paroiffoit toute neuve; & auprès de cette Mofquée on voyoit un fort beau Caravanfera. Les Chrétiens avoient douze Eglifes à Tocat où réfide un Archevêque qui a fous lui fept Suffragans. Il y a quatre Couvens, deux d'Hommes & deux de Filles. Jufqu'à quatorze ou quinze lieues aux environs ce font tous Chrétiens Arméniens parmi lefquels il y a fort peu de Grecs. La plûpart font gens de métier & prefque tous Forgerons. Tocat avec fes dépendances eft l'appanage des Sultanes meres. On y boit à bon marché: le vin y eft excellent; & on y a toutes fortes de Fruits en abondance.

TOCAYMA, ou TOCAIMA [a], Ville de l'Amérique Méridionale, dans la Terre-ferme au Nouveau Royaume de Grenade. Elle eft bâtie fur le bord de la petite Riviére de Pati, un peu au-deffus de l'endroit où elle fe jette dans la Riviére de la Magdelaine, à l'Occident de Santa-Fé. Cette Ville, felon de Laet [b], jouit d'un air fain, fec, ferain & le plus fouvent clair; mais trop chaud pendant le jour, quoique tempéré & un peu frais le matin, du moins la plus grande partie de l'année. Le terroir des environs abonde en Oranges, en Figues, en Dattes & en toutes fortes d'Herbes & de Plantes de l'Europe. Il y a beaucoup de Vignes, auffi-bien que des Cannes de Sucre. On y moiffonne du Froment deux fois l'année aux endroits les plus hauts & les plus froids, & du Mahis prefque partout. Les Vaches & les Jumens y trouvent de bons Pâturages; mais le Bétail y eft fouvent expofé aux Ours, aux Tigres & aux Lions. Près de la Ville il y a une Vallée où font des Fontaines, dont les eaux, qui font falées, laiffent fur les Plantes qu'elles arrofent une efpèce de bitume avec quoi les Sauvages poiffent leurs Canots. Il y a auffi des Bains chauds qui guériffent plufieurs maladies; &, ce qui eft furprenant, ils font entre deux Torrens fort froids. Les fom-

[a] De l'Ifle, Atlas.
[b] Defcr. des Indes Occ. Liv. 9. c. 3.

sommets des Montagnes voisines, qui sont fort hautes, sont couverts d'une neige fort épaisse qui ne fond jamais. Les Naturels de cette Contrée sont de la Nation des Panchez. Ils ont un petit front & sont fort redoutez de leurs voisins. Ils vont presque nuds & mangeoient autrefois de la chair humaine.

TOCHARI, Peuple de l'Inde, dont parle Tzetzes [a]. Denys le Periégéte [b] & Eustathe en font une Nation Scythe: Pline [c] met les TOCHARI dans la Persique & Ptolomée [d] dans la Bactriane. Les Interprétes de ce dernier lisent THOCARI pour TOCHARI, & Festus Avienus suit la même Orthographe. Voyez COLCHATARII.

[a] Chiliad. 22. nº. 388.
[b] Vers 752.
[c] Lib. 6. c. 17.
[d] Lib. 6. c. 11.

TOCHEN, Montagne de la Chine [e], dans la Province de Xensi, dans le Territoire de Jengan huitiéme Métropole de la Province & au voisinage de la Ville d'Ienchang. Cette Montagne est très-escarpée. Une poignée de monde pourroit s'y défendre contre une multitude d'assaillans. Sur le haut de cette Montagne il y a une Plaine peuplée de Villages.

[e] Atlas Sinent.

TOCKEBOURG, Comté de la Suisse [f], dépendant de l'Abbaye de S. Gall. C'est un Pays long & étroit, entre de hautes Montagnes, faisant à peu près la figure d'une Jambe. Ce Pays avoit autrefois des Seigneurs particuliers avec titre de Comtes. Le dernier de ces Comtes nommé Frideric n'ayant point d'enfans, par affection pour ses Sujets leur accorda avant sa mort de si grands Priviléges, qu'il les rendit en quelque maniére un Peuple Libre. Il leur donna entr'autres la liberté de faire des Loix Municipales, pour leur propre Gouvernement, de choisir leurs Magistrats & autres Officiers, & d'entrer ensemble dans une Association pour leur défense, & tous ceux du Pays firent serment de la maintenir. Pour assûrer & affermir davantage ces Privilèges il leur permit d'entrer dans un Traité de Combourgeoisie, avec les Cantons de Schwitz & de Glaris, afin d'engager ces Cantons à les soutenir dans leur droit, en qualité de Combourgeois. Par tous ces Réglemens la Souveraineté fut tellement diminuée, qu'il n'en resta presque à son Successeur que le droit de recueillir les revenus, qui font partie des Régales, avec le pouvoir d'obliger ses Sujets à le servir dans ses guerres. C'étoit-là l'Etat de ce Pays, lorsque le Comte de Tockenbourg mourut en 1436. sa succession ayant été recueillie par Hildebrand & Peterman Barons de Raren en Vallais, ses Neveux, Enfans de Catherine sa sœur; Hildebrand mourut bien-tot après son Oncle & laissa cet héritage en entier à son frere.

[f] Etat & Délices de la Suisse, t. 3. p. 308.

D'abord après la mort du Comte Frideric de Tockenbourg, tous les Réglemens, qu'il avoit établis, furent mis à exécution, & particuliérement le Traité de Combourgeoisie fut fait avec le Canton de Glaris, de la connoissance & du consentement des Comtes de Raren, qui le ratifiérent. Mais l'Abbé de S. Gall, qui voyoit Peterman sans enfans, & qui craignoit que cette Terre ne tombât entre les mains de quelque Seigneur, qui pourroit inquiéter son Abba-

ye, acheta le Comté de Tockenbourg pour le prix de quatorze-mille cinq cens Gouldes de Rhin l'an 1469. D'autres mettent cet achat dans l'année 1548. Et c'est pour cette raison que les Tockebourgeois sont appellés nouveaux Sujets de l'Abbé.

Le Comté de Tockenbourg, dit Mr. Scheuchzer [g], est considéré dans la Suisse, comme un Territoire d'une grande importance, soit que l'on regarde sa qualité, sa situation, ses voisins, soit que l'on fasse attention au Peuple qui l'habite, & à son grand nombre. Je préfére sans peine la Description du même Auteur, à celle qui se trouve dans les Délices de la Suisse, que je suis bien éloigné de croire exacte dans cet endroit.

[g] h. 4. p. 8. an. 1716.

Au Nord du Tockenbourg sont les Habitans du Canton d'Appenzell, qui sont séparés, savoir les Catholiques Romains par de hautes Montagnes presqu'inaccessibles, & les Reformés par des Montagnes bien moins élevées; mais qui ne sont guére plus faciles à surmonter. A l'Orient & au Couchant ce Comté est borné par les Terres du Canton de Zurich. Les Terres des anciens Sujets de l'Abbé de St. Gall bornent la partie de ce Comté appellée le Thur-Thal, dont elles sont séparées par la Glatt, depuis Ober-Glatt, jusqu'à Ober-büren, où se fait la jonction des Riviéres de Glatt & de Thour; & depuis ce dernier endroit jusqu'au Pont Schwartzenbach la Riviére de Thour sert de séparation. La Terre est ici assez douce & basse; mais l'entrée n'en est pas facile, à cause des Riviéres qui la coupent. C'est pourquoi les Ponts de Brübacher, de Niderglatt, celui qui conduit d'Oberglatt à Gossaw, & celui de Schwartzenbach, sont de quelque conséquence. La Thourgaw confine ce Comté, entre le Village de Fissching & le Village de Kilchberg [h]. La séparation est faite par des Montagnes & des Forêts. Les Grisons, la Seigneurie d'Utznach, & le Pays de Gaster sont également limitrophes de ce Comté, & en sont séparez par une longue Chaîne de Montagnes. Il y a cependant des passages, mais ils sont difficiles, & peuvent être défendus assez facilement. Le Comté de Sargans, Domaine appartenant aux VII. Vieux Cantons, est au Midi du Haut-Tockenbourg; les Montagnes inaccessibles entre deux; le Comté de Werdenberg, dépendant du Canton de Glaris, touche le Tockenbourg du côté de l'Orient. Il y a aussi des Montagnes entre deux; mais elles ne sont pas inaccessibles. On trouve un passage au Village de Wildenhaus. Enfin le Bailliage de Gams confine encore au même Pays, du côté de l'Orient.

[h] Pag. 311 suiv.

Le Comté de Tockenbourg s'étend du Nord, vers le Midi & l'Orient depuis le Pont de Schwarzenbach, jusqu'au-de-là du Village de Wildenhaus, & depuis le commencement de la Vallée de Thour, jusqu'à l'extrémité du Haut-Tockenbourg, environ cinq milles d'Allemagne, ou 10. heures de chemin, & sa largeur est communément de 3. à 4. heures. On distingue le Pays en PROVINCE SUPÉRIEURE, & PROVINCE INFERIEURE, & chaque Province est divisée en divers Districts:

Liech-

TOC.

Province Supérieure.
- Liechtenſteig,
- Le Thour-Thal,
- Le Neckerthal, ou Neccarthal Supérieur.

Province Inférieure.
- Le Neckerthal Inférieur,
- La Juſtice de Bazentheider,
- La Juſtice de Kirchberg,
- La Juſtice de Moſſnang, ou Moſſlingen,
- La Juſtice de Krynau,
- La Juſtice du Rheinthal,
- La Juſtice de Schwartzenbach, & d'Algetshaus.
- La Juſtice d'Ionſchwyl,
- La Juſtice d'Ober-Uzweil,
- La Juſtice de Nider-Uzweil,
- La Juſtice de Homburg,
- La Juſtice de Flaweil,
- La Juſtice de Burgau,
- La Juſtice de Togersheim,
- La Juſtice de Maggenau,
- La Juſtice de Biſcweil,
- La Juſtice de Frei-Gericht.

La Religion Proteſtante eſt profeſſée dans les Paroiſſes de Liechtenſteig, Wattwyl, Hemberg, Kappel, Krummenau, Neſſlau, Stein, Alt-St. Jean, Wildenhaus, Peterszell, Brunnaderen, Mogelsperg, Helffenſchwyl, Ganderſchweil, Luitspurg, Pittſchweil, Kilchberg, Moſſnang, Jenſchweil, Hanau, Niderglatt, Oberglatt, Tagersheim, Bichweil; de façon cependant que l'on trouve des Catholiques Romains dans tous ces Lieux; pour les mieux définir, il faut dire, que les Réformez ſont en plus grand nombre dans la Province Supérieure, & les Catholiques Romains dans la Province Inférieure. Les Habitans Catholiques du Village de St. Jean, & du reſte de la Province Supérieure ſont ſoumis à la Juriſdiction Eccléſiaſtique de l'Evêque de Coire, les autres dépendent de l'Evêché de Conſtance. Cette diverſité de Religion n'a pas laiſſé d'occaſionner des différends, ſur-tout dans la Province Inférieure, comme on l'a vu dans les Troubles de Kilchberg & de Hänau; mais on peut dire auſſi que ce mélange même contribue en quelque ſorte à les faire vivre en paix, du moins arrête-t-il certains Eſprits brouillons, qui auroient de la peine à ſe tenir en repos, ſi chaque Province étoit entièrement d'une Religion. Ce ſeroit-là néanmoins un frein trop foible; mais on a trouvé un plus fort lien pour les unir, c'eſt un ferment général, que tous les Tockenbourgeois ſont tenus de faire, dans leurs Aſſemblées générales, où ceux des deux Religions, jurent ſolemnellement de vivre dans une union mutuelle. Ce Serment précède même celui, où ils jurent le Traité d'Alliance & de Combourgeoiſie avec les Cantons de Schwitz & de Glaris; Alliance qui dure depuis 1440. On compte qu'il peut y avoir dans le Tockenbourg environ 9000. hommes, dont les deux tiers ſont Proteſtans, & l'autre tiers Catholiques.

A l'égard de la qualité du terroir du Tockenbourg elle eſt différente dans les deux Provinces. L'Inférieure eſt fertile en Grains & en Fruits, & la Supérieure abonde en Prairies & en Pâturages; de ſorte que ſi l'une fournit à l'autre du Froment & des Fruits, l'autre en récompenſe lui fournit des laitages. Ces deux Provinces ſont pourtant, en grande partie, couvertes de Montagnes, & l'on trouve la même inégalité, pour le terrain, dans les Vallées; cependant on peut dire généralement que les Montagnes de la Province Supérieure ſont plus élevées, & celles de la Province Inférieure beaucoup plus douces.

La Paix de 1712. a apporté quelque changement dans la forme du Gouvernement ſuivant la forme du Gouvernement ancien. I. le Grand-Conſeil juge de toutes les affaires communes de Tockenbourg; il eſt compoſé de 80. Membres, dont une moitié eſt Réformée, & l'autre Catholique Romaine. Dans la *Province Supérieure* ils ſont élus par toutes les Communautez, & dans la *Province Inférieure* par les Paroiſſes. Chaque Communauté fournit un certain nombre de Membres, ſuivant ſon étendue ou ſon droit, comme 2. 4. 6. Dans les endroits, où il y a exercice des deux Religions, les Réformez & les Catholiques ſont l'élection conjointement, ſans avoir aucun égard à l'Alliance ou à la Parenté.

Les Communautez de la *Province Supérieure*, ſont

Liechteinſteig,	St. Jean,
Wattwyl,	Wildhaus,
Thurthal,	Hemberg,
Waſſer,	St. Peterzell.

Les Paroiſſes de la *Province Inférieure*, qui ont le droit d'élection, ſont

Buſenſchweil,	Oberglatt,
Moſnang,	Magdenau,
Kirchberg,	Mogelsperg,
Jonſchweil,	Helffenſchweil,
Hänau,	Ganderſchweil,
Niderglatt,	Lütenſpurg.

De ſorte qu'il y a 20. Communautez, qui concourent à l'élection des Membres du Grand-Conſeil. C'eſt ce Grand-Conſeil qui eſt le Conſervateur de la Liberté publique. Dans les affaires de grande conſéquence il convoque l'Aſſemblée Générale du Peuple, qui a alors le pouvoir de décider. Le Grand-Conſeil a deux Secrétaires qui ſont nommez par l'Aſſemblée Générale, & qui doivent être l'un de la Religion Réformée, l'autre de la Religion Catholique-Romaine, il y a auſſi deux Treſoriers, choiſis dans les deux Religions; mais ceux-ci ſont élus par le Conſeil du Pays, ils adminiſtrent alternativement l'un le Fiſc, & l'autre les revenus & la dépenſe; & ils préſident au Conſeil Criminel, chacun dans les affaires des Malfaiteurs de ſa Religion.

Ce Grand-Conſeil choiſit dans ſon propre Corps 24. Perſonnes, ſavoir 12. de chaque Religion, qui forment le Conſeil du Pays auquel appartient la connoiſſance des affaires criminelles, & parmi ces 24. Membres, le même Grand-Conſeil en élit encore 12. ſavoir 6. de chaque Religion pour compoſer le Petit-Conſeil du Pays, à qui appartient la connoiſſance des affaires de peu d'imd'importance, & qui juge les appellations des Justices Inférieures. Cependant pour qu'il admette un appel, il faut que le Demandeur soit Réformé, & le Défendeur Catholique Romain, ou tout au contraire que le Demandeur soit Catholique, & le Défendeur Réformé. Il est bon de remarquer néanmoins, que quant à l'Election des Membres de ce Petit-Conseil, le Grand-Conseil n'est pas absolument tenu de les prendre dans le Conseil du Pays; il a aussi la liberté de les choisir dans son propre Corps, & de destiner ces Membres à un seul Conseil ou aux deux, s'il le juge à propos.

Dans les 12. Personnes, qui forment le Petit-Conseil du Pays, le Grand-Conseil en choisit encore 6. pareillement 3. de chaque Religion, qu'on nomme la Commission du Pays ou le Conseil d'Inquisition. Cette Commission est chargée d'examiner les affaires Criminelles, & les autres causes de conséquence jusqu'à la Sentence exclusivement, elle juge même la compétence; c'est-à-dire, si les affaires, dont il s'agit, doivent être portées devant le Grand ou le Petit Conseil, ou devant le Conseil du Pays.

Chaque Religion préside alternativement dans tous ces Conseils; mais il y a une chose particuliérement qui s'observe au sujet de l'élection, ou de la déposition des Membres des trois derniers Conseils; c'est que si l'une ou l'autre des deux Religions forme quelque opposition, & que les trois quarts des voix de cette Religion soient du côté des opposans, la décision appartient absolument aux seuls Membres de cette Religion, & l'autre Religion est tenue d'approuver la Sentence.

Les Justices Inférieures, répandues dans le Pays, au nombre de 22. décident les affaires Civiles, & toutes les choses qui se présentent, quand elles ne sont pas de grande conséquence. Elles tiennent leurs Assises quatre fois l'an, & elles sont communément composées de l'Amman, de 12. Juges, d'un Greffier, & d'un Appariteur. Il y a quelques Communautez, qui ont le droit d'élire leur Amman. Dans d'autres les Habitans présentent quatre Personnes à l'Abbé, & l'autre moitié aux Habitans; ce sont ces derniers qui nomment le Greffier & l'Appariteur; mais ils sont obligés de les prendre chacun dans leurs Corps.

TOCHOA. Voyez THOPO.

TOCIA, Ville d'Asie, dans les Etats du Turc, sur la route de Constantinople à Ispahan, entre le Bourg de Cofizar, & la Ville d'Ozeman. Cette Ville, dit Tavernier [a], est grande & bâtie sur des Collines enchaînées avec de hautes Montagnes. Du côté du Couchant d'Hyver on découvre une large Campagne baignée d'une Rivière, qui se va perdre dans une autre plus grande appellée GUSELARMAC. Sur la plus haute de ces Collines, qui regarde le Levant, il y a une Forteresse, où demeure le Bacha, & dans la Ville on voit un des plus beaux Caravanseras de la route. La plûpart des Habitans de Tocia sont Chrétiens Grecs, qui ont l'avantage de boire de très-bon vin que le terroir leur fournit en abondance.

[a] Voyage de Perse, L. 1. c. 2.

TOCOLOSIDA, Ville de la Mauritanie Tingitane: Ptolomée [b] dit qu'elle étoit dans les terres, & l'Itinéraire d'Antonin la marque aussi dans les terres, à cent quarante-huit milles de Tingis, & à trois milles de Volubilis. Quelques MSS. de cet Itinéraire au lieu de TOCOLOSIDA lisent PTOCOLOSIDA; & d'autres pour AB-PTOCOLOSIDA portent ABDO-COLOSIDA.

TOCORT, Ville d'Afrique selon Marmol [c], qui en parle ainsi: Tocort est une Ville de la Numidie, à cent lieues d'Alger, & elle a quatre mille Habitans sans compter les Villages d'alentour. Cette Place s'étoit mise sous la protection des Turcs, à qui elle faisoit tous les ans quelque reconnoissance; mais comme les Turcs la traitoient rudement, elle se révolta vers le milieu du seizième Siècle, ne pouvant croire que les Turcs fussent capables de pénétrer si loin dans le fond du Pays pour faire cette conquête. Cependant Salharraës, Gouverneur d'Alger, vint l'attaquer avec trois mille Mousquetaires à pied, tant Renégats que Turcs, mille hommes à cheval, & huit mil le Arabes. Il étoit secondé des Troupes d'Abdelasi, Chef des Azuages de la Montagne de la Abez, & sur le refus que la Ville de Tocort fit de se rendre, ils la battirent, & l'ayant prise d'assaut, ils la saccagérent & tuérent tout ce qui s'y rencontra.

TOCOSANNA, Fleuve de l'Inde au-delà du Gange: Ptolomée [d] place l'Embouchure de ce Fleuve dans le Golphe du Gange au-delà de *Baracura*.

TOCROUR [e], nom d'une Ville de la Nigritie. Elle a un Roi particulier qu'on appelle Al Tocrouri. Cette Ville est située sur la rive Méridionale du Nil des Négres. Elle est plus Occidentale & beaucoup plus marchande que celle de Salah, qui dépend d'elle, & qui n'en est éloignée que de deux journées, que l'on fait en descendant le Nil des Négres. Les Afriquains les plus Occidentaux apportent en cette Isle, du Cuivre & des Coquillages, & en rapportent le Tibr, c'est-à-dire, de la poudre d'or, & des bracelets qui en sont faits. Cependant ses Habitans ne vivent que de Millet, de poissons & de laitages. Car ils ont de fort grands Troupeaux de Chameaux, & de Chévres. On compte quarante journées de chemin depuis Tocrour jusqu'à Segelmesse Ville de Mauritanie.

TOCUYO, Ville de l'Amérique [f], dans la Terre-ferme, au Nouveau Royaume de Grenade, dans le Gouvernement de Venezuela. Elle est assez avant dans les terres, vers le Midi de la Nouvelle Ségovie, à l'Occident Méridional de la Montagne de St. Pierre. Mr. Corneille dit que cette Ville s'appelle aussi NUESTRA SENORA DE TOCUYO.

1. TODGA, Contrée d'Afrique [g], dans la Barbarie, à vingt lieues au Midi du Grand Atlas, & à quinze lieues de la Province de Sugulmesse. Todga, dit Marmol, est une Contrée, où il y a quatre Villes & dix Villages, le long d'une petite Rivière qui y passe au travers. Les Habitaus sont méchans & grands voleurs, ils sont de la Communauté d'Aytgaris. Il y a en ces Quartiers quan-

quantité de Dattes avec des Pêches, des Raisins, des Figues & d'autres fruits comme en Europe. Cela n'empêche pas que ce ne soient de pauvres gens, dont les uns font Laboureurs, & les autres Corroyeurs. Les Arabes d'Uled-Hembrum, qui sont fort puissans, & qui occupent les Deserts voisins, ravagent assez souvent tout ce Pays. Cette Contrée & plusieurs autres de la Numidie étoient accoutumées de leur payer de grosses contributions, avant qu'elles fussent dépendantes du Chérif.

2. TODGA, Riviére d'Afrique, dans la Barbarie [a]. Elle prend sa source dans le Grand Atlas, & coule du Nord Occidental au Midi Oriental. Après qu'elle a traversé la Province à laquelle elle donne son nom, elle va se perdre dans un Lac au Midi de la Ville de Sugulmesse.

TODI, Ville d'Italie, dans l'Etat de l'Eglise, au Duché de Spolete, sur une Colline, près du Tibre, entre Pérouse & Narni, à vingt milles de chacune de ces Places, avec un Siège Episcopal [b]. Cette Ville dont l'Evêché ne relève que du St. Siège est la patrie de St. Martin Pape, I. de ce nom, & qui fut élevé sur la Chaire de St. Pierre vers le milieu du Septième Siècle. Il assembla à Rome un Concile de cent cinq Evêques, & il y fit condamner l'Hérésie des Monothélites. L'Empereur Constant, qui avoit fait traiter avec une extrême rigueur les défenseurs de la Foi orthodoxe en Orient, donna ordre qu'on arrêtât le Pape Martin en Occident; ce qui fut éxécuté par l'Exarque Théodore Callopias le 16. de Juin 653. L'Exarque envoya le Pape à Constantinople & l'Empereur le rélégua dans le Cherfonnèse. Ce fut-là qu'il finit ses jours dans un long martyre, & accablé de toutes fortes d'incommoditez le 12. de Novembre 654. au commencement de la septième année de son Pontificat. St. Philippe Beniti, Instituteur de l'Ordre des Servites, mourut à Todi l'an 1285. dans la Maison [c] qu'il y avoit établie pour les Religieux de son Ordre. Il étoit Florentin de naissance. S. Cassien dont la Fête est marquée au troisième jour du mois d'Août, passe pour un Evêque de la Ville de Todi, qui fut martyrisé du tems de l'Empereur Dioclétien sous le Gouverneur Venustien. Mais on ne doit pas le confondre avec le Martyr Saint Cassien, Maître d'Ecole, martyrisé par ses Ecoliers à Imola, qui est honoré en ce jour & qui a un culte plus étendu & plus célébre que lui.

Il y a près de Todi une espéce particuliére de bois qu'on tire du dedans de la terre. Ce bois est veiné comme du papier marbré, & a les qualitez du bois ordinaire. On en trouve de gros troncs, sans branches ni racines, on les scie pour en faire des tables & divers autres ouvrages. Comme ce bois est dans la terre, on l'apelle *bois fossile*; & on en a vu qui étoit partie bois, partie terre, & partie pétrifié.

TODUCÆ, Peuples de la Mauritanie Césarienfe, selon les Exemplaires Latins de Ptolomée [d], où ces Peuples sont placez vers la source du Fleuve Ampsaga. Le Texte Grec porte Ducæ au lieu de Toducæ.

[a] Sanson, Carte du Royaume de Sugulmesse.

[b] Corn. Dict. sur des Mém. MSS.

[c] Baillet, Topogr. des SS. p. 488.

[d] Lib. 4. c. 2.

TODURE, Baronnie de France, dans le Dauphiné, Election de Romans.

TOEDTBERG, Montagne de Suisse [e] au Canton de Glaris. Elle passe pour une des plus hautes de toute la Suisse, & est très-difficile à monter. Il faut pourtant y passer, pour aller delà dans la Ligue Haute des Grisons, du côté de Disentis, au côté Septentrional de cette Montagne, où l'on trouve une Mine de Cristal; & près d'elle, un endroit nommé *Oehl-blanken*, on sent en Eté une odeur forte d'huile de pierre cachée dans les entrailles de la Montagne.

TOELS, Village de Suisse [f] dans le Canton de Zurich. C'étoit un Monastère de Filles. Il avoit pour Armes la double Croix de Hongrie, parce qu'il avoit été enrichi par une Reine de Hongrie, Fille de l'Empereur Albert I. On y voit le Tombeau d'Elisabeth, Fille d'André III. Roi de Hongrie, qui avoit pris l'Ordre dans cette Maison-là, & qui y mourut l'an 1338.

TOEMPHOEMBIUS, Fleuve de la Mauritanie Césarienfe: Ptolomée dit que ce Fleuve mêle ses eaux avec celles du *Savus*. Ses Interpretes au lieu de Toemphoembius lifent Phoembius.

TOENII, Peuples de la Germanie, voisins d'un Lac commun entre eux, les Rhétiens & les Vindéliciens, selon Strabon [g]. Où sont ces *Toenii*, dit Casaubon? & qui est celui des Auteurs anciens qui en a parlé? Aussi Casaubon ne balance-t-il pas à dire que ce mot est corrompu, & à la place de *Toenios* il substitue *Boios*. Ce changement n'est pas fait à la legere. C'est Strabon lui même qui l'a dicté; car en parlant des Peuples qui habitoient sur le Lac de Bregentz, qui est le Lac dont-il est ici question, il nomme les Rhétiens, les Vindéliciens & les Boïens.

TOERA, Riviére de l'Empire Russien, dans la Sibérie. Voici de quelle maniére la Description de la Sibérie inférée dans les Voyages de la Compagnie des Indes Orientales [h] parle de cette Riviére, dans la route qu'il faut tenir en allant de Moscovie à l'Est-quart-Nord-Est. Lorsqu'on est arrivé à Vergateria, il faut y séjourner jusqu'au Printems, parce que la Riviére Toera, qui y passe, a peu d'eau tout le reste de l'année, comme étant proche de sa source. Mais au Printems les neiges qui fondent, & qui coulent de dessus les Montagnes, la grossissent tellement, qu'on y peut naviger avec des Bâteaux & des Barques. On la descend pendant cinq jours, & l'on vient dans une Ville nommée Japhanim, qui ne fut bâtie & peuplée que dans le dernier Siècle. A Japhanim on se rembarque sur la même Riviére de Toera, qui, après deux jours de chemin, serpente extrêmement; de sorte qu'il faut souvent traverser le Pays pour retourner à la Riviére, afin de prendre un plus court chemin. Les environs de cette Riviére sont habitez par des Tartares qu'on appelle Tabab, & qui sont à peu près à deux cens lieues de Vergateria. De Japhanim on va jusqu'à Tinnen sur la même Riviére. En Hyver néanmoins il y a beaucoup de gens qui prennent des Traîneaux à Japhanim, pour aller en douze jours jus-

[e] Etat & Délic. de la Suisse, t. 2. p. 478.

[f] Ibid. p. 431.

[g] Lib. 7. p. 313.

[h] Tom. I. p. 233 Ed. de Rouen.

jusqu'à Tinnen, d'où l'on se rend à Tobolsca.

TOESOBIUS, Fleuve de la Grande-Bretagne: Ptolomée [a] marque son Embouchure sur la Côte Occidentale de l'Isle, entre le Golphe *Seteia* & le Promontoire *Ganganorum*. Camden croit que le mot Tœsobius est corrompu & qu'il faut lire Conovius. Les Exemplaires Latins portent TISOBIS.

[a] Lib. 2. c. 3.

TOGA, Ville de la Grande Arménie, selon Ptolomée [b].

[b] Lib. 5. c. 13.

TOGANUS, Montagne dont parle Calchondyle, cité par Ortelius [c], qui soupçonne que cette Montagne étoit dans la Thrace.

[c] Thesaur.

TOGARMA. Voyez TURCÆ.
TOGAT. Voyez TAGAT.
TOGATA-GALLIA. Voyez l'Article GAULE.
TOGENI. Voyez TUGENI.
TOGGEMBOURG. Voyez TOCKENBOURG.

TOGIA-VILLA, Lieu de France au voisinage de la Loire. Surius en parle dans la Vie de St. Laumar, citée par Ortelius [d].

[d] Ibid.

TOGIENSES. Voyez COGIENSES.
TOGINGA, Village & Nation de l'Amérique Septentrionale, dans la Louïsiane. Cette Nation est une des quatre des Akancea, située au bord du Mississipi.

TOGISONUS, Fleuve d'Italie, au Pays des Vénètes, dans le Territoire de Padouë. Pline [e] dit que les eaux de ce Fleuve & celles de l'Adige formoient le Port *Brundulus*. Le Togisonus se nomme aujourd'hui *Bachiglione*, ou *Bacchiglione*. Voyez BACCHIGLIONE.

[e] Lib. 3. c. 16.

TOGLOCPOUR, Ville des Indes, à soixante milles de celles d'Assendi, selon Mr. Petis de la Croix dans son Histoire de Timur-Bec [f]. Les Habitans de cette Ville croyoient que l'Univers étoit gouverné par deux Principes, dont le premier étoit appellé *Tezdan*, qui est Dieu; & l'autre *Abrimen* qui est le Diable. Ils expliquoient le premier par *la Lumière*, & le second par *les Ténèbres*. Ils disent que tout le bien procede de Dieu, & que tout le mal vient du Diable. Ces Idolâtres, ajoute Mr. Petis de la Croix, sont appellez *Soloun*.

[f] Liv. 4. c. 17.

TOGRUL-OTLAC, c'est-à-dire la *Prairie du Faucon* [g]: Horde de la Tartarie Asiatique, au Royaume de Gété, près du Mont Ornac.

[g] Ibid. Liv. 3. c. 4.

TOHAN, petit peuple dans l'Amérique Septentrionale, de la Louïsiane, sur la route que M. de la Salle tint pour aller de la Baye S. Louïs aux Cénis. Voyez TOAUX.

TOHUM, Ville d'Egypte, selon la Notice des Dignitez de l'Empire [h]. Ortelius [i] croit que c'est la même Ville qui est nommée THOU dans l'Itinéraire d'Antonin.

[h] Sect.
[i] Thesaur.

TOICENA, Ville d'Egypte. Il en est fait mention dans la Lettre des Evêques d'Egypte à l'Empereur Léon. Cette Lettre se trouve dans le Recueil des Conciles.

TOIDIS, Isle de l'Inde: Pline [k] la met au nombre de celles qui produisent des Perles. Dans un autre endroit ce même Auteur [l] lit STODIS au lieu de Toidis; & un Manuscrit consulté par Ortelius porte Stoidis dans les deux passages où Pline parle de cette Isle.

[k] Lib. 9. c. 35.
[l] Lib. 6. c. 25.

1. TOIRE, & CONTENTOR, Bourg de France dans le Maine, Election du Mans.
2. TOIRE, Bourg de France dans l'Anjou, Election de la Flèche.

TOIREL, Bourg de France, dans la Bresse. Il y a un Bureau de la Justice des Traites foraines de Bourg.

TOKAY, Place forte de la Haute-Hongrie [m], dans le Comté de Zimplin, au confluent du Bodróg & de la Teisse. Cette Ville tomba sous la puissance de la Maison d'Autriche par la cession que lui en fit le Prince Ragotzki après la mort de son pere, & après la perte de la Transylvanie, du Comté de Zathmár & des autres Lieux cédez autrefois aux Transylvains. Le Comte de Souches prit possession de Tokay en 1661. au nom de l'Empereur, & y mit Garnison Impériale. Cette Ville est célèbre par les Vins qui croissent dans son Territoire, & qui passent pour les plus délicats de tout le Royaume de Hongrie. Les Mécontens s'étant saisis de cette Place en 1682. le Général Caprara la reprit trois ans après.

[m] De l'Isle, Atlas. Corn. Dict. Hist. de Descr. du Royaume de Hongrie. Liv. 3. 1686.

TOKOESI. Mrs. Samson & Corneille ont nommé ainsi Saikokf, l'une des Isles du Japon. Voyez l'Article JAPON, pag. 26.

TOL-HUYS, Lieu du Pays-Bas [n], au Duché de Gueldre, dans le Betaw, sur la rive gauche du Rhein, près du Fort de Skenk, du côté du Nord. Ce n'étoit autrefois qu'une seule Maison [o], pour faire payer les Droits aux Bâteaux qui descendoient le Rhein. Le Péage étoit sur le Bras droit du Rhein, au-dessous du Fort de Skenk, dans un endroit nommé à cause de cela Tol-Huys; c'est-à dire la Maison du Péage. C'est-là que la Cavalerie Françoise passa le Rhein à la nage en 1672. Les François étant entrez dans l'Isle de Betaw pénétrèrent ensuite dans les Provinces-Unies, jusqu'à deux lieues d'Amsterdam.

[n] De l'Isle, Atlas.
[o] Longerue, Descr. de la France, Part. I.

TOLASTA REGIO, Τόλαστα χώρα, Contrée de la Galatie, selon Ptolomée [p]. Le MS. de la Bibliothéque Palatine porte TOLASTHACHORA en un seul mot, & en fait une Ville des *Tolibostii*.

[p] Lib. 5. c.

TOLBIACUM, Ville de la Gaule Belgique, aux Confins du Territoire de Cologne selon Tacite [q]. Quelques MSS. lisent *Talbiacum* & d'autres *Culbiacum* ou *Colbiacum*. La Chronique de Réginon écrit *Tulpiacum* & approche plus par conséquent du nom moderne qui est Zulpich. Voyez ZULPICH. On croit que le TOLBIACUM de Tacite & le TOLPIA de l'Itinéraire d'Antonin pourroient être le même Lieu.

[q] Hist. L. 4.

TOLDER, selon Mrs. Maty & Corneille, & DOLLER selon Mr. de l'Isle: Rivière qui prend sa source au Mont de Vauge, & qui coule dans le Suntgaw d'Occident en Orient. Après avoir baigné Massmunster, elle détache un Bras où va se jetter dans l'Ill à Mulhausen. Le principal Canal va ensuite se jetter dans cette dernière Rivière un peu au-dessous de Mulhausé vis-à-vis d'Illzach.

TOLEDE, Ville d'Espagne, Capitale d'un Royaume de même nom, & aujourd'hui la Capitale de la Nouvelle Castille. Cette Ville est dans une situation fort avantageuse, au bord du Tage qui l'environne de de deux côtez, coulant dans un lit profond entre des Rochers extrêmement escarpez, particuliérement sous le Château Royal; de sorte qu'elle est inaccessible de ce côté-là. Du côté de la Terre elle est fermée d'une Muraille ancienne, qui est l'Ouvrage d'un Roi Goth, nommé *Bamba*, & flanquée de cent cinquante Tours.

[a] *Silva, Poblac. de España, p. 11.*

La fondation de cette Ville [a] est fort incertaine; mais l'opinion commune est, que des Juifs sortis de la Captivité de Babylone vinrent s'y établir 540. ans, avant l'Incarnation de Notre-Seigneur J. C. Ils l'appellerent *Toledothi*, qui veut dire *Générations*, ou selon quelques-uns *Mere des Peuples*. De ce premier nom, en ôtant les deux derniéres lettres, est resté le nom de TOLEDO. Les Juifs bâtirent dans leur Ville neuve une belle Synagogue, qui y est restée jusqu'au tems de S. Vincent Ferrier de Valence, de l'Ordre de S. Dominique; car il la consacra & en fit une Eglise; aujourd'hui elle est connue sous le titre de *Sainte Marie la Blanche*. La Ville de Tolède, a été une Colonie des Romains, & ils y tenoient la Caisse, où ils déposoient les Tresors qui devoient être envoyés à Rome. Jules César la garda pour une Place d'Armes & comme une Retraite, en cas qu'il eût eu le dessous. Auguste y établit la Chambre Impériale. Les Goths ayant eû leur Résidence à Séville, le Roi Leovigilde la transporta ici, d'où Tolède fut appellée Ville Royale; & ses Successeurs y firent élever des Bâtimens superbes, particuliérement Bamba, qui l'aggrandit & l'entoura d'une seconde muraille. Les Maures la prirent l'an 714. lorsqu'ils entrérent en Espagne, & le Roi Alphonse VI. là reprit sur eux un jour de Dimanche le 25. May l'an 1085. Il se fit alors nommer *l'Empereur Magnifique de l'Empire de Tolède*, & depuis le nom de Ville Impériale lui est resté. Ce Roi la fit repeupler de Chevaliers & de Personnes Nobles, & leur accorda de grands priviléges: il y mit pour premier Gouvernenr l'Invincible Cid-Ruy Diat, & quatre ans après il y bâtit la Forteresse de *San Cervantes*. Son neveu Alphonse VIII. confirma à la Ville le titre d'Impériale, & lui donna l'an 1135. pour ses Armes un Empereur assis sur son Trône: l'epée à la main droite, & dans la gauche un Globe avec la Couronne au timbre Impérial; & ce sont ses Armes encore aujourd'hui.

[b] *Delices d'Espagne, t. 2. p. 319.*

La situation de Tolède [b] sur une Montagne élevée & assez rude la rend inégale; de sorte qu'il faut presque toujours monter ou descendre. Les ruës sont étroites, mais les Maisons sont belles: on voit un grand nombre de Bâtimens superbes, & dix-sept Places publiques où l'on tient des Marchez. Le Tage qui coule au pied de la Montagne, fertilise toute la Vallée voisine; & l'on prétend que dans toute cette Montagne, à quinze milles à la ronde, il ne se trouve aucun Animal venimeux. Les deux Edifices les plus remarquables sont le Palais ou Château Royal, & l'Eglise Métropolitaine.

Le Château Royal que l'on appelle *Alcaçar* d'un mot retenu des Maures, est à un coin de la Ville, sur le Côteau le plus élevé, ou pour mieux dire sur un Rocher extrêmement escarpé, ayant la vûe sur la Ville, sur le Tage qui coule au pied, & sur la Campagne voisine. On trouve en y montant une grande Place publique, appellée *Plaça-Mayor*, ou *Socodebet*, & qui est fort belle. Sa figure est ronde. On peut s'y promener sous des Portiques; & les Maisons dont elle est environnée sont de briques, toutes semblables & ornées de Balcons. Delà on entre dans le Château, qui est un quarré de quatre gros Corps de logis, avec des Aîles & des Pavillons. Il est si grand & si vaste, qu'on y a de quoi loger commodément toute la Cour d'un grand Roi. A l'entrée on traverse une grande Cour quarrée, longue de cent soixante pieds, large de cent trente & environnée de deux rangs de Portiques, qui dans la longueur sont dix rangs de Colonnes & dans la largeur huit rangs; ce qui fait un bel aspect. Au-dessus des Portiques on voit les Armes de tous les Royaumes, qui sont de la dépendance de la Couronne d'Éspagne, & celles de l'Empire au-dessus des Colonnes. On monte aux Appartemens par un grand Escalier, qu'on voit au fond de la Cour, & qui en tient toute la largeur. Après qu'on a monté quelques marches, il se sépare en deux, & l'on traverse une grande Galerie, qui conduit à divers Appartemens extrêmement vastes. Ce Château est élevé de quatre-vingt toises au-dessus du niveau du Tage, & l'on y fait monter l'eau par des pompes. Autrefois on la faisoit monter par une fort belle Machine, ingénieusement inventée, & qu'on appelloit *El Ingenio-de-Juanello*, du nom d'un Italien natif de Crémone, qui en fut l'Inventeur & l'Architecte. Elle étoit composée de grandes Caisses de fer-blanc, attachées les unes aux autres, & qui formoient une file qui descendoit du Château dans le Tage. L'eau entrant dans la premiére étoit poussée dans la seconde par le moyen de certains rouages, & de celle-là successivement dans les autres, jusqu'au Château, où elle tomboit dans un Réservoir, & se répandoit delà dans toute la Ville par un Canal; ce qui étoit d'une grande commodité. Cette Machine est rompue depuis un Siècle ou environ, & on la laisse-là, sans prendre aucun soin pour la raccommoder; de sorte que Tolède n'ayant aucune Fontaine, & étant située sur un Roc où l'on ne peut pas creuser des Puits, les Habitens sont contraints d'aller de tous les côtés de la Ville au bord du Tage, & de descendre plus de trente toises pour y puiser de l'eau. Cette incommodité n'empêche pas que Tolède ne soit extrêmement peuplée, & qu'il ne s'y fasse un si grand commerce de Soye, de Laine & de Draperie, qu'on y a compté jusqu'à dix mille Ouvriers, en ces sortes de Manufactures. On y fabrique aussi des lames d'épée, dont la trempe est si bonne, qu'elles coupent le fer; aussi sont-elles fort estimées & fort chéres, car elles vallent jusqu'à vingt & trente pistolles la pièce.

L'Eglise Cathédrale est l'une des plus riches & des plus considérables de l'Espagne. Elle est située presque au milieu de la Ville, joignant une fort belle rue; & elle est ornée d'une très-belle Place qui est au devant, de plusieurs Portes de bronze fort exhaussées

sées & d'un superbe Clocher extrêmement élevé. Deux rangs de Piliers la foutiennent, & on y voit quantité de Chapelles dorées, & fondées par divers Particuliers, qui y ont des Tombeaux de Marbre. Celle qui sert de Sépulture aux Archevêques de Tolède, est toute de Marbre. On y voit leurs Tombeaux, sur chacun desquels est une Inscription, qui marque le nom de celui dont le Corps y est inhumé. On y trouve aussi le Tombeau d'Albert, Archiduc d'Autriche, avec cette Inscription: BELGARUM REBELLIUM, GALLORUM HOSTIUM PROFLIGATORI. Dans le Chœur on voit sur un Autel une Vierge, qui tient un petit Jésus entre ses bras, & semble le regarder avec un doux sourire. Cette figure est parfaitement bien faite; & son habit, aussi-bien que le parement de l'Autel, est tout en broderie d'or & de perles. Le Chœur est tout de Menuiserie en Personnages au naturel, & parfaitement bien faits. Le fond est orné de Figures de Marbre en relief, qui représentent la Transfiguration de Notre-Seigneur; & l'on y voit suspendues plus de quarante Lampes d'argent, avec plusieurs grands Encensoirs de même métal. On montre une Niche, d'où l'on dit qu'il sortit miraculeusement une Source d'eau plusieurs jours de suite, dans le tems que les Habitans pressez par un long Siège, qu'ils soutenoient contre les Maures, étoient à demi-morts de soif & prêts à se rendre. Les Sièges des Chanoines sont séparez les uns des autres par des Colonnes de Marbre ou de Jaspe. Il y en a assez pour contenir trois à quatre cens personnes. La Porte qu'on appelle de Notre-Dame est de bronze massif, & on ne l'ouvre qu'aux grandes Fêtes. Près de cette Porte on voit un Pilier de Marbre, où la Ste. Vierge apparut à St. Ildefonse, qui mourut en 669. Ce Pilier est enfermé d'une grille de fer hormis du côté par où on le baise. Ces paroles sont écrites au-dessus: *Adorabimus ubi steterunt pedes ejus.* Les Chapelles dont l'Eglise est remplie sont toutes richement ornées, & grandes comme des Eglises: l'or & les ornemens de la peinture n'y sont pas épargnez. La plus riche de toutes est celle de *Nuestra Segnora del Sagrario:* elle se voit près de la Porte & du Pilier dont il vient d'être parlé. Depuis le niveau du pavé jusqu'à la Voute elle est toute incrustée de Jaspe. Une grande Balustrade d'argent borde par le devant l'Autel qu'on a placé dans une grande Niche aussi toute de Jaspe. On voit sur l'Autel la Statue de la Sainte Vierge, de grandeur naturelle, d'argent massif éclairée par quatorze ou quinze grosses Lampes d'argent. Dans la muraille il y a deux Tombeaux de Jaspe chargez d'une Pyramide, & dans lesquels reposent les Corps de ceux qui ont fondé le *Sagrario* ou la Chapelle. Celle *des Rois* est ainsi appellée, parce qu'on y a les Sépulcres d'un Roi nommé Alfonse, & de la Reine sa femme. Près de l'Autel il y a un autre Tombeau sur lequel le Roi est à genoux, & sa femme de l'autre côté, paroît dans la même attitude. Ceux qui desservent cette Chapelle sont distinguez des Chanoines de l'Eglise, & ont mille Ecus de rente. Ils ont au-dessus d'eux un *Capellano-Mayor*, qui en a douze mille. Les autres Chapelles considérables de cette Eglise, sont celles de St. Jacques, de St. Martin, du Cardinal Sandoval, du Connétable de Luna, & particulièrement celle où l'on fait l'Office Mozarabe, dont je parlerai bien-tôt. Les Espagnols donnent à cette Eglise l'Epithète de *Sainte*, soit à cause des Saintes Reliques qui y sont en quantité, soit à cause que le Service Divin s'y fait avec beaucoup de splendeur & d'éclat. Le Grand-Autel est de Menuiserie à Personnages dorez: on y voit d'un côté le Tombeau du Roi Dom Juan & de la Reine sa femme; & de l'autre le Tombeau d'un Roi de Portugal. L'Autel est fermé d'un grand treillis de bronze, & à chaque côté paroissent deux Chaires de bronze doré, soutenues d'un fort grand Pilier de Jaspe, & embellies de Figures en relief.

J'ai déjà dit que cette Eglise est une des plus riches d'Espagne. Le *Sagrario*, ou la principale Chapelle, est un véritable Trésor. On y voit quatorze ou quinze grands Cabinets pratiquez dans la muraille, remplis d'une quantité prodigieuse d'or & d'argent ouvragé, soit en Vaisselle ou autrement. Ce sont des Croix, des Bassins, des Vases, des Mitres, des Crosses, & autres choses semblables; & au dehors se voyent douze beaux Chandeliers d'argent, plus grands que la hauteur d'un homme. Il y a deux Mitres de vermeil, toutes parsemées de grosses Perles & de Pierreries; trois Colliers de pur or, aussi larges que la main & longs d'un quart d'aune; enrichis de Perles & d'autres Pierres précieuses; deux Bracelets & une Couronne de la Ste. Vierge à l'Impériale; le tout enrichi de gros Diamans & de belles Pierreries, avec une grande quantité de Perles rondes & extrêmement grosses. Dans la Couronne seule il y a quinze livres pesant d'or. La Custode, ou le Tabernacle, qui sert à porter le Sacrement à la Fête-Dieu, est d'argent doré & de la hauteur d'un homme. Il se termine en plusieurs pointes de Clocher, & est couvert d'Anges & de Chérubins d'un travail très-délicat. Il se démonte en sept mille pièces, & est si pesant qu'il ne faut pas moins de trente hommes pour le porter. Au dedans de ce Tabernacle il y en a un autre, qui est de pur or, du premier qu'on apporta des Indes; & il est enrichi d'une très-grande quantité de Pierreries. C'est-là qu'on tient le St. Sacrement. Les Patènes, les Ciboires, les Calices ne sont pas de moins beaux Ouvrages, ni moins enrichis de pierreries, & de perles Orientales. On remarque un grand Reliquaire donné par St. Louis Roi de France. C'est une grande Plaque d'or, partagée en quarante petites Niches, où l'on a enchâssé les Reliques de plusieurs Saints; au-dessus de la Plaque est une Couronne de Duc. On montre une grande Custode, ou si l'on veut un Coffre, où l'on renferme le St. Sacrement le Jeudi Saint. Il est fait en manière de cinq Coffres quarrez, posez les uns sur les autres, tous d'argent cizelé, & qui vont en diminuant jusqu'au sommet. Dans ces Coffres sont les Reliques de divers Saints, dont les figures s'y voyent au naturel en argent

gent doré. Il y a encore dans ce Trefor quantité de Navires de Cryftal avec leur attirail; une Chape en broderie de perles auffi groffes que des Noifettes, un Tableau dont le fond & le Cadre font de Jafpe; une Notre-Dame donnant fon fils à St. Jean Baptifte & à St. Jofeph, tout cela de pur or; fi ce n'eft que la Notre-Dame eft affife fur un Rocher de pierres précieufes, où l'on remarque entre autres un Diamant gros comme un Oeuf de Pigeon. Enfin, une Piéce que l'on prife au-deffus de tout cela, c'eft une ancienne Bible écrite fur du parchemin, couverte d'une vieille brocatelle à grands feuillages, & qui eft auffi un prefent de St. Louïs. Elle eft remplie de figures & enluminée à l'antique fort proprement. Cet Ouvrage eft très-bien confervé; & bien des gens croyent en Efpagne, qu'il a été fait de la main de St. Luc. On en fait tant de cas que Philippe II. fouhaitant de l'avoir pour le mettre à l'Efcurial, offrit une Ville entiére, en échange, au Chapitre de Tolède fans pouvoir l'obtenir.

Si cette Eglife eft fi richement & fi fuperbement ornée, elle n'eft pas moins bien rentée, pour payer largement ceux qui font appellez à y faire le Service Divin, & à prier Dieu pour le Peuple. L'Archevêque a trois cens cinquante mille Ecus de revenu; d'autres difent trois cens foixante-fix mille, & fon Clergé en a quatre cens mille. Ce Prélat eft Primat d'Efpagne, Grand-Chancelier de Caftille, & Confeiller d'Etat. Il a la prérogative de parler le premier après le Roi, foit au Confeil du Roi, foit à l'Affemblée des Etats; & il poffede dix-fept Villes, fans compter les Bourgs & les Villages. L'Archevêque de Braga, en Portugal, lui difpute le Titre de Primat d'Efpagne. Voici l'origine du différend [a]. Tolède ayant perdu fa Primatie par l'invafion des Maures, Alfonfe I. Roi de Léon & de Caftille, lorfqu'il reprit Braga fur les Maures en 740. transféra cette Dignité à fon Eglife, & tous les Evêques d'Efpagne reconnurent l'Archevêque de Braga pour leur Primat. Trois Siécles après; Alfonfe VII. ayant enlevé Tolède aux Maures en 1039. l'Archevêque de Tolède redemanda fa Primatie; mais celui de Braga, qui étoit dans une fi longue poffeffion, ne voulut pas la lui rendre. Cette difpute a été renouvellée fouvent: elle le fut particuliérement au Concile de Trente; mais les Papes n'ont jamais voulu la décider, & elle eft demeurée indécife jufqu'à préfent. Cependant les Evêques Efpagnols reconnoiffent le Métropolitain de Tolède, & les Portugais celui de Braga. La Fabrique de l'Eglife a cent mille Ecus de rente: le Grand-Archidiacre en a quarante mille; & des trois Archidiacres qui le fuivent, le premier en a quinze mille, le fecond douze mille & le troifième dix mille, auffi-bien que le Doyen, & tout le refte à proportion.

Près de l'Eglife Cathédrale eft le Palais de l'Archevêque. C'eft un Edifice ancien, fort vafte, & bâti avec une magnificence convenable à la dignité du Prélat qui l'occupe. Quand on a à Tolède un Archevêque nouveau, tout le Clergé & la Bourgeoifie vont à une lieue au devant de lui. Le Clergé marche le premier, revêtu de fes ornemens: tous les Chanoines font montez fur des Mules fuperbement parées; & chacun précédé de deux Eftafiers avec des robes d'écarlate, ils vont baifer la main de leur Archevêque. Le Gouverneur de la Ville & les Magiftrats, fuivis des principaux Citoyens, lui font leur compliment à leur tour. On le conduit en cérémonie au Veftibule de l'Eglife Cathédrale, où il fe profterne devant une partie de la vraie Croix du Sauveur, qu'on y garde précieufement; & on lui préfente à la Porte le Livre des Droits & des Priviléges de l'Eglife qu'il doit promettre de maintenir & d'obferver.

Le Cardinal Ximenès, qui fut Archevêque de Tolède au commencement du feizième Siécle, a beaucoup contribué à l'ornement de cette Eglife. Il entreprit d'aggrandir la Cathédrale, de bâtir un Cloitre tout autour, où les Prébendaires puffent demeurer en retraite; d'orner la Sale du Chapitre des Portraits de tous les Archevêques de Tolède, & de faire travailler à des Tapifferies d'or & de foye, à une Argenterie plus eftimable pour la beauté de l'ouvrage que pour le prix de la matiere, & à d'autres ornemens dont il fit prefent à fon Eglife. Ces dépenfes alléront, à ce qu'on prétend, à cinquante mille Ducats. Il fonda la Chapelle des *Mozarabes*, & y établit douze Chanoines, avec un Doyen pour faire revivre les Offices de ce nom qui étoient prefque abolis, & il dépenfa cinquante mille Ecus à faire imprimer des Miffels & des Bréviaires pour cet ufage. Comme l'événement qui a donné lieu à cet Office eft curieux il eft bon d'en rendre compte. Après la converfion des Goths Ariens à la Foi Catholique; St. Ifidore Archevêque de Séville régla le Culte divin parmi eux, par ordre du quatrième Concile de Tolède, & compofa un Office pour les Pfalmodies, les Priéres publiques & les Meffes, qui fut reçu de toutes les Eglifes. Cette difcipline dura plus de fix-vingts ans, jufqu'à ce que les Maures s'étant jettez fur l'Efpagne & s'en étant rendus maîtres, les Chrétiens furent par-tout difperfez. Ceux de Tolède ayant fubi le joug, les Vainqueurs leur laiffèrent la liberté de confcience & fix Eglifes dans lesquelles ils confervèrent cet Office de St. Ifidore; & ces Chrétiens furent appellez Miftarabes ou Mozarabes, du nom de Moza, Chef des Maures. Trois cens ans après, Alfonfe VII. ayant repris Tolède fur les Maures en 1039. on parla d'y rétablir le Service Divin, & le Roi & la Reine Conftance eurent deffein d'abolir cet ancien Office, qui étoit en ufage à Tolède, & voulurent introduire à la place l'Office Romain, à quoi ils étoient incitez par le Miniftre du Pape; mais le Clergé, la Nobleffe & le Peuple s'y oppofèrent, ne voulant point qu'on abolît les anciens ufages de leur Eglife, confirmez par divers Conciles. Il y eut de grandes conteftations, & la chofe alla fi loin, qu'on trouva à propos de décider l'affaire par un duel. Le Roi choifit un Chevalier pour foutenir le parti de l'Office Romain: le Peuple & le Clergé en prirent un pour défendre le Mozarabe. Ce dernier demeura vainqueur; & tout le monde

[a] Délices d'Efpagne, t. 2. p. 710.

de crut que Dieu s'étoit manifestement déclaré pour la bonne cause. Mais cela ne fut pas suffisant : le Roi, la Reine & l'Archevêque qui n'y trouvoient pas leur compte n'y voulurent pas acquiescer. On en vint à une seconde épreuve. Après des Jeûnes, des Priéres publiques & des Processions, on s'assembla dans la grande Place de la Ville ; on y fit allumer un grand feu, & l'on y jetta deux Missels, l'un Romain, & l'autre Mozarabe. Cependant le Roi & le Peuple étoient en priéres, afin qu'il plût à Dieu de manifester sa volonté. Mais on rapporte que le Missel Romain fut brûlé, & que l'autre ne fut nullement endommagé par le feu. Le Roi Alfonse, ajoute-t-on, ne se rendit point encore, il persista dans sa résolution & voulut absolument que l'Office Romain fût introduit. On obtint seulement que les anciennes Paroisses de Tolède garderoient leur Office Mozarabe. Dans la suite cet Office ayant été insensiblement aboli, le souvenir même en avoit été en quelque maniére effacé de l'esprit des hommes, lorsque Ximenès le rétablit, l'ayant trouvé par hazard dans de Vieux Manuscrits en caractéres Gothiques. Ce fut à cette occasion qu'il fonda la Chapelle, dont il a été parlé, & qu'il y établit douze Prêtres, qui disent chaque jour la Messe & font le Service divin selon l'Office Mozarabe.

Outre la Cathédrale, il y a dans Tolède trente-huit Maisons Religieuses, dont la plûpart méritent d'être remarquées. Celle de St. François tient le premier rang. Ce Couvent s'appelle St. *Jean des Rois*, parce qu'il fut fondé par les Rois Ferdinand & Isabelle vers la fin du quinzième Siécle. Ximenès, qui parvint dans la suite à la Dignité d'Archevêque & de Cardinal, fut le premier Novice qu'on y reçut. Au-dessous de l'Eglise de ce Couvent on voit quantité de chaînes de fer entrelassées dans la muraille, & qu'on dit avoir servi aux anciens Maures de Tolède pour enchaîner les Chrétiens qui étoient leurs Esclaves, & qui furent affranchis par la prise de cette Ville ; d'autres disent pourtant que ce sont les fers des Esclaves qu'on va racheter en Barbarie. Tout à l'entour on voit quantité de Statues de Rois. Quant à l'Eglise, elle est belle & grande, & toute pleine d'Orangers, de Grenadiers, de Jasmins & de Myrtes fort hauts posez dans des Caisses, & qui forment des allées jusqu'au Grand-Autel, dont les ornemens sont extrêmement riches. Au travers de ces Branches vertes & de ces fleurs de différentes couleurs, on voit éclatter l'or, l'argent & la broderie, dont cet Autel est émaillé, & les Cierges allumez, joignant la lumiére à cet éclat ; toutes ces choses ensemble font un effet tout surprenant pour les Etrangers, dont les yeux ne sont pas accoutumez à de pareils spectacles. Enfin, outre la Musique des voix & des Instrumens, on a encore dans cette Eglise celle de divers petits Oiseaux, comme Rossignols, Sérins & autres, qu'on y tient renfermez dans des cages peintes & dorées. La Maison des Fréres Prêcheurs, qui porte le nom de St. Pierre le Martyr, ne céde guéres à celle dont il vient d'être parlé. Elle a été fondée par les Seigneurs Pimentels, Comtes de Benavente. On voit leurs Tombeaux en Jaspe, dans la Muraille de l'Eglise aux deux côtez du Grand-Autel ; & dans une Chapelle il y a deux autres Tombeaux, aussi en Jaspe, de deux Particuliers avec leurs Figures en relief. Il y a dans la Maison trois beaux Cloîtres l'un sur l'autre avec de beaux Jardins. On voit encore dans Tolède un grand nombre d'Eglises & de Bâtimens de piété. Il y a vingt-sept Paroisses, & un certain nombre d'Hôpitaux ; entr'autres celui de *los Niguos*, où des Enfans trouvez ; un autre dans le Fauxbourg, & dont le Bâtiment est quarré, & composé d'une Eglise & de trois Corps de Logis, qui renferment une très-grande Cour. Au milieu de la Nef de l'Eglise se voit le Tombeau & la Statue, en Marbre, d'un Archevêque de Tolède Fondateur de l'Hôpital. L'Archevêque a plusieurs Maisons dans la Ville : il les donne à des Ouvriers en Soye ; & on les connoît à un quarreau de fayence qui est sur la porte, avec la Salutation Angélique & les mots suivans : MARIA FUE CONCEBIDA SI PECADO ORIGINAL, c'est-à-dire, *Marie fut conçuë sans péché originel*. Prés de l'Eglise Cathédrale est la Maison de Ville, qui a un très-beau Frontispice, avec un Portique, de pierres de taille, revêtues de quelques Marbres.

La Ville de Tolède est célébre par plusieurs anciens Conciles qui y ont été tenus, & dont on fait monter le nombre jusqu'à dix-sept : pour avoir été pendant plusieurs Siécles avant & après l'invasion des Maures le Siége des Rois de Castille, & la Capitale d'Espagne ; pour avoir été honorée du Titre de Cité Impériale, & par une bonne Université, assez ancienne, qui a produit plusieurs savans Personnages. La Bibliothéque de cette Université est belle, & a été fort enrichie par le Cardinal Ximenès. On dit qu'autrefois on enseignoit ouvertement la Magie dans cette Université. C'étoit peut-être du tems des Chrétiens, où peut-être y a-t-il à distinguer entre Magie & Magie. Quoi qu'il en soit, tous les avantages qu'a eu la Ville de Tolède, ont été cause qu'elle a disputé & dispute encore à celle de Burgos le Titre de Capitale, ou de premiére Ville de Castille, & le droit de parler la premiére à l'Assemblée des Etats par ses Députez. Ce différend entre ces deux Villes n'a jamais été décidé, & apparemment demeurera encore long-tems indécis. Le Roi Alfonse XI. s'avisa d'un expédient pour ne choquer ni l'une ni l'autre de ces Villes. Dans l'Assemblée des Etats qu'il avoit convoquée à Alcala, avant qu'on entamât cette affaire, il dit : *Je sai que ceux de ma bonne Ville de Tolède feront de bon cœur tout ce que je leur dirai ; que ceux de Burgos parlent*. Ainsi chacune des parties fut contente se croyant préférée ; ceux de Tolède parce que le Roi les avoit nommez les premiers, & ceux de Burgos parce qu'ils eurent l'honneur de parler les premiers. Depuis ce tems-là les Rois ont toujours suivi le même Style, toutes les fois qu'ils ont assemblé les Etats de la Castille.

Tolède est forte d'assiette & munie d'un bon

bon Fossé; & comme la pente du Côteau, sur lequel elle est bâtie, est tournée vers le Tage, si l'on vouloit un peu travailler, on rendroit ce Fleuve navigable; de sorte que les Bâteaux viendroient au pied de la Ville; ce qui contribueroit fort à en faire fleurir le Commerce. On traverse ce Fleuve en trois endroits sur trois Ponts, dont deux sont fort longs & fort élevez.

La Campagne des environs de Tolède est sèche & stérile, à la réserve des endroits que le Tage arrose, & qui sont fort fertiles. L'air y est sec & très-pur, & il y pleut rarement. On dit que dans tout le Territoire de Tolède il ne se trouve aucun Animal venimeux. Hors de la Ville on voyoit, il n'y a pas encore long-tems, les restes d'un ancien Amphithéâtre; & on a trouvé un Marbre antique avec l'Inscription suivante, dans laquelle le nom des Habitans de Tolède se trouve marqué. Cette Inscription est faite à l'honneur de l'Empereur Philippe.

IMP. CÆS.
M. JULIO PHILIPPO
PIO. FEL. AUG.
PARTHICO
PONT. MAX. TRIB. POTT.
P. P. CONSULI
TOLETANI DEVOTISS.
NUMINI MAJEST. QUE EJUS
D. D.

a Baillet, Topogr. des SS. p. 488.

S. Ildefonse, Evêque de cette Ville [a], mourut en 667. S. Julien Evêque, Successeur de Quirique qui avoit succédé à Saint Ildefonse, mourut en 690. S. Eugène, II. du nom, succéda l'an 646. à Eugène, & mourut en 658. Ste. Léocadie Vierge & Martyre, qui mourut dans les Prisons de Tolède sur la fin de l'an 304., étoit née dans cette Ville; & son Corps s'y garde encore après en avoir été long-tems absent.

b Lib. 6. c. 3.

1. TOLEN, Ville de l'Egypte: Pline [b], qui cite Aristocréon, dit qu'elle étoit à cinq journées de Meroé, du côté de la Libye, & à douze journées de la Ville Esar, autre Ville des Egyptiens.

c Longuerue, Descr. de la France, Part. 2. p. 26.

2. TOLEN, Isle des Pays-Bas [c], dans la Province de Zelande, près de la Côte du Brabant, dont elle est séparée par un Canal. Sa Capitale, qui est située sur ce Canal, porte aussi le nom de TOLEN, ou TERTOLE. Elle a pris son nom du Péage qui y avoit été établi, & qu'on nomme en Flamand *Tole*. Cette Ville est ancienne & a le troisième rang entre celles de Zelande, après Middelbourg & Ziriczée.

d Magin, Carte de la Marche d'Ancone.

e Commainville, Table des Evêchez.

TOLENTIN, Ville d'Italie, dans la Marche d'Ancone [d], dans les Terres, sur le Chiento. à la gauche, environ à six milles vers l'Orient de San Severino, à dix milles de Macerata, & à quinze de Camerino. Cette Ville avoit un Evêché [e] dès le cinquième Siècle; mais il fut uni à Macerata en 1586. Quand on arrive de Foligni à Tolentin, on traverse presque toute la Ville en descendant, pour aller à St. François qui est l'Eglise Episcopale, dont le Clocher fait le principal ornement. La Ville de Tolentin n'est pas d'une grande étendue; & elle n'est bien habitée que pendant quelques Fêtes & quelques Foires, qui s'y tiennent & qui y attirent un grand concours de Peuple de toutes les parties de l'Italie. Mais elle est célèbre pour être dépositaire des Reliques de St. Nicolas Hermite de St. Augustin, qui demeura dans cette Ville pendant trente ans; ce qui a fait qu'on lui a donné le surnom de Tolentin [f]. Le Lieu de sa naissance étoit un Bourg appellé Saint-Ange, près de la Ville de Fermo dans la même Province. L'Eglise qui est sous son Invocation est bâtie à l'entrée de la Ville dans une fort belle Place. Quoique son Portail soit magnifique, on admire encore davantage les grands Cloîtres, où sont dépeintes les principales Actions & les Miracles que ce Saint a faits pendant sa vie. Le Maître-Autel est remarquable par ses Dorures & par son Marbre, qui est travaillé avec beaucoup de délicatesse. La Ville de Tolentin a été la Patrie de François Philelphe, Philosophe, Poëte & Orateur, qui vivoit dans le quinzième Siècle, & mourut à Boulogne dans un âge extrêmement avancé.

f Baillet, Topogr. des SS. p. 489.

TOLENUS, Fleuve d'Italie chez les Marses. Orose [g], cité par Ortelius [h], dit que ce fut sur le bord de ce Fleuve que Rutilius & huit mille Romains qu'il avoit avec lui furent pris par les Marses. Ortelius ajoute que de deux MSS. qu'il a consultés, l'un lisoit *Telonius*, & l'autre *Telonus*. C'est le *Thelonum* dont parle Ovide [i]:

g Lib. 5. c. 18.
h Thesaur.

i Fastor. L. 6. v. 565.

. . . . . . *Flumenque Thelonum*
Purpureum mistis sanguine fluxit aquis.

Ortelius conjecture que cette déroute de Rutilius ne se passa pas loin du Liris, parce que Plutarque & Appien mettent la même Action sur le bord de ce dernier Fleuve. Mais Ortelius avoit oublié apparemment qu'au mot THELONUS il avoit remarqué que le *Thelonus* ou *Tolenus* étoit le même que le Liris.

TOLERATES, Peuple de Germanie, selon Isidore, cité par Ortelius [k], qui dit qu'on lisoit à la marge OLERATES, & qu'un MS. qu'il a consulté portoit TOLERATÆ.

k Thesaur.

TOLERIUM, Ville d'Italie dans l'ancien Latium. Ce fut selon Plutarque [l] une des Villes que prit Coriolan. Etienne le Géographe parle aussi de cette Ville, dont Pline [m] nomme les Habitans TOLERIENSES. Ils sont appellez TOLERINI par Denys d'Halicarnasse [n]. Voyez TRICRINI.

l In Coriolano.
m Lib. 3. c. 5.
n Lib. 8. p. 493. & 500.

TOLETUM, Ville de l'Espagne Tarragonnoise, & la Capitale des Carpétains selon Pline [o]. Cette Ville conserve son ancien nom. Voyez TOLÈDE. Ses Habitans sont appellez TOLETANI par Pline, & ce même nom leur est donné dans les anciennes Inscriptions. Ptolomée & l'Itinéraire d'Antonin ont tellement marqué la situation de TOLETUM qu'on ne peut douter que ce ne soit aujourd'hui la Ville de Tolède.

o Lib. 3. c. 3.

TOLESBURG [p], TOLSBERG, ou TOLSBURG, petite Ville de l'Empire Russien dans l'Esthonie, sur le Golphe de Finlande, à l'Embouchure de la Rivière de Semsteback, à la droite.

p De l'Isle, Atlas.

TOLFA, Ville d'Italie, dans le Patrimoine de St. Pierre, selon Mr. Corneille [q], qui ne cite

q Dict.

cité aucun garant. Il dit qu'on y trouve quantité d'Alun dont le Pape tire un revenu considérable. Magin ne marque point cette prétendue Ville dans sa Carte du Patrimoine.

TOLI, Lieu du Duché de Lorraine, au Diocèse de Toul, Office d'Arches. Son Eglise Paroissiale est dédiée à S. Joseph. Cette Eglise fut érigée en Cure le 16. Décembre 1663. le Général des Chanoines Réguliers en est Patron; le Curé n'a que le Casuel & une rente. Le Seigneur est le Duc de Lorraine.

TOLIAPIS, Ptolomée [a] marque deux Isles sur la Côte de la Grande-Bretagne, sur la Côte des *Trinoantes*, à l'Embouchure de la Tamise, & il nomme ces Isles TOLIAPIS & COUNOS. On croit que la première est SCHEPEY & la seconde CANVEY [b].

[a] Lib. 2. c. 3.

[b] Cellar. Geogr. Ant. Lib. 2. c. 4.

TOLING, Ville de la Chine [c], dans la Province de Quangsi, au Département de Taiping, huitième Métropole de la Province. Elle est de 11. d. 30′. plus Occidentale que Péking, sous les 23. d. 25′. de Latitude Septentrionale.

[c] Atlas Sinensis.

TOLISTOBOII, ou TOLISTOBOGI, Peuples de l'Asie Mineure dans la Galatie. Tite-Live [d] suit la première Orthographe; comme s'il vouloit faire entendre que ce nom fut formé de celui des Boïens, Peuples connus dans les Gaules & dans la Germanie. Strabon [e] dans une même page écrit TOLISTOBOGI & TOLISTOBOGII. Le dernier est corrompu selon Cellarius [f], qui se fonde sur ce que Ptolomée, Florus & Pline écrivent Tolistobogi. Ces Peuples, selon Strabon, étoient limitrophes de la Bithynie & de la Phrygie. Epictète & Pline nous apprennent que leur Capitale étoit Pessinunte.

[d] Lib. 38. c. 19.

[e] Lib. 12.

[f] Geogr. Ant. L. 3. c. 4.

TOLKEMIT, appellée par quelques-uns TOLEREMIT, ou TOLMITH; petite Ville du Royaume de Prusse [g], située au Hokerland vers le Frischhaff, proche de Neukirch. Elle fut bâtie l'an 1356. & réduite en cendres l'an 1456. Les Troupes du Grand-Maître le Marggrave Albert de Brandebourg s'en emparérent l'an 1521.

[g] Zeyler, Topogr. Pruss. p. 50.

TOLLENTINATES, Peuples d'Italie dans le Picenum. Pline [h] les met au nombre des Peuples qui habitoient dans les terres. Leur Ville, dont le nom est aujourd'hui *Tollentino*, étoit Municipale, selon une ancienne Inscription rapportée dans le Tresor de Gruter [i], où on lit: PRÆF. FABR. MUNICIP. TOLLENTIN. Le Territoire de cette Ville est appellé *Ager Tolentinus par Balbus* [k].

[h] Lib. 3. c. 23.

[i] Pag. 194.

[k] De Limit.

TOLLET, ou TREOLLET, *Toletum*, petit Bourg de France, dans le Berry, du Diocèse de Limoges, sous l'Election de Blanc. Cette Paroisse est située sur la Rivière de Benaize qui la sépare. Elle est sur les finages des Diocèses de Poitiers & de Limoges, à quatorze lieues de la dernière de ces Villes. La Cure vaut trois cens Livres: elle est à la Collation de l'Abbesse de Notre-Dame de la Régle de Limoges, Patrone & Décimatrice du Lieu. Elle y possède un Prieuré, dont la Ferme raporte sept cens cinquante Livres; mais ce revenu est employé à la pension de la Cure, au payement des Décimes, & à l'entretien des Moulins. Il y a deux Fiefs, dont l'un relève de cette Abbesse; ils partagent avec elle la Justice. Les Terres sont assez étendues; mais de peu de rapport; il y a quelques Seigles & Orges, peu de Blé, Glandée médiocre & selon les années; quelques Vignes négligées, à cause de la pauvreté des Habitans, qui se répandent dans les Lieux voisins, pour y gagner du grain pour leur subsistance, & de l'argent pour les Tailles, ou qui s'occupent à faire de la Toile ou des Sabots. Il y avoit autrefois un Pont sur la Rivière fort nécessaire au Commerce; il est rompu. Il y a une Fontaine d'eau Minérale fort abondante, & quelques Mines de Fer, dont on fait peu d'usage aujourd'hui.

TOLMEZO, Petite Ville d'Italie, dans les Etats de Venise, & dans la Contrée appellée Cargna, sur le bord Septentrional du Tojamento, un peu au-dessous de l'endroit où cette Rivière reçoit celle de Buti.

TOLMIDESSA, Ville de la Syrie, dans la petite Contrée appellée Chalcidique, selon Ptolomée [l]. Simler dit que c'est la même Ville qui est appellée Salminiada dans l'Itinéraire d'Antonin.

[l] Lib. 5. c. 15.

1. TOLNA [m], Comté de la Basse-Hongrie, ainsi nommé de sa Capitale. Voyez TOLNA, No. 2. Ce Comté est borné au Nord par celui d'Albe: à l'Orient par le Danube: au Midi par le Comté de Baran; & à l'Occident partie par le Comté de Simig, partie par celui de Salavar.

[m] Di**** Atlas.

2. TOLNA, Ville de la Basse-Hongrie, sur la rive droite du Danube, dans le Comté auquel elle donne son nom. Edouard Brown [n] appelle cette Ville SOLNA. Il croit comme quelques autres Géographes que c'est l'ancienne Ville *Attinum*, ou *Attinian*, près de laquelle les Habitans de la Pannonie ayant rassemblé leurs forces, livrérent une seconde bataille, dans laquelle ils gagnérent la Victoire & chassérent les Romains, quoiqu'ils eussent perdu eux-mêmes quarante mille hommes de leur propres Troupes. Tolna étoit autrefois une très-belle Place; mais les Chrétiens l'ont brulée. Les Hongrois & les Rasciens qui sont deux Nations qui demeurent dans ce Quartier, ne s'accordent jamais bien ensemble; & sont toujours en dispute.

[n] Voyage de Vienne à Larisse, p. 32.

TOLOBRE, petite Rivière de France, dans la Province. Elle se jette dans l'Etang de Martigues, près de Saint-Chamas.

TOLOHA, Ville de la Palestine, selon la Notice des Dignités de l'Empire [o], où on lit: *Ala Constantiana Tolohæ*.

[o] Sect. 12.

TOLOPHON, Ville de Gréce: Etienne le Géographe & Thucydide [p] la donnent aux Locres Ozoles.

[p] Lib. 3.

1. TOLOSA. Voyez TOULOUSE.

2. TOLOSA, Ville d'Espagne, dans le Guipuscoa [q]. Il est dit dans une certaine Epitaphe de Sanche Major, Roi de Navarre, qu'il étoit *Roi des Monts Pyrénées & de Tolosa*. Cette Ville étoit autrefois une des dépendances du Royaume de Navarre. Elle est située dans une Vallée agréable, formée par deux Montagnes [r], sur le bord de la grande Rivière Araxès, sur laquelle on a bâti un beau Pont avec une Tour. On y fait des lames d'épée fort renommées, & plusieurs sortes d'armes. Il y a une Paroisse,

[q] *Laqueu**** Descr. de la France, & de l'Esp. p. Tolosa.*

[r] *Sbu****, Poblac. de Espana, p. 139.*

se, un Couvent de Moines, & un autre de Religieuses; le Marché s'y tient tous les Samedis. Les Archives de la Province de Guipuzcoa y sont gardées, dont le Corregidor est obligé d'y faire sa demeure pendant quelques mois de l'année. Alphonse le *Sage*, Roi de Castille, la fonda; son fils Sanche IV. acheva de la peupler l'an 1290. & lui accorda de beaux Priviléges. Le terrain produit en abondance des Pommes, peu de Froment, du Millet. La Riviére donne de bons poissons. [a] *Jaillot*, Atlas.

3. TOLOSA, Bourg d'Espagne [a], dans la partie Orientale de l'Andalousie, au Nord de Baëça & d'Ubeda, sur le bord d'une petite Riviére, qui va se perdre dans le Guadalquivir. Ce Bourg est près de la Sierra Morena, dont la partie Orientale prend le nom de ce Bourg; car on l'appelle Navas Tolosa.

TOLOTÆ, Peuple de la Mauritanie Césariense; Ptolomée [b] les place avec d'autres Peuples, entre le Mont *Durdus* & les Monts *Garaphi*. [b] Lib. 4. c. 2.

TOLOUS, Lieu de l'Espagne; l'Itinéraire d'Antonin, le marque sur la route de la Gaule en Espagne, entre *Ilerda* & *Pertusa*, à trente-deux milles du premier de ces Lieux & à dix-huit milles du second.

TOLPIA, Village de la Gaule Belgique, selon l'Itinéraire d'Antonin, qui le place sur la route de Tréves à Cologne, entre Belgica & la Ville de Cologne. Au lieu de Tolpia les meilleures Editions portent Tolbiacum. Voyez ce mot.

TOLSBOURG. Voyez Tolzbburg.

TOLTS, Bourg d'Allemagne, dans la Haute-Baviére [c], sur le bord de l'Isar. Il y a dans ce Bourg une Jurisdiction, qui avec ses dépendances ressortit de la Régence & de la Chambre des Finances de Munich. [c] *Zeyler*, Topogr. Bavar. p. 92.

TOLU, Ville de l'Amérique [d], dans la Terre-ferme, au Gouvernement de Carthagène, à douze lieues de la Ville de ce nom vers le Sud-Ouest, dans une Contrée saine, dont le territoire est couvert d'herbes, & produit toutes sortes de Plantes & de Fruits. Le chemin pour aller par terre de Carthagène à Tolu est très-difficile & presque impénétrable, à cause des Montagnes, des Marais & des boues, qu'on trouve sur la route. C'est de ce Lieu-là qu'on apporte en Europe l'excellent Baume, nommé *Baume de Tolu*. On le tire d'un Arbre semblable aux bas-Pins; il étend ses branches en rond; ses feuilles sont semblables à celles du Carouigier & toujours vertes. On estime davantage ces sortes d'Arbres, quand ils ont été cultivez. Les Indiens recueillent le Baume qui en découle, en incisant l'écorce de l'Arbre qui est fort tendre & fort déliée: ils appliquent au-dessous certaines petites cuilliéres faites de Cire noire qu'on trouve dans ce Pays. Elles reçoivent cette liqueur, que l'on verse ensuite dans les Vaisseaux où l'on veut la conserver. Il faut faire cette opération lorsque le Soleil est fort ardent, afin que la liqueur puisse couler; car la nuit, il ne découle rien à cause du froid. Ce Baume est d'une couleur rouge tirant sur l'or, d'une consistance médiocre, fort glutineux & il s'attache par-tout où on le met. Il est doux & agréable au goût, & ne provoque point le vomissement quand on le prend par la bouche. Son odeur est excellente: elle approche de celle des Limons; & elle est si forte, qu'elle manifeste d'abord le lieu où l'on a caché le Baume. [d] *De Laet*, Descr. des Indes Occ. L. 8. ch. 16.

TOLY, ou Monaster, Ville de Gréce, dans la Macédoine [e], aujourd'hui le Comenolitari, sur le bord Occidental de la Riviére Vardar, au Nord du Lac de Petriski. [e] *De l'Isle*, Atlas.

TOMABEI, Peuple de l'Arabie Heureuse, selon Pline [f]. [f] Lib. 6. c.

1. TOMACO, grande Riviére de l'Amérique Méridionale au Pérou [g], dans l'Audience de Quito. Elle tire son nom d'un Village d'Indiens appellé Tomaco, & on dit qu'elle prend sa source dans les riches Montagnes, qui sont aux environs de la Ville de Quito. Il y a sur ses bords quantité d'Habitations d'Indiens: il y a même quelques Espagnols qui font commerce d'or avec les Indiens. On trouve peu d'eau à l'Embouchure de cette Riviére; cependant les Barques ne laissent pas d'y entrer. [g] *Dampier*, Voy. autour du Monde, t. 1. p. 218.

2. TOMACO, Village de l'Amérique Méridionale [h], au Pérou, dans l'Audience de Quito. Ce Village qui est petit donne son nom à une Riviére considérable, de l'Embouchure de laquelle il est peu éloigné. Il est peuplé d'Indiens, & c'est un Lieu pour recevoir les Marchands Espagnols, qui vont chercher du bois de charpente à Gallo, Isle située dans une grande Baye, environ à trois lieues de l'Embouchure de la Riviére Tomaco. Ce même Village sert aussi à recevoir les Espagnols, qui vont trafiquer en or avec les Indiens. C'est à Tomaco que fut tué en 1680. un certain Doleman, autrefois Capitaine de la Bande du Capitaine Sharp. Sept ou huit autres de ceux qui étoient avec lui eurent le même sort. De la Riviére de Sant Jago à Tomaco, on compte environ cinq lieues. Le Pays est bas & plein de Bras de Mer; de sorte que les Canots peuvent entrer dans le Pays par-là, & se rendre delà dans la Riviére de Tomaco. [h] Ibid. p. 219.

TOMADÆORUM-INSULÆ, Isles du Golphe Arabique selon Ptolomée [i], qui dit qu'elles étoient au nombre de deux. Au lieu de *Tomadæorum* le MS. de la Bibliothéque Palatine lit Gomadæorum. [i] Lib. 4. c. 8.

TOMÆA. Voyez Tomi.

TOMÆUS, Montagne du Péloponnèse, dans la Messénie, près du Promontoire *Coryphasium*, selon Thucydide [k] & Etienne le Géographe. [k] Lib. 4.

TOMALA, Ville de l'Arabie Heureuse, selon Pline [l]. [l] Lib. 6. c.

TOMALITZE, Leunclave, cité par Ortelius [m], donne ce nom au Mont Tmolus. Voyez Tmolus. [m] Thesaur.

TOMAR, Bourg de Portugal, dans l'Estremadoure, sur la route de Coïmbra à Lisbonne, au bord de la Riviére de Nabsan, à sept lieues de Santaren. Dans la grande route de Coïmbre à Lisbonne, dit l'Auteur des Délices de Portugal [n], on fait douze lieues de chemin dans les Montagnes; après les traversées, on descend dans une belle Plaine d'une vaste étendue, & l'on trouve un beau Bourg nommé Tomar. Il est situé au pied de ces Montagnes, sur le bord [n] Pag 738. & suiv.

bord de la Riviére au milieu d'une Forêt d'Oliviers. Ce Bourg auquel on donne quelquefois le Titre de Ville [a], est divisé en deux Paroisses Collégiales, outre lesquelles on voit trois Monastéres de Religieux, un de Religieuses, une Maison de Charité & un bon Hôpital. Il y a un Corrégidor, dont la Juridiction s'étend sur quarante Bourgs ou Villages. Cette Ville a droit de suffrage dans les Assemblées des Etats. La Foire s'y tient toutes les années au 20. d'Octobre. Don Galdin Paez, natif de Brague, & Grand-Maître des Templiers en Portugal, la fonda l'an 1180. il commença à la bâtir par la Forteresse, dans la même place où on la voit encore à présent. Miramamolin-Aben-Joseph, Roi de Marocco, y mit le siége l'an 1190. avec une Armée de 50. mille hommes d'Infanterie, & 50. mille de Cavalerie; mais les Chevaliers Templiers se défendirent avec tant de bravoure, qu'il fut contraint d'en lever le siége. Le Roi Philippe II. assembla à Tomar les Etats du Royaume l'an 1581. Ils lui prêtérent Serment de fidélité, & le reconnurent pour Roi de Portugal le 17. du mois d'Avril de cette même année.

Au-dessus de Tomar on voit un Château sur la Montagne; il appartenoit autrefois aux Templiers, & il dépend aujourd'hui des Chevaliers de l'Ordre de Christ. Le Roi est Grand-Maître de cet Ordre, & le Sous-Grand-Maître est ordinairement Prieur de la Maison de Tomar, qui a le quart du revenu de toutes les Commanderies de l'Ordre. Cette Maison est une des plus grandes & des plus riches. On y voit douze Cloîtres, dont le principal est tout de pierres de taille d'une fort belle Architecture, & enrichi d'une Bibliothéque. Le Chœur de l'Eglise est orné de huit Colonnes peintes & dorées, qui s'élévent jusqu'à la Voute.

TOMARA, Ville de l'Inde, au-delà du Gange, selon Ptolomée [b].

TOMARUS. Voyez TMARUS.

TOMBEAU (Riviére du) Riviére de l'Amérique Septentrionale, dans la Nouvelle France. Cette Riviére vient du Nord-Nord-Est, & se jette dans le Mississipi, à la Bande de l'Est, au Nord du Lac des Pleurs. Elle est pleine de rapides. On peut aller par cette Riviére du Mississipi au Lac Supérieur, par la Riviére Nimissa-Kouat, qui tombe dans ce Lac.

TOMBELAINE, ou TOMBELLAINE, petite Isle, ou Rocher de France, sur la Côte de Normandie, dans un petit Golphe, entre Avranches & St. Malo. Cette Isle & celle de St. Michel, qui est dans le voisinage, sont tous les jours Terre-ferme & Isles, selon que la Marée croît ou décroît. Les Auteurs Latins les nomment toutes deux *Ad-Duas-Tumbas*. Les Abbez Réguliers du Mont Saint Michel avoient fait construire sur le sommet du Rocher de Tombelaine une belle Chapelle, accompagnée de Lieux réguliers, avec un Jardin, des Citernes, & les autres choses nécessaires pour une Communauté de dix ou douze Religieux, qu'ils y entretenoient sous un Prevôt ou Prieur. On fit fortifier ce même Rocher pendant les Guerres des François contre les Anglois, sous les Rois Charles V. & Charles VI. Les Ouvrages qu'on y avoit faits en ce tems-là ont été détruits par les ordres de Louis le Grand, & on a uni le Monastére au Mont St. Michel.

TOMBERO. Voyez TONDORO.

TOMBUT, Royaume d'Afrique, dans la Nigritie [c], traversé en grande partie par le Niger, & borné au Nord par les Royaumes de Chinquele & de Goubour : à l'Orient par ceux de Gaby & d'Yaourry : au Midi par la Guinée ; & à l'Occident partie par le Pays de Jarra-Saracole, partie par celui des Mandingues. Je ne rapporterai point ce que dit Marmol de ce Royaume. Il vaut mieux aller à la source où il a puisé lui-même ; savoir à la Description que Jean Léon a donnée du Royaume de Tombut dans sa Description d'Afrique [d]. Je ne changerai même rien aux termes de la Traduction qui parut en 1556. Je me contenterai d'ajouter à la fin les nouvelles connoissances qui nous ont été données par les nouvelles Relations de ce Pays. Voici donc ce que disoit Jean Léon :

Ce nom (de Tombut) a été imposé par les Modernes à ce Royaume, à cause d'une Cité qui fut édifiée par un Roi, nommé Mense Suleiman, en l'an de l'Hégire sis cens & dix : prochaine d'un Bras du Fleuve Niger d'environ douze milles. Les maisons d'icelle sont de torcis plâtrés, & couvertes de paille. Il y a bien un Temple de pierre & chaux : divisé par un excellent Maître de Grenade : & semblablement un somptueux Palais, auquel loge le Roy, dont la Structure belle de l'un ensuit l'industrieuse Architecture de l'autre. La Cité est bien garnie de Boutiques, de Marchands & Artisans, & mêmement de Tisseurs de toiles de cotton. Les Marchands de Barbarie transportent plusieurs Draps d'Europe en cette Cité. Les femmes vont ordinairement le visage couvert, fors les Esclaves, qui vendent toutes les choses de bouche. Les Habitans sont fort opulens, principalement les étrangers, lesquels y viennent faire leur résidence; tellement que le Roi a donné en mariage ses deux filles à deux Marchands freres pour leurs grandes richesses. En cette Cité y a plusieurs Puyts d'eau douce : combien que au débord du Niger elle s'écoule par certains Canals tout au plus près de la Cité, qui est abondante en Grains, & Bétail : au moyen de quoi leur beurre est fort commun : mais le sel rare & cher, pource qu'il s'apporte de Tegaza distante de cinq cens milles de Tombut : là où me retrouvant une fois je vey comme la Sommée ne se laissoit à moins d'octante Ducats. Le Roi est fort opulent en platines & vergés d'or : dont les auernes sont du pois de mille troys cens livres: & tient une Cour bien ordonnée & magnifique. Quand il lui vient envie de s'aller ebatre d'une Cité à autre, accompagné de ses Courtisans, il chevauche des Chameaux, & les Estafiers menent les Chevaux en main. Mais en cas qu'il s'achemine en quelque Assemblée de Guerre, on attache les Chameaux & montent lors tous les Soldats sur les Chevaux. Ceux qui ne seirent jamais la révérence au Roi, & qui ont quelque ambassade à lui faire, mettent les genouils

nouils en terre; puis prenans de la pouſſie-
re l'épandent ſur leur téte, & le ſaluent en
cette ſorte-là. Il tient environ troys mille
Chevaux, & une grande fanterie uſant de
certains Arcs, qui ſont faits de bâtons de
fenouil ſauvage, avec lesquels ils déco-
chent fort dextrement des flèches enveni-
mées. Outre cela il a coutume de mouvoir guerre contre ſes ennemys prochains,
& contre tous ceux qui refuſent de lui rendre Tribut: étans par lui ſurmontés, il les
fait vendre à Tombut, juſques aux petits
enfans. En ce Pays ne naiſſent nuls Chevaux
fors aucunes petites Haquenées, que les
Marchans ont coutume de chevaucher allans
par le Pays, & aucuns Courtiſans parmi la
Cité. Mais les bons Chevaux, qui s'y trouvent, viennent de Barbarie: qui ne ſont
pas plus tôt arrivés avec la Caravanne, que
le Roi envoye ſavoir & mettre par écrit
le nombre d'iceux, & en cas qu'ils excédent le nombre de douze, il retient celui
qui lui ſemble le meilleur, & de plus belle
taille: en payant ce qu'il eſt raiſonnablement eſtimé. Ce Roi-ci eſt mortel ennemi
des Juifs: qui ne les endureroit pour rien
du monde mettre le pied dans ſa Cité: & s'il
étoit averti que les Marchans de Barbarie euſſent la moindre familiarité qui ſoit, ou qu'ils
trafiquaſſent avec eux, il feroit incontinent
confiſquer leurs biens. Il porte grand honneur à ceux qui font profeſſion des Lettres,
& pour ce regard on apporte dans cette Cité
des Livres écrits à la main qui viennent de
Barbarie, lesquels ſe vendent fort bien:
tellement qu'on en retire plus grand profit
que de quelque autre Marchandiſe qu'on ſache vendre. Il y a pluſieurs Prêtres & Docteurs qui ſont tous aſſez raiſonnablement
par le Roi ſalariez: & en lieu de Monnoye
les Habitans de ce lieu ont accoutumé d'employer quelques pièces de pur & fin or; &
aux choſes de petite conſéquence employent
des petites Conques, ou Coquilles qui ſont
apportées de Perſe: dont les quatre cens
font le Ducat des leurs: auquel entrent ſix
& deux tiers pour une des onces Romaines. Les Habitans de cette Cité ſont tous
de plaiſante nature, & le plus ſouvent s'en
vont le ſoir juſques à une heure de nuit,
danſans parmi la Cité. Les Citoyens ſe ſervent de pluſieurs Eſclaves d'un & autre ſèxe.
Cette Cité eſt fort ſujette au feu: & à la ſeconde fois que je m'y retrouvai, je la vey
embraſer en moins de cinq heures. Il n'y
a aucun Jardin ni lieu produiſant fruits.

Cabra, ajoûte Jean Léon, eſt une grande Cité en forme de Village, au Royaume
de Tombut, ſans qu'elle ſoit autrement
ceinte de murailles. Elle eſt prochaine de
Tombut par l'eſpace de douze milles, ſur le
Fleuve Niger: là où s'embarquent les Marchands pour naviger à *Ghinée* & *Melli*: ne
différant en rien quant aux Habitans & habitations, à la Cité ſuſnommée. Il y a diverſes Nations de Noirs, pource que là
eſt le Port, auquel ils viennent aborder a-
vec leurs Barquettes de pluſieurs Lieux. Le
Roi de Tombut y envoye un ſien Lieutenant, tant pour faire droit à un chacun,
comme pour ſe ſoulager, & n'avoir la peine de faire cent douze milles par terre, &

du tems que je y fu, il y en avoit un parent du Roi, nommé Abu-Bacr, & en ſon
ſurnom *Pargama*, homme noir tant que
rien plus; mais d'un grand eſprit, très-juſ-
te & raiſonnable. Les Habitans ſont ſujets
à pluſieurs maladies, pour cauſe de la qualité des viandes: comme Poiſſon, Beurre,
Lait, & Chair tout mêlé enſemble. De
cette Cité vient la plus grande partie des
Vivres qui ſont tranſportés à Tombut.

Le Pere Labat [a] rapporte, que le Sieur *a* Nouvelle
Brüe ayant interrogé des Marchands ſur la Relat. d'A-
ſituation du Royaume de Tombut, ou Ton- frique, t.
bouctou, où ils avoient fait divers Voya- 3. p. 661.
ges, ils lui dirent que la Ville de ce nom & ſuiv.
n'étoit point ſur le Niger, mais dans les
Terres; que pour y aller ils ſuivoient le côté Méridional du Fleuve pendant pluſieurs
journées, & qu'après l'avoir quitté ils faiſoient encore cinq journées de chemin a-
vant d'y arriver. Voici leur route. Depuis Caignou dernier Village, où la Rivière eſt navigable, il y a cinq journées
juſqu'à Jaga: de Jaga, à Baiogné une
journée: de Baiogné à Congourou une
journée: de Congourou à Sabaa une journée: de Sabaa à Boramaja deux journées:
de Boramaja à Goury une journée; de
Goury à Galama une journée: de Galama à Timbi quinze journées; que là on
quittoit le bord de la Rivière; & qu'en
continuant leur marche à l'Eſt-Sud-Eſt, ils
arrivoient en cinq journées à Tonbouctu.
Ils l'aſſûrérent qu'on voyoit là tous les ans
une grande Caravanne des Blancs qui a-
voient des armes à feu, qui apportoient
quantité de Marchandiſes, & en rapportoient
d'autres & particulièrement de l'or. Ce
ſont, ſelon les apparences, des Maures de la
Côte de Barbarie. Les trente-deux journées de marche, eſtimées à dix lieues chacune, font trois cens vingt lieues, qu'on
peut compter depuis le Rocher Felou, juſqu'à cette Ville ſi riche.

Le Sieur Brüe étant à Tripoli de Barbarie, a vu pluſieurs fois des Caravannes qui
partoient de cette Ville pour aller en un
Pays vers le Sud, qu'on diſoit être le Royaume de Faiſon, Faiſan, ou Faiſaon, Faïz-
zan, qui eſt ſans contredit *Fasanea Regio*,
connuë des Anciens. Ces gens employoient
cinquante jours de marche pour s'y rendre. Nous avons de bonnes raiſons pour
croire que ces Caravannes alloient plutôt à
Tombut qu'à Faiſon; car de Tripoli à Faiſon, il n'y a que cent ou ſix-vingt lieues,
ce qui ne demande pas cinquante journées
de marche; d'ailleurs les Mandingues qui
ont été à Tombut, diſent que outre l'or
que l'on tire du Pays, on y en apporte encore du Royaume de Zanfara, & que ces
Marchands employent cinquante jours de
marche pour s'y rendre, ce tems ne ſeroit
pas néceſſaire, pour aller de Zanfara à Faiſon, puiſqu'il n'y a pas deux cens lieues de
l'un à l'autre. Il faut donc que les Caravannes de Tripoli aillent à Tombut. Il y
a quatre cens cinquante lieues ou environ
entre ces deux Villes; voilà de quoi employer cinquante jours de marche. Les
Marchands de Zanfara employent le même
nombre de journées pour s'y rendre parce
qu'ils

qu'ils sont à peu près dans le même éloignement, & il est très-probable que les Barques mâtées que les Marchands Mandingues ont vû sur le Niger, à quelques lieues de Tombut, sont celles qui ont porté les Tripolins depuis l'endroit où ils ont joint ce Fleuve, jusqu'à celui qui est le plus voisin de Tombut, qui, selon l'opinion des Géographes, n'est éloigné que de six lieues. Ce qui oblige les Marchands Mandingues à quitter le bord du Niger à Timbi, c'est que ce Fleuve fait un grand Arc de Cercle vers le Nord, qui allongeroit beaucoup le voyage s'ils étoient obligez d'en suivre le contour. Ils abrégent leur chemin en quittant le voisinage du Fleuve. Les Caravanes de Tripoli sont pour l'ordinaire de mille hommes ou environ. Ils ont des Chevaux & des Chameaux; ils sont bien armez, & en état de ne rien craindre dans les Deserts du côté des Bêtes Sauvages qu'ils y rencontrent, & dans les endroits habitez, de ceux qui voudroient s'opposer à leur passage, les rançonner ou les piller. Ils sont cinquante jours en marche; mais dans ce nombre il ne faut pas comprendre ceux qu'ils séjournent dans les Lieux où l'eau & le fourage leur donnent la commodité de se rafraîchir, & de faire reposer leurs Chevaux & leurs Chameaux. Ils portent aux Négres de Tombut des Draps ou Serges bleues, vertes, violettes, jaunes & rouges; mais beaucoup plus de cette derniére couleur que des autres; ils en portent ordinairement pour vingt mille Ecus; pour autant de toutes sortes de Verroteries qu'on leur apporte de Venise, & autres Lieux de l'Europe. Du Corail travaillé de différentes façons pour douze mille Ecus, & pour dix mille Ecus de Papier, de Bassins de Cuivre & autres choses de cette nature; de maniére que le fond de leur Commerce est de soixante-deux mille Ecus. On va voir le profit qu'ils font par les Marchandises qu'ils en rapportent; savoir trois mille Quintaux de Dattes, qu'ils vendent chez eux deux Ecus le Quintal. Douze cens Quintaux de Sené, qu'ils vendent quinze Ecus le Quintal. Des Plumes d'Autruches, pour quinze mille Ecus. Huit cens, ou mille Esclaves, & mille Marcs d'or. Ce dernier Article seul monte à cent mille Ecus. Ces cinq Articles font ensemble cent soixante & dix-neuf mille Ecus, desquels, si on ôte soixante-deux mille Ecus, il reste un profit de cent dix-sept mille Ecus, qu'ils font en moins de cinq mois, & cela sur des Marchandises que nous pouvons avoir à meilleur compte qu'eux, & sur lesquelles par conséquent nous pouvons faire un profit encore plus considérable. Il est constant que le Royaume de Tombut produit de l'or en quantité; mais il est aussi constant qu'on y en apporte d'autre part, comme des Pays de Gago, de Zanfara, ou des environs de ces Pays; ce qui fait que cette Ville déja très-riche par elle-même, devient encore plus considérable par le Commerce qui s'y fait de presque tous les endroits de l'Afrique. Le Pays est abondant en tout ce qui est nécessaire à la vie, le Mil, le Ris, & les autres Grains y viennent en perfection. Les Bestiaux de toute espéce y sont très-communs; on y a presque pour rien des Fruits de toute espéce. On y trouve des Palmiers de toutes sortes; en un mot, ce Pays n'auroit rien à souhaiter s'il avoit du Sel, qui y est rare & très-cher, parce qu'il vient de loin. Ce sont les Mandingues qui leur en portent, après qu'eux-mêmes l'ont acheté des Européens ou des Maures. C'est dommage que ce Pays ne nous soit mieux connu; on pourroit à présent en tenter l'entiére découverte avec plus de facilité que par le passé, puisque la Compagnie a des Etablissemens à Galam, où il est aisé de pratiquer les Marchands Mandingues qui y vont, & les engager d'y conduire quelques-uns de ses Commis avec eux; mais il faudroit pour cela que ce fussent des gens sages, fidéles, habiles, & expérimentez dans le Commerce, qui sussent lever le Plan d'une Ville & d'un Pays, en prendre la hauteur; qui eussent quelques connoissances de la Médecine, de la Botanique, & de la Chirurgie, afin de s'introduire par ces Sciences chez ces Peuples. Il faudroit encore qu'ils sussent la Langue Arabe & la Mandingue, & qu'on leur fît des conditions assez avantageuses pour les engager à cette entreprise, qui selon les apparences ne manquera ni de difficultez ni de périls, & qu'on les assûrât d'une récompense proportionnée à leur travail. Par ce moyen on auroit bien-tôt une connoissance parfaite non-seulement de ce Pays, mais peut-être de tout l'inférieur de l'Afrique, dont tous ceux qui en ont parlé ne nous ont débité que des conjectures la plûpart très-mal fondées. Il seroit aisé après cela à la Compagnie de faire ce Commerce par elle-même, en y envoyant en droiture ses Marchandises & ses Commis, avec un assez bon nombre de Laptots armez, pour ne rien craindre des Peuples chez qui ils seroient obligez de passer. On pourroit même faire un Etablissement au-dessus du Rocher de Govina, & y tenir les Bâtimens, dont on se serviroit pour remonter le Niger jusque vis-à-vis de Tombut, & s'épargner ainsi plus des trois quarts de la dépense & des fatigues qu'il y a en faisant le Voyage par terre. Par ce moyen, on achéteroit sur les Lieux à un prix fort modique l'Or, l'Yvoire & les Captifs que les Mandingues nous ameneroient; & on auroit non-seulement tout le profit qu'ils font sur nos Marchandises; mais on priveroit les autres Européens, nos concurrens, de la plus grande partie des Marchandises & des Esclaves qu'ils tirent de ce Pays par le moyen du Commerce qu'ils font dans leurs Etablissemens de la Riviére de Gambie. Selon Mr. De l'Isle *, le Royaume de Tombut renferme, plusieurs Villes & quelques petits Royaumes, qui prennent les noms de leurs Capitales. Voici celles dont il donne les noms:

Tombut,
Cabra,
Cachine,
Gaby, Royaume,
Bousa,
Cormachy,
Bourgou,

Quequia,
Cormaya, Royaume,
Teloué, Royaume,
Collega,
Caffaba, Royaume,
Gingiro, Royaume.

TOME

TOM.   TOM.   569

TOMERUS, Fleuve de la Carmanie se- *a* In Indic. lon Arrien ᵃ. Voyez TONDERON. no. 24.
TOMES. Voyez TOMI.
TOMEZ, petit Peuple de l'Amérique Septentrionale dans la Louïsiane, situé au confluent des deux Riviéres de Chicachas, ou Mobile, & des Alibamous, où elles forment la grande & profonde Baye de la Mobile.
TOMI, Ville de la Basse-Mœsie, vers l'Embouchure du Danube, près du Pont-Euxin. Pomponius-Mela ᵇ, Ptolomée ᶜ, Pline ᵈ, & Ammien-Marcellin ᵉ écrivent TOMI, au nominatif plurier. Strabon dit dans un endroit ᶠ TOMIS au singulier, & TOMÆA dans un autre ᵍ; Etienne le Géographe lit TOMEUS; & sur une Médaille de Caracalla on trouve cette Inscription ΜΕΤΡΟΠ. ΠΟΝΤΟΥ ΤΟΜΕΩΣ. Ovide dont quelques Exemplaires portent TOMIS, d'autres TOMOS & d'autres TOMI, a donné l'origine du nom de cette Ville, dans son troisiéme Livre des Tristes ʰ. Que cette origine soit véritable ou fabuleuse la voici:

b Lib. 2. c. 2.
c Lib. 3. c. 10.
d Lib. 3. c. 11.
e Lib. 22. c. 19.
f Lib. 7. p. 319.
g Ibid. p. 318.
h Eleg. 9.

Hic quoque sunt igitur Grajæ (quis crederet ?) Urbes
Inter inhumana nomina barbariæ ?
Huc quoque Mileto missi venere coloni,
Inque Getis huic Grajas constituere domos.
Sed vetus huic nomen, positaque antiquius Urbe,
Constat ab Absyrti cæde fuisse loco.
Nam rate, quæ cura pugnacis facta Minervæ,
Per non tentatas prima cucurrit aquas;
Impia desertum fugiens Medea parentem,
Dicitur his remos applicuisse vadis.
Quem procul ut vidit tumulo speculator ab alto;
Hospes ait, nosco Colchide vela dari.
Dum trepidant Minyæ, dum solvitur aggere funis,
Dum sequitur celeres anchora tracta manus ;
Conscia percussit meritorum pectora Colchis,
Ausa atque ausura multa nefanda manu.
Et quonquam superest ingens audacia menti,
Pallor in attonita Virginis ore fuit.
Ergo ubi prospexit venientia vela; Tenemur,
Et pater est aliqua fraude morandus, ait.
Dum quid agat quærit, dum versat in omnia vultus
Ad fratrem casu lumina flexa tulit.
Cujus ut oblata est præsentia; vicimus, inquit.
Hic mihi morte sua causa salutis erit.
Protinus ignari nec quicquam tale timentis
Innocuum rigido perforat ense latus.
Atque ita divellit, divulsaque membra per agros
Dissipat in multis invenienda locis.
Neu pater ignoret scopulo disponit in alto,
Pallentesque manus sanguineumque caput.
Ut genitor luctuque novo tardetur, & artus
Dum legit exstinctos, triste moretur iter.
Inde Tomi dictus locus hic ; quia fertur in illo
Membra soror fratris præsecuisse sui.

C'est-à-dire : Qui croiroit, qu'il y a aussi des Villes Grecques dans ces Quartiers, au milieu des noms de la Barbarie la plus inhumaine ? Une Colonie de Milésiens fut autrefois envoyée ici ; & des Grecs établirent leur demeure parmi les Gétes. Il est certain du moins que le nom est ancien, & qu'avant que la Ville fut bâtie, le lieu où elle estavoit été fut ainsi appellé du meurtre d'Absyrte. Car on dit que l'impie Médée fuyant son pere, vint aborder sur ces bords, avec le Vaisseau que lui avoit fait la guerriére Minerve, & qui fut le premier qui courut sur les eaux. D'abord que celui qui avoit été mis en sentinelle sur une éminence, vit venir de loin le Pere de Médée : Je découvre, dit-il à ses Hôtes, des voiles de Colchos. Tandis qu'à ces mots les Argonautes tombent dans l'effroi, qu'on délie les amarres du Vaisseau, & qu'on s'empresse à lever les ancres ; la Princesse de Colchos dont la main avoit déja commis divers crimes, & qui étoit à la veille d'en commettre encore d'autres, demeuroit en proye aux remords de sa conscience, & la pâleur paroissoit répandue sur son visage étonné, quoique son esprit ne perdît rien de son audace extrême. Quand elle vit donc approcher le Vaisseau de son pere : Nous sommes pris, dit-elle, si nous ne trouvons quelque expédient pour l'arrêter ; & comme elle cherche ce qu'elle fera, se tournant de côté & d'autre, le hazard voulut qu'elle jettât les yeux sur son frere. Elle n'eut pas plutôt attaché ses regards sur lui, qu'elle dit : Nous voilà hors d'affaire ; la mort de celui-ci sera mon salut. En même tems elle plonge une épée dans le sein de cet innocent, qui ignoroit son dessein & ne s'attendoit à rien de pareil : elle le met en piéces : seme les morceaux dans divers endroits de la Campagne, afin qu'il fallût plus de tems pour les rassembler ; & pour que son pere en eût connoissance, elle met sur le haut d'un Rocher, qui se trouvoit au passage, les mains livides de son frere & sa tête toute sanglante. Elle cherchoit par-là à arrêter son pere par ce nouveau sujet de deuil, & à retarder sa poursuite par le tems qu'il employeroit à rassembler les membres dispersez de son fils. C'est delà que ce Lieu fut appellé Tomes ; parce qu'on veut que ce soit l'endroit où la sœur mit en piéces le Corps de son frere.

Les Habitans de cette Ville sont appellez TOMITÆ par Ovide ⁱ:

i Lib. 4. Pont. Ep. 9. v. 21.

Hoc facit, ut misero faveant adsintque Tomitæ.

Et le nom National est TOMITANUS, suivant le même Poëte ᵏ:

k Ibid. Lib. 3. Epist. 8.

Qua tibi
Dona Tomitanus mittere posset ager.

Si TOMI étoit peu considérable du tems de Strabon ˡ, qui ne lui donne que le titre de Πολιχνίον, son sort changea bien vîte, puisque sous *Caracalla* elle étoit la Métropole du Pays. La Table de Peutinger la représente avec toutes les marques des grandes Villes ; & la Notice d'Hiéroclès en fait la Métropole de la Scythie. Comme c'étoit l'unique Evêché pour toute la Nation des Scythes soumis à l'Empire ᵐ, Nation néanmoins fort grande, & pourvue de beaucoup de bonnes Villes ; c'est ce qui rehaussoit la puissance de l'Evêque, & qui lui donnoit un grand crédit. Saint Bretannion en étoit Evêque au quatrième Siécle, du tems de l'Empereur Valens : St. Théotime Philosophe Grec en fut Evêque du tems des Empereurs Théodose & Arcade. Il pourroit bien avoir été le Successeur immédiat de St. Bretannion.

l Lib. 7. p. 319.
m Baillet, Topogr des Sts. p. 489.

Cccc   TO-

TOMISA. Voyez TOMISSA.

TOMISSA, Petite Contrée de l'Asie-Mineure. Etienne le Géographe dit qu'elle séparoit la Cappadoce du Mont Taurus.

TOMISUM, ou TOMISUS, Village de la Grande-Arménie, dans la Contrée appellée Sophené, selon Strabon [a].

[a] Lib. 14. p. 663.

TOMITÆ. Voyez TOMIS.

TOMOMIMES, ou TOMOMINI, Peuples de l'Amérique Méridionale, au Bréfil, dans la Capitainerie de *Spiritu Sancto* [b]. C'est une Nation farouche & cruelle. Leur principale Bourgade est *Morogegen*. Ils en ont encore plusieurs autres dans les Isles de la Riviére de *Paraeiva*. Elles sont environnées de grandes pierres plantées en façon de paux, & munies par derriére d'un rempart de terre, ou de pierres. Leurs Maisons sont couvertes d'écorces d'Arbres, & les parois sont de pieux ou de cannes treillissées, de façon qu'ils peuvent tirer leurs fléches entre deux. Antoine Knivet Anglois, qui parle de ces Sauvages, dit qu'il se trouva dans l'Armée des Portugais lorsqu'ils allérent affiéger Morogegen. Elle étoit composée de cinq cens Portugais, & de trois milles Sauvages de leurs alliez. Les Tomomimes faisoient de si rudes sorties sur eux qu'ils furent contraints de se retrancher & d'envoyer chercher du secours à la Ville de *Spiritu-Sancto*. Ces Sauvages se tenant sur leurs remparts, ornez de plumes & ayant le corps teint de rouge, les attaquoient tous les jours, & allumant une petite roue, embellie de plumes, qu'ils tournoient autour de leur tête, ils se menaçoient en leur langue de les brûler de la même sorte. Mais quand le secours fut venu, ils commencérent à s'écouler peu à peu de la Bourgade. Les Portugais & leurs Alliez s'en étant apperçus, se couvrirent de clayes, faites de longues cannes, qu'on appelle *Pannesses*, & approchérent du rempart où ils firent bréche, après quoi ils entrérent furieux dans la Bourgade; & environ seize mille des affiégez furent tuez ou pris. Les Portugais se rendirent encore maîtres de quelques autres Bourgades, où les vieillards & les foibles furent tués. On fit les autres Esclaves; & le Pays de ces Sauvages fut ravagé pendant sept jours.

[b] De Laet, Descr. des Indes Occ. Liv. 15. c. 4.

TOMPEQUE, selon Dampier & TAMPICO, selon Mr. de l'Isle; Lac de l'Amérique Septentrionale dans la Nouvelle Espagne, au Gouvernement de *Guasteca* ou *Panuco*, au Sud de la Riviére de *Panuco*. Une des Branches de cette Riviére, dit Dampier [c], sort du Lac de Tompéque, & se mêle avec ses eaux trois lieues avant que de se jetter dans la Mer. C'est pour cela qu'on l'appelle quelquefois la Riviére de TOMPEQUE. On trouve dans ce Lac quantité de Poissons & sur-tout des Chevrettes. Il y a aussi une Ville de ce même nom qui est bâtie sur le bord du Lac, & dont la plûpart des Habitans sont Pêcheurs. Au-delà de ce Lac on en voit un autre d'une grande étendue, dans lequel il y a une Isle avec un Bourg appellé *Haniago*, dont les Habitans sont presque tous Pêcheurs, & s'exercent sur-tout à prendre des Chevrettes. Ils les font bouil-

[c] Voyages divers, 2. Part. ch. 5.

lir avec de l'eau & du Sel dans de grandes Chaudiéres; ensuite ils les séchent au Soleil; ils les empaquettent & les envoyent dans toutes les bonnes Villes du Pays, sur-tout à Méxique, où l'on en fait beaucoup de cas, quoique ce soit un manger fort maigre.

TOMPORIS. Voyez TIMPIRUM.

TOMUREX. Voyez MUREX.

TONACIACUM, Village dont parle Fortunat, dans la Vie de St. Hilaire cité par Ortelius [d]. Ce dernier croit que *Tonaciacum* étoit un Lieu de la Gaule.

[d] Thesaur.

TONACHIN, Village de l'Amérique Septentrionale, dans la Nouvelle France; il appartient aux Hurons.

TONCAT, Ville d'Asie, dans la partie Occidentale du Turquestan sur le bord du Fleuve Jaxartes [e]. Elle est située au 43. degré de Latitude. Mr. de l'Isle la place dans sa Carte de l'Asie Septentrionale, au 47. degré de Latitude & à quatre-vingt-neuf de Longitude. Elle dépendoit en 1219. de la Ville d'Aschasche, & servoit de Frontiére à la Province d'Ilac, & de rendez-vous aux Marchands de ces deux Pays qui y faisoient leur principal Commerce. Cette Ville se trouve appellée dans Aboulcair *Daralulm*, nom qui veut dire *le Palais des Sciences*; à cause de l'Académie des Arts & des Sciences qui y étoit établie. Elle étoit plûtôt un Lieu de plaisir qu'un Lieu de défense: des eaux coulantes arrosoient presque toutes les rues; le Fauxbourg, & les Maisons de Campagne n'en manquoient pas; & une infinité de Jardins remplis d'Arbres & de Fruits en rendoient le séjour charmant. Ce n'étoit que Fontaines jaillissantes & Promenades les plus agréables du monde. Enfin, l'on disoit de cette Ville que Dieu n'avoit rien fait de plus délicieux. Elle fut affiégée, prise & pillée par les Isogols en 1219.

[e] Petis de la Croix, Hist. du grand Genghiz-can, L. II. c. 9.

TONDABA, Ville de Médie: Ptolomée [f] la marque dans les terres. Ses Interprétes au lieu de TONDABA, lisent TON-ZARMA.

[f] lib. 66

TONDELO, Riviére de l'Amérique Septentrionale, sur la Côte de la Baye de Campéche entre l'Embouchure d'un Lac appellée Ste. Anne, & la Riviére Guasickwalp. La Riviére de Tondelo, dit Dampier [g], est assez étroite, cependant elle peut porter des Barques de 50. ou 60. tonneaux; il y a une barre à son entrée, & le Canal est plein de détours. A l'Ouest de la barre, il y a un monceau de sable qui paroît au dehors; ainsi pour l'éviter au passage, il faut tenir le côté de l'Est à bord; mais lorsqu'on est une fois entré, on peut avancer deux ou trois lieues plus haut. Pour le côté à l'Est, à un quart de mille de l'Embouchure, on peut mouiller en sûreté. Ce qu'il y a de fâcheux sur toute cette Côte, & en particulier sur la Riviére, c'est que les Cousins y fourmillent en si grand nombre, qu'il n'est pas possible d'y dormir. Cette Riviére est guéable à 4. ou 5. lieues de son Embouchure, & c'est-là où passe le grand chemin. Ce fut aussi à cet endroit que deux Canots François interceptérent la Caravanne de Mulets, qui s'en retournoient à la Vera-Cruz chargez de Cacao,

[g] Divers Voy. t. 5. Part. P.

Cacao, dont ils prirent autant qu'ils en purent emporter.

De Ste. Anne à Tondelo il y a 5. lieues. La Côte s'étend toujours à l'Ouest; le Pays est bas, & la Baye fablonneuse du côté de la Mer. A quelque distance de cette Baye, il y a des Dunes assez hautes & couvertes de buissons remplis de piquants. Tout contre la Mer & presqu'au bout Occidental de la Côte, entre les Dunes, le terrain y est plus bas, les Forêts n'y sont pas hautes, & l'on y voit quelques Morceaux de Savanas, où il y a une quantité de corne bien grasses. Ce fut à la chasse de ces Bœufs qu'un François perdit malheureusement la vie. Ses Compagnons s'étoient éloignez de lui pour chercher du Bétail, dont ils mirent en fuite un Troupeau fort nombreux, qui le rencontra sur son passage dans les Bois, où les Arbres étoient d'ailleurs si serrez qu'il n'y avoit pas moyen de marcher autre part que dans le petit sentier que les Bêtes font elles-mêmes: de sorte qu'il lui fut impossible de les éviter, & que le Chef de cette Troupe furieuse, après lui avoir donné de ses cornes dans le dos, le balotta une centaine de pas dans la Savana, où il tomba mort avec ses entrailles par terre.

De la Riviére de Tondelo jusqu'à celle de Guasickwalp, il y a 8. lieues de plus, la Côte toujours à l'Ouest; la Baye est sablonneuse tout du long, & il y a des Dunes de même qu'entre Ste. Anne & Tondelo; si ce n'est que vers l'Ouest, le bord est plus bas & les Arbres y sont plus hauts.

TONDEREN, ou TUNDERN, Ville du Royaume de Dannemarck, au Duché de Schleswig, sur le bord Méridional de la Riviére de Wydaw, à quatre grands milles Germaniques au Midi de Rypen, à sept d'Hadersleben, à quatre d'Apenrade, à quatre de Flensbourg, à cinq de Schleswig, & à 6. d'Husum. Son enceinte n'est pas fort grande; elle ne laisse pourtant pas d'être assez bien bâtie. Sa situation est fort avantageuse; car elle est dans un Terrein fertile. Elle porte dans ses Arines un Vaisseau, car autrefois elle avoit un Commerce Maritime, dont elle est maintenant privée, par les Sables qui ont comblé son Port. Henri de Rantzow dit que Tundern est une Ville très-ancienne; & que ce fut de son Port que partirent les Angles qui passèrent dans la Grande-Bretagne, & s'en rendirent maîtres. La Forteresse qui lui sert de défense est aussi d'une petite étendue; mais ses Fortifications sont bonnes & en bon état. Abel Duc de Schleswic & depuis Roi de Dannemarck, donna à Tundern le titre de Ville en 1243. & lui accorda en même tems divers privilèges. Elle souffrit beaucoup durant les guerres entre les Ducs de Schleswig & les Rois de Dannemarck. Le Roi Eric *Plogpenning* l'enleva à Abel Duc de Schleswic en 1248, le Roi Eric Gligping prit la Forteresse & la ruïna. Adolphe de Holstein s'en empara en 1365. & la Veuve de Gerhard Comte de Holstein, l'engagea avec son Bailliage, à la Reine Marguerite.

Le BAILLIAGE DE TUNDERN s'étend huit milles en longueur & quatre en largeur sans y comprendre les Isles qui en dépendent. Tout le Bailliage est divisé en neuf Hardes ou Territoires, savoir

Hoyers-harde,	Horsbull, ou Woldings-harde,
Tonders-harde,	
Slaux-harde,	Sylt-harde,
Lundtofft-harde,	Oster-harde, avec l'Isle d'Ainroem,
Karr-harde,	
Boekings-harde,	

TONDEROS & TUBERUM, noms de deux Fleuves d'Asie, que Pline [a] met aux environs de l'Arie; tous les Géographes [b] conviennent que c'est le même Fleuve, dont Pline fait mention sous deux noms différens. C'est le TUBERON de Pomponius-Mela, & le TOMERUS d'Arrien. Ce Fleuve couloit entre l'*Indus* & l'*Arabis*, ou *Arbis*.
[a] Lib. 6. 6.
[b] 23.

TONDOTA, Ville de l'Inde au-delà du Gange: Ptolomée [b] la donne aux Peuples *Marundæ*, & la marque sur la Rive Orientale du Gange. Ses Interprètes lisent CONDOTA, au lieu de TONDOTA.
[b] Lib. 7. c. 2.

TONEISA. Voyez TUNES.

TONENSIUM. [c] On trouve ce nom dans Hygin, où il semble employé pour désigner un Peuple.
[c] Ortelii Thesaur.

TONGELREE, Village des Pays-Bas dans le Brabant Hollandois, au Quartier de Péland. Il forme, avec trois Hameaux qui en dépendent, un Tribunal de sept Echevins. Ils s'y tient trois Marchez par an, le Jeudi avant la Pentecôte, le deuxième Mardi après la St. Denys, le troisième Mardi après la Ste. Lucie. Il y a un Château dans ce Village dont le Propriétaire a droit de la chasse. L'Eglise Réformée est desservie par le Ministre de Woensel.
[d] Janicon, Etat prés. de la Rép. des Prov. Un. T. 2. p. 143.

1. TONGERLOO, ou TONGELLO, Abbaye d'Allemagne au Pays de Liège, à deux lieues de Maseyck, & à une lieue & demie de Brey, sur la petite Riviére de Tongerloo.

2. TONGERLOO, Abbaye des Pays-Bas, dans le Brabant, au Quartier d'Anvers, dans la Campine, à trois lieues d'Arschot. Cette Abbaye qui est de l'Ordre de Prémontré, doit son origine à quelques Religieux de l'Abbaye de St. Michel à Anvers, qui vinrent s'y établir en 1130. & qui furent dotez par un homme riche nommé Giselbert. On y a vu souvent jusqu'à trois cens Religieux, qui sont réduits maintenant à la moitié par les guerres, & dont une grande partie éxerce des fonctions Pastorales. Le Pape Pie IV. unit cette Abbaye à l'Evêché de Bois-le-Duc, de sorte que les deux premiers Evêques François Sonnius & Laurent Meutsius en furent Abbez; mais en 1590. du tems de l'Evêque Clement Crabbeeh l'Abbaye fut séparée de l'Evêché en lui laissant certains revenus annuels.

TONGLING. Voyez TUNGLING.

TONGLOU, ou TONGLIEU. Voyez TUNGLIEU.

TONGORIA, petit Peuple de l'Amérique Septentrionale, dans la Louïsiane, au Pays des Cheraqui. Il habite au bord de la Riviére Casquinambaux, à la chûte d'une petite Riviére à la Bande du Sud. Il y en a une Colonie au bord Méridional de la Riviére Ohio, dans le Pays des Ilinois.

[a] Hist.
Généal.
des Tatars
p. 345. &
suiv.

TONGOUS, ou TOUNGUSES, Peuples Tartares soumis à l'Empire Russien [a]. Ces peuples occupent à présent une grande partie de la Sibérie Orientale & sont divisez par les Russes, en quatre Branches principales, qui sont 1. les *Podkamena Toungousi*, qui habitent entre la Rivière de Jeniséa & celle de Lena au Nord de la Rivière d'Angara. 2. les *Sabatski Toungousi*, qui habitent entre la Lena & le fond du Golphe de Kamtzchatka, vers les 60. d. de Latitude au Nord de la Rivière d'Aldan. 3. les *Olenni Toungousi*, qui habitent vers les Sources de la Lena & de la Rivière d'Aldan, au Nord de la Rivière d'Amur. Et 4. les *Conni Toungousi*, qui habitent entre le Lac Baïkal, & la Ville de Nerzinskoy, & le long de la Rivière d'Amur. Il n'est pas difficile d'appercevoir que ces Peuples sont issus d'un même Sang avec tous les autres Tartares, parce qu'ils ont à peu près les mêmes inclinations, & la même physionomie; cependant ils ne sont pas tout-à-fait si basanez & si laids que les Callmoucks, ayant les yeux beaucoup plus ouverts, & le nez moins écrasé que ne les ont ces derniers. Ils sont pour la plûpart d'une taille haute & robuste, & sont généralement plus actifs que les autres Peuples de la Sibérie. Les *Podkamena Toungousi*, & les *Sabatski Toungousi* ne différent guères en leur manière de vivre des Ostiakes & des Samoyedes leurs voisins à l'Ouest & au Nord, excepté qu'en Eté ils vont quasi tous hommes & femmes aussi nuds qu'ils sont venus au monde, ne mettant communément qu'une petite ceinture de Cuir d'un empan de largeur pour couvrir leur nudité, & pour se garantir des moucherons qu'on trouve en Eté dans une quantité prodigieuse dans tous les Pays du Nord, & principalement dans ceux qui tirent vers l'Est. Ils portent toujours au bras un Pot, où il y a un morceau de bois pourri allumé, dont la fumée chasse ces insectes. Ils ont des cheveux noirs & ordinairement fort longs qu'ils lient ensemble tout près de la tête & les laissent pendre en cette sorte sur le dos. Dans l'Hyver ils portent des habits de peaux de Cerfs ou de Rennes le poil en dehors, & des Culottes, Bas, Souliers de ces mêmes peaux & tout d'une piéce; pour orner leurs habits, ils les bordent en bas de peaux de Chiens, & au lieu d'un Bonnet ils se couvrent la tête de quelque morceau de pelleterie qu'ils ajustent à leur fantaisie. Ils ne se servent ni de Chanvre, ni de Lin; mais ils font leurs cordes & les autres sortes de gros fil tors, dont ils peuvent avoir besoin dans leurs petits ménages, de peaux de poissons. Ils vivent dans l'Eté de la Pêche, & dans l'Hyver de la Chasse; ne sachant pas ce que c'est de nourrir d'autres Bêtes que des Rennes & des Chiens, qui leur tiennent lieu de Chevaux; & d'autant que les *Sabatski Toungousi* se servent uniquement de Chiens devant leurs Traîneaux, & que la chair de ces mêmes bêtes fait toutes leurs délices, les Russes leur ont donné ce nom qui veut dire *Toungousi des Chiens*. Ils avouent un Dieu Créateur de toutes choses; mais c'est aussi tout; car ils ne l'honorent ni le prient jamais, & dans les nécessitez de la Vie ils s'adressent à des Idoles ressemblans à la Créature Humaine, que chacun se coupe lui-même le mieux qu'il peut d'un morceau de bois; & ils honorent ou maltraitent ces prétendues Idoles, selon qu'ils croyent avoir raison de s'en louer ou de s'en plaindre. Ils n'ont point d'autres Prêtres que quelques Schammans, qu'ils consultent plutôt comme des Sorciers, que comme des Prêtres; ils exposent leurs morts sur des Arbres jusqu'à ce qu'ils soient tous pourris, après quoi ils en enterrent les os du côté de l'Orient; ils se font toutes sortes de marques noires dans le visage & sur les mains, ce qui sert d'embellissement aux femmes, & aux hommes de nom, pour se faire connoître à ceux avec lesquels ils peuvent avoir à contracter. Les *Olenni Toungousi*, vivent pareillement de la Chasse & de la Pêche; mais ils nourrissent en même tems des Bestiaux, & s'habillent tant en Eté qu'en Hyver de peaux de Brebis ou de jeunes Daims; ils portent leurs cheveux comme les autres *Toungousi*, dont on vient de parler & se servent de bonnets de peaux de Renard, qu'ils peuvent abbattre à l'entour du cou lorsqu'il fait bien froid. Ils ont une manière fort particulière de faire un Serment; car lorsqu'il s'agit d'en faire un, celui qui le doit faire, prend un Chien & l'ayant couché par terre, il lui enfonce un couteau dans le ventre sous le pied gauche de devant, & par cette ouverture il lui suce tout le sang jusqu'à la dernière goutte; c'est la plus grande confirmation qu'ils peuvent apporter à une chose, attendu qu'ils sont fermement persuadez, que le sang de ce Chien ne manqueroit pas de suffoquer à l'instant celui qui auroit la témérité de faire un parjure de cette nature. Les *Conni Tourgousi* sont les moins Barbares de tous ces Peuples, ils se nourrissent quasi tous de leur Bétail, & s'habillent à peu près comme les Moungales auxquels ils ressemblent beaucoup en toutes choses. Ils coupent leur cheveux à la façon des Callmoucks & des Moungales, & se servent des mêmes armes qu'eux, au Sabre près, dont ils n'ont point l'usage jusques ici. Ils ne cultivent point de terres; mais au lieu du Pain ils se servent des Oignons de Lis jaunes, qui croissent en grande quantité en ces Quartiers, dont ils savent faire une sorte de Farine après les avoir sechés, & de cette Farine ils préparent une Bouillie qu'ils trouvent délicieuse; ils mangent aussi bien souvent les Oignons lorsqu'ils sont sechez sans en faire de la Farine. Ils sont bons hommes de cheval, & leurs femmes & leurs filles montent aussi-bien à cheval qu'eux-mêmes, & ne sortent jamais sans être bien armées; aussi ont-elles la réputation de se servir fort bien de leurs armes. Tous les Toungouses en général sont extrêmement braves & robustes; ils habitent tous dans des Huttes ou Maisons mouvantes; leur Religion est à peu près la même par-tout, & ils prennent tous autant de femmes qu'ils en peuvent entretenir. Il n'y a qu'un petit nombre des *Conni Toungousi*, qui obéit à la Chi-

Chine, tout le reste de ce Peuple est sous l'obéissance de la Russie, qui en tire les plus belles Pelleteries qui viennent de la Sibérie.

a Longuerue, Descr. de la France, Part. 2. p. 126.

TONGRES, Ville d'Allemagne [a], dans l'Evêché, ou la Principauté de Liège, au Pays appellé la Hasbaye. Elle a été autrefois la Capitale d'un fort grand Pays; & elle étoit déja célèbre du tems de Jule César. On l'appelloit alors *Aduatuca*. Les Tongriens ayant occupé le Territoire des Eburons ne changèrent point le nom de la Capitale; de sorte que Ptolomée met *Atuacutum* ou plutôt *Atuatucum* pour Capitale des Tongriens. Ensuite sur la fin du quatrième Siècle & dans le cinquième on retrancha une syllabe de ce nom-là; de sorte que l'Itinéraire d'Antonin marque *Aduaco-Tongrorum*, & la Carte de Peutinger *Atuaca*. Après ce tems-là ce nom fut aboli entièrement, & on lui substitua celui du Peuple *Tungri*. Cette Ville n'a jamais pu réparer le dommage que lui causa Attila, & elle n'a été depuis qu'une Ville médiocre. Les François s'en saisirent en 1672. afin qu'elle leur servît d'Entrepôt pour aller de France en Hollande. Mais après qu'ils eurent pris Maestricht en 1673. ils abandonnèrent Tongres qui leur étoit devenue inutile, & ils la démantelèrent; de sorte que ce n'est plus qu'un gros Bourg, où il y a une très-ancienne Eglise Collégiale dédiée à la Ste. Vierge. Tongres est située sur la Rivière de Jars, appellée en Flamand Jecker, & en Latin *Jecora*. Elle se décharge dans la Meuse à Maestricht. Tongres appartenoit il y a près de huit cens ans à l'Evêque de Liège & à son Eglise, puisqu'Otton II. dans sa Patente de l'an 981. met Tongres au nombre des principaux Biens de l'Eglise de St. Lambert, *inter Capitalissimas Possessiones*, comme on le peut voir dans l'Histoire du Chanoine Anselme.

b Descr. du Brabant, p. 213.

Guichardin [b] dit que Tongres est la première des Villes de toute la France & de l'Allemagne, qui fut convertie à la Foi Chrétienne. Il en met l'Epoque à l'an 101. & il dit que l'Evangile y fut prêché par St. Materne, qui y mourut en 133. On le compte pour premier Evêque de Tongres. St. Servais qui en fut le neuvième Evêque transporta le Siège Episcopal à Mastricht, d'où le St. Evêque Hubert le transféra à Liège.

TONGUE, Petite Rivière de France, dans le Languedoc. Elle passe à Gabian, à Ponsoule, & se rend dans la Rivière d'Erault à St. Thibery.

TONI, Etang de l'Espagne Tarragonnoise, selon Avienus cité par Ortelius [c] qui dit que le même Auteur fait mention d'un Rocher aux environs des Pyrénées, & qu'il nomme TONITA-RUPES.

c Thesaur.

TONICA, Entrepôt d'Afrique, dans le Golphe de Barbarie, selon Ptolomée [d] qui le marque, entre le Promontoire de Sérapion, & l'Embouchure du Fleuve *Raptum*. Dans un autre endroit [e] Ptolomée au lieu de TONICA écrit NICI. C'est le *Niconis-Dromus*, qu'Arrien [f], dans son Périple de la Mer Rouge, marque après le *Serapionis-Dromus*. Le nom moderne est Zazella selon Ortelius [g] qui cite Stuckius.

d Lib. 4. c. 7.
e Lib. 1. c. 17.
f Pag. 9.
g Thesaur.

TONICAS, Peuples de l'Amérique Septentrionale, dans la Nouvelle-France. Ils habitent le long du Mississipi.

TONII. Voyez TONOS.
TONINS. Voyez TONNEINS.
TONITA. Voyez TONI.
TONKAT. Voyez TONCAT.

TONKOUA, Lieu de l'Empire des Abissins [h], où quelques-uns mettent l'origine du Nil. Ce Lieu est dans le Pays des Agous, Peuples de la partie Occidentale du Royaume de Goïam.

h Corn. Dict.
b Bernier, Hist. du Mogol.

TONNA, Seigneurie d'Allemagne, dans la Thuringe [i]. Cette Seigneurie renferme deux petites Villes, dont l'une est appellée BURG-TONNA, & l'autre GRAFFIN-TONNA. Elles sont situées à un quart de mille l'une de l'autre proche de Langensalza, & d'Unstrult, à 3. milles d'Erfurt & à deux milles de Gotha. A Burg-Tonna il y a une Commanderie de l'Ordre Teutonique. En 1558. le 17. & le 18. de Mai une Tempête inonda tellement cette Contrée, qu'il y eut plus de 46. personnes de noyées, & entre autres un Enfant fut emporté par l'eau avec son berceau sur un Pommier, qui en étoit encore vivant trois jours après, du moins c'est ce que dit Jean Baugé [k] dans la Chronique de Thuringe. A Graffin-Tonna il y a un Château, avec des Fossés & un Pont-levis, qui étoit autrefois la Résidence des Comtes de Gleichen. Cette Famille étant éteinte Chrétien Schenk Seigneur de *Tautenberg, Frauen-Priesniz, & Nidern, Treba*, hérita cette Seigneurie, mais étant aussi décédé sans Héritiers en 1640. elle retourna en qualité de *Fief caduc* au Duc de Saxe-Weimar. En 1375. Frédéric Landgrave de Thuringe ravagea cette Contrée, & en 1631. le Général Tilly pilla le Château & la Ville de Graffin-Tonna, qui étoit le Douaire d'une Comtesse de Gleichen.

i Zeyler, Topogr. Saxon. p. 181.
k Pag. 175.

TONNAY-BOUTONNE, *Thalnayum*, Ville de France, dans la Saintonge au Diocèse de Saintes, Election de S. Jean d'Angely. Cette Ville est située sur la Rivière de Boutonne, à trois lieues de S. Jean d'Angely, à l'Occident, & à trois lieues à l'Orient de Tonnay-Charente.

TONNAY-CHARENTE, *Talniacum, Tauniacum, Thalnayum*, Ville de France, dans la Saintonge, du Diocèse de Saintes, Election de S. Jean d'Angely, sur la Charente, à une lieue au-dessus de Rochefort, à trois lieues à l'Occident de Tonnay-Boutonne, & à six lieues de Saintes & de S. Jean d'Angely. Cette Ville est assez considérable & ancienne. Il y a un Port, où les Vaisseaux du Roi se retiroient avant l'Etablissement de Rochefort, & en reste de grands Magazins, dont on se sert, quand ceux de Rochefort sont remplis. La Seigneurie de Tonnay-Charente appartient depuis long-tems à la Maison de Rochechouart, dont le Duc de Mortemar est le Chef, & son fils porte le titre de Prince de Tonnay-Charente. Cette Principauté est attachée à un Château, qui fut donné à la Maison de Rochechouart l'an 1400. Elle vaut douze mille Livres de rente. Il y a aussi une Abbaye d'Hommes, Ordre de S. Benoît, sous le titre de Sainte Marie & de S. Hipolyte. Mascelin Seigneur de Taunay, ou Tonnay, l'avoit fondée pour des Chanoines qui s'étant dérangés, sans vouloir entendre à aucune réforme, Gaufroy & un Seigneur de Tonnay, petit-fils de Mafcelin, mirent en leurs places les Moines de S. Jean d'Angely l'an 1090. C'est de-là que l'inftitution de l'Abbé de Tonnay-Charente appartenoit autrefois à l'Abbé de S. Jean d'Angely, dont il étoit Suffragant, & obligé d'affifter à l'Office Divin le jour de S. Jean Baptifte, en Surplis & en Aumuffe, comme les Chanoines & de Saintes, portant une efpèce de Camail fouré & bordé d'une peau grifatre (*Mozeta leucophæa pelle adornata inftructus*); & précédé d'un de fes Moines, il faifoit les encenfemens conjointement avec l'Abbé de S. Jean d'Angely. La Manfe Abbatiale n'eft que de mil Livres de revenu.

TONNEINS, *Tonenfium*; Ville de France, dans l'Agenois, Diocèfe & Election d'Agen, fur la Garonne, à cinq lieues au-deffous d'Agen, & à une lieue au-deffous de l'Embouchure du Lot dans la Garonne. Elle eft compofée de deux Bourgs [a] prefque joints enfemble, qui font environ trois mille cinq cens Habitans. Le Bourg qui eft du côté d'Agen appartient au Duc de la Force, & l'autre au Comte de la Vauguion.

[a] Piganiol, Defcr. de la France, t. 4. p. 550.

TONNERRE, petite Ville de France[b], dans la Champagne, autrefois de la Bourgogne, fur l'Armanfon, & le Chef-lieu d'un Comté confidérable. Cette Ville appellée en Latin *Tornodorus*, eft un Lieu fort ancien, dont Grégoire de Tours fait mention. Aldreval, Moine de Fleury, dit dans fon Livre des Miracles de St. Benoît, que *Tornodorus* étoit un Château de la Bourgogne fur la Rivière d'Armanfon, *Caftrum in Burgundiæ partibus in latere Montis fupra Fluvium Hornenfionem*. Il ajoute que ce Lieu avoit donné le nom au Pays voifin, *adjacenti Regioni nomen indidit; namque a Tornodoro vicina Regio Tornodorenfis dicitur*. Enfin, il dit que ce Pays étoit gouverné alors par un Vicomte, *ex Officio vicem Comitis agens*. Ce Vicomte ou Lieutenant devoit être fous le Comte de Langres, dont Tonnerre dépendoit, comme il en dépend encore aujourd'hui, tant pour le Spirituel & la Jurifdiction Epifcopale, que pour la Mouvance. Le Comté de Tonnerre fut anciennement poffédé par les Comtes d'Auxerre & de Nevers. Mathilde de Courtenay, Héritière de ces Comtez, étant mariée en troifiémes nôces avec Guy de Forez, fon mari fit pour elle foi & hommage du Comté de Tonnerre à Torote Evêque de Langres, l'an 1232. Cette Comteffe fit encore hommage à l'Evêque Hugues l'an 1246. Elle eut pour Héritière fa petite-fille Mathilde de Bourbon, femme d'Eudes Duc de Bourgogne: il n'y eut de filles de ce Mariage. Alix, une de ces filles, époufa Jean de Chaalons, Seigneur de Rochefort; & par ce Mariage les Comtez d'Auxerre & de Tonnerre, entrèrent dans la Maifon de Chaalons. Jean de Chaalons rendit au Roi le Comté d'Auxerre, & ne laiffa que celui de Tonnerre à fon fils Louis, qui reconnut Bertrand de la Tour Evêque de Langres, & lui donna fon dénombrement l'an 1393. Son fils Louis mourut fans poftérité comme tous fes freres; & leurs Sœurs Jeanne & Marguerite héritèrent d'eux. Marguerite époufa Olivier, de Huffon qui fut la caufe de fa femme, Seigneur en partie du Comté de Tonnerre; mais leur fils Jean de Huffon ayant racheté la portion de fa tante Jeanne, eut ce Comté entièrement, en exécution d'un Arrêt rendu le 18. Mai 1453. Son petit-fils Louis de Huffon étant mort fans poftérité, fa Tante Anne de Huffon hérita du Comté de Tonnerre, quelle apporta à fon mari Bernardin de Clermont, Comte de Clermont, Vicomte de Tallard, premier Baron de Dauphiné, qu'elle époufa l'an 1497. Leurs defcendans Males ont joui de ce Comté près de deux cens ans. Enfin le Comte de Tonnerre dernier mort a rendu ce Comté au Marquis de Louvoy le Tellier Secrétaire d'Etat & Miniftre de la Guerre fous le feu Roi Louis XIV.

[b] Longuerue, Defcr. de la France, Part. I. p. 33.

Il y a dans la Ville de Tonnerre un Bailliage Seigneurial régi par la Coûtume de Sens, & une Grurie Seigneuriale, une Election, un Grenier à Sel[c]. La Ville de Tonnerre eft fermée par une vieille muraille fort négligée, & par quelques Tours rondes à l'antique. L'Eglife de Notre-Dame préfente un beau Frontifpice orné de trois Ordres d'Architecture, l'un fur l'autre, & terminé par un fronton fort élevé. A côté eft une très-haute Tour quarrée, fur la Plate-forme de laquelle on peut fe promener à la faveur d'une Baluftrade de pierre, qui règne tout à l'entour. La petite Coupé ronde qui s'élève de l'autre côté de l'Eglife, eft encore affez ornée d'Architecture. Outre cette Eglife, il y a celle de Saint Pierre, qui eft une Collégiale, celle des Minimes, un célèbre Hôpital qui a autrefois fervi de demeure aux Comtes de Tonnerre, & un Convent de Religieufes Urfulines. Dans un des Fauxbourgs de cette Ville on voit fortir au pied d'un Rocher une Fontaine fi abondante, qu'à vingt toifes de là on la paffe fur un Pont de pierre de deux Arches, & qu'au-deffous de Pont elle fait tourner des Moulins fort confidérables. Le principal commerce de l'Election de Tonnerre, eft celui des Vins. Elle eft partagée pour les Aydes en trois Départemens, Tonnerre, Auxerre, & Chablis. On recueille, année commune, dans le Département de Tonnerre, trente mille Muids de vin.

[c] Piganiol, Defcr. de la France, t. 3. p. 396.

La Ville de Tonnerre a pris pour fon Patron[d] faint Thierry, II. du nom, Evêque d'Orléans; qui étoit mort chez elle en 1022. & dont le Corps avoit été enterré dans l'Abbaye de Saint Michel. Cette Abbaye de Saint Michel de Tonnerre poffédée par des Bénédictins avoit été fondée quelques années auparavant par le Comte Milon, Seigneur du Lieu, & parent de Saint Thierry, quoique l'Eglife fut beaucoup plus ancienne. S. Ebbes, ou Ebbon, Evêque de Sens étoit né à Tonnerre, & fut Gouverneur du Pays avant fon Epifcopat.

[d] Baillet, Topogr. des Saints, p. 490.

TONNINGEN, Ville du Royaume de Dannemarck, au Duché de Schlefwig[e]. Elle eft fituée dans la Péninfule d'Eyderftad, ainfi nommée de la Rivière d'Eyder, qui la fépare des Pays des Dithmarfes. La Ville de Tonningen n'eft pas des plus anciennes, & s'augmente de jour en jour, par le com-

[e] Topogr. Circul. Inferior. cap. p. 229.

merce facilité par le Port, qu'y forme la Riviére d'Eyder, & dans lequel peuvent entrer commodément les Vaiſſeaux de l'Océan. En 1583. Adolphe Duc de Schlefwick & d'Holſtein y bâtit un beau Château ſur les bords de la Riviére.

TONNON. Voyez THONON.

TONNONENSIS. Voyez TENNONENSIS.

TONOSA, ou TONOZA, Ville de l'Aſie Mineure dans la Cappadoce. L'Itinéraire d'Antonin la marque ſur la route de Sébaſte à Cocuſon, entre Sébaſte & Ariarathia, à cinquante milles du premier de ces Lieux & à égale diſtance du ſecond. Quelques MSS. au lieu de TONOSA liſent Toſona.

TONQUIN. Voyez TUNQUIN.

TONSA, ou TOSA [a], Ville voiſine de celle de Caroto & de Jowe, & qui n'eſt pas éloignée de la Ville de Mewari, qu'on trouve à ſa droite. Les Habitans de Tonſa ne ſont pas tout-à-fait vêtus comme les autres Japonnois. Les hommes portent un Bonnet pointu, dont la queue leur pend ſur le viſage: leur robe de deſſous eſt de cotton; & ils ont ſur les épaules une grande piéce d'étoffe de ſoye, qui eſt une eſpéce de Manteau. Comme ils ſont parez d'une ceinture fort belle, & délicatement bordée, ils en laiſſent voir le plus qu'il leur eſt poſſible. Les femmes de qualité ont toûjours un Evantail à la main. Un grand voile de cotton qui s'agraffe ſur l'eſtomac, leur deſcend juſques ſur les jambes. Leurs ceintures ſont de ſoye ou de cotton, ſelon le rang qu'elles tiennent. Le reſte de leur ajuſtement eſt entiérement ſemblable à celui des autres Japonnois.

[a] Corn. Dict. Ambaſſade des Hollandois au Japon.

TONSBERG, Ville de Norwégue, au Gouvernement d'Aggerhus, à l'entrée du Golphe d'Anflo, à la gauche.

TONZI, Ville de Thrace: Ptolomée [b] la marque ſur la Côte du Pont-Euxin, entre Apollonie, & Peronticum.

[b] Lib. 3. c. 11.

TONZOS, ou TONZUS, Ville de Thrace, dans les terres ſelon Ptolomée [c].

[c] Ibid.

TOOM, Ville de l'Empire Ruſſien dans la Sibérie. La Deſcription de la Sibérie, inſérée dans le Recueil des Voyages de la Compagnie des Indes Orientales [d], porte que des Voyageurs, ſous le Régne de Boris Godenoof remontérent l'Oby, deux-cens lieues au-deſſus du Fort de Noxinſcoy, & qu'ayant trouvé un Climat chaud, & où l'on a peu d'Hyver, Boris ordonna que le Gouverneur de Sibérie y envoyeroit des gens pour y bâtir une Ville. D'abord on y fit une bonne Forterefle & quelques maiſons. Depuis on a continué à bâtir, de ſorte que maintenant il y a une belle Ville nommée Toom, parée qu'on apprit que ce même endroit avoit été habité par des Tartares, qui en faiſoient leur lieu de plaiſirs, & qui avoient un Roi nommé Altyn. Cette nouvelle Ville a été ſouvent attaquée par divers Peuples, qui ſe tiennent à l'entour ſous des Tentes, ou en raſe Campagne; mais aujourd'hui elle eſt ſi puiſſante qu'elle ne craint plus rien; & il y a bien de l'apparence qu'en peu de tems elle pourra, avec ſes dépendances former un petit Royaume. Entre la Forterefle de Noxinſcoy & la Ville de Toom, on découvre tous les jours en pénétrant dans le Pays,

[d] Tom. 1. p. 238. Ed. de Rouen.

divers Peuples qui ſe donnent le nom d'Oſtachy, & qui s'uniſſent volontiers avec les Samoyedes, les Moſcovites & les Tartares de Sibérie, & en ſont traitez avec douceur. Il y en a même qui leur apportent de l'Or. Ils ont divers Rois qui ſont comme ceux des Indiens; c'eſt-à-dire comme les petits Rois des Indes Orientales. La Ville de Toom eſt au-delà de l'Oby. Les Habitans ſe ſervent de Rennes pour leurs Traîneaux, & de Chiens qui courent fort vîte. La plûpart de ces Chiens ſont nourris de poiſſon, parce qu'on croit que cet aliment leur donne de la force. Le poiſſon qu'on leur donne eſt le plus ſouvent de la Raye ſéche.

TOORNÆ, Peuples d'Aſie: Ptolomée [e] les comprend ſous le nom général des Saca.

[e] Lib. 6. c. 13.

TOOUC, Bourg de Méſopotamie, ſelon Mr. Petis de la Croix [f] qui les met prés de Hartan.

[f] Hiſt. de Timur Bec, Lib. 3. c. 34.

TOPALIC-CARAC, nom d'une Horde Tartare, Mr. Petis de la Croix [g] la place prés du Mont Ournac.

[g] Ibid. l. 5.

TOPARUM. Voyez TOPIRIS.

TOPAZIUS. Voyez TOPAZOS.

TOPAZA, Ville de l'Inde: elle étoit, ſelon St. Epiphane [h], dans le Lieu où ſe trouve la Pierre précieuſe appellée Topaſe. Ortelius [i] croit qu'il y a faute dans cet endroit de St. Epiphane, & qu'il eſt queſtion de l'Iſle Topazos & non d'une Ville.

[h] De Duodecim Gemmis.
[i] Theſaur.

TOPAZIUS. Voyez TOPAZOS.

TOPAZOS, Iſle de la Mer Rouge, à trois cens Stades du Continent ſelon Pline [k]. Il dit que Juba qui lui donne cette poſition, eſt couverte de brouillards; ce qui a été cauſe que pluſieurs Navigateurs l'ont cherchée inutilement; & que c'eſt ce qui lui a fait donner le nom de Topaze; parce que Topazis en Langage Troglodite ſignifie chercher. Pline en rapportant le ſentiment d'Archélaüs touchant la découverte des Topazes, dit que l'endroit où elles ſe trouvent eſt une Iſle de l'Arabie nommée CHITIS. Ortelius [l] ſemble douter que cette Iſle ſoit la même que celle que Pline dans un autre endroit [m] appelle Cytis, où l'on trouvoit auſſi des Topazes, & qui étoit dans le Golphe Arabique. Selon Strabon [n], l'Iſle qui produiſoit les Topazes étoit nommée OPHIODES. Voyez ce mot. Au lieu de Topazos, Etienne le Géographe écrit TOPAZIUS, & en fait une Iſle de l'Inde νῆσος Ἰνδική. Il ajoute qu'auparavant on écrivoit Topaxius; ce qu'il y a de certain c'eſt que les Anciens ont ſouvent confondu les Lettres ξ & ζ.

[k] Lib. 37. c. 8.
[l] Theſaur.
[m] Lib. 6. c. 29.
[n] Lib. 16. p. 770.

TOPETORKAN, Place ruinée de la Petite Tartarie, ſur la Côte Orientale du Golphe de Nigropoli, où il ſe joint à la Mer-Noire, environ à dix-lieues de Balaclava vers le Nord. Elle fut anciennement Epiſcopale; & enſuite Archiépiſcopale, & ſelon quelques Auteurs c'eſt le Lieu où St. Clément fut exilé & ſouffrit le Martyre l'an de JESUS-CHRIST 101. Topetorkan eſt priſe pour la Ville Cherſo, Cherſoneſus, & Heraclea des Anciens.

TOPHANA, ou TOPANA [o], Fauxbourg de la Ville de Conſtantinople ſur le bord de la Mer au-deſſous de Pera & de Galata, tout à l'entrée du Canal de la Mer Noire, où la plû-

[o] Tournefort, Voy. du Levant, t. 2. p. 9.

plûpart des gens se rendent pour s'embarquer quand ils veulent aller se promener sur l'eau. On l'appelle *Tophana* comme qui diroit *Arsenal* ou *Maison du Canon*: car *Top* en Turc signifie *Canon*, & *hana* signifie *Maison* ou *Lieu de Fabrique*. Rien n'est si agréable que l'Amphithéâtre que forment les maisons de *Galata*, de *Pera*, & de *Topana*, il s'étend du haut des Collines jusqu'à la Mer. *Topana* est un peu plus élevé que les autres, mais il est plus petit; on voit à cent pas de la Mer l'Arsenal, où l'on fond l'Artillerie, c'est une Maison couverte de deux Dômes, laquelle a donné le nom à tout le Quartier.

TOPHET. On croit que *Tophet* étoit la Voirie de Jérusalem [a] située au Midi de cette Ville, dans la Vallée des Enfans d'Hennon. On dit de plus qu'on y entretenoit toujours du feu pour brûler les Charognes & les immondices qui s'y apportoient de la Ville. C'est au même endroit qu'on jettoit les cendres, & les débris des Statues des faux Dieux, lorsqu'on avoit démoli leurs Autels, & brisé leurs Statues. Isaïe [b] paroît faire allusion à la coutume de brûler les Cadavres dans Tophet, lorsqu'il dit en parlant de la défaite de l'Armée de Sennacherib: ,, Il y ,, a déja long-tems que Tophet est prépa-,, rée; le Roi la tient toute prête, elle est ,, profonde & étendue, un grand amas de ,, feu & de bois lui doit servir de nourriture, ,, le souffle du Seigneur est comme un Tor-,, rent de souffre qui l'embrase. '' D'autres croyent que le nom de Tophet est donné à la Vallée d'Hennon à cause des Sacrifices qu'on y faisoit au Dieu Moloch, en frappant du Tambour, nommé en Hébreu *Toph*. Voici comme se faisoient ces Sacrifices. La Statue de Moloch étoit de Cuivre, creuse par dedans, ayant les bras étendus, & un peu panchez par devant. On allumoit un grand feu au dedans de la Statue, & un autre au devant d'elle. On mettoit sur ses bras l'enfant qu'on vouloit lui immoler, lequel tomboit bien-tôt dans le feu qui étoit au pied de la Statue, jettant les cris qu'on peut s'imaginer. Pour étouffer le bruit de ces hurlemens, on faisoit autour de l'Idole un grand tintamarre de Tambours, & d'autres instrumens, afin que les Spectateurs ne fussent pas attendris par les clameurs de ces misérables victimes. Voilà, dit-on, quelle sorte de Sacrifices on offroit dans Tophet. Jérémie [c] reproche aux Israëlites d'avoir bâti des Temples à Moloch, dans la Vallée d'Hennom à Tophet, pour y brûler leurs Enfans par le feu. *Ædificaverunt excelsa Tophet, quæ est in Valle filiorum Hennom, ut incenderent filios suos, & filias suas igni.* On voit par le même Prophète que Tophet étois un Lieu souillé [d], où l'on jettoit les Cadavres à qui on ne donnoit pas la sépulture. Le Roi Josias souilla le Lieu de Tophet, où étoit le Temple de Moloch, afin que personne n'y allât plus sacrifier ses enfans à cette cruelle Divinité [e].

TOPIA, Province de l'Amérique Septentrionale, au Méxique, & comprise dans la Nouvelle Biscaye. Elle s'étend l'espace de plus de trente lieues entre des Montagnes. De Laët [f], qui cite Antoine Herrera, dit que ce fut *Francisco de Ybarra*, qui découvrit le premier cette Province. Il y alla sur la fin de l'Hyver, & prenant son chemin avec ses gens par des Montagnes très-hautes & très-difficiles, ils furent contraints de se faire des passages avec le fer au travers des Rochers. Ils eurent d'ailleurs à essuyer de grandes neiges, & une gelée fort rude, qui leur emporta quarante Chevaux. Il y en eût que l'excès du froid força à se jetter dans un grand feu qu'avoient allumé ses gens, & quelques autres furent si subitement glacés, & roidis par le froid, qu'ils demeurérent long-tems dans les Champs comme des Statues sans se corrompre. Après avoir enduré ces grandes incommoditez, il entra enfin dans la Province de Topia, dont les Habitans lui resistérent d'abord avec opiniâtreté, mais il vint à bout de les appaiser en les traitant fort humainement. En se retirant de cette Province, Ybarra passa par la Province de Cinaloa, pour s'épargner la difficulté des chemins de la Montagne.

TOPINAMBES (Isle des); Isle de l'Amérique Méridionale dans la Terre-ferme, au Pays des Amazones dans le Fleuve de ce nom, au-dessus du Bosphore de l'Amazone. Le Comte de Pagan dit dans sa Relation Historique & Géographique de ce Fleuve, que l'Isle des Topinambes [g] a plus de soixante lieues de longueur, & qu'elle approche plus du côté du Midi que de l'autre. Elle est merveilleuse par la fertilité de ses terres, par la beauté de ses rivages, & par la multitude de ses Habitations. La plus considérable est à la pointe la plus Orientale de l'Isle, & à trois dégrez de Latitude Australe. Cette Isle étoit autrefois habitée de ses naturels & originaires Indiens; mais les Topinambes qui survinrent les en chassérent de force; après différens combats & s'en emparérent avec tant d'avantage pour eux que la terreur de leur nom passa dans les Provinces voisines. Ces Topinambes avoient habité les Côtes Méridionales du Brésil, & n'y pouvant supporter les rigoureux traitemens des Portugais, qui avoient abordé dans la Province, ils abandonnérent volontairement plus de quatre vingt de leurs Bourgades. Ils marchérent en très-grand nombre, hommes, femmes & enfans, tirant vers l'Occident, traversérent à la nage la Riviére de Patané & celle de la Plata; & laissant à main gauche la Province de Tucumah, ils s'arrêtérent enfin sur les commencemens de la grande Riviére de Madére; mais l'un d'eux ayant tué la Vache d'un Espagnol de la frontière du Pérou, il en fut traité fort rudement; ce qui les obligea de quitter cette nouvelle demeure. Pour s'éloigner avec plus de diligence de toutes les Provinces du voisinage du Pérou qu'occupoient les Espagnols, ils s'embarquérent tous dans des Canots qu'ils avoient en fort grand nombre; & après plusieurs jours de Navigation sur la Riviére de Madére, ils se trouvérent dans le Grand Amazone, & ensuite sur les rivages de cette Isle des Topinambes, dont ils se rendirent maîtres par les armes. Cette Nation belliqueuse & courageuse reçut fort humainement les Portugais

gais à leur passage; & une alliance réciproque fut conclue entre eux.

2. TOPINAMBES [a], Peuples de l'Amérique Méridionale au Brésil, dans la Capitainerie de Paria.

[a] De l'Isle, Atlas.

TOPINANBAZES, Peuple sauvage de l'Amérique Méridionale au Brésil. De Laet [b] dit que ce Peuple habite depuis la Rivière de St. François, jusqu'à la Baye de tous les Saints. Il ajoute que les Topinambazes sont entiérement semblables aux Petivares, tant en coûtumes qu'en mœurs. Mr. de l'Isle [c] écrit TUPINAMBES, au lieu de TUPINANBAZES.

[b] Descr. des Indes-Occ. Liv. 15. c. 4.
[c] Atlas.

TOPINAQUES, selon de Laet [d], & TUPINAQUES, selon Mr. de l'Isle [e]; Peuples sauvages de l'Amérique Méridionale au Brésil, au Gouvernement de St. Vincent. Il y a peu d'Indiens qui différent autant des autres Sauvages, soit pour le naturel soit pour les mœurs. Les femmes des Topinaques se peignent le corps de diverses couleurs pour en paroître plus belles. Ils massacrent leurs prisonniers avec un grand appareil & font des danses publiques trois jours entiers avant que d'en venir à ce massacre. Pendant ce tems-là ils se peignent le corps du suc d'un fruit qu'ils appellent Jampavo, s'ornent la tête de couronnes, & de plumes, & branlent avec leurs mains des courges remplies de petites pierres. Mr. de l'Isle marque sur sa Carte du Brésil, que ce Peuple est détruit.

[d] Descr. des Indes-Occ. Liv. 15. c. 4.
[e] Atlas.

TOPINO, Rivière d'Italie, au Duché de Spolete, en Latin Tinia, ou Teneas [f]. Elle a sa source dans l'Apennin, passe à Fuligno, & après avoir grossi ses eaux de celles de diverses Rivières qu'elle reçoit, elle va se jetter dans le Tibre, entre Pontenuovo, & Torsciano.

[f] Magin, Carte du Duché de Spolete.

TOPIRIS, Ville de Thrace: Ptolomée [g] la marque dans les Terres. Ortelius, qui cite le Recueil des Conciles, dit que cette Ville étoit de la première Macédoine. Pline écrit aussi TOPIRIS; mais dans une Médaille de Geta, cette Ville est appellée Topirus avec le surnom d'Ulpia; & elle est nommée TOPERUS & TOPARON par Procope. Simler croit que c'est le TOPINIUM & l'OTOPISIUM de l'Itinéraire d'Antonin; & Ortelius veut que ce soit aussi la Ville Doberus de Thucydide.

[g] Lib. 3. c. 11.

TOPISUM, nom d'un Lieu, dont il est parlé dans le Code Théodosien [h].

[h] Tit. de Primicer. & Notar.
[i] Zeyler, Topog. Boh. p. 81.

1. TOPLITZ, TEPLICE, petite Ville de Bohême, dans le Cercle de Leutmeritz, entre Graupen & Toxen, proche de Klostergrab, Osec, Duchzat, Milessow, & Bilin, à six milles de Brix. Il y a un Bain, dont les eaux sortent toutes chaudes de la terre & guérissent plusieurs maladies. Ce Bain est célébre en Bohême.

2. TOPLITZ, petite Ville de Bohême, dans le Cercle de Pilsen, près de Landeck, Deuffing, Wsserub, & Memetung. En 1643. le Général Suédois Königsmark la pilla & emmena l'Abbé du Monastére de Döpel prisonnier avec lui. Ce Monastére de l'Ordre de Prémontrez est à un quart de mille de cette Ville, qui appartient à cet Abbé.

TOPLITZUM, Lieu fortifié dans la Thrace, selon Cédréne cité par Ortelius [k], qui ajoute que Gabius lit POPLIZUM pour TOPLITZUM dans Curopalate.

[k] Thesaur.

TOPOGLIA, Bourgade des Etats du Turc dans la Livadie. On croit que c'est l'ancienne Ville Copæ, située sur le Marais Copaïs. Voyez COPÆ. Topoglia [l] est aujourd'hui environnée d'eau de tous côtez. Quant au Marais les Grecs l'appellent Limnitis Livadias, & non Stivo, comme le prétendent quelques-uns de nos Géographes; car Stivo seroit plutôt le Marais de Thébes. Le Marais ou Lac de Topoglia reçoit plusieurs petites Rivières; savoir le Cephissus & les autres qui arrosent une belle Plaine d'environ quinze lieues de tour & qui est abondante en Bleds & en Pâturages: aussi étoit-ce autrefois un des Quartiers les plus peuplez de la Bœotie. L'eau de ce Marais s'enfle quelquefois beaucoup par les Pluyes; & elle inonda anciennement deux cens Villages de la Plaine. Elle seroit même capable de se déborder réglément toutes les années, si la Nature aidée peut-être de l'Art ne lui avoit procuré une sortie par cinq grands Canaux sous la Montagne voisine de l'Euripe, entre Negrepont & Talanda, par où l'eau du Lac s'engouffre & va se jetter dans la Mer de l'autre côté. Les Grecs appellent ce Lieu-là Catabathra. Voyez CATABATHRA.

[l] Spon, Voy. de Grèce, Liv. 4.

TOPOS, Lieu de Thrace, selon Curopalate, cité par Ortelius [m]. C'est le même Lieu qui est nommé CHORUM par Cédréne. Voyez CHORUM.

[m] Thesaur.

TOPPIA, selon Mr. Corneille [n] & TEPPIA, selon Magin [o]; Rivière d'Italie dans la Campagne de Rome. Elle a sa source près de Rocca de Massimo; & prenant son cours au Midi Oriental, vers Citerna, elle traverse une partie des Marais Pontines, & va se perdre dans le Fleuve Sisto.

[n] Dict.
[o] Carte de la Campagne de Rome.

TOPARI. Voyez TAPYRI.

TOR, petite Ville de l'Arabie Pétrée, sur le bord de la Mer Rouge, à l'entrée du Golphe appelé anciennement Herodite, à la droite au Midi Occidental du Mont Sinaï. Mr. de Thevenot dit dans son Voyage du Levant [p]: Le Tor n'est pas grand chose, le Port néanmoins en est bon pour les Vaisseaux & pour les Galéres. Il est gardé d'un petit Château quarré qui est sur le bord de la Mer, avec une Tour à chaque coin, & deux petits Canons devant la porte en dehors. Il y a un Aga qui commande dans ce Château où il ne loge que des Turcs. Tout auprès on voit un Couvent de Grecs dédié à Ste. Catherine, & à l'apparition de Dieu à Moïse dans le Buisson ardent. Ce Couvent est accompagné de cinq ou six pauvres Maisons de Grecs: il est assez beau & spacieux, & on y compte une trentaine de Religieux. On trouve aux environs de Tor des Champignons de pierre, de petits Arbrisseaux aussi de pierre, ou plutôt de Branches de Rocher, qu'on appelle Corail blanc, & de grosses Coquilles: tout cela se tire de la Mer Rouge, & est assez beau pour des Rochers. On prend aussi au tour de certaines petites Isles qui sont près de Tor, un certain Poisson qu'on appelle Homme marin. Ce Poisson est grand & fort,

[p] Tom. 1. p. 316.

Dddd

fort, & n'a d'extraordinaire que deux mains, qui font effectivement comme celles d'un homme, excepté que les doigts font joints avec une peau comme une patte d'Oye; mais la peau de ce Poisson ressemble à celle du Chamois. Quand on voit ce Poisson, on lui darde dans le dos, comme aux Baleines, plusieurs crampons attachez, & on le tue de cette sorte. Sa peau sert pour faire des Boucliers qui sont à l'épreuve du mousquet. Les Voyageurs qui veulent aller de Tor, au Mont Sinaï, sont obligez de payer un droit de vingt-huit Maidins par tête, savoir quatre pour le Tor & vingt-quatre pour la Montagne; le tout pour les Arabes. Le Jardin des Religieux de Tor est un peu éloigné de leur Couvent. Ce Jardin est le Lieu appellé dans l'Ecriture Sainte *Elim*, où, lors que les Israëlites y passèrent, il n'y avoit que soixante & dix Palmiers, & douze Fontaines amères, que Moïse rendit douces en y jettant un morceau de Bois. Ces Fontaines subsistent encore: elles sont proche les unes des autres, & la plûpart se trouvent dans l'enclos du Jardin. Les autres en sont assez proches: elles sont toutes chaudes, & sont retournées en leur première amertume, selon le rapport de Mr. Thevenot, qui dit avoir goûté de l'eau d'une de ces Fontaines, où l'on se baigne; & que les Arabes appellent HAMAM MOUSA, c'est-à-dire, *Bain de Moïse*. Elle est dans une petite Caverne obscure. Dans ce Jardin on ne trouve que des Palmiers. Ils y sont en quantité; & les Religieux en tirent quelque revenu. Les soixante & dix vieux Palmiers n'y sont plus. Dans le voisinage on voit un Puits prés duquel les Religieux avoient autrefois une Eglise que les Turcs ont abbatue, & des pierres de laquelle ils ont construit le Château de Tor.

TORAD-COROS, c'est-à-dire, la Montagne de Cyrus[a]. Cette Montagne étoit dans la Mésopotamie, selon Masius[a] cité par Ortelius[b].

TORALBA, ou TOR-ALBA[c], Bourgade de l'Isle de Sardaigne, dans la Province de Bonificin, environ à quinze milles d'Italie, au Levant d'Algeri & à neuf milles au Nord Oriental de Cosoini.

TORALLIBA, Isle de la Mer des Indes, près de l'Embouchure du Fleuve Indus; Pline[d] dit qu'elle étoit à neuf mille pas de l'Isle de Bibaga. Voyez BIBAGA.

TORBAY, Baye d'Angleterre, dans la Province de Devonshire[e]. Elle est sur la Manche, à quelques milles au Nord de Dartmouth. C'est l'Asyle de la Flote Royale, quand elle est sur cette Côte, & que les Vents sont contraires. La Pointe qu'on appelle *Start-point* n'en est pas fort éloignée.

TORBOLETÆ, Peuples d'Espagne. Ils demeuroient au voisinage de Sagunte, selon Appien[f]. Leur Ville étoit apparemment la *Turbula* de Ptolomée. Voyez TURBA.

TORCE, Bourg de France dans le Maine, Diocèse de Mans, Election de Mayenne. Il y a un Prieuré Régulier sous le Vocable de Sainte Marie, dépendant de l'Abbaye de Marmoutier.

TORCELLO, petite Ville d'Italie, dans

[a] *In suo Mose Barcepha.*
[b] *Thesaur.*
[c] *Carte de l'Isle de Sardaigne chez van Keulen.*

[d] *Lib. 6. c. 21.*

[e] *Etat présent de la Gr. Br. t. 1. p. 57.*

[f] *Lib. de Bel. Hispan. p. 433. Variar. 1670.*

l'Etat de Venise, environ à six lieues de cette Ville du côté du Nord. Elle est assez mal peuplée à cause de la grossiéreté de son air. Il y a néanmoins un Evêché qui y fut transféré d'Altino dés l'an 636. selon Miræus, cité par l'Abbé de Commainville dans sa Table Alphabétique des Archevêchez & Evêchez.

TORCESTER, ou TOWCESTER, Bourg d'Angleterre[g], dans Northamptonshire. Il a droit de Marché. Camden veut que ce soit le *Tripontium* des Anciens, & qu'on l'appelloit ainsi à cause de ses trois Ponts. Dans la suite ce fut une Ville considérable & forte; car elle résista aux Danois, qui après plusieurs assauts furent contraints de se retirer de devant.

1. TORCY, Ville de France dans la Brie. André du Chêne en parle ainsi: Les Villes de Tournem & de Torcy en Brie ne sont pas autrement recommandables pour leur ancienneté, non plus que pour les rares Singularitez de leur étendue. La cause même pourquoi nos Rois les ayent soumises à la Justice du Prevôt de Paris, pour en priver les Bailliages de cette Contrée, ne m'est pas assez connue; si ce n'est qu'ils ayent voulu marquer par-là quelque rebellion des Seigneurs, qui ont autrefois commandé à la Brie, ou que les ayant jointes à leur Domaine, ils les ayent voulu signaler de la prérogative & préférence de cette noble Jurisdiction.

2. TORCY, ou THORCY, Lieu de France dans la Bourgogne, du Diocèse d'Autun. La Paroisse de ce Lieu qui est une Annexe de Moncenis, & est à la Collation de l'Evêque d'Autun, se nomme Thorcy. Cette Paroisse est située en Pays sablonneux & froid. Il y a un Prieuré de Filles fondé par Mr. Bernier; il vaut huit mille Livres de rente. Il y a aussi plusieurs Hameaux qui en dépendent; qui sont la Ville-Dieu, la Cheze, la Couronne, Redarnois, l'Attrapois, Morlain, le Thicley, la Barre, les Bourliers des Champs, & le Village.

TORCY LE GRAND, Bourg de France dans la Normandie[h], au Diocèse de Rouen. Il est situé dans le Païs de Caux entre Belencombe & Arqûe sur la même Riviére. On y tient Marché, & son Territoire produit du bois à bâtir & à brûler.

1. TORDA, ou THORDA, Comté de la Transylvanie[i]. Il est borné au Nord par les Comtez de Colosvar & de Dobaca: à l'Orient par la Riviére de Marosch, qui le sépare du Comté de Kokelvar: au Midi par le Comté d'Albe, ou de Weissembourg; & à l'Occident, par les Comtez de Colosvar & d'Abrobania. Ses principaux Lieux, sont

Torda, ou Toren- Kecze.
burg, Kockart,
Torosto,

2. TORDA, ou TORENBOURG, petite Ville de la Transylvanie[k], au Comté de Torda, dont elle est le Chef-lieu. Elle est située sur la Riviére Aramas, à quelques milles au-dessus de l'endroit où cette Riviére se jette dans la Marosch. Marius Niger

[g] *Etat présent de la Gr. Br. t. 1. p. 91.*

[h] *Corn. Dict.*

[i] *Dict. Ang.*

[k] *Ibid.*

TOR.

Niger croit que Torda est la *Dierna* de Ptolomée.

TORDESILLAS, en Latin *Turris-Sillana*, Ville d'Espagne au Royaume de Léon [a], sur le Duero qu'on passe sur un beau Pont à 10. Arcades. La Ville est entourée de bonnes Murailles, ses Maisons sont belles; il y a six Paroisses, deux Couvents de Moines, deux de Religieuses, & un Hôpital. Elle est ornée d'un grand & magnifique Palais, où la Reine Jeanne, Mere de Charles V, habita depuis l'an 1509. jusqu'à 1555. qu'elle mourut. La Campagne est très-fertile en Blé & en Vin. Il y a des Historiens célébres, qui disent, que *Lucius Silla* fameux Compétiteur de Marius fonda cette Ville, en l'appellant *Turris Sillana*, la *Tour de Silla*; & par corruption *Tordesillas*. Il est vrai que *Silla* n'a jamais été en Espagne; mais c'est peut-être son Capitaine *Cajus Anius* qui l'a fondée en son nom, du tems qu'il l'envoya contre Sertorius l'an 79. avant la Naissance de J. C. Henri III. y tint les Assemblées d'Etat, l'an 1401. Henri IV. y renouvella le Tribunal de la Sainte Hermandad l'an 1466. & les Rois Catholiques assemblérent ici un Chapitre Général des deux Ordres Militaires de Saint Jacques & Calatrava, ce fut l'an 1494. On y reforma plusieurs choses & l'on fit des Ordonnances utiles pour la conservation & l'aggrandissement des deux Ordres.

TOREATÆ. Voyez TORETÆ.

TORECCADÆ, Peuple de la Sarmatie Européenne: Ptolomée [b] les place près du Marais Byce.

TORELLE, & TORELLE DE MONGRIS, selon Mr. Corneille [c], & TOROELLA selon Jaillot [d]: Bourg d'Espagne dans la Catalogne, Viguerie de Girone, sur la rive Septentrionale du Ter, un peu au-dessus de l'endroit où cette Riviére se jette dans la Méditerranée. Ce Bourg qui est au pied des Montagnes est connu par la Victoire que les François y remportérent sur les Espagnols au mois de Juin 1694.

TORETÆ, Peuples du Pont, selon Pline [e] & Etienne le Géographe. Strabon [f] écrit TOREATÆ ainsi que Pomponius-Mela [g]. On lit aussi TORETÆ dans Denys le Périégéte.

TORGALF, Riviére de l'Empire Russien, dans la Sibérie, au Pays des Samoyédes. La Description de la Sibérie, inférée dans le Recueil des Voyages de la Compagnie des Indes Orientales [h] dit que cette Riviére qui se jette dans le Jenisséa, est fort propre à naviger, & qu'elle a été decouverte par les Samoyédes & par les Tingoeses. Voyez TAAS.

TORGAU [i], Ville d'Allemagne dans la Saxe avec une Seigneurie qui contient les Villes de Belgern & de Schilda, une Commanderie de l'Ordre Teutonique appellée Dummitsch, & le Château de Sizreroda, qui étoit autrefois un Couvent. La Ville de Torgau est située sur l'Elbe à 5. milles au-dessus de Wittenberg, dans le Cercle Electoral. Il y en a qui prétendent que cette Ville est la même qu'on appelloit autrefois *Argelia*; mais d'autres soutiennent qu'il n'y avoit point de Villes dans ce Pays avant l'arrivée des Vandales, & qu'en 960. Torgau étoit encore un Village habité par des Pé-

TOR. 579

cheurs. Elle avoit au tems passé ses propres Comtes, nommés *Torgani Comites*, jusqu'à ce que les Empereurs Adolph & Albert la confisquérent. Elle fut conquise par Frédéric Margrave de Misnie, & laissée à sa Postérité: quoique Peccenstein dise [k], que Lutholf & Jean Comtes de Torgau y résidérent encore en 1342. Michel Bojemus dit dans la Vie d'Albert, Duc de Saxe, que Reinhard, Comte de Torgau sur l'Elbe, se trouva à la Bataille donnée contre les Hongrois près de Mersebourg en 931. ou selon d'autres 933. & que la Ville de Torgau prise par le Roi Adolphe, fut donnée par l'Empereur Louïs IV. à Waldemar Prince d'Anhalt; mais enfin ayant été reprise par Frédéric Margrave de Misnie, elle fut assurée à sa postérité. Le même Auteur dit qu'en 1338. un Bourgeois de cette Ville nommé Marcus Otho faisant planter des Vignes, on trouva en fouillant la terre des Vases couverts remplis d'ossemens. Il y a un Pont sur l'Elbe avec des Piliers de pierre, fait en 1491. Avant les derniéres Guerres le Commerce de cette Ville étoit assez florissant, ce qui contribuoit beaucoup à son aggrandissement, & les Electeurs de Saxe y tenoient leurs Diétes. Le Château bâti par Jean Fréderic Electeur de Saxe en 1535 & augmenté par le même d'une grande Tour en 1544. dans lequel résidoit Frédéric Guillaume, Duc de Saxe, Administrateur de l'Electorat & Tuteur des Princes de Saxe depuis l'année 1591. jusqu'en 1601. est très-digne d'être vu. Augustin, Baron de Mörsberg & de Befford, Chevalier de l'Ordre de S. Jean, dit dans les Mémoires de ses Voyages de l'année 1589. que ce Château s'appelle *Hartenfels*, parce qu'il est bâti sur des Rochers; & il ajoute qu'il y a une Salle à manger où l'on peut commodément ranger 78. tables, & une autre à 29. tables; une grande Salle très-belle où l'on voit les Portraits de divers Empereurs, Rois, Electeurs, & Princes; une Chambre où il y a les Portraits des Fous de ces Princes, & entre autres, d'un nommé Claus, & d'un autre appellé Wisbad, qui avoit la hauteur de 16. pieds; une espéce de Gallerie où l'on trouve la Généalogie de la Maison de Saxe, avec les Portraits, les Armes, & l'Abrégé de la Vie de chacun de ces Princes. Le Portrait de l'Electeur Jean Fréderic se trouve dans divers endroits de ce Château, selon les divers âges de ce Prince. Celui qu'il fit faire peu de tems avant sa mort est placé auprès de la grande Porte avec ces paroles: *Deus dedit*, *Deus abstulit*. On y admire particuliérement une Chambre toute couverte de Miroirs, tellement disposés qu'ils représentent ce qui se passe dans les Chambres voisines dans la Ville & sur l'Elbe. Ce Château contient outre ces Chambres beaucoup d'autres Salles & Appartemens meublées de Peintures très-rares; & il est orné d'une très-belle Eglise. Mais depuis les derniéres Guerres d'Allemagne cette Ville a bien changé de face, les Suédois l'ayant, ruinée par diverses fois. En 1626. le Général du Roi de Suède la prit, & la garda jusqu'à l'année suivante. En 1639. Lesse Colonel de la même Nation y revint avec ses Troupes,

[a] Silva, Poblac. de España, p. 31.

[b] Lib. 3. c. 5.

[c] Dict.
[d] Atlas.

[e] Lib. 6. c. 5.
[f] Lib. 11. p. 495.
[g] Lib. 1. c. 19.

[h] Tom. 1. p. 251. Ed. de Rouen.

[i] Zeyler, Topogr. Saxon. p. 182.

[k] Patt. 2. F. 26. Theatr. Saxon.

Dddd 2

& exigea de la Ville une contribution de 20. mille Ecus, qui fut réduite à 12000. dont il se contenta prenant en ôtage le Bourguemaître nommé Vögelhaubt, & un Conseiller appellé Stol, jusqu'au payement de la somme accordée. En 1644. Königsmark Général des Suédois, prit cette Ville & quelque tems après le Château, & l'année suivante elle fut envahie par les mêmes Troupes; de sorte que ces troubles, & l'incendie qui y fut causé par les Hussites en 1429. l'ont presque entièrement ruinée.

TORGAUTS, Peuples Tartares[a], qui font présentement une Branche des Callmoucks, & sont sous l'obéissance de l'Ajuka-Cham. Ils habitent dans les Landes, entre le Wolga & le Jaïck, & ne diffèrent en rien des autres Callmoucks.

[a] Hist Général. des Tatars, p. 113.

TORGELOW, Bourg d'Allemagne dans l'Uckermarck[b], proche de la Rivière Ueker dans une grande Forêt. Il appartient à la Poméranie, de même que Passewalck & Vekermünde entre lesquels est Torgelow, avec d'autres endroits qui sont des dépendances du Duché de Poméranie. Dans les Histoires on fait mention de vieux & nouveau Torgelow. Il y a un fameux Château d'où dépend un Bailliage. Cet endroit a beaucoup souffert pendant les guerres, qu'il y avoit entre les Marcgraves & les Ducs de Poméranie, surquoi on peut voir Micrelius[c]. En 1493. Clempenow & Torgelow, avec Stoltenburg, Rammine, Böcke, Jamekow, Cummerow, & tout le Pays situé entre les Rivières d'Oder & de Randow fut cédé par accord aux Ducs de Poméranie. Ensuite le Bailliage de Torgelow fut engagé l'an 1628. à Antoine Schleifen natif de Colberg, Colonel au service de l'Empereur, qui avoit avancé une somme d'argent au Duc de Poméranie, le regarda comme le bien d'un ennemi, & donna ce Bailliage, autant que le Colonel Schleifen avoit droit dessus, à son Secrétaire Philippe Sattler; ce qui causa dans la suite de grandes disputes.

[b] Zeyler, Topogr. Pomer. p. 115.

[c] Lib. 5. p. 212.

TORIGNE, Bourg de France dans l'Anjou, Élection de la Flèche.

TORIGNY, gros Bourg, ou petite Ville de France[d], dans la Basse-Normandie, avec titre de Comté. Ce Bourg, qui dépend pour le Spirituel du Diocèse de Bayeux, est situé à trois lieues au-dessus de St. Lo, sur un Ruisseau qui tombe dans la Vire à Condé. Sa Paroisse primitive porte le Titre de St. Amand; & c'est de cette Paroisse que dépendent l'Eglise de Notre-Dame & la Grande Chapelle de St. Laurent, où l'on voit le Mausolée du Maréchal de Matignon représenté en Marbre. Il y a aussi une Abbaye de Bernardins réformez, un Prieuré de Bernardines, & un Hôpital avec Chapelle. Il se tient à Torigny un Marché tous les Lundis, & quatre Foires dans l'année; savoir la Saint Matthias, à la St. Pierre, & à la St. Martin d'Eté & d'Hyver. Le Château de Torigny est grand, magnifique & domine sur une Vallée. Il a des Fossez larges & profonds, revêtus de pierre, avec une Balustrade aussi de pierre à hauteur d'appui. L'Avant-cour est grande & le Vestibule est orné de Bustes de Marbre des plus grands Hommes de l'Antiquité. Les dedans du Château sont enrichis de belles-Peintures, qui représentent en grand des Rois de France, des Princes, & les Actions les plus remarquables du Maréchal de Matignon. Ce même Château, où sont quelques pièces de Canon en Batterie, est accompagné d'un Parterre, où il y a des Galeries couvertes en manière de Corridor, de Jardins bien ordonnez, de belles eaux & d'un Parc. On démembra cinquante Paroisses des Sièges relevans du Bailliage de Caen, pour les joindre à celui de Torigny en faveur du Maréchal de Matignon. Le Bourg de Torigny appartient à cette Maison depuis l'an 1450. que Bertrand, Sire de Matignon, épousa Marguerite de Mauny qui en étoit héritière. Les Habitans jouissent du droit de Bourgeoisie.

[d] Corn. Dict.

Torigny est le Lieu de la naissance de deux personnes très-connues dans le Monde, & dans la République des Lettres; savoir, de feu François de Callières de l'Académie Françoise, Secrétaire du Cabinet du Roi, & Plénipotentiaire à la Paix de Ryswick, & de Joachim le Grand, qui étoit très-savant dans l'Histoire de France, & à qui le Public est redevable de l'Histoire du Divorce de Henri VIII. Roi d'Angleterre.

TORIMAN, Village & Nation de l'Amérique Septentrionale, dans la Louïsiane. Cette Nation fait une des quatre des Akancea, située au bord de la Rivière des Akancea, au-dessus des Orsotchoüe.

TORINGI, Peuple de l'Inde en deçà du Gange, selon Ptolomée[e]; Quelques Exemplaires lisent SORIGI pour TORINGI. Les Interprètes de ce Géographe varient aussi, & au lieu de TORINGI ils écrivent SORIGI, ou SORINGI; Le MS. même de la Bibliothèque Palatine porte SORETANI.

[e] lib. 4

TORINGI. Voyez THURINGI.

TORINI[f], Peuples, que Valer. Flaccus semble mettre dans la Scythie.

[f] Onuf. Theat.

1. TORNA, Fleuve aux Environs de la Mésopotamie, du côté de la Perse, selon l'Histoire Miscellannée[g]. Ortelius soupçonne que ce pourroit être le Tornadotus de Pline.

[g] Lib. 16. Thuan.

2. TORNA, ou TORNAW, Comté de la Haute Hongrie[h]. Il est borné au Nord par le Comté de Gémer; à l'Orient par celui d'Abauivar; au Midi par celui de Borsod; & au Couchant par celui de Zol. Ses principaux Lieux sont:

[h] De l'Isle Atlas.

Torna,
Josvo,
Rosenau,
Balog,
Pleisnitz,
Tornulya,
Zendro.

3. TORNA, petite Ville de la Haute-Hongrie, au Comté de même nom, dont elle est le Chef-lieu.

TORNACUM. Voyez TOURNAY.

TORNADOTUS, Fleuve que Pline[k] met au voisinage de l'Assyrie.

[k] Lib. 6. c. 27.

TORNAN, petite Ville de France, dans la Brie, sur une petite Rivière de même nom, à cinq lieues de Corbeil, & à trois de Brie-Comte-Robert. On y tient un grand Marché tous les Lundis; mais il n'y a qu'une Paroisse dans son enceinte & une autre dans

TOR.

dans le Fauxbourg de la Magdeleine, avec un Couvent de Religieuses. Le Territoire de Tornan est très-fertile en grains.

TORNATES, Peuple de la Gaule-Aquitaine, selon Pline [a]. Ce Peuple, selon Mr. de Valois, habitoit un Lieu nommé encore aujourd'hui Tournay dans le Berry.

[a] Lib. 4. c. 19.

1. TORNE, ou TORNÖ, Rivière de la Laponie Suédoise [b]. Elle a sa source aux confins de la Laponie Danoise & de la Laponie de Tornea. Après avoir traversé d'Occident en Orient le Lac de Tornö, elle prend sa source de l'Occident Septentrional au Midi Oriental, reçoit chemin faisant les eaux de divers Lacs & de quelques Riviéres dont la plus considérable est celle de Kengis, traverse la Bothnie Occidentale, & va se jetter dans le Golphe de Bothnie, à la Ville de Torne.

[b] De l'Isle, Atlas.

2. TORNE, ou TORNÖ, Lac de la Laponie Suédoise [c], dans la partie Septentrionale de la Laponie de Torne, au Midi du Pays de *Tinguavara*. La Riviére de Torne qui lui donne son nom le traverse; & on voit dans sa partie Orientale la principale Bourgade du Pays de *Tinguavara* appellée de ce nom.

[c] Ibid.

3. TORNE, ou TORNÖ, Ville de Suède [d], dans la Bothnie Occidentale, sur la Côte la plus Septentrionale du Golphe de Bothnie, à l'Embouchure de la Riviére de Torne qui lui donne son nom. Cette Ville qui a un bon Port fait quelque Commerce. Les Lappons entr'autres y viennent troquer leurs pelleteries, pour des denrées & pour des armes.

[d] Ibid.

TORNESE, ou CASTEL-TORNESE, Forteresse de la Morée dans le Belvedere. Wheler [e] dit dans son Voyage de Zante que cette Forteresse est sur une Montagne à six lieues de la Côte. Cependant Mr. De l'Isle dans sa Carte de la Grèce marque CASTEL-TORNESE sur le bord de la Mer.

[e] Tom. 2. Liv. 1.

TORNODURUM, Château de France dans le Pays de Langres: Grégoire de Tours en parle [f]. Il fait aussi mention du Territoire [g] qu'il appelle TORNODORENSIS-PAGUS. C'est aujourd'hui la Ville & le Territoire de Tonnerre. Voyez TONNERRE.

[f] Hist. Lib. 5. no. 5.
[g] De Glor. Confess. c. 87.

TORNOMAGENSIS-VICUS, Village de la Gaule. Grégoire de Tours [h] le met au nombre de ceux où St. Martin renversa les Temples des Idoles, & bâtit des Eglises. On croit que c'est aujourd'hui Tournon.

[h] Hist. Lib. 10. ad ch. 371.

TORNOVE, ou TORNOVO, Ville de la Grèce dans le *Comenolitari*, au Pays appellé la *Janna*, sur le bord de *Selampria*, à l'Occident de Larisse [i], au pied des Monts Dragoniza. Cette Ville est à dix milles de Larisse [k]. Les Habitans sont pour la plus grande partie Chrétiens. Il y a trois Mosquées pour les Turcs & dix-huit Eglises pour les Grecs; dont voici les principales: la Cathédrale de St. Jean, l'Eglise de St. Démétrius, celle de St. Côme & de St. Damien, celle de la Nativité de la Vierge, l'Eglise de St. Elie, près de laquelle est un Monastère sur le côté d'une Montagne, l'Eglise de St. Anastase, celle des douze Apôtres, celle de St. Nicolas, avec un autre Couvent & celle de St. Antoine l'Hermite. L'Evêché de Tornovo dépend de l'Archevêché de Larisse.

[i] De l'Isle, Atlas.
[k] Edouard Brown, Voyage de Vienne à Larisse, p. 97. & suiv.

Les femmes de quelque chose sont vetuës richement à la mode du Pays. Elles ont leurs cheveux frisez qu'elles laissent pendre derriére le dos. Elles portent des souliers peints & teignent leurs ongles d'une couleur à demi-rouge, avec du Cnâ ou de l'Alcanna. Après avoir mis en poudre les feuilles de cette Plante, & en avoir fait tremper dans du Vin & de l'Eau, elles en mettent la nuit sur leurs ongles; & le lendemain matin ils sont d'une couleur à demi-rouge. La Campagne des environs de cette Ville est fort abondante en Vignes, en Arbres de Cotton & en Sesamum.

TORNUS. Voyez TOURNUS.

1. TORO, Isle de la Mer Méditerranée, sur la Côte Méridionale de la Sardaigne [l], dont elle est éloignée de dix milles à cinq milles de l'Isle *Vacca* ou *Buccina* & environ à quatre milles de l'Isle *Boaria*.

[l] Carte de la Sardaigne, chez van Keulen.

2. TORO, Ville d'Espagne au Royaume de Léon, sur la Rive Septentrionale du *Duero*, entre *Tordesillas* à l'Orient, & *Zamora* à l'Occident [m]. Cette Ville située au bout d'une Plaine sur un Côteau est renommée pour ses bons Vins, & pour les Grains & pour les Fruits que l'on recueille abondamment dans son Territoire. Son enceinte est flanquée de Tours & a sept Portes. Il y a dans cette Ville vingt-deux Paroisses, sept Couvens d'Hommes, cinq de Filles, quatre Hôpitaux & six Hermitages, avec un bon Château. On y tient Marché tous les Lundis & Vendredis, & il y a Foire le 24. d'Août jour de St. Barthelemy. C'est le Lieu de naissance de Don Juan II. Roi de Castille. Le Roi Ferdinand I. la donna à l'Infante Elvire sa fille, ce qui fit que plusieurs Seigneurs y bâtirent des Palais. Elle est gouvernée par un Juge de Police, & par vingt-deux Recteurs. L'Eglise Collégiale est composée d'un Abbé & de seize Chanoines, avec un bon nombre de Chapelains. Elle étoit autrefois Cathédrale. Rodéric dernier Roi des Goths peupla cette Ville en 712. & lui donna le nom de *Champ-Gothique*. Elle fut ruinée lorsque les Sarrazins envahirent le Royaume; mais l'Infant Don Garcie, fils d'Alphonse III. Roi de Léon, & lui-même dans la suite la fit rebâtir en 904. On l'appella alors TAURO, ou TAURUS, parce qu'on y trouva un Taureau de pierre, qui étoit une antiquité des Romains. Cette Ville est renommée par la Bataille qui s'y donna en 1476. & qui fit acquérir à Ferdinand Prince d'Arragon, le Royaume de Castille sur Alphonse, Roi de Portugal. Henri II. Roi de Castille tint à Toro l'Assemblée des Etats en 1371. & l'on y fit entre autres une Ordonnance, qui portoit que les Juifs & les Maures auroient sur eux une certaine marque pour les pouvoir distinguer des Chrétiens. Le Roi Jean II. y tint aussi l'Assemblée des Etats en 1426. de même que Ferdinand V. en 1505. & il y déclara Rois Jeanne sa fille & Philippe I. son Epoux. Il y établit aussi les Loix appellées les *Loix de Toro*.

On voit dans cette Ville de fort belles femmes [n]; & l'on dit communément qu'elles ont l'air & la taille des anciennes Romaines.

[m] Silva, Poblac. de Espana, p. 25.
[n] Delices d'Espagne, p. 150.

TO-

TOROCCA, Ville de la Sarmatie Européenne: Ptolomée [a] la marque dans les Terres près du Fleuve Carcinite.

TORON, Lac de la Chalcidie selon Pline [b]. Je ne sai, dit Ortelius [c], en quel endroit étoit le Lac; car il y a eu plus d'une Chalcidie. Théophraste parle aussi de ce Lac sans désigner davantage sa situation: Je soupçonnerois pourtant, ajoute Ortelius, que ce Lac étoit dans la Chalcidie Contrée de la Macédoine.

TORONÆUS, ou TORONAÏCUS-SINUS, Golphe de la Mer Egée, sur la Côte de la Macédoine, & séparé des Golphes Singitique & Thermée, par deux grandes Péninsules. Ce Golphe avoit pris son nom de la Ville Torone qui étoit bâtie sur son Rivage. Tacite [d] est, je pense, le seul qui écrive *Toronæus*: Les autres Auteurs disent *Toronaïcus*.

TORONAÏCUS-SINUS. Voyez TORONÆUS-SINUS.

1. TORONE, Ville de l'Epire selon Ptolomée [e]. Niger appelle cette Ville *Parga*.

2. TORONE, Ville de la Macédoine, sur le Golphe Toronaïque auquel elle donna son nom. Le Périple de Scylax, Diodore de Sicile, Thucydide & la plûpart des Anciens parlent de cette Ville. Ptolomée [f] la marque dans la Paranie, entre *Derris-Extrema*, & *Toronaici Sinus intima*. Cependant Thucydide [g] la met dans la Chalcidie, apparemment parce qu'elle étoit aux confins de cette Contrée. Etienne le Géographe & Suidas en font une Ville de la Thrace.

3. TORONE, Ville bâtie après la ruïne de Troye, selon Etienne le Géographe, qui ne dit point en quel endroit elle fut bâtie.

4. TORONE, ou TORRHONNA. Etienne le Géographe met une Ville de ce nom dans la Sicile. Il est le seul qui en parle.

TORNAU, ou TURNAU, Lieu de Bohême [h], dans le Cercle de Buntzlau, près de Waldstein, aux Frontiéres de Silésie, vers la Montagne des Géants, pas loin de Hradist. Il y a dans ses environs plusieurs Lieux principaux, comme Châteaux de Montagne ou Berg-schlos, Skall, Semile, Troski, Kosti, & Woleczow.

TORONET, ou THORONET, *Toronetum, Toronodum*, ou *Floresia*, & *Floregia*, Abbaye d'Hommes en France, Ordre de Cîteaux; Filiation de Mazan. Elle a été fondée le 18. des Calendes de Mai, de l'an 1136. dans la Provence, Viguerie de Draguignan, au Diocése de Fréjus, à une lieue & demi de Lorgues. C'étoit Raimond Comte de Barcelonne & Marquis de Provence qui la fonda. Il y a une grande dévotion, & il s'y fait un grand concours de Peuple au Tombeau de S. Guillaume qui y étoit Religieux, & y est mort en odeur de Sainteté. La Charte de la Fondation de ce Monastère n'en parle aucunement sous le nom de Toronet; mais seulement sous celui de Notre-Dame de Florege, parce qu'il fut bâti d'abord dans ce Lieu près de la petite Riviére de ce nom. Il étoit distant d'environ six mille pas de Toronet, où il a été transféré. On en voit les restes auprès de la Ville de Tourtoux, dans laquelle se rendent les Abbez de Toronet lorsqu'ils viennent prendre possession. Ce changement étoit déja fait lorsqu'Ildefonse Roi d'Arragon, Comte de Barcelonne & Marquis de Provence, donna entiérement le Lieu de Toronet aux Religieux. La Charte de cette Donation porte, qu'en vertu de cette concession, les Religieux pourront aller vendre, acheter, user des pacages, passer & repasser l'eau par-tout dans cette Terre, comme dans un Lieu à eux appartenant, & sans aucun péage. Cette Charte est datée de l'an de l'Incarnation de J. C. MCXII. *Feria IV. XI. Cal. Luna XII.* Bouche dit que ce Roi Ildefonse étoit fils de Raimond Bérenger, surnommé le Vieux (*Senior*) qui étoit Comte de Barcelonne, Prince d'Arragon, Marquis de Provence, & Cousin d'un autre Bérenger, dit le Jeune (*Junior*), auquel il succéda, dans le Comté de Provence. Plusieurs Seigneurs ont comblé de biens cette Abbaye, qui, selon les donations, devroit être beaucoup plus riche qu'elle ne l'est.

1. TORONTO (Lac de) dans l'Amérique Septentrionale, de la Nouvelle France. C'est un petit Lac dans l'ancien Pays des Hurons. Il se décharge dans le Lac des Hurons, & y donne le nom à une grande Baye de ce Lac. La Riviére par laquelle ce Lac se décharge, forme plusieurs Cataractes impraticables. De ce Lac on peut aller à celui de Frontenac, par la Riviére de Tanaoutate en faisant un portage.

2. TORONTO (Baye de), de l'Amérique Septentrionale, dans la Nouvelle France, au Lac des Hurons, sur la Côte Orientale, à l'endroit, où le Lac Toronto se décharge par une petite Riviére. Il y avoit autrefois une Colonie considérable d'Hurons, qui a été détruite par les Iroquois. Cette Baye est au Nord-Est de la Riviére des François. On lui donne 25. Toises de profondeur sur quinze d'ouverture.

TOROS DE GUISANDO, Lieu d'Espagne [i], dans la Nouvelle Castille, au voisinage de l'Escurial entre la Ville de Mançanarès & le Bourg de Villa-Castin, ou, comme dit Silva [k], entre la Ville de Tolède & celles de Cadahalso, & Cebreros. Ce Lieu, a pris son nom de cinq Taureaux de pierre, qu'on y a trouvez & qui avoient chacun une Inscription Latine. La premiére portoit que ce Monument étoit fait *en l'honneur de Cecilius Metellus vainqueur & deux fois Consul*. C'étoit en mémoire de la Victoire qu'il remporta sur Hercule Capitaine de Sertorius, où il tua vingt mille hommes des Ennemis. La seconde Inscription portoit: que ce Monument éoit été dressé par Longin à la mémoire de son pere *Cesone l'ancien*. Dans la troisième on lisoit que *la Guerre de César & celle de la Patrie étant en grande partie terminée. Cneus & Sextus, fils du Grand Pompée avoient été battus dans le Champ de Vateste*. La quatrième faisoit mémoire du Triomphe de l'Armée & de la défaite des Ennemis. La cinquième disoit que *les Peuples de Vateste avoient résolu d'élever ce Monument à la mémoire de Lucius Porcia parce qu'il avoit bien gouverné la Province*. De ces cinq Inscriptions on en voit encore trois.

[a] Lib. 3. c. 5.
[b] Lib. 18. c. 12.
[c] Thesaur.
[d] Annal. Lib. 5. c. 10.
[e] Lib. 3. c. 14.
[f] Ibid. c. 13.
[g] Lib. 4. p. 325.
[h] Zeyler, Topogr. Boh. p. 83.
[i] Délices d'Espagne, p. 431.
[k] Poblac. d'Espagne.

TOROPECZ, petite Ville de l'Empire Russien, dans la Province de Rzeva, à la source d'une petite Rivière qui se jette dans la Duna, au Midi Oriental du Monastère de St. Nicolas, & au Nord.

TORPATUM, nom Latin de la Ville de Derpt, dans la Livonie.

TORPIDI, Peuples de Thrace, au voisinage de la Ville de Philippes, du côté de l'Orient, dans des détroits de Montagnes que les Sapéens & eux occupoient. Appien [a] qui fait mention de ces Peuples dit dans un endroit TORPIDI & dans un autre TURPILI. L'une de ces deux Orthographes, dit Ortelius [b], est défectueuse. La dernière est préférée dans l'Edition de Tollius.

[a] De Bell. Civ. Lib. 4.
[b] Thesaur.

TORQUEMADA, ou TORREQUEMADA, petite Ville d'Espagne [c], au Royaume de Léon, sur le bord de la Pizuerga, à trois lieues à l'Orient de Palencia. Cette petite Ville, à laquelle Silva [d] ne donne que le Titre de Bourg, est entourée de murailles. Ses environs sont très-fertiles. On prétend qu'Auguste la peupla & l'appella PORTA-AUGUSTA. Elle eut dans la suite le nom de TURRIS-CREMATA, ce qui signifie Torquemada, ou Torrequemada; c'est-à-dire Tour brûlée. L'Infante Catherine, fille de Philippe I. & de Jeanne son épouse prit naissance en cette Ville.

[c] Délices d'Espagne, p. 152.
[d] Poblac. gener. de España, p. 52.

1. **TORRE.** Voyez l'Article Tour.
2. **TORRE.** Voyez TOR.
3. **TORRE**, Rivière d'Italie, dans le Frioul [e], à quelques milles au Nord Oriental de Gemona, dans les Montagnes. Elle court en serpentant du Nord-Ouest au Sud-Est, passe assez près de la Ville d'Udine, & après avoir reçu quelques Rivières à la gauche, elle va se perdre dans le Lizonzo, un peu au-dessous de Gradisca.

[e] Magin, Carte du Frioul.

TORRE D'ACRI, Bourgade d'Italie au Royaume de Naples, dans la Basilicate [f], sur la Côte Occidentale du Golphe de Tarente, à l'embouchure de la Rivière d'Agri. Léander veut que cette Bourgade soit la Ville *Aciris* des Anciens.

[f] Ibid. de la Basilicate.

TORRE DELL' ANNUNCIATA, Bourgade d'Italie [g], au Royaume de Naples, dans la Terre de Labour, sur la Côte du Golphe de Naples à douze milles de cette Capitale du côté du Midi Oriental près de l'Embouchure du Sarno. Quelques-uns prennent ce Lieu pour l'ancienne *Pompeianum*.

[g] Ibid. de la Terre de Labour.

TORRE-DO-BOUGIO, autrement dit FORT DE ST. LAURENT [h], Forteresse du Portugal, à l'embouchure du Tage du côté du Midi. Ce Fort, qui défend la grande passe du Tage, est situé sur un banc de sable au milieu de la Mer, vis-à-vis du Fort St. Julien. Il est construit sur des Pilotis; & ce n'est proprement qu'une platte-forme ronde revêtue de pierres de taille. Il y a un Gouverneur avec une Garnison d'environ cent cinquante hommes.

[h] Délices de Portugal, p. 773.

TORRE DI CERDAGNA, Bourgade de la Catalogne [i], dans la Cerdagne Françoise, à trois lieues de Puicerda, du côté du Nord.

[i] Jaillot, Atlas.

TORRE DI GRECO, Bourgade d'Italie [k], au Royaume de Naples, dans la Terre de Labour, sur la Côte du Golphe de Naples, à six milles de la Ville de ce nom vers l'Orient Méridional. Il y en a qui prennent ce Lieu pour l'ancienne HERCULANEUM; mais tous les Géographes n'en sont pas d'accord.

[k] Magin, Carte de la Terre de Labour.

TORRE-LOPA, Village d'Italie [l], au Royaume de Naples, dans la Calabre Citérieure, sur la Mer de Toscane, aux confins de la Calabre Ultérieure. Quelques-uns le prennent pour l'ancienne TEMESA, que d'autres néanmoins placent ailleurs.

[l] Ibid. de la Calabre.

TORRE DE MÓNCORVO, ou MONCORBO, Ville de Portugal dans la Province de Tra-Los-Montes. Elle est située dans une Vallée spacieuse [m] sur la pente d'une Montagne, aux confins de la Castille, à une lieue de la Rivière Sabor, qui rend sa campagne fertile en blé, en vin & en fruits; il y a [183] aussi du Bétail & du poisson; & il y croit du lin & du chanvre. La Ville n'a qu'une Paroisse, un Couvent des Cordeliers, une Maison de Charité & un Hôpital. Elle a droit de suffrage dans les Assemblées d'Etat, & il y a un Corregidor dont la Jurisdiction s'étend sur 9. Bourgs & Villages, & sur 13. Hameaux. L'Archevêque de Brague y fait tenir un Tribunal par son Vicaire-Général. Ferdinand I. Roi de Castille & de Léon surnommé le *Grand* la fonda l'an 1040. & l'appella SAINTE CROIX ; mais les Habitans furent obligez de l'abandonner par rapport à la quantité de Fourmis, dont ils étoient incommodez. Le Roi de Portugal Alphonse II. leur fixa une nouvelle demeure vers la Montagne du Corbeau l'an 1216. & c'est d'où lui est venu le nom, qu'elle a à présent; à quoi encore a contribué la Tour fameuse que le Roi Dionis y avoit fait bâtir.

[m] Silva, Poblac. gener. de España, p.

TORRE D'OLIVETO, Ville du Royaume de Sicile, dans le Val Demone, au pied du Mont Ætna vers le Midi Occidental, selon Mrs. Maty [n] & Corneille [o], qui veulent que ce soit l'ancienne *Dymethus* ; mais *Dymethus*, ou *Symethus* étoit, selon Mr. de l'Isle [p], à près de trente-cinq milles du pied du Mont Ætna, ce qui ne sauroit convenir avec la position que Mrs. Maty & Corneille donnent à Torre d'Oliveto.

[n] Dict.
[o] Dict.
[p] Atlas.

TORRE-PIGNATARRA, ou PIGNATARA [q]. On nomme ainsi la place, où fut l'ancienne Ville *Sub-Augusta*, ou *Augusta-Helena*, dans la Campanie, entre Rome & Frascati, & qui étoit Evêché vers l'an 490.

[q] Commainville, Table des Evêchez.

TORRE DI SAN BASILIO, Bourg d'Italie [r] au Royaume de Naples, dans la Basilicate, sur la Côte Occidentale du Golphe de Tarente, à l'embouchure du Sino. Quelques Géographes prennent ce Bourg pour l'ancienne *Leutarnia*, que d'autres placent ailleurs.

[r] Magin, Carte de la Basilicate.

TORRE DI SANGUINAZZO [s], Bourgade de l'Isle de Candie, sur la Côte Septentrionale, à trois lieues de Retino, vers le Levant. On la prend pour la petite Ville qu'on nommoit anciennement *Stella*, ou *Stelæ*.

[s] Baudrand, Dict.

TORRE-SICURA, Bourgade d'Italie [t], dans l'Abbruzze Ultérieure, aux confins de la Marche d'Ancone. Il n'est séparé du Bourg d'Ascoli que par la Rivière de Tronto. Quelques-uns croient que Torre-Sicura est l'ancienne *Truentum*.

[t] Corneille, rectifié.

TORRENS ÆGYPTI. Voyez SIRBONIS.

TOR.

TORRENT, *Torrens*, en Grec, *Cheimarros*, en Hébreu *Nachal* [a]. On distingue le Torrent du Fleuve, en ce que le Fleuve coule toujours, & que le Torrent ne coule que de tems en tems; par exemple, après les grandes pluyes, ou la fonte des neiges. Comme le terme Hébreu *Nachal*, signifie une *Vallée*, aussi-bien qu'un *Torrent*, souvent dans l'Ecriture on met l'un pour l'autre; par exemple, le Torrent de Gérare, pour la Vallée de Gérare. L'équivoque en cela n'est pas fort dangereuse, puisque les Torrens se trouvent ordinairement dans les Vallées; mais il est bon de la remarquer, parce qu'on attribue quelquefois à la Vallée, ce qui ne convient qu'au Torrent; par exemple à la Vallée de Cédron, ce qui doit s'entendre du Torrent de même nom. On n'observe pas toujours dans l'Ecriture la distinction qui se trouve entre le Torrent & le Fleuve, & souvent on prend l'un pour l'autre, en donnant le nom à de grandes Rivières, comme l'Euphrate, le Nil, le Jourdain; & à des Rivières qui coulent toute l'année, comme le Jabok & l'Arnon. On donne au Nil le nom de *Torrent d'Egypte* dans les Nombres XXXIV. 5, Josué XXV. 4. & 47. Isaïe XXVII. 12. & à l'Euphrate, Psalm CXXIII. 5. & dans Isaïe ce Fleuve est nommé *le Torrent des Saules* Isaï. XV. 7.

[a] D. Calm. Dict.

TORRENT DES EPINES (Le) marqué dans Joel [b] est nommé dans l'Hébreu, le *Torrent de Sethim*; & dans les Septante le *Torrent des cordes*. Je crois que ce Torrent est le même que celui de Cédron, qui alloit se dégorger dans la Mer Morte.

[b] Cap. III. 18.

TORRENT DE CEDRON (Le), qui coule entre la Ville de Jérusalem au Couchant, & le Mont des Oliviers à l'Orient. Voyez CEDRON.

TORRENT D'EGYPTE. C'est apparemment le Nil, ou le Bras le plus Oriental de ce Fleuve. Voyez EGYPTE.

TORRENT DE BESOR. On le place ordinairement entre Gaze & Rhinocorure; mais Saint Jérôme dit sur le Chap. VI. d'Amos, qu'il est entre Rhinocorure & Peluse. Voyez BESOR, & I. Reg. XXX. 9. 21.

TORRENT DU RAISIN, ou de la Grappe; en Hébreu *Nehel Eschol* [c] le Torrent ou la Vallée du Raisin. On croit communément, qu'il étoit au Midi du Lot de Juda & de Siméon, pas loin de la Vallée de Sorec.

[c] Num. XIII. 25. *Torrens ou Vallis Botri*. Num. XXXII. 9. Deut. I. 24.

TORRENT DE ZARED, Num. XXI. 12. Deut. II. 13. 14. Il est plus avant vers le Midi que le Torrent d'Arnon.

TORRENT DE JABOK, c'est plutôt un Fleuve qu'un Torrent. Voyez JABOK.

TORRENT (Le) ou LA VALLÉE DE GÉRARE, près la Ville de ce nom, au Midi de la Terre promise, dans l'Arabie Pétrée.

TORRENT DE JERUEL (Le), ou plutôt le Torrent, qui est vis-à-vis de la Solitude de Jéruel [d] dans la partie Méridionale de Juda.

[d] 2. Par. XX. 16.

TORRENT DE CISON (Le), prend sa source au pied du Mont Thabor, & tombe dans la Méditerranée entre le Carmel & Ptolémaïde. Voyez CISON.

TORRENT CADUMIM (Le). Je pense que c'est le même que *Cison*. Voyez Judic. V. 21.

TORRENT DE CARITH (Le), au-delà du Jourdain, vers Socoth. Voyez CARITH, & 3. Reg XVII. 3.

TORRENT DE GAAS (Le), 2. Reg. XXIII. 30. & 1. Par. XI. 32. étoit apparemment dans la Tribu d'Ephraïm, au pied du Mont Gaas [e] sur lequel étoit la Ville de Thamnat-Saraa, & le Tombeau de Josué, Josué XXIV. 30. On montroit encore ce Tombeau au Mont Gaas du tems d'Eusèbe.

[e] Euseb. *in lo. Gaas*, Judith. II.

TORRENT DE MAMBRE (Le) [f] c'est la Vallée de Mambré; Genes. XIII. 18. XIV. 13. & on a déja remarqué que l'Hébreu *Nachal* signifioit également une Vallée, & un Torrent.

[f] Euseb. *in loc. in Gaas*, Judith. II.

TORRENT DU MIDI (Le), Psalm. CXXV. 11. *Sicut Torrens in Austro*, marque apparemment les Torrens qui sont au Midi de la Palestine, ou simplement les écoulemens qu'on voit, lorsque le vent du Midi fait fondre les neiges. L'Hébreu ne porte pas le nom Nachal, qui signifie un Torrent; mais *aphikei*, qui signifie des écoulemens, des débordemens.

TORRENS (Les) ou les FLEUVES D'ETHAN [h]. Voyez ETHAN.

[h] Psal. LXXIII.

TORRENTE, Lieu d'Espagne, au Royaume de Valence [i], à une lieue de la Ville de ce nom. Ce Lieu est célèbre par ses Vins délicieux. Il y a une Paroisse & un Couvent de Cordeliers. On prétend qu'il doit son origine aux Romains, qui l'appellèrent *Torrens*, à cause du Torrent de Cataroga qui passe par son Territoire. Comme ce Lieu étoit tombé en ruine, le Roi Jacques I. le repeupla en 1248.

[i] Piblic. Espin.

TORRES, petite Rivière de la Sardaigne. Elle passe à Sassari, & va se jetter ensuite à Gavino dans le Golphe appellé Porto Torres. Mr. Baudrand [k] dit que cette Rivière se nomme aussi el Flumea Sacro.

[k] Edit. 8. 1705.

TORRES-NOVAS, Ville de Portugal dans l'Estremadoure, au Nord du Tage, dont elle est éloignée d'une lieue, & à cinq lieues de Santoren. Elle est située dans une Plaine fertile, que la petite Rivière d'Almonda traverse par le milieu, & elle est entourée de fortes murailles, avec un Château flanqué de neuf Tours. C'est de là qu'elle a pris son nom. Elle députe aux Assemblées des Etats, & il y a une Foire tous les ans le 12. de Mars. On y compte quatre Paroisses, deux Couvens d'Hommes & un de Religieuses, avec un Refuge pour les femmes pénitentes, fondé par la Reine Sainte Elisabeth, outre une Maison de Charité & un Hôpital. On veut que cette Ville ait été fondée par les Gaulois 908. ans avant l'Ere Vulgaire. Le Roi Alphonse Enriquez la gagna sur les Maures l'an 1148. & l'an 1190. Selon le sentiment le plus commun, Miramamolin Aben Joseph y mit le Siège avec une Armée innombrable de Maures, & la prit d'assaut au bout de six jours; il la ruina de fond en comble. Cette même année le Roi Sanche I. la fit rebâtir, & lui accorda les Privilèges de la Ville de Tomar. Le Roi Emmanuel donna le titre de Marquis de cette Ville à D. Jean de Lencastre, fils de D. George de Lencastre Duc de Coymbre.

bre. Le Roi Philippe II. l'érigea en Duché, & en donna le titre aux Aînez de la Maison des Ducs d'Aveyro.

TORRES-VEDRAS, Ville de Portugal, dans l'Estremadoure au Nord du Tage, dans le voisinage de l'Océan, à sept lieues de Lisbonne. Elle a un Château assez fort & bien bâti; 4. Paroisses, trois Couvens de Moines [a], une Maison de Charité, & un Hôpital. Sa Jurisdiction, qui y a été transportée d'Alenquer, s'étend sur 17. Bourgs & Villages. On y recueille en abondance du blé, du vin, de l'huile; & il y a du Bétail, & du Gibier. Le Roi Alfonse Enriquez gagna cette Ville des Maures l'an 1148. & parce qu'elle étoit restée désolée, il la fit peupler derechef. Elle a été le Douaire des Reines de Portugal, & particuliérement de la Reine de Portugal Sainte Elisabet. C'est le Chef-lieu d'un Comté, dont le Roi Philippe IV. donna le titre à Don Jean Suarez de Alarcon en le récompensant des fidèles services qu'il lui avoit rendus.

[a] Silva, Poblac. de España, p. 169.

TORRHEBUS, Ville de Lydie. Etienne le Géographe dit qu'elle tiroit son nom de Torrhebus fils d'Atys', & que les Habitans étoient nommés TORRHEBII; Denys d'Halicarnasse les appelle néanmoins TORYBI. Il y a dans la Torrhébide, ajoute Etienne le Géographe, une Montagne nommée *Mons Carius*, & sur cette Montagne on voit le Temple de Carius, qui étoit fils de Jupiter & de Torrhebia. Etienne le Géographe parle encore d'un Marais qui fut appellé TORRHEBIA-PALUS du nom du même Thorrebus.

TGRRIJO, Lieu d'Espagne au Royaume d'Aragon, à trois lieues de Calatayud, sur le bord de la Riviére de Monubles [b]. Il abonde en Vins. On dit qu'il fut peuplé anciennement par les Celtibéres & par les Romains. On le nomma alors *Turigum*, ou *Turigo*, & ensuite on l'appella *la Ville des Suéves* parce que cette Nation la rebâtit en 420. Les Habitans de ce Lieu honorent pour leurs Patrons les Saints Felix & Regule, qui y souffrirent le martyre le onziéme de Septembre de l'année 300.

[b] Ibid. p. 242.

TORRONA, ou TORRHONNA. Voyez TORONE, No. 4.

TORSAS, Bourgade de Suéde [c], dans la Smalande, ou Gothie Méridionale, aux confins du Blecking, sur le bord d'une petite Riviére qui se jette assez près delà dans Calmar-Sond.

[c] De l'Isle, Atlas.

TORSILIA, Ville de Suéde [d] dans la Sudermanie, sur le bord Méridional du Lac Mäler, à quelques lieues à l'Occident de Stregnes.

[d] Ibid.

TORTA, ou TORCOLA, Isle du Golphe de Venise [e], sur la Côte de la Dalmatie, au Midi & assez près de l'Isle de Lezina, vis-à-vis l'entrée du Golphe de Narenta.

[e] Ibid.

TORTEZAIS, Lieu de France, dans le Bourbonnois, du Diocèse de Bourges, sous l'Election de Montluçon. Ce Lieu est situé à quatre lieues de Montluçon, contigu à la Forêt d'Oeuil, appartenante au Roi. Les Terres produisent du Seigle; il y a des pâcages & quelques Bois. La petite Riviére d'Oeuil y passe. Mr. le Duc & M. le Duc d'Antin en sont Seigneurs.

TORTI, Ville de l'Isle ce Cypre: Siméon le Métaphraste en parle dans la Vie de St. Epiphane.

TORTO, ou TUERTA, Riviére d'Espagne [f], au Royaume de Léon. Elle a sa source dans les Montagnes des Asturies près de Fonteniis. Son cours est du Nord au Sud. Elle mouille les murs de la Ville d'Astorga, après quoi elle va se perdre dans l'Orbega. Le Torto [g] nourrit de bons poissons, & particuliérement des Truites fort délicates.

[f] Taillot, Atlas.
[g] Délices d'Espagne, p. 147.

TORTONE, Ville d'Italie, au Duché de Milan, entre Voghera & Novi, située dans une Plaine [h]: elle est mal fortifiée, & n'est guère peuplée. L'ancienne *Dertona* étoit bâtie sur la hauteur, où est à présent la Citadelle, qui, quoi qu'irréguliére, est pourtant assez forte à cause de sa situation. L'Evêché de Tortone est fort ancien. On peut voir diverses Inscriptions anciennes dans la Cour du Palais de l'Evêque. Il y a quelque tems qu'on déterra un grand Sarcophage, qui se voit dans l'Eglise Cathédrale à l'entrée; il est orné de divers Bas-reliefs, entre lesquels on remarque l'Histoire de la chûte de Phaéton. Sur la fin du douziéme Siècle cette Ville fut ruinée par l'Empereur Fréderic Barbe-rousse, & rétablie au commencement du Siècle suivant par les Milanois. Depuis elle a été souvent prise & reprise, & a suivi le sort du Duché dont elle est devenue une Annéxe.

[h] Misson, Voyage d'Italie, t. 3. p. 35.

TORTONESE (Le), Contrée d'Italie au Duché de Milan, entre le Pô au Nord, le Territoire de Bobbio à l'Orient, l'Etat de Gênes au Midi, & l'Aléxandrin au Couchant. Les principaux Lieux sont:

Tortone   Castel-Nuovo,
    Tortonèse.

TORTOMIUM, Ville qu'Etienne le Géographe place entre la Syrie & l'Arménie.

1. TORTOSE, Ville d'Espagne dans la Catalogne, sur l'Ebre, dans la Viguerie à laquelle elle donne son nom [i]. Cette Ville, qui est la première Place que l'on trouve en venant du Royaume de Valence, est ancienne & considérable pour sa grandeur, pour sa force & pour son Evêché. Elle est située à quatre lieues des frontiéres de Valence, à une pareille distance de la Mer, & s'étend le long de la Riviére en partie dans la Plaine & en partie sur une Colline élevée. On l'a divisée en deux parties, la Vieille Ville & la Ville-Neuve. Cette derniére est la plus grande. Elles sont toutes deux ceintes d'une bonne muraille flanquée de Bastions, & de divers autres Ouvrages à la moderne, & défendue outre cela par un vieux Château bien fortifié, bâti sur la Colline, en façon de Citadelle, placé entre les deux parties de la Ville, & faisant face à la Ville & à l'Ebre. On entre dans cette Ville par un grand Pont de bâteaux jetté sur le Fleuve, & dont la tête est défendue par deux demi-bastions & quelques autres ouvrages avancez.

[i] Délices d'Espagne, p. 589. & suiv.

Silva [k] dit que la Ville de Tortose fut fondée par le Roi Ibere, Espagnol, l'an du Monde 1961. & deux mille ans avant la nais-

[k] Poblac. de España, p. 245.

sance de Notre Seigneur, & qu'il lui donna le nom d'Ibera que Scipion le Romain changea en celui de *Dertosa*, lorsqu'il en fit une Ville Municipale. Ce dernier nom est plus certain que le premier, & *Dertosa* étoit la Capitale des Ilercaons, comme on le voit par une Médaille de l'Empereur Tibére sur le revers de laquelle on lit ces mots: DERT. ILERGAONIA. Dans l'année 716. les Maures s'en rendirent maîtres, & Don Raymond Bérenger, dernier Comte de Barcelone, & Prince d'Aragon, la gagna sur eux le 31. Décembre de l'an 1149. Il emprunta pour faire cette conquête de l'Eglise de Barcelone 50. Livres d'argent; il fit peupler de nouveau la Ville, & en prit le titre de Marquis; deux ans après il y remit le Siège Episcopal. Les Barbares l'assiégérent derechef; mais les Habitans aidés de leurs braves femmes se défendirent si bien, que les Maures furent contraints d'en lever le siège. On a accordé pour cela aux femmes plusieurs prérogatives: entr'autres, qu'elles pussent porter pour devise d'armes une espéce d'Ordre Militaire, à savoir une haché de couleur cramoisi ou d'écarlate sur un Scapulaire sous le nom de Passetems, & dans les Cérémonies des Nôces elles ont le pas sur les hommes, fussent-ils les premiers Magistrats. S. Paul y prêcha, dit-on, l'Evangile l'an 64. & y laissa pour premier Evêque Saint Rufus fils de Simon Cyrénéen, célébre dans la Sainte Ecriture pour avoir aidé Notre-Seigneur à porter la Croix, & ils disent avoir son corps. L'Eglise Cathédrale, qui y fut bâtie l'an 1347. est une des plus belles Eglises de Catalogne. Son Chapitre est composé de douze Dignitez, de vingt Chanoines, & d'autant de Bénéficiers. Le Diocése contient 125. Paroisses, qui raportent à l'Evêque 14. mille Ducats par an. Adrien VI. étoit Evêque de cette Ville, lorsqu'il fut élu Souverain Pontife. Il y a 4. Paroisses, 7. Couvents de Moines, 2. de Religieuses, un Hôpital, & une Université fondée l'an 1540. & augmentée en 1573. La Ville a de grands Priviléges, qui lui furent en dernier lieu confirmez & amplifiez par le Roi Philippe IV. Entre autres elle peut faire & renouveller des Loix & des Statuts pour la Police de la Ville. Plusieurs Rois y ont tenu des Assemblées d'Etat.

La Ville de Tortose est aujourd'hui le Siège d'une petite Université qui appartient aux Freres Prêcheurs, & d'un Evêché suffragant de Tarragone, qui vaut quatorze mille Ducats de revenu. Le premier Evêque a été Notre. Rufus ou St. Roux.

La VIGUERIE DE TORTOSE est bornée au Nord partie par le Royaume d'Aragon, partie par la Viguerie de Lerida: à l'Orient par la même Viguerie & par celles de Monblancq & de Tarragone: au Midi par la Mer Méditerranée; & à l'Occident partie par le Royaume d'Aragon, partie par celui de Valence. Ses principaux Lieux sont:

Tortose,	Amposta,
Flix,	Val-de-Cena,
Mora,	Alfachs.

Cette Viguerie est fertile en grains, & en fruits; & on y trouve des Mines d'argent & de fer, & des Carriéres d'Alun, d'Albatre, de très-beau Jaspe de diverses couleurs, comme de blanc, de rouge, de verd, de violet, & de couleur de rose; il y a aussi des Carriéres de pierre qui ont des veines d'or & des Carriéres de plâtre. On y fait beaucoup de soie & d'huile, de très-beaux Ouvrages au tour & une espéce de Porcelaine très-fine. L'Ebre, qui lave une partie de ses murailles, est abondant en poissons: on y pêche des Saumons & des Aloses particuliérement au Printems; & comme ce Fleuve est navigable, pouvant porter de gros Bâtimens, il ne contribue pas peu à faire fleurir le Commerce de cette Ville. Voici de quelle maniére Michelot dans son Portulan de la Méditerranée [a] décrit l'entrée de cette Riviére qu'il nomme à la maniére des Marins du nom de la Ville où se fait le Commerce maritime.

[a] Pag. 28.

La RIVIÉRE DE TORTOSE, dit-il, est à la fin des plages du Zoffa. On y peut entrer avec de moyennes Barques & des Tartanes. On reconnoît l'Embouchure de cette Riviére premiérement par les eaux blanches & troubles qui en sortent, ensuite par quelques Cabanes de Pêcheurs qui sont sur la droite en entrant; & sur la gauche on voit les Tours des Salines, & celle de S. Jean un peu au loin. On peut mouiller à l'ouverture de l'Embouchure de cette Riviére à une petite demie lieue de terre, où l'on sera par quatre à cinq brasses d'eau fond de vaze mole. Le vent de Sud-Est donne à plein dans l'Embouchure de la Riviére; la Ville de Tortose est environ six milles dans la Riviére sur la droite. Environ cinq milles vers le Nord de l'Embouchure de cette Riviére, il y a une grosse Tour ronde située sur le bord de la Mer; entre la Riviére & cette Tour il y en a deux autres, mais plus petites, qui sont aussi sur le bord de la Mer. Depuis l'entrée de la Riviére de Tortose jusqu'à la pointe de Salo, la route est le Nord-Est, environ trente-sept milles entre les deux, il y a un grand enfoncement & un bas terrain, où l'on voit plusieurs Villes, Villages & Tours de garde; & dans la plûpart de ces Côtes il y a des Plages de sable; mais avançant dans les terres il y a de hautes Montagnes.

2. TORTOSE, petite Ville d'Espagne, dans la Nouvelle Castille, sur le Henarès, au-dessus de Guadalajara. Il ne faut pas confondre cette Ville avec celle de Tortose en Catalogne.

3. TORTOSE, ou TORTOUSSE, Ville de Syrie [b], autrefois Episcopale, & aujourd'hui presque toute ruïnée, en Latin TORTOSA, & anciennement ANTARADUS & ORTHOSIA. Elle est située sur la Côte à neuf milles de Tripoli vers le Nord. Ses murailles bâties de grosses pierres, sont encore entiéres en quelques endroits & accompagnées d'espace en espace de plusieurs Tours quarrées. A une petite distance de la Ville, on voit une grande Eglise qu'on dit avoir été bâtie par Ste. Marthe. Elle a douze Piliers de chaque côté, & de grandes voutes par dessous, qui conduisent à des lieux souterrains. Cette belle Eglise ne sert à pré-

[b] Lieu, Voyage al Levant, 1. ch. 19.

à présent qu'à retirer des Bœufs & des Buffles, qui sont en grande quantité dans ce Pays, & qui sont le principal revenu du Bacha de Tripoli. De Tartousse à Tripoli, il n'y a rien de remarquable, que quatre grands Ponts sur lesquels on passe, & un très-grand Bois d'Oliviers, qui a plus de deux lieues de longueur.

4. TORTOSE, ou TORTOUSSE, Isle sur la Côte de la Syrie [a], vis-à-vis la Ville de Tortose, avec une Forteresse. Voici de quelle maniere le Sieur Paul Lucas parle de l'Isle, & de la Forteresse. Vis-à-vis de Tortouse, dit-il, est une Isle, & sur cette petite Isle qui n'a qu'un quart de lieue de tour au plus, il y a une Forteresse assez belle. Elle est d'une forme presque quarrée & bâtie sur la Roche. On y voit plusieurs Tours quarrées avec plusieurs pieces de Canons de bronze, dont quelques-uns ont les Armes de France, d'autres celles de Venise & ainsi des autres; ce qui fait connoître qu'ils ont été pris sur les Chrétiens. On remarque que cette petite Isle a eu autrefois quelques Edifices considérables; car on y voit des pierres les unes sur les autres d'une prodigieuse grandeur. Il y en a qui ont plus de trente pieds de long sur dix de large à chaque face. Quoique cette Isle soit petite il ne laisse pas d'y avoir une source d'eau douce qui en fourniroit à toute une Armée. Vers la fin du dernier Siecle les Corsaires y alloient faire de l'eau, & s'y tenoient en croisiere pour y surprendre les Bâtimens des Turcs; c'est ce qui a fait que ces derniers y ont bâti cette Forteresse, qui est éloignée de Terre-ferme d'environ six milles; & elle porte le nom de Tortousse, à cause qu'elle est vis-à-vis de la Ville de ce nom à présent ruinée. Il y a cinquante hommes de garnison, ordinairement peu de munitions. On trouve dans l'Isle plusieurs Figuiers & quelques Oliviers.

1. TORTUE (Isle de la), Isle de l'Amérique Septentrionale, & l'une des Antilles, au Nord de l'Isle de St. Domingue, dont elle n'est éloignée que de deux petites lieues. Elle en a environ six de longueur, Est & Ouest, & deux dans sa plus grande largeur Nord & Sud.

Le nombre des Chasseurs ou Boucaniers François s'étant beaucoup augmenté, quelques-uns jugerent à propos de se retirer sur l'Isle de la Tortue, afin d'avoir une retraite au cas qu'ils vinssent à être trop vivement poussez par les Espagnols, & aussi afin que leurs Magasins de cuirs & autres marchandises fussent en sûreté. Plusieurs d'entre eux se mirent à défricher cette Isle deserte & inhabitée, & y planterent du Tabac, dont ils faisoient un négoce d'autant plus considérable avec les Vaisseaux qui venoient traffiquer avec eux, que ce Tabac étoit exquis, & égaloit celui de Verine qui est le plus excellent. Cette marchandise & cette retraite qui paroissoit assez assûrée, ayant encore augmenté considérablement le nombre des Boucaniers, fit craindre aux Espagnols qu'ils ne les chassassent enfin entierement de la Grande Terre (c'est ainsi qu'on nomme S. Domingue par rapport à l'Isle de la Tortue); de sorte que l'Admiral de l'Armée navale

[a] Lucas, Voyage au Levant, t. 1. ch. 18.

d'Espagne eut ordre de détruire cette retraite des Boucaniers. C'est ce qu'il exécuta en 1638. Comme ils n'avoient encore à la Tortue ni Forteresse ni Gouvernement réglé, il fut facile à cet Admiral, qui avoit des Troupes nombreuses & aguerries, de surprendre des gens sans Chef, écartez les uns des autres dans les défrichez qu'ils avoient fait dans l'Isle, & dont le plus grand nombre, les plus braves & les plus aguerris, étoient à la Grande Terre occupez à la chasse, & à faire secher leurs Cuirs. Tout cela donna un avantage si considérable aux Espagnols sur ceux qui étoient restez dans l'Isle de la Tortue, qu'ils firent main basse généralement sur tous ceux qui tomberent entre leurs mains, sans épargner ceux qui vinrent implorer leur miséricorde en offrant de se retirer en Europe. Cette Tragédie, qui fit fuir de ceux qui restoient, les obligea de se retirer dans les lieux du plus difficile accès, & de s'y tenir cachez. Lorsque les Espagnols, après avoir jetté par tout où ils purent pénétrer, se furent retirez, ceux qui s'étoient sauvez, passerent à la Grande Terre, chercherent leurs compagnons, & s'étant rassemblez au nombre de trois cens, ils retournerent à la Tortue, où ils choisirent pour leur Chef un Anglois, qui faisoit depuis long-tems le métier de Boucanier, & en qui ils avoient remarqué de la prudence & de la valeur.

Cependant le Commandeur de Poincy qui étoit arrivé à S. Christophle au mois de Février 1639. avec la qualité de Lieutenant-Général de toutes les Isles de l'Amérique, fut averti de ce qui se passoit à la Tortue; il proposa au Sieur le Vasseur homme d'esprit, entreprenant & fort brave de lui donner le Gouvernement de la Tortue; celui-ci accepta l'offre, & partit aussi-tôt de S. Christophle; il arriva au Port Margot dans l'Isle S. Domingue, éloigné d'environ sept lieues de la Tortue; il amassa en cet endroit soixante Boucaniers François, qu'il joignit aux quarante-cinq ou cinquante hommes qu'il avoit amenez avec lui de S. Christophle. En cet état il alla mouiller à la Tortue, & envoya dire à l'Anglois nommé Willis qui y commandoit, qu'il eût à sortir sur le champ de l'Isle avec ceux de sa Nation, ou autrement il alloit vanger sur eux la mort de quelques François qu'ils avoient assassinez. Les Anglois tous consternez prirent le parti de s'embarquer aussi-tôt, & les laisserent en possession de l'Isle. Le Sieur le Vasseur ayant présenté la Commission qu'il avoit de M. de Poincy, fut reconnu pour Gouverneur, & s'appliqua aussi-tôt à construire une Forteresse, qui le mit, lui, les Habitans, & leurs biens hors d'insulte, & en état de résister aux Anglois, s'il leur prenoit fantaisie de revenir, & aux Espagnols, s'ils vouloient les inquiéter, & les chasser de ce poste. Il trouva un endroit fort commode, & fort aisé à fortifier, inaccessible du côté de la Rade qu'il défendoit très bien, & tellement couvert & environné de précipices, & de Bois épais & impraticables du côté de la terre, qu'il le jugea impénétrable de ce côté-là. C'est ce qu'on nomma dans la suite le Fort

Fort de la Roche, ou le Refuge de la Tortue. Cét Afyle & le Magafin que le nouveau Gouverneur établit dans le Bourg, qui étoit au pied de la Roche, toujours bien rempli de vin, d'eau-de-vie, de toile, d'armes, de munitions, & autres Marchandifes, y attira bien-tôt tous les Boucaniers, dont le nombre augmentoit à vûe d'œil, & par une fuite néceffaire, les dégâts qu'ils faifoient fur les terres des Efpagnols, croiffoient de plus en plus. Cela obligea le Préfident de S. Domingue, de lever fix cens Soldats avec un bon nombre de Matelots, qu'il mit fur fix Vaiffeaux, & qu'il envoya à la Tortue pour détruire entiérement l'Etabliffement des François. Ces Bâtimens s'étant préfentés au Port de la Tortue, furent canonnez fi vivement, qu'ils furent contraints d'aller mouiller deux lieues fous le vent en un endroit qu'on nomma depuis l'Ance de la Plaine des Efpagnols. Ils y débarquérent leurs troupes & vinrent attaquer la Fortereffe avec une extrême vigueur; mais le Sieur le Vaffeur les reçut & les repouffa avec tant de fermeté & de bravoure, qu'après en avoir tué une bonne partie, il contraignit le refte de s'enfuir du côté de leurs Bâtimens, & de fe rembarquer en confufion, abandonnant leurs morts, leurs bleffez, & tout l'attirail, qu'ils avoient mis à terre. Ceci arriva au mois de Janvier 1645. Cette Victoire enfla tellement le Sieur le Vaffeur, qu'il devint d'un coup méconnoiffable. Il crut que rien ne lui pouvoit réfifter, & que les mefures qu'il avoit gardées jufques alors avec fes Habitans & les Boucaniers de la Côte, n'étoient plus de faifon. Il devint cruel jufqu'à l'excès, & encore plus avare. M. de Poincy ne manqua pas de reffentir vivement le mauvais procédé du Sr. le Vaffeur. Il lui venoit de tous côtez des plaintes des excès qu'il commettoit; mais il n'étoit pas en fon pouvoir d'y apporter du remede. Il tâcha plufieurs fois de l'attirer à S. Chriftophle, & toujours en vain. A la fin il prit la réfolution de le tirer par force de fa Fortereffe, & de lui faire fon procès; il donna la commiffion au Chevalier de Fontenay d'aller attaquer le Fort de la Tortue; celui-ci arrivé dans l'Ifle de St. Domingue apprit que le Sieur le Vaffeur venoit d'être affaffiné par les nommez Thibault & Martin, Capitaines de fa Garnifon, quoiqu'il leur eût fait de grands biens, & qu'il les eût déclarez fes héritiers. Il fut auffi que ces deux Officiers étoient maîtres de la Fortereffe, où il y avoit apparence qu'ils fe défendroient jufqu'à l'extrémité. Il ne laiffa pourtant pas de fe préfenter au Havre de la Tortue; mais il fut repouffé fi vivement à coups de canon, qu'il fut contraint d'aller mouiller en une autre Rade fous le vent, où il débarqua environ cinq cens hommes, fans que les Habitans y fiffent la moindre oppofition. En effet quoiqu'ils n'euffent pas fujet de regretter le Sieur le Vaffeur, ils ne pouvoient regarder fes Meurtriers qu'avec horreur & indignation, & ceux-ci s'étant apperçus de la mauvaife difpofition des Habitans à leur égard rendirent la Fortereffe, auffi-tôt qu'on les envoya fommer de la rendre, au Chevalier de Fontenay, qui en fut

reconnu pour Gouverneur, avec l'applaudiffement & la joie de tous les Habitans. Il gouverna ces Peuples difficiles avec tant de prudence, de douceur, & de fermeté qu'il s'attira bien-tôt leur amour & leur eftime, & augmenta par ce moyen très-confidérablement le nombre des Habitans de fa Colonie, & celui des Boucaniers & des Flibuftiers. Il arma plufieurs Bâtimens pour courir fur les Efpagnols, & permit un peu trop facilement à fes Habitans de quitter leurs Habitations pour aller en courfe. Ce fut à la fin ce qui caufa la perte de fa Colonie. Car les Efpagnols laffez des pertes qu'ils faifoient tous les jours fur Mer, & des pillages, où ils étoient fans ceffe expofez, firent un armement confidérable au mois de Février 1654. Ils firent leur defcente dans l'Ifle, & fe poftérent dans un endroit avantageux, d'où ils bloquérent la Fortereffe. Le Chevalier de Fontenay qui fe flatoit qu'elle étoit inacceffible du côté du Nord à caufe des Bois, des Rochers, & des Précipices dont elle étoit environnée, fut bien étonné de voir que les Efpagnols avoient fait monter à force de bras quelques pièces de canon fur une hauteur qui commandoit fon réduit, d'où ils le battoient fi rudement, qu'après lui avoir tué & eftropié bien du monde, fes gens perdirent le cœur, & le forcérent de rendre la Place aux Efpagnols à des cooditions honorables. Ce fut ainfi que l'Ifle & le Fort de la Tortue revinrent une feconde fois au pouvoir des Efpagnols, qui y mirent un Commandant avec une Garnifon.

Vers la fin de 1659. un Gentilhomme de Périgord, nommé du Roffey, fort connu, & fort aimé des Boucaniers, parce qu'il avoit été leur compagnon de chaffe & de courfe pendant plufieurs années, repaffa de France à S. Domingue dans le deffein de reprendre la Tortue. Il parla à fes anciens Camarades, leur propofa fon deffein, & les ayant trouvez difpofez à le feconder & à le fuivre, il en affembla environ fix-cens tous bien armez & bien réfolus. Leur defcente dans la Tortue devoit être extrêmement fecrette, parce que la réuffite de tout leur projet confiftoit dans la furprife, n'étant point du tout en état de prendre la Fortereffe d'une autre maniere, parce qu'ils n'avoient aucune des chofes néceffaires, pour faire un Siège. Le jour étant pris & la forme de l'attaque réglée, ils firent embarquer cent hommes qui prirent la route du Nord de l'Ifle, où ils débarquerent après minuit, & ayant grimpé cette Côte fi roide, & fi entrecoupée de précipices, ils furprirent un peu avant le point du jour les Efpagnols, qui gardoient le Fort d'enhaut où étoit la Batterie, qui avoit été caufe de la perte de la Fortereffe de la Roche, ils donnérent avis à leurs Camarades de leur réuffite par quelques coups de fufil. Le Gouverneur de la Fortereffe étonné de ce bruit, fit fortir une partie de fa Garnifon, pour voir de quoi il s'agiffoit, & en cas de befoin, pour repouffer ceux qui attaquoient le Fort, ne pouvant s'imaginer qu'il y eût des François fi près de lui, & encore moins qu'ils fe fuffent emparez du Fort. Mais ceux

ceux qui étoient fortis furent presqu'aussi-tôt enveloppez par le gros des Boucaniers, qui avoient fait leur descente pendant la nuit à l'Est de la Forteresse, & qui étoient en embuscade sur le chemin du Fort en-haut. Leur résistance fut des plus petites, ceux qui ne furent pas tuez sur la place, voulurent reprendre le chemin de la Forteresse; les François qui les suivirent y entrérent péle-mêle avec eux. On peut juger que le carnage fut grand. Le Gouverneur se sauva avec peine dans son Donjon, & fut obligé quelques momens après de se rendre à discrétion avec le peu de gens qui avoient pu se retirer avec lui. On les garda dans la Forteresse pendant quelque tems, après quoi on les transporta en l'Isle de Couve. Ce fut ainsi que l'Isle & les Forts de la Tortue revinrent aux François pour la quatrième fois. Mr. du Rossey fut reconnu pour Gouverneur, par ceux qui l'avoient aidé à faire cette conquête, dont il eut soin de donner avis en France à ses amis qui lui procurérent une Commission de la Cour; & la Tortue commença tout de nouveau à se repeupler, aussi-bien que la Côte de la Grande Terre qui lui est opposée, qu'on a depuis appellée le Port de Paix.

On a donné le nom de Tortue à cette Isle, parce qu'on prétend, qu'étant regardée d'un certain point de vûe, elle a la figure de cet Animal. Toute la partie qui est au Nord, est extrémement haute, hachée, escarpée, & environnée de Rochers à fleur d'eau, qui la rendent presqu'inaccessible. Il n'y a que les Canots conduits par des gens bien expérimentez, & qui connoissent parfaitement bien la Côte qui puissent y aborder. Le côté du Sud qui regarde le Nord de S. Domingue, est plus uni. La longue Montagne qui fait le milieu & toute la longueur de l'Isle, s'abaisse insensiblement, & laisse une étendue de cinq à six lieues d'un très-beau Pays, où la terre quoique de différentes espéces, ne laisse pas d'être très-bonne, & de produire abondamment tout ce qu'on veut lui faire porter, comme Tabac, Sucre, Indigo, Cotton, Gingembre, Orangers, Citronniers, Abricotiers, Avocats, Pois, Bananes, Mahis, & autres choses propres à la nourriture des hommes & des Animaux, & au Commerce. Les Arbres dont les Montagnes sont couvertes, sont d'une grosseur & d'une beauté surprenante. On y trouvoit autrefois quantité de Cédres qu'on appelle Acajous aux Isles du Vent. Les Bois d'Inde ou Lauriers Aromatiques y sont communs & très-gros. Il y a des Sangliers ou Cochons Marons, & dans la Saison des graines & sur-tout de celles de Bois d'Inde, on y voit une infinité de Ramiers, de Perroquets, de Grives & autres Oiseaux. La Côte du Sud est très-poissonneuse. Le mouillage est bon par toute la même Côte, depuis la Pointe au Maçon jusqu'à la Vallée des Espagnols; le meilleur endroit cependant & qu'on appelle le Havre de la Tortuë, est devant le Quartier de la Basse-Terre. C'est une Baye assez profonde formée par deux Pointes ou Langues de terre qui avancent assez en Mer, sur l'une desquelles il y avoit une bonne Batterie. Le Bourg étoit au fond de cet enfoncement sous la Forteresse, dont la grande Courtine, & les deux Bastions faisoient face à la Mer, & défendoient très-bien l'entrée & le mouillage de la Baye. Cette Isle, quoique petite, auroit pu être mise au rang des meilleures que les François possédent à l'Amérique, si elle avoit été mieux pourvûe d'eau; mais il n'y avoit aucune Rivière & les petits Ruisseaux, qui sortent de quelques sources qu'on trouve dans les pentes des Montagnes, sont si foibles qu'ils se perdent dans les Terres, & ne vont pas jusqu'à la Mer. Il n'y a que la source de la Forteresse qui soit assez considérable, pour conduire les eaux jusques-là. Les Habitans remédioient à ce défaut par des Citernes, où ils conservoient les eaux de pluye. On comptoit sept Quartiers dans cette Isle lorsqu'elle étoit habitée. Celui qui étoit le plus à l'Est se nommoit la Pointe au Maçon, les autres étoient Cayonne, la Basse-terre, la Montagne, le Ringot, le Milplantage, & la Cabesterre. Ce dernier, qui étoit presqu'aussi grand que tous les autres ensemble, n'étoit quasi plus habité parce que la Mer y étoit trop rude, & l'embarquement trop difficile pour charger les Marchandises & que leur transport à la Basse-terre au travers des Montagnes étoit trop pénible & trop dangereux. Voilà quelle étoit l'Isle de la Tortuë, cette motte de terre & de Rochers qui a tant donné de peine aux Espagnols, qui a été si souvent prise & reprise, & qui, malgré sa petitesse & son peu de valeur, doit être regardée comme la mere des florissantes Colonies, que la France a au Cap, au Port de Paix, à Léogane, au petit Goave, à l'Isle à Vache, & dans plusieurs autres endroits.

2. TORTUE (Isle de la), Isle de l'Amérique Septentrionale [a], dans la Mer du Nord. On l'appelle aussi l'ISLE DE LA TORTUE SALÉE, pour la distinguer de l'ISLE DES TORTUES SECHES, près du Cap de la Floride & de l'ISLE DE LA TORTUE, près de l'Isle de St. Domingue. Elle est d'une grandeur raisonnable, deserte, abondante en Sel & située à 11. d. de Latitude Septentrionale, à l'Ouest & tant soit peu au Nord de l'Isle de Sainte Marguerite, dont elle est éloignée d'environ quatorze lieues, & d'environ dix-sept ou dix-huit du Cap Blanc sur le Continent. Un Vaisseau qui est dans ces Isles, un peu du côté du Midi, peut voir tout à la fois quand le tems est clair, la Terre-ferme, Ste. Marguerite & la Tortuë. La partie Orientale de cette dernière Isle est toute pleine de Rochers raboteux, découverts & brisez, qui s'étendent assez loin dans la Mer. Du côté du Sud-Est il y a une assez bonne Rade pour les Vaisseaux, & qui est fort fréquentée en tems de Paix par les Vaisseaux Marchands, qui y vont charger du Sel dans les mois de Mai, Juin, Juillet & Août; car à deux cens pas de la Mer du côté de l'Orient, il y a un grand Marais Salant. Le Sel commence à grener au mois d'Avril, excepté lorsque la Saison est seche; car on remarque que la pluye y fait grener le Sel. On y a vu plus de vingt Vaisseaux tout à la fois en charge,

[a] *Dampier, Voyage au tour du Monde*, t. 1. p. 75.

& ces Vaisseaux qui viennent des Isles Caribes sont toujours bien pourvûs de *Rum*, qui est une Boisson forte, composée de Sucre & de Jus de Limon pour faire de la *Ponche*, afin de donner courage à leurs gens quand ils travaillent à tirer le Sel & à le porter à bord. Près de l'Occident de l'Isle du côté du Midi, il y a un petit Havre & de l'eau douce. Ce bout de l'Isle est plein de petits Arbrisseaux ; mais le Côté Oriental est pierreux & sans Arbres, ne produisant que de méchantes Herbes. On y voit des Chévres, mais en petit nombre. Les Tortues viennent dans les Bayes faire leurs œufs sur le sable, & c'est d'elles que l'Isle a tiré son nom. On ne peut mouiller que dans la Rade, où sont les Marais Salans, ou bien dans le Havre.

TORTUES, ou ISLES DES TORTUES SECHES [a], Isle de l'Amérique Septentrionale, & que quelques-uns mettent au nombre des Lucayes. Ces Isles sont renommées dans les Routiers des Pilotes, au nombre de sept ou de huit. On les trouve au Midi Occidental du Cap de la Floride, environ à 294. d. de Longitude, entre les 24 & 25. d. de Latitude Nord, à l'Occident des Isles des Martyrs, vis-à-vis de la Pointe Occidentale de l'Isle de Cuba, dont elles sont éloignées d'environ 36. lieues.

[a] *De l'Isle,* Atlas.

TORTUNI, Peuples du Péloponnése dans l'Achaïe propre selon Pline [b].

[b] Lib. 4. c. 6.

TORTYRA, Athénée [c] nomme ainsi une des sept Villes, que le Roi Cyrus donna à son Favori Pytharcus. Ortelius [d] soupçonne que cette Ville étoit aux environs de l'Asie-Mineure.

[c] Lib. 1. c. 27.
[d] Thesaur.

TORUS, Colline ou Montagne de Sicile, entre Héraclée & *Agrigentum*, selon Polybe [e].

[e] Lib. 1. no. 19.

TORYBI. Voyez TORRHEBUS.

TORYNA, Lieu de l'Epire sur la Côte. Plutarque [f] dit que pendant qu'Antoine se tenoit à l'ancre près du Cap d'Actium, à la droite, où fut depuis bâtie la Ville de Nicopolis, César se hata de traverser la Mer d'Ionie & s'empara le premier du poste appellé TORYNE. Antoine fut fort consterné d'apprendre cette nouvelle, car son Armée de terre n'étoit pas encore arrivée ; mais Cléopâtre se moquant & raillant sur ce mot : *Eh-bien,* dit-elle, *qu'y a-t-il de si terrible que César soit assis à Toryne* ? Mr. Dacier remarque sur cet endroit de Plutarque qu'il est impossible de conserver dans la Langue Françoise la grace de cette allusion ; ce qu'Amiot, dit-il, avoit fort bien vu. *Toryne* qui est ici un nom de Ville signifie aussi une cueiller à pot : & c'est sur cette derniere signification que porte toute la plaisanterie de ce mot, comme si Cléopatre avoit dit : *Eh-bien, qu'y a-t-il de si terrible que César se tienne près du feu à écumer le Pot ?*

[f] *In Antonio.*

1. TOSA, Bourg de Sicile, dans le Val-Demone, selon Mr. Corneille [g], qui le met à l'Embouchure de la Pollina, dans la Mer de Toscane, vers le Cap de Cefaledi, & pris par quelques-uns pour l'ancienne *Alesa*, ou *Halesa*. Autant de fautes que de mots : 1°. On dit TUSA selon Mr. de l'Isle [h] & non TOSA. 2°. Ce Bourg est un Fort. 3°. Cette Forteresse ne se trouve point à l'Embouchure de la Pollina ; mais à l'Embouchure de la Riviére TUSA. 4°. On ne dit point le Cap Cefaledi ; mais le Cap de Cefalu. 5°. TUSA ne peut être l'*Alesa* ou plutôt l'*Alæsa* des Anciens, puisque l'*Alæsa* étoit à l'Embouchure du Fleuve *Alæsus*, qui est beaucoup plus à l'Orient.

[g] Dict.
[h] Atlas.

2. TOSA, Riviére d'Italie ! Elle prend sa source au Mont. St. Gottard, & coule dans le Milanez [i]. Son cours est d'abord du Nord au Sud, jusqu'à Uggona, où elle tourne tout court vers l'Orient, pour aller se jetter dans le Lac Majeur.

[i] Mess. Carte du Duché de Milan.

3. TOSA, petite Ville d'Espagne [k], dans la Catalogne, Viguerie de Girone, à l'Orient de Blanes, sur le bord Septentrional d'un Cap auquel elle donne son nom, & qu'on appelloit anciennement *Lunarium Promontorium*. Quelques-uns écrivent TOSSA, au lieu de TOSA. Voyez TOUSSE.

[k] Vigne. Adm. Délices d'Espagne. p. 98.

TOSALE, Ville de l'Inde en deça du Gange : Ptolomée [l] qui lui donne le titre de Métropole la marque près du Gange.

[l] Lib. 7. c. 2.

TOSANA. Voyez TONOSA.
TOSARENA. Voyez OSSARENA.

TOSCANE, grande Contrée d'Italie, connue des Anciens sous le nom d'Hétrurie. [m] On lui donne cent trente milles du Nord au Sud & près de six-vingt milles de l'Est à l'Ouest [m]. La Marche d'Ancone, la Romagne, le Bolonese, le Modenois & le Parmesan la bornent au Septentrion ; la Mer Méditerranée au Midi ; le Duché d'Urbin, le Pérugin, l'Orvietano, le Patrimoine de St. Pierre & le Duché de Castro à l'Orient ; & la Mer avec l'Etat de la République de Gênes à l'Occident. Cette grande partie d'Italie doit renfermer toute l'ancienne Hétrurie ; devroit comprendre encore quelques autres Domaines, qui sont entre les mains de divers Princes particuliers [n], comme on peut le voir en jettant seulement les yeux sur la Table qui suit.

[m] Da Fer, la Hongrie, Geogr. fa Elle 1742.
[n] Le P. Briet. Parthel. Géogr. 2. Part. L. 6.

L'Hétrurie comprend :			
	Le Domaine du Duc de Modène.		
	Le Domaine du Grand-Duc de Toscane.	Dans la Vallée de Macra, & dans l'Apennin.	*Fila Terra.*
		Entre la Lunegiane & le Territoire de Gênes.	*Arbiano.*
La Carfagnana.		Entre la Lunegiane & le Territoire de Lucques.	*Pietra-Santa.*
		Le Territoire de Sarzane, dans la dépendance de Gênes.	*Sarzane.*
		La Seigneurie de Mala-Spina.	*Fodinovo,* ou *Fornovo.*
	Les Etats de la République de Lucques.	Le Territoire de Lucques.	*Lucques.*
		Le Vicariat de Minuciano.	*Minuciano.*
		Le Vicariat de Castiglione.	*Castiglione.*

Les

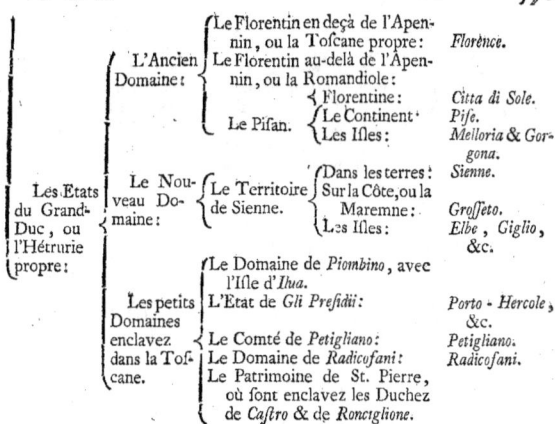

La Toscane ou l'Hétrurie passa de la Domination de ses Rois à celle des Gaulois Sénonois, qui furent soumis aux Romains. Après la décadence de l'Empire Romain, cette Province devint la proye des Barbares qui inondérent l'Italie. Ensuite elle fit partie des Etats des Empereurs d'Occident, & enfin après plusieurs changemens, elle vint aux Médicis, dont la Maison, selon quelques-uns, sort d'un Seigneur de la Cour de Charlemagne, & selon d'autres d'un Grand-Capitaine qui défendit Aléxandre contre l'Empereur Fréderic I. Ce qu'il y a de bien certain, c'est que cette Maison peut prouver une succession continue de grands hommes depuis *Lippo* ou Philippe de Médicis, qui vivoit vers le milieu du treizième Siècle, & qui donna tant d'affaires aux Gibelins. Il fut bisayeul d'Everard II. dont les deux fils Juvencus & Clarissime firent chacun une Branche. Le Pape Léon X. qui fut élu en 1513. étoit de la première. Quant à la seconde, Jean de Médicis petit-fils de Clarissime fut la tige de deux autres Branches. Côme l'aîné de la première, dont étoit Aléxandre, que l'Empereur Charles V. fit Duc de Florence. Laurent le puîné de Jean est Chef de celle qui régne aujourd'hui. Cette Maison étoit depuis longtems à la tête de la République de Florence, quand l'Empereur Charles V. créa Duc Souverain de cet Etat en 1530. Aléxandre de Médicis qui fut tué en 1537. par Laurent de Médicis son parent. Aléxandre n'ayant point laissé d'enfans, Jean son frere fut Duc de Florence, & son fils Côme fut créé Grand-Duc de Toscane par le Pape Pie V. en 1569. Ce Pontife avoit résolu d'élever Côme à la Dignité Royale, mais la crainte que ce titre ne lui attirât des Ennemis fit qu'il se contenta de lui donner celui de Grand-Duc. Les Princes qui ont succédé à Côme ont porté le même Titre. Ce Titre est fondé sur ce qu'ils possédent la plus grande partie de l'Etrurie, & l'on a dit comme en Proverbe en parlant du Grand-Duc:

S'il avoit Lucque & Sarzane
Il seroit Roi de Toscane.

La Toscane n'a pas un Terroir égal partout. Il y a de hautes Montagnes où l'on trouve des Mines d'Airain, d'Alun, de Fer & même d'Argent & des Carriéres de très-beau Marbre & de Porphyre : dans d'autres Quartiers on voit des Collines fort agréables où l'on recueille quantité de Vin, d'Oranges, de Citrons, d'Olives & d'autres Fruits ; dans d'autres endroits on a des Plaines très-fertiles en bled & en tout ce qu'on peut souhaiter pour la vie.

Le Grand-Duc de Toscane est absolu. Son Conseil est composé d'un petit nombre de personnes. Dans les affaires épineuses il y ajoute douze Consulteurs Nobles; les uns choisis entre les Docteurs, les autres parmi les Sujets qui ont rempli quelque Ambassade. Pour les affaires Militaires il consulte les Généraux les plus expérimentez. Il renvoye la connoissance des affaires Criminelles à son Chancellier & aux Secrétaires. Du reste il n'a rien changé aux Droits ni aux Privilèges dont jouissoient les Florentins, dans le tems qu'ils étoient libres. Ses revenus ordinaires montent à un million trois-cens mille Ducats, dont il en destine quatre-vingt mille pour l'entretien de ses Garnisons & des autres troupes tant Cavalerie qu'Infanterie qu'il tient sur pied. Les dépenses pour la Marine ne sont pas assignées sur ces fonds, mais sur les Décimes du Clergé, sur les revenus de l'Ordre de St. Etienne, & sur le butin qui se fait sur les Ennemis. Dans le besoin il peut demander à ses Sujets une somme par forme d'emprunt, pourvû qu'elle n'excéde pas celle de cinq mille Ducats: alors il leur assigne quelque portion de ses revenus pour leur remboursement. Le Duc Ferdinand avoit mis selon quelques-uns en réserve jusqu'à dix millions, & selon d'autres jusqu'à vingt millions, sans y comprendre des pierreries & des bijoux d'un grand prix. Le Grand-Duc posséde outre cela dans le Royaume de Naples la Principauté de Capistran, qui lui rapporte vingt-cinq mille Ducats de rente.

te. Il jouït en Espagne de quelques Domaines; & il a à Rome quatre Palais avec sept mille Ducats de revenu. Quant aux forces de terre, elles consistent en une Milice de trente-six à trente-huit mille Fantassins, qui ont leurs Colonels & leurs Capitaines, & qui font l'exercice à certains jours marquez. Personne n'est exempt de la Milice que les Clercs & les Etudians; & ceux qui sont enrôlez jouïssent de très-grands Privilèges. Sa Garde consiste en cent Suisses armez de Cuirasses & de Hallebardes, en cent Cuirassiers, & en quatre cens Chevaux-legers, sans compter un gros Corps de Noblesse qui suit toujours le Prince. La Cavalerie consiste tout au plus en quinze cens Chevaux. A l'égard des Garnisons, on n'en peut rien dire de fixe; parce que le nombre en augmente ou diminue selon les besoins. Les forces de Mer peuvent passer pour considérables. On a vu les Grands-Ducs avoir douze Galéres, quelques Galeasses & deux Galions, qui servoient pour le transport de Marchandises. Ce fut dans le dessein de soutenir sa Marine que le Duc Côme institua en 1574. l'Ordre de St. Etienne, dont les Grands-Ducs sont Grands-Maîtres. Les Chevaliers peuvent être naturels du Pays & Etrangers. Ils ont cent Commanderies, dont le revenu monte à trente mille Ducats. Nous joindrons ici la Description Géographique de la Toscane ou de l'Hétrurie, telle que l'a donnée le Pere Briet.

La Carfagnane :
- Le Domaine du Duc de Modène dans la Carfagnane : *Castro-Nuovo*.
- Le Domaine du Grand-Duc dans la Vallée de Macra, & dans l'Apennin :
  - *Fila Terra*,
  - *Rocca-Sibyllina*,
  - *Magliana*,
  - *Castiglione*,
  - *Casola*,
  - *Finzano*,
  - *Verrucola*,
  - *Bagone*.
  - Fleuves qui se jettent dans la Macra : { *Bagone*, *Tauarone*, *Utella*, *Bardino* } Qui coulent dans d'agréables Vallées.
  - Fleuves qui coulent dans le Territoire de Gênes : { *Jussolo*, *Ricco*, *Groppoli* } Qui coulent au-delà de la Macra.
- Le Domaine du Grand-Duc, entre la Lunegiane & le Territoire de Gênes :
  - *Arbiano*,
  - *Stadano*,
  - *Caprignuolo*,
  - *Villa*.
- Le Territoire de Sarzane, dépendant de la Seigneurie de Gênes :
  - *Sarzana*,
  - *San-Steffano*,
  - *Sarzanello*,
  - *Luna destrutta*.
- L'Etat de *Massa* & de *Carrera*, autrement la Lunegiane :
  - *Massa*,
  - *Carrera*,
  - *Lauenza*,
  - *Noceto*,
  - *Frigido*,
  - *Orto-Nuovo*,
  - *Gragnana*.
- L'Etat de *Malespina* :
  - *Fosdinouo*, *Fornouo*, ou *Fuordinouo*,
  - *Villa-Franca*,
  - *Ula*,
  - *Gragniola*.
- Domaines du Grand-Duc, entre la Lunegiane & le Luquois :
  - *Pietra-Santa*,
  - *Le Saut de la Biche*,
  - *Mostrone*,
  - *Lago di Monte ignoso*.

La République de Lucques :
- Le Lucquois :
  - *Lucques*,
  - *La Maggiore*,
  - *Montagnoso*, ou *Mont-Ignoso*,
  - *Colodi*,
  - *Massanicoli*,
  - *Viaregio*.
- Vicariat, ou Viguerie, di Minucciano :
  - *Minucciano*,
  - *Cursigliano*,
  - *Albiano*.
- Vicariat di Castiglione :
  - *Castiglione*,
  - *San-Pellerino*.

Fleuves dans l'Etat de Lucques :
- *Serchio*,
- *Lima*,
- *Ozzori*.

La Toscane, ou	Le Florentin:	Villes & Bourgs du Territoire de Florence en deçà de l'Arno:	Florence, Ancise, Monte-Lupo, Empoli, Certaldo, San-Miniato, Poggio-Bontio, Poggio-Imperiale, Castel-Fiorentino, San-Gimignano, Barberino, San-Donato, San-Gioanni, Camaldoli, Seravalle, Monte-Aluerno, Ponte-San-Steffano, Arezzo, Castiglione Aretino, Angliarth, Cortona, Monte-Pulciano.
		Territ. du Bourg du St. Sépulcre.	Borgo di San-Sepulchro.
		Villes & Bourgs du Territoire de Florence au-delà de l'Arno:	Pistoia, ou Pistore, Banga, Monte-Carlo, Alto-Pascio, Bientina, Pescia, Carmignano, Monte-Summano, Seravalle, Monte-Vetolini, Monte-Catino, Prato, Pratolino, Castel-Franco, Terra-Nuova, Fiesoli, Mugello, San-Martino, Scarperia, Vall' Ombrosa, ou Val-Ombreuse.
		Villes & Forteresses de la Romandiole Florentine:	Citta di Sole, Sasso di Simone, Santa-Soffia, Castro-Caro, Pianeta, Duadola, Portice, S. Maria di Bagno, San Petro, Fiorenzuola, Pietra-mala, Castiglione di Gatie.
		Lacs du Florentin:	Bientina, ou Sesto, Fucechio.
		Riviéres de Florentin, qui se jettent dans l'Arno:	Pescia, Ombrone, Stella, Bisentio, Marino, Sterzolo, Mugnone, Siene, } Au Septentrion Era, Elsa, Pesa, Ema, Grone, Ambra, } Au Midi.

Pisa,

l'Hétrurie comprend :

- Le Pisan :
  - Villes & Bourgs sur la Côte :
    - Pisa, ou Pise,
    - Porto di Livorno, ou Livourne,
    - Il-Salvatore,
    - Vadi,
    - Bolgari,
    - Castagneto,
    - Torre a San Vincenzo.
  - Isles de la dépendance de Pise :
    - La Corse,
    - Melloria,
    - Gorgona.
  - Villes & Lieux du Pisan dans les Terres :
    - Volterra,
    - Pont à Era,
    - Verrucola di Pisa,
    - Colle Salviati,
    - Monte Catino,
    - Resignano,
    - Monte-Verde,
    - Labiano,
    - Sillano, ou Rocca di Sillano,
    - Sant-Armazzio,
    - Arno,
    - Era,
    - Cecina.

- Le Siennois :
  - Villes & Lieux du Siennois dans les Terres :
    - Sienna, ou Sienne,
    - Bon-Convento,
    - Monte-Ilcino,
    - Monte-Alcino,
    - Pienza,
    - Chiusi,
    - Paglia,
    - Petriuolo,
    - San-Quirico,
    - Massa,
    - Soana,
    - S. Fiore,
    - Montagnata.
  - Vicariat, ou Territoire de Radicofani : Radicofana.
  - Comté de Petigliano : Petigliano.
  - La Seigneurie de Piombino :
    - Populonia destrutta,
    - Piombino,
    - Porto-Barato,
    - Scarlino.
  - Les Maremnes :
    - Maremna di quà :
      - Castiglione,
      - Buriana,
      - Colonna,
      - Grosseto,
      - Umbrone.
    - Maremna di là :
      - Saturnia,
      - Sanprugnano,
      - Magliano,
      - Monte-Jano,
      - Monte-Marano,
      - Capalbio, ou Caparbio.
      - Ansedonia.
  - Etat de Gli Presidii :
    - Porto-Hercole,
    - Monte-Argentaro,
    - San-Steffano,
    - Orbitello,
    - Telamone.
  - Ombrone : les Fleuves qui s'y jettent sont :
    - Mersa,
    - Farma,
    - Bozzina,
    - Lerita,
    - Orcia.
  - Fleuves du Siennois :
    - Cornia,
    - Alma,
    - Bruna,
    - Osa,
    - Albegna,
    - Piscia.
    - Caldana

	Lacs du Siennois:	Caldana Palude, Lago di Castiglione, Lago Bernardo, Orbitelli Sagno.	
Isles de la Dépendance du Siennois:	L'Isle d'Elbe:	Cosmopoli, Porto-Ferrato, Porto-Longone, Voltorano, Piaza di Procchio, Sant-Andrea, S. Maria del Monte.	
	Isles sur la Côte de l'Isle d'Elbe:	Cerboli, Palmaruvola, Pianosa.	
	Troia-Isola, Monte-Christo, Giglio-Isola, ou l'Isle des Lys, Isola di Hercole, Gianusi.		

On appelle MER DE TOSCANE la partie de la Mer Méditerranée, renfermée entre la Toscane, l'Etat de l'Eglise, le Royaume de Naples, & les Isles de Sicile, de Sardaigne & de Corse. On la nomme aussi Mer de TYRRHENE & de THUSQUE des anciens Thusques, ou Tyrrhéniens Peuples de l'ancienne Hétrurie. Enfin on lui donne le nom de MER INFERIEURE, par opposition au Golphe de Venise qu'on appelle MER SUPERIEURE.

TOSCANELLA, Ville d'Italie dans l'Etat de l'Eglise, au Patrimoine de St. Pierre [a], selon quelques-uns, au Duché de Castro selon d'autres. Cette petite Ville située sur la Marta avoit autrefois un Evêché qui a été uni à celui de Viterbe. Voyez TUSCANIENSES.

[a] La Forêt de Bourgos, Géograph Hist. t. 2. p. 396.

TOSCOLANO, Bourg d'Italie dans le Bressan [b], assez près de la Rive-Septentrionale du Lac de la Garde, entre Salo au Nord Occidental & Gargnano au Midi Oriental. On voit près de ce Bourg les ruines de l'ancienne Benacus.

[b] Magin, Carte du Bressan.

TOSIOPI, Peuples d'Asie, au voisinage de la Galatie selon Plutarque [c].

[c] De Virtutib. Mulier. no. 44.

TOSMUANASSA, Ville de la Bactriane. C'est Ptolomée [d] qui en parle. Le MS. de la Bibliothéque Palatine au lieu de Tosmanassa porte Ebusini Regia.

[d] Lib. 6. c. 11.

TOSSING, ou TASSING. Voyez TASSING.

TOST, petite Ville d'Allemagne, dans la Silésie [e], au Duché d'Oppelen entre Nackel & Tarnowitz près de Strelitz.

[e] Zeyler, Topogr. Silesiæ, p. 185.

TOSTAR, Ville Capitale du Royaume de Courestan, qui est entre le Royaume de Fars, le Golphe Persique, vers Basra & Vaset. Cette Ville, dit Mr. Petis de la Croix [f], dans son Histoire de Timur-Bec, est située à 84. d. 30'. de Longitude, sous les 31. d. 30'. de Latitude. On la croit la plus ancienne Ville du Monde.

[f] Liv. 3. c. 22.

TOSTES, Bourg de France dans la Haute-Normandie [g], au Pays de Caux, à six lieues de Rouen & à pareille distance de Dieppe. Comme il se trouve sur la grande route de l'une à l'autre de ces Villes, les Hôtelleries y sont en assez grand nombre. On y tient Marché tous les Lundis. Son Eglise Paroissiale porte le titre de St. Martin. A une lieue & demie de ce Bourg, & un peu moins de Longueville,

[g] Corn. Dict. sur des Mém dressez sur les Lieux en 1705.

on trouve un gros Village nommé Gonneville, où il y a deux Curez, deux Vicaires & d'autres Ecclésiastiques.

TOSTIENBURG, Abbaye de Filles en Allemagne [h], dans l'Eichsfeld. Le Territoire de cette Abbaye appartient à l'Archevêque de Mayence.

[h] Zeyler. Topogr. Archiep. Mogunt. Add. p. 35.

TOTAI. Voyez TOTTAIUM.

TOTANA, Village d'Espagne, au Royaume de Murcie [i], à quatre lieues de Lorca sur la route qui conduit de l'une de ces Villes à l'autre. Ce Village ou Bourg est bien peuplé; & pourvû qu'il pleuve on y recueille du Bled, de l'Huile & du Vin. On y fait de la soie. Il y a une Paroisse & un Couvent de Religieux de St. François. Totana est une Commanderie qui appartient aux Chevaliers de St. Jacques.

[i] Délices d'Espagne, p 536.
[k] Silva, Poblac. de España, p. 234.

TOTNESS, en Latin Totonesium, Bourg d'Angleterre, dans le Comté de Devon, sur la Rivière de Dart, à trois lieues au-dessus de Darmouth. Il envoye des Deputez au Parlement.

TOTOMI, Province du Japon, sur la Côte Méridionale de l'Isle de Niphon. Elle est bornée au Nord par la Province de Sinano, à l'Orient par celle de Soeroega, au Midi par la Mer, & à l'Occident par la Province de Nicawa. Ses principaux Lieux sont

Jammamats,   Maisacca,
Chachingawa, Cananie.

TOTONACA, Contrée de l'Amérique Septentrionale dans la Nouvelle-Espagne, au Gouvernement de Tlascala. Elle s'étend le long du Golphe de Méxique depuis la Vera-Crux jusqu'à la Province de Panuco & vers les confins du Tutepéque. Du côté du Couchant elle avance jusqu'aux Montagnes d'où la Rivière d'Alméria tire sa source, à quarante lieues ou environ de la Ville de Méxique.

[l] Baudrand, Dict Ed. 1705.

TOTONIS-VILLA, Lieu de la Gaule Belgique. Paul-Diacre [m] dit qu'étant dans ce Lieu vers la Fête de Noel, il mesura à six heures l'ombre de son corps & trouva qu'elle étoit de dix-neuf pieds & demi. Ortelius [n] croit que TOTONIS-VILLA pourroit être là pour THEONIS-VILLA.

[m] Longob. Lib. 1. c. 5.
[n] Thesaur.

TOTTAIUM, Lieu de Bithynie: L'Itinéraire d'Antonin le marque sur la route de Constantinople à Antioche entre Oriens- Medis

Medio & *Dablis*, à vingt-huit milles du premier de ces Lieux & à égale distance du second. Surita prétend qu'il faut lire *Cotyæum* au lieu de TOTTAIUM. Cependant le Code Théodosien [a] fait mention d'une Ville de Bithynie appellée TOTAI.

[a] 12. Tit. de Decurionib.

TOUARCE, Bourg de France dans l'Anjou; Election d'Angers. Ce Bourg est considérable.

TOUARS, ou THOUARS, ou TRENARD, *Toarnum*, *Troarnium*, Abbayes d'Hommes en France dans la Normandie, au Diocèse de Bayeux, de l'Ordre de Saint Benoît, sur la Rivière d'Orne, autrement dite Méance, qui tombe dans celle de Dive à trois lieues de Caën, & à autant de la Mer, près du Diocèse de Lisieux. Elle reconnoît pour son Fondateur Roger du Montgommery, & vaut par an à l'Abbé quatorze mille Livres.

TOUCHÉ (La), Rivière & Ance de l'Amérique Septentrionale, dans la Nouvelle-France. Elle est de la Paroisse du Carbet, sur les Confins de celle du Mouillage. Cette Rivière tombe du Bas de la même Montagne nommée Pitons du Carbet, à une lieue au Nord du Bourg du Carbet. Elle se divise en deux petits Bras avant que de se jetter dans la Mer.

TOUCHES, ET LE CHATEAU DE MONTAIGU, Lieu de France dans la Bourgogne, du Diocèse de Chalon, sur le sommet d'une Montagne. Il y a des Vignes; Montaigu, Bourgneuf, Chaumière, Ertoye & Maison blanche en dépendent.

TOUCHES DE PERIGNE (Les) Bourg de France dans la Saintonge, Election de St. Jean d'Angely.

TOUCHET, Bourg de France dans la Normandie, Election de Vire.

TOUCHOUACCINTON, Nation de l'Amérique Septentrionale, dans la Nouvelle-France. C'est une de celles des Sioux de l'Ouest, située au confluent de la Rivière Saint Pierre & du Mississipi.

TOUÉ (la) THOEDA, Rivière de France, qui prend sa source en Poitou, passe à Thouars, Montreuil-Bellay, & se jette dans la Loire au-dessous de Saumur. Elle est navigable depuis Montreuil-Bellay.

TOUENISSA. Voyez VATINESSA.

TOUGENI. Voyez TUGENI.

TOUGES, Bourg de France, dans l'Armagnac, au Diocèse d'Ausch, Election d'Armagnac.

1. TOUILLON, Baronnie de France, dans la Bourgogne, au Diocèse d'Autun. Ce Lieu est situé en Pays de Montagnes; il appartient à l'Evêque d'Autun, qui y a un Archi-Prêtré. Malmaison, les Métairies de Chassaigne, & les Granges de Juilly en dépendent.

2. TOUILLON, Village de France dans la Franche-Comté, au Diocèse de Besançon. Dans un Pré qui est sur le chemin de Pontarlier au Village de Touillon, on trouve une Fontaine, qui fait un flux & reflux sensible & réglé. Voici la description qu'en fit l'an 1690. un habile Médecin. Elle naît dans un lieu pierreux, & comme elle jette par deux endroits séparez, elle s'est fait deux Bassins, dont la figure lui a fait donner le nom de Fontaine ronde. Dans le premier, qui est le plus élevé, & qui a environ sept pas de long sur six de large, le flux & le reflux de la Fontaine paroît davantage, & il semble qu'une pierre aigue qui est au milieu y soit mise exprès pour mieux faire remarquer les mouvemens de l'eau lorsqu'elle monte, & qu'elle descend. Quand le flux commence, on entend au dedans de la Fontaine comme un bouillonnement; & l'on voit sortir l'eau de tous côtez, qui formant plusieurs petites boules, s'élève toujours peu à peu jusqu'à la hauteur d'un grand pied. Alors étant répandue dans toute la capacité du premier Bassin, elle regorge un peu à côté du second, où l'on voit de même qu'elle croît avec tant d'abondance, que ce regorgement des deux sources en s'unissant fait un Ruisseau considérable. Quand ce reflux se fait, l'eau descend petit à petit, & à peu près en aussi peu de tems qu'elle monte. La période du flux & du reflux dure en tout un peu moins d'un demi-quart d'heure, & le repos qui est entre les deux ne dure qu'environ deux minutes. La descente de l'eau est si évidente, que la Fontaine tarit presque entièrement. Cependant l'un des reflux est régulièrement toujours différent de l'autre, en ce que la Fontaine tarit presque entièrement une fois, & une autre fois il reste un peu plus d'eau dans le Bassin; ce qui continue toujours alternativement, & à même proportion, sans augmenter ni diminuer. Vers la fin du reflux, & lorsqu'il ne reste presque plus d'eau à rentrer, on entend un petit bruit. Quoiqu'on observe ces mouvemens réguliers dans le second Bassin, le reflux y est beaucoup moindre, car il y reste toujours assez d'eau pour entretenir le Ruisseau qu'il produit; & dans le premier Bassin le flux & le reflux sont beaucoup plus remarquables, & à moins que l'eau de la pluye ne le trouble, ou que les neiges fondues ne l'inondent, ils y paroissent toujours aussi sensiblement qu'on l'a dit. Quoique l'eau de cette Fontaine soit claire, fraîche, legère, il semble pourtant qu'elle laisse sur la langue un petit goût de fer. Elle teint aussi les pierres du Bassin d'une couleur de rouille; & comme aux environs il y a beaucoup de Mines de fer, on pourroit croire aussi aisément qu'elle tient un peu de ce métal; cependant après l'avoir pesée, distillée & éprouvée de toutes façons, M. Courvoisier ne trouva pas qu'elle pût être propre aux usages de la Médecine.

TOUKON, Ville de Perse: Tavernier [b] qui dit que les environs de cette Ville sont assez bons, la marque à 84. d. 45´. de Longitude, sous les 43. d. 15´. de Latitude.

[b] Voy. de Perse Liv. 5.

TOUL, Ville de France dans la Lorraine, sur le bord de la Moselle, à cinq lieues de Nancy, & à douze de Metz. Quoique cette Ville n'ait pas sans doute été fondée par Tullus Hostilius troisième Roi de Rome, comme quelques-uns l'on avance; il est néanmoins constant qu'elle est fort ancienne, puisqu'un Savant fait mention d'une Médaille antique sur laquelle on lit TULLO-CIVITAS. Ptolomée [c] la nomme *Tullum* & la donne aux Peuples *Leuci*. Elle a toujours con-

[c] Lib. 2.

conservé le même nom jusqu'à présent, sans prendre celui du Peuple, comme ont fait la plûpart des autres Villes. Les *Leuci* étoient Belges & lorsqu'on partagea la Belgique en deux Provinces, ils furent mis sous la premiére & sous la Métropole de Treves. Leur Territoire étoit de fort grande étendue. Voyez Toulois.

La Ville de Toul, comme sa Métropole Treves avec Metz & Verdun [a], vint au pouvoir des François au commencement de leur établissement dans les Gaules. Elle fut toujours sujette aux Rois d'Austrasie sous les Mérovingiens & sous les Carlovingiens. Après la mort du Roi Raoul, elle fut assujettie du tems de Louis d'Outremer à Othon I. & elle reconnut ses Successeurs pour Souverains.

[a] *Longuerue, Descr. de la France, Part. 2. p. 212.*

Les Comtes Héréditaires s'étoient établis dès l'an 1000. & Alberic nous apprend dans sa Chronique, qu'alors un certain Ulric étoit Comte de Toul du tems de l'Evêque Berthold. Ils se succédérent les uns aux autres durant près de 260. ans, jusqu'à Frédéric Comte de Toul, qui étoit un Seigneur si considérable, que le Pape Innocent II. s'employa pour faire sa paix avec l'Evêque de Toul, Henri, qui étoit frere de Simon I. Duc de Lorraine, & fils du Duc Thierri, & de Gertrude de Flandre, & par conséquent Petit-fils de Robert le Frison, Comte de Flandre.

Le Pape employa pour négocier cette paix un Cardinal Légat, qui étoit assisté de Simon Duc de Lorraine, de la Duchesse Adélaïde sa femme, & de Renaud Comte de Bar.

Le Pape confirma le Traité par sa Bulle datée de l'an 1136. Ce Comte Frédéric n'eut qu'une fille, qui épousa Mathias de Lorraine, fils du Duc Mathieu I. Il n'y eut point d'enfans de ce mariage. La race de ces Comtes étant éteinte, il n'y eut plus d'autre Comte à Toul que l'Evêque & les Ducs de Lorraine, qui succédérent en quelque façon à ces mêmes Seigneurs, & ne prirent jamais la qualité de Comte; ils se contentérent de l'Avouerie de la Ville de Toul; de laquelle Avouerie ils se font fait investir par les Empereurs jusqu'à Charles III. qui a pris l'Investiture de l'Avouerie de la Cité de Toul, avec celle de ces Fiefs Impériaux l'an 1627.

Les Ducs pour leur Droit de Garde & de Protection, levoient par an sur la Ville mille francs Barrois, & ils y exerçoient d'autres Actes de Jurisdiction, même depuis l'an 1552. où la Protection des Rois fut établie. Les Officiers Royaux s'opposérent aux entreprises du Duc, mais inutilement; & elles n'ont cessé que quand le Duc Charles III. fut chassé de ses Etats. Il avoit fait efforts pour s'approprier la Souveraineté des deux Fauxbourgs, & des Abbayes de S. Mansuit & de S. Epvre ou Evre de l'Ordre de S. Benoît, qui sont anciennes & considérables, & les Habitans de ces Fauxbourgs avoient quelquefois été contraints de reconnoître la Jurisdiction du Baillif de S. Mihel.

Le Duc Charles après la paix des Pyrenées, renouvella les prétentions qu'il avoit soutenues avant que de sortir de Lorraine. On renvoya en général les difficultez qui se rencontroient à des Commissaires par le dernier Article du Traité de Vincennes de l'an 1661. & dans le X. du Traité de l'an 1663. on convint que l'on nommeroit de part & d'autre des Commissaires pour régler plusieurs différends entre le Roi & le Duc, entr'autres celui qui concernoit les Abbayes de S. Evre & de S. Mansuit, ce qui n'eut aucun effet, & le Duc fut dépouillé de ses Etats l'an 1670.

La restitution de la Lorraine faite à son petit-neveu Léopold, a encore renouvellé ce différend qui regardoit Toul; mais enfin par l'Article VII. du Traité de Paris de l'an 1718. le Duc a renoncé à ses prétentions sur les Abbayes & sur les Bans de St Mansuit & de St. Evre. Il ne pouvoit plus faire valoir son Avouerie qu'il tenoit des Empereurs & de l'Empire, puisque la Souveraineté de la Ville & de l'Evêché de Toul a été cédée à perpétuité à la Couronne de France par l'Empire au Traité de Westphalie; & le Roi par l'Indult de Clément IX. a les mêmes droits de nomination & de disposition de l'Evêché & des autres Bénéfices du Toulois qu'il a à Metz, & à Verdun.

On commença à fortifier la Ville de Toul sous le feu Roi Louis XIV. après que Nancy eut été rendu au Duc de Lorraine en exécution de la Paix de Ryswick. Cette Ville est située dans un Vallon, qui est un des plus fertiles que l'on puisse voir: Une chaîne de Montagnes [b], & de Côteaux couverts de Cignes, l'entoure à moitié. La Moselle coule près de ses murailles, & y reçoit un Ruisseau, lequel traversant la Ville y fait moudre plusieurs Moulins, & fournit les eaux nécessaires aux Tanneurs & aux Bouchers. Le Roi a fait faire sur la Moselle un très-beau Pont, dont les extrémitez sont terminées par de grandes Chaussées avec des voutes d'espace en espace, pour donner cours aux eaux qui inondent la Prairie dans les débordemens. Les anciens murs de la Ville furent rasés l'an 1700. & l'on forma une nouvelle enceinte flanquée de neuf Bastions royaux, ce qui en a fait une Place très-réguliére & beaucoup plus grande qu'elle n'étoit auparavant. Il y a bon nombre de Couvents & d'Eglises dans la Ville de Toul. La Cathédrale est un fort beau Bâtiment. On compte six mille Habitans dans Toul distribuez sous quatre Paroisses, & sous neuf Baniéres ou Quartiers. Cette Ville a deux Fauxbourgs uniquement considérables par les deux Abbayes qui leur ont donné le nom. L'un des Fauxbourgs s'est appellé le Fauxbourg Saint Evre & l'autre Saint-Mansuit. S. Mansuit fut le premier Evêque de cette Ville. [c] On prétend qu'il n'y eut que six Evêques entre lui & Saint Auspice qui vivoit sur la fin du cinquiéme Siécle. Ce qui fait juger qu'il n'a paru que sous Constantin, ou même sous Constance. S. Evre, *Aper*, fut fait Evêque de Toul vers l'an 410. & on ne sait de combien fut son Episcopat. Cette opinion suppose que ce soit le même que l'ami de Saint Paulin de Nole, de qui nous avons emprunté tout ce que nous avons dit de meilleur & de plus certain de S. Aper.

[b] *Piganiol, Descr. de la France, t. 7. p. 369. & suiv.*

[c] *Baillet, Topogr. des Saints, p. 490. & suiv.*

Il est vrai que le dérangement des Catalogues, ou pour mieux dire la confusion qui se trouve dans la plûpart des Listes des Evêques, sur-tout de ceux qui ont vécu aux V. & VI. Siècles dans les Gaules, a une erreur, lorsqu'on y a trouvé Saint Evre placé après Ursus qu'on fait successeur d'Auspice, qui étoit certainement sur le Siège de Toul du tems de Sidoine Apollinaire, & par conséquent long-tems après la mort de Saint Paulin, à qui ces mêmes Catalogues unissent Saint Evre, comme étant l'ami auquel il a écrit. Cette erreur a passé jusques dans le Catalogue de Claude Robert sans qu'il y ait fait réflexion. Elle n'a point échappé aux savans Messieurs de Sainte Marthe; & on ne peut que loüer l'intention qu'ils ont euë de la corriger. Mais au lieu de dire que si Aper a vécu après Auspice, il ne pouvoit être cet Aper à qui S. Paulin a écrit, ce qui est très-véritable selon leur raisonnement ; ils auroient pû dire, que si Aper étoit celui à qui S. Paulin a écrit, il n'a pû être Evêque de Toul après Auspice. Ce raisonnement n'est pas moins véritable que l'autre, & il auroit remédié peut-être plus sûrement à l'erreur. C'a été sans doute la pensée du Pere le Cointe, qui estimoit que S. Aper Evêque de Toul avoit vécu avant que les François se fussent rendus les maîtres de cette Ville. Dans toutes ses Listes d'Evêques qu'il a dressées, à commencer précisément au tems que l'Eglise Gallicane est devenue Françoise, il met Auspice pour le premier des Evêques François de Toul, prétendant qu'il étoit sur le Siège de cette Eglise, lorsque Clovis fit la conquête du Pays ; mais il ne met aucun Aper après lui parmi ses Successeurs. On peut remarquer à la gloire de cet Auteur que ses Listes d'Evêques sont dressées sur l'examen qu'il a fait de chacun en particulier, & non pas sur des Catalogues copiez & dépendans pour la plûpart des recherches défectueuses des Compilateurs, dont Claude Robert & Messieurs de Sainte Marthe même n'ont pû se défendre. Le Pere Chifflet qu'on fait avoir été très-versé dans l'Histoire des Eglises de ce tems-là, dit fort nettement qu'on ne doit point douter que Saint Aper l'Evêque de Toul étoit celui à qui S. Paulin a écrit. Baronius, qui a fort bien connu le tems de Saint Paulin & de Saint Sidoine Apollinaire, a fait la même chose ; & il faudroit accuser ces deux Auteurs de létargie, ou d'une inadvertance peu honorable pour leur réputation, de prétendre qu'ils ont déplacé Saint Aper, ou qu'ils auroient pû se laisser tromper par quelque équivoque de nom. J'avoue que les noms d'*Aper*, d'*Ursus*, de *Lupus*, de *Leo* étoient si communs aux V. & VI. Siècles, sur-tout dans les Gaules parmi ceux qui étoient de race Gauloise, & dont les familles avoient été sous les Loix & la Langue des Romains, qu'il est très-aisé de se persuader qu'il y auroit eu plus d'un Evêque du même nom sur un même Siège en des tems différens ; mais rien ne favorise mieux encore l'opinion qui fait Saint Aper contemporain de Saint Paulin. Car quand on réussiroit à nous montrer qu'il y a eu sur le Siège de Toul un Aper avant

Auspice, & un second Aper après Auspice, comment viendra-t-on à bout de nous prouver que S. Evre a été ce second Aper plûtôt que le premier ?. Si l'antiquité du tems les effrayoit, (il ne s'agit pourtant que d'une différence renfermée dans un même Siècle dont l'Aper de Saint Paulin auroit tenu le commencement, & l'Aper prétendu Successeur d'*Auspice* & d'*Ursus* la fin) on pourroit les rassûrer par l'autorité d'un Evêque de Toul nommé André de Saussay ; s'ils avoient la simplicité de vouloir s'y fier. Cet Evêque qui n'étoit encore que Curé, quand il fit le Martyrologe de l'Eglise de France, ne fait point difficulté de placer Saint Aper de Toul du tems de l'Empereur Adrien, qui vivoit trois cens ans avant Saint Paulin, sans que l'interêt qu'il a dû prendre depuis sa nomination à ce qui regardoit cette Eglise, & ses prédécesseurs ait pû le retirer de sa bévuë, ou le porter à se corriger. Qui empêche que les Compilateurs de Catalogues, qui la plûpart n'ont fait moins de fautes que ce pitoyable Auteur, que parce qu'ils ont embrassé moins de matiere, n'ayent pû se tromper au-deçà de Saint Paulin, comme ceux de cette opinion s'étoient trompez au-delà ? Si on prétendoit nous obliger de prouver que les Catalogues particuliers des Evêques de Toul sont défectueux, je crois qu'il seroit plus court de renvoyer à ceux qui se sont donné la peine de le faire pour des Eglises telles que celles de Lyon, de Vienne, d'Arles, de Trèves même la Métropole de Toul, & de la plûpart des Eglises de France les plus célèbres dans l'Histoire. Le peu d'interêt que j'ai cru devoir prendre à toute cette question, & ce que j'ai assez marqué dans la Vie de ce Saint, en déclarant que les *Assûrances* qu'on croit avoir sur cela avec toute l'autorité de Baronius, du P. Chifflet, & du P. le Cointe ne *sont pas incontestables*, fait assez connoître la disposition où je suis de séparer l'Aper de Saint Paulin d'avec l'Aper de Toul, dès qu'on nous produira quelque chose de plus vraisemblable. Mais je me crois obligé de déclarer en même tems, que je me retrancherai à l'unique Aper de Saint Paulin dans la persuasion que tout ce qu'on publie des actions de Saint Evre de Toul ainsi détaché, n'a rien que de fort incertain, de quelque antiquité que puisse être l'Auteur de sa Vie.

Le B. Bodon, dit Saint Leudwin, Evêque de Toul au VIII. Siècle, étoit frere de Sainte Salaberge. S. Gérard Evêque de Cologne fut fait Evêque de cette Ville en 963. après Gozelin & mourut l'an 994. S. Léon Pape, IX. du nom, appellé auparavant Brunon, fut élevé à Toul, y fit ses études, fut ensuite Chanoine de l'Eglise, puis Evêque de la Ville en 1026. Il ne quitta point l'Evêché de Toul lorsqu'il fut fait Pape. Il revint même de Rome y faire encore sa visite Episcopale. S. Aloph ou Elof, *Eliphius*, Martyr sous Julien l'Apostat, étoit du Territoire ou de la Ville de Toul. Il y souffrit la mort, & fut enterré dans le Diocèse. Il avoit trois sœurs, Menne, Libaire, Susanne, qui véquirent toutes trois dans une grande sainteté, comme aussi son frere Euchaire,

qui

qui selon quelques uns fut fait Evêque de la Ville, & selon d'autres il le fut de la Ville de Grand; mais qui peut-être ne l'a été nulle part. Quelques uns adjugent Saint Aloph avec son frere & ses sœurs à la Ville de Grand qu'ils prétendent avoir été un Siège Episcopal dans le Pays même des Leuques, dont on croit ordinairement que Toul étoit la Cité. Mais il nous faut de bonnes preuves pour nous persuader que ç'a été un Evêché différent de celui de Toul, & qu'on a vu deux Sièges & deux Evêques en même tems dans un seul Pays. S. Loup Evêque de Troyes, & S. Vincent son frere, qui n'est autre que celui de Lérins selon plusieurs, étoient de la Ville de Toul. Ste Salaberge, Abbesse de Saint Jean de Laon, étoit du Diocèse de Toul. Elle y fut mariée au B. Blandin-Bason en secondes nôces, & y mit au monde Sainte Austrade qui fut Abbesse après elle à Laon, le B. Baudoin & le B. Eustase. S. Vaast Evêque d'Arras avoit été Prêtre de l'Eglise de Toul dans le Diocèse duquel il s'étoit retiré d'Aquitaine. Clovis l'avoit pris à Toul pour se faire catéchiser.

Les Evêques de Toul n'ont pas eu de grands revenus depuis plusieurs Siècles. On n'estime ce Siège que parce qu'il a eu des Evêques distinguez par leur sainteté. Aussi dans le Pays lorsqu'on qualifie les trois Evêchez, on dit *Toul le Saint*, *Metz le Riche*, parce qu'il a toujours eu de grands revenus, & *Verdun le Noble*, parce que ce Siège depuis sept cens ans a presque toujours été tenu par des Princes, ou par des Prélats d'une extraction fort illustre. L'Evêque de Toul qui ne jouït que de 14. ou 15. mille Livres de rente, se qualifie Comte de Toul & Prince du Saint Empire. Le Chapitre de l'Eglise Cathédrale est composé de trente-six Canonicats qui valent huit ou neuf cens Livres de revenu, & de quatre Dignitez; savoir le Grand Doyenné de cinq mille Livres de revenu, la Chantrerie de trois mille Livres, la Tréforerie & l'Ecolâtrerie chacune de mille cinq cens Livres.

Le Diocèse s'étend bien au delà du Gouvernement de Toul & du Toulois, & est un des plus étendus du Royaume. Il comprend la meilleure partie de la Lorraine, depuis Nancy jusqu'au Mont de Vosge. Rambervilliers, Moyen, & Baccarat, qui sont du temporel de l'Evêché de Metz; quelques Villages de Champagne, tout le Pays qu'arrose la Meuse au-dessus de Saint Michel, & la Moselle depuis Pont-à-Mousson jusqu'à leur source, & aux Montagnes qui sont sur les limites du Diocèse de Besançon, & de l'Alsace. On compte 1400. Paroisses dans le Diocèse de Toul; il y a même des Ecrivains qui en comptent deux mille. Il y a encore dans ce Diocèse des Chapitres de Saint-Gengoul, de l'Eglise Primatiale de Nancy, de Saint George dans la vieille Ville de Nancy, de Saint-Dié en Vosge: outre ces Chapitres d'Hommes il y en a encore quatre de Filles, savoir, Remiremont, Epinal, Poussay, & Bouxières. Les Prébendes & les Abbayes sont affectées à des filles d'une Noblesse épurée, & qui pour entrer dans ces Chapitres sont obligées de faire des preuves très-rigides. Le revenu des Prébendes de ces Chapitres est différent. Il y en a qui ne valent que deux cens Livres, & d'autres valent jusqu'à cinq cens Livres. Dans quelques-unes de ces Maisons l'on a ce Privilège, que la même personne peut posséder jusqu'à cinq Prébendes à des conditions qui ne nuisent point au Service Divin. Dans le Diocèse de Toul sont renfermées les Abbayes de:

Saint-Evre,
Saint-Mansuit,
Moien Moutier,
S. Pierre de Senone,
Saint Leopold,
Clairlieu,
Vaux en Ornois,
Escure,
L'Isle en Barrois;
Beaupré,
Haute-Seille,
Sainte-Houx,
Benoîte-vaux,
l'Etang,
Chaumouzey,
Saint Léon de Toul,
Mureau,
Tlabemont,
Jandure,
Bonfay,
Rongeval.

Le Gouvernement civil de Toul est du ressort du Parlement de Metz, & le Présidial de Toul fut créé en 1685. Ce Gouvernement est pour les Finances de la Généralité ou Département de Mets. Le Magistrat de Toul est composé d'un Maire, de trois Echevins, dont un est élu tous les ans, d'un Procureur du Roi, de deux Receveurs alternatifs; d'un Secrétaire, de six Assesseurs, & d'un Commissaire aux revues & logement des troupes. Le Gouvernement militaire a un Gouverneur & Lieutenant-Général. Il fut vendu avec l'agrément du Roi en 1690. par Monsieur de Choiseul à Monsieur le Marquis de l'Hôpital la somme de cent vingt mille Livres. Il a été vendu en 1715. par Monsieur de Melun de Maupertuis à M. de Crecy-Verjus pour la somme de cent trente-cinq mille Livres, & il rapporte près de douze mille Livres. La Lieutenance-Générale rapporte encore plus que le Gouvernement, puisqu'elle vaut environ dix-huit mille Livres par an à celui qui en est pourvu. La Ville de Toul a un Gouverneur particulier, un Lieutenant de Roi, un Major.

TOULA. Voyez TULLE, N°. 2.

TOULI [a], Nom d'une Isle qu'Albergendi, dans le neuvième Chapitre de sa Géographie, dit être située dans le Septentrion au-delà du septième Climat. C'est apparemment celle que les Anciens ont appellée, *Ultima Thule*.

[a] *D'Herbelot, Biblioth. Or. p. 893.*

TOULOIS, ou COMTÉ DE TOUL, *Tullensis Ager*, Gouvernement militaire de France enclavé dans la Lorraine, au Septentrion, à l'Orient & au Midi. Il touche un peu à la Champagne à l'Occident. C'est le Pays des anciens LEUCI, dont César, Strabon, Ptolomée & Pline font mention. Voyez TOUL. Ce Pays étoit autrefois d'une grande étendue, & le Diocèse de Toul qui a les mêmes bornes est le plus grand Diocèse des Gaules, ou de tous les Pays qui sont au-deçà du Rhin. Mais aujourd'hui le Toulois ou le Comté de Toul a des bornes bien plus étroites. Ce Gouvernement comprend le Temporel de l'Evêché de Toul, dont la Souveraineté a été unie à la France dès l'an 1552. par Henri II. Il renferme le Bailliage de Toul, qui est composé de six Prévôtez, dont les plus considérables sont celles de Liverdun, & de Vichery. Le Pays est assez abondant; la Moselle est la seule Rivière remarquable. Ce Gouvernement faisoit autrefois partie de celui de Metz & de Verdun, sous le nom du Gouvernement de trois Evêchez. Il est du Parlement, de l'Intendance & de la Maréchaussée de Metz; il a un Gouverneur de Province, & un Lieutenant-Général, dont les appointemens sont plus considérables que ceux du Gouverneur.

1. TOULON, Ville & Port de Mer de France [a] dans la Provence, avec Evêché suffragant d'Arles. Il n'y a aucun Géographe, Historien, ou autre Ancien qui ait fait mention de cette *Ville de Toulon* avant l'Auteur de l'Itinéraire, qui a marqué *Telo-Martius* à douze milles de *Tauroente*, Ville maritime, autrefois fondée par les Marseillois, de laquelle on ne voit plus de vestige; mais que l'Auteur de l'Itinéraire distingue bien de Toulon, & réfute par-là invinciblement quelques Ecrivains modernes qui ont confondu ces deux Villes.

[a] *Longuerue, Descr. de la France,* 1. Part. p. 359.

On lit dans la Notice de l'Empire, qu'il y avoit une Teinturerie à Toulon qui avoit un Intendant Impérial; qui est appelé *Procurator Báphiorum*; ainsi cette Place étoit célèbre dès la fin du quatrième Siècle.

Toulon a été nommé en Latin [b], *Telo*, *Telonium*, & *Telo-Martius* d'un Tribun de ce nom qui y conduisit une Colonie. Le Pere Hardouin, dont l'esprit égale la vaste érudition, conjecture que Toulon pourroit bien être le *Portus Citharista* dont parle Pline. Sa conjecture est d'autant plus vraisemblable, qu'Antonin dit que ce Port est éloigné de Marseille de trente Milles, & c'est précisément la distance qu'il y a de Marseille à Toulon. Cette Ville est dans une situation admirable, exposée au Midi, & couverte au Septentrion par des Montagnes élevées jusqu'aux nues, qui rendent son Port un des plus grands & un des plus sûrs qui soient au monde. C'est une assez grande Ville. Le Bâtiment de son Eglise Cathédrale est peu de chose; mais la Chapelle de Notre-Dame est un lieu de dévotion qui y attire un grand concours de peuple. On trouvera dans une des rues de la Ville une allée d'Arbres qui forment une espèce de Cours. Le Port est un des plus connus de l'Europe. Il est destiné aux Vaisseaux de guerre. On y distingue deux différens Ports, le vieux & le nouveau, qui communiquent l'un à l'autre. La Ville est généralement très-mal propre en beaucoup d'endroits; le Quartier neuf est assez bien bâti; sa place est un quarré long, elle est bordée d'Arbres, & les Gardes de la Marine y font l'exercice. La Maison des Jésuites est dans ce Quartier; elle est assez belle, & ils y ont un Séminaire pour les Ecclésiastiques qui servent d'Aumôniers sur les Vaisseaux. Il y a aussi dans cette Ville plusieurs Couvens de Religieux & de Religieuses, sans compter la Maison des Prêtres de l'Oratoire, qui ont le Collége. L'Hôtel de Ville est dans le Quartier vieux, sa principale entrée est sur le Quay qui regne le long du Port. Cette Maison

[b] *Piganiol, Descr. de la France,* t. 4. p. 166.

n'est remarquable que par deux beaux Termes de pierre qui sont aux côtez de la grande Porte; ils semblent soutenir un Balcon, & représentent deux hommes qui avoient déplu au Sculpteur. Ces Termes sont du fameux Pierre Puget, & ont fait l'admiration du Cavalier Bernin. Le Parc, ou Arsenal est à une des extrémitez de ce Quay. Il est composé de tous les lieux qui sont nécessaires pour la construction, & pour l'armement des Vaisseaux. On y voit la Corderie, qui est un lieu surprenant pour sa longueur. Elle est toute voutée, & à perte de vue. On y fait les Cables, & dans l'étage de dessus une infinité d'Ouvriers préparent des filaces & les Chanvres. Les Ecoles des Gardes de la Marine servent à les faire travailler aux Mathématiques, au Dessein, à voltiger, à faire des armes, & aux autres exercices qui leur conviennent. La Salle d'armes est un grand Magasin, où se font les Mousquets, Fusils, Pistolets Hallebardes, & autres armes nécessaires aux armemens des Vaisseaux. La Sainte Barbe est un autre Magasin destiné pour tous les ustensiles des Canonniers. L'Artillerie est aussi dans un bon ordre. On voit encore les lieux, où l'on fait la Menuiserie, & la Tonnellerie, où dans un lieu très-vaste on montre un nombre infini de futailles pour embarquer les vivres & les boissons. On entre dans un autre lieu qui est à côté, où l'on travaille à leur construction. Les Maillets font ici un si grand bruit, qu'il est impossible qu'on s'y entende parler. On se rend delà au Parc de l'Artillerie, où il y a des Canons en piles, comme on met des planches dans un Chantier. Outre ces Canons on y voit un nombre infini de Bombes, de Grenades, de Mortiers, de Boulets à deux têtes, & de différentes espèces, rangés tous dans un endroit à faire plaisir. Les Ancres bordent tout le tour du Canal qui environne le Parc. On découvre delà les Forges qui en sont éloignées, & les Cyclopes qui battent le fer. La Salle des voiles est fort longue, & les yeux s'égarent par la quantité de choses qu'on y voit. On y trouve tout ce qui est nécessaire à un Vaisseau. Il y a un nombre infini d'Ouvriers qui travaillent: & enfin pour voir tout ce qui compose cet admirable Arsenal, on peut monter au-dessus de la Salle des voiles, où l'on poisse, & où l'on met le gaudron aux cables. La Fonderie des Canons mérite d'être vue. On y voit travailler à toutes les choses nécessaires pour fondre le métal, & mettre les moules en état de recevoir la matière. La Boulangerie Royale & les Fours; tout cela peut être vu en passant. On doit aller ensuite au Chantier de construction. Rien n'est si curieux ni si surprenant que de voir lancer à l'eau quelque Vaisseau, puisque d'abord qu'on a ôté les étages qui sont au devant du Vaisseau neuf, & qui arrêtent la Machine, elle va avec un bruit impétueux prendre sa place dans l'eau, où l'on croit qu'elle va être engloutie, & s'y tient cependant comme si elle y avoit été bâtie. On ne peut sans beaucoup d'étonnement voir en un quart d'heure de tems une masse si grosse & si lourde partir comme d'elle-même, avec une

une rapidité incroyable, & se mettre en Mer si facilement.

[a Longuerue. Ibid.] ᵃ Toulon fut sujette aux mêmes événemens & révolutions que le reste de la Provence; cette Ville fut ruinée par les Sarrazins, dans le commencement du dixième Siècle, & on ne voit pas qu'elle ait été rétablie qu'après l'an 1000. par les Vicomtes de Marseille, qui en étoient Seigneurs. Comme les Sarrazins ou Mores étoient puissans sur Mer, ils attaquèrent dans le douzième Siècle deux fois Toulon, & ils le prirent l'an 1176. & l'an 1197. A toutes les deux fois, ils ruinèrent la Ville, & ils emmenèrent les Habitans Esclaves en Barbarie.

Les Marseillois qui avoient acquis le Vicomté de Marseille, cédèrent à Charles I. ce qui avoit appartenu à ces Vicomtes, tant à Toulon qu'aux Villes voisines. Depuis ce tems-là la Ville de Toulon se maintint & s'accrut sous la protection de ses Princes, les Rois de Sicile & de Naples Comtes de Provence. Son Port est un des plus assûrez de toute la Méditerranée; il est aussi un des plus capables, puisqu'il a neuf mille pas de tour. Son entrée est défendue par plusieurs Forts, & ces Ouvrages ont été augmentez depuis que la Provence fut envahie l'an 1707. par une grande Armée ennemie, commandée par Victor Amédée II. Duc de Savoye & soutenue par une grande Flote. Toulon résista à tant de forces, qui se joignirent pour l'attaquer.

[b Piginiol, ubi sup.] ᵇ Depuis ce tems-là on a ajouté de nouvelles Fortifications aux anciennes, & on a commencé à bâtir une Citadelle qui est avancée. Son Port est un des plus beaux de l'Europe. On entre d'abord dans une grande Rade la plus sûre qu'il y ait, & dont l'entrée est défendue par un grand nombre de Batteries & de Forts, parmi lesquels la grosse Tour est le plus considérable. Le Port est à une des extrémitez de cette Rade. L'entrée en est si étroite, que les Vaisseaux n'y peuvent entrer qu'un après l'autre, & elle est défendue par plusieurs bonnes Batteries revêtues & bien munies de Canon. Au fond de ce Golphe est la Ville, laquelle embrasse le Port. Il est partagé en deux par une grosse jettée de pierres. Il est couvert par une partie de l'enceinte de la Ville. On voit quelquefois sur ce Port un Spectacle assez divertissant: on l'appelle la Targue; c'est une espèce de Joute. On arme plusieurs Bâtimens, sur lesquels on met horizontalement une planche large de neuf à dix pouces, & d'environ quatre pieds de saillie. Le Champion qui doit jouter est debout sur l'extrémité cette planche & en calçon, tenant de la main droite une Lance sans pointe, & de la gauche une espèce de Bouclier qu'on nomme Targue, & qui donne le nom à ces Joutes. Les Bâtimens ayant chacun leurs combattans, vont les uns contre les autres à force de rames, & au bruit des Trompettes. Les combattans se couvrent de leurs Targues, & se présentent leurs Lances pour se culbuter. Celui qui en renverse davantage sans s'ébranler remporte le prix. Louïs Ferrand Avocat au Par-

lement de Paris, & très-savant dans l'Antiquité & dans les Langues Grecques & Orientales, étoit né à Toulon en 1645. & mourut à Paris en 1699. Il a donné plusieurs Ouvrages au public, entr'autres un gros Commentaire sur les Pseaumes. Toulon a été affligée de la peste au commencement de l'an 1721. cette maladie s'y étant déclarée avec beaucoup de chaleur au mois de Mars de cette année.

Il n'y a aucun Monument certain qui fasse mention de l'Eglise de Toulon, & de ses Evêques avant le milieu du cinquième Siècle. Elle avoit alors un Evêque appellé Honorat, que Saint Léon *le Grand* nomme dans une Lettre écrite aux Evêques des Gaules. Il est fait mention des Evêques de Toulon dans le sixième Siècle, où ils comparurent & signèrent au Concile de France. C'est pour lors qu'on commença à altérer le nom Telo en Tolo. St. Cyprien [cc Baillet, Topogr. des Saints, p. 495.] fut Evêque de Toulon après Gratien, vers l'an 516. & il est compté pour le troisième ou le quatrième des Evêques de la Ville. Il mourut avant l'an 549. où l'on voit que Pallade son Successeur a souscrit au cinquième Concile d'Orléans. Il est le second Patron ou Titulaire de l'Eglise après la Sainte Vierge. On honore encore un Martyr de ce nom dans la même Ville.

L'Evêché de Toulon est d'une très-petite étendue; car il n'a que vingt-cinq Paroisses ᵈ, parmi lesquelles Sixfours est Collégiale depuis l'an 1650. Cuers & Hiéres le [d Piginiol, t. 4. p. 95.] font aussi; Cuers depuis l'an 1650. & Hiéres en 1572. On croit qu'Honoré ou Honorat fut le premier Evêque de Toulon. Le Chapitre de la Cathédrale est composé d'un Prévôt, d'un Archidiacre, d'un Sacristain, d'un Capiscol, & de huit autres Chanoines, dont l'un est Théologal. Il y a dans ce Diocèse une Abbaye de Filles de l'Ordre de Cîteaux, fondée l'an 1243. près du Château d'Hiéres. Elle a été ensuite transférée, à cause des Guerres, en l'Eglise de Saint Etienne du Pont qui est aussi du Diocèse de Toulon. Cette translation se fit en vertu d'une Bulle ou Rescript Apostolique du Pape Benoît XIII. datée du 11. des Calendes de Mars de l'an 1406. lorsqu'il étoit encore reconnu pour Pape légitime. Cette Abbaye jouït d'environ neuf ou dix mille Livres de rente.

La BAYE DE TOULON, qui a de bons mouillages, dit Michelot ᵉ, est de l'autre [e Portulan de la Médit. p. 71.] côté du Cap Sepet, environ deux milles vers l'Ouest-Nord-Ouest de la Pointe de ce Cap; & au dedans du Cap, il y a une petite Calanque entre deux grosses Pointes, qu'on appelle communément LE CREUX DE ST. GEORGE, vis-à-vis duquel on mouille avec les Galéres par 8. 10. 12. 15. Brasses d'eau, fond d'herbe vaseux, portant une amarre sur la Pointe de l'Ouest si l'on veut. Mais il ne faut pas s'enfoncer dans la Calanque de St. George, parce que le fond manque tout à coup. Les Vaisseaux du Roi & autres mouillent un peu plus au large, dans le Lieu qu'on appelle ordinairement la grande Rade. On peut mouiller aussi entre les deux Tours de Balaguier & de l'Eguillette, ou vers le milieu de la Baye: on y à 8, & 10. Brasses d'eau. Entre la Pointe du Cap Sepet & celle du Creux Saint George il y a une grande Infirmerie qu'on appelle l'Hôpital de St. Louis, où St. Mandry ; & lorsqu'on va du Cap Sepet à Saint George, ou à la grande Rade, il faut prendre garde à une Madrague qu'on met pendant l'Eté presque à moitié chemin, vis-à-vis d'une grosse Pointe.

Environ à une demi-lieue au Nord-Ouest de la Pointe de St. George, est une grande Tour ronde, revêtue & armée de Canons, & située sur le bord de la Mer. On l'appelle la TOUR DE BALAGUIER. Entre les deux il y a un enfoncement, à l'Est duquel on trouve le Lazaret ou l'Infirmerie. Ce sont de basses Terres, bordées de grandes Plages de sable, où ordinairement les Vaisseaux en tems de contagion mouillent pour faire Quarantaine. A 360. toises, ou environ, au Nord quart de Nord-Est de la Tour de Balaguier, il y a une autre grande Tour quarrée, revêtue d'une Fausse-Braye, & située sur le bord de la Mer. On l'appelle la TOUR DE L'EGUILLETTE. On peut mouiller entre ces deux Tours à discrétion, par 4. 5. à 6. Brasses d'eau.

A l'Est de la Tour de l'Eguillette, environ 650. toises, il y en a une autre encore sur le bord de la Mer & qu'on appelle LA GRANDE TOUR. Elle est aussi revêtue d'une Fausse-Braye. Toutes ces Tours sont bien armées. Elles défendent généralement toutes les Rades de la Baye & les approches de Toulon. Il ne faut pas ranger cette Tour à plus de deux longueurs de cables, pour le moins, d'autant qu'il y a une longue Pointe qui s'avance sous l'eau fort au large & où il y a fort peu d'eau. Environ à 400. toises au Sud-Sud-Ouest de la grande Tour, il y a un petit Banc de sable, sur lequel on ne trouve que 5. Brasses d'eau, & aux environs on en a 10. à 12. Il y en a un autre petit au Nord-Ouest quart d'Ouest de la même Tour, environ à 250. toises. On ne trouve que trois Brasses & demie d'eau sur ce Banc.

De l'autre côté de ces deux dernières Tours, en allant vers le Nord, il y a encore un grand enfoncement ; & du côté du Nord de la grande Tour, environ un mille & demi est la Ville de Toulon, qui est très-considérable, tant par sa Baye incomparable, que par la bonté & beauté de ses Ports ou Darses, & par les armemens que le Roi y fait, outre les Fortifications dont elle est entourée. Il y a aussi plusieurs Batteries qu'on a nouvellement fait en différens endroits de cette Baye pour en défendre les approches. Lorsqu'on vient du large, & qu'on veut aller mouiller à la petite Rade, qui est vis-à-vis de la Ville à l'ouverture du Vieux Port, ou qu'on veut entrer dans les deux Ports, il faut prendre garde à une Seche qu'on appelle la Tasse, qui est presque vis-à-vis la grande Tour, sur la droite en entrant, un peu en dedans, à une bonne longueur de cable, sur laquelle il n'y a qu'un à deux pieds d'eau ; c'est pourquoi, soit en entrant ou en sortant, il faut s'en éloigner à discrétion, ensuite gouverner droit par le milieu de la Ville, où l'on trouvera 8. 7. 6. jusqu'à 3. Brasses d'eau, fond de vaze & herbiés, jusqu'au proche l'entrée du Vieux Port, qui est du côté de l'Est. Ordinairement les Galéres mouillent vis-à-vis de cette entrée, comme nous avons dit, par 3. à 4. Brasses d'eau, la Commandante & quelques autres portent des amarres proche l'entrée du Port à des arganaux qui y sont posez exprès, ayant une bonne ancre vers le Sud-Sud-Ouest pour rester affourche, à cause du Nord-Ouest qui y est fort violent.

Les Vaisseaux du Roi sont ordinairement dans l'un ou l'autre Port qui se ferment à chaîne le soir : mais lorsqu'ils arment, ils viennent mouiller à la petite Rade dont il a été parlé ci-dessus, proche la Côte de l'Est ; on appelle ce Lieu le Morillon.

Du côté de l'Ouest de la Ville de Toulon, environ à quatre milles, on voit un grand enfoncement, au fond duquel est un grand Village nommé LA SEINE, situé sur le bord de la Mer. On y peut aller mouiller avec des Vaisseaux médiocres ; mais il faut passer par le milieu pour aller d'une terre à l'autre, parce qu'il y a fort peu d'eau aux côtez, le fond étant vaseux avec de grands herbiés. Il y a pourtant assez proche de la Seine 3. 4. à 5. Brasses d'eau. Le Traversier de la petite Rade est l'Ouest-Nord-Ouest ; & celui de la grande Rade est l'Est-Nord-Est ; & le Nord-Est y est aussi fort rude. La Latitude est 43. d. 9'. & la variation 6. d. Nord-Ouest.

Environ à un quart de lieue de la grande Tour est le Fort des Vignettes. C'est une espèce de Tour, ou Ras d'eau qu'on y a fait nouvellement, avec une Batterie auprès du côté de l'Est, & devant laquelle on peut mouiller, au cas qu'on ne puisse gagner la Rade. On y est à couvert des Vents de Nord-Ouest, Nord & Nord-Est ; & l'on y a 12. à 15. Brasses d'eau, assez proche de terre.

Au Nord-Est du Cap Sepet, environ à 4. ou 5. milles, est la Pointe de Ste. Marguerite, qui est fort escarpée. Sur le haut on voit une Eglise & quelques Maisons auprès. Entre la grande Tour & cette Pointe la Côte est haute & fort escarpée. Il y a trois à quatre Batteries de Canons & de Mortiers.

Enfin à trois ou quatre milles vers le Sud-Est de la Pointe de Ste. Marguerite, il y a une grosse Pointe qu'on appelle Querqueragne, qui forme du côté du Nord-Ouest une petite Anse de sable, où l'on peut mouiller avec des Galéres dans une nécessité, y ayant cinq à six Brasses d'eau, fond d'herbe vaseux. On y est à couvert des Vents de Sud-Ouest, & il n'y a que l'Est-Nord-Ouest qui y donne à plein. La Pointe de Querqueragne termine la Baye de Toulon de ce côté-là.

TOULON EN CHAROLOIS, Bourg de France, dans la Bourgogne, au Diocèse d'Autun. Ce Bourg est à sept lieues d'Autun, à quatre de Montcénis, & à six de Charoles, sur la Rivière d'Arroux, qui sépare en cet endroit le Charolois de l'Autunois. Il y a un Dépôt & une Chambre à Sel, qui dépend de Paray-le-Monial. C'est la la quatrième Communauté qui député aux Etats du Charolois. Il y a un Prieuré de Bénédictines, sous le vocable de Notre-Dame de Champehanoux. L'on pêche dans la Riviére des Saumons. De l'autre côté de l'Arroux est le Village de Toulon en Bourgogne, auquel ce Bourg se communique par un Pont de treize arcades. La Riviére seroit navigable jusqu'à Toulon, si l'on coupoit quelques petits Rochers, à deux lieues de-là, qui sont à fleur d'eau, ce qui faciliteroit le Commerce du Charolois avec Paris. Il y a plusieurs Lieux qui dépendent de ce Toulon, savoir le Bois de Toulon, l'Abergement & Remangé, qui sont trois Hameaux. Les Grandeurs, la Grange, la Maillotte, Marimban, Aubigny, le Sacq & le Boulet, qui sont dépendans des Granges.

TOULONJEON, Comté de France dans la Bourgogne, au Diocèse d'Autun.

a Petis de la Croix, Hist. de Timur-Bec, Liv. 4. c. 5.

TOULOUBAN, Ville des Indes [a], dans la Province de Multan, à trente-cinq milles de la Ville de ce nom, sur le bord de la Riviére de Multan.

TOULOUSAIN, Contrée de France dans le Haut-Languedoc. C'est proprement le Pays des environs de Toulouse. Il est composé des Diocèses de Toulouse & de Rieux, & de la partie de celui de Montauban qui est dans le Languedoc. C'est ce qui étoit resté au dernier Comte de Toulouse après la Guerre des Albigeois. Ce Pays n'est presque que de Plaines, belles & abondantes en Bleds, entrecoupées de Riviéres & de Ruisseaux, qui forment de belles Prairies. On y recueille des Vins qu'on consomme dans le Pays, beaucoup de Millet & du Pastel. Cette derniére graine qui est beaucoup plus belle que celle de l'Indigo, sert particuliérement pour le bleu. Sa Ville Capitale est Toulouse; les autres Villes sont Rieux Evêché, Castel-Sarrasin, & Grisolles; sa principale Riviére est la Garonne. Le Canal Royal de Languedoc y prend sa naissance.

TOULOUSE, Ville de France, dans le Haut-Languedoc, dont elle est la Capitale, comme de toute la Province de Languedoc. Cette Ville, située sur le bord Oriental de la Garonne, dans le Pays des anciens Tectosages, est une des plus anciennes Villes des Gaules, puisque Trogue Pompée & plusieurs autres anciens Auteurs assûrent qu'elle étoit la Patrie des Tectosages qui ravagérent la Gréce du tems de Brennus, près de deux-cens quatre-vingt ans avant Jésus-Christ. Elle est nommée *Tolosa*, par César [b], *Tolosa-Colonia* par Ptolomée [c], *Urbs-Tolosatium* par Sidonius Apollinaris [d], & *Civitas Tolosatium* dans la Notice de la Gaule. C'étoit anciennement comme aujourd'hui une Ville d'une grande étendue, & elle étoit divisée en cinq parties suivant ce vers d'Ausone [e]:

b Lib. 1. Bel. Gal. c. 10.
c Lib. 2. c. 10.
d Lib. 4. Epist. 17.
e Epist. 23. v. 83.

Quincuplicem socias tibi Martie Narbo Tolosam.

On lui donna l'Epithéte de PALLADIA, soit à cause du culte que ses Habitans rendoient à Pallas: soit à cause des Oliviers qui sont l'Arbre de cette Déesse & qui croissent en quantité dans le Territoire de cette Ville; soit enfin à cause du goût que ses Habitans ont toujours eu pour les Sciences & pour les Belles-Lettres, selon ces vers du Martial [f]:

f Lib. 9. E. pigram. 101.

Marcus Palladia non inficianda Tolosa
Gloria, quem genuit pacis alumna quies.

Le premier vers de cette Epigramme fait voir que Martial entend parler de l'étude des Belles-Lettres:

Marcus amat nostras Antonius, Attice, Musas.

Toulouse étoit encore considérable par sa magnificence, car il y avoit un Capitole. On y voyoit aussi un Temple célèbre dans tout le voisinage, & fameux entre autres par ses richesses, auxquelles personne n'osoit toucher. Justin & quelques autres Historiens [g] ont cru que les Tectosages enlevérent le Trésor du Temple de Delphes, & que pour appaiser la colere d'Apollon, qui les désoloit par une cruelle peste, ils jettérent ce Trésor dans le Lac de Toulouse.

g Strabo. Lib. 4.

Cette Ville fut prise sur les mêmes [h] Tectosages par le Consul *Servilius Cæpion* l'an 648. de la Fondation de Rome, selon l'époque de Varron, cent six ans avant l'Ere Chrétienne. Ce Consul enleva de grands Trésors que les Habitans y avoient amassez de longue main, & entre autres le Trésor du Temple d'Apollon; tous les Historiens & les autres Auteurs assûrent que *Cæpion* finit malheureusement, & fut puni avec tous ceux qui avoit eu part à son Sacrilège, ou qui dans la suite eurent quelque partie de cet or de Toulouse; c'est delà qu'est venu le Proverbe *Aurum Tololosanum*, dont on s'est servi pour désigner une chose qui attire un très-grand malheur à celui qui l'acquiert. Ce Temple d'Apollon, qui étoit à Toulouse, a fait confondre, même dans l'Antiquité, cet or de Toulouse avec celui du Temple de Delphe; & quelques-uns se sont imaginez que Brennus, Général des Gaulois, ayant pillé le Temple de Delphe, les Gaulois, & sur-tout les Tectosages, avoient remporté leur Butin dans leur Pays. Strabon a bien réfuté dans le quatrième Livre de sa Géographie ce que ces Ecrivains avoient avancé, & il fait voir que leur opinion est contraire aux choses les plus assûrées dans l'Histoire, parce que le Temple de Delphe avoit été pillé par les Phocéens avant la venue des Gaulois, lesquels, bien loin de prendre la Ville de Delphe, & de pouvoir piller son Temple, furent repoussez avec perte; & ayant été ensuite battus en plusieurs rencontres, ils périrent tous sans qu'il s'en sauvât un seul. Quoique Toulouse fût une des Villes des plus célèbres de l'Empire Romain, néanmoins elle ne fut jamais Métropole ou Capitale de Province sous les Empereurs. Ce fut sous les Rois des Wisigots, qui y établirent leur Résidence, qu'elle devint une Ville Royale, reconnoissant toutefois pour Métropole Ecclésiastique Narbonne, dont elle n'a été soustraite que l'an 1317. par Jean XXII. Ce Pape divisa le grand Diocèse de Toulouse en plusieurs, où il mit des Evêques, leur donnant pour Métropolitain, le Cardinal Jean Raymond de Com-

h Longuerué, Descr. de la France, Part. 1. p. 228.

minges, qui fut le premier Archevêque de Toulouse.

A l'égard de la Jurisdiction temporelle, après avoir été entre les mains des Officiers de l'Empire Romain, elle fut assujettie aux Wisigots, lorsque le Roi Ataulphe s'établit dans les Gaules au commencement de cinquième Siècle.

Cent ans après, ou environ, Clovis ayant défait Alaric, s'empara de Toulouse, & laissa cette Ville à ses Successeurs, qui la gouvernèrent par des Officiers qu'on nommoit Comtes. Dagobert la donna l'an 628. à son frere, le Roi Aribert, qui y établit sa Résidence; mais ce Prince ayant à peine régné trois ans, mourut, & son Etat revint sous la domination de Dagobert, qui laissa la Ville de Toulouse à son fils Clovis II. Roi de Neustrie.

Les Princes Mérovingiens en ont toujours été les Maîtres jusqu'au commencement du huitième Siècle. Ce fut pour lors que le Duc Eudes, qui se rendit absolu dans l'Aquitaine, s'empara aussi de Toulouse, qu'il défendit contre les Sarrazins l'an 721. Onze ans après ils la prirent & la saccagèrent avec Bourdeaux, & la plûpart des Villes d'Aquitaine qu'ils ne conservèrent point, parce qu'ils furent défaits près de Poitiers par l'Armée Françoise, commandée par Charles Martel Maire du Palais; ainsi Eudes jouït, comme auparavant, de l'Aquitaine, & laissa cet Etat à son fils Hunaud à qui Gaifre son fils succéda. Le Roi Pépin, fils de Charles Martel, fit une cruelle guerre à Gaifre, qui perdit enfin tous ses Etats & la vie.

Pépin s'empara l'an 767. de la Ville de Toulouse, que lui & ses Successeurs gouvernèrent par des Comtes, qui n'étoient que de simples Officiers, jusqu'au tems de Charles le *Simple*, qui perdit presque toute son autorité, & fut déposé & mis en prison où il mourut; ce fut sur la fin du Règne de ce Prince que Régimond ou Raymond se rendit absolu à Toulouse vers l'an 920. Il eut pour héritier son fils Raymond Pons. Ces premiers Comtes de Toulouse prenoient la qualité de Ducs & Marquis d'Aquitaine, quoiqu'ils n'eussent qu'une petite portion d'un si grand Pays, n'étant Maîtres au commencement que de l'ancien Territoire de Toulouse & du Quercy, n'ayant aucune autorité sur le reste de la Gothie ou Septimanie, appellée aujourd'hui le Languedoc.

Le Comtes descendans du premier Raymond jouïrent de cet Etat, de pere en fils, jusqu'à Guillaume, qui vivoit dans le onzième Siècle, & ne laissa qu'une fille nommée Philippia, qui épousa le Duc Guillaume pere du dernier Duc d'Aquitaine; elle ne succéda pas à son pere, parce que son oncle Raymond de Saint Gilles, Comte de Quercy & frere de Guillaume Comte de Toulouse, se trouvant le plus fort en cette Ville, s'en empara. Il prit ensuite le premier le titre de Duc de Narbonne, sans aucun droit, & il fit la guerre pour chasser de Provence le Comte Gilbert. Raymond en allant à la Terre Sainte désigna Comte de Toulouse son fils Bertrand, qu'on croit avoir été Bâtard & non pas légitime, & qui mourut sans enfans l'an 1114. ou 1115.

Après la mort de Bertrand, Guillaume Duc d'Aquitaine soutenant les droits de sa femme, attaqua Toulouse & la prit; mais il en fut dépossédé par Alphonse fils légitime de Raymond de Saint Gilles. Le dernier Guillaume Duc d'Aquitaine & sa fille Eléonor héritèrent des droits de Philippia, qu'Henri II. Roi d'Angleterre, mari d'Eléonor, soutint contre Raymond Comte de Toulouse, fils d'Alphonse, & en demanda justice à Louis le *Jeune* Roi de France. Le Roi Louis accorda les Parties à cette condition, que la propriété du Comté de Toulouse demeureroit à Raymond, qui seroit tenu d'en faire foi & hommage au Roi d'Angleterre Duc de Guyenne, ce qui fut exécuté. Richard fils du Roi Henri & d'Eléonor demanda l'hommage du Comté de Toulouse; mais cette affaire fut terminée l'an 1196. lorsque Raymond, dit le *Vieux*, Comte de Toulouse, fils d'Alphonse, ayant épousé Jeanne fille d'Henri & d'Eléonor, & Sœur de Richard, ce Roi céda tous ses droits sur le Comté de Toulouse au Comte Raymond; ce fut le même Raymond, qui s'étant déclaré Protecteur des Albigeois, fut poursuivi par le Pape Innocent III. qui donna le Comté de Toulouse à Simon de Montfort, Général des Catholiques, du consentement de Philippe-Auguste; ce qui détermina Raymond, abandonné par le Roi son Seigneur Féodal, à reconnoître un autre Seigneur ou Souverain, qui fut Pierre Roi d'Arragon, à qui le Comte fit foi & hommage. C'est-là l'origine du Droit que les Arragonnois prétendoient sur le Comté de Toulouse, auquel ils renoncèrent par la Transaction passée entre Saint Louis & Jacques Roi d'Arragon l'an 1258.

Simon de Montfort ne put se maintenir dans sa Conquête, de sorte que son fils Amaury céda ses droits à Louis VIII. pere de Saint Louis. Raymond le *Jeune*, fils & Successeur de Raymond le *Vieux*, fit sa paix avec le Roi de France & avec l'Eglise, & transigea l'an 1228. avec Saint Louis. Par ce Contract la Princesse Jeanne, fille de Raymond, fut accordée avec Alphonse Comte de Poitiers & frere du Roi. On convint que Jeanne succéderoit aux Etats de son pere, & qu'en cas qu'elle & son mari vinssent à mourir sans enfans mâles, le tout seroit réuni à la Couronne. Raymond mourut l'an 1249. & eut pour Successeur sa fille Jeanne & son gendre Alphonse, qui finirent leurs jours l'un & l'autre peu après la mort de Saint Louis, l'an 1170. après quoi le Roi Philippe le *Hardy* prit possession du Comté de Toulouse, & le réunit à la Couronne.

Il y avoit dans Toulouse un Amphithéâtre, un Capitole & plusieurs autres Monumens superbes; mais les Wisigots, Nation Barbare, ayant choisi Toulouse pour être la Capitale de leur Empire [a], & jaloux de la gloire des Romains, ont ces Monumens conservoient encore la mémoire, les ruinèrent de fond en comble, en sorte qu'il n'en reste d'autres vestiges que quelques Mazures de l'Amphithéâtre près du Château S. Michel. La Ville de Toulouse étoit autre-

[a] *Pignial, Descr. de France, t. 4. p. 377. & suiv.*

autrefois divisée en Bourg & Cité; mais en 1346. le Bourg fut enfermé dans la Ville, & depuis ce tems-là il ne reste plus de différence entre ces deux parties. Quoiqu'il n'y ait point de Ville dans le Royaume plus avantageusement située pour le Commerce que Toulouse, il ne s'y en fait cependant presque point. Le génie des Habitans n'est point tourné de ce côté-là, & les porte plus volontiers à jouir de la Noblesse que leur donne le Capitoulat, ou à entrer dans les Charges de robe. C'est-là le parti que prennent ordinairement les enfans des Marchands distinguez, & ce qui fait que Toulouse, une des plus grandes Villes du Royaume, est une des moins riches, & n'est pas même fort peuplée; il y a quelques rues fort longues, & qui vont d'une de ses Portes à l'autre. Les Maisons en général n'y sont point fort magnifiques; tout y est de brique, & il n'y a pas de pierre de taille. Il ne laisse pas d'y avoir quelques Maisons assez belles. On remarque sur-tout celle des Frescars. Elle est fort ornée de Festons, Frontons, Corniches, Statues, &c. Il s'en trouve encore quelques autres auxquelles Bachelier, Sculpteur habile, a mis quelques Figures ou Bas-reliefs de sa façon. Le Pont est beau & du dessein de François Mansart. Les Arches qui le forment sont bien construites. Le cintre est d'un trait fort hardi. A chaque pile est une ouverture en coquille pour donner passage à l'eau, lorsque la Garonne est débordée. Il est terminé par un bel Arc-de-Triomphe, sur lequel le Roi Louïs le Grand est représenté. L'Eglise Cathédrale n'est pas achevée, le Chœur est beau, clair, & élevé; mais la Nef ne répond pas à ces beautez. Le Grand-Autel est du dessein de Gervais Drouet, qui a fait lui-même les figures du lapidement de S. Etienne en 1670. l'Architecture est d'Ordre Corinthien à Colonnes, Frises, & panneaux de Marbre de Languedoc. La Cloche appellée la Cardaillac est d'une grosseur extraordinaire. Elle fut donnée par Jean de Cardaillac Patriarche d'Aléxandrie, & Administrateur perpétuel de l'Eglise & de l'Archevêché de Toulouse, qui mourut le 7. d'Octobre de l'an 1390. Cette Cloche pese cinq cens quintaux, c'est-à-dire cinquante mille livres. Le Cloître est fort vaste, & le Palais de l'Archevêque est d'une Structure entendue.

S. Sernin est une Eglise ancienne. L'Edifice est grand & majestueux, mais fort sombre. Le Clocher est beau & élevé. La tradition veut, que cette Eglise ait été bâtie sur un Lac, & sur des Pilotis. Dans le Chœur, à côté de l'Evangile, est un endroit, où un Canal répond depuis les fondemens de l'Edifice jusqu'à hauteur d'homme; en prêtant l'oreille sur cet endroit l'on entend un certain murmure que l'on dit être celui des eaux qui coulent au-dessous. Les Corps Saints, qui rendent cette Eglise une des plus fameuses du Monde Chrétien, sont dans des Niches pratiquées dans des Chapelles qui sont au pourtour du Chœur. On y montre plusieurs Châsses remplies de Saintes Reliques, & jusqu'aux souterrains, tout inspire la sainteté. On y voit des Autels,

des Sépultures, des Inscriptions, des Lampes, & les autres Ornemens, qui peuvent comporter ces saintes Cavernes. Cette Eglise se vante d'avoir vingt-six Corps Saints, parmi lesquels il y en a sept d'Apôtres, qui sont ceux des deux Saints Jacques, de S. Philippe, de S. Barthelemy, de S. Simon, de S. Jude, & de Saint Barnabé. La Châsse qui renferme les Reliques de S. Saturnin est grande, & couverte de Lames d'argent. On garde dans cette même Eglise une autre Châsse qui est d'un prix inestimable; c'est celle de Saint George. Elle représente un Temple à l'Antique, d'Ordre Corinthien, avec des figures de ronde bosse dans les Entre-colonnes, & quatre autres qui représentent les quatre Evangélistes, & sont assises une à chaque coin du Socle. Cette Châsse est le Chef-d'Oeuvre de Bachelier, Orfévre très-habile, & frere de ce fameux Sculpteur, à qui les Toulousains ont donné une place parmi les Illustres qui sont dans la Galerie de leur Capitole. La Maison de Ville est grande & bien bâtie. On lui a donné le nom de Capitole, d'où l'on a fait celui de Capitouls. Ce sont huit Echevins que l'on élit tous les ans. Ils ont l'administration de la Justice Criminelle & de la Police; mais ils ne peuvent rien résoudre sans appeller le Conseil de Bourgeoisie, qui est composé des Habitans qui ont été Capitouls. En entrant sous la Porte de l'Hôtel-de-Ville est un grand Corps de Garde, où l'on voit quelques armes, & des boucliers ronds des anciens Toulousains. On y lit une Inscription en Lettres d'Or, qui est un magnifique Eloge de Louïs le Grand.

Deo
OPT. MAX.
D. D. D.
Octoviri Capitolini
P. Q. Tolos.
Ob restitutam Ludovico Magno valetudinem
Et conservatum
Ecclesiæ Defensorem,
Nobilitati Principem,
Magistratibus Legislatorem,
Populo Patrem,
Orbi perpetuum Miraculum.

Un peu plus bas est un Soleil d'or au-dessous duquel sont huit Fleurs de Soleil, ou Girasols, inclinées de son côté, & ce vers, *Nous regardons toujours celui qui nous a faites*, qui fait allusion aux Capitouls de ce tems-là, & dont les Armes sont à côté. Dans une grande Salle basse, à main gauche, appellée le Grand Consistoire, sont les Portraits de plusieurs Capitouls, & un grand Tableau qui représente l'entrée de Louïs XIV. dans Toulouse le 14. d'Octobre de l'an 1659. Sa Majesté accompagnée de la Reine sa mere, & du Duc d'Orléans son frere, tous en carosse, confirme les Privileges des Capitouls qui sont à genoux à la portiére. Vis-à-vis, à main droite en entrant dans la même Salle, est une Statue de Marbre blanc, qui représente Dame Clemence Isaure, qui donna sa Maison à la Ville & fonda les Jeux Floraux. Elle est dans une Niche au-dessus d'une des Portes, & sous ses pieds est une Inscription. Dans la même Salle font les Mefures originales en fer, favoir l'Aune de Roi, & la Canne de Touloufe. A gauche de cette Salle eſt la Chapelle, & au-delà le Petit Confiſtoire. Dans ce dernier l'on voit de grands Regiſtres, ou Livres d'Hiſtoire écrits fur du vélin. Chaque année l'on y écrit tout ce qui s'eſt paſſé de remarquable dans l'Etat, & dans la Ville de Touloufe. Cet ufage s'obſerve depuis fix ou fept Siècles. Les huit Capitouls & le Chef du Confiſtoire y ſont peints en miniature. L'on voit dans ces Regiſtres les entrées des Rois, des Reines, & des Dauphins dans la Ville de Touloufe. On y remarque entre autres celle de Charles VII. & de Louïs XI. qui n'étoit que Dauphin, & qui pour faire donner à la Reine fa mere le Dais qu'on lui refuſoit, la fit entrer en croupe derriére lui. On y voit auſſi les entrées de Louïs XII. de François I. de Charles IX. de Louïs XIII. & de Louïs le Grand. L'on admire fur ces miniatures la ſingularité des habits, &c. En haut de la Salle, qui eſt à gauche en entrant, ſont les Portraits des Capitouls, & au-deſſus de la Porte d'entrée eſt un Tableau, où ſont repréſentez Dame Clémence Iſaure, & les Jeux Floraux de Touloufe, fous la figure d'une Femme couchée qui tient un Bouquet de Souci, & derriére elle deux Enfans qui jouent des Inſtrumens. Dans le lointain eſt la Ville de Touloufe. Ce Tableau eſt d'une beauté parfaite. A l'autre bout de la même Salle, & au-deſſus de la Porte eſt une Touloufe guerriére repréſentée fous la figure d'une Pallas couchée, qui de la main gauche flate un Agneau, & de la droite tient fa Javeline, & a auprès d'elle fon Bouclier où ſont les Armes de Touloufe. Ce Tableau eſt beau; mais il eſt bien inférieur à l'autre.

La Galerie qui eſt contigue à cette premiére Salle occupe le fond de la Cour. L'on y voit les Buſtes en Marbre des plus grands Hommes dans les Armes & dans les Lettres, auxquels Touloufe a donné la naiſſance. Ces Illuſtres ſont:

1. *Antoine I.* ſurnommé *Becco* dans ſon enfance. Il fut ſelon Tacite un des plus grands Capitaines de ſon tems, & ſon éloquence égaloit ſa valeur. 2. *Statius Surculus* Rhéteur, qui vivoit du tems de Néron. 3. *Æmilius Magnus Arboricus* Rhéteur, qui enſeigna dans Touloufe a les Belles-Lettres aux freres de Conſtantin. 4. *Victorinus* Rhéteur célébre. 5. *Theodoric* Roi de Touloufe. 6. *Theodoric II.* Roi de Touloufe. 7. *Raymond de Saint-Gilles*, Comte de Touloufe. 8. *Bertrand* Comte de Touloufe. 9. *Guillaume de Nogaret.* 10. *Jacques Forneri*, ou *Fournier* qui fut Pape fous le nom de Benoît XII. 11. *Pierre Bunel* qui a contribué des premiers au rétabliſſement de la pureté de la Langue Latine. 12. *Joannes Pinus*, Evêque de Rieux. 13. *Nicolas Bachelier*, grand Architecte, & grand Sculpteur, & Eléve de Michel-Ange. 14. *Jean de Nogaret de la Valette*, à qui Charles IX. donna le Gouvernement de Languedoc. 15. *Arnoul du Ferrier*, un des plus grands Juriſconſultes de ſon tems, enſeigna le Droit à Touloufe, fut Préſident aux Enquêtes du Parlement de Paris, & Ambaſſadeur pour le Roi au Concile de Trente. 16. *Jacques Cujas*, le plus ſavant homme que nous ayons eu pour le Droit Romain. 17. *Gui du Faur Seigneur de Pibrac* Préſident au Parlement de Paris, & Auteur des Quatrains qui portent ſon nom. 18. *Jean-Etienne Duranti*, Avocat du Roi, & puis Préſident du Parlement de Touloufe. 19. *Pierre du Faur de Saint-Jory*, mort premier Préſident du Parlement de Touloufe. 20. *Antoine Tolofani*, Réformateur & Général de l'Ordre de Saint Antoine de Vienne. 21. *Auger Ferrier*, Médecin de la Reine Catherine de Médicis. 22. *Philippe Bertier*, Préſident au Parlement de Touloufe. 23. *Antoine de Paulo*, Grand-Maître de Malthe. 24. *Guillaume Maran*, qui préféra la profeſſion d'Avocat, & une Chaire de Profeſſeur de Droit, aux dignitez de la Robe, & de l'Egliſe qu'on lui offrit. 25. *Guillaume Catel* Hiſtorien. 26. *Guillaume de Fieubet*, Préſident à Mortier au Parlement de Touloufe. 27. *Pierre de Caſeneuve.* 28. *François Maynard*, Poëte fort connu, & l'un des quarante de l'Académie Françoiſe. 29. *Goudouli*, connu par ſes Poëſies en Langue Gaſconne. 30. *Emanuel Maignan*, Minime, ſavant dans la Philoſophie, la Théologie, & les Mathématiques. Au fond de cette Galerie eſt le Buſte du Roi Louïs XIV. orné de trophées magnifiques, & ayant cette Inſcription au-deſſous;

Anno Salutis M. DCLXXIII.
Regnante Ludovico XIIII.
Semper invicto,
Senatûs Principe Gaſparo de Fieubet
Hanc Porticum inſtaurari, & Illuſtrium
Tolofatum iconibus ornari curarunt
Octoviri Capitolini.

Bernardus de Jean, *Bernardus* Albert, *Andreas* Marraſt, *Paulus* Tiſſi, *Guillelmus* Cantuer, *Antonius* Crozat, *Germanicus* de la Faille.

Dans l'autre fond eſt une Inſcription qui marque que cette Galerie fut commencée en 1673. & achevée en 1677, & les noms des Capitouls par les ſoins deſquels cet Ouvrage fut conduit à ſa perfection. Au bout de cette Galerie eſt la Salle des Comptes, où entre autres Tableaux l'on remarque celui qui repréſente l'entrée de Louïs Dauphin de France en 1442. Ce Prince eſt à cheval ayant en croupe Marie d'Anjou ſa mere, fous un Poële porté par les Capitouls. Cette peinture eſt une copie en grand de celle que j'ai dit être dans les Regiſtres du Petit Confiſtoire. Dans une autre Salle ſont quatre excellens Tableaux, dont les ſujets ſont pris de l'Hiſtoire des anciens Touloufains. Il y en a un de Boulogne l'aîné, un de Jouvenet, un de Coypel, & celui du fond eſt de Jean Pierre Rivals, & repréſente le Bâtiment d'un Temple de Minerve, Déeſſe Protectrice des Touloufains. Tout eſt ſi naturel dans ce Tableau, & la lumiere eſt diſtribuée avec tant d'art, que l'on eſt trompé en le regardant de l'autre bout de la Salle, & qu'on le prend pour un Bâtiment véritable. Ce Tableau a pour Inſcription: *Tectoſages Ancyram condebant.* En commençant la description de cet Hôtel, j'ai oublié d'avertir que dans la Cour, à main droite en entrant, & à la hauteur du premier étage, l'on voit sur la muraille quelques marques que l'on dit être du sang de M. de Montmorency, qui eut le col coupé en cet endroit sur un Echafaud, élevé à la hauteur d'une fenêtre, par laquelle on le conduisit au supplice. Le Palais est situé au lieu où étoit autrefois le Château Narbonnois, la plus forte Place de tout le Pays sous le Roi Charles VI. C'est une grosse masse de Bâtiment informe.

La Dorade est une Eglise ancienne décorée de Colonnes, de Figures de Patriarches, & de Saints. La Statue de Notre-Dame qui est dans cette Eglise est dorée, & a donné le nom à ce Temple. On la descend dans les grandes calamitez, & on la porte en procession. La Maison des Bénédictins qui desservent cette Eglise est belle ; mais resserrée de tous côtés. Ils n'ont presque point de promenades ; mais ils ont fait une longue Galerie dans le haut de la Maison qu'ils appellent la Mirande, où ils se promenent en Hyver, & dans le mauvais tems.

L'Eglise des Carmes est vaste, & la Chapelle du Mont-Carmel superbe pour ses dorures & autres ornemens. L'on voit sur la muraille du Cloître de ces Religieux une peinture fort ancienne, où un Roi de France est représenté à cheval, s'inclinant devant une Image de la Vierge : des Seigneurs au nombre de sept y sont aussi représentez tout armez hormis la tête, & marchants à pied après le Roi. Les Armoiries de leurs Maisons, & leurs noms sont au bas. Ces noms sont écrits en caractères de ce temslà, mais il y en a deux qui sont effacez, & l'on n'en peut lire que cinq qui sont ceux du Duc de Touraine, du Duc de Bourbon, de Pierre de Navarre, de Henry de Bar, & d'Olivier de Clisson. Le fond du Tableau est chargé de Loups, de Sangliers, & au plus haut il y a une espèce de Frise, où sont peints deux Anges, qui portent des bandelettes sur lesquelles est écrit trois fois le mot *Espérance*. La Tradition veut que Charles VI. étant à la chasse dans la Forêt de Bouconne à quelques lieues de Toulouse, fut surpris de la nuit au milieu du Bois, sans savoir où il étoit, & que dans cet embarras il se voua à la Sainte Vierge, & adressa particuliérement son Vœu à une Chapelle qui est dans l'Eglise des Carmes sous le titre *de Nôtre-Dame de bonne Espérance*. A peine eut-il fait ce Vœu, qu'il entendit sonner du Cor & la voix des Chiens, ce qui lui fit connoître qu'il n'étoit pas loin de ceux qui l'accompagnoient, & fit qu'il les rejoignit. Il accomplit incessamment son Vœu, & distribua aux Princes & aux Grands qui étoient avec lui à chacun une Ceinture d'or sur laquelle étoit ce mot *Espérance*. Il faut remarquer que Charles VI. institua cet Ordre à l'imitation de celui que Louïs Duc de Bourbon, son Oncle maternel, avoit institué vingt ans auparavant.

Dans celle de la Maison Professe des Jésuites on voit un Tombeau de Marbre noir, qui a été érigé pour le Cœur du Maréchal de Montmorency, dont le corps fut transporté à Moulins.

L'Eglise des Dominicains est belle & grande ; mais on trouve la Voute trop élevée, & il a falu la soutenir par des Piliers qui coupent l'Eglise en deux, & forment une disposition de Bâtiment fort extraordinaire. Les Colonnes sont belles, mais l'on doit principalement remarquer dans cette Eglise le Tombeau de *Saint Thomas* qui est disposé de manière que quatre Prêtres y peuvent dire la Messe en même tems devant les Reliques du Saint, lesquelles sont dans une magnifique Châsse de Vermeil doré. Au-dessus de la Porte de cette Eglise est une Orgue double, dont la menuiserie est parfaitement bien coupée & entendue, de même que la Sculpture qui en fait l'ornement. La Sacristie renferme de beaux Ornemens, entre autres un parement d'Autel en broderie, or & argent, avec des fleurs au naturel. Cet Ouvrage est un des plus beaux qu'il y ait en ce genre, & a été fait par un Frere de ce Couvent. La Dalbade est une assez belle Eglise, dont le Clocher est le plus élevé de la Ville. Elle est desservie depuis l'an 1620. par les Peres de l'Oratoire. Le Couvent des Cordeliers, ou la Grande Observance, a une Eglise grande & vaste. On voit au milieu du Chœur le Tombeau d'un Comte de Toulouse, & au côté droit du Maître-Autel celui d'Etienne Duranti, Président au Parlement de cette Ville, qui fut tué dans une émotion populaire l'an 1589. De l'autre côté est celui de son petit-fils. Le retable du Maître-Autel est d'Ordre Corinthien, à Colonnes frises & paneaux de Marbre de Languedoc, & le plus bel Ouvrage que l'on puisse voir pour sa simplicité & pour bon goût. Dans un Caveau qui est au-dessous, & que l'on appelle *le Charnier*, l'on voit environ soixante-dix Cadavres d'hommes & de femmes desséchez, n'ayant que la peau colée sur les os. Ils sont dressez tout à l'entour contre la muraille de ce Caveau. Ces corps ainsi desséchez sont ceux qu'on retire des Tombes de l'Eglise ; cette terre étant ici la seule qui ait la propriété de consumer les chairs, sans endommager le reste. Les Cloîtres ni les autres endroits, où l'on enterre, n'ont point cette vertu. Lorsqu'on inhume dans l'Eglise des corps nouveaux, l'on porte les anciens au Clocher pour dissiper le mauvais air, & de-là on les transporte dans *le Charnier*. Parmi ces corps desséchez l'on a vu pendant long-tems celui de la belle Paule, qui fut la plus belle femme de Toulouse. C'est après tout un vilain spectacle. Le prétendu Marville rapporte avoir ouï dire à un de ses amis, que le fils d'un Médecin de Toulouse y ayant reconnu le Cadavre de son pere, tomba évanouï, & pensa mourir sur la place. Les Cloîtres sont beaux & embellis de Peintures, qui représentent la Vie de Saint François. L'enclos est spacieux, & la Communauté fort nombreuse.

La Compagnie des Pénitens bleus de Toulouse est la plus célèbre de tout le Royaume. Elle a dans ses Registres les noms de plusieurs Rois, de plusieurs Princes du Sang, & de tout ce qu'il y a de plus distingué dans le Clergé, dans l'Epée & dans la Robe. Leur Chapelle est une des plus régulières

de

de toute l'Europe. C'est le Roi Louis XIII. qui en a posé la première pierre.

Il y a dans cette Ville un grand nombre de Colléges, mais ceux de l'Université sont presque tous abandonnés. Celui de Narbonne fut fondé en 1348. par Gasbert Archevêque de Narbonne. Celui de S. Martial fut fondé par le Pape Innocent VI. la septième année de son Pontificat. Ce Pape étoit du Limousin, & s'appelloit Etienne d'Albert. Il avoit été Professeur de Droit dans l'Université de Toulouse. Celui de Maguellonne fut fondé en 1370. par le Cardinal Audouin pour l'entretien de dix pauvres Etudians en Droit. On lui donna le nom de Maguellonne, parce que cette Eminence avoit été Evêque, ou Administrateur perpétuel de cet Evêché. Le Collége de Périgord fut fondé par le Cardinal de Taleyran; mais n'ayant pu l'achever, parce qu'il fut prévenu par la mort, le Pape Grégoire XI confirma ce pieux dessein. La fondation est pour vingt Collégiats, dont quatre doivent être Prêtres pour desservir la Chapelle que ce Pape voulut être dédiée à S. Fronton. Celui de *Sainte Catherine* fut fondé en 1382. par le Cardinal de Pampelonne, neveu du Pape Innocent VI. pour vingt-quatre Boursiers. Il donna sa Maison située dans la Rue des Argentiers, où est ce Collége, la Terre de Verberaub, &c. Celui de *S. Nicolas* ou de *Mirepoix* fut fondé par Guillaume du Pui Evêque de Mirepoix, l'an 1416. pour huit Collegiats, dont l'un doit être Prêtre pour dire la Messe. Le Collége de Foix fut fondé en 1457. par Pierre Cardinal de Foix pour vingt-cinq Boursiers. Ce magnifique Prélat non-seulement le dota de grands revenus; mais l'enrichit encore d'une nombreuse & excellente Bibliothéque qui a été dissipée sur la fin du Siècle dernier. C'est dans ce Collége que M. de Marca, mort Archevêque de Paris, & M. de Bosquet, mort Evêque de Montpelier, avoient fait leurs études. Celui de S. Raymond fut fondé par Pierre de Saint André, Evêque de Carcassonne, comme il paroît par les Armes de S. André qui sont sur la grande Porte, & en quelques autres endroits de ce Collége. Ces Armes sont d'azur à un Château sommé de trois Tours d'argent, maçonné de Sable, & surmonté de trois Etoiles d'or.

Outre ces Colléges il y en avoit plusieurs autres dans Toulouse; mais le Roi par ses Lettres Patentes de l'an 1550, les supprima tous, hormis ceux que je viens de nommer, & voulut que des Biens de ces Colléges supprimez fussent érigez deux Colléges *aux Arts*, où seroient lues les Langues Hébraïque, Gréque, & Latine. Ces Patentes, dont l'exécution étoit commise au Parlement, ne furent cependant exécutées qu'en 1555. que le Collége de *l'Esquille* fut achevé de bâtir. On s'appliqua à le pourvoir de bons Régens, & en effet l'on compte parmi ceux qui y ont enseigné; Adrien Turnèbe, Tubœuf, Thomas Barclay, Durand, Parifot, d'Avela, &c. Ce Collége pour l'entretien duquel la Ville donne tous les ans la somme de quatre mille Livres, est présentement régi par les Péres de la Doctrine Chrétienne; qui y enseignent avec réputation les Humanitez & la Philosophie. Cette Maison offre aux yeux une grande & belle Façade qui a quarante-cinq toises de long. Jusqu'en 1656. les Lettres Patentes du Roi Henri II. n'avoient été exécutées qu'à demi; mais cette année elles le furent entièrement par l'Etablissement d'un second Collége *aux Arts*, dont on donna la direction aux Jésuites. Ils occupérent d'abord un Couvent qui avoit appartenu aux Religieuses Augustines; mais cette Maison n'étant pas assez spacieuse pour un Collége, la Ville accepta les offres que lui firent trois anciens Capitouls, de donner pour loger ces Peres la Maison de Bernuy, à condition qu'elle leur céderoit les Colléges de Verdale & de Montlezun, avec leurs dépendances. Ces Colléges étoient du nombre de ceux qui par les Lettres Patentes de 1550. avoient été supprimez. Les Jésuites furent donc établis dans cette Maison qui est aujourd'hui un des plus florissants Colléges du Royaume, & qui n'est pas moins le Collége de la Ville de Toulouse que l'est celui de l'Esquille. Ce Collége est grand & beau; on voit en entrant trois Cours de suite, environnées de Bâtimens & tellement disposées que dès l'entrée on peut les voir toutes trois d'un coup d'œil. Il y a dans ce Collége un Morceau de Sculpture qui est exquis, & de la main de Bachelier. Il représente Hercule qui s'étant débarrassé de ses langes, étouffe de chaque main un Serpent. Les attitudes sont si naturelles & si animées, que les connoisseurs y trouvent quelque chose du Laocoon du Vatican.

La Chartreuse est belle & mérite d'être vue. Le Cloître fait plaisir à voir à cause de sa longueur. Le petit Jardin de Dom Prieur est rempli d'Orangers, & a une petite Orangerie très-propre. Le long de la Garonne on trouve un Quay & un Cours qui est une assez belle promenade. Il y a outre cela une Terrasse à la Porte de Montolieu. Le Jardin de Frescats s'étend dans la Campagne, & a d'assez belles Allées; mais il est à présent fort négligé. Le Moulin de Bazacle a seize meules que la Garonne fait tourner étant retenue par une Digue courte, mais très-forte. Ces seize meules vont toujours, sans qu'on entende comme partout ailleurs le tintamare des roues ni des meules. On voit descendre les Bâteaux par le pas de la Navigation qui est le long de la Chaussée près du Bazacle. Ces Bâteaux descendent avec une vitesse infinie, & on les croit engloutis lorsqu'ils sont au pied de la cascade, parce que la rapidité de l'eau y forme de gros bouillons qui s'élévent plus de six pieds par dessus, & font faire aux Bâteaux qui donnent contre, un mouvement extraordinaire. Le Moulin du Bazacle est remarquable par sa grandeur & par sa fabrique. Les roues qui font tourner les arbres y sont placées de niveau, & tournent dans des cylindres verticaux, où l'eau tombant les oblige à se mouvoir. Chaque meule peut moudre quarante ou cinquante Setiers de grain par jour. Ce Moulin appartient à plusieurs Particuliers, & rapporte environ cent vingt mille Livres par an.

Tout

Tout joignant ces meules, mais dans un endroit séparé, sont quatre Moulins à foulon, qui agissent aussi par la chûte des eaux de la Garonne. Les roues du Moulin du Bazacle ont environ trois pieds de diametre extérieur, & huit pouces d'épaisseur. Elles sont de bois, coupées obliquement & en arondissant. L'extérieur est cerclé de fer, haut & bas, & les cylindres, dans lesquels elles se meuvent, sont composez de plusieurs pieces jointes ensemble comme les douves d'un Muid. Les débordemens de la Garonne ont plusieurs fois emporté ce Moulin, entre autres l'an 1536, & l'an 1712, mais son utilité l'a fait rétablir aussi-tôt. Il y a un autre Moulin auprès du Château, & qui est semblable à celui du Bazacle; mais il n'est pas si clair, & il rapporte aux Propriétaires qu'environ cent mille Livres de revenu.

La Ville de Toulouse a produit un grand nombre de personnes distinguées dans la République des Lettres. Je ne parlerai ici que de ceux dont elle n'a point placé les bustes dans son Capitole; mais je ferai auparavant une petite digression sur l'article de *Cujas*. Tout le monde sait qu'il étoit né à Toulouse; cependant, selon M. de Thou & Papire Masson, cette Ville connut si peu le mérite de ce grand Jurisconsulte, qu'après lui avoir fait essuyer toutes les fatigues qu'entraîne la dispute d'une Chaire de Droit, elle lui préféra un indigne Compétiteur appellé *Etienne Forcatel*. Les Toulousains sont si honteux de cette injuste préférence, qu'ils en contestent la vérité; mais leurs raisons sont si foibles, qu'elles fournissent même des preuves au témoignage de Papire Masson & de M. Thou. Tout ce qu'on peut dire de mieux en leur faveur, c'est qu'ils ont réparé l'injustice de leurs Ancêtres, en donnant à *Cujas* une place parmi les illustres de Toulouse. Jean Doujat Professeur de Droit en la Faculté de Paris, Jacques de Tourreil, & Jean Galbert Campistron, tous trois de l'Académie Françoise, étoient de Toulouse, de même que Guillaume Marcel, connu par plusieurs Ouvrages d'Histoire qu'il a donnez au Public. Ce dernier fut Commissaire de la Marine au Département d'Arles, où il mourut le 27. de Décembre de l'an 1708. âgé de 61. ans. L'on a trouvé parmi ses papiers un Dictionnaire pour apprendre plusieurs Langues, & un Livre de Signaux pour les évolutions navales. Le Pere Antonin Cloche, Général des Dominicains, a aussi fait honneur à la Ville de Toulouse sa patrie. Il fut élu Général de son Ordre l'an 1686, & il a gouverné pendant trente-quatre ans avec beaucoup de régularité & de prudence. Il est mort à Rome au mois de Février 1720. âgé de 94. ans, & il a été universellement regretté à cause de ses grandes qualitez.

Toulouse. S. Saturnin [a] envoyé de Rome dans les Gaules dès l'an 245. vint à Toulouse l'an 250. sous le Consulat de Decius & de Gratus. Il en fut le premier Evêque, & fut martyrisé quelques années après, sous Valérien, ou Gallien. S. Papoul Prêtre, compagnon de S. Saturnin, fut martyrisé au Territoire de Toulouse, dans l'Auraguais, au lieu qui porte son nom. S. Exupere fut fait Evêque après Saint Silve, Successeur de Saint Rhodane, banni par les Ariens sous Constance, & mort dans son exil. Il mourut avant l'an 417, mais après la prise de Rome par les Goths. Quelques-uns estiment que Rhodane étoit Evêque d'Eause, qui étoit la Métropole de la troisième Aquitaine, maintenant la Gascogne, aux Droits de laquelle la Ville d'Auch a succédé. Ils se fondent sur quelques Exemplaires de Sulpice Severe, où il est appellé *Elosanus*, qui a plus de rapport à *Elusanus* qu'à *Tolosanus*. S. Germier en fut fait Evêque l'an 510. ou 511. jusqu'en 560. S. Honet, *Honestus*, Prêtre de l'Eglise de Toulouse, compagnon de Saint Saturnin, fut envoyé par lui au-delà des Pyrénées, & prêcha dans la Navarre & la Biscaye, & il mourut dans le cours de ses Missions sous le Successeur de S. Saturnin. S. Erembert fut fait Evêque de Toulouse en 656, se démit en 668. ou 669. & retourna dans le Monastère de Fontenelles ou de Saint Wandrille au Pays de Caux, où il mourut vers l'an 678. S. Louis, fils de Charles II. Roi de Sicile, & petit-neveu de Saint Louis Roi de France, fut fait Evêque de Toulouse au mois de Décembre de l'an 1296. & sacré au mois de Février suivant. Il mourut au bout de sept mois d'Episcopat, ou environ. Vingt ans après sa mort Toulouse fut érigé en Archevêché. S. Bertrand, Evêque de Cominges, étoit fils de la fille de Guillaume Taillefer Comte de Toulouse. Il fut Chanoine & Archidiacre de l'Eglise de Toulouse avant son Episcopat. Il ne quitta ni le Canonicat ni l'Archidiaconé de Toulouse pendant qu'il fut Evêque. Les Reliques de Saint Thomas d'Aquin furent transportées en cette Ville l'an 1369.

Quoique le Pape Jean XXII. dans sa Bulle d'Erection de l'Evêché de Toulouse en Archevêché ne donne à l'Archevêque de Toulouse que cinq Suffragans, savoir les Evêques de Montauban, de Pamiers, de S. Papoul, de Rieux & de Lombez, il en a cependant encore deux autres, qui sont Lavaur & Mirepoix [b]. Cet Archevêché renferme deux cens cinquante Paroisses, & rapporte à l'Archevêque cinquante-cinq ou soixante mille Livres de rente. Le Chapitre de la Cathédrale est composé d'un grand Archidiacre, d'un Archidiacre de l'Auraguais, & de vingt-quatre Chanoines. Sous Raymond V. Comte de Toulouse, l'Héresie des Albigeois donna lieu à l'établissement d'un Tribunal d'Inquisition à Toulouse, pour achever de détruire les restes de ces Hérétiques. Un Arrêt du Parlement de Paris du 17. de May de l'an 1331. déclara que c'étoit une Cour Royale ou Tribunal. Les Albigeois ayant été entierement détruits par la suite des tems, ce Tribunal dont la rigueur faisoit trembler même les plus innocens, eut à peu près la même décadence que l'Hérésie qui avoit donné lieu à son établissement. Il ne lui resta que quelques légers attributs. Un de ceux qu'il a conservés le plus long tems, étoit celui de se faire apporter l'Election des Capitouls, pour examiner si parmi ceux qui étoient élus, il n'y en avoit point quelqu'un qui fût suspect d'Hérésie; mais dans le Siécle dernier M. de Mont-

[a] Baillet, Topogr. des Saints, p. 496.

[b] Piganiol, Descr. de la France, t. 4. p. 225. & suiv.

Montchal, Archevêque de Toulouse, se fit attribuer ce droit à l'exclusion de l'Inquisiteur par Arrêt du Conseil, parce que selon les Constitutions Canoniques les Evêques sont Inquisiteurs nez dans leurs Dioceses. Quoique l'Inquisiteur de Toulouse n'ait aujourd'hui qu'un vain titre sans fonctions, les Dominicains ne laissent pas cependant de faire pourvoir par le Roi un Religieux de leur Ordre de cet Office, parce qu'il y a quelques gages attachez à cette Charge. Les Abbayes du Diocese de Toulouse sont.

Grand Selve.   S. Saturin ou S. Sernin.
Eaunes.
Le Mas Garnier.   La Capelle.
              Favas.

Vers l'an 1302. ou 1303. ou même plus tard [a], car ces dates ne sont pas bien certaines, les Etats-Généraux du Languedoc, qui étoient assemblez à Toulouse, résolurent de supplier le Roi de vouloir établir un Parlement qui résidât à Toulouse, & qui jugeât en dernier ressort tous les procès de la Province tant civils que criminels. Le Roi leur accorda leur demande par son Edit donné à Toulouse, & voulut que ce Parlement fût pour lors composé de deux Présidens Laïs, de six Conseillers Laïs, de six Conseillers Clercs, d'un Procureur du Roi, & d'un Greffier. Sa Majesté choisit & nomma pour remplir ces places Pierre de Cherchemont, & Jacques de S. Bonnet Présidens: Deodat d'Estaing, Geofroy du Plessis, Geofroy de Pompadour, Gui de Torsai, Yves de Rochecœur, & Aubert de Falbuau, Conseillers Laïs: Thibaud d'Espagne, Piere de Chappes, Bégon de Castelnau, Othon de Pardailhan, Aymeric de Basillac, & Pierre de Savigni Conseillers Clercs; Antoine de Calmont, Procureur du Roi, & Raymond Galtrand Greffier. Le Jeudi dixième de Janvier à huit heures du matin, le Roi revêtu d'une Robe de douze aûnes d'un drap d'or frisé sur un fond broché de soye violette, parsemée de Fleurs de-Lys d'or, & fourrée d'hermines, étant accompagné des Princes & Seigneurs de sa Cour, partit du Château Narbonnois, où il logeoit, pour se rendre à un grand Sallon de charpente que la Ville avoit fait construire, dans la Place de Saint Etienne pour y tenir le Parlement. Le Roi y étant entré monta sur son Trône, & tous ceux qui avoient droit de s'asseoir prirent les places qui leur étoient destinées. Le Roi dit que le Peuple du Pays de Languedoc l'ayant humblement supplié d'établir un Parlement perpétuel dans la Ville de Toulouse, &c. il avoit consenti à ses demandes, aux conditions insérées dans les Lettres d'Erection, desquelles il commanda qu'on fît la lecture. Le Chancelier s'étant levé & ayant fait une profonde révérence au Roi, fit une Harangue fort éloquente, après laquelle il donna à lire les Lettres Patentes au Grand-Secrétaire de la Chancellerie, puis il lui remit le Tableau où étoient écrits les noms de ceux qui devoient composer le Parlement de Toulouse. Le Secrétaire les ayant lus tout haut, le Roi fit dire à ces Officiers de s'approcher, & ils reçurent des mains des Hérauts leurs habits de solemnité: les Présidens des Manteaux d'écarlate fourrez d'hermines, des Bonnets de drap de Soye bordez d'un cercle ou tissu d'or; des Robes de pourpre violette, & des Chaperons d'écarlate fourrez d'hermines. Les Conseillers Laïs eurent des Robes rouges avec des paremens violets, & une espece de Soutane de Soye violette par dessous la Robe, avec des Chaperons d'écarlate parez d'hermines. Les Conseillers Clercs furent revêtus de Manteaux de pourpre violette, étroits par le haut, où il n'y avoit d'ouverture qu'aux endroits à mettre la tête & les bras; leur Soutane étoit d'écarlate & les Chaperons aussi. Le Procureur du Roi étoit vêtu comme les Conseillers Laïs, & le Greffier portoit une Robe distinguée par bandes d'écarlate & d'hermines. Tous ces Officiers ainsi revêtus prêterent le serment au Roi ayant leurs deux mains sur les Evangiles écrits en lettres d'or. Après la prestation du serment le Chancelier de France fit passer ces Magistrats dans les Sieges qui leur étoient destinez, & le Roi leur fit connoître en quoi consistoit leur devoir par un Discours très-éloquent dont le texte étoit: *Erudimini qui judicatis Terram:* ce Discours fini, les Hérauts congédierent l'Assemblée par le cri accoutumé [b]. Peu de jours après, cette Compagnie commença ses Séances dans le Château Narbonnois que le Roi lui donna pour rendre la justice, sans en ôter néanmoins le Gouvernement au Viguier de cette Ville, qui continua d'y faire sa demeure, avec la Garnison ordinaire pour la défense du Château. Voyez les Annales de Toulouse par M. de la Faille.

Les Subsides extraordinaires, & accablans que le Roi faisoit lever en Languedoc, sans que les Etats de cette Province y eussent consenti, furent la cause d'une révolte presque générale. Le Parlement soutint tant qu'il lui fût possible, l'autorité Royale dans Toulouse; mais à la fin il fut contraint de se réfugier à Montauban. Le Roi irrité contre les Languedociens, & particulierement contre les Toulousains, supprima par Edit de l'an 1312. le Parlement de Toulouse, l'unit & en incorpora les Officiers à celui de Paris. Cette éclipse du Parlement de Toulouse fut de plus de cent ans; car il ne fut rétabli dans cette Ville qu'en 1419. par Lettres Patentes du Dauphin, Régent du Royaume, datées du 20. de Mars de cette année. Ce fut le 39. du Mois de May suivant, qu'on comptoit 1420. que le Parlement fut installé dans Toulouse. Par cette seconde érection il n'y eut qu'un Président qui étoit l'Archevêque de Toulouse, onze Conseillers & deux Greffiers. Il n'y eut point pour lors de Procureur du Roi, aussi n'en étoit-il point parlé dans les Lettres d'Erection. Vers l'an 1425. le Parlement de Toulouse fut transféré à Beziers pour repeupler cette dernière Ville, qui avoit soutenu un long Siege contre le Comte de Clermont, & la récompenser de tous les maux que ce Comte lui fit souffrir après qu'il l'eut prise. Le Parlement ne demeura pas long-tems à Beziers, puisqu'en 1427. Charles VII. le réunit une seconde fois à celui de Paris, duquel il ne fut séparé pour être

[a] *Piganiol, Descr. de la France, t. 4. p. 264. & suiv.*

ftable à Toulouse qu'en 1443, par Edit de Charles VII. donné à Saumur le 11. d'Octobre. Cet Edit ne fut même lu & publié à Toulouse que le 4. de Juin de l'an 1444. Ce Parlement ayant donné un Arrêt contre quelque Habitant de la Ville de Montpellier, & Geofroy de Chabanes, Lieutenant du Duc de Bourbon Gouverneur de Languedoc, en ayant empêché l'exécution, le Parlement par un autre Arrêt ordonna que Chabanes, & trois autres personnes qui lui étoient attachées, seroient pris au corps. Cette conduite déplût si fort au Roi, qu'il interdit le Parlement, & le transféra à Montpellier au mois d'Octobre de l'an 1466. Les Généraux des Aydes, qui en ce tems-là étoient du corps du Parlement, eurent le même sort, & furent transférez avec lui à Montpellier. Deux ans après il fut rétabli à Toulouse, où il revint avec les Généraux des Aydes; mais ces derniers retournerent peu de tems après à Montpellier. Non-seulement le Duc d'Uzès & les autres Pairs dont les Pairies étoient situées dans le ressort de ce Parlement lui présentoient des roses; mais encore les Comtes de Foix, d'Armagnac, de Bigorre, de Lauraguez, de Rouergue, & tous les autres Seigneurs des grandes Terres de Languedoc. Les Archevêques d'Ausch, de Narbonne, & de Toulouse n'en étoient point exempts. La qualité de Président des Etats, & celle de Pere Spirituel du Parlement ne dispensoient point les deux derniers de cette redevance. Enfin les Rois de Navarre en qualité de Comtes de Foix, d'Armagnac, de Bigorre, & de Rodès; Marguerite de France, fille du Roi Henri II. Sœur de trois Rois, & Reine elle-même comme Comtesse de Lauraguez, &c. lui ont rendu cet hommage.

Le Parlement de Toulouse comprend dans son ressort les Senéchaussées du Languedoc, de Rouergue, de Quercy, du Pays de Foix, & la partie de la Gascogne, qui renferme les Sénéchaussées de l'Isle Jourdain, d'Auch, de Lectoure, de Tarbes, & de Pamiers. Ce Parlement est composé de six Chambres, qui sont la Grand'-Chambre, la Tournelle, trois Chambres des Enquêtes, & celle des Requêtes. Les Conseillers ont un Privilége qui leur est particulier, c'est d'avoir Séance au Parlement de Paris selon l'ordre de leur réception, de même que ceux du Parlement de Paris ont séance au Parlement de Toulouse selon la date de la leur.

Les Sénéchaux sont les premiers Officiers qui ressortissent au Parlement. Ils font en Languedoc ce que les Baillifs font dans les autres Provinces. Il n'y avoit autrefois que trois Sénéchaux en Languedoc, savoir de Toulouse, de Carcassonne, & de Nismes; mais à présent il y en a huit, & par conséquent autant de Sénéchaussées, dans chacune desquelles il y a un Présidial. Ces Sénéchaussées sont Toulouse, Castelnaudary, Carcassonne, Limoux, Beziers, Nismes, Montpellier, & le Puy. Elles connoissent des appellations des Jurisdictions Royales de leur ressort, & ces Jurisdictions sont appellées en Languedoc Vigueries. On en compte vingt-neuf dans cette Province.

Dans la Senéchaussée de Toulouse a il n'y a aucun Bailliage Royal; mais seulement la Sénéchaussée & Présidial, & de simples Judicatures. Le Senechal est d'épée. La Justice se rend en son nom dans la Sénéchaussée seulement, où il a droit de présider comme aussi au Présidial. Ses appointemens sont de trois cens cinquante Livres, & payez sur le Domaine. Il a aussi droit de commander le Ban & Arriéreban, & pour l'election des Capitouls on lui propose quarante-huit Sujets, qu'il peut réduire à vingt-quatre. Le Parlement de Toulouse suit le Droit écrit dans ses Jugemens. La Cour du petit Scel de Montpellier, & la Cour des Conventions de Nismes ressortissent encore au Parlement de Toulouse; enfin la derniere espèce de Jurisdiction qui en releve est celle des Juges d'Apeaux, c'est-à-dire des Juges qui connoissent de l'appel d'un autre premier Juge, & dont les appellations vont au Parlement.

a Ibid.
Am. de Toulouse.

L'Université de Toulouse est composée de quatre Facultez. Celles des Arts, de Théologie & de Droit y furent établies en exécution du Traité de Paix de l'année 1228, par lequel Raymond VII. s'obligea de donner quatre cens Marcs d'argent pour servir de fonds au payement des gages de deux Professeurs en Théologie, de deux en Droit, de six pour les Arts-Libéraux, & de deux pour la Grammaire. Nos Rois ont depuis confirmé cet Etablissement, & ont augmenté le nombre des Professeurs. Il y en a actuellement quatre Royaux pour la Théologie. Ils sont nommez par le Roi, & aux gages de Sa Majesté; quatre Professeurs Conventuels pris des quatre Ordres Mendians. Ils participent aux émolumens; mais ils n'ont point de gages. Deux Professeurs de l'Ordre de S. Dominique dont les Chaires ont été fondées par feu l'Abbé de Toureil. Le Droit fut enseigné à Toulouse par Accurse, qui donna lieu à l'établissement de cette Faculté, qui est aujourd'hui composée de six Professeurs; cinq pour le Droit Civil & Canonique; & le sixième pour le Droit François. La Faculté de Médecine est la moins ancienne. Elle n'y a été établie pour faire Corps avec l'Université qu'en l'année 1600. Elle est actuellement composée de quatre Professeurs. La Faculté des Arts n'a que deux Professeurs. Cette Université par son établissement & par plusieurs Bulles doit jouir des mêmes droits que celle de Paris. Elle a envoyé des Députez aux Conciles Généraux & aux Etats du Royaume où elle a été appellée. Le Recteur, quoique marié, peut procéder par Censures, c'est-à-dire par Interdit & Excommunication contre ceux qui violent les Statuts, selon les Bulles des Papes Innocent IV. & Benoît XIII; ce qui a été confirmé par plusieurs Arrêts du Parlement. François I. par ses Lettres Patentes du Mois d'Août 1533. donna le droit de Chevalerie aux Professeurs de cette Université, & l'un d'eux appellé Blaise Auriol ayant reçu l'Anneau d'Or, l'Epée & les Eperons dorez, les Professeurs sont depuis enterrez avec ces marques d'honneur. L'Académie des Belles-Lettres de Toulouse a été érigée par Lettres Patentes du mois

mois de Septembre de l'an 1694. Elle est composée d'un Chancelier & de trente-cinq Académiciens ordinaires. Elle a succédé aux Jeux Floraux, dont l'origine doit être rapportée à l'an 1234. Ce fut alors que sept Personnes de condition qui avoient du goût pour la Poësie, appellée en vieux langage du Pays *Gaye Science*, invitèrent tous les Poëtes, ou *Trouvaires* des environs, de venir à Toulouse le premier jour de May de cette même année, & promirent de donner une Violette d'or à celui qui reciteroit les plus beaux vers. Ce dessein plut aux Capitouls, & il fut décidé dans un Conseil de Ville, qu'on l'exécuteroit tous les ans aux dépens du public. Cette Compagnie fut composée d'un Chancelier, de sept Mainteneurs, & de plusieurs Maîtres. Au prix de la Violette on en ajouta dans la suite deux autres, l'Eglantine, & le Souci. Vers l'an 1540. une Dame de Toulouse appellée Clémence Isaure, laissa la plus grande partie de son Bien au Corps de Ville, à condition qu'il seroit faire tous les ans quatre Fleurs de vermeil, qui seroient l'Eglantine, le Souci, la Violette, & l'Oeillet. Elle institua une Fête qui fut appellée les Jeux Floraux, qu'elle voulut qu'on célébrât le premier & troisième jour de May dans sa Maison qu'elle leur donna, & qui est aujourd'hui l'Hôtel de Ville. Les prix que l'Académie distribue à présent sont une Amaranthe d'or, une Eglantine, une Violette, & un Souci d'argent. Au reste c'est au goût que M. de Basville a pour les Belles-Lettres que cette Académie doit sa nouvelle forme.

TOUMAN. On appelle ainsi dans le Maurenehar, selon Mr. Petis de la Croix, des Terres données à des Princes, ou à des Seigneurs, à la charge de fournir dix mille hommes, &c.

TOUPINAMBAS, Peuples Sauvages de l'Amérique Méridionale au Bresil. Ce sont les mêmes que les Topinambes. Voyez TOPINAMBES.

1. TOUQUES, Bourg de France en Normandie [a], avec Château & Port de Mer. Ce Bourg est situé dans le Pays d'Auge, au Diocèse de Lizieux, à trois grandes lieues de Honfleur, & à deux au-dessous de Pont-l'Evêque. Il y a deux Paroisses à Touques; l'une sous le titre de St. Pierre, & l'autre sous celui de St. Thomas. Les Habitans vont à Pont-l'Evêque pour la Jurisdiction; mais il y a un Siège d'Amirauté à Touques, où les plus grosses Barques remontent avec le reflux de la Mer, dans le Canal de la Riviére qui porte le même nom. Elles y viennent charger des Bestiaux, des Cidres, du bois à bâtir & à brûler; & l'on fait du Sel blanc aux environs dans vingt-quatre Salines. Touques est aussi un titre de Baronnie appartenant à l'Evêque de Lizieux qui nomme à l'une & à l'autre Cure. Ceux du Pays disent que ce Bourg a porté autrefois le titre de Ville, & même que les anciens Rois d'Angleterre, Ducs de Normandie, y ont fait leur séjour pendant quelque tems, & tenu l'Echiquier. Ils appellent encore de certains lieux des Paroisses de ce Bourg l'Echiquier & la Justice, & rapportent différens noms de Rues, où ils trouvent des restes

[a] Corn. Dict. Mém. dressez sur les Lieux en 1702.

de ruines & de fondations. On tient à Touques un gros Marché le Samedi sous des Halles couvertes. Le Château est ancien, & a un Gouverneur. Il est bâti sur une éminence, & ses murailles, flanquées de huit grosses Tours, sont accompagnées d'un fossé large & profond.

2. TOUQUES, Riviére de France dans la Normandie [b]. Elle prend sa source à une grande lieue au-dessus de Gassey qu'elle arrose. Elle porte le nom de LEZON dans son cours qu'elle continue par Pont-Chardon, Ferraque & Lizieux, où elle reçoit la Riviére d'Orbec à la pointe des Dominicains, & depuis cette jonction elle porte Bâteaux & est appellée TOUQUES, en Latin *Tulca*. Elle reçoit aussi la Calone à Pont-l'Evêque, au-dessus de l'Eglise Paroissiale de St. Michel, & ensuite le reflux de la Mer; & après avoir passé sous le Pont de Roncheville & sous celui du Bourg de Touques, elle entre dans la Mer au gué de Trouville sur Mer, à six lieues ou environ à l'opposite du Havre-de-Grace, chargée de cinq ou six petites Riviéres ou Ruisseaux. Son cours est de seize lieues.

[b] Ibid.

1. TOUR, mot François qui signifie une sorte de Bâtiment élevé, rond, ou quarré, dont on fortifie ordinairement des Villes ou des Châteaux. Ce mot qui vient du Latin *Turris* répond au Grec Πυργος, à l'Hebreu *Migdal*.

On appelle une TOUR ISOLÉE une Tour qui est détachée de tout Bâtiment. Elle sert quelquefois de Clocher & quelquefois de Fort, comme celle qu'on apelle *Tour-marine*, qui est une Tour bâtie sur les Côtes de la Mer pour y mettre des Soldats, qui donnent avis par un signal, lorsqu'ils découvrent quelques Vaisseaux ennemis. Ces sortes de Tours sont d'ordinaire sans portes, & on y entre par des fenêtres, qui sont au premier ou second étage, avec une échelle que l'on tire en haut quand on est dedans. L'Ecriture Sainte entre autres parle de plusieurs Tours [c], comme de la TOUR DE PENUEL, de celle de SOCCOTH, de celle de SICHEM, & de quelques autres qui étoient comme les Citadelles & les Forteresses de ces Villes. Voyez MAGDALUM. La TOUR DE BABEL, dont nous avons parlé sous le nom de BABEL, devoit être aussi comme la Forteresse de Babylone: *Faciamus Civitatem & Turrim* [d]. Saint Jérôme remarque que les Septante se servent souvent du mot Grec βαρις, qui est un terme propre à la Palestine, où l'on appelloit de ce nom les maisons fermées de toutes parts & faites en forme de Tours; & c'est apparemment ce qu'il nous a voulu marquer dans les Paralipomènes en disant que Josaphat avoit bâti dans Juda des maisons en forme de Tours: *Ædificavit in Juda domos ad instar Turrium*. L'Hébreu porte *Biranioth*; ce qui vient du Chaldéen *Bira*, un Palais.

[c] Tob. [d] Gen. 11.

2. TOUR (La) Baronnie de France, dans la Champagne [e], Election de Reims appartient à l'Illustre Maison de Colligny qui descend des Cadets de la premiere Maison de Bourgogne, & qui en justifie la filiation depuis Manassès I. du nom, Comte & Duc de Bourgogne, qui vivoit en 888. Tout le monde

[e] Bougier, Mém. Hist. de Champagne, t. 2. pag. 316.

monde fait, que cette Maison a possédé en France les premiéres dignités, & qu'elle y a eu des Maréchaux de France, des Cardinaux, & sur-tout Gaspard de Colligny, Amiral de France.

3. TOUR, (La) Bourg de France, dans la Gascogne Touloufaine, au Comté de Comminges, Election de ce nom.

TOUR DE BALAGUIER. Voyez TOULON.

TOUR DE BE'LIZAIRE, Tour de la Romanie [a]. En allant par Mer du Château des Sept Tours au Serrail, on rencontre à main gauche une Tour quarrée, qui est dans la Mer à environ vingt pas des murailles de la Ville de Constantinople. Les Habitans la nomment la Tour de Bélizaire, & ils ajoutent, que cet Illustre Général pour récompense des importants Services qu'il avoit rendus à l'Empereur Justinien contre tous ses ennemis, tant en Asie, qu'en Afrique, & en Europe, fut renfermé dans cette Tour, après avoir été dépouillé de tous ses biens, & réduit à la derniere nécessité; & qu'après qu'on lui eut crevé les yeux, il fut contraint, pour ne pas mourir de faim, de pendre un petit sac au bout d'un bâton au travers d'une fenêtre, & de crier aux passants : *Donnez, s'il vous plaît, une Obole au pauvre Bélizaire, que l'envie, & non aucun crime qu'il ait commis, a réduit au triste état où vous le voyez.*

[a] Le Bruyn, Voy. au Levant, t. 1. p. 237.

TOUR-BLANCHE, Bourgade de France dans l'Angoumois, aux confins du Périgord-Noir, sur la route d'Angoulême à Périgueux.

TOUR DE BOSE, Tour de France dans le Piémont au Comté de Nice, sur la Côte du Golphe de Gênes. A une petite demi-lieue au Nord quart de Nord-Ouest du Fort St. Hospice, ou St. Soupir, on voit une petite pointe [b], de l'autre côté de laquelle il y a une Tour quarrée & une petite Chapelle qu'on appelle la Tour de Bose, devant laquelle il y a une petite Plage; mais il y a plusieurs Roches aux environs de cette pointe. Entre la Tour de Bose & S. Soupir il y a un grand enfoncement, dans lequel on peut mouiller avec des Vaisseaux & Galeres, venant du côté de l'Est, & ne pouvant gagner Villefranche, il y a 10. 12. à 15. Brasses d'eau ; il faudroit s'approcher du Fort de S. Soupir à discrétion, il n'y a que 7. à 8. Brasses. Vis-à-vis la Forteresse, environ une longueur de cable, il y a un petit Banc de Roches à fleur d'eau, qu'il ne faut pas approcher, ce mouillage n'est guere fréquenté, à cause de la proximité de celui de Villefranche.

[b] Michelot, Portul. de la Médit. p. 85.

TOUR DE BOUC, ou d'EMBOUC, petit Fort de France, dans la Provence, est bâti sur un Rocher, à l'Embouchure de l'Etang de Martigue, dans la Méditerranée, à six lieues à l'Occident de Marseille. On appelloit ci-devant cet endroit *Castel Marseilles*.

TOUR DE CACHIQUE, Tour d'Afrique [c], sur la Côte de la Baye d'Alger, près de la Ville de ce nom. A l'Ouest-Sud-Ouest du Cap Cassine, environ 18. milles, est la Tour de Cachique, qui est sur une pointe un peu avancée vers l'Ouest au bout de laquelle il y a quelques écueils hors de l'eau, & sous l'eau proche la terre. Du côté de l'Ouest de cette pointe il y a un peu d'enfoncement, & une plage de Sable, où l'on peut mouiller, & y être à couvert des vents de Nord & Nord-Est; on y mouille par 4. à 5. Brasses d'eau.

[c] Ibid. p. 144.

TOUR DE CORDOUAN. Voyez CORDOUAN.

TOUR DE DERMON [d], Tour de France, dans la Provence, sur la Côte du Golphe de Gênes dans l'Evêché de Grasse, aux confins de l'Evêché de Fréjus, sur un petit Cap qui forme l'entrée de l'Ance d'Agay.

[d] De l'Isle, Atlas.

TOUR DES GARDES (La). On trouve souvent cette maniere de parler dans l'Ecriture Sainte : *Depuis la Tour des Gardes jusqu'à la Ville fortifiée* [e] : c'est pour marquer généralement tous les Lieux du Pays, depuis les plus petits jusqu'aux plus grands [f]. Les Tours des Gardes, ou des Bergers étoient seules au milieu de la Campagne, pour loger les Bergers & les autres Pasteurs qui gardoient les Troupeaux, ou pour placer des Sentinelles. Le Roi Ozias fit bâtir plusieurs Tours de Bergers dans les Deserts & y fit creuser beaucoup de Citernes, parce qu'il avoit grand nombre [g] de Troupeaux. La Tour du Troupeau, dont il est parlé dans cette Liste des Tours, & la Tour dont parle Isaïe [h] qui fut bâtie au milieu d'une Vigne étoient de cette sorte.

[e] 4. Reg. 17. 9. & 18. 8.
[f] Dom Calm. Dict.
[g] 2. Par. 26. 10.
[h] Cap. 5. v. 2.

TOUR (La Grande). Voyez TOULON.

TOUR DE L'ANDRE, Tour ou petite Forteresse de la Romanie, sur le Canal de Constantinople. On la rencontre dans le passage de Pera à Scutari. On ne sait pas [i] pourquoi on la nomme ainsi. Les Turcs l'appellent Kifs-Kolæ, c'est-à-dire la Tour des Vierges ; elle est entre Scudaret & le Serrail, mais plus près de la Côte d'Asie que de celle de l'Europe. Elle est très-forte, pourvue de pièces de Canon, qui servent à tenir en sûreté les deux Canaux de la Mer-Noire, & de la Mer-Blanche, qui sont des deux côtez du Bosphore de Thrace. Il y a un Puits dans cette Tour, dont l'eau est très-fraîche, excellente à boire, & que la plûpart croyent être une Fontaine sous terre ; mais il y a apparence que ce n'est qu'une Citerne.

[i] Le Bruyn, Voy. au Levant, p. 174.

TOUR DE PATRIA, Tour d'Italie au Royaume de Naples. Michelot [k] dit : De la Pointe de Gayette au Cap de la Mesa la route est le Sud-Est quart de Sud & la distance de 41. milles ; & du Cap de la Roque au même endroit, la route est le Sud-Sud-Est environ 25. milles. Entre les deux il y a un grand enfoncement, des Terres basses & des Dunes de sable, bordées de Plages. Presque par le milieu de cet enfoncement, on voit une Tour sur une haute Pointe ; & on l'appelle la Tour de Patria. Près de cette Tour du côté du Sud il passe une Riviere ; & il en coule une autre entre la Tour de Patria & le Cap de la Roque. On la reconnoît par quantité de grands Arbres dont elle est bordée : dans ce même espace on voit beaucoup de marécages.

[k] Portul. de la Médit. p. 113.

TOUR DE PEIL, petite Ville de Suisse,

se [a], au Canton de Berne, dans le Bailliage de Vevay du Pays Romand ; elle est située au bord du Lac de Genève, & fait un même Corps d'Eglise avec la Ville de Vevay, quoiqu'elle en soit séparée, à l'égard du Gouvernement Civil. On y voit un vieux Château à demi démoli, au bord du Lac, qui fut bâti l'an 1239. par le Comte Pierre de Savoye. Il paroît avoir été fort avant l'usage du Canon.

[a] Etat & Délices de la Suisse, t. 2. p. 252.

TOUR DU PIN (La), Bourgade de France dans le Viennois [b], à deux ou trois lieues du Rosne. Les Seigneurs de la Tour du Pin avoient plusieurs Terres au-delà de cette Rivière, tant dans la Bresse que dans le Bugey ; & ils étoient également indépendans des deux côtez du Fleuve, excepté à Peroge, & en d'autres Fiefs de Bresse, où ils relevoient des Archevêques de Lyon. Le premier de ces Seigneurs qu'on trouve est Berlion, qui vivoit l'an 1107. C'est de lui que descendoit en ligne directe masculine Humbert, Seigneur de la Tour du Pin, qui épousa Agnès héritière du Dauphiné ; il unit à perpétuité sa Baronnie Libre de la Tour, à la Principauté de sa femme, & obtint de l'Empereur Albert d'Autriche la confirmation de cette union. Les Rois de France ont aliéné la propriété de la Tour du Pin, qui est sortie de leur Domaine, il y a long-tems.

[b] Longuerue, Descr. de la France, Part. 1. p. 323.

TOUR DE ROUSSILLON, Tour de France [c] dans le Roussillon, près de la Tet à deux mille pas de Perpignan. Ce sont les restes infortunez de l'ancienne Ville de *Ruscino*, qui a donné le nom à tout le Pays. Tite-Live nous apprend que c'étoit une Ville célèbre du tems d'Annibal, où les petits Rois des Pays voisins s'assembloient pour conférer & délibérer sur leurs affaires. L'illustre & savant Mr. de Marca [d] croit que cette Ville fut détruite vers l'an 828. lorsque Louis le Débonnaire châtia ceux auxquels la garde de la Frontière avoit été confiée, & qui l'avoient mal défendue contre les Sarrazins.

[c] Piganiol, Descr. de la France, t. 7. p. 617.

[d] *Marca Hispanc.* L. 1. p. 20.

TOUR-SANS-VENIN, Tour de France dans le Dauphiné [e], sur la Pointe d'un Rocher à une lieue de Grenoble. Il n'en reste aujourd'hui qu'une muraille. On l'avoit appellée Sans-Venin, parce qu'on n'y a jamais vu d'Insectes venéneux, que ceux qu'on y a quelquefois portez, & qui s'en sont aussi-tôt éloignez.

[e] Piganiol, Descr. de la France, t. 4. p. 11.

TOUR DE SILOE (La). C'étoit apparemment une Tour voisine de la Fontaine de même nom, à l'Orient de Jérusalem.

TOUR DE STRATON. C'est le Lieu où l'on bâtit depuis la Ville de Céfarée de Palestine. Voyez STRATON.

TOUR DE SYENES, Ezéchiel [f] parle en deux endroits de la TOUR DE SYENES. *A Turre Syenes usque ad terminos Æthiopiæ.* Mais nous avons fait voir sous l'Article SYENE, qu'il faut ainsi traduire l'Hébreu : Depuis *Migdol*, ou *Magdolum*, Ville de la Basse-Egypte, jusqu'à la Ville de Syene, située à l'extrémité de l'Egypte, & sur les Frontières de l'Ethiopie.

[f] *Dom. Calm. Dict.*

TOUR DE TANPAN, ou TOUR DE TIMPAN, Tour de France dans la Provence, à l'Embouchure du Rhosne. Michelot [g]

[g] Michelot, Portul. de la Mer Médit. p. 60.

dit : Environ 4. à 5. milles vers le Nord de la Pointe des Tignes, ou l'Isle Baudus, il y a une grosse Tour quarrée qu'on appelle Tour de Tanpan, située sur un bas terrain, sur le haut de laquelle il y a une espèce de Guérite, qui de loin ressemble aux voiles d'un Vaisseau. On découvre cette Tour bien plutôt que le terrain des environs qui est comme nous avons dit extrêmement bas. Cette Tour se voit également, soit qu'on vienne du côté de l'Ouest ou du côté de l'Est, & c'est en partie ce qui donne la connoissance de cette basse Pointe. L'autre entrée du Rhône, qui est du côté du Nord-Est de l'Isle Baudus, est la plus profonde ; & c'est par celle-là qu'entrent toutes les Tartanes, & autres petits Bâtimens qui vont à Arles. Mais parce qu'il y a plusieurs petits Bancs de sable à l'entrée, il est nécessaire de se servir de gens pratiques, parce que ces Bancs sont tantôt d'un côté & tantôt de l'autre, suivant les débordemens de la Rivière, ou des tempêtes qui remuent les sables par dessous les eaux ; aussi y voit-on presque toujours briser la Mer, à moins qu'elle ne soit calme, ou que les Vents ne soient à la terre. Sur la Pointe de la droite en entrant dans le Rhône, il y a plusieurs Cabanes de Pêcheurs qui en donnent une connoissance, comme aussi quelques Dunes de sable, qui paroissent de loin comme de petites Isles.

Remarques.

On reconnoît encore cette Pointe de Tines par le changement de couleur que produisent les eaux douces, qui paroissent blanchés sur la surface de la Mer, & s'étendent fort loin ; comme aussi par les fils des courans, qu'on voit ordinairement par le travers de l'Embouchure de cette Rivière, dont les eaux vont presque toujours vers le Sud-Ouest. On peut passer par un beau tems pendant le jour fort proche la Pointe de Tines, y ayant à un mille au large cinq à six Brasses d'eau. Il est encore à observer, qu'on navigue le long des Côtes du Golfe de Lyon ; il faut avoir égard autant qu'on le peut aux différens courans qui y sont fort irréguliers. Car on remarque, lors qu'il a fait de grandes pluyes, & que les Etangs & les Rivières se dégorgent plus abondamment, que les Mers portent plus vivement au large, & qu'au contraire dans le tems des séchéresses que ces mêmes Etangs se remplissent, les Mers portent alors à terre ; outre qu'une longue expérience nous fait connoître que les Golfes & les Plages attirent toujours les vagues de la Mer, à quoi il faut que les Pilotes ayent égard. On dira peut-être qu'on ne peut pas savoir, venant de loin avec un Vaisseau, les tems qu'il a fait dans le Golphe, puisqu'ils ne sont pas universels ; mais au moins on sera averti qu'il faut se précautionner à tout événement, en se tenant plus au large, à moins que le Vent ne fût du côté de terre.

TOUR DU TROUPEAU, ou LA TOUR D'ADER. On dit que cette Tour étoit au voisinage de Bethléem. Genes. XXXV. 21. & que

que les Pasteurs à qui l'Ange annonça la Naissance de Notre-Sauveur [a] étoient près de cette Tour [b] où dans la suite on bâtit une Eglise. Plusieurs Interprètes prétendent que le passage de Michée, où il est parlé de la Tour du Troupeau [c] : *Et tu Turris gregis, nebulosa filia Sion*, désignoit la Ville de Bethléem, d'où devoit sortir le Sauveur du Monde. D'autres soutiennent que le Prophète a voulu marquer la Ville de Jérusalem. Voyez les Commentateurs sur cet endroit.

a Luc II. 8. 13.
b Hieronym. Epist. 27.
c Mich. IV. 8.

TOUR-LA-VILLE, Bourg de France, dans la Normandie du Diocèse de Coûtances, sous l'Election de Valognes. Ce Bourg n'est séparé de la Ville de Cherbourg que par la Riviére. Il y a de très-beaux Moulins. La Chapelle de S. Maur est dans une Lande. Il y a aussi deux Hermitages très-propres ; les Hermites sont Prêtres & Cordeliers, à la nomination du Seigneur de ce Bourg. On voit encore dans cette Paroisse, à l'extrémité dans la Forêt, une très-belle Glacerie, où l'on fait des Glaces de Miroir qui sont brutes & qu'on embarque par Mer à Cherbourg pour les porter à Paris, où on les polit. Il y a un Directeur, un Contrôleur, un Payeur, & autres Officiers. Il y a plus de cent Ouvriers occupez à différens ouvrages. Il y en avoit autre-fois deux-cens-six Gentilshommes, qui n'avoient soin que de couper les Glaces de toutes grandeurs. Ils se relevoient de trois en trois heures, & avoient par jour douze cens Livres d'appointemens ; mais depuis l'an 1706. ils ont été supprimés avec grand nombre d'autres Souffleurs, qui coupent à présent les Glaces. Ils travaillent la nuit comme le jour ; & les Fourneaux ne s'éteignent jamais. C'est une chose très-curieuse à voir.

TOURAINE, Province de France [d], séparée en deux par la Riviére de Loire. Elle est bornée du côté du Septentrion par le Maine ; à l'Orient elle a la Province d'Orleannois ; au Midi le Berry ; au Couchant d'Hyver le Poitou ; & à l'Occident, l'Anjou. Cette Province a pour sa Capitale Tours, & ses Peuples, appellez Tourangeaux, ont pris leur nom des anciens *Turones* ou *Turoni*, marquez entre les Celtes au dixième & au septième Livre des Commentaires de César. Comme les Tourangeaux ont habité un fort bon Pays & délicieux, ils ont passé en tout tems pour des gens ennemis de la guerre ; & Tacite au troisième Livre de ses Annales les nomme *Turoni imbelles*. Je sai que quelques-uns veulent qu'il faille lire dans Tacite, *rebelles* ; mais *Sidonius Apollinaris*, qui étoit Gaulois, & dont l'autorité ne peut être rejettée, réfute cette Leçon, *rebelles*, lorsqu'il dit dans le Panégyrique de Majorien, qu'il avoit défendu contre les Goths les Tourangeaux qui craignoient la guerre, *bella timentes defendit Turonos*. C'est pourquoi on doit attribuer, non au mérite du Peuple de Tours, mais à la bonté de son Pays, la préférence que lui donna l'Empereur Honorius sur les autres Citez de la nouvelle Province, ou Troisième Lionnoise qu'il institua, y ayant plusieurs de ces Citez très-célèbres, & entr'autres le Mans & les Manceaux, qui a-

d Longuerue, Descr. de la France, Part. I. p. 104.

voient fait des conquêtes en Italie, où ils avoient établi une Colonie qui portoit le nom de ce Peuple qui avoit fondé la Ville de Vérone.

Lorsque l'Empire Romain fut entièrement détruit en Occident, les Wisigoths s'étans rendus les Maîtres de toute la partie des Gaules, qui est au Midi de la Loire, la Ville de Tours vint à leur pouvoir sous le Régne d'Euric ; & Tours étoit encore sous leur domination l'an 506. lorsque Verus Evêque de Tours comparut par Procureur au Concile d'Agde composé des Evêques & des Députez des Eglises sujettes aux Rois des Goths. Mais l'année suivante 507. Clovis ayant vaincu en bataille & tué Alaric près de Poitiers, il se rendit Maître de tout ce qui est entre la Loire & les Pyrénées, & il assujettit aisément la Ville de Tours, où il alla en dévotion au Tombeau de St. Martin, qu'on regardoit comme le Saint Tutelaire des Gaules. Après la mort de Clovis, les Villes de Neustrie & d'Aquitaine ayant été partagées entre ses quatre fils, la Ville de Tours échut à Thierry Roi d'Austrasie ; & on voit par Grégoire de Tours que les Rois qui régnerent à Metz dans la France Orientale, possédérent toujours cette Ville jusqu'au tems de Clotaire II. qui réunit la Monarchie Françoise. Depuis ce tems-là, Tours fut toujours sujette aux Rois de Neustrie, tant sous la Race des Mérovingiens, que sous celle des Carlovingiens. Ceux de cette seconde Race perdirent leur pouvoir & leur autorité sous Charles le *Simple*, qui fut dégradé de la Dignité Royale, & confiné dans une Prison perpétuelle.

Ce fut dans ce tems-là que Thibaud surnommé *le Tricheur*, Comte de Blois & de Chartres, qui s'étoit rendu absolu dans ces Pays-là au mépris de l'autorité Royale, se rendit Maître aussi de la Ville de Tours, que ses Successeurs possédérent long-tems. Ils n'étoient pas néanmoins les Maîtres absolus du Pays, car on voit dans l'ancienne Histoire des Seigneurs d'Amboise, que non-seulement les Seigneurs de cette Ville, mais ceux de Loches ou de Chinon, étoient ennemis du Comte de Blois, & dépendoient du Comte d'Anjou. Enfin l'an 1037. Thibaud Comte de Blois étant avec son frere Etienne Comte de Champagne, rebelle à Henri I. Roi de France, & ayant ravagé les Terres de Lisoius Seigneur d'Amboise & de Chaumont, & celles de Roger Seigneur de Montrésor, & de plusieurs autres Alliez, ou Vassaux de Geoffroi Martel Comte d'Anjou. Ce Comte Geoffroi Martel alla avec une puissante Armée au secours de ses Amis, & vainquit en Bataille les Comtes de Champagne & de Blois. Le dernier ayant été pris prisonnier, fut contraint de donner Tours, & de céder ce qu'il avoit en Touraine, pour sa rançon, à Geoffroi Martel, qui laissa tous ses Etats à ses neveux, fils de sa Sœur, qui furent depuis nommez les Plantégenests, à cause de Geoffroi d'Anjou qui avoit porté ce nom, & dont le petit-fils Jean Sans-terre, Roi d'Angleterre, fut privé par Philippe-Auguste, des Etats qu'il avoit deçà la Mer. Ensuite Henri III. fils de Jean céda, entr'autres Pays, la

Tou-

616 TOU. TOU.

Touraine à Saint Louis, par le Traité de l'an 1259.

a Piganiol, Descr. de la France, t. 7. p. 1. & suiv.

La largeur de la Touraine *a*, dans sa plus grande étendue, du Levant au Couchant, depuis Valiéres-les-Grands jusqu'à Gande, n'est que de vingt-deux lieues, & sa longueur du Midi au Septentrion de vingt-quatre. Ce Pays est arrosé par dix-sept Riviéres, dont les plus connues sont:

La Loire, La Creuse, La Bresne,
Le Cher, La Veude, La Choisille,
La Vienne, L'Amasse, La Branle,
L'Indre, Le Loir, La Cisse, &c.

Sans compter plusieurs Ruisseaux qui arrosent ce Pays, & lui donnent un varié tout délicieux, & beaucoup de commoditez pour le Commerce, & pour la communication avec les autres Provinces. Son Climat est tempéré, & cette Province en général est délicieuse & agréable, ce qui lui a mérité à juste titre la qualité de *Jardin de la France*. La bonté du Terroir n'est pas égale par-tout. Les VARENNES qui sont le long de la Loire sont des Terres sablonneuses, faciles à cultiver, & toujours en labour. Elles rapportent du Seigle, de l'Orge, du Mil, des Légumes pour la Province, & on en tire la *Gaude* pour les Teintures. Le VERRON est une Contrée à peu près semblable; mais le Terroir est plus gras, & dans une situation plus élevée. On y recueille des Bleds, des Vins, & de très-bons Fruits, Noix, Amandes, & sur-tout des Prunes, dont les Habitans font Commerce, de même que ceux de Sainte-Mauré, de l'Isle Bouchard, & de Sainte Marguerite. LA CHAMPAGNE est une petite Contrée entre le Cher & l'Indre. C'est un Pays assez uni dont les Terres sont grasses, & fertiles en Bled, sur-tout en Froment. LA BRENNE est une Terre humide, marécageuse, & pleine d'Etangs. Les Côteaux de la Loire & du Cher sont chargez de Vignes qui donnent des Vins en abondance; ceux du Vouvray sont les plus recherchez. Les Forêts les plus considérables sont celles d'Amboise, de Loches, de Chinon, &c. On trouve en quelques endroits de la Touraine des Landes, dont quelques-unes servent aux Pâturages. LA GASTINE est un Pays sec, dont les Terres sont difficiles à cultiver. Enfin les Riviéres donnent des Prez, & des Pâturages pour la nourriture des Bestiaux. On trouve des Mines de Fer en quelques endroits près de Noyers. Il y en a une de Cuivre, dans laquelle on prétend qu'il y a de l'or. On trouve aussi du Salpêtre dans les Côteaux de la Loire exposez au Midi, & en divers endroits des Pierres de moulage, dont on fait Commerce avec les Etrangers. Quant aux Fontaines Minérales, il n'y en a que celle de la Roche-Posay qui ait quelque réputation; son eau prise au commencement de l'Eté est limpide & sans saveur. Auprès des Savonniéres, à deux lieues de Tours, sont ces fameuses Caves que l'on a surnommé *Goûtiéres*, parce qu'il en dégoute continuellement de l'eau. Elles sont dans le Roc, & si sombres, qu'on n'y entre qu'avec de la lumière. L'eau qui tombe de leurs voûtes forme des Ruisseaux qui coulent sans cesse, ou se congèle, même dans les plus grandes chaleurs de l'Eté, de manière qu'elle forme plusieurs corps transparens, & semblables au Sucre candi. Elle se convertit aussi en pierres si dures, qu'il est difficile de les rompre à coups de marteau, & dont les plus petites ressemblent si fort à des dragées, que plusieurs personnes s'y sont trompées. Dans ces congélations, on ordinairement chacun voit ce qu'il y veut voir, on prétend que tout le monde y remarque la forme d'un Calvaire, & une Image de Saint Martin à cheval; *fides fit penes autorem*. Dans une Plaine qui n'est pas loin de Ligueuil, l'on trouve une infinité de Coquillages, dont les uns se réduisent en poudre, & les autres sont fort durs. Les premiers servent à fumer les terres, & les rendent extrêmement fertiles. Il y a aussi aux environs de Ligueuil un Etang, dont on dit que l'eau pétrifie en très-peu de tems le bois qu'on y jette; mais, à parler vrai, elle n'y fait que des appositions pierreuses. Cette Province n'est pas aussi peuplée que celles du voisinage, & on prétend que le Tasse a fort bien peint le caractère de ses Habitans *b*:

b Geryslman liv. 7u. Cant. Prim.

Noi è gente robusta, ò faticosa,
Se ben tutta di ferro ella riluce.
La terra molle, e lieta, è dilettosa
Simili à se gli habitator produce:
Impeto fà nelle battaglie prima;
Ma di leggier poi langue, e si reprime.

Ce Portrait que fait le Tasse des Tourangeaux, a été élégamment rendu par un Sicilien, qui n'étoit guère moins Poète que le Tasse:

Turba licet Chalybis cataphracta horrore nitentis,
Ægra labore tamen, nec vivida robore: mollis
Blandaque terra sibi similes educit alumnos,
Scilicet: bi sub prima ruunt discrimina pugnæ
Præcipites, sed restincto mox fulgure torpent.

Toute cette Province *c* est du ressort du Parlement & de la Cour des Aydes de Paris. On y compte deux Présidiaux, qui sont Tours & Châtillon sur l'Indre; trois Sièges Royaux, Loches, Chinon, & Langeais, & trois Bailliages Royaux, Amboise, Loudun, & Montrichard. Le Grand-Bailli de Touraine est d'épée, & a les mêmes fonctions & prérogatives que ceux des autres Provinces. Par Edit du Mois de Novembre de l'an 1639, le Roi érigea Châtillon en Présidial, & créa en même tems un Bailli d'épée qui a droit de commander la Noblesse de l'Arriéreban de son district. Sa Majesté augmenta lors de cette érection l'ancien ressort de Tours; outre lesquelles le Roi donna encore le Marquisat de Méziéres & la Baronnie de Preuilly; mais ayant connu qu'il avoit trop affoibli le Présidial de Tours, il y remit Méziéres composé de douze Paroisses, & Preuilly composé de vingt-quatre, par sa Déclaration du Mois de May de l'an 1643. Cependant il ne laisse pas d'y avoir quelques Paroisses de Méziéres

c Pag. 14 de ditt. san.

ziéres qui font encore conteftées entre le Préfidial de Tours & celui de Châtillon. Quoique la Ville de Loudun & le Loudunois foient du Diocéfe de Poitiers, & que la plûpart des Géographes les mettent dans le Poitou, l'une & l'autre font néanmoins du reffort de Tours pour la Juftice & Finance; mais ils ont une Coûtume particuliére qu'on prétend n'être que locale. Le Roi Henri III. transféra le Parlement & les autres Cours Supérieures de Paris à Tours l'an 1583, où elles demeurérent jufqu'au Mois de Février de l'an 1594. que le Roi Henri le Grand les rétablit à Paris. Pendant le féjour que firent ces Cours Supérieures à Tours, cette Ville s'accrut d'un tiers au moins, & cette raifon fait ardemment fouhaiter aux Habitans qu'il plût au Roi d'y établir un Parlement. Il y a auffi une Jurifdiction Confulaire établie à Tours. Elle eft compofée d'un Grand Juge, de deux Confuls, qui font élus tous les ans par les Marchands & de douze Confeillers, qui font de Touraine, qui fut rédigée pour la première fois en 1460. & en dernier lieu le 8. Octobre de l'an 1559.

La Chambre des Monnoyes de Tours & celle de Paris font les plus anciennes de France; car il n'y avoit autrefois que Paris & Tours, où l'on battit Monnoye ayant cours par tout le Royaume. La Monnoye frappée au coin des Seigneurs particuliérs n'étoit reçue que dans leurs Seigneuries, ou dans celles des Seigneurs avec qui ils étoient en confédération expreffe pour cela. La Monnoye de Paris étoit plus forte d'un quart *en fus*, ou d'un cinquième au total que celle de Tours. Ainfi le Sol *Parifis* valoit quinze deniers Tournois, & le Sol *Tournois* n'en valoit que douze. L'Ordonnance de 1667. a abrogé la différence du *Parifis* & du *Tournois*; car on ne peut plus ftipuler que la Livre *Tournois*. La Chambre, ou l'Hôtel des Monnoyes de Tours, eft compofée de deux Juges-Gardes, d'un Procureur du Roi & d'un Greffier. Il y a des Monnoyeurs, & des Tailleresses qui travaillent à cette Fabrique, & nos Rois ont accordé ces Droits à des Familles particuliéres. On trouve dans les anciens Titres *Parvi Turonenfes*, Deniers Tournois, doubles Tournois. *Solidi Turonenfes* étoient auffi de cuivre, & c'eft ce que nous appellons un Sol Tournois. *Libra Turonenfis* étoit un denier d'or, & fouvent appellé *Francus aureus, & Scutatus aureus*, & valoit vingt Sols. Toutes ces efpéces avoient pris leur nom de la Ville de Tours où elles étoient fabriquées, de même qu'on appelloit *Sous Parifis*, *Livres Parifis*, celles qui avoient été frappées à Paris. Le Bureau des Finances de Tours a été établi au Mois d'Octobre de l'an 1567. & eft compofé d'un premier Préfident, & de vingt-trois Treforiers de France, dont les quatre plus anciens prennent la qualité de Controllers-Généraux des Finances, & de deux Receveurs-Généraux. La Généralité de Tours comprend la Touraine, l'Anjou, & le Maine. On y compte seize Elections, & mille cinq-cens-foixante dix-neuf Paroiffes Taillables, qui en 1698. payoient deux Millions fix-cens trente-quatre mille fix-cens Livres de Taille. Ces Elections font

Tours,	Saumur,
Amboife,	Angers,
Loches,	Mayenne,
Chinon,	Le Mans,
Loudun,	Château-Gontier,
Richelieu,	Montreuil-Bellay,
La Fléche,	Château du Loir, &
Baugé,	Laval.

De toutes ces Elections, il n'y a que les cinq premiéres qui foient en Touraine, & par conféquent de ce Gouvernement. Il y a auffi dans cette Province dix Greniers à Sel, qui font à

Tours,	Chinon,
Amboife,	La Haye,
Neuvy,	Montrichard,
Langeais,	Sainte-Maure &
Loches,	Preuilly,

Par Edit du mois de Février de l'an 1689. le Roi créa un Grand-Maître des Eaux & Forêts au Département de Touraine. Cette Grande-Maîtrife des Eaux & Forêts a une Maîtrife Particuliére établie à Tours, compofée d'un Maître Particulier d'un Lieutenant, d'un Procureur du Roi, d'un Garde-Marteau, d'un Greffier & de deux Gardes. Sa Majefté a trois Forêts dans cette Province, celle d'Amboife qui contient feize mille Arpens de Bois, dont il y en a mille trois Arpens de haute Futaye, & le refte en Taillis; celle de Loches contient cinq mille Arpens, tous en Bois de Futaye, & celle de Chinon environ fept mille Arpens, tous en Bois de Futaye, ou en état de le devenir. Toutes ces Forêts font plantées de Chênes, parmi lesquels il y a quelques Hêtres. Sa Majefté avoit auffi huit Villes Royales qui faifoient partie de fon Domaine, favoir

Tours,	Châtillon,
Amboife,	Chinon,
Loudun,	Langeais & Montrichard.
Loches,	

Mais le Domaine de toutes ces Villes eft engagé à l'exception de celui de Tours. Toutes les impofitions, tant ordinaires qu'extraordinaires, qui font établies dans les autres Provinces, ont lieu dans celle-ci.

Le principal Commerce de cette Province confifte dans le débit des Marchandifes qui fe fabriquent dans les Manufactures, dont, felon l'ordre de leur établiffement dans cette Province, la Draperie eft la plus ancienne; la Tannerie vient enfuite, & enfin la Soyerie.

La Draperie eft la plus ancienne des Manufactures qui ont été établies en Touraine [a]. On trouve plufieurs Réglemens qui la concernent dans la Coûtume de cette Province; mais elle ne fut établie à Tours qu'en vertu des Lettres Patentes du Roi Charles VII. données à Bourges le 6. de Mars de l'an 1460. avec exemption aux Ouvriers pendant dix ans de Guet, de Gar-

a Pag. 29. & fuiv.

de des Portes & d'Aydes. Les Draps qu'on fabriquoit dans cette Manufacture étoient autrefois fort estimez, & on y a compté plus de deux cens cinquante Métiers, & plus de cent-vingt Maîtres, mais la guerre, la mortalité, & la difficulté des tems ont presqu'anéanti en Touraine cette Manufacture, qui ne s'est soutenue que dans la seule Ville d'Amboise, dont les Etamines & les Droguets sont fort estimez. La Tannerie étoit autrefois une Manufacture qui attiroit beaucoup d'argent dans la Province, & qui a enrichi plusieurs Familles. On tient qu'il y avoit plus de quatre cens Tanneries en Touraine, mais il n'en reste aujourd'hui qu'environ cinquante-quatre dans toute cette Province; ce qui vient du peu de consommation de Bœufs, de Taureaux, & de Vaches, sur-tout dans la Ville de Tours, où l'on ne consomme pas à présent vingt-six Bœufs par Semaine, au lieu de quatre-vingt-six qu'on y consommoit autrefois.

La Soyerie est la Manufacture la plus considérable, & la dernière établie en Touraine. Louis XI. envoya chercher à Venise, à Florence, à Gênes, & jusque dans la Gréce les plus habiles Ouvriers qu'il y eût, & les fit venir à Tours en 1470. Il obligea d'abord les Habitans de les loger, & de leur fournir l'ustencile; mais en 1480. il leur permit par Lettres Patentes de faire un établissement & leur accorda des Privilèges. L'industrie de ces Ouvriers se perfectionna tellement, que dès le tems du Cardinal de Richelieu cette Manufacture égaloit ou surpassoit celles de Gênes & d'Angleterre. On comptoit pour lors dans la seule Ville de Tours vingt mille Ouvriers en Soye, plus de huit mille Métiers d'Etoffes de soye, sept cens Moulins à soye, & plus de quarante mille personnes employées à dévider la Soye, à l'aprêter, & à la fabriquer, sans parler de la Rubanerie, dont il y a eu autrefois, tant à Tours qu'aux environs, plus de trois mille Métiers, il n'en reste pas maintenant soixante; plusieurs choses ont concouru à réduire cette Manufacture au point de diminution, où elle est à présent. La cessation du Commerce avec les Etrangers, la sortie des Ouvriers hors du Royaume, l'obligation qu'on a imposée aux Marchands d'acheter à Lyon les Soyes dont ils ont besoin, &c. tout cela a contribué à la diminution de cette Fabrique, qui attiroit autrefois dans la Province plus de dix Millions par an. Le séjour que le Parlement de Paris fit à Tours, la situation de cette Ville dans un Pays fertile, & la commodité de la Rivière de Loire donnérent lieu au dessein d'y établir une Université, qui fut créée par Lettres Patentes du Roi Henry le Grand, données au mois de Janvier de l'an 1594. mais comme le Parlement fut rétabli à Paris un mois après, cela fut cause que ces Lettres n'ont point eu d'exécution. Les Jésuites ont un Collége à Tours, où ils enseignent jusqu'à la Théologie.

Cette Province [a] a été érigée en Gouvernement Général l'an 1545. & aujourd'hui elle a un Gouverneur, un Lieutenant-Général, un Lieutenant de Roi, & quelques Gouverneurs particuliers. Le Gouvernement de la Ville & du Château de Tours est attaché au Gouvernement-Général de la Province, & la même personne est revêtuë de l'un & de l'autre. La Ville de Loches a un Gouverneur & un Lieutenant de Roi. Amboise a aussi un Gouverneur particulier qui est Bailli de la Ville & du Château, & un Lieutenant de Roi. Beaulieu n'a qu'un Gouverneur & point de Lieutenant de Roi. Chinon a un Gouverneur pour le Roi, & le Château en a un autre qui est à la nomination du Duc de Richelieu, lequel en est Seigneur; mais il a des Provisions du Roi.

La Maréchaussée-Générale étoit composée d'un Prevôt, de deux Lieutenans, d'un Assesseur, d'un Commissaire aux montres, d'un Procureur du Roi, d'un Greffier, de deux Exemts, & de trente Archers. La Maréchaussée Provinciale avoit un Prevôt, deux Lieutenans, un Assesseur, un Commissaire aux montres, deux Exemts, un Greffier, & dix-neuf Archers. Par la Déclaration du Roi du 9. Avril 1720, il n'y a plus pour la Touraine que deux Lieutenans du Prevôt-Général d'Angers établis à Tours, avec un Assesseur, un Procureur du Roi & Greffier, &c.

Il y a deux Duchez-Pairies dans ce Gouvernement, Montbazon, & Luynes. On compte dans la Touraine vingt-sept Villes, dont il y en a huit de Royales, ainsi que je l'ai déja remarqué, & les autres appartiennent à des Seigneurs particuliers. La plûpart de ces dernières ne sont à proprement parler que des Bourgs; mais on leur donne le nom de Villes, parce que les Seigneurs Barons ont droit par la Coûtume de Touraine d'avoir *Villes closes*, ou bien parce que ceux du Pays les qualifient du nom de Villes.

TOURAN [b]. C'est l'ancien nom du Pays de Turquestan, qui tire son origine de Tour fils de Feridoun, Roi de Perse de la première Dynastie, nommée, des Pischdadiens. Tour avoit un frere aîné, nommé Irag', lequel eut de son pére la Perse en partage; de sorte que Tour son Cadet fut contraint de passer le Gihon, ou l'Oxus, & d'aller régner dans les Provinces Transoxanes. Les Successeurs de Tour, dont le plus célèbre est Afrasiab, ont toujours donné beaucoup d'affaires aux Rois de Perse, sur quoi il faut voir les titres de Aferidoun, ou Feridoun, & de Afrasiab. On se contentera seulement de remarquer ici, que depuis ce tems-là, les Provinces qui composent aujourd'hui le Royaume de Perse, ont porté le nom d'Iran, que l'on prétend avoir été tiré de celui d'Irag', fils de Feridoun, & que toutes celles, qui sont au-delà du Gihon, ou de l'Oxus, ont pris de Tour, autre fils de Feridoun, celui de Touran, & que dans les Traités de Paix, qui se faisoient autrefois entre les Persans, & les Turcs Orientaux, on mettoit toujours le Gihon ou l'Oxus pour ligne de séparation entre ces deux grands Etats, qu'on nommoit l'Iran & le Touran. L'Auteur de l'Histoire intitulée Moschtarek, écrit que les limites du Pays de Touran, sont du côté du Couchant, la Province de Khouarezm, & du côté du Midi,

[a] Pag. 32. & suiv.

Midi, le Fleuve Gihon, depuis le Pays de Badakhschan, qui est à l'Orient, jusqu'à celui de Khouarezm, & que ses bornes sont inconnues, tant des cotez de l'Orient que du Septentrion. Le même Auteur ajoute, que la Nation appellée Hasathelah, qui a fait de si grandes irruptions dans la Perse sous Cobad & Nouschirvan son fils, Rois de Perse, étoient sortis du Pays de Touran. Ahmed Ben A'rabschah écrit aussi dans son Akhbar-Timour, que tous les Pays qui s'étendent au-delà du Fleuve Gihon, portent le nom de Touran, d'où les Arabes prétendent, quoique faussement, que celui de Turkestan soit dérivé. Le même Auteur ajoute, que le partage de l'Iran & du Touran, fut fait entre Caïcaous Roi de Perse & Afrasiab Roi des Turcs, conformément à ce qu'en écrivent les Historiens de Perse. Mirkhond écrit, qu'il y a une Ville du Mauaralnahar située sur la rive Orientale du Bahr Khozar, qui est la Mer Caspienne, qui fut bâtie par Tour fils de Feridoun, duquel on vient de parler, & que c'est du nom de cette Ville côté le Pays qui est au-delà du Fleuve Gihon, ou de l'Oxus, a tiré celui de Touran.

Selon l'Auteur de l'Histoire des Tatars [a], ce nom TOURAN est pris quelquefois dans un sens opposé au Pays d'Iran, & en cette signification il désigne tous les Pays qui sont au Nord de la Riviére d'Amû, tout comme le Pays d'Iran désigne tout ce qui est au Sud de la même Riviére; mais dans sa véritable signification le Pays de *Touran* comprend seulement cette étendue de Pays qui est enfermée entre la Mer Glaciale, la Riviére de Jenisea & les Montagnes du Caucase; ce qui est précisément ce que nous appellons présentement la Sibérie. Enfin Mr. Petis de la Croix dit dans son Histoire de Timur-Bec [b], que le TOURAN est-tout ce qui s'appelle la Grande-Tartarie, depuis l'Oxus jusqu'en Moscovie, Sibérie & Chine. Timur, ajoute-t-il, après avoir absolument réduit sous sa domination les Pays & Royaumes du Touran, que Genghiz-Kan avoit autrefois partagez entre ses deux enfans, Touchi-Kan, & Zagatai-Kan, il les confia à la garde de ses Lieutenans, & résolut de conquerir l'Empire de l'Iran, ou de Perse.

TOURBALI', ou TOURBALI, Village de la Natolie, au Pays de Sarchan, environ à moitié chemin entre Smirne & Aïasalouk ou Ephèse, Mr. Spon [c] fait entendre qu'il y a deux routes pour aller de Smirne à Ephèse; savoir l'une qui est le chemin ordinaire, & qui traverse les Rochers du Mont Mimas, où il y a un passage dans le Roc, que les bonnes gens de ces quartiers disent que St. Paul coupa avec son épée: l'autre route passe par la Plaine; & c'est celle que prit Mr. Spon comme la plus sûre. Après avoir passé de grandes Plaines & traversé la petite Riviére Halis, qui alloit autrefois à Colophon, il vit à droit & à gauche les ruines d'un Aqueduc, qui traversoit le chemin & alloit vers le Village de *Tourbalé*, qui donne quelques marques d'avoir été anciennement une Place plus considérable, qu'elle n'est présentement, & qui étoit peut-être la Ville appellée METROPOLIS,

[a] Pag. 329.
[b] Liv. 2. c. 30.
[e] Voy. du Levant, Liv. 3.

dont il pourroit se faire que le nom de *Tourbalé* seroit venu. Voyez METROPOLIS.

TOURBE, Riviére de France, dans le Retelois [d]. Elle prend sa source à Somme-Tourbe, passe à Ville-Tourbe & se jette dans l'Aisne au-dessus du Bourg d'Autry.

TOURILLE (Plage de) Plage d'Espagne, sur la Côte de la Catalogne, dans la Viguerie de Girone. Michelot [e] dit dans son Portulan de la Mer Méditerranée: Environ cinq milles vers le Nord, cinq degrez vers l'Est de la pointe du Nord de Begu, sont les Isles des Medes; entre cette pointe & ces Isles est une grande Anse bordée d'une Plage de sable, qui a deux à trois milles d'enfoncement, appellée communément Plage de Tourille, dans laquelle on peut mouiller lorsqu'on a le vent à la terre; toutefois il ne faut point trop s'approcher de la Plage, sur-tout proche le Cap Begu, vis-à-vis d'un petit Vallon, où sont quelques Magasins à Pêcheurs; pour le reconnoitre on voit au-dessus le vieux Château & la Tour que nous avons dit être au-dessus de Begu, qui se voit de l'autre côté. On mouille vis-à-vis cette Plage, à telle distance que l'on veut; car à la petite portée du Canon de terre il y a 10. 12. & 15. Brasses d'eau, fond de sable vazeux. Vers le Nord-Ouest du Lieu où l'on mouille, il y a une petite Tour de garde, & quelques Magasins de Pêcheurs sur le bord de la Mer: ce mouillage n'est propre que lorsqu'on a vu du côté de l'Ouest; on y est à couvert par la pointe de Begu, des vents depuis le Sud-Sud-Est jusqu'à l'Ouest.

TOURMANSINE, Bourg de France, dans l'Anjou, Election de Montreuil-Bellay.

TOURMENTE, Riviére de France, dans le Quercy. Elle est formée de trois gros Ruisseaux, dont deux viennent du côté de la Ville de Souillac, & l'autre du Limosin [f]. Elle va se perdre dans la Dordogne à Floriac.

TOURMENTIN. Voyez au mot CAP, l'Article CAP TOURMENTIN.

TOURNANS, ou TOURNAN, gros Bourg de France dans la Brie [g], sur un Côteau, à trois lieues de Brie-Comte-Robert, à quatre de Rosoy, & à huit de Paris avec une Tour dite DE GANE, qui étoit anciennement destinée pour donner les signaux. L'Eglise Paroissiale porte le titre de St. Denis. On fait commerce de Bled dans ce Bourg, & tous les Lundis on y tient un gros Marché. André du Chêne, qui écrit TOURNAN, ou TOURNEM, dit que c'est une Prevôté & Châtellenie, qui a Procureur du Roi & autres Officiers pour l'administration de la Justice en premier ressort. Près de Tournans est un beau Château appellé HARMENVILLIERS. Ce Château appartient au Marquis de Beringhem, Seigneur de Tournans. Il est accompagné d'un grand Parc fermé de murailles; & dans l'enceinte du Château on voit un Canal fort long formé d'eaux de source.

TOURNAY, Ville des Pays-Bas sur l'Escaut [h], qui la divise en deux Villes, qui sont jointes par un Pont. Cette Ville, qui est la Capitale du TOURNESIS, est située à cinq lieues de Lille & à sept de Douay de Mons. Tournay, en Latin *Turnacum*, ne

[d] Coulon, Riviéres de France, p. 166.
[e] Pag. 47.
[f] Coulon, Riviéres de France, p. 253.
[g] Corn. Dict. Mém. dressez sur les Lieux en 1707.
[b] Longuerue, Descr. de la France, Part. 2. p. 77.

se trouve point marquée dans les plus anciens Auteurs, comme Céſar, Pline ou Ptolomée, ni dans les Hiſtoriens qui ont écrit avant Conſtantin & ſes enfans. St. Jérôme néanmoins, qui a vécu du tems de Conſtantius, fils de Conſtantin, & des Empereurs ſes Succeſſeurs juſqu'au Régne d'Honorius, marque Tournay comme une des principales Villes des Gaules ravagée par les Barbares au commencement du cinquième Siècle. Il en eſt fait mention auſſi dans l'Itinéraire d'Antonin & dans la Carte de Peutinger, dont les Auteurs ont vécu du tems de St. Jérôme. Tournay fut priſe ſur les Romains dans le même Siècle par Clodion Roi des François. Son Petit-fils Childeric y demeuroit, y mourut, & y fut enterré. Son Tombeau ayant été trouvé au Siècle paſſé dans le Fauxbourg de cette Ville, lorſque l'Archiduc Léopold d'Autriche étoit Gouverneur des Pays-Bas, ce Prince emporta en Allemagne le ſceau de ce Roi, & les autres choſes qu'on avoit trouvées dans ſon Tombeau. Mais depuis, ce Prince envoya le tout à Louis XIV. qui le fit mettre dans la Bibliothéque Royale de Paris. St. Ouen nous apprend dans la Vie de St. Eloy que Tournay a été autrefois la Capitale des Rois de France: *Quondam Regalis extitit Civitas*. Les Evêques de Tournay & de Noyon étoient Seigneurs de la Ville ſous les premiers Rois Capétiens, & ils avoient au-deſſous d'eux des Avouez & des Châtelains qui étoient leurs Vaſſaux. Les Habitans jouïſſoient de fort grands Privilèges, & vivoient dans une entière liberté, ne s'étant jamais ſoumis aux Comtes de Flandre & reconnoiſſans toujours la Souveraineté des Rois de France. Ils ſe ſoumirent entièrement à Philippe-Auguſte l'an 1187. & depuis ce tems-là les Evêques ne purent recouvrer leur autorité temporelle dans toute ſon étendue. Ils avoient néanmoins la Haute Juſtice de Tournay & du Tourneſis qu'ils conſervérent juſqu'à l'an 1320. Ce fut pour lors que le Roi Philippe *le Long* acquit de Guy d'Auvergne, Evêque de Tournay, les Droits de Juſtice avec les Fiefs, qui appartenoient à ce Prélat & à ſon Egliſe à Tournay, & dans le Tourneſis, le Roi ayant donné en échange à l'Evêque huit Villages dans la Châtellenie de Lille. Lorſque Charles VII. fut contraint de céder tant de Places en Picardie & ailleurs à Philippe Duc de Bourgogne par le Traité d'Arras, ce Roi ſe réſerva & à ſa Couronne la Ville de Tournay, dont les Habitans ſe maintinrent en liberté ſous la Souveraineté de la Couronne de France. Auſſi Charles VII. avoit ſolemnellement uni Tournay & le Tourneſis à perpétuité à ſa Couronne par ſes Lettres Patentes données au commencement de ſon Régne en 1422. & confirmées par d'autres Lettres dans les années 1426. & 1436. Louis XI. après la mort de Charles Duc de Bourgogne ſe rendit maître abſolu de Tournay & y mit Garniſon en 1477. & depuis ce tems-là les Habitans obéïrent au Roi comme ſes autres Sujets juſqu'à l'an 1513. que la Ville fut priſe ſur Louis XII. Roi de France par Henri VIII. Roi d'Angleterre. Les Anglois rendirent la Ville aux François en 1517. mais quatre ans après la guerre ayant été déclarée entre l'Empereur Charles V. & François I. la Ville fut aſſiégée & priſe par l'Armée Impériale commandée par le Comte de Naſſau. L'Empereur voulut que le Tourneſis fit une Province ſéparée de la Flandre & du Hainaut; & enſuite François I. ayant été fait priſonnier à la bataille de Pavie, il fut contraint par le Traité de Madrid de céder en 1525. Tournay avec ſes Dépendances & ſes Annexes à l'Empereur & à ſes Héritiers Succeſſeurs en toute Souveraineté; ce qui fut confirmé par le Traité de Cambray en 1529. par celui de Crépy en Laonois en 1544. & par celui de Château Cambreſis en 1559. Le feu Roi Louis XIV. aſſiégea & prit cette Ville en 1667. & elle lui fut cédée l'année ſuivante 1668. au Traité d'Aix-la-Chappelle, il augmenta les Fortifications de la Ville, & il y fit bâtir une très-forte Citadelle. L'une & l'autre furent aſſiégées & priſes en 1709. par l'Armée des Alliez. Louis XIV. céda enſuite ſes droits ſur cette Ville à la Maiſon d'Autriche par les Traitez d'Utrecht, de Raſtadt & de Bade. Les Etats-Généraux ont néanmoins la Garde de la Ville & de la Citadelle, par le Traité de la Barriére conclu en 1715. avec l'Empereur Charles VI. l'a dit que l'Eſcaut diviſe Tournay en deux Villes, dont l'une s'appelle la *Vieille Ville*, l'autre la *Neuve*. La Vieille eſt à la gauche de la Rivière, du côté de la Flandre, & la Neuve eſt à la droite. Celle-ci eſt dans le Hainaut avec ſept Villages qui en dépendent, & qui appartiennent depuis pluſieurs Siècles au Tourneſis; mais pour le Spirituel cette partie de la Ville de Tournay, avec les Villages d'au-delà de l'Eſcaut, ſont juſqu'à préſent du Diocèſe de Cambray. Toute la Ville eſt entourée d'une ancienne muraille, qui fut élevée en 1297. & ſur laquelle il y a cinquante-cinq Tours rondes. Louis XIV. a fait conſtruire ſur cette enceinte un Rempart garni d'un bon & ſuffiſant parapet. Cette enceinte eſt défendue par neuf Baſtions détachez, & par un Ouvrage à cornes, avec un bon Chemin couvert, le tout revêtu de maçonnerie. C'eſt ce qui compoſe la moitié des Fortifications de la Ville au Nord-Eſt. La plûpart de ces Ouvrages ſont ſur un fond de Roche, ce qui rend l'approche de la Ville aſſez difficile. Le grand Foſſé, de ce côté-là, peut être inondé par les Ecluſes qui retiennent l'Eſcaut en haut de la Ville. L'autre moitié de la Place au Sud-Oueſt eſt fortifiée de ſix Baſtions détachez de l'enceinte, d'un Fer à cheval, de trois Ouvrages à corne, dont deux ſont traverſez, outre deux Pâtez caſematez, & garnis de galeries qui ont communication avec la Citadelle; le tout revêtu de maçonnerie, & défendu par un bon Chemin couvert. Le grand Foſſé eſt ſec, & a pluſieurs traverſes pour le défendre. On entre par ſept Portes dans la Ville. A l'entrée de l'Eſcaut Louis XIV. a fait bâtir quatre Moulins, qui ont fait ſubſiſter une Armée de cent mille hommes pendant la dernière Guerre. Chaque Moulin peut moudre cinq Raſiéres de blé par heure, & le Bâtiment eſt des plus ſolides. Comme l'Eſcaut paſſe au milieu de la Ville, on fit en 1635. un très-

très beau Quai, de treize cens pas Géometriques de longueur, de trente de profondeur, & de quatre-vingt de largeur; & les deux rives sont appuyées de très-fortes murailles. Il y a six Ponts de pierre, qui ont été construits dans les années 1297. 1315. 1318. 1550. & 1685. Les Ecluses dans la basse Ville, qui servent à faire descendre les Bâteaux, furent construites en 1562. aux dépens des Villes voisines.

La Citadelle est beaucoup plus forte que la Ville; c'est un Pentagone régulier, dont le diametre est de deux cens cinquante toises. Elle est environnée d'une bonne Fausse-Braye, tapissée de toutes sortes d'Arbres fruitiers délicieux en espaliers. Chaque Courtine est défendue par une demi-lune, à contré-gardes coupées; tous les Fossez sont secs, & sous la Fausse-Braye, il y a tout autour du corps de la Place, une galerie dans l'épaisseur de la muraille, au niveau du Fossé, pour conduire les Mines sous l'Ouvrage capital, avec une autre galerie croisée sous chaque Bastion. Les deux Bastions, du côté de la Ville, ont des souterrains qui servent pour l'Hôpital, & la Boulangerie consistant en quatre Fourneaux. Au milieu de la Place il y a un grand Puits, où aboutit une galerie qui coupe la Citadelle en deux. Les Casernes & les Pavillons des Officiers sont assez commodes. La Maison du Commandant est fort propre; mais l'Eglise a été entiérement ruinée par le dernier Siége. Sous la Contrescarpe, dans l'épaisseur de la muraille, régne une galerie, au niveau du Fossé, & à tous les angles saillans de cette Contrescarpe, il y a des creneaux dans la muraille, pour flanquer le Fossé capital. Environ à cinquante pieds de cette galerie, il y en a une autre sous le glacis parallele à la premiére, qui régne aussi tout autour, qui comprend tous les Ouvrages extérieurs, & qui a des galeries de communication de distance en distance. De cette galerie parallele il y en a d'autres qui avancent sous le glacis bien avant, pour conduire les Mines de tous côtez. Les Fossez des demi-lunes sont relevez, & défendus par des Coffres où l'on monte de la galerie qui régne sous la Contrescarpe. Tous les Ouvrages jusqu'à l'intérieur du parapet & de la banquette, sont revêtus de maçonnerie. Dans plusieurs endroits il y a des souterrains, pour y loger la Garnison en cas de nécessité. Outre la Porte qui conduit dans la Ville, il y en a une autre de communication vers la Campagne. Cette Citadelle est l'Ouvrage du fameux Ingénieur M. de Mégrigni, qui en étoit Gouverneur, lorsqu'elle fut prise par les Alliez. La Garnison fut obligée de se rendre prisonniere de guerre; mais on lui accorda de sortir avec les armes, Tambour battant, & Drapeaux déployez. Lorsque cette Citadelle fut achevée, Louis XIV. vint la visiter. M. de Mégrigni lui ayant demandé s'il la trouvoit à son gré, ce Monarque lui répondit, qu'elle lui plaisoit si fort, qu'il voudroit seulement qu'il y eût quatre roues, pour la pouvoir transporter, où bon lui sembleroit. Cet Ouvrage fut commencé en 1668. & depuis ce tems-là jusqu'au 24ᵉ Avril 1674. la dépense montoit à deux millions cinq cens vingt-sept mille soixante & dix-sept Livres; & ce que ce Roi y a fait ajouter depuis a fait augmenter cette somme jusques à quatre millions. En considération de cette dépense la Ville fit à deux différentes reprises un Don gratuit de trois cens mille florins à Louis XIV.

La Cathédrale dédiée à Notre-Dame est d'une très-belle sculpture & ornée de quatre Clochers. On y voit quantité de riches Chapelles, & divers Tombeaux magnifiques, soit en Marbre, soit en Airain. Le Chapitre est composé d'un Doyen, de deux Archidiacres l'un pour Tournay, l'autre pour la Flandre: d'un Chantre, de deux Tresoriers, d'un Grand-Penitencier, d'un Ecolâtre, d'un Chancelier & de trente-deux Chanoines; ce qui fait en tout quarante-deux Prébendes, dont quarante sont à la disposition de l'Evêque, & deux, savoir l'Ecolâtre & le Chanoine Hôtelier, à la disposition du Chapitre. Le Chanoine Hôtelier est ainsi appellé, parce qu'il est chargé de la direction de l'Hôpital de Notre-Dame, qui dépend du Chapitre pour le Temporel & pour le Spirituel. Chilperic I., Roi de France, fonda & dota cette Eglise vers l'an 578. en récompense de ce que les Tournesiens l'avoient reçu & l'avoient vaillamment défendu, lorsque ses Ennemis l'assiégérent dans Tournay où il fut enterré. Son Tombeau fut découvert en 1653. dans l'Eglise de St. Brice. Il semble que cet endroit n'étoit pas alors enfermé dans l'enceinte de la Ville. Lorsqu'on fit cette découverte, on y trouva un coutelas, une hache d'armes, des agraffes, des boucles & d'autres ornemens d'un baudrier, le tout d'or avec quantité de Rubis enchassez. On y trouva aussi le Squelette d'un Cheval, parce qu'alors on enterroit les Princes, non-seulement avec leurs plus riches habits; mais aussi avec leur Cheval de parade. L'Equipage de ce Roi fut présenté par le Magistrat de Tournay à l'Archiduc Léopold; mais après sa mort toutes ces choses étant tombées entre les mains de Jean Philippe de Schoonborn, Archevêque de Mayence, ce Prélat en fit present au Roi de France.

L'Abbaye de St. Martin de l'Ordre de St. Benoît est remarquable par la beauté de ses Edifices & par la grandeur & la magnificence de son Eglise. Louis XIV. Roi de France & la Reine Marie Thérèse d'Autriche son Epouse y mirent la première pierre en 1677. L'Abbaye fut commencée vers l'an 656. par S. Eloi, Evêque de Tournay & de Noyon, en l'honneur de St. Martin Evêque de Tours, lorsqu'on croit avoir prêché l'Evangile en ce Lieu & y avoir ressuscité un mort. Cette Abbaye devint dans la suite très-puissante, & les Religieux se mirent sous la Régle de St. Benoît au commencement du douzième Siècle; ils avoient auparavant suivi la Régle de St. Augustin.

La Ville de Tournay est maintenant divisée en dix Paroisses, savoir la Cathédrale de Notre-Dame, St. Piat, St. Jacques, St. Quentin, St. Pierre, St. Nicaise, Ste. Marie Madeleine, St. Brice, St. Jean & St. Nicolas. Les sept premières, qui se trouvent dans la partie la plus considérable de la Ville du côté de l'Escaut qui regarde la France, sont de l'Evêché de Tournay, ainsi que les six Cures qu'on nomme suburbicaires : les trois dernières, situées dans la plus petite partie de la Ville, du côté de l'Escaut qui regarde le Hainaut, sont de l'Archevêché de Cambray ; & il y a un Doyen *de la Chrétienté*, dit *de St. Brice* qui exerce la Jurisdiction de cet Archevêque dans la Ville de Tournay. Il y a eu encore deux autres Paroisses dans la partie de la Ville qui reconnoît l'Evêque de Tournay, savoir Ste. Catherine & Ste. Marguerite ; mais la première fut démolie en 1672. lorsque Louis XIV. Roi de France y fit bâtir la Citadelle. Celle de Ste. Marguerite fut donnée alors aux Chanoines Réguliers de l'Abbaye de St. Médard, qu'on nomme aussi St. Nicolas des Prez, & qui y avoient perdu leur Maison. Cette Abbaye fut fondée en 1126. par Simon de Vermandois, dernier Evêque de Tournay, résidant à Noyon. Les autres Maisons Religieuses de Tournay sont l'Abbaye des Prez-Porciens, qui appartient à des Religieuses de St. Augustin, fondées par Wautier de Marvis cinquante & unième Evêque ; les Trinitaires, les Croisiers, les Carmes-Chaussez & Déchaussez, & les Recollets, les Dominicains, les Augustins, les Capucins, une Maison de Prêtres Irlandois, les Carmelites, les Sœurs-Grises, les Repenties & autres. Les Jésuites y ont deux Maisons ; l'une qui est le Collège où ils enseignent les Humanitez, l'autre où ils tiennent le Noviciat de la Flandre Gallicane. Cette dernière a été dotée du revenu du Prieuré d'Englos, de l'Ordre de St. Benoît. Ce Prieuré avoit été abandonné à cause des révolutions du Pays. Il y a encore le Collége de St. Paul, où des Prêtres Séculiers enseignent les Humanitez ; & le Séminaire de l'Evêque, où les Peres Jésuites enseignent la Théologie depuis l'an 1705.

La Foi Chrétienne a été reçue plus tard dans le Diocèse de Tournay que dans la plus grande partie de la Gaule Belgique. Grégoire de Tours fait mention de St. Piaton qui prêcha l'Evangile dans ce Pays-là & y fut martyrisé ; mais il ne dit rien de St. Eleuthére, que la Tradition du Pays met au tems de Clovis entre les Apôtres de cette Ville. Les Légendaires qui en parlent dans sa Vie & dans celle de St. Médard, ne méritent aucune créance, ayant écrit cinq cens ans après ces deux Saints, & donnant des marques de leur ignorance dans l'Histoire. Ce qui est certain, c'est que St. Médard, Evêque de Noyon, fut aussi Pasteur de l'Eglise de Tournay, & qu'il prêcha & établit l'Evangile dans ce Pays-là, comme firent ses Successeurs jusqu'à St. Eloy. C'est pour cela que les Evêques de Noyon conservérent toujours l'Evêché de Tournay dans lequel plusieurs grandes Villes furent fondées, comme Gand, Bruges & Lille : ce qui engagea St. Bernard à travailler à la séparation de ces deux Eglises jointes depuis le tems de St. Médard. St. Bernard obtint en 1148. du Pape Eugène III. qui avoit été son Disciple la désunion de ces Sièges ; de sorte qu'Anselme, Moine Bénédictin, Abbé de St. Vincent de Laon, fut créé cette

année-là premier Evêque de Tournay, & que cet Evêché se trouva d'une fort grande étendue jusqu'à l'Erection des nouveaux Sièges de Gand & de Bruges. En 1559. l'Evêché de Tournay fut fait suffragant de la nouvelle Métropole de Cambray. Cette Ville a eu pour Apôtre ou premier Catéchiste, Saint Piat Martyr du tems de S. Denys de Paris & de Saint Quentin du Vermandois. Il y répandit son sang vers le même tems qu'eux, & fut enterré dans le Village de Seclin, qui subsiste encore en Flandres, à deux lieues de Lille & à quatre de Tournay. Son corps fut porté depuis à Chartres ; mais on prétend qu'on en reporta depuis une partie à Seclin. Cette Ville étoit retournée presqu'entièrement à l'Idolatrie après la mort de Saint Piat, sur-tout lorsqu'elle fut tombée entre les mains des Barbares.

Le Diocèse de Tournay est divisé aujourd'hui en huit Doyennez, & contient deux cens vingt-trois Cures, cinq ou six sont unies à d'autres sous un même Curé. Les Doyennez sont

Tournay,	Helchin-Wallon,
Lille,	Helchin-Flamand,
Seclin,	Courtray,
Saint-Amand,	Werwick.

Le Gouvernement Civil & Politique de la Ville de Tournay consiste en deux Corps, dont le premier est le Bailliage ayant à la tête un Grand-Bailli pour le Tournesis. Le second Corps est divisé en deux Tribunaux ; l'un composé du Prevôt & des Jurés, qui décident les Affaires criminelles ; l'autre formé du Mayeur & des Echevins qui gouvernent les Affaires civiles, & la Police de la Ville. Du tems que cette Ville étoit soumise aux Espagnols le Magistrat seul exerçoit toute la Jurisdiction. Il étoit renouvellé tous les ans par des Commissaires du Roi, & les Causes alloient par appel au Conseil Provincial de Flandre, & delà au Parlement de Malines ; mais lorsque Louis XIV. s'en fut rendu maître, il y érigea au mois d'Avril 1668. un Conseil Souverain. Ce Conseil étoit composé de deux Présidens, de sept Conseillers, d'un Procureur-Général, d'un Greffier & de cinq Huissiers. Le Roi créa aussi deux Chevaliers d'Honneur, avec droit d'entrée, de rang & de séance dans ce Conseil, immédiatement après les Présidens & avant les Conseillers.

Le Territoire de la Ville de Tournay, le Tournesis, les Villes, les Bailliages & les Châtellenies de Lille, de Douay & d'Orchies ; les Villes & Châtellenies de Bergh, St. Winox, de Furnes, d'Oudenarde, & de quelques-unes des Villes cédées à la France par la Paix des Pyrénées, comme Ath, Binche & Charleroi, étoient du ressort de ce nouveau Conseil. En 1670. le nombre des Conseillers fut augmenté. On forma deux Chambres, dont la première étoit composée du premier Président & de cinq Conseillers, & l'autre du second Président & de quatre Conseillers, avec un Substitut du Procureur-Général & un second Greffier. En 1680. le Roi, pour autoriser & faire respecter davantage ce Conseil, lui donna le titre & le nom de Parlement; & comme les deux Chambres, dont ce Parlement étoit composé, ne suffisoient pas pour juger tous les procès, à cause que le ressort avoit été considérablement augmenté, le Roi fit une troisième Chambre au mois de Mai 1689. Il créa une nouvelle Charge de Président, neuf Conseillers & un Greffier; de sorte que le Parlement de Tournay étoit composé alors de trois Présidens, de dix-huit Conseillers, d'un Procureur-Général, d'un Substitut, & de trois Greffiers outre les Chevaliers d'Honneur. En 1693. le nombre de ces Officiers fut augmenté pour la troisième fois, & le Roi ordonna que ce Parlement seroit composé à l'avenir d'un Premier Président, Garde-Sceel, de trois Présidens à Mortier, de deux Chevaliers d'Honneur, de vingt-deux Conseillers, d'un Avocat-Général, d'un Procureur-Général, d'un Greffier en Chef, & de trois Greffiers pour les trois Chambres.

En 1709. vers la fin du Mois de Juin l'Armée des Alliés, sous les ordres du Prince Eugène & du Duc de Marlboroug, n'ayant pû attaquer l'Armée de France commandée par le Maréchal de Villars, qui s'étoit trop avantageusement posté, investit Tournay & l'assiegea dans les formes. La tranchée fut ouverte le 7. de Juillet & la Ville battit la Chamade le 28. du même Mois. Elle auroit pu tenir beaucoup plus long-tems; mais il y eut cette année-là une si grande disette de vivres dans toute la France, qu'il ne fut pas possible de pourvoir cette Place de tout ce qui lui auroit été nécessaire pour soutenir le Siège. Il y eut trois Capitulations différentes: une pour le Militaire: une pour les trois Etats de la Ville; & une troisième pour le Parlement, qui en vertu de cette Capitulation se retira à Cambray, où la troisième Chambre fut supprimée en 1713. L'année suivante le Parlement eut ordre d'aller s'établir à Douay, où il s'est tenu depuis. Les Alliez attaquerent ensuite la Citadelle, qui fut obligée de se rendre le 3. de Septembre.

2. TOURNAY, Bourg de France, dans le Bas-Armagnac, Election d'Astarac, sur l'Arroz, aux Confins du Comté de Bigorre, à quatre lieues de Tarbes, du côté du Midi. Il y a dans ce Bourg une Justice Royale.

TOURNEBU, Lieu de France dans la Basse-Normandie [a], entre Thury & Falaise, à cinq lieues de Caen. C'est une ancienne Baronnie, qui appartient à la Maison de Tournebu, l'une des plus considérables de la Province.

[a] Corn. Dict.

TOURNECOUPE, Bourg de France dans le Bas-Armagnac, Election de Lomagne. Il y en a qui lui donnent le nom de Ville.

TOURNESIS (Le), petit Pays de Flandre & qui prend son nom de la Ville de Tournay sa Capitale. Le Tournesis n'est rien autre chose que la Châtellenie de Tournay, qui est d'une assez grande étendue; car elle renferme environ cinquante Villages ou Bourgs, dont la Justice ressortit au Conseil Provincial de Flandre [b], d'où l'on peut appeller au Parlement de Malines. Les Rois de France ayant institué le Bailliage de Vermandois y avoient joint Tournay & le Tournesis. Mais en 1383. Charles VI. érigea un Bailliage Royal à Tournay, auquel il soumit cette Ville & le Tournesis, avec les Terres de Mortagne & de St. Amand, qui relevoient auparavant du Bailliage de Vermandois; & l'union de ces Terres à ce Bailliage a duré jusqu'au tems de la Paix d'Utrecht, par laquelle toute la Terre de St. Amand a été séparée du Bailliage de Tournesis, & laissée à la France. Mais pour les neuf Villages qui dépendoient de Mortagne, ils ont été laissez à la Maison d'Autriche.

[b] Longuerue, Descr. de la France, Part. 2. p. 78.

TOURNHOUT, ou TURNHOUT, petite Ville des Pays-Bas dans la Campine, avec Seigneurie. Elle a été bâtie par Henri IV. Duc de Brabant vers l'an 1212. On y voit une Eglise Collégiale dédiée à St. Pierre, & dont le Chapitre fut fondé en 1398. par Marie de Brabant Duchesse de Gueldre. Il est composé d'un Doyen & de douze Chanoines. Des Chanoines Réguliers du Prieuré de Corsendonck y enseignent les Humanitez, depuis 1644. On voit encore à Tournhout un Couvent de Récollets & un Beguinage.

L'Empereur Charles V. donna cette Ville en 1545. à Marie Reine de Hongrie, sa Sœur, pour en jouïr sa vie durant. En 1648. & après la Paix de Westphalie, le Roi Philippe IV. donna la même Ville à la Princesse Amélie de Solms, Veuve de Fréderic Henri de Nassau; & c'est par-là que cette Seigneurie est entrée dans la Maison d'Orange. Après la mort de Guillaume III. Roi d'Angleterre, cette Seigneurie fut adjugée, en 1708. par Arrêt de la Cour Souveraine de Brabant, au Roi de Prusse, moyennant cent mille Florins qu'il a dû donner à Jean Guillaume de Frise Prince d'Orange.

En 1596. le Comte de Varax, Général de l'Artillerie d'Espagne, fut défait près de cette Ville par le Prince Maurice de Nassau. Les Espagnols y perdirent deux mille cinq cens hommes avec leur Général. Le Prince n'avoit que huit cens Chevaux, & le Comte de Varax en avoit six-mille; nonobstant cette inégalité, un mouvement fait à contre-tems fut cause de la perte de l'Armée du Comte.

Le QUARTIER DE TOURNHOUT est de la dépendance de la Ville d'Anvers, & il comprend quinze Villages.

1. TOURNON, Ville de France, dans le Haut-Vivarais, sur le bord du Rhône, vis-à-vis de Thain, à deux lieues de Valence & à quatre d'Annonay. Elle est petite & peu considérable; mais elle est ancienne, puisque Grégoire de Tours en fait mention sous le nom de TAUREDUNUM. Voyez ce mot. Tournon est bâtie [c] sur le panchant d'une Montagne, au haut de laquelle il y a un Château. Le Collége des Jésuites est fameux, & un des plus beaux du Royaume. Le Couvent des Minimes est une assez belle Maison. Corneille étoit mal informé lorsqu'il a dit dans son Dictionnaire Géographique, qu'il y avoit une Université à Tournon. Pierre d'Avity, Auteur d'une Description du Monde en six Volumes in folio, étoit né dans cette Ville l'an 1592.

[c] Piganiol, Descr. de la France, t. 4. p. 401.

1592. & mourut à Paris en 1655. La Ville & Terre de Tournon a appartenu à une Maison de même nom jusqu'en 1644. qu'elle fut éteinte. Elle passa dans celle de Montmorency, puis dans celle de Levi-Vantadour, & enfin dans celle de Rohan-Soubise.

2. TOURNON, Bourg de France dans le Berry, Election de le Blanc.

3. TOURNON, petite Ville de France dans l'Agenois, Election d'Agen, avec Justice Royale. Cette Justice comprend les trois Paroisses de St. Jean de Carabese, de St. Jean de Sumant, & de St. Basile du Toureil.

TOURNOUX, ou TORNOSCO, *Castrum de Torono*, Lieu de France, dans le Dauphiné, au Diocèse d'Ambrun. C'est la plus ancienne Paroisse de la Vallée de Barcelonnette. On croit qu'il y avoit autrefois un Temple dédié à Jupiter.

TOURNUS, ou TORNUS, Ville de France dans le Mâconnois, quoiqu'elle soit du Diocèse de Châlons. Elle a même été autrefois du Châlonnois, comme on le voit par la Patente de Charles *le Chauve* [a], qui donna cette Ville aux Moines de St. Philibert, chassez de l'Isle de Hero par les Normands, & qui étoient pour lors errans & sans demeure fixe. Ce Prince déclare qu'il a donné à ces Religieux pour s'y établir la Ville qu'il appelle *Tornucium*, & le Château voisin qu'il nomme *Trenorchium* ou *Trenorcium*. C'est dans ce Château que les Moines de St. Philibert s'établirent. Ils furent toujours depuis sous la garde & la protection des Rois de France, qui les mirent sous la Jurisdiction des Baillifs Royaux de Mâcon & de St. Gengou.

[a] Longuerue, Descr. de la France, I. Part p. 289.

La Ville de *Tournus* est située sur la rive droite de la Saone entre Châlons & Mâcon, à cinq lieues ou environ de chacune de ces Villes. Si, comme quelques-uns le veulent, cette Ville est le *Timurtium* des Anciens, l'Itinéraire d'Antonin & la Table de Peutinger en ont fait mention comme d'un Lieu, qui servoit de Grenier à Bled pour la subsistance des Troupes Romaines. Le Territoire de *Tournus* en effet est un des plus beaux & des plus fertiles de la Bourgogne. On ne s'en tient pas à cette antiquité déja incertaine; car il y a des Ecrivains qui veulent que *Timurtium* soit la Ville de Tournon & non celle de *Tournus*: On ne s'en tient pas-là, dis-je, on prétend que *Tournus* fut fondée par Turnus, qui combattit contre Enée, ou par Turnus, fils d'Eneas Silvius; cela est bien obscur pour n'être qu'incertain. Ce qu'on peut dire de plus assuré, c'est que tout ce qui est aujourd'hui compris sous le nom de *Tournus* [b], & que l'on voit enfermé de murs anciens, étoit autrefois divisé en trois parties; savoir *Trenorchium Castrum*, *Tornutium Villa*, & *Cella Sancti Valeriani*, selon ce qui est expressément porté dans une Charte de Charles *le Chauve*. *Trenorchium Castrum* étoit ce qu'on appelle aujourd'hui LA MAGDELAINE. Il y a encore de ce côté-là une Porte dite la *Porte du Chastel*; & ce Chastel, dit-on, étoit nommé autrefois *Horreum Castrense* par les Romains. *Tornutium Villa* est présentement la partie de la Ville moderne

[b] Corn. Dict. sur des Mém. dressez sur les Lieux.

la plus fréquentée, & la plus marchande, & ce qu'on nomme PAROCHE DE ST. ANDRÉ. Quant à *Cella Sancti Valeriani*, c'est une Abbaye située vers le Septentrion, en un lieu plus élevé que tout le reste. Elle n'a que les murailles de la Ville continuées au dehors; mais au dedans elle en est séparée par un mur particulier. La clôture de cette Abbaye est ronde, & sans la belle apparence de l'Eglise & de ses deux Clochers, haut-elevez en façon de Pyramide, on la prendroit plutôt pour un Château ou pour une Citadelle, que pour un Monastère de Religieux. Cette Abbaye qui est très-considérable par un grand nombre de Prieurez qui en dépendent, tant en Bretagne, en Poitou, en Anjou, dans le Maine, qu'en Auvergne, Velay, Dauphiné, Mâconnois, Bourbonnois & autres Provinces, fut au commencement appellée SAINT VALÉRIAN, ou Saint Valérien, à cause que du tems de l'Empereur Antonius Verus, un St. Homme nommé Valérien, s'étant arrêté dans la Ville de *Tournus* pour enseigner à ses Habitans les Véritez du Christianisme, il y fut martyrisé en 177. ou 179. dans un Lieu où l'on montre encore deux pierres qu'on prétend avoir été teintes de son sang. La Paix ayant été donnée à l'Eglise par l'Empereur Constantin, les Fidèles bâtirent sur le Tombeau de ce St. Martyr une Eglise, qui dans la suite eut le titre de Prieuré, ou de petite Abbaye. En 875. Charles *le Chauve*, comme on l'a vu plus haut, donna cette Abbaye aux Religieux Bénédictins de la Famille de St. Philibert, dont elle porte aujourd'hui le nom, & outre les grands Privilèges qu'il lui accorda, il la dota d'un revenu si considérable, qu'elle est devenue une des plus célèbres du Royaume. Sous le Règne de Philippe *le Bel*, Marguerite, seconde femme du Roi de Sicile, étant demeurée veuve, trouva l'air de *Tournus* si bon, qu'elle fit bâtir une Maison hors de son enceinte & un Hôpital tout proche, & passa le reste de sa vie à y servir elle-même les malades. Cet Hôpital, ainsi que les autres Lieux Saints du voisinage, fut ruiné par les Protestans du tems des premiers troubles; & il a été remis depuis en meilleur état qu'il n'étoit auparavant par un Abbé de *Tournus* de la Maison de la Rochefoucaut. Cette Ville qui est beaucoup plus longue que large, a deux Paroisses, un Couvent de Recollets & un autre de Bénédictines, outre l'Eglise Collégiale & Abbatiale. Les Religieux qui y célébroient l'Office étant tombez dans le relâchement depuis plusieurs Siècles, le Cardinal de la Rochefoucaut, qui en étoit Abbé Commendataire, la fit séculariser, & changer le Couvent des Bénédictins en un Chapitre Séculier du consentement de Louis XIII. par le Pape Urbain VIII. dont la Bulle, datée de l'an 1623. fut enregistrée au Parlement de Paris en 1627. Ainsi cette Abbaye est desservie présentement par un Chapitre de douze Chanoines & de six semi-Chanoines. L'Abbé, qui est Titulaire & Commendataire, est seul Seigneur Temporel de *Tournus*, & y fait rendre la Justice par ses Officiers, aussi-bien que dans toutes les Terres de la dépendance de cette Abbaye.

TOUR-

TOURNY, Bourg de France dans la Normandie [a], au Diocèse de Rouen, avec Château & titre de Marquisat. Il est dans le Vexin-Normand, au milieu d'une très-belle Campagne, fertile en bons Bleds, Chanvres & autres denrées, à neuf lieues de Rouen, & à deux de Vernon, d'Andely & de St. Clair sur Epte, entre les Paroisses de Mesiéres, Forêt, Guitry, Fontenay, Fours, Civiére, Efcos, Haricourt & Panilleuse. L'Eglise Paroissiale dédiée à Notre-Dame, est assez bien bâtie, & assez propre. Le Prieuré simple, situé au Hameau de la Troudiére, en dépend, & à sa part sur les Dixmes, aussi-bien que le Prieuré Clauftral des Chanoines Réguliers de Saussleuse, qui est dans le voisinage. Il y a dix-sept Fiefs nobles, & six en Roture qui relevent du Marquifat de Tourny; & l'an 1702. le Roi accorda ses Lettres Patentes pour l'établissement d'un Siège de Justice Royale en ce Lieu-là. Le Commerce y consiste en grains & en toiles blanches que l'on y fabrique. On y tient Foire le jour de la Fête de St. Mathieu. Le Château est flanqué de quatre Tours aux quatre Angles.

[a] Corü Dict. Mém. dress-sez sur les Lieux en 1703.

TOURGBIN, ou **TUROBIN**, petite Ville de Pologne dans le Palatinat de Lublin, felon Mr. Corneille qui cite les Mémoires du Chevalier de Beaujeu, & dans le Palatinat de Russie, selon Mr. de l'Isle [b]. Cette Ville, ajoutent les Mémoires du Chevalier de Beaujeu, est située à trois lieues de Chebrechin. Elle a ses Portes, & plusieurs Maisons bâties de brique, avec une espèce de rempart de gazon, palissadé de planches en haut en forme de Parapet. Elle a aussi une Place & des Eglises exhaussées, qui la font remarquer de loin. Cette Ville est des dépendances de Zamosch.

[b] Atlas.

TOUROUVRE, *Torrum Robur*, Bourg de France, dans la Perche, du Diocèse & de l'Election de Chartres, a mille deux cens Habitans. Il y a eu anciennement dans l'étendue de la Paroisse de ce nom, qui est très-vaste, une Ville nommée Mesiéres, dans les vestiges de laquelle on trouve encore très-fréquemment des Médailles d'or, d'argent & de cuivre du bas Empire. Cette Terre, qui a été érigée en Marquifat, appartient depuis plus de trois cens ans à la Maison de la Vove, dans laquelle elle est entrée par Mariage.

TOURS, Ville de France, dans la Touraine, à laquelle elle donne son nom, & dont elle est la Capitale. Cette Ville est située au Midi de la Loire, entre ce Fleuve & la Rivière de Cher, nommé en Latin *Carus*, ou *Caris* [c], qui passe au Midi de la Ville, & va ensuite se jetter dans la Loire. L'ancien nom de Tours est *Casarodunum*, comme on voit dans Ptolomée, & dans la Carte de Peutinger; le mot *Dun* signifiant dans la Langue Gauloise une Montagne ou Colline; ce mot *Casarodunum* veut dire Montagne de César. Il n'y a néanmoins à Tours aucune Montagne, ni apparence qu'il y en ait eu, la Ville étant située dans une grande Plaine, en lieu fort bas, entre deux Rivières; de sorte que ce mot *Dun* doit avoir signifié non-seulement une Montagne, mais une Forteresse, comme parmi les François & les Italiens le mot *Roc*, ou *Rocca* signifie non-seulement un Rocher; mais une Forteresse. Tours, sous la Domination des Romains & des Rois Mérovingiens, étoit beaucoup moins grande qu'elle n'est aujourd'hui, puisque, du tems de Grégoire de Tours, l'Eglise de St. Martin étoit, comme il l'assure, éloignée de la Ville de cinq cens trente pas, & ce ne fut que dans le neuvième Siècle, qu'on enferma de Murailles cette Eglise & le Bourg voisin, pour le garantir des ravages des Normands. On appelloit encore ce Quartier *Castrum Novum*, c'est-à-dire, Châteauneuf, au commencement du douzième Siècle, comme le témoigne l'Auteur de l'Histoire des Comtes d'Anjou. Le nom de CHATEAUNEUF lui fut apparemment donné à cause du Château ou Fort que Richard Roi d'Angleterre y fit bâtir, malgré Philippe-Auguste [d], & qui selon Froissard donna lieu à la guerre sanglante que se firent ces deux Rois. Ces deux Villes, si proches l'une de l'autre, se joignirent enfin par l'accroissement qu'elles prirent, & cette jonction fut approuvée par des Lettres Patentes du Roi Jean de l'an 1354. Tours, à ce que l'on prétend, est la première Ville du Royaume, qui ait eu des Privilèges, & en faveur de laquelle les Rois de la première race ont donné les premières Lettres Patentes. Ce fut aussi la première qui envoya des Députez au Roi Henry III. après les Barricades de Paris; & ce fut en cette considération que ce Prince y transféra le Parlement & les autres Cours Supérieures de Paris l'an 1583. Pendant le séjour que ces Tribunaux firent à Tours, cette Ville s'accrut d'un tiers, & l'on y joignit les Fauxbourgs par une nouvelle Enceinte, que l'on fit en vertu de Lettres Patentes du Roi Henry IV. du mois d'Avril de l'an 1591. Aujourd'hui on entre dans la Ville de Tours par douze grandes Portes, & on y remarque cinq Fauxbourgs, qui sont ceux de la Riche, de S. Eloy, de S. Etienne, de S. Pierre des Corps, & de S. Symphorien. Les Maisons sont bâties d'une pierre extrêmement blanche, qui leur donne beaucoup d'apparence, & toutes couvertes d'ardoises. Les Rues y sont assez belles & fort nettes, à cause des différens Ruisseaux qui forment six Fontaines publiques. J'ai déja insinué qu'une des Portes de la Ville s'appelle la Porte *Hugon*, que le Peuple par corruption nomme la Porte *Foargon*, pour dire la Porte de *feu Hugon*. Hugon, selon Eginhard dans la Vie de Charlemagne, & selon quelques autres Historiens, étoit Comte de Tours. Il y a apparence, que s'étant rendu redoutable par sa méchanceté & par la férocité de ses moeurs, on en a fait après sa mort l'épouvantail des enfans & des femmelettes; & le canevas de beaucoup de fables. M. de Thou, malgré sa gravité, n'a pas dédaigné d'en parler dans son Histoire [e]. *Cæsarodúni*, dit ce célèbre Historien, *Hugo Rex celebratur, qui noctu pomeria Civitatis, obequitare & obvios homines pulsare & rapere dicitur*. Ainsi on menace à Tours du Roi Hugon, comme à Paris du Moine Bouru, à Orléans du Mulet Odet, & à Blois du Loup-garou. D'Avila & quelques autres His-

[c] Longuerue, Descr. de la France, I. Part, p. 105.

[d] Pag. 36 & fuiv.

[e] Lib. 24.

Historiens ont cru que les Calvinistes ont été appellez Huguenots, parce que les premiers qui embrasserent cette croyance dans la Ville de Tours, s'assembloient la nuit dans des Caves qui étoient auprès la porte Hugon. Dans le tems que les Manufactures de Tours étoient dans leur plus grande réputation, on a compté dans cette Ville jusqu'à soixante mille Habitans; mais ce nombre est aujourd'hui réduit à environ trente-trois mille. Cette Ville est franche & ne paye point de Taille. La Maison de Ville est composée d'un Maire érigé en titre d'Office par Lettres Patentes du Roi Louïs XIV. du cinq de Février de l'an 1696. en vertu de l'Edit de création de l'an 1692. de douze Echevins, de deux Assesseurs, d'un Procureur du Roi, d'un Substitut, d'un Receveur, d'un Greffier en titre d'Office, & de quatre Elûs de Ville.

L'Eglise Cathédrale a un beau Portail accompagné de deux belles Tours, & orné au milieu d'une rose très-délicatement travaillée. Cette Eglise a été premierement bâtie par Saint Martin, & dédiée à S. Maurice, dont elle a long-tems porté le nom, & qu'elle n'a quitté que pour prendre celui de S. Gatien son premier Evêque. L'an 1096. on l'appelloit encore l'Eglise de S. Maurice. La Bibliothéque de cette Eglise occupe toute la longueur d'un côté du Cloître. Elle est remplie de Manuscrits enchaînez sur des Pupitres. Les deux plus curieux sont *un Pentateuque* de mille ans, écrit en Lettres Majuscules, & *les quatre Evangiles* écrits en Lettres Saxoniques. On croit ici que ce dernier a douze cens ans d'antiquité, & qu'il a été écrit par S. Hilaire Evêque de Poitiers; mais le savant Auteur du Voyage Liturgique croit qu'on se trompe, & que ce Manuscrit ne passe point mille ans.

L'Eglise de Saint Martin est une des plus vastes du Royaume. Elle est flanquée du côté du Nord par une grande Tour appellée *Tour de Charlemagne*, & du côté du Midi par celle de l'Horloge. On les voit de plus de dix lieues à la ronde. Le Tombeau de S. Martin est derriere le Grand-Autel. Il est de Marbre noir, blanc, & jaspé, & n'est élevé de terre qu'environ de trois pieds. La Tour de Saint Pierre le Puellier est plus bas vers le Nord, près de la Loire. Celle du Cloître qui est à l'Orient a plus de cent pieds de hauteur, & donne sur la Place de Saint Pierre du Chardonnet, & dans cette partie de la Ville que l'on appelle Châteauneuf, & qui étoit l'ancienne Ville de Saint Martin. Le Couvent des Capucins est situé dans la plus haute elevation, & leurs terrasses donnent sur la Ville. Le Quay Royal sur la Riviere, est le plus bel endroit de la Ville, & fort spacieux. Le Château est près du grand Pont de la Riviere de Loire, & son Donjon étoit autrefois très-fort. C'est dans ce Château que fut mis le Duc de Guise, & d'où il trouva les moyens de s'évader au mois d'Août de l'an 1591.

L'Abbaye de Marmoutier est dans le Fauxbourg de Saint Symphorien, & est fameuse par Saint Martin son Fondateur, & par la Sainte Ampoule qu'on y garde. Sulpice Sévére qui avoit été Disciple de S. Martin, & qui a écrit sa Vie, dit que ce Saint s'étant froissé & blessé à mort par une chûte violente qu'il avoit faite, un Ange vint la nuit essuyer ses playes, & les oindre d'un Baume céleste qui le guérit si parfaitement, que S. Martin se trouva le lendemain aussi sain, que s'il n'avoit jamais eu aucune incommodité. Il est parlé de cette Sainte Ampoule dans les Canons quarante-quatre & quarante-cinq du second Concile de Châlons, & c'est avec son Baume, que le Roi Henry le Grand fut sacré dans l'Eglise Cathédrale de Chartres le 27. Février de l'an 1594.

Le Mail passe pour être le plus beau du Royaume. Il a plus de mille pas de longueur & est orné de deux Allées d'Ormes de chaque côté. La Ville de Tours est si jalouse de cet ornement, que les Magistrats ont défendu d'y jouer, & de s'y promener lorsqu'il a plu, jusqu'à ce qu'il soit sec, sous peine de dix Livres d'amende.

Nos Rois ont convoqué plusieurs fois les Etats à Tours. Louïs XI. les y assembla l'an 1470. Charles VIII. en 1484. & Louïs XII. en 1506. pour le mariage de Madame Claude de France sa fille, avec François de Valois Duc d'Angoulême. On a aussi assemblé plusieurs Conciles dans cette Ville. Messire Jean le Meingre, dit Boucicaut, Maréchal de France sous Charles V. & Charles VI. reçut les honneurs de cette Dignité dans la Ville de Tours, pendant que le Roi Charles V. étoit logé dans la Maison paternelle de ce Seigneur. Christophle Plantin fameux Imprimeur, & le Pere René Rapin Jésuite, étoient aussi nez à Tours.

Le Plessis-lez-Tours est une Maison Royale bâtie par le Roi Louïs XI. dans un lieu appellé auparavant *les Montils*. Ce Prince en trouva le séjour si agréable, qu'il y passa une partie de sa vie, & y mourut l'an 1483. Ce Château est bâti de brique, & a de beaux Appartemens pour ce tems-là. Il est situé entre un grand Parc & de beaux Jardins. Louïs XI. fonda en ce lieu-là une Eglise Collégiale & un Couvent de Minimes, qui est le premier que ces Religieux ayent eu en France. La situation de ce Couvent est d'autant plus belle, qu'il est sur un Canal de la Riviere du Cher, que le Roi même fit faire.

L'Isle de Saint-Cosme est aux Portes de la Ville de Tours, & est formée par deux Bras de la Riviere de Cher. C'est ici que Berenger & Ronsard ont été inhumez. Le premier étoit natif de Tours, fut Trésorier, & Ecolâtre de l'Eglise de Saint Martin, puis Archidiacre d'Angers. Ce fut dans cette derniere Ville qu'il commença à dogmatiser, & à soutenir, *que le Sacrement de l'Eucharistie n'étoit que la figure du corps de Jésus-Christ*. Il fut condamné dans plusieurs Conciles, mais ayant comparu dans celui qui fut tenu à Rome en 1078. il y signa une nouvelle Profession de Foi, laquelle est rapportée par Gratien dans la troisième partie du Decret, distinction II. Canon 42. qui commence *Ego Berengarius*, &c. Il y a apparence qu'il retomba dans son erreur, car il fut

fut encore accusé au Concile de Bourdeaux en 1080. & obligé d'y rendre compte de sa Foi. Depuis il passa le reste de ses jours dans l'Isle de Saint-Cosme, où il mourut le 6. Janvier de l'an 1688, Catholique selon les uns, & Hérétique selon les autres.

L'Archevêché de Tours a eu des Prélats dès l'an 250. St. Gatien en fut le premier Evêque & mourut vers la fin du troisième Siècle. St. Lidoire lui succéda en 338. après une interruption de plusieurs années. S. Martin fut fait Evêque l'an 371. & mourut l'an 397. S. Brice succéda à Saint Martin, & mourut l'an 444. après 47. ans d'Episcopat. S. Eustoche fut fait Evêque après S. Brice [a], & mourut l'an 460. S. Perpete succéda à Saint Eustoche ; il mourut en 491. & eut pour Successeur S. Volusien. On ne compte plus d'Evêques Saints, honorez d'un culte public depuis Saint Volusien jusqu'à Saint Euphrone qui fut le dix-huitième depuis Saint Gatien. Il fut sacré l'an 556. & mourut l'an 573. La Ville de Tours fut longtems dans la dépendance de la Métropole de Rouen. Elle fut érigée en Métropole Civile du tems de l'Empereur Honorius vers les commencemens du V. Siècle, lorsqu'on divisa la Gaule Celtique ou Lyonnoise en cinq Provinces. Quelques-uns estiment qu'elle ne fut pas long-tems sans devenir ensuite Métropole Ecclésiastique. Cela n'empêcha point que Saint Martin ne fût de son tems regardé comme le Maître des Evêques, & Saint Victrice de Rouen lui déferoit en toutes rencontres. Il paroît que ce fut sous Valentinien III. & durant l'Episcopat de Saint Brice qu'elle devint Métropole Ecclésiastique.

Entre les SS. honorez dans la Ville & dans le Diocèse de Tours, on compte St. Clair, Disciple de S. Martin, Prêtre en Touraine, mort peu de tems avant son Maître. S. Senoch né en Poitou, vint servir Dieu en Touraine, & fut Abbé d'un petit Monastère qu'il y bâtit autour d'une Chapelle où Saint Martin avoit autrefois dit la Messe. Il y mourut l'an 579. On met encore entre les Disciples de Saint Martin, outre Heros & Lazare qui agirent contre les Pélagiens & Saint Sulpice Sévère, Saint Maurille d'Angers, Saint Corentin de Quimper, Saint Florin mort en Anjou. Entre les autres Saints honorez dans la Ville & le Diocèse, on compte aussi S. Venant Abbé à Tours, S. Leobard reclus près de Tours. S. Ours & Saint Libesse ou Leubace Abbez en Touraine à Loches & à Seneviere dans le V. & le VI. Siècles sous Clovis. Ste Monegonde recluse & Abbesse à Tours, mourut en 570. Son Monastère est aujourd'hui l'Eglise Collégiale de Saint Pierre le Puellier. Ste Maure & Sainte Britte Vierges de Touraine. Pour ce qui est de Saint Mesme, *Maximus*, Disciple de Saint Martin, il est né, & mort à Chinon en Touraine. Supérieur des Solitaires de l'Isle Barbe près de Lyon. Le B. Alcuin fut, sinon Abbé, du moins Administrateur du Spirituel & du Temporel de l'Abbaye de Saint Martin de Tours. Il y mourut l'an 804. & y fut enterré. On l'en qualifie Abbé tout communément. S. Odon Abbé de Cluny

[a] Baillet, Topogr. des SS. p. 499.

au X. Siècle, étoit de la Ville de Tours, & y avoit été élevé. S. François de Paule Instituteur des Minimes, vint d'Italie demeurer près de Tours, & y mourut.

L'Archevêque de Tours a pour Suffragans les Evêques du Mans, d'Angers, & les neuf de Bretagne. Vers l'an 884. l'Evêque de Dole voulut faire ériger son Siège en Métropole, prétendant que la Bretagne formant un Etat séparé de la France, ses Evêques ne devoient pas être soumis à une Domination étrangere, & que son Siège étant le plus ancien il devoit jouir des Droits de Métropolitain. Ce Différend dura jusqu'au Pontificat d'Innocent III. L'Archevêque de Tours consentit pour lors à l'érection de Dole en Métropole, pourvû qu'il en eût la Primatie ; mais cette condition n'ayant point été du goût du Pape Innocent III. il décida l'an 1199, & soumit tous les Evêques de Bretagne à la Métropole de Tours. Le Revenu de cet Archevêché est de seize mille Livres. Ce Diocèse est composé de trois cens Paroisses, de douze Chapitres, de dix-sept Abbayes, de quatre-vingt dix-huit Prieurez simples, & de cent quatre-vingt onze Chapelles, sans y comprendre celles qui dépendent des Chapitres. Le Chapitre de la Cathédrale de Tours est un des plus illustres du Royaume. On y compte jusqu'à cent quatre-vingt-treize Bénéficiers qui desservent cette Eglise. Les huit Dignitez sont le Doyenné, le Grand-Archidiaconé, la Trésorerie, la Chantrerie, la Chancellerie, l'Archidiaconé d'eau-de-là de la Loire, l'Archidiaconé d'eau-de-là de la Vienne, & le Grand Archiprêtré. Outre ces Dignitez il y a quarante-neuf Canonicats dont quatre ont été unis pour divers Establissemens pieux. Il y a encore un Secrétaire, huit Personats, seize Vicaires, deux Diacres, deux Marguilliers Clercs, & plus de cent Chapelains, sans compter un Officier qu'ils appellent Maître de Psallette, un Soûmaître, & dix Enfans-de-Chœur, qui forment tous ensemble un des plus nombreux & des plus beaux Clergez du Royaume. Le Doyen est élu par le Chapitre, l'Archiprêtré est à la Collation du Grand Archidiacre, les autres Dignitez & les Canonicats sont de plein droit à la Collation de l'Archevêque.

Le Chapitre de Saint Martin est si nombreux, si riche, & si noble qu'il mérite bien, que j'en donne ici une Histoire abregée. Les Miracles que Dieu avoit opérez à la priere de Saint Martin pendant sa vie, éclaterent encore infiniment après sa mort. Saint Brice, Successeur de Saint Martin, éleva une petite Chapelle sur son Tombeau, mais vers le milieu du cinquième Siècle Saint Perpete, second Successeur de Saint Martin, fit bâtir au même endroit un Temple magnifique des sommes considérables dont les Habitans de Tours, & les Peuples qui venoient en foule implorer le secours de Saint Martin, l'avoient rendu dépositaire. Grégoire de Tours dit que cette Eglise fut brûlée du tems du Roi Clotaire, & que ce Roi donna à Saint Euphrône de quoi la réparer, & la couvrir d'étain. Dès le tems de Saint Perpete il se forma dans ce lieu une Communauté de Moines gouvernez par un Abbé, laquelle devint bien-tôt nom-

Kkkk 2

nombreuse & florissante, & que nos premiers Rois Chrétiens comblérent de leurs libéralitez. Ce Temple étoit un asyle inviolable, & les Rois venoient jurer sur le Tombeau du Saint les Traitez qu'ils faisoient avec les Princes étrangers. Clovis partagea avec l'Eglise & les Moines de Saint Martin les Dépouilles qu'il avoit remportées sur Alaric. Outre le nombre considérable de Moines qui desservoient cette Eglise, au commencement du sixième Siècle, il se forma aux environs plusieurs autres Communautez, comme Saint Venant, Saint Pierre-le-Puellier, Saint-Eloy, & une de Vierges qui avoient soin des linges & des ornemens, & ausquelles on doit rapporter les commencemens de l'Abbaye qui dans la suite a été transférée à Beaumont près de Tours. Il y avoit aussi des Hôpitaux pour les Pélerins & les Malades, & toutes ces Communautez étoient sous la direction de l'Abbé, & des Moines de Saint Martin. Il se fit même plusieurs Etablissemens hors de cette Province sous la Dépendance de cette Abbaye, tels que le Chapitre de Saint Irier en Limousin, celui de Montier-Roseil dans la Marche, de Chablis en Champagne, de Leré dans le Berry, & différens autres dans la Lombardie. Crotper, Archevêque de Tours au milieu du septième Siècle, par dévotion pour S. Martin son Saint Prédécesseur, & pour illustrer son Eglise déja si vénérable dans tout le monde Chrétien, accorda à l'Abbé & aux Moines de Saint-Martin, & à toutes les Dépendances l'exemption de la Jurisdiction Episcopale, ne se réservant que *le droit d'ordonner les Prêtres & les Lévites, & de consacrer les Saintes Huiles seulement*. Cet Acte souscrit par tous les Evêques du Royaume, fut approuvé par le Roi Régnant, & porté à Rome par l'Abbé Egeric, qui en demanda la Confirmation au Pape Adeodat, & l'obtint. Ibbo, autre Archevêque de Tours, confirma la Concession de Crotper, & se soumit à la Bulle du Pape Adeodat. Cette Abbaye fut sécularisée quelque tems après, & le Roi Charles *le Chauve* par ses Lettres Patentes de l'an 849, fixa à deux cens le nombre des Chanoines qui servoient cette Eglise. Plus de cent Bulles des Papes ont dans la suite des Siècles affermi l'Indépendance du Chapitre de Saint-Martin. Hugues Capet étoit Abbé de Saint-Martin, lorsqu'il parvint à la Couronne, & y unit ce Titre. C'est depuis cette Union que nos Rois sont devenus Chefs & premiers Chanoines de cette Eglise, & non pas à cause de la Réunion de l'Anjou à la Couronne, comme quelques-uns le prétendent mal-à-propos. Le Serment que font nos Rois en qualité d'Abbez de Saint-Martin, mérite d'être rapporté ici. *Ego, annuente Domino, Francorum Rex, Abbas & Canonicus hujus Ecclesiæ Beati Martini Turonensis, juro Deo & Beato Martino, me de cætero protectorem & defensorem fore hujus Ecclesiæ, in omnibus necessitatibus suis, custodiendo & conservando possessiones, honores, jura, privilegia, libertates, franchisias, & immunitates ejusdem Ecclesiæ, quantum divina sultus adjutorio secundum posse meum, rectà & purâ fide: sic me Deus adjuvet.* Les Arrêts du Parlement de Paris ont détruit depuis quelques années l'Immédiation au Saint Siége, & ont donné à cette Eglise en la personne de l'Archevêque de Tours un Supérieur Ecclésiastique dans le Royaume, tout le reste subsistant, & demeurant dans son entier.

Le Chapitre de Saint-Martin de Tours est composé 1°. d'un Abbé, qui est le *Roi*, la Dignité Abbatiale aiant été unie à la Couronne en la personne de Hugues Capet, qui avoit succédé en cette Abbaye à Hugues *le Grand* son pere, à Robert II. son ayeul, & à Robert *le Fort* son bisayeul; 2°. De Chanoines d'honneur Ecclésiastiques, qui sont le Patriarche de Jérusalem, l'Archevêque de Mayence, l'Archevêque de Cologne, l'Archevêque de Saint Jacques de Compostelle, l'Archevêque de Sens, l'Archevêque de Bourges, l'Evêque de Liége, l'Evêque de Strasbourg, l'Evêque d'Angers, l'Evêque d'Auxerre, l'Evêque de Québec en Canada, l'Abbé de Marmoutiers, & l'Abbé de Saint Julien de Tours; 3°. De Chanoines d'honneur Laïques, qui sont les Dauphins de France, les Ducs de Bourgogne, les Ducs d'Anjou, les Ducs de Bretagne, les Ducs de Bourbon, les Ducs de Vendôme, les Ducs de Nevers, les Comtes de Flandre, les Comtes de Dunois, les Comtes d'Angoulême, les Comtes de Douglas en Ecosse, les Barons de Preuilly en Touraine, & les Barons de Partenay en Poitou; 4°. D'onze Dignitaires, qui sont le Doyen, le Trésorier, le Chantre, le Maître d'Ecole, le Soudoyen, le Cellerier, le Granger, le Chambrier, l'Aumônier, l'Abbé de Cormery, & le Prieur de Saint-Cosme-les-Tours. Le Doyen & le Trésorier sont à la Présentation du Roi comme Abbé de S. Martin, & à la Collation du Chapitre. Le Chantre, le Maître d'Ecole, le Soudoyen, le Cellerier, & le Granger sont à la Présentation du Doyen & à la Collation du Chapitre: le Chambrier & l'Aumônier à la Présentation du Trésorier, & à la Collation du Chapitre. Quant à l'Abbé de Cormery, & au Prieur de Saint Cosme, ils reçoivent du Chapitre l'Investiture de l'Abbaye & du Prieuré; 5°. De quinze Prevôtez qui ont droit de Châtellenie, & ceux qui en sont pourvus ont la Présentation à plusieurs Bénéfices. Ces Prevôtez sont de Mahet, de Saint Espain, d'Oé, de Chablis, de Leré, de Milcey, de la Varenne, de Suévre, de Coursay, de Chalautré, de Braslay, de Restigny, d'Antony, d'Anjou, & de Valliéres. Elles sont toutes à la Présentation du Doyen & à la Collation du Chapitre; 6°. De cinquante-un titres de Chanoines à la pleine Collation du Chapitre, compris les huit Semiprébendes; 7°. De sept Officiers, ou Dignitaires inférieurs en titre, qui sont le Souchantre, le Soupeltier, le Sousécolâtre, le Sénéchal, le Prestimoine de Morighan, le Prestimoine de Châtillon, & le Prestimoine de Milan. Le Souchantre, & le Soupeltier sont à la nomination du Chantre & à la Collation du Chapitre. Le Sénéchal est à la présentation du Doyen. Le Sousécolâtre est à la Présentation du Maître d'Ecole & à la Collation du Chapitre. Les trois Prestimoines, comme le Sénéchal, à la Présentation du Doyen, & à la Collation du Cha-

Chapitre ; 8°. De cinquante-six Vicaires en titre à la Préfentation & Collation des Dignitaires & des Chanoines ; 9°. De fix Aumôniers à la Préfentation du Sous-Doyen, dont les fonctions font de porter le Bénîtier aux Proceffions, affifter fpirituellement les Dignitaires, Prevôts & Chanoines dans leurs maladies, & garder leurs corps après leur décès jufqu'à la Sépulture ; 10°. De trois Clercs d'Aumône en titre à la préfentation de l'Aumônier Dignitaire pour répondre les Meffes, & garder le corps de l'Abbeffe de Beaumont après fon décès, jufqu'à la Sépulture ; 11°. De quatre Marguilliers en titre, à la préfentation des Chambriers, & Chefcier pour parer le Grand-Autel, garder le Tombeau de Saint-Martin, dire les Evangiles aux Pélerins, prendre foin des Reliques, & fonner le premier coup de Matines ; 12°. De deux Incepteurs en titre, à la nomination & inftitution du Chapitre pour chanter aux Fêtes femi-doubles, fimples & Féries, le *Venite exultemus*, les premières Antiennes & Répons de l'Office & remplir les fonctions de Soûchantre & de Soûpeltier à la Meffe : 13°. De deux Pénitenciers & deux Sacriftains à la nomination du Chapitre : 14°. D'un Oblatier chargé de fournir le pain pour le Saint Sacrifice, & pour la Sainte Communion, à la préfentation du Doyen ; 15°. De quatre-vingt Chapelains, dont quelques-uns font à la préfentation du Roi, en patronage laïque ; les autres à la préfentation des Chanoines, & tous à la collation du Chapitre ; 16°. De dix Enfans-de-Chœur, d'un Maître de Mufique, d'un Maître de Latin pour les inftruire, non compris les Muficiens gagiftes ; 17°. Du pauvre de Saint-Martin fondé par Louis XI. & de plufieurs Officiers laïques pour le Service de l'Eglife. Ce Pauvre de Saint Martin eft élu par le Chapitre à la pluralité des voix, & pour être élu il faut qu'il ne lui paroiffe aucun bien. Il eft logé, vêtu, nourri, & entretenu de toutes chofes, fain & malade, aux fraix du Chapitre, & il ne peut être deftitué que pour déréglement des mœurs. Il affifte aux Proceffions folemnelles & à l'Office des jours folemnels vêtu d'une Robe mi-partie de rouge & de blanc.

Les autres Chapitres du Diocèfe font celui de

La Befoche,	Saint-Mefme,
Saint Venant,	Cande,
S. Pierre le-Puellier,	La Sainte Chapelle de Champigny,
Pleffis-lez-Tours,	Montrefor,
Amboife,	Langeais,
Loches,	Précigny.

TOURTERON, LA SABOTTERIE, Bourg de France, dans la Champagne, du Diocèfe de Reims, de l'Election de Retel. Ce Bourg eft fitué entre deux Côtes, dans le Retelois, à deux lieues d'Attigny & de l'Aifne.

TOURTOIRAC, *Turturiacum*, Lieu de France, dans le Périgord, du Diocèfe & de l'Election de Périgueux. Il y a une Abbaye de l'Ordre de S. Benoît, fous l'invocation de Saint Pierre, dans une profonde Vallée, au bord de l'Auvezere, à cinq lieues de Périgueux ; il n'y a plus de Religieux. Elle vaut à l'Abbé deux mille Livres ; elle fut fondée en 1025. On trouve que vers l'an 1564. ce Monaftère faifoit vivre un Prieur Clauftral, un Sacriftain, un Camerier ou Celerier, & trente Religieux ; mais préfentement il n'y a plus perfonne.

TOURTOUR, Lieu de France, dans la Provence, au Diocèfe de Fréjus. On veut dériver fon nom des tourmens violens que certains coupables de quelques grands crimes, à ce qu'on dit, y avoient foufferts. Il y a dans le Territoire de cette Paroiffe une Eglife nommée Notre-Dame de Floreja, qui dépend à préfent de la Commanderie de Marfeille, de l'Ordre de Malthe.

TOURVES, Lieu de France, dans la Provence, au Diocèfe d'Aix. C'eft une Baronnie, qui a été érigée en 1678. en faveur du Marquis de Valbelle, & qui appartient à la Maifon de Ventimille. On croit que c'eft l'ancienne TURRISSE de la Voye Aurelienne.

TOURVILLE, Lieu de France, dans la Normandie, au Diocèfe de Coûtances, Election de Valognes. Il y a un Prieuré de Prémontrez, dépendant du la Luzerne ; le Prieur a fa Chapelle dédiée à Saint Germain au bout de la Paroiffe. Le Seigneur porte le nom de cette Paroiffe.

TOURY, Bourg de France, dans l'Orléanois, fur la route de Paris à Orléans, entre cette dernière Ville & celle d'Etampes près de Janville.

TOUS, Ville d'Afie, dans la Coraffane [a] au Midi de Nichabour dont elle eft éloignée d'environ une lieue. Elle eft à trente-fept degrés de Latitude & à 76. & demi de Longitude. Cette Ville fut ruinée par les Mogols en 1221. mais elle fut rebâtie peu d'années après, & elle eft devenue une des plus belles & des plus célèbres Villes de l'Empire de Perfe. Ifmael Sefevi, premier Roi de la Maifon des Sefevis, c'eft-à-dire des defcendans de Schec-Sefi, qui régnent préfentement en Perfe, la fit entourer de fortes murailles & de 300. Tours. Ce Roi en fit alors la Capitale de la Coraffane fous le nom de Mefchehed ; & comme plufieurs Princes avant lui y avoient eu leurs Tombeaux, il voulut y avoir le fien, & plufieurs de fes Succeffeurs à fon exemple y ont été inhumés. Voyez MESCHED.

TOUSE, Bourgade d'Efpagne, dans la Catalogne, Viguerie de Girone fur la Côte de la Mer Méditerranée. Michelot [b] en parle ainfi : Environ quatre à cinq milles à l'Eft quart de Nord-Eft de l'Eoret, fe voit le Village de Toufe, qui eft environné de murailles ; il eft fitué dans un petit enfoncement derrière une groffe pointe qui forme une petite Anfe de fable du côté de l'Oueft, où l'on peut mouiller deux ou trois Galéres avec les vents à la terre ; à la pointe du Nord-Eft de cette Anfe il y a quelques petits écueils hors de l'eau. On ne voit point ce Village du côté de l'Eft, ni de l'Oueft, à moins que d'être par le travers de cette Anfe. Sur la pointe de Toufe qui s'avance un peu en Mer, il y a une efpéce de Fort quarré avec une Tour & quelques fortifications qu'on

[a] *a Petits de la Croix, Hift. du grand Geng-hizcan, L. 4. c. 2.*

[b] *b Portul. de la Médit. p. 44.*

qu'on découvre de fort loin d'un côté & d'autre ; cette pointe paroît de loin comme une Péninsule, lorsqu'on range la Côte. Depuis l'Eoret jusqu'à Touse, la Côte est fort haute & presque droite ; on y trouve quelques Rochers hors de l'eau près de terre, mais point de mouillage. Tout le long de ces Côtes, pendant la nuit on y voit plusieurs feux dans les Bâteaux des Pêcheurs, qui vont de côté & d'autre ; c'est une maniere de prendre les Anchoix & Sardines : j'ai jugé à propos d'en avertir, afin qu'on ne croye pas que ces feux soient à terre, ce qui pourroit fausser la route. On voit aussi de fort loin plusieurs feux de Charbonjers dans les Montagnes.

TOUSKACHE, petite Rivière de l'Amérique Septentrionale dans la Louïsiane. Elle vient se joindre à celle de Talacatchina, auprès de l'ancien Fort Sainte Marie, dans le Pays ancien des Apalaches, & ensuite se jette dans le Golfe de Mexique par une Embouchure fort large.

TOUSSAINTS, Abbaye de France, en Champagne, dans une Isle de la Rivière de Marne, à la porte de la Ville de Châlons. Cette Abbaye est de l'Ordre des Chanoines Réguliers de S. Augustin [a] de la Congrégation de Sainte Geneviève de Paris, & fut fondée par Roger II. du nom, Evêque de Chaalons, décédé en 1062. Cette Abbaye fut alors hors & proche de la Ville ; en un lieu, où il ne reste plus qu'une Maison de Fermier, qui porte encore le nom de Toussaints-Dehors. Elle fut démolie en 1544. pendant les guerres entre François I. Roi de France, & l'Empereur Charles-Quint, & transferée à Chaalons au lieu où elle est aujourd'hui, par Lambesson, Abbé Régulier qui commença de la rebâtir, & elle fut achevée vingt ans après avec la Maison Abbatiale. L'Eglise en l'état qu'on la voit aujourd'hui est l'ouvrage de Claude Godet Successeur & neveu de Lambesson. Il n'y a que le Chœur & ses collatéraux qui soient achevez. C'est un ouvrage d'une Architecture fort hardie, & qui a un air de grandeur & de beauté. Les lieux réguliers sont fort agréables. La réforme fut mise dans cette Abbaye en 1644. Elle valoit ci-devant six mille Livres de rente à l'Abbé, & deux mille cinq cens Livres aux Religieux qui y sont au nombre de sept. Il y a dans l'Eglise de cette Abbaye une belle & grande Châsse d'argent, dans laquelle repose le Corps de S. Lumier dix-huitième Evêque de Chaalons, qui est au-dessus du Grand-Autel, & proche la Porte du Chœur qui conduit à la Sacristie. On y a fait mettre cette Inscription sur un Marbre noir en lettres d'or:

[a] Baugier Mém. Hist. de Champagne. t. 2. p. 123.

SANCTUS LUDOMIRUS
GENERE LEMOVIX,
CATALAUNI SEDEM EPISCOPALEM
POST FRATREM ELAPHIUM INGRESSUS,
EJUSDEM DIGNITATIS SUCCESSOR,
ET IMITATOR VIRTUTIS.
HUIC LAUDIS ARGUMENTUM INGENS SUPPEDITAVIT
IMPIA REGINA BRUNECHILDIS,
CASTUM PRÆSULEM

NEFARIAS ILLECEBRAS REJICIENTEM
MULIER IMPUDICA QUÆSIVIT AD NECEM,
HORRENDUM SCELUS FRUSTRA CONATA
EIDEM EXILIUM IMPERAVIT.
SED NE LUX TANTO SUB MODIO LATERET,
IN SEDEM A LOTHARIO RESTITUTUS,
PIE APUD SUOS DIEM OBIIT,
ANNO 626. ÆTATIS 75.
POSUIT EDMUNDUS BAUGIER, IN CURIA PRÆSIDIALI CONSILIARIUS, URBIS SENATOR,
ET PRIMUS JUDEX SCABINUS, ANNO SALUTIS 1709.

TOUSSEA, autrement LOUSSEK, Ville de Perse. Tavernier [b] dit qu'elle est située à 85. d. 40'. de Longitude, sous les 37. d. 50'. de Latitude. Il ajoute que le Terroir des environs produit quantité de Bled & de très-bons Fruits.

[b] Voyage de Perse. L. 3.

TOUSSY, petite Ville de France en Bourgogne [c], sur un Ruisseau, à cinq lieues de St. Sauveur, & à trois lieues d'Auxerre. Elle est fermée de murailles & l'on y voit un Château. C'est une des Baronnies qui doivent foi & hommage à l'Evêque d'Auxerre, à cause de la Tour de Varzy ; elle a aussi un petit Chapitre, qui consiste en un Trésorier qui est aussi Curé, & en cinq ou sept Chanoines.

[c] Piganiol de la Force, Descr. de la France.

TOUVOIS, Baronnie de France, dans le Maine, avec un Château qui appartient à l'Evêque du Mans. Sa Jurisdiction s'étend sur trente Paroisses. Le Château fut bâti par Guillaume trente-huitième Evêque, & ensuite il fut augmenté par Geofroi de Loudun.

TOUSTER, nom de la Ville Capitale de l'Ahuaz, & du Khouzistan [d], qui porte aussi le nom de Schouschter, & qui apparemment est l'ancienne Ville de Suze, Capitale de la Perse. Le Géographe Persien, dans son troisième Climat, dit que Schabour, ou Sapor, Roi de Perse, y éleva une Digue d'une prodigieuse hauteur, jusqu'à laquelle il fit monter la Rivière de Choaspès. Mohammed-Ben-Cassem écrit, que Touster est la première Ville qui ait été enfermée de murailles après le Déluge, & que la Digue d'une si prodigieuse hauteur que Schabour avoit fait élever, n'avoit été bâtie que pour empêcher l'inondation d'un second Déluge.

[d] Hist. de la Mais. Ot. 286.

TOUVRE (La), Rivière de France dans l'Angoumois [e]. Elle a sa source au pied d'un Rocher escarpé, sur lequel étoit un vieux Château, qui appartenoit aux Comtes d'Angoulême & qui fut détruit par les Anglois. Cette source est une des plus belles qu'il y ait en France. Elle a plus de douze brasses d'eau de profondeur, & porte par conséquent des Bâteaux dès sa naissance, sans être néanmoins navigable dans son cours. Les eaux de la Touvre sont claires & froides, & produisent une prodigieuse quantité de Truites. Cette Rivière se jette dans la Charente à une lieue & demie de sa source, au lieu appellé le Gou, à un quart de lieue au-dessus d'Angoulême.

[e] Piganiol de la Force, Descr. de la France, t. 5. p. 4.

TOUZA, Bourg de France dans l'Angoumois, Election de Cognac.

TOUZAR, ou TOUZER [f], nom d'une Ville de la Province d'Afrique proprement dite, abondante en Palmiers & en Campagnes

[f] D'Herbelot, Bibliot. Or. p. 906.

gnes fertiles en grains, & arrosée de très-belles eaux, selon le Géographe Persien dans son troisième Climat.

TOWCESTER, Ville d'Angleterre [a], dans la Province de Northamptonshire. Suivant l'opinion de Cambden c'est le *Tripontium* des Anciens, qu'on appelloit ainsi à cause de ses trois Ponts. C'a été autrefois, une Ville forte, laquelle résista aux Danois qui après plusieurs assauts furent contraints de l'abandonner.

[a] L'état présent de la Gr. Br. t. 1. p. 93.

TOWY, Riviére d'Angleterre, au Pays de Galles dans Caermarthenshire. Elle arrose la Ville de Caermarthen, & va se jetter dans la Mer à trois ou quatre lieues au-dessous de cette Ville. Cette Riviére, selon Cambden, est le *Tobius* des Anciens.

TOXAN, Ville de la Chine [b] avec Forteresse, dans la Province de Queicheu, au Département de Tucho, huitième Métropole de la Province. Elle est de 9. d. 19'. plus Occidentale que Péking, sous les 25. d. 55'. de Latitude.

[b] Atlas Sinensi.

TOXANDRI, Peuples de la Gaule Belgique. Leur nom est fort connu des Anciens; mais il y a quelque difficulté à marquer leur situation précise. Pline [c] est le premier qui les ait nommés; & il met leur demeure au-delà de l'Escaut: *A Scaldi incolunt extera Toxandri pluribus nominibus*. Cluvier recule les TOXANDRI jusque dans la Zéelande, comme si ces Peuples étoient ceux, dont César [d] parle sans les nommer, qui habitoient, près des Ménapiens, sur le bord de l'Océan, & qui, lorsque T. Labienus marcha contre eux avec trois Légions, se cachérent [e] dans les Isles que la Mer avoit coutume de former dans ces Quartiers. Cluvier prend ces Isles pour la Zéelande, & croit que ce Lieu *Toxiandria*, où Ammien-Marcellin dit que les Saliens-François osérent fixer leur demeure, n'étoit autre chose que la Zéelande: *Ausos olim in Romano solo apud Texiandriam locum habitacula sibi figere prælicenter*. Cependant divers Auteurs de nom sont d'un sentiment contraire, & soutiennent que les TOXANDRI n'habitoient point les Isles de Zéelande; & on ne sait point même, dit Cellarius [f], quel étoit anciennement l'Etat de la Zéelande, ni celui des Isles, & des Canaux qui les formoient, parce qu'avec le tems les inondations de la Mer & les debordemens de l'Escaut ont changé la face des lieux. César, ajoute-t-il, décrit certainement le lit de ce Fleuve, bien différemment de ce qu'il est aujourd'hui. Quoi qu'il en soit, Pontanus [g], Browerus [h] & Mr. de Valois [i] mettent les TOXANDRI en-deçà de la Zéelande, & vers la Meuse, & ils s'accordent en ce qu'ils reconnoissent des vestiges de la demeure des *Toxandri* dans TESSENDERLO, Village de l'Evêché de Liège. Alting [k] paroît incliner pour le sentiment de Cluvier: il ne veut pas néanmoins absolument l'adopter, parce qu'il ne voudroit pas nier que les *Tozandri* n'ayent habité quelque Canton du Pays des Ménapiens & même de celui des *Morini*. Voici le sentiment de Cellarius: J'aimerois mieux, dit-il, chercher les *Toxandri* quelque part dans les Terres que de les placer dans les Isles de Zéelande, dont on ne connoît point l'an-

[c] Lib. 4. c. 17.

[d] De Bel. Gal. L. 6. c 32.

[e] Ibid. c. 30.

[f] Geogr. Ant. Lib. 2. c. 3.

[g] Discept. 3.
[h] Ad Venantii Fortunati Lib. 3. Carm. 12.
[i] Notit. Gal. p. 551.
[k] Pag. 122.

cien état, l'Embouchure de l'Escaut sur-tout ayant changé de situation; ce que tout le monde pourtant ne lui accorderoit pas Deplus, ajoute-t-il, les Anciens, comme Pline & Ammien-Marcellin, qui ont parlé des *Toxandri*, n'ont rien dit qui puisse nous faire conjecturer que ces Peuples habitoient dans des Isles. Au contraire, comme Pline dit que ces Peuples étoient connus sous divers noms; c'est-à-dire qu'ils étoient divisez en différens petits Peuples, il est probable que leur Pays étoit d'une grande étendue, & qu'ils pouvoient s'étendre jusque dans les Isles de Zéelande de façon néanmoins que la plus grande partie habitoit dans les Terres & vers la Meuse. Les Auteurs du moyen âge mettent aussi la Toxandrie dans les Terres. Mr. de Valois cite à cette occasion la Vie de St. Lambert Apotre des Peuples *Toxandri*. On y lit que la Toxandrie étoit à peine éloignée de trois milles de la Ville de Mastricht du côté du Nord.

TOXANDRIA, TEXANDRIA, ou TOSSANDRIA. Voyez TOXANDRI.

TOXILI, TAXILI, ou TAXILÆ, Peuples de l'Inde, selon Denys le Périégete [l] qui les met au nombre des Peuples qui habitoient entre les Fleuves Cophes, Indus, Hydaspe & Acesine. Leur Ville se nommoit Taxila, & leur Roi est appellé Taxilus par Quinte-Curse [m], qui dit que ce nom étoit affecté à tous ceux qui succedoient au Royaume, & place ces Etats entre les Fleuves Indus & Hydaspés. Quant à la Ville de Taxila, Strabon, Ptolomée & Quinte-Curse nous apprennent qu'elle n'étoit pas éloignée de la Rive Orientale de l'Indus.

[l] Vers 1141.
[m] Lib. 8.

TOXIGNY, Bourg de France dans la Touraine, Election de Loches.

TOYUNG, Montagne de la Chine [n] dans la Province de Suchuen, au Territoire de Chingtu, première Métropole de la Province, près de la Ville de Cungking. On trouve sur cette Montagne des Singes qui approchent de l'homme pour la grandeur & pour la figure, & qui ont une grande passion pour les femmes.

[n] Atlas Sinensi.

T R.

TRA-LOS-MONTES, Province du Portugal. On lui a donné le nom de TRA-LOS-MONTES, qui veut dire *au-delà des Montagnes*, parce qu'elle est en effet située [o] au-delà des Montagnes à l'égard du reste du Royaume. Elle s'étend en long du Nord au Sud & confine dans toute sa longueur au Royaume de Léon, comprenant tout ce Quartier du Portugal, qui est entre le Douere & la Galice, à l'Orient de la Province d'Entre-Douro & Minho: Elle renferme encore une Langue de terre, longue & étroite, au Midi du Douere, depuis une Ligne tirée à Castanheira sur le bord de ce Fleuve, jusques vers la source de la Coa; ayant à l'Occident la Province de Beira & de hautes-Montagnes qui l'enserment, & qu'on nomme Marano, Juresso, Muro & Soaio; ce sont des Branches du Mont *Vinduus* ou *Vindius*. Ce Mont est cette chaîne de Montagnes, qui se détachant des Pyrénées,

[o] Délices de Portugal, p. 712. & suiv.

nées, traverse la Biscaye & l'Asturie, & forme, à l'entrée de la Galice, deux Branches, dont l'une s'étend tout du long jusqu'au Cap de *Finis Terræ*, l'autre tournant au Midi traverse le Pays des anciens *Bracares*, & sépare la Province *de Tra-los-Montes*, de celles qui sont à son Couchant. Cette Province est arrosée de quelques Riviéres; le Douere la traverse dans sa largeur du Levant au Couchant, la partageant en deux parties presqu'égales, & lui sert de borne à l'Orient dans sa partie Septentrionale. Dans cette même partie elle a la Riviére de Tamaga, celle de Pinhaon, celle de Tuelo, & celle de Sabor. Dans la partie qui est au Midi du Douere, elle est arrosée par la Rivière de Coa. Cette Province peut avoir environ trente lieues de long sur vingt de large; elle comprend deux Citez & quatre Comarcas; celles de Miranda, de Moncorvo, de Villa-Real & de Pinhel. Les trois premières sont au Nord du Douere, & la derniere est au Midi. La Province de *Tra-los-Montes* est fertile en Vin & en Huile, & riche en Troupeaux.

1. TRAABURG, Bourg d'Allemagne aux confins de la Carinthie [a], & de la Carniole. Il y a un Château & une Prévôté.

[a] Zeyler, Topogr. Catinth. p. 102.

2. TRAABURG, Bourg de la Carinthie sur la Riviére Traa, à 3. milles au-dessous de Lientz, sur les confins du Comté de Tirol. Ce Bourg avec le Château a appartenu autrefois aux Comtes d'Ortenburg.

TRABA, Bourgade de l'Isle de Candie, sur la Côte Méridionale, près du Cap Crio. On croit que c'est l'ancienne TARBA de Ptolomée. Voyez TARBA.

TRABALA, Ville de l'Asie-Mineure dans la Lycie, selon Etienne le Géographe.

TRABUCO, Bourg d'Afrique sur la Côte du Royaume de Barca, à cinquante lieues de Bonandreo, du côté de l'Orient. Mercator prend ce Bourg pour l'ancienne BATHRACUS.

TRABUNACTUM, Ville de l'Afrique propre: L'Itinéraire d'Antonin la marque entre *Thacapa* & la Grande Leptis, en prenant le long des Limites de la Province de Tripoli. Elle étoit entre *Adaugmagdum* & *Tramusdusis*, à vingt-cinq milles du premier de ces Lieux & à égale distance du second. Les MSS. varient sur l'Orthographe de ce nom: les uns au lieu de TRABUNACTUM lisent THRABUNACTUM & les autres portent TABEONAGDUM, ou TABUNATUM.

TRACANA, Ville de la Sarmatie Européenne: Ptolomée [b] la place dans les Terres & la met au nombre des Villes voisines du Fleuve Carcinite.

[b] Lib. 3. c. 5.

TRACHÆ, nom qu'Ovide [c] donne à la Ville d'Anxur. Voyez ANXUR.

[c] Metam. L. 15.

TRACHE, Isle de la Mer Ionienne: Pline [d] la nomme avec diverses autres Isles qu'il met auprès de l'Isle de Corcyre, *Corfou*, & qui ne sont point connues des autres Géographes.

[d] Lib. 4. c. 12.

TRACHEA. C'est l'un des surnoms que Pline [e] donne à la Ville d'Ephèse.

[e] Lib. 5. c. 29.

1. TRACHENBERG, Baronnie d'Allemagne [f], dans la Silésie, aux confins de la Pologne qui a du côté du Nord: elle a à l'Orient la Baronnie de Militsch, au Midi la Principauté d'Olsse, & à l'Occident partie de cette Principauté & partie de celle de Wolau. Ses principaux Lieux sont

[f] Faillot. Atlas.

Trachenberg, & Prausnitz.

2. TRACHENBERG, petite Ville d'Allemagne [g], dans la Silésie, aux confins de la Pologne dans la Baronnie de même nom, dont elle est le Chef-lieu. Cette petite Ville est située sur le bord de la Rivière de Bartsch entre Zulauff & Hernstad.

[g] Ibid.

TRACHIA, Etienne le Géographe dit qu'on donnoit ce nom à toute l'Isaurie. La raison en est que son terrein étoit montueux & inégal.

TRACHIA-ACTE, c'est-à-dire, rivage rabôteux & inégal. Ortelius [h] qui cite Isacius [i], dit que ce Lieu est entre Sestus, & Abydos.

[h] Thesaur.
[i] In Lycophr.

TRACHIN. Voyez HERACLÉE, No. 17. & TRACHINIA.

TRACHINA, TRISMIS, ou TRESMIS, Place de la Turquie en Europe, dans la Basse-Bulgarie, sur le bord du Danube, bien plus bas que Nicopoli.

TRACHINIA, Canton de la Macédoine, dans la Phthiotide, autour de la Ville d'Héraclée qui en prenoit le nom d'HERACLEA TRACHINIÆ, selon Thucydide [k]. Ce Canton s'étendoit apparemment entre le Fleuve Sperchius au Nord, le Golphe de Maliacus à l'Orient le Fleuve Asopus au Midi, & la Parasopiade au Couchant. Sophocle [l] cité par Ortelius [m] place dans ce Canton un Lieu nommé TRACHINIUM, & des Montagnes qu'il appelle TRACHINIÆ ou TRECHINIA-PETRÆ. Hérodote [n] y met aussi une Ville TRACHIS; mais il pourroit être question de la Ville d'Héraclée à laquelle on donna le surnom de TRACHIS. Voyez HERACLÉE, No. 17.

[k] Col 1.
[l] In Trachin.
[m] In Thesaur.
[n] in Lycophr.

TRACHINII. Voyez MELIENSES.

TRACHINIUM, Ville d'Etolie selon Strabon [o]: Ce nom, dit Mr. Paulmier, me paroît fort suspect; car outre qu'aucun autre ancien Auteur ne met une Ville de *Trachinium* dans l'Etolie; ce nom d'autre part ne conviendroit absolument point à une Ville située dans un terrein uni, gras & fertile, mais à une Ville qui seroit dans un terrein montueux & inégal. Mr. Paulmier soupçonne que dans cet endroit de Strabon, au lieu de TRACHINIUM, il faut lire TRACHONIUM, parce que Polybe [p], Pausanias [q] & Etienne le Géographe mettent une Ville de ce nom dans l'Etolie.

[o] Lib. 9.
[p] Lib. 5.
[q] In Corinth.

TRACHIOTÆ. Voyez CILICIE, No. 1.

TRACHIRIS, Fleuve de la Libye Intérieure: Ptolomée [r] marque son Embouchure dans le Golphe Hespérien, au-dessus du Port *Perphusius*. Ses Interprètes au lieu de TRACHIRIS lisent STACHIDIS, & ce pourroit bien être la véritable Orthographe; car le Texte Grec [s] porte que le Fleuve STACHIR prend sa source dans le Mont Ryssadius, & il n'est guère possible de douter que par TRACHIRIS & par STACHIR, Ptolomée n'entende le même Fleuve.

[r] Lib. 4. c. 6.
[s] Ibid.

TRACHIS, Ville de la Thessalie, au pied du Mont Oeta, selon Etienne le Géographe, qui dit qu'elle fut bâtie par Hercule, & qu'on lui donna le nom de *Trachis*, à cause de l'inégalité de son terrein, qui est

tout

TRA.   TRA.   633

a Lib. 3. p. 235.

tout montueux. Thucydide *a* la met aux confins des Peuples *Oeta*. L'Etymologie du nom de cette Ville est confirmée par ces vers de Sénèque *b* :

b In Hercule Octao, Act. 1, v. 135.

> *Ad Trachina vocor, Saxa rigentia,*
> *Et dumeta jugis horrida torridis,*
> *Vix gratum pecori montivago nemus.*

Cette Ville est la même qu'Homère appelle TRECHIS, & Pline, TRACHIN, & c'est la même qu'Héraclée de Trachinie. Voyez HERACLÉE, N°. 17.

TRACHON, Lieu dont parle Lucien *c*. Ce Lieu devoit borner les Etats du Roi du Bosphore Cimmérien, car les Scythes lui demandent que ses Pasteurs n'avancent point jusque dans la Plaine; mais se contentent de faire paître leurs Troupeaux au dedans du Lieu nommé Trachon.

c In Toxari.

TRACHONES, Strabon *d* nomme ainsi deux Collines de Syrie; au-delà de la Ville de Damas. Ortelius *e*, qui cite W. Wissenburgius, dit que ces Collines sont la Montagne HIPPUS de Ptolomée *f* & celle de GILEAD des Hébreux.

d Lib. 16. p. 756.
e Thesaur.
f Lib. 5. c. 15.

TRACHONITÆ ARABES, Peuples Arabes, dans la Saccée au pied du Mont Alsadamus, selon Ptolomée *g*. Voyez TRACHONITIDE.

g Ibid.

TRACHONITIDE, Contrée de l'Arabie, au Midi de la Ville de Damas, & à laquelle les Arabes Trachonites avoient donné leur nom. J'en oserois, dit Mr. Reland *h*, renfermer tout le Pays des Arabes Trachonites, au dedans des Limites de la Terre promise, que Moïse & Josué assignérent aux douze Tribus. Il y a cependant des Auteurs, qui mettent dans la Trachonitide quelques-unes des Villes que les Israélites possédoient au-delà du Jourdain : de ce nombre est Eusèbe, aussi-bien que l'Interprète Chaldéen qui rend ARGOB par TRACHONITIS. Mais, ajoute Mr. Reland, les témoignages d'un grand nombre d'Auteurs prouvent que la Trachonitide doit être plutôt mise au nombre des Contrées voisines de la Palestine, que considérées comme en faisant partie.

h Palæst. Lib. 1. c. 23.

Josèphe est celui qui fournit le plus de lumiére pour fixer la véritable situation de la Trachonitide. Il dit *i* qu'elle est située entre la Palestine & la Cœle-Syrie. Dans un endroit il l'appelle Τραχωνῖτις, & dans un autre Τράχων. La Trachonitide ne touchoit pas à la Galilée *k* ; ce qui se voit par ce qu'on lit dans Josèphe *l*, que tout le Pays qui se trouvoit entre Trachon & la Galilée fut le partage d'Hérode. Il est dit dans le même endroit que la Batanée fut jointe à la Trachonitide ; & comme la Gaulonitide s'étendoit depuis la Mer de Tibériade jusqu'aux sources du Jourdain, il s'ensuit que la Batanée étoit à l'Orient de la Gaulonitide, l'Iturée ou l'Auranitide, à l'Orient de la Batanée, & la Trachonitide au Nord de la Batanée. Car tout ce que les Israélites possédoient au Nord de la Pérée se rapporte à ces quatre Contrées, la Gamalitique, la Gaulonitide, la Batanée, & la Trachonitide *m*. Quelquefois pourtant, la Gamalitique se trouve renfermée dans la Gaulonitide. Quant à la Trachonitide, elle paroit s'être étendue au Nord de la Batanée ; car Josèphe *n* dit que

i Antiq. Lib. 1. c. 7.
k Ibid. Lib. 16. c. 13. & De Bel. Lib. 1. c. 15.
l Ibid.
m Ibid. Lib. 3. c. 2.
n Ibid. L. 3. c. 18.

le Lac Phiala, qui étoit à six-vingt Stades de Panéas se trouvoit sur le chemin par où l'on montoit à la Trachonitide. Il écrit encore *o* que Panéas & Matha étoient entre la Galilée & la Trachonitide ; que cette derniére Contrée étoit pleine de retraites de Voleurs ; que ces Voleurs se sauvérent en Arabie ; & qu'on envoya dans la Trachonitide trois mille Iduméens, pour empêcher leurs Brigandages.

o Antiq. Lib. 15. c. 13.

Voici les témoignages des autres Auteurs qui ont parlé de la Trachonitide. Canatha selon Eusèbe *p* étoit dans la Trachonitide, près de Bostra. Le même Auteur a cru que *q* l'Iturée & la Trachonitide étoient la même chose ; car il dit *q* qu'on appelloit Trachonitide le Pays qui joignoit le Desert voisin de Bostra Ville de l'Arabie. St. Jérôme *r* dit de même que la Trachonitide est au-delà de Bostra, Ville d'Arabie, dans le Desert ; au Midi de Damas. Tout cela s'accorde avec le Talmud, qui étend la Trachonitide jusqu'à Bostra. Voyez Ligtfoot dans ses Remarques Chorographiques sur St. Luc *s*. On peut ajouter à tout cela qu'Aurelius Victor, en parlant de l'Empereur Philippe qui étoit né à Bostra, l'appelle Arabe Trachonite ; M. *Julius Philippus Arabs Trachonites*. Ptolomée connoît aussi des *Arabes Trachonites* ; ce qui empêche de mettre la Trachonitide dans les Montagnes du Liban, ni dans celles de l'Anti-Liban ; car alors ses Habitans n'auroient pas été Arabes, mais Syriens.

p In Voce Κανάθα
q Ad Vocem Τραχωνῖτις
r In Onomast. ad Vocem Tracho.
s Sect. 4.

Le nom de Trachonitide venoit sans doute des deux Collines TRACHONES, que Strabon met au voisinage de la Ville de Damas. Il ajoute qu'en tirant de-là vers l'Arabie & l'Iturée, on trouve des Montagnes peu praticables, où il y a des Cavernes profondes, dont une pourroit contenir quatre mille hommes. Guillaume de Tyr *t* rapporte que des Voyageurs qui passoient par cette Contrée, appercevant des ouvertures de Citernes, & s'imaginant y pouvoir puiser de l'eau aisément, y perdoient les Vaisseaux dont ils vouloient se servir pour puiser, parce que les hommes qui étoient cachez dans ces Cavernes coupoient la corde & retenoient les Vaisseaux. Ces Cavernes étoient entre Adraa & Bozra, selon le même Historien, qui ajoute que la Trachonitide faisoit une partie considérable du Diocèse de Bostra *u* ; & que cette Contrée, dont Bostra étoit la Métropole, étoit aride & sans eau, n'ayant ni Riviéres, ni Ruisseaux, ni Fontaines ; de sorte que l'Hyver on étoit obligé de ramasser l'eau de pluye, & de la conserver dans des trous pour l'usage de toute l'année. Les Habitans conservoient aussi leurs grains dans ces Cavernes qui leur servoient de greniers.

t Hist. Lib. 15. c. 10.
u Ibid. Lib. 22. c. 20.

TRACHSELWALD, Bailliage de Suisse *x*, au Canton de Berne, dans le Pays Allemand. Son Chef-lieu est un Village, de même nom, avec un Château, fort par sa situation avantageuse. Ce Bailliage est passablement grand, contenant huit grandes Paroisses. C'est-là qu'est le Quartier du Pays qu'on nomme proprement *Emmethal*, c'est-à-dire, Val d'Emme. Là sont la plûpart des Anabaptistes du Canton de Berne ; & comme ils sont au voisinage du Canton de

x Etat & Délices de la Suisse, t. 2. p. 204.

Lll

de Lucerne, & qu'ils ne veulent point porter les armes, (ce qui est un des Articles de leur Secte) c'est pour cette raison que les Bernois ne les veulent pas souffrir, ne pouvant point compter sur eux, au cas que les Lucernois fissent quelque irruption de ce côté-là. Il y avoit autrefois dans ce Bailliage un Monastere de Chartreux nommé Trub, auprès d'un Village du même nom. Les Bernois y entretiennent un Receveur. Dans ce Bailliage est la petite Ville d'Hutwyl, aux Frontieres de Lucerne. C'est là que les Paisans rebelles tenoient leurs Assemblées l'an 1653. Après y avoir comploté sur les opérations de leur Armée, ils allerent assiéger Berne avec des Canons de bois, garnis de cercles de fer.

TRACHYS, Montagne de l'Arcadie: Pausanias [a].

a Lib. 8. c. 13.

TRACTARI, Peuples du Chersonnese Taurique, selon Pline [b]. Les MSS. que le Pere Hardouin a consultez portent STACTARI, au lieu de TRACTARI.

b Lib. 4. c. 12.

TRACY-LE-MONT, ou TRACY LE HAUT, Lieu de France dans la Picardie, Election de Noyon.

TRACY-LE-VAL, ou TRACY LE BAS, Lieu de France dans la Picardie, Election de Noyon. Il dépend de Tracy-le-Mont.

TRADATE, Bourg d'Italie, dans le Milanez [c], sur la rive gauche de la Riviere d'Olona, assez près & au Midi de Gastion.

c Magin, Carte du Milanez.

TRÆMENOTHURITÆ, Peuples de la Troade: Ptolomée [d] leur donne la Ville de Trajanopolis. Quelques Exemplaires portent TRIMENOTHURITÆ pour TRÆMENOTHURITÆ [e], & Tzetzés appelle ces Peuples GRIMENOTHURITÆ.

d Lib. 5. c. 2.

e Ortelii Thesaur.

TRÆN, Riviere d'Allemagne, dans l'Electorat de Tréves. Cette petite Riviere se jette dans la Moselle à demi-lieue au-dessous du même côté.

TRÆRBACH. Voyez TRARBACH.

1. TRAFALGAR (Le Cap de) Cap d'Espagne, sur la Côte Occidentale de l'Andalousie. Michelot [f] dit: le Cap de Trafalgar est une longue Pointe Basse sur laquelle est une Tour quarrée, appellée Tour de la Meca, armée de deux petits Canons, qui de loin paroît isolée, parce que le terrain qui est entre cette Tour, & une grosse Pointe qui est au Nord-Est, est fort bas; tellement que lorsqu'on range cette Côte, elle paroît isolée, principalement lorsqu'on vient du côté de l'Est, on semble même à la Tour & Isle S. Pedro. On découvre aussi venant de l'Est par dessus cette Pointe, la Ville de Médine sur une haute Montagne fort élevée.

f Portul. de la Médit. p. 6.

Il ne faut pas approcher la Pointe de Trafalgar, parce qu'il y a beaucoup de roches sous l'eau & hors de l'eau, qui s'avancent un demi-mille en Mer.

2. TRAFALGAR (Séche de), vis-à-vis de cette Pointe de Trafalgar, droit au Sud-Ouest quart d'Ouest, environ cinq milles, il y a une roche sous l'eau fort dangereuse, qu'on appelle la Seitrere de Trafalgar, sur laquelle il n'y a que cinq pieds d'eau, où la Mer brise presque toujours. De cette roche tirant vers le Nord-Nord-Ouest il y a un grand Banc de roches sous l'eau qui continue le long de la Côte jusque par travers de la Pointe du Nord-Ouest de Connil, sur lequel il n'y a que cinq à six Brasses d'eau, à une grande lieue de la Côte; ce qui fait que l'on resiste plus facilement en la Rade Connil, parce que ces Rochers empêchent que la Mer n'y entre avec tant de violence.

3. TRAFALGAR (Mouillage de). Environ une demi-lieue à l'Est, quart de Sud-Est, du Cap de Trafalgar, il y a une grosse Pointe escarpée, & unie avec un écueil auprès, sur laquelle est une Tour de garde qui est ronde. Entre ces deux Pointes est une Anse de sable, dans laquelle on peut mouiller par cinq, sept ou neuf Brasses d'eau, fond de sable vazeux, lorsqu'on est éloigné de la Tour de Trafalgar d'une petite portée de Canon; mais il ne faut pas approcher de cette Pointe plus d'un quart de lieue.

Remarques.

On peut passer à terre de la Séche de Trafalgar, & du Banc de roche que nous avons ci-devant dit, en rangeant à un quart de lieue ladite Pointe; on y trouve dans cette distance quatre, cinq & six Brasses d'eau, à demi-portée de Canon de la Tour. Depuis cette Pointe jusqu'à la Séche de Trafalgar, il y a un autre Banc de roches sous l'eau, où la Mer bouillonne extrêmement, & les Courans qui y sont fort violens portent au Sud-Est, lorsqu'il est Flot ou Mer montante, & au Nord-Ouest lorsque la Mer baisse, ou qu'il est jussant, jusqu'à la Pointe de Trafalgar, la situation des marées y est presqu'Est & Ouest, c'est-à-dire, six heures les jours de la Pleine & Nouvelle Lune.

1. TRAGÆA, Isle voisine des Cyclades. C'étoit, selon Etienne le Géographe, la Patrie de Theogiton le Péripatéticien, ami d'Aristote. Voyez TRAGIAS.

2. TRAGÆA, Ville de l'Isle de Naxos: Etienne le Géographe qui en parle dit qu'on y rendoit un Culte particulier à Apollon Tragien; & qu'Eupolis au lieu de TRAGÆA écrivoit TRAGEA.

TRAGASÆ, Contrée de l'Epire: Etienne le Géographe dit qu'elle tiroit son nom de Tragasus, en faveur de qui Neptune condensa le Sel. Il ajoute que dans cette Contrée il y avoit une Campagne où l'on faisoit du Sel & que l'on nommoit CAMPUS HALSIUS, ou CAMPUS ALESIUS. Voyez l'Article suivant.

TRAGASÆÆ-SALINÆ, Salines de la Troade, près d'Hamaxitum selon Strabon [g]. Le Sel Tragaséen, dit Pline [h], ne fait point de bruit & ne saute point quand on le jette dans le feu. Les Habitans de la Troade pouvoient user librement de ce Sel [i]; mais lorsque Lysimachus eut mis dessus un impôt, le Sel cessa de se congeler. Ce changement ayant étonné Lysimachus, il abolit l'impôt, & aussi-tôt le Sel recommença à se former comme de coûtume. Le Pere Hardouin remarque qu'un MS. de Pline lit TRAGESÆUS, au lieu de TRAGASÆUS; & Strabon est pour la même Orthographe que Casaubon a cru devoir être changée. Je lis,

g Lib. 13. p. 605.
h Lib. 31. c. 7.
i Athenæ. Lib. 3. p. 73.

lis, dit-il, Τραγασαῖον, au lieu de Τραγάσαιον, il se détermine par l'Orthographe que suivent Athénée, Pline & Etienne le Géographe. Ce dernier se trompe en mettant TRAGASÆ dans l'Epire.

TRAGIA, Isle de la Mer Ægée, & l'une des Sporades selon Pline [a] & Plutarque [b]. Elle est nommée TRAGÆA par Etienne le Géographe qui la met au nombre des Cyclades, mais sous le nom de Cyclades il comprend aussi les Sporades. Voyez TRAGÆA.

TRAGLÆ, Isles d'Asie sur la Côte de l'Ionie. C'est Pline [c] qui en fait mention. Quelques Exemplaires portent AEGEÆ pour TRAGIÆ; mais le Pere Hardouin préfere cette derniére Orthographe, parce qu'aucun Auteur ne met dans ce Quartier des Isles nommées Aegées; au lieu que Thucydide [d] y en connoît une appellée TRACHIA.

TRAGILUS, Ville de Thrace: Etienne le Géographe dit qu'elle étoit du nombre des Villes qui se trouvent près du Chersonnése & de la Macédoine πρὸς τῇ Χερρονήσῳ καὶ Μακεδονίας, c'est-à-dire apparemment que cette Ville se trouvoit entre le Chersonnése & la Macédoine; car il ne seroit pas possible qu'elle eût été voisine de ces deux Contrées.

TRAGIUM. Voyez NEDUS.

TRAGODITÆ, Peuples dont fait mention Isidore, cité par Ortelius [e]. Il dit que ces Peuples étoient d'une si grande legéreté, qu'ils atteignoient les Bêtes à la course. Mais, ajoute Ortelius, au lieu de TRAGODITÆ, il faut lire TROGLODYTÆ comme Solin.

TRAGOEDIA, Pline le Jeune qui étoit de Côme, avoit plusieurs Maisons de campagne auprès du Lac de Come. Il donne entre autres la description de deux de ces Maisons: L'une, dit-il [f], bâtie à la façon de celles qu'on voit du côté de Bayes, s'éleve sur des Rochers & domine le Lac: l'autre bâtie de la même maniére le touche. Il appelloit la premiére TRAGEDIE, & la seconde COMEDIE: celle-là, parce qu'elle avoit comme chaussé le Cothurne; celle-ci, parce qu'elle n'avoit que de simples brodequins. Elles ont, ajoute-t-il, chacune leurs agrémens, & leur diversité même en augmente la beauté, pour celui qui les possède toutes deux. L'une jouït du Lac de plus près, l'autre en a la vûe plus étendue. Celle-là bâtie, comme en demi-cercle, embrasse le Port; celle-ci forme comme deux Ports différens par sa hauteur qui s'avance dans le Lac. Là vous avez une promenade unie, qui par une longue allée s'étend le long du rivage; ici un Parterre très-spacieux, mais qui descend par une pente douce. Les Flots s'approchent point de la premiére de ces Maisons; ils viennent se briser contre la seconde. De celle-là vous voyez pêcher; de celle-ci vous pouvez pêcher vous-même, sans sortir de votre chambre & presque sans sortir de votre lit, d'où vous jettez vos hameçons comme d'un Bâteau.

TRAGONICA, Ville de la Perside: Ptolomée [g] la marque dans les terres. Ammien Marcellin fait aussi mention de cette Ville.

TRAGRIA. Voyez TRACHE.

TRAGURIUM, Ville de la Dalmatie: Pline [h] dit qu'elle étoit connue par son Marbre; & Ptolomée [i] donne le nom de TRAGURIUM non-seulement à la Ville, mais encore à l'Isle sur laquelle elle étoit située. Tout le monde convient que c'est aujourd'hui la Ville de TRAU. Quant à l'Isle, il y en a qui la nomment *Buia*.

TRAGUS, Fleuve du Péloponnése dans l'Arcadie: Ce Fleuve, selon Pausanias [k], prenoit naissance d'un gros Ruisseau, qui après avoir coulé près de la Ville de Caphyes, & fait un certain chemin, se déroboit sous terre, puis reparoissoit à Nases, près d'un Village nommé le REUNUS, & commençoit là à s'appeller TRAGUS.

1. TRAHONA [l], Gouvernement dans la Valteline de la dépendance des Grisons est partagé en onze Communautez, dont chacune est composée de deux, trois, ou plusieurs Villages.

2. TRAHONA, joli Bourg du Gouvernement, de même nom, dans la Valteline, près de la rive droite de l'Adda. C'est où réside le Gouverneur. *Somagna*, *Susingo* & d'autres Villages font une Communauté avec le Bourg de Trahona.

TRAIA-CAPITA, Lieu de l'Espagne Tarragonoise, chez les Ilergaones. L'Itinéraire d'Antonin le marque entre *Oleastrum*, & *Dertosa*, à vingt-quatre milles de la premiére de ces Places & à dix-sept milles de la seconde. Au lieu de TRAIA-CAPITA quelques MSS. portent TRAIE-CAPITE, & d'autres TRAIANA-CAPITA. Mais, dit Surita, comme ce Lieu se trouve nécessairement chez les Ilergaons, dans le Pays desquels Ptolomée place Dertosa, aussi-bien que TIARJULIA, & comme Pline y met pareillement les TEARI, surnommez JULIENSES; il reste à savoir s'il faut lire TRAIA, TIARA, ou TEARA-CAPITA.

TRAJANA, Ville d'Italie dans le Picenum; selon Ptolomée [m] qui la marque dans les terres. C'est la Ville TREA de l'Itinéraire d'Antonin. Voyez TREA.

TRAJANA-COLONIA. Voyez au mot COLONIA l'Article COLONIA TRAJANA.

TRAJANA-LEGIO, Ville de la Gaule Belgique: Ptolomée [n] la marque entre Bonn & Mayence. Il y en a qui veulent que ce soit aujourd'hui *Coblentz*, & d'autres *Drechthausen*, Places sur le Rhein. Cette Ville pourroit bien être la même que LEG. XXX. ULPIA. Voyez au mot COLONIA, l'Article COLONIA-TRAJANA.

TRAJANA-VIA. Le chemin de Benevent à Brindes est ainsi appellé dans une ancienne Inscription rapportée dans le Recueil de Smetius [o]. Ce chemin conserve encore aujourd'hui son ancien nom, & conduit de Brindes jusqu'à Otrante.

TRAJANI-FORUM, ou plutôt FORUM-TRAJANI; car c'est ainsi qu'écrit l'Itinéraire d'Antonin, qui en fait un Lieu de l'Isle de Sardaigne, à seize milles d'*Othoca*. C'est tout ce qu'on sait de sa position; car on ignore de quel endroit partoit la route sur laquelle ces deux Lieux se trouvoient. Surita & Ortelius soupçonnent que *Trajani-Forum* pourroit être la Ville que Procope [p] nomme le FORT de TRAJAN, où il n'y avoit point de murailles & où l'Empereur Justinien en fit faire.

TRAJANI-MUNIMENTUM, Ammien-Marcellin [a] dit que Trajan fit bâtir une Forteresse de ce nom sur le Territoire des Allemans. Rhenanus croit que c'est aujourd'hui une Bourgade appellée CRONBURG, aux environs de Mayence & qu'on a dit *Cronburg*, au lieu de *Tranburg* pour *Trajani-Burgum*. Mais Goropius veut que ce soit un Village appellé RASTEL, sur le bord du Rhein, vis-à-vis de Mayence. Cluvier trouve que l'un de ces Auteurs éloigne trop cette Forteresse du Rhein & que l'autre la place trop près de ce Fleuve. Selon lui [b] elle pouvoit être au-dessus de Wysbaden.

[a] Lib. 17.
[b] German. Ant. Lib. 3. c. 7.

TRAJANI-PONS, Les anciennes Inscriptions, dit Ortelius [c], paroissent donner ce nom, à une Ville d'Espagne située sur le Tage, & qu'on appelle aujourd'hui PONTE DE ALCANTARA, selon Clusius.

[c] Thesaur.

TRAJANI-PORTUS. Voyez au mot *Portus* l'Article PORTUS-TRAJANI.

TRAJANI-PRÆSIDIUM. Voyez ci-devant l'Article TRAJANI-FORUM.

TRAJANI-TRIBUNAL. Voyez OZOGARDANA.

1. TRAJANOPOLIS, Ville de Thrace, sur le Fleuve Hebrus: Ptolomée [d] la marque dans les terres. La Notice d'Hiéroclès la met dans la Province de Rhodope, & la Notice de Nilus Doxapatrius en fait une Métropole avec sept Suffragans. Selon l'Itinéraire d'Antonin elle étoit entre Bricizès & Cypsela, à trente-sept milles du premier de ces Lieux & vingt-neuf milles du second. On la nomme aujourd'hui *Trajanopolis*. C'est une Ville de la Romanie, sur la rive gauche de la Marica, entre Andrinople & Enos, à peu près à égale distance de ces deux Lieux. Cette Ville, quoique petite & mal peuplée, est encore le Siège d'un Archevêque.

[d] Lib. 3. c. 11.

2. TRAJANOPOLIS, la Table d'Agathodæmon marque dans la Mysie, entre Antandrus & Adramytte, mais plus près d'Antandrus, & à une petite distance de la Mer, une Ville nommée Trajanopolis. Ptolomée [e] met aussi une Ville de ce nom dans la Grande Mysie. Cellarius prétend que cette position est fausse & qu'au lieu de mettre cette Ville dans la Mysie, il faut l'avancer tellement à l'Orient, qu'elle se trouve dans la Grande Phrygie.

[e] Lib. 5. c. 2.

3. TRAJANOPOLIS, ou TRANOPOLIS, Ville de l'Asie-Mineure dans la Grande Phrygie. Le Pere Charles de St. Paul [f] croit qu'on a dit TRANOPOLIS par contraction pour TRAJANOPOLIS; & il met cette Ville dans la Phrygie Capatiane. Asignius Evêque de *Trajanopolis* souscrivit au cinquième Concile Général, & la Notice de Léon le Sage met pareillement *Tranopolis* dans la Phrygie *Pacatiane*.

[f] Geogr. Sacr. p. 240.

4. TRAJANOPOLIS, Ville de la Cilicie Trachée ou âpre. C'est la même que Selinunte où mourut l'Empereur Trajan. Dion Cassius, ou Xiphilin, dit en parlant de ce Prince: *Selinuntem Ciliciæ veniens, quam nos Trajanopolim adpellamus illico expravit*.

TRAJANUS, Fleuve d'Egypte: Ptolomée [g] dit qu'il passoit par la Ville des Héros & par celle de Babylone.

[g] Lib. 4. c. 5.

1. TRAJANUS-PORTUS, Port d'Italie sur la Côte de Toscane: Ptolomée [h] marque entre le Port de Livorne & le Promontoire Telamone. Je m'étonne de ce que Cluvier [i] n'a point fait difficulté d'admettre que ce Port fût le même que celui de *Centum-Cellæ*, qui étoit beaucoup au dessous de Telamone en tirant vers le Midi Oriental, & qui cependant devoit être au-dessus suivant la position que Ptolomée donne au Port de *Trajan*. Mais peut-être y avoit-il trois Ports qui portoient le nom de *Trajan*.

[h] Lib. 3.
[i] Ital. Ant. tiq. Lib. 2.

2. TRAJANUS-PORTUS, Port d'Italie, sur la Côte de l'Etrurie, entre *Algæ* & *Castrum-Novum*. Ce Port qui se trouvoit le plus considérable de toute la Côte depuis Livorne jusqu'à Naples s'appella d'abord CENTUM-CELLÆ, & prit ensuite le nom de *Trajan*, lorsque cet Empereur y eut fait de grandes réparations. Pline le Jeune est le seul qui parle de ce Port, s'il est vrai qu'il soit différent de celui que Ptolomée place entre le Port de Livorne & le Promontoire Telamone. La Maison de *Centum-Cellæ*, dit Pline [k], est magnifique & se trouve environnée de vertes Campagnes: elle commande la Mer dont le rivage ouvre en cet endroit un très-grand Port en forme d'Amphithéatre. Le côté gauche de ce Port, ajoute-t-il, est soutenu d'un Ouvrage fort solide; & l'on travaille actuellement au côté droit. Au devant est une Isle qui rompt l'impétuosité des Flots que les vents pourroient & pousser avec trop de violence, qui des deux côtés assure & facilite l'entrée aux Vaisseaux. C'est une merveille que cette Isle; on l'éleve d'une manière surprenante. De grands Bâtimens portent en cet endroit des Rochers presque entiers: on en jette continuellement les uns sur les autres & leur propre poids, qui les affermit & les lie, en fait une espèce de Digue. Déja la Digue paroît, elle brise & jette fort haut les vagues qui la viennent heurter; cela ne se fait pas sans un grand bruit & sans couvrir toute la Mer d'écume. On ajoute à ces Rochers des morceaux de pierre, qui par la suite des tems seront assez ressembler cet Ouvrage à une Isle naturelle. Ce Port s'appellera du nom de celui qui l'a construit, & il sera infiniment commode; car c'est une retraite sur une Côte qui s'étend fort loin, & dans laquelle il n'y en avoit aucune.

[k] Lib. 6.

Telle est la description que Pline le Jeune donne de ce Port de *Trajan*. Le nom du fondateur ne subsista pas néanmoins long-tems. Le Port reprit son ancien nom, peut-être parce qu'il y avoit dans le voisinage d'autres Ports aussi appellés Ports de *Trajan*; peut-être aussi parce que le nom de la Ville de *Centum-Cellæ* que l'on y bâtit & qui devint célébre, fit éclipser le nom du Port. Le nom de *Centum-Cellæ* est aujourd'hui corrompu en celui de *Cincelle*, quoique la Ville soit plus généralement connue sous celui de *Civita-Vecchia*.

3. TRAJANUS-PORTUS, Port d'Italie à l'embouchure du Tibre. Jule César avoit pensé à construire un Port à l'Embouchure droite du Tibre. Suetone [l] nous apprend que ce dessein fut exécuté par l'Empereur Claude, & ce Port est appellé par les Auteurs

[l] In Claud. 20.

teurs anciens le Port, le Port de Rome, le Port de la Ville, le Port de la Ville de Rome, le Port Romain, ou le Port d'Auguste, non pour avoir été bâti par l'Empereur Auguste, mais parce que le nom d'Auguste étoit devenu commun aux Empereurs. Dans la suite l'Empereur Trajan répara ce Port, & en bâtit un autre beaucoup plus commode & plus sûr auquel il donna son nom; de sorte qu'il y eut alors deux Ports à l'Embouchure droite du Tibre; l'un extérieur appellé le Port d'Auguste; l'autre intérieur nommé le Port de *Trajan*. Tout cela, dit Cluvier, est appuyé sur les témoignages de Juvénal & de son Scholiaste, sur une vieille Inscription & sur une ancienne Médaille. Le Port extérieur, ou le Port d'Auguste, est aujourd'hui comblé par les sables; mais le Port intérieur, ou le Port de *Trajan* conserve encore en partie son ancienne forme. On y voit les ruines des Eglises & des Edifices publics; & on le nomme encore aujourd'hui *il Porto*. Voyez PORTO.

☞ 1. TRAJECTUM, ou TRAJECTUS, mot Latin, qui signifie le passage d'un Bras de Mer ou d'une Riviére & dont on a fait en François le mot *Trajet* qui y répond. L'Itinéraire d'Antonin donne ce nom entre autres au passage du Bosphore de Constantinople, à celui qui est entre l'Italie & la Sicile, & au passage du Rhein dans l'endroit où est aujourd'hui la Ville d'Utrecht. Il le donne aussi au passage de l'Italie dans la Dalmatie.

2. TRAJECTUM, ou TRAJECTUS, Lieu de la Germanie Inférieure, selon l'Itinéraire d'Antonin, qui le marque entre *Albiniana* & *Mannaritium*, à dix-sept milles au-dessus du premier de ces Lieux, & à quinze milles au-dessous du second. Ce n'étoit d'abord qu'un Château. Il s'y forma dans la suite une Ville qui devint considérable. Du tems de Charlemagne [a] on appelloit ce Lieu *vetus Trajectus*, d'où on fit dans la Langue du Pays *Olt-Trecht*, qui signifie la même chose, & qui a depuis été corrompu en *Utrecht*. Quelques-uns qui ont voulu Latiniser ce nom ont dit *Ultrajectum*; mais le vrai nom Latin est *Trajectus-Rheni* ou *Trajectus ad Rhenum*. Voyez UTRECHT. Dans les Annales d'Utrecht cette Ville [b] est appellée TRAJECTUM BATAVORUM, & quelquefois *Trajectum Inferius* pour la distinguer de Maestricht appellée TRAJECTUM SUPERIUS. Enfin dans le Diplome de l'Empereur Conrad de l'an 1145. elle est nommée TRAJECTUM-ULTERIUS, pour la distinguer de TRAJECTUM-CITERIUS, nom que l'on donnoit encore à la Ville de Maestricht.

3. TRAJECTUM, ou TRAJECTUM SUPERIUS AD MOSAM; c'est-à-dire le *passage de la Meuse*, Ville de la seconde Germanie, sur la Meuse, aujourd'hui MAESTRICHT. Voyez ce mot. Attila Roi des Huns ayant ruiné en 451. la Ville de Tongres, les Evêques de cette Ville transportérent leur Siège à *Trajectum ad Mosam*, & en prirent le nom de *Trajectenses Episcopi*, comme nous l'apprenons de leurs Vies. Grégoire de Tours [c], qui est le plus ancien Auteur qui parle de cette Ville, l'appelle *Trajectensis Urbs*. Ce nom fut dans la suite corrompu en différentes façons. [d] L'Auteur de la Vie de St. Lambert Evêque de Maestricht & qui passe pour contemporain de ce Prélat, au lieu de *Trajectum* écrit *Trijectum*, *Opidum Trijectensa* & *Provincia Trijectensis*. L'Auteur de la Vie de St. Amand, aussi Ecrivain contemporain, dit *Trijectensium Ecclesia*, orthographe qui a du rapport à celle qui est observée dans les Capitulaires de Charles *le Chauve* [e] & dans [f] les Annales de l'Abbaye de St. Bertin, où on lit *Municipium Trojectum*. Ce nom est encore plus corrompu dans l'Acte de partage du Royaume de Lothaire, où en parlant du District de cette Ville on l'appelle *Districtum Trettis*. Enfin on trouve cette Ville appellée *Triectum* sur cinq Médailles des Anciens Rois de France, recueillies par Botarotius. Elles ont toutes cinq cette Inscription TRIECTO FIT.

Les autres Auteurs Latins écrivent ordinairement TRAJECTUM, ou TRAJECTUM AD MOSAM, & quelquefois TRAJECTUM TUNGRORUM, TRAJECTUM SUPERIUS, ou TRAJECTUM CITERIUS, pour distinguer cette Ville de TRAJECTUM BATAVORUM, Utrecht, qu'on appelle aussi TRAJECTUM INFERIUS & TRAJECTUM ULTERIUS.

1. TRAJECTUS. Voyez TRAJECTUM.

2. TRAJECTUS, Lieu de la Grande-Bretagne: L'Itinéraire d'Antonin le marque sur la route d'*Isca* à *Calleva*, entre *Abon* & *Aquæ-Solis*, à neuf mille pas du premier de ces Lieux & à six milles du second.

TRAJETTO, petite Ville d'Italie, au Royaume de Naples dans la Terre de Labour [g], près du Garigliano, & à une petite distance de l'endroit où ce Fleuve se jette dans la Mer Méditerranée. Elle a été bâtie des ruines de l'ancienne Ville *Minturnæ*. Elle est sur une Côte, au lieu que l'ancienne Ville étoit dans le Vallon; ce qu'on peut juger aisément par les ruines de l'Amphithéatre & de l'Aqueduc. Sa véritable situation étoit à la droite du Fleuve Liris, aujourd'hui le Garigliano; & l'on voit encore dans cet endroit les restes du Pont qui continuoit la Voye Appiéne.

TRAIGUERA, petite Ville d'Espagne [h] aux confins de la Catalogne du côté de Tortose. Elle est entourée d'une muraille flanquée de plusieurs Tours. Les environs sont très-fertiles: on y recueille du Bled, du Vin & de l'Huile, & on y élève du Bétail. On fait à Traiguera des Ouvrages de Fayence. Le Roi Jacques I. peupla cet endroit en 1259. La Reine Marie en 1440. lui accorda le droit de tenir une Foire dans le mois d'Octobre, & Arnaud de Soler, second Grand-Maître de Montosa, lui donna diverses autres franchises.

1. TRAINA [i], Riviére de Sicile, dans le Val-Demone. Elle naît de deux sources: L'une est dans le Marquisat de Capizzi, l'autre dans la Principauté de Cerame près de la petite Ville de ce nom. Son cours est d'abord vers l'Occident à l'Orient, jusqu'à Bronti qu'elle mouille & où elle commence à courir vers le Midi, pour aller se jetter dans le Dittaino.

2. TRAINA, ou TRAHINA, Ville de Sicile, dans le Val-Demone, sur une hauteur au Nord Oriental de Nicosia, près de la

Riviére de Traina, au Midi. Il paroît par la Carte de la Sicile par Mr. de l'Isle, que cette Ville n'a pas toujours été dans cette place ; car il marque environ à un mille plus au Midi des ruïnes qu'il nomme BAGLIO DI CASTELLO, ou TRABINA-VECCHIO. Il n'y a plus aujourd'hui dans ce dernier lieu qu'une Chapelle appellée S. SILVESTRO.

a Baudrand, Dict. Ed. 1705.

TRAIRU [a], Bourgade de l'Anatolie, sur le bord de la Mer de Marmora, entre Nicomédie & Chalcédoine. On croit que ce pourroit être l'ancien TRAIRUM de Strabon.

b Zeyler, Topogr. Austr. p. 58.

TRAISMAUR, ou TRASMAUR, Bourg d'Allemagne [b], dans la Basse-Autriche, près de la Riviére de Drasam, au-dessous d'Hertzogenbourg, vis-à-vis de Tuln. Ce Bourg & son Château appartiennent à l'Archevêché de Salzbourg.

c Baudrand, Dict. Ed. 1705.

TRAIT, ou TEDIA, petite Ville de Turquie en Europe [c], dans la Romanie, sur la petite Marize, à quatre lieues de Philippopoli du côté de l'Occident Méridional.

TRALAGE, Lieu de France, dans le Limousin, Diocèse & Election de Limoges. Ce Lieu appartient à M. de Larénie, de la Maison des Nicolas, dont étoit M. de Tralage, l'un des plus grands amateurs de la Géographie du Siécle passé, & qui avoit formé la Bibliotheque la plus complette dans cette Science ; il l'a laissée à Messieurs de S. Victor de Paris avec une rente pour l'augmenter. Il y a auprès de ce Lieu une Mine de plomb & une d'étain à une lieue de S. Hilaire, on en tire considérablement.

d Etat présent de la Gr. Br. t. 3. p. 51.

TRALEY, TRALEY, ou TRAYLEY, Ville d'Irlande [d], dans la Province de Munster, au Comté de Kerry, à cinq milles ou environ du Sud-Est d'Ardfeart, & à quatre milles de la Mer. Cette petite Ville ne seroit d'aucune considération sans le droit qu'elle a d'envoyer deux Députez au Parlement.

e Lib. 4. c. 8.

TRALITÆ, Peuple de l'Ethiopie sous l'Egypte, selon Ptolomée [e] : ses Interprétes au lieu de TRALITÆ lisent TRALLYTÆ.

TRALLES. Voyez TRALLIS.

TRALLIA, Contrée de l'Illyrie : Etienne le Géographe dit qu'on la nommoit aussi TROALICIDA ou plutôt TRALLIÆ ; car Saumaise a fait voir que cet endroit d'Etienne le Géographe étoit corrompu, & qu'au lieu de Λέγεται, καὶ, Τροαλλικίδα, καὶ Τράλλα, il falloit lire Λέγεται, καὶ Τραλλικὴ δὲ καὶ, Τράλλα. Les Habitans de cette Contrée sont appellez TRALLI par Tite-Live [f]. Plutarque [g] qui écrit TRALLES met ces Peuples dans la Thrace. C'est toujours le même Peuple sous une Orthographe différente. Voyez TRALLIS.

f Lib. 27. c. 32.
g In Agesilao.

TRALLICON, Ville de l'Asie Mineure, au voisinage de la Carie, Pline [h] nous apprend, que lorsque cette Ville subsistoit, elle étoit arrosée par le Fleuve Harpasus.

h Lib. 5. c. 29.

TRALLIS, ou TRALLES ; car on trouve ce mot employé plus souvent au pluriel qu'au singulier. Tralles étoit une Ville de l'Asie Mineure dans la Lydie. Ptolomée [i] la marque dans les terres. Cet Auteur aussi-bien que Pline & Etienne le Géographe écrivent TRALLIS, & tous les autres Anciens lisent TRALLES. Strabon dit que sur le chemin qui conduit de Magnésie sur le Méandre à TRALLES, ou trouve à la gauche la Montagne Mesogis, & à la droite la Campagne du Méandre. Il fait ensuite l'éloge de la situation de Tralles qui se trouvoit fortifiée de tous côtez par la Nature, & il dit qu'elle étoit riche & bien peuplée. César [k] Plutarque [l] & Valére-Maxime [m] ont rapporté le prodige qui arriva à Tralles avant la Bataille de Pharsale : Dans le Temple de la Déesse de la Victoire il y avoit une Statue de César, toute la place d'alentour étoit une terre fort dure d'elle-même, & d'ailleurs elle étoit pavée d'une pierre aussi dure que le Marbre ; cependant de cette terre & de ce pavé il s'éleva tout d'un coup une Palme joignant le piédestal de la Statue.

i Lib. 5. c. 2.
k Lib. 3. Bel. Civ. c. 105.
l In Cæsare.
Lib. 1. 4.

Les Anciens ne paroissent pas entiérement d'accord sur la situation de cette Ville. Etienne le Géographe dit, que Trallis est une Ville de la Lydie sur le Méandre : Τράλλις πόλις Λυδίας πρὸς τῷ Μαιανδρῷ ποταμῷ ; c'est-à-dire, *Trallis Urbs Lydiæ ad Mæandrum Fluvium*. On pourroit néanmoins douter que le Méandre la baignât, parce que Strabon, en décrivant assez au long cette Ville & ses environs, ne dit pas un mot du Fleuve : il fait même entendre que la Campagne, ou la Plaine du Méandre est entre ce Fleuve & le chemin qui conduisoit de Magnésie à Tralles. Cependant on pourroit excuser Etienne le Géographe, en disant que par πρὸς τῷ Μαιανδρῷ, il a voulu dire près du Méandre. En effet Wheler [n] nous apprend que Trallis n'étoit pas éloignée de ce Fleuve : J'ai vu, dit-il, deux Médailles de la Ville de Trallis : l'une de l'Empereur...... sous le Consulat de Modestus : Le revers est une Riviére avec ces lettres : ΤΡΑΛΛΙΑΝΩΝ ; c'est-à-dire *des Trallients*. Ce qui fait voir que cette Ville étoit située sur une Riviére, ou proche d'une Riviére ; & cette Riviére étoit le Méandre, quoiqu'en dise Strabon. Trallis, continue Wheler, étoit une grande Ville, où s'assembloient ceux qui étoient employez au Gouvernement de l'Asie Mr. Smith assure qu'elle est aujourd'hui absolument détruite. Il en reste-pourtant les ruïnes que les Turcs appellent SULTAN-HESSER, ou *la Forteresse du Sultan*. On les voit sur une Montagne à demi-lieue du Méandre. sur le chemin de Laodicée à Ephèse, à vingt heures de chemin de la premiére, près d'un Village appellé TEKE-QUI. L'autre Médaille est de l'Empereur Gallien : elle a sur le revers une Diane qui chasse, & on lit ces Lettres autour : ΤΡΑΛΛΙΑΝΩΝ, c'est-à-dire, *des Tralliens*.

n Voyage du Levant.

Cette description s'accorde assez avec celle de Strabon, qui met Tralles sur une éminence, & comme cette Ville n'étoit qu'à une demi-lieue du Méandre, la distance n'étoit pas assez grande pour empêcher qu'elle ne pût être mise au nombre des Villes bâties sur ce Fleuve.

La Ville de Trallis eut divers autres noms, ou surnoms. Pline [o] lui donne ceux d'EUANTHIA, de SELEUCIA, & d'ANTIOCHIA. Etienne le Géographe dit qu'on la nomma auparavant ANTHEIA, à cause de la quantité de fleurs qui croissoit aux environs. Il ajoute qu'elle fut appellée Εὐρυμνά, mais ce nom

o Lib. 5. c. 29.

TRA. TRA. 639

nom à paru suspect à Berkelius, qui aimeroit mieux lire Εὐμενία, *Eumenia* ; parce que les Romains donnèrent cette Ville au Roi Eumène.

La Notice d'Hiéroclès marque la Ville de Trallis dans la Province Proconsulaire d'Asie sous la Métropole d'Ephèse.

TRALLIUM, Peuple de Bithynie, sur le Golphe Astacène selon Etienne le Géographe.

TRALYGORRA. Voyez TURSAMBICA.

TRAMARICIUM, Lieu de l'Afrique propre : L'Itinéraire d'Antonin le marque sur la route de Carthage à Alexandrie, entre *Scina* & *Aubereum*, à trente & un mille du premier de ces Lieux, & à vingt-cinq milles du second. L'Orthographe de ce nom varie beaucoup dans les MSS. Les uns écrivent TRAMARICIUM, & les autres TRAMARICIOIUM, TRAMARICIANUM, TRAMARITIUM, TRAMARITIONUM.

TRAMBLOWA, Ville de la petite Pologne, dans le Palatinat de Podolie. André Cellarius [a] dit que la Rivière de Kezizen traverse cette Ville de l'Orient à l'Occident avant que de se jetter dans le Seret. Tramblowa donne son nom au Territoire des environs.

[a] Pag. 361.

TRAMEN [b], Bourg d'Italie dans le Trentin sur la rive droite d'une Rivière qui se jette un peu au-dessous dans l'Adige à Mote. Ce Bourg qui appartient à l'Evêque de Trente a un excellent Vignoble sur ses Collines.

[b] Magin. Carte du Trentin.

TRAMONTI, Ville d'Italie, au Royaume de Naples, dans la Principauté Citérieure, à trois milles de la Mer selon Davity [c], qui lui donne l'épithète de grande. Il ajoute que cette Ville a un Château, nommé SANTA MARIA DELLA NUOVA, fortifié tout autour de douze boulevards ronds à l'antique, ou grosses Tours avec terre-plein, & qu'on appelle *Torrions*. Cette Ville est de tous côtez peu sujette à être attaquée des Ennemis, à cause des passages étroits par où l'on y peut aller & qu'un petit nombre de gens est capable de garder. L'air de Tramonti est fort bon. On y voit quantité de belles Fontaines & quatorze Paroisses.

[c] Royaume de Naples, p. 519.

Cette grande Ville, selon Leander [d], se trouve réduite à un Bourg situé dans les Montagnes au-dessus de Nocera & qui tire son nom de sa situation. Il n'en dit pas davantage.

[d] Descr. di tutta Italia, p. 193.

TRAMPE, Ville de l'Asie Mineure dans l'Ionie, selon Etienne le Géographe. Ortelius, qui cite Philip. Winghius, dit qu'il est aussi parlé de cette Ville dans une ancienne Inscription.

TRAMPYA, Ville de l'Epire ; Etienne le Géographe dit qu'elle étoit près de *Bunimos* ; mais Saumaise croit qu'il faut lire *Bulimos*, ou *Bulinos*.

TRANADUCTA, Ville de l'Espagne Bétique ; Ptolomée [e] la donne aux Bastules, & la marque entre Menralia & Barbesola. Les Exemplaires Latins lisent TRANSDUCTA, au lieu de TRANADUCTA.

[e] Lib. 2. c. 4.

TRAN, Village d'Espagne dans le Guipuscoa [f], entre Fontarabie & Iron ou Iran, à un quart de lieue du bord de la Rivière de Bidassoa.

[f] Délices d'Espagne, p. 79.

TRANCHE [La] petit Port de Mer en France sur la Côte du Poitou au Diocèse de Luçon.

1. TRANCHIN, TRENSCHIN, ou TRANCZIN, Comté de la Haute-Hongrie [g]. Il confine au Nord à la Moravie & au Comté de Turocz ; à l'Orient partie à ce même Comté, partie à celui de Zoll ; du côté du Midi au Comté de Neitra & du côté de l'Occident encore à la Moravie. Il est traversé du Nord Oriental au Midi Occidental par une Rivière appellée le Vag. Ses principaux lieux sont :

[g] De l'Isle, Atlas.

Tranczin, Raicz,
Bistritza, Kasza.

2. TRANCHIN, ou TRANCZIN ; petite Ville de la Haute-Hongrie [h], au Comté de même nom dont elle est le Chef-lieu. Elle est située au bord du Vag à la gauche, & p. 162. elle a un Pont de bois sur cette Rivière. La Place publique est très-belle & les Jésuites y ont une fort jolie Eglise. On voit de loin son Château qui est extrêmement élevé. Il y a deux Bains chauds à un mille & demi de la Ville, de même qu'un très-grand nombre d'Eaux minérales dans tout le Pays aux environs.

[h] Ed. Brown, Voyage de Komara,

TRANCOSO, Ville de Portugal dans la Province de Tra-los-montes, à trois lieues de Pinhet avec un beau Château qui lui sert autant pour l'ornement que pour la défense. Cette Ville est située dans une vaste & délicieuse Campagne, dont la verdure réjouit pendant toute l'année. La Ville est entourée de murailles, & on y entre par cinq Portes ; il y a 6. Paroisses, un Couvent de Cordeliers, un autre de Religieuses du même Ordre, une Maison de Charité, & un Hôpital. Elle a droit de suffrage dans les Assemblées d'Etat, & tient une Foire le jour de Saint Barthelemi 24. d'Août ; il y a Marché chaque Jeudi. Le Pays est abondant en Blé, Vin, Bétail, Gibier, Volaille, & verdures. Sa fondation n'est pas certaine. Elle fleurissoit & étoit fort opulente l'an 930. Ferdinand I. surnommé *le Grand*, Roi de Castille, la gagna sur les Maures l'an 1033. & la fit repeupler de nouveau. En 1122. ou, selon Bandrand, en 1193. Albocaçan Roi de Badajoz, mit le siège devant Francose & le continua avec beaucoup d'opiniâtreté : les Habitans se défendirent très-bien jusqu'à l'extrémité. Le Roi Alphonse Enriquez accompagné d'Egas Munis vint à leur secours, il défit les Maures, & remporta un riche butin. Ceux-ci piqués retournerent devant la Place en 1155. & l'endommagèrent beaucoup ; le Roi Alphonse la fit réparer. Le Roi Jean III. la donna à son frere l'Infant D. Ferdinand avec le titre de Duché.

[i] Rodr. Mend. Sil. va, Poblac. Gener. de España, p. 191.

TRANGABAR. Voyez TRANGUEBAR.

TRANGUEBAR, petite Ville de la Presqu'Isle de l'Inde [k], sur la Côte de Coromandel, au Royaume de Taniaour, à l'Embouchure de la Rivière de *Caveri*, sur la gauche en entrant. Les Danois qui trafiquent dans ce Pays-là y occupent la Forteresse de Dannebourg pour la sûreté de leur Commerce. Cette Ville que

[k] De l'Isle, Atlas.
[l] Lettres Edifiantes, t. 15 p. 30.

que les Indiens appellent TARANGANBOURI, c'est-à-dire *la Ville des ondes de la Mer*, est éloignée d'environ 25. ou 30. lieues de Pondichery. Elle appartient ainsi que la Forteresse aux Danois. Les rues en sont étroites: on y voit de belles Maisons, & la Forteresse, dont la forme est quadrangulaire, paroît très-agréable quand on la voit du côté de la Mer. Quand les Européens y abordent, le Gouverneur envoye de beaux Chevaux & des Soldats pour les recevoir à la descente; & on les conduit avec toutes les marques d'honneur à la Forteresse, où une partie de la Garnison se trouve sous les armes. Les Portugais y sont établis en assez grand nombre; & il se présenta au commencement de ce Siècle une occasion où ils ne contribuèrent pas peu à conserver cette Forteresse aux Danois qui n'étoient pas en état de la défendre. Le Roi de Tanjaor assiégea cette Place; mais ses efforts furent inutiles, & il fut contraint de lever le Siège.

a Magin, Carte d'Italie.

TRANI, *Tranum*, Ville d'Italie [a] au Royaume de Naples, dans la Terre de Bari, sur le Golphe de Venise, à vingt-quatre milles de la Ville de ce nom, entre Barlette & Biseglie. Cette Ville fut érigée [b]

b Commainville, Table des Evêchez.

en Archevêché dans le neuvième, ou dixième Siècle; ce qui paroît confirmé pour le Rit Latin par Innocent III. vers l'an douze cens. Elle étoit Evêché dès les premiers Siècles. On voit à Trani de belles Maisons avec un Château, bâti par l'Empereur Frédéric II. qui fit aussi faire le Port, bouché aujourd'hui par les sables. Cette Ville Royale a quatre Sièges divisez comme à Naples entre quelques Familles nobles. Celles de Palagano, Passasepe, Stariga, Eliezarii, Sansone & Mandrico appartiennent au Siège de *Porte-neuve*: le Siège de l'Archevêché a les Familles de Mondelli, Bon, Sumino, Crispi & Campanille: celui de St. Marc a celles de Sifoli, Berlingiero, Campinelli & Ventura; & celui *du Champ*, ou *del Campo*, a les Familles d'Angeli, Staffa, Cunio, & Arcamone. L'Archevêque de cette Ville prend le titre d'Archevêque de Trani & de Salpe.

TRANIA. Voyez TYRRHENIA.

TRANIPSI. Voyez THRANIPSÆ.

TRANOMONTANI, Peuples de la Sarmatie Européenne selon Ptolomée [c].

c Lib. 3. c. 5.

1. TRANS, Bourg de France, dans le Maine, Election du Mans.

2. TRANS, Lieu de France, dans la Provence, au Diocèse de Fréjus. C'est le deuxième Marquisat de France. Il a été érigé par le Roi Louis XII. en Février 1506. par Lettres données à Blois en faveur de Louis de Villeneuve, en considération de ses Services. Cette Maison possède depuis long-tems la préséance sur tout le reste de la Noblesse de Provence à cause du Marquisat de Trans qui lui donnoit la première voix aux Etats du Pays. Ses dépendances sont Puy-Brisson, Valnasque, Selance, Montferrat, Château-double, & Brunet. Il y a des Mines de fer dans son Territoire.

a Magin, Carte de l'Abruzze Ultérieure.

TRANSACCO, Bourg d'Italie [d], au Royaume de Naples, dans l'Abruzze-Ultérieure environ à deux milles au Midi du Lac de Celano. C'est le TRANSAQUÆ des Anciens.

TRANSACINCUM, Ville de la Valerie Ripense. Il en est parlé dans la Notice des Dignitez de l'Empire, où l'on lit: *Præfectus Legionis Transacinco*.

e Sect. 51.

TRANSALBA, Ville de la Dace Ripense, selon la Notice des Dignitez de l'Empire [f].

f Sect. 31.

TRANSALIACENSIS-VICUS, Grégoire de Tours parle plusieurs fois de ce Lieu & n'observe pas par-tout la même Orthographe. Dans un endroit [g] il écrit TRANSALIACENSIS, dans un autre [h] TRANSALICENSIS & dans un troisième [i] TRANSALIENSIS. Il met ce lieu dans l'Auvergne & Dom Thierry Ruinart conjecture que ce pourroit être l'Eglise de TREZAY, ou TRESEL [*Ecclesia Transeltiaci*] dont il est parlé dans un ancien Catalogue des Bénéfices dépendans du Diocèse de Clermont. Cependant comme il y a dans le Berry un Lieu nommé TRANSAULX, il ne veut pas décider duquel de ces deux Lieux veut parler Grégoire de Tours.

g La Vita Petron. c. 13. h Ibid. i Lib. 1. de Mirac. S. Martin.

TRANSAQUÆ, Lieu d'Italie, au Pays des Marses près du Lac Fucinus, selon le Martyrologe-Romain.

TRANSCELLENSIS-MONS, Montagne qu'Ammien-Marcellin met en Afrique, près d'un Municipe nommé *Sugabarritanum*.

TRANSCUDANI. Voyez LANCIENSES.

TRANSDANUVIANI. On trouve ce nom dans une ancienne Inscription, conservée à Tivoli. *Transdanuviani* est là pour désigner des Peuples qui habitoient au-delà du Danube. Ortelius [k] croit qu'il est question ici de Peuples voisins de la Mœsie.

k Thesaur.

TRANSDIERNUM, Ville de la Dace Ripense, selon la Notice des Dignitez de l'Empire [l] où on lit: *Auxilium Milarensium Dacia*. Cette Ville pouvoit être près de la Ville Dierna selon Ortelius [m].

l Sect. 31. m Thes.

TRANSDROBETA, Ville de la Dace Ripense. Il en est parlé dans la Notice des Dignitez de l'Empire [n], en ces termes: *Præfectura Legionis tertiæ-decimæ Geminæ Transdrobeta*. Elle étoit apparemment au-delà de la Ville de Drobeta, d'où elle prenoit son nom.

n Id. v.

TRANSISALANA REGIO. Les Evêques d'Utrecht étant parvenus à étendre leur puissance temporelle bien loin au-delà de l'Yssel, partagèrent leur Domaine en Province Citérieure ou Inférieure & en Province Ultérieure ou Supérieure, par rapport aux Fosses de Drusus [o] qui les séparoient. La Province Ultérieure fut appelée *Transisalana*, du nom de la Rivière Sala, aujourd'hui l'*Yssel*, dont l'ancien lit fut aggrandi par Drusus. Ainsi c'est mal-à-propos que les Anciens ont appellé les Habitans de cette Province *Transiselani*, *Transiselenses*, & *Transiselini*: on dit aujourd'hui *Transisulani* & *Transisulania*; ce qui n'est pas mieux fondé quoique l'usage l'ait emporté. Cette Province se nomme présentement l'Over-Yssel. Voyez OVER-YSSEL.

o Altin. Nath. Germ. lib. 4. fol. Pet. p. 182.

TRANSILVANIE, Principauté d'Europe, aujourd'hui l'une des Annéxes de la Hongrie [p]. Elle est bornée au Nord par la Haute-Hongrie, partie par la Pologne,

p De l'Isle Atlas.

par-

partie par la Moldavie ; au Midi par la Valaquie ; & à l'Occident partie par la Haute, partie par la Basse Hongrie. Ce Pays est la portion de l'ancienne Dace que le Fleuve Chrysius séparoit de la Hongrie [a], & que l'on nommoit communément la Dace Méditerranée. C'étoit un Royaume avant que les Romains s'en fussent rendus les Maîtres. Les Lettres & les Loix des Grecs s'y étoient introduites depuis long-tems. Elles s'y conservérent jusqu'à l'arrivée de Trajan qui pénétra dans ce Pays, dont la situation & les défilez des Montagnes qui l'entourent sembloient rendre l'accès impossible. Lorsque les Romains eurent conquis ce Pays, ils y établirent plusieurs Colonies, qui y introduisirent la Langue Latine & firent du Pays une Province Consulaire. On a une ancienne Inscription conçue en ces termes: COLONIA ULPIA TRAJANA AUGUSTA DACIA ZARMIS. Quoique la Dace Alpense & Ripense eussent leurs Chefs, elles dépendoient néanmoins de la Consulaire, & toutes trois ensemble étoient soumises au Préfet de Macédoine, qui résidoit à Thessalonique. C'est à lui qu'on envoyoit l'or & l'argent qui se tiroient des Mines & les Deniers Publics. La Dace appartenoit à l'Orient, & sur-tout à l'Illyrie Orientale. Elle fut soumise aux Empereurs Romains jusqu'à Gallien, qu'elle commença à en secouer le joug & à se mettre en Liberté. L'Empereur Aurelien voyant les troubles continuels qui s'excitoient dans le Pays, & désespérant de pouvoir de contenir dans l'obéissance, en retira les Troupes Romaines & abandonna le droit que Trajan avoit acquis, & que ses Successeurs au nombre de XVIII. avoient conservé avec soin. On voit encore aujourd'hui des marques du séjour que les Romains ont fait dans ce Pays. Une infinité d'Inscriptions, les Chemins Publics, les restes du Pont de Trajan & une infinité d'autres anciens Monumens en sont des preuves incontestables.

Les Empereurs de Constantinople après le partage de l'Empire furent Maîtres de la Dace; mais les affaires de l'Empire allant en décadence, les Huns firent des irruptions dans la Dace & la Pannonie. Leur licence, & leur cruauté, les firent bien-tôt chasser, & les Hongrois leur succédèrent. Leur Roi Geysa II. permit aux Germains & aux Saxons de s'établir dans la Transilvanie; il leur accorda sept Villes, qu'eux & leurs descendans ont habité, embelli, & rendu fameuses. Ces Peuples ont joui de la même Liberté que les Habitans du Pays au nombre desquels ils étoient comptez; ils ont obtenu même quantité de Priviléges, sur-tout celui de conserver les Coûtumes & les Loix des Germains & des Saxons qu'ils avoient apportées avec eux, & ils les ont toujours conservées malgré toutes les révolutions du Pays & les divers changemens de Gouvernement.

Saint Etienne, premier Roi de Hongrie, conquit la Transilvanie vers l'an 1001. sur Gidla son Oncle, qui fut fait prisonnier dans cette guerre qu'il avoit commencée lui-même en haine de la Religion Chrétienne que ce St. Roi professoit. Elle fut jointe depuis au Royaume de Hongrie, & à quelques soulévemens près, elle a toujours été sous le commandement d'un Waivode, ou Viceroi. Plusieurs de ces Vicerois se sont rendus fameux dans l'Histoire, sur-tout Etienne qui pour se venger de ce que Louis I. n'avoit pas récompensé ses services dans la guerre de Naples, fut le premier qui attira les Turcs dans la Hongrie. Jean Corvin nommé Huniades, à cause qu'il étoit né dans une Ville de Transilvanie qui portoit ce nom, & Jean Zapoli n'ont pas été moins fameux. Le premier se rendit si redoutable aux Infidéles, s'étant signalé contre eux en plusieurs occasions, que les mères qui entendoient crier leurs enfans n'avoient point, à ce qu'on dit, de moyen plus sûr pour les faire taire, que de les menacer de l'arrivée d'Huniades, tant il avoit rendu son nom formidable. Sa pieté fut égale à sa valeur. Prêt à mourir des blessures qu'il avoit reçues à la défense de Belgrade, il se fit conduire dans l'Eglise, où après s'être confessé, il communia & expira entre les bras des Prêtres qui le soutenoient. Jean Zapoli, Comte de Scepuze, qui monta sur le Trône de Hongrie après la défaite de Louis II. le dernier de ses Rois, à qui la Transilvanie ait obeï comme faisant partie de leur Royaume. Les démêlez qui survinrent après sa mort entre Isabelle sa Veuve & l'Archiduc Ferdinand, frere de l'Empereur Charles V. attirérent Soliman II. en Hongrie. Ce Sultan s'étant emparé de Bude & des autres Villes principales laissa la Transilvanie en Principauté à Isabelle, qui voyant que Ferdinand n'observoit pas les conditions sous lesquelles il le avoit voulu la lui remettre en prit possession, appuyée du Turc. Jean Etienne Sigismond son fils en fut ensuite reconnû pour Souverain, & il se fit même couronner Roi de Hongrie, lorsque Ferdinand fut mort; ce qui excita entre l'Empereur Maximilien & lui une guerre qui fut cause qu'on lui céda par accommodement quelques Comtez de la Haute-Hongrie. Comme il n'avoit point d'enfans, se voyant surpris d'une maladie mortelle, il laissa la Transilvanie par Testament à Maximilien. Les Grands du Pays, n'osant se donner à cet Empereur de peur d'irriter les Turcs, choisirent Etienne Battori, Hongrois d'origine, qui ayant été elu Roi de Pologne peu de tems après par la retraite d'Henri de Valois, depuis Roi de France sous le nom d'Henri III. remit l'Etat de Transilvanie à Christophle Battori son frere. Celui-ci eut pour Successeur Sigismond Battori son fils, qui rendit cet Etat entièrement libre par la prise de toutes les Villes, dont les Infidéles s'étoient emparez. Le Cardinal Battori à qui il avoit remis son Etat dans ses dernières années, contre l'engagement qu'il avoit pris avec l'Empereur Rodolphe, fut mal soutenu par Mahomet III. Ainsi sa défaite par Michel Prince de Valaquie, ayant obligé Sigismond de reprendre le Gouvernement, celui-ci céda de nouveau la Transilvanie à l'Empereur & alla mourir à Prague. Le prétexte de Religion, ayant entraîné dans ce tems-là les Transilvains en une révolte générale, ceux qui ont depuis gouverné la Transilvanie, partie par l'Eléction des Etats, partie par le seul droit d'usurpation, ont eu recours pour se maintenir, les uns au Turc & les autres à l'Empereur, selon qu'ils ont espéré un plus fort appui de l'une ou de l'autre Puissance. Les noms de ces Princes sont Etienne Boskay, Sigismond Ragoski, Chimi Janos, & Michel Abaffi; après la mort duquel la Transilvanie se vit obligée de reconnoître le pouvoir de l'Empereur.

On peut dire en général que les Transilvains ne sont pas moins belliqueux que remuans. Les Siculiens plus barbares que les autres ne font aucune distinction du Noble & du Roturier. Les Saxons plus polis ont retenu les Coutumes & la Langue des anciens Allemands dont ils se disent issus: il n'y a que les Hongrois avec qui ils s'accommodent peu, ne leur voulant point permettre de bâtir dans leurs Villes. La Religion est dans une grande confusion parmi tous ces Peuples. Les uns sont Ariens, les autres Anabaptistes, & d'autres Sociniens, Calvinistes & Luthériens. George Blandrata, Médecin du Prince Jean Scepuze, l'entraîna dés sa jeunesse dans les erreurs du Luthéranisme. Denys Alexis que ce Médecin introduisit dans sa Cour ne se conduisant pas exactement sur ses ordres, mit auprès du Prince un autre Docteur appellé François David, qui de Luthérien le fit Calviniste, & lui enseigna ensuite la Doctrine d'Arius. François Stancardo, autre Médecin Italien, contribua encore beaucoup à le pervertir, après quoi David étant monté en Chaire en présence de Jean de Scepuze & des Etats assemblés à Segeswar il prêcha publiquement contre la Sainte Trinité, & contre la Divinité de Jésus-Christ dans l'Eglise de St. Pierre de cette Ville. Une grande dispute s'étant élevée là-dessus entre des Calvinistes & les Ariens, on assigna une Assemblée à Waradin pour voir si on pourroit les mettre d'accord. Le Prince ayant entendu les uns & les autres se déclara pour David, & comme s'il eût eu quelque droit de prononcer sur de semblables controverses de Religion, son jugement prévalut de telle sorte que le progrès de l'Arianisme surpassa celui de toutes les autres Sectes. Pour enseigner ces erreurs on fit venir d'Allemagne Jean Somner & Mathias Bolonois, à qui on donna la direction d'un Collège qui fut établi à Clausembourg. Par ce moyen elles passèrent de Transilvanie en Hongrie & en Pologne. Etienne Battori, qui tâcha d'y rétablir la Religion Catholique, fut tellement traversé dans ce dessein qu'il se vit souvent contraint d'entendre la Messe dans des Lieux secrets, où il alloit sous prétexte de chasser. Quand il eut affermi son autorité, il fit venir des Missionnaires de Rome & de Vienne, & Christophle Battori son frere établit dans la même vûe des Jésuites à Clausembourg, ce qui rompit en quelque façon le cours de ces Héréfies. Sigismond Battori qui succéda à Christophle ne se montra pas si ferme que lui. Les Hérétiques n'osèrent pourtant rien entreprendre pendant la vie d'Etienne qu'on avoit élu Roi de Pologne; mais dès qu'il fut mort les Transilvains se liguèrent pour obliger Sigismond à chasser les Jésuites de ses Etats, sous prétexte qu'ils y vouloient introduire l'Inquisition. Ils le résolurent de cette sorte dans une Diète qui se tint à Megeswar le jour de St. Etienne en 1588. Cependant la Religion Catholique diminuant tous les jours, Sigismond rappella ces Peres deux ans après. Ils ne furent pas plutôt rétablis, qu'ils firent des conversions sans nombre dans cette Principauté. Ce fut par leurs savantes exhortations que Christianus Franken, qui avoit changé de Religion jusqu'à treize fois, abjura ses erreurs dans Weissembourg en présence du Prince & d'un grand concours de Peuple. Il le fit de si bonne foi qu'il déchira de ses propres mains les Livres qu'il avoit composez pour prouver sa fausse Doctrine; mais ces grands progrès n'eurent pas de suite sous les autres règnes. Au contraire les Hérétiques se rendirent si puissants, qu'on fut contraint d'accorder la Liberté de conscience; ce qui éteignit presque entièrement la Religion Catholique dans la Transilvanie.

L'air de ce Pays est extrêmement tempéré, & comme en Eté la chaleur y est excessive, le froid y est violent pendant l'Hyver. Le terroir qui est très-fertile produit entre autres le meilleur Froment d'Europe. Les vins que l'on y recueille ne cédent guéres non plus en force & en délicatesse à ceux de Hongrie; & les Montagnes renferment des Mines d'Or, d'Argent, de Fer & de Sel. On en tire aussi un certain bitume, dont la partie la plus solide sert à faire une cire brune propre à éclairer comme celle des Abeilles. Les Bois sont remplis de Cerfs, de Daims, d'Ours, de Buffles & de Chevaux Sauvages, dont le crin traîne jusqu'à terre. Les Rivières y sont aussi fort poissonneuses; mais comme leurs eaux passent par des Mines d'Alun & de Mercure, qui leur communiquent une qualité maligne, elles ne sont pas meilleures à boire que celles de Hongrie. Il y en a qui ont des grains d'or mêlez parmi leur sable. Les principales sont la Chriso, le Grand & le Petit Samos, & l'Alt, ou l'Olt.

Quelques-uns divisent la Transilvanie par ses Comtez, & les autres par les trois sortes de Peuples qui l'habitent; savoir les Saxons, les Siculiens & les Hongrois. Ces derniers sont particulièrement établis sur les bords de la Marisch. Les Siculiens descendus des anciens Scythes ou Huns, ayant été chassez de la Pannonie, où ils s'étoient établis, changèrent de nom pour se dérober à la fureur des autres Nations déchaînées contre eux. Ils habitent la partie qui est contiguë à la Moldavie & à la Russie nommée Siculie, & les Saxons occupent le reste. Voici les noms des Comtez de la Transilvanie avec leurs principaux Lieux:

Bistritz, aux Saxons:	Bistritz, Radna, Matar, Bas Borgo, Haut Borgo, Cose,	Petit

TRA.   TRA.   643

		Haramsek:	Orbay, Zagon, Nien, Les 7. Villages des Sicules.
	Neubania:	Petit Sajo, Grand Sajo, Kozorvar, Haut Kosel, Bas Kosel, Sosmezo.	
		Abrobania.	Abrobania, Gial, Bistra.
	Marosek:	Marus Orlosfalu, Hot-Maros, Filehaza, Gorgini.	
		Torda:	Torenburg, ou Torda, Kecze, Koczart, Wintz, Toroslo.
	Zolnok Intérieur.	Sibo, Deez, ou Burglos. Haut-Iskolo, Bas Iskolo, Magiar-Egregi, Zombor.	
		Kokelvar:	Kekelvar, Czintos, Ebersdorf, Naglak.
	Maros-Vasarhel.	Saunosvivar, Bethlen, Tekendorf, Matisfalva, Bonezida, Vecs, Beghen, Kozma, Nananfalva, Vasarheli.	
		Gros-Schink:	Gros-Schink, Birthelm, Hünderbühl, Agnetlen, Leskirch.
		Cronstat:	Cronstat, ou Braso, Kalnok, Miklosvar, Itsalo, Marienbourg, Rosenau, Tersbourg, Czernest.
	Utvarhel:	Utvarhel, Petelie, Sofalva, Kerestur, Gerni, S. Abram, Bikfalva.	
	Ciorcio:	S. Miklos, Toplocza, Halfalu, Utfalu, Vaslob.	La partie Orientale du Comté de Zarand:	Keresbanja, Brad.
	Chik:	Chilk, S. Lelek, Seritia, S. Miklos, Somtio, Csögöd.	Albe-Julie:	Albe-Julie, ou Weissembourg, Tovis, Zalakna, Rapold, Aranivar.
	Vasarhel:	Vasarhel, Vifalo, Kafzon.	Albanien:	Cracsanest, Szam, Ilye, Branska.
	Colosvar, ou Clausenbourg.	Colosvar, ou Clausenbourg, Berend, Sebes, Nagypatak, Giula.	Sassebes:	Sassebes, ou Millenbach, Enied, Ohaba, Reismark, Takova.
	Dobaca:	Malomfalva, Mikes, Panith, Band.	Megdies:	Megdies, Meschen, Schelken le Petit.
	Chesbourg:	Chesbourg, ou Segesvar, Korod, Kerestur, Romiha, Radnoth, Keizt.	Ceben:	Ceben ou Hermanstat, Schelken le Grand, Soltzenbourg, Schellenberg, Talmech, Boicza.
Comtez de la Transilvanie:	Reps:	Reps, Olostelek, Streitfort, Kesdi, Perecz, Osdi, Osterlam,	Fogaras:	Fogaras, Pojana, Schor, Sebistchel.
		Sasvaros:	Sasvaros, Martinest.
		Huniad:	Huniad, Dobra, Arki, Kitid.

Mmmm 2

Haczag : { Kitid. Hatzag, Domfas,

TRANSLUCANUS-PAGUS, Bourgade d'Espagne. Il en est fait mention dans une ancienne Inscription ; qui se trouve dans l'Estremadoure, au Territoire de Léon selon Amb. Morales cité par Ortelius [a].

[a] Thesaur.

TRANSLUCUM, Lieu de la Dace Ripense. Il en est parlé dans la Notice des Dignitez de l'Empire : Si je ne me trompe, dit Ortelius [b], ce doit être aujourd'hui LANDTUBERWALD, nom qui signifie la même chose que *Translucum*.

[b] Thesaur.

TRANSMARISCA, Ville de la Basse, ou de la seconde Mœsie : L'Itinéraire d'Antonin la marque sur la Route de *Viminacium* à Nicomédie, entre *Appiaria* & *Candidiana*, à seize mille pas du premier de ces Lieux & à treize mille du second. Il est parlé de cette Ville dans la Notice des Dignitez de l'Empire. C'est la même que Ptolomée [c] nomme TROMARISCA ; & le nom moderne est MARICE selon LAZIUS.

[c] Lib. 8. c. 10.

TRANSMONTANI. Voyez ASTURES.

TRANSTHEBAITANI, Ortelius [d] qui cite Trebonius Pollion, nomme ainsi des Peuples d'Egypte qui habitoient au-delà de la Ville de Thèbes ou au-delà de la Thébaïde.

[d] Thesaur.

TRAOU, Ville des Etats de la République de Venise, dans la Dalmatie, & connue des Anciens sous le nom de *Tragurium*. Ptolomée & Strabon en parlent comme d'une Isle ; mais Jean Lucius a montré que ce n'étoit qu'une Péninsule, & que le Canal qui la sépare du Continent est un Ouvrage de l'Art & non pas de la Nature. Ce Mr. Lucius, dit Mr. Spon [e], est un Gentilhomme de ce Pays-là, établi à Rome. Sa patrie lui est obligée de l'avoir tirée des ténèbres de l'Antiquité par l'Histoire qu'il en a donnée. Il a fait aussi imprimer les Inscriptions de Dalmatie & d'autres savans Traitez. Il quitta Traou par l'incivilité d'un Général de Dalmatie qui étant venu à Traou lui fit savoir qu'il vouloit loger dans sa maison. Le Gentilhomme s'apprêtoit à le recevoir, & se réservoit seulement un appartement médiocre ; mais le Provéditeur tranchant du Souverain envoya incontinent après des gens pour mettre tous les meubles dehors. Cette incivilité le fâcha tellement qu'il partit aussi-tôt de ce Pays-là, & qu'il n'y voulut jamais retourner. La Ville de Traou est dans un assez bel aspect, principalement le Fauxbourg qui est sur l'Isle de Bua. Elle peut renfermer environ quatre mille ames. Le Dome n'est pas laid, & la porte a été tirée des dépouilles de la Ville de Salone, qui est à douze milles delà. Il y a dans cette Eglise quelques Statues d'assez bonne main. On ne connoît point à Traou les Hôtelleries. Les Voyageurs y sont obligez de se pourvoir comme ils l'entendent pour leur logement & pour leur nourriture.

[e] Voyage d'Italie, Liv. 2.

Cette Ville est présentement fameuse dans la République des Lettres, par un Manuscrit qui y a été trouvé dans le dernier Siècle. C'est un Fragment de Pétrone, qui manquoit à ses Ouvrages imprimez. Comme on n'avoit jamais vu cette Pièce on s'imagina qu'elle étoit supposée, & que c'étoit un jeu d'esprit de quelque Savant, qui avoit imité le style de Pétrone. Mr. de Valois étoit un de ceux qui la tenoient pour suspecte ; mais Mr. Lucius & l'Abbé Gradi de Rome la regardoient comme authentique ; & comme s'il eût été question de reconnoître un Prince, l'Europe étoit divisée en trois partis. L'Italie & la Dalmatie l'adoptoient, la France & la Hollande la rejettoient, & l'Allemagne se tenoit neutre ; car le Docteur Reinesius fit un Commentaire sur ce MS. sans oser néanmoins rien prononcer sur son antiquité. Le Docteur Statilius dans la Bibliothèque duquel cet Original se trouvoit lorsque Mr. Spon fit son Voyage de Dalmatie, étoit un homme de mérite, qui en auroit pu parler pertinemment si ses maladies ne l'en eussent empêché ; & Mr. de Valois a eu tort de le prendre pour un jeune homme. Voici les remarques que Mr. Spon a faites sur ce Manuscrit. C'est un *in Folio* épais de deux doigts, contenant plusieurs Traitez écrits sur du papier qui a beaucoup de corps. Tibulle & Properce sont au commencement, & non pas Horace, comme l'a dit par erreur l'Auteur de la Préface imprimée à Padoue : Pétrone suit de la même main, & de la manière que nous l'avons dans nos Editions. Après on voit cette Pièce dont il est question, intitulée *Fragmentum Petronii Arbitri ex libro decimo quinto & sexto decimo* ; & c'est où est contenu le souper de Trimalcion, comme il a depuis été imprimé sur cet Original. De Salas Espagnol, qui a commenté cet Auteur fait mention d'un quinzième & d'un seizième Livre ; mais il n'a pas dit où il l'avoit vu. Le MS. est par-tout bien lisible & les commencemens des Chapitres & des Poëmes sont en caractères bleus & rouges. Pour ce qui est de l'antiquité de cette Pièce, il ne faut que s'y connoître & le voir pour n'en pas douter. On doit sans cette rencontre ajouter plus de foi aux yeux qu'au raisonnement. Sous la page 179. l'année que cette Pièce a été écrite est marquée de cette manière : 1423. 20. Novemb. Ce Siècle-là n'avoit pas des esprits si bien faits que celui de Pétrone pour pouvoir se déguiser sous son nom.

1. TRAPANI, ou TRAPANIO, Ville de Sicile sur la Côte Occidentale de l'Isle dans le Val de Mazzara. Cette Ville nommée anciennement *Drepanum* est située sur une Péninsule, ou Langue de Terre, qui entre dans la Mer vers le Ponant. Elle est renommée par son grand trafic, par le nombre des Nobles qui l'habitent, par la quantité de Vaisseaux qu'on y voit, par ses Salines & par la pêche des Tons & du Corail. Du côté du Midi elle a un Château quarré. Son Port est grand, mais fort exposé au vent de Midi & semé de bas-fonds. A l'entrée du Port on trouve le Château de Culumbaza, qui consiste en une Tour antique, fort haute, posée sur un Ecueil, environnée de la Mer, avec un Ouvrage à l'entour, fourni de Canons du côté du Port. Derrière le Château il y a plusieurs Ecueils. Du côté de la Tramontane les grands Bâtimens ne peu-

TRA.   TRA.

peuvent pas approcher, à cause du peu de fond qu'il y a & des Ecueils qu'on y trouve dans l'espace de deux milles. La Ville est par-tout fermée de murailles ordinaires, suivant le Terrein. Ses Salines sont du côté de l'Orient.

En sortant de Marsala par le Canal de St. Todar, on passe les Plages de la Riviére de Brugia & d'Algagruesca & la pointe de Travia; & avant que d'arriver au Port de Trapani, on trouve quelques Bancs de sable fort longs avec un Canal de huit jusqu'à dix pieds de fond, entre les Isles de Ste. Marguerite & celle des Salines; ensuite on entre dans le Port de Trapani. En sortant de son Port cotoyant le Rivage vers la Tramontane on voit la Côte toute couverte de maisons particuliéres, & plus avant il y a un Ecueil sous l'eau appellé Asnel, & qui est fort dangereux principalement de nuit. On rencontre ensuite les pointes del Yerro, & de Capellar & le Golphe de Cofano, où l'on voit une Montagne seule vers le Rivage, qui paroît isolée. On rencontre ensuite un autre grand Ecueil & l'on arrive enfin au *Cap San Vito*.

[a] *Baillet, Topogr. des Saints, p. 501.*

S. Albert Carme [a] naquit en cette Ville l'an 1212. il se fit Religieux l'an 1220. au Mont Trapano dans le Territoire de la même Ville, & mourut près de Messine l'an 1242. Une partie de ses Reliques dans la suite fut transportée au Mont Trapano.

1. TRAPANO, ou DREPANO, nom moderne du Cap de l'Isle de Candie appellé par les Anciens *Drepanum-Promontorium*. On lui donne encore d'autres noms. Voyez DREPANUM.

[b] *Dict.*
[c] *Atlas.*

2. TRAPANO, selon Mr. Corneille [b], & Drepano selon Mr. de l'Isle [c]; Cap de l'Isle de Candie, sur la Côte Septentrionale entre la Suda & Retimo. C'est le DREPANUM PROMONTORIUM de Ptolomée.

3. TRAPANO, petite Isle de la Mer Ionienne, sur la Côte Méridionale de l'Isle de Céphalonie, à l'entrée du Port d'Argostoli. C'est Niger qui donne à cette Isle le nom de TRAPANO. Le Pere Coronelli l'appelle GAVARDIANI. Cette petite Isle, est la *Letoa*, ou *Letoia* des Anciens.

TRAPERA, Ville, ou Lieu de l'Inde, près du Golphe Barygazéne, selon Arrien [d].

[d] *2. Peripl. p. 24.*

1. TRAPEZA, Ville de l'Arcadie: Etienne le Géographe dit qu'elle étoit près de *Tricolonum*. Cette Ville est nommée TRAPEZUS par Pausanias [e] qui nous apprend qu'elle devoit son nom à Trapezeus Fils de Lycaon.

[e] *Lib. 8. c. 3.*

2. TRAPEZA, Promontoire de la Troade, à dix-huit milles de la petite Ville de *Dardanium*, selon Pline [f]. Il étoit à l'entrée de l'Hellespont, & on le nomme présentement *Capo de Janisseri*.

[f] *Lib. 5. c. 30.*

TRAPEZAS. Voyez TRAPEZUSA.

TRAPEZOPOLIS, Ville de l'Asie Mineure dans la Carie, selon Ptolomée [g], qui la marque dans les terres. Pline [h] nomme ses Habitans TRAPEZOPOLITÆ. La Notice Episcopale range la Ville de TRAPEZOPOLIS parmi les Evêchés de la Phrygie Capatiane. Nicéphore Calliste met aussi une Ville de ce nom dans la Phrygie; mais il écrit

[g] *Lib. 5. c. 2.*
[h] *Lib. 5. c. 29.*

TRAPEZONTOPOLIS, pour TRAPEZOPOLIS; ce qui est sans doute une faute de Copiste.

TRAPEZUM, Colline de Syrie au voisinage de la Ville d'Antioche. Strabon [i] dit qu'on avoit nommé cette Colline *Trapezum*; à cause qu'elle avoit la figure d'une Table.

[i] *Lib. 16. p. 751.*

TRAPEZUNTII. Voyez ARCADIE.

1. TRAPEZUS, Montagne du Chersonnèse Taurique. C'est Strabon [k] qui en parle. Il fait aussi mention d'une Ville de même nom, qui, dit-il, est voisine de la Tibarénie & de la Colchide.

[k] *Lib. 7. p. 309.*

2. TRAPEZUS, Ville de la Cappadoce: Ptolomée [l] la marque sur la Côte du Pont Cappadocien, près de Pharnacia. C'étoit, selon Etienne le Géographe, une Colonie des Habitans de Sinope; & on la nommoit aussi OEZENIS. Voyez TREBIZONDE.

[l] *Lib. 5. c. 6.*

3. TRAPEZUS, Montagne sur le bord du Golphe Arabique, selon Ortelius [m] qui cite Etienne le Géographe. Je ne trouve point dans ce dernier de Montagne nommée TRAPEZUS; mais seulement une Ville de ce nom. Après avoir parlé de la Ville de Trapezonte de l'Arcadie il ajoute: Ἔστι καὶ, ἄλλη πλησίον δ᾽ Ἀραβίας κόλπω; c'est-à-dire, *est etiam alia* [urbs] *juxta Arabicum Sinum*.

[m] *Thesaur.*

4. TRAPEZUS. Voyez TRAPEZA.

TRAPEZUSA, Ville du Pont Cappadocien: Ptolomée [n] la marque dans les terres. Ortelius [o] croit que ce pourroit être la même Ville qui est nommée TRAPEZAS dans la Vie de St. Théodore l'Archimandrite.

[n] *Lib. 5. c. 6.*
[o] *Thesaur.*

TRAPHE, Ville située aux environs du Pont, selon Etienne le Géographe.

TRAPHIA, Ville de la Bœotie: Etienne le Géographe dit qu'on y élevoit beaucoup de Bétail.

TRAPONTIUM. Voyez SUESSA.

TRAPOR, TRAPOUR, ou TARAPOR [p], Ville des Indes sur la Côte de Malabar, au Concan, entre Daman & Baçaim. Cette Ville est assez bien habitée, & les Habitans en sont riches. La Riviére n'y porte que des Bâteaux & des Barques mediocres qui n'y entrent qu'avec peine. Il y a à Trapor une Paroisse, une Chapelle de la Misericorde, & une Eglise de Dominicains. Mr. Dellon qui se trouva dans cette Eglise un soir du Vendredi-Saint y entendit un Sermon sur la Passion dans lequel, dit-il, on fit plusieurs pauses pour montrer au Peuple tous les points de ces sacrez Mystères. Les femmes sont séparées des hommes par une Balustrade cachée d'un rideau; mais si on ne les voit pas, ajoute Mr. Dellon, on entend leurs cris & les coups qu'elles se donnent toutes les fois que le Prédicateur dit quelque chose qui excite à la compassion. La Procession se fit après le Sermon. Elle étoit précédée de plusieurs Pénitens, qui avoient le visage découvert & le dos tout nud, & qui se fouettoient si violemment que leur sang rejaillissoit par-tout où ils passoient. Les Bourgeois marchoient ensuite chacun un Flambeau à la main; & l'on portoit après les Prêtres l'Image de Jésus-Christ représenté tel qu'il étoit à la descente de la Croix. Une vingtaine de petits Négres masquez armez de lances, & ayant à leur tête un Centurion précédé de Tambours & de Trompettes

[p] *De l'Isle, Atlas.*

pettes accompagnoient cette figure. Après avoir fait le tour de la Ville la figure fut posée dans le Sépulcre qu'on avoit préparé.

TRAPPE (La) Abbaye de France & de l'Ordre de Cîteaux. Elle est située dans la Province de Perche, dans le Diocése de Séez, entre les Villes de Séez, de Mortagne, de Verneuil & de Laigle: on l'appelle aussi NOTRE-DAME DE LA MAISON-DIEU. Elle est dans un grand Vallon, & les Collines & les Forêts qui l'environnent sont disposées de telle sorte, qu'elles semblent la vouloir cacher au reste de la Terre. Elles enferment des terres labourables [a], des plants d'Arbres fruitiers, des Pâturages & neuf Etangs qui sont autour de l'Abbaye, & qui en rendent les approches si difficiles, que l'on a besoin d'un Guide pour y arriver. Cette Abbaye fut fondée en 1140. par Rotrou Comte du Perche, & consacrée sous le nom de la Sainte Vierge en 1214. par Robert Archevêque de Rouen, Raoul Evêque d'Evreux & Sylvestre Evêque de Séez. Le relâchement où elle étoit tombée depuis un fort grand nombre d'années, porta Mr. Armand Jean Bouthilier de Rancé, qui en étoit Abbé Commendataire, & qui se sentit vivement touché de l'amour de Dieu, à exhorter les Religieux de demander eux-mêmes qu'elle fût mise entre les mains des Peres de l'étroite Observance de l'Ordre de Cîteaux, pour y rétablir la première & la véritable pratique de la Règle; ce qui fut fait par un Concordat passé avec l'Abbé & les anciens Religieux de la Trappe le 17. d'Août 1662. Ce fut en vertu de ce Concordat que ceux de l'étroite Observance entrèrent dans ce Monastère & en prirent possession. Lorsqu'ils commençoient à y faire revivre le premier esprit des Peres & des Saints, qui en ont été les premiers fondateurs, l'Abbé de Rancé qui s'étoit retiré du monde depuis quelque tems, obtint du Roi la permission de tenir cette Abbaye en règle & prit l'habit religieux en 1663. au Couvent de Notre-Dame de Perseigne, où il fut admis au Noviciat & où il fit profession le 26. de Juin 1664. Lorsqu'il eut reçu de la Cour de Rome ses Expéditions pour tenir l'Abbaye de la Trappe en Règle, il s'y rendit le 14. de Juillet suivant, & ne songea plus qu'à inspirer par son exemple aux Religieux, dont il étoit devenu le Pere & le Pasteur, le desir de reprendre toutes les austéritez & les pénitences qui étoient en usage dans l'établissement de cette sainte Règle. Sa conduite toute édifiante & l'éloquence qui lui étoit naturelle l'en firent venir aisément à bout, & il n'y eut aucun d'eux qui ne voulût l'imiter, & s'abstenir comme lui de boire du vin, de manger des œufs & du poisson, ajoutant à cela le travail des mains chaque jour pendant trois heures. Il mourut le 26. d'Octobre 1700.

On découvre cette Abbaye au sortir de la Forêt du Perche, lorsqu'on vient du côté du Midi; & quoiqu'il semble qu'on en soit fort proche, on fait encore près d'une lieue avant que d'y arriver; mais enfin après avoir descendu la Montagne, traversé des bruyeres, & marché quelque tems entre des hayes & des chemins couverts; on trouve la première Cour où loge le Receveur. Elle est séparée de celle des Religieux par une forte palissade de pieux & d'épines. C'est-là qu'ayant sonné à la porte un Frere Lay vient ouvrir. On entre dans une grande Cour, plantée d'Arbres fruitiers, dans laquelle à main droite il y a un Colombier, & à main gauche une autre Basse-Cour, où sont les Greniers, les Celliers, les Ecuries, les Etables & les autres lieux nécessaires pour la commodité du Couvent. Tout près de cette Basse-Cour est un Moulin que fait tourner un Ruisseau qui vient des Etangs, & qui après avoir séparé la grande Cour d'avec le Jardin des Religieux du côté de l'Eglise, traverse sous terre une autre partie de la même Cour, pour se rendre dans un Réservoir. On trouve ensuite la Porte du Monastère, où un Religieux de la Maison fait l'Office de Portier. Quand il a ouvert, on descend dans une espèce de Vestibule, qui n'a que quatre toises de long & neuf à dix pieds de large. A main droite est une chambre pour recevoir les Hôtes, & à main gauche une Sale où ils mangent. Pendant que le Religieux qui a ouvert va donner avis à l'Abbé ou au Prieur de l'arrivée de ceux qui sont entrez, on demeure dans la chambre, où par ce qui est écrit dans de petits tableaux attachez à la muraille, on peut s'instruire de quelle manière il faut se comporter dans ce saint Lieu. On peut aussi lire quelques passages de l'Ecriture Sainte, qui sont comme les premiers avis qu'on donne à ceux qui arrivent, & souvent même les plus longs entretiens qu'ils puissent avoir dans cette Maison, où l'on peut dire que les murailles parlent & que les hommes ne disent mot. On lit d'abord en entrant ces paroles de Jérémie écrites sur la porte du Cloître: *Sedebit Solitarius & tacebit.* Au dessous est ce passage de Job: *In nidulo meo moriar, & sicut palma multiplicabo dies meos.* A l'un des côtez de ce Vestibule est écrit: *Elegi abjectus esse in domo Dei mei, magis quam habitare in tabernaculis peccatorum.* De l'autre côté du Vestibule on lit ces autres paroles: *Melior est dies una in atriis tuis super millia.* Le Pere Prieur, ou quelque autre Religieux étant venu recevoir les nouveaux Hôtes, qu'il salue avec beaucoup d'humilité & de grandes prosternations, il les fait passer dans le Cloître & les conduit à l'Eglise, pour y adorer le St. Sacrement. Au retour ils entrent dans la chambre ou dans la Sale; & en attendant le repas un Religieux lit un Chapitre de l'Imitation. Ce qu'on sert à la table des Hôtes est pareil à ce qu'on donne aux Religieux; c'est-à-dire qu'on n'y mange que des mêmes légumes & du même pain, & qu'on y boit du cidre comme au Réfectoire. Les mets ordinaires sont un potage, deux ou trois plats de légumes, & un plat d'œufs qui est la portion extraordinaire des Etrangers; car on ne leur sert point de poisson, quoique les Etangs en soient fort remplis. Pendant tout le repas on continue à lire des Chapitres de l'Imitation, après quoi chacun se retire dans la Sale qui lui a été destinée. Les Externes ont un appartement particulier qui a vûe sur la Cour, & n'entrent dans les Cloîtres,

[a] *Felibien, Descr. de l'Abbaye de la Trappe.*

que pour aller à l'Eglise aux heures de l'Office. Cette Eglise n'a rien de considérable que la sainteté du lieu. Elle est bâtie d'une manière Gothique, & le bout du côté du Chœur semble représenter la poupe d'un Vaisseau. Tout l'Ouvrage en est grossier & même contre les règles de l'Architecture. L'Eglise ne laisse pas d'avoir quelque chose d'auguste & de divin. Elle n'est ni trop sombre ni trop éclairée. Sa grandeur est de vingt-deux toises de long, sur neuf de large ou environ. Les ailes qui tournent à l'entour ont deux toises de largeur. Une haute Balustrade qui sépare l'Eglise en deux empêche que personne n'entre par la Nef du côté du Chœur. Dans la clôture de cette Balustrade, au-dessous du Crucifix, sont deux Autels où l'on dit des Messes pour les hommes de dehors, qui demeurent au bas de l'Eglise, où les femmes n'entrent point. Il y a une Chapelle dans l'Avant-cour où elles entendent la Messe, qui s'y dit les Dimanches & les Fêtes. La clôture qui est devant le Crucifix sert de Chœur pour les Freres Convers; & entre celle-là & le Chœur des Religieux, il y a un autre espace qui tient lieu de Chœur pour les Malades. Celui des Religieux est garni de trente-six chaises hautes, & de trente basses. L'Autel principal est fort simple; il n'y a qu'un Contre-autel de pierre, où est taillée d'une manière fort antique, la figure de Notre Seigneur en croix, avec celles des douze Apôtres. Dans le milieu de la plate-bande qui règne en haut, & qui sert de frise, est représenté un Autel avec du feu allumé, & deux Anges sont prosternez des deux côtez. Au-dessus est l'image de la Vierge dans toute sa hauteur, tenant son Fils sur le bras gauche; & de la main droite un petit pavillon, sous lequel est suspendu le Saint Sacrement selon l'ancien usage de l'Eglise. Il n'y a sur l'Autel qu'un petit Crucifix d'ébène; & aux deux extrémitez du Contre-autel on voit deux plaques de bois, d'où sortent deux cierges qu'on allume pendant la Messe. Aux jours de Fêtes on met doubles branches; & ainsi au lieu de deux cierges il y en a quatre avec deux autres qui sont contre les Piliers les plus proches & qu'on allume à l'élévation.

Toutes les actions de ces Saints Anachorêtes sont des prières continuelles à Dieu. En Eté ils se couchent à huit heures, & en Hyver à sept. Ils se levent la nuit à deux heures pour aller à Matines, qui durent ordinairement jusqu'à quatre heures & demie, parce qu'outre le Grand Office, ils disent aussi celui de la Vierge; & entre les deux ils font une méditation de demi-heure. Les jours où l'Eglise ne solemnise la Fête d'aucun Saint ils recitent encore l'Office des Morts. Au sortir de Matines, si c'est en Eté, ils peuvent s'aller reposer dans leurs Cellules jusqu'à Prime; mais en Hyver ils vont dans une chambre commune proche du Chauffoir, où chacun lit en particulier. Les Prêtres prennent d'ordinaire ce tems-là pour dire la Messe. A cinq heures & demie ils disent Prime, & vont ensuite au Chapitre, où ils font environ une demi-heure, excepté certains jours, où ils y demeurent plus long-tems à entendre les Prédications que leur fait l'Abbé ou le Prieur. Sur les sept heures ils vont travailler; c'est-à-dire que chacun quittant son habit de dessus qu'ils appellent *une Coule*, & retroussant celui de dessous, ils se mettent les uns à labourer la terre, les autres à la cribler, d'autres à porter des pierres, chacun recevant sa tâche, sans choisir ce qu'ils doivent faire. L'Abbé lui-même est le premier au travail, & s'employe souvent à ce qu'il y a de plus abject. Quand le tems ne permet pas de sortir, ils nétoyent l'Eglise, balayent les Cloîtres, écurent la Vaisselle, font des lessives, épluchent des légumes, & quelquefois ils sont deux ou trois assis contre terre les uns auprès des autres à ratisser des racines, sans jamais parler ensemble. Il y a aussi des lieux destinez à travailler à couvert où plusieurs Religieux s'occupent les uns à écrire des Livres d'Eglise, les autres à en relier, quelques-uns à des ouvrages de menuiserie & d'autres à tourner; & ainsi à differens travaux utiles, n'y ayant guère de choses nécessaires à la Maison & à leur usage qu'ils ne fassent eux-mêmes. Quand ils ont travaillé une heure & demie, ils vont à l'Office qui commence à huit heures & demie. On dit Tierce, & ensuite la Messe & Sexte, après quoi ils se retirent dans leurs chambres où ils s'appliquent à quelque lecture. Cela fait, ils vont chanter None, si ce n'est aux jours de jeûne de l'Eglise que l'Office est retardé & qu'on ne dit None qu'un peu avant Midi. Dela ils se rendent au Réfectoire qui est fort grand. Il y a un long rang de Tables de chaque côté; celle de l'Abbé est en face au milieu des autres, & contient les places de six ou sept personnes. Il se met à un bout, ayant auprès de lui à la gauche le Prieur, & à sa droite les Etrangers, lorsqu'il y en a qui mangent au Réfectoire; ce qui arrive très-rarement. Ces Tables sont nues & sans nappes, mais fort propres. Chaque Religieux a sa serviette, sa tasse de fayence, son couteau, sa cuilliere & la fourchette de bois, qui demeurent toujours dans la même place. Ils ont devant eux du pain plus qu'ils n'en peuvent manger, un pot d'eau; un autre pot d'environ chopine de Paris, un peu plus qu'à moitié plein de cidre, parce qu'on garde pour leur collation ce qu'il en faudroit pour achever de le remplir. Leur pain est fort bis & gros, à cause qu'on ne passe point la farine & qu'elle est seulement passée par le crible; ce qui fait que la plus grande partie du son y demeure. On leur sert un potage quelquefois aux herbes, d'autresfois aux pois ou aux lentilles, & ainsi differemment d'herbes & de légumes; mais toujours sans beurre & sans huile; avec deux petites portions aux jours de jeûne, sçavoir un petit plat de lentilles & un autre d'épinars ou de fèves, ou de boulie, ou de gruau, ou de carottes, ou quelques autres racines selon la saison. Leurs sauces ordinaires sont faites avec du sel & de l'eau épaissie avec un peu de gruau & quelquefois un peu de lait. Au dessert on leur donne deux pommes ou deux poires, cuites ou crues. Après le repas ils rendent graces à Dieu, & vont achever leurs prières à l'Eglise, & au sortir de laquelle ils se se retirent dans leurs cellules, où ils peuvent s'appliquer à la lecture & à la contemplation. A une heure ou environ ils retournent au travail reprenant celui qu'ils ont quitté le matin ou en commençant un autre. Ce second travail dure encore une heure & demie, ou deux heures quelquefois. La retraite étant sonnée chacun quitte ses sabots, remet ses outils dans un lieu destiné à cela, reprend sa coule, & se retire dans sa chambre, où il lit & médite jusqu'à Vespres qu'on dit à quatre heures. A cinq heures on va au Réfectoire, où chaque Religieux trouve pour sa collation un morceau de pain de quatre onces, le reste de sa chopine de cidre, avec deux poires ou deux pommes, ou quelques noix aux jeûnes de la Règle; mais aux jeûnes d'Eglise ils n'ont que deux onces de pain & une fois à boire. Les jours qu'ils ne jeûnent pas on leur donne pour leur souper le reste de leur cidre, une portion de racines & du pain comme à dîner, avec quelque pomme ou poire au dessert; mais aussi dans ce premier repas on ne leur présente qu'une portion de légumes avec leur potage. Quand ils ne font que la collation un quart d'heure leur suffit, & il leur reste encore une demi-heure pour se retirer, après laquelle ils se rendent dans le Chapitre, où l'on fait lecture de quelque Livre de pieté jusqu'à six heures que l'on dit Complies; ensuite on fait une méditation de demi-heure. Au sortir de l'Eglise on entre au Dortoir, après avoir reçu de l'eau benite des mains de l'Abbé. A sept heures on sonne la retraite, afin que chacun se couche. Ils ne se deshabillent point, non pas même quand ils sont malades; se couchent sur des ais, où il y a une paillasse piquée, un oreiller rempli de paille & une Couverture. Toute la douceur qu'ils ont à l'Infirmerie, c'est que leurs paillasses ne sont pas piquées. Il arrive rarement, quelque malades qu'ils soient, qu'on leur donne du linge à moins que la maladie ne soit extraordinaire. Ils ne laissent pas d'y être gouvernez avec grand soin. Ils mangent des œufs & de la viande de boucherie; mais on ne leur donne, ni volailles, ni fruits confits ou sucrez; & lorsqu'un malade paroît en danger de mort, l'Infirmier prépare de la paille, & de la cendre sur quoi on le met quand il est prêt d'expirer.

Le nombre de ces Solitaires s'est beaucoup augmenté depuis la Réforme; & la réputation de leur sainteté a inspiré au Grand Duc de Toscane l'envie d'établir une Maison de cette même Réforme dans l'Abbaye de *Buon-Solazzo* dans ses Etats. Le Pape lui ayant accordé ce qu'il souhaitoit il fit demander au Roi de France dix-huit Religieux de la Trappe, qui en partirent au mois de Fevrier 1705, pour se rendre en Italie. Un de ces Religieux connu dans le monde sous le nom de Comte d'Aria, Piémontois de naissance, & qui avoit fait autrefois une grande figure à la Cour de Savoye, fut nommé Abbé de cette Mission. Le Frere Arsène Frere aîné du Marquis de Janson & de l'Abbé de Janson, & qui avoit porté dans le monde le nom de Comte de Rosenberg fut du nombre des dix-huit Religieux.

TRARBACH, petite Ville d'Allemagne, dans le Palatinat du Rhin. Elle est située à l'extrémité du Hundsruck, au bord de la Meuse, à 8. milles de Coblentz & à 9. de Trèves. Elle fait partie du Comté de Spanheim. Le Vin qui y croît est fort estimé. On tire des ardoises de ses Montagnes. C'est une Ville d'importance à cause de sa Forteresse située sur une Montagne, dont le Canon domine le passage à cet endroit sur la Meuse, pour entrer dans le Palatinat.

TRARIUM. Voyez TRARON.

TRARON, Montagne dont parle Lycophron. Isacius dit qu'elle étoit dans la Troade, & Ortelius remarque que Scaliger au lieu de TRARON lit TRERON, que Canterus suit cette derniere Orthographe & que Jean Tzetzès est pour la premiere. Strabon decideroit si l'on étoit sûr que la Bourgade TRARIUM qu'il place dans la Troade eût quelque rapport avec cette Montagne.

TRASELLIS, Siége Episcopal d'Asie. Dorothée dit que Philippe l'un des sept Diacres qui baptisa Simon le Magicien & l'Eunuque, fut Evêque de cette Ville.

TRASIMENUS-LACUS, Lac d'Italie dans la Toscane, fatal aux Romains au tems de la Guerre Punique; car c'est où Annibal vainquit le Consul Flaminius. Polybe dit Θρασιμένην λίμνην; mais Strabon comme la plûpart des Auteurs Latins écrit Τρασιμένην par un T simple; mais ces deux Anciens se trompent dans la pénultième que les Poëtes Latins font longue:

. . . . Trasimenaque litora testes.

Silius-Italicus en use de même:

. . . . Stagnis Trasimenus opacis.

Et Stace dit:

. . . . gaudet Trasimenus & Alpes,
Cannensesque animæ.

Le nom moderne de ce Lac est *Lago di Perugia*.

TRASMAUR, petite Ville d'Allemagne, dans la Basse-Autriche sur la Rive droite du Drasain, environ à une lieue au dessus de l'Embouchure de cette Riviere dans le Danube.

TRASP, *Taraspum*, Château & Village du Tirol, dépendans de la Ligue Haute des Grisons, sous la Jurisdiction de Schuls, dans la Communauté de la Basse Engadine, sur la Rive droite de l'Inn. Il dépend de la Jurisdiction de Schuls, pour les affaires Civiles, Criminelles, & Matrimoniales; & il y a une Fontaine d'eau salée.

TRAVANCOR, Royaume de la Presqu'Isle de l'Inde, sur la Côte de Malabar. Il est borné au Nord par les Etats du Samorin, à l'Orient par le Royaume de Madure, au Midi & à l'Occident par la Mer. Nos Cartes, dit le Pere Tachard, marquent des Isles sur la Côte de Travancor: on les cherche inutilement; on ne les trouve point. Depuis Calecut jusqu'au Cap de Comorin,

morin, il n'y a qu'une seule Isle à deux lieues de Calecut & que les Cartes ne marquent pas, peut-être parce qu'elle est trop proche de la Terre. Les Jésuites Missionnaires [a] de ce Royaume en arrosent tous les jours de leurs sueurs les sables brûlans, à l'exemple de St. François-Xavier, qui souffrit sur cette Côte tant de persécutions; mais il s'en faut de beaucoup que le Fruit réponde à leurs travaux. Ils n'y recueillent presque que des épines; & si on en excepte les Chrétiens de Reytoura & de quelques autres Eglises, tous les autres font souvent gémir les Ouvriers Evangéliques par leur indocilité, ou par leurs entêtemens. Quoique l'Idolâtrie soit fort enracinée dans le Royaume de Travancor, on ne laisse pas d'y voir le long de la Côte des Croix plantées de tous côtez sur le rivage, & un grand nombre d'Eglises où Jésus-Christ est adoré. Les principales sont:

[a] Lettres Edif. t. 5. p. 30. & suiv.

Mampoulain,	Culechy,
Reytoura,	Cabripatan,
Poudoutourey,	Le Topo,
	Cuvalan.

Outre ces Eglises, il y en a plusieurs autres qui sont comme des Succursales qui en dépendent. La Ville de Cotate termine le Royaume de Travancor du côté du Sud. Voyez COTATI. Elle n'est pas plus à couvert que le reste du Pays des courses des Badages, qui viennent presque tous les ans du Royaume de Maduré faire le dégât dans les terres du Roi de Travancor. La Plaine où St. François Xavier, le Crucifix à la main, arrêta lui seul une grande Armée de ces Barbares, n'est qu'à deux lieues de Cotate, du côté du Nord. Je ne sai, dit le Pere Martin [b], si, lorsque le Saint fit ce prodige, les Rois de Travancor étoient différens de ce qu'ils sont aujourd'hui; mais à moins que leur puissance n'ait étrangement diminué, celui en faveur duquel St. François Xavier mit en fuite les Barbares, n'avoit assurément nulle raison de prendre la qualité de Grand Roi, puisqu'il est un des plus petits Princes des Indes, & qu'il est tributaire du Royaume de Maduré. Mais comme il ne paye ce Tribut, que malgré lui, les Badages sont obligez d'entrer quelquefois à main armée dans ses Terres pour l'exiger. Il lui seroit cependant assez facile de s'y mettre à couvert de leurs incursions, & de rendre même son Royaume inaccessible de ce côté-là; car les Badages ne peuvent guères entrer dans le Travancor que par un défilé des Montagnes. Si l'on fermoit ce passage par une bonne muraille, & qu'on y postât un petit Corps de Troupes, les plus grosses Armées ne pourroient le forcer; ce qui délivreroit Cotate & le reste du Païs d'un pillage presqu'annuel, sans quoi le Roi de Travancor ne sauroit tenir tête à tant d'Ennemis qu'il n'a jamais vaincus, hormis une seule fois par leur imprudence. Le fait est assez singulier pour mériter de trouver ici sa place. Les Badages avoient pénétré jusqu'à Corculam, qui est la Capitale & la principale Forteresse de Travancor; & le Roi lui-même par un trait de politique, qui n'a peut-être jamais eu d'exemple leur en avoit livré la Citadelle. Ce

[b] Lettres Edif. p. 39.

Prince se sentant plus d'esprit & de courage que n'en ont d'ordinaire les Indiens, étoit au desespoir de voir son Royaume entre les mains de huit Ministres, qui de tems immémorial laissant au Prince le titre de Souverain en usurpoient toute l'autorité, & partageoient entre eux tous les revenus de la Couronne. Pour se défaire de ces Sujets impérieux devenus ses Maîtres, il fit un Traité secret avec les Badages: par ce Traité il devoit leur livrer quelques-unes de ses Terres & leur remettre sa Forteresse, pourvû qu'ils le délivrassent de ces Ministres qui le tenoient en tutèle. Il y auroit eu en lui de la folie à recevoir ainsi l'Ennemi dans le cœur de ses Etats, & à vouloir, en rompant huit petites chaînes, s'en mettre une au col infiniment plus pesante, s'il n'eût pris en même tems des mesures justes pour chasser les Badages de son Royaume, après qu'ils l'auroient aidé à devenir véritablement Roi. Les Badages entrèrent à l'ordinaire sur ses Terres, sans trouver presque aucune résistance, & pénétrèrent jusqu'à la Ville Capitale. Là le Prince avec des Troupes qu'il avoit gagnées se joint à eux & les met en possession de la Place. On fait mourir un ou deux des Ministres qu'on le chagrinoient: les autres prennent la fuite, ou sauvent leur vie à force d'argent. Le Prince fait aussi semblant d'avoir peur; mais au lieu de se cacher, il ramasse les Troupes qui s'étoient dispersées, & vient fondre tout d'un coup sur la Forteresse de Corculam. Les Badages qui ne s'attendoient point à être attaquez sont forcez; on en tue un grand nombre dans la Ville, & le reste gagne en desordre le chemin par où ils étoient venus. Le Prince les poursuit: le Peuple s'unit à lui, & l'on fit main basse de tous côtez sur les Barbares, avant qu'ils eussent le tems de se reconnoître; en sorte qu'il n'y en eût qu'un petit nombre qui pût retourner chez eux. Après cette victoire le Roi de Travancor rentra dans sa Capitale triomphant, & prit en main le Gouvernement du Royaume. Il commençoit à se rendre redoutable à ses voisins, lorsque ceux de ses anciens Ministres auxquels il avoit épargné le dernier supplice, & laissé du bien pour vivre honnêtement, conjurèrent contre lui & le firent assassiner un jour qu'il sortoit de son Palais. Ce vaillant Prince vendit chérement sa vie. Il tua deux de ses assassins & en blessa un troisième grièvement; mais à la fin il succomba percé de mille coups, & mourut fort regretté de ses Sujets, & particulièrement des Chrétiens qu'il aimoit & qu'il favorisoit en tout. Les Ministres qui avoient été les Auteurs de la conspiration se saisirent derechef du Gouvernement, &, pour conserver quelque idée de la Royauté, mirent sur le Trône une Sœur du Roi, dont ils firent un phantôme de Reine. Voici les principaux lieux du Royaume de Travancor selon Mr. de l'Isle.

Sur la Côte de Malabar:
Coilan, Fort des Hollandois,
Manpulim,
Reytoura,
Paduturey,
Tanga-

650   TRA.   TRA.

Sur la Côte du Cap Comorin:
{ Tangapatam, aux Hollandois,
Injam,
Culechy.
Periapatan,
Topo ou Toppo,
Couvalam. }

Dans les Terres:
{ Carcolam ou Corculam,
Cotate. }

TRAVAUX, Golphe de l'Amérique Méridionale, sur la Côte de la Terre Magellanique, selon Mr. Corneille [a], qui ne cite aucun garant. Il ajoute que ce Golphe est situé proche du Port Desiré & nommé par les Espagnols *Baya de los Marabaios*; & que d'autres Géographes appellent ce Golphe, *le Golphe Blanc* & *de St. George*. Comme entre le Port Desiré au Midi [b] & le Cap Blanc, ou *de Barreiras blancas* au Nord, il se trouve effectivement un Golphe ou une Grande Baye: c'est apparemment ce que Mr. Corneille nomme le Golphe des Travaux, *Sinus laborum*.

TRAUASA, Ville de la Médie: Ptolomée [c] la marque dans les Terres. Les Exemplaires Latins au lieu de TRAUASA lisent TRAUAXA.

TRAUCHENII, Peuples qui habitoient aux environs du Pont-Euxin selon Etienne le Géographe.

TRAVE, Rivière d'Allemagne [d], dans la Basse-Saxe, au Duché de Holstein. Elle sort d'un Lac assez grand, qui est dans la Préfecture de Segeberg. Son cours est d'abord du Nord au Midi en serpentant; après avoir mouillé Segeberg & Oldesloe, elle tourne tout court vers l'Orient, arrose la Ville de Lubec, & va se perdre dans la Mer Baltique à Travemunde.

TRAVECTUS. Voyez DIOLINDUM.

TRAVEMUNDE, Ville d'Allemagne dans la Basse-Saxe, au Duché de Holstein, sur le bord de la Mer Baltique, dans l'endroit où la Rivière de Trave, qui lui donne son nom, a son Embouchure [e]. Le Comte Gerhard de Holstein surnommé *le Benigne* vendit en 1320. cette Ville aux Habitans de Lubec pour 4000. Marcs de Lubec. Il y a à Travemunde un Fanal, où l'on allume du feu pendant la nuit, pour guider les Bâtimens qui sont en Mer. La Régence de Lubec a fait fortifier cette Ville [f] pour s'assurer de l'entrée de la Rivière : on y tient ordinairement une Garnison de trois ou quatre cens hommes, commandez par un Capitaine Bourgeois de Lubec, qui reçoit ses ordres des Bourgmestres, & ne laisse entrer personne dans la Ville sans passeport. Vis-à-vis de Travemunde il y a une Péninsule d'un quart de lieue de circonférence: elle est du Duché de Mecklenbourg.

1. TRAUN, Rivière d'Allemagne [g], dans la Haute-Autriche, au Quartier de Traun. Elle sort du Lac de Traun-Sée & prend son cours vers le Midi en serpentant. Elle reçoit presque aussi-tôt l'Aeger à la gauche, & l'Alm à la droite; après avoir mouillé Leembach, g. Wels, g. Neupaw, g. & Ebersperg, d. elle va se perdre dans le Danube entre Lintz & l'Embouchure de l'Ens.

2. TRAUN (Quartier de) Contrée de l'Allemagne [h] dans la Haute-Autriche. Ce Quartier, qui prend son nom de la Rivière de Traun, qui le traverse du Midi au Septentrion, est borné au Nord par le Quartier de Haussi ; au Nord Oriental par le Quartier du Haut-Vienner-Wald; à l'Orient Méridional par le Duché de Bavière. Ses principaux Lieux sont:

Steyr,   Weyr,
Wels,   Vocklapruck,
     Gmunden.

Et-il renferme deux grands Lacs, savoir

     Atterfée & Traunfée.

3. TRAUN, petite Rivière d'Allemagne [i], dans la Haute-Bavière vers les confins du Tirol. Son cours est du Midi au Nord en serpentant. Elle mouille la Ville de Traunstein & celles de Perchstein & de Holnstein, au-dessous de laquelle elle va se perdre dans l'Achza, un peu au-dessus de Trosperg.

TRAUN-SÉE, grand Lac d'Allemagne, dans la Haute-Autriche, au Quartier de Traun. Il reçoit plusieurs petites Rivières, & il donne naissance à une seule, qui en prend le nom de Traun. Ce Lac s'étend en longueur du Nord au Midi. La petite Ville de Gmunden est bâtie sur sa rive Septentrionale. Aux deux tiers de ce Lac, en tirant vers le Nord & plus près de la rive Occidentale que de l'Orientale, on voit une Isle assez haute au sommet de laquelle est un Château nommé ORTT.

1. TRAUNSTEIN, ou DRAUNSTEIN, Montagne d'Allemagne dans la Haute-Autriche, au Quartier de Traun, près du Lac de Traun-Sée, de côté de l'Orient.

2. TRAUNSTEIN, Ville d'Allemagne, dans la Haute-Bavière sur la petite Rivière de Traun, au-dessus de Perchnstein [k] entre le Lac de Chiemsée & l'Archevêché de Saltzbourg. Cette petite Ville a une Jurisdiction d'où dépendent, un Château, deux Terres nobles & quelques Villages. Il y a près de Traunstein des sources d'eau salée, & à une lieue on trouve le Bain de Aendlholtzen, propre pour la guérison de diverses maladies ; ses eaux sont mêlées de soufre, d'alun & de salpêtre.

TRAUSI, Peuples de Thrace, au voisinage du Mont Hemus. Hérodote [l] dit que ces Peuples ne différoient point des Thraces, si ce n'est dans un usage qu'ils observoient à la naissance & à la mort de leurs proches. Quand un Enfant venoit au monde les parens s'assembloient, se rangeoient autour de lui, se mettoient à pleurer, & faisoient un détail de toutes les misères auxquelles il alloit être exposé: au contraire lorsque quelqu'un d'entre eux étoit mort, ils se réjouissoient, & en le mettant en terre, ils racontoient le bonheur qu'il avoit d'être délivré des maux de ce monde. Tite-Live [m], qui écrit THRAUSI, dit aussi que c'étoit un Peuple de Thrace; & Etienne [n] le Géographe fait de Trausi une Ville des Celtes; & les Habitans, ajoute-t-il, sont

nom

nommez Agathyrſi par les Grecs. Ce qu'il y a de certain, c'eſt que les Agathyrſi étoient un Peuple de Thrace aux environs du Mont Hemus.

TRAUSIUS-CAMPUS, Campagne où, ſelon Diodore de Sicile [a], les Gaulois, qui s'étoient avancez juſqu'au Promontoire *Japygium*, furent maſſacrez par les *Cerii*, dans le tems qu'ils cherchoient à repaſſer ſur les terres des Romains. Ainſi *Trauſius Campus* devoit être dans la Toſcane.

[a] Lib. 14. c. 118.

TRAUSSAN, Bourg de France, dans le Languedoc, au Diocéſe de Narbonne. Il y en a qui lui donnent le titre de Ville.

TRAUSUS, Peuple Scythe; ſelon Héſyche cité par Ortelius [b], qui croit que c'eſt le même Peuple que les TRAUSI. Voyez TRAUSI.

[b] Theſaur.

TRAUTENAU, Ville de Bohême [c], dans le Cercle de König-Grätz, ſur la Riviére Upawa vers le Rieſengebürg, ou la Montagne des Géants. En 1647. les Suédois prirent cette Ville d'aſſaut ſur les Impériaux, & le Château fut obligé de ſe rendre à diſcrétion; les murailles & les portes de la Ville furent abattues & le Château fut brûlé.

[c] Zeyler, Topogr. Bohem. p. 83.

TRAVUS, Fleuve de Thrace: c'eſt Hérodote qui en parle.

TRAXITÆ, Peuples d'entre les Goths. Ils habitoient au-delà du Pays des Antes ſelon Ortelius [d] qui cite Procope.

[d] Theſaur.

TRAXT, Bourg d'Aſie, dans le Diarbeck, ſur le Tigre à quarante-deux lieues au-deſſus de Bagdat [e]. On le prend pour l'ancienne *Apamia*, qui étoit ſur ce même Fleuve dans la Méſopotamie, & différente d'une autre *Apamia* ſur l'Euphrate.

[e] Baudrand, Ed. 1705.

TRAYGUERA, Bourg d'Eſpagne [f], au Royaume de Valence, ſur la Riviére de Servol, aux confins de la Catalogne, à trois lieues de Peniſcola, du côté du Nord, & à neuf lieues de Tortoſe du côté de l'Occident. Il y en a qui veulent que TRAYGUERA ſoit l'ancienne *Tiara-Julia*, ou l'*Indibilis*: tout le monde n'en convient pas.

[f] Ibid.

TREA, Ville d'Italie dans le Picenum. L'Itinéraire d'Antonin la marque ſur la route de Rome à Ancone en prenant par le Picenum. Elle étoit entre *Septempeda* & *Auximum*, à neuf milles de la première de ces Places, & à dix-huit milles de la ſeconde. Ortelius [g] dit que ſelon Franc. Pamphyle, qui écrit *Treia*, cette Ville fut ruïnée par les Goths. Voyez TRAJANA. Les Habitans de cette Ville ſont nommez Troïens par Pline [h], auſſi-bien que dans une ancienne Inſcription qui ſe trouve dans le Treſor de Gruter [i]: COL. AUXIM ET MUTICIP. NUMA. NAT. ORDO ET PLEBS TREIENSES. Holſten [k] remarque qu'on voit les ruïnes de cette Ville, ſur le bord de la Riviére Potentia, au-deſſous de San-Severino. Au lieu de *Treïenſes* les anciennes Editions portent TRIACENSES.

[g] Theſaur.
[h] Lib. 3. c. 13.
[i] Pag. 446.
[k] Pag. 739.

TREBA, Ville d'Italie, dans le Latium: Ptolomée [l] la place dans les terres. Frontin [m], qui la nomme *Trebæ-Auguſtæ*, dit qu'elle étoit près de la ſource de l'Anio. Voyez TREUA.

[l] Lib. 3. c. 1.
[m] Lib. 2. Aquæduct.
[n] Zeyler, Topogr. Elect. Brand. p. 115.

TREBBIN, petite Ville d'Allemagne [n] dans l'Electorat de Brandebourg, ſituée entre Zoſten & Uckermunde dans la Marche-Moyenne ſur la Riviére Ucker, pas beaucoup éloignée du Mittewald ſur les Confins de Lauſnitz. C'a été ci-devant une retraite des Voleurs de grand Chemin, & l'Electeur Fréderic la ruïna en 1413.

TREBELLICA-VINA, Vins ainſi nommés du Territoire où ils croiſſoient. Athénée [o] fait l'éloge de ces Vins. Pline [p] en parle auſſi, & dit que l'endroit où on les recueilloit étoit en Italie, dans la Campanie à quatre milles de Naples. Quelques MSS. au lieu de TREBELLICA liſent TREBELLIANA.

[o] Lib. 1.
[p] Lib. 14. c. 6.

1. TREBIA, Fleuve de la Gaule Ciſpadane: Pline [q] le ſurnomme PLACENTINUS, parce qu'il coule dans le Territoire de *Placentia*. C'eſt aujourd'hui le TREBBIA. Les Romains que commandoit le Conſul Sempronius ayant été mis par Annibal dans une entiére déroute, ſe noyérent dans cette Riviére, & leur malheur la rendit célébre.

[q] Lib. 3. c. 16.

2. TREBIA. Voyez MUTUSCÆ.

TREBIATES, Peuples d'Italie dans l'Umbrie ſelon Pline [r]. Les TREBIATES étoient les Habitans de la Ville TREBIA, aujourd'hui Trevi. Voyez MUTUSCÆ & TREVI.

[r] Lib. 3. c. 14.

TREBIGNA, ou TREBIGNO, *Tribulium*, Ville de la Dalmatie, ſur la Riviére de Trebinska [s], à cinq lieues de Raguſe vers le Levant, en Latin TRIBULIUM. Voyez ce mot. Les Turcs l'ont enlevée à la République de Raguſe, dont le Métropolitain en a encore l'Evêque pour ſuffragant. Autrefois l'Evêché de Trebigno fut ſoumis à Antivari par Aléxandre II.

[s] Corn. Dict. Hiſt. & Deſcr. du Royaume de Hongrie t. 4. 1688.

TREBISACCIA, Bourg d'Italie au Royaume de Naples, dans la Calabre Citérieure ſur la Côte du Golphe de Tarente, aſſez près de l'embouchure de la Riviére Saraceno, environ à huit-milles à l'Orient Septentrional de Caſſano. On prend ce Bourg pour le VICENSIMUM de l'Itinéraire d'Antonin. Voyez VICENSIMUM.

[t] Magin, Carte de la Calabre Cit.

TREBISONDE, anciennement *Trapezus*; Ville des Etats du Turc dans la Natolie, ſur le bord de la Mer Noire & la Capitale de la Province de Génic ou Jénich, au pied d'une Montagne qui regarde le Septentrion. Cette Ville que les Turcs appellent TARABOSAN étoit regardée anciennement comme une Colonie de Sinope, à laquelle même elle payoit Tribut, comme nous l'apprenons par Xénophon, qui paſſa par Trébifonde en reconduiſant le reſte des Dix-Mille, & qui rapporte la triſte avanture qui leur arriva pour avoir trop mangé de miel. Comme il y avoit pluſieurs ruches d'Abeilles, dit cet Auteur, les Soldats n'en épargnérent pas le miel: il leur prit un dévoyement par haut & par bas ſuivi de réveries, en ſorte que les moins malades reſſembloient à des yvrognes, & les autres à des perſonnes furieuſes ou moribondes. On voyoit la terre jonchée de corps, comme après une bataille: perſonne néanmoins n'en mourut & le mal ceſſa le lendemain environ à la même heure qu'il avoit commencé; de ſorte que les Soldats ſe levérent le troiſième & le quatrième jour; mais en l'état qu'on eſt après avoir pris une forte médecine. Voyez les Remarques de Mr. de Tournefort [u] ſur cette ſorte de miel & ſur les fleurs dont il devoit être compoſé.

[u] Voyage du Levant, t. 2. p. 99. & ſuiv.

Les

Les Dix-Mille furent reçus à Trébisonde avec toutes les marques d'amitié que l'on donne à des gens de son Pays, lorsqu'ils reviennent de bien loin; car Diodore de Sicile remarque que Trébisonde étoit une Ville Grecque fondée par ceux de Sinope qui descendoient des Miléfiens. Le même Auteur assure que les Dix-Mille séjournérent un mois dans Trébisonde, qu'ils y sacrifiérent à Jupiter & à Hercule, & qu'ils y célébrérent des Jeux.

Trébisonde apparemment tomba sous la puissance des Romains, dès que Mithridate se trouva dans l'impuissance de leur résister. Il seroit inutile de rapporter de quelle manière, elle fut prise sous Valérien par les Scythes, que nous connoissons sous le nom de Tartares, si l'Historien qui en parle n'avoit décrit l'état de la Place. Zozime donc remarque que c'étoit une grande Ville bien peuplée, fortifiée d'une double muraille. Les Peuples voisins s'y étoient réfugiez avec leurs richesses, comme dans un lieu où il n'y avoit rien à craindre. Outre la Garnison ordinaire on y avoit fait entrer dix mille hommes de troupes; mais ces Soldats dormant sur leur bonne foi, & se croyant à couvert de tout, se laissérent surprendre la nuit par les Barbares, qui ayant entassé des fascines tout contre les murailles, entrérent par ce moyen dans la Place, tuérent une partie des Troupes, renversérent les Temples & tous les plus beaux Edifices, après quoi chargez de richesses immenses, ils emmenérent un grand nombre de captifs. Les Empereurs Grecs ont possédé Trébisonde à leur tour. Du tems de Jean Comnène Empereur de Constantinople, Constantin Gabras s'y étoit érigé en petit Tyran. L'Empereur vouloit l'en chasser; mais l'envie qu'il avoit d'ôter Antioche aux Chrétiens l'en détourna. Enfin Trébisonde fut la Capitale d'un Duché, ou d'une Principauté, dont les Empereurs de Constantinople disposoient; car Aléxis Comnène surnommé le Grand en prit possession en 1204. avec le titre de Duc, lorsque les François & les Vénitiens se rendirent maîtres de Constantinople sous Baudouin Comte de Flandre. L'éloignement de Constantinople, & les nouvelles affaires qui survinrent aux Latins favorisérent l'établissement de Comnène; mais Nicétas remarque qu'on ne lui donna que le nom de Duc, & que ce fut Jean Comnène qui souffrit que les Grecs l'appellassent Empereur de Trébisonde, comme s'ils eussent voulu faire connoître que c'étoit Comnène qui étoit leur véritable Empereur; puisque Michel Paléologue, qui faisoit sa résidence à Constantinople, avoit quitté le Rit Grec pour suivre celui de Rome. Il est bien certain que Vincent de Beauvais appelle simplement Aléxis Comnène, *Seigneur de Trébisonde*. Quoi qu'il en soit, la Souveraineté de cette Ville, si l'on ne veut pas se servir du nom d'*Empire*, commença en 1204. sous Aléxis Comnène, & finit en 1461. lorsque Mahomet II. dépouilla David Comnène. Ce malheureux Prince avoit épousé Irène fille de l'Empereur Jean Cantacuzène; mais il implora fort inutilement le secours des Chrétiens pour sauver les débris de son Empire. Il falut céder au Conquérant, qui le fit passer à Constantinople avec toute sa famille, qui fut massacrée quelque tems après. Phranzez même assure que Comnène mourut d'un coup de poing qu'il reçut du Sultan. Ainsi finit l'Empire de Trébisonde après avoir duré plus de deux Siècles & demi.

Les murailles de Trébisonde sont presque quarrées, hautes, crenelées, & quoiqu'elles ne soient pas des premiers tems, il y a beaucoup d'apparence qu'elles sont sur les fondemens de l'ancienne enceinte, laquelle avoit fait donner le nom de Trepaze à cette Ville. Tout le monde sait que Trepaze en Grec signifie une Table, & que le Plan de cette Ville est un quarré long, assez semblable à une Table. Les murailles ne sont pas les mêmes que celles qui sont décrites par Zozime; celles d'aujourd'hui ont été bâties des débris des anciens Edifices, comme il paroît par les vieux Marbres qu'on y a enclavés en plusieurs endroits, & dont les Inscriptions ne sont pas lisibles; parce qu'elles sont trop hautes. La Ville est grande, mais mal peuplée. On y voit plus de Bois & de Jardins que de Maisons; & ces Maisons, quoique bien bâties, n'ont qu'un simple étage. Le Château qui est assez grand & fort négligé, est situé sur un Rocher plat & dominé, mais les Fossez en sont très-beaux, taillez la plûpart dans le roc. L'Inscription que l'on lit sur la Porte de ce Château, dont le centre est en demi cercle, marque que l'Empereur Justinien renouvella les Edifices de la Ville. Il est surprenant que Procope n'en ait pas fait mention, lui qui a employé trois Livres entiers à décrire jusques aux moindres Bâtimens que ce Prince avoit fait élever dans tous les coins de son Empire. Cet Historien nous apprend seulement que Justinien fit bâtir un Aqueduc à Trébisonde sous le nom de l'Aqueduc de Saint Eugène le Martyr.

Quant à l'Inscription dont il vient d'être parlé, les Caractères en sont beaux & bien conservez; mais comme la pierre est encaftrée dans la muraille, & enfoncée de près d'un pied & demi, on n'en sauroit lire la derniére ligne, à cause de l'ombre. Voici ce que Mr. de Tournefort y lut:

ΕΝ ΟΝΟΜΑΤΙ ΤΟΥ ΔΕCΠΟΥΟΥ ΗΜΩΝ ΙΗCΟΥ
ΧΡΙCΤΟΥ ΘΕΟΥ ΗΜΩΝ ΑΥΤΟΚΡΑΤΟΡ ΚΑΙ CΑΡ ΦΑ
ΙΟΥCΤΙΝΙΑΝΟC ΑΛΛΑΜΑΝΙΚΟC ΓΟΘΙΚΟC ΦΡΑΓ-
ΚΟC ΓΕΡΜΑΝΙΚΟC ΠΑΡΤΙΚΟC ΑΛΛΑΝΙΚΟC ΟΥΑΝ-
ΔΑΛΙΚΟC. ΑΦΡΙΚΟC ΕΥCΕΒΗC ΕΥΤΥΧΙΩC ΕΝΔΟΞΟC
ΝΙΚΗΤΗC ΠΡΟΠΕΟΤΚΟC ΑΕΙ CΕΒΑCΤΟC ΑΥΤΟC
ΑΝΕΝΕΩCΕΝ ΦΙΛΟΤΙΜΙΑ ΤΑΔΗΜΟC ΚΥΙCΜΑΤΑ
ΤΗC ΠΟΛΕΟC ΕΠΟΤΑΗΚΑ ΕΠΙΜΕΛΙΑ ΟΥΡΑΝΙΟΥ
ΤΟΝ ΘΕΟΦΙΛΕC....
ΧC πι Γ

Dans le Vestibule d'un Couvent de Religieuses Grecques, il y a un Christ très-mal peint, avec deux figures à ses côtez; & on y lit les paroles suivantes en très-mauvais caractères peints & en Grec corrompu:

ΑΛΕΞΙΟC ΕΝ ΧΩ ΤΟ ΘΩΗCΤΟΞ ΒΑCΙΛΕΥC ΑΥ-
ΤΟΚΡΑΤΟΡΩC ΠΑCΙC ΑΝΑΤΟΛΗC Ο ΜΕΓΑC
ΚΟΜΝΗΝΟC

ΘΕΟΔΩΡΑ ΧΥ ΧΑΡΗΤΙ ΕΥCΕΒΕCΤΑΤΗ ΔΕCΠΗΤΑ
ΚΕ ΑΥΤΟΚΡΑΤΟΡΗCΑ ΠΑCΙC ΑΝΑΤΟΛΗC
ΙΡΙΝΗ ΧΥ ΜΗΤΗΡ ΑΥΤΟΥ ΕΥCΕΒΕCΤΑΤΟΥ

ΒΑΣΙΛΕΟΣ ΚΥΡΙΟΥ ΑΛΕΞΙΟΥ ΤΟΥ ΜΕΓΑΛΟΥ ΚΟΜΝΗΝΟΥ.

Le Port de Trébifonde appellé *Platana* eft à l'Eft de la Ville. L'Empereur Adrien le fit réparer, comme nous l'apprenons par Arrien. Il paroît par les Médailles de la Ville, que le Port y avoit attiré un grand Commerce. Goltzius en rapporte deux à la tête d'Apollon. On fait que ce Dieu étoit adoré en Cappadoce, dont Trébifonde n'étoit pas la moindre Ville. Sur le revers d'une de ces Médailles eft une ancre, & fur le revers de l'autre la proue d'un Navire. Ce Port n'eft bon préfentement que pour des Saïques. Le Mole que les Génois, à ce qu'on prétend, y avoient fait bâtir, eft presque détruit, & les Turcs ne s'embarraffent guères de réparer ces fortes d'Ouvrages. Peut-être que ce qui en refte eft le débris du Port d'Adrien; car de la manière qu'Arrien s'explique, cet Empereur y avoit fait faire une Jettée confidérable, pour y mettre à couvert les Navires qui auparavant n'y pouvoient mouiller que dans certain tems de l'année, & encore étoit-ce fur le fable.

Quoique la Campagne de Trébifonde foit fertile en belles Plantes, elle n'eft pourtant pas comparable, pour ces fortes de recherches, à ces belles Montagnes où eft bâti le grand Couvent de Saint Jean à 25. milles de la Ville du côté du Sud-Eft. Il n'y à pas de plus belles Forêts dans les Alpes. Les Montagnes qui font autour de ce Couvent produifent des Hêtres, des Chênes, des Charmes, des Guaïacs, des Frênes, & des Sapins d'une hauteur prodigieufe. La Maifon des Religieux n'eft bâtie que de bois, tout contre une Roche fort efcarpée, au fond de la plus belle folitude du monde. La vûe de ce Couvent n'eft bornée que par des païfages merveilleux. On n'y trouve que des Solitaires occupés de leurs affaires temporelles & fpirituelles, qui n'ont ni cuifine, ni fcience, ni politeffe, ni Livres. On monte à la Maifon par un Efcalier très-rude & d'une ftructure fort fingulière. Ce font deux troncs de Sapin, gros comme des mats de Navire, inclinés contre le mur & alignés, de même que les montans d'une Echelle; au lieu des planches ou des échelons que l'on met ordinairement au travers des Echelles, on y a taillé des marches d'efpace en efpace à grands coups de hache, & l'on a mis fort à propos des perches fur les côtés pour fervir de gardefoux; car on défieroit les plus habiles danfeurs de corde d'y pouvoir grimper fans ce fecours. La tête tourne quelquefois en defcendant, & on fe cafferoit le col fans cet appui. Il n'eft pas poffible que les premiers hommes ayent jamais fait un Efcalier plus fimple; il n'y a qu'à le voir pour fe former une idée de la naiffance du Monde. Tous les environs de ce Couvent font une image parfaite de la pure Nature; une infinité de fources y forment un beau Ruiffeau plein d'excellentes Truites, & qui coule entre des tapis verds & des Bofquets propres à infpirer de grands fentimens; mais il n'y a aucun de ces Moines qui en foit touché, quoiqu'ils foient au nombre d'environ quarante. Leur Maifon eft comme une tannière où ces bonnes gens fe retirent pour éviter les infultes des Turcs & pour y prier Dieu tout à leur aife. Cependant ces Anachoretes poffèdent tout le Pays à plus de fix milles à la ronde. Ils ont plufieurs Fermes dans ces Montagnes, & même plufieurs Maifons dans Trébifonde. Mais à quoi leur fert tant de biens puifqu'ils n'en peuvent pas jouïr? Ils n'oferoient faire bâtir une belle Eglife, ni un beau Couvent de crainte que les Turcs n'exigeaffent d'eux les fommes deftinées pour ces Bâtimens, quand l'Ouvrage feroit commencé.

La Ville de Trébifonde qui jouït encore aujourd'hui du titre d'Archevêché eft célebre par le Martyre des quarante Soldats que l'Empereur Licinius fit mourir dans un Lac gelé, & par la naiffance qu'elle a donnée à St. Dorothée *le Jeune*, Abbé de Chilicome, entre la Paphlagonie & la Bithynie dans l'onzième Siècle. Il étoit né dans le dixième. George de Trébifonde & le Cardinal de Beffarion font fortis de Trébifonde. On convient pourtant que George n'étoit qu'originaire de Trébifonde & qu'il étoit né en Candie. Quoi qu'il en foit, il fleuriffoit dans le quinzième Siècle fous le Pontificat de Nicolas V. de qui il fut Secrétaire. George avoit auparavant enfeigné la Rhétorique & la Philofophie dans Rome; mais fon entêtement pour Ariftote lui attira de groffes querelles avec Beffarion qui ne juroit que par Platon. Beffarion fut un favant homme auffi; mais fes Ambaffades le diffipérent trop. Cela ne l'empêcha pourtant pas d'écrire plufieurs Traitez, & furtout de faire une très-belle Bibliothéque, qu'il laiffa par fon Teftament au Sénat de Venife. On la conferve avec tant de foin, qu'on n'en veut communiquer les MSS. à perfonne; & il faut regarder ce beau Recueil comme un Trefor enfoui.

A deux milles de la Ville, près du bord de la Mer, on trouve une ancienne Eglife Grecque nommée *Ste. Sophie*. On a converti une partie de ce Bâtiment en Mofquée: le refte eft ruïné. On n'y voit que quatre Colonnes d'un Marbre cendré. Je ne fai fi cette Eglife a été bâtie par Juftinien, comme celle de Ste. Sophie de Conftantinople: c'eft affez la Tradition du Pays: on ne fauroit le prouver par aucune Infcription: Procope même n'en fait pas mention.

TREBITZ, ou TREBICZ, Ville dans la Moravie [a], près la Rivière Igla, entre les Villes Iglau, & le Bourg Nameft vers la Bohême. Il y a une Manufacture de draps à la façon des draps d'Angleterre, pour lesquels on les vend quelquefois, & le debit s'en fait même dans plufieurs Pays Etrangers.

[a] *Zeyler, Topogr. Morav. p. 111.*

1. TREBNITZ, petite Ville de Bohême [b], près de Leutmaritz, Koftnblat, Mileffow & Bilin. En 1372. le tonnerre donna dans le Château de Koftolow, fitué au-deffus de la Ville, & emporta au Burggrave Albert Slawietin, & à fa femme les pointes de leurs fouliers faites en forme de bec de Cicogne, fans leur endommager les pieds.

[b] *Topog. Bohem. p. 83.*

2. TREBNITZ, petite Ville de la Siléfie,

TRE.

sie [a], au Duché d'Oels, proche la Seigneurie de Trachenbers. Aux environs de cette Ville il y a une Colline appellée le Töppelberg d'où l'on tire des vases & des pots de terre tout formez, qu'on expose à l'air, afin qu'ils s'endurcissent. On s'en sert après comme des vases cuits au feu. Ste. Hedwige, Duchesse de Pologne & de Silésie, fit bâtir à Trebnitz [b] une grande Abbaye pour des Filles de l'Ordre de Cîteaux. Elle s'y enferma étant Veuve, & y mourut en 1243. sa fille Ste. Gertrude y fut Abbesse.

1. TREBULA, Ville d'Italie: Denis d'Halicarnasse la donne aux Aborigènes & la met à soixante Stades de Reate. C'est la même que TREBULÆ MUTUSCÆ & TREBIA. Voyez MUTUSCÆ.

2. TREBULA, Ville d'Italie dans la Campanie: Ptolomée [c] la marque dans les Terres. Tite-Live [d] la met au nombre des Villes que Fabius [e] emporta de force, & nomme son Territoire TREBULANUS AGER. On ne sait point précisément l'endroit où elle étoit. Voyez MUTUSCÆ.

3. TREBULA, Colonie Romaine selon Ortelius [f] qui cite Frontin. Cette Ville étoit en Italie dans la Sabine, s'il est vrai que ce soit aujourd'hui *Monte-Leone*.

TREBULANUM, Lieu d'Italie: Il en est fait mention dans plusieurs endroits des Epîtres de Cicéron à Atticus. C'étoit selon les apparences quelque Maison de Campagne dans le Territoire d'une des Villes nommées TREBULA.

TREBULIUM, selon Mrs. Corneille & Maty, ou plutôt selon Mr. Baudrand qu'ils copient sans le dire; & TREBILIUM, selon Ortelius [g] qui cite Leunclavius. Ce dernier dit qu'il y en a qui croyent que *Trebilium* est la *Gerua* des Anciens. Cette Ville de TREBILIUM, ajoute Mr. Baudrand [h], est placée aujourd'hui dans la Turcomanie aux Confins de la Perse.

TREBUR, *Triburium*, *Triburia*, Bourg d'Allemagne [i], dans le Pays de Hesse, au Comté Catzenelenbogen dans la Contrée appellée Rid, pas loin de la Rive du Rhin. Ce Bourg est enfermé d'une muraille, & étoit autrefois une très-grande Ville, dont le circuit contenoit presque deux lieues d'Allemagne, où l'on tint l'an 895. un fameux Concile, & ensuite c'étoit le rendez-vous des Congrès Publics, des Diètes de l'Empire, & des Nôces des Souverains. De toute son ancienne grandeur il n'y a point d'autre reste aujourd'hui que les noms d'une Prairie & d'un Vivier joignants le Bourg. La première est appellée la Ville Capitale, & l'autre le Vivier de l'Empereur. On dit que de ses Marbres & pierres de taille on a aggrandi & orné les Villes de Mayence & d'Oppenheim. Ce Bourg fut presque tout ruiné par le feu l'an 1540. son terroir est très-fertile.

TREBUXENA, Bourg d'Espagne [k], dans l'Andalousie, sur une Montagne à la gauche du Guadalquivir, au Midi de la Maresma, & au Nord Oriental de St. Lucar de Barrameda. Il y en a qui veulent que Trebuxena soit la *Colobana* des Anciens.

TRECA, ou TRECATO, ou TERCATO, Bourgade d'Italie, dans le Duché de Milan,

[a] *Zeyler*, Topogr. Sil. p. 186.

[b] *Baillet*, Topogr. des SS. p. 502.

[c] Lib. 3. c. 1.
[d] Lib. 23. c. 39.
[e] Ibid. c. 14.

[f] Thesaur.

[g] Ibid. in Verbo GERUA.
[h] Dict.

[i] *Zeyler*, Topogr. Hass. p. 80.

[k] *Jaillot*, Atlas.

TRE.

au Novareze, à cinq milles de Novare, du côté de Vigevano. Mr. Baudrand [l] dit que le nom Latin est TRES-CASÆ; mais il ne cite aucun Garand.

TRECÆ. Voyez TROYES.
TRECASSES. Voyez TRICASSINI & TROYES.

1. TRE-CHATEAU, Bourg de France, dans la Bourgogne, du Diocèse de Langres. Une partie de ce Bourg est située dans la Champagne, dans l'Intendance de Châlons; c'est une des Baronnies qui relevent du Duché de Langres. Voyez l'Article suivant.

2. TRE-CHATEAU, Bourg de France, dans la Champagne [m], vers la Frontière de Bourgogne, à quatre lieues de Dijon. L'Eglise Paroissiale porte le titre de St. Florent & en possède les Reliques qui sont dans une très-belle Châsse. Il y a un Prieuré, un Hôpital, où l'on distribue beaucoup d'Aumônes. Ce Bourg au pied duquel passe la Rivière de Tille est sur le penchant d'une éminence au haut de laquelle on voit un fort Château. Le Territoire produit des Vins excellens.

TRECHIA, Athénée paroît donner ce nom à une partie de la Ville d'Ephèse, ou même à la Ville entière. Son Interprète écrit TRACHIA & Pline TRACHEA: ce dernier en fait un des surnoms de la Ville d'Ephèse. Etienne le Géographe dit Τριχία, *Trichia*; mais la véritable Orthographe est Τραχεία, *Trachea*; c'est ainsi du moins que lit Eustathe [n].

TRECHIN, ou TERECHIS. Voyez TRACHIS.

TRECHINIA, ou TRACHINIA, Contrée du Péloponnèse, à ce que croit Ortelius [o] qui cite Hérodote. Mais Ortelius se trompe: Hérodote ne met point la Trechinie dans le Péloponnèse. Il dit [p] que Xerxès avoit son Camp dans la Trechinie de la Mélide: or la Mélide étoit dans la Thessalie & non dans le Péloponnèse. Voyez TRACHINIA qui est la même Contrée.

TRECHIS, ou THRACHIS, Ville de la Thessalie, dans la Trechinie: Hérodote [q] la met à cinq Stades du Fleuve Melas. Ortelius [r] croit que c'est la THRACIS de Pausanias; mais il ne connoît qu'une Trachide au lieu qu'il y en avoit deux.

TRECINA, ou TREZINA. Voyez TROEZENA.

TRECORENSIUM-CIVITAS, nom que Cenalis donne à la Ville de TREGUIER. Voyez TREGUIER.

TREDACH. Voyez DROGHEDA.
TREENSIS-AGER, Territoire d'Italie, dans le Picenum selon Frontin [s]. Il tiroit son nom de la Ville TREA.

TREFFORT, Ville & Marquisat de France dans la Basse-Bresse, au Diocèse de Lyon. C'est le Chef-lieu d'un Mandement. Elle a une Mairie & elle député aux Assemblées de la Bresse.

1. TREFONTANE, ou TREFONTI. Voyez COSYRUS.

2. TREFONTANE, Abbaye d'Italie, dans la Campagne de Rome, à trois milles au-dessous de cette Ville, près de la Rive gauche du Tibre. Voyez au mot AQUÆ, l'Article AQUÆ-SALVIÆ.

TRE-

TREFORT. Voyez TREFFORT.

TREFURT, *Drivprdia*, petite Ville d'Allemagne [a], dans le Pays de Hesse, située, près la Rivière Werra, dans le voisinage de Wanfried. Elle appartient à l'Electeur de Mayence, à celui de Saxe, & au Landgrave de Hesse. Trefurt avoit autrefois ses propres Seigneurs, qui causèrent l'an 1329. beaucoup de desordres dans les Pays de Thüringe, & de Hesse; Brouwer [b] en fait mention. Mais l'Electeur de Mayence & les Landgraves de Thüringe & de Hesse unirent leurs Troupes, mirent le Siège devant cette Ville, & contraignirent les Seigneurs de se rendre, & de la leur céder avec le Château & la Seigneurie.

[a] *Zeyler, Topogr. Hass. p. 31.*

[b] *Lib. 2. Antiq. Fuld. c. 11. p. 148.*

TREGARON, Bourg, ou petite Ville d'Angleterre [c], au Pays de Galles, dans Cardiganshire, au confluent des Rivières de Tyvy & de Brennyg.

[c] *Blaeu, Atlas.*

TREGAU, ou plutôt TERGOU. Voyez GOUDA.

TREGUIER, *Trecorium*, Ville de France [d], dans la Bretagne, dans une Presqu'Isle nommée autrefois *Trecor*. Cette Ville s'appella premièrement *Lantriguier*: elle fut détruite par Hastan Pirate Danois. En 836. *Néomène*, ou *Numenoius*, la fit rebâtir dans la Vallée de *Trecor*, & voulut qu'on la nommât *Treguier*. Cette Ville est au milieu des eaux, & a un petit Port. L'Evêque est Seigneur & Comte de Treguier. Quelques Géographes disent que Lantriguier étoit la première Cité des *Osismiens*, qui s'appelloient *Vorganium*; mais le Savant M. de Valois n'ose pas décider si c'est Lantriguier, Saint Paul de Léon, ou même quelque autre Ville de ce Canton.

[d] *Piganiol de la Force, Descr. de la France, t. 5. p. 246.*

L'Evêché de Treguier est dans une situation à peu près pareille à celle de l'Evêché de Léon. Il occupe toute l'étendue de la Côte depuis la Rivière de Morlaix jusqu'auprès de la Ville de Saint-Brieu. Les Villes de cet Evêché sont Treguier, Morlaix, Guingamp, Lannion, & Lanmeurs. Cet Evêché reconnoît Saint Tugdual [e] pour son premier Evêque; l'Epoque de l'érection de cet Evêché, de même que celle de plusieurs autres, est très-incertaine. Mr. de Longuerue dit pourtant que l'on établit à Treguier dans le dixième Siècle le Siège Episcopal que le Prince *Numenoius*, avoit fondé dans le Monastère de St. Rabutual, ruiné par les courses des Barbares. Le Chapitre de la Cathédrale est composé de cinq Dignitez, & de quinze Canonicats. Son revenu est de 14000. Livres. Le Commerce qui se fait dans l'Evêché de Treguier est fort mêlé, & très-utile au Pays [f]. Celui des Chevaux est un des plus considérables. ils sont plus forts que ceux de l'Evêché de Léon, mais aussi ils sont en moindre quantité; car on compte que les deux tiers des Chevaux qui sortent de Bretagne viennent de Léon, & le tiers de Treguier. On recueille beaucoup de Bled dans ce Pays; de sorte que les Magazins de Bled de Brest, & les Armateurs de Saint-Malo y prennent presque toutes leurs fournitures. Le Chanvre & le Lin produisent beaucoup d'argent dans cet Evêché. Louis XIV. a fait enlever pendant plusieurs an-

[e] *Ibid. p. 152.*

[f] *Ibid. p. 199.*

nées environ trois millions de Livres de Chanvre par an, pour les Magazins de Brest. Quant au Lin, il passe dans l'Evêché de Léon pour la fabrique des Toiles. Le Papier est encore un Commerce important de cet Evêché. Il s'y en fait quantité qui passe en Angleterre.

S. Yves, Official & Curé en Bretagne, naquit l'an 1253. à Ker-Martin dans la Paroisse de Menehi, à un quart de lieue de Treguier. Il fut Curé de Tresdretz, & ensuite de Lohanec jusqu'à sa mort. Son corps fut porté de Lohanec dans la Cathédrale de Treguier.

TREIA. Voyez TREA & TRAJANA.

1. TREIDEN, Rivière de l'Empire Russien [g], dans la Livonie, au Pays de Letten ou Lettie. Elle est formée de diverses sources, dont les Ruisseaux, qui viennent du Midi & de l'Orient, se réunissent dans un même lit. Alors la Rivière de Treiden commence à courir du Nord Oriental au Midi Occidental, & après avoir mouillé la Ville de Wolmer, & celle de Rop. d. & la Forteresse de Treiden, d. elle va se jetter dans le Golphe de Livonie près de Sernikon.

[g] *De l'Isle, Atlas.*

2. TREIDEN, *Tridum*, bonne Forteresse de Livonie [h], située dans le Territoire de Riga du côté de Lemsel; les Moscovites en étoient les Maîtres l'an 1576. lorsque les Polonois s'en emparèrent par une ruse. Ils firent déguiser des Soldats comme Païsans du Pays, & les y envoyèrent avec des Traîneaux chargez de Bois, on leur ouvrit inconsidérement la porte; ils entrèrent, & occupèrent la Place l'an 1579. Ceux de Riga battirent près de cette Forteresse les Chevaliers de l'Ordre Teutonique.

[h] *Zeyler, Topogr. Liv. p. 28.*

TREIENS, Ordre & Peuple dont il est parlé dans une ancienne Inscription rapportée dans le Tresor de Goltzius, & qui selon Lazius [i] se trouve dans la Ville de Bergame en Italie.

[i] *Reip. Rom. Lib. 4.*

TREIGNAC, Ville de France, dans le Limosin, du Diocèse & de l'Election de Tulles, est située dans le Bas-Limosin entre Limoges & Tulles, au bord de la Vezère. M. le Marquis de Hautefort en est Seigneur du Chef de sa femme Héritière de Pompadour.

TREIGNY, Bourg de France, dans le Gâtinois, Election de Gien.

TRELLEBOURG, Bourgade de Suède [k], dans la Schonen, ou la Scanie, sur la Côte Méridionale de cette Province, entre Falsterbo & Ysted.

[k] *De l'Isle, Atlas.*

TRELLIN, petite Ville d'Angleterre [l], au Pays de Galles dans Montgomerishire, dans l'endroit où la Saverne reçoit la petite Rivière de Lleding. Les Anglois l'appellent WELSHE-POOLE.

[l] *Blaeu, Atlas.*

TREMBLADE (La) Bourg de France [m], dans la Saintonge, sur la Rive gauche de la Seudre près de son Embouchure dans la Mer. Ce Bourg situé dans l'Election de Marennes, est très-bien bâti, très-peuplé [n], & une dépendance de la Paroisse d'Arvert. C'étoit le Port le plus considérable de la Province avant l'établissement de Rochefort, & les Vaisseaux du Roi y étoient armés. Il n'y reste à présent que des

[m] *De l'Isle, Atlas.*

[n] *Piganiol, Descr. de la France, t. 5. p. 63.*

des Marchands & des Matelots. On y fait encore un assez gros Commerce.

TREMBLAI (Le) Poste François de l'Amérique Septentrionale, dans la Nouvelle France. Il est situé à deux lieues au Sud de Montreal.

TREMBLEUR (Le) Lieu des Pays-Bas, dans le Limbourg Hollandois [a], au Comté de Daelem. Le Trembleur n'est plus qu'un Hameau à une petite demie lieue de *Daelem*; il y avoit autrefois une espèce de Maison de Ville dans laquelle la Justice se rendoit; mais qui a été ruinée par la guerre. C'est présentement à BLEIGNI que réside ce Tribunal. Ce Village contient environ cinquante Maisons, & il y a une Maison de Ville assez jolie. L'Eglise n'est qu'une Chapelle dépendante de *Mortier* qui est l'Eglise Paroissiale. *St. André* est aussi de la dépendance du *Trembleur*; il y a une Eglise Paroissiale assez belle & uniquement occupée par les Catholiques Romains. Celle de *Bleigni* sert également aux Catholiques & aux Réformez; elle est desservie par un Ministre François, établi par le Conseil d'Etat, mais il n'y a qu'environ vingt Communians. Le Curé de *St. André* dépend de l'Evêque de *Liège*. Le Banc en général contient environ quatre cens Familles qui sont de trois différentes Paroisses. Le principal Commerce des Habitans consiste en platines de fusil & en quelques étoffes de laine; le terroir est fertile & d'un grand rapport. Le Tribunal est composé du Mayeur qui est en même tems l'Officier Criminel, & de sept Echevins, sans le Greffier & le Sergent exploitant. C'est le Seigneur qui confère toutes ces Charges.

TREMECEN, Royaume d'Afrique dans la Barbarie, connu anciennement sous le nom de Mauritanie Césariense. Marmol [b] le borne au Nord par la Mer Méditerranée : à l'Orient par la Province appellée particuliérement l'Afrique, dont il est séparé par la Rivière Sufegemar anciennement Amsaga: au Midi par les Deserts de la Barbarie; & au Couchant par le Royaume de Fez, dont il est séparé par deux Riviéres, l'une appellée Ziz, qui naît des Montagnes des Zénégues, & passant près de la Ville de Garciluyn & par les Etats de Quinena & de Matagara & de Reteb, se va rendre à Sulgumesse, & delà dans les Deserts où elle se convertit en un Lac. L'autre Riviére est nommée Muluye & descend du grand Atlas, & courant vers le Septentrion, se va rendre dans la Mer Méditerranée près de la Ville d'One. Ce Royaume, ajoute Marmol, est long & étroit; car il a plus de cent cinquante lieues de longueur du Levant au Couchant, & n'a pas en quelques endroits plus de vingt lieues de largeur, depuis le Mont Atlas jusqu'à la Mer; mais dans d'autres il y en a jusqu'à cinquante.

Ce Royaume depuis la décadence de l'Empire Romain a été possédé par divers Princes Etrangers [c]. Auparavant il étoit tenu par les Abduluates. C'étoit une Branche d'entre les Zénétes, qui venoit des Magaraos, qui ont dominé toute l'Afrique. Ceux-là furent chassez par les Romains, & reprirent l'Empire depuis, à la faveur des Goths en leur payant un certain tribut, jusqu'à ce que les Successeurs de Mahomet s'emparèrent de l'Afrique; car après la conquête d'Espagne, toutes les Provinces d'Afrique furent sujettes aux Califes d'Arabie, jusqu'à ce que leur puissance venant à diminuer par leurs divisions, les Africains qui s'étoient sauvés dans les Deserts de la Libye commencèrent à se rapprocher, & les Abduluates, qui n'attendoient que l'occasion, rentrèrent dans le Royaume de Tremecen, où ils furent reçus à bras ouverts & régnerent plus de trois cens ans. Depuis ils furent assujettis par les Almoravides, ou Almohades, qui tantôt les chassoient, tantôt se contentoient de les rendre Tributaires. Les Almohades furent dépossédez par les Benimerins de la Nation ou Tribu des Zénétes, sous la conduite d'Abdulac Gouverneur de Fez; & ceux-ci furent subjuguez & dépossédez par les Benivates, autre Branche des Zénétes. Ces derniers furent vaincus dans le treizième Siècle par les Chérifs d'Hescein, descendans des Princes Arabes. Ils divisèrent le Royaume de Tremecen en quatre Royaumes ou Provinces, la première & la principale est celle qui porte le nom de Royaume de Tremecen: la seconde celle de Tenez; la troisième celle d'Alger, qui est proprement la Mauritanie Césariense; & la derniere celle de Bugie, que quelques-uns donnent au Royaume de Tunis. Ce fut du tems de Rabmiris [d] que ce Pays fut ainsi partagé entre lui & trois autres Princes. Comme il étoit le plus puissant il choisit la Province dont la Ville Capitale étoit TELEMICEN, appellée ensuite TELENSIN & aujourd'hui TREMECEN; il y établit son Siège & sa résidence & promit de reconnoître les autres pour Souverains dans leurs Provinces; ce qui fit que les Princes de Tenez, d'Alger & de Bugie, prirent aussi le titre de Rois.

Les choses restèrent dans cet état pendant quelques Siècles que chaque Roi suivoit les règles que ses Prédécesseurs avoient établies. Mais le Roi de Tremecen ayant voulu les violer, Albuferiz Roi de Tenez, Prince puissant & ambitieux, profita de cette occasion pour prendre les armes. Il s'empara de la Ville de Bugeya ou Bugie, & poussant ses conquêtes il obligea le Roi de Tremecen de lui demander la paix. Ils convinrent que le Roi de Tenez garderoit ce qu'il avoit conquis & que celui de Tremecen lui payeroit Tribut; ce qui s'exécuta jusqu'à la mort du premier qui partagea ses Etats entre ses trois enfans. L'aîné eut le Royaume de Tenez, le second celui de Gigery, & le plus jeune, nommé Abdaltiasiz, eut celui de Bugie. Ce dernier rompit avec le Roi de Tremecen, & lui fit la guerre avec succès. Alors les Algériens qui avoient toujours été Tributaires du Roi de Tremecen, voyant sa protection trop foible, se rendirent Tributaires du Roi de Bugie.

Du tems des conquêtes rapides d'Auruch Barberousse en Afrique, les Habitans du Royaume de Trémecen, étant mécontens de leur Roi Abuzijen résolurent pour s'en venger d'appeller ce Tyran, à qui ils promirent de livrer le Royaume, & de l'en rendre maître. Barberousse profitant de si belles dispositions

tions pour aggrandir son pouvoir, manda à Cheredin son frere, à Alger, de lui envoyer incessamment quelques pièces d'Artillerie & d'autres munitions de guerre ; & quand il les eut reçues il marcha à grandes journées vers Tremecen, avec grand nombre de Chevaux chargez de provisions. Le Roi de Tremecen ignoroit l'infidélité de ses Sujets ; mais sachant que Barberousse s'avançoit dans son Pays avec des Troupes, il marcha avec les siennes pour s'y opposer. Ils se rencontrérent dans la Plaine d'Aghad des dépendances d'Oran, & se livrérent bataille. L'artillerie & la Mousquetterie de Barberousse lui donnérent bien-tôt la victoire sur le Roi de Tremecen, qui fut contraint de se retirer. Ses Sujets lui firent trancher la tête & l'envoyérent au Vainqueur avec les clefs de la Ville, & lui prétérent serment de fidélité par leurs Députez. Barberousse fit fortifier Tremecen, jugeant bien que le Pays d'Oran n'aimeroit pas son voisinage. En effet le Marquis de Comarés, Gouverneur de cette derniere Place, étant passé en Espagne en 1517. & ayant mené avec lui le Prince Abuchen-men, ou Buhamu, Héritier légitime du Royaume de Tremecen, qui s'étoit réfugié à Oran, obtint des Troupes de Charles V. pour chasser l'Usurpateur. Il repassa aussi-tôt en Afrique à la tête de dix mille hommes, & marcha vers Tremecen guidé par Abuchen-men, auquel le jeune Prince Selim & plusieurs Arabes & Maures de la Campagne se joignirent. Barberousse aux premiéres nouvelles de cette expédition sortit avec quinze cens Turcs armez d'Arquebuses, & cinq mille Maures à cheval. A peine fut-il sorti hors des Portes de la Ville que son Conseil fut d'avis d'y rentrer & de s'y retrancher. Mais pour son malheur à l'approche des Troupes Espagnoles, s'appercevant que les Habitans de Tremecen avoient quelque mauvais dessein contre lui, il prit le parti de se retirer à la faveur de la nuit avec tous ses Soldats Turcs, & de prendre la route d'Alger. Le Général Espagnol averti de son évasion lui coupa chemin & le joignit au passage de la Riviére Huexda à 8. lieues de Tremecen. Barberousse se voyant perdu fit semer dans le chemin tout son or & son argent, ses bijoux & sa vaisselle, pour amuser les Espagnols & avoir le tems de passer la Riviére avec ses Troupes. Mais les Espagnols méprisant ces richesses chargérent vigoureusement les Turcs, qui faisoient l'Arriére-garde. Barberousse repassa aussi-tôt la Riviére avec son Avant-garde, & après avoir tous combattu comme des Lions, ils cédérent au nombre, & Barberousse fut massacré avec toutes ses Troupes. Le Marquis de Comarez après cette Victoire marcha vers Tremecen & y entra, faisant porter la tête du Tyran au bout d'une pique, & il mit Abuchen-men en possession du Royaume.

Abuchen-men paya toute sa vie le Tribut qu'il avoit promis aux Espagnols. Après sa mort son frere Abdala flatté de l'appui des Algériens ne voulut rien payer, & depuis ce ne furent que de continuelles révolutions dans ce Royaume, les Espagnols dépossédant celui que les Algériens mettoient sur le Trô-

ne, & ceux-ci chassant réciproquement les Princes que les Espagnols soutenoient pendant ce tems-là. Le Chérif Mahamet après s'être rendu maître de Royaume de Fez essaya de s'emparer de celui de Tremecen ; mais les Algériens le chassérent, & à la fin cet Etat demeura au pouvoir de ces derniers, qui le possédent encore actuellement, du moins pour la plus grande partie.

Les Rois de Tremecen vivoient autrefois avec beaucoup de magnificence, & étoient les plus anciens Princes & les plus considérables de l'Afrique. Ils ne se montroient guère que les Vendredis pour aller à la Mosquée & ils ne donnoient audience qu'aux personnes de leur Conseil & aux Officiers de leur Maison, par les mains desquels toutes les affaires passoient. La principale Charge de l'Etat étoit celle de Mezuar, qui comme Viceroi ou Connétable levoit les Troupes, les payoit, les licencioit, & donnoit les Charges de la Maison du Roi. La seconde Charge étoit celle de Chancelier, ou Secrétaire d'Etat, qui tenoit le Sceau, & faisoit les Expeditions avec le Roi. Le troisième Officier étoit le Grand-Tresorier ou Sur-Intendant, qui avoit la charge de tous les revenus & du Trefor, & avec un Mandement signé du Roi fournissoit au Tresorier ou Payeur-Général, qui étoit le quatriéme Officier de l'Etat, tout ce qu'il faloit pour la dépense tant ordinaire qu'extraordinaire. Le cinquième Officier étoit celui de Gouverneur du Palais Royal qui avoit la garde du Roi. Il y avoit outre cela le Grand-Ecuyer, & ceux qui avoient la direction des Estafiers, des Chameaux & des Tentes, & autres semblables emplois qui obligeoient à servir en personne. Tous ces gens avoient sous eux des Officiers & des Compagnies de Cavalerie qui en dépendoient. Ils s'habilloient magnifiquement & se picquoient de donner de riches harnois à leurs Chevaux. Quand le Roi montoit à cheval, sa Garde ordinaire étoit de douze ou treize cens Chevaux ; & lorsqu'il s'agissoit de quelque entreprise, il mandoit les Chefs des Arabes, les Communautez de Bérébéres, & quelques Compagnies d'Habitans qu'il n'entretenoit que durant la guerre. Il partageoit entre les Gouverneurs & les principaux Chefs tous ses Sujets & toutes ses Places comme des Commanderies. Les Turcs ne donnent pas maintenant dans cette magnificence ; car celui que le Dey d'Alger envoye pour commander dans le Royaume n'a pas un Equipage Royal, & comme il ne se fie pas aux Habitans, toute sa Garde est composée de Turcs & de Rénegats.

La plûpart de la terre du Royaume de Tremecen est séche, stérile & montueuse. Aux environs de la Ville de Tremecen, ce sont de grandes Campagnes desertes ; mais celles qui sont vers le Septentrion du côté de la Mer, sont fertiles en Blé & en Pâturages, & rapportent beaucoup de fruits. Il y a dans ce Royaume un nombre d'Arabes très-belliqueux qu'on nomme les Galands de Melione. Ils sont divisez en cinq Tribus, qui sont Uled Abdala, Uled Mussa, Uled Hacix, Uled Suleyman, & Uled Amar. Elles dominent sur les Bérébéres. Dans tou-

Oooo *tes*

tes les quatre Provinces il y a vers le Couchant plusieurs Montagnes qui abondent en blé & en Bétail ; elles sont peuplées de Nations très-vaillantes. Il y a peu de Villes en ce Royaume, parce qu'il y a peu de bonnes terres ; mais leurs Villes sont bien situées, & les Habitans en sont à leur aise, se traitants bien à la mode du Pays ; ils sont un grand commerce en Guinée, en Numidie & ailleurs. Les Arabes des Deserts y sont en grand nombre, & se soucient fort peu des Rois de Tremecen, parce qu'ils se retirent, quand la fantaisie leur en prend, dans les Deserts de la Numidie, où l'on n'a garde de les suivre. C'est pour cette raison que la plûpart d'eux ne dépend de personne ; ils reçoivent au contraire des pensions de la part des Rois pour maintenir le calme dans le Pays ; ils se soulévent quand il leur plaît, & prennent le parti de celui qui les paye le mieux. Ceux qui demeurent sur les Montagnes sont les Bérébéres, les Zénétes, les Hoares, les Cinhagiens & les Azuages, tous braves gens. Ils s'habillent & vivent mieux que ceux de la Mauritanie Tingitane ; ils sont aussi mieux armez qu'eux, & savent manier le fusil avec plus d'adresse ; ils ne sont pas fort ennemis des Chrétiens, parce qu'ils ont beaucoup de commerce avec eux ; enfin ils ne sont pas si opiniâtres, ni de si mauvaise humeur que ceux du Royaume de Maroc.

TREMECEN, TELEMICEN, & TELENSIN, Ville d'Afrique, dans la Barbarie, Capitale du Royaume auquel elle donne son nom, à douze lieues de la Mer Méditerranée. Cette Ville que les Anciens appelloient *Timisi*, & que Ptolomée met à 13. d. 50'. de Longit. & à 33. d. 10'. de Latitude, est fort grande. Elle est à sept lieues de la Mer Méditerranée du côté du Midi. Elle doit sa fondation aux Magaroas d'entre les Zénétes ; mais ce n'étoit alors qu'une petite Place qui servoit comme d'une Forteresse contre les Africains des Deserts. Elle s'accrut depuis des ruïnes de Haresgel, & devint tous les jours plus illustre par la résidence des Rois de Tremecen, qui en firent leur Capitale, à cause de sa situation avantageuse dans une belle Plaine. Le dessein des Places & des rues y est d'un fort bel ordre, & les Boutiques des Artisans & des Marchands y sont rangées comme dans Fez ; mais les maisons n'y sont pas si bien bâties ni avec tant de dépense. Il y a par toute la Ville quantité de superbes Mosquées qui ont de grands revenus, & sont richement pourvues de tout ce qui est nécessaire. Il y a outre cela cinq principaux Colléges d'une belle architecture, bâtis par quelques Rois d'entre les Zénétes, & rentez pour l'entretien d'un certain nombre d'Ecoliers qui y demeurent, & qui y ont des Maîtres pour leur enseigner toutes les Sciences naturelles, & pour les instruire dans les matieres qui concernent leur Religion. Il y a aussi beaucoup de Bains, & des Hôtelleries à la mode du Pays, pour la commodité des Marchands qui y trafiquent. Le Quartier de la Ville le plus peuplé est celui, où demeurent les Juifs, qui étoient autrefois fort riches ; mais qui ayant été pillez à diverses reprises sont restez fort pauvres, quoique les Turcs & les Maures les traitent mieux, que le Chérif ne traite ceux de Fez, car ils leur laissent plus de liberté à trafiquer. La Ville est embellie de plusieurs Fontaines, dont les eaux sont conduites par des canaux souterrains l'espace de trente lieues de Numidie. Les Rois de Tremecen ont toujours donné ordre de n'en point laisser découvrir les conduits, afin que qu'on ne la détournât si la Ville venoit à être assiégée. Les murailles de la Ville sont belles & hautes, garnies de plusieurs Tours. Il y a cinq Portes principales, dans lesquelles il y a des Corps de Garde, & des maisons pour les Fermiers des Entrées. Hors de la Ville, du côté du Midi, est le Palais du Roi, bâti comme une forteresse, où sont divers Corps de logis avec leurs Jardins & leurs Fontaines. Ce Palais a deux Portes, l'une pour sortir à la Campagne, & l'autre pour entrer dans la Ville. Autour de la Ville il y a de beaux Jardins, & des Maisons de plaisance, où durant la paix les Habitans qui sont à leur aise vont demeurer l'Eté, parce qu'outre que ce sont des lieux agréables, il y a des sources dont l'eau est très-fraîche. Ajoutez à cela de grandes Contrées remplies de Vergers & d'Oliviers, où l'on recueille quantité d'huile, & toutes sortes de fruits comme en Europe. On y voit encore de grandes Treilles qui portent du raisin très-doux & très-délicieux, on le fait secher au Soleil, & il se garde toute l'année. A une lieue de la Ville sont plusieurs Moulins à bled sur le bord de la Rivière Cessif. Cette Ville est gouvernée comme celle de Fez. Il y a des Juges, des Sergens, des Notaires, des Avocats & des Procureurs pour les causes civiles & criminelles, qui sont jugées suivant le droit de Fez. Il y a aussi plusieurs Professeurs en diverses Facultez, qui donnent leçon tous les jours, étant payez pour cela. Le Peuple y est divisé en trois Corps : celui des Marchands, l'autre des Artisans, & le troisième de la Noblesse, qui comprend les Courtisans & les Gens de guerre. Les premiers sont bonnes gens, fidéles en leur commerce, qui vivent avec beaucoup d'ordre & de police, ils sont faciles à être gouvernez. Les Etrangers se louent de leur civilité : leur principal négoce se fait dans la Guinée, où ils vont porter leurs Marchandises tous les ans ; ils en rapportent de l'Or de Tibar, de l'Ambre gris, du Musc, de la Civette, des Négres, & d'autres choses de prix. Ce trafic se fait par change avec tant d'avantage du côté de ceux de Tremeçen, qu'il ne faut que deux ou trois Voyages à un Marchand pour l'enrichir ; & c'est ce gain aussi qui les détermine à traverser avec mille dangers les Deserts de la Libye. Les Artisans sont gens simples & doux, dont le plus grand soin est de travailler poliment, & de faire des Ouvrages achevés. On y fait des Casaques, des riches Tapis, des Sayes & des Mantes si fines, qu'il s'en trouve qui ne pesent pas dix onces ; outre cela de riches Harnois à la Génete avec de beaux étriers, des mords, des éperons & des tétiéres de la meilleure façon d'Afrique ; ce qui fait vivre ces Artisans à leur aise, gagnans bien

bien dans les Ouvrages qu'ils font. Les Gentilshommes & les Gens de guerre se piquent fort de Noblesse & de valeur, ils ont plusieurs droits & prérogatives qui les distinguent des Artisans. Ils s'habillent communément, d'assez bon goût, de Serge, de Toile, de Soye. Les femmes sont belles & s'habillent comme à Maroc; mais les fêtes, les noces & les festins se font de la même sorte que dans Fez, quoique ceux de Tremecen ne soient pas si voluptueux ni si délicats. Telle est la Description que Marmol donne de cette ancienne Ville. Les choses sont beaucoup changées depuis le tems où il écrivoit. Les murailles de Tremecen sont encore assez bonnes, & flanquées de Tours. Il y a cinq Portes avec des Ponts-levis & quelques fortifications suffisantes pour la défendre contre les Rois voisins du Royaume d'Alger; mais on ne reconnoît plus que de tristes restes de cette Ville, dont les anciens Historiens & même les modernes parlent avec tant d'éclat & de distinction, & où les Sciences & les Arts fleurissoient. Elle est peuplée comme les autres Villes du Royaume d'Alger de pauvres Arabes, de Maures & de Juifs. Il y a toujours une bonne Garnison. Le Bey du Ponent y fait sa résidence dans le tems que la Ville d'Oran se trouve entre les mains des Espagnols. La Ville de Tremecen est très-recommandable aux Maures, à cause d'un Sépulcre qui est auprès; c'est celui d'un Morabou, appellé Cidiben-Median, réputé pour Saint, & auquel on attribue des miracles. Il y avoit autrefois dans son District de grandes & belles Villes, qui ne sont à présent que de misérables Villages.

TRÉMILE, nom qu'on donnoit anciennement à la Lycie, selon Etienne le Géographe.

a Lib. 5. c. 14.

TRÉMITHUS, Village de l'Isle de Cypre, selon Etienne le Géograhe, Ptolomée *a* en fait une Ville qu'il place dans les terres. Elle devint Episcopale, & son Evêque est nommé Théopompe dans le premier Concile de Constantinople *b*. Cette Ville est appellée TREMITHOPOLIS dans une Médaille qui se trouve dans le Recueil de Goltzius. Ortelius qui cite Lusignan dit que c'est aujourd'hui un Village appellé TREMITUNGHE.

b Conc. Gen. p. 365.

TREMITI, ou les ISLES DE TREMITI; Isles du Golphe de Venise, sur la Côte d'Italie, de la dépendance du Royaume de Naples. Elles sont à quelques lieues de distance de la Côte de la Capitanate, du côté du Nord. Les Anciens les nommoient DIOMEDEÆ INSULÆ. Voyez cet Article. Pline.*c* parle d'une sorte d'Oiseaux nommez Diomédéens qu'on voyoit dans celles de ces Isles où étoit le Tombeau de Diomède. Ces Oiseaux que Juba appelle *Cataractæ*, sans doute à cause de l'impétuosité avec laquelle ils fondoient de haut en bas sur leur proye, ne se trouvent point ailleurs. Ils ont des dents; leurs yeux sont de la couleur du feu; & pour le reste ils sont tout blancs. Ils ont toujours deux Chefs, l'un qui conduit la Troupe, l'autre qui la rassemble. Mais ce qu'il y a de plus remarquable, ajoute Pline, c'est que ces Oiseaux ont l'instinct de discerner les personnes; car ils fatiguent par

c Lib. 10. c. 44.

leurs cris les Barbares qui arrivent dans cette Isle, & caressent au contraire les Grecs.

TREMON. Eustathe *d* dit qu'on nommoit ainsi un Lieu voisin de l'Isle de Delos, & que l'origine de ce nom venoit des fréquens tremblemens de terre auxquels cette Isle est sujette. Lycophron fait aussi mention de ce Lieu; & Isacius qui remarque que c'étoit l'endroit où Ajax avoit été enterré, ajoute qu'il étoit situé près de Tenos & de Mycone.

d In Dionysium.

TREMONT, Lieu de France, au Duché de Bar, dans le Diocèse de Toul. Son Eglise Paroissiale est dédiée à Saint Menge. Le Chapitre de Liverdun en est Patron. Cette Eglise fut érigée par M. de Bissy. La Curé perçoit le tiers des grosses & menues Dixmes, & l'Abbé de Montiers en Argone, Ordre de Cîteaux, les deux autres tiers. Le Seigneur est M. de Serinchamp. Le Château de Renesson, où il y a une Chapelle dédiée à Notre-Dame, en dépend.

TREMOUILLE (La) ou LA TRIMOUILLE, Ville, de France, dans le Poitou, Diocèse & Election de Poitiers, sur la Rivière de Benaise, à douze lieues de Poitiers, à l'Orient, aux confins de la Marche. Cette Ville a été érigée en Duché, & donne le nom à l'Illustre Maison de la Tremouille.

TREMP, petite Ville d'Espagne *e*, dans la Catalogne, au Marquisat de Noguera sur le Noguera-Pallaresa. Cette Ville est remarquable par la grande quantité de Noblesse qui s'y trouve; car bien qu'elle ait à peine deux cens feux, il y demeure plus de vingt Maisons Nobles qui possédent des Terres Seigneuriales.

e Délices d'Espagne, p. 627.

TREMULA, Ville de la Mauritanie Tingitane: L'Itinéraire d'Antonin la marque sur la route de *Ptocolosida* à *Tingis*, à douze milles au-dessus d'*Oppidum- novum*.

TRENT, ou TRENTE, Rivière d'Angleterre *f*. Elle a sa source en Staffordshire, passe par les Provinces de Darby, Nottingham & Lincoln, où elle se décharge dans l'Humber. Elle arrose en passant Nottingham, Newark & Ganesborough. C'est cette Rivière qui divise l'Angleterre en deux parties, l'une Septentrionale & l'autre Méridionale.

f Etat présent de la Gr. Br. t. 1. p. 16.

TRENTE, Ville d'Italie *g*, dans la Marche Trévisane, au Trentin, dont elle est la Capitale. Elle est située au bas des Alpes, à quatre milles du Lac de la Garde, à six de Bolzen, à huit de Verone & à vingt-quatre d'Insprück. Cette Ville bâtie sur la Rivière d'Etsch, ou Adige, se trouve dans une belle Vallée, sur un Rocher plat d'une espèce de Marbre blanc & rougeâtre. La Vallée ou la Plaine est environnée de Montagnes, presque toute l'année couvertes de neiges. La Ville de Trente est fort ancienne. Strabon, Pline, & Ptolomée en font mention. Elle dérive son nom de trois Ruisseaux, qui des Montagnes voisines entrent dans la Ville, & sa fondation est attribuée aux anciens Toscans. Après ceux-ci les Cénomans la doivent avoir réparée & élargie. Elle a obéi successivement aux Goths, aux Lombards, & aux Empereurs Romains. Ensuite elle a fait partie

g Mémoires divers.

du

du Domaine des Ducs de Baviére. Aujourd'hui l'Evêque de Trente en est le Seigneur pour le Temporel & le Spirituel. Il est Prince de l'Empire, & posséde toute la Comté de Trente avec plusieurs autres Villes, Bourgs & Seigneuries, en vertu de la Donation qui lui en fut faite l'an 1027. par l'Empereur Conrad II. & confirmée par les Empereurs Fréderic I. & II. Il reconnoît pourtant pour son Protecteur le Comte de Tirol, qui pendant la vacance du Siége envoye à Trente un Gouverneur, qui commande jusqu'à ce que l'Evêque soit élu.

Le circuit de la Ville qui est d'un simple mur, n'est guère que d'un mille d'Italie. Ses rues sont larges & bien pavées, & ses maisons sont assez agréables & solidement bâties. La Cathédrale mérite d'être vue. Elle est dédiée à St. Vigile Evêque & Martyr, dont le Corps y est conservé avec celui de Ste. Maxence sa Mere. Le Chapitre est composé de Nobles & de Lettrez, qui ont droit d'élire leur Evêque. On montre dans une Chapelle de la Cathédrale le Crucifix miraculeux, *sub quo jurata & promulgata fuit Synodus.* L'Eglise où ce Concile a tenu ses Assemblées s'appelle Sainte Marie Majeure; elle est petite & bâtie d'un vilain Marbre, dont les carreaux ne sont que dégrossis. Les Orgues de cette Eglise sont d'une extraordinaire grosseur. On y voit dans un grand Tableau le Concile représenté. Dans l'Eglise de S. Pierre est le Corps du petit S. Simonin ou Simon. Son Histoire dit que l'an 1276. les Juifs dérobérent l'enfant d'un Cordonnier nommé Simon, & qu'après lui avoir tiré tout son sang, d'une maniére extrêmement cruelle, pour s'en servir dans la célébration d'une de leurs Fêtes, ils jettérent le cadavre dans un canal, qui passe encore présentement dans la maison où la chose est arrivée, & où s'assembloit alors leur Synagogue. Le Corps fut porté par le Ruisseau dans la Riviére, & rapporté par des Pêcheurs. L'affaire fut découverte & les Juifs furent convaincus. On en pendit trente-neuf, & les autres furent bannis de la Ville à perpétuité. Sixte IV. qui étoit Pape alors, ayant été informé de tout le fait, canonisa l'enfant; & il lui laissa le nom de Simonin qu'il portoit, & qui est le diminutif de celui de Simon le nom de son pere. Il n'avoit que vingt-huit mois quand il fut martyrisé. On voit le Corps dans une Châsse, qui est sur l'Autel de la Chapelle qu'on lui a dédiée. On garde aussi dans une Armoire qui est à côté, un couteau, des tenailles, quatre grandes aiguilles de fer, dont ses Bourreaux le tourmentérent, & deux gobelets d'argent, dans lesquels on dit qu'ils burent son sang.

Les trois Eglises, dont il vient d'être parlé, sont Paroissiales; & il y en a encore une quatrième qui porte le nom de Ste. Marie Magdelaine. Il y a aussi deux Maisons Religieuses, l'une d'Hommes, de l'Ordre de St. Augustin, & l'autre de Filles de l'Ordre de la Trinité. Dans les Fauxbourgs on compte cinq autres Eglises; savoir celles de St. Dominique, de St. François, de St. Laurent, de St. Bernard & de Ste. Claire. Outre cela, il y a quatre Hôpitaux. Les Portes de la Ville de Trente sont au nombre de quatre: celle de St. Martin, celle de St. Laurent, celle de Ste. Croix & celle d'Aquilée. On vante le Pont qui est sur la Riviére, sans qu'on puisse dire ce qu'il y a d'admirable. On représente de même le Palais de l'Evêque comme un Edifice grand & superbe, quoique réellement cette Maison soit basse & de médiocre grandeur, pour un Evêque Seigneur Spirituel & Temporel d'un Evêché, qui est d'une assez grande étendue. Ce Prince étoit autrefois fort riche; mais cela a changé. Par un Traité fait avec les Vénitiens, il condamne ses Sujets aux Galéres pour le Service de la République, sur les Terres de laquelle il peut faire passer une certaine quantité d'huile sans payer d'impôts.

Cette Ville a été desolée plusieurs fois par les inondations auxquelles elle est sujette. La Riviére se déborde souvent, & les torrens de Levis & de Fersêne, tombent quelquefois des Montagnes, avec une impétuosité si terrible, qu'ils entraînent de gros Rochers, & qu'ils les roullent jusques dans la Ville. Jerôme Fracastor, Médecin des Peres du Concile, insista beaucoup, à l'instigation du Pape, sur la raison du mauvais air, quand il fut question de transporter le Concile à Boulogne; mais les amis de l'Empereur ne se mettoient point en peine de ce prétendu danger. Aussi dit-on assez généralement que l'air de la Ville de Trente est fort sain, quoique dans l'Eté il y ait de grandes chaleurs, & que pendant l'Hyver il y fasse un froid excessif. La Ville est séparée en deux Quartiers. Le plus grand est habité par les Italiens, & l'autre par les Allemands. Ces deux Langues sont communes dans cette Ville.

S. Vigile [a] étoit Evêque de Trente à la fin du IV. Siècle, depuis environ l'an 384. jusqu'en 400. S. Sisinne, Saint Martyre & Saint Aléxandre furent martyrisez l'an 397. par les Payens dans le Territoire de Trente au Val d'Anagna. S. Vigile fit transporter leurs Corps dans la Ville & composa les Actes de leur Martyre.

[a] *Baillet, Topogr. des Saints, p. 303.*

TRENTIN (Le) Pays d'Italie, borné au Nord par le Tirol: au Levant par le Feltrin & le Bellunois du Trevisan Vénitien: au Midi par le Vicentin, le Veronèse, le Bressan & le Lac de la Garde; & au Couchant encore par le Bressan & par une partie du Lac de la Garde. Ses anciens Habitans sont les TRIDENTINI de Pline, que les François nomment aujourd'hui *Trentins*, les Italiens *Trentini*, & les Allemans *Trienter*. Quelques-uns veulent mettre le Trentin en Allemagne, prétendans qu'il fait partie du Tirol; c'est une erreur. La Ville de Trente étoit dans la dixième Région de l'ancienne Italie; & l'Italien est encore le Langage vulgaire du Pays. Généralement parlant le Pays est assez fertile. Il produit du grain, beaucoup de vin & de l'huile. Ses principaux Lieux sont:

Trente,
Toblino,
Nago,
Torbolé,
Madrutzo,
Arco,
Boveredo,
Bolzano.

TREON,

TRE'ON, Bourg de France, dans la Normandie, près de Dreux. Mr. le Prince y campa en 1562. avant la Bataille de Dreux.

TREPORT, Bourg de France [a], dans la Normandie, au Pays de Caux, avec un Port de Mer & une Abbaye de l'Ordre de St. Benoît, en Latin *Ulterior-Portus*. Ce Bourg est à six lieues de Dieppe & d'Abbeville, à trois quarts de lieue au-dessous de la Ville d'Eu, & séparé de la Picardie & du Diocèse d'Amiens par le Canal de la Rivière de Bresle, qui se jette dans la Mer en sortant du Port de Treport. Le Quai est pavé, très-bien terrassé, & revêtu de bonnes pierres; & le Canal d'entrée est accompagné de deux longues jettées de bois, afin que les grosses Barques puissent aborder facilement. L'Eglise Paroissiale de ce Bourg, est dédiée à St. Jacques. Elle est sur le penchant de la Côte & très-bien bâtie, d'une moyenne grandeur, avec une Tour sur le Portail. Les cinq Culs-de-lampes qui dépendent des traverses de la Voute de la Nef, sont très-grands, & des plus beaux que l'on voye dans le Diocèse de Rouen. L'Eglise de l'Abbaye, consacrée à St. Michel, est bâtie vers le plus haut de la Côte, ainsi que la Maison des Religieux. Le Chœur est grand, & un large Corridor y régne tout à l'entour. La Croisée est assez vaste; mais la Nef a été détruite. Cette Abbaye fut fondée en 1036. par Robert Comte d'Eu & réformée en 1660. par les Bénédictins de la Congrégation de St. Maur. Ramerus & Drego en ont été les premiers Abbez. Les Habitans de Treport s'occupent fort à la Pêche qui est assez bonne à leur Côte. Ils labourent aussi des terres, & les Filles travaillent à la dentelle. Ils vont à la Ville d'Eu pour la Justice; mais ils ont un Maire & deux Echevins pour la Police. La grande rue de ce Bourg est vaste & bien pavée. On y voit plusieurs Hôtelleries; & il y a une douzaine de Chassemarées, qui voiturent du poisson à Paris. On y tient Marché le Mardi & le Samedi, & une Foire à la St. Michel.

[a] Corn. Dict. sur des Mém. dressez sur les Lieux en 1701.

TREPSEDI, Peuple de l'Asie-Mineure: ce Peuple ne subsistoit plus du tems de Pline [b], ni même du tems d'Eratosthéne qu'il y cite.

[b] Lib. 5. c. 30.

1. TREPTOW, *Treptovia*, Ville d'Allemagne dans la Poméranie [c], dont l'une est appellée TREPTOW SUR LE REGA, ou nouveau TREPTOW, & l'autre TREPTOW SUR LE LAC DE TOLL. Les anciens les ont nommées TRIBETOW. La Ville située sur la Rivière Rega fut avec le Village Krechhausen l'an 1285. entourée d'une muraille après que le Duc Boleslas IV. l'eut achetée de l'Abbé de Belbock, à qui elle appartenoit par libéralité des anciens Ducs, & il lui accorda les droits des Villes d'Allemagne. On fait pourtant déja mention de cette Ville dans la Matricule de Pudglaw l'an 1175. Anastasie, Veuve de Boleslas II, y fonda un Couvent de Religieuses l'an 1223. appelé aujourd'hui, *Cour de Cuisine*. Les Bourgeois peuvent trafiquer sur Mer par le moyen de la Rivière Rega. Il y a Foire ici le Jour de Saint Pierre & Saint Paul, & après le Dimanche *Esto mihi*. Les Impériaux voulurent surprendre cette Ville en 1630. & firent tous leurs efforts pendant la nuit pour en ouvrir par force deux Portes; mais on leur fit si bonne résistance qu'ils furent contraints de se retirer. Proche de la Ville on voit les ruines du Monastère de Belbock ou Bialbuck, qui veut dire, *Dieu-Blanc*, de l'Ordre de Prémontrez; il avoit été richement fondé par Bogislas I. & Casimir I. Ducs de Poméranie.

[c] Zeyler, Topogr. Pomer. p. 116.

2. TREPTOW SUR LE LAC DE TOLL, dit aussi VIEUX TREPTOW, parce que c'est une Ville fort ancienne, est situé aux Confins du Duché de Meckelbourg. Elle étoit autrefois plus forte, & mieux peuplée qu'aujourd'hui; il y avoit aussi un Monastère. Elle tient trois Foires par an, & elle a de petites Rivières fort saines dont la Campagne est arrosée. L'Evêque Othon de Bamberg fit convertir par ses Prêtres les Habitans à la Foi Chrétienne. L'an 1468. les Ducs de Mechlenbourg assiégérent cette Ville, & l'obligérent par le feu de se rendre. Après avoir réduit la moitié de la Ville en cendres, ils y mirent une Garnison de 200. hommes; mais le Duc Wartislas, qui s'étoit engagé de défendre les Places de la Poméranie antérieure, reprit la Ville par stratagême. Il avoit envoyé au devant un Chariot accommodé d'une façon qu'étant au milieu de la Porte il se rompit; là-dessus les Poméraniens qui étoient tout proche en embuscade, sortirent en foule, entrérent par force dans la Ville & se rendirent maîtres de la Garnison de Mechelnbourg. L'an 1631. les Impériaux en sortirent ne trouvant pas à propos d'y attendre le Roi de Suède, qui s'empara de la Ville sans peine.

TRERES. Voyez TRERUS.

TRERIENSES, Peuples dont parle Pline [d] d'après Théophraste. Quelques Exemplaires lisent ETRERIENSES; mais le Pere Hardouin aime mieux lire RHOETIENSES avec Ælien [e], qui dit comme Pline que ces Peuples furent chassez de leur Ville par les Cloportes. Dans un endroit Ælien écrit *Ῥυτιεῖς* & dans un autre *Ῥύτιεῖς*; cette dernière façon de lire est la mauvaise selon le Pere Hardouin. Quoi qu'il en soit, elles appuyent toutes deux la correction qu'il a faite. *Rhytium*, selon Pline & Etienne le Géographe, est une Ville de l'Isle de Créte & RHOETIUM est une Ville de la Troade. Au lieu que les *Trerienses* & les ETRERIENSES font absolument inconnus.

[d] Lib. 8.
[e] Hist. Anim. Lib. II. c. 8.

TRERO; Rivière d'Italie, dans la Campagne de Rome [f], en Latin *Trerus*. Elle naît proche d'Agnani, & prenant son cours vers l'Orient Méridional, elle mouille Montollaneco, Gaviguano, Frosinone, Ceccano, Pofi, Ceperano, & dans cette course s'étant grossie des eaux de la Rivière de Cosa, & de quelques autres, elle va se rendre dans le Garigliano à Isoletta, aux confins de la Terre de Labour. Magin ne nomme point cette Rivière: il décrit seulement son cours.

[f] Magin. Carte de la Campagne de Rome, Baudrand, Dict.

TRERON. Voyez TRARON.

TRERONES, Peuples qui faisoient souvent des courses à la droite du Pont-Euxin, dans les Pays voisins & jusques dans la Paphlaphlagonie & dans la Phrygie. Ces Peuples, dit Strabon ª, étoient les mêmes que les Cimmériens, ou du moins quelque Peuple d'entre eux.

a Lib. 1. p. 61.

1. TRERUS, petite Contrée de la Thrace, selon Etienne le Géographe, qui nomme ses Habitans TRERES. Ces Peuples selon Pline ᵇ habitoient aux environs de la Dardanie, de la Macédoine & de la Piérie. Thucydide ᶜ les met sur le Mont *Scomius*, appellé *Scopius* par Pline ᵈ, & qui tient au Mont Rhodope. Strabon ᵉ dit qu'ils étoient Cimmériens d'origine, que comme ceux-ci ils firent des courses dans divers Pays, & que la fortune les favorisa pendant long-tems.

b Lib. 4. c. 10.
c Lib. 2. p. 166.
d Lib. 4. c. 10.
e Lib. 1. p. 61. & Lib. 14. p. 647.

2. TRERUS, Fleuve d'Italie, dans le Latium : Strabon ᶠ dit que ce Fleuve mouilloit la Ville de Fabrateria qui étoit sur la Voye Latine.

f Lib. 5. p 237.

1. TRES-TABERNÆ. Voyez TABERNÆ.

2. TRES-TABERNÆ, ou TABERNA, Ville d'Italie dans le *Brutium*, aujourd'hui dans la Calabre-Ultérieure, au Vicariat Romain, sur le Sinaro. C'étoit, selon l'Abbé de Commainville, une Ville Episcopale dont le Siège fut transféré à Cantazaro l'an 1122.

3. TRES-TABERNÆ, Lieu d'Italie dans la Campagne de Rome, & où l'Histoire Miscellanée & Zozime ᵍ disent que l'Empereur Sévère fut tué par Maxence. Cicéron ʰ qui parle de ce Lieu fait entendre qu'il n'étoit pas éloigné de la Voye Appienne, & un peu plus loin que le Marché d'Appius. Les Chrétiens qui étoient à Rome ⁱ allérent au-devant de St. Paul jusqu'au Lieu nommé LES TROIS LOGES [*Tres-Tabernæ*.] L'Itinéraire d'Antonin marque ce Lieu sur la route de Rome à la Colonne en suivant la Voye Appienne, entre *Aricia*, & *Appii Forum*, à dix-sept milles du premier de ces Lieux & à dix-huit milles du second. Le nom moderne est CISTERNA. Voyez ce mot.

g Lib. 2.
h Lib. 2. Attic. Ep. 10.
i Act. 28. 15.

4. TRES-TABERNÆ, Lieu de la Macédoine : L'Itinéraire d'Antonin le marque sur la route de *Dyrrachium* à Byzance, entre *Scampis* & *Lychnidum*, à vingt-huit milles du premier de ces Lieux & à vingt-sept milles du second.

TRES-TURRES. Voyez TRIPYRGIA.

TRESIN, selon Mr. Corneille ᵏ & TROSA, selon Mr. de l'Isle ˡ, Bourg de Suède, dans la Sudermanie, avec un Port sur la Côte de la Mer Baltique, à dix lieues de Stockholm vers l'Orient Méridional, & à quatre ou cinq lieues de Nykoping, vers le Nord Oriental.

k Dict.
l Atlas.

TRESMES, Duché-Pairie de France, dans la Brie, du Diocèse & de l'Election de Meaux. C'étoit ci-devant un Comté qui a été érigé en Duché-Pairie sous le nom de Gesvres, en faveur de René Poitier, Comte de Tresmes en 1663.

TRESNEL, Bourg & Marquisat de France, dans la Champagne, Diocèse & Election de Sens. Cette Terre appartient au Marquis du même nom de la Maison de Harville. Elle vaut quatre mille cinq cens Livres de rente, relève du Roi à cause de la grosse Tour de Troyes, & a de très-belles mouvances. Le Seigneur a la nomination de six Canonicats, qui composent un petit Chapitre dans ce Lieu.

TRESOR (Le), Abbaye de France ᵐ, dans le Vexin-Normand, au Diocèse de Rouen. Cette Abbaye, qui est de l'Ordre de St. Bernard, est située sur la Paroisse de Bus, à deux lieues de St. Clair sur Epte & de Vernon près de Baudemont. L'Eglise de l'Abbaye est assez grande, & les Bâtimens des Religieux sont fort commodes. Le tout est fermé d'un Enclos très-vaste & bien planté au pied d'une Côte, à quelque distance des Maisons de la Paroisse de Bus, dont l'Eglise construite près du Château, ou Maison Seigneuriale, flanquée de quatre bonnes Tours aux quatre angles, porte le Titre de Notre-Dame.

m Corn. Dict. sur. des Mém. MSS.

TRESPORTAS, Lieu de France, dans la Marche, du Diocèse de Limoges, sous l'Election de Guéret. Les terres y sont assez fertiles en Seigle & Blé noir, Avoines & Raves; les Pacages & les Foins sont assez bons. Il s'y fait un Commerce de Bestiaux dans les Foires du Limosin. Il y a quelques menus Fruits. M. de Neuvy en est Seigneur.

TRETA, Ville de l'Isle de Cypre : Strabon ⁿ a la place entre *Boosura* & le Promontoire d'où l'on précipitoit ceux qui avoient touché l'Autel d'Apollon.

n Lib. 14. p. 683.

TRETE, Isle de la Mer-Rouge sur la Côte de l'Arabie, selon Ptolomée ᵒ. Ses Interpretes au lieu de TRETE, lisent TRITE.

o Lib. 6. c. 7.

TRETHYMIROW, petite Ville de Pologne ᵖ, dans l'Ukraine, au Palatinat de Kiovie, sur la Rive droite du Borysthène, dix ou douze lieues au-dessous de Kiovie. Etienne Battori Roi de Pologne donna cette Ville aux Cosaques, pour être leur Place d'Armes, le Siège de leur Conseil de Guerre & la Résidence de leur Général. Elle leur fut ensuite ôtée par les Polonois; & après de longues guerres les Cosaques en sont enfin demeurez les Maîtres.

p De l'Isle, Atlas.

1. TRETUM, Promontoire de l'Afrique propre : Ptolomée ᵠ le marque sur la Côte du Golphe de Numidie, entre *Ruficada* & *Uzicath*. Strabon ʳ, qui nomme ce Promontoire TRITUM, dit qu'il étoit à six mille Stades de celui de *Metagonium*. Le nom moderne est *Cabo-Ferrato* selon Castald & *Brucramel*, selon Mercator.

q Lib. 4. c. 3.
r Lib. 17. p. 830.

2. TRETUM, Lieu du Péloponnèse, dans l'Argolide. Pausanias ˢ dit que l'un des chemins qui conduit de Cléone à Argos, passe à TRETUM, que, quoique étroit & serré dans les Montagnes, il étoit néanmoins le plus facile pour les Voitures. C'est dans ces Montagnes que l'on montroit la Caverne du Lion Neméen, & delà à la Ville de Nemée il n'y avoit pas plus de quinze Stades.

s Lib. 2. c. 15.

3. TRETUM, ou TRITUM, Lieu de Syrie, aux environs de Daphné, l'un des Fauxbourgs de la Ville d'Antioche. Ce Lieu, dit Procope ᵗ, est tout plein de Rochers, & on y avoit bâti l'Eglise de St. Michel, selon le dessein qu'Evaride en avoit donné. Après la prise & la ruine d'Antioche par Cosroez, un Cavalier de Perse, fort estimé dans l'Armée, & qui avoit l'hon-

t Persic. Lib. 2. c. 11.

l'honneur d'être connu du Roi, étant allé avec quelques-uns de ses compagnons à Trite & y ayant apperçu un jeune homme d'Antioche, qui étoit seul à pied & qui se cachoit, il se sépara de ses compagnons pour le poursuivre. Ce jeune homme qui étoit un Boucher, nommé Aimaque, se voyant à la veille d'être pris, se retourna & jetta au Soldat une pierre de telle roideur que l'ayant frappé au visage il en tomba par terre. Aimaque courut aussi-tôt à lui; & comme il n'avoit point d'armes, il se servit de son poignard pour le tuer. Il prit ensuite son argent, ses armes & ses habits, monta sur son cheval, & soit par un bonheur extraordinaire, soit par la connoissance qu'il avoit du Pays, il s'enfuit sans que l'on pût savoir ce qu'il étoit devenu. Cosroez conçut un tel dépit de la mort de ce Soldat, qu'il commanda aux gens de sa suite de mettre le feu à l'Eglise de St. Michel; & ils le mirent non-seulement à l'Eglise, mais encore aux Maisons d'alentour.

TRETUS, Port de l'Arabie Heureuse: Ptolomée [a] le marque dans le Pays des Adramites, entre le Village *Embolum* & la Ville *Thialemath*.

[a] Lib. 6. c. 7.

1. TREVA, Ville que Ptolomée [b] marque dans le Climat le plus Septentrional de la Germanie. Molet veut que ce soit Hambourg, & Cluvier [c] conclud pour Lubec.

[b] Lib. 2. c. 11.
[c] Geogr. Ant. Lib. 3. c. 27.

2. TREVA, Ville d'Italie dans la Flaminie: elle étoit arrosée par le Fleuve *Clytumnus*, selon la remarque d'un ancien Glossaire de Juvénal; & dont voici les paroles: *Clytumnus Fluvius, qui Trevis Civitatem Flaminiæ interluit.*

TREVENTINATES, Peuples d'Italie que Pline [d] place dans la quatriéme Région. Leur Ville est nommée *Treventum* par Frontin [e] qui lui donne le titre de Colonie. Quelques MSS. de ce dernier portent *Terebentum*, ou *Treventum*. C'est aujourd'hui *Trivento*, sur le Trigno dans le Comté de Molisse.

[d] Lib. 3. c. 12.
[e] Pag. 89.

1. TREVES, Ville d'Allemagne; en deçà du Rhein, la Capitale de l'Archevêché de même nom, sur la Moselle, à treize lieues de Metz, & à dix-sept de Mayence & de Cologne. Si l'on s'en rapporte à la Tradition du Pays [f], Trèves est la plus ancienne Ville du Monde, & on veut qu'elle ait été fondée 1250. ans devant Rome, à la 16me. année de l'âge d'Abraham, & à la 7me. de la Reine Sémiramis; après la Création du Monde 1966. après le Déluge 310. & après la mort de Noé 39. mais il ne faut pas ajouter beaucoup de foi à ces sortes d'antiquités. Pourtant Guillaume Kyriander Syndic de cette Ville en a composé l'Histoire en commençant par l'année du Monde 1966. jusqu'à son tems, & pour donner plus de poids à son récit, il a cité pour Garants plusieurs autres Ecrivains, dont les plus accréditez sont. Sigebert, Godefroi de Viterbe, Othon de Freisingue, Ænée Silvius, Nauclére, Crantz, Munster, & André Althamer. Ceux-ci prétendent que Trebéta fils de Ninus, s'étant enfui hors de son paternel Royaume de Babylone, par rapport à sa Belle-mere Sémiramis, ait commencé à la bâtir. Voici quel-

[f] Zeyler, Topogr. Archiep. Trev. p. 21.

que chose de plus assûré. Trèves fut connue anciennement sous le nom de *Trevirorum Civitas*, ou *Treviri* du nom des Peuples qui l'habitoient. Voyez TREVIRI. Après qu'Auguste l'eut érigée en Métropole de la Seconde Belgique, elle prit en son honneur le nom d'AUGUSTA TREVIRORUM, & Pomponius-Mela [g] l'appelle même simplement AUGUSTA. Tacite fait souvent mention de cette Ville; & Ammien-Marcellin l'appelle une seconde Rome à cause de son autorité, de son pouvoir, de la magnificence de ses Bâtimens à la Romaine, pour avoir été la plus grande Ville en deçà des Alpes, & très-souvent le Lieu, où les Empereurs fixoient leur demeure, de même que les Rois de France en ont fait plusieurs fois leur résidence. Il y avoit une fameuse Université. On voit encore plusieurs restes de l'antiquité comme la Porte-Blanche, ou Albe-Porte, proche de laquelle a été l'ancien Château appellé *Arx alba*: le beau Pont sur la Moselle avec des Piliers & des Colomnes très-antiques: deux Tours élevées d'une structure admirable, proche l'Eglise de Ste. Barbe: le reste d'un Amphithéâtre près de la Porte-Blanche, nommé communément *Catholdi Solium*; & d'autres Monumens qui se sont encore conservez après le dernier ravage, qu'elle a souffert par les Normands. Quoiqu'elle ne soit plus si fameuse; qu'elle l'étoit, lorsque cinq des principales Villes situées sur le Rhin avec les Pays adjacens lui étoient soumises, elle tient pourtant encore son rang parmi les Villes célebres & bien peuplées; à quoi la fertilité de son terrein, son Vignoble, & la Meuse qui y passe contribuent beaucoup. Sa situation est belle; elle est au bord de la Moselle, entre deux Montagnes, dont celle du côté d'Orient est appellée Montagne de Mars, & celle qui est à l'Occident Montagne d'Apollon. Le Bourg qui est au-dessous a le même nom, & anciennement on aura sans doute nommé la Plaine qui se trouve au-dessous de la Montagne de Mars, *Campus Martis*. La petite Riviere *Olebia*, ou Weberbach passe au milieu de Trèves, dont la figure est presque quarrée. Elle s'étend néanmoins un peu plus du côté de la Moselle que du côté de la Campagne. Elle est tout entourée d'une muraille fort haute. On dit qu'il n'y a point de Ville en Allemagne de la grandeur de celle-ci qui ait autant d'Eglises. La premiére est la Cathédrale, ou de S. Pierre, bâtie sur la seule Colline qu'il y a dans la Ville. C'est un Bâtiment vaste & fort, dont le semblable ne se trouve point dans toute la Gaule Belgique, comme Ortelius le remarque: & les pierres en sont d'une grandeur si extraordinaire, que, selon l'opinion commune du Peuple, on s'est servi de l'assistance du Diable pour les mettre en œuvre; la force de ce Bâtiment est peut-être la cause, que les Huns, les Francs, & les Normands, pendant leurs irruptions, ne l'ont pas ruïné comme les autres anciennes Fabriques. Dans un des Autels de cette Eglise on garde depuis l'an 1196. la Robe de Notre-Seigneur Jésus-Christ. Le Chapitre de cette Eglise est composé de seize Chanoines Capitulai-

[g] Lib. 3. c. 2.

res

res & de vingt-quatre Domiciliez. Il y a dix Dignitez, savoir le Prevôt, le Doyen, le Tresorier, le Chantre, l'Ecolâtre, le Grand-Archidiacre, & les Archidiacres de Dietrich, de Cardone, de Longuion, & de Tholey. Les cinq premieres sont electives, & les cinq autres à la nomination de l'Archevêque. Le Chapitre se maintient inviolablement dans la coutume de n'admettre dans son Corps aucun Prince, ni même aucun Comte. Outre la Cathédrale, il y a dans Trèves deux Eglises Collégiales: celle de Notre-Dame & celle de St. Siméon: cinq Paroisses; & l'Abbaye de St. Martin, où l'on voit une Bibliothéque fort ancienne, & entr'autres Livres la Vie de St. Martin en MS. Il y a aussi dans cette Ville plusieurs Maisons Religieuses de l'un & l'autre Séxe, un Collége des Jésuites; deux Maisons avec leurs Eglises, l'une appartenante aux Chevaliers Teutoniques, & l'autre à ceux de Malthe. Hors de la Ville, mais tout proche, il y a encore 4. Paroisses, la belle Eglise Collégiale de S. Paulin; 2. Couvents de Religieuses; la grande Chartreuse; & 3. Abbayes principales de S. Mathias, de Ste. Marie aux Martyrs, où il y avoit autrefois le Capitole, & de S. Maximin. Cette derniere Abbaye est fort célébre & riche; c'est une fondation, selon Kyriander, de Constantin *le Grand* & de sa mere Hélène. Le Monastère ayant été ruiné par le feu qui y prit, ceux de Trèves n'ont pas voulu permettre qu'on le rebâtît, de crainte que dans un Siège les ennemis ne s'en pussent prévaloir. Les Archevêques de Trèves ayant eu plusieurs démêlez avec les Abbez ont à la fin obtenu du Pape cette Abbaye en titre de Commanderie *Sine onere*. Les Abbez avoient des prérogatives tout-à-fait particulieres: ils dépendoient dans le Spirituel immédiatement du Pape, & pour le Temporel ils n'étoient soumis qu'à l'Empereur; de plus ils étoient les Doyens des 7. premieres Eglises de l'Archevêché de Trèves, & les Archi-Aumôniers de l'Impératrice. St. Athanase doit avoir été caché pendant 3. ans dans cette Abbaye & y avoir écrit son Symbole: on dit de même, que les Saints Ambroise & Jérôme s'y sont arrêtez pendant quelque tems. Ce Saint est enterré dans l'Eglise de Saint Maximin, avec S. Agritius; les Archevêques Nicetius & Basinus y ont aussi leurs Sépulchres, ainsi que la Sœur de Charlemagne qui y a fait un présent du Livre des 4. Evangélistes écrit en lettres d'or. On y voit encore les Tombeaux de plusieurs Martyrs. On prêcha la Foi à Trèves dès le tems de S. Pierre, qui y envoya de Rome S. Euchaire un des 72. Disciples de Notre-Seigneur, & lui donna pour Assistans SS. Valère & Materne. A peine S. Euchaire fut-il arrivé qu'il ressuscita le fils unique de la Veuve d'un Sénateur, appellée Albana, dont il consacra la Maison en Eglise, & gouverna l'Eglise de Trèves comme son premier Evêque pendant 23. ans. Il eut pour Successeur S. Valère, après lui vint S. Materne, qui se démit de son Evêché[a] entre les mains de Saint Agrice vers le commencement du quatrième Siècle, pour aller prêcher aux Peuples de Cologne & de Tongres, dont il fut ainsi le premier Evêque. St. Nicet ou Nicesse, fut fait Evêque de la Ville l'an 527. après Apruncule & mourut en 566. S. Modoald fut fait Evêque de Trèves l'an 622. après S. Sébaud, S. Thyrse, & ses compagnons. Saint Palmace Consul, ou Magistrat de Trèves, fut martyrisé sous Maximien Hercule. S. Maximin fut fait Evêque de Trèves l'an 332. après Saint Agrice, & mourut en 349. Saint Paulin lui succeda. S. Félix II. du nom, après la mort de Saint Celse, fut ordonné Evêque de Trèves l'an 386. par les Ithaciens, c'est-à-dire, les Evêques de la Cabale d'Ithace, dont les Prélats Catholiques, comme le Pape Sirice, Saint Ambroise, Saint Martin, &c. fuyoient la communion, parce qu'encore qu'ils fussent Catholiques, ils poursuivoient les Hérétiques devant les Tribunaux Séculiers contre l'ordre & les droits de l'Eglise. S. Martin ayant assisté par force à son ordination en fit pénitence. Après la mort de Sirice & de Saint Ambroise, les Eglises de Rome & de Milan, persisterent à lui refuser leur communion, ce que fit aussi le Concile de Turin de l'an 398. De sorte que Saint Félix, quoiqu'il eût de quoi justifier son ordination, aima mieux renoncer à l'Episcopat que d'être un sujet de division dans l'Eglise. Il passe néanmoins pour un Evêque très-légitime, ayant gouverné l'Eglise pendant plus de douze ans. Il se retira dans un Monastère qu'il avoit fait bâtir à Trèves, & y mourut vers l'an 400. S. Sévère fut Evêque vers le milieu du cinquième Siècle; S. Numérien Evêque de Trèves, Successeur de Saint Modoald. S. Hidulphe passe pour Successeur de Saint Numérien; mais d'autres croyent qu'il ne fut que Chorévêque sous Saint Basin, qu'ils mettent immédiatement après Saint Numérien. S. Basin fut Evêque au septième Siècle. Ce Saint avoit été Abbé du Monastère de Saint Maximin avant que d'avoir été élevé à l'Episcopat. Il fut enterré dans cette Abbaye, où il est honoré particulierement avec d'autres Saints Evêques de la Ville. S. Poppon, Evêque dans l'onzième Siècle, mourut l'an 1047. S. Goar Prêtre venu d'Aquitaine, vivoit retiré dans le Diocèse de Trèves, dont il refusa d'être Evêque dans le septième Siècle. S. Siméon, reclus dans une Tour à la Porte de Trèves, mourut en 1035. son Corps s'y conserve dans l'Eglise de son nom.

L'ARCHEVECHÉ DE TREVES est un des Electorats de l'Empire. Il est borné par celui de Cologne au Septentrion: par la Wetteravie à l'Orient: par le Palatinat du Rhein, & par la Lorraine au Midi; & par le Luxembourg à l'Occident.[b] Plusieurs Ecrivains Allemands disent que le Pape Sylvestre donna à Agrice le titre d'Archevêque de Trèves, & y joignit la qualité de Primat des Gaules & de Germanie. Mersenius rapporte dans le dixième Livre de son Epitome des Annales de Trèves[c], que le Pape Jean XIII. confirma cette Primatie aux Archevêques de Trèves le 11. des Calendes de Février de l'année 969. par une Bulle, dans laquelle il ordonne que l'Archevêque

[a] *Baillet, Topogr. des SS. p. 503.*

[b] *Audifred. Géogr. Anc. & Mod. t. 3. p. 229. & suiv.*

[c] *Pag. 279.*

vêque de Trèves aura rang immédiatement après le Légat du Pape; & que lorsqu'il n'y aura point de Légat, il marchera immédiatement après l'Empereur, & aura droit de convoquer les Synodes, & de prononcer comme Vicaire du St. Siège dans ces Pays. Pepin, Charlemagne & Louïs le Débonnaire ayant enrichi considérablement l'Eglise de Trèves, les Archevêques commencérent sous le Régne d'Othon II. vers l'an 975. à se gouverner en Princes Souverains, & vers ce tems-là les Chanoines, las de vivre reguliérement & en commun, partagérent les Biens du Chapitre en Prébendes & vécurent dans des Maisons séparées. Ludolphe de Saxe fut le premier Electeur suivant l'opinion de ceux qui attribuent l'Institution du Collége Electoral à l'Empereur Othon III. Henri II. fit donation de Coblentz à Adelbert de Franconie l'an 1018. Hillin, qui succéda à Adelbert, incorpora au Domaine de Trèves le Château de Nassau, avec une étendue de dix milles de Pays le long de la Rivière de Lohn, & donna en échange la Seigneurie de Partentheim à l'Evêque de Worms: il acheta les Bourgs de Billich & de Broch des Seigneurs Thierri & Fredelon, & il acquit le Château de Scheur, près de Witlich, de Matthieu Duc de Lorraine. Baudouin de Luxembourg, frere de l'Empereur Henri VII. rendit feudataire de son Eglise Ulrich Landgrave de Leuchtenberg l'an 1316. pour la somme de mille Livres, & les Seigneurs de Sternberg, de Wellenstein près de Creutznach, & de Nevenbourg. L'Empereur Henri VII. lui donna en engagement les Villes de Boppart & d'Oberwesel, dont il acquit ensuite la propriété. Eloy, Seigneur de Dhaun, lui vendit l'Advocatie de Crewen; il acheta Kilpalatz, Dalheim & Weltzbilich des Seigneurs de Spielberg; & St. Vendel, de Jean Seigneur de Sarbruck, & une partie de la Seigneurie de Limbourg, de Jean Seigneur de Limbourg, pour la somme de vingt-sept mille florins. Jean Roi de Bohême, son neveu, lui céda les droits de féodalité sur les Palatins de Simmeren; & le Comte de Henneberg se soumit à un Cens annuel moyennant soixante & un marcs d'argent. Boemond Comte de Sarbruck, qui succéda à Baudouin, mit au nombre de ses Vassaux les Comtes de Hanau, de Manderscheid, d'Isenbourg, & de Banckenheim, aussi-bien que les Rheingraves; & il obtint de l'Empereur Charles IV. que ceux qui avoient été jusqu'alors Vassaux de l'Empereur & des Archevêques de Trèves ne le seroient dorénavant que de ceux-ci. Cunon de Virnenberg acheta des Comtes Cunon & Gerlac ses freres la moitié du Château & de la Seigneurie de Beilstein. Jacques d'Elz acquit en 1578. l'administration de l'Abbaye de Prum, dont il transmit le droit perpétuel à ses Successeurs, & soumit deux ans après sous son obéïssance la Ville de Trèves, qui prétendoit être libre & Impériale; & Philippe Christophle de Soteren réunit à son Domaine l'Abbaye de St. Maximin, dont les Moines soutenoient qu'elle relevoit immédiatement de l'Empire.

L'étendue de l'Archevêché de Trèves n'est pas fort grande; mais le Pays est extrêmement fertile & sur-tout en Vins. La Moselle le coupe en deux parties: la Septentrionale confine avec le Haut Diocèse de Cologne, & le Pays d'Eyffel; elle est beaucoup plus agréable & mieux peuplée que la Méridionale, qui est du côté de la Lorraine, & du Palatinat, où il n'y a presque que des Bois. Il est composé de vingt-cinq Bailliages, qui sont

Trèves,	Honstein,
Sarbourg,	Zell,
Veltzbilich,	Cocheim,
S. Vendel,	Munster-Eyfeld,
Grimbourg,	Hillesheim,
Kilbourg,	Meyen,
Witlich,	Coblentz,
Baldenaw,	Boppart,
Schonecken,	Ober-Wesel,
Dhaun,	Monthabor,
Ulmen,	Limpourg,
Berncastel,	Wetheim,
	Herpasch.

Les Empereurs de la Maison de Saxe fournirent la Ville de Trèves aux Archevêques, & les Empereurs de la Maison de Franconie l'affranchirent de la domination de ces Prélats, qui s'y opposérent, & ne laissérent pas de reprendre quelquefois leur autorité, selon que les diverses factions de la Ville leur étoient favorables. Ce différend donna lieu à de grandes contestations entre eux & les Habitans. Les Archevêques prétendoient que cette Ville leur devoit le Serment de fidélité, que la Jurisdiction leur appartenoit & que c'étoit à eux d'établir les Magistrats, de mettre les impositions, de garder les clefs des Portes, & de rendre la Justice Criminelle: ceux de Trèves opposoient à ces prétentions les Concessions des Empereurs de la Maison de Franconie, confirmées par ceux de la Maison de Suabe. Enfin l'Electeur Jacques d'Elz, voyant qu'il n'y avoit pas de meilleur moyen pour la réduire que la force, l'assiégea en 1569. & l'auroit emportée, si l'Empereur Maximilien II. & les Electeurs ne se fussent entremis de l'accommodement. Il fut arrêté que l'Archevêque leveroit le Siège; qu'il entreroit dans la Ville avec quelques Troupes; qu'on y logeroit l'Etat-Major & sa Garde, & qu'à l'égard du fond du différend il s'en remettroit à leur jugement. L'Empereur Rodolphe prononça là-dessus en 1580. & déclara la Ville déchue de ses Privilèges; & depuis ce tems-là les Electeurs en ont été les Maîtres. L'Electeur de Trèves posséde encore quelques autres Villes comme Coblentz, Boppart, Oberwesel, Cocheim, & Witlich. Il a outre cela l'Administration perpétuelle de l'Abbaye de Prum, & il jouït de celle de St. Maximin. Comme Archevêque il a pour suffragans les Evêques de Metz, de Toul & de Verdun; & comme Electeur il prend la qualité d'Archi-Chancelier de l'Empire pour les Gaules; mais cette dignité n'est qu'un Titre imaginaire, inventé par les Allemands pour marquer la prétendue dépendance du Royaume d'Arles à l'égard de l'Empire. Les plus célèbres Auteurs qui ont examiné à fond cette te matiére, demeurent d'accord d'un fait incontestable; savoir, que ce Pays faisant originairement partie des Gaules, le droit des Rois de France est antérieur à celui des Empereurs, qui d'ailleurs ont renoncé à tous les droits qu'ils y pouvoient avoir. L'Electeur de Trèves donne le premier son suffrage à l'Election de l'Empereur. Il a séance vis-à-vis de lui dans les Assemblées, & il alterne pour la seconde place avec l'Electeur de Cologne dans le Collége Electoral. Il jouït de plusieurs beaux Priviléges: il peut réunir à son Domaine les Fiefs Impériaux situez dans ses Etats, faute d'hommage rendu dans le tems porté par les Constitutions Impériales; il peut user du même droit que l'Empereur & l'Empire à l'égard des Fiefs qui relévent de lui, & qui se trouvent vacans faute d'Hoirs mâles, à moins que les Héritiers ne produisent un Privilége, qui déroge à ce droit; il met au Ban ceux qu'il a excommuniez s'ils ne se réconcilient dans l'année; & cette proscription a autant de force que si elle étoit faite par les Electeurs de l'Empire; il a dans la Ville de Trèves la Garde-Noble de tous les Mineurs. On peut appeller de sa Justice à la Chambre Impériale, parce que l'Electeur Charles Gaspar de la Leyen ne fit pas confirmer par l'Empereur le droit qu'ont les Electeurs d'empêcher qu'on ne puisse appeller de leur Justice.

2. TREVES, petite Ville de France, dans l'Anjou, Election de Saumur, avec titre de Baronnie & Château [a]. Foulque Nerra fit bâtir ce Château en un lieu, qui s'appelloit pour lors *Clementiné*, & ce Comte lui donna le nom de *Trèves*, ou parce que la Trève qu'il venoit de conclure avec Gédouin de Saumur, avoit été faite en ce Lieu-là, ou parce qu'il avoit été bâti pendant cette Trève. Cette Ville est sur la Loire & à main gauche de cette Riviére; on y voit le Tombeau de Robert le Maçon, autrement *Robertus Latomus*, qui fut Maître des Requêtes, & ensuite Chancelier de France, & qui étoit Seigneur de cette Ville l'ayant achetée par decret le 31. Août de l'an 1417. sur Jacques de Montberon. Ce Chancelier mourut l'an 1442. Trèves appartient aujourd'hui à Monsieur le Duc de Bourbon, & c'est une des plus petites Villes d'Anjou. Il s'y tient quatre Foires par an, où l'on fait un assez grand commerce de Porcs, de pruneaux & d'avoine.

3. TREVES & CUNAULT, Bourg de France, dans l'Anjou Election d'Angers.

1. TREVI, Bourg d'Italie, dans l'Etat de l'Eglise, au Duché de Spolete [b], près du Clitumno, à la droite, environ à cinq milles au Midi Oriental de Fuligno. On croit que c'est la Ville Trebia des Anciens. Voyez MUTUSCÆ. Cette Ville étoit Episcopale dans le cinquième Siècle.

2. TREVI, *Treba*, Ville d'Italie dans la Campagne de Rome [c], à la source du Teverone. Ce n'est plus aujourd'hui qu'un Village. Il y eut autrefois dans ce Lieu un Evêché érigé par Pascal II. vers l'an 1000. Il a été uni à Anagni par Aléxandre IV. vers l'an 1260.

TREVICO, petite Ville d'Italie [d], au Royaume de Naples, dans la Principauté Ultérieure en Latin *Trebicum*, où *Vicus*. Il y a dans cette Ville un Evêché suffragant de Bénévent, & qui pourroit bien n'avoir été érigé que vers le douzième Siècle; car il n'en est point parlé avant l'an 1136.

TREVIDON, Lieu de la Gaule, au voisinage du Pays des Peuples *Ruteni* selon Sidonius Apollinaris [e]:

Ibis Trevidon, & calumniosis
Vicinum nimis heu jugum Rutenis.

TREVIERES, Bourg de France. dans la Normandie, au Pays du Bessin, sous le Diocèse & l'Election de Bayeux. On estime le Veau & le Beurre de Trevieres; il y a Haute Justice. Cette Terre a été érigée en Comté en faveur de M. le Président de Pellot. Il s'y tient de gros Marchez.

TREVINO, Ville d'Espagne [f], dans la Biscaye & dans la petite Province d'Alava. Elle est située sur une Colline proche de la Riviére Ayuda; & est entourée de fortes murailles avec une Citadelle. Il y a une Fontaine renommée pour être miraculeusement sortie à l'endroit, où le Cheval de Saint Firmien frapa du pied, lorsque les Habitans avoient grande disette d'eau. Il y a trois Paroisses. Sa fondation est attribuée à Don Lopes Lainez; ensuite Sanche VIII. Roi de Navarre, l'agrandit, & y bâtit la Forteresse l'an 1194. Elle est Chef-lieu d'un Comté, que Jean II. Roi de Castille donna à Don Diègue Gomez Manrique Grand-Sénéchal de Léon. Ce Comté est passé dans la Maison des Ducs de Nagera. Le terrain abonde en blé, fruits & verdures.

TREVIRI, ou TREVERI, Peuples de la Germanie en deçà du Rhin [g]. Personne ne doit faire difficulté de mettre ces Peuples au nombre des Germains après le témoignage de Tacite [h], qui en parlant des *Treviri* & des *Nervii*, dit qu'ils avoient l'ambition d'affecter une origine Germanique comme si la gloire de cette origine les faisoit différer de la figure & de l'humeur fainéante des Gaules. Mais on chercheroit inutilement l'origine de leur nom, sa force & sa signification. César, Cicéron, Ptolomée & les Poëtes disent TREVIRI; & presque tous les autres Auteurs écrivent TREVERI. Cependant l'Itinéraire d'Antonin porte TRIVERI & la Notice de l'Empire TRIBERI. On ne peut douter que ces Peuples n'ayent d'abord habité au delà du Rhin, puisqu'il est prouvé qu'ils étoient originaires de la Germanie; mais en quel Quartier de la Germanie avoient-ils leur demeure? Sous quel nom y étoient-ils connus; car le nom de TREVIRI n'étant point connu dans la Germanie, il semble qu'on peut dire qu'ils ne le prirent qu'après qu'ils eurent passé le Rhin? Et en quel tems passérent-ils ce Fleuve, pour s'établir dans la Gaule? Ce sont-là autant de questions que le silence des Auteurs nous met dans l'impossibilité de résoudre. Voici quelque chose de plus sûr. Quand ces Peuples habitérent dans la Gaule, ils furent toujours mis au nombre des Belges, entre lesquels Pomponius Mela [i] leur donne la gloire d'être le Peuple le plus célèbre. César [k] dit que leur

Cava-

Cavalerie l'emportoit infiniment au-deſſus de celle de la Gaule, & qu'ils avoient une Infanterie nombreuſe; & ſelon Hirtius [a] le voiſinage de la Germanie leur donnant occaſion d'avoir continuellement les armes à la main; ils ne différoient guère des Germains, ni pour les mœurs, ni pour la férocité. Ces mœurs les diſtinguérent des Gaulois & les maintinrent libres depuis le tems de Jule Céſar, juſqu'a celui de Veſpaſien [b], qu'ils furent ſeulement Alliez & amis des Romains. Au commencement du Régne de Veſpaſien, ils ſe joignirent avec Civilis & conſpirérent contre les Romains; mais Cerealis les ayant vaincus [c] Veſpaſien les punit de leur révolte par la perte de leur liberté. Ils demeurérent depuis ſoumis aux Romains, juſqu'à la chûte de cet Empire, qu'ils entrérent dans l'Alliance des François.

[a] Lib. 8. c. 25.

[b] Tacit. Hiſt. L. 4. c. 66.

[c] Ibid. c. 71.

Pour fixer les bornes du Pays des Treviri, il convient de diſtinguer le tems de Céſar, des tems qui ſuivirent; car ces bornes ne paroiſſent pas avoir toujours été les mêmes. Cependant du côté du Couchant & du côté du Midi, il ne paroît pas y avoir eu grand changement: la Meuſe ſépara toujours les Rhemi & les Nervii des Treviri, comme nous l'apprennent Céſar, Ptolomée & tous les autres Auteurs; & du côté du Midi, les Treviri confinoient au Pays des Mediomatrici, de façon néanmoins qu'il n'eſt pas poſſible de marquer les bornes préciſes des deux Peuples, non plus que celles qui les ſéparoient des Vangiones & des Tribocci. Du côté de l'Orient & du côté du Septentrion les Limites des Treviri paroiſſent avoir changé en différens tems. Lorſque Céſar [d] faiſoit la guerre dans les Gaules les Segni, les Condrusi, les Cœraſi & les Pœmani habitoient au Nord des Treviri, de qui ils dépendoient, & leurs Pays à cauſe de cela ſe trouvent ſouvent compris dans celui des Treviri. Quant aux bornes du côté de l'Orient, le Rhin leur en ſervoit du moins en partie; car, ſelon Céſar [e] & les Auteurs de ſon tems, les Treviri habitoient ſur ce Fleuve. Mais on ignore quel eſpace du rivage ils occupoient, & celui qu'ils conſervérent dans la ſuite, lorſqu'Agrippa, du tems d'Auguſte, tranſporta les Ubiens dans la Gaule, & les plaça dans le Pays des Segni & des Condrusi, qui faiſoit partie de celui des Treviri. La ſituation des Peuples ſe trouva alors changée. Les Treviri eurent alors au Septentrion les Ubiens & les Tungres; les premiers en tirant vers l'Orient & les derniers vers le Couchant. Il reſte à ſavoir ſi lorſque les Ubiens eurent paſſé le Rhein, les Treviri conſervérent leur ancienne demeure ſur le Rhin, ou s'ils la cédérent en ſe retirant dans les terres. Ce qui donne lieu à quelque doute; c'eſt que depuis ce tems-là ils ne ſemblent plus mettre les Treviri au nombre des Peuples qui habitoient ſur ce Fleuve. Cependant, ſi l'on examine la choſe de près, on ſe perſuade aiſément que ces Peuples demeurérent toujours ſur le Rhein. En effet Suétone [f], en parlant du Lieu de la naiſſance de Caligula, dit que Pline la Naturaliſte vouloit que cet Empereur fût né dans le Village d'Ambitarinum, au Pays des Treviri, au-deſſus du

[d] Lib. 5. c. 32.

[e] Ibid. Lib. 4. c. 6. & 10.

[f] In Caligula.

Confluent de la Moſelle & du Rhein, & qui devoit être par conſéquent près de ce Fleuve. Il peut ſe faire que les Ubiens occupérent le long du Rhein la partie du Pays des Treviri, où avoient demeuré les Segni & les Condruſi; mais la partie ſupérieure demeura toujours à ſes anciens poſſeſſeurs. Il n'eſt pas plus poſſible de démontrer en quoi conſiſtoit cet eſpace du rivage ſupérieur, que de dire juſqu'où s'étendoit auparavant le Pays entier des Treviri le long du Rhein. Il y a néanmoins quelque apparence, qu'après l'établiſſement des Ubiens ſur la rive gauche de ce Fleuve, le Pays des Treviri s'étendit encore depuis le Confluent de l'Abrinca juſqu'à celui de la Nave: du-moins eſt-il certain qu'on ne connoît point d'autre Peuple, à qui on puiſſe attribuer cette étendue de Pays. Voyez Tre'ves.

TREVISO; Trevisi, ou Trevisio [g], Ville d'Italie dans la Seigneurie de Veniſe, au Treviſan, dont elle eſt la Capitale, en Latin Tarviſium ou Tarveſium. Cette Ville ſituée ſur la petite Rivière de Silis ou Sile, à quinze milles d'Oderzo, à dix-huit milles de Veniſe, à vingt milles de Padoue & à vingt-cinq milles de Baſſano, eſt ancienne & ſe vante même d'avoir pour Fondateur Oſiris troiſième Roi des Argiens, qu'on dit avoir régné dix ans en Italie. Ce Prince ayant hérité du Royaume d'Egypte après la mort de Denis qui l'avoit adopté, alla en prendre poſſeſſion & ne revint plus en Italie. Cet Oſiris étant mort; les Egyptiens l'adorérent comme un Dieu ſous la figure d'un Bœuf ou d'un Taureau qu'ils appellérent Apis ou Serapis. Du mot Taurus on fit Taurisium, & par corruption Tarvisium ou Trevisium. Voilà la Tradition, ou ſi l'on veut la Fable; car ſuppoſé que Treviſo ait été bâtie par Oſiris, a-t-il pu lui donner un nom qu'il n'a eu lui-même qu'après ſa mort? Voici quelque choſe de plus raiſonnable. Treviſo eſt une Ville ancienne dont on ne connoît point l'origine. Elle fut ſous la puiſſance des Goths [h], puiſqu'après la réduction de Ravenne par Béliſaire & la détention de Vitigis, cette Ville fut une de celles, qu'ils remirent au Vainqueur, qui en prit poſſeſſion. Peut-être retomba-t-elle encore ſous leur puiſſance; lorſqu'Ildibad eut vaincu & mis en fuite Vitalius qui lui avoit livré bataille près de cette même Ville [i]. Les Lombards s'en emparérent dans la ſuite, & Paul-Diacre [k], & Caſſiodore [l] parlent de cette Ville. Tout cela ne veut pas dire que Tarviſo ne ſoit guère plus ancienne que ces Auteurs. Il eſt conſtant qu'elle ſubſiſtoit du tems de l'Empire Routain [m]; car on y a découvert une Inſcription où on lit ces mots: MUN. TAR. Et une autre où l'on voit celui-ci: DECURION. C'en eſt aſſez pour la regarder comme un ancien Municipe. Tarviſo tomba dans la ſuite au pouvoir des Hongrois, puis appartint aux Carrares & aux Scaligers, juſqu'à ce qu'enfin elle ſe donna aux Vénitiens en 1331. ſelon quelques-uns, & en 1388. ſelon d'autres. Depuis ce tems-là elle eſt toujours demeurée fermement attachée à cette République. On remarque même qu'en 1509. toutes les autres Villes de ces Quartiers s'é-

[g] Délices d'Italie, t. 1. p. 46.

[h] Procop. Lib. 1. Bel. Goth. c. 29.

[i] Ibid. Lib. 3. c. 1.

[k] Lib. 4. c. 3.

[l] Lib. 10. Ep. 27.

[m] Cellar. Geogr. Ant. L. 2. c. 9.

s'étant rendues à l'Empereur ou au Roi de France, Treviso resta seule fidèle aux Vénitiens.

La Ville de Treviso est assez bien bâtie : on y voit un grand nombre de beaux & de magnifiques Edifices ; & elle contient une si grande quantité de Familles nobles, que l'on a compté autrefois jusqu'à cinquante-cinq Princes qui en étoient sortis. Elle a donné entre autres naissance à Totila Roi des Goths, au Pape Benoît XI. & à plusieurs autres Personnages illustres. La Rivière de Silis passe au travers de la Ville, qui outre cet avantage est pourvue de plusieurs Fontaines. Elle avoit autrefois une Université qu'on a transférée à Padoue. Le Territoire de Treviso est fertile. On y voit la Terre toute couverte de Vignes, de Pêchers, de Figuiers, de Meuriers & d'autres Arbres fruitiers. La diversité des Jardins, des Prairies, des Côteaux forme un Pays des plus riants. Cette Ville donne son nom à une Contrée appellée la Marche Trévisane. Elle a long-tems disputé ses Droits & ses Privilèges aux Villes de Padoue & d'Altino; & quoiqu'elle soit tellement entourée d'eau, qu'elle semble être une Isle, & par conséquent à couvert des courses des Ennemis, cependant on ne laissa pas de l'entourer de bonnes murailles flanquées de plusieurs Tours, pour pouvoir découvrir les Ennemis de loin & aller à leur rencontre. Après que les Lombards se furent établis en Italie, ils firent de Treviso le Siège d'un Marquisat, ou pour mieux dire, d'une Marche; sous la dépendance de laquelle étoient six Villes.

L'Evêché de Treviso [a], suffragant d'Aquilée, est des premiers Siècles. St. Paris de l'Ordre des Camaldules, natif de Boulogne, fut Chapelain des Religieuses de Ste. Christine de Treviso, & y mourut en 1267. âgé de 116. ans. Fortunat, qui est honoré comme Saint à Poitiers, d'où il a été Evêque, étoit de ce Pays; c'est pour cela qu'il l'appelle *Mea Tarvisus* [b].

Le TRE'VISAN, ou la MARCHE TRE'VISANE avoit autrefois beaucoup plus d'étendue qu'à présent. Ce Pays est réduit à un Etat assez médiocre, étant renfermé entre le Feltrin & le Bellunèse vers le Nord : le Padouan vers le Sud : le Frioul & le Dogado à l'Est; & le Vicentin à l'Ouest. Il est assez fertile en bleds & en vins; mais sa plus grande richesse consiste en mâts de Vaisseaux & en bois de chauffage, qui se transportent à Venise. La Marche Trévisane rend pour le moins, dit Mr. Amelot de la Houssaye, deux cens quatre-vingt mille Ducats par an à la République. Ses principaux Lieux sont

Treviso,	Cognelian, ou Cognegliano,
Castel-Franco,	
Coalto,	Ceneda,
Sarra-Valle, ou Serra-Valle.	

[a] *Baillet, Topogr. des SS.* p. 505.

[b] *De Martino,* Lib. 4.

TREVOUX, petite Ville de France, dans la Principauté de Dombes, dont elle est la Capitale. Elle est bâtie sur le penchant d'une Colline, & sur le bord Oriental de la Saone. Cette Ville est très-ancienne, & c'est-là où l'Empereur Sévére défit en bataille rangée son Compétiteur Albinus [c], comme nous l'apprennons de Spartien. Il est vrai qu'on lit dans cet Auteur *Tinurtium*; mais il faut corriger *Tivurtium*, c'est-à-dire, Trevoux, parce qu'il est près de Lyon, où la Bataille fut donnée, selon le témoignage des deux Historiens Contemporains, Dion Cassius & Hérodien. *Tivurtium* est celui que l'Itinéraire d'Antonin marque entre Lyon & Macon, & ce Lieu, dont parle Spartien, ne peut-être Tournus, qui est à treize grandes lieues de Lyon, entre Macon & Challon sur Saone, où la Carte de Peutinger marque *Tenurtium*.

Selon Mr. Piganiol de la Force [d], la Ville de Trevoux a pris ce nom pour avoir été bâtie dans l'endroit, où l'un des grands Chemins qu'Agrippa avoit fait faire dans les Gaules se partageoit en trois, & que pour cette raison on appelloit *Tres Viæ, Trivium*.

* Trevoux est la Capitale de la Souveraineté de Dombes, & est située sur une Colline qui s'abaisse jusqu'au bord de la Saone. Le Pape Clément VII. y érigea un Chapitre en 1523. Il est composé d'un Doyen qui est Conseiller-né du Parlement, d'un Chantre, d'un Sacristain, & de dix Chanoines : tous Concurez de la Ville. Le Doyenné est à la nomination du Souverain. On voit aussi dans cette Ville un Couvent de Religieux du Tiers Ordre de S. François, un de Carmelites, un d'Ursulines, un Hôpital bâti & fondé par feue Anne-Marie-Louïse d'Orléans, Souveraine de Dombes. Le Parlement tenoit ses Séances à Lyon; mais en 1696. Monseigneur le Duc du Maine le transféra à Trevoux, où il fit bâtir un beau Palais pour le Siège de la Justice. Le Parlement est composé de trois Présidens, d'un Chevalier d'Honneur, de douze Conseillers, dont il y en a deux de Clercs, de trois Maîtres de Requêtes, d'un Procureur-Général, de deux Avocats-Généraux, & de quatre Secrétaires. Le feu Roi Louïs XIV. a accordé dans son Royaume aux Officiers de ce Parlement les mêmes privilèges & avantages dont jouïssent les Officiers des autres Parlemens de France. Ce même Prince a fait établir une Imprimerie dans la même Ville, & a fait tracer le plan d'un grand Collége. La Chambre du Trésor, l'Hôtel de la Monnoye, & le Palais du Gouverneur sont les autres Edifices les plus remarquables de cette Ville.

[c] *Longuerue, Descr. de la France,* part. I. p. 305.

[d] *Descr. de la France,* t. 3. p. 131.

* *Le P. Ménestrier.*

TREYSA, ou TREISEN, Ville d'Allemagne [e], dans le Pays de Hesse, la Capitale du Comté de Ziegenhain, sur une Colline, au bord de la Rivière Schwalm. Fréderic Comte de Ziegenhain, fils du Landgrave Louïs *de Fer*, la fit bâtir l'an 1173. Les Impériaux la brûlèrent avec les Villages circonvoisins en 1640. au mois de Novembre, & peu de jours après se donna une bataille proche de cette Ville dans un Bois entre le Baron de Bredau Velt-Maréchal Lieutenant Commandant les Troupes de l'Empereur, & le Colonel de Weimar Reinald de Rosen, où celui-ci gagna la victoire, & le Baron de Bredau fut tué. Cette Ville a donné le jour à Nicolas Rodingus, à Jean Schröder, deux fameux Théologiens, & au célèbre Jurisconsulte Nicolas Vigelius.

[e] *Zeyler, Topogr. Hass.* p. 82.

TREZ,

TREZ, *Castium de Trictis*, Bourg & Baronnie de France, dans la Provence, au Diocèse d'Aix. C'est un Bourg fort considérable, où il y a un Couvent de Cordeliers. Il étoit ci-devant Chef de Vallée, & en cette qualité il a droit de députer aux Assemblées de la Province. Quelques-uns croyent, que c'est l'ancienne *Tegulata*, dont l'Itinéraire d'Antonin fait mention dans la Voye Aurélienne.

TREZZO, Ville d'Italie, dans le Milanez [a], sur le bord Occidental de l'Adda, aux confins du Bergamasque, près de Castello.

[a Magin, Carte du Milanez.]

TRIA-CAPITA. Voyez QUERCUS-CAPITA.

TRIACENSES, Peuples d'Italie dans le Picenum, selon Pline [b]. Au lieu de TRIACENSES Pintaut voudroit lire TRAIANENSES. Le Pere Hardouin lit TREIENSES. Voyez ce mot.

[b Lib. 3. c. 13.]

TRIACONTA-SCHOENUM, c'est-à-dire *Trente-Schoenes* : Ptolomée [c] donne ce nom à une Contrée de l'Egypte, entre les Montagnes des Ethiopiens & le Nil.

[c Lib. 4. c. 8.]

TRIÆNA. On trouve ce nom dans Euripide [d] : sur quoi Ortelius [e] remarque que l'Interprête d'Euripide dit que TRIÆNA est un Lieu de l'Argie ; mais que Stiblin croit que c'est le Poëte Amymon qu'Euripide entend sous ce nom.

[d In Phœnissis.]
[e Thesaur.]

TRIAMAMMIUM. Voyez TRIMMANIUM.

TRIANA, nom d'un Fauxbourg de la Ville de Séville. Voyez SÉVILLE.

TRIANGLES, ou TRIANGULO, Isle de l'Amérique Septentrionale, dans le Golphe du Méxique, à l'entrée de la Baye de Campeche. Ce sont trois petites Isles basses & sablonneuses, à quelques lieues du Cap de Desconosida [f] en tirant vers le Couchant. Dampier [g] les met à vingt-cinq lieues de Hina vers le Nord, & environ à trente lieues de la Ville de Campeche. On leur a donné le nom de Triangles, à cause qu'elles forment cette figure par leur situation. On trouve un fort bon ancrage au Sud de ces Isles ; mais il n'y a ni bois ni eau. On n'y voit pour tous Animaux qu'un nombre prodigieux de gros Rats, & quantité d'Oiseaux qu'on appelle Baubies ou Guerriers.

[f De l'Isle, Atlas.]
[g Supplém. des Voyages, 2. Part. c. 2.]

TRIANGULO [h], Isles de l'Amérique Méridionale dans la Mer du Nord, & que l'on compte au nombre des Lucaies. Elles sont aussi au nombre de trois & représentent par leur situation la figure d'un triangle, d'où elles ont pris leur nom. Ces trois Isles se trouvent à l'entrée du Détroit d'Euxuma, du côté de l'Orient, entre l'Isle de Guana-Hani, ou Catt, au Nord, & celle d'Yumeta, ou Long-Iland au Midi.

[h De l'Isle, Atlas.]

1. TRIANON, Maison Royale en France, dans le Parc de Versailles, à l'un des bouts du Canal, qui traverse le Grand Canal de Versailles, vis-à-vis de la Ménagerie [i]. Ce petit Palais est également galant & magnifique, & la structure & les ornemens sont d'un goût & d'un dessein exquis. La face extérieure de cette Maison n'est que d'environ soixante & quatre toises. La Cour est ornée en face, d'un beau Péristile soutenu par des Colonnes & des Pilastres de Marbre. Les deux aîles du Bâtiment sont terminées par deux Pavillons, & sur tout l'Edifice régne une Balustrade, le long de laquelle sont des Statues, des Corbeilles, des Urnes & des Cassolettes. L'Appartement de feu Monseigneur est orné de beaux Tableaux, & d'une Table de Porphyre de grand prix. Celui du Roi a des Tableaux choisis, & des meubles magnifiques. La Galerie est fort ornée, & l'on y voit avec plaisir les vûes des Morceaux les plus remarquables, qui sont dans les Jardins de Versailles. Les Jardins de Trianon sont agréables & délicieux. Le goût & la propreté y régnent par-tout. Les Bassins y sont distribuez à proportion, & sont ornez de Groupes bien choisis : les Statues, les Urnes & les autres embellissemens y sont aussi parfaitement bien employez. On remarque sur-tout la Cascade & le Groupe de Laocoon. Ce dernier a été sculpté par Baptiste Tuby d'après l'antique. On trouve aussi parmi les Statues de ces Jardins quelques antiques, & un grand nombre d'autres choses curieuses, qu'on peut voir dans la description de Versailles & de Marly.

[i Piganiol. Descr. de la France, t. 2. seconde partie, p. 608.]

2. TRIANON, petite Habitation de l'Amérique Septentrionale, dans la Nouvelle France, située à la Cabesterre de la Guadeloupe, auprès du Fief d'Armouville. M. Auger Gouverneur de la Guadeloupe, & depuis de Saint Domingue l'ayant acheté, lui a donné ce nom.

TRIARATHIA, Ville de la Petite-Arménie : l'Itinéraire d'Antonin la marque sur la route de Sébaste à Cocufon, entre Tonofa & Coduzabala, à cinquante milles du premier de ces Lieux, & à vingt milles du second. Les MSS. varient par rapport à l'orthographe du nom de cette Ville. Les uns portent TRIARATHIA, les autres ARVARATHIA, TRIARITHIA ou TRIATRACHIA. Il y a apparence qu'on doit préférer *Ariarathia*; car Etienne le Géographe dit qu'Ariarathe lui avoit donné son nom.

TRIARE, Contrée d'Asie, dans l'Ibérie : Pline [k] dit que la Contrée de Thasie & celle de Triare s'étendoient jusqu'aux Monts *Paryadræ*.

[k Lib. 6. c. 10.]

TRIBALLI, Peuples de la Basse-Mœsie : Strabon [l] les met sur le bord du Danube & dit qu'ils s'étendoient jusque dans l'Isle de Peuce. Il ajoute qu'Aléxandre le Grand ne put s'emparer de cette Isle faute d'un nombre suffisant de Vaisseaux, & que Syrmus Roi des *Triballi* qui s'y étoit retiré en défendit courageusement l'entrée. Ptolomée [m] & Pline [n] font aussi mention de ces Peuples. Ce dernier dit [o] que parmi eux il y avoit des gens qui ensorceloient par leur regard, & qu'ils tuoient ceux sur qui ils tenoient long-tems les yeux attachez, sur-tout lorsqu'ils étoient en colère.

[l Lib. 7. p. 301.]
[m Lib. 3. c.]
[n Lib. 3. c. 26.]
[o Lib. 7. c.]

TRIBANTA, Ville de l'Asie-Mineure, dans la Grande Phrygie, selon Ptolomée [p].

[p Lib. 5. c.]

TRIBAU, *Tribow*, Ville de la Moravie [q], proche d'une Rivière sans nom, entre Zwitta & Muglitz, pas loin de Tyrnau sur les Confins de Bohême. Les Suédois la prirent en 1643. Ils acceptérent pour sa rançon 6000. Florins, & la pillérent après pendant un jour & une nuit.

[q Zeyler, Topogr. Mor. p. 111.]

TRIBAZINA, ou TRIBASINA, Ville [r] Bourg de l'Arie. C'est Ptolomée qui en parle.

[r Lib. 6. c.]

TRIBBESEES, Ville d'Allemagne dans la Poméranie [s]. C'est une Frontiere d'importance,

[s Zeyler, Topogr. Pomer. p. 117.]

tance, située aux Confins de Mechelnbourg, près de la Riviére Trebel, entre Roſtock & Grypſwalde. Elle eſt ancienne; il y a un Château avec un Bailliage. Cette Ville fut dans le Siècle paſſé priſe & repriſe par les Impériaux & par les Suédois; & ceux-ci à la fin en demeurérent les maîtres. Ratibor, Duc de Poméranie, qui mourut l'an 1191. l'avoit enlevée aux Rugiens ſes ennemis, & en avoit converti les Habitans à la Foi Chrétienne; mais peu de tems après Jaromar, Prince de Rugen, l'ayant emportée avec l'aſſiſtance des Danois, ce Prince & ſes Succeſſeurs la gardérent juſqu'en 1325. que le dernier Prince de Rugen Witzlaf mourut ſans Hoirs Mâles. Ce Pays échut alors aux Ducs de Poméranie, avec la Ville de Tribbeſées. Cependant le Duc de Mechelnbourg, Henri ſurnommé *le Lion*, & les deux Princes Werle, Herman & Jean, la lui prirent, tâchant ainſi d'atraper au moins une portion de cette Succeſſion. Les Ducs de Poméranie la regagnérent bien-tôt après, & elle leur demeura.

TRIBERI. Voyez TREVIRI.

a VI. Tit. de privil. in Palatio Militantium.

TRIBERINUM, Lieu dont il eſt parlé dans le Code Théodoſien *a*.

TRIBIGNA. Voyez TREBIGNA.

b Spencer, Not. Germ. Ant. L. 6. c. 5.

TRIBOCCI, Peuples de la Germanie en deçà du Rhein *b*. Le nom de ces Peuples eſt écrit ſous différentes orthographes dans les Anciens. Céſar lit TRIBOCI & TRIBOCES; Pline & Strabon TRIBOCHI; Tacite TREBOCI & TRIBOCI; Ptolomée TRIBOCCI. On conjecture que ces Peuples avoient eu leur nom de trois Hêtres, auxquels peut-être ils rendoient un culte divin: on trouve encore dans leur ancienne demeure un Village nommé ZUN DREGEN BUCHEN; c'eſt-à-dire *Aux Trois Hêtres*; & peut-être dans le nom de ce Village a-t-on des traces de l'ancienne ſuperſtition de ſes premiers Habitans, & l'origine de leur nom. Céſar *c* & Strabon *d* mettent les TRIBOCCI ſur le Rhein entre les MEDIOMATRICI & les TREVIRI: ainſi dès ce tems-là ces Peuples étoient établis dans la Gaule, & leur migration précéda celles des *Vangiones* & des *Nemetes*, qui devinrent dans la ſuite leurs voiſins. Quant aux bornes du Pays des *Triboci*, il ſeroit bien difficile de les fixer, puiſque les Anciens mêmes ne s'accordent pas par rapport à l'ordre dans lequel ils rangent les Peuples de ce Quartier. Voyez Cluvier dans ſon Ancienne Germanie *e*.

c Bel. Gal. Lib. 4. c. 10.
d Lib. 4. p. 194.

e Lib. 2. c. 10.

TRIBOLA, Ville d'Eſpagne, ſelon Appien *f*, cité par Ortelius *g*.

f In Ibericis.
g Theſaur.

TRIBONI. Voyez TRIBOCCI.

TRIBORI. Voyez TREVIRI.

☞ TRIBU, mot François qui ſignifie une des parties dont un Peuple eſt compoſé, & qui dans ſon origine comprenoit tous ceux qui étoient ſortis d'une même tige. Il vient du Latin *Tribus* qui veut dire la même choſe. Tout le monde ſait que Jacob ayant eu douze fils, qui furent Chefs d'autant de grandes Familles *h*, & qui toutes enſemble formérent un grand Peuple, chacune de ces grandes Familles fut nommée Tribu. Mais comme Jacob au lit de la mort adopta Ephraïm & Manaſſé *i* fils de Joſeph, & voulut qu'ils compoſaſſent deux Tribus d'Iſraël, au lieu de douze Tribus, il s'en trouva treize; celle de Joſeph ayant été partagée en deux. Cependant dans la diſtribution des Terres que Joſué fit au Peuple par l'ordre de Dieu, on ne compta que douze Tribus, & on ne fit que douze Lots; la Tribu de Lévi qui étoit attachée au Service du Tabernacle du Seigneur, n'ayant point eu de partage dans la Terre; mais ſeulement quelques Villes pour y demeurer, & les prémices, les Dixmes & les oblations du Peuple pour leur ſubſiſtance.

h Dom Calm. Dict.
i Geneſ. 48. 5.

Les douze Tribus étoient campées dans le Deſert autour du Tabernacle de l'Alliance, chacune ſelon ſon rang. A l'Orient étoient Juda, Zabulon & Iſſachar; au Couchant étoient Ephraïm Manaſſé & Benjamin; au Midi ſe trouvoient Ruben, Siméon & Gad; au Septentrion Dan, Aſer & Nephtali. Les Lévites étoient diſtribuez autour du Tabernacle plus près du St. Lieu que les autres Tribus; en ſorte que Moïſe & Aaron avec leurs Familles étoient à l'Orient, Gerſon au Couchant, Caath, au Midi, & Meravi, au Septentrion.

Dans les marches de l'Armée d'Iſraël les douze Tribus étoient partagées en quatre gros Corps, compoſez chacun de trois Tribus. Le premier Corps, qui faiſoit comme l'Avant-garde de l'Armée, étoit compoſé des Tribus de Juda, d'Iſſachar & de Zabulon. Le ſecond étoit compoſé de Ruben, de Siméon & de Gad. Entre ce ſecond Corps de Troupes & le troiſiéme venoient les Lévites & les Prêtres avec l'Arche du Seigneur, les Tentures, les Ais, les Colonnes & tous les autres inſtrumens du Tabernacle. Le troiſiéme Corps de l'Armée d'Iſraël, étoit compoſé des Tribus d'Ephraïm, de Manaſſé & de Benjamin. Enfin le quatrième & dernier, qui faiſoit comme l'Arriére-garde, comprenoit les Tribus de Dan, d'Aſer & de Nephtali.

Dans le partage que Joſué fit de la Terre de Chanaan aux Tribus d'Iſraël, Ruben, Gad & la moitié de la Tribu de Manaſſé eurent leur Lot au-delà du Jourdain. Toutes les autres Tribus & l'autre moitié de celle de Manaſſé eurent leur partage au deçà de ce Fleuve. On peut voir ſous le Titre de chacune des douze Tribus l'Hiſtoire du Patriarche qui en eſt le Chef, & ce qui peut concerner la Tribu dont il eſt Auteur, ſon partage, ſes avantures, &c. Ainſi on peut voir les Articles de JUDA, SIMEON, LEVI, BENJAMIN, DAN, EPHRAÏM, MANASSE, RUBEN, GAD, ASER, ZABULON, ISSACHAR & NEPHTALI.

Les douze Tribus demeurérent unies ſous un même Chef, ne formant qu'un même Etat, un même Peuple & une même Monarchie, juſqu'après la mort de Salomon. Alors dix Tribus d'Iſraël quittérent la Maiſon de David & reconnurent pour Roi Jéroboam fils de Nabat; & il ne demeura ſous la domination de Roboam que les Tribus de Juda & de Benjamin. Cette diviſion peut être regardée comme la cauſe des grands malheurs qui arrivérent dans la ſuite aux deux Royaumes & à toute la Nation des Hébreux; car premiérement elle cauſa l'altération ou le changement de l'ancien Culte & de l'ancienne Religion; Jéroboam fils

fils de Nabat ayant fubſtitué le Culte des Veaux d'or à celui du Seigneur; ce qui fut cauſe que les dix Tribus abandonnérent le Temple du Seigneur. Secondement cette féparation cauſa une haine irréconciliable entre les dix Tribus & celle de Juda & de Benjamin, & ſuſcita entre eux une infinité de guerres. Le Seigneur irrité les livra à leurs Ennemis. Teglatphalaſar enleva d'abord les Tribus de Ruben, de Gad, de Nephtali & la demi Tribu de Manaſſé, qui étoit au-delà du Jourdain, & les tranſporta au-delà de l'Euphrate [a] l'an du Monde 3264. avant Jéſus-Chriſt 736. avant l'Ere vulgaire 740.

[a] 4. Reg. 15. 29. 1 Par. 5. 26.

Quelques années après, Salmanaſar, Roi d'Aſſyrie, prit la Ville de Samarie, la ruïna, enleva tout le reſte des Habitans du Royaume d'Iſraël, les fit tranſporter au-delà de l'Euphrate [b], & envoya d'autres Habitans dans le Pays, pour le cultiver en leur place. Ainſi finit le Royaume des dix Tribus d'Iſraël l'an du Monde 3283. avant J. C. 717. avant l'Ere vulgaire 721. C'eſt un grand Problême parmi les Peres & les Interprétes; ſavoir ſi ces dix Tribus ſont encore aujourd'hui au-delà de l'Euphrate, ou ſi elles ſont revenues dans leur Pays. La plûpart croyent qu'elles n'y ſont jamais retournées: mais l'opinion contraire nous paroît mieux fondée dans l'Ecriture, qui promet en pluſieurs endroits le retour de ces Tribus, & qui nous repréſente toute la Paleſtine bien peuplée par des Iſraélites de toutes les Tribus, long-tems avant la venue de Jéſus-Chriſt. Il faut pourtant avouer que ce retour n'a pas été marqué dans l'Hiſtoire, parce qu'il s'eſt fait inſenſiblement & qu'il n'a pas empêché qu'il ne ſoit reſté un très-grand nombre d'Iſraélites au-delà de l'Euphrate; en ſorte que St. Pierre adreſſe encore ſa première Epitre aux Juifs convertis qui étoient répandus dans les Provinces de Pont, de Bithynie, d'Aſie, &c. Voyez la Diſſertation de Dom Calmet ſur cette queſtion: Si les dix Tribus ſont revenues de leur Captivité, à la tête du ſecond Livre des Paralipomènes.

[b] 4. Reg. 17 & 18. 10. & 11.

Quant aux Tribus de Juda & de Benjamin, qui demeurérent ſous la domination des Rois de la Famille de David, elles ſubſiſtérent plus long-tems dans leur Pays; mais enfin ayant rempli la meſure de leurs iniquitez, Dieu les livra à leurs Ennemis. Nabuchodonoſor ayant pris Jéruſalem, fit mettre le feu au Temple, ruïna la Ville, & tranſporta tout le Peuple de Juda & de Benjamin à Babylone, dans les autres Provinces de ſon Empire [c]. Cela arriva l'an du Monde 3416. avant Jéſus-Chriſt 584. avant l'Ere vulgaire 588.

[c] 4. Reg. 25. 1. 2. 3. &c. & 2. Par. 36. 17. 18. &c.

La Captivité de Juda dura ſoixante & dix ans, ainſi que les Prophétes [d] l'avoient prédit. On en peut fixer le commencement en 3398. & la fin en 3468. qui eſt la première année de Cyrus à Babylone, ou en mettre le commencement en l'an 3416. qui eſt celui de la priſe de Jéruſalem, & de ſa ruïne par Nabuchodonoſor; & la fin en 3486. qui eſt le commencement du Régne de Darius fils d'Hyſtaſpe, Epoux d'Heſter & protecteur des Juifs. Le retour de Juda eſt bien marqué à la fin du ſecond Livre de Paralipomènes [e] & dans les Livres d'Eſdras & de Néhémie. L'E.dit de Cyrus qui leur permet de retourner dans leur Pays eſt de l'an du Monde 3468. avant Jéſus-Chriſt 532. avant l'Ere vulgaire 536.

[d] Jérém 25. 11. 12. & 29. 10.

[e] 2. Par. 36. 20. 21. 22. 23.

La Ville d'Athènes [f] fut auſſi diviſée en ſ Tribus, qui étoient du tems de Demoſthènes, ne au nombre de dix, & elles avoient emprunté leurs noms de dix Héros du Pays. Elles occupoient chacune une partie d'Athènes & de plus contenoient au dehors quelques autres Villes, Bourgs & Villages. Voici leurs noms rangez ſuivant l'Ordre Alphabétique

[f] De Tourreil, Remarq. ſur la Harangue d'Eſchine, 4. p. 295.

Achamantide,   Erechteïde,
Ajantide,   Hippothoontide,
Antiochide,   Léontide,
Cécropide,   Oeneïde,
Egeïde,   Pandionide.

Le nombre de ces Tribus ne fut pas le même dans tous les tems. Il varia ſelon les accroiſſemens d'Athènes. Il n'y avoit eu d'abord que quatre: il y en eut ſix peu après, puis dix & enfin treize; car aux dix que nous venons de nommer la Flatterie des Athéniens en ajouta trois autres dans la ſuite, ſavoir le Tribus

    Ptolémaïde,   Attalide,
        Adrianide.

Pour établir ces nouvelles Tribus on démembra quelque portion des anciennes. Au reſte les Peuples ou Bourgades qui compoſoient toutes ces Tribus, étoient au nombre de cent ſoixante & quatorze, comme Strabon & Euſtathe en ſont foi.

Le mot de TRIBU qui eſt un terme de partage & de diviſion, dit Mr. Boindin dans ſon Diſcours ſur les Tribus Romaines, avoit deux acceptions chez les Romains, & ſe prenoit également pour une certaine partie du Peuple & pour une partie des Terres qui lui appartenoient. Après avoir remarqué que les Hébreux s'étoient ſervi les premiers du mot Schevet de ces deux maniéres, & les Grecs du terme *Phule*, il ajoute: Comme il n'y a point d'Etabliſſement dans l'Hiſtoire Romaine qui ſoit plus ancien que celui des Tribus, il n'y en a point auſſi ſur lequel les Auteurs ſoient moins d'accord, ni par conſéquent dont les véritables circonſtances ſoient plus difficiles à démêler. Qui ne ſe ſoucieroit pas néanmoins d'approfondir les choſes en auroit bien-tôt fait un Syſtême aſſez ſuivi; mais quand on veut tout conſidérer, la choſe devient plus problématique & demande un peu plus de diſcuſſion.

L'attention la plus néceſſaire dans ces ſortes de recherches eſt de bien diſtinguer les tems; car c'eſt le nœud des plus grandes difficultez. Ainſi il faut bien prendre garde de confondre l'état des Tribus ſous les Rois, ſous les Conſuls & ſous les Empereurs; car elles changérent entièrement de forme & d'uſage ſous ces trois ſortes de Gouvernemens. On peut les conſidérer ſous les Rois comme dans leur origine, ſous

sous les Consuls comme dans leur état de perfection & sous les Empereurs comme dans leur décadence, du moins par rapport à leur crédit & à la part qu'elles avoient au Gouvernement; car tout le monde sait que les Empereurs réunirent en leur personne toute l'autorité de la République & n'en laissèrent plus que l'ombre au Peuple & au Sénat.

L'état où se trouvèrent alors les Tribus nous est assez connu, parce que les meilleurs Historiens que nous ayons sont de ce tems-là : nous savons aussi à peu près quelle en étoit la forme sous les Consuls, parce qu'une partie des mêmes Historiens en avoient été témoins ; mais nous n'avons presque aucune connoissance de l'état où elles étoient sous les Rois, parce que personne n'en avoit écrit dans le tems, & que les Monumens publics & particuliers qui auroient pu en conserver la mémoire avoient été ruinez par les incendies. Du moins c'est la raison que Tite-Live [a] apporte de l'incertitude & de l'obscurité des premiers tems.

[a] Lib. 6. c. 1.

Il y a cependant lieu de croire que les recherches de Varron [b] auroient pu en quelque manière y suppléer, si le Livre qu'il avoit composé sur les Tribus étoit venu jusqu'à nous. Mais comme nous n'avons de lui sur ce sujet que quelques Fragmens épars dans ce qui nous reste de ses Ouvrages, nous serons obligez de nous en tenir à ce qu'on en trouve dans Tite-Live, Denys d'Halicarnasse & Plutarque ; car pour les Modernes qui en ont parlé depuis, ils n'ont fait que rapporter les passages de ces trois Auteurs, sans se mettre en peine de les concilier ni de les éclaircir, si l'on en excepte Panvinius qui les a accompagnez de savantes Remarques, & d'un grand nombre d'Inscriptions antiques.

[b] De Lingua Lat. Lib. 4.

Au reste, ce n'est pas seulement sur de simples circonstances que les Anciens qui ont parlé des Tribus, paroissent opposez, c'est sur le fond même des choses ; car non-seulement ils ne s'accordent point sur le tems de leur origine, les uns le rapportant à Romulus, & les autres à Servius Tullius ; mais ils ne conviennent pas même du nombre qui en fut d'abord établi. Les uns prétendent qu'il n'y en eut d'abord que trois, & que ces premières Tribus tirèrent leurs noms de Romulus leur Fondateur, de T. Tatius Roi des Sabins qui vinrent s'établir à Rome, & de Lucumo Chef des Toscans, qui étoient venus au secours des Romains [c] : *Ager Romanus primum divisus in paytes tres a quo Tribus appellatæ Tatiensium, Rammensium, Lucerum : nominatæ, ut ait Ennius, Tatienses a Tatio, Rammenses a Romulo, Luceres, ut ait Junius a Lucumone :* Et les autres en comptent quatre dès les commencemens & leur donnent le nom des quatre principaux Quartiers de Rome [d] : *Quadrifariam autem Urbe divisa, regionibus, collibusque quæ habitantur partes eas Tribus appellavit.*

[c] Varr. de Ling. Lat. Lib. 4.

[d] Tite-Live, Lib. 1. c. 6.

Enfin il n'y a pas jusqu'au nom de Tribu en général sur l'Etymologie duquel ils ne soient partagez, les uns le tirant du nombre même qui en fut d'abord établi, comme Varron & Plutarque : *Ager Romanus primum divisus in partes tres à quo Tribus appellatæ.* Varr. de Ling. Lat. *Tribus autem tres ipsas fuisse nomen ipsum indicat.* Plut. in Rom: Et les autres le faisant venir de *Tributum,* comme Tite-Live [e] : *Quæ habitantur partes eas Tribus appellavit, ut ego arbitror, a Tributo : nam ejus quoque æqualiter ex censu conferendi, ab eodem inita ratio est.*

[e] Lib. 1. c. 6.

Mais malgré toutes ces oppositions, ces Auteurs ne sont peut-être pas au fond si contraires qu'ils le paroissent ; & il seroit même peut-être assez facile de les concilier ; car enfin toute cette différence peut venir de ce que les uns n'ont fait attention qu'à l'origine des Tribus qui subsistoient de leur tems, & que les autres sont remontez jusqu'aux anciennes Tribus que Romulus avoit instituées, & que Servius Tullus supprima quand il établit les nouvelles. En effet, à cela près, ces Auteurs sont assez d'accord ; car non-seulement ceux qui parlent des anciennes Tribus conviennent avec Tite-Live de ce qu'il dit des nouvelles ; mais Tite-Live lui-même fait mention des premières ; & quoiqu'il ne les traite d'abord que de Centuries de Chevaliers [f], il ne laisse pas de leur donner en particulier les mêmes noms que Plutarque & Denys d'Halicarnasse : *Et Centuriæ tres Equitum Ramnes a Romulo, ab Tatio Tatienses appellati ; Lucerum nominis & originis causa incerta.* Et il lui arrive même dans la suite de les appeller les trois anciennes Tribus, preuve qu'il n'a d'abord évité de les nommer ainsi que pour ne les point confondre avec celles que Servius Tullius établit depuis : *Ut tres antiquæ Tribus suum quæque Augurem haberent* [g].

[f] Ibid.

[g] Lib. 10. c. 6.

Il est donc certain & même par Tite-Live qu'il y avoit d'autres Tribus à Rome avant ces dernières ; & l'on ne sauroit douter par conséquent qu'il n'en faille rapporter l'origine à Romulus. Mais il n'est pas aisé de déterminer au juste en quel tems elles furent instituées ; car d'un côté les noms de *Ramnes, Tatienses* & *Luceres* feroient croire que ce ne fut que depuis que Romulus eut fait la paix avec les Sabins, & qu'il les eut reçus dans la Ville avec les Toscans qui étoient venus à son secours, & cependant tous les Auteurs assûrent que ce fut avant l'enlèvement des Sabines, que Romulus établit la forme de son Gouvernement, & que les Cent Sénateurs dont il composa alors son Conseil, furent tirez des trois Tribus qu'il avoit déja établies.

Si ce fait est certain, & que ce ne soit point là une de ces anticipations si ordinaires aux Historiens, il faudra encore reconnoître de deux sortes de Tribus instituées par Romulus : les premières avant l'enlèvement des Sabines, lorsqu'il divisa la Ville en trois principales parties, & chacune de ces parties en dix autres, auxquelles il donna le nom de Curies ; & les autres lorsqu'il eut fait la paix avec les Sabins, & qu'il les eut reçus dans Rome avec les Toscans, qui étoient venus au secours des Romains.

La Ville se trouvant alors trop resserrée pour tous ses Habitans, Romulus en étendit l'enceinte ; mais il la divisa comme auparaparavant en trois principales parties ou Tribus, & subdivisa encore chacune de ces parties en dix autres, qui leur étoient subordonnées; de manière que sans augmenter le nombre des Tribus, ni des Curies, il leur donna néanmoins toute l'étendue nécessaire & les partagea également entre les Romains, les Sabins & les Toscans. Par ce moyen ces trois Nations ne firent plus qu'un seul Peuple, sous le nom commun de QUIRITES: *Ita geminata Urbe, ut Sabinis tamen aliquid daretur, Quirites a Curibus appellati* [a]. Mais elles ne laissèrent pas de former trois différentes Tribus, & de vivre séparément & sans se confondre, jusqu'au règne de Servius Tullius. Les Romains dans la première sous la conduite de Romulus, d'où ils tirèrent par corruption le nom *Ramnès*, ou *Ramnenses*: les Sabins dans la seconde sous les ordres de T. Tatius, d'où ils furent appellez *Tatienses*; & les Toscans dans la troisième sous les Loix de Tatius & de Romulus, qui leur donnèrent le nom de *Lucères* en mémoire de leur Chef Lucumo, ou parce que l'endroit où ils s'établirent étoit couvert de bois [b], car les Auteurs sont partagez sur l'origine de ce nom, & Tite-Live avoue qu'il est étoit incertaine de son tems [c].

Ce fut aussi alors que les trente Curies, qui n'avoient point encore eu de noms particuliers, ou du moins qui nous soient connus, reçurent, selon quelques Auteurs, ceux qu'elles portèrent depuis des trente Sabines les plus illustres par leur naissance ou par leur mérite: *Ex bello tam tristi læta repenté pax cariores Sabinas viris ac parentibus, & ante omnes Romulo ipsi fecit. Itaque cum Populum in Curios triginta divideret, nomina earum Curiis imposuit* [d].

Je dis néanmoins selon quelques Auteurs; car je sai bien qu'ils ne sont pas tous de ce sentiment, & que Varron prétend que tous ces noms de Curies, dont il ne nous reste plus aujourd'hui que huit ou neuf [e], étoient d'anciennes familles Romaines, ou le nom même des lieux où ces Curies étoient situées.

Mais, quoi qu'il en soit, c'est ainsi que ces premières Tribus furent d'abord instituées par Romulus l'an 4. de Rome, & puis renouvellées & étendues en faveur des Sabins l'an 7. de sa fondation; car c'est à ces années qu'il faut rapporter l'enlèvement des Sabines & l'union des Sabins avec les Romains.

Voilà ce qu'on sait touchant l'origine de ces anciennes Tribus. Mais avant que de passer aux nouvelles, il est bon de dire un mot de la situation & de l'étendue des premières, & même d'examiner quels en furent les usages, tant qu'elles subsistèrent, & ce que Servius Tullius jugea à propos d'en conserver quand il changea la forme du Gouvernement.

Pour se mettre d'abord au fait de leur situation il faut considérer la Ville de Rome, en deux états différens, au tems de sa première enceinte, lorsqu'elle n'étoit habitée que par les Romains, & depuis que Romulus en eut reculé les bornes, pour y recevoir les Sabins & les Toscans. Au premier état, comme elle ne comprenoit que le Mont Palatin, chaque Tribu en étoit justement un tiers [f]; mais lorsqu'elle eut plus d'étendue, & qu'on eut enfermé dans ses murs, outre le Mont Palatin, la Roche Tarpéienne, & toute la Vallée qui étoit entre ces deux Montagnes, il s'en fit alors une nouvelle division. L'ancien enclos demeura aux Romains, & ce qu'on y avoit ajouté fut partagé entre les Sabins & les Toscans. Les Sabins eurent la Montagne qu'on nomma depuis le *Capitole*, & les Toscans la Vallée où l'on bâtit depuis la grande Place appelée *Forum Romanum*. Par ce moyen les Romains demeurèrent en possession du Mont Palatin, où ils s'étoient d'abord établis; mais tout ce Quartier ne fit plus depuis qu'une Tribu, & les deux autres comprenoient, l'une le Capitole, auquel on ajouta dans la suite le Mont Cœlius, & l'autre la Vallée à laquelle on joignit depuis le Mont Aventin & le Janicule.

Voilà quelle étoit la situation de ces anciennes Tribus & quelle en fut l'étendue, tant qu'elles subsistèrent; car il ne leur arriva de ce côté-là aucun changement, jusqu'au Règne de Servius Tullius; c'est-à-dire jusqu'à leur entière suppression.

Il est vrai que Tarquinius Priscus entreprit d'en augmenter le nombre, & qu'il se proposoit même de donner son nom à celles qu'il vouloit établir; mais la fermeté avec laquelle l'Augure Navius s'opposa à son dessein, & l'usage qu'il fit alors du pouvoir de son Art, ou de la superstition des Romains, en empêchèrent l'exécution. *Tarquinius ad Ramnes Tatienses, Luceres quas Centurias Romulus scripserat addere alias constituit, suoque insignes nomine relinquere. Id quia inaugurato Romulus fecerat, negare Accius Navius inclytus ea tempestate Augur, neque mutari, neque novum constitui, nisi aves addixissent, posse* [g]. Les Auteurs remarquent qu'une action si hardie & si extraordinaire lui fit élever une Statue dans l'endroit même où la chose se passa; & Tite-Live ajoute que le prétendu miracle qu'il fit en cette occasion donna tant de crédit aux Auspices en général & aux Augures en particulier, que les Romains n'osèrent plus rien entreprendre depuis sans leur aveu.

Tarquin ne laissa pas pourtant de rendre la Cavalerie des Tribus plus nombreuse, & l'on ne sauroit nier que de ce côté-là il ne leur soit arrivé divers changemens; car à mesure que la Ville se peuploit, comme ses nouveaux Habitans étoient distribuez dans les Tribus, il faloit nécessairement qu'elles devinssent de jour en jour plus nombreuses, & par conséquent que leurs forces augmentassent à proportion. Aussi voyons-nous que dans les commencemens chaque Tribu n'étoit composée que de mille hommes d'Infanterie; d'où vient le nom de *Miles* [h], & d'une centaine de Chevaux que les Latins nommèrent *Centuria Equitum*. Encore faut-il remarquer qu'il n'y avoit point alors de Citoyen qui fût exempt de porter les armes. Mais lorsque les Romains eurent fait la paix avec les Sabins, & qu'ils les eurent reçus dans leur Ville, avec les Toscans qui étoient venus à leur secours: comme ces trois Nations ne firent plus qu'un Peuple,

a Tite-Live, L. 1. c. 13.
b Festus.
c Lib. 1. c. 13.
d Ibid Lib. 1. c. 13
e Forienses, Rapta, Veliensis, Velitia, Calabra, Titia, Tifata, & Saucia, ou Taucia. Festus.
f Aul. Gelle. Lib. 23. c. 14.
g Tite-Liv. Lib. 1. c. 36.
h Varr. L. 4. de Ling. Lat.

& que les Romains ne firent plus qu'une Tribu, les forces de chaque Tribu durent être au moins de trois mille hommes d'Infanterie & de trois cens Chevaux, c'est-à-dire trois fois plus considérables qu'auparavant. Aussi est-ce un fait dont tous les Auteurs conviennent, & auquel on ne peut opposer que deux passages, l'un de Varron [a], par lequel il semble que chaque Tribu n'avoit que mille hommes d'Infanterie, *Milites quod trium millium peditum primo Legio fiebat, & singulæ Tribus Tatiensium, Ramnensium & Lucerum millia singula militum mittebant*: & l'autre de Tite-Live [b], sur lequel on pourroit croire que toute la Cavalerie des Tribus consistoit en trois cens Chevaux: *Et Centuriæ tres Equitum Ramnensium, Tatiensium & Lucerum*. Mais il y a bien de l'apparence qu'il s'agit dans le premier de l'état des Tribus avant l'enlèvement des Sabines, comme on le peut voir par ces premières paroles: *primo Legio fiebat*, &c. & par conséquent que Varron ne leur donne le nom de *Ramnes*, *Tatienses* & *Luceres* que pour les distinguer de celles que Servius Tullius établit depuis: Et à l'égard de l'autre, il faut remarquer que la Cavalerie des Tribus conserva le nom de *Centuria Equitum*, lorsqu'on l'eut doublée, comme les Tribus retinrent leur premier nom lorsqu'on en eut augmenté le nombre. C'est ce que Varron nous apprend lui-même au quatrième Livre de la Langue Latine: *Centuriæ primum a centum dictæ, mox duplicatæ retinuerunt nomen, ut Tribus, dictæ primum a partibus Populi tripartito divisi, nunc multiplicatæ idem tenent nomen*. Mais c'est ce qui paroît encore mieux par l'endroit où Tite-Live [c] parle du dernier changement qui leur arriva: *Neque tum Tarquinius de Equitum Centuriis quicquam mutavit numero tantum alterum adjecit, ut mille & octingenti Equites in tribus Centuriis essent*. Car on voit non-seulement par-là que les Centuries ne furent pas toujours de cent Cavaliers; mais encore qu'elles étoient alors, comme nous avons dit, de trois cens Chevaux; puisqu'en les doublant Tarquin en fit monter le nombre à dix-huit cens; & c'est en même tems une preuve que l'Infanterie de chaque Tribu étoit aussi alors de trois mille hommes; car il est certain que leur Infanterie & leur Cavalerie augmentérent toujours dans la même proportion.

Enfin, quand le Peuple Romain fut encore devenu beaucoup plus nombreux, & qu'on eut ajouté à la Ville les trois nouvelles Montagnes dont j'ai parlé, savoir le Mont Cœlius pour les Albains, que Tullus Hostilius fit transférer à Rome [d], après la destruction d'Albe, & le Mont Aventin avec le Janicule pour les Latins qui vinrent s'y établir, lorsqu'Ancus Martius se fut rendu maître de leur Pays. Les Tribus se trouvant alors considérablement augmentées & en état de former une puissante Armée, se contentérent néanmoins de doubler leur Infanterie, qui étoit, comme nous venons de voir, de neuf mille hommes ; & ce fut alors que *Tarquinius Priscus* entreprit de doubler aussi leur Cavalerie & qu'il la fit monter à dix-huit cens Chevaux pour répondre aux dix-huit mille hommes, dont leur Infanterie étoit composée.

[a] Varr. L. 4. de Ling. Lat.
[b] Lib. 1. c. 13.
[c] Ibid. c. 36.
[d] Ibid. c. 29.

Ce sont-là, je crois, tous les changemens qui arrivèrent à ces Tribus du côté des armes, & il nous reste à les considérer du côté du Gouvernement.

Quoique les trois Nations dont elles étoient composées ne formassent qu'un Peuple, elles ne laissérent pas de vivre chacune sous les Loix de leur Prince naturel jusqu'à la mort de T. Tatius; car nous voyons que ce Roi ne perdit rien de son pouvoir quand il vint s'établir à Rome, & qu'il y régna conjointement & même en assez bonne intelligence avec Romulus tant qu'il vécut; mais après sa mort les Sabins ne firent point de difficulté d'obéir à Romulus & suivirent en cela l'exemple des Toscans qui l'avoient déja reconnu pour leur Souverain. Il est vrai que lorsqu'il fut question de lui choisir un Successeur, les Sabins prétendirent que c'étoit à leur tour à régner, & furent si bien soutenir leurs droits contre les Romains qui ne vouloient point de Prince étranger, qu'après un an d'Interrègne on fut enfin obligé de prendre un Roi de leur Nation. Mais comme il n'arriva par-là [e] aucun changement au Gouvernement, les Tribus demeurérent toujours dans l'état où Romulus les avoit mises & conservérent leur première forme tant qu'elles subsistérent.

La première chose que fit Romulus lorsqu'il les eut réunies sous sa Loi, fut de leur donner à chacune un Chef de leur Nation, capable de commander leurs troupes & d'être les Lieutenans dans la guerre: *Divisa in partes tres omni multitudine, singulis partibus Præfectum constituit: tum singulas trium partium rursus in decem partes distribuit, totidemque singulis Præfectos dedit, ac majores quidem Tribus, minores Curias appellavit, & ii qui Tribuum Præfecti erant Tribuni, Curiarum vero Curiones appellati* [f]. Ces Chefs que les Auteurs nomment indifféremment *Tribuni*, & *Præfecti Tribuum*, étoient aussi chargez du Gouvernement civil de ces Tribus; & c'étoit sur eux que Romulus s'en reposoit dans la paix. Mais comme ils étoient obligez de le suivre lorsqu'il se mettoit en campagne, & que la Ville seroit par-là demeurée sans Commandant, il avoit soin d'y laisser en sa place un Gouverneur, qui avoit tout pouvoir en son absence, mais dont les fonctions ne duroient que jusqu'à son retour. Ce Magistrat se nommoit *Præfectus Urbis* [g], nom que l'on donna depuis à celui qu'on créoit tous les ans pour tenir la place des Consuls pendant les Féries Latines; mais comme les fonctions du premier étoient beaucoup plus longues, les Féries Latines n'étant que de deux ou trois jours, son pouvoir étoit aussi alors beaucoup plus étendu; car c'étoit pour lors une espèce de Viceroi qui décidoit de tout au nom du Prince, & avoit seul le droit d'assembler le Peuple & le Sénat en son absence.

Je dis le Peuple & le Sénat; car quoique l'Etat fût alors Monarchique, le pouvoir des Rois n'étoit pas néanmoins si arbitraire que le Peuple n'eût beaucoup de part au Gouvernement. Il est vrai qu'il ne lui étoit pas permis de s'assembler sans un ordre exprès, & que ses décisions avoient même besoin d'être

[e] Ibid.
[f] Dionys. Hal. Lib. 2.
[g] Corn. Tacit. Annal. Lib. 4

d'être confirmées par le Sénat; mais aussi ne pouvoit-on sans sa participation faire aucun nouveau Réglement qui l'intéressât; ainsi lorsqu'il étoit question d'entreprendre quelque Guerre, d'établir quelque nouvel Impôt, ou de faire recevoir quelque Loi, il falloit nécessairement que le Peuple y consentît, & par conséquent qu'il s'assemblât pour délibérer.

Ces Assemblées se nommoient en général *Comitia*, à *cum eundo*, & se tenoient dans la grande Place au pied du Capitole, ou au Champ de Mars hors de la Ville, selon la nature & la forme de ces Assemblées; car il y en eut de trois sortes avec le tems; & ces trois sortes de Comices tirérent leur dénomination particuliére de la maniére dont le Peuple y donnoit ses suffrages [a]. Comme il eût été trop long de prendre toutes les voix en détail & l'une après l'autre, le Peuple se partageoit en différentes classes, telles que furent d'abord les Curies, & dans la suite les Centuries & les nouvelles Tribus, par le suffrage desquelles toutes les affaires se décidoient, & dont les suffrages se formoient à la pluralité des voix de ceux qui composoient ces Classes. C'est ce que les Latins nommoient *Comitia Curiata, Centuriata & Tributa: cum ex generibus hominum suffragium feratur, Curiata Comitia esse: cum confu & ætate Centuriata; cum ex regionibus & locis, Tributa* [b].

Les Comices des Curies se tenoient dans la grande Place *in Foro*: ceux des Tribus dans la grande Place ou au Champ de Mars indifféremment, & ceux des Centuries toujours au Champ de Mars, parce que la forme en étoit militaire, & que les Loix éloignoient de la Ville jusqu'à l'apparence d'une Armée [c]. Car au fond les Comices n'en avoient que l'apparence, quoiqu'ils se tinssent en ordre de bataille, puisque le Peuple y étoit sans armes, comme on le peut voir par ce passage de Cicéron: *Adeo ut ad justi speciem exercitus, nihil præter arma deforet*.

Au reste, il faut bien prendre garde de confondre les premiéres Assemblées du Peuple sous les Rois, & du tems des anciennes Tribus, avec les Comices des Centuries, & encore plus avec ceux des nouvelles Tribus; car ces derniers n'eurent lieu que sous les Consuls, & plus de soixante ans après ceux des Centuries; & ceux-ci ne commencérent même à être en usage que depuisque Servius Tullius eut établi le Cense; c'est-à-dire plus de deux cens ans après la fondation de Rome. Jusque-là il n'y eut point à Rome d'autres Comices que ceux des Curies, & ces Comices se mêloient généralement de toutes les affaires, au-lieu que les autres ne pouvoient connoître que de certaines matiéres: encore falloit-il que leurs décisions fussent aprouvées par les Curies [d], parce qu'elles étoient en possession des Auspices dont le Sceau étoit absolument nécessaire dans toutes les affaires publiques.

C'est la raison pour laquelle les Comices des Curies ne furent point supprimez quand Servius Tullius établit ceux des Centuries & durérent même encore long-tems après l'établissement de ceux des Tribus; car nous voyons qu'ils étoient encore en usage dans les derniers tems de la République. Il est vrai que la forme en étoit bien changée, & qu'ils ne se tenoient plus alors que par trente Licteurs, qui représentoient les trente Curies; mais cette formalité ne laissa pas de conserver toujours le nom de Comices, & d'être religieusement observée à cause des Auspices, comme on le peut voir par ce passage de Cicéron: *Nunc quia prima illa Comitia tenetis Centuriata & Tributa: Curiata tantum Auspiciorum causa remanserunt*.

Au reste, ce n'étoit pas seulement des affaires publiques, & qui regardoient tout le Peuple en général, que les Curies connoissoient; mais encore de celles qui pouvoient intéresser quelqu'une des Curies en particulier, avec cette différence néanmoins que les premiéres se traitoient dans les Assemblées générales des Curies; c'est-à-dire en pleins Comices, & les autres dans leurs Assemblées, c'est-à-dire dans les lieux où elles s'assembloient pour l'administration de leurs affaires, ou pour assister aux Cérémonies de la Religion: car Varron [e] nous apprend en plusieurs endroits qu'il y avoit de deux sortes de Curies à Rome du tems des anciennes Tribus: les unes où se traitoient les affaires civiles [f] & où le Sénat avoit coutume de s'assembler; & les autres où se faisoient les Sacrifices publics, & où se régloient toutes les affaires de la Religion: *Curiæ duorum sunt generum; nam & ubi curarent Sacerdotes res divinas, ut Curiæ veteres; & ubi Senatus humanas, ut Curia Hostilia* [g]. *Curia ubi Senatus Rempublicam curat: Curia enim dicitur ubi Sacrorum cura: ab his Curiones* [h].

Ces derniéres étoient au nombre de trente, & comme elles étoient distribuées également par toute la Ville, il y en avoit dix dans chaque Tribu, qui formoient autant de Quartiers particuliers, & pour ainsi dire autant de Paroisses. Car ces Curies étoient des Lieux destinez aux Cérémonies de la Religion, où les Habitans de chaque Quartier étoient obligez d'assister les jours solemnels, & qui étant consacrées à différentes Divinitez avoient chacune leurs Fêtes particuliéres, outre celles qui étoient communes à tout le Peuple.

D'ailleurs, il y avoit dans tous ces Quartiers d'auttes Temples communs à tous les Romains, où chacun pouvoit à sa dévotion aller faire des vœux & des Sacrifices; mais sans être pour cela dispensez d'assister à ceux de sa Curie, & sur-tout aux repas solemnels que Romulus y avoit instituez pour entretenir la paix & l'union qu'on appelloit *Charistia*, ainsi que ceux qui se faisoient pour le même sujet dans les Familles, & dont Valére Maxime parle au premier chapitre de son second Livre: *Convivium etiam solemne majores instituerunt, idque Charistia appellaverunt*, &c.

Enfin ces Temples communs étoient desservis par différens Colléges de Prêtres, tels que pourroient être aujourd'hui les Chapitres de nos Eglises Collégiales; & chaque Curie au contraire par un seul Ministre, qui avoit l'inspection sur tous ceux de son Quartier, & qui ne relevoit que du Grand *Curion*, qui faisoit alors toutes les fonctions de Souverain

rain-Pontife. Car ces *Curions* étoient originairement les Arbitres de la Religion, & même depuis qu'ils furent subordonnez aux Pontifes, le Peuple continua de les regarder comme les premiers de tous ses Prêtres après les Augures, dont le Sacerdoce étoit encore plus ancien, & qui furent d'abord créez au nombre de trois, afin que chaque Tribu eût le sien : *Ut suum quæque Tribus Augurem haberent* [a].

[a] *Tite Liv. Lib. 10. c. 6.*

Les Augures au reste n'avoient point de Lieux particuliers & faisoient indifféremment leurs fonctions dans tous les Quartiers de la Ville, mais plus ordinairement sur le Mont Palatin, & au Capitole qu'ailleurs : car en fait d'Auspices, le mot *Arx* ne signifie pas toujours le Janicule ; ce nom se donnoit en général à tous les Lieux d'où les Augures avoient coutume d'observer le Ciel.

Voilà quel étoit l'état de la Religion du tems des anciennes Tribus, & quels en furent les principaux Ministres, tant qu'elles subsistérent ; car pour les autres Collèges de Prêtres que Numa institua [b], il faut plutôt les regarder comme des Confrairies ou des Communautez Religieuses que comme des Ministres publics & ordinaires de la Religion. Aussi le Peuple ne se mêloit-il point de leur nomination : c'étoit leur Collège qui avoit soin de les choisir en particulier ; & cette sorte d'Election se nommoit *Cooptatio* ; au lieu que celle des *Curions*, des Augures & des Pontifes se faisoit toujours en public & dans les Assemblées générales des Curies : *Iu Comitiis calatis*. Car le Peuple étoit en possession de choisir tous ceux qui devoient avoir sur lui quelque autorité dans les Armes, dans le Gouvernement, ou dans la Religion [c]. C'étoit même le droit dont il étoit le plus jaloux ; & s'il lui arriva de s'en relâcher après la mort de Romulus, pour obliger le Sénat de lui nommer un Successeur, il sut bien y rentrer quand il fut question d'en donner un à Numa, & continua toujours depuis de choisir lui-même ses Rois jusqu'à Servius Tullius qui s'empara le premier du Trône sans son consentement, & qui changea la forme du Gouvernement, pour faire passer toute l'autorité aux riches, & aux Patriciens à qui il étoit redevable de son élévation [d].

[b] *Fratres Arvales, Lupercales, Sodales, Titii, &c.*

[c] *Cicer. de Leg. Agr. 2.*

[d] *Tit. Liv. Lib. 1. c. 41.*

Comme un tel changement néanmoins est toujours dangereux, s'il n'est ménagé avec prudence, Servius n'oublia rien de tout ce qui en pouvoit assurer l'exécution, & ne l'entreprit qu'après y avoir bien disposé les esprits. Pour ôter même aux Augures & aux Pontifes tout prétexte de s'y opposer, il eut la politique de ne point toucher à la Religion, & se contenta de changer l'Ordre Civil & Militaire. Encore ne parut-il entreprendre cette réforme qu'en faveur des Citoyens qui ne pouvoient plus soutenir les charges de l'Etat, & se servit-il pour l'exécuter d'un moyen dont tout le monde eut lieu d'être content, & qui en faisant tomber les taxes sur les riches, les rendoit en récompense maîtres du Gouvernement, sans paroître néanmoins leur donner plus d'autorité qu'aux autres. Ce moyen fut l'établissement du Cense, dont Tite-Live [e] parle comme du plus utile de tous les établissemens ; & par lequel tous les Romains commencèrent à contribuer selon leurs forces, & à proportion de leurs biens, & non plus également & sans distinction de rang ni de fortune comme auparavant.

[e] *Lib. 1. c. 42.*

Servius ne mit néanmoins la dernière main à cet établissement, qu'après avoir fait plusieurs autres moins considérables, & qui devoient servir comme de fondement à ce grand Ouvrage. Car tournant d'abord toutes ses vûes du côté des armes, son premier soin fut de reculer ses frontières pour avoir droit d'étendre le *Pomærium* [f] ; c'est-à-dire l'enceinte de la Ville, & d'en faire une nouvelle division. Prenant ensuite le prétexte des Habitans qu'il y avoit transferez pour exécuter le dessein qu'il avoit de l'aggrandir, il y ajouta le Mont Quirinal, le Viminal & la Colline des Esquilies, où il établit même sa demeure pour donner plus de crédit à ce Quartier, comme Tullius Hostilius avoit fait du Mont Cœlius [f]. Et puis ayant divisé la Ville en quatre parties principales, il prit delà l'occasion de supprimer les trois anciennes Tribus que Romulus avoit instituées & en établit quatre nouvelles auxquelles il donna le nom de ces quatre principaux Quartiers, & qu'on appella depuis les Tribus de la Ville, pour les distinguer de celles qu'il établit de même à la Campagne, & dont nous aurons lieu de parler dans la suite.

[f] *Ibid. c. 44.*

Servius ayant ainsi changé la face de la Ville, & confondu les trois principales Nations, dont les anciennes Tribus étoient composées, songea à faire une nouvelle division du Peuple, mais pour suivre le Plan qu'il s'étoit proposé, il jugea auparavant à propos d'en faire le dénombrement & de connoître les forces & les facultez de chaque Citoyen. Pour cela il ordonna à tous les Romains d'apporter leurs noms dans les Registres publics, & d'y déclarer en même tems non-seulement leur condition & leur demeure, mais encore leur âge, leur bien & le nombre de leurs enfans.

Assuré par-là des forces de l'Etat en général & de celles de chaque Citoyen en particulier, il divisa tout le Peuple en six Classes subordonnées les unes aux autres suivant leur fortune ; mais aussi plus ou moins exposées aux fatigues de la guerre & aux charges publiques à proportion de leurs biens. Pour établir ensuite un nouvel ordre dans les Assemblées du Peuple, il subdivisa ces six Classes [g] en cent-quatre-vingt-treize Centuries, qui commencèrent à former une nouvelle sorte de Comices, & qui avoient chacune leur voix dans ces Assemblées ; mais qui étoient si inégalement reparties dans les six Classes, que la première, quoique la moins nombreuse, en avoit seule plus que toutes les autres ensemble. Car il faut remarquer que le nombre des Citoyens, dont ces Centuries étoient composées n'étoit point déterminé. Il n'y avoit que les Centuries militaires qui fussent justement de cent hommes : *Centuria in re militari significat centum homines* [h]. Encore avons-nous vû que celles de Cavalerie étoient déja de trois cens du tems de Tarquin. Pour celles du 4.

[g] *Tit-Liv. L. 1. c. 42. Dionys. L.*

[h] *Festus. Varr. Lib.*

Peuple

Peuplé elles étoient plus ou moins fortes suivant les Classes, & même si inégales que la première où il n'y avoit que les Citoyens dont les biens montoient à plus de cent mille Livres; *Maximus Census centum millia assium, & ideo hæc prima Classis fuit* [a], en composoit seule quatre-vingt-dix-huit, & que la dernière où étoient tous ceux dont le Cense étoit au-dessous d'onze mille Livres, & qui par conséquent devoit être beaucoup plus nombreuse, n'en formoit qu'une seule.

[a] *Plin. L. 33. c. 3. Dionys. L. 4.*

Ce fut même le moyen dont Servius se servit pour faire passer toute l'autorité aux riches, sans paroitre leur donner plus de pouvoir qu'aux autres: car comme tout le monde donnoit sa voix dans sa Centurie, chacun s'imaginoit avoir également part au Gouvernement; mais comme on ne prenoit point les suffrages dans les Comices des Centuries de la manière que Romulus l'avoit institué dans ceux des Curies, & qu'au lieu de tirer au sort la prérogative, c'est-à-dire celle qui donnoit sa voix la première, on commençoit toujours par les Centuries de la première Classe, & qu'on n'avoit même coutume d'appeller celles de la seconde Classe que lorsque les premières étoient partagées: c'étoit presque toujours la première Classe qui décidoit seule dans toutes les affaires; & il arrivoit rarement qu'on passât jusqu'à la dernière. C'est ce que Tite-Live [b] nous apprend en termes formels. Mais c'est que Denys d'Halicarnasse nous explique encore mieux en deux différens endroits de ses Antiquitez Romaines; savoir au quatrième Livre, en parlant de l'établissement du Cense, & au neuvième, en montrant la différence qu'il y avoit entre les Comices des Centuries & ceux des Tribus.

[b] *Lib. 1. c. 43.*

On voit que l'établissement des Classes & des Centuries changea entièrement la forme du Gouvernement, & servit non-seulement à établir un nouvel ordre dans les Assemblées du Peuple, & dans la répartition des Impôts; mais encore dans la Discipline Militaire; puis qu'au-lieu de contribuer également aux levées comme auparavant, les Romains commencèrent à en partager entre eux la dépense & les fatigues à proportion de leurs biens & suivant la part qu'ils avoient au Gouvernement; excepté ceux de la dernière Classe qui en étoient entièrement exempts, non qu'ils ne fussent propres à porter les armes; mais parce qu'on étoit alors obligé de servir à ses dépens, & qu'ils n'en avoient pas le moyen; car dès que les Troupes commencèrent à être payées, ils cessèrent aussi d'en être exempts [c]. Mais jusque là, c'est-à-dire jusqu'en l'année 347. les Armées ne furent composées que de Soldats des cinq premières Classes; & c'étoit même les moins nombreuses qui en fournissoient le plus; car chacune de ces Classes étoit obligée de fournir autant de Centuries militaires, qu'elle en composoit de Civiles, moitié de Soldats au-dessus de quarante-cinq ans, qui restoient à Rome pour la garde de la Ville, & qu'on appelloit *Centuriæ Seniorum*, & moitié de Soldats au-dessus de dix-sept ans, qui alloient en campagne & qu'on appelloit *Centuriæ Juniorum*.

[c] *Tite Liv. L. 4. c. 59. Festus.*

Ainsi le fort de ces Levées tomboit toujours sur les premières Classes; mais en récompense leurs Centuries n'étoient point confondues avec les autres, & formoient différens Corps de Troupes distinguez par leurs armes, & qui gardoient à l'Armée le même rang qu'elles avoient dans les Assemblées du Peuple, comme on le peut voir par l'endroit où Tite-Live [d] parle de leur subordination en général, & plus particulièrement encore par deux autres passages de Denys d'Halicarnasse [e]. Comme ces passages sont longs, je crois qu'il seroit inutile de les rapporter: il suffit de les avoir indiquez.

[d] *Lib. 1. c. 43.*
[e] *Lib. 4.*

C'étoit au reste dans un ordre militaire que les Centuries s'assembloient au Champ de Mars pour tenir leurs Comices; car Denys d'Halicarnasse nous apprend qu'aux [f] armes près le Peuple s'y rendoit rangé par Centuries, avec ses Enseignes & sous la conduite de ses Officiers, comme s'il eût été question de combattre; Et Lelius Felix ajoute que l'on avoit coutume de laisser au Janicule un Corps de Troupes suffisant pour veiller à la garde de la Ville pendant que le Peuple étoit occupé à ces sortes d'Assemblées: *Exercituumque imperari præsidii causa, dum Populus esset in ferendis suffragiis occupatus* [g].

[f] *Lib. 9.*
[g] *Aul. Gel. L. 5. c. 27.*

Ces Comices ne commencèrent néanmoins à avoir lieu qu'après l'établissement des nouvelles Tribus, tant de la Ville que de la Campagne, mais comme ces Tribus n'eurent aucune part au Gouvernement sous les Rois, qu'on fut même dans la suite obligé d'en augmenter le nombre à plusieurs reprises, & qu'enfin les Comices de leur nom ne commencèrent à être en usage que sous la République, nous allons voir comment elles parvinrent à leur perfection sous les Consuls, & comment elles tombèrent ensuite dans la décadence sous les Empereurs.

J'ai dit que les nouvelles Tribus que Servius Tullius établit, quand il supprima les anciennes, n'eurent aucune part au Gouvernement sous les Rois, & que les Comices de leur nom ne commencèrent à être en usage que sous la République. L'époque en doit être marquée à l'an 263. c'est-à-dire dix-neuf ans après que les Rois en eurent été chassez. Jusque-là ce furent les Comices des Centuries qui eurent toute l'autorité, & par conséquent ce furent les Grands qui disposèrent de tout dans l'Etat; car ces Comices n'avoient été établis, comme nous l'avons vu, que pour les rendre maîtres du Gouvernement. Mais le Peuple qui se vit par-là privé de la part qu'il y avoit euë jusqu'alors, après avoir inutilement tenté par lui-même de faire supprimer ces Comices trouva enfin le moyen de faire établir par ses Tribuns les Comices des Tribus avec l'égalité des suffrages & le droit de prérogative, qui étoit en usage dans les Comices des Curies.

Par ce moyen le Peuple rentra dans ces droits, & les Comices des Tribus partagèrent l'administration avec les Comices des Centuries. Mais comme la volonté du Peuple prévaloit toujours dans les uns, & celle des Grands dans les autres, ce fut une source de troubles & de divisions qui durérent autant que la République, & qui ne cessérent enfin que lorsque les Empereurs se furent emparez du Gouvernement, & qu'ils eurent réuni en leur personne toute l'autorité qui étoit auparavant partagée entre le Peuple & le Sénat.

Alors les Tribus tombérent dans la décadence & perdirent tout le crédit qu'elles avoient eu sous les Consuls; car dès le tems de César leur pouvoir étoit déja fort diminué. Les Comices ne se tinrent plus même sous Auguste que pour la forme, & enfin Tibére en transféra toute l'autorité au Sénat: *Tum primum*, dit Tacite [a], *e Campo Comitia ad Patres translata sunt; nam ad eam diem etsi potissima arbitrio Principis, quædam tamen studiis Tribuum fiebant*. Ainsi les Tribus n'eurent plus de part au Gouvernement; mais elles ne laissérent pas de subsister jusqu'aux derniers tems de l'Empire, comme nous le verrons dans la suite en parlant de leur forme politique & de leurs usages, quand nous aurons vû en quel tems & à quelle occasion chacune de ces Tribus fut établie, & que nous en aurons examiné la situation & l'étendue suivant l'ordre de leur établissement. Car c'est par cet ordre qu'on peut juger de leur étendue & découvrir même l'éloignement de celle dont les Auteurs ne nous ont point appris la situation: toutes ces Tribus ayant été formées des Terres que les Romains conquirent d'abord sur leurs voisins, & que les différens Peuples d'Italie furent successivement obligez de leur céder, avant qu'ils fussent eux-mêmes devenus Romains.

Il s'ensuit delà que ces nouvelles Tribus ne furent pas toutes établies en même tems: aussi est-ce un fait dont tous les Auteurs conviennent. Denys d'Halicarnasse nous apprend que Servius Tullius n'en établit d'abord qu'une partie, & nous voyons dans Tite-Live que les autres furent ajoutées en divers tems par les Consuls, à mesure que les Romains étendirent leurs conquêtes en Italie & que le nombre des Citoyens se multiplia; il est même certain qu'on fut encore obligé au commencement de la Guerre Marsique, c'est-à-dire dans les derniers tems de la République, de créer dix nouvelles Tribus, outre les trente-cinq dont le Peuple Romain étoit déja composé, en faveur des Alliez à qui l'on accorda pour lors tous les droits de Citoyens Romains. Mais comme ces derniéres Tribus furent presque aussi-tôt supprimées & réunies aux premiéres, je n'en parlerai point séparément, & me contenterai d'en dire un mot dans la suite, en parlant de celles qu'on nomme ordinairement les surnuméraires, & que je crois au fond n'être que le nom de ces dix derniéres Tribus.

Mais avant que d'entrer en matiére & de parler de chacune de ces Tribus en particulier, il est bon de considérer l'état où se trouvérent les Romains à mesure qu'ils les établirent, afin d'en examiner en même tems la situation, & de pouvoir même juger de leur étendue, par la Date de leur établissement. Pour cela il faut bien distinguer les tems & considérer les progrès des Romains en Italie sous trois

[a] Ann. Lib. I. C. 13.

Points de vûe différens. Sur la fin de l'Etat Monarchique, lorsque Servius Tullius établit les premiéres de ces Tribus: vers le milieu de la République, lorsque les Consuls en augmentérent le nombre jusqu'à trente-cinq; & un peu avant les Empereurs, lorsqu'on supprima les surnuméraires, qu'on avoit été obligé de créer pour les différens Peuples d'Italie.

Au premier état les Romains étoient encore fort resserrez & leurs Frontiéres ne s'étendoient pas à plus de cinq ou six milles; tout leur domaine consistant alors dans la Campagne qui est autour de Rome, & que l'on nomma depuis *Ager Romanus*; borné à l'Orient par les Villes de Tibur, de Préneste & d'Albe: au Midi par le Port d'Ostie & la Mer: à l'Occident par cette partie de la Toscane que les Latins nommoient *Septempagium*; & au Nord par les Villes de Fidénes, de Crustumérie, & par le *Teverone* appellé anciennement *Anio*. C'est dans cette petite étendue de Pays qu'étoient situées toutes les Tribus que Servius Tullius établit, entre lesquelles celles de la Ville tenoient le premier rang, non-seulement parce qu'elles avoient été établies les premiéres; mais encore parce qu'elles furent d'abord les plus honorables, quoiqu'elles soient depuis tombées dans le mépris.

Ces Tribus étoient au nombre de quatre & tiroient leur dénomination des quatre principaux Quartiers de Rome; mais les Auteurs ne s'accordent pas sur l'ordre de ces Tribus; car Varron [b], sans avoir égard à l'ancienneté des Quartiers dont elles portoient le nom, nomme la Suburane la premiére, l'Esquiline la seconde, la Colline la troisiéme, & enfin la Palatine la derniére: *Reliqua Urbis loca olim discreta e queis prima est Regio Suburana, secunda Esquilina, tertia Collina, quarta Palatina*: Et Denys d'Halicarnasse au contraire faisant attention au tems où chacun de ces Quartiers fut ajouté à la Ville, nomme d'abord la Palatine, qui comprenoit non-seulement le Mont Palatin, d'où elle tiroit son nom; mais encore le Capitole & la Vallée où étoit déja bâtie la grande Place, & même le Mont Aventin & le Janicule, qui n'étoient point encore enfermez dans l'enceinte de la Ville, & tout ce qu'on y ajouta depuis en deçà & au-delà du Tybre; c'est-à-dire à l'Occident & vers le Midi. Denys d'Halicarnasse nomme ensuite la Suburane dont l'enceinte s'étendoit depuis le Mont Aventin jusqu'à la Colline des Esquilies, & qui comprenoit tout le Mont Cælius, que Tullus Hostilius avoit ajouté à la Ville après la destruction d'Albe, les deux Vallées qui étoient au pied de cette Montagne, l'une où étoient situées les Carines; & l'autre où étoit le Bourg de Subure, d'où cette Tribu tira son nom, & qu'on appelloit anciennement *Pagus Sucusanus*, comme on le peut voir par une infinité d'Inscriptions antiques, & plus particuliérement encore par ce passage de Varron [c]: *Suburam Junius scribit, ab eo quod fuerit sub antiqua Urbe, cui testimonium potest esse quod subest ei loco qui terreus murus vocatur: sed ego a Pago potius Sucusano puto Sucusam: nunc scribitur tertia littera, c, non, b*; *Pagus Sucusanus*,

[b] De Ling. Lat.
[c] Ibid.

sanus, quod succurrit Carinis. Cette Tribu au reste fut dans la suite augmentée du *Cœlioli* & de tout ce qu'on ajouta à la Ville du côté du Latium ; c'est-à-dire à l'Orient & vers le Midi.

Enfin Denys d'Halicarnasse passe aux deux autres Quartiers que Servius Tullius enferma dans l'enceinte de la Ville, lorsqu'il en étendit le *Pomœrium*, & dont il composa les deux autres Tribus ; savoir la Colline & l'Esquiline ; & comme le Quartier des Esquilies, dont l'Esquiline tiroit son nom [a] ne fut ajouté à la Ville que quelque tems après les Montagnes dont la Colline étoit composée, Denys d'Halicarnasse [b] la nomme aussi la dernière, quoiqu'elle fût plus proche de la Suburane, & par conséquent plus Orientale que l'autre.

[a] De Ling. Lat.
[b] Lib. 14.

Pour la Colline elle étoit composée du Mont Quirinal & du Mont Viminal, & fut encore dans la suite augmentée de la Colline des Jardins ; & de tout ce qu'on ajouta à la Ville du côté du Nord : *Tertiæ regionis Colles*, dit Varron [c], *ob quinque Deorum Fana appellati e queis nobiles duo Colles, Viminalis a Jove Viminio, quod ibi ara fuit ejus, aut quod Vimineta fuerunt, Collis Quirinalis, ubi Quirini Fanum, aut a Curetibus qui cum T. Tatio Curibus venerunt Romam quod ibi habuerunt Castra.*

[c] De Ling. Lat.

Voilà quelle étoit la situation de ces quatre Tribus ; & tout ce que j'ai pu découvrir en général de leur étendue ; car les Auteurs ne nous apprennent rien en particulier des changemens qui leur arrivèrent dans la suite.

A l'égard des Rustiques, c'est-à-dire de celles que Servius établit à la Campagne, on ne sait pas au juste quel en fut d'abord le nombre ; car les Auteurs sont partagez sur ce sujet. Fabius Pictor dans ses Annales le fixoit à vingt-six : Caton dans ses Origines en comptoit vingt-sept ; & cependant Denys d'Halicarnasse qui les cite l'un & l'autre n'en compte que dix-sept en tout. Mais soit que Servius Tullius n'en eût pas en effet établi davantage, ou qu'on en eût depuis réduit le nombre pour leur donner plus d'étendue, il est certain que des trente-une Tribus Rustiques dont le Peuple Romain étoit composé du tems de Denys d'Halicarnasse, il n'y en a que dix-sept dont on puisse rapporter l'établissement à Servius Tullius ; les quatorze autres ayant été depuis ajoutées en divers tems par les Consuls, comme nous le verrons dans la suite.

On peut donc supposer que Servius Tullius divisa d'abord le Terriroire de Rome en dix-sept parties, dont il fit autant de Tribus que l'on appella dans la suite des Tribus Rustiques, pour les distinguer de celles de la Ville. Toutes ces Tribus portèrent d'abord le nom des Lieux, où elles étoient situées ; mais la plûpart ayant pris depuis les noms de Familles Romaines, il n'y en a que cinq qui ayent conservé leur ancien nom, & dont on puisse par conséquent marquer au juste la situation ; savoir,

La *Romulie*, ainsi nommée, selon Varron, parce qu'elle étoit sous les murs de Rome, ou parce qu'elle étoit composée des premières Terres que Romulus conquit dans la Toscane le long du Tybre, & du côté de la Mer : *Romulia Tribus dicta quod sub Roma, aut quod ex eo Agro censebatur quem Romulus ceperat de Veïentibus.*

La VEÏENTINE, qui étoit aussi dans la Toscane, mais plus à l'Occident & qui s'étendoit du côté de Veïes ; car cette Ville si fameuse depuis par le long Siège qu'elle soutint contre les Romains, n'étoit pas encore en leur pouvoir. *Veïentina Tribus à Veiis Urbe dicta, licet nondum esset a Romanis oppugnata* [d].

[d] Festus.

La LEMONIENNE, qui étoit diamétralement opposée à celle-ci, c'est-à-dire du côté de l'Orient, & qui tiroit son nom d'un Bourg qui étoit proche de la Porte Capene, & sur le grand chemin qui alloit au Latium : *Lemonia Tribus a Pago Lemonio appellata est, qui est a Porta Capena, Via Latina* [e].

[e] Ibid.

La PUPINIENNE, ainsi nommée du Champ Pupinien, qui étoit aussi dans le Latium, mais plus au Nord & du côté de Tusculum : *Pupinia Tribus ab Agri nomine dicta, qui Pupinius appellatur, circa Tusculum* [f].

[f] Ibid.

Et enfin la CRUSTUMINE, qui étoit entièrement au Nord, & qui tiroit son nom d'une Ville des Sabins, qui étoit au-delà de l'Anio, à quatre ou cinq milles de Rome : *Crustumina Tribus ab Urbe Crustumerio dicta, quæ erat in Sabinis* [g].

[g] Ibid.

Des douze autres qui ne sont plus connues aujourd'hui que par le nom des Familles *Claudia*, *Æmilia*, *Cornelia*, *Fabia*, *Menenia*, *Pollia*, *Voltinia*, *Galeria*, *Horatia*, *Sergia*, *Veturia* & *Papiria*, il n'y a que la première & la dernière dont on sache la situation ; encore n'est-ce que par deux passages ; l'un de Tite-Live [h], qui nous apprend en général que lorsqu'*Atta-Clausus*, qu'on appella depuis *Appius-Claudius*, vint se réfugier à Rome avec sa Famille & ses Cliens, on lui donna des Terres au-delà du Teveron, dans une des anciennes Tribus à laquelle il donna son nom & dans laquelle entrèrent depuis tous ceux qui vinrent de son Pays. Et l'autre de Festus, par lequel il paroît que la Tribu Papirienne étoit du côté de Tusculum, & tellement jointe à la Pupinienne, qu'elles en vinrent quelquefois aux mains pour leurs Limites.

[h] Lib. 2. c; 16.

Pour les dix autres, tout ce qu'on en sait, c'est qu'elles étoient dans le Champ Romain, *in Agro Romano* ; mais on ne sait d'aucune en particulier si elle étoit du côté du Latium, dans la Toscane, ou chez les Sabins. Il y a cependant bien de l'apparence, qu'il y en avoit cinq dans la Toscane, outre la Romulie & la Veïentine ; & cinq de l'autre côté du Tybre, c'est-à-dire dans le Latium & chez les Sabins, outre la Papirienne, la Claudienne, la Lémonienne, la Pupinienne & la Crustumine ; par conséquent que de ces dix-sept premières Tribus Rustiques, il y en avoit dix d'un côté du Tybre & sept de l'autre. Car Varron nous apprend que Servius Tullius divisa le Champ Romain en dix-sept Cantons dont il fit autant de Tribus : *in septemdecim Pagos* ; & tous les Auteurs conviennent que la partie de la Toscane, qui étoit la plus proche de Rome, s'appelloit *Septem-Pagium*. On pourroit même conjecturer que toutes ces Tribus étoient

étoient situées entre les grands chemins qui conduisoient aux principales Villes des Peuples voisins, de manière que chacun de ces chemins distribuoit à deux Tribus: & que chaque Tribu communiquoit à deux de ces chemins. Cette conjecture est d'autant plus vraisemblable que toutes les Tribus avoient précisément la même situation, & s'étendoient également des Portes de Rome jusqu'à l'extrémité du Champ Romain. D'ailleurs cette division, comme la plus simple, & en même tems la plus commode qu'on puisse imaginer, est celle qui dut s'offrir le plus naturellement à Servius Tullius.

Il faut remarquer au reste que ces dix-sept premières Tribus furent depuis les moins considérables de toutes les Rustiques, & cela pour deux raisons. Premièrement parce qu'étant enfermées au milieu des autres & disposées de manière qu'il n'y avoit entre elles aucun intervalle, on ne put dans la suite leur donner plus d'étendue; au-lieu que celles qu'on établit depuis chez les différens Peuples d'Italie, ayant été formées des premières Terres que ces Peuples cédérent aux Romains pour conserver le reste de leur Pays, furent dans la suite augmentées de tout ce que les Romains conquirent dans les Provinces où elles étoient situées. Secondement, parce qu'étant les plus proches de Rome & pour ainsi dire au centre de toutes les autres, c'étoit dans ces premières Tribus qu'étoient distribuez les nouveaux Citoyens & tous les Étrangers qui venoient s'établir à Rome, ou qu'on y transféroit des Provinces; car dès que les Romains avoient conquis quelque étendue de Pays, leur usage étoit d'en transférer à Rome les Habitans & d'y envoyer en leur place d'anciens Citoyens pour y jetter les fondemens de leur Empire. Et c'étoit en effet le meilleur moyen d'étendre leur domination; car toutes ces Colonies étoient autant de postes avancez, qui servoient non-seulement à couvrir leurs frontières, & à contenir les Provinces, où elles étoient situées, mais encore à y répandre l'esprit & le goût du Gouvernement Romain, par les privilèges & les exemptions dont elles jouissoient.

Aussi les différens Peuples d'Italie en furent-ils depuis si jaloux, qu'ils prirent plusieurs fois les armes pour les obtenir; & qu'on fut à la fin obligé de les leur accorder. Mais cela n'arriva que lorsque toute l'Italie fut assujettie & parfaitement tranquille, c'est-à-dire dans les derniers tems de la République; car les progrès des Romains furent d'abord assez lents, & leur politique les empêcha même de rien précipiter dans les commencemens. Regardant la conquête de l'Italie comme le fondement de toutes celles qu'ils pourroient faire dans la suite, ils songèrent à en ménager les Peuples, & aimèrent mieux se les attacher d'abord par les Traitez, que de les réduire par force à l'obéissance [a].

Ainsi loin de vouloir asservir les Peuples libres qui recherchoient leur Alliance & qui offroient de joindre leurs forces à celles de la République, les Romains avoient coutume de les associer à leurs armes; & s'engageoient même de partager avec eux le fruit de leurs conquêtes [b]. C'étoit une des conditions de leurs Traitez, & le privilège particulier des Alliez qui avoient le titre de *Socii*, comme les Latins, les Herniques & les autres Peuples qui avoient le droit du Latium [c].

A l'égard des Peuples qui s'opposoient à leurs progrès, en leur déclarant ouvertement la guerre, ou en prenant sous main le parti de leurs Ennemis; les Romains se contentoient lorsqu'ils les avoient soumis de leur retrancher quelque partie de leurs Terres, où ils envoyoient aussi-tôt des Colonies, & leur permettoient au reste de se gouverner suivant les Loix & les usages de leur Pays; & c'est en quoi consistoit la Liberté des Peuples nommez simplement *Fœderati*.

Ces Peuples pouvoient même dans la suite, sans déroger à leurs privilèges, jouir de tous les avantages du Gouvernement Romain & même parvenir à tous les honneurs de la République; car dès qu'ils avoient donné des preuves suffisantes de leur fidélité, les Romains avoient coutume de les en récompenser en leur accordant successivement tous les droits des Citoyens Romains, sans les obliger pour cela à changer la forme de leur Gouvernement, & c'est en quoi consistoit proprement le droit des Municipes [d].

Mais s'il leur arrivoit après cela de se révolter, & qu'ils fussent une seconde fois réduits à l'obéissance, les Romains se croyoient alors en droit de les traiter à la rigueur & ne manquoient pas de les punir de leur défection. Premièrement en leur retranchant tous privilèges; secondement en les dépouillant de la meilleure partie de leurs Terres, & enfin en réduisant toutes leurs Villes en Préfectures, c'est à-dire en les obligeant de se gouverner suivant les Loix Romaines, & d'obéir à des Magistrats qu'on leur envoyoit de Rome tous les ans, & qui étoient à la nomination du Peuple, ou du Préteur de la Ville; car il y avoit aussi de deux sortes de Préfectures: *Præfecturarum duo genera: unum in quas Præfecti irent a Populo Romano creati; alterum in quas proficerentur quos Prætor Urbanus misisset.*

De manière que l'on comptoit alors en Italie de huit sortes de Villes différentes, savoir deux sortes de Villes libres; celles des Alliez, c'est-à-dire des Peuples qui n'avoient point été soumis, qui s'étoient attachez aux Romains de leur propre mouvement & sans y être contraints par les armes; & celles des Confédérez, c'est-à-dire des Peuples qui avoient été vaincus, & qui ne jouissoient de leur Liberté qu'à certaines conditions que les Romains leur avoient imposées. Deux sortes de Colonies, les Romaines toutes composées de Citoyens Romains qui conservoient une partie de leurs droits & pouvoient se créer eux-mêmes leurs Magistrats; mais qui n'étoient plus compris dans les Tribus, & n'avoient plus par conséquent de voix dans les Comices: & les Latines conmposées indifféremment d'Alliez du nom Latin, & de Citoyens Romains; mais qui perdoient en y allant tous leurs privilèges,

[a] *Dionys. Hal. Lib. 6.*
[b] *Tit-Liv.*
[c] *Cic. in Rull. 1.*
[d] *Festus.*

ges, & ne joüiſſoient plus que des droits du Latium : *In Colonias Latinas ſæpe noſtri Cives aut ſua voluntate aut Legis mulcta profecti Sunt.* Cicer pro Cæcin. Et plus bas: *Cives Romanos, ſi in Colonias Latinas proficiſcerentur Romanam Civitatem amiſiſſe.* Deux ſortes de Municipes, dont les Habitans ſe gouvernoient ſuivant leurs Loix particuliéres & ne laiſſoient pas d'être également Citoyens Romains; mais avec cette différence néanmoins, que les uns n'avoient point de ſuffrages, & n'étoient point compris dans les Tribus, & que les autres y étoient compris & pouvoient parvenir à tous les honneurs civils & militaires [a]. Et enfin les deux ſortes de Préfectures dont nous avons parlé.

a Aul. Gel.

La condition au reſte de toutes ces Villes étoit plus ou moins avantageuſe, ſelon la conduite qu'elles avoient tenue avec les Romains; car outre qu'il y en avoit qui étoient tributaires, comme la plûpart des Confédérées, & d'autres exemptes de toute contribution, comme celles des Alliez, & les Colonies maritimes *quæ ſacroſanctam vacationem habere dicebantur* [b]. Celles des Alliez n'étoient pas tellement indépendantes que les Romains n'y puſſent envoyer des Colonies, lorſqu'elles leur devenoient ſuſpectes, ni l'état des Colonies ſi aſſûré qu'elles ne puſſent être réduites en Préfectures; & il y en avoit même qui étoient tout enſemble Colonie, Municipe & Préfecture; c'eſt-à-dire compoſées de Citoyens Romains, qui n'avoient pas la liberté de ſe créer eux-mêmes leurs Magiſtrats, & qui ne laiſſoient pas d'avoir droit de ſuffrage dans les Comices.

b Tite-Liv. L. 7.

Voilà quel étoit en général l'état de l'Italie, lorſque les Romains ſongérent à augmenter le nombre de leurs Tribus; mais comme ils n'en créérent de nouvelles qu'à meſure que le nombre des Citoyens ſe multiplia, & qu'ils ne purent même former ces derniéres Tribus que des terres qu'ils avoient chez les différens Peuples d'Italie, ils ne les établirent que ſucceſſivement, & lorſqu'ils furent les maîtres des Lieux où ces terres étoient ſituées.

Ainſi ce ne fut qu'après le fameux Siège de Veïes, & lorſque les Romains ſe furent rendus maîtres d'une partie de la Toſcane, qu'ils établirent les quatre premières Tribus des quatorze qu'on rapporte aux tems Conſulaires; ſavoir la *Stellatine*, ainſi nommée ſelon Feſtus, non de la Ville de *Stellate* qui étoit dans la Campanie; mais d'une autre Ville de même nom, qui étoit dans la Toſcane entre Capène, Falerie & Veïes; c'eſt-à-dire à cinq ou ſix milles de Rome: *Stellatina Tribus dicta non eſt à Campo qui eſt in Campania, ſed eo qui eſt in Hetruria regione Capena, ex quo Thuſci profecti eum Campum Stellatem appellaverunt.*

La *Sabatine*, qui étoit auſſi dans la Toſcane, mais du côté de la Mer, & près du Lac appellé aujourd'hui *Brachiano*, & que les Latins nommoient *Sabatinus*, de la Ville de *Sabate* qui étoit ſur ſes bords: *Sabatina Tribus a Lacu Sabatino, qui eſt in Hetruria juxta mare, ad quinque millia.*

La *Tromentine*, qui tiroit ſon nom du Champ *Tromentin*, dont on ne ſait pas au juſte la ſituation, mais qui étoit auſſi dans la Toſcane, & ſelon toutes les apparences entre les deux Tribus dont nous venons de parler: *Tromentina Tribus a Compo Tromentino dicta.*

Et enfin celle qui eſt nommée *Arnienſis* dans toutes les Editions de Tite-Live, & que quelques Modernes ont cru devoir plutôt appeller *Narnienſis*, de la Riviére du *Nar*, parce que les Romains n'avoient point encore pénétré juſqu'à l'Arne; mais que j'aimerois encore mieux nommer *Anienſis*, de l'*Anio*: premiérement parce que cette Riviére étoit encore plus proche de Rome, & qu'il eſt certain que les Romains avoient alors des terres ſur ſes bords; au-lieu qu'il n'y a pas la moindre preuve qu'ils en euſſent encore ſur l'Arne & ſur le Nar.

Secondement, parce qu'il y avoit conſtamment une des trente-cinq Tribus nommée *Anienſis*, comme on le peut voir par une infinité de paſſages & d'Inſcriptions; au-lieu qu'il n'y en a pas une ſeule où ſe trouve le mot de *Narnienſis*.

Troiſiémement, parce qu'il eſt ſûr qu'il y en avoit encore une autre appellée *Arnienſis*, qui ne ſe trouveroit plus ſi on liſoit ici *Narnienſis*, au-lieu qu'y liſant *Anienſis*, & *Arnienſis* dans la ſuite, ce ne ſera qu'une ſimple tranſpoſition cauſée par la reſſemblance des noms.

Quatriémement, parce qu'il paroît que cette Tribu nommée *Arnienſis* étoit la derniére & la plus éloignée de toutes les Ruſtiques, & par conſéquent poſtérieure à celle qui étoit ſur l'Anio, comme on le peut voir par ce paſſage de Cicéron contre Rullus, à l'occaſion des terres dont il vouloit faire le partage; *a Romulia ad Arnienſem*, depuis la première des Tribus ruſtiques juſqu'à la derniére, depuis la plus proche de la Ville juſqu'à la plus éloignée.

Cinquiémement enfin, parce qu'en fait de reſtitution, on ne ſauroit être trop retenu, & qu'une ſimple tranſpoſition de noms eſt plus facile à ſuppoſer qu'un changement entier contraire à tous les Auteurs, & démenti par toutes les Inſcriptions.

Mais quoi qu'il en ſoit, Tite-Live [c] nous apprend que ces quatre Tribus furent établies enſemble ſous les trente-cinquièmes Tribuns Militaires; c'eſt-à-dire l'an 337. de Rome, & neuf ans après la priſe de Veïes: *Tribus quatuor ex novis Civibus additæ, Stellatina, Tromentina, Sabatina & Anienſis, eæque viginti quinque numerum explevere.*

c Lib. 6. c. 5.

Ce ne fut de même qu'après la priſe de Pometie, d'Antium & de Terrachine, & lorſque les Volſques furent entiérement ſubjuguez, que les Romains établirent deux nouvelles Tribus dans la partie du Latium que ces Peuples occupoient du côté de la Mer & vers le Promontoire de Circé: car nous voyons dans Tite-Live [d] que les Romains ne commencérent à joüir tranquillement des terres qu'ils avoient chez les Volſques, que depuis que Camille les eut défaits, premiérement auprès de Lanuvium dans un endroit appellé *Ad-Mæcium*: *nec procul à Lanuvio ad Mæcium is locus dicitur*: Et enſuite dans la Ville de Satricum, où ils

d Lib. 6. c. 2. & c. 8.

ils s'étoient réfugiez & qui fut emportée d'assaut.

Le même Auteur nous apprend [a] que les Tribuns du Peuple, réveillant alors leurs prétentions pour le partage des Terres, commencèrent à flatter le Peuple de l'espérance du Champ Pomptin, dont la possession n'étoit plus douteuse: *Jam & Tribuni Plebis conciones suas frequentare Legibus agrariis conabantur: ostentabatur in spem Pomptinus Ager, tum primum post accisas a Camillo Volscorum res possessionis haud ambiguæ*; mais que le Sénat différa d'en faire le partage, jusqu'à ce que voyant toute l'Italie prête à se soulever, il jugea à propos de l'accorder au Peuple, afin de le déterminer plus aisément à prendre les armes: *ad quam militiam quò paratior Plebs esset, quinque viros Pomptino Agro dividundo Patres creaverunt* [b]: Et qu'enfin ce ne fut que sous le Consulat de C. Plautius & de C. Fabius; c'est-à-dire l'an 397. qu'on établit les deux Tribus dont nous parlons; savoir la Pomptine, ainsi nommée, selon Festus, du Champ Pomptin, qui tiroit lui-même son nom, ainsi que les Marais dont il étoit environné, de la Ville Pométie, que les Latins appelloient Suessa-Pometia, Pometia & Pontia: *Pomptina Tribus a Pontia Urbe dicta a qua Palus quoque Pomptina appellata est juxta Terracinam*; Et la Publilienne, qui étoit aussi chez les Volsques; mais dont on ne sait pas au juste la situation, & qui est indifféremment nommée dans les Auteurs & sur les Monumens, *Popilia, Publilia & Poblitia: C. Plautius, & C. Fabio Coss. duæ Tribus Pomptina & Publilia additæ* [c].

Il est aisé de voir par l'exemple de ces premiéres Tribus, que les Romains n'en établirent de nouvelles qu'à mesure qu'ils étendirent leurs conquêtes en Italie & par conséquent que les derniéres étoient, comme nous avons dit, les plus éloignées; mais c'est ce qui paroît encore mieux par la situation de celles qui furent établies depuis, si l'on en excepte les deux suivantes; savoir la Mæcienne & la Scaptienne, dont l'une étoit située chez les Latins & tiroit son nom d'un Château qui étoit entre Lanuvium, Ardée & Pométie & auprès duquel les Volsques avoient été défaits par Camille. *Mæcia Tribus a quodam Castro sic appellata, qui est in Latio juxta Lanuvium* [d]; Et l'autre chez les Herniques & portoit le nom d'une Ville qui étoit située entre Tivoli, Preneste & Tusculum, à quinze milles de Rome [e]: *Scaptia Tribus a nomine Urbis Scaptiæ appellata, quæ est in Latio, intra Tibur, Præneste & Tusculum ad quindecim millia Urbis.*

Encore est-ce une exception qui a ses raisons & dont les circonstances particuliéres ne servent qu'à prouver la règle générale; car il faut remarquer que jusqu'à la derniére Guerre des Volsques, les Romains n'avoient point eu de terres chez les Latins ni chez les Herniques, parce que ces Peuples avoient toujours été leurs Alliez, & que leur fidélité ne s'étoit point encore démentie, comme on le peut voir par ce passage de Tite-Live: *eo anno Latinos Hernicosque defecisse qui per annos prope centum nunquam ambigua fide in amicitia Populi Romani fuerant.* Mais ces Peuples ayant eu l'imprudence de s'engager dans cette guerre, les Romains ne l'eurent pas plutôt finie qu'ils les punirent de leur défection, en leur retranchant une partie de leurs terres; & ce fut de ces terres qu'ils formérent les deux Tribus dont nous parlons; car Tite-Live [f] nous apprend que ce fut l'an 423. sous le Consulat d'Aulus Cornelius & de Cn. Domitius qu'elles furent établies; c'est-à-dire immédiatement après la Guerre des Volsques: *Creati Consules A. Cornelius II, & Cn. Domitius. . . . Eodem anno census actus, novique cives censi: Tribus propter eos additæ Mæcia & Scaptia.*

Ce fut encore après une autre révolte des Latins, lorsqu'ils eurent été entiérement défaits avec les Peuples de la Campanie aux quels ils s'étoient joints, & qu'on les eut dépouillez les uns & les autres de toutes leurs terres, que les Romains établirent les deux derniéres Tribus qui étoient de ce côté-là; savoir, l'Ufentine, & la Falerine. L'Ufentine ainsi nommée du Fleuve Ufens, qui passoit à Terrachine, à l'extrémité du Latium: *Oufentina Tribus initio causa fuit nominis, quod est in Agro Privernatem inter Mare & Terracinam* [g]; Et la Falerine qui étoit dans la Campanie, & qui tiroit son nom du Territoire de Falerne si renommé chez les Anciens par ses excellens vins: *Falerina Tribus ab Agro Falerno in Campania* [h].

Car on voit dans Tite-Live [i] que ces deux Tribus furent établies immédiatement après que la Ville de Capoue se fut rendue aux Romains, & l'année même qu'elle fut réduite en Préfecture; c'est-à-dire l'an 436. de Rome: *Eodem anno M. Fosio, & L. Plautio Coss. primum Præfecti Capuæ creari cæpti, Legesque vis à L. Furio Prætore datæ: & duæ Romæ additæ Tribus, Ufentina ac Falerina:* Et cet Historien [k] nous a non-seulement laissé le détail de la Victoire, que les Romains remportérent en cette occasion sur les Latins: mais il a encore eu soin de nous marquer le partage qui fut fait au Peuple de toutes leurs terres & la différente maniére dont furent traitées toutes les Villes du Latium, selon la conduite qu'elles avoient tenuë pendant cette guerre.

Ce fut après avoir ainsi changé la face du Latium & après en avoir réduit toutes les Villes libres & confédérées en Colonies, en Municipes ou en Préfectures, que les Romains établirent les deux Tribus dont nous parlons; & ce furent, comme nous avons dit, les derniéres qu'on établit de ce côté-là, parce que les Romains furent alors obligez de tourner leurs armes du côté de la Toscane, qui s'étoit révoltée pendant qu'ils étoient occupez contre les Latins.

Aussi voyons-nous en suivant l'ordre des tems, que des deux premiéres Tribus qui furent établies après celle-ci, l'une étoit située dans la Toscane, & l'autre dans l'Umbrie dont les Peuples se joignirent aux Toscans dans cette guerre, comme les Peuples de la Campanie s'étoient joints aux Latins dans la précédente; & il paroît même par la date de ces Tribus qu'elles furent établies immédiatement après que ces Peuples furent vaincus; car nous voyons dans Tite-Li-

[a] Liv. 9. c. 35.

Live [a] que les Romains, après les avoir défaits d'abord auprès de Sutrium & ensuite auprès de Perouse se rendirent maîtres de toute la Toscane, poussèrent leurs conquêtes jusqu'à l'Arne, pénétrèrent dans l'Umbrie, établirent de nouvelles Colonies dans l'une & l'autre de ces Provinces, & instituèrent enfin deux nouvelles Tribus, l'une appellée *Terentine*, qui étoit la Toscane; mais dont on ne sait pas au juste la situation ni l'Etymologie; & l'autre qui est nommée *Aniensis* dans toutes les Editions de Tite-Live; mais qu'il faut nommer *Arniensis*, comme on le peut voir par les circonstances du tems & des lieux, & qui tiroit son nom de l'Arne, jusqu'où les Romains avoient pour lors étendu leurs conquêtes.

Ce fut au reste l'an 453. que ces deux Tribus furent établies; c'est-à-dire sous le Consulat de M. Fulvius Pœtus & de T. Manlius Torquatus, & la même année que les Romains se rendirent maîtres de Nequinum dans l'Umbrie & y envoyèrent une Colonie qui fut depuis appellée Narnie, de la Rivière du Nar sur laquelle cette Ville étoit située & d'où quelques Modernes ont mal à propos donné le nom de *Narniensis* à cette Tribu: *ita Nequinum deditionem Populi Romani venit: Colonia eo adversus Umbros missa a flumine Narnica appellata: exercitus cum magna præda Romam reductus. Lustrum eodem anno conditum, Tribusque addita duæ Arniensis & Terentina* [b].

[b] Tite-Liv. Lib. 10. c. 10.

Enfin, c'est chez les Sabins qu'étoient situées les deux dernières Tribus que les Consuls instituèrent; savoir la *Veline* & la *Quirine*, dont l'une tiroit son nom du Lac *Velin*, qui est à cinquante milles de Rome, & l'autre de la Ville de Curés, d'où les Romains tiroient aussi leur nom de *Quirites*; & ces Tribus ne furent même établies que long-tems après que les Romains se furent rendus maîtres du Pays où elles étoient situées; car Florus nous apprend que ce fut M. Curius Dentatus qui punit les Sabins de leur dernière révolte, & qui les obligea de se donner aux Romains avec toutes leurs terres: *M. Curius Dentatus Consul Samnitibus cæsis & Sabinis qui rebellaverant victis, & in deditionem acceptis, bis in eodem Magistratu triumphavit*. Et nous voyons en un autre endroit de ces Epitomes, que ce ne fut que sous le Consulat d'Aulus Posthumius, & de C. Lutatius; c'est-à-dire l'an 508. des Fastes Capitolins, que ces deux Tribus furent établies: *A. Posthumio & C. Lutatio Coss. Lustrum à Censoribus conditum, & duæ Tribus adjectæ sunt Velina & Quirina*. Ces Tribus au reste furent, comme nous avons dit, les deux dernières des quatorze que les Consuls instituèrent, & qui, jointes aux quatre Tribus de la Ville & aux dix-sept rustiques que Servius Tullius avoit établies, achevèrent le nombre des trente-cinq dont le Peuple Romain fut toujours depuis composé.

Voilà en quel tems & à quelle occasion chacune de ces Tribus fut établie, & même quelle en étoit la situation. Ainsi il ne me reste plus qu'à parler de leur étendue; mais c'est ce qui n'est pas aisé; car il n'en est pas de ces dernières Tribus comme de celles que Servius avoit établies. En effet malgré les changemens, qui arrivèrent aux Tribus de la Ville à mesure qu'on l'agrandit, comme elles la partagèrent toujours à peu près également, il n'est pas difficile de s'imaginer quelle en fut l'étendue selon les tems. Pour les dix-sept Tribus rustiques de Servius Tullius, comme elles étoient toutes renfermées dans le Champ Romain, qui ne s'étendoit pas à plus de dix ou douze milles; il s'ensuit que ces Tribus ne pouvoient guères avoir que cinq ou six milles; c'est-à-dire environ deux lieues d'étendue chacune. Mais à l'égard des quatorze qui furent depuis établies par les Consuls, comme elles étoient d'abord fort éloignées les unes des autres, & situées non-seulement en différentes Provinces; mais encore séparées entre elles par un grand nombre de Colonies, de Municipes & de Préfectures, qui n'étoient point de leur dépendance, il est impossible de savoir au juste quelle en fut d'abord l'étendue. Tout ce qu'on en peut dire c'est qu'elles étoient séparées en général par le Tibre, le Nar, & l'Anio, & terminées par le Vulturne à l'Orient, au Midi par la Mer, par l'Arne à l'Occident, & au Septentrion par l'Apennin; car elles ne passèrent jamais ces limites. Ainsi lorsqu'on voulut dans la suite leur donner plus d'étendue, on ne put les augmenter que du territoire des Colonies & de Municipes qu'n'y étoient point compris; & elles ne parvinrent même à remplir toute l'étendue de Pays qui étoit entre elles, que lorsqu'on eut accordé le droit de Bourgeoisie à tous les Peuples des Provinces, où elles étoient situées; ce qui n'arriva qu'au commencement de la Guerre Marsique; c'est-à-dire dans les derniers tems de la République; encore ces Peuples ne furent-ils pas d'abord reçus immédiatement dans ces trente-cinq Tribus; car les Romains craignans qu'ils ne se rendissent les maîtres dans les Comices en créèrent exprès pour eux dix nouvelles, auxquelles ils ne donnèrent point le droit de prérogative, & dont on ne prenoit par conséquent les suffrages que lorsque les autres étoient partagées. Mais comme ces Peuples se virent par-là privez de la part qu'ils espéroient avoir au gouvernement, ils en firent éclater leur ressentiment, & furent si bien se prévaloir du besoin que les Romains avoient alors de leur secours, qu'on fut peu de tems après obligé de supprimer ces nouvelles Tribus, & d'en distribuer tous les Citoyens dans les anciennes, où ils donnèrent toujours depuis leurs suffrages.

Appien [c] nous apprend que ce fut sous le Consulat de L. Julius César & de P. Rutilius Lupus, que ces nouvelles Tribus furent instituées; c'est-à-dire l'an 660. & que ce fut l'an 665. sous le quatrième Consulat de L. Cinna & pendant la Censure de L. Marcus Philippus & de Marcus Perpenna qu'elles furent supprimées.

[c] Bel. Civ. L. 1.

Il y a bien de l'apparence, au reste, que les noms des dix ou douze Tribus qu'on appelle ordinairement les surnuméraires, & dont il nous reste plusieurs Inscriptions antiques; savoir *Ocriculana*, *Sapinia*, *Cluvia*, *Papia*, *Cluentia*, *Camilla*, *Dumia*, *Minucia*, *Julia*, *Flavia* & *Ulpia*, étoient les noms

noms mêmes de ces dix nouvelles Tribus, ou de quelques-unes des anciennes qui changérent de dénomination dans les premiers tems de la République, si l'on en excepte les trois derniers, *Julia*, *Flavia* & *Ulpia*, qui ne commencérent à être en usage que sous les Empereurs, & qui furent donnez par honneur aux Tribus d'Auguste, de Vespasien & de Trajan, comme nous l'apprend Dion-Cassius [a]. [a Lib. 44]

Pour les autres, ce qui me fait croire que ce pourroit être le nom des dix nouvelles Tribus dont nous avons parlé; c'est qu'il y en a qui c'est des noms de Familles qui n'étoient point encore Romaines, lorsque les autres Tribus furent établies, comme la *Papienne* & la *Cluentienne*, qui tiroient leur origine de deux Chefs de la Guerre Marsique, dont Appien parle au premier Livre de la Guerre Civile, savoir Papius Mutilus & L. Cluentius, auxquels on accorda pour lors le droit de Bourgeoisie, & qui parvinrent depuis à tous les honneurs de la République; & d'autres qui sont des noms de lieux, qui ne conviennent ni aux derniéres Tribus établies par les Consuls, & dont nous savons la situation, ni aux premieres établies par Servius Tullius, qui étoient toutes renfermées dans le Champ Romain, comme l'*Oerioulaine* la *Sapinienne* & la *Clustienne*, qui étoient situées dans l'Umbrie sur le Nard & chez les Samnites.

Mais quoi qu'il en soit, il est certain que comme les Tribus de la Ville étoient en général moins honorables que les Rustiques, à cause des Affranchis dont elles étoient remplies; les premieres Rustiques établies par Servius Tullius l'étoient aussi beaucoup moins que les Consulaires, non-seulement parce qu'elles avoient beaucoup moins d'étendue, comme nous l'avons déja remarqué, mais encore parce que c'étoit dans ces Tribus qu'étoient distribuez tous les nouveaux Citoyens, & les différens Peuples auxquels on accordoit le droit de suffrage, comme nous le dirons plus bas.

Comme il ne nous reste rien du Traité de Varron sur les Tribus Romaines, sinon ce qu'il en cite lui même au quatriéme Livre de la Langue Latine; que d'ailleurs les Anciens ne sont pas d'accord sur l'origine, ni sur le nombre des Tribus; que les Modernes, qui en ont parlé après eux, n'ont fait que rapporter leurs passages, sans se mettre en peine de les éclaircir, ni de les concilier; & qu'enfin les uns & les autres ont souvent confondu les anciennes Tribus avec les nouvelles, & n'ont pas eu soin d'en distinguer les différens usages selon les tems, pour ne pas tomber dans les mêmes inconvéniens; Mr. Boindin a donné un peu plus d'étendue à sa matière & l'a divisée en trois Parties.

J'ai rapporté dans la premiére, dit-il, tout ce qui regarde les anciennes Tribus; & après en avoir examiné l'origine, j'ai eu non-seulement soin de marquer au juste le tems de leur premiére institution, & celui de leur renouvellement; mais je suis entré encore dans le détail de leur situation & de leur étendue, & j'ai donné même une idée générale de leur forme politique, & de leurs différens usages depuis leur établissement jusqu'à leur suppression. Avant que de passer ensuite aux nouvelles; c'est-à-dire à celles que Servius Tullius établit quand il institua le Cense, j'ai fait voir toutes les mesures qu'il prit pour changer la forme du Gouvernement, & comment il trouva en même tems le moyen de soulager le Peuple & de faire passer toute l'autorité aux Grands, en établissant les Classes & les Centuries.

J'ai parlé dans la seconde, poursuit Mr. Boindin, non-seulement des nouvelles Tribus que Servius Tullius établit dans la Ville & à la Campagne; mais encore de celles que les Consuls y ajoutérent en divers tems, à mesure que le nombre des Citoyens se multiplia, & même de celles qu'on fut encore obligé de créer dans les derniers tems de la République pour les Peuples d'Italie, auxquels on accorda le droit de suffrages. J'ai montré d'abord en quel tems & à quelle occasion chacune de ces Tribus fut établie; j'en ai examiné ensuite la situation, suivant l'ordre de leur établissement & le progrès des Romains en Italie, & j'ai fait voir enfin quelle en fut l'étendue, selon les tems, par l'état des lieux où elles étoient situées.

Ainsi il ne reste plus qu'à parler de leur forme politique, & à marquer les différens usages sous les Rois, sous les Consuls & sous les Empereurs; car elles changérent entiérement de face sous ces trois sortes de Gouvernemens. Mais il est bon auparavant de rappeller l'état des anciennes, afin d'en examiner de suite tous les changemens, & de faire voir que tout ce que les nouvelles entreprirent sous les Consuls, ne tendoit qu'à recouvrer l'autorité que les anciennes avoient eue sous les cinq premiers Rois, & à se tirer de la sujettion où Servius Tullius les avoit asservies, en établissant les Comices des Centuries.

I. Partie.

1. Les anciennes Tribus n'étoient pas seulement distinguées en général par leur situation, comme les nouvelles qu'on établit depuis; elles l'étoient encore par leur origine, c'est-à-dire par les différentes Nations dont elles étoient composées. Car quoique les Sabins & les Toscans que Romulus avoit incorporez aux Romains, ne formassent avec eux qu'un seul Peuple, ces Nations ne laissérent pas de former trois différentes Tribus, & de vivre séparément & sans se confondre, jusqu'au tems que Servius Tullius, qui suprima, comme nous avons dit, ces anciennes Tribus, pour changer la forme du Gouvernement, & en établit de nouvelles composées indifféremment de Sabins, de Toscans & de Romains; mais qui ne servirent plus qu'à partager le Territoire de Rome, & à marquer le lieu où étoit situé le bien de chaque Citoyen. C'est pourquoi Denys d'Halicarnasse [c] nomme ces derniéres Tribus Topiques, c'est-à-dire Locales; & les autres Génériques, c'est-à-dire Nationales. [Ant.Lib. 4]

Mais quoique ces anciennes Tribus fussent de différentes Nations, elles ne laissoient

De l'état des anciennes Tribus sous les Rois.

foient pas d'avoir en général les mêmes usages, & leur forme politique étoit précisément la même. Egalement soumises aux ordres du Prince, elles avoient chacune un Chef de leur Nation, qui étoient comme ses Lieutenans, & sur qui il se reposoit de leur conduite. Ces Chefs avoient sous eux d'autres Officiers à qui ils confioient le soin des Curies; car chaque Tribu étoit, comme nous l'avons dit, divisée en dix Curies ou Quartiers différens, qui avoient chacun leur Magistrat, leur Temple & leur Ministre particulier, pour les affaires de la Religion. Chaque Tribu avoit outre cela son Augure, qui avoit soin des auspices; & tous ces Ministres étoient subordonnez au Grand Curion qui étoit alors sous le Prince l'Arbitre de la Religion, & faisoit en son absence toutes les fonctions de Grand-Pontife, comme le Préfet de la Ville avoit soin de rendre la Justice en son nom, & de le représenter dans les Assemblées publiques pendant qu'il étoit à la tête des Armées.

Toutes les Curies au reste avoient également part aux honneurs civils & militaires. Car non-seulement les Sénateurs dont le Conseil du Prince étoit alors composé, & qui formoient le premier Ordre de l'Etat, en étoient tirez en pareil nombre & par leurs suffrages; mais elles choisissoient encore chacune un certain nombre de leurs Citoyens, pour remplir les trois Centuries de Chevaliers, dont le second Ordre étoit composé; & c'étoit même dans leur Assemblée générale; c'est-à-dire dans les Comices de leur nom, que se décidoient les affaires les plus importantes. Car quoique l'Etat fût alors Monarchique, le pouvoir du Prince n'étoit pas néanmoins si arbitraire, ni l'autorité du Sénat si absolue, que le Peuple, c'est-à-dire le dernier Ordre de l'Etat, n'eût beaucoup de part au Gouvernement. Non-seulement c'étoit à lui à décider de la paix ou de la guerre; mais il étoit encore maître de recevoir ou de rejetter les Loix qu'on lui proposoit; & il avoit même la liberté de choisir tous ceux qui devoient avoir sur lui quelque autorité. Car comme il n'y avoit point alors d'autres Comices que ceux des Curies, dans lesquels tous les Citoyens avoient également voix délibérative, & que le nombre des Plébeïens dans chaque Curie l'emportoit de beaucoup sur celui des Patriciens & des Chevaliers; c'étoit presque toujours de leurs suffrages que dépendoient les Elections; & ce fut même ce qui engagea Servius Tullius à changer la forme du Gouvernement & à établir les Comices des Centuries, dans lesquels les riches & les Grands avoient toute l'autorité; soit qu'il voulût par-là récompenser les Patriciens à qui il étoit redevable de son élévation, selon Tite-Live, ou que lui étant contraires, comme Denys d'Halicarnasse le rapporte, il cherchât par-là à se les rendre favorables; car ces deux Auteurs sont entièrement opposez sur ce sujet.

Tite-Live [a] prétend que ce fut sans l'aveu du Peuple, & par la seule autorité du Sénat que Servius Tullius s'empara du Trône: & Denys d'Halicarnasse [b] au contraire, assure qu'il fut élu par le Peuple d'un sentiment unanime, & qu'il eut toutes les peines du monde à se faire reconnoître par le Sénat. Mais quelque contraires que paroissent ces deux Auteurs; il ne seroit pas, je crois, impossible de les concilier; & peut-être ne faudroit-il pour cela que distinguer les tems.

En effet, comme Servius Tullius ne fut d'abord que dépositaire de l'autorité royale, & que le Sénat ne lui confia le soin du Gouvernement qu'à titre de Régence & pour tenir la place de Tarquin; il est certain que ce n'étoit pas du Peuple, qu'il tenoit son pouvoir; & c'est apparemment à ce tems que Tite-Live rapporte le commencement de son Régne. Mais lorsqu'il se fut affermi sur le trône, tant par le succès de ses armes, que par le mariage de ses filles avec les deux fils de Tarquin, alors il songea à se faire reconnoître par le Peuple; & pour cela il chercha non-seulement à se le rendre favorable, en offrant publiquement de l'argent, à tous les Plébeïens pour acquitter leurs dettes: il entreprit encore de leur faire part des terres nouvellement conquises qui avoient été jusque-là comme l'appanage des seuls Patriciens; & c'est ce qui obligea les Sénateurs de traverser son Election, comme Denys d'Halicarnasse le rapporte. Mais Servius Tullius trouva bien-tôt moyen de la leur faire approuver, en établissant en leur faveur les Comices des Centuries; & il y a bien de l'apparence que c'est de cet instant que Denys d'Halicarnasse commence à compter les années de son Régne. Du moins est-ce une conjecture assez naturelle & qui serviroit de dénouement à une contradiction qu'il seroit difficile de sauver autrement.

2. Mais quoi qu'il en soit, Servius Tullius ne se contenta pas en cette occasion d'instituer le Cense en faveur du Peuple, & les Comices des Centuries en faveur des Patriciens: il entreprit encore de supprimer les anciennes Tribus qui avoient eu jusqu'alors part au Gouvernement, & en établit de nouvelles, auxquelles il ne laissa aucune autorité, & qui ne servirent plus, comme nous avons dit, qu'à marquer le lieu où étoient situez les biens de chaque Citoyen.

De l'état des nouvelles Tribus sous les Rois.

En effet, nous ne voyons point que ces nouvelles Tribus ayent eu aucune part aux affaires, qu'en l'année 263. que les Tribuns du Peuple trouvérent moyen d'établir les Comices de leur nom, pour le Jugement de Coriolan. Jusque-là elles ne servirent qu'à partager le Territoire de Rome, & à marquer le lieu de la Ville & de la Campagne où chaque Citoyen demeuroit; car chacun étoit alors obligé de demeurer dans sa Tribu, & il n'étoit pas même permis de donner ailleurs son nom pour le Cense ni pour la Milice [d]: Et cet usage avoit ses raisons. Comme chacun étoit alors obligé de contribuer au service de l'Etat, de ses biens & de sa personne, selon son rang & sa fortune; il n'y avoit personne qui fût plus en état d'en juger que les Chefs des Tribus qui devoient non-seulement en connoître tous les Citoyens; mais qui étoient encore obligez de savoir leur demeure, & d'avoir un Etat de leurs biens [e].

[a] Lib. 1. c. 41.
[b] Lib. 4.
[d] Dion Hal. L. 4.
[e] Ibid.

Ainsi

Ainsi, quoique les Classes & les Centuries eussent été instituées exprès pour faire le Cense & les levées, les nouvelles Tribus ne laissoient pas d'être aussi pour-cela de quelque usage dès ces premiers tems, car depuis l'établissement de leurs Comices la chose est hors de doute: une infinité de passages en font foi pour la Milice & pour le Cense; le fameux exemple de Livius Salinator & de Claudius Néron ne permet pas d'en douter.

Mais comme les Tribus rustiques n'étoient alors que remplies des Citoyens [a] qui demeuroient à la Campagne, & qui faisoient eux-mêmes valoir leurs terres; & que tous ceux qui demeuroient à Rome étoient compris dans celles de la Ville, ces Tribus furent d'abord les plus honorables; mais dans la suite les Censeurs les ayant avilies en y rassemblant toute la Populace & les Afranchis, les Patriciens affectérent de passer dans les rustiques, & sur-tout dans les derniéres & les plus éloignées, parce que les premiéres que Servius Tullius avoit établies & qui étoient les plus proches de Rome étoient affectées aux nouveaux Citoyens.

[a] Tite-Liv. L. 39.

Ce fut au reste, dans les premiers tems de la République qu'une partie de ces premiéres Tribus qui avoient jusqu'alors porté le nom des Lieux où elles étoient situées, changérent de Domination, & commencérent à porter les noms de famille sous lesquels elles nous sont connues aujourd'hui, ou celui de leurs Patrons; du moins s'il en faut juger par l'exemple de la Tribu Claudia dont Tite-Live [b] parle en ces termes: *Nam-que Atta Clausus cui postea Appio Claudio fuit Romæ nomen. .... ab Regillo magna Clientium comitatus manu, Romam transfugit. His Civitas data, Agerque trans Anienem. Vetus Claudia Tribus, additis postea novis Tribulibus qui ex eo venerant Agro, appellata.*

[b] Lib. 2. c. 16.

C'est tout ce que j'ai pu découvrir de la forme & des usages des nouvelles Tribus, depuis leur institution jusqu'à l'établissement des Comices, c'est-à-dire pendant près de quatre-vingt-dix ans, qu'elles n'eurent aucune part au Gouvernement. Pendant tout ce tems ce furent les Comices des Curies & des Centuries qui eurent toute l'autorité. Mais comme les Grands étoient entièrement les maîtres dans les uns, & que les autres ne se tenoient presque plus que pour la forme, & à cause des Auspices dont ils étoient en possession; le Peuple se vit bien-tôt opprimé par les Patriciens, & ne songea cependant à s'affranchir de leur Tyrannie que lorsque les Rois furent chassez.

De l'état des nouvelles Tribus sous les Consuls.

3. S'imaginant alors avoir trouvé l'occasion de recouvrer sa liberté, il se flatta de rentrer dans ses droits, à la faveur du changement qui arriveroit dans le Gouvernement. Mais il s'apperçut bien-tôt qu'il n'avoit fait que changer de maîtres & que sa condition ne seroit pas meilleure sous les Consuls que sous les Rois. En effet, comme le pouvoir des Consuls étoit sans bornes & que les Patriciens n'avoient rien à craindre d'une autorité dont ils étoient les arbitres; c'étoit sur les Plébéiens qu'en retomboit tout le poids; & ce que Valerius Publicola fit pour la modérer, en établissant les deux Loix de l'appel au Peuple, & de l'Election des Consuls par les Centuries, ne fut point encore un tempérament suffisant; car non-seulement les Patriciens demeurérent en possession de tous les honneurs comme auparavant; mais ils continuérent encore à disposer des Terres, sans en faire part au Peuple; & ils achevérent enfin de le jetter dans une telle misére par les Dettes & par les Usures dont ils l'accabloient, sous prétexte de le soulager dans ses besoins, que ne pouvant plus supporter leur dureté ni leur injustice, il entreprit enfin de secouer le joug & de mettre un frein à leur ambition & à leur avarice. Je dis à leur ambition & à leur avarice, car chacun sait, que l'abolition des Dettes, le partage des Terres, & la communication des honneurs, furent le sujet des troubles & des divisions, dont la République fut presque toujours agitée.

Mais comme il est naturel de pourvoir d'abord aux besoins les plus pressans, ce fut par l'abolition des Dettes que le Peuple commença, persuadé qu'il n'avoit pas de plus grand interêt, que de faire cesser des Usures, qui servoient non-seulement à le dépouiller de ses biens; mais encore à lui faire engager sa Liberté, & qui l'exposoient même aux fers & aux mauvais traitemens de ses créanciers.

Je ne rapporterai point l'avanture qui donna lieu à la sédition, ni toutes ses circonstances; c'est un fait trop connu dans l'Histoire Romaine; & tout le monde sait que ce fut par sa retraite sur le Mont Sacré que le Peuple obtint ses Tribuns, & que ce fut depuis par leur vigueur & par leur fermeté qu'il vint à bout de tous ses desseins.

Ces Magistrats n'eurent cependant d'abord d'autre fonction que de veiller à la sûreté du Peuple & de le défendre contre la violence des Grands. Mais dès qu'ils eurent le droit d'assembler le Peuple sans la permission du Sénat, ils s'en servirent aussi-tôt pour établir les Comices des Tribus, & trouvérent encore peu de tems après le moyen d'attribuer aux Tribus l'élection des Magistrats du second ordre, qui s'étoit faite jusqu'alors par les Curies; *Haud parva res*, dit Tite-Live [c], *sub titulo prima specie minime atroci, sed quæ Patriciis omnem potestatem per Clientium suffragia, creandi quos vellent Tribunos auferret.* En effet, c'est de cette indépendance que les Tribuns tirérent depuis toute leur autorité; & comme elle consistoit sur-tout dans leur intercession; c'est-à-dire dans le droit qu'ils avoient de s'opposer pour le Peuple, à tout ce qui lui pouvoit être contraire, ils commencérent non-seulement d'en faire usage, pour arrêter les délibérations du Sénat, pour traverser l'élection des Consuls & pour empêcher en toute occasion le Peuple de prendre les armes; mais ils s'en servirent encore dans la suite pour changer la forme du Gouvernement, pour dépouiller les Patriciens des Terres dont ils étoient en possession, & pour parvenir eux-mêmes à tous les Emplois, en faisant remettre au Peuple les nouvelles Dettes qu'il avoit contractées; car ce ne fut

[c] Lib. 2. c. 6.

fut qu'en le prenant par l'interêt & en couvrant leur ambition du spécieux prétexte de son utilité, que les Tribuns l'engagérent à aspirer aux honneurs ; & peut-être ne fût-il jamais parvenu au Consulat, s'ils ne lui en eussent fait une nécessité, en mettant à ce prix les fameuses Loix de la mesure des Terres & de la réduction des interêts: encore falut-il pour cela en venir aux derniéres extrémitez ; & ce ne fut qu'après que le Gouvernement eut été successivement entre les mains des Décemvirs, des Consuls, des Tribuns Militaires, & qu'enfin les Tribuns du Peuple en eurent été seuls les maîtres pendant cinq ans, que les Plébéïens parvinrent à cette suprême Dignité [a].

a Tit Liv. L. 3. c. 67.

Mais dès qu'ils eurent forcé ce dernier retranchement de la puissance Patricienne, leur ambition ne trouva plus d'obstacle ; & ils étoient déja en possession de tous les honneurs Civils & Militaires, & même de la Dictature & du Triomphe, lorsqu'ils entreprirent de faire augmenter en leur faveur le nombre des Pontifes & des Augures, & s'emparérent ainsi du Sacerdoce [b].

b Ibid. Lib. 10. c. 6.

Par-là tout étoit devenu égal, & les Patriciens ne jouïssoient plus d'aucun avantage que les Plébéïens ne partageassent avec eux. Mais comme il est impossible que l'équilibre subsiste long-tems entre deux Puissances intéressées à se détruire, le Peuple prit bien-tôt le dessus & se servit à son tour de son pouvoir pour opprimer les Patriciens. Tant il est difficile, dit Tite-Live [c], de se tenir dans les termes de l'égalité quand une fois on y est parvenu, & de ne pas se prévaloir ensuite de sa supériorité pour ruiner entiérement le parti contre lequel on ne cherchoit d'abord qu'à se défendre.

c Lib. 3. c. 65.

Au reste, comme les Tribuns du Peuple ne parvinrent à introduire toutes ces nouveautez dans le Gouvernement, que par le moyen des Comices qu'ils avoient établis, on peut dire que ce furent les Tribus qui eurent la meilleure part à toutes ces révolutions, & il conviendroit assez de marquer en quel tems & à quelle occasion se firent tous ces changemens. Mais comme cela nous meneroit trop loin, & que d'ailleurs ce sont des faits assez connus, je me contenterai de parler des différens usages des Tribus sous les Consuls, & de faire voir que loin de se borner aux Comices de leur nom, comme on pourroit se l'imaginer, ils s'étendoient encore aux Comices des Centuries, à la Milice, & jusqu'aux cérémonies de la Religion.

II. Partie.

d De l'usage des Tribus dans les Comices des Centuries.

1. Comme les Tribus [d] ne commencérent à avoir part au Gouvernement que depuis l'établissement de leurs Comices, & que c'est même du pouvoir qu'elles avoient dans ces Assemblées, qu'elles tirérent depuis tout leur crédit ; il est certain que c'est à ces Comices qu'il en faut rapporter le principal usage. Mais comme il en est fait aussi quelquefois mention dans les Comices des Centuries, tant pour l'élection des Magistrats, qu'au sujet de la guerre, on ne sauroit douter qu'elles ne fussent aussi de quelque usage dans cette forte d'Assemblée : & il ne s'agit plus que de savoir de quel usage elles y pouvoient être, & quand elles commencérent d'y avoir part.

A l'égard de la première question, elle ne souffre point de difficulté ; & quoiqu'un passage de Lælius Felix, cité par Aulu-Gelle, nous marque expressément que les Comices des Centuries ne pouvoient se tenir dans la Ville, à cause de la forme en étoit militaire : *Centuriata autem Comitia intra Pomœrium fieri nefas esse, quia exercitum extra Urbem imperari oporteat ; intra Urbem jus non sit.* Il est certain néanmoins qu'on passoit quelquefois sur la Règle en faveur de la commodité, & qu'alors pour sauver les apparences, le Peuple s'assembloit d'abord par Tribus, & se partageoit ensuite par Classes & par Centuries, pour donner ses suffrages, comme on le peut voir par ce passage de Cicéron [e] : *Per singulas Tribus, Centuriæ, quæ primæ Classis erant, suffragium inibant.* Et c'est même de cette première distribution du Peuple par Tribus & de cette subdivision des Tribus par Centuries, que dépend l'intelligence d'un passage de Tite-Live, dont la plûpart des Interprétes n'ont pas compris le sens, & qui mérite bien d'être éclairci. C'est l'endroit du premier Livre, où après avoir parlé de l'institution du Cense & des Classes, il avertit qu'il ne faut pas être surpris si le nombre des Centuries établies par Servius Tullius ne se rapporte pas à celui qui étoit en usage depuis que le nombre des Tribus avoit été augmenté [f] : *Nec mirari oportet hunc ordinem qui nunc est, post expletas quinque & triginta Tribus, duplicato earum numero, Centuriis juniorum, seniorumque ad summam ab Servio Tullio institutam, non convenire.*

e Philip. 2.

f Cap. 43.

A l'égard du tems où les Tribus commencérent d'être en usage dans les Comices des Centuries, c'est ce qu'il n'est pas aisé de déterminer ; car on n'en trouve rien du tout dans les Anciens ; & les Modernes, qui en ont parlé, sont d'avis entiérement contraires. Les uns prétendent que ce ne fut que depuis que le nombre des trente-cinq Tribus fut rempli & s'appuyent pour cela du passage que nous venons de citer. Mais outre que ce passage ne prouve pas que cela n'eût pu se pratiquer dès auparavant ; on en trouve dans Tite-Live une infinité d'autres, où il est fait mention de cet usage long-tems avant que les trente-cinq Tribus fussent établies. Les autres au contraire soutiennent que cet usage eut lieu dès l'établissement des Centuries, & que leurs Comices ne se tinrent jamais autrement ; mais leur conjecture n'est pas mieux fondée. Car Denys d'Halicarnasse, qui nous en a laissé un détail très-exact & fort circonstancié, ne dit pas un mot des Tribus, & il n'en est pas fait une seule fois mention dans tous les Comices dont Tite-Live parle avant le jugement de Coriolan.

Ainsi, quoiqu'on ne puisse pas marquer précisément en quel tems les Tribus commencérent d'avoir part aux Comices des Centuries, je crois néanmoins pouvoir assûrer, que ce ne fut que depuis l'établissement de leurs Comices ; & je ne doute pas même me que ce ne soit des Tribus que le droit de prérogative passa aux Centuries; il est certain qu'originairement il n'étoit point en usage dans leurs Comices.

Il y a bien de l'apparence, au reste, que ce fut en faveur du Peuple, pour rétablir en quelque maniere l'égalité des suffrages dans les Comices des Centuries, & sur-tout afin de pouvoir les tenir dans la Ville, sans violer les Loix, que cet usage s'établit, & qu'on leur donna cette nouvelle forme.

Il seroit inutile de rapporter tous les passages qui ont rapport à ce sujet; j'en choisirai seulement deux ou trois qui puissent nous en apprendre des particularitez différentes.

Le premier fait mention en général de toutes les Tribus, dans une occasion où il étoit question de décider de la guerre, & qui étoit par conséquent du ressort des Centuries *a*; *Tum ut bellum juberent, latum ad Populum est, & nequicquam dissuadentibus Tribunis bellum jusserunt.*

a Tite-Liv. L. 6. c. 21.

Dans le second, il s'agit de l'Election des Tribuns Militaires, qui étoient encore du ressort des Centuries; & cependant il y est parlé non-seulement de la Tribu prérogative, c'est-à-dire de celle qui donnoit sa voix la premiere; mais encore de toutes les autres qui étoient ensuite appellées dans leur ordre naturel, & qui se nommoient à cause de cela *jure vocatæ* *b* : *Haud invitis Patribus P. Licinium Calvum Prærogativæ Tribunum Militum creant, omnesque deinceps ex Collegio ejusdem anni refici apparebat, qui priusquam renunciarentur, jure vocatis Tribubus, permissu Interregis, P. Licinius Calvus ita verba fecit.*

b Ibid. c. 18.

Enfin le dernier regarde l'Election des Consuls, & nous donnera lieu de faire encore quelques remarques sur ce sujet : *Fulvius Comitiorum caussa Romam accersitus, quum Comitia Consulibus rogandis haberet, Prærogativa Veturia juniorum declaravit T. Manlium Torquatum & T. Octacilium. Manlius qui præsens erat gratulandi caussa cum turba iret, nec dubius esset consensus populi, magna circumfusus turba, ad Tribunal Consulis venit, petitque ut pauca sua verba audiret; Centuriamque, quæ tulisset suffragium, revocari juberet. . . . Tum Centuria & autoritate mota Viri, & admirantium circa fremitu, petit a Consule ut Veturiam Seniorum citaret; velle secum majoribus natu colloqui, & ex autoritate eorum Consules dicere. Citatis Veturiæ Senioribus, datum secreta in ovili cum his colloquendi tempus. . . . ita de novis Consulibus consultatione data, Senioribus dimissis, Juniores suffragium ineunt, M. Claudium Marcellum & M. Valerium absentes Coll: dixerunt, auctoritatemque Prærogativæ Centuriæ secutæ sunt.*

On voit par ce passage premierement que le suffrage de la Prérogative ne demeuroit point secret; & qu'on avoit coutume de le publier avant que de prendre celui des autres Tribus. Secondement, que son suffrage étoit d'un si grand poids, qu'il ne manquoit presque jamais d'être suivi, & qu'on en recevoit sur le champ les complimens comme si l'Election eût été faite; & c'est ce qui a donné lieu à Cicéron de dire que le présage en étoit infaillible : *Tanta est illis Comitiis religio ut adhuc semper omen va-*

luerit Prærogativæ *c* : Et que celui qui l'avoit eu le premier n'avoit jamais manqué d'être élu : *Prærogativa tantum habet auctoritatis, ut nemo unquam prior eam tuleris quin renuntiatus sit* *d*. Enfin ce passage nous apprend encore que celui qui tenoit ces Comices, pouvoit reprendre les suffrages des Tribus, & leur permettre même de consulter ensemble pour faire un nouveau choix. Mais en voilà assez pour les Comices des Centuries, passons à la Milice.

c Pro Mu-rena.
d Pro Planco.

Quoique les Levées se fussent faites d'abord par les Centuries, ainsi que Servius Tullius l'avoit établi, il est sûr qu'elles se firent aussi dans la suite par les Tribus : & la preuve s'en tire du lieu même où elles se faisoient; car c'étoit ordinairement dans la grande Place. Mais les choix des Soldats ne s'y faisoient pas toujours de la même maniere : c'étoit quelquefois uniquement le sort qui en décidoit, & sur-tout lorsque le Peuple refusoit de prendre les armes, comme on le peut voir par ce passage de Valere-Maxime : *M. Curius Cos. cum subitum delectum edicere coactus esset, & Juniorum nemo respondisset, conjectis in sortem omnibus Tribubus, Polliæ quæ proxima exierat, primum nomen urna extractum citari jussit, neque eo respondente bona adolescentis hastæ subjecit.*

De l'usage des Tribus par rapport à la Milice.

Quelquefois au contraire c'étoit en partie par le sort, & en partie par le choix des Tribus qu'ils se levoient; par le sort pour l'ordre des Tribus, & par le choix des Tribus pour les Soldats qu'on en tiroit. Lorsque les Tribuns sont élus, dit Polybe *e*, & qu'on en a fait la division selon le nombre des Légions qu'on veut lever, les Chefs assis séparément tirent au sort les Tribus & choisissent alternativement dans chacune quatre jeunes gens de même âge & à peu près de même taille.

e Lib. 6.

Enfin Tite-Live nous apprend que lorsqu'on n'avoit pas besoin d'un si grand nombre de Soldats, ce n'étoit pas de tout le Peuple qu'ils se levoient; mais seulement d'une partie des Tribus que l'on tiroit au sort: *Delectum haberi non ex toto passim Populo placuit : decem Tribus sorte ductæ; ex his scriptos juniores duo Tribuni ad bellum duxere.*

2. A l'égard du Cense, c'étoit une des occasions où les Tribus étoient le plus d'usage, & cependant le principal sujet pour lequel les Classes & les Centuries avoient été instituées : aussi ne cesserent-elles pas absolument d'y avoir part, & elles y servirent du moins à distinguer l'âge & la Fortune des Citoyens d'une même Tribu jusqu'en l'an 571. que les Censeurs en changerent entierement l'ordre & commencerent à faire la Description des Tribus selon l'état & la condition des Particuliers *g* : *Q. Fulvio & L. Manlio Coss. M. Æmilius Lepidus & M. Fulvius Nobilior Censores, mutarunt suffragia, regionatimque generibus hominum caussis & quæstionibus Tribus descripserunt.*

De l'usage des Tribus par rapport au Cense.

g Tit. Liv. L. 4. c. 5.

Pour le tems où l'on commença de faire le Cense par Tribus, comme les Anciens ne nous en ont rien appris, c'est ce qu'on ne sauroit déterminer au juste: il y a bien de l'apparence néanmoins que ce ne fut que depuis l'établissement des Censeurs; c'est-à-dire depuis l'on 310. car il n'en est fait aucune

cune mention auparavant, & l'on en trouve depuis une infinité d'exemples; mais je n'en rapporterai qu'un seul dont j'ai tant parlé. C'est celui de M. Livius Salinator & de C. Claudius Néron qui se trouvant tous deux au nombre des Chevaliers quand ils firent le Cense, ne se contentérent pas de s'ôter mutuellement le cheval public; mais portérent encore leur haine réciproque jusqu'à se laisser tous deux *inter Ærarios*. *Equitum deinde Censûs agi cœptus est, & ambo fortè Censores equum publicum habebant. Cum ad Tribum Polliam ventum est, in quâ M. Livii nomen erat, & Præco cunctaretur citare ipsum Censorem; cita,* inquit Nero, *M. Livium; & sive ex residuâ & vetere simultate, sive intempestivâ jactatione severitatis inflatus, M. Livium, quia Populi judicio esset condemnatus equum vendere jussit. Item M. Livius cum ad Tribum Arniensem & nomen Collegæ ventum est, vendere equum C. Claudium jussit. Exitu Censuræ, cum in Leges jurasset C. Claudius & in Ærarium ascendisset, inter nomina eorum quos Ærarios relinquebat, dedit nomen Collegæ.* La suite de ce passage est encore plus remarquable; car elle nous apprend que Livius, pour se venger de l'affront qu'il venoit de recevoir, & pour punir en même tems le Peuple du jugement qui en avoit été le prétexte, mit tous les Citoyens au rang des Tributaires, à l'exception d'une seule Tribu, qui n'avoit point eu de part à sa condamnation [a] : *Deinde M. Livius in Ærarium venit, & præter Mœciam Tribum quæ se nec condemnatum aut Consulem aut Censorem fecisset, Populum Romanum omnem quatuor & triginta Tribus Ærarios reliquit, quod & innocentem se condemnassent, & condemnatum Consulem & Censorem fecissent neque inficiari possent aut Judicio semel, aut Comitiis bis ab se peccatum esse. Inter quatuor & triginta Tribus, & C. Claudium Ærarium fore; quod si exemplum haberet, bis eundem Ærarium relinquendi, C. Claudium nominatim inter Ærarios fuisse relicturum.*

[a] Tit-Liv. L. 1. c. 37.

Il paroît par cet exemple que les Censeurs ne pouvoient pas se servir pour eux-mêmes de tous leurs droits; car il est certain qu'ils pouvoient pour tout autre s'opposer à la sévérité de leur Collègue, comme on le peut voir par ce passage de Tite-Live [b] : *Censores fideli concordia Senatum legerunt, Princeps electus est ipse Censor M. Æmilius Lepidus. Tres ejecti de Senatu. Retinuit quosdam Lepidus à Collega prætereto.* Et plus particuliérement encore par cet autre du même Auteur *A Sempronio & Claudio Censoribus plures quam à superioribus, & Senatu emoti sunt, & equos vendere jussi. Omnes iidem ab utroque & Tribu remoti & Ærarii facti; neque ullius quem alter notaret, ab altero levata ignominia.*

[b] Lib. 45. c. 15.

Au reste, comme c'étoit en ces occasions que les nouveaux Citoyens étoient reçus dans les Tribus, & que les Censeurs ne les distribuoient pas indifféremment dans toutes, mais seulement dans celles de la Ville, & dans quelques-unes des rustiques; ce fut sans doute ce qui rendit les autres plus honorables, & ce qui fit même qu'entre celles où ils étoient reçus, il y en avoit de plus ou moins méprisées, selon les Citoyens dont elles étoient remplies. Car il faut remarquer qu'il y avoit de trois sortes de nouveaux Citoyens; les Etrangers qui venoient s'établir à Rome, ou qu'on y transféroit des Pays conquis; les différens Peuples d'Italie auxquels on accordoit le droit de suffrage, & les Affranchis qui avoient le plus nécessaire pour être compris dans le Cense.

A l'égard des Peuples que l'on transferoit des Pays conquis, comme les Romains ne manquoient pas d'y envoyer aussi-tôt des Colonies, ils avoient coutume de distribuer ces nouveaux Citoyens dans les Tribus les plus proches de la Ville, tant pour tenir la place des anciens Citoyens qu'ils en avoient tirez, qu'afin de les avoir sous leurs yeux & d'être par-là plus sûrs de leur fidélité.

C'étoit aussi dans ces premières Tribus établies par Servius Tullius, qu'étoient reçus les différens Peuples d'Italie auxquels on accordoit le droit de suffrage. Car l'usage n'étoit pas de les distribuer dans les Tribus qui étoient sur leurs terres, comme on pourroit se l'imaginer, mais dans celles du Champ Romain, qui portoient des noms de famille, comme on le peut voir par une infinité d'exemples, & entre autres par celui des Sabins, des Marses & des Péligniens, dont Cicéron nous apprend la Tribu dans ce passage contre Vatinius: *Ob has omnes nos scias te severissimorum hominum Sabinorum, fortissimorum virorum Marsorum & Pelignorum Tribulium tuorum judicio notatum, nec post Romam conditam præter te Tribulem quemquam Tribum Sergiam perdidisse.* Et par celui des Peuples de Fundi, de Formies & d'Arpinum, dont Tite-Live parle dans son trente-huitième Livre [c], & que je ne citerai cependant que parce qu'il nous apprend que ce n'étoit ni aux Censeurs ni au Sénat, mais au Peuple d'assigner une Tribu aux Villes alliées, & aux Municipes auxquels l'on accordoit le droit de suffrage : *De Fundanis Formianisque Municipibus & Arpinatibus C. Valerius Tappus Tribunus Plebis promulgavit, ut iis suffragii latio, nam antea sine suffragio habuerant civitatem, esset. Huic rogationi quatuor Tribuni Plebis, quia non ex auctoritate Senatus ferretur, cum intercederent, edocti Populi esse, non Senatus jus, suffragium, quibus velit, impertiri, destiterunt incœpto. Rogatio perlata est in Æmilia Tribu Formiani & Fundani, ut in Cornelia Arpinates ferrent, atque in his Tribunus, tum primum ex Valerio Plebiscito censi sunt.*

[c] Cap. 36.

Pour les Affranchis, ce fut presque toujours dans les Tribus de la Ville qu'ils furent distribuez; mais comme ils ne laissérent pas aussi d'être quelquefois reçus dans les rustiques, & que l'usage changea même plusieurs fois sur ce sujet, je crois qu'il est bon d'en marquer toutes les variations suivant l'ordre des tems.

Pour cela il faut premiérement remarquer qu'ils demeurérent dans les Tribus de la Ville jusqu'en l'année 441. qu'Appius Claudius les reçut dans les Rustiques; mais que neuf ans après, c'est-à-dire l'an 450. Q. Fabius les en tira, & les fit rentrer dans celles de la Ville avec toute la Populace qui s'étoit répandue dans les Rustiques. Tite-Live nous apprend même que cette action fut si agréable à tous les Citoyens, que Fabius en reçut le furnom de *Maximus*, que toutes ſes victoires n'avoient pu encore lui acquerir[a] : *Q. Fabius & P. Decius Cenſores facti; & Fabius ſimul concordiæ cauſa, ſimul ne humillimorum in manu Comitia eſſent, omnem forenſem turbam excretam in quatuor conjecit, urbanaſque eas appellavit. Adeoque eam rem acceptam gratis animis ferunt, ut Maximi cognomen, quod tot victoriis non pepererat, hac ordinum temperatione pareret.*

[a] Lib. 9. c. 46.

On ne voit point à quelle occaſion, ni par quel moyen ils en étoient ſortis peu de tems après; mais il faloit bien qu'ils s'en fuſſent tirez du conſentement ou par la négligence des Cenſeurs. Car nous voyons dans Tite-Live que l'an 452. L. Aemilius & C. Flaminius les y firent rentrer une ſeconde fois[b] : *Luſtrum à Cenſoribus L. Aemilio & C. Flaminio conditum eſt. Libertini iterum in quatuor Tribus redacti ſunt, Aeſquiliam, Palatinam, Suburanam, Collinam.*

[b] Lib. 20.

Enfin Tite-Live nous apprend dans ſon quarante-cinquième Livre qu'ils en étoient encore ſortis une troiſième fois, & qu'il y avoit même déja quelque tems que ceux qui avoient un fils agé de cinq ans étoient reçus dans les ruſtiques, lorſque Tiberius Gracchus, qui vouloit les chaſſer de toutes les Tribus, obtint du moins qu'ils ſeroient tous réduits dans une ſeule[c] : *In quatuor urbanas Tribus deſcripti erant Libertini, præter eos quibus filius quinquenni major ex Senatuſconſulto eſſet. Eos ubi proximo luſtro cenſi eſſent, cenſeri juſſerunt, & eos qui prædium prædiave ruſtica pluris ſeſtertium triginta millium haberent, cenſendi Jus factum eſt. Hos cum ita ſervatum eſſet.... poſtremo eo deſcenſum eſt, ut ex quatuor urbanis Tribubus, unam palàm in atrio Libertatis ſortirentur; in quam omnes qui ſervitutem ſerviſſent, conjicerent. Aſquilinæ ſors exit. In ea Tib. Gracchus pronunciavit Libertinos omnes cenſeri placere.*

[c] Cap. 15.

Nous voyons cependant qu'ils en ſortirent encore pluſieurs fois dans la ſuite, & furent pluſieurs fois obligez d'y rentrer, ſelon que le parti de Sylla & de Marius étoit le plus fort[d]. Mais cela n'empêche pas que ce ne fût ordinairement dans les Tribus de la Ville qu'ils étoient diſtribuez, & ces Tribus leur étoient tellement affectées que d'y être transféré : *Ruſticæ Tribus*, dit Pline[e], *laudatiſſimæ eorum qui rura haberent, urbanæ vero in quas transferri ignominiæ eſt, deſidiæ probro.*

[d] LL. 77. & 84.

[e] Lib. 18. c. 3.

C'étoit même la différence qu'il y avoit non-ſeulement entre les Tribus de la Ville & celles de la Campagne; mais encore entre les premières Ruſtiques établies par Servius Tullius, & celles que les Conſuls avoient établies depuis, qui donna lieu à l'uſage de mettre entre les différens noms qu'on portoit celui de ſa Tribu[f] *Servius Sulpicius Lemania Rufus. C. Luceius Pupinia Hirrus. C. Scribanius Popinia Curio.*

[f] Cic. 3. & 4. Philip.

La raiſon au reſte pour laquelle les Romains mettoient le nom de leurs Tribus immédiatement après leurs noms de Famille, & avant leurs ſurnoms, c'eſt que ces ſortes de noms ſe rapportoient à leurs Familles & non pas à leurs perſonnes; & cela eſt ſi vrai que lorſqu'ils paſſoient d'une Famille dans une autre, qui n'étoit pas de la même Tribu, ils avoient coutume d'ajouter au nom de leur première Tribu le nom de celle où ils entroient par l'adoption, comme on le peut voir par une infinité d'exemples, & entre autres par cette Inſcription de la Famille Julia : *C. Julio, C. filio Sab. Scapt. Cæſari Auguſto*; Et par ce paſſage des Lettres à Atticus[g] : *Opimius Vejent. Trom. Antius*, &c.

[g] Lib. 4. Ep. 16.

4. Il me reſte à parler de l'uſage des Tribus par rapport à la Religion; car quoiqu'elles n'euſſent aucune part aux Auſpices, c'eſt-à-dire cependant que dépendoit le choix des Pontifes & des Augures, & il y avoit même des cérémonies où leur préſence étoit abſolument néceſſaire. Mais il ſuffira d'en rapporter un exemple. Tite-Live nous apprend dans ſon ſeptième Livre qu'immédiatement après la Dédicace du Temple de Junon Moneta, c'eſt-à-dire l'an 411. ſous le troiſième Conſulat de C. Martius Rutilus, un eſprit de trouble & de terreur s'étant répandu dans toute la Ville ſur le rapport de quelques prodiges, & la ſuperſtition n'ayant point trouvé d'autre reſſource que de créer un Dictateur, il ſe fit à Rome pendant pluſieurs jours des Proceſſions ſolemnelles, non-ſeulement de toutes les Tribus, mais encore de tous les Peuples circonvoiſins[h] : *Prodigium extemplo dedicationem ſecutum, Libriſque inſpectis, quam plena religione Civitas eſſet, Senatui placuit Dictatorem feriarum conſtituendarum cauſa, dici : Dictuſque P. Valerius Publicola, & non Tribus tantum ſupplicatum ire placuit, ſed finitimos etiam Populos; ordoque iis quo quiſque die, ſupplicarent, ſtatuus.*

De l'uſage des Tribus par rapport à la Religion.

[h] Lib. 7. c. 28.

À l'égard de l'Election des Pontifes, il faut remarquer premièrement que juſqu'en l'année 850. il n'y avoit que le Grand Pontife qui fût élu par les Tribus, & que tous les autres Prêtres étoient comptez par les Collèges : ſecondement que ce fut Cn. Domitius le Triſayeul de Néron, qui leur ôta ce droit & l'attribua au Peuple, pour ſe venger de ce qu'ils n'avoient pas voulu le recevoir à la place de ſon pere[i] : *Cn. Domicius Tribunus Plebis Pontificibus offenſior, quod alium quam ſe in patris ſui locum cooptaſſent jus Sacerdotum ſubrogandorum a Collegiis ad Populum tranſtulit :* Et troiſièmement enfin, que l'Aſſemblée où ſe faiſoit l'Election des Pontifes & des Augures n'étoit compoſée que de dix-ſept Tribus, c'eſt-à-dire de la moindre partie du Peuple, parce qu'il ne lui étoit pas permis en général de diſpoſer du Sacerdoce, comme on le peut voir par ce paſſage de Cicéron contre Rullus : *Ne hoc quidem vidit majores noſtros tam populares fuiſſe, ut quod per Populum creari fas non erat, propter religionem Sacrorum, in eo tamen propter amplitudinem Sacerdotii, voluerint Populo ſupplicari; atque hoc idem de cæteris Sacerdotiis Cn. Domitius Tribunus Plebis, vir clariſſimus, tulit, quod Populus per religionem Sacerdotia mandare non poterat, ut minor pars Populi vocaretur, ab eaque parte qui eſſet factus, is a Collegio cooptaretur.*

[i] Sueton. in Neron.

Encore faut-il obſerver premièrement, que le Peuple ne les pouvoit choiſir qu'entre ceux qui lui étoient préſentez par les Collèges. Secondement que chaque Prétendant

tendant ne pouvoit avoir plus de deux Nominateurs, afin que les Collèges fussent obligez de présenter plusieurs sujets, entre lesquels le Peuple pût choisir : *Quo enim tempore me Augurem ex toto Collegio expetitum Cn. Pompeius & Q. Hortensius nominaverunt, neque enim licebat a pluribus nominari* [a]. Troisièmement que les Nominateurs devoient répondre par serment de la dignité du sujet qu'ils présentoient ; Et quatrièmement enfin que tous les Compétiteurs devoient être approuvez par les Augures, avant la présentation, afin que le choix du Peuple ne pût être éludé : *Qua in cogitatione & cooptatum me ab eo in Collegio recordabar, in quo juratus judicium dignitatis meæ secerat, & Auguratum ab eodem* [b].

Mais quoique l'Assemblée où se faisoient ces Elections ne fût composée que de dix-sept Tribus & portât même en particulier le nom de *Comitia calata* : comme ces dix-sept Tribus néanmoins se tiroient au sort, & qu'il faloit pour cela que toutes les autres se fussent auparavant assemblées : il est certain que c'étoit une dépendance de leurs Comices, & même une des quatre principales raisons pour lesquelles ils s'assembloient ; car ces Comices se tenoient encore pour trois autres sujets.

5. Premièrement pour l'Election des Magistrats du second ordre ; car je crois que c'est ainsi qu'il faut rendre *Minores Magistratus* : & non pas, comme la plûpart des Interprètes, par *Magistrats Plebeïens* ; puisque les Questeurs, les Proconsuls & les Propréteurs étoient de ce nombre, & qu'il n'y avoit que les Consuls, les Préteurs & les Censeurs qui fussent élus par les Centuries, & qu'on appelât *Majores Magistratus*. *Patriciorum Auspicia* dit Aulu-Gelle [c], après Valerius Messala, *in duas sunt divisa potestates. Maxima sunt Consulum, Prætorum, Censorum : reliquorum Magistratuum minora sunt auspicia. Ideo illi minores, hi majores Magistratus appellantur ; minoribus creandis Magistratibus Comitiis Tributis datur : majores Comitiis Centuriatis fiunt.*

Les Comices des Tribus se tenoient en second lieu pour l'établissement des Loix Tribuniciennes, c'est-à-dire des Plebiscites, qui n'obligérent d'abord que les Plebeïens & auxquels les Patriciens ne commencérent d'être tenus que l'an 462. par la Loi *Hortensia* [d] : quoiqu'on eût entrepris de les y soumettre dès l'an 304. par la Loi *Horatia* & que cette Loi eût encore été renouvellée l'an 417. par le Dictateur Publilius : *Publilii Dictatura popularis, tulit enim iterum ut Plebiscita omnes Quirites tenerent.*

Enfin les Tribus s'assembloient encore pour les Jugemens publics qui avoient donné lieu à l'établissement de leurs Comices, & qui procédoient ou des ajournemens ou les Tribuns décernoient contre les Particuliers, ou de la liberté que les Particuliers avoient d'appeller au Peuple de tous les Magistrats ordinaires ; droit dont le Peuple jouïssoit dès le tems des Rois, & qui lui fut depuis confirmé sous les Consuls par trois différentes fois & toujours par la même famille, c'est-à-dire par les trois Loix *Valeriæ*; la première de l'an 246. la seconde de l'an 304. & la dernière de l'an 422. *Eodem anno M. Valerius Consul, de provocatione Legem tulit diligentius sanctam. Tertia ea tum post exactos Reges lata est semper à familia eadem.*

Il faut néanmoins remarquer qu'il n'y avoit que les Centuries qui eussent droit de juger à mort, & que les Tribus ne pouvoient condamner au plus qu'à l'exil. Mais cela n'empêchoit pas que leurs Comices ne fussent redoutables au Sénat : premièrement, parce qu'ils se tenoient sans son autorité : secondement, parce que les Patriciens n'y avoient point de part ; & troisièmemnt, parce qu'ils n'étoient point sujets aux Auspices. Car c'étoit-là d'où ils tiroient tout leur pouvoir, & ce qui servoit en même tems à les distinguer des autres.

Ces Comices au reste, continuérent toujours de se tenir régulièrement depuis leur institution, si l'on en excepte les deux années que le Gouvernement fut entre les mains des Décemvirs. Et quoique Sylla eût entrepris dans les derniers tems d'en diminuer l'autorité, en ôtant aux Tribuns du Peuple le pouvoir de publier des Loix pour le punir d'avoir favorisé le parti de Marius, *Sylla Dictator factus Tribunorum Plebis potestatem minuit, Legumque ferendarum omne jus ademit* [e]. Comme cette suspension de la puissance Tribunicienne n'empêcha pas les Tribus de s'assembler à l'ordinaire, & ne dura même que jusqu'au premier Consulat de Pompée : *M. Crassus & Cn. Pompeius Consules facti, Tribunitiam potestatem restituerunt* [f] ; les Comices des Tribus conservérent toute leur liberté jusqu'au tems des Empereurs. Mais César ne fut pas plutôt Dictateur qu'il s'empara d'une partie de leurs droits, afin de pouvoir disposer des Charges, & d'être plus en état de changer la forme du Gouvernement : *Comitia cum Populo partitus est*, dit Suétone [g], *ut exceptis Consulatus Competitoribus de cætero numero Candidatorum pro parte dimidia quos Populus vellet, pronunciaret, pro altera parte, quos ipse dedisset.* Le même Auteur nous apprend à la vérité qu'Auguste les rétablit dans tous leurs droits dès qu'il fut parvenu à l'Empire : *Comitiorum quoque pristinum jus reduxit* [h]. Mais il est certain qu'ils ne s'en servirent plus que pour prévenir ses ordres, ou pour les exécuter ; & qu'enfin Tibère les supprima entièrement, & attribua toute l'autorité au Sénat, comme on le peut voir par ce passage de Tacite [i] *Tum primum e campo Comitia ad Patres translata sunt ; nam ad eam diem, & si potissima Principis arbitrio, quædam tamen studiis Tribuum fiebant.*

Depuis ce tems-là les Tribus n'eurent plus aucune part au Gouvernement, & le dessein qu'eut Caligula de rétablir leurs Comices n'eut point d'éxécution : *Tentavit & Comitiorum more revocato suffragia populo reddere* [k]. Mais elles ne laissérent pas néanmoins de subsister jusqu'aux derniers tems de l'Empire ; & nous voyons même que leur Territoire fut encore augmenté sous Trajan de quelques terres publiques, par une Inscription qu'elles firent élever en son honneur, & qu'on nous a conservée, comme un Monument de leur reconnoissance envers cet Empereur.

Ssss 2 *Imp.*

Imp. Cæsari. Nervæ filio
Nervæ Trajano Aug. Germanico, Dacico.
Pont. Max. Tribun. poteft. VII.
Imp. IV. Cos. V. P. P.
Tribus XXXV.
Quod liberalitate optimi Principis
Commoda earum
etiam locorum adjectione
ampliata fint.

TRIBULA. Voyez MUTUSCÆ.

TRIBULIUM, Lieu fortifié dans la Liburnie. Pline le met au nombre des Lieux de cette Contrée, qui étoient fameux par les batailles que le Peuple Romain y avoit données. Le Pere Hardouin remarque qu'au lieu de TRIBULIUM les MSS. portent TRIBURIUM.

TRIBURIA; Maifon Royale dans la Franconie au voifinage de Mayence, fur le bord du Rhein. Ortelius [a] qui cite Trithème dit que cette Maifon Royale étoit entre Mayence & Oppenhem, & qu'en defcendant le Rhein, on l'avoit à la droite. Elle ne fubfifte plus. Le Lieu eft aujourd'hui entiérement defert. On y célébra un Concile en 895. L'Acte de ce Concile porte que le nom de cette Maifon étoit alors TRIBUR, Sigebert en fait auffi mention.

[a] Thefaur.

TRICA, Ville d'Italie dans la Pouille; Pline [b] dit qu'elle fut détruite par Diomède.

[b] Lib. 3. c. 11.

TRICADIBA, Ifle de l'Inde en deçà du Gange. Elle eft remarquée par Ptolomée, non dans le Golphe Colchique, comme le dit Ortelius; mais fur la Côte, en allant du Golphe Canticolpe au Golphe Colchique, au Midi de l'Ifle d'Heptanefia.

1. TRICALA, Ville des Etats du Turc en Europe, dans la Janna, fur le bord de la Rivière de Selampria, entre Janna, ou Jannina, & Lariffe, avec Evêché suffragant de cette derniére Métropole. C'eft l'ancienne TRICCA. Voyez TRICCA.

2. TRICALA. Voyez TRICALUM.

TRICALUM, ou TRICALA, Ville de Sicile, felon Etienne le Géographe. C'eft la même Ville que Ptolomée [c] appelle Triocla, & qu'il place dans les terres. Ces deux Auteurs, quoiqu'ils employent une différente Orthographe, ne font le nom de cette Ville que de trois Syllabes. Les autres le font de quatre: Diodore de Sicile [d] & Silius Italieus [e] entre autres écrivent TRIOCALA:

[c] Lib. 3. c. 4.
[d] In Eclog. p. 913.
[e] Lib. 14. v. 271.

——— *Servili vaftata Triocala bello.*

Et c'eft conformément à cette derniére Orthographe que Pline [f] appelle les Habitans de cette Ville TRIOCALINI. Cicéron [g] dit TRICALINUM. Le nom moderne eft *Troccoli* felon le Pere Hardouin.

[f] Lib. 3. c. 8.
[g] 7. Verr. 10.

TRICAMARUM, Lieu d'Afrique, à cent quarante Stades de Carthage, felon Procope [h]. C'eft le Lieu où les Romains rencontrérent les Wandales campez, & près duquel ces deux Armées en vinrent à une bataille, dont le fuccès fut defavantageux aux Barbares. Il y avoit tout proche un petit Fleuve dont l'eau étoit vive & coûlante, quoique fon cours fût fi foible qu'il n'avoit point de nom, & qu'il n'étoit mis qu'au nombre des Ruiffeaux par les gens du Pays.

[h] Hift. des Wandal. L. 2. c. 2. de la Trad. de Mr. Coufin.

Ortelius qui cite auffi Procope dit que le Lieu *Tricamarum* étoit à CXC. Stades de Carthage. Seroit-ce une faute d'Imprimeur?

TRICARANA, Lieu fortifié, au Péloponnèfe, dans la Phliafie, felon Etienne le Géographe. C'eft apparemment le même Lieu que Xénophon, Demofthène & Suidas nomment *Tricanon*, & que ce dernier place dans l'Argie.

TRICARENIA, C'eft-à-dire *Ville Triple*: Ortelius [i] qui cite Palephatus [k] dit que c'eft où commandoit Géryon.

[i] Thefauh.
[k] In Geryone & Cerbero.

TRICARICO, TRICARICUM [l], Ville d'Italie au Royaume de Naples, dans la Bafilicate, fur le Cafuento. Cette Ville eft petite, mais jolie. Elle étoit Evêché fous Acerenfa avant l'an 1060.

[l] Commanville, Table des Evêchez.

TRICASII. Voyez TRICASSINI.

TRICASSINI, Peuples de la Gaule Celtique ou Lyonnoife, & dont le Pays étoit prefque renfermé entre la Seine & la Marne. Ce font les TRECASSES de Pline [m] & les TRICASII de Ptolomée [n]. Le nom de ces Peuples fe trouve encore fous différentes Orthographes; comme TRICASSES, TRICASES, & TRECASES. Une ancienne Infcription rapportée par Gruter [o] fait mention de ces Peuples:

[m] Lib. 4. c. 18.
[n] Lib. 2.
[o] Pag. 371. n°. 3.

AETE. MEMORIÆ AURELI
DEMETRI ADJUTORI
PROCC. CIVITATIS SENONUM.
TRICASSINORUM. MELDO-
RUM. PARISIORUM. ET. CI-
VITATIS ÆDUORUM.

Dans la fuite en a dit TRECÆ, ou TRECI, d'où l'on a fait le nom moderne de leur Capitale. Voyez TROYES.

TRICASTENI. Voyez TRICASTINI.

TRICASTIN, ou TRICASTINOIS, Pays de France, dans le Bas Dauphiné. Il eft borné au Septentrion par le Valentinois & le Diois: à l'Orient, & au Midi par le Comtat Venaiffin; & à l'Occident par le Rhône. C'eft le Pays qu'occupoient autrefois les *Tricaftini*, anciens Peuples de la Gaule Narbonnoife. Il n'y a guere d'autre Ville que S. Paul-trois-Châteaux.

TRICASTINI, Peuples de la Gaule Narbonnoife. Ils habitoient fur le Rhofne, & leur Capitale eft nommée AUGUSTA TRICASTINORUM par Pline [p]. Ptolomée [q] nomme ces Peuples TRISCASTENI. Tite-Live [r] & Silius-Italicus [s] écrivent TRICASTENI. Le Pays qu'ils habitoient fe nomme aujourd'hui St. PAUL-TRICASTIN, ou St. PAUL-TROIS-CHATEAUX.

[p] Lib. 3. c. 4.
[q] Lib. 2. c.
[r] Lib. 21. c. 31.
[s] Lib. 3. v. 466.

TRICCA, Ville de la Macédoine dans l'Eftiotide felon Ptolomée [t]. Homére [u] n'a connu cette Ville. Strabon [x] la met dans la Theffalie, ce qui revient au même, puifque l'Eftiotide étoit une Contrée de la Theffalie. Elle étoit fur le Fleuve Lethæus [y], fur le bord duquel on difoit qu'Efculape étoit né. Le nom moderne de cette Ville eft TRICALA. Voyez ce mot.

[t] Lib. 3. c.
[u] Iliad. B. v. 236.
[x] Lib. 8. p. 360.
[y] Ibid. Lib. 14. p. 647.

TRICCIANA, Ville de la Pannonie: L'Itinéraire d'Antonin la marque fur la route de *Sirmium* à *Carnuntum*, entre *Pons Manfuetianus* & *Cimbrianæ*, à trente milles du premier de ces Lieux, & à vingt-cinq milles du fecond.

TRICE-

TRICESIMÆ. Voyez au mot COLONIA, l'Article COLONIA-TRAJANA.

TRICESIMUM. Voyez au mot AD, l'Article AD TRICESIMUM.

TRICHAICES, Peuple de l'Isle de Crète, selon Ortelius qui cite Homére & Strabon; mais c'est plutôt le surnom que le nom d'un Peuple. Homére dit [a] *Δωριεῖς τε Τριχάϊκες; Doriensesque Trichaices.* Sur quoi Strabon [b] remarque que les Doriens voisins du Parnasse, étant passez dans l'Isle de Crète y bâtirent trois Villes qu'ils appellérent *Erineum, Boeum & Cytinium;* ce qui fait qu'Homére les nomme *Trichaïces,* parce qu'ils étoient comme divisez en trois Peuples.

TRICHATEL, ou *Ville-Châtel;* Baronnie de France, en Champagne [c], dans l'Election de Langres, l'une des anciennes Baronnies dépendantes du Duché de Langres.

TRICHIS, Ville d'Egypte, selon Etienne le Géographe: Ce mot pourroit être regardé comme suspect; car Etienne le Géographe n'observe pas l'ordre alphabétique dans cet endroit.

TRICHONE. Voyez TRICHONIUN.

TRICHONIUM, Ville de l'Etolie: Pausanias [d] & Etienne le Géographe en font mention. Le premier dit qu'Arriphon étoit originaire de cette Ville; sur quoi il remarque que cet Arriphon étoit un savant homme, fort estimé des Lyciens parmi lesquels il vivoit; Critique judicieux, qui découvroit bien des choses à quoi les autres n'avoient pas pensé. C'est lui, ajoute Pausanias, qui a remarqué le premier que tout ce qui concerne ces Mystéres de Lerna, Vers, Prose, ou mélange de l'un & de l'autre, étoit écrit en Langue Dorique. Or avant l'arrivée des Héraclides dans le Péloponnése, les Argiens parloient la même Langue que les Athéniens, & du tems de Philammon le nom de Dorien étoit encore inconnu à la plûpart des Grecs. Telle est la découverte dont on étoit redevable à Arriphon. Ortelius [e] croit que le TRICHONIUM de Pausanias & d'Etienne le Géographe est le TRICHONE de Pline [f]. Mais le Pere Hardouin lit TITHRONE pour TRICHONE & soutient que ce ne peut être le TRICHONIUM en question, qui étoit dans l'Etolie, au lieu que le Trichone de Pline étoit dans la Locride. Il fonde sa correction sur Pausanias même qui met dans la Locride une Ville nommée TITHRONIUM, & sur Hérodote [g] qui nomme cette derniére Ville TETHRONIUM.

TRICIUM. Voyez TRITIUM.

TRICOLLORI; Peuple de la Gaule Narbonnoise. Pline [h] éloigne ce Peuple de la Côte de la Mer. Leur Pays est aujourd'hui, selon le Pere Hardouin, le Diocèse de Sisteron: & la Capitale étoit ALARANTE, dont la Table de Peutinger fait mention, & qu'on nomme présentement *Talard,* Lieu du Dauphiné, sur la route de Sisteron à Gap. C'est du moins le sentiment de Nic. Bouche dans son Histoire de Provence [i].

TRICOLONI, Ville de l'Arcadie. Pausanias [k] qui dit qu'elle étoit à dix Stades des ruïnes de *Charisium,* ajoute que la Ville *Tricoloni* ne subsistoit plus de son tems; qu'il ne s'étoit conservé qu'un Temple de Neptune sur une Colline, avec une Statue du Dieu de figure quarrée & un Bois sacré qui environnoit le Temple. Cette Ville avoit été bâtie par les enfans de Lycaon. En prenant la gauche on arrivoit à Zœtée qui étoit à quinze Stades de là. En prenant à la droite on trouvoit un chemin qui alloit en descendant, & qui conduisoit à une Fontaine nommée CROUNES.

1. **TRICOMIA**, Ville de l'Asie Mineure, dans la Grande Phrygie, selon Ptolomée [l].

2. **TRICOMIA**, Ville de l'Arabie Heureuse. Il en est parlé dans la Notice des Dignitez de l'Empire [m], où on lit: *Equites promoti Illyricani Tricomiæ.* Un MS. consulté par Ortelius [n] portoit TRIGONIA pour TRICOMIA.

TRICOMIS; Lieu de la Palestine. Cédrène dit que c'est où les Scythes bâtirent la Ville de Scythopolis. Mais, dit Ortelius [o], j'aime mieux m'en rapporter à Egesippe [p] qui dit que cette Ville ne fut pas appellée Scythopolis pour avoir été bâtie par des Scythes; mais parce qu'on l'avoit consacrée à Diane Scythique.

TRICON [q], Montagne aux environs de la Propontide, à ce qu'il paroît par les Dialogues de Palladius citez par Baronius [r].

TRICONIENSIS, Siège Episcopal, sous la Métropole de Césarée de Straton, selon Guillaume de Tyr cité par Ortelius [s].

TRICONIUM. Voyez TRICHONIUM.

TRICONVILLE, *Triconis Villa,* Lieu dans le Duché de Lorraine, au Diocèse de Toul. Son Eglise Paroissiale est dédiée à S. Michel. Le Chapitre de Liverdun, par cession des Religieuses de Saint Maur de Verdun, est Patron de cette Cure. L'Abbaye de Saint Maur de Verdun perçoit les deux tiers des Dixmes, & le Curé l'autre tiers. Le Seigneur est le Duc de Bar.

TRICORES, Peuples dont parle Lucain au premier Livre de sa Pharsale [t].

. . . . *nec ultra*
Instabiles Tricores circumsita castra coërcent.

Au lieu de *Tricores* Turnebe lit *Turones* & Schrevelius *Turonas*. J'aimerois mieux, dit Ortelius, retenir l'ancienne Leçon; car Strabon [u] connoît un Peuple nommé TRICORII, Pline [x] un Pays qu'il nomme TRICORIUM REGIO; & Tite-Live [y] une Ville appellée TRICORIUM, & Ammien Marcellin [z] un Bois auquel il donne le nom de SALTUS TRICORII. Ce Peuple, ce Pays, cette Ville & ce Bois; tout cela a rapport à un Quartier de la Gaule Narbonoise aux environs de Marseille, d'Aix & d'Apt.

TRICORIUM. Voyez TRICORI.

TRICORNESII, Peuples de la Haute Mesie: Ptolomée [a] les place aux Confins de la Dalmatie: Le nom moderne de leur Pays est TOPLIZA selon Castald.

TRICORNIUM, Ville de la Haute Mesie: Ptolomée [b] la marque près du Danube. C'est aujourd'hui *Glumbatz* selon Niger, & *Coruscene* selon Lazius. Cette Ville TRICORNIUM est, à ce que croit Simler, la Ville *Turium* ou *Dorium* d'Antonin.

TRICORYPHOS, Montagne de l'Arabie Heureuse, selon Pline [c]. Le nom de cette

cette Montagne lui avoit été donné à cause de ses trois Sommets, sur chacun desquels il y avoit un Temple d'une hauteur prodigieuse, à ce que nous apprend Diodore de Sicile [a].

[a] Lib. 3. p. 178.

TRICORYTHOS. Voyez TETRAPOLIS & TRICORYNTHON.

TRICORYTHUS, Bourg de l'Attique [b], sous la Tribu Æantide. Il étoit proche de Marathon, sur le bord du Marais des Champs Marathoniens, où périt une partie de l'Armée des Perses, dans cette célèbre Bataille, qui préserva les Grecs de l'esclavage des Barbares. Il n'y a plus dans cet endroit qu'un méchant Hameau appellé *Calyvi s'to Soully*. Cependant il a été un tems, qu'on comptoit ce Lieu pour une des quatre Villes de l'Attique, qui donnoit le nom de TETRAPOLIS à ce Quartier, & ces quatre Villes étoient *Oenoé, Tricorythus, Probalinthus* & *Marathon*, où faisoit sa résidence Xuthus gendre du Roi Erechthée. On voit à Athènes proche l'Eglise d'Agia Kyra, cette Inscription:

[b] Spon, Liste de l'Attique, p. 389. & suiv.

ΕΣΤΙΑ ΚΑΙ ΑΠΟΛΛΩΝΙ ΚΑΙ ΘΕΟΙΣ ΣΕΒΑΣΤΟΙΣ ΚΑΙ ΤΗΙ ΒΟΥΛΗΙ ΤΗΙ ΕΞ ΑΡΕΙΟΥΠΑΓΟΥ ΚΑΙ ΤΗΙ ΒΟΥΛΗΙ ΤΩΝ ΕΞΑΚΟΣΙΩΝ ΚΑΙ ΤΩΙ ΔΗΜΩΙ ΦΙΛΟΞΕΝΟΣ ΑΓΑΘΟΚΛΕΟΥΣ ΦΛΥΕΥΣ ΑΝΕΘΗΚΕΝ ΕΚ ΤΩΝ ΙΔΙΩΝ ΠΟΙΗΣΑΝΤΟΣ ΤΟΥ ΠΑΤΡΟΣ ΑΓΑΘΟΚΛΕΟΥΣ ΤΟΥ ΦΙΛΟΞΕΝΟΥ ΦΛΥΕΩΣ ΣΤΡΑΤΗΓΟΥΝΤΟΣ ΕΠΙ ΤΟΥΣ Ο ΠΛΕΙΣΤΑΣ ΤΙ ΚΑΛΛΙΟΥ ΘΕΟΓΕΝΟΥΣ ΠΑΙΑΝΙΕΩΣ ΚΑΙ ΕΠΙΜΕΛΗΤΟΥ ΤΗΣ ΠΟΛΕΩΣ..... ΤΡΙΚΟΡΥ.....

C'est-à-dire:

A l'honneur de la Déesse Vesta & des Dieux Augustes, du Conseil de l'Aréopage, & du Conseil des Six-cens, & du Peuple Philoxenus fils d'Agathoclès de Phlya, à consacré ce Monument à ses propres dépens. Agathoclès fils de Philoxenus ayant eu le soin de le faire dans le tems que Tiberius Claudius Théogénes Pæanien étoit Gouverneur de la Milice & Pourvoyeur de la Ville. ....Tricorithus.

TRICOT, Bourg de France, dans la Picardie, au Diocése d'Amiens, Election de Mont-Didier. Ce Lieu qui est à dix lieues d'Amiens, a une Manufacture de Serges drapées.

TRICRANA, Isle de l'Argie, Pausanias dit [c]: Quand on a passé le Cap Bucéphale, les Isles *Haliouse*, *Pityouse* & *Aristere*, on trouve un autre Promontoire qui joint le Continent & que l'on n'appelle point autrement qu'*Acra*. Bien-tôt après vous voyez l'Isle de Tricrane, & ensuite une Montagne du Péloponnèse, qui donne sur la Mer & qui a nom *Buporthmos*.

[c] Lib. 2. c. 34.

TRICRANUM. Voyez TRICARANA.

TRICRENA, Lieu de l'Arcadie. A la gauche du Mont Geronte, dit Pausanias [d], les Phénéates sont bornez par un Lieu qu'on nomme TRICRENE, à cause de trois Fontaines qui sont-là, & où l'on dit que les Nymphes lavérent Mercure lorsqu'il vint au Monde. C'est pour cela que ce Lieu étoit consacré à Mercure. Ce Lieu étoit voisin du Mont Sépia.

[d] Lib. 8. c. 16.

TRICRINI, Peuples d'Italie selon Denys d'Halicarnasse [e]. Ortelius [f] remarque que Gelenius rend ce nom par celui de TREBIA-

[e] Lib. 1.
[f] Thesaur.

NI & que Sylburge aime mieux le rendre par TOLERINI.

TRIDENTE, Ville d'Italie: Ptolomée [g] la donne aux Cénomans. Le MS. de la Bibliothéque Palatine, au lieu de TRIDENTE lit TRIDENTUM. Les Habitans de cette Ville sont appellez TRIDENTINI par Pline [h]. C'est aujourd'hui la Ville de Trente appellée *Trento* par les Italiens & *Triendt* par les Allemans. Le Territoire de Trente est nommé TRIDENTINA REGIO par Cassiodore [i].

[g] Lib. 3. c.
[h] Lib. 3. c.
[i] Variar. 5. ad Fabrinu.

1. TRIE, Bourg de France, au Vexin-Normand, avec Haute-Justice & Château [k]. Il est situé près de Gisors, & a titre de Baronnie. Cette Baronnie comprend les Paroisses de Trie, d'Eragny, de Bertichères, d'Enancourt-Liage, de Boutancourt, de Saint Brice, de Lotin-Ville & de Frêne-l'Eguillon.

[k] Corn. Dict. sur des Mém. dressez sur les Lieux en 1702.

2. TRIE, Lieu de France dans le Bas-Armagnac, au Diocése d'Auch, Election de Rivière-Verdun. Il y a dans ce Lieu une Eglise Collégiale.

TRIE-LA-VILLE, & TRIE-LE-CHATEAU, Bourg de France dans le Vexin-François, du Diocése de Rouen, sous l'Election de Gisors, dont il est à une lieue, & à treize de Paris. Ce sont deux Paroisses contigues. Il y a un Monastère de Religieuses de l'Ordre de S. François, & un Château avec Haute-Justice.

TRIEL, *Triellum*, Lieu, dans l'Isle de France, au Vexin-François, dans le Diocèse de Rouen, Election de Paris. On lui donne deux mille Habitans, y compris ses Hameaux & Annéxes. Ce Lieu est situé sur la Seine à une lieue de Poissy, à deux de Meullant, à trois de Pontoise. C'est le Siége d'une Prevôté Royale, ressortissante à la Vicomté de Paris. La taille y est personnelle; la Cure vaut quatre mille Livres. M. l'Abbé de Fécamp en est Collateur. Les Terres y sont légéres & de peu de rapport. Il y a des Vignes dont le Vin qui est très-estimé se vend pour Rouen & pour la Picardie; des Carriéres de Plâtre, & de Pierres de Meules. Monsieur & Madame de Condé y ont fondé en 1695. un Hôpital des Malades & une Communauté de Filles Ursulines. Cette Terre appartient par engagement du Roi à Dame Elizabeth Françoise, Marquise de Montperoux. Il y a dans l'Eglise Paroissiale un Tableau original du Poussin, représentant l'adoration des Mages à Bethléem, lequel a été donné par le Pape à la Reine de Suède, étant alors à Rome. Sa hauteur est de dix-huit pieds, sa largeur de douze. Les figures y sont de grandeur naturelle. Ce Tableau est fort estimé. Il fut envoyé à cette Eglise par le Sieur Poiltenet natif de Triel, Valet de Chambre de cette Reine.

TRIENSES, Peuples de la Macédoine, selon Pline [l]. Le Pere Hardouin au lieu de TRIENSES lit ÆSTRÆENSES.

[l] Lib. 4. c. 10.

TRIENTIO, Fleuve dont il est parlé dans la Vie de St. Aubert. Ortelius [m] croit que ce Fleuve étoit au voisinage de Teronenne.

[m] Thesaur.

TRIENTIUS-AGER, Terre d'Italie à cinquante milles de Rome. Tite-Live [n] dit qu'on lui donna ce nom à cause qu'elle fut par-

[n] Lib. 31. c. 13.

partagée à divers Particuliers, en payement de la troisième partie de l'argent qu'ils avoient avancé à la République, pour les fraix de la Guerre de Carthage.

1. TRIERES, Peuple de Bithynie selon Memnon cité par Ortelius [a]. Étienne le Géographe, qui connoît aussi ce Peuple, dit qu'il avoit pris son nom de Trierus fils d'Ombrareus & de Thracia, selon le témoignage d'Arrien [b].

[a] Thesaur.
[b] In Bithyniacis.

2. TRIERES, Ville de Syrie Polybe [c] rapporte que cette Ville fut brûlée par Antiochus. Etienne le Géographe, qui parle aussi de la Ville de TRIERES, nomme ses Habitans TRIERETES.

[c] Lib. 5. n°. 68.

TRIERIS, Ville de Phénicie, selon Pline [d]. C'est la même Ville qui est nommée TRIERES par Polybe & par Étienne le Géographe. Voyez TRIERES, N°. 2.

[d] Lib. 5. c. 18.

TRIERON, Promontoire de l'Afrique propre: Ptolomée [e] le marque à l'extrémité de la petite Cyrte près de *Cinsternæ*. Voyez CEPHALAS.

[e] Lib. 4. c. 3.

TRIESTE, Ville d'Italie, dans la Haute Karstie, ou *Carso*, au fond de la Mer Adriatique [f], sur la Côte du Golphe auquel elle donne son nom, environ à dix milles au Nord de Capo d'Istria. Cette Ville qui a été bâtie des ruïnes de *Tergeste*, ou *Tergestum*, est toute de pierre, sur un rivage tout pierreux, sur la pente d'un grand Rocher ou Montagne de pierre. Elle est petite, mais assez bien peuplée & passablement fortifiée. Les Habitans ont fait faire une grande Place, près du Port; mais au dedans des murailles, & ont élevé deux belles Colonnes de pierre, sur l'une desquelles est l'Image de la Ste. Vierge, & sur l'autre une Statue de l'Empereur, avec des Inscriptions sur les bases où ils expriment leur dévotion pour la Mere de Dieu & leur fidélité pour leur Souverain. Sur cette même Place ils ont bâti une Maison de Ville ou de Conseil, & qui est un assez beau Bâtiment. Tout au haut de la Ville est l'Eglise Cathédrale, Edifice ancien, qui ainsi que tous ses Autels se ressent de la simplicité & de la pauvreté du vieux tems. Les Jésuites y ont un Collége & une Eglise; le tout bien bâti. Sur un Rocher voisin & contigu à la Ville, il y a un vieux Château soigneusement gardé.

[f] Magin, Carte de l'Istrie & du Frioul.

La Ville de Trieste n'est ni pauvre ni riche. Le voisinage de Venise ne la laisse manquer de rien. Mais comme les Habitans n'ont guère que des cailloux à trafiquer, ce n'est pas le moyen d'attirer beaucoup d'argent chez eux. Ils ont cependant le Vin de Prosecco, qui croît dans leur Territoire, & qui a de la réputation. Ils en tireroient bien plus de profit s'ils le vendoient aux Allemans, au lieu de le laisser aux Vénitiens, qui vont charger, l'achetent à vil prix & le vendent bien cher à ceux qui le veulent transporter en Allemagne. On a aussi à Trieste quelques Salines & des Huitres en quantité.

On aborde à Trieste entre de grosses murailles, ou un amas de Rochers, enfoncez dans la Mer, & qui paroissent y former divers Moles, qui rompent les vagues & tiennent les Vaisseaux assûrez. Je les appelle Vaisseaux pour faire honneur au Port & à la Ville car il n'aborde guères à Trieste de grands Vaisseaux: le voisinage de Venise & le peu de trajet qu'il y a de l'une à l'autre de ces Villes, n'exigent que de petits Bâtimens pour entretenir le Commerce.

Les Vénitiens se rendirent maîtres de Trieste au commencement du treizième Siècle, sous le Dogat de Henri Dandulo, à cause des Pirateries des Habitans. Ceux-ci se remirent en liberté l'an 1507. pendant la guerre que les Vénitiens eurent avec l'Empereur Maximilien I. mais il falut ensuite se rendre. Depuis elle est passée sous la puissance de la Maison d'Autriche.

La Ville de Trieste étoit Evêché dès le sixième Siècle sous Aquilée.

TRIEU, ou TRIEUX, Riviére de France, dans la Bretagne. Elle passe à Guengan & à Pontrieux, & se jette dans la Manche à trois lieues à l'Orient de Tréguier.

TRIFANUM, Lieu d'Italie, dans la Campanie. Tite-Live [g] dit que ce Lieu étoit entre *Sinuessa* & *Minturnæ*; & Cellarius [h] croit qu'il devoit être plus près de la première de ces Villes que de la seconde parce que Diodore de Sicile [i] en parlant de la même Bataille que décrit Tite-Live dit qu'elle se donna près de Sinuesse.

[g] Lib. 8. c. Ant Lib.
[h] Geogr. l. 2. c. 9.
[i] Lib. 16. c. 91.

TRIELISCUS-MONS, Montagne d'Italie: Ortelius [k] qui cite Sigonius [l], dit que la Ville de Capouë a été bâtie; & il soupçonne que le nom moderne pourroit être TIEFATA. Voyez ce mot.

[k] Thesaur.
[l] Lib. 5. Regni Italiæ.

TRIFOLINUS. Voyez TRIPHOLINUS.

TRIGABOLI, Peuples Toscans. Léander [m] dit qu'ils habitérent anciennement entre les deux Bouches du Pô, appellées *Magna-Vacca*, & *Volana*. Il ajoute qu'on les nomma ensuite TESALGI, & qu'ils furent chassez par les Boïens. Polybe [n] place les TRIGABOLI à l'Embouchure du Pô; mais je ne connois point d'Auteur ancien qui fasse mention des TESALGI.

[m] Descr. di tutta Ital. p. 344.
[n] Lib. 2. n°. 16.

TRIGÆCINI, Peuples d'Espagne, selon Florius [o]. Ils devoient habiter au voisinage de l'Asturie; car il est dit que les TRIGÆCINI trahirent les Asturiens, & avertirent Carisius du dessein que ceux-ci avoient d'attaquer les trois Camps des Romains. Vinet lit BRIGACINI pour TRIGÆCINI.

[o] Lib. 4. c. 12.

TRIGLYPTON, Ville de l'Inde au-delà du Gange: Ptolomée [p] en fait la Ville Royale du Pays appellé *Randamarcotta*. Au lieu de TRIGLYPTON, le MS. de la Bibliothéque Palatine porte TRIGLYPHON, & ajoute qu'on la nommoit aussi TRILINGUM. Le nom moderne est PEGU selon Castald cité par Ortelius [q].

[p] Lib. 7. c. 2.
[q] Thesaur.

TRIGUERRE, Bourg de France, dans le Gâtinois, au Diocèse de Sens, Election de Montargis. La Justice de ce Lieu reléve de la Châtellenie de Château-Regnard.

TRILEUCI SCOPULI, Ecueils de l'Océan Cantabrique : Ptolomée [r] les marque à l'Embouchure du Fleuve Mearus.

[r] Lib. 2. c. 6.

TRILEUCUM, Promontoire d'Espagne, nommé autrement *Lapatia Cory*, par Ptolomée [s], qui le marque sur la Côte Septentrionale entre *Flavium Brigantium* & l'Embouchure du Fleuve Metarus ou Mearus.

[s] Ibid.

TRI-

TRILINGUM. Voyez TRIGLYPTON.

TRIMACHI, Peuples de la Mœsie selon Pline [a]. Le Pere Hardouin lit TIMACHI, & c'est la véritable Orthographe; car leur Ville se nommoit TIMACUM. Voyez ce mot. *a L. b. 3. c. 26.*

TRIMAMMIUM. Voyez TRIMMANIUM.

TRIMERUS. Voyez DIOMEDEÆ INSULÆ.

TRIMETHUS. Voyez TREMETHUS.

TRIMITARIA. Ce surnom est donné dans le Concile de Chalcédoine à la Ville de Laodicée, qui y est appellée LAODICEA-TRIMITARIA. Ortelius [b] juge que TRIMITARIA est le nom d'une Contrée de la Phrygie Pacatiane dans laquelle étoit cette Laodicée. *b Thesaur.*

TRIMMANIUM, Ville de la Basse-Mœsie, sur le Danube, selon Ptolomée [c]. Le MS. de la Bibliothéque Palatine lit TRIMANIUM. C'est la même Ville que l'Itineraire d'Antonin appelle *Triamammion*, & qu'il place sur la route de *Viminacium* à *Nicodémie* entre *Soaidaua* & *Exantapristis*, à sept milles du premier de ces Lieux & à égale distance du second. C'est aussi la même Ville qui est nommée *Trimammium* dans la Notice des Dignitez de l'Empire [d]. Ortelius [e] dit que *Drimago* semble aujourd'hui occuper la place de cette Ville. *c Lib. 3. c. 10. d Sect. 29. e Thesaur.*

TRIMMIS, *Trimontium*, Bourg des Grisons [f], dans la Ligue Maison-de-Dieu, dans la Communauté des quatre Villages, entre Coire & Zizers. Il tire son nom de trois Montagnes, dont il est environné. Cet endroit est sujet aux Goîtres; ce qu'on attribue aux mauvaises eaux qu'on y boit. Mais les Habitans y sont tellement accoûtumez, qu'ils les regardent comme une beauté. *f Etat & Délic. de la Suisse, t. 4. p. 48.*

1. **TRIMONTIUM**, Ville de la Grande-Bretagne; Ptolomée la donne aux Peuples *Selgovæ*. Camden croit que c'est présentement Atterith en Ecosse.

2. **TRIMONTIUM**. C'est l'un des Noms que Ptolomée [g] donne à la Ville de Philippopolis en Thrace. Voyez PHILIPPOPOLIS. *g Lib. 3. c. 11.*

TRIN. Voyez TRINO.

TRINACIA, Ville de Sicile, & qui n'est connue sous ce nom que par Diodore de Sicile [h], dont quelques Exemplaires même lisent TRINACRIA. Ces deux noms ayant été ceux de l'Isle de Sicile, on pourroit soupçonner que le nom de cette Ville qui étoit TIRACIA se corrompit dans la suite des tems, & que de TIRACIA on fit TRINACIA & TRINACRIA. Cluvier dit [i] que le vrai nom de la Ville étoit *Tiracia*, parce que Pline [k] appelle ses Habitans TIRACIENSES. Il ne seroit pas aisé de décider si cette Ville est celle qu'Etienne le Géographe appelle TYRACINÆ, & dont il fait une Ville petite à la vérité, mais opulente. La Ville dont parle Diodore de Sicile étoit riche, puissante & considérée comme la premiere de l'Isle. Elle tint toujours tête à celle de Syracuse; & lorsque celle-ci eut réduit sous sa puissance toutes les autres Villes de l'Isle, les Habitans de Tiracia quoique seuls à défendre leur Liberté, ne laisserent pas d'en venir à une Bataille contre ceux de Syracuse. Ces derniers remporterent la victoire; ils firent leurs Ennemis esclaves pillerent *h Lib. 12. c. 29. i Sicil. Antiq. Lib. 2. c. 13. k Lib. 3. c. 8. :*

toutes leurs Richesses & raserent leur Ville. Comme il y a apparence qu'elle fut rétablie dans la suite, ne se pourroit-il point faire que l'ancienne auroit été appellée TRINACIA ou TRINACRIA du nom de l'Isle dont elle étoit la Capitale, & que la nouvelle auroit eu le nom de TIRACIA? Par-là tout seroit concilié. Voyez TIRACIA.

TRINACIOTÆ [1], Peuples de Bithynie, selon Pachymére qui dit qu'ils habitoient au voisinage de la Ville de Nicée. *l Ortelii Thesaur.*

TRINACRIA, ou **TRINACIA**, noms que les Anciens ont donné à la Sicile à cause de ses trois Pointes ou Promontoires.

TRINASI-MOENIA, Pausanias [m] dit: A la gauche de Gythée, en avançant quelques trente Stades dans les Terres, on trouve les Murs de Trinase. Je crois que c'étoit autrefois non une Ville; mais un Château, qui avoit pris son nom de trois petites Isles, qui sont de ce côté-là près du rivage. Environ quatre-vingt Stades plus loin étoient les ruines de la Ville d'Hélos. Ptolomée [n] au lieu de TRINASUS écrit TRINASSUS & en fait un Port dans le Golphe Laconique. *m Lib. 3. c. 22. n Lib. 3. c. 16.*

TRINASSUS. Voyez TRINASI-MOENIA.

TRINEMEIS, Bourg de l'Attique [o], sous la Tribu Cécropide, donnoit la naissance à la petite Riviére de Cephissus, dont Strabon parle, & qu'il semble confondre avec celle que d'autres appellent Eridan. *o Spon, Liste de l'Attique, p. 391.*

TRINEMII, Peuples de l'Attique. Strabon [p] dit que le Fleuve Céphise prenoit sa source chez eux. Etienne le Géographe qui écrit TRINEMEIS en fait un Peuple de la Tribu Cécropide. *p Lib. 9. p. 400.*

TRINESIA, Isle de l'Inde en deçà du Gange: Ptolomée [q] la marque dans le Golphe Colchique; & Castald veut que le nom moderne soit RHESIPHE. *q Lib. 7. c. I.*

TRINESSA, Lieu de l'Asie-Mineure dans la Phrygie, selon Etienne le Géographe, qui cite Théopompe.

TRINGENSTEIN, Château d'Allemagne, dans le Pays de Hesse [r]. Il appartient aux Comtes de Nassau, & est situé sur une Montagne, d'où on le découvre à quelques milles de loin. Le Comte Henri de Nassau-Dillenburg le fit bâtir l'an 1323. contre Othon Landgrave de Hesse. *r Zeyler, Topogr. Hass. p. 82.*

TRINIDAD. Voyez TRINITE'.

1. **TRINITE'** (FORT DE LA) ou BOUTON DE ROSE, Fort d'Espagne, dans la Catalogne, Viguerie de Girone, sur le bord de la Mer Méditerranée à un mille de la Citadelle de Roses. Michelot [s] dit: Environ 4. à 5. milles vers l'Ouest de la pointe de Calafiguiére, qui est la pointe du Nord de la Baye de Rose, il y a une autre pointe un peu avancée en Mer, sur laquelle est un petit Fort à Etoile, qu'on appelle le Bouton de Rose; autrement le Fort de la Trinité: Entre ces deux pointes il y en a une troisiéme qui s'avance un peu en Mer, & quelques petits enfoncemens & plages, avec quelques maisons de Pêcheurs. *s Portul. de la Mer Médit. p. 49.*

2. **TRINITE'** (La), Bourg & Paroisse de l'Amérique Septentrionale [t], dans l'Isle de la Martinique, au fond du Cul-de-Sac du même nom, desservie par les Jacobins, à la bande du Nord. Elle est éloignée de deux *t Labat, Voyage de l'Amérique, t. 1. p. 112.*

deux lieues du Fond S. Jacques; il y a un Juge Royal. Cette Paroisse comprenoit autrefois tout le terrain jusques à la pointe des Salines, qui tenoit plus de quinze lieues d'étendue; on l'a depuis partagé en trois Paroisses, qui sont celles du Cul-de-Sac Robert, du Cul-de-Sac François, & du Ravelin. Il n'étoit composé en 1694. que d'environ quatre-vingt maisons construites partie de bois, & partie de roseaux, couvertes de paille, & toutes bâties sur une ligne courbe, qui suivoit la figure du Port. Ce Bourg s'est augmenté considérablement par la quantité de Sucre, de Cacao, & de Cotton qu'on fabrique dans ces Cantons, particuliérement vers le gros Morne. Le commerce de ces choses y attire quantité de Vaisseaux, particuliérement ceux de Nantes, qui y font un commerce considérable, tous les lieux des environs aimant mieux s'y fournir des choses nécessaires, que de les faire venir de la basse-terre. D'ailleurs son Port est l'un des meilleurs de l'Isle, & les Vaisseaux y sont en sûreté pendant la saison des Ouragans, le Port étant bien clos, & le fond d'une bonne tenue; de plus les Vaisseaux y trouvent l'avantage pour leur retour en Europe, d'être au vent de toutes ces Isles, & par-là de s'épargner plus de trois cens lieues de chemin, qu'il leur faudroit faire, pour aller chercher le débouquement ordinaire de St. Domingue ou de Portoric.

Le Port de la TRINITE' est un grand enfoncement qui forme une longue Pointe, appellée la POINTE DE LA CARAVELLE, qui a plus de deux lieues de long. Cette longue Pointe le couvre du côté du Sud-Est, l'autre est fermé par un Morne assez haut, & d'environ 350. à 400. pas de longueur, qui ne tient à la Terre-ferme de l'Isle que par un Isthme ou Langue de terre de 35. à 40. toises de largeur. Le côté de l'Est opposé au fond du Golfe est fermé par une chaîne de Rochers ou Récifs, qui paroissent à fleur d'eau quand la Mer est basse, sur lesquels on pourroit faire quelque Redoute ou Batterie fermée. Je dis quand la Mer est basse, car n'en déplaise à certains Philosophes qui prétendent qu'il n'y a point de flux ni de reflux entre les deux Tropiques, ou dumoins qu'il y est presque imperceptible, ils se trompent très-fort. Le flux ordinaire à la Martinique & à la Guadeloupe va à quinze ou dix-huit pouces de hauteur, & dans les Sizygies, c'est-à-dire, dans les nouvelles pleines Lunes, il passe de beaucoup deux pieds. L'entrée du Port est à l'Ouest de ces Récifs entre eux & la Pointe du Morne. Cette Pointe est plus basse que le reste, & naturellement arrondie & platte, comme pour y placer une Batterie très-propre pour défendre l'entrée du Port, puisque les Vaisseaux qui veulent y entrer, sont obligez d'en passer à la portée du pistolet. On a mis dans la suite quelques Canons sur cette Pointe.

3. TRINITE', ou TRINIDAD, Ville ou Bourgade de l'Amérique Septentrionale dans la Nouvelle Espagne, sur la Côte de la Mer du Sud, au Gouvernement de Guatimala. Mr. de l'Isle [a] la nomme la TRINIDAD, ou CONZONALE, apparemment pour son Soñate, qui est le nom que lui donnent les Indiens, ainsi qu'à toute la Province, selon de Laet [b]. Ce dernier ajoute que la Trinidad est à vingt-six lieues de Sant-Jago de Guatimala, & à quatre lieues du Port d'Acaxutla vers le Sud-Ouest. Elle est située dans un terroir fertile & abondant sur-tout en Cacao. C'est le seul Lieu de trafic de toute la Province, & où toutes les Marchandises qui viennent du Pérou & de la Nouvelle Espagne sont transportées. Les Dominicains y ont une Maison; mais les Indiens qui habitent dans la Campagne sont Sujets du Diocèse de Guatimala.

4. TRINITE', ou TRINIDAD [c], Ville de l'Amérique Méridionale, dans la Terre-ferme au Nouveau Royaume de Grenade [d], sur le bord Oriental de la Riviére la Madalena, à vingt-quatre lieues de la Métropolitaine Santa Fé, vers le Nord-Ouest, & à six lieues vers l'Ouest des Montagnes de Neige du Nouveau Royaume. Herrera écrit que cette Ville est à sept degrez de la Ligne vers le Nord; mais si l'on prend garde à la distance qui est entre cette Ville & la Métropolitaine, on jugera qu'elle doit être plutôt sur le cinquième degré de la hauteur du Pole du Nord. Les Espagnols s'établirent premiérement dans les Provinces des Musos & des Colymas, & y bâtirent la Bourgade de Tudela sur le bord de la Riviére de Zarbi; mais la proximité des Montagnes, la férocité des Sauvages & la difficulté des vivres, les obligérent de l'abandonner peu de tems après. La plus grande partie suivit le Capitaine *Pedro de Orsua* vers les Provinces qu'on nomme vulgairement *el Dorado*, à cause de l'or, qu'on dit qui s'y trouve. Peu de tems après ils bâtirent proche de ce Lieu la Ville de la Trinidad; mais elle ne subsista pas long-tems, à cause de l'incommodité du Lieu. On la transporta au lieu où elle est maintenant, & dont la situation est fort commode. Cependant les Habitans ont eu beaucoup de guerres à soutenir, à cause du naturel remuant des Indiens du voisinage.

5. TRINITE', ou TRINIDAD, Isle de l'Amérique Méridionale, dans la Mer du Nord, sur la Côte de la Terre-ferme, au Nord de l'Embouchure de l'Oenoque. L'an 1498. le 31. Juillet un Matelot nommé Perez, qui étoit à la hune du Navire de Christophle Colomb, apperçut la Terre à 13. lieues au Sud-Est. Colomb ne balança pas à porter sur cette Terre, laquelle paroissant d'abord comme une Montagne à trois têtes, il lui donna le nom de la Trinité. Quelques-uns ont écrit qu'il avoit fait vœu de nommer ainsi la première Terre qu'il découvriroit. Comme il approchoit de celle-ci, il apperçut un Cap, à côté duquel il y avoit un Port, formé en partie par un Rocher, qui de loin avoit la figure d'une Galére; il donna au Cap le nom de Galera, & voulut entrer dans le Port, qui paroissoit fort joli; mais il ne s'y trouva pas assez d'eau. Il tourna au Sud vers le premier Cap qu'il avoit apperçu; mais il ne s'y rencontra point de Port. Il continua à ranger la Côte, & le lendemain ayant fait environ cinq lieues à l'Ouest, il mouilla derriére une Langue de ter-

[a] Atlas.

[b] Descr. des Indes Occ. L. 7. c. 13.

[c] De l'Isle, Atlas.

[d] De Laet, Descr. des Indes Occ. L. 9. c. 5.

terre où il fit de l'eau & du bois, & qu'il nomma *Punta de la Playa*. Le 2. d'Août ayant appareillé de nouveau, & fait la même route, il aborda au Cap Occidental de la Trinité, qu'il appella *Punta del Arenal*. Il ne douta plus alors que la Trinité ne fût une Isle; & comme il trouva ce mouillage assez sûr, il permit à ses Equipages d'aller à terre. Il y fut lui-même pour visiter cette Terre, & il y étoit à peine arrivé, qu'il vit venir un Indien de bonne mine, lequel avoit sur sa tête une espèce de Couronne d'or. Il l'aborda, & remarquant que cet homme avoit envie d'une Toque de Velours cramoisi, qu'il portoit, il la lui offrit. L'Insulaire qui étoit apparemment le Cacique du Lieu, l'accepta, & lui donna en échange sa Couronne d'or. D. Barthelemy de las Casas loue fort les Habitans de cette Isle à cause de leur douceur. Cette Isle est plus grande de beaucoup [a] que toutes celles qui sont dans ce Quartier de l'Amérique Méridionale qu'on nomme *Sotovento*, parce que les Flotes qui vont à la Terre-ferme, passant par le milieu des Isles des Caribes, les laissent à la main gauche. Elle est éloignée de la Ligne vers le Nord de huit degrez, ou environ, selon la situation de ses Quartiers. Vers l'Ouest, elle est séparée du Continent de Paria par un passage étroit auquel Christophle Colomb donna dès le commencement le nom de Bouche de Dragon, *Boca del Drago*, nom qu'il porte encore présentement, & qui lui convient fort pour le danger qu'il y a à le passer. Cette Isle forme entre elle & la Terre une Baye dans laquelle la Rivière de l'Orenoque se décharge par plusieurs Embouchures. Oviedo, distinguant avec plus de soin la hauteur de cette Isle, dit: que sa Côte Méridionale est éloignée de la Ligne de neuf degrez, & la Côte Septentrionale de dix; ce qui s'accorde mieux avec les observations, quoique Ralegh mette à huit degrez la Pointe qu'on appelle ordinairement *Punta del Gallo*, ou *Curiapan*. Les Hollandois, selon leurs remarques, placent le Cap Oriental, & la Côte du Nord à dix degrez trente minutes, ou un peu plus. Ceux qui navigent de la Rivière d'Amagore vers le Nord quart à l'Ouest, arrivent à une Pointe de cette Isle appellée *Punta-Blanca*. Delà la Côte court cinq ou six lieues vers l'Ouest-Sud-Ouest, jusqu'à la Pointe *del Gallo*, qui est basse & presque rase que la Mer, & d'où s'étend en Mer un Banc de Rochers, sur lequel il n'y a pas plus d'onze ou douze pieds d'eau. De cette Pointe jusqu'au passage on compte quatorze ou quinze lieues. Le Détroit, qui est entre le Continent & la Pointe Occidentale de l'Isle, est bien large d'environ trois lieues; mais il y a quatre ou cinq Isles qui l'étrecissent & n'y laissent que de petits passages par lesquels l'eau court d'une grande furie. Des quatre ouvertures qu'il y a, on n'en pratique guère que deux; l'une desquelles, qu'on nomme la *Petite Embouchure*, est si profonde, que la sonde n'en peut trouver le fond.

Les Espagnols estiment que l'Isle de la Trinité est à deux cens lieues de l'Isle Hispaniola, à soixante de la Dominique, Nord & Sud, & à quarante de la Marguerite & de Cubagua. Elle a, selon Herrera, cinquante lieues de longueur, ou trente-cinq & plus comme il dit ailleurs, & trente lieues de largeur. Selon Oviedo, elle est longue de vingt-cinq lieues, & large de dix-huit ou vingt; ce qui est plus vraisemblable. Sa forme est triangulaire; ce qui a été cause que les Auteurs ont écrit si diversement de sa hauteur & de sa grandeur. L'air passe pour y être mal sain; parce qu'elle est très-souvent couverte d'épais brouillards & de vapeurs. Les Auteurs ne s'accordent guère sur la qualité de son terroir. Herrera dit qu'il n'est ni fertile, ni propre à être cultivé. Ralegh, qui en 1595. y fut quelque tems à l'ancre & la visita, écrit que sa partie Septentrionale est couverte de Montagnes; mais qu'ailleurs la terre est assez féconde, qu'elle produit les grains du Pays; qu'elle pourroit nourrir des Cannes de Sucre; qu'elle abonde en Mahis, en Cassave & en autres Racines, & en divers Fruits. Dans les Forêts il y a un grand nombre de Bêtes sauvages, sur-tout des Sangliers, & une espèce d'Animal qui ne se trouve point ailleurs, ou bien rarement; de sorte qu'elle seroit suffisante pour nourrir un grand nombre d'Habitans. Quelques-uns veulent qu'il y ait des Mines, & même des Mines d'or; mais la chose ne paroît pas encore trop bien assurée.

Les Habitans de l'Isle de la Trinité s'appellent d'un nom commun CAIRI, & selon d'autres Carni: delà quelques-uns veulent qu'elle ait autrefois été divisée en deux Provinces, l'une desquelles se nommoit CAMUCARAS & l'autre CHACOMARIES. Il y est passé de la Terre-ferme d'autres Nations; savoir les JAOS, qui se sont placez auprès de Porico; les ARWAQUES, qui sont près de la Pointe de Carao; les SEBAYS, ou SALVAIS, près de Curiapan; les NEPOYS, au voisinage du Cap de la Galera, & les CARINEPAGOTES, vers la Colonie des Espagnols. Ces Sauvages ne différent en rien des autres. Ils vont tout nuds & se peignent le corps de rouge. La petite Ville des Espagnols, qui porte le nom de ST. JOSEPH, est située dans la partie Méridionale de l'Isle.

On met entre les choses remarquables de cette Isle une Pointe de terre que les Sauvages nomment *Pichen*, & les Espagnols *Terra de Brea*. Tout auprès on trouve dans la terre une sorte de poix en si grande abondance, qu'on en pourroit charger un nombre infini de Navires; mais de Laet ne croit pas qu'elle vaille la peine qu'on l'aille prendre, parce qu'elle n'est pas propre pour les Vaisseaux, se ramollissant trop au Soleil.

TRINIUM, Fleuve d'Italie: Pline [b] le marque dans le Pays des *Frentani*. On le nomme présentement TRIGNO.

TRINO, Ville d'Italie, dans le Montferrat [c] à un mille au Nord du Pô: à deux milles au Nord Occidental de Ponte-Stura; & à sept ou huit milles au Couchant de Casal. Cette petite Ville, fortifiée à la moderne, est arrosée de deux petites Rivières. Elle appartenoit au Duc de Mantoue, & elle dépend aujourd'hui du Piémont. Elle fut cédée au Duc de Savoye en 1631. par le Traité

[a] *De Laet, Descr. des Indes. Occ. Liv. 17. c. 27.*

[b] *Lib. 3. c.*

[c] *Magin, Carte du Montferrat.*

té de Quiérasque. Les Guerres de Piémont, durant lesquelles elle fut prise & reprise plusieurs fois, la firent beaucoup souffrir.

[a] Bel. Gal. Lib. 5. c. 20
[b] Lib. 2. c. 3.

TRINOBANTES selon César [a], TRINOUANTES selon Tacite, & TRINOANTES selon Ptolomée [b]: Peuples de la Grande-Bretagne. Ils habitoient selon quelques-uns aux environs de Londres: d'autres les mettent dans le Pays, appellé depuis Essex; & d'autres veulent qu'ils ayent habité le Middelsex. Les Trinobantes voyant que César s'approchoit de leur Pays lui envoyérent des Députez pour lui demander la paix. En même tems ils le suppliérent de prendre sous sa protection Mandrubatius leur Roi, qui s'étoit retiré dans les Gaules, après la mort d'Immanuantius son pere, à qui Caffivellaunus avoit ôté la vie, après lui avoir enlevé ses Etats. César promit de leur envoyer Mandrubatius, à condition qu'ils lui fourniroient des vivres, & qu'ils lui livreroient quarante Otages, à quoi ils obéïrent sur le champ. Les Trinobantes furent des premiers qui se soulévérent contre les Romains, du tems de l'Empereur Néron.

[c] Longuerue, Descr. de la France, part. 1. p. 356.

TRINQUETAILLE, Bourgade de France [c], dans la Provence & dans la Camargue, à la droite, & sur le bord Occidental du Bras du Rhosne sur lequel est située la Ville d'Arles. Cette Ville étoit anciennement des deux côtez de la Riviére; mais il y a long-tems que celle qui étoit à la droite est détruite. On n'y voit plus aujourd'hui qu'une petite Bourgade appellée Trinquetaille. C'étoit autrefois une Forteresse, qui, après avoir été long-tems tenue par les Seigneurs des Baux, fut prise & rasée en 1161. par Raymond Berenger, Comte de Barcelone & de Provence.

[d] Sect. 20.

TRINYTHIS, Ville d'Egypte selon la Notice des Dignitez de l'Empire [d], où on lit *Ala prima Quadorum Oasi minore Trinytheos*.

[e] In suo Propemptico ad Libel. v. 22.
[f] Thesaur.

TRIOBRIS, Fleuve de la Gaule Aquitanique. C'est Sidonius Apollinaris [e] qui parle de ce Fleuve. Vinet lit TRIORBIS; & Ortelius [f] croit que c'est l'ORBIS de Strabon.

TRIOCLA. Voyez TRICALUM.

TRIODUS: Les Grecs donnoient ce nom à un Lieu où aboutissoient trois chemins. C'est ce que les Latins appellent TRIVIA.

[g] Lib. 8. c. 36.

Pausanias [g] parle d'un de ces Lieux, qui étoit dans l'Arcadie sur le Mont Ménalien. Ce fut dans ce Lieu que les Mantinéens, par le conseil de l'Oracle de Delphes, enlevérent les os d'Arcas fils de Callisto.

[h] Magin, Carte du Bressan.

TRIOMPA, ou TRIOPA-VALE'E, ou TROPPIA, petit Pays d'Italie [h], dans les Etats de la République de Venise, au Bressan. Il s'étend le long de la Riviére Mela, qui le traverse de l'Orient à l'Occident. Il a en quelque façon retenu le nom de ses anciens Habitans appellez TRIUMPILINI. Voyez ce mot. On trouve dans cette Vallée une belle Mine de fer.

TRION. Voyez PRIUM.

[i] Ibid. de la Calabre-Citér.

TRIONTO, petite Riviére d'Italie [i], au Royaume de Naples, dans la Calabre-Citérieure. Elle a sa source près du Bourg d'Acri: elle mouille celui de Longo-Buco, & reçoit divers Ruisseaux, à la droite, entre lesquels le Loreto est le plus considérable; après quoi elle va se perdre dans le Golphe de Tarente, près du Cap de Trionto. Cette Riviére est l'Hylias des Anciens.

TRIONTO, Cap d'Italie, au Royaume de Naples, dans la Calabre-Citérieure, sur le Golphe de Tarento, près de l'Embouchure de la Riviére de Trionto.

TRIOM. Voyez TRIUM.

TRIOPALA, nom d'un Fleuve, dont parle Vibius Sequester. Voici le passage: *Triopala, qui & Assorus, junctà Albo Megatensium*.

TRIOPIA. Voyez GNIDE.

TRIOPIDÆ. C'est le nom d'une des Tribus de l'Isle de Co, selon le Scholiaste de Théocrite cité par Ortelius [k].

[k] Thesaur.

TRIOPIUM. Voyez GNIDE.

TRIOPS, Promontoire de Gnide, selon Théocrite: Winsemius son Interprète en fait une Ville de la Carie. C'est la même chose que Triopia. Voyez GNIDE.

TRIORBIS. Voyez TRIOBRIS.

TRIPALDA, Bourg d'Italie [l], au Royaume de Naples, dans la Principauté. Ultérieure avec titre de Duché. Ce Bourg est situé sur le Fleuve Sabbato, à la droite, près & presque vis-à-vis de la petite Ville d'Avellino.

[l] Magin, Carte de la Principauté Ultérieure.

TRIPANTE', Lieu des Indes, sur la route de Gandicot à Golconda, entre Doupar & Mamili, à quatre lieues du premier de ces Gîtes, & à huit du second. On voit à Tipanté, dit Tavernier dans son Voyage des Indes [m], une grande Pagode sur une Colline, dont tout le tour fait un Escalier, & est revêtu de pierres de taille. La moindre marche de cet Escalier a dix-pieds de long & trois de large, & dans la Pagode il y a plusieurs Figures de Démons. Il y en a une entr'autres qui ressemble à une Venus toute droite, avec plusieurs Démons faits dans des postures affreuses. Ils sont faits ainsi que la Venus d'une seule pierre de Marbre; mais dont la sculpture est fort grossiére.

[m] Liv. 1. c. 19.

TRIPANGALIDA. Voyez TRIPANGADA.

TRIPARADISUS, Ville de la Haute-Syrie, selon Diodore de Sicile [n], Voyez PARADISUS.

[n] Lib. 18. c. 39.

TRIPETI, Pagode des Indes, dans la Province de Carnatica [o], sur la Côte de Coromandel. Les Idolâtres y vont en pélerinage; elle est fort remarquable pour la quantité de ses Bâtimens, & des Etangs qui sont aux environs.

[o] Gemelli Careri, t. 3. p. 282.

TRIPHOLINUS MONS, Montagne d'Italie dans la Campanie. Ortelius [p] qui cite Galien [q], fait entendre que cette Montagne est dans la Ville de Naples, près de la Fontaine de St. Martin; & dit qu'il n'y croît que des tréfles. D'autres marquent cette Montagne ou Colline hors de Naples; mais dans le voisinage de cette Ville, & lui donnent le nom de St. Martin, ou SAN-MARTINO. Cette Montagne donnoit autrefois son nom aux Vins qu'elle produisoit, ou que l'on recueilloit aux environs. Pline [r] les appelle TRIFOLINA-VINA. Juvénal [s] -appelle TRIFOLINUS-AGER le Territoire où ils croissoient; & il devoit être au voisinage de Cumes [t].

[p] Thesaur.
[q] L. 1. de Antidotis.
[r] Lib. 14. c. 6.
[s] Juvenal. Sat. 9. v. 56.

Le Trifolinus Ager fecundis Vitibus implet,
Suspectumque jugum Cumis.

ᵃ Lib. 13. Martial ᵃ parle aussi de ces mêmes Vins.
Epigr. 114.

Non sum de primo, fateor, Trifolina Lyæo,
Inter Vina tamen septima Vitis ero.

TRIPHULUM, Ville de la Dace, se-
ᵇ Lib. 3. c. lon Ptolomée ᵇ. Ce pourroit être la même
8. que l'Histoire Miscellanée ᶜ nomme Tri-
ᶜ Lib. 19. plum. Si nous en croyons Lazius le nom
moderne est *Filesia.*

TRIPHYLIA, ou Triphalia, Contrée
ᵈ Lib. 4. c. du Péloponnèse dans l'Elide. Polybe ᵈ qui
77. écrit Tryphalia, la met sur la Côte du Péloponnèse, entre l'Elide & la Messénie, &
y marque entre autres les Villes *Samicum,*
ᵉ Lib. 1. c. *Lepreum,* & *Hypana*; & comme Pausanias ᵉ
5. met *Samicum* & *Lepreum* dans la Triphylie,
on peut conclurre que la Triphylie & la
Trypalie étoient la même Contrée. Strabon ᶠ
ᶠ Lib. 8. & Tite-Live ᵍ disent aussi Triphylia; &
ᵍ Lib. 32. Denis le Périegete ʰ écrit Triphylis; ce qui
ʰ Vers 409. revient au même. De toutes les Villes de la
Triphylie il n'y avoit que celle de *Samicum,*
qui fût Maritime; les autres étoient dans
les terres.

TRIPHYLIACUS. Voyez Pylus.

TRIPIO, Bourg de Sicile ⁱ, dans le
ⁱ Baudrand, Val Demone, à dix lieues de Messine du
Dict. Ed. côté de l'Occident, sur un Roc escarpé. On
1705. le prend pour l'ancienne *Abacæna,* ou *Aba-*
cænum.

TRIPODISCUS, Village du Péloponnèse, dans l'Attique sur le Mont Géranien,
avec un Temple dédié à Apollon. Pausa-
ᵏ Lib. 1. c. nias ᵏ rapporte ainsi la fondation de l'un & de
42. l'autre, & l'origine du nom. Sous le Régne
de Crotopus Roi d'Argos, Psamathé sa fille
accoucha d'un fils qu'elle avoit eu d'Apollon,
& pour cacher sa faute à son pere qu'elle craignoit, elle exposa cet enfant. Le malheur voulut que les Chiens des Troupeaux
du Roi ayant trouvé cet enfant le devoras-
sent. Apollon irrité suscita contre les Argiens
le Monstre *Pæno,* Monstre vengeur, qui ar-
rachoit les enfans du sein de leurs meres &
les devoroit. On dit que Corœbus, touché
du malheur des Argiens, tua ce Monstre;
mais la colére du Dieu n'ayant fait qu'augmenter, & une peste cruelle désolant la
Ville d'Argos, Corœbus se transporta à Delphes pour expier le crime qu'il avoit commis en tuant le Monstre. La Pythie lui défendit de retourner à Argos, & lui dit de
prendre dans le Temple un Trépied, & qu'à
l'endroit, où ce Trépied lui échapperoit des
mains, il eût à bâtir un Temple à Apollon &
à y fixer lui-même sa demeure. Corœbus
s'étant mis en chemin, quand il fut au Mont
Géranien, sentit tomber son Trépied, &
là il bâtit un Temple à Apollon, avec un
Village qui de cette particularité fut nommé
le Tripodisque.

TRIPODUS. Voyez Tripolus.

TRIPOLI, ou Tripoli de Barba-
ˡ De l'Isle, rie ˡ, Ville d'Afrique, dans la Barbarie,
Atlas. sur la Côte de la Mer Méditerranée, dans
ᵐ Introduct. le Royaume ou dans la Province de même
à l'Hist. de nom entre Zoara & Lebda. La Ville de
l'Afrique. Tripoli ᵐ a le titre de Royaume, quoique ce
p. 33.

n'en soit pas un à présent. Cette qualification lui vient de ce que quelques Seigneurs, qui l'avoient envahi, ont pris le titre
de Rois, & que les Turcs qui l'ont gouverné par des Bachas, ont été bien aises de
laisser cette qualité au Pays, afin d'enfler la
liste des Titres de leur Sultan d'un plus grand
nombre de Royaumes. Quoi qu'il en soit, le
nom de Tripoli est ancien. Ce n'étoit pas
le nom d'une Ville; mais d'un Canton, où il
y avoit trois Villes remarquables. Il y a-
voit de même des Cantons en plusieurs autres Lieux, qui portoient le même nom par
la même raison. Ce Pays fut nommé la
Tripolitaine du tems des Romains, & on
le nommoit encore de même du tems des
Vandales, comme il paroît par les Notices
Ecclésiastiques. Les Arabes s'en emparerent sous le Régne des Caliphes, dont les
Lieutenans conquirent toutes les Côtes d'A-
frique le long de la Méditerranée, & même une partie considérable de l'Espagne.
Ce Pays resta dans une assez grande obscurité jusqu'au commencement du seizième
Siècle.

Ce n'est pas que la Ville de Tripoli ne
soit beaucoup plus ancienne. Dans le bas
Empire, ce nom, qui avoit été celui du Pays,
étoit affecté à une Ville. Les Arabes étant
venus en Afrique sous Omar II. Calife, ils
l'assiégérent six mois & pressérent si fort
les Maures, que ceux-ci l'abandonnérent &
se sauvérent à Carthage. Ce qui doit s'entendre d'une partie; car ceux qui restérent
dans la Ville furent tuez ou menez Esclaves en Egypte & en Arabie. Long-tems
après, les Naturels du Pays bâtirent une
nouvelle Ville qu'ils appellérent Tarabilis,
& les Ecrivains Latins Tripolis. Elle est
dans une Plaine sablonneuse, enfermée de
hautes murailles ⁿ; mais peu fortes. Il y ⁿ Marmol,
a aux environs plusieurs Palmiers; mais on Descr. du
n'y recueille point de blé, parce que ce sont Royaume
tous Sablons, ce qui fait que le pain y est L. 6. c. 44.
fort cher. Quelques Historiens disent, qu'on
y cultivoit autrefois plusieurs bonnes terres
à froment du côté du Midi, que la Mer a
inondées. Ils soutiennent que tous ces Bancs
de sables qu'on trouve maintenant étoient
des Plaines labourées. Il y a eu de tout
tems un grand commerce en cette Ville,
à cause du voisinage de la Numidie & de
Tunis, outre qu'elle n'a point sa pareille
tout le long de la Côte jusqu'à Alexandrie,
& que les Marchands de Malthe, de Venise
& de la Sicile avoient coûtume d'y aborder.
Les Galeasses mêmes s'y venoient rendre,
de sorte qu'il y avoit de bons Marchands,
& la Ville étoit embellie de Mosquées, de
Colléges, & d'Hôpitaux, les Places & les
rues y étant mieux ordonnées que dans la Ville de Tunis. Il n'y avoit pourtant ni Puits
ni Fontaines; mais seulement de grandes Citernes pour recevoir les eaux de pluye. Elle a été sujette aux Rois de Tunis, & quelque tems à ceux de Fez, lorsqu'ils avoient
uni cette Couronne à la leur. Bucamen, un
de ces Rois, étant devenu insupportable par
sa tyrannie, les Habitans mirent en sa place
un des principaux de la Ville, & lui donnérent tous ses tresors & ses revenus. Il
gouverna assez doucement d'abord. Le Roi
dépos-

dépossédé envoya contre lui une Armée sous le Commandement d'un Général fort attaché à lui. Ce Général ayant été empoisonné par l'entremise des principaux Habitans de la Ville, son Armée s'en retourna sans rien faire. Ce succès fit dégénérer le nouveau Prince, il devint tyran à son tour, ceux de la Ville conjurérent contre lui, & il fut tué par un de ses beaux-freres. Le Peuple mit en sa place Abubarc, qui avoit été autrefois un de ses Officiers, & qui s'étoit retiré en un Hermitage. Il gouvernoit la Ville, lorsque Don Pedre de Navarre, Général du Roi d'Espagne, y arriva avec une Flote, où il y avoit près de quinze mille combattans dessus. Il y avoit plus d'un mois que des Marchands de Gênes avoient donné avis à ceux de Tripoli de cette entreprise, & leur avoient conseillé de mettre leur sûr à couvert. Ils avoient donc fait venir des Troupes de tous côtés, & pris toutes les mesures nécessaires pour se bien défendre. Le Comte Pierre de Navarre débarqua ses Troupes; les rangea en bataille avec tant d'avantage, qu'encore que tous les Habitans du Pays y accourussent à pied & à cheval, ils ne furent pas capables d'empêcher le débarquement; il les tint toujours éloignez par le moyen de son Artillerie. Ensuite il partagea ses Troupes en quatre Corps: il en donna un composé de 4000. hommes, à Don Diego Pacheco, avec ordre de s'opposer à ceux du Pays, pendant qu'on donneroit l'assaut à la Place; & il promit de donner à ce Corps les Esclaves & les Marchandises, le reste du pillage étant pour les autres. On attaqua la Ville à 9. heures du matin avec environ onze mille hommes, les Maures se défendirent bien, il y en eut beaucoup de tuez & de blessez de part & d'autre; mais on serra ces Barbares de si près, qu'avant les onze heures plusieurs Soldats Chrétiens étoient déja sur les murailles. Là se renouvella le combat. Les Turcs & les Maures se défendirent en désespérez, & jettérent en bas tous ceux qui se présentérent. Cependant les Portes de la Ville étoient fermées de manière, que ceux qui étoient montez, ne pouvant être secourus, furent maltraitez. Il mourut plus de cent Chrétiens dans les rues, parmi lesquels il y avoit plusieurs personnes de marque. Enfin le combat dura si longtems dans la Ville, & les uns & les autres étoient si las, qu'ils se reposoient tour à tour. Sur ces entrefaites quelques Soldats coururent aux Portes, & les ayant ouvertes, firent entrer le reste des troupes. Alors les Maures ne pouvant plus résister, abandonnérent leur défense, & le Chéque se retira au Château avec sa famille & ses alliez, & tout le reste en la grande Mosquée à la réserve de quelques-uns, qui se renfermérent dans les Tours & s'y défendirent vaillamment. La nuit venue, on força la Mosquée, où l'on tua plus de deux mille hommes. Après quoi, ceux qui s'étoient renfermez dans les Tours au nombre de trois mille, se rendirent à condition qu'on leur sauveroit la vie. Le Chéque accepta la même condition, & le Comte de Navarre étant entré dans le Château le fit prisonnier avec sa femme, ses deux fils, & un de ses Oncles. On fit un riche butin d'or, d'argent, de meubles & de pierreries, quoique les Maures eussent enlevé de leurs richesses la charge de plus de cinq mille Chameaux. Il mourut dans tous ces combats six mille Maures; plus de quinze mille furent pris, & on donna la liberté à plus de cent quatre-vingt Italiens prisonniers. La Ville fut ruïnée, sans laisser que le Château qu'on fortifia avec un autre petit qui étoit près du Port, & on y laissa des Soldats en garnison avec quelque Artillerie. Depuis, le Chéque, qui avoit été Seigneur de la Ville, la repeupla de ses alliez au nom de l'Empereur. Dans ce tems l'Isle de Rhodes s'étant perdue, & les Chevaliers s'étant retirés dans la Ville de Syracuse en Sicile, l'Empereur leur donna en 1528. l'Isle de Malthe, & ensuite cette Place qui étoit frontiére de leur Isle; ils s'en empérérent donc, & y mirent un Chevalier pour Gouverneur, avec une Garnison qu'ils payoient. Ce qui étant venu à la connoissance de Soliman, il envoya son Armée navale, composée de cent dix Galéres Royales, deux Galeasses, trente Voiles, avec plusieurs autres Navires, qui portoient douze mille hommes de combat, sous le Commandement de Cénan Bacha, accompagné de Salharraes & de Dragut. Ce Bacha débarqua ses Troupes, son Artillerie, & ses munitions à la Pointe d'Angil. Il fit sommer la Place, offrant à la Garnison la liberté, & menaça qu'en cas de refus, il ne donneroit quartier à personne après la prise. Le Gouverneur lui fit répondre courageusement, qu'il avoit été mis dans la Place par le Grand-Maître, & qu'il ne la rendroit point que sur ses ordres. Sur cette réponse le Bacha fit attaquer la principale Forteresse, où étoit le Gouverneur, & commença à la battre avec quarante piéces de Canon du côté le plus fort, où il étoit presqu'impossible de la prendre; mais un Traître descendant le long du mur, fut trouver le Bacha, & lui montra l'endroit le plus foible, & par où il la faloit attaquer. Le Bacha changeant aussi-tôt de Batterie, fit pointer le Canon contre les Tours, qu'on lui avoit marquées, avec tant de succès qu'au bout de deux jours toutes les défenses étoient déja abattues, & quatre Canonniers avec plusieurs Soldats avoient été tuez par le Canon. Le Gouverneur se voyant le long du mur, fut hors d'état de faire une longue résistance fut obligé de rendre la Place; il fut conduit à Malthe avec une partie de la Garnison sur deux Galéres; mais on en retint le plus grand nombre pour Esclaves. Le Bacha remit cette Ville entre les mains du Seigneur de Tachora, qui l'étoit venu servir pendant le siége avec deux cens Chevaux & six cens Mousquetaires, à condition de la tenir au nom du Grand-Seigneur, & de la rendre à celui qui lui seroit ordonné. Dragut fit ensuite deux Forts du côté de la Mer, l'un à la Pointe de la Terre & l'autre plus en dedans. Il fortifia encore la muraille de quelques Tours & de Boulevarts. Depuis ce tems-là les Turcs en firent un Gouvernement sous les ordres d'un Bacha, ou Beglierbey, qui y faisoit reconnoître la puissance de la Porte.

Mais

Mais avec le tems, quelques Soldats & Officiers de la Milice s'étant accréditez dans la Ville & dans le Pays, l'autorité du Bacha se diminua peu à peu; & enfin Mamet-Bey, Rénégat Grec de l'ancienne Maison des Justiniani fit si bien, qu'ayant acheté la Baniére du Grand-Seigneur, après s'être rendu maître du Château, il n'y souffrit plus de Bacha, & y commanda en Souverain. Depuis ce tems-là Tripoli & son District se gouvernent en République. Elle a pour Chef un Dey, qui est comme le Chef & le Général de la Nation, sous la protection du Grand-Seigneur, à qui l'on envoye une espéce de Tribut.

La principale Forteresse s'appelle MANDRI. Elle avance dans la Mer. C'est une grosse Tour garnie de Canons & bien bâtie. On en voit aussi quelques autres au bord de la Mer. Le Corps de la Place est caché par deux grands Bastions assez forts. On compte soixante-quatre piéces de Canon en Battérie [a]. Il n'y a rien de bien curieux à Tripoli, qu'un ancien Monument qui est un Arc de Triomphe tout de Marbre blanc, élevé de trois Toises, & qui est enseveli pour le moins autant dans la terre. L'Architecture & le Bas-relief en sont admirables. Il y a quatre Bustes de Consuls Romains tous mutilez. Les ornemens des quatre coins sont des Pilastres ornez de feuilles de Vignes. On voit quatre Portes, au-dessus desquelles est un Char de Triomphe avec une figure d'Alexandre tirée par deux Sphinx; au-dessous sont des troupes d'Esclaves. Il y avoit des Inscriptions Latines au-dessus des Portes; & il y en a encore une du côté du Nord. La Voute en est bien conservée. Elle est ronde avec de très-beaux ornemens en relief, & tout l'Edifice est bâti sans chaux ni ciment. Les pierres de Marbre de cinq à six pieds d'épaisseur en quarré, sont assises sur des platines de Plomb & liées avec des crampons de fer. Près des murailles de la Ville, on trouve des Tombeaux creusez dans la pierre & de trois toises de profondeur dans la Roche. Ils sont faits en maniére de Four; mais plus grands & plus élevez, avec plusieurs Niches. On trouve dans chacun une grande Urne de verre. Toutes ces ruines sont remplies d'Ossemens de Corps humains & d'une eau rousïâtre & insipide. L'Auteur du Mémoire cité en marge, dit qu'il trouva dans un de ces Tombeaux, parmi les Ossemens, deux petites Lames d'argent, minces comme du Papier, de la largeur de deux doigts, & de la longueur de trois pouces. Dans le même Tombeau étoit un Cercueil de bois, garni d'une Lame de Plomb dentelée, & des Ossemens de Corps humain presque tous consumés. Au pied du Cercueil il y avoit une grande Urne de terre, pointue par le bout, & plantée dans le Rocher: à côté & autour du Cercueil étoient plusieurs Plats

[a] *Lucas, Voyage d'Afrique, t. 2. p. 100. Mémoire d'un Voyage dans les Montagnes de Derne.*

de terre de différentes grandeurs, remplis de plusieurs sortes de viandes dont on voyoit encore les Ossemens. Il y avoit aussi des Tasses, des Gobelets de terre, des Verres très-bien faits, des Bouteilles, & de petites Urnes de verre, une Ventouse comme celles qu'on fait aujourd'hui, & une Lampe de Cuivre que le tems a presque consumée. L'Arc de Triomphe, dont j'ai parlé, ne subsisteroit plus il y a long-tems, si les Habitans n'avoient la foiblesse de croire qu'il arriveroit de grands malheurs, s'ils y touchoient pour le démolir. Ils assûrent qu'un Prince en voulant ôter quelques pierres, il se fit un tremblement de terre épouvantable; & que comme, malgré l'avertissement du Ciel, les Ouvriers continuoient à travailler à la démolition, il vint une pluye de sable qui les ensevelit. On y montre une pierre comme hors d'œuvre & à demi tirée, dont on n'ose pas seulement approcher. Il est vraisemblable qu'à quelques pas de cet Arc de Triomphe, il y a eu quelque Edifice magnifique; car pour peu qu'on y fouille, on y trouve les plus grosses piéces de Marbre que l'on puisse voir.

Les Peres Religieux de l'Ordre de St. François ont à Tripoli une fort belle Eglise; leur Maison, qui y est jointe, est aussi fort commode; & il y a un Hôpital, pour y mettre les Esclaves Chrétiens lorsqu'ils sont malades. Il consiste en deux belles Sales l'une sur l'autre, où l'on peut mettre plus de deux cens Lits. Un Hôpital est d'un grand secours à Tripoli, sur-tout dans le tems de la Peste, qui y est bien plus fréquente qu'ailleurs, & qui y fait ordinairement de grands ravages.

Tripoli dans sa splendeur le disputoit à la Ville de Tunis en richesses, & plusieurs assûrent que celle-ci, comme plus grande, étoit plus riche en meubles & en équipages; mais que Tripoli l'emportoit en Or, en Argent, en Perles & en autres Marchandises, à cause du Commerce qui y fleurissoit. Il y avoit d'ordinaire dans la Ville cent cinquante Métiers à faire des Etoffes de Soye, plusieurs autres pour la fabrique des Camelots & d'autres étoffes riches. Il y avoit des Marchands en grand nombre, & sur-tout des Epiciers fort riches. On nommoit cette Ville Tripoli la Nouvelle, pour la distinguer de l'Ancienne qui avoit été bâtie par les Romains, ou selon d'autres, par quelques Peuples de la Phénicie, en mémoire d'une autre Ville de Syrie de même nom.

L'Etat de Tripoli est borné au Nord par la Mer Méditerrannée [b]; à l'Orient par l'Egypte: au Midi par le Pays des Bérébéres, & à l'Occident partie par le Royaume de Tunis, partie par le Beladulgerid ou Pays des Dattes, & partie par le Païs de Gadamis. Cet Etat est divisé en divers Pays ou Quartiers, dont je marquerai les principaux Lieux;

[b] *De l'Isle Atlas.*

La Province de Tripoli :
{
Bibane,
Zoara,
Zaviagarbia,
Zouaga ou Vieux Tripoli,
Tripoli,
Lebeda.
}

Ta-

TRI.

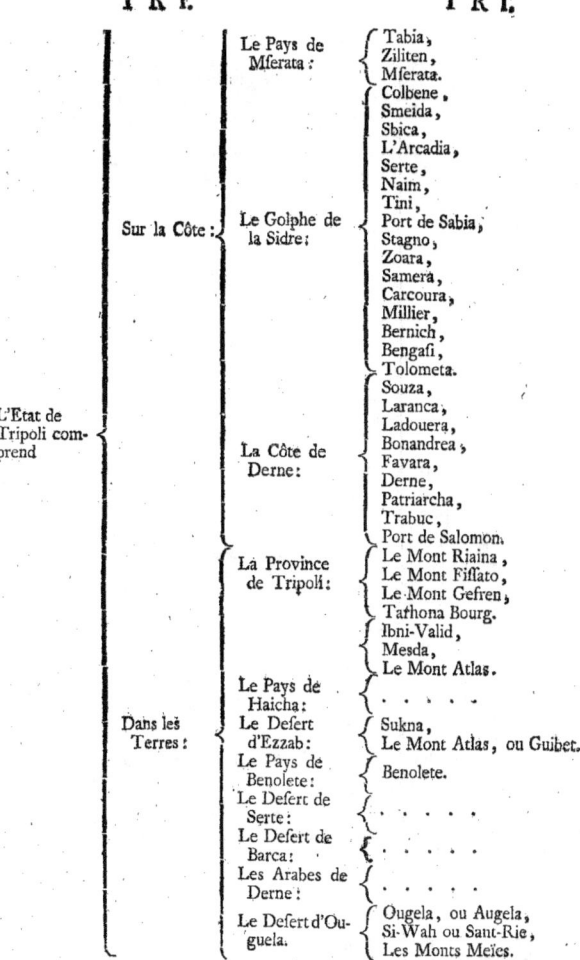

L'Etat de Tripoli comprend:
- Sur la Côte:
  - Le Pays de Mserata: Tabia, Ziliten, Mserata.
  - Le Golphe de la Sidre: Colbene, Smeida, Sbica, L'Arcadia, Serte, Naim, Tini, Port de Sabia, Stagno, Zoara, Samera, Carcoura, Millier, Bernich, Bengasi, Tolometa.
  - La Côte de Derne: Souza, Laranca, Ladouera, Bonandrea, Favara, Derne, Patriarcha, Trabuc, Port de Salomon.
- Dans les Terres:
  - La Province de Tripoli: Le Mont Riaina, Le Mont Fissato, Le Mont Gefren, Tathona Bourg, Ibni-Valid, Mesda, Le Mont Atlas.
  - Le Pays de Haicha: . . . .
  - Le Desert d'Ezzab: Sukna, Le Mont Atlas, ou Guibet.
  - Le Pays de Benolete: Benolete.
  - Le Desert de Serte: . . . .
  - Le Desert de Barca: . . . .
  - Les Arabes de Derne: . . . .
  - Le Desert d'Ouguela: Ougela, ou Augela, Si-Wah ou Sant-Rie, Les Monts Meïes.

La République de Tripoli subsiste par son Commerce d'Etoffes & par celui du Safran [a], qui se tire de la Montagne de Garian, située au Midi de la Ville de Tripoli; c'est-là qu'il croît plus beau & meilleur qu'en aucun autre lieu. Mais la principale Richesse des Habitans vient de leurs pirateries. La France n'en a pas toujours été respectée. Le Marquis du Quesne, chargé de châtier ces Corsaires, trouva leurs Vaisseaux réfugiez dans le Port de Scio, qui appartient au Grand-Seigneur, le 23. Juillet 1681. il les canonna, les coula à fond, & endommagea même le Château de cette Place, qui se trouvoit à l'opposite de son Canon. Le Grand-Seigneur s'intéressa en faveur de cette Nation, & lui ménagea une paix, dont le même Marquis fut Plénipotentiaire. Ils rendirent un Vaisseau de France, qu'ils avoient pris, le Canon, les Armes, tout l'Equipage & un très-grand nombre d'Esclaves Chrétiens. Ce Traité ne fut exécuté que l'année suivante. Au reste ces Corsaires ne furent pas long-tems sans violer cette Paix. Ils enlevèrent quelques Vaisseaux Marchands François. Le Maréchal d'Estrées, Vice-Amiral, bombarda cette Ville, où les bombes firent un très-grand ravage. Il se préparoit à y faire une descente. Cette crainte les détermina à demander la Paix, qu'on leur accorda à condition de rendre quatre-cens Esclaves qui étoient sur les Vaisseaux qu'ils avoient envoyez à Constantinople. Pour l'exécution, ils donnèrent vingt Otages, plus de deux cens Esclaves Chrétiens, qui étoient dans la Ville & qu'ils envoyèrent à la Flote de France trois Vaisseaux de Marseille qu'ils avoient pris & qu'ils rendirent; & enfin s'obligèrent de payer cinq cens mille Livres en argent.

2. TRIPOLI, Ville d'Asie, dans la Sourie, au Canton que les Anciens ont nommé

[a] Introduct. à l'Hist. de l'Afrique, p. 38.

mé Phénicie, sur la Mer Méditerranée, entre Botrys au Midi, & Arca, au Septentrion, & sur le bord d'une Riviére qui descend du Liban. Il en est parlé dans le II. Livre des Maccabées XIV. 1. où il est dit que trois jours après la mort d'Antiochus Epiphanes, Démétrius fils de Séleucus, à qui le Royaume de Syrie appartenoit de droit, s'enfuit de Rome, & vint aborder à Tripoli [a]. Le nom de *Tripolis* en Grec signifie trois Villes, parce qu'en effet elle étoit composée de trois Villes éloignées l'une de l'autre de la longueur d'un Stade. L'une de ces Villes étoit aux Aradiens, l'autre aux Sidoniens, & la troisième aux Tyriens [b]. Il y a grande apparence qu'avec le tems ces trois Villes n'en formérent plus qu'une par le moyen des Maisons que l'on bâtit entre les espaces qui les séparoient. On a plusieurs Médailles d'Antoine avec Cléopatre, d'Auguste, de Néron, de Trajan, de Sévére & d'Eliogabale, avec ce mot : ΤΡΙΠΟΛΕΙΤΩΝ ; & une de Julie Soæmie, où on lit: ΤΡΙΠΟΛΑΙΤΩΝ.

[a] An. du M 3642. avant J. C. 358.
[b] Diodor. Sicul. Lib. 16 c. 41. Strab Lib. 16. p. 519.

Cette Ville est encore aujourd'hui considérable par son Commerce. Lucas dit dans son Voyage du Levant [c], qu'elle est éloignée d'environ trois quarts de lieue de la Marine. C'est une jolie Ville, partagée en deux, la Haute & la Basse. Elle est ceinte de murailles de pierre de taille, particulièrement vers la Mer sur le bord de laquelle il y a plusieurs Tours quarrées avec quelques pièces de Canon. Quand on voit quelque Vaisseau en Mer, que l'on juge être un Corsaire, on allume des feux dans ces Tours pour avertir les Bâtimens du Pays de venir dans le Port. La Ville de Tripoli est bien plus longue que large. Elle est fort peuplée, & il y a bien sept à huit mille Maisons. On fait monter le nombre de ses Habitans jusqu'à cinquante à soixante mille Ames, tant Turcs que Chrétiens & Juifs. L'air est très-bon. La Riviére qui y passe fait tourner plusieurs Moulins. Il y a sur cette Riviére un Pont de pierre. La grande Mosquée est un très-beau Bâtiment; c'étoit autrefois une Eglise Chrétienne. La plûpart des Habitans demeurent l'Eté dans les Jardins, qui sont hors de la Ville, du côté de la Mer. Ils en usent ainsi pour veiller à leurs Vers à Soye: aussi est-ce le plus grand négoce qu'on y fasse. Toutes les Maisons ont des Fontaines, & même des Jets d'eau jusque dans les Chambres. Il y a quatre Maisons de Religieux Francs. Les Capucins ont une très-belle Eglise: aussi sont-ils les Curez de la Nation Françoise. Les Jésuites y tiennent un Collége. Les Peres de Terre-Sainte y sont assez bien logez; & les Carmes n'ont qu'une petite Maison.

[c] I. Voyage p. 144.

1. TRIPOLIS, Province & Ville d'Afrique. Quant à la Province, voyez l'Article TRIPOLITANA PROVINCIA; pour ce qui est de la Ville, voici à quoi on doit s'en tenir. Ptolomée [d] marque dans cette partie de l'Afrique qui fut nommée depuis TRIPOLITAINE, ou PROVINCE DE TRIPOLI, une Ville appellée Neapolis, & qui étoit voisine du Fleuve Cinyphus. Les Exemplaires imprimés ajoutent que cette Ville est aussi appellée TRIPOLIS; mais cette addition est sans doute u-

[d] Lib. 4. c. 3.

ne faute d'ignorance des premiers Editeurs ou des Copistes, qui, ne connoissant pas bien ce Quartier d'Afrique, ont cru que la Ville appellée TRIPOLIS de leur tems, étoit l'ancienne Leptis. Cette faute ne se trouve point dans le Manuscrit de la Bibliothéque Palatine, qui porte seulement que la Ville Néapolis est aussi appellée Grande Leptis. Cela est juste & Strabon remarque la même chose. D'ailleurs, la Ville Neapolis, selon Ptolomée, étoit entre la Ville *Abrotonum* & le Fleuve *Cinyphe*; situation qui ne convient ni à la Ville de Tripoli d'aujourd'hui, ni à celle qu'on nomme Tripoli Vecchio, & qui est aujourd'hui détruite. Il s'en faut beaucoup que ces deux Villes soient aussi près du Cinyphus que la Grande Leptis: l'Ancienne & la Nouvelle Tripoli sont beaucoup plus vers l'Occident. Voyez OEÆ, TRIPOLI, & TRIPOLITANA PROVINCIA.

2. TRIPOLIS, Ville d'Asie dans la Sourie. Voyez TRIPOLI, N°. 2.

3. TRIPOLIS, Contrée du Péloponnése [e], dans l'Arcadie. Elle fut ainsi appellée à cause des trois Villes qui s'y trouvoient, savoir *Callia*, *Dipœna* & *Nomacris*.

[e] Pausanias Arcal. c. 27.

4. TRIPOLIS, Contrée, ou Ville du Péloponnése dans la Laconie, selon Tite-Live [f]. Il ne dit point si c'étoit une seule Ville, ou une petite Contrée, dans laquelle il se trouvoit trois Villes comme dans la Tripolis de l'Arcadie. Il semble néanmoins que c'étoit une petite Contrée, formée de trois Villes ou Bourgs; car Tite-Live dit qu'on y enleva une grande quantité d'hommes & beaucoup de Bétail. Aucun autre Auteur ne connoît cette Tripolis.

[f] Lib. 35. c. 27.

5. TRIPOLIS, Contrée de la Thessalie selon Tite-Live [g]. Elle prenoit ce nom des trois Villes *Azorum*, *Pythium* & *Doliche*, qui s'y trouvoient. C'est la Tripolis qu'Etienne le Géographe met dans la Perrhébie; mais de quelle Perrhébie entend-il parler? Il y en avoit une au pied de l'Olympe, une autre au pied du Pinde, y en avoit-il une aussi au pied des Monts Cambuniens? C'est ce qu'il faudroit pour pouvoir tout concilier. Cette TRIPOLIS est surnommée SCEA par Tite-Live [h] à moins qu'il n'entende parler d'une autre TRIPOLIS qui nous seroit inconnue.

[g] Lib. 42. c. 53.
[h] Ibid. c. 65.

6. TRIPOLIS, Ville de l'Asie-Mineure, sur le Méandre, & la première Ville de la Carie selon Ptolomée [i]. Etienne le Géographe la met aussi dans la Carie; mais les Notices Episcopales & celles des Provinces de l'Empire la marquent dans la Lydie. C'est aussi où la place Pline [k], qui nomme ses Habitans TRIPOLITANI. Mr. Ezech. Spanheim [l] rapporte l'Inscription d'une ancienne Médaille, qui prouve que cette Ville étoit sur le Méandre: ΤΡΙΠΟΛΕΙΤΩΝ ΜΑΙΑΝΔΡ. c'est-à-dire *ces Tripolitains du Méandre*, ou *sur le Méandre*.

[i] Lib. 5. c. 2.
[k] Lib. 5. c. 29.
[l] Pag. 889.

7. TRIPOLIS, Lieu fortifié dans le Pont, selon Pline [m], qui y met un Fleuve de même nom. Ce Lieu est placé par Arrien [n], sur le bord du Pont-Euxin entre *Zephyrium* & *Argyria*, à quatre-vingt-dix Stades de *Zephyrium* & à vingt Stades d'*Argyria*.

[m] Lib. 6.
[n] Peripl. p. 17.

TRIPOLISSI, Peuple de l'Epire dans la Thesprotie, selon Etienne le Géographe, qui

qui dit que Rhianus [a] les nomme aussi TRI-POLISSII.

[a] Lib. 15.

TRIPOLITANA REGIO, ou TRIPOLIS, Contrée d'Afrique sur la Côte de la Mer Méditerranée, qui la baignoit au Nord. Elle avoit à l'Orient le Fleuve Cinyps ou Cinyphus: la Libye intérieure au Midi; & le Fleuve Triton à l'Occident. Solin, comme on l'a vu au mot Tripolis, N°. 1. est le premier qui ait fait mention d'une Tripolis en Afrique: on a vu aussi qu'il n'en faisoit pas une Ville; mais une Contrée où il se trouvoit trois Villes. *Achæi*, dit-il, *Tripolin Lingua sua signant de trium Urbium numero Oeæ, Sabratæ, Leptis-Magnæ*. Isidore de Séville a répété la même chose, mais au lieu de TRIPOLIS, il dit TRIPOLITANA-REGIO; ce qui revient au même. Sextus Rufus, & divers autres Auteurs, qui ne sont pas plus anciens, font aussi de Tripolis une Province. Procope [b] dit que Sergius en fut établi Gouverneur par l'Empereur Justinien; & dans un autre endroit il dit [c], que le Rivage sert de Limite à la Province de Tripoli, habitée par des Maures qui descendent des Phéniciens. Ils ont, poursuit-il, une Ville nommée *Cidame*. Il y a long-tems qu'ils sont Alliez des Romains: ils ont embrassé la Religion Chrétienne, à la persuasion de Justinien. On les appelle Alliés, parce qu'ils entretiennent fidèlement la Paix avec nous. Enfin Procope ajoute que Tripolis est éloignée de Pentapolis de l'espace de vingt journées d'un homme de pied. Comme Pline donne quelquefois à la Pentapole le nom de Province Pentapolitaine: *Provincia Pentapolitana*; de même de TRIPOLIS on a fait le nom de Province Tripolitaine. La difficulté seroit de marquer le tems auquel cette Province a commencé à être appellée du nom de ses trois Villes. Mais tout ce qu'on peut dire à cet égard, c'est que cela n'a commencé que depuis Ptolomée; car tous ceux qui ont employé le nom de Tripolis, par rapport à l'Afrique, ont écrit depuis lui. Dans la suite le nom de la Province fut communiqué à l'une de ses principales Villes. Voyez OEÆ, & TRIPOLI, N°. 1.

[b] *Vandal.* L. 2. c. 10.
[c] *Ædif.* L. 6. c. 3.

La Tripolitaine est connue comme une Province dans les Auteurs Ecclésiastiques. Elle renfermoit quelques Evêchez. Voici ceux que fournit la Notice Episcopale d'Afrique. Nous y joindrons les noms des Evêques tels qu'ils y sont marquez.

NOTICE

des Evêques de la Tripolitaine.

Calipides Leptimagnensis,
Leo Sabratensis,
Faustinus Girbitanus,
Crescionus Oensis,
Servilius Tacapitanus.

TRIPOLUS, Lieu de l'Isle de Crète, selon Hésiode [d] cité par Ortelius [e]. C'étoit la Patrie de Plutus. Diodore de Sicile [f] dit la même chose.

[d] *In Theogonia.*
[e] *Thesaur.*
[f] Lib. 5. c. 77.

TRIPONTIO, Bourg d'Italie, dans l'Etat de l'Eglise, au Duché de Spolete [g], sur la Nera dans l'endroit où elle reçoit la Freddara & le Corno joints ensemble, environ à deux milles au-dessus de Ceretto. Ce Bourg a pris son nom de trois Ponts qu'il a, l'un sur la Nera, l'autre sur la Freddara, & le troisième, sur ces deux dernières Rivières jointes ensemble.

[g] *Magin, Carte du Duché de Spolete.*

TRIPONTIUM, Lieu d'Angleterre: L'Itinéraire d'Antonin le marque sur la Route de Londres à *Lincoln* entre *Isanavatia*, & *Vennonæ*, à douze milles du premier de ces Lieux & à neuf milles du second. Camden veut que TRIPONTIUM soit *Towcester*, & que ce Lieu soit déplacé dans l'Itinéraire d'Antonin *. Mais Mr. Thomas Gale [h] fait voir, que TRIPONTIUM ne pouvoit être autre chose que *Dowbridge*, près de Lilburne.

* *Antonini Itiner.*
[h] *Brit.* p. 99.

TRIPYLUM, Lieu de la Carie, selon Arrien [i] cité par Ortelius [k], qui croit que ce pourroit être une partie de la Ville d'Halicarnasse.

[i] Lib. 1. *Vitæ Alexandri.*
[k] *Thesaur.*

TRIPYRGA, nom que les Habitans d'Athènes, donnent aujourd'hui à un Lac marécageux de la Morée, environ à une lieue d'Athènes. Ce Lac ou Marais étoit nommé, selon Xénophon, *Phalarœa Palus*, & il y avoit auprès un Lieu nommé *Tripyrgia*, à cause de trois Tours qui y étoient bâties. Du nom de ce Lieu on a formé celui du Lac, & de *Tripyrgia* on a fait par corruption *Tripyrga*. Mr. Wheler [l] croit que ces trois Tours pouvoient être des restes de la Ville *Limne*. Du reste, ajoute-t-il, ce Lac s'étend en long du moins une lieue & demie sur la Côte, & il sort de son extrémité Orientale un petit Ruisseau qui se jette dans la Mer, assez proche de la Pointe Est de la Baye de Phalara, où il y a une petite Eglise ruinée appellée *S. Nicholo*. C'est apparemment ce Lieu qui s'appelloit autrefois *Colias Promontorium*.

[l] *Voyage d'Athènes,* L. 3. p. 207.

TRIPYRGIA. Voyez TRIPYRGA.
TRIQUADRA. Voyez TIQUADRA.
TRIQUETRA. Voyez SICILE.

TRINQUILIMALE, Forteresse de l'Isle de Ceylan, dans la partie Orientale de l'Isle, à l'entrée de la Baye de Trinquilimale, ou de *Los Arcos*, sur une Pointe, qui avance dans la Mer du côté du Nord, selon Mr. de l'Isle [m]. L'Abbé le Grand dans sa Traduction de l'Histoire de l'Isle de Ceylan par Jean Ribeyro écrit Triquinimale, & dit que cette Forteresse est faite en Triangle, avec trois Bastions & dix pièces de Canons de fer. Elle est, ajoute-t-il, sur une éminence qui avance dans la Mer & qui commande l'Ance d'Arcos. Les Portugais y entretenoient autrefois un Capitaine avec cinquante Soldats, un Aumônier & un Canonnier; & il y avoit environ seize Habitans.

[m] *Carte de l'Isle Ceylan.*
[n] Liv. 1. c. 12.

TRISANTO, Fleuve de la Grande-Bretagne. Ptolomée [o] marque son Embouchure sur la Côte Méridionale de l'Isle, entre *Magnus Portus* & *Novus Portus*. C'est présentement *Hampton-Water*, autrement le Port de Southampton, à l'Embouchure du Test, ou Tost.

[o] Lib. 2. c. 3.

TRISARCHI, Village de la Marmarique: Ptolomée [p] le place sur la Côte du Nome de Libye, entre le Port *Selinus* & *Apis*.

[p] Lib. 4. c. 5.

TRICHENEN, c'est-à-dire *Trois Loges*, Vil-

[q] *Ortelii Thesaur.*

Ville d'Italie dans la Calabre, au commencement de la Forêt Sila, selon Gabriel Barri, qui dit qu'on la nomme aujourd'hui *Taberna*, ou *Taverna*.

TRISIDIS, Ville de la Mauritanie Tingitane. Elle étoit dans les terres selon Ptolomée [a]. Marmol la nomme TENZERT, & dit que les Ecrivains Arabes lui donnent le nom de *Tchart*.

[a] Lib. 4. c. 2.

TRISIPENSIS, TRISIPELLIS, ou TRISIPELLENSIS, Siège Episcopal d'Afrique, dans la Province Proconsulaire. L'Evêque de ce Siège est nommé Victor *Episcopus plebis Trisipensis* dans la Conférence de Carthage [b]. Il n'en est point fait mention ailleurs, si ce n'est dans la Lettre que les Evêques de la Province Proconsulaire, assemblez au Concile de Latran, écrivirent à Paul Patriarche de Constantinople. Parmi les suscriptions de cette Lettre est celle de Felix *Episcopus sanctæ Ecclesiæ Trisspellis*, ou *Trisspelis*, comme porte le MS. de Beauvais.

[b] N°. 128.

TRISITIDES. Voyez ORISTIDES.

TRISMACRIA, Forteresse de la Basse-Mœsie. Procope [c] dit qu'elle étoit sur le Danube, près du Fort Centon, vis-à-vis de celui de Daphné. Mr. Cousin dans sa Traduction de Procope rend ce mot TRISMACARIA par TRAMACARISQUE.

[c] Ædif. L. 4. c. 7.

TRISMIS, Ville de la Basse-Mœsie: Ptolomée [d] la nomme entre les Villes qui étoient au voisinage du Danube. C'est la Ville *Trosmis* de l'Itinéraire d'Antonin, qui la marque sur la route de *Viminacium* à Nicomédie entre *Biroen* & *Arrubium*, à dix-huit milles du premier de ces Lieux, & à neuf milles du second.

[d] Lib. 3. c. 10.

TRISPLÆ, Peuple de Thrace, selon Etienne le Géographe, qui cite Hécatée.

TRISSUM, Ville que Ptolomée [e] donne aux Jazyges Metanastes.

[e] Lib. 3. c. 7.

TRIST, ou TRIS, Isle de l'Amérique Septentrionale dans la Nouvelle Espagne, sur la Côte Méridionale de la Baye de Campêche, à l'Ouest de l'Isle de Port-Royal, dont elle n'est séparée que par une Crique si étroite, qu'à peine un Canot y peut nager. L'Isle de Trist est petite & basse, large de trois milles en quelques endroits, & longue de près de quatre, s'étendant vers l'Est & l'Ouest: sa partie Orientale est marécageuse, & pleine de mangles blancs: son Sud est presque de même. L'Ouest est sec & sablonneux, & produit une sorte d'herbe longue qui vient en touffes assez minces. C'est une espèce de Savana, où il croît quelques Palmiers, qui sont gros & peu élevez. Le Nord de l'Ouest est rempli de Buissons de prunes de Coco, & de quelques Arbres qui portent des raisins. Le tronc de ces derniers Arbres a deux ou trois pieds de circonférence: il a sept ou huit pieds de hauteur, & pousse ensuite plusieurs branches qui s'étendent de chaque côté. L'écorce en est noire & unie. Ses feuilles sont assez grandes & ovales, & d'un verd foncé. Le fruit est à peu près de la grosseur d'une prune, mais rond: sa couleur est noire, blanche, ou rougeâtre. La peau de ce fruit est très-mince & unie. Le dedans est blanc, moû, spongieux, plus propre à être sucé qu'à être mordu, & il y a un gros noyau mou dans le milieu. Ce fruit croît le plus souvent sur le sable auprès de la Mer; ce qui fait que quelques-unes de ces prunes sont salées; mais ordinairement elles sont douces, assez agréables, & on dit qu'elles sont fort saines. Le tronc de l'Arbre qui porte des raisins peut avoir deux ou trois pieds de circonférence: il monte jusqu'à sept ou huit pieds de haut; & ensuite il pousse quantité de branches dont les rejettons sont gros & épais. Ses feuilles approchent assez de la figure du lierre; mais elles sont plus larges & plus fermes. Le fruit est de la grosseur des raisins ordinaires, & il y a quantité de grappes qui croissent de côté & d'autre par tout l'Arbre. Le fruit devient noir quand il est mûr. Le dedans en est rougeâtre, & il y a un gros noyau dur au milieu. Il est agréable & fort sain; mais il a peu de substance à cause de la grosseur du noyau. Le corps & les branches de cet Arbre fournissent un bon chauffrage: le feu en est clair & ardent: aussi les Boucaniers s'en servent-ils d'ordinaire pour durcir les canons de leurs fusils, lorsqu'ils y trouvent quelques défauts. Les Animaux que nourrit cette Isle, sont des Lezards, des Guanos, des Serpens & des Dains. Outre les petits Lezards ordinaires, il y en a une autre espèce de gros qu'on appelle Lezards Lions. Ils sont faits à peu près comme les autres; mais ils sont presque aussi gros que le bras d'un homme. Ils ont une grande crête sur la tête: ils la dressent lorsqu'on les attaque; mais autrement elle est abattue. Ils y a deux ou trois sortes de Serpens, dont quelques-uns sont fort gros, à ce qu'on dit.

A l'Ouest de l'Isle de Trist, tout près de la Mer, on peut creuser cinq ou six pieds dans le sable, où l'on trouve de très-bonne eau douce. Il y a d'ordinaire des Puits tout faits, que les Mariniers ont creusés pour faire aiguade; mais ils sont bien-tôt comblez, si l'on n'a pas soin de les nétoyer. On trouve l'eau salée si l'on creuse trop avant. Il y avoit toujours quelques personnes qui résidoient dans cette Isle, lorsque les Anglois fréquentoient la Baye de Campêche, & les plus gros Vaisseaux mouilloient toujours dans cet endroit, à six ou sept Brasses de fond, tout près du rivage; mais les petits Navires poussoient trois lieues plus haut, jusqu'à l'*Isle d'un Buisson*.

TRISTAN D'ACUGNA [f], Isles de l'Océan Ethiopique. On les trouve à 4. ou 5. d. de Longitude, sous les 36. & 37. de Latitude. Tristan d'Acugna, Général des Vaisseaux que le Roi du Portugal envoya aux Indes en 1506, fit la découverte de ces Isles auxquelles il donna son nom, qu'elles portent encore. Cette découverte se fit parce que Tristan s'étoit trop élevé dans sa route.

[f] *Del'Isle, Atlas. Conquêtes des Portugais dans le Nouv. Monde Liv. 4. p. 333.*

1. TRISTENA, Bourg de la Morée dans la Sacanie [g], anciennement *Nemea*. Il est à quinze ou seize milles au Midi de Corinthe, à l'entrée & au Nord de la Forêt de TRISTENA, autrefois la Forêt de Némée. Voyez NÉMÉE.

[g] *De Witt, Atlas.*

2. TRISTENA, (Forêt de) Forêt de la Morée [h] dans la Sacanie, au Midi de l'ancien Territoire de Corinthe. C'est la Forêt

[h] *Ibid.*

rêt Némée des Anciens. Voyez NEMEE.

TRISTIACENSIS-SILVA, Forêt dont il est parlé dans la Vie de St. Richer, citée par Ortelius [a], qui croit que cette Forêt pouvoit être dans la Gaule Belgique.

[a] Thesaur.

TRISTOLUS, Ville de la Macédoine : Ptolomée [b] la range parmi les Villes de la Sintique.

[b] Lib. 3. c. 13.

TRITÆA, Ville du Péloponnèse dans l'Achaïe propre selon Strabon [c], Hérodote, Plutarque, Polybe, Thucydide & Etienne le Géographe font aussi mention de cette Ville. Pausanias [d] qui écrit TRITIA, dit qu'elle étoit en Terre-ferme, à six-vingt Stades de Pheræ, & qu'elle étoit de la dépendance de Patra parce qu'Auguste l'avoit voulu ainsi. Avant que d'entrer dans la Ville, ajoute-t-il, on voit un magnifique Tombeau de Marbre blanc, plus précieux encore par les Peintures de Nicias, que par les Ouvrages de sculpture dont il est orné. Une jeune personne d'une grande beauté est représentée assise dans une chaise d'yvoire : à côté d'elle est une de ses femmes, qui lui tient une espèce de Parasol sur la tête ; de l'autre côté, c'est un jeune Garçon qui n'a point encore de barbe : il est vêtu d'une Tunique & d'un Manteau de pourpre par dessus ; près de lui est un Esclave tenant d'une main tiers des Javelots & de l'autre des Chiens de chasse qu'il mène en lesse. Les Auteurs ne s'accordoient pas sur la fondation de cette Ville. Les uns lui donnoient pour Fondateur Celbidas originaire de Cumes en Opique : d'autres disoient que Tritia fille du Fleuve Triton, après avoir été Prêtresse de Minerve, fut aimée du Dieu Mars, & que de ce commerce nâquit Melanippus, qui bâtit une Ville, & du nom de sa mére l'appella TRITIA. On voyoit dans cette Ville un Temple que les gens du Pays nommoient le Temple des plus grands Dieux. Leurs Statues n'étoient que de terre : on célébroit leur Fête tous les ans, avec toutes les mêmes cérémonies que les Grecs avoient coutume de pratiquer à la Fête de Bacchus. Minerve avoit aussi son Temple à Tritia, avec une Statue de Marbre, & qui étoit d'un goût moderne du tems de Pausanias ; les Habitans prétendoient qu'anciennement il y en avoit une autre qui avoit été portée à Rome. Ces Peuples observoient religieusement de sacrifier tous les ans au Dieu Mars & à Tritia.

[c] Lib. 8. p. 341.

[d] Lib. 7. c. 21.

On ne connoît, dit Pausanias [e], dans toute la Gréce d'autre Ville du nom de Tritée, que celle qui est en Achaïe. Il se peut faire néanmoins, ajoute-t-il, que du tems d'Hégésarque Tritée fût une Ville d'Arcadie, & qu'elle en ait été démembrée, comme quelques autres que nous connoissons, & qui sont soumises au Gouvernement d'Argos. Pausanias fait cette Remarque, parce que dans une ancienne Inscription, les Habitans de Tritée étoient qualifiez Arcadiens ; ce qui pouvoit être vrai dans le tems que cette Inscription avoit été faite.

[e] Lib. 6. c. 12.

TRITE, Ville qu'Etienne le Géographe place au voisinage des Colonnes d'Hercule.

TRITEA, ou TRITIA, Ville de la Phocide, selon Pline [f]. Etienne le Géographe la place, entre la Phocide & le Pays des Locres Ozoles ; c'est-à-dire aux confins de ces deux Pays.

[f] Lib. 4. c. 3.

2. TRITEA, ou TRITIA, Ville de la Troade. Etienne le Géographe, qui en parle, dit qu'elle avoit été bâtie par les Arisbæens.

TRITIA. Voyez TRITEA, & TRITÆA.

TRITIUM METALLUM, Ville de l'Espagne Tarragonnoise : Ptolomée [g] la donne aux Peuples Berones, qui dépendoient de Autrigones ; ce qui pourroit faire croire que c'est la même Ville que Pline [h] place chez ces derniers, & qu'il nomme simplement TRITIUM. Il se pourroit faire aussi que ce seroit la même que l'Itinéraire d'Antonin nomme de même simplement TRITIUM, qu'il met sur les routes d'Asturica à Tarragone & d'Asturica à Bourdeaux, & qu'il marque dans ces deux routes entre Doebricula & Virovesca, à vingt & onze milles de la première de ces Places & à onze milles de la seconde. Voyez l'Article suivant.

[g] Lib. 2. c. 6.

[h] Lib. 3. c. 3.

TRITIUM-TUBORICUM, Ville de l'Espagne Tarragonnoise, selon Ptolomée [i] qui la donne aux Varduli. Il y a grande apparence que c'est le TRITIUM-TOBOLICUM de Pomponius Mela [k], & il ne seroit pas impossible que ce fût la Ville Tritium que l'Itinéraire d'Antonin marque entre Varia & Olvia, à dix-huit milles du premier de ces Lieux, & à égale distance du second. Dans cette Route l'Itinéraire d'Antonin met Tritium à trente-six milles de Virovesca, & dans les deux autres routes rapportées dans l'Article précédent, Tritium est, seulement à onze milles de Virovesca ; ce qui oblige de dire qu'il y avoit deux Villes du nom de TRITIUM ; & cette opinion est soutenue du témoignage de Ptolomée, qui les distingue par les Peuples à qui elles appartenoient & par leurs surnoms. La question seroit maintenant de savoir de laquelle de ces deux Villes il est parlé dans les Decrets du Pape Hilaire [l], où on lit Veroviscensium & Tritensium Civitas, pour Tritiensium Civitas, aussi-bien que dans une ancienne Inscription, rapportée par Ambr. Moralès [m], où l'on trouve ce mot : TRITIENSI. Mais comme on ne s'est pas encore accordé sur la juste position d'une de ces Villes, il est difficile que l'on convienne si-tôt, par rapport à ce qui peut convenir à chacune d'elles en particulier.

[i] Lib. 2. c. 6.

[k] Lib. 3. c. 1.

[l] Pag. 252.

[m] Fol. 65.

TRITOLINUS-MONS, Montagne d'Italie dans la Campanie, près de Naples entre Bayes & Pouzzol, selon George Fabricius, qui dit qu'on la nommoit vulgairement Salviati. Ortelius [n] croit que Tritolinus est une faute d'Imprimeur & qu'il faut lire TRIFOLINUS. Voyez TRIPOLINUS.

[n] The saur.

1. TRITON, Marais de l'Afrique propre : Pline [o] qui cite Callimaque dit que ce Marais fut surnommé Pallantias, & Solin [p] ajoute que ce surnom lui fut donné parce qu'on vouloit que la Déesse Minerve se fût regardée dans l'eau de ce Marais. La Déesse fut réciproquement appellée Tritonia du nom du Fleuve Triton, qui sort de ce Marais & va se jetter dans la Mer Méditerranée. La raison que Festus en donne, c'est que ce fut sur le rivage de ce Fleuve qu'on la

[o] Lib. 5. c. 4.

[p] Cap. 27.

vit

708 TRI.   TRI.

^a Lib. 1. c. 7.
^b Lib. 4. no. 179.
^c Lib. 4. c. 3.

vit pour la première fois. Pomponius-Mela ^a dit plus ; car il veut que Minerve y soit née. Hérodote ^b & Ptolomée ^c reconnoissent dans ce Quartier un Fleuve nommé Triton. Ptolomée place son Embouchure, dans le Golphe de la Petite Syrte, entre *Macodama* & *Tacapa* ; & le Pere Hardouin dit que c'est aujourd'hui le Melelus.

2. TRITON, Rivière de l'Afrique propre. Voyez l'Article précédent.

3. TRITON, Marais, au pied du Mont Atlas, près de la Côte de l'Océan Atlantique, selon Diodore de Sicile ^d qui dit que ce Marais fut desseché par un tremblement de terre.

^d Lib. 3. c. 55.

4. TRITON, Fleuve de l'Isle de Crète. Une Tradition fabuleuse vouloit que Minerve fût née de Jupiter, près de la Source de ce Fleuve, & qu'elle en eût pris le surnom de *Tritogénie*. Diodore de Sicile ^e, qui donne cette Tradition comme une Fable, dit qu'il y avoit de son tems à la Source de ce Fleuve un petit Temple dédié à cette Déesse.

^e Lib. 5. c. 72.

5. TRITON, Marais de la Thrace, selon Vibius-Sequester qui rapporte, que ceux qui s'y plongeoient neuf fois étoient changez en Oiseaux. Voyez PALLENA.

6. TRITON, Marais de la Cyrénaïque; Strabon ^f qui en parle le place près du Promontoire Pseudopenias, où la Ville de Bérénice étoit bâtie. Il y avoit dans ce Marais une Isle avec un Temple dédié à Venus.

^f Lib. 17. p. 836.

7. TRITON ^g, Ville de la Libye, selon le Scholiaste d'Apollonius ^h.

^g Ortelii Thesaur.
^h Lib 4.
ⁱ Ortelii Thesaur.

8. TRITON ⁱ, Lieu de l'Asie Mineure. Constantin Porphyrogénéte le marque sur le bord de la Propontide.

9. TRITON, Ville de la Bœotie. C'est le Scholiaste d'Apollonius ^k qui en parle.

^k Ibid.

10. TRITON, Torrent de la Bœotie, selon Pausanias ^l, qui dit qu'il passoit près du Village d'Alalcomène. Les gens du Pays lui avoient donné le nom de Triton, parce qu'ils avoient oui dire que Minerve étoit née sur les bords du Triton ; comme ils l'ignoroient, ajoute Pausanias, que cela doit s'entendre non d'un Fleuve de la Bœotie ; mais du Triton Fleuve d'Afrique, qui est formé par les eaux du Lac nommé Triton, & qui va se jetter dans la Mer de Libye.

^l Lib. 9. c. 33.

11. TRITON, Fontaine de l'Arcadie, dans la Ville d'Aliphere, ou dans son Territoire. Les Habitans de cette Ville avoient, dit Pausanias ^m, une dévotion singuliére pour Minerve, persuadez qu'ils étoient, que cette Déesse avoit pris naissance chez eux, & qu'elle y avoit été nourrie. C'est dans cette idée qu'ils avoient érigé un Autel à Jupiter *Locheate*, c'est-à-dire à Jupiter qui accouche de Minerve, & ils avoient donné le nom de TRITON, ou TRITONIS à une Fontaine à laquelle ils attribuoient tout ce qu'on disoit du Fleuve Triton d'Afrique.

^m Lib. 8. c. 26.

TRITONIACA PALUS. Voyez PALLENA.

TRITONICE, Pomponius-Mela ⁿ mettoit une Ville de ce nom dans la Basse Mœsie, & passoit sous silence la Ville Tomi, l'une des plus considérables de ce Quartier. On s'est apperçu qu'il y avoit faute dans

ⁿ Lib. 2. c. 2.

cet endroit, & qu'au lieu de Tritonice il faloit lire *tun Tomi*, ou *Tomi* ; & c'est ainsi que lisent les derniéres Editions. Voyez TOMI.

1. TRITONOS, Petite Ville de la Macédoine, selon Etienne le Géographe. Voyez TRITONOS, N°. 2.

2. TRITONOS, petite Ville de la Doride : Tite-Live ^o dit qu'elle fut prise par Philippe de Macédoine. C'est apparemment la même qu'Etienne le Géographe met dans la Macédoine.

^o Lib. 28. c. 7.

TRITTENSES, Peuples du Péloponnèse dans l'Achaïe propre : Pline ^p entend par ce mot les Habitans de la Ville TRITÆA, ou TRITIA. Voyez TRITÆA.

^p Lib. 4. c. 6.

TRITTIA. Voyez TRITIA.
TRITUM. Voyez TRETUM.

TRITURITA, Maison de Campagne, en Italie, dans la Toscane, sur le bord de la Mer, près d'un Port fort fréquenté, qui pourroit être celui de Livourne. Voici la description que Rutilius ^q donne de la Maison & du Port qui étoit contigu :

^q Itiner. Lib. 1. Vers 524.

Inde Trituritam petimus, sic Villa vocatur,
Quæ latet expulsis Insula pene fretis.
Namque manu junctis procedit in æquora saxis,
Quique domum posuit condidit ante solum.
Contiguum stupui Portum, quem fama frequentant
Pisarum Emporio divitiisque Maris.

TRITTAU, Château d'Allemagne, dans la Basse Saxe ^r, au Pays de Vagrie, près de la Rivière de Bille, entre Hambourg & Lubec. Jean Comte de Vagrie commença à le bâtir en 1342.

^r Zeyler. Topogr. Sax. Inf. p. 231.

TRITTEA, Ville de l'Achaïe, selon Etienne le Géographe : ce pourroit bien être la même que Tritæa, dont cet Auteur feroit deux Articles sous deux Orthographes différentes.

TRITTENHEIM, Bourg d'Allemagne, dans l'Archevêché de Trèves ^s entre Trèves & Namayen. C'est la Patrie de Jean Trithême, Abbé de l'Ordre de St. Benoît, fameux par ses Ecrits, principalement pour l'Histoire, & mort en 1516.

^s Ibid. Trevir. El. p. 38.

TRIVENTO, Ville d'Italie, au Royaume de Naples ^t dans le Comté de Molisse, sur le *Trigno*, en Latin TREVENTUM. Voyez ce mot. Cette petite Ville se prétend Evêché dès les premiers Siècles ; mais avec peu de fondement. Cependant cet Evêché est exempt, par concession d'Aléxandre III. & quoiqu'il fût dans la Province de Bénévent, il s'est choisi celle de Lanciano.

^t Commanville, Table des Evêchés.

TRIVIÆ LACUS & NEMUS. Voyez ARICIE.

TRIVICUM, Ville d'Italie ^u, dans la Campanie, selon quelques-uns, & dans la Pouille, selon d'autres chez les *Hirpini*, à l'Orient d'Hyver d'Ariano, mais de l'autre côté de l'Apennin. Horace en fait mention dans ses Satyres ^x, où il ne lui donne pourtant que le titre de *Villa*. Quoi qu'il en soit, TRIVICUM devint dans la suite une Ville & même un Siège Episcopal. Le nom moderne est TREVICO. Voyez ce mot.

^u Cluverii Ital. Ant. L. 4. c. 9.
^x Lib. 1. Sat. 5. v. 79.

TRIULATTI, Peuples des Alpes, & que Pline ^y met au nombre de ceux qui furent

^y Lib. 3. c. 20.

rent subjuguez par Auguste. Le Pere Hardouin les met dans le Diocèse de Seriez, vers le Bourg d'Alloz.

TRIUMPHALE. Voyez IPASTURGI.

TRIUMPILINI, Peuples d'Italie selon Pline [a] qui nous apprend qu'ils faisoient partie des *Euganei*. Ils habitoient la Vallée que l'on appella de leur nom TROMPLA, ensuite TROMPIA, & que l'on connoît aujourd'hui sous le nom de TROPPIA. Voyez ce mot. Pline [b] un peu plus bas nomme les TRIUMPILINI au nom des Nations des Alpes dont Auguste triompha.

[a] Lib. 3. c. 20.
[b] Ibid.

TRIVY, Lieu de France, dans la Bourgogne, au Diocèse d'Autun. Il est situé en Pays montueux, & tout le finage est de même, c'est Pays de Vallons. Les Fiefs de l'Abbaye de Cluny, Sevignon & Boissan en dépendent, comme aussi les Hameaux de Château, Forge, Trivi, & Villiers.

TRIZAY, *Trisagium Trizatum Trigesium*, Lieu de France, dans le Poitou, au Diocèse de Luçon, sur la Riviére appellée le Lay. Il y a une Abbaye d'Hommes de l'Ordre de Cîteaux, de filiation de Pontigny, & qu'on tient avoir été fondée l'an 1124. & unie à la Congrégation de Cîteaux l'an 1145. sous Guichard, Abbé de Pontigny. Elle a eu pour Fondateurs des Seigneurs de Poitou, nommés Arvée ou Hervée de Mareuil & Godefroi de Tisauges. L'Eglise est sous le vocable de l'Assomption. Il n'y reste plus qu'un Religieux, à qui l'Abbé Commendataire donne une portion congruë.

TRIZEN. Voyez TROEZENE.

TRIZI, Peuples voisins du Danube, au Nord de ce Fleuve, selon Etienne le Géographe qui cite Hécatée.

1. TROADE, Contrée de l'Asie-Mineure, ainsi nommée de la fameuse Ville de Troye sa Capitale. Si on prend le nom de Troade pour tout le Pays soumis aux Troyens, ou pour le Royaume de Priam, il se trouvera qu'elle comprenoit presque toute l'étendue de Pays que l'on entend sous le nom des deux Mysies, & sous celui de Petite Phrygie; mais si on la restraint à la Province où étoit la Ville de Troye & qui étoit la Troade propre, elle se trouvera ne comprendre que le Pays qui est entre la Dardanie au Nord, & au Nord Oriental, le Pays des Leleges, à l'Orient Méridional, l'Hellespont & la Mer Egée au Couchant. Ptolomée [c] qui renferme la Troade dans la Petite Phrygie, y met les Lieux suivans:

[c] Lib. 5. c. 2.

Sur le bord de la Mer Ægée.
- *Alexandria Troas*,
- *Lectum Promontorium*,
- *Assium*.

Dans les Terres.
- *Ilium*.

2. TROADE, *Troas*, Ville de l'Asie Mineure, dans la Troade ou dans la Petite Phrygie, sur la Côte de l'Hellespont, vis-à-vis de l'Isle de Tenedos. Cette Ville fut aussi quelquefois appellée *Antigonia* & *Alexandria*: *Ipsa Troas Antigonia dicta nunc Alexandria*, dit Pline [d]. Quelquefois on joint les deux *Alexandria-Troas*. Saint Paul étant à Troade [e], en l'an de l'Ere vulgaire 52. eut la nuit cette vision. Un homme de Macé-

[d] Lib. 5. c. 30.
[e] Act. XVI. 8. & suiv.

doine se présenta devant lui, & lui fit cette prière: Passez en Macédoine & venez nous secourir. Il s'embarqua donc à Troade & passa en Macédoine. On croit que cet Homme qui lui apparut, étoit l'Ange de la Macédoine, qui l'invitoit à venir prêcher dans ce Royaume. L'Apôtre fut encore quelques autres fois à Troade; mais on ne sait rien de particulier de ce qu'il y fit. Voyez *Act. XX*. 5. 6. & 2. *Cor. II*. 14. Il avoit laissé à Troade chez un nommé Carpe quelques habits & quelques Livres, qu'il pria Timothée de lui apporter à Rome, en l'an 65. de l'Ere vulgaire, peu de tems avant sa mort, arrivée en l'an 66. Voyez 2. *Timoth. IV*. 13.

TROAKI, Village de l'Anatolie sur le Cap de Janissari. Ce Village dont le nom signifie *Petite Troye* est habité par des Chrétiens Grecs; ce qui est cause que les Turcs le nomment *Giaourkioï*, c'est-à-dire Village d'Infidèles, parce qu'ils appellent ainsi tous les Lieux, où les Mahométans n'ont point de Temples, & qu'ils donnent le nom de *Giaours* à tous les Chrétiens. Les Voyageurs trouvent à Troaki beaucoup de rafraîchissemens & à bon marché. On y a une douzaine de Poulets pour quinze sols, & le Baril du Tonneau de Vin muscat de l'Isle de Tenedos n'y vaut qu'un Ecu.

TROALICIDA. Voyez TRALLIA.

TROARN [f], Bourg de France, dans la Normandie, au Diocèse de Bayeux, à trois lieuës de la Ville de Caen, entre St. Pierre sur Dive & la Mer, sur une petite Riviére, à une lieuë ou environ au-dessous d'Argences. Il y a une Eglise sous l'Invocation de St. Martin. C'étoit autrefois une Collégiale que Roger Comte d'Hiesme erigea en Abbaye. Au lieu de douze Chanoines que son Pere, ou son Oncle appellé aussi Roger, y avoit mis, il fit venir l'Abbé de Conches, nommé Gilbert, qui ayant été suivi de quelques Moines y établit l'étroite Observance de St. Benoît. On compte pour premier Abbé de ce Monastére Durand Religieux de l'Abbaye de Fécamp. Quelques-uns mettent son élection en 1058. & d'autres en 1070. Odon ou Eudes I. trente & unième Evêque de Bayeux, confirma l'érection de cette Abbaye, qui est à présent possédée par les Grands Bénédictins.

[f] Corn. Dict. Hermant, Hist. du Diocèse de Bayeux, &.

TROAS. Voyez TROADE.

TROCALITANUS, Siège Episcopal d'Italie, à ce qu'il paroît par le Recueil des Conciles citez par Ortelius [g].

[g] Thesaur.

TROCHOIDES, nom d'un Lac de l'Isle de Delos, selon Ortelius [h] qui cite Athenagoras [i].

[h] Ibid.
[i] In Legat.

TROCHOS, Village du Péloponnèse, sur le chemin d'Argos à Tégée. A la gauche de ce Village on trouvoit le Fort CENCHREE, ainsi nommé, à ce que croit Pausanias [k], de Cenchreus, qui étoit fils de Piréne. C'est-là que l'on voyoit la sépulture commune de ces Argiens qui défirent l'Armée de Lacédémone auprès d'Hysies. Ce combat fut donné du tems que Pisistrate étoit Archonte à Athènes.

[k] Lib. 2. c. 14.

TROCHTELFINGEN, petite Ville d'Allemagne dans la Suabe [l], près de la Riviére Schmeisha. La Contrée est rude, mon-

[l] Zeyler, Topogr. Suev. p. 74.

TROCHMI. C'est le nom d'un des trois Peuples Gaulois, qui allérent s'établir dans la Galatie selon Pline [a]. Les TROCHMI fixérent leur demeure à l'Orient de la Galatie près du Fleuve Halys, ou, comme Strabon dit, ils possédérent la partie de cette Contrée qui regarde le Pont-Euxin, & celle qui touche la Cappadoce. Ce dernier ajoute qu'ils avoient trois bonnes Forteresses, sçavoir:

a Lib. 5. c. 32.

Tavium,   Mithridatium,
      Danala.

TROESOS, Village de la Carmanie, sur le bord de la Mer, selon Arrien [b].

b De Indicis, p. 343.

TROEZEN, Ville du Péloponnèse dans l'Argolide, sur la Côte Orientale un peu au delà du Promontoire Scyllæum, à l'entrée du Golphe Saronique. Le Périple de Scylax nous apprend que le Promontoire *Scyllæum* étoit dans le Territoire de Troezène; & ce Territoire est nommé Troezénide par Thucydide [c]. La Ville est appellée Τροιζὴν, *Troezen*, par la plûpart des Grecs & des Latins. Ptolomée cependant écrit Τροιζηνὴ, Troezène, Polybe Τροκζήνα. Dans la Place de Troezène, dit Pausanias [d], on voit un Temple & une Statue de Diane Conservatrice: les Troezéniens assûroient que ce Temple avoit été consacré par Thésée, & que l'on avoit donné ce surnom à la Déesse, lorsque ce Héros se sauva si heureusement de Crète après avoir tué Astérion fils de Minos. Dans ce Temple il y a des Autels consacrez aux Dieux Infernaux. Ces Autels cachoient, à ce qu'on disoit, deux ouvertures; par l'une desquelles Bacchus retira Sémelé des Enfers; & par l'autre Hercule emmena avec lui le Cerbére. Derriére le Temple étoit le Tombeau de Pitthée sur lequel il y avoit trois Sièges de Marbre blans, où l'on dit qu'il rendoit la justice avec deux hommes de mérite, qui étoient comme ses Assesseurs. Près delà on voyoit une Chapelle consacrée aux Muses. C'étoit un Ouvrage d'Ardalus, fils de Vulcain, que les Troezéniens disoient avoir inventé la Flute; & de son nom on appella les Muses Ardalides. Ils assûroient que Pitthée enseignoit dans ce Lieu l'Art de bien parler, & on voyoit un Livre composé par cet ancien Roi. Au-delà de cette Chapelle il y avoit un Autel fort ancien. La Tradition vouloit qu'il eût été consacré par Ardalus. On y sacrifioit aux Muses & au Sommeil; car de tous les Dieux, disoient-ils, c'est le Sommeil qui est le plus ami des Muses. Auprès du Théatre on voyoit un Temple de Diane Lycea, bâti par Hippolyte. Pausanias juge que ce surnom de Diane venoit, ou de ce qu'Hippolyte avoit purgé le Pays des Loups, dont il étoit infesté, ou de ce que par sa mere il descendoit des Amazones, qui avoient dans leur Pays un Temple de Diane de même nom. Devant la porte du Temple étoit une grosse Pierre appellée la *Pierre sacrée*, & sur laquelle on prétendoit qu'Oreste avoit été purifié du meurtre de sa mere par d'illustres Personnages de Troezène au nombre

c Lib. 2. p. 136.

d Lib. 2. c. 31. 32.

de neuf. Assez près delà, on trouvoit plusieurs Autels peu éloignez les uns des autres: l'un consacré à Bacchus Sauveur, en conséquence d'un certain Oracle; un autre à Themis, & que Pitthée lui même avoit consacré; un troisième avoit été consacré au Soleil le Libérateur par les Troezéniens, lorsqu'ils se virent délivrés de la crainte qu'ils avoient eu de tomber sous l'Esclavage de Xerxès & des Perses. On voyoit aussi un Temple d'Apollon Theorius, & qui passoit pour avoir été rétabli & décoré par Pitthée. C'étoit le plus ancien des Temples que connût Pausanias. La Statue qu'on y voyoit étoit un présent d'Auliscus, & un Ouvrage du Statuaire Hermon, natif du Pays: on y voyoit aussi les deux Statues des Dioscures: elles étoient de bois & aussi de la main d'Auliscus. Dans la même Place, il y avoit un Portique orné de plusieurs Statues de femmes & d'enfans, toutes de Marbre: c'étoient ces femmes que les Athéniens confiérent avec leurs enfans aux Troezéniens, lorsqu'ils prirent la résolution d'abandonner Athènes dans l'impossibilité où ils étoient de la défendre contre les Perses avec le peu de forces qu'ils avoient sur Terre. On n'érigea pas des Statues à toutes; car il n'y en a qu'un petit nombre; mais seulement aux plus considérables d'entre elles. Devant le Temple d'Apollon on remarquoit un vieil Edifice, appellé *le Logis d'Oreste*, & où il demeura comme séparé des autres hommes, jusqu'à ce qu'il fût lavé de la tache qu'il avoit contractée en trempant ses mains dans le sang de sa mere; car on disoit que jusque-là aucun Troezénien n'avoit voulu le recevoir chez lui; de sorte qu'il fut obligé de passer quelque tems dans cette solitude, & cependant on prenoit soin de le nourrir & de le purifier jusqu'à ce que son crime fût entiérement expié; & même encore du tems de Pausanias les Descendans de ceux qui avoient été commis à sa purification mangeoient tous les ans à certains jours dans cette Maison. Les Troezéniens disoient qu'auprès de cette Maison, dans le Lieu où l'on avoit enterré les choses qui avoient servi à cette purification, il avoit poussé un Laurier, qui s'étoit toujours conservé depuis; & entre les différentes choses qui avoient servi à purifier Oreste, on citoit particuliérement l'eau de la Fontaine d'Hippocrène; car les Troezéniens avoient aussi une Fontaine Hippocrène, au sujet de laquelle ils avoient une tradition différente de celle des Bœotiens, car ils disoient bien comme eux que Pégase ayant frappé du pied contre terre il en sortit une Fontaine; mais ils ajoutoient que Bellérophon étoit venu à Troezène pour demander à Pitthée sa fille Æthra en mariage, & qu'avant que de la pouvoir épouser il fut banni de Corinthe. On voit aussi au même lieu une Statue de Mercure Polygius, devant laquelle ils assûroient qu'Hercule avoit consacré sa Massue faite de bois d'Olivier. Quant à ce qu'ils ajoutent, dit Pausanias, que cette Massue prit racine & poussa des branches, c'est une merveille que le Lecteur aura peine à croire. Quoi qu'il en soit, ils montrent encore aujourd'hui cet Arbre miraculeux; & à l'égard de la Massue d'Herd'Hercule, ils tiennent que c'étoit un tronc d'Olivier qu'Hercule avoit trouvé auprès du Marais Saronique. On voyoit encore à Troezène un Temple de Jupiter Sauveur, bâti, à ce qu'on disoit, par Aetius, lorsqu'il avoit pris possession du Royaume après la mort de son Pere Antha.

Les Troezéniens donnoient, comme une merveille, leur Fleuve Chrysorrhoës, qui durant une sécheresse de neuf années qu'il ne tomba pas une goute de pluye, & que tous les autres tarirent, fut le seul qui conserva toujours ses eaux, & qui coula à l'ordinaire. Ils avoient un fort beau Bois consacré à Hippolyte, fils de Thésée, avec un Temple où l'on voyoit une Statue d'un goût très-ancien. Ils croyoient que ce Temple avoit été bâti par Diomède, qui le premier avoit rendu des honneurs divins à Hippolyte. Ils honoroient donc Hippolyte comme un Dieu. Le Prêtre chargé de son culte étoit perpétuel; & la Fête du Dieu se célébroit tous les ans. Entre autres cérémonies qu'ils pratiquoient en son honneur, les jeunes Filles avant que de se marier coupoient leur chevelure & la lui consacroient dans son Temple. Au reste ils ne convenoient point qu'Hippolyte fût mort emporté & traîné par ses Chevaux; & ils se donnoient bien de garde de montrer son Tombeau; mais ils vouloient persuader que les Dieux l'avoient mis dans le Ciel au nombre des Constellations, & que c'étoit celle qu'on nommoit le Conducteur du Chariot. Dans le même Bois il y avoit un Temple d'Apollon Epibaterius, & qu'ils tenoient avoir été dédié sous ce nom par Diomède, après qu'il se fut sauvé de la tempête qui accueillit les Grecs, lorsqu'ils revenoient du Siège de Troye. Ils disoient même que Diomède avoit institué le premier les Jeux Pythiques en l'honneur d'Apollon. Ils rendoient un Culte à Auxesia & à Lamia aussi-bien que les Epidauriens & les Eginetes; mais ils racontoient différemment l'Histoire de ces Divinitez. Selon eux c'étoient deux jeunes Filles qui vinrent de Crète à Troezène, dans le tems que cette Ville étoit divisée par des partis contraires: elles furent les victimes de la sédition, & le Peuple, qui ne respectoit rien, les assomma à coups de pierre; c'est pourquoi on célébroit tous les ans un jour de Fête qu'on appelloit la Lapidation. De l'autre côté c'étoit un Stade, nommé le Stade d'Hippolyte, & au-dessus il y avoit un Temple de Venus surnommée la Regardante; parce que c'étoit delà que Phèdre, éprise d'amour pour Hippolyte, le regardoit toutes les fois qu'il venoit s'exercer dans la carriére; c'est aussi-là que l'on voyoit le Myrte qui avoit les feuilles toutes criblées; car la malheureuse Phèdre, possédée de sa passion & ne trouvant aucun soulagement, trompoit son ennui, en s'amusant à percer les feuilles de ce Myrte avec son éguille de Cheveux. Là se voyoit la Sépulture de Phèdre, & un peu plus loin celle d'Hippolyte; mais le Tombeau de Phèdre étoit plus près du Myrte. On y remarquoit aussi la Statue d'Esculape faite par Timothée; & l'on croyoit à Troezène que c'étoit la Statue d'Hippolyte. Pour la Maison où il demeuroit, je l'ai vue, dit Pausanias: il y avoit devant la Porte une Fontaine, dite la Fontaine d'Hercule; parce qu'on disoit que c'étoit Hercule qui l'avoit découverte.

Dans la Citadelle on trouvoit un Temple de Minerve Sthéniade: la Déesse étoit représentée en bois. C'étoit un Ouvrage de Callon, Statuaire de l'Isle d'Egine. En descendant de la Citadelle, on rencontroit une Chapelle dédiée à Pan le Libérateur, en mémoire du bienfait que les Troezéniens reçurent de lui, lorsque, par des songes favorables, il montra aux Magistrats de Troezène le moyen de remédier à la famine, qui affligeoit le Pays & encore plus l'Attique. En allant dans la Plaine, on voyoit sur le chemin un Temple d'Isis, & au-dessus un autre Temple de Venus Acrea: le premier avoit été bâti par les Habitans d'Halicarnasse, qui avoient voulu rendre cet honneur à la Ville de Troezène, comme à leur mere. Pour la Statue d'Isis, c'étoit le Peuple de Troezène qui l'avoit fait faire. Dans les Montagnes du côté d'Hermione, on rencontroit premiérement la Source du Fleuve Hylycus, qui s'étoit appellé autrefois Taurius; en second lieu une Roche qui avoit pris le nom de Thésée, parce que ce Héros, tout jeune encore, la remua pour prendre la chaussure & l'épée de son pere, qui les avoit cachées dessous; car auparavant elle se nommoit l'Autel de Jupiter Sthénius. Près delà on montroit la Chapelle de Venus, surnommée Nymphé, bâtie par Thésée, lorsqu'il épousa Hélène. Hors des Murs de la Ville il y avoit un Temple de Neptune Phytalmius; surnom dont la raison est que ce Dieu dans sa colére inonda tout le Pays des eaux salées de la Mer, fit périr tous les Fruits de la Terre, & ne cessa d'affliger de ce fleau les Troezéniens jusqu'à ce qu'ils l'eussent appaisé par des Vœux & des Sacrifices. Au-dessus étoit le Temple de Cérès Législatrice, consacré, disoit-on, par Althippus. Si on alloit au Port, qui étoit dans un Bourg nommé Celenderis, on voyoit un Lieu appellée le Berceau de Thésée; parce que c'étoit-là que Thésée étoit né. Vis-à-vis on avoit bâti un Temple au Dieu Mars, dans le Lieu même où Thésée défit les Amazones. C'étoit apparemment un reste de celles qui avoient combattu dans l'Attique contre les Athéniens commandez par ce Héros. En avançant vers la Mer Psephée, on trouvoit un Olivier sauvage, nommé le *Rhachos*, Tortu; car ils donnoient le nom de *Rhachos* à tous les Oliviers qui ne portoient point de fruit; & ils appelloient celui-ci *Tortu*; parce que c'étoit autour de cet Arbre que les rênes des Chevaux d'Hippolyte s'étoient embarrassées; ce qui avoit fait renverser son Char.

Il y avoit deux Isles qui dépendoient de Troezène, savoir l'Isle de Sphérie, depuis nommée l'Isle Sacrée, & celle de Calaurée. Une bonne partie du Pays de Troezène étoit, à proprement parler, un Isthme qui avançoit considérablement dans la Mer, & qui s'étendoit jusqu'à Hermione.

Les Troezéniens faisoient tout ce qu'ils pouvoient pour donner d'eux une grande idée.

dée. Ils difoient que leur premier Roi s'appelloit Orus, & qu'il étoit originaire du Pays. Mais je crois, dit Paufanias [a] que le nom d'Orus eft plutôt Egyptien que Grec. Quoi qu'il en foit, ils affûroient qu'Orus avoit régné fur eux, & que de fon nom le Pays avoit été appellé l'Orée ; qu'enfuite Althepus, fils de Neptune & de Léis, qui étoit fille d'Orus, ayant fuccédé à fon Ayeul, toute la Contrée avoit pris le nom d'Althépie. Ce fut fous fon Règne que Bacchus & Minerve difputérent entre eux, à qui auroit le Pays fous fa protection, & que Jupiter les mit d'accord en partageant cet honneur entre l'un & l'autre. C'eft pour cela qu'ils honoroient Minerve Poliade & Minerve Sthéniade, donnant deux noms différens à la même Divinité, & qu'ils révéroient Neptune fous le titre de Roi ; même l'ancienne Monnoye de ce Peuple avoit d'un côté un Trident & de l'autre une Tête de Minerve. A Althepus fuccéda Saron. Celui-ci, fuivant la tradition, bâtit un Temple à Diane Saronide dans un lieu où les eaux de la Mer forment un marécage ; auffi l'appelloit-on le Marais Phœbéen. Ce Prince aimoit paffionnément la chaffe. Un jour qu'il chaffoit un Cerf, il le pourfuivit jufqu'au bord de la Mer : le Cerf s'étant jetté à la nage, le Prince s'y jetta après lui, & fe laiffant emporter à fon ardeur, il fe trouva infenfiblement en haute Mer, où épuifé de forces, & laffé de lutter contre les flots il fe noya. Son Corps fut apporté dans le Bois Sacré de Diane auprès de ce Marais, & inhumé dans le Parvis du Temple. Cette avanture fut caufe que le Marais changea de nom & s'appella le Marais Saronique. Depuis Saron on ignoroit la fuite des Rois jufqu'à Hypérétes & à Antha. Pour ces deux-là, ils étoient fils de Neptune & d'Alcyone fille d'Atlas ; & ce furent eux qui bâtirent dans le Pays les Villes d'Hypérée & d'Anthée. Enfuite Aëtius fils d'Antha, ayant fuccédé à fon pere & à fon Oncle, changea le nom d'une de ces Villes & voulut qu'elle s'appellât Pofidonia. Mais Troezen & Pitthée étant venus chez Aëtius, le Pays eut trois Rois au lieu d'un ; & bien-tôt les deux fils de Pelops devinrent les plus puiffans. Ce qui le prouve, c'eft que Pitthée après la mort de Troezen, joignant enfemble Hypérée & Anthée, de ces deux Villes n'en fit qu'une feule, & l'appella Troezéne du nom de fon frere. Plufieurs années après, les Defcendans d'Aëtius, fils d'Antha, ayant eu ordre de conduire des Colonies en divers Lieux, allérent fonder Mynde & Halicarnaffe dans la Carie. Pour les fils de Troezen, Anaphlyftus & Sphettus, ils fe transplantérent en Attique, où ils donnérent leurs noms à deux Bourgades. Ce feroit ici le lieu de parler de Théfée, petit-fils de Pitthée par fa fille ; mais fon Hiftoire eft fi connue que je me difpenferai de l'écrire : je me contenterai donc d'éclaircir celle de Troezéne. Après le retour des Héraclides dans le Péloponnéfe, les Troezéniens reçurent les Doriens dans Troezéne, je veux dire ceux des Argiens qui y voulurent venir demeurer : ils fe fouvenoient qu'ils avoient été foumis

[a] Lib. 2. c. 30.

eux-mêmes à la domination d'Argos ; car Homére dans fon Dénombrement dit qu'ils obéïffoient à Diomède. Or Diomède & Euryalus, fils de Meciftée, après avoir pris la Tutéle de Cyanippe fils d'Egialée, conduifirent les Argiens à Troye. Quant à Sthénelus, il étoit d'une naiffance beaucoup plus illuftre & de la Race de ceux qu'on nommoit Anaxagorides ; c'eft pourquoi l'Empire d'Argos lui appartenoit. Voilà ce que l'Hiftoire nous apprend des Troezéniens. On pourroit ajouter qu'ils ont envoyé encore diverfes autres Colonies de part & d'autre.

2. TROEZEN, Ville du Péloponnéfe, dans la Meffénie : Ptolomée [b] la marque dans les Terres. Ortelius [c] dit que cette Ville eft nommée Trezina par Niger & Trizen par Plethon.

[b] Lib. 3. c. 16. [c] Thefaur.

3. TROEZEN, Ville dont parle Stace [d] au Livre quatrième de fa Thébaïde. Ortelius dit que Placidus en fait une Ville de la Theffalie, & foupçonne que ce pourroit être une erreur. Il n'y a point de doute à cela ; l'erreur eft manifefte. Stace nomme Troezen avec d'autres Villes du Péloponnéfe, & la furnomme Thefeïa : c'en eft affez pour dire qu'il entend parler de la Ville de Troezen dans l'Argolide.

[d] Thebaïd. L. 4. v....

. . . . Dederat nec non focer ipfe regendas.
Ægion, Aranenque & quas Thefeïa Troezen
Addit opes, ne rura movens inglorius iret
Agmina, neu raptos Patriæ fentiret honores.

TROEZENA. Voyez TROEZEN, N°. 1.

TROEZENE, Ville de l'Afie-Mineure, dans la Carie, felon Pline [e]. Elle avoit pris fon nom des Troezéniens, qui, à ce que dit Strabon [f], habitérent autrefois dans la Carie.

[e] Lib. 5. c. 29.
[f] Lib. 14. p. 656.

TROFFELACH, Bourg d'Allemagne, dans la Haute Stirie, près de la Rivière de Goufs à un mille de Leubin.

[g] Zeyler, Topogr. Stir. p. 85.

TROFINIANENSIS, ou TROFIMIANENsis, Siège Epifcopal d'Afrique dans la Byzacène. Son Evêque eft nommé Hilarinus dans la Notice des Evêchez d'Afrique, probantius dans la Conférence de Carthage.

[b] N° 133.

TROGILIA MICALES, ou TROGILION, Lieu dont parle Etienne le Géographe. Ortelius [i] croit que c'eft le Promontoire MYCALE, qu'Hérodote [k] met dans l'Ionie. Il croit auffi que c'eft le Promontoire *Trogilium*, ou *Trogylium*, que Ptolomée [l] marque entre Ephèfe & l'Embouchure du Méandre, & devant lequel Strabon [m] dit qu'il y avoit une Ifle de même nom.

[i] Thefaur.
[k] Lib. 9. n°. 89.
[l] Lib. 5. c. i.
[m] Lib. 14. p. 636.

TROGILORUM-PORTUS, Port de la Sicile, près de la Ville de Syracufe. Il en eft parlé dans Tite-Live [n]. Il y avoit, dit Cluvier, un Village fur le bord de la Mer nommé TROGILUS ; & fes Habitans étoient appellez TROGILII. Thucydide [o] parle du Lieu nommé Trogylus qu'il place auffi au voifinage de la Ville de Syracufe. Je ne fai pas ce qui a porté Etienne le Géographe à faire de TROGILUS une Contrée de la Sicile.

[n] Lib. 25. c. 23.
[o] Lib. 6. p. 413. & 483. & Lib. 7. p. 490.

TROGILUS, Contrée de la Macédoine, felon Etienne le Géographe.

TROGITIS, Marais de la Lycaonie : Strabon [p] l'appelle petit en comparaifon de celui de *Coralis*, & le met au voifinage de la Ville d'*Iconium*.

[p] Lib. 12. p. 568.

TRO-

TROGLODYTES, Peuples ainsi nommez à cause des Cavernes où ils faisoient leur demeure [a]. Leur nom étoit formé de Τρώγη, *foramen*, & de δύω ou δύμι, *subeo*. On ne trouve pas seulement des Peuples de ce nom, dans l'Egypte & sur le Golphe Arabique; mais encore dans la Palestine, dans l'Ammoniaque, Canton de la Marmarique dans l'Orient, & dans la Scythie. Ceux néanmoins qui habitoient sur le Golphe Arabique étoient les plus considérables; & ce sont ceux-là que l'on entend le plus ordinairement sous le nom de Troglodytes. Les Auteurs anciens ne conviennent pas sur les bornes du Pays que ces Peuples occupoient. Strabon [b] commence la Troglodytique dans la partie la plus enfoncée du Golphe: *Ab Heroum Urbe navigantibus juxta Troglodyticam*. Ptolomée [c] appelle Troglodytique tout le rivage le long des Golphes Arabique & Avalite. Pline [d] paroît avoir été du même sentiment; car il dit que Ptolomée Philadelphe, qui le premier subjugua la Troglodytique, y bâtit la Ville d'Arsinoé, qu'il appella ainsi du nom de sa Sœur, & donna le nom de Ptolomée au Fleuve qui arrose cette Ville; ce que Pline n'auroit pas pu dire s'il n'avoit cru qu'Arsinoé, qui étoit au fond du Golphe, fût dans la Troglodytique. Cependant il y en a qui reculent les Troglodytes au-delà du Tropique du Cancer, & qui les mettent au nombre des Peuples qui ont leur ombre des deux côtez; car, selon Pline [e], Eratosthène dit que dans toute la Troglodytique les Peuples ont trois mois de l'année leur ombre contraire à ce qu'ils ont coutume de l'avoir dans le reste du tems; & une ancienne Carte, dressée sur les degrez de Longitude & de Latitude marquez par Ptolomée, étend la Troglodytique depuis le Tropique jusqu'au Golphe Avalite & au-delà. Pour accorder tout, il faut dire que, dans un sens étendu, le Pays des Troglodytes comprenoit toute la Côte Occidentale du Golphe Arabique; & que, dans un sens étroit, il ne comprenoit que la partie de cette Côte, depuis la Ville de Bérénice que Pline [f] appelle Ville des Troglodytes, ou depuis le Tropique jusqu'au Détroit, ou jusqu'au Golphe Avalite.

L'Ecriture Sainte ne parle des Troglodytes qu'en un seul endroit, qui est au second Livre [g] des Paralipomènes: *Lybies & Troglodytæ & Æthiopes*, l'Hébreu: *Les Lubims, les Suchims & les Chuschims*. La plûpart des Interprètes, dit Dom Calmet [h], sont persuadez que *Suchim* signifie véritablement les Troglodytes. On peut voir à ce sujet Bochart, *Phaleg* [i], où il montre que *Sucha* en Hébreu signifie un trou ou une Caverne; & que Pline place la Ville de Sucha sur le bord de la Mer Rouge, dans le Pays des Troglodytes. Grotius & quelques autres aiment mieux croire que les *Suchims*, dont parlent les Paralipomènes, & qui étoient dans l'Armée de Sésac Roi d'Egypte, signifient des Peuples qui demeurent sous des Tentes comme les Arabes Scénites. Il y avoit beaucoup de ces Arabes dans l'Arabie Pétrée, & aux environs de l'Egypte: ils ne prenoient pas la peine de cultiver la terre, ni de bâtir des maisons.

[a] Cellar. Geogr. Ant. Lib. 4. c. 1.
[b] Lib. 16.
[c] Lib. 4. c. 8.
[d] Lib. 6. c. 29.
[e] Lib. 2. c. 74.
[f] Lib. 2. c. 73.
[g] Cap. 12. v. 3.
[h] Dict.
[i] Lib. 4. c. 29.

Les Troglodytes, selon Strabon [k], s'appliquoient à élever du Bétail. Ils avoient plusieurs Tyrans parmi eux. Leurs femmes & leurs enfans étoient en commun, si ce n'est les femmes des Tyrans; & celui qui en corrompoit une étoit condamné à l'amende d'une Brébis. Les Troglodytes combattoient souvent pour les Pâturages. Ils commençoient d'abord le combat avec les mains; ils en venoient ensuite aux pierres; & lorsqu'il y avoit quelqu'un de blessé, ils avoient recours aux fléches & aux épées. Alors les femmes s'avançoient au milieu d'eux, & par leurs prières les engageoient à faire la paix. Ils se nourrissoient de chair qu'ils piloient avec les os, enveloppant le tout dans une peau, & le faisant rôtir, ou l'accommodant de quelque autre façon. Ils mangeoient ainsi non-seulement la chair & les os, mais encore la peau. Ils vivoient aussi de sang & de lait mêlez ensemble. Pline dit qu'ils se nourrissoient encore de Serpens. Ils alloient tout nuds, portant seulement une peau, qui leur couvroit le milieu du corps, & pratiquoient la circoncision comme les Egyptiens. Quelques-uns d'entre eux enterroient leurs morts avec des cérémonies extraordinaires: ils lioient la tête du mort à ses pieds, & le portoient, ainsi ramassé, joyeux & riants, sur quelque Colline, où chacun lui jettoit des pierres jusqu'à ce qu'ils ne vissent plus de figure d'homme. Ils partoient ensuite, après avoir mis la corne d'une Chévre au-dessus du lieu où le mort étoit enseveli. Quand ils marchoient la nuit, ils attachoient des clochettes au cou de leurs Animaux mâles, afin d'épouvanter les Bêtes farouches par ce bruit. Quand ils s'arrêtoient, ils allumoient du feu, veilloient autour de leurs troupeaux, & chantoient à leur mode des chansons de leur Pays.

TROGMADORUM, Ville dont il est parlé dans le Concile de Chalcédoine, où son Evêque est nommé Cyriaque. Ortelius [l] croit que cette Ville étoit dans l'Asie Mineure, & que ce pourroit être celle des *Trocmi*, appellez par quelques-uns *Trocmi*.

TROGYLIUM. Voyez TROGILIA-MICALES.

TROGNON, Prevôté, dans le Duché de Lorraine, du Diocèse de Verdun. Cette Prevôté étoit autrefois un Fief-lige de l'Eglise & de l'Evêque de Verdun, dont les Comtes de Bar leur faisoient hommage d'hoirs en hoirs. Le dernier hommage qu'ils ont fait est de l'an 1399. Depuis ce tems, ni les Ducs de Bar, ni les Ducs de Lorraine, ne se sont plus soumis à ce devoir.

TROI. Voyez TAURISCI.

1. TROIA. Voyez TROYE.

2. TROIA, Village de l'Attique: Etienne le Géographe dit qu'on le nommoit de son tems ΧΥΡΕΤΕ.

3. TROIA, Ville de la Chaonie, dans la Cestrie, selon Etienne le Géographe. Virgile [m] parle de cette Ville & la surnomme la Petite.

4. TROIA, Ville d'Egypte selon Etienne le Géographe. Strabon [n] ne lui donne que le titre de Village, & le place au voisinage du Mont Troïcus. Il dit que c'étoit l'ancienne

[k] Lib. 16. p. 775.
[l] Thesaur.
[m] Æneid. L. 3. v. 349.
[n] Lib. 17. p. 809.

cienne habitation des Troyens qui suivirent Ménélaüs dans sa captivité, & qui s'établirent dans ce Lieu.

5. TROIA, Ville de la Cilicie: C'est Etienne le Géographe qui en fait mention au mot *Thebe*.

6. TROIA, Ville d'Italie: Etienne le Géographe la met au fond du Golphe Adriatique, chez les Venetes. Tite-Live [a] n'en fait pas une Ville; il dit seulement qu'on donna le nom de TROIA au lieu où Antenor & ses compagnons débarquérent dans ce quartier.

[a] Lib. 1. c. 1.

7. TROIA, Lieu d'Italie, dans le Territoire de la Ville de *Laurentum*, selon Tite-Live [b], qui dit qu'on donna ce nom à l'endroit où Enée prit terre en arrivant en Italie. Festus [c] dit aussi la même chose. Denis d'Halicarnasse met ce Lieu à quatre Stades de la Mer; & si nous en croyons Isacius [d], ce Lieu nommé *Troja* & *Laurentum* sont deux mots synonymes.

[b] Ibid.
[c] Lib. 1. Voc. Troia.
[d] In Lycoph.

8. TROIA, Ville d'Italie [e], au Royaume de Naples, dans la Capitanate, sur le Chilaro près de l'Apennin, environ à dix-milles au Nord Occidental de Bovino. Mr. Corneille [f] dit que cette Ville est bordée de la Mer de deux côtez. Il ne lui en auroit guère plus coûté de dire de quatre côtez. A la verité les bordures seroient un peu grandes; car la Côte dont Troja approche le plus en est à plus de vingt-cinq milles. Si Mr. Corneille appelle cela être bordé de la Mer, il y auroit à ce compte bien des Villes Maritimes. La Ville de Troia [g] fut bâtie l'an 1008. des ruïnes d'*Aeca* ou d'*Aecanum*, ou peut-être *Eclanum*, Ville de l'Apouille qu'on voit Evêché dès l'an 500. L'Evêché de Troia est dans la Province de Siponto; mais exempt.

[e] Magin, Carte de la Capitanate.
[f] Dict.
[g] Commainville, Table des Evêchez.

9. TROIA, Isle d'Italie, sur la Côte de Toscane, à l'entrée du Golphe de Piombino, à la droite, au Nord Oriental de l'Isle d'Elbe, & à l'Orient Méridional de Piombino.

TROIAS, Village de la Natolie, dans le Pays d'Aidinzie, ou Petite Aidine, près du Cap de Janisseri [h], où étoit l'ancienne Ville Sigée. Ce sont les Grecs qui nomment de Village. Il conserve en quelque manière le nom de l'ancienne Ville de Troye qui n'étoit pas fort éloignée de ce Lieu. Le Village Troias peut contenir environ trois cens feux. Tous ses Habitans sont Grecs & vivent de la vente de leurs denrées, qui sont Bleds, Vins, Safrans, Melons & autres fruits. Ils élevent beaucoup de Volaille, & tout se donne à fort bon compte.

[h] Spon, Voyage de l'Archipel, Liv. 2. p. 20.

TROICUS-MONS, Montagne d'Egypte selon Etienne le Géographe. Strabon [i] dit que cette Montagne qui est assez pierreuse, & sous laquelle il y a des Cavernes, se trouve au voisinage du Lieu, où l'on avoit tiré les pierres dont les Pyramides avoient été faites, & c'est auprès de cette Montagne qu'étoit le Village Troia. Cette Montagne est la même que Ptolomée [k] nomme TROICI LAPIDIS MONS. C'est aussi la même qu'Hérodote [l] appelle ARABICUS MONS, ou ARABIÆ-MONS.

[i] Lib. 17. p. 809.
[k] Lib. 4. c. 5.
[l] Lib. 2. no. 8.

TROILIUM, Ville de l'Etrurie, selon Tite-Live [m] qui dit qu'elle fut prise par Carvilius. Au lieu de TROILIUM Annius voudroit lire TRUITUM, & Sigonius lit TROSSULUM.

[m] Lib. 10. c. 46.

TROIS, Islets de l'Amérique Septentrionale, dans la Nouvelle France, à la Côte de la Martinique, vis-à-vis le Fort Royal de cette Isle, & à l'entrée du Cul-de-Sac-Royal, tout près du Bourg du Lamentin.

TROIS-EGLISES, Lieu de Perse. C'est le premier Lieu digne de remarque qu'on rencontre en entrant dans ce Royaume par l'Arménie. Il est à trois lieues de la Ville d'Erivan, & à six heures de chemin d'Yagovat [n]. Les Arméniens appellent ce Bourg *Isthmiadzin*, c'est-à-dire la descente du Fils unique. Il y a un célèbre Monastère composé de quatre Corps de logis, bâtis en manière de Cloîtres, disposée sur un quarré fort long. Les Cellules des Religieux, & les chambres que l'on donne aux Etrangers, sont toutes de même figure, terminées par un petit Dôme en forme de calotte, dans la longueur de ces quatre Cloîtres. Ainsi cette Maison doit être regardée comme un grand Caravanserai, où les Moines ont leur logement. L'appartement du Patriarche, qui est à droite en entrant dans la cour, est un Corps de logis plus élevé, & de plus belle apparence que les autres. Les Jardins en sont agréables, bien entretenus, &, généralement parlant, les Persans sont bien plus habiles Jardiniers que les Turcs. En Perse on plante les Arbres en allignement: on en donne assez bien les Parterres: les compartimens sont d'un bon goût; & les Plantes y sont disposées & espacées avec propreté; au lieu que tout est en confusion chez les Turcs. L'enceinte des Jardins du Patriarche, de même que la plûpart des maisons du Bourg, n'est que de boue sechée au Soleil, & coupée en grands & gros quartiers que l'on pose les uns sur les autres, & que l'on joint ensemble avec de la terre détrempée, au lieu de mortier.

[n] Tournefort, Voyage du Levant, t. 3. p. 138.

L'Eglise Patriarchale est bâtie au milieu de la grande Cour, & dédiée à Saint Grégoire l'*Illuminateur*, qui en fut le prémier Patriarche, du tems de Tiridate Roi d'Arménie, sous le Grand Constantin. Les Arméniens croyent, que le Palais de ce Roi étoit à la place du Couvent, & que Jésus-Christ se manifesta à S. Grégoire dans l'endroit où est l'Eglise. Ils y conservent un bras de ce Saint, un doigt de St. Pierre, deux doigts de St. Jean Baptiste, une côte de St. Jacques. C'est un Bâtiment très-solide, & de belles pierres de taille: les Piliers en sont fort épais de même que les voutes; mais tout l'Edifice est obscur & mal percé; terminé en dedans par trois Chapelles, dont la seule du milieu est ornée d'un Autel; les autres servent de Sacristie & de Trésor. Ces deux pieces sont remplies de riches ornemens d'Eglises & de belle vaisselle. Les Arméniens, qui ne se piquent de magnificence que dans les Eglises, n'ont rien épargné pour enrichir celle-ci. On y voit les plus riches Etoffes qui se fassent en Europe. Les Vases sacrez, les Lampes, les Chandeliers sont d'argent, d'or, ou de vermeil: le pavé de la Nef & celui du Presbytère sont couverts

verts de beaux Tapis. Le Presbytère, ou le tour de l'Autel, est tapissé communément de Damas, de Velours, ou de Brocard. Cela n'est pas surprenant, car les Marchands Arméniens, qui commercent en Europe & qui font de gros gains, font des presens magnifiques dans cette Eglise; mais il est surprenant que les Persans y souffrent tant de richesses. Les Turcs, au contraire, ne permettroient, pas aux Grecs d'avoir un Chandelier d'argent dans leurs Eglises: rien n'est plus pauvre que celle du Patriarche de Constantinople. Les Moines de Trois Eglises se font honneur de montrer les richesses qu'ils ont reçues de Rome, & font des souris moqueurs quand on leur parle de la réunion. Plusieurs Papes leur ont envoyé des Chapelles entières d'argent, sans qu'elles ayent encore rien opéré. Les Patriarches ont amusé jusqu'ici les Missionnaires; il n'est pas mal aisé de tromper les gens qui sont de bonne foi. La réunion des Religions est un Miracle que le Seigneur opérera lorsqu'il le jugera à propos. C'est du Ciel qu'il faut attendre la véritable conversion des Schismatiques, dont le nombre est infiniment plus grand que celui des Arméniens Romains. Ces Schismatiques, par leur crédit & par leur argent, feroient déposer un Patriarche qui donneroit les mains à la réunion. La haine qu'ils ont pour les Latins paroît irréconciliable; enfin, soit par envie, soit par interêt, les Prêtres Schismatiques Arméniens, ou Grecs, veulent commander absolument chez eux, & les Patriarches sont obligez de leur céder, de peur que la populace ne se souleve.

L'Architecte qui a donné le dessein de l'Eglise Patriarchale, étoit Jésus-Christ lui-même; suivant je ne sai quelle tradition des Arméniens, ils prétendent qu'il en traça le plan en présence de Saint Grégoire, & qu'il lui ordonna de l'exécuter. Au lieu de crayon, à ce qu'ils disent, Jésus-Christ se servit d'un rayon de lumiere; au centre duquel Saint Grégoire faisoit sa prière sur une grande Pierre quarrée, d'environ trois pieds de diametre; que l'on montre encore aujourd'hui au milieu de l'Eglise.

Les deux autres Eglises sont hors du Monastère; mais elles tombent en ruïne, & l'on n'y fait plus le Service depuis long-tems.

La Campagne qui est autour de Trois Eglises est tout-à-fait admirable, & peut donner une idée du Paradis terrestre. On n'y voit que Ruisseaux qui la rendent extrêmement fertile, & on peut dire qu'il n'y a point de Pays sur la Terre, où l'on recueille autant de denrées tout à la fois. Outre la grande quantité de toutes sortes de Grains, qu'on en retire, on y trouve des Champs d'une étendue prodigieuse, tout couverts de Tabac. Le reste de la Campagne de Trois Eglises est plein de Ris, de Coton, de Lin, de Melons, de Pastéques, & de beaux Vignobles; il n'y manque que des Oliviers. On cultive aussi beaucoup de *Ricinus* autour du Monastère, pour en tirer de l'huile à brûler, celle de lin est employée pour la cuisine. C'est peut-être pour cette raison que la Pleuresie est assez rare en Arménie, quoique le Climat soit inégal, & par conséquent propre à produire cette maladie.

A l'égard des Melons, il n'y en a pas de meilleurs dans tout le Levant que ceux de Trois-Eglises & des environs: ce qu'il y a d'admirable c'est qu'ils engraissent, & qu'ils ne font jamais aucun mal: plus on en mange & mieux on se porte. Ceux qu'on appelle Melons d'eau, ou Pastéques, sont dans la plus forte chaleur du jour, comme à la glace, quoique couchez sur terre au milieu des Champs, où la terre est très-chaude. On éleve les meilleurs Melons d'eau dans ces terres salées, qui sont entre les Trois-Eglises & l'Aras. Après les pluyes, on voit le Sel marin tout crystalisé dans les Champs, & qui craque, même sous les pieds. A trois ou quatre lieues de Trois-Eglises, sur le chemin de Teflis, il y a des Carriéres de Sel fossile, lesquelles, sans être épuisées, en fourniroient suffisamment à toute la Perse.

1. TROIS-FONTAINES, Abbaye de France, en Champagne [a], au Diocése de Chaalons. Elle est de l'Ordre de Citeaux, & fut fondée par Hues, ou Hugues, Comte de Champagne. C'est la première Fille de Clervaux. Elle possede dix-sept mille Arpens, tant de bois que de terre; il y avoit auparavant des Chanoines Réguliers. Du tems de Guillaume de Champeaux, Evêque de Chaalons, S. Bernard étant venu prêcher à Chaalons, emmena avec lui un nombre considérable de personnes, tant Ecclésiastiques que Séculiéres, qui touchées par les prédications de ce Saint, se firent Religieux de son Ordre; il fit bâtir cette Abbaye pour les y loger, après l'avoir obtenue de ces Chanoines par l'entremise de l'Evêque, qui avoit beni S. Bernard, & qui étoit son ami particulier. Plusieurs personnes contribuérent de leurs biens à cette nouvelle fondation conjointement avec le Comte de Champagne; & entr'autres les Religieux de l'Abbaye de S. Pierre de Chaalons, de Clugny & de S. Claude en augmentérent considérablement le fonds. Cette Abbaye n'est pas réformée; elle a été rebâtie depuis peu. Elle vaut à l'Abbé douze mille Livres de rente, & aux Religieux, au nombre de dix, six à sept mille Livres. Sa fondation est de l'an 1118.

[a] *Baugier, Mém. Hist. de Champagne, t. 2. p. 162.*

2. TROIS-FONTAINES. Voyez TRE-FONTANÆ.

3. TROIS-FONTAINES, Abbaye de Hongrie, Ordre de Citeaux, au Diocése d'Egher. Elle fut fondée en 1232. pour des Moines tirez de l'Abbaye de *Pelisium*.

TROIS-MARIES (Les) Bourg de France, dans la Provence au Pays appellé la Camargue, sur l'Embouchure du Rhône, nommée le *Gras d'Orgon*, au Midi de la Ville d'Arles [b]. On tient que ce Bourg est l'endroit où les Marseillois bâtirent anciennement un Temple à Apollon, & que l'on nomma *Templum Delphicum*. On ajoute que les trois Maries, Magdelaine, Jacobé, & Salomé, avec Lazare & quelques Chrétiens, ayant été exposez à la Mer dans un Vaisseau, sans voiles & sans rames, vinrent aborder en ce Lieu, auquel cet Evénement fit donner le nom qu'il porte. Les Corps de ces trois Saintes y ayant été enterrez,

[b] *Corn. Dict. Bouchu, Chronique de Provence.*

selon

selon la Tradition du Pays, furent ensuite cachez sous l'Eglise, de crainte qu'ils ne tombassent entre les mains des Barbares qui firent de grands ravages dans le Pays. En 1448. René, Roi de Jérusalem & de Sicile, Comte de Provence, trouva ces Reliques qu'il fit tansférer solemnellement, les ayant fait mettre dans une belle Châsse.

1. TROIS-RIVIE'RES (Les) Petite Ville de l'Amérique Septentrionale au Canada, sous le 46. degré de Latitude. Elle est la Capitale d'un Gouvernement de la Nouvelle France. On lui a donné le nom qu'elle porte, à cause de trois Riviéres, qui se déchargent à un demi quart de lieue de là, & qui pourtant n'en font qu'une, laquelle se divise en trois Branches pour se rendre dans le Fleuve de St. Laurent. Plusieurs Nations descendent cette Riviére pour le Commerce des Pelleteries. Il y a un Gouverneur & un Major, & elle est environnée de palissades. Sa situation est belle au centre du Pays, & par conséquent hors des dangers des Iroquois. On y recueille de bon bled; on y compte soixante feux. Les Recollets en sont Curés. Il y a près de la Ville un beau Gouvernement & plusieurs belles Seigneuries. C'étoit autrefois le Bureau Général du Commerce des Sauvages, avant l'invasion des Anglois, & l'Etablissement de Montreal. On rétablit la Colonie en 1635. Les Recolets y avoient établi une Mission, avant l'invasion Angloise. Ils y retournérent en 1673. La Ville des Trois-Riviéres n'est pas bien peuplée; mais ses Habitans sont fort riches & logez magnifiquement [a]. Elle n'est éloignée de Quebec que de trente lieues que l'on fait en s'embarquant sur le Fleuve de St. Laurent. Il y a de l'un & de l'autre côté de ce Fleuve un nombre infini d'Habitations, distantes seulement d'une portée de Mousquet les unes des autres. On a souvent le plaisir, en faisant ces trente lieues, de voir faire la pêche des Anguilles par les Habitans qui sont établis depuis Quebec jusqu'à quinze lieues au-dessus. Ils étendent des clayes à Marée basse jusqu'à l'endroit du Fleuve où elle s'est retirée. Cet espace étant alors à sec, ces clayes barrent & traversent tout ce terrein. Ils mettent entre ces clayes, de distance en distance, des ruches, paniers, bouteux, & bouts de quiévres, qu'ils laissent en cet état trois mois de Printems & deux d'Automne. Toutes les fois que la Marée monte, les Anguilles, qui cherchent les bords du Fleuve & les fonds plats, se traînent en foule vers ces lieux-là, & lorsque la Marée se retire, & qu'elles veulent garder le rivage, elles trouvent les clayes, qui les empêchent de suivre le courant, & qui les obligent de s'enfourner dans ces ruches, ou paniers, qui en sont quelquefois si pleins, qu'ils en rompent. La Marée étant toute basse, on retire ces Anguilles, qui sont aussi longues & aussi grosses qu'on en puisse voir. Après les avoir salées, on les met dans des Barils, où elles se conservent un an, sans se corrompre.

[a] Voyage du Baron de la Hontan, t. 1.

2. TROIS-RIVIE'RES (Les) dans l'Amérique Septentrionale à la Martinique. Ce sont trois petites Riviéres qui arrosent le Bourg, où la Paroisse, du Diamant, à la Bande du Sud de l'Isle.

3. TROIS-RIVIE'RES (Les) Paroisse dans l'Amérique Septentrionale, à la Guadeloupe, desservie par les Jésuites. Ce Quartier est à trois lieues de l'Eglise du Marigot; il peut avoir quatre mille pas de large. C'est une belle Plaine, partagée en deux par la pente d'un gros Morne. La terre y est bonne, & les cannes de Sucre y viennent parfaitement bien. L'Eglise Paroissiale est moitié de maçonnerie & moitié de bois.

TROISSY, Baronnie de France, en Champagne, Election d'Epernay.

TROITUM PHALISCORUM, Ville d'Italie, au voisinage de l'Etrurie, selon le Livre appellé les Origines de Caton. Voyez TROILIUM.

TROITZKOY, Village de l'Empire Russien, dans la Moscovie, au Duché de Moskou, sur la route de Moskou à Rostove, entre Romanova & Rogatsova. Ce Lieu, fameux par un Monastère de même nom [b], est entouré d'une haute & belle muraille de pierre, dont tout l'Edifice est bâti. Les coins de la muraille, qui est quarrée, sont garnis de grandes Tours rondes, entre lesquelles il y en a d'autres quarrées. On en voit deux, des derniéres, sur le devant, qui sont les plus belles, & à côté desquelles est le grand chemin. Ce Monastère, qui a trois portes par devant, est à un bon quart de lieue du Village, sur la droite, en allant à Moscow. Celle du milieu a deux arcades, sous lesquelles il y a un petit Corps-de-garde, où il y a des Soldats, aussi-bien qu'à celle de dehors. Ayant passé cette Porte on voit au milieu la principale Eglise, détachée du reste du Bâtiment. L'appartement du Czar paroît magnifique par dehors. Il est à droite, & on y monte par deux Escaliers différens, le front en étant fort étendu. Ce Bâtiment a plusieurs étages; mais le dedans ne répond pas à la beauté du dehors. Le Réfectoire des Moines, autre grand Bâtiment, est vis-à-vis de celui-ci, & lui ressemble. Toutes les Fenêtres en sont ornées de petites colonnes, & les pierres peintes de diverses couleurs. L'Eglise est entre ces deux Bâtimens. Il s'y en trouve quatre autres considérables, & cinq plus petites. Ce Monastère ressemble par dehors à une Forteresse, & l'Archimander, ou l'Abbé a la principale autorité. Il s'y trouve ordinairement 2. à 300. Moines. Les revenus de ce Monastère, qui sont fort considérables, se tirent sur 60. mille Paysans, qui en dépendent; des Enterremens de plusieurs grands Seigneurs, qui y ont leurs Sépulchres; des Messes qu'on y dit pour les morts, & de plusieurs autres droits. Le Village de Trovyts est assez long, & rempli de Boutiques de Maréchaux, avec des piliers pour serrer les Chevaux.

[b] Le Bruyn, Voyage de Moscovie, t. 3. p. 64.

1. TROKI, Palatinat de Pologne [c] dans la Lithuanie. Il confine à l'Orient & au Nord avec le Palatinat de Vilna, & vers l'Occident il est enfermé par la Prusse & la Podlaquie. Ce Palatinat envoye aux Diètes du Royaume deux Sénateurs, l'un en est Palatin & l'autre Châtelain. Il comprend sous sa Jurisdiction la Terre de Grodno avec le Territoire de Wolcowisch; elle est pourtant gouver-

[c] André Cellar. Régn. Pol. Descr. p. 188. & seq.

TRO.

gouvernée par ses propres Magistrats, & son Pays est d'une plus grande étendue, que celui de Troki.

2. TROKI, Ville Capitale du Palatinat de ce nom [a], à 4. Milles de Vilna, au milieu des Marais inaccessibles, qui durant les plus grandes rigueurs de l'Hyver ne gélent point. Il en sort un Ruisseau nommé Brefala, qui entre dans la Riviére Wilia. Cette Ville doit son origine à Gedimir, Grand Duc de Lithuanie, qui étant retourné de la Guerre de Russie, la bâtit en 1321. & en fit sa résidence à la place de Kiovie. L'an 1655. les Moscovites la ruinérent de fond en comble, & la raserent jusqu'aux fondemens. Toute la Campagne resta couverte des cadavres des hommes, & on emmena les femmes comme des Bêtes, captives en Moscovie.

TROLEC, Lieu de France, dans la Picardie, sur la Riviére d'Aisne, entre Soissons & Compiègne. Herbert, Comte de Vermandois, & premier Comte de Champagne, y assembla un Concile de l'Eglise Gallicane en 927.

TROLHETTA, Bourgade de Suède, dans la Dalie [b], près de la rive gauche de la Riviére Gothelba, entre le commencement de cette Riviére, & Sachute. Quelques-uns donnent le nom de cette Bourgade à la Riviére de Gothelba.

TROMARISCA. Voyez TRANSMARISCA.

TROMELIA, Ville de l'Achaïe, selon Athénée cité par Ortelius [c]. Cette Ville donnoit son nom à un excellent fromage qui s'y faisoit, & que les Anciens nommoient *Tromelicus caseus*.

TROMENTUS-CAMPUS, Campagne d'Italie. Festus dit qu'elle avoit donné son nom à la Tribu Tromentine. Plusieurs anciennes Inscriptions font mention de cette Tribu. Elle fut, selon Tite-Live [d], une des quatre Tribus qui furent ajoutées aux vingt & une anciennes l'an 368. de la Fondation de Rome. On croit que TROMENTUS-CAMPUS étoit dans l'Etrurie.

TRON, Village dans le Pays des Grisons [e], dans la Haute Ligue, dans la Communauté de Disentis & dans la Jurisdiction de Tron. Il est situé au-dessous de Disentis, au bord du Bas-Rhin & célèbre à cause des Assemblées de la Ligue, qui s'y tiennent quelquefois. Il y a dans sa Jurisdiction divers Châteaux ruinez. Elle comprend quelques Villages, entr'autres *Sonvix, Summus Vicus* & Rinckenberg, où il y a des Mines d'argent & de cuivre.

TRONCHET (La) *Tronchetum*, Abbaye d'Hommes de l'Ordre de S. Benoît, en France, dans la Bretagne, au Diocèse de Dol. Elle a eu pour Fondateur Alain, fils de Jourdan, Sénéchal de Dol. Ce ne fut-d'abord qu'une Celle, *Cella*, ou Dépendance de l'Abbaye de Tiron au Perche. Elle fut érigée ensuite en Abbaye l'an 1170. Elle a dépendu de Tiron pendant trois Siècles.

TRONDE, *Trondola*, Lieu de France, dans la Lorraine au Diocèse de Toul. Le Chapitre de cette Cathédrale est Seigneur de la Paroisse, il est aussi Patron de la Cure pendant six mois, & le Pape pendant le reste de l'année. Son Eglise est dédiée à Saint Eliphe.

TRO. 717

TRONIA. Voyez TRIBOCES.

TRONIS, Contrée de la Phocide, au Pays des Dauliens, selon Pausanias [f]. Tronis, dit-il, est un petit Canton du Territoire des Dauliens. On y voit le Tombeau d'un Héros que ces Peuples regardent comme leur Fondateur. Les uns disent que c'est Xantippe, homme de réputation à la guerre, & les autres que c'est Phocus, fils d'Ornytion & petit-fils de Sisyphe. Ce Héros, quel qu'il fût, étoit honoré tous les jours par des sacrifices: on faisoit couler le sang des Victimes dans son Tombeau par une ouverture destinée à cet usage; & les chairs de ces Victimes étoient consumées par le feu.

TRONODERUM, Ville de France, dans la Bourgogne, selon Ortelius [g] qui ci-te Aimoin. C'est aujourd'hui, à ce qu'on croit, la Ville de Tonnerre.

TRONSO, Bourgade de la Norwege [h], au Gouvernement de Wardhus, sur la Côte Méridionale de la plus grande des Isles, connues sous le nom de Tromsond. Elle est située vis-à-vis du Cap de Tromsond, dont elle est séparée par un Détroit assez large.

1. TRONSOND, ou TROMSOND [i], Contrée de la Norwege, dans sa partie Septentrionale, au Gouvernement de Wardhus. Elle comprend une partie du Continent qui forme le Cap de Tromsond & trois Isles parallèles, situées au Nord de ce Cap, & qui ne sont séparées que par des Détroits.

2. TRONSOND, ou TROMSOND [k], Cap de la Norwege dans sa partie Septentrionale, au Gouvernement de Wardhus. Il est couvert de plusieurs Isles; savoir, de celles de Sallero à l'Occident, de celles de Tromsoud au Nord, & de celle d'Ulloe à l'Orient.

3. TRONSOND, ou TROMSOND [l], Détroit au Nord de la Norwege, dans le Gouvernement de Wardhus. C'est le Bras de Mer qui se trouve entre la plus Orientale des Isles de Tromsond, & celles de Loppeli-Calf & de Skrifoe ou Skerfoe.

TRONTINO, Riviére d'Italie [m], au Royaume de Naples, dans l'Abruzze Ultérieure. Son cours est du Midi Occidental au Nord Oriental. Elle arrose Teramo & va se perdre dans le Golphe de Venise entre Giulia-Nuova & Monte Pagano. On croit que c'est le *Batinus* & le *Juvantius* des Anciens.

TRONTO, Riviére d'Italie [n], au Royaume de Naples. Elle a sa source dans l'Abruzze Ultérieure, au-dessus d'Amatri. Son cours est du Midi au Nord Oriental, & après avoir arrosé la Ville d'Ascoli, elle va se jetter dans le Golphe de Venise, où à son Embouchure elle forme le Port d'Ascoli. Cette Riviére sert de borne entre l'Abruzze Ultérieure & la Marche d'Ancone. C'est le *Truentum* des Anciens.

TRONUM, Ville de la Dalmatie: l'Itinéraire d'Antonin la marque sur la route de *Salone* à *Dyrrachium*, entre *Pons Tiluri* & *Biludium*, à douze milles du premier de ces lieux & à treize milles du second.

TROODE, Montagne de l'Isle de Chypre [o]: on l'appelle aussi OLYMPE. Elle est fort haute, & on y voit une grande Pierre verte. Le Peuple a beaucoup de vénération

à Andr. Cellar. Regn. Pol. Descr. p. 288. & seq.

b De l'Isle, Atlas.

c Thesaur.

d Lib. 6. c. 5.

e Etat & Délic. de la Suisse, t. 4. p. 13.

f Lib. 10. c. 4.

g Thesaur.

h De l'Isle, Atlas.

i Ibid.

k Ibid.

l Ibid.

m Moghi, Carte de l'Abruzze-Ultér.

n Ibid.

o Corn. Dict. Hist. de l'Isle de Chypre.

Xxxx 3

tion pour cette Pierre, persuadé que l'Arche de Noé s'arrêta premierement dessus au tems du Déluge. Cela est cause qu'on la porte en cérémonie comme une Châsse, pour obtenir de la pluye dans les grandes Secheresses.

1. TROPÆA. Voyez TROPHÉES.

a Lib. 8. c. 25.
2. TROPÆA, Village de l'Arcadie, selon Pausanias [a], qui le place sur la route de Psophide à Telphusa, à la gauche de Ladon, près du Bois nommé *Aphrodisium*.

3. TROPÆA, ou AD TROPÆA, Ville d'Italie chez les Brutiens, au voisinage du Port d'Hercule. Etienne le Géographe place cette Ville dans la Sicile : cela vient de ce que de son tems les Auteurs donnoient à cette partie d'Italie le nom de Sicile. Dans les Actes des Conciles cette Ville est simplement nommée TROPÆA; nom qu'elle conserve encore aujourd'hui. Voyez TROPÆA. Hobsten dans ses Remarques sur Cluvier insinue que le nom de cette Ville pourroit lui avoir été occasionné par la Victoire de Sextus Pompée.

TROPÆA AUGUSTI, Ville de la Ligurie. Ptolomée [a,b] la donne aux Marseillois, *b Lib. 3. c. 1.* & la met entre le Port d'Hercule & celui de Monoechus. Quelques-uns veulent que ce soit aujourd'hui *Torbia*, ou *Turbia* & d'autres *Villa-Franca*.

TROPÆA DRUSI, Ville de la Germanie selon Ptolomée [c]. Elle étoit à moitié *c Lib. 2. c. 11.* chemin entre la Sala & le Rhein, dans l'endroit où Drusus mourut, selon Ortelius [d], *d Thesaur.* qui a cru que c'étoit de cette Ville dont Dion-Cassius a voulu parler sous le nom de Trophées de Drusus. Cependant Dion-Cassius [e] dit positivement que Drusus ne *e Lib. 15. initio.* mourut pas dans l'endroit où ses Trophées avoient été élevez; mais après qu'il eut recommencé à retourner sur ses pas, & avant pourtant que d'être arrivé jusqu'au Rhein. C'est aussi l'endroit [f] où Tibere fut salué *f Tacit. An. Lib. 2.* Empereur par l'Armée Romaine. Il n'étoit point question alors de Ville dans ce Lieu-là. Les Romains après leur victoire y firent un retranchement, où ils élevérent un Trophée des armes des vaincus, & mirent au bas les noms de toutes les Nations qui avoient eu part à la défaite. Dans la suite il put s'y former une Ville, puisque Ptolomée y en marque une.

TROPAS, Ville d'Italie: Curopalate & Cédrène disent que Nicéphore l'enleva aux Sarrasins. Ortelius [g] juge qu'elle étoit vers *g Thesaur.* la Calabre & soupçonne que ce pourroit être *Tropiana*. Voyez POSTROPÆA.

TROPATENE, Contrée d'Asie dans la Médie: Ptolomée [h] l'étend depuis le Pays des *h Lib. 6. c. 2.* *Geli-Margasi*, jusqu'à celui des *Amariaci*. Ce mot Tropatene est corrompu d'Atropaténe ou Atropatie. Voyez ATROPATIE.

TROPEA, Ville d'Italie au Royaume de Naples, dans la Calabre-Ultérieure; en Latin *Tropbæa*, *Tropæa*, ou *Ad Tropæa*. Cette Ville située à douze milles de Mileto & à quarante-cinq milles de Reggio, est bâtie [i] dans une petite Plaine au sommet d'un *i Gemelli Careri, Voyage autour du Monde, t. 5. p. 6.* Roc, d'où on a le plaisir de découvrir d'un côté les fertiles Côtes de la Calabre, & de l'autre la pleine Mer à perte de vûe. On monte à Tropea par une longue rue bordée de Jardins, qui fait le Fauxbourg; & ensuite on trouve un grand nombre de petites rues étroites dont la plus grande, qui passe par le milieu, divise la Ville en deux parties [k]. Tropea a une Place d'une gran- *k Corn. Dict.* deur médiocre; & plus avant est l'Eglise Cathédrale, qui n'est remarquable que par son antiquité. Les Capucins ont un très-beau Jardin, & une vûe agréable sur la pleine Mer. La Porte par laquelle on sort pour y aller, a quelques Tours & d'autres Fortifications pour défense. Après cette Porte, on trouve une belle platte-forme, au pied de laquelle sont deux Rochers en façon de petites Isles. Sur l'un de ces Rochers il y a une petite Chapelle, faite à l'imitation du Mont Calvaire. Tropea [l] é- *l Commiss. ville, Table des Evêchez.* toit Evêché sous les Grecs dans le huitième ou le neuvième Siècle, dans la Province de Reggio, dont il est encore à présent. On y a uni ou transféré l'Evêché d'*Amantia*. Voyez TROPÆA, N°. 3. Les Nobles, à l'exclusion du Peuple, jouïssent du Privilège de gouverner cette Ville.

TROPHÆA. Voyez TROPÆA & TROPHÉES.

☞ TROPHÉES. Ce mot signifie les dépouilles d'un Ennemi vaincu, & que l'on mettoit originairement sur un Arbre, dont on avoit coupé les branches. Les Grecs voulant faire honneur à leurs Capitaines, lorsqu'ils avoient mis en fuite leurs Ennemis, furent les premiers qui mirent les Trophées en usage. Ils ôtoient toutes les branches du premier Arbre qu'ils rencontroient dans le Lieu où l'avantage avoit été remporté; & ne laissant que le tronc, ils y attachoient les Boucliers, les Casques les Cuirasses, & les autres Armes que les vaincus avoient abandonnées dans leur déroute. Mais on avoit soin d'ôter ces Trophées, lorsque la paix se faisoit, afin d'épargner ce juste sujet de confusion à ceux qui cessoient d'être Ennemis.

La coutume des Trophées, étoit très-ancienne. Quand Josué eut vaincu les Amalécites, Moïse éleva comme un Trophée de cette Victoire, en bâtissant un Autel qu'il nomma: *le Seigneur est mon refuge*. Josué fit élever un monceau de pierres à l'entrée de la Caverne, où étoient les Corps des Rois qu'il avoit défaits: cela étoit presque général parmi les Peuples. Les fameuses Colonnes d'Hercule furent érigées pour servir de Monument des conquêtes de ce Héros. Hérodote dit que Darius, au retour de son expédition contre les Scythes, fit ériger des Colonnes de pierres blanches sur le bord du Bosphore, & y mit des Inscriptions, sur l'une en Lettres Assyriennes, & sur l'autre en Lettres Grecques. Les Habitans de Samos firent graver sur une Pierre les noms de ces dix Capitaines de Vaisseau, qui avoient vaillamment combattu contre Darius. Strabon remarque que Sesostris Roi d'Egypte, dont les victoires sont célebres, érigea dans tous les Pays qu'il avoit conquis, des Colonnes, sur lesquelles il faisoit graver des figures, qui distinguoient les Peuples efféminez de ceux qui s'étoient défendus avec valeur.

Les Macédoniens furent très-réservez par

par rapport aux Trophées. Ils n'attestoient point leurs victoires par cette sorte de Monumens. Leurs Annales nous apprennent même, dit Pausanias [a], que Caranus un de leurs Rois, après avoir défait Cisseus, petit Prince dont l'État étoit voisin de la Macédoine, fit élever un Trophée à l'exemple des Argiens, & qu'aussi-tôt un Lion, sorti de la Forêt du Mont Olympe, étoit venu le renverser. L'Histoire ajoutoit, que Caranus avoit compris par-là qu'il n'avoit pas agi sagement, en donnant aux Barbares de son voisinage un juste sujet de le haïr à jamais, & que depuis ce tems-là Caranus & ses Successeurs s'étoient bien gardé d'ériger aucun Trophée dans la crainte de se faire un Ennemi irréconciliable d'un Peuple vaincu. Ce qui confirme cette remarque, ajoute Pausanias, c'est la conduite d'Alexandre, qui, ni pour ses victoires remportées sur Darius, ni pour ses conquêtes dans les Indes, n'éleva jamais aucun Trophée. Hérodien se trompe donc, quand il dit qu'après la défaite de Darius, Alexandre érigea un Trophée sur les bords du Fleuve Issus.

[a] Lib. 9. c. 39.

Les Romains trop jaloux de leur gloire, n'eurent pas une pareille modération. Ils cherchérent à rendre leurs Trophées durables, pour perpétuer la mémoire de leurs actions. Ils employérent les Pierres & le Marbre même; ils vinrent à bâtir des Edifices, où ils gravoient les Casques, les Corselets, les Boucliers & les autres sortes d'Armes qu'ils avoient gagnées sur leurs Ennemis vaincus; ils donnoient à ces Edifices qui consistoient en une ou trois arcades, accompagnées de quelque ordre d'Architecture, le nom d'*Arcs de Triomphe*; & comme si ce n'étoit pas assez d'avoir attesté leurs victoires sur les lieux où ils les avoient remportées, & d'avoir assuré la durée de ces Monumens, ils voulurent encore voir la représentation de ces Trophées à Rome en Pierre & en Marbre, comme étoient ceux de Marius & de Sylla au Capitole. La plûpart des ornemens en Architecture, Peinture & Gravure, sont devenus des représentations de Trophées, d'Enseignes, de Piques, de Corselets, de Canons & autres Armes mêlées ensemble d'une maniére agréable.

Le mot de Trophées vient du Grec Τρόπαιον, fait du Verbe Τρέπομαι: je mets en fuite. Les Latins en firent leur mot *Trophæum*; les François celui de TROPHÉE; & les Italiens & les Espagnols celui de *Trofeo*. Les Historiens & les Géographes nous ont conservé la mémoire d'un certain nombre de ces anciens Trophées, que l'on peut voir dans la Liste qui suit.

TROPHE'ES D'AUGUSTE. Voyez au mot TROPÆA, l'Article TROPÆA-AUGUSTI.

TROPHE'ES DES BRUTIENS. Voyez au mot TROPÆA l'Article TROPÆA, No. 3.

TROPHE'ES D'EMILIEN, en Latin *Tropæum Q. Fabii Maximi Æmiliani*. Strabon [b] nous apprend que près du Lieu où l'Isére se jette dans le Rhosne, Q. Fabius Maximus Æmilien, dont l'Armée n'étoit pas de trente mille hommes, défit deux cens mille Gaulois, & éleva sur le Champ de Bataille

[b] Lib. 4. p. 185.

un Trophée de pierre blanche. Comme Strabon dans cet endroit décrit la rive gauche du Rhosne, il sembleroit que le Champ de Bataille & le Trophée, dont il est question, auroient été de ce côté-là; mais un peu plus bas il dit que ce combat se donna chez les Arvernes, près de l'endroit où le Rhosne reçoit l'Isére, & dans le Canton où le Mont Gebennia s'approche du Rhosne; par où il désigne la rive droite de ce Fleuve. C'est ce qui a engagé Ortelius à marquer ce Trophée, dans sa Carte de l'ancienne Gaule, aux Confins des Helviens & des Arvernes près du Rhosne, à la droite.

TROPHE'ES DE POLLUX. Ces Trophées étoient dans la Ville de Sparte. Quand on a passé le Temple d'Esculape, dit Pausanias, on voit les Trophées que Pollux, à ce qu'on dit, érigea lui-même après la victoire qu'il remporta sur Lyncée.

TROPHE'ES DE POMPEE. Voyez POMPEÏA TROPHÆA.

TROPHE'ES DES ROMAINS & DE SYLLA. Dans la Plaine de Chéronée en Bœotie, dit Pausanias [c], on voit deux Trophées, qui ont été érigez par les Romains & par Sylla, pour une victoire remportée sur Taxile Général de l'Armée de Mithridate.

[c] Lib. 9. c. 39.

TROPHE'ES DE SEXTUS-POMPEIUS, Voyez TROPEA.

TROPHONIUS (Le Bois Sacré de). Ce Bois étoit dans la Bœotie, à une petite distance de la Ville de Lébadée. On disoit, selon Pausanias [d], qu'un jour Hercine, jouant en ce lieu avec la fille de Cérès, laissa échapper une Oye qui faisoit tout son amusement: cette Oye alla se cacher dans un Antre sous une grosse pierre. Proserpine ayant couru après l'attrappa, & de dessous la pierre où étoit l'Animal, on vit aussi-tôt couler une source d'eau, d'où se forma un Fleuve qui à cause de cette avanture eut aussi nom Hercine. On voyoit encore du tems de Pausanias sur le bord de ce Fleuve un Temple dédié à Hercine, & dans ce Temple la Statue d'une jeune Fille qui tenoit une Oye avec ses deux mains. L'antre, où ce Fleuve avoit sa source, étoit orné de deux Statues qui étoient debout, & qui tenoient une espéce de Sceptre avec des Serpens entortillez à l'entour; de sorte qu'on les auroit pris pour Esculape & Hygéïa; mais peut-être que c'étoit Trophonius & Hercine; car les Serpens ne sont pas moins consacrez à Trophonius qu'à Esculape. On voyoit aussi sur le bord du Fleuve le Tombeau d'Arcésilas, dont on disoit que les cendres avoient été apportées de Troye par Leïtus.

[d] Lib. 9. c. 39. De la Traduction de Mr. l'Abbé Gédoyn.

Dans le Bois Sacré de Trophonius voici ce qu'il y avoit de plus curieux à voir: Premiérement le Temple de Trophonius, avec sa Statue qui étoit un Ouvrage de Praxitéle. Cette Statue aussi-bien que la premiére, dont il a été parlé, ressembloit à celle d'Esculape. En second lieu le Temple de Cérès, surnommée Europe, & une Statue de Jupiter le Pluvieux, qui étoit exposée aux injures du tems. En descendant, & sur le chemin qui conduisoit à l'Oracle, on voyoit deux Temples, l'un de Proserpine

Con-

Conservatrice, l'autre de Jupiter Roi: ce dernier étoit demeuré imparfait, soit à cause de son excessive grandeur, soit à cause des guerres qui étoient survenues & qui n'avoient pas permis de l'achever: dans l'autre on voyoit un Saturne, un Jupiter & une Junon; Apollon avoit aussi son Temple dans ce Bois.

Voici ce que l'on observoit quand on alloit consulter l'Oracle de Trophonius. Quiconque vouloit descendre dans son Antre, étoit obligé de passer quelques jours dans une Chapelle dédiée au Bon Génie & à la Fortune. Il employoit ce tems à se purifier par l'abstinence de toutes les choses illicites, & par l'usage du bain froid; car le bain chaud lui étoit interdit, & il ne pouvoit se laver que dans l'eau du Fleuve Hercine. Il se nourrissoit de la chair des victimes, qui ne lui étoit pas épargnée, & dont il faisoit lui-même les frais; car il étoit obligé de sacrifier à Trophonius & à ses enfans; de plus à Apollon, à Saturne, à Jupiter Roi, à Junon Heniocha, & à Cérès, surnommée Europe, qu'on disoit avoir été la Nourrice de Trophonius. Un Devin, sur l'inspection des entrailles, jugeoit si Trophonius agréoit le sacrifice, & s'il étoit disposé à rendre ses Oracles. Mais les entrailles les plus sûres étoient celles d'un Belier, que l'on immoloit sur la fosse d'Agamede, la nuit même qu'on vouloit descendre dans l'Antre. Les autres victimes, quelque espérance qu'on en eût conçue, étoient comptées pour rien, si le Belier n'étoit tel que l'on en pût tirer un augure aussi favorable. Alors on descendoit sans crainte, & l'on se promettoit un heureux succès. Voici néanmoins quelques cérémonies qui se pratiquoient auparavant. Cette même nuit on vous menoit sur le bord du Fleuve Hercine. Là deux Enfans de la Ville âgez de treize ans vous frottoient d'huile, vous lavoient & vous nétoyoient: on les nommoit des Mercures; ces jeunes Ministres rendoient tous les services nécessaires, autant qu'ils étoient capables. Ensuite venoient des Prêtres qui vous conduisoient auprès de deux Fontaines, voisines l'une de l'autre. L'une se nommoit la Fontaine de Léthé, & l'autre la Fontaine de Mnémosyne. On vous faisoit boire d'abord à la première, afin que vous perdissiez le souvenir de tout le passé: puis à la seconde afin que vous pussiez conserver la mémoire de tout ce que vous deviez voir ou entendre dans l'Antre. Après ces préparations on vous montroit la Statue du Dieu faite par Dédale; car c'étoit un privilège réservé uniquement à ceux qui venoient consulter l'Oracle. On faisoit ses prières devant cette Statue, & ensuite on marchoit vers l'Antre vêtu d'une tunique de lin, ornée de bandelettes, & chaussé à la manière du Pays. Cet Antre étoit dans une Montagne au-dessus du Bois Sacré. Une balustrade de Marbre blanc régnoit tout à l'entour. Cette balustrade n'avoit pas deux coudées de haut, & l'espace contenu au dedans formoit une très-petite place. On avoit élevé sur la balustrade des Obelisques de bronze, qui étoient comme attachez par un cordon de même métail. La porte d'entrée étoit au milieu de ces Obelisques. Au dedans de l'enceinte il y avoit une ouverture, qui ne s'étoit pas faite d'elle-même, comme il arrive quelquefois; mais que l'Art avoit pratiqué avec beaucoup d'industrie & avec une sorte de proportion. Car on l'auroit prise pour un Four creusé sous terre. Cette espèce de Four pouvoit avoir environ quatre coudées de largeur, & quelques huit coudées de hauteur; mais il n'y avoit point de marches pour y descendre. Quand vous y vouliez entrer, on vous apportoit une échelle fort légère. Vous descendiez premièrement dans une Fosse qui étoit entre le rez-de-chaussée & la Caverne. Cette Fosse avoit deux empans de largeur & un empan de hauteur. Vous teniez à la main une espèce de pâte pêtrie avec du miel, & vous glissiez dans la Fosse, en y passant d'abord les pieds, puis les genoux; & lorsqu'avec force de peine vous aviez enfin passé tout le corps, vous sentiez emporter au fond de l'Antre avec autant de rapidité que si c'eût été un grand Fleuve qui vous eût entraîné. C'est alors que l'avenir vous étoit révélé en plus d'une manière; car ou vous voyiez, ou vous entendiez. Lorsque votre curiosité étoit satisfaite, vous remontiez par le même chemin, & avec la même peine, en passant les pieds les premiers, comme vous aviez fait pour descendre. On disoit que de tous ceux qui étoient descendus dans l'Antre de Trophonius aucun n'y étoit mort, si ce n'est un Satellite de Démétrius qui avoit négligé les cérémonies usitées en l'honneur du Dieu, & qui étoit venu moins pour consulter l'Oracle, que pour emporter l'or & l'argent qu'il croyoit trouver en ce Lieu. Son corps fut jetté hors de l'Antre non par cette ouverture sacrée par laquelle on descendoit; mais par une autre issue. Quand on étoit sorti de l'Antre, les Prêtres vous faisoient asseoir sur le Trône de Mnémosyne, qui étoit auprès. Ils demandoient ce qu'on avoit vu, ou entendu, & après qu'on leur en avoit rendu compte, ils vous mettoient entre les mains de gens commis pour avoir soin de vous. Ces gens vous reportoient dans la Chapelle de la Bonne Fortune & du Bon Génie. Vous étiez là quelque tems à reprendre vos esprits; car au sortir de l'Antre vous étiez si troublé, qu'il sembloit que vous eussiez perdu connoissance; mais peu à peu vous reveniez à vous, & vous vous trouviez dans votre état naturel.

L'Oracle de Trophonius étoit autrefois ignoré dans la Bœotie: voici comment il devint célèbre. Le Pays fut affligé d'une si grande Sécheresse, qu'en deux ans il n'y étoit pas tombé une goute de pluye. Dans cette calamité les Bœotiens envoyérent à Delphes des Députez de chaque Ville, pour consulter l'Oracle d'Apollon. Ces Députez ayant demandé un remède à leurs maux, la Pythie leur répondit que c'étoit de Trophonius qu'il en faloit attendre; & qu'ils allassent le chercher à Lébadée. Ils obéïrent; mais comme ils ne pouvoient trouver d'Oracle dans cette Ville, Saon le plus âgé d'entr'eux, apperçut un Essaim de Mouches à miel, & observa de quel côté il tournoit. Il vit que ces

Abeil-

Abeilles voloient vers un Antre : il les suivit; & il découvrit ainsi l'Oracle. On disoit que Trophonius l'avoit instruit lui-même de toutes les cérémonies de son culte, & de la manière dont il vouloit être honoré.

TROPIANA, Ville d'Italie dans la Calabre. Il en est parlé dans le sixième Concile de Constantinople, tenu sous l'Empereur Constantin. Ortelius [a] croit que c'est la même que POSTROPÆA, & que le nom moderne est *Tropea*. Voyez TROPAS, & POSTROPÆA.

[a] Thesaur.

TROPINA, Lieu de l'Inde, selon Pline [b].

[b] Lib. 6. c. 20.

TROPIQUE (Le), Terme de la Géographie Astronomique. Il vient du Grec Τροπὴ, *Conversio*, en François *Retour*; du Verbe Τρέπειν, *Tourner, Changer, Retourner*, &c. On appelle Tropiques, dans la Sphere, deux Cercles parallèles à l'Equateur dont ils sont éloignez de vingt-trois degrez & demi. On les marque sur les Cartes par un Cercle de deux lignes afin d'en faire mieux remarquer le trait.

L'un de ces Tropiques est Septentrional, & passe par le Point Solstitial de l'Ecrevisse ou du *Cancer*; à cause de cela on le nomme TROPIQUE DU CANCER, ou de l'Ecrevisse. Le Soleil le décrit quand il entre au premier degré de l'Ecrevisse; c'est-à-dire le plus long jour d'Eté pour nous & pour tous ceux qui sont situez au Nord du même Tropique. Ainsi on le nomme aussi par cette raison TROPIQUE D'ETE. Mais il n'est *Tropique d'Eté* que par rapport à nous & aux Peuples situez en deça de l'Equateur; car pour les Peuples qui sont au Midi de l'Equateur ce même Tropique est à leur égard le Tropique d'Hyver. Comme le Soleil arrive au Tropique au Point Solstitial de l'Ecrevisse, & qu'il retourne delà vers l'Equateur, il s'ensuit que, se reculant de nous chaque jour, les jours diminuent à proportion de son éloignement jusqu'à ce qu'il soit arrivé de l'autre côté de l'Equateur à la même distance de 23. d. 30'. Alors il passe par le Solstitial du Capricorne, & ce Tropique est nommé pour cela le TROPIQUE DU CAPRICORNE. Le Soleil le décrit lorsqu'il entre au commencement du Capricorne, c'est-à-dire le plus court jour de l'Hyver; par cette raison on le nomme aussi le TROPIQUE D'HYVER, ce qui ne doit s'entendre que par rapport à nous & aux autres Peuples situez au Nord de l'Equateur; car pour ceux qui sont au Midi c'est leur Tropique d'Eté.

Comme le Soleil étant au Tropique du *Cancer* ou du *Capricorne* n'y demeure point, mais que, sans avancer plus près des Poles, il s'arrête & s'en retourne aussi-tôt, en se raprochant de l'Equateur, delà vient que chaque Tropique peut être nommé CERCLE DU SOLSTICE.

Au Solstice d'Eté le Soleil, étant au Tropique du *Cancer*, est à Midi, par rapport à nous, dans sa plus haute élévation au-dessus de l'Horison, ce qui est cause que ce Tropique Septentrional peut être appelé le Cercle du HAUT SOLSTICE.

Au Solstice d'Hyver le Soleil, étant au Tropique du Capricorne, est à Midi, par rapport à nous, dans la plus basse situation & dans la plus grande proximité de l'Horison; ce qui est cause que ce Tropique Méridional peut être appelé le CERCLE DU BAS SOLSTICE. J'explique le mot de SOLSTICE en son lieu.

Ces deux Cercles sont les bornes que Dieu a posées au chemin annuel que le Soleil fait, ou semble faire, du Midi au Septentrion, depuis le Solstice d'Hyver jusqu'au Solstice d'Eté, & du Septentrion au Midi depuis le Solstice d'Eté jusqu'au Solstice d'Hyver. Ces Cercles semblent des barrières qui l'enferment dans une Carrière, & qui l'obligent, quand il y est arrivé, à reprendre la route par laquelle il s'est avancé jusque-là. C'est pour cela qu'ils sont appellez *Tropiques* du mot Grec que nous avons déja expliqué.

La distance de chaque Tropique à l'Equateur est d'environ 23. d. 30'. parce que l'obliquité de l'Ecliptique à l'égard de l'Equateur n'étant pas de plus de 23. d. 30'. le Soleil qui ne quitte jamais l'Ecliptique, ne peut ni plus ni moins s'écarter de l'Equateur, ou, pour parler comme les Astronomes, ne peut ni plus ni moins *décliner*, ce qui fait que cette distance de 23. d. 30'. est appelée *la plus grande déclinaison du Soleil*.

Les deux Tropiques étant à distance égale de l'Equateur, ils sont par conséquent égaux l'un à l'autre. L'Equateur étant le plus grand Cercle que le Soleil décrive sur le Globe de la Terre, & tous les Cercles qui sont parallèles à l'Equateur étant plus petits à mesure qu'ils s'éloignent de l'Equateur, il s'ensuit que les Tropiques qui sont parallèles à l'Equateur, comme il est aisé de le voir dans une Mapemonde, sont les plus petits Cercles que le Soleil décrive par son mouvement diurne. Ceux qui suivent l'ancien Systême de Ptolomée en concluent que le Soleil étant dans les Tropiques se meut avec moins de vîtesse que lorsqu'il est dans l'Equateur, puisqu'en vingt-quatre heures, ou environ, il ne parcourt qu'un Cercle moins grand, auquel il employe néanmoins autant de tems que pour parcourir le plus grand Cercle; cela étant, il fait donc ses circonvolutions inégales en tems égaux; ce qu'on ne peut expliquer que par un mouvement plus lent ou plus vîte. Mais ceux qui préférent le Systême de Copernic, & qui tiennent que la Terre fait elle-même par son mouvement les apparences que les autres attribuent au cours du Soleil, ont une explication plus commode. Car alors on peut faire une démonstration aisée en rendant la chose sensible par l'expérience. On suppose un Corps sphérique attaché par deux pivots à deux extrémitez diamétralement opposées, de sorte que ce Corps sphérique puisse tourner librement autour de ces deux pivots; si ce Corps, d'un pivot à l'autre, est marqué au milieu par une ligne qui le divise en deux parties égales, & que de chaque côté il y ait entre cette ligne & les pivots d'autres lignes marquées parallèles à celle du milieu, il est certain que la ligne du milieu a le plus de circonférence, & que les autres en ont moins à proportion qu'elles s'écartent davantage des deux pivots. Cependant lorsque le Corps sphérique fait un tour, chacune de ces lignes parcourt

court un Cercle inégal, quoiqu'elles y employent un tems égal. Je passe divers usages astronomiques des Tropiques; ce seroit sortir de la Géographie. Le Tropique du Cancer ou de l'Ecreviße coupe le premier Méridien entre les Canaries & les Isles du Cap-Verd, & passe à l'entrée d'une Anse qui est entre le Cap Bojador & le Cap Blanc, & y partage en deux l'Isle aux Hérons. Il traverse ensuite le Sara ou Desert de Barbarie, passe au Midi de Tessel, au Pays de Berdoa, partage l'Egypte, passe sur la Fontaine alumineuse de Cheb, sur la Montagne d'Elhad, sur le Nil, un peu plus haut que la grande Cataracte, arrive à la Mer Rouge assez près & au Midi du Cap de Ramos; coupe l'Arabie Heureuse dans l'Etat du Cherif de la Mecque, passe à Alferé, quitte l'Arabie Heureuse à Mascate, traverse la Mer des Indes jusqu'à l'Embouchure de la Riviére de Paddar, traverse les Pays de Guzurat, de Chitor, de Malva, le Royaume de Bengale, qui sont de l'Indoustan; coupe le Royaume de Tipra & la Province d'Osul, qui sont du Royaume d'Ava, le Petit Laos, le Tonquin, & enfin la Chine par les Provinces de Quansi & de Quanton. Il partage l'Isle de Formose environ par le milieu: de la traversant toute la Grande Mer du Sud, il passe à la Pointe Méridionale de la Californie, coupe le Nouveau Mexique dans les Provinces de Chiametlan & de Panuco. Il sépare le Golphe du Méxique en deux parties, passe entre la Presqu'Isle de la Floride & l'Isle de Cuba, coupe le grand Banc de Bahama, rase la partie Septentrionale de l'Isle d'Yumeta l'une des Lucayes, & vient enfin à travers la Mer du Nord à l'endroit de l'Afrique où j'ai commencé d'en décrire le circuit.

Le Tropique du Capricorne passe à l'Isle dos Picos près du premier Méridien pris à l'Isle de Fer; partage l'Afrique dont elle laisse la Pointe Méridionale entre *Angra do Ilheo* l'Ance de l'Islot & le Cap Rostro da Piedra, & court delà au Royaume d'Inhambane; passe à la Baye de St. Augustin dans l'Isle de Madagascar qu'il coupe de même; par la Mer des Indes il arrive ainsi dans la Nouvelle Hollande vers les Terres de Wit & d'Endracht; passe au Midi des Isles de Salomon assez près de l'Isle des Negretes; & par la Mer du Sud il gagne la Côte du Pérou à son extrémité Méridionale entre Morro Moreno & le Morne de St. George: de là passant au Desert d'Atacama, au Pays de Chaco & de Guayra dans le Paraguai, au petit Etat de St. Paul & dans la Capitainie de S. Vincent au Bresil.

Le Point où le Soleil se léve à notre égard, lorsqu'il est au Tropique du Cancer, est notre Orient d'Eté: celui où il se couche le même jour est notre Occident d'Eté.

Le Point où le Soleil se léve à notre égard, lorsqu'il est au Tropique du Capricorne, est notre Orient d'Hyver; & celui où il se couche dans la même saison, est notre Occident d'Hyver.

Ce Point est toujours le même, & à la même distance de l'Equateur; ou s'il y a quelque différence ce n'est qu'une minute astronomique qui n'a aucun effet sensible pour la Géographie.

Ce Point étant fixé à un Point permanent de l'Horison, il s'ensuit que tous les hommes placez sur un même Méridien ne voyent pas tous l'Orient d'Eté ou l'Occident d'Eté sur le même Rumb de la Boussole, quand même il n'y auroit aucune variation de l'Aimant dans toute l'étendue de ce Méridien depuis le Pole Arctique jusqu'à l'Equateur.

TROPIS, Isle dont parle Etienne le Géographe qui cite Artemidore.

TROPPAU, *Oppavia*, Ville d'Allemagne dans la Silesie [a], & la Capitale du Duché de ce nom. Elle est grande & bien bâtie, enfermée d'une forte muraille, proche de laquelle passent d'un côté la Riviére d'Oppa, & de l'autre celle de Mohre. Ses Fauxbourgs sont fort spacieux. Elle est située dans une Plaine agréable & divertissante. Entre les Eglises de cette Ville, la grande Paroisse de S. George est la plus belle, elle a plusieurs Ornemens au dedans; entr'autres le Chœur, les Autels, le Baptistére, & la Chaire méritent d'être vus. Il y a 3 Cloîtres & une Commanderie de Malthe. La Maison de Ville est un grand Bâtiment, & les Maisons des Bourgeois sont presque toutes bâties de pierre, propres, & élevées. Le terroir y est fertile en Bled & en Fruits; les Pâturages y sont excellens. L'ancienne Famille des Ducs de Troppau s'est éteinte l'an 1480. Ce Duché ayant été dévolu après leur mort à la Couronne de Bohême, l'Empereur Matthias en donna l'investiture l'an 1614. au Prince Charles de Lichtenstein. En 1621. il se donna ici un combat en l'air entre des Corneilles qui se battirent de telle façon, que les Paysans en portérent plusieurs Sacs remplis dans la Ville. Ce fut un présage des desastres qui y arrivérent les années suivantes. Les Danois prirent la Ville de Troppau en 1626. Les Impériaux la reprirent en 1627. elle fut alors fort endommagée par le Canon. En 1642. les Suédois s'en rendirent maîtres, & bien-tôt après les Impériaux la regagnérent sur eux. Enfin le Général Suédois Wirtenberg l'attaqua encore l'an 1646. mais sans succés.

[a] *Zeyler, Topogr. Sil. p. 188.*

TROPPIA. Voyez TROMPA.

TROSA. Voyez TRESEN.

TROSLEIUM, Lieu de France [b]. Il en est souvent parlé dans la Chronique de Frodoard. Ce Lieu est remarquable par quatre Conciles qui y ont été tenus; & il étoit autrefois considérable. C'est aujourd'hui un Village, entre Soissons & Compiègne, mais plus près de cette derniére Ville. On le nomme *Troli*.

[b] *Hadr. Valesii Not. Gal. p. 564.*

TROSMIS. Voyez TRISMIS.

TROSSULUM, Ville d'Italie, dans l'Hétrurie, au voisinage du Pays des Volsques, selon un ancien Commentateur de Perse. Un Corps de Cavalerie Romaine s'étant emparé de cette Ville, on donna aux Cavaliers le nom de *Trossuli*; mais selon Pline [c], qui rapporte la même chose, cé titre d'honneur devint bien-tôt un titre d'ignominie, dont les Cavaliers eurent honte, à cause de l'équivoque du mot; car dans ce tems-là *Trossulus* signifioit un homme délicat & effeminé. Festus met la Ville de *Trossu-*

[c] *Lib. 33. c. 2.*

TRO.   TRO.   723

Troſſulum dans la Toſcane, & rapporte le même trait d'Hiſtoire. Le nom moderne eſt *Troſſulo* ſelon Léandre. Voyez Trollium.

TROSTBERG, ou Tronsperg, Bourg d'Allemagne [a], dans la Bavière, ſur la Riviére d'Altza, à quatre milles de Roſenheim & à trois de Burckhauſen, dans le reſſort de laquelle il eſt. Ce Bourg a une Juriſdiction dont dépendent un Monaſtère, un Château, trois Maiſons Seigneuriales, quatre Bourgades, & quelques autres Terres. Quelques-uns donnent à Troſtberg le titre de Ville.

[a] *Zeyler, Topogr. Bavar. p. 82.*

TROTEBEC, petite Riviére de France, dans la Baſſe Normandie, au Cotantin [b]. Elle a ſa ſource dans la Forêt de Brix, & tombe dans les Miéles près de Cherbourg.

[b] *Corn. Dict. Vaudome, MS. Géogr.*

TROTILUS, ou Trogilus. Voyez Trogilus.

TROU (Le petit), Lieu de l'Amérique Septentrionale dans la Nouvelle France, à la Côte Méridionale du Quartier du Sud, dans l'Iſle de S. Domingue, à moitié chemin du fond de l'Iſle à Vache au Cap Altavela ou de Mongon.

TROU-BORDE, Paroiſſe Françoiſe de l'Amérique Septentrionale, dans l'Iſle de Saint Domingue, ſituée à une lieue du fond du Cul-de-Sac de Saragua.

TROU-CHARLES-BONBON, Lieu de l'Amérique Septentrionale dans la Nouvelle France, à la Côte Occidentale du Quartier du Sud de l'Iſle de Saint Domingue, à huit ou dix lieues à l'Occident du petit Goave.

TROU AU CHAT, Habitation dans l'Amérique Septentrionale, de la Martinique, dans la Paroiſſe du Bourg du Fort Royal. Ce Lieu eſt ſitué à un quart de lieue de la Mer, au fond du Cul-de-Sac-Royal; c'eſt un paſſage à travers les Montagnes, pour aller au Cul-de-Sac-Robert, à l'Ance du Gallion, & au Cul-de-Sac à Vache.

TROU-DU-DIABLE [c]. On appelle ainſi un endroit du Danube, à ſix milles de la Ville de Lintz, & que des Rochers qui traverſent cette Riviére dans ce Lieu-la, rendent extrêmement dangereux.

[c] *Corn. Dict.*

TROU-JEREMIE, Lieu de l'Amérique Septentrionale dans la Nouvelle France à la Côte Occidentale du Quartier du Sud de l'Iſle de S. Domingue vis-à-vis les Caymites.

TROUS (Les trois) de l'Amérique Septentrionale dans la Nouvelle France, à la Baſſe-Terre de la Guadeloupe ; ce ſont trois Ravines d'eau ſalée & bleuâtre ; elles paſſent entre les gorges des Montagnes, qui ſoutiennent la Souſtriére d'où les eaux deſcendent. Le premier eſt en venant de la Riviére des grands Bananiers, & ſe nomme le Trou-Madame, le ſecond le Trou au Chien, & le troiſième le Trou au Chat.

TROUVILLE-SUR-SEINE, Paroiſſe de France [d], dans la Normandie, au Roumois, avec titre de Baronnie. Elle eſt ſituée a deux lieues au-deſſus de Quillebœuf ; ſon Egliſe Paroiſſiale & ſes Maiſons ſont bâties ſur la Côte. On y recueille quantité de fruits pour les boiſſons, & des grains dans les Campagnes qui s'étendent juſqu'à St. Ouen des Champs, S. Thurien, Ste. Opportune &

[d] *Corn. Dict. Mém. dreſſez ſur les Lieux.*

autres. Les Paroiſſes de Quillebœuf, de St. Aubin, de Vieux-Port & de Trouville forment cette Baronnie, qui appartient à l'Abbaye de Jumiège.

1. TROYA, Cap d'Italie, ſur la Côte de Toſcane; à l'entrée du Golphe de Piombino, à la droite. Du Cap de Piombino, dit Michelot [e], au Cap de Troya, il y a environ vingt milles vers le Sud-Eſt. Entre les deux on trouve une eſpèce de Golphe, ou grand enfoncement d'environ treize milles en certains endroits, avec des plages, & un bas terrein rempli de Marécages & d'Etangs. On appelle ce Lieu la *Plaine de Calva Vetleta:* il y en a un autre du côté du Sud-Eſt, dans un autre enfoncement nommé *Scalino*. Au bout de l'Oueſt du Cap de la Troya, eſt une petite Iſle aſſez haute, ſur laquelle il y a une Tour de garde, ronde, éloignée de la Côte d'environ un quart de lieue ; entre cette Iſle & la Terre ſont quelques écueils hors de l'eau. Sur cette Pointe il y a une Tour quarrée, il y en a une autre un peu plus ſur le terrain proche de la précédente, & un Village dans le fond de la Plage, nommé *l'Iſle*.

[e] *Portul. de la Médit. p. 104.*

2. TROYA, ou Troia, Bourg d'Allemagne [f], dans la Baſſe Carniole, ſur le bord d'une petite Riviére qui ſe jette dans la Saw. Ce Bourg qui eſt ſitué au Midi de Saaneck eſt pris par Lazius pour le *Metulum* des Anciens.

[f] *Jaillot, Atlas.*

TROYE, *Troia*, ou *Ilium*; Ville de l'Aſie, la Capitale de la Troade. Voyez Ilium. On tient que cette Ville qui étoit bâtie ſur le Fleuve Scamandre ou Xanthus, à trois milles de la Mer Egée, fut bâtie par Dardanus venu de Crète ou d'Italie, qui fut le premier Roi des Troyens. Troye eſt fort célébrée par les Poëtes, à cauſe du Siège que les Grecs mirent devant cette Ville, qu'ils prirent après l'avoir tenue aſſiégée dix ans. Ils la brûlèrent. La Ville de Troye n'a eu que ſix Rois. Sous le dernier elle fut priſe & brûlée par les Grecs deux cens cinquante-ſix ans après ſa fondation. Dardanus fonda Troye l'an du Monde 2524. & régna trente & un an: Erichthonius en régna ſoixante-cinq: Tros ſoixante & dix; c'eſt de lui que cette Ville prit le nom de Troye. Elle ſe nommoit auparavant Dardanie. Iulus qui lui ſuccéda régna cinquante-quatre ans; c'eſt de ſon nom que la Foreteſſe de Troye s'appella *Ilium*. Laomédon régna trente-ſix ans. Il bâtit les Murailles de Troye, des Treſors de Neptune & d'Apollon. Priam régna quarante ans. L'an du Monde 2794. Paris, fils de Priam, enleva Hélène femme de Ménélaüs, Roi de Lacédémone. Les Grecs après avoir demandé pluſieurs fois qu'on rendît Hélène, déclarérent la Guerre aux Troyens & commencérent le Siège de Troye, qui fut priſe & brûlée dix ans après, l'an du Monde 2820. avant l'Ere vulgaire 1184.

On prétend que cette Guerre ſi cruelle prenoit ſon origine de plus haut. On dit qu'il y avoit une Guerre héréditaire entre la Maiſon de Priam & celle d'Agamemnon. Tantale Roi de Phrygie Pere de Pélops, & Biſayeul d'Agamemnon & de Ménélaüs,

Yyyy 2   avoit

avoit enlevé il y avoit long-tems Ganymède frere d'Ilus. Cet Ilus Grand-Pere de Priam, pour se venger d'une injure qui le touchoit de si près, dépouilla Tantale de ses Etats, & l'obligea de se réfugier en Grèce, où s'établirent ainsi les Pélopides qui donnèrent le nom au Péloponnése. Paris Arriére-petit-fils d'Ilus, enleva Hélene par une espéce de représailles contre Ménélaüs Arriére petit-fils du Ravisseur de Ganymède. Il faut cependant se souvenir qu'il y a beaucoup de fables mêlées dans tout ce que les Poëtes nous disent du Siège de Troye & des premiers Héros de cette guerre; & qu'ainsi il ne faut pas trop compter sur ce qu'ils débitent d'Achille, d'Ajax, d'Ulysse, de Paris, d'Hector, d'Enée, & de tant d'autres, aussi-bien que du fameux Cheval de bois, dont ils disent que les Grecs se servirent pour surprendre les Troyens qu'ils n'avoient pu réduire par la force. Le fameux Cheval de bois, dit Pausanias [a], étoit certainement une Machine de guerre inventée par Epéus, & propre à renverser les murs, telle que celles auxquelles on donna dans la suite, le nom de Belier; ou bien, continue Pausanias, il faut croire que les Troyens étoient des stupides, des insensez, qui n'avoient pas ombre de raison.

[a] Lib. 1. c. 23.

Il ne reste aucuns vestiges assurez de cette ancienne Ville. On voit à la vérité dans le Quartier où elle étoit des ruïnes considérables; mais quoi qu'en disent certains Voyageurs, ce sont plutôt les ruïnes de la nouvelle Troye que celles de l'ancienne. En approchant de ces ruïnes on trouve quantité de Colonnes de Marbre rompues, & une partie des murailles & des fondemens, le long de la Côte. Il n'y a rien d'entier; tout est renversé; ce qui est le moins ruïné se trouve sur le bord de la Mer rongé par l'air & mangé des vents salez qui en viennent. Un peu plus loin on voit le Bassin du Port, avec une grande & épaisse muraille sur la Côte, & qui étoit sans doute ornée de plusieurs Colonnes de Marbre qui sont à présent toutes brisées sur la terre, & dont les pieds qui restent autour font juger que le circuit du Port étoit d'environ quinze cens pas. L'entrée de ce Port est aujourd'hui bouchée de sable & il n'y reste presque pas d'eau [b]. On ne sauroit dire que ce soit le Port de l'ancienne Troye, ni que les antiquitez que l'on voit soient de plus vieille date, que le tems des Romains. Bélon & Pietro della Valle assurent avec beaucoup de confiance que ce sont les ruïnes de la fameuse Troye; mais c'est l'Ilium moderne, qu'Alexandre le Grand commença à bâtir, & que Lysimaque acheva & appella Aléxandrie, & qui fut ensuite une Colonie des Romains.

[b] Wheler, Voyage du Levant, t. I. p. 118. Spon, Voyage du Levant, t. I. p. 118.

Un peu au-delà du Port on trouve divers Tombeaux de Marbre, avec la tête d'Apollon sur quelques-uns, & sur d'autres des Boucliers, sans ancune Inscription. Mr. Spon a remarqué que ces Tombeaux sont de la même forme que ceux des Romains qui sont en France dans la Ville d'Arles; ce qui fait juger que ce ne sont pas les Tombeaux des premiers Troyens, comme Pietro della Valle se l'est imaginé. Un peu plus au Midi du Port, il y a deux Colonnes couchées par terre. Elles ont chacune trente pieds de long. Une troisième en a trente-cinq; celle-ci qui est rompue en trois morceaux est de Marbre Granite d'Egypte, & a un diametre de quatre pieds neuf pouces. Le Grand-Seigneur (Mahomet IV.) fit enlever de ce Lieu une grande quantité de Colonnes pour la fabrique de la Mosquée neuve de la Sultane Mere.

En allant encore plus loin le long de la Côte, on passe au travers de plusieurs débris; ce sont les restes d'un Aqueduc qui conduisoit l'eau au Port. A quelque distance de là est un Canal ou Fossé, long, étroit & profond, Ouvrage de l'Art, & fait apparemment pour laisser entrer la Mer, afin que les Vaisseaux allassent jusqu'à la Ville, mais il est aujourd'hui à sec. Droit au dessus, un peu à la droite, on voit d'autres Masures très-considérables qui découvrent la grandeur de la Ville. Il y a un Théatre, des fondemens de Temples & de Palais, avec des Arcades autour & des Voutes sous terre. On y trouve encore debout une partie d'un petit Temple rond, qui a une corniche de Marbre au dedans. Tout proche sont trois Carreaux de Marbre faits en façon d'Autel, ou de Piédestal, avec des Inscriptions, qui ne différent que dans les derniers caracteres, comme VIC. VII. VIC. VIII. & VIC. IX. Il suffit de rapporter l'une des trois.

DIVI JULI FLAMINI
C. ANTONIO. M. F.
VOLT. RUFO FLAMINI
DIVI AUG. COL. CL. APRENS
ET COL. JUL. PHILIPPENS
EORUNDEM ET PRINCIPI ITEM
COL. JUL. PARIANÆ TRIB.
MILIT. COH. XXXII. VOLUN-
TARIOR. TRIB. MIL. LEG. XIII.
GERM. PRÆF. EQIT. ALÆI
SCUBULORUM VIC VII.

Ces Inscriptions sont à l'honneur de Caïus Antonius Rufus, fils de Marcus de la Tribu Voltinie, Prêtre de Jule & d'Auguste César, fait Chef de la Colonie d'Apri par Claudius, & de Philippi par Julius, comme aussi de la Colonie Parium par Julius, & Maître de Camp de la Cohorte XXXII. des Volontaires, Commandant de la Légion XIII. appellée Germina, & Capitaine de la première Aîle de Cavalerie des Scubuli. La dernière ligne de chacune de ces Inscriptions n'est pas aisée à expliquer. Mr. Spon a cru pourtant que VIC. VII. VIC. VIII. & VIC. IX. signifioient VICUS SEPTIMUS, VICUS OCTAVUS & VICUS NONUS; c'est-à-dire la septième, la huitième, & la neuvième rue, où ces Statues avoient été placées, à l'imitation des rues de Rome: Troye Colonie des Romains, fondée par Auguste, & qui en avoit pris le nom de Colonia Augusti Troas, avoit apparemment ses Quartiers & ses Tribus, comme la Ville de Rome.

Selon les apparences le Quartier le plus habité de la Ville étoit sur le plus haut d'une Colline que l'on monte insensiblement depuis le rivage, environ à deux milles de la la Mer. On voit en cet endroit quantité de Mafures, de Tempies, de Voutes, & un Théatre, mais particuliérement trois Arcades & des pans de murailles, qui reſtent d'un Bâtiment ſuperbe, dont la ſituation avantageuſe & l'étendue font connoître que c'étoit le Palais le plus conſidérable de la Ville. Je ne veux pas croire, dit Mr. Spon, comme le diſent ceux des environs de Troye, que c'étoit le Château du Roi Priam; car je ne le tiens pas plus ancien que le tems des premiers Empereurs Romains. Ce Bâtiment étoit preſque tout de Marbre, & les murailles ont douze pieds d'épaiſſeur. Au devant de ces Arcades, qui paroiſſent avoir ſoutenu une Voûte, il y a une ſi prodigieuſe quantité de quartiers de Marbre entaſſez les uns ſur les autres, qu'on peut aiſément juger par là de la hauteur & de la beauté de ce Palais.

Le Terroir des environs de Troye eſt tout inculte, à la réſerve de quelques endroits, où il croit du coton. Le reſte n'eſt que broſſailles, ronces, épines, & Chênes verds. & on peut dire aujourd'hui ce que Lucain diſoit de ſon tems:

*Jam Sylvæ ſteriles, & putres robore trunci
Aſſaroſi preſſere Domos, & Templa Deôrum
Jam laſſa radice tenent, ac tota teguntur
Pergama dumetis.*

Le Pays des environs nourrit des Lièvres, des Cailles & des Perdrix, qui y ſont en abondance. On y voit auſſi un Oiſeau de la groſſeur de la Grive, ayant la tête & la gorge d'un jaune éclatant, & le dos & les ailes d'un verd gay, comme un Verdier, le bec & la tête comme la Grive & auſſi gras que les Ortolans en France. On y trouve encore un autre Oiſeau, d'une autre eſpèce, mais qui n'eſt pas beaucoup plus gros. Il eſt fait comme un Héron & tacheté comme un Epervier, avec un long bec, de longues jambes, des griffes, & une crête de longues plumes ſur la tête.

TROYEN, ou 't HUYS VAN TROYEN[a], c'eſt-à-dire *la Maiſon de Troyen*: Stokius[a] donne ce nom à vn Château de la Province de Zéelande, ſans dire dans quelle Iſle de cette Province il étoit[b]. Stokius ajoute que les Ennemis abandonnérent ce Château à l'arrivée du fils du Jean de Hanau Comte de Hollande.

[a] Ad. An. 1300.

[b] Alting, Not. Ger man. Inf. Part. 2. p. 185.

TROYES, Ville de France[c], dans la Champagne, la Capitale & le plus ancien titre des Comtes de Champagne, & qui eſt eſtimée encore aujourd'hui la premiére Ville de la Province, quoiqu'elle n'ait à préſent aucune prérogative au-deſſus de pluſieurs autres Villes. Elle a pris ſon nom des Peuples Celtes Tricaſſes ou Trecaſſes que Céſar n'a point connus, mais qu'Auguſte a du établir en Corps de Peuple, ou de Cité, puiſque c'eſt lui qui eſt le Fondateur de leur principale Place, à laquelle il donna ſon nom en l'appellant *Auguſtomana*, ou *Anguſtobona*, nom qui a été en uſage juſqu'au cinquième Siècle. Pline fait mention des Tricaſſes parmi les Celtes, ſans nommer leur Ville *Auguſtobona*, que Ptolomée a marquée; en quoi il a été ſuivi des autres Anciens juſqu'à l'an 450. après quoi le nom du Peuple a pré-

[c] Longuerue, Deſc. de la France, 1. Part. p. 32.

valu comme ailleurs & a été corrompu dans le ſixième Siècle de *Tricaſſes* en *Trecæ*; ce qui ſe voit parce que Grégoire de Tours employe l'un & l'autre; & les Ecrivains qui ſont venus après lui appellent toujours Troyes *Trecæ*. Durant la diſſipation de l'Empire Romain cette Ville paſſa au pouvoir des François, & après la diviſion de la France en Auſtraſie & Neuſtrie, Troyes fut de la Neuſtrie, en ſorte que les Rois de la Neuſtrie en ont toujours eu la propriété ou la Souveraineté.

Lorſqu'on inſtitua une quatrième Lyonnoiſe ſur le déclin de l'Empire Romain, la Ville de Troyes fut miſe ſous cette Province; de ſorte que les Evêques de Troyes ont toujours juſqu'à préſent reconnu celui de Sens pour leur Métropolitain.

La Ville de Troyes eſt ſituée ſur la Riviére de Seine[d], & environnée de belles & grandes Prairies qui ſont entrecoupées d'un grand nombre de Canaux, que le Comte Henri I. du nom fit tirer de la Riviére; ces Canaux, outre l'utilité qu'en reçoivent les Ouvriers de différens Métiers & Manufactures qui ſont en cette Ville, ne contribuent pas peu à en rendre la ſituation fort agréable. C'étoit autrefois l'une des principales & des plus riches Villes du Royaume, à cauſe du grand Commerce qu'elle avoit avec les Pays Etrangers & particuliérement en Allemagne. Le Roi y eſt ſeul Seigneur, comme étoient autrefois les Comtes de Champagne. Le nom de Troyes eſt en Latin *Tricaſſium* ou *Treces*, comme qui diroit *Tres Arces*, trois Châteaux; & en effet on y voit aujourd'hui les reſtes de ces trois Châteaux, dont le plus conſidérable ſubſiſte encore en partie, & il ne reſte preſque plus que les ruïnes des deux autres. Le premier étoit le lieu le plus ordinaire de la réſidence des Comtes, & qui ſert aujourd'hui de Palais où l'on rend la Juſtice. L'Egliſe de S. Etienne, qui joint ce Palais, en étoit la Sainte Chapelle, ainſi qu'il eſt énoncé dans la Bulle du Pape Aléxandre III. qui révoque les Privilèges de cette Egliſe. Il y a derrière un Hôpital, appellé l'Hôtel-Dieu-le-Comte, qui faiſoit partie de ce Château, où l'on voit encore une motte de terre aſſez élevée, d'où les Comtes pouvoient voir au-deſſus de tous les Bâtimens de la Ville moins élevez que cette motte: ne voulant point ſouffrir que les Habitans en conſtruiſiſſent de plus hauts, à moins que de payer des Sommes conſidérables; ce qui a fait dire aſſez plaiſamment de ces Princes qu'ils vendoient l'air. Le ſecond de ces Châteaux eſt preſqu'entiérement abatu, & on n'y voit plus que les reſtes d'une Tour, & quelques murailles qui font un Cercle derrière le Couvent des Cordeliers, & la Priſon qui faiſoit autrefois partie de ce Château; ſur quoi on peut faire cette remarque que s'il y avoit de belles Priſons, celle-ci tiendroit ſans doute un rang conſidérable parmi elles. On voyoit encore dans l'une de ces Chambres une très-ancienne cheminée, qui a été détruite depuis peu d'années, ſur laquelle il y avoit pour Armes dans un Ecuſſon à l'antique, trois Crapauds; ſur quoi les Curieux & les Critiques fe-

[d] Baugier, Mem. Hiſt. de Champagne, t. 1. p. 239. & ſuiv.

feront telles observations, qu'il leur plaira. L'Eglise de S. Blaise, que l'on nommoit autrefois S. Jean le Châtel, servoit à ce Château de Chapelle, qui étoit desservie par des Religieux Bénédictins. Le troisième Château étoit entre l'Eglise de S. Nicolas au Marché & la Porte de Belfroy, qui est aujourd'hui la Place de la Vicomté. Ce fut dans ce Château que vers l'an 878. Louis le Bègue Roi de France, régala le Pape Jean VIII. après avoir reçu de sa main la Couronne Impériale dans un Synode tenu dans l'Eglise de Troyes, où se trouvèrent la plus grande partie des Evêques de France. L'Eglise de S. Nicolas s'appelloit en ce tems-là *Sanctus Nicolaus in Castro*, parce qu'elle servoit de Chapelle, à ce troisième Château. Il fut ruiné par un incendie arrivé en 1324. Les Jardins des Comtes de Champagne étoient grands & bien ornez.

Les Murailles de la Ville de Troyes sont assez bonnes, & de grande étendue; mais mal entretenues. Elle n'est environnée d'aucune Montagne, l'air y est bon. Son terroir produit toutes sortes de Grains, des Vins, des Fruits en abondance, & toutes les choses nécessaires à la vie; mais elle manque de bonne eau pour boire. Les Habitans qui boivent de l'eau de cette Ville sont sujets aux écrouelles, & ceux d'entre eux qui sont accommodez, font apporter pour leur usage de l'eau de la Rivière de Seine; mais comme tous les Habitans ne peuvent pas faire cette dépense, il seroit à propos de construire des Fontaines publiques, & tirer pour cela de l'eau d'une source d'eau vive, qui forme un Ruisseau nommé la Vienne, qui n'est qu'à une demi-lieue de la Ville du côté du Soleil Couchant.

Attila Roi des Huns, ayant assiégé cette Ville, dans le dessein de la saccager, comme il avoit fait tous les autres lieux où il avoit passé, il en fut détourné par la prière que lui en fit S. Loup alors Evêque de Troyes, qui eut assez d'adresse pour fléchir le Roi Barbare, auquel néanmoins il donna le plaisir de voir la Ville & de le mener dans tous les endroits qui méritoient sa curiosité, sans qu'il fût connu d'aucun des Habitans, qui n'approuvèrent pas néanmoins l'action de leur Evêque, lorsqu'ils en furent informez. Les 7. Pairs de Champagne avoient leurs Hôtels à Troyes où ils logeoient lorsque les Comtes tenoient leurs Etats, ou qu'ils venoient lui faire leur cour. Cette Ville a donné la naissance au Pape Urbain IV. qui fut batisé dans l'Eglise de Notre-Dame aux Nonains. Il étoit fils d'un Cordonnier nommé Jacques Pantaléon, qui fut inhumé dans la même Eglise, & sa mere dans l'Eglise de Notre-Dame des Prez, Ordre de Cîteaux, & lui-même a reconnu la bassesse de son extraction dans une Lettre, qu'il écrivit à son avènement au Souverain Pontificat à l'Abbesse de Notre-Dame de Troyes, où il dit que la Providence de Dieu l'a tiré de la poussière pour l'élever au plus haut degré d'honneur, où un homme puisse monter. On voyoit ci-devant sur le Tapis de la Chaire du Prédicateur en l'Eglise de S. Urbain, qu'il a fait bâtir, les marques de sa naissance. Ce Tapis repré-

sentoit un Cordonnier travaillant de son Métier; mais on l'a supprimé, croyant apparemment qu'il étoit honteux à la mémoire de ce Pontife, qu'on se souvînt qu'il étoit d'une condition si basse, en quoi l'on n'a pas fait attention que le mérite seul avoit élevé ce grand homme à cette Souveraine Dignité, & qu'il est bien plus glorieux d'avoir un mérite distingué, que d'être né sur le Trône; aussi l'Evangile n'a point fait de difficulté de dire que Joseph époux de la Sainte Vierge étoit Charpentier.

On ne souffre à Troyes aucun Hérétique, l'un de ses Evêques nommé Antoine Caraccioli de la Maison des Princes de Melphe en Italie, y ayant prêché la Doctrine de Luther, les Habitans le chassèrent de la Ville, & aucun Hérétique ne s'y est depuis présenté pour y faire sa demeure. Après que le Roi Louis XIV. eut interdit l'exercice de la Religion Protestante dans son Royaume, cette Ville lui fit ériger une Statue qu'on voit au-dessus de la Porte de l'Hôtel de Ville. La Victoire y paroît avec plusieurs Couronnes de Laurier qu'elle met sur la tête du Héros; on remarque aux pieds de la Statue une Hydre terrassée, qui est le Symbole de l'Hérésie, & on lit ces quatre Vers gravés sur un Marbre.

Ille est quem totis ambit Victoria pennis,
Hic pelago, hic terris, hic sibi jura dedit.
Per quem Religio tot ab hostibus una triumphat,
Urbs dicat antiquæ Religionis amans.

Il y a dans cette Ville une singularité assez remarquable, & qui paroîtra fabuleuse à ceux qui n'ont point été à Troyes, ou qui y ayant été n'y ont point fait d'attention, qui est néanmoins très-certaine, qui est qu'il n'entre point de Mouches dans la Boucherie, quoiqu'elle soit fort grande, & qu'aux environs de ce Lieu il y en ait dans la Saison une très-grande quantité. Quelques-uns attribuent cette merveille à un Talisman, d'autres aux prières de l'Evêque S. Loup. Ce fut à Troyes que se fit le mariage de Catherine de France avec Henri V. Roi d'Angleterre. L'Evêché de Troyes est borné au Septentrion par les Diocèses de Châlons & de Soissons; au Midi par ceux de Langres & de Sens; au Levant par ceux de Châlons & de Langres, & au Couchant par l'Archevêché de Sens, dont il est suffragant. Il a 25. lieues de long sur 22. de large dans sa plus grande étendue. Il est composé de trois cens soixante & douze Paroisses, & de quatre-vingt-dix-huit Annexes, divisé en huit Doyennez, sous cinq Archidiacres. Outre la Ville de Troyes, qui est la principale, les autres Lieux les plus considérables de ce Diocèse sont:

Sezanne,	Mery sur Seine,
Anglure;	Arcies,
Barbonne,	Beaufort,
Brienne-le-Château,	Brienne-la-Ville,
	Rameru,
Le Mont-Pont,	Ville-Maur, & Vil-
Rosnay,	le-Noce.

* Il y a eu quatre-vingt-huit Evêques qui ont gouverné cette Eglise depuis S. Amatre, qui vivoit l'an 340. jusqu'à l'an 1721. dont

dont dix-huit font reconnus pour Saints. Cet Evêché ne vaut que 8000. Livres de revenu. L'Eglise Cathédrale est dédiée à S. Pierre. Son Chapitre est composé de huit Dignitez qui sont le Doyen, le Chantre, le Sous-Chantre qui est nommé par le Chantre, & cinq Archidiacres; & de trente-sept Chanoines. Il y a encore quatre autres Chanoines dits de la Chapelle Notre-Dame, dont les Prébendes ne valent pas plus de 250. Livres par an, & qui outre l'assistance qu'ils doivent à l'Office de cette Eglise, sont encore obligez de dire tous les jours une Messe de la Vierge, dans la Chapelle qui lui est consacrée. Les autres Canonicats sont à la collation du Roi & de l'Evêque alternativement, & sont environ de six cens Livres de revenu chacun. Le Prieuré de S. George dont le revenu est de douze cens Livres, dépendant de l'Abbé de S. Quentin de Beauvais, a séance du jour de sa reception aux Chanoines de cette Eglise; mais il n'a point de voix au Chapitre. Il y a encore dans S. Pierre deux Marguilliers Prêtres, qui ont la charge du Tresor des Reliques qui sont considérables, & qui ont été apportées de Constantinople au retour de la Croisade de 1204. mais les Reliquaires ont été vendus pour aider à payer la rançon des Rois Jean & François I. En l'an 878. le Pape Jean VIII. y couronna le Roi Louïs le Bègue, & y tint un Concile, où se trouvérent presque tous les Prélats des Gaules. Les Chanoines de cette Eglise ont vécu en commun avec leur Evêque depuis S. Alderal, & le Bienheureux Manassès, quarante-septième Evêque de Troyes, environ l'an 983. ou 993. jusqu'au Pontificat de Philippe, cinquante-quatrième Evêque de Troyes; avec lequel ils firent mense à part, ce qui dura environ cent ans; cet Evêque ayant commencé son Pontificat en 1082. Néanmoins pour conserver une idée de cette vie commune, l'Evêque traitoit les Chanoines quatre fois l'an, savoir à Pâque, à la Pentecôte, à la Toussaints & à Noël; mais cet usage est fini moyennant la somme de dix Livres que l'Evêque donne tous les ans au Chapitre. Environ l'an 870. sous le Régne de Charles le Chauve cette Eglise étant tombée en ruïne fut rebâtie; & en 1167. on supprima la Dignité de Prevôt qui étoit la première.

En l'an 893. les Normands détruisirent la Ville de Troyes: cette Eglise ne fut pas exceptée: l'Evêque Milon la fit rebâtir & aggrandir l'an 950. mais elle fut encore brûlée avec toute la Ville le 19. Juillet 1188. Cet incendie arriva la nuit, & le vent impétueux porta le feu de tous côtez; plusieurs Habitans y périrent. L'Eglise de S. Pierre étoit couverte de plomb. L'Eglise de S. Etienne que le Comte Henri avoit fait bâtir, eut le même sort avec tous les Ornemens & Vaisseaux d'or & d'argent: cette perte fut inestimable. Le Chœur fut rétabli en 1208. & en 1227. un vent impétueux le renversa par terre. Le Pape Grégoire IX. par sa Bulle du 10. Septembre de l'an 1229. donnée à Pérouse, invita tous les Chrétiens de contribuer à sa réparation. Après qu'elle eut été réparée, de grands vents & tourbillons jettérent en bas le Clocher, qui étoit fort élevé & beau, ce qui endommagea beaucoup cette Eglise. Cet accident arriva le Mercredi avant l'Assomption de l'an 1365. Cette Eglise n'a été enfin rebâtie en l'état où elle est aujourd'hui que sous le Régne de François I. C'est un Vaisseau des plus grands, des plus éclairez & des plus beaux qui soient en France; son Portail est d'un fort beau dessein; mais on a laissé imparfaite la Tour du côté gauche de ce Portail. On y conserve plusieurs Reliques considérables, dont les principales sont, un morceau de la vraye Croix de dix pouces de longueur; un bassin dont on prétend que Jésus-Christ se servit pour laver les pieds à ses Apôtres; le Crane de S. Philippe Apôtre, au-dessus duquel est la Couronne d'or d'Henri le Libéral, Comte de Champagne; un Reliquaire d'or, dans lequel est un des pieds de Sainte Marguerite en chair & en os très-palpable, avec plusieurs Corps de Saints. L'Eglise Collégiale de S. Etienne étoit autrefois desservie par dix Dignitez & cent Chanoines, dont il n'en reste plus que cinquante-sept, qui sont à la Collation du Roi; ainsi que huit des Dignitez de cette Eglise, le Doyen en étant excepté, parce qu'il est électif & doit être confirmé par l'Evêque de Troyes; les autres Dignitez sont, le Prevôt, le Soudoyen, le Tresorier, le Chantre, le Célerier, le Chevecier, & le Scholastique; toutes ces Dignitez ont chacune le double d'un Chanoine, excepté le Tresorier & le Chevecier qui ont davantage; les Canonicats peuvent valoir environ cinq cens Livres de rente. Ce Chapitre est de la Jurisdiction de l'Archevêque de Sens. En une Vitre de cette Eglise est écrit:

L'an de grace mil neuf vingt ans,
Du mois de Mars le dix-sept jour,
Henry, Comte, Fondateur de céans,
Lors trepassa sans plus faire séjour.

Le Titre de fondation de ces Chanoines est de l'an 1157. par Henri I. du nom, Comte de Champagne; ils vivoient en commun, & chantoient les Matines la nuit. Ce Comte assistoit souvent à l'Office, & portoit sa gibecière de velours rouge & sa toeque de même étoffe, couverte de pierreries que l'on voit encore dans le Tresor de cette Eglise. Son Tombeau est le plus proche de l'Aigle dans le Chœur. Il a six pieds de longueur, & deux pieds & demi de largeur. La base qui est posée sur un piédestal, est garnie de Cuivre, ornée de feuillages, & enrichie de plusieurs pièces très-riches & parfaitement émaillées, dont les desseins sont tous exquis. On voit au pied de ce Tombeau celui de Thibault III. Comte de Champagne, sa femme Blanche de Navarre lui fit élever; il est de même hauteur, longueur, & largeur que le précédent, & sur le même piédestal; mais il est plus beau, & enrichi d'un grand nombre de pierreries, d'émaux rares, & de plusieurs figures d'argent qui représentent la Famille des Comtes de Champagne. Le Jubé de cette Eglise est estimé des Connoisseurs. On y remarque quatre figures d'un travail exquis; il y a peu de Tréfors en France qui approchent de la richesse, & de la beauté de celui que l'on admire dans cette Eglise.

L'Eglise Collégiale de S. Urbain, qui dépend immédiatement du S. Siège, est fondée par le Pape Urbain IV. & bâtie au même endroit, où ce Pontife prit naissance : elle fut achevée par le Cardinal de Sainte Praxède son neveu, & consacrée en l'an 1389. par Pierre d'Arcies 74me. Evêque de Troyes. Son Chapitre est composé d'un Doyen, d'un Tresorier, d'un Chantre, & de neuf Chanoines, dont les Prébendes ne valent pas à présent plus de cent cinquante Livres chacune. Le Doyen, qui est électif & qui doit être confirmé par le Pape, a le double, & les deux autres Dignitez ont chacune une Prébende & demie : elles sont à la Collation du Roi & du Doyen alternativement. Il y a aussi quatre Chapelains de Notre-Dame & de S. Nicolas, pour faire l'Office, & d'autres Chapelains qui sont nommez par le Doyen seul.

La Ville de Troyes a quatorze Paroisses, deux Abbayes d'Hommes, & une de Filles. L'Abbaye de S. Loup, de l'Ordre de S. Augustin, étoit en réputation dès l'année 690. & avoit alors pour Abbé Theudecaire. Le 26. Mai de l'an 724. l'Eglise fut consacrée en l'honneur de la Vierge. En 870. Charles le Chauve y donna plusieurs biens, & la fit rebâtir. Suivant le sentiment de l'Abbé Guitère qui vivoit l'an 1154. cette Abbaye étoit au Fauxbourg de Troyes, où est maintenant S. Martin ez Aires, laquelle ayant été ruinée par les Normands en 892. les Religieux se retirèrent dans la Ville où ils sont à présent, & y apportèrent le Corps de S. Loup. On appelloit alors l'Eglise, qui n'étoit qu'une Chapelle, Notre-Dame de la Cité, *Maria de Civitate*. Cette Abbaye a été autrefois desservie par un Collége de Chanoines régis par un Prévôt. Le 29. de Novembre de l'an 1135. cette Abbaye prit la Règle de S. Augustin, par la conduite d'Hatton 56me. Evêque de Troyes & de S. Bernard, & par l'autorité de Thibault II. du nom, Comte de Champagne, qui charmé de la vie exemplaire des Religieux de S. Martin ez Aires, & prenant occasion de ce que le Service Divin languissoit dans l'Abbaye de S. Loup, y établit cette Règle par l'avis de plusieurs Prélats & de S. Bernard, du consentement des Chanoines, avec cette condition qu'ils ne sortiroient point de leur Eglise, qu'ils y resteroient pendant leur vie, qu'arrivant le décès de l'un d'eux sa place seroit remplie par un Régulier de S. Augustin : ce qui fut accordé. Il n'y eut point d'Abbé établi d'abord ; mais Guillaume Abbé de S. Martin gouverna cette Maison pendant dix-huit mois, après lesquels le Pape Innocent II. à la prière de Thibault Comte de Champagne, écrivit à cet Abbé Guillaume de continuer à gouverner les Chanoines de S. Loup, & qu'en la place de ceux qui viendroient à mourir il n'y mît que des Réguliers ; & que si cette Abbaye venoit à perdre sa Discipline Régulière, elle seroit réformée par celle de S. Martin, & respectivement celle de S. Martin par l'Abbaye

de S. Loup ; & que si la Régularité venoit à manquer à toutes les deux, les Abbés de Clervaux & de Pontigny les réformeroient : c'est ce qui se lit en la Bulle de ce Pape de l'an 1136. Le 12. Juin 1197. on fit Gerard Prieur de S. Martin Abbé de S. Loup. En 1153. ou 1163. Henri I. du nom Comte de Champagne donna plusieurs biens à cette Abbaye, avec une Prébende de l'Eglise de S. Etienne, & un Livre des Evangiles couvert de lames d'argent & de pierreries, dans lequel cette Donation est écrite avec défenses de le vendre pour quelque cause que ce soit. On voit dans ce même Livre le portrait d'Henri fils de ce Comte qui est représenté fort jeune, afin de conserver la mémoire de la naissance de ce Prince arrivée le jour de S. Loup, & du don fait par le Comte son père en action de graces de la naissance de ce Prince. En 1184. le Comte Henri II. du nom, confirma les donations que ses Prédécesseurs avoient faites à cette Abbaye, lui donna encore de nouveaux biens, & lui accorda de nouveaux droits. L'Eglise de S. Loup est singulière dans sa structure & dans sa beauté, elle est en forme de Croix, & tous les Croissans sont de même forme & grandeur ; son Autel est superbe & magnifique. On prétend que le Reliquaire en forme de chef, qui enferme la tête de S. Loup, vaut plus de deux cens mille Livres ; on y admire les figures de l'Autel de S. Augustin & de Sainte Monique, & le Tombeau de Nicolas Frejot, Abbé régulier de cette Maison. Cette Abbaye vaut six mille Livres de rente à l'Abbé, & trois mille Livres aux Religieux au nombre de huit, y compris deux Religieux de l'Abbaye de Chante-Merle, dont le Monastère fut supprimé en 1690. à cause que son peu de revenu ne suffisoit pas pour y entretenir des Religieux. Il a été uni à la Mense conventuelle de l'Abbaye de S. Loup, à condition de recevoir deux Religieux qui porteroient le nom de Religieux de Chante-Merle, pour lesquels l'Abbé de ce Lieu doit donner aux Religieux de S. Loup sept cens Livres par chacune année. Cette Abbaye de Chante-Merle étoit dans un Bourg fermé de murailles, entre Ville-Noce & Barbonne ; elle étoit autrefois fort belle & fort agréable. Ces deux Abbayes ont toujours eu entr'elles une alliance spirituelle, comme il se voit dans le Livre des Obits de l'Abbaye de S. Loup.

L'Abbaye de S. Martin ez Aires, en Latin *in Areis*, est de l'Ordre de S. Augustin. En l'an 427. S. Loup fut enterré dans une Chapelle basse & obscure de l'Eglise de cette Abbaye, dite de S. Vorle. On prétend que ce Saint qui fut le huitième Evêque de Troyes, fit bâtir cette Abbaye en l'an 523. Elle étoit en ce tems-là hors de la Ville, depuis ayant été renfermée dans son enceinte, on la nomma Notre-Dame de la Cité, & depuis S. Martin ez Aires, qui est le nom qu'elle porte aujourd'hui.

Elle fut ruinée par les Normands en 892. Cette Abbaye vaut deux mille Livres de rente à l'Abbé, & aux Religieux, au nombre de quatre, douze cens Livres.

On voit dans l'Eglise de S. Nicolas un Sépulcre de Notre Seigneur ; il est d'un
beau

beau travail, & fait avec toutes les dimensions de celui de Jérusalem. Les vitres de l'Eglise de S. Pantaléon sont très-belles & d'un grand prix, ainsi que les Tableaux & les figures dont elle est remplie.

L'Abbaye de Filles, sous le titre de Notre-Dame, est de l'Ordre de S. Benoît. On croit qu'elle a été fondée environ l'an 681. par S. Leuçon, dix-huitième Evêque de Troyes, qui y mit des femmes & des filles idolâtres qu'il avoit converties à la Foi. On ne sait pas précisément en quelle année elle a été fondée, on sait seulement que de saintes filles y ont vécu avec beaucoup de régularité, qu'elles étoient Chanoinesses, qu'elles sortoient & alloient en procession, & que lorsqu'un nouvel Evêque de Troyes y faisoit son entrée, elles alloient au devant de lui jusqu'aux Croisettes du Cimetière de Notre-Dame, où l'Abbesse le recevoit & le conduisoit en son Monastère. S. Bernard en sa 115. Epître parle d'elles avec éloge. L'Abbesse assistoit autrefois au Sacre de l'Evêque. Il paroît par une Chartre de l'an 1185. donnée par Gertrude, Abbesse de ce Monastère, en faveur des Chanoines de S. Nicolas de Sezanne, qu'il y avoit alors dans cette Abbaye, outre les Religieuses, des Chanoines, des Convers, ou Oblats, qui portoient l'habit de Religieux, & des Servans de la Maison ; qu'il y avoit aussi un Prevôt qui rendoit la Justice, & deux Evangélistes qui y chantoient l'Evangile. Il y a à présent dans ce Monastère, outre l'Abbesse, quarante Religieuses, dont le revenu est de dix mille Livres.

Il y a aussi dans Troyes une Commanderie appartenante aux Chevaliers de Malthe. Son revenu est de douze mille Livres. Par des titres de l'an 1214. elle appartenoit aux Templiers, elle avoit alors pour le Sceau de ses Armes deux hommes sur un cheval avec cette Inscription : *Sigillum Militum.*

Un Prieuré, nommé de S. Quentin, de l'Ordre de S. Benoît, qui vaut sept cens Livres de rente. Un Séminaire dans l'un des Fauxbourgs pour l'Instruction des jeunes Ecclésiastiques, gouverné par les Prêtres de la Mission. Son revenu est de quarante-cinq mille Livres, dont trois mille s'imposent sur le Clergé de Troyes. François Bouthilier, ancien Evêque de Troyes, a fait bâtir à ses dépens un autre petit Séminaire pour y élever de jeunes gens qui marquent avoir de l'inclination pour l'état Ecclésiastique, & qui n'ont pas le moyen d'étudier à leurs dépens. Ce Prélat a obtenu la permission du Roi de faire cet établissement en l'année 1695.

Une Maison des Prêtres de l'Oratoire de Jésus, au nombre de sept ou huit, qui arrivèrent à Troyes le 27. Février 1618. Ils furent logez pendant quelques jours dans l'Evêché, & ensuite dans une Maison acquise en leur nom le 4. Novembre 1619. Ils entrèrent dans l'Hôpital du S. Esprit, qu'ils eurent par échange d'une Prébende de Saint Honoré de Paris. Cet Hôpital fut uni à leur Congrégation du consentement du Grand-Aumônier de France, & des Habitans de la Ville. Cette Maison n'a que sept cens Livres de revenu, outre les pensions que payent ceux qui y demeurent. Ces Peres de l'Oratoire enseignent les Humanitez, la Philosophie & la Théologie dans un Collège fondé en partie par Mr. de Pithou.

Il y a encore dans Troyes plusieurs Couvens : savoir, un Couvent des Dominicains où il y a douze Religieux ; ils ont été établis par Thibault IV. du nom, Comte de Champagne, qui leur donna la Maison de Guy de Chappes située auprès de son Verger de Troyes. La Chartre est datée du mois de Juin 1232. En l'année 1237. Agnès Dame de Plancy donna à ces Religieux, du consentement de ses enfans, sa Maison qui étoit proche de leur Couvent. Le Roi Philippe *le Long* leur donna un Fossé venant de la Seine proche de leur Maison ; il leur donna aussi quelques Maisons de Tanneurs. Le titre de cette Donation est daté de Chaours en Champagne au mois de Novembre 1319. On admire la Statue de S. Dominique qui est à l'entrée de l'Eglise, & les chaises du Chœur qui sont d'un travail exquis. On y voit des Bustes & des pièces de Sculpture achevées dans les embrasemens, & des vitres admirables dans la Bibliothéque.

Un Couvent des Cordeliers qui est très-bien bâti, où il y a vingt Religieux. Ils ont été établis en l'année 1237. par le même Comte Thibault, qui leur donna une belle Maison hors de la Ville proche la Porte de César, que l'on nomme *Comporté*, dans laquelle ils demeurèrent l'espace de vingt ans, jusqu'à ce que ce Comte leur en donna une plus grande, & plus belle dans l'enceinte de la Ville, & mit en la première des Religieux de la Trinité. La Bibliothéque des Cordeliers est publique trois fois la semaine. Ce vaisseau qui contient cinq Arcades voûtées, est grand & bien éclairé ; il est au-dessus d'une large Galerie voûtée, & vitrée, ensuite de laquelle est le Cloître qui est aussi voûté.

Les Religieux de la Trinité, dits Mathurins, ont été établis à Troyes en l'an 1263. par le même Comte Thibault qui leur donna la Maison, où étoient auparavant les Cordeliers, & le Comte Thibault V. du nom leur donna six muids de froment à la grande mesure de Troyes, & cinquante Livres monnoye de Provins, avec exemption de toutes entrées, Péages, Gabelle, & autres. La Chartre est du mois d'Avril 1250. Il leur donna aussi la même année le droit de pêcher dans les Fossés de Troyes depuis la Porte de *Comporté* jusqu'au cours de la Seine avec permission de faire un petit Ruisseau pour avoir de l'eau. En l'an 1263. ce Comte leur donna encore deux arpens de bois en fonds assis dans le commun usage d'Isles. Au mois d'Avril 1590. le Comte de S. Paul, qui commandoit dans Troyes pour la Ligue, fit abattre l'Eglise de ces Religieux, qui furent établis dans un Prieuré de Clugny dépendant de Gaye, situé au Fauxbourg S. Jacques. Il y a six Religieux qui ont trois mille Livres de rente. Un Couvent de Capucins de trente Religieux ; ils ont été établis & reçus en 1610. par les soins & sous la protection de Char-

Zzzz les

les de Gonzague, Gouverneur de Champagne & de Brie. Une Chartreuse établie l'an 1311. selon quelques-uns, & selon d'autres en 1315. Quoi qu'il en soit, elle fut établie environ deux cens vingt-neuf ans après la Grande Chartreuse de Grenoble; ainsi il y a plus d'apparence de croire que cet Etablissement se fit en 1315. Elle est éloignée de la Ville d'une demi-lieue. Son Fondateur fut Pierre de Moussey, qui leur fit d'abord bâtir une Maison à trois lieues de Troyes dans la Paroisse de S. Jean de Bonneval, d'autres disent à Villy le Maréchal en un lieu nommé l'Isle. Il paroît par une Chartre du mois de Mars 1326. du Roi Charles IV. datée de Vincennes, que ce Prince confirma alors cette Fondation. Après la mort de Pierre de Moussey, Jean Garnier Chanoine de S. Etienne, & depuis Doyen de S. Urbain, donna à ces Religieux une place qu'il avoit achetée à une demi-lieue de Troyes, nommée Laprée; ce qu'ils acceptérent le Vendredi devant la Pentecôte de l'année 1332. Le Mardi après la Toussaints de l'an 1341. Jean d'Aubigny, soixante-neuvième Evêque de Troyes, donna par testament à ces Solitaires la moitié de ses meubles, & au mois de Novembre de l'année 1389. Jeanne d'Evreux Reine de France, veuve du Roi Philippe VI dit de Valois, donna à ces Religieux sa Maison dite de Blanc-Fossé proche l'Eglise de Notre-Dame de Laprée, avec toute Jurisdiction, & Seigneurie. En 1622. ce lieu de Laprée, où étoient les Chartreux, fut érigé en Prieuré de l'Ordre de S. Benoît sous le titre de Sainte Scholastique; & les Chartreux furent transférés proche l'Echerelle, où ils ont commencé de faire bâtir une Chartreuse. Il n'y a que six Religieux qui ont six mille Livres de rente.

Deux Couvents de Carmelites, l'un dans la Ville, fondé par la Mere Marie de Megrigny, qui n'a que quinze cens Livres de revenu. L'autre dans un Fauxbourg, qui a deux mille Livres de rente. Il y a peu de Religieuses dans ces deux Maisons qui sont pauvres. Ces Religieuses qui ont été reçues à Troyes au mois de Septembre 1621. ont trouvé le moyen de s'appauvrir encore davantage en faisant bâtir de trop grandes Eglises.

Les Religieuses Ursulines se présentérent à Troyes le 2. Juillet 1628. avec des Lettres du Roi, où après quelques difficultez elles furent reçues. Elles sont au nombre de quarante, & ont trois mille cinq cens Livres de rente.

Les Religieuses de la Congrégation ont été reçues le 22. Décembre de la même année. Elles n'ont que quinze cens Livres de revenu, & sont au nombre de cinquante, qui ne pourroient subsister sans les Charitez qu'on leur fait.

Les Religieuses de la Visitation ont été reçues en 1631. Elles furent mises en la Maison dite de S. Abraham, qui étoit la Maison des Filles Pénitentes, & elles ont pris le même Institut. Il paroît par le Testament d'Henri de Poitiers, soixante & onzième Evêque de Troyes, mort le 25. Août 1370. que ce Prélat donna à cette Maison de S. Abraham quelques biens, &

aumônes pour la réparer, parce qu'elle avoit été brûlée & entiérement ruinée.

Il paroît par le Testament de Pierre d'Arcies, soixante & quatorzième Evêque de Troyes, qui mourut en 1395. qu'il y avoit à Troyes un Monastére de Religieuses nommées *Filles-Dieu*, qui ne subsiste plus, & qui ne peut être le même que la Maison-Dieu de S. Abraham, puis qu'il les distingue par son Testament: ainsi il y a lieu de croire que ce Monastére de Filles-Dieu a été ruiné par les guerres des Anglois ou par quelqu'autre accident. On prétend à Troyes que ce Monastére étoit dans la petite rue appellée encore aujourd'hui la *Ruelle des Filles-Dieu*. On a même trouvé plusieurs Sépultures dans les Jardins qui en sont proches, & on croit que ces Religieuses furent transférées à Jouare.

Chaque jour de Dimanche de l'année, à l'issue de la Messe de Paroisse, on distribue dans l'Eglise de la Madeleine de Troyes, cent soixante petits pains, du poids de dix onces chacun, à autant de pauvres qui sont appellés par tour de rôle les uns après les autres; & aux Quatre-tems de l'année on en donne encore quatre-vingt; ce qui a été fondé en 1534. par Nicolas Fay & Isabeau son Epouse. Cette Fondation est gravée sur une lame de cuivre proche de leur Sépulture, & sur les Fonts Baptismaux de cuivre de cette Eglise qu'ils ont fait faire.

Il y avoit à Troyes plusieurs Hôpitaux, qui ont été unis en un seul par Lettres Patentes du Roi Louïs XIII. du mois d'Avril 1630. Le Comte Henri *le Large* avoit fondé l'Hôtel-Dieu-le-Comte, proche de son Palais; on l'appelloit la Maison-Dieu S. Etienne. Les Religieux de l'Ordre de S. Augustin y célébroient le Service Divin & administroient les Sacremens aux malades, & enterroient les morts; & les Religieuses, qui étoient séparées des Religieux, avoient soin des malades. L'Hôpital de S. Nicolas avoit été fondé par le Chapitre de l'Eglise Cathédrale.

Le Comte Thibaut IV. fonda l'an 1237. un Couvent de Cordeliers hors de la Ville auprés de la Porte qu'on appelloit autrefois la *Porte de César*, & qu'on nomme aujourd'hui *Comporté*. Environ 20. ans après, ce même Prince leur en fit bâtir un autre dans la Ville, & donna en 1260. celui que les Cordeliers avoient d'abord occupé aux Religieux de la Sainte Trinité, ou de la Rédemption des Captifs. L'on trouve dans le Couvent des Cordeliers une très-belle Bibliothéque, tant pour le vaisseau que pour les Livres dont il est rempli. Cette Bibliothéque est publique, & ouverte trois fois la Semaine à tous ceux qui veulent y aller lire ou étudier.

L'Hôtel de Ville est un Bâtiment assez considérable. C'est un grand Corps-de-logis, qui a deux aîles en retour. La Statue de Marbre blanc qui est sur la porte, représente Louïs *le Grand*, & est un present, & un des Chefs-d'œuvres de Girardon. S. Patrocle dit Saint Parre [a], fut martyrisé à Troyes dans le troisième Siècle, soit sous Valérien, soit sous Maximien Hercule; S. Sabinien, ou Savinien, Martyr de Troyes, au troisiè-

[a] *Baillet, Topogr. des Saints, p. 507.*

troisième Siècle. S. Loup fut fait Evêque l'an 426. après Saint Ours, & mourut en 478. S. Aventin Solitaire du Diocèse de Troyes, dont le Corps repose dans la Ville. S. Vinebaud du Monastère de Saint Loup lez-Troyes, qui ayant été ruiné par les Normands, fut rebâti ensuite dans l'enceinte de la Ville. Ce Saint vivoit aux VI. & VII. Siècles. S. Prudence Evêque de Troyes au neuvième Siècle sous Charles *le Chauve*. S. Victor, ou Saint Victre, d'Arcis-sur-Aube au Diocèse de Troyes, dont le corps est dans l'Abbaye de Montirame. S. Fale Abbé de l'Isle à deux lieues de Troyes, Disciple de Saint Aventin, dont le Corps est à Montier-la-Celle. Ste Maure Vierge née à Troyes, & morte au même lieu du tems de l'Evêque Saint Prudence vers le milieu du IX. Siècle. S. Gedon ou Saint Gon, dit Saint Gan, neveu de Saint Wandrille, ayant quitté le Monastère de son Oncle au Pays de Caux, vint demeurer dans l'Ermitage d'Oye, au Diocèse de Troyes, où il mourut vers la fin du septième Siècle. Sa Chapelle & sa Cellule furent ruinées deux cens ans après. Mais au Siècle X. ou XI. une Dame fit rebâtir sur son tombeau une grande Eglise avec un Monastère qui fut réduit l'an 1344. en Prieuré, mis sous la dépendance de Montier-la-Celle. C'est ce qui s'appelle aujourd'hui le Prieuré de Saint Gan, à deux lieues de Sezanne en Brie sur la Rivière de Morin. Le Corps de Sainte Hoylde, ou Sainte Hou Vierge, fut apporté du Pays de Pertois à Troyes l'an 1159. & mis dans l'Eglise de Saint Etienne. Saint Frobert né à Troyes y bâtit le Monastère appellé depuis Montier-la-Celle, vers l'an 653. & en fut le premier Abbé.

Troyes a été la patrie de Jean Passerat, de Nicolas Caussin Jésuite; de Pierre Pithou, de Jean Pithou, son frere; d'Edmond Merille mort Professeur de Droit à Bourges l'an 1647. âgé de 68. ans; du P. le Cointe Prêtre de l'Oratoire, & Auteur des Annales Ecclésiastiques de France; de Pierre Mignard mort premier Peintre du Roi le 30. de Mai 1695.; de François Girardon Sculpteur comparable aux plus habiles de l'Antiquité; & de feu M. le Noble qui avoit été Procureur-Général au Parlement de Mets. Ce dernier est plus connu par le nombre de ses Ouvrages, que par leur excellence. Il y a peu de genres d'écrire, dans lesquels il ne se soit exercé, & peu de Sciences sur lesquelles il n'ait écrit. Prose, Poësie, sérieux, burlesque, Histoire, Politique, Philosophie, Théologie, Jurisprudence &c. ont tour à tour occupé sa plume. Sa Traduction des cent cinquante Pseaumes passe pour le meilleur de ses Ouvrages. Il est assez étonnant qu'un homme qui n'avoit pas fait une étude particulière de l'Ecriture Sainte, & dont les mœurs étoient d'ailleurs, tout au moins équivoques, ait cependant mieux réussi dans l'explication de ces Divins Cantiques, que n'ont fait plusieurs Saints & savans Théologiens.

Il y a à Troyes un Lieutenant de Maréchaussée, un Assesseur, un Procureur de Roi, un Greffier, un Brigadier, un Sous-Brigadier & huit Archers. Il y a encore un Siège Présidial, & une Direction des Gabelles & qui comprend neuf Greniers à Sel & deux Chambres. L'Election de Troyes est bornée du côté du Midi par la Bourgogne; du côté du Septentrion par l'Election de Châlons; du côté du Levant par l'Election de Bar-sur-Aube; & du côté du Couchant par l'Election de Sezanne & de Nogent-sur-Seine. Sa figure est très-inégale, elle est composée de deux cens quarante-sept Paroisses.

Le Commerce a été si considérable autrefois dans cette Ville, que plusieurs Princes Etrangers n'ont point voulu d'autres cautions pour les sommes qu'on leur vouloit payer, que les Marchands de Troyes, dont le Commerce étoit plus florissant qu'en aucune Ville du Royaume. Les eaux ont une proprieté singulière non seulement pour dégorger les Etoffes & pour toutes les Teintures de Soyes, Laines, Fils, & autres; mais encore pour la Tannerie de toutes sortes de Cuirs, même passez en Cuirs de Hongrie. On ne peut s'empêcher de remarquer en cet endroit, que l'une des choses qui a le plus affoibli le Commerce de Troyes, sont les procès que les Communautez des Arts & Métiers entreprennent les unes contre les autres, les emprunts qu'elles font souvent, dont la meilleure partie est employée en buvettes, & les sommes exorbitantes qu'elles exigent des aspirans à ces Maîtrises, pour les y recevoir. Les buvettes que les Jurez & les principaux Maîtres de ces Communautez exigent de ces aspirans, & celles qu'ils pratiquent sous prétexte de visites ou de reddition de leurs comptes, ruinent la plûpart des Particuliers qui les composent, & les mettent hors d'état de porter les charges publiques; lesquelles étant rejettées sur les plus riches & sur les médiocres Bourgeois, affoiblissent considérablement la fortune des premiers, & causent la ruïne des autres. Ainsi il seroit à desirer qu'il plût au Roi de prévenir ces desordres par des Réglemens de Police qui fussent inviolablement observés, & d'empêcher qu'à l'avenir, il ne s'établit aucune nouvelle Communauté; & que celles qui se sont établies sans Lettres Patentes, Statuts & Réglemens, dont il y a un grand nombre, fussent cassées, sauf à les établir dans les formes, si elles étoient jugées nécessaires. Il faudroit encore examiner les Statuts des Communautez qui sont établies par Lettres Patentes; parce que ceux qui ont fait dresser ces Statuts y ont fait entrer des Articles impossibles dans l'exécution. Le Commerce des Toiles est toujours très-considérable dans Troyes, où il y a Manufacture de Toiles de Lin, Chanvre, Cotton, Futaines & Bazins. Il y a au moins six cens Ouvriers qui travaillent à ces sortes d'Ouvrages. Ce Commerce est augmenté encore depuis les dernières guerres, parce que ceux qui n'en est point ou peu entré des Pays étrangers. Les mêmes eaux qui sont si propres pour les Teintures, sont aussi merveilleuses pour le blanchissage de Toiles que les Marchands d'ici achetent de toutes parts, pour les y faire blanchir dans les belles & agréables Prairies de cette Ville, qui sont arrosées d'une très-grande quantité de canaux de la Rivière de Seine, qui ervent non-seulement à les blanchir ; mais encore à blanchir des Futaines, des Bazins, du Coton, du Lin & du Chanvre, que les Marchands de Troyes font ensuite mener à Paris, Lyon, Rouen, Reims & autres grandes Villes du Royaume, même en Lorraine, & en Allemagne ; les Marchands de ces grandes Villes viennent souvent les acheter jusqu'à Troyes. Les mêmes eaux servent encore à blanchir la Cire, dont les Ouvriers font ensuite des bougies, qui ne pouvant pas être consommées dans le Pays, sont transportées ailleurs ; de sorte qu'on ne peut rien desirer à cet égard qu'un grand nombre d'Ouvriers, comme il y en avoit ci-devant, pour travailler à ces Manufactures, & pour employer les Lins & Chanvres qui croissent en abondance, tant aux environs de Troyes, que dans toute l'étendue de son Election. C'est cette Manufacture particuliérement à laquelle les femmes ont plus de part que les hommes, ce qui contribue le plus à payer les Tailles, & autres charges de l'Etat. Il y a encore à Troyes une Manufacture de Serges drapées, dont la largeur doit être de deux tiers de l'aune de Paris. Les Ouvriers employent le plus gros & le rebut des laines à faire des Droguets, qui ont une demi-aune de Paris de largeur. On fabrique aussi des Serges dans l'Hôpital de S. Nicolas à Troyes ; ce qui leur a fait donner le nom de Serges de S. Nicolas. Il y a dans cet Hôpital un Entrepreneur qui fait travailler un bon nombre de pauvres à la décharge des Hôpitaux, qui fabriquent aussi des Droguets de laine & fil. On fait encore à Troyes des Satins dits façon de Turin, d'Hollande, de Bruges, & de la Chine. Il y a un debit assez considérable de ces marchandises. Il y a à Troyes un plus grand nombre d'Epingliers que d'autres Artisans à proportion. Le debit qu'ils en font est grand, aussi-bien que celui de la chandelle, qui est très-blanche & excellente à cause de la bonne qualité des suifs.

Il y a peu de terres inutiles dans l'Election de Troyes ; les Habitans de la Campagne sont plus laborieux que ceux de la Ville. La huitième partie des terres est propre à porter du Froment, dans les autres on n'y recueille que du Seigle & de l'Avoine ; même dans quelques-unes du Sarrasin seulement ; mais en récompense elles sont bien plus aisées à labourer que les terres qui portent du Froment. Elles sont aussi très-propres à la nourriture des Moutons & autres Bêtes blanches. Il y a plusieurs gros Vignobles dans cette Election, où les vignes tiennent les trois quarts des finages, & occupent un tiers des Paroisses. Les vins y sont bons & assez agréables, dont il y auroit un debit considérable tant à Paris qu'ailleurs, si les Ouvriers faisoient les tonneaux de pareille grosseur, à quoi il faudroit les obliger.

Il y a aussi dans l'Election de Troyes plusieurs petits Vignobles, dont les vins sont médiocres. Outre les Bêtes blanches on nourrit encore dans l'étendue de cette Election beaucoup de Bêtes à cornes, parce que l'usage de la plûpart des Communautez consiste en Pâturages & bruyéres destinées à la nourriture des gros Bestiaux, qui contribuent beaucoup à engraisser la terre.

TRUBICE, Rivière de Pologne [a], dans le Palatinat de Kiovie. Son cours est du Nord au Midi. Elle entre dans le Borysthène, à deux milles d'Allemagne au-dessous de Pereslaw.

[a] *Andr. Cellar. Des. Pol. p. 399.*

TRUBRIDGE, ou TROUBRIDGE [b], Bourg d'Angleterre, dans le Wiltshire. Il a droit de Marché, & il est renommé par ses Ouvrages de Laine.

[b] *Etat présent de la Gr. Bt. t. 1. p. 123.*

TRUCONES, Isle de la Mer d'Illyrie, selon Pomponius-Mela [c]. Quelques MSS. lisent *Titana* au lieu de Trucones, & d'autres portent *Citana*, ou *Tituna*. Isaac Vossius prétend qu'il faut lire *Pityia*, & se fonde sur Apollonius. Cependant les Editions des Aldes & des Juntes lisent TRUCONES. Hermolaüs dit qu'il y en a qui appellent cette Isle *Trucula* ; & il la place entre celles de *Liesina* & de *Curzoli*. Le nom moderne selon quelques-uns est *Torcola*.

[c] *Lib. 2. c. 7.*

TRUDEN, *S. Trudonis Urbs*, Ville d'Allemagne, dans le Cercle de Westphalie [d], au Diocèse de Liège, entre les Villes de Tongre & de Tirlemont. On croit que les Peuples nòmmez Centrons, dont Jules César fait souvent mention, ont demeuré aux environs de Truden. L'Evêque de Liège possède la moitié de cette Ville, le reste appartient à la fameuse Abbaye des Bénédictins que Saint Trudo fonda ici l'an 647. il la dota richement, & y fut enterré avec sa mere Sainte Adele. On garde leurs Corps dans l'Eglise de cette Abbaye, de même que ceux de S. Libert Martir, & de Saint Euchaire Evêque d'Orléans, qui ayant été exilé par Charles Martel se réfugia dans cette Abbaye, & y mourut en 734.

[d] *Zeyler, Topogr. Circ. Westph. p. 65.*

TRUEC, en Latin TRUCCIA, Bourg de France dans le Soissonnois, & connu par la victoire que Landry Maire du Palais y remporta en 593. sous la Régence de Frédégonde, mère de Clotaire II. Roi de Soissons, sur Childebert Roi d'Austrasie. Si l'on en croit l'Auteur du Livre qui a pour Titre *Gesta Regum Francorum*, & quelques autres Ecrivains, Landry s'étant mis en marche le soir pour aller à l'Ennemi coupa une Branche d'Arbre fort grande, après avoir pendu une clochette au cou de son cheval, & tous ses Soldats en ayant fait autant, ils avancérent vers *Truec*, ou *Truccia*, où ils se trouvérent avant le jour auprès des Ennemis. Deux Soldats du Camp de Childebert qui étoient en sentinelle appercevant à la Pointe du Jour les Branches dont l'Armée de Neustrie étoit couverte contestérent quelque tems sur ce qu'ils voyoient ; l'un soutenant qu'il n'y avoit point là de Forêt le jour précédent, & l'autre au contraire qu'il y en avoit une. Mais tous deux furent également étonnez, quand ils virent tomber cette Forêt, & paroître une Armée qui fut d'autant plus terrible aux Austrasiens qu'elles les surprit de plus près & les tailla en pièces. Sans examiner si c'est-là une relation véritable, ou un conte fait à plaisir, il suffit de dire que l'on ne convient pas sur l'endroit où s'est donnée cette Bataille, ni sur le Lieu où l'on doit placer le Bourg

TRU.   TRU.   733

Bourg de *Truec*, ou *Truccia*. La plûpart des Modernes, entre autres Mrs. de Valois, de Cordemoi & le Pere Daniel croient que *Truccia* eſt Troucy ou Droiſy ſur la Demette. Cependant Troucy eſt dans le Laonnois, qui étoit du Royaume d'Auſtraſie, au-lieu que *Truccia* étoit dans le Soiſſonnois au Royaume de Neuſtrie. D'un autre côté Mr. Robbe, connu par ſes Ouvrages de Géographie, a fait une Diſſertation, dans laquelle il prétend faire voir, que Truec étoit ſur la rive gauche de l'Aiſne, & qu'il ſe nomme aujourd'hui *Preſle la Commune*. Truec en vieux langage Allemand, qu'on parloit alors dans le Pays, ſignifie un Preſſoir, ou plutôt l'Arbre ſur lequel la Vis appuye, & on l'y appelle encore aujourd'hui *Truye* par corruption. Les Latins lui donnent le nom de *Prælum*, qui eſt auſſi celui du Village de Preſle. Mr. Robbe dit encore qu'un Auteur contemporain a écrit que cette fameuſe Bataille s'étoit donnée *prope Vicum Sancti Medardi*; ce qui avoit pû faire croire que c'étoit à la vûe de la Ville de Soiſſons, & près de l'Abbaye de St. Médard; mais que c'eſt une équivoque, & qu'il faut l'entendre de *St. Mard la Commune*, lieu éloigné d'une demi-lieue de Preſle; ce qui ſeroit une confirmation de ſa découverte.

TRUEIRE, ou TRIEURE, Riviére de France. Elle prend ſa ſource au pied d'une Montagne du Gevaudan, nommée la Mariaride ; elle paſſe en Auvergne & ſe jette dans le Lot à Entragues. Caſtel l'appelle TROVEYRE.

TRUENTUS, Riviére d'Italie dans le Picenum. La Ville *Aſculum Picenum* [*Aſcoli*] Capitale du Pays, étoit bâtie ſur ſes bords dans l'endroit où elle reçoit le Fleuve *Caſtellanum*. A ſon Embouchure étoit un Lieu fortifié nommé *Caſtrum Truentinum*, ſelon Pomponius Mela [a]. Pline [b], qui nomme le Château *Truentum*, parle auſſi de la Riviére qui lui donnoit ſon nom. Strabon [c] fait mention de la Riviére ſous le nom de Τρεντινος ποταμός, *Truentinus amnis*, & y met une Ville de même nom. Ptolomée [d] ne connoît ni Ville ni Château dans cet endroit, à moins qu'il ne comprenne l'un ou l'autre ſous la dénomination de Τρυεντίνου ποταμᾶ ἐκβολὰς, *Truentini fluminis Oſtia*. Le nom moderne de cette Riviére eſt TRONTO. Voyez ce mot.

TRULLA, Port de l'Arabie Heureuſe. Ptolomée [e] le place dans le Pays des Adramites. Arrien [f] marque dans ce Quartier deux Iſles deſertes, l'une appellée *l'Iſle des Oiſeaux* & l'autre *Trullas*.

TRULLE, ou TROUILLE, petite Riviére des Pays-Bas [g], dans le Hainaut. Elle prend une de ſes ſources près du Village de Mérieux, & l'autre au voiſinage de Grandeng. Ces deux Branches s'étant réunies dans un même lit, un peu au-deſſous du Village de TROUILLE, ne forment plus qu'une Riviére qui coulant en ſerpentant du Nord au Midi ſe rend à Mons qu'elle traverſe, & va enſuite ſe perdre un peu plus bas dans la Haine, au-deſſus de St. Guillain.

TRULLUM, nom d'une Baſilique de la Ville de Conſtantinople, ſelon Ortelius [h] qui cite le Recueil des Conciles.

TRUN-SUR-DIVE, Bourg de France dans la Normandie, au Diocéſe de Séez, avec Haute Juſtice. Ce Bourg eſt ſitué entre *Falaiſe*, *Argentan* & *Vimonſtier*. On y tient un Marché toutes les ſemaines.

TRUTULENSIS-PORTUS, Port de la Grande-Bretagne. Tacite en fait mention. dans la Vie d'Agricola. Quelques Exemplaires portent *Tutulenſis-Portus* pour *Trutulenſis-Portus*. Comme on ne ſait point la ſituation de ce Port, il y a des Auteurs qui veulent, qu'au lieu de *Trutulenſis*, on liſe *Rhutupenſis*, & ils prétendent que c'eſt Richborough dans la Province de Kent.

TRUXILLANOS, Village d'Eſpagne [i] dans l'Eſtramadoure, à une lieue de Mérida. Le terroir des environs abonde en Bled, en Vin, en Gibier & en Bétail. Ce fut Don Garcie Fernandez de Truxillo, Grand-Maître de l'Ordre de St. Jacques, qui fit peupler ce Lieu en 1320. ſelon le rapport de Vargas; & lui donna ſon nom.

1. TRUXILLO, Ville d'Eſpagne dans l'Eſtremadoure, à dix lieues de Mérida. Elle eſt ſituée dans les Montagnes, ſur le penchant d'une Colline, dont le Sommet qui eſt tout de roc ſe trouve occupé par une bonne Citadelle. On tient [k] que Jule Céſar fonda cette Ville & qu'il l'appella *Turris Julia*, dont par corruption eſt dérivé Truxillo. Pline l'appelle *Caſtra Julia*: elle étoit alors une Colonie de l'ancienne Luſitaine du reſſort de *Narbo Cæſarea*, aujourd'hui *Alcantara*. Les Grands-Maîtres, Dom Pierre Gonzalez Mengo de l'Ordre de St. Jacques, & Dom Arias Perez Gallego de celui d'Alcantara la prirent ſur les Maures, la peuplérent & y mirent de nouvelles Fortifications l'an 1232. & le Roi de Caſtille Jean II. l'érigea en Ville l'an 1431 à la priere d'Alphonſe Garcie de Truxillo fils de Sanche Ximenez, Chef de la Famille de Vargas. Dans la ſuite cette Ville acquit un nouveau luſtre en donnant la naiſſance au fameux François Pizarre, Marquis *de las Chareas*, qui aidé de ſes freres découvrit & conquit le Royaume du Pérou. Il y a à Truxillo ſix Paroiſſes & dix Maiſons de Religieuſes; ſavoir quatre d'Hommes & ſix de Filles. Cette Ville eſt gouvernée par un Juge de Police, & par des Corregidors. Elle a Juriſdiction ſur dix-ſept Bourgs. On y tient tous les ans deux Foires, l'une le premier Jeudi après le 15. Mai; l'autre le vingt-cinq de Juillet jour de St. Jaques. Le Terroir des environs produit beaucoup de Bled; & les Prairies y nourriſſent quantité de Brebis dont la Laine eſt très-fine.

2. TRUXILLO, Ville de l'Amérique Méridionale au Pérou, dans l'Audience de Lima & dans la Vallée de Chimo [l], qui eſt d'une grande étendue, & qui fut autrefois fort aimée des Rois du Pérou, comme on le voit par les ruïnes de pluſieurs Palais. Cette Ville eſt ſituée près de la Mer du Sud, à la hauteur de 7. d. 30'. de Latitude Méridionale, à quatre-vingt lieues de la Ville de Lima, au bord d'une petite Riviére, & près de quelques côteaux pierreux. Les Sauvages viennent par bandes dans cette Ville pour y ſervir ſes Habitans, ou pour leur

leur fournir les choses dont ils ont besoin. Truxillo est à juste titre mise au nombre des premières Villes du Pérou. Il y a cent ans qu'on y comptoit plus de cinq cens Maisons & quatre Maisons Religieuses. Les Officiers Royaux y demeurent. Cette Ville a dans son ressort cinquante mille Sauvages Tributaires. Tout le Sucre qui se fait dans ce Quartier croît principalement dans la Vallée de Chacama, ou Chicama. Le Port, qu'on nomme *el Arrecife de Trugillo*, est à deux lieues de la Ville, dans une Baye ouverte, qui n'est point garantie contre les Vents, & où même l'ancrage n'est pas bon. La Ville de Truxillo est fort marchande & riche; à quoi contribue la grande fertilité des Terres voisines. Les Habitans ont détourné une bonne partie de l'eau de la Rivière dans des Canaux ou Fossez pour arroser leurs Jardins, ils la conduisent même par des Aqueducs jusqu'à la Ville. L'air de ce Quartier passe pour être très-sain. De tous côtez on voit des Métairies où les Espagnols nourrissent des Brebis, & sément des grains. Les Vignes y sont communes, & il y a grande abondance de Figues, de Pommes, de Grenades, d'Orangers & de diverses autres sortes de Fruits. La Ville de Truxillo fut fondée en 1553. par Pizarro, premier Gouverneur du Pérou.

3. TRUXILLO, Ville de l'Amérique Septentrionale [a], dans la Nouvelle Espagne, au Gouvernement des Honduras, sur la Côte du Golphe de ce nom, au fond d'une Baye fort assurée contre les Vents. Cette Ville est bâtie sur un Tertre entre deux Rivières claires & poissonneuses, & dans une Contrée tempérée Été & Hyver. Le Terroir des environs est fertile en Froment, & abonde en toutes sortes de Fruits. On y a quantité de Miel & de Cire. Le Bétail y profite fort; & l'on dit que les Vaches surpassent en grandeur & en bonté celles d'Espagne; on y élève beaucoup de Brebis. Les Vignes portent deux fois l'an. Après qu'on a vandangé on les taille de nouveau, elles repoussent; & les seconds Fruits sont murs autour de Noël. Les Arbres étrangers, comme Orangers, Limoniers & semblables y portent des fruits excellens. Cette Ville fut surprise par les Anglois en 1576. Ils l'attaquèrent ensuite en 1596. sous la conduite d'Antoine Sherlei & de Williams Parker; mais la tentative fut inutile, parce que les Sentinelles donnèrent l'alarme à la Ville. Cette Place est tellement fortifiée par la Nature qu'il n'est pas aisé de la prendre de force; car elle est bâtie sur un Tertre droit, coupé de tous côtez & environné d'épais Bocages, où il n'y a nul passage pour approcher de la Ville; si ce n'est un sentier étroit au devant duquel il y a une Porte assez forte & bien munie; de façon que si on ne surprend les Sentinelles, on ne sauroit prendre la Ville. Le Port nommé SAN GIL est au fond de la Baye & fort assuré contre les Vents.

[a] De Laet, Descr. des Indes Occ. L. 7. c. 7.

4. TRUXILLO, Ville de l'Amérique [b], dans la Terre-ferme, au Gouvernement de Venezuela, à quelques lieues au Midi de Mérida, au Nord Oriental de la Grita. On l'appelle aussi N. SEÑORA DE LA PAZ. De

[b] De l'Isle, Atlas.

Laet [c] dit que cette Ville est éloignée de la Métropolitaine Coro, d'environ quatre-vingt lieues droit vers le Midi; qu'elle est à vingt-cinq lieues de la Ville de Tucuyo, vers l'Occident, & à dix-huit lieues du grand Lac Maracaybo. Sur le bord de ce Lac il y a un Village qui dépend de Truxillo, & où les Bourgeois ont coutume de mener leurs denrées, comme farine, biscuit, lard & autres choses, où ils les embarquent pour en faire un riche trafic en diverses Provinces de l'Amérique Méridionale. Cet embarquement se fait deux fois l'an; savoir, dans les Mois de Mai & de Novembre.

[c] Descr. des Indes Or. L. 18. c. 12.

TRUYE, Bourg de France dans la Touraine, Election de Loches. On fait cas de ses Fromages, qui portent le nom de Fromages de Truye.

TRYBACTRA, Ville de la Sogdiane selon Ptolomée [d]. Ammien Marcellin écrit TRIBATRA; mais Mr. de Valois au lieu de *Tribatra* lit *Cyresthata*.

[d] Lib. 6. c. 12. Lib. 13. c. 6.

TRYCHÆ, Ville de l'Eubée, selon Etienne le Géographe, qui dit que Lycophron l'appelle TRYCHAMIA.

TRYCHATA, Montagne de l'Eubée selon Isacius cité par Ortelius [e].

[e] Thesaur.

TRYE, Lieu de France, dans la Normandie, Election de Gisors.

TRYGEN, nom d'un Lieu dont parle Siméon le Métaphraste [f]. Il paroît que ce Lieu étoit aux environs de Chalcédoine.

[f] In Vit. SS. Menolog. Sabati.

TRYLISIA, Bourg de Pologne [g], dans &c. le Palatinat de Kiovie, sur le bord de la Rivière Kamineza. Ce Bourg est fortifié. En 1651. le 24. d'Août le Général Polonois Prisimsky le prit d'assaut, & le brûla. Tout y fut passé au fil de l'épée sans épargner ni enfans, ni femmes; celles-ci, s'étoient défendues plus que les hommes, durant le Siège, & avoient tué beaucoup de Polonois.

[g] Andr. Cellar. Regn. Pol. Descr. p. 386.

TRYMALIA, Lieu que Cédrène, cité par Ortelius [h] met au voisinage de la Servie.

[h] Thesaur.

TRYME, ou TRIM, Ville d'Irlande [k], dans la Province de Leinster, au Comté d'Est-Meath, dont elle est la Capitale. Elle est située à six milles, presque au Sud Est d'Athboy, sur la Boyne. Il s'y fait un assez bon Commerce; Elle a droit de tenir un Marché public; & elle envoye deux Députez au Parlement.

[k] Etat présent de la Gr. Br. t. p. 39.

TRYPHALIA, Contrée maritime du Péloponnèse, selon Polybe [l], qui la place entre l'Elide & la Messénie. C'est la même qu'on la TRIPHYLIE. Voyez TRIPHYLIA.

[l] Lib. 4.

TRYPHONII ou S. TRYPHONII INSULA, m Isle de la Propontide, & dont il est parlé dans les Constitutions de l'Empereur Emanuel Comnène.

[m] Ortelii Thesaur.

TRYPIA, Gemiste dit que de son tems on donnoit ce nom à l'ancienne HELICE, Ville du Péloponnèse dans l'Achaïe propre.

[n] Ibid.

T. S.

TSCHAROS, Peuples Sauvages de l'Amérique Méridionale, au Paraguay. Le Père Antoine Sepp, Missionnaire de la Compagnie de Jésus, parle de ces Peuples dans une de ses Lettres. Ces Peuples, dit-il [o], font

[o] Lettres Edif. t. 11. p. 392.

TSC. TSE. TSI.   T S I. T S O.

font auſſi féroces que les Bêtes parmi lesquelles ils vivent : ils vont presque tout nuds, & ils n'ont guère de l'homme que la figure. Il ne faudroit point d'autre preuve de leur barbarie que la bizarre coutume qu'ils obſervent à la mort de leurs proches. Quand quelqu'un vient à mourir, chacun de ſes parens doit ſe couper l'extrémité des doigts de la main, ou même un doigt tout entier, pour mieux témoigner ſa douleur : s'il arrive qu'il meure aſſez de perſonnes pour que leurs mains ſoient entièrement mutilées, ils vont aux pieds dont ils ſe font pareillement couper les doigts, à meſure que la mort leur enlève quelque parent. On a ſongé à civiliſer ces Barbares & à leur annoncer l'Evangile. La première tentative que l'on a faite n'a pas eu le ſuccès que l'on en eſpéroit. Le tems de leur converſion n'étoit pas encore venu.

[a] *Zeyler, Topogr. Carn.* p. 125.

TSCHERNEMBL, petite Ville d'Allemagne [a], dans la Baſſe-Carniole, près d'une petite Rivière qui ſe jette dans celle de Kulp.

[b] *Lettres Edif.* t. 7. p. 84.

TSEE-POUSSONE, Maiſon Royale du Roi de Siam [b], à une lieue de Louvo. Elle eſt bâtie ſur le bord d'un Etang, à l'entrée d'une Forêt, où l'on peut chaſſer aux Eléphans.

TSEPEHOEN, petit Peuple de l'Amérique Septentrionale, dans la Louïſiane, aux environs de la route que le Sr. de la Salle tint pour aller de la Baye de S. Louïs aux Cenis.

TSERU, petit Peuple de l'Amérique Septentrionale dans la Louïſiane, aux environs de la route que tint le Sr. de la Salle, pour aller de la Baye de St. Louïs aux Cenis.

TSIKETO, Lac de l'Amérique Septentrionale daus la Nouvelle France. Il eſt entre le Lac Huron au Nord & le Lac Erié au Midi, avec leſquels il communique par deux Emiſſaires. Mr. de l'Iſle [c] le nomme le *Lac Ganatchio*, ou *Ste. Claire*.

[c] *Atlas.*

TSIOMPA, Royaume d'Aſie, borné au Nord par le Deſert de la Cochinchine : à l'Orient & au Midi par la Mer ; & à l'Occident par le Royaume de Camboge. Ce Royaume [d] eſt Tributaire du Roi de la Cochinchine, qui l'eſt lui-même de l'Empereur de la Chine. Il en eſt des Habitans de *Tſiompa* comme de ceux de la Cochinchine & de Camboge : ils ſont très-peu policez. Ces Nations n'ont preſque aucun Commerce avec leurs voiſins, & ont très-peu d'ordre & d'union entr'elles. Les Grands, comme autant de petits Tyrans, pillent les Peuples à toute main : les Rois exercent encore une Tyrannie plus cruelle ſur les Grands, pour leur faire rendre gorge. C'eſt un malheur pour ceux qui navigent d'être dans la néceſſité d'aborder à ces Côtes. Le Vaiſſeau François qui fut obligé d'y relâcher en 1721. en eſt un exemple. Les Officiers qui deſcendirent à terre pour y acheter des Vivres, furent d'abord aſſez bien reçus : on tâcha même, par des invitations & des amitiez feintes, d'engager le Capitaine à ſortir de ſon bord. Leur vûe étoit d'avoir une plus forte rançon. Les Habitans du Pays en vinrent même juſqu'à former le deſſein

[d] *Lettres Edif.* t. 16. p. 30.

d'enlever le Vaiſſeau : ils envoyèrent pluſieurs fois l'examiner, mais ne ſe trouvant pas aſſez forts, ils ſe vengèrent ſur ceux qu'ils tenoient à terre : ils les lièrent, les maltraitèrent & il y en eut qui levèrent la hache ſur eux ; & ce ne fut qu'aux inſtantes prières des Miſſionnaires, qui furent avertis de ce barbare procédé, qu'ils leur laiſſèrent la vie ſauve. Mais on fut obligé de payer une ſomme conſidérable pour les racheter. Les Villes de ces Barbares ne ſont qu'un amas de miſérables Caſes de bois ſans ordre. Les mœurs & les coutumes de ces Peuples approchent en certaines choſes des coutumes Indiennes, & en beaucoup d'autres de celles des Chinois. Ils croient la Métempſychoſe comme les Indiens ; ce qui ne les empêche pas de manger toute ſorte d'Animaux. Ils ſont pleins de vénération pour le Cheval & pour l'Eléphant, dont ils ont des Peintures dans leurs Maiſons. La plus belle récompenſe, ſelon eux, que puiſſe avoir un grand homme après ſa mort ; c'eſt que ſon ame paſſe dans le corps d'une de ces Bêtes. Ils regardent Confucius comme le premier Docteur de l'Univers : ils rendent de grands honneurs à leurs Ancêtres morts & à ceux de leur Nation, qui ſe ſont diſtinguez durant leur vie ; ils ont pour cela chez eux & hors de chez eux pluſieurs petits Oratoires où ils brûlent des paſtilles. Mais le Lieu le plus ſacré parmi eux eſt une Place publique, au milieu de laquelle eſt élevée une longue Poutre, qui a vers le haut un traverſier tant ſoit peu incliné ; apparemment qu'ils y arborent un pavillon. Ils l'appellent *Touvo*. Tout à l'entour ſont placez divers Oratoires. C'eſt-là qu'ils vont faire leurs profondes inclinations, qu'ils brûlent quantité de petites chandelles, qu'ils offrent du Ris, qu'ils immolent des Victimes & ſurtout des Chévres. Les Fêtes publiques finiſſent par un grand repas, où l'on ne manque pas de s'enyvrer de Raque, ſorte d'Eau-de-Vie faite de ris : viennent enſuite les danſes, la Comédie, ſouvent les querelles & les coups.

C'eſt ce même Royaume que d'autres nomment *Ciampa*. Voyez CIAMPA.

TSISANG, Ville de la Chine, dans la Province de Nanking [e], ſur le bord Septentrional de la Rivière jaune, à la droite, en remontant cette Rivière. Cette Ville, bâtie dans un Lieu agréable au pied d'une Colline, eſt ſituée à quatre-vingt Lys de Tan-jenjeen. Elle n'a point de murailles, elle eſt ſeulement défendue par un Château ; & comme elle eſt privée des Privilèges des Villes, il y en a qui ne lui donnent que le Titre de Bourg. D'ailleurs ce Lieu eſt bien peuplé & fréquenté pour ceux qui navigent ſur le Fleuve Jaune ; ce qui fait qu'il pourroit le diſputer pour la richeſſe à pluſieurs grandes Villes. Sur ſon Port on voit une Pagode fort belle.

[e] *Legatio Batavica, ad Sinæ Chamum,* part. 2. p. 110.

1. TSONNONTOUANS, Riviére de l'Amérique Septentrionale, dans la Nouvelle France. Cette Riviére ſe jette dans le Lac de Frontenac, à la bande du Sud. Elle prend ſon nom de la Nation Iroquoiſe, qui habite ſes bords.

2. TSONNONTOUANS, Peuples de
l'A-

l'Amérique Septentrionale, dans la Nouvelle France. Ils forment l'une des cinq Nations des Iroquois. Ce sont apparemment ceux que les Anglois appellent Lenekees. Ils sont les plus Occidentaux & les plus voisins du Fleuve *Niagara*. Le Marquis Dénonville, Gouverneur de la Nouvelle France, brûla leurs Cabanes. Il y a une Rivière qui arrose leur Pays, & prend leur nom: elle se jette dans le Lac de Frontenac. Leur grand Village n'est qu'à sept lieues du Fleuve *Niagara*. C'est la plus considérable des cinq Nations Iroquoises; elle comprenoit en 1657. douze cens Guerriers en trois Bourgades. Les Jésuites avoient alors une Mission sous l'invocation de S. Michel. Les femmes peuvent avoir chez eux deux maris qui passent pour légitimes. Ils ont pour leurs Armes ou pour Devise une Araignée.

T U.

TUÆSIS, Golphe de la Grande-Bretagne, sur la Côte Orientale: Ptolomée [a] le marque entre le Golphe Varar, & l'Embouchure du *Celnius*.

[a] Lib. 2. c. 3.

TUAT, Bourg de la Haute-Egypte, sur le Nil, à la droite, entre Estenai qui est de l'autre côté du Fleuve & Bella de Mousé. Le Sr. Paul-Lucas dit que Tuat est un assez gros Lieu, qu'on y voit un beau Temple des anciens Egyptiens, que les pierres en sont belles, & qu'elles sont chargées de quantité de figures en Bas-relief & entremêlées d'Hiéroglyphes. Il ajoute que la curiosité le porta à voir, au sortir de Tuat, quelques-unes de ces Grottes que l'on trouve en grand nombre de l'autre côté du Nil dans une grande Montagne, qu'on dit longue de six cens milles. Les portes de la plûpart de ces Grottes sont de pierre; d'une seule pièce de la même Roche & s'ouvrent & se ferment sur deux pivots. Elles ont ordinairement deux ou trois fenêtres taillées dans la Roche, & l'on y voit des Peintures aussi fraîches que si elles étoient nouvelles. Les Puits qu'on y trouve donnent lieu de croire qu'elles ont servi de Sépulture aux gens du Pays, & que ces Peintures représentoient ce qui leur étoit arrivé de particulier pendant leur vie. Au-dessous du rang de Peinture qui marque ces divers événemens, le cours du Nil est représenté autour de la Grotte. Un grand nombre de Bâteaux qui ont la poupe & la proue fort hautes, paroît sur le Fleuve. Au milieu est un Tombeau qui semble couvert d'étoffe fort riche, & chaque Bâteau a deux Conducteurs, dont l'un est devant & l'autre derrière. On en voit plusieurs au milieu du Nil & d'autres de chaque côté du Fleuve. Dans ceux qui sont du côté opposé à la Montagne, il paroît qu'on y embarque les Corps morts, & dans ceux de l'autre bord on remarque des Prêtres & des Bières qu'on débarque pour les porter à ces Grottes. Le nombre des Puits n'est pas égal dans chacune, & il y en a qui en ont jusqu'à six. Ces Puits sont quarrez avec des entailles de chaque côté, qui servent de marches pour y descendre. Les plus belles de ces Grottes ont des représentations de Momies, de pierre, de Marbre, de pierre de touche & quelquefois faites du même Rocher pour servir d'embellissement au lieu, où plusieurs appartemens vont l'un dans l'autre suivant leur grandeur.

TUBAL, ou TUBAL, comme écrivent Annius de Viterbe, & François Taraffa, qui ajoutent qu'il est fait mention de cette Ville dans Pomponius-Mela. Mais, dit Ortelius [b], on ne trouve ce nom ni dans Pomponius-Mela, ni dans aucun Auteur de poids. On veut que ce soit une Ville de l'Espagne Bétique, & que le nom moderne soit *Setubal*. D'autres soutiennent que c'est *Tudela*, autre Ville d'Espagne sur l'Ebre; & Ortelius demande si ce ne seroit point la *Tutela*, de Martial. Voyez SETUBAL, TUDELA & TUTELA.

[b] Thesaur.

TUBAN, ou TUBAON, Ville des Indes-Orientales, dans l'Isle de *Java*, sur la Côte Septentrionale, assez près de Bantam. Elle est la plus belle & la plus forte de toutes les Villes de cette Isle [c]. Ses Portes sont très-bien faites; mais à la manière du Pays, & elles sont flanquées par des Tours. Les murailles qui forment l'enceinte font hautes; & au-dedans on trouve plusieurs grandes Maisons & des Places spacieuses qui servent pour le Commerce & pour y étaler les Marchandises. Le Roi de Tuban passe pour le plus puissant de toute l'Isle [d]. Il peut en vingt-quatre heures de tems mettre plusieurs milliers d'hommes sur pied, tant Cavalerie qu'Infanterie. Il fait une grande figure. Sa Cour est grosse, y ayant beaucoup de Noblesse dans ses Etats pour la composer. Dans les Fêtes publiques il paroît à cheval vêtu de soie avec magnificence. Ses vêtemens sont alors ceints & rattachez, & son Turban est garni de plumes. Tous ses Nobles le suivent vêtus à peu près comme lui & montez sur de très-beaux Chevaux & fort fringans.

[c] Hist. de la Conquête des Moluques, t. 2. p. 99. & suiv.

[d] 2. Voyage des Hollandois aux Indes-Or. t. 2. p. 171. & 179. de l'Ed. de Rouen.

Entre les autres Habitans de la Ville de Tuban, il y a beaucoup de Noblesse qui fait trafic de Soie, de Camelots, de Toiles de Coton & de certains petits Vêtemens qu'on se met sur le corps, & qui se fabriquent dans ce Lieu-là. Ils chargent leurs Jonques de Poivre, & les menent à Bali où ils le troquent, ainsi que leurs autres Marchandises, pour des habits de chétive & grossière Toile de Coton, dont il y a une Manufacture dans cette Isle. Ce Trafic étant fait, ils s'en vont à Banda, à Ternate, aux Isles Philippines & dans les autres Pays voisins, où ils troquent ces chétifs Vêtemens pour de la fleur de Muscade, pour des Noix Muscades, & pour du Clou de Gérofle; & quand ils ont leur cargaison ils s'en retournent. Le commun Peuple s'entretient par le moyen de la Pêche & du Bétail qu'il nourrit; car on en élève beaucoup à Tuban & aux environs. On le met dehors au matin & on le va chercher au soir. Le commun des Habitans a un Vêtement autour du corps: ils vont nuds de la ceinture en haut & portent un Poignard à leur ceinture. Les Gentilshommes portent souvent un petit Just-au-Corps de Camelot, & en font une grande parade, aussi-bien que

de

de leurs armes. Ceux qui se distinguent le plus ont beaucoup d'Esclaves, qui se tiennent toujours auprès d'eux; jusque-là qu'à peine les verra-t-on quelques pas au-delà de leur porte, sans avoir dix ou douze Domestiques à leur suite. Quelque part qu'ils aillent ils font porter après eux un coffre où il y a de la Bétel, qu'ils mâchent avec de la Chaux & des Noix vertes tout ensemble; & quand ils en ont exprimé tout le suc, ils en jettent le marc. Ils prennent beaucoup de plaisir à posséder des Chevaux, & ceux qui en ont en sont fort fiers. Ils leur mettent de riches Selles, les unes de Velours, les autres de Cuir d'Espagne, & ils y font peindre d'affreuses figures de Dragons & de Diables. La plûpart de ces Selles sont dorées & faites à peu près comme celles dont on se sert en Europe, si ce n'est qu'elles ne sont pas si hautes par derriére. Les brides sont garnies de pierreries & sont blanches comme de l'albâtre. Les mords ne sont pas moins précieux à proportion. Les bossettes sont ordinairement d'argent, & quelques-unes sont dorées: il y en a aussi de cuivre, chacun se réglant suivant sa contion. Ils vont souvent hors de la Ville à cheval deux ou trois de Compagnie, ou davantage, se provoquant les uns les autres à la course, & à faire faire des voltes à leurs Chevaux, afin de voir lequel d'entr'eux a plus d'adresse à les manier; & cela se fait d'une manière agréable & divertissante. Ils ont ordinairement une Javeline d'un bois fort mince & fort leger, dont ils savent se servir fort adroitement dans leurs Tournois & Carrousels, où ils paroissent si vifs, qu'il semble qu'ils ayent effectivement querelle ensemble. Quand celui qui est derriére peut approcher de celui qui est devant lui, & le devancer dans une course, il baisse sa Javeline & passe le long de l'autre; puis il donne de l'éperon à son Cheval & le fait courir de toute sa force. Un autre qui étoit derriére survient, & fait tout de même à l'égard de celui qui a avancé, ou du moins tâche de le faire; & ce manége dure jusqu'à ce que les Chevaux soient entièrement las.

Le Palais du Roi est grand & formé de divers appartemens. D'abord on monte par un degré de sept marches, & on passe par une porte étroite, quoique pourtant plus large que les portes communes; car toutes les portes de ce Pays-là sont basses & étroites. On entre delà dans le principal Palais dont les murailles sont de brique & le pavé de carreau commun, tel qu'est celui de Hollande. Avant que d'entrer dans ce principal Palais, on voit les Eléphans du Roi, qui sont chacun sous un petit toit particulier soutenu par quatre piliers: au milieu de l'espace qui est sous ce toit, il y a un grand pieu auquel l'Eléphant est attaché, par une Chaîne qui tient à l'un de ses pieds de devant. Tous les jours ces Eléphans sont menez, chacun en particulier, dans un Canal proche du Palais où on les lave. Ceux qui les gouvernent ont soin de leur apprendre à se coucher, à se tourner, & à faire divers mouvemens qu'on veut qu'ils fassent. Lorsqu'on est entré au Palais on voit d'abord l'Appartement où est le bagage du Roi. Il est tenu dans des caisses entassées les unes sur les autres jusqu'au toit. Tout l'Appartement en est plein; & quand ce Prince va quelque part, tout ce bagage le suit. Tout près de cet Appartement est celui des Coqs de Joute, dont chacun est dans une cage. Il y a des gens commis pour en prendre soin, pour leur donner à manger, & pour les faire battre ensemble. Cette manière de les tenir ainsi enfermez à part les rend encore plus vifs & plus colères. Après cela on trouve les Perroquets, qui ne sont pas comme ceux que nous voyons communément en Europe; mais beaucoup plus beaux, quoiqu'ils ne soient pas fort grands. Les Portugais les nomment Noiras. Ils ont un rouge vif & lustré sous la gorge & sous tout le corps, & comme une plaque d'une belle couleur d'or sur le dos. Leurs aîles sont mêlées de verd & de bleu, & sous les aîles on leur voit un bel incarnat. Ils sont si recherchez dans toutes les Indes, quoique néanmoins plus en certains lieux qu'en d'autres, qu'ils valent la pièce depuis huit jusqu'à dix réales. Jean Huygens a écrit que les Portugais ont souvent entrepris de transporter en Europe, sans avoir pu y réussir, à cause de la délicatesse de ces Oiseaux. Ils sont familiers & caressans, & ils reconnoissent si bien & si particuliérement leurs Maîtres, & savent tellement les flatter, que cela est digne d'admiration: ils leur nétoient la tête, cheveu à cheveu, & la barbe poil à poil; ils leur mettent le bec dans la bouche & dans les oreilles sans leur faire aucun mal; mais si les Etrangers s'approchent d'eux, ces Animaux les piquent & les mordent comme feroient des Chiens en colére. On voit ensuite le Chenil ou les Chiens sont attachez chacun à part; & chacun a son Maître particulier qui l'instruit, soit pour la chasse soit pour d'autres exercices. En sortant de l'Appartement du Palais, par une Porte étroite & sur un Pont de pierre, on va à la Ménagerie où il y a une grande quantité de Canards semblables à ceux de Hollande, hormis qu'ils sont un peu plus gros & blancs pour la plûpart. De ce Lieu on passe par une Porte étroite dans l'Appartement des quatre femmes légitimes, qui sont toutes servies par de vieilles Esclaves. En passant par une autre petite Porte on entre dans un Lieu séparé par une muraille, qui est l'Appartement des Concubines du Roi. Leurs Chambres sont autour de cette muraille de séparation, & les moindres servent celles qui sont les plus considérables; c'est-à-dire selon la part qu'elles ont dans les bonnes graces du Roi. De cet Appartement on passe encore dans un autre, qui est aussi occupé par des Concubines; car il peut bien en tout y en avoir trois cens. Il est permis à peu de personnes d'entrer dans la Chambre des Tourterelles où couche le Roi. Le lit, ou ce qui tient lieu de lit, est en forme d'Autel, de pierres grises, qui sont taillées & ornées de Sculpture en dehors. Le haut est un peu plus large que le bas, & de la même pierre, afin d'être plus frais. Par-dessus on étend une coite ou matelas d'étoffe de soie, rempli d'ouate,

Aaaaa avec

avec des coussins de même. Les Tourterelles qui donnent le nom à la Chambre sont dans des Cages suspendues & les perchoirs sont des boules de verre de diverses couleurs, enfilées dans des bâtons, ce qui forme un objet assez agréable. Le lit du Roi est tout entouré de ces Cages. Quant aux Ecuries, elles sont au nombre de sept, dans chacune desquelles il n'y a qu'un seul Cheval attaché. Elles ne sont fermées par les côtez qu'avec des bâtons, ou perches, qui prennent du haut en bas, & au-dessous il y a des treillis par où passe l'ordure des Chevaux, qu'on emporte aussi-tôt; de sorte qu'il y a bien des Maisons dans la Ville qui ne sont pas tenues si proprement que ces Ecuries.

TUBANTES, Peuples de la Basse Germanie au-delà du Rhein, connus de Strabon [a] sous le nom de TUBANTII, & de Ptolomée [b] sous celui de TUBANTI. Alting [c] croit que le nom Germain étoit *Tho-Benten*, & qu'il leur avoit été donné parce que c'étoit une Troupe de gens qui changeoient souvent de demeure, ce qu'on appelle encore aujourd'hui *Bende*, ou *Bande*. Cluvier [d] a prouvé que les TUBANTES avoient d'abord habité dans les Pays appellez aujourd'hui les Comtez de Ravensberg & de Lippe; & le Village de Bentdorp pourroit bien retenir le nom de ces anciens Habitans. De ce Pays-là ils passèrent dans les Terres qui sont entre le Rhein & la Sala, & que les Romains, avec le secours des *Tenčteri* & des *Usipii*, enlevérent aux Ménapiens, & abandonnèrent à leurs Soldats. Ces Terres étoient sans doute alors vacantes; car Tacite [e] dit que les Chamaves, qui ne faisoient que de les occuper les avoient aussi-tôt laissées. On pourroit ajouter comme une nouvelle preuve que le Village de Bentkamp conserve la mémoire de leur nom. La raison que donne Cluvier, pour révoquer en doute cette migration des *Tubantes*, n'est d'aucune solidité. Il prétend que Tacite ne fait chasser les Ménapiens par les Usipiens qu'après que les *Tubantes* eurent habité ces Terres. Mais il est aisé de répondre que Tacite dans cet endroit n'entend point parler de ce qui se passa avant César; & qu'il raconte seulement ce qui se passa dans ce Quartier, après qu'il eut été abandonné aux Soldats Romains, & toutes les fois qu'ils s'en éloignèrent. En effet il donne avertir que la première fois le Pays fut occupé par les Chamaves, ensuite par les Tubantes, puis par les Usipiens, après cela par les Frisons & enfin par les Ampsibariens. Ainsi Cluvier a eu grand tort de croire que Tacite s'étoit trompé en cette occasion. Nous voyons encore dans cet ancien Historien, que les Tubantes, contraints de quitter ce Pays, furent chercher une nouvelle demeure chez les Usipiens & les Cattes, vers les sources de la Lippe, où l'on trouve des traces de leur nom dans le Village de *Bentesloo*. Il est à croire qu'après la défaite des Marses & des Bructères, les Tubantes allèrent occuper une partie de leur Pays, sur les deux bords de la Rivière de Wecht, avant que les Chamaves & les Ampsibariens s'y fussent établis. Trop de Lieux portent dans

[a] *Lib. 7.*
[b] *Lib. 2. c. 11.*
[c] *Notit. Batavia & Frisia Ant. p. 125.*
[d] *Geogr. Ant. L. 3. c. 11.*
[e] *An. L. 13. c. 55. & 56.*

ce Quartier le nom de ces Peuples, pour qu'on puisse douter, qu'ils y ayent fait quelque demeure. On y voit BENTLAGE qui signifie *le Camp des Tubantes*; BENTHEM, *la demeure des Tubantes*, outre BENTLÔ, BENTINGE, BENTE, & peut-être encore quelques autres. Tout cela porte Alting à conclurre que les Tubantes ont habité tout le Pays qui est entre l'Ems & le Comté de Bentheim, y compris ce Comté & la seconde Salique [Salland] ou cette partie de l'Over-Issel, appellée aujourd'hui Twente du nom de ces Peuples. C'est peut-être la raison pourquoi dans la Notice des Dignitez de l'Empire [f] les Tubantes sont joints avec les Saliens. Du reste on ne trouve point que les Tubantes se soient depuis transportez ailleurs; à moins qu'ils ne soient entrés dans l'Alliance des Francs, Alliance qui a pu faire perdre leur nom comme elle a fait perdre ceux de tant d'autres Peuples.

TUBÉRO, Fleuve d'Asie, selon Pomponius Mela [g]. Voyez TONDEROS.

TUBERY, Abbaye de France [h], dans le Languedoc, au Diocèse d'Agde, sous la Règle de St. Benoît. Elle porte le nom de Martyr St. Tibère, qui fut martyrisé & enterré dans ce Lieu avec quelques Compagnons, du tems de l'Empereur Dioclétien. Le Lieu s'appelloit auparavant *Cesseron*, ou *Cessarion*. Cette Abbaye est située entre Agde & Pezenas, à cinq lieues de Beziers.

TUBIANÉENS [i], ou TUBIÉNIENS. Ce sont les mêmes que les TUBINS, dont il est parlé dans le premier Livre des Macchabées [k]; & les mêmes que les Peuples du Pays de Tob au Nord de la Batanée. Voyez l'Article TOB.

TUBIENSIS, Siège Episcopal d'Afrique selon la Conférence de Carthage, où Félix est qualifié *Episcopus Tubiensis*. Cet Evêché étoit dans la Mauritanie Sitifense; car selon le Recueil des Canons de l'Eglise d'Afrique, les Députez de la Mauritanie Sitifense se plaignirent au Concile de Carthage, tenu en 397, de Crescenius Evêque de *Villa-Regia*, dans la Numidie, qui s'étoit emparé de l'Evêché dont il est ici question. Ce Siège étoit donc dans la Mauritanie Sitifense & aux confins de la Numidie.

TUBIN. Voyez TUBIANÉENS.

TUBINGEN, Ville d'Allemagne, dans le Duché de Wirtenberg [l], sur le Necker, à quatre milles de Stutgard & à douze milles d'Ulm. Elle est située sur un Terrain inégal, proche la Rivière Necker qu'on y passe sur un Pont de pierre. Cette Ville doit avoir été bâtie dès l'an 499. Elle a eu pendant plusieurs Siècles des Comtes. Mais l'an 1301, ou selon d'autres 1342. les frères Godefroi & Guillaume, Comtes de Tubingue, la vendirent avec le Château & toutes les dépendances à la Maison de Wirtenberg pour 5857. florins & 4. sols. L'an 1482. elle fut agrandie de beaucoup & mieux bâtie, à cause de l'Université que le Duc de Wirtenberg Eberard *le Barbu* y avoit établie en 1477. & à laquelle il avoit accordé de beaux Privilèges. Le Chancelier exerce la jurisdiction sur les Habitans des Terres & Villages de l'Université, même sur ceux
de

[f] *De Mag. Ped. Oti. & de Com. Illyr.*
[g] *Lib. 3. c.*
[h] *Baillet Topogr. des SS. p. 508.*
[i] *2. Macch. 12. 13.*
[k] *Cap. 5. 13.*
[l] *Zeyler Topogr. Suev. p. 74. & seq.*

de la Ville, qui ont du rapport à l'Université, comme Libraires, Relieurs de Livres, &c. & son pouvoir s'étend sur la vie comme sur les biens. Elle a toujours eu des Professeurs célèbres. Son premier Recteur fut le fameux Historien Jean Naucler. La Ville de Tubingen est gouvernée par deux Baillifs, le Grand & le Petit. Après eux, il y a deux Bourgmestres, puis les Juges Receveurs & dix Curateurs; ce qui constitue le Magistrat.[a] Le Temple principal est grand [a]. Treize Tombeaux de pierre des anciens Ducs & Duchesses sont ce qu'on y voit de plus remarquable. Il y en a deux fort élevez & enrichis de Statues & de Bas-reliefs. Les autres sont plus bas & moins magnifiques. En sortant de la Ville, on passe par la grande Place, où il y a une Fontaine, du milieu du bassin de laquelle sort en forme d'Aiguille un Ouvrage à plusieurs figures de pierre, fort bien travaillées & qui ont chacune leur jet d'eau. La Maison de Ville fait une des faces. On y voit une Horloge d'un merveilleux artifice, & qui mérite les regards des Curieux. Le Territoire de Tubingen est diversifié par des Vignobles, des Jardins, des Prez, des Terres labourables, des Montagnes & des Vallées.

[a] *Corn Dict. Mém. & Plans Géogr.*

TUBINIENSIS, ou TUBUNIENSIS, Siège Episcopal d'Afrique dans la Numidie, selon la Notice des Évêchez d'Afrique, qui nomme l'Évêque de ce Siège, Reparatus. Dans la Conférence de Carthage Crésconius est qualifié *Episcopus Ecclesiæ Tubiniensis*; & entre les signatures des Évêques qui assistèrent au Concile de Carthage sous St. Cyprien, on trouve celle de Nemesianus à *Tabunis*.[b] St. Augustin [b] eut à *Tabunæ* une Conférence avec le Comte Boniface, qui souhaitoit d'embrasser la vie Monastique. Il y a apparence que c'est la même Ville que Ptolomée appelle TUNUBA, & qu'il place auprès de Muftis.

[b] *Epist. 110.*

TUBORICUM. Voyez TRITIUM.

TUBULBACENSIS, Siège Episcopal d'Afrique, dans la Byzacène. Son Évêque est nommé Terentianus dans la Notice des Évêchez d'Afrique, & Januarianus dans la Conférence de Carthage [c].

[c] *No. 126.*

TUBUNENSIS, Siège Episcopal d'Afrique, dans la Mauritanie Césarienfe. La Notice des Évêchez de cette Province dit que ce Siège étoit vacant.

TUBUNIS, TUBUNIENSIS, ou TUBINIENSIS. Voyez TUBINIENSIS.

TUBURBITANORUM-MAJORUM, Siège Episcopal d'Afrique, apparemment dans la Province Proconsulaire, comme le Siège appellé *Tuburbitanorum Minorum*; car les Villes de même nom, dont l'une est appellée Grande & l'autre Petite, sont ordinairement voisines. Dans la Conférence de Carthage Cyprianus est qualifié *Episcopus Plebis Tuburbitanorum-Majorum*. Voyez l'Article suivant. Parmi les souscriptions des Évêques d'Afrique, qui assistèrent au premier Concile d'Arles, on trouve celle de Faustus *Episcopus de Civitate Tuburbitana*. Dans le Concile de Latran tenu sous le Pape Martin, Germanus *Episcopus Sanctæ Ecclesiæ Ciumtuturbo* souscrivit la Lettre Synodique des Peres de la Province Proconsulaire. Il y avoit sur l'Original *Civ. M. Tuturbo*; c'est-à-dire *Civitatis Majoris Tuturbitanæ*. Le Copiste par ignorance ou par abstraction n'en a fait qu'un seul mot *Ciumtuturbo*. Elle étoit Episcopale dès le tems de Saint Cyprien [d], qui étoit fort uni avec son Évêque Sedatus. Elle étoit surnommée *Licernaria* pour être distinguée d'une autre Ville qu'on appelloit *Tuburbo Minus*, ou la Petite Tuburbe dans la même Province. Ste. Perpétue & Sainte Félicité, avec les compagnons de leur Martyre, étoient de cette Ville, du tems de l'Empereur Sévère, 50. ans avant Saint Cyprien. Les Martyres Tuburbitaines ont pris leur nom de cette Ville: c'étoient Sainte Maxime, Sainte Donatille & Sainte Seconde. S. Fauste Évêque de Tuburbe travailla beaucoup contre les Donatistes sous Constantin. Il assista au Concile d'Arles en 314. S. Serf ou Serve Martyr au cinquième Siècle sous Huneric, Roi des Vandales, étoit de la Grande Tuburbe.

[d] *Baillet; Topogr. des SS. p. 509.*

TUBURBITANORUM-MINORUM, Siège Episcopal d'Afrique, dans la Province Proconsulaire. Son Évêque est nommé Victor dans la Conférence de Carthage [e].

[e] *No. 133.*

☞ Il y avoit en Afrique deux Villes appellées TUBURBIUM, l'une surnommée la Grande & l'autre la Petite. Ces deux Villes étoient de la Province Proconsulaire. La Notice des Évêchez d'Afrique n'en connoît qu'une, dont elle nomme l'Évêque Benenatus TUBURBITENSIS.

TUBURNITENSIS, Siège Episcopal d'Afrique. La Notice des Évêchez d'Afrique nomme son Évêque Æneas. La Conférence de Carthage [f], donne le même nom à l'Évêque de ce Siège & le qualifie *Episcopus à Tuburnice*. Cet Évêché étoit dans la Province Proconsulaire; car Crescens *Dei gratia Dei Episcopus Sanctæ Ecclesiæ Tiburnicensis* souscrivit à la Lettre Synodique des Peres de cette Province dans le Concile de Latran sous le Pape Martin. Il y a apparence que c'est cette Ville qui est nommée *Tiburnica* par Ptolomée. Il la place pourtant dans la Numidie.

[f] *No. 205.*

TUBURSICENSIS, Siège Episcopal d'Afrique, dans la Numidie, selon la Notice des Évêchez d'Afrique, qui nomme son Évêque Frumentius. Dans la Conférence de Carthage [g] l'Évêque de ce Siège est appellé *Maurentius Episcopus Ecclesiæ Tuburficensis*. Cette Ville étoit voisine de Tagaste comme on le voit dans la cent soixante-troisième Lettre de St. Augustin.

[g] *No. 143.*

TUBURSICUBURENSIS, Siège Episcopal d'Afrique dans la Province Proconsulaire. Son Évêque est nommé Servus Dei, *Episcopus Plebis Tuburficuburensis*. St. Augustin en fait aussi mention en ces termes [h]: *Episcopus Catholicus à Tiburficubure Servus nomine*; & il paroît par le Concile de Carthage, tenu sous Boniface, que cette Ville étoit de la Province Proconsulaire. Reparatus *Episcopus Tuburficuburensis* souscrivit à ce Concile avec les autres Évêques de la même Province.

[h] *Lib. 3. contr. Cresc.*

TUBUSUBDITANUS, à TUBUSUBTU, ou THUGUSUBDITANUS, Siège Episcopal d'Afrique, dans la Mauritanie Sitifense. La Notice des Évêchez de cette Province appelle

pelle l'Evêque de ce Siège Maximus; & dans la Conférence de Carthage Florentinus est qualifié *Episcopus à Tubusubtu*.

TUCA, Ville que Dion Cassius [a] semble mettre dans l'Afrique. Ortelius soupçonne que ce pourroit être la même que TUCCA. Voyez ce mot.

[a] Lib. 48. p. 369.

TUCABATH, Ville de la Libye Intérieure selon Ptolomée [b].

[b] Lib. 4. c. 4.

TUCCA, ou TUCCÆ. Voyez TUCCENSIS.

TUCCABEL, Ville de l'Amérique Méridionale, entre les Isles de la Mocha & de Ste. Marie, dans le Continent du Chili. Olivier de Noort dans son Voyage autour du Monde [c], dit qu'il y a très-peu de Rade devant cette Ville; mais que comme la Côte est unie on y peut aisément ancrer. Les Indiens, ajoute-t-il, sont demeurez en possession de cette Place, & la gardent avec tant de courage & de soin, qu'aucun Espagnol ne peut y avoir accès.

[c] Voyage de la Compagnie des Indes Or. t. 3. p. 65. Edit. de Rouen.

TUCABORENSIS, Siège Episcopal d'Afrique. Il étoit de la Province Proconsulaire, car la signature de *Stephanus Episcopus Tuccaburiensis* se trouve parmi celles des Peres de cette Province, au bas de leur Lettre Synodique dans le Concile de Latran. L'Evêque *Fortunatus à Tucabori* assista au Concile de Carthage tenu sous St. Cyprien, & *Megasius Episcopus Tucaborensis* souscrivit dans la Conférence de Carthage [d].

[d] N°. 208. [e] Atlas Sinensis.

TUCANG, Ville de la Chine [e], dans la Province de Quangsi, au Département de Chingan, dixième Métropole de la Province. Elle est de 12. d. 10. plus Occidentale que Peking, sous les 24. d. 0. de Latitude.

1. TUCCENSIS, Siège Episcopal d'Afrique dans la Byzacène. Il en est fait mention dans la Conférence de Carthage [f] où Sabinus est qualifié *Episcopus Tuccensis*. Il ne faut pas confondre ce Lieu avec la Ville *Tuccæ* de la Mauritanie Sitifense, ni avec une autre Ville de même nom dans la Byzacène.

[f] N°. 130.

2. TUCCENSIS, Siège Episcopal d'Afrique dans la Numidie. Son Evêque est appellé *Sabinus Episcopus Tuccensis* dans la Conférence de Carthage [g]. Le nom de la Ville étoit *Tuccæ*. Il ne faut pas la confondre avec *Tuccæ* Ville de la Mauritanie Sitifense, ni avec une autre Ville de même nom dans la Byzacène. Celle dont nous parlons, avant que d'être Episcopale, étoit du Diocèse de Mila.

[g] N°. 130.

3. TUCCENSIS, ou TRUCCENSIS, Siège Episcopal d'Afrique, dans la Mauritanie Sitifense, selon la Notice des Evêchez de cette Province, où son Evêque est nommé *Utulus*.

TUCCI, Ville de l'Espagne Bétique: Ptolomée [h] la donne aux Turdules. Pline [i] la surnomme *Augusta-Gemella*. Voyez au mot AUGUSTA, l'Article AUGUSTA-GEMELLA. Strabon [k] nomme simplement cette Ville *Tucis*.

[h] Lib. 3. c. 4. [i] Lib. 3. c. 1. [k] Lib. 3. p. 141.

TUCHANG, Ville de la Chine [l], dans la Province de Kiangsi, au Département de Nankang, quatrième Métropole de la Province. Elle est de 0. d. 54. plus Occidentale que Peking, sous les 30. d. 5. de Latitude.

[l] Atlas Sinensis.

TUCHO, Ville de la Chine [m], dans la Province de Queicheu, où elle a le rang de huitième Métropole. Elle est de 10. d. 3. plus Occidentale que Peking, sous les 25. d. 55. de Latitude. Le Territoire de cette Ville est voisin de la Province de Quangsi, dont les Chinois le disent être les dents & les lèvres, à cause que par ses Montagnes & par ses Fortifications naturelles il entoure & défend une partie de cette Province. La Ville de Tucho est bâtie sur la rive Occidentale du Fleuve Co. Les Montagnards de ces Quartiers sont beaucoup plus traitables que les autres. Cependant ils seroient de dangereux ennemis; car il n'y a pas d'hommes plus braves, ni plus intrépides. On compte dans le Département de Tucho trois Villes & neuf Forteresses, qui sont

[m] Ibid.

Tucho,	Pingcheu,
Toxan ⊙,	Lotung,
Maho ⊙,	Hokiang,
Gingping,	Loping,
Pangxui,	Pingtung,
Pingtung,	Fungning.

TUCKEN, ou TUGGEN, Bourg de Suisse [n], au Canton de Schwitz, sur le bord de la Rivière Lint. Il paroît par la Vie de S. Gall, écrite par Walafridus Strabo, Moine de St. Gall, & Ecrivain du neuvième Siècle, que dans le septième Siècle, ce Bourg étoit au bord du Lac de Zurich; le Lac par la suite des tems s'est tellement retiré qu'aujourd'hui Tucken en est éloigné de deux milles d'Italie.

[n] Etat & Délic. de la Suisse. t. 2. p. 437.

TUCULULA, Bourgade de l'Amérique Septentrionale, au Mexique, dans le Gouvernement de Guaxaca. Elle est à deux lieues [o], au Midi Oriental du Bourg de Castla, & passe pour être riche en veines d'or. Elle ne manque pas non plus de Fruits; mais elle est si sujette aux Tremblemens de terre, que les Habitans sont contraints de demeurer dans des Cases basses, qu'ils nomment *Bohios*, faites de gazon & couvertes de paille. Ils sont près de la Mer du Sud & ils peuvent entendre facilement le bruit de ses flots.

[o] De Laet, Descr. des Indes Occ. Liv. 5. c. 5.

TUCULUS, Lieu de l'Afrique propre: L'Itinéraire d'Antonin le marque sur la route de Carthage à Alexandrie, entre Digdica & Banadedari, à vingt-quatre milles du premier de ces Lieux & à vingt-cinq milles du second. Quelques Manuscrits, au lieu de TUCULUS, lisent TUDULUS.

TUCUMAN, Province de l'Amérique Méridionale au Paraguay [p]. Elle est bornée au Nord partie par la Province de los Chitas, partie par celle de Chaco; à l'Orient partie encore par la Province de Chaco, partie par celle de Rio de la Plata; au Midi par le Pays de Cuyo Chicuito & par celui des Pampas; à l'Occident par l'Evêché de Sant-Jago. Cette Contrée, qui jouït d'un air fort temperé, & dans le terroir de laquelle on ne trouve aucune Mine d'or ni d'argent, a beaucoup de terres bien cultivées vers le Gouvernement du Chili & plusieurs Quartiers deserts vers la Magellanique. On nomme ordinairement cette Contrée TRAPALANDA; mais les Habitans du Gouvernement de Chili l'appellent *Province de la Sal*. L'Eté

[p] De l'Isle, Atlas.

[q] De Laet, Descr. des Indes Occ. Liv. 14. c. 9.

y

TUC.   TUD.

y commence le 23. de Septembre & finit le 20. de Mars. Il y a principalement trois Nations de Sauvages qui l'habitent; savoir les TUCUMANES, dont les Espagnols ont donné le nom à la Province; les JURIES & les DIAGUITES. Ces deux derniers sont des Pasteurs de Brebis: ils se vêtent de Draps de laine & quelquefois de Cuirs de Vache bien préparez. Leurs Villages sont proches les uns des autres & presque tous fort petits. Il y en a où il ne demeure qu'un seul Lignage. Ils disposent leurs Maisons en rond & les environnent de hayes d'épines, à cause des cruelles guerres qu'ils se font sans cesse. C'est une Nation fort laborieuse & moins adonnée à l'yvrognerie que les autres Sauvages de ces Régions. Les Espagnols occupent dans le Tucuman, outre plusieurs Bourgades, les Villes suivantes:

S. Salvador, ou Xuxui,
Salta,
Esteco, ou Talavera,
S. Muguel,
Sant-Jago, ou Estero,
Londres,
Cordoua.

L'air de ce Pays est chaud, & le terroir sabloneux. On n'y trouve presque point de pierres, ce qui fait qu'on n'y bâtit pas commodément. Les Champs y sont arrosez de divers Ruisseaux, au bord desquels on voit quantité de Jardins & de Vignobles. On s'y employe à la Draperie, à cause de la grande quantité de Laine qui s'y trouve, & dont on fait des Draps & de toutes façons & de diverses couleurs. Les Naturels ont cessé d'aller nuds, comme ils faisoient autrefois & ont pris des manières douces & civiles. Ils habitent le long de deux grandes Riviéres, dont l'une s'appelle Estero & l'autre el Salado. Le Pays qui est entre deux abonde en Cire & en Miel, en Coton & en Pastel, dont les Habitans se servent pour teindre leurs Laines. Le trafic qu'ils font de leurs Draps & de leurs Etoffes est considérable. Ils ont quantité de Vaches & de Brebis, ainsi que des Cerfs, des Perdrix & d'autres Oiseaux de toute espèce.

TUCUYO, Ville de l'Amérique dans la Terre-ferme [a], au Gouvernement de Venezuela, à cinquante lieues de la Mer du Nord, à onze de Nova Segovia, & à quatre-vingt-cinq de la Métropolitaine Coro. Elle a pris son nom de la Vallée de Tucuyo, dans laquelle elle est bâtie. Cette Vallée est environnée de toutes parts de Montagnes: elle s'étend du Nord au Sud, & n'a guère qu'environ une demi-lieue de longueur & de largeur. Une Riviére de même nom la partage presque par le milieu; & elle est sur-tout prisée pour la bonté de son air, comme pour l'abondance des Vivres & des Fruits qu'elle fournit. Les Cannes de Sucre y viennent fort bien, & on y cueille force Coton dont les Indiens se font des habits. La terre porte fort bien le Froment & les autres Grains étrangers. On trouve dans les Champs & dans les Bois grand nombre de Bêtes de chasse, & surtout des Cerfs. Les Habitans de Tucuyo

[a] De Laet, Descr. des Indes-Occ. Liv. 18. c. 12.

s'adonnent à nourrir des Vaches & des Brebis & particuliérement des Chevaux. Les Sauvages de cette Province sont de la Nation de Cuicas, quoiqu'il y ait quelque différence dans le langage. C'est un Peuple qui aime à combattre. Ils se servent d'Arcs, de Fléches, de Massues & de pierres, & la plûpart sont mangeurs de chair humaine. Quelques-uns, qui ont été domptez par les Espagnols, vivent plus humainement, & pour Tribus leur payent du Mahis qu'ils portent à la Ville.

TUDÆ, Ville de l'Espagne Tarragonnoise. Ptolomée [b] la donne aux Peuples Grui. Voyez TYDE.

[b] Lib. 2. c. 6.

TUDDERT, Bourg d'Allemagne, au Duché de Juliers, sur le Rebecq, près de la petite Ville de Sittard. On croit que c'est le THEUDURUM des Anciens.

TUDE, ou TUDES, Ville d'Espagne: l'Itinéraire d'Antonin la marque sur la route de Bracara à Asturica, entre Limia & Burbida, à vingt-quatre milles du premier de ces Lieux, & à seize milles du second. Ce n'est pas là, dit Ortelius [c], la TUDÆ de Ptolomée.

[c] Thesaur.

1. TUDELA. Voyez TEUDELENSIS.

2. TUDELA, Ville d'Espagne, dans la Navarre, & la Capitale d'une Mérindale, qui s'étend sur la droite de l'Ebre, comprenant deux Citez & vingt-deux Bourgs ou Villages. La Ville de Tudela est située sur l'Ebre dans l'angle que fait le Queiles en se jettant dans ce Fleuve. Cette Ville est jolie, habitée par un bon nombre de Noblesse, ornée de quelques beaux Edifices, entourée de murailles & défendue par un Château. On y compte dix Paroisses [d] dont l'une est une Eglise Collégiale; elle a six Couvens de Religieux & deux de Religieuses, avec un riche Hôpital. C'est le Cheflieu d'une Jurisdiction qui s'étend sur Villes & sur 22. Bourgs. Le Patriarche Tubal la fonda, dit-on, l'an du Monde 1840. & l'appella de son nom Tubella. Après avoir essuyé plusieurs revers de fortune, elle vint au pouvoir des Maures, sur qui le Roi Sanche Abarca la prit l'an 900. & la perdit bien-tôt après. Enfin Alphonse Roi de Navarre & d'Arragon I. & de Castille VII. en fit la conquête: il la rétablit en Peuple & lui accordant les Priviléges de Sobrarve: il la donna après contre le gré des Arragonois à Roton Comte d'Alperche François de Nation, qui l'avoit aidé dans cette expédition; elle retourna bien-tôt après à la Couronne. L'an 1194. le Roi Sanche VIII. surnommé le Fort, y fit bâtir la grande Eglise & fit construire ce fameux Pont sur l'Ebre que l'on voit encore aujourd'hui. On y tint un Concile l'an 638. contre les Hérétiques Arriens. L'an 1551. on y reconnut dans une Assemblée d'Etat Philippe II. pour Roi d'Espagne. Une inondation arrivée le 18. de Février l'an 1643. lui causa beaucoup de dommage, & renversa trois Arches du Pont. Cette Ville a produit plusieurs hommes fort renommez par leur savoir & par leur bravoure. Son terrain est fertile.

[d] Rodr. Mend Silva, Poblac. de España, p. 197.

TUDELASCA, Fleuve de la Ligurie, aux environs de la Ville de Gênes, selon Orte-

742 TUD. TUE. TUE. TUF. TUG. TUI.

a Thesaur. Ortelius *a* qui cite une ancienne Inscription sur cuivre, conservée dans cette Ville.

TUDELLA, Bourgade de l'Amérique, dans la Terre-ferme, au nouveau Royaume de Grenade, sur le bord de la Riviére de Zarbi *b*. *b De Laet, Descr. des Indes Occ. Liv. 9. c. 5.* Ce fut la premiére Bourgade qu'habitérent les Espagnols dans les Provinces des Musos & des Colymas. La proximité des Montagnes, jointe à la trop grande férocité des Sauvages & à la disette des vivres, les obligea de l'abandonner peu de tems après; & la plûpart d'entr'eux suivit le Capitaine Pedro d'Orsua au voyage qu'il fit dans les Provinces appellées *Eldorado*, à cause des Mines d'or qu'on y trouve.

TUDER, Ville d'Italie dans l'Umbrie citérieure, selon Strabon *c*, Pline *d* & Silius Italicus *e*. Paul Diacre *f* & quelques autres Auteurs du moyen Age écrivent TUDERTUM. *c Lib. 5. p. 227. d Lib. 3. c. 14. e Lib. 6. v. 645. f Lib. 4. c. 8. g Lib. 2. c. 57. h Pag. 183.* Ses Habitans sont appellez *Tudertes* par Pline *g*, & *Tudertini* dans une ancienne Inscription rapportée par Mr. Spon *h*. Le nom moderne de cette Ville est *Todi*. Frontin lui donne le titre de FIDA COLONIA TUDER.

TUDERNUM, Ville d'Italie dans la Toscane, selon Ortelius *i* qui cite un Fragment de l'Itinéraire d'Antonin. Voyez SUDERNUM. *i Thesaur.*

TUDERTUM. Voyez TUDER.

TUDROMIUM, nom d'un Lieu que l'Histoire Miscellanée *k* semble placer aux environs de la Bulgarie. *k Lib. 22. & 23.*

1. TUERE, Ville de l'Empire Russien, dans la Russie Moscovite, au Duché de Tuere, au confluent de la Tuertza & du Volga, qui est déja si large, dans cet endroit qu'on est obligé de le passer dans un Bac. *m* *l De l'Isle, Atlas. m Olearius, Voyage de Moscovie, L. 1.* Cette Ville est bâtie sur la pente d'une Colline, & prend son nom de la Riviére de Tuertza.

2. TUERE, Duché de l'Empire Russien, dans la Russie Moscovite. Il est borné au Nord & au Couchant par le Duché de la Grande Novogorod; à l'Orient par le Duché de Rostow; au Midi par le Duché de Moscou & par la Province de Rzeva. Il prend le nom de sa Capitale, qui prend le sien de la Riviére de Tuertza. Ses principaux Lieux sont,

Tuere,	Satrite,
Tuerjock,	Gorodna ou Gerodin,
Volkofkoi,	
Starica,	Clin,
Prezysta,	Maigrova,
Oleschna,	Czornaia Sloboda,
Cossin,	Mitre.

TUEROBIUS, Fleuve de la Grande-Bretagne: Ptolomée *n* marque son Embouchûre sur la Côte Occidentale, entre celle du Fleuve *Stuccia* & le Promontoire *Octapitarum*. *n Lib. 2. c. 3.* Le MS. de la Bibliothéque Palatine lit *Tuerobis* au lieu de *Tuerobius*. Le nom moderne de ce Fleuve est *Tivy* selon Camden.

TUERTA, Riviére d'Espagne, au Royaume de Léon. Elle a sa source dans les Fonténies dans les Montagnes des Asturies. Son cours est du Nord au Sud en serpentant. Après avoir arrosé Astorga elle reçoit l'Orbegna, g. la Tera, d. & l'Ezla, g. après quoi elle va se perdre dans le Duero, au-dessous de Zamora. Quelques-uns *o* lui donnent le nom d'Orbega, ou Orbegna, depuis l'endroit où elle reçoit cette Riviére jusqu'à son Embouchure dans le Duero. *o Jaillot, Atlas.*

TUERTZA *p*, Riviére de l'Empire Russien, dans la Russie Moscovite. Elle a sa source dans le Duché de la Grande Novogorod, d'où prenant son cours au Midi Oriental, elle entre dans le Duché de Tuere, où elle va se jetter dans le Volga près de la Ville, à laquelle elle donne son nom. *p De l'Isle, Atlas.* Les principaux Lieux qu'elle mouille sont, Tuerjock, Ossoga & Tuere.

TUESIS, Ville de la Grande-Bretagne selon Ptolomée *q* qui la donne aux *Vocoma-gi*. On croit que c'est aujourd'hui la Ville de Barwick dans le Northumberland. *q Lib. 2. c. 3.*

TUFFE', Bourg de France dans le Maine, Election du Mans.

TUFICUM, Ville d'Italie: Il en est parlé dans Frontin *r*. Pline *s* nomme ses Habitans TUFICANI. Holsten prétend qu'elle étoit entre Matelica & Fabriano dans la Marche d'Ancone. C'est la même Ville que Ptolomée *t* nomme *Juficum*. *r Lib. 6. Limit. p. 108. s Lib. 3. c. 14. t Lib. 3. c.*

TUGANI-MONTES. C'est ainsi que Leunclavius voudroit écrire le nom des Montagnes de Thrace, que d'autres appellent GANI-MONTES. Voyez GANI-MONTES.

TUGENI. Voyez TOUGENI.

TUGERAS, Bourg de France, dans la Saintonge, Election de Saintes.

TUGGENSIS, ou MUNICIPIUM TOGIÆ, Siège Episcopal d'Afrique dans la Province Proconsulaire; car Victor *Episcopus Municipii Togia* souscrivit à la Lettre Synodique des Evêques de cette Province dans le Concile de Latran. Dans la Conférence de Carthage *u* Pascasius est nommé *Episcopus Tuggensis*. *u No. 181.*

TUGIA, Ville d'Espagne: l'Itinéraire d'Antonin la marque sur la route de *Castulo* à *Molaca*, entre Castulo & *Traxinum*, à trente-cinq milles du premier de ces Lieux & à seize du second. Cette Ville donnoit son nom à la Montagne appellée par Pline *x* TUGIENSIS SALTUS, & qu'on appelle présentement *Sierra di Alcaraz*. *x Lib. 3. c.*

TUGMA, Ville de l'Inde au-delà du Gange: Ptolomée *y*, qui lui donne le titre de Métropole, la place près du Gange. *y Lib. 2. c. 7.*

TUGUTIANENSIS, Siège Episcopal d'Afrique, mais dont on ne connoit point la Province. On sait seulement que Benenatus *Tugutianensis Episcopus* souscrivit au Concile de Cabarsusa.

TUILE *z*, Bourg des Etats de Savoye, dans le Val d'Aoste, sur le bord d'une petite Riviére qui se jette dans la Doria, près du Pilon, à l'Orient du Petit St. Bernard. On croit que c'est l'*Arebrigium* des Anciens. *z De l'Isle, Atlas.*

TUILLIERES, *Tegulariæ*, Lieu du Duché de Lorraine, au Diocèse de Toul. Son Eglise Paroissiale est dédiée à Saint Valère. Les Seigneurs du Lieu en sont Patrons. Le Curé perçoit le tiers de la grosse & menue Dixme; & le Chapitre de Remiremont les deux autres tiers. Cette Terre appartient à Madame la Marquise de Roziéres. L'ancien Château de Gesil, & l'Hermitage de Notre

TUI. TUK. TUL. TUL.

Nôtre Dame de Confolation en dépendent.

TUIN, Ville des Pays-Bas, dans le Pays d'Entre Sambre & Meufe [a], en Latin *Tudinium*, ou *Tuinum*. Cette Ville, qui eft la principale du Pays d'Entre Sambre & Meufe, eft fituée fur une hauteur, au bord Méridional de la Sambre. Elle doit fon origine aux anciens Abbez de Lobbe. Comme elle fut ruïnée, Notker Evêque de Liége la rétablit vers l'an 1000. Quoique cette Ville foit fituée dans le Hainaut, elle appartient au Diocéfe de Liége.

[a] *Longuerue, Defcr. de la France, Part. 2. p. 131.*

TUISI, Peuple d'Efpagne, dans le Pays des Cantabres, felon Strabon [b] qui les place vers la fource de l'Ebre.

[b] *Lib. 3. p. 156.*

TUKIE, Ville de la Chine [c], avec Fortereffe, dans la Province de Quangfi au Département de Taping huitième Métropole de la Province. Elle eft de 12. d. 0'. plus Occidentale que Péking, fous les 23. d. 52'. de Latitude.

[c] *Atlas Sinenf.*

TULANENSIS, Siège Epifcopal d'Afrique. La Notice des Evêchez d'Afrique le place dans la Province Proconfulaire, & nomme fon Evêque Pafchafius *Tulanenfis*.

TULBING, Bourg d'Allemagne dans la Baffe-Autriche [d] à 2. milles au-deffous de S. Hippolite, & à un mille au-deffous de la fameufe Chartreufe de Maurbach.

[d] *Zeyler, Topogr. Auftr. p. 58.*

TULCIS, petite Rivière d'Efpagne: elle mouilloit la Ville de *Tarragona*, felon Pomponius-Mela [e]. Son nom moderne eft *Francolin*, ou *Francoli*.

[e] *Lib. 2. c. 6.*

TULEDON, Montagne d'Italie, dans la Ligurie aux environs de la Ville de Génes, felon une ancienne Infcription fur cuivre, confervée dans cette Ville & citée par Ortelius [f].

[f] *Thefaur.*

TULEUS, ou **THULEUS**, Lieu de la Thrace, dans la Province de Rhodope: Procope [g] le met au nombre des Forts que l'Empereur Juftinien éleva dans cette Province. Ortelius croit que c'eft le **TULIS** de Polybe.

[g] *Lib. 4. c. 11.*

TULINGI, Peuples de l'ancienne Gaule: Céfar [h] les met dans le voifinage des Helvétiens. Ils habitoient felon quelques-uns le Pays nommé aujourd'hui la Lorraine; & felon d'autres c'étoient les Habitans des Comtez de Stulingen & de Nellenburg.

[h] *Lib. 1. c. 5.*

TULINS, ou **TUYLLINS**, *Tulinum*, Bourg de France, dans le Dauphiné, au Diocéfe de Vienne, Election de Romans. Il y a un Prieuré de Filles de l'Ordre & de la Filiation de Cîteaux.

TULINSII, Peuples de la Mauritaine Céfarienfe; Ptolomée [i] les place entre les *Machurebi* & les *Baniuri*.

[i] *Lib. 4. c. 2.*

TULIPHURDUM, Ville de la Germanie, felon Ptolomée [k]. Ortelius [l] croit que ce pourroit être aujourd'hui *Dreckfurde* dans la Weftphalie.

[k] *Lib. 2. c. 11.*
[l] *Thefaur.*

TULIS. Voyez **TULENS**.

TULISURGIUM, Ville de la Germanie felon Ptolomée [m]. On croit que c'eft préfentement *Braunfwyck*.

[m] *Lib. 3. c. 11.*

1. **TULLE**, *Tutela*, Ville de France [n], dans le Bas Limoufin, dont elle eft la Capitale. Elle eft fituée au confluent des Riviéres de Corrèfe, & de Solan, partie au pied & partie fur le penchant d'une Montagne, à quinze lieues de Limoges. Cette Ville eft fituée dans un Pays afreux par fes Montagnes & fes précipices. [o] C'eft pour cela que d'anciens Moines s'y établirent pour faire pénitence. Il fe forma dans ce lieu un grand & célèbre Monaftère, dont Saint Eudes Abbé de Clugny fait mention dans la Vie de St. Geraud d'Aurillac. Ce Monaftère donna occafion à la fondation de la Ville de Tulle, dont les Princes qui ont poffédé le Limoufin ont eu le haut Domaine; & les Rois de France leur ont fuccédé. Cette Ville ne s'étant donc formée qu'à l'occafion de cette Abbaye de l'Ordre de St. Benoît [p], qui fut abfolument détruite par les Normands en 846. & qui ne fut rétablie que vers l'an 930. il eft aifé de conclure que Tulle n'eft pas une Ville fort ancienne. Elle étoit nommée il n'y a guère que deux cens cinquante ans, **TUELLE**. Cela paroît entre autres par des Lettres de l'an 1445. dans lefquelles on lit: *Devant le Sénéchal de Limoufin, ou fon Lieutenant dans la Ville de Tuelle*. Le circuit de cette Ville eft d'une bonne demi-lieue, & on y compte environ mille deux cens feux, & cinq mille perfonnes. Cette Ville porte le titre de Vicomté, & l'Evêque en eft Seigneur. Elle eft décorée d'un Evêché, d'un Préfidial, d'une Election. Le Comté de Ventadour ayant été érigé en Duché par Henri III. l'an 1578. les Habitans de Tulle y formérent oppofition, & ne s'en defiftérent qu'à condition que le Duc fonderoit en leur Ville un Collége de Jéfuites.

[n] *Pigniol, Defcr. de la France, t. 6. p. 377.*
[o] *Longuerue, Defcr. de la France, Part. 1. p. 142.*
[p] *Pigniol, t. 6. p. 377.*

L'Evêché de Tulle n'eft ni d'une grande étendue, ni d'un grand revenu. Ce Diocéfe n'a qu'environ huit lieues [q], & le revenu de l'Evêque ne monte pas au-delà de huit mille Livres. Cet Evêché fut érigé par le Pape Jean XXII. en 1317. & ce n'étoit auparavant qu'une Abbaye connue fous le nom de Saint Martin, laquelle avoit été fondée dans le feptième Siècle par S. Chafre. Arnauld de S. Aften fut le dernier Abbé, & le premier Evêque de Tulle en 1018. Les Moines Bénédictins compoférent toujours le Chapitre de l'Eglife Cathédrale, jufqu'en 1514. que le Pape Léon X. les féculerifa; & depuis ce tems-là ils ont formé un Chapitre ou Collége compofé d'un Doyen, d'un Chantre, d'un Prevôt, d'un Treforier & d'onze Chanoines. L'Eglife Cathédrale eft dédiée à St. Martin [r]. La condition de fonder un Collége de Jéfuites ne fut accomplie qu'en 1620. & l'Eglife ne fut même achevée de bâtir qu'en 1701. Les Cordeliers furent établis à Tulle en 1491, & les Recollets introduits en leur place en 1601. Les Feuillans furent reçus dans cette Ville l'an 1615. & les Carmes déchauffez en 1644. Les Religieufes de la Vifitation de Sainte Claire, & les Urfulines y ont auffi des Monaftères. La fidélité des Habitans de Tulle détermina le Roi Charles V. en l'année 1370. à leur accorder les mêmes privilèges qu'à ceux de Cahors, & de Montauban, avec une exemption générale de tous impôts. L'an 1566. Charles IX. leur permit d'avoir un Maire & quatre Echevins. L'an 1463. Louis XI. établit un Siège de Sénéchauffée [s] à Tulle pour le Bas Limoufin; mais comme ce Siège avoit été auparavant dans la Ville de Brive, elle y forma de

[q] *Pag. 362.*
[r] *Pag. 378.*
[s] *Pag. 363.*

de grandes oppositions, & ces deux Villes se le difputérent à force d'offres & d'argent, & l'emportérent alternativement l'une fur l'autre ; enfin le différend fut partagé en 1554. & la Sénéchauffée * fut divifée entre elles. Le Préfidial de Tulle fut créé en 1635, & s'étend fur cent quarante petites Villes, Bourgs, ou Paroiffes. Les principales Jurifdictions de ce Reffort font, la Sénéchauffée d'Userche, le Siège Ducal de Ventadour, & partie de la Sénéchauffée de Martel.

*Pag. 36.

Il y a dans ce Diocèse deux Abbayes ª: Celle de Notre-Dame de Valette, d'Hommes, de l'Ordre de Citeaux, & celle de Saint-Bernard, de Filles, du même Ordre, & environ cinquante Paroiffes. L'Election de Tulle renferme cent foixante-onze Paroiffes.

ª Pag. 362.

2. TULLE, ou TOULA ᵇ. Riviére de l'Empire Ruffien, dans la Ruffie Mofcovite au Duché de Rezan. Elle prend fa fource un peu au-deffous de Crapicina qu'elle mouille ; fon cours eft du Midi au Nord, au Couchant de la Forêt d'Okonitziles ou d'Epifanovles. Elle fe jette dans la Riviére d'Uppa, dans l'endroit où eft la Ville du Tulle à laquelle elle donne fon nom.

ᵇ De l'Ifle, Atlas.

3. TULLE, felon Mr. Corneille ᶜ & TOULA, felon Mr. de l'Ifle ᵈ; Ville de l'Empire Ruffien, dans la Ruffie Mofcovite au Duché de Rezan. Cette petite Ville, qui eft accompagnée d'un Château de pierre eft bâtie au confluent des Riviéres de Toula & d'Uppa. Mr. Corneille dit que cette Ville eft à trente-fix milles de Mofcou, au Midi, & à quarante de Rezan.

ᶜ Dict.
ᵈ Atlas.

4. TULLE, petite Ville d'Afie dans la Tartarie. Mr. Petis de la Croix ᵉ la met dans le Bedacchan.

ᵉ Hift. de Timur-Bec. L. 4. c. 5.

TULLET, Lieu de France dans le Dauphiné, du Diocèfe de Vaifon, fous l'Election de Gap.

TULLEY, Abbaye de France, dans la Franche-Comté au Diocèfe de Langres. C'eft une Abbaye d'Hommes de l'Ordre de Citeaux & qui fut fondée en 1130.

TULLICA, Ville de l'Efpagne Tarragonnoife : Ptolomée ᶠ qui la marque dans les terres la donne aux Peuples *Cariſti*.

ᶠ Lib. 2. c. 6.

TULLIENSIS - MUNICIPII. Voyez MUNICIPENSIS.

1. TULLUM, Montagne de l'Illyrie felon Strabon ᵍ. Lazius ʰ dit que le nom moderne eft *Delez*, & que les Habitans du Pays la nomment *Telez*.

ᵍ Lib. 4. p. 207.
ʰ Rep. Rom. Lib. 12. Sect. 6.

2. TULLUM. Voyez LEUCI.

1. TULN, Riviére d'Allemagne, dans la Baffe-Autriche, Elle a fa fource au Quartier du Bas Vienner-Wald près de Potenftein ⁱ. A quelques milles delà elle mouille Altinmarck, après quoi elle fe jette dans un Lac qu'elle traverfe du Midi au Nord. Quand elle eft fortie de ce Lac, elle coule encore du même côté l'efpace de quelques milles, puis tournant tout à coup vers l'Occident elle fe rend à Murften, d'où elle recommence à courir vers le Nord pour aller fe jetter dans le Danube, après avoir mouillé la Ville de Tuln. Son Embouchure dans le Danube eft entre celles des Riviéres de Purffing & d'Antzefpach. Ces trois Riviéres ont un cours à peu près parallèle.

ⁱ Jaillot, Atlas.

2. TULN, *Tulna* ᵏ, Ville d'Allemagne dans la Baffe Autriche, proche la Riviére du même nom, à 6. milles au-deffous de Crems, & à 4. au-deffus de Vienne. Cette Ville eft renommée par la pureté de fon air, & par la fertilité de fon terroir qui produit en quantité du Bled & du Vin. L'Empereur Rodolphe I. y a fondé une Abbaye de Filles : fon fils Harman en a achevé les Bâtimens ; il y eft enterré avec fon Frere Frederic.

ᵏ Zeyler, Topogr. Auftr. P. 36.

TULONIUM, ou TULLONIUM, Ville de l'Efpagne Tarragonnoife : Ptolomée qui la marque dons les Terres la donne aux *Varduli*. L'Itinéraire d'Antonin la met fur la route de l'Efpagne dans l'Aquitaine ou d'Afturica à Bourdeaux, entre *Suiſſatium* & *Alba*, à fept milles du premier de ces Lieux & à douze milles du fecond.

ˡ Hifp. p.

TULPIACUM. Voyez TOLBIACUM.

TULUJAS, ou TOLUJAS, Château de France dans le Rouffillon, fur une Branche de la Tet à une lieue au-deffus de Perpignan. Ce Lieu eft connu ˡ principalement par Mr. Baluze. Il en eft auffi parlé dans le Teftament de Guillaume Vicomte de Châteauneuf & Archidiace de l'Eglife d'Elne, daté de l'an 1091. & rapporté par Mr. de Marca ᵐ ; mais au lieu de TULUJAS, ce Teftament porte Tulages.

ˡ Baubrand, Ed. 1681.
ᵐ Appendix, Marc. p. 1188.

TULUPENSIS, Siège Archiépifcopal, que la Notice de l'Abbé place fous le Patriarchat d'Antioche, elle ajoute que ce Siège fe nommoit auffi *Elyoſpolitanus*. TULUPA, felon Ortelius ⁿ qui cite Guillaume de Tyr, place cette Ville vers la Syrie au voifinage de l'Euphrate.

ⁿ Thefau.

TULUPHAN, ou TURPHAN, felon Mr. Corneille ᵒ, & TURFAN felon Mr. de l'Ifle ᵖ. Ville de la Grande Tartarie, au Royaume de Cialis, fur la route de Cafgar à la grande muraille de la Chine, entre Cialis & Camul.

ᵒ Dict.
ᵖ Atlas

TULZA, ou TULCA, Bourg de la Bulgarie fur la Branche Méridonale du Danube, felon Niger ; qui le prend pour l'ancienne SITIOTENTA ᑫ.

ᑫ Ortelii Thefaur.

TUMANNUNA, Municipe de la Mauritanie Céfarienfe. Ortelius ʳ en fait mention & cite un Fragment de la Table de Peutinger.

ʳ Ibid.

TUMAR, Lieu d'Afrique, dans le Mont Aurafe : Procope ˢ dit que c'eft un endroit plein de Rochers & bordé de précipices. Jabdas s'y étoit réfugié comme dans un pofte avantageux dont l'accès étoit prefque impoffible. Les Romains ne laiffèrent pas de forcer ces difficultez & de fe rendre maîtres de ce Lieu, qu'ils réfolurent de ne plus abandonner à caufe de fon importance.

ˢ Wendel. Lib. 1. c. 19. & 20.

TUMARRA, Ville de la Mauritanie Céfarienfe, felon Ptolomée ᵗ.

ᵗ Lib. 4. c.

TUMBA, Rocher de France, fur la Côte de la Baffe Normandie. Ce Lieu s'appelloit déja *Ad duas Tumbas* ᵘ avant la fin du neuvième Siècle, à caufe d'un autre Rocher voifin nommé TUMBELLA, ou TOMBELLAINE. Un des Evêques d'Avranches, nommé Aubert, fonda dans le huitième Siècle fur le Rocher appellé *Tumba* l'Eglife de St. Michel, qui donna fon nom au Rocher ou à la Mon-

ᵘ Longuerue, Defcr. de la France, Part. 1. P. 79.

Montagne appellée depuis le Mont St. Michel. Voyez au mot MONT l'Article MONT-SAINT-MICHEL.

1. TUMBEZ, Vallée de l'Amérique Méridionale au Pérou, dans le Gouvernement de Quito. C'est à cette Vallée que commence la Plaine du Pérou qu'on appelle LOS LLANOS. Elle est traversée par une Rivière qui lui donne son nom. Le terroir de cette Vallée est très-sec & peu fertile [a]; parce que le long de la Côte de la Mer, dans l'espace de quelques lieues de largeur, il n'y pleut jamais, & qu'il pleut très-rarement au pied des Montagnes qui couvrent cette Vallée du côté de l'Orient. Elle étoit néanmoins fort bien peuplée anciennement, à cause que l'eau de la Rivière, détournée dans divers canaux & aqueducs, arrosoit les semences; ce qui étoit cause que les Habitans faisoient une abondante moisson de Mays. Ils alloient vêtus, ne manquoient pas d'industrie & supportoient facilement le travail. Ils étoient aussi beaucoup plus civilisez que les habitans des Montagnes. Les Rois du Pérou y avoient autrefois une Forteresse avec une Garnison pour contenir les Peuples voisins dans leur devoir, & particulièrement ceux de l'Isle de Puna.

[a] De Laet, Descr. des Indes-Occ. L. 10. c. 15.

2. TUMBEZ, Rivière de l'Amérique Méridionale [b], au Pérou, dans le Gouvernement de Quito. Elle prend sa source dans la Province de Paltas, traverse la Vallée à laquelle elle donne son nom, & va se jetter dans la Mer du Sud, entre l'Embouchure de la Rivière de Guayaquil & le Cap-Blanc.

[b] Ibid.

TUMEJUS, Château de France au Duché de Bar, Diocèse de Toul, dépendant du Village de Bulligny, & de la Paroisse de Blenod. Ce Château, qui a titre de Comté, a appartenu long-tems à la Maison de Ligneville.

TUMEN, Ville de l'Empire Russien [c], dans la Sibérie, sur une Rivière de même nom, appellée aussi *Tura*, environ à cinquante lieues de la Ville de Tobolskoy, droit au Couchant. Cette Ville, dit Adam Brand cité par Mr. Corneille [d], est d'un assez grand circuit & environnée de remparts & de murailles. Les Habitans sont pour la plûpart des Tartares qui s'y sont établis, & qui, à cause du grand négoce qu'ils font en d'autres Pays, sont obligez de payer Tribut au Grand-Duc. C'est un Peuple dont les manières sont fort honnêtes, & qui a le talent de s'accommoder à l'humeur des diverses Nations avec lesquelles il a établi commerce.

[c] Carte de l'Empire Russien.
[d] Dict.

TUMIDA. Voyez TIMIDA.

TUMMARA, Lieu de Perse, aux environs du Tigre, selon Zozime cité par Ortelius [e].

[e] Thesaur.

TUMNIAS. Voyez TINNI.

TUMULOS. Voyez TURMULOS.

TUNBRIDGE, Bourg d'Angleterre dans le Comté de Kent, à quinze milles de Rochester, & à vingt-cinq milles de Londres, sur la Medway. Ce Bourg a un Château [f] qui fut bâti par Richard de Clare, qui avoit eu Tunbridge par échange pour Brion en Normandie. Godefroy son Ayeul, fils naturel de Richard I. Duc de Normandie,

[f] Blaeu, Atlas. p. 155.

étoit Comte d'Aux & de Brion, & après qu'on eut long-tems debattu la possession de cette dernière Place, Richard, au lieu du Château qu'il demandoit, comme lui appartenant, eut en Angleterre le Bourg de Tunbridge. On tient que l'étendue de Brion, qui étoit d'une lieue, fut mesurée avec un cordeau, & qu'on mesura un pareil espace à Tunbridge pour le donner en échange. Toutefois le fonds de ce Bourg ne laissa pas d'être tenu à hommage par ses Successeurs, Comtes de Glocester, à condition que les Senéchaux & leurs enfans prêteroient assistance aux Archevêques de Cantorbery, quand ils en seroient requis. Ce Bourg [g] est remarquable pour ses Eaux minérales, où plusieurs personnes de qualité & autres vont vers la fin de l'Eté pour prendre les eaux & pour se divertir.

[g] Etat présent de la Gr. Br. t. 1. p. 76.

TUNCASSI, ancien Peuple Scythe, dont parle Jornandès [h], qui dit qu'il fut du nombre des Nations vaincues par les Huns.

[h] De Reb. Get. c. 23.

TUNCHAM. Voyez TUNGCHANG.

TUNCKERBRUNN, Fontaine d'eau minérale dans la Suisse [i], au Canton de Soleure, du Bailliage d'Olten, près de Dulliken; elle est bonne principalement contre la dyssenterie.

[i] Etat & Délic. de la Suisse, t. 3 p. 83.

TUNDEREN. Voyez TONDERN.

TUNEBRIUM, Promontoire d'Espagne dans le Royaume de Valence, entre les Villes *Altea* & *Denia*, à trois lieues de celle-ci. Les Anciens l'appelloient *Artemisium* du nom de la Ville la plus célèbre du voisinage, *Tunebrium* & *Ferraria*, à cause des Mines de fer qui s'y trouvoient. Ce nom d'*Artemisium* est encore demeuré en quelque manière chez les Naturels du Pays, qui appellent ce Promontoire *Artemus*. D'autres lui donnent le nom de Cap-Martin, ou Punta de l'Emperador.

TUNEIENSIS, Siège Episcopal d'Afrique, dans la Province Proconsulaire. Son Evêque est appellé Lucianus *Episcopus plebis Tuneïensis* dans la Conférence de Carthage [k]. La Ville de TUNES est célèbre dans Polybe [l], qui la met à six-vingt Stades de Carthage, d'où, ajoute-t-il, on peut la voir près de que de tous côtez. C'est aujourd'hui la Ville de Tunis. Dans le cinquième Concile Général Sextilianus *Tuneïensis*, ou *Tuniensis Episcopus*, représenta Primosus Evêque de Carthage. Cette Ville est appellée TUNIS par Strabon [m]; mais on croit que c'est une faute de Copiste & qu'il faut lire *Tunes* comme dans les autres Anciens. Voyez TUNIS.

[k] No. 128.
[l] Lib. 1. c. 30.
[m] Lib. 17.

1. TUNG, Lac de la Chine [n], dans la Province de Huquang, au Territoire de Kingcheu, sixième Métropole de la Province, à l'Orient de cette Ville. Ce Lac a quarante Stades de longueur.

[n] Atlas Sinens.

2. TUNG [o], Ville de la Chine, avec Forteresse, dans la Province de Péking, au Département de Xuntien première Métropole de la Province. Elle est de o. d. 8'. plus Orientale que Péking sous les 39. d. 54'. de Latitude.

[o] Ibid.

3. TUNG, Ville de la Chine [p] avec Forteresse, dans la Province de Xensi, au Département de Sigan première Métropole de la Province. Elle est de 7. d. 40'. plus Occidentale que Péking, sous les 36. d. 14. de Latitude.

[p] Ibid.

Bbbbb 4. TUNG,

4. TUNG, Ville de la Chine [a] dans la Province de Kiangnan, au Département d'Yangcheu, septième Métropole de la Province. Elle est de 5. d. 38'. plus Orientale que Péking, sous les 32. d. 58'. de Latitude.

[a] Atlas Sinens.

5. TUNG, Forteresse de la Chine [b], dans la Province de Quantung, au Département de Taching, première Forteresse de la Province. Elle est de 1. d. 22'. plus Occidentale que Péking, sous les 24. d. 17'. de Latitude.

[b] Ibid.

TUNGCHANG [c], Ville de la Chine, dans la Province de Xantung, où elle a le rang de troisième Métropole. Elle est de 0. d. 52'. plus Occidentale que Péking, sous les 37. d. 3'. de Latitude. Du tems de l'Empereur Yvus le Territoire de cette Ville dépendoit de la Province d'Ienchéu. Du tems des Rois il étoit partagé en trois portions dont une appartenoit aux Rois Ci, l'autre aux Rois Guei, & la troisième aux Rois Caho. La Famille Hana lui donna le nom de Ciyn: Celle de Tanga le nomma Pop'ing, & la Famille Sunga l'appella Pocheu. Ce fut la Famille Ivena qui lui donna le nom qu'il porte aujourd'hui. Le terroir est uni & fertile. Il produit une grande quantité de fruits & généralement parlant on y trouve toutes les choses nécessaires à la vie, outre que l'on y fait beaucoup de Soie. La Ville de Tungchang est célèbre & bien bâtie. Elle a sous sa Métropole dix-huit Villes, qui sont

[c] Ibid.

Tungchang,	Quont'ao,
Tangye,	Caot'ang ⊙,
Pop'ing,	Gen,
Choangp'ing,	Hiacin,
Kieu,	Vuching,
Sin,	Po ⊙,
Cingp'ing,	Fan,
Keu,	Quonching,
Lincing ⊙,	Choaching.

TUNGCHI, Forteresse de la Chine [d], dans la Province de Chekiang, au Département de Chinxan première Métropole de la Province. Elle est de 4. d. 57'. plus Occidentale que Péking, sous les 27. d. 56'. de Latitude.

[d] Ibid.

1. TUNGCHING, Ville de la Chine [e], dans la Province de Kiangnan, au Département de Ganking dixième Métropole de la Province. Elle est sous le même Méridien que Péking & sous les 31. d. 40'. de Latitude.

[e] Ibid.

2. TUNGCHING, Ville de la Chine [f], dans la Province de Huquang, au Département de Vuch'ang, première Métropole de la Province. Elle est de 4. d. 10'. plus Occidentale que Péking, sous les 29. d. 39'. de Latitude.

[f] Ibid.

TUNGCHUEN, Cité de la Chine [g] avec Forteresse, dans la Province de Suchuen, où elle a le rang de première Grande Cité. Elle est de 14. d. 0'. plus Occidentale que Péking, sous les 27. d. 30'. de Latitude. Tout son Territoire est entre-coupé de Riviéres qui lui donnent une grande fertilité. Dans plusieurs endroits on voit de belles Plaines, & par-tout on jouit d'un air fort sain. Il y a peu de Montagnes, & celles qu'on y voit ne sont pas hérissées de Rochers comme tant d'autres; mais cultivées pour la plus grande partie & peuplées de Villages. On cueille entre autres une grande quantité de Chataignes & de Prunes. Il y a aussi beaucoup de Cannes de Sucre, & le sucre qu'on en tire est excellent. De tout tems les Chinois ont eu de ces cannes; mais ils ignoroient l'art de les mettre à profit. On compte huit Citez sous la Métropole de Tungchuen, savoir

[g] Ibid.

Tungchuen,	Suining,
Xehung,	Fungki,
Jent'ing,	Ganyo,
Chungkiang,	Lochi.

1. TUNGGAN [h], Ville de la Chine, dans la Province de Péking, au Département de Xuntien première Métropole de la Province. Elle est de 0. d. 4'. plus Orientale que Péking, sous les 39. d. 33'. de Latitude.

[h] Ibid.

2. TUNGGAN, Ville de la Chine [i], dans la Province de Huquang, au Département d'Iungcheu, treizième Métropole de la Province. Elle est de 6. d. 14'. plus Occidentale que Péking, sous les 26. d. 35'. de Latitude.

[i] Ibid.

3. TUNGGAN, Ville de la Chine [k], dans la Province de Fokien, au Département de Civenchéu seconde Métropole de la Province. Elle est de 1. d. 30'. plus Orientale que Péking, sous les 24. d. 50'. de Latitude.

[k] Ibid.

4. TUNGGAN, grande Cité de la Chine, dans la Province de Quantung [l], au Département de Loting, première grande Cité de la Province. Elle est de 5. d. 56'. plus Occidentale que Péking, sous les 23. d. 20'. de Latitude.

[l] Ibid.

TUNGGIN, Ville de la Chine [m] dans la Province de Queicheu, où elle a le rang de sixième Métropole. Elle est de 8. d. 45'. de Latitude plus Occidentale que Péking, sous les 28. d. 20'. de Latitude. Le Territoire de Tunggin est situé dans la partie Septentrionale de la Province de Queicheu, en tirant vers l'Orient. Il avoit autrefois le nom de Kiman. La Famille d'Iuena commença par y bâtir une Forteresse, qui fut augmentée par la Famille Taiminga, & reçut alors le titre de Ville, dans le Département de laquelle furent mises sept autres Forteresses. On trouve dans le Territoire de cette Ville beaucoup d'or, principalement du côté de Tiki. Il y a aussi une grande quantité de Cuivre. Les Habitans de ce Pays étoient autrefois cruels, sauvages, orgueilleux, jaloux de leur liberté, & ils tuoient un homme dès qu'il étoit vieux; mais le commerce des Chinois les a peu-à-peu civilisez. Les Places du Département de Tunggin sont au nombre de huit, savoir

[m] Ibid.

Tunggin,	Ulo,
Sengki,	Pingten,
Tiki,	Pingnan,
Vanxan,	Pinchai.

TUNG.

TUN. TUN.

Atlas Sinenf.

TUNGHAI, Ville de la Chine [a], dans la Province d'Iunnan, au Département de Lingan, troisième Métropole de la Province. Elle est de 14. d. 10′. plus Occidentale que Péking, sous les 24. d. 14′. de Latitude.

Ibid.

1. TUNGHIANG, Ville de la Chine [b], dans la Province de Kiangsi, au Département de Vucheu, septième Métropole de la Province. Elle est de 0. d. 51′. plus Occidentale que Péking, sous les 28. d. 52′. de Latitude.

Ibid.

2. TUNGHIANG, Ville de la Chine [c], dans la Province de Chekiang, au Département de Kiahing, seconde Métropole de la Province. Elle est de 3. d. 41′. plus Orientale que Péking sous les 31. d. 9′. de Latitude.

Ibid.

3. TUNGHIANG, Ville de la Chine [d], dans la Province de Suchuen, au Département de Queicheu, sixième Métropole de la Province. Elle est de 9. d. 9′. plus Occidentale que Péking, sous les 32. d. 10′. de Latitude.

Ibid.

TUNGHIU, Ville de la Chine [e], dans la Province de Honan, au Département de Caifung, première Métropole de la Province. Elle est de 2. d. 50′. plus Occidentale que Péking, sous les 35. d. 34′. de Latitude.

Ibid.

TUNGKIANG, Ville de la Chine [f], dans la Province de Suchuen, au Département de Paoning, seconde Métropole de la Province. Elle est de 10. d. 0′. plus Occidentale que Péking, sous les 33. d. 0′. de Latitude.

Ibid.

TUNGLAN, Ville de la Chine [g] avec Forteresse, dans la Province de Quangsi, au Département de Kingyven, troisième Métropole de la Province. Elle est de 10. d. 50′. plus Occidentale que Péking, sous les 24. d. 5′. de Latitude.

Ibid.

TUNGLEANG, Ville de la Chine [h], dans la Province de Suchuen, au Département de Chungking, cinquième Métropole de la Province. Elle est de 11. d. 28′. plus Occidentale que Péking, sous les 30. d. 15′. de Latitude.

Ibid.

TUNGLIEU, Ville de la Chine [i], dans la Province de Kiangnan, au Département de Chicheu, treizième Métropole de la Province. Elle est de 0. d. 32′. plus Occidentrle que Péking, sous les 31. d. 8′. de Latitude.

Ibid.

TUNGLING, Ville de la Chine [k], dans la Province de Kiangnan, au Département de Chicheu, treizième Métropole de la Province. Elle est de 0. d. 30′. plus Occidentale que Péking, sous les 31. d. 45′. de Latitude. Cette petite Ville est dans une agréable situation. Elle est environnée de Montagnes, & bâtie de façon que son plan a la

l Ambassade des Holl. à Pékin, p. 10.

figure d'une feuille de Trefle [l]; son circuit est d'environ une demie heure de chemin. On y aborde par la grande Riviére de Kiam, après avoir passé devant un petit Château situé au fond d'une Baye, où les Jonques sont couvertes de la force de l'eau: sur la cime des hautes Montagnes qui paroissent au-dessus de la Ville, on entend un bruit extraordinaire. Ce petit Château s'appelle Vpon, & est situé sur le bord de la Riviére. Il est fermé d'une bonne muraille de vingt pieds de haut, & d'environ mille deux cens pas de tour; au milieu de la Plaine est un Pagode dont la couverture, qui finit en pointe, est fort agéable.

TUNGLIU, Ville de la Chine [m], dans la Province de Chekiang, au Département de Niencheu, quatrième Métropole de la Province. Elle est de 2. d. 35′. plus Orientale que Péking, sous les 29. d. 43′. de Latitude.

m Atlas Sinenf.

TUNGMING, Ville de la Chine [n], dans la Province de Péking, au Département de Tuming, septième Métropole de la Province. Elle est de 2. d. 2′. plus Occidentale que Péking, sous les 36. d. 7′. de Latitude.

n Ibid.

TUNGO, Ville de la Chine [o], dans la Province de Xantung, au Département d'Yencheu, seconde Métropole de la Province. Elle est de 0. d. 12′. plus Occidentale que Péking, sous les 36. d. 45′. de Latitude.

o Ibid.

TUNGPE, Ville de la Chine [p], dans la Province de Honan, au Département de Nanyang, septième Métropole de la Province. Elle est de 3. d. 55′. plus Occidentale que Péking, sous les 33. d. 44′. de Latitude.

p Ibid.

TUNGQUANG, Ville de la Chine [q], dans la Province de Péking, au Département de Hokien, troisième Métropole de la Province. Elle est sous le même Méridien que Péking, sous les 38. d. 8′. de Latitude.

q Ibid.

1. TUNGQUON, Ville de la Chine [r], dans la Province de Xensi, au Département de Sigan, première Métropole de la Province. Elle est de 7. d. 59′. plus Occidentale que Péking, sous les 36. d. 39′. de Latitude.

r Ibid.

2. TUNGQUON, Montagne de la Chine [s], dans la Province de Suchuen, au Territoire de Tungchuen, première grande Cité de la Province, au voisinage de la Cité de Chungkiang. Il y a une Mine de Cuivre dans cette Montagne.

s Ibid.

TUNGRI, Peuples de la Gaule Belgique, selon Ptolomée [t] qui leur donne *Atuacutum* pour Capitale. Tacite [u] fait aussi mention de ces Peuples. Ce sont les mêmes que les *Eburones*: ce qui fait que César ne fait point mention des Tongres, parcé qu'il ne les connoît que sous le nom d'Eburons; & Pline [x] au contraire, ne met point les Eburons au nombre des Peuples de la Gaule Belgique, parce qu'il y met les Tongres. Voyez EBURONES, & TONGRES.

t Lib. 2. c. 9.
u Hist. Lib. 4. & 5.
x Lib. 4. c. 17.

TUNGRORUM-FONS, Eaux minérales dans la Gaule Belgique au Pays des Tongres selon Pline [y] qui en parle en ces termes. *Tungri, Civitas Galliæ, Fontem habet insignem plurimis bullis stellantem, ferruginei saporis: quod ipsum non nisi in fine potus intelligitur. Purgat hic corpora, tertianas febres, discutit, calculorumque vitia. Eadem aqua igni admota turbida fit, ac postremo rubescit.* Personne ne doute que Pline ne parle de la Fontaine si connue aujourd'hui sous le nom d'*Eaux de Spa*, & qui se trouve dans le Diocése de Liége, Pays qu'habitoient les anciens Tongres.

y Lib. 31. c. 2.

TUNG-

TUNGTAO, Cité de la Chine [a], dans la Province de Huquang, au Département de Cingchieu, première grande Cité de la Province. Elle est de 7. d. 16'. plus Occidentale que Péking, sous les 27. d. 30'. de Latitude.

[a] Atlas Sinenf.

1. TUNGTING, Lac de la Chine [b], dans la Province de Huquang, au Territoire d'Yocheu, septième Métropole de la Province, à l'Occident de cette Ville. On dit que ce grand Lac s'est formé par une inondation : aussi y voit-on une assez grande quantité d'Isles très-peuplées, & où sont divers Temples magnifiques avec des Monastères. Il y a une de ces Isles qui est flottante, & qui contient entre autres un Monastère : les racines des Arbres & celles des Roseaux sont tellement entrelacées les unes dans les autres, & de plus en plus s'entrelacent tous les jours de telle manière, qu'il n'y a aucun danger que les terres s'éboulent, ni qu'aucune partie de l'Isle se sépare.

[b] Ibid.

2. TUNGTING, Montagne de la Chine [c], dans la Province de Kiangnan, au Territoire de Sucheu, troisième Métropole de la Province. C'est une haute Montagne qui se trouve dans le Lac de Tai, où elle forme une Isle dans laquelle sont bâtis plusieurs célèbres Monastères.

[c] Ibid.

TUNGUON, Ville de la Chine [d] dans la Province de Quangtung, au Département de Quangcheu, première Métropole de la Province. Elle est de 3. d. 22'. plus Occidentale que Péking, sous les 22. d. 50'. de Latitude.

[d] Ibid.

TUNGUSES. Voyez TONGOUS.

1. TUNGXAN, Ville de la Chine [e], dans la Province de Huquang, au Département de Vuchang, première Métropole de la Province. Elle est de 3. d. 10'. plus Occidentale que Péking, sous les 30. d. 13'. de Latitude.

[e] Ibid.

2. TUNGXAN, Forteresse de la Chine [f], dans la Province de Fokien, au Département de Pumuen, première Forteresse de la Province. Elle est de 0. d. 57'. plus Orientale que Péking, sous les 24. d. 15'. de Latitude.

[f] Ibid.

TUNGXING, Forteresse de la Chine [g], dans la Province de Xansi, au Département de Gueiyven, première Forteresse de la Province. Elle est de 6. d 0'. plus Occidentale que Péking, sous les 39. d. 56'. de Latitude.

[g] Ibid.

TUNGYANG, Ville de la Chine [h] dans la Province de Chekiang, au Département de Kinhoa, cinquième Métropole de la Province. Elle est de 3. d. 12'. plus Orientale que Péking, sous les 29. d. 15'. de Latitude.

[h] Ibid.

1. TUNJA, Province de l'Amérique, dans la Terre-ferme, au Nouveau Royaume de Grenade [i]. Cette Province surpasse celle de Bogota en veines d'or & par la quantité des Emeraudes qu'elle fournit. L'air y est sain & tempéré, & l'on n'y sent presque point de différence entre l'Eté & l'Hyver, & fort peu entre le jour & la nuit, à cause de la proximité de l'Equateur. Cette Contrée est voisine des Sauvages qu'on appelle Panches. Son terroir est abondant en froment, & produit la plûpart des choses nécessaires à la vie. La Capitale prend le nom de la Province. Voyez l'Article suivant.

[i] De Laet, Descr. des Indes Occ. L. 9. c. 6.

2. TUNJA, Ville de l'Amérique dans la Terre-ferme au Nouveau Royaume de Grenade [l] & la Capitale de la Province qui lui donne son nom. Elle est située à vingt lieues de Santa-Fé, sur le haut d'une Montagne, & sert de défense contre les courses des Sauvages d'alentour. C'est la principale Ville marchande de ce Pays-là. Les Habitans peuvent fournir plus de deux cens Chevaux propres pour la guerre. Les Dominicains ont une Maison dans Tunja, & les Cordeliers une autre.

[l] Ibid.

TUNIDRUMENSE. Voyez TYNTDRUMENSE.

1. TUNIS, Ville d'Afrique, dans la Barbarie, au Royaume de Tunis [m], dont elle est la Capitale & auquel elle donne son nom, anciennement TUNES. Voyez TUNEÏENSIS. Cette Ville est située dans une Plaine sur le Lac de la Goulette, à quatre lieues de la Mer. Elle est ancienne & le Pays qui en dépend répond à l'Afrique Proconsulaire des Anciens. Elle fut possédée par les Carthaginois, par les Romains & par les Vandales, qui saccagérent du tems de St. Augustin. Les Arabes l'inondérent à leur tour, & après que Ferdinand & Isabelle eurent chassé les Maures d'Espagne, une partie se retira à Tunis & aux environs. Les Espagnols conquirent ensuite une partie de ce Pays, Barberousse le reprit sur eux, & les Turcs s'en rendirent maîtres en 1574. C'est en ce tems-là qu'on jetta les fondemens du Gouvernement qui dure encore aujourd'hui, comme je le dirai à l'Article de l'Etat de Tunis. Voyez, No. 3. Les Arabes qui vinrent de l'Arabie Heureuse en Afrique, sous leur Roi Melec Isfiriqui, commencérent à faire de Tunis une Ville considérable. C'étoit peu de chose auparavant. Mais elle s'accrut des ruïnes de Carthage; car les Arabes Mahométans de l'Armée d'Occuba ne se tenant pas assûrez dans cette Place, & craignant un nouveau secours de l'Europe, abandonnérent Carthage pour s'aller établir à Tunis, qu'ils embellirent de plusieurs Edifices, quoiqu'ils n'y demeurassent pas fort long-tems, étant allez fixer leur demeure trente lieues plus loin, vers le Levant, dans le Païs où ils bâtirent Carvan. A l'endroit le plus relevé de Tunis, du côté du Couchant, il y a un beau Château, & une superbe Mosquée avec une Tour fort haute & d'une belle architecture. Il y a deux grands Fauxbourgs, l'un appellé Bebçuey, de plus de deux mille maisons, à la Porte du Septentrion; l'autre nommé Bebel Menara, d'environ mille maisons, du côté du Midi, où, lorsque Charles-Quint prit cette Ville, demeuroient les Chrétiens Rabatins dès le tems de Jacob Almanfor, Roi & Pontife de Maroc, de la Lignée des Almohades. C'étoient des Musarabes; & parce qu'ils demeuroient dans le Fauxbourg, que les Maures appellent en leur Langue Rabat, on les nommoit Rabatins. Outre ces deux Fauxbourgs il y en a un troisième hors de la Porte de la Mer, environ à la portée du Mousquet du Lac. C'est-là que sont les Magazins & les maisons des Marchands Chrétiens qui viennent trafiquer à Tunis. Ce Fauxbourg n'est que de trois

[m] Marmol, Royaume de Tunis, L. 6. ch. 16.

trois cens maisons fort petites. Mais généralement il y a plus de vingt mille maisons habitées dans la Ville & dans les Fauxbourgs. Les rues & les Places sont fort bien ordonnées ; la plus grande force de cette Ville consiste au nombre de ses Habitans. Ce sont pour la plûpart, des Artisans, parmi lesquels se distinguent les Tisserands par leur nombre : ils font la meilleure Toile d'Afrique, parce que le fil est plus fin, & mieux tordu qu'ailleurs ; c'est de cette toile qu'on fait ces riches Turbans, qu'on nomme Tunecis, qui sont fort estimés entre les Maures. Au milieu de la Ville est une grande Place environnée de Boutiques, la foule y est toujours grande, & celles des Parfumeurs sont ouvertes jusqu'après minuit. Le peuple de Tunis est doux & civil, & les principaux s'accommodent superbement, à leur mode ; mais il y en a peu qui soient riches. Le Bled y est cher, & vient de loin. On n'en recueille pas beaucoup dans ses environs, à cause de la paresse du peuple. D'ailleurs ils n'oseroient semer les terres un peu éloignées, de peur des Arabes ; de manière qu'on ne laboure qu'autour de la Ville dans quelques Champs enclos, qu'on arrose par le moyen des roues, & que les Maîtres de ces Champs n'en recueillent pas de quoi se nourrir quatre mois de l'année. Le pain qu'on y mange est blanc & beau, parce qu'il est fait de fleur de farine, qu'on repasse, après qu'elle a été moulue dans des Moulins à bras ; c'est le manger le plus ordinaire des gens de condition. Car le peuple se fait un manger de farine d'orge, pêtrie & cuite dans de l'eau & du sel, qu'on trempe en mangeant dans de l'huile ou du beurre. Les pauvres gens se nourrissent de farine d'orge crue, trempée dans de l'eau & de l'huile, qu'on brouille tout ensemble, & dont on se sert ensuite, avec quelque jus d'Orange ou de Citron, qui est un manger qu'on tient très-rafraîchissant & très-sain. Les hommes qui sont à leur aise, usent encore d'une certaine confection d'herbes fort chére qu'on nomme Harix, qui réjouit toute la personne, de sorte qu'en ayant mangé une seule once, on est gai le reste du jour & l'on ne redoute aucun péril. Ce sont les Turcs, à ce qu'ils disent, qui leur ont appris ce secret. Au reste, ni dans la Ville, ni aux environs, il n'y a aucun Moulin à vent ni à eau, point de Fontaines, ni Puits, ni Ruisseaux ; mais seulement de grandes Citernes, où se rendent les eaux de pluye, dont on se sert, tant pour boire que pour le service de la maison. Il est vrai qu'il y a dehors un Puits d'eau vive que l'on vend par les rues : on la tient plus saine que celle des Citernes. La principale Mosquée de Tunis est grande, & de très-grand revenu ; elle a une Tour fort haute, où sont trois Pommes de Cuivre doré, comme celles de Maroc. Il y a encore plusieurs autres Mosquées beaucoup moindres, & d'anciens Colléges, la plûpart ruinez, dans quelques-uns desquels on enseigne pourtant encore la Théologie Mahométane ; ces Colléges sont entretenus d'aumônes. La plûpart des maisons de la Ville sont bâties de pierre, ou de brique avec de la chaux ; elles sont assez commodes pour le Pays, étant toutes en terrasse, afin de faire mieux couler l'eau de la pluye dans les Citernes. Les plafonds sont de plâtre embellis d'or & de différentes couleurs ; parce qu'on trouve peu de bois dans la Ville pour faire des ais. Le plancher des chambres est par petits carreaux de ciment, ou de marqueterie, & les maisons n'ont ordinairement qu'un étage, les vestibules sont frais & propres ; parce que les hommes y demeurent la plûpart du tems à s'entretenir & à faire leur négoce, pour empêcher leurs amis ou leurs gens d'entrer dans l'appartement où se tiennent leurs femmes. Il y a dans la Ville plusieurs Bains, où l'on est mieux accommodé que dans Fez, quoiqu'ils ne soient ni si grands, ni si beaux, & qu'il n'y ait point d'eau courante. On rencontre hors de la Ville d'amples Vergers, qui rapportent de fort bons fruits & plusieurs Citrons & Oranges, qui sont soigneusement cultivez, sur-tout dans les Jardins du Prince. Autour de la Ville, à une ou deux lieues à la ronde, il y a de grandes Contrées d'Oliviers, où l'on recueille assez d'huile pour la provision des Habitans, & on en porte vendre jusque près de l'Egypte ; du bois on en fait du charbon, parce qu'on manque fort de bois dans Tunis. Les femmes y sont belles & fort parées, elles se couvrent le visage quand elles sortent. Ces Peuples sont si crédules, qu'ils tiennent pour Saints les foux qui vont par les rues, & leur font non-seulement du bien ; mais encore à leurs parens. Cette Ville n'est pas forte, & n'est enceinte que d'une muraille fort basse, particuliérement du côté du Midi & du Couchant. Près du Lac est un Arsenal, où il y a de quoi construire plusieurs Galéres. De l'autre côté du Lac, sur le bord de la Mer, est la Forteresse de la Goulette, & le Canal par où l'eau entre dans le Lac.

Un Africain, nommé Abelchit, fit soulever la Ville de Carvan au tems du Calife Caim. Celui-ci envoya d'abord contre lui des Armées d'Arabie qui le défirent & le tuérent. Ses deux fils, après sa mort, se dérobant à la cruauté des Arabes, se sauvérent l'un à Tunis l'autre à Bugie. Josef Abu Téchifien, Roi des Almoravides, marcha contre eux, & après s'être emparé des Provinces du Couchant, voyant que bien loin de lui résister, ils s'humilioient devant lui, il leur laissa leurs Etats, à la charge de quelque reconnoissance ; de sorte qu'ils régnérent paisiblement eux & leurs Successeurs pendant tout le Régne des Almoravides. Mais les Almohades étant ensuite devenus les maîtres, Jacob Almansor attaqua leurs descendans, & leur ôta les Royaumes de Tunis & de Bugie. Sur le déclin de l'Empire des Almohades, les Arabes du Royaume de Tunis s'étant soulevez, assiégérent, à plusieurs reprises, le Gouverneur que le Roi de Maroc tenoit dans la Ville de Tunis, & le pressérent à la fin de si près, qu'il fut contraint de demander du secours. Le Roi de Maroc y envoya donc vingt gros Navires chargez de troupes, sous la conduite d'un grand Capitaine de Séville, nommé Abduledi, qui étoit descendu de la Tribu de Muçamuda. Il partit de Carthagéne avec cette Armée, & fut aborder

border à Tunis, où trouvant la Ville à demi ruinée des courses des Arabes, il trouva le moyen de les appaiser en leur accordant une partie du revenu de l'Etat, & fit en sorte qu'ils laissérent depuis les Villes de ce Royaume en repos, dont il demeura le maître. Il laissa pour Successeur un fils nommé Buzacharias, qui ne fut par moins sage, & moins vaillant que son pere, & qui jouit de cet Etat pendant les troubles des Bénimérinis & des Almohades, bâtissant un Château au lieu le plus relevé de la Ville de Tunis; Il étendit même ses conquêtes jusqu'à Tripoli, puis tournant la Numidie & la Libye, il mit sous contribution tout ce Pays jusqu'aux Nègres; de sorte qu'en mourant il laissa à son fils Abu Ferez un grand Tresor. Ce Prince se voyant riche & puissant, aspira à l'Empire de toute l'Afrique, d'autant plus qu'elle étoit déchirée de guerres civiles; car les Bénimérinis s'étoient emparez du Royaume de Fez, & les Bénizéyens de celui de Trémécen. Il ne resta aux Almohades que le Royaume de Maroc, dont les uns & les autres avoient envie de les déposséder. Cela donna lieu à Abu Ferez d'entreprendre de grandes choses. Dès qu'il se vit Maître de tout le Royaume de Tunis, il marcha contre celui de Trémécen, & fit ce Roi Tributaire. Celui de Fez, qui assiégeoit alors Maroc, lui envoya de grands presens, & le reconnut même pour son Souverain. Il retourna donc à Tunis avec le titre glorieux de Roi d'Afrique, qu'il prit avec raison, parce qu'il n'y en avoit point de plus grand que lui. Après son retour il ordonna toute sa Maison, & établit dans sa Cour les mêmes Charges, & les mêmes Cérémonies que pratiquoient les Rois & Pontifes de Maroc; il prit le premier le titre de Roi de Tunis. Il y avoit onze principales Charges dans sa Cour, la premiére étoit celle de Munasit, qui donnoit ordre à tout comme un Vice-Roi; car il rendoit compte de tout ce qu'il avoit fait, & pourvoyoit par l'ordre du Prince aux Charges de la Guerre & du Gouvernement. La seconde étoit celle de Mézuar, qui commandoit à tous les Gens de guerre, & à la Garde du Roi; par son ordre toutes les Charges se payoient. La troisième étoit celle de Gouverneur, ou de Grand-Maître, sur lequel on se reposoit de la garde du Palais, & de la structure de tous les Ouvrages que le Roi entreprenoit; il avoit Jurisdiction civile & criminelle comme la propre personne du Souverain. La quatriéme étoit celle de Sahab Tunés : il avoit charge de la Police & de la Justice; quand les Arabes faisoient quelques dommages dans les Contrées, il sortoit en Campagne contr'eux pour les chasser; de nuit il faisoit la ronde avec plus de deux cens Archers par les rues de Tunis; il faisoit prendre les malfaiteurs & les châtioit. La cinquième étoit celle de Secrétaire d'Etat; il écrivoit & répondoit pour le Roi, & avoit autorité d'ouvrir toutes les dépêches, pourvû qu'elles ne fussent du Munasit ou du Mézuar. La sixième Charge étoit celle de Grand-Ecuyer qui étoit en la présence du Roi : lorsqu'il tenoit Conseil, il assignoit à chacun sa place, & envoyoit les Huissiers où il étoit besoin; c'étoit le favori du Roi qui exerçoit cette Charge, car il avoit droit de lui parler à toute heure. La septième étoit celle de Surintendant, qu'ils appelloient Zahab el Hareta; c'étoit lui qui avoit le soin de tout le revenu, & qui le distribuoit par ordre du Roi signé du Munasit, ou du Mezuar. La huitième étoit celle de Tresorier de l'Epargne, qui recevoit tous les revenus des Entrées, tant par Mer que par Terre, qui étoit de deux & demi pour cent des Marchandises des Maures, & dix pour cent des Chrétiens, plus ou moins, selon la volonté du Roi. La neuvième étoit celle de Grand-Douanier, qui recevoit tous les Deniers de la Douane des Marchandises qui sortoient hors du Royaume par Mer. La dixième étoit celle de Grand-Pourvoyeur ou Commissaire-Général des Vivres, qui avoit soin de fournir la Maison Royale de tout ce qui étoit nécessaire, & étoit comme le Maître-d'Hôtel. L'onzième enfin étoit la Charge de Grand-Tresorier, à qui on rendoit compte de tout le Domaine; c'étoit une Charge importante, parce qu'il assistoit au compte avec le Munasit & le Mézuar. Ce Prince n'avoit point de Chambellan, parce qu'il étoit servi dans son Palais par des filles & des Eunuques. Il y avoit encore d'autres Charges moins considérables, qui n'avoient pas les droits & les prééminences que celles dont on vient de parler, comme ceux qui avoient soin des Chevaux, des Bêtes de charge, de la Garderobe, des Enfans du Roi, de la Chapelle & des Domestiques. La Cour de ses descendans étoit dans la suite des tems devenue encore plus éclatante & plus nombreuse; car ces Princes entretenoient quinze cens Chevaux pour la garde de leurs personnes, dont la plûpart étoient Musarabes ou Renégats, à qui ils se fioient beaucoup, & leur donnoient de grands Appointemens. Ils étoient commandez par un Chef Musarabe qui avoit grande autorité dans l'Etat. Il y avoit aussi cent cinquante vieux Gentilshommes-expérimentez dans les choses de la Guerre & du Gouvernement, de qui le Roi prenoit conseil dans les choses importantes, & qui servoient dans les Armées comme les Maréchaux de Camp. Ils avoient aussi cent Arquebuziers Renégats, qui servoient de Gardes du Corps à pied, & étoient autour de la personne du Roi, tant à la Ville qu'aux Armées, quoique les Cavaliers Musarabes l'approchassent de plus près. Il y avoit d'autres Gardes à pié, qui marchoient devant lui; & c'étoient des Archers Turcs. Au côté droit du Roi, quand il sortoit, étoit le Grand-Estafier qui portoit une Lance droite, & ne quittoit point son étrier; à sa gauche étoit un qui portoit sa rondache, & un troisième derrière lui avec un Cheval & une Arbalête. Tous ceux-là étoient à cheval, environnez d'autres Officiers & Maîtres de cérémonies. La Monnoye que battoient ces Princes, étoit des pièces d'or qui valoient cinq quarts d'Ecus, & des petites pièces d'argent de la valeur de six Maravedis, dont il en faut trente-deux pour un Ecu.

Pour

Pour revenir à Abu Férez, il laissa pour héritier du Royaume un de ses fils nommé Hutmen, qui ne fut pas moins brave que son pere ; il agrandit même beaucoup son Etat. Mais après sa mort les Rois de Fez devinrent si puissans, qu'ils se firent reconnoître pour Souverains par tous les Mahométans d'Afrique, & étendirent leur Empire jusqu'au Cap de Mésurate, où étoit le Sépulcre si renommé de deux Filénes, en la partie Orientale de la Barbarie, & jusqu'au Pays des Négres, & eurent de grandes Guerres avec les Successeurs de Hutmen. Un de ces Rois de Fez, nommé Abu Hascen, assiégea la Ville de Tunis, & le Prince s'étant sauvé aux Deserts vers les Arabes, il s'en rendit maître. Mais le Roi de Tunis retourna incontinent après, lui livra Bataille, la gagna & recouvra ses Etats. La Guerre dura depuis fort long-tems entre les Rois de Fez & de Tunis avec de différens succès ; ces derniers se maintinrent pourtant dans leurs Etats jusqu'à Muley Hascen, qui en fut chassé par Barberousse. Celui-ci se rendit Maître de la Ville de Tunis & obligea les Habitans de reconnoître pour leur Souverain le Grand-Seigneur. Muley Hascen recourut à Charles-Quint, & pour l'engager à le remettre dans ses Etats, il lui promit d'être son Vassal, & de le joindre avec quantité de ses parens & de ses amis, lorsqu'il seroit passé en Barbarie, de fournir son Armée de vivres, & de donner quelque paye à ses Troupes. L'Empereur touché du malheur de ce Prince dépossédé, qui se venoit jetter entre ses bras, résolut d'aller en personne à cette entreprise : il donna ordre secretement, qu'on tînt prêtes ses Galéres & les gros Navires qui se trouvoient dans tous les Ports d'Espagne, de Gênes, de Naples, & de Sicile : qu'on fît provision de vivres, de munitions, & de toutes sortes d'Equipages de Guerre ; mais cela ne se put faire si secretement que Barberousse n'en eût avis, & comme il étoit brave & généreux, il se mit en état de défense le mieux qu'il lui fut possible, il se pourvut d'armes, de munitions & de vivres, manda tous les Corsaires du Levant, & tous les gens d'Alger & des autres Places de la Barbarie, dépêcha vers tous les Rois d'Afrique pour implorer leur secours contre leur commun Ennemi, en leur représentant que la perte de Tunis entraîneroit infailliblement après soi celle de toute la Barbarie. Il fit travailler en toute diligence aux Fortifications de la Goulette, & il employa à ce travail les Esclaves Chrétiens, dont le nombre montoit dans la Ville de Tunis à plus de dix-huit mille, il fit élargir cette Forteresse pour la rendre capable de contenir quelques Troupes qu'on y vouloit loger : il donna ordre que toute l'Armée Navale entrât dans le Canal qui passe au Lac, à la réserve de douze Galéres bien équipées qu'il laissa dehors pour croiser & observer les Ennemis ; enfin il prépara tout ce qui étoit nécessaire pour faire une vigoureuse défense. L'Empereur ayant assemblé une Flote de quatre cens Voiles, entre lesquelles on comptoit quatre-vingt & dix Galéres Royales, partit en 1535.

vers la fin de Juin du Port de Cagliari en Sardaigne ; il avoit fait embarquer vingt-quatre mille Fantassins de différentes Nations, outre quinze cens Chevaux. Cette Armée Navale rasa le Cap de Carthage & toute la Côte de Marsa, & après avoir doublé le Cap, on commença à descendre en bon ordre, toutes les Troupes furent débarquées, sans que les Turcs ni les Maures s'opposassent à cette descente. On forma le Camp dans les environs de Carthage, & on dressa la Tente de l'Empereur sur une Colline entre Carthage & la Tour de l'eau. St. Louis se campa là quand il fut assiéger Tunis, & il y avoit une prédiction dans la Ville, qu'un puissant Roi devoit dresser ses Tentes dans cet endroit & prendre Tunis, pour détourner ce malheur leurs Sorciers avoient égorgé cinq enfans & fait plusieurs sortiléges de leur sang. Barberousse, voyant que toute l'Armée avoit pris terre, fit bonne mine quoiqu'il redoutât une si grande Puissance : il avoit pris à sa solde quinze mille Arabes tous gens de cheval, à qui il donnoit quelque chose outre leurs appointemens pour les contenter : il les envoya après avoir pris serment de fidélité de leurs Chefs escarmoucher contre les Chrétiens, ce qu'ils firent d'abord avec quelque succès ; mais ayant été ensuite repoussés vivement, ils se ralentirent beaucoup de leur premiere ardeur. Cependant l'Empereur avoit tenu conseil, pour savoir si l'on iroit à Tunis avant que d'attaquer la Goulette. On y résolut à la fin de ne pas laisser une Place si forte derriére, & quoique l'entreprise parût difficile, parce que l'endroit, où il falloit se mettre pour l'attaquer, étoit étroit & sablonneux, & qu'on ne la pouvoir emporter d'assaut, sans y perdre beaucoup de monde, on prit dessein de la battre dans les formes. On commença donc par ouvrir la tranchée, où les Turcs de la Garnison les incommodérent de tems en tems par leurs sorties, qui étoient fort vigoureuses jusqu'à chasser quelquefois les Chrétiens de leurs tranchées ; mais qui après s'être ralliez les repoussérent avec perte de part & d'autre. Comme on se vit avancé à un point de pouvoir faire jouer l'Artillerie, on dressa trois Batteries contre cette Place, & après l'avoir battue en brêche, sans discontinuation, depuis le matin jusqu'à midi, il tomba une Piéce du Boulevard rond de la Tour de la Goulette. L'Empereur voyant que cette brêche étoit assez large pour y pouvoir monter, sans beaucoup de peine, donna l'ordre pour l'assaut. Les Espagnols y montérent les premiers, & tuérent les Turcs qui la défendoient, sur quoi les autres au nombre d'environ quatre mille, qui s'étoient rangez en bataille au milieu de la Place, voyant leur défense inutile, firent une décharge de loin, & se jettérent dans l'Etang, où l'on avoit marqué une route avec des pieux, & entrérent dans Tunis. Il n'en demeura aux défenses qu'environ cent cinquante pour mettre le feu à des Mines qu'ils avoient faites sous les murailles ; mais les Espagnols ne leur en donnérent pas le tems, s'étant saisis avec trop de vîtesse de la Place pour que les Turcs pussent faire autre chose que de mettre le feu

feu à trois Barils de poudre qui étoient dans la Tour, dont la force enleva l'Etage d'enhaut, & fendit la Tour en divers endroits. Tous les Turcs qui y étoient restez, furent tués. Il mourut ce jour-là quinze cens Turcs ou Maures, & on ne perdit que cinquante Chrétiens. On prit aux Turcs trois cens Piéces d'Artillerie de bronze, sans compter plusieurs autres de fer, & quatre-vingt-sept Vaisseaux à rames, dont il y avoit quarante-deux Galéres Royales. Après cette Armée eut reposé huit jours, elle décampa, & commença à marcher vers la Ville de Tunis toujours en ordre de bataille, sans que personne pût quitter son rang. L'Empereur lui-même, accompagné de Muley Hascen Roi de Tunis, qui étoit venu le trouver durant le Siége de la Goulette, marchoit à la tête d'un Escadron de quatre cens Seigneurs & Gentilshommes de marque tous fort bien armez. Cependant Barberousse qui se voyoit perdu dans la perte de la Goulette, & de son Armée Navale, à cause qu'il n'avoit point d'autre ressource, ne laissoit pas, comme un homme de grand cœur, de vouloir sauver ce qui lui restoit, & défendre la Ville de Tunis, sur l'espérance de quelque favorable changement. Ayant donc appris par ses Espions l'état des forces de son ennemi, il fit assembler tous les Chefs tant Turcs qu'Arabes, avec les principaux de la Ville, & leur représentant le peu de troupes de l'Empereur en comparaison des siennes; les encourages par de beaux discours à témoigner leur valeur pour la défense de leur bien, de leur Prince, & de leur Patrie, & leur dit beaucoup de choses à leur avantage, & au desavantage des Chrétiens; pour conclusion il leur fit jurer de nouveau de lui être fidèles. Il n'eut pas plutôt achevé de leur parler, qu'il se fit des cris de joie dans l'Assemblée avec de grands pronostics d'une prochaine victoire, & le serment fut renouvellé. Mais comme Barberousse étoit extrêmement défiant, pour prévenir tous les accidens, il envoya querir pendant la nuit dans le Château tous les Chefs Turcs, & leur découvrit le danger où ils étoient entre deux ennemis. Il les avertit de ne se fier ni à ceux de Tunis ni aux Arabes, & que ce seroit pour eux le meilleur parti que de se sauver tous ensemble. Son avis étoit de tuer auparavant tous les Chrétiens Esclaves, qu'on tenoit renfermés dans les Cachots du Château. Deux braves Corsaires Chéfut-Cenan, & Cenan-Bey, s'opposérent à ce dessein, en disant qu'une action si noire les rendroit odieux à tout le monde, outre qu'ils s'appauvriroient par-là, puisque c'étoit leur principal butin. Ils ajoutérent à cela qu'il leur restoit encore du tems pour en délibérer, & qu'il faloit laisser cela pour un coup de desespoir. Barberousse y consentit, donna ordre de pourvoir à leur sûreté, & employa tout le reste de la nuit à ordonner ce qu'on feroit le lendemain. Après avoir rallié toutes ses forces, il sortit le 21. Juillet à la pointe du jour avec quatre-vingt-dix mille combattans, Turcs, Maures, Arabes & Bérébéres, & plusieurs Piéces d'Artillerie; il se vint camper à une lieue de Tunis, dans une Plaine appellée Caçar Méxévi, où il y a des Vergers, & des Puits d'eau vive. Il rangea là ses Troupes en bataille. En cet état il attendit l'Armée Chrétienne avec plus de résolution que d'espérance. Car Muley Hascen avoit envoyé secrettement dans Tunis quelques Maures, pour semer des Billets, qui portoient: *Chassez les Turcs, qui sont vos Tyrans, & recevez votre Roi, qui vous aime & qui vous fait du bien.* Ces Billets avoient ému les Habitans; qui s'étoient emportez à des paroles qui ne plaisoient pas à Barberousse, & qui l'avoient déterminé à sortir avec ces Troupes hors de la Ville. Charles-Quint ayant appris sa sortie, partit avec quelques-uns des siens, & son Guidon rouge, qui servoit à le faire remarquer, pour réconnoître les ennemis: ayant vu leur poste, il retourna à son Armée: courut par-tout encourager les Soldats, disant: que c'étoit-là le jour que Dieu avoit destiné pour prendre vangeance des Infidèles, qui avoient causé tant de maux & fait tant d'outrages à la Chrétienté; il leur recommanda sur-tout de bien garder leurs rangs, & fit marcher ses Troupes. Barberousse voyant que l'Armée ennemie s'approchoit, commanda aux Arabes de l'attaquer de tous côtez, ce qu'ils firent avec beaucoup de furie & de bruit; mais la Mousqueterie des Aîles fit sa décharge si à propos, qu'elle les obligea de reculer aussi-vîte qu'ils s'étoient avancez, sans qu'ils osassent plus s'approcher. Comme l'Empereur se vit délivré de l'importunité de leurs attaques, & que les Turcs n'abandonnoient point le poste où étoit l'eau, dont ses gens avoient grand besoin, il fit avancer l'Artillerie, & donnant pour mot JE'SUS-CHRIST, son Avant-garde marcha contre les ennemis. Aussi-tôt l'Artillerie joua de part & d'autre; mais avec peu d'effet. La Mousqueterie Turque fit sa décharge, celle des Chrétiens de plus près: en même tems ceux-ci mirent l'épée à la main, & les Turcs lâchérent le pied, abandonnant leur poste avec sept Piéces d'Artillerie. Barberousse avec les autres Chefs courant par-tout, tâcha en vain de leur faire tourner tête. Pour couvrir son deshonneur, il fit sonner la retraite, & marcher au pas vers la Ville: il fit alte près des murailles, pour observer la contenance des victorieux; mais la soif & l'ardeur du jour avoient fait débander les Chrétiens autant que les Turcs. On couroit autour des Puits buvant l'eau & le sang tout ensemble, car les ennemis y avoient jetté des corps morts dedans. Cette Bataille ne fut pas sanglante, il n'y eut que trois cens Turcs ou Maures de tués, & dix-huit Chrétiens seulement. La nuit venue, l'Empereur craignant quelque nouvelle entreprise d'un rusé ennemi, qui ne s'étoit pas encore retiré, fit rallier toutes les Troupes sous leurs Drapeaux, & les tint en ordre de bataille, faisant faire bonne garde toute la nuit.

Barberousse en fit autant sous les murs de la Ville; mais voyant que les Habitans s'échappoient peu à peu, pour aller mettre ordre à leurs biens & à leurs familles, il dit aux Turcs

Turcs & aux Arabes qu'ils se préparassent à la bataille pour le lendemain, & qu'ils rentrassent dans la Ville. Comme il fut au Château, on lui donna avis que la plus grande partie du Peuple s'étoit retirée vers les Montagnes, & que chacun plioit bagage, aussi-bien les Arabes que les Maures. Pour empêcher ce desordre, il remonta promptement à cheval, & arrivant à l'endroit, où il avoit laissé les Turcs & les Arabes, il fit assembler tous leurs Chefs. Comme il déliberoit avec eux s'il étoit plus avantageux de livrer une autre bataille que de défendre la Ville, les Turcs qu'il avoit laissés au Château arrivérent. Ceux-ci faisant refléxion que Barberousse avoit donné ordre à ses gens de charger le Tresor & les autres choses de prix, de se tenir prêts, & de mettre quelques Barils de poudre sous les grandes voutes, où étoient enfermez les Esclaves Chrétiens, afin de les faire sauter en l'air; ils crurent qu'il se disposoit à partir & le suivirent. Dès qu'il les vit arriver, il s'écria qu'il étoit perdu, que son Château & son Tresor étoient pris, & que les Esclaves Chrétiens étoient en liberté. En même tems il piqua de ce côté-là avec quelques-uns des siens, sans dire mot à personne, & arrivant à la porte du Château, lorsqu'il étoit déja grand jour, il la trouva fermée. Alors il commença à se desespérer, à s'arracher la barbe, & d'un œil allumé de colére, il appella par leurs noms quelques Renégats de ses amis, pour les obliger à ouvrir; mais la fortune étoit changée. Car les Turcs ne furent pas plutôt partis, que les Renégats, qu'il avoit laissés pour mettre le feu aux poudres, rompirent les chaînes des pauvres Chrétiens, & les mirent en liberté. Ceux-ci commencérent à jetter des pierres sur Barberousse, & montant aux creneaux firent signe aux Chrétiens avec de la fumée de poudre à Canon, & avec une Enseigne que les Turcs avoient gagnée sur les Espagnols avant la prise de la Goulette, pour faire avancer l'Armée, & tirérent même quelques coups de Canon. Cependant l'Empereur marchoit en bataille droit à la Ville avec l'Artillerie à la tête, & n'appercevant personne, il ne savoit à quoi s'en tenir. On voyoit paroître quelques chevaux sur les Montagnes, & en différens endroits s'élever une grande poussiére, sans qu'on pût savoir si ce'étoient des gens qui venoient ou qui s'en alloient. D'ailleurs on voyoit faire de la fumée sur le haut du Château, & des gens qui faisoient signe, avec des Manteaux & une Enseigne, outre le bruit de l'Artillerie & des Mousquets, sans qu'on pût s'imaginer ce que ce pouvoit être. La Cavalerie qu'on avoit envoyée à la découverte, fit le rapport & assura qu'il ne paroissoit rien. Là-dessus arrivérent quelques Maures vers le Roi de Tunis, qui dirent comme les Chrétiens s'étoient rendus maîtres du Château, que la moitié de la Ville s'en étoit fuie, & que Barberousse, voyant cela en étoit sorti avec les Turcs & les Arabes, & s'étoit campé de l'autre côté, en attendant que des Chrétiens fussent entrez, afin qu'ensuite il se pût retirer avec plus de sûreté. Aussi-tôt l'Empereur commanda au Marquis du Guast de marcher droit au Château avec les Mousquetaires Espagnols: il promit de donner la Ville au pillage, & s'approcha des murailles avec le reste de l'Armée. D'autre côté Barberousse voyant que les Chrétiens s'approchoient, & qu'il n'étoit pas trop en sûreté au lieu où il étoit, après avoir balancé quelque tems, commença à se retirer, & fut suivi du reste de l'Armée. Le Marquis du Guast étant arrivé au Château, & y ayant été reçu avec grande joie, envoya en donner avis à l'Empereur, & de la retraite précipitée de Barberousse. Quelques-uns des principaux Habitans vinrent en même tems lui apporter les Clefs de la Ville, & le prier par l'entremise du Roi de faire tout ce qu'il lui plairoit d'eux & de leurs biens; mais de n'y point faire entrer ses Troupes. L'Empereur pour complaire à ce Prince, fit assembler tous les Chefs pour trouver quelque expédient de le contenter, sans offenser les Soldats. Ceux-ci n'attendirent pas l'issue de cette assemblée; car sachant le Château pris, & l'ennemi retiré, commencérent à grimper en divers endroits le long de leurs piques sur les murailles, & ouvrirent la porte à leurs compagnons. La Ville fut saccagée avec toute la licence & la cruauté dont on a coutume d'user en cette rencontre. Le Roi de Tunis considérant ce desordre pria l'Empereur de commander qu'on ne fît captif pas un habitant, ce qui ayant été divulgué, chacun tuoit ceux qu'il rencontroit. Le Roi fut donc contraint de faire une autre demande, & de prier qu'on se contentât du butin, & qu'on fît les hommes prisonniers; ce qui fut ordonné. Il mourut peu de Chrétiens par la main des ennemis; mais plusieurs s'entretuérent pour s'arracher le butin, & plusieurs des pauvres captifs, qui s'étoient soulevez dans le Château, furent massacrez pour avoir les richesses qu'ils emportoient.

Du côté des Maures on assûre qu'il en mourut plus de soixante-dix mille personnes, & on voyoit à la Campagne par-tout de grands monceaux de femmes & d'enfans suffoquez & morts de soif; on avoit fait plus de quarante mille prisonniers, hommes, femmes, ou enfans. Après que le Sac eut duré trois jours, comme on vit que les Soldats faisoient tomber les maisons à force de fouiller dans la terre pour y trouver des tresors, on commanda à tous de sortir, & les Soldats chargez de dépouilles & d'Esclaves vinrent au Camp près des Fauxbourgs. Ensuite l'Empereur remit la Ville de Tunis au pouvoir du Roi, à ces conditions: Premiérement, que tous les Chrétiens captifs, de quelque Nation qu'ils puissent être, en arrivant là, seroient mis en liberté sans payer aucune rançon: Que le commerce seroit libre aux Chrétiens dans tout le Royaume, & qu'ils pourroient s'y établir & bâtir des Eglises & des Monastéres pour y vivre selon leur Religion: Qu'on ne recevroit dans Tunis aucun Corsaire, ni Turc, ni Maure; qu'on ne leur fourniroit point de vivres, & qu'on ne les assisteroit en rien: Que la Goulette demeureroit à l'Empereur & à ses Successeurs pour jamais, & que le Roi

Roi & les siens payeroient douze mille écus d'or ou par an pour l'entretien de la Garnison, puisque c'étoit la sûreté de l'Etat: Que toute la pêche du Coral seroit pour toujours à l'Empereur: Que les Rois de Tunis en reconnoissance de la faveur, qu'on leur avoit faite, & pour marque de dépendance, envoyeroient tous les ans au Roi d'Espagne six Chevaux & douze Faucons, moyennant quoi ils seroient obligez de les prendre en leur protection & de les défendre contre leurs ennemis.

Après que ces Articles eurent été jurez & signez de part & d'autre, l'Empereur laissa pour la sûreté de Muley Hascen, jusqu'à ce que le Pays fût paisible, deux cens Soldats, qui devoient garder le Château & sa personne; ensuite il vint se rendre avec l'Armée dans son vieux Camp au milieu des ruïnes de Carthage, & ayant fait embarquer toutes les troupes, après en avoir renvoyé une partie en Espagne, avec le reste il prit la route de Mehédie que les Chrétiens appellent Afrique; mais il s'éleva la nuit une tempête qui écarta les Vaisseaux & les Galéres, les dissipant par toutes ces Mers. L'Empereur aborda avec les Galéres à Trapani en Sicile, ce qui fit avorter le reste de l'entreprise.

Il y eut plusieurs révolutions dans Tunis depuis; car Barberousse pour rétablir sa réputation avoit rassemblé une autre Flote, & tirant vers Minorque, surprit la Ville de Maon & la saccagea; de-là courant les Côtes de la Chrétienté il fit de grands dégats par-tout, emmenant quantité de biens & d'Esclaves sans aucun obstacle. Au bruit de ces victoires plusieurs Places du Royaume de Tunis, qui s'étoient rendues à Muley Hascen, se soulevérent & reçurent Garnison Turque; ce qui engagea Muley à implorer derechef l'assistance de l'Empereur, & à l'aller trouver. Etant arrivé à Naples, il apprit que son fils Muley Humida avoit fait accroire au Peuple, que son pere étoit allé en Europe pour embrasser la Religion des Chrétiens; & qu'en même tems s'étant emparé du Château & de la Ville de Tunis, il en avoit pris le titre de Roi. A cette nouvelle, outré de déplaisir, il pria le Viceroi de lui donner quelques troupes pour aller vanger cette perfidie. Il s'embarqua donc avec deux mille Italiens; étant arrivé à Tunis il alla jusqu'aux portes de la Ville, croyant que son fils ne l'attendroit pas, & que les Habitans l'auroient d'abord reçu; mais ceux-ci vinrent fondre sur son Armée composée de ces Italiens & de quelques Maures, en tuérent ou prirent la plus grande partie, & du nombre de ces derniers fut Muley Hascen. On le mena dans Tunis & on le mit en prison. Son fils lui donna le choix deux jours après de la mort ou de l'aveuglement, & comme il eut accepté celui-ci, on lui fit perdre la vûe avec un bassin ardent qu'on lui mit devant les yeux. Peu de tems après, Abdulmalic, frere de Muley Hascen, entra déguisé dans la Ville un jour de Fête que ceux de Tunis ne pensoient à rien; & avec plusieurs de sa faction, répandus en différens endroits, il entra dans le Château en tuant les Gardes qui étoient à la porte, & s'en rendit le maître.

Alors se saisissant du Sayd fils aîné d'Humida, il lui fit perdre la vûe, il remit son frere Hascen en liberté, il se fit déclarer Roi de Tunis, & ne régna que trente-six jours. Après sa mort, Mahomet son fils fut reçu avec l'applaudissement du Peuple, & ne régna que quatre mois: car Humida, qui avoit été occupé au Siège de Biserte, pendant que ces révolutions & changemens étoient arrivez à Tunis, se voyant tout d'un coup exclus de la Capitale & presque de tout l'Etat, alla d'un lieu à l'autre demander du secours aux Arabes & aux autres Peuples; mais comme il étoit à Gelves, quelques Habitans de Tunis mécontens du Gouvernement le rappellérent. Il s'embarqua d'abord, & étant descendu dans la Ville de Monester, il assembla des Arabes, & avec le plus de gens qu'il put il surprit Tunis, Mahomet ayant pu à peine se sauver à la Goulette; il s'empara de la Ville & du Château, il fit mourir cruellement tous ceux du parti contraire, en jettant quelques-uns des principaux aux chiens, pour être mangez tout vifs. Il demeura ensuite paisible possesseur de Tunis, & le fut jusqu'en l'an mille cinq cens soixante & dix que Aluch Ali, Gouverneur d'Alger, se saisit de la Place en trahison par l'entremise de quelques Habitans. Il en prit possession au nom du Grand-Seigneur. Mais bien-tôt après les Turcs furent chassez de Tunis par Don Juan d'Autriche, qui établit pour Roi Mahomet Frere d'Humida, & pour Gouverneur de la part de l'Empereur, Gabriel Villon Milanois. Petro-Carrero Espagnol eut le commandement de la Garnison de la Goulette. Dans le même tems Villon fit construire dans Tunis un Château sur le modèle de la Citadelle d'Anvers. Mais l'Empereur Amurat, que l'accroissement des Espagnols inquiétoit, équipa une Flote de cent soixante Galéres, outre plusieurs Vaisseaux montez de quarante mille hommes, tant Maures que Turcs, sous la conduite de l'Amiral Ochiali, & leva de plus une puissante Armée de terre, dont le Bacha Sinan étoit le Général. Cependant Don Juan, Amiral d'Espagne, étoit au-dessous de la Sicile avec trente Galéres, & les Princes d'Italie tâchoient d'en équiper d'autres. On mit sur les Galéres tous ceux qui avoient abandonné l'Eglise Romaine, & plusieurs sortes de Criminels qu'on promit d'absoudre, si l'un d'eux seulement pouvoit mouiller à la Goulette. Les Turcs qui leur avoient fermé le passage firent si grand feu & sur la Goulette, & sur la Citadelle de Tunis, qu'enfin ils les emportérent. On fit main basse sur les Chrétiens, & l'on n'en réserva que quatorze, qui furent envoyez à Constantinople, pour y servir de trophée. On démolit les murs & la Citadelle de la Ville, & on fit bâtir une autre Forteresse près du Port. Depuis ce tems-là les Turcs sont demeurez en possession de Tunis & de ses dépendances; ce qui a mis fin au Royaume, qui avoit duré trois cens soixante & dix ans, depuis que les fondemens en avoient été jettez par Abu-Ferez. Quant au nouveau Gouvernement que les Turcs ont

T U N. T U N.

ont établi à Tunis, voyez TUNIS, No. 4.

Muley Hafcen affûroit qu'il étoit le trente-cinquième Roi de sa famille, qui avoient régné l'un après l'autre dans Tunis, par l'espace de quatre cens cinquante ans, & qu'ils étoient venus en droite ligne de Melchior l'un des trois Mages. Il portoit pour Armes en son Ecu une Lance entre deux Epées, qui avoient la pointe en haut, avec trois Croissans au-dessus, le tout couronné; avec une Etoile sur la couronne, pour marque de leur descendance. Mais quelques-uns des Auteurs Africains disent que ces Rois de Tunis viennent des Hentetes, qui est une Branche de la Tige de Muçamuda, l'une des cinq principales de l'Afrique. D'autres rapportent qu'ils sont descendus d'Omar second Califé; c'est pourquoi ils prennent le titre d'Amir, & prétendent être les Successeurs légitimes de Mahomet. Ces Rois de Tunis ont régné long-tems en Sicile, & depuis ont été tributaires des Normands, sur le déclin de l'Empire des Arabes, du tems que Roger troisième gouvernoit, environ l'an mille cent quarante-cinq. Ensuite ils l'ont été des Rois de France en l'an mille deux cens soixante & seize; car S. Louis étant mort au Siège de Tunis, son frere Charles, Roi de Sicile, accourut au secours des Chrétiens, & contraignit le Roi Muley Moztança à lui payer tribut.

2. TUNIS, Royaume d'Afrique dans la Barbarie, dont il étoit le quatrième & le dernier du côté de l'Orient. Il comprenoit autrefois les Provinces de Constantine, de Bugie, de Tunis, de Tripoli & d'Essab; c'est-à-dire la plus grande partie du Gouvernement de l'Afrique, & avoit plus de six-vingt lieues de longueur le long de la Mer. Mais Essab n'est plus aujourd'hui de ses Dépendances; Tripoli fait un Royaume à part; & Bugie & Constantine sont incorporées au Royaume d'Alger. Ainsi Tunis a conservé seulement les Villes du ressort de la Province. Voyez l'Article suivant.

3. TUNIS, Etat d'Afrique dans la Barbarie, sur la Côte de la Mer Méditerrannée qui le baigne au Nord & à l'Orient. Il a au Midi divers Peuples Arabes, & au Couchant le Royaume d'Alger & le Pays d'Ezab. Cet Etat répond à peu près à l'ancien Etat de Carthage, tel qu'il étoit avant les grandes conquêtes qu'il fit dans la suite. Mais il s'en faut bien que les Tunisiens ne soient les mêmes que les Carthaginois. Ils n'en ont hérité que la perfidie, qui avoit passé en Proverbe, *Fides Punica*; le Peuple est un mélange de Vandales, de Maures, de Turcs & de Rénégats de toutes Nations.

Pour s'arrêter aux derniers Siècles, cet Etat a été plus grand qu'il n'est aujourd'hui. Cependant, tel qu'il est, on le divise en huit Provinces ou Contrées, dont chacune prend le nom du Chef-Lieu. Voici leurs noms:

Tunis, Kairvan,
El Media, Hamamete ou Mahometa,
Sousse ou Sousa,
Byrrsa, Biserte,
Porto-Farine.

[a] Atlas. L'Etat de Tunis selon Mr. de l'Isle [a], comprend plusieurs Villes & diverses Bourgades; mais la plûpart des unes & des autres ont été ruinées par les Arabes, qui ne souffrent pas qu'on les rétablisse. Ils cherchent par-là à errer librement avec leurs Troupeaux & à jouir des richesses de la Campagne. Les principaux lieux qui subsistent aujourd'hui sont:

Sur la Côte :
- Tabarca,
- Biserte,
- Port-Farine,
- la Goulette,
- Tunis,
- Hamamet,
- Herguela,
- Monaster,
- Sousa,
- Africa ruinée,
- Caboudia,
- Essakes,
- el-Hama,
- Gabes.

Dans les Terres :
- Begie,
- la Gemme,
- Kairevan,
- Jorbus,
- Tebesse,
- Sobaitele,
- Cafsa.

Dans le Beladulgerid ou Pays des dattes : Tousera.

Le Gouvernement & l'air dans l'Etat de Tunis sont à peu près les mêmes qu'à Tripoli [b]; mais le Terroir y est un peu plus fertile, sur-tout vers l'Occident, parce qu'il n'est pas si sec que vers l'Orient. Outre les huit Provinces dont nous avons parlé, il y a des Isles qui dépendent de l'Etat de Tunis, savoir Lampedouse, Linosa, Gamelera & Querquenes. Malthe & Pentalarée en étoient aussi, avant qu'elles fussent prises par les Espagnols, qui les ont cédées aux Chevaliers de St. Jean de Jérusalem.

[b] Introduct. à l'Hist. de l'Afrique, ch. 2. p. 69.

Il est avantageux à la Régence de Tunis d'être toujours en bonne intelligence avec la Régence d'Alger, qui ne manque guère de profiter de tous les troubles qui arrivent dans la Régence de Tunis. Il semble que les Maures soient un Ennemi aussi dangereux; mais ces Peuples, partagés entre divers Souverains, ne songent qu'à jouir en paix de leur Pays, & ne remuent que quand on les chagrine trop par les impôts & autres véxations. La Régence de Tripoli ne s'avisera guère d'attaquer celle de Tunis: les forces sont trop inégales en pareil cas. Mais si Tunis vouloit se ressaisir de l'ancienne Domination qu'elle a eue sur Tripoli, il seroit difficile qu'elle réussît, parce qu'alors elle ne seroit pas plutôt embarrassée dans cette querelle, que ses Voisins fondroient sur elle. A parler généralement, cet Etat n'est nullement propre à faire de grandes conquêtes. Les Dignitez de *Dey*, de *Bey* & de *Bacha*, partagent trop l'autorité quand elles sont divisées; & si quelqu'un les réunit, il peut compter d'attirer sur lui l'envie de tous ses Sujets. Le Gouvernement, tel qu'il est établi, est exposé à un flux & reflux perpé-

perpétuel & à des Orages qui renversent les plus hautes fortunes.

Sinan Bacha [a] de la famille des Cigalles de Gênes, après avoir fait la conquête de Tunis, vit bien qu'un Etat composé de Sujets, de mœurs, de coutumes & d'intérêts différens, ne pouvoit subsister sans un grand ordre, des Loix sévéres & l'autorité de quelque Grand Prince, sous la protection & le nom duquel il pût gouverner un Corps si monstrueux. Il le mit sous la protection du Grand-Seigneur, & y établit une Milice, composée d'abord de cinq mille Turcs, divisez en deux cens Pavillons ; c'est-à-dire en autant de Compagnies de vingt-cinq hommes chacune ; c'est ce qu'on nomme *Oldak*, & chacune sous un Capitaine ou *Oldak-Bachi*. Les deux-cens *Oldak-Bachis* étoient pris des *Oldaks*. C'étoient les Soldats les plus anciens, & ils avoient le commandement par ancienneté, à moins que quelque exploit éclatant n'en eût avancé quelqu'un plus promptement que les autres. Les plus anciens *Oldak-Bachis* montoient à la dignité d'*Oldak* : c'étoit une espèce d'Exempts du Bacha. Ils passoient ensuite à celle de *Bachi-Odolar*, ou Conseillers du Divan, qui après six mois de service devenoient *Boulouk-Bachis* : ce sont ceux qu'on envoye en garnison dans les Places de l'Etat, avec le titre d'*Aga*. On en faisoit quatre par an. Sinan ordonna aussi que parmi les *Boulouk-Bachis* on prît tous les six mois le plus ancien pour la dignité de *Bachaoux*, ou *Chaoux-Bachi* ; animant ainsi la Milice dans l'espérance qu'en faisant son devoir, chacun parviendroit aux premières dignitez de l'Etat, & la paye haussoit à proportion de la dignité. Il établit de plus le Divan à qui il donna une grande autorité. Il n'étoit presque composé que de gens de guerre. Le Bacha y assistoit au nom du Grand-Seigneur qu'il représentoit. Un Aga y présidoit, avec un *Kaya* ou Lieutenant-Général. Huit *Chaoux* ou Huissiers, deux *Cogias*, ou Ecrivains, quatre *Boulouk-Bachis*, & vingt *Bachis-Odolar*, composoient ce Conseil, qui terminoit toutes les affaires, tant publiques que particuliéres, avec une autorité sans bornes.

La Charge de *Bey*, qui étoit le Grand Tresorier fut créée en même tems. Cette Charge se donnoit à l'enchère de six mois en six mois, & ne pouvoit être conservée qu'un an au plus. C'étoit le Receveur des Deniers publics, destiné à recevoir le Carage ou Tribut des Maures, qui sont comme les Paysans. Pour les y contraindre il marchoit à la tête d'un nombre de Troupes qu'un lui donnoit. L'argent que les Beys ont eu occasion d'amasser, & l'autorité que leur Charge leur donnoit sur les Troupes qu'ils ont eu soin de ménager, a été l'origine de l'accroissement des *Beys*, & de l'abaissement des *Bachas*, du *Divan* & du *Dey*.

Le Bacha étoit d'abord Souverain, comme on le peut voir par l'Ordre que Sinan avoit mis, sans résistance dans l'Etat de Tunis, dont toutes les parties n'avoient de mouvement que celui qu'il leur communiquoit. Il nomma pour son Successeur Kilic-Ali-Bacha, qui mourut après avoir régné deux ans. Comme c'étoit un homme d'un petit génie, haï de la Milice & du Divan, l'autorité de Bacha qu'on lui donna fut transférée à l'Aga du Divan, & depuis ce temslà les Bachas n'ont plus eu aucune puissance dans Tunis. Ils y demeurent néanmoins pour faire ressouvenir les Tunisiens qu'ils se sont mis autrefois sous la protection du Grand-Seigneur. Ils jouïssent d'une pension fort modique & font très-peu de figure dans le Gouvernement.

Les Agas gouvernérent l'Etat à la tête du Divan d'une manière assez paisible l'espace de quinze ou seize années, se succédans l'un à l'autre, jusqu'à ce que la *Taïfe* ou Milice se souleva contre les *Boulouk-Bachis*, dont elle massacra la plus grande partie, & transféra l'autorité à *Kalif*, qui régna le premier sous le nom de Dey.

Le *Deïlik* ou la Dignité de Dey ayant eu un fondement si ruïneux, a été un Théâtre, où depuis cette première Epoque les Deys ne sont entrez sur la Scène, que pour y faire le personnage de Rois malheureux, sur qui tomboit toute la catastrophe des intrigues qui naissoient ou entre le Divan & les Beys, ou entre les Beys mêmes, lorsqu'il y en avoit plusieurs en même tems.

Le Divan a eu le même sort que les Deys. Quelque tems après Sinan bacha, il se vit au plus haut point de son autorité par l'Election des *Agas* ou Chefs du Divan, dont la Charge ne duroit que six mois, & qui ne faisoient rien qu'avec la déliberation de tout le Divan. Mais cette précaution que ces Républicains prirent, pour se maintenir dans cette espèce de Gouvernement qu'ils regardoient comme le plus doux, leur devint à charge. Les *Boulouk-Bachis* d'entre lesquels on devoit choisir l'*Aga*, devinrent si fiers par la fréquente Election qu'on faisoit d'eux, que chacun commençoit à trancher du Souverain. Ainsi au lieu d'un Maître, dont ils avoient secoué le joug, en détruisant l'autorité du Bacha, ils s'étoient donné plusieurs petits Tyrans, qu'ils se lassérent enfin de souffrir. La Milice qui en fut la première mécontente, commença par élire Kalif premier Dey. Le Divan le fit massacrer & élut Ibrahim. A Ibrahim succéda Cara-Osman troisième Dey, sous lequel s'introduisit la nouvelle autorité des Beys en la personne de Morat I. Ce fut sous ce Bey & ses Descendans que le Divan déchut peu à peu. Le Divan s'apperçut bien dès le commencement quel ombrage il devoit prendre du grand pouvoir que les Beys usurpoient, en rendant leur autorité héréditaire dans leur Maison, & en se fortifiant par les alliances qu'ils contractoient avec les Sultans Arabes voisins de ce Royaume. Cette République fit plusieurs efforts pour secouer le joug qui s'appesantissoit de jour en jour, & c'est ce qui a donné lieu à un grand nombre de révolutions.

TUNNOCELUM, Ville de la Grande-Bretagne. Il en est parlé dans la Notice des Dignitez de l'Empire, [b] où on lit : *Tribunus Cohortis primæ Aeliæ classicæ Tunnocèlo*. [c] Camden dit que c'est présentement *Thinmouth*.

TUNQUIN, Royaume de l'Asie [e], borné au Nord & à l'Orient par les Terres de la

[a] Introduct. à l'Hist. de l'Afrique, Ch. 2. p. 39.

[b] Sect. 63.
[c] Le P. Marini, Relat. du Royaume de Tunquin, ch. 2.

de la Chine; au Midi partie par le Golphe de Cochinchine, partie par le Royaume de ce nom; au Couchant par le Royaume de Laos. Ce Royaume est un des plus beaux & des plus considérables de l'Orient, soit que l'on considére son étenduë, le nombre de ses Habitans & la quantité de ses Gouvernemens; soit que l'on fasse attention aux richesses que lui procure le Commerce, à l'abondance des choses nécessaires à la vie, à la magnificence de la Cour, & aux Armées que le Roi entretient tant sur Mer que sur Terre. A la vérité il ne paroîtra pas d'une fort grande étenduë, si on le compare avec la vaste Monarchie de la Chine, dont il étoit même autrefois une des seize Provinces. Cependant si l'on considére tout le Païs que ce Royaume comprenoit autrefois, où l'on parloit une même Langue, & où les mœurs & les Loix étoient semblables, on lui trouvera quinze cens milles de longueur depuis l'extrémité de la Province de Canton jusqu'aux frontiéres du Royaume de Ciampa. Quoique ces deux Lieux, dont le Tunquin est borné, soient renfermez dans la Latitude de onze degrez, parce que néanmoins l'espace qui joint ces deux extrémitez se courbe fort en dedans, en manière de Croissant, où la Mer forme un grand Golphe, il se trouve qu'en mesurant le circuit depuis une extrémité jusqu'à l'autre, la longueur est de quinze cens milles, & la largeur seulement de six cens milles. Les Tunquinois, qui pour mesurer se servent de journées au lieu de milles, disent que leur Royaume a cinquante journées de pied d'un homme de longueur, & vingt journées en largeur. Dans cet espace il y a plusieurs Princes; & comme l'Empire de la Chine a été divisé en seize Royaumes, celui-ci l'est en un pareil nombre de Provinces. Cette division a été changée depuis, selon le caprice de ceux qui ont gouverné & qui en possédoient tantôt plus, tantôt moins; de sorte que selon le nombre des Gouvernemens qui subsistent à présent, on y peut compter cinq Princes qui en sont comme les Souverains; & si on y veut comprendre certains Peuples, qui demeurent sur les Montagnes les plus reculées, & qui obéïssent à deux petits Rois; l'un appellé le Roi de l'Eau, & l'autre le Roi du Feu, on en trouvera sept. Le premier est le Roi de Tunquin: le second le Roi de la Cochinchine, quoique pour des raisons particuliéres, il n'en porte pas le nom, & qu'il se fasse appeller Gnà Cà, c'est-à-dire Maison illustre, & ancienne: le troisième est le Roi de Ciucanghe, qui jouït immédiatement de la Province de Quiangsy, dans la Chine: le quatrième est connu sous le nom de Petit Roi de Baò: le cinquième est celui du Petit Lao, distingué de celui du Grand Lao qui n'est pas du Tunquin; le sixième & le septième sont compris dans Rumoi, où demeurent des Peuples sauvages; dont une partie obéït aux deux petits Rois du Feu & de l'Eau. Ceux, qui excluent le Lao du Tunquin, mais non de sa dépendance ni de l'obligation qu'il a de payer tribut, y substituent le Peuple Ay, où la Langue Tunquine est aussi en usage, quoique l'on s'y serve ordinairement d'un Dialecte qui lui est particulier. Les Tunquinois font une autre division de leur Royaume. Ils le partagent en trois parties, savoir Tunquin, Cochinchine, & Ciucanghe. Les principales Provinces & les plus renommées sont au nombre de six. Il y en a deux qu'on appelle Guiaom & Thingn-Hoa; les autres quatre se divisent selon les quatre vents principaux eu égard à la Ville Royale. On les nomme la Province du Levant, du Couchant, du Nord & du Sud. On y compte huit mille six cens quarante-cinq Bourgs ou Villages, sans y comprendre quantité de Hameaux qu'on appelle Thôn, & dont le nombre est presque infini.

Les commencemens du Royaume de Tunquin sont assez incertains *a*. Voici ce qui paroît le plus vraisemblable. Ce Royaume a reçu autant de noms différens qu'il a été connu de différentes Nations. Ses noms les plus ordinaires sont AN-NAM, c'est-à-dire *Repos Austral*; TUN-KINH, *Cour-Orientale*; CAO-CI, *Peuple aux doigts tortus*. Ce dernier est un surnom que les Chinois donnérent aux Tunquinois en les menant prisonniers à la Chine, parce qu'ils avoient remarqué ce défaut dans la plûpart d'entre eux, défaut qui s'est conservé jusqu'à présent en quelques Familles. Ce nom a aussi été en usage depuis, pour désigner la partie de la Monarchie de la Chine, appellée aujourd'hui Cochinchine, & qui passe à présent pour un Royaume séparé. D'autres ayant égard aux lévres de ce Peuple, qui sont extraordinairement rouges, à cause du Bétel dont ils usent, leur donnérent depuis le nom de XI'C-QUI, c'est-à-dire *Démon rouge*; mais ceux-ci appellérent leur Royaume en leur Langue DAY-VIET, nom que les Chinois donnent à leur Empire, à l'exclusion des autres; car dans leur Langue DAY-MINH, veut dire la même chose que DAY-VIET en Tunquinois; c'est-à-dire grande Clarté. On peut inférer de cette diversité de noms que le Tunquin fut autrefois une Province de la dépendance de la Chine, lorsque ses limites s'étendoient au-delà du Royaume de Siam, où les Empereurs faisoient leur séjour, c'est ce qui fit donner au Tunquin le nom qui ne lui conviendroit pas aujourd'hui, ce Royaume se trouvant au Midi & à l'Occident de la Chine & non pas à son Orient.

Il semble que le Tunquin n'ait commencé à prendre la forme d'un Royaume que lorsque le Neveu, ou le Fils du second Empereur de la Chine, s'en mit en possession. Les Tunquinois nomment cet Empereur *Than-Noü*, mot dont ils se servent pour signifier celui qui inventa le premier l'usage de la charruë, & la manière de cultiver la terre. On en place l'Epoque plusieurs Siécles avant la naissance de *Jésus-Christ*. Le Peuple vivoit sans Loix & sans Police, lorsque le Neveu, ou le Fils de *Than-Noü*, entreprit de les soumettre & de les civiliser. Ce Peuple qui avoit toujours vécu dans l'indépendance, eut de la peine à subir le joug. Le Prince fut néanmoins si bien ménager leurs esprits qu'il les engagea à le reconnoître pour leur Souverain. Il quitta alors son premier nom & se fit appeller Kinh-Dûong; il changea aussi le nom de sa femme en celui

a Chap. 1.

de

de Thân-Laô, & ajouta au sien le titre de Vuóng, qui signifie Roi. Cette Monarchie subsista pendant plusieurs Siècles, au bout desquels l'Empereur de la Chine ayant résolu de subjuguer le Tunquin y envoya douze de ses plus fameux Capitaines, qui se soumirent en peu de tems; mais ils n'en furent pas plutôt les maîtres, qu'ils le partagèrent entre eux. Le Tunquin fut alors partagé en douze Provinces, ou Royaumes, chacun de ces Capitaines ayant affecté de prendre ce titre dans la portion du Pays qui lui étoit échue. Un jeune Tunquinois de basse naissance & Berger de sa profession suffit pour culbuter ces nouveaux Monarques. Il remit sa Patrie en liberté, & pour récompense de ces services il fut élevé sur le Trône par ses Compatriotes. Au bout de douze ans, ce Héros ayant été assassiné, les Chinois se rendirent maîtres une seconde fois du Tunquin, & en joüirent pendant plusieurs années. Ce ne fut depuis, durant plusieurs Siècles, que révolutions continuelles; tantôt les Chinois étoient chassez du Pays, tantôt ils s'en remettoient en possession par la force; & quelquefois les Peuples, eux-mêmes inconstans dans leur choix, faisoient descendre du Trône le Prince qu'ils y avoient élevé.

Suivant les Chroniques Chinoises, le Tunquin fut originairement une espèce de République, & qui paroît avoir été indépendante jusqu'à l'an 1956. après le Déluge. Alors les Tunquinois accablez d'une famine causée par une sécheresse de trois ans, envoyèrent des Ambassadeurs à l'Empereur de la Chine, qui passoit pour le Fils du Ciel & pour le Pere des Saisons. Ils se flattoient que ce Prince commanderoit aux Cataractes du Ciel de s'ouvrir & de leur donner des pluyes pour rendre la fertilité à la terre. Ils accompagnèrent cette Ambassade de riches présens. Mais *Ceo-Cum*, oncle de l'Empereur Cim-vam, & le premier Ministre du Royaume, refusa ces présens, sous prétexte que des gens qui relevoient de l'Empire, & qui refusoient l'hommage qu'ils devoient, ne méritoient pas qu'il s'employât pour eux. Là-dessus il congédia les Ambassadeurs sans les vouloir écouter. Cependant les Annales du Tunquin de l'année 3612. de la création du Monde, qui étoit la 442. avant la naissance de *Jésus-Christ*, ne conviennent pas de ce fait, qui ne nous intéresse pas assez pour nous en embarasser davantage.

a Chap. 2.
La plus grande partie du Tunquin *a* consiste en de spacieuses Plaines, auxquelles on donne cent milles d'étendue, avec des Montagnes tout à l'entour qui lui servent de murailles. On ne laisse pas de trouver de petites Collines fort agréables dans la Province du Nord & dans celle du Levant. Il y a aussi des Montagnes assez hautes; mais ce ne sont que de grandes Esplanades à perte de vûe, qui ont donné le nom au Royaume de *Ciucanghe*, ou *Cao-Bang*, c'est-à-dire Plaines élevées. Du reste le Pays habité est tout uni; car le nombre de ceux qui demeurent dans les Montagnes est bien petit. Ces hautes Montagnes produisent de l'eau en abondance; & il y a des eaux qui viennent de plus loin, & qui forment ou grossissent diverses Riviéres. Ces eaux tempèrent les ardeurs brûlantes du Climat, qui est tout entier sous la Zone Torride; autrement tout périroit, & la Campagne qu'on ne pourroit habiter seroit stérile. Les Vaisseaux à voiles rondes peuvent entrer par diverses Embouchures dans ces Riviéres, dont le nombre est de trente-cinq. Ils peuvent les remonter l'espace de plusieurs jours de navigation, & jusqu'à la Ville Royale, auprès de laquelle passe le plus grand de tous les Fleuves, sur lequel il est seulement permis aux Etrangers de naviger. Ces Riviéres ont aussi divers Canaux, pratiquez, tant pour la facilité du Commerce, que pour empêcher les inondations. On trouve aussi divers Lacs & Etangs & une si grande quantité de petits Viviers, qu'il n'y a presque point de Maison qui n'ait le sien. Enfin le Pays est entrecoupé de quantité de petites Riviéres, qui contribuent à la récolte du Ris, qui ne croît & ne parvient à sa maturité qu'à force d'eau. Les voyages que l'on entreprend sur ces Riviéres sont très-agréables, principalement quand les Vents du Nord soufflent. Comme ils sont fort frais, ils tempèrent les ardeurs excessives du Soleil, & les Voyageurs respirent alors un air doux & bienfaisant après lequel on soupire ici continuellement. Les bords de ces Riviéres sont revêtus d'une belle & agréable verdure, & ornez des deux côtez, l'espace de plusieurs lieues, de quantité de belles Maisons les unes auprès des autres, qui dans l'occasion servent de retraites aux Voyageurs; car on court les mêmes risques sur Mer, principalement lorsqu'on se rencontre dans des Solitudes, qui ne sont habitées que par une sorte de Corsaires, qui font profession de dévaliser les Voyageurs, & qui ne leur font guère de quartier, s'ils se mettent en défense. Pour se précautionner contre ce danger, ceux qui entreprennent de longs voyages, ne partent qu'en bonne compagnie, pour se secourir les uns les autres. Cette précaution les défend bien contre les Pirates; mais ne les garantit pas des tempêtes, que des Vents impétueux excitent quelquefois dans le tems qu'on y pense le moins, & qui causent des naufrages. On a encore à craindre les crues d'eau extraordinaires, qui naissent quelquefois des pluyes abondantes, & quelquefois sont causées par le flux de la Mer, qui, sur-tout dans les grandes Marées, entre dans les Riviéres avec tant d'impétuosité, qu'elle arrête le cours ordinaire de leurs eaux. Il est très-facile néanmoins d'éviter ces dangers: il n'y a qu'à prendre terre promptement jusqu'à ce que la tempête soit passée. Outre ces inondations accidentelles, il y en a d'annuelles & qui arrivent dans un tems réglé: le Pays devient alors une espèce de Mer. Les Riviéres se débordent comme le Nil en Egypte, avec cette différence que les inondations de ce dernier arrivent dans la Lune de Mars, au lieu que celles des Riviéres du Tunquin se font dans la Lune de Mai, ou plutôt dans les trois mois suivans jusqu'à la fin d'Août. La crue des eaux est si grande dans ce tems-là, que toutes les Plaines en font

font inondées. La même chose arrive aussi quand le Vent d'Est soufle avec violence & qu'il continue quelques jours sur-tout dans le tems des grandes Marées. Les eaux trouvant leur cours ordinaire arrêté se débordent & couvrent en peu de tems la surface de la terre. On en pronostique la fertilité de la terre, si les eaux n'y demeurent que quelques jours ; mais le Pays est ruïné si elles y croupissent, & y font un trop long séjour. L'inconvénient de ces inondations est mis en quelque sorte à profit par les Tunquinois. Comme elles font toujours de grands dégâts, entraînant avec elles des Denrées, des Hardes, des Pièces de bois, des Meubles, du Bétail & d'autres choses semblables; & le Roi ayant ordonné que tout ce qu'on pêcheroit alors seroit de bonne prise, c'est un spectacle agréable de voir l'empressement des Tunquinois à mettre leurs Barques à l'eau & à voguer de côté & d'autre pour pêcher à l'envi les choses que l'eau entraîne. Le Roi & toute la Cour prennent part ordinairement à ce spectacle, qui a tout à la fois quelque chose de plaisant & d'affreux.

La multitude innombrable des Habitans de ce Royaume suffit pour prouver sa fertilité & l'abondance de toutes les choses nécessaires à la vie, puisque les Tunquinois ne se contentent pas de prendre de la nourriture pour le besoin. Car ils ne se levent jamais de Table que quand ils ne peuvent plus manger. Ils font ordinairement quatre forts repas par jour, sans prendre leurs provisions ailleurs que dans les récoltes que chacun fait sur son propre terrein. Aussi dans un Pays si fertile le Peuple est très-fainéant & peu industrieux. Il n'y en a que très-peu qui s'adonnent au Trafic ou aux Arts, & encore moins qui se mettent en peine de sortir du Pays pour aller voir ce que l'on pourroit faire avec l'Etranger. C'est une des raisons pour lesquelles ce Royaume nous a été inconnu si long-tems. Il est vrai que depuis que les Portugais, les Hollandois & les Habitans des Pays voisins y trafiquent, les Tunquinois font devenus un peu plus ingénieux & plus adroits. Les principales Marchandises qu'on tire de ce Pays font des Soies, du Musc, du Bois d'Aloès. Les Hollandois y portent en échange de ces Marchandises des Epiceries, du Vif-Argent, du Vermillon, de l'Ambre, des Draps & d'autres Etoffes. Il y a des Mines de toutes sortes de Métaux ; mais le Roi ne permet pas qu'on ouvre celles d'or. On a seulement commencé à fouiller dans vingt-cinq ou trente Mines d'argent. On avoit autrefois la pêche des Perles ; mais les Sujets s'en font dégoûtez par l'avarice des Rois qui s'en réservoient la meilleure portion.

La manière de bâtir des Tunquinois est fort simple, & leurs Maisons sont toujours mal conçues & sans dessein : aussi n'y appellent-ils ni Architectes, ni Maîtres Maçons. Tout y est de bois & de chaume. Le menu Peuple se contente seulement d'élever quatre Piliers en forme de Colonnes plus ou moins façonnez. Ils les posent sur autant de pierres rondes & larges à proportion, qui leur servent de fondement. On eleve sur ces Piliers d'autres pièces de bois, & quand on a besoin de plusieurs chambres on dresse d'autres Colonnes. Les Cloisons sont de planches, ou de Roseaux qu'ils appellent *Bambu* : ils sont goudronnez & mêlez ensemble ; & on fait un enduit fort propre avec une poudre déliée d'un Azur clair. Le plancher est de terre bien battue. Le toit est couvert de paille ou de chaume. Les Maisons de la Capitale appellée *Ké-Cio*, ou *Checo*, ou simplement la Cour, ne sont pas plus magnifiques. Voyez CHECO.

Les Tunquinois sont de toutes tailles, grands, petits & médiocres ; mais du reste tous bien proportionnez & d'un bon tempérament avec les traits du visage assez réguliers & agréables. Ceux qui demeurent dans les Villes sont plus blancs que bruns ; mais les Paysans sont presque tous d'une couleur olivâtre. Ils ont l'Esprit bon, apprennent facilement & n'oublient rien. Ils s'engagent volontiers dans l'exercice des Armes, à cause des Charges, des Gouvernemens & des honneurs, qui sont partagez ordinairement entre les Mandarins d'Epée & les Mandarins de Lettres. Ils sont fort sensibles aux injures, & quand ils ne se peuvent vanger sûrement, parce que leur Partie a trop de crédit, ils écrivent tous les maux qu'ils lui souhaitent, dans une feuille de papier qu'ils offrent au Démon sur son Autel ; après quoi ils brûlent le papier en le conjurant d'anéantir de la même sorte celui qui les a offensez. Ils caressent fort les Etrangers & souhaitent passionnément de voir des choses curieuses, & plus encore de les posséder quand ils les ont vues. Les femmes sont très-simples dans leurs habits. Elles vont nuds pieds ainsi que les hommes, & la coutume en est établie, parce que le Terroir est doux & facile. Du reste, à la réserve des mains & du visage qu'elles ont découvert, elles marchent dans une grande modestie, sous un long habit de la forme à peu près d'une soutane, fort étroit vers le cou, & qui les couvre depuis les pieds jusqu'aux épaules ; & elles portent un chapeau dont les bords sont extrêmement larges. Ce chapeau qui leur sert de parasol contre les ardeurs du Soleil est fait de feuilles d'Arbres qu'on fait ajuster fort proprement pour cet usage. Le dedans en est orné d'un ouvrage de fil à reseaux fort délicat, qu'on tire d'une espèce de Cannes, qui croissent dans le Pays & qu'on y estime fort. Après qu'elles l'ont mis sur leur tête, elles l'attachent par dessous le menton avec un Ruban entrelacé de la même Canne. Elles prennent leurs plus beaux habits les jours de Fête, avec de riches pendans d'oreille, plusieurs rangs de perles au cou & des bracelets aux bras ; mais jamais d'anneaux aux doigts. Ces habits sont ou d'une très-fine toile de Coton, ou de Soie, ou d'une espèce de Lin appellé *Bos* qui vient de la Chine. Ils sont toujours fort legers, parce qu'à la réserve de très-peu de jours où le froid est violent, la chaleur de ce Climat est excessive. Les hommes comme les femmes portoient autrefois leurs cheveux retroussez à la manière des Chinois, auxquels ils étoient soumis ; mais

mais lorsqu'ils se furent affranchis de leur domination, pour marque de leur liberté ils les laissèrent flotter à la négligence & allérent nuds pieds. Les Bonzes qui sont leurs Prêtres se rasent la tête, & disent que les Séculiers, dont les actions sont mortes & sans nul mérite, doivent porter les cheveux longs, afin que l'Idole les puisse tirer plus aisément dans le Ciel; mais que pour eux leurs propres mérites leur servent d'aîles pour les y élever. Les Séculiers ne laissent pas de relever & de cordonner leurs cheveux, quand ils travaillent pour n'en être point embarrassez; mais si alors ils se trouve avec quelque personne de distinction, ils les délient aussi-tôt & les laissent tomber sur leurs épaules pour marque de leur respect. La chevelure noire déliée & négligée est celle, qu'on estime davantage. Les hommes font peu de dépense en leurs habits. Le Peuple va presque nud la plus grande partie de l'année. Les plus riches, & ceux qui sont en quelque considération, portent ordinairement, au lieu de chemise, une soutanelle de Soie, qui leur va jusqu'aux genoux, & par dessus une longue robe, dont l'extrémité bat sur le cou de pied, avec des manches de la largeur d'une demi-aune & de la longueur de la robe; & pour se distinguer des Chinois, qui des deux lez du devant mettent le droit sur le gauche, les Tunquinois, qui portent comme eux leur robe ouverte, font passer le gauche sur le droit; & au lieu que les Chinois lient avec un Ruban le lez du côté droit sur la hanche gauche, afin qu'en marchant leur Robe ne s'ouvre pas; ceux-ci la lient à quatre doigts au-dessus de la hanche droite. A l'endroit où ils attachent leur ceinture, il y a trois ou quatre plis de plus, qui régnant jusqu'au bas mettent de la différence entre les Personnes; mais ils ne se servent de Robes plissées que quand ils veulent faire leur cour, ou dans les Fêtes solemnelles. L'habit des Bonzes n'est différent de celui des Séculiers qu'en ce qu'il est plus large & d'une plus riche étoffe. Leur Bonnet qu'ils appellent Mu-ny, & dont la forme est ronde & haute de deux ou trois doigts, est orné par derriére d'un morceau d'étoffe de la même couleur, qui leur couvre la moitié des épaules. Les couleurs qu'ils affectent le plus sont le violet, le chatain clair & obscur, l'incarnat & le noir fort éclatant, & quelques-uns le verd, le jaune, & un rouge-brun. Il y a des Bonzes qui portent par magnificence une sorte de pourpoint, dont le tissu à réseaux, qui couvre quantité de Grains de Verre ou de Cristal de différentes couleurs, enfilez avec quelque symmétrie, forme à travers ces mailles une couleur changeante, qui n'est pas désagréable à la vûe. Les femmes Bonzes en usent de la même sorte; si ce n'est qu'au lieu de bonnet, elles ont une demi-mitre, ornée à l'entour d'un rang de gros grains comme de petites Balles. Tout est réglé chez les Tunquinois jusqu'aux civilitez qu'ils se doivent les uns aux autres, & à la manière dont il faut qu'ils en usent, quand ils ont l'honneur de paroître devant le Roi. Ils ne le peuvent sans être revêtus d'un habit de cérémonie, qui doit être de Soie & de couleur violette, ou d'un bleu obscur, & sans avoir la tête couverte. Ceux qui n'ont pas le titre de Mandarins ont un bonnet noir haut de demi-pied, qu'ils laissent tomber sur le derriére de la tête. Ceux qui sont Mandarins Lettrez en portent un fait du crin de chevaux noirs de la hauteur d'un demi-pied, de figure éxagone, bordé & plat par dessus; ce qui les distingue de celui des autres qui est pointu. Les Criminels seuls sont découverts en la présence du Roi. A l'égard des pieds, ce seroit un crime d'y aller chaussé. Il ne faut avoir ni souliers, ni chausses, & lui seul se sert de pantoufles, dont il ne permet l'usage, par une grace très-particuliére, qu'à quelqu'une de ses femmes. Il ne dispense pas même ses propres enfans de cette pratique. Cependant celui qui est destiné pour lui succéder, peut être chaussé dans le Palais où il demeure, & quand il va à la Campagne; mais s'il veut aller chez le Roi son pere, il faut qu'il se déchausse à la porte, où il trouve un Page avec de l'eau qui lui lave les pieds. On défend aussi dans ce lieu là, à qui que ce soit, quoique la chaleur soit extrême, de se servir de son éventail; qu'ils portent tous dans leur manche pour le rafraîchir dans le besoin: il faut qu'ils tiennent leurs mains en repos, l'une dans la manche de l'autre & toutes deux couvertes, & sur la poitrine. Lorsqu'on entre dans la grande Salle des audiences, avant que de joindre le Roi pour le saluer, on est obligé de faire quatre génuflexions, les deux genoux en terre, le gauche le premier, ensuite le droit, avec une profonde inclination de la tête jusqu'à terre. On commence cette cérémonie dès la porte de la Salle, ou de l'endroit d'où l'on part, pour avoir audience du Roi; en sorte qu'on soit à ses pieds à la quatrième révérence. Alors celui que l'on y admet se léve, & joignant les mains avec les doigts, entrelacez l'un dans l'autre, & couvertes des grandes manches de leur robe de dessus, il les porte en cette posture jusque sur sa tête; & après une médiocre inclination qui est la derniére, il le salue en disant: *Vive le Roi l'espace de deux mille ans.* Lorsque les Grands Mandarins, après avoir eu audience, prennent congé de ce Prince, ils sortent avec empressement de la chambre, & s'en retournent chez eux en courant. S'ils en usoient autrement ce seroit une incivilité inexcusable.

Tous les Cavaliers, de quelque qualité qu'ils soient, doivent descendre de leurs Chevaux, ou de dessus leurs Eléphans quand ils passent devant le Palais Royal. C'est à quoi l'on n'oblige point les femmes; mais quand la qualité des personnes qu'elles rencontrent est au-dessus du rang qu'elles tiennent, alors elles cessent d'avancer & s'asseyent sur leurs genoux. Dans cette posture elles joignent les mains & font une profonde inclination jusqu'à toucher cinq fois la terre avec le front. On ne se sert point de siéges dans le Tunquin pour la conversation: on s'y contente d'une natte que l'on étend sur la terre. Les personnes distinguées s'entretiennent sur une espéce d'estrade, élevée d'un d'un pied & couverte d'une belle natte au lieu de tapis. Si quelqu'un de leur même condition leur rend visite, ils lui donnent place sur la même estrade; & s'il est inférieur, ils le font asseoir plus bas sur une natte double, la donnant simple aux personnes de médiocre condition, & ne laissant que la terre sans nattes à ceux qui sont de la populace. Ils ne traitent jamais d'affaires en se promenant, mais toujours assis, ou debout, sans remuer les mains. Si un Tunquinois en rencontre un autre qui lui soit égal, il le salue en disant: *Je me réjouïs avec vous*; & s'il le regarde comme étant d'un rang au-dessus de lui, il lui donne la main gauche par honneur, pour lui témoigner que s'il se conserve la liberté de la droite, c'est pour le défendre contre ceux qui le voudroient insulter.

a Chap. 4. Ils accompagnent ces civilitez de banquets & de festins [a], dont ils se régalent réciproquement, & plusieurs fois chaque mois. Ce qu'il y a de fort condamnable, c'est qu'ils ne mangent & ne boivent jamais qu'avec excès; de sorte que celui qui s'en acquitte le mieux est le plus considéré. Au lieu de pain, ils usent de ris qui est cuit sans sel, à quoi ils ajoutent du poisson de diverses espèces, de la chair de Bufle, de Bœuf, de Coqs, de Poules & de Porc; & comme si tout cela ne suffisoit pas pour rassasier leur gourmandise, ils multiplient les mets, & chargent les tables, qui sont préparées à terre sur une natte pour ceux du commun, ou rondes comme un tambour pour les gens de qualité. Cette sorte de table est pourtant si basse, que pour y manger commodément il faut être assis à terre & avoir les jambes croisées. Celles des Princes & des grands Seigneurs sont disposées avec quelques nattes de jonc sur une pierre platte. On sert quelquefois la chair de jeunes Eléphans sur la table du Roi, comme quelque chose de très-délicat; mais sur-tout la trompe, qui passe dans ce Pays-là pour un manger très-délicieux. La chair de Cheval ne leur déplaît pas non plus que celle du Tigre, du Chien, du Chat, de la Taupe, de la Couleuvre, de la Chauve-souris, de la Civette, & autres. Ils mangent indifféremment les œufs de Cannes, d'Oyes, de Poules, sans s'embarrasser s'ils sont couvez ou frais. Ils sont fort sales dans leurs repas, & ne se lavent jamais les mains devant, ni après, à cause que tout ce qu'on sert sur leurs tables est coupé par morceaux, & que pour les prendre ils ont deux petites baguettes d'yvoire, ou de quelqu'espèce de bois solide, de la longueur d'un demi-pied; ils s'en servent au lieu de cuilliers & de fourchettes. C'est pour cela que l'on n'y voit ni serviettes, ni nappes, & qu'il leur suffit que leurs tables rondes soient peintes de ces beaux vernis rouges, ou noirs, que l'on tâche inutilement d'imiter ailleurs. Ils boivent beaucoup; & quoique leur vin ne se fasse ordinairement que de ris, il est aussi violent que l'eau-de-vie. L'yvrognerie ne passe chez eux que pour une galanterie, pourvû que celui qui en a pris l'habitude ne se porte à aucune violence.

b Chap. 5. On doit admirer la Discipline [b] Militaire qui régne parmi ces Peuples, & dans laquelle les Capitaines les plus expérimentez élévent ceux qui s'enrôlent dans les Troupes. Chaque Province a des gens qui ont commandé dans les Armées, & qui sont obligez de faire faire tous les jours l'exercice aux Soldats, & de leur apprendre à se servir adroitement du Mousquet en tirant au blanc. Le Roi a toujours trois cens mille de ces hommes-là, qui se rendent à ses ordres par-tout où il veut, outre quarante mille qui demeurent auprès de sa personne pour sa garde. Il y a dans le Royaume de la poudre en quantité, & il s'y fait des Mousquets en si grand nombre, qu'en tems de guerre on en pourroit armer cinq cens mille hommes. Il y a aussi des Lances, des Piques, des Javelots, des Epées à deux mains, dont les poignées ont plus d'un pied de longueur, & dont les lames sont faites comme celles des Cimeterres. On les porte d'ordinaire toutes nues & élevées comme des Hallebardes. Ils se servent aussi d'Arcs, de fléches & d'Arbalêtes; & ils ont l'usage des Canons & des Grenades. A l'exception du Soufre qu'on apporte en partie du dehors, on trouve dans le Tunquin du Plomb, du Fer, & d'autres Métaux que l'on tire en fort grande quantité des Mines.

Quant aux forces maritimes, le Roi de Tunquin met en Mer deux mille Galéres, sans compter un nombre infini d'autres petits Bâtimens. Ces Galéres ont environ trente-cinq pieds de longueur sur quinze de largeur. Elles n'ont rien sur les côtez qui avance au dehors & sont sans éperon à la proue. Quelques-unes, comme toutes celles de la Flote Royale, ont trente rames de chaque côté; d'autres n'en ont que vingt-cinq, & d'autres dix-huit ou vingt, mais il n'y a qu'un seul homme à chaque rame; de sorte que d'ordinaire toute la Chiourme n'est que de cinquante ou soixante hommes, qui sont aussi bons Soldats que bons Matelots, quand il faut quitter la rame pour le Mousquet. On ne conduit pas ces sortes de Vaisseaux à coups de sifflet. Le Pilote, qui est sur un lieu de la poupe, élevé en forme de loge, en frappant d'un petit bâton sur un autre qu'il tient à la main, marque le mouvement qu'il leur faut donner suivant qu'il frappe avec vîtesse ou avec lenteur; & les Rameurs le suivent avec tant de justesse qu'ils se trouvent toujours d'accord, de quelque façon qu'ils voguent. Toute la Chiourme de la Galére Royale doit être de jeunes gens adroits, de même âge & d'une même hauteur. Ils sont presque toujours nuds jusqu'à la ceinture, & leurs habits ordinaires ne sont que de toile, comme leur bonnet, & de la même couleur. Le lieu le plus honorable est la proue, où il y a une chambre proportionnée à la grandeur du Vaisseau, ornée par dehors de plusieurs sculptures, enchâssées dans de l'or, & pavées par dedans de lames d'or, d'exquises peintures & de draps de soie. Le plancher est toujours couvert de tapis de nattes de soie, avec une balustrade & de petites colonnes tout à l'entour, en forme de galerie, où sont quelques Pièces d'Artillerie de huit livres de balle sur leurs affuts. Elles ont chacune leur tillac. La poupe & la proue, qui sont d'une for-

forme ronde, paroissent également relevées hors de l'eau à la hauteur de quatre ou cinq pieds, & sont ornées de diverses figures de relief, & de grands feuillages Arabesques, rehaussez d'or & de couleurs fines. Les flancs, où l'on appuye les rames, sont enrichis de la même sorte avec une fraise, qui régne à l'entour sur tous les ornemens qui sont attachez au corps de la Galére. Ils ne les goudronnent ni de poix, ni de suif, mais seulement d'un vernis, qui est une mixtion semblable à celle que nous appellons cire d'Espagne. Cela leur donne un éclat si vif, que la vûe est trop foible pour le supporter, quand le Soleil darde ses rayons dessus.

Chacun contribue dans le tems aux provisions de Ris, de Vin, d'Huile, de Gibier de toute sorte, de Poisson, de Salines, & de fruits pour le Roi, & on lui en fait present, sans en espérer de récompense; ainsi il peut épargner presque tout l'or & l'argent qu'il leve sur ses Sujets. L'amas qu'on en fait va dans son Trésor, qu'il garde pour les besoins qu'il croit en pouvoir avoir après sa mort, dans le nouveau Pays où il doit aller. Il en commet la garde à celui de ses Eunuques dont il connoît mieux la fidélité, de sorte que cet Eunuque & les Soldats, qu'il y fait veiller continuellement, savent seuls le lieu où sont les richesses du Royaume. Cette conduite superstitieuse est un des Articles les plus sacrez de leur Foi. Ainsi les enfans passeroient pour sacriléges, s'ils épuisoient le Trésor du Roi leur pere & de ses prédécesseurs, pour s'en servir indifféremment. Il faut que ce soit pour des affaires extraordinaires qu'on en tire quelques sommes; & alors il y a de grandes cérémonies à observer. On peut aussi s'en servir après la mort du Roi pour fournir aux frais des guerres qu'il faut soutenir ou entreprendre; mais avant que son Successeur puisse tirer du fonds du Trésor les sommes dont il peut avoir besoin, il est obligé de sacrifier solemnellement aux idoles & de faire de grandes offrandes, avec d'amples priéres aux défunts ses Prédécesseurs, pour qu'ils ne désapprouvent pas l'usage qu'il en veut faire, promettant d'ailleurs de restituer au double ce qu'il est contraint de prendre pour subvenir aux nécessitez pressantes de l'Etat.

Quand le Roi sort avec cérémonie, en certains jours de l'année, tous les principaux Mandarins le doivent accompagner, chacun avec les Devises des lieux de sa dépendance, & une escorte considérable sous ses livrées ordinaires. Il s'y trouve aussi une infinité d'autres Mandarins avec leurs Devises, & parmi lesquels on distingue ceux qu'on n'a point encore admis à servir le Prince, & qui font leur cour pour s'avancer. La Livrée des Pages, & plus encore celle des Soldats, forme un spectacle magnifique. Chaque Compagnie a sa Devise particuliére, avec un habit d'une couleur différente de celui des autres. Les armes qu'ils portent dans une pareille occasion, savoir les uns des Piques, les autres des Lances, des Fléches, des Mousquets, des Javelots & des Espadons, pour s'en servir à deux mains, sont si polies & si éclatantes, sans parler de l'or, de l'argent & de l'yvoire qu'elles ont pour ornement, qu'on ne peut rien imaginer de plus beau. La magnificence du Roi paroît de la même sorte à la reception de l'Ambassadeur de l'Empereur de la Chine, au devant duquel il est obligé d'aller. Il doit alors être vêtu à la Chinoise, & chaussé; mais avec des Souliers relevez par le bout en forme de petites barques, & un chapeau sur la tête d'une façon extraordinaire. Il le salue, le premier, de quatre génuflexions & d'une profonde révérence, en vûe de la Lettre de créance qu'il porte & qu'il produit de la part de son Empereur. Il lui donne la droite par-tout, & en cet état l'Ambassadeur, comme représentant la personne du Souverain, reçoit les civilitez de toute la Cour; mais la cérémonie étant achevée, il est traité en personne privée, quoique toujours avec le respect qu'on doit aux grands Mandarins, à cause de sa qualité d'Etranger. Un des honneurs qu'on lui rend en le recevant, c'est de ranger les Galéres, cinq à cinq, dans une égale distance de file, sous des ornemens particuliers. On voit sur les bords du Fleuve des antennes qu'on y a plantées dans un espace de plusieurs lieues, & qui sont chargées chacune d'un pavillon de différentes couleurs. Les Bataillons d'Infanterie s'y trouvent postez différemment: les uns y battent la Caisse, d'autres les Timbales, & les autres leur répondent au son des Hautbois, & aux fanfares des Trompettes. Aux approches de l'Ambassadeur ces Troupes lui marquent par de grandes acclamations la joie qu'elles ont de son arrivée, & le saluent par une décharge de Mousquets & de Canons. Quand il quitte le Vaisseau pour prendre terre, la Chiourme laisse la rame, pour prendre le Mousquet, & après que les Galéres ont tiré toutes leurs Piéces de Batterie, elle fait aussi sa décharge en signe de réjouissance.

La Loi du Royaume exige [a] que la vertu soit récompensée, & qu'on punisse le vice sans exception de personne. Il y a pour ce sujet des Tribunaux, où la Justice se rend devant le Roi, & où les procès sont examinez avec grand soin. On ne distribue les Charges qu'à ceux qui, s'étant signalez dans les Sciences & dans les célèbres Académies, ou ayant acquis par leur valeur beaucoup d'expérience dans les armes, se sont montrez dignes des premiers Emplois. Les Mandarins Lettrez ont le pas sur ceux d'Epée & sont en grande réputation. On les fait Conseillers d'Etat, Juges Souverains, Gouverneurs de Provinces & Ambassadeurs. Le Roi tâche aussi de contenter les Mandarins d'Epée; mais les Dignitez auxquelles les uns & les autres peuvent aspirer ne sont qu'au nombre de trente. Il y a six sortes de Gouverneurs qui vivent dans quelque subordination des uns aux autres. La moins estimée est de ceux qu'ils nomment *Lang*; c'est-à-dire qui sont Seigneurs d'une Ville. La seconde est des *Xu-Lang*: ceux-ci ont dans leur ressort quatre de ces petits Seigneurs, qui leur doivent foi & hommage. La troisième est des *Toü-Xâ*, qui ont dix *Xâ* dans leur District. La quatrième appellée *Huên* est de ceux qui sont Seigneurs de trente Bourgs ou Villages, plus ou moins, & des-

[a] Chap. 6.

& desquels tous les *Lang*, les *Xà* & les *Toù* de ces Villages dépendent. La cinquième est des *Pbù*, qui ont plusieurs *Huien* soumis à leurs ordres. La sixième & la plus considérable est des *Xù*. C'est le Viceroi & le Gouverneur de toute la Province: il ne reconnoît d'autre Supérieur que le Roi, & tous les autres sont obligez de lui obéir. Dans tous ces Gouvernemens il y a des Tribunaux, où l'on rend la Justice, avec la même subordination des uns aux autres. *Gna-Ty* est le premier Tribunal des Docteurs; & *Gna-Hien* est le Tribunal subordonné, comme une Justice subalterne. On peut appeller de toutes ces Justices subalternes à un Tribunal supérieur, jusqu'au premier, qui est celui du Roi. Il y en a toujours plusieurs d'ouverts à la Cour. Les Mandarins qui sont parvenus à la qualité de Docteurs font toutes les procédures. Ce sont eux aussi qui font le rapport des affaires devant les Conseillers du Roi pour avoir leurs avis, parce que ceux-ci prononcent définitivement, après avoir informé le Prince, qui approuve ou condamne leur sentiment, sans s'assujettir à la formalité des Loix, parce qu'il prétend être au-dessus. Quoique l'on puisse appeller des grands Tribunaux au Tribunal de la Cour, on en exclut ceux que des crimes énormes font condamner à la mort, comme d'avoir assassiné, ou volé, ou commis adultere. A l'égard des Adulteres, la Loi défend au Mari de tuer sa femme s'il la surprend dans le crime; mais non pas de lui couper les cheveux. Dans cet état il la mene au Mandarin, qui après l'avoir convaincue, la fait livrer à un Eléphant dressé à faire la fonction de Bourreau. Cet Animal l'ayant enlevée avec sa trompe la jette par terre avec une violence qui la tue; & s'il s'apperçoit qu'elle ne soit pas encore morte, il la foule aux pieds jusqu'à ce qu'il l'ait entiérement écrasée. Les formalitez des procédures criminelles consistent d'abord à citer les Parties. Si l'accusation est sans preuve, l'accusé est obligé de jurer qu'il est innocent; après quoi ils demande aux Dieux qu'ils le préservent de tout malheur, ou de maladie pendant trois mois; & si dans ce tems-là il tomboit malade, le témoignage seroit reçu contre lui. La maison du Mandarin supplée aux prisons publiques dans les Provinces. Il s'y trouve des chaînes, des menotes, & d'autres semblables instrumens de fer. Le supplice le plus commun est de mettre le cou du prisonnier entre deux perches de bois, fort grosses & fort longues, en forme d'échelle, que l'on arrête avec deux autres morceaux de bois, qu'on y accommode de travers comme deux échelons; de sorte que ne pouvant dégager sa tête, il demeure en cette posture jusqu'à ce que la Sentence soit prononcée. Il n'en est pas de même dans la Ville Royale où il y a des prisons. Quand le Criminel est condamné à la mort, les parens lui en vont porter la nouvelle, & s'assemblent tous pour le conduire au lieu du supplice. Il y trouve un grand repas préparé, & sans s'étonner il se remplit des viandes qui lui sont servies. L'heure de l'exécution étant venue, celui qui est chargé de la faire, lui lie les mains par derriére, & après lui avoir noué les cheveux sur le sommet de la tête, il la lui coupe d'un revers de coutelas. Comme la Loi défend de faire mourir les Princes du Sang & les Nobles par le fer, pour ne pas répandre leur sang, quand il faut faire mourir quelqu'un du premier rang, on lui décharge sur la tête un coup de bâton d'un bois précieux, qu'on nomme Sandal & qui a trois pieds de long. Pour les Nobles on les étrangle, où on les pend; c'est dans le Tunquin le genre de mort le moins infâme. Les plus ignominieuses des peines sont celles dont on punit les Voleurs. On les expose trois jours durant à la risée du Peuple, assis sur une Charette, au milieu d'une Place publique, sans aucun abri & aux ardeurs du Soleil. On mene de là le Criminel au supplice par de longs détours, en le maltraitant incessamment; & de rue en rue le Prevôt fait sonner un timbre, au bruit duquel on s'arrête quelque tems pour lire la Sentence. Alors l'Exécuteur prenant un rasoir, coupe un morceau de chair à ce misérable; & cette inhumanité se renouvelle autant de fois que le Prevôt fait sonner le timbre & lire la Sentence. Quand on est arrivé au lieu de l'éxécution, on descend le Criminel tout couvert de playes, & après qu'on lui a coupé la tête, on divise son corps en plusieurs pieces que l'on expose en divers Quartiers. S'il arrive que quelqu'un du Sang Royal se soit révolté, on lui met le cou entre deux bâtons que l'on serre avec tant de violence qu'on lui fait perdre la respiration. Pour s'assûrer s'il est mort, on allume deux Flambeaux; & si aux approches de ce feu il montre encore quelque sentiment, on le serre davantage, jusqu'à ce qu'il ne donne plus aucune marque de vie. On coupe le nez à un Soldat qui a deserté; & s'il est Capitaine on lui coupe aussi les pieds. Pour punir les querelleurs, on leur donne sur les doigts; &, selon la qualité de la faute, on leur en coupe un, ou tous ensemble. Les homicides sont condamnez à la peine du talion, avec ce surcroît, que celui qui a tué est obligé d'acquitter le Mort, envers l'Epargne, du tribut qu'il auroit payé depuis l'âge de vingt ans jusqu'à soixante qu'il auroit pu vivre; & afin que la Chambre Royale ne perde rien de ses droits, si le meurtrier n'a pas de quoi satisfaire, la Justice y oblige toute la famille. Que s'il n'a point de parens, ou qu'ils soient sans bien, la Ville d'où il est natif en est responsable.

La façon de contracter mariage chez les Tunquinois commence par les fiançailles. Les parens du futur époux se rendent chez la future épouse [a], & lui font quelque present de peu de valeur. Si elle le reçoit le consentement est supposé donné. Selon la Loi du Royaume le mari est obligé de porter à la femme la dot que l'on a stipulée, avant qu'on passe au mariage; & cette coutume qui la dispense de rien apporter à la communauté lui est d'autant plus desavantageuse, qu'étant regardée comme si on l'achetoit, elle devient en quelque façon l'esclave de son mari, qui est obligé, au jour fixé pour les nôces, de faire un grand festin aux parens des deux familles; & d'envoyer aux Mandarins & aux Conseillers du Lieu quelque argent,

[a] Chap. 7.

gent, & une certaine quantité de ris, de vin & de viande, afin que tout le Bourg puisse être ce même jour dans la bonne chére & dans la joie. Le festin se fait le plus souvent chez la mariée, que les parens accompagnent le soir au logis du marié, en chantant & au son des Instrumens. Si-tôt qu'elle y est entrée, elle va dans la Cuisine où elle adore le trépié qui est sur le foyer. Cette superstitieuse cérémonie s'observe en mémoire d'une femme, qui ayant épousé deux maris en même tems, vécut parfaitement unie avec eux dans une même maison représentée par la Cuisine, comme ces trois personnes le sont par le trépié; ce qui leur fit mériter d'être mis au rang des Dieux. Les nouveaux mariez ont coutume de leur adresser des vœux, afin qu'ils les fassent jouir de la même paix. La mariée, après avoir adoré le Dieu du foyer, va faire compliment à ses ayeux & bisayeux, vivans ou non, & leur fait plusieurs révérences, comme s'ils étoient présens; & enfin elle se prosterne en terre, protestant qu'elle veut être soumise à son mari tant qu'il vivra. Ces cérémonies sont observées toutes les fois qu'un mari, qui n'est pas content de la première femme qu'il a épousée, en recherche d'autres; mais les dépenses ne sont pas si grandes aux secondes nôces. Si cette première femme est stérile, ce qui est pour elle une espèce d'infamie, elle presse son mari d'en prendre une autre; & s'il en a des enfans, ou d'une troisième, ou d'une quatrième, ou de quelque autre que ce soit, ils appellent du nom de mere, non pas celle dont ils sont nez qu'ils nomment leur sœur, mais la première, quoique stérile. Les répudiations sont permises; mais le seul mari est en pouvoir de répudier sa femme, & la femme n'a pas la liberté de demander le divorce. Voici la cérémonie de la répudiation. Le mari prend devant des témoins la fourchette de bois dont il a coutume de se servir dans ses repas, & il la rompt en deux; il fait la même chose d'une petite monnoie de cuivre, dont il garde la moitié & donne l'autre à la femme qu'il répudie.

Les Médecins Tunquinois sont tous dans ce principe, que les maladies doivent être guéries par leurs contraires: de sorte que s'ils conjecturent que l'infirmité, dont un malade se plaint, vient d'une chaleur intempérée, ils ordonnent aussi-tôt des remedes froids; & s'ils jugent qu'elle soit causée par quelque humeur froide, ils ont recours aux remedes chauds. Ils se servent ordinairement de la saignée, & plus rarement de ventouses qu'ils appliquent sur la partie affligée. Si la douleur continue, ils ordonnent la diette, qui consiste à ne manger que du ris cuit dans de l'eau avec un peu de poisson sec & salé, ou un œuf de Canne sauvage. Les lancettes ne sont point en usage parmi eux, & ils se servent pour ouvrir la veine d'un fragment de porcelaine fine. Si le mal s'irrite contre les remedes, le malade se met entre les mains du Magicien qui après avoir consulté ses Livres, invoque le secours du Démon, ou des parens défunts du Malade, & il l'oblige de leur offrir quelques sacrifices pour les avoir favorables. On immole plusieurs Animaux dont le Magicien prend toujours la meilleure part, & tant qu'on espére quelque amendement les sacrifices sont toujours continuez. Lorsque le Magicien abandonne le malade, parce que son art ne sauroit vaincre le mal, les parens ont recours au dernier remède, qui est de prier quelque Sorciére d'en prendre soin. Cette femme prend un grand miroir de bronze, & au bruit d'un Tambour qu'elle frappe plusieurs fois avec de certaines imprécations, elle fait paroître dans ce miroir des personnes mortes que les parens du malade, qui sont assemblez, ont connues durant leur vie, leur faisant croire que ces morts lui disent secrétement ce qu'il faut faire pour sa guérison. Les parens lui accordent volontiers tout ce qu'elle leur demande de la part des morts; & si le mal ne diminue point, alors ils se mettent sous les armes & courent partout le logis le cimetiere à la main. On les voit s'escrimer en l'air comme des Gladiateurs & porter cent coups d'estramaçon dans chaque recoin; persuadez qu'ils blesseront les esprits qui s'y sont cachez, & qu'ils supposent être la cause de la maladie & empêcher l'effet des remedes.

Quant à ce qui se pratique dans le Tunquin à l'égard des morts, les parens leur ayant fermé les yeux, chargent une table de toutes sortes de viandes & d'excellent vin, & l'approchent du lit où le mort est étendu. Ils l'invitent à boire & à manger avec eux & employent quelque tems à cette ridicule cérémonie, pour faire connoître que les choses nécessaires ne lui ont point manqué tant qu'il a vécu, puisqu'ils ne lui épargnent rien, même après sa mort. Après cette cérémonie, les Prêtres des Idoles viennent réciter leurs priéres d'un ton triste & languissant, & en même tems si rude; qu'on croiroit entendre des Démons qui hurlent. Ces priéres faites, on consulte les Devins pour savoir d'eux l'heure la plus favorable pour rendre au défunt les derniers devoirs, & en quel endroit ils pourront l'enterrer. Lorsqu'on est d'accord du lieu & du jour, ils prient quelqu'un de ceux qui ont soin d'ensevelir les morts de revêtir le défunt de ses plus riches habits, après avoir employé des eaux de senteur à le laver; & afin que personne n'ait la hardiesse de le dépouiller, ils renferment dans le cercueil, avec le corps, quelques figures horribles de bois peint, comme autant de Sentinelles pour empêcher les Voleurs d'en approcher. Il arrive quelquefois qu'ils gardent plusieurs jours le cadavre dans la maison, à cause que, suivant leurs supputations annuelles, l'année, où est mort celui qu'ils regrettent, porte le même nom que celle dans laquelle il étoit né. Ils laissent le cercueil ouvert, & ne le ferment qu'au septiéme jour, pour observer si l'ame ne retournera point dans le corps. Mais quand la corruption leur a ôté l'espérance du miracle de la résurrection, dont ils se flattent, ils font publier, dans le Bourg, le jour qu'ils doivent enterrer le mort, afin que le concours du Peuple soit plus grand, & ils commencent la cérémonie par une longue Procession, précédée de quantité de Drapeaux & de Banniéres avec plusieurs Instrumens. Les

uns

uns touchent diverses sortes de Tambours, & les autres ont des Hautbois, des Cornemuses & des Trompettes, au son desquelles il y en a qui sautent & qui dansent sous divers habits de Comédiens & de Pantalons. D'autres marchent à cette Procession le Cimeterre au côté, avec un Bouclier & certains bâtons pleins de nœuds & ferrez par les deux bouts. D'autres y portent des armes à feu, dont ils font incessamment des décharges pour donner de la terreur au Démon, & dans cette même vûe ils accompagnent tous ces sons confus de tons de voix horribles & épouvantables. Les parens suivent immédiatement le cercueil & ne s'en éloignent point. Ils n'ordonnent jamais de leur sépulture dans les Temples des Idoles, mais seulement dans leurs héritages au milieu de la Campagne, pour pouvoir jouïr du revenu & en disposer en l'autre vie. La dépense de ces enterremens est incroyable. Ils consument en festins seuls une grande partie du lieu de bien, pour témoigner leur reconnoissance, le mari envers sa femme, la femme envers son mari, & les enfans envers leurs pere & mere. Ceux qui se piquent d'être plus magnifiques que les autres, font construire au milieu d'une grande Place, par où doit passer l'enterrement, une maison de charpente, dont tout le bois est doré, & qui est ornée de figures d'Hommes, de Chevaux & d'Eléphans, couverts de morceaux de papier doré au lieu d'étofe, & ils y mettent le feu dans la pensée qu'aussi-tôt que toutes ces choses sont réduites en cendres, elles se métamorphosent par la vertu des Idoles, & prennent un corps réel & véritable, & se qui fait avoir aux morts de quoi régaler les Geoliers de l'Enfer, sans quoi ils exerceroient sur eux toutes sortes d'inhumanitez. C'est par la même superstition que les plus riches invitent toute la famille en leur maison. Après leur avoir fait prendre place selon leur degré d'affinité, ils se disposent de telle sorte, qu'ils forment une figure circulaire, presque comme un Arc, sous plusieurs pieces de soie qui sont étenduës dans l'air, & auxquelles ils semblent servir de colonnes pour les soutenir. Ils disent que c'est par-là que l'Idole doit passer pour accompagner le Défunt en l'autre Monde. Ils lui font la même offrande & dans les mêmes cérémonies le septième jour, le trentième & le centième; outre le septième mois qui est consacré à la mémoire des Morts, & auquel commence un annuel qu'ils renouvellent pendant trois ans que dure le deuil. Dans tout ce tems les parens au premier degré ne s'habillent point de soie; mais seulement de grosse toile blanche, avec cette circonstance que leurs robes ne sont point bordées par le bas, & qu'ils portent sur les épaules un morceau d'étofe de forme quarrée qu'ils cousent vers le milieu de ces mêmes robes. Pour marquer le respect qu'ils ont pour leurs Ancêtres défunts, ils se coupent une partie de leurs cheveux, & n'assistent ni aux fêtes, ni aux assemblées. Ils cessent en ce tems-là de solliciter le jugement des procès qu'ils ont, & les Juges mêmes dans une semblable occasion de la mort de leur pere ou de leur mere,

font retraite dans leurs maisons. Ils jeûnent l'espace de plusieurs jours, & couchent sur la paille; s'ils sont mariez ils se séparent, & vivent mari & femme comme frere & sœur. Si la femme pendant ces trois mois devient grosse, il faut qu'elle subisse une peine imposée par la Loi. De même, il n'est point permis aux enfans de se marier pendant tout ce tems; & si quelqu'un contracte mariage en secret, outre l'amende pécuniaire à laquelle il est condamné par le Juge qui en a connoissance, le mariage est déclaré nul. Ceux qui meurent hors du Pays, on dans la Campagne, y restent sans sépulture, si ce n'est qu'on les couvre de quelques mottes de terre. Si les parens qui ont reçu la nouvelle de leur mort ne peuvent faire transporter le corps en leur maison, ils écrivent son nom sur une petite planche qu'ils appellent *Than-Vy*, & lui font les mêmes cérémonies que si on leur avoit apporté le corps. Quand le pere & la mere ignorent le lieu où leurs enfans meurent, ils consultent les Magiciens, qui avec de certains miroirs & au son de quelques Tambours évoquent l'ame du mort. Si elle ne paroît point, ces Magiciens font une Statue de plâtre qu'ils mettent dans une Biere, & continuant toujours leurs prieres, ils font croire que l'ame y est entrée & que ce fantôme en est animé.

Les Obséques des Rois de Tunquin se font avec beaucoup de magnificence. Celles du Roi *Ta-Tha-Ty-Tiong*, qui mourut le 26. Mai 1675. sont remarquables. La nouvelle de sa mort ayant été portée au Prince héritier du Royaume, il prit aussi-tôt le deuil, & se rendit avec ses freres dans la grande Sale des Cérémonies, au milieu de laquelle ils virent le Roi étendu sur un superbe Brancard d'un bois odoriférant, garni par dedans d'un drap d'or, dont les extrémitez relevées couvroient entierement le Corps. Les Princes ses fils, ses neveux & les parens de la Famille Royale, revêtus de sacs & de cordes, avec un petit cordon sur la tête, après de profondes révérences, pleurerent le mort, en exaltant les faveurs qu'ils en avoient reçues pendant son Régne. La Reine vêtue aussi de deuil, qui consiste en un habit blanc avec un grand Voile, attendoit qu'un des principaux Mandarins leur eût coupé les cheveux pour ordonner la cérémonie qu'elle fixa au 28. du même mois. Ce jour arrivé, le Prince retourna au Palais avec toute la Famille Royale, & s'étant rendus dans la Sale où le Roi étoit exposé, ils le transporterent dans une Maison destinée pour une autre cérémonie. Le cercueil ayant été mis sur une Table toute dorée & chargée d'une infinité de fleurs, dont l'odeur jointe à d'autres senteurs de pastilles très-exquises, parfumoit la Sale, parmi une infinité de flambeaux de cire blanche, dont elle étoit éclairée; on commença peu de tems après la Marche de l'enterrement dans la Province de *Thingn-Ho'a*, d'où cette Famille Royale étoit originaire. Trois des principaux Mandarins furent nommez d'Office pour accompagner le Corps à quatre journées de la Ville Royale, après avoir fait

a Chap. 15.

fait serment qu'ils cacheroient si bien à tout le monde le lieu où l'on devoit l'enterrer, qu'il ne seroit connu que d'eux trois. Ces formalitez ayant été observées, on entendit un bruit de Tambours démontez; ce qui étoit le signal de la Marche. Elle fut si longue qu'elle occupoit près d'une lieue de chemin, depuis le Palais jusqu'à la Rivière. Les Soldats des gardes parurent tous, vêtus d'une grande Robe de toile fine, d'un bleu obscur, avec une espèce de toque sur la tête de la même étoffe & de la même couleur. Quinze mille tant Hallebardiers que Mousquetaires, doublèrent leurs rangs des deux côtez de la rue, & s'y rangèrent en haye pour empêcher le desordre. Une Compagnie de Soldats, vêtus de blanc avec de grandes Cannes peintes à la main, enfermoit les avenues, & il n'étoit permis d'y passer qu'à ceux qui avoient quelque commandement. La première Figure qu'on vit sortir du Palais fut une Colonne de six palmes de diamètre, haute de soixante, & chargée de trois Globes sur l'extrémité. Le Corps de cette Colonne étoit couvert d'une riche étoffe de soie, & on y lisoit en caractères d'or & d'argent, l'âge, les vertus & les plus belles Actions du Roi. Cette grande machine avançoit par le moyen de certaines roues, & afin qu'elle ne penchât pas plus d'un côté que d'autre, plusieurs personnes qui lâchoient ou tiroient les cordes la conduisoient toujours si droite, qu'elle sembloit plutôt être sur un Piédestal solide que sur un Chariot mouvant. Après cette Colonne, on vit une Ville de relief avec ses murailles, environnées de Boulevards & de Bastions sur un autre Chariot presque tout d'or. Celui-là étoit suivi d'un troisième sur lequel paroissoit un Trône Royal, dont la matière étoit d'or & d'yvoire, & qui n'étoit chargé que de la Couronne Royale. Toutes ces choses ainsi disposées, les Musiciens commencèrent leur symphonie avec diverses sortes d'Instrumens sans chanter; mais l'accompagnant de larmes & de soupirs. Ils étoient suivis des Mandarins & des Princes du Sang, vêtus simplement d'étoffes faites d'écorce & de feuilles d'Arbres, à la manière des Paysans. Les Eunuques & les plus considérables Officiers du Roi marchoient auprès de la Maison portative où étoit le Corps, & d'autres Mandarins & Princes du Sang précédoient immédiatement le Brancard que le Prince & ses autres frères suivoient nuds pieds, avec de faux cheveux, une barbe blanche contrefaite, & un Bourdon à la main; sur lequel chacun s'embloit s'appuyer, comme autant de Vieillards courbez d'années, & n'ayant plus de monde pour support. Les Mandarins de la Famille Royale, qui accompagnoient le corps, n'étoient guère moins de mille, précédant les Reines & les autres Dames du Palais au nombre de huit ou neuf cens, toutes en habit blanc & couvertes d'un grand voile. Quatre mille hommes sous les armes pour la Garde du Prince héritier de la Couronne, terminoient ce grand cortège. Ceux qui se formoient s'étant rendus sur le bord du Fleuve, s'y reposèrent jusqu'à ce qu'on eût transporté le Corps dans la Galère Royale qui étoit à l'ancre, & ornée superbement. Il y fut reçu au bruit de tout leur Canon & de leur Mousqueterie. L'Etendard de la Galère étoit de toile d'or. On avoit couvert le plancher de la Chiourme de riches Tapis de Perse & les Rameurs avoient des habits d'étoffes curieuses. Deux autres Galères dorées, dedans & dehors, depuis la poupe jusqu'à la proue, quittèrent la Rade pour s'avancer vers le Port, l'une pour recevoir la Ville, & l'autre le Mausolée. S'en étant mises en possession, elles accompagnèrent la Galère, où l'on avoit mis le Corps, & chacune prit la rame quand le signal en fut donné. Peu de tems après on rallentit le mouvement des rames que l'on remuoit en cadence pour donner le tems au Prince & à ses frères de terminer ce devoir de piété par les dernières marques de leur douleur. Ils demeurèrent tous en cet endroit, & les pieds dans l'eau, jusqu'à ce que le Fleuve, qui serpente fort, leur eût caché les Galères; après quoi le Prince retourna au Palais dans une contenance fort mélancolique, sans parler ni à ses frères, ni aux Mandarins qui l'accompagnoient. Tous les Vassaux du Royaume furent obligez de porter le deuil l'espace de vingt-sept jours, avec défense de plaider, de faire des nôces & des festins. Il fut défendu de même pendant trois ans d'accompagner aucune Fête, non pas même les plus solemnelles, d'Instrumens, de chansons, de danses & d'autres choses semblables.

Le Prince pour mieux honorer les Obsèques du Roi son Père, résolut de faire encore quelque chose de plus pompeux que ce qui avoit paru. On choisit pour ce sujet une petite Isle, située au milieu de la Rivière, & qui a trois milles de longueur du Septentrion au Midi, de largeur un peu plus d'un mille, & de tour environ sept ou huit milles. On y traça sur le sable le plan des Trophées qu'on y devoit élever & dont le travail fut partagé entre divers Ouvriers. Il s'agissoit de représenter au naturel une nouvelle Ville & une nouvelle Cour. Cette entreprise occupa jusqu'au vingt-huit de Décembre une infinité d'Ouvriers, qui n'en voulurent point d'autre récompense, que la gloire d'avoir épuisé leur Art au service de leur Roi. Ce grand dessein étant achevé, on convint du jour où se devoient faire les Cérémonies, & afin que le Peuple pût jouir d'un spectacle si superbe, on permit l'entrée de cette nouvelle Ville, dès la veille, à tous ceux qui se présentèrent pour la voir. Elle étoit bâtie sur le sable, le long de la Rivière qui l'environnoit: elle avoit quatre Portes. Du côté du Midi on voyoit une Colonne extrêmement haute, sur un Piédestal revêtu de lames d'or & d'une grosseur prodigieuse. Sur l'extrémité de cette Colonne étoient trois Globes aussi d'or; & pour la rendre encore plus brillante, on l'avoit couverte de toile d'or, & ornée de plusieurs riches étoffes, chargées de lames d'or & d'argent. Sur ces pièces d'étoffes on lisoit, en caractères percez à jour, les plus belles Actions du Roi défunt. Les côtez étoient ornez de deux Statues de Géans, qui avoient chacun un Arc & des flé-

fléches. A quelque diſtance delà, on entroit dans une rue, où pluſieurs Eſcadrons étoient rangez en bataille, avec pluſieurs Eléphans couverts de ſuperbes houſſes & chargez ſur le dos des Tours dorées, & remplies d'hommes armez, qui avoient tous des habits d'une étoffe précieuſe. Vers le milieu de la Ville, on avoit élevé vingt Tours en trois endroits différens, ſans compter celle du milieu, qui ſurpaſſoit toutes les autres en hauteur, en groſſeur, en délicateſſe de Sculpture, & en ornemens d'or & d'argent. La forme en étoit quarrée. Elle avoit au moins douze braſſes de hauteur; & chaque face en avoit deux & demie de largeur. Tout l'aſſemblage de cet Edifice ne ſubſiſtoit que par l'union de quelques poutres ornées de papier peint, & découpé par morceaux, qui formoient autant de figures différentes. Chaque Tour avoit ſept étages, percez de chaque côté d'une grande croiſée, pour éclairer le dedans, afin que l'on pût y obſerver un grand nombre de Statues, qui repréſentoient les différens Officiers qui ſervoient le Roi dans ſon Palais. Elles avoient toutes de fort beaux habits. Au-delà des Tours on voyoit deux magnifiques Palais, dont les ornemens étoient de relief. L'un étoit beaucoup plus riche que l'autre, parce que le toit, de même que les murailles, étoit revêtu de brocard d'or ſur l'extrémité des quatre encoignûres, & qu'il y avoit ſur le comble cinq grands Globes d'or. L'autre Palais, quoiqu'inférieur & moins ſuperbe ne lui cédoit pas en beauté d'Architecture. On y voyoit cent jolies figures, tant de papier doré que de toiles teintes de différentes couleurs, que ceux du métier, ayant coupées par bandes en différens morceaux, avoient rejointes enſemble. Des Fauxbourgs on entroit dans la nouvelle Ville par trois grandes Portes. Il y avoit environ quatre cens Maiſons toutes de bois, les unes dorées & les autres peintes: elles étoient ſéparées les unes des autres: & on en voyoit pluſieurs, dans une égale diſtance, l'une devant l'autre, qui formoient la principale rue, au bout de laquelle le Palais Royal faiſoit une très-agréable perſpective. D'autres Maiſons compoſoient un Labyrinthe de chemins, qui repréſentoient parfaitement bien les divers Départemens de la Cour Royale. L'ornement du dedans étoit ou d'étoffe, ou de ſoie toute pure, ou enrichie de fleurons d'or. La Maiſon de l'Infant ſurpaſſoit toutes les autres. Il régnoit une grande Galerie, dont les Baluſtrades étoient d'un Métal qui avoit la forme d'une Monnoye du Pays; & afin que cet Ouvrage ne parût pas ſimplement de bronze, on avoit entrelacé vers le milieu quantité de cercles d'argent. Tout le toit étoit couvert de cette Monnoye; & ſans de groſſes Colonnes qui appuyoient cet Ouvrage, il n'auroit pu ſubſiſter long-tems ſous la peſanteur d'un ſi grand fardeau. On eſtima fort une autre Maiſon qu'un des principaux Eunuques avoit fait bâtir près de celle-ci, à cauſe des riches étoffes de ſoie à fleurons & Figures d'or dont il l'avoit fait orner. A l'entrée de chaque Maiſon, il y avoit dans de certains retranchemens quantité de ris, juſqu'au nombre de quatre ou cinq cens Sacs du poids de cent ou de ſix-vingts de nos livres. Les Mandarins qui demeuroient dans leurs Gouvernemens y envoyérent, les uns des Chevaux très-bien équipez, les autres des Bœufs & des Buffles en quantité. Ceux qui demeurent vers les Montagnes y envoyérent des Chévres ſauvages, des Cerfs, des Daims, des Sangliers; & d'autres des Tigres, des Loups, des Chiens, & des Chats ſauvages, outre des Oiſeaux de toutes eſpéces; & tous ces Animaux étoient en vie. On reçut tous ces preſens dans le Palais de la nouvelle Ville, où l'on aſſigna un lieu ſéparé à chaque eſpèce de ces Animaux. La derniére choſe que l'on vit, fut le grand Palais que le Prince avoit fait élever à la mémoire du feu Roi ſon Pere, au milieu d'une grande Place, qui étant fermée de murailles ſervoit de cour aſſez ample, pour contenir tout le Peuple que ce ſpectacle attiroit de toutes parts. Au dedans des Portiques qui formoient une eſpèce de Galerie, il y avoit une infinité de Colonnes, ſur leſquelles on avoit appliqué pluſieurs emblèmes en caractères Chinois. A quelque diſtance delà étoit une Table en forme d'Autel, couverte d'or, & parſemée de diverſes fleurs, accompagnées de parfums exquis, qui brûloient inceſſamment. On avoit élevé ſur cette Table un Trône Impérial, fait d'or pur & d'yvoire. Le Manteau Royal fait d'un ouvrage extrêmement curieux, y paroiſſoit étendu juſque ſur le plancher, & la Couronne étoit deſſus.

Toutes ces choſes étant diſpoſées de la ſorte, trente mille hommes en habit de deuil, ſortirent du Palais du Prince, cinq à cinq, la nuit du 29. de Décembre, & marchérent en cet ordre, les uns avec le Mouſqueton, les autres avec la Lance ſur l'épaule. Lorſqu'ils furent arrivez à la nouvelle Ville, ils ſe diviſérent en autant d'Eſcadrons qu'il en fut beſoin pour l'inveſtir; & ſi-tôt que le jour parut, le Prince avec ſes quatre freres, après avoir été reçu ſous vingt-quatre Dais de riches étoffes d'or & de ſoie, paſſa ſur un Pont qui s'étendoit depuis le Palais juſqu'à la Plage de l'Iſle. Tous les Mandarins de la Famille Royale, tous les Eunuques, les Reines & les Dames du Palais, avec une eſcorte de quatre mille Soldats des Gardes, ayant tous des Eſpadons, dont les poignées étoient d'argent, accompagnérent le Prince & ſes freres. Il n'eut pas plutôt commencé à s'approcher de la principale Tour, que ſes freres & ſes Mandarins ſe retirérent par reſpect, formant comme deux ailes en demi-cercle pour lui ouvrir le paſſage. Le Prince s'étant avancé au milieu des Gardes, tous dans un profond ſilence, alla heurter à la Porte, pendant qu'un jeune homme diſoit, en chantant d'une façon triſte, au Seigneur de cette Tour, qu'il ſuppoſoit y être enfermé, que le bruit couroit qu'un Roi très-puiſſant, ayant quitté cette vie pour aller jouïr de l'immortalité en l'autre, étoit comme Solitaire dans un Pays étranger, ſans Soldats qui le gardaſſent, ſans Chevaux, ni Elé-

Eléphans, pour se défendre, sans Equipages pour garder son rang, & sans Palais où il pût se retirer; que la réputation de ce superbe Edifice les avoit attirez pour en traiter, & que s'il vouloit consentir à s'en défaire, on étoit prêt à lui donner tout ce qu'il demanderoit. La chanson finie, celui qui étoit dans cette Tour repondit; que la Ville ayant été bâtie pour le grand Roi dont on lui parloit, il consentoit qu'elle fût vendue, si les trois autres, qui y demeuroient avec lui, en vouloient tomber d'accord. Alors le Prince & ses freres se rendirent aux trois autres Portes, qui étoient à l'Orient, au Midi & au Couchant, & les mêmes cérémonies ayant été observées, on remit la Place au pouvoir du Prince, qui se rendit au Palais au bruit du Canon & de la Mousqueterie. La grande porte de la Cour lui ayant été ouverte, il entra dans la Sale des Cérémonies, où l'on devoit faire les obséques, & où ayant pris place au milieu de deux de ses Conseillers, il entendit la lecture que l'on y fit de la vie & des grandes Actions du feu Roi son Pere. Pendant ce tems-là il se tenoit à genoux, & ne se releva point qu'après que le Lecteur se fût retiré. Le Prince & ses freres s'étant acquitez de tous leurs devoirs de pieté envers le feu Roi, aux fanfares des Trompettes, & au bruit confus des Tambours, des Fifres & des Bassins, les Mandarins du Sang au nombre de quatre mille, couchez par terre, & accompagnez de six cens autres Mandarins qualifiez, s'acquittérent, à leur tour, de leurs cérémonies dans les mêmes circonstances que le Prince, qui ne rentra en son Palais qu'entre une heure & deux après Midi, à cause des Ambassadeurs des Rois de Bao, & de Ciuanghe & d'Ava, qui avec de riches presens d'or, d'argent & de cire lui vinrent faire des complimens de condoléance de la part de leurs Maîtres, comme Tributaires du feu Roi. Sur les huit heures du soir, heure à laquelle le Roi étoit mort dans le mois de Mai, on mit le feu à la superbe Machine, les Soldats gardant les avenues pour empêcher qu'on n'approchât des lieux que le feu n'auroit point encore endommagez, parce qu'ils croyent qu'on ne restitue dans l'autre vie, que ce qui a été converti en cendres en celle-ci. L'incendie commença par les Tours, dont quatre, qui représentoient les quatre parties du Monde, furent renversées par terre avec un tel artifice, qu'elles semblérent être d'elles-mêmes tombées en ruïne. Le Prince distribua aux Soldats qui étoient sous les armes une partie de l'or, de l'argent & des étoffes précieuses que le feu ne pût détruire. Il donna l'autre à ses Courtisans, & la troisième à de pauvres Officiers. On tient que les fraix de cette Pompe funébre montérent à plus d'un million d'or.

La plus solemnelle de Fêtes qu'observent les Tunquinois est celle qu'ils nomment de *la Nouvelle Année*. Sur le soir du dernier jour qui finit la précédente, chacun plante devant sa Maison une longue perche, au haut de laquelle ils attachent un petit papier, qu'ils ornent tout à l'entour de papier doré, persuadez que ce papier aura la vertu d'éloigner les Démons de leurs maisons. Après minuit lorsque la nouvelle année commence, ils sont obligez d'ouvrir leurs portes, sans quoi ils croiroient insulter ler Morts, qui, disent-ils, retournent dans ce tems-là dans les maisons. On leur prépare des lits, & on couvre le plancher d'une belle natte de jonc. Alors comme il leur paroît que les morts sont long-tems à venir, ils supposent qu'ils sont arrivez invisiblement; ce qui les oblige à leur en marquer leur joye. Pour cela ils allument des cierges sur un Autel, qu'ils ont chez eux: ils y brûlent des pastilles & leur font de profondes révérences, les priant de se souvenir d'eux dans cette nouvelle année & de leur obtenir de leurs Dieux les forces, la santé, & une longue vie accompagnée de prospérité. Les trois jours suivans, on ne netoye point la Maison quelque sale qu'elle soit, de peur d'élever de la poussiére dans un lieu, où leurs Morts font leur séjour. Pour voir quelque chose de plus curieux il faut être à la Cour en ce tems-là. On y entend des quatre coins de la Ville & des lieux voisins la décharge de trois Pièces de Canon dès le matin du premier jour de l'année. A ce bruit le Roi va se laver dans de l'eau fraîche & se rend vêtu d'un habit superbe dans la Sale d'audience, où il se place sur son Trône. Chacun, selon son rang, lui vient souhaiter une heureuse année. Il va ensuite dans des chambres reculées, où la Reine, sa principale femme, accompagnée des autres vient à genoux lui faire ses complimens. Cela est suivi des sacrifices qu'il offre en pleine Campagne avec ses Gardes & toute sa Cour. Un des principaux sacrifices consiste en une tasse de vin qu'il présente aux Dieux avec beaucoup de respect, & qu'il boit ensuite. En même tems les Mandarins de Lettres lisent dans des Livres remplis de prières superstitieuses, pour demander qu'en chacune des quatre Saisons de l'année le Ciel daigne les favoriser de ses meilleures influences. Le Roi fait aussi quelques oraisons en particulier; après lesquelles, comme s'il prenoit congé du Ciel, il lui fait une profonde révérence; & afin que la Terre n'ait pas sujet de se plaindre, il prend une Charue bien dorée qu'on lui met entre les mains. Après avoir fait quelques sillons, il la prie de se souvenir, comme Mere bienfaisante, d'être libérale à son égard, & de porter à une grande récolte les semences qui lui seront confiées. Cependant le Temple est rempli, tout à l'entour, de Cierges & de Flambeaux allumez avec quantité de parfums très-agréables, contre la mauvaise odeur d'une infinité de papier doré, que les Bonzes réduisent en cendres, & qu'ils considérent comme autant de Cédules pour l'autre vie. Ce sont eux qui finissent les divertissemens du commencement de l'année par une nombreuse Procession. Leur Chef y assiste avec un habit modeste, qui lui est particulier, & ordinairement d'une couleur noire; mais fort éclatante. Il est porté, la Mitre en tête, dans un Trône, sur les épaules de quelques-uns de ses domestiques, revêtus de ses Livrées. Les Bonzes le suivent

vent vêtus de leurs plus beaux habits. La veille de cette Procession, une troupe fort nombreuse de gens armez se rend dans une spacieuse Plaine, où elle demeure jusqu'à la fin des sacrifices. On y éleve des Autels, en différens endroits, à l'honneur des anciens Capitaines, qui sont morts pour la Patrie ; & dès le matin du dernier jour de l'année, on y envoye tous les Animaux qu'on a engraissez pour les immoler. Les Bonzes suivent, deux à deux, accompagnez des Mandarins magnifiquement vêtus & montez sur des Chevaux, ou sur des Eléphans, avec le Grand-Prêtre, Général des Bonzes. Le Roi assiste lui-même à cette Cérémonie, & après quatre révérences qu'il fait aux Ames des Capitaines morts pour la défense du Pays, il prend un Arc & cinq flèches qu'il décoche contre les Princes défunts de la famille de Miac, qui autrefois usurpérent la Couronne ; après quoi on commence à sacrifier sur tous ces Autels, qu'on parfume de différentes odeurs, à l'honneur de ces fameux Capitaines, les conjurant de vouloir être leurs protecteurs, & de les défendre dans l'occasion. Ces priéres sont suivies du bruit de l'Artillerie, après quoi la Mousqueterie se fait entendre jusqu'à trois fois. Les autres mois de l'année ont aussi leurs Fêtes, toutes accompagnées de festins.

TUNTOBRIGA, Ville de l'Espagne Tarragonnoise : Ptolomée [a] la donne aux Callaïques Bracariens ; & l'on croit que c'est aujourd'hui le Village de *Bargua de Regoa*, dans la Province de *Tra-los-Montes* en Portugal.

[a] Lib. 2. c. 6.

TUNTZDORFF, beau Bourg d'Allemagne [b], dans la Suabe, à une heure & demie de Geislingen ; la moitié de ce Lieu appartient à la famille de Rechberg, & l'autre moitié avec le Château à celle de Wernau.

[b] Zeyler, Topogr. Suev. p. 99.

TUNUGABENSIS, Siége Episcopal d'Afrique, selon la Conférence de Carthage [c], où Niventius est qualifié *Episcopus Tunugabensis*. Il n'avoit point d'Adversaire Donatiste. On ignore de quelle Province étoit cet Evêché.

[c] No. 129.

TUNUSUDENSIS, Siége Episcopal d'Afrique, selon la Conférence de Carthage [d], où Januarius est qualifié *Episcopus Plebis Tunusudensis*. Dans un ancien MS. on lit *Tunudensis*, pour *Tunusudensis* ; mais dans un autre endroit de la même Conférence de Carthage [e] Victorianus, Evêque de ce Siége de la part des Donatistes, est appellé *Episcopus Tunusudensis*. Pline [f] place *Oppidum Thunudisense* entre les Places Romaines en Afrique. C'est la même Ville qui est appellée *Thunusda* par Ptolomée, & apparemment la même que la Table de Peutinger nomme *Thuna*. Il y en a qui confondent cet Evêché avec celui de la Province Proconsulaire appellé *Tumidensis*. C'est une erreur : *Tunusudensis* & *Tumidensis* sont deux Siéges différens.

[d] No. 120.
[e] No. 121.
[f] Lib. 5. c. 4.

TUNZA, petite Riviére de la Turquie dans la Romanie. Elle se décharge dans l'Archipel près de la Ville d'Eno, du côté de l'Orient. Tunza est le nom moderne du Fleuve *Tænarum* des Anciens. Voyez TÆNARUM.

TUOLA, ou TUOLE, Fleuve de l'Isle de Corse: Ptolomée [g] marque son Embouchure sur la Côte Orientale de l'Isle, entre *Tutela-Ara* & la Ville *Mariana*. C'est aujourd'hui le *Golo*.

[g] Lib. 3. c. 2.

TUPATA, Ville d'Asie : Ortelius [h] qui cite Siméon Sethi, dit que cette Ville étoit plus Orientale que *Chorasse*, ou *Chorasa*.

[h] Thesaur.

TUPAX, Province de l'Amérique Septentrionale, dans la Nouvelle Espagne, au Gouvernement de Tlascala. De Laet [i] dit que cette Province a pris son nom de la Riviére TUPAX, ou TUXPA, qui, après l'avoir traversée, va se décharger dans le Golphe de Méxique, vis-à-vis d'une Isle appellée *de Lobos*, à cause des Loups marins qui y sont. L'air de la Province de Tupax est mal sain ; ce qui vient de l'excessive chaleur, & de ce que la Côte de la Mer y est fort basse & fort plate. Mr. de l'Isle au lieu de TUPAX écrit TUSPA ; & c'est ainsi qu'écrit la Carte qui accompagne dans de Laet la Description de cette Province.

[i] Descr. des Indes Occ. L. 5. ch. 5.

TUPHIUM, Ville d'Egypte : Ptolomée [k] la marque dans le Nome de Thèbes.

[k] Lib. 4. c.

TUPIGUAS, Peuples Sauvages de l'Amérique Méridionale, au Bresil. Ils occupent dans les terres, selon de Laet [l], le Pays qui s'étend depuis la Capitainie de St. Vincent jusqu'à celle de Fernambuc. C'étoit anciennement une Nation puissante ; mais les guerres qu'elle a eu avec les Espagnols & avec les Portugais, l'ont fort diminuée. Les Apiapitanges, les Mariapigtanges & les Guaracayos sont leurs voisins. Les Tupiguas ne sont autre chose que la Nation des Tupinaques. Voyez TUPINAQUES.

[l] Descr. des Indes Occ. Liv. 15. ch. 3.

TUPINAQUES [m], Peuples Sauvages de l'Amérique Méridionale, au Bresil, dans la Capitainie de Portoseguro. Ils sont aujourd'hui réduits à un petit nombre. Les Tupinaques sont apparemment les mêmes que les TUPINAQUINS, qui, selon de Laet [n], ont été s'établir depuis plusieurs Siècles le long des Limites de Fernambuc. Ils étoient, dit-il, fort enclins autrefois à la vengeance, & épousoient plusieurs femmes ; mais la plûpart d'entre eux ont embrassé le Christianisme ; & on dit qu'ils y persévérent.

[m] De l'Isle, Atlas.
[n] Descr. des Indes-Occ. Liv. 15. ch. 3.

TUQUESME, Vallée de l'Amérique Méridionale, au Pérou, au Gouvernement de Lima. On trouve cette Vallée, dit de Laet [o], après celle de Motupe. Elle est fort agréable & couverte d'Arbres ; & l'on y voyoit autrefois plusieurs Villages, dont les Masures paroissent encore. De cette Vallée à celle de Cinto, il n'y a que pour une journée de chemin ; mais il est fort difficile, parce que ce ne sont que mottes de sable & pierres séches, sans arbres, sans herbes & sans aucuns animaux. Ainsi c'est un pur Desert, où il est fort aisé de s'égarer, quand on y marche sans Guide.

[o] Ibid. Liv. 10. ch. 19.

TURA, Riviére de l'Empire Russien [p]. Elle a sa source dans cette partie du Mont Caucase qui sépare la Siberie de la Russie, à 59. d. 30'. de Latit. au Nord du Royaume de Casan, & courant de là à l'Est Sud-Est, elle va se joindre à la Riviére de Tobol, à 57. d. 40'. de Latitude, à quelque distance de la Ville de Tumcen ; cette Riviére est fort poissonneuse, & ses rives sont très-agréables & abondent en toutes sortes de Gibier. C'est des environs de la Riviére de *Tura*,

[p] Hist. Généal. des Tatars, p. 365.

Eeeee que

que viennent les plus beaux petits-gris de toute la Sibérie ; aussi n'est-il pas permis aux Habitans du Pays de les vendre à d'autres qu'aux Commis du Tresor de la Sibérie. Tout le Pays aux environs de cette Riviére, depuis les susdites Montagnes jusques à la Riviére d'Irtis, en tirant du côté de Samareff, est habité par une Nation que les Russes appellent *Wogulitzi*. On prétend communément que cette Nation est une Branche des Tartares ; mais, comme les *Wogulitzés* sont Payens & des plus grossiers, & que tous les autres Tartares qui habitent de ce côté, soit dans la Sibérie, soit dans les Royaumes de Casan & d'Astracan, font profession du Culte Mahométan, on les peut plûtôt compter parmi les Peuples Payens de la Sibérie, que parmi les Peuples qu'on appelle présentement Tartares.

TURANIANA, Ville d'Espagne, selon l'Itinéraire d'Antonin, qui la place sur la Route de *Castulo* à *Malacca*, entre *Urci*, & *Murgi*, à seize milles du premier de ces Lieux & à douze milles du second.

TURANO, Riviére d'Italie, au Royaume de Naples dans l'Abbruzze-Ultérieure. Elle a sa Source près de Tagliacozzo, & va se jetter dans le Velino, un peu au-dessous de Riéti. On prend cette Riviére pour le *Telonus* des Anciens.

TURAPHILUM, Ville de la Mauritanie Césariense, selon Ptolomée [a]. *a Lib. 4. c. 2.*

TURAX. Voyez LINCERIUM.

TURA-ZAHOIO, C'est-à-dire *Montagne aride*. Ortelius [b], qui cite Masius [c], dit que c'est un Lieu au voisinage de la Ville de Balat, sur le bord du Tigre. *b Thesaur. c In Præfat. Libelli Mosis Barcephæ, de Paradiso.*

TURBA, Ville d'Espagne selon Tite-Live [d]. Ce pourroit bien être la même que Ptolomée [e] nomme *Turbula*, & qu'il donne aux Bastitans. Turbula étoit dans les terres. Voyez TORBOLETÆ, & TURSAMBICA. *d Lib. 33. c. 44. e Lib. 2. c. 6.*

TURBANIA, Fontaine de la Palestine : Guillaume de Tyr cité par Ortelius [f] dit que cette Fontaine est au pied du Mont Gelboé. Dans un autre endroit Guillaume de Tyr écrit *Tubania*, au lieu de *Turbania*. *f Thesaur.*

TURBESSEL, Lieu fortifié dans la Mésopotamie, selon Ortelius [g] qui cite Guillaume de Tyr. Ce Lieu, ajoute-t-il, étoit au voisinage de l'Euphrate, à vingt-quatre milles de la Ville d'Edesse. *g Thesaur.*

TURBULA. Voyez TURBA.

TURCÆ, Peuples qui habitoient aux environs des Palus Méotides, selon Pomponius Mela [h] & Pline [i]. Dans l'Histoire Miscellanée ils sont placez au voisinage des Portes Caspiennes. Les Huns, dit Eustathe, sont appellez *Turcæ* par les Perses. Il y en a qui veulent que ces Peuples soient les *Cyrtii* de Strabon. On convient assez généralement qu'ils tiroient leur origine des Scythes, qui habitoient les Monts Caucases entre le Pont-Euxin & la Mer Caspienne. Si nous en rapportons à Chalcondyle, leur nom signifie des hommes qui menent une vie champêtre. Ainsi ce pourroit être là l'origine du nom des TURCS & des TURCOMANS. Voyez ces deux Articles. *h Lib. 1. c. 19. i Lib. 6. c. 7.*

TURCAL, gros Bourg de Perse, sur la Route de Constantinople à Ispahan [k], à 15 milles d'Agara. Il est situé autour & sur la pente d'une Colline escarpée, séparée des autres, terminée par un vieux Château, & mouillée au pied par la Riviére de Tocat. Tout ce Quartier est plein de beaux Vignobles, les Champs y sont bien cultivés, les Villages fréquens, & les bouts des Colomnes antiques assez communs dans les Cimetiéres ; ce qui marque bien que le Pays étoit autrefois peuplé par des gens aisez. *k Tournefort, Voyage du Levant, t. 1. p. 175.*

TURCI, Peuples, dont fait mention Suidas. Ce pourroient être les mêmes que Pomponius-Mela & Pline appellent *Turcæ*. Voyez TURCÆ.

TURCILINGI, Peuples de la Scythie en Europe, selon Jornandès [l] & l'Histoire Miscellanée. Ce sont les mêmes que les Goths. *l De Reb. Get. c. 46. & 57.*

TURCKHEIM, petite Ville de France, dans la Haute Alsace, près de Colmar. Jérome Gebwiler l'appelle *Oppidulum Thuringi*, sans dire la raison pourquoi [m]. Cette Ville qui n'a jamais été forte, a été néanmoins libre dès le commencement [n], & mise sous le commandement des Préfets Impériaux, & taxée pour les frais de l'Empire & de la Chambre Impériale. L'Electeur Palatin l'a possédée par engagement, après quoi elle passa sous l'obéïssance des Archiducs d'Autriche, comme dépendante du grand Bailliage de Haguenau. [o] Elle fut cédée à la France en 1648. par le Traité de Munster. Turckheim est principalement connuë par la victoire qu'y remporta Mr. de Turenne sur les Impériaux en 1675. *m Zeylr. Topogr. Alsat. p. 64. n Longuerue, Descr. de la France, Part. 2. p. 240. o Audifred, Géogr. Anc. & Mod. t. 2.*

TURCKMANNS (Les) ou *Turcmanns* comme nos Géographes les appellent ; Peuples issus des anciens Habitans du Pays de Turquestan, qui quittérent leur Patrie vers le XI. Siècle dans l'intention de chercher fortune ailleurs. Ils se partagérent d'abord en deux parties, dont l'une passa au Nord de la Mer Caspienne, & vint s'établir dans la partie Occidentale de l'Arménie, qu'on appelle encore présentement le Pays des *Turcomanns*. C'est de cete Branche de la Nation Turque, que les Sujets de la Porte Ottomanne doivent prouver qu'ils tirent leur origine, s'ils prétendent avoir droit au nom de Turcs qu'ils portent. Les Descendans de cette partie des *Turkmanns*, qu'on peut appeller *les Turkmanns Occidentaux*, s'étoient rendus dans les Siècles passez fort puissans. Ils furent même pendant quelque tems les Maîtres de toute la Perse, après en avoir chassé les enfans de Tamerlan avec tous les Tartares, peu de tems après la mort de ce Conquérant, & on prétend que le Grand Ussum-Cassan tiroit son origine d'une Branche de ces mêmes *Turkmanns* ; mais depuis que les Sofis se sont emparez du Trône de Perse, & que les Turcs se sont rendus maîtres de tout le Pays qui est à l'Occident de la Riviére de Tigre, ils ont réduit les *Turkmanns Occidentaux* sur un fort petit pied. Cependant ils occupent encore, à l'heure qu'il est, les plus belles Campagnes aux environs de l'Euphrate ; mais de Maîtres qu'ils étoient auparavant, ils sont devenus les Sujets des Turcs, qui ne leur ont laissé qu'une petite ombre de liberté, & c'est de-là que vient cette gran- *p Hist. Généal. des Tatars, p. 535. & suiv.*

T U R.   T U R.   771

grande averſion qu'ils ont pour les Turcs. Leur maniére de vivre eſt encore à peu près la même qu'elle pouvoit être du tems qu'ils vinrent s'établir en ces Cantons, puiſqu'ils n'ont aucune demeure fixe, & qu'ils vivent toujours ſous des Tentes d'un gros feutre, à la maniere de la plus grande partie de la Nation Turque. Ils ne ſubſiſtent abſolument que de leur Bétail, dont ils ont des Troupeaux ſans nombre. Ils ſont tous d'une taille haute & robuſte, ayant le teint baſané & le tour du viſage aſſez carré & plat; mais le Sexe parmi eux a le ſang fort beau & la taille très-avantageuſe. Ils portent en Hyver de longues robbes de peaux de Mouton avec des bonnets pointus de la même peau, & dans l'Eté ils portent des veſtes de toile de coton à la façon des Caftans des Turcs; ils ſont bons hommes de cheval & braves; ils ſont profeſſion du Culte Mahométan; mais ils ne s'acquittent guère des devoirs de leur Religion. Ils ont leurs Chefs particuliers qui les gouvernent ſelon leurs Loix; cependant ils doivent payer tribut à la Porte Ottomanne, & ils ſont obligez de fournir un certain nombre de gens à cheval toutes les fois que la Porte le demande. Dans l'Hyver ils viennent chercher les Pâturages le long de l'Euphrate du côté de la Méſopotamie & de la Natolie, & dans l'Eté ils vont camper dans les Vallons qui ſont enclavez dans les Montagnes de l'Arménie, vers les Sources de l'Euphrate & du Tigre; ils ſont naturellement grands brigands; mais les Bachas Turcs qui commandent aux environs de l'Euphrate & du Tigre ont ſoin de leur tenir la bride auſſi haute qu'il eſt poſſible, parce qu'ils ſont intereſſez à la ſûreté des chemins, à cauſe que le paſſage fréquent des Voyageurs & des Caravanes fait un article conſidérable de leur revenu. Les Turkmanns Occidentaux peuvent armer environ 40000. hommes; ils ſont toujours aux priſes avec les Curdes qui ſont leurs voiſins à l'Orient, & avec les Arabes qui confinent avec eux au Sud, parce que ces deux Nations voiſines viennent fort ſouvent écorner leurs Troupeaux, & enlever leurs femmes & leurs filles.

La ſeconde partie des Turkmanns tourna tout droit au Sud, & vint s'établir vers les bords de la Riviére d'Amù, & vers le rivage de la Mer Caſpienne, où ils occupent encore, à l'heure qu'il eſt, un grand nombre de Villes & de Villages dans le Pays d'Aſtrabath & dans celui de Charaſs'm. Cette Branche des Turkmanns ou Turcomans a été inconnue juſqu'ici à nos Hiſtoriens & Géographes, nonobſtant qu'elle ſoit bien plus nombreuſe, à l'heure qu'il eſt, que celle des Turkmanns Occidentaux qui habitent dans l'Arménie. Les Turkmanns de cette derniére Branche, qu'on peut appeller les Turkmanns Orientaux, ſont à peu près du même extérieur que les premiers, à l'exception qu'ils ſont beaucoup plus baſanez & qu'ils reſſemblent plus aux Tartares. Ils portent en Eté de longues robbes de toile de coton, ou d'un gros drap, & en Hyver de ſemblables robes de peau de Mouton; le Bétail & l'Agriculture fourniſſent à leur entretien ſelon les différens Quartiers qu'ils occupent. Dans l'Hyver ils habitent dans les Villes & Villages, aux environs de la Riviére d'Amù & vers le Rivage de la Mer Caſpienne, & dans l'Eté ils vont camper de côté & d'autre, où ils trouvent les meilleurs Pâturages & de la bonne eau. Ceux d'entre eux qui ſont établis dans le Pays d'Aſtrabath, ſuivent pour la plûpart la Secte d'Ali; mais ceux qui habitent dans le Pays de Charaſs'm, ont des ſentimens conformes à ceux des Tartares Uſbecks ſur la Religion; cependant les uns & les autres s'en mettent fort peu en peine. Ils ſont extrêmement remuans, & ont bien de la peine à s'accoutumer au joug des Tartares & des Perſans; ils ſont braves & ſont du moins auſſi bons Hommes de cheval que les Tartares Uſbecks; mais ils ſont moins brigands. Comme les Tartares du Pays de Charaſs'm traitent les Turkmanns en Sujets conquis, ils ſont obligez de leur payer tribut, & de ſouffrir bien d'autres avanies de ces Maîtres incommodes. Mais les Turkmanns qui habitent dans la Province d'Aſtrabath ſous la domination des Perſans ſont bien mieux traitez. Les uns & les autres peuvent faire environ 100000. Familles. Les Turkmanns Occidentaux auſſi-bien que les Orientaux ſont encore préſentement partagez en diverſes Tribus, à la maniére de toutes les autres Branches de la Nation Turque. Et le Chef de chaque Tribu jouït des mêmes prérogatives chez les Turkmanns, que chez tous les autres Tartares.

TURCOCHORI, Lieu de la Livadie [a] au Nord du Mont Parnaſſe, & où il y a un Kan. Avant que d'arriver à Turcochori, en venant de Livadia, on paſſe trois Riviéres qui ſe joignent & ſe rendent dans le Marais Copaïde, appellé préſentement Etang de Livadia, ou de Topoglia. Une de ces Riviéres eſt le Cephiſſus, qui prenoit ſa ſource vers Lilæa. Ces Riviéres arroſoient le Territoire d'Elatée, dont il ne reſte pas même le nom. TURCOCHORI paroît néanmoins avoir été anciennement quelque choſe d'aſſez conſidérable; car on y voit beaucoup de Fragmens de Colonnes & de Marbres antiques. Ce Lieu n'eſt preſque habité que par des Turcs, qui y ont une Moſquée; & il y a hors du Village une Chapelle pour les Grecs.

[a] *a Spon, Voyage de Gréce, Liv. 6.*

TURCOING, Bourg de France dans la Flandre Walonne, au Diocéſe de Tournai [b]. Ce Bourg ne contient pas moins de douze mille ames. Il s'y fabrique beaucoup d'étoffes mêlées de Soye & de Laine. La commodité qu'ont les Habitans de joindre le Labour au travail de leurs métiers, leur donne le moyen d'y ſubſiſter plus aiſément que dans les Villes fermées. Cela même contribue à faire fleurir davantage les Manufactures; mais de peur qu'elles ne nuiſent à celles des Villes, il y a de certaines Fabriques qui leur ſont interdites à la Campagne.

[b] *b Piganiol de la Force, Deſcr. de la France, t. 7. p. 243.*

TURCOMANS. Voyez TURCKMANNS.

TURCOPULI, nom d'un Peuple dont parle Gregoras cité par Ortelius [c]. [c] *c Theſaur.*

TURCS. Voyez TURQUIE.

TURDETANI, Peuples d'Eſpagne. Leur Pays ſelon Strabon [d], s'appelloit Bétique du nom du Fleuve Bétis qui l'arroſoit, & on le nommoit auſſi TURDETANIE du nom des Peuples qui l'habitoient. Strabon dit encore

[d] *d Lib. 3. p. 139.*

Eeeee 2   core

core que les Habitans s'appelloient Turdetani & Turduli, dont quelques-uns ne faisoient qu'un seul Peuple; mais que d'autres distinguoient les Turdetani des Turduli; & que Polybe entre autres mettoit les Turdetani au Nord des Turduli. Du tems de Strabon les Turdetains & les Turdules étoient regardez comme le même Peuple, & il ne paroissoit aucune distinction entre eux. Cependant Ptolomée [a] en fait deux Peuples différens, mais qui habitoient le même Pays, savoir la Bétique, quoiqu'il étende le Pays des Turdetains au de-là de l'Anas. Voici de quelle manière ce dernier divise le Pays des Turdetains.

[a] Lib. 2. c. 4. & 5.

A l'Orient de l'Embouchure du Fleuve Anas:	Onobalisturia, L'Embouchure Orientale du Fleuve Bétis, Les Sources du Fleuve, Le Golphe voisin d'Asta, Balsa, Ossonaba, Le Promontoire Sacrum, L'Embouchure du Fleuve
A l'Occident de l'Embouchure du Fleuve Anas.	Calipodes, Salacia, Caetobrix.
Dans les Terres.	Canaca, Seria, Osca, Caeriana, Urium, Illipula, Setida, Ptucci, Sala, Nabrissa, Ugia, Asta, Corticata, Laelia, Italica, Maxilua, Ucia, Carissa, Calduba, Paesula, Saguntia, Asindum, Nertobriga, Contributa, Regina, Cursus, Mirobriga, Spoletiman, Laepa-Magna, Ispalis, Obucola, Calicula, Oleastrum, Urbona, Basippo, Fornacis, Arsa, Asyla, Astygis, Charmonia.

Les Turdetains passoient pour être les plus savans d'entre les Espagnols, du moins ils avoient plus de lumiéres que les autres; ils s'appliquoient à l'étude de leur Langue, ils avoient d'anciennes Histoires & des Loix écrites en vers. Aussi les Turdetains passoient pour les polis de toute la Province, à cause du commerce qu'ils avoient avec les Etrangers & particuliérement avec les Phéniciens. Ceux-ci, lorsqu'ils y abordérent la première fois, trouvérent l'argent si commun parmi les Turdetains, que tous les Meubles les plus vils de ce Peuple étoient de ce Métal, jusqu'aux créches & aux tonneaux. Ils leur donnérent de petites bagatelles, de la quincaillerie de peu de prix, que ces Peuples estimoient plus que leurs Métaux, & ils en reçurent en échange une quantité si prodigieuse d'argent que leurs Vaisseaux ne furent pas assez grands pour contenir tout ce qu'ils en avoient ramassé. Ils furent obligez pour ne pas perdre le reste d'en forger des ancres. On dit que cette abondance d'argent si surprenante venoit d'un embrasement des Pyrénées, arrivé un peu avant que les Phéniciens connussent l'Espagne. Des Bergers avoient mis le feu à une Forêt de ces Montagnes, qui s'étoit répandu par-tout avec une si grande force qu'il avoit consumé les arbres jusqu'à la racine & fondu les Miniéres qui étoient cachées dans la terre; tellement qu'on avoit vu couler des ruisseaux d'or & d'argent dans les Campagnes. Les Phéniciens ayant fait Alliance avec les Hébreux du tems d'Hiram Roi de Tyr, ami de David & de Salomon, ils leur découvrirent les richesses de l'Espagne, & dans la suite les Rois d'Israel & de Juda y envoyoient de tems en tems des Flotes. L'Ecriture appelle ce Pays Tarsis, du nom de l'une de ses principales Villes nommée Tarsis, qui étoit près de la Mer, & entre les deux Bras du Baetis, ou du Guadalquivir. C'est-là où étoit le plus grand abord de monde, & où par conséquent se faisoit le plus grand Commerce. Les Turdetains, dit Strabon [b], étoient d'une humeur douce & civilisez; & quand ils furent sous l'obéissance des Romains, ils prirent les mœurs de leurs Vainqueurs, & même oubliérent leur propre Langage, tant ils aimérent celui des Romains. Leur Province surpassoit les autres non-seulement en richesses & en propreté d'habits; mais encore en honnêteté & en zèle de Religion. Les Tonneaux d'or qu'ils avoient, faisoient connoître à quel point ils étoient riches. On portoit de leur Pays dans les autres quantité de Froment, de Vin & d'Huile; des Pois, du Miel, de la Cire, du Safran, du Vermillon; & même on emportoit de là à Rome grand nombre d'habits avec des Laines très-fines.

[b] Lib. 3. c. 139. & suiv.

TURDETANORUM - URBS, Ville d'Espagne, dans la Bétique, chez les Turdetains. Tite-Live [c], qui parle de cette Ville, dit qu'elle fut ruinée par les Romains. On prétend qu'elle étoit dans le même endroit où est aujourd'hui la Ville de Teruel.

[c] Lib. 12. c. 6. & L. 24. c. 42.

TURDETIA. Voyez Tuder.

TURDITANUS. Voyez Thusdritanus.

TURDULI. Il y a eu anciennement plusieurs Peuples de ce nom en Espagne. Pline [d] dans un endroit dit que les Turdules habitoient la Lusitanie & l'Espagne Tarragon-

[d] Lib. 3. c.

gonnoife, & dans un autre endroit il les met feulement dans la Lufitanie. Selon Strabon [a] les Turdules étoient les mêmes que les Turdetains & habitoient la Bétique. Voyez TURDETANI. Ptolomée qui fait deux Peuples des Turdetains & des Turdules, divife ainfi le Pays de ces derniers:

[a] *Lib.* 3.*c.* 139.

Sur la Côte:
- *Meneſthei Portus*,
- *Junonis Templum*,
- *Bælonis Fluvii Oſtia*,
- *Bælon Civit.*

Dans les Terres:
- *Setia*,
- *Illurgis*,
- *Vogia*,
- *Calpurniana*,
- *Cæcilia*,
- *Ciniana*,
- *Corduba*,
- *Julia*,
- *Obulcum*,
- *Arcilacis*,
- *Detunda*,
- *Murgis*,
- *Salduba*,
- *Tucci*,
- *Sala*,
- *Balda*,
- *Ebora*,
- *Onoba*,
- *Illipula magna*,
- *Seſia*,
- *Veſcis*,
- *Eſcua*,
- *Artigis*,
- *Calicula*,
- *Lacibis*,
- *Sacili*,
- *Laccippo*,
- *Illiberis*.

TURENNE, Ville de France, dans le Bas-Limoufin, dans la Senéchaufſée de Brive, à deux lieues de la Ville de ce nom, à quatre lieues de Tulle & à égale diſtance de Sarlat, avec titre de Vicomté & Château, en Latin *Torinna Caſtrum*, *Torenna*, *Torena*, & *Turena*. C'étoit déja une Place forte dans le huitième Siècle, lorſque le Roi Pepin la prit ſur le Duc Gaifre l'an 767. Elle eut dans le dixième Siècle des Seigneurs héréditaires. Bernard Seigneur de Turenne avoit ſur la fin de ce même Siècle la qualité de Vicomte de Turenne. Ce Vicomte étoit ſubordonné aux Comtés de Limoges, qui étoient ceux de Poitiers, Ducs d'Aquitaine [b]; c'eſt pourquoi ce Comté eſt quelquefois nommé Vicariat en Latin, qui marque ſa dépendance d'un Seigneur Dominant. Après Bernard, Archambaud Vicomte de Comborn, ou par mariage, ou autrement, s'empara de Turenne avant l'an 1000. & laiſſa cette Seigneurie à ſa poſtérité, laquelle a continué toujours de mâle en mâle juſqu'à Raimond, qui mourut ſous Philippe le Bel l'an 1304. & ne laiſſa qu'une fille nommée Marguerite, qui époufa Bernard Comte de Comminges, & lui apporta en mariage ſon Vicomté. Leur poſtérité maſculine fut auſſi-tôt éteinte par la mort de leur fils Jean Comte de Comminges, dont la ſœur aînée nommée Cecile hérita du Vi-

[b] *Longuerue*, Deſcr. de la France, Part. I. p. 142.

comté de Turenne. Elle épouſa Jacques d'Arragon Comte d'Urgel. Alienor, ſœur cadette de Cecile, épouſa Guillaume Roger Comte de Beaufort, neveu du Pape Clément VI. & frere de Grégoire XI. Guillaume Roger acheta de ſa belle-ſœur Cecile, Comteſſe d'Urgel, le Vicomté de Turenne. La poſtérité maſculine de Guillaume Comte de Beaufort, & Vicomte de Turenne, qui mourut ſans Enfans mâles l'an 1432. Anne de Beaufort ſa fille aînée épouſa l'an 1444. Agne de la Tour, Seigneur d'Auliergues en Auvergne, Cadet de la Maiſon de la Tour; & par ce mariage le Vicomté de Turenne eſt paſſé dans cette illuſtre Maiſon, où il eſt demeuré juſqu'à preſent. Ce Lieu de Turenne eſt très-fameux, pour avoir dans le dix-ſeptième Siècle donné le nom au célèbre Maréchal & Général Henri de la Tour, qui étoit Comte de Negrepeliſſe & Baron d'Auliergues; mais qui portoit le titre de Vicomte de Turenne, quoiqu'il n'en fût ni Propriétaire ni Uſufruitier, ce Vicomté étant poſſédé par les Ducs de Bouillon ſon frere aîné & ſon neveu.

Le Vicomté de Turenne s'étend entre le Quercy, le Limouſin & le Périgord, & a huit lieues de long & ſept de large [c]. Il renferme les Villes de:

[c] *Piganiol*, Deſcr. de la France, t. 6. p. 382.

Turenne,	Saint-Céré,
Beaulieu,	Meſſac,
Argentat,	Coulonges.

On y compte outre cela quatre-vingt-dix Bourgs ou Paroiſſes, dont la plus grande partie eſt dans le Bas-Limouſin. La Seigneurie de Turenne a été autrefois poſſédée en toute Souveraineté, & ce ne fut qu'au commencement du dixième Siècle qu'un Vicomte de Turenne rendit hommage au Roi, à condition que le Vicomté ne pourroit être mis hors de la main du Roi, & que ce Vicomté & ſes Succeſſeurs Vicomtes continueroient à jouïr de tous les *Droits Régaliens*. La clauſe portée par cet hommage n'empêcha pas que S. Louïs ayant cédé le Duché de Guienne à Henri III. Roi d'Angleterre, n'écrivît à Raymond Vicomte de Turenne de ne pas faire difficulté de rendre hommage à Henri. Ce Vicomte obéit, mais avec la même reſerve des *Droits Régaliens*. Au moyen de l'hommage de fidélité que les Vicomtes de Turenne ont rendu à la Couronne, nos Rois les ont toujours confirmez dans la jouïſſance de tous les *Droits Régaliens*. Les Lettres Patentes de confirmation de Louïs le Grand ſont du douze de Mai de l'an 1656. Il ne ſe leve aucun droit pour le Roi dans ce Vicomté, mais le Seigneur qui eſt aujourd'hui M. le Duc de Bouillon, y leve preſque tous les Droits que Sa Majeſté a établis dans le Royaume. Les impoſitions pour le Vicomté ſont départies par les Etats du Pays, qui ſont convoquez par le Vicomte. Outre les droits & les revenus de ce Vicomté, il y a une grande quantité de Terres & de Fiefs qui en relevent. Rodolphe ou Raoul, Comte de Cahors & de Turenne, eſt le plus ancien Seigneur de Turenne, dont le nom ſoit venu juſqu'à nous. Il vi-

774　　　TUR.

voit vers l'an 788. & il prenoit la qualité de Comte, non que Turenne fût un Comté, mais parce qu'il étoit Comte Bénéficiaire de Cahors.

1. TURENSIS, ou TURRENSIS, Siège Episcopal d'Afrique dans la Byzacène. Son Evêque est nommé *Maximianus* dans la Notice des Evêchez d'Afrique, & il a le même nom dans la Conférence de Carthage [a]. *a N°. 121.*

2. TURENSIS, Siège Episcopal d'Afrique, dont il est parlé dans la Conférence de Carthage [b], qui dit que ce Siège étoit occupé par *Donatus Turensis*, Evêque Donatiste, & l'un des Adversaires de Victorianus *Episcopus Plebis Mustitanæ*. Il y a apparence que ce Siège *Turensis* étoit différent d'une Ville de même nom, située dans la Byzacène; car il étoit voisin de la Ville *Mustitana* qui étoit dans la Province Proconsulaire. Je croirois que Samfucius dont parle St. Augustin [c] étoit Evêque de ce Siège. *b Ibid.* *c Epist. 34. & 83.*

3. TURENSIS, Siège Episcopal d'Afrique selon la Conférence de Carthage, qui qualifie son Evêque *Paschasius Episcopus Turensis*. On ignore de quelle Province il étoit. Felix *Episcopus Vico Turensis* assista au Concile de Carthage en 525. sous Boniface. Peut-être étoit-il Evêque d'un des deux Sièges précédens.

TURGALLIENSIS. Voyez MULLICIENSIS.

TURGANA, Isle de l'Arabie-Heureuse. Ammien-Marcellin [d] nous apprend qu'il y avoit dans cette Isle un fort grand Temple de Serapis. Cette circonstance, dit Ortelius [e], feroit croire que ce seroit l'Isle de *Sarapis* dont parle Ptolomée. *d Lib. 23.* *e Thesaur.*

TURGOUW. Voyez THOURGAU.

TURGUT, & DURGUT, *Turguteli* [f]. C'est ainsi que les Turcs appellent une partie de la Natolie, fort proche de Dulgadir, que les Anciens ont appellée Phrygie. *f D'Herbelot. Biblioth. Or. p. 897.*

TURHOLT, ou TUROUT, Abbaye des Pays-Bas dans la Flandre. Louis le Débonnaire [g] donna cette Abbaye, l'an 832. à Saint Anschaire pour l'unir à son nouvel Archevêché de Hambourg. Charles-le-Chauve ne laissa pas de la donner à un autre de son vivant même vers l'an 846. Elle lui fut renduë depuis & il la posséda sans la réunir à l'Archevêché de Hambourg. Il éleva dans cette Abbaye Saint Rembert, qui fut son Successeur à l'Archevêché de Hambourg & à l'Evêché de Brême. *g Baillet, Topogr. des Saints, p. 509.*

TURI, Bourg d'Italie, dans la Terre de Bari [h], environ à cinq milles de Conversano du côté du Midi. *h Magin, Carte de la Terre de Bari.*

1. TURIA, Rivière d'Espagne selon Salluste [i], qui dit qu'elle arrosoit la Ville de Valence. C'est par conséquent aujourd'hui le Guadalaviar & non le Guadalquivir comme le veut Mr. Corneille [k]. *i In Fragment. Hist. L. 2.* *k Dict.*

2. TURIA, Rivière ou Ruisseau d'Italie. Cette Rivière n'est guère connue que de Silius Italicus [l], qui en parle ainsi: *l Lib. 13. v. 5.*

. . . Nulla ladens ubi gramina ripa
Turia deducit tenuem sine nomine rivum,
Et tacite Tuscis inglorius affluit undis.

On croit que c'est la même Rivière, que Tite-Live [m] met à six milles de Rome; mais Sigonius & Gronovius au lieu d'*ad Turiam Fluvium*, lisent *ad Tutiam Fluvium*. Comme les MSS. de Tite-Live varient & que quelques-uns de ceux de Silius Italicus portent *Tuça*, ou *Tuscia* pour *Turia*, il seroit difficile de décider laquelle de ces Orthographes est la meilleure. *m Lib. 26. c. 11.*

TURIASO, Ville de l'Espagne Tarragonnoise: Ptolomée [n] la donne aux Celtibéres. Le MS. de la Bibliothéque Palatine lit TURIASSO; & Pline [o] suit cette Orthographe. Cependant les anciennes Inscriptions que l'on conserve à *Taraçona*, qui est la même Ville, lisent TURIASO. *n Lib. 2. c.* *o Lib. 34. c. 14.*

TURIN, Ville d'Italie, la Capitale du Piémont, dans une Plaine, au pied des Montagnes, sur le bord du Pô, dans l'endroit où la Riviére de Doria Riparia se jette dans ce Fleuve, anciennement *Augusta-Taurinorum*. Cette Ville prit le nom de ses Peuples appellez TAURINI par Pline [p], qui descendoient des anciens Liguriens, & qui pouvoient avoir tiré eux-mêmes leur nom du Taureau qui étoit dans leurs Enseignes. Annibal la ruïna, parce qu'elle avoit refusé de faire alliance avec lui; & comme c'étoit la Place la plus forte de ce Quartier, sa ruïne jetta une telle crainte dans l'esprit des Peuples voisins, qu'ils pensérent à se soumettre d'abord qu'Annibal parut. Jules César y établit une Colonie Romaine, & l'appella *Colonia Julia*. Auguste changea ce nom en celui de *Taurinorum Augusta*, nom sous lequel Ptolomée, Pline, & les autres Anciens l'ont connuë. On a d'anciennes Inscriptions [q] où il est parlé de cette Ville sous ces deux noms: *p Lib. 3. c. 17.* *q Phil. Pingus. fol. 95. 96. Gruter. fol. 160. & 168.*

JULIA AUGUSTA
TAURINORUM.
JUPITER CUSTOS AUGUSTÆ
TAURINORUN.
P. RUTILIUS
AUG. TAURINORUM
PROCONSUL.

Après avoir été long-tems soumise aux Romains [r], elle tomba enfin dans le tems de la décadence de l'Empire sous la Puissance des Barbares, qui ravagérent l'Italie. Les Goths, les Huns, les Erules & les Bourguignons la possédérent successivement, & la ruïnérent en grande partie. Elle fut ensuite soumise aux Lombards, lorsque ceux-ci se furent emparez de la Gaule Cisalpine; & elle devint la Capitale d'un des quatre Duchez qui composérent le Royaume de Lombardie. Quelques-uns de ses Ducs devinrent Rois d'Italie, entre autres le Duc Agilulphe, qui conjointement avec sa femme Théodelinde, fit bâtir l'Eglise Cathédrale, sous l'Invocation de Saint Jean Baptiste & la dota richement. *r Blæu, Atlas.*

Lorsque Charlemagne eut détruit le Royaume des Lombards en Italie, il paroît qu'il établit les Marquis de Suze à Turin, pour y garder les passages des Alpes, & pour contenir les Peuples voisins dans l'obéissance. Les Successeurs de Charlemagne leur ayant continué la même charge, avec
le

le tems les Marquis de Suze se la rendirent propre & héréditaire, & devinrent Maîtres absolus dans Turin, en qualité de Feudataires de l'Empire; jusqu'à ce que Ulric Mainfroi, le dernier des Marquis de Suze, étant mort vers l'an 1032. la Ville de Turin passa sous la puissance des Comtes de Savoye par le Mariage d'Adeleïde, fille de Ulric Mainfroi, avec Oddon Comte de Maurienne & de Savoye. Leurs descendans en ont toujours jouï depuis, si ce n'est durant quelques tems de troubles: car quoique Otton de Frisingen donne en 1147. à Amédée III. Comte de Savoye le titre de Marquis de Turin, cependant s'étant élevé peu de tems après quelques démêlez entre l'Empereur Friderie I. & Umbert III. Comte de Savoye, le premier dans le feu de la colére donna à l'Evêque de Turin non-seulement le Domaine Temporel de la Ville de Turin; mais encore celui de presque tout le Diocése. Cette donation occasionna des guerres cruelles, parce que l'Evêque trouva moyen de se faire appuyer par les Habitans & par le Marquis de Montferrat. A la fin néanmoins Thomas III. Comte de Savoye, ayant fait prisonnier Guillaume de Montferrat, à son retour d'Espagne, dans le tems qu'il passoit par le Dauphiné, les choses changérent de face, & Thomas rentra en possession de Turin qu'il transmit à ses descendans. Les François la prirent en 1536. sous Charles *le Bon*, Duc de Savoye, & la gardérent jusqu'à la Paix qui se fit en 1562. Ils la remirent alors au Duc Philibert, qui la choisit pour sa Résidence, & qui en fit la Capitale de ses Etats. Le Comte d'Harcourt Général de l'Armée Françoise la prit encore en 1640. Dans la dernière guerre elle étoit prête à se rendre au Duc d'Orléans, qui avoit relevé en Italie le Duc de Vendôme, lorsque le Prince Eugène arrivant à propos avec une Armée qu'il amenoit d'Allemagne, surprit le Duc par la célérité de sa marche, força ses Lignes, & l'obligea d'abandonner son Artillerie & quantité de munitions de guerre.

Turin autrefois étoit environnée d'une ancienne Muraille de pierres de taille, flanquée d'espace en espace de bonnes Tours. La Place qui étoit au milieu se trouvoit coupée par quatre Rues, dont chacune aboutissoit à une des Portes de la Ville. La Porte qui regardoit l'Occident s'appelloit premièrement la Porte du Pô, & ensuite le Château, qui fut bâti auprès, lui donna son nom: celle qui étoit à l'Occident appellée d'abord *Turrianica Porta*, s'appella ensuite la Porte de Suze. La Porte Palatine, ainsi nommée à cause du Palais d'Auguste, dont on voit encore les ruïnes dans ce Quartier, fut aussi appellée la Porte de Doria, qui coule dans le voisinage, & la quatrième Porte qui regardoit le Midi étoit appellée la Porte de Marbre. De ces quatre Portes il n'en reste plus que deux, savoir la Porte de Suze & la Porte Palatine. Les deux autres ont été abattues lorsqu'on démolit les murailles pour aggrandir la Ville. On voyoit au dehors quatre grands Fauxbourgs, où il y avoit des Eglises & des Maisons assez bien bâties, qui furent ruïnées dans le tems du Siège en 1536. Le Duc Philibert rétablit le tout, embellit & fortifia de plus en plus la Ville, & fit élever du côté de l'Occident une Citadelle à cinq Bastions, au milieu de laquelle on creusa un Puits extrêmement profond, & d'une structure admirable; car non-seulement les hommes; mais même les chevaux peuvent y descendre pour y aller boire, & remonter sans se rencontrer en remontant. C'est un double Escalier sans degrez & qui tourne tant de fois, que la pente en devient aisée. Les Ducs Charles Emanuel I. & Victor Amédée I. augmentérent la Ville de Turin, en faisant une nouvelle enceinte de murailles du côté du Midi, où l'on plaça la Porte de la Victoire appellée communément la Porte Neuve. Mais Charles Emanuel l'aggrandit encore davantage. Ce Prince qui fit faire dans tous ses Etats, quantité d'Ouvrages, soit pour la commodité, soit pour l'ornement, soit pour la défense, & qui fit bâtir quantité de Palais & d'Eglises, s'appliqua sur-tout à rendre sa Capitale digne du nom d'Auguste qu'elle porte. Il y renferma un fort grand espace, du côté de l'Orient, & poussant la muraille presque jusqu'à la rive du Pô, il la flanqua de cinq grands Bastions Royaux. Ce qu'il y a de plus surprenant, c'est que ce grand Ouvrage fut commencé & fini dans l'espace d'une année. Il ne restoit qu'à orner la Porte du Pô. La mort, qui le surprit, l'empêcha de mettre à exécution le dessein qu'il avoit formé à cet égard; mais la Duchesse Marie Jeanne Baptiste sa veuve y mit la dernière main, & en fit un Edifice superbe.

Pendant que l'on aggrandissoit l'enceinte de la Ville, on avoit soin d'orner au dedans d'Edifices magnifiques tant la vieille Ville que la nouvelle. Outre la Citadelle dont il a déja été parlé, qui est du côté de l'Occident, on voit du côté de l'Orient le Palais du Prince, flanqué de quatre grosses Tours rondes, bâties par Thomas II. Comte de Savoye, augmenté par Louïs, Prince d'Achaïe & de Piémont & orné par le Duc Charles Emanuel I. & par la Duchesse Christine de France, Régente pendant la minorité de son fils Charles Emanuel II. Ce Palais ayant été brûlé en grande partie l'an 1659. le Duc Charles Emanuel II. le répara, l'embellit & l'augmenta considérablement. Il fait face à une grande Place, remplie ordinairement de Gendarmes, de Cavalerie & des Carosses des Officiers de la suite du Prince. Après que l'on a passé un Pont-levis, on entre dans une grande Cour, bordée d'un Bâtiment presque sans symmétrie. La Sale est grande & enrichie de peintures rares. L'escalier est aussi fort beau; & il y a une vieille Galerie longue de cent pas, dont les murailles sont couvertes des portraits des Princes & des Princesses de la Maison de Savoye, avec les Statues des anciens Empereurs & Philosophes en Marbre. On y voit plusieurs pièces rares qui sont autant de presens de la plûpart des Têtes couronnées de l'Univers, entre lesquels on remarque un petit Chariot d'or attelé de six Chevaux tout couverts de pierreries: un petit Château de même matière

avec

avec son Artillerie, & toutes ses fortifications très-bien-représentées, & deux armes à feu qui se démontent, qui se chargent & qui se tirent d'une manière très-ingénieuse; sans parler d'une très-exquise Bibliothéque qui est enfermée à la Clef dans de grandes armoires. Delà on peut aller au Palais-neuf qui fait le commencement de la Ville. Quatre Pavillons en font le plan, avec autant de corps de logis qui les joignent, & qui font en même tems une grande Cour, dont l'entrée est une longue Galerie, avec une Balustrade ornée de plusieurs figures de Marbre, qui représentent pour la plûpart les derniers Ducs de Savoye. Cette Balustrade, que soutiennent de hauts Portiques avec leurs Colonnes, fait face à la grande Place de ce Palais. Au pied de son grand degré est la figure en bronze d'un des derniers Ducs de Savoye, sur un Cheval de Marbre représenté au naturel, & plus avant on trouve un fort beau Parterre, dans un Jardin rempli de plusieurs Statues de diverses matières des plus habiles Sculpteurs, & une Fontaine qui s'élève au milieu d'un Bassin. Ce Jardin occupe un Bastion de la Ville, appellé *Bastion verde*. De ce Palais il y a une grande & large rue, qui fait la plus considérable partie de la Ville-Neuve, séparée de la Vieille Ville par deux grandes Places bordées d'autant de Palais qu'il y a de Bâtimens, soutenus d'Arcades propres à se mettre à couvert contre les injures du tems. A cette grande rue se viennent rendre presque toutes les plus belles de la Ville Vieille, dans laquelle on voit près du grand Marché la haute Tour d'Horloge de la Maison de Ville. Il y a encore un autre Palais au voisinage de l'Eglise Métropolitaine. C'est un Edifice spacieux où l'on élevoit autrefois les filles des Comtes & des Ducs de Savoye.

On compte à Turin dix Eglises paroissiales. Celle de la Métropolitaine est la première. Cette Eglise fut consacrée dès le tems des Lombards, mais elle fut entiérement rebâtie en 1498. Entre les choses remarquables de cette Eglise on met la Chapelle du St. Suaire de l'Architecture du P. Guarini[a]. Quelque magnifique que soit cette Chapelle, on ne peut pas dire, comme quelques-uns l'ont avancé, qu'elle surpasse celle de St. Laurent de Florence. Au contraire même il s'en faut de beaucoup qu'elle n'en approche. Celle de Turin est à peu près de la même forme que celle de Florence; mais moins grande, & on n'y voit que du Marbre noir, ou plûtôt qui n'est ni d'un beau noir ni d'un beau poli. On honore principalement dans cette Eglise[b] les SS. Octave, Solutor, & Adventor, Martyrs, qu'on dit avoir été Soldats, ou Officiers de la Légion Thébéenne; St. Secundus Patron de la Ville, St. Maurice l'un des premiers Officiers de la Légion Thébéenne; St. Maxime l'un des Peres de l'Eglise, qui fut Evêque de cette Ville vers la fin du Régne de l'Empereur Honorius, &[c] ne mourut que vers l'an 466. après un Episcopat de plus de 45. ans. Cette Ville étoit Evêché dès l'an 380. & fut érigée en Métropole par Sixte IV e, ce qui fut confirmé par Léon X. l'an 1515. Ses suffragans sont: Yvrée, Saluffes, Fossano, & Mondovi. Le Chapitre est composé de vingt-cinq Chanoines, dont cinq sont les premières Dignitez, savoir le Prevôt, l'Archidiacre, le Tresorier, l'Archiprêtre & le Chantre. Outre ce Chapitre de la Métropolitaine, il y en a un autre dans la même Eglise, composé de six Chanoines, fondez en grande partie par Adelaïde Marquise de Suze, dont nous avons déja parlé plus haut. On l'appelle le Chapitre de la Sainte Trinité. La plus ancienne des autres Paroisses est celle de St. Eusèbe, Evêque de Verceil, administrée par des Prêtres de la Congrégation de l'Oratoire. Les autres sont: l'Eglise Paroissiale de St. Thomas, desservie par les Cordeliers; celle de Ste. Marie de la Place, desservie par les Carmes; celle de St. Jacques & de St. Philippe desservie par les Hermites de St. Augustin; celle de St. Dalmace desservie par les Clercs Réguliers, communément appellez Barnabites. Le reste des Paroisses, savoir celles de St. Paul, de St. Etienne, de St. Grégoire, de St. Martin, & des Apôtres St. Siméon & St. Jude, sont affectées à des Prêtres Séculiers. Outre ces Eglises Paroissiales il y a encore à Turin un grand nombre de Maisons Religieuses; comme des Dominicains, des Cordeliers, des Bernardins, des Jésuites, des Cordeliers de l'étroite Observance, des Carmes déchaussés, des Augustins déchaussés, des Théatins, des Minimes, à quoi on peut ajouter les Freres de St. Antoine de Vienne, qui prennent soin des Malades, & qu'on nomme vulgairement *Fate ben Fratelli*; enfin des Peres de la Sainte Trinité, ou de la Rédemption des Captifs, de l'étroite Observance. Hors de la Ville on trouve deux Couvens de Capucins; l'un au-delà du Pô, sur une Colline, & dont l'Eglise bâtie par le Duc Charles Emanuel I. est peut-être la plus magnifique que ces Religieux ayent en Europe; l'autre Couvent est dans la Plaine au-delà de la Doria. On l'appelle communément *la Madona di Campagna*. Quoique celui-ci soit moins nombreux que le premier; il l'emporte néanmoins pour l'ancienneté. Les Maisons des Filles Religieuses sont celles des Filles de la Congrégation de Lateran, des Clairistes, des Carmelites, des Capucines, des Filles de la Visitation, & de l'Annonciation; outre deux Maisons de Filles repenties; l'une sous le nom de Ste. Magdelaine, l'autre sous celui de Ste. Pélagie. Cependant il faut convenir que dans ces deux dernières Maisons il se trouve un grand nombre de Filles à la conduite desquelles il n'y a jamais eu rien à redire; tant qu'elles ont vécu dans le monde. On ne finiroit point si on vouloit détailler toutes les Eglises paroissiales, & les Religieuses qui sont dans les Fauxbourgs & dans les environs de Turin. Il y a encore dans la Ville divers Hôpitaux & plusieurs Confrairies. L'Académie de Turin fut fondée en 1505. On y enseigne entre autres, le Droit, la Théologie, les Mathématiques & la Médecine. Les Jésuites ont le Collége: leur Maison nouvellement bâtie est superbe.

La situation de Turin est des plus char-
man-

[a] *Misson*, Voyage d'Italie, t. 2. p. 51.

[b] *Baillet*, Topogr. des SS. p. 510.

[c] *Commainville*, Table des Evêchez, p. 230. & p. 52.

TUR.   TUR.   777

mantes. Il n'y a rien de plus riant que ses avenues. Elle l'emporte par-là sur presque toutes les Villes d'Italie, aussi-bien que par la magnificence de ses Edifices, par la beauté de ses Rues & de ses Places, par l'affluence du Peuple qui l'habite, par toutes les commoditez de la vie & par les maniéres libres & sociables, qui paroissent d'autant plus agréables, qu'elles sont rares au-delà des Alpes. On vit à Turin comme on vit en France, la Langue Françoise n'y est pas moins connue que l'Italienne. Le monde y est bien fait, & la Cour du Souverain est une des plus lestes de l'Europe. L'ancienne partie de Turin n'est que médiocrement belle; mais la nouvelle moitié est tout autrement bâtie. Les Rues en sont larges & tirées à la ligne; les Maisons grandes, hautes & presque toutes uniformes. Les Allées de Chênes, qui sont sur les Remparts de la Ville, contribuent à rendre cette Promenade agréable: la vue en est aussi fort belle, particuliérement du côté des Riviéres. Mais le plus grand Cours se fait dans les Avenues de Valentin, qui est une Maison de plaisance sur le bord du Pô, à un mille de Turin. Le Prince en a plusieurs autres, toutes bien meublées & bien entretenues. Les principales sont Moncallier, Mille-Fleurs, Rivoli & la Vénerie. On va de Turin à la Vénerie en deux heures. Il y a dans Turin [a] une commodité qui ne se voit guères ailleurs, & qui récompense en quelque façon le mauvais Pavé. Par le moyen d'une Riviére qui coule dans le plus haut Quartier de la Ville, on peut tirer un petit Ruisseau dans toutes les Rues & emporter toutes les ordures. Le Directeur de l'Ecluse toutes les nuits & distribue l'eau dans tous les Quartiers de la Ville, comme il veut. Cette eau est encore d'un grand usage en cas de feu; car en très-peu de tems on fait couler une petite Riviére le long des Murs de la Maison où a pris le feu.

[a] Addison, Voyage d'Italie, p. 281.

TURII. Voyez THURIUM, & TURINUM.

TURINGI, & TORINGI. C'est ainsi que Sidonius Apollinaire & Végétius appellent les Peuples de la Germanie, connus aujourd'hui sous le nom de Thuringiens; & Cassiodore [b] nomme leur Pays Thoringia. Voyez THURINGE.

[b] Lib. 4. Variar. ad Herminafrid.

TURINI. Voyez TURONES.

TURINUM, Lieu d'Italie dont parle César [c], qui dit que la Ville Cosa, ou plutôt Compsa étoit dans son Territoire. Il nomme les habitans Turii, ou Thurii. TURINUM ne peut être autre chose que la Ville THURIUM. Voyez ce mot.

[c] Bel. Civ. L. 3. c. 21. & 22.

TURIO, Petite Riviére d'Espagne au Royaume de Léon. Elle reçoit, dit Mr. Corneille [d], la petite Riviére de Vernesga, en passant par la Ville de Léon; & va ensuite mêler ses eaux à celles de l'Ezla proche de Campo. Ces Riviéres Turio & Vernesga, entre lesquelles la Ville de Léon est située, ne sont autre chose, selon l'Auteur des Délices d'Espagne [e], que les sources de l'Ezla.

[d] Dict.

[e] Pag. 154.

TURISSA. Voyez ITURISSA.

TURITANI, Peuples d'Espagne dans la Bœtique, selon Etienne le Géographe [f]; mais c'est une faute qui a été remarquée par

[f] In Voce Ιτυρισσα.

Cluvier & corrigée par Berckelius. Au lieu de TURITANI, il faut lire TURDITANI.

TURIVA, Satrapie des Bactriens. Les Grecs, dit Strabon [g], s'étant rendus maîtres de la Bactriane, la diférent en Satrapies, du nombre desquelles l'Aspionie & la Turive leur furent enlevées par les Parthes Eucratides.

[g] Lib. 11. p. 517.

1. TURIUM. Voyez TRICORNIUM.

2. TURIUM. Pline [h] nomme ainsi une Riviére d'Espagne, qui arrose la Ville de Valence, & que Salluste appelle TURIA. Voyez TURIA & VALENCE.

[h] Lib. 3. c. 3.

TURKESTAN. Voyez TURQUESTAN.

TURMEDA. Voyez AMPHIPOLIS, No. 2.

TURMENTINI, Peuples d'Italie : Pline [i] les place dans la seconde Région & dans les Terres.

[i] Lib. 3. c. 11.

TURMODIGI, Peuples d'Espagne : Pline [k] dit qu'ils étoient de l'Assemblée générale de Clunia, & qu'ils y menoient avec eux quatre Peuples, entre lesquels il nomme les *Segisamonenses*, & les *Segisamejulienses*. Comme le nom de TURMODIGI n'est point connu des autres anciens Géographes, le Pere Hardouin soupçonne que ce sont les *Murbogi* de Ptolomée.

[k] Lib. 3. c. 3.

TURMOGUM, Ville de la Lusitanie. Elle étoit dans les Terres, selon Ptolomée [l].

[l] Lib. 2. c.

TURMULOS, Lieu d'Espagne : L'Itinéraire d'Antonin le marque sur la Route de Mérida à Sarragosse, entre *Castra-Cæcilia* & *Rusticiana*, à vingt milles du premier de ces Lieux & à vingt-deux milles du second. Delgado, au lieu de TURMULOS, lit TUMULOSI, & dit que ce Lieu se nomme aujourd'hui *Rocha-Frida*.

TURMUS. Voyez TURNUS.

TURN, ou THURN [m], Village de la Croatie, entre Tersacz & Segna. C'étoit anciennement une Ville de la Liburnie, connue dans l'Itinéraire d'Antonin sous le nom de *Turres*.

[m] Baudrand, Dict.

TURNA, ou TURNO. Voyez JUTURNA.

TURNI, Ville d'Italie dans la Calabre. Ptolomée [n] la marque dans les Terres; & le MS. de la Bibliothéque Palatine au lieu de TURNI lit STURNI.

[n] Lib. 3. c.

TURNI-LACUS, Lac d'Italie. Columelle [o] en parle dans ce Vers :

[o] De Cultu Hortor. L. 10.

Et Turni Lacus & pomosi Tyburis arva.

Je croirois que Columelle entend parler du Lac JUTURNA. Voyez ce mot.

TURNINUM. Voyez DOERNE.

TURNUS, Fleuve d'Italie dans l'Umbrie, selon Vibius Sequester. Plusieurs Exemplaires portent TURMUS au lieu de TURNUS.

TUROBOLIS, TUROBOLIS MINOR, ou TURUBLUM-MINUS; Lieu de l'Isle de Sardaigne. L'Itinéraire d'Antonin le marque sur la Route du Port *Tibulæ* à *Caralis*, entre *Tibulæ* & *Elephantaria*, à dix-huit milles du premier de ces Lieux, & à quinze milles du second.

TUROBRICA, Ville de l'Espagne Bœtique, selon Pline [p] : on croit qu'elle étoit au voisinage d'Alcantara.

[p] Lib. 3. c. 1.

TUROCELO; Ville d'Italie dans l'Umbrie: Pline [q] la surnomme *Netriolum*, ou *Vetriolum*, selon quelques Exemplaires.

[q] Lib. 3. c. 14.

TU-

Fffff

778 TUR. TUR.

TURODI, Peuples de l'Espagne Tarragonnoise; Ptolomée [a] leur donne une Ville nommée *Aquæ-Læa*.

[a] Lib. 2. c. 6.

TURONES, ou **TURONI**, anciens Peuples de la Gaule, sur le bord de la Loire. Céfar [b] dit qu'il mit deux Légions *in Treveris, ad fines Carnutum; ut omnem Regionem conjunctam Oceano continerent*. Il faut lire, comme lisent effectivement les meilleures Editions, *Turonis*; c'est-à-dire dans le Pays des *Turoni* voisins des Chartrains, d'un côté, & de l'autre voisins des Citez Armoriques ou Maritimes. Lucain [c] leur donne l'Epithète d'*Instabiles*:

[b] Lib. 8. c. 46.

[c] Lib. 1. v. 437.

Instabiles Turonos circumfusa castra coercent.

Ils avoient une Ville que Ptolomée appelle *Cæsarodunum*, mais qui prit dans la suite le nom du Peuple; car Sulpice Sévère [d] & Grégoire de Tours [e] la nomment TURONI. Les TURONI sont les Peuples du Diocèse de Tours. Voyez TOURS.

[d] *Dialog.* l. 2. c. 8.
[e] Lib. 10. c. 29.

1. TURONI. Voyez TURONES.
2. TURONI, Peuples de la Germanie, selon Ptolomée [f].

[f] Lib. 2. c. 11.

TUROQUA, Ville d'Espagne: L'Itinéraire d'Antonin la marque sur la Route de *Bracara* à *Asturica*, entre *Burbida* & *Aquæ-Celeniæ*, à seize milles du premier de ces Lieux, & à vingt-quatre milles du second.

TURPENAY, *Turpiniacum*, Lieu de France, dans la Touraine, au Diocèse de Tours. Il y a une Abbaye de l'Ordre de S. Benoît, de la Congrégation de S. Maur. Elle fut fondée par les Seigneurs de l'Isle Bouchard, sur la fin du douzième Siècle. Le Revenu total de cette Abbaye est de trois mille Livres.

TURQUESTAIN, Seigneurie de France [g], au Pays de l'Evêché de Metz, dans la Montagne de Vosge qui la sépare de l'Alsace. Cette Seigneurie est d'une grande étendue. L'Evêque Jean d'Apremont la réunit au Domaine de son Evêché, vers l'an 1240. Elle a été plusieurs fois engagée pour le tout ou en partie. L'engagement fait à Raoul, Duc de Lorraine par Adhemar de Monteil, Evêque de Metz, est de l'an 1344. mais cette Seigneurie n'a point été aliénée à perpétuité.

[g] *Longuerue*, Descr. de la France, Part. 2, p. 174.

1. **TURQUESTAN**, ou **TURKESTAN**, Grand Pays d'Asie. Le Turquestan, dit Mr. d'Herbelot dans sa Bibliothéque Orientale, est le Pays des Turcs comme l'Hindostan est celui des Indiens. Ce nom a deux significations: l'une aussi générale que celle de Touran, qui comprend tous les Pays qui sont au-delà du Fleuve Gihon ou Oxus, à l'égard de la Perse; l'autre plus particulière, & qui comprend le Pays qui est au-delà du Fleuve Sihon, ou Jaxartes. Car tout ce qui est depuis le Gihon jusqu'au Sihon, porte le nom particulier de Maouaralnahar, ou de Province Transoxane. Albergendi écrit dans son cinquième Climat, que la Province de Turkestan, qu'il appelle Belad Turk, a pour Ville-Royale & Capitale, les Villes de Belengiar, de Heskhan & de Cariat Alhaditha, qui est éloignée de cinquante Parasanges, ou cent de nos lieues de la Ville de Cath, qui appartient à la Khouarezmie, & située à l'Orient du Fleuve Gihon. Afrasiab, qui étoit de la race de Tour fils de Feridoun, étoit Roi du Turkestan, dans le tems que régnoit Caïcaous II. Roi de Perse, de la seconde Dynastie, surnommée des Caïaniens, ou Caïanides. Ce Prince Turc qui avoit été chassé de la Perse sur la fin de la première Dynastie, fut poursuivi dans ses Etats par Rostam, qui ravagea jusqu'à mille Parasanges entières de son Pays; c'est-à-dire, que ce Héros de la Perse pénétra jusqu'au fond de la Tartarie, & peut-être jusqu'à la Chine. Les Musulmans devinrent Maîtres du Turquestan sous le Regne de Valid, sixième Khalife de la Race des Ommiades. Ce fut Catibah, fils de Moslemah, qui après avoir pris les Villes de Bokhara, de Samarcande, & de Farganah, pénétra jusques dans le Turkestan, en prit la Capitale, & le fort Château, nommé Rouindiz, la Forteresse d'airain. On compte aussi, entre les principales Villes de ce Pays-là, Gend Khogend ou Schahrokhiah, Fariab, ou Otrar, Isfigiab, Tharaz, Schalg, Caracoum, & Khotan. Quelques-uns y ajoutent, Cassan, & Tchighil. Car, pour les Villes de Caramorah, Almalig & Pischbalig, elles appartiennent plutôt aux Pays des Mogols, qui ne peuvent être compris dans le Turkestan, si ce n'est dans sa signification la plus ample.

Suivant l'Auteur de l'Histoire Généalogique des Tatars [h], le Turquestan est borné, au Nord par la Rivière de Jemba, & les Montagnes des Aigles, qui ne sont plus que des Côteaux en cet endroit; à l'Est par les Etats du Contaïsch, Grand-Chan des Callmoucks; au Sud par le Pays de Charâsm, & la grande Boucharie; à l'Ouest par la Mer Caspienne. Il peut avoir environ 70. lieues d'Allemagne en sa plus grande longueur, & autant-à-peu près en largeur; mais ses Limites ont été bien plus étendues dans le tems passé, avant que Zingis-Chan se rendît le Maître de toute la Grande-Tartarie. Dans l'état où ce Pays est à présent, il est partagé entre deux Chans des Tartares, dont l'un qui réside à Taschkant occupe la partie Orientale, & l'autre qui fait sa résidence dans la Ville de Turkestan occupe la partie Occidentale de ce Pays. Ils sont tous deux Mahométans, avec tous leurs Sujets, & le dernier est communément appellé le Chan des Cara-Kalpakks, à cause que ces Tartares, qui font une Horde particulière, & qui campent d'ordinaire entre la Rivière de Sirr & la Mer Caspienne, le reconnoissent pour leur Chan; & c'est aussi tout ce qu'il en a: car pour de l'obéissance, il n'en doit pas beaucoup attendre d'eux, attendu que comme ils sont assez forts en nombre pour pouvoir faire tête au Chan, & que leurs Murses particuliers ont beaucoup de pouvoir sur eux, ceux-ci les ont accoutumez de longue main à n'obéir aux ordres du Chan, qu'autant qu'ils le trouvent à propos. Ces Cara-Kalpakks sont de vrais voleurs, qui ne vivent absolument que de ce qu'ils volent tantôt sur les Callmoucks, & tantôt sur les Sujets de la Russie. Ils passent même fort souvent les Montagnes des Aigles

[h] Pag. 52.

gles en compagnie de ceux de la Cafatfchia Horda, & vont faire des courfes bien avant dans la Sibérie du côté des Riviéres de Tobol, Ifeet, & Ifchim; ce qui incommode extrêmement les Ruffes qui habitent dans les Bourgades & les Villages le long de ces Riviéres.

2. TURQUESTAN, ou TURKESTAN, Ville d'Afie dans le Turqueftan. Elle eft fituée à 45. d. 30′. de Latitude, & 896. de Longitude, fur la Rive droite d'une petite Riviére qui vient du Nord-Eft fe jetter dans la Riviére de Sirr, à une petite diftance de cette Ville. Elle eft la Réfidence d'un Chan des Tartares, c'eft-à-dire pour l'Hyver feulement; car dans l'Eté il va camper vers les Bords de la Mer Cafpienne, & aux environs de l'Embouchure de la Riviére de Sirr, dans le Lac d'Arall. Quoique Turqueftan foit toute bâtie de briques, elle ne laiffe pas d'être un fort méchant trou, & il n'y a que fa fituation agréable qui mérite quelque attention; ce qui la fait paffer encore aujourd'hui pour la Capitale du Pays de ce nom.

TURQUEVILLE; Lieu de France dans la Normandie, au Diocèfe de Coûtances, Election de Carentan. Le Seigneur, qui en porte le nom, y a un Château.

TURQUIE; grand Etat qui s'étend en Europe, en Afie, & en Afrique. C'eft l'un des plus vaftes Empires, qu'il y ait fur la Terre; car on lui donne communément huit cens lieues d'étendue d'Orient en Occident, & environ fept cens lieues du Septentrion au Midi.

Les plus Savans d'entre les Turcs difent, que le Morzar, ou Duc des Tartares Turcomans, fut Erdogrul, que quelques autres nomment Ordogrul, Orthogrul, & Urtucul. Il étoit fils de Soliman Schiah, Gouverneur de Maham, Ville de la Chorafane, qui chaffé de fa Capitale par Singiskam Roi des Tartares, fe réfugia dans la Turcomanie. Erdregul, renforcé par les nouveaux Tartares Turcomans, content de la beauté & de la bonté de ces Pâturages, paffa outre Il profita de l'avantage que lui fournifoit la défunion de tous ces Soudans d'Iconie (aujourd'hui Cogni) & de Babylone, qui avoient partagé entre eux la Perfe, l'Arménie, la Sourie, & la Natolie; &, fe joignant à Alaïdin, Roi d'Iconie, il commença à trancher du Souverain avec l'affiftance de fes Troupes. Erdogrul étant mort l'an de l'Egire 687. & de Jefus-Chrift 1288. Alaïdin, Roi d'Iconie, continua les mêmes marques de bienveillance à l'égard du fils d'Erdogrul, nommé Ofman ou Othman, de qui l'Empire Ottoman a pris le nom. Il lui conféra les honneurs du Tambour, de l'Etendart & du Sabre, marques de la Souveraineté, & lui permit de porter les Armes à la Conquête de l'Afie Mineure, alors fous la Domination des Empereurs Grecs. C'eft ainfi que parlent les Turcs les plus habiles, & c'eft ce que porte leur Hiftoire publique & univerfelle; mais d'un autre côté, ceux qui veulent flatter le Sang Ottoman difent, que Soliman Schiah defcendoit de Singifkam Roi des Tartares, & que fon fils Érdogrul fut reconnu Souverain par Alaïdin Roi d'Iconie; & enfin, qu'Ofman, pere des Rois Ottomans, avoit obtenu le Royaume d'Iconie par une donation entre vifs, que lui en fit Alaïdin. Pour donner du poids à cette defcendance, l'orgueil Ottoman fe vante qu'en cas d'extinction de cette Ligne, on doit choifir pour Succeffeur à l'Empire le plus proche d'entre tous ces Sultans, qui difperfés autour d'Andrinople, fubfiftent par le moyen des Villages qui leur font affignés. Entre lefquels on prétend de plus, qu'on choififfe le Kan des Tartares, lorfqu'il plait à la Porte d'en fubftituer un à fon choix. Telle eft la préfomption de l'orgueil Ottoman. Mais quoi? La Succeffion de la Maifon Ottomanne du côté des Tartares, en cas d'extinction de la Ligne Mafculine, feroit difputée & rejettée par les Turcs, fuivant leurs Loix, & leurs Conftitutions, par lefquelles la Maifon Tartare n'a aucun droit. Les Savans d'entre eux prétendent pour cela, que le droit de Succeffion pafferoit au premier fils de la premiére fille du dernier Sultan Ottoman. Quoi qu'il en foit, il eft certain que les premiers Turcs qui habiterent la Turcomanie, aux environs de l'Arménie inférieure, ont été ces Tartares Turcomans qui foutinrent & défendirent Erdogrul probablement leur Morzar ou Chef, & que la Maifon Ottomanne s'établit dans la Natolie, après la Conquête qu'en fit Ofman fils d'Erdogrul, pendant le Régne d'Alaïdin Roi d'Iconie, qui felon les apparences occupoit la Cilicie, la Cappadoce, & le Royaume de Pont.

Pour faire voir à quoi fe réduit le petit nombre des véritables Turcs, il faut favoir que des Tartares Turcomans, defquels les Turcs ont pris leur nom, les uns s'établirent dans leurs anciennes Terres, entre la Georgie & l'Arménie, fans fe foucier de fuivre leur Morzar Erdogrul. D'autres, après avoir fuivi, fe mélérent avec les Familles des Sarrafins & des Perfes, & même avec ces miférables Grecs, défolés par la ruïne de leur Empire, qui peu auparavant poffédoient légitimement tout ce Pays conquis. Ce Mélange apporta un grand changement dans leurs Mœurs; cette altération s'accrut encore, par les premiéres courfes qu'ils firent de la Bithynie dans la Thrace, la Bulgarie, & dans d'autres Pays plus avancez de la Gréce. On emmena des gens de tout âge & de tout fexe; les hommes périrent miferablement dans les fers; les enfans furent inftruits dans le Mahométifme; les jeunes gens élevés, partie dans la Profeffion militaire, partie dans les Arts méchaniques; enfin les femmes furent ou vendues ou données en préfent aux Particuliers, afin de rendre la Nation plus nombreufe, & pour mieux affouvir leur lubricité.

La Conquête de Conftantinople, rendit Mahomet II. Maître du refte de l'Empire Grec. Elle lui laiffa la liberté de faire des courfes dans la Gréce, dans l'Illyrie & dans la Bulgarie. Auffi y envoya-t-il des Troupes, qui emmenérent quantité d'Efclaves, & qui exigérent par fon ordre un Tribut pour l'accroiffement du Peuple Turc, & de l'Etat Militaire. Soliman, que les Turcs nomment *le Grand*, dans une courfe qu'il fit

fit en Hongrie, enleva beaucoup d'Habitans, & les fit passer dans ses Etats. Les Tartares établis dans la Crimée, à Oczakow & dans le Budziack, abusans de la franchise de leurs anciennes Dominations, ravagerent impunément par un Esclavage général les Confins de la Pologne, & une grande partie de la Russie; ils firent indifféremment les deux Sexes esclaves, & les vendirent aux Turcs, qui se multiplierent par-là, comme ils font encore aujourd'hui. Les Colches, connus de nos jours particuliérement sous le nom de Mingreliens, de Circassiens, & de Georgiens, se mirent à chercher des hommes & sur-tout les plus belles femmes pour les vendre à Constantinople de la même maniére que font les Tartares. Dès qu'ils eurent mis la Marine en bon état, ils firent des Courses sur les Insulaires voisins, & n'épargnerent pas l'Italie. Ils protégerent les Corsaires d'Afrique dans la Méditerranée, qui leur fournissent continuellement des Esclaves, François, Espagnols & Italiens, qui s'avancent bien-tôt par leurs talens naturels. Ils emmenerent un nombre indicible d'Esclaves dans la grande Incursion qu'ils firent en Autriche. Il s'y trouva des enfans, des filles, & des femmes; & c'est pour cela que la plûpart des hommes furent décapités durant le Siège de Vienne, dans la Place du Supplice, qui étoit proche du Lazaret sur le bord du Danube. Au reste, à toute heure & les Chrétiens Grecs, & les Arméniens, & les Juifs, & même des Catholiques, soit par leur malheureux penchant, soit par les flatteries des Turcs, embrassent la Religion Mahometane, quoique les Catholiques soient exempts de l'impie Tribut qui fut une fois imposé sur tous les autres. On peut franchement conclurre de tout ceci, que le sang Turc n'est plus celui de ces premiers Tartares Turcomans. Il n'est plus qu'un mêlange de Syriaques, d'Arméniens, de Grecs, d'Illyriens, de Polonois, de Russiens, de Colches, d'Allemands, d'Italiens, de François & de Juifs, qui ont tous beaucoup contribué à l'agrandissement de l'Empire Otoman, non-seulement en aidant à le peupler, mais encore par l'établissement & l'entretien des Arts. Ils ont sur-tout fourni bien des Maximes utiles & nécessaires au Gouvernement; car il est certain que la Porte a tiré sa Discipline Militaire, partie de l'Empire Grec, & partie de l'Empire Romain, aujourd'hui si florissant: ainsi il ne lui reste plus rien d'ancien que le nom de Turc, qu'il tient originairement des Tartares Turcomans.

Le fils d'Erdogrul ayant jetté les premiers fondemens de l'Empire, qui fut de lui nommé Osman, & que nous appellons par corruption Ottoman, cet Empire s'est augmenté sous le Régne de XIX. Empereurs, qui lui ont succédé jusques à Mahomet IV. & sous le Gouvernement des CXV. premiers Visirs, jusqu'à la mort de Cara Mustafa, qui fut l'auteur du Siège de Vienne, & de cette terrible Guerre. Osman établit le premier la Charge de Visir, il la donna à son frere Aleidim Bacha, qui s'en démit pour être Dervis, c'est-à-dire Religieux à leur maniere, & en disposa en faveur de Soliman son fils.

Cet exemple n'a point été suivi par ses Successeurs, au contraire ils ont tenu leurs freres en prison, s'abandonnant à une jalousie qui ne devroit pas régner entre des Princes d'un tel Empire.

Osman encouragé par les faveurs dont Alaidin l'avoit comblé, se vit en liberté de faire des Conquêtes, tant en Asie qu'en Europe. Il profita de l'occasion que lui fournissoit la mésintelligence & la division qui régnoient entre les Soudans de Perse & les Sarasins. Ils s'étoient emparés les uns & les autres des derniers restes de l'Empire Grec, dans sa décadence universelle; restes qui se réduisoient à-peu-près à l'Empire de Constantinople. Outre cela, Osman sut se servir à propos de la désunion de tous ces petits Souverains qui s'étoient appropriés de grandes Provinces, & qui en qualité de Membres de l'Empire Grec, usurpoient le titre de Duc, de Despote, & de Roi. Ces discordes furent cause, que sans excepter la Maison Impériale de Constantinople, ces petits Souverains n'eurent point d'autre ressource dans leur desespoir, que de se jetter entre les bras de l'Empire naissant des Turcs, de s'accommoder à leurs Loix & à leur Education, & de sucer cette haine implacable que les Mahométans portent au sang & au nom Chrétiens. De si heureux commencemens engagerent Osman à porter ses vûes sur la Ville de Burse Capitale de la Bithynie, pour y établir son nouvel Empire. Charmé de voir cette Ville si proche de la Mer de Marmara, & située au pié de l'Olympe, dans une agréable Plaine, arrosée par des Eaux minérales, froides & chaudes, très-propres pour les Bains, & véritablement une des plus belles Contrées qu'on puisse voir, il y fixa sa première Résidence. Il y fit bâtir un Serrail ou Palais, qui fait voir encore par sa structure que le luxe, dans ces tems-là, n'excédoit point les revenus. Hypocrite, comme il étoit, il fit construire plusieurs Mosquées, dans une desquelles est son Tombeau, & ceux de ses Successeurs jusqu'au tems que le Siège Impérial fut transféré à Constantinople. On voit encore dans cette Ville un Château quarré dont les Murailles sont fort élevées, & entourées d'un Fossé; les Grecs le firent bâtir, & les Turcs n'ont jamais pris soin de l'entretenir, marque évidente du mépris qu'ils faisoient des Grecs, leurs voisins, qu'ils se proposoient déja de subjuguer, suivant les instructions qu'Osman avoit données à son fils Orcan. Celui-ci, ayant été prié par Jean Paléologue de lui donner du secours contre les Bulgares, s'établit premièrement en plusieurs endroits de la Chersonnése de Thrace; il se rendit ensuite maître de Philippopoli & d'Andrinople; & ces Conquêtes l'engagerent à former le premier plan pour le reste de la Grèce, & toute l'Illyrie. Ses Successeurs entreprirent après le Siège de Constantinople, & ils y furent attirés par les Princes Chrétiens du voisinage. Ceux-ci, aveuglés par leur animosité mutuelle, ne cherchoient qu'à se déchirer, & n'avoient garde de jetter les yeux sur ces malheureux qui gémissoient sous le joug barbare de leurs Tyrans, dans un dur Esclavage qui auroit dû leur servir d'exemple.

ple. Auſſi ces Infidéles pénétrérent juſqu'aux extrémitez de la Hongrie, & pour ainſi dire juſqu'aux Portes de Vienne. Cette ſuite continuelle de proſpéritez ne fut interrompue que par deux Batailles mal ordonnées. La première fut celle de Rama ſur les Confins de la Bulgarie, & la ſeconde ſe donna dans la Plaine de Moæz. Cette dernière fut conſeillée, & conduite de la part des Chrétiens par des Evêques ſans expérience, qui ſe mêloient de diriger un jeune Roi peu accoutumé à manier les armes. A la vérité la République de Veniſe fit tête aux Turcs dans l'Iſle de Candie; mais du reſte, ou ils étoient animés par les intrigues criminelles des Chrétiens, ou les Places étoient mal fournies de Garniſon; en un mot, il n'y avoit perſonne parmi les Chrétiens qui penſât à ſecourir ſes Voiſins.

Les Turcs, ainſi heureux & glorieux en Europe, ſe virent Arbitres de la Paix; ils en réglérent les conditions, la promirent, & l'entretinrent auſſi long-tems qu'elle leur fut avantageuſe, & juſqu'à ce qu'ils euſſent fait de nouvelles Conquêtes en Aſie, tantôt ſur les Perſans efféminez, tantôt ſur les Saraſins affoiblis qu'ils chaſſérent des extrémitez de la Sourie; & tantôt en Egypte, où ils détruiſirent ces malheureux Sultans abbatardis, auſſi-bien que leurs Sujets, par l'oiſiveté, & déchirés par des Guerres inteſtines. Les Chrétiens connoiſſoient cependant que la Paix n'étoit qu'un leurre; mais, malgré toute la certitude qu'ils en pouvoient avoir, elle étoit regardée comme une Victoire, parce qu'elle différoit de quelque tems une ruïne totale, qui leur paroiſſoit inévitable. L'effroi qu'avoient porté chez eux toutes les Fables, qu'on débitoit au ſujet des Turcs, leur faiſoit regarder cette Nation comme invincible. Ils ſe la figuroient comme la terreur du Monde, & ils alloient juſqu'à s'imaginer d'avoir ſans ceſſe le Sabre levé ſur la tête. De ſi heureux ſuccès firent naître à Sultan Mahomet IV. vingtième Empereur Ottoman, ce mépris ſcandaleux qu'il témoigna pour le Chriſtianiſme, & uſant de mille artifices il donna à ſon Empire la plus grande étendue qu'il ait eue. Il l'augmenta par la Conquête de Naiſel, de Candie, de Caminietz, & par la Priſe de Zegrin ſur les Moſcovites. Cependant il fit démolir cette dernière Place, & ſe contenta de faire conſtruire de nouveaux Forts dans l'Iſle du Boriſthène, qui arrêtaſſent les courſes des Coſaques ſur la Mer Noire. Le circuit de cet Empire dans ſa plus grande étendue en 1680. alloit à l'Occident, des deux côtez du Danube, juſques à ſeize petites lieues de Vienne. Il étoit borné par le Vag & le Rab, Rivières étroites & guéables en beaucoup d'endroits, & qui ne faiſoient point une aſſez forte Barrière, pour la ſûreté d'une auſſi grande Capitale que Vienne. Depuis le Rab les Frontières étoient, vers le Couchant d'Eté, au pié des Montagnes de la Stirie, & tournant vers le Sud, elles alloient juſques à la Rivière de Culp, qui en quelques endroits ſéparoit les deux Empires, & plus avant juſques à la Rivière de Corana, où elles laiſſoient à l'Empereur un petit Canton de la Croatie. La Ligne paſſoit un peu au-deſſus de Segna, & alloit aboutir au Rivage de la Mer Adriatique, ſur les Confins des Etats de la République de Veniſe, où du côté de l'Eſt juſques à Almiſſa, il y avoit une Liſière qui renfermoit un petit eſpace de terrein, & reprenoit enſuite à Cattaro & Budua; & le reſte de la Mer juſqu'à Conſtantinople étoit entièrement ſoumis à la Porte. L'autre Ligne prenoit vers le Nord, depuis Conſtantinople, juſques à l'Embouchure du Don qui ſépare l'Europe de l'Aſie, & où l'Empire Ottoman poſſede Azow; & du côté de l'Oueſt, elle alloit aboutir aux Forts du Boryſthène. Prenant à la droite du Nieſter, elle remontoit le long de la Rivière, autant que le permettoient les Dépendances de Caminietz dans la Podolie, & de Bender dans l'Ukraine. Elle couroit le long des Sommets de cette Branche du Mont Crapack qui borne la Moldavie & la Tranſilvanie; & ſuivant ces Montagnes, elle s'avançoit juſqu'au bout de la Vallée de Marmaros qui dépend de Zatmar. Cette même Ligne s'étendoit encore juſques à la Rivière de Beringiù qui ſe perd dans la Teiſſe, & formoit les Limites des deux Empires dans les parties de la Hongrie, qui ſont au-delà de cette Rivière. Delà tournant entre l'Oueſt & le Nord juſques à celle de Sajo qui ſe perd auſſi dans la Teiſſe, elle alloit chercher le Vag dans les Dépendances d'Agria & de Naiſel. Telles étoient les Bornes de l'Empire Ottoman en Europe ſans compter les Iſles de l'Archipel qui lui étoient toutes ſoumiſes. Pour ſuivre dans le même ordre le circuit des Limites d'Aſie & d'Afrique, il faut reprendre la Ligne, dont je viens de parler aux Bords du Don ſous le Canon d'Azof, & commencer de là celles de l'Aſie. Elle ſuivoit le long des Rivages des Palus Méotides, juſques au Détroit de Caffa, & renfermoit par ce moyen la Fortereſſe de Taman. Cette Ligne alloit gagner dans le voiſinage de Taman les Montagnes qui environnent les Provinces tributaires, ſavoir la Circaſſie, l'Abaſſée & la Mingrelie, & côtoyant la partie Occidentale de la Georgie elle arrivoit enfin aux premières Conquêtes qu'Erdogrul fit en Arménie avec ſes Tartares Turcomans. Là elle commençoit à ſéparer l'Empire Ottoman de celui des Perſes par le Sommet d'une partie du Mont Caucaſe, juſques aux Rivages ultérieurs du Tigre, & au-delà du même Fleuve, auſſi loin que s'étendoient les Dépendances de Babylone. Elle en faiſoit le tour, & paſſant à Baſſora elle alloit juſqu'au Golfe Perſique. Là elle s'étendoit le long du Bras de l'Euphrate, qui, tombant dans le Tigre, va ſe perdre dans ce Golfe proche de Catif, & tournoit du côté de l'Eſt vers les Montagnes de l'Arabie Heureuſe. Elle alloit enſuite gagner la Mer Rouge, & renfermant le Pays de la Mecque elle traverſoit cette Mer à peu près vis-à-vis de Suaquen, Fortereſſe où les Turcs ont garniſon, quoiqu'elle ſoit ſur le Rivage appartenant à l'Empire d'Abyſſinie. Cette même Ligne avançoit encore juſqu'au Nil au-deſſous des Cataractes, & prenant les Montagnes qui ſont à la gauche en deſcendant, & qui enferment la fertile Vallée qu'arroſe

rose ce Fleuve, elle se terminoit à peu de distance, & à l'Ouest d'Aléxandrie d'Egypte. Elle alloit joindre de-là celle qui borne la Barbarie le long des Côtes de la Méditerranée par les Principautés de Tripoli, de Tunis, & d'Alger. Ces Limites sont marquées d'une ligne rouge, qui montre en un coup d'œil, dans sa circonference, l'Archipel, la Mer de Marmara, le Bosphore de Thrace, la Mer Noire, le Détroit de Caffa, les Palus Méotides, & quantité d'Isles, dont quelques-unes sont mises au rang des Royaumes, à cause de leur grandeur & de leur fertilité. Voilà la plus grande étendue qu'ait jamais eue l'Empire Ottoman. Cependant ces Bornes ne seroient pas demeurées dans cette situation, si Sultan Mahomet IV. & son Visir Cara Mustafa plein d'orgueil & de présomption, ne se fussent pas acharnés au Siége de Vienne, & s'ils eussent suivi cette fois-là le conseil d'Ibrahim, Bacha de Bude. Celui-ci prédisant le mauvais succès d'une entreprise aussi téméraire, exhortoit le Visir à faire le Siége de Javarin, en bloquant Gomorrhe, à envoyer attaquer Léopolstat par un Corps de Troupes, & à faire courir les Tartares & les Hongrois rebelles dans l'Autriche, & de-là dans la Moravie; mais cet avis fut mal récompensé, & le pauvre Bacha fut étranglé par ordre du Visir, après la déroute de Vienne.

Si l'on venoit à faire un parallele de l'Empire Turc avec l'ancien Empire Romain, on sera surpris de voir l'espace qu'il occupe sur la Carte. Mais si l'on examine ensuite les différentes circonstances des Etats qui le composent, on connoîtra que le Sultan n'est point Maître absolu d'une partie; qu'une autre est tout-à-fait stérile, & inhabitée; que d'un côté des bandes de Voleurs sont à charge au Tresor public, qu'il en coûte beaucoup d'argent pour entretenir les Convois, & faire escorter les Voitures publiques qui traversent l'Arabie Deserte; & que d'autres Provinces sont plutôt sujettes de nom que de fait. De ce nombre, sont la Mecque & le Pays d'Iemen, qui sont cependant ce qu'il y a de meilleur dans l'Arabie Heureuse. Ces Pays tirent de l'argent de la Porte, & ne lui fournissent que des Sangiacs; & même la Porte paye les Garnisons de la Mer Rouge, pour la sureté des Pélerins qui s'embarquent, & pour garantir, ceux qui vont par terre, des Courses des Arabes. Outre cela l'Empire entretient des Hôpitaux, & ce grand nombre d'Officiers de la Mosquée, où est le Tombeau de Mahomet: ainsi tout le vaste Terrein de l'Arabie Deserte, & de l'Arabie Heureuse, qui contribue tant à la grandeur de l'Empire, ne fait aucunement partie de ses Forces; mais plutôt sert à les diminuer & à les dissiper.

Les trois Républiques de Tripoli, de Tunis, & d'Alger, n'ont rien de commun avec la Porte, qui est très-éloignée de leurs Etats; & c'est par un pur motif de vanité que ces Républiques se disent dépendantes du Sultan. Ce Monarque en fait plus de cas qu'elles ne méritent, parce que leurs Pirateries tiennent principalement en sujettion l'Isle de Malthe. D'ailleurs, si elles envoyent leurs Vaisseaux pour grossir la Flote Ottomanne, elles sont bien payées. Encore arrive-t-il, qu'ayant reçu l'argent leurs Escadres ne sortent point de la Méditerrannée, ce qui n'augmente pas le Tresor public.

Tout le Pays qui est aux bords de la Mer-Noire, depuis Azac jusques presque à Trebizonde ne procure d'autre avantage à sa Hautesse que celui de jouir de quelques Ports, de recouvrer les Bâtimens qui échouent sur ces Plages, & par le moyen du Fort de Taman, d'être Maître du Détroit de Caffa, pour entrer dans les Palus Méotides, & delà passer à Azac. Depuis ce Fort jusqu'à celui de Taman, en delà, d'où commence la Ligne du Caucase, la Plaine est habitée par les Tartares Nogais, les plus cruels de toute la Tartarie. Ceux-ci ne reconnoissent en aucune maniere le Kan de la Crimée, & quand il a besoin d'eux, il est obligé de les enrôler à force d'argent que la Porte lui fournit. Les Circassiens sont ensuite plus voisins du Caucase. On trouve de plus la Mer-Noire & le Sommet de cette haute Montagne couverte de Forêts de Buis, les Provinces de Abbassée, qui confinent à la Mingrelie, subdivisée dans les Principautés d'Imérete & de Guriel. A cause du peu de soin qu'on a de cultiver ces Contrées, des Coutumes barbares des Peuples qui les habitent, de la difficulté d'arriver dans les endroits les plus affreux du Caucase, où sont leurs Retraites, & de la proximité de la Georgie, dont partie est sujette & partie tributaire de la Perse, elles ne laissent au Turc d'autres avantages, comme on vient de le dire, que de côtoyer la Mer-Noire depuis Azac jusqu'à Trebisonde. Ils ont même l'incommodité, sur-tout la nuit, de se tenir toujours sur leurs gardes, pour ne pas être surpris dans les Forêts par les Habitans du Pays. Ces Peuples font un Trafic considérable en Esclaves, tant hommes que femmes d'une extrême beauté; & les Turcs les achetent à beaux deniers comptans, des mains des Freres & des Peres de ces malheureux. La Contrée d'Azac jusques aux Forts du Borysthène est un véritable Desert entre la Moscovie & la Tartarie Crimée. On n'y trouve point d'autre habitation que celle du Château d'or, situé au bout de l'Isthme de la Presqu'isle de Crimée, entierement habitée par les Tartares. Ceux-ci ne payent non-seulement aucun Tribut au Grand-Seigneur; mais même ils en reçoivent de l'argent lorsque S. H. veut un nombre considérable de Troupes, quoiqu'ils soient toujours obligés de lui fournir dix mille hommes, en échange des Terres dont ils jouïssent. Comme ces Tartares ont cependant l'esprit séditieux, le Sultan entretient des Garnisons en plusieurs Places pour les tenir en respect, & il les paye de l'argent de l'Epargne.

Les Pays de l'Ukraine de la Dépendance de Bender, & Caminietz dans la Podolie jusques à la Riviere de Bog, sont totalement ruinés. La Porte doit suppléer à l'entretien des Garnisons qui sont dans ces Places, en les payant de son argent; cependant elle n'en tire aucun secours. Car, par exemple, dans l'Angle inférieur que forment dans le Bud-

Budziack, le Danube, le Niester & le Bog, jusqu'à la Moldavie, ce sont des Terres habitées par les Tartares qui relèvent de la Crimée ; & ainsi elles n'apportent rien à l'Epargne de Constantinople : au contraire, les Garnisons d'Oczakow & d'Ismaël, destinées à tenir ces Tartares dans leur devoir, pour rendre libre & assûrée la communication avec ceux de la Crimée, sont payées de l'argent de ce Tresor. Les Provinces Tributaires de la Moldavie & de la Valachie sont gouvernées par des Sujets du Rite Grec. Le Tribut qu'on en tire est plutôt au profit des Ministres de la Porte que du Tresor public. Au reste, elle ne fait pas grand cas de leur Milice ; & outre cela, elle est obligée d'y avoir des Garnisons pour contenir ces Peuples, puisqu'il est arrivé, qu'ils ont souvent pris les armes contre le Sultan.

Pour conserver une aussi vaste étendue de Pays, il est certain qu'il faut avoir de grandes Forces par Mer & par Terre ; & pour mettre en état celles-ci d'agir, il convient d'avoir des Loix propres, pour gouverner aussi-bien les Sujets suspects à cause de leur Religion, que les Turcs mêmes, & pour faire une Levée de deniers proportionnée à un Etat Militaire si considérable. L'Exercice des Loix & de la Justice est confié à des Juges de différens Ordres. Les moins considérables de tous sont les Cadis, ensuite les Mullas, & enfin les Cadilesquers, dont les jugemens sont portés devant le Mufti en dernière instance. Ces Juges sont distribués dans tout l'Empire par Départemens, qui portent le nom de Judicature ; & la haute Dignité de Cadilesquer est partagée en deux, l'une pour l'Europe, & l'autre pour l'Asie. Ce Corps de Juges qui a le Mufti pour Président, est nommé Ulama ; & les affaires considérables qui regardent la Religion & l'Etat, sont de son ressort. On parvient au grade de Cadilesquer, après avoir passé par les Offices subalternes de la Judicature. Le Mufti est choisi parmi les Cadilesquers, par la faveur du Sultan, & encore plus par celle du Visir ; & lorsque ces deux Grands Officiers sont unis, ils peuvent faire la Loi au Grand-Seigneur même. L'Ordre pour le maniement des Finances est si bien établi, soit pour les Charges, soit pour les Registres, que quelque Puissance Chrétienne que ce soit, trouveroit de quoi s'instruire, en retranchant quantité d'abus qui s'y glissent. Le Gouvernement Militaire Politique est divisé en deux parties principales, savoir l'Europe & l'Asie, sous le nom de Romélie & de Natolie, & même d'Obecada, c'est-à-dire de delà, par rapport à Constantinople qui est en deçà de la Mer. On a conservé dans chacune de ces deux Parties du Monde les mêmes Divisions qu'y avoient lorsque la Porte les conquit. Ce qui étoit Royaume l'est encore ; ce qui n'étoit que Province, ce qui n'étoit que Département, est encore aujourd'hui le même pié. Ces grands Gouvernemens ont le Titre de Bachalas, dont quelques-uns portent nécessairement le caractère de Visir ; d'autres de simples Bachas, qui peuvent quelquefois être du rang des Visirs ou des Beglerbegs, qui tant qu'ils sont en charge, prennent le nom de la Capitale, où est leur Résidence, & qui est ordinairement la même que du tems des Chrétiens. Ces Royaumes & ces Provinces sont partagez en plusieurs Départemens gouvernez par un Officier qu'on nomme Beg ou Sangiac ; & ceux-ci ont sous eux un certain nombre de Zaims & de Timariots. Ils sont tous également subordonnés au Bacha de la Province, ou aux Beglerbegs, ou aux Visirs des Royaumes, qui donnent audience publique une fois la Semaine, accompagnez des premiers Officiers de la Judicature, des Finances & de la Milice, pour entendre les plaintes, principalement des Zaims & des Timariots, des autres Soldats, de quelque rang qu'ils soient, & des Sujets Chrétiens, qu'on nomme indifféremment Raja, c'est-à-dire Sujets, & des Juifs qu'on appelle Gifrit.

C'est un embarras pour un Empire d'avoir à gouverner un Peuple composé de Nations différentes, & par rapport au langage, & par rapport à la Religion. Cet embarras est beaucoup plus grand dans l'Empire Ottoman, qu'il ne le seroit encore ailleurs. Le Mahométisme a pour Maxime fondamentale la destruction du Christianisme. Les Turcs n'appellent les Chrétiens que par le nom de Giaur, c'est-à-dire Infidèles. Cependant ce sont ces derniers qui peuplent l'Empire. On pourra facilement comprendre que de ce grand nombre de Nations différentes, on ne sauroit tirer des Milices pour défendre solidement l'Empire, à moins qu'à chaque fois les Bachas n'enrôlent dans leurs Départemens, la plus vile populace, & tout ce qu'ils peuvent trouver à bas prix, prenant même des Chrétiens faute d'autre monde. Pour ce qui est des Troupes de la Moldavie, & de la Valachie, les Turcs ne s'en servent qu'à grossir leur Armée, & à dispenser les braves Soldats de certains Emplois desagréables, & même pour conserver l'ancien usage d'avoir ces Troupes d'Infidèles hors de leurs Pays sous les yeux d'une Armée, lorsque la Porte est en guerre avec les Puissances Chrétiennes.

Les Turcs qui étoient au timon des affaires virent bien qu'il falloit déroger à la sévérité de l'Alcoran. Ils comprirent la nécessité de laisser vivre les Chrétiens, & reçurent même les Juifs, qui chassez de l'Espagne, se réfugioient dans l'Empire Ottoman. La liberté de s'établir fut de même accordée à toute autre Nation, pour en tirer un service utile à l'Empire ; car les Turcs n'auroient jamais pu suffire seuls à peupler les Villes, & à faire la guerre en même tems. Mahomet II. Conquérant de Constantinople, après s'être placé sur le Trône des Empereurs Grecs, commença le premier à changer les Loix & les Privilèges des Grecs. Cette entreprise avoit été touchée par les Sultans ses Prédécesseurs, dans le tems qu'ils régnoient à Burse. Ils modérèrent un peu les Réglemens barbares qui avoient été faits d'abord ; & enfin Soliman le Grand y mit la dernière main, & servit de modèle à ses Successeurs. Quoique l'avarice des Sultans, & bien plus encore celle des Visirs, ait enfreint ces Réglemens, les

fasages Turcs ont toujours detesté cette conduite. Tant de Peuples différens, opposez au Gouvernement des Turcs, obligerent les Empereurs d'en changer la forme. Selon les Plans de Mahomet II. & de Soliman *le Grand*, ils ne se sont jamais mêlez de Religion, & le seul Réglement qu'ils ayent fait sur ce sujet, est que, si le feu prend à une Eglise, elle soit convertie en Mosquée, ou qu'on paye une somme fort considérable, si on veut s'en servir comme auparavant. Les Turcs n'usent d'aucune violence envers les femmes des Chrétiens & des Juifs. Les Impots ordinaires & extraordinaires sont fort supportables chez eux. Les Elections des Dignitez Ecclésiastiques sont très-libres en apparence; & on observe fort religieusement l'exemption à leur égard; les revenus des Eglises, & ce que produisent les impositions, que les Patriarches & les Archevêques mettent sur le peuple; tout ce détail est contenu dans les Patentes que le Sultan accorde & qu'on nomme Berat. On y voit un Réglement politique très-entendu, & bien différent des préceptes de l'Alcoran, qui ordonne l'entière destruction des Chrétiens. Les principaux Tributaires, & même les Sujets qui sont dans la Valachie, la Moldavie, & la Tartarie Crimée sont environnez par des Forteresses dont les Turcs sont les Maîtres. Quoique libres dans l'intérieur de leurs Etats, ces Peuples sont cependant toujours renfermez au milieu des Garnisons des Places fortes de l'Empire. Tous les Villages, qu'on donne à ceux qui s'en sont rendus dignes, sous le Titre des Ziamets & des Timars, soit que leur valeur, ou la faveur les leur fassent obtenir, sont autant de Gardes, qui veillent à la conservation de l'obéissance & de la fidélité due au Sultan, & à l'entretien de ces mêmes Villages, Sauvegardes, & petits Gouvernemens. Outre cela, un grand nombre de Turcs ont fait bâtir des Maisons dans les endroits les plus considérables, où ces différentes Nations font leur demeure. Il n'est pas permis à ces Peuples de porter des Armes, sans une permission particuliere; encore n'est-ce qu'à l'occasion de quelque voyage, & on les veut modestes dans leur habillement. Enfin ce fut à l'instance des Timariots, des Zaims, des Begs, & des Beglerbegs, qu'on leva ce cruel Tribut pour lequel ces Nations Chrétiennes devoient donner un certain nombre d'enfans. Ceux qui étoient chargez d'en faire la levée, les menoient à Constantinople, où ils étoient distribuez par ordre du Sultan, entre les mains des Turcs les plus opulens. Ceux-ci en devoient prendre soin jusqu'à un certain âge. Ils les habilloient tous de rouge, pour les distinguer & les mettoient ensuite dans le Corps des Agemoglans, d'où ils les faisoient passer dans celui des Janissaires.

On peut s'imaginer quelle doit être la crainte de la Porte, malgré les précautions qu'elle prend, ayant sous sa Domination tant de Peuples différens, qui ont chacun leur Religion, & leur Langue particuliere. Elle en a eu des preuves à l'égard des Esclavons qu'on nomme aujourd'hui Rasciens;

& si elle en vouloit agir autrement, elle risqueroit d'avoir la guerre avec les Puissances voisines, & même avec ses propres Sujets; de voir les Terres incultes; & de ne pouvoir exiger les Tributs qui remplissent son Tresor. En Turquie on ne voit guère de Paysans Turcs, si ce n'est quelques-uns dans la Bosnie, & d'autres dans les Plaines de Dobra, Pays situé entre le Danube, la Mer Noire, le Mont Hémus, & la Rivière de Jantra, & où les Turcs ont envoyé d'Asie des Paysans pour le peupler, de peur que les Tartares de Budziack ne vinssent à s'en emparer. Toutes ces considérations ont rendu le Gouvernement des Provinces aristocratique.

Tous nos Historiens font sonner bien haut la Souveraineté despotique du Sultan. Mais, qu'il s'en faut bien qu'elle soit telle qu'ils la rapportent! Peut-être a-t-elle été ainsi exercée jusqu'au Régne de Soliman surnommé *le Grand*, qui, au jugement des Turcs, est le dernier qui ait régné avec justice & avec gloire. C'est aussi ce que disoit souvent le Visir Kiuperly, qui fut tué à la Bataille de Slankemen; il ajoutoit que tous les Empereurs qui ont succedé à Soliman, sans en excepter un seul, avoient tous été des imbéciles, ou des Tyrans des Peuples, exagérant l'impossibilité de ramener l'Empire au point de grandeur où ses forces pouvoient l'élever, tant qu'il seroit dans cette Ligne abbatardie. Il concluoit qu'il étoit à propos d'en éteindre la Race, & de lui donner pour Successeur celle qu'il avoit projetée dans sa tête, qui d'ailleurs n'étoit pas moins extravagante pour la conduite des affaires tant Civiles que Militaires. Au reste la Milice qui est auprès de la personne du Grand-Seigneur, & qu'on nomme Capiculy, autorisée par les Loix de ses Prédécesseurs, & par les siennes propres, à le pouvoir de mettre le Sultan en prison, de le faire mourir & de lui donner pour Successeur un de ses freres ou de ses enfans. Elle peut établir les Loix telles qu'il lui plait, pour garantir la vie des Princes du Sang, des attentats de tant de Sultans, qui ne pensent qu'à s'affermir sur le Trône, en faisant égorger tous ceux qui ont le premier droit. Lorsque tout le Corps de cette Milice de Constantinople, est réuni sous les ordres de l'Ulama, le Sultan, ce Monarque Despotique passe du Trône au fond d'un Cachot, si on ne l'étrangle pas lui & son Visir.

La Nation Turque en général est fort sobre dans le manger, elle se contente de peu de chose, & ils divisent ce peu de nourriture qu'ils prennent en plusieurs repas par jour; de sorte que ni l'estomac n'est jamais trop rempli, ni ne reste entierement vuide. Les Loix obligent les Turcs à faire leur prière dès le point du jour, & par conséquent à se lever matin. Après cette prière ils déjeunent fort légérement. A Midi ils mangent quelques Fruits. Trois heures avant le coucher du Soleil ils goûtent, & avant une heure & demi de nuit ils soupent. Ils ont ainsi réglé les heures des repas, parce que les autres sont employées à la prière, & aux exercices de

leurs

leurs professions, soit qu'ils regardent leur Commerce, ou d'autres affaires à la Porte & à différens Divans. Les Turcs mangent du Pain sans levain qui est rond, & tout au plus épais d'un demi pouce. Le Mouton est leur Viande ordinaire la plus exquise, ils ne mangent que fort peu de Bœuf, point de Veau qu'ils laissent former, & très-rarement du Poisson. Mais le Ris, le Froment mondé, les Pois, les Lentilles, le Miel, le Sucre & toute sorte d'Epiceries, particuliérement le Poivre, font leur commune nourriture; ils mangent beaucoup de Fruits tant nouveaux que secs, & sur-tout du Jardinage. Il n'entre dans leurs Cuisines que la chair des Animaux, qui ont été égorgez avec de certaines Cérémonies, mais non pas entiérement conformes à celles des Juifs, ni même si longues. Ils apprêtent en général leurs Viandes, ou en les faisant simplement bouillir, ou les taillant par morceaux, & les mettant étuver, ou les faisant rôtir. C'est de cette derniere façon qu'ils mangent principalement les Poules & les Agneaux qu'ils laissent entiers, les farcissans d'autre chair hachée avec quantité d'Epiceries. Ils font aussi une espèce de Tourtes feuilletées: ils font bouillir dans l'eau le Ris & le Froment mondé, le faisant égouter, lorsqu'il est cuit & l'accommodant ensuite avec du Beurre: c'est-là la véritable nourriture des Soldats; elle est bonne, legere, facile à digérer, & fort aisée à apprêter. Enfin ils mangent tous les mêmes sortes de Viandes, toutes très-nourrissantes, & le Rôti n'est guère en usage que chez les Grands. Leurs Tables sont bientôt dressées, tout le monde fait qu'ils mangent à terre.

Après le repas chacun se remet à sa place autour de la chambre, pour rendre graces à Dieu, & on se salue ensuite mutuellement. C'est alors qu'on commence à savoir qu'ils boivent; car ils ne le font point pendant le repas, & ils y suppléent par les Viandes liquides, & les Fruits cuits. Lorsque quelque Chrétien, qui n'est point Sujet du Sultan, mange chez eux, on lui sert à boire, s'il le veut, ou de l'Eau, ou du Vin. Les Turcs usent de différentes Boissons pour compenser le Vin qui leur est défendu par l'Alcoran, quoique nonobstant cette Défence plusieurs en boivent en secret. Ces Boissons sont purement naturelles, comme l'eau de Puits, de Riviére, & de Fontaines, ou artificielles, qui consistent dans le Laitage de plusieurs Animaux, & dans les liqueurs froides & chaudes; les plus ordinaires de celles-ci sont le Caffé, & le Saleppe qu'ils font avec de la Racine de Satirion: leur plus exquise Boisson froide est le Sorbec, composé du suc de Cerises & d'autres Fruits. Ils boivent toujours assis, à moins que la nécessité ne les oblige à se tenir debout. Ils mettent en Eté l'eau commune à la glace, lorsqu'ils peuvent en avoir, ou en jettent dans les Vases de Verre & de Porcelaine dans lesquels ils boivent. Ils croient beaucoup mériter auprès de Dieu, lorsqu'ils pratiquent des Fontaines sur le grand Chemin, & qu'ils font conduire des eaux dans les Villes, soit pour boire, soit pour se laver avant leurs Priéres.

C'est sur ce préjugé que Soliman fit rétablir le grand Aqueduc qui conduit l'eau à Constantinople, & qui se partage en neuf cens quarante-sept Fontaines.

Les Turcs sont dans le fond plus portés au repos qu'à l'activité; cependant ce naturel fait plus ou moins d'impression sur eux, à mesure qu'ils habitent sous de différens Climats. Les Turcs Asiatiques aiment sur-tout beaucoup leurs commodités. Au contraire ceux de l'Albanie & de quelques autres Parties de l'Illyrie, trouvent une vie active & laborieuse plus à leur goût. Ceux de Constantinople se plaisent à avoir quantité de Coussins, pour s'y asseoir & pour s'appuyer; ils sont fort paresseux, languissans dans cette molle oisiveté. La plus grande partie des Turcs se repose ainsi non-seulement la nuit; mais encore la meilleure partie du jour. Les Artisans même vivent de cette maniére, & tâchent à se procurer la commodité de travailler assis. En effet, on est assis si commodément chez eux, que tout le corps jouit également du repos. Ils n'agissent que par pure nécessité; la Chasse est fort peu en usage parmi eux, encore ne consiste-t-elle qu'à faire courre le Liévre par des Chiens; ils ne savent point du tout tirer en vol. Ils montent à cheval, lorsque la nécessité l'exige, & se rasseient ensuite le plutôt qu'ils peuvent. Les grosses fatigues sont pour ces misérables, qui sont réduits à une extrême pauvreté, comme les Grecs & les Paysans Arméniens, qui viennent de la Campagne, chercher à gagner leur vie dans les Villes, & enfin pour les Esclaves. Les Jeunes-gens, sur-tout ceux qui veulent embrasser le Genre de vie des Janissaires, se divertissent à la Lutte, & à se défier entr'eux à qui portera sur la Paume de la main une Pierre plus pesante, & courant quelques pas, à qui la jettera plus loin. Les enfans s'exercent dans les Places de Constantinople à se lancer avec la main, les uns contre les autres, des Dards qu'ils nomment *Gerit*, longs de deux pieds & demi; ils font paroître leur adresse à les lancer & à en parer les coups. Cet Exercice se fait quelquefois à cheval dans le Serrail, parmi les Pages du Sultan; comme encore, parmi les Bachas, pour divertir leurs Maîtres, & ils représentent alors, quoique très-imparfaitement & assez mal en ordre, nos Carrousels. Leurs larges Etriers sont attachez fort court, afin qu'ils puissent se lever debout, & lancer le Dard avec plus de force & de dextérité, & parer en même tems le coup que l'Adversaire porte.

Le Sommeil est réglé parmi eux, de même que les Veilles, par la distribution des heures pour les Priéres. C'est un Usage reçu dans tout l'Empire, qu'on y travaille le jour & qu'on y repose la nuit. Après la Priére du soir qu'on nomme *Jaczi*, & qu'on fait un peu après la première heure de la nuit, chacun a la liberté d'aller reposer, en Eté jusqu'à demie heure avant le jour, & en Hyver jusqu'à deux heures. Ils se retirent pendant ce tems-là d'auprès des femmes avec lesquelles ils ont passé la nuit, & se lavent pour se préparer à la Priére. On les y appelle du haut des Tours des *Mosquées*, & on

Ggggg em-

emploie ordinairement à cet Office des jeunes gens qui ont la voix forte: ces Crieurs s'appellent *Movedins* ou *Movezzins*. Quoiqu'ils cherchent toute leur commodité pour dormir, ils ne se deshabillent pourtant jamais tout-à-fait; ils gardent leur habillement de-dessous, & se couvrent la tête avec une Echarpe bien plus grosse que celle qu'ils portent de jour. Ils veillent facilement; leur frugalité dans le boire & le manger y contribue, de même que diverses Affaires dont ils ont l'esprit rempli. Ils dorment quelquefois durant le jour un quart d'heure en Eté; mais ils auroient honte de passer l'heure, & on les regarderoit comme des Yvrognes ou comme des gens qui ont le défaut de prendre des pillules d'Opium préparé. Ces Pillules leur causent d'abord une extrême gayeté, suivie d'un profond sommeil, accompagné de Songes qu'ils disent être célestes & qui durent quelques heures. Ce Vice est fort commun aux Maîtres des Langues dans les *Mosquées*, & cette sorte d'yvrognerie les rend sous, & leur donne une couleur pâle & jaunâtre, qui les fait d'abord reconnoître; cependant rien n'est plus commun parmi les Turcs de Constantinople, qui abrégent par-là leur vie, parce qu'ils mangent peu, & qu'ils contractent l'habitude de ne pouvoir dormir sans ce remede.

Les Turcs ne croient pas que, pour conserver la Santé, il y ait de meilleurs Remedes que ceux qui procurent la transpiration. Ils font usage des Bains sudorifiques, les uns trois, les autres quatre fois la Semaine, & joignent le motif de leur Santé à celui de la Préparation qu'exige la Priére parfaite; quoique pour s'y préparer, il ne soit pas nécessaire de se procurer une sueur violente. Il y a dans Constantinople trente-trois Bains somptueusement bâtis, & qui pendant le jour ont des heures marquées pour les hommes, & d'autres pour les femmes; ainsi on peut juger si l'usage de se baigner n'est pas excessif parmi les Turcs. Des Bains si fréquens ne peuvent qu'affoiblir & efféminer le tempérament des hommes, en tenant les pores ouverts. De-là vient le fréquent usage des Pelisses, & même la nécessité de s'en servir; il faut qu'ils soient toujours bien couverts, tant de nuit que de jour, & ils aiment mieux souffrir le chaud que le froid. Lorsqu'ils se sentent la moindre incommodité, ils vont chez le Chirurgien pour se faire saigner, & ne font pas difficulté de se faire ouvrir la Veine au milieu de la rue; ils se font apliquer des Ventouses, & veulent des Purgatifs & des Vomitifs très-violens. Plus le Remede opére, plus on vante l'habileté du Médecin, qui pour les contenter doit pousser les choses à l'excès. Si le Malade meurt, le Médecin ne perd jamais tout-au-plus que son Salaire; du reste les Héritiers se consolent aisément, attribuant toutes choses à la Destinée & à la Volonté de Dieu. Ils n'épargnent rien pour fomenter chez eux la lubricité, ils se servent sans discrétion des Remedes violens qui ne servent cependant point à ce dessein, & ne font que préjudicier à la Santé. Ces Débauches desordonnées les rendent même incapables de soutenir les fatigues de la guerre. Enfin ils courent à grand pas à leur propre destruction. Ils fument tellement du tabac, qu'ils s'endorment la Pipe à la bouche. Ils ne crachent jamais & avalent toute leur Salive, ce qui leur cause à la Barbe, à la Tête, aux Sourcils, & aux autres parties du Corps, où il croît du poil, certains Feux volages qui s'étendant peu-à-peu, font tomber le poil sans qu'il puisse ensuite revenir. Il est inouï que les Turcs lâchent des vents; ce seroit pour eux une extrême honte, & la Compagnie prendroit cette action pour un outrage; mais en récompense ils rottent sans aucun égard, & quoique cela ne soit pas fort honnête, cependant ils ne le tiennent pas pour indécent; puisqu'un Turc ne pourroit pas faire sa Priére, sans s'être auparavant purifié. L'Hypocrisie régne beaucoup parmi eux. On ne les entend parler que de la Grandeur & de l'Unité de Dieu, à qui ils rendent de continuelles Actions de graces. Mais, excepté un petit nombre qui avec une Foi sincére mêlent les larmes à leurs Priéres, la plus grande partie ne prie que du bout des lèvres pour plaire à la populace, & s'acquérir par-là la réputation d'hommes pieux; quoique dans le fond ils n'ayent point de Foi. Les Grands & les Courtisans sont ordinairement de ce nombre. Ils ont coutume lorsqu'ils en ont le moyen, de faire bâtir des Mosquées, des Fontaines sur le grand Chemin, des Ponts, des Hôtelleries publiques qu'on nomme *Kans* ou *Caravanserais*, & ils assignent des fonds pour leur subsistance. Ils établissent dans les Villes des Séminaires & des Ecoles pour y instruire la Jeunesse. Ils font ces Etablissemens de manière, qu'ils puissent apporter un certain Revenu à leurs Descendans. Ce qui les détermine plus d'en agir ainsi, c'est que, si le Capital qu'ils employent pour cela restoit entre leurs mains, il seroit confisqué au plus tard après leur mort, au lieu que, dès qu'il est consacré à Dieu, ni aucune Loi, ni tout le pouvoir du Sultan ne sauroient l'aliéner. Dans Constantinople il y a pour la grande Priére du Vendredi quatre cens quatre-ving-cinq Mosquées, dont sept sont nommées Impériales, parce qu'elles ont été bâties par des Empereurs Turcs à grands fraix. Toutes ces Mosquées ont des Revenus très-considérables. Il y a de plus dans chaque Quartier des Endroits particuliers, appellez *Meschites* ou Mosquées ordinaires, pour la Priére, outre celle du Vendredi. On en compte quatre mille quatre cens quatre-vingt-quinze, fréquentées uniquement par les Turcs. Les *Inarets*, espéces d'Hôpitaux, où l'on donne à manger aux Pauvres, selon l'ordre prescrit par les Fondateurs, sont au nombre de cens, & il y a cinq cens quinze Ecoles publiques. Les Turcs sont au reste fort charitables envers les Etrangers, de quelque Religion qu'ils soient. Les plus commodes d'entre ceux qui demeurent dans les Villages, proche des grands Chemins, vont se promener avant Midi & vers le Soir, pour découvrir s'il ne paroît point de Passager. En trouvent-ils quelqu'un, ils l'invitent à loger chez eux, & même ils disputent souvent à qui le recevra.

L'Etude fait une de leurs principales occupacupations, & c'est sans raison que la plûpart des Chrétiens les accusent de ne savoir pas lire, & d'entendre à peine l'Alcoran. Il n'y a pas un Savant parmi eux, qui ne sache à fond ces trois Langues, le Turc, le Persan, & l'Arabe; la Langue Turque est un composé des deux autres. On étudie premiérement dans les Ecoles les Elémens de leur fausse Religion; on s'y instruit des matiéres de la Foi & on s'y forme le Jugement. Ceux qui veulent ensuite faire des Progrès dans les Belles-Lettres, s'exercent continuellement à bien écrire en Prose & en Vers & écrivent ensuite leurs Histoires avec beaucoup d'esprit, & avec une scrupuleuse exactitude, s'attachant à détailler jusqu'aux moindres circonstances. Ils appliquent beaucoup à la Logique, & à toutes les autres Parties de l'ancienne Philosophie, & sur-tout à la Médecine. L'*Alcoran* ne leur défend que les Dissections anatomiques, dans la croyance que l'Ame ne sort pas entiére en un instant du Corps d'un Mahométan. Elle passe selon eux de membre en membre jusqu'à la Poitrine, d'où enfin elle l'abandonne, & par conséquent, disent-ils, en disséquant un Corps, on tourmenteroit le Patient.

L'Alchymie leur plaît infiniment; ils composent leurs Remedes suivant les anciennes Recettes d'*Avicenne* & de *Dioscoride*, & ont quelque connoissance de la Botanique. Ils s'appliquent beaucoup à la Géométrie, à l'Astronomie, à la Géographie & à la Morale. Ils ne font point à la vérité imprimer leurs Ouvrages; mais ce n'est pas, comme on le croit communément, parce que l'Imprimerie leur est défendue, ou que leurs Ouvrages ne méritent pas l'impression. Ils ne veulent pas empêcher les Copistes, qui dans la seule Ville de Constantinople sont à-peu-près au nombre de quatre-vingt-dix mille, de gagner leur vie; & c'est ce que les Turcs ont dit eux-mêmes aux Chrétiens & aux Juifs, qui vouloient l'Imprimerie dans l'Empire, pour en faire leur profit.

Cet Empire aussi vaste, que l'est celui des Turcs, n'est parvenu, & ne se maintient à ce point de grandeur, que par des moyens bien assûrez & seuls capables de contribuer à son établissement & à son accroissement. On peut dire même, qu'il n'y a point de Gouvernement dans l'Univers qui ait ses Registres aussi exacts en tout ce qui peut concerner les Traitez avec les Puissances Etrangéres, de quelle nature qu'elles puissent être, au sujet des Domaines, du Cérémonial & de ce qu'on y observe, de l'Expédition des Ordres, des Arrêts, des Officiers actuellement à son service, & enfin de tout ce qui regarde les Finances. Ce qu'on vient de rapporter paroît suffisant pour détruire les faux préjugez qu'on pourroit avoir, & pour faire voir jusqu'où cette Nation pousse les Belles-Lettres. Si les Turcs sont fort louables en cela; ils sont d'ailleurs pleins de défauts. Le Luxe, en général si commun à tous les Orientaux, est porté chez eux jusqu'à l'excès. Que ce soit par l'influence de l'Air, par un principe d'Education, ou par une Inclination naturelle, il est certain que personne ne les surpasse en faste. Prennent-ils possession d'une Charge que la Faveur leur a fait obtenir, ou que quelque belle Action leur a procurée? On leur voit aussi-tôt un certain air de gravité & d'autorité, qui les fait paroître ou être nés, ou avoir vieilli dans les Emplois. Ont-ils quelque heureux succès? Leur Orgueil monte à son dernier période; ils se moquent de toutes les autres Nations, & disent que la Terre est trop bornée pour étendre leurs Conquêtes. Ont-ils au contraire quelque échec? Ils ne paroissent pas seulement mortifiez; mais même entiérement abbattus. Si l'événement n'avoit pas fait connoître jusqu'où va leur consternation, on auroit de la peine à se l'imaginer. Lorsqu'après leurs disgraces, ils voient une lueur de fortune, & qu'ils peuvent espérer un meilleur Sort, ils reprennent leur première hauteur, & elle devient même plus insupportable qu'auparavant. Leur constance à supporter, chacun en son particulier, les revers de la Fortune est sans exemple parmi toute autre Nation. Si celui qui étoit hier Visir se trouve aujourd'hui privé de sa Charge & de son autorité; s'il est réduit à n'avoir que deux ou trois Domestiques, il regarde sa disgrace avec une indifférence extraordinaire, & n'attribue son malheur qu'à la volonté de Dieu, & à son mauvais destin. Que s'il rentre dans son premier Poste, ce qui arrive très-souvent, il reprend aussi-tôt son ancien faste, comme s'il n'avoit jamais essuyé aucune disgrace. Les Turcs sont fort adonnés aux femmes; mais cela ne les empêche point de s'appliquer à leurs Affaires; & ils ne perdent pas leur tems à de folles amours. Ils ont ce qu'ils peuvent desirer chez eux, & loin de faire la cour au Sexe, ils lui commandent en maîtres. L'intérêt est une passion que les Turcs ont fort à cœur; les uns brûlent d'envie d'amasser & de jouir de beaucoup de Biens; d'autres ont l'ambition de vouloir donner des Festins, & satisfaire à leur luxe & à leur lubricité. Cela les oblige à faire des dépenses excessives, pour avoir un grand nombre de femmes chez eux. L'Avarice est cause qu'il y a des Tresors immenses en Argent & en Joyaux cachés à Constantinople; ils appartiennent à des Ministres, à des Bachas, & à des Marchands, qui, quoi qu'accablés de maux, espérant de vivre encore longtems, meurent cependant sans en donner connoissance à leurs héritiers. Leur défiance va même si loin, qu'ils sont en garde contre leurs propres enfans. La dissimulation leur est presque naturelle; ils trouvent facilement le moyen de se défaire d'une personne qui leur est suspecte, soit par le fer, soit par le poison. Ils ne s'ouvrent jamais à qui que ce soit, & ne font paroître aucun ressentiment, afin qu'on ne puisse pas deviner leurs intentions. S'ils sont menteurs, ils ne peuvent souffrir le mensonge chez les autres. On les voit rarement rire; leur conversation est très-sérieuse; ils sont fort laconiques en traitant de leurs Affaires, & veulent qu'on s'explique avec eux en peu de mots. Ils sont encore très-artificieux, & s'expriment toujours problématiquement, soit de vive voix, soit par écrit, afin de laisser matiére à de nouvelles contestations. Lorsque leur Commerce ne regarde point la Cour, ils sont fort hon-

honnêtes & se contentent d'un profit médiocre. Ils sont religieux dans leur Parole, & s'ils jurent qu'une chose vaut tant, ce seroit un affront pour eux de les convaincre du contraire; mais pour ce qui est des Gens de Cour, la franchise leur est encore inconnue. Ils s'attachent facilement à la moindre apparence de Promesse, quand même elle auroit été faite par manière de parler; &, si la chose est à leur avantage, ils font tenir parole au tems échu, comme d'une Promesse effective. Les belles paroles, dont ils usent dans les Affaires contre leur naturel, sont plus à craindre que les mauvaises. Ils employent ces dernières pour observer le maintien de celui avec qui ils traitent, avant que de passer aux premières, qu'ils avoient dessein de donner pour la conclusion d'une Affaire. Il n'y a point de Nation qui se laisse plus facilement éblouïr par l'espérance d'un changement favorable que les Turcs. Aussi traitent-ils de quelque chose qui leur seroit préjudiciable en tenant leur parole, si le délai peut la faire tourner à leur avantage, ils se dédisent sans façon. Ils veulent bien un nom fameux; mais ils ne le cherchent pas parmi les Chrétiens; ainsi ils ne se font point de scrupule de leur manquer de parole. Rien n'est plus difficile, que de leur faire conclure un Traité de Paix qui fasse mention de leurs Disgraces, ou ou les oblige à céder quelques Places. Il sera toujours plus aisé de leur faire la Guerre, que de conclurre avec eux une Paix sujette à mille dédits; ou si elle est conclue, on ne pourra guère se garantir de quelque tour de leur part. S'il manque quelque chose à l'exécution; comme, par exemple, le Réglement des Limites, l'Echange ou la Démolition des Places, ils tâcheront toujours d'en empêcher la fin, pour qu'ils puissent avec le tems trouver un prétexte de recommencer la Guerre. Si les Puissances Chrétiennes terminent aisément avec les Turcs mille petits Différends qui peuvent arriver chaque jour, elles ne doivent pas pour cela s'imaginer, qu'ils en ont perdu la mémoire; au contraire, qu'elles pensent, qu'ils s'en souviendront en tems & lieu. L'opinion commune est que les Turcs font tout pour de l'argent: on se trompe; quelque avares qu'ils puissent être, on n'achete pas d'eux les services d'une grande importance, & leur offrir en ce cas de l'argent, c'est non-seulement les rendre plus insolens, mais encore soupçonneux. Un Ministre, qui voudroit à la Porte Ottomanne se servir de cette voye pour réussir dans ses Négociations n'y avanceroit pas trop; cependant, si on veut le rendre les choses faciles, il n'y a qu'à leur faire quelque petit Present, dont ils se contentent.

b Chap. 8. La Monnoie particuliére de l'Empire *b* commença de paroître l'An de l'Hégire 65. Abdilmelik, Roi de Damas, fut le premier de tous les Mahométans qui fit battre Monnoie: on ne se servoit auparavant que de Monnoies étrangéres. La Monnoie est de trois sortes de Métaux, d'Or, d'Argent & de Cuivre. Elle n'a point d'autre marque que certains Caractères qui désignent le nom du Sultan régnant, de son Pere, & quelques mots à sa louange, ou un Passage de l'Alcoran. La grande vénération que les Turcs ont pour le Grand-Seigneur est cause qu'on ne met point son Effigie sur la Monnoye. Cependant cette vénération n'empêche pas que dans certaines occasions ils ne le maltraitent & ne le fassent même étrangler. Ils ont un si profond respect pour le Portrait du Sultan, qu'ils le placent immédiatement après celui de leur Prophète; & jugent qu'il ne convient pas de le voir sur la Monnoie, à cause qu'elle passe pas les mains de tout le monde. Les Villes, où l'on bat ordinairement Monnoie, sont

Le Grand Caire,   Alep,
Constantinople,   Bagri-Serai.

Les Turcs *b* & toutes les autres Nations qui *b* Chap. 10. leur sont soumises, & qui habitent dans leur Empire, s'appliquent au Commerce, & ils y sont fort entendus. Le Gouvernement leur donne toute la protection nécessaire, & ne charge point les Marchandises de droits exorbitans. Il prend même soin qu'il y ait des Ponts dans les grands Chemins, où il en est besoin, & sur-tout qu'ils soient libres. Cependant cette commission qui est donnée à des Officiers Militaires très-éloignez, & en particulier à ceux du Département d'Asie, est mal exécutée, & il se commet très-fréquemment des vols. La Turquie fournit quantité de Soie, de Laine, de Poil de Chevre & de Chameau, de Coton brut & filé, de Lin, de Cire, d'huile de Séné, de Bétail, de Cendres de toute sorte de bois pour les Manufactures & de bois même pour la construction des Bâtimens. Tout cela se trouve en si grande abondance, que la provision que chacun en fait en son particulier, on en remet aux autres Nations, non-seulement jusqu'à la concurrence des sommes qu'il faut dépenser pour avoir les denrées dont on a besoin & qui ne croissent point dans le Pays; mais même on en vend une assez grosse quantité argent comptant. La situation de l'Empire, qui du côté de l'Asie confine avec la Perse & l'Arabie Heureuse, est fort avantageuse au Commerce. Les Turcs tirent de ces Pays-là beaucoup de Marchandises: ils les apportent dans les Ports de l'Archipel, & delà les distribuent aux autres Nations de l'Europe, après qu'ils en ont rempli leurs Magasins. Ces Marchandises sont d'un côté des Soies, des Toiles de Perse & des Indes; des Draps d'or, des Pierreries & des Drogues Médicinales; de l'autre ce sont toutes sortes de Parfums, du Baume, du Caffé, qu'ils font venir de l'Arabie Heureuse par la Mer Rouge. Avant que les Hollandois se rendissent maîtres des Isles des Epiceries, toute l'Europe alloit faire ses provisions au Caire en Egypte. A ce premier Commerce il faut ajouter les Manufactures, quoiqu'elles soient presque pour les seuls Habitans; à moins que la mode n'en introduise l'usage en Europe. Ces Manufactures sont les Tanneries, les Pelleteries pour toutes sortes d'usage & les Chagrins qu'on fait passer en Europe. La Teinture, soit pour les soies, soit pour les laines, soit même pour les peaux, y est dans sa derniere perfection, sur-tout pour l'éclat & la durée des couleurs. C'est de ces laines dont ils

ils font leurs tapisseries, & s'ils avoient des desseins bien entendus, on ne pourroit rien voir au monde de plus beau que ces sortes d'ouvrages. On y a introduit depuis peu des Fabriques de Tafetas, par le moyen desquelles les Turcs consomment maintenant leurs soies. Ils font aussi d'autres étoffes sur des desseins conformes à leur goût, de même que du Brocard d'or & d'argent, principalement à Chio. Quoiqu'il y ait peu de fourrures dans le Pays ; car on les tire du Nord, sur-tout de la Moscovie où elles font une grande partie du Commerce, on ne laisse pas de les y parer en perfection. L'Italie ne leur fournit guère que des marchandises tirées des Manufactures de Venise ; savoir des Draps d'or & de laine, du Papier & des Verres. Les François leur apportent toutes sortes d'Etoffes de laine, du Papier & de la Mercerie. Les Hollandois leur fournissent aussi des Etoffes de laine, des Epiceries & leur Monnoie. Les Anglois leur apportent des Etoffes de laine, du Plomb & de l'Etaim. Les Turcs tirent de l'Allemagne du Laiton, du Clinquant & de toutes sortes de Merceries. Enfin la Russie leur fournit toutes sortes de fourrures. Les Marchandises que les Nations Européennes fournissent aux Turcs ne sont point d'un assez grand prix pour pouvoir être échangées avec les leurs ; aussi sont-elles obligées de donner du retour en argent comptant & même assez considérablement. De-là vient que les Turcs tirent de grosses sommes d'argent de la Chrétienté ; & quoiqu'ils employent une grande quantité de Plomb & d'Etaim d'Angleterre, les Anglois qui ont ces Métaux en plus grande abondance que toutes les autres Nations, conviennent cependant qu'ils sont encore obligez de leur donner bien du comptant, & même beaucoup plus que les autres pour les Marchandises qu'ils prennent d'eux, attendu qu'il ne vient point de soie en Angleterre. Ces Marchandises sont des soies, du poil de chévre & de chameau, & du cotton dont ils ne peuvent se passer pour leurs Manufactures, dont les ouvrages ont par-tout un grand débit. Ce Commerce de Turquie leur apporte de si grands avantages, tant pour le voisinage que pour la commodité d'y négocier, puisque les Vaisseaux y vont & en reviennent deux fois par an, qu'on peut dire qu'il est plus considérable que celui qu'ils font dans toutes les autres Parties du Monde. D'ailleurs ces Manufactures auxquelles ils employent les pauvres gens font la maxime fondamentale du Gouvernement. Les Hollandois y ont affoibli le commerce de leurs Etoffes de laine, parce qu'ils ont recours aux Manufactures de France & d'Angleterre. Les François ont besoin des mêmes marchandises que les Anglois achetent des Turcs, nonobstant leurs Manufactures de draps & autres étoffes. Ils font leur grande provision de Caffé en Egypte & le font transporter sur la Mer Rouge. Ce Caffé est bien meilleur que celui qu'on tire des autres lieux où il croît, parce qu'en restant trop sur Mer il perd beaucoup de sa qualité en comparaison de celui que l'on embarque en Egypte, & qu'on apporte des Ports de la Mer Rouge, qui reste peu de tems sur la Mer. D'ailleurs ils dépensent de grandes sommes en Turquie pour avoir du Bled, lorsqu'il se trouve cher en France. Ils en dépensent encore beaucoup pour avoir des Huiles communes qu'on employe dans les Manufactures d'étoffes de laine & pour des cendres qui sont aussi nécessaires dans les Manufactures, pour du Séné & de la Cire. Tout cela ensemble rapporte aux Turcs des sommes très-considérables. Les Vénitiens y achetent aussi toutes ces différentes sortes de marchandises, & encore une grande quantité de Bétail en vie qu'on prend en Dalmatie, & qu'on apporte à Venise où la plus grande partie de la viande de Boucherie vient de Turquie. Les Pierreries font aussi devenues une sorte de marchandise. Les Arméniens en font le premier trafic. Ils les tirent de cette partie de la Perse qui confine aux Etats du Mogol, & les portent dans les différens Ports de l'Asie, où ils embarquent les plus belles pour l'Europe & laissent les moins parfaites pour Constantinople, où on n'étoit autrefois curieux que de la grosseur. Cependant les Chrétiens ont mis les Turcs dans le goût des Pierreries de belle eau. La Porte ayant reconnu l'avantage qu'il y avoit à tirer tant d'argent des Nations de l'Europe a tâché de faciliter le commerce de ses Sujets avec ces Nations. Dans cette vûe elle a accordé des priviléges par les Traitez qu'elle a faits avec leurs Souverains, qui depuis tiennent des Ambassadeurs à Constantinople pour veiller à l'observation de leur contenu. Ces Ambassadeurs ont sous eux des Consuls de leur Nation dans les Echelles, principalement de l'Asie, & depuis le Caire jusqu'à Alep, aussi-bien dans les Villes Méditerrannées que dans les Ports de Mer, comme à Smyrne, à Tripoli de Sourie, à Saïde, à Aléxandrie & autres. Les droits d'entrée pour les Marchandises d'Europe sont fort petits : ils n'excédent point les trois pour cent. Lorsqu'ils sont une fois payez on peut envoyer les Marchandises de quelque nature qu'elles soient, dans toute l'étendue de l'Empire, & on n'est plus obligé qu'à de petites Sommes en certains endroits, où l'on demande la reconnoissance de la Douane dans laquelle les droits ont été acquitez. La Porte veut par-là faciliter de plus en plus l'entrée de l'argent qui vient dans l'Empire & qui passe par les mains des Turcs de tout état & des Chrétiens de toute Nation. En effet lorsqu'elle n'empêche pas la levée des Grains & des Huiles, les Provinces maritimes amassent de grandes Sommes soit en Risdales de Hollande, soit en Sequins de Venise, ou autres semblables espèces. Le Trefor de Constantinople se remplit par-là fort facilement des contributions des Sujets, & la Porte trouveroit encore bien d'autres moyens de l'augmenter, si la Politique ne demandoit qu'elle ménage ses Sujets Chrétiens. Elle craint qu'ils ne viennent à reconnoître leurs forces & la foiblesse des Turcs ; & que se trouvant dans l'oppression ils ne viennent à secouer un joug si pesant qui les exclud de tous les Emplois de l'Empire.

La sévérité, la violence & la cruauté sont naturelles au Gouvernement politique des Turcs.

a Ricaut, Etat présent de l'Empire Ottoman, L. I. ch. I.

Turcs *a*. Ils ont commencé à l'établir pendant la guerre; car lorsqu'ils sortirent la première fois de Scythie, & prirent les armes pour se soumettre à un Général, il y a bien de l'apparence qu'ils n'avoient que des Loix arbitraires & martiales, comme les plus propres à l'exécution de leurs entreprises; & ce Peuple ne s'étant presque jamais occupé qu'à la guerre, il n'est pas étonnant si ses Loix sont sévéres, & si pour la plûpart elles dépendent de la volonté de ceux qui commandent. On ne doit pas s'étonner non plus de voir que leur Empereur soit absolu & au-dessus des Loix, & que la plûpart de leurs coutumes s'écoulent par un Canal proportionné à la grandeur du Prince & à sa Puissance sans limites. De là résulte l'oppression des Peuples & leur servitude. Mais cela n'empêche pas qu'ils ne se trouvent heureux dans leur Esclavage, parce qu'ils y sont accoutumez. Toute l'étendue du vaste Empire de la Turquie appartient en propre au Grand-Seigneur. Il est le Maître absolu *b* des Terres & des Maisons aussi-bien que des Châteaux & des Armes; de sorte qu'il en peut disposer comme il lui plaît. Il n'y a que les Terres destinées à des usages religieux qui ne lui appartiennent point. Cela s'observe si exactement que quand un Bacha meurt, après même avoir été convaincu de crime de léze Majesté, s'il donne des Terres ou des Rentes à une Mosquée, quelque considérable que puisse être cette donation, elle ne laisse pas d'être valable, il n'est plus au pouvoir du Grand-Seigneur d'en disposer. Les Terres appartenant ainsi de droit au Sultan, les conquêtes n'en furent pas plutôt assurées qu'il fit le partage des Maisons & des Métairies entre les Soldats, pour les récompenser de leurs travaux & de leurs peines. Ils appellent ces récompenses TIMARS; & ceux qui les obtiennent sont obligez, à proportion du revenu qu'ils ont, d'entretenir des hommes & des chevaux, pour être prêts en tout tems à servir le Grand-Seigneur à la guerre par-tout où il voudra les envoyer. Par ce moyen tout le Pays étant entre les mains des Soldats, les Places sont mieux gardées, & les Peuples subjuguez sont plus aisément retenus dans le devoir. La Puissance absolue de ce Monarque se fait encore mieux remarquer par les titres qu'il se donne; *de Dieu en terre*, *d'ombre de Dieu*, *de frere du Soleil & de la Lune*, *de distributeur des Couronnes du Monde & autres*. Il est vrai qu'assez souvent il consulte le Mufti par forme pour s'accommoder à la coutume; mais lorsque les Sentences de ce Pontife ne s'accordent pas avec les desseins du Prince, il le prive de son Pontificat, & donne cette Charge à un autre, qui fait mieux faire répondre ses oracles aux intentions de son Maître. Toutes les fois qu'il y a un nouvel Empereur, on le conduit avec pompe à un endroit des Fauxbourgs de Constantinople, appelé Job, où l'on voit un Sépulcre ancien d'un prétendu Saint de leur Religion. On y fait des priéres solemnelles pour demander à Dieu qu'il veuille fortifier le nouveau Sultan, & le remplir de la sagesse qui lui est

b Chap. 2.

nécessaire pour exercer une charge si importante. Alors le Mufti l'embrasse, & après lui avoir donné sa Bénédiction, le Grand-Seigneur promet & jure solemnellement de défendre la Religion des Musulmans & les Loix du Prophéte Mahomet. Aussi-tôt les Visirs du Banc & les Bachas font une profonde inclination, & ayant baisé la terre & le bas de sa veste avec un respect extraordinaire, ils le reconnoissent pour leur véritable Empereur.

Le premier Visir *c* est appelé par les Turcs *Visir-Azem; Vizir*, ou *Vezir*, est un mot Arabe qui signifie un Conseiller, un homme qui administre les affaires de la République ou de l'Empire, au premier Ministre d'Etat, comme qui diroit celui qui porte le faix de toutes les affaires; car *Vazar*, ou *Vezar*, signifie *Porter*, & *Azem* est le Comparatif & le Superlatif tout ensemble du mot Arabe *Adim* ou *Azim*, qui veut dire *Grand*, & *Adem*, ou *Azem* signifie *très-grand*. On l'appelle quelquefois le Lieutenant du Grand-Seigneur, ou le Vicaire de l'Empire, parce que toute l'autorité du Sultan lui est communiquée. On n'observe point, je crois, d'autre solemnité pour le créer Grand-Vizir que de lui mettre entre les mains le Sceau du Prince qu'il porte toujours dans son sein. Il vit avec un éclat qui répond à la grandeur du Maître qu'il représente. Il a ordinairement dans sa Cour deux mille Officiers ou Domestiques. Quand il paroît dans quelque Solemnité publique, il porte sur le devant de son Turban deux aigrettes enchâssées dans des bases toutes couvertes de Diamans & autres pierres de grand prix, à peu près aussi riches que celles du Grand-Seigneur, si ce n'est que le Sultan en porte trois. On porte au devant du Grand-Vizir trois Queues de cheval attachées chacune au haut d'un long Bâton, où il y a un Bouton d'or qui brille au-dessus. Il n'y a que trois Bachas qui ayent le Privilège de se servir de cette marque d'honneur dans l'étendue de leur Gouvernement; savoir le Bacha de Babylone, celui du Grand-Caire & celui de Bude. Les autres ne peuvent faire porter qu'une seule queue de cheval. Ces trois Bachas dont il vient d'être parlé ont aussi le Privilège d'être Vizir du Banc, & peuvent prendre séance dans le Divan, lorsque le tems de leur Charge est expiré, & qu'ils ne sont pas mal avec la Cour.

c Chap. 11.

Outre le premier Vizir, il y en a six autres que l'on appelle ordinairement les Vizirs du Banc. Ils n'ont aucune autorité ni aucun pouvoir dans le Gouvernement de l'Empire. Ce sont des personnes graves qui ont exercé quelque charge & qui sont savans dans les Loix. Ils ont leur séance avant le premier Vizir dans le Divan ou Conseil lorsqu'on examine les procès; mais ils ne parlent point & ne peuvent dire leurs avis sur aucune chose s'il ne plaît au Grand-Vizir de leur demander ce qu'ils en pensent; ce qui lui arrive rarement & seulement lorsqu'il s'agit de quelque chose qui regarde la Loi; car il affecte de décider tout lui-même. Ces Vizirs ont des gages qui leur sont payez du Tresor du Grand-Seigneur; mais ces gages ne passent pas deux mille écus par an. Chacun de ces six Vizirs a le pouvoir d'écrire le nom du Grand-Seigneur au haut des Ordonnances & des Commandemens qui viennent de sa part. Ils ne sont pas sujets aux révolutions & aux changemens de fortune; parce que leurs richesses ne sont pas excessives, & que leurs Charges ne les obligent pas à se mêler des affaires dangereuses de l'Etat. Quand il faut néanmoins délibérer sur quelque affaire de grande importance, on les admet dans le Conseil du Cabinet, avec le premier Vizir, le Mufti, & les *Cadilesquers*, c'est-à-dire les Chefs de la Justice. La place de Grand Vizir est tout autrement scabreuse. Plus elle est considérable, plus elle est exposée à la jalousie. On a vû quantité de personnes sans mérite qui ont été élevez à la dignité de Grand-Visir, sans avoir passé par les degrez ordinaires, qui y conduisent les autres, & qui de même en ont été précipitez aussi vîte pour servir de victimes à la rage des peuples. Quelques-uns n'ont possédé cette Charge qu'un jour ou deux, d'autres un mois, d'autres un an, & quelques autres plus fortunez deux ou trois ans. La plûpart de ceux qui ont vécu dans cette Charge le plus long-tems, ont à la fin servi de jouet à l'inconstance & au caprice de la Fortune; soit que le Prince prenne plaisir à les élever & à les abaisser pour faire voir sa puissance, soit qu'après avoir exercé sa libéralité avec profusion, il commence à se lasser de ses bienfaits. Il n'arrive pas néanmoins toujours que le Grand-Visir en perdant sa Charge perde la vie; assez souvent on lui permet de se retirer doucement pour joüir en repos de quelque Gouvernement de Bacha; ce qui arrive principalement lorsqu'on ne le croit pas d'humeur à se vanger de ceux qui ont contribué à sa chûte, & qu'on ne le trouve pas assez courageux, ni assez populaire pour être capable d'exciter quelques troubles.

Outre le Vizir Azem ou le Grand-Vizir, il y a divers Beglerbegs, que l'on peut assez bien comparer aux Archiducs de quelques endroits de la Chrétienté. Ils ont sous leur Jurisdiction divers Sangiacs ou Gouvernemens, & des Begs, des Agas, & plusieurs autres Officiers. Le Sultan donne, pour marque d'honneur, à chacun de ces Beglerbegs, trois Enseignes que les Turcs appellent *Tug*. Ce sont des Bâtons au haut desquels il y a une queuë de cheval attachée, & un Bouton d'or par dessus. Cela les distingue d'avec les Bachas, qui n'ont que deux de ces Enseignes, & d'avec les Sangiacs qui portent aussi le nom de Bachas, mais qui n'en ont qu'une. Lorsqu'on éleve quelqu'un à la Charge de Bacha, on ne se sert point d'autre cérémonie que de faire porter devant lui une Enseigne, & de le faire accompagner au son des Instrumens & des chansons par le *Mirialem*, qui est un Officier qui ne sert qu'à cela. Les Gouvernemens des Beglerbegs, qui ont sous eux diverses Provinces nommées Sangiacs, sont de deux sortes. Les premiers sont appellez *Hasile Beglerbeglic*, dont le Beglerbeg a un certain revenu assigné sur les Villes, sur les Bourgs, & sur les Villages qui relevent de son Gouvernement. Les seconds sont appellez *Saliane Beglerbeglic*, & ont pour appointement une certaine rente qui est levée par les Officiers du Grand-Seigneur avec le revenu de tout le Gouvernement, sur quoi on paye aussi les Sangiacbeglers ou Seigneurs de diverses Comtez, Provinces ou Villes, aussi-bien que la Milice du Pays. On compte vingt deux Beglerbegs de la première sorte, c'est-à-dire qui ont leur revenu assigné sur leur Gouvernement, & qui le font lever par leurs propres Officiers en vertu de la commission qu'ils en ont reçuë. Le premier est celui de la Natolie, qui étoit autrefois appellée l'Asie Mineure, & qui a pris ensuite le nom de Natolie ou d'Anatolie, à cause qu'elle est située à l'Orient de la Grece, car ἀνατολὴ, *Anatolé* ou *Anatoli* en Grec signifie l'Orient. Le revenu de ce Beglerbeg, comme il paroît par le Registre du Grand Seigneur qu'on appelle le vieux Canon, est d'un million d'Aspres tous les ans. Il a quatorze Sangiacs sous sa Jurisdiction : sçavoir Kiotahi, où le Beglerbeg fait sa résidence dans la Grande Phrygie, Sarahan, Aidin, Castamoni, Hudanendighiar, Boli, Mentesche, Angora autrement Ancyre; Cara-Hisar, Tekeïli, Kiangri, Hamid, Sultan-Ughi, Caressi; il y a outre cela vingt-neuf Châteaux qui dépendent de ce Gouvernement.

Le deuxième est celui de Caramanie qui étoit autrefois appellée Cilicie. Cette Province appartenoit aux Princes Caramaniens, & se fut la dernière qui se défendit, pendant que toutes les autres se soumettoient aux armes des Ottomans. Le revenu de ce Beglerbeg est de six cens soixante mille soixante & quatorze Aspres. Il a sous sa Jurisdiction sept Sangiacs, qui sont Iconium, en Cappadoce, où il fait sa demeure, Nigkde, Caisani autrement Cesanca, Jenischehri; Kyrschehri, Akschehri, Ak-Serai. Il y a trois Châteaux dans cette Principauté, un à Iconium, un à Larende, & un à Mendui, qui relevent immédiatement du Bacha, & dix-sept autres dans de différens Sangiacs.

Le troisième est celui de Diarbekir, autrement Mésopotamie. Il a un million deux cens mille six cens soixante Aspres de revenu, & dix-neuf Sangiacs sous sa Jurisdiction, avec cinq autres Gouvernemens qui s'appellent Hukinmet en Turc. De ces 19. Sangiacs il y en a onze qui appartiennent en propre aux Empereurs Ottomans, les huit autres sont des Provinces des Curdes, ou des Peuples qu'on appelle Curts ; car lorsque le Pays des Curdes fut conquis, on le divisa en Sangiacs; mais avec cette différence, que les enfans succédent à leurs Peres & héritent de leurs biens, & même de quelques petits Gouvernemens. Mais dans les autres Sangiacs, où Timars, ceux qui les possédent payent une redevance au Grand-Seigneur, & tiennent leurs Terres à condition de servir, avec un certain nombre de Cavaliers, ou de Piétons, & de suivre leurs Commandans à la guerre toutes les fois qu'ils y sont appellez par l'ordre du du Grand-Seigneur. Ceux qui sont enregistrez en qualité de Hukinmet, n'ont point de Timariots, ou de Seigneurs qui leur commandent, ils ne payent point de redevances ni d'Impôts, & sont Maîtres absolus de leurs Terres. Les Sangiacs qui appartiennent en propre au Grand-Seigneur sont Ettarpurt, Ezani, Nizibin, Sivrek, Chatengif, Tchemischekrek, Seared, Mufarkin, Akthié, Kala, Habur, Sangiar autrement Diarbekir, qui est la demeure du Beglerbeg. Les Sangiacs héréditaires sont Sagman, Kulab, Mechrani, Tergil, Atak, Pertek, Tihifakichur, Tchirmek.

Le quatrième est celui de Scham ou de Damas. Son revenu est d'un million d'Aspres. Il a sous lui sept Sangiacs avec Has, dont les contributions sont levées par les Officiers du Beglerbeg; savoir Cadsscherif autrement Jérasadem, Gaza, Sifadi, Nabolos, autrement Naples de Syrie, Aglan, Bahura, & Damas, qui sert de demeure au Beglerbeg. Il y a trois autres Sangiacs qui sont avec Saliane, pour lesquels il est payé par les Officiers du Sultan, savoir Cadmar, Seida, Beru, Kiurk, & Schubek, où il n'y a point de Timariots, mais où les Habitans sont Maîtres de leurs biens, de même que les Curdes. Les Châteaux sont démolis pour la plûpart, & ne méritent pas qu'on en parle.

Le cinquième est celui de Sivas, qui est une Ville de la Grande Arménie, il a neuf cens mille Aspres de revenu, & il y a six Sangiacs sous sa Jurisdiction; savoir Amasie, Tchurum, Buradic, Demurki, Gianic, Arebkir, & dix-neuf Châteaux.

Le sixième est celui d'Erzerum, sur les Frontiéres de Georgie; il a un million deux cens mille six cens soixante Aspres de revenu, & onze Sangiacs sous son Gouvernement, qui sont Cara-Hisar, Scharki, Kicifi, Pasin, Esber, Hanes, Tecman, Tortum, Meyen-Kerd, Mameruan, Kyzutchan, Melaz-Kerd; avec treize Châteaux.

Le septième est le Beglerbeg de Van, qui est une Ville de Médie, il y a un million cent trente deux mille deux cens neuf Aspres de revenu, & quatorze Sangiacs sous sa Jurisdiction, savoir Adilgivar, Ergisch, Musch, Barkiri, Kiarkian, Kisari, Espaird, Agakis, Ecrad, Benikutur, Calaibaierid, Berdeâ, & Edegic.

Le huitième est le Bacha de Tchildir, sur les Frontiéres de Georgie. Il a neuf cens vingt mille Aspres de revenu, & sous lui ces neuf Sangiacs: Olti, Hartus, Ardnug, Erdehamburec, Hagrec, Pusenhaf ou Pusenhal, Machgil, Igiare, Penbec-Perterec.

Le neuvième est le Bacha de Scheherezul, en Assyrie, qui a un million d'Aspres de revenu, & vingt Sangiacs sous lui; savoir Surutchuc, Erbel, Kiusschaf, Schehribazar, Chabkiule, Gebihamrin, Hezurd-Merd, Dulchuran, Mergbiave, Haninudevin, Agiur, Neitutari, Sepenzengire, Ebruvan, Tanudan, Badeberend, Belcas, Vicheni, Garikalo, Renghene.

Le dixième est le Bacha d'Alep ou Halep, il a huit cens dix-sept mille sept cens soixante & douze Aspres de revenu, & a sous lui sept Sangiacs avec Has, & deux avec Saliane. Les premiers sont Adana, Ekrad, Kelis, Beregec, Mearre, Gazir, Balis. Les autres sont Matic & Turkman qui est la Turcomanie. Le revenu de ces derniers est baillé à ferme, & on ne les appelle pas Sangiacs, mais Agaliks; parce qu'ils n'ont point de Timariots, & que chacun y est Maître de son bien. Il y a cinq Châteaux dans ce Gouvernement.

L'onzième est le Bacha de Marasch proche de l'Euphrate, entre la Mésopotamie & Alep, les Turcs l'appellent autrement Zulcadrie. Il a six cens vingt-huit mille quatre cens cinquante Aspres de revenu, & a sous lui quatre Sangiacs seulement, savoir Malatia, Asab, Cars, & Samsad, & quatre Châteaux.

Le douzième est le Beglerbeg de Kibros, autrement Chypre. Il y a de revenu cinq cens mille six cens cinquante Aspres, & sept Sangiacs sous lui; quatre avec Has qui sont Itchili, Tarsus, Alanie, Schis, & trois avec Saliane, qui sont Kenine, Bas-Mausa, Lescuscha ou Larnica, qui est la demeure du Bacha. Il y a aussi quatorze Châteaux sous lui.

Le treizième est le Beglerbeg de Tarabolos Scham, autrement Tripoli de Syrie. Il y a de revenu huit cens mille Aspres. Il fait sa demeure dans cette Ville-là, & a sous lui quatre Sangiacs; savoir Hams, Hama, Gemelé & Selemie. Il y a aussi un Château dans le Sangiac de Hams.

Le quatorzième est le Beglerbeg de Terbozan, autrement Trebizonde, qui est environné de tous côtez de hautes Montagnes, comme le représente le Poëte qui est né dans cette Ville-là dans ce vers:

Vertice montano Trapezus inclusa recessit.

Elle étoit autrefois le Siège Impérial des Comnènes, qui régnoient sur la Cappadoce, la Galatie, & une partie de Pont. Aléxis Comnène fut le premier qui y établit le Siège de l'Empire; car après que les Chrétiens d'Occident eurent pris Constantinople, il se retira à Trebizonde, & en fit le Siège de son Empire, qui dura jusqu'à ce que Mahomet le Grand la prit. Elle est située sur le Pont Euxin ou la Mer Noire. Elle a toujours été & est encore aujourd'hui une Place de grand Trafic. Ses plus grandes richesses consistent dans la Pêche, de laquelle, & de quelques autres droits, le Bacha tire tous les ans sept cens trente-quatre mille huit cens cinquante Aspres. Il n'y a point de Sangiacs dans ce Gouvernement; mais il y a huit Châteaux, qui servent de défense à la Ville & au Pays d'alentour.

Le quinzième est le Bacha de Cars, qui est une Ville proche d'Erzerum. Il a de revenu huit cens vingt mille six cens cinquante Aspres, & sous sa Jurisdiction six Sangiacs; savoir Erdehankiutchuc, Gingevan, Zaruschan, Ghegran, Cughizman, Pasin.

Le seizième est le Bacha de Musul, autrement Ninive dans l'Assyrie. Il a de revenu huit cens quatre-vingt & un mille cin-

cinquante-six Aspres, il y a cinq Sangiacs sous lui. Ce sont Bagivanlu, Tecrit, Zerbit, Eski Musul, ou vieille Ninive, & Hurun.

Le dix-septième est le Bacha de Rika. Il a de revenu six cens quatre-vingt mille Aspres, & a sous lui sept Sangiacs; savoir Ghemasche, Chabur, Dizirzebé, Benirabve, Seruc, Biregec, Ane.

Voilà tous les Gouvernemens de l'Asie, qui sont avec Has, passons à ceux de l'Europe.

Le dix-huitième est le Bacha de Rumelie, autrement Romanie, qui est le plus considérable Gouvernement des Turcs dans l'Europe. Il fournit au Bacha un million cent mille Aspres de revenu. Ce Bacha fait sa Résidence à Sofie, il a sous lui vingt-quatre Sangiacs, qui sont Kiostendil autrement Justiniana, Mora, autrement Morea, Skenderi, Tirhala, Silistra, Nigheboli, Uchri, Aulona, Jania, Ilbazan, Tchirmen, Salonica, Wise, Delvina, Uskiup, Kirkkelisa, Ducakin, Wedin, Alagehisar, Serzerin, Waltcharin, Bender, Akkerman, Ozi, Azak.

Le dix-neuvième est le Capoutan, ou Capitaine Bacha, ou comme les Turcs l'appellent, l'Amiral de la Mer Blanche. Il a de revenu huit cens quatre-vingt-cinq mille Aspres. C'est l'Amiral de la Flote du Grand-Seigneur: il commande par-tout où le pouvoir du Turc s'étend sur Mer: il a sous lui treize Sangiacs; savoir Gallipoli, où il réside, Egribuz autrement Négrepont, Karlieli, Ainebathi, Rhodes, Midillu ou Mitylénie, Kogia-bli, Berga, Sista, Mezestra, Sakis ou l'Isle de Chio, Beneksche ou Malvasia, quelques-uns ajoutent Nicomédie, Lemnos, & Nixia.

Le vingtième est le Bacha de Budun ou de Bude en Hongrie. Il a de revenu ..... & a sous lui vingt Sangiacs; savoir Agri, Canisia, Semendria, Petchui, Ustunubilgrad, ou Stuhlweissenburg, Ostrogon, ou Strigonium, Sekdin, Chatuan, Seernutum, Sirem, Cupan, Filek, Sckitwar, Setches, Setchre, Novigrad, Belgrade, ou AlbaRegalis.

Le vingt-unième est le Bacha de Temiswar en Hongrie. Il a de revenu ..... & a sous lui six Sangiacs. Ce sont Lipona, Tchanad, Ghiola, Mudava, Varadin, & Janova.

Le vingt-deuxième est le Bacha de Bosnie ou de Bossine en Hongrie, qui étoit auparavant divisée en Liburnie, & en Dalmatie, qu'on appelle aujourd'hui Sclavonie. Il a de revenu ..... & a sous lui huit Sangiacs, qui sont Hersch, Kelis, Ezdernik, Puzga, Feragine, Zagine, Kirka, Rahuige.

On pourroit encore trouver quelques autres Bachas, comme celui de Coffa, autrement Theodosia, dans la Chersonèse Taurique; mais parce qu'ils n'ont ni Sangiacs, ni Timars, ni Ziamets sous eux, mais seulement quelques pauvres Villages, on les passe sous silence.

Après avoir parlé des Bachas ou des Beglerbegs avec Has, ou qui ont un revenu assigné sur leurs propres Gouvernemens, & qui se leve par leurs propres Officiers, je fais mention de ceux qui sont avec Saliane, ou qui sont payez du Tresor du Grand-Seigneur.

1. Le Bacha du Grand Caire, que les Turcs appellent Misr. Il a de revenu six-cens mille Scherifs ou Sequins, par an, & les peut lever légitimement. C'est aussi le même tribut que ce Gouvernement-là paye au Grand-Seigneur, tous les ans, & qui est ordinairement porté par terre à Constantinople, sur des Chameaux, avec une Escorte de cinq cens hommes, pour ne point exposer ce Tresor au hazard d'être pris sur la Mer. On employe aussi une pareille somme de six cens mille Sequins tous les ans, pour le payement des Gens de guerre en Egypte. Le Bacha contraint les Habitans du Pays à lui payer des sommes prodigieuses, & il les exige avec une tyrannie & une avarice insupportables pendant les trois ans de son Gouvernement. Cela l'enrichit de telle sorte, qu'il est en état à son retour de faire couler un Fleuve d'or dans les Coffres du Grand-Seigneur. Il a seize Sangiacs sous lui; mais ils ne sont pas marquez dans les Registres du Sultan.

2. Le Bacha de Bagdad autrement Babylone. Il a de revenu un million sept cens mille Aspres & a sous lui vingt-deux Sangiacs; savoir Derten, Gezan, Gevazir, Renc, Aiadiie, Gelle, Semwat, Remaliie Bejare, Derne, Debare, Wasit, Gebkinle, Gedide, Kesend, Kafrschirin, Ghilan, Carag, Anne, Alsebah, Demurcapn, Deirberhiie, Caraniie.

3. Le Bacha d'Yemen, dans l'Arabie Heureuse. Il fait sa Résidence à Aden sur la Mer Rouge. Mais cette Place ayant été reprise par les Arabes, sur les Turcs, avec la plûpart du Pays, il n'est pas nécessaire de faire mention du revenu de ce Bacha, ni des Sangiacs qu'il avoit autrefois sous lui.

4. Le Bacha d'Habesch sur les Frontiéres des Abissins en Ethiopie. Les Turcs l'appellent autrement Hustzebit. Ce Gouvernement s'étendant fort loin dans les Terres du Prête-Jean, & étant fort éloigné du secours des Ottomans, il est tout-à-fait perdu pour le Turc; de sorte qu'il n'est plus question de son revenu ni de ses Sangiacs.

5. Le Bacha de Bosra sur les Frontiéres de Perse. C'est une Ville Maritime située sur le Golphe Persique, proche de Byblis en Phénicie. On comptoit autrefois six Sangiacs sous ce Gouvernement; mais le Turc ne le possède plus, & n'en retire point d'autre avantage que des priéres qu'on y fait continuellement pour le Sultan.

6. On compte six Sangiacs dans le Gouvernement de Labsa, sur les Frontiéres d'Ormus en Perse; savoir Aiwen, Sakul, Neguiie, Netif, Benderasir, Giriz; mais ces Lieux-là sont si pauvres qu'à peine sont-ils marquez sur les Registres du Grand-Seigneur. L'usage de ces Registres est de faire voir la grandeur & la puissance de l'Empire des Ottomans, qui contient un si grand nombre de Gouvernemens considérables. C'est ce qui excite les personnes généreuses, qui vivent sous la Domination du Grand-Seigneur, à se porter avec toute l'ardeur imaginable aux grandes entreprises, pour mériter la récompense que le Sultan leur peut donner, lorsqu'il lui plaît. Ce dénombrement peut aussi servir à faire

Hhhhh un

un compte exact des hommes que le Grand-Seigneur peut lever dans ses Etats, lorsqu'il a dessein de faire la guerre. Car chaque Bacha est obligé d'entretenir un Soldat pour chaque cinq mille Aspres de son revenu; mais assez souvent, soit par ostentation, soit pour gagner les bonnes graces du Sultan, ils en fournissent bien plus qu'ils ne sont obligez, & on a l'exemple, que le Beglerbeg de Romanie seul ait amené en tems de guerre dix mille hommes effectifs à l'Armée. Il y a cinq de ces Beglerbegs qui portent le titre de Vizirs, c'est-à-dire Conseillers. Ce sont le Bacha de Natolie, celui de Babylone, celui du Caire, celui de Romanie, & celui de Bude, qui sont les Gouvernemens les plus riches & les plus considérables de l'Empire. Les autres ont leur rang selon le tems qu'il y a, que les lieux de leurs Gouvernemens ont été conquis par les Turcs. Car la possession la plus ancienne fait aussi le plus honorable Gouvernement. Dans chacun de ces grands Gouvernemens il y a trois principaux Officiers, Le Mufti; le Reis Effendi, qu'on appelle autrement Reis Kitab, qui est Chancelier ou Secrétaire d'Etat, ou plutôt l'un & l'autre tout ensemble; & le Desterdar Bacha ou Grand-Tresorier. Ces trois Officiers sont les principaux Conseillers & les principaux Ministres des Bachas des Provinces; aussi-bien que du premier Vizir, mais avec cette différence que le Mufti, le Reis Effendi, & le Desterdar du premier Vizir sont autant au-dessus des autres, que l'Original est au-dessus de la copie.

J'ai parlé du Mufti à l'Article de la Religion.

Le Reis Effendi veut dire le Chef des Ecrivains, ou des Gens de Lettres, & de ceux qui manient les Livres, car les Turcs donnent ce titre à tous les Prêtres de Paroisse. Il est toujours auprès du premier Vizir, pour expédier les Ordres, les Arrêts, les Lettres Patentes, & les Commissions pour tous les différens endroits de l'Empire. On ne sauroit croire combien il se fait tous les jours de dépêches; parce que le Gouvernement des Turcs étant plutôt arbitraire que fondé sur des règles fixes & certaines, chaque affaire demande un ordre exprès à part. Même la plûpart des Cours de Justice ne se conduisent que par des ordres qu'elles reçoivent d'en-haut. Cette multitude d'affaires oblige le Reis Effendi à employer un grand nombre d'Ecrivains, ce qui fait qu'il remplit tellement ses Coffres d'or & d'argent, que lorsqu'il se trouve quelque Reis Effendi, qui par son esprit & par son adresse, acquiert du crédit & de l'autorité dans cette Charge, il amasse des richesses si excessives qu'elles peuvent aller du pair avec les Tresors des Princes. Témoin le Reis Effendi Samozade, fort fameux parmi les Turcs, pour sa prudence & pour ses richesses, qui fut exécuté pendant les dernières guerres d'Allemagne pour avoir conspiré contre le premier Vizir; & ses biens ayant été confisquez, on trouva chez lui un Tresor si considérable, qu'il eût été suffisant pour enrichir le Grand-Seigneur, s'il eût été pauvre, & pour relever ses affaires, si elles eussent été en mauvais état.

L'autre Grand Officier est le Desterdar, ou Grand-Tresorier. C'est lui qui reçoit le revenu du Grand-Seigneur, qui paye les Soldats, & qui fournit tout ce qui est nécessaire pour les affaires publiques. Cette Charge est différente de celle de Tresorier du Serrail; car ce dernier n'a point d'autre soin que de fournir ce qu'il faut pour la dépense de la Cour, & de recevoir les profits casuels, & les presens qu'on fait au Grand-Seigneur. Ils sont en si grand nombre & si considérables, que la plûpart des Sultans amassent un Tresor particulier, qui est enfermé après leur mort dans une chambre à part, qui a une porte de fer, & dont la serrure est bouchée avec du plomb. Au-dessus de la porte on voit écrit en lettres d'or: *Le Tresor d'un tel Sultan.*

Il y a un si prodigieux nombre de Soldats dans ce vaste Empire, que c'est avec bien de la raison que les Turcs disent par une espece de proverbe; qu'il ne croît plus d'herbe où la Cavalerie des Turcs a mis une fois le pied. Il est absolument nécessaire de s'attacher à la considération de ce dénombrement pour connoître parfaitement de quelle manière un Pays peut être gouverné. Car les Loix Militaires sont la meilleure partie de la Politique, & les Loix Civiles n'ont nulle vigueur, si elles ne sont soutenues & autorisées par les armes. Cette connoissance est aussi tout-à-fait nécessaire à un Ministre d'Etat; car c'est en vain qu'il se rend savant dans la Géographie du Pays des ennemis de son Prince, s'il ignore quelles sont les forces qu'ils en peuvent tirer pour composer leurs Armées sur Mer & sur Terre. On peut aussi dire qu'il est très-difficile de savoir de quelle manière un Peuple se peut bien gouverner pendant la paix, si on ignore les maximes dont il se sert, & les forces qu'il est en état d'entretenir pendant la guerre. C'est pour cela qu'on parlera de la Milice des Turcs aussi succinctement que le sujet le permettra, & avec toute la certitude possible, puisque tout ce qu'on en dit est fondé sur le rapport d'un des principaux & des plus expérimentez Commissaires des Armées des Turcs.

Il y a deux sortes de gens qui composent la Milice des Turcs. La première sorte est entretenue du revenu de certaines Terres, & de certaines Fermes que le Grand-Seigneur leur donne. La seconde est payée en argent. La principale force de l'Empire consiste dans la première, qui est encore divisée en deux parties; car elle est composée de Zaims, qui sont comme des Barons en de certains Pays, & de Timariots qui peuvent être comparez à ceux que les Romains appelloient *Decumani.* Ceux qui sont payez en argent du Tresor du Grand-Seigneur, sont les Spahis, les Janissaires, les Armuriers, les Canonniers, & les Soldats de Mer appellez Levents; mais ces derniers n'ont pas une paye réglée, & ne sont pas mis au nombre des Ordres Militaires; ils reçoivent seulement cinq ou six mille Aspres pour chaque voyage, & lorsqu'ils sont de retour on les casse. Les Zaims & les Timariots sont de même nature, ayant été établis pour la même fin. Toute la différence qu'on peut mettre entr'eux consiste

dans

dans leurs Lettres Patentes, qui règlent le revenu des Terres qu'ils tiennent du Grand-Seigneur. La rente d'un Zaim est depuis vingt mille Aspres jusqu'à quatre-vingt-dix-neuf mille neuf cens quatre-vingt-dix-neuf, & rien plus; car s'il y avoit encore une Aspre, ce seroit le revenu d'un Sangiacbeg, qu'on appelle un Bacha, qui est de cent mille Aspres jusqu'à cent quatre-vingt-dix-neuf mille neuf cens quatre-vingt- dix-neuf; car si on y ajoutoit une Aspre davantage, cela seroit le revenu d'un Beglerbeg. Il y a deux sortes de Timariots. Les premiers sont appellez Teskerelu, & reçoivent les provisions de leurs Terres de la Cour du Grand-Seigneur. Leur revenu est depuis cinq ou six mille Aspres jusqu'à dix-neuf mille, neuf cens quatre-vingt-dix-neuf; car si on y ajoutoit encore une Aspre, ce seroit le revenu d'un Zaim. Les autres s'appellent Teskeretis, qui obtiennent leurs provisions du Beglerbeg de leur Pays, & leur revenu est de trois mille Aspres jusqu'à six mille. Les Zaims sont obligez de servir dans toutes les expéditions de guerre avec leurs Tentes, où il y doit avoir des Cuisines, des Ecuries, & d'autres appartemens proportionnez à leur bien & à leur qualité, & pour chaque somme de cinq mille Aspres de revenu, qu'ils reçoivent du Grand-Seigneur, ils sont obligez de mener avec eux à l'Armée un Cavalier qui porte le nom de Gebelu. Par exemple, un Zaim qui a trente mille Aspres de revenu doit être accompagné de six Cavaliers. Un qui en a quatre-vingt-dix mille doit être accompagné de dix-huit, & ainsi à proportion de leur revenu. Chaque Zaim prend le titre de Kilitch, c'est-à-dire Epée. C'est pourquoi lorsque les Turcs font le détail des forces que les Beglerbegs peuvent mener à l'Armée pour le service de leur Prince, ils ne s'arrêtent qu'aux Zaims & aux Timariots seuls, qu'ils appellent autant d'Epées, sans compter ceux qui les doivent accompagner. Les Timariots sont obligez de servir avec des Tentes plus petites que les Zaims, & d'être fournis de trois ou quatre Corbeilles, pour en donner une à chaque homme qui les accompagne, parce qu'outre qu'ils se doivent combattre aussi-bien que les Zaims & les Spahis, il faut encore qu'ils portent de la terre & des pierres pour faire des Batteries & des Trenchées, pendant que les Janissaires combattent contre les ennemis. Les Timariots sont obligez de mener avec eux pour chaque somme de trois mille Aspres du revenu qu'ils ont, de même que les Zaims pour chaque somme de cinq mille. Les Zaims & les Timariots sont disposez par Régimens, dont les Colonels sont appellez Alaï-begler. Lorsqu'ils marchent ils ont des Drapeaux que les Turcs appellent Além, & des Timbales qu'ils nomment Tabl. Ces Colonels sont soumis à un Bacha ou Sangiac-beg, & celui-là a un Beglerbeg. Lorsque toutes ces Troupes sont rassemblées en Corps, elles se trouvent au rendez-vous, qui est marqué par le Général, que les Turcs appellent Serasker. Assez souvent c'est le Grand-Seigneur qui commande en personne, quelquefois c'est le Vizir Azem, ou quelqu'autre Seigneur considérable qui porte le nom de Vizir, qui fait cette fonction. Ces deux ordres de Soldats ne sont pas seulement destinez à servir sur Terre; mais on les oblige quelquefois à servir dans l'Armée Navale, où on les appelle Deria Kaleminde, & où ils sont sous le commandement du Capoutan Bacha ou Amiral. Il est vrai que les Zaims sont souvent dispensez de servir sur Mer en personne, moyennant la somme à laquelle ils sont taxez sur les Livres des Seigneurs, & de cet argent on leve d'autres Soldats, qui sont enrôlez dans les Regîstres de l'Arsenal; mais les Timariots ne se peuvent jamais exempter de servir en personne avec toute la suite que le revenu de leurs Terres les oblige de mener avec eux, non plus que les Zaims, lorsqu'ils sont commandez d'aller servir par Terre. Il n'y a point d'excuse qui puisse passer pour légitime à cet égard-là; s'il y en a de malades, il faut qu'ils se fassent porter en Litière ou en Brancard; s'ils sont enfans on les porte dans des Corbeilles, ou dans des Paniers, & on les accoutume ainsi dès le berceau à la fatigue, au péril & à la Discipline Militaire; & c'est pour cela qu'ils font la meilleure partie de l'Armée des Turcs. Ils restent compris sous le nom général de Spahis. Pour faire un calcul le plus juste de leur nombre, il suffit de remarquer, qu'un Zaim ne peut mener avec lui moins de quatre Cavaliers, & que c'est le plus grand nombre qu'un Timariot est obligé de mener. Le moindre Timariot est obligé de mener un homme à la guerre, & le plus considérable Zaim dix-neuf. En prenant dans ce calcul un certain milieu entre le plus & le moins, on peut faire un dénombrement qui réponde à peu près à la vérité. La difficulté de faire un compte plus exact est d'autant plus grande, que les Commissaires, qui sont envoyez par le Grand-Seigneur pour faire les Montres & les Rôles, ne sont pas moins subtils à faire valoir leur métier, que les plus adroits & les plus rafinez qui se puissent trouver parmi les Chrétiens. Peut-être aussi que la Politique du Grand-Seigneur souffre en quelque sorte cet abus, afin de faire croire que le nombre de ses Troupes est beaucoup plus grand qu'il n'est effectivement. C'est ce qui oblige les Turcs à n'en parler presque jamais qu'avec hyperbole, & qu'ils se plaisent fort à dire: Asker Reml Deria Misal, c'est-à-dire, que leurs Armées sont innombrables comme le Sable de la Mer; mais, à parler sincérement, elles ne sont pas si nombreuses, qu'on n'en fit aisément le calcul, si on en vouloit prendre la peine. Il est vrai que la vaste étendue de terrain que leurs Pavillons occupent, le grand attirail de leur Bagage, & le nombre prodigieux de Valets qui suivent l'Armée, font que le Peuple s'imagine que leurs Troupes sont composées d'une multitude presqu'infinie de Soldats. Ce qui sert encore dans l'apparence à augmenter le nombre des Soldats de ces Armées, mais qui le diminue en effet, est l'usage des Passevolans, dont les Zaims se servent aux jours de Montre, pour remplir le nombre de ceux qu'ils sont obligez de mener avec eux. Cela fait qu'on est étonné de voir que l'Armée diminue

nue tout d'un coup, lorsque ce gens-là se retirent. Le fameux Vizir Mahomet Kiuperli fit tout ce qu'il put pour remédier à ce desordre, particuliérement lorsqu'il entreprit de reprendre les Isles de Tenedos & de Lemnos, & lorsqu'il fit la Conquête de Janova en Transilvanie ; mais sa sévérité & sa cruauté lui furent inutiles, parce qu'il est impossible qu'un homme seul puisse découvrir tous les desordres qui se commettent dans une Armée aussi nombreuse que celle des Turcs ; sur-tout lorsqu'on trompe avec adresse, & qu'on se sert de ces sortes de subtilitez que les Turcs appellent Aain oin, c'est-à-dire une tromperie secrette. Mais ce qui cause le plus de changement au nombre de ces Soldats, c'est la mort des Zaims & des Timariots, dont quelques-uns n'ont leurs revenus qu'à vie seulement, & les autres meurent sans enfans ; car en ces cas-là leurs Terres retournent à la Couronne. De sorte que comme ceux qui les possédoient les ont cultivées, & en ont augmenté le revenu par leurs soins & par leur travail, le Grand-Seigneur les donne à d'autres, non pas sur le pied qu'elles avoient été données aux premiers ; mais sur le revenu qu'elles font après leur mort, qui est assez souvent le double de la première valeur. Par ce moyen le Sultan augmente le nombre de ses Soldats, & c'est une chose digne d'être remarquée, qu'au lieu que les autres Princes perdent à la mort de leurs Sujets, il n'y a que lui qui en profite ; car plus il y en a de tuez dans une bataille, & plus il lui en revient de bien, dont il dispose de telle sorte, qu'il gratifie ordinairement plusieurs personnes de ce qui ne faisoit auparavant que le partage d'un seul. Mais pour venir présentement au compte particulier des Ziamets & des Timars, qui se trouvent dans l'Empire du Grand-Seigneur, en voici un extrait qui a été tiré des Regîtres de ce Monarque.

Dans le Gouvernement de la Natolie, on compte les Ziamets & les Timars suivans :

Sangiacs.	Ziamets.	Timars.
Kiotahia	39	948
Saruhan	41	674
Aidin	19	572
Castamoni	24	570
Hudavendighiar	42	1005
Boli	14	551
Mentesché	52	381
Angura	10	257
Carahisar	10	615
Tekeili	7	257
Kiangri	7	381
Hamid	9	385
Sultan Ughi	7	390
Caresi	7	242
Jenigehisar.	7	12

Total des Ziamets. 295. des Timars. 7440.

Ainsi en comptant selon la plus basse estimation, quatre Gebelus pour chaque Zaim, ils peuvent monter, avec ceux qui les accompagnent, au nombre de 1180
En doublant le nombre des Timariots selon l'estimation la plus basse ils font 14880
En tout 16060
Pour l'entretien de cette Armée, le revenu, suivant l'Etat du Grand-Seigneur, est de 37310700 Aspres

Outre ces Cavaliers on entretenoit autrefois environ six mille neuf cens hommes, pour nettoyer les chemins, pour porter des Provisions, & pour le service de l'Artillerie. Il y avoit encore un fonds pour douze cens quatre-vingt Sutlers ou Vivandiers, & pour cent vingt-huit Trompettes & Tambours qui étoient Egyptiens. Mais cela n'a été en usage que lorsque la Natolie étoit Frontiére des Chrétiens ; car en ce tems-là elle étoit mieux fournie & mieux fortifiée qu'elle n'est aujourd'hui. Depuis qu'elle est devenue une des Provinces les plus tranquilles & les moins exposées aux attaques des ennemis, on a donné ce revenu aux Zaims & aux Timariots ; de sorte qu'on a augmenté leur nombre de trois cens trente Ziamets, & de 1136. Timars.

On compte dans le Gouvernement de Caramanie.

Sangiacs.	Ziamets.	Timars.
Iconium	18	512
Nighdé	11	355
Caisari	12	144
Jeni-Scheher	13	244
Ak-Scheher	6	122
Kyr-Scheher	4	430
Ak-Serai	9	358

Cela fait 73. Ziamets & 2165 Timars.

Les Gebelus des Zaims, selon le moindre calcul, font 292
Des Timariots de même 4600
Qui font en tout 4392
Le revenu pour leur entretien, suivant l'Etat du Grand-Seigneur, est de 10500175 Aspres.

On compte dans le Gouvernement de Diar-Bekir douze Sangiacs, outre ceux de Curdistan & de Gurdia, qui font 1800. hommes ; mais il n'y a que neuf Sangiacs marquez dans les Regîtres pour les Ziamets & pour les Timars ; savoir

Sangiacs.	Ziamets.	Timars.
Amed	9	167
Charpurt	70	163
Ezani	10	122

Les Gebelus des Zaims, selon le plus bas calcul, font 244
Les Gebelus des Timariots font 1080
En tout 1504
Sipu-

TUR.

Sangiacs.	Ziamets.	Timars.
Sipurec	0	1
Nifibin	1	5
Chafengif	5	30
Tehemefcherec	2	7
Culeb	3	24
Sangiar	6	21

Le revenu des Zaims & des Timariots ne se trouve point dans les Regiftres du Grand-Seigneur.

Cela fait 106. Ziamets & 540 Timars.

Dans le Gouvernement du Beglerbeg de Damas, que les Turcs appellent Scham, il y a sept Sangiacs.

Sangiacs.	Ziamets.	Timars.
Damas	87	337
Jérufalem	9	161
Aglum	4	61
Bahura	9	39
Sifad	5	129
Gaza	7	108
Nabolos	7	44

Les Gebelus des Zaims, selon le compte précédent, font 512
Ceux des Timariots 1746
En tout 2558

Cela fait 128. Ziamets & 873 Timars.

Dans le Gouvernement du Beglerbeg de Livas.

Sangiact.	Ziamets.	Timars.
Livas	48	928
Amafia	19	249
Tchurum	16	310
Buzadic	15	731
Demurki	1	310
Gianic	7	348
Arebkir	2	153

Les Gebelus des Zaims, selon le calcul précédent, font 432
Les Timariots & leurs Gebelus font 6058
En tout 6490
Le revenu pour leur entretien fait 13087327 Afpres.

Cela fait 108. Ziamets & 3029. Timars.

Dans le Gouvernement du Beglerbeg d'Erzerum il y a

Sangiacs.	Ziamets.	Timars.
Erzerum	56	2214
Cara-hifarfcharki	32	904
Kiefi	8	229
Pafin	9	654
Hanes-Esber	3	435
Tortum	10	491
Mamervan	4	96
Melazkerd	0	272
Tecman	1	253

Les Gebelus des Zaims font 488
Ceux des Timariots 11096
En tout 11584

Cela fait 122. Ziamets & 5548. Timars.

Dans le Gouvernement du Beglerbeg de Van il y a

Sangiacs.	Ziamets.	Timars.
Van	48	147
Adilgevar	29	101
Ergifch	0	14
Senureghiul	32	203
Tchobanlu	2	36
Ghiokiche	36	160
Derecgher	27	79
Ghiorluc	7	61
Fanijazi	4	25

Les Gebelus des Zaims, felon le calcul précédent, font 740
Ceux des Timariots 1652
En tout 2392

Cela fait 185. Ziamets & 826. Timars.

Dans le Gouvernement du Beglerbeg de Marafch il y a

Sangiacs.	Ziamets.	Timars.
Marafch	10	118
Malatia	8	276
Afab	9	118

Les Gebelus des Zaims font 108
Ceux des Timariots 1024
En tout 1132
Pour leur entretien 9420317 Afpres.

Cela fait 27. Ziamets & 512. Timars.

Dans le Gouvernement de Chypre il y a

Sangiacs.	Ziamets.	Timars.		
Itchili	16	60	Les Gebelus des Zaims font	160
Alaine	0	115	Ceux des Timariots	2134
Chypre	9	308	En tout	2294
Schis	2	156		
Tarse	13	428		

Cela fait 40. Ziamets & 1067. Timars.

Dans le Gouvernement du Beglerbeg de Tripoli en Syrie il y a

Sangiacs.	Ziamets.	Timars.		
Tripoli	12	87	Les Gebelus des Zaims font	250
Hams	14	169	Ceux des Timariots	1140
Gebelé	9	91	En tout	1390
Selemié	4	52		
Hama	23	171		

Cela fait 63. Ziamets & 570. Timars.

Dans le Gouvernement du Beglerbeg de Rika il y a

Sangiacs.	Ziamets.	Timars.		
Rika	30	143	Les Gebelus des Zaims font	240
Seruc	9	291	Ceux des Timariots	1332
Biregec	15	109	En tout	1572
Ane	6	123		

Cela fait 60. Ziamets & 666. Timars.

Dans le Gouvernement du Beglerbeg de Trébisonde il n'y a point de Sangiacs. Il y a 56. Ziamets, & 398. Timars sous la Jurisdiction de cette Ville. Ainsi le nombre des Cavaliers fait en tout. . .

Dans le Gouvernement du Beglerbeg d'Alep il y a

Sangiacs.	Ziamets.	Timars.		
Alep	73	295	Les Gebelus des Zaims font	468
Adana	11	191	Ceux des Timariots	2088
Kelis	17	295	En tout	2556
Azir	2	91		
Balis	7	86		
Mearré	7	86		

Cela fait 117. Ziamets & 1044. Timars.

Dans le Gouvernement du Beglerbeg de Tchilder il y a

Sangiacs.	Ziamets.	Timars.		
Olti	3	123	Les Gebelus des Zaims font	424
Erdehamburec	9	86	Ceux des Timariots	1318
Hagret	2	23	En tout	1742
Hartus	13	39		
Ardnug	4	149		
Pusenhaf	11	18		
Penbec	8	54		
Tarchir	2	4		
Luri	9	10		
Usucha	1	7		
Achankiule	11	37		
Achtala	8	6		
Asin	4	14		
Penbec	14	89		
Pertekrec	9	0		

Cela fait 106. Ziamets & 650. Timars.

Dans le Gouvernement du Capoutan Bacha, ou Amiral, il y a

Sangiacs.	Ziamets.	Timars.		
Négrepont	12	188	Les Gebelus des Zaims, selon le calcul ordinaire, font	500
Mitylène,	4	83	Ceux des Timariots	2304
Cogia-Ilé	25	187	En tout	2804
Sisla	32	235		
Carli-Ili	11	119		
Gallipoli	14	32		

Sangiacs.	Ziamets.	Timars.
Rhodes	5	71
Betgai	5	146
Mezeftra	16	91

Cela fait 124. Ziamets & 1152. Timars.

Dans le Gouvernement du Beglerbeg de Rumelie, autrement Romanie, il y a

Sangiacs.	Ziamets.	Timars.
Sophia	337	1788
Kioftendil	48	1017
Morea	100	242
Aléxandrie d'Epire	19	205
Tirhala	26	523
Siliftra	75	432
Nigheboli	60	344
Uchri	60	342
Aulona	68	489
Jania	62	345
Ilbafan	18	138
Tchirmen	20	130
Salonica	36	262
Vizé	20	79
Delunia	24	165
Uskiup	20	344
Kerclefa	1	18
Dukakin	10	53
Vidin	17	225
Alahegizar	27	509
Serzerin	17	225
Valtcarin	10	317

Cela fait 1075. Ziamets & 8194. Timars.

Les Gebelus des Zaims font 4300
Ceux des Timariots font 16388
En tout 20688
Mais le nombre ordinaire des Zaims & des Timariots, avec leurs Gebelus, eft environ de trente mille deux cens hommes 30200.
A quoi il faut ajouter les Soldats du Beglerbeg, des Sangiacsbegs & des autres Officiers qui font ordinairement 2500.
Et ainfi la Milice entretenue de ce Pays-là peut être de 32700. ou 33000. hommes.

Outre cette Milice de Romanie, il y en a une autre forte, qu'on appelle Jureghian ou Juracler; ceux, qui la compofent, poffédent leurs Terres en fief de pere en fils, & font environ 1294. Familles. Il y en a encore une autre forte dans la Province de Dobridge, qu'on appelle Ogiaks; ceux-là font environ 400. maifons. Il y en a de la même efpèce 200. maifons dans la Province de Kizilgé, & dans celle de Tchirmen 351. Cingani; c'eft une efpèce d'Egyptiens, & dans Vizé 170. Ainfi le nombre des Ogiaks peut aller jufqu'à 4721, ou au plus à cinq mille. Ceux-là font obligez de prendre cinq perfonnes de 30. qu'on appelle Akingi, ou Volontaires, & qui fe joignent avec les Tartares pour faire des courfes dans la Pologne & ailleurs; & ainfi ils fe relevent tous les ans. Ceux qui demeurent au logis font appellez Jamac, & ne font point obligez de fervir en perfonne, lorfque le Grand-Seigneur les veut employer; mais pour chaque fomme de cinq mille Afpres qu'ils poffédent de revenu des Terres du Grand-Seigneur, ils doivent fournir un homme, qui eft obligé de fervir, outre ceux qui accompagnent les Tartares dans leurs courfes cette année-là. Le principal office de ceux-là, eft d'accompagner l'Artillerie, le Bagage, & les Provifions de l'Armée. On les occupe auffi à nettoyer les Chemins, & à raccommoder les Ponts pour faciliter le paffage des Troupes. Il y a auffi de certaines Familles de Bulgariens, qui font deftinées au même fervice, & à porter du foin, ou à couper de l'herbe pour les Chevaux, felon la faifon de l'année. Le nombre des Zaims & des Timariots dans les Gouvernemens des Beglerbegs de Bude, de Temifwar, & de Bofnie, ne fe trouve point marqué exactement dans les Regiftres du Grand-Seigneur; mais felon le rapport de ceux qui en font bien informez, cette Milice des Frontiéres de l'Empire, qu'on appelle Serhadli, ne fait pas moins de 70000. hommes, qui font payez du revenu des Sangiacs de ces Pays. Mais quoique la Milice de Bude ne foit pas comprife dans les anciens Regiftres de Conftantinople, parce que ce Gouvernement, à caufe de fa vafte étendue & de fon grand revenu, paffe comme pour une Principauté indépendante; néanmoins on ne laiffe pas de tenir dans Bude même un Regiftre exact de toutes les forces qu'on en peut tirer. Cela fe fait avec d'autant plus de foin, que les Turcs regardent ce Gouvernement comme un des plus confidérables de l'Empire, à caufe qu'il eft comme la Clef de la Hongrie. Pendant que j'y étois, il y avoit, comme je l'appris des Officiers les mieux informez, le nombre que voici, qui fe rapporte précifément à celui que je viens de remarquer. Douze mille Janiffaires: quinze cens Spahis: deux mille deux cens Zaims & Timariots; dix-huit cens Azapes qui font les moindres Soldats. Dans le Château de Bude, douze cens: dix-neuf cens Gebegis ou Armuriers: cinq cens à la garde de la Porte appellée Coutchouc Capi: cinq cens Canonniers: trois cens Martolois, qui font une efpèce de Fantaffins: deux cens quatre-vingt Soldats pour garder le Magazin des poudres: trois mille Soldats qui fervent le Bacha; cela fait en tout 25180. à quoi fi on ajoute la Milice de Bofnie, & des autres Provinces de l'Efclavonie, & celle qui eft le long des

des Frontiéres, dont l'étendue est de 800. lieues Angloises ou environ, le nombre ne pourra pas aller à moins de 70000. combattans. Mais on ne parle ici que des Zaims & des Timariots, dont le nombre peut aller à 10948. Zaims, & à 72436. Timariots, qui font en tout 83380, selon la moindre estimation, & qui peut être aisément plus grand d'un tiers, outre la Milice du Grand Caire, & les autres ordres de Soldats, dont on parlera aux Chapitres suivans.

Ces partages & ces divisions furent faites autrefois par Soliman *le Magnifique* comme un des meilleurs moyens de tenir en ordre la Milice, qui est le plus puissant appuy de l'Empire des Ottomans. Mais comme avec le tems la corruption se glisse partout, l'avarice & l'ambition des Officiers ont trouvé le moyen d'apporter quelque altération dans ce bel ordre, & les Beglerbegs, les Bachas & les Tresoriers, au lieu de donner des récompenses aux Soldats, selon leur mérite & leurs services, réservent ces Ziamets & ces Timars pour récompenser leurs domestiques, & pour en tirer divers services. Les Seigneurs qui demeurent à Constantinople, ou proche de la Mer, obligent ces domestiques à entretenir les Bâteaux qui apportent les provisions nécessaires pour leur maison. Ceux qui demeurent dans des lieux plus éloignez de la Mer s'accommodent avec le Tresorier des Soldats, & sans avoir égard aux véritables héritiers, mettent en vente le revenu des Fermes, & le donnent à ceux qui en offrent le plus. De sorte que dans le tems de la moisson le Bacha envoye ses Officiers pour recevoir les droits de ces pauvres Timariots, ce qui se fait avec une si grande violence, qu'il en naît une infinité de procès de ces exactions. Mais comme ils se passent tous devant des Juges interessez, la Sentence est toujours prononcée en faveur de celui qui a le plus de pouvoir & le plus d'argent. Le calcul qu'on vient de faire des Zaims & des Timariots, est le plus raisonnable qu'on peut faire; mais comme il est fait sur la plus basse estimation, on peut dire, en ajoutant quelque chose aux 83380, que cette Milice va jusqu'à cent mille combattans, qui est, à ce qu'on dit, le plus grand nombre qu'on puisse mettre ensemble.

Comme les Loix Civiles font partie de la Religion parmi les Turcs [a], & ne composent qu'un corps avec elle, on ne peut parler des unes sans parler de l'autre. Les Turcs se persuadent que leurs Loix Civiles, leur ayant été données par leur Prophète, aussi-bien que les Préceptes de leur Religion, elles viennent également de Dieu, & qu'ils sont également obligez d'y obéïr. Tout le monde sait que la Loi des Turcs a été composée par Mahomet, & que c'est de-là que sa Religion a été appellée *Mahométisme*. Les Cérémonies, la Doctrine, & les Loix de la Religion des Turcs, sont renfermées dans trois Livres qu'on peut appeller proprement le Code & les Pandectes de la Religion des Mahométans. Le premier est l'*Alcoran*: le second *Assonah*, ou la Tradition avec les sentimens des Sages; le troisième comprend les conséquences que l'on en tire. Mahomet a écrit l'Alcoran, & a fait quelques Loix pour le Gouvernement Civil: le reste a été composé par ses quatre premiers Successeurs Abu-beker, Omar, Osman, Qu'aly, & Aly. Les Califes de Babylone & d'Egypte ont aussi été des Docteurs & des Interprètes de la Loi de Mahomet, & leurs décisions étoient regardées comme d'autorité divine; mais l'opinion que l'on avoit de leur autorité infaillible s'étant perdue avec leur puissance temporelle, elle a été transportée au *Mufti*. Cependant quoiqu'il y ait une grande diversité entre les Docteurs dans l'explication de leur Loi, quiconque néanmoins observe les cinq Articles fondamentaux de leur Religion est regardé en Turquie comme véritable fidèle. Le premier de ces Articles regarde la pureté extérieure de leur corps & de leurs habits: le second consiste à faire leurs prières cinq fois le jour: le troisième oblige à jeûner le mois de Ramazan: le quatrième ordonne de donner de bonne foi la *Zecat*, c'est-à-dire l'Aumône: le cinquième oblige à faire le voyage de la Mecque, quand la chose est possible; mais ils n'ont qu'un seul Article de Foi, qu'ils doivent croire, savoir *Qu'il n'y a qu'un seul Dieu, & que Mahomet est son Prophète*. Les autres Cérémonies, comme la Circoncision, l'observation du Vendredi pour un jour de dévotion, l'abstinence de la chair de Pourceau & du sang des Animaux, ne sont pas comprises dans les cinq principaux Articles & n'ont été commandées que pour servir de marques & de preuve de l'obéïssance des hommes dans les choses les plus nécessaires de la Loi.

Le Mufti est le Chef principal de la Religion des Turcs, & l'Oracle de tous les doutes, & de toutes les difficultez qui peuvent naître sur l'explication de leur Loi. Il est extrêmement considéré, & les Turcs ont tout le respect imaginable pour sa personne. Son Election dépend absolument de la volonté du Grand-Seigneur, qui choisit toujours pour cet Office un homme de grand savoir, d'une probité reconnue, & d'une austérité exemplaire pour les mœurs. Son autorité est si grande, que le Grand-Seigneur même ne le contredit jamais, & ne s'oppose à aucune des Sentences qu'il a prononcées. Sa puissance ne s'étend pas néanmoins jusqu'à contraindre dans les affaires d'Etat & dans les causes Civiles & Criminelles. Il se contente de dire son sentiment, & d'employer des raisons pour l'appuyer. Il les donne par écrit, après que la question lui a été proposée en peu de mots aussi par écrit; & il se contente d'écrire au bas un *oui*, ou un *non*, & cela s'appelle *Fetfa*: après quoi il ajoute ces mots: *Dieu sait ce qui est meilleur*. Lorsque ce papier est porté au *Cadi* ou Juge, il y conforme toujours son jugement; & par ce moyen les Procez de la plus grande importance sont terminez dans une heure. La Sentence s'exécute, sans délai, & sans appel. Pour ce qui regarde les affaires d'Etat, le Sultan lui demande son avis sur les choses les plus importantes, comme lorsqu'il veut faire mourir quelque personne considérable, ou lors-

[a] Ibid. t. 2. L. 2. c. 4.

lorsqu'il s'agit de faire la Paix ou la Guerre; ce qu'il fait pour paroître plus équitable & plus dévot, ou pour obliger son Peuple à lui rendre une obéïssance plus volontaire. Si le Grand-Seigneur consulte le Mufti sur des choses que celui-ci ne peut décider en bonne conscience comme le Souverain le souhaiteroit, il arrive alors du retardement & du desordre dans les affaires. Dans ce cas le Mufti est privé de sa Charge. On établit un autre Oracle qui puisse résoudre les difficultez d'une maniére plus conforme aux intentions du Sultan. S'il ne le fait pas, il perd son Office comme le premier; & il en arrive de même de tous les autres jusqu'à ce qu'il s'en rencontre quelqu'un dont les réponses s'accommodent aux desseins & aux interêts de son Prince. Cette Charge étoit beaucoup plus considérable autrefois qu'elle ne l'est présentement. On n'entreprenoit aucune guerre, ni aucune affaire considérable, sans avoir auparavant consulté cet Oracle; mais aujourd'hui on est beaucoup plus réservé à cet égard. On le consulte quelquefois pour la forme. Mais la maniére d'agir la plus commune, est que le Grand-Visir se contentant de sa capacité décide lui-même les affaires, & exécute même souvent ce qu'il a résolu; après quoi il demande l'approbation du Mufti & le sens de la Loi. Alors le Mufti a un vaste champ pour trouver des interprétations; car c'est une maxime reçue que leur Loi s'accommode aux tems & aux conjonctures.

Après la Charge de Mufti, celle de *Cadislesker*, ou Juge de la Milice, & que l'on appelle autrement Juge-Avocat, est la plus considérable. Quoique l'Etymologie de *Cadislesker* semble restraindre cette Charge aux Soldats, elle ne laisse pas pourtant de s'étendre généralement sur toutes sortes de personnes, & les Cadisleskers peuvent connoître de toutes sortes de causes & juger toutes sortes de procès. Mais comme les Soldats ont le privilège de ne pouvoir être soumis qu'à leurs Officiers, il faut que les Juges qui connoissent de leurs différends soient établis Juges de l'Armée, avant que de pouvoir exercer aucune Jurisdiction sur eux. Cette Charge est un degré à celle de Mufti; & il faut nécessairement avoir exercé la Charge de Cadislesker avec approbation, avant que de pouvoir être élevé à celle de Souverain Pontife.

La Charge de Molla est ensuite la plus considérable. Il y a de deux sortes de Mollas, les uns ont trois cens Aspres de pension par jour, & les autres cinq cens; car on les distingue par cette différence de gages. Les Mollas de trois cens Aspres sont les principaux Juges des petites Provinces & commandent aux Cadis des Villes pauvres & de peu de considération. Ceux de cinq cens Aspres exercent leur Jurisdiction sur une Province entière de *Beglerbeg*, & ont sous eux les Cadis de toutes les Places riches & considérables qui dépendent de leur Gouvernement. Ceux-ci sont souvent élevez à la Charge de Mufti, mais ils n'y montent que par plusieurs degrez; & il faut qu'ils ayent auparavant exercé leur Charge dans quelqu'une des Villes qui ont autrefois servi de Siège à l'Empire. Ils sont donc premiérement Mollas de Pruse: après ils le sont d'Andrinople: ils deviennent ensuite Cadisleskers; & lorsque la Charge de Mufti est vacante on les y appelle.

Les *Imams* ou Prêtres de Paroisse doivent être assez instruits pour pouvoir lire dans l'Alcoran; & il faut que leur conduite soit irréprochable pour être appellez à cette Charge. Il faut encore qu'ils ayent été du nombre de ceux qui ont accoutumé d'appeller le Peuple à la Priére du haut du Clocher, & qu'on nomme *Moveddins* ou *Movezzins*. La fonction des Imams consiste à appeller le Peuple aux Priéres & à lui servir de guides dans les Mosquées aux heures prescrites. Ils sont aussi obligez de lire tous les Vendredis des Sentences ou des Versets de l'Alcoran. Il y en a peu qui osent entreprendre de prêcher, à moins qu'ils n'ayent bien de la vanité, ou qu'ils ne croyent avoir bien du talent. Ils laissent ce soin aux *Scheichs*, & à ceux qui font profession de prêcher, & qui passent ordinairement leur vie dans les Monastères. Le Mufti n'a point de Jurisdiction sur les Imams, pour ce qui regarde le Gouvernement de leur Paroisse; car il n'y a à cet égard-là nulle supériorité, nulle Hiérarchie entre eux, chacun étant indépendant & absolu dans sa Paroisse; mais ils sont sujets aux Magistrats dans les causes civiles & criminelles. Les gens d'Eglise & les Jurisconsultes sont en grande considération parmi les Turcs; comme il paroît par les titres que leur donne le Sultan, lorsqu'il leur écrit pour leur envoyer ses ordres; car il a coutume de mettre ces mots au haut de ses Lettres *Vous qui êtes la gloire des Juges & des Hommes sages, & les profonds Trésors de l'Eloquence & de l'excellence, votre sagesse & votre capacité puissent être augmentées.*

On peut mettre les Emirs, qu'on appelle autrement *Enlad-Rasoul*, au nombre des Ecclésiastiques, parce qu'ils sont de la race de Mahomet. Pour marque de cette illustre origine, ils portent le *Turban verd*, qui est la couleur de ce prétendu Prophéte. La vénération que les Turcs ont pour le Sang de cet Imposteur a engagé les Magistrats à accorder de grands Priviléges à ces Emirs. Ils ont un Supérieur qu'on appelle *Nakib-Escheref*, qui a ses Sergens & ses Officiers & qui est si absolu sur les Emirs, qu'il a pouvoir de vie & de mort sur eux. Quoiqu'il y en ait peu d'entre eux qui puissent prouver clairement qu'ils descendent de Mahomet, ceux néanmoins qui peuvent tant soit peu prétendre à cet avantage, trouvent souvent du secours pour prouver leur généalogie; & lorsque le *Nakib* souhaîte favoriser quelqu'un, ou qu'il a dessein d'acquérir un nouveau Sujet, il lui donne un arbre généalogique, qui prouve qu'il est des descendans du Prophéte; & personne alors ne peut en douter. Le deuxième Officier s'appelle Alemdar & porte l'Enseigne verte de Mahomet, lorsque le Grand-Seigneur se montre en public.

C'est une opinion commune que les Turcs ont dans leur Religion soixante & douze Sectes; & il y a même apparence qu'il
s'en

s'en trouveroit davantage si l'on connoissoit parfaitement les divers sentimens des Auteurs, qui sont en crédit & qui ont des Sectateurs parmi eux. Mais il y a deux grandes Sectes qui divisent les Mahométans & qui les obligent à se haïr mutuellement les uns les autres; savoir celle qui est suivie par les Turcs, & celle qui est reçue parmi les Persans. Il est vrai que l'interêt des Princes qui les gouvernent & la différente éducation de ces Peuples contribuent beaucoup à entretenir la division & l'animosité que la diversité de leurs opinions a fait naître parmi eux. La Secte des Turcs tient *Mahomet* pour le plus considérable & pour le dernier des Prophètes. Celle des Perses estime qu'*Aly* lui doit être préféré; car quoiqu'il ait été son Disciple, & qu'il lui ait enfin succédé, ils croyent néanmoins qu'il a eu de plus fréquentes & de plus considérables inspirations que Mahomet, & que les interprétations qu'il donne à l'Alcoran doivent passer pour très-parfaites & pour divines. Les Turcs reprochent aux Persans qu'ils ont corrompu l'Alcoran, qu'ils ont changé des mots, & qu'ils ont mal placé les virgules: d'autre part les Persans s'éloignent autant qu'ils peuvent des Cérémonies des Turcs & de leur Doctrine, & rejettent ces trois grands Docteurs de la Loi de Mahomet; savoir Abu-Beker, Othman, & Omar, comme des usurpateurs de l'autorité souveraine.

Presque tout le monde sait que la Religion des Turcs est un ridicule composé de la Religion Chrétienne & de celle des Juifs; & il n'y a pas de doute que leurs Monastères ont été formez sur le modèle de ceux des Chrétiens; & que c'est à leur imitation que ces Infidèles ont introduit diverses sortes de Religieux chez eux. La plûpart de ces Religieux s'attachent à une austérité de vie & à des mortifications extraordinaires. Ils font profession d'être pauvres & de renoncer aux délices du Monde pour imiter la dévotion des Chrétiens, qui vivoient il y a mille ans. Il est vrai que ce sont de mauvais Singes; & l'on peut dire d'eux que ce sont des portraits qui n'ont presque nulle ressemblance avec leurs originaux. Les Docteurs Mahométans assurent que leurs Monastères & les ordres de leurs Religieux sont aussi anciens que Mahomet, & que c'est de lui qu'Aly a reçu les instructions de tout ce qui regarde leurs Règles & leur Discipline. Mais l'Histoire des Turcs, ni les autres Mémoires ou Monumens que nous avons ne font aucune mention de ces Monastères, que depuis quatre cens ans ou environ, sous l'Empire d'Orcanes qui a été le second Empereur des Turcs; & c'est à lui qu'il semble qu'on doit en attribuer la fondation. Quoi qu'il en soit, les premiers Mahométans qui ont établi des Règles & des Préceptes pour ces Religieux sont *Chalwetti* & *Nakschibendi*. Les Turcs les tiennent après Mahomet pour les deux sources d'où sont sortis les Ordres qui suivent.

De Chalvvetti sont sortis :	Les *Nimetulahites*, Les *Cadrites*, Les *Calenders*, Les *Edhemites*, Les *Hizrevites*, Les *Bectaschites*.	De *Nimetulah*, De *Cadri*, De *Calender*, D'*Edhem*, De *Hizr*, De *Bectasch*.	Fondateurs de ces Ordres:
De Nakschibendi sont sortis :	Les *Ehrbuharites*, Les *Mevelavites*.	D'*Ehrbuhar*, De *Mevelava*.	Fondateurs de ces Ordres.

TABLE
DE LA TURQUIE
PAR SAMSON.

En Europe les Provinces de	Romanie, Bulgarie, Bessarabie, Podolie en partie, Servie, Hongrie, Croatie, Bosnie, Dalmatie, Albanie, Macédoine, Thessalie, Epire, Achaïe, Péloponnése.	L'Empire des Turcs comprend	En Afrique les Provinces de		Egypte, Coste d'Habec, Barca.
			Plusieurs Isles dont les plus considérables	Près de l'Europe sont	Candie, Négrepont, Les Cyclades.
				Près de l'Asie sont	Metelin, Scio, Rhodes, Cypres.
En Asie les Provinces de	Anatolie, Turcomanie, Dierbeck, Syrie, Arabie en partie.		Les Tributaires, les plus considérables sont	En Europe les Principautez de	Transylvanie, Moldavie, Valaquie, Petite Tartarie, La République de Raguse.
				En Afrique les Royaumes de	Tripoli, Tunis, Alger.

Con-

TUR. TUR. 803

La Turquie en Europe comprend
- Vers le Septentrion
  - La Romanie : Constantinopoli, Andrinopoli, Philippopoli, Trajanopoli, Kircliffe, Bulzier, Sélivrée, Gallipoli.
  - La Bulgarie : Sophia, Siliftria, Nicopoli, Giuftendil, Viddin, Ufcopia.
  - La Bessarabie : Tekin, Kilia, Oczakow.
  - La Podolie en partie : Kamieniek.
  - La Servie : Belgrade, Semendria, Ifwornick, Orack, Piftremo.
  - La Hongrie en partie : Buda, Temeswar, Gran, Newhaufel, Agria, Kanyfia, Stulweiffenburg, Koppan, Symonthorna, Petfch, Zygeth, Pofega, Szerem, Zolnock, Chonad, Waradin, Gyula, Vilaoswar.
  - La Croatie en partie : Wihits.
  - La Bosnie : Bagnialuch, Jaicza, Saraio, Warbozain.
  - La Dalmatie : Narenza, Caftel Nuovo, Dolcigno, Durazzo, La Valona.
- Vers le Midi
  - L'Albanie : Duccagini, Alesvio, Ocrida, Elbaffan.
  - La Macédoine : Salonichi, Cavala, Conteffa, Ajomama, Zuchria.
  - La Theffalie : Tricala, Lariffa, Demetriada, L'Armiro, Zeiton.
  - L'Epire : Preueza, Perga, Larta, Canina, Chimera.

La Turquie en Asie se divise en
- L'Achaie : Lepante, Setines, Delphi, Corone, Megra, Sta. Maura.
- La Morée, ou Peloponnese : Mififtra, Napoli, Matuafia, Coranto, Argo, Patra, Clarenza, Arcadia, Navarino, Coron, Maina, Colochina, Belvedere.
- L'Anatolie où font : Chiutaje, Angouri, Swas, Torrabofan, Marafch, Malatiyah, Cogni, Burfa, Cizico, Marmora, Ifmir, Efefo, Milet, Sardes, Apanis, Halicarnaffe, Patera, Satalia, Tarafus, Caifairiyah, Simifo, Amafia, Camch, Sinopoli, Nicomidia, Heraclia.
- La Turcomanie qui comprend
  - La Turcomanie : Erzerum, Achlat, Ertzis, Addrzis.
  - Le Curdiftan : Wan, Bitlis, Manufcute.
- Le Diarbeck : Sanjar, Afanchiuf, Caramid, Merdin, Orpha, Nafibin, Harran, Racca, Alchabur.
- Le Diarbeck où font
  - L'Arzerum : Moful, Tecrit, Schiaherrifur, Scherb.
  - L'Yerack : Bagdet, Wafit, Kufa, Baffora, Quorna.
  - Alep, Samofat, Aléxan-

Iiii 2

TUR.

- **La Sorie comprend**
  - **La Sorie, ou Soristan**: Alexandrette, Antachia, Hamath, Hemz, Tayd, Laudichia.
  - **La Phénicie**: Damas, Tripoli, Bayrut, Sayd, Sor, Acre, Giblet.
  - **La Terre-Sainte**: Jérusalem, Gazera, Naplouze, Samarie, Caifairiyah, Tabariyah, Jaffa.

- **Dans la partie d'Arabie qui appartient au Turc, sont**: Aden, Zidden, Zibit, Laghi, Mocca, Elcatif, Labsa, Ahsa.

- **La Turquie en Afrique comprend**
  - **L'Egypte**: Alexandria, Damiette, Rosette, Tenexa, Faramida, Bourles, Cassir, Suez, Buge, Zibid, Dacati, Grodel, Cairo, Said, Mansoura, Giza, Fium, Benesuef, Aziotha, Manselout, Minio, Chana, Girgio.
  - **Le Barca**: Barca, Caircan, Tolometa, Bonandrea, Alberton, Roxa, Trabuch, Salona, Patriarcha.
  - **La Côte d'Habex**: Suaquem, Ercoco.

- **L'Isle de Candie**: Candia, Canea, Rettimo, Settia.
- **L'Isle de Négrepont**: Négrepont.

TUR.

- **Les Isles les plus considérables de la Turquie sont**
  - **Près de l'Europe**
    - Les Isles Cyclades dont les plus considérables sont:
      - Nacsia — Nacsia
      - Milo — Milo
      - Andro — ....
      - Serini — ....
  - **Près de l'Asie**
    - L'Isle de Sciro — Sciro.
    - L'Isle de Stalimene — Stalimène.
    - L'Isle de Metelin — Metelino.
    - L'Isle de Scio — Scio.
    - L'Isle de Samo — Samo.
    - L'Isle de Lango — Lango.
    - L'Isle de Stampalia — Stampalia.
    - L'Isle de Rhodes — Rhodes.
    - L'Isle de Cypre — Nicosia, Famagosta, Baptlo.

- **Les Tributaires les plus considérables sont**
  - **En Europe les Principautés de**
    - **Transilvanie**: Clausenburg, Weissenburg, Hermanstat, Cronstat, Kysdi, Vsuarhel, Megies, Nosenstat, Neumarck, Zatmarbania, Schespierg.
    - **Valaquie**: Tarwis, Braislow, Ermstat, Rebnick, Jolonice, Dambrouitza, Ris, Buchoresk, Brackilaw.
    - **Moldavie**: Soczoura, Choftzyn, Stepanoste, Lapuczna, Trescort, Romaniwasar, Jalas.
    - **La Petite Tartarie**: Capha, Baciesaray, Sultanlavay, Or als Perecop, Grimenda, Karasu, Koselow, Topetorkan, Baluclawa, Pantico, Kerki, Kiderleri.
    - **La République de Raguse**: Raguse.
  - Tripoli, Lebeda, Colbene, Capes, el Hama.

TUR.   TUR.   869

EN AFRIQUE LES ROYAUMES DE	TRIPOLI	el Hama, Gerbi, Zedico, Rufaxarra, Subeico,		
	TUNIS	Tunis, Biserte, el Madia, Hammametha, Cairoan, Bejja, Urbs, Suffes, Caffa,	ALGER	Alger, Telensin, Tenes, Buge, Constantine, Bone, Tebesse, Tabarca, Girgel, Serfel, Marsalquibir, Mastagant, Meliana, Labez.

TURRENA AUGUSTALIS, Ville d'Italie, dans la Toscane, selon Ortelius [a] qui cite les prétendues Origines de Caton. Il ajoute que cette Ville est nommée *Burnea* par Leander.

[a] *Thesaur.*

TURREBLANDENSIS, Siège Episcopal d'Afrique dans la Byzacène. Son Evêque est nommé Paulus *Turreblandinus*, dans la Notice des Evêchez d'Afrique, & Maximinus *Episcopus Turreblandensis* dans la Conférence de Carthage [b]. Datianus *Episcopus Ecclesiæ Turreblandis* souscrivit la Lettre Synodique des Evêques de la Byzacène dans le Concile de Latran, sous le Pape Martin.

[b] No. 208.

TURRE-TAMALLUMENSIS, Siège Episcopal d'Afrique dans la Byzacène. Son Evêque est nommé Sabratius, dans la Notice des Evêchez d'Afrique, aussi-bien que dans la Conférence de Carthage [c]. Il y avoit en Afrique deux Villes appellées *Tamulluma*, comme on le voit dans la Notice: l'une étoit dans la Byzacène & l'autre dans la Mauritanie Sitifense. La première se nommoit ordinairement *Turre-Mallumensis*. Elle étoit située aux confins de la Byzacène & de la Province de Tripoli.

[c] No. 116.

TURRES. Voyez au mot AD les Articles AD-TURRES.

TURRES-ANNIBALIS, Pline [d] connoit deux Lieux de ce nom, l'un en Espagne l'autre en Afrique. Tite-Live [e] nous apprend que le dernier de ces Lieux étoit entre Acholla & Thapsus.

[d] Lib. 2. c. 7.
[e] Lib. 33. c. 48.

TURRES-ALBÆ, Lieu de la Lusitanie; Ptolomée [f] le donne aux Peuples *Celtici*.

[f] Lib. 2. c. 5.

TURRES AURELIANÆ [g], Lieu d'Italie sur la route d'*Odrontum* à *Aquilonia*, entre *Leonatiæ* & *Turres Julianæ*, à quinze milles du premier de ces Lieux & à neuf milles du second.

[g] *Iter Hierosolymit.*

TURRES-JULIANÆ [h], Lieu d'Italie sur la route d'*Odrontum* à *Aquilonia*, entre *Turres Aurelianæ* & *Beroes*, à neuf milles du premier de ces Lieux & à onze milles du second.

[h] Ibid.

1. TURRIS. Voyez au mot AD les Articles AD TURREM & AD TURRES.

2. TURRIS, Ancienne Ville bâtie par Trajan sur le Danube. L'Empereur Justinien envoya une ambassade aux Antes & aux Sclavons, pour les prier d'aller dans cette ancienne Ville appellée la TOUR, selon Procope [i], & qui depuis long-tems étoit destituée d'Habitans. Il leur promit de leur donner cette Ville & les Terres qui en dépendoient, & d'entretenir leur amitié par une suite continuelle de presens & de largesses, s'ils se vouloient opposer aux fréquentes irruptions que les Huns faisoient sur les Terres de l'Empire. Ortelius [k] soupçonne sans grande raison que cette Ville pourroit être la même que celle qui est appellée *Turris-Ferrata*, par Eusèbe, Aurelius-Victor & Vopiscus. Voyez plus bas l'Article TURRIS-FERRATA.

[i] *Gothic.* L. 3. c. 14.
[k] *Thesaur.*

3. TURRIS, Lieu ou Ville de la Mœsie: L'Itinéraire d'Antonin la marque sur la route du Mont d'Or à Byzance entre *Remisiana* & *Meldia*, à vingt-huit milles du premier de ces Lieux & à trente milles du second. Ortelius [l] croit que ce pourroit être la même Ville que celle que Trajan avoit bâtie. Voyez TURRIS, No. 2.

[l] *Thesaur.*

4. TURRIS, ou TURRIS LIBYSONIS. Voyez LIBYSONIS-TURRIS.

1. TURRIS-ALBA, Lieu de Perse, aux environs de la Ville de Suze selon Pline [m].

[m] Lib. 2. c. 106.

TURRIS-ALBA, ou à-TURRE-ALBA, Siège Episcopal d'Afrique selon la Conférence de Carthage [n] où son Evêque est qualifié *Verianus Episcopus à Turre-alba*. C'est peut-être la même chose qu'*Aquæ-Albensis* dans la Mauritanie Sitifense.

[n] No. 197.

TURRIS-AUGUSTI, Lieu d'Espagne selon Pomponius Mela [o], qui la met près de la Riviére Sars. Je ne sai pourquoi Ortelius [p] a voulu que TURRIS-AUGUSTI, & ARÆ SEXTIANÆ fussent le même Lieu. Il n'a pas pris garde apparemment que Pomponius Mela connoissoit ces deux Lieux & qu'il les éloignoit fort l'un de l'autre.

[o] Lib. 3. c. 1.
[p] *In Verbo,* ARÆ SEXTIANÆ.

1. TURRIS-CÆSARIS, Lieu d'Italie, dans la Pouille. La Table de Peutinger place ce Lieu entre *Barium* & *Egnatia*, à vingt milles de la première de ces Places.

2. TURRIS-CÆSARIS, Lieu de l'Afrique propre: L'Itinéraire d'Antonin le marque à quinze milles de *Sugus* & à quarante milles de *Cirta*.

TURRIS-CALARNEA, Lieu de la Macédoine: Pomponius-Mela le place entre le Fleuve Strymon & le Mont Athos. Ce pourroit être la Ville CALARNA d'Etienne le Géographe.

TURRIS-CONCORDIENSIS, ou AD-TURRES-CONCORDI: Siége Episcopal d'Afrique dans la Numidie, selon la Notice des Evêchez d'Afrique, où l'Evêque de ce Siège est appellé Quod-vult-Deus.

TURRIS-CREMATA, nom Latin de Torrequemanda. Voyez TORREQUEMADA.

TURRIS-JULII, nom Latin de la Ville de Truxillo. Voyez TRUXILLO

Iiii 3   TUR-

TURRIS-FERRATA, Lieu de la Pannonie, aux environs de *Sirmium*. C'est l'endroit où l'Empereur Probus [a] fut assassiné.

[a] *Aurel. Victor. Epitom. p. 52.*

TURRIS-LAPIDEA, Lieu d'Asie: Ptolomée [b] le place chez les Peuples *Sacæ*.

[b] *Lib. 6. c. 13.*

TURRIS-ROTUNDA, ou A-TURRE-ROTUNDA, Siège Épiscopal d'Afrique, dans la Numidie. Son Evêque est nommé Donatus *Episcopus à Turre rotunda* dans la Conférence de Carthage [c]. On croit que cette Ville est celle que Ptolomée appelle Robunda. La situation convient assez.

[c] *Nº. 208.*

TURRIS STRATONIS. Voyez au mot CESAREE l'Article CESAREE DE PALESTINE.

TURRIS SYLLANA, nom Latin de la Ville de Tordesillas. Voyez TORDESILLAS. Je ne sai si aucun ancien Auteur a connu le Nom de TURRIS-SYLLANA.

TURRIS-TAMALLENI, Lieu de l'Afrique propre: L'Itinéraire d'Antonin le marque sur la route de *Tacapæ* à la Grande Leptis, entre *Agariabæ*, & *Ad Templum*, à trente milles du premier de ces Lieux & à douze milles du second. C'est apparemment le même Lieu que la Conférence de Carthage appelle TURRE-TAMALLUMENSIS. Voyez ce mot.

TURRUS, Fleuve d'Italie, dans le Frioul. Pline [d] le nomme au nombre de ceux qui arrosoient la Ville d'Aquilée. Quelques MSS. lisent TARRUS pour TURRUS; & Leander dit que le nom moderne est *Turro*.

[d] *Lib. 3. c. 18.*

TURSAMBICA - TRALAGORRA, Ville de la Gaule, dans la Novempopulanie, selon la Notice des Provinces de la Gaule, où ce mot est corrompu. Au lieu de TURSAMBICA-TRALAGORRA, une des Notices publiées par Schelstrate porte CIVITAS TURBA UBI CASTRUM BIGORRA, & une autre Notice publiée par le même fit CIVITAS TURBA UBI CASTRUM BOGORRA. On appelloit ainsi l'ancienne Ville de Bigorre. Voyez BIGORRE.

TURSAN, Pays de France, dans la Gascogne. Il a les Landes au Nord: le Bas Armagnac à l'Orient; le Bearn au Midi; & le Chalosse au Couchant. Le Tursan est pris par plusieurs Savans pour le Territoire des anciens *Tarusates*. Mr. de Longuerue [e] trouve que cette conjecture n'a aucun fondement que dans la ressemblance des Noms; ce qui est une raison peu considérable. On appelle en Latin ce Pays *Taursanum*; & il a toujours eu les mêmes Vicomtes que ceux de Marsan. Il vint au pouvoir des Seigneurs de Béarn, comme plusieurs autres Vicomtez du Voisinage. Dans le Tursan sont situées la Ville Épiscopale d'Aire & celle de St. Sever. Les Évêques d'Aire n'ont pourtant jamais reconnu les Seigneurs du Tursan au temporel; mais seulement les Ducs de Guyenne & de Gascogne & les Rois de France. Le Chalosse est joint au Pays de Tursan.

[e] *Descr. de la France, Part. 1. p. 189.*

TURSENA, Lieu d'Italie, selon un Fragment de l'Itinérare d'Antonin, qui le place sur la Voye Aurélienne: L'Edition de Bertius porte TURSENUM, pour TURSENA.

TURSI, Ville d'Italie [f], au Royaume de Naples dans la Basilicate, près du Sino,

[f] *Magin, Carte de la Basilicate.*

environ à huit milles de l'Embouchure de ce Fleuve dans le Golphe de Tarente, en Latin *Tursia* [g]. On transféra dans cette Ville, l'an 1546. l'Evêché d'Anglona, qui en est à douze milles. Tursi a titre de Duché. Son terroir est bon & produit abondamment de l'Huile, de l'Anis, de la Coriandre, du Safran & du Coton.

[g] *Commainville, Table des Evêchez.*

TURTA [h], nom d'un Lieu, dont il est parlé dans les prétendues Origines de Caton.

[h] *Ortelii Thesaur.*

TURTI, TURTUTANI, & TURTUTANIA. Voyez TURDETANI.

TURUDENSIS, ou peut être TURUSENSIS, Siège Épiscopal d'Afrique, dans la Province Proconsulaire. Dans la Conférence de Carthage [i] Venustus est qualifié *Episcopus Plebis Turudensis*.

[i] *Nº. 126.*

TURULIS, Fleuve de l'Espagne Tarragonnoise: Ptolomée [k] marque son Embouchure dans le Pays des Edetains entre l'Embouchure du *Pallantia* & la Ville *Dianium*.

[k] *Lib. 2. c. 6.*

TURULLUS, Ville de Thrace selon Suidas. Ortelius [l] croit que c'est le *Tzurulum* de Cédrène.

[l] *Thesaur.*

TURUM, Ville du Norique: L'Itinéraire d'Antonin la place sur la route de *Pons-Oeni*, à un lieu nommé *ad Castra*, entre *Pons-Oeni* & *Jovisura* à quarante-quatre milles du premier de ces Lieux & à soixante-quatre milles du second.

TURUNTUS; Fleuve de la Sarmatie Européenne, selon Ptolomée [m] qui marque son Embouchure entre celle du *Rubon* & celle du *Chersinus*. Cellarius [n] croit que c'est aujourd'hui la Riviére de Nerva, appellée Weliko par les Moscovites.

[m] *Lib. 3. c. 5.*
[n] *Geogr. Ant. L. 4. c. 6.*

TURUPII, Peuple de la Gaule Lyonnoise, sur le bord de la Loire: Ptolomée [o] leur donne la Ville de *Cæsarodunum*. La plûpart des Exemplaires au lieu de TURUPII lisent TURONI. Voyez TURONI & CÆSARODUNUM.

[o] *Lib. 2. c. 8.*

TURUPTIANA, Ville de l'Espagne Tarragonnoise: Ptolomée [p] la marque dans le Pays des *Callaici-Lucensii*.

[p] *Lib. 2. c. 6.*

TURUSENSIS. Voyez TURUDENSIS.

TURUSITANUS, Siège Épiscopal d'Afrique, dans la Province Proconsulaire. Son Évêque est nommé Serotinus *Episcopus Plebis Turusitanæ* dans la Conférence de Carthage [q]. Il ne faut pas confondre cette Ville TURUZUS, avec celle de TUZURU, dont le même Conférence de Carthage [r] dit qu'A-ptus étoit Evêque.

[q] *Nº. 133.*
[r] *Nº. 187.*

TURY, Bourg de France [s], dans la Normandie, dans la partie Occidentale de la Campagne de Caen, sur un petit Ruisseau qui se jette dans l'Orne au-dessous de ce Bourg, environ à cinq lieues communes de France au Midi de Caen. Ce Bourg qui avoit le titre de Marquisat [t], fut érigé en Duché sous le nom d'Harcourt, en faveur de Henri d'Harcourt le 19. de Mars 1701. & en Pairie le 9. d'Aout 1710. en faveur du même Henri d'Harcourt, Duc, Pair & Maréchal de France.

[s] *De l'Isle, Atlas.*
[t] *Piganiol, Descr. de la France, t. 5. p. 356.*

TURZO, Ville de l'Afrique propre. Elle est comptée par Ptolomée [u] au nombre des Villes qui sont au Midi d'Adrumete. Quelques Exemplaires portent TURZA pour TURZO.

[u] *Lib. 4. c. 3.*

TUS-

TUSCA, Fleuve d'Afrique, aux confins de la Numidie selon Pline [a]. Le nom moderne est *Guad il barbar* selon Jean Léon. Ce Fleuve séparoit la Numidie de l'Afrique propre, où commence aujourd'hui l'Etat de Tunis.

a Lib. 5. c. 3.

TUSCAMIENSIS, Siège Episcopal d'Afrique dans la Mauritanie Césariense. La Notice des Evêchez de cette Province appelle l'Evêque de cette Province Maximus.

TUSCANIENSES, Peuples d'Italie, dans l'Etrurie, selon Pline [b]. On croit qu'ils habitoient dans le Lieu présentement nommé Toscanella au Duché de Castro.

b Lib. 3. c. 5.

1. TUSCI, Peuples de la Sarmatie Asiatique: Ptolomée [c] dit qu'ils habitoient entre le Mont Caucase & les Monts Cérauniens. Il y en a qui voudroient lire TURCI au lieu de TUSCI. Ils prétendent que ce sont les TURCÆ de Pline.

c Lib. 5. c. 9.

2. TUSCI, Pline [d] nomme ainsi la Maison de Campagne qu'il avoit dans la Toscane. Elle étoit vers la source du Tibre. Cluvier la place à la gauche de ce Fleuve: mais il semble que le nom de *Tusci*, veut dire qu'elle étoit dans la Toscane; par conséquent elle devoit être à la droite du Fleuve qui faisoit la borne de la Toscane de ce côté-là.

d Lib. 5. Epist. 6.

3. TUSCI & TUSCIA. Voyez HETRURIE.

TUSCULUM, Ville d'Italie, dans le Latium, au Nord de la Ville d'Albe, sur une Colline selon Strabon [e]; & qui a fait qu'Horace lui a donné le surnom de *Supernum*:

e Lib. 5.

. . . *superni villa caudens Tusculi.*

Les Masures de Tusculum, selon Mr. Spon [f], sont à deux milles de Frescati ou Frascati, au-dessus de la Montagne. On y voit des ruines peu considérables, & un Bâtiment presque entier au-dessus du grand chemin appelé *le Chemin vieux*. La Tradition assure que ce Bâtiment étoit la Maison de Ciceron. C'est une des plus belles vûes qui soient au voisinage de Rome; car on est à la cime de la Montagne, & l'on découvre delà Castel-Gandolphe, le Lac d'Albano, la Mer & toute la Campagne de Rome. Cellarius [g] ne convient pas avec Mr. Spon sur la situation de *Tusculum*. Il ne veut pas que cette Ville ait été au-dessus de la Montagne, parce que les Masures que l'on y voit sont plutôt celles d'une Maison de Campagne que celles d'une Ville; Remarque qu'il dit avoir été faite par Holsten. Il ajoute qu'il est bien plus naturel de dire que la Ville de *Tusculum* étoit dans le Lieu même où est aujourd'hui Frascati.

f Voyage d'Italie, Liv. 1.

g Geogr. Ant. Lib. 2. c. 9.

La plûpart des Grecs ne font le nom de cette Ville que de deux syllabes: Strabon & Plutarque écrivent Τύσκλον, Denis d'Halicarnasse Τύσκλον, & Etienne le Géographe Τύσκλος. Tous les Latins le font de trois syllabes, TUSCULUM; & Ptolomée a suivi cette Orthographe; car il lit Τούσκουλον. C'étoit un Municipe, auquel Cicéron [h] donne l'épithéte de *clarissimum*. Denis d'Halicarnasse [i] nous apprend que la distance de *Tus-*

h Pro Fontejo. c. 14.
i Lib. 10. p. 646.

culum à Rome n'étoit pas moindre de cent Stades. Josephe [k] dit la même chose, quoiqu'il paroisse parler plûtôt de la Maison de Campagne de Tibére que de la Ville de *Tusculum*; mais cette Maison de Campagne étoit dans le voisinage de la Ville. Le Territoire des environs est fort agréable, & sa beauté fut cause que les Romains y bâtirent diverses Maisons de plaisance.

k Lib. 22. c. 8.

TUSCUM, ou THUSUM-MARE, Pomponius Mela [l] donne ce nom à cette partie de la Mer Méditerranée qui mouille les Côtes de la Toscane; & il l'étend jusque sur les Côtes de Sicile; car il dit que le Fleuve Himera se jette dans la Mer de Toscane: *alio* [ore] *in Thuscum Mare devenit.* Voyez TYRRHENUM MARE.

l Lib. 1. c. 3.

TUSCUS. Voyez THUSCUS.

TUSDRITANUM & THUSDRUM. Voyez THYSDRUS.

TUSEY, *Tussiacum*, Lieu de France, dans la Champagne, au Diocèse de Toul. Ce Lieu est une Annexe de Vaucouleurs. Son Eglise est dédiée à Saint Remy. Nos Rois y avoient autrefois un Château, où il s'est tenu un Concile.

TUSIAGAT, Ville de la Mauritanie Césariense: Elle étoit dans les terres selon Ptolomée [m]. Quelques Exemplaires Latins lisent THUSIATHAT, & d'autres TUSIATATH.

m Lib. 4. c. 2.

TUSSII. Voyez STURII.

1. TUSO, Fleuve de l'Inde en deçà du Gange, dans lequel il se jette selon Ptolomée [n]. Au lieu de *Tuso* les Exemplaires Latins portent *Soa*; & ce pourroit être le SONUS d'Arrien [o].

n Lib. 7. c. 1.
o In Indic.

2. TUSO, Forteresse de la Chine [p] dans la Province de Queicheu, au Département de Sucheu, seconde Métropole de la Province. Elle est 8. d. 20′. plus Occidentale que Péking, sous les 27. d. 51′. de Latitude.

p Atlas Sinens.

TUSSA. Voyez THUSSA.

TUSSE', Baronnie de France, dans la Touraine, à trois lieues du Mans; elle a été possédée par une Famille du même nom fondue en celle de Champagne & de Beaumanoir, par le mariage de Jeanne de Tussé avec Baudouin de Champagne, Bailli de Touraine & François de Beaumanoir. La Paroisse contient plus de mille deux cens Habitans. Cette Baronnie appartient aujourd'hui à la Maison de Lavardin.

TUTAPUS, Fleuve de l'Inde: Arrien [q] dit que c'est un grand Fleuve qui se perd dans l'Acefines l'un des Fleuves qui se jettent dans l'Indus.

q In Indic. no. 4.

TUTATIO, Lieu du Norique: L'Itinéraire d'Antonin le marque sur la route d'Aquilée à *Lauriacum*, entre *Gabromagus* & *Ovilabis*, à vingt milles de chacun de ces Lieux.

1. TUTELA, nom Latin de la Ville de Tulle dans le Limousin.

2. TUTELA, Ville d'Espagne, dans la Celtibérie: Martial en parle dans le quatriéme Livre de ses Epigrammes [r].

r Ad Licium Epigr. 55. v. 16.

TUTHOA, Rivière du Péloponnèse dans l'Arcadie. Le Ladon, dit Pausanias [s], reçoit la Rivière de Tuthoa, auprès d'Herée, sur les confins des Thelphusiens; & la Cam-

s Lib. 8. c. 25.

Campagne voisine du Confluent des deux Riviéres, s'appelle par excellence *la Plaine*.

TUTIA, Ville de l'Espagne Citérieure[a]. Ce fut selon Florus[a] une des Villes que les Romains reprirent après que Sertorius eut été assassiné, & Perpenna vaincu & livré à Pompée. Plutarque[b] qui écrit TUTIA dit qu'un des Lieutenans de Sertorius perdit une bataille auprès de cette Ville contre Pompée & Metellus joints ensemble.

[a] Lib. 3. c. 22.
[b] In Sertorio.

TUTICUM, Ville d'Italie, dans le Pays des Samnites selon Ptolomée[c]. C'est l'AEQUUS-TUTICUS de l'Itinéraire d'Antonin. Voyez AEQUUS-TUTICUS, & EQUUS-TUTICUS.

[c] Lib. 3. c. 1.

TUTIENSES, Peuples d'Italie dans le Latium & dans la premiére Région selon Pline[d]. Ortelius[e] soupçonne qu'ils pouvoient tirer leur nom de la Ville EQUUS-TUTICUS.

[d] Lib. 3. c. 5.
[e] Thesaur.

TUTILA. Voyez au mot ARA, l'Article ARA-TUTILA.

TUTING, Montagne de la Chine[f] dans la Province de Huquang, au Territoire de Tegan, quatriéme Métropole de la Province, au Nord du Lac Tungmung. Cette Montagne qui est très-élevée & est presque toute couverte d'Arbres fort épais & très-anciens; & dans quelques endroits on voit des Champs très-fertiles où l'on seme du Ris.

[f] Atlas Sinens.

TUTINI, Peuples d'Italie, dans la Calabre, selon Pline[g].

[g] Lib. 3. c. 11.

TUTLINGEN, Ville d'Allemagne, dans la Suabe[h], près du Danube, & du Domaine des Ducs de Wirtenberg. Elle fut entourée de murailles en 1274. Cette Ville appartenoit autrefois aux Seigneurs de Wartenberg. Louïs Abbé de Reichenau de la Maison des Comtes de Phullendorf en Suabe fut tué en 1364. dans l'Eglise de cette Ville par ses propres domestiques.

[h] Zeyler, Topogr. Sueviæ, p. 76.

TUTTIA. Voyez TUTIA.

TUTULENSIS. Voyez TRUTULENSIS.

TUTUCURIN, TUTUCORIN, ou TUTUCORY, Ville de la Presqu'Isle de l'Inde[i], sur la Côte de la Pescherie, & la principale ou plutôt l'unique qui soit sur cette Côte, le reste ne consistant qu'en de grosses Bourgades & quelques Villages. De loin on prendroit Tutucurin pour une Ville, ornée de magnifiques Maisons; mais quoiqu'elle soit fort peuplée (car on n'y compte pas moins de cinquante mille Habitans, partie Chrétiens, partie Gentils), on trouve en arrivant qu'elle n'est en rien supérieure aux autres Villes des Indes. Les Hollandois à qui elle appartient y ont fait bâtir une petite Forteresse. Il y a quelques Bâtimens[k] assez élevés dans les deux Isles qui couvrent la Ville, & plusieurs grands Magasins bâtis sur le bord de l'eau qui font un assez bel effet. Le reste n'est presque tout bâti que de palhotes. On remarque que Tutucurin est presque à une égale distance du Cap de Comorin & du passage de Ramancor. Toute la Côte de la Peschérie[l] est inabordable aux Vaisseaux d'Europe parce que la Mer y brise terriblement. Il n'y a que Tutucurin où les Navires puissent passer l'Hyver, cette rade étant couverte par deux Isles qui en font la sûreté. La hauteur du Pole à Tutucurin est selon les observations de Pere Noel de 8. d. 52'.

[i] Lettres Edif. t. 15. p. 36.
[k] Ibid. T. 5. p. 98.
[l] Ibid p. 80.

TUTUNCRUS, ou plutôt TUNCRUS; car c'est ainsi que les derniéres Editions lisent ce vers de Sidonius Apollinaris[m].

[m] Ad Cn. sentium. Carm. 20. v. 244.

Tu Tuncrum, & Vachatim, Visirgin, Albin, &c.

Tuncrus est, à ce qu'il paroît, un Fleuve; mais il seroit difficile d'en donner la position, Sidonius Apollinaris ne l'ayant point marquée. Je ne connois aucun autre Auteur qui fasse mention d'un Fleuve de ce nom.

TUTZIS, Ville d'Egypte: L'Itinéraire d'Antonin la marque entre *Talmæ* & *Pselcis*, à vingt milles du premier de ces Lieux & à douze milles du second.

TUVENTE. Quartier des Pays-Bas, dans la Province d'Over-Issel[n], aux confins de la Westphalie. On croit que ce nom de Tuvente vient des Peuples nommez *Tubantes*, dont parlent Tacite & Ptolomée, & qui habitoient dans ce Pays-là. Le Comté de Tuvente fut donné à l'Eglise d'Utrecht & à son Evêque Bernold en 1046. par l'Empereur Henri *le Noir*. Sa Capitale est Oldenzéele, qui étoit déja fondée du tems de cet Empereur, qui donna en 1049. à l'Evêque Bernold le droit d'y tenir Marché toutes les semaines, & cet Empereur appelle ce Lieu *Aldenzele in Pago Tuvent*.

[n] Longuerue, Descr. de la France, Part. 2. p. 35.

TUX, petite Ville d'Allemagne[o], dans l'Archevêché de Mayence. C'est proprement un Corps de Garde avancé pour couvrir les Terres de cet Electorat. Le Poste n'est pas mauvais quoique les Ouvrages ne soient que de terre & en assez mauvais ordre; mais le terrein étant bon par-tout il seroit aisé de les rétablir.

[o] Corn. Dict. Mém. & Geogr. 1698.

TUXIUM, Ville d'Italie & la Capitale des Samnites selon Plutarque[p]. Il dit que[q] Fabius Fabricianus en pillant cette Ville, en enleva la *Venus Victorieuse* qui y étoit adorée, & la fit porter à Rome. Ortelius[q] croit que ce pourroit être la Ville Tuticum de Ptolomée.

[p] Parall. p. 315.
[q] Thesaur.

TUXUM, Ville de la Chine[r], au Royaume de Leaotung, dans le Département de Leaoyang, Métropole du Royaume. Elle est de 6. d. 8'. plus Orientale que Péking, sous les 39. d. 56'. de Latitude.

[r] Atlas Sinens.

TUY, Ville d'Espagne dans la Galice[s] sur une Montagne, dont le Migno mouille le pied, au-dessous de Salvatierra, avec titre de Cité. Cette Ville qui a de bons remparts & de fortes murailles est munie d'une nombreuse Artillerie. On y tient toujours Garnison, parce que c'est une Place Frontiére opposée à la Ville de Valence en Portugal. Ces deux Villes sont si proches l'une de l'autre, qu'elles peuvent se battre à coups de Canon; & comme les Portugais prétendent n'avoir rien oublié pour mettre Valence hors d'insulte, les Espagnols n'ont pas moins travaillé à mettre Tuy en bon état de défense. C'est dans cette derniére Ville que les Milices de la Province ont leur rendez-vous général, lorsqu'on a la guerre avec les Portugais. L'Evêque de Tuy est Seigneur Spirituel & Temporel, & jouït de quatre mille Ducats de revenu,

[s] Délices d'Espagne, p. 130.

ou

TUZ. TWE. TYA.

ou de dix mille selon quelques-uns. La Campagne est très-agréable, très-fertile, & très-cultivée. On y voit des Champs, des Jardins, des Vergers & des Vignes qui rapportent d'excellent vin, & généralement on y a toutes les commoditez que l'on peut souhaiter pour la vie; outre que l'air y est fort tempéré.

Le B. Pierre Gonçales [a] Dominicain, natif d'Astorga, mourut dans la Ville de Tuy en 1240. son corps y est toujours gardé depuis, & son culte s'y est établi comme dans l'Ordre des Dominiquains.

[a] Baillet, Topogr. des Saints, p. 510.

TUZUDRUMES. Voyez THUSDRITANUS.

TUZURITANUS, ou TUZIRITANUS, Siège Episcopal d'Afrique, dans la Byzacène. Son Evêque est nommé Asselicus dans la Notice des Evêchez d'Afrique, de même que dans la Conférence de Carthage.

TWEDALE, Province de l'Ecosse Méridionale [b], située au Nord de Tiviotdale, & qui prend son nom de la Rivière de Twede, qui la traverse. Elle a environ 28. milles en longueur, sur 18 en largeur. L'air y est assez serein & tempéré. Il y a des Montagnes; mais qui sont verdoyantes, & qui nourrissent une infinité de Brebis, dont la laine est très-bonne. Ses Vallées ne sont pas moins fertiles en Bled & en Pâturages. Ses Lacs, & ses Rivières abondent en poisson de diverses sortes, & celles-ci sur-tout en Saumon, qui est excellent. Le Lac qu'on appelle Westwater Lake est tellement rempli d'anguilles & d'autres poissons au mois d'Août que le nombre prodigieux qui en sort, par une petite Rivière lorsque le Vent d'Ouest régne, renverse quelquefois les petits Bâteaux de ceux qui y vont pour les prendre. Twedale donne le titre de Marquis à une Branche de l'ancienne & noble Famille de Hay Comte d'Errol. Les autres principales Familles sont celles de Murray, de Philiphaugh, des Scots, & des Pringles. Peebles, sa Capitale, est située agréablement entre la Twede & le Peebles, & se distingue par ses trois Rues, trois Ponts, trois Eglises, & trois Portes. Le Comté de Gelkirk dans cette Province, est un Pays de Bois & de Montagnes; mais qui produit beaucoup de Pâturages.

[b] Etat présent de la Gr Br t. 2. p. 235.

TWEDE, Rivière qui sépare l'Angleterre de l'Ecosse [c]. Elle se jette dans la Mer auprès de Berwick, sur les Frontières d'Ecosse.

[c] Ibid. t. 2. p. 15.

TWENTHE, en Latin *Tuenta* [d]. On donne ce nom au second des trois Quartiers qui forment la Province d'Over-Issel. On ignore de quelle manière ce Pays passa sous la puissance des Evêques d'Utrecht. On sait seulement que leur possession étoit fort ancienne, puisqu'il en est parlé dans les Lettres pour la fondation de l'Abbaye des Bénédictins de Hohorst. Il y avoit originairement plusieurs Comtes dans le Pays de Twenthe; mais le principal étoit le Comte de Gore. Il avoit autorité sur les autres, & dans un ancien Catalogue de l'Eglise d'Utrecht il est appelé *Ecclesiæ Trajectinæ Liber Feudalis & Signifer*.

[d] Alting, Notit. German. Inf. Part. 2. p. 185.

T Y.

TYAKAPPAN, Peuple de l'Amérique Septentrionale, dans la Louïsiane, sur la route que tint Mr. de la Salle pour aller aux Cenis. Ils avoient des chevaux; ils sont voisins des Taraha.

1. **TYANA**, Ville de la Cappadoce dans la Préfecture Tyanitide selon Ptolomée [e]. Strabon [f] en fait la seule Ville de cette Préfecture. Pline [g] & Arrien [h] connoissent aussi cette Ville. Ce dernier dit qu'on la nommoit THYANA pour THOANA, nom qui lui avoit été donné par Thoas Roi du Chersonnèse Taurique. Cette Ville est principalement connue pour avoir été la Patrie d'Apollonius de Tyane [i]. Dans le Concile d'Ephèse elle est attribuée à la seconde Cappadoce.

[e] Lib. 5. c. 6.
[f] Lib. 12. p. 537.
[g] Lib. 6. c. 3.
[h] Peripl. Philostr.
[i] in Vit: A- pollonii, L. 1. c. 4.

2. **TYANA**, Ville d'Egypte, selon Etienne le Géographe.

TYANITÆ. Voyez TEANUM.

TYANITIS, Préfecture d'Asie, dans la Cappadoce. Strabon [k] qui la place au pied du Mont *Taurus*, près des Portes Ciliciennes, qui lui facilitoient la communication avec la Cilicie & avec la Syrie, dit qu'on la nommoit aussi *Eusebia ad Taurum*: qu'elle étoit fertile, & consistoit en Plaines pour la plus grande partie. Il ne lui donne qu'une Ville nommée *Tyana*. Voyez ce mot N°. 1. Mais Ptolomée [l] en marque quatre; savoir

[k] Lib. 12. p. 537.
[l] Lib. 5. c. 6.

Dratæ,	Bazis,
Tyana,	Syala.

TYARA, Isle dans laquelle l'Empereur Néron relégua Musonius, selon Philostrate [m], qui ajoute que cette Isle manquoit d'eau; mais que Musonius y fit la découverte d'une Fontaine. Mais il n'y a pas de doute que *Tyara* est une faute, comme l'a remarqué Juste-Lipse; & il faut lire dans Philostrate *Gyara* au lieu de *Tyara* C'est de l'Isle de *Gyaros* ou *Gyara* dont il est question. Voyez GYAROS.

[m] In Vit: Apollonii. L. 7.

TYBA, Lieu d'Asie au-delà de l'Euphrate. C'est Cicéron [n] qui en parle.

[n] Lib. 15.

TYBERIM, ancien nom d'un Lieu de la Syrie, selon Guillaume de Tyr [o] qui dit que de son tems ce Lieu se nommoit TORONUM CASTRUM.

[o] Lib. 15. Epist.
[c] 5.

TYBIACÆ. Voyez SCYTHÆ.

TYBRESTUS, Ville de l'Arabie: Vibius Sequester qui en parle la met sur le Fleuve Cyrbues.

TYBUR. Voyez TIBUR.

TYCHÆUM, Montagne de la Grèce Etienne le Géographe dit qu'elle étoit entre la Bœotie & l'Eretrie.

TYCHE. Voyez SYRACUSÆ.

TYCOKZIN, Ville de Pologne, dans la Podlaquie [p], sur la Rivière de Narew, entre Sarafi & Wizna. Elle est accompagnée d'un beau Château, bien fortifié, environné de Marais, & qui fut bâti par Christophle Viesioloviz, Grand-Maréchal du Grand-Duché de Lithuanie. On bat monnoie à Tycokzin.

[p] De l'Isle, Atlas. Cellar. Polon. Descr. p. 602.

TYDE, Lieu fortifié en Espagne, selon Pline [q] & Silius Italicus [r] qui le donnent aux GRAVII. Ptolomée [s] écrit TUDE pour TYDE. Ce Lieu est dans la Galice & se nomme aujourd'hui Tuy.

[q] Lib. 4. c. 20.
[r] Lib. 3.
[s] Lib. 2. c. 6.

TYDÉE (le Tombeau de). Ce Tombeau étoit dans la Bœotie entre Thèbes & Chal-

Chalcis. Près du Tombeau de Melanippus, dit Pausanias [a], on voit trois grosses pierres. Ceux qui croyent connoître les Antiquitez du Pays disent que c'est le lieu de la Sépulture de Tydée, qui fut inhumé dans ce Lieu par Méon, & ils se fondent sur un vers de l'Iliade d'Homère, qui dit que ce Guerrier trouva sa sépulture dans les Campagnes de Thèbes. Tydée fut tué de la main de Melanippus quand les Argiens assiégeoient la Ville de Thèbes.

[a] Lib. 9. c. 18.

TYDII, Peuple de la Sarmatie Asiatique: Pline [b] le nomme parmi les Peuples qui habitoient sur le Mont Caucase.

[b] Lib. 6. c. 7.

TYENIS, Fleuve & Ville de la Colchide selon Etienne le Géographe.

TYGRINUM VINUM, nom d'un Vin, ainsi appellé du Lieu où il croissoit, & qu'Alex. Trallian [c] conseille de donner à ceux qui sont attaquez de la fièvre. Ortelius [d] soupçonne que ce Vin pouvoit croître en Italie; mais comme je n'ai pas vu, dit-il, le Texte Grec, je ne puis rien assurer par rapport à l'Orthographe de ce mot.

[c] Lib. 8. c.
[d] Thesaur.

TYLANGIUM, Ville du Péloponnèse dans la Triphylie, selon Polybe [e], qui dans le même endroit, appelle cette Ville Στυλάγγιον, *Stylangium*, qui est selon les apparences la véritable Orthographe. La méprise peut être venue dans Polybe de ce que le mot qui précède finissant par une *s*, le Copiste n'aura pas remarqué en écoutant celui qui lui dictoit, que le mot qui suivoit commençoit par la même lettre. Etienne le Géographe confirme en quelque manière cette opinion, quoiqu'il écrive *Styllagium* au lieu de *Stylangium*.

[e] Lib. 4.

TYLESSUS. Voyez TYLLESII.

TYLIS, Ville de Thrace, près du Mont Hemus: Polybe [f] & Etienne le Géographe en parlent, & le dernier dit que *Tylis* fait *Tyleos* au génitif. Voyez TULEUS.

[f] Ibid.

1. TYLLESII, Montagnes d'Italie, dans la Grande Grèce, selon Lycophron cité par Ortelius [g]. Ce dernier ajoute que, selon Isacius TILLESII, est le nom d'une Montagne, d'une Ville & d'une Forêt. Etienne le Géographe, qui cite le même Lycophron écrit TYLESSOS, & en fait un Montagne d'Italie. Si nous en croyons Gabriel Barri, on a appellé TYLLESIUM, un Cap de la Calabre nommé aujourd'hui *Corica*; & on a donné le même nom de *Tyllesium*, à la Ville d'Agello.

[g] Thesaur.

2. TYLLESII, Montagnes de la Thessalie, selon Canterus [h] cité par Ortelius [i]. On ne connoît point d'autre Auteur qui ait parlé de ces Montagnes.

[h] In Lycophron. Annot.
[i] Thesaur.

1. TYLUS, Ville du Péloponnèse, sur le Golphe de Messénie, entre les Isles Tyrides & la Ville de Leuctrum, selon Strabon [k] qui dit que quelques-uns la nommoient OETYLUS. Quelques-uns au lieu de TYLUS ont voulu lire PYLUS & BÆTYLUS pour OETYLUS. Ce sont deux fautes insignes. Strabon a lu Tylus Τύλος dans Homère [l].

[k] Lib. 8. p. 360.
[l] Iliad. B. v. 586.

Οἴτε Λᾶαν εἶχον, ἠδ᾽ οἱ Τύλον ἀμφενέμοντο.

Oëtylus est aussi fondé sur ce même vers d'Homère [m] que quelques-uns lisent de la sorte:

[m] Ibid.

Οἴτε Λᾶαν εἶχον, ἠδ᾽ Οἴτυλον ἀμφενέμοντο.

Pausanias [n] peut encore être allégué en preuve. Il nomme cette Ville Oëtyle, & la place comme Strabon sur la Côte Orientale du Golphe de Messénie, entre le Port de Messa & Thalama, à cent cinquante Stades du premier de ces Lieux & à quatre-vingt Stades du second.

[n] Lib. 3. c. 25. & 26.

2. TYLUS, Isle du Golphe Persique: Arrien [o] la place vers l'embouchure de l'Euphrate; mais à un jour & une nuit de navigation toujours le vent en poupe. Cette Isle, dit-il, est grande, & n'est trop hérissée de Rochers, ni trop couverte de Forêts; mais elle est propre à produire de bons Fruits & à les porter à une juste maturité. Voyez l'article suivant.

[o] De Exped. Alex. L. 7. p. 488. Ed. Blan. ni cardi 1668.

3. TYLUS, Isle du Golphe Persique, selon Ptolomée [p] qui la marque à l'Occident de celle d'Arathos du côté de l'Occident. C'est apparemment la même dont parle Arrien, quoique Ptolomée l'éloigne davantage de l'Embouchure de l'Euphrate. Eratosthène qui, selon Strabon [q], nomme cette Isle *Tyros*, & Artémidore cité par Etienne le Géographe, éloignent aussi cette Isle beaucoup plus qu'Arrien de l'Embouchure de l'Euphrate; car ils la mettent à dix jours de navigation de l'Embouchure de ce Fleuve, & à une journée seulement de l'entrée du Golphe Persique. Le nom moderne de cette Isle est QUEXIMI, ou QUEIXOME. Voyez TYLUS, No. 2.

[p] Lib. 6. c. 7.
[q] Lib. 16. p. 766.

4. TYLUS, ou TYLUS-MINOR, Isle du Golphe Persique, selon Pline [r] qui la met à dix milles de la Grande Tylos. Cette Isle est nommée Arados par Strabon & Arathos par Ptolomée. Surquoi Bochart [s] remarqué que dans le Golphe Persique, d'où les Phéniciens étoient venus, il y avoit, comme dans la Phénicie, deux Isles considérables l'une nommée *Tylus* & l'autre *Aradus*, & d'où étoient apparemment parties les Colonies qui allèrent s'établir dans la Phénicie.

[r] Lib. 12. c. 10.
[s] Geogr. P. 2. L. 1. c. 45.

TYMAVI. On trouve ce nom dans quelques Exemplaires [t] de Valerius Flaccus [u], où on lit:

[t] Ed. Lud. Carrion.
[u] Lib. 5. v. 147.

Inde Genetæi rupes Jovis, inde Tymavos.

J'aime mieux, dit Ortelius [x], l'ancienne Leçon qui porte:

[x] Thesaur.

Inde Genetæi Jovis, hinc Tiborenum.

Cette dernière façon de lire est confirmée par Apollonius de Rhodes [y], au lieu que TYMAVI ne signifie rien. Voyez TIBARENI, & GENETÆUM PROMONTORIUM.

[y] Lib. 2. Argonaut.

TYMBRA, Ville de l'Asie Mineure, dans la Pisidie, l'on en est parlé dans le sixième Concile de Constantinople. Voyez THYMBRE, & TYMBRIANI.

TYMBRIANI, Peuples de l'Asie Mineure aux environs de la Lycaonie selon Pline [z]. Au lieu de TYMBRIANI, dit le Pere Hardouin, les MSS. portent TIMBRIANI, & il y a apparence qu'on doit lire TIBRIANI; car ils tiroient sans doute leur nom de la Ville Τιβριάς. Constantin Evêque de cette Ville, τῆς Τιβριαδέων πόλεως, souscrivit au troisième Concile Général de Constantinople [a], où

[z] Lib. 5. c. 27.
[a] Act. 18. p. 1068.

TYM. TYN.   TYN. TYP.   811

[a Pag. 1017.] Où dans un autre endroit [a] on lit Τιϐεριαδῶν pour Τιϐριαδέων. L'ancienne Verſion Latine ajoute que c'étoit un Siège Episcopal de la Piſidie. Les Notices Eccléſiaſtiques marquent auſſi ce Siège dans la Piſidie; mais une lit, Τυμβιαδῶν: une autre ὁ Τιμβριαδῶν; & une troiſième ὁ Τιϐριαδῶν. Le Pere Hardouin croit que ce nom eſt encore plus corrompu dans Leunclavius qui écrit ὁ Τιμωμαριαδος.

TYMENÆUM, Montagne qu'Etienne le Géographe place, dans l'Aſie-Mineure, au voiſinage de la Phrygie, & dont il dit que les Habitans ſont nommez TYMENÆI.

TYMENNA, Village de la Lycie. C'eſt Etienne le Géographe qui en parle.

TYMES, Ville de la Libye ſelon Etienne le Géographe. C'eſt la même que TUNES dont cet Auteur fait deux Articles ſous deux Orthographes différentes. Voyez TUNES.

TYMIUM, petite Ville de Phrygie, ſelon Ortelius [b] qui cite Euſèbe & Nicéphore Calliſte. Haymon ajoute que cette Ville a été appellée JERUSALEM par l'Héréſiarque Montanus. [b Theſaur.]

TYMNISSUS, Ville de la Carie, ſelon Etienne le Géographe. C'eſt la TISANUSA, THYSIAMISA, TISSAMISA, ou TISSANUSA de Pomponius Mela [c]. [c Lib. 1. c. 16.]

TYMNUS, Ville de la Carie. Cette Ville, dont parle Etienne le Géographe, tiroit ſon nom du Golphe ou du Promontoire THYMNIAS, dont Pomponius-Mela [d] fait mention. [d Ibid.]

TYMOLUS. Voyez TMOLUS.

TYMPANIA, Ville du Péloponnèſe, dans l'Elide: Ptolomée la marque [e] dans les Terres. Les Habitans de cette Ville ſont appellez TYPANEI par Pline [f]; mais il les place dans l'Achaïe. Ce pourroit être la même Ville que Polybe [g] nomme TYMPANÆA, & qu'il met dans la Triphylie; & il y a apparence auſſi que c'eſt la Ville TYPANEAE d'Etienne le Géographe qui la met pareillement dans la Triphylie. [e Lib. 3. c. 16. f Lib. 4. c. 6. g Lib. 4.]

TYMPHÆA, Ville de la Theſprotie, ſelon Etienne le Géographe. Strabon [h] ne connoît que les Peuples qu'il nomme TYMPHÆI, & qu'il place vers les ſources du Pénée. Selon Pline [i] les Peuples TYMPHÆI étoient du nombre de ceux qui habitoient l'Etolie. Mais il met [k] encore des TYMPHÆI, dans la Biſaltie, ou du moins entre le Strymon & l'Anius; ce qui oblige d'en faire deux Peuples différens. [h Lib. 7. p. 326. & 327. i Lib. 4. c. 2. k Lib. 4. c. 10.]

TYMPHÆI. Voyez TYMPHÆA.

TYMPHE, Montagne de la Theſprotie, ſelon Etienne le Géographe.

TYMPHRESTUS, Montagne de la Theſſalie. Strabon [l] la met au voiſinage du Pays des Dolopes; & comme Phœnix régna ſur ces Peuples, c'eſt ce qui a donné occaſion à Lycophron [m] de dire, en parlant du retour de ce Prince dans ſa Patrie: [l Lib. 9. p. 433. m Vers 420.]

Κρύψει πρινὴ Τυμφρηστὸν αὐγάσαι λέπας.

Abſcondet antequam Tymphreſtum ſpectaverit Collem.

TYNDARIDES, ou TYNDARIDÆ, Lieu qu'Arrien [n] marque dans la Bithynie, ſur le bord du Pont-Euxin, entre *Poſidæum* & *Nymphæum*, à quarante-cinq Stades du premier de ces Lieux & à quinze du ſecond. Denys le Périégète [o] marque la Terre des Tyndarides près de la Colchide, ſur le bord du Pont-Euxin. [n I. Peripl. p. 14. o Vers 688.]

TYNDRARII SCOPULI, Ecueils de la Mer d'Egypte: Ptolomée [p] les met au nombre de trois. [p Lib. 4. c. 5.]

TYNDARIS. Voyez TYNDARIUM.

TYNDARIUM, Ville de Sicile, ſur la Côte Septentrionale. Ptolomée [q] la marque entre les Embouchures des Fleuves Hélicon & Tymethus. Elle eſt nommée TYNDARIS par Strabon [r] & par Pline [ſ] qui lui donne le Titre de Colonie. Dans une ancienne Inſcription ſes Habitans ſont nommez Τυνδαρεῖς, *Tyndarienſes*, & dans plus d'un endroit des Verrines de Cicéron *Tyndaritani*. Diodore de Sicile [t] dit que Denys le Tyran donna ce terrein aux Meſſéniens qui y bâtirent la Ville de Tyndaris. Cicéron [u] l'appelle *nobiliſſima Civitas*: en divers endroits [x] il la met au nombre des plus conſidérables de la Sicile, & il ajoute: ſes Habitans étoient les amis & les alliez du Peuple Romain. Pline [y] nous apprend que la Mer avoit englouti la moitié de cette Ville. Le reſte eſt aujourd'hui détruit: on n'y voit plus qu'une Egliſe appellée *Santa Maria in Tindaro*. [q Lib. 3. c. 4. r Lib. 6. p. 266. ſ Lib. 3. c. 8. t Excerp. Leg. ex Lib. 22. u Verr. 3. x Action. 2. 3. & 4. y Lib. 2. c. 92.]

TYNDARIUM PROMONTORIUM, Promontoire de l'Iſle de Sicile, ſur la Côte Septentrionale, ſelon Zonare [z], qui dit qu'en l'année 495. ſous le Conſulat d'Atilius Calatinus & de Caius Sulpitius, la Flote des Carthaginois ſe mit en embuſcade à l'abri de ce Promontoire. Il tiroit ſon nom de la Ville *Tyndarium*, qui y étoit bâtie. [z Bel. Punic. Lib. 1.]

TYNDENSES, nom d'un Peuple dont fait mention Ammien-Marcellin [a]. C'étoit un Peuple de l'Afrique aux environs de la Mauritanie Sitifenſe. [a Lib. 29. c. 5.]

1. **TYNDIS**, Village de l'Inde en deçà du Gange, dans la Limyrique: Arrien [b] en fait un Entrepôt conſidérable. Selon Ptolomée [c] *Tyndis* étoit une Ville. [b 2. Peripl. p. 30. c Lib. 7. c. 1.]

2. **TYNDIS**, Fleuve de l'Inde: Ptolomée [d] marque ſon Embouchure dans le Golphe du Gange entre *Sippara* & *Mapura*. [d Ibid.]

TYNES, Ville de Sicile, ſelon Etienne le Géographe. Mais il y a grande apparence que c'eſt une erreur & qu'au lieu de dire Ville de Sicile, il devoit dire Ville de l'Afrique propre. Voyez, TYMES, & TUNES.

TYNIDRIMENSE OPPIDUM. Voyez THUNUDROMUM.

TYNIS. Voyez TUNES.

1. **TYNNA**, Ville d'Aſie, dans la Petite Arménie: Ptolomée [e] la marque parmi les Villes de la Préfecture de Cataonie. [e Lib. 5. c. 7.]

2. **TYNNA**, Fleuve de l'Inde en deçà du Gange. Son Embouchure eſt placée par Ptolomée [f], dans le Pays des Arvares, entre *Malange* & *Cottis*. Quelques Exemplaires écrivent TYNA pour TYNNA. [f Lib. 7. c. 1.]

TYPÆUM. Voyez TYPÆA.

TYPANEÆ, & TYPANEI. Voyez TYMPANIA.

TYPARUM. Voyez THIBARUM.

TYPASA. Voyez TIPASE.

TY-

TYPÉE, Montagne du Péloponnèse dans l'Elide. En allant de Scillunte à Olympie, dit Pausanias [a], avant que d'arriver au Fleuve Alphée, on trouve un Rocher fort escarpé, & fort haut qu'on appelle le mont Typée. Les Eléens, ajoute-t-il, ont une Loi par laquelle il est ordonné de précipiter du haut de ce Rocher toute femme qui seroit surprise assister aux Jeux Olympiques, ou qui même auroit passé l'Alphée les jours défendus ; ce qui n'étoit jamais arrivé qu'à une seule femme nommée Callipatire selon quelques-uns, & Phérenice selon d'autres. Cette femme étant devenue Veuve s'habilla à la façon des Maîtres d'Exercice & conduisit elle-même son fils Pisidore à Olympie. Il arriva que le jeune homme fut déclaré vainqueur : aussi-tôt sa mere transportée de joie jette son habit d'homme, & saute par dessus la Barriére qui la tenoit enfermée avec les autres Maîtres. Elle fut connue pour ce qu'elle étoit ; mais on ne laissa pas de l'absoudre en considération de son pere, de ses freres & de son fils, qui tous avoient été couronnez aux Jeux Olympiques. Depuis cette avanture il fut défendu aux Maîtres d'Exercice de paroître autrement que nuds à ces spectacles.

[a] Lib. 5. c. 6.

TYPHAONIA-PETRA, Apollonius donne ce nom à un Lieu du Mont Caucase [b].

[b] Lib. 2.

TYPHAONIUM, Montagne dont fait mention Hésiode [c]. Tzetzès [d] dit que cette Montagne étoit dans la Bœotie.

[c] In Scuto Herculis.
[d] Ortelii Thesaur.

TYPHIUM, Montagne de la Bœotie, selon Hesyche cité par Ortelius [e]. TYPHIUM pourroit bien être corrompu de TYPHONIUM.

[e] Thesaur.

TYPHOEUS, nom que Silius Italicus [f] donne au Mont Aetna, parce que quelques-uns vouloient que Typhaon ou Typhon eût été enfoui sous cette Montagne. Il y en a pourtant qui mettent la sépulture de ce Géant en différens autres endroits. Voyez ARIMA & INARIME.

[f] Lib. 14. v. 197.

TYPHON. Voyez ORONTES.

TYPHONIS-INSULA, Isle de la Mer Méditerranée, aux environs de la Troade & que quelques-uns nomment CALYDNA, selon Q. Smyrneus [g] cité par Ortelius [h]. Ce pourroit être la même Isle que Lycophron appelle *les Rochers*, ou *les Ecueils de Typhon* TYPHONIS SCOPULI. Cependant son Commentateur Isacius veut que ce soient des Montagnes de Cilicie appellées *Arimi*. Pomponius Mela [i] marque dans la Cilicie une Caverne nommée TYPHONEUM SPECUS.

[g] Lib. 1. Illi excidii.
[h] Thesaur.
[i] Lib. 1. c. 13.

TYPHRESTUS, Montagne & Ville de la Trachinie, selon Etienne le Géographe. Le Grand Etymologique les met dans la Ménalie. Ortelius [k] croit que c'est la Ville TYMPHRESTUS de Strabon.

[k] Thesaur.

1. **TYR**, Ville d'Asie, dans la Phénicie, sur le bord de la Mer, au Midi de Sidon. Cette Ville aussi célèbre dans l'Histoire sacrée que dans l'Histoire profane est des plus anciennes, quoique bâtie depuis Sidon ; car selon Justin [l] les Sidoniens en furent les Fondateurs. Quinte-Curse veut que Tyr & Sidon soient de la même ancienneté, & qu'elles ayent été bâties par Agenor fils de Cadmus ; mais il y a grande apparence que Sidon est plus ancienne ; car elle subsistoit du tems des Patriarches ; au lieu que nous ne voyons pas même que Tyr existât du tems de David. Strabon [m] confirme ce sentiment quand il dit que les Poëtes parlent davantage de Sidon que de Tyr, & qu'Homère ne fait aucune mention de cette derniére Ville ; mais qu'il parle bien de Sidon & des Sidoniens. La Ville de Tyr fut pourtant attribuée à la Tribu d'Aser [n] de même que les autres Villes maritimes du même Canton ; mais outre qu'il ne paroît pas que les Asérites en ayent jamais chassé les Chananéens, il y a de fort habiles gens qui soutiennent que Tyr n'étoit pas encore fondée du tems de Josué & que *Mibzar-zor* que l'Auteur de la Vulgate a traduit par *Urbem munitissimam Tyrum*, n'est point la Ville de Tyr. Isaïe [o] d'un autre côté nomme Sidon la Fille de Tyr ; c'est-à-dire sa Colonie. Josephe [p] dit que Tyr ne fut bâtie que deux cens quarante ans avant le Temple de Salomon ; ce qui revient à l'an du Monde 2760. & à deux cens ans depuis Josué. Hérodote [q] a écrit que les Prêtres de Tyr disoient que le Temple d'Hercule de cette Ville avoit été bâti avec la Ville deux mille trois cens ans avant le tems auquel il écrivoit ; c'est-à-dire avant l'an 3596. En sorte que Tyr auroit été fondée en l'an du Monde 1296. & six cens cinquante-six ans avant le Déluge ; ce qui est insoutenable.

[l] Lib. 18. c. 3.
[m] Lib. 16.
[n] Josué 19. 29.
[o] Cap. 23. v. 12.
[p] Ant. L. 8. c. 2.
[q] Lib. 2. c. 44.

Mais il semble, dit Dom Calmet [r], qu'on peut concilier ces diversitez, en reconnoissant deux Villes de Tyr ; l'une ancienne connue des Anciens sous le nom de *Palæ-Tyros*, & l'autre nouvelle nommée simplement *Zor*, ou *Tyr*. La première étoit bâtie sur le Continent, à trente Stades de la seconde & du côté du Midi selon Strabon [s]. C'est dans la première qu'étoit le Temple d'Hercule, dont les Prêtres de Tyr vantoient avec exagération l'antiquité à Hérodote, & c'est dans ce Temple, que les Tyriens répondirent à Alexandre qu'il pouvoit aller sacrifier, lorsqu'il leur fit dire qu'il souhaitoit aller dans leur Ville pour offrir des sacrifices à Hercule [t] : *Tyrum se ire velle ad vota Herculi reddenda dixit. Legati responderunt esse Templum Herculis extra Urbem, in ea sede quam Palæ-Tyron, sive veterem Tyrum ipsi vocant, ibique in antiquiore Templo rectius id eum esse facturum, &c.* L'autre Tyr étoit dans une Isle vis-à-vis de l'ancienne, dont elle n'étoit séparée que par un Bras de Mer assez étroit. Pline [u] dit qu'il n'y avoit que sept cens pas de distance de l'Isle à la Terre-ferme. Alexandre le Grand combla tout cet espace pour prendre la Ville ; & l'Isle étoit encore jointe à la Terre-ferme du tems de cet Auteur ; *Tyrus quondam Insula, præ alto mari septingentis passibus divisa ; nunc vero Alexandri oppugnantis operibus Continens*. Dans le même Chapitre Pline donne dix-neuf mille pas de circuit au Territoire de Tyr, & il y renferme la vieille Tyr : *intra Palætyro inclusa*.

C'est donc de l'ancienne Tyr dont parle Josué. La nouvelle n'étoit pas encore bâtie du tems de Salomon. Il n'y avoit dans l'Isle qu'un Temple dédié à Jupiter Olympien. Dius & Ménandre Ephésien [x], qui avoient

[r] Dict.
[s] Lib. 16.
[t] Q. Curt. L. 4. c. 2. & Lib. 11. c. 10.
[u] Lib. 5. c. 19.
[x] Apud Joseph. L. contra Appion. p. 1042. & L. 8. p. 267.

TYR.

avoient écrit l'Histoire Phénicienne racontent que Hiram ami de Salomon, avoit joint à la Ville de Tyr, le Temple d'Hercule, qui étoit seul dans l'Isle, par une levée qu'il fit, en jettant dans la Mer beaucoup de terre & d'autres matieres. Il est vrai que Hiram écrivant à Salomon, lui demanda du blé; parce, dit-il, que nous en avons besoin, demeurant dans une Isle, où notre Ville est bâtie. Mais il y a beaucoup d'apparence que cette circonstance a été ajoutée par Josephe [a], puisqu'on lit les mêmes Lettres dans Eupoléme [b] d'un style assez différent, & où cette circonstance ne se trouve point. On voit encore aujourd'hui quelques vestiges de l'ancienne Tyr, comme de grandes Citernes, & des restes d'un Aqueduc qui conduisoit l'eau depuis la Terre-ferme jusques dans l'Isle. Cette Isle avoit vingt-deux Stades ou 3190. pas de tour, & l'ancienne Tyr avoit dix-neuf mille pas. Ménandre d'Ephése [c] raconte que Salmanasar Roi d'Assyrie subjugua toute la Phénicie. Car les Habitans de Sidon, d'Ace & de quelques autres Villes de ce Pays, s'étant séparez de l'Alliance des Tyriens, & s'étant donnez au Roi d'Assyrie, Salmanasar marcha contre ces derniers, qui ne vouloient pas se soumettre à sa domination, avec une Flote de soixante Vaisseaux, & de huit cens Rameurs. Les Tyriens n'ayant que douze Vaisseaux, lui livrérent la bataille, & la gagnérent, ayant dissipé la Flote du Roi, & lui ayant pris cinq cens prisonniers, Salmanasar fut donc obligé de s'en retourner à Ninive; mais il laissa au Siège de Tyr son Armée de terre, qui se saisit des eaux du Fleuve & des Aqueducs: ce qui ayant duré cinq ans; les Tyriens furent obligez de creuser des Puits dans leur Ville. Ussérius met cette expedition de Salmanasar sous l'an du Monde 3287. sous le Régne d'Ezéchias Roi de Juda, avant J. C. 713. avant l'Ere vulgaire 717. Ezéchiel [d] nous décrit assez au long le Siège de Tyr formé par Nabuchodonosor l'an du Monde 3419. avant J. C. 381. avant l'Ere vulgaire 385. Les Savans sont partagez savoir s'il parle de l'ancienne Tyr ou de la nouvelle. Saint Jérôme [e] croit que c'est de la nouvelle, puisqu'il dit que Nabuchodonosor joignit l'Isle au Continent par la terre, les pierres & le bois qu'il jetta dans l'eau. Marsham [f], Périzonius [g] & quelques autres croyent au contraire que c'est de l'ancienne. Il faut convenir qu'il y a des expressions dans Ezéchiel qui favorisent l'un & l'autre sentiment; ce qui fait que nous n'osons rien déterminer sur cela. Quoi qu'il en soit, Nabuchodonosor ruïna la Ville de Tyr; & les Prophétes [h] marquent assez clairement qu'elle ne fut jamais rétablie: ce qui ne peut s'entendre à la rigueur que de l'ancienne Tyr; car on sait que la nouvelle fut très-florissante, depuis Nabuchodonosor. Elle se releva même de sa chûte depuis Aléxandre. Isaïe [i] dit que Tyr demeurera en oubli pendant soixante & dix ans, & qu'après cela le Seigneur la visitera, qu'il la mettra en état de recommencer son premier trafic, & qu'elle se prostituera comme autrefois à tous les Royaumes qui sont sur la Terre; mais en-

[a] Antiq. L. 8. c. 2. p. 258.
[b] Euseb. Præpar. L. 10. c. 33. 34.
[c] Joseph. Antiq. L. 9. C. ult.
[d] Ezech. 27. 28.
[e] Hieron. in Ezech. 26. & 28 & in Amos 1.
[f] Marsham Canon. Chron. Sæcul. 18. p. 578.
[g] Orig. Babylon.
[h] Isaï. 23. Jerem 27. 3. & 47. 4. Ezech. 26. 27. & 28.
[i] Cap. 23. 15. 17.

fin que tout le gain qui reviendra de son Commerce sera consacré au Seigneur & à l'entretien de ses Ministres. Il n'est pas aisé de fixer ni le commencement, ni la fin de ces soixante-dix ans de l'oubli de la Ville de Tyr: car si l'on en met le commencement à sa prise sous Nabuchodonosor, ou sous Aléxandre le Grand, il faudra prendre le mot d'oubli dans un sens exagéré, puisque nous lisons que Nabuchodonosor laissa Ithobale [k] pour Roi à Tyr, & qu'Aléxandre y laissa Abdolonyme, ou Ballonyme, ou Straton; car on trouve tous ces noms dans les Anciens [l]; & que ces Princes & leurs Successeurs y ont regné long-tems: & nous ne voyons pas que les Tyriens, avant le tems de Jésus-Christ, ayent fait paroître aucun zéle pour le Seigneur ni pour son culte. Pour concilier donc les Prophéties entr'elles, il faut dire que lorsque les Prophétes parlent de la ruïne totale de Tyr, ils l'entendent de l'ancienne Tyr, qui ne s'est jamais rétablie; & que quand ils prédisent le rétablissement de la même Ville, il faut l'entendre de la nouvelle, qui devint très-florissante, & qui se releva toujours de ses malheurs, & qui ayant enfin embrassé la Religion Chrétienne, offrit au Seigneur le fruit de ses travaux & de son commerce.

[k] Joseph. L. 1. contra Appion.
[l] Diodor. Sicul. Justin, &c.

Les Tyriens sont sur-tout renommez dans l'Histoire par leur industrie [m]. Ils faisoient un gain considérable sur l'Ecarlate & sur la Pourpre dont ils passoient pour être les Inventeurs aussi-bien que du Commerce & de la Navigation. Ulpien, fameux Jurisconsulte & natif de cette Ville, assûre que l'Empereur Sévére leur donna les priviléges de se servir du Droit écrit des Romains, & en fit une Colonie. Pline ajoute qu'il y avoit à Tyr un si grand nombre d'Habitans, qu'ils furent suffisans pour peupler les Villes de Biserte, de Tripoly de Barbarie, de Carthage & de l'Isle de Calis près du Détroit de Gibraltar; & pour parler de plus loin nous voyons dans l'Ecriture Sainte qu'elle est appellée, Ville couronnée de gloire & de majesté, remplie de Princes & de Nobles qui avoient tant d'or & d'argent, que ces Métaux y étoient aussi communs que la terre. Elle y est dite parfaite en beauté, & elle est comparée à un Navire royal, qui a été construit pour être un Chef-d'œuvre digne d'admiration. Mais elle a bien changé de face. On ne trouve aujourd'hui dans ses ruïnes que de foibles traces de son ancienne splendeur parmi le grand nombre de ses Palais abattus, de ses Pyramides renversées, de ses Colonnes de jaspe & de porphyre rompues & presque toutes ensévelies dans le Sable. Ses fortes murailles sont détruites, ses Boulevards applanis, & les débris qui en restent ne servent plus qu'à étendre & à sécher les filets de quelques pauvres Pescheurs. On remarque auprès d'une petite Chapelle des Grecs, une Colonne contre laquelle les Matelots vont se frotter le dos, & prétendent que cette Colonne a la vertu de faire passer toutes les douleurs des reins, & des autres parties voisines. Ce qu'il y a de plus considérable entre ces ruïnes, c'est le reste d'un Temple, qui d'un côté est encore presque tout entier, avec un beau degré qui y tient,

[m] Doubdan, Voyage de la Terre-Sainte. p. 503.

tient, & qui n'a point été gâté. Devant ce Bâtiment il y a une Colonne qui est faite de maniére, qu'il semble qu'elle soit composée de trois autres Colonnes qui tiennent ensemble. Elle est d'une grandeur & d'une fabrique extraordinaires. Aujourd'hui toute la magnificence de Tyr est ensévelie, & on ne trouve parmi ses Masures qu'une douzaine de maisons où habitent quelques Turcs & quelques Arabes, au lieu qu'autrefois cette Ville étoit la Capitale de Phénicie.

Les Habitans de Tyr adoroient Baal & Hercule. Ils reçurent des premiers la lumiére de l'Evangile. On voit que Jésus-Christ a prêché & fait quelques miracles aux environs de Tyr. On y montroit autrefois une Pierre sur laquelle on tenoit qu'il s'étoit quelquefois reposé; mais il n'entra jamais dans la Ville, à cause qu'elle n'étoit habitée que par des Gentils, & il avoit même défendu à ses Apôtres d'y entrer. Il y a néanmoins apparence que l'Evangile y fut annoncé par quelques-uns de ses Disciples; car St. Paul y trouva un bon nombre de familles Chrétiennes. La véritable Religion y fit de si grands progrès que du tems des Empereurs Romains les Habitans de Tyr étoient toujours disposez au martyre. On dit qu'Origène s'étant rencontré à Jérusalem après sa chûte, fut prié par les Prêtres de leur faire quelque Conférence sur l'Ecriture Sainte, & qu'après qu'il eut commencé à lire ces paroles du Pseaume 49. *Dieu a dit au pécheur pourquoi annonces-tu mes Loix, & profanes-tu par ta bouche mes sacrez mystères?* Il fut tellement frappé de ces paroles, qu'il en demeura tout interdit. Il ferma le livre, s'assit, se tut & se mit à pleurer sa faute. Peu de tems après il alla mourir à Tyr, où l'on voyoit encore son Tombeau l'an 1100.

La Ville de Tyr a eu le Titre de Métropole, & celui de premier Siège Archiepiscopal sous le Patriarchat d'Antioche; ce qui fait qu'on l'a appellée *Protothronos* ou premier Siège. La Notice de Doxapatrius ne lui donne que treize Suffragans: cependant celle de Léon *le Sage* lui en marque quinze, savoir

Tyrus, Metrop.	*Tripolis*,
Sidon,	*Arca*,
Ptolemaïs,	*Orthosias*,
Berythus,	*Botrys*,
Biblus,	*Vicus Gegarta*,
Aradus,	*Gonastii Saltus*,
Antaradus,	*Villa Politiana*,
Paneas,	*Villa Trieris*,

Tyr a été assiégée deux fois par les Chrétiens: la premiere en 1112. par Baudouin I. qui après un Siège de quatre mois fut obligé de se retirer; & la seconde en 1124. pendant la captivité de Baudouin II. par les Princes Chrétiens qui prenant l'occasion du Duc de Venise arrivé à la Terre Sainte avec une puissante Flote chargée de quantité de Soldats l'assiégea par Mer & par Terre. La Place étoit extrêmement forte, étant presque toute environnée de la Mer, de Rochers & d'Ecueils qui sont à fleur d'eau. De ce côté-là elle étoit ceinte d'un double mur & de fortes Tours; & à l'Orient du côté de la Terre, trois bonnes murailles la fermoient avec plusieurs hautes Tours & un large & profond Fossé. Deux Tours imprenables gardoient l'entrée de son Port, & de tous côtez elle étoit flanquée de Boulevards, tant d'avantage qu'on l'estimoit la plus forte Place du Levant. Elle étoit d'ailleurs gardée au dedans par les Troupes du Calife d'Egypte, qui en avoit deux parties, & par celles du Soudan de Damas qui possédoit la troisième. Quatre mois & demi de Siège s'étant écoulez les Chrétiens la prirent & en demeurérent maîtres paisiblement jusqu'en 1188. que Saladin l'ayant attaquée employa inutilement toutes sortes d'efforts pour la prendre. Mais enfin le dernier malheur étant tombé sur la Ville de St. Jean d'Acre en 1291. les Habitans de Tyr épouvantez des cruautez que les Infidèles y avoient commises, montérent sur leurs Vaisseaux, & abandonnérent la Ville qui fut trouvée le lendemain deserte. Les Infidèles s'en rendirent maîtres sans résistance & la démolirent entiérement, sans lui laisser une seule marque de sa première splendeur.

Il y a deux Ports à Tyr [a]. Le plus petit étoit autrefois tout entier au dedans de l'enceinte de la Ville & se fermoit avec des chaînes de fer; mais présentement il est tellement gâté qu'il ne peut plus recevoir que de petits Bâteaux. Il y a une muraille à son entrée où l'on voit de grandes pièces de Colonnes rompues, employées pour des pierres dans la maçonnerie. L'autre Port qui est fort vaste est au Septentrion de la Ville, qui le couvre de tous les Vents du Midi. Il a la Côte de Phénicie au Levant & vers le Ponant une petite Isle de Rochers, qui, quoique fort basse, ne laisse pas de lui rompre la Mer entiérement. Il demeure ouvert à la Tramontane; mais sa tenue est très-bonne & son fond extrêmement net. Il y a d'ailleurs une grande facilité pour faire de l'eau.

[a] Chopin, Voyage de Phénicie, ch. 7.

St. Tyrannion étoit Evêque de Tyr [b] lorsqu'il fut martyrisé à Antioche l'an 310. Il y eut dans le même tems plusieurs Martyrs à Tyr & en d'autres endroits de la Phénicie. St. Ulpien jeune homme de la Ville de Tyr, au-dessous de vingt ans, y avoit souffert le martyre quatre ans auparavant. Ste. Théodose, Vierge de dix-huit ans étoit aussi de la Ville de Tyr; mais elle souffrit le martyre à Césarée de Palestine l'an 308. Ainsi l'on voit qu'Ulpien & Théodose avoient été les Disciples de St. Tyrannion. On ne connoît point de St. Dorothée Evêque de Tyr Martyr; mais St. Dorothée natif de Tyr Prêtre de l'Eglise d'Antioche. St. Methode passa de l'Evêché d'Olympe en Lycie à celui de Tyr, après la mort de St. Tyrannion; mais on ne fait pas si ce fut immédiatement.

[b] Baill. Topogr. des SS. p. 512.

Le nom de cette Ville en Hébreu [c] est *Zor*, ou *Sor*: suivant un autre Dialecte c'est *Syr*, ou *Sar*; les Araméens qui ont coutume de changer la lettre *s* en *t*; disent *Tor*, *Tur*, ou *Tyr*, & en ajoutant la terminaison Grecque on a fait Τύρος, *Tyrus*. De *Sar* a été formé le nom national *Sarranus*, qui dans les Poëtes signifie la même chose que *Tyrius*. Virgile [d] s'en est servi dans ce sens:

[c] *Cellarius*, Geogr. Ant. Lib. 3. c. 12.

[d] Lib. 2. Georg. v. 506.

Ut gemma libat, & Sarrano dormiat ostro.

Silius Italicus dit [a]:

. . . . Sarrano murice fulgens.

Et Juvénal [b].

. . . . picta Sarrana ferentem
Ex humeris aulaea toga.

Aulu-Gelle [c] en parlant des Villes & des Pays qui ont changé de nom, dit que le nom de Sarra fut changé en celui de Tyros. Servius a fait la même remarque sur le Vers de Virgile que nous venons de citer: *Quae nunc Tyros dicitur olim Sarra vocabatur*; mais il ajoute que le nom de Sarra venoit de celui d'un Poisson nommé Sar dans la Langue du Pays, & qui étoit fort commun sur cette Côte. Saumaise ni Cellarius ne peuvent goûter cette Etymologie. En effet, il est bien plus naturel de dire qu'on aura formé Sar, c'est-à-dire Tyrus, de Sor, que de le dériver du nom d'un Poisson.

2. TYR, *Tyrus*, étoit une petite Ville [d] d'Italie dans la Toscane, près du Lac de Bolsène, dans lequel on dit qu'elle fut depuis toute fondue & entiérement abimée. De sorte qu'il n'en est point resté d'autres vestiges qu'un monceau de Terre mêlée de pierres qu'on appelle aujourd'hui *Isola Bisentina* ou l'Isle de Bisento dans le Lac même de Bolsène. Tyr a été le Lieu de la naissance & peut-être de la mort de Ste. Christine Vierge & Martyre.

Tyra, Peuple d'Egypte. Il habitoit selon Pline [e] au voisinage de la Ville des Héros.

TYRACA, Vibius Sequester nomme ainsi un Marais de Sicile près de Syracuse.

TYRACINE, TYRACINAE, ou TYRACENUM, Ville de Sicile, selon Etienne le Géographe. Ortelius [f] croit que c'est la TRINACIA de Diodore de Sicile. Voyez TRINACIA.

TYRAGETAE & TYRANGITAE. Voyez TYRITAE.

1. TYRAMBE, Ville de la Sarmatie Asiatique. Du Fleuve Rhombites, appellé le Petit, dit Strabon [g], jusqu'à Tyrambe il y a six cens Stades. Ptolomée [h] marque cette Ville entre *Azabites-mitra*, & l'Embouchure du Fleuve *Atticitus*.

2. TYRAMBE, Peuple de la Sarmatie Asiatique, selon Ptolomée [i].

TYRANNOSBOAS, Lieu de l'Inde, en deçà du Gange: Arrien [k] en fait un Lieu d'entrepôt.

TYRAS, Fleuve de la Sarmatie Européenne. Hérodote [l] met sept Fleuves entre le Danube & le Tanais. Le premier est le *Tyres*; car c'est ainsi qu'il écrit. Pomponius-Mela, Ptolomée, Scymnus de Chio, & Ovide [m] disent TYRAS:

. . . . vallo tardior amne Tyras.

Selon Strabon, du Fleuve *Tyras* à la dernière Embouchure du Danube, il y avoit environ trois cens Stades, ce qui fait conclurre que c'est aujourd'hui le *Niester*, ou *Dniester*, nom qui paroît avoir été formé de celui de *Danaster* dont se sert Jornandès [n]. Ptolomée [o] nous apprend que le Fleuve *Tyras* servoit de borne entre la Dace & la Sarmatie. Sur le bord de ce Fleuve il y avoit une Ville de même nom, appellée auparavant Ophiusa selon Pline [p]; ce qui est confirmé par le témoignage d'Etienne le Géographe. Ptolomée a donc eu tort de séparer *Ophiusa* de *Tyra*, comme si c'étoient deux Villes différentes. Strabon [q] nous a donné la juste position de la Ville de *Tyra*: A cent quarante Stades, dit-il, de l'Embouchure du *Tyra* & de la Tour qui y est bâtie, on trouve en remontant ce Fleuve deux Villes sur ses bords; savoir Nicania à la droite & Ophiusa à la gauche; d'où Cellarius [r] conclud, qu'en descendant le Fleuve *Tyra*, Colonia Phoenicum quam praestringit Fluvius Tyras. Cette Ville tiroit son nom du Fleuve qui l'arrosoit & non de ses Fondateurs: *Clarus amnis Tyra*, dit Pline [t], *Oppido nomen imponens*. Si cette Ville étoit une Colonie, il seroit bien plus naturel de la donner aux Milésiens qui en fondérent plusieurs aux environs du Pont-Euxin; ce qui paroît par ce fragment de Scymnus de Chio:

. . . . ὁ Τύρας ποταμὸς
Βαθύς τε ὤν, εὐβοτανὸς ἐςι ταῖς νομαῖς
Τῶν ἰχθύων διάθεσιν ἐμπόροις ἔχων,
Ταῖς ὁλκάσι τε ναυσὶν ἀνάπλευν ἀσφαλῆ.
Ὁμώνυμος δὲ τῷ ποταμῷ κεῖται πόλις
Τύρας, ἄποικος γενομένη Μιλησίων.

C'est-à-dire, selon la Traduction d'Holsten:

. . . . Amnis Tyras
Profundus herbidusque alendis piscibus,
Situque mercatoribus percommodus,
Tutusque onustis subvehendis navibus.
Hic civitas amni jacet cognominis
Tyras, trahens originem a Milesiis.

Comme Hérodote [u] dit, que les Peuples TYRITAE qui habitoient à l'Embouchure de ce Fleuve, étoient Grecs d'origine; c'est un autre moyen d'appuyer le sentiment de ceux qui font de Tyras une Colonie de Milésiens. Ces Peuples sont appellez TYRIGETAE par Strabon, & TYRAGETAE par Pline.

TYRATABA, Bourgade près la Montagne de Garizim [x], où plusieurs Samaritains s'étant assemblez en armes à la suite d'un Imposteur, qui leur promettoit de leur découvrir des Vases Sacrez, que Moïse y avoit autrefois enfouis. Pilate qui en fut averti, marcha contr'eux, leur livra bataille, les mit en fuite, en tua un grand nombre, & prit plusieurs prisonniers, dont il fit ensuite décapiter les plus considérables. Cela arriva l'an de J. C. 36.

TYRCAEUS, Montagne sur le bord de la Côte du Golphe Arabique. Elle est, selon Diodore de Sicile [y], dans l'endroit où ce Golphe a plus de largeur.

TYREA. Voyez THYREA.

TYREDIZA, Ville de Thrace: Etienne le Géographe dit qu'elle étoit derrière le Promontoire *Serrhium*, & ajoute qu'*Hellanicus* la nomme TYRORIZA. Hérodote [a] qui écrit Tyrodiza la place sur la Côte des Perinthiens.

[a] Lib. 7.

TYREN, Lieu du Pays des Clazoméniens, selon Hésyche cité par Ortelius [b].

[b] Thesaur.

TYRENIA. Voyez TYRUS.

TYRES. Voyez TYRAS.

TYRIA. Voyez EUROPA.

TYRIÆUM, Ville de l'Asie-Mineure, dans la Phrygie selon Xénophon [c]. Ortelius [d] croit que c'est la Ville TYRIARIUM de Strabon [e], qui la met aux Confins de la Lycaonie. Comme les MSS. de ce dernier varient, les uns lisant TYRICION & d'autres TYRIAÏON, Mr. Paulmier soupçonne qu'on pourroit lire *Tetradion*, & que ce seroit la Ville de ce nom que Ptolomée place dans le même Quartier.

[c] Lib. 1. de Exped. Cyri
[d] Thesaur.
[e] Lib. 14. p. 663.

TYRIARIUM. Voyez TYRIÆUM.

TYRIAS. Voyez TERIAS.

TYRICHÆ. Voyez HYLACTES.

TYRICIUM, ou TYRICION. Voyez TYRIÆUM.

TYRICTACE, Ville du Chersonnèse-Taurique: Ptolomée [f] la marque sur le Bosphore Cimmérien quelques Exemplaires portent TYRICTATA, pour TYRICTACE. Voyez TYRITACITE.

[f] Lib. 3. c. 6.

TYRIGETÆ. Voyez TIRITÆ.

TYRII. Strabon [g] dit qu'on nommoit ainsi anciennement les *Verones* Peuples de l'Espagne Tarragonnoise. Voyez BERONES.

[g] Lib. 3. p. 158.

TYRINI, Siège Episcopal, dont l'Evêque est nommé Zénon par Sozomène [h]. Ortelius [i] juge que cet Evêché étoit en Asie.

[h] Lib. 6. c. 12.
[i] Thesaur.

TYRIS, selon les anciennes Editions de Pline [k], & TIRIS selon celle du Pere Hardouin, Isle d'Italie sur la Côte du Pays des Locres. Il y en avoit deux autres au Voisinage, savoir *Eranusa* & *Meloessa*, les trois ne subsistent plus; la Mer les a submergées. Voyez ERANUSA.

[k] Lib. 3. c. 10.

TYRISSA, Ville de la Macédoine: Ptolomée [l] la marque dans l'Emathie. Le nom moderne est *Ceresi*, selon Mercator. Peuples sont appellez TYRISSÆI par Pline [m].

[l] Lib. 3. c. 13.
[m] Lib. 4. c. 10.

TYRISTASIS, Ville du Chersonnèse de Thrace, vers la Propontide selon Pline [n]. Le Pere Hardouin écrit TIRISTASIS; & c'est l'Orthographe que suit Demosthène dans la Lettre de Philippe aux Athéniens. Cette Lettre nous apprend que Tiristasis étoit au voisinage de celle de Crobyle.

[n] Lib. 4. c. 11.

TYRITACITE, Ville du Pont: Etienne le Géographe la met sur le bord du Phase. C'est, dit Ortelius [o], la Ville TIRITACE de Pline [p]. On trouvoit en effet ce nom dans les anciennes Editions de Pline; mais le Pere Hardouin l'a fait disparoître parce que, dit-il, les autres anciens Auteurs ne connoissent point cette Ville, si ce n'est Etienne le Géographe, qui place dans ce Quartier une Ville nommée TYRITACITE. Comme plusieurs MSS. de Pline portent TYNDARIDACEUM au lieu de TIRITACE; le Pere Hardouin a cru en devoir faire deux Villes, savoir TYNDARIDA & CIRCÆUM. Cette correction n'est pas témérairement avancée; car Denys le Periégète [q], le Pays des Tyndarides & le Champ Circéen, sur le bord du Phase, près de Colchos. N'en déplaise pourtant au Pere Hardouin, Ptolomée fournit le nom d'une Ville, qui approche encore plus du nom de *Tiritace*, que celle d'Etienne le Géographe. Je veux parler de *Tyritace* que Ptolomée place sur le Bosphore Cimmérien; mais d'un autre côté il faut avouer que ce Bosphore est assez éloigné du Phase & de Colchos..

[o] Thesaur.
[p] Lib. 6. c. 4.
[q] Vers 685.

TYRITÆ. Voyez TYRUS.

TYRITANI. Voyez TURITANI.

TYRIUM, Ville d'Italie dans la Grande-Gréce selon Ortelius [r] qui cite Plutarque [s], à qui il attribue d'avoir écrit que c'étoit une Colonie dont Hiéron avoit été le Conducteur. Il reprend Gabriel Barri d'avoir dit qu'on lisoit THURIUM dans Plutarque, parce que *Thurium* étoit une Colonie dont Périclès, selon Plutarque même, avoit été le Conducteur. Je crains bien qu'il n'y ait trois fautes dans ce seul Article. Premièrement, il ne fait Hiéron Conducteur d'aucune Colonie; mais tout au plus il le dit fils du Conducteur de la Colonie en question. Voici le passage en entier: καὶ ὃ μάλιστα ταῦτα συνζηγωδῶν, καὶ συμπεριπετεῖς ὄγκου αὐτῷ καὶ δόξαν, Ἱερώνυμα ἀνὴρ τεθραμμένος ἐπὶ τῆς οἰκίας τοῦ Νικίου, περί τε γράμματα καὶ μουσικὴν ἐξησκημένος ὑπ' αὐτῷ προσποιούμενος δ' υἱὸς ἐπὶ Διονυσίου τοῦ Χαλκοῦ προσαγορευθέντος, οὗ καὶ ποιήματα σώζεται, καὶ τῆς εἰς Ἰταλίαν ἀποικίας ἡγεμὼν γενόμενος ἔκτις Θουρίοις. C'est-à-dire, selon la Traduction de Mr. Dacier: *Celui qui lui aidoit le plus à jouer cette Comédie, & qui contribuoit plus que personne à lui donner cette réputation d'homme grave & surchargé d'affaires, c'étoit un certain Hiéron, qui avoit été nourri dans la Maison de Nicias, à qui il avoit fait apprendre les Lettres & la Musique. Il vouloit passer pour fils d'un certain Dionysius, qui fut surnommé Chalcus, dont on conserve encore aujourd'hui quelques Poësies, & qui ayant été élu Capitaine d'une Colonie qu'on envoya en Italie y fonda la Ville de Thuries.* En second lieu, tous les Exemplaires de Plutarque que j'ai consultez, tant Grecs que Latins écrivent le nom de cette Colonie par un Θ: En troisième lieu, Plutarque ne dit point que Périclès mena une Colonie à *Thurium*, ou *Thurii*; il dit seulement qu'il envoya une nombreuse Colonie en Italie, quand en eut bâti Sibaris, qui fut appellée *Thurii*, ou la Ville des Thuriens. Ainsi c'est en vain qu'Ortelius a voulu faire une distinction entre *Tyrium* & *Thurium*. Rien ne nous engage à croire qu'il y ait eu une Ville de Tyrium; & tout ce qu'on dit de cette prétendue Ville convient parfaitement à celle de THYRIUM, ou THURII. Voyez THURII.

[r] Thesaur.
[s] In Nicia.

TYRIUS, Fleuve d'Italie. Sextus Avienus [t] donne ce nom à la Rivière Turia, qui arrosoit la Ville Thurium qu'il nomme Tyris.

[t] Ora Mar. v. 481.

*Neque longe ab hujus fluminis divortio
Præstringit amnis Tyrius Oppidum Tyrin.*

TYRMENII. Voyez Scythæ.

TYRMIDÆ, Etienne le Géographe & Suidas donnent ce nom à une partie de la Tribu Oeneïde; & la Liste de l'Attique publiée par Mr. Spon [a] en fait un Bourg de cette même Tribu. Il en est fait mention dans une ancienne Inscription, avec cette différence qu'il y a un *e* à la seconde syllabe: aussi ce nom s'écrivoit-il de plus d'une maniére, puisqu'Harpocration l'écrit avec un *ei*. L'Inscription dont il vient d'être parlé se trouve à Florence chez le Marquis Richardi: voici ce qu'elle porte:

ΙΣΙΔΙ ΧΡΕΣΤΗ ΕΠΙΚΟΩΙ
ΣΕΛΕΥΚΟΣ ΣΟΚΡΑΤΟΥ ΕΥΧΕΝ
ΕΠΙ ΙΕΡΕΩΣ ΔΙΟΚΛΕΟΤΣ
ΤΟΥ ΔΙΟΚΛΕΟΥ ΤΥΜΕΔΟΥ.

C'est-à-dire: *Isidi concidenti obsequenti Seleucus Socratis filius Votum posuit sub Pontifice Diocle, Dioclis filio Turmedo.*

TYRO, ou TYRUS. Voyez TYRUS.

TYROCNESTIS, nom d'une Ville dont parle le Grand-Etymologique.

TYRODIZA. Voyez Tyrediza.

TYRONE, ou Tir-Owen, appellé aussi quelquefois Tir-Eogain; Comté d'Irlande [b], dans la Province d'Ulster, a Lough-Neagh, & Armagh à l'Est; Londonderry au Nord & Nord-Ouest; Monaghan & Fermanagh au Sud & Sud-Ouest. Il a 47. Milles de long sur 33. de large. Quoique le Pays soit montagneux, il est d'ailleurs assez fertile. Il donne le titre de Comte à l'ancienne Famille des Powers. On le divise en quatre Baronnies, qui sont celles de Straban, d'Omagh, de Cloghan, & de Dungannon. Il n'y a point de Ville qui ait droit de tenir un Marché public; mais il y en a quatre qui envoyent leurs Députez au Parlement. Ce sont Straban, Omagh, Dungannon & Agher.

TYROPOECIA, Ville très-forte dont fait mention Curopalate. Ortelius [c] juge qu'elle pouvoit être quelque part dans la Cappadoce.

TYROPOEUM, Lieu fortifié quelque part dans la Thrace ou dans l'Asie, selon Cédrène, Curopalate & Zonare citez par Ortelius [d].

TYROPOLIS. Voyez Macella.

TYRORIZA. Voyez Tyrediza.

TYROS, ou Tyrus. Voyez Tyras.

TYRRHA, Ville de l'Asie-Mineure, dans la Lycie: C'est le Grand-Etymologique qui en parle.

TYRRHENE, Lieu de la Macédoine, selon Ortelius [e] qui cite Strabon [f].

TYRRHENI, Peuples de Thrace: Hérodote les met aux environs de la Ville de Crestone.

TYRRHENIA. Voyez Hetruria.

TYRRHENIA, ou Tyrrhenes, Ville d'Italie selon Etienne le Géographe.

TYRRHENICA STAGNA [g]. On trouve ce nom sur une ancienne Inscription; & on croit qu'il est question de la partie de la Mer Méditerranée vers l'Embouchure de l'Ebre. Ausone [h] appuye ce sentiment; car il donne à la Ville de Tarragone le surnom de *Tyrrhenica*:

. . . . *Thyrrenica propter Tarraco, & Ostrifero super addita Barcino ponto.*

TYRRHENICA-VADA, Ortelius [i] dit que Silius Italicus appelle ainsi le Lac de Trasumène. Silius Italicus dit Tyrrhena-Vada & non Tyrrhenica.

TYRRHENUM-MARE. Voyez Hetrurie & Toscane.

TYRRHENUS-SINUS, Golphe d'Italie sur la Côte de Toscane. Dion Cassius [k] l'étend depuis le Promontoire Misenus jusqu'à Pouzzol. On l'appelloit autrefois *Ausonius Sinus* selon Denys d'Halicarnasse [l].

TYRRHEUM, Ville de l'Acarnanie selon Tite-Live [m]. Ce pourroit être la même Ville que *Thyrium*. Voyez Thyrium.

TYRIUM. Voyez Thyrium.

TYRRHINA. Voyez Organa & Thyrus.

TYRRIA Lieu de l'Isle de Cypre: Aristote [n] dit qu'il y avoit une Mine de fer dans ce Lieu.

TYRSENIA, Isacius donne ce nom à l'Italie [o] & il le dérive de Tyrsenus fils de Télephe.

TYRSETA, Ville de la Japygie, chez les Saunites, selon Etienne le Géographe. Quelques MSS. au lieu de *Saunites* lisent Taunites Ταυνιτῶν.

TYRSIS, Homére & Pindare donnent ce nom à la Ville & au Palais de Saturne dans les Isles des Bienheureux [p], apparemment dans les Isles Fortunées, où les Poëtes ont placé les Champs Elysiens.

TYRSUS, Fleuve que l'Histoire Miscellanée semble placer aux environs de la Mœsie.

1. TYRUS. Voyez Tyr, N°. 1.
2. TYRUS, Isle que Strabon [q] met dans le Golphe Persique. Eustathe & Etienne le Géographe connoissent cette Isle & le dernier dit qu'Artémidore la nomme Tylos. Plutarque fait mention dans plusieurs endroits d'une Isle nommée Tylus [o] & qu'il place dans la Mer Rouge, qui s'étendoit jusque dans le Golphe Persique: de cette façon. *Tyrus*, & *Tylus*, ou *Tylos*, sont la même Isle. Voyez Tylus. Peut-être aussi que l'Isle de Tyrrhina de Néarque & dont parle Strabon [r] est la même que Tyrus.
3. TYRUS, Isle sur la Côte de la Syrie, tout près du Continent, selon Ptolomée [s]. Ortelius, qui dit qu'elle étoit au devant de la Ville de Tyr, croit que c'est aujourd'hui l'Isle de *Pendoli*.
4. TYRUS, Ville de la Laconie, selon Etienne le Géographe.
5. TYRUS, Ville de l'Asie-Mineure dans la Lydie. C'est Etienne le Géographe qui en parle.
6. TYRUS, Etienne le Géographe met aussi une Ville de ce nom dans la Pisidie.
7. TYRUS, Lieu fortifié au-delà du Jourdain. Josephe [t] le place aux confins de l'Arabie & de la Judée, aux environs de l'Essebonitide.
8. TYRUS. Voyez Tyr, N°. 2.

TYSCA, Contrée de l'Afrique, ou grande Campagne dans laquelle se trouvoient cinquante Villes. Appien [u] dit qu'il y eut un différend entre Maffiniffa & les Carthaginois pour la poffeffion de cette Contrée & que l'affaire fut portée devant le Sénat de Rome.

TYSCON, Village de l'Afie-Mineure aux environs de la Phrygie. Tite-Live [a] fait entendre que ce Village n'étoit pas éloigné du Fleuve Alandrus.

a Lib. 38.

TYSDRUM. Voyez THYSDRUS.

TYSIA, Fleuve de la Scythie Européenne, felon Jornandès [b].

b De Reb. Get. c. 34.

TYSTED, ou THYSDET, petite Ville de Dannemarck [c], dans le Nord-Jutland, au Diocèfe d'Alborg, dans le Hundborg, à trois lieues de la Mer, fur le bord du Lymfiord.

c De l'Isle, Atlas.

TYZICA, Ville d'Afrique, felon Ortelius qui cite St. Auguftin.

T Z.

TZACHATÆ [d], Peuples voifins des Scythes felon Chalcondyle.

d Ortelii Thefaur.

TZACONIAS [e], nom que Gemifte donne au Mont Cronium. Voyez CRONIUM.

e Ibid.

TZACONIE. Voyez SACANIE.

TZADURILE, petite Bourgade des Etats du Turc en Afie dans l'Anatolie, près du Sangar, ou Afcu, environ à vingt-cinq lieues de Nicée vers le Midi. Leunclavius veut que ce foit le *Dorylæium* ou *Doryleum* des Anciens [f].

f Ibid.

TZAMANDUS [g], Ville d'Afie aux environs de la Petite Arménie: Porphyrogénète, Cédrène & Zonare en parlent. Elle étoit bâtie fur un Rocher efcarpé; & fes Habitans qui étoient en grand nombre paffoient pour être fort riches. Elle eft nommée *Zabandus* & *Zamandus* par Curopalate.

g Ibid.

TZANI, Peuples voifins de l'Arménie. Procope [h] dit que ces Peuples étoient autrefois indépendans, qu'ils menoient une vie fort farouche, & adoroient des Bois, des Oifeaux & d'autres Bêtes. Ils n'habitoient qu'en des Montagnes couvertes de Forêts épaiffes & fombres. Ils voloient au lieu de travailler, & ne vivoient que de larcin. Ils n'étoient point accoutumez à l'Agriculture. Aux endroits où leur Pays n'eft pas couvert de Montagnes fort hautes, pourfuit Procope, il eft au moins d'une chaîne de Collines pierreufes & ftériles, qui ne pourroient porter aucun fruit quelque peine que l'on prît pour les cultiver. La terre ne peut être labourée & ne produit jamais de bled. On n'y voit ni Prairies ni Pâturages. Les Arbres qui y croiffent font des arbres inutiles & fauvages. Il n'y a point aufli de changement de Saifons. Le terroir n'y eft point tantôt humefté, & rafraîchi par les pluyes, & tantôt effuyé & échauffé par le Soleil; mais. il eft toujours couvert de neiges, & comme condamné à un Hyver éternel. Voilà la raifon pour laquelle les Tzaniens vivoient autrefois dans une entiére liberté. Mais ils fe perdirent fous le Régne de Juftinien; & comme ils virent qu'ils ne pouvoient réfifter à Tzita Capitaine de fes Troupes, ils fe rendirent volontairement. Ils changérent à l'heure même de fentiment, & firent profeflion du Chriftianifme. En embraffant la Religion Chrétienne. ils quittérent leur ancienne manière de vivre, & ils renoncérent aux brigandages pour fervir les Romains dans leurs Armées. Comme Juftinien appréhendoit qu'ils n'euffent envie de retourner à leurs premières coutumes; voici ce qu'il fit pour les retenir. Leur Pays étoit de difficile accès, fur-tout à la Cavalerie; parce qu'il étoit entrecoupé de Forêts & de précipices. Cette affiette étoit caufe qu'ils n'avoient point de commerce avec leurs voifins, & qu'ils menoient une vie farouche & femblable à celle des Bêtes. Juftinien fit donc abattre les arbres qui en bouchoient les chemins, fit couper les hauteurs & remplir les Vallées. Il fit enfuite bâtir une Eglife dans un lieu nommé SCANALINIQUE pour faire leurs priéres; & il eut foin qu'ils y célébraffent les faints Myftères. Il fit aufli bâtir divers Forts pour donner moyen aux Tzaniens d'entretenir correspondance avec les autres Nations. Voici les endroits où ces Forts furent bâtis.

h Ædif. L 3. c. 6. Traduct. de Mr. Coufin.

Il y a, dit Procope [i], trois chemins, qui par leur rencontre font le commencement des limites de trois Peuples, des Romains, des Perfarméniens & des Tzaniens. Juftinien fit bâtir en cet endroit un Château extrêmement fort, nommé ORONON, duquel en jettant les fondemens, il jetta en même tems ceux de la paix. Car ce fut par-là que les Romains entrérent la première fois dans le Pays des Tzaniens. Il y établit aufli un Commandant, que les Romains appellent Duc, c'eft-à-dire Capitaine. Il y avoit à deux journées d'Oronon, auprès des limites des TZANIENS furnommez OCENITES (car ces Peuples étoient divifez en plufieurs Cantons), un Fort nommé CARTON, qui par une longue négligence de ceux du Pays étoit prefque tombé en ruïne. Juftinien le fit réparer & y établit une Garnifon pour la défenfe du Pays d'alentour. Quand delà on avance vers l'Orient, on rencontre une Vallée fort profonde, qui s'étend du côté du Septentrion, où il fit bâtir un autre Fort qu'il nomma BARCON. Un peu au-delà, au pied d'une Montagne, il y a quantité d'Etables, où les Tzaniens Océnites nourriffent des Bœufs & des Vaches, non pour s'en fervir à labourer la terre; mais pour fe nourrir de leur lait & de leurs chairs. Juftinien fit encore réparer un autre Fort nommé SISILISSE que le tems avoit ruïné, dans un lieu nommé CENA, au milieu d'une rafe Campagne, en tirant vers l'Occident, & y mit une bonne Garnifon. Il fit encore bâtir à gauche vers le Septentrion un autre Fort qu'il appella le BOURG DE NOZ, dans un endroit qui a été nommé le FOSSÉ DE LONGIN, à caufe que ce Capitaine, qui étoit Ifaurien, y campa autrefois avec les Romains qu'il commandoit, lorfqu'il faifoit la guerre aux Tzaniens. Enfin ce même Prince fit conftruire fur les frontiéres des TZANIENS COXYLINIENS deux autres Forts, dont l'un s'appelloit SCIMALINIQUE & l'autre TZANZAQUE, & il y mit un Gouverneur.

i Ibid.

TZARITZA, felon Mr. Corneille; LARIZA felon Mr. Samfon, & CZARITZIN felon Mr. de l'Ifle. Voyez CZARITZIN.

TZAVAT, Village de Perfe, dans le Schirvan, à 39. d. 50'. d'élévation. Davi-

TZC. TZE.   TZE. TZO. TZU.

ty [a] dit que ce Village est remarquable par la jonction du Cyr & de l'Araxe, qui se fait un quart de lieue au-dessus, le Cyr venant de l'Est-Nord-Est & l'Araxe du Sud-Ouest. Le lit de ces deux Riviéres a dans cet endroit environ cent quarante pas de large. Leurs eaux sont noires & profondes & leurs bords assez relevez. Les maisons du Village sont bâties de Cannes de roseaux & couvertes de terre.

[a] Schirvan.

TZCHALATZKI (Les) & les *Tzuktzchi* [b]. Ces deux Peuples Barbares & Alliez habitent dans la Sibérie précisément dans la pointe du Nord-Est de l'Asie, & vers le Cap Suetoi-Nos. Ils sont les plus féroces de tout le Nord de l'Asie; ils ne veulent absolument point avoir de commerce avec les Russes, dont ils tuent inhumainement tout autant qu'ils en peuvent attraper; & lorsque quelques-uns d'eux tombent entre les mains des Russes, ils se tuent eux-mêmes. Pour cette raison les Russes ont été obligez jusqu'ici de suivre les bords du Golfe de *Kamtzchatka* pour entrer en ce Pays, afin d'éviter la rencontre des partis de ces Peuples; mais depuis quelques années ils ont commencé d'y aller par eau, en passant de la Riviére d'*Ochota* vers les 55. d. de Latitude, à la pointe la plus proche du Pays de *Kamtzchatka*, ce qui leur épargne beaucoup de chemin & de fatigue.

[b] Hist. Généal. des Tatars, p. 110.

TZCHOPPAU, ou ZSCHOPA, petite Ville & Château d'Allemagne [c], dans la Misnie, sur la Riviére Tzschoppau dont elle porte le nom, proche d'Annaberg, Chemniz & Ravenstein, dans une Contrée très-fertile. En 1632. cette Ville & les autres Endroits voisins souffrirent beaucoup de la part des Troupes Impériales, & en 1634. les mêmes Troupes, après avoir defait quelques Régiments Saxons, la brûlérent, à la réserve du Château & d'un petit nombre de Maisons.

[c] Zeyler, Topogr. Sax. p. 184.

TZELLENSIS. Voyez ZELLENSIS.

TZEMBA, Monastère d'Ethiopie [d], au Royaume de Gondar, sur la Riviére de Reb, à demi-lieue de la Ville de Gondar. Il n'y a de Tzemba aux sources du Nil qu'environ soixante lieues de France.

[d] Lettres Edif. t. 4. p. 104. & 108.

TZENOGAR, Ville de l'Empire Russien [e], au Royaume d'Astracan. Cette Ville est à 300. Werstes d'Astracan sur une Montagne, à la droite de la Riviére Wolga; elle est petite, & ceinte d'une muraille de bois, flanquée de Tours. Il n'y a rien de remarquable au dedans, & elle n'est habitée que par des Soldats, qu'on y tient pour s'opposer aux courses des Tartares Kalmucks, qui viennent quelquefois enlever, & courent jusqu'à Samara. Le Grand Duc la fit bâtir en 1627. à l'occasion d'une Caravane [f] de quinze cens Moscovites qui fut enlevée par les Cosaques, après avoir tué sept ou huit cens hommes, avant que l'Escorte qui avoit pris le devant, & que les Soldats que les Cosaques avoient laissé passer sans être sortis de leur embuscade, la pussent joindre. Tzenogar fut d'abord bâtie une demi-lieue plus bas qu'elle n'est présentement; mais les grosses eaux ayant fait ébouler la terre le long du bord en si grande quantité, qu'il sembloit que le cours du Wolga en fût en quelque façon détourné, & qu'on auroit peine à aborder la Ville, on la transféra au lieu où on la voit aujourd'hui. Elle est située sur un endroit de la rive qui est fort élevé. La Ville est quarrée; & à chaque coin il y a une Guérite posée sur quatre grosses planches pour les Sentinelles, qui découvrent delà une grande Plaine, à perte de vûe, sans Bois & sans aucune éminence. Olearius nomme cette Ville TZORNOGAR & dit qu'on l'appelle aussi TZERNOYAR & MICHAELO-NOVOGROD.

[e] Le Bruyn, Voyage en Moscovie, t. 3. p. 273.

[f] Olearius, Voyage de Moscovie, Liv. 4.

TZERNA. Voyez ZERNA.

TZETLAN, Isle de la Mer Caspienne [gg] à huit lieues de Terki. C'est la seule qu'on rencontre en allant à Kilan vers l'Ouest de la route ordinaire. Le nom de Tzetlan lui est donné par les Moscovites. Les Perses l'appellent TZENZENI. Elle est située à 43. d. 5'. d'élévation, & s'étend de la longueur de trois lieues d'Allemagne du Nord-Est au Sud-Est. La plus grande partie de la terre de cette Isle est sablonneuse & stérile; & vers le rivage elle est ou couverte de coquilles, ou marécageuse.

[gg] Ibid.

TZIDRAMA, nom d'un Rocher escarpé dans la Galatie. Siméon le Métaphraste en parle dans la Vie de St. Théodore.

TZOPHANEÏNE. Voyez SOPHE'NE.

TZOR. Voyez TYRUS.

TZORNOGAR. Voyez TZENOGAR.

TZUDADER, Lieu fortifié, aux confins de la Perse & des Indes, selon Ortelius [h] qui cite Cédrène. Ce Lieu est nommé TZUNDADAER par Nicéphore Calliste.

[h] Thesaur.

TZUMINA. Voyez BYZANI.

TZUNDADAER. Voyez TZUDADER.

TZURULUM, Ville de Thrace, selon Cédrène cité par Ortelius [i]. Choniates & l'Histoire Miscellanée écrivent ZURULUM. Zonare n'en fait qu'un Château. Ce pourroit être le *Turullus* de Suidas. Crusius place ce Lieu environ à moitié chemin, entre Constantinople & Andrinople, & dit que le nom moderne est *Ciorlo*. Mais Leunclavius & Corneille Scepper l'appellent *Zorli*. Voyez IZIRALLA.

[i] Thesaur.

FIN DE LA LETTRE T.

www.ingramcontent.com/pod-product-compliance
Lightning Source LLC
Chambersburg PA
CBHW071419300426
44114CB00013B/1309